Alain Griffel (Hrsg.)
Kommentar zum
Verwaltungsrechtspflegegesetz des Kantons Zürich (VRG)

Alain Griffel (Hrsg.)
Prof. Dr. iur., Universität Zürich

Kommentar zum Verwaltungsrechtspflegegesetz des Kantons Zürich (VRG)

3., vollständig überarbeitete Auflage

auf der Grundlage von

Alfred Kölz/Jürg Bosshart/Martin Röhl
2. Auflage (1999)

Alfred Kölz
1. Auflage (1978)

Schulthess § 2014

Zitiervorschlag:

TOBIAS JAAG, in: Kommentar VRG, § 30 N. 4

Bibliografische Information der Deutschen Nationalbibliothek
Die Deutsche Nationalbibliothek verzeichnet diese Publikation in der Deutschen Nationalbibliografie;
detaillierte bibliografische Daten sind im Internet über http://dnb.d-nb.de abrufbar.

Alle Rechte, auch die des Nachdrucks von Auszügen, vorbehalten. Jede Verwertung ist ohne Zustimmung des Verlages unzulässig. Dies gilt insbesondere für Vervielfältigungen, Übersetzungen, Mikroverfilmungen und die Einspeicherung und Verarbeitung in elektronische Systeme.

© Schulthess Juristische Medien AG, Zürich · Basel · Genf 2014
 ISBN 978-3-7255-5965-7

www.schulthess.com

Im Andenken an Alfred Kölz
Für Jürg Bosshart

Vorwort

«Dem VRG-Kommentar kommt im Kanton Zürich beinahe Gesetzeskraft zu.» Mit dieser immer wieder zu hörenden Aussage war die Messlatte für das Autorenteam der vorliegenden 3. Auflage hoch angesetzt. Die Überarbeitung – welche über weite Strecken eine Neubearbeitung darstellt – ist aufgrund der tiefgreifenden VRG-Revision vom 22. März 2010 notwendig geworden; diese stellte ihrerseits eine Folge der Justizreform der Bundesverfassung und der damit zusammenhängenden Totalrevision der Bundesrechtspflege vom 17. Juni 2005 sowie der neuen Zürcher Kantonsverfassung vom 27. Februar 2005 dar.

Alt Verwaltungsgerichtspräsident Dr. Jürg Bosshart, der in massgebender Weise als Autor an der 2. Auflage beteiligt war, hat nicht nur an den Vorarbeiten der VRG-Revision intensiv mitgewirkt, sondern sollte auch – zusammen mit mir – die Co-Herausgeberschaft der 3. Auflage übernehmen. Ausserdem wollte Jürg Bosshart einen substanziellen Teil des Kommentars selbst bearbeiten. Eine unerwartete und heimtückische Attacke auf seine Gesundheit in einer frühen Phase des Projekts hinderte ihn bedauerlicherweise daran, das Vorhaben weiterzuführen. Die konzeptionellen Grundlagen für die 3. Auflage konnten wir jedoch noch gemeinsam entwickeln. Auch hatte Jürg Bosshart bereits erste Textentwürfe verfasst.

Der Kommentar «Kölz» bzw. «Kölz/Bosshart/Röhl» stellt im Kanton Zürich (und auch darüber hinaus) eine Institution dar. Längst hat er in den Bücherregalen der Verwaltungs- und Verwaltungsjustizbehörden, aber auch vieler Anwaltsbüros, einen festen Platz eingenommen. Diesen Kommentar weiterzuführen, war uns Ansporn und Verpflichtung zugleich. Allerdings hat sich das Umfeld seit dem Erscheinen der 2. und erst recht der 1. Auflage stark verändert: Zum einen besteht inzwischen eine reichhaltige Literatur zum öffentlichen Verfahrensrecht, insbesondere zu demjenigen auf Bundesebene. Zum andern weist das kantonale öffentliche Verfahrensrecht heute weniger Eigenheiten auf als früher. Die Verfahrensgrundrechte der Bundesverfassung und der EMRK, seit der Justizreform aber insbesondere auch die spezifischen, mit der Rechtsweggarantie zusammenhängenden Anforderungen des Bundesrechts an den kantonalen Rechtsschutz, haben zu einem eigentlichen Konvergenzprozess geführt. Man könnte heute schon fast von einem «gemeineidgenössischen öffentlichen Verfahrensrecht» sprechen. Gleichwohl möge auch die vorliegende 3. Auflage ihre Zwecke erfüllen: der Praxis im Alltag Hilfestellungen zu bieten und die wissenschaftliche Diskussion zu befruchten.

Ich danke an dieser Stelle herzlich: dem Autorenteam für die kompetente und kollegiale Zusammenarbeit während mehrerer Jahre; der Schulthess Juristische Medien AG für die hervorragende verlegerische Betreuung; meinem Assistenten Mathias Kaufmann, M.A. HSG, für die Erstellung des Sachregisters; meinen übrigen Assistierenden für ihre intensive Mitarbeit; sodann dem Verwaltungsgericht des Kantons Zürich, welches uns freundlicherweise Einsichtnahme in seine nicht im Internet veröffentlichten Urteile gewährte. Ein besonderer Dank geht an meinen Kollegen Tobias Jaag, der mich beim Lektorat der Manuskripte sehr unterstützt hat.

Die Literatur ist bis 30. Juni 2013 berücksichtigt.

Zürich, im Oktober 2013   Alain Griffel

Autorin und Autoren

Martin Bertschi
Dr. iur.
Ersatzrichter am Verwaltungsgericht des Kantons Zürich

Marco Donatsch
Dr. iur.
Teilamtlicher Richter am Verwaltungsgericht des Kantons Zürich
Rechtsanwalt in Zürich

Alain Griffel
Prof. Dr. iur.
Professor an der Universität Zürich

Tobias Jaag
Prof. Dr. iur.
em. Professor an der Universität Zürich

Regina Kiener
Prof. Dr. iur.
Professorin an der Universität Zürich

Kaspar Plüss
Dr. iur.
Vizepräsident der Eidgenössischen Schätzungskommission, Kreis 10
Gerichtsschreiber am Verwaltungsgericht des Kantons Zürich

Inhaltsverzeichnis

Vorwort VII
Autorin und Autoren IX
Literaturverzeichnis XVII
Materialienverzeichnis XXXVII
Abkürzungsverzeichnis XLI

Einleitung
Entwicklung der Verwaltungsrechtspflege 1

Erster Abschnitt:
Die sachliche Zuständigkeit der Verwaltungsbehörden

§ 1	Grundsatz	16
§ 2	Ausnahme	31
§ 3	Vorbehalt besonderer gesetzlicher Bestimmungen	36

Zweiter Abschnitt: Das Verwaltungsverfahren

Vorbemerkungen zu §§ 4–31 38

A. Geltungsbereich

§ 4	Geltungsbereich	57

B. Allgemeine Vorschriften

Vorbemerkungen zu §§ 4a–17 65

§ 4a	Beschleunigungsgebot	66
§ 5	Prüfung der Zuständigkeit	76
§ 5a	Ausstand	99
§ 6	Vorsorgliche Massnahmen	123
§ 6a	Verfahren mit mehreren Beteiligten	141
§ 6b	Sitz im Ausland	146
§ 7	Untersuchung von Amtes wegen	153
§ 8	Akteneinsicht a. Grundsatz	197
§ 9	b. Ausnahme	210
§ 10	Erledigung a. Im Allgemeinen	216
§ 10a	b. Anordnungen ohne Begründung	252
§ 10b	Einspracheverfahren	261

§ 10c	Realakte	
	a. Im Allgemeinen	264
§ 10d	b. In Stimmrechtssachen	276
§ 11	Fristen	
	a. Fristenlauf	280
§ 12	b. Erstreckung und Wiederherstellung einer Frist	297
§ 13	Kosten und Parteientschädigung	
	a. Verfahrenskosten und Kostenauflage	317
§ 14	b. Kostenauflage bei gemeinsam Beteiligten	345
§ 15	c. Kostenvorschuss	351
§ 16	d. Unentgeltliche Rechtspflege	366
§ 17	e. Parteientschädigung	403

(§ 18 aufgehoben)

C. Rekurs

Vorbemerkungen zu §§ 19–28a		432
§ 19	Zulässigkeit	
	a. Im Allgemeinen	464
§ 19a	b. Art der anfechtbaren Anordnung	504
§ 19b	Rekursinstanz	534

(§ 19c aufgehoben)

§ 20	Rekursgründe	569
§ 20a	Neue Vorbringen	602
Vorbemerkungen zu §§ 21–21a		611
§ 21	Rekursberechtigung	
	a. Im Allgemeinen	627
§ 21a	b. In Stimmrechtssachen	702
§ 22	Rekurserhebung	
	a. Ort und Frist	712
§ 23	b. Inhalt der Rekursschrift	722

(§ 24 aufgehoben)

§ 25	c. Aufschiebende Wirkung	735
§ 26	Rekursverfahren	
	a. Verfahrensleitung	751
§ 26a	b. Aktenbeizug	761
§ 26b	c. Schriftenwechsel	765
§ 26c	d. Zeugeneinvernahme	780
§ 26d	e. Bei Volkswahlen und -abstimmungen	783
§ 27	Entscheidbefugnis	
	a. Im Allgemeinen	788
§ 27a	b. Personalrechtliche Angelegenheiten	796
§ 27b	c. Volkswahlen und -abstimmungen	805

§ 27c	Rekurserledigung	
	a. Behandlungsfrist	813
§ 28	b. Rekursentscheid	821
§ 28a	c. Vereinfachtes Verfahren	837

D. Vollstreckung

Vorbemerkungen zu §§ 29–31		843
§ 29	Zuständigkeit	849
§ 29a	Fälligkeit von Forderungen	851
§ 30	Vollstreckbarkeit und Zwangsmittel	855
§ 31	Zwangsandrohung	881

Dritter Abschnitt: Die Verwaltungsgerichtsbarkeit

Vorbemerkungen zu §§ 32–86 884

A. Organisation des Verwaltungsgerichts

Vorbemerkungen zu §§ 32–40a		890
§ 32	Bestand und Sitz des Verwaltungsgerichts	900
§ 33	Wahl des Verwaltungsgerichts	906
§ 34	Unvereinbarkeit	913
§ 34a	Offenlegung von Interessenbindungen	922
§ 35	Stellung des Verwaltungsgerichts	927
§ 36	Vorsitz und Kanzlei	932
§ 37	Besoldung	936
§ 38	Geschäftserledigung	
	a. Dreierbesetzung	940
§ 38a	b. Fünferbesetzung	950
§ 38b	c. Einzelrichter	955
§ 39	Gesamtgericht	964
§ 40	Verordnungsrecht	971
§ 40a	Wahl- und Abstimmungsverfahren	978

B. Beschwerde

Vorbemerkungen zu §§ 41–71		980
§ 41	Zulässigkeit	985
§ 42	Ausnahmen	
	a. Kantonal letztinstanzliche Anordnungen	997
§ 43	b. Zuständigkeit anderer kantonaler Behörden	1005
§ 44	c. Nach dem Inhalt der Anordnung	1010
(§§ 45–48 aufgehoben)		
§ 49	Beschwerdeberechtigung	1025

§ 50	Beschwerdegründe	1026
(§ 51 aufgehoben)		
§ 52	Neue Vorbringen	1047
§ 53	Beschwerdeerhebung	
	a. Ort und Frist	1059
§ 54	b. Beschwerdeschrift	1062
§ 55	c. Aufschiebende Wirkung	1064
§ 56	Beschwerdeverfahren	
	a. Vorprüfung	1070
§ 57	b. Aktenbeizug	1076
§ 58	c. Schriftenwechsel	1079
§ 59	d. Mündliche Verhandlung	1090
§ 60	e. Beweiserhebungen	1097
§ 61	f. Schlussverhandlung	1104
§ 62	g. Öffentlichkeit	1106
§ 63	Beschwerdeerledigung	
	a. Entscheidbefugnis	1109
§ 64	b. Rückweisung an die Vorinstanz	1121
§ 65	c. Form und Mitteilung des Entscheids	1128
§ 65a	d. Kosten	1138
§ 66	e. Vollstreckung	1148
(§§ 67–69 aufgehoben)		
§ 70	Ergänzende Vorschriften	
	a. Verwaltungsverfahren	1153
§ 71	b. Zivilprozessordnung	1156

C. Rekurs und Beschwerde in Steuersachen

§ 72	Zuständigkeit	1160
§ 73	Verfahren	1163
(§§ 74–80d aufgehoben)		

D. Verwaltungsrechtliche Klage

Vorbemerkungen zu §§ 81–86		1166
§ 81	Zuständigkeit	1174
(§ 82 aufgehoben)		
§ 83	Verfahren	
	a. Klageschrift	1182
§ 84	b. Weitere Rechtsschriften; mündliche Verhandlung	1188
§ 85	Erledigung der Klage	1192
§ 86	Ergänzende Vorschriften	1197

Vierter Abschnitt: Die Revision

Vorbemerkungen zu §§ 86a–86d		1199
§ 86a	Gründe	1214
§ 86b	Gesuche	1223
§ 86c	Verfahren	1232
§ 86d	Entscheid	1235

Fünfter Abschnitt: Die Ombudsperson

Vorbemerkungen zu §§ 87–94a		1237
§ 87	Wahl	1244
§ 87a	Controlling und Rechnungslegung, Ausgabenbewilligung	1249
§ 88	Sitz und Organisation	1253
§ 88a	Personalrechtliche und administrative Belange	1255
§ 89	Aufgabenbereich a. Grundsatz	1257
§ 90	b. Ausnahmen	1268
§ 91	Verfahren a. Einleitung	1274
§ 92	b. Erhebungen	1279
§ 93	c. Erledigung	1282
§ 94	d. Kosten	1287
§ 94a	e. Schweigepflicht	1291

Sechster Abschnitt: Schluss- und Übergangsbestimmungen

Vorbemerkungen zu §§ 95–103		1294
§ 95	Aufhebung und Änderung von Gesetzen a. Grundsatz	1296
§ 96	b. Gesetz über die Streitigkeiten im Verwaltungsfach und über die Konflikte	1298
§ 97	c. Einführungsgesetz zum Schweizerischen Zivilgesetzbuch	1299
§ 98	d. Armenfürsorgegesetz	1300
§ 99	e. Steuergesetze	1301
§ 100	f. Verschiedene Gesetze	1302
§ 101	Übergangsbestimmungen a. Anhängige Verfahren	1303
§ 102	b. Erste Amtsdauer der Mitglieder des Verwaltungsgerichts	1304
§ 103	c. Inkrafttreten des Gesetzes	1305
Übergangsbestimmungen zum Gesetz vom 8. Juni 1997		1306
Übergangsbestimmungen zum Gesetz vom 30. August 2004		1308

Sachregister 1309

Literaturverzeichnis

Dieses Verzeichnis umfasst die zitierte oder in den Literaturangaben zu Beginn der einzelnen Erläuterungen enthaltene verfahrensrechtliche Literatur, ferner staats- und verwaltungsrechtliche Standardwerke. Weitere Literaturhinweise finden sich bei den betreffenden Erläuterungen.

AEMISEGGER HEINZ, Probleme bei der Umsetzung der EMRK durch die Schweiz, in: Markus Rüssli/Julia Hänni/Reto Häggi Furrer (Hrsg.), Staats- und Verwaltungsrecht auf vier Ebenen, Festschrift für Tobias Jaag, Zürich/Basel/Genf 2012, S. 581 ff. *(Probleme)*

- Die Bedeutung des US-amerikanischen Rechts bzw. der Rechtskultur des common law in der Praxis schweizerischer Gerichte – am Beispiel des Bundesgerichts, AJP 2008, 18 ff. *(Bedeutung)*
- Der Beschwerdegang in öffentlich-rechtlichen Angelegenheiten, in: Ehrenzeller/Schweizer, Reorganisation, S. 103 ff. *(Beschwerdegang)*
- Öffentlichkeit der Justiz, in: Tschannen, BTJP 2006, S. 375 ff. *(Öffentlichkeit)*

AEMISEGGER HEINZ/HAAG STEPHAN, Praxiskommentar zum Rechtsschutz in der Raumplanung – mit umfassender Rechtsprechung zur revidierten Bundesrechtspflege, Zürich/Basel/Genf 2010 *(Praxiskommentar)*

ALBERTINI MICHELE, Der verfassungsmässige Anspruch auf rechtliches Gehör im Verwaltungsverfahren des modernen Staates – Eine Untersuchung über Sinn und Gehalt der Garantie unter besonderer Berücksichtigung der bundesgerichtlichen Rechtsprechung, Diss. (Bern), Bern 2000 *(Rechtliches Gehör)*

ALBRECHT PETER, Richter als (politische) Parteivertreter?, Richterzeitung (heute: «Justice – Justiz – Giustizia») 3/2006 *(Parteivertreter)*

AUBERT JEAN-FRANÇOIS/EICHENBERGER KURT/MÜLLER JÖRG PAUL/RHINOW RENÉ A./SCHINDLER DIETRICH (Hrsg.), Kommentar zur Bundesverfassung der Schweizerischen Eidgenossenschaft vom 29. Mai 1874, Basel/Zürich/Bern 1987–1996 *(Kommentar aBV)*

AUBERT JEAN-FRANÇOIS/MAHON PASCAL, Petit commentaire de la Constitution fédérale de la Confédération suisse du 18 avril 1999, Zürich/Basel/Genf 2003 *(Commentaire Cst.)*

AUBERT MARTIN, Bildungsrechtliche Leistungsbeurteilungen im Verwaltungsprozess, Diss. (Bern), Bern 1997 *(Leistungsbeurteilungen)*

AUER ANDREAS, Le recours constitutionnel – *terra incognita*, in: Bénédict Foëx/Michel Hottelier/Nicolas Jeandin (Hrsg.), Les recours au Tribunal fédéral, Genf/Zürich/Basel 2007, S. 157 ff. *(Terra incognita)*

AUER ANDREAS/MALINVERNI GIORGIO/HOTTELIER MICHEL, Droit constitutionnel suisse, 2 Bde., 2. Aufl., Bern 2006 *(Droit constitutionnel I/II)*
(Die 2013 erschienene 3. Aufl. konnte nicht mehr berücksichtigt werden.)

AUER CHRISTOPH, Die Umsetzung des Bundesgerichtsgesetzes in die bernische Verwaltungsrechtspflege, ZBJV 2009, 225 ff. *(Umsetzung)*

- Auswirkungen der Reorganisation der Bundesrechtspflege auf die Kantone, ZBl 2006, 121 ff. *(Auswirkungen)*

Literaturverzeichnis

– Streitgegenstand und Rügeprinzip im Spannungsfeld der verwaltungsrechtlichen Prozessmaximen – eine Darstellung unter Berücksichtigung der Verhältnisse im Bund und im Kanton Bern, Diss. (Bern), Bern 1997 *(Streitgegenstand)*

AUER CHRISTOPH/FRIEDERICH UELI, Aufgabe und Rolle der verwaltungsinternen Justiz nach Inkrafttreten der Rechtsweggarantie, in: Herzog/Feller, Verwaltungsgerichtsbarkeit, S. 367 ff. *(Aufgabe)*

AUER CHRISTOPH/MÜLLER MARKUS/SCHINDLER BENJAMIN (Hrsg.), Kommentar zum Bundesgesetz über das Verwaltungsverfahren (VwVG), Zürich/St. Gallen 2008 *(Kommentar VwVG)*

AUER MATTHIAS, Das ausserordentliche Rechtsmittel der Revision nach schweizerischem Steuerrecht im Vergleich zur Revision nach dem Verwaltungsverfahrensgesetz des Bundes, Diss. (Zürich), Zürich 1981 *(Revision)*

BANDLI CHRISTOPH, Zur Spruchkörperbildung an Gerichten: Vorausbestimmung als Fairnessgarantin – Die Totalrevision der Bundesrechtspflege verlangt eine generell-abstrakte Normierung der Spruchkörperbildung an den drei eidgenössischen Gerichten, in: Die Mitarbeiterinnen und Mitarbeiter des Bundesamtes für Justiz (Hrsg.), Aus der Werkstatt des Rechts, Festschrift zum 65. Geburtstag von Heinrich Koller, Basel/Genf/München 2006, S. 209 ff. *(Spruchkörperbildung)*

Basler Kommentar BGG: siehe NIGGLI/UEBERSAX/WIPRÄCHTIGER

Basler Kommentar ZPO: siehe SPÜHLER/TENCHIO/INFANGER

BAUMANN ROBERT/GUY-ECABERT CHRISTINE/LAURENT CAROLINE/LOCHER CLEMENS, Persönliche Unvereinbarkeiten – Regelungen von Bund und Kantonen, LeGes 2008, 217 ff. *(Persönliche Unvereinbarkeiten)*

BAUMBERGER XAVER, Aufschiebende Wirkung bundesrechtlicher Rechtsmittel im öffentlichen Recht, Diss. (Zürich), Zürich/Basel/Genf 2006 *(Aufschiebende Wirkung)*

BAUMGARTNER URS, Behördenbeschwerde – und kein Ausweg?, ZSR 1980 I, 301 ff. *(Behördenbeschwerde)*

BEELER WERNER, Personelle Gewaltentrennung und Unvereinbarkeit in Bund und Kantonen, Diss. (Zürich), Zürich 1983 *(Gewaltentrennung)*

BEERLI-BONORAND URSINA, Die ausserordentlichen Rechtsmittel in der Verwaltungsrechtspflege des Bundes und der Kantone, Diss. (Zürich), Zürich 1985 *(Rechtsmittel)*

BELLANGER FRANÇOIS, Le recours en matière de droit public, in: Bellanger/Tanquerel, Recours fédéraux, S. 43 ff. *(Recours)*

– La qualité de partie à la procédure administrative, in: Tanquerel/Bellanger, Tiers, S. 33 ff. *(Qualité de partie)*

BELLANGER FRANÇOIS/TANQUEREL THIERRY (Hrsg.), Les nouveaux recours fédéraux en droit public, Genf/Zürich/Basel 2006 *(Recours fédéraux)*

Berner Kommentar ZPO: siehe HAUSHEER/WALTER/GÜNGERICH

BERNET MARTIN, Die Parteientschädigung in der schweizerischen Verwaltungsrechtspflege, Diss. (Zürich), Zürich 1986 *(Parteientschädigung)*

BERTOSSA FRANCESCO, Der Beurteilungsspielraum – Zur richterlichen Kontrolle von Ermessen und unbestimmten Gesetzesbegriffen im Verwaltungsrecht, Diss. (Bern), Bern 1984 *(Beurteilungsspielraum)*

BERTSCHI MARTIN, Die Beschwerdebefugnis der Gemeinde im Zürcher Verwaltungsprozess, in: Peter Breitschmid/Wolfgang Portmann/Heinz Rey/Dieter Zobl (Hrsg.), Grundfragen der juristischen Person, Festschrift für Hans Michael Riemer zum 65. Geburtstag, Bern 2007, S. 3 ff. *(Beschwerdebefugnis)*

BESSON MICHEL, Legitimation zur Beschwerde in Stimmrechtssachen – Diskussion anhand der bundesgerichtlichen Rechtsprechung zur eidgenössischen Volksabstimmung über die biometrischen Pässe vom 17. Mai 2009, ZBJV 2011, 843 ff. *(Legitimation)*

– Die Beschwerde in Stimmrechtssachen, in: Ehrenzeller/Schweizer, Reorganisation, S. 403 ff. *(Stimmrechtssachen)*

– Der Schutz der politischen Rechte auf Bundesebene, in: Die Mitarbeiterinnen und Mitarbeiter des Bundesamtes für Justiz (Hrsg.), Aus der Werkstatt des Rechts, Festschrift zum 65. Geburtstag von Heinrich Koller, Basel 2006, S. 219 ff. *(Schutz)*

BEUSCH MICHAEL/MOSER ANDRÉ/KNEUBÜHLER LORENZ, Ausgewählte prozessrechtliche Fragen im Verfahren vor dem Bundesverwaltungsgericht, ZBl 2008, 1 ff. *(Ausgewählte Fragen)*

BIAGGINI GIOVANNI, Bundesverfassung der Schweizerischen Eidgenossenschaft – und Auszüge aus der EMRK, den UNO-Pakten sowie dem BGG, Kommentar, Zürich 2007 *(Kommentar BV)*

BIAGGINI GIOVANNI/GÄCHTER THOMAS/KIENER REGINA (Hrsg.), Staatsrecht, Zürich/St. Gallen 2011 *(Staatsrecht)*

BIERI ROLF/GLÄTTLI URS/JENNI VITTORIO/THALMANN HANS RUDOLF/VON WARTBURG PIA/WALSER CHRISTINA/WETLI ROLAND, Ergänzungsband Kommentar zum Zürcher Gemeindegesetz, Zürich 2011 *(Ergänzungsband Kommentar GG)*

BOLLIGER GIERI/GOETSCHEL ANTOINE F., Die Wahrnehmung tierlicher Interessen im Straf- und Verwaltungsverfahren – unter besonderer Berücksichtigung der Situation des Tierschutzvollzugs im Kanton Zürich, Zürich/Basel/Genf 2011 *(Wahrnehmung tierlicher Interessen)*

BOLZ MARCEL, Die verwaltungsinterne Rechtspflege – Bedeutung und Funktion im heutigen Umfeld, in: Aargauischer Anwaltsverband (Hrsg.), Festschrift 100 Jahre Aargauischer Anwaltsverband, Zürich/Basel/Genf 2005, S. 83 ff. *(Verwaltungsinterne Rechtspflege)*

BOSSHART DIETER RUDOLF, Die Anfechtungsobjekte der allgemeinen Verwaltungsgerichtsbarkeit in Bund und Kantonen, Diss. (Zürich), Bülach 1965 *(Anfechtungsobjekte)*

BOSSHART EDUARD, Zürcherische Verwaltungsrechtspflege – Kommentar zum Gesetz über den Rechtsschutz in Verwaltungssachen, Zürich 1960 *(Kommentar VRG)*

BOSSHART JÜRG, Verfahrensmängel als Revisionsgrund in der zürcherischen Verwaltungs- und Steuerrechtspflege, ZBl 1987, 473 ff. *(Verfahrensmängel)*

– Überprüfung und Ermittlung des Sachverhalts im zürcherischen Steuerjustizverfahren, ZBl 1984, 1 ff. *(Überprüfung)*

BRUNNER ALEXANDER/GASSER DOMINIK/SCHWANDER IVO (Hrsg.), Schweizerische Zivilprozessordnung (ZPO) – Kommentar, Zürich/St. Gallen 2011 *(Kommentar ZPO 2011)*

Literaturverzeichnis

BÜHLER ALFRED, Die Stellung von Experten in der Gerichtsverfassung – insbesondere im Spannungsfeld zwischen Gericht und Anwaltschaft, SJZ 2009, 329 ff. *(Experten)*

– Von der Wahl und Auswahl der Richter, in: Heinrich Honsell/Wolfgang Portmann/Roger Zäch/Dieter Zobl (Hrsg.), Aktuelle Aspekte des Schuld- und Sachenrechts, Festschrift H. Rey, Zürich/Basel/Genf 2003, S. 521 ff. *(Wahl und Auswahl)*

– Die Prozessarmut, in: Christian Schöbi (Hrsg.), Gerichtskosten, Parteikosten, Prozesskaution, unentgeltliche Prozessführung, Bern 2001, S. 131 ff. *(Prozessarmut)*

BÜRKI CHRISTOPH, Verwaltungsjustizbezogene Legalität und Prozessökonomie – Eine Untersuchung zum Verhältnis gerichtsorganisations- und verfahrensbezogener Gesetzmässigkeit und Prozesswirtschaftlichkeit unter Berücksichtigung der Verhältnisse im Bund und im Kanton Bern, Diss. (Bern), Bern 2011 *(Legalität)*

CAGIANUT FRANCIS, Der Vorbescheid im Steuerrecht, in: Faculté de Droit de Genève (Hrsg.), Problèmes actuels de droit fiscal, Mélanges en l'honneur du Professeur Raoul Oberson, Basel 1995, S. 21 ff. *(Vorbescheid)*

CAVELTI ULRICH, Gütliche Verständigung vor Instanzen der Verwaltungsrechtspflege, AJP 1995, 175 ff. *(Verständigung)*

CAVELTI URS PETER/VÖGELI THOMAS, Verwaltungsgerichtsbarkeit im Kanton St. Gallen – dargestellt an den Verfahren vor dem Verwaltungsgericht, 2. Aufl., St. Gallen 2003 *(Verwaltungsgerichtsbarkeit)*

Commentaire Cst.: siehe AUBERT/MAHON

Commentaire LTF: siehe CORBOZ/WURZBURGER/FERRARI/FRÉSARD/AUBRY GIRARDIN

CORBOZ BERNARD/WURZBURGER ALAIN/FERRARI PIERRE/FRÉSARD JEAN-MAURICE/AUBRY GIRARDIN FLORENCE (Hrsg.), Commentaire de la LTF (Loi sur le Tribunal fédéral), Bern 2009 *(Commentaire LTF)*

COTTIER THOMAS, Der Anspruch auf rechtliches Gehör (Art. 4 BV), recht 1984/2 1 ff. und 1984/4 122 ff. *(Rechtliches Gehör)*

DOLGE ANNETTE, Anfechtbarkeit von Zwischenentscheiden und anderen prozessleitenden Entscheiden, in: Annette Dolge (Hrsg.), Zivilprozess – aktuell, Zürich/Basel/Genf 2013, S. 43 ff. *(Anfechtbarkeit)*

DONZALLAZ YVES, Loi sur le Tribunal fédéral – Commentaire, Bern 2008 *(Commentaire)*

– La notification en droit interne suisse, Bern 2002 *(Notification)*

DUBACH ALEXANDER, Das Recht auf Akteneinsicht. Der verfassungsmässige Anspruch auf Akteneinsicht und seine Querverbindungen zum Datenschutz – unter besonderer Berücksichtigung der elektronischen Datenverarbeitung, Diss. (Bern), Zürich 1990 *(Akteneinsicht)*

EGLI PATRICIA, Dissenting Opinions – Abweichende Richtermeinungen im Schweizer Recht, in: Franco Lorandi/Daniel Staehelin (Hrsg.), Innovatives Recht, Festschrift für Ivo Schwander, Zürich/St. Gallen 2011, S. 849 ff. *(Dissenting Opinions)*

– Gerichtlicher Rechtsschutz bei Prüfungsfällen – Aktuelle Entwicklungen, ZBl 2011, 538 ff. *(Rechtsschutz)*

EHRENZELLER BERNHARD/MASTRONARDI PHILIPPE/SCHWEIZER RAINER J./VALLENDER KLAUS A. (Hrsg.), Die schweizerische Bundesverfassung – Kommentar, 2. Aufl., Zürich/Basel/Genf/St. Gallen 2008 *(St. Galler Kommentar BV)*

EHRENZELLER BERNHARD/SCHWEIZER RAINER J. (Hrsg.), Die Reorganisation der Bundesrechtspflege – Neuerungen und Auswirkungen in der Praxis, St. Gallen 2006 *(Reorganisation)*

EICHENBERGER KURT, Justizverwaltung, in: Festschrift für den Aargauischen Juristenverein 1936–1986 – Beiträge zum Zivilprozess-, Anwalts- und Justizverwaltungsrecht sowie zum Raumplanungsrecht, Aarau/Frankfurt a.M. 1986, S. 31 ff. *(Justizverwaltung)*

EPINEY ASTRID, Zu den Anforderungen des EU-Rechts und der Aarhus-Konvention an den gerichtlichen Zugang für Umweltverbände – Zum Urteil des EuGH in der Rs. C-115/09 und seinen Implikationen für das Schweizerische Umweltrecht, in: Markus Rüssli/Julia Hänni/Reto Häggi Furrer (Hrsg.), Staats- und Verwaltungsrecht auf vier Ebenen, Festschrift für Tobias Jaag, Zürich/Basel/Genf 2012, S. 599 ff. *(Anforderungen)*

Ergänzungsband Kommentar GG: siehe BIERI et al.

ERRASS CHRISTOPH, Zur Notwendigkeit der Einführung einer Popularbeschwerde im Verwaltungsrecht, AJP 2010, 1351 ff. *(Popularbeschwerde)*

EUSEBIO IVO/CRAMERI TIZIANO, L'attuale tutela giuridica dei diritti politici, con particolare riferimento a cause ticinesi, e quella prevista dalla legge sul Tribunale federale, in: Guido Corti/Mauro Mini/John Noseda/Mario Postizzi (Hrsg.), Diritto senza devianza, Studi in onore di Marco Borghi per il suo 60° compleanno, Basel 2006, S. 371 ff. *(Tutela giuridica)*

FAVRE ANNE-CHRISTINE, Les nouvelles dispositions sur le droit de recours des organisations à but idéal, in: Denis Tappy/Bettina Kahil-Wolff/Léonard Bruchez (Hrsg.), 300 ans d'enseignement du droit à Lausanne, Genf/Zürich/Basel 2010, S. 121 ff. *(But idéal)*

FEHR OTTO, Die Verwaltungsrechtspflege im Kanton Zürich, Diss. (Zürich), Zürich 1941 *(Verwaltungsrechtspflege)*

FELLER RETO, Das Prinzip der Einmaligkeit des Rechtsschutzes im Staatshaftungsrecht – Eine Untersuchung zu Art. 12 VG und zur Widerrechtlichkeit im Rahmen der Staatshaftung für Rechtsakte, Diss. (Bern), Zürich/St. Gallen 2007 *(Staatshaftungsrecht)*

FELLER RETO/MÜLLER MARKUS, Die Prüfungszuständigkeit des Bundesverwaltungsgerichts – Probleme in der praktischen Umsetzung. Dargestellt am Urteil BVGer A-109/2008 vom 12. Februar 2009, ZBl 2009, 442 ff. *(Prüfungszuständigkeit)*

FLÜCKIGER ALEXANDRE/MORAND CHARLES-ALBERT/TANQUEREL THIERRY, Evaluation du droit de recours des organisations de protection de l'environnement, Bern 2000 *(Evaluation)*

FORSTER MARC, Der Anspruch auf unentgeltliche Rechtsverbeiständung in der neueren bundesgerichtlichen Rechtsprechung, ZBl 1992, 475 ff. *(Anspruch)*

FRANK RICHARD/STRÄULI HANS/MESSMER GEORG, Kommentar zur Zürcherischen Zivilprozessordnung, 3. Aufl., Zürich 1997 *(Kommentar ZPO ZH)*

FROWEIN JOCHEN ABRAHAM/PEUKERT WOLFGANG, Europäische Menschenrechts-Konvention – EMRK-Kommentar, 3. Aufl., Kehl 2009 *(Kommentar EMRK)*

GÄCHTER THOMAS, Durchsetzung von Sanierungspflichten mittels Rechtsverweigerungsbeschwerde, URP 2005, 775 ff. *(Rechtsverweigerungsbeschwerde)*

GADOLA ATTILIO R., Die reformatio in peius vel melius in der Bundesverwaltungsrechtspflege – eine Übersicht der neuesten Rechtsprechung, AJP 1998, 59 ff. *(Reformatio)*

– Die unbegründete Drittbeschwerde im öffentlichrechtlichen Bauprozess – Korrektive zum Schutz des Baubewilligungspetenten, ZBl 1994, 97 ff. *(Drittbeschwerde)*

Literaturverzeichnis

- Die Behördenbeschwerde in der Verwaltungsrechtspflege des Bundes – ein «abstraktes» Beschwerderecht?, AJP 1993, 1458 ff. *(Behördenbeschwerde)*
- Der Genehmigungsentscheid als Anfechtungsobjekt in der Staats- und Verwaltungsrechtspflege, AJP 1993, 290 ff. *(Genehmigungsentscheid)*
- Das verwaltungsinterne Beschwerdeverfahren – Eine Darstellung unter Berücksichtigung der Verhältnisse im Kanton Obwalden, Diss. (Zürich), Zürich 1991 *(Beschwerdeverfahren)*

GASS STEPHAN, Professionalisierung des Richteramts, AJP 2010, 1143 ff. *(Professionalisierung)*

GEISER THOMAS/MÜNCH PETER/UHLMANN FELIX/GELZER PHILIPP (Hrsg.), Prozessieren vor Bundesgericht, 3. Aufl., Basel 2011 *(Prozessieren vor Bundesgericht)*

GIACOMETTI ZACCARIA, Allgemeine Lehren des rechtsstaatlichen Verwaltungsrechts (Allgemeines Verwaltungsrecht des Rechtsstaates), Zürich 1960 *(Allgemeine Lehren)*

GIACOMINI SERGIO, Vom «Jagdmachen auf Verfügung» – Ein Diskussionsbeitrag, ZBl 1993, 237 ff. *(Jagdmachen)*

GLANZMANN-TARNUTZER LUCREZIA, Die Legitimation des Konkurrenten zur Verwaltungsgerichtsbeschwerde an das Bundesgericht, Diss. (St. Gallen), Bamberg 1997 *(Legitimation)*

GÖKSU TARKAN, Die Beschwerden ans Bundesgericht, Zürich/St. Gallen 2007 *(Beschwerden)*

GOLDSCHMID PETER, Auf dem Weg zum endlosen Schriftenwechsel? Zum jüngsten die Schweiz betreffenden Urteil des Europäischen Gerichtshofs für Menschenrechte zum Thema Gewährung des rechtlichen Gehörs, Beschwerde Nr. 33499/96 vom 21. Februar 2002, ZBJV 2002, 281 ff. *(Schriftenwechsel)*

GRABENWARTER CHRISTOPH/PABEL KATHARINA, Europäische Menschenrechtskonvention, 5. Aufl., München/Basel/Wien 2012 *(EMRK)*

GRABER DANIELE, La legittimazione a ricorrere delle associazioni professionali in materia di commesse pubbliche, RDAT 2001, 457 ff. *(Legittimazione)*

GRIFFEL ALAIN, Rechtsschutz, insbesondere Verfassungsgerichtsbarkeit, in: Biaggini/Gächter/Kiener, Staatsrecht, § 27 *(Rechtsschutz)*
- Rekurs, in: Griffel/Jaag, Reform, S. 43 ff. *(Rekurs)*
- Das Verbandsbeschwerderecht im Brennpunkt zwischen Nutz- und Schutzinteressen, URP 2006, 95 ff. *(Verbandsbeschwerderecht)*
- Baurechtliche Vorentscheide ohne Drittverbindlichkeit, insbesondere nach zürcherischem Recht, ZBl 1996, 260 ff. *(Vorentscheide)*

GRIFFEL ALAIN/JAAG TOBIAS (Hrsg.), Reform der Zürcher Verwaltungsrechtspflege, Zürich/St. Gallen 2010 *(Reform)*

GRISEL ANDRÉ, Traité de droit administratif, 2 Bde., Neuchâtel 1984 *(Traité)*

GRISEL CLÉMENCE, L'obligation de collaborer des parties en procédure administrative, Diss. (Freiburg i. Üe.), Zürich/Basel/Genf 2008 *(Obligation)*

GRODECKI STÉPHANE, Strasbourg et le droit à la réplique, Plädoyer 2/2007, 52 ff. *(Strasbourg)*

GROSS THOMAS, Selbstverwaltung der Gerichte als Voraussetzung ihrer Unabhängigkeit, Richterzeitung (heute: «Justice – Justiz – Giustizia») 2/2007 *(Selbstverwaltung)*

GUCKELBERGER ANNETTE, Zur reformatio in peius vel melius in der schweizerischen Bundesverwaltungsrechtspflege nach der Justizreform, ZBl 2010, 96 ff. *(Reformatio)*
- Der Widerruf von Verfügungen im schweizerischen Verwaltungsrecht, ZBl 2007, 293 ff. *(Widerruf)*
- Der Zugang zum Verwaltungsgericht nach deutschem und nach schweizerischem Recht, ZBl 1998, 345 ff. *(Zugang)*

GULDENER MAX, Schweizerisches Zivilprozessrecht, 3. Aufl., Zürich 1979 *(Zivilprozessrecht)*

GUTMANN CHRISTOPH, Die Haftung des Gesuchstellers für ungerechtfertigte vorsorgliche Massnahmen, Diss. (Basel), Basel 2006 *(Haftung)*

GYGI FRITZ, Vom Beschwerderecht in der Bundesverwaltungsrechtspflege, recht 1986, 8 ff. *(Beschwerderecht)*
- Bundesverwaltungsrechtspflege, 2. Aufl., Bern 1983 *(Bundesverwaltungsrechtspflege)*
- Zur Rechtsbeständigkeit von Verwaltungsverfügungen, ZBl 1982, 149 ff. *(Rechtsbeständigkeit)*
- Zur Beschwerdebefugnis des Gemeinwesens in der Bundesverwaltungsrechtspflege, ZSR 1979 I, 449 ff. *(Beschwerdebefugnis des Gemeinwesens)*
- Aufschiebende Wirkung und vorsorgliche Massnahmen in der Verwaltungsrechtspflege (Überarbeiteteter Text eines am 24. Oktober 1975 vor der Vereinigung kantonaler Verwaltungsrichter gehaltenen Vortrags), ZBl 1976, 1 ff. *(Aufschiebende Wirkung)*
- Ein gesetzgeberischer Versuch zur Lösung des Problems des Klagerechtes im verwaltungsgerichtlichen Anfechtungsprozess – Eine rechtsvergleichende Betrachtung zu Art. 16 des bernischen Verwaltungsgesetzes vom 22. Oktober 1961, AöR 1963, 411 ff. *(Versuch)*
- Die Beschwerdebefugnis im Verwaltungsprozess, ZBl 1960, 473 ff. *(Beschwerdebefugnis)*

HADORN ROBERT, Das Schätzungsverfahren in Abtretungsstreitigkeiten des Kantons Zürich, PBG aktuell 3/2000, 5 ff. *(Schätzungsverfahren)*

HÄFELIN ULRICH/HALLER WALTER/KELLER HELEN, Schweizerisches Bundesstaatsrecht, 8. Aufl., Zürich/Basel/Genf 2012 *(Bundesstaatsrecht)*

HÄFELIN ULRICH/MÜLLER GEORG/UHLMANN FELIX, Allgemeines Verwaltungsrecht, 6. Aufl., Zürich/St. Gallen 2010 *(Verwaltungsrecht)*

HAFNER FELIX, Verfügung als Risiko – Unschärfen des Verfügungsbegriffs als Rechtsschutzrisiko, in: Thomas Sutter-Somm/Felix Hafner/Gerhard Schmid/Kurt Seelmann (Hrsg.), Risiko und Recht, Festgabe zum Schweizerischen Juristentag 2004, Basel 2004, S. 257 ff. *(Verfügung)*

HALLER WALTER, Selbstverwaltung der Justiz in Bausachen im Kanton Zürich, ZBl 2010, 185 ff. *(Selbstverwaltung)*

HALLER WALTER/KARLEN PETER, Rechtsschutz im Raumplanungs- und Baurecht (Neubearbeitung des vierten Teils der zweiten Auflage des Raumplanungs- und Baurechts), Zürich 1998 *(Rechtsschutz)*

HALLER WALTER/KÖLZ ALFRED/GÄCHTER THOMAS, Allgemeines Staatsrecht, 4. Aufl., Basel 2008 *(Staatsrecht)*

HALTNER ROLF HEINRICH, Begriff und Arten der Verfügung im Verwaltungsverfahrensrecht des Bundes (Artikel 5 VwVG), Diss. (Zürich), Zürich 1979 *(Verfügung)*

Handkommentar BGG: siehe SEILER/VON WERDT/GÜNGERICH

Literaturverzeichnis

HÄNER ISABELLE, Die Anforderungen an eine Beschwerde, in: Häner/Waldmann, Brennpunkte, S. 27 ff. *(Anforderungen)*

- Die Feststellung des rechtserheblichen Sachverhalts, in: Häner/Waldmann, Verwaltungsverfahren, S. 33 ff. *(Feststellung)*
- Die Stellung von Verbänden in der Gerichtsverfassung – unter besonderer Berücksichtigung der Ausübung des Verbandsbeschwerderechts, in: Schindler/Sutter, Akteure, S. 297 ff. *(Stellung von Verbänden)*
- Neuerungen im USG unter besonderer Berücksichtigung des Verbandsbeschwerderechts, PBG aktuell 3/2007, 5 ff. *(Neuerungen im USG)*
- Rechtsschutz und Rechtspflegebehörden in der neuen Zürcher Kantonsverfassung, in: Leo Lorenzo Fosco/Tobias Jaag/Markus Notter (Hrsg.), Die neue Zürcher Kantonsverfassung, Zürich/Basel/Genf 2006, S. 139 ff. *(Rechtsschutz)*
- Die Beteiligten im Verwaltungsverfahren und Verwaltungsprozess – Unter besonderer Berücksichtigung des Verwaltungsverfahrens und des Verwaltungsprozesses im Bund, Zürich 2000 *(Die Beteiligten)*
- Vorsorgliche Massnahmen im Verwaltungsverfahren und Verwaltungsprozess, ZSR 1997 II, 253 ff. *(Vorsorgliche Massnahmen)*

HÄNER ISABELLE/RÜSSLI MARKUS/SCHWARZENBACH EVI (Hrsg.), Kommentar zur Zürcher Kantonsverfassung, Zürich/Basel/Genf 2007 *(Kommentar KV)*

HÄNER ISABELLE/WALDMANN BERNHARD (Hrsg.), Brennpunkte im Verwaltungsprozess, Zürich/Basel/Genf 2013 *(Brennpunkte)*

- Das erstinstanzliche Verwaltungsverfahren, Zürich/Basel/Genf 2008 *(Verwaltungsverfahren)*

HANGARTNER YVO, Rechtsfragen der Aufhebung kantonaler Erlasse durch das Bundesgericht, ZSR 2009 I, 431 ff. *(Aufhebung)*

- Richterliche Zurückhaltung in der Überprüfung von Entscheiden von Vorinstanzen, in: Schindler/Sutter, Akteure, S. 159 ff. *(Zurückhaltung)*
- Die Anfechtung nichtiger Verfügungen und von Scheinverfügungen, AJP 2003, 1053 ff. *(Scheinverfügungen)*
- Recht auf Rechtsschutz, AJP 2002, 131 ff. *(Rechtsschutz)*
- Das Recht auf eine wirksame Beschwerde gemäss Art. 13 EMRK und seine Durchsetzung in der Schweiz, AJP 1994, 3 ff. *(Wirksame Beschwerde)*

HAUSER ROBERT/SCHWERI ERHARD/LIEBER VIKTOR, Kommentar zum zürcherischen Gesetz über die Gerichts- und Behördenorganisation im Zivil- und Strafprozess vom 10. Mai 2010, Zürich/Basel/Genf 2012 *(Kommentar GOG)*

HAUSHEER HEINZ/WALTER HANS PETER/GÜNGERICH ANDREAS (Hrsg.), Berner Kommentar: Schweizerische Zivilprozessordnung, 2 Bde., Bern 2012 *(Berner Kommentar ZPO)*

HÄUSLER MARC/FERRARI-VISCA RETO, Der Anspruch auf einen unentgeltlichen Rechtsbeistand im Verwaltungsverfahren, Jusletter 24. Oktober 2011 *(Anspruch)*

HERZOG RUTH, Auswirkungen auf die Staats- und Verwaltungsrechtspflege in den Kantonen, in: Tschannen, BTJP 2006, S. 43 ff. *(Auswirkungen)*

- Art. 6 EMRK und kantonale Verwaltungsrechtspflege, Diss. (Bern), Bern 1995 *(Art. 6 EMRK)*

HERZOG RUTH/DAUM MICHEL, Die Umsetzung der Rechtsweggarantie im bernischen Gesetz über die Verwaltungsrechtspflege, BVR 2009, 1 ff. *(Umsetzung)*

HERZOG RUTH/FELLER RETO (Hrsg.), Bernische Verwaltungsgerichtsbarkeit in Geschichte und Gegenwart – 100 Jahre Verwaltungsgericht des Kantons Bern, Bern 2010 *(Verwaltungsgerichtsbarkeit)*

HESELHAUS SEBASTIAN, Das Verbandsbeschwerderecht im Vorfeld der Ratifikation der Aarhus-Konvention durch die Schweiz, in: Felix Bommer/Stephen V. Berti (Hrsg.), Verfahrensrecht am Beginn einer neuen Epoche, Festgabe zum Schweizerischen Juristentag 2011 – 150 Jahre Schweizerischer Juristenverein, Zürich/Basel/Genf 2011, S. 1 ff. *(Verbandsbeschwerderecht)*

HILLER CHRISTOPH, Die Stimmrechtsbeschwerde, Diss. (Zürich), Zürich 1990 *(Stimmrechtsbeschwerde)*

HOFMANN DAVID, La qualité de l'Etat pour recourir au Tribunal fédéral, in: David Hofmann/Fabien Waelti (Hrsg.), Actualités juridiques de droit public 2011 – Actes de la Journée de formation continue du 24 juin 2011, Bern 2011, S. 13 ff. *(Etat)*

HÖRDEGEN STEPHAN, Aktuelle Aspekte des gerichtlichen Rechtsschutzes im Volksschulrecht, in: Thomas Gächter/Tobias Jaag (Hrsg.), Das neue Zürcher Volksschulrecht, Zürich/St. Gallen 2007, S. 65 ff. *(Volksschulrecht)*

HÖSLI PETER, Möglichkeiten und Grenzen der Verfahrensbeschleunigung durch informell-kooperatives Verwaltungshandeln, Diss. (Zürich), Zürich/Basel/Genf 2002 *(Verfahrensbeschleunigung)*

HUBER FELIX, Die Beiladung insbesondere im Zürcher Baubewilligungsverfahren, ZBl 1989, 233 ff. *(Beiladung)*

HUNZIKER FELIX JAKOB, Die Anzeige an die Aufsichtsbehörde (Aufsichtsbeschwerde), Diss. (Zürich), Zürich 1978 *(Anzeige)*

IMBODEN MAX/RHINOW RENÉ A., Schweizerische Verwaltungsrechtsprechung, 2 Bde., 5. Aufl., Basel/Stuttgart 1976 (6. Aufl. [Nachdruck], Basel/Frankfurt a.M. 1986); RHINOW RENÉ A./KRÄHENMANN BEAT, Schweizerische Verwaltungsrechtsprechung, Ergänzungsband, Basel/Frankfurt a.M. 1990 *(Verwaltungsrechtsprechung)*

INDERMAUR INGRID, Rechtsmittelmöglichkeiten Dritter gegen Bewilligungen für den Umgang mit gentechnisch verändertem Material, in: Bernhard Schmithüsen/Jörg Zachariae (Hrsg.), Aspekte der Gentechnologie im Ausserhumanbereich. Regelung – Bewilligung – Haftung, Zürich/Basel/Genf 2002, S. 173 ff. *(Rechtsmittelmöglichkeiten)*

JAAG TOBIAS, Die obersten Gerichte des Kantons Zürich, in: Angela Cavallo et al. (Hrsg.), Liber amicorum für Andreas Donatsch – Im Einsatz für Wissenschaft, Lehre und Praxis, Zürich/Basel/Genf 2012, S. 771 ff. *(Gerichte)*

– Ausgangslage: Justizreform des Bundes und neue Kantonsverfassung, in: Griffel/Jaag, Reform, S. 1 ff. *(Ausgangslage)*

– Reform der Zürcher Verwaltungsrechtspflege: Zusammenfassende Würdigung, in: Griffel/Jaag, Reform, S. 135 ff. *(Würdigung)*

– Die Rechtsmittel des zürcherischen Gemeinderechts, ZBl 1989, 465 ff. *(Rechtsmittel)*

JAAG TOBIAS/RÜSSLI MARKUS, Staats- und Verwaltungsrecht des Kantons Zürich, 4. Aufl., Zürich/Basel/Genf 2012 *(Staats- und Verwaltungsrecht)*

Literaturverzeichnis

Jost Andreas, Zum Rechtsschutz im Wirtschaftsverwaltungsrecht, ZSR 1982 II, 453 ff. *(Rechtsschutz)*

Kälin Walter, Die Bedeutung der Rechtsweggarantie für die kantonale Verwaltungsjustiz, ZBl 1999, 49 ff. *(Rechtsweggarantie)*

- Das Verfahren der staatsrechtlichen Beschwerde, 2. Aufl., Bern 1994 *(Staatsrechtliche Beschwerde)*

Kappeler Rudolf, Die Problematik des baurechtlichen Vorentscheids ohne vorherige Ausschreibung, ZBl 1994, 72 ff. *(Problematik)*

Kayser Martin, Richterwahlen: Unabhängigkeit im Spannungsfeld von Rechtsstaatlichkeit und Demokratie, in: Schindler/Sutter, Akteure, S. 41 ff. *(Richterwahlen)*

Keiser Andreas, Rechtsschutz im öffentlichen Personalrecht nach dem revidierten Verwaltungsrechtspflegegesetz des Kantons Zürich, ZBl 1998, 193 ff. *(Personalrecht)*

- Öffentlichkeit im Verfahren vor dem Zürcher Verwaltungsgericht, ZBl 1994, 1 ff. *(Öffentlichkeit)*

Keller Helen, Garantien fairer Verfahren und des rechtlichen Gehörs, in: Merten/Papier, Handbuch Grundrechte, § 225 *(Garantien)*

Keller Helen/Hauser Matthias, Ideell oder wirtschaftlich – die Gretchenfrage im Verbandsbeschwerderecht, URP 2009, 835 ff. *(Gretchenfrage)*

Keller Helen/Thurnherr Daniela, Verbandsbeschwerde im Kreuzfeuer der Kritik. Analyse aktueller Reformvorschläge unter Berücksichtigung der Auswirkungen auf den ländlichen Raum, in: Jörg Schmid/Hansjörg Seiler (Hrsg.), Recht des ländlichen Raums, Festgabe der Rechtswissenschaftlichen Fakultät der Universität Luzern für Paul Richli zum 60. Geburtstag, Zürich/Basel/Genf 2006, S. 283 ff. *(Verbandsbeschwerde)*

Kettiger Daniel, Parteien – Rechtsunterworfene oder Kundinnen und Kunden?, in: Schindler/Sutter, Akteure, S. 245 ff. *(Parteien)*

Keusen Ulrich/Lanz Kathrin, Der Sprungrekurs im Kanton Bern, BVR 2005, 49 ff. *(Sprungrekurs)*

Kiener Regina, Garantie des verfassungsmässigen Richters, in: Merten/Papier, Handbuch Grundrechte, § 227 *(Garantie)*

- Die Beschwerde in öffentlich-rechtlichen Angelegenheiten, in: Tschannen, BTJP 2006, S. 219 ff. *(Beschwerde)*

- Anwalt oder Richter? – Eine verfassungsrechtliche Sicht auf die Richtertätigkeit von Anwältinnen und Anwälten, in: Aargauischer Anwaltsverband (Hrsg.), Festschrift 100 Jahre Aargauischer Anwaltsverband, Zürich/Basel/Genf 2005, S. 3 ff. *(FS Aarg. Anwaltsverband)*

- Richterliche Unabhängigkeit – Verfassungsrechtliche Anforderungen an Richter und Gerichte, Bern 2001 *(Unabhängigkeit)*

Kiener Regina/Kälin Walter, Grundrechte, Bern 2007 *(Grundrechte)*
(Die 2013 erschienene 2. Aufl. konnte nicht mehr berücksichtigt werden.)

Kiener Regina/Krüsi Melanie, Beschwerde an das Verwaltungsgericht, in: Griffel/Jaag, Reform, S. 73 ff. *(Beschwerde)*

- Die Unabhängigkeit von Gerichtssachverständigen, ZSR 2006 I, 487 ff. *(Gerichtssachverständige)*

KIENER REGINA/MEDICI GABRIELA, Anwälte und andere Richter – Zur Befangenheit von Richtern aufgrund anderer Erwerbstätigkeiten, «Justice – Justiz – Giustizia» 2011/2 (zugleich: SJZ 107 2011, 373 ff.) *(Anwälte)*

KIENER REGINA/RÜTSCHE BERNHARD/KUHN MATHIAS, Öffentliches Verfahrensrecht, Zürich/St. Gallen 2012 *(Öffentliches Verfahrensrecht)*

KLEY-STRULLER ANDREAS, Der richterliche Rechtsschutz gegen die öffentliche Verwaltung, Zürich 1995 *(Rechtsschutz)*

- Anforderungen des Bundesrechts an die Verwaltungsrechtspflege der Kantone bei der Anwendung von Bundesverwaltungsrecht, AJP 1995, 148 ff. *(Anforderungen)*
- Der Anspruch auf unentgeltliche Rechtspflege – Die aktuelle Rechtsprechung des Bundesgerichts zu Art. 4 Abs. 1 BV und der Organe der Europäischen Menschenrechtskonvention zu Art. 6 EMRK, AJP 1995, 179 ff. *(Unentgeltliche Rechtspflege)*

KNAPP BLAISE, Précis de droit administratif, 4. Aufl., Basel 1991 *(Précis)*

KNEUBÜHLER LORENZ, Die Begründungspflicht – eine Untersuchung über die Pflicht der Behörden zur Begründung ihrer Entscheide, Diss. (Bern), Bern 1998 *(Begründungspflicht)*

KÖLZ ALFRED, Die Vertretung des öffentlichen Interesses in der Verwaltungsrechtspflege, ZBl 1985, 49 ff. *(Vertretung des öffentlichen Interesses)*

- Die Legitimation zur staatsrechtlichen Beschwerde und das subjektive öffentliche Recht, in: Jean-François Aubert/Philippe Bois (Hrsg.), Mélanges André Grisel, Neuenburg 1983, S. 739 ff. *(Legitimation)*
- Die Beschwerdebefugnis der Gemeinde in der Verwaltungsrechtspflege, ZBl 1977, 97 ff. *(Beschwerdebefugnis)*
- Vollzug des Bundesverwaltungsrechts und Behördenbeschwerde, ZBl 1975, 361 ff. *(Behördenbeschwerde)*
- Prozessmaximen im schweizerischen Verwaltungsprozess, 2. Aufl., Diss. (Zürich), Zürich 1974 *(Prozessmaximen)*

KÖLZ ALFRED/HÄNER ISABELLE/BERTSCHI MARTIN, Verwaltungsverfahren und Verwaltungsrechtspflege des Bundes, 3. Aufl., Zürich/Basel/Genf 2013 *(Verwaltungsverfahren)*

KÖLZ ALFRED/KOTTUSCH PETER, Bundesrecht und kantonales Verwaltungsverfahrensrecht, ZBl 1978, 421 ff. *(Verwaltungsverfahrensrecht)*

Kommentar aBV: siehe AUBERT/EICHENBERGER/MÜLLER/RHINOW/SCHINDLER

Kommentar GSVGer: siehe ZÜND/PFIFFNER RAUBER

Kommentar KV: siehe HÄNER/RÜSSLI/SCHWARZENBACH

Kommentar VwVG: siehe AUER/MÜLLER/SCHINDLER

Kommentar ZPO 2010: siehe SUTTER-SOMM/HASENBÖHLER/LEUENBERGER

Kommentar ZPO 2011: siehe BRUNNER/GASSER/SCHWANDER

KUHN HANS RUDOLF, Der vorläufige Rechtsschutz im verwaltungsgerichtlichen Beschwerdeverfahren, Diss. (Basel), Liestal 1981 *(Vorläufiger Rechtsschutz)*

Literaturverzeichnis

Kunz Daniel, Verfahren und Rechtsschutz bei der Vergabe von Konzessionen – Eine Analyse der Anforderungen an eine rechtsstaatliche Verteilungslenkung bei begrenzten wirtschaftlichen Berechtigungen, Diss. (Bern), Bern 2004 *(Konzessionen)*

Kurzkommentar ZPO: siehe Oberhammer

Lanter Markus, Zum Replikrecht vor Verwaltungsinstanzen – Bemerkungen zu BGE 2C_943/2011, 2C_127/2012 vom 12. April 2012, Jusletter 18. Juni 2012 *(Bemerkungen)*

– Formeller Charakter des Replikrechts – Herkunft und Folgen, ZBl 2012, 167 ff. *(Formeller Charakter)*

Leber Marino, Parteistellung im Verwaltungsverfahren, in: Häner/Waldmann, Verwaltungsverfahren, S. 17 ff. *(Parteistellung)*

– Die Beteiligten am Verwaltungsprozess, recht 1985, 22 ff. *(Die Beteiligten)*

Livschitz Mark M., Die Richterwahl im Kanton Zürich – Ihre Faktizität am Obergericht und an den Bezirksgerichten als verfassungsrechtliches Problem, Diss. (Zürich), Zürich 2002 *(Richterwahl)*

Ludwig Peter, Kein Sprungrekurs im Kanton Bern?, BVR 2005, 241 ff. *(Sprungrekurs)*

Lugon Jean-Claude/Poltier Etienne/Tanquerel Thierry, Les conséquences de la réforme de la justice fédérale pour les cantons, in: Bellanger/Tanquerel, Recours fédéraux, S. 103 ff. *(Conséquences)*

Lustenberger Erik, Die Verzichtsvereinbarung im öffentlichen Bauverfahren, Diss. (Freiburg i.Üe.), Zürich/Basel/Genf 2008 *(Verzichtsvereinbarung)*

– Missbräuchliche Einsprachen – Möglichkeiten und Grenzen der Sanktionierung, BR 2006, 36 ff. *(Einsprachen)*

Mächler August, Vertrag und Verwaltungsrechtspflege – Ausgewählte Fragen zum vertraglichen Handeln der Verwaltung und zum Einsatz des Vertrages in der Verwaltungsrechtspflege, Zürich/Basel/Genf 2005 *(Vertrag)*

Mäder Christian, Zur Bedeutung der VRG-Revision für das Raumplanungs- und Baurecht sowie das Enteignungsrecht, PBG aktuell 1/1998, 5 ff. *(VRG-Revision)*

– Die Anfechtung baurechtlicher Entscheide durch Nachbarn unter besonderer Berücksichtigung der neueren Rechtsprechung des Zürcher Verwaltungsgerichts, PGB aktuell 3/1997, S. 5 ff. *(Anfechtung)*

– Das Baubewilligungsverfahren – Eine Darstellung unter besonderer Berücksichtigung des zürcherischen Rechts und der neueren zürcherischen Rechtsprechung, Diss. (Zürich), Zürich 1991 *(Baubewilligungsverfahren)*

Mahaim Raphaël, La défense des intérêts publics devant le juge: une chimère? – A la lumière des difficultés de mise en œuvre du droit de l'environnement et de l'aménagement du territoire, in: Markus Gredig/Raphaël Mahaim/Thomas Meier/Riccarda Melchior/Andreas Stöckli (Hrsg.), Peters Dreiblatt – Föderalismus|Grundrechte|Verwaltung, Festschrift für Peter Hänni zum 60. Geburtstag, Bern 2010, S. 379 ff. *(Intérêts publics)*

Majer Diemut, Bürgerklage und Bürgerbeschwerde als Beispiel objektiver Rechtskontrolle im Umweltschutz – Ein Beitrag zur Beteiligung des Bürgers im Verwaltungsverfahren, ZSR 1987 I, 293 ff. *(Bürgerklage)*

MARTENET VINCENT/LAMMERS GUILLAUME, L'accès au juge en matière de droits politiques fédéraux, in: Jean-Baptiste Zufferey/Jacques Dubey/Adriano Previtali (Hrsg.), L'homme et son droit, Mélanges en l'honneur de Marco Borghi à l'occasion de son 65e anniversaire, Zürich/Basel/Genf 2011, S. 313 ff. *(Accès au juge)*

MARTI ARNOLD, Abstrakte Normenkontrolle, Klageverfahren und weitere besondere Verfahren, in: Griffel/Jaag, Reform, S. 103 ff. *(Besondere Verfahren)*

- Aktueller Stand und neue Fragen in der schweizerischen Verwaltungsrechtspflege, ZBl 2009, 405 ff. *(Aktueller Stand)*
- Einzelrichter an Obergerichten: fragwürdige Rationalisierungsmassnahme zu Lasten der demokratischen Justizkultur, Jusletter 16. Juni 2008 *(Einzelrichter)*
- Die Vereinheitlichung des Zivil- und Strafprozessrechts, die Revision des Vormundschaftsrechts und das öffentliche Recht, ZBl 2007, 237 ff. *(Vereinheitlichung)*

MATTER FELIX, Die Verbandsbeschwerde im schweizerischen Umweltschutzrecht, ZSR 1981 I, 445 ff. *(Verbandsbeschwerde)*

MEICHSSNER STEFAN, Das Grundrecht auf unentgeltliche Rechtspflege (Art. 29 Abs. 3 BV), Diss. (Basel), Basel 2008 *(Grundrecht)*

MERKER MICHAEL, Parteien im Verwaltungs(prozess)verfahren, in: Aargauischer Anwaltsverband (Hrsg.), Festschrift 100 Jahre Aargauischer Anwaltsverband, Zürich/Basel/Genf 2005, S. 137 ff. *(Parteien)*

- Rechtsmittel, Klage und Normenkontrollverfahren nach dem aargauischen Gesetz über die Verwaltungsrechtspflege (VRPG) vom 9. Juli 1968, Diss. (Zürich), Zürich 1998 *(Rechtsmittel)*

MERKLI THOMAS, Vorsorgliche Massnahmen und die aufschiebende Wirkung bei Beschwerden in öffentlich-rechtlichen Angelegenheiten und subsidiären Verfassungsbeschwerden, ZBl 2008, 416 ff. *(Vorsorgliche Massnahmen)*

MERKLI THOMAS/AESCHLIMANN ARTHUR/HERZOG RUTH, Kommentar zum Gesetz über die Verwaltungsrechtspflege im Kanton Bern, Bern 1997 *(Kommentar VRPG)*

MERTEN DETLEF/PAPIER HANS-JÜRGEN (Hrsg.), Handbuch der Grundrechte in Deutschland und Europa, Bd. VII/2, Grundrechte in der Schweiz und in Liechtenstein, Heidelberg/Zürich/St. Gallen 2007 *(Handbuch Grundrechte)*

MEYER LORENZ, Wege zum Bundesgericht – Übersicht und Stolpersteine, ZBJV 2010, 797 ff. *(Wege)*

MEYER KILIAN, Die gerechte Begründung, AJP 2010, 1416 ff. *(Begründung)*

MEYER ULRICH/VON ZWEHL ISABEL, L'objet du litige en procédure de droit administratif fédéral, in: Benoît Bovay/Minh Son Nguyen (Hrsg.), Mélanges en l'honneur de Pierre Moor, Bern 2005, S. 435 ff. *(Objet du litige)*

MISIC ALEXANDER, Verfassungsbeschwerde – Das Bundesgericht und der subsidiäre Schutz verfassungsmässiger Rechte (Art. 113–119 BGG), Diss. (Zürich), Zürich/Basel/Genf 2011 *(Verfassungsbeschwerde)*

Literaturverzeichnis

MOOR PIERRE, «La nullité doit être constatée en tout temps et par toute autorité», in: Markus Rüssli/Julia Hänni/Reto Häggi Furrer (Hrsg.), Staats- und Verwaltungsrecht auf vier Ebenen, Festschrift für Tobias Jaag, Zürich/Basel/Genf 2012, S. 41 ff. *(Nullité)*

- La qualité pour agir des autorités et collectivités dans les recours de droit public et de droit administratif, in: Jacques Haldy/Jean-Marc Rapp/Phidias Ferrari (Hrsg.), Études de procédure et d'arbitrage, en l'honneur de Jean-François Poudret, Lausanne 1999, S. 93 ff. *(Qualité pour agir)*
- Droit administratif, Bd. III: L'organisation des activités administratives. Les biens de l'Etat, Bern 1992 *(Droit administratif III)*

MOOR PIERRE/FLÜCKIGER ALEXANDRE/MARTENET VINCENT, Droit administratif, Bd. I: Les fondements, 3. Aufl., Bern 2012 *(Droit administratif I)*

MOOR PIERRE/POLTIER ETIENNE, Droit administratif, Bd. II: Les actes administratifs et leur contrôle, 3. Aufl., Bern 2011 *(Droit administratif II)*

MOSER ANDRÉ/BEUSCH MICHAEL/KNEUBÜHLER LORENZ, Prozessieren vor dem Bundesverwaltungsgericht (Handbücher für die Anwaltspraxis, Bd. X), Basel 2008 *(Bundesverwaltungsgericht)*

MÜLLER GEORG, Gerichtliche Beschwerdeinstanz gemäss Art. 450 ZGB im Kanton Zürich, ZBl 2013, 59 ff. *(Gerichtliche Beschwerdeinstanz)*

MÜLLER JÖRG PAUL/SCHEFER MARKUS, Grundrechte in der Schweiz – Im Rahmen der Bundesverfassung, der EMRK und der UNO-Pakte, 4. Aufl., Bern 2008 *(Grundrechte)*

MÜLLER MARKUS, Bernische Verwaltungsrechtspflege, 2. Aufl., Bern 2011 *(Verwaltungsrechtspflege)*

- Rechtsschutz gegen Verwaltungsrealakte, in: Tschannen, BTJP 2006, S. 313 ff. *(Verwaltungsrealakte)*
- Die Rechtsweggarantie – Chancen und Risiken. Ein Plädoyer für mehr Vertrauen in die öffentliche Verwaltung, ZBJV 2004, 161 ff. *(Rechtsweggarantie)*

MÜLLER PATRICK M., Aspekte der Verwaltungsrechtspflege – dargestellt am Beispiel von Staatssteuerrekurs und Bundessteuerbeschwerde nach Zürcher Recht, Diss. (Bern), Bern 2006 *(Aspekte)*

NAY GIUSEP, Staatlicher und landeskirchlicher Rechtsschutz in kirchlichen Angelegenheiten, SJKR 2008, 11 ff. *(Rechtsschutz)*

NIGGLI MARCEL ALEXANDER/UEBERSAX PETER/WIPRÄCHTIGER HANS (Hrsg.), Basler Kommentar Bundesgerichtsgesetz, 2. Aufl., Basel 2011 *(Basler Kommentar BGG)*

NUTT RETO, Das Beschwerderecht ideeller Vereinigungen, insbesondere nach Art. 14 des Bundesgesetzes über Fuss- und Wanderwege (FWG), ZBl 1992, 255 ff. *(Beschwerderecht)*

OBERHAMMER PAUL (Hrsg.), Schweizerische Zivilprozessordnung, Kurzkommentar, Basel 2010 *(Kurzkommentar ZPO)*
(Die 2013 erschienene, von Paul Oberhammer, Tanja Domej und Ulrich Haas herausgegebene 2. Aufl. konnte nicht mehr berücksichtigt werden.)

OESCH FRITZ, Rechtspflege in der Zürcher Volksschule – Rechtsschutz bis vor Bezirksrat, in: Thomas Gächter/Tobias Jaag (Hrsg.), Das neue Zürcher Volksschulrecht, Zürich/St. Gallen 2007, S. 51 ff. *(Rechtspflege)*

Pappa Christoph/Jaggi Daniel, Rechtsschutz Dritter beim Abschluss von verwaltungsrechtlichen Verträgen, AJP 2012, 800 ff. *(Rechtsschutz)*

Pfeifer Michael, Der Untersuchungsgrundsatz und die Offizialmaxime im Verwaltungsverfahren, Diss. (Basel), Basel 1980 *(Untersuchungsgrundsatz)*

Pfisterer Thomas, Der kantonale Gesetzgeber vor der Reform der Bundesrechtspflege, in: Ehrenzeller/Schweizer, Reorganisation, S. 257 ff. *(Kantonaler Gesetzgeber)*

Pflüger Michael, Die Legitimation des Gemeinwesens zur Beschwerde in öffentlich-rechtlichen Angelegenheiten, Diss. (Bern), Zürich/St. Gallen 2013 *(Legitimation)*

Pichonnaz Pascal/Scyboz Pierre, Les dissenting opinions dans les jugements: une innovation à craindre?, SJZ 2002, 377 ff. *(Dissenting opinions)*

Plotke Herbert, Die Anfechtbarkeit von Prüfungsnoten – Anmerkung zum Urteil des Obergerichts (als Verwaltungsgericht) des Kantons Schaffhausen vom 28. November 1980 (ZBl 82/1981, 331–336), ZBl 1981, 445 ff. *(Prüfungsnoten)*

Poltier Etienne, L'organisation et le fonctionnement interne de l'ordre judiciaire et des tribunaux, AJP 2011, 1018 ff. *(Organisation)*

– La qualité pour recourir des organisations à but idéal, in: Denis Tappy/Bettina Kahil-Wolff/Léonard Bruchez (Hrsg.), 300 ans d'enseignement du droit à Lausanne, Genf/Zürich/Basel 2010, S. 275 ff. *(Qualité pour recourir)*

Poudret Jean-François, Commentaire de la loi fédérale d'organisation judiciaire du 16 décembre 1943, Bern 1990–1992 *(Commentaire OJ)*

Praxiskommentar VwVG: siehe Waldmann/Weissenberger

Prozessieren vor Bundesgericht: siehe Geiser/Münch/Uhlmann/Gelzer

Raselli Niccolò, Das Gebot der öffentlichen Urteilsverkündung, in: Dietmar Mieth/René Pahud de Mortanges (Hrsg.), Recht – Ethik – Religion. Der Spannungsbogen für aktuelle Fragen, historische Vorgaben und bleibende Probleme, Festgabe für Bundesrichter Dr. Giusep Nay zum 60. Geburtstag, Luzern 2002, S. 23 ff. *(Öffentliche Urteilsverkündung)*

Rhinow René/Koller Heinrich/Kiss Christina/Thurnherr Daniela/Brühl-Moser Denise, Öffentliches Prozessrecht – Grundlagen und Bundesrechtspflege, 2. Aufl., Basel 2010 *(Öffentliches Prozessrecht)*

Rhinow René A./Krähenmann Beat, Schweizerische Verwaltungsrechtsprechung, Ergänzungsband, Basel/Frankfurt a.M. 1990 *(Verwaltungsrechtsprechung)*

Rhinow René/Schefer Markus, Schweizerisches Verfassungsrecht, 2. Aufl., Basel 2009 *(Verfassungsrecht)*

Riva Enrico, Neue bundesrechtliche Regelung des Rechtsschutzes gegen Realakte – Überlegungen zu Art. 25a VwVG, SJZ 2007, 337 ff. *(Realakte)*

– Die Beschwerdebefugnis der Natur- und Heimatschutzvereinigungen im schweizerischen Recht, Diss. (Bern), Bern 1980 *(Beschwerdebefugnis)*

Röhl Martin, Staatlicher und landeskirchlicher Rechtsschutz im Kanton Zürich, in: Markus Rüssli/Julia Hänni/Reto Häggi Furrer (Hrsg.), Staats- und Verwaltungsrecht auf vier Ebenen, Festschrift für Tobias Jaag, Zürich/Basel/Genf 2012, S. 261 ff. *(Rechtsschutz)*

Literaturverzeichnis

ROHRER JOSEF, Die Bedeutung des Beschwerderechts für den Natur- und Heimatschutz, in: Peter M. Keller/Jean-Baptiste Zufferey/Karl Ludwig Fahrländer (Hrsg.), Kommentar NHG – Kommentar zum Bundesgesetz über den Natur- und Heimatschutz, Zürich 1997, S. 66 ff. *(Bedeutung)*

ROTACH TOMSCHIN BEA, Die Revision des Zürcher Verwaltungsrechtspflegegesetzes, ZBl 1997, 433 ff. *(Revision)*

RUCKSTUHL FRANÇOIS, Der Rechtsschutz im zürcherischen Planungs- und Baurecht, ZBl 1985, 281 ff. *(Rechtsschutz)*

RUST BALZ, Die Revision im Zürcher Zivilprozess, Diss. (Zürich), Zürich 1981 *(Revision)*

RÜTSCHE BERNHARD, Rechtsfolgen von Normenkontrollen – Entwicklungen in Praxis und Lehre seit dem Fall Hegetschweiler vor zwei Jahrzehnten, ZBl 2005, 273 ff. *(Rechtsfolgen)*

RÜTSCHE BERNHARD/SCHNEIDER DANIELLE, Die Sachverhaltsfeststellung als arbeitsteiliger Prozess – Ein neuer Blick auf den Untersuchungsgrundsatz im öffentlichen Verfahren, in: Felix Bommer/Stephen V. Berti (Hrsg.), Verfahrensrecht am Beginn einer neuen Epoche, Festgabe zum Schweizerischen Juristentag 2011 – 150 Jahre Schweizerischer Juristenverein, Zürich/Basel/Genf 2011, S. 67 ff. *(Sachverhaltsfeststellung)*

RYTER MARIANNE, Gerichtsverwaltung und richterliche Unabhängigkeit: Überlegungen am Beispiel des Bundesverwaltungsgerichts, in: Verwaltungsorganisationsrecht – Staatshaftungsrecht – öffentliches Dienstrecht, Jahrbuch 2007, Bern 2008, S. 59 ff. *(Gerichtsverwaltung)*

SÄGESSER THOMAS, Stämpflis Handkommentar Regierungs- und Verwaltungsorganisationsgesetz (RVOG) vom 21. März 1997, Bern 2007 *(Handkommentar RVOG)*

SAILE PETER/BURGHERR MARC/LORETAN THEO, Verfassungs- und Organisationsrecht der Stadt Zürich – Ein Handbuch für die Praxis, Zürich/St. Gallen 2009 *(Handbuch)*

SALADIN PETER, Wiedererwägung und Widerruf formell rechtskräftiger Verfügungen – Die Rechtsprechung des Eidgenössischen Versicherungsgerichts im Vergleich zur Praxis des Bundesgerichts in Lausanne, in: Sozialversicherungsrecht im Wandel, Festschrift 75 Jahre Eidgenössisches Versicherungsgericht, Bern 1992, S. 113 ff. *(Wiedererwägung)*

– Das Verwaltungsverfahrensrecht des Bundes, Basel/Stuttgart 1979 *(Verwaltungsverfahrensrecht)*

– Verwaltungsprozessrecht und materielles Verwaltungsrecht – Einwirkungen des Verwaltungsprozess- und des Verwaltungsverfahrensrechts im Bund auf das materielle Verwaltungsrecht, ZSR 1975 II, 307 ff. *(Verwaltungsprozessrecht)*

SCHAFFHAUSER RENÉ, Instanzenzug und Beschwerdelegitimation bei Verkehrsanordnungen nach Art. 3 SVG, in: René Schaffhauser (Hrsg.), Jahrbuch zum Strassenverkehrsrecht 2009, St. Gallen 2009, S. 493 ff. *(Verkehrsanordnungen)*

SCHAUB CHRISTOPH, Der vorläufige Rechtsschutz im Anwendungsbereich des Umweltschutzgesetzes, Diss. (Zürich), Zürich 1990 *(Vorläufiger Rechtsschutz)*

SCHINDLER BENJAMIN, Beschleunigungspotentiale im öffentlichen Verfahrensrecht, AJP 2012, 13 ff. *(Beschleunigungspotentiale)*

– Zum richterlichen Ermessen, in: Schindler/Sutter, Akteure, S. 133 ff. *(Ermessen)*

– Die «formelle Natur» von Verfahrensgrundrechten. Verfahrensfehlerfolgen im Verwaltungsrecht – ein Abschied von der überflüssigen Figur der «Heilung», ZBl 2005, 169 ff. *(Formelle Natur)*

- Die Befangenheit der Verwaltung – Der Ausstand von Entscheidträgern der Verwaltung im Staats- und Verwaltungsrecht von Bund und Kantonen, Diss. (Zürich), Zürich/Basel/Genf 2002 *(Befangenheit)*

SCHINDLER BENJAMIN/LOUIS PATRIK, Erstinstanzlicher Rechtsschutz gegen universitäre Prüfungsentscheidungen, ZBl 2011, 509 ff. *(Rechtsschutz)*

SCHINDLER BENJAMIN/SUTTER PATRICK (Hrsg.), Akteure der Gerichtsbarkeit, Zürich/St. Gallen 2007 *(Akteure)*

SCHMID-TSCHIRREN CHRISTINA/PFÄFFLI ROLAND, Die Beschwerden im Grundbuchrecht mit Berücksichtigung des Bundesgesetzes über das Bundesgericht, Der Bernische Notar 2007, 18 ff. *(Beschwerden im Grundbuchrecht)*

SCHUHMACHER CHRISTIAN, Reformprojekt im Überblick, in: Griffel/Jaag, Reform, S. 15 ff. *(Überblick)*

SCHWANDER IVO, Zur Beschwerdebefugnis in den Verwaltungsverfahren und Verwaltungsgerichtsverfahren, ZBl 1978, 469 ff. *(Beschwerdebefugnis)*

SCHWANK ALEXANDRA, Das verwaltungsinterne Rekursverfahren des Kantons Basel-Stadt, in: Denise Buser (Hrsg.), Neues Handbuch des Staats- und Verwaltungsrechts des Kantons Basel-Stadt, Festgabe zum 125-jährigen Jubiläum der Advokatenkammer in Basel, Basel 2008, S. 435 ff. *(Festgabe)*

- Das verwaltungsinterne Rekursverfahren des Kantons Basel-Stadt – Eine Darstellung unter Berücksichtigung der Praxis des Regierungsrates als Rekursinstanz, Diss. (Basel), Basel/Genf/München 2003 *(Diss.)*

SCHWEIZER MARK, Drittbeschwerde gegen arzneimittelrechtliche Zulassungen, AJP 2005, 797 ff. *(Drittbeschwerde)*

SEILER HANSJÖRG, Der Europäische Gerichtshof für Menschenrechte: Hüter der Menschenrechte, Appellationsinstanz oder Verfassungsgeber?, ZBl 2012, 223 ff. *(Europäischer Gerichtshof)*

- Richter als Parteivertreter, Richterzeitung (heute: «Justice – Justiz – Giustizia») 3/2006 *(Richter als Parteivertreter)*
- Das (Miss-)Verhältnis zwischen strafprozessualem Schweigerecht und verwaltungsrechtlicher Mitwirkungs- und Auskunftspflicht, recht 2005, 11 ff. *(Schweigerecht)*
- Abschied von der formellen Natur des rechtlichen Gehörs, SJZ 2004 377 ff. *(Abschied)*

SEILER HANSJÖRG/VON WERDT NICOLAS/GÜNGERICH ANDREAS, Stämpflis Handkommentar Bundesgerichtsgesetz (BGG), Bern 2007 *(Handkommentar BGG)*

SOMMER EDUARD, Fragen der Weiterentwicklung der zürcherischen Verwaltungsrechtspflege, ZBl 1977, 145 ff. *(Weiterentwicklung)*

- Zwei Jahre zürcherisches Verwaltungsgericht, ZBl 1962, 273 ff. *(Verwaltungsgericht)*

SPORI MARION, Vereinbarkeit des Erfordernisses des aktuellen schutzwürdigen Interesses mit der Rechtsweggarantie von Art. 29a BV und dem Recht auf eine wirksame Beschwerde nach Art. 13 EMRK, AJP 2008, 147 ff. *(Vereinbarkeit)*

SPÜHLER KARL, Der Richter und die Politik: Die Wahlart der Richter und ihre Unabhängigkeit gegenüber politischen Gewalten, ZBJV 1994, 28 ff. *(Wahlart)*

SPÜHLER KARL/DOLGE ANNETTE/VOCK DOMINIK, Kurzkommentar zum Bundesgerichtsgesetz (BGG), Zürich/St. Gallen 2006 *(Kurzkommentar BGG)*

Literaturverzeichnis

SPÜHLER KARL/TENCHIO LUCA/INFANGER DOMINIK (Hrsg.), Schweizerische Zivilprozessordnung, Basler Kommentar, Basel 2010 *(Basler Kommentar ZPO)*
(Die 2013 erschienene 2. Aufl. konnte nicht mehr berücksichtigt werden.)

STADELWIESER JÜRG, Die Eröffnung von Verfügungen – Unter besonderer Berücksichtigung des eidgenössischen und des st. gallischen Rechts, Diss. (St. Gallen), St. Gallen 1994 *(Eröffnung)*

STAEHELIN ADRIAN/STAEHELIN DANIEL/GROLIMUND PASCAL, Zivilprozessrecht – Unter Einbezug des Anwaltsrechts und des internationalen Zivilprozessrechts, 2. Aufl., Zürich/Basel/Genf 2013 *(Zivilprozessrecht)*

STEINMANN GEROLD, Vorläufiger Rechtsschutz im Verwaltungsbeschwerdeverfahren und im Verwaltungsgerichtsverfahren, ZBl 1993, 141 ff. *(Rechtsschutz)*

St. Galler Kommentar BV: siehe EHRENZELLER/MASTRONARDI/SCHWEIZER/VALLENDER

STOLL RAPHAEL/REBSAMEN MANUEL, Die formelle Enteignung nach zürcherischem Strassengesetz – eine verfahrensrechtliche Annäherung, PBG aktuell 1/2012, 5 ff. *(Enteignung)*

SUTER MATTHIAS, Der neue Rechtsschutz in öffentlich-rechtlichen Angelegenheiten vor dem Bundesgericht, Diss. (St. Gallen), Zürich/St. Gallen 2007 *(Rechtsschutz)*

SUTTER PATRICK, Der Anwalt als Richter, die Richterin als Anwältin – Probleme mit der richterlichen Unabhängigkeit und den anwaltlichen Berufsregeln, AJP 2006, 30 ff. *(Anwalt)*

SUTTER PETER, Die Beweislastregeln unter besonderer Berücksichtigung des verwaltungsrechtlichen Streitverfahrens, Diss. (St. Gallen), St. Gallen 1988 *(Beweislastregeln)*

SUTTER-SOMM THOMAS/HASENBÖHLER FRANZ/LEUENBERGER CHRISTOPH (Hrsg.), Kommentar zur schweizerischen Zivilprozessordnung (ZPO), Zürich/Basel/Genf 2010 *(Kommentar ZPO 2010)*
(Die 2013 erschienene 2. Aufl. konnte nicht mehr berücksichtigt werden.)

TANQUEREL THIERRY, Manuel de droit administratif, Genf/Zürich/Basel 2011 *(Manuel)*
- Le recours des offices fédéraux en matière d'aménagement du territoire et d'environnement, in: Benoît Bovay/Minh Son Nguyen (Hrsg.), Mélanges en l'honneur de Pierre Moor, Bern 2005, S. 761 ff. *(Recours)*
- Les opposants à la construction, JDC 2005, 183 ff. *(Opposants)*

TANQUEREL THIERRY/BELLANGER FRANÇOIS (Hrsg.), Les tiers dans la procédure administrative, Genf/Zürich/Basel 2004 *(Tiers)*

THALMANN HANS RUDOLF, Kommentar zum Zürcher Gemeindegesetz, 3. Aufl., Wädenswil 2000 *(Kommentar GG)*

THURNHERR DANIELA, Verfahrensgrundrechte und Verwaltungshandeln – Die verfassungsrechtlichen Mindestgarantien prozeduraler Gerechtigkeit unter den Bedingungen der Diversität administrativer Handlungsmodalitäten, Zürich/St. Gallen 2013
(Dieses Werk konnte nicht mehr berücksichtigt werden.)

TOPHINKE ESTHER, Bedeutung der Rechtsweggarantie für die Anpassung der kantonalen Gesetzgebung, ZBl 2006, 88 ff. *(Rechtsweggarantie)*

TRIPPEL SIMON ANDREAS, Gemeindebeschwerde und Gemeinderekurs im Kanton Zürich (§ 151 und 152 Gemeindegesetz), Diss. (Zürich), Zürich 1988 *(Gemeindebeschwerde)*

TRÜEB HANS RUDOLF, Rechtsschutz gegen Luftverunreinigung und Lärm – Das Beschwerdeverfahren bei Errichtung und Sanierung ortsfester Anlagen im Geltungsbereich des Umweltschutzgesetzes, Diss. (Zürich), Zürich 1990 *(Rechtsschutz)*
- Die Vollzugsklage im Umweltrecht, URP 1990, 423 ff. *(Vollzugsklage)*

TSCHANNEN PIERRE, Staatsrecht der Schweizerischen Eidgenossenschaft, 3. Aufl., Bern 2011 *(Staatsrecht)*
- (Hrsg.), Neue Bundesrechtspflege – Auswirkungen der Totalrevision auf den kantonalen und eidgenössischen Rechtsschutz (Berner Tage für die juristische Praxis 2006), Bern 2007 *(BTJP 2006)*

TSCHANNEN PIERRE/ZIMMERLI ULRICH/MÜLLER MARKUS, Allgemeines Verwaltungsrecht, 3. Aufl., Bern 2009 *(Verwaltungsrecht)*

TSCHOPP-CHRISTEN MARIANNE, Rechtsschutz gegenüber Realakten des Bundes (Artikel 25a VwVG), Diss. (Zürich), Zürich/Basel/Genf 2009 *(Realakte)*

UEBERSAX PETER, Die Stellung der Gerichtsschreiberinnen und Gerichtsschreiber in der Gerichtsverfassung, in: Schindler/Sutter, Akteure, S. 77 ff. *(Gerichtsschreiberinnen und Gerichtsschreiber)*

UHLMANN FELIX, Verfahrensgrundrechte, in: Biaggini/Gächter/Kiener, Staatsrecht, § 40 *(Verfahrensgrundrechte)*
- Die Einleitung eines Verwaltungsverfahrens, in: Häner/Waldmann, Verwaltungsverfahren, S. 1 ff. *(Einleitung)*

VILLIGER MARK E., Handbuch der Europäischen Menschenrechtskonvention (EMRK) – unter besonderer Berücksichtigung der schweizerischen Rechtslage, 2. Aufl., Zürich 1999 *(Handbuch EMRK)*

VOGEL STEFAN, Vorsorgliche Massnahmen, in: Häner/Waldmann, Verwaltungsverfahren, S. 87 ff. *(Vorsorgliche Massnahmen)*

WÄDENSWEILER JÜRG, Der Rechtsschutz im Planungs- und Baugesetz (PBG) des Kantons Zürich, Diss. (Zürich), Zürich 1987 *(Rechtsschutz)*

WALDMANN BERNHARD, Grundsätze und Maximen in der Verwaltungsrechtspflege, in: Häner/Waldmann, Brennpunkte, S. 1 ff. *(Grundsätze)*
- Das rechtliche Gehör im Verwaltungsverfahren, in: Häner/Waldmann, Verwaltungsverfahren, S. 55 ff. *(Rechtliches Gehör)*

WALDMANN BERNHARD/WEISSENBERGER PHILIPPE (Hrsg.), VwVG – Praxiskommentar zum Bundesgesetz über das Verwaltungsverfahren, Zürich/Basel/Genf 2009 *(Praxiskommentar VwVG)*

WALKER SPÄH CARMEN, Behördenbeschwerde – Ein Instrument zu Gunsten der Umwelt, PBG aktuell 3/2006, 5 ff. *(Behördenbeschwerde)*

WALTER HANS PETER, Das Teilurteil vor Bundesgericht, in: Michael Leupold/David Rüetschi/Demian Stauber/Meinrad Vetter (Hrsg.), Der Weg zum Recht, Festschrift für Alfred Bühler, Zürich/Basel/Genf 2008, S. 241 ff. *(Teilurteil)*

WENIGER CATHERINE, Les recours au Tribunal fédéral, les notions de décision finale, partielle et préjudicielle – Recueil d'études réalisées par des praticiens, in: Rémy Wyler (Hrsg.), Panorama en droit du travail, Bern 2009, S. 803 ff. *(Recours)*

Literaturverzeichnis

WIDRIG DANIEL, Studieren geht über Prozessieren – Rechtsschutz von Studierenden bei Prüfungen, Jusletter 2. Mai 2011 *(Studieren)*

WIEDERKEHR RENÉ, Die Begründungspflicht nach Art. 29 Abs. 2 BV und die Heilung bei Verletzung, ZBl 2010, 481 ff. *(Begründungspflicht)*

WIEDERKEHR RENÉ/RICHLI PAUL, Praxis des allgemeinen Verwaltungsrechts – Eine systematische Analyse der Rechtsprechung, Bd. I, Bern 2012 *(Praxis)*

WIPFLI HANS, Justizielle Selbstverwaltung, in: Schindler/Sutter, Akteure, S. 115 ff. *(Selbstverwaltung)*

WIRTHLIN MARTIN, Luzerner Verwaltungsrechtspflege. Grundlagen und Praxis, Bern 2011 *(Verwaltungsrechtspflege)*

WOLF ROBERT, Der Rechtsschutz im öffentlichen Beschaffungswesen, in: Häner/Waldmann, Brennpunkte, S. 159 ff. *(Rechtsschutz)*

– Die Beschwerde gegen Vergabeentscheide – Eine Übersicht über die Rechtsprechung zu den neuen Rechtsmitteln, ZBl 2003, 1 ff. *(Beschwerde)*

ZEN-RUFFINEN PIERMARCO, Le réexamen et la révision des décisions administratives, in: François Bohnet (Hrsg.), Quelques actions en annulation, Neuenburg 2007, S. 195 ff. *(Réexamen)*

ZIMMERLI ULRICH/KÄLIN WALTER/KIENER REGINA, Grundlagen des öffentlichen Verfahrensrechts, Bern 2004 *(Öffentliches Verfahrensrecht)*

ZÜND CHRISTIAN, Die Beiladung im Sozialversicherungsprozess, in: René Schaffhauser/Franz Schlauri (Hrsg.), Sozialversicherungsrechtstagung 2004, St. Gallen 2004, S. 35 ff. *(Beiladung)*

ZÜND CHRISTIAN/PFIFFNER RAUBER BRIGITTE (Hrsg.), Gesetz über das Sozialversicherungsgericht des Kantons Zürich – Kommentar, 2. Aufl., Zürich/Basel/Genf 2009 *(Kommentar GSVGer)*

ZWEIDLER REINHARD, Vereinfachung der UVP – Präzisierung des Verbandsbeschwerderechts. Die Gesetzesrevision in Folge der parlamentarischen Initiative Hofmann, URP 2007, 520 ff. *(UVP)*

ZWEIFEL MARTIN/CASANOVA HUGO, Schweizerisches Steuerverfahrensrecht – Direkte Steuern, Zürich/Basel/Genf 2008 *(Steuerverfahrensrecht)*

Materialienverzeichnis

1. Bund

Botschaft über den Ausbau der Verwaltungsgerichtsbarkeit im Bunde vom 24. September 1965, BBl 1965 II 1265 ff. *(Botschaft OG-Revision 1965)*

Botschaft über eine neue Bundesverfassung vom 20. November 1996, BBl 1997 I 1 ff. *(Botschaft BV)*

Bundesamt für Justiz (Hrsg.), Expertenkommission für die Totalrevision der Bundesrechtspflege, Schlussbericht an das Eidgenössische Justiz- und Polizeidepartement, Bern 1997, einsehbar unter www.ejpd.admin.ch > Themen > Staat & Bürger > Gesetzgebung > Abgeschlossene Projekte > Totalrevision der Bundesrechtspflege > Dokumentation Vernehmlassungsverfahren *(Schlussbericht Expertenkommission Totalrevision)*

Botschaft zur Totalrevision der Bundesrechtspflege vom 28. Februar 2001, BBl 2001, 4202 ff. *(Botschaft Bundesrechtspflege)*

Parlamentarische Initiative Bürgerrechtsgesetz. Änderung: Bericht der Staatspolitischen Kommission des Ständerats vom 27. Oktober 2005, BBl 2005, 6941 ff. *(Bericht Staatspolitische Kommission SR)*

Botschaft zur Schweizerischen Zivilprozessordnung (ZPO) vom 28. Juni 2006, BBl 2006, 7221 ff. *(Botschaft ZPO)*

2. Kanton Zürich

2.1 VRG in der Fassung vom 24. Mai 1959

Antrag und Weisung des Regierungsrates vom 10. Oktober 1957, Verfassungsgesetz über die Abänderung der Art. 31, 40 und 45 der Staatsverfassung und Gesetz über die Verwaltungsrechtspflege, ABl 1957, 993 ff. *(Weisung 1957)*

Beleuchtender Bericht des Regierungsrates, Gesetz über den Rechtsschutz in Verwaltungssachen (Verwaltungsrechtspflegegesetz), ABl 1959, 391 ff. *(Beleuchtender Bericht 1959)*

Protokoll der kantonsrätlichen Kommission betreffend Verwaltungsrechtspflegegesetz 1957–1959 *(Prot. KK 1957–1959)*

Protokoll des Kantonsrates 1955–1959 *(Prot. KR 1955–1959)*

2.2 VRG-Revision vom 8. Juni 1997

Antrag und Weisung des Regierungsrates vom 3. Mai 1995, Änderung des Gesetzes über den Rechtsschutz in Verwaltungssachen (Verwaltungsrechtspflegegesetz), ABl 1995, 1501 ff. *(Weisung 1995)*

Beleuchtender Bericht des Regierungsrates zur kantonalen Volksabstimmung vom 8. Juni 1997, Änderung des Verwaltungsrechtspflegegesetzes, S. 5 f. *(Beleuchtender Bericht 1997)*

Protokoll der kantonsrätlichen Kommission betreffend Änderung des Verwaltungsrechtspflegegesetzes 1995/96 *(Prot. KK 1995/96)*

Protokoll des Kantonsrates 1995–1999 *(Prot. KR 1995–1999)*

2.3 VRG-Revision vom 22. März 2010

Regierungsratsbeschluss Nr. 1566 vom 24. Oktober 2007, Anpassung des kantonalen Verwaltungsverfahrensrechts an übergeordnetes Recht (Konzept) *(RRB Nr. 1566/2007)*

Anpassung des kantonalen Verwaltungsverfahrensrechts an das übergeordnete Recht, Vorentwurf vom 6. Juni 2008 [online nicht verfügbar] *(Vorentwurf VRG-Revision 2010)*

Erläuterungen der Direktion der Justiz und des Innern zum Vorentwurf vom 6. Juni 2008, Anpassung des kant. Verwaltungsverfahrensrechts an das übergeordnete Recht [online nicht verfügbar] *(Erläuterungen Vorentwurf VRG-Revision 2010)*

Regierungsratsbeschluss Nr. 951 vom 18. Juni 2008, Anpassung des Verwaltungsverfahrensrechts an das übergeordnete Recht (Vernehmlassung) *(RRB Nr. 951/2008)*

Antrag und Weisung des Regierungsrates vom 29. April 2009, Gesetz über die Anpassung des kantonalen Verwaltungsverfahrensrechts, ABl 2009, 801 ff. *(Weisung 2009)*

Antrag der Kommission für Justiz und öffentliche Sicherheit vom 14. Januar 2010, Gesetz über die Anpassung des kantonalen Verwaltungsverfahrensrechts, ABl 2010, 169 ff. *(VRG-Revision 2010, Antrag KJS)*

Antrag der Redaktionskommission des Kantonsrates vom 4. März 2010, Gesetz über die Anpassung des kantonalen Verwaltungsverfahrensrechts, einsehbar unter www.kantonsrat.zh.ch > KR-Nr./Vorlagen-Nr. 4600 > Antrag Redaktionskommission 4600b *(VRG-Revision 2010, Antrag Redaktionskommission)*

Protokoll des Kantonsrates 2007–2011 *(Prot. KR 2007–2011)*

Regierungsratsbeschluss Nr. 830 vom 2. Juni 2010, Gesetz über die Anpassung des kantonalen Verwaltungsverfahrensrechts vom 22. März 2010 (Inkraftsetzung) *(RRB Nr. 830/2010)*

2.4 Weitere Erlasse/Gesetzesrevisionen (chronologisch)

Antrag und Weisung des Regierungsrates vom 9. Juni 1976, Gesetz über die Änderung des Verwaltungsrechtspflegegesetzes, des Gerichtsverfassungsgesetzes und des Wahlgesetzes (kantonaler Ombudsmann), ABl 1976, 963 ff. *(Weisung 1976)*

Protokoll der kantonsrätlichen Kommission betreffend Änderung des Verwaltungsrechtspflegegesetzes (kantonaler Ombudsmann) 1976/77 *(Prot. KK 1976/77)*

Beleuchtender Bericht des Regierungsrates, Gesetz über die Änderung des Verwaltungsrechtspflegegesetzes, des Gerichtsverfassungsgesetzes und des Gesetzes über die Wahlen und Abstimmungen, ABl 1977, 933 ff. *(Beleuchtender Bericht 1977)*

Bericht und Antrag des Regierungsrates an den Kantonsrat zur Einzelinitiative Dr. Katharina Sameli, Zürich, und Mitunterzeichner betreffend Parteientschädigung im Verwaltungsverfahren vom 5. November 1986, ABl 1986, 1656 ff. *(Bericht 1986)*

Antrag und Weisung des Regierungsrates vom 13. Juli 1994, Steuergesetz, ABl 1994, 1335 ff. *(Weisung StG)*

Antrag und Weisung des Regierungsrates vom 22. Mai 1996 zur Änderung des Personalrechts, ABl 1996, 1105 ff. *(Weisung PG)*

Antrag und Weisung des Regierungsrates vom 29. August 2001, Gesetz über die Verzugszinsen, ABl 2001, 1308 ff. *(Weisung Verzugszinsen)*

Antrag und Weisung des Regierungsrates vom 28. August 2002, Gesetz über die politischen Rechte, ABl 2002, 1507 ff. *(Weisung GPR)*

Antrag und Weisung des Regierungsrates vom 14. Januar 2004, Gesetz über die Organisation des Regierungsrates und der kantonalen Verwaltung (OG RR), ABl 2004, 41 ff. *(Weisung OG RR)*

Antrag und Weisung des Regierungsrates vom 14. Januar 2004, Gesetz über Controlling und Rechnungslegung (CRG), ABl 2004, 89 ff. *(Weisung CRG)*

Antrag und Weisung des Regierungsrates vom 9. November 2005, Gesetz über die Information und den Datenschutz (IDG), ABl 2005, 1283 ff. *(Weisung IDG)*

Antrag und Weisung des Regierungsrates vom 31. Mai 2006, Kirchengesetz (KiG), ABl 2006, 573 ff. *(Weisung KiG)*

Antrag und Weisung des Regierungsrates vom 27. September 2006, Änderung des Verwaltungsrechtspflegegesetzes (Ombudsperson: Tätigkeit in Gemeinden, Schweigepflicht), ABl 2006, 1313 f. *(Weisung 2006)*

Antrag des Regierungsrates vom 6. Dezember 2006, Gesetz über die Anpassung des kantonalen Rechts an das Partnerschaftsgesetz des Bundes, ABl 2006, 1703 ff. *(Weisung AnpassungsG PartG)*

Begründung des Regierungsrates zur Verordnung über die Organisation des Regierungsrates und der kantonalen Verwaltung vom 18. Juli 2007, ABl 2007, 1333 ff. *(Begründung VOG RR)*

Antrag und Weisung des Regierungsrates vom 12. November 2008, Änderung des Gesetzes über die politischen Rechte (Anpassung an die neue Kantonsverfassung), ABl 2008, 2069 ff. *(Weisung GPR 2008)*

Antrag und Weisung des Regierungsrats vom 1. Juli 2009, Gesetz über die Anpassung der kantonalen Behördenorganisation und des kantonalen Prozessrechts in Zivil- und Strafsachen an die neuen Prozessgesetze des Bundes, ABl 2009, 1489 ff. *(Weisung AnpassungsG ZPO/StPO)*

Antrag und Weisung des Regierungsrates vom 3. Februar 2010, Gesetz über die Unterstellung der Steuerrekurskommissionen und der Baurekurskommissionen unter das Verwaltungsgericht, ABl 2010, 266 ff. *(Weisung StRG/BRG)*

Antrag der Kommission für Justiz und öffentliche Sicherheit vom 10. Juni 2010, Gesetz über die Unterstellung der Steuerrekurskommissionen und der Baurekurskommissionen unter das Verwaltungsgericht, ABl 2010, 1331 ff. *(Unterstellung StRG/BRG, Antrag KJS)*

Antrag und Weisung des Regierungsrates vom 9. März 2011, Änderung Planungs- und Baugesetz; Verfahren und Rechtsschutz, ABl 2011, 1119 ff. *(Weisung PBG 2011)*

Antrag und Weisung der Geschäftsleitung des Kantonsrates vom 19. Januar 2012, Änderung Kantonsratsgesetz (Effizienzsteigerung) und Änderung Geschäftsreglement des Kantonsrates, ABl 2012, 189 ff. *(Weisung KRG 2012)*

Antrag und Weisung des Regierungsrates vom 20. März 2013, Gemeindegesetz (GG), ABl 19.4.2013 (30197) *(Weisung GG)*

2.5 Kantonsverfassung

Protokoll des Verfassungsrates 2000–2004 *(Prot. Verfassungsrat)*

Materialienverzeichnis

2.6 Protokolle des Kantonsrates

Protokoll des Kantonsrates 1955–1959 *(Prot. KR 1955–1959)*

Protokoll des Kantonsrates 1975–1979 *(Prot. KR 1975–1979)*

Protokoll des Kantonsrates 1983–1987 *(Prot. KR 1983–1987)*

Protokoll des Kantonsrates 1995–1999 *(Prot. KR 1995–1999)*

Protokoll des Kantonsrates 1999–2003 *(Prot. KR 1999–2003)*

Protokoll des Kantonsrates 2007–2011 *(Prot. KR 2007–2011)*

Protokoll des Kantonsrates 2011–2015 *(Prot. KR 2011–2015)*

Abkürzungsverzeichnis

Allgemein gebräuchliche Abkürzungen (wie Kantonsnamen, bzw., S. oder Nr.) werden als bekannt vorausgesetzt.

a.a.O.	am angeführten Ort
Aarhus-Konvention	Übereinkommen über den Zugang zu Informationen, die Öffentlichkeitsbeteiligung an Entscheidungsverfahren und den Zugang zu Gerichten in Umweltangelegenheiten vom 25. Juni 1998 (BBl 2012, 4367 ff.; SR 0.814.08 [vorgesehen])
AB	Aufsichtsbeschwerde (Entscheid des VGr)
AbfG	Abfallgesetz vom 25. September 1994 (LS 712.1)
ABl	Amtsblatt des Kantons Zürich
Abs.	Absatz
AbtrG	Gesetz betreffend die Abtretung von Privatrechten vom 30. November 1879 (LS 781; keine offizielle Abkürzung)
AbtrV	Verordnung betreffend das Administrativverfahren bei Abtretung von Privatrechten vom 6. März 1880 (LS 781.1; keine offizielle Abkürzung)
aBV	(alte) Bundesverfassung der Schweizerischen Eidgenossenschaft vom 29. Mai 1874 (aufgehoben)
a.E.	am Ende
AEV	Verordnung der obersten kantonalen Gerichte über die Information über Gerichtsverfahren und die Akteneinsicht bei Gerichten durch Dritte (Akteneinsichtsverordnung der obersten Gerichte) vom 16. März 2001 (LS 211.15; keine offizielle Abkürzung)
AGVE	Aargauische Gerichts- und Verwaltungsentscheide
AJP	Aktuelle Juristische Praxis (Zürich/St. Gallen)
AllgGebV	Allgemeine Gebührenverordnung vom 8. September 2004 (SR 172.041.1)
a.M.	anderer Meinung/(Frankfurt) am Main
Amtl. Bull. NR/SR	Amtliches Bulletin der Bundesversammlung (des Nationalrates/des Ständerates)
AN	Abstrakte Normenkontrolle (Entscheid des VGr)
AnpassungsG PartG	Gesetz über die Anpassung des kantonalen Rechts an das Partnerschaftsgesetz des Bundes vom 9. Juli 2007 (OS 62, 429; keine offizielle Abkürzung)
AnpassungsG ZPO/StPO	Gesetz über die Anpassung der kantonalen Behördenorganisation und des kantonalen Prozessrechts in Zivil- und Strafsachen an die neuen Prozessgesetze des Bundes vom 10. Mai 2010 (OS 65, 520; keine offizielle Abkürzung)
AnwG	Anwaltsgesetz vom 17. November 2003 (LS 215.1; keine offizielle Abkürzung)
AnwGebV	Verordnung über die Anwaltsgebühren vom 8. September 2010 (LS 215.3)
AöR	Archiv des öffentlichen Rechts (Tübingen)

Abkürzungsverzeichnis

ArbR	Mitteilungen des Instituts für Schweizerisches Arbeitsrecht
ArchivG	Archivgesetz vom 24. September 1995 (LS 432.11; keine offizielle Abkürzung)
ArchivV	Verordnung der obersten kantonalen Gerichte über die Archivierung von Verfahrensakten (Archivverordnung der obersten Gerichte) vom 16. März 2001 (LS 211.16; keine offizielle Abkürzung)
ArG	Bundesgesetz über die Arbeit in Industrie, Gewerbe und Handel (Arbeitsgesetz) vom 13. März 1964 (SR 822.11)
Art.	Artikel
AS	Amtliche Sammlung des Bundesrechts
ASA	Archiv für Schweizerisches Abgaberecht (Bern)
AsylG	Asylgesetz vom 26. Juni 1998 (SR 142.31)
ATSG	Bundesgesetz über den Allgemeinen Teil des Sozialversicherungsrechts vom 6. Oktober 2000 (SR 830.1)
Aufl.	Auflage
AuG	Bundesgesetz über die Ausländerinnen und Ausländer (Ausländergesetz) vom 16. Dezember 2005 (SR 142.20)
BBG	Bundesgesetz über die Berufsbildung (Berufsbildungsgesetz) vom 13. Dezember 2002 (SR 412.10)
BBl	Bundesblatt
Bd./Bde.	Band/Bände
BEHG	Bundesgesetz über die Börsen und den Effektenhandel (Börsengesetz) vom 24. März 1995 (SR 954.1)
BehiG	Bundesgesetz über die Beseitigung von Benachteiligungen von Menschen mit Behinderungen (Behindertengleichstellungsgesetz) vom 13. Dezember 2002 (SR 151.3)
BehiV	Verordnung über die Beseitigung von Benachteiligungen von Menschen mit Behinderungen (Behindertengleichstellungsverordnung) vom 19. November 2003 (SR 151.31)
BewG	Bundesgesetz über den Erwerb von Grundstücken durch Personen im Ausland vom 16. Dezember 1983 (SR 211.412.41)
BewV	Verordnung über den Erwerb von Grundstücken durch Personen im Ausland vom 1. Oktober 1984 (SR 211.412.411)
BEZ	Baurechtsentscheide Kanton Zürich (Wädenswil)
BezVG	Gesetz über die Bezirksverwaltung vom 10. März 1985 (LS 173.1)
BGBB	Bundesgesetz über das bäuerliche Bodenrecht vom 4. Oktober 1991 (SR 211.412.11)
BGBM	Bundesgesetz über den Binnenmarkt (Binnenmarktgesetz) vom 6. Oktober 1995 (SR 943.02)
BGE	Entscheidungen des Schweizerischen Bundesgerichts (Amtliche Sammlung)
BGerR	Reglement für das Bundesgericht vom 20. November 2006 (SR 173.110.131)

BGFA	Bundesgesetz über die Freizügigkeit der Anwältinnen und Anwälte (Anwaltsgesetz) vom 23. Juni 2000 (SR 935.61)
BGG	Bundesgesetz über das Bundesgericht (Bundesgerichtsgesetz) vom 17. Juni 2005 (SR 173.110)
BGÖ	Bundesgesetz über das Öffentlichkeitsprinzip der Verwaltung (Öffentlichkeitsgesetz) vom 17. Dezember 2004 (SR 152.3)
BGr	Bundesgericht
BGS	Bereinigte Gesetzessammlung Solothurn
BiG	Bildungsgesetz vom 1. Juli 2002 (LS 410.1)
BJ	Bundesamt für Justiz
BlSchK	Blätter für Schuldbetreibung und Konkurs (Wädenswil)
BöB	Bundesgesetz über das öffentliche Beschaffungswesen vom 16. Dezember 1994 (SR 172.056.1)
BPG	Bundespersonalgesetz vom 24. März 2000 (SR 172.220.1)
BPR	Bundesgesetz über die politischen Rechte vom 17. Dezember 1976 (SR 161.1)
BR	Baurecht (Freiburg i.Üe.)/Bündner Rechtsbuch
BRG	Baurekursgericht (seit 1. Januar 2011; zuvor Baurekurskommissionen)
BRK	Baurekurskommission (bis 31. Dezember 2010; heute Baurekursgericht)
BS	Bereinigte Sammlung der Bundesgesetze und Verordnungen 1848–1947
BSG	Bernische Systematische Gesetzessammlung
BStGerOR	Organisationsreglement für das Bundesstrafgericht vom 31. August 2010 (SR 173.713.161)
BStrGr	Bundesstrafgericht
BTJP	Berner Tage für die juristische Praxis
BüG	Bundesgesetz über Erwerb und Verlust des Schweizer Bürgerrechts (Bürgerrechtsgesetz) vom 29. September 1952 (SR 141.0)
BüV	Bürgerrechtsverordnung vom 25. Oktober 1978 (LS 141.11)
BV	Bundesverfassung der Schweizerischen Eidgenossenschaft vom 18. April 1999 (SR 101)
BVG	Bundesgesetz über die berufliche Alters-, Hinterlassenen- und Invalidenvorsorge vom 25. Juni 1982 (SR 831.40)
BVGE	Entscheide des Schweizerischen Bundesverwaltungsgerichts (Amtliche Sammlung)
BVGr	Bundesverwaltungsgericht
BVK	Personalvorsorge des Kantons Zürich (früher: Beamtenversicherungskasse)
BVK-Statuten	Statuten der Versicherungskasse für das Staatspersonal vom 22. Mai 1996 (LS 177.21; keine offizielle Abkürzung)
BVR	Bernische Verwaltungsrechtsprechung

Abkürzungsverzeichnis

BVSG	Gesetz über die BVG- und Stiftungsaufsicht vom 11. Juli 2011 (LS 833.1)
BVV	Bauverfahrensverordnung vom 3. Dezember 1997 (LS 700.6)
BWIS	Bundesgesetz über Massnahmen zur Wahrung der inneren Sicherheit vom 21. März 1997 (SR 120)
BZP	Bundesgesetz über den Bundeszivilprozess vom 4. Dezember 1947 (SR 273)
CEDH	Cour européenne des droits de l'homme, Recueil des arrêts et décisions
CM/Rec(2010)12	Empfehlung CM/Rec(2010)12 des Ministerkomitees des Europarats über Richter, Unabhängigkeit, Effizienz und Verantwortlichkeiten vom 17. November 2010
CRG	Gesetz über Controlling und Rechnungslegung vom 9. Januar 2006 (LS 611)
Cst.	Constitution fédérale de la Confédération suisse du 18 avril 1999 (SR 101; siehe BV)
DBG	Bundesgesetz über die direkte Bundessteuer vom 14. Dezember 1990 (SR 642.11)
ders./dies.	derselbe (Autor)/dieselbe (Autorin)
Disp.-Ziff.	Dispositiv-Ziffer
Diss.	Dissertation
DÖV	Die Öffentliche Verwaltung (Stuttgart)
DR	Disziplinarrekurs (Entscheid des VGr)
DSG	Bundesgesetz über den Datenschutz vom 19. Juni 1992 (SR 235.1)
E-	Entwurf zu
E.	Erwägung
EBG	Eisenbahngesetz vom 20. Dezember 1957 (SR 742.101)
EG	Einführungsgesetz/Erläuterungsgesuch (Entscheid des VGr)
EG AHVG/IVG	Einführungsgesetz zu den Bundesgesetzen über die Alters- und Hinterlassenenversicherung und die Invalidenversicherung vom 20. Februar 1994 (LS 831.1)
EG BBG	Einführungsgesetz zum Bundesgesetz über die Berufsbildung vom 14. Januar 2008 (LS 413.31)
EG BewG	Einführungsgesetz zum Bundesgesetz über den Erwerb von Grundstücken durch Personen im Ausland vom 4. Dezember 1988 (LS 234.1)
EG FamZG	Einführungsgesetz zum Bundesgesetz über die Familienzulagen vom 19. Januar 2009 (LS 836.1)
EG GSchG	Einführungsgesetz zum Gewässerschutzgesetz vom 8. Dezember 1974 (LS 711.1)
EG KESR	Einführungsgesetz zum Kindes- und Erwachsenenschutzrecht vom 25. Juni 2012 (LS 232.3)
EG KVG	Einführungsgesetz zum Krankenversicherungsgesetz vom 13. Juni 1999 (LS 832.01)

Abkürzungsverzeichnis

EGMR	Europäischer Gerichtshof für Menschenrechte
EG SchKG	Einführungsgesetz zum Bundesgesetz über Schuldbetreibung und Konkurs vom 26. November 2007 (LS 281)
EGV-SZ	Entscheide der Gerichts- und Verwaltungsbehörden des Kantons Schwyz
EG ZGB	Einführungsgesetz zum Schweizerischen Zivilgesetzbuch vom 2. April 1911 (LS 230)
EKZ	Elektrizitätswerke des Kantons Zürich
EKZ-Gesetz	Gesetz betreffend die Elektrizitätswerke des Kantons Zürich vom 19. Juni 1983 (LS 732.1)
EMRK	Konvention zum Schutze der Menschenrechte und Grundfreiheiten (Europäische Menschenrechtskonvention) vom 4. November 1950 (SR 0.101)
EnerG	Energiegesetz vom 19. Juni 1983 (LS 730.1)
EnG	Energiegesetz vom 26. Juni 1998 (SR 730.0)
EntG	Bundesgesetz über die Enteignung vom 20. Juni 1930 (SR 711)
ESchG	Erbschafts- und Schenkungssteuergesetz vom 28. September 1986 (LS 632.1)
et al.	et alii (= und andere)
EU	Europäische Union
EÜBF	Europäisches Übereinkommen über die Berechnung von Fristen vom 16. Mai 1972 (SR 0.221.122.3; keine offizielle Abkürzung)
EuGH	Gerichtshof der Europäischen Union (Europäischer Gerichtshof)
EuGRZ	Europäische Grundrechte-Zeitschrift (Kehl)
EVD	Eidgenössisches Volkswirtschaftsdepartement (bis 31. Dezember 2012; heute: Eidgenössisches Departement für Wirtschaft, Bildung und Forschung WBF)
f./ff.	und folgende (Seite[n], Randnote[n] etc.)
FaHG	Fachhochschulgesetz vom 2. April 2007 (LS 414.10)
FamPra.ch	Die Praxis des Familienrechts (Bern)
FCV	Finanzcontrollingverordnung vom 5. März 2008 (LS 611.2)
FFG	Gesetz über die Feuerpolizei und das Feuerwehrwesen vom 24. September 1978 (LS 861.1)
FINMA	Eidgenössische Finanzmarktaufsicht
FINMAG	Bundesgesetz über die Eidgenössische Finanzmarktaufsicht (Finanzmarktaufsichtsgesetz) vom 22. Juni 2007 (SR 956.1)
FKG	Finanzkontrollgesetz vom 30. Oktober 2000 (LS 614)
Fn.	Fussnote
FS	Festschrift
FWG	Bundesgesetz über Fuss- und Wanderwege vom 4. Oktober 1985 (SR 704)
GB	Gerichtliche Beurteilungen (Entscheid des VGr)
GBV	Grundbuchverordnung vom 23. September 2011 (SR 211.432.1)

Abkürzungsverzeichnis

GDB	Gesetzesdatenbank des Kantons Obwalden
GebO VB	Gebührenordnung für die Verwaltungsbehörden vom 30. Juni 1966 (LS 682; keine offizielle Abkürzung)
GebVG	Gesetz über die Gebäudeversicherung vom 2. März 1975 (LS 862.1)
GebV SVGer	Verordnung über die Gebühren, Kosten und Entschädigungen vor dem Sozialversicherungsgericht vom 12. April 2011 (LS 212.812)
GebV VGr	Gebührenverordnung des Verwaltungsgerichts vom 23. August 2010 (LS 175.252)
GeschV VGr	Verordnung über die Organisation und den Geschäftsgang des Verwaltungsgerichts (Geschäftsverordnung des Verwaltungsgerichts) vom 26. Juni 1997 (OS 54, 345; aufgehoben per 31. Dezember 2010)
GesG	Gesundheitsgesetz vom 2. April 2007 (LS 810.1)
GG	Gemeindegesetz vom 6. Juni 1926 (LS 131.1; bezogen auf die hängige Totalrevision des GG vgl. Antrag und Weisung des Regierungsrates vom 20. März 2013, ABl 19.4.2013 [30197])
GGG	Gastgewerbegesetz vom 1. Dezember 1996 (LS 935.11; keine offizielle Abkürzung)
GjG	Gesetz über die anerkannten jüdischen Gemeinden vom 9. Juli 2007 (LS 184.1)
GlG	Bundesgesetz über die Gleichstellung von Frau und Mann (Gleichstellungsgesetz) vom 24. März 1995 (SR 151.1)
gl.M.	gleicher Meinung
GOG	Gesetz über die Gerichts- und Behördenorganisation im Zivil- und Strafprozess vom 10. Mai 2010 (LS 211.1)
GPR	Gesetz über die politischen Rechte vom 1. September 2003 (LS 161)
GR-KR	Geschäftsreglement des Kantonsrates vom 15. März 1999 (LS 171.11; keine offizielle Abkürzung)
GS	Zürcher Gesetzessammlung 1981/Gesetzessammlung des Kantons Glarus
GSchG	Bundesgesetz über den Schutz der Gewässer (Gewässerschutzgesetz) vom 24. Januar 1991 (SR 814.20)
GSG	Gewaltschutzgesetz vom 19. Juni 2006 (LS 351)
GSOG BE	Gesetz über die Organisation der Gerichtsbehörden und der Staatsanwaltschaft vom 11. Juni 2009 (BSG 161.1)
GSVGer	Gesetz über das Sozialversicherungsgericht vom 7. März 1993 (LS 212.81)
GTG	Bundesgesetz über die Gentechnik im Ausserhumanbereich (Gentechnikgesetz) vom 21. März 2003 (SR 814.91)
GUMG	Bundesgesetz über genetische Untersuchungen beim Menschen vom 8. Oktober 2004 (SR 810.12)
GVG	Gerichtsverfassungsgesetz vom 13. Juni 1976 (OS 46, 209, und GS II, 3; abgelöst durch das GOG)
HAVE	Haftung und Versicherung (Zürich)

HG	Haftungsgesetz vom 14. September 1969 (LS 170.1; keine offizielle Abkürzung)
h.L.	herrschende Lehre
HMG	Bundesgesetz über Arzneimittel und Medizinprodukte (Heilmittelgesetz) vom 15. Dezember 2000 (SR 812.21)
HooliganK	Konkordat über Massnahmen gegen Gewalt anlässlich von Sportveranstaltungen vom 15. November 2007 (LS 551.19; keine offizielle Abkürzung)
HooliganK-BeitrittsG	Gesetz vom 18. Mai 2009 über den Beitritt zum Konkordat über Massnahmen gegen Gewalt anlässlich von Sportveranstaltungen (LS 551.19; keine offizielle Abkürzung)
HRegV	Handelsregisterverordnung vom 17. Oktober 2007 (SR 221.411)
Hrsg.	Herausgeber(in)
IDG	Gesetz über die Information und den Datenschutz vom 12. Februar 2007 (LS 170.4)
IDV	Verordnung über die Information und den Datenschutz vom 28. Mai 2008 (LS 170.41)
i.e.S.	im engeren Sinne
ImV	Immobilienverordnung vom 24. Januar 2007 (LS 721.1)
InkassoV	Verordnung über das Inkasso von Gebühren und Kosten vom 6. Februar 2007/14. März 2007 (LS 211.112; keine offizielle Abkürzung)
IPRG	Bundesgesetz über das Internationale Privatrecht vom 18. Dezember 1987 (SR 291)
IRSG	Bundesgesetz über internationale Rechtshilfe in Strafsachen (Rechtshilfegesetz) vom 20. März 1981 (SR 351.1)
i.V.m.	in Verbindung mit
IVöB	Interkantonale Vereinbarung über das öffentliche Beschaffungswesen vom 25. November 1994/15. März 2001 (AS 2003, 196; LS 720.1)
IVöB-BeitrittsG	Gesetz vom 15. September 2003 über den Beitritt zur revidierten Interkantonalen Vereinbarung über das öffentliche Beschaffungswesen vom 15. März 2001 (LS 720.1; keine offizielle Abkürzung)
i.w.S.	im weiteren Sinne
JDC	Journées suisses du droit de la construction (Freiburg)
JStPO	Schweizerische Jugendstrafprozessordnung (Jugendstrafprozessordnung) vom 20. März 2009 (SR 312.1)
JVV	Justizvollzugsverordnung vom 6. Dezember 2006 (LS 331.1)
KanzleiV VGr	Verordnung über die Kanzlei des Verwaltungsgerichts vom 10. November 2010 (LS 175.211; keine offizielle Abkürzung)
KassGr	Kassationsgericht
KBG	Kantonalbankgesetz vom 28. September 1997 (LS 951.1; keine offizielle Abkürzung)
KE	Kostenerlass (Entscheid des VGr)

Abkürzungsverzeichnis

KEF	Konsolidierter Entwicklungs- und Finanzplan
KG	Bundesgesetz über Kartelle und andere Wettbewerbsbeschränkungen (Kartellgesetz) vom 6. Oktober 1995 (SR 251)
KiG	Kirchengesetz vom 9. Juli 2007 (LS 180.1)
KJS	Kommission [des Kantonsrats] für Justiz und öffentliche Sicherheit
KO-CKK	Kirchenordnung der Christkatholischen Kirchgemeinde Zürich vom 30. Juni 2009 (LS 183.10; keine offizielle Abkürzung)
KO-ERL	Kirchenordnung der Evangelisch-reformierten Landeskirche des Kantons Zürich vom 17. März 2009 (LS 181.10; keine offizielle Abkürzung)
KO-RKK	Kirchenordnung der Römisch-katholischen Körperschaft des Kantons Zürich vom 29. Januar 2009 (LS 182.10; keine offizielle Abkürzung)
KOV	Verordnung über die Geschäftsführung der Konkursämter vom 13. Juli 1911 (SR 281.32)
KR	Kantonsrat
KRB Besoldungen VGr	Beschluss des Kantonsrates über die Festsetzung der Besoldungen der Mitglieder des Verwaltungsgerichts vom 7. Juli 1997 (LS 175.22; keine offizielle Abkürzung)
KRG	Kantonsratsgesetz vom 5. April 1981 (LS 171.1)
KSigV	Kantonale Signalisationsverordnung vom 21. November 2001 (LS 741.2)
KSWG	Gesetz über das Kantonsspital Winterthur vom 19. September 2005 (LS 813.16)
KTSchG	Kantonales Tierschutzgesetz vom 2. Juni 1991 (LS 554.1; keine offizielle Abkürzung)
KV	Kantonsverfassung/Verfassung des Kantons Zürich vom 27. Februar 2005 (LS 101)
KVG	Bundesgesetz über die Krankenversicherung vom 18. März 1994 (SR 832.10)
KWaG	Kantonales Waldgesetz vom 7. Juni 1998 (LS 921.1; keine offizielle Abkürzung)
KWPEV	Kantonale Verordnung über die Wehrpflichtersatzabgabe vom 26. Mai 2004 (LS 634.5)
LeGes	Gesetzgebung und Evaluation, Mitteilungsblatt der Schweizerischen Gesellschaft für Gesetzgebung (Bern)
LFG	Bundesgesetz über die Luftfahrt (Luftfahrtgesetz) vom 21. Dezember 1948 (SR 748.0)
LG	Landwirtschaftsgesetz vom 2. September 1979 (LS 910.1)
LGVE	Luzerner Gerichts- und Verwaltungsentscheide
lit.	litera
LMG	Bundesgesetz über Lebensmittel und Gebrauchsgegenstände (Lebensmittelgesetz) vom 9. Oktober 1992 (SR 817.0)
LPG	Lehrpersonalgesetz vom 10. Mai 1999 (LS 412.31; keine offizielle Abkürzung)
LS	Zürcher Loseblattsammlung

LTF	Loi sur le Tribunal fédéral du 17 juin 2005 (SR 173.110; siehe BGG)
LwG	Bundesgesetz über die Landwirtschaft (Landwirtschaftsgesetz) vom 29. April 1998 (SR 910.1)
MedBG	Bundesgesetz über die universitären Medizinalberufe (Medizinalberufegesetz) vom 23. Juni 2006 (SR 811.11)
m.H.	mit Hinweisen
MittelschulG	Mittelschulgesetz vom 13. Juni 1999 (LS 413.21; keine offizielle Abkürzung)
m.w.H.	mit weiteren Hinweisen
N.	(Rand-)Note
NHG	Bundesgesetz über den Natur- und Heimatschutz vom 1. Juli 1966 (SR 451)
NotG	Notariatsgesetz vom 9. Juni 1985 (LS 242)
NR	Nationalrat
NVV	Verordnung über die Notariatsverwaltung (Notariatsverwaltungsverordnung) vom 8. Dezember 1999 (LS 242.25; keine offizielle Abkürzung)
OG	Bundesgesetz über die Organisation der Bundesrechtspflege (Bundesrechtspflegegesetz) vom 16. Dezember 1943 (abgelöst durch das BGG)
OGr	Obergericht (ohne Zusatz: Obergericht des Kantons Zürich)
OG RR	Gesetz über die Organisation des Regierungsrates und der kantonalen Verwaltung vom 6. Juni 2005 (LS 172.1)
OHG	Bundesgesetz über die Hilfe an Opfer von Straftaten (Opferhilfegesetz) vom 23. März 2007 (SR 312.5)
OJ	Loi fédérale d'organisation judiciaire du 16 décembre 1943 (siehe OG)
OmbudsB	Beschluss des Kantonsrates über die Bestellung des kantonalen Ombudsmanns und seiner Kanzlei vom 30. Januar 1978 (LS 176.1; keine offizielle Abkürzung)
OR	Bundesgesetz betreffend die Ergänzung des Schweizerischen Zivilgesetzbuches (Fünfter Teil: Obligationenrecht) vom 30. März 1911 (SR 220)
OrgV SVGer	Verordnung über die Organisation und den Geschäftsgang des Sozialversicherungsgerichts vom 26. Oktober 2004 (LS 212.811)
OS	Offizielle Gesetzessammlung des Kantons Zürich
OStrG	Gesetz betreffend die Ordnungsstrafen vom 30. Oktober 1866 (LS 312; keine offizielle Abkürzung)
OV BRG	Organisationsverordnung des Baurekursgerichts vom 12. November 2010 (LS 700.7)
OV OGr	Verordnung über die Organisation des Obergerichts vom 3. November 2010 (LS 212.51; keine offizielle Abkürzung)
OV StRG	Organisationsverordnung des Steuerrekursgerichts vom 12. November 2010 (LS 631.53)
OV VGr	Organisationsverordnung des Verwaltungsgerichts vom 23. August 2010 (LS 175.21)

Abkürzungsverzeichnis

OV ZHRK	Verordnung über Organisation und Verfahren der Rekurskommission der Zürcher Hochschulen vom 19. Oktober 1998 (LS 415.111.7; keine offizielle Abkürzung)
ParlG	Bundesgesetz über die Bundesversammlung (Parlamentsgesetz) vom 13. Dezember 2002 (SR 171.10)
PartG	Bundesgesetz über die eingetragene Partnerschaft gleichgeschlechtlicher Paare (Partnerschaftsgesetz) vom 18. Juni 2004 (SR 211.231)
PatG	Patientinnen- und Patientengesetz vom 5. April 2004 (LS 813.13; keine offizielle Abkürzung)
PatGG	Bundesgesetz über das Bundespatentgericht (Patentgerichtsgesetz) vom 20. März 2009 (SR 173.41)
PB	Personalrechtliche Beschwerde (Entscheid des VGr)
PBG	Planungs- und Baugesetz vom 7. September 1975 (LS 700.1)
PG	Gesetz über das Arbeitsverhältnis des Staatspersonals (Personalgesetz) vom 27. September 1998 (LS 177.10; keine offizielle Abkürzung)/Postgesetz vom 17. Dezember 2010 (SR 783.0)
PK	Personalrechtliche Klage (Entscheid des VGr)
POG	Bundesgesetz über die Organisation der Schweizerischen Post (Postorganisationsgesetz) vom 17. Dezember 2010 (SR 783.1)
PolG	Polizeigesetz vom 23. April 2007 (LS 550.1)
PPGV	Verordnung über psychiatrische und psychologische Gutachten in Straf- und Zivilverfahren vom 1./8. September 2010 (LS 321.4)
Pra	Die Praxis (bis 1990: Die Praxis des Bundesgerichts; Basel)
Prot.	Protokoll
Prot. KK	Protokoll der kantonsrätlichen Kommission
Prot. KR	Protokoll des Kantonsrates
Prüfungsverordnung MedBG	Verordnung über die eidgenössischen Prüfungen der universitären Medizinalberufe vom 26. November 2008 (SR 811.113.3)
PublG	Gesetz über die Gesetzessammlungen und das Amtsblatt (Publikationsgesetz) vom 27. September 1998 (LS 170.5; keine offizielle Abkürzung)
PublV	Publikationsverordnung vom 2. Dezember 1998 (LS 170.51)
PV	Personalverordnung vom 16. Dezember 1998 (LS 177.11; keine offizielle Abkürzung)
PVG	Gesetz über den öffentlichen Personenverkehr vom 6. März 1988 (LS 740.1)
RB	Rechenschaftsbericht des Verwaltungsgerichts des Kantons Zürich an den Kantonsrat/Rechtsbuch Kanton Thurgau
RDAT	Rivista di diritto amministrativo e tributario ticinese (ab 2003: Rivista ticinese di diritto [RtiD]; Bellinzona)
recht	Zeitschrift für juristische Weiterbildung und Praxis (Bern)

ReRBGer	Reglement des Bundesgerichts über den elektronischen Rechtsverkehr mit Parteien und Vorinstanzen vom 5. Dezember 2006 (SR 173.110.29)
RG	Revisionsgesuch (Entscheid des VGr)
RLV	Rechnungslegungsverordnung vom 29. August 2007 (LS 611.1)
RPG	Bundesgesetz über die Raumplanung (Raumplanungsgesetz) vom 22. Juni 1979 (SR 700)
RPV	Raumplanungsverordnung vom 28. Juni 2000 (SR 700.1)
RR	Regierungsrat
RRB	Regierungsratsbeschluss
RuVG	Bundesgesetz über die Rückerstattung unrechtmässig erworbener Vermögenswerte politisch exponierter Personen vom 1. Oktober 2010 (SR 196.1)
RVOG	Regierungs- und Verwaltungsorganisationsgesetz vom 21. März 1997 (SR 172.010)
RVOV	Regierungs- und Verwaltungsorganisationsverordnung vom 25. November 1998 (SR 172.010.1)
SAR	Systematische Sammlung des Aargauischen Rechts
SB	Steuerbeschwerde (Entscheid des VGr)
SBB	Schweizerische Bundesbahnen
SBBG	Bundesgesetz über die Schweizerischen Bundesbahnen vom 20. März 1998 (SR 742.31)
SchKG	Bundesgesetz über Schuldbetreibung und Konkurs vom 11. April 1889 (SR 281.1)
Semjud	La Semaine Judiciaire (Genf)
SGF	Systematische Gesetzessammlung des Kantons Freiburg
sGS	Systematische Gesetzessammlung des Kantons St. Gallen
SGS	Systematische Gesetzessammlung des Kantons Wallis
SHG	Sozialhilfegesetz vom 14. Juni 1981 (LS 851.1)
SHV	Verordnung zum Sozialhilfegesetz vom 21. Oktober 1981 (LS 851.11)
SJKR	Schweizerisches Jahrbuch für Kirchenrecht (Bern)
SJZ	Schweizerische Juristen-Zeitung (Zürich)
SKOS	Schweizerische Konferenz für Sozialhilfe
sog.	sogenannt
SPFG	Spitalplanungs- und -finanzierungsgesetz vom 2. Mai 2011 (LS 813.20)
SR	Systematische Sammlung des Bundesrechts/Steuerrekurs (Entscheid des VGr)/Ständerat
SRL	Systematische Rechtssammlung des Kantons Luzern
SSV	Signalisationsverordnung vom 5. September 1979 (SR 741.21)
StBG	Staatsbeitragsgesetz vom 1. April 1990 (LS 132.2; keine offizielle Abkürzung)

Abkürzungsverzeichnis

StBOG	Bundesgesetz über die Organisation der Strafbehörden des Bundes (Strafbehördenorganisationsgesetz) vom 19. März 2010 (SR 173.71)
SteuererlassV	Verordnung des EFD über die Behandlung von Erlassgesuchen für die direkte Bundessteuer (Steuererlassverordnung) vom 19. Dezember 1994 (SR 642.121; keine offizielle Abkürzung)
StG	Steuergesetz vom 8. Juni 1997 (LS 631.1)
StGB	Schweizerisches Strafgesetzbuch vom 21. Dezember 1937 (SR 311.0)
StHG	Bundesgesetz über die Harmonisierung der direkten Steuern der Kantone und Gemeinden vom 14. Dezember 1990 (SR 642.14)
StJVG	Straf- und Justizvollzugsgesetz vom 19. Juni 2006 (LS 331)
StPO	Schweizerische Strafprozessordnung vom 5. Oktober 2007 (SR 312.0)
StPO ZH	Gesetz betreffend den Strafprozess (Strafprozessordnung) vom 4. Mai 1919 (OS 31, 327, und GS II, 580; abgelöst durch die StPO; keine offizielle Abkürzung)
StrG	Strassengesetz vom 27. September 1981 (LS 722.1)
StRG	Steuerrekursgericht (seit 1. Januar 2011; zuvor Steuerrekurskommissionen)
StRK	Steuerrekurskommission (bis 31. Dezember 2010; seither Steuerrekursgericht)
StVG OW	Staatsverwaltungsgesetz vom 8. Juni 1997 (GDB 130.1; keine offizielle Abkürzung)
SubmV	Submissionsverordnung vom 23. Juli 2003 (LS 720.11; keine offizielle Abkürzung)
SVG	Strassenverkehrsgesetz vom 19. Dezember 1958 (SR 741.01)
TB	Tätigkeitsbericht des Ombudsmanns des Kantons Zürich an den Kantonsrat
TSchG	Tierschutzgesetz vom 16. Dezember 2005 (SR 455)
UGG	Gesetz über das Unterhaltungsgewerbe (Unterhaltungsgewerbegesetz) vom 27. September 1981 (LS 935.32; keine offizielle Abkürzung)
UniG	Universitätsgesetz vom 15. März 1998 (LS 415.11)
UNO-Pakt I	Internationaler Pakt über wirtschaftliche, soziale und kulturelle Rechte vom 16. Dezember 1966 (SR 0.103.1)
UNO-Pakt II	Internationaler Pakt über bürgerliche und politische Rechte vom 16. Dezember 1966 (SR 0.103.2)
URB	Beschwerde betreffend unentgeltliche Rechtsverbeiständung (Entscheid des VGr)
URP	Umweltrecht in der Praxis (Zürich)
USG	Bundesgesetz über den Umweltschutz (Umweltschutzgesetz) vom 7. Oktober 1983 (SR 814.01)
USZG	Gesetz über das Universitätsspital Zürich vom 19. September 2005 (LS 813.15)
UVEK	Eidgenössisches Departement für Umwelt, Verkehr, Energie und Kommunikation

Abkürzungsverzeichnis

UVP	Umweltverträglichkeitsprüfung
UVPV	Verordnung über die Umweltverträglichkeitsprüfung vom 19. Oktober 1988 (SR 814.011)
UWG	Bundesgesetz gegen den unlauteren Wettbewerb vom 19. Dezember 1986 (SR 241)
VAG	Verkehrsabgabengesetz vom 11. September 1966 (LS 741.1)
VB	Verwaltungsgerichtliche Beschwerde (Entscheid des VGr)
VBewG	Verordnung zum Einführungsgesetz zum Bundesgesetz über den Erwerb von Grundstücken durch Personen im Ausland vom 19. Mai 2010 (LS 234.12)
VBO	Verordnung über die Bezeichnung der im Bereich des Umweltschutzes sowie des Natur- und Heimatschutzes beschwerdeberechtigten Organisationen vom 27. Juni 1990 (SR 814.076)
VDG	Bundesgesetz über die eidgenössische Verwaltungs- und Disziplinarrechtspflege vom 11. Juni 1928 (abgelöst durch das OG)
VE	Vorentwurf/Vernehmlassungsentwurf
VeÜ-VwV	Verordnung über die elektronische Übermittlung im Rahmen eines Verwaltungsverfahrens vom 18. Juni 2010 (SR 172.021.2)
VG	Bundesgesetz über die Verantwortlichkeit des Bundes sowie seiner Behördemitglieder und Beamten (Verantwortlichkeitsgesetz) vom 14. März 1958 (SR 170.32)
VGE	Verwaltungsgerichtsentscheid (Kanton Bern)
VGG	Bundesgesetz über das Bundesverwaltungsgericht (Verwaltungsgerichtsgesetz) vom 17. Juni 2005 (SR 173.32)
VGGG	Verordnung vom 16. Juli 1997 zum Gastgewerbegesetz (LS 935.12; keine offizielle Abkürzung)
VGKE	Reglement über die Kosten und Entschädigungen vor dem Bundesverwaltungsgericht vom 21. Februar 2008 (SR 173.320.2)
vgl.	vergleiche
VGr	Verwaltungsgericht (ohne Zusatz: Verwaltungsgericht des Kantons Zürich)
VGR	Geschäftsreglement für das Bundesverwaltungsgericht vom 17. April 2008 (SR 173.320.1)
VK	Verwaltungsgerichtliche Klage (Entscheid des VGr)
VO	Verordnung
VO DBG	Verordnung vom 4. November 1998 über die Durchführung des Bundesgesetzes über die direkte Bundessteuer (LS 634.1; keine offizielle Abkürzung)
VOGG	Verordnung über die Gebühren der Gemeindebehörden vom 8. Dezember 1966 (LS 681)
VOG RR	Verordnung über die Organisation des Regierungsrates und der kantonalen Verwaltung vom 18. Juli 2007 (LS 172.11)

Abkürzungsverzeichnis

VO KiG-GjG	Verordnung zum Kirchengesetz und zum Gesetz über die anerkannten jüdischen Gemeinden vom 8. Juli 2009 (LS 180.11; keine offizielle Abkürzung)
VO Kostenbeteiligung	Verordnung des Kantonsrats über die Beteiligung der Gemeinden an den Kosten der Ombudsperson vom 26. September 2011 (LS 176.5; keine offizielle Abkürzung)
Vorbem.	Vorbemerkungen
VO SchKomm	Verordnung über das Verfahren der Schätzungskommissionen in Abtretungsstreitigkeiten vom 24. November 1960 (LS 781.2; keine offizielle Abkürzung)
VO StG	Verordnung zum Steuergesetz vom 1. April 1998 (LS 631.11; keine offizielle Abkürzung)
VO VStG	Verordnung über die Rückerstattung der Verrechnungssteuer vom 17. Dezember 1997 (LS 634.2; keine offizielle Abkürzung)
VPB	Verwaltungspraxis der Bundesbehörden (seit 2007 nur noch online: www.bk.admin.ch, Dokumentation > Verwaltungspraxis der Bundesbehörden VPB)
VPR	Verordnung über die politischen Rechte vom 27. Oktober 2004 (LS 161.1)
VR	Verwaltungsrechtlicher Rekurs (Entscheid des VGr)
VRG	Verwaltungsrechtspflegegesetz vom 24. Mai 1959 (LS 175.2)
VRG FR	Gesetz über die Verwaltungsrechtspflege vom 23. Mai 1991 (SGF 150.1)
VRG GL	Gesetz über die Verwaltungsrechtspflege (Verwaltungsrechtspflegegesetz) vom 4. Mai 1986 (GS III G/1; keine offizielle Abkürzung)
VRG GR	Gesetz über die Verwaltungsrechtspflege vom 31. August 2006 (BR 370.100)
VRG LU	Gesetz über die Verwaltungsrechtspflege vom 3. Juli 1972 (SRL 40)
VRG SO	Gesetz über den Rechtsschutz in Verwaltungssachen (Verwaltungsrechtspflegegesetz) vom 15. November 1970 (BGS 124.11; keine offizielle Abkürzung)
VRG TG	Gesetz über die Verwaltungsrechtspflege vom 23. Februar 1981 (RB 170.1; keine offizielle Abkürzung)
VRPG AG	Gesetz über die Verwaltungsrechtspflege (Verwaltungsrechtspflegegesetz) vom 4. Dezember 2007 (SAR 271.200)
VRPG BE	Gesetz über die Verwaltungsrechtspflege vom 23. Mai 1989 (BSG 155.21)
VRP SG	Gesetz über die Verwaltungsrechtspflege vom 16. Mai 1965 (sGS 951.1; keine offizielle Abkürzung)
VRV RR	Verordnung über das Rekursverfahren vor dem Regierungsrat vom 5. November 1997 (LS 172.15; keine offizielle Abkürzung)
VSG	Volksschulgesetz vom 7. Februar 2005 (LS 412.100)
VStG	Bundesgesetz über die Verrechnungssteuer (Verrechnungssteuergesetz) vom 13. Oktober 1965 (SR 642.21)
VStrR	Bundesgesetz über das Verwaltungsstrafrecht vom 22. März 1974 (SR 313.0)
VV HooliganK	Verordnung vom 12. Juni 2013 zum Vollzug der Massnahmen gegen Gewalt anlässlich von Sportveranstaltungen (LS 551.191; keine offizielle Abkürzung)

Abkürzungsverzeichnis

VV KG PG	Vollzugsverordnung der obersten kantonalen Gerichte zum Personalgesetz vom 26. Oktober 1999 (LS 211.21; keine offizielle Abkürzung)
VV PG	Vollzugsverordnung zum Personalgesetz vom 19. Mai 1999 (LS 177.111; keine offizielle Abkürzung)
VVRG VS	Gesetz über das Verwaltungsverfahren und die Verwaltungsrechtspflege vom 6. Oktober 1976 (SGS 172.6)
VwVfG	Verwaltungsverfahrensgesetz vom 25. Mai 1976 (Deutschland)
VwVG	Bundesgesetz über das Verwaltungsverfahren (Verwaltungsverfahrensgesetz) vom 20. Dezember 1968 (SR 172.021)
VZA	Verordnung über die Zuständigkeiten im Ausländerrecht vom 21. September 2011 (LS 142.20)
VZAE	Verordnung über Zulassung, Aufenthalt und Erwerbstätigkeit vom 24. Oktober 2007 (SR 142.201)
VZV	Verordnung über die Zulassung von Personen und Fahrzeugen zum Strassenverkehr (Verkehrszulassungsverordnung) vom 27. Oktober 1976 (SR 741.51)
WaG	Bundesgesetz über den Wald (Waldgesetz) vom 4. Oktober 1991 (SR 921.0)
WPEG	Bundesgesetz über die Wehrpflichtersatzabgabe vom 12. Juni 1959 (SR 661)
WRG	Bundesgesetz über die Nutzbarmachung der Wasserkräfte (Wasserrechtsgesetz) vom 22. Dezember 1916 (SR 721.80).
WWG	Wasserwirtschaftsgesetz vom 2. Juni 1991 (LS 724.11)
ZAG	Bundesgesetz über die Anwendung polizeilichen Zwangs und polizeilicher Massnahmen im Zuständigkeitsbereich des Bundes (Zwangsanwendungsgesetz) vom 20. März 2008 (SR 364)
ZBGR	Schweizerische Zeitschrift für Beurkundungs- und Grundbuchrecht (Wädenswil)
ZBJV	Zeitschrift des Bernischen Juristenvereins (Bern)
ZBl	Schweizerisches Zentralblatt für Staats- und Verwaltungsrecht (Zürich)
ZB-Statuten	Statuten der Zentralbibliothek Zürich (Öffentliche Stiftung) vom 21. Januar/25. April 1914 (LS 432.211; keine offizielle Abkürzung)
ZB-Stiftungsvertrag	Vertrag zwischen dem Kanton Zürich und der Stadt Zürich betreffend die Errichtung einer Zentralbibliothek als öffentliche Stiftung (Stiftungsvertrag) vom 26. November/16. Dezember 1910 (LS 432.21; keine offizielle Abkürzung)
ZG	Zürcher Gesetzessammlung 1961
ZGB	Schweizerisches Zivilgesetzbuch vom 10. Dezember 1907 (SR 210)
ZGSG	Gesetz über das Zentrum für Gehör und Sprache vom 11. Februar 2008 (LS 412.41; keine offizielle Abkürzung)
Ziff.	Ziffer
ZPO	Schweizerische Zivilprozessordnung vom 19. Dezember 2008 (SR 272)
ZPO ZH	Gesetz über den Zivilprozess (Zivilprozessordnung) vom 13. Juni 1976 (OS 46, 139, und GS II, 471; abgelöst durch die ZPO; keine offizielle Abkürzung)

Abkürzungsverzeichnis

ZR	Blätter für Zürcherische Rechtsprechung (Zürich)
ZSR	Zeitschrift für Schweizerisches Recht (Neue Folge) (Basel)
ZStrR	Schweizerische Zeitschrift für Strafrecht (Bern)
ZStV	Zivilstandsverordnung vom 28. April 2004 (SR 211.112.1)
ZUG	Bundesgesetz über die Zuständigkeit für die Unterstützung Bedürftiger (Zuständigkeitsgesetz) vom 24. Juni 1977 (SR 851.1)
ZVO	Kantonale Zivilstandsverordnung vom 1. Dezember 2004 (LS 231.1)
ZWR	Zeitschrift für Walliser Rechtsprechung (Sitten)
ZZW	Zeitschrift für Zivilstandswesen (Bern)
ZZZ	Schweizerische Zeitschrift für Zivilprozess- und Zwangsvollstreckungsrecht (Zürich/St. Gallen)

Einleitung

Entwicklung der Verwaltungsrechtspflege

Inhaltsübersicht

I.	Entwicklung der Verwaltungsrechtspflege im Kanton Zürich	1–31
	A. Entwicklung bis 1959	1–9
	B. Das VRG von 1959	10–13
	C. Änderungen des VRG bis 1997	14–15
	D. Die Teilrevision des VRG vom 8. Juni 1997	16–22
	E. Änderungen des VRG zwischen 1997 und 2010	23
	F. Die Teilrevision des VRG vom 22. März 2010	24–30
	G. Seitherige Änderungen des VRG	31
II.	Entwicklung der Verwaltungsrechtspflege in der Schweiz	32–36

I. Entwicklung der Verwaltungsrechtspflege im Kanton Zürich[1]

A. Entwicklung bis 1959

Im **Ancien Régime** gab es im Kanton Zürich noch kein eigentliches Verwaltungsrecht, ebensowenig eine geordnete Verwaltungsrechtspflege. Es existierten zwar sog. Ordonnanzen (z.B. «Sittenmandate»), doch verpflichteten diese nur die Untertanen, nicht aber die Behörden. Dementsprechend bestand auch keine förmliche Beschwerdemöglichkeit. Vielmehr galt der Satz: «In Polizeisachen gibt es keine Appellation.»

Mit der Auflösung der alten Ordnung in der Zeit der **Helvetik** (1798–1803) wurde die Lehre von der Gewaltentrennung institutionalisiert. Dies schuf die Grundlage für die Ausbildung eigentlicher Verwaltungsrechtssätze, welche sowohl die Bürger als auch den Staat binden. Die Anfänge der Trennung zwischen Zivilrecht und öffentlichem Recht gehen ebenfalls in jene Phase zurück. Die vollziehende Gewalt lag auf der Ebene des Kantons beim *Statthalter*, auf jener der Bezirke beim *Unterstatthalter*. Die Verwaltung war nun zwar organisatorisch klar durchgebildet und grundsätzlich rechtssatzgebunden; sie wurde jedoch noch keiner institutionalisierten Rechtskontrolle unterstellt.

Erst die **Mediationszeit** (1803–1813) brachte im Bereich der Verwaltung gewisse Anfänge spezieller Rechtsschutzeinrichtungen. Die Mediationsverfassung für den Kanton Zürich vom 19. Februar 1803 bestimmte, dass ein *Kleiner Rat*, bestehend aus 25 Mitgliedern des Grossen Rates, in letzter Instanz über alle Streitigkeiten im Verwaltungsfache entscheide. Das Gesetz betreffend die Rechtspflege in administrativen Streitigkeiten vom 27. Mai 1803 übertrug die erstinstanzliche Streitentscheidungsbefugnis der *Kommission für administrative Streitigkeiten*, einer Abteilung der Kommission des Innern. Dem in der Helvetik neu geschaffenen *Erziehungsrat* wurde die Kompetenz zur erstinstanzlichen

1

2

3

---

[1] Stark gekürzte und fortgeschriebene Fassung der in der 2. Auflage enthaltenen Einleitung, welche ihrerseits die von ALFRED KÖLZ stammende Fassung der 1. Auflage weiterführte.

Entscheidung von Streitigkeiten aus dem Bereich des Unterrichtswesens zugewiesen. Die Zuständigkeit zur Rechtsprechung in Verwaltungssachen blieb mithin bei den Verwaltungsbehörden. Die ordentlichen Gerichte (Zivil- und Strafgerichte) hatten im Bereich der Verwaltung nach französischem Vorbild keinerlei Rechtsprechungskompetenzen. In der Zeit der **Restauration** (1814–1830) erfolgten keine wesentlichen Änderungen.

4   Die **Regenerationsbewegung** (1830–1848) brachte auch im Kanton Zürich eine Verfassungserneuerung. Die neue Verfassung vom 10. März 1831 trachtete vor allem danach, den Grundsatz der Volkssouveränität und das Prinzip der Gewaltenteilung klarer durchzuführen. Auch für die Verwaltung sollten Verwaltungs- und Justiztätigkeit getrennt werden; dennoch gelang es in der Folge nicht, alle Streitsachen im Bereich des Verwaltungsrechts den ordentlichen (Zivil-)Gerichten zuzuweisen. Grundlage für die Kompetenzen der Zivilgerichte in verwaltungsrechtlichen Angelegenheiten bildete die sog. *Fiskustheorie,* die sich im 18. Jahrhundert in Deutschland ausgebreitet hatte und die Staatskasse – den «Fiskus» – als besonderes, neben dem Staat stehendes Rechtssubjekt fingierte. Vermögensrechtliche Streitigkeiten zwischen dem Bürger und dem als Privatrechtssubjekt aufgefassten Fiskus konnten damit vor die Zivilgerichte gebracht werden. In erster Linie ging es dabei um abgaberechtliche Forderungen. Mangels besonderer, von der Verwaltung unabhängiger Verwaltungsgerichte versuchte man zunehmend, den Umfang der Verwaltungsrechtsprechung durch die Zivilgerichte auszudehnen. Zu diesem Zweck strapazierte man die Fiskustheorie, indem nicht vermögensrechtliche Hoheitsakte zwar weiterhin nicht angefochten, die daraus allenfalls entstandenen Schadenersatzforderungen jedoch bei den Zivilgerichten geltend gemacht werden konnten. Dadurch entstand eine mittelbare Kontrolle nicht vermögensrechtlicher Hoheitsakte durch den Zivilrichter. Die Schadenersatzsumme wurde als Entgelt an den Bürger für die Verletzung seiner «wohlerworbenen Rechte» qualifiziert. Eine Schranke bildete indes die ebenfalls in Deutschland entwickelte und im Kanton Zürich rezipierte Lehre von den *«gerichtsfreien Hoheitsakten».* Danach gab es bestimmte Verwaltungsakte – vor allem solche der Regierung –, die wegen ihrer besonderen Natur von den Gerichten nicht überprüft werden durften. Es handelte sich vor allem um Akte militärischer und ausnahmsweise polizeilicher Art, um Verfügungen über öffentliches Eigentum, um die Erteilung des Enteignungsrechts, um Akte in Bürgerrechts- und in Personalangelegenheiten, um aussenpolitische Akte sowie um Notstandsakte.

5   Die **Kantonsverfassung vom 18. April 1869** war geprägt von der demokratischen Bewegung der 1860er-Jahre. Die verstärkten Mitwirkungsmöglichkeiten des Volkes bei der Gesetzgebung und bei der Wahl der Behörden und Beamten liessen das Bedürfnis nach verwaltungsexterner, justizmässiger Verwaltungskontrolle als gering erscheinen. Zudem befürchtete man aus demokratischer Sicht allgemein eine Ausdehnung der richterlichen Gewalt zulasten der vollziehenden. Dementsprechend wurden die Kompetenzen der Zivilgerichte zur Entscheidung von Verwaltungsstreitigkeiten sukzessiv abgebaut. Unangetastet blieben die in der Regenerationszeit festgelegten Zuständigkeiten der Bezirksräte und des Regierungsrats zur Entscheidung von Streitigkeiten; ebenso wurde an der Rechtsprechungskompetenz des Erziehungsrats nichts geändert.

6   Nach dem **Ersten Weltkrieg** ging man wieder vermehrt dazu über, die Entscheidung öffentlichrechtlicher Streitigkeiten dem Zivilrichter zu übertragen; dies vor allem auf-

grund der Erkenntnis, dass das verwaltungsinterne Rekursverfahren mangelhaft durchgebildet war, woran auch die durch das EG ZGB von 1911 vorgenommene Neuregelung der Fristen nichts zu ändern vermocht hatte. Ein Relikt der langen Ära zivilgerichtlicher Verwaltungskontrolle ist etwa die heute noch bestehende Zuständigkeit der Zivilgerichte zur Beurteilung von Haftungsansprüchen des Bürgers gegen den Staat gemäss § 19 des Haftungsgesetzes von 1969. Der Ruf nach einer verwaltungsunabhängigen, justizmässigen Verwaltungskontrolle und nach einer durchnormierten verwaltungsinternen Rechtspflege verstummte auch im Gefolge der Demokratisierung des Staates Zürich durch die Verfassung von 1869 nicht; man erkannte, dass die demokratischen Möglichkeiten der Einwirkung auf die Exekutive keine gesetzmässige Verwaltung garantierten. Ferner wurde deutlich, dass auch die Tätigkeit des seit 1874 ständigen Bundesgerichts keinen genügenden Rechtsschutz gewährleisten konnte, wenn auch dessen Verfassungsrechtsprechung die kantonale Verwaltungsrechtspflege in positiver Weise zu beeinflussen vermochte. Aus diesen Gründen trachtete man nun danach, spezielle Verwaltungsgerichte (Rekurskommissionen) und ein allgemeines Verwaltungsgericht zu schaffen. Die guten Erfahrungen, welche in den süddeutschen Ländern sowie in den Kantonen Bern und Basel-Stadt mit der Verwaltungsgerichtsbarkeit gemacht wurden, verstärkten diese Tendenz. Bereits im Jahr 1902 war eine Motion zur Schaffung eines allgemeinen Verwaltungsgerichts eingereicht worden; der Regierungsrat nahm diese jedoch nur widerstrebend entgegen. Auch ein privater Gesetzesentwurf aus dem Jahr 1909 sowie ein weiterer Entwurf des Vereins zürcherischer Rechtsanwälte bewirkten vorläufig wenig. 1916 schuf der Kanton Zürich – aufgrund des Bundesgesetzes über die Kranken- und Unfallversicherung – das kantonale *Versicherungsgericht*, ein Spezialverwaltungsgericht mit eng umschriebener Zuständigkeit. Mit dem Steuergesetz von 1917 wurde für die letztinstanzliche Beurteilung von Steuerstreitigkeiten ein weiteres, für die Praxis ausserordentlich bedeutsames Spezialverwaltungsgericht geschaffen, nämlich die kantonale *Oberrekurskommission*. Diese stellte die eigentliche Vorgängerin des Verwaltungsgerichts dar. Zugleich führte man damit jedoch eine verfahrensmässig und teilweise auch organisatorisch problematische Trennung des Abgaberechts vom allgemeinen Verwaltungsrecht ein, die bis heute anhält[2].

1917 erhielt der Zürcher Ordinarius Prof. Dr. Fritz Fleiner von der Justizdirektion den Auftrag, Leitsätze und einen **Gesetzesentwurf** für die Schaffung eines allgemeinen Verwaltungsgerichts auszuarbeiten; Letzterer lag 1919 vor. Die Zuständigkeit des Verwaltungsgerichts umschrieb Fleiner mit einer Generalklausel. In der Folge ergab sich jedoch eine ganze Reihe behördeninterner Probleme; unter anderem hatte sich das Obergericht gegen die im Entwurf vorgesehene organisatorische Verbindung mit dem Verwaltungsgericht ausgesprochen. Nach Bereinigung dieser Probleme arbeitete Fleiner eine ausführliche Weisung zum Entwurf aus. Die damaligen gesetzgeberischen Vorarbeiten Fleiners wirkten noch während Jahrzehnten nach und hatten vor allem im Bereich der Rekurs- und Beschwerdelegitimation erhebliche praktische Konsequenzen. Fleiner war nämlich der sog. «süddeutschen Lehre» verpflichtet, welche im Gegensatz zur «preussischen» Richtung als Aufgabe der Verwaltungsgerichtsbarkeit ausschliesslich den Schutz der subjektiven öffentlichen Rechte der Bürger sah. Fleiners Auffassung kam in der Legitimationsumschreibung mit der Formulierung «in seinen Rechten verletzt» zum Aus-

---

[2] Vgl. Schuhmacher, Überblick, S. 34 ff.

druck. Sie wurde von den späteren Bearbeitern sowie im VRG von 1959 übernommen, namentlich auch deshalb, weil auf Bundesebene das OG von derselben Konzeption ausging. Der Systemwechsel sollte im Kanton Zürich erst 1997 erfolgen (vgl. N. 19).

8 In der Folge geschah mehrere Jahre nichts mehr in dieser Sache, obwohl verschiedene Behörden und private Organisationen, so der Zürcherische Juristenverein, auf Beschleunigung drängten. Erst 1929 wurde die Vorlage – im Wesentlichen der Entwurf FLEINERS – einer kantonsrätlichen Kommission überwiesen. Diese ersetzte die Generalklausel durch eine positive Enumeration der verwaltungsgerichtlichen Zuständigkeiten. Der Kantonsrat, der daran festhielt, verabschiedete das **Gesetz** im Jahr **1933**. Dieses scheiterte jedoch relativ knapp in der Volksabstimmung, was nicht zuletzt darauf zurückzuführen war, dass der Regierungsrat dem Gesetz gegenüber kritisch eingestellt war und im Beleuchtenden Bericht an die Stimmberechtigten hatte durchblicken lassen, dass die Tätigkeit des Verwaltungsgerichts zu einem Hemmnis für die Regierungstätigkeit werden könnte.

9 In der Folge blieb es zehn Jahre lang still um die Verwaltungsgerichtsbarkeit. 1944 wurden im Kantonsrat zwei Motionen eingereicht, welche die Schaffung eines Verwaltungs- und Disziplinargerichts sowie gesetzliche Bestimmungen über das Verwaltungsverfahren verlangten. Auf der Grundlage der alten Entwürfe arbeitete Dr. MAX IMBODEN, später Ordinarius für Öffentliches Recht an der Universität Basel, einen neuen Entwurf aus, der wie die Vorlage von 1933 bei der Umschreibung der verwaltungsgerichtlichen Zuständigkeit auf der Enumerationsmethode beruhte. Der Regierungsrat beriet diesen Entwurf im Jahr 1949, doch wieder blieb die Sache in der Folge mehrere Jahre liegen; auch die inzwischen erfolgte Schaffung eines weiteren Spezialverwaltungsgerichts auf dem Gebiet der Alters- und Hinterlassenenversicherung (AHV-Rekurskommission) vermochte die Angelegenheit nicht zu beschleunigen.

B. Das VRG von 1959

10 1957 überwies der Kantonsrat eine Motion, welche die vordringliche Einführung der allgemeinen Verwaltungsgerichtsbarkeit verlangte. Im gleichen Jahr wurde eine Einzelinitiative samt Gesetzesentwurf und Änderungsvorschlägen für die Kantonsverfassung eingereicht. Am 10. Oktober 1957 unterbreitete der Regierungsrat dem Kantonsrat schliesslich seinen Entwurf, der im Prinzip auf den in der Nachkriegszeit vorgenommenen Arbeiten basierte. Eine kantonsrätliche Kommission beriet diesen in der Folge und nahm zum Teil wesentliche Änderungen vor. Der Kantonsrat verabschiedete das «**Gesetz über den Rechtsschutz in Verwaltungssachen (Verwaltungsrechtspflegegesetz)**» am 16. März 1959; in der Volksabstimmung vom 24. Mai 1959 wurde dieses mit 100 132 gegen 36 146 Stimmen angenommen[3]. Es trat am 1. Mai 1960 in Kraft; am gleichen Tag nahm das mit dem Gesetz neu geschaffene Verwaltungsgericht seine Tätigkeit auf.

11 Mit dem VRG wurden mehrere **Grundanliegen** verwirklicht. Die Gesetzesvorlage schied erstmals die Zuständigkeiten zwischen den Verwaltungsbehörden und den Zivilgerichten aus (erster Abschnitt, §§ 1–3); massgebend ist danach grundsätzlich, ob es sich um öffentlichrechtliche oder um zivilrechtliche Angelegenheiten handelt. Sodann wurde mit

---

[3] OS 40, 546.

dem Erlass allgemeiner Vorschriften über das Verfahren (zweiter Abschnitt) eine einheitliche Ordnung geschaffen, welche die verwirrende Vielfalt von Bestimmungen in einzelnen Sachgesetzen und Verordnungen ablöste, und zwar sowohl für das nichtstreitige Verfahren (§§ 4–18) wie auch für das – damals noch gänzlich verwaltungsinterne – Rekursverfahren (§§ 19–28). Vom Geltungsbereich der neuen Bestimmungen wurden allerdings verschiedene verwaltungsrechtliche Teilgebiete ausgenommen (§ 4 Abs. 2):

– *Steuersachen,* weil in der Steuergesetzgebung bereits eine eigenständige Ordnung bestand, die man nicht – auch nicht bezüglich des gerichtlichen Rechtsschutzes – in das VRG integrieren wollte; ferner *Straf- und Polizeistrafsachen,* weil diese nicht zu den «öffentlichrechtlichen» (verwaltungsrechtlichen) Angelegenheiten im Sinn von § 1 gerechnet wurden (lit. a);

– *personalrechtliche Angelegenheiten* (mit Ausnahme der schwersten Disziplinarsanktionen), weil der Gesetzgeber noch von der – inzwischen überholten – Auffassung ausging, personelle Entscheidungen gehörten zu den sog. justizfreien Hoheitsakten (lit. b)[4];

– Akte im Rahmen des *Vollzugs zwangsweiser administrativer Einweisungen* mit Ausnahme der an das Verwaltungsgericht weiterziehbaren Entscheide über die Einweisung, deren Aufhebung oder deren Verlängerung[5].

Der Gesetzgeber strebte mit dem VRG **keine umfassende Kodifikation** des öffentlichen Verfahrensrechts an. Vielmehr wollte er sich mit einer punktuellen, auf das Wesentliche beschränkten Regelung begnügen. Das Verwaltungsverfahrens- und -prozessrecht war bis anhin überwiegend ein Bestandteil des (ungeschriebenen) Allgemeinen Verwaltungsrechts gewesen; der Gesetzgeber von 1959 sah daher keine Notwendigkeit, es vollständig in geschriebenes Recht zu überführen. Dies erklärt die Lückenhaftigkeit des Gesetzes, die teilweise bis heute anhält.

12

Kernstück des neuen Gesetzes bildete die Schaffung eines unabhängigen **Verwaltungsgerichts.** Dieses übernahm einerseits den zuvor durch die Zivilgerichte gewährleisteten Rechtsschutz über öffentlichrechtliche Vermögensansprüche; andererseits ergänzte es die früheren punktuellen Ansätze verwaltungsgerichtlichen Rechtsschutzes (Versicherungsgericht, Oberrekurskommission für Steuerstreitigkeiten, Rekurskommissionen für AHV, für Altersbeihilfe und für die Landwirtschaft). Allerdings konnte sich die Idee eines integralen richterlichen Schutzes noch nicht durchsetzen, weil die sachliche Zuständigkeit des Verwaltungsgerichts nicht mit einer Generalklausel, sondern durch positive *Enumeration* festgelegt worden war. Bezeichnend hierfür waren die – aus heutiger Sicht geradezu anachronistisch anmutenden – Ausführungen des Regierungsrats im Beleuchtenden Bericht: Es entspreche einem «demokratischen Grundgedanken» der zürcherischen Verfassung von 1869, die Verwaltungssachen letztinstanzlich durch den Regierungsrat entscheiden zu lassen, dessen Wahl durch das Volk «eine politische Garantie des Rechtsschutzes des Bürgers» beinhalte. Diese «klare Verantwortlichkeit» werde mit der Schaffung des Verwaltungsgerichts «verwischt». Praktisch bleibe jedoch dieser Nachteil «er-

13

---

[4] Zu den in der Praxis gleichwohl anerkannten Verfahrensgarantien und Rekursmöglichkeiten vgl. 1. Aufl., § 4 N. 17–26.

[5] Vgl. 1. Aufl., § 45 N. 2–4.

träglich», weil sich die Zuständigkeit des Verwaltungsgerichts gemäss den §§ 41–46, 72, 74–75 und 81–82 auf Streitigkeiten beschränke, die sich für eine gerichtliche Erledigung eigneten[6]. Immerhin handelte es sich bei den aufgezählten Zuständigkeiten grösstenteils um sogenannte Teilgeneralklauseln.

C. Änderungen des VRG bis 1997

14 1968 überwies der Kantonsrat eine Motion von Dr. RUDOLF FRIEDRICH, welche die Schaffung des Amtes eines kantonalen **Ombudsmanns** anregte. Der Regierungsrat legte dem Kantonsrat den entsprechenden Entwurf zu einer Ergänzung des VRG durch einen vierten Abschnitt (heute: fünfter Abschnitt) erst 1976 vor, weil er die Erfahrungen nutzen wollte, welche die Stadt Zürich mit dem 1970 geschaffenen Amt eines «Beauftragten in Beschwerdesachen» gesammelt hatte. Die Stimmberechtigten nahmen die Vorlage 1977 an[7]; damit war der Kanton Zürich der erste schweizerische Kanton, der die – ursprünglich aus Skandinavien stammende – Institution des Ombudsmanns (heute: Ombudsperson) einführte.

15 Verschiedene punktuelle Änderungen erweiterten oder modifizierten die Zuständigkeit des Verwaltungsgerichts als einzige Instanz im Klageverfahren. Mit einer Gesetzesrevision von 1987 wurde in § 17 Abs. 2 der Rahmen für die Zusprechung einer Parteientschädigung erweitert.

D. Die Teilrevision des VRG vom 8. Juni 1997

16 Am 8. Juni 1997 erfolgte eine **erste grosse Teilrevision** des VRG, die am 1. Januar 1998 in Kraft trat[8]. Die Revision beruhte auf Vorarbeiten von Prof. Dr. GEORG MÜLLER, Universität Zürich, der 1991 einen Zwischenbericht und 1992 einen bereinigten Vorentwurf vorgelegt hatte. Nach Durchführung eines Vernehmlassungsverfahrens erarbeitete die Justizdirektion unter der Leitung des Experten einen Revisionsentwurf, der dem Regierungsrat als Grundlage seines Antrags vom 3. Mai 1995 an den Kantonsrat diente.

17 Die Teilrevision war in erster Linie deshalb notwendig geworden, weil das kantonale Verfahrensrecht nach dem Urteil *Belilos* gegen die Schweiz von 1988[9] hinsichtlich des **gerichtlichen Rechtsschutzes** an die Anforderungen der Europäischen Menschenrechtskonvention angepasst werden musste. Art. 6 Ziff. 1 EMRK gewährleistet im Zusammenhang mit zivilrechtlichen Ansprüchen und Verpflichtungen (sowie strafrechtlichen Anklagen) den Zugang zu einem unabhängigen und unparteiischen, auf Gesetz beruhenden Gericht, also eine *Rechtsweggarantie*. Der Europäische Gerichtshof für Menschenrechte legt den Begriff der «civil rights» autonom aus; dieser umfasst nicht nur zivilrechtliche Streitigkeiten im kontinentaleuropäischen bzw. landesrechtlichen Sinn, sondern auch Verwaltungsakte, die – erfolgsbezogen – in Rechte privatrechtlicher Natur eingreifen (z.B. in die pri-

---

[6] Beleuchtender Bericht 1959, S. 393.
[7] OS 46, 667.
[8] OS 54, 268 und 290; vgl. dazu ROTACH TOMSCHIN, Revision.
[9] EGMR, 29.4.1988 (Belilos/Schweiz), Publications de la Cour européenne des Droits de l'Homme, Série A, Bd. 132 (EuGRZ 1989, 21 ff.).

vate Erwerbstätigkeit oder die Ausübung von Eigentumsrechten)[10]. Dadurch erfuhr der Anwendungsbereich von Art. 6 EMRK – und damit auch die dort statuierte Rechtsweggarantie – eine beträchtliche Ausdehnung auf weite Teile des Verwaltungsrechts. Vor diesem Hintergrund brachte der Entscheid *Belilos* zwei neue Erkenntnisse: Erstens erwies sich die auslegende Erklärung, welche die Schweiz 1974 im Rahmen der Ratifikation der EMRK abgegeben hatte und wonach generell «eine letztinstanzliche richterliche Prüfung der Akte oder Entscheidungen der öffentlichen Gewalt» genügen sollte[11], als unwirksam[12]. Und zweitens genügte das damalige Verfahren der staatsrechtlichen Beschwerde den Anforderungen von Art. 6 Ziff. 1 EMRK grundsätzlich nicht, insbesondere wegen der beschränkten Sachverhaltskontrolle. Damit konnte das Bundesgericht selbst im Rahmen der staatsrechtlichen Beschwerde die Rechtsweggarantie nicht umsetzen; es bedurfte mithin gerichtlicher Vorinstanzen.

Aus diesem Grund ergänzte der Bundesgesetzgeber am 4. Oktober 1991 das – inzwischen durch das BGG abgelöste – **OG** (Bundesgesetz über die Organisation der Bundesrechtspflege) durch einen neuen **Art. 98a**[13]. Dieser verpflichtete die Kantone, im Anwendungsbereich der damaligen Verwaltungsgerichtsbeschwerde an das Bundesgericht als letzte kantonale Instanzen richterliche Behörden zu bestellen (Abs. 1), deren Zuständigkeit, Organisation und Verfahren im Rahmen des Bundesrechts zu regeln (Abs. 2) und dabei Beschwerdelegitimation und Beschwerdegründe mindestens im gleichen Umfang wie für die Verwaltungsgerichtsbeschwerde zu gewährleisten (Abs. 3). Dies erforderte eine Erweiterung der Zuständigkeit des Verwaltungsgerichts, dessen Anrufung mittels Beschwerde bis anhin gemäss § 49 VRG gerade dann ausgeschlossen war, wenn ein ordentliches Rechtsmittel an eine Bundesinstanz offen stand. Der Ausbau erfolgte im Rahmen eines Systemwechsels: An die Stelle der bisherigen Enumeration mit Teilgeneralklauseln (N. 13) trat eine *Generalklausel mit Ausnahmekatalog* (alt §§ 41–43).

18

Der Anpassung an das übergeordnete Recht diente auch die Erweiterung der Umschreibung der **Rekurs- und Beschwerdelegitimation** in § 21 VRG, wie sie im Verfahren der Verwaltungsgerichtsbeschwerde (und heute im Rahmen der Beschwerde in öffentlichrechtlichen Angelegenheiten) vor dem Bundesgericht galt. Danach ist nicht mehr ein Betroffensein «in seinen Rechten» – also ein rechtlich geschütztes Interesse – erforderlich, sondern es genügt ein Berührtsein in schutzwürdigen Interessen; dabei kann es sich um rechtliche oder um tatsächliche Interessen handeln. Diese Anpassung war insoweit zwingend, als anschliessend auf Bundesebene die Verwaltungsgerichtsbeschwerde offen stand (Grundsatz der Einheit des Verfahrens, Art. 98a Abs. 3 OG)[14].

19

---

[10] Grundlegend: EGMR, 16.7.1971 (Ringeisen/Österreich), Publications de la Cour européenne des Droits de l'Homme, Série A, Bd. 13, Ziff. 94.
[11] AS 1974, 2148.
[12] Sie verstiess gegen Art. 64 EMRK in der damaligen Fassung (heute: Art. 57 EMRK). Auch die vom Bundesrat in der Folge geänderte auslegende Erklärung (AS 1988, 1264; 1989, 276) erwies sich als ungültig. Im Jahr 2000 – nach Verabschiedung der Justizreform (vgl. N. 25) – zog die Schweiz alle ihre Vorbehalte und auslegenden Erklärungen zu Art. 6 EMRK zurück (AS 2002, 1142).
[13] AS 1992, 288.
[14] Dessen ungeachtet wollte der Regierungsrat in seinem Entwurf an der engeren Legitimationsumschreibung festhalten; vgl. Weisung 1995, S. 1504.

Einleitung

20 Ein zweites wichtiges Anliegen, welches die VRG-Revision von 1997 verfolgte, war die Anpassung des kantonalen Verfahrensrechts an das bundesrechtliche **Koordinationsgebot,** das vom Bundesgericht 1990 in seinem Leitentscheid *Chrüzlen*[15] formuliert worden war und vor allem im Zusammenhang mit raumrelevanten Verfahren Geltung beanspruchte. Zuvor war es üblich gewesen, dass – je nach Bauvorhaben – mehrere Behörden unterschiedlicher Stufen einzelne Teilaspekte unabhängig voneinander beurteilten und zu unterschiedlichen Zeitpunkten separate Verfügungen erliessen. Diese waren nicht selten bei verschiedenen Rechtsmittelinstanzen anfechtbar, was zur Folge hatte, dass sich die einzelne Rechtsmittelinstanz wiederum nur mit Teilaspekten des Vorhabens befassen konnte. Auch im Kanton Zürich war dies so: Kommunale Verfügungen und Nutzungspläne waren bei den Baurekurskommissionen anzufechten, kantonale Akte dagegen beim Regierungsrat (§ 329 PBG in der damaligen Fassung). Das Bundesgericht verlangte von den rechtsanwendenden Behörden des Bundes und der Kantone fortan eine *formelle* (verfahrensmässige) und *materielle* (inhaltliche) Koordination ihrer Verfahren, wenn für die Verwirklichung eines Projekts verschiedene materiellrechtliche Vorschriften anzuwenden sind und zwischen diesen ein derart enger Sachzusammenhang besteht, dass sie nicht getrennt und unabhängig voneinander angewendet werden dürfen[16]; dies mit dem Ziel, nicht aufeinander abgestimmte, insbesondere widersprüchliche Entscheide zu vermeiden und eine umfassende Überprüfung im Rechtsmittelverfahren zu ermöglichen (vgl. die entsprechenden Vorgaben des Bundesgesetzgebers an das kantonale Verfahren in Art. 25a und 33 Abs. 4 RPG, eingefügt 1995[17]). Im Kanton Zürich erforderte dies in erster Linie eine Änderung von Verfahrensbestimmungen in den einzelnen *Sachgesetzen*, insbesondere im Planungs- und Baugesetz, im Strassengesetz, im Wasserwirtschaftsgesetz und im Abtretungsgesetz. Die kantonsrätliche Kommission erwog zunächst, dieses Revisionsziel von der VRG-Revision abzukoppeln und im Rahmen einer ohnehin anstehenden Revision des PBG umzusetzen[18]; in der Folge blieb sie jedoch bei der ursprünglichen Absicht, die entsprechenden Änderungen im Rahmen der VRG-Revision vorzunehmen[19].

21 Eine weitere politische Zielsetzung bestand in der **Beschleunigung und Straffung der Verfahren.** Diesem Ziel dienten vorab die eingefügten bzw. neu gefassten Regelungen in § 10a (Verzicht auf Begründung und Rechtsmittelbelehrung unter bestimmten Voraussetzungen), §§ 19a–19c (Instanzenzug), § 26 Abs. 3 (Beschränkung der Vernehmlassungsfristen), § 27a (Behandlungsfrist für Rekurse) und § 38 (Vereinfachungen im Verfahren vor Verwaltungsgericht).

22 Im Übrigen beschränkte man sich auf eine «**Nachführung**» des VRG, um den seit 1960 gewonnenen Erfahrungen Rechnung zu tragen. Unter diesem Gesichtswinkel erfolgten

---

[15] BGE 116 Ib 50.
[16] BGE 116 Ib 50, E. 4b.
[17] Für die (Plangenehmigungs-)Verfahren des Bundes erliess die Bundesversammlung 1999 das sog. «Bundeskoordinationsgesetz» (Bundesgesetz über die Koordination und Vereinfachung von Entscheidverfahren vom 18. Juni 1999; AS 1999, 3071), einen Mantelerlass, mit welchem 18 Bundesgesetze geändert wurden. Dabei vollzog der Gesetzgeber einen Paradigmawechsel zum sog. Konzentrationsmodell, nach welchem die Entscheidzuständigkeit bei einer einzigen Behörde konzentriert wird.
[18] Prot. KK 1995/96, S. 168 ff.
[19] Prot. KK 1995/96, S. 320 ff.

neue Regelungen in § 4 (Geltungsbereich), § 5a (Ausstand), § 6a (gemeinsames Zustellungsdomizil oder gemeinsamer Vertreter), § 6b (Zustellungsdomizil oder Vertreter in der Schweiz), § 10 (Mitteilung, Begründung und Rechtsmittelbelehrung), § 12 Abs. 2 (Fristwiederherstellung), § 15 (Kostenvorschuss), § 16 (Unentgeltliche Rechtspflege) sowie in den §§ 86a–86d (Revision). Die Beschränkung auf eine solche Nachführung bedeutete konzeptionell zugleich den Verzicht auf eine Totalrevision. Damit wollte der Gesetzgeber den Charakter des VRG als punktuelle, auf das Wesentliche beschränkte Regelung (vgl. N. 12) beibehalten, die nötige Flexibilität für die Berücksichtigung künftiger Entwicklungen im übergeordneten Bundesrecht wahren und die Kontinuität zu den bisher normierten oder entwickelten Verfahrensgrundsätzen sicherstellen[20]. Mit dieser Beschränkung waren jedoch gewichtige Nachteile verbunden. So wurden verschiedene Begriffe und Institute, Verfahrensgarantien und Rechtsbehelfe des Verwaltungsverfahrens im VRG nach wie vor nicht näher definiert oder normiert; das gilt insbesondere für den Verfügungs- und den Parteibegriff, für Teilaspekte des – auch als solchen nirgends erwähnten – Anspruchs auf rechtlichen Gehörs, für die Institute der Erläuterung, der Berichtigung, der Wiedererwägung und des Widerrufs sowie die Rechtsbehelfe der Aufsichtsbeschwerde und des Wiedererwägungsgesuchs. Diese insoweit lückenhaft gebliebene Ordnung kommt den Anliegen der Bürgernähe, Transparenz und Rechtssicherheit nicht entgegen.

E. Änderungen des VRG zwischen 1997 und 2010

Nach der Revision von 1997 kam es zu weiteren Anpassungen des Gesetzes, wobei ein Teil davon aufgrund späterer Änderungen – insbesondere im Rahmen der VRG-Revision von 2010 – bereits wieder überholt ist. So führte das Universitätsgesetz von 1998 zu einer Erweiterung des Aufgabenbereichs der Ombudsperson in § 89 Abs. 2. Mit dem Personalgesetz von 1998 wurde die Verordnungskompetenz des Verwaltungsgerichts zur Regelung des Dienstverhältnisses seiner Beamten gemäss § 37 Abs. 2 aufgehoben. Eine Revision des Gebäudeversicherungsgesetzes von 1999 führte zur Aufhebung der verwaltungsgerichtlichen Zuständigkeit zur Beurteilung von Ansprüchen gegen die Gebäudeversicherungsanstalt im Klageverfahren (§ 82 lit. f). Das Mittelschulgesetz von 1999 erweiterte die Ausnahmen von der Zulässigkeit der Beschwerde im Unterrichtswesen (§ 43 Abs. 1 lit. f). Mit dem Gesetz über die Offenlegung von Interessenbindungen von Richterinnen und Richtern von 1999 wurde ein neuer § 34a eingefügt. Mit dem Gesetz über die Wahl von teilamtlichen Mitgliedern der Gerichte von 1999 ging die Aufhebung von § 39 Abs. 1 Satz 3 betreffend das Stimmrecht der teilamtlichen Mitglieder einher. Das Gesetz über die Verzugszinsen für öffentlichrechtliche Forderungen von 2002 führte zur Aufnahme von § 29a betreffend die Fälligkeit von Forderungen. Mit dem Gesetz über die politischen Rechte von 2003 wurden § 22 geändert und § 40a eingefügt. Das Gesetz über die Anpassung des kantonalen Rechts an das Partnerschaftsgesetz des Bundes von 2007 brachte eine Anpassung der Ausstandsregelung in § 5a Abs. 1 lit. b mit sich. Mit dem Gesetz über Controlling und Rechnungslegung von 2006 sowie durch eine Teilrevision des VRG von 2007 wurden verschiedene Bestimmungen im Abschnitt über die Ombudsperson geändert. Das Gesetz über die Information und den Datenschutz von 2007 führte zu

---

[20] Weisung 1995, S. 1521 ff.

einer Ergänzung von § 8 Abs. 1 sowie zu einer Anpassung von § 74. Schliesslich hatte das Kirchengesetz von 2007 Anpassungen diverser Bestimmungen zur Folge.

F. Die Teilrevision des VRG vom 22. März 2010

24 Die **zweite grosse Teilrevision** des VRG erfolgte am 22. März 2010[21]. Auslöser hierfür waren in erster Linie die Totalrevision der Bundesrechtspflege von 2005, die ihrerseits auf die Justizreform der Bundesverfassung aus dem Jahr 2000 zurückging, und in zweiter Linie der Erlass der neuen Kantonsverfassung vom 27. Februar 2005.

25 Im Rahmen der Totalrevision der Bundesverfassung wurde eine **Justizreform** eingeleitet und als separate Vorlage ausgestaltet, weil sie über eine blosse «Nachführung» des bisherigen Verfassungsrechts hinausging[22]. Die Bundesversammlung verabschiedete die Justizreform im Jahr 1999[23], und Volk und Stände stimmten ihr am 12. März 2000 zu. Eine der wesentlichen Neuerungen war die Verankerung einer *Rechtsweggarantie* in Art. 29a der Bundesverfassung. Diese ist umfassend ausgestaltet; sie gewährleistet «bei Rechtsstreitigkeiten» generell einen «Anspruch auf Beurteilung durch eine richterliche Behörde», also nicht wie Art. 6 Ziff. 1 EMRK nur in zivil- und strafrechtlichen Verfahren. Die Rechtsweggarantie erstreckt sich somit auch auf verwaltungsrechtliche Angelegenheiten. Um sie im kantonalen Verfahren zu verwirklichen, müssen die Kantone «für die Beurteilung von zivilrechtlichen und öffentlichrechtlichen Streitigkeiten sowie von Straffällen» richterliche Behörden bestellen (Art. 191b Abs. 1 BV).

26 Die Umsetzung der verfassungsrechtlichen Vorgaben erfolgte durch eine am 17. Juni 2005 verabschiedete **Totalrevision der Bundesrechtspflege,** in deren Rahmen das Bundesgerichtsgesetz (BGG) und das – hier nicht näher interessierende – Verwaltungsgerichtsgesetz (VGG) erlassen wurden. Das BGG löste das OG ab, und an die Stelle der bisherigen Verwaltungsgerichtsbeschwerde und staatsrechtlichen Beschwerde an das Bundesgericht trat die Beschwerde in öffentlichrechtlichen Angelegenheiten (Art. 82 ff. BGG), ergänzt durch die subsidiäre Verfassungsbeschwerde (Art. 113 ff. BGG), welche Rechtsschutzlücken im Vergleich zum bisherigen Rechtszustand vermeiden sollte. Aus der Rechtsweggarantie ergeben sich verschiedene *Anforderungen an den kantonalen Rechtsschutz,* zumal das Bundesgericht selbst der Rechtsweggarantie nicht Genüge tun kann (vgl. N. 17). So verlangt Art. 86 BGG, dass die Kantone als unmittelbare Vorinstanzen des Bundesgerichts obere Gerichte einsetzen (Abs. 2)[24]; Ausnahmen sind – unter dem Vorbehalt weiterer, spezialgesetzlich vorgesehener Ausnahmefälle – nur noch zulässig, wenn es sich um «Entscheide mit vorwiegend politischem Charakter» handelt (Abs. 3). Sodann enthalten die Art. 87 und 88 BGG Vorschriften im Zusammenhang mit der Anfechtung kantonaler Erlasse bzw. dem Rechtsschutz im Bereich der politischen Rechte. Schliesslich statuieren

---

[21] OS 65, 390; vgl. dazu GRIFFEL/JAAG, Reform.
[22] Botschaft BV, S. 487 ff.
[23] Bundesbeschluss über die Reform der Justiz vom 8. Oktober 1999 (AS 2002, 3148).
[24] Aufgrund der Rechtsweggarantie ergibt sich lediglich das Erfordernis eines *Gerichts,* nicht aber, dass es sich um ein *oberes* Gericht handeln muss. Dies stellt einen Übergriff des Bundesgesetzgebers auf die kantonale Organisationsautonomie dar, der wegen Art. 190 BV freilich folgenlos bleibt (weshalb das Baurekursgericht und das Steuerrekursgericht des Kantons Zürich keine direkten Vorinstanzen des Bundesgerichts sein können).

die Art. 110–112 BGG bundesrechtliche Anforderungen an das kantonale Verfahren. Gemäss Art. 130 Abs. 3 BGG hatten die Kantone nach dem Inkrafttreten des BGG am 1. Januar 2007 zwei Jahre Zeit, um Ausführungsbestimmungen über die Zuständigkeit, die Organisation und das Verfahren der Vorinstanzen zu erlassen. Der Kanton Zürich konnte diese Frist nicht einhalten; die VRG-Revision trat erst am 1. Juli 2010 in Kraft[25], also mit eineinhalb Jahren Verspätung. Dabei ist allerdings zu berücksichtigen, dass der Anpassungsbedarf enorm war: Nicht nur das VRG, sondern mehr als 40 weitere Gesetze – also rund ein Drittel aller kantonalen Gesetze[26] – waren von der Revision betroffen. Auch trat in der Zwischenzeit kein bundesrechtswidriger Zustand ein, weil der Regierungsrat die kantonalen Behörden in einer Verwaltungsverordnung angewiesen hatte, ihre Rechtsmittelbelehrungen gemäss den bundesrechtlichen Vorgaben zu formulieren[27].

Am 27. Februar 2005 nahmen die Stimmberechtigten des Kantons Zürich eine **neue Kantonsverfassung** an. Diese trat am 1. Januar 2006 in Kraft. Im Abschnitt über die Rechtspflege statuierte die KV teilweise neue Anforderungen an die Wahl der Richterinnen und Richter (Art. 75) und an die Verwaltungsrechtspflege (Art. 77); ferner führte sie für kantonale Erlasse unterhalb der Gesetzesstufe die abstrakte Normenkontrolle ein (Art. 79 Abs. 2). Die Übergangsbestimmungen räumten den Behörden eine Frist von fünf Jahren ein, um das Rechtspflegeverfahren an die verfassungsrechtlichen Vorgaben anzupassen (Art. 138 Abs. 1 lit. b). Im Vergleich zu den bundesrechtlichen Vorgaben brachte die Kantonsverfassung für den kantonalen Gesetzgeber nur wenige zusätzliche Umsetzungsverpflichtungen. Dieser musste namentlich einen zweistufigen Regelinstanzenzug mit grundsätzlich einer Rekursinstanz und dem Weiterzug an ein Gericht sicherstellen (vgl. Art. 77 Abs. 1 KV) und die abstrakte Normenkontrolle gegenüber kantonalen Verordnungen regeln.

27

Der Gang der **Gesetzgebungsarbeiten** gestaltete sich wie folgt: Am 24. Oktober 2007 beschloss der Regierungsrat ein *Konzept*, mit welchem er die Direktionen und die Staatskanzlei unter anderem beauftragte, die in ihren Zuständigkeitsbereich fallenden Erlasse des kantonalen Rechts darauf hin zu überprüfen, ob das Verfahrensrecht den Vorgaben des übergeordneten Rechts entspricht[28]. Aufgrund der Prüfungsergebnisse erarbeiteten die Direktionen unter der Federführung der Direktion der Justiz und des Innern einen *Vorentwurf*. Speziell für die Anpassung des VRG wurde eine kleine Arbeitsgruppe mit teilweise externen Experten eingesetzt, geleitet von Dr. CHRISTIAN SCHUHMACHER, dem damaligen Chef des Gesetzgebungsdienstes der Direktion der Justiz und des Innern. Weitere Mitglieder der Arbeitsgruppe waren Verwaltungsgerichtspräsident Dr. JÜRG BOSSHART, Prof. Dr. ALAIN GRIFFEL, Universität Zürich, Dr. VIVIANE SOBOTICH, Direktion der Justiz und des Innern, sowie zeitweilig der stellvertretende Staatsschreiber Dr. PETER HÖSLI. Vom 1. Juli bis 30. September 2008 führte die Direktion der Justiz und des Innern über den Vorentwurf ein *Vernehmlassungsverfahren* durch. 49 Stellungnahmen gingen

28

---

[25] OS 65, 437 und 463.
[26] JAAG, Würdigung, S. 143; vgl. auch SCHUHMACHER, Überblick, S. 20 f.
[27] Verwirklichung der Rechtsweggarantie (Art. 29a BV) im Verwaltungsverfahren per 1. Januar 2009, Weisung des Regierungsrates an die Behörden vom 9. Dezember 2008 (ABl 2008, 2382 ff.).
[28] RRB Nr. 1566/2007; vgl. SCHUHMACHER, Überblick, S. 16.

ein[29]. Am 29. April 2009 verabschiedete der Regierungsrat den überarbeiteten Gesetzesentwurf zuhanden des Kantonsrats. Die Kommission für Justiz und öffentliche Sicherheit nahm die Beratungen am 25. Juni 2009 auf und verabschiedete ihren Antrag zuhanden des Ratsplenums nach acht Sitzungen am 14. Januar 2010. Nebst einigen redaktionellen Verbesserungen änderte die Kommission die Vorlage nur in wenigen Punkten ab[30]. Am 15. Februar 2010 behandelte der Kantonsrat die Vorlage in erster Lesung[31]; dabei wurden sämtliche Minderheitsanträge abgelehnt. Der Antrag der Redaktionskommission, welche die Vorlage zwischenzeitlich geprüft hatte, wurde vom Rat am 22. März 2010 in zweiter Lesung beraten und unverändert verabschiedet[32]. Die parlamentarische Beratung und Verabschiedung der umfangreichen Gesetzesvorlage – immerhin «eine der wichtigeren Gesetzesrevisionen der neueren Zeit»[33] – warf weder im Kantonsrat noch in der Öffentlichkeit hohe Wellen; ja sie war der Tagespresse «nicht einmal eine Erwähnung wert»[34].

29   Die gesamte Revision war gekennzeichnet vom Bestreben, das kantonale Verwaltungsverfahrensrecht formal und inhaltlich zu bereinigen[35]. **Formal** wurde das VRG innerhalb einzelner Abschnitte besser gegliedert; dies galt insbesondere auch für die Bestimmungen über den Rekurs und die Beschwerde, welche systematisch zu einem grossen Teil umgestellt wurden[36]. Ferner wurden Wiederholungen in Spezialerlassen beseitigt oder durch Verweisungen ersetzt sowie Begriffe und Bezeichnungen vereinheitlicht. Weiter nahm der Gesetzgeber die Revision zum Anlass, das VRG stärker als verfahrensrechtlichen Kernerlass auszugestalten, beispielsweise durch Integration des Rechtsschutzes im Bereich der politischen Rechte. Verfahrensrechtliche Aspekte sollten nur noch dort spezialgesetzlich geregelt werden, wo sie sich nicht sinnvoll ins VRG integrieren lassen. Schliesslich wurde der langfädige Titel des Gesetzes – «Gesetz über den Rechtsschutz in Verwaltungssachen (Verwaltungsrechtspflegegesetz)» – durch den Kurztitel *Verwaltungsrechtspflegegesetz* ersetzt, ergänzt durch die nun offizielle Abkürzung *VRG*. Analog verfuhr der Gesetzgeber auch mit zahlreichen anderen älteren Erlassen. In **materieller** Hinsicht passte der Gesetzgeber das VRG in erster Linie an die Vorgaben des übergeordneten Rechts an, insbesondere durch Erweiterung der Zuständigkeit des Verwaltungsgerichts bzw. Auslichtung des Ausnahmekatalogs. Überdies regelte er – wenn auch etwas zu rudimentär – die abstrakte Normenkontrolle in Bezug auf kantonale Verordnungen. Schliesslich nahm er verschiedentlich Vereinheitlichungen von Regelungen, Nachführungen und Präzisierungen vor[37].

30   TOBIAS JAAG würdigte die Reform kurz vor deren Inkrafttreten wie folgt: «Das Verwaltungsrechtspflegegesetz ist letztes Jahr fünfzigjährig geworden [...]. Es hat zahlreiche kleinere Revisionen erlebt und wurde 1997 ein erstes Mal grundlegend revidiert. Die jetzt erfolgten Anpassungen an die Justizreform des Bundes sowie an die neue Kantonsverfas-

---

[29] Vgl. SCHUHMACHER, Überblick, S. 17 f.
[30] Vgl. SCHUHMACHER, Überblick, S. 18 ff.
[31] Prot. KR 2007–2011, S. 10227 ff.
[32] Prot. KR 2007–2011, S. 10532 ff.
[33] JAAG, Würdigung, S. 143.
[34] JAAG, Würdigung, S. 144.
[35] Ausführlich SCHUHMACHER, Überblick, S. 21 ff., auch zum Folgenden.
[36] Vgl. GRIFFEL, Rekurs, S. 44.
[37] Ausführlich SCHUHMACHER, Überblick, S. 25 ff.

sung hätten eine günstige Gelegenheit geboten, das VRG einer *Totalrevision* zu unterziehen. Da ohnehin das gesamte Gesetz überprüft und an zahlreichen Stellen neu redigiert sowie teilweise auch systematisch neu gegliedert werden musste, wäre der zusätzliche Aufwand für eine Totalrevision nicht mehr stark ins Gewicht gefallen. Ich bedaure es deshalb, dass nicht ein neues Verwaltungsrechtspflegegesetz geschaffen wurde. So müssen wir weiterhin mit einem Gesetz arbeiten, das zwar im Rahmen der neusten Revision verbessert worden ist, aber mit seinen zahlreichen Einschubartikeln und Texten aus unterschiedlichen Zeiten doch ein Flickwerk darstellt»[38]. – Die mehrjährige Knochenarbeit am vorliegenden Gesetzeskommentar hat diese Einschätzung bestätigt. Immerhin ist anzuerkennen und zu würdigen, dass das Revisionsvorhaben ein «Mammut-Projekt» darstellte, welches das gesamte kantonale (Verfahrens-)Recht wesentlich verbessert hat. Dies ist in erster Linie das Verdienst des Projektleiters, Dr. CHRISTIAN SCHUHMACHER, der die Arbeiten in höchst kompetenter Weise leitete und koordinierte.

G. Seitherige Änderungen des VRG

Mit dem Gesetz über die Anpassung der kantonalen Behördenorganisation und des kantonalen Prozessrechts in Zivil- und Strafsachen an die neuen Prozessgesetze des Bundes vom 10. Mai 2010 – in dessen Rahmen in erster Linie das GOG erlassen wurde – erfolgten Anpassungen von § 34a (Offenlegung von Interessenbindungen), § 71 (ergänzende Anwendung der ZPO) und § 94a Abs. 1 VRG (Schweigepflicht der Ombudsperson)[39]. Bei Erlass des Gesetzes über die Unterstellung der Steuerrekurskommissionen und der Baurekurskommissionen unter das Verwaltungsgericht vom 13. September 2010 wurde § 65a (Gebühren im verwaltungsgerichtlichen Verfahren) geändert[40]. Mit dem EG KESR vom 25. Juni 2012 ist § 44 Abs. 1 lit. d Ziff. 8 dahingehend ergänzt worden, dass auch die Festlegung der Kindes- und Erwachsenenschutzkreise von der Beschwerde ausgenommen werden[41]. Die Teilrevision des Kantonsratsgesetzes vom 17. Dezember 2012 wurde zum Anlass genommen, § 87 durch einen Absatz 3 betreffend die Unabhängigkeit und administrative Zuordnung der Ombudsperson zu ergänzen[42]. Schliesslich sind auch im Rahmen der hängigen Totalrevision des Gemeindegesetzes Anpassungen des VRG vorgesehen[43].

31

II. Entwicklung der Verwaltungsrechtspflege in der Schweiz

Verwaltungsrechtspflege war in der Schweiz – sowohl auf Bundesebene wie auch auf kantonaler Ebene – während langer Zeit ausschliesslich oder zumindest überwiegend *verwaltungsinterne* Rechtspflege. Die obersten Rechtsmittelinstanzen waren typischerweise der Bundesrat bzw. die Kantonsregierungen. Die Einführung der *Verwaltungsgerichtsbar-*

32

---

[38] JAAG, Würdigung, S. 139.
[39] OS 65, 520.
[40] OS 65, 953.
[41] OS 67, 443.
[42] OS 68, 149.
[43] Vgl. Weisung GG, S. 51 f., 224 f.

keit erfolgte in der Schweiz vergleichsweise spät[44] und erstreckte sich in den **Kantonen** praktisch über das ganze 20. Jahrhundert. Demgegenüber kannten zahlreiche europäische Staaten schon zu Beginn des 20. Jahrhunderts – Österreich bereits 1875 – eine Verwaltungsgerichtsbarkeit. Grob können in der Schweiz drei Phasen unterschieden werden, in denen kantonale Verwaltungsgerichte (oder für verwaltungsrechtliche Angelegenheiten zuständige Abteilungen des obersten kantonalen Gerichts) geschaffen wurden[45]:

- Eine Vorreiterrolle bei der Einführung der Verwaltungsgerichtsbarkeit nahmen die Kantone Wallis (1877), Basel-Stadt (1905) und Bern (1909) ein. Allerdings war die sachliche Zuständigkeit der betreffenden Gerichte stark eingeschränkt, im Wesentlichen auf Steuer- und Abgabestreitigkeiten.
- In einer zweiten Phase – nach einem Unterbruch von einem halben Jahrhundert – kamen folgende Kantone hinzu: Zürich (1959), Basel-Landschaft (1959), Solothurn (1961), St. Gallen (1965), Tessin (1966), Graubünden (1967), Nidwalden (1968), Aargau (1968), Genf (1970), Schaffhausen (1971), Luzern (1972), Obwalden (1973), Schwyz (1974), Zug (1976), Jura (1978), Neuenburg (1979) und Thurgau (1981).
- Die dritte Phase erfolgte bereits unter dem Druck der Europäischen Menschenrechtskonvention (vgl. N. 17). Zu nennen sind die Kantone Glarus (1986), Freiburg (1990), Waadt (1990), Uri (1992), Appenzell Ausserrhoden (1993) und Appenzell Innerrhoden (1996), welche als letzte nachzogen.

33 Seit dem Ende der 1980er-Jahre erfolgte zudem eine starke *Erweiterung der sachlichen Zuständigkeiten* der kantonalen Verwaltungsgerichte; dies aufgrund der Rechtsprechung des EGMR zu Art. 6 Ziff. 1 EMRK (vgl. N. 17).

34 Auf **Bundesebene** wurde 1928 das *Bundesgesetz über die eidgenössische Verwaltungs- und Disziplinarrechtspflege* (VDG)[46] erlassen, nachdem 1914 die Verfassungsgrundlage für die Verwaltungsgerichtsbarkeit geschaffen worden war (Art. 114bis aBV). Das VDG sah neu die Zuständigkeit des Bundesgerichts anstelle des Bundesrats vor, allerdings nicht umfassend mittels einer Generalklausel, sondern aufgrund einer – relativ eng gefassten – Enumeration. 1943 wurde es durch das *Bundesgesetz über die Organisation der Bundesrechtspflege* (OG)[47] abgelöst, das bis Ende 2006, also bis zum Inkrafttreten des BGG, galt. Auch das OG umschrieb die bundesgerichtlichen Zuständigkeiten zunächst nach der Enumerationsmethode; erst mit der OG-Revision von 1968 – gleichzeitig mit dem Erlass des VwVG – erfolgte der Systemwechsel zur Generalklausel mit (umfangreichem) Ausnahmekatalog.

---

[44] Vgl. ALFRED KÖLZ, Neuere schweizerische Verfassungsgeschichte – Ihre Grundlinien in Bund und Kantonen seit 1848, Bern 2004, S. 851 ff.
[45] Vgl. BENJAMIN SCHINDLER, Verwaltungsermessen – Gestaltungskompetenzen der öffentlichen Verwaltung in der Schweiz, Zürich/St. Gallen/Baden-Baden 2010, S. 154 ff.; ferner MARKUS MÜLLER, Verwaltungsrecht – Eigenheit und Herkunft, Bern 2006, S. 90 ff.
[46] AS 44, 779.
[47] BS 3, 531.

In der **Entwicklung** der Verwaltungsgerichtsbarkeit in der Schweiz sind zwei unterschiedliche, sich zeitlich jedoch überlappende Phasen auszumachen:

- In einer ersten Phase erfolgte eine Verlagerung der *letztinstanzlichen Rechtsmittelzuständigkeiten* von der Regierung auf die Justiz, d.h. vom Bundesrat auf das Bundesgericht bzw. von den kantonalen Regierungen auf die Verwaltungsgerichte. Dieser Prozess erhielt durch den Einfluss der mit der Justizreform geschaffenen Rechtsweggarantie (Art. 29a BV) nochmals einen beträchtlichen Schub und dürfte heute weitgehend abgeschlossen sein[48].

- In einer zweiten Phase, die deutlich später einsetzte, ist auf der *unteren Rechtsmittelebene* eine analoge Verlagerung zu beobachten, nämlich der Ersatz der (erstinstanzlichen) verwaltungsinternen Rechtspflege durch Verwaltungsgerichte erster Instanz. Im Bund setzte dies – wiederum aufgrund der Rechtsweggarantie (damals gemäss Art. 6 Ziff. 1 EMRK), welche auch auf Bundesebene richterliche Vorinstanzen des Bundesgerichts verlangte – zu Beginn der 1990er-Jahre mit der Schaffung von rund 30 verwaltungsexternen Rekurskommissionen ein, welche mit dem Verwaltungsgerichtsgesetz von 2005 ganz überwiegend zum heutigen Bundesverwaltungsgericht zusammengefasst wurden.

Auf Bundesebene ist diese zweite Phase so gut wie abgeschlossen; die verwaltungsinterne Rechtspflege hat hier nur noch eine marginale Bedeutung. In den Kantonen hat diese Entwicklung hingegen noch nicht richtig eingesetzt, und es ist auch nicht klar, ob sie einsetzen wird (zumal die Rechtsweggarantie dies nicht verlangt). **Tendenzen** in diese Richtung sind aber erkennbar; so verfügt gerade der Kanton Zürich mit dem Baurekursgericht und dem Steuerrekursgericht in einem breiten sachlichen Zuständigkeitsbereich über gut ausgebaute erstinstanzliche Verwaltungsgerichte. Ungeachtet der Tatsache, dass es sich dabei um zwei einwandfrei funktionierende Rechtsmittelinstanzen handelt, wäre ein flächendeckender Ersatz der (erstinstanzlichen) verwaltungsinternen durch eine verwaltungsexterne Rechtspflege – und damit eine Verdoppelung des verwaltungsgerichtlichen Rechtsschutzes – nicht vorbehaltlos zu begrüssen. Denn damit ginge nicht nur ein Mehr, sondern auch ein Minus an Rechtsschutz einher, insbesondere mit Blick auf die Ermessensüberprüfung, die vor einem Gericht aus funktionalen Gründen zwangsläufig stärker eingeschränkt ist als vor einer verwaltungsinternen Instanz.

---

[48] Vgl. heute die dem Bundesrat verbliebenen Restkompetenzen in Art. 72 VwVG.

Erster Abschnitt:
Die sachliche Zuständigkeit der Verwaltungsbehörden

Grundsatz

§ 1

Öffentlichrechtliche Angelegenheiten werden von den Verwaltungsbehörden und vom Verwaltungsgericht entschieden. Privatrechtliche Ansprüche sind vor den Zivilgerichten geltend zu machen.

Materialien

Weisung 1957, S. 1026; Prot. KK 19.11.1957; Prot. KR 1955–1959, S. 3267; Beleuchtender Bericht 1959, S. 395.

Literatur

HÄFELIN/MÜLLER/UHLMANN, Verwaltungsrecht, N. 247 ff.; HUBER HANS, in: Berner Kommentar zum ZGB, Einleitung, Bern 1962, Art. 6 N. 110 ff. *(Berner Kommentar ZGB)*; LEUENBERGER CHRISTOPH, in: St. Galler Kommentar BV, Art. 122; MERKLI/AESCHLIMANN/HERZOG, Kommentar VRPG, Art. 5; MÜLLER M., Verwaltungsrealakte; NIGGLI MARCEL ALEXANDER/MAEDER STEFAN, Was schützt eigentlich Strafrecht (und schützt es überhaupt etwas)?, AJP 2011, 443 ff. *(Strafrecht)*; RHINOW/KOLLER/KISS/THURNHERR/BRÜHL-MOSER, Öffentliches Prozessrecht, N. 940; TSCHANNEN/ZIMMERLI/MÜLLER, Verwaltungsrecht, § 18. WIEDERKEHR/RICHLI, Praxis, N. 1 ff.

Inhaltsübersicht

I.	Vorbemerkungen zu den §§ 1–3	1–2
II.	Einleitung zu § 1	3–9
III.	Öffentliches Recht und Privatrecht	10–45
	A. Grundsätze	10–19
	B. Verwaltungsrechtliche Verträge	20–27
	C. Arbeits- und Dienstleistungsverhältnisse	28–35
	D. Wasser- und Energieversorgung	36–37
	E. Baubewilligungsverfahren	38–40
	F. Eigentumsbestand und -beschränkungen	41–43
	G. Weitere Bereiche	44–45
IV.	Öffentliches Recht und Strafrecht	46–54
V.	Vorfragen	55–62

I. Vorbemerkungen zu den §§ 1–3

1 Die §§ 1–3 enthalten Regeln über die sachliche und – über den Titel des Abschnitts hinausgehend – funktionelle **Zuständigkeit** der Verwaltungs- und Rekursbehörden sowie des Verwaltungsgerichts. Angesichts der offenen Formulierung von § 1 gelten die Zuständigkeitsregeln sowohl für nichtstreitige als auch für streitige und gerichtliche Verwaltungsverfahren[1]. Die Zuständigkeitsgrundsätze gemäss den §§ 1 und 2 VRG haben inso-

---

[1] Vgl. Prot. KK, 19.11.1957, S. 14.

fern nur subsidiäre Bedeutung, als besondere gesetzliche Zuständigkeitsbestimmungen gemäss § 3 vorbehalten bleiben[2].

Die Regelung der Zuständigkeit in den §§ 1–3 ist **unvollständig:** Zum einen enthalten diese Bestimmungen keine Abgrenzung des verwaltungsrechtlichen Zuständigkeitsbereichs zu jenem der *Straf*behörden; zum anderen ist die *örtliche* Zuständigkeit der Verwaltungsrechtspflegebehörden nicht geregelt. Diese Fragen wurden bei der Schaffung des VRG als durch das Bundesrecht und das übrige kantonale Recht zureichend geregelt befunden[3]. An der Unvollständigkeit der gesetzlichen Zuständigkeitsumschreibung änderten die bisherigen Gesetzesrevisionen, welche die §§ 1–3 unverändert liessen, nichts. Dies ist darauf zurückzuführen, dass sich die Unvollständigkeit in der Vergangenheit nicht als nachteilig erwies[4].

II. Einleitung zu § 1

Der seit Inkrafttreten des VRG im Jahr 1960 unveränderte § 1 stellt den Grundsatz auf, dass die Verwaltungsbehörden und das Verwaltungsgericht für **öffentlichrechtliche Angelegenheiten** zuständig sind.

Unzuständig sind die Verwaltungsrechtspflegeorgane hingegen zur Beurteilung **privatrechtlicher Angelegenheiten;** diese fallen in die Kompetenz der Zivilgerichte (§ 1 Satz 2).

Auch **strafrechtliche Angelegenheiten** fallen nicht in die Zuständigkeit der Verwaltungsbehörden und -gerichte. Sie zählen zwar zu den öffentlichrechtlichen Angelegenheiten im weiteren Sinn, doch nach dem Willen des Gesetzgebers betrifft § 1 nur öffentlichrechtliche Angelegenheiten im engeren Sinn[5].

Die in § 1 enthaltene Grundsatzregelung in Bezug auf die Zuständigkeit wird **durch die §§ 2 und 3 relativiert:** Die Beurteilung von Staats- und Beamtenhaftungsstreitigkeiten fällt in die Kompetenz der Zivilgerichte (§ 2); generell bleiben besondere gesetzliche Zuständigkeitsbestimmungen vorbehalten (§ 3).

In der Praxis kommt § 1 in erster Linie im Zusammenhang mit **Abgrenzungsfragen** zur Anwendung. Die Qualifikation einer Anordnung als (primär) privat-, straf- oder zivilrechtlich kann insbesondere erforderlich sein, um die zuständige Beurteilungsinstanz zu ermitteln. Zu Zuständigkeits*konflikten* sowie Folgen der Unzuständigkeit vgl. § 5 N. 26 ff.

Nicht von Bedeutung ist die Abgrenzung zwischen öffentlich-, privat- und strafrechtlichen Angelegenheiten im Zusammenhang mit der **abstrakten Normenkontrolle** von kantonalen Erlassen unterhalb der Gesetzesebene (§ 19 Abs. 1 lit. d). Die öffentlichrechtlichen Instanzen sind zur abstrakten Überprüfung von Erlassen auch dann zuständig, wenn diese einen engen Bezug zum Zivil- oder Strafrecht aufweisen[6].

---

[2] Vgl. Beleuchtender Bericht 1959, S. 396.
[3] Prot. KR 1955–1959, S. 3267.
[4] Vgl. Weisung 1995, S. 1522.
[5] Prot. KR 1955–1959, S. 3267.
[6] Weisung 2009, S. 929 f.

9   Aus dem Grundsatz der Prozesseinheit[7] ergibt sich, dass die in der Hauptsache zuständige Behörde auch über die **Nebenfolgen** – z.B. Verfahrenskosten – zu befinden hat[8]. Der (privat-, öffentlich- oder straf-)rechtliche Charakter der Nebenfolgen ist somit nicht massgebend. Sind beispielsweise in der Hauptsache die Zivilgerichte zuständig, so sind sie es auch dann, wenn einzig die Entschädigung einer unentgeltlichen Rechtsvertretung strittig ist; dass es sich dabei um einen Entscheid öffentlichrechtlicher Natur handelt, ist nicht von Bedeutung[9]. Werden die Verfahrenskosten einer Bussenanordnung angefochten, so sind nicht die Verwaltungs-, sondern die Strafbehörden zuständig[10].

III. Öffentliches Recht und Privatrecht

A. Grundsätze

10   Früher wurde von einer Zweiteilung in öffentliches Recht und Privatrecht ausgegangen, die die gesamte Rechtsordnung durchzieht. Diese herkömmliche Unterscheidung hat in neuerer Zeit infolge der zunehmenden Verflechtung von Staat und Gesellschaft an **Bedeutung verloren.** Zwar ist der Umfang des öffentlichen Rechts bzw. die Zahl öffentlicher Aufgaben, die in den Verfassungen der Gemeinwesen festgelegt sind[11], nicht geringer geworden. Doch der Staat macht immer häufiger von seiner Kompetenz[12] Gebrauch, die Erfüllung öffentlicher Aufgaben Dritten zu übertragen, hierzu Organisationen des öffentlichen oder privaten Rechts zu schaffen oder sich an solchen zu beteiligen[13]. Der Umfang des nicht eindeutig als «öffentlichrechtlich» oder «zivilrechtlich» einzuordnenden Rechts nimmt deshalb zu. Gleichzeitig sinkt die Relevanz der Frage, ob eine Angelegenheit dem öffentlichen Recht oder dem Privatrecht zuzuordnen ist, zumal gemäss Art. 35 Abs. 2 BV sämtliche Träger öffentlicher Aufgaben an die Grundrechte gebunden sind.

11   Nach wie vor grosse Bedeutung hat die Unterscheidung zwischen zivil- und öffentlichrechtlichen Angelegenheiten allerdings im Zusammenhang mit **Zuständigkeitsfragen.** Von der Qualifikation als «privatrechtlich» oder «öffentlichrechtlich» kann insbesondere abhängen, welchem Gemeinwesen die Gesetzgebungskompetenz zukommt[14], welche Behörden und Rechtsmittelinstanzen zuständig sind oder welches Rechtsmittel zu ergreifen ist[15].

12   Vorab ist festzuhalten, dass es bei der Abgrenzung zwischen privat- und öffentlichrechtlichen Angelegenheiten **nicht auf die Erlassform** ankommt[16]. Erlasse, die formell als zi-

---

[7] BGE 133 III 645, E. 2.2.
[8] Vgl. z.B. Art. 31 BGG.
[9] BGr, 6.9.2010, 5D_67/2010, E. 1.1; vgl. BGE 133 IV 335, E. 2.
[10] VGr, 25.10.1990, VB.1990.144 (nicht publiziert).
[11] Vgl. z.B. Art. 54–125 BV oder Art. 100–121 KV.
[12] Vgl. Art. 98 Abs. 1 KV; für den Bund Art. 178 Abs. 3 BV.
[13] Vgl. z.B. die Weisung des Regierungsrates vom 4. Juli 2007 zu einer Änderung des Haftungsgesetzes, ABl 2007, 1241 ff.
[14] Vgl. z.B. Art. 122 Abs. 1 BV; Art. 6 Abs. 1 ZGB.
[15] Beispiele: Art. 72 und Art. 82 lit. a BGG; Art. 5 Abs. 1 VwVG; Art. 1 ZPO; vgl. auch BGr, 2.9.2010, 5A_95/2010, E. 5.5.
[16] Vgl. Häfelin/Müller/Uhlmann, Verwaltungsrecht, N. 250.

vilrechtlich gelten, enthalten nicht selten materiell öffentlichrechtliche Normen; dasselbe gilt im umgekehrten Verhältnis. Das formelle Bundeszivilrecht statuiert diverse Normen, die öffentlichrechtlichen Charakter haben, beispielsweise in Bezug auf die Stiftungsaufsicht[17], das Kindes- und Erwachsenenschutzrecht und die fürsorgerische Freiheitsunterbringung[18]. Ein Erlass kann zudem gemischtrechtlichen Charakter haben, also Bestimmungen öffentlichrechtlicher und zivilrechtlicher Natur enthalten[19]. Auch eine einzelne Gesetzesbestimmung kann zugleich öffentlich- und privatrechtliche Vorschriften enthalten (z.B. Art. 699 ZGB); die Rede ist in diesem Zusammenhang von gemischten Normen oder sogenannten Doppelnormen[20]. Schliesslich enthält das öffentliche Recht bisweilen Verweise auf das Privatrecht; die betreffenden Bestimmungen des Privatrechts erlangen dadurch öffentlichrechtlichen Charakter und gelten als subsidiäres öffentliches Recht[21].

In der Rechtswissenschaft wurden mehrere **Abgrenzungstheorien** zur Unterscheidung von öffentlichem Recht und Privatrecht entwickelt. In der Rechtspraxis sind diese Theorien zwar von beschränkter Bedeutung geblieben[22]. Dennoch können die theoretischen Abgrenzungskriterien hilfreich sein, wenn in einem konkreten Fall umstritten ist, ob es sich um eine öffentlichrechtliche oder eine privatrechtliche Angelegenheit handelt.

Von der Rechtsprechung am häufigsten erwähnt werden die **Subordinations-, Interessen- und Funktionstheorie**[23]:

- Die *Subordinationstheorie* – auch Subjektionstheorie genannt – geht davon aus, dass eine öffentlichrechtliche Angelegenheit vorliegt, wenn zwischen den Beteiligten nicht ein Gleich-, sondern ein Unterordnungsverhältnis besteht bzw. wenn hoheitlicher Zwang ausgeübt wird.
- Gemäss der *Interessentheorie* unterscheiden sich zivil- und öffentlichrechtliche Angelegenheit dadurch, dass im Zusammenhang mit Letzteren öffentliche Interessen verfolgt werden.
- Nach der *Funktionstheorie* werden im Zusammenhang mit öffentlichrechtlichen Angelegenheiten öffentliche Aufgaben erfüllt, wodurch sie sich von den zivilrechtlichen Angelegenheiten unterscheiden.

Früher wurden zur Unterscheidung zwischen dem öffentlichen Recht und dem Privatrecht **weitere Abgrenzungstheorien** herangezogen, die heute allerdings stark an Bedeutung verloren haben. Zu nennen sind etwa die Subjekttheorie, die modale Theorie, die

---

[17] Vgl. Art. 84 ZGB.
[18] BGr, 3.11.2011, 5A_582/2011, E. 3.2 (nicht publiziert in BGE 137 III 531).
[19] So z.B. das EG ZGB.
[20] Häfelin/Müller/Uhlmann, Verwaltungsrecht, N. 268 f.
[21] BGr, 19.1.2012, 8C_294/2011, E. 3.4; vgl. Häfelin/Müller/Uhlmann, Verwaltungsrecht, N. 304; Beispiel: § 20 Abs. 1 Satz 1 PG.
[22] Kritisch zum praktischen Nutzen und zur Tauglichkeit der Abgrenzungstheorien M. Müller, Verwaltungsrealakte, S. 349.
[23] Vgl. BGE 138 II 134, E. 4.1–4.4 (Pra 2012 Nr. 100); BGr, 25.10.2011, 2C_807/2010, E. 2.2; VGr, 22.12.2011, VK.2011.00003, E. 5.1.

Theorie vom zwingenden und nachgiebigen Recht, die Rechtsformentheorie sowie die Fiskustheorie[24].

16 Die Praxis ist kasuistisch geprägt und geht von einem **Methodenpluralismus** aus[25]. Das Bundesgericht hält fest, dass sich die diversen Abgrenzungskriterien nicht ausschliessen und im Einzelfall jene heranzuziehen seien, die sich zur Lösung der konkreten Fragestellung am besten eigneten. Dabei sei dem Umstand Rechnung zu tragen, dass der Unterscheidung zwischen privatem und öffentlichem Recht ganz verschiedene Funktionen zukommen – je nach den Regelungsbedürfnissen und den Rechtsfolgen, die im Einzelfall in Frage stehen[26].

17 Zur Auslegung von **gemischtrechtlichen Normen** – also von Rechtssätzen, die zugleich öffentlichrechtliche wie privatrechtliche Vorschriften enthalten – sind Verwaltungsbehörden und Zivilgerichte gleichermassen zuständig[27]. Der zivilrechtliche Entscheid nimmt dabei denjenigen der Verwaltungs(gerichts)behörde nicht vorweg und umgekehrt[28]. Dementsprechend besteht die Gefahr, dass sich widersprechende Entscheide ergeben, welche die Rechtssicherheit beeinträchtigen[29]. Das Problem lässt sich wohl nur dadurch befriedigend lösen, dass die zeitlich später entscheidende Behörde sich der früheren anschliesst, sofern sie von deren Entscheid Kenntnis hat und dieser nicht geradezu unhaltbar ist.

18 Wenn ein und derselbe Sachverhalt sowohl nach privat- als auch nach öffentlichrechtlichen (z.B. haftungsrechtlichen) Bestimmungen anspruchsbegründend ist (**Anspruchskonkurrenz**) und zur Beurteilung der verschiedenen Ansprüche unterschiedliche Entscheidinstanzen zuständig sind, prüft jede davon den von ihr zu beurteilenden Rechtsanspruch unpräjudiziell für andere Ansprüche[30].

19 Von Gesetzes wegen als zivilrechtlich zu erachten sind **Schadenansprüche Privater** gegen das Gemeinwesen und das Staatspersonal (§ 2 Abs. 1) sowie gegen Inhaber behördlicher Konzessionen, Bewilligungen oder Patente (§ 2 Abs. 2).

B. Verwaltungsrechtliche Verträge

20 Besondere Abgrenzungskriterien bestehen bei der Unterscheidung zwischen verwaltungsrechtlichen und privatrechtlichen Verträgen. Fehlt es an einer gesetzlichen Qualifizierung, so ist in erster Linie auf den Vertragsgegenstand und -zweck abzustellen. Entscheidend für die Qualifikation als öffentlichrechtlich ist, dass der Vertrag **unmittelbar die Erfüllung einer öffentlichen Aufgabe betrifft** oder Materien enthält, die vom öffent-

---

[24] Vgl. 2. Aufl., N. 8 ff.; HUBER, in: Berner Kommentar ZGB, Art. 6 N. 119 ff.; zur modalen Theorie vgl. BGE 138 II 134, E. 4.1, 4.5 und 4.6 (Pra 2012 Nr. 100).
[25] Vgl. BGE 137 II 399, E. 1.1; BGr, 25.10.2011, 2C_807/2010, E. 2.2; HÄFELIN/MÜLLER/UHLMANN, Verwaltungsrecht, N. 264; TSCHANNEN/ZIMMERLI/MÜLLER, Verwaltungsrecht, § 8 N. 6; LEUENBERGER, in: St. Galler Kommentar BV, Art. 122 N. 9.
[26] BGE 138 II 134, E. 4.1 (Pra 2012 Nr. 100); BGE 128 III 250, E. 2a.
[27] MERKLI/AESCHLIMANN/HERZOG, Kommentar VRPG, Art. 8 N. 12; vgl. RB 1989 Nr. 12.
[28] Vgl. RB 1961 Nr. 10.
[29] RB 1974 Nr. 1.
[30] BGr, 15.4.2011, 2C_707/2010, E. 3.3.2.

lichen Recht geregelt werden[31]. Als privatrechtlich ist ein Vertrag demgegenüber einzustufen, wenn er nur mittelbar öffentliche Interessen verfolgt bzw. wenn es einzig darum geht, dass der Staat durch Kauf, Werkvertrag oder Auftrag Hilfsmittel beschafft, die er zur Erfüllung seiner öffentlichen Aufgaben benötigt[32].

Vermögensrechtliche Streitigkeiten zwischen **Transportunternehmen** und ihren Kundinnen und Kunden beurteilt das Zivilgericht (Art. 56 Abs. 1 PBG). Gemäss der Rechtsprechung unterstehen deshalb Personentransportverträge im Sinne von Art. 19 PBG diesbezüglich dem Privatrecht. Fahrpreise und Zuschläge stellen keine Kausalabgaben dar, sondern Forderungen aus dem privatrechtlichen Transportverhältnis, die der Zivilgerichtsbarkeit unterstehen. Nicht massgebend ist dabei, dass die Fahrpreise und Zuschläge auf gesetzlich vorgeschriebenen Tarifen beruhen, die möglicherweise über eine öffentlichrechtliche oder gemischtrechtliche Natur verfügen[33]. 21

Vereinbarungen von Gemeinden mit Strassenanstössern oder Quartierplangenossen über die **Erschliessung** von Baugrundstücken werden in der Regel nicht als privatrechtliche, sondern als verwaltungsrechtliche Verträge qualifiziert, die gemäss § 81 lit. b im Streitfall das Verwaltungsgericht zu beurteilen hat[34]. 22

Verträge, welche die Höhe, Verrechenbarkeit, Fälligkeit oder Verzinsung von **Strassen- und Trottoirbeiträgen** regeln, sind öffentlichrechtlicher Natur[35]. 23

Werkverträge für die Errichtung öffentlicher Bauten sind in der Regel als privatrechtlich einzustufen[36]. Als privatrechtlich qualifizierten die Gerichte etwa Verträge von Gemeinden zum Bau und Betrieb eines öffentlichen Schlachthauses[37] oder eines Messehotels[38] sowie über die Lieferung und den Einbau eines Unterlagsbodens im Musikraum eines öffentlichen Schulhauses[39]. Der zivilrechtliche Weg ist in solchen Fällen auch dann einzuschlagen, wenn ein Anspruch aus ungerechtfertigter Bereicherung geltend gemacht wird mit der Begründung, es liege kein Werkvertrag bzw. kein verwaltungsrechtlicher Vertrag vor[40]. 24

Im **Submissionsrecht** hat die Verfügung, mit der die Vergabebehörde bestimmt, mit welchem Bewerber ein Vertrag geschlossen werden soll, öffentlichrechtlichen Charakter. Der Vertrag, den das Gemeinwesen und der Anbieter über die Erbringung der benötigten Dienstleistungen bzw. über die Lieferung der nachgesuchten Waren in der Folge schliessen, kann hingegen sowohl verwaltungsrechtlicher als auch privatrechtlicher Natur sein – 25

---

[31] BGE 134 II 297, E. 2.2; VGr, 10.2.2011, VK.2010.00002, E. 1.3 (BEZ 2011 Nr. 8); RB 1997 Nr. 8, E. 1; Häfelin/Müller/Uhlmann, Verwaltungsrecht, N. 1058.
[32] BGE 134 II 297, E. 2.2; VGr, 22.12.2011, VK.2011.00003, E. 4.1; RB 1990 Nr. 2.
[33] BGE 136 II 489, E. 2.4, 2.5 und 3.2; 136 II 457, E. 6.2 und 6.3; so auch VGr, 28.10.2010, VB.2010.00019, E. 2.3 und 2.4.
[34] BGE 112 II 107, E. 1; 102 II 55, E. 1; RB 1990 Nr. 2.
[35] RB 1975 Nr. 1.
[36] Häfelin/Müller/Uhlmann, Verwaltungsrecht, N. 279 f. und 1058; vgl. BGE 134 II 297, E. 2.2.
[37] BGr, 25.3.1997, 4C.498/1996, zitiert in BGE 128 III 250, E. 2b.
[38] VGr, 10.2.2011, VK.2010.00002, E. 2.
[39] VGr, 22.12.2011, VK.2011.00003, E. 4.2.
[40] VGr, 22.12.2011, VK.2011.00003, E. 5.

je nachdem, ob der Vertrag die Erfüllung einer öffentlichen Aufgabe zum Inhalt hat bzw. einen im öffentlichen Recht geregelten Gegenstand betrifft oder nicht[41].

26 Dem öffentlichen Recht unterliegen **Honorarstreitigkeiten** zwischen einem kantonalen Gericht und einem Experten, bei dem das Gericht ein Gutachten in Auftrag gegeben hat[42]. Gleiches gilt für Honorarstreitigkeiten aufgrund eines Vertrages zwischen einer kantonalen psychiatrischen Klinik und einem Team-Supervisor[43].

27 Verträge über die **Stipendiengewährung** gelten als öffentlichrechtlich[44].

C. Arbeits- und Dienstleistungsverhältnisse

28 Das Arbeitsverhältnis des Staats- und Gemeindepersonals untersteht gemäss Art. 47 Abs. 1 KV und diversen weiteren Bestimmungen[45] dem öffentlichen Recht. Ebenfalls öffentlichrechtlich ist das Arbeitsverhältnis des Personals von Zweckverbänden und selbständigen Anstalten (§ 72 Abs. 1 GG). Streitigkeiten über **öffentlichrechtliche Arbeitsverhältnisse,** die in der Regel durch Verfügung und ausnahmsweise durch den Abschluss eines öffentlichrechtlichen Arbeitsvertrages begründet werden, sind auf dem verwaltungsrechtlichen Weg geltend zu machen (§ 12 und 33 PG)[46]. Dies gilt auch dann, wenn nicht nur öffentliches Personalrecht, sondern vorfrageweise auch Zivilrecht anwendbar ist[47]. Aufgrund von § 19 Abs. 3 HG sind die Verwaltungsrechtspflegebehörden ferner zur Beurteilung von Schadenersatz- und Regressansprüchen zwischen dem Kanton und staatlichen Angestellten zuständig[48].

29 Aufgrund spezialgesetzlicher Bestimmungen können **privatrechtliche Anstellungen** bei öffentlichrechtlichen Anstalten in Ausnahmefällen zulässig sein[49]. In solchen Fällen fallen Streitigkeiten in die zivilgerichtliche Zuständigkeit[50]. Die Zivilgerichte beurteilen ferner arbeitsrechtliche Streitigkeiten zwischen privaten Parteien[51] – beispielsweise zwischen einer nichtkantonalen Berufsschule und deren Personal[52].

30 Streitigkeiten über die Ausübung des Arztberufs an öffentlichen **Spitälern** durch angestellte Ärzte unterliegen in der Regel dem öffentlichen Recht[53]. Das Bundesgericht schliesst allerdings eine privatrechtliche Anstellung an einem Spital nicht aus, wenn diese aufgrund einer klaren und unmissverständlichen kantonalen Regelung erfolgt und durch

---

[41] BGE 134 II 297, E. 2.1 und 2.2.
[42] BGE 134 I 159, E. 3.
[43] VGr, 12.1.2005, PB.2004.00074, E. 3.6.1.
[44] RB 1997 Nr. 8, E. 1.
[45] § 7 PG; § 72 Abs. 1 GG; auf kommunaler Ebene z.B. Art. 112 der Gemeindeordnung der Stadt Zürich vom 26. April 1970.
[46] Vgl. Weisung 2009, S. 882 ff. und 926.
[47] RB 1977 Nr. 25.
[48] Vgl. VGr, 11.1.2006, PB.2005.00054.
[49] So z.B. § 12 Abs. 1 KSWG; § 11 Abs. 2 UniG i.V.m. § 9 Abs. 2 der Personalverordnung der Universität Zürich; § 13 Abs. 1 Satz 2 USZG.
[50] Vgl. BGr, 19.5.2006, 2P.18/2006, E. 2.3; VGr, 7.12.2005, PK.2005.00005, E. 4.4–4.7.
[51] RB 2002 Nr. 23, E. 3 (PB.2002.00015).
[52] VGr, 6.8.2010, PK.2010.00001, E. 3.1.2 und 3.2.
[53] BGE 133 III 462, E. 2.1; betreffend den Kanton Zürich BGE 115 Ib 175, E. 2.

das anwendbare Recht nicht ausgeschlossen wird[54]. Im Kanton Zürich ist das Verhältnis zwischen öffentlichen Spitälern und Patienten öffentlichrechtlicher Natur[55] – und zwar selbst dann, wenn die Behandlung von Privatpatienten in Frage steht[56]. Das Verhältnis zwischen einem Patienten und einem freipraktizierenden Arzt bzw. einem *Privatspital* ist hingegen von Gesetzes wegen zivilrechtlicher Natur (§ 5 Abs. 2 PatG). Ebenfalls dem Privatrecht untersteht das Verhältnis zwischen dem Tierspital der Universität Zürich und den Haltern der veterinärmedizinisch behandelten Tiere[57].

Die Streitigkeit über eine **Ersatzabgabe für die Befreiung von Ärzten von der Notfalldienstpflicht** ist öffentlichrechtlicher Natur, wenn der kantonale Gesetzgeber den Notfalldienst als öffentliche Aufgabe erachtet, alle Ärzte mit Berufsausübungsbewilligung zum Notfalldienst verpflichtet und der Ertrag aus den Ersatzabgaben zweckgebunden – d.h. im Zusammenhang mit dem Notfalldienst – eingesetzt werden muss[58]. 31

Als öffentlichrechtliche Angelegenheit gilt die Prüfung der **Entbindung vom Anwaltsgeheimnis** bzw. der Streit über die Frage, ob der Offenbarung des Berufsgeheimnisses höhere Interessen entgegenstehen (vgl. § 34 AnwG). Streitigkeiten hingegen, die den Bestand bzw. die Höhe der Honorarforderung des Anwalts sowie die Art und Weise der Mandatsausübung betreffen, sind vom Zivilrichter zu beurteilen[59]. 32

Die Rechtsbeziehungen zwischen der **Zürcher Kantonalbank** und den Benutzerinnen und Benutzern sind privatrechtlicher Natur[60]. 33

Eine Streitigkeit über die Pflicht zur Bezahlung von Beiträgen an den **Berufsbildungsfonds** gemäss Art. 60 BBG ist öffentlichrechtlicher Natur und deshalb auf dem verwaltungsrechtlichen Weg geltend zu machen[61]. 34

Als öffentlichrechtlich qualifizierte das Verwaltungsgericht sodann das Benützungsverhältnis zwischen **Hallenbad** und Badegast, da der Betrieb des betreffenden Hallenbades öffentliche Aufgaben im Bereich Gesundheits- und Sportförderung sowie Schwimmbadunterricht erfüllte[62]. 35

D. Wasser- und Energieversorgung

Die Wasser- und Elektrizitätsversorgung fällt zwar in den Bereich staatlicher Aufgaben (vgl. Art. 105 Abs. 2 und 106 Abs. 3 KV). Streitigkeiten zwischen Lieferanten und Bezügern von Energie und Wasser können jedoch sowohl dem öffentlichen als auch dem privaten Recht unterstehen. Für eine *öffentlichrechtliche* Rechtsbeziehung können insbesondere folgende **Kriterien** sprechen: Erfüllung einer öffentlichen Aufgabe; besonderes 36

---

[54] BGr, 19.5.2006, 2P.18/2006, E. 2.3; BGE 118 II 213, E. 3.
[55] Vgl. § 5 Abs. 2 PatG.
[56] VGr, 8.12.2000, VB.2000.00311, E. 3a (ZBl 2001, 378 ff.).
[57] VGr, 8.12.2000, VB.2000.00311, E. 3b und 3f (ZBl 2001, 378 ff.).
[58] BGr, 25.10.2011, 2C_807/2010, E. 2.6 und 2.7.
[59] VGr, 28.2.2008, VB.2007.00537, E. 4.1; vgl. Giovanni Andrea Testa, Die zivil- und standesrechtlichen Pflichten des Rechtsanwaltes gegenüber seinen Klienten, Zürich 2000, S. 249.
[60] Jaag/Rüssli, Staats- und Verwaltungsrecht, N. 3953.
[61] BGr, 4.2.2010, 2C_58/2009, E. 1.3 und 1.4; vgl. BGE 137 II 399, E. 1.7.
[62] VGr, 7.4.2006, VB.2006.00058 (nicht publiziert).

Rechtsverhältnis (Sonderstatusverhältnis) zwischen dem Versorgungsbetrieb und den einzelnen Bezügern; Vorrangigkeit der Erfüllung eines öffentlichen Zwecks gegenüber der Erzielung eines Gewinns; Nutzungsordnung, die grundsätzlich der Rechtsgleichheit verpflichtet ist und den Beteiligten relativ wenig freien Gestaltungsspielraum – etwa in Bezug auf das Entgelt – lässt[63].

37 In der **Praxis** wird das Rechtsverhältnis zwischen Lieferanten und Bezügern von Energie und Wasser meist als öffentlichrechtlich qualifiziert mit der Begründung, dass es dabei um die Erfüllung einer öffentlichen Aufgabe gehe bzw. dass das Bezugsverhältnis der Beteiligten in einer Verordnung geregelt sei. In diesem Sinn als öffentlichrechtlich eingestuft wurden etwa Streitigkeiten im Zusammenhang mit dem Bezug von Fernwärme[64], Wasser[65] oder Elektrizität[66]. Öffentlichrechtliche Angelegenheiten stellen ferner Streitigkeiten über die Kanalisationsanschlusspflicht einer Liegenschaft[67] sowie über die Eigentumsverhältnisse in Bezug auf Gasversorgungsanlagen[68] dar.

E. Baubewilligungsverfahren

38 Der öffentlichrechtliche Prozessweg ist im Bereich des Baurechts dann einzuschlagen, wenn Bestimmungen des öffentlichen **Bau-, Planungs- und Umweltrechts** im Zentrum stehen (vgl. § 315 Abs. 1 PBG). Die Wahrung anderer Ansprüche richtet sich hingegen nach dem Verfahren des Zivilprozessrechts (§ 317 PBG).

39 Im Zusammenhang mit Baubewilligungsverfahren kann sich die Vorfrage[69] stellen, ob einem Bauvorhaben **privatrechtliche Hindernisse** entgegenstehen bzw. ob notwendige privatrechtliche Voraussetzungen erfüllt sind. Die Rechtsprechung hat für diesen Fall folgende Grundsätze entwickelt: Im Rahmen des Baubewilligungsverfahrens wird prinzipiell nur geprüft, ob ein Bauvorhaben nach den *öffentlichrechtlichen* Bauvorschriften zulässig ist. Um hingegen geltend zu machen, dass einem Bauvorhaben *privatrechtliche* Hindernisse entgegenstehen – etwa in Form von Dienstbarkeiten, die auf einem Grundstück lasten –, muss grundsätzlich der zivilprozessuale Weg eingeschlagen werden. Lediglich dann, wenn privatrechtliche Institute *baupolizeilich* von Bedeutung sind, müssen sie im Baubewilligungsverfahren berücksichtigt werden[70]. Als baupolizeilich relevant erachtete das Verwaltungsgericht etwa die zivilrechtlichen Vorfragen, ob die Verkehrszufahrt zu einem Baugrundstück durch eine Fahrwegrechtsdienstbarkeit genügend gesichert sei[71] oder ob sich ein Bauprojekt nach dem Inhalt eines als Grunddienstbarkeit ausgestalteten Näherbaurechts als zulässig erweist[72]. Nicht als baupolizeilich bedeut-

---

[63] BGr, 27.9.1996, 4C.382/1995 (ZBl 1997, 410 ff.); BGE 105 II 234, E. 2.
[64] VGr, 23.8.2001, VB.2001.00138, E. 1a.
[65] VGr, 21.12.2000, VB.2000.00325, E. 1b.
[66] RB 2003 Nr. 10, E. 1.2 (VB.2003.00265); RB 1995 Nr. 98; vgl. JAAG/RÜSSLI, Staats- und Verwaltungsrecht, N. 4614.
[67] RRB 1470/1975.
[68] VGr, 25.2.2010, VK.2009.00002, E. 1.2.
[69] Zum Begriff der Vorfrage vgl. N. 57 ff.
[70] RB 1999 Nr. 124, E. 3b bb (BEZ 1999 Nr. 32); vgl. BRG, 31.3.2011, 0054/2011, E. 4.3 (BEZ 2011 Nr. 42). Zur Berner Praxis vgl. VGr BE, 14.4.2009, E. 4 (BVR 2003, 385 ff.).
[71] VGr, 27.9.2006, VB.2006.00181, E. 6; vgl. VGr, 18.9.2012, VB.2012.00154, E. 2.1.
[72] VGr, 27.1.2010, VB.2009.00181, E. 2.2; VGr, 1.10.2008, VB.2008.00202, E. 2.2.

sam wurden hingegen die Fragen eingestuft, ob der Grundbucheintrag einer Dienstbarkeit rechtmässig sei[73] und ob die geplante Aufstockung einer firsthöhenbeschränkenden Grunddienstbarkeit widerspreche[74]. Auf dem zivilprozessualen Weg vorgehen muss auch ein Mieter, der sich gegen ein die Mietliegenschaft betreffendes Bauprojekt wehrt, soweit er damit nicht baupolizeilich geschützte Interessen verfolgt, sondern seine privatrechtliche Stellung als Mieter schützen bzw. verbessern will[75].

Die Prüfung privatrechtlicher Vorfragen im Rahmen eines Baubewilligungsverfahrens kann **unterschiedliche Folgen** nach sich ziehen: Ist ein Baugesuch aus zivilrechtlichen Gründen klarerweise nicht realisierbar, so ist die Baubewilligungsbehörde berechtigt, mangels Rechtsschutzinteresse des Gesuchstellers nicht darauf einzutreten. Bleibt hingegen nach einer ersten Würdigung unklar, ob einem Bauvorhaben privatrechtliche Hindernisse entgegenstehen, kann die Baubehörde entweder die Behandlung des Gesuchs bis zum Entscheid des Zivilgerichts zurückstellen oder die baurechtliche Prüfung vornehmen[76]. Die Auslegung eines zivilrechtlichen Vertrags durch die Verwaltungsbehörden ist insbesondere dann zulässig, wenn der Vertragsinhalt leicht feststellbar ist und sich ein unzweifelhaftes Resultat ergibt[77]. Ist die Tragweite einer Dienstbarkeit unklar, so darf die Verwaltungsbehörde den Entscheid über deren Inhalt dem zuständigen Zivilgericht überlassen[78]. 40

F. Eigentumsbestand und -beschränkungen

Wenn umstritten ist, in welchem Umfang eine öffentlichrechtliche Eigentumsbeschränkung die Benutzung einer Strasse begrenzt, so liegt eine **öffentlichrechtliche Angelegenheit** vor[79]. Im Zusammenhang mit Streitigkeiten über Bodenverbesserungen (Art. 703 ZGB) ist der Verwaltungsweg zu beschreiten, wenn beurteilt werden muss, ob ein bestimmtes Grundstück vom Meliorationszweck erfasst wird und das Verfahren nicht auf eine endgültige, dauernde Regelung eines zivilrechtlichen Verhältnisses abzielt[80]. Der verwaltungsrechtliche Rechtsweg ist ferner auch einzuschlagen, wenn der Streit Eigentumsbeschränkungen betrifft, die sich aufgrund des Betriebs enteignungsberechtigter Verkehrsanlagen ergeben[81]. 41

Die **Zivilgerichte** sind hingegen zur Beurteilung von Streitigkeiten über Bestand und Wirkung privatrechtlicher Baubeschränkungen (z.B. Grund- oder Personaldienstbarkeiten) zuständig[82]. Zivilrechtlicher Natur ist sodann die Frage, ob eine Gemeinde eine auf einem Privatgrundstück lastende Pflanzbeschränkungsdienstbarkeit, die ursprünglich aus Gründen des öffentlichen Aussichtsschutzes eingerichtet worden war, aus dem Grund- 42

---

[73] VGr, 3.10.1991, VB.1991.00084 (nicht publiziert).
[74] VGr, 23.4.2003, VB.2002.00353 (nicht publiziert).
[75] RB 2000 Nr. 10, E. 2b (VB.2000.00040); vgl. VGr, 15.7.2010, VB.2010.00190, E. 3.3.
[76] RB 1999 Nr. 124, E. 3b bb (BEZ 1999 Nr. 32).
[77] VGr, 27.1.2010, VB.2009.00181, E. 2.2 und 2.3.
[78] Vgl. BGr, 30.8.2010, 1C_237/2010, E. 2.4.2 und 2.5.2.
[79] RB 1974 Nr. 2.
[80] BGr, 18.8.2011, 1C_170/2011, E. 1.1.
[81] BGE 134 III 248, E. 5.
[82] Vgl. VGr, 20.5.2009, VB.2008.00554, E. 2.5.

buch löschen lassen darf[83]. In die zivilgerichtliche Zuständigkeit fallen ferner Streitigkeiten zwischen Gemeinden und Privaten über das Eigentum an einer Strasse[84]. Streitigkeiten darüber, ob ein Gewässer öffentlicher oder privater Natur sei, entschieden bisher die Zivilgerichte (§ 6 Abs. 3 WWG)[85]; künftig soll diese Frage auf dem Verwaltungsrechtsweg geklärt werden[86]. Der Umstand, dass eine umstrittene Eigentumsbeschränkung Gegenstände betrifft, die zum Verwaltungsvermögen einer Gemeinde gehören, schliesst das Vorliegen einer privatrechtlichen Streitigkeit nicht aus, denn öffentliche Sachen sind der privatrechtlichen Eigentumsordnung unterstellt, soweit dies mit ihrer Zweckbestimmung vereinbar ist und sofern das Gesetz nicht ausdrücklich etwas anderes bestimmt[87].

43 Im Zusammenhang mit dem sogenannten **Hammerschlagrecht** sind die Verwaltungsbehörden zur Beurteilung rein zivilrechtlicher Eigentumsstreitigkeiten zuständig: Aufgrund von § 230 Abs. 2 PBG sind die Baubehörden anzurufen, wenn sich ein Privater dagegen wehren will, dass sein Grundstück aufgrund eines Bauprojekts auf dem Nachbargrundstück beeinträchtigt wird, ohne dass ihm dies rechtzeitig schriftlich mitgeteilt worden ist[88].

G. Weitere Bereiche

44 Kommt ein Gemeinwesen anstelle der Eltern fürsorgerechtlich für den Unterhalt eines fremdplatzierten Kindes auf und geht der **Unterhaltsanspruch** des Kindes deshalb auf die Gemeinde über (Art. 276 in Verbindung mit Art. 289 ZGB), so darf das Gemeinwesen die Unterhaltskosten im Streitfall nicht mittels Beschluss einfordern, sondern muss diese gestützt auf Art. 279 ZGB auf dem zivilrechtlichen Weg geltend machen[89].

45 Zur Abgrenzung zwischen verwaltungs- und zivilrechtlicher Zuständigkeit im Zusammenhang mit der Beurteilung von **steuerschuldbezogenen Regressansprüchen** unter Nachlassbegünstigten vgl. BGE 136 II 525, E. 2.

IV. Öffentliches Recht und Strafrecht

46 **Bestimmungen des materiellen Strafrechts** – insbesondere jene des Strafgesetzbuches, des Bundesnebenstrafrechts und des Polizeistrafrechts – gelten nicht als öffentlichrechtliche Angelegenheiten im Sinne von § 1 und fallen deshalb nicht in die Zuständigkeit der Verwaltungsrechtspflegebehörden, sondern der Strafjustizbehörden[90]. Dies gilt auch für die Beurteilung von Übertretungen gemäss Art. 292 f. StGB sowie für Strafverfügungen

---

[83] BGr, 25.2.2003, 1P.459/2002, E. 2 und 3.3.2.
[84] VGr, 25.2.2010, VK.2009.00002, E. 1.2.1.
[85] Vgl. VGr, 21.11.2013, VB.2013.00354, E. 4.3; RB 1989 Nr. 86.
[86] Protokoll des Regierungsrates des Kantons Zürich vom 18. Mai 2011 (Revision des kantonalen Wasserrechts), RRB 651/2011, S. 1.
[87] BGr, 14.12.2012, 2C_401/2012, E. 1.
[88] BRK II, 16.12.2003, 270/2003 (BEZ 2004 Nr. 18).
[89] VGr, 22.1.2010, VB.2009.00578, E. 4.3.
[90] Vgl. Prot. KR 1955–1959, S. 3267; Weisung 1995, S. 1525.

der Verwaltungsbehörden aufgrund des kantonalen Verwaltungsstrafrechts, wenn sich der Adressat ihnen nicht unterzieht.

Spezialgesetzlich kann die Zuständigkeit der Verwaltungs- oder Verwaltungsrechtspflegebehörden allerdings auch in Bereichen vorgesehen sein, die materiellrechtlich ganz oder teilweise dem Strafrecht zuzuordnen sind (vgl. z.B. § 43 Abs. 1). 47

Der **Straf- und Massnahmenvollzug** gehört hingegen zum Bereich der Verwaltungssachen[91] und fällt damit in die Beurteilungskompetenz der Verwaltungsbehörden und des Verwaltungsgerichts (vgl. §§ 14 und 29 Abs. 2 StJVG). Demnach sind die Administrativbehörden für alle den Vollzug betreffenden Fragen zuständig, während die Strafgerichte über die Anordnung von Sanktionen – insbesondere über die Sanktionsart und die Reihenfolge des Vollzugs – zu entscheiden haben[92]. 48

Ebenfalls als öffentlichrechtliche Angelegenheit gelten Anordnungen nach dem Gesetz betreffend die **Ordnungsstrafen**[93]. Verletzungen dieses Gesetzes sind daher auf dem ordentlichen Verwaltungsweg zu rügen[94]. 49

Vom (verwaltungsrechtlichen) **Polizeirecht** grenzt sich das Strafrecht dadurch ab, dass das Polizeirecht präventiv wirken bzw. drohende Gefahren abwehren soll, während das Strafrecht repressiv orientiert ist und mit Blick zurück auf die Schuld einer Person sanktionieren soll[95]. 50

In einem Verfahren wegen Ungehorsams gegen amtliche Verfügungen gemäss **Art. 292 StGB** kann der Strafrichter die Rechtmässigkeit der Verwaltungsverfügung als **Vorfrage** (N. 55 ff.) frei prüfen, wenn dagegen keine Beschwerde an das Verwaltungsgericht in Frage kam. Falls eine Beschwerde an das Verwaltungsgericht zwar möglich war, von dieser Möglichkeit aber nicht Gebrauch gemacht wurde oder der Entscheid des Verwaltungsgerichts noch aussteht, beschränkt sich die Kognition des Strafrichters auf offensichtliche Rechtsverletzung und Ermessensmissbrauch[96]. Die strafrichterliche Überprüfung einer Grundverfügung ist auch dann zulässig, wenn das Verwaltungsgericht auf eine Beschwerde mangels aktuellem Rechtsschutzinteresse des Beschwerdeführers nicht eintrat und somit keine materielle Prüfung der Rechtmässigkeit der betreffenden Verfügung vornahm[97]. 51

Im Bereich des **Steuerstrafrechts** sind die Verwaltungsbehörden und das Verwaltungsgericht unter anderem für Strafverfahren zuständig, die Steuerhinterziehungen betreffen (§§ 243 ff. StG; vgl. § 72 N. 8). Die Verwaltungsrechtspflegeorgane haben in diesem Zusammenhang auch Hinterziehungsbussen und somit echte kriminalrechtliche Strafen zu beurteilen[98], wobei sich das Verfahren nach der Strafprozessordnung richtet[99]. 52

---

[91] Vgl. Prot. KK 1995/96, S. 94 f., 304.
[92] Vgl. BGE 130 IV 49, E. 3.1.
[93] Vgl. BGE 121 I 379, E. 3b.
[94] Vgl. Art. 17 Abs. 1 und 361 Abs. 1 StPO.
[95] Vgl. BGE 137 I 31, E. 5.2; NIGGLI/MAEDER, Strafrecht, S. 452 f.
[96] BGE 121 IV 29, E. 2.1; bestätigt in BGE 129 IV 246, E. 2.1.
[97] VGr, 15.4.2010, VB.2010.00035, E. 3.5.
[98] Vgl. RB 2000 Nr. 135; in Bezug auf das DBG vgl. BStGr, 1.12.2010, BV.2010.56, E. 3.2.1.
[99] § 263 Abs. 1 StG; vgl. auch § 75 Abs. 1 ESchG.

53 Bei einem Gesuch von Dritten um **Akteneinsicht** in eine rechtskräftige Einstellungsverfügung eines *abgeschlossenen* Strafverfahrens handelt es sich nicht um eine Straf-, sondern um eine Verwaltungssache. Gegen den Entscheid der Staatsanwaltschaft kann deshalb Rekurs bei der Oberstaatsanwaltschaft und anschliessend Beschwerde an das Verwaltungsgericht erhoben werden[100]. Die Bestimmungen des Verwaltungsverfahrens sind selbst dann massgebend, wenn das Akteneinsichtsgesuch noch während des laufenden Strafverfahrens gestellt worden war[101]. Betrifft das Gesuch hingegen eine immer noch *laufende* Strafuntersuchung, so liegt eine Strafsache vor, weshalb der strafprozessuale Rechtsmittelweg einzuschlagen ist[102].

54 Die im Konkordat über **Massnahmen gegen Gewalt anlässlich von Sportveranstaltungen** vorgesehenen Massnahmen der Rayonverbote, der Meldeauflagen und des Polizeigewahrsams sind öffentlichrechtlicher Natur, denn sie haben polizeilichen Charakter und dienen präventiv der Gefahrenabwehr. Sie weisen keinen pönalen, repressiven Charakter auf, werden nicht wegen Erfüllung von Straftatbeständen ausgesprochen und bezwecken nicht die Besserung der betroffenen Person[103].

V. Vorfragen

55 In einem bestimmten Verfahren können sich **Fragen aus unterschiedlichen Rechtsgebieten** stellen, zu deren Beurteilung verschiedene Instanzen zuständig sind. Die Frage nach der kompetenten Beurteilungsinstanz stellt sich dann, wenn sowohl privatrechtliche als auch öffentlichrechtliche und/oder strafrechtliche Punkte strittig sind. In diesem Zusammenhang gilt es zwischen Vor- und Hauptfragen zu unterscheiden.

56 Als **Hauptfrage** wird eine Frage bezeichnet, zu deren Beantwortung die beurteilende Behörde formell zuständig ist. Wurde die Frage zuvor von einer formell unzuständigen Instanz geprüft, so ist die entscheidkompetente Behörde nicht an das Ergebnis dieser Prüfung gebunden[104].

57 Von einer **Vorfrage** ist die Rede, wenn eine Behörde eine Frage prüfen muss, die formell ausserhalb ihres Zuständigkeitsbereiches liegt, jedoch Auswirkungen auf die Beurteilung der Hauptfrage hat.

58 **Unzulässig** ist die Prüfung von Vorfragen dann, wenn die entscheidkompetente Instanz bereits darüber entschieden hat[105] – es sei denn, der Entscheid erweise sich als nichtig[106]. Im Rahmen eines Haftungsprozesses darf das Zivilgericht formell rechtskräftige Verwaltungsverfügungen nicht mehr überprüfen (§ 21 Abs. 1 HG; Art. 12 VG). Von der Baube-

---

[100] BGE 136 I 80, E. 2.1 und 2.3.
[101] BGr, 15.6.2011, 1B_44/2011, E. 1.1; vgl. VGr, 26.1.2012, VB.2011.00094, E. 2.1.
[102] VGr, 9.12.2010, VB.2010.00546, E. 1.4.3.
[103] BGE 137 I 31, E. 4.3 und 5.2.
[104] BGE 129 III 186, E. 2.3; Häfelin/Müller/Uhlmann, Verwaltungsrecht, N. 69; Merkli/Aeschlimann/Herzog, Kommentar VRPG, Art. 5 N. 5; Rhinow/Koller/Kiss/Thurnherr/Brühl-Moser, N. 920.
[105] BGE 137 III 8, E. 3.3.1.
[106] BGE 138 III 49, E. 4.4.3; RB 1983 Nr. 70.

hörde bewilligte Bauten darf ein Zivilgericht nur dann verbieten oder ändern, wenn sich die Baubewilligung als nichtig erweist oder wenn vom bewilligten Gebäude derart gravierende Immissionen ausgehen, dass der bundeszivilrechtlich gewährte Mindestschutz (Art. 684 ZGB) nicht mehr gewährleistet werden kann[107].

Zulässig ist die Prüfung von Vorfragen dann, wenn die entscheidkompetente Instanz noch nicht entschieden hat und keine abweichende gesetzliche Regelung besteht[108]. Liegt beispielsweise kein Strafurteil vor, so hat die Verwaltungsbehörde nötigenfalls vorfrageweise über strafrechtliche Rechtsfragen zu befinden, etwa darüber, ob sich eine Rückforderung aus einer strafbaren Handlung herleitet und der Täter dafür strafbar wäre. Dabei gelten die gleichen beweisrechtlichen Anforderungen wie im Strafverfahren[109]. Besteht allerdings eine klare Praxis der eigentlich sachzuständigen Behörde, so ist die Instanz, die die Vorfrage prüft, daran gebunden[110]. Die Hängigkeit eines Zivilprozesses steht der Beurteilung von Vorfragen im verwaltungsrechtlichen Prozess nicht von vornherein entgegen; andernfalls stünde es im Belieben einer Partei, mittels Anhebung einer allenfalls völlig unbegründeten Zivilklage die Beurteilung im verwaltungsrechtlichen Verfahren zu verhindern[111].

59

Selbst wenn die Prüfung einer Vorfrage an sich zulässig ist, rechtfertigt sich im Interesse einer klaren Kompetenzausscheidung zwischen den Rechtspflegeorganen generell Zurückhaltung[112]. Insbesondere besteht **keine Pflicht** zur Prüfung von Vorfragen. Vielmehr steht es im Ermessen der Entscheidbehörde, das Verfahren zu sistieren, bis die sachkompetente Instanz über die Vorfrage entschieden hat. Es gilt in diesem Zusammenhang abzuwägen zwischen dem Interesse an der Vermeidung von Doppelprozessen und widersprüchlichen Entscheiden, der Rechtssicherheit und -einheit sowie dem Beschleunigungsgebot[113].

60

Eine **Verfahrenssistierung** soll die Ausnahme bleiben, falls die Entscheidbehörde an die Beurteilung der Vorfragen durch die zuständige Instanz nicht gebunden ist[114]. In der Praxis kommen Verfahrenssistierungen aufgrund offener Vorfragen am ehesten im Bereich der Leistungsverwaltung vor, da finanzielle staatliche Leistungen häufig an zivilrechtliche Voraussetzungen (Eigentum, Wohnsitz etc.) geknüpft sind. Eine Verfahrenssistierung bis zum Entscheid der sachkompetenten Behörde kann etwa dann angebracht sein, wenn sich komplexe Fragen oder solche von grosser praktischer Tragweite stellen, wenn umfangreiche Beweismassnahmen erforderlich sind oder wenn bei der in der Hauptsache zuständigen Behörde bereits ein Verfahren zur Klärung der Vorfragen hängig ist[115]. Die

61

---

[107] BGE 138 III 49, E. 4.4.4.
[108] Vgl. BGE 129 III 186, E. 2.2; RB 1983 Nr. 70; siehe auch Art. 31 BGG.
[109] BGE 138 V 74, E. 6.1 und 7.
[110] HÄFELIN/MÜLLER/UHLMANN, Verwaltungsrecht, N. 72; MERKLI/AESCHLIMANN/HERZOG, Kommentar VRPG, Art. 5 N. 5.
[111] VGr, 25.1.2012, VB.2011.00400, E. 2.5.
[112] Vgl. VGr, 5.5.2006, VB.2005.00370, E. 7.2.12; RB 1989 Nr. 86.
[113] Vgl. BGE 129 III 186, E. 2.3.
[114] Vgl. BGE 135 III 127, E. 3.4; zur möglichen Bindung an Feststellungen und Würdigungen anderer Instanzen vgl. § 7 N. 23 f.
[115] VGr, 25.1.2012, VB.2011.00400, E. 2.5; HÄFELIN/MÜLLER/UHLMANN, Verwaltungsrecht, N. 67; zur Sistierung vgl. Vorbem. zu §§ 4–31 N. 34 ff.

in der Hauptsache zuständige Behörde darf das Verfahren im Fall einer offenen Vorfrage zwar sistieren; hingegen darf sie sich des Verfahrens nicht dadurch entledigen, dass sie den Rechtsuchenden verfahrensabschliessend an die zur Beantwortung der Vorfrage zuständige Instanz verweist[116].

62 Die Verfahrensgarantien gemäss **Art. 6 Ziff. 1 EMRK** gelten nur dann, wenn die Hauptfrage eines Prozesses in den Anwendungsbereich der Konvention fällt. Betrifft hingegen lediglich die Vorfrage eine Zivilsache oder eine strafrechtliche Angelegenheit im Sinne der Konvention, so kommt Art. 6 Ziff. 1 EMRK nicht zur Anwendung[117].

---

[116] BGE 134 I 229, E. 3.3.3.
[117] Vgl. HÄFELIN/MÜLLER/UHLMANN, Verwaltungsrecht, N. 69 f.

Ausnahme

§ 2

¹ Über Schadenersatzansprüche von Privaten gegen Staat und Gemeinde sowie gegen deren Beamte und Angestellte entscheiden die Zivilgerichte.

² Sie entscheiden auch über die Schadenersatzansprüche Privater gegen die Inhaber behördlicher Konzessionen, Bewilligungen oder Patente.

Materialien

Weisung 1957, S. 1027 f.; Prot. KK 19.11.1957; Beleuchtender Bericht 1959, S. 396; Weisung 2009, S. 881 f.

Literatur

GROSS BALZ, Die Haftpflicht des Staates, Diss., Zürich 1996 (*Haftpflicht*); GROSS JOST, Schweizerisches Staatshaftungsrecht, 2. Aufl., Bern 2001 (*Staatshaftungsrecht*); JAAG/RÜSSLI, Staats- und Verwaltungsrecht, § 31; MARTI, Besondere Verfahren, S. 129–131.

Inhaltsübersicht

I.	Einleitung	1–9
II.	Involvierte Parteien	10–14
III.	Schadenersatzansprüche	15–20

I. Einleitung

§ 2 statuiert die **Zuständigkeit der Zivilgerichte,** wenn Private Schadenersatzansprüche geltend machen gegen den Kanton, Gemeinden, Staatsangestellte sowie gegen Inhaber behördlicher Konzessionen, Bewilligungen oder Patente. Verfahrensrechtlich gelten in diesen Fällen nicht die Regeln des VRG, sondern jene der ZPO. 1

Die Zuständigkeitsordnung gemäss § 2 blieb seit Erlass des VRG im Jahr 1959 **unverändert** und wurde auch durch das Haftungsgesetz vom 14. September 1969 einschliesslich der seitherigen Gesetzesrevisionen nicht angetastet. 2

Aufgrund der Marginalie ist § 2 als **Ausnahme** zu den grundsätzlichen Zuständigkeitsregeln gemäss § 1 zu verstehen. Die Ausnahme besteht darin, dass die Zuständigkeit bei Streitigkeiten über Schadenersatzansprüche unabhängig von der Rechtsnatur der Streitsache den Zivilgerichten zugewiesen wird, so dass nicht geprüft werden muss, ob es sich um eine öffentlichrechtliche oder privatrechtliche Angelegenheit im Sinn von § 1 handelt. 3

Die Zivilgerichte sind allerdings nicht zur Beurteilung sämtlicher Haftungsansprüche Privater gegen den Staat zuständig. Vielmehr gilt auch in Bezug auf § 2, dass abweichende spezialgesetzliche Zuständigkeitsregelungen vorbehalten bleiben (§ 3). So sieht etwa § 19 Abs. 3 HG im Sinne einer **Gegenausnahme** die grundsätzliche Zuständigkeit der Verwaltungsrechtspflegeinstanzen vor, wenn über Ansprüche zwischen staatlichen Angestell- 4 ten und dem Kanton zu entscheiden ist[1]. Ferner entscheidet das Verwaltungsgericht über Ansprüche Dritter gegen den Kanton, wenn der Anspruch mit widerrechtlichem Verhalten von Angestellten des Obergerichts begründet wird (§ 19 Abs. 1 lit. c HG). Die Zuständigkeitsordnung in Bezug auf Staatshaftungsansprüche erweist sich insofern als uneinheitlich.

5 Verfahrensrechtlich unterscheidet sich die Geltendmachung von Staatshaftungsansprüchen gegenüber der Erhebung von Zivilansprüchen durch ein **zwingendes Vorverfahren,** das an die Stelle des zivilprozessualen Sühnverfahrens tritt[2]: Schadenersatzansprüche, die unter § 2 fallen, können nicht unmittelbar bei den Zivilgerichten geltend gemacht werden. Vielmehr muss ein entsprechendes Begehren zunächst bei einer Verwaltungsbehörde eingereicht werden (§ 22 HG). Erst wenn diese einen Anspruch verneint oder innert drei Monaten nicht Stellung nimmt, können die Zivilgerichte angerufen werden (§ 23 HG)[3].

6 Die Zuständigkeitsordnung gemäss § 2 stellt eine späte Folge der **Fiskustheorie** dar (vgl. Einleitung N. 4).

7 In den **Gesetzesmaterialien** von 1959 und 2009 wird die Zuständigkeitsordnung gemäss § 2 wie folgt begründet: Soweit sich Staatshaftungsansprüche auf das Bundeszivilrecht gemäss ZGB und OR stützen, sind entsprechende Streitigkeiten sinnvollerweise den Zivilgerichten zum Entscheid zuzuweisen. Um eine Zersplitterung der Zuständigkeiten zu verhindern, sollen die Zivilgerichte auch über Ansprüche entscheiden, die einzig auf kantonalem Haftungsrecht beruhen[4]. Für eine solche Zuständigkeitsordnung spricht auch, dass Staatshaftungsrecht und ziviles Haftpflichtrecht hinsichtlich der Voraussetzungen der Ansprüche und der Folgen weitgehend übereinstimmen und dass das Staatshaftungsrecht nicht selten auf zivilrechtliche Haftpflichtnormen verweist (vgl. z.B. § 29 HG)[5].

8 Die Zuständigkeitsordnung gemäss § 2 hat allerdings den **Nachteil,** dass es zu einer Gabelung des Rechtswegs kommt, wenn eine Streitigkeit nicht nur Schadenersatzansprüche betrifft, sondern auch Fragen, die in die Zuständigkeit der Verwaltungsrechtspflegeorgane fallen. Der Zivilrichter kommt im Zusammenhang mit der Prüfung von Staatshaftungsansprüchen nicht selten in die Lage, vorfrageweise über die Rechtmässigkeit von Handlungen der Verwaltung entscheiden zu müssen. Aus gesetzessystematischer Sicht wird teilweise geltend gemacht, dass Staats- und Beamtenhaftung materiell öffentlichrechtlicher Natur sei[6] und deshalb nicht den Zivilgerichten zur Beurteilung zugewiesen werden sollte[7]. In der Tat sind keine sachlichen Gründe ersichtlich, weshalb Staatshaf-

---

[1] Dies galt aufgrund der Rechtsprechung bereits vor der Revision des VRG und HG im Jahr 2010 (vgl. z.B. VGr, 10.7.2002, PB.2001.00016, E. 2c ff. [ZBl 2003, 185 ff.]).
[2] B. Gross, Haftpflichtrecht, S. 187; OGr, 16.9.2013, LB130013-O, E. 5.4.
[3] Vgl. VGr, 29.3.2012, VB.2012.00107, E. 2.1.
[4] Weisung VRG 2009, S. 81; vgl. Beleuchtender Bericht 1959, S. 396; kritisch zu dieser Argumentation Marti, Besondere Verfahren, S. 130.
[5] Weisung VRG 2009, S. 82; so auch B. Gross, Haftpflicht, S. 187.
[6] Vgl. BGr, 10.2.2013, 2C_692/2012, E. 1.3; OGr, 6.10.2011, E. 2.2.3 (ZR 2011 Nr. 98 S. 291 f.).
[7] Vgl. Jaag/Rüssli, Staats- und Verwaltungsrecht, N. 2137.

tungsschäden in einem – für die Geschädigten nachteiligeren[8] – zivilrechtlichen Verfahren geltend gemacht werden müssen, während beispielsweise enteignungsrechtliche Ansprüche auf dem – für die Geschädigten vorteilhafteren – verwaltungsrechtlichen Prozessweg vorgebracht werden dürfen.

Die Bundesverfassung verbietet den Kantonen nicht, Staatshaftungsprozesse in einem Zivilverfahren vor einem Zivilrichter zu entscheiden[9]. Ein **Vergleich mit anderen Kantonen** macht deutlich, dass Staatshaftungsansprüche in 11 Kantonen durch die Zivilrechtspflegebehörden beurteilt werden, während in 15 Kantonen – wie auch auf Bundesebene (Art. 10 VG) – die Verwaltungsrechtspflegebehörden zuständig sind[10].

II. Involvierte Parteien

Als **Anspruchstellende** kommen gemäss § 2 Abs. 1 **einzig Private** in Frage, wobei es sich um schweizerische oder ausländische, natürliche oder juristische Personen handeln kann. Nicht in die zivilgerichtliche Zuständigkeit fallen demnach geldwerte Ansprüche des Staates, etwa im Rahmen von Regressansprüchen gegen Beamte (§ 25 HG) und Private (§ 18a HG). Solche Ansprüche, die letztlich auf einem öffentlichrechtlichen Arbeitsverhältnis beruhen, sind gemäss § 19 Abs. 3 HG im personalrechtlichen Anfechtungsverfahren geltend zu machen. Sodann entscheidet das Verwaltungsgericht gemäss § 19 Abs. 2 HG als einzige Instanz im Klageverfahren über Schadenersatzansprüche des Kantons gegen Gemeinden im Zusammenhang mit der Schadloshaltungspflicht gemäss § 18b HG[11].

Über Schadenersatzansprüche Privater **gegen Staat und Gemeinden** entscheiden gemäss § 2 Abs. 1 die Zivilgerichte. Solche Ansprüche können sich gegen den Kanton, die Gemeinden sowie die Organisationen des kantonalen Rechts mit eigener Rechtspersönlichkeit richten (vgl. §§ 1–3 HG). Zu Letzteren gehören neben den Landeskirchen und kommunalen Zweckverbänden als öffentlichrechtliche Körperschaften namentlich selbständige öffentlichrechtliche Anstalten, z.B. die Sozialversicherungsanstalt oder die Universität.

Über Schadenersatzansprüche Privater **gegen Beamte und Angestellte** des Kantons und der Gemeinden entscheiden gemäss § 2 Abs. 1 ebenfalls die Zivilgerichte. Solche Ansprüche sind heute allerdings aufgrund der ausschliesslichen Staatshaftung ausgeschlossen, soweit keine von § 6 HG abweichenden Spezialnormen einschlägig sind. Die Haftung der Betreibungs-, Zivilstands-, Erwachsenenschutz-, Handelsregister- und Grundbuch-

---

[8] Der Zivilprozess ist mit höheren Kostenrisiken verbunden als das Verwaltungsverfahren; im Zivilprozess gilt die Dispositionsmaxime, im Verwaltungsverfahren hingegen der Untersuchungsgrundsatz (vgl. § 7 Abs. 1).
[9] BGr, 1.6.2011, 2C_333/2011, E. 2.2.
[10] VOLKER PRIBNOW/OLIVER KEUSCH, Übersicht über das geltende Staatshaftungsrecht der Kantone, HAVE 2012, 457 ff., 461; J. GROSS, Staatshaftungsrecht, S. 96 und 143; vgl. Weisung 2009, S. 882; HERZOG, Auswirkungen, S. 64.
[11] Weisung 2009, S. 949.

§ 2

behörde ist im Bundeszivilrecht geregelt[12]. Für die Zürcher Kantonalbank und die Elektrizitätswerke des Kantons Zürich gelten die besonderen Bestimmungen ihrer Organisationsgesetze (§ 3 Abs. 2 HG).

13 Schadenersatzansprüche Privater können sich sodann **gegen Private** richten, die eine ihnen übertragene öffentliche Aufgaben erfüllen und dabei durch rechtswidrige Tätigkeit oder Unterlassung Schaden verursachen (vgl. Art. 46 Abs. 2 KV). § 4a Abs. 1 Satz 3 HG verweist in diesem Zusammenhang explizit auf den zivilprozessualen Rechtsweg. Streitigkeiten über die subsidiäre Staatshaftung der auftraggebenden Stelle fallen ebenfalls in die zivilgerichtliche Zuständigkeit (vgl. Art. 46 Abs. 2 KV i.V.m. § 4a Abs. 2 HG).

14 Schliesslich können sich Schadenersatzansprüche Privater gemäss § 2 Abs. 2 auch gegen **Inhaber behördlicher Konzessionen, Bewilligungen oder Patente** richten. In die zivilgerichtliche Zuständigkeit fallen demnach beispielsweise Ersatzansprüche gegen Eisenbahn-, Bergbau-, Wasserrechts-, Monopol-, Leitungs- und Sondernutzungskonzessionäre, gegen Jagdpächter und Fischereipatentinhaber sowie gegen Inhaber behördlicher Bewilligungen aller Art. Aufgrund der klaren gesetzlichen Regelung, dass diese Ansprüche in die zivilgerichtliche Zuständigkeit fallen, entfällt die Prüfung ihrer umstrittenen Rechtsnatur[13].

III. Schadenersatzansprüche

15 Die Zivilgerichte sind gemäss § 2 nur dann zuständig, wenn Private gegen den Staat «Schadenersatzansprüche» geltend machen. Nicht in die Zuständigkeit der Zivilgerichte fallen somit **andere Entschädigungsansprüche** Privater gegen das Gemeinwesen.

16 Unter Schadenersatzansprüchen gemäss § 2 sind in erster Linie **Staatshaftungsansprüche** zu verstehen, d.h. Ansprüche aufgrund von *widerrechtlichem* Staatshandeln (vgl. Art. 46 KV sowie §§ 4a Abs. 1 und 6 Abs. 1 HG).

17 Nicht unter § 2 fallen demgegenüber **enteignungsrechtliche** Entschädigungsansprüche. Wird ein Anspruch aus formeller oder materieller Enteignung geltend gemacht und somit eine Entschädigung für einen Schaden aufgrund von *rechtmässigem* Staatshandeln verlangt, so sind die Verwaltungsrechtspflegebehörden zuständig (vgl. § 32 AbtrG sowie § 183bis f. EG ZGB).

18 Ansprüche aus **Billigkeitshaftung,** d.h. Ansprüche infolge Schäden aus rechtmässiger staatlicher Tätigkeit (§ 56 Abs. 1 PolG), richten sich gemäss § 55 PolG nach den Bestimmungen des Haftungsgesetzes und fallen demnach in die Zuständigkeit der Zivilbehörden (§ 19 Abs. 1 HG).

19 Ansprüche aus **Vertrauenshaftung** befinden sich im Grenzbereich zwischen Haftung für widerrechtliche und rechtmässige Staatshandlungen. Soweit Ersatzansprüche strei-

---

[12] Vgl. Art. 46 ZGB (Zivilstandsbehörde), Art. 454 ZGB (Erwachenenschutzbehörde), Art. 955 ZGB (Grundbuchbehörde), Art. 928 OR (Handelsregisterbehörde), Art. 5 SchKG (Schuldbetreibungs- und Konkursbehörde).
[13] Vgl. Beleuchtender Bericht 1959, S. 396; HÄFELIN/MÜLLER/UHLMANN, Verwaltungsrecht, N. 2593.

tig sind, die allein oder vorwiegend unter Berufung auf den Vertrauensschutz nach Art. 5 Abs. 3 und Art. 9 BV geltend gemacht werden, geht die Praxis von einer restriktiven Auslegung von § 2 aus. Verneint wurde die zivilgerichtliche Zuständigkeit etwa im Fall einer Ersatzforderung für unnütz gewordene Planungs- und Projektierungskosten nach Unterschutzstellung einer Wohnliegenschaft. Demgegenüber entfällt die verwaltungsrechtliche Zuständigkeit, wenn eine Schadenersatzforderung dem *Haftungsrecht* zuzuordnen ist (vgl. z.B. § 6 Abs. 3 HG)[14].

Den Schadenersatzansprüchen im Sinne von § 2 gleichgestellt sind **Genugtuungsansprüche,** die gestützt auf die §§ 10 und 11 HG geltend gemacht werden. Auch deren Beurteilung fällt somit in die zivilgerichtliche Zuständigkeit.

---

[14] RB 2005 Nr. 3, E. 3 (VB.2005.00015 = BEZ 2005 Nr. 30).

§ 3

> *Vorbehalt besonderer gesetzlicher Bestimmungen*
>
> **§ 3**
>
> Besondere gesetzliche Bestimmungen, welche die Zuständigkeit anders ordnen, bleiben vorbehalten.

Materialien
Weisung 1957, S. 1027 f.; Prot. KK 19.11.1957; Prot. KR 1955–1959, S. 3268; Beleuchtender Bericht 1959, S. 395 ff.

1   Der seit Inkrafttreten des VRG im Jahr 1960 unveränderte § 3 weist auf den Vorrang spezialgesetzlicher Zuständigkeitsnormen hin und statuiert dadurch einen **generellen Vorbehalt** gegenüber der in den §§ 1 und 2 festgelegten Zuständigkeitsordnung. Spezifische Zuständigkeitsbestimmungen sind in diversen Gesetzen, aber auch im VRG selber zu finden. In der Praxis kommt § 3 geringe Bedeutung zu[1].

2   Das **Verwaltungsrechtspflegegesetz** enthält neben § 2, der im Bereich der Staats- und Beamtenhaftung eine abweichende Zuständigkeitsregelung statuiert, weitere Spezialbestimmungen. § 41 Abs. 2 und § 44 Abs. 2 statuieren in Bezug auf das Beschwerdeverfahren generelle Vorbehalte, und § 43 Abs. 1 nennt Rechtsbereiche, in denen das Verwaltungsgericht ausnahmsweise zur Beurteilung von Beschwerden gegen Entscheide erstinstanzlicher Zivil- und Strafgerichte zuständig ist.

3   Das **Gerichtsorganisationsgesetz** enthält ebenfalls zuständigkeitsrechtliche Spezialnormen. So entscheidet das *Obergericht* Rechtsmittel gegen Entscheide des Bezirksrats, die dieser als Beschwerdeinstanz gegen Entscheide der Kindes- und Erwachsenenschutzbehörde fällt (§ 50 lit. b GOG). Gleiches gilt für Rechtsmittel gegen Namensänderungsentscheide der zuständigen Direktion des Regierungsrats (§ 50 lit. c GOG). Rechtsmittel gegen Entscheide der Bezirksgerichte, die sich auf materielles Verwaltungsrecht stützen, entscheidet in der Regel ebenfalls das Obergericht (§ 51 Abs. 1 GOG)[2].

4   Für **sozialversicherungsrechtliche Streitigkeiten** bestehen auf Bundes- und Kantonsebene spezialgesetzliche Zuständigkeitsregeln: Sie sind mit Einsprache beim anordnenden Organ anfechtbar; gegen den Einspracheentscheid ist die Beschwerde an das kantonale Sozialversicherungsgericht möglich, das als einzige kantonale Gerichtsinstanz entscheidet (Art. 52 und 56 f. ATSG sowie §§ 2 f. GSVGer)[3]. Zu Abgrenzungsproblemen bzw. Zuständigkeitskonflikten kann es etwa dann kommen, wenn eine Streitigkeit sowohl sozialversicherungsrechtliche als auch sozialhilferechtliche oder gesundheitsrechtliche Aspekte betrifft. Als zuständig erachtet sich das Verwaltungsgericht beispielsweise zur Beurteilung der Frage, ob Kosten für Franchise und Selbstbehalte der Krankenkasse in das sozialhilferechtliche Unterstützungsbudget einzubeziehen seien oder nicht[4]. In die sozialversicherungsgerichtliche Zuständigkeit fällt hingegen eine Streitigkeit über Bei-

---

[1] Vgl. Beleuchtender Bericht 1959, S. 395.
[2] Zu Ausnahmen § 43 Abs. 1 VRG; vgl. VGr, 26.1.2012, VB.2011.00710, E. 3.2.
[3] Vgl. BGE 138 III 2, E. 1.2.2.
[4] VGr, 26.11.2007, VG.2007.00390, E. 6.2.

träge an die obligatorische Krankenpflegeversicherung, die das Gemeinwesen für eine unterstützte Person zu übernehmen hat[5], oder eine Streitigkeit betreffend Restfinanzierung von Pflegeleistungen[6].

Für **steuerrechtliche Streitigkeiten** bestehen ebenfalls spezialgesetzliche Zuständigkeitsregeln (vgl. § 72).

Weitere Spezialbestimmungen über die Zuständigkeit finden sich beispielsweise in § 111 Abs. 3 LG im Zusammenhang mit Flurwegrechten[7], in § 46 des Gesetzes über Jagd und Vogelschutz in Bezug auf Wildschäden, in § 8a des Gesetzes betreffend die Elektrizitätswerke des Kantons Zürich in Bezug auf Anordnungen der Elektrizitätswerkdirektion oder in § 18 KiG in Bezug auf Anordnungen kirchlicher Organe[8]. Auch zahlreiche weitere Erlasse enthalten spezielle Zuständigkeitsbestimmungen, so beispielsweise im Bereich von Arbeits- und Dienstleistungsverhältnissen (vgl. § 1 N. 28 ff.).

---

[5] VGr, 14.7.2005, VB.2004.00564, E. 2.3; RB 2001 Nr. 21, E. 2c (VB.2001.00083); vgl. § 18 EG KVG.
[6] VGr, 23.10.2013, VB.2013.00201, E. 3.3 und 3.4.
[7] Vgl. RB 2001 Nr. 1, E. 2b (VB.2000.00369).
[8] Vgl. VGr, 15.5.2013, VB.2013.00023, E. 3.1 ff.

Zweiter Abschnitt: Das Verwaltungsverfahren

Vorbemerkungen zu §§ 4–31

Literatur

Verwaltungsverfahren: HÄFELIN/MÜLLER/UHLMANN, Verwaltungsrecht, N. 1609 ff.; JAAG/RÜSSLI, Staats- und Verwaltungsrecht, §§ 19 und 20; KIENER/RÜTSCHE/KUHN, Öffentliches Verfahrensrecht, N. 1 ff. und 273 ff.; KÖLZ/HÄNER/BERTSCHI, Verwaltungsverfahren, N. 1 ff.; RHINOW/KOLLER/KISS/THURNHERR/BRÜHL-MOSER, Öffentliches Prozessrecht, N. 48 f.; UHLMANN, Einleitung, S. 1 ff.

Anordnung: Vgl. die Angaben bei § 19.

Rechtshängigkeit: GADOLA, Beschwerdeverfahren, S. 365 f.; KIENER/RÜTSCHE/KUHN, Öffentliches Verfahrensrecht, N. 122 ff.; MERKLI/AESCHLIMANN/HERZOG, Kommentar VRPG, Art. 16.

Sistierung: BORNATICO REMO, in: Basler Kommentar ZPO, Art. 126; FREI NINA J., in: Berner Kommentar ZPO, Art. 126; MERKLI/AESCHLIMANN/HERZOG, Kommentar VRPG, Art. 38; STAEHELIN ADRIAN, in: Kommentar ZPO 2010, Art. 126.

Trennung/Vereinigung: BORNATICO REMO, in: Basler Kommentar ZPO, Art. 125; MERKLI/AESCHLIMANN/HERZOG, Kommentar VRPG, Art. 17.

Inhaltsübersicht

I.	Übersicht und Geltungsbereich der §§ 4–31	1–9
II.	Nichtstreitiges und streitiges Verfahren	10–12
III.	Die «Anordnung» gemäss VRG	13–27
	A. Zu den Begriffen Verfügung, Entscheid und Anordnung	13–17
	B. Die Verfügung	18
	C. Die einzelnen Elemente des Verfügungsbegriffs	19–23
	D. Formell fehlerhafte Verfügungen und Grenzfälle	24–27
IV.	Rechtshängigkeit	28–33
V.	Sistierung	34–49
	A. Einleitung	34–37
	B. Sistierungsgründe	38–43
	C. Verfahrensfragen	44–49
VI.	Vereinigung und Trennung von Verfahren	50–65
	A. Einleitung	50–57
	B. Vereinigung	58–61
	C. Trennung	62–65

I. Übersicht und Geltungsbereich der §§ 4–31

1 Die §§ 4–31 stellen den zweiten, mit «Verwaltungsverfahren» betitelten Abschnitt des VRG dar. Der **zweite Gesetzesabschnitt** umfasst vier Unterabschnitte: Geltungsbereich (§ 4), Allgemeine Vorschriften (§§ 4a–17), Rekurs (§§ 19–28a) und Vollstreckung (§§ 29–31). Während die ersten beiden Unterabschnitte in erster Linie allgemeine Verfahrensgrundsätze statuieren und das Verfahren bis zur *Entstehung* einer Anordnung regeln,

enthält der dritte Unterabschnitt Vorschriften über die *Anfechtung* erstinstanzlicher Anordnungen und der vierte über die Vollstreckung rechtskräftiger Verwaltungsanordnungen und Rekursentscheide.

Unter den Begriff des Verwaltungsverfahrens im Sinne der §§ 4–31 fallen **drei mögliche Verfahrensabschnitte,** nämlich das erstinstanzliche nichtstreitige Verwaltungsverfahren, das Einspracheverfahren (§ 10b) und das Rekursverfahren (§§ 19–28a). Nicht zum Verwaltungsverfahren zählt hingegen das Verfahren vor Verwaltungsgericht (§§ 32–86).

Die im VRG enthaltene, grundlegende Differenzierung zwischen «**Verwaltungsverfahren**» (zweiter Gesetzesabschnitt; §§ 4–31) und «**Verwaltungsgerichtsbarkeit**» (dritter Gesetzesabschnitt; §§ 32–86) geht darauf zurück, dass früher einzig Verwaltungsbehörden, nicht aber Gerichte als Einsprache- und Rekursinstanzen fungierten (verwaltungsinterne Verwaltungsrechtspflege). Heute ist diese Unterscheidung insofern unpräzis, als teilweise – insbesondere im Bereich des Bau- und Steuerrechts – Gerichte bzw. verwaltungsunabhängige Behörden als Rekursinstanzen eingesetzt sind (vgl. § 19b N. 47 ff.).

Das **Verwaltungsverfahrensrecht** betrifft Form und Gang der Verwaltungstätigkeit. Es regelt das Zustandekommen und die Anfechtung von Anordnungen, verwaltungsrechtlichen Verträgen und Raumplänen, nicht aber von Rechtssätzen[1]. Verwaltungsverfahrensrechtliche Bestimmungen zielen darauf ab, eine für alle Beteiligten verbindliche Anordnung herbeizuführen (Verfahrenserledigung). Demgegenüber legt das *materielle* Verwaltungsrecht Inhalt und Umfang des Verwaltungshandelns fest und statuiert Rechte und Pflichten zwischen den Einzelnen und dem Gemeinwesen. Das Verwaltungsverfahren dient der rechtsstaatlichen Umsetzung des materiellen Verwaltungsrechts, dem Rechtsschutz der Privaten (insbesondere dem Anspruch auf ein faires Verfahren) sowie der Entlastung übergeordneter Instanzen[2]. In einer Mitteposition zwischen dem formellen und materiellen Verwaltungsrecht stehen Bestimmungen gemischten Charakters, etwa Normen über die Bestandeskraft bzw. den Widerruf von Verwaltungsakten.

Reines Verwaltungsverfahrensrecht sind etwa Zuständigkeitsvorschriften, Fristbestimmungen und Parteientschädigungsregeln; solche streng prozessualen Vorschriften können in der Regel selbständig bzw. aus sich selbst heraus ausgelegt werden. Andere verwaltungsverfahrensrechtliche Bestimmungen, etwa die Legitimationsvoraussetzungen, stehen hingegen in engem Bezug zum materiellen Verwaltungsrecht, das bei der Anwendung häufig herangezogen werden muss. Die Anwendung von Verfahrensbestimmungen – etwa von Fristvorschriften – kann dazu führen, dass die Verwirklichung des materiellen Rechts verhindert wird.

Das Verwaltungsverfahren ist in den §§ 4–31 **bewusst unvollständig** geregelt: Kodifiziert wurden nur jene Regeln, die im Interesse der Rechtssicherheit und des Rechtsschutzes als erforderlich erachtet worden sind. Verzichten wollte der Gesetzgeber hingegen auf den Erlass von Bestimmungen, die für die «nötige Weiterbildung» des Verwaltungsverfahrens und für eine «gerechte und zweckmässige Gesetzesanwendung» hinderlich gewe-

---

[1] HÄFELIN/MÜLLER/UHLMANN, Verwaltungsrecht, N. 1611.
[2] HÄFELIN/MÜLLER/UHLMANN, Verwaltungsrecht, N. 1612; KIENER/RÜTSCHE/KUHN, Öffentliches Verfahrensrecht, N. 21 ff.

sen wären[3]. An der ergänzungsbedürftigen Ausgestaltung der Bestimmungen wurde im Rahmen der VRG-Revisionen von 1997 und 2010 festgehalten. Zur Begründung wurde angeführt, dass dadurch eine flexible Anpassung an die Entwicklungen des höherrangigen Rechts – insbesondere im Bereich der übergeordneten Verfahrensgarantien (Art. 6 Ziff. 1 EMRK; Art. 29 ff. BV) und deren Auslegung – ermöglicht werden solle[4]. Für die Rechtsunterworfenen hat die gesetzliche Unvollständigkeit den – rechtlich unbedeutenden – Nachteil, dass sie ihre Verfahrensrechte und -pflichten nicht in vollem Umfang aus dem VRG ersehen können.

7 Die §§ 4–31 enthalten **keine Verweisungen** auf Bestimmungen ausserhalb des zweiten Gesetzesabschnitts. Im nichtstreitigen, im Einsprache- und im Rekursverfahren sind somit grundsätzlich einzig die im zweiten Gesetzesabschnitt enthaltenen Verfahrensregeln massgebend – ergänzt durch die einschlägigen Verfahrensgarantien des übergeordneten Rechts. Nicht unmittelbar anwendbar sind im nichtstreitigen, im Einsprache- und im Rekursverfahren dagegen jene zivilprozessualen Vorschriften, auf welche die §§ 60 und 71 für das verwaltungsgerichtliche Verfahren verweisen.

8 In der Praxis werden die zivilprozessualen Normen, auf welche die §§ 60 und 71 für das verwaltungsgerichtliche Verfahren verweisen, im nichtstreitigen, im Einsprache- und im Rekursverfahren jedoch bisweilen analog angewendet, soweit die §§ 4–31 keine Regelung der betreffenden Verfahrensfrage enthalten. Solche **Analogien** dienen der Vereinheitlichung des Verwaltungsverfahrensrechts und stehen grundsätzlich im Interesse der Rechtssicherheit und Rechtseinheit. Allerdings muss stets sorgfältig geprüft werden, ob sich die analoge Anwendung einer bestimmten Norm rechtfertigt. Praxisgemäss werden im nichtstreitigen, im Einsprache- und im Rekursverfahren beispielsweise die zivilprozessualen Bestimmungen über die Zustellung (Art. 136 ff. ZPO) analog angewendet (vgl. § 10 N. 90), nicht aber jene über den Fristenstillstand (Art. 145 ZPO; vgl. § 11 N. 18).

9 Grundsätzlich nicht anwendbar sind die §§ 4–31 im **verwaltungsgerichtlichen Verfahren,** das in den §§ 32–86 eigenständig geregelt ist. Allerdings kommen im Verfahren vor Verwaltungsgericht zahlreiche Normen des zweiten Gesetzesabschnitts aufgrund von Rückverweisungsnormen im dritten Abschnitt (§§ 41 Abs. 3, 49, 50 Abs. 1, 52 Abs. 1, 53 Satz 2, 55, 63 Abs. 3, 65a Abs. 2) zur Anwendung. Ferner sind die §§ 4–31 im verwaltungsgerichtlichen Verfahren gestützt auf die §§ 70 und 86 entsprechend bzw. sinngemäss anwendbar, soweit der dritte Gesetzesabschnitt keine besonderen Verfahrensbestimmungen enthält.

II. Nichtstreitiges und streitiges Verfahren

10 Das **nichtstreitige Verwaltungsverfahren,** das in erster Linie in den §§ 4a–17 geregelt ist, betrifft jenen Abschnitt des Verfahrens vor einer Verwaltungsbehörde, der mit der Vorbereitung einer erstinstanzlichen Anordnung beginnt und mit dem Erlass dieser Anordnung endet. In der Regel können folgende vier Phasen unterschieden werden: Einleitung

---

[3] Beleuchtender Bericht 1959, S. 396.
[4] Weisung 1995, S. 1521 f.; Prot. KR 1995–1999, S. 6421.

(von Amtes wegen oder auf Gesuch hin)[5], Ermittlung (Feststellung des Sachverhalts; Gewährung des rechtlichen Gehörs; Einholung von Gutachten), Entscheidung und Durchsetzung[6]. Allgemeine Vorbereitungsmassnahmen und informelle Abklärungen gehören hingegen nicht zum Verwaltungsverfahren. Vorschriften über den Erlass erstinstanzlicher Anordnungen betreffen deren Form, Begründung und Eröffnung[7]. Bis zum Erlass einer erstinstanzlichen Anordnung wird das Verfahren auch dann als «nichtstreitig» bezeichnet, wenn sich bereits zu diesem Zeitpunkt Differenzen zwischen der Verwaltung und der von der Anordnung potenziell betroffenen Person abzeichnen[8].

Dem nichtstreitigen folgt gegebenenfalls das streitige Verfahren. Das **streitige Verwaltungsverfahren** bzw. die verwaltungs*interne* Verwaltungsrechtspflege umfasst die Überprüfung angefochtener erstinstanzlicher Anordnungen und Rechtsmittelentscheide vor Verwaltungsbehörden. Demgegenüber ist von verwaltungs*externer* Verwaltungsrechtspflege die Rede, wenn diese Überprüfung von (Justiz-)Behörden vorgenommen wird, die von der Exekutive unabhängig sind. Der Erlass einer erstinstanzlichen Anordnung ist somit der dogmatische Eckpfeiler des Verwaltungsverfahrens, der das nichtstreitige vom streitigen Verwaltungsverfahren bzw. vom Verwaltungsrechtspflegeverfahren trennt[9]. Der Titel des zweiten Gesetzesabschnitts, «Verwaltungsverfahren», ist insofern unpräzis geworden, als die §§ 19–28a (Rekursverfahren) heute auch für gerichtliche Verfahren – vor dem Baurekursgericht – gelten, wobei die in den §§ 4a–17 enthaltenen allgemeinen Vorschriften im Rekursverfahren unmittelbar anwendbar sind. Verfahrensrechtlich im Zentrum stehen in diesem Verfahrensabschnitt Fragen der Rechtsmittelfrist, -form und -legitimation, der Zuständigkeit und Kognition der Entscheidinstanz sowie der Wirkung des Rekursentscheids[10]. 11

Das **verwaltungsgerichtliche Verfahren** ist jener Teil der Verwaltungsrechtspflege, der beginnt, wenn eine Anordnung beim Verwaltungsgericht angefochten wird (Rechtshängigkeit), und endet, sobald das Gericht über den Rechtsstreit entscheidet. Das VRG regelt das verwaltungsgerichtliche Verfahren in den §§ 32–86, wobei aufgrund zahlreicher Rückverweisungen auch Bestimmungen des nichtstreitigen und streitigen Verwaltungsverfahrens zur Anwendung kommen (vgl. N. 9). Die Kognition des Verwaltungsgerichts ist gegenüber jener der Verwaltungs- bzw. Rekursinstanzen eingeschränkt (vgl. § 50 Abs. 2 und § 20 Abs. 1). 12

---

[5] UHLMANN, Einleitung, S. 2 ff.
[6] Vgl. JAAG/RÜSSLI, Staats- und Verwaltungsrecht, N. 1905 ff.; KIENER/RÜTSCHE/KUHN, Öffentliches Verfahrensrecht, N. 273 ff.
[7] HÄFELIN/MÜLLER/UHLMANN, Verwaltungsrecht, N. 1609 und 1609a.
[8] Kritisch zu dieser Terminologie KIENER/RÜTSCHE/KUHN, Öffentliches Verfahrensrecht, N. 8.
[9] Vgl. KÖLZ/HÄNER/BERTSCHI, Verwaltungsverfahren, N. 1 ff.; ähnlich RHINOW/KOLLER/KISS/THURNHERR/BRÜHL-MOSER, Öffentliches Prozessrecht, N. 48 ff.
[10] HÄFELIN/MÜLLER/UHLMANN, Verwaltungsrecht, N. 1610.

III. Die «Anordnung» gemäss VRG

A. Zu den Begriffen Verfügung, Entscheid und Anordnung

13 Die **Verfügung** ist für die Verwaltungstätigkeit und für die Verwaltungsrechtspflege von zentraler Bedeutung. Sie bildet den eigentlichen Angelpunkt zwischen dem nichtstreitigen und dem streitigen Verwaltungsverfahren (vgl. N. 11)[11]. Als *Institut des materiellen Verwaltungsrechts* legt sie verwaltungsrechtliche Rechtsverhältnisse für die Beteiligten verbindlich und erzwingbar fest. Als Gegenstand der Anfechtung und Sachentscheidvoraussetzung in einem ist sie ein *Institut des Verwaltungsprozessrechts*, das den Zugang zum Anfechtungsstreit als Hauptform des Verwaltungsrechtspflegeverfahrens zugleich öffnet und begrenzt[12]. Dass die Verfügung überragende Bedeutung im schweizerischen Verwaltungsverfahrensrecht hat, zeigt sich noch dort, wo sie sich als allzu einschränkend für den Rechtsschutz erwies und dieser über die Anfechtung der Verfügung hinaus ausgedehnt wurde: Dem bundesrechtlichen Vorbild (Art. 25a VwVG) entsprechend, öffnet § 10c den Rechtsweg gegen Realakte, indem er einen Anspruch auf Erlass einer Verfügung über den Realakt festlegt.

14 In der schweizerischen Literatur und Rechtsprechung steht der Begriff der Verfügung üblicherweise für den Rechtsakt, der das erstinstanzliche Verfahren abschliesst. Die **Terminologie des VRG** weicht hiervon ab, wobei die verwendeten Begriffe im Gesetz nicht definiert werden. Zum einen hat der Gesetzgeber auf den Begriff der *Verfügung* grundsätzlich verzichtet. Seit der VRG-Revision von 2010 ist dieser Verzicht noch konsequenter durchgeführt als zuvor; es finden sich seither im Gesetz nur zwei, wohl auf Unachtsamkeit beruhende Ausnahmen (§ 8 Abs. 1, § 81 lit. a). Der Begriff des **Entscheids** wird im VRG nicht nur für den *Rechtsmittelentscheid* verwendet, sondern auch als *Synonym für die Verfügung der ersten Instanz* (vgl. § 10a lit. b, § 11 Abs. 1, § 30 Abs. 1 lit. b; ebenso bezeichnet das PBG die erstinstanzliche Verfügung im Baubewilligungsverfahren als *baurechtlichen Entscheid*).

15 Statt von «Verfügung» spricht das VRG in aller Regel von «**Anordnung**». Daran wurde anlässlich der VRG-Revision von 2010 angesichts der weiten Verbreitung des Anordnungsbegriffs im Zürcher Recht festgehalten[13]. Anscheinend sollte nach dem Willen des *Gesetzgebers von 1959* «Anordnung» als Oberbegriff sämtliche Verfügungen, weiteren Rechtsakte und tatsächlichen Massnahmen einer Verwaltungsbehörde umfassen[14]. Die Praxis verstand «Anordnung» aber von Anfang an als grundsätzlich gleichbedeutend mit «Verfügung»[15]. Auch bei den Ansätzen zur direkten Bestimmung des Anfechtungsobjekts anhand des Anfechtungsinteresses in Ausnahmefällen (vgl. N. 26) knüpfte das Verwaltungsgericht in erster Linie nicht an Besonderheiten des Anordnungsbegriffs bzw.

---

[11] SALADIN, Verwaltungsprozessrecht, S. 308 f.
[12] FRITZ GYGI, Verwaltungsrecht. Eine Einführung, Bern 1986, S. 124.
[13] Vgl. GRIFFEL, Rekurs, S. 46.
[14] Vgl. 1. Aufl., § 19 N. 1 und 11, mit Hinweis auf Prot. KK 20.12.1957, S. 3; vgl. auch E. BOSSHART, Kommentar VRG, Vorbem. zum zweiten Abschnitt N. 3, S. 24 f.
[15] Vgl. RB 1963 Nr. 4 (ZR 1964 Nr. 71); vgl. auch BGr, 12.7.2013, 2C_52/2013, E. 4.1, m.H.

an der Terminologie des VRG an, sondern am Begriff der Verfügung und am Fehlen einer Legaldefinition[16].

Seit der *VRG-Revision von 2010* ergibt sich nun aus der Aufzählung staatlicher Akte in § 19 Abs. 1 und der Bestimmung über den Rechtsschutz gegenüber Realakten (§ 10c), dass der Anordnungs- grundsätzlich dem Verfügungsbegriff entspricht, soweit er für erstinstanzliche Akte steht; allerdings ordnet § 19 Abs. 1 lit. a die «raumplanungsrechtliche[n] Festlegungen» explizit der Anordnung zu[17]. Doch wird im Gesetz «Anordnung» nicht nur synonym für «Verfügung» gebraucht: In verschiedenen Bestimmungen wird der Begriff als Oberbegriff für die erstinstanzliche Verfügung und den Rechtsmittelentscheid verwendet (§ 52 Abs. 2, § 63 Abs. 1 und 2, § 64 Abs. 2, §§ 86a–86d). Zudem finden sich Normen, in denen «Anordnung» als noch umfassenderer Oberbegriff steht, der auch generell-abstrakte Akte umfasst (§ 42 lit. b Ziff. 3 und lit. c Ziff. 2, § 90 lit. c). Diese letztere Bedeutung deckt sich weder mit dem heutigen noch mit dem ursprünglich intendierten, weiteren Verständnis der Anordnung und dürfte auf ein Versehen zurückgehen[18].

Im vorliegenden Kommentar wird «Anordnung» gemäss der gesetzlichen Terminologie entweder als Synonym für «Verfügung» oder als Oberbegriff für Verfügungen und Rechtsmittelentscheide verwendet. Aufgrund der Inkonsequenz des Gesetzgebers ist die Bedeutung der Begriffe Anordnung und Entscheid jeweils anhand des Kontexts zu bestimmen.

B. Die Verfügung

Soweit der Begriff der Anordnung im VRG für erstinstanzliche Verwaltungsakte steht, entspricht er grundsätzlich dem **Verfügungsbegriff von Art. 5 Abs. 1 VwVG**. Im Unterschied zu dieser Legaldefinition ist er allerdings insofern weiter gefasst, als er nicht voraussetzt, dass sich die Verfügung auf öffentliches Recht des Bundes stützt. Die Kantone dürfen keinen engeren als den bundesrechtlichen Verfügungsbegriff verwenden; andernfalls würde der Rechtsweg an die Bundesbehörden vereitelt. Im Einklang mit der bundesgesetzlichen Legaldefinition bezeichnet das Bundesgericht die Verfügung als autoritative, einseitige, individuell-konkrete Anordnung einer Behörde, die in Anwendung von Verwaltungsrecht ergangen, auf Rechtswirkungen ausgerichtet sowie verbindlich und erzwingbar ist[19]. Bei den im Folgenden aufgeführten Elementen des Verfügungsbegriffs handelt es sich um kumulative, allerdings teils miteinander zusammenhängende Voraussetzungen.

C. Die einzelnen Elemente des Verfügungsbegriffs

Als Verfügung gilt nur ein Akt, der von einem **Träger öffentlicher Aufgaben** erlassen wurde. Als solcher Verwaltungsträger gilt jede Stelle, die Aufgaben der öffentlichen Ver-

---

[16] Vgl. VGr, 11.3.1999, VB.98.00391, E. 2b (ZBl 2000, 80 ff.; Leitsatz: RB 1999 Nr. 14); RB 1984 Nr. 2, E. 4a (ZBl 1985, 82 ff. = ZR 1985 Nr. 9); anders die Interpretation des letzteren Entscheids bei JAAG/RÜSSLI, Staats- und Verwaltungsrecht, N. 2002a.
[17] Vgl. Weisung 2009, S. 958; GRIFFEL, Rekurs, S. 46; JAAG/RÜSSLI, Staats- und Verwaltungsrecht, N. 2002b f.
[18] Vgl. GRIFFEL, Rekurs, S. 46 Fn. 11, zu § 42 lit. b und c.
[19] BGE 135 II 38, E. 4.3; vgl. auch BGE 121 II 473, E. 2a; 101 Ia 73, E. 3a, m.w.H.

waltung wahrnimmt, gleichgültig, ob es sich um Organe der unmittelbaren oder mittelbaren Staatsverwaltung handelt. Die erlassende Behörde kann eine Verwaltungsbehörde oder ein Organ der Legislative oder der Judikative sein. Ebenso fallen Anordnungen von öffentlichrechtlichen Anstalten, Körperschaften und Stiftungen darunter, und selbst solche von Privaten, soweit sie in Erfüllung einer diesen übertragenen öffentlichen Aufgabe erlassen werden[20]. Die Übertragung der Verfügungskompetenz an einen Träger ausserhalb der Verwaltung setzt allerdings eine Grundlage in einem formellen Gesetz voraus. Diese Übertragung öffentlicher Aufgaben bringt implizit die Verfügungskompetenz mit sich, wenn diese vom Spezialgesetz nicht ausgeschlossen und zur Erfüllung der fraglichen Aufgaben erforderlich ist[21].

20 Die Verfügung stellt sodann eine **hoheitliche** Anordnung eines Verwaltungsträgers dar, was bedeutet, dass dieser gegenüber den Adressatinnen und Adressaten *einseitig* und *übergeordnet* auftritt[22]. Notwendige, aber nicht ausreichende Voraussetzung ist eine öffentlichrechtliche Zuständigkeit. Das Kriterium der Hoheitlichkeit grenzt die Verfügung einerseits von allen *privatrechtlichen* Handlungen ab; namentlich sind einseitige privatrechtliche Willenserklärungen nicht hoheitlich. Anderseits unterscheidet sich die Verfügung aufgrund dieses Merkmals vom *rechtsgeschäftlichen* Handeln privat- oder öffentlichrechtlicher Natur[23]. Da sich rechtsgeschäftliches und verfügungsmässiges Handeln nicht immer eindeutig auseinanderhalten lassen, ist im Einzelfall darauf abzustellen, welches der beiden Elemente überwiegt[24]. Ein (privat- oder öffentlichrechtlicher) Vertrag liegt jedenfalls vor, wenn der Rechtshandlung eine übereinstimmende Willensäusserung der Parteien zugrunde liegt, weil eine solche im Widerspruch zur Ausübung einer autoritativen staatlichen Befehlsgewalt steht. Daneben gibt es jedoch zahlreiche Verfügungen, die der Mitwirkung der davon Betroffenen bedürfen, sei es, dass die betreffende Person um den Erlass eines Verwaltungsaktes nachsuchen muss (z.B. bei Bewilligungen) oder dass die Verfügung ihrer Zustimmung bedarf, um rechtswirksam werden zu können (z.B. bei Anstellungen im öffentlichen Dienst). Diese *mitwirkungsbedürftigen Verfügungen* sind gleich zu behandeln wie die rein einseitig getroffenen Anordnungen und unterscheiden sich in Bezug auf die Rechtswirkungen und Anfechtungsmöglichkeiten nicht von diesen[25].

21 Verfügungen sind **individuell-konkret.** Dies bedeutet, dass sich ein Verwaltungsakt an eine einzelne Person oder an mehrere individuell bestimmte Adressatinnen bzw. Adressaten richten und einen konkreten Sachverhalt oder eine bestimmte Vielzahl von Sachverhalten regeln muss[26]. Die Verfügung erfasst somit ein Rechtsverhältnis, das sich auf einen ganz bestimmten Sachverhalt bezieht. Als konkret erweist sich eine Anordnung,

---

[20] Häfelin/Müller/Uhlmann, Verwaltungsrecht, N. 861.
[21] BGE 138 II 134, E. 5.1; BGr, 15.4.2009, 2C_715/2008, E. 3.2; Wiederkehr/Richli, Praxis, N. 2178 ff. Zur Übertragung öffentlicher Aufgaben an Private im Kanton Zürich vgl. Art. 38 Abs. 1 lit. h und Art. 98 KV.
[22] Uhlmann, in: Praxiskommentar VwVG, Art. 5 N. 21.
[23] Vgl. Häfelin/Müller/Uhlmann, Verwaltungsrecht, N. 858.
[24] Kölz/Häner/Bertschi, Verwaltungsverfahren, N. 875.
[25] Z.B. Kölz/Häner/Bertschi, Verwaltungsverfahren, N. 875.
[26] Z.B. Häfelin/Müller/Uhlmann, Verwaltungsrecht, N. 859; Kölz/Häner/Bertschi, Verwaltungsverfahren, N. 878.

die dermassen spezifiziert und typisiert ist, dass sie sich *unmittelbar vollziehen* lässt[27]. Keine Verfügungen sind dagegen Akte, die allgemeine Regeln enthalten. Dies gilt namentlich für generell-abstrakte Normen; es gilt auch für Verwaltungsverordnungen (generelle Dienstanweisungen), die zudem nicht rechtsverbindlich sind (vgl. § 50 N. 52 ff.)[28]. Die *Allgemeinverfügung* steht als Rechtsform zwischen Rechtssatz und Verfügung, indem sie mit Ersterem den generellen Charakter und mit Letzterer die Regelung des konkreten Einzelfalls gemein hat. Es handelt sich um einen Verwaltungsakt, der sich an einen nicht individuell bestimmten (unbestimmten oder bestimmbaren[29]) Personenkreis richtet, jedoch lediglich eine bestimmte Situation ordnet. Die Allgemeinverfügung ist insbesondere mit Bezug auf den Rechtsschutz grundsätzlich den gewöhnlichen Verfügungen gleichgestellt[30]. Gegenüber den gewöhnlichen Verfügungen ergeben sich allerdings Besonderheiten hinsichtlich der akzessorischen Überprüfung und des Kreises der zur Anfechtung berechtigten Adressatinnen und Adressaten (vgl. § 20 N. 11; § 21 N. 37).

Die Verfügung ist auf die Herbeiführung von **Rechtswirkungen** im Bereich des Verwaltungsrechts ausgerichtet, indem Rechte und Pflichten begründet, geändert oder aufgehoben werden sollen[31]. Sie dient aber auch dazu, bestehende Rechte und Pflichten autoritativ festzustellen (vgl. Art. 5 Abs. 1 lit. b VwVG). Diese Rechtswirkungen treten unmittelbar für die verfügenden Behörden einerseits und für die Verfügungsadressaten anderseits ein. Sie betreffen das Aussenverhältnis der Verwaltung[32]. Das Kriterium unterscheidet die Verfügung vom Realakt (§ 19 N. 6 ff.). Nicht direkt auf Rechtswirkungen ausgerichtet sind etwa Dienstanweisungen im konkreten Einzelfall (Dienstbefehle); organisatorische Anordnungen und Massnahmen; Gutachten, Berichte, Stellungnahmen und Vernehmlassungen; Auskünfte, Empfehlungen, Mitteilungen, Rechnungsstellungen und Mahnungen sowie in der Regel Verfahrenseinleitungen[33].

22

Die Verfügung legt – ihrem autoritativen Charakter entsprechend – das von ihr geregelte Rechtsverhältnis **verbindlich und erzwingbar** fest[34]. Diese Eigenschaft steht im Zusammenhang damit, dass eine Verfügung unmittelbar vollstreckbar ist.

23

---

[27] VGr, 26.8.2010, VB.2010.00232, E. 4.3.2; M. Müller, in: Kommentar VwVG, Art. 5 N. 20. Vgl. weiter Wiederkehr/Richli, Praxis, N. 2144, 2213; VGr, 26.1.2012, VB.2011.00735, E. 4.2, und zur Abgrenzung zwischen Sach- und Vollstreckungsverfügung Vorbem. zu §§ 29–31 N. 12.
[28] Vgl. Gygi, Bundesverwaltungsrechtspflege, S. 133 f.; vgl. auch Uhlmann, in: Praxiskommentar VwVG, Art. 5 N. 98 ff.
[29] Vgl. BGE 125 I 313, E. 2a; Häfelin/Müller/Uhlmann, Verwaltungsrecht, N. 924; M. Müller, in: Kommentar VwVG, Art. 5 N. 21.
[30] Vgl. z.B. Häfelin/Müller/Uhlmann, Verwaltungsrecht, N. 924 f.; M. Müller, in: Kommentar VwVG, Art. 5 N. 21 ff.; BGE 125 I 313, E. 2; VGr, 21.12.2011, VB.2011.00395, E. 2.2 f.
[31] Z.B. Häfelin/Müller/Uhlmann, Verwaltungsrecht, N. 862.
[32] Kölz/Häner/Bertschi, Verwaltungsverfahren, N. 885; M. Müller, in: Kommentar VwVG, Art. 5 N. 19.
[33] Zu diesen Kategorien vgl. etwa Häfelin/Müller/Uhlmann, Verwaltungsrecht, N. 866 ff.; Kölz/Häner/Bertschi, Verwaltungsverfahren, N. 886 ff.; Wiederkehr/Richli, Praxis, N. 2283 ff.
[34] Z.B. Häfelin/Müller/Uhlmann, Verwaltungsrecht, N. 864.

D. Formell fehlerhafte Verfügungen und Grenzfälle

24 Die **äussere Form** des Verwaltungshandelns ist **nicht entscheidend** dafür, ob eine Anordnung als Verfügung zu qualifizieren ist. Vielmehr ist einzig darauf abzustellen, ob ein behördlicher Akt *materiell* die Kriterien einer Verfügung erfüllt[35]. Auch die *formell mangelhafte Verfügung* ist – unter Vorbehalt der Nichtigkeit – eine Verfügung. Das Verhalten der Adressatinnen und Adressaten einer Verfügung, die nicht als solche bezeichnet wird, ist allerdings – gemäss der Praxis zu den Eröffnungsmängeln von Verfügungen (§ 10 N. 51 ff., 108 f.) – nach Treu und Glauben zu beurteilen. Wenn etwa eine Person ein behördliches Schreiben empfängt, das erkennbar Verfügungsqualität haben könnte, ist sie gehalten, sich innerhalb angemessener Frist nach der Bedeutung des Schreibens zu erkundigen oder eine anfechtbare Verfügung anzufordern, wenn sie den Rechtsweg offen halten will. Hingegen kann von den Betreffenden nicht verlangt werden, dass sie unmittelbar den Rechtsweg beschreiten, wenn sie ihre Anfechtungsbefugnis nicht verwirken wollen. Dies wäre umso weniger angebracht, als die Behörden oft – vorerst – auf hoheitliches Auftreten verzichten und auf die Akzeptanz der Adressatinnen und Adressaten gegenüber dem behördlichen Handeln setzen[36].

25 Bei **Unzuständigkeit** der verfügenden Behörde muss sinngemäss dasselbe gelten: Sie schliesst das Vorliegen einer Verfügung nicht zwingend aus, und insofern können die Adressatinnen und Adressaten ihre prozessualen Rechte verwirken, wenn sie auf den behördlichen Akt nicht angemessen reagieren. Im Einzelfall mag schwierig festzustellen sein, ob die unzuständige Behörde eine Verfügung (die nichtig oder im Rechtsmittelverfahren aufzuheben wäre) erlassen oder einen unverbindlichen Hinweis auf die Rechtslage anbringen wollte[37].

26 Soweit in Lehre und Rechtsprechung keine gefestigte Auffassung über die Rechtsnatur einer staatlichen Handlung besteht, ist anhand der vorstehend dargelegten Elemente des Verfügungsbegriffs zu prüfen, ob eine rekurs- bzw. beschwerdefähige Verfügung oder eine andere staatliche Handlungsform gegeben ist. Sind *nicht alle Begriffsmerkmale einer Verfügung zweifelsfrei erfüllt* und lässt sich somit nicht eindeutig bestimmen, ob ein Verwaltungsakt Verfügungscharakter besitzt, ist auf das **gesetzgeberische Grundmotiv** des VRG zurückzugreifen, wonach der individuelle Rechtsschutz gegenüber der Verwaltung gewährleistet werden soll. Bei der Beantwortung der Frage, ob der Verfügungscharakter einer behördlichen Handlung überwiegt und eine anfechtbare Verfügung vorliegt, ist somit auf das *objektive Rechtsschutzinteresse* der betroffenen Person abzustellen[38]. Dieses ersetzt aber nicht die Begriffsmerkmale der Verfügung, sondern ist lediglich bei der Auslegung als einer der Zwecke des Rechtsinstituts zu beachten. Davon zu unterscheiden ist die direkte Bestimmung eines Anfechtungsobjekts aufgrund des objektiven Anfechtungsinteresses, wenn keine Verfügung vorliegt. Hierzu sah sich die Praxis – gestützt auf die Lehre – veranlasst, weil sich der Verfügungsbegriff als zu eng erwies, um alle staatlichen

---

[35] Vgl. VGr, 12.9.2005, PB.2005.00032, E. 4.3; WIEDERKEHR/RICHLI, Praxis, N. 2144, m.H.
[36] Zum Ganzen: KÖLZ/HÄNER/BERTSCHI, Verwaltungsverfahren, N. 888.
[37] Vgl. VGr, 7.2.2008, VB.2007.00522, E. 1.3; vgl. auch VGr, 5.5.2009, VB.2009.00116, E. 4.1. Zur Nichtigkeit vgl. Vorbem. zu §§ 86a–86d N. 4.
[38] Vgl. MERKLI/AESCHLIMANN/HERZOG, Kommentar VRPG, Art. 49 N. 27; vgl. auch HALTNER, Verfügung, S. 103.

Akte, die ein schutzwürdiges Anfechtungsinteresse bei einzelnen Personen hervorriefen, erfassen zu können. Seit der VRG-Revision von 2010 ist – entsprechend dem bundesrechtlichen Vorbild in Art. 25a VwVG – für derartige Fälle der Anspruch auf eine Verfügung über einen Realakt gegeben (§ 10c). Demnach dürfte ein direkter Rückgriff auf das Anfechtungsinteresse zur Bestimmung oder Fiktion eines Anfechtungsobjekts nicht mehr in Frage kommen.

Spezialbestimmungen halten manchmal in Zweifelsfällen ausdrücklich fest, welche Akte als Anfechtungsobjekte oder Verfügungen zu gelten haben (vgl. z.B. Art. 15 Abs. 1bis IVöB; § 27 IDG; § 29 Abs. 1 lit. a und b PVG[39]). Zwar kann nicht von der spezialgesetzlichen Bestimmung abhängen, ob die Merkmale des allgemeinen Verfügungsbegriffs vorliegen; das Spezialgesetz kann aber die Anfechtbarkeit des betreffenden Akts vorsehen oder (im Rahmen des höherrangigen Rechts, namentlich der Rechtsweggarantie nach Art. 29a BV) ausschliessen[40].

IV. Rechtshängigkeit

Mit der Verfahrenseinleitung von Amtes wegen bzw. der Gesuchs- oder Rechtsmitteleinreichung tritt die Rechtshängigkeit (**Litispendenz**) eines Verwaltungs- oder Verwaltungsrechtspflegeverfahrens ein.

Das **nichtstreitige Verwaltungsverfahren,** welches auf den Erlass einer Anordnung abzielt, wird je nachdem auf Gesuch hin oder – in Anwendung der Offizialmaxime – von Amtes wegen eröffnet. Letzteres ist namentlich der Fall, wenn eine Behörde durch gesetzliche Vorschrift dazu verpflichtet ist oder hinreichender Anlass zur autoritativen Regelung eines Rechtsverhältnisses besteht. Der Zeitpunkt der Eröffnung des erstinstanzlichen Verwaltungsverfahrens ist allerdings oft schwierig zu bestimmen[41]. In Praxis und Lehre wird sodann die Ansicht vertreten, dass ein Gesuch im erstinstanzlichen Verfahren erst dann als eingereicht und somit als rechtshängig gilt, wenn der angerufenen Behörde die wesentlichen, vom Gesuchsteller beizubringenden Unterlagen, die ihr einen Entscheid über das Gesuch ermöglichen, zur Beurteilung vorliegen[42]. Auftakt eines **Verwaltungsrechtspflegeverfahrens** bildet das Rechtsmittelbegehren einer verfahrensbeteiligten Partei. Ein *Rechtsmittel* muss grundsätzlich den gesetzlichen Formvorschriften genügen oder zumindest der Verbesserung gemäss § 23 Abs. 2 bzw. § 56 Abs. 1 zugänglich sein, um Rechtshängigkeit herbeizuführen. Rechtshängigkeit wird auch durch das **irrtümliche Einreichen** eines Gesuchs oder Rechtsmittelbegehrens **bei der unzuständigen Instanz** begründet, soweit diese zur Weiterleitung verpflichtet ist (vgl. dazu § 5 N. 51).

Mit dem Eintritt der Rechtshängigkeit entsteht ein **Verfahrens- oder Prozessrechtsverhältnis** zwischen der angerufenen oder tätig gewordenen Behörde und den Beteiligten, das durch den Amtsbetrieb beherrscht wird. Es ist Pflicht der Behörde, bei der eine Ange-

---

[39] Dazu VGr, 17.12.2008, VB.2007.00398, E. 1.2 (Leitsatz: RB 2008 Nr. 20).
[40] Vgl. M. MÜLLER, in: Kommentar VwVG, Art. 5 N. 8.
[41] Vgl. UHLMANN, Einleitung, bes. S. 15, der mehrere Bestimmungsfaktoren heranzieht; ebenso DAUM, in: Kommentar VwVG, Art. 7 N. 14.
[42] MERKLI/AESCHLIMANN/HERZOG, Kommentar VRPG, Art. 16 N. 2, m.H.

Martin Bertschi / Kaspar Plüss

legenheit anhängig ist, diese zu behandeln und durch Erlass einer Verfügung oder durch einen Rechtsmittelentscheid zum Abschluss zu bringen.

31 Um sich widersprechende Anordnungen und Entscheide in der gleichen Sache zu verhindern, ergibt sich aus der Rechtshängigkeit, dass während ihrer Dauer die einmal anhängig gemachte Angelegenheit **nicht gleichzeitig durch eine andere Instanz beurteilt** werden kann. Den Verfahrenbeteiligten steht zu diesem Zweck die *Einrede* der Rechtshängigkeit zu, wobei aber die Frage der Litispendenz von Amtes wegen und nicht nur auf Einrede hin zu prüfen ist[43]. Im Interesse der Verfahrensökonomie und -beschleunigung bleibt die im Zeitpunkt des Eintritts der Rechtshängigkeit zu Recht gegebene *Zuständigkeit* im Allgemeinen bestehen, selbst wenn sich die Voraussetzungen nachträglich ändern (*perpetuatio fori*; vgl. § 5 N. 8). Ändert das anwendbare Organisations- und Verfahrensrecht, so richtet sich die *Zusammensetzung des zuständigen Organs* bei der Behandlung bereits hängiger Verfahren ebenfalls weiterhin nach dem alten Recht (vgl. Art. XV Abs. 3 der Übergangsbestimmungen vom 8. Juni 1997; § 38 N. 3).

32 Die Rechtshängigkeit ist zum Beispiel massgeblich bei der Beurteilung der Frage, ob die *Behandlungsfristen* eingehalten wurden bzw. ob eine Rechtsverzögerung vorliegt (vgl. § 19 N. 49). Sodann kann ihr Eintritt einen Faktor bei der *Berechnung des Streitwerts* darstellen (vgl. § 65a N. 33 zu vermögenswerten Streitigkeiten bezüglich noch andauernder Dienstverhältnisse).

33 Die Rechtshängigkeit **endet** mit dem *förmlichen Abschluss des Verfahrens* durch die angerufene oder tätig gewordene Instanz. Daran ändert nichts, dass der angefochtene Entscheid nicht formell rechtskräftig ist, wenn ein ordentliches Rechtsmittel noch ergriffen werden kann oder ergriffen worden ist. Vor der *Rechtsmittelinstanz* wird das Verfahren erst rechtshängig, wenn es dort anhängig gemacht wird. Überweist die unzuständige Behörde ein bei ihr eingereichtes Begehren aufgrund einer gesetzlichen Verpflichtung an die zuständige Instanz (§ 5 Abs. 2; vgl. § 5 N. 45 ff.), so hat dies zur Folge, dass die Rechtshängigkeit bei der überweisenden Instanz beendigt wird und vor der als zuständig erachteten Behörde eintritt. In diesem Fall wird das Datum der Rechtshängigkeit, dem Sinn und Zweck der gesetzlichen Überweisungspflicht entsprechend, auf jenen Zeitpunkt zurückbezogen, in dem die Sache bei der überweisenden Instanz anhängig gemacht wurde[44]. Schliesslich ist auf Art. 63 Abs. 1 ZPO hinzuweisen: Diese Bestimmung regelt die Rechtshängigkeit für den Fall, dass eine erstinstanzliche Eingabe, die mangels Zuständigkeit zurückgezogen oder auf die nicht eingetreten wurde, bei der zuständigen *Schlichtungsbehörde* oder beim zuständigen *(Zivil-)Gericht* neu eingereicht wird. Als Zeitpunkt des Eintritts der Rechtshängigkeit gilt das Datum der ersten Einreichung, wenn die erneute Einreichung innert eines Monats seit dem Rückzug oder dem Nichteintretensentscheid erfolgt. Nach der überzeugenden Ansicht der herrschenden Lehre bezieht sich Art. 63 Abs. 1 ZPO auf die örtliche, die sachliche und die funktionelle Zuständigkeit[45]. Er gilt auch, wenn die Eingabe zuerst bei einer Verwaltungs- oder Verwaltungsjustizbehörde er-

---

[43] GYGI, Bundesverwaltungsrechtspflege, S. 189; RHINOW/KOLLER/KISS/THURNHERR/BRÜHL-MOSER, Öffentliches Prozessrecht, N. 940.
[44] Vgl. BGr, 17.8.2004, 1P.143/2004 und 1P.561/2003, E. 3.3.3; VGr, 22.12.2011, VK.2011.00003, E. 6; MERKLI/AESCHLIMANN/HERZOG, Kommentar VRPG, Art. 16 N. 5.
[45] BERGER-STEINER, in: Berner Kommentar ZPO, Art. 63 N. 18 mit zahlreichen Hinweisen.

folgte, was es dieser erlaubt, auf die Weiterleitung an die Instanzen der Zivilrechtspflege zu verzichten (vgl. § 5 N. 56 und 59)[46].

V. Sistierung

A. Einleitung

Die Sistierung eines Verfahrens bedeutet, dass ein hängiges Verfahren **vorübergehend eingestellt** wird. Mit identischer Bedeutung kann auch gesagt werden, das Verfahren werde ausgesetzt, stehe still oder ruhe[47]. 34

Das VRG enthält keine Regelung der Verfahrenssistierung. In der Praxis ist sie als Rechtsinstitut indessen anerkannt. Im Verfahren vor Verwaltungsgericht finden gestützt auf die §§ 71 und 86 die **zivilrechtlichen Sistierungsvorschriften** (Art. 126 ZPO) Anwendung. Im nichtstreitigen, im Einsprache- und im Rekursverfahren rechtfertigt sich eine analoge Anwendung von Art. 126 ZPO. Im konkreten Fall kann sodann eine analoge Heranziehung der bundeszivilprozessualen Sistierungsnorm (Art. 6 BZP) angebracht sein. Bisweilen bestehen spezialgesetzliche Sistierungsvorschriften, die im verwaltungsrechtlichen Verfahren von Bedeutung sein können[48]. 35

Die Sistierung hat zur Folge, dass **weder behördliche noch gesetzliche Fristen laufen**. Die Entscheidinstanz unternimmt während der Sistierung keine Verfahrenshandlungen – abgesehen von solchen im Hinblick auf die Wiederaufnahme des Verfahrens[49]. Eingaben der Verfahrensbeteiligten werden, soweit sie nicht im Zusammenhang mit der Wiederaufnahme des Verfahrens stehen, vorläufig zu den Akten genommen. 36

Sistiert eine Behörde ein Verfahren ohne zureichenden Grund oder hält sie eine Sistierung aufrecht, obwohl der Sistierungsgrund weggefallen ist, liegt eine Verletzung des Beschleunigungsgebots bzw. des Anspruchs auf Beurteilung innert angemessener Frist vor (Art. 29 Abs. 1 BV; vgl. § 4a N. 13). Die betroffene Partei kann diesfalls auf dem Rechtsmittelweg eine unzulässige **Rechtsverweigerung bzw. -verzögerung** geltend machen (§ 19 Abs. 1 lit. b)[50]. 37

B. Sistierungsgründe

Da die Sistierung eines Verfahrens grundsätzlich im Widerspruch zum Beschleunigungsgebot bzw. zum Anspruch auf Beurteilung innert angemessener Frist steht (Art. 29 Abs. 1 38

---

[46] VGr, 10.2.2011, VK.2010.00002, E. 4.3.
[47] BORNATICO, in: Basler Kommentar ZPO, Art. 126 N. 1; vgl. VGr, 24.4.2013, VB.2013.00001, E. 3.1.
[48] Vgl. z.B. Art. 207 Abs. 2 i.V.m. Abs. 1 SchKG; § 14 Abs. 2 BüV; § 23 VZS.
[49] BORNATICO, in: Basler Kommentar ZPO, Art. 126 N. 16 f.; STAEHELIN, in: Kommentar ZPO 2010, Art. 126 N. 7.
[50] BVGr, 18.2.2013, A-3924/2012, E. 3.3; vgl. BGr, 7.7.2011, 2C_442/2011, E. 3.2.2.

BV), soll sie die **Ausnahme** bleiben, die das Vorliegen triftiger Gründe voraussetzt[51]. Es besteht kein verfassungsmässiger Sistierungsanspruch[52].

39 Eine Verfahrenssistierung muss **zweckmässig** sein[53]. Das Interesse an einer vorübergehenden Verfahrenseinstellung muss im konkreten Fall höher wiegen als das Gebot der Verfahrensbeschleunigung, d.h. die Verfahrenssistierung muss unter den gegebenen Umständen als insgesamt verfahrensökonomischer erscheinen als eine unmittelbare Fortführung des Verfahrens[54].

40 Eine Sistierung kann sich rechtfertigen, wenn die Anordnung vom **Ausgang eines anderen Verfahrens** abhängig ist[55] oder von diesem wesentlich beeinflusst wird[56]. Dies kann namentlich dann der Fall sein,
– wenn der Ausgang eines anderen, konkret in Aussicht stehenden Verfahrens für das interessierende Verfahren mutmasslich von *präjudizieller Bedeutung* ist, so dass im Fall einer Weiterführung des Verfahrens widersprüchliche Urteile ergehen könnten[57];
– wenn in einem anderen Verfahren über *Sachumstände oder rechtliche Voraussetzungen* entschieden wird, die für den Ausgang des in Frage stehenden Verfahrens – das zum anderen Verfahren einen genügenden Sachzusammenhang aufweist – von massgebender Bedeutung sind[58];
– wenn eine erhebliche Wahrscheinlichkeit besteht, dass das Verfahren nach Abschluss eines anderen Verfahrens *hinfällig* werden wird[59];
– wenn in einem anderen Verfahren eine relevante fremdrechtliche – etwa straf- oder zivilprozessuale – *Vorfrage* zu beurteilen ist (vgl. § 1 N. 55 ff.), insbesondere wenn sich dabei heikle Rechtsfragen aus einem anderen Rechtsgebiet stellen[60];
– wenn die Fortführung des Verfahrens aufgrund eines anderen hängigen Verfahrens dazu führen würde, dass *aufwendige Beweiserhebungen* unnötigerweise mehrfach durchgeführt werden müssten[61];
– wenn Aussicht darauf besteht, dass das Verfahren zu einem absehbaren Zeitpunkt mit einem anderen, eng damit zusammenhängenden *Verfahren vereinigt* und in einer einzigen Anordnung erledigt werden kann;
– wenn ein enger rechtlicher Zusammenhang zwischen mehreren Rechtsverfahren besteht und die vorgezogene Beurteilung eines dieser Fälle im Sinn eines *Pilotprozesses*

---

[51] BGE 135 III 127, E. 3.4; 130 V 90, E. 5; VGr, 11.5.2012, VB.2012.00137, E. 1 (nicht publiziert); BORNATICO, in: Basler Kommentar ZPO, Art. 126 N. 2; STAEHELIN, in: Kommentar ZPO 2010, Art. 126 N. 4.
[52] BGr, 30.1.2013, 2C_81/2013, E. 2.2.
[53] Vgl. Art. 126 Abs. 1 ZPO; Art. 6 Abs. 1 BZP; BGE 130 V 90, E. 5; VGr, 24.4.2013, VB.2013.00001, E. 3.1.
[54] Vgl. VGr, 31.7.2013, VB.2013.00243, E. 1.4; STAEHELIN, in: Kommentar ZPO 2010, Art. 126 N. 4.
[55] Vgl. Art. 126 Abs. 1 ZPO; Art. 6 Abs. 1 BZP; BGE 130 V 90, E. 5; BGr, 24.3.2003, 2A.500/2002, E. 1.3.
[56] VGr, 24.4.2013, VB.2013.00001, E. 3.1; VGr, 5.7.2011, VB.2011.00224, E. 3.2.
[57] Vgl. BGE 123 II 1, E. 2b; VGr, 5.7.2011, VB.2011.00224, E. 3.2; BORNATICO, in: Basler Kommentar ZPO, Art. 126 N. 1 und 11.
[58] Vgl. VGr, 5.7.2011, VB.2011.00224, E. 3.2.
[59] VGr, 12.6.2013, VB.2013.00045, E. 5.2.
[60] MERKLI/AESCHLIMANN/HERZOG, Kommentar VRPG, Art. 38 N. 3.
[61] Vgl. STAEHELIN, in: Kommentar ZPO 2010, Art. 126 N. 3.

als prozessökonomisch sinnvoller erscheint als eine Vereinigung sämtlicher Verfahren[62];
- wenn im Rahmen eines nicht dringlichen Verfahrens ein abgewiesenes *Ausstandsbegehren angefochten* wird[63].

Eine Verfahrenssistierung kommt auch aus **anderen Gründen** in Frage, insbesondere 41
- wenn sich die Verfahrensbeteiligten in *aussergerichtlichen Vergleichsverhandlungen* befinden, soweit eine Einigung zeitlich absehbar ist und die Betroffenen mit der Sistierung einverstanden sind[64];
- wenn eine verfahrensbeteiligte Person *stirbt*, soweit in Bezug auf die Rechtsnachfolge Unklarheit besteht und das Verfahren aufgrund des Todes nicht gegenstandslos wird[65];
- wenn eine verfahrensbeteiligte Person urteils- bzw. *prozessunfähig* wird, soweit das Verfahren dadurch nicht gegenstandslos wird; bei Prozessunfähigkeit ist die Kindes- und Erwachsenenschutzbehörde einzuladen, eine Vertretung zu bestellen (vgl. auch Vorbem. zu §§ 21–21a N. 7)[66];
- wenn eine verfahrensbeteiligte Person in *Konkurs* fällt, soweit das Verfahren nicht dringlich ist und den Bestand der Konkursmasse berührt (Art. 207 Abs. 2 i.V.m. Abs. 1 SchKG);
- wenn (noch) nicht absehbar ist, wann die *Bedingungen erfüllt* oder die Beweise erbracht sein werden, die das Gesetz für einen Verfahrensabschluss voraussetzt[67];
- wenn ein *Erlass vorsorglich angefochten* wird, d.h. wenn bereits vor der fristauslösenden Publikation des Erlasses ein Rechtsmittel erhoben wird[68];
- wenn die Erstellung eines entscheidrelevanten *Gutachtens* abgewartet werden muss[69].

Eine **zu erwartende oder notwendige Rechtsänderung** rechtfertigt eine Sistierung 42
grundsätzlich nicht[70]. Eine *negative Vorwirkung* des neuen Rechts (im Sinn einer Aussetzung der Anwendung des geltenden Rechts bis zum Inkrafttreten des neuen Rechts) ohne gesetzliche Grundlage im alten Recht wird in Praxis und Lehre nur für zulässig gehalten, wenn sie von sehr geringer Dauer ist[71]; sie dürfte aber kaum je auf dem Weg der förmlichen Sistierung umgesetzt werden. Von dieser zu unterscheiden ist die – ebenfalls der negativen Vorwirkung zuzuordnende bzw. diese einschränkende – kumulative Berücksich-

---

[62] Vgl. z.B. BGE 138 II 77, E. 4.3; MERKLI/AESCHLIMANN/HERZOG, Kommentar VRPG, Art. 38 N. 5.
[63] Vgl. BGE 138 III 705, E. 2.3.2.
[64] Vgl. VGr, 24.4.2013, VB.2013.00001, E. 3.1; BORNATICO, in: Basler Kommentar ZPO, Art. 126 N. 9; STAEHELIN, in: Kommentar ZPO 2010, Art. 126 N. 3.
[65] KIENER/RÜTSCHE/KUHN, Öffentliches Verfahrensrecht, N. 577 f.; vgl. Art. 6 Abs. 2 BZP.
[66] BORNATICO, in: Basler Kommentar ZPO, Art. 126 N. 7.
[67] Vgl. z.B. VGr, 25.1.2012, VB.2011.00623, E. 4 (betreffend ausländerrechtliche Aufenthaltsbewilligung).
[68] BGE 136 I 17, E. 1.2.
[69] Vgl. BGr, 25.6.2012, 6B_200/2012, E. 4.
[70] Vgl. BGE 126 II 522, E. 10b.
[71] Vgl. HÄFELIN/MÜLLER/UHLMANN, Verwaltungsrecht, N. 350 ff., mit dem aus der älteren Praxis (RB 1971 Nr. 58) stammenden Beispiel einer Verzögerung des Entscheids um 3 Tage; vgl. auch MERKLI/AESCHLIMANN/HERZOG, Kommentar VRPG, Art. 38 N. 6.

tigung des neuen Rechts aufgrund einer Bestimmung des noch geltenden Rechts[72]. In der baurechtlichen Praxis wird je nach den Umständen des Einzelfalls auf die Anordnung der Wiederherstellung des rechtmässigen Zustands verzichtet oder das Verfahren einstweilen sistiert, wenn der rechtswidrige Zustand einer Baute mit einiger Wahrscheinlichkeit in naher Zukunft legalisiert wird[73].

43 Die instruierende Behörde, die über die Sistierung (und Wiederaufnahme) eines Verfahrens entscheidet, verfügt im Einzelfall über ein **erhebliches Ermessen**[74]. Dabei darf sie die Prozessaussichten in anderen Verfahren, die für den von ihr zu treffenden Aussetzungsentscheid von Bedeutung sind, abschätzen und in ihre Abwägungen miteinbeziehen[75]. Aus Gründen der Verfahrensbeschleunigung kann die Ablehnung einer Sistierung auch dann zulässig sein, wenn sich sämtliche Verfahrensbeteiligten *dafür* aussprechen[76]. Umgekehrt schliesst der Umstand, dass ein Verfahren von Gesetzes wegen rasch durchzuführen ist, eine Sistierung nicht aus[77].

C. Verfahrensfragen

44 Die Sistierung erfolgt in der Regel auf **Gesuch einer verfahrensbeteiligten Person** hin. Sie kann aber auch von Amtes wegen angeordnet werden.

45 Sistierungsgründe können **zu jedem Zeitpunkt des Verfahrens** eintreten, so dass das Verfahren grundsätzlich jederzeit – d.h. von der Einleitung bis zum Abschluss – sistiert werden kann.

46 Bevor die Entscheidinstanz eine (nicht zwingende) Verfahrenssistierung anordnet, hat sie den beteiligten Parteien das **rechtliche Gehör** zu gewähren, indem sie ihnen Gelegenheit gibt, sich zu einer allfälligen Sistierung zu äussern[78].

47 Die Sistierung des Verfahrens ist – auch bei Einverständnis sämtlicher Beteiligten – im Rahmen einer **prozessleitenden Anordnung** formell anzuordnen, ausser wenn sie nur für einen sehr kurzen Zeitraum erfolgt. Unter den Voraussetzungen von § 19a Abs. 2 sind Zwischenentscheide über die Sistierung auf dem Rechtsmittelweg anfechtbar[79]. Eine Sistierungsverfügung ist insbesondere dann anfechtbar, wenn glaubhaft dargetan wird, dass die Sistierung zu einer Verletzung des Beschleunigungsgebots führt[80]. Hat eine Sistierungsanordnung materiell den Charakter einer Feststellungsverfügung, so sind die diesbezüglichen Anfechtungsvoraussetzungen zu prüfen[81].

---

[72] Vgl. VGr, 4.5.2011, VB.2010.00108, E. 3.1, m.H.
[73] Vgl. BGr, 15.3.2012, 1C_187/2011, E. 3.4; VGr, 18.12.2008, VB.2008.00444, E. 4.3; VGr, 10.7.2013, VB.2012.00015, E. 8 sowie Minderheitsmeinung Ziff. 2.
[74] BGE 119 V 26, E. 6; VGr, 24.4.2013, VB.2013.00001, E. 3.1.
[75] BGE 119 II 386, E. 1b.
[76] Vgl. STAEHELIN, in: Kommentar ZPO 2010, Art. 126 N. 3.
[77] BGE 123 II 1, E. 2b.
[78] VGr, 22.2.2012, VB.2011.00751, E. 2.3.
[79] VGr, 31.7.2013, VB.2013.00243, E. 1.3; vgl. § 71 VRG i.V.m. Art. 126 Abs. 2 ZPO.
[80] BGE 138 III 190, E. 6 (Pra 2012 Nr. 104); VGr, 31.7.2013, VB.2013.00243, E. 1.4.
[81] Vgl. VGr, 13.12.2012, VB.2012.00563, E. 2.1.

In der Sistierungsanordnung wird in der Regel eine **Sistierungsfrist** angesetzt. Fehlt eine Fristansetzung auf ein bestimmtes Datum hin, so muss die Wiederaufnahme des Verfahrens im Rahmen einer Zwischenverfügung angeordnet werden[82]. 48

Läuft die Sistierungsfrist ab oder wird die Sistierung aufgehoben oder fällt der Sistierungsgrund dahin, so ist das **Verfahren wieder aufzunehmen,** soweit keine überwiegenden anderen Sistierungsgründe existieren[83]. Bestehen Zweifel, ob die Wiederaufnahme des Verfahrens prozessökonomisch sinnvoll erscheint, so sind die Verfahrensbeteiligten erneut anzuhören, um hernach über die Fortführung der Sistierung bzw. die Wiederaufnahme des Verfahrens zu entscheiden. Widerruft eine Partei ihre Zustimmung zur Sistierung, so darf die Entscheidinstanz das Verfahren ohne vorherige Anhörung der Gegenpartei wieder aufnehmen[84]. 49

VI. Vereinigung und Trennung von Verfahren

A. Einleitung

Das VRG enthält keine Regelung über die Vereinigung und Trennung von Verfahren. In der Praxis sind diese Rechtsinstitute, die der **Vereinfachung des Verfahrens** dienen, indessen anerkannt. 50

Im Verfahren vor Verwaltungsgericht finden gestützt auf die §§ 71 und 86 die **zivilprozessualen Vorschriften** über die Vereinigung und Trennung von Verfahren Anwendung (Art. 125 lit. b und c ZPO). Im nichtstreitigen Verfahren, im Einsprache- und im Rekursverfahren rechtfertigt sich eine *analoge* Anwendung dieser Bestimmungen. 51

Die Vereinigung bzw. Trennung eines Verfahrens kommt **in allen Verfahrensstadien und -abschnitten** in Frage. Sowohl nichtstreitige als auch Einsprache-, Rekurs- und Beschwerdeverfahren können vereinigt bzw. getrennt werden. Je nach den konkreten Umständen kann ein Verfahren zu Beginn, während oder am Ende des Prozesses (im Rahmen des Endentscheids) vereinigt bzw. getrennt werden[85]. 52

Zuständig für die Anordnung der Verfahrensvereinigung und -trennung ist die **Instruktionsbehörde** bzw. die für die Verfahrensleitung zuständige Person. Ihr steht bei dieser Beurteilung ein grosses Ermessen zu[86]. 53

Die Verfahrensvereinigung und -trennung kann **von Amtes wegen** oder auf **Begehren einer Partei** angeordnet werden. 54

Ersucht eine einzelne Partei um Verfahrensvereinigung oder -trennung, so ist den übrigen Parteien vorab das **rechtliche Gehör** zu gewähren[87]. 55

---

[82] Vgl. STAEHELIN, in: Kommentar ZPO 2010, Art. 126 N. 6.
[83] Vgl. z.B. BGr, 13.7.2012, 2C_816/2011, E. 3.
[84] VGr, 12.6.2013, VB.2013.00045, E. 5.2.
[85] BORNATICO, in: Basler Kommentar ZPO, Art. 125 N. 10; vgl. VGr, 7.9.2011, VB.2011.00192, E. 1.2.
[86] VGr, 25.1.2012, VB.2010.00500, E. 4.4.1.
[87] Vgl. BORNATICO, in: Basler Kommentar ZPO, Art. 125 N. 4.

56 Die Vereinigung bzw. Trennung eines Verfahrens wird im Rahmen eines **Zwischen- oder Endentscheids** angeordnet. Soweit die entsprechenden Voraussetzungen erfüllt sind (vgl. § 19a), kann die Verfahrensvereinigung bzw. -trennung auf dem Rechtsmittelweg angefochten werden.

57 Im Rechtsmittelverfahren kann insbesondere geltend gemacht werden, die Trennung bzw. Vereinigung habe eine **unrechtmässige Verfahrensverzögerung** bewirkt (vgl. § 19 Abs. 1 lit. b).

B. Vereinigung

58 Verfahrensvereinigung bedeutet, dass eine Behörde mehrere separat eingeleitete, hängige Verfahren zu einem einzigen Verfahren **zusammenführt** und die gestellten Begehren im Rahmen eines einzigen Verwaltungs- bzw. Rechtsprechungsakts gemeinsam beurteilt. Vom Moment der Verfahrensvereinigung an bilden die einzelnen Gesuchstellenden eine einfache Streitgenossenschaft im Sinn von Art. 71 Abs. 1 ZPO. Wird ein Verfahren vereinigt, so ist auf die Gewährung des rechtlichen Gehörs zu achten: Alle Verfahrensbeteiligten müssen Gelegenheit erhalten, zu sämtlichen – nunmehr vereinigten – Verfahrensakten Stellung zu nehmen.

59 Die Verfahrensvereinigung muss der Vereinfachung des Verfahrens dienen (vgl. Art. 125 lit. c ZPO) bzw. zweckmässig sein. Sie ist zulässig, wenn die Beurteilung von Begehren mehrerer Gesuchsteller im Rahmen einer einzigen Anordnung **prozessökonomisch sinnvoll** erscheint[88]. Das Interesse an einer Vereinigung ist höher zu gewichten, wenn alle involvierten Parteien ihr Einverständnis dazu geben. Eine Verfahrensvereinigung kann sich insbesondere dann rechtfertigen,

– wenn mehrere Personen, die an eine Behörde gelangen, *gleiche oder ähnliche Begehren* stellen, die dieselben tatsächlichen Umstände und Rechtsfragen betreffen, so dass bei getrennter Verfahrensführung (theoretisch) sich widersprechende Entscheide möglich wären[89];

– wenn mehrere Parteien die *gleiche Verfügung* oder praktisch übereinstimmende Verfügungen, die identische Rechtsfragen aufwerfen, anfechten[90].

60 Unzweckmässig ist eine Verfahrensvereinigung, wenn sie nicht der Verfahrensvereinfachung dient bzw. wenn es **prozessökonomisch nicht sinnvoll** erscheint, die Begehren mehrerer Personen – trotz gleichem Wortlaut und gemeinsamer Einreichung – im Rahmen einer einzigen Anordnung zu beurteilen[91]. Dies ist etwa dann der Fall,

– wenn die verschiedenen Begehren zwar gleich oder ähnlich lauten, aber *unterschiedliche Sachverhalts- oder Rechtsfragen* betreffen;

---

[88] Vgl. BGr, 24.5.2012, 1C_13/2012, E. 1.1.
[89] Vgl. BORNATICO, in: Basler Kommentar ZPO, Art. 125 N. 14; siehe z.B. VGr, 18.4.2012, VB.2012.00082, E. 9.3; VGr, 25.1.2012, VB.2010.00500, E. 4.4.1.
[90] Vgl. BGE 131 V 59, E. 1; BGr, 22.5.2012, 2C_472/2012, E. 2.1; VGr, 22.2.2012, VB.2011.00531, E. 1.
[91] Vgl. VGr, 7.9.2011, VB.2011.00192, E. 1.2.

- wenn zu erwarten ist, dass die Verfahrensvereinigung für eine gesuchstellende Person zu einer *ungebührlichen Verfahrensverzögerung* führt, beispielsweise weil aufgrund der Vereinigung zusätzliche Beweismassnahmen erforderlich werden[92];
- wenn aufgrund *unterschiedlicher Verfahrensvoraussetzungen* (etwa bezüglich Legitimation oder Frist) zu erwarten ist, dass auf das Rechtsmittel einer gesuchstellenden Person nicht einzutreten ist, während die Begehren einer anderen gesuchstellenden Person materiell beurteilt werden müssen;
- wenn die Gegenpartei *nur in einem von mehreren Verfahren* involviert ist[93].

Die **Verfahrenskosten** gemäss § 13 sind im Falle eines vereinigungsbedingt verminderten Bearbeitungsaufwands tiefer anzusetzen als die Summe der Verfahrenskosten, die bei separater Prozessführung angefallen wären[94]. Die kostenpflichtigen Parteien eines vereinigten Verfahrens haften in der Regel weder solidarisch noch subsidiär für die gesamten Verfahrenskosten, auch wenn sie die gleichen Begehren gestellt haben. Vielmehr haften sie grundsätzlich individuell bzw. lediglich für ihren eigenen Verfahrenskostenanteil, soweit sie ihre Begehren unabhängig von den anderen Mitstreitenden gestellt haben (vgl. § 14 N. 3 ff.). 61

C. Trennung

Verfahrenstrennung bedeutet, dass die Behörde ein Verfahren, das zuvor aufgrund gemeinsamer Eingaben oder infolge Verfahrensvereinigung als einzelner Prozess angelegt worden war, in mehrere Verfahren **aufteilt** und die Begehren der Parteien im Rahmen separater Entscheide beurteilt. 62

Die Verfahrenstrennung muss der Vereinfachung des Verfahrens dienen[95] bzw. zweckmässig sein[96]. Sie ist zulässig, wenn es **verfahrensökonomisch sinnvoll** erscheint, mehrere Begehren – trotz gleichem oder ähnlichem Wortlaut – im Rahmen separater Verfahren zu beurteilen. Das Interesse an einer Trennung ist höher zu gewichten, wenn alle involvierten Parteien ihr Einverständnis dazu geben. Prozessökonomisch sinnvoll ist eine Verfahrenstrennung insbesondere dann, 63
- wenn die Begehren der involvierten Parteien zwar gleich oder ähnlich lauten, aber *unterschiedliche Sachverhalts- oder Rechtsfragen* betreffen;
- wenn zu erwarten ist, dass die Beurteilung der Begehren eines bestimmten Gesuchstellers *unverhältnismässig lange verzögert* würde, falls das Verfahren ungetrennt fortgesetzt würde, etwa weil eine Partei in Konkurs gefallen ist und das Verfahren in Bezug auf sie sistiert werden muss (vgl. Art. 207 Abs. 2 i.V.m. Abs. 1 SchKG);
- wenn eine von mehreren gesuchstellenden Personen *stirbt* oder ihre *Begehren zurückzieht*, so dass das Verfahren in Bezug auf sie gegenstandslos wird.

---

[92] Vgl. BORNATICO, in: Basler Kommentar ZPO, Art. 125 N. 16.
[93] Vgl. BGr, 22.6.2012, 4A_249/2012, E. 1.
[94] Vgl. VGr, 11.7.2013, VB.2013.00289, E. 7.4; MERKLI/AESCHLIMANN/HERZOG, Kommentar VRPG, Art. 17 N. 7.
[95] Vgl. Art. 125 lit. b ZPO.
[96] Vgl. Art. 24 Abs. 3 BZP.

64 **Unzweckmässig** ist eine Verfahrenstrennung hingegen dann, wenn diese nicht der Vereinfachung des Verfahrens dient bzw. wenn es prozessökonomisch sinnvoller erscheint, die gestellten Begehren im Rahmen eines einzigen Verfahrens zu beurteilen. Eine Verfahrenstrennung ist insbesondere dann unangebracht, wenn ein Verfahren gleiche oder ähnliche Begehren betrifft, die denselben Sachverhalt und dieselben Rechtsfragen beschlagen, oder wenn es sich bei den Gesuchstellenden um notwendige Streitgenossen (z.B. um mehrere Miteigentümer) handelt, deren Begehren gemeinsam beurteilt werden müssen[97]. Ist zu erwarten, dass die Legitimation nur in Bezug auf einen *Teil* der Gesuchstellenden bejaht werden kann, so hat dies allein in der Regel kein überwiegendes Trennungsinteresse zur Folge.

65 Die **Verfahrenskosten** gemäss § 13 sind in jedem der getrennten Verfahren separat aufzuerlegen. Die ursprünglich gemeinsame Prozessführung hat in der Regel zur Folge, dass der Bearbeitungsaufwand der getrennten Verfahren insgesamt geringer ausfällt, als wenn die Begehren von Anfang an getrennt behandelt worden wären. Dies gilt es in Form einer Reduktion der auferlegten Verfahrenskosten zu berücksichtigen[98].

---

[97] Vgl. BORNATICO, in: Basler Kommentar ZPO, Art. 125 N. 11.
[98] Vgl. VGr, 7.9.2011, VB.2011.00192, E. 10.1; MERKLI/AESCHLIMANN/HERZOG, Kommentar VRPG, Art. 17 N. 10.

A. Geltungsbereich

> *Geltungsbereich*
> **§ 4**
> Die Bestimmungen dieses Abschnitts gelten für das Verfahren vor den Verwaltungsbehörden der Gemeinden, der Bezirke und des Kantons, soweit nicht abweichende Vorschriften bestehen.

Materialien
Weisung 1957, S. 1031 f., 1057; Beleuchtender Bericht 1959, S. 396 f.; Prot. KK 3.12.1957, 22.8.1958; Prot. KR 1955–1959, S. 3268; Weisung 1995, S. 1524 f.; Prot. KK 1995/96, S. 5 f.

Literatur
FROWEIN/PEUKERT, Kommentar EMRK, Art. 6; HÄFELIN/HALLER/KELLER, Bundesstaatsrecht, N. 1171 ff.; HÄFELIN/MÜLLER/UHLMANN, Verwaltungsrecht, N. 184 ff. und 1614 f.; SAILE/BURGHERR/LORETAN, Handbuch; STEINMANN GEROLD, in: St. Galler Kommentar BV, Art. 29; TOPHINKE ESTHER, in: Basler Kommentar BGG, Art. 86; VILLIGER, Handbuch EMRK.

Inhaltsübersicht

I.	Einleitung	1–5
II.	Betroffene Behörden	6–10
III.	Abweichende Vorschriften	11–35
	A. Genereller Vorrang des höherrangigen Rechts	11–12
	B. Völkerrecht	13–20
	C. Bundesrecht	21–26
	D. Kantonales und kommunales Recht	27–31
	E. Hintergrund und Entwicklung	32–35

I. Einleitung

§ 4 regelt den **Geltungsbereich der Bestimmungen des zweiten Gesetzesabschnitts**, d.h. der Bestimmungen über das nichtstreitige und das streitige Verwaltungsverfahren gemäss den §§ 4a–31. [1]

Als **Grundsatz** hält § 4 fest, dass die §§ 4a–31 für das Verfahren vor den Verwaltungsbehörden der Gemeinden, der Bezirke und des Kantons gelten. Zu diesem Grundsatz statuiert § 4 einen gewichtigen Vorbehalt: In anderen Erlassen enthaltene abweichende Verfahrensnormen gehen den §§ 4a–31 vor. [2]

§ 4 stellt eine **Subsidiaritätsklausel** dar, die eingeführt wurde, um Rechtsunsicherheiten aufgrund von abweichenden spezialgesetzlichen Verwaltungsverfahrensbestimmungen zu verhindern[1]. Dem Subsidiaritätsgrundsatz kommt indessen nur relativ geringe Bedeutung zu: Während das (gleich- und untergeordnete) kantonale und kommunale Recht [3]

---
[1] Weisung 1957, S. 1031.

vergleichsweise wenige, meist lückenhafte Bestimmungen über das Verwaltungsverfahren enthält, so dass das VRG in den meisten Fällen zur Anwendung kommt, gehen die (übergeordneten) Verfahrensbestimmungen des Völker- und des Bundesrechts den kantonalen Vorschriften des VRG von Verfassungs wegen vor (N. 11 ff.). In der Praxis ist § 4 deshalb seit jeher von relativ geringer Relevanz geblieben; entsprechend selten wird diese Bestimmung in Entscheiden von Behörden und Gerichten herangezogen.

4   Gemäss dem Wortlaut von § 4 sind die §§ 4a–31 auf «**Verfahren**» vor bestimmten Behörden anwendbar; gemeint sind indessen nicht sämtliche vor diesen Behörden abgewickelte Verfahren, sondern nur jene, die auf den **Erlass einer Verfügung** zielen[2]. Formloses oder einfaches, tatsächliches Verwaltungshandeln ist vom Anwendungsbereich des VRG – abgesehen von den wenigen Vorschriften betreffend Realakte (§§ 10c und 10d VRG) – ausgeschlossen. Nicht massgebend sind die §§ 4a–31 ferner für das *vertragliche* Handeln der Verwaltungsbehörden.

5   Die **VRG-Revision von 1997** brachte eine Kürzung von § 4 mit sich. Weggelassen wurde der ursprüngliche Abs. 2, worin explizit Bereiche genannt waren, auf die der zweite Abschnitt des VRG nicht anwendbar ist. Die Streichung von Abs. 2 erfolgte, weil die betreffenden Ausnahmefälle nicht mehr als gerechtfertigt erachtet wurden (Personalrecht[3] und fürsorgerische Freiheitsunterbringung) bzw. weil der zweite Abschnitt aufgrund anderer Gesetzesbestimmungen ohnehin nicht anwendbar war (Steuerrecht sowie Straf- und Polizeisachen)[4]. Die Gesetzesrevision von 2010 liess § 4 unverändert.

II. Betroffene Behörden

6   Die §§ 4a–31 gelten gemäss § 4 für die **Verwaltungsbehörden** des Kantons Zürich sowie von dessen Gemeinden und Bezirken. Unter «Verwaltungsbehörden» sind jene Behörden zu verstehen, die formelles und/oder materielles Verwaltungsrecht des Bundes, des Kantons oder der Gemeinden anwenden. Grundsätzlich nicht darunter fallen hingegen Behörden, die Zivil- und/oder Strafrecht anwenden. Diese beurteilen in der Regel ohnehin keine öffentlichrechtlichen Angelegenheiten im Sinne von § 1[5].

7   Zu den Verwaltungsbehörden gemäss § 4 zählen **Behörden diverser Verfahrensstufen,** nämlich des nichtstreitigen Verwaltungsverfahrens, des Einspracheverfahrens sowie des Rekursverfahrens. Als Verwaltungsbehörden gelten auch jene Rekursbehörden, die in § 19b Abs. 2 nicht explizit erwähnt werden (vgl. § 19b N. 35 ff.).

8   Neben den **Gemeinde-, Bezirks- und Kantonsbehörden** fallen weitere Verwaltungsbehörden unter § 4. Der zweite Abschnitt des VRG gilt beispielsweise auch für die Organe der kantonalen öffentlichen Anstalten[6], also etwa für die Universität oder die Gebäu-

---

[2] VGr, 7.11.2012, VB.2012.00505, E. 2.3.4.
[3] Vgl. VGr, 18.7.2001, PK.2001.00001, E. 2.
[4] Vgl. Weisung 1995, S. 1525.
[5] Vgl. Weisung 1995, S. 1525; zu Ausnahmen vgl. § 3 N. 2 f.
[6] Vgl. Weisung 2009, S. 903 f.

deversicherungsanstalt[7]. Als Verwaltungsbehörden gelten ferner die Organe kantonaler öffentlicher Körperschaften (z.B. kirchliche Körperschaften[8] oder kommunale Zweckverbände[9]), öffentlicher Stiftungen (z.B. Zentralbibliothek Zürich) sowie von Genossenschaften des öffentlichen Rechts[10].

Nicht anwendbar ist § 4 auf **Notariate;** diese gehören weder zu den Gemeinden noch zu den Bezirken und unterliegen den Spezialnormen des Notariatsgesetzes. Auch die Tätigkeit der **Betreibungsämter** und **Gemeindeammänner** fällt nicht unter das VRG[11]. Für Erstere gilt das Schuldbetreibungs- und Konkursgesetz, für Letztere die Zivilprozessordnung.

Gerichte und Parlamente sind keine Verwaltungsbehörden im Sinne von § 4, so dass der 2. Abschnitt des VRG auf sie grundsätzlich nicht anwendbar ist[12]. Im Verfahren vor dem Verwaltungsgericht finden die §§ 4a–31 indessen aufgrund von § 70 VRG entsprechend Anwendung, soweit das Gesetz keine abweichenden Vorschriften enthält. Nicht anwendbar ist der zweite Abschnitt des VRG dagegen im Bereich der Justizverwaltung des Verwaltungsgerichts[13].

III. Abweichende Vorschriften

A. Genereller Vorrang des höherrangigen Rechts

Der Erlass von Bestimmungen über das **Verwaltungsverfahren** steht zwar grundsätzlich in der Kompetenz der Kantone (Art. 3, Art. 42 Abs. 1 und Art. 47 Abs. 2 BV). Doch das kantonale Verwaltungsverfahrensrecht wird heute in bedeutendem Umfang durch das Völker- und das Bundesrecht beeinflusst.

Die Staatsverträge des Bundes (EMRK, UNO-Pakt II etc.) sowie das Bundesrecht aller Stufen – einschliesslich Verordnungen – geniessen **Vorrang** vor dem kantonalen Recht (Art. 5 Abs. 4, Art. 49 Abs. 1 und Art. 190 BV)[14]. Die höherrangigen Verfahrensgarantien müssen auch vor kantonalen Instanzen beachtet werden[15].

B. Völkerrecht

Die für das kantonale Verwaltungsrecht bedeutendsten völkerrechtlichen Vorschriften sind die Rechtsschutzgarantien der **EMRK**[16]. Diese geniessen insoweit eigenständige Bedeutung, als sie über die im VRG und in der Bundesverfassung enthaltenen Garantien

---

[7] Vgl. Prot. KK 22.8.1958.
[8] Vgl. Art. 130 KV.
[9] Vgl. § 7 GG sowie JAAG/RÜSSLI, Staats- und Verwaltungsrecht, N. 1707.
[10] Vgl. z.B. § 49 Abs. 2 LG.
[11] Weisung 1957, S. 1031; Beleuchtender Bericht 1959, S. 397.
[12] Vgl. Weisung 1957, S. 1031.
[13] Vgl. z.B. VGr, 28.4.2010, URB.2009.00001, E. 1.
[14] Dazu HÄFELIN/HALLER/KELLER, Bundesstaatsrecht, N. 1175 und 1928.
[15] Vgl. HÄFELIN/MÜLLER/UHLMANN, Verwaltungsrecht, N. 1615.
[16] Vgl. BGE 123 I 87, E. 5; 121 II 219, E. 2b.

hinausgehen[17]. Dies ist indessen seit der Revision der Bundesverfassung von 1999 und des VRG von 2010 kaum mehr der Fall.

14 **Art. 6 Ziff. 1 EMRK** statuiert einen Anspruch auf ein faires (Gerichts-)Verfahren. Die Bestimmung gewährt jeder Person ein Recht darauf, dass über Streitigkeiten in Bezug auf ihre zivilrechtlichen Ansprüche und Verpflichtungen oder über eine gegen sie erhobene strafrechtliche Anklage von einem unabhängigen und unparteiischen, auf Gesetz beruhenden Gericht in einem fairen Verfahren, öffentlich und innerhalb angemessener Frist verhandelt wird; das Urteil muss grundsätzlich öffentlich verkündet werden.

15 Art. 6 Ziff. 1 EMRK garantiert als Teilgehalt der **Verfahrensfairness** den Anspruch auf rechtliches Gehör, den Grundsatz der Waffengleichheit, das Recht auf rechtsgenügliche Eröffnung und Begründung eines Entscheids, den Anspruch auf ein ordnungsgemässes Beweisverfahren und eine gerechte Beweismittelverwertung, die Beurteilung durch ein unabhängiges und unparteiisches, auf Gesetz beruhendes Gericht, die persönliche Teilnahme an einer öffentlichen Verhandlung, die Öffentlichkeit der Urteilsverkündung sowie eine angemessene Verfahrensdauer[18].

16 Die Verfahrensgarantien nach Art. 6 Ziff. 1 EMRK gelten grundsätzlich nur im Verfahren vor **verwaltungsunabhängigen Justizbehörden** – beispielsweise dem Verwaltungsgericht, dem Bau- oder dem Steuerrekursgericht –, nicht aber im (nichtstreitigen und streitigen) Verwaltungsverfahren, etwa im Rekursverfahren vor dem Regierungsrat, den Direktionen, den Bezirksräten oder den Statthalterämtern[19]. Auch wenn die rechtsanwendenden Verwaltungsbehörden die Verfahrensvorschriften von Art. 6 Ziff. 1 EMRK im Verwaltungsverfahren grundsätzlich nicht zu beachten haben, entfalten diese trotzdem gewisse Vorwirkungen auf das nichtgerichtliche Verwaltungsverfahren[20].

17 Art. 6 Ziff. 1 EMRK ist auch im Verwaltungsverfahren nur anwendbar, wenn Rechtsstreitigkeiten um **zivilrechtliche Ansprüche** und Verpflichtungen oder **strafrechtliche Anklagen** in Frage stehen. Was darunter zu verstehen ist, ist autonom aus der Konvention heraus – unabhängig von der landesrechtlichen Bedeutung dieser Begriffe – auszulegen; diesbezüglich besteht eine umfangreiche Kasuistik der EMRK-Organe[21]. Der EGMR dehnte den Anwendungsbereich von Art. 6 Ziff. 1 EMRK im Zusammenhang mit der Auslegung des Begriffs «zivilrechtliche Ansprüche» auch auf weite Bereiche des Verwaltungsrechts aus.

18 Art. **13 EMRK** gewährt ein Recht auf wirksame Beschwerde und statuiert damit eine Rechtsmittelgarantie. Der Staat ist allerdings – anders als nach Art. 6 EMRK – nicht dazu verpflichtet, eine gerichtliche Überprüfung des gerügten Akts zu gewährleisten. Die Bestimmung kann nur zusammen mit anderen, materiellen Garantien der EMRK oder eines Zusatzprotokolls angerufen werden, wobei die plausible Behauptung einer Kon-

---

[17] Vgl. HÄFELIN/HALLER/KELLER, Bundesstaatsrecht, N. 1928.
[18] HERZOG, Art. 6 EMRK, S. 321; FROWEIN/PEUKERT, Kommentar EMRK, Art. 6 N. 187 ff.
[19] Vgl. BGE 139 III 98, E. 4.4.2; VGr, 18.5.2011, VB.2011.00124, E. 4.3; HERZOG, Art. 6 EMRK, S. 74; G. MÜLLER, Gerichtliche Beschwerdeinstanz, S. 59 ff.
[20] HERZOG, Art. 6 EMRK, S. 309.
[21] Vgl. FROWEIN/PEUKERT, Kommentar EMRK, Art. 6 N. 4 ff.; JENS MEYER-LADEWIG, Handkommentar zur Europäischen Menschenrechtskonvention, 3. Aufl., Baden-Baden 2011, Art. 6 N. 6 ff.

ventionsverletzung ausreicht[22]. Als wirksam gilt eine Beschwerde, wenn der Beschwerdeführer einen Anspruch auf Prüfung seiner Vorbringen hat und der angefochtene Akt von der Behörde gegebenenfalls aufgehoben werden kann. Massgeblich ist die Gesamtheit der innerstaatlichen Beschwerdemöglichkeiten, auch wenn diese, jeweils für sich allein genommen, den Anforderungen nicht genügen würden[23].

Der internationale Pakt über die bürgerlichen und politischen Rechte (**UNO-Pakt II**) enthält Verfahrens- und Rechtsschutzgarantien, die im Verfahren vor schweizerischen Gerichts- und Verwaltungsbehörden geltend gemacht werden können und unmittelbar anwendbar sind. Die in Art. 14 und Art. 2 Abs. 3 UNO-Pakt II enthaltenen Garantien entsprechen jenen gemäss Art. 6 Ziff. 1 und Art. 13 EMRK[24]. 19

Weitere Staatsverträge beeinflussen das kantonale Verwaltungs- und Verwaltungsrechtspflegeverfahren, so etwa das Abkommen über die Rechtsstellung der Flüchtlinge[25], das Übereinkommen gegen Folter und andere grausame, unmenschliche oder erniedrigende Behandlung oder Strafe[26] sowie zahlreiche Niederlassungsabkommen. 20

C. Bundesrecht

Die **Bundesverfassung** enthält diverse Bestimmungen, die sich auf das kantonale Verwaltungsverfahren auswirken. Zu nennen sind insbesondere der Anspruch auf gleiche und gerechte Behandlung sowie auf Beurteilung innert angemessener Frist vor Gerichts- und Verwaltungsinstanzen (Art. 29 Abs. 1), der Anspruch auf rechtliches Gehör (Art. 29 Abs. 2 BV), der Anspruch auf unentgeltliche Rechtspflege und unentgeltlichen Rechtsbeistand (Art. 29 Abs. 3 BV), die Rechtsweggarantie (Art. 29a BV) sowie Ansprüche im Zusammenhang mit gerichtlichen Verfahren (Art. 30 und 191c BV). 21

Aus **Art. 29 Abs. 1 und 2 BV**, die im Verfahren vor sämtlichen Verwaltungs- und Gerichtsbehörden gelten, werden folgende Verfahrensgarantien abgeleitet: Verbot der formellen Rechtsverweigerung; Verbot der Rechtsverzögerung; Verbot des überspitzten Formalismus; unzulässige Einschränkung der Kognition; richtige Zusammensetzung der Entscheidbehörde; Anspruch auf Revision; Anspruch auf Orientierung, Äusserung, Teilnahme am Beweisverfahren und Begründung; Anspruch auf Akteneinsicht; Aktenführungspflicht; Anspruch auf Verbeiständung und Vertretung[27]. 22

Zur Durchsetzung der Verfahrensgrundrechte (Art. 6 EMRK und Art. 29 ff. BV) auferlegt das **Bundesgerichtsgesetz** den Kantonen Verfahrensregeln und Organisationsvorschriften. Die Art. 110–112 BGG statuieren Mindestanforderungen in Bezug auf Beschwerdegründe, Kognition, Verfahrensbeteiligung, Beschwerdebefugnis, Entscheidinhalt sowie Entscheideröffnung[28]. Ferner verpflichtet Art. 86 Abs. 2 BGG die Kantone, gegen Ent- 23

---

[22] VILLIGER, Handbuch EMRK, N. 648.
[23] Vgl. BGE 138 I 6, E. 6.2; KÖLZ/HÄNER/BERTSCHI, Verwaltungsverfahren, N. 83.
[24] KÖLZ/HÄNER/BERTSCHI, Verwaltungsverfahren, N. 89 f.
[25] SR 0.142.30.
[26] SR 0.105.
[27] Vgl. STEINMANN, in: St. Galler Kommentar BV, Art. 29 N. 1 ff.
[28] Vgl. CH. AUER, Auswirkungen, S. 128; EHRENZELLER, in: Basler Kommentar BGG, Art. 110 N. 3 und 5; HERZOG, Auswirkungen, S. 97.

scheide in Angelegenheiten des öffentlichen Rechts – ausser solche mit vorwiegend politischem Charakter – Zugang zu einer Gerichtsinstanz zu gewähren[29].

24 Das **VwVG** findet zwar in seiner Gesamtheit nur auf Bundesverwaltungsbehörden Anwendung (Art. 1 VwVG). Soweit die Tätigkeit letzter kantonaler Instanzen, die gestützt auf Bundesrecht nicht endgültig verfügen, in Frage steht, gilt das VwVG in beschränktem Umfang aber auch im kantonalen Verfahren (Art. 1 Abs. 3 VwVG). Die betroffenen kantonalen Instanzen haben die Art. 34–38, 61 Abs. 2 und 3 sowie 55 Abs. 2 und 4 VwVG über die Sprache, Eröffnung und Begründung von Verfügungen, die Pflicht zur Rechtsmittelbelehrung, die aufschiebende Wirkung von Beschwerden sowie Inhalt, Form und Eröffnung von Beschwerdeentscheiden zu beachten. Die Aufzählung ist nicht abschliessend[30].

25 Das Bundesrecht enthält sodann **Koordinationsvorschriften,** die das Verfahren beschleunigen und den wirksamen Gesetzesvollzug fördern sollen[31]. So statuiert etwa Art. 25a RPG Grundsätze der Koordination in Bezug auf das Baubewilligungs- und das Nutzungsplanverfahren. Art. 33 Abs. 4 RPG schreibt den Kantonen in diesem Zusammenhang einheitliche Rechtsmittelinstanzen vor. Ferner besteht eine Koordinationspflicht für Bauten, die der Umweltverträglichkeitsprüfung unterliegen (Art. 21 UVPV).

26 Das materielle Bundesrecht enthält schliesslich zahlreiche **weitere Verfahrensbestimmungen,** die den Regeln des VRG vorgehen und dessen Anwendung insoweit ausschliessen. Ein solches Eingreifen des Bundesgesetzgebers ist vor allem dann angebracht, wenn die Durchsetzung des Bundesrechts und der materiellen Prinzipien des Bundesverfassungsrechts gefährdet erscheint[32]. Dies ist nicht nur im Bereich der Raumplanung und des Umweltrechts der Fall, sondern etwa auch im Zusammenhang mit der Gleichstellung von Mann und Frau (Art. 13 GlG), den Sozialversicherungen (Art. 57 und 61 ATSG), dem Bundessteuerrecht (Art. 104 und 109 ff. DBG) sowie dem Handelsregisterrecht (Art. 165 HRegV).

D. Kantonales und kommunales Recht

27 Der Vorrang abweichender Vorschriften, den § 4 in Bezug auf die §§ 4a–31 statuiert, bezieht sich schliesslich auch auf (völker- und bundesrechtskonforme) kantonale und kommunale Vorschriften. Auf oberster Ebene enthält die **Kantonsverfassung** in Art. 77 Vorschriften betreffend die Verwaltungsrechtspflege; diese geniessen gegenüber dem VRG – unabhängig vom Vorliegen einer Divergenz – Vorrang.

28 Verfahrensvorschriften **interkantonaler Vereinbarungen** (Konkordate), die von den §§ 4a–31 abweichen, geniessen aufgrund von § 4 Vorrang. Dies gilt etwa für die gegenüber dem VRG abweichenden Rechtsschutzvorschriften gemäss Art. 15 ff. IVöB.

29 **Kantonalgesetzliche Verfahrensbestimmungen,** die von den §§ 4a–31 abweichen, sind relativ selten und beziehen sich mehrheitlich auf das Rekursverfahren. Das *Steuergesetz*

---

[29] Vgl. TOPHINKE, in: Basler Kommentar BGG, Art. 86 N. 12.
[30] Vgl. BGE 117 V 185, E. 1c.
[31] Vgl. KÖLZ/HÄNER/BERTSCHI, Verwaltungsverfahren, N. 118.
[32] KÖLZ/HÄNER/BERTSCHI, Verwaltungsverfahren, N. 112.

regelt das streitige und nichtstreitige Verfahren selbständig (vgl. § 72 VRG und § 106 ff. StG). Im Bereich des *Sozialversicherungsrechts* bestehen Sonderbestimmungen zum Verfahren und zum Rechtsweg (§§ 13 ff. GSVGer). Das *Baubewilligungsverfahren* und das Rechtsschutzverfahren in Bausachen kennen teilweise Verfahrensregeln, die von den §§ 4a–31 abweichen (§§ 309 ff. und 329 ff. PBG). Im Zusammenhang mit der sogenannten *Gemeindebeschwerde* gelten in Bezug auf Beschwerdeobjekt, Beschwerdelegitimation und Beschwerdegründe teilweise vom VRG abweichende Vorschriften (vgl. § 10a N. 24). Das Verfahren vor den *Schätzungskommissionen* richtet sich nach den §§ 37 ff. AbtrG und der Verordnung über das Verfahren der Schätzungskommissionen in Abtretungsstreitigkeiten[33]. Im Fall der *fürsorgerischen Unterbringung* für psychisch Kranke regelt § 27 PatG den Rechtsweg abweichend vom VRG und statuiert in Bezug auf das Verfahren und den Rechtsschutz die sinngemässe Anwendbarkeit der Bestimmungen des ZGB sowie des EG KESR.

In der bis 1997 geltenden Fassung von § 4 wurden (im damaligen Abs. 1) «abweichende Vorschriften in anderen Gesetzen» vorbehalten. Im Rahmen der VRG-Revision von 1997 wurde der Passus «in anderen Gesetzen» gestrichen. Demnach scheinen abweichende Verfahrensbestimmungen seither grundsätzlich nicht mehr nur auf Gesetzesebene zulässig zu sein, sondern auch in kantonalen und kommunalen **Verordnungen**. Dem Verordnungsgeber sind indessen enge Grenzen gesetzt, wenn er Regeln statuieren will, die von §§ 4a–31 abweichen: Zum einen muss er die konventions- und verfassungsrechtlichen Vorgaben beachten (N. 13 ff.). Zum anderen stellen zahlreiche der in §§ 4a–31 statuierten Verfahrensregeln wichtige Rechtssätze dar, die einer Grundlage in einem *formellen* Gesetz bedürfen[34].

Das **kommunale Recht** sieht kaum Verfahrensbestimmungen vor, die von den §§ 4a–31 abweichen. Das kantonale Recht verbietet den Gemeinden zwar nicht, Verfahrensbestimmungen zu erlassen, die vom VRG abweichen[35]. Doch in der Praxis werden – soweit überhaupt kommunale Verwaltungsverfahrensnormen bestehen – meist die Bestimmungen des VRG ganz oder teilweise übernommen bzw. es wird darauf verwiesen[36].

E. Hintergrund und Entwicklung

Die Zahl der **völker- und bundesrechtlichen Vorschriften,** welche die Kantone beim Erlass ihrer Verwaltungsverfahrensbestimmungen zu beachten haben, ist im Wachstum begriffen. Bis vor wenigen Jahrzehnten existierten nur punktuelle Eingriffe in das kantonale Verwaltungsverfahrensrecht (spezialgesetzliche Vorschriften im Steuer- und Sozialversi-

---

[33] LS 781.2.
[34] Vgl. BGr, 16.11.2012, 8C_525/2012, E. 2.2.1; HAUSER, in: Kommentar KV, Art. 38 N. 26; siehe auch § 10a N. 26 und § 19b N. 52 f.
[35] Vgl. § 10a N. 24. Die im Rahmen der VRG-Revision von 1997 vom Regierungsrat vorgeschlagene Abschaffung der gemeindeinternen Rechtspflege wurde vom Kantonsparlament abgelehnt (vgl. Weisung 1995, S. 1545; SAILE/BURGHERR/LORETAN, Handbuch, N. 438).
[36] Vgl. z.B. Art. 66 Abs. 1 der Gemeindeordnung der Stadt Zürich in Verbindung mit der Verordnung der Stadt Zürich über das Verfahren des stadtinternen Rekurses (Einsprache) vor dem Stadtrat; Art. 81 der Personalverordnung der Stadt Dietikon; Art. 39 Abs. 4 der Verordnung der Stadt Zürich über das Arbeitsverhältnis des städtischen Personals.

cherungsrecht sowie Art. 1 Abs. 3 VwVG). Mit dem Erlass von Art. 98a OG im Jahr 1992 verpflichtete der Bund die Kantone zur Ausdehnung der Rechtsweggarantie auf sämtliche Verwaltungsverfahren, die den Vollzug des Bundesrechts betrafen[37]. Diese Verpflichtung war mitursächlich für die VRG-Revision von 1997[38]. Seit 2007 gelten im Rahmen von Art. 86 Abs. 2 und Art. 110 ff. BGG grundlegende organisations- und verfahrensrechtliche Leitprinzipien für die Verfahren vor den kantonalen Vorinstanzen. Damit bestehen nun gleichsam Grundsätze eines *gemeineidgenössischen* Verwaltungsverfahrensrechts auch in jenen Bereichen, in denen die Kantone *kantonales* Verwaltungsrecht vollziehen.

33 Die soeben dargelegte Entwicklung lässt im Bereich des kantonalen Verfahrensrechts eine Tendenz zur **zunehmenden Bedeutung des höherrangigen Rechts** erkennen. Der verfahrensrechtliche Rechtsschutzstandard des Bundes wird mehr und mehr auf Materien übertragen, die bisher als Kernbereiche kantonaler Zuständigkeit galten. Entsprechend nimmt die kantonale Autonomie zur Regelung des Verfahrens ab. Mehr noch als im Verwaltungsverfahrensrecht gilt dies im Zivil- und Strafprozessrecht, das seit dem 1. Januar 2011 durch den Bund geregelt wird (vgl. Art. 122 f. BV).

34 Die abnehmende Kantonsautonomie im Bereich des Verwaltungsverfahrensrechts ist unter anderem mit der zunehmenden **Verlagerung der Rechtsetzungskompetenzen** von den Kantonen zum Bund und der damit verbundenen Vermehrung der kantonalen Vollzugskompetenzen zu erklären. Der Bund sah sich aufgrund dieser Entwicklung mehr und mehr dazu veranlasst, eine gewisse Harmonisierung der kantonalen Verwaltungsrechtsverfahren anzustreben, um die einheitliche Anwendung und Durchsetzung des Bundesverwaltungsrechts sicherzustellen[39].

35 Die zunehmenden Eingriffe des Bundes in die kantonale Verfahrens- und Organisationsautonomie und die damit einhergehende Angleichung der kantonalen Verwaltungsprozessordnungen sind in erster Linie auf die Umsetzung der **Rechtsweggarantie** (Art. 29a BV) zurückzuführen[40]. Im Rahmen der Justizreform wurden die Kantone dazu verpflichtet, einen vollwertigen richterlichen Rechtsschutz zu gewähren[41]. Das Bundesgericht, das den Sachverhalt nicht frei kontrollieren und die Anwendung des kantonalen Rechts grundsätzlich nicht prüfen kann[42], hätte diese Aufgabe nicht übernehmen können. Entsprechend wurde eine Harmonisierung der kantonalen Verwaltungsverfahrensvorschriften angestrebt, (noch) ohne aber eine eidgenössische Verwaltungsprozessordnung einzuführen[43].

---

[37] Vgl. HERZOG, Auswirkungen, S. 56.
[38] Vgl. Weisung 1995, S. 1520 f.; Prot. KR 1995–1999, S. 6404, 6420.
[39] Vgl. BGE 122 I 70, E. 2a; KLEY-STRULLER, Anforderungen, S. 149; PFISTERER, Kantonaler Gesetzgeber, S. 282.
[40] Vgl. EHRENZELLER, in: Basler Kommentar BGG, Art. 110 N. 4; KÄLIN, Rechtsweggarantie, S. 49 ff.; KLEY-STRULLER, Anforderungen, S. 153.
[41] EHRENZELLER, in: Basler Kommentar BGG, Art. 110 N. 1; vgl. Botschaft Bundesrechtspflege, S. 4225 f.
[42] Vgl. Weisung 2009, S. 847; BGr, 25.5.2010, 1C_177 und 179/2010, E. 3.2; TOPHINKE, in: Basler Kommentar BGG, Art. 86 N. 12.
[43] Vgl. Botschaft BV, S. 514 ff.; Botschaft Bundesrechtspflege, S. 4227; HERZOG, Auswirkungen, S. 73 und 96 f.

B. Allgemeine Vorschriften

Vorbemerkungen zu §§ 4a–17

Materialien
Beleuchtender Bericht 1959, S. 396; Weisung 1995, S. 1521 f.; Prot. KR 1995–1999, S. 6421.

Die §§ 4a–17 bilden den mit «Allgemeine Vorschriften» betitelten zweiten Unterabschnitt des zweiten, das Verwaltungsverfahren regelnden Gesetzesabschnitts (§§ 4–31). Der zweite Unterabschnitt regelt **grundlegende Verfahrensrechte und -pflichten** der Behörden und Verfahrensbeteiligten, namentlich das Beschleunigungsgebot (§ 4a), die Zuständigkeit (§ 5), den Ausstand (§ 5a), vorsorgliche Massnahmen (§ 6), den Untersuchungsgrundsatz (§ 7), die Akteneinsicht (§§ 8 und 9), die Verfahrenserledigung (§§ 10 und 10a), das Einspracheverfahren (§ 10b), Realakte (§§ 10c und 10d), Fristen (§§ 11 und 12), Verfahrenskosten (§§ 13 und 14), den Kostenvorschuss (§ 15), die unentgeltliche Rechtspflege (§ 16) und die Parteientschädigung (§ 17). Zahlreiche dieser Vorschriften dienen der Verfahrensvereinfachung, an der in erster Linie die Behörden interessiert sind (z.B. die §§ 10 und 10a); andere dienen der Durchsetzung von Rechtsansprüchen, die primär im Interesse der betroffenen Individuen liegen (z.B. die §§ 4a, 7 oder 16). Die in den §§ 4a–17 enthaltenen Verfahrensvorschriften sind bewusst unvollständig (vgl. Vorbem. zu §§ 4–31 N. 6). 1

Die §§ 4a–17 gelten zunächst im nichtstreitigen Verwaltungsverfahren vor Gemeinde-, Bezirks- und Kantonsbehörden (vgl. § 4) – mit Ausnahme der Absätze 2 und 3 von § 17, die explizit nur im Rechtsmittelverfahren anwendbar sind. Die Überschrift «Allgemeine Vorschriften» macht allerdings deutlich, dass der **Geltungsbereich** der §§ 4a–17 über das nichtstreitige Verwaltungsverfahren hinausgeht: Die Bestimmungen gelten auch im Einsprache- (§ 10b) und im Rekursverfahren (§§ 19 ff.) und kommen – gestützt auf Rückverweisungsnormen im dritten Gesetzesabschnitt – subsidiär auch im verwaltungsgerichtlichen Beschwerde- und Klageverfahren zur Anwendung (vgl. §§ 70 und 86). Somit können die §§ 4a–17 – direkt oder subsidiär – in allen verwaltungsbehördlichen und -gerichtlichen Verfahren zur Anwendung gelangen, soweit keine abweichenden höherrangigen oder spezialgesetzlichen Verfahrensvorschriften bestehen. 2

> *Beschleunigungsgebot*
>
> ## § 4a
>
> Die Verwaltungsbehörden behandeln die bei ihnen eingeleiteten Verfahren beförderlich und sorgen ohne Verzug für deren Erledigung.

Materialien

Prot. KK 1995/96, S. 226 ff., 276 ff., 286; Prot. KR 1995–1999, S. 6423 ff., 6488, 6832; Beleuchtender Bericht 1997, S. 6.

Literatur

BIAGGINI GIOVANNI, in: Kommentar KV, Art. 18 N. 15 ff.; FROWEIN/PEUKERT, Kommentar EMRK, Art. 6 N. 235 ff.; KÖLZ/HÄNER/BERTSCHI, Verwaltungsverfahren, N. 253 ff.; MÜLLER MARKUS, in: Kommentar VwVG, Art. 46a; SCHINDLER, Beschleunigungspotentiale, S. 13 ff.; STEINMANN GEROLD, in: St. Galler Kommentar BV, Art. 29 N. 11 ff.; UHLMANN FELIX, in: Basler Kommentar BGG, Art. 94.

Inhaltsübersicht

I.	Einleitung	1–8
II.	Gesetzliche Konkretisierungen des Beschleunigungsgebots	9–11
III.	Gerichtliche Konkretisierungen des Beschleunigungsgebots	12–18
IV.	Kriterien zur Beurteilung der Verfahrensdauer	19–23
V.	Folgen der übermässigen Dauer eines laufenden Verfahrens	24–29
VI.	Folgen der übermässigen Dauer eines abgeschlossenen Verfahrens	30–36

I. Einleitung

1 § 4a verpflichtet die Verwaltungsbehörden dazu, die bei ihnen eingeleiteten Verfahren beförderlich zu behandeln und ohne Verzug für deren Erledigung zu sorgen. Statuiert wird damit ein **Beschleunigungsgebot** (vgl. die Marginalie zu § 4a) bzw. ein Rechtsverzögerungsverbot, das sowohl Privatpersonen als auch die Öffentlichkeit vor einer übermässigen Dauer verwaltungsrechtlicher Verfahren schützt.

2 § 4a wurde im Rahmen der **Gesetzesrevision von 1997** in das VRG eingefügt. Der Gesetzgeber beabsichtigte, dem bis dahin ungeschriebenen Gebot der beförderlichen Behandlung von Verwaltungsverfahren Nachdruck zu verleihen[1] und Verwaltungsentscheide im Interesse der Rechtssicherheit und des Rechtsfriedens nicht nur qualitativ gut, sondern auch möglichst rasch zu treffen[2]. Anlässlich der Gesetzesrevision von 2010 wurde die Bestimmung nicht verändert.

3 Das Beschleunigungsgebot steht in einem engen Zusammenhang zum **konventions- und verfassungsrechtlichen Rechtsverzögerungsverbot**[3]. Art. 6 Ziff. 1 EMRK[4] und Art. 29

---

[1] Prot. KR 1995–1999, S. 6425.
[2] Beleuchtender Bericht 1997, S. 6.
[3] Vgl. BGr, 25.5.2012, 1C_439/2011, E. 2.2.
[4] Zum Anwendungsbereich von Art. 6 Ziff. 1 EMRK vgl. § 4 N. 17.

Abs. 1 BV statuieren einen Anspruch auf Beurteilung innert angemessener Frist, und Art. 18 Abs. 1 und Art. 74 Abs. 1 KV gewährleisten eine rasche Erledigung des Verfahrens bzw. eine rasche Rechtsprechung. Im Bereich des Strafrechts verleihen Art. 14 Ziff. 3 lit. c UNO-Pakt II, Art. 5 Ziff. 3 EMRK und Art. 31 Abs. 3 Satz 2 BV ein Recht auf Urteil ohne unangemessene Verzögerung bzw. innerhalb angemessener Frist.

Das Beschleunigungsgebot steht sodann auch in einem Zusammenhang mit dem **Rechtsverweigerungsverbot**. Eine gegen Art. 29 Abs. 1 BV verstossende Rechtsverweigerung liegt vor, wenn es eine Behörde ausdrücklich ablehnt, eine Entscheidung zu treffen, obwohl sie dazu verpflichtet ist[5]. 4

Angesichts der unterschiedlichen **Terminologie** in den soeben erwähnten Erlassen könnte an sich differenziert werden zwischen raschen Verfahren, beförderlichen Verfahren und Verfahren von angemessener Dauer. Gemäss den Gesetzesmaterialien beabsichtigte der Zürcher Verfassungsgeber mit der Gewährleistung eines raschen Verfahrens (Art. 18 KV) ein Beschleunigungsgebot, das weiter geht als die Garantie einer angemessenen Verfahrensdauer nach Art. 29 Abs. 1 BV[6]. In der Praxis werden derartige Differenzierungen allerdings nicht vorgenommen; sie wären auch kaum praktikabel angesichts der stark vom Einzelfall abhängenden Beurteilung des Beschleunigungsgebots und der damit zusammenhängenden unvermeidbaren terminologischen Unschärfe. § 4a VRG weist demnach keinen über Art. 6 Ziff. 1 EMRK, Art. 29 Abs. 1 BV und Art. 18 Abs. 1 KV hinausgehenden Gehalt auf; insofern kommt dieser Norm *keine eigenständige Bedeutung* zu. 5

Das Beschleunigungsgebot gemäss § 4a gilt sowohl für das nichtstreitige als auch für das streitige Verwaltungsverfahren (vgl. § 4) und kommt ferner auch im Verfahren vor dem Verwaltungsgericht zur Anwendung (vgl. § 70). Aufgrund von Art. 29 Abs. 1 BV gilt das Rechtsverzögerungsverbot ohnehin für sämtliche Rechtsbereiche in **allen Verfahren** vor Gerichts- und Verwaltungsbehörden[7]. 6

Im Zusammenhang mit § 4a ist eine **Interessenabwägung** vorzunehmen, denn das Beschleunigungsgebot steht in der Regel in einem Spannungsverhältnis zum Rechtsschutzbedürfnis des Einzelnen. Während Prozessökonomie und Verfahrenseffizienz für eine möglichst rasche Verfahrensdurchführung sprechen, können andere prozessuale Grundsätze dem Beschleunigungsziel entgegenstehen. Die Durchführung eines rechtsstaatlich fehlerfreien Verfahrens benötigt eine gewisse Zeit und setzt der Beschleunigung Grenzen[8]. So sind die Entscheidinstanzen auch in komplexen und zeitaufwändigen Fällen dazu verpflichtet, den Sachverhalt auf hinreichende Weise abzuklären, den Parteien die ihnen zustehenden Verfahrensrechte – insbesondere auch das rechtliche Gehör – zu gewähren und den Rechtsschutz nicht zu beschneiden[9]. Allzu rasche Verfahren bergen die Gefahr einer Minderung der Entscheidqualität und können – ebenso wie eine übermäs- 7

---

[5] BGr, 31.3.2011, 8C_1012/2010, E. 3.1; vgl. BGE 124 V 130, E. 4.
[6] Vgl. Prot. Verfassungsrat, S. 1153; BIAGGINI, in: Kommentar KV, Art. 18 N. 15; VGr, 17.10.2012, VB.2012.00483, E. 3.4.1. Siehe auch § 27c N. 3.
[7] BGE 130 I 174, E. 2.2; STEINMANN, in: St. Galler Kommentar BV, Art. 29 N. 11.
[8] SCHINDLER, Beschleunigungspotentiale, S. 15.
[9] Vgl. MERKLI/AESCHLIMANN/HERZOG, Kommentar VRPG, Art. 49 N. 63.

sige Verfahrensdauer – zu einem Vertrauensverlust in Bezug auf die entscheidenden Instanzen führen.

8   Die **praktische Bedeutung** des Beschleunigungsgebots wird dadurch relativiert, dass § 4a weder exakte Kriterien zur Bestimmung der «angemessenen Verfahrensdauer» noch Sanktionsandrohungen gegen säumige Verwaltungsbehörden enthält. Vielmehr ruft diese Bestimmung den Behörden lediglich die Pflicht zu beförderlichem Handeln im Interesse und zum Nutzen der Rechtsuchenden in Erinnerung. Im Rahmen der Gesetzgebungsdebatte wurde denn auch die Frage aufgeworfen, ob es sich bei § 4a um blosse «Symbolgesetzgebung» handle[10]. Der praktische Stellenwert des Beschleunigungsgebots darf aber gleichwohl nicht unterschätzt werden; er geht jedenfalls über eine bloss programmatische Bedeutung hinaus. Dies hängt zum einen damit zusammen, dass das Beschleunigungsgebot aufgrund der neueren Rechtsprechung[11] und Gesetzgebung (§ 19 Abs. 1 lit. b) justiziabel geworden ist. Zum anderen ist nicht zu verkennen, dass das Beschleunigungsgebot in den letzten Jahren infolge gesetzgeberischer und gerichtlicher Konkretisierungen klarere Konturen erhalten hat.

II. Gesetzliche Konkretisierungen des Beschleunigungsgebots

9   Das **VRG** enthält diverse Bestimmungen, die der Verfahrensbeschleunigung dienen und als Konkretisierung von § 4a bezeichnet werden können. Am deutlichsten in diese Richtung zielt § 27c Abs. 1 Satz 1, wonach verwaltungsinterne Rekursinstanzen sowie Rekurskommissionen innert 60 Tagen seit Abschluss der Sachverhaltsermittlung entscheiden. Ebenfalls der Verfahrensbeschleunigung dienen sodann diverse weitere VRG-Bestimmungen in Bezug auf die Einhaltung von Rechtsmittel- und Vernehmlassungsfristen (§§ 11 f., 22 und 26b Abs. 2). Sodann haben die Behörden unter bestimmten Umständen die Möglichkeit, Anordnungen ohne Begründung zu erlassen und Entscheide im vereinfachten oder im einzelrichterlichen Verfahren zu fällen (§§ 10a, 28a und 38b). Tendenziell verfahrensbeschleunigende Wirkung haben ferner jene Bestimmungen, die die Anfechtungsmöglichkeiten oder die Kognition der Entscheidinstanz beschränken (§§ 19 ff., 41 ff. und 50).

10 Das **Baurecht** enthält spezialgesetzliche Konkretisierungen des Beschleunigungsgebots. Der Bund schreibt den Kantonen in Art. 25 Abs. 1bis RPG vor, für alle Verfahren zur Errichtung, Änderung oder Zweckänderung von Bauten und Anlagen Fristen und deren Wirkungen festzulegen. Gemäss § 319 Abs. 1 PBG haben die kantonalen und kommunalen Behörden innert zweier Monate seit der Vorprüfung (§ 313 PBG) über ein Bauvorhaben zu entscheiden; bei der erstmaligen Beurteilung von Neubau- und grösseren Umbauvorhaben beträgt diese Frist vier Monate. Im Rechtsmittelverfahren gilt auf kantonaler Ebene eine Sechsmonatsfrist (§ 339a Abs. 1 PBG; vgl. § 27c N. 6 und 10).

11 Diverse **weitere Gesetze** enthalten Bestimmungen, die der Verfahrensbeschleunigung dienen. So statuiert etwa das Gewaltschutzgesetz aufgrund der Dringlichkeit der betref-

---

[10] Prot. KK 1996/96, S. 231 f., 280; Prot. KR 1995–1999, S. 6423.
[11] RB 2005 Nr. 13 (PB.2005.00002).

fenden Verfahren Rechtsmittel- und Vernehmlassungsfristen, die wesentlich kürzer sind als jene des VRG (§§ 5 f. und 11 GSG), und schreibt dem erstinstanzlichen Gericht vor, innert vier Arbeitstagen zu entscheiden (§ 9 Abs. 1 GSG). Fristvorgaben enthalten ferner beispielsweise das Bundesgerichtsgesetz (Art. 100 BGG), das Öffentlichkeitsgesetz (Art. 12 ff. BGÖ), sozialversicherungsrechtliche Bestimmungen (Art. 61 lit. a ATSG), das Binnenmarktgesetz (Art. 3 Abs. 4 BGBM), das Abtretungsgesetz (§ 42 Abs. 1 AbtrG) sowie die Bürgerrechtsverordnung (§§ 13 f. BüV). Spezialgesetzlich kann sodann vorgesehen sein, dass Fristen während der Gerichtsferien aus Gründen der Dringlichkeit nicht stillstehen – dies kann generell für ganze Rechtsgebiete (vgl. Art. 87 Abs. 2 StPO bzgl. Strafprozessrecht) oder bestimmte Verfahrensarten[12] gelten.

III. Gerichtliche Konkretisierungen des Beschleunigungsgebots

Die gemäss der Rechtsprechung unter bestimmten Umständen mögliche **Heilung einer Verletzung des rechtlichen Gehörs** wird unter anderem mit der Prozessökonomie bzw. dem Beschleunigungsgebot begründet[13]. 12

Die **Sistierung eines Verfahrens** (Vorbem. zu §§ 4–31 N. 34 ff.) soll aufgrund des Beschleunigungsgebots die Ausnahme bleiben[14]. Sistiert eine Behörde ein Verfahren ohne zureichenden Grund oder hält sie eine Sistierung aufrecht, obwohl der Sistierungsgrund weggefallen ist, liegt eine Verletzung des Beschleunigungsgebots von Art. 29 Abs. 1 BV vor, und der Rechtsuchende kann die Rüge der Rechtsverweigerung bzw. der Rechtsverzögerung geltend machen[15]. Die Rüge, dass ein Verfahren zu Unrecht sistiert worden sei, ist in der Regel ausschliesslich unter dem Gesichtspunkt des Beschleunigungsgebots zu prüfen[16]. 13

Das Beschleunigungsgebot kann dafür sprechen, im Gutheissungsfall von einer **Rückweisung** der Sache an die Vorinstanz abzusehen und an deren Stelle neu zu entscheiden[17]. 14

Im Bereich des **Strafvollzugs** ist das Beschleunigungsgebot nicht schon deshalb verletzt, weil eine Strafe erst kurz vor dem Ende der Vollstreckungsverjährung vollzogen wird[18]. 15

Im Zusammenhang mit der **bedingten Entlassung** von Strafgefangenen müssen die kantonalen Rechtsmittelinstanzen das Verfahren mit besonderer Beschleunigung vorantreiben, wenn sich ein Gefangener nach Verbüssung von zwei Dritteln seiner Strafe dagegen wehrt, dass die Behörden sein Entlassungsgesuch abgewiesen haben. Die gesetzliche Regelung, wonach das letzte Drittel der Strafe in der Regel zur Bewährung ausgesetzt wird 16

---

[12] Z.B. Art. 145 Abs. 2 ZPO; Art. 46 Abs. 2 BGG; Art. 112 Abs. 2 AuG; Art. 15 Abs. 2bis IVöB. Für den Bereich des Gewaltschutzgesetzes vgl. VGr, 1.10.2009, VB.2009.00460, E. 3.2.
[13] Vgl. BGE 126 I 68, E. 2.
[14] BGE 135 III 127, E. 3.4; 130 V 90, E. 5; VGr, 11.5.2012, VB.2012.00137, E. 1 (nicht publiziert).
[15] BVGr, 22.9.2010, A-714/2010, E. 2.1.2; vgl. BGr, 7.7.2011, 2C_442/2011, E. 3.2.2.
[16] VGr, 16.3.2011, SB.2010.00114, E. 2.2 (nicht publiziert).
[17] VGr, 9.7.2003, VB.2003.00136, E. 4c; vgl. BGE 131 III 334, E. 6.
[18] BGE 130 I 269, E. 3.2.

(Art. 86 Abs. 1 StGB), darf nicht durch eine schleppende Führung des Verfahrens faktisch ausser Kraft gesetzt werden[19].

17 § 4a hat auch einen Zusammenhang zu *institutionellen* Aspekten. Der Gesetzgeber hat dem Beschleunigungsgebot Rechnung zu tragen beim Erlass von Bestimmungen über Fristen, Anfechtungsmöglichkeiten, Rügegründe und die Zusammensetzung von Entscheidinstanzen. Das Beschleunigungsgebot beinhaltet ferner das rechtsstaatliche Gebot, durch eine sachlich und **personell zureichende Ausstattung der zuständigen Behörden** für eine beförderliche Verfahrenserledigung zu sorgen[20]. Eine unzureichende personelle Ausstattung vermag Verletzungen des Beschleunigungsgebots deshalb nicht zu rechtfertigen[21]. Der Grundsatz der Gewaltenteilung hindert die Gerichte indessen daran, dem Gebot der zureichenden Ausstattung Nachachtung zu verschaffen. Offen steht den Gerichten immerhin die Möglichkeit, die für die Ressourcenausstattung des betreffenden Verwaltungszweigs verantwortlichen Behörden vom Urteil in Kenntnis zu setzen[22].

18 Eine **Vorladungsfrist** muss – auch im Zusammenhang mit Haftanordnungen, wo das Beschleunigungsgebot von besonderer Bedeutung ist – so bemessen sein, dass der Rechtsvertreter die Möglichkeit hat, von der Verfügung Kenntnis zu nehmen, allfällig anstehende Termine zu verschieben, zur Verhandlung anzureisen und mit der Mandantschaft ein kurzes Vorbereitungsgespräch zu führen. Bei einer Vorladungsfrist von bloss 43 Minuten ist dies nicht mehr gewährleistet[23].

IV. Kriterien zur Beurteilung der Verfahrensdauer

19 Dem Beschleunigungsgebot trägt eine Behörde dann Rechnung, wenn aufgrund der Umstände des Falls ein früherer Entscheid vernünftigerweise nicht möglich war[24]. Die Grenze der zulässigen Verfahrendauer ist somit unter Berücksichtigung der **spezifischen Umstände des Einzelfalls** festzulegen[25]. Als übermässig lang können sich sowohl einzelne Verfahrensabschnitte als auch die gesamte Verfahrenslänge erweisen[26].

20 Folgende **Kriterien** können bei der Beurteilung der Angemessenheit der Verfahrensdauer von Bedeutung sein[27]:
 – Art des Verfahrens/Natur der Sache: Der Streitgegenstand und die allgemeine Interessenlage können raschere Entscheide erfordern oder längere Behandlungsperioden

---

[19] BGr, 21.6.2007, 6B_122/2007, E. 4.3.
[20] Vgl. BGE 107 Ib 160, E. 3c; Kölz/Häner/Bertschi, Verwaltungsverfahren, N. 254; Merkli/Aeschlimann/Herzog, Kommentar VRPG, Art. 49 N. 70.
[21] Vgl. BGr, 20.7.2010, 1C_252/2010, E. 5.3; VGr, 27.6.2012, SB.2011.00093, E. 3.2.2.
[22] Vgl. z.B. BGE 119 III 1, E. 3; BVGr, 1.3.2010, A-363/2010, E. 3.2; M. Müller, in: Kommentar VwVG, Art. 46a N. 14.
[23] VGr, 25.1.2012, VB.2012.00013, E. 4.2.
[24] Vgl. BGr, 17.11.2011, 6B_232/2011, E. 4.4; BGE 127 III 385, E. 3a.
[25] Vgl. BGE 130 I 312, E. 5.1; BGr, 31.3.2011, 8C_1012/2010, E. 3.1; VGr, 4.6.2010, VB.2010.00152, E. 2.2.1.
[26] Vgl. BGr, 19.7.2013, 6B_109/2013, E. 5.5.
[27] Zum Folgenden Steinmann, in: St. Galler Kommentar BV, Art. 29 N. 12; vgl. auch BGr, 25.5.2012, 1C_439/2011, E. 2.2; BGE 137 I 23, E. 2.4.3; VGr, 4.6.2010, VB.2010.00152, E. 2.2.1; Frowein/Peukert, Kommentar EMRK, Art. 6 N. 251; Uhlmann, in: Basler Kommentar BGG, Art. 94 N. 6.

erlauben. Beförderlich zu befinden ist beispielsweise über vorsorgliche Massnahmen oder über Gesuche um Prüfung der Rechtmässigkeit eines Freiheitsentzugs;
- Umfang und Komplexität der aufgeworfenen Sachverhalts- und Rechtsfragen;
- Bedeutung der Streitsache für die Betroffenen;
- Verhalten von Parteien und Behörden im Einzelfall: Die Parteien müssen sich Verzögerungen infolge Beweisersuchen etc. anrechnen lassen; umgekehrt dürfen die Behörden keine unnötigen Instruktionsmassnahmen vornehmen.

Verlangt ein Gesuchsteller in einem als **dringlich bezeichneten Gesuch** um einstweilige Anordnung bestimmter Massnahmen, so hat die Behörde innert kurzer Zeit zu entscheiden. Ob eine rasche Beurteilung des Gesuchs aus Sicht der Behörde sinnvoll ist, ist dabei nicht massgebend[28]. 21

Kein relevantes Kriterium zur Beurteilung der Verfahrensdauer sind die Gründe einer von den Behörden zu verantwortenden übermässigen Verzögerung. Insbesondere rechtfertigen strukturelle oder **organisatorische Mängel** sowie chronische Überlastung keine Verfahrensverzögerungen[29]. In dringlichen Fällen können die Behörden eine Verfahrensverzögerung auch nicht damit rechtfertigen, dass ein Verfahrensbeteiligter ein Akteneinsichtsgesuch gestellt hat. Sie haben die benötigten Akten zu vervielfältigen oder auf andere Weise sicherzustellen, dass das Verfahren auch während der Abwesenheit der Originalakten gehörig vorangetrieben werden kann. Der Hungerstreik eines Ausschaffungshäftlings lässt das Beschleunigungsgebot im Weg- und Ausweisungsverfahren grundsätzlich nicht dahinfallen[30]. Unter Umständen kann auch eine *positive* Anordnung zu einer Rechtsverzögerung führen, etwa die Einräumung überlanger Fristen oder die Anordnung unnötiger Beweismassnahmen[31]. Darin kann indessen nur in Ausnahmefällen eine ungerechtfertigte Verzögerung erblickt werden, da einer Behörde hinsichtlich Art und Umfang der Ermittlungen ein weiter Ermessensspielraum zusteht[32]. 22

Die Geltendmachung der Verfahrensverzögerung darf dem Prinzip von **Treu und Glauben** nicht widersprechen: Hat der Rechtsuchende die Verzögerungen selber zu verantworten, so darf dies den Behörden nicht zum Vorwurf gemacht werden. Eine nicht den Behörden vorzuwerfende Verzögerung kann etwa vorliegen, wenn der Rechtsuchende Zwischenentscheide – beispielsweise betreffend Ausstand – provoziert und/oder anficht[33], wenn er in einem komplexen mehrstufigen Verfahren stets sämtliche Anfechtungsmöglichkeiten ausschöpft[34], wenn er mehrmals um die Durchführung eines weiteren Schriftenwechsels ersucht oder wenn er die Sachverhaltsermittlung – soweit ihn eine Mitwirkungspflicht trifft[35] – durch mangelnde Kooperation verzögert. Mit der Erhebung einer Rechtsverzögerungsbeschwerde darf sodann nicht beliebig lange Zeit zugewartet 23

---

[28] Vgl. BGr, 13.2.2012, 1C_540/2011, E. 4.4.
[29] BGE 130 I 312, E. 5.2; BGr, 7.7.2011, 2C_442/2011, E. 3.1; VGr, 27.6.2013, VB.2012.00341, E. 4.4; vgl. STEINMANN, in: St. Galler Kommentar BV, Art. 29 N. 12.
[30] BGE 124 II 49, E. 3b.
[31] BGr, 3.7.2013, 8C_1014/2012, E. 4 und 7.2; BGE 136 V 156, E. 3.3.
[32] VGr, 30.8.2011, VB.2011.00339, E. 2.2.2.
[33] Vgl. BGr, 17.11.2011, 8C_794/2011, E. 2.4 und 2.5.
[34] Vgl. BGr, 19.3.2012, 1C_486/2011, E. 2.3.
[35] VGr, 10.11.2011, VB.2011.00684, E. 1.2 und 1.4.

werden; vielmehr muss die Beschwerdeerhebung innerhalb einer zeitlichen Befristung erfolgen, die nach den konkreten Umständen als angemessen erscheint und gleichzeitig den Prinzipien des Vertrauensschutzes und der Rechtssicherheit Rechnung trägt[36]. Im Rechtsmittelverfahren setzt die Feststellung einer Rechtsverzögerung voraus, dass die betroffene Partei die beteiligten Rechtsmittelinstanzen erfolglos um eine raschere Abwicklung des Verfahrens ersucht und ihr entsprechendes Interesse dargetan hat[37].

V. Folgen der übermässigen Dauer eines laufenden Verfahrens

24 Verletzt eine Behörde das Beschleunigungsgebot, indem sie ein Verfahren nicht genügend beförderlich behandelt bzw. erledigt, so kann ein **Rechtsverweigerungs- oder Rechtsverzögerungsrekurs** erhoben werden, mit dem das unrechtmässige Verweigern oder Verzögern einer Anordnung geltend gemacht werden kann (§ 19 Abs. 1 lit. b)[38]. Der Rekurs ist bei jener Instanz zu erheben, bei der auch die angeblich verweigerte oder verzögerte Anordnung angefochten werden könnte[39].

25 Kommt die vor Verfahrensabschluss angerufene übergeordnete Instanz zum Schluss, dass die Vorinstanz das Beschleunigungsgebot verletzt habe, so stellt sie dies in der Regel förmlich (im Dispositiv) fest und fordert die untere Instanz dazu auf, das Verfahren **unverzüglich oder beförderlich zu Ende zu führen** bzw. innert einer bestimmten Frist einen Entscheid zu fällen[40]. Ausnahmsweise kann es sich rechtfertigen, aus prozessökonomischen Gründen auf eine Rückweisung an die Vorinstanz zu verzichten bzw. selber in der Sache zu entscheiden. Dies wird dort der Interessenlage gerecht, wo der Entscheid im Wesentlichen zugunsten des Rechtsmittelklägers ausfällt und keine Drittbetroffenen vorhanden sind, so dass die Verkürzung des Instanzenzugs für die gesuchstellende Partei oder Dritte keinen Nachteil darstellt[41]. Nicht in Frage kommt die Anordnung einer *Einstellung* des Verfahrens aufgrund der überlangen Verfahrensdauer[42].

26 Gelingt es einer **Rekursinstanz** nicht, innert 60 Tagen seit Abschluss der Sachverhaltsermittlung zu entscheiden, so hat sie gemäss § 27c Abs. 2 VRG den Parteien unter Angabe der Gründe mitzuteilen, wann der Entscheid vorliegt (§ 27c N. 17).

27 Nach Art. 5 Ziff. 4 EMRK hat jede Person, die festgenommen oder der die Freiheit entzogen ist, das Recht zu beantragen, dass ein Gericht innerhalb kurzer Frist über die Rechtmässigkeit des **Freiheitsentzugs** entscheidet und ihre Entlassung anordnet, wenn der Freiheitsentzug nicht rechtmässig ist. Die *Natur* des Freiheitsentzugs ist massgebend für die Frage, in welchen zeitlichen Abständen dessen Rechtmässigkeit zu prüfen ist und wie

---

[36] RB 2008 Nr. 1, E. 3 (VB.2008.00001); vgl. M. MÜLLER, in: Kommentar VwVG, Art. 46a N. 10.
[37] BGr, 16.10.2008, 2D_110/2008, E. 5; BGE 125 V 373, E. 2b bb und cc; VGr, 8.7.2009, VB.2009.00281, E. 3.5.
[38] Vgl. BGE 131 V 407, E. 1.1.
[39] Vgl. RB 2005 Nr. 13 (PB.2005.00002).
[40] BGE 117 Ia 336; BGr, 16.10.2007, 12T_2/2007, E. 4.6; VGr, 21.10.2009, PB.2009.00020, E. 2.4; STEINMANN, in: St. Galler Kommentar BV, Art. 29 N. 13.
[41] BVGr, 29.9.2011, A-3290/2011, E. 3.
[42] BGr, 20.7.2010, 1C_252/2010, E. 5.3.

lange das Verfahren zur Prüfung eines Entlassungsgesuchs bis zum gerichtlichen Entscheid dauern darf[43]. Im Zusammenhang mit der *Ausschaffungshaft* führt die Verletzung des Beschleunigungsgebots in der Regel zur unverzüglichen Haftentlassung, selbst wenn vom Betroffenen ein gewisses Sicherheitsrisiko ausgehen sollte[44]. Haben die Behörden den Ausschaffungsvollzug nicht gehörig vorangetrieben, lässt sich nicht mehr von einem hängigen Ausweisungsverfahren sprechen, so dass die Haft nicht mehr dem einzigen vom Gesetz vorgesehenen Zweck, den Vollzug der Wegweisung sicherzustellen, dient[45]. Nicht jede Verletzung des Beschleunigungsgebots führt allerdings zur Haftentlassung. Es kommt vielmehr darauf an, welche Bedeutung einerseits den verletzten Vorschriften für die Wahrung der Rechte des Betroffenen und andererseits dem Interesse an einer reibungslosen Durchsetzung der Ausschaffung zukommt[46].

Um eine überlange Verfahrensdauer bis zu einem allfälligen Endentscheid zu verhindern, kann es sich aufgrund des Beschleunigungsgebots unter bestimmten Umständen anbieten, die selbständige direkte **Anfechtung eines Zwischenentscheids** im Sinne von § 19a Abs. 2 VRG zuzulassen[47]. 28

Soweit eine Person, die Rechtsverzögerungsbeschwerde führt, einzig darauf abzielt, einen anfechtbaren Entscheid der unteren Instanz zu erwirken, wird das Rechtsverzögerungsbeschwerdeverfahren mangels aktuellem Interesse **gegenstandslos,** wenn während des laufenden oberinstanzlichen Verfahrens ein Entscheid der unteren Instanz ergeht[48]. 29

VI. Folgen der übermässigen Dauer eines abgeschlossenen Verfahrens

Hat eine unterinstanzliche Behörde zwar einen Entscheid gefällt, jedoch nicht innert angemessener Frist, so kann bei der übergeordneten Instanz ein **Begehren auf Feststellung der Verletzung von Art. 29 Abs. 1 BV** gestellt werden[49]. Wird ein entsprechendes Begehren rechtzeitig vorgebracht, so ist die übergeordnete Instanz dazu *verpflichtet,* zu prüfen, ob das unterinstanzliche Verfahren von angemessener Dauer war. Eine allfällige Verletzung des Beschleunigungsgebots ist in diesem Fall im Dispositiv des Entscheids ausdrücklich festzuhalten[50]. Wird kein Feststellungsbegehren gestellt, so ist die Rechtsmittelinstanz *berechtigt,* eine Rechtsverzögerung von Amtes wegen im Rahmen der Erwägungen festzustellen[51]. 30

---

[43] VGr, 11.9.2013, VB.2013.00511, E. 2.2.
[44] BGE 139 I 206, E. 2.4; VGr, 10.11.2011, VB.2011.00684, E. 2.
[45] BGr, 16.12.2002, 2A.588/2002, E. 3.
[46] BGr, 19.9.2008, 2C_635/2008, E. 2.2.2.
[47] Vgl. BGE 136 II 165, E. 1.2.2; BGr, 3.5.2011, 2C_57/2011, E. 1.2.2.
[48] Vgl. BGr, 26.5.2009, 2C_45/2009, E. 2.2; BGE 131 V 407, E. 1.1; 125 V 373, E. 1.
[49] BGr, 25.5.2012, 1C_439/2011, E. 2.1; vgl. BGE 135 II 334, E. 3; 129 V 411.
[50] BGr 19.7.2013, 6B_109/2013, E. 5.3; vgl. BGE 138 II 513, E. 6.5; VGr, 27.6.2013, VB.2012.00341, E. 5.
[51] VGr, 28.2.2013, VB.2012.00719, E. 3.3.

31 Um ein Begehren auf Feststellung einer überlangen Verfahrensdauer geltend zu machen, muss kein aktuelles Rechtsschutzinteresse[52] nachgewiesen werden[53] – anders als im Fall einer Rechtsverzögerungsbeschwerde, die einzig darauf abzielt, dass ein unterinstanzlicher Entscheid ergeht (N. 29). Das legitimationsbegründende Anfechtungsinteresse besteht darin, dass die Feststellung einer Verletzung des Beschleunigungsgebots der rechtsuchenden Person **Genugtuung** in moralischer Hinsicht verschafft und überdies zur **Reduktion ihrer Verfahrenskosten** (zulasten der Vorinstanz oder der Staats- bzw. Gerichtskasse) führt[54]. Im Verfahren vor dem Europäischen Gerichtshof für Menschenrechte kann eine Verletzung des Beschleunigungsgebots (Art. 6 Ziff. 1 EMRK) ebenfalls unabhängig vom Nachweis eines aktuellen Rechtsschutzinteresses gerügt werden[55]. Im Übrigen besteht auch ein Interesse der Öffentlichkeit, von Verletzungen des Beschleunigungsgebots zu erfahren und auf allfällige zugrunde liegende Mängel – etwa mangelnde Ressourcen – aufmerksam gemacht zu werden[56].

32 In einzelnen Rechtsbereichen kommen weitere schutzwürdige Anfechtungsinteressen der rechtsuchenden Person hinzu, nämlich da, wo eine allfällige Überlänge des Verfahrens mit **materiellrechtlichen Konsequenzen** verknüpft ist – beispielsweise mit der strafrechtlichen Haftentlassung[57], der Einstellung des Strafverfahrens bzw. dem Verzicht auf Strafe[58] oder dem Anspruch auf Geldleistungen als Schadenersatz oder Genugtuung[59].

33 Im Fall eines **Führerausweisentzugs** kann eine übermässige Verfahrensdauer Auswirkungen auf die Entzugsdauer haben. Wenn zwischen dem massnahmeauslösenden Ereignis und dem Rekursentscheid relativ viel Zeit verstrichen ist, ohne dass der Fahrzeuglenker dafür verantwortlich ist, und wenn er sich in der Zwischenzeit wohlverhalten hat, ist die Dauer des Warnentzugs zu reduzieren[60]. Die übermässige Verfahrensdauer darf allerdings nicht dazu führen, dass die Mindestdauer des Führerausweisentzugs[61] unterschritten wird[62]. Ob dies auch im Fall einer *schweren* Verletzung des Anspruchs auf Beurteilung innert angemessener Frist gilt, hat das Bundesgericht bisher offengelassen[63] und beispielsweise im Fall einer 6-jährigen Verfahrensdauer verneint[64]; vom Verwaltungsgericht wird die Frage hingegen bejaht[65].

---

[52] Zum aktuellen Rechtsschutzinteresse als Legitimationserfordernis vgl. § 21 N. 24 ff.
[53] BGr, 25.5.2012, 1C_439/2011, E. 2.1; VGr, 27.6.2013, VB.2012.00341, E. 2.3. Zur Rechtsprechung bei ausländerrechtlichen Festhaltungen vgl. BGE 139 I 206, E. 1.2.1.
[54] BGE 138 II 513, E. 6.5; 137 IV 118, E. 2.2; 130 I 312, E. 5.3; RB 2008 Nr. 2 (VB.2008.00133); 2006 Nr. 12, E. 3.1 (VB.2005.00579); VGr, 27.6.2012, SB.2011.00093, E. 3.2; VGr, 26.10.2011, VB.2011.00283, E. 2.1, m.w.H. Siehe auch § 19 N. 54 und § 27c N. 21.
[55] Vgl. BGE 137 I 296, E. 4.3.4; 136 I 274, E. 1.3; BGr, 26.7.2011, 2C_548/2011, E. 1.3.
[56] Vgl. BGE 119 III 1, E. 3.
[57] BGE 137 IV 118, E. 2.2; 137 IV 92, E. 3.2.3.
[58] BGE 133 IV 158, E. 8; 117 IV 124, E. 4d.
[59] BGE 130 I 312, E. 5.3; 117 V 351, E. 3; BGr, 14.9.2009, 1C_211/2009, E. 2.5; vgl. M. MÜLLER, in: Kommentar VwVG, Art. 46a N. 15; STEINMANN, in: St. Galler Kommentar BV, Art. 29 N. 13.
[60] BGE 127 II 297, E. 3b; VGr, 17.10.2012, VB.2012.00483, E. 3.4.2; RB 2004 Nr. 47, E. 3 (VB.2004.00089).
[61] Vgl. Art. 16 Abs. 3 Satz 2 i.V.m. Art. 16a Abs. 2, 16b Abs. 2 und 16c Abs. 2 SVG.
[62] BGE 135 II 334, E. 2.2.
[63] BGE 135 II 334, E. 2.3.
[64] BGr, 16.1.2012, 1C_485/2011, E. 2.3.3.
[65] VGr, 3.6.2013, VB.2013.00278, E. 5.5; VGr, 7.12.2011, VB.2011.00534, E. 4.4.3.

Im Zusammenhang mit der **materiellen Enteignung** kann von Bedeutung sein, dass eine Gemeinde ihrer Erschliessungspflicht nicht rechtzeitig nachgekommen ist. In diesem Fall kann der Entschädigungsanspruch eines Grundeigentümers nicht mit der Begründung verneint werden, dass die Baurealisierung infolge fehlender Erschliessung zu wenig wahrscheinlich sei[66].

34

Im Allgemeinen erwächst aus der Rechtsverzögerung **kein Anspruch auf Erteilung einer Bewilligung,** deren Voraussetzungen ungeprüft blieben (§ 19 N. 54)[67]. So vermag eine übermässige Verfahrensdauer einem Beschwerdeführer grundsätzlich keinen Anspruch auf Verlängerung der Aufenthaltsbewilligung[68] oder auf Gewährung von Asyl[69] zu vermitteln. Eine lange Verfahrensdauer, die von den Behörden zu verantworten ist, kann allerdings die Chancen auf Erteilung einer Aufenthaltsbewilligung erhöhen, wenn sich die gesuchstellende Person während der gesamten Verfahrensdauer wohl verhält[70]. Ein Rechtsuchender kann schliesslich nicht verlangen, ihm sei zur Wiedergutmachung der überlangen Verfahrensdauer eine Entschädigung in Form einer Sozialversicherungsleistung zuzusprechen[71].

35

Die materielle Behandlung eines Begehrens um Feststellung einer Verletzung des Beschleunigungsgebots setzt voraus, dass es **nicht verspätet vorgebracht** wird. Treu und Glauben gebieten es auch im Bereich des Verfahrensrechts, die zur Wahrung der Rechte notwendigen Schritte rechtzeitig zu unternehmen und Verfahrensfehler zu rügen, sobald sie erkennbar sind. Andernfalls gilt das Anfechtungsrecht als verwirkt und kann nicht mehr geltend gemacht werden[72]. Eine allfällige Überlänge eines bestimmten Verfahrensabschnitts muss deshalb spätestens nach Abschluss dieses Verfahrensschritts (innert Anfechtungsfrist) bei der unmittelbar übergeordneten Instanz vorgebracht werden. Wird ein entsprechendes Feststellungsbegehren erst später – vor der nächsthöheren Instanz – erstmals vorgebracht, kann wegen Verspätung (sowie mangels Beschwer) nicht darauf eingetreten werden.

36

---

[66] BGE 131 II 72, E. 3.6.
[67] STEINMANN, in: St. Galler Kommentar BV, Art. 29 N. 13.
[68] BGr, 30.8.2011, 2C_189/2011, E. 4; VGr, 30.9.2009, VB.2009.00301, E. 5.2.
[69] BGE 138 II 513, E. 6.5.
[70] BGr, 24.11.2011, 2C_454/2011, E. 2.5–2.8.
[71] BGE 129 V 411.
[72] Vgl. BGE 132 III 503, E. 3.3; 130 III 66, E. 4.3.

§ 5

Prüfung der Zuständigkeit

§ 5

[1] Bevor eine Verwaltungsbehörde auf die Behandlung einer Sache eintritt, hat sie von Amtes wegen ihre Zuständigkeit zu prüfen.

[2] Eingaben an eine unzuständige Verwaltungsbehörde sind von Amtes wegen und in der Regel unter Benachrichtigung des Absenders an die zuständige Verwaltungsbehörde weiterzuleiten. Für die Einhaltung der Fristen ist der Zeitpunkt der Einreichung bei der unzuständigen Behörde massgebend.

[3] Unleserliche, ungebührliche und übermässig weitschweifige Eingaben werden zur Verbesserung zurückgewiesen.

Materialien

Weisung 1957, S. 1026 ff.; Prot. KK 6.6.1958; Prot. KR 1955–1959, S. 3268; Beleuchtender Bericht 1959, S. 398 f.; Weisung 1995, S. 1530; Prot. KK 1995/96, S. 29 f., 36 f., 48; Prot. KR 1995–1999, S. 6488.

Literatur

AMSTUTZ KATHRIN/ARNOLD PETER, in: Basler Kommentar BGG, Art. 49; BOOG MARKUS, in: Basler Kommentar BGG, Art. 29 und 30; BORNATICO REMO, in: Basler Kommentar ZPO, Art. 128 und 132; FLÜCKIGER THOMAS, in: Praxiskommentar VwVG, Art. 7; FREI NINA J., in: Berner Kommentar ZPO, Art. 128 und 132; GADOLA, Beschwerdeverfahren, S. 184 ff.; GYGI, Bundesverwaltungsrechtspflege, S. 75 ff.; HÄFELIN/MÜLLER/UHLMANN, N. 358 ff. und 1635 ff.; HÄRRI MATTHIAS, in: Basler Kommentar BGG, Art. 33; INFANGER DOMINIK, in: Basler Kommentar ZPO, Art. 63; KIENER/RÜTSCHE/KUHN, Öffentliches Verfahrensrecht, N. 473 ff; KÖLZ/HÄNER/BERTSCHI, Verwaltungsverfahren, N. 390 ff.; MERKLI/AESCHLIMANN/HERZOG, Kommentar VRPG, Art. 3 N. 1 ff.; MERZ LAURENT, in: Basler Kommentar BGG, Art. 42; NYFFENEGGER RES, in: Kommentar VwVG, Art. 60; RHINOW/KOLLER/KISS/THURNHERR/BRÜHL-MOSER, Öffentliches Prozessrecht, N. 957 ff., 1096 ff.; ROTACH TOMSCHIN, Revision, S. 441; VOGEL STEFAN, Das öffentlich-rechtliche Schiedsgericht, ZBl 2010, 670 ff. *(Schiedsgericht)*; ZIMMERLI/KÄLIN/KIENER, Öffentliches Verfahrensrecht, S. 54 ff.

Inhaltsübersicht

I.	Einleitung	1–2
II.	Zuständigkeitsprüfung von Amtes wegen (Abs. 1)	3–39
	A. Grundsätze	3–11
	B. Sachliche Zuständigkeit	12–16
	C. Örtliche Zuständigkeit	17–20
	D. Funktionelle Zuständigkeit	21–25
	E. Zuständigkeitskonflikte	26–33
	F. Vorgehen bei zweifelhafter Zuständigkeit und bei offensichtlicher Unzuständigkeit	34–36
	G. Aufhebung von Entscheiden unzuständiger Behörden	37–39
III.	Weiterleitung an die zuständige Instanz und Fristwahrung (Abs. 2)	40–62
	A. Einleitung	40–44
	B. Weiterleitung an eine Zürcher Verwaltungsbehörde	45–53
	1. Weiterleitungspflicht	45–47
	2. Ausnahmen	48–53
	C. Weiterleitung an ausserkantonale Verwaltungsbehörden sowie an Zivil- und Strafbehörden	54–60
	D. Weiterleitung an das Bundesgericht	61–62

IV. Rückweisung zur Verbesserung mangelhafter Eingaben (Abs. 3)	63–92
A. Einleitung	63–66
B. Unleserlichkeit, Ungebührlichkeit und Weitschweifigkeit	67–70
C. Grundsätzliche Gewährung einer Nachbesserungsmöglichkeit	71–77
D. Ausnahmsweiser Verzicht auf Gewährung einer Nachbesserungsmöglichkeit	78–84
E. Exkurs: Disziplinarmassnahmen	85–92
1. Einleitung	85–89
2. Tatbestände	90–92

I. Einleitung

§ 5 betrifft gemäss Marginalie die «**Prüfung der Zuständigkeit**» der Verwaltungs- und Verwaltungsrechtspflegebehörden. Der Anwendungsbereich von § 5 umfasst sämtliche nach dem VRG abgewickelten Verfahren (vgl. §§ 4, 70 und 86). Die ersten beiden Absätze von § 5 sind seit dem Inkrafttreten des VRG im Jahr 1960 unverändert geblieben; der dritte Absatz wurde im Rahmen der VRG-Revision von 1997 neu eingefügt (N. 65). Anlässlich der Revision von 2010 erfuhr § 5 keine Änderungen. 1

§ 5 statuiert **Pflichten,** die den Verwaltungsbehörden **zu Verfahrensbeginn** von Amtes wegen obliegen[1], nämlich die Prüfung der Zuständigkeit (Abs. 1), die Weiterleitung im Fall der Unzuständigkeit (Abs. 2) sowie die Ansetzung einer Nachbesserungsfrist im Fall von Formmängeln (Abs. 3). Die nach § 5 zu prüfenden Voraussetzungen sind massgebend für die Frage, ob die angerufene Behörde ein Verfahren zu eröffnen hat und – wenn ja – ob auf die Eingabe, allenfalls nach Gewährung einer Nachbesserungsfrist, einzutreten sei. 2

II. Zuständigkeitsprüfung von Amtes wegen (Abs. 1)

A. Grundsätze

Gemäss § 5 Abs. 1 hat die Verwaltungsbehörde ihre Zuständigkeit von Amtes wegen zu prüfen, bevor sie auf die Behandlung einer Sache eintritt[2]. Umgekehrt haben die Parteien Anspruch darauf, durch die zuständige Behörde beurteilt zu werden[3]. Wann eine Rechtspflegeinstanz zur Behandlung einer Entscheidung einer Sache berechtigt bzw. verpflichtet ist, legen in der Regel gesetzliche **Zuständigkeitsvorschriften** fest[4]. 3

Die Zuständigkeitsprüfung umfasst die Prüfung der **sachlichen, örtlichen und funktionellen Zuständigkeit** der betreffenden Behörde (N. 12 ff.). Dabei handelt es sich um **Sachentscheidsvoraussetzungen,** d.h. um Vorbedingungen, die erfüllt sein müssen, damit die Behörde sich materiell mit der Sache befassen und darüber entscheiden darf[5]. 4

---

[1] Vgl. Prot. KK 1995/96, S. 36.
[2] Gleiches gilt für das Bundesgericht (Art. 29 Abs. 1 BGG) und die Bundesbehörden (Art. 7 Abs. 1 VwVG).
[3] Vgl. in Bezug auf gerichtliche Verfahren Art. 30 Abs. 1 BV.
[4] BOOG, in: Basler Kommentar BGG, Art. 29 N. 1.
[5] BOOG, in: Basler Kommentar BGG, Art. 29 N. 12; MERKLI/AESCHLIMANN/HERZOG, Kommentar VRPG, Art. 3 N. 14.

§ 5

Sind sie nicht erfüllt, so tritt die Behörde auf das betreffende Begehren infolge Unzuständigkeit nicht ein.

5 Die Zuständigkeitsprüfung hat **von Amtes wegen** und mit freier Kognition zu erfolgen. Das bedeutet, dass die Behörde ihre Zuständigkeit zu Verfahrensbeginn entsprechend der Untersuchungsmaxime von sich aus überprüfen muss[6] – und zwar auch dann, wenn ihre Zuständigkeit von allen involvierten Parteien anerkannt wird[7]. Relativiert wird die Untersuchungspflicht in Bezug auf die Zuständigkeit allerdings dadurch, dass die Parteien in zumutbarem Umfang zur *Mitwirkung* verpflichtet sind, wenn sie ein Begehren gestellt haben oder wenn ihnen eine gesetzliche Auskunfts- oder Mitwirkungspflicht obliegt (§ 7 Abs. 2).

6 Entsprechend der allgemein zwingenden Natur des öffentlichen Rechts stellt die gesetzliche Ordnung über die Zuständigkeit der Verwaltungsrechtspflegebehörden **zwingendes Recht** dar[8]. Die Zuständigkeit kann deshalb beispielsweise nicht dadurch begründet werden, dass eine Rechtsmittelbelehrung fälschlicherweise auf eine unzuständige Instanz verweist[9]. Die von Amtes wegen vorzunehmende Zuständigkeitsprüfung ist Ausfluss aus dem Grundsatz der Gewaltenteilung: Jede Behörde hat sich innerhalb des Rahmens ihrer Aufgaben und damit ihrer Kompetenzen zu halten[10]. Sie darf weder Kompetenzen wahrnehmen, die rechtlich nicht vorgesehen sind, noch auf ihre vom Gesetz umschriebene Zuständigkeit verzichten. Eine Abweichung von der grundsätzlich zwingenden gesetzlichen Zuständigkeitsordnung kommt nur ganz ausnahmsweise in Frage, nämlich dann, wenn ansonsten verfahrensgrundrechtswidrige Zustände vorlägen – beispielsweise weil der auf Vertrauensschutz beruhende Anspruch der gesuchstellenden Person auf gerichtliche Überprüfung ihrer Begehren unterbunden würde[11].

7 Das zivilprozessuale Institut der **Gerichtsstandvereinbarung** (auch als «Prorogation» oder «Einlassung» bezeichnet; vgl. Art. 17 f. ZPO) ist dem Verwaltungsrecht fremd[12]. Die Zuständigkeit steht aufgrund ihrer zwingenden Natur nicht zur Disposition der Verfahrensbeteiligten[13]. Eine durch gegenseitige Übereinkunft der Parteien untereinander oder mit den Behörden begründete Zuständigkeit einer Verwaltungs- oder Verwaltungsjustizbehörde ist somit lediglich insoweit beachtlich, als sie der gesetzlichen Zuständigkeitsregelung entspricht[14]. Ebensowenig begründet die Einlassung einer Partei in ein Verfahren vor einer inkompetenten Behörde eine Zuständigkeit[15]. Der Bereich, in dem die Einsetzung eines *Schiedsgerichts* als zulässig erscheint, deckt sich im öffentlichen Recht

---

[6] Vgl. Beleuchtender Bericht 1959, S. 398.
[7] Vgl. BOOG, in: Basler Kommentar BGG, Art. 29 N. 5.
[8] GADOLA, Beschwerdeverfahren, S. 188; GYGI, Bundesverwaltungsrechtspflege, S. 80; RHINOW/KOLLER/KISS/THURNHERR/BRÜHL-MOSER, Öffentliches Prozessrecht, N. 1103; vgl. Art. 7 Abs. 2 VwVG.
[9] BOOG, in: Basler Kommentar BGG, Art. 29 N. 4.
[10] BOOG, in: Basler Kommentar BGG, Art. 29 N. 6.
[11] BVGr, 20.9.2012, A-3109/2011, E. 5.5, m.w.H.
[12] BOOG, in: Basler Kommentar BGG, Art. 29 N. 11; HÄFELIN/MÜLLER/UHLMANN, Verwaltungsrecht, N. 1635; vgl. Art. 7 Abs. 2 VwVG.
[13] VGr, 10.2.2011, VK.2010.00002, E. 1.1.
[14] Vgl. BGE 133 II 181 E. 5.1.4; VGr, 25.2.2010, VK.2009.00002, E. 1.1; RB 1983 Nr. 14; KIENER/RÜTSCHE/KUHN, Öffentliches Verfahrensrecht, N. 483.
[15] RHINOW/KOLLER/KISS/THURNHERR/BRÜHL-MOSER, Öffentliches Prozessrecht, N. 1103.

mehr oder weniger mit dem Anwendungsfeld des verwaltungsrechtlichen Vertrags, der nur zum Einsatz gelangen darf, wenn das Gesetz Rechte und Pflichten nicht zwingend regelt[16]. Zulässig sind beispielsweise Schiedsabreden zwischen den Parteien, wenn öffentlichrechtliche Geldforderungen zwischen Privaten im Streit liegen[17].

Es gilt der Grundsatz der «**perpetuatio fori**»: Die einmal (rechtskonform) begründete örtliche oder sachliche Zuständigkeit ist grundsätzlich unabänderlich. Demnach bleibt die zu Verfahrensbeginn bestehende Zuständigkeit normalerweise bis zum Verfahrensende bestehen und entfällt auch dann nicht, wenn sich die Zuständigkeitsvoraussetzungen später ändern[18]. Werden gesetzliche Zuständigkeitsbestimmungen geändert und fehlt es an intertemporalrechtlichen Spezialnormen, so gelten für bereits hängige Verfahren grundsätzlich jene Zuständigkeitsbestimmungen, die zum Zeitpunkt der Verfahrenseinleitung massgebend waren[19]. Der Grundsatz der perpetuatio fori gilt namentlich für das Rechtsmittelverfahren, während im nichtstreitigen Verwaltungsverfahren Sinn und Zweck der anzuwendenden Normen Differenzierungen erfordern können[20]. 8

Aus dem Grundsatz der Prozesseinheit[21] ergibt sich, dass die in der **Hauptsache** zuständige Behörde auch über Nebenaspekte – z.B. Verfahrenskosten – sowie allfällige Vorfragen (§ 1 N. 55 ff.) zu befinden hat[22]. Ob die Nebenaspekte bzw. Vorfragen öffentlichrechtlicher oder privatrechtlicher Natur sind, ist dabei nicht massgebend. Umgekehrt darf eine in der Hauptsache unzuständige Instanz auch über Nebenbereiche des betreffenden Verfahrens nicht entscheiden (vgl. § 44 Abs. 3)[23]. 9

Zur Zuständigkeitsprüfung im weiteren Sinne gehört auch die Abklärung der Zusammensetzung der Entscheidbehörde. Aus Art. 29 BV wird ein Anspruch auf **richtige und vollständige Zusammensetzung der entscheidenden Verwaltungsbehörde** abgeleitet. Eine Behörde, die in einer Besetzung entscheidet, die den gesetzlichen Vorschriften nicht entspricht, begeht eine formelle Rechtsverweigerung[24] und verletzt damit den Anspruch auf ein gerechtes Verfahren[25]. 10

Hat eine Behörde verfügt, so ist die Zuständigkeit der ihr **übergeordneten Behörde** oder Rechtsmittelinstanz stets gegeben. Diese kann jedoch gegebenenfalls feststellen, die vorinstanzliche Behörde sei sachlich, örtlich oder funktionell nicht zuständig gewesen, und deren Entscheid aus diesem Grund aufheben. 11

---

[16] VOGEL, Schiedsgericht, S. 674 f.
[17] MERKLI/AESCHLIMANN/HERZOG, Kommentar VRPG, Art. 3 N. 11; vgl. Art. 354 ZPO.
[18] FLÜCKIGER, in: Praxiskommentar VwVG, Art. 7 N. 26; KIENER/RÜTSCHE/KUHN, Öffentliches Verfahrensrecht, N. 486; MERKLI/AESCHLIMANN/HERZOG, Kommentar VRPG, Art. 3 N. 16.
[19] BGE 130 V 90, E. 3.2; BGE 129 III 404, E. 4.3.1; RB 2004 Nr. 8 (VB.2004.00046).
[20] Vgl. BGE 108 Ib 139, E. 2b.
[21] BGE 133 III 645, E. 2.2.
[22] Vgl. z.B. Art. 31 BGG.
[23] VGr, 9.12.2010, VB.2010.00546, E. 1.4.2 und 1.4.3.
[24] BGE 127 I 128, E. 3c und 4b; VGr, 18.3.2009, VB.2008.00608, E. 2.2.4.
[25] BGr, 13.4.2011, 2C_865/2010, E. 2.4.

B. Sachliche Zuständigkeit

12 Sachlich zuständig ist jene Instanz, die aufgrund der **Rechtsnatur des Verfahrensgegenstands** – sowie der Rechtssätze, die diesen regeln – über eine bestimmte Sache zu befinden hat[26]. Der Verfahrensgegenstand ergibt sich aus den Rechtsbegehren und der Sachverhaltsdarstellung der betroffenen Parteien.

13 Die sachliche Zuständigkeit ist in der Regel **spezialgesetzlich** geregelt[27]. Die meisten materiellen Erlasse enthalten Normen, um die verschiedenen Sachgeschäfte auf Behörden aufzuteilen, deren örtlicher Wirkungsbereich übereinstimmt und deren funktionelle Stufe die gleiche ist. Analoges gilt für die sachliche Zuständigkeit der Rechtsmittelbehörden. Spezialgesetzliche Zuständigkeitsregelungen gehen dem Instanzenzug nach allgemeinem Verfahrensrecht vor[28]. Wird beispielsweise eine kommunale Bau- und Zonenordnung angefochten, so ist grundsätzlich das Baurekursgericht und nicht der Bezirksrat die zuständige Erstinstanz, da der Nutzungsplanungsrekurs (§ 329 PBG) als spezialgesetzlich geregelter Anwendungsfall der Gemeindebeschwerde (§ 151 GG) gilt[29].

14 Fehlt eine positivrechtliche Anordnung, so ist vorab auf **formelle Gesichtspunkte** abzustellen (Beispiel: Abgrenzung zwischen Verwaltungs- und Strafsachen). Erst in letzter Linie sind *materielle* Kriterien beizuziehen. Wenn eine komplexe Materie mehrere Sachbereiche umfasst, ist eine Verfahrenskoordination anzustreben, um eine Aufspaltung der sachlichen Zuständigkeit zu verhindern. Fehlen Koordinationsbestimmungen, so ist jene Behörde als zuständig zu erachten, der das Schwergewicht bei den zu treffenden Massnahmen zukommt.

15 Manchmal müssen zur Bestimmung der sachlichen Zuständigkeit materiellrechtliche **Vorfragen** beantwortet werden, vor allem wenn konkurrierende Zuständigkeiten gegeben sind und klare formelle Kriterien fehlen (vgl. § 1 N. 55 ff.). In einem solchen Fall begründen spezialgesetzlich geregelte Nebenpunkte eines Regelungskomplexes keine Zuständigkeit einer ansonsten unzuständigen Behörde.

16 Soweit in einem Verfahren vor dem Verwaltungsgericht **aufsichtsrechtliche Rügen** vorgebracht werden, tritt das Gericht auf die Beschwerde regelmässig nicht ein, da zur Beurteilung solcher Beanstandungen die *Aufsichtsbehörden* zuständig sind. Das Verwaltungsgericht übt keine Oberaufsicht über die Verwaltungsbehörden aus[30].

C. Örtliche Zuständigkeit

17 Die örtliche Zuständigkeit (bei Gerichten: der Gerichtsstand) bestimmt sich aufgrund der räumlichen Ausdehnung der Sachzuständigkeit einer Behörde[31] und ist eng verknüpft mit den Grenzen der Gebietshoheit. Zuständig ist in der Regel die Behörde jenes

---

[26] Vgl. Boog, in: Basler Kommentar BGG, Art. 29 N. 8.
[27] Kiener/Rütsche/Kuhn, Öffentliches Verfahrensrecht, N. 475.
[28] Vgl. etwa die Regelung gemäss § 10 LPG, die von der sachlichen Zuständigkeitsordnung nach § 19b Abs. 2 lit. c abweicht.
[29] VGr, 24.5.2011, AN.2011.00003, E. 2.4.
[30] Vgl. RB 2008 Nr. 16, E. 2.2.
[31] Vgl. Gygi, Bundesverwaltungsrechtspflege, S. 78.

Gemeinwesens, auf dessen Gebiet sich der zu beurteilende **Sachverhalt ereignet oder auswirkt**[32]. Bestimmungen über die örtliche Zuständigkeit regeln, welches von mehreren Rechtspflegeorganen bei gleicher sachlicher Zuständigkeit und derselben Rechtsprechungsstufe berufen ist, sich mit einer Streitsache zu befassen[33].

Die örtliche Zuständigkeit ist in der Regel gesetzlich festgelegt. Häufige **Anknüpfungspunkte**[34] sind im Bereich der Eingriffsverwaltung der Ort der gelegenen Sache (z.b. eines Grundstücks) oder des massgeblichen Vorgangs (z.B. einer zu bewilligenden Demonstration). In der Leistungsverwaltung wird dagegen eher an den Wohnsitz angeknüpft (vgl. z.B. Art. 12 Abs. 1 ZUG). Fehlt es an einer gesetzlichen Regelung, so kommen die genannten Kriterien analog zur Anwendung; die örtliche Zuständigkeit richtet sich diesfalls nach dem Wohnsitz des Verfügungsadressaten oder – wenn dieses Kriterium nicht sachgerecht wäre – nach dem Amtssitz der verfügenden Behörde.

18

Der Anspruch darauf, dass die Sache vom Gericht des Wohnsitzes beurteilt wird (**Wohnsitzgerichtsstand**), gilt nur für Zivilklagen, nicht jedoch für verwaltungsrechtliche Verfahren (vgl. Art. 30 Abs. 2 BV). Das schliesst die Anknüpfung der örtlichen Zuständigkeit an den Wohnsitz des Anordnungsadressaten jedoch nicht aus.

19

Konflikte der örtlichen Zuständigkeit können sich nicht nur im innerkantonalen Verhältnis – zwischen Gemeinden und/oder Bezirken – abspielen, sondern auch auf Kantons- oder Landesebene. Im Fall von **interkantonalen und internationalen Zuständigkeitskonflikten** sind die Regeln des Bundes- bzw. des Völkerrechts zu beachten. Auch in diesem Zusammenhang gelten das Territorialitätsprinzip und der Grundsatz, dass jeder Kanton und jede Gemeinde nur sein bzw. ihr Verwaltungsrecht anwendet[35].

20

D. Funktionelle Zuständigkeit

Die funktionelle (oder funktionale) Zuständigkeitsordnung betrifft die **Stufenfolge der Instanzen** innerhalb der Justizhierarchie, die im Rechtsmittelverfahren nacheinander zur Behandlung derselben Streitsache zuständig sind[36].

21

Die Festlegung der funktionellen Zuständigkeit ist Aufgabe des **Gesetzgebers.** Von der gesetzlichen Zuständigkeitsordnung darf nicht abgewichen werden. Unzulässig ist demnach die Delegation einer gesetzlich festgelegten Zuständigkeit von einer Behörde an eine andere[37]. Dem Regierungsrat als kantonaler Verwaltungs- und Vollziehungsbehörde steht aber immerhin das Recht zu, die Erledigung eines Geschäfts einer seiner Direktionen oder den einzelnen Ämtern und Abteilungen innerhalb der Direktionen zuzuweisen (§ 38 OG RR). Gestützt darauf bestimmt § 66 bzw. Anhang 3 VOG RR, welche Ämter und Abteilungen anstelle der vorgesetzten Direktionen entscheidberufen sind.

22

---

[32] KIENER/RÜTSCHE/KUHN, Öffentliches Verfahrensrecht, N. 477.
[33] Vgl. BOOG, in: Basler Kommentar BGG, Art. 29 N. 9.
[34] Vgl. HÄFELIN/MÜLLER/UHLMANN, Verwaltungsrecht, N. 361; KIENER/RÜTSCHE/KUHN, Öffentliches Verfahrensrecht, N. 479.
[35] HÄFELIN/MÜLLER/UHLMANN, Verwaltungsrecht, N. 358; vgl. BVGr, 30.3.2011, A-7040/2009, E. 5.4.1.
[36] BOOG, in: Basler Kommentar BGG, Art. 29 N. 10.
[37] Vgl. BGE 133 II 181, E. 5.1.3.

23 Als «**Regelinstanzenzug**» sieht Art. 77 Abs. 1 Satz 1 KV vor, dass Anordnungen, die im Verwaltungsverfahren ergangen sind, durch eine Rekursinstanz überprüft und hernach an ein Gericht weitergezogen werden können (vgl. §§ 19b Abs. 1 und 41 Abs. 1). Das Gesetz kann indessen in begründeten Fällen Ausnahmen (Art. 77 Abs. 1 Satz 2 KV; § 19b Abs. 3 und § 44) bzw. das Überspringen einer Instanz (§ 19b Abs. 4) vorsehen.

24 Die funktionelle Zuständigkeit wird mit zunehmender Hierarchie stets enger und mündet schliesslich im Regelfall in die Zuständigkeit des Bundesgerichts. Die trichterförmige Stufenfolge ermöglicht es, die **Einheit der Rechtsanwendung** zu gewährleisten.

25 Völker- und Bundesrecht zeitigen bisweilen Auswirkungen auf die funktionelle Zuständigkeitsordnung in den Kantonen. Grossen Einfluss auf die Abfolge der anzurufenden Instanzen haben insbesondere die verfassungs- und konventionsrechtlich statuierte **Rechtsweggarantie** (Art. 6 Ziff. 1 EMRK und Art. 29a BV) und die zu deren Umsetzung eingeführte Vorschrift von Art. 86 Abs. 2 BGG, wonach die Kantone als unmittelbare Vorinstanzen des Bundesgerichts obere Gerichte einzusetzen haben. Die Rechtsweggarantie kann dazu führen, dass ein Gericht auf ein Rechtsmittel eintreten muss, zu dessen Beurteilung es gemäss der gesetzlichen Verfahrensordnung nicht zuständig wäre[38].

E. Zuständigkeitskonflikte

26 Von einem Zuständigkeitskonflikt ist die Rede, wenn sich mehrere Instanzen zur Beurteilung einer Streitigkeit zuständig erachten oder wenn sich sämtliche Instanzen für unzuständig halten (**positiver bzw. negativer Kompetenzkonflikt**).

27 Kommt es **innerhalb der Verwaltung** eines Gemeinwesens zu einem positiven oder negativen Zuständigkeitskonflikt, so hat die gemeinsame Aufsichtsbehörde zu entscheiden (vgl. für den Bund Art. 9 Abs. 3 VwVG). So befindet beispielsweise der Regierungsrat über Kompetenzkonflikte zwischen Direktionen (§ 11 Abs. 2 OG RR).

28 Zur Beurteilung von negativen Kompetenzkonflikten zwischen mehreren **Gemeinden** – etwa in Bezug auf die Zuständigkeit zur Erfüllung einer öffentlichen Aufgabe – ist gemäss § 81 lit. a das Verwaltungsgericht im Klageverfahren zuständig[39], soweit die Entscheidbefugnis nicht spezialgesetzlich einer anderen Instanz zugewiesen wird (vgl. z.B. § 9 lit. e SHG). Dies gilt nicht nur für Kompetenzkonflikte zwischen politischen Gemeinden, sondern auch zwischen diesen und Schulgemeinden[40].

29 Über Zuständigkeitskonflikte zwischen der Verwaltung oder dem Verwaltungsgericht einerseits und den übrigen **Gerichten** andererseits entscheidet der Kantonsrat (§ 12 lit. i KRG). Er beurteilt erst- und letztinstanzlich Kompetenzstreitigkeiten zwischen den Verwaltungsrechtspflegebehörden und den Zivil- und Strafgerichten oder dem Sozialversicherungsgericht. Ein analoges Vorgehen ist angebracht, wenn sich der Regierungsrat und ein kantonal letztinstanzliches Gericht nicht einig sind, welche der beiden Instanzen zuständig ist. Zu Kompetenzkonflikten zwischen dem Verwaltungsgericht und dem Kan-

---

[38] Vgl. z.B. BGr, 12.4.2013, 2C_761/2012, E. 4; BGE 129 I 207, E. 5.2; VGr, 26.6.2012, VB.2012.00201, E. 1.1; VGr, 10.9.2009, SB.2009.00085, E. 1.
[39] Vgl. Weisung 2009, S. 917 und 927; § 81 N. 5.
[40] Vgl. RB 2002 Nr. 1 (VB.2002.00197).

tonsrat dürfte es kaum kommen, weil der Kantonsrat nur äusserst beschränkte Rechtsprechungsbefugnisse besitzt (vgl. Art. 59 KV sowie § 19b Abs. 2 lit. e VRG).

Für Kompetenzkonflikte zwischen **mehreren Kantonen** sowie zwischen **Bund und Kanton(en)** ist das Bundesgericht zuständig (Art. 189 Abs. 2 BV sowie Art. 120 Abs. 1 lit. a und b BGG), wenn ein praxisgemäss durchgeführter Meinungsaustausch erfolglos geblieben ist. Über Zuständigkeitskonflikte zwischen den obersten Bundesbehörden – etwa zwischen Bundesrat und Bundesgericht – entscheidet demgegenüber die Vereinigte Bundesversammlung (Art. 157 Abs. 1 lit. b und Art. 173 Abs. 1 lit. i BV), soweit sich der Konflikt nicht im Rahmen separater Entscheidungen der betreffenden Instanzen lösen lässt[41]. 30

Erfordert ein Verfahren **Verfügungen mehrerer Behörden** – etwa weil mehrere Gemeinwesen davon betroffen sind oder weil mehr als eine Behörde sachlich zuständig ist –, so ist eine verfahrensrechtliche Koordination erforderlich. Dabei ist darauf zu achten, dass die Verfügungen keine Widersprüche enthalten[42]. 31

Das Institut des **Meinungsaustauschs** ist im zürcherischen Verwaltungsverfahrensrecht – anders als im Bundesrecht (Art. 29 Abs. 2 BGG und Art. 8 Abs. 2 VwVG) – im Zusammenhang mit Zuständigkeitskonflikten unbekannt. Dies hindert die Verwaltungsrechtspflegeorgane jedoch nicht daran, bei Zweifeln an ihrer eigenen Zuständigkeit mit den von ihnen als zuständig erachteten Behörden einen informellen Meinungsaustausch zu pflegen[43]. Ein Meinungsaustausch ist ferner sinnvoll, wenn in einem Verfahren Behörden mehrerer Kantone zuständig sind und das Gesetz keine Koordinationsregelung enthält[44]. Das Bundesgericht pflegt den Meinungsaustausch mit kantonalen Behörden etwa dann, wenn unklar ist, ob der kantonale Instanzenzug ausgeschöpft ist[45]. Führt der Meinungsaustausch zwischen zwei Behörden zu keinem Ergebnis, so hat die Aufsichtsbehörde zu entscheiden. 32

Im Bereich des **Binnenmarktrechts** ist der rechtskräftige Entscheid des zuerst urteilenden Kantons für die zeitlich später angerufenen Instanzen eines anderen Kantons grundsätzlich massgebend. Anerkennt beispielsweise ein Kanton im Rahmen von Art. 4 BGBM einen Fähigkeitsausweis, so darf die Marktzulassung der betreffenden Person von den Behörden eines anderen Kantons nur dann erneut überprüft werden, wenn konkrete Anhaltspunkte dafür bestehen, dass der Ansprecher die Voraussetzungen für die seinerzeitige Erteilung des Fähigkeitsausweises gar nie erfüllte oder nicht mehr erfüllt oder dass die dort zuständige Behörde die betreffenden Vorgaben ihrer eigenen Zulassungsordnung systematisch missachtet[46]. 33

---

[41] Vgl. BGE 138 I 61, E. 1 und 4.8.
[42] Vgl. BGE 137 II 182, E. 3.7.4.1; 133 II 181, E. 5.1.4; VGr, 31.5.2012, VB.2012.00143, E. 2.4.
[43] Vgl. z.B. RB 2001 Nr. 21, E. 2c (VB.2001.00083); Häfelin/Müller/Uhlmann, Verwaltungsrecht, N. 1636.
[44] VGr, 31.5.2012, VB.2012.00143, E. 2.4.
[45] Botschaft Bundesrechtspflege, S. 4289; Boog, in: Basler Kommentar BGG, Art. 29 N. 14.
[46] BGE 135 II 12, E. 2.4.

F. Vorgehen bei zweifelhafter Zuständigkeit und bei offensichtlicher Unzuständigkeit

34 Ist die **Zuständigkeit** der angerufenen Instanz **zweifelhaft,** so eröffnet diese ein Verfahren und führt im Bedarfsfall einen Meinungsaustausch mit anderen möglicherweise zuständigen Instanzen durch (vgl. N. 32). Im Weiteren sind verschiedene Konstellationen denkbar:

- Wird die zunächst zweifelhafte Zuständigkeit der angerufenen Instanz von keiner Partei bestritten und im Verlauf des Verfahrens auch von der betreffenden Behörde bejaht, so fällt diese einen *Entscheid in der Sache*, wenn auch alle weiteren Eintretensvoraussetzungen erfüllt sind.
- Erachtet sich die angerufene Behörde als unzuständig, so fällt sie einen *Nichteintretensbeschluss* und weist die Sache – ausser wenn ausnahmsweise keine entsprechende Pflicht besteht (vgl. N. 48 ff.) – an die zuständige Behörde weiter[47]. Überweisungsentscheide im Rahmen von Nichteintretensbeschlüssen stellen selbständig anfechtbare Zwischenentscheide über die Zuständigkeit dar[48].
- Wenn sich die angerufene Behörde zwar als zuständig erachtet, ihre Zuständigkeit jedoch von einer Verfahrenspartei bestritten wird, so hat sie ihre Zuständigkeit im Rahmen einer *selbständig anfechtbaren Zwischenverfügung* festzustellen[49], wenn eine Partei dies verlangt (vgl. § 10c) oder wenn sich dies aus verfahrensökonomischen Gründen rechtfertigt.

35 Wird **versehentlich** eine **offensichtlich unzuständige Instanz** angerufen, so eröffnet diese kein Verfahren, sondern leitet die Eingabe informell – unter Benachrichtigung des Absenders – an die zuständige Verwaltungsbehörde weiter (§ 5 Abs. 2 Satz 1[50]), soweit keine Gründe vorliegen, die einen Verzicht auf Weiterleitung rechtfertigen (dazu N. 48 ff.). Die formlose Überweisung an die zuständige Entscheidinstanz ist nicht anfechtbar: Die Weiterleitung bewirkt keinen nicht wiedergutzumachenden Nachteil, da die Zuständigkeitsfrage in einem Rechtsmittelverfahren gegen den Entscheid der zweitbefassten Behörde aufgeworfen werden kann[51]. Existiert keine zuständige Behörde, an die eine Eingabe weitergeleitet werden könnte – etwa im Fall eines offenkundig nicht ernst gemeinten Schreibens oder bei klarem Fehlen eines Anliegens bzw. eines Anfechtungswillens –, so kann die Eingabe ohne Weiterungen (allenfalls unter formloser Mitteilung an den Absender) abgelegt werden[52]. Ist ungewiss, ob ein vorbehalts- und bedingungslo-

---

[47] Vgl. z.B. RB 2008 Nr. 4; so auch Art. 30 BGG sowie Art. 9 Abs. 2 i.V.m. Art. 8 Abs. 1 VwVG (dazu BVGr, 30.1.2008, A-2723/2007, E. 3).
[48] § 19a Abs. 2 i.V.m. Art. 92 Abs. 1 BGG; VGr, 28.2.2013, VB.2012.00398, E. 1.1; vgl. BGE 138 III 610, E. 2.5.1; 133 III 645 E. 2.2; siehe auch Art. 127 Abs. 2 ZPO; anders VGr, 23.1.2004, PB.2003.00010, E. 3.
[49] Vgl. HÄFELIN/MÜLLER/UHLMANN, Verwaltungsrecht, N. 1637; KIENER/RÜTSCHE/KUHN, Öffentliches Verfahrensrecht, N. 489; siehe z.B. BGE 138 III 94, E. 2; so auch Art. 9 Abs. 1 VwVG (dazu BVGr, 30.1.2008, A-2723/2007, E. 3).
[50] So auch Art. 8 Abs. 1 VwVG.
[51] Vgl. BGE 121 I 173, E. 2; MERKLI/AESCHLIMANN/HERZOG, Kommentar VRPG, Art. 4 N. 10.
[52] Vgl. UHLMANN, Einleitung, S. 14.

ser Anfechtungswille besteht, so ist der eingebenden Person Gelegenheit zu geben, sich zur Frage des Anfechtungswillens zu äussern[53].

Wird **absichtlich** eine **offensichtlich unzuständige Instanz** angerufen, so ist das Verfahren durch Nichteintretensbeschluss ohne Weiterleitung an die zuständige Behörde zu erledigen. Wird eine derartige Eingabe als rechtsmissbräuchlich eingestuft, so besteht im Beschwerdeverfahren ferner die Möglichkeit, sie ohne Verfahrenseröffnung zurückzuschicken (§ 71 VRG i.V.m. Art. 132 Abs. 3 ZPO)[54].

G. Aufhebung von Entscheiden unzuständiger Behörden

Entscheidet eine Behörde in der Sache, obwohl sie unzuständig ist, so ist dieser Entscheid **anfechtbar oder nichtig.** Er kann durch die Rechtsmittelinstanzen – und allenfalls auch durch die Aufsichtsbehörden – aufgehoben werden, wobei die Verfahrenskosten in einem solchen Fall auf die Staatskasse zu nehmen sind. Analog verhält es sich mit Entscheiden einer unrichtig zusammengesetzten Behörde sowie bei Entscheiden, die unter Verletzung der Ausstandspflicht zustande kamen.

Sachliche und funktionelle Unzuständigkeit haben nicht selten *Nichtigkeit* zur Folge. Nichtigkeit bedeutet absolute Unwirksamkeit und ist von Amtes wegen zu beachten; sie kann jederzeit von jedermann geltend gemacht werden. Von der Nichtigkeit des Entscheids einer sachlich oder funktionell unzuständigen Behörde ist jedenfalls dann auszugehen, wenn eine qualifiziert unrichtige Instanz entschieden hat und der Mangel schwer und offensichtlich war und die Nichtigkeit die Rechtssicherheit nicht gefährdet. Von blosser Anfechtbarkeit ist hingegen auszugehen, wenn der verfügenden Behörde auf dem betreffenden Gebiet allgemeine Entscheidungsgewalt zukommt oder das Prinzip von Treu und Glauben und die Rechtssicherheit höher zu gewichten sind als das Interesse an der richtigen Rechtsanwendung[55]. Kein offensichtlicher Zuständigkeitsmangel und somit keine Nichtigkeit liegt beispielsweise vor, wenn sich eine unzuständige Behörde während Jahren als zuständig erachtete und deren Zuständigkeit auch seitens der Verfahrensbeteiligten bisher nie in Frage gestellt wurde[56].

Die **örtliche Unzuständigkeit** ist in der Regel lediglich ein *Anfechtungs*grund. Der betreffende Verwaltungsakt wird somit rechtsgültig, wenn er durch die Betroffenen nicht angefochten wird[57]. Nichtig kann ein Entscheid allenfalls dann sein, wenn der betreffende Verwaltungsakt einen Eingriff in fremdes Hoheitsgebiet bewirkt.

---

[53] Vgl. VGr, 20.4.2011, SB.2011.00022, E. 2.1.
[54] Vgl. Botschaft ZPO, S. 7306.
[55] BGE 137 III 217, E. 2.4.3; 136 II 489, E. 3.3; BGr, 31.8.2010, 8C_1065/2009, E. 4.2.3; VGr, 20.3.2013, VB.2012.00629, E. 2.5; VGr, 6.8.2012, VB.2012.00275, E. 3.5.
[56] BGE 136 II 489, E. 3.3.
[57] KIENER/RÜTSCHE/KUHN, Öffentliches Verfahrensrecht, N. 501.

III. Weiterleitung an die zuständige Instanz und Fristwahrung (Abs. 2)

A. Einleitung

40 Laut § 5 Abs. 2 sind Eingaben an eine unzuständige Verwaltungsbehörde von Amtes wegen und in der Regel unter Benachrichtigung des Absenders an die zuständige Verwaltungsbehörde weiterzuleiten, wobei für die Einhaltung der Fristen der Zeitpunkt der Einreichung bei der unzuständigen Behörde massgebend ist. **Ziel** dieser Bestimmung ist es, Verfahrensverzögerungen zu verhindern sowie Fristen und Rechtshängigkeit zu wahren, wenn sich ein Rechtsuchender mit einer Eingabe versehentlich (bzw. ohne bösgläubig zu sein) an eine unzuständige Behörde wendet oder wenn die Zuständigkeit einer Instanz aufgrund der gesetzlichen Regelung zweifelhaft ist. Die Pflicht zur Weiterleitung an die zuständige Behörde ist vor diesem Hintergrund zu sehen und gilt demnach nicht in jedem Fall (vgl. N. 48 ff.).

41 Die Weiterleitung an die zuständige Instanz kann **auf formelle oder informelle Weise** erfolgen: Wird versehentlich eine eindeutig unzuständige Instanz angerufen, so wird kein Verfahren eröffnet, und die Sache kann formlos – unter Benachrichtigung des Absenders – an die zuständige Verwaltungsbehörde weitergeleitet werden (N. 35). Ist die Zuständigkeit der angerufenen Instanz hingegen unklar oder umstritten, so muss ein Verfahren eröffnet werden, und eine allfällige Weiterleitung an die zuständige Instanz hat im Rahmen eines anfechtbaren Nichteintretensbeschlusses zu erfolgen (N. 34).

42 Im Falle einer teilweisen Unzuständigkeit der angerufenen Instanz kommt – unter Benachrichtigung des Absenders – eine **teilweise Weiterleitung** der Sache an die diesbezüglich zuständige Behörde in Frage[58].

43 Erachtet sich die angerufene Behörde als unzuständig und leitet sie die Sache an eine andere Instanz weiter, die sich ebenfalls nicht als zuständig erachtet, so kann diese die Sache – unter Benachrichtigung des Absenders – an eine Drittinstanz **weiterüberweisen**. Für die Beurteilung der Fristwahrung ist auch in solchen Fällen der Zeitpunkt der *ersten* Einreichung massgebend[59].

44 Im Fall eines **negativen Kompetenzkonflikts** zwischen der Behörde, welche die Sache überweist, und jener, an die die Sache überwiesen oder rücküberwiesen wird, hat die gemeinsame Aufsichtsbehörde über die Zuständigkeit zu entscheiden (vgl. N. 27).

B. Weiterleitung an eine Zürcher Verwaltungsbehörde

1. Weiterleitungspflicht

45 Nach § 5 Abs. 2 Satz 1 müssen Eingaben an eine unzuständige Verwaltungsbehörde von Amtes wegen an die zuständige *Verwaltungsbehörde* weitergeleitet werden. Der Grund-

---

[58] VGr, 13.9.2007, VB.2007.00303 (nicht publiziert).
[59] Vgl. (in Bezug auf Art. 63 ZPO) BGE 138 III 471, E. 6.

satz der Weiterleitungspflicht betrifft **Verwaltungs(rechtspflege)behörden des Kantons Zürich sowie der Zürcher Bezirke und Gemeinden** (§§ 4 und 70).

Die Pflicht zur Weiterleitung an die zuständige Behörde darf nicht davon abhängig gemacht werden, ob die unzuständige Behörde die Eingabe als **nachbesserungsbedürftig** – etwa als mangelhaft begründet – erachtet, solange nach Treu und Glauben von der Absicht der gesuchstellenden Person auszugehen ist, ein Verfahren einzuleiten bzw. ein Rechtsmittel zu erheben [60]. Die unzuständige Behörde darf die Weiterleitung ferner auch nicht aus Gründen der nach ihrer Auffassung fehlenden Erfolgschance eines Begehrens verweigern[61].

46

Fristrechtlich massgebend ist der Zeitpunkt der Einreichung bei der unzuständigen Behörde (§ 5 Abs. 2 Satz 2). Dies gilt auch dann, wenn die unzuständige Behörde in Missachtung ihrer Weiterleitungspflicht auf die Eingabe nicht eintritt. Bei der zuständigen Instanz kann diesfalls um **Fristwiederherstellung** ersucht werden, um die Frist zu wahren[62]. Selbst wenn kein solches Gesuch gestellt wird, muss die zuständige Instanz die Fristwahrung bejahen, denn die rechtsuchende Person soll im Fall einer fristgemässen Eingabe nicht ohne Not um die Beurteilung ihres Begehrens durch die zuständige Instanz gebracht werden[63].

47

2. Ausnahmen

Da die Weiterleitung an die zuständige Behörde im Rahmen von § 5 Abs. 2 der Fristwahrung dient, erweist sie sich nur im Fall von **fristgebundenen Eingaben** in der Regel als zwingend erforderlich[64]. Besteht hingegen keine oder keine unmittelbare Fristgebundenheit – etwa im Fall von aufsichtsrechtlichen Eingaben[65], Rechtsverzögerungsbeschwerden[66], Strafanzeigen[67], Klageverfahren[68], Akteneinsichtsgesuchen[69] oder Eingaben an eine Ombudsperson –, so geht die Praxis davon aus, dass es zulässig ist, auf die Eingabe ohne Weiterleitung an die zuständige Instanz nicht einzutreten und es der gesuchstellenden Person anheimzustellen, ob sie an die zuständige Instanz gelangen will oder nicht.

48

Gleiches gilt, wenn die Eingabe bei der unzuständigen Instanz zu einem Zeitpunkt erfolgte, zu dem sie (auch) bei der zuständigen Behörde **bereits verspätet** gewesen wäre[70]. Diesfalls würde die Weiterleitung an die zuständige Instanz lediglich einen unnötigen Leerlauf bedeuten.

49

---

[60] RB 2007 Nr. 1, E. 2.3 (VB.2006.00313); vgl. BGr, 17.8.2004, 1P.143/2004, E. 3.3.1.
[61] VGr, 6.5.2009, SB.2008.00110 (nicht publiziert).
[62] Vgl. BGr, 9.10.2008, 6B_510/2008, E. 1.
[63] BGr, 17.8.2004, 1P.143/2004, E. 3.3.3; BGE 121 I 93, E. 1d; KÖLZ/HÄNER/BERTSCHI, Verwaltungsverfahren, N. 398.
[64] VGr, 6.8.2010, PK.2010, 00001, E. 3.1; RB 2002 Nr. 23 (PB.2002.00015).
[65] VGr, 29.3.2012, VB.2012.00107, E. 2.2; VGr, 20.5.2010, VB.2010.00080, E. 2.4; RB 2008 Nr. 16, E. 2.2; zum Evokationsrecht siehe Vorbem. zu §§ 19–28a N. 76.
[66] VGr, 1.7.2010, VB.2010.00195, E. 1.3.
[67] VGr, 20.5.2010, VB.2010.00080, E. 1.2.
[68] VGr, 22.12.2011, VK.2011.00003, E. 6; VGr, 10.2.2011, VK.2010.00002, E. 4.
[69] VGr, 27.9.2012, VB.2012.00417, E. 2.4.
[70] VGr, 22.12.2011, VK.2011.00003, E. 6; VGr, 20.5.2010, VB.2010.00080, E. 1.3.

50 Wenn eine Partei mehrere Anträge stellt, von denen nur ein Teil den Zuständigkeitsbereich der angerufenen Behörde beschlägt, so hat diese die in ihre Kompetenz fallenden Punkte zu behandeln, ohne eine **Teilüberweisung** anzuordnen. Nach der Fällung des Endentscheids kommt indessen eine Weiterleitung in Frage, falls noch Aspekte offen sind, die eine andere Instanz zu beurteilen hat[71].

51 Die Weiterleitungspflicht steht ferner unter dem Vorbehalt des **Rechtsmissbrauchs.** Demnach darf auf die Weiterleitung an die zuständige Instanz verzichtet werden, wenn eine Eingabe nicht versehentlich, sondern bewusst bei der unzuständigen Instanz erfolgte[72]. Eine derartige Absicht darf aber nur dann unterstellt werden, wenn unter den gegebenen Umständen von einer offenkundig nicht irrtümlichen Einreichung bei der unzuständigen Instanz ausgegangen werden muss, so dass das der Weiterleitungspflicht zugrunde liegende Fristwahrungsziel keinen Schutz verdient. Im Fall einer wissentlichen Eingabe bei einer unzuständigen Instanz entfällt nicht nur die Weiterleitungspflicht, sondern auch die fingierte Fristwahrung[73].

52 Richtet ein Gesuchsteller **gleichlautende Eingaben an mehrere Behörden,** von welchen nur eine zuständig ist, so sind die unzuständigen Behörden nicht zu einer Überweisung verpflichtet. Vielmehr ist diesfalls auf die Sache nicht einzutreten und den Verfahrensbeteiligten mitzuteilen, dass eine bereits angerufene Instanz als zuständig erachtet werde[74]. Ist allerdings nicht bekannt, ob die bei der zuständigen Behörde eingereichte Eingabe den gleichen Wortlaut aufweist, so drängt es sich auf, die Sache nichtsdestotrotz an diese zu überweisen[75].

53 Im **Submissionsverfahren** besteht keine Pflicht zur Weiterleitung von Offerten, die bei einer unzuständigen Amtsstelle eingereicht wurden. Die effiziente Abwicklung des Vergabeverfahrens und die Gleichbehandlung der Antragsteller machen eine strikte Respektierung von Eingabefrist und -ort erforderlich[76].

C. Weiterleitung an ausserkantonale Verwaltungsbehörden sowie an Zivil- und Strafbehörden

54 Die Weiterleitungspflicht nach § 5 Abs. 2 gilt lediglich in Bezug auf **Zürcher Verwaltungsbehörden** (vgl. § 4), nicht aber in Bezug auf ausserkantonale Verwaltungsbehörden und ebensowenig auf Zivil- und Strafbehörden.

---

[71] FLÜCKIGER, in: Praxiskommentar VwVG, Art. 8 N. 13; vgl. VGr, 27.9.2012, VB.2012.00417, E. 2.3.
[72] Vgl. BGr, 17.8.2004, 1P.143/2004, E. 3.3.3; VGr, 27.1.2011, VB.2010.00725, E. 3.2 und 3.3; BVGr, 20.2.2012, A-4898/2011, E. 2.1 und 2.2; in Bezug auf Art. 32 Abs. 2 SchKG (in der Fassung vom 16.12.1994) vgl. BGE 130 III 515, E. 4, wo als Beispiel die Einreichung eines Rechtsvorschlags beim Gewässerschutzamt erwähnt wird.
[73] Vgl. VGr, 21.11.2012, VB.2012.00415, E. 1.5 (nicht publiziert).
[74] BGE 136 II 436 E. 1.4; BGr, 15.6.2011, 1B_44/2011, E. 1.2; MERKLI/AESCHLIMANN/HERZOG, Kommentar VRPG, Art. 4 N. 8.
[75] RB 2008 Nr. 4 E. 5.
[76] RB 2004 Nr. 40 (VB.2004.00331; selektives Verfahren); VGr, 11.1.2012, VB.2011.00664, E. 4.2 (Einladungsverfahren).

Bis Ende 2010 war im Verfahren vor dem Verwaltungsgericht – gestützt auf die damalige Fassung von § 71 VRG – § 194 GVG anwendbar, wonach irrtümlich an eine unrichtige zürcherische Gerichts- oder Verwaltungsstelle gerichtete Eingaben und Zahlungen als rechtzeitig galten und von Amtes wegen an die zuständige Stelle weiterzuleiten waren. Überweisungen an Zivil- und Strafgerichte stützte das Verwaltungsgericht regelmässig auf diese Bestimmung. Der revidierte, seit 2011 geltende § 71 verweist nunmehr auf Normen der ZPO und des GOG, die keine entsprechenden Überweisungsregeln enthalten.

55

Die Verwaltungsbehörden sind demnach von Gesetzes wegen **nicht dazu verpflichtet,** Eingaben im Unzuständigkeitsfall an eine zuständige ausserkantonale Verwaltungsbehörde bzw. an eine Zivil- oder Strafbehörde weiterzuleiten.

56

Auch **Zivilbehörden** kennen im Unzuständigkeitsfall keine generelle Überweisungspflicht[77]. Der Gesetzgeber wollte eine solche Pflicht wegen der damit verbundenen Zusatzbelastung der Gerichte vermeiden[78]. Hinzu kommt, dass im Zivilprozess die Dispositionsmaxime gilt, so dass es Sache der Kläger ist, ob sie bei einem bestimmten Gericht einen bestimmten Anspruch verfolgen wollen[79].

57

Das Gesetz verbietet es den Verwaltungsbehörden aber nicht, eine Eingabe im Unzuständigkeitsfall an die zuständige ausserkantonale Verwaltungsbehörde bzw. an eine Zivil- oder Strafbehörde weiterzuleiten. Eine solche Überweisung kann sich insbesondere aus **prozessökonomischen Gründen** rechtfertigen: In vielen Fällen ist es bedeutend einfacher, eine Eingabe an die zuständige Behörde weiterzuleiten, als einen Nichteintretensbeschluss zu fällen und es dem Rechtssuchenden zu überlassen, bei der zuständigen Instanz innert Frist[80] eine neue Eingabe einzureichen und dabei die Fristwahrung zu belegen.

58

Von einer Überweisung an die zuständige Straf- oder Zivil- oder ausserkantonale Verwaltungsbehörde ist indessen **abzusehen,** wenn es sich um eine nicht fristgebundene Eingabe handelt oder wenn die Eingabe bewusst bei der unzuständigen Verwaltungsbehörde erfolgte (N. 48 und 51). Ein Nichteintretensentscheid ist einer Weiterleitung ferner auch dann vorzuziehen, wenn die gesuchstellende Person explizit eine Beurteilung durch die angerufene Verwaltungsbehörde verlangt oder wenn aufgrund bestimmter Umstände – etwa höherer Risiken betreffend Prozesskosten – Unsicherheit besteht, ob die Person mit einer Überweisung einverstanden ist. Die Weiterleitungspflicht stösst im Übrigen da an Grenzen, wo die Eruierung der zuständigen Instanz für die angerufene Behörde mit einem unzumutbaren Aufwand verbunden wäre[81]. Dies kann etwa der Fall sein, wenn Behörden eines fremden Staates zuständig sind[82], soweit sich eine Überweisungspflicht diesfalls nicht aus dem Völkerrecht ergibt[83].

59

---

[77] Art. 127 Abs. 1 ZPO sieht eine Überweisungspflicht lediglich im Fall von mehreren rechtshängigen Rechtsmitteln vor, die miteinander in einem sachlichen Zusammenhang stehen.
[78] INFANGER, in: Basler Kommentar ZPO, Art. 63 N. 4.
[79] BGr, 15.4.2011, 2C_707/2010, E. 3.4; vgl. BGE 130 III 515, E. 4 und 5.
[80] Vgl. in Bezug auf Art. 63 ZPO BGE 138 III 610, E. 2.7.
[81] Vgl. VGr, 27.1.2011, VB.2010.00725, E. 3.2.
[82] Vgl. BOOG, in: Basler Kommentar BGG, Art. 30 N. 8.
[83] Vgl. BGE 125 V 503, E. 4d; CAVELTI, in: Kommentar VwVG, Art. 21 N. 15.

60 Die Anrufung einer unzuständigen Instanz wirkt in der Regel **fristwahrend** – und zwar unabhängig davon, ob die Eingabe von Amtes wegen an die zuständige Instanz weitergeleitet wird oder ob der Rechtsuchende selber an diese gelangt. Gemäss einem allgemeinen prozessualen Grundsatz soll der Rechtsuchende im Fall einer fristgerechten Eingabe nämlich nicht ohne Not um die Beurteilung seines Begehrens durch die zuständige Instanz gebracht werden[84].

D. Weiterleitung an das Bundesgericht

61 Eine Weiterleitungspflicht ist nicht nur im VRG vorgesehen, sondern auch in mehreren Spezialgesetzen (z.B. Art. 32 Abs. 2 SchKG; Art. 30 ATSG) sowie im **Bundesgerichtsgesetz**. Gemäss Art. 48 Abs. 3 BGG muss eine Eingabe unverzüglich dem Bundesgericht übermittelt werden, wenn sie rechtzeitig bei der Vorinstanz oder – beispielsweise wegen einer falschen Rechtsmittelbelehrung[85] – bei einer unzuständigen eidgenössischen oder kantonalen Behörde[86] eingereicht worden ist[87]. Nicht fristwahrend ist demgegenüber die Eingabe an eine Gemeindebehörde[88].

62 Das Zürcher **Verwaltungsgericht** verzichtet bisweilen auf die Weiterleitung an das Bundesgericht und begründet dies damit, dass nicht feststehe, ob der Beschwerdeführer das Bundesgericht angerufen hätte, wenn er dessen Zuständigkeit gekannt hätte, und dass das Bundesgericht die Rechtsmittelfrist im Fall einer nachträglichen Beschwerdeerhebung wiederherstellen würde[89]. Auf eine Übermittlung an das Bundesgericht wird auch dann verzichtet, wenn beim Verwaltungsgericht ein Revisionsgesuch in Bezug auf ein rechtskräftiges verwaltungsgerichtliches Urteil gestellt wird, ohne dass Revisionsgründe vorliegen; in diesem Fall liegt es am Gesuchsteller, beim Bundesgericht um Fristwiederherstellung zu ersuchen[90]. Schliesslich darf das Verwaltungsgericht eine Eingabe als Fristwiederherstellungsgesuch behandeln bzw. auf eine Weiterleitung an das Bundesgericht verzichten, wenn der Gesuchsteller einen verwaltungsgerichtlichen Entscheid kritisiert, ohne dass ein Wille zur Beschwerdeerhebung beim Bundesgericht erkennbar ist[91].

---

[84] BGr, 17.8.2004, 1P.143/2004, E. 3.3.3; BGE 121 I 93, E. 1d; 118 Ia 241, E. 3c; KÖLZ/HÄNER/BERTSCHI, Verwaltungsverfahren, N. 398.
[85] AMSTUTZ/ARNOLD, in: Basler Kommentar BGG, Art. 49 N. 12.
[86] Als «unzuständige kantonale Behörde» im Sinne von Art. 48 Abs. 3 BGG gilt beispielsweise die Kantonspolizei (BGr, 12.1.2009, 1C_379/2008, E. 1.2 [ZBl 2010, 588 ff.]).
[87] Vgl. z.B. BGr, 12.3.2008, 2C_98/2008, E. 2.3.
[88] AMSTUTZ/ARNOLD, in: Basler Kommentar BGG, Art. 48 N. 23.
[89] VGr, 29.7.2009, VB.2009.00303, E. 5.
[90] VGr, 31.10.2011, RG.2011.00008, E. 3 (nicht publiziert).
[91] Vgl. BGr, 26.3.2012, 5A_886/2011, E. 2.3.

IV. Rückweisung zur Verbesserung mangelhafter Eingaben (Abs. 3)

A. Einleitung

§ 5 Abs. 3 auferlegt den Behörden die Pflicht, zu Beginn eines Verwaltungs- oder Verwaltungsrechtspflegeverfahrens **von Amtes wegen zu prüfen,** ob eine Eingabe unleserlich, ungebührlich oder übermässig weitschweifig ist, und sie bejahendenfalls zur Verbesserung zurückzuweisen. Im Beschwerde- und Klageverfahren muss aufgrund von Art. 132 Abs. 2 ZPO, der gemäss den §§ 71 bzw. 86 ergänzend zur Anwendung gelangt, überdies geprüft werden, ob eine Eingabe *unverständlich* ist. Im Fall einer ungebührlichen Eingabe kann ausserdem die Anordnung einer Disziplinarmassnahme in Frage kommen (vgl. N. 85 ff.).

Zweck von § 5 Abs. 3 ist es, zu verhindern, dass sich die Behörden mit **formell mangelhaften oder unzumutbaren Eingaben** befassen müssen[92]. Eine auf § 5 Abs. 3 gestützte Frist zur Nachbesserung kann nur bei Eingaben gewährt werden, die unleserlich, ungebührlich oder übermässig weitschweifig sind, nicht aber bei Eingaben, die andere Mängel (etwa in Bezug auf die Fristwahrung oder – im Rekurs- und Beschwerdeverfahren – auf die Antrags- und Begründungspflicht) aufweisen. Unzulässig ist eine auf § 5 Abs. 3 gestützte Ansetzung einer Nachbesserungsfrist ferner dann, wenn eine Eingabe ausschliesslich materielle Mängel (etwa eine nicht überzeugende Begründung) aufweist.

§ 5 Abs. 3 wurde im Rahmen der **VRG-Revision 1997** in das Gesetz eingefügt mit der Begründung, ähnliche Bestimmungen im Bund sowie im Kanton Bern hätten sich bewährt[93].

Entgegen dem **Randtitel** betrifft § 5 Abs. 3 nicht die Prüfung der *Zuständigkeit* einer Behörde, sondern die Formgültigkeit von Eingaben. Ein Zusammenhang zwischen der Zuständigkeits- und der Formmangelprüfung besteht einzig insofern, als beispielsweise eine unleserliche oder unverständliche Eingabe die Zuständigkeitsprüfung unverhältnismässig erschweren oder gar verunmöglichen kann.

B. Unleserlichkeit, Ungebührlichkeit und Weitschweifigkeit

Zur Verbesserung zurückzuweisen sind gemäss § 5 Abs. 3 unleserliche, ungebührliche und übermässig weitschweifige Eingaben an die Behörden. Eine Nachbesserungspflicht in Bezug auf solche oder ähnliche Formmängel ist auch in **anderen Verfahrensgesetzen** enthalten, insbesondere in Art. 132 Abs. 2 ZPO, der im Beschwerdeverfahren ergänzend anwendbar ist (vgl. § 71), sowie in Art. 42 Abs. 6 BGG.

Als **unleserlich** gelten Eingaben, die sich aufgrund des Schriftbilds nicht oder nur mit grosser Mühe und unzumutbarem zeitlichem Aufwand entziffern lassen. Dies kann einerseits unleserliche Handschriften betreffen, andererseits Maschinenschriften, die

---

[92] Vgl. BORNATICO, in: Basler Kommentar ZPO, Art. 132 N. 1.
[93] Weisung 1995, S. 1530; vgl. Art. 30 Abs. 3 OG, dem der heutige Art. 42 Abs. 6 BGG entspricht.

aufgrund eines schlechten Druckers oder der Verwendung einer zu kleinen Schrift oder unbekannter Zeichen nicht entzifferbar bzw. unverständlich sind[94].

69 Als **ungebührlich** gelten Eingaben, wenn sie den durch die guten Sitten gebotenen prozessualen Anstand vermissen lassen und Ton sowie Ausdrucksweise sich auch durch das Recht auf selbst harte Kritik an Behörden nicht mehr rechtfertigen lassen[95]. Ungebührliche Eingaben verunglimpfen Behörden oder andere Parteien persönlich – durch Verleumdung, Beleidigung oder ehrverletzende Äusserungen. Dies ist insbesondere dann anzunehmen, wenn die Vorwürfe keinen realen Hintergrund haben oder in keinem Zusammenhang zu den vorgebrachten Anträgen stehen[96]. Als ungebührlich ist beispielsweise eine Anhäufung haltloser, Verachtung ausdrückender Wortwendungen einzustufen[97]. Ungebührlich können nicht nur sprachlicher Inhalt und Stil sein, sondern auch weitere Aspekte – etwa wenn eine Eingabe zur Schikane ein krass überdimensioniertes Format aufweist oder ekelerregendes Material enthält. Bei Anwälten und Behörden ist ein strengerer Massstab anzulegen als bei juristischen Laien[98]. Ungebührlichkeit ist im Lichte der Meinungsfreiheit nicht leichthin anzunehmen, da im Rahmen von Rechtsstreitigkeiten unzimperliche, übertriebene und verallgemeinernde Argumentationen in Kauf zu nehmen sind[99]. Es muss einer Partei gestattet sein, das zur Wahrung ihrer berechtigten Interessen Notwendige vorzubringen, ohne auf besondere Zurückhaltung im Ton achten zu müssen[100]. Sogar ehrenrührige Äusserungen von Anwälten können durch die Darlegungspflicht und die Berufspflicht gerechtfertigt sein, sofern sie sachbezogen sind, nicht über das Notwendige hinausgehen, nicht unnötig verletzend sind, nicht wider besseres Wissen erfolgen und blosse Vermutungen als solche bezeichnen[101]. Enthält eine Eingabe beispielsweise Beschimpfungen unter Verwendung von Formulierungen wie «Juristen-Schwachsinn», «veraltete und entartete Irrlehren», «schlampende und trölerische Steuerbehörden», «mit seinem bekannten arroganten und untauglichen juristischen Phantasie- und Monster-Geplapper», so lässt dies zwar den von einem durchschnittlichen Rechtsuchenden zu erwartenden Anstand vermissen; die Eingabe ist jedoch nicht in einem Masse ungebührlich, dass sie zur Verbesserung zurückzuweisen wäre oder dass sich Disziplinarmassnahmen rechtfertigten[102].

70 Von einer **übermässig weitschweifigen Eingabe** ist auszugehen, wenn sie langatmige Ausführungen und Wiederholungen bezüglich einzelner Tat- und Rechtsfragen enthält, die aufgrund der tatsächlichen Verhältnisse zur Wahrung eines Anspruchs nicht erforderlich sind oder sich in keiner Weise auf das Thema des Rechtsmittelverfahrens bezie-

---

[94] Vgl. BORNATICO, in: Basler Kommentar ZPO, Art. 132 N. 23; MERZ, in: Basler Kommentar BGG, Art. 42 N. 101.
[95] BGr, 12.7.2011, 2C_418/2011, E. 2.2.
[96] VGr, 19.9.2001, VB.2001.00228, E. 2d cc.
[97] BGr, 12.7.2011, 2C_418/2011, E. 2.3.
[98] Vgl. BORNATICO, in: Basler Kommentar ZPO, Art. 132 N. 25; MERZ, in: Basler Kommentar BGG, Art. 42 N. 102.
[99] VGr, 26.4.2013, VB.2013.00136, E. 2.1 (nicht publiziert); MERKLI/AESCHLIMANN/HERZOG, Kommentar VRPG, Art. 33 N. 5.
[100] VGr, 19.9.2001, VB.2001.00228, E. 2a und 2d cc.
[101] BGE 131 IV 154, E. 1.3.
[102] BGr, 7.12.2010, 2C_355/2010, E. 1.5.

hen[103]. Mit der Zurückweisung einer weitschweifigen Eingabe zur Kürzung soll verhindert werden, dass Ressourcen der Verwaltung und Justiz unnütz gebunden werden[104]. Ob übermässige Weitschweifigkeit vorliegt, hängt von den Umständen des Einzelfalls ab, insbesondere von der Komplexität der Materie und dem Umfang der Akten. Auch bei der Darlegung komplizierter Sachverhalte und komplexer Rechtsverhältnisse darf eine Beschränkung auf das Wesentliche erwartet werden. Angesichts der möglichen Konsequenz des Verlusts des Rechtsschutzes darf allerdings kein allzu strenger Massstab angelegt werden[105]. Als übermässig weitschweifig wurde beispielsweise eine 37-seitige Rechtsschrift mit 342 Randziffern bezeichnet, die zahlreiche nicht entscheidrelevante Passagen, unnötige Wiederholungen und schwer verständliche Ausführungen enthielt, wobei sich die Anfechtung gegen einen klar begründeten Entscheid richtete, der eine nicht besonders komplexe Angelegenheit betraf und juristisch keine grossen Anforderungen stellte[106]. Von übermässiger Weitschweifigkeit einer Eingabe ist hingegen nicht bereits dann auszugehen, wenn eine Partei der Behörde Tatsachenmaterial ausbreitet, dessen Vorlegung sie in guten Treuen für nötig hält[107]. Eine übermässig weitschweifige Eingabe kann nicht dadurch korrigiert werden, dass die inhaltlich gleiche Eingabe mit kleinerem Schriftbild eingereicht wird[108].

C. Grundsätzliche Gewährung einer Nachbesserungsmöglichkeit

Aufgrund von § 5 Abs. 3 besteht grundsätzlich die **Pflicht,** unleserliche, ungebührliche und übermässig weitschweifige Eingaben zur Verbesserung zurückzuweisen. Im Rekurs- und Beschwerdeverfahren statuieren ferner § 23 Abs. 2 bzw. § 56 Abs. 1 im Fall von mangelhaften Eingaben die grundsätzliche Pflicht, eine Frist zur Verbesserung der Mängel anzusetzen. Im Beschwerdeverfahren gilt dies nicht nur für unleserliche, ungebührliche und übermässig weitschweifige, sondern auch für unverständliche Eingaben (§ 71 VRG i.V.m. Art. 132 Abs. 2 ZPO). 71

Mängel einer Eingabe im Sinn von § 5 Abs. 3 ziehen für den Urheber keinen Rechtsverlust nach sich, sondern lediglich die Rückweisung zur Verbesserung. Indem sich eine solche Eingabe nicht von vornherein als unzulässig erweist, wird dem **Verbot des überspitzten Formalismus** Rechnung getragen[109]. 72

Die Behörden haben Eingaben **unverzüglich** auf Formmängel zu untersuchen und Verbesserungen sofort zu veranlassen[110]. Es bietet sich an, im Rahmen der Zuständigkeitsprüfung, welche die Behörde zu Verfahrensbeginn vorzunehmen hat (§ 5 Abs. 1), auch die in § 5 Abs. 3 enthaltenen Kriterien zu überprüfen. 73

---

[103] VGr, 19.9.2001, VB.2001.00228, E. 2a; vgl. RB 1999 Nr. 1.
[104] Vgl. MERZ, in: Basler Kommentar BGG, Art. 42 N. 104.
[105] BGr, 18.5.2010, 1C_162/2010, E. 4.5.
[106] BGr, 18.5.2010, 1C_162/2010, E. 4.6.2 und 4.6.3.
[107] Vgl. BORNATICO, in: Basler Kommentar ZPO, Art. 132 N. 29.
[108] BGr, 25.7.2013, 8C_474/2013.
[109] Vgl. BGE 134 II 244, E. 2.4.2.
[110] MERKLI/AESCHLIMANN/HERZOG, Kommentar VRPG, Art. 33 N. 3.

74 Zur Verbesserung einer formell mangelhaften Eingabe ist eine **angemessene Frist** anzusetzen; für das Rekursverfahren ist in § 23 Abs. 2 von einer «kurzen Frist» die Rede. Die Frist ist so zu wählen, dass die verlangte Verbesserung innert Frist tatsächlich möglich ist. Im Normalfall dürfte eine Frist von 7–20 Tagen angemessen sein[111]. Das Verwaltungsgericht gewährt in der Regel eine 10-tätige Nachfrist. Ausnahmsweise kann auch eine dreitätige Nachfrist genügen[112].

75 Obschon im Gesetz nicht vorgesehen, erweist es sich als sachgerecht, zusammen mit der Fristansetzung **Säumnisfolgen anzudrohen** für den Fall, dass die Eingabe innert Frist nicht oder nicht auf genügende Weise verbessert wird. Üblicherweise wird für den Säumnisfall Nichteintreten auf das betreffende Begehren angedroht[113].

76 Erfolgt innert der angesetzten Nachfrist keine oder keine genügende Verbesserung der Eingabe, so hat die betreffende Behörde die angedrohten Säumnisfolgen umzusetzen. In der Regel wird sie auf die betreffende Eingabe androhungsgemäss **nicht eintreten,** was keinen Verstoss gegen das Rechtsverweigerungsverbot darstellt[114]. Wurden in einem Verwaltungs- oder Rekursverfahren keine Säumnisfolgen angedroht, so ist im Säumnisfall abermals eine Verbesserungsfrist (nunmehr unter Androhung von Säumnisfolgen) anzusetzen.

77 Im **Beschwerde- und Klageverfahren** gilt eine Eingabe *von Gesetzes wegen* als nicht erfolgt, wenn Mängel wie Unleserlichkeit, Ungebührlichkeit, Unverständlichkeit oder Weitschweifigkeit innert Nachfrist nicht verbessert werden (§§ 86 bzw. 71 i.V.m. Art. 132 Abs. 1 und 2 ZPO).

D. Ausnahmsweiser Verzicht auf Gewährung einer Nachbesserungsmöglichkeit

78 Auf die Gewährung einer Nachfrist zur Verbesserung einer formell mangelhaften Eingabe darf angesichts des Verbots des überspitzten Formalismus und des Anspruchs auf rechtliches Gehör nur ausnahmsweise verzichtet werden[115]. Die Praxis ist deshalb mit der Nichtgewährung von Verbesserungsmöglichkeiten **zurückhaltend**[116].

79 Zulässig ist ein solcher Verzicht im Fall der **wiederholt rechtsmissbräuchlichen Prozessführung,** etwa bei mehrfachen weitschweifigen und unlesbaren Eingaben. Die Behörde kann Personen, die wiederholt solche Eingaben tätigen, darauf hinweisen, dass inskünftig Eingaben derselben Art ohne förmliche Geschäftserledigung abgelegt werden[117].

80 Die Pflicht, eine Verbesserungsmöglichkeit zu gewähren, entfällt ferner dann, wenn jemand trotz Kenntnis der formellen Anforderungen aufgrund von Eingaben in diversen

---

[111] Bornatico, in: Basler Kommentar ZPO, Art. 132 N. 21.
[112] BGE 112 Ib 634, E. 2c.
[113] Rotach Tomschin, Revision, S. 441.
[114] RB 1999 Nr. 1; VGr, 19.9.2001, VB.2001.00228, E. 3.
[115] Vgl. BGE 134 II 244, E. 2.4.2.
[116] Vgl. VGr, 21.12.2006, VB.2006.00528, E. 4.
[117] RB 2006 Nr. 13.

früheren Verfahren **erneut** eine mit **gleichartigen Mängeln** behaftete Eingabe einreicht. Auf solche Eingaben ist ohne Weiterungen nicht einzutreten[118].

Keine Nachfrist ist sodann anzusetzen, wenn eine Partei auf **rechtsmissbräuchliche Weise** absichtlich eine formell mangelhafte Eingabe einreicht. Die Nachbesserungsmöglichkeit darf insbesondere nicht gewährt werden, wenn ein Anwalt oder eine sonstige rechtskundige Person eine bewusst mangelhafte Rechtsschrift einreicht, um damit eine Nachfrist zur Begründung zu erwirken[119]. 81

Die Pflicht zur Gewährung einer Nachbesserungsmöglichkeit entfällt schliesslich auch dann, wenn die Eingabe an einem **unheilbaren Mangel** (z.B. Fristversäumnis) leidet[120]. 82

Falls die angerufene Behörde zur Behandlung einer formell mangelhaften Eingabe örtlich, sachlich oder funktional unzuständig ist, hat sie diese ohne Ansetzung einer Verbesserungsfrist im Rahmen eines Nichteintretensbeschlusses an die zuständige Behörde zu **überweisen** (§ 5 Abs. 2). 83

Im **Beschwerde- und Klageverfahren** werden **querulatorische und rechtsmissbräuchliche Eingaben** ohne weiteres – und somit ohne Gewährung einer Verbesserungsmöglichkeit – zurückgeschickt (§§ 86 und 71 i.V.m. Art. 132 Abs. 3 ZPO; so auch Art. 42 Abs. 7 BGG). Solche Eingaben sind unbeachtlich und vermögen kein Verfahren zu eröffnen[121]; dies bedeutet keine Verletzung des Rechtsverweigerungsverbots[122]. Mit der in Art. 132 Abs. 3 ZPO enthaltenen Rücksendeoption wollte der Gesetzgeber verhindern, dass ein Gericht einen Nichteintretensentscheid fällen muss in Bezug auf eine Eingabe, die keinen Rechtsschutz verdient und deshalb auch nicht bei der nächsthöheren Instanz angefochten werden können soll[123]. Häuft sich die Zahl der querulatorischen Eingaben einer Person und verursacht dies einen unverhältnismässigen Aufwand für den Rückversand, so kann sich das Gericht gegenüber dem Adressaten vorbehalten, weitere gleichartige Eingaben ohne förmliche Erledigung und ohne Antwort abzulegen[124]. Als *querulatorisch* ist etwa das Prozessverhalten einer Person zu erachten, die eine derart hohe Zahl aussichtsloser Verfahren in immer der gleichen Sache veranlasst, dass dies vernünftigerweise nur noch als Erscheinungsform einer psychischen Störung gewürdigt werden kann[125]. Als *rechtsmissbräuchlich* gelten beispielsweise eine auf systematische Obstruktion angelegte Prozessführung, ein trölerisches Prozessieren zwecks Zeitgewinn[126] oder eine Prozessführung, für die jeglicher vernünftige Grund fehlt[127]. 84

---

[118] BGr, 6.10.2008, 5A_355/2008, E. 2.3; RB 2006 Nr. 14 (VB.2006.00528).
[119] BGE 134 V 162, E. 4.1.
[120] Merz, in: Basler Kommentar BGG, Art. 42 N. 111.
[121] Botschaft ZPO, S. 7306.
[122] Vgl. BGr, 10.6.2011, 2C_325/2011.
[123] Bornatico, in: Basler Kommentar ZPO, Art. 132 N. 30; Merz, in: Basler Kommentar BGG, Art. 42 N. 112.
[124] Vgl. z.B. BGr, 5.12.2011, 5D_223/2011; BGr, 12.4.2011, 6B_250/2011, E. 3.
[125] BGE 118 Ia 236, E. 2c; vgl. Merz, in: Basler Kommentar BGG, Art. 42 N. 114.
[126] Merz, in: Basler Kommentar BGG, Art. 42 N. 113; vgl. z.B. BGr, 19.9.2006, 1P.457/2006, E. 3.1.
[127] BGr, 31.8.2011, 2D_33/2011, E. 2.2.

E. Exkurs: Disziplinarmassnahmen

1. Einleitung

85 Zwar sehen weder § 5 Abs. 3 noch andere Bestimmungen des heutigen VRG die Anordnung von **Disziplinarmassnahmen** vor[128]. Ein Aufgreifen der Thematik an dieser Stelle rechtfertigt sich jedoch, weil insbesondere im Fall einer im Sinne von § 5 Abs. 3 «ungebührlichen» Eingabe zu prüfen ist, ob Disziplinarmassnahmen anzuordnen sind.

86 **Ziel** der Anordnung von Disziplinarmassnahmen ist es, sicherstellen, dass eine sachliche, verfahrensbezogene Auseinandersetzung geführt wird und dass entscheidrelevante Vorwürfe nicht unnötig verletzend, sondern mit dem durch die Sache gebotenen Anstand vorgebracht werden[129].

87 In der **Praxis** werden Disziplinarmassnahmen im Verfahren vor Verwaltungsbehörden und -gerichten nur **selten** angeordnet[130].

88 Bei der Wahl der Disziplinarmassnahme – Verweis, Ordnungsbusse oder Verhandlungsausschluss (§ 4 Abs. 1 OStrG sowie §§ 86 und 71 VRG i.V.m. Art. 128 ZPO) – ist der Grundsatz der **Verhältnismässigkeit** zu beachten. Dies gilt insbesondere auch für die Anordnung von Ordnungsbussen innerhalb des gesetzlich vorgesehenen Bussenrahmens. Der Bussbetrag muss dem Verschulden des Betroffenen bzw. der Schwere der Verfehlung entsprechen (§ 4a OStrG i.V.m. Art. 106 Abs. 3 StGB).

89 Die Anordnung einer Disziplinarmassnahme gilt nicht kriminelles Unrecht ab. So stellt beispielsweise die Ausfällung einer Ordnungsbusse **keine «strafrechtliche Anklage»** im Sinne von Art. 6 Ziff. 1 EMRK dar und fällt grundsätzlich nicht in den Anwendungsbereich dieser Bestimmung[131], ausser wenn es sich um eine «empfindliche» Busse handelt[132]. Dies schliesst eine strafrechtliche Verfolgung des disziplinarisch geahndeten Verhaltens indessen nicht aus[133]. Disziplinarmassnahmen können ohne vorherige Gewährung des rechtlichen Gehörs angeordnet werden[134].

2. Tatbestände

90 Eine **Anstandsverletzung** kann in allen Verwaltungs- und Verwaltungsrechtspflegeverfahren zur Anordnung von Disziplinarmassnahmen führen (§ 2 OStrG sowie §§ 86 und

---

[128] Im Rahmen der VRG-Revision von 1997 wurde der bis dahin geltende § 18 aufgehoben, wo vorgesehen war, dass die leichtfertige Einleitung oder Führung eines Verfahrens mit Ordnungsbusse bis zu Fr. 200 geahndet werden kann. Mit dem Verzicht auf alt § 18 sollten Abgrenzungsschwierigkeiten zum Ordnungsstrafengesetz vermieden werden (Weisung 1995, S. 1530).

[129] Nyffenegger, in: Kommentar VwVG, Art. 60 N. 1.

[130] Vgl. Weisung 1995, S. 1530; für Verfahren vor Bundesgericht vgl. Härri, in: Basler Kommentar BGG, Art. 33 N. 7.

[131] BGE 135 I 313, E. 2.3.

[132] Vgl. BGE 128 I 346, E. 2.3.

[133] Vgl. BGE 97 I 831, E. 2a; Bornatico, in: Basler Kommentar ZPO, Art. 128 N. 27; Nyffenegger, in: Kommentar VwVG, Art. 60 N. 7.

[134] Häfelin/Müller/Uhlmann, Verwaltungsrecht, N. 1150; in Bezug auf Ordnungsbussen Härri, in: Basler Kommentar BGG, Art. 33 N. 23; Nyffenegger, in: Kommentar VwVG, Art. 60 N. 8; a.M. in Bezug auf anwaltlich nicht vertretene Parteien Bornatico, in: Basler Kommentar ZPO, Art. 128 N. 24.

71 VRG i.V.m. Art. 128 Abs. 1 ZPO). Von einer Anstandsverletzung ist auszugehen, wenn ohne hinreichende Veranlassung unnötig verletzende Äusserungen gemacht werden[135]. Die Verletzung des gebotenen Anstands ist etwa zu bejahen, wenn ein Gesuchsteller alle Schweizer Richter und Beamte als unfähig, böswillig, parteiisch und dünkelhaft beschimpft und zudem dem Gegenanwalt unterstellt, als Jude gehe es ihm ums Geld[136]. Eine den Anstand verletzende Eingabe stellt im Allgemeinen eine ungebührliche Eingabe dar, die gemäss § 5 Abs. 3 in der Regel zur Verbesserung zurückzuweisen ist. Wird anschliessend eine bereinigte Eingabe eingereicht, so schliesst dies die Anordnung einer Disziplinarmassnahme allerdings nicht aus[137]. Gegenüber Verwaltungsbehörden gilt in Bezug auf Anstandsverletzungen ein strengerer Massstab als bei Privaten: In der Regel wird eine Behörde wegen Verletzung des gebotenen Anstands diszipliniert, wenn sie sich über eine private Gegenpartei unnötig herablassend äussert[138].

Eine **Störung des Geschäftsgangs** kann in allen Verwaltungs- und Verwaltungsrechtspflegeverfahren zur Anordnung von Disziplinarmassnahmen führen (§ 2 OStrG sowie §§ 86 und 71 i.V.m. Art. 128 Abs. 1 ZPO). Eine solche liegt etwa dann vor, wenn ein Anwalt mehrmals die Anordnung vorsorglicher Massnahmen verlangt, die mit dem angefochtenen Entscheid nichts zu tun haben, zahlreiche Eingaben einreicht, mit denen er teils um Zuwarten, teils um Entscheidfällung ersucht, und Fax-Eingaben entgegen seinen Ankündigungen nicht mit normaler Post bestätigt[139].

91

Im Beschwerde- und im Klageverfahren kommt die Anordnung einer Disziplinarmassnahme ferner bei **bös- oder mutwilliger Prozessführung** in Frage (§§ 86 und 71 VRG i.V.m. Art. 128 Abs. 3 ZPO).

92

– Von *Böswilligkeit* ist nur in krassen Fällen zu sprechen[140], etwa wenn eine Partei von der Erfolglosigkeit ihres Verhaltens im Prozess überzeugt ist und es ihr nur darauf ankommt, dem Prozessgegner Unannehmlichkeiten zu bereiten oder sich der Erfüllung ihrer feststehenden Verbindlichkeiten zu entziehen[141].

– Von *Mutwilligkeit* ist in Fällen auszugehen, in denen jede vernünftige Partei nach Treu und Glauben von der Anrufung eines Gerichts absähe[142]. Sie setzt neben der objektiv feststellbaren Aussichtslosigkeit des Prozesses zusätzlich noch ein subjektives – tadelnswertes – Element voraus: Die Partei muss den Prozess geführt haben, obwohl sie die Aussichtslosigkeit bei der ihr zumutbaren vernunftgemässen Überlegung ohne weiteres erkennen konnte[143]. Das Verfahren muss wider besseres Wissen oder zumindest wider die von der betroffenen Person nach Lage der Dinge zu erwartende Einsicht betrieben worden sein[144]. Mutwillige Prozessführung kann beispielsweise dann

---

[135] Vgl. BGr, 7.11.2012, 1C_273/2012, E. 2.3; Härri, in: Basler Kommentar BGG, Art. 33 N. 7.
[136] BGr, 19.1.2001, 1P.721/2000, E.1.
[137] Härri, in: Basler Kommentar BGG, Art. 33 N. 13.
[138] Vgl. BGr, 24.6.2002, U 109/01, E. 1; BVGr, 25.5.2012, A-372/2012, E. 2.
[139] Vgl. Härri, in: Basler Kommentar BGG, Art. 33 N. 9.
[140] Härri, in: Basler Kommentar BGG, Art. 33 N. 16; vgl. BGE 120 III 107, E. 4b.
[141] Bornatico, in: Basler Kommentar ZPO, Art. 128 N. 19.
[142] Härri, in: Basler Kommentar BGG, Art. 33 N. 16; vgl. BGE 120 III 107, E. 4b.
[143] BGr, 16.10.2012, 9C_782/2011, E. 5.1.
[144] BGr, 27.3.2009, 8C_903/2008, E. 4.1; vgl. BGr, 15.7.2004, 2A.597/2003, E. 3; VGr, 3.3.1999, PK.99.00005 (nicht publiziert).

bejaht werden, wenn eine Partei in leichtfertiger Weise unrichtige Tatsachen behauptet, wenn sie ein Verfahren nur aus Zeitgewinn oder reiner Schikane einleitet oder wenn sie bewusst mit gefälschten Beweismitteln etwas zu belegen versucht[145]. Das Verwaltungsgericht bejahte Mutwilligkeit etwa in einem Fall, in dem völlig haltlose Behauptungen erhoben wurden, die dem «contempt of court» widersprachen[146]. Mutwillig ist ferner das Festhalten an einer offensichtlich gesetzwidrigen Auffassung[147]. Nicht mutwillig gilt hingegen ein aussichtsloser Prozess, wenn es der Partei darum geht, einen bestimmten, nicht als willkürlich erscheinenden Standpunkt durch das Gericht beurteilen zu lassen[148].

---

[145] NYFFENEGGER, in: Kommentar VwVG, Art. 60 N. 9; vgl. BORNATICO, in: Basler Kommentar ZPO, Art. 128 N. 19; HÄRRI, in: Basler Kommentar BGG, Art. 33 N. 17.
[146] RB 2005 Nr. 19 (VB.2004.00553, E. 2.2).
[147] BGE 128 V 323, E. 1b.
[148] Vgl. BGE 124 V 285, E. 3b.

Ausstand

§ 5a

¹ Personen, die eine Anordnung zu treffen, dabei mitzuwirken oder sie vorzubereiten haben, treten in den Ausstand, wenn sie in der Sache persönlich befangen erscheinen, insbesondere:
a. in der Sache ein persönliches Interesse haben,
b. mit einer Partei in gerader Linie oder in der Seitenlinie bis zum dritten Grade verwandt oder verschwägert oder durch Ehe, Verlobung, eingetragene Partnerschaft, faktische Lebensgemeinschaft oder Kindesannahme verbunden sind,
c. Vertreter einer Partei sind oder für eine Partei in der gleichen Sache tätig waren.

² Ist der Ausstand streitig, so entscheidet darüber die Aufsichtsbehörde oder, wenn es sich um den Ausstand eines Mitgliedes einer Kollegialbehörde handelt, diese Behörde unter Ausschluss des betreffenden Mitgliedes.

Materialien

Weisung 2009, S. 898, 901, 932, 938 ff., 957; Weisung 2006, S. 1704.

Zur früheren Fassung/zu früheren Fassungen: Weisung 1995, S. 1525 f.; Prot. KK 1995/96, S. 6 ff.; Prot. KR 1995–1999, S. 6488.

Literatur

MAHON PASCAL, in: Commentaire Cst., Art. 29 und 30; AUBRY GIRARDIN FLORENCE, in: Commentaire LTF, Art. 34; BIAGGINI, Kommentar BV, Art. 29 und 30; BREITENMOSER STEPHAN/SPORI FEDAIL MARION, in: Praxiskommentar VwVG, Art. 10; BÜHLER, Experten; DONZALLAZ, Commentaire, Art. 34; FELLER RETO, in: Kommentar VwVG, Art. 10; FROWEIN/PEUKERT, Kommentar EMRK, Art. 6 N. 200 ff.; GRABENWARTER/PABEL, EMRK, S. 413 ff.; GÜNGERICH ANDREAS, in: Handkommentar BGG, Art. 34; HALLER WALTER, in: Kommentar KV, Art. 43; HÄNER ISABELLE, in: Basler Kommentar BGG, Art. 34; KIENER REGINA, in: Kurzkommentar ZPO, Art. 47; KIENER, Garantie; KIENER, FS Aarg. Anwaltsverband; KIENER, Unabhängigkeit; KIENER/KÄLIN, Grundrechte, S. 416, 442 ff.; KIENER/KRÜSI, Gerichtssachverständige; KIENER/MEDICI, Anwälte; KÖLZ/HÄNER/BERTSCHI, Verwaltungsverfahren, N. 422 ff.; MERKLI/AESCHLIMANN/HERZOG, Kommentar VRPG, Art. 9; MÜLLER/SCHEFER, Grundrechte, S. 927 ff.; SCHINDLER, Formelle Natur; SCHINDLER, Befangenheit; STEINMANN GEROLD, in: St. Galler Kommentar BV, Art. 29 und 30; SUTTER PATRICK, Anwalt.

Inhaltsübersicht

I.	Grundlagen	1–7
	A. Regelungsgegenstand und Entstehungsgeschichte	1–3
	B. Vorgaben des übergeordneten Rechts	4–7
II.	Anwendungsbereich (Abs. 1, erster Teilsatz)	8–17
	A. Persönlich: Kreis der Ausstandspflichtigen	8–11
	B. Sachlich: Kreis der Verfahren	12–14
	C. Ausstandsregeln	15–17
III.	Ausstandsgründe	18–38
	A. Generalklausel: Persönliche Befangenheit (Abs. 1, zweiter Teilsatz)	18–31
	1. Persönliche Beziehungen	19–24
	2. Vorbefassung	25–27

Unter Mitarbeit von Rechtsanwalt lic. iur. OLIVER SCHULER und PATRICK BLUMER, MLaw.

		3. Berufliche Beziehungen	28–30
		4. Äusserer Druck	31
	B.	Besondere Ausstandsgründe (Abs. 1 lit. a–c)	32–38
		1. Persönliches Interesse in der Sache (lit. a)	32–33
		2. Persönliche Beziehungen (lit. b)	34–36
		3. Vertretungsverhältnisse (lit. c)	37–38
IV.	Ausstand		39–45
	A.	Ausstandspflicht	39–41
	B.	Ausstandsgesuch	42–45
V.	Verfahrensfragen		46–56
	A.	Gemeinsame Vorschriften	46–47
	B.	Entscheid über den Ausstand	48–50
	C.	Zuständigkeit	51–52
	D.	Heilungsmöglichkeit?	53–54
	E.	Folgen des Ausstands	55–56

I. Grundlagen

A. Regelungsgegenstand und Entstehungsgeschichte

1 Die in § 5a verankerten Ausstandsregeln haben zum **Zweck,** die objektive Prüfung einer Sach- oder Rechtsfrage durch eine unparteiische und unvoreingenommene Behörde sicherzustellen[1]. Sie garantieren die Unparteilichkeit jener Personen, die an der Vorbereitung und am Erlass eines individuell-konkreten Hoheitsakts mitwirken, und stellen sicher, dass keine ausserhalb des Verfahrens liegenden Umstände in sachwidriger Weise auf das Verfahren einwirken und die Behördemitglieder im Einzelfall unbefangen und unvoreingenommen entscheiden[2]. Aus der individuellen Sicht der Parteien verbürgen die Ausstandsregeln ein korrektes und faires Verfahren und ermöglichen ihnen damit die innere Anerkennung der Anordnung. Aus der generellen Sicht der Rechtsgemeinschaft stärken sie das Vertrauen der Rechtsunterworfenen in Verwaltung und Gerichte und dienen damit letztlich deren Legitimation[3].

2 Die Ausstandsgründe sind von den **Unvereinbarkeiten** zu unterscheiden, welche sich auf das Amt als solches beziehen und die gleichzeitige Ausübung einer (Justiz-)Funktion und anderer Tätigkeiten *prinzipiell* verbieten, nicht – wie die Ausstandsvorschriften – nur bezogen auf ein konkretes Geschäft[4]. Für den Anwendungsbereich des VRG ergeben sich die Unvereinbarkeiten aus verschiedenen Quellen; angesprochen sind neben § 34 VRG namentlich die Kantonsverfassung und das Gesetz über die politischen Rechte[5].

---

[1] Vgl. BGE 137 II 431, E. 5.2.
[2] Grundlegend BGE 114 Ia 50, E. 3b und 3c; vgl. BGE 134 I 238, E. 2.1, betr. Gerichtsverfahren; 125 I 119, E. 3b ff.; 127 I 196, E. 2b, betr. Verfahren vor Verwaltungsbehörden.
[3] Vgl. BGE 114 Ia 50, E. 3c; 137 I 227, E. 2.6.1; KIENER, Unabhängigkeit, S. 55 f.; SCHINDLER, Befangenheit, S. 43 ff.; vgl. auch HALLER, in: Kommentar KV, Art. 43 N. 2.
[4] Vgl. HALLER, in: Kommentar KV, Art. 43 N. 1.
[5] Insb. Art. 42 KV; § 34 VRG; §§ 25–30 GPR.

In seiner ursprünglichen Fassung enthielt das VRG lediglich Bestimmungen über den 3
Ausstand im Verfahren vor dem Verwaltungsgericht[6]. Mit der Revision von 1997 wurde
dieser enge Geltungsbereich auf die Verfahren vor den übrigen Justizbehörden erweitert[7].
Zu einer erneuten Änderung kam es, als im Zusammenhang mit der Inkraftsetzung des
eidgenössischen Partnerschaftsgesetzes die Ausstandsgründe aufgrund persönlicher Beziehungen entsprechend erweitert werden mussten[8]. Diese Version ist seit dem 1. Januar
2008 **unverändert** in Kraft[9].

B. Vorgaben des übergeordneten Rechts

Zufolge der allgemeinen, in Art. 43 KV verankerten Regel treten Personen, die öffentli- 4
che Aufgaben wahrnehmen, bei jenen Geschäften in den Ausstand, die sie unmittelbar
betreffen[10]. Mit § 5a konkretisiert das VRG nicht nur die Vorgabe der Kantonsverfassung,
sondern – bezogen auf Justizverfahren – namentlich auch den **grundrechtlichen Anspruch** der Verfahrensbeteiligten auf unparteiische Beurteilung, wie er in Art. 29 Abs. 1
BV in allgemeiner Weise und in Art. 30 Abs. 1 BV für gerichtliche Verfahren verankert ist
und als dessen Teilgehalt die *Ausstandspflicht* bei Befangenheit garantiert wird[11]. Der Anwendungsbereich der genannten Bestimmungen ist nicht in allen Teilen deckungsgleich:
Art. 30 Abs. 1 BV garantiert den Parteien in allen *gerichtlichen* Verfahren den Anspruch
auf Unabhängigkeit und Unparteilichkeit der urteilenden Richterinnen und Richter[12].
Auf der Ebene des Völkerrechts sind entsprechende Garantien in Art. 6 Ziff. 1 EMRK und
Art. 14 Ziff. 1 UNO-Pakt II verankert[13]. Verwaltungsinterne Behörden wie Direktionen
und Ämter sind in eine Hierarchie eingebunden, in welcher die Regierung als oberste Behörde politische Verantwortung trägt[14]; sie stellen deshalb keine unabhängigen Gerichte
dar. Bezüglich der *Unparteilichkeit* ergibt sich aus Art. 29 Abs. 1 BV für die Mitglieder
von Verwaltungsbehörden indessen ein Anspruch, der mit den entsprechenden Gehalten
von Art. 30 Abs. 1 BV weitgehend übereinstimmt[15]. Im Ergebnis ist an die Unparteilichkeit der Personen, die in verwaltungsinternen Verfahren entscheiden, deshalb der *gleich
strenge Massstab* anzulegen wie an die Unparteilichkeit von Richterinnen und Richtern.
Die Judikatur zu Art. 30 Abs. 1 BV und Art. 6 Ziff. 1 EMRK ist folglich für solche Konstellationen sinngemäss heranzuziehen[16]. In Bezug auf das kantonale Recht rechtfertigt sich

---

[6] § 71 in der Fassung vom 24.5.1959 i.V.m. §§ 95–103 GVG in der Fassung vom 13.6.1976.
[7] Vgl. Weisung 1995, S. 1525 f.; vgl. § 5a in der Fassung von 1997 (OS 54, 268).
[8] Weisung AnpassungsG PartG, S. 1704; OS 62, 429.
[9] OS 62, 430 und 445.
[10] Vgl. HALLER, in: Kommentar KV, Art. 43 N. 2 und 11.
[11] Betr. Art. 30 BV vgl. BGE 134 I 20, E. 4.2; 128 V 82, E. 2a; betr. Art. 29 BV vgl. BGE 127 I 196, E. 2b; betr. Art. 6 Ziff. 1 EMRK vgl. EGMR, 27.2.1980, 6903/75, A/35 (Deweer/Belgien), Ziff. 49.
[12] Zum Begriff des Gerichts i.S.v. Art. 30 BV vgl. BGE 131 I 31, E. 2.1.2.1.
[13] BGE 136 I 207, E. 3.1; vgl. statt anderer BIAGGINI, Kommentar BV, Art. 30 N. 4 ff.; KIENER/KÄLIN, Grundrechte, S. 438 f.
[14] Vgl. für den Kanton Zürich Art. 60 KV; vgl. KIENER/RÜTSCHE/KUHN, Öffentliches Verfahrensrecht, N. 514; SCHINDLER, Befangenheit, S. 66 ff.
[15] BGE 127 I 196, E. 2b; vgl. VGr, 27.10.2009, VB.2009.00005, E. 5.1 ff.; RB 2005 Nr. 4, E. 6 (VB.2005.00014 = BEZ 2005 Nr. 38 = ZBl 2005, 597 ff.). Aus der Lehre statt aller BIAGGINI, Kommentar BV, Art. 29 N. 15.
[16] BGE 119 V 456, E. 5b; ebenso BREITENMOSER/SPORI FEDAIL, in: Praxiskommentar VwVG, Art. 10 N. 8 ff., 18 ff.; KIENER, Unabhängigkeit, S. 78 ff.; KIENER/RÜTSCHE/KUHN, Öffentliches Verfahrensrecht,

dies umso mehr, als § 5a bezüglich des persönlichen Geltungsbereichs nicht zwischen den Mitgliedern von Verwaltungsbehörden auf der einen und jenen von gerichtlichen Behörden auf der anderen Seite unterscheidet (N. 9).

5 Ebenfalls verfassungsrechtlich garantiert ist der Anspruch auf die **gesetzlich zuständige Behörde,** welcher für gerichtliche Behörden aus Art. 30 Abs. 1 BV (bzw. Art. 6 Ziff. 1 EMRK) und für Verwaltungsbehörden aus Art. 29 Abs. 1 BV folgt[17]. Die Garantie bezweckt den Schutz der Verfahrensbeteiligten vor Manipulationen bezüglich der Zuständigkeit und Zusammensetzung eines Spruchkörpers und stellt damit das notwendige Gegenstück zur Ausstandspflicht dar. Unabhängigkeit und gesetzliche Zuständigkeit stehen aber auch in einem gewissen *Spannungsverhältnis,* denn erklärt sich ein Behördemitglied vorschnell und ohne sachlichen Grund für befangen, verletzt der Ausstand den Anspruch der Parteien auf die richtige Zusammensetzung des Spruchkörpers. Eine Ausstandspflicht ist deshalb nicht leichthin anzunehmen[18] und die gesetzlich zuständige Amtsperson darf nur dann aus dem Verfahren ausscheiden, wenn objektiv gerechtfertigte Zweifel an ihrer Unparteilichkeit bestehen[19].

6 Im Verhältnis zum übergeordneten Recht hat § 5a in dem Umfang **eigenständige Bedeutung,** als die dort verankerten Rechte und Pflichten über die verfassungs- und konventionsrechtlichen Mindestgarantien hinausgehen. Umschreibt § 5a die Ausstandsgründe und die damit einhergehenden Rechte der Verfahrensbeteiligten und Pflichten der Justizbehörden enger als das übergeordnete Recht, gehen die verfassungs- bzw. menschenrechtlich begründeten Ansprüche vor[20].

7 Der Gesetzgeber hat § 5a in enger **Anlehnung an Art. 10 VwVG** formuliert und diese Bestimmung nahezu wörtlich übernommen[21]. Dies erlaubt, bei der Auslegung der kantonalen Norm auch die Rechtsprechung und Lehre zur bundesrechtlichen Bestimmung per Analogie heranzuziehen. Aufgrund der abweichenden Geltungsbereiche nicht einschlägig sind die Ausstandsregeln, die der Bundesgesetzgeber in Art. 47 ff. ZPO für den Zivilprozess, in Art. 56 ff. StPO für das Strafverfahren und in Art. 34 ff. BGG für das Verfahren vor Bundesgericht erlassen hat. Weil die entsprechenden Normen indessen ebenfalls eine Konkretisierung der verfassungs- und menschenrechtlichen Vorgaben darstellen[22] und die Praxis der verfassungskonformen Auslegung die Vorgaben des übergeordneten Rechts berücksichtigt, rechtfertigt es sich in Zweifelsfällen, die entsprechenden Vorschriften *analog* anzuwenden und auf die einschlägige Rechtsprechung zurückzugreifen. Dieses Vorgehen fördert nicht nur eine einheitliche Auslegungspraxis, sondern leistet zugleich auch einen Beitrag zur Vereinheitlichung des öffentlichen Verfahrensrechts von

---

N. 514; differenziert SCHINDLER, Befangenheit, S. 66 ff.; vgl. teilweise anders BGE 137 II 431, E. 5.2; 125 I 209, E. 8.

[17] BGE 134 I 125, E. 3.3 zu Art. 30 Abs. 1 BV; 127 I 128, E. 3c zu Art. 29 Abs. 1 BV; vgl. BIAGGINI, Kommentar BV, Art. 29 N. 15; KIENER/KÄLIN, Grundrechte, S. 416; STEINMANN, in: St. Galler Kommentar BV, Art. 29 N. 18.
[18] BGE 122 II 471, E. 3b; 105 Ia 157, E. 5c.
[19] Statt vieler BGE 116 Ia 14, E. 4.
[20] Vgl. KIENER, Garantie, N. 3.
[21] Weisung 1995, S. 1526.
[22] Vgl. Botschaft ZPO, S. 7272.

Bund und Kantonen, ein Ziel, das nicht zuletzt auch im Anspruch der Parteien auf gleiche und gerechte Behandlung im Verfahren (Art. 29 Abs. 1 BV) angelegt ist.

II. Anwendungsbereich (Abs. 1, erster Teilsatz)

A. Persönlich: Kreis der Ausstandspflichtigen

Ausstandsregeln beziehen sich auf alle Personen, die mit einer Anordnung befasst sind[23]. Angesprochen sind **natürliche Personen,** da sich Ausstandsbegehren rechtsprechungsgemäss nur gegen (sämtliche) Mitglieder einer Behörde, nicht aber gegen eine Behörde als solche richten können[24]. Dieser Grundsatz gilt ebenso, wenn ein Ausstandsbegehren gegen sämtliche Mitglieder einer Kollegialbehörde ergeht oder eine Selbstablehnung von sämtlichen Mitgliedern einer solchen Behörde ausgeht. Die Ausstandspflicht erfasst Personen, die einer kantonalen oder kommunalen Instanz angehören, welche nach Massgabe von § 4 ein dem VRG unterstehendes Verfahren durchführt, das auf den Erlass einer (individuell-konkreten) Anordnung zielt[25].

Zum Ausstand verpflichtet sind zunächst alle Personen, welche eine **Anordnung treffen.** Es handelt sich einerseits um Personen, die an einem Rechtsanwendungsverfahren beteiligt sind, das zur erstmaligen Regelung des Rechtsverhältnisses in der Form der Anordnung führt, und anderseits um Personen, welche in einem Rechtsprechungsverfahren Rekurs- bzw. Beschwerdeentscheide treffen[26]. Vom Geltungsbereich erfasst sind im Ergebnis alle Personen, welche auf das Zustandekommen einer Anordnung oder eines Rechtsmittelentscheids Einfluss nehmen oder nehmen können. Der Kreis dieser Personen wird durch das VRG selber und durch die Regeln über die Behördenorganisation bestimmt. Er umschliesst Behörden aller Instanzen, unbesehen der Tatsache, ob sie der Zentralverwaltung angehören oder für ausgegliederte Verwaltungseinheiten tätig sind. Unerheblich ist auch der Umstand, ob es sich um vollamtliche oder teilamtliche Mitglieder oder um Ersatzmitglieder einer Behörde handelt, ob diese Personen mit der Instruktion oder mit dem Entscheid befasst sind, in alleiniger Verantwortung oder als Mitglied eines Kollegiums entscheiden.

Personen ohne eigene Entscheidungskompetenz werden durch § 5a erfasst, wenn sie eine **Anordnung vorbereiten.** Damit wird dem faktischen Einfluss jener Personen Rechnung getragen, die beratend oder instruierend auf den Inhalt einer Anordnung Einfluss nehmen können[27]. Angesprochen sind nicht nur Gerichtsschreiberinnen und -schreiber, deren Ausstandspflicht sich im Übrigen direkt aus Art. 30 Abs. 1 BV ergibt[28]. Erfasst werden

---

[23] Vgl. zum Begriff der Anordnung § 19 N. 3 ff.
[24] BGE 137 V 210, E. 1.3.3; 97 I 860, E. 4; VGr, 23.5.2012, AN.2011.00001, E. 2.2.1; vgl. auch BGr, 18.10.2011, 8C_712/2011, E. 3.3, betr. VGr ZH.
[25] Vgl. Prot. KK 1995/96, S. 7; VGr, 27.5.1998, AB.98.00001, E. 5b (nicht publiziert).
[26] Vgl. KIENER/RÜTSCHE/KUHN, Öffentliches Verfahrensrecht, N. 5 ff.
[27] BGE 128 V 82, E. 3c; vgl. BREITENMOSER/SPORI FEDAIL, in: Praxiskommentar VwVG, Art. 10 N. 29; FELLER, in: Kommentar VwVG, Art. 10 N. 5, je m.H.
[28] BGE 125 V 499, E. 2b; 124 I 255, E. 4c und 5c aa; vgl. auch die ausdrückliche Nennung der Gerichtsschreiber in Art. 34 Abs. 1 BGG.

insbesondere auch administrative, technische oder juristische Sachbearbeiterinnen und Sachbearbeiter, deren Vorarbeiten oftmals direkt in den Entscheid einfliessen und diesen entsprechend präjudizieren[29]. Nicht erfasst sind Personen, welche wie das administrative Kanzleipersonal ausschliesslich ausführende Arbeiten erledigen[30]. Der Ausstandsregelung unterworfen sind nicht zuletzt auch die Mitglieder beratender *Kommissionen,* die mit fachlichen oder politischen Meinungsäusserungen auf die Entscheidfindung Einfluss nehmen[31].

11 Zu den übrigen Personen, die an einer **Anordnung mitwirken,** zählen namentlich die vom Spruchkörper eingesetzten *Sachverständigen*[32]. An ihre Unabhängigkeit werden die gleichen Anforderungen wie an eine richterliche Behörde gestellt[33]. Zieht die Behörde juristische Personen als Expertinnen oder Experten bei, müssen die in der Sache tätigen natürlichen Personen die Anforderungen an die Unparteilichkeit erfüllen. Der Anspruch der Parteien auf ein faires Verfahren (Art. 29 Abs. 1 BV) legt nahe, auch *Übersetzer* der Ausstandspflicht zu unterstellen[34].

B. Sachlich: Kreis der Verfahren

12 § 5a charakterisiert sich durch einen **weit gefassten Anwendungsbereich.** Aus der systematischen Einordnung im zweiten Abschnitt des Gesetzes («Verwaltungsverfahren») ergibt sich, dass die Regel für sämtliche Behörden gilt, welche gestützt auf eine Bestimmung des kantonalen oder kommunalen Rechts eingerichtet wurden und eine öffentliche Aufgabe wahrnehmen, die in Form einer **Anordnung** erledigt wird. Die Ausstandspflicht gilt demnach im Verfahren auf Erlass einer Verfügung gleich wie im anschliessenden Rechtsmittelverfahren und damit nach Massgabe von § 4 für nicht streitige wie für streitige Verfahren vor Behörden der Gemeinden, der Bezirke und des Kantons[35]. Für das Verwaltungsgericht ergibt sich die Geltung von § 5a kraft der Verweisungen in § 70 (Beschwerdeverfahren) und § 86 (Klageverfahren), für das Sozialversicherungsgericht aus dem entsprechenden Verweis in § 12 lit. a GSVGer. Zu den Anordnungen zählen auch raumplanungsrechtliche Festlegungen (vgl. § 19 lit a).

13 Vom Geltungsbereich **nicht erfasst** wird die Mitwirkung an *Rechtsetzungs- und Regierungsakten;* hier wird einer möglichen Befangenheit durch Unvereinbarkeitsbestimmungen und Offenlegungspflichten entgegengewirkt[36]. Beim schlichten oder *informellen Verwaltungshandeln*[37] und beim Abschluss öffentlichrechtlicher *Verträge* ist § 5a dem Wortlaut zufolge nicht anwendbar. Die (Verwaltungs-)Behörden sind indessen immer an

---

[29] BGE 119 V 456, E. 5a.
[30] MERKLI/AESCHLIMANN/HERZOG, Kommentar VRPG, Art. 9 N. 7.
[31] MERKLI/AESCHLIMANN/HERZOG, Kommentar VRPG, Art. 9 N. 7; weitere Nachweise bei FELLER, in: Kommentar VwVG, Art. 10 N. 5.
[32] Vgl. BGE 137 V 210, E. 1.3 f., sowie 125 II 541, E. 4a; VGr, 28.9.2011, SB.2011.00010, E. 3.1; VGr, 7.7.2009, VB.2008.00467, E. 3.2; BÜHLER, Experten, insb. S. 329; eingehend KIENER/KRÜSI, Gerichtssachverständige, insb. S. 491 und 493.
[33] Vgl. VGr, 28.9.2011, SB.2011.00010, E. 3.1; eingehend KIENER/KRÜSI, Gerichtssachverständige, S. 490 ff.
[34] Vgl. auch KIENER, in: Kurzkommentar ZPO, Art. 47 N. 7.
[35] Vgl. Weisung 1995, S. 1526.
[36] FELLER, in: Kommentar VwVG, Art. 10 N. 10; SCHINDLER, Befangenheit, S. 78 ff.
[37] Zum Begriff vgl. TSCHANNEN/ZIMMERLI/MÜLLER, Verwaltungsrecht, § 38.

die Grundrechte und damit auch an das Gebot der Unparteilichkeit gebunden (Art. 35 Abs. 1 i.V.m. Art. 29 Abs. 1 BV). Jedenfalls bei Vorverhandlungen und informellen Absprachen, welche auf die Begründung, Änderung oder Aufhebung von Rechten und Pflichten abzielen, können die Parteien deshalb den Ausstand der beteiligten Behördemitglieder verlangen[38].

Das VRG schliesst von § 5a **abweichende Vorschriften** im Spezialgesetz nicht aus (vgl. § 4). Sonderregeln zum Ausstand finden sich in den Organisationserlassen der Kantons- und Gemeindebehörden: 14

- Gemäss § 18 Abs. 1 OG RR haben Mitglieder des **Regierungsrats** sowie die Staatsschreiberin oder der Staatsschreiber bei der Beratung und Beschlussfassung in den Ausstand zu treten, wenn Anordnungen der von ihnen geleiteten Direktionen, der Staatskanzlei oder von Gremien, in die sie Einsitz haben, vor dem Regierungsrat angefochten werden (vgl. § 26 N. 11 und 29)[39]. Kraft Verweises in § 18 Abs. 2 OG RR findet § 5a indessen auch auf Verfahren vor dem Regierungsrat Anwendung, so dass § 18 Abs. 1 OG RR im Ergebnis eine spezialgesetzliche Konkretisierung von § 5a Abs. 1 lit. a bedeutet, neben der die übrigen Gehalte von § 5a weiterhin zum Tragen kommen[40].

- Eine differenzierte Ausstandsregelung gilt für den **Kantonsrat**: In Verfahren der Rechtsetzung, bei der Behandlung des Budgets und bei sämtlichen Wahlen greifen von vornherein keine Ausstandspflichten (Art. 43 Abs. 1 Satz 2 KV; § 8a Abs. 2 und Abs. 4 KRG). Eine solche Pflicht besteht nur für einen beschränkten Kreis von Ratsgeschäften, nämlich bei Mitgliedern, deren Wahl angefochten ist, und bei den im Dienst des Kantons stehenden Mitgliedern bezüglich Geschäften, welche die Oberaufsicht in ihrem Tätigkeitsbereich betreffen (Art. 43 Abs. 1 Satz 1 KV i.V.m. § 8a Abs. 3 KRG bzw. § 5 Abs. 2 KRG). Diese Regel steht im Dienst der Gewährleistung eines von Ausstandsquerelen unbelasteten Parlamentsbetriebs und ist *abschliessend*; § 5a findet auf den Kantonsrat folglich keine Anwendung. Trifft der Kantonsrat ausnahmsweise einen individuell-konkreten Hoheitsakt (z.B. eine Begnadigung betreffend), richtet sich die Ausstandspflicht nach den Regeln des Kantonsratsgesetzes, die indessen im Lichte der Mindestgarantien gemäss Art. 43 KV, Art. 29 Abs. 1 BV und – soweit einschlägig – der menschenrechtlichen Mindeststandards auszulegen sind.

- Für die Ebene der **Gemeinden** verweist § 70 Abs. 1 GG bezüglich des Ausstands im Zusammenhang mit Anordnungen der *Gemeindevorsteherschaft* auf § 5a VRG. Auf die Gemeindeverwaltung ist § 5a hingegen direkt anwendbar[41]. Abschliessend ist demgegenüber § 102 Abs. 1 GG, wonach die Mitglieder des *Grossen Gemeinderats* in den Ausstand treten, wenn sie bei einem Beratungsgegenstand persönlich beteiligt sind[42]. Mündet dieser Beratungsgegenstand in eine Anordnung, ist § 102 Abs. 1 GG im Lichte von 43 Abs. 1 KV und – falls überhaupt anwendbar – im Lichte der grundrechtlichen Mindestgarantien (N. 4 ff.) auszulegen[43].

---

[38] FELLER, in: Kommentar VwVG, Art. 10 N. 11; vgl. auch SCHINDLER, Befangenheit, S. 82 ff.
[39] Vgl. HALLER, in: Kommentar KV, Art. 43 N. 10 ff.
[40] Im Ergebnis wohl gl.M. HALLER, in: Kommentar KV, § 43 N. 15.
[41] Dazu neu ausdrücklich § 41 Abs. 1 E-GG; Weisung GG, S. 9, 129.
[42] Ebenso § 32 E-GG; Weisung GG, S. 8, 84, 124, 125 f.
[43] Vgl. auch HALLER, in: Kommentar KV, Art. 43 N. 10.

C. Ausstandsregeln

15 Ein faires, rechtsstaatliches Verfahren zeichnet sich dadurch aus, dass keine Umstände, die ausserhalb dieses Verfahrens liegen, in sachwidriger Weise zugunsten oder zuungunsten einer Partei auf den Entscheid einwirken[44]. Nach der Rechtsprechung sind die **Voraussetzungen für eine Befangenheit** und damit eine Ausstandspflicht generell dann gegeben, wenn Umstände vorliegen, die geeignet sind, Misstrauen in die Unparteilichkeit eines Behördemitglieds zu erwecken. Die Umstände können einerseits in der Person des Verwaltungsbeamten oder der Richterin selber liegen, andererseits auf äusseren Gründen wie namentlich der Verfahrens- oder Gerichtsorganisation beruhen[45]. Eine tatsächliche Befangenheit ist nicht erforderlich, und auch kaum je zu beweisen, handelt es sich bei der Befangenheit doch um einen inneren Zustand. Vielmehr genügt es, wenn Umstände vorliegen, die den *Anschein* der Befangenheit und die Gefahr der Voreingenommenheit zu begründen vermögen. Dabei kann allerdings nicht auf das subjektive Empfinden einer Partei abgestellt werden; das Misstrauen muss vielmehr in *objektiver Weise* als begründet erscheinen[46].

16 Wird eine Person vom sachlichen und persönlichen Geltungsbereich des § 5a erfasst, ist an den Ausstand immer der **gleiche Massstab** anzulegen; für Behörden des Kantons gelten damit dieselben Regeln wie für Behörden der Gemeinden, für hauptamtlich tätige Behördemitglieder die gleichen Regeln wie für Personen, die eine Verwaltungs- oder Justizfunktion im Nebenamt ausüben. Ergeben sich daraus Schwierigkeiten für die Besetzung gewisser (Miliz-)Behörden, muss der Gesetzgeber im Rahmen der verfassungsrechtlichen Vorgaben entweder eine Sonderregel treffen, welche als Spezialnorm die Grundregel des § 5a derogiert, oder durch organisatorische Vorkehrungen dafür sorgen, dass sich kein Anschein von Befangenheit einstellt[47].

17 Das VRG regelt die Ausstandspflicht durch Formulierung einer **Generalklausel,** welche mittels einer beispielhaften, nicht abschliessenden Aufzählung («insbesondere») dreier spezifischer Ausstandsgründe verdeutlicht wird. Die durch § 5a Abs. 1 lit. a–c hervorgehobenen Gründe betreffen ausnahmslos die persönlichen Verhältnisse der Behördemitglieder und deren Beziehung zu den Verfahrensparteien; sie stellen unbesehen ihres Differenzierungsgrads lediglich Konkretisierungen der Generalklausel dar und besitzen deshalb keine eigenständige Bedeutung. Eine Ausnahme gilt jedoch bezüglich der präzisen Festlegung des ausstandsbegründenden Verwandtschaftsgrads und der (zivil-)gesetzlich umschriebenen Beziehungen in § 5a Abs. 1 lit. b. Die insgesamt recht offen und allgemein gehaltene Bestimmung muss im Lichte der verfassungsrechtlichen Vorgaben (N. 4 ff.) konkretisiert werden.

---

[44] BGE 114 Ia 50, E. 3b; 134 I 238, E. 2.1; vgl. auch etwa VGr, 12.5.2010, VB.2010.00205, E. 2.2.
[45] BGE 136 I 207, E. 3.2.
[46] Praxis begründet mit BGE 114 Ia 50, E. 3b; seither etwa BGE 137 II 431, E. 5.2, m.H.; 134 I 238, E. 2.1; VGr, 28.9.2011, SB.2011.00010, E. 3.1; vgl. auch ComCom, 25.4.2003, E. 3b (VPB 2003 Nr. 90); ähnlich die Praxis des EGMR zu Art. 6 Ziff. 1 EMRK, vgl. statt anderer EGMR, 7.8.1996, 19874/92 (Ferrantelli und Santangelo/Italien), Ziff. 58.
[47] Vgl. RB 2003 Nr. 1, E. 4 (VB.2003.00024), betr. Beschaffungsverfahren.

III. Ausstandsgründe

A. Generalklausel: Persönliche Befangenheit (Abs. 1, zweiter Teilsatz)

Der generalklauselartig umschriebene Ausstandsgrund der persönlichen Befangenheit bildet einen **Auffangtatbestand** für die in Abs. 1 lit. a–c nicht ausdrücklich geregelten Sachverhalte. In der Praxis sind die Vorgänge, welche regelmässig Anlass zu Befangenheitsrügen gegeben haben, überaus vielfältig[48], lassen sich indessen auf typische Grundkonstellationen herunterbrechen: Ein Verhalten, das auf eine *besondere Beziehung* einer Justizperson zu einer Verfahrenspartei oder ihrem Anliegen schliessen lässt, die *Mehrfachbefassung* einer Justizperson mit ein und derselben Streitsache (sog. Vorbefassung), bestimmte berufliche *Beziehungen* sowie die mögliche Einwirkung von *äusserem Druck* auf die Entscheidfindung. Eine Befangenheit kann indessen auch aus dem Zusammentreffen von verschiedenen Umständen erwachsen, die für sich alleine genommen nicht zu einer Ausstandspflicht führen würden[49].

18

1. Persönliche Beziehungen

Eine Ausstandspflicht besteht bei besonderer **Freundschaft** oder persönlicher **Feindschaft** zu einer Partei oder ihrem Vertreter[50]. Die Beziehung muss aufgrund ihrer Art und Dauer eine Intensität aufweisen, die über den gesellschaftlich üblichen Umgang hinausgeht und bei objektiver Betrachtung den Anschein der Befangenheit bzw. die Gefahr einer Voreingenommenheit erweckt; persönliche Bekanntschaft, Duzfreundschaft, gemeinsames Studium oder gemeinsamer Militärdienst genügen für sich allein genommen nicht für die Annahme einer Befangenheit[51]. Auch die Einreichung einer Strafanzeige oder einer Zivilklage gegen eine Amtsperson machen diese nicht befangen[52]; der berechtigte Anschein der Befangenheit liegt aber vor, wenn die Amtsperson ihrerseits (Straf-)Anzeige gegen eine Verfahrenspartei erhebt[53]. Auch das Vorliegen eines direkten Konkurrenzverhältnisses zwischen einer Partei und dem Entscheidungsträger[54] oder das Führen einer Kanzleigemeinschaft mit einem Parteivertreter[55] können eine Befangenheit begründen, und unter Umständen lassen sogar ehemalige enge Verbindungen zu einer Partei ein Behördemitglied als befangen erscheinen[56].

19

---

[48] Eingehend KIENER, Unabhängigkeit, S. 58 ff.; BREITENMOSER/SPORI FEDAIL, in: Praxiskommentar VwVG, Art. 10 N. 68 ff.; FELLER, in: Kommentar VwVG, Art. 10 N. 22 ff.; MÜLLER/SCHEFER, Grundrechte, S. 937 ff.; SCHINDLER, Befangenheit, S. 111 ff.; STEINMANN, in: St. Galler Kommentar BV, Art. 29 N. 18 und Art. 30 N. 9 ff.
[49] SCHINDLER, Befangenheit, S. 139 ff.; für Beispiele vgl. VGr, 23.5.2007, VB.2007.00136, E. 3.2.2 (ZBl 2008, 225 ff. = BEZ 2007 Nr. 33); RB 2007 Nr. 1, E. 3.1 (VB.2006.00313).
[50] So der treffende Wortlaut von Art. 34 Abs. 1 lit. e BGG.
[51] BGE 138 I 1, E. 2.4; BStrGr, 18.9.2012, BB.2012.132, E. 2.3. Vgl. auch KIENER, Unabhängigkeit, S. 98 ff.; SCHINDLER, Befangenheit, S. 112 ff.
[52] BGr, 25.9.2000, 8G.36/2000 und 8G.39/2000, E. 3c.
[53] BGE 134 I 20, E. 4.3.2 (Strafanzeige wegen Ehrverletzung und Zivilklage auf Genugtuung).
[54] BGE 119 V 456, E. 5c; 113 Ia 286, E. 3a; BVGE 2008/13, E. 10.4; RB 2002 Nr. 42, E. 2d (VB.2002.00263 = BEZ 2003 Nr. 12).
[55] BGE 92 I 271, E. 5; EGMR, 21.12.2000, 33958/96 (Wettstein/Schweiz), Ziff. 48.
[56] BGE 137 II 431, E. 5.3.

20 Das **persönliche Verhalten** kann den Anschein der Befangenheit objektiv rechtfertigen, wenn sich darin eine Haltung offenbart, welche einen unvoreingenommenen Umgang mit der Angelegenheit objektiv in Frage stellt[57]. Dies trifft namentlich dann zu, wenn eine *Äusserung* oder *Handlung* vermuten lässt, die betroffene Justizperson habe sich schon eine feste Meinung zum Ausgang des Verfahrens gebildet[58]. Keine Befangenheit begründet indessen die vorläufige Meinungsbildung im Rahmen des Referentensystems an Gerichten[59].

21 Verfahrensfehler oder Fehlentscheide in der Sache sind kein Ausdruck von Feindseligkeit, sondern als Rechtsverletzungen binnen Frist auf dem ordentlichen Rechtsmittelweg zu rügen; **rechtliche Fehlleistungen** können jedoch auf eine Befangenheit schliessen lassen, wenn es sich um besonders krasse und wiederholte Irrtümer handelt, die zugleich eine Amtspflichtverletzung darstellen und sich einseitig zulasten einer Partei auswirken[60].

22 Den Eindruck fehlender Unabhängigkeit erweckt, wer die Angelegenheit ausserhalb des Verfahrens mit einer Partei oder ihrem Vertreter *bespricht* oder verfahrensbezogenen Rat erteilt, z.B. betreffend die Einlegung oder den Rückzug eines Rechtsmittels[61]. Richterliche Behörden unterstehen dem Verbot des Berichtens, es ist ihnen folglich untersagt, ausserhalb des Verfahrens eine bei ihnen hängige Angelegenheit mit einer Partei zu besprechen[62]. Demgegenüber darf im Amtsverkehr von Verwaltungsbehörden – nicht zuletzt mit Blick auf die Festlegung des rechtserheblichen Sachverhalts – der **Kontakt** mit den betroffenen Parteien gepflegt werden. Zum Schutz vor befangenheitsbegründenden Festlegungen müssen solche Kontakte aber in formalisierter Weise und unter Erstellung entsprechender Akten erfolgen, umso mehr, wenn im Zeitpunkt der Kontaktnahme noch nicht feststeht, ob von der angestrebten Verfügung allenfalls auch Dritte berührt sein werden[63]. Die Befangenheit ist offenkundig, wenn eine Amtsperson ein *Bestechungsdelikt* gemäss Art. 322ter ff. StGB begeht[64].

23 Negative **Äusserungen** zur Person einer Partei oder ihrer Sache können den Eindruck der Befangenheit rechtfertigen[65]. Äusserungen oder Handlungen, die losgelöst von der konkreten Angelegenheit erfolgen, namentlich in einer wissenschaftlichen *Publikation* oder anlässlich eines wissenschaftlichen Vortrags, können ausnahmsweise eine Ausstandspflicht begründen, namentlich bei eindeutiger Stellungnahme in einer kontrovers diskutierten und im konkreten Fall entscheidwesentlichen Frage[66]. Stellungnahmen in Memoranden, Flugblättern, Leserbriefen, Forumsbeiträgen oder Blogs, in denen rechts-

---

57 BGE 133 I 89, E. 3; 127 I 196, E. 2d und 2e; vgl. auch KIENER, in: Kurzkommentar ZPO, Art. 47 N. 19.
58 BGE 137 I 227, E. 2.1; 133 I 89, E. 3; 125 I 119, E. 3a; vgl. auch MÜLLER/SCHEFER, Grundrechte, S. 940 f.
59 BGE 134 I 238, E. 2.3; STEINMANN, in: St. Galler Kommentar BV, Art. 30 N. 10.
60 BGE 125 I 119, E. 3e; BGr, 10.11.2009, 5A_472/2009, E. 6.2; vgl. RB 1996 Nr. 3 (VB.96.00132); für ein Beispiel siehe FELLER, in: Kommentar VwVG, Art. 10 N. 29.
61 BGE 137 I 227, E. 2.6; 134 I 238, E. 2.6.
62 So die Begriffsdefinition in Art. 48 VRPG BE.
63 Strenger wohl FELLER, in: Kommentar VwVG, Art. 10 N. 26.
64 Zum dienstrechtlich erlaubten Verhalten SCHINDLER, Befangenheit, S. 121 ff.; vgl. FELLER, in: Kommentar VwVG, Art. 10 N. 27.
65 BGE 133 I 89, E. 3.3; 127 I 196, E. 2d und 2e; vgl. KIENER/KRÜSI, Gerichtssachverständige, S. 504 f.
66 BGE 133 I 89, E. 3.3; weitere Hinweise auf die Praxis bei FELLER, in: Kommentar VwVG, Art. 10 N. 28 Fn. 64 und 65; KIENER, Unabhängigkeit, S. 194 ff.

politische Ziele formuliert oder gesellschaftliche Vorkommnisse bewertet werden, führen nach der Praxis jedenfalls dann zu einer Ausstandspflicht, wenn diese Vorgänge gleichzeitig in einem Verfahren thematisiert werden, an welchem die fragliche Person mitwirkt[67]. Auf der anderen Seite liegt bei der Abgabe einer allgemeinen Stellungnahme so lange keine Befangenheit vor, als die Äusserung nicht abschliessend ist und die Behörde im Einzelfall davon abweichen kann[68].

Aus **persönlichen Eigenschaften** wie namentlich dem Geschlecht, der Konfession, der weltanschaulich-politischen Grundhaltung oder der (sprach-)regionalen Herkunft lassen sich keine Festlegungen zum Verfahren ableiten, wenn diese Eigenschaften im Verfahren ebenfalls eine gewisse Rolle spielen[69]. Namentlich bedeutet die *weltanschaulich-politische Grundhaltung,* wie sie sich in der Mitgliedschaft in einer politischen Partei, einer Glaubensgemeinschaft oder einer ideellen Vereinigung äussert, grundsätzlich keine Befangenheit, selbst wenn die betreffende Organisation als Partei des Verfahrens auftritt. Besondere Umstände können aber auch hier zu einer Bejahung der Befangenheit führen, so etwa, wenn ein Behördemitglied als Organ der Vereinigung tätig ist oder in anderer Weise als ihr Exponent auftritt oder wenn das zentrale Anliegen der Vereinigung gleichzeitig die zentrale Rechtsfrage im konkreten Verfahren bildet[70]. Heikel ist die Mitgliedschaft in jenen Vereinigungen, deren Hauptzweck in der gegenseitigen Förderung und Unterstützung der Mitglieder liegt und die nur einem beschränkten Kreis von Interessenten offenstehen; treten solche Vereinigungen oder ihre Mitglieder im Verfahren als Parteien auf, ist der objektiv berechtigte Anschein der Befangenheit regelhaft gegeben[71].

24

2. Vorbefassung

Die Organisation der kantonalen Justiz kann dazu führen, dass eine Person mehrfach mit der gleichen Streitsache befasst ist. Während § 5a Abs. 1 lit. c die Mehrfachbefassung (auch) als Parteivertreter regelt, ist eine Mehrfachbefassung in *amtlicher* Eigenschaft nach Massgabe der Generalklausel zu entscheiden. In der **Begriffsumschreibung** des Bundesgerichts ist eine sog. Vorbefassung gegeben, wenn ein Entscheidträger schon zu einem früheren Zeitpunkt in amtlicher Funktion mit der konkreten Streitsache befasst war[72]. Die Vorbefassung muss bezüglich der *gleichen Sache* bestehen, die vorgängige Tätigkeit also jenes Verfahren betreffen, mit dem die betroffene Person aktuell in amtlicher Eigenschaft zu tun hat[73]. Betraf die frühere Befassung die gleiche Partei, aber einen anderen Verfahrensgegenstand, liegt keine Vorbefassung vor[74]. Die frühere Beschäftigung mit der Sache muss in *amtlicher* Funktion erfolgt sein, d.h. in einer Funktion, die von den Ausstandspflichten gemäss § 5a erfasst wird; folglich kann auch die frühere Tätigkeit als Ge-

25

---

[67] BGE 108 Ia 48, E. 3.
[68] Bundesrat, 28.4.2004, E. 2.2 (VPB 2004 Nr. 137).
[69] BGE 118 Ia 282, E. 5e, betr. Geschlecht.
[70] Vgl. VGr, 23.5.2007, VB.2007.00136, E. 3.1 und 3.2.1 (ZBl 2008, 225 ff.); OGr, Verwaltungskommission, 12.1.2006, E. 4.1 (ZR 2006 Nr. 43); Rekurskommission EVD, 7.11.1994, E. 2 (VPB 1995 Nr. 84); eingehend KIENER, Unabhängigkeit, S. 189 ff.; SCHINDLER, Befangenheit, S. 126 ff.
[71] KIENER, Unabhängigkeit, S. 99, m.H.
[72] Ständige Praxis seit BGE 114 Ia 50, E. 3d; vgl. BGE 131 I 113, E. 3.4.
[73] DONZALLAZ, Commentaire, N. 545; MERKLI/AESCHLIMANN/HERZOG, Kommentar VRPG, Art. 9 N. 11.
[74] BGE 117 Ia 372, E. 2c; EGMR, 26.4.2011, 31351/06 (Steuelet/Schweiz), Ziff. 39 ff.

richtsschreiberin oder als Gerichtssachverständiger eine Vorbefassung auslösen[75]. In jedem Fall unerheblich ist der Umstand, ob die Amtsperson die Anordnung in alleiniger Verantwortung oder aber als Mitglied eines Kollegiums trifft[76].

26 Trotz einer Vorbefassung ist ein **Ausstand nicht zwingend**. Es liegt so lange keine Befangenheit vor, als das Verfahren in Bezug auf den konkreten Sachverhalt und die konkret zu entscheidenden Rechtsfragen weiterhin als offen und nicht vorbestimmt erscheint[77]. Zur Beurteilung der geforderten *Offenheit* stellt das Bundesgericht auf verschiedene Kriterien ab, namentlich darauf, ob und inwieweit sich die Fragestellungen gleichen, welcher Entscheidungsspielraum in den verschiedenen Verfahrensabschnitten besteht und welche Bedeutung diesen Fragen für den Fortgang des Verfahrens zukommt[78]. Ausschlaggebend ist damit, ob die frühere Tätigkeit den berechtigten Eindruck entstehen lässt, die betroffene Person könne sich von den seinerzeit getroffenen Feststellungen und geäusserten Wertungen nicht mehr lösen und die Angelegenheit deshalb nicht mehr mit der nötigen Distanz und Objektivität beurteilen. Der Allgemeinheit dieser Umschreibung entspricht die Vielfalt möglicher Konstellationen; die Praxis zur Vorbefassung ist denn auch stark kasuistisch geprägt[79]. Offenkundig ist die Befangenheit bei einem Funktionswechsel während des laufenden Verfahrens, durch den die gleiche Person in der früheren wie in der aktuellen Funktion mit derselben Angelegenheit befasst ist. Auf der anderen Seite liegt kein Ausstandsgrund vor, wenn eine Justizperson schon in früheren Angelegenheiten gegen eine Partei entschieden hat[80].

27 Mehrfachbefassungen **innerhalb der gleichen Instanz** sind systembedingt und bewirken in der Regel keine Ausstandspflicht, es sei denn, weitere Umstände würden die Offenheit des Verfahrens in Frage stellen und damit auf eine Befangenheit schliessen lassen[81]. Anordnungen, welche ein und dieselbe Person im Rahmen der *Prozessinstruktion* und *Verfahrensleitung* treffen, begründen in der Regel keine befangenheitsbegründende Vorbefassung[82]. Dies gilt namentlich für den Entscheid über die unentgeltliche Rechtspflege[83], beim Entscheid über vorsorgliche Massnahmen[84] und bei der Anordnung von Beweis-

---

[75] Vgl. KIENER, in: Kurzkommentar ZPO, Art. 47 N. 13 und 14; vgl. auch HÄNER, in: Basler Kommentar BGG, Art. 34 N. 9, sowie ausdrücklich Art. 34 Abs. 1 lit. c BGG.
[76] Eine Zusammenfassung der bundesgerichtlichen Rechtsprechung zur Ämterkumulation findet sich in BGE 131 I 24. E. 1.2 f.
[77] Vgl. BGE 133 I 89, E. 3.2; 131 I 24, E. 1.2, sowie eingehend KIENER, Unabhängigkeit, S. 138 ff.
[78] Ständige Rechtsprechung seit BGE 114 Ia 50, E. 3d; vgl. VGr, 7.7.2009, VB.2008.00467, E. 3.3.
[79] Eingehend KIENER, Unabhängigkeit, S. 137 ff.; BREITENMOSER/SPORI FEDAIL, in: Praxiskommentar VwVG, Art. 10 N. 74 ff.; FELLER, in: Kommentar VwVG, Art. 10 N. 30 f.; SCHINDLER, Befangenheit, S. 144 ff.; STEINMANN, in: St. Galler Kommentar BV, Art. 30 N. 12 ff.
[80] VGr, 18.4.2011, VB.2011.00221, E. 2.3.
[81] Zusammenfassung der Rechtsprechung in BGE 131 I 113, E. 3.6 und 3.7; für einen Anwendungsfall vgl. VGr, 2.6.2010, VB.2009.00708, E. 5.4.
[82] Vgl. BGE 118 II 359, E. 3c; 117 Ia 491, E. 2b; 116 Ia 135, E. 3b; 114 Ia 50, E. 3d; vgl. auch KIENER, Unabhängigkeit, S. 138 ff., sowie KÖLZ, in: Kommentar aBV, Art. 58 Rz. 60.
[83] BGE 131 I 113, E. 3.7; Kritik bei KIENER, Unabhängigkeit, S. 168, daran anschliessend BREITENMOSER/SPORI FEDAIL, in: Praxiskommentar VwVG, Art. 10 N. 77; vgl. auch GÜNGERICH, in: Handkommentar BGG, Art. 34 N. 9.
[84] BGE 131 I 113, E. 3.6.

massnahmen[85], auch wenn damit eine antizipierte Beweiswürdigung verbunden ist[86]. Auch die erneute Befassung nach Rückweisung durch die Rechtsmittelinstanz[87], die Wiederbefassung im Verfahren der Revision[88], die erneute Befassung der Rechtsmittelinstanz nach Rückweisung und erneuter Anfechtung der Anordnung[89] oder die erneute Beurteilung nach einem Abwesenheitsurteil[90] begründen nach der Praxis keine Ausstandspflicht, ebensowenig der Umstand, dass in einer Vergleichsverhandlung die Erfolgsaussichten eines Anliegens erörtert werden. An einer Befangenheit fehlt es schliesslich auch dann, wenn in einer Bewilligung materiell zugleich über Folgeentscheide geurteilt wird und die gleiche Behörde später nur noch formell über den Folgeentscheid befindet[91].

3. Berufliche Beziehungen

Gewisse enge berufliche Beziehungen und finanzielle **Abhängigkeitsverhältnisse** zwischen einem Behördemitglied und einer Verfahrenspartei sind grundsätzlich geeignet, den Anschein der persönlichen Befangenheit zu begründen, auch dann, wenn kein Vertretungsverhältnis im Sinne von § 5a Abs. 1 lit. c vorliegt[92]. Entsprechend sind Gerichtsmitglieder zur Offenlegung von Interessenbindungen verpflichtet (§ 34a VRG i.V.m. § 7 GOG)[93].

28

Wirtschaftliche und berufliche Beziehungen, die zu Interessenkollisionen führen und die Unabhängigkeit bei der Beurteilung einer Rechtsstreitigkeit in Frage stellen können, ergeben sich erfahrungsgemäss aus der **Anwaltstätigkeit** von Justizpersonen[94]. Zwar formuliert § 34 Unvereinbarkeiten zwischen Richteramt und Anwaltstätigkeit; diese erfassen indessen nicht alle Mitglieder des Verwaltungsgerichts. Vom Geltungsbereich des § 34 nicht erfasst sind die Mitglieder der übrigen Justizbehörden wie namentlich der Rekursgerichte (vgl. dazu § 334a Abs. 1 PBG und § 113a Abs. 1 StG)[95]. Dass eine auch anwaltlich tätige Justizperson gelegentlich vor dem «eigenen» Gericht auftritt, begründet der Praxis zufolge noch keinen Ausstandsgrund[96].

29

Die Besorgnis der Befangenheit wird aber nach der zunehmend strenger werdenden Praxis[97] bejaht, wenn eine Justizperson aufgrund ihrer anwaltlichen Tätigkeit **im Einflussbereich einer Partei** steht; ausschlaggebend ist das Kriterium, ob die Interessen einer

30

---

[85] BGE 116 Ia 135, E. 3b.
[86] FELLER, in: Kommentar VwVG, Art. 10 N. 31.
[87] BGE 131 I 113, E. 3.6; VGr, 21.12.2011, VB.2011.00608, E. 2.1.
[88] BGE 113 Ia 62, E. 3c.
[89] BGr, 6.9.2005, 1P.371/2005, E. 4.2 f.; VGr, 21.12.2011, VB.2011.00608, E. 2.1.
[90] BGE 116 Ia 32, E. 3b bb; EGMR, 10.6.1996, 17602/91 (Thomann/Schweiz), Ziff. 27 ff.
[91] VGr, 9.3.2011, VB.2010.00577, E. 2.4 und 2.6 (BEZ 2011 Nr. 23), betr. Baubewilligungsentscheid und anschliessenden Inventarentlassungsentscheid des Stadtrats.
[92] Eingehend BREITENMOSER/SPORI FEDAIL, in: Praxiskommentar VwVG, Art. 10 N. 82 ff.; KIENER, Unabhängigkeit, S. 106 f.; vgl. RB 2002 Nr. 42, E. 2d (VB.2002.00263 = BEZ 2003 Nr. 12).
[93] Zum regelmässigen Beizug eines Gutachters oder einer Begutachtungsinstitution vgl. BGE 137 V 210, E. 1.3.3.
[94] Dazu eingehend KIENER, FS Aarg. Anwaltsverband; KIENER/MEDICI, Anwälte; PATRICK SUTTER, Anwalt.
[95] Vgl. KIENER/MEDICI, Anwälte, N. 17.
[96] BGE 133 I 1, E. 6.4.2 und 6.6.3; 128 V 82, E. 2a; EGMR, 21.12.2000, 33958/96 (Wettstein/Schweiz), Ziff. 41 ff.
[97] BGr, 1.2.2012, 8C_557/2011, E. 4.5.

Verfahrenspartei und jene des anwaltlich tätigen Richters als gleichgerichtet erscheinen, wobei insbesondere die Sichtweise der Gegenpartei berücksichtigt werden muss[98]. Ein als Entscheidungsträger amtierender Anwalt ist in seiner richterlichen Funktion befangen, wenn er in einem *anderen* Verfahren eine der Prozessparteien anwaltlich vertritt oder kurz vorher vertreten hatte oder ein solches Vertretungsverhältnis zu deren *Gegenpartei* in einem anderen Verfahren besteht bzw. zu einem früheren Zeitpunkt bestand[99]. Die Besorgnis der Befangenheit stellt sich ein, wenn ein Entscheidungsträger gleichzeitig vor einer anderen Justizbehörde ein Verfahren führt, welches die *identische Grundsatzfrage* betrifft und präjudizielle Wirkung auf die konkret in Frage stehende Anordnung hat[100], aber auch etwa dann, wenn das aktuelle Verfahren *Brancheninteressen* betrifft und der Entscheidungsträger aufgrund der Ausrichtung seiner anwaltlichen Tätigkeit als Interessenvertreter dieser Branche wahrgenommen wird[101].

4. Äusserer Druck

31 In Ausnahmefällen ist nicht ausgeschlossen, dass Druck seitens der Öffentlichkeit, der Medien, aber auch der (Wiederwahl-)Behörden die unparteiische Behandlung einer Anordnung in Frage stellt. Befangenheit ist indessen nur unter der zweifachen Voraussetzung zu bejahen, dass **konkrete Hinweise** für eine mögliche Beeinflussung vorliegen und zudem bei objektiver Betrachtung davon auszugehen ist, dass diese Umstände Eingang in das Verfahren gefunden haben, so dass eine unbefangene und unparteiische Beurteilung in Frage gestellt ist[102].

B. Besondere Ausstandsgründe (Abs. 1 lit. a–c)

1. Persönliches Interesse in der Sache (lit. a)

32 Ein persönliches Interesse im Sinne des Gesetzes ist in allgemeiner Weise zu bejahen, wenn die mit der Anordnung befasste Person **in eigener Sache** entscheidet, mithin im Verfahren selber Parteistellung oder aber ein unmittelbares eigenes Interesse rechtlicher oder tatsächlicher Art am Ausgang des Verfahrens hat[103]. Offenkundig ist das Eigeninteresse bei der Beurteilung eines Ausstandsbegehrens, welches die eigene Person betrifft[104]. Eine Ausstandspflicht besteht auch, wenn das Behördemitglied gleichzeitig Organ einer am Verfahren als Partei beteiligten juristischen Person ist[105], am streitigen Anspruch mitberechtigt, mitverpflichtet oder erbberechtigt ist. Der Anschein fehlender Unabhängig-

---

[98] BGE 133 I 1, E. 6.4.3; 124 I 121, E. 3c; 116 Ia 485, E. 3b.
[99] BGE 135 I 14, Regeste und E. 4.1 und 4.3 (Präzisierung der Rechtsprechung).
[100] BGE 133 I 1, E. 6.4.3; 124 I 121, E. 3c.
[101] KIENER/MEDICI, Anwälte, N. 28; PATRICK SUTTER, Anwalt, S. 36; das Bundesgericht äussert sich nicht eindeutig, vgl. BGE 133 I 1, E. 6.4.3 (obiter dictum), demgegenüber BGE 136 I 207, E. 3.5.4.
[102] BGE 116 Ia 14, E. 7b; vgl. BGE 137 I 1 betr. Bekanntgabe von Richter-Taggeldern an die Öffentlichkeit; zur Thematik eingehend KIENER, Unabhängigkeit, S. 198 ff.; SCHINDLER, Befangenheit, S. 124 ff.
[103] BGE 33 I 143, E. 2; vgl. FELLER, in: Kommentar VwVG, Art. 10 N. 17; KIENER, in: Kurzkommentar ZPO, Art. 47 N. 9; MERKLI/AESCHLIMANN/HERZOG, Kommentar VRPG, Art. 9 N. 10.
[104] BGE 136 II 383, E. 4; 122 II 471, E. 3a; 114 Ia 153, E. 3a aa.
[105] Vgl. für den Regierungsrat § 18 Abs. 1 OG RR; BGE 117 Ia 408, E. 2c; Bundesrat, 8.9.1999, E. 6.1.3 (VPB 2000 Nr. 2).

keit besteht schliesslich auch, wenn ein (nebenamtliches) Behördemitglied als Anbieter in einem auf gleicher Ebene ausgeschriebenen Vergabeverfahren auftritt[106].

Bei mittelbarer oder **indirekter Betroffenheit** ist zu fragen, ob der Ausgang des Verfahrens in einer Art und Weise auf die persönliche Interessenssphäre des Entscheidungsträgers zurückwirkt, die im Ergebnis einer direkten Betroffenheit gleichkommt[107].

- Keine Ausstandspflicht besteht nach der Praxis dann, wenn ein Amtsträger in der Sache *öffentliche Interessen* wahrnimmt, selbst wenn beim Entscheid gegensätzliche Interessen zu berücksichtigen sind[108]. Richtigerweise wird diese Konstellation in Anwendung der Regeln über die Vorbefassung gelöst[109], falls das Gesetz die Frage nicht selber regelt, wie dies beispielsweise mit Art. 18 Abs. 1 OG RR geschehen ist. Auch die Erteilung einer Bewilligung an das Gemeinwesen durch eine Behörde desselben Gemeinwesens begründet keine Ausstandspflicht[110].

- Die blosse *Mitgliedschaft* in einer ideellen Vereinigung oder die Stellung als Aktionär oder Genossenschafterin bedeutet in der Regel keinen Ausstandsgrund, wenn die entsprechende Körperschaft im Verfahren als Partei auftritt[111].

- Kein persönliches Interesse liegt vor, wenn eine Vielzahl von Personen *in gleicher Weise betroffen* ist wie das Behördemitglied, dessen Ausstand in Frage steht[112]. Auch die Eigenschaft als Stimmbürgerin oder Stimmbürger des fraglichen Gemeinwesens bewirkt in der Regel keine Befangenheit, wenn ein Entscheidungsträger den Erlass später mittels Normenkontrolle überprüft. Dies gilt auch dann, wenn der Erlass die Mitglieder der zuständigen Justizbehörde in besonderem Mass betrifft, wie es namentlich bei der Beurteilung personalrechtlicher Regeln der Fall sein kann[113]. Besondere Umstände – namentlich ein überdurchschnittliches Engagement für oder gegen den Erlass in der Öffentlichkeit – können aber in Einzelfällen zu einer Bejahung der Befangenheit nach Massgabe der Generalklausel führen. Einen Sonderfall stellt die abstrakte Normenkontrolle von Erlassen der obersten Gerichte durch das Verwaltungsgericht dar (§ 41 Abs. 1 i.V.m. § 19 Abs. 1 lit. d VRG); hier müssen die Mitglieder des Verwaltungsgerichts, die nach Massgabe von § 73 i.V.m. § 70 GOG am Zustandekommen der Erlasse mitgewirkt haben, in den Ausstand treten[114].

---

[106] RB 2003 Nr. 1, E. 4 (VB.2003.00024).
[107] Vgl. z.B. BGE 119 V 456, E. 5c; Bundesrat, 8.9.1999, E. 6.1.3 (VPB 2000 Nr. 2).
[108] BGE 125 I 119, E. 3d, 3e und 3f; 107 Ia 135, E. 2b; eingehend BREITENMOSER/SPORI FEDAIL, in: Praxiskommentar VwVG, Art. 10 N. 47 ff.
[109] SCHINDLER, Befangenheit, S. 174 f.
[110] BGE 125 I 119, E. 3d; BRK I, 20.1.2011, 0023 und 0024/2011, E. 4.3 (BEZ 2011 Nr. 44), und RB 1997 Nr. 103, E. 5 (VB.96.00030), beide betr. Erteilung einer Baubewilligung an die (politische) Gemeinde durch den Gemeinderat.
[111] KIENER, Unabhängigkeit, S. 93; HÄNER, in: Basler Kommentar BGG, Art. 34 N. 8.
[112] BGE 136 II 383, E. 4.2 f.; Bundesrat, 8.9.1999, E. 6.1.3 (VPB 2000 Nr. 2); vgl. HÄNER, in: Basler Kommentar BGG, Art. 14 N. 8; KIENER, Unabhängigkeit, S. 93; MERKLI/AESCHLIMANN/HERZOG, Kommentar VRPG, Art. 9 N. 10; SCHINDLER, Befangenheit, S. 126 ff.
[113] Vgl. BGr, 18.10.2011, 8C_712/2011, E. 3.5, betr. Streit über die Besoldung von Richtern.
[114] Weisung 2009, S. 932.

2. Persönliche Beziehungen (lit. b)

34 § 5a Abs. 1 lit. b zählt **bestimmte** persönliche **Beziehungen** zu den Parteien auf, deren Vorliegen von Gesetzes wegen den Anschein der Befangenheit und damit eine Ausstandspflicht bewirken. Das Gesetz trägt damit dem Umstand Rechnung, dass das Beziehungsgeflecht zwischen Angehörigen und nahen Verwandten typischerweise von Abhängigkeiten, Rücksichtnahmen und Einflussmöglichkeiten geprägt ist, die im Einzelfall kaum je durchschaubar und noch weniger überprüfbar sind[115]. Eine Ausstandspflicht besteht aufgrund von *Verwandtschaft* und *Schwägerschaft* zu einer Partei bei einem Verwandtschaftsgrad in gerader Linie oder in einer Seitenlinie bis und mit dem dritten Grad; der Inhalt dieser Begriffe ergibt sich in eindeutiger Weise aus dem Zivilrecht (Art. 20 und Art. 21 ZGB). Ebenso lässt sich der Bestand einer *Ehe* und einer *eingetragenen Partnerschaft* anhand des beurkundeten Personenstands (Art. 39 ff. ZGB, vgl. Art. 3 ff. PartG) feststellen und objektivieren. Demgegenüber wird das *Verlöbnis* durch formloses Eheversprechen (Art. 90 Abs. 1 ZGB) begründet. Es muss glaubhaft gemacht werden, um einen Ausstand zu bewirken; im Zweifel lässt sich das Verlöbnis unter den Tatbestand der faktischen Lebensgemeinschaft oder unter die Generalklausel subsumieren. Eine *faktische Lebensgemeinschaft* liegt vor, wenn die mit einer Anordnung befasste Person ein auf Dauer angelegtes partnerschaftliches Verhältnis zu einer (gleich- oder andersgeschlechtlichen) Partei unterhält, was namentlich beim Zusammenleben im gemeinsamen Haushalt oder bei Vorliegen eines Konkubinatsvertrags auf der Hand liegt; es ist aber nicht erforderlich, dass die Betroffenen zusammenleben[116]. *Kindesannahme* bedeutet Adoption; da das Adoptivkind die Rechtsstellung eines Kindes der Adoptiveltern erhält (Art. 267 Abs. 1 ZGB), ist der Ausstand gleich wie bei direkter Abstammung zwingend.

35 Der Wortlaut von § 5a Abs. 1 lit. b legt nahe, dass einzig **bestehende** Beziehungen einen Ausstandsgrund bilden, nach Auflösung einer Ehe, einer eingetragenen Partnerschaft, eines Verlöbnisses oder einer Lebensgemeinschaft mithin im Grundsatz keine Ausstandspflicht mehr besteht[117]. Besondere Umstände können indessen dazu führen, dass sich die Gefahr einer Befangenheit trotz (oder wegen) einer aufgelösten Beziehung einstellt; in diesem Fall ist die Ausstandspflicht aufgrund der Generalklausel zu prüfen[118]. Bezüglich der *Schwägerschaft* besteht die Besonderheit, dass diese aufgrund von Art. 21 Abs. 2 ZGB durch die Auflösung der Ehe oder der eingetragenen Partnerschaft, die sie begründet hat, nicht aufgehoben wird.

36 Die in Abs. 1 lit. b und c genannten Nähebeziehungen müssen zu einer **Partei** bestehen. Parteien sind Personen, aber auch Organisationen oder Behörden, die in eigenem Namen an einem Verfahren teilnehmen und dabei private oder öffentliche Interessen ver-

---

[115] MERKLI/AESCHLIMANN/HERZOG, Kommentar VRPG, Art. 9 N. 12.
[116] BREITENMOSER/SPORI FEDAIL, in: Praxiskommentar VwVG, Art. 10 N. 54; vgl. BGE 108 II 204, E. 3a; strenger die SKOS-Richtlinien, 4. Aufl. April 2005, Stand Januar 2011, 12/07, G.3–2; vgl. auch BGr, 12.1.2004, 2P.242/2003; demnach würde eine Lebensgemeinschaft nach einer Dauer von zwei Jahren vorliegen oder wenn die Partner mit einem gemeinsamen Kind zusammenleben.
[117] Ebenso Art. 34 lit. c BGG und Art. 56 lit. c StPO; teilweise anders Art. 47 Abs. 1 lit. c ZPO; mit Blick auf Art. 10 VwVG anders BREITENMOSER/SPORI FEDAIL, in: Praxiskommentar VwVG, Art. 10 N. 55; vgl. auch KIENER, Unabhängigkeit, S. 98.
[118] Ähnlich FELLER, in: Kommentar VwVG, Art. 10 N. 18.

folgen[119]. Eine besondere Beziehungsnähe zu Personen, die in Abs. 1 lit. b nicht genannt werden, beispielsweise die Verwandtschaft mit einem Parteivertreter oder die Ehe mit einem Mitglied der Vorinstanz, sind entweder gesetzlich als Unvereinbarkeiten ausgestaltet (vgl. §§ 25–29 GPR) oder subsidiär am Massstab der Generalklausel (Anschein der persönlichen Befangenheit) zu messen.

3. Vertretungsverhältnisse (lit. c)

Die Ausstandspflicht erfasst Personen, die **zugleich Vertreter** einer Partei sind oder für eine Partei in der gleichen, nunmehr hängigen Sache tätig waren (lit. c). Hinter dieser Regelung steht der Gedanke, dass der Vertreter die Angelegenheiten seiner Mandantschaft gleich wie seine eigenen besorgt und darum letztlich ebenfalls in eigener Sache tätig ist[120]. Der Begriff der Vertretung ist weit zu verstehen: Die *Rechtsnatur* des Vertretungsverhältnisses ist ohne Belang; dieses kann gesetzlich, vertraglich oder statutarisch begründet sein und entgeltlich oder unentgeltlich, freiwillig oder unfreiwillig erfolgen[121]. Vertreter einer Partei ist, wer im Zeitpunkt der Rechtshängigkeit des Verfahrens die Angelegenheiten der Partei zu besorgen hat und deshalb im besten Interesse dieser Person handeln muss, beispielsweise als Beistand oder als Anwalt, Notar oder Treuhänder. Bei einem im Zeitpunkt der Rechtshängigkeit *offenen* Vertretungsmandat ist der Ausstand Pflicht, selbst wenn das Mandat eine andere Angelegenheit betrifft. Eine Ausstandspflicht besteht im Übrigen auch dann, wenn ein Entscheidungsträger zu einer Partei in einer beruflichen *Dauerbeziehung* steht, beispielsweise als Hausanwalt[122]. Ein einzelnes, *abgeschlossenes* Mandat begründet in der Regel keine Befangenheit, es sei denn, dieses Mandat stehe in einem inhaltlichen Zusammenhang mit der aktuellen Anordnung und wirke auf diese zurück[123].

37

Ist das Vertretungsverhältnis im Zeitpunkt der Rechtshängigkeit **abgeschlossen,** besteht eine Ausstandspflicht nach Massgabe von § 5a Abs. 1 lit. c nur dann, wenn ein solches zu einem früheren Zeitpunkt in der *gleichen Sache* bestanden hat, d.h. den gleichen, im Instanzenzug allenfalls verengten Streitgegenstand betrifft. Ausstandspflichtig ist deshalb ein nebenamtliches Mitglied des Verwaltungsgerichts, das eine Partei im erstinstanzlichen Verfahren z.B. anwaltlich oder als Repräsentant einer Hilfsorganisation vertreten hat. Bestand ein früheres Vertretungsverhältnis, das aber nicht die «gleiche» Sache betrifft, bemisst sich der Ausstand nach der Generalklausel.

38

---

[119] Vgl. KIENER/RÜTSCHE/KUHN, Öffentliches Verfahrensrecht, N. 541 ff.
[120] Vgl. BGE 33 I 143, E. 2.
[121] Vgl. Eidg. Personalrekurskommission, 12.5.2004, E. 3b bb (VPB 2004 Nr. 122); MERKLI/AESCHLIMANN/HERZOG, Kommentar VRPG, Art. 9 N. 14.
[122] BGE 135 I 14, E. 4.1; 116 Ia 485, E. 3b; vgl. BGE 116 Ia 135, E. 3c; BGr, 15.5.1992, 1P.665/1991, E. 3c (ZBl 1993, 84 ff.); VGr, 25.4.2007, VB.2007.0091, E. 3.1, 3.2 und 3.3 (ZBl 2008, 216 ff.).
[123] BGE 116 Ia 485, E. 3b; vgl. BREITENMOSER/SPORI FEDAIL, in: Praxiskommentar VwVG, Art. 10 N. 64.

IV. Ausstand

A. Ausstandspflicht

39 Liegen Umstände vor, die bei objektiver Betrachtung geeignet sind, Misstrauen in die Unparteilichkeit eines vom Geltungsbereich des § 5a erfassten Behördemitglieds zu erwecken, tritt als **gesetzliche Rechtsfolge** der Befangenheit die Ausstandspflicht ein (vgl. Abs. 1, erster Teilsatz). Weil bei der Beurteilung der Ausstandspflicht sowohl dem Anspruch auf unabhängige Beurteilung als auch dem Recht auf Beurteilung durch die gesetzlich zuständige Behörde Rechnung zu tragen ist, ergeben sich bezüglich der verfahrensrechtlichen Ausgestaltung gewisse Besonderheiten.

40 Gleich wie die bundesrechtlichen Verfahrenserlasse formuliert das VRG einzig Ausstandsgründe und unterscheidet nicht zwischen Ausschliessungsgründen, die von Amtes wegen zu beachten sind, und Ablehnungsgründen, deren Geltendmachung im Belieben der Beteiligten steht[124]. Ihrer zwingenden Natur (N. 53) entsprechend ist das Vorliegen solcher Gründe stets **von Amtes wegen** und damit auch dann zu prüfen, wenn keine der Parteien entsprechende Einwände erhebt[125]. Die betroffene Amtsperson ist verpflichtet, einen möglichen Ausstandsgrund umgehend, nach Möglichkeit vor der ersten Amtshandlung, offenzulegen; alle anderen Behördemitglieder sind gehalten, entsprechende Bedenken zu thematisieren, wenn sie bei einem Dritten einen Ausstandsgrund vermuten oder kennen[126].

41 Ein allfälliger **Verzicht** einer Partei ist **unerheblich**[127]: Zunächst schützt der Anspruch auf unparteiische Beurteilung durch die gesetzlich zuständige Behörde *alle* Verfahrensbeteiligten; nimmt eine Partei den Entscheid eines befangenen Amtsträgers hin, wird damit im Mehrparteienverfahren der Anspruch der anderen Partei auf eine unabhängige Beurteilung verletzt. Zudem verkörpern die genannten Garantien nicht nur individuelle Ansprüche der Verfahrensparteien, sondern sind als *objektives Recht* jederzeit zu beachten. Auch deshalb ist beim Entscheid über das Vorliegen einer Ausstandspflicht allein auf objektive Kriterien abzustellen (N. 15 ff.); die subjektiven Einschätzungen der betroffenen (Amts-)Person, aber auch jene der Verfahrensparteien sind unerheblich[128].

B. Ausstandsgesuch

42 Als Träger des (Grund-)Rechtsanspruchs auf unparteiische Beurteilung ist es den Verfahrensparteien unbenommen, ein Ausstandsgesuch zu stellen. Das Gesetz stellt keine **Formvorschriften** auf. Nicht zuletzt aus Beweisgründen sollte das Gesuch aber schrift-

---

[124] Vgl. Art. 34 BGG; Art. 56 StPO; Art. 10 VwVG; Art. 47 ZPO.
[125] BGE 119 V 456, E. 3b.
[126] Vgl. DONZALLAZ, Commentaire, N. 608; HÄNER, in: Basler Kommentar BGG, Art. 35 N. 1.
[127] Anders BGE 136 I 207, E. 3.4; 132 II 485, E. 4.3; 121 I 225, E. 3; ebenso die 2. Aufl., N. 5; FELLER, in: Kommentar VwVG, Art. 10 N. 33, 35; HAUSER/SCHWERI/LIEBER, Kommentar GOG, § 152 N. 13; MERKLI/AESCHLIMANN/HERZOG, Kommentar VRPG, Art. 9 N. 3, 5; kritisch BREITENMOSER/SPORI FEDAIL, in: Praxiskommentar VwVG, Art. 10 N. 94, 98 ff.; vgl. auch Bundesrat, 8.9.1999, E. 6.1.4 (VPB 2000 Nr. 2); vgl. die weiteren Hinweise in Fn. 142.
[128] Vgl. BGE 108 Ia 48, E. 2b; MERKLI/AESCHLIMANN/HERZOG, Kommentar VRPG, Art. 9 N. 3.

lich erfolgen (vgl. Art. 36 Abs. 1 BGG) und einen begründeten Antrag enthalten. Ein mit Bedingungen verknüpftes Begehren ist nicht zulässig[129]. Ebenfalls unzulässig ist die pauschale Ablehnung einer (Kollegial-)Behörde mit der Rüge der «institutionellen Befangenheit»; erlaubt ist aber die kumulierte individuelle Ablehnung jeder an der Anordnung mitwirkenden Person[130]. Richtet sich die Befangenheitsrüge gegen mehrere Personen, muss jede einzeln und mit einer personenspezifischen Begründung abgelehnt werden. In der Praxis werden (Laien-)Rügen, die sich gegen die Gesamtbehörde richten, regelmässig als Ausstandsbegehren gegen alle Einzelmitglieder an die Hand genommen[131]. Bezüglich Beweismass genügt, dass die den Ausstand begründenden Tatsachen *glaubhaft* gemacht werden[132]. Da es sich bei der Befangenheit um einen inneren Zustand handelt, kann ein formaler Beweis nicht verlangt werden. Die Beweismassnahmen erstrecken sich deshalb auch nicht auf die Befangenheit als solche, sondern auf das Vorliegen der sie begründenden Umstände[133].

In zeitlicher Hinsicht sind die Parteien nach Massgabe von Treu und Glauben (Art. 5 Abs. 3 BV) gehalten, Ausstandsgründe **unverzüglich** vorzubringen, d.h. sobald bekannt oder absehbar ist, dass eine möglicherweise befangene Person an der Behandlung der Angelegenheit mitwirkt[134]. Erhält eine Partei trotz aller Sorgfalt erst anlässlich der Eröffnung einer Anordnung Kenntnis von Umständen, die ein Ausstandsbegehren als begründet erscheinen lassen, darf sie die Verletzung von § 5a – gleich wie alle anderen Verfahrensrügen – ohne Rechtsnachteil auch noch im anschliessenden *Rechtsmittelverfahren* geltend machen[135]. Tritt die Befangenheit erst nach rechtskräftigem Abschluss des Verfahrens zu Tage, gelten grundsätzlich die Bestimmungen über die Revision; § 86a führt die Verletzung von Ausstandsvorschriften allerdings nicht ausdrücklich als Revisionsgrund an (vgl. §§ 86a ff., insb. N. 10 ff.). 43

Die Praxis stellt strenge Anforderungen an die Mitwirkungspflichten: Wer im Wissen um einen möglichen Ausstandsgrund untätig bleibt und sich stillschweigend auf ein Verfahren einlässt, hat den Anspruch auf die spätere Ausstandsrüge verwirkt[136]. Von diesem Grundsatz bestehen indessen gewichtige **Ausnahmen**[137]: Einer Partei darf der Grundsatz von Treu und Glauben nicht entgegengehalten werden, wenn die Behörde bzw. das fragliche Mitglied Kenntnis vom Ausstandsgrund hatte und diesen von Amtes wegen hätte 44

---

[129] RB 2008 Nr. 5, E. 4.1 und 4.2 (PB.2008.00034).
[130] Vgl. BGE 114 Ia 278, E. 1.
[131] BREITENMOSER/SPORI FEDAIL, in: Praxiskommentar VwVG, Art. 10 N. 34; FELLER, in: Kommentar VwVG, Art. 10 N. 6, je m.H.
[132] BGE 137 II 431, E. 5.2; vgl. Art. 36 Abs. 1 Satz 2 BGG; zum Begriff HÄNER, in: Basler Kommentar BGG, Art. 36 N. 4.
[133] SCHINDLER, Befangenheit, S. 92 f.
[134] BGE 136 I 207, E. 3.4; 134 I 20, E. 4.3.1; vgl. RB 2002 Nr. 11, E. 3 (VB.2001.00219 = BEZ 2002 Nr. 30).
[135] RB 1996 Nr. 18 (VB.96.00132); 1982 Nr. 20 (VB 126/1982); vgl. auch BGE 115 V 257, E. 4c.
[136] RB 2007 Nr. 1, E. 3.1.2 (VB.2006.00313); BGE 136 I 207, E. 3.4; 132 II 485, E. 4.3; 121 I 225, E. 3; vgl. FELLER, in: Kommentar VwVG, Art. 10 N. 35; HAUSER/SCHWERI/LIEBER, Kommentar GOG, § 152 N. 13; MERKLI/AESCHLIMANN/HERZOG, Kommentar VRPG, Art. 9 N. 5; MÜLLER/SCHEFER, Grundrechte, S. 952 ff.; STEINMANN, in: St. Galler Kommentar BV, Art. 30 N. 16; Kritik bei BREITENMOSER/SPORI FEDAIL, in: Praxiskommentar VwVG, Art. 10 N. 98 ff.; GÜNGERICH, in: Handkommentar BGG, Art. 36 N. 3; KIENER, Unabhängigkeit, S. 351 ff.; SCHINDLER, Befangenheit, S. 207 ff.
[137] KIENER/RÜTSCHE/KUHN, Öffentliches Verfahrensrecht, N. 537.

berücksichtigen müssen[138]. Zudem kann die sofortige Rüge nicht verlangt werden, wenn dies für die Partei objektiv nicht zumutbar wäre[139]. Aufgrund der zwingenden Natur der Ausstandsgründe sind an die Sorgfaltspflicht der Parteien generell keine allzu hohen Anforderungen zu stellen[140]; umso höhere Anforderungen gelten aber für die involvierten Behördemitglieder. Eine *Kostenpflicht* aufgrund des Umstands, dass von Amtes wegen zu berücksichtigende Ausstandsgründe wegen der Nachlässigkeit einer Partei erst verspätet entdeckt wurden (§ 13 Abs. 2), rechtfertigt sich aufgrund der behördlichen Offenlegungspflichten deshalb nur bei grober Fahrlässigkeit.

45 Die rechtzeitige und effektive Wahrnehmung des Anspruchs auf unparteiische Beurteilung setzt Kenntnis aller gemäss § 5a Abs. 1 am Verfahren teilnehmenden Personen (vgl. N. 8 ff.) voraus. In zeitlicher Hinsicht muss die Bekanntgabe so früh wie möglich, spätestens aber mit dem Entscheid erfolgen[141]. Obwohl ein verfassungsrechtlicher Anspruch auf **Bekanntgabe der personellen Zusammensetzung** von Verwaltungsbehörden und Rechtspflegeorganen besteht[142], genügt es der Praxis zufolge, wenn die Namen aller an der Anordnung mitwirkenden Personen ohne weiteres aus einer allgemein zugänglichen Publikation wie beispielsweise dem Internet, dem Staatskalender oder dem Rechenschaftsbericht der Behörde ersichtlich sind[143]. In allen anderen Fällen ist den Parteien die Zusammensetzung des Spruchkörpers unter Einschluss all jener Personen bekanntzugeben, die den Entscheid im Sinne von § 5a Abs. 1 vorbereiten oder anderswie daran mitwirken[144].

V. Verfahrensfragen

A. Gemeinsame Vorschriften

46 Ausstandsgesuche der Parteien und Ausstandserklärungen der Entscheidträger dürfen aufgrund der Garantie des gesetzlichen Richters, auf den sich sämtliche Verfahrensparteien berufen können, nicht unbesehen hingenommen werden (N. 5). Vielmehr muss die mit einer Ausstandsfrage konfrontierte Behörde allen Parteien das **rechtliche Gehör** (Art. 29 Abs. 2 BV) gewähren[145] und der vom Ausstand betroffenen Person Gelegenheit zur Stellungnahme geben.

47 Bis zum rechtskräftigen Entscheid über den Ausstand befindet sich die möglicherweise befangene Person im Ausstand. Sie darf **keine weiteren Prozesshandlungen** vornehmen

---

[138] Vgl. BGE 134 I 20, E. 4.3.2; SCHINDLER, Befangenheit, S. 208.
[139] Vgl. BGr, 1.9.2003, 2P.26/2003, E. 3.5.
[140] In diese Richtung auch STEINMANN, in: St. Galler Kommentar BV, Art. 30 N. 16, m.H.
[141] BVGr, 27.3.2008, A-4174/2007, E. 2.4.2.
[142] BGE 114 Ia 278, E. 3b, betr. Art. 29 Abs. 1 BV; BGE 117 Ia 322, E. 1c, betr. Art. 30 Abs. 1 BV.
[143] BGE 117 Ia 322, E. 1c; vgl. auch BGE 132 II 485, E. 4.4; RB 1998 Nr. 1, E. 3 (VB.98.00325); VGr, 6.3.1992, VB 92/0009, E. 4 (nicht publiziert); Kritik u.a. bei HÄNER, in: Basler Kommentar BGG, Art. 36 N. 2; KIENER, Unabhängigkeit, S. 353 f.; SCHINDLER, Befangenheit, S. 200 f.
[144] Vgl. FELLER, in: Kommentar VwVG, Art. 10 N. 35; MERKLI/AESCHLIMANN/HERZOG, Kommentar VRPG, Art. 9 N. 6.
[145] DONZALLAZ, Commentaire, N. 649 ff.; HÄNER, in: Basler Kommentar BGG, Art. 37 N. 5; KIENER, in: Kurzkommentar ZPO, Art. 50 N. 2.

und muss sich jeglichen Einflusses auf das Verfahren enthalten; stille Anwesenheit an Sitzungen des Spruchkörpers und Stimmenthaltung genügen nicht[146]. Das Bundesgericht lässt eine Ausnahme und damit eine Mitwirkung des Betroffenen im Spruchkörper bei offensichtlich rechtsmissbräuchlichen Ausstandsbegehren zu; diese Praxis des Nichteintretens ohne förmliches Ausstandsverfahren[147] rechtfertigt sich indessen einzig bei offensichtlich querulatorischen Eingaben[148]. Der Spruchkörper ist so zu ergänzen, dass er wieder gehörig besetzt und entscheidungsfähig ist.

B. Entscheid über den Ausstand

Über den Ausstand ist mit Rücksicht auf die Verfahrensrechte der Parteien (N. 4 ff.) grundsätzlich in Form einer **verfahrensleitenden Verfügung** zu entscheiden[149]. Auf den Erlass einer Verfügung kann ausnahmsweise verzichtet werden, wenn ein Behördemitglied einen Ausstandsgrund geltend macht und keine Partei opponiert (oder umgekehrt) und auch die zuständige Behörde das Vorliegen eines Ausstandsgrunds bejaht. 48

Aus verfahrensökonomischen Gründen (Art. 29 Abs. 1 BV garantiert einen Entscheid innert angemessener Frist), aber auch aus Gründen der Verfahrensfairness (die Parteien sind zur sofortigen Anzeige von Ausstandsgründen verpflichtet, vgl. N. 43 f.) ist diese Zwischenverfügung **umgehend** zu treffen und nicht erst mit der Anordnung in der Sache[150]. 49

In jedem Fall ist in Form einer verfahrensleitenden Verfügung zu entscheiden, wenn der Ausstand streitig ist[151]. Es handelt sich um eine Zwischenverfügung gemäss § 19a Abs. 2 i.V.m. Art. 92 Abs. 1 BGG, welche aus prozessökonomischen Gründen **selbständig anfechtbar** ist. Der Nachweis eines schutzwürdigen Interesses oder einer besonderen Betroffenheit ist nicht erforderlich[152]. Zur Anfechtung legitimiert sind einzig die Parteien, nicht aber das betroffene Behördemitglied[153]. Namentlich kann auch die Gegenpartei den Entscheid mit der Begründung anfechten, der verfügte Ausstand verletze ihren Anspruch auf richtige Zusammensetzung des Spruchkörpers. Unterbleibt die Anfechtung, kann die Ausstandsfrage später nicht mehr zum Gegenstand eines Beschwerdeverfahrens gemacht werden[154]. Zum Entscheid berufen ist die in der Sache zuständige Rechtsmittelinstanz; ist der Instanzenzug im Kanton ausgeschöpft, steht nach Massgabe von Art. 82 ff. BGG der Weiterzug an das Bundesgericht offen; Rügegrund ist die Verletzung von Art. 29 Abs. 1 BV bzw. Art. 30 Abs. 1 BV (sowie allenfalls Art. 6 Ziff. 1 EMRK). 50

---

[146] HALLER, in: Kommentar KV, Art. 43 N. 4; vgl. auch FELLER, in: Kommentar VwVG, Art. 10 N. 32; SCHINDLER, Befangenheit, S. 87 f.; vgl. auch BGE 128 V 82, E. 3c; RB 2002 Nr. 2, E. 2 (VB.2001.00189).
[147] BGE 114 Ia 278, E. 1; vgl. auch VGr, 23.5.2012, AN.2011.00001, E. 2.2.1; RB 2008 Nr. 5, E. 4.2 (PB.2008.00034), sowie BGr, 8.10.2011, 8C_712/2011, E. 3.3, m.H.
[148] Kritik auch bei BREITENMOSER/SPORI FEDAIL, in: Praxiskommentar VwVG, Art. 10 N. 111, m.H.
[149] Ebenso FELLER, in: Kommentar VwVG, Art. 10 N. 33. A.M. SCHINDLER, Befangenheit, S. 203, sowie die 2. Aufl., N. 19. Vgl. auch BGE 132 I 92, E. 1.4.
[150] BGE 132 V 376, E. 2.7.
[151] Betrifft nur Straf- und Zivilverfahren.
[152] KAYSER, in: Kommentar VwVG, Art. 45 N. 12.
[153] Vgl. BGE 108 Ia 48, E. 1; differenzierend KAYSER, in: Kommentar VwVG, Art. 45 N. 12.
[154] UHLMANN, in: Basler Kommentar BGG, Art. 92 N. 13; vgl. Hinweise in Fn. 142.

C. Zuständigkeit

51 Falls das Spezialgesetz keine besondere Regelung vorsieht[155], ist nach Massgabe von Abs. 2 vorzugehen. Dabei sind verschiedene **Konstellationen** zu unterscheiden:

- Ist die Behörde nicht als Kollegium organisiert, sondern werden die behördlichen Anordnungen von einer *Einzelperson* getroffen (was z.B. bei Entscheiden der Direktionen des Regierungsrats der Fall ist), befindet die Aufsichtsbehörde über den Ausstand. Dem gesetzlich vorgesehenen Stellvertreter des betroffenen Behördemitglieds kommt in diesem Fall keine Entscheidungsbefugnis zu.

- Für den Fall, dass der Ausstand eines Mitglieds einer *Kollegialbehörde* streitig ist, entscheidet diese unter Ausschluss des betroffenen Mitglieds. Die Kollegialbehörde ist ebenso zuständig, wenn eines ihrer Mitglieder in einzelrichterlicher Funktion oder als Referent amtet (vgl. § 38b). Ist die Kollegialbehörde in Einheiten wie Kammern oder Abteilungen gegliedert, liegt die primäre Zuständigkeit bei diesen und nicht bei der Gesamtbehörde[156].

- Richtet sich ein streitiges Ablehnungsbegehren gegen *alle Mitglieder einer Kollegialbehörde,* muss darüber wiederum die Aufsichtsbehörde befinden[157]. Werden sämtliche Mitglieder des Regierungsrats oder des Verwaltungsgerichts abgelehnt, entscheidet der Kantonsrat über den Ausstand[158].

- Ausnahmsweise kann die Ausstandsrüge erstmals im *Rechtsmittelverfahren* vorgebracht werden, weil ein Ausstandsgrund erst mit Eröffnung der Anordnung zur Kenntnis der Parteien gelangt (N. 44). In diesem Fall wird die Angelegenheit mit Einreichung des Rechtsmittels streitig, so dass die *Rechtsmittelinstanz* die Funktion der Aufsichtsbehörde im Sinn von § 5a Abs. 2 übernimmt[159]. Weil in der Verwaltungsrechtspflege Rechtsmittelinstanz und Aufsichtsbehörde nicht in jedem Fall identisch sind, lässt sich nur auf diese Weise eine Gabelung des Rechtswegs vermeiden und sicherstellen, dass alle (Verfahrens-)Rügen durch ein und dieselbe Rechtsmittelinstanz beurteilt werden.

52 Für den Ausstand von **Personen ohne eigene Entscheidungskompetenz** (z.B. Gerichtsschreiber, Sachbearbeiterinnen) sollte die gleiche Behörde zuständig sein wie für jene Personen, welche direkte Entscheidungsverantwortung tragen. Die Lehre lässt aus Gründen der Verfahrensökonomie den Entscheid der direkt vorgesetzten Amtsperson genügen[160]. Dies erscheint jedenfalls dann nicht sachgerecht, wenn die vorgesetzte Amtsperson dem Entscheidgremium selber nicht angehört. Auch haben Sachverständige zumeist gerade keine vorgesetzte Amtsperson.

---

[155] Vgl. als Beispiel § 119 Abs. 3 StG; § 21 OV VGr.
[156] VGr, 23.5.2012, AN.2011.00001, E. 2.2.1; MERKLI/AESCHLIMANN/HERZOG, Kommentar VRPG, Art. 9 N. 24.
[157] VGr, 16.1.2006, VB.2006.00003, E. 2.1.
[158] § 44 Abs. 1 lit. c KRG.
[159] VGr, 16.1.2006, VB.2006.00003, E. 2.2.
[160] BREITENMOSER/SPORI FEDAIL, in: Praxiskommentar VwVG, Art. 10 N. 109; FELLER, in: Kommentar VwVG, Art. 10 N. 37; MERKLI/AESCHLIMANN/HERZOG, Kommentar VRPG, Art. 9 N. 25; SCHINDLER, Befangenheit, S. 205.

D. Heilungsmöglichkeit?

Der Anspruch auf unparteiische Beurteilung ist **formeller Natur**[161], so dass eine Verletzung auch in einem Rechtsmittelverfahren grundsätzlich nicht geheilt werden kann. Für die Aufhebung der Anordnung ist mithin nicht erforderlich, dass diese ohne Mitwirkung der befangenen Person anders ausgefallen wäre; ebenso unbeachtlich ist die Frage, wie gross der Aufwand für eine Wiederholung des Verfahrens ist[162]. Für geringfügige Verstösse, von denen angenommen werden kann, sie hätten sich auf das Prozessergebnis nicht ausgewirkt, geht die – allerdings umstrittene – Praxis von einer Heilungsmöglichkeit durch die Rechtsmittelinstanz aus, wenn dieser hinsichtlich des Streitgegenstands die gleiche Kognition zusteht wie der Vorinstanz[163]. Aufgrund der zwingenden Natur des Ausstands sind geringfügige Verstösse kaum denkbar; dann aber bleibt auch kein Raum für eine Heilungsmöglichkeit[164].

53

Ob der Hoheitsakt **nichtig oder anfechtbar** ist, hängt in erster Linie von der Schwere der Pflichtverletzung ab. Nichtigkeit der Anordnung ist nicht leichthin anzunehmen, sondern setzt eine besonders schwerwiegende Verletzung der Ausstandspflicht voraus, wie insbesondere die Mitwirkung eines Amtsträgers trotz direkter Betroffenheit in persönlichen Interessen[165]. In diesem Fall wird die Anordnung von Amtes wegen aufgehoben, andernfalls bedarf es dazu eines entsprechenden *Antrags* einer Verfahrenspartei[166].

54

E. Folgen des Ausstands

Ungeachtet der Schwere der Amtspflichtverletzung müssen **Amtshandlungen,** die unter Verletzung von Ausstandsvorschriften ergangen sind, wiederholt, entsprechende Akten aus dem Verfahren entfernt[167] und allenfalls ergangene Anordnungen aufgehoben werden[168].

55

Die Parteien haben gemäss Art. 29 Abs. 1 bzw. Art. 30 Abs. 1 BV ein Recht darauf, dass die zuständige Behörde nach Massgabe der entsprechenden gesetzlichen Vorschriften zusammengesetzt ist, mithin vollzählig und ohne Anwesenheit Unbefugter entscheidet[169]. Anderslautende gesetzliche Vorschrift vorbehalten[170], müssen die in den Ausstand getretenen Personen folglich **ersetzt** werden, da die Behörde andernfalls in Unterzahl ent-

56

---

[161] Vgl. HALLER, in: Kommentar KV, Art. 43 N. 7.
[162] BGE 124 I 255, E. 5b aa; vgl. FELLER, in: Kommentar VwVG, Art. 10 N. 34; SCHINDLER, Befangenheit, S. 214 ff.; STEINMANN, in: St. Galler Kommentar BV, Art. 30 N. 16.
[163] Vgl. BGE 114 Ia 157; RB 2007 Nr. 1, E. 3.1.5 (VB.2006.00313); Kritik insb. bei SCHINDLER, Formelle Natur, insb. S. 174 ff., m.H.
[164] So im Ergebnis auch BREITENMOSER/SPORI FEDAIL, in: Praxiskommentar VwVG, Art. 10 N. 106, m.H.
[165] SCHINDLER, Befangenheit, S. 217 ff.; vgl. BGE 136 II 383, E. 4.5.
[166] DONZALLAZ, Commentaire, N. 655; GÜNGERICH, in: Handkommentar BGG, Art. 38 N. 2; so auch Art. 38 Abs. 1 BGG; Art. 49 Abs. 1 ZPO.
[167] BGE 119 Ia 13, E. 3a; BVGr, 1.9.2008, B-8282/2007, E. 6.1 und 6.3.4.
[168] BGE 120 IV 226, E. 7b; vgl. auch SCHINDLER, Befangenheit, S. 216 f.; gemäss MERKLI/AESCHLIMANN/HERZOG, Kommentar VRPG, Art. 9 N. 8, sind Handlungen, die sich nicht auf die Anordnung auswirken, nicht zu wiederholen.
[169] BGE 137 I 340, E. 2.2.1.
[170] Vgl. § 17 Abs. 1 und 2 OG RR betr. den Regierungsrat.

scheidet und beschlussunfähig ist[171]. Können nicht alle Mitglieder ersetzt werden oder befinden sich *sämtliche Mitglieder* einer Behörde im Ausstand, kann die gesetzmässige Zuständigkeit nicht eingehalten werden, so dass eine Ersatzbehörde bestimmt werden muss. Wo eine entsprechende spezialgesetzliche Regelung fehlt, ist zur Bestimmung der Ersatzbehörde in sinngemässer Anwendung von § 5a Abs. 2 die *Aufsichtsbehörde* zuständig[172].

---

[171] BGE 137 I 340, E. 2.2.1; 127 I 128, E. 4b.
[172] Vgl. § 117 GOG (analog); vgl. BVGE 2008/13, E. 10.3 und 10.6.

Vorsorgliche Massnahmen

§ 6

Die Verwaltungsbehörde trifft die nötigen vorsorglichen Massnahmen. Bei Kollegialbehörden ist in dringlichen Fällen der Vorsitzende hiezu ermächtigt.

Materialien

Weisung 1957, S. 1032 ff.; Prot. KK 3.12.1957, 9.9.1958; Prot. KR 1955–1959, S. 3268; Beleuchtender Bericht 1959, S. 398.

Literatur

BAUMBERGER, Aufschiebende Wirkung; ESCHER ELISABETH, in: Basler Kommentar BGG, Art. 126; GUTMANN, Haftung; GYGI, Aufschiebende Wirkung; HÄNER, Vorsorgliche Massnahmen; KIENER REGINA, in: Kommentar VwVG, Art. 56; KUHN, Vorläufiger Rechtsschutz; MERKLI, Vorsorgliche Massnahmen; MEYER ULRICH/DORMANN JOHANNA, in: Basler Kommentar BGG, Art. 103 f.; MÜLLER M., Verwaltungsrechtspflege, S. 69 ff.; RHINOW/KOLLER/KISS/THURNHERR/BRÜHL-MOSER, Öffentliches Prozessrecht, N. 1175 ff., 1626 ff.; SCHOTT MARKUS, in: Basler Kommentar BGG, Art. 98; SEILER HANSJÖRG, in: Praxiskommentar VwVG, Art. 56; STEINMANN, Rechtsschutz; VOGEL, Vorsorgliche Massnahmen.

Inhaltsübersicht

I.	Grundlagen	1–14
	A. Regelungsgegenstand und Entstehungsgeschichte	1–3
	B. Vorgaben des übergeordneten Rechts	4–6
	C. Anwendungsbereich	7–9
	D. Abgrenzungen	10–14
II.	Zulässigkeit	15–21
	A. Voraussetzungen	15–17
	B. Arten und Inhalt	18–21
III.	Verfahrensrechtliche Fragen	22–42
	A. Antragsberechtigung	22
	B. Zuständigkeit	23–25
	C. Zeitpunkt der Anordnung und Dauer	26–29
	D. Rechtliches Gehör	30
	E. Verfahren, Verfügung und Eröffnung	31–34
	F. Wirksamkeit und Anfechtbarkeit	35–40
	G. Rechtsbeständigkeit	41–42
IV.	Haftung	43–47

I. Grundlagen

A. Regelungsgegenstand und Entstehungsgeschichte

Mit § 6 verankert das Gesetz die Zulässigkeit von vorsorglichen Massnahmen. Gängiger **Charakterisierung** zufolge sind vorsorgliche Massnahmen provisorische Anordnungen   1

Unter Mitarbeit von BASIL CUPA, MLaw, LL.M., und PATRICK BLUMER, MLaw.

in Verfügungsform, die im Hinblick auf ein einzuleitendes Hauptverfahren oder während der Dauer desselben erlassen werden[1]. Vorsorgliche Massnahmen sind auf Situationen der *Dringlichkeit* zugeschnitten. Sie gelten nur *vorläufig,* und ihre Regelungswirkung tritt nur vorübergehend ein. Vorsorgliche Massnahmen ergehen in der Regel aufgrund einer *summarischen Prüfung* der Sach- und Rechtslage, denn weder Sachverhalt noch Rechtsfragen werden in diesem Rahmen endgültig geklärt. Im Verhältnis zum materiellen Sachentscheid sind vorsorgliche Massnahmen grundsätzlich *akzessorisch,* d.h. sie können nicht ohne Bezug zu einem Hauptverfahren angeordnet werden und fallen spätestens mit Eintritt der Rechtskraft des (End-)Entscheids dahin[2].

2   Der **Zweck** vorsorglicher Massnahmen liegt darin, den tatsächlichen oder rechtlichen Zustand während der Hängigkeit des Verfahrens einstweilen zu regeln. Sie gewähren also *vorläufigen Rechtsschutz,* bis das Rechtsverhältnis definitiv geregelt ist. Vorsorgliche Massnahmen sind ein Mittel, um die Wirksamkeit der zu erlassenden Anordnung in der Hauptsache sicherzustellen; sie verhindern die Schaffung vollendeter Tatsachen, schützen die Partei vor nicht leicht wieder gutzumachenden Nachteilen und sichern so die angestrebte erstmalige Regelung eines Rechtsverhältnisses oder – im Rechtsmittelverfahren – deren Überprüfung[3]. Dem vorläufigen Rechtsschutz kommen damit unterschiedliche Funktionen zu: Er soll «die Parteien vor oder während der Hängigkeit des Prozesses dagegen schützen, dass der Streitgegenstand während des Prozesses dem späteren Zugriff entzogen wird (Sicherungsfunktion); er soll Rechte und Pflichten während der Prozessdauer im Dauerrechtsverhältnis regeln (Regelungsfunktion), und er soll verhindern, dass das angestrebte Prozessziel durch den Zeitablauf bis zum Urteil ganz oder teilweise illusorisch gemacht wird (Leistungsfunktion)»[4].

3   Die Bestimmung gilt seit Inkraftsetzung des VRG im Jahr 1959 **unverändert**[5]. Obwohl die mit § 6 eng zusammenhängenden Bestimmungen über die aufschiebende Wirkung (§§ 25 und 55) anlässlich der Revision von 2010 geändert wurden, stellte sich die Frage einer allfälligen Anpassung von § 6 zu keiner Zeit[6].

---

[1]   HÄNER, Vorsorgliche Massnahmen, N. 1.
[2]   Zum Ganzen auch BAUMBERGER, Aufschiebende Wirkung, N. 1 ff.; HÄNER, Vorsorgliche Massnahmen, N. 1 f.; KIENER/RÜTSCHE/KUHN, Öffentliches Verfahrensrecht, N. 462 f. und N. 1240; KUHN, Vorläufiger Rechtsschutz, S. 154 ff.; MERKLI/AESCHLIMANN/HERZOG, Kommentar VRPG, Art. 27 N. 1; M. MÜLLER, Verwaltungsrechtspflege, S. 72; RHINOW/KOLLER/KISS/THURNHERR/BRÜHL-MOSER, Öffentliches Prozessrecht, N. 1175 ff. Vgl. auch BGE 131 I 113, E. 3.6.
[3]   BAUMBERGER, Aufschiebende Wirkung, N. 50 ff.; HÄNER, Vorsorgliche Massnahmen, N. 40; KIENER, in: Kommentar VwVG, Art. 56 N. 2; MERKLI/AESCHLIMANN/HERZOG, Kommentar VRPG, Art. 27 N. 1.
[4]   BGE 131 I 113, E. 3.6. Zu den Funktionen auch GYGI, Aufschiebende Wirkung, S. 11; HÄNER, Vorsorgliche Massnahmen, N. 40; MERKLI/AESCHLIMANN/HERZOG, Kommentar VRPG, Art. 27 N. 1 und Art. 68 N. 2; MEYER/DORMANN, in: Basler Kommentar BGG, Art. 104 N. 2; STEINMANN, Rechtsschutz, S. 143, oder VOGEL, Vorsorgliche Massnahmen, S. 90 f.
[5]   OS 40, 547; Prot. KR 2010, S. 10227 ff.
[6]   Weisung 2009, S. 847 ff.; Antrag der KJS vom 14.1.2010, S. 9 ff.; Antrag der Redaktionskommission vom 4.3.2010, S. 5 ff.; Prot. KR 2010, S. 10227 ff.

B. Vorgaben des übergeordneten Rechts

Bei der Anordnung vorsorglicher Massnahmen sind die **Grundsätze rechtsstaatlichen Handelns** (Art. 2 KV; Art. 5 BV) und damit das Legalitätsprinzip, das Erfordernis des öffentlichen Interesses, der Grundsatz der Verhältnismässigkeit und der Grundsatz von Treu und Glauben zu beachten. Ebenfalls von Bedeutung sind die in den Verfahrensgrundrechten verankerten Fairnessgehalte, wie sie sich vorab in Art. 18 KV und Art. 29 Abs. 1 und 2 BV manifestieren; angesprochen sind neben dem Beschleunigungsgebot insbesondere der Anspruch auf rechtliches Gehör und das prozedurale Treuegebot.

Seit einer im Jahr 2009 erfolgten *Praxisänderung* finden die Verfahrensgarantien von **Art. 6 Ziff. 1 EMRK** auch auf vorsorgliche Massnahmen *Anwendung*[7]. Bis dahin hatte der Gerichtshof die Anwendbarkeit von Art. 6 Ziff. 1 EMRK auf einstweilige Massnahmen ausgeschlossen, da ein Rechtsverhältnis nur vorläufig geregelt und nicht über Rechte und Pflichten im Sinn der Konvention entschieden werde[8]. Für den konventionsrechtlichen Anspruch auf effektiven Rechtsschutz (Art. 13 EMRK) ist nach bisheriger Rechtsprechung davon auszugehen, dass dieser bezüglich Anordnungen über vorsorgliche Massnahmen nur bei gleichzeitiger Geltendmachung von Art. 3 EMRK (Verbot der Folter) greift[9]. Ebenfalls beachtet werden muss die verfassungsrechtliche Rechtsweggarantie (Art. 29a BV)[10].

Nach Massgabe von **Art. 1 Abs. 3 VwVG** sind auf das Verfahren letzter kantonaler Instanzen, welche gestützt auf öffentliches Recht des Bundes nicht endgültig verfügen, bestimmte Verfahrensregeln des VwVG anwendbar, unter anderem auch die Bestimmung betreffend den Entzug der aufschiebenden Wirkung (Art. 55 Abs. 2 und 4 VwVG). Ein entsprechender Verweis auf die Bestimmung betreffend die vorsorglichen Massnahmen (Art. 56 VwVG) fehlt. Die Aufzählung in Art. 1 Abs. 3 VwVG ist indessen nicht abschliessend[11]. Vielmehr sind die Kantone und Gemeinden im Rahmen des kantonalen Vollzugs von Bundesrecht zum Erlass vorsorglicher Massnahmen verpflichtet, wenn die Verwirklichung des Bundesrechts vom Erlass einer entsprechenden Anordnung abhängt (Grundsatz der Einheit des Verfahrens[12]). Dieser Grundsatz wird mit § 6 VRG aufgenommen,

---

[7] EGMR (Grosse Kammer), 15.10.2009, 17056/06 (Micallef/Malta), Ziff. 83 ff.; vgl. GRABENWARTER/PABEL, EMRK, § 24 N. 14.
[8] Vgl. insb. BGE 129 I 103, E. 2.1; EGMR, 8.11.2007, 11548/04 (Saarekallas OÜ/Estland), Ziff. 45 f.; GRABENWARTER/PABEL, EMRK, § 24 N. 14; HERZOG, Art. 6 EMRK, S. 71 ff.
[9] Vgl. EGMR (Grosse Kammer), 4.2.2005, 46827/99 und 46951/99 (Mamatkulov und Askarov/Türkei), Ziff. 124; EGMR, 26.4.2007, 25389/05 (Gebremedhin/Frankreich), Ziff. 53 ff.; in der Folge ebenso BGer, 16.7.2010, 2C_304/2010, E. 2.2. Siehe GRABENWARTER/PABEL, EMRK, § 24 N. 166 ff.; ANNE PETERS/TILMANN ALTWICKER, Europäische Menschenrechtskonvention, München 2012, § 22 N. 1 ff., insb. N. 10, 12; SEILER, in: Praxiskommentar VwVG, Art. 55 N. 125 spricht lediglich von «irreversiblen Beeinträchtigungen eines Rechts», ohne spezifisch auf das Akzessorietätserfordernis von Art. 13 EMRK Bezug zu nehmen.
[10] Vgl. BGr, 13.6.2007, 5A_202/2007, E. 3.2; BGr, 29.5.2012, 2C_273/2012, E. 3.4.
[11] BGE 117 V 185, E. 1c; 112 Ia 180, E. 3d; ebenso BENOÎT BOVAY, Procédure administrative, Bern 2000, S. 50 f.; KÖLZ/HÄNER/BERTSCHI, Verwaltungsverfahren, N. 380; HÄNER, in: Praxiskommentar VwVG, Art. 25a N. 33; MAYHALL, in: Praxiskommentar VwVG, Art. 1 N. 45; TSCHANNEN, in: Kommentar VwVG, Art. 1 N. 26. Der Anwendungsbereich der Bestimmung ist jedoch umstritten, vgl. dazu TSCHOPP-CHRISTEN, Realakte, S. 91 Fn. 479, m.H.
[12] So schon Botschaft des Bundesrates an die Bundesversammlung vom 24.9.1965 über das Verwaltungsverfahren, BBl 1965 II 1348 ff., S. 1360. Vgl. auch UELI KIESER, ATSG-Kommentar, Zürich/Basel/Genf 2009,

indem den Behörden die Befugnis eingeräumt wird, vorsorglich alle «nötigen» Massnahmen zu ergreifen. Dank dieser offenen Formulierung verfügen die kantonalen und kommunalen Behörden über eine gesetzliche Grundlage für den Erlass vorsorglicher Massnahmen beim Vollzug nicht nur des kantonalen Rechts, sondern auch des Bundesrechts. Über den Anwendungsbereich von Art. 1 Abs. 3 VwVG hinaus besteht die kantonalrechtliche Grundlage für sämtliche und nicht nur für die «letzten» kantonalen Instanzen.

C. Anwendungsbereich

7 § 6 bildet die gesetzliche Grundlage für vorsorgliche Massnahmen in **sämtlichen Verfahren,** auf die das VRG Anwendung findet. Gestützt auf § 6 dürfen vorsorgliche Massnahmen im erstinstanzlichen Verfahren (Verwaltungsverfahren und Klageverfahren), im verwaltungsinternen und verwaltungsexternen Rekursverfahren und im Beschwerdeverfahren vor dem Verwaltungsgericht angeordnet werden (§ 6 i.V.m. §§ 4, 70 und 86). Auch ohne entsprechenden Verweis in den §§ 86a ff. sind vorsorgliche Massnahmen auch im Revisionsverfahren zulässig[13]. Der Anwendungsbereich von § 6 entspricht damit dem Anwendungsbereich des VRG[14]. Vorsorgliche Massnahmen im Sinn von § 6 umfassen folglich einerseits Massnahmen des *primären* einstweiligen Rechtsschutzes, welche vorbeugend im nichtstreitigen Verwaltungsverfahren und im Klageverfahren ergehen[15], und anderseits Massnahmen des *sekundären* einstweiligen Rechtsschutzes, welche im Rekurs- und Beschwerdeverfahren greifen.

8 Die Zulässigkeit vorsorglicher Massnahmen ergibt sich nicht allein aus dem kantonalen Verfahrensrecht. Auch das in der Sache einschlägige bundesrechtliche oder kantonalrechtliche **Spezialgesetz** kann die rechtsanwendenden Behörden *ausdrücklich* zum Erlass vorsorglicher oder vorläufiger Massnahmen ermächtigen. Beispiele aus dem kantonalen Recht sind die vorsorgliche Einstellung im Amt (§ 29 PG), die Anordnung vorsorglicher Massnahmen im Zusammenhang mit einem sofortigen Schulausschluss (§ 53 Abs. 3 VSG), die vorsorgliche Anordnung von Massnahmen im Baurecht (§ 327 Abs. 2 PBG) oder vorsorgliche Massnahmen gegenüber Notaren oder dem Notariatspersonal (§ 19 NVV). Beispiele aus dem auf kantonaler Ebene vollzogenen Bundesrecht sind die vorläufige Aufnahme im Ausländerrecht (Art. 83 ff. AuG), das vorsorgliche Verbot der Berufsausübung für Anwälte (Art. 17 Abs. 3 BGFA), die vorsorgliche Beschlagnahme gesundheitsgefährdender Lebensmittel (Art. 30 LMG) oder der vorsorgliche Entzug des Führerausweises (Art. 30 VZV). Soweit die spezialgesetzlichen Bestimmungen die vorsorglichen Massnahmen konkreter regeln als § 6, gehen sie der allgemeinen Bestimmung vor. Allerdings ist bei den spezialgesetzlich geregelten Massnahmen nicht immer ohne weiteres klar, ob es sich um vorsorgliche oder aber um eigenständige materiellrechtli-

---

Art. 61 N. 19; KÖLZ/KOTTUSCH, Verwaltungsverfahrensrecht, S. 449; SEILER, in: Praxiskommentar VwVG, Art. 56 N. 6; TSCHANNEN, in: Kommentar VwVG, Art. 1 N. 26. Vgl. auch Art. 110 und 111 BGG.

[13] Vgl. SEILER, in: Praxiskommentar VwVG, Art. 56 N. 8; vgl. auch BGr, 9.2.2005, 2A.692/2004, E. 4.

[14] Vgl. demgegenüber Art. 56 VwVG, welcher einzig im Beschwerdeverfahren gilt und damit nur Massnahmen des nachträglichen (sekundären) Rechtsschutzes begründet; vgl. KIENER, in: Kommentar VwVG, Art. 56 N. 6; SEILER, in: Praxiskommentar VwVG, Art. 56 N. 5 ff., sowie VOGEL, Vorsorgliche Massnahmen, S. 88 f.

[15] Vgl. KUHN, Vorläufiger Rechtsschutz, S. 7 f.

che Massnahmen handelt; die Unterscheidung ist von Bedeutung für die Anfechtbarkeit (N. 36)[16].

Nach Lehre und Praxis finden vorsorgliche Massnahmen auch ohne explizite Grundlage im (Spezial-)Gesetz eine gesetzliche Grundlage in der (bundes- oder kantonalrechtlichen) **materiellrechtlichen Norm,** deren Durchsetzung vorläufig gesichert werden soll (vgl. N. 26 ff.)[17]. Eine auf den entsprechenden Sachbereich anwendbare explizite und abschliessende Regelung geht indessen vor[18].

9

D. Abgrenzungen

Das Institut der vorsorglichen Massnahme steht in einem engen Bezug zu jenem der **aufschiebenden Wirkung** (Suspensiveffekt, vgl. § 25 N. 2 f. und § 55 N. 14). Vorsorgliche Massnahmen und aufschiebende Wirkung schliessen einander nicht aus; zusammen verkörpern sie die zulässigen Instrumente des *einstweiligen Rechtsschutzes*[19]. Dabei lassen sich vorsorgliche Massnahmen im Sinn von § 6 negativ als Anordnungen umschreiben, welche den einstweiligen Rechtsschutz anders als durch die aufschiebende Wirkung zu erfüllen versuchen; umgekehrt stellt die aufschiebende Wirkung den wichtigsten Anwendungsfall einer vorsorglichen Massnahme dar[20]. Im Übrigen ist das Verhältnis zwischen vorsorglichen Massnahmen und aufschiebender Wirkung (§ 25) komplex[21].

10

Vorsorgliche Massnahmen im Sinn von § 6 sind immer dann zu treffen, wenn vorsorglicher Rechtsschutz angezeigt ist, die aufschiebende Wirkung bzw. deren Entzug aber **nicht greift.**

11

– Dies gilt zunächst für das *erstinstanzliche Verfahren* (Verfahren auf Erlass einer Verfügung, Klageverfahren). Die aufschiebende Wirkung dient der Erhaltung des rechtlichen und tatsächlichen Zustands, wie er vor Erlass der angefochtenen Anordnung galt, und dies so lange, bis über das Rechtsmittel entschieden ist. Folglich kann die aufschiebende Wirkung vor Erlass eines (individuell-konkreten) Hoheitsakts nicht angeordnet werden und es müssen vorsorgliche Massnahmen ergriffen werden, um einstweiligen Rechtsschutz zu gewährleisten. Demgegenüber fallen im Rechtsmittelverfahren neben der aufschiebenden Wirkung auch (andere) vorsorgliche Massnahmen als vorläufige Rechtsschutzmassnahmen in Betracht[22].

---

[16] Seiler, in: Praxiskommentar VwVG, Art. 56 N. 12; vgl. Häner, Vorsorgliche Massnahmen, N. 26 ff.
[17] BGE 130 II 149, E. 2.1; 117 V 185, E. 1c; Baumberger, Aufschiebende Wirkung, N. 130 ff.; Häner, Vorsorgliche Massnahmen, N. 73; Rhinow/Koller/Kiss/Thurnherr/Brühl-Moser, Öffentliches Prozessrecht, N. 1176; Vogel, Vorsorgliche Massnahmen, S. 92.
[18] Seiler, in: Praxiskommentar VwVG, Art. 56 N. 18.
[19] VGr, 23.8.2012, VB.2012.00430, E. 2.3. Vgl. Baumberger, Aufschiebende Wirkung, N. 3 ff.; Häner, Vorsorgliche Massnahmen, N. 3 f.; Kuhn, Vorläufiger Rechtsschutz, S. 158 f.; Merkli/Aeschlimann/Herzog, Kommentar VRPG, Art. 27 N. 7 und Art. 68 N. 3; Meyer/Dormann, in: Basler Kommentar BGG, Art. 104 N. 1; Steinmann, Rechtsschutz, S. 143. Zur entsprechenden Begriffsverwendung vgl. ebenso Art. 103 f. BGG und Art. 55 f. VwVG.
[20] Vgl. auch Kiener, in: Kommentar VwVG, Art. 55 N. 3; M. Müller, Verwaltungsrechtspflege, S. 73; Seiler, in: Praxiskommentar VwVG, Art. 55 N. 1 («Unterart»); Steinmann, Rechtsschutz, S. 144 f.
[21] BGE 117 V 185, E. 1b; zudem Häner, Vorsorgliche Massnahmen, N. 14, Steinmann, Rechtsschutz, S. 144 f.
[22] Häner, Vorsorgliche Massnahmen, N. 2.

- Der Suspensiveffekt greift ebenfalls nicht im Zusammenhang mit *negativen Verfügungen*. Solche Verfügungen umfassen Anordnungen, mit denen die zuständige Behörde auf ein Begehren nicht eintritt bzw. dieses abweist[23]. Weil sich in diesen Konstellationen am Rechtsbestand nichts ändert, kann auch nichts aufgeschoben werden[24]. Namentlich hat die aufschiebende Wirkung im Rahmen eines Rechtsmittelverfahrens nicht zur Folge, dass eine abgelehnte Bewilligung für die Dauer dieses Verfahrens erteilt oder eine abgelehnte Leistung erbracht wird. In diesen Fällen können allein vorsorgliche Massnahmen im Sinn von § 6 den gewünschten vorläufigen Schutz bieten[25]. Die Anordnung vorsorglicher Massnahmen drängt sich ebenfalls auf, wenn nicht von vornherein klar ist, ob eine positive oder eine negative Anordnung in Frage steht[26].

- Eine *Besonderheit* liegt vor, wenn das Gesetz die aufschiebende Wirkung oder deren Entzug ausdrücklich ausschliesst[27]. In dieser Konstellation ist die Anordnung von gegenteiligen vorsorglichen Massnahmen zwar grundsätzlich zulässig, es dürfen allerdings keine vorsorglichen Massnahmen verfügt werden, welche die gesetzliche Regelung unterlaufen[28]. Vorsorgliche Massnahmen betreffend Wiederherstellung oder Entzug der aufschiebenden Wirkung sind folglich nur zulässig, wenn das Gesetz dies vorsieht (wie z.B. § 25 Abs. 3). Das Bedürfnis nach Sicherung des vorläufigen Zustands für die Dauer des Prozesses führt in der Praxis dazu, dass ein gesetzlich unzulässiges Begehren auf Erteilung der aufschiebenden Wirkung als Begehren um Erlass von spezifischen vorsorglichen Massnahmen entgegengenommen wird[29].

12 Vorsorgliche Massnahmen können auch **zusätzlich** zur aufschiebenden Wirkung getroffen werden, um deren pauschale Wirkung sachgerecht zu differenzieren oder zu ergänzen. Ein entsprechendes Bedürfnis besteht dann, wenn die aufschiebende Wirkung allein genommen nicht ausreicht, um das Anliegen des vorläufigen Rechtsschutzes zu verwirklichen; beispielsweise kann die aufschiebende Wirkung mit Aufsichtsmassnahmen verbunden werden, um nachteilige Konsequenzen zu verhindern[30]. Auch kann die Behörde in ihrer Anordnung vorsorgliche Massnahmen verfügen, bis die Rechtsmittelinstanz zur Frage der aufschiebenden Wirkung bzw. zu deren Entzug Stellung genommen hat[31].

13 Nicht immer einfach ist die Abgrenzung der vorsorglichen Massnahmen von **ähnlichen Rechtsinstituten**[32]. Als gesetzlich vorgesehener Unterlassungsanspruch des Einzelnen

---

[23] Vgl. MERKLI, Vorsorgliche Massnahmen, S. 424; M. MÜLLER, in: Kommentar VwVG, Art. 5 N. 59.
[24] M. MÜLLER, Verwaltungsrechtspflege, S. 73.
[25] VGr, 1.3.2007, VB.2007.00048, E. 2; BGE 126 V 407, E. 3c; 123 V 39, E. 3; 117 V 185, E. 1b. Siehe auch BAUMBERGER, Aufschiebende Wirkung, N. 231; HÄNER, Vorsorgliche Massnahmen, N. 6; KIENER, in: Kommentar VwVG, Art. 56 N. 3; MEYER/DORMANN, in: Basler Kommentar BGG, Art. 103 N. 3; SEILER, in: Praxiskommentar VwVG, Art. 56 N. 44; STEINMANN, Rechtsschutz, S. 144 f.
[26] SEILER, in: Praxiskommentar VwVG, Art. 56 N. 1.
[27] Als Beispiel § 339 Abs. 1 PBG, wonach Rechtsmittel gegen eine baurechtliche Bewilligung den Baubeginn und den Baufortgang nur so weit hindern, als der Ausgang des Verfahrens die Bauausführung beeinflussen kann. Allerdings wird diese Möglichkeit der Beeinflussung in der Regel gegeben sein; § 25 VRG wird denn auch neben § 339 Abs. 1 PBG verwendet (vgl. BEZ 2004 Nr. 43).
[28] So auch SEILER, in: Praxiskommentar VwVG, Art. 56 N. 29.
[29] M. MÜLLER, Verwaltungsrechtspflege, S. 73 f., m.H.
[30] MERKLI/AESCHLIMANN/HERZOG, Kommentar VRPG, Art. 27 N. 8.
[31] SEILER, in: Praxiskommentar VwVG, Art. 56 N. 50.
[32] Zum Ganzen HÄNER, Vorsorgliche Massnahmen, N. 12 ff.

gegenüber den Behörden bezweckt der *vorbeugende Rechtsschutz* gleich wie die vorsorglichen Massnahmen die Abwehr einer bevorstehenden Beeinträchtigung von Rechten; entsprechende Massnahmen sind allerdings nicht bloss provisorischer Natur, sondern führen eine endgültige Regelung herbei[33]; entsprechende Ansprüche des Privaten bestehen nur dort, wo das Gesetz dies ausdrücklich vorsieht[34]. Dasselbe gilt auch für *verwaltungsrechtliche Sanktionen*, welche der Vollstreckung einer bereits ergangenen Anordnung dienen. So zielt die antizipierte Ersatzvornahme nicht nur auf eine Zwischenlösung, sondern es werden in dringenden Fällen Verfügung und Vollzugsanordnung in einem Akt vereinigt[35]. Die *Gefahren- und Risikovorsorge* dient der Vorbeugung oder Abwehr einer künftigen Gefahr und unterscheidet sich von den vorsorglichen Massnahmen dadurch, dass sie nicht primär im Hinblick auf eine noch zu erlassende Endverfügung oder einen Endentscheid angeordnet wird, sondern diese im Gegenteil überflüssig machen soll. Dies schliesst aber vorsorgliche Massnahmen im Bereich der Gefahrenvorsorge nicht von vornherein aus[36]. Eine weitere Abgrenzung ist zum *umweltrechtlichen Vorsorgeprinzip* zu ziehen, welches Massnahmen des materiellen vorbeugenden Umweltschutzes begründet[37]. Anders als Anordnungen gestützt auf die *polizeiliche Generalklausel* bedürfen vorsorgliche Massnahmen immer einer Grundlage im Gesetz; sie dienen zudem lediglich als provisorische Lösung im Hinblick auf eine weitere Anordnung. Dient die im Gesetz vorgesehene vorsorgliche Massnahme dem Ziel, selber eine schwere Gefährdung für Polizeigüter zu verhindern, tritt sie an die Stelle der aufgrund der polizeilichen Generalklausel erlassenen Anordnungen[38].

Da dem Rekurs und der Beschwerde grundsätzlich aufschiebende Wirkung zukommt (§§ 25 Abs. 1 und 55), liegt das **Hauptgewicht** der vorsorglichen Massnahmen beim nichtstreitigen Verwaltungsverfahren bzw. beim Klageverfahren sowie bei Rechtsmittelverfahren über negative Verfügungen. Dabei kommen vorsorgliche Massnahmen in erster Linie dann in Frage, wenn die Behörde das Verfahren *von Amtes wegen* einleitet und es darum geht, einer akuten Gefährdung von öffentlichen oder allenfalls auch privaten Interessen zu begegnen[39]. Die Anordnung vorsorglicher Massnahmen *auf Gesuch hin* stellt im erstinstanzlichen Verfahren dagegen eher die Ausnahme dar[40].

II. Zulässigkeit

A. Voraussetzungen

Das Gesetz nennt die Voraussetzungen, unter denen eine vorsorgliche Massnahme zu treffen ist, nicht ausdrücklich, sondern beschränkt sich darauf, der zuständigen Behörde

---

[33] HÄNER, Vorsorgliche Massnahmen, N. 16; vgl. auch SEILER, in: Praxiskommentar VwVG, Art. 56 N. 14.
[34] Vgl. für ein Beispiel § 22 IDG betr. Sperren von Personendaten.
[35] HÄNER, Vorsorgliche Massnahmen, N. 19.
[36] HÄNER, Vorsorgliche Massnahmen, N. 21.
[37] ALAIN GRIFFEL/HERIBERT RAUSCH, Kommentar zum Umweltschutzgesetz, Ergänzungsband zur 2. Aufl., Zürich 2011, Art. 1 N. 17.
[38] HÄNER, Vorsorgliche Massnahmen, N. 24.
[39] Vgl. VOGEL, Vorsorgliche Massnahmen, S. 93 f.
[40] KIENER/RÜTSCHE/KUHN, Öffentliches Verfahrensrecht, N. 465.

den Erlass der «nötigen» Massnahmen aufzutragen[41]. Damit sind die Massnahmen grundsätzlich an den Zielsetzungen des vorläufigen Rechtsschutzes auszurichten, welche unter Rückgriff auf die allgemeinen Grundsätze rechtsstaatlichen Handelns (N. 4), namentlich das Verhältnismässigkeitsprinzip, zu konkretisieren sind. Dieser Ansatz hat **Begrenzungen** in mehrfacher Hinsicht zur Folge[42]: Aufgrund ihrer Akzessorietät zur Hauptsache müssen vorsorgliche Massnahmen im *Zuständigkeitsbereich* der anordnenden Behörde liegen[43]. Sie können nur zum Schutz jener Interessen angeordnet werden, die innerhalb des *Verfahrensgegenstandes* liegen, wie er durch das Rechtsbegehren bzw. im Fall der Einleitung von Amtes wegen – durch die Zuständigkeit der verfügenden Behörde und den konkreten Untersuchungsgegenstand festgelegt ist[44]. Mehr als im Hauptverfahren in der Sache zu erreichen ist, kann auch vorsorglich nicht erwirkt werden[45]. Weiter beschränkt § 6 den Kreis der zulässigen Anordnungen auf die *nötigen* Massnahmen (sogleich N. 16). Schliesslich darf die vorsorgliche Massnahme nicht dazu führen, dass der Entscheid in der Sache *präjudiziert* oder sogar *verunmöglicht* wird[46]. Dieser Gefahr ist nach Möglichkeit mit einem raschen Entscheid in der Sache zu begegnen; denn kann der Entscheid umgehend getroffen werden, geht der definitive dem vorsorglichen Rechtsschutz vor[47]. Immer vorausgesetzt ist, dass die Massnahme im Einklang mit dem *übergeordneten Recht* steht (N. 4 ff.).

16 Gemäss § 6 Satz 1 trifft die Verwaltungsbehörde die **«nötigen» Massnahmen.** Die Anordnung vorsorglicher Massnahmen ist folglich nicht voraussetzungslos möglich, sondern bedarf des Vorliegens einer Notwendigkeit und damit *besonderer Gründe*[48]. Nötig im Sinn von § 6 Satz 1 erweist sich eine Massnahme unter folgenden Voraussetzungen[49]:

- Die Anordnung der Massnahme ist *dringlich*. Dringlichkeit liegt vor, wenn die Endverfügung nicht sofort getroffen werden kann, aber gleichwohl bestimmte Vorkehren nötig sind, um andernfalls gefährdete Interessen zu schützen[50]. Ist die Angelegenheit ohnehin entscheidreif, stellt sich die Frage des vorsorglichen Rechtsschutzes nicht[51]. Ist dies nicht der Fall, wird in der Praxis mitunter das – fragwürdige – Vorgehen gewählt, ein Gesuch um vorsorgliche Massnahmen erst im Endentscheid zu behandeln und es dann als gegenstandslos abzuschreiben (vgl. § 19a N. 33).

- Die Massnahme dient der Erreichung eines *legitimen Ziels*. Sie ist darauf gerichtet, wichtige öffentliche oder private Interessen vor schweren, nicht wiedergutzumachen-

---

[41] Vgl. demgegenüber etwa Art. 27 VRPG BE.
[42] Vgl. auch KIENER, in: Kommentar VwVG, Art. 56 N. 8; SEILER, in: Praxiskommentar VwVG, Art. 56 N. 34 ff.
[43] SEILER, in: Praxiskommentar VwVG, Art. 56 N. 35.
[44] UHLMANN, Einleitung, S. 7 f.
[45] MERKLI/AESCHLIMANN/HERZOG, Kommentar VRPG, Art. 27 N. 1.
[46] BGE 130 II 149, E. 2.2; 127 II 132, E. 3; 125 II 613, E. 7a.
[47] Vgl. KÖLZ/HÄNER/BERTSCHI, Verwaltungsverfahren, N. 565.
[48] Statt anderer VGr, 23.8.2012, VB.2012.00430, E. 3.2.
[49] Vgl. BGE 130 II 149, E. 2.2; 127 II 132, E. 3; HÄNER, Vorsorgliche Massnahmen, N. 75 ff. und 111 ff.; SEILER, in: Praxiskommentar VwVG, Art. 56 N. 25 ff.
[50] BGE 127 II 132, E. 3; SEILER, in: Praxiskommentar VwVG, Art. 56 N. 26.
[51] MEYER/DORMANN, in: Basler Kommentar BGG, Art. 103 N. 35.

den Nachteilen zu schützen. Diese Interessen können öffentlicher oder privater Natur sein, wobei tatsächliche, insbesondere auch wirtschaftliche Interessen genügen[52].
- Die Massnahme ist *geeignet* und in persönlicher, sachlicher, zeitlicher und örtlicher Hinsicht *erforderlich*, um die legitimen öffentlichen oder privaten Interessen vor einem nicht leicht wiedergutzumachenden Nachteil zu schützen[53].
- Bei der Prüfung der Verhältnismässigkeit i.e.S. muss eine *Interessenabwägung* den Ausschlag zugunsten des einstweiligen Rechtsschutzes geben. Insbesondere muss die Massnahme der betroffenen Person auch zumutbar sein[54]. Verhältnismässig sind vorsorgliche Massnahmen dann, wenn sie sich zur Abwehr eines bereits eingetretenen oder drohenden Nachteils eignen und in persönlicher, örtlicher, sachlicher und zeitlicher Hinsicht nicht über das zur Wahrung der gefährdeten Interessen Erforderliche hinausgehen[55].

Der vermutliche Ausgang des Verfahrens (**Hauptsachenprognose**) darf bei der Interessenabwägung lediglich dann berücksichtigt werden, wenn die Prozessaussichten eindeutig sind; bei tatsächlichen oder rechtlichen Unklarheiten drängt sich dagegen Zurückhaltung auf[56]. Weil der Einbezug der Prozessaussichten verhindert, dass die vorsorgliche Massnahme den Entscheid in der Sache in unzulässiger Weise präjudiziert, und zudem bei eindeutiger Prognose ebenso gut in der Sache entschieden werden kann (und muss), sind Überlegungen zur Hauptsachenprognose aber in jedem Fall angezeigt[57]. Erscheint das Begehren in der Hauptsache sogar als aussichtslos, sind die Voraussetzungen zur Anordnung vorsorglicher Massnahmen von vornherein nicht gegeben[58].

17

B. Arten und Inhalt

§ 6 räumt den Behörden die Befugnis ein, die «nötigen» Massnahmen zu treffen; es gibt damit **keinen numerus clausus** der zulässigen Massnahmen[59]. Ihrer Art nach dienen die vorsorglichen Massnahmen entweder der Erhaltung eines bestimmten Zustands oder sie werden zur Sicherstellung bedrohter Interessen angeordnet[60]. Mit solchen *sichernden Vorkehren* wird gewährleistet, dass der bestehende rechtliche oder tatsächliche Zu-

18

---

[52] BGE 130 II 149, E. 2.2; vgl. ebenfalls MERKLI, Vorsorgliche Massnahmen, S. 423.
[53] Vgl. VGr, 23.8.2012, VB.2012.00430, E. 3, betr. Einschränkung des Besuchsrechts in einem Pflegezentrum; vgl. auch HÄNER, Vorsorgliche Massnahmen, N. 115 ff.
[54] Vgl. VGr, 23.8.2012, VB.2012.00430, E. 4, betr. Einschränkung des Besuchsrechts in einem Pflegezentrum.
[55] VGr, 23.8.2012, VB.2012.00430, E. 3.2; VGr, 26.5.2008, VB.2008.00207, E. 3; BGE 130 II 149, E. 2.2; 129 II 286, E. 3.1. Vgl. auch MERKLI/AESCHLIMANN/HERZOG, Kommentar VRPG, Art. 68 N. 16.
[56] BGE 130 II 149 E. 2.2; 127 II 132, E. 3. In diese Richtung auch SEILER, in: Praxiskommentar VwVG, Art. 56 N. 28.
[57] So auch HÄNER, Vorsorgliche Massnahmen, N. 93, mit weiterführenden Überlegungen in N. 94 ff.; zum Problem der Vorbefassung HÄNER, Vorsorgliche Massnahmen, N. 100 ff. Vgl. auch RHINOW/KOLLER/KISS/THURNHERR/BRÜHL-MOSER, Öffentliches Prozessrecht, N. 1631; VOGEL, Vorsorgliche Massnahmen, S. 93.
[58] BGE 117 V 185, E. 2b; 115 Ib 157, E. 2; HÄNER, Vorsorgliche Massnahmen, N. 113; MERKLI/AESCHLIMANN/HERZOG, Kommentar VRPG, Art. 27 N. 12; VOGEL, Vorsorgliche Massnahmen, S. 93.
[59] Vgl. MERKLI/AESCHLIMANN/HERZOG, Kommentar VRPG, Art. 27 N. 13; STEINMANN, Rechtsschutz, S. 143.
[60] BGE 130 II 149, E. 2; weiterführend HÄNER, Vorsorgliche Massnahmen, N. 68 ff.; Beispiele bei KUHN, Vorläufiger Rechtsschutz, S. 185 ff., und SCHOTT, in: Basler Kommentar BGG, Art. 98 N. 13.

stand einstweilen unverändert bestehen bleibt; mit *regelnden* bzw. *gestaltenden Massnahmen* wird ein Rechtsverhältnis provisorisch geschaffen oder einstweilig neu geregelt[61]. Indessen lassen sich die verschiedenen Arten von Massnahmen nicht in jedem Fall eindeutig voneinander abgrenzen. Generell fallen alle sichernden, regelnden und leistenden Massnahmen in Betracht, die zum vorsorglichen Schutz von Rechten nötig im Sinn der in N. 16 dargestellten Kriterien sind[62]. Zulässig sind insbesondere auch Massnahmen zur Sicherung von andernfalls bedrohten Beweismitteln[63].

19 Indem § 6 lediglich die «nötigen» Massnahmen anspricht, lässt das Gesetz neben den Arten auch den zulässigen **Inhalt** vorsorglicher Massnahmen offen. Dieser ist anhand der Umstände des Einzelfalls und im Rahmen der genannten Voraussetzungen (N. 15 ff.) zu bestimmen. Dabei kommen grundsätzlich alle Anordnungen in Frage, welche dem Ziel des vorsorglichen Rechtsschutzes dienen und nicht über das hinausgehen, was in der Hauptsache verlangt werden kann (N. 15)[64]. Eine vorläufige Massnahme kann in einem Tun oder einem Unterlassen bzw. Dulden bestehen[65]. Alle vorsorglichen Massnahmen lassen sich auch als superprovisorische Massnahmen anordnen (N. 30).

20 In der Praxis von Bedeutung sind vorsorgliche Massnahmen im Zusammenhang mit **negativen Verfügungen,** bei denen die aufschiebende Wirkung nicht spielt (N. 11). Hier kann der beantragte Zustand mittels einer vorsorglichen Massnahme vorläufig erlaubt werden, allerdings nur, wenn dadurch der Endentscheid nicht in unzulässiger Weise präjudiziert wird[66]. Gerade auch aus Überlegungen des Vertrauensschutzes heikel ist vor diesem Hintergrund die vorläufige Erlaubnis, von einer vorinstanzlich verweigerten Bewilligung Gebrauch zu machen[67].

21 Vorsorgliche Massnahmen dienen zum **Beispiel** der Beseitigung gesetzwidriger oder gefährlicher Anlagen und Zustände, der Ausführung dringender Arbeiten oder dem Schutz der Streitsache gegen wesentliche Veränderung oder Veräusserung. Nach der Praxis haben sich folgende Massnahmen angesichts der konkreten Umstände als zulässig erwiesen: die Anordnung eines befristeten Abbruchverbots, bis die Schutzwürdigkeit des Gebäudes feststeht[68], wobei in solchen Fällen auch die Verpflichtung zur vorsorglichen Ausführung dringender Arbeiten erlaubt ist[69]; das vorsorgliche Verbot einer eigenmächtig aufgenommenen, bewilligungspflichtigen Nutzung einer Liegenschaft[70]; die vorsorgliche Weiterzahlung von Staatsbeiträgen, solange über deren Aufhebung noch nicht entschieden ist[71]. Die vorsorgliche Nichtverlängerung eines Leistungsauftrags erwies sich demgegenüber im konkreten Fall als unverhältnismässig[72]. Zulässig

---

[61] BGE 130 II 149, E. 2.2.
[62] Vgl. MEYER/DORMANN, in: Basler Kommentar BGG, Art. 104 N. 5.
[63] SEILER, in: Praxiskommentar VwVG, Art. 56 N. 33, m.H.
[64] M. MÜLLER, Verwaltungsrechtspflege, S. 73; vgl. STEINMANN, Rechtsschutz, S. 143.
[65] VOGEL, Vorsorgliche Massnahmen, S. 96.
[66] SEILER, in: Praxiskommentar VwVG, Art. 56 N. 44 ff.
[67] Betr. Rodungsbewilligungen vgl. Art. 47 WaG.
[68] RRB 1292/1973.
[69] RB 1994 Nr. 1 (VB 94/0128), betr. Abdeckung von undichten Stellen im Dach.
[70] RB 2007 Nr. 2 (VB.2007.00472 = BEZ 2007 Nr. 44 = ZBl 2008, 209 ff.).
[71] VGr, 18.12.1997, VB.97.00513 und VB.97.00514.
[72] VGr, 1.3.2007, VB.2007.00048, E. 5.

waren die Beschränkung der Anzahl Hunde eines Hundevermittlungsheims[73], ein befristetes Besuchsverbot in einer Pflegeeinrichtung zum Schutz des Betriebs und der Angestellten[74] oder ein vorsorgliches Berufsverbot eines Spitalpflegers zum Schutz der Patientinnen und Patienten[75].

III. Verfahrensrechtliche Fragen

A. Antragsberechtigung

Vorsorgliche Massnahmen können **von Amtes wegen** oder auf entsprechenden **Antrag** hin ergehen. Antragsberechtigt sind sämtliche natürliche und juristische Personen, denen im fraglichen Verfahren Parteistellung zukommt[76]. Im Fall der Antragstellung ist das Gesuch zu begründen. Bezüglich Beweismass gilt die Regel, wonach die für den Erlass einer vorsorglichen Massnahme sprechenden Voraussetzungen *glaubhaft* zu machen sind, wozu insbesondere auch das Vorhandensein eines nicht wiedergutzumachenden Nachteils zählt[77]. Sind die entsprechenden Voraussetzungen erfüllt, müssen vorsorgliche Massnahmen angeordnet werden[78]; aufgrund der weiten und offen gehaltenen Umschreibung im Gesetz – gemäss § 6 zu erlassen sind die «nötigen» Massnahmen – steht der Behörde jedoch ein erheblicher Beurteilungsspielraum zu[79].

22

B. Zuständigkeit

Zuständig zum Erlass vorsorglicher Massnahmen ist grundsätzlich die in der **Hauptsache** funktionell und sachlich zuständige Behörde. Im Verwaltungsverfahren ist dies die erstinstanzlich verfügende Behörde, im Klageverfahren das Verwaltungsgericht, im Rechtsmittelverfahren die Rechtsmittelinstanz (vgl. aber sogleich N. 24). Wird die vorsorgliche Massnahme als solche angefochten, geht die Zuständigkeit zu deren Beurteilung auf die Rechtsmittelinstanz über (Devolutiveffekt), unbesehen des Umstands, dass die materielle Streitigkeit vor der Vorinstanz anhängig bleibt[80].

23

Fällt die Anordnung vorsorglicher Massnahmen in die Zuständigkeit einer **Kollegialbehörde,** kann das Spezialgesetz die Zuständigkeiten besonders regeln, beispielsweise die Kompetenz zur Anordnung vorsorglicher Massnamen dem oder der Vorsitzenden übertragen[81]. Fehlt es an einer spezialgesetzlichen Regelung, ist nach Massgabe von § 6 Satz 1 grundsätzlich die *Gesamtbehörde* (Gemeinderat, Stadtrat, Bezirksrat, Universitätsrat, Re-

24

---

[73] VGr, 7.9.2005, VB.2005.00320.
[74] VGr, 23.8.2012, VB.2012.00430, E. 3 und 4.
[75] VGr, 9.8.2012, VB.2012.00416.
[76] So auch SEILER, in: Praxiskommentar VwVG, Art. 56 N. 60 f.
[77] BGE 131 I 113, E. 3.6.
[78] HÄNER, Vorsorgliche Massnahmen, N. 148; MERKLI/AESCHLIMANN/HERZOG, Kommentar VRPG, Art. 27 N. 2.
[79] Vgl. VGr, 9.8.2012, VB.2012.00416, E. 2.3; BGE 129 II 286, E. 3.
[80] HÄNER, Vorsorgliche Massnahmen, N. 149; SEILER, in: Praxiskommentar VwVG, Art. 56 N. 59, beide im Anschluss an SCHAUB, Vorläufiger Rechtsschutz, S. 65 ff.
[81] So z.B. auf Verordnungsstufe in § 3 Abs. 1 Ziff. 1 VRV RR.

gierungsrat, Verwaltungsgericht etc.) zu deren Erlass zuständig. Nur bei (besonderer) zeitlicher *Dringlichkeit* ermächtigt das Gesetz (§ 6 Satz 2) den Vorsitzenden oder die Vorsitzende der Behörde zur Anordnung von vorsorglichen Massnahmen.

25 Fehlt es an der Dringlichkeit, muss nach dem Gesagten (N. 24) für den Erlass einer vorsorglichen Massnahme jeweils die Gesamtbehörde bemüht werden. Diese Regelung erscheint *wenig praktikabel*, erst recht, wenn verlangt wird, dass das Kriterium der zeitlichen Dringlichkeit streng zu handhaben sei[82]. Die Praxis geht denn auch einen anderen Weg: Bei Sachzuständigkeit einer Kollegialbehörde ist zum Erlass von vorsorglichen Massnahmen und anderen Zwischenverfügungen (N. 32) in der Regel die gleiche (Einzel-)Person eingesetzt, der auch die Prozessleitung obliegt; ob ein dringlicher Fall vorliegt oder nicht, ist dabei unerheblich. So ist beim Verwaltungsgericht aufgrund des einschlägigen Verordnungsrechts der oder die Kammervorsitzende (§ 18 Abs. 1 OV VGr) oder der Referent bzw. die Referentin (§ 18 Abs. 2 OV VGr), beim Regierungsrat dessen Präsidentin oder Präsident (§ 3 Abs. 1 VRV RR) zum Erlass von vorsorglichen Massnahmen zuständig. Diese Zuständigkeitsordnung beruht auf Verordnungsrecht und bedeutet eine Abweichung von der in § 6 auf Gesetzesstufe formulierten Regel. Dies ist mit Blick auf das Legalitätsprinzip zwar problematisch, entspricht aber dem legitimen, auch verfassungsrechtlich ausgewiesenen Anliegen der Verfahrensbeschleunigung (vgl. Art. 18 Abs. 1 KV; Art. 29 Abs. 1 BV). Die Regel des § 6 steht aber auch im *Widerspruch* zur Zuständigkeit bei Verfügungen betreffend die aufschiebende Wirkung: Gemäss § 25 Abs. 3 ist zur Anordnung entsprechender Massnahmen nämlich auch der oder die Vorsitzende der Rekursinstanz befugt (vgl. § 25 N. 30 f.), und nicht die Kollegialbehörde als solche.

C. Zeitpunkt der Anordnung und Dauer

26 Vorsorgliche Massnahmen können grundsätzlich in allen Verfahren verlangt und angeordnet werden (N. 7 ff., N. 41), müssen aber aufgrund ihrer Akzessorietät immer einen Bezug zu einem Hauptverfahren aufweisen. Für die Anordnung nicht vorausgesetzt ist jedoch, dass das Verfahren in der Hauptsache bereits rechtshängig ist; der Erlass vorsorglicher Massnahmen **vor Rechtshängigkeit** der Hauptsache ist demnach zulässig[83]. Dies gilt insbesondere auch für Massnahmen, welche im Hinblick auf ein noch zu eröffnendes (Verwaltungs-)Verfahren angeordnet werden. Erfolgt die Anordnung von Amtes wegen, muss die Behörde zugleich ein Verwaltungsverfahren eröffnen, was auch ohne förmliche Eröffnungsverfügung geschehen kann[84]. Ergeht die vorsorgliche Massnahme auf Gesuch hin, ist es aus Gründen der Verfahrensbeschleunigung (Art. 18 Abs. 1 KV, Art. 29 Abs. 1 BV) und mit Blick auf die auf dem Spiel stehenden öffentlichen oder privaten Interessen in der Regel angezeigt, dass die Behörde dem Gesuchsteller mit der Anordnung der vorsorglichen Massnahme zugleich auch Frist zur Einreichung des Gesuchs oder der Klage ansetzt[85]. Bei unbenutztem Ablauf dieser (behördlichen) Frist sind die

---

[82] So die 2. Aufl., N. 21.
[83] BGE 127 II 132, E. 3. Vgl. auch HÄNER, Vorsorgliche Massnahmen, N. 78; M. MÜLLER, Verwaltungsrechtspflege, S. 75; SEILER, in: Praxiskommentar VwVG, Art. 56 N. 22.
[84] Vgl. auch (zurückhaltender) VOGEL, Vorsorgliche Massnahmen, S. 96.
[85] Vgl. die ausdrückliche Regelung in Art. 28 Abs. 1 VRPG BE.

Massnahmen unter Kostenfolge für den Gesuchsteller aufzuheben (vgl. auch N. 43 ff. betr. Schadenersatz)[86].

Ist eine Anordnung ergangen, aber (noch) **kein Rechtsmittel** dagegen erhoben worden, gibt es kein Rekurs- oder Beschwerdeverfahren. Genügt die von Gesetzes wegen einsetzende aufschiebende Wirkung (§ 25 Abs. 1) für den vorsorglichen Rechtsschutz nicht, sondern erweisen sich dafür vorsorgliche Massnahmen als notwendig, ist zu deren Erlass die anordnende Behörde zuständig[87].

27

Wurde ein Rechtsmittel eingereicht und ist damit die Streitigkeit vor der Rechtsmittelinstanz anhängig, geht aufgrund des Devolutiveffekts auch die Zuständigkeit zur Anordnung vorsorglicher Massnahmen auf die Rechtsmittelinstanz über[88]. Vorsorgliche Massnahmen **während des Rechtsmittelverfahrens** sind zulässig und namentlich dann angezeigt, wenn die aufschiebende Wirkung bzw. deren Entzug zur vorläufigen Sicherung des Streitgegenstands nicht genügt (vgl. § 25 N. 11 f.). Das Spezialgesetz kann indessen vorsorgliche Massnahmen ausschliessen.

28

Mit Eintritt der formellen Rechtskraft der Anordnung in der Hauptsache **enden** die vorsorglichen Massnahmen automatisch und definitiv, vor diesem Zeitpunkt enden sie grundsätzlich mit dem (End-)Entscheid in der Hauptsache[89]. Bei der Rückweisung an eine Vorinstanz fallen die Massnahmen mit dem instanzabschliessenden (Rückweisungs-)Entscheid grundsätzlich dahin, es sei denn, die obere Instanz ordne ausdrücklich etwas anderes an. Obwohl vorsorgliche Massnahmen vorübergehender Natur sind, wirkt deren Dahinfallen nicht auf den Zeitpunkt des Erlasses zurück (ex tunc), sondern nur in der Zukunft (ex nunc)[90].

29

D. Rechtliches Gehör

Vor dem Erlass einer vorsorglichen Massnahme sind die Betroffenen anzuhören (Art. 29 Abs. 2 BV). Beruht die Massnahme auf einem entsprechenden Parteiantrag, ist dem Gesuchsteller das rechtliche Gehör bereits durch das Gesuch selber gewahrt. Vorsorgliche Massnahmen dienen dem vorläufigen Rechtsschutz und regeln mitunter Fragen, deren Beantwortung keinen Aufschub duldet. Damit der Zweck der Massnahme nicht vereitelt wird, darf ausnahmsweise auf die vorgängige Anhörung verzichtet und sofort verfügt werden. Eine solche **superprovisorische Massnahme** rechtfertigt sich aber nur bei Gefahr im Verzug, d.h. wenn andernfalls gewichtige Anliegen und Interessen gefährdet sind.

30

---

[86] Vgl. M. MÜLLER, Verwaltungsrechtspflege, S. 75.
[87] SEILER, in: Praxiskommentar VwVG, Art. 56 N. 20; vgl. auch HÄNER, Vorsorgliche Massnahmen, N. 150; MERKLI/AESCHLIMANN/HERZOG, Kommentar VRPG, Art. 27 N. 20.
[88] Anders für Ausnahmefälle noch die 2. Aufl., N. 19, unter Hinweis auf BRB Affoltern, 16.5.1975.
[89] BENOÎT BOVAY, Procédure administrative, Bern 2000, S. 412; KIENER, in: Kommentar VwVG, Art. 56 N. 7, m.H. in Fn. 25; SEILER, in: Praxiskommentar VwVG, Art. 56 N. 23, 52; vgl. auch VGr, 23.8.2012, VB.2012.00430, E. 1.2; BGE 129 II 286, E. 1.3. Anders (Wegfall erst mit Eintritt der formellen Rechtskraft) HÄNER, Vorsorgliche Massnahmen, N. 193; M. MÜLLER, Verwaltungsrechtspflege, S. 76, unter Bezugnahme auf Art. 28 Abs. 2 VRPG BE, wonach vorsorgliche Massnahmen erst mit rechtskräftigem Abschluss des Verfahrens in der Hauptsache dahinfallen.
[90] MERKLI/AESCHLIMANN/HERZOG, Kommentar VRPG, Art. 28 N. 7.

Dies darf nicht leichthin angenommen werden[91]. Die Anhörung muss so rasch als möglich nachgeholt werden[92]. Sobald die Anhörung stattgefunden hat, ist die superprovisorische durch eine ordentliche vorsorgliche Massnahme zu ersetzen[93].

E. Verfahren, Verfügung und Eröffnung

31 Aufgrund der Dringlichkeit der Massnahme und des vorläufigen Charakters der Anordnung entscheidet die Behörde in einem **einfachen und raschen Verfahren** mit einem reduzierten Prüfungsmassstab[94]. Die Anordnung beruht auf einer bloss *summarischen* Prüfung der Sach- und Rechtslage[95] und ergeht in der Regel gestützt auf die aktuelle Aktenlage und allenfalls auf die Anträge des Gesuchstellers; weitere Beweismassnahmen werden nicht ergriffen[96]. Die Behörde entscheidet *unverzüglich* (vgl. § 179 Abs. 2 GOG). Allerdings folgt auch die summarische Prüfung einem relativen Massstab: Je grösser die Wahrscheinlichkeit ist, dass mit der vorsorglichen Massnahme unwiderrufliche Verhältnisse geschaffen werden, umso eingehender muss die Prüfung erfolgen[97].

32 Vorsorgliche Massnahmen wie auch die Abweisung eines entsprechenden Begehrens werden in Form einer **Zwischenverfügung** erlassen, selbst wenn das Verfahren in der Hauptsache noch nicht eingeleitet worden ist (N. 26). In gewissen Konstellationen können vorsorgliche Massnahmen indessen auch in der Endverfügung selber angeordnet werden[98], namentlich wenn es darum geht, die Streitsache vor Veränderungen während der hängigen Rechtsmittelfrist zu schützen (vgl. N. 28).

33 Bezüglich **Formvorschriften** gelten die gleichen Vorgaben wie für andere Anordnungen auch (§ 10 Abs. 1): Die verfahrensleitende Verfügung untersteht dem Schriftlichkeitserfordernis, ist zu begründen und mit einer entsprechenden Rechtsmittelbelehrung zu versehen. Dem Wesen vorsorglicher Massnahmen entsprechend kann es sich zudem bei Dringlichkeit aufdrängen, Massnahmen unter Mitteilung an die Verfahrensbeteiligten vorerst ohne Begründung zu erlassen. Diesfalls ist die Begründung unverzüglich (und nicht etwa erst im Rahmen eines nachfolgenden Rechtsmittelverfahrens) nachzureichen, es sei denn, der begründete Entscheid in der Hauptsache werde umgehend getroffen. Die geforderte Begründungsdichte hängt von den Umständen des Einzelfalls ab, muss den Adressaten aber die sachgerechte Anfechtung der Verfügung ermöglichen. In Ausnahme-

---

[91] BGE 126 II 111, E. 6b aa. Vgl. auch MERKLI/AESCHLIMANN/HERZOG, Kommentar VRPG, Art. 27 N. 5; SEILER, in: Praxiskommentar VwVG, Art. 56 N. 65.
[92] HÄNER, Vorsorgliche Massnahmen, N. 158; RHINOW/KOLLER/KISS/THURNHERR/BRÜHL-MOSER, Öffentliches Prozessrecht, N. 1179.
[93] BGE 130 II 351, E. 3.2.1; 126 II 111, E. 6b aa; BENOÎT BOVAY, Procédure administrative, Bern 2000, S. 410 f.; MERKLI/AESCHLIMANN/HERZOG, Kommentar VRPG, Art. 27 N. 5; SEILER, in: Praxiskommentar VwVG, Art. 56 N. 65.
[94] KIENER, in: Kommentar VwVG, Art. 56 N. 12.
[95] VGr, 9.8.2012, VB.2012.00416, E. 2.3; BGE 130 II 149, E. 2.2.
[96] BGE 130 II 149, E. 2.2; 127 II 132, E. 3; 117 V 185, E. 2b; M. MÜLLER, Verwaltungsrechtspflege, S. 72; SEILER, in: Praxiskommentar VwVG, Art. 56 N. 66.
[97] Vgl. MERKLI/AESCHLIMANN/HERZOG, Kommentar VRPG, Art. 27 N. 3.
[98] VOGEL, Vorsorgliche Massnahmen, S. 89.

fällen kann eine mündliche Eröffnung mit nachfolgender schriftlicher Bestätigung angemessen sein (§ 10 Abs. 1 e contrario)[99].

Über die Tragung der **Kosten** wird zusammen mit dem Endentscheid nach Massgabe der §§ 13 ff. befunden. Unter den Voraussetzungen von § 16 ist die Gewährung der unentgeltlichen Rechtspflege möglich.

F. Wirksamkeit und Anfechtbarkeit

Vorsorgliche Massnahmen ergehen in einer Situation der Dringlichkeit und sollen deshalb **möglichst rasch wirksam** werden. Dies lässt es angezeigt erscheinen, zugleich mit der Anordnung der Massnahme einer allfälligen Beschwerde die aufschiebende Wirkung zu entziehen (vgl. § 25 Abs. 3)[100].

Anordnungen zu vorsorglichen Massnahmen ergehen als Zwischenverfügungen (N. 32), welche nach Massgabe von § 19a Abs. 2 i.V.m Art. 93 Abs. 1 BGG selbständig **anfechtbar** sind. Vorausgesetzt ist damit, dass die Verfügung entweder einen nicht wiedergutzumachenden Nachteil bewirken kann oder die Gutheissung sofort einen Entscheid herbeiführen und damit einen bedeutenden Aufwand an Zeit oder Kosten für ein weitläufiges Beschwerdeverfahren ersparen würde. Das Verwaltungsgericht nimmt bei der Auslegung von § 19a ausdrücklich Bezug auf die einschlägige Rechtsprechung des Bundesgerichts[101]. Nach der verwaltungsgerichtlichen Praxis wird das Vorliegen eines nicht wiedergutzumachenden Nachteils bei Zwischenentscheiden, mit denen vorsorgliche Massnahmen erlassen bzw. verweigert wurden, regelmässig bejaht[102]. Ein nicht wiedergutzumachender Nachteil ist insbesondere dann gegeben, wenn durch die vorsorgliche Massnahme ein Grundrecht betroffen ist. Es genügt aber auch ein schutzwürdiges tatsächliches, insbesondere wirtschaftliches Interesse an der sofortigen Aufhebung oder Änderung der in Frage stehenden Anordnung[103]. Für sich allein genommen kein nicht wiedergutzumachender Nachteil ist die Verlängerung oder Verteuerung des Verfahrens[104]; demgegenüber liegt ein entsprechender Nachteil vor, wenn die Massnahme Tatsachen schafft, welche nicht oder nur schwer wiedergutzumachen sind[105]. Die in Art. 93 Abs. 1 lit. b BGG aufgeführte zweite Variante selbständiger Anfechtbarkeit – die Gutheissung der Beschwerde würde sofort einen Endentscheid herbeiführen und damit bedeutenden Aufwand an Zeit oder Kosten für ein weitläufiges Beweisverfahren ersparen – wird sich in der Praxis kaum je aktualisieren: Zum einen stellt die Aufhebung oder Anordnung einer vorsorglichen Massnahme durch die obere Instanz keinen Endentscheid dar. Ist zum anderen ein sofortiger Endentscheid möglich, muss ein solcher getroffen werden, womit

---

[99] Vgl. auch VOGEL, Vorsorgliche Massnahmen, S. 96.
[100] M. MÜLLER, Verwaltungsrechtspflege, S. 77 f.; VOGEL, Vorsorgliche Massnahmen, S. 97.
[101] Vgl. insb. VGr, 29.6.2011, VB.2010.00641, E. 1.2, mit Verweis auf BGE 133 II 409, E. 1.2; VGr, 14.7.2010, VB.2010.00165, E. 2.1.
[102] VGr, 23.8.2012, VB.2012.00430, E. 1.3; VGr, 18.8.2011, VB.2011.00442, E. 2.1 und 2.3; VGr, 24.11.2011, VB.2011.00637, E. 1.2; vgl. auch BGE 137 III 324, E. 1.1.
[103] RB 1986 Nr. 19; VGr, 18.12.1997, VB.97.000513 und VB.97.00514; BGE 125 II 613, E. 2a; vgl. auch BGE 130 II 149, E. 2.2.
[104] BGE 125 II 613, E. 4b.
[105] BGE 130 II 149, E. 1.1.

es von vornherein an den Voraussetzungen zur Anordnung vorsorglicher Massnahmen (N. 15 ff.) fehlt[106].

37 Bei **superprovisorischen Massnahmen** ist in der Regel ein nicht wiedergutzumachender Nachteil nicht gegeben. Weil sie so rasch als möglich durch ordentliche Massnahmen ersetzt werden müssen (N. 30), wird das erforderliche faktische Rechtsschutzinteresse im Zeitpunkt des Beschwerdeentscheids kaum je gegeben sein[107].

38 Die **Frist** zur Einlegung eines Rechtsmittels gegen eine Zwischenverfügung betreffend vorsorgliche Massnahmen beträgt gleich wie in der Hauptsache sowohl im Rekurs- wie auch im Beschwerdeverfahren 30 Tage (§§ 22 Abs. 1 und 53). In Abweichung davon kann die Rechtsmittelfrist bei *besonderer Dringlichkeit* bis auf fünf Tage verkürzt werden (§§ 22 Abs. 3 und 53).

39 Der **Instanzenzug** richtet sich nach demjenigen der Endverfügung bzw. des Endentscheids. Demnach kann eine vorsorgliche Massnahme im Kanton bis an das Verwaltungsgericht weitergezogen werden, wenn das Gericht in der Hauptsache zuständig ist. Anordnungen betreffend vorsorgliche Massnahmen sind entweder positive oder negative Verfügungen; je nachdem kommt ihnen – den Regeln von § 25 entsprechend – **aufschiebende Wirkung** zu[108].

40 Die weiteren **Sachurteilsvoraussetzungen** richten sich nach den Regeln des Rekurs- bzw. Beschwerdeverfahrens. Zu beachten ist, dass die *Spezialgesetzgebung* besondere Regeln aufstellen kann.

G. Rechtsbeständigkeit

41 Vorsorgliche Massnahmen sind vorläufige Massnahmen. Deshalb steht es der zuständigen Behörde jederzeit offen, die Massnahme (von Amtes wegen oder auf Gesuch hin) **abzuändern oder aufzuheben,** wenn die Voraussetzungen zu ihrem Erlass ganz oder teilweise dahingefallen sind[109]. Dies gilt ebenso für den Fall, dass der Erlass vorsorglicher Massnahmen verweigert wurde. Der gesuchstellenden Partei steht es frei, ein neues Begehren zu stellen, wenn sich die Sachlage entscheidend verändert hat oder sie neue erhebliche Tatsachen oder Beweismittel vorbringen kann[110]. Wird eine andere Massnahme verfügt, gelten die gleichen Verfahrensvorschriften wie bei der erstmaligen Anordnung (vgl. N. 22 ff.).

42 Die Rechtsmittelinstanz kann eine vorsorgliche Massnahme verändern oder aufheben. Im Beschwerdeverfahren vor **Verwaltungsgericht** gilt das *Verbot der reformatio in peius vel melius* (§ 63 Abs. 2). Weder dürfen die vorsorglichen Massnahmen zum Nachteil der beschwerdeführenden Partei verschärft, noch darf über das von ihr Beantragte hinausgegangen werden (vgl. dazu § 63 N. 21 ff.).

---

[106] Im Ergebnis ebenso SEILER, in: Praxiskommentar VwVG, Art. 56 N. 71.
[107] BGE 132 II 382, E. 1.2.1.
[108] Vgl. SEILER, in: Praxiskommentar VwVG, Art. 55 N. 34.
[109] Vgl. BGE 131 I 113, E. 3.6. Vgl. auch KIENER, in: Kommentar VwVG, Art. 56 N. 13, oder SEILER, in: Praxiskommentar VwVG, Art. 56 N. 53, je m.H.
[110] MERKLI/AESCHLIMANN/HERZOG, Kommentar VRPG, Art. 27 N. 24.

IV. Haftung

Erwächst einer Partei aus der Anordnung von vorsorglichen Massnahmen ein Schaden, stellt sich die Frage nach der Leistung von Schadenersatz. Das VRG sieht keine Haftung für Schäden vor, die im Zusammenhang mit der Anordnung von vorsorglichen Massnahmen entstehen. Für kantonale Behörden, welche in Anwendung des VwVG letztinstanzlich vorsorgliche Massnahmen verfügen (N. 6 und 23), gilt das Haftungsregime von Art. 55 Abs. 4 VwVG nicht[111], und auch die Voraussetzungen zur Anwendbarkeit des eidgenössischen Verantwortlichkeitsgesetzes (VG) sind in dieser Konstellation (der Kanton verfügt in Anwendung von Bundesrecht) nicht gegeben[112]. Soweit kantonale Behörden – von Amtes wegen oder auf Gesuch hin – vorsorgliche Massnahmen treffen, richtet sich deren Verantwortlichkeit nach den Regeln des kantonalen Haftungsrechts, welches seine Grundlage in Art. 46 Abs. 1 KV findet und im **Haftungsgesetz** konkretisiert wird[113]. Damit gilt für Schäden aus vorsorglichen Massnahmen eine reine *Kausalhaftung*. Nach Massgabe von § 6 Abs. 1 HG haftungsbegründend ist neben dem Eintritt eines Schadens unter anderem, dass sich der Erlass der in Frage stehenden Massnahme als *widerrechtlich* erweist, was wiederum einen Verstoss gegen ein absolutes Rechtsgut oder – bei reinen Vermögensschäden – gegen Gebote und Verbote der Rechtsordnung voraussetzt[114].

43

Da der Anordnung von vorsorglichen Massnahmen regelmässig nur eine summarische materielle Prüfung vorangeht, ist **Widerrechtlichkeit** nicht leichthin anzunehmen. Dies gilt umso mehr, als das Haftungsgesetz für den Fall, dass ein Entscheid im Rechtsmittelverfahren geändert wird, eine Haftung des Kantons nur vorsieht, wenn ein Angestellter einer Vorinstanz geradezu arglistig gehandelt hat (§ 6 Abs. 2 HG; N. 46). Widerrechtlichkeit ist deshalb zu verneinen, wenn die Behörde Tatbestand und Rechtslage so weit geprüft hat, als es die Dringlichkeit erlaubte und die vorsorgliche Massnahme auf dieser Grundlage erging. Für Schaden aus rechtmässiger Behördentätigkeit besteht laut Haftungsgesetz denn auch keine Haftung (§ 12 HG). Folglich setzt die Staatshaftung ein *gravierendes* Fehlverhalten bzw. eine wesentliche Amtspflichtverletzung voraus[115].

44

Formell rechtskräftige Verfügungen, Entscheide und Urteile dürfen im Rahmen eines Haftungsverfahrens nicht überprüft werden (§ 21 Abs. 1 HG). Die Schädigung durch eine angeblich widerrechtliche vorsorgliche Massnahme, die in Rechtskraft erwachsen ist, begründet folglich von vornherein keine Staatshaftung (Prinzip der **Einmaligkeit des Rechtsschutzes**). Diese Regel wird nur durchbrochen, wenn rechtlich oder tatsächlich keine Möglichkeit bestand, die in Rechtskraft erwachsene, den Anwendungsbereich von Art. 29a BV bzw. Art. 6 Ziff. 1 EMRK berührende (vgl. N. 4 f.) Anordnung in einem Rechtsmittelverfahren anzufechten[116].

45

---

[111] HÄNER, Vorsorgliche Massnahmen, N. 202; STEINMANN, Rechtsschutz, S. 151 f.
[112] Vgl. BGE 106 Ib 273, E. 2a; FELLER, Staatshaftungsrecht, S. 141; MERKLI, Vorsorgliche Massnahmen, S. 428 f.
[113] Vgl. zum Geltungsbereich § 1 ff. HG.
[114] Eingehend zur Staats- und Beamtenhaftung JAAG/RÜSSLI, Staats- und Verwaltungsrecht, N. 3101 ff., insb. N. 3110 ff.
[115] M. MÜLLER, Verwaltungsrechtspflege, S. 79.
[116] JAAG/RÜSSLI, Staats- und Verwaltungsrecht, N. 3125 f.; vgl. BGE 129 I 139, E. 3.1; 126 I 144, E. 3b, sowie eingehend FELLER, Staatshaftungsrecht.

46 Wird die Unrechtmässigkeit einer vorsorglichen Massnahme im Verlauf eines dagegen angestrengten **Rechtsmittelverfahrens** festgestellt, haftet der Kanton nur, wenn die anordnende Behörde *arglistig* gehandelt hat (§ 6 Abs. 2 HG).

47 Die Haftung von **Privaten** für die von ihnen beantragten vorsorglichen Massnahmen richtet sich nach dem Privatrecht (Art. 41 ff. OR)[117]. Prozedural ist die Forderung auf dem Zivilweg geltend zu machen.

---

[117] KIENER, in: Kommentar VwVG, Art. 56 N. 14; SEILER, in: Praxiskommentar VwVG, Art. 56 N. 85, je m.H.

Verfahren mit mehreren Beteiligten

§ 6a

¹ Sind an einem Verfahren mehrere Personen beteiligt, die eine gemeinsame Eingabe oder inhaltlich gleiche Eingaben eingereicht haben, kann die Verwaltungsbehörde sie verpflichten, ein gemeinsames Zustellungsdomizil oder einen gemeinsamen Vertreter zu bezeichnen.

² Kommen die Beteiligten dieser Aufforderung innert angemessener Frist nicht nach, so kann die Verwaltungsbehörde entweder ein Zustellungsdomizil bezeichnen oder einen Vertreter bestimmen.

Materialien

Weisung 1995, S. 1526; Prot. KK 1995/1996, S. 8 ff., 18; Prot. KR 1995–1999, S. 6425, 6488, 6830, 6832; Beleuchtender Bericht 1997, S. 6.

Literatur

MARANTELLI-SONANINI VERA/HUBER SAID, in: Praxiskommentar VwVG, Art. 11a; NYFFENEGGER RES, in: Kommentar VwVG, Art. 11a; ROTACH TOMSCHIN, Revision, S. 433 ff.; RUGGLE PETER, in: Basler Kommentar ZPO, Art. 70–72.

Inhaltsübersicht

I.	Grundsätze	1–2
II.	Verpflichtung zur Angabe einer Zustellmöglichkeit (Abs. 1)	3–10
III.	Ersatzvornahme (Abs. 2)	11–15

I. Grundsätze

§ 6a ermöglicht den Behörden eine **Vereinfachung der Zustellungsmodalitäten in Massenverfahren** – d.h. in Verfahren, an denen zahlreiche Personen mit inhaltlich gleichen Eingaben beteiligt sind. Um den zeitlichen Aufwand für die Zustellung zu senken bzw. um solche Verfahren zu beschleunigen, können die Behörden die Beteiligten dazu auffordern, ein gemeinsames Zustellungsdomizil oder einen gemeinsamen Vertreter zu bezeichnen (Abs. 1), bzw. dies – im Säumnisfall – im Sinne einer Ersatzvornahme selber tun (Abs. 2). Aus dem gleichen, prozessökonomischen Gedanken heraus sieht § 10 Abs. 4 lit. b vor, dass eine Anordnung veröffentlicht werden kann, wenn sie zahlreichen Personen mitgeteilt werden müsste[1]. § 6a ist sowohl im erstinstanzlichen Verfahren als auch im Einsprache-, Rekurs-, Beschwerde- und Klageverfahren anwendbar (vgl. §§ 4, 70 und 86). 1

§ 6a wurde im Rahmen der **VRG-Revision von 1997** in das Gesetz eingefügt. Der Gesetzgeber erkannte angesichts der steigenden Zahl von Massenverfahren ein Bedürfnis, den Verkehr der Behörden mit mehreren Verfahrensbeteiligten durch die Angabe eines gemeinsamen Zustellungsdomizils oder eines gemeinsamen Vertreters zu vereinfachen und zu beschleunigen[2]. Zugleich sollte § 6a Schutz vor missbräuchlich erhobenen Rechtsmitteln bieten, mit denen einzig beabsichtigt wird, einen Endentscheid möglichst lange 2

---

[1] Vgl. MARANTELLI-SONANINI/HUBER, in: Praxiskommentar VwVG, Art. 11a N. 2.
[2] Weisung 1995, S. 1526.

hinauszuzögern[3]. Die Befürchtung des Gesetzgebers, dass die Zahl von kantonalen Massenverfahren – unter anderem wegen der Ausweitung der Beschwerdelegitimation im Bereich des Raumplanungsrechts (vgl. Art. 33 Abs. 3 RPG) – stark zunehmen würde, war allerdings unbegründet; § 6a ist bis anhin nur relativ selten zur Anwendung gekommen. Im Rahmen der Gesetzesrevision von 2010 wurde § 6a nicht geändert.

II. Verpflichtung zur Angabe einer Zustellmöglichkeit (Abs. 1)

3   Will eine Behörde die an einem Massenverfahren beteiligten Personen dazu verpflichten, ein gemeinsames Zustellungsdomizil oder einen gemeinsamen Vertreter zu bezeichnen, so hat sie diesen – allenfalls durch amtliche Publikation (§ 10 Abs. 4 lit. b) – eine entsprechende **Aufforderung** im Rahmen einer in der Regel nicht selbständig anfechtbaren Zwischenverfügung zukommen zu lassen. Im Interesse der Verfahrensökonomie ist es angebracht, zugleich mit der Aufforderung gemäss § 6a Abs. 1 eine angemessene Frist anzusetzen und als Sanktion die in Abs. 2 vorgesehenen Ersatzmassnahmen anzudrohen.

4   Zulässig ist die Verpflichtung, ein gemeinsames Zustellungsdomizil oder einen gemeinsamen Vertreter zu bezeichnen, nur dann, wenn ein **Massenverfahren** vorliegt, d.h. wenn mehrere Personen, die über Parteistellung verfügen, an einem Verfahren beteiligt sind. Was die Mindestzahl der Beteiligten betrifft, enthält § 6a – anders als Verfahrensgesetze anderer Gemeinwesen[4] – keine konkreten Angaben. Nachdem der Regierungsrat in seinem Antrag ursprünglich von einer fixen Untergrenze von zehn beteiligten Personen ausgegangen war, entschied die kantonsrätliche Kommission, auf eine bestimmte Anzahl zu verzichten und stattdessen der Verwaltung bei der Anwendung von § 6a Abs. 1 einen Ermessensspielraum einzuräumen[5]. Angesichts der Entstehungsgeschichte von § 6a dürfte indessen weiterhin von einer Richtzahl von zehn Verfahrensbeteiligten auszugehen sein, um von einem «Massenverfahren» sprechen zu können[6]. Den Behörden steht es jedoch frei, § 6a auch in Verfahren mit weniger als zehn Personen anzuwenden bzw. auf eine Anwendung auch in Verfahren mit mehr als zehn Personen zu verzichten, solange nicht die Gefahr von unzumutbar aufwendigen Masseneröffnungen besteht.

5   Eine **gemeinsame Eingabe** im Sinne von § 6a liegt vor, wenn mehrere Personen bei einer Behörde identische Eingaben einreichen, sei dies im Rahmen einer einzigen oder mittels separater Eingaben. Falls innerhalb eines Massenverfahrens mehrere Gruppen mit übereinstimmenden Interessen existieren, kann eine gruppenweise Aufforderung zur Bezeichnung eines gemeinsamen Zustellungsdomizils bzw. eines gemeinsamen Vertreters erfolgen[7].

---

[3]   Prot. KK 1995/96, S. 12.
[4]   Vgl. Art. 11a Abs. 1 VwVG (20 Parteien); Art. 15 Abs. 2 VRPG BE (zehn Personen); § 17 Abs. 4 VwVfG (50 Personen).
[5]   Prot. KK 1995/96, S. 11.
[6]   VGr, 27.6.2013, VB.2013.00164, E. 3.1; vgl. ROTACH TOMSCHIN, Revision, S. 441.
[7]   Vgl. MARANTELLI-SONANINI/HUBER, in: Praxiskommentar VwVG, Art. 11a N. 5.

Von **inhaltlich gleichen Eingaben** ist nicht nur im Fall von inhaltlich identischen Eingaben auszugehen[8]. Es genügt vielmehr, dass die verschiedenen Personen die gleichen Interessen verfolgen und dass ihren Vorbringen der gleiche Sachverhalt und dieselben Rechtsfragen zugrunde liegen[9]. Letztlich hat die entscheidberufene Behörde darüber zu befinden, was unter den gegebenen Umständen als «inhaltlich gleich» zu betrachten ist. Bestehen Zweifel an der Kongruenz der Eingaben, so fällt die Anwendung von § 6a ausser Betracht[10].

Die Verpflichtung zur Bezeichnung eines gemeinsamen Zustellungsdomizils oder eines gemeinsamen Vertreters muss **verhältnismässig** sein, wobei eine Interessenabwägung zwischen Interessen der Prozessökonomie und des Datenschutzes sowie der Parteiautonomie vorzunehmen ist. Zulässig ist eine solche Verpflichtung nur dann, wenn sie effektiv zur Vereinfachung und Beschleunigung des Verfahrens beiträgt und für die Parteien zumutbar ist[11], was in der Praxis eher zurückhaltend bejaht wird[12].

Rechtfertigt sich die Anwendung von § 6a, so liegt es im Ermessen der anordnenden Behörde, ob die Beteiligten lediglich zur Bezeichnung eines gemeinsamen Zustellungsdomizils oder aber zur Ernennung eines gemeinsamen Vertreters zu verpflichten sind. Im Rahmen einer pflichtgemässen Ermessensausübung hat die Behörde abzuwägen, welche der beiden Möglichkeiten der Vereinfachung und Beschleunigung des Verfahrens mehr dient. Die blosse Benennung eines Zustellungsdomizils ist dabei als die **mildere Verpflichtung** zu betrachten. Nur wenn diese nicht ausreicht, sind die Beteiligten dazu aufzufordern, einen gemeinsamen Vertreter zu bezeichnen. Soweit das Massenverfahren Beteiligte mit Sitz oder Wohnsitz im *Ausland* betrifft, so kann die Behörde neben den Säumnisfolgen gemäss § 6a Abs. 2 auch jene gemäss § 6b Abs. 2 androhen[13].

Unproblematisch ist die Pflicht zur Bezeichnung eines gemeinsamen Zustellungsdomizils oder Vertreters im Fall einer *notwendigen* Streitgenossenschaft, etwa einer Erbengemeinschaft (Art. 602 ff. ZGB), da über derartige Rechtsverhältnisse nur mit Wirkung für alle entschieden werden kann (Art. 70 Abs. 1 ZPO) und ein gemeinsames Prozesshandeln unabdingbar ist[14]. Heikler kann eine solche Verpflichtung bei einer **einfachen Streitgenossenschaft** – beispielsweise bei einer einfachen Gesellschaft – sein, da diesfalls jeder Streitgenosse den Prozess grundsätzlich unabhängig von den anderen Streitgenossen führt[15], so dass sich die Bezeichnung eines gemeinsamen Vertreters oder Domizils im Verlauf eines Verfahrens als ungeeignet erweisen kann.

Der **gemeinsame Vertreter** der an einem Massenverfahren beteiligten Personen muss kein eigentlicher Rechtsbeistand sein. Es genügt, dass diese Person den Behörden gegenüber berechtigt ist, in der Funktion eines Zustellungsdomizils behördliche Akte entge-

---

[8] Vgl. Prot. KK 1995/96, S. 9.
[9] VGr, 27.6.2013, VB.2013.00164, E. 3.1.
[10] Vgl. NYFFENEGGER, in: Kommentar VwVG, Art. 11a N. 7.
[11] Vgl. NYFFENEGGER, in: Kommentar VwVG, Art. 11a N. 8.
[12] Vgl. ROTACH TOMSCHIN, Revision, S. 441.
[13] VGr, 27.6.2013, VB.2013.00164, E. 3.2.
[14] Vgl. BGE 136 III 431, E. 3.3; RUGGLE, in: Basler Kommentar ZPO, Art. 70 N. 29 und 36.
[15] Art. 71 Abs. 3 und Art. 72 ZPO; vgl. RUGGLE, in: Basler Kommentar ZPO, Art. 71 N. 6 und N. 30 sowie Art. 72 N. 1 und N. 5.

genzunehmen, und allenfalls befugt ist, im Namen der Vertretenen den Behörden gegenüber rechtsgültig Erklärungen abzugeben und prozessuale Handlungen vorzunehmen. Dies setzt beim Vertreter Prozess- bzw. Handlungsfähigkeit voraus (Art. 12 ff. ZGB). Erfüllt eine der verfahrensbeteiligten Personen diese Anforderungen, so kann auch sie die gemeinsame Vertretung übernehmen[16]. Wenn der gemeinsame Vertreter einmal bestimmt ist, können die vertretenen Beteiligten selber keine Prozesshandlungen mehr ausüben, solange die entsprechende Vollmacht nicht widerrufen wird[17].

III. Ersatzvornahme (Abs. 2)

11 Kommen die an einem Verfahren beteiligten Personen der behördlichen Aufforderung, ein gemeinsames Zustellungsdomizil oder einen gemeinsamen Vertreter zu bezeichnen, innert der angesetzten Frist nicht nach, so ermächtigt § 6a Abs. 2 die zuständige Behörde, anstelle der Verfahrensbeteiligten zu handeln. Im Sinne einer Ersatzvornahme ist die Behörde im **Säumnisfall** befugt, selber ein Zustellungsdomizil zu bezeichnen oder einen Vertreter zu bestimmen, wobei eine solche Anordnung – wenn es sich als prozessökonomisch erweist – durch amtliche Publikation erfolgen kann (§ 10 Abs. 4 lit. b). Mit der expliziten Erwähnung der Säumnisfolgen in § 6a Abs. 2 wollte der Gesetzgeber den Prinzipien der Rechtssicherheit und der Verhältnismässigkeit Rechnung tragen[18].

12 Die Dauer der **angemessenen Frist** zur Bezeichnung eines gemeinsamen Zustellungsdomizils oder Vertreters ist so zu bemessen, dass sie den Pflichtigen gestattet, unter Berücksichtigung der Umstände des Einzelfalls die verlangte Handlung ordnungsgemäss vorzunehmen. Bei der Fristansetzung kommt den Behörden ein erheblicher Ermessensspielraum zu[19].

13 Die Umsetzung einer Ersatzvornahme ist nur dann rechtmässig, wenn ihr eine entsprechende **Androhung** vorangeht, damit die Betroffenen die Möglichkeit erhalten, die ihnen obliegende Pflicht selber zu erfüllen[20]. Zulässig ist es, im Sinn einer vorbehaltenen Alternative beide in § 6a Abs. 2 vorgesehenen Sanktionen anzudrohen. In der Praxis des Verwaltungsgerichts wird die Fristansetzung zur Bezeichnung eines gemeinsamen Zustellungsdomizils regelmässig mit der Androhung verbunden, bei Stillschweigen werde künftig die Adresse einer bestimmten Partei als Zustellungsdomizil sämtlicher Parteien gelten.

14 Von der Möglichkeit einer Ersatzanordnung ist mit **Zurückhaltung** Gebrauch zu machen: Die zwangsweise Auferlegung eines gemeinsamen Zustellungsdomizils oder eines gemeinsamen Vertreters steht im Widerspruch zur Parteiautonomie und kann aus persönlichkeits- oder datenschutzrechtlichen Gründen heikel sein.

---

[16] Vgl. MARANTELLI-SONANINI/HUBER, in: Praxiskommentar VwVG, Art. 11a N. 4.
[17] Vgl. NYFFENEGGER, in: Kommentar VwVG, Art. 11a N. 16 f.
[18] Weisung 1995, S. 1526.
[19] MARANTELLI-SONANINI/HUBER, in: Praxiskommentar VwVG, Art. 11a N. 6.
[20] HÄFELIN/MÜLLER/UHLMANN, Verwaltungsrecht, N. 1160.

Ein von Amtes wegen bestimmter **gemeinsamer Vertreter** hat die gleichen Rechte und Pflichten wie ein von den Parteien bestimmter Vertreter[21]. Der amtliche Vertreter steht in einem öffentlichrechtlichen Verhältnis zum Gemeinwesen der Behörde, die ihn eingesetzt hat, so dass sich sein Entschädigungsanspruch gegen das betreffende Gemeinwesen richtet. Die Höhe der Entschädigung bestimmt sich – wie beim unentgeltlichen Rechtsbeistand (§ 16 N. 88 ff.) – nach dem objektiv notwendigen Aufwand des Vertreters.

15

---

[21] Vgl. NYFFENEGGER, in: Kommentar VwVG, Art. 11a N. 21.

Sitz im Ausland
§ 6b

¹ Verfahrensbeteiligte mit Sitz oder Wohnsitz im Ausland haben ein Zustellungsdomizil oder einen Vertreter in der Schweiz anzugeben.

² Kommen die Beteiligten dieser Aufforderung innert angemessener Frist nicht nach, so kann die Verwaltungsbehörde entweder Zustellungen durch amtliche Veröffentlichungen ersetzen oder auf die Eingabe nicht eintreten.

Materialien

Weisung 1995, S. 1526; Prot. KK 1995/1996, S. 8 ff., 18; Prot. KR 1995–1999, S. 6425, 6488, 6830, 6832; Beleuchtender Bericht 1997, S. 6.

Literatur

BORNATICO REMO, in: Basler Kommentar ZPO, Art. 140; Bundesamt für Justiz, Bericht vom 14. März 2011 zu Rechtsfragen im Zusammenhang mit der Zusammenarbeit mit ausländischen Behörden (Amtshilfe, Rechtshilfe, Souveränitätsschutz), einsehbar unter www.bj.admin.ch > Themen > Sicherheit > Gesetzgebung > Zusammenarbeit und Souveränitätsschutz *(Bericht 2011)*, S. 43 f.; Direktion für Völkerrecht, Gutachten vom 10. April 2000 über die Zustellung von gerichtlichen Schriftstücken ins Ausland im Bereich des Verwaltungsrechts, VPB 2002 Nr. 128 *(Gutachten 2000)*; KNEUBÜHLER LORENZ, in: Kommentar VwVG, Art. 36; MARANTELLI-SONANINI VERA/HUBER SAID, in: Praxiskommentar VwVG, Art. 11b; MERZ LAURENT, in: Basler Kommentar BGG, Art. 39; MERKLI/AESCHLIMANN/HERZOG, Kommentar VRPG, Art. 10 und Art. 15; UHLMANN FELIX/SCHWANK ALEXANDRA, in: Praxiskommentar VwVG, Art. 36.

Inhaltsübersicht

I.	Einleitung	1–3
II.	Völkerrechtliche Problematik bei Zustellungen ins Ausland	4–8
III.	Pflicht zur Angabe einer Zustellungsmöglichkeit in der Schweiz (Abs. 1)	9–19
IV.	Säumnisfolgen (Abs. 2)	20–24

I. Einleitung

1 § 6b verpflichtet Verfahrensbeteiligte, die der Behörde lediglich eine **ausländische Zustelladresse** angeben, zur Angabe einer Zustellungsmöglichkeit in der Schweiz (Abs. 1) und droht für den Säumnisfall die Zustellung durch amtliche Publikation oder das Nichteintreten an (Abs. 2). § 6b ist sowohl im erstinstanzlichen Verfahren als auch im Einsprache-, Rekurs-, Beschwerde- und Klageverfahren anwendbar (vgl. §§ 4, 70 und 86). Die Bestimmung gilt nicht nur für auf Gesuch hin, sondern auch für von Amtes wegen eröffnete Verfahren.

2 § 6b wurde 1997 ins VRG eingefügt. Auslöser der Gesetzesnovelle war die zunehmende Internationalisierung der Verwaltungs- und Verwaltungsrechtspflegeverfahren. Der Gesetzgeber strebte mit der Statuierung von § 6b eine **Vereinfachung und Beschleunigung**

des Verkehrs zwischen Verwaltungsbehörden und Verfahrensbeteiligten im Ausland an[1]. In der Gesetzesrevision von 2010 blieb die Bestimmung unverändert.

Andere Verfahrensgesetze enthalten in Bezug auf Verfahrensbeteiligte mit Sitz oder Wohnsitz im Ausland Bestimmungen, die mit § 6b vergleichbar sind. Allerdings sehen diese Gesetze in der Regel lediglich die Pflicht zur Angabe eines Schweizer Zustelldomizils vor, ohne als Alternative die Bezeichnung eines Vertreters in der Schweiz zuzulassen (Art. 39 Abs. 3 BGG; Art. 11b VwVG; Art. 40 ZPO). Im Säumnisfall erlauben auch andere Verfahrensgesetze die Publikation von Anordnungen im Amtsblatt (Art. 36 lit. b VwVG; Art. 39 Abs. 3 BGG; Art. 141 Abs. 1 lit. c ZPO; Art. 66 Abs. 4 Ziff. 3 SchKG); hingegen kennt einzig das VRG die Möglichkeit, auf die Eingabe im Säumnisfall nicht einzutreten. Die dem Bundesgericht eingeräumte Option, Mitteilungen an säumige Parteien zu unterlassen (Art. 39 Abs. 3 BGG), ist im VRG nicht vorgesehen.

II. Völkerrechtliche Problematik bei Zustellungen ins Ausland

Das völkerrechtliche **Prinzip der staatlichen Souveränität** hat zur Folge, dass allein den Territorialstaaten die Ausübung der Herrschaft in ihrem jeweiligen Gebiet zukommt. Das Völkerrecht schliesst schweizerisches Verwaltungshandeln im Ausland somit grundsätzlich aus. Prinzipiell unzulässig ist deshalb die direkte Regelung öffentlichrechtlicher Rechtsbeziehungen mit Personen im Ausland, insbesondere die direkte Zustellung von Verwaltungsakten durch die Post sowie die Vornahme verwaltungsbehördlicher oder -gerichtlicher Vorbereitungs- und Vollzugshandlungen, die damit im Zusammenhang stehen[2]. Eine direkte Postzustellung behördlicher Mitteilungen mit rechtsgestaltender Wirkung ins Ausland stellt ein Tätigwerden im fremden Staatsgebiet dar und gilt als unzulässiger Hoheitsakt, falls kein entsprechendes internationales Abkommen besteht[3].

Die direkte postalische Zustellung an einem ausländischen Ort kommt nur dann in Frage, wenn dies in einem **völkerrechtlichen Vertrag** entsprechend vorgesehen ist[4]. Im Bereich des Verwaltungsrechts existieren allerdings – anders als im Handels- und Zivilrecht[5] sowie im Strafrecht[6] – kaum entsprechende Staatsverträge[7].

---

[1] Weisung 1995, S. 1526; VGr, 21.9.2005, VB.2005.00062, E. 5.2.
[2] RB 1983 Nr. 54; vgl. VGr, 23.5.2012, SB.2011.00180, E. 3.2 (nicht publiziert); MERKLI/AESCHLIMANN/HERZOG, Kommentar VRPG, Art. 10 N. 15 sowie Art. 15 N. 16.
[3] Direktion für Völkerrecht, Gutachten 2000, Ziff. 1; MARANTELLI-SONANINI/HUBER, in: Praxiskommentar VwVG, Art. 11b N. 6; MERZ, in: Basler Kommentar BGG, Art. 39 N. 29; UHLMANN/SCHWANK, in: Praxiskommentar VwVG, Art. 36 N. 15. Zur strafrechtlichen Relevanz der Verletzung fremder Gebietshoheit vgl. Art. 299 StGB.
[4] Vgl. z.B. BGr, 1.2.2013, 6B_33/2013, E. 4.
[5] Vgl. das Haager Übereinkommen betreffend Zivilprozessrecht vom 1. März 1954 (SR 0.274.12) sowie das Haager Übereinkommen über die Zustellung gerichtlicher und aussergerichtlicher Schriftstücke im Ausland in Zivil- und Handelssachen vom 15. November 1965 (SR 0.274.131).
[6] Vgl. z.B. Art. 68 IRSG; Art. 53 des Schengener Durchführungsübereinkommens (SDÜ); Art. 12 des Vertrags vom 27. April 1999 zwischen der Schweizerischen Eidgenossenschaft und der Bundesrepublik Deutschland über die grenzüberschreitende polizeiliche und justitielle Zusammenarbeit (SR 0.360.136.1).
[7] Direktion für Völkerrecht, Gutachten 2000, Ziff. 1.

Einzelne Ausnahmen finden sich im Bereich des Steuerrechts[8] und des Sozialversicherungsrechts[9].

6 Besteht kein völkerrechtlicher Vertrag, so muss die Zustellung von Verfügungen ins Ausland grundsätzlich auf dem Rechtshilfeweg bzw. auf dem **diplomatischen oder konsularischen Weg** – durch Vermittlung des Eidgenössischen Justiz- und Polizeidepartements – erfolgen[10].

7 Wird eine Anordnung mit rechtsgestaltender Wirkung direkt per Post ins Ausland zugestellt, ohne dass dies in einem völkerrechtlichen Vertrag vorgesehen ist, so liegt eine völkerrechtswidrige und somit mangelhafte Eröffnung vor[11]. Entsprechende Anordnungen sind **in der Regel nichtig**[12]. Als nichtig bezeichnete das Bundesgericht etwa die direkte postalische Zustellung einer Konkursandrohung an die Adresse eines in Deutschland wohnenden Gesellschafters[13] oder die direkte postalische Zustellung eines ausländischen verfahrenseinleitenden Schriftstücks an einen Beklagten in der Schweiz[14]. Blosse Anfechtbarkeit einer auf dem direkten postalischen Weg im Ausland eröffneten Anordnung kann dann vorliegen, wenn der betreffende Verfahrensbeteiligte durch die fehlerhafte Zustellung keinen Nachteil – etwa in Form von Fristversäumnissen – erleidet[15].

8 Als zulässig gilt die direkte postalische Zustellung ins Ausland hingegen, wenn es sich lediglich um eine **Mitteilung ohne rechtsgestaltende Wirkung** bzw. mit informativem Charakter handelt[16]. Zu bedenken ist allerdings, dass auch verfahrensleitende Anordnungen rechtliche Wirkungen entfalten können – etwa Säumnisfolgen bei Nichteinhaltung einer Frist – und deshalb auf dem ordentlichen Weg zugestellt werden müssen[17].

III. Pflicht zur Angabe einer Zustellungsmöglichkeit in der Schweiz (Abs. 1)

9 § 6b Abs. 1 statuiert für Verfahrensbeteiligte mit Sitz oder Wohnsitz im Ausland die **Pflicht**, ein Zustellungsdomizil oder einen Vertreter in der Schweiz anzugeben. Tun sie dies nicht von sich aus, so muss die Behörde sie unter Androhung der gesetzlichen Säumnisfolgen dazu auffordern. Gleichzeitig können die betreffenden Verfahrensbeteiligten

---

[8] Vgl. z.B. Art. 28bis Abs. 2 des Abkommens vom 9. September 1966 zwischen der Schweiz und Frankreich zur Vermeidung der Doppelbesteuerung auf dem Gebiet der Steuern vom Einkommen und vom Vermögen und zur Vermeidung von Steuerbetrug und Steuerflucht (SR 0.672.934.91).

[9] Vgl. z.B. Art. 32 des Abkommens vom 25. Februar 1964 zwischen der Schweizerischen Eidgenossenschaft und der Bundesrepublik Deutschland über Soziale Sicherheit (SR 0.831.109.136.1); dazu BGE 135 V 293, E. 2.2.5.

[10] MERZ, in: Basler Kommentar BGG, Art. 39 N. 31.

[11] Vgl. BGr, 13.5.2009, 2C_182/2009, E. 3.

[12] BGE 124 V 47, E. 3a; MARANTELLI-SONANINI/HUBER, in: Praxiskommentar VwVG, Art. 11b N. 6.

[13] BGE 131 III 448, E. 2.

[14] BGE 135 III 623, E. 2 und 3.

[15] BGr, 2.8.2004, 1P.187/2004, E. 1; VGr, 21.9.2005, VB.2005.00062, E. 4.2; vgl. RB 2005 Nr. 7, E. 3 (PB.2005.00056).

[16] Vgl. VGr, 8.8.2012, VB.2012.00456, E. 1.3.

[17] Direktion für Völkerrecht, Gutachten 2000, Ziff. 4.

gestützt auf § 15 Abs. 2 lit. a nötigenfalls dazu angehalten werden, zur Sicherstellung der Verfahrenskosten einen Kostenvorschuss zu bezahlen.

Als **Verfahrensbeteiligte** gelten in der Regel jene Personen, denen Parteirechte zustehen und die über die Rechtsmittelbefugnis verfügen. Angesichts des Sinns und Zwecks von § 6b (vgl. N. 2) sind nicht nur im Ausland wohnende *Verfahrensbeteiligte* zur Angabe eines schweizerischen Zustellungsdomizils oder Vertreters verpflichtet, sondern auch im Ausland wohnende *Vertreter* von Verfahrensbeteiligten[18]. 10

Bei der Auslegung des **Wohnsitzbegriffs** ist aufgrund des Normzwecks von § 6b sowie aus praktischen Gründen auf jenen Aufenthaltsort des Verfahrensbeteiligten abzustellen, wo dieser während der Prozessdauer voraussehbar für längere Zeit tatsächlich verweilt[19]. Ein Verfahrensbeteiligter muss beispielsweise auch dann zur Bezeichnung eines Zustellungsdomizils bzw. Vertreters in der Schweiz aufgefordert werden, wenn sein zivilrechtlicher Wohnsitz zwar in der Schweiz liegt, er sich aber während mehreren Monaten in einem ausländischen Therapiezentrum aufhält[20]. 11

Will sich die entscheidberufene Behörde im weiteren Verlauf des Verfahrens nicht dem Vorwurf formeller Rechtsverweigerung in Gestalt einer Gehörsverletzung aussetzen, hat sie zusammen mit dieser Aufforderung die gesetzlichen **Säumnisfolgen** (Publikation in einem amtlichen Blatt und/oder Nichteintreten) anzudrohen[21]. 12

Es stellt sich die Frage, auf welche Weise eine Partei mit Sitz oder Wohnsitz im Ausland auf ihre Pflicht aufmerksam zu machen ist, in der Schweiz ein Zustelldomizil oder eine Vertretung anzugeben: 13

- Grundsätzlich muss die Aufforderung, in der Schweiz ein Domizil oder eine Vertretung anzugeben, **auf diplomatischem Weg** zugestellt werden oder – nach erfolglosem diplomatischem Zustellversuch – durch amtliche Publikation erfolgen[22]. Denn eine solche Aufforderung, verbunden mit der Androhung von Säumnisfolgen, hat rechtsgestaltende Wirkung, so dass sie – wenn kein anderslautender Staatsvertrag besteht – nicht direkt auf dem Postweg ins Ausland zugestellt werden darf[23].
- Der Nachteil der diplomatischen Zustellung ist deren lange (oft mehrmonatige) Dauer. Um unnötige Verfahrensverzögerungen zu verhindern, geht die Praxis teilweise davon aus, dass es zulässig ist, dem ausländischen Adressaten auf **direkt-postalischem Weg** eine Mitteilung ohne hoheitlichen Charakter zukommen zu lassen, in der der Adressat lediglich auf die in § 6b statuierten und somit von Gesetzes wegen bestehenden Pflichten und Säumnisfolgen *hingewiesen* wird[24]. Aus rechtlicher Sicht erscheint diese Praxis fragwürdig: § 6b Abs. 2 setzt für den Eintritt der gesetzlichen Säumnis-

---

[18] MARANTELLI-SONANINI/HUBER, in: Praxiskommentar VwVG, Art. 11b N. 9; MERZ, in: Basler Kommentar BGG, Art. 39 N. 28.
[19] RB 2005 Nr. 6 (VB.2005.00062).
[20] VGr, 21.9.2005, VB.2005.00062, E. 5.2 (in RB 2005 Nr. 6 nicht publizierte Erwägung).
[21] Vgl. Prot. KK 1995/96, S. 11.
[22] Vgl. z.B. BVGr, Verfügung vom 14.8.2007, BBl 2007 6025.
[23] BGr, 18.7.2006, K 18/04, E. 3; Bundesamt für Justiz, Bericht 2011, S. 43; MARANTELLI-SONANINI/HUBER, in: Praxiskommentar VwVG, Art. 11b N. 12; MERZ, in: Basler Kommentar BGG, Art. 39 N. 34.
[24] VGr, 8.8.2012, VB.2012.00456, E. 1.3; vgl. RB 2005 Nr. 7, E. 3 (PB.2005.00056).

folgen voraus, dass die betroffene Person zur Domizilangabe in der Schweiz «aufgefordert» wurde. Eine mit Säumnisfolgen verbundene «Aufforderung» stellt jedoch einen hoheitlichen Akt dar, dessen direkt-postalischen Versand ins Ausland völkerrechtlich verboten ist. Ein nicht-hoheitliches Hinweisschreiben auf die in § 6b Abs. 1 statuierte Pflicht stellt keine rechtlich verbindliche «Aufforderung» im Sinn von § 6b Abs. 2 dar und vermag demnach keine Säumnisfolgen auszulösen. Soweit man dennoch – aus Gründen der Verfahrensbeschleunigung – an der Praxis der direkt-postalischen Mitteilung festhalten will, ist Folgendes zu beachten: Da der Zustellungsnachweis der Behörde obliegt, empfiehlt es sich, die Mitteilung mittels eingeschriebener Sendung samt Rückschein zu verschicken; diese Versandart bietet die Post weltweit in Bezug auf sämtliche Länder an. Wird der Rückschein von der ausländischen Poststelle allerdings nicht zurückgesandt und ist die Zustellung auch auf der Internetseite der Post[25], auf der Einschreibesendungen in diverse Bestimmungsländer verfolgt werden können, nicht ersichtlich, so kann der Zustellnachweis nur erbracht werden, wenn bei der Post ein Nachforschungsauftrag eingeleitet wird. Holt der ausländische Adressat die Sendung nicht ab, so muss nach dem am Ort des Adressaten geltenden Recht beurteilt werden, ob von einer Zustellungsfiktion ausgegangen werden darf (vgl. § 10 N. 90 ff.).

- Zulässig ist es, eine Partei mit Sitz oder Wohnsitz im Ausland per **Brief, Telefon, Fax oder Mail** auf ihre Pflicht hinzuweisen, in der Schweiz eine Zustelladresse anzugeben. Dabei sind allerdings nicht die Sanktionsfolgen gemäss § 6b Abs. 2 anzudrohen, sondern es ist lediglich darauf hinzuweisen, dass die Aufforderung zur Schweizer Domizilangabe im Unterlassungsfall auf diplomatischem Weg erfolgen müsste. Kooperationsbereite und nicht an einer Verfahrensverzögerung interessierte Parteien dürften in der Regel bereit sein, aufgrund eines solchen Schreibens ein Zustelldomizil bzw. eine Vertretung in der Schweiz anzugeben.

- Misslingen sämtliche individuellen Zustellversuche (telefonisch, brieflich, diplomatisch), so kommt eine Eröffnung durch **amtliche Publikation** gemäss § 10 Abs. 4 lit. a in Frage.

14 Die **Frist** zur Bezeichnung eines Schweizer Zustellungsdomizils oder einer Schweizer Vertretung ist so zu bemessen, dass sie den Pflichtigen gestattet, unter Berücksichtigung der Umstände des Einzelfalls die verlangte Handlung ordnungsgemäss vorzunehmen. Bei der Fristansetzung kommt den Behörden ein erheblicher Ermessensspielraum zu. In der Regel dürfte eine 20-tägige Frist ausreichend sein[26].

15 Als **Zustellungsdomizil in der Schweiz** ist eine Adresse anzugeben, an der behördliche und/oder gerichtliche Akte effektiv zugestellt werden können. Den Verfahrensbeteiligten obliegt es, sich zu vergewissern, dass Zustellungen an der angegebenen Adresse auch tatsächlich möglich sind[27]. Die Zustelladresse muss nicht jene des Vertreters der Verfahrensbeteiligten sein[28]. Bei der Zustelladresse kann es sich um eine schweizerische Post- oder Postfachadresse handeln. Die Angabe einer *postlagernden* Schweizer Adresse genügt

---

[25] Vgl. www.post.ch > Sendungsverfolgung.
[26] Vgl. VGr, 28.12.2012, VB.2012.00758, E. 2 (nicht publiziert).
[27] BGE 130 III 396, E. 1.2.3; BGr, 21.12.2007, 2C_554/2007, E. 2.2.
[28] BORNATICO, in: Basler Kommentar ZPO, Art. 140 N. 4; MERZ, in: Basler Kommentar BGG, Art. 39 N. 37.

hingegen nur in Verfahren, in denen keine Eröffnung von Gerichtsurkunden vorgesehen ist; denn diese können einzig an Post- und Postfachadressen zugestellt werden.

Als **Vertreter in der Schweiz** kommen Personen in Frage, denen behördliche Akte auf dem Postweg zugestellt werden können. Es muss sich dabei nicht um *anwaltliche* Vertreter der Verfahrensbeteiligten handeln. 16

Ergeben sich **Änderungen** in Bezug auf das angegebene Schweizer Zustellungsdomizil bzw. auf den bezeichneten Vertreter in der Schweiz, so ist der Verfahrensbeteiligte dazu verpflichtet, diese den Behörden zu melden. Ansonsten können Zustellungen am bezeichneten Domizil bzw. beim bezeichneten Vertreter weiterhin rechtsgültig erfolgen[29]. 17

Soweit im Beschwerdeverfahren **elektronische Zustellungen** zulässig sind (vgl. § 10 N. 106), entfällt für Verfahrensbeteiligte mit Sitz oder Wohnsitz im Ausland zwar grundsätzlich die Pflicht, ein Zustellungsdomizil bzw. einen Vertreter in der Schweiz zu bezeichnen[30]. Ein (in- oder ausländisches) postalisches Zustelldomizil muss den Behörden aber trotzdem bekannt sein, da die Zustimmung zur Zustellung auf elektronischem Weg jederzeit widerrufen werden kann[31]. 18

Sobald eine Partei mit Sitz oder Wohnsitz im Ausland eine **Schweizer Zustelladresse angibt**, kann die Behörde Anordnungen rechtswirksam an die angegebene Adresse zustellen. In Bezug auf die Zustellung (§ 10) und die Fristwahrung (§ 11) gelten die gleichen Regeln wie für Parteien, die ihren Sitz oder Wohnsitz in der Schweiz haben. 19

IV. Säumnisfolgen (Abs. 2)

Als mögliche **Säumnisfolgen** nennt § 6b Abs. 2 die Zustellung durch Veröffentlichung in einem amtlichen Blatt oder das Nichteintreten auf die betreffende Eingabe. Nicht in Frage kommen hingegen – anders als bei Massenverfahren gemäss § 6a – behördliche Ersatzvornahmen. Im Steuerrecht bestehen spezialgesetzliche Vorschriften über die Säumnisfolgen (§ 3 VO StG). 20

Der Eintritt der beiden in § 6b Abs. 2 enthaltenen Säumnisfolgen ist nur zulässig, wenn der betreffende Verfahrensbeteiligte seiner in § 6b Abs. 1 statuierten Pflicht, ein Zustelldomizil oder eine Vertretung in der Schweiz anzugeben, nicht nachgekommen ist, obwohl er zuvor nachweislich – telefonisch, brieflich, auf dem diplomatischem Weg oder per Amtsblattpublikation (vgl. N. 13) – **auf diese Pflicht und die drohenden Säumnisfolgen hingewiesen** wurde. Gelingt es einer Behörde nicht nachzuweisen, dass sie den ausländischen Adressaten auf seine Pflichten gemäss § 6b Abs. 1 und die drohenden Säumnisfolgen hingewiesen hat, so können die Säumnisfolgen nach § 6b Abs. 2 nicht eintreten. 21

---

[29] Vgl. BGE 130 III 396, E. 1.2.3; BGr, 6.7.2009, 8C_511/2008, E. 3.
[30] MERZ, in: Basler Kommentar BGG, Art. 39 N. 30; vgl. BORNATICO, in: Basler Kommentar ZPO, Art. 140 N. 6.
[31] Vgl. Art. 9 Abs. 4 der Verordnung über die elektronische Übermittlung im Rahmen von Zivil- und Strafprozessen sowie von Schuldbetreibungs- und Konkursverfahren vom 18. Juni 2010 (SR 272.1).

22 Als erste Säumnisfolge droht § 6b Abs. 2 an, (künftige) Zustellungen durch **amtliche Veröffentlichungen** zu ersetzen, wenn der ausländische Adressat trotz entsprechender Aufforderung weder ein Zustelldomizil noch eine Vertretung in der Schweiz angibt. Diesfalls werden sämtliche weiteren prozessleitenden Anordnungen sowie Zwischen- und Endentscheide durch Publikation im Amtsblatt mitgeteilt; auf eine individuelle Zustellung darf verzichtet werden. Die Amtsblattpublikation ist als mildere der beiden in § 6b Abs. 2 vorgesehenen Sanktionsfolgen vorzuziehen, wenn ein Nichteintreten unverhältnismässig erscheinen würde[32]. Die Mitteilung durch Publikation im Amtsblatt – unter Verzicht auf ein Nichteintreten – rechtfertigt sich im Säumnisfall etwa dann, wenn der ausländische Adressat glaubhaft und unter Angabe sachlicher (z.B. finanzieller) Gründe versichert, nicht in der Lage zu sein, in der Schweiz ein Zustelldomizil oder eine Vertretung anzugeben.

23 Als zweite Säumnisfolge droht § 6b Abs. 2 an, auf die Eingabe **nicht einzutreten.** Diese einschneidende Sanktion muss im konkreten Fall als verhältnismässig erscheinen[33]. Dies trifft etwa dann zu, wenn sich der auf seine Pflichten hingewiesene ausländische Adressat ohne sachlichen Grund weigert, in der Schweiz ein Zustelldomizil oder eine Vertretung anzugeben. Trotz des unklaren Wortlauts von § 6b Abs. 2 schliesst die Rechtsfolge des Nichteintretens jene der Publikation im Amtsblatt nicht aus, zumal das Nichteintreten die Verfahrenserledigung, die Publikation hingegen die Zustellart betrifft. Im Säumnisfall ist es somit zulässig, auf die betreffende Eingabe nicht einzutreten und den Nichteintretensbeschluss per Publikation des Rubrums und des Dispositivs im Amtsblatt des Kantons Zürich zuzustellen[34]. Auf eine individuelle Zustellung darf in diesem Fall verzichtet werden.

24 Zur Praxis des Verwaltungsgerichts, **auf die Eröffnung eines Nichteintretensbeschlusses gänzlich zu verzichten,** wenn die Zustellung auf dem postalischen oder diplomatischen Weg nicht möglich ist und wenn eine amtliche Publikation ausser zusätzlichen, kaum einbringlichen Kosten nichts erwarten lässt, vgl. § 10 N. 132.

---

[32] Vgl. VGr, 8.8.2012, VB.2012.00456, E. 2; RB 2005 Nr. 7, E. 3 (PB.2005.00056).
[33] VGr, 27.6.2013, VB.2013.00164, E. 3.1 und 3.2.
[34] Vgl. VGr, 8.8.2012, VB.2012.00456, E. 2; VGr, 21.3.2012, VB.2012.00031, E. 5.4.

Untersuchung von Amtes wegen

§ 7

¹ Die Verwaltungsbehörde untersucht den Sachverhalt von Amtes wegen durch Befragen der Beteiligten und von Auskunftspersonen, durch Beizug von Amtsberichten, Urkunden und Sachverständigen, durch Augenschein oder auf andere Weise.

² Die am Verfahren Beteiligten haben dabei mitzuwirken:
   a. soweit sie ein Begehren gestellt haben;
   b. wenn ihnen nach gesetzlicher Vorschrift eine Auskunfts- oder Mitteilungspflicht obliegt.

³ Für die Feststellung des Sachverhaltes sind Verwaltungsbehörden und Gerichte verpflichtet, notwendige Akten herauszugeben, Amtsbericht zu erstatten und Auskünfte zu erteilen. Vorbehalten bleiben besondere Vorschriften über die Geheimhaltung und den Datenschutz.

⁴ Die Verwaltungsbehörde würdigt das Ergebnis der Untersuchung frei. Sie wendet das Recht von Amtes wegen an. An die gestellten Begehren ist sie nicht gebunden.

Materialien

Weisung 1957, S. 1032 f.; Prot. KK 3.12.1957, 9.9.1958; Prot. KR 1955–1959, S. 3268; Beleuchtender Bericht 1959, S. 398; Weisung 1995, S. 1526 f.; Prot. KK 1995, S. 6488; Beleuchtender Bericht 1997, S. 6.

Literatur

AUER CHRISTOPH, in: Kommentar VwVG, Art. 12 und 13; BERGER MAX/NOGLER ROMAN, Beweisrecht – die Last mit dem Beweis(en), recht 2012, 168 ff.; GADOLA, Beschwerdeverfahren, S. 81 ff., 88 ff., 399 ff.; GYGI, Bundesverwaltungsrechtspflege, S. 206 ff., 269 ff.; HÄFELIN/MÜLLER/UHLMANN, Verwaltungsrecht, N. 1631 ff.; HÄNER, Feststellung, S. 33 ff.; JAAG TOBIAS, in: Praxiskommentar VwVG, Art. 43; KIENER/RÜTSCHE/KUHN, Öffentliches Prozessrecht, N. 91 ff., 653 ff. und 1072 ff.; KÖLZ, Prozessmaximen, S. 128 ff.; KÖLZ/HÄNER/BERTSCHI, Verwaltungsverfahren, N. 134 ff., 455 ff. und 2038 ff.; KRAUSKOPF PATRICK/EMMENEGGER KATRIN, in: Praxiskommentar VwVG, Art. 12 und 13; MERKLI/AESCHLIMANN/HERZOG, Kommentar VRPG, Art. 10, 18–20 und 23; PFEIFER, Untersuchungsgrundsatz, S. 77 ff.; RHINOW/KOLLER/KISS/THURNHERR/BRÜHL-MOSER, Öffentliches Prozessrecht, N. 1207 ff.; SEILER, Schweigerecht, S. 11 ff.; SUTTER PETER, Beweislastregeln.

Inhaltsübersicht

I.	Einleitung	1–3
II.	Untersuchung des Sachverhalts von Amtes wegen (Abs. 1)	4–88
	A. Einleitung	4–9
	B. Umfang der Untersuchungspflicht	10–34
	1. Rechtserheblicher Sachverhalt	10–17
	2. Antizipierte Beweiswürdigung	18–22
	3. Sachverhaltsermittlungen der Strafbehörden	23–24
	4. Beweismass	25–31
	5. Verhältnismässigkeit	32
	6. Rechtsmittel- und Klageverfahren	33–34
	C. Folgen einer ungenügenden Sachverhaltsabklärung	35–36
	D. Beweisverfahren	37–42
	E. Instrumente der Sachverhaltsabklärung	43–88
	1. Einleitung	43–47
	2. Befragung der Beteiligten	48–52

		3. Befragung von Auskunftspersonen	53–59

- 3. Befragung von Auskunftspersonen ... 53–59
- 4. Amtsberichte ... 60–62
- 5. Urkunden ... 63–65
- 6. Gutachten ... 66–77
- 7. Augenschein ... 78–88

III. Mitwirkungspflicht der Verfahrensbeteiligten (Abs. 2) ... 89–116
    A. Einleitung ... 89–93
    B. Gründe für eine Mitwirkungspflicht ... 94–100
        1. Stellen eines Begehrens (lit. a) ... 94–95
        2. Spezialgesetzliche Mitwirkungspflicht (lit. b) ... 96–97
        3. Treu und Glauben ... 98–100
    C. Umfang der Mitwirkungspflicht ... 101–106
    D. Behördliche Aufklärungspflicht ... 107–109
    E. Folgen ungenügender Mitwirkung ... 110–116

IV. Amts- und Rechtshilfe (Abs. 3) ... 117–133
    A. Einleitung ... 117–122
    B. Betroffene Behörden und Gerichte ... 123–125
    C. Umfang und Schranken ... 126–129
    D. Rechtsmittel und Rechtsbehelfe ... 130–133

V. Beweiswürdigung und Rechtsanwendung (Abs. 4) ... 134–174
    A. Einleitung ... 134–135
    B. Beweiswürdigung ... 136–156
        1. Grundsatz der freien Beweiswürdigung ... 136–141
        2. Beweiswert ... 142–151
        3. Verletzung der Mitwirkungspflicht ... 152–153
        4. Rechtswidrig erlangte Beweismittel und Zufallsfunde ... 154–156
    C. Beweislast (Folgen der Beweislosigkeit) ... 157–163
    D. Rechtsanwendung von Amtes wegen ... 164–172
    E. Fehlende Bindung an die gestellten Begehren ... 173–174

I. Einleitung

1 § 7 befasst sich mit **grundlegenden Maximen** des Verwaltungsverfahrens. Laut Randtitel betrifft die Bestimmung zwar nur die «Untersuchung von Amtes wegen». Der Regelungsgegenstand geht allerdings über die Thematik der Untersuchung von Amtes wegen und des diesbezüglichen Korrelats – der Mitwirkungspflicht der Parteien – hinaus und betrifft insbesondere auch Amtshilfepflichten, Beweiswürdigungsregeln und Rechtsanwendungsgrundsätze.

2 § 7 regelt die Ermittlung und Würdigung des Sachverhalts im Zusammenhang mit verwaltungsrechtlichen Verfahren. Die Bestimmung soll gewährleisten, dass die Verwaltungs- und Verwaltungsrechtspflegeinstanzen Entscheide fällen, die auf dem **wahren Sachverhalt** beruhen (Abs. 1–3) und dem **massgebenden Recht** entsprechen (Abs. 4). Mit diesen Vorgaben wird letztlich das Erreichen von Rechtssicherheit, Rechtsfrieden und Akzeptanz des Verwaltungshandelns angestrebt[1].

---

[1] Vgl. KRAUSKOPF/EMMENEGGER, in: Praxiskommentar VwVG, Art. 12 N. 18; PETER SUTTER, Beweislastregeln, S. 8 und 10.

Die in § 7 enthaltenen Verfahrensprinzipien kommen nicht nur im nichtstreitigen Verwaltungsverfahren zur Anwendung, sondern grundsätzlich auch im **streitigen Verfahren** (vgl. §§ 4, 70 und 86). Die für das erstinstanzliche Verwaltungsverfahren geltende Untersuchungspflicht wird im Rechtsmittelverfahren allerdings relativiert, da die Verfahrensbeteiligten der Rüge- und Substanziierungspflicht unterliegen und weil der Streitgegenstand durch die Vorbringen der Parteien begrenzt wird (vgl. §§ 23 und 54). Ausserdem gilt im Verfahren vor Verwaltungsgericht der Grundsatz der Rechtsanwendung von Amtes wegen – aufgrund des Verschlechterungsverbots (vgl. § 63 Abs. 2) – nicht umfassend.

II. Untersuchung des Sachverhalts von Amtes wegen (Abs. 1)

A. Einleitung

Das **Ziel der wahrheitsgetreuen Sachverhaltsfeststellung** soll im Rahmen von § 7 dadurch erreicht werden, dass die Verwaltungsbehörde den rechtserheblichen Sachverhalt von Amtes wegen untersucht (Abs. 1), allenfalls unter Mitwirkung der Verfahrensbeteiligten (Abs. 2) und anderer Behörden (Abs. 3). Die Behörde soll im Rahmen der Sachverhaltsermittlung nach der *materiellen Wahrheit* bzw. nach der wirklichen Sachlage forschen und sich nur auf Sachumstände stützen, von deren Vorhandensein sie sich überzeugt hat. Zugleich ist sie aber befugt, von den Verfahrensbeteiligten nicht vorgebrachte Sachumstände zu berücksichtigen[2]. Demgegenüber steht im Zivilprozessrecht der Verhandlungsgrundsatz im Vordergrund, d.h. das Gericht darf sich prinzipiell mit der *formellen Wahrheit* begnügen, die sich aus dem Beweisbemühen der Parteien ergibt[3].

Relativiert wird das Wahrheitsziel im verwaltungsrechtlichen Verfahren einerseits durch die Mitwirkungspflicht der Verfahrensbeteiligten (§ 7 Abs. 2), andererseits dadurch, dass gewisse Gegebenheiten naturgemäss nicht, nicht umfassend oder nur mit unverhältnismässig grossem Aufwand empirisch beweisbar sind. Ferner kann auch das Beschleunigungsgebot (§ 4a) mit dem Wahrheitsgebot im Konflikt stehen. Schliesslich können überwiegende gegenläufige Interessen das Wahrheitsziel in den Hintergrund treten lassen, etwa wenn Beweise unrechtmässig erhoben wurden, Ansprüche verjährt sind oder die gesuchstellende Person die Legitimationserfordernisse nicht erfüllt[4].

Der seit Erlass des VRG im Jahr 1959 unveränderte § 7 Abs. 1 stellt die behördliche Sachverhaltsermittlung als Regel dar. Demnach gilt im erst- und rekursinstanzlichen Verfahren – ebenso wie im Beschwerdeverfahren (§ 60 Satz 1) – eine grundsätzliche behördliche Untersuchungspflicht, d.h. der Behörde obliegt von Amtes wegen die **Beweisführungslast** in Bezug auf Sachverhaltsabklärungen[5]. In Verfahren, in denen die Mitwirkungs-

---

[2] Rhinow/Koller/Kiss/Thurnherr/Brühl-Moser, Öffentliches Prozessrecht, N. 1211; vgl. Häner, Feststellung, S. 36.
[3] Vgl. Gygi, Bundesverwaltungsrechtspflege, S. 207; Häner, Feststellung, S. 35. Zur ausnahmsweisen Geltung des Untersuchungsgrundsatzes im Zivilprozessrecht vgl. Art. 153 Abs. 2 ZPO.
[4] Vgl. Peter Sutter, Beweislastregeln, S. 12.
[5] Vgl. Ch. Auer, in: Kommentar VwVG, Art. 12 N. 15.

pflicht (§ 7 Abs. 2) von grosser Bedeutung ist, kann die Beweisführungslast allerdings auch zu einem grossen Teil den Verfahrensbeteiligten obliegen[6].

7   Die behördliche Untersuchungspflicht gilt grundsätzlich unabhängig von der im Rahmen der Beweiswürdigung zu beachtenden Verteilung der **Beweislast** bzw. von der Regelung der Folgen der Beweislosigkeit (vgl. N. 157 ff.). Die Behörden sind also auch dann zur Abklärung des Sachverhalts verpflichtet, wenn die Verfahrensbeteiligten die objektive Beweislast tragen. Beweisbelastete Verfahrensbeteiligte sind zwar in der Regel im eigenen Interesse zur Kooperation bei der Sachverhaltsuntersuchung bereit. Doch die Behörde darf den Sachverhalt nicht mit minderer Gewissenhaftigkeit abklären, wenn es um die Abklärung von Tatsachen geht, die sich zugunsten einer beweisbelasteten Verfahrenspartei auswirken[7].

8   Während die Untersuchungs- und die Verhandlungsmaxime die Art der Sammlung des Prozessstoffs betreffen, thematisieren die **Offizial- und die Dispositionsmaxime** die Frage, wer über den Anfang, den Inhalt und das Ende eines Verfahrens bestimmt[8]. Im Geltungsbereich der Offizialmaxime obliegen Einleitung und Beendigung des Verfahrens sowie die Bestimmung des Streitgegenstands grundsätzlich der Behörde, so dass ein Verfahren – anders als im Geltungsbereich der Dispositionsmaxime – von Amtes wegen eröffnet bzw. eingestellt werden kann und keine Bindung an die Parteianträge besteht[9]. Ist ein Rechtsmittelverfahren ausnahmsweise von der Offizialmaxime beherrscht, so ändert dies allerdings nichts daran, dass die Einleitung des Verfahrens ein form- und fristgerechtes Rechtsschutzersuchen an die Rechtsmittelinstanz voraussetzt[10].

9   In der Praxis hat die Untersuchungspflicht in der **Eingriffs- und Leistungsverwaltung** eine unterschiedliche Bedeutung: Im Bereich der Leistungsverwaltung stehen Mitwirkungspflichten im Vordergrund; demgegenüber betrifft die Eingriffsverwaltung meist Verfahren, die von der Untersuchungsmaxime geprägt sind[11].

B.   Umfang der Untersuchungspflicht

1.   Rechtserheblicher Sachverhalt

10   Der Untersuchungsgrundsatz (§ 7 Abs. 1) verpflichtet die Behörde von Amtes wegen dazu, für die **richtige und vollständige Abklärung** des rechtserheblichen Sachverhalts zu sorgen[12]. Über nicht rechtserhebliche Tatsachenbehauptungen ist kein Beweis zu führen und entsprechenden Beweisanträgen ist keine Folge zu leisten[13]. Die behördliche Un-

---

[6]   Vgl. GADOLA, Beschwerdeverfahren, S. 83 und 399 f.; GYGI, Bundesverwaltungsrechtspflege, S. 210; MERKLI/AESCHLIMANN/HERZOG, Kommentar VRPG, Art. 18 N. 6; PFEIFER, Untersuchungsgrundsatz, S. 113.
[7]   HÄNER, Feststellung, S. 41.
[8]   Vgl. BGE 137 III 617, E. 5.2; KÖLZ/HÄNER/BERTSCHI, Verwaltungsverfahren, N. 138.
[9]   Vgl. CH. AUER, in: Kommentar VwVG, Art. 12 N. 8; KRAUSKOPF/EMMENEGGER, in: Praxiskommentar VwVG, Art. 12 N. 11 f.
[10]   Vgl. BGE 137 III 617, E. 4.5.3.
[11]   Vgl. HÄNER, Feststellung, S. 37.
[12]   BGE 133 V 196, E. 1.4; vgl. KÖLZ/HÄNER/BERTSCHI, Verwaltungsverfahren, N. 142.
[13]   BGr, 24.1.2013, 2C_733/2012, E. 3.2.1.

tersuchungspflicht wird zwar relativiert, soweit die Verfahrensbeteiligten im Rahmen von § 7 Abs. 2 einer Mitwirkungspflicht unterliegen[14]. In der Regel führt allerdings der Umstand, dass die Verfahrensbeteiligten zur Mitwirkung verpflichtet sind, nicht zur gänzlichen Entbindung der Behörde von jeglichen Bemühungen zur Abklärung des Sachverhalts. Die Behörde muss in solchen Fällen vielmehr gleichwohl grundsätzlich danach streben, den entscheidrelevanten Sachverhalt abzuklären.

Zu **Beginn eines Verfahrens** muss die erstinstanzliche Behörde mit Blick auf die geltenden Rechtsnormen beurteilen, ob überhaupt ein rechtlich relevanter Sachverhalt vorliegt und – wenn ja – welche Sachverhaltselemente entscheidrelevant sein könnten; der Untersuchungsgegenstand muss gleichsam «abgesteckt» werden. Liegt kein rechtlich relevanter Sachverhalt vor, so kann die Behörde auf die Eröffnung eines Verfahrens ohne weitere Sachverhaltsermittlungen verzichten. Ist bereits ein Verfahren eröffnet worden, darf dieses durch einen Nichteintretensbeschluss erledigt werden.

Die Pflicht der Verwaltungs(justiz)behörden, den Sachverhalt von Amtes wegen richtig zu ermitteln, beschränkt sich auf jene Tatsachen, die möglicherweise zum rechtserheblichen **Verfahrens- bzw. Streitgegenstand** gehören und somit Grundlage des Entscheids bilden können. Eine Sachverhaltsermittlung gilt in Bezug auf einen nicht untersuchten Punkt nur dann als unvollständig, wenn eine ernstzunehmende Wahrscheinlichkeit für seine Relevanz besteht[15].

Welches der entscheidrelevante Sachverhalt ist, muss aufgrund der im **konkreten Einzelfall** massgebenden spezialgesetzlichen Regeln beurteilt werden[16]. Rechtserheblich sind alle Tatsachen, von deren Vorliegen es abhängt, ob über die strittigen Fragen so oder anders zu entscheiden ist[17]. Die Behörde hat zu ermitteln, was nach den vernünftigen Erwartungen aller Beteiligten relevant und ausreichend ist, um zu einer sachlich zutreffenden Entscheidung zu führen[18]. Inhalt und Umfang der Sachverhaltsermittlung bestimmen sich nach pflichtgemässem Ermessen, wobei der zuständigen Behörde ein weiter Beurteilungsspielraum zukommt[19].

Die Behörde hat sicherzustellen, dass der zu erlassenden Anordnung jener Sachverhalt zugrunde gelegt wird, der sich im Zeitpunkt der Anordnung verwirklicht hat und bewiesen ist[20]. Zu diesem Zweck kann sie grundsätzlich **in jedem Verfahrensstadium** entscheidwesentliche Tatsachen oder Beweismittel von Amtes wegen berücksichtigen oder (auch verspätet vorgebrachte) Sachbehauptungen abklären[21]. Massgebend sind die tatsächlichen Verhältnisse im Entscheidzeitpunkt (vgl. § 20a N. 4 ff. und § 52 N. 7 ff.). Was die Beteiligten allerdings zwecks Verfahrensverschleppung verspätet einbringen, kann

---

[14] BGE 124 II 361, E. 2b; RB 2006 Nr. 45 (VB.2006.00314).
[15] VGr, 4.5.2011, VB.2011.00135.
[16] BGr, 23.12.2011, 1D_9/2011, E. 4.5.
[17] Vgl. BGr, 11.5.2009, 9C_214/2009, E. 3.2.
[18] Vgl. PFEIFER, Untersuchungsgrundsatz, S. 85 f.
[19] VGr, 19.4.2012, VB.2011.00785, E. 3.3; GADOLA, Beschwerdeverfahren, S. 83; KRAUSKOPF/EMMENEGGER, in: Praxiskommentar VwVG, Art. 12 N. 27.
[20] Vgl. RB 1987 Nr. 6, E. 2b.
[21] BGE 133 V 196, E. 1.4; vgl. Art. 32 Abs. 2 VwVG; CH. AUER, in: Kommentar VwVG, Art. 12 N. 14.

ausser Acht gelassen werden[22]. Werden nachträgliche Vorbringen berücksichtigt, ist den Parteien dazu das rechtliche Gehör zu gewähren[23].

15 An den Untersuchungsgrundsatz sind tendenziell geringere Anforderungen zu stellen, wenn die Verfahrensbeteiligten **anwaltlich vertreten** sind[24].

16 Im Fall einer **Rückweisung** eines Verfahrens an eine Vorinstanz ist der von der oberen Instanz festgestellte Sachverhalt grundsätzlich verbindlich und muss von der Vorinstanz in der Regel nicht mehr neu abgeklärt werden[25]. Neue Tatsachenbehauptungen und Beweisanträge zu Streitfragen, die bereits im Rückweisungsentscheid abschliessend behandelt wurden, sind grundsätzlich nicht zu beachten[26]. Ist eine ergänzende Sachverhaltsermittlung bezüglich einzelner Streitpunkte erforderlich, müssen sich neue Tatsachenbehauptungen und Beweismittel an diesen Rahmen halten. Etwas anderes gilt nur dann, wenn neue Tatsachen oder Beweismittel auftauchen, die so erheblich sind, dass sie auch eine Revision zu begründen vermöchten[27].

17 Wurde über eine Sache bereits rechtskräftig entschieden **(res iudicata)**, so beschränkt sich die Untersuchungspflicht auf die Prüfung jenes Sachverhalts, der zur Beantwortung der Frage relevant ist, ob sich eine Wiedererwägung des Entscheids rechtfertigt (vgl. Vorbem. zu §§ 86a–86c N. 19 ff.).

2. Antizipierte Beweiswürdigung

18 Bei der Frage, über welche Tatsachen Beweis zu erheben ist, hat sich die Behörde vom Grundsatz der **Prozessökonomie** leiten zu lassen. Aus prozessökonomischen Gründen soll die behördliche Sachverhaltsabklärung nicht weiter gehen als zur Abklärung des rechtlich relevanten Sachverhalts erforderlich. Unnötig und daher nicht erforderlich ist die Beweisführung in Bezug auf Tatsachen, die unerheblich, offenkundig, der Behörde bereits bekannt oder bereits rechtsgenügend erwiesen sind[28]. Um festzustellen, ob ein Sachverhalt hinreichend feststeht und ein Beweis zur Klärung der Sachlage etwas beiträgt, kommt die Behörde nicht darum herum, das Beweisergebnis im Rahmen einer antizipierten Beweiswürdigung vorläufig zu würdigen.

19 Erscheint der Sachverhalt hinreichend ermittelt, auch wenn nicht alle Möglichkeiten der Beweisführung ausgeschöpft wurden, und versprechen zusätzliche Abklärungen keine wesentlichen neuen Erkenntnisse, so rechtfertigt es sich, auf weitere Untersuchungen zu verzichten. Deshalb kann die Behörde, wenn sie die Beweiserhebung als unnötig oder ein konkretes Beweismittel als nicht tauglich erachtet, in **Vorwegnahme des Beweisergebnisses** von der Beweisführung absehen[29]. Die Parteien haben zwar aufgrund ihres

---

[22] RB 1994 Nr. 16.
[23] Vgl. RB 1982 Nr. 6.
[24] BGE 138 V 86, E. 5.2.3.
[25] Vgl. BGE 135 III 334, E. 2; VGr, 8.2.2012, VR.2010.00004, E. 2.2; VGr, 21.12.2011, VB.2011.00030, E. 2.1.
[26] VGr, 27.10.2010, SB.2010.00058, E. 1.3.2.
[27] VGr, 9.2.2011, VB.2010.00460, E. 2.
[28] KIENER/RÜTSCHE/KUHN, Öffentliches Verfahrensrecht, N. 669; vgl. BGr, 1.10.2012, 2C_58/2012, E. 1.4; in Bezug auf das Strafprozessrecht vgl. Art. 137 Abs. 2 StPO.
[29] CH. AUER, in: Kommentar VwVG, Art. 12 N. 17; GADOLA, Beschwerdeverfahren, S. 83.

Anspruchs auf rechtliches Gehör einen Anspruch, Beweisanträge zu stellen. Doch die Entscheidinstanz kann solche Beweisanträge ohne Verletzung des rechtlichen Gehörs ablehnen und das Beweisverfahren schliessen, wenn sie aufgrund bereits abgenommener Beweise ihre Meinung gebildet hat und ohne Willkür in vorweggenommener Beweiswürdigung annehmen kann, dass ihre Überzeugung durch weitere Beweiserhebungen nicht geändert würde[30].

Offenkundige und **gerichtsnotorische Tatsachen** sowie allgemein anerkannte Erfahrungssätze bedürfen keines Beweises (vgl. Art. 151 ZPO). Offenkundig ist, was allgemein bekannt ist bzw. was viele mit Sicherheit wissen. Amts- bzw. gerichtsnotorisch ist, was die Entscheidinstanz bei ihrer amtlichen Tätigkeit wahrgenommen hat[31].   20

Die behördliche Untersuchungspflicht endet dort, wo **keine Anhaltspunkte vorzufinden** sind, die es den Verwaltungsbehörden nahelegen, den vorgelegten Sachverhalt weiter zu erforschen. Liegen besondere, dem äusseren Anschein oder der allgemeinen Lebenserfahrung widersprechende Verhältnisse vor, so ist es Pflicht der Verfahrensbeteiligten, darauf hinzuweisen und dafür allenfalls den Beweis zu beschaffen[32].   21

Eine von allen Verfahrensbeteiligten **übereinstimmend anerkannte Sachdarstellung** soll aus verfahrensökonomischen Gründen nur dann weiter untersucht werden, wenn begründete Zweifel an der Richtigkeit des dargelegten Sachverhalts bestehen[33]. Dies kann etwa dann der Fall sein, wenn die Rekursinstanz den Verdacht hegt, die ursprünglich verfügende Behörde habe einen Beteiligten privilegieren wollen[34].   22

3. Sachverhaltsermittlungen der Strafbehörden

Die Pflicht der Verwaltungsbehörden zur Ermittlung des Sachverhalts kann dadurch eingeschränkt werden, dass der gleiche Sachverhalt zuvor bereits im Rahmen eines Strafverfahrens ermittelt wurde. Um widersprüchliche Entscheide zu vermeiden, darf die Verwaltungsbehörde von den tatsächlichen Feststellungen eines Strafgerichts **nur dann abweichen, wenn** (1.) die Verwaltungsbehörde Tatsachen feststellt und ihrem Entscheid zugrunde legt, die dem Strafrichter unbekannt waren oder die er nicht beachtet hat, wenn (2.) die Verwaltungsbehörde zusätzliche Beweise erhebt, deren Würdigung zu einem anderen Entscheid führt, oder wenn die Beweiswürdigung durch das Strafgericht den feststehenden Tatsachen klar widerspricht, oder wenn (3.) das Strafgericht bei der Rechtsanwendung bezogen auf den Sachverhalt nicht sämtliche Rechtsfragen abgeklärt hat[35]. Einzig wenn klare Anhaltspunkte für die Unrichtigkeit einer Tatsachenfeststellung be-   23

---

[30] BGr, 21.3.2013, 2C_921/2012, E. 4.3; BGE 136 I 229, E. 5.3; 134 I 140, E. 5.3; vgl. KRAUSKOPF/EMMENEGGER, in: Praxiskommentar VwVG, Art. 12 N. 30. Zur Unterscheidung zwischen «echter» und «unechter» antizipierter Beweiswürdigung vgl. BGr, 24.1.2013, 2C_733/2012, E. 3.2.3.
[31] MERKLI/AESCHLIMANN/HERZOG, Kommentar VRPG, Art. 19 N. 2.
[32] Vgl. z.B. BGr, 9.7.2012, 2C_807/2011, E. 2.6.1 und 2.6.2.
[33] Vgl. GYGI, Bundesverwaltungsrechtspflege, S. 210.
[34] KÖLZ, Prozessmaximen, S. 132.
[35] BGr, 29.4.2013, 1C_618/2012, E. 2.2 und 2.3; BGE 139 II 95, E. 3.2; 136 II 447, E. 3.1; VGr, 8.9.2010, VB.2010.00325, E. 3.

stehen, hat die Verwaltungsbehörde nötigenfalls selbständige Beweiserhebungen durchzuführen[36].

24 Faktisch hat dies zur Folge, dass die Verwaltungsrechtspflegebehörden an die tatsächlichen Feststellungen in rechtskräftigen Strafurteilen **grundsätzlich gebunden** sind[37]. Die Verwaltungsbehörde kann sogar dann an einen Strafentscheid gebunden sein, wenn dieser im Strafbefehlsverfahren ergangen ist. Dies gilt namentlich, wenn der Betroffene weiss oder davon ausgehen muss, dass neben dem Strafverfahren ein Administrativverfahren eröffnet wird. Entsprechend dem Grundsatz von Treu und Glauben muss der Betroffene allfällige Verteidigungsrechte und Beweisanträge im Strafverfahren vorbringen und dort gegebenenfalls alle Rechtsmittel ausschöpfen[38].

4. Beweismass

25 Im Rahmen der Untersuchungspflicht muss die Behörde die entscheidrelevanten Tatsachen mindestens so weit abklären, dass diese im Rahmen des im konkreten Fall erforderlichen Beweismasses bzw. **Wahrscheinlichkeitsgrades** als erstellt gelten können.

26 Grundsätzlich gilt das **Regelbeweismass der vollen Überzeugung.** Demnach gilt ein Beweis dann als erbracht, wenn die Entscheidinstanz nach objektiven Gesichtspunkten von der Richtigkeit eines Sachverhaltselements überzeugt ist. Absolute Gewissheit kann dabei nicht verlangt werden. Es genügt aber, wenn die Entscheidbehörde am Vorliegen der behaupteten Tatsache keine ernsthaften Zweifel mehr hat oder allenfalls verbleibende Zweifel als leicht erscheinen[39] bzw. wenn die Überzeugung von der Lebenserfahrung und Vernunft getragen und auf sachliche Gründe abgestützt ist[40]. Gilt das Regelbeweismass, so stellen eine überwiegende Wahrscheinlichkeit[41] oder eine blosse Möglichkeit oder Vermutungen eines bestimmten Sachverhalts[42] keine hinreichende Sachverhaltsfeststellung dar.

27 Gesetz, Rechtsprechung und Lehre lassen Ausnahmen vom Regelbeweismass, d.h. **Beweiserleichterungen** zu. Solche können sich rechtfertigen, wenn bei bestimmten Sachverhalten typischerweise Beweisschwierigkeiten auftreten, so dass die Gefahr besteht, dass die Rechtsdurchsetzung an Beweisschwierigkeiten scheitert[43]. Blosse Beweisschwierigkeiten *im konkreten Einzelfall* in Bezug auf Tatsachen, die ihrer Natur nach ohne weiteres dem unmittelbaren Beweis zugänglich wären, können allerdings nicht zu einer Be-

---

[36] BGr, 15.3.2012, 1C_446/2011, E. 5.1; BGE 136 II 447, E. 3.1.
[37] BGE 138 V 74, E. 6.1; 137 I 363, E. 2.3.2 (Pra 2012 Nr. 46); BGr, 1C_105/2011, E. 2.3.2; VGr, 27.6.2013, VB.2013.00122, E. 4.2.
[38] BGr, 15.3.2012, 1C_446/2011, E. 5.1; BGE 123 II 97, E. 3c aa; VGr, 9.4.2008, VB.2008.00022, E. 2.1.
[39] BGE 130 III 321, E. 3.2.
[40] VGr, 27.10.2010, SB.2010.00059, E. 2.3.
[41] BGE 128 III 271, E. 2b aa.
[42] VGr, 11.3.2010, VB.2009.00559, E. 3.3; MERKLI/AESCHLIMANN/HERZOG, Kommentar VRPG, Art. 18 N. 8.
[43] BGE 130 III 321, E. 3.2.

weiserleichterung führen[44]. Die Herabsetzung des Beweismasses darf im Ergebnis nicht zu einer Umkehr der Beweis*last* führen[45].

Das Beweismass der **überwiegenden Wahrscheinlichkeit** genügt insbesondere im Fall einer *Beweisnot*, d.h. wenn aufgrund der Natur der Sache ein strikter Beweis (volle Überzeugung) nicht möglich oder nicht zumutbar ist, etwa weil der Sachverhalt nur indirekt über Indizien bewiesen werden kann[46]. Die Rechtsprechung bejaht dies in Bezug auf zahlreiche Rechtsgebiete und Sachverhaltskonstellationen[47]. Gilt das Beweismass der überwiegenden Wahrscheinlichkeit, so genügt es, wenn für die Richtigkeit eines Sachverhaltselements nach objektiven Gesichtspunkten derart gewichtige Gründe sprechen, dass andere denkbare Möglichkeiten vernünftigerweise nicht massgeblich in Betracht fallen[48]; dabei kann von einem groben Richtwert einer mindestens 75%igen Wahrscheinlichkeit ausgegangen werden[49]. Ist dies der Fall, so muss die Gegenpartei Gelegenheit erhalten, den Gegenbeweis zu erbringen bzw. ernsthafte Zweifel am Hauptbeweis geltend zu machen[50]. 28

Der Beweisgrad der **Glaubhaftmachung** genügt in der Regel nur in summarischen Verfahren mit Beweismittelbeschränkungen[51], d.h. bei rasch zu beurteilenden Sachverhalten, die zu Entscheiden mit provisorischem Charakter führen[52]. Gilt das Beweismass der Glaubhaftmachung, so genügt es, wenn gewisse Elemente für das Vorhandensein einer Tatsache sprechen, selbst wenn die Entscheidinstanz noch mit der Möglichkeit rechnet, dass sie sich nicht verwirklicht haben könnte[53]. Die geringeren Anforderungen an das Beweismass rechtfertigen sich aus Gründen der Dringlichkeit[54] oder der schwierigen Beweisbarkeit. Das Beweismass der Glaubhaftmachung gilt bei Entscheiden über die aufschiebende Wirkung oder andere vorsorgliche Massnahmen[55], über die grundsätzlich ohne Beweiserhebungen gestützt auf die vorhandenen Akten zu befinden ist[56], sowie in 29

---

[44] BGE 130 III 321, E. 3.2.
[45] BGE 128 III 271, E. 2b aa.
[46] Vgl. BGE 133 III 81, E. 4.4.2; 132 III 715, E. 3.1; vgl. GYGI, Bundesverwaltungsrechtspflege, S. 271 f.
[47] Beispiele: Versicherungsrecht (BGE 130 III 321, E. 3.2); Sozialversicherungsrecht (BGE 138 V 218, E. 6); Sozialhilferecht (VGr, 11.9.2003, VB.2003.00222, E. 3b [nicht publiziert]); Altlastenrecht (BGr, 20.9.2012, 1C_570/2011, E. 2.3.3); Zustellung einer behördlichen Abholungseinladung (BGr, 5.6.2009, 2C_38/2009, E. 4.1); Tatsachen, die eine Nachsteuerpflicht begründen (RB 2003 Nr. 99 [SR.2003.00006]); steuerrechtlicher Wohnsitz (BGr, 16.2.2010, 2C_625/2009, E. 3.2; VGr, 14.3.2012, SB.2011.00066, E. 2.3); Ausländerrechtsehe bzw. Scheinheirat (vgl. BGE 128 II 145, E. 2.3); Bestehen einer stabilen ehelichen Gemeinschaft (BGE 135 II 161, E. 3).
[48] BGE 132 III 715, E. 3.1.
[49] Vgl. BERGER/NOGLER, Beweisrecht, S. 173.
[50] BGE 130 III 321, E. 3.4; vgl. VGr, 28.8.2012, VB.2012.00354, E. 3.8.
[51] BGE 132 III 715, E. 3.1.
[52] Vgl. BGE 138 III 636, E. 4.3.2.
[53] BGE 139 III 86, E. 4.2; 130 III 321, E. 3.3.
[54] Vgl. VGr, 22.12.2011, VB.2011.00715, E. 4.4; VGr, 24.11.2011, VB.2011.00637, E. 3.4.
[55] Vgl. HÄNER, Feststellung, S. 50.
[56] Vgl. BGr, 31.3.2004, 1A.250/2003, E. 4.

Fällen, in denen Spezialgesetze[57] oder die Rechtsprechung[58] eine Glaubhaftmachung genügen lassen.

30 Rechtsprechung und Gesetz können auch ein **noch geringeres Beweismass** als die Glaubhaftmachung vorsehen, beispielsweise (im Zusammenhang mit Art. 3 AsylG) das blosse Vorhandensein von nicht zum Vornherein haltlosen Hinweisen[59].

31 Muss eine Verwaltungsbehörde **Vorfragen** abklären, die ein anderes Rechtsgebiet – etwa das Strafrecht – betreffen (vgl. § 1 N. 55 ff.), so sind in Bezug auf das Beweismass die im Rechtsgebiet der Vorfrage geltenden Anforderungen massgebend[60].

5. Verhältnismässigkeit

32 Der Umfang der Sachverhaltsermittlung muss verhältnismässig sein. In diesem Zusammenhang muss eine **Abwägung** vorgenommen werden zwischen dem Interesse an der materiellen Wahrheitsfindung und dem Beschleunigungsgebot[61]. Beweismassnahmen, die mit einem hohen Aufwand verbunden sind, setzen ein diesem entsprechendes bedeutendes Beweisinteresse voraus[62]. Der finanzielle und/oder zeitliche Aufwand einer Sachverhaltsermittlung kann unter Umständen derart gross sein, dass angesichts der auf dem Spiel stehenden öffentlichen und privaten Interessen auf eine umfassende Sachverhaltsermittlung verzichtet werden muss.

6. Rechtsmittel- und Klageverfahren

33 Im streitigen Verfahren gilt im Vergleich zum nichtstreitigen Verwaltungsverfahren eine **abgeschwächte Untersuchungspflicht**[63]. Die Verfahrensbeteiligten unterliegen im streitigen Verfahren einer zusätzlichen Mitwirkungspflicht in Form einer Begründungs- bzw. Substanziierungspflicht (§§ 23, 54, 83 und 86c), so dass die rechtsmittelführende Partei die ihre Rügen stützenden Tatsachen darzulegen und allenfalls Beweismittel einzureichen hat[64]. Die Partei, die ein Rechtsmittel ergreift, muss dartun, in welchen Punkten der angefochtene Entscheid auf einem unrichtigen Sachverhalt beruht[65]. Es ist nicht Aufgabe der Rechtsmittelbehörde, systematisch die für die eine oder andere Partei günstigen Tatsachenelemente zu erforschen[66]. Zu Einzelheiten vgl. § 20 N. 43 ff. und § 60 N. 6 ff.

34 Eine besonders eingeschränkte Untersuchungspflicht gilt im Zusammenhang mit **Klageverfahren**. Hier beschränkt sich das Gericht im Allgemeinen auf die Prüfung der Parteivorbringen (Vorbem. zu §§ 81–86 N. 22).

---

[57] Vgl. z.B. Art. 7 Abs. 1 AsylG; § 10 Abs. 1 GSG.
[58] Vgl. in Bezug auf den Nachweis häuslicher Gewalt VGr, 26.5.2011, VB.2011.00228, E. 4.3; in Bezug auf eheliche Gewalt BGE 138 III 229, E. 3.2.3.
[59] BVGE 2009/53, E. 4.2.
[60] BGE 138 V 74, E. 6.1 und 8.3.
[61] Krauskopf/Emmenegger, in: Praxiskommentar VwVG, Art. 12 N. 34; vgl. z.B. VGr, 10.11.2011, VB.2011.00684, E. 1.2.
[62] Merkli/Aeschlimann/Herzog, Kommentar VRPG, Art. 18 N. 10.
[63] Vgl. Häner, Feststellung, S. 42 f. und 52 f.
[64] Vgl. VGr, 7.3.2012, VB.2012.00096, E. 3.3.
[65] RB 2006 Nr. 45, E. 4 (VB.2006.00214).
[66] VGr, 7.2.2008, VB.2007.00523, E. 2.2.

C. Folgen einer ungenügenden Sachverhaltsabklärung

Kann der Sachverhalt nicht im erforderlichen Umfang abgeklärt werden, so ist dies im Rahmen der **Beweiswürdigung** zu berücksichtigen. In diesem Zusammenhang ist in erster Linie von Bedeutung, wer die Beweislast bzw. die Folgen der Beweislosigkeit trägt (vgl. N. 157 ff.). Soweit die unvollständige Erstellung des rechtserheblichen Sachverhalts auf die Verletzung von Mitwirkungspflichten zurückzuführen ist, treten ferner die für diesen Fall angedrohten Folgen ein (vgl. N. 110 ff.).

35

Klärt eine Behörde den relevanten Sachverhalt nicht im erforderlichen Umfang bzw. auf fehlerhafte Weise ab, so liegt eine Verletzung des Untersuchungsgrundsatzes vor. Soweit die ungenügende Sachverhaltsfeststellung auf die Nichtabnahme eines offerierten Beweismittels zurückzuführen ist, ist ausserdem von einer Verletzung der Mitwirkungsrechte bzw. des rechtlichen Gehörs auszugehen[67]. Solche Mängel können im Rahmen eines **Rechtsmittelverfahrens** gerügt werden[68]. Die Rechtsmittelbehörde muss unvollständige, unrichtige oder fehlerhafte Sachverhaltsfeststellung ferner auch von Amtes wegen berücksichtigen; denn nur so lässt sich letztlich sicherstellen, dass der zu überprüfende Verwaltungsakt materiell rechtmässig ist. Im Fall einer ungenügenden Sachverhaltsfeststellung weist das Verwaltungsgericht die Sache in der Regel zur neuen Entscheidung an die Vorinstanz zurück (vgl. § 64 Abs. 1)[69]; bei Rekursbehörden ist diesbezüglich eine gewisse Zurückhaltung geboten (vgl. § 28 N. 38 ff.).

36

D. Beweisverfahren

Zum Beweisverfahren – d.h. zur Frage, *wie* der Sachverhalt in Bezug auf rechtserhebliche streitige Tatsachen zu ermitteln ist (vgl. Art. 150 Abs. 1 ZPO) – enthält das VRG **keine Regelung**. Während § 60 die zivilprozessualen Vorschriften über das Beweisverfahren (Art. 153 ff. ZPO) im verwaltungsgerichtlichen Verfahren als sinngemäss anwendbar erklärt, fehlt im VRG ein entsprechender Verweis für das Verwaltungs- und Rekursverfahren.

37

Die im Beschwerdeverfahren anwendbaren **zivilprozessualen Beweisvorschriften** können im Verwaltungs- und im Rekursverfahren unter Umständen *analog* angewendet werden. Dies ist allerdings nur in Bezug auf jene Beweisbestimmungen zulässig, die nicht aufgrund ihrer Bedeutung einer eindeutigen gesetzlichen Grundlage im VRG bedürften. Unzulässig ist im Verwaltungs- und im Rekursverfahren beispielsweise eine analoge Anwendung der zivilprozessualen Regeln über Rechte und Pflichten von Sachverständigen (Art. 184 ZPO)[70].

38

Die **prozessleitende Behörde** führt das Beweisverfahren. Sie bestimmt, welche Beweismittel zur Feststellung des rechtserheblichen Sachverhalts heranzuziehen sind. Den Par-

39

---

[67] Vgl. z.B. VGr, 9.6.2011, VB.2010.00536, E. 2.1.
[68] Vgl. RB 1988 Nr. 2; BGr, 24.3.2011, 1C_510/2010, E. 5.4.
[69] Vgl. auch BGr, 18.11.2010, 1C_165/2010, E. 5.4.2 und E. 6.
[70] Vgl. VGr, 23.9.2009, VB.2009.00280, E. 2.2.

teien kommt diesbezüglich nur ein Antragsrecht zu[71]. Die Ablehnung eines Beweisantrags erfolgt aus prozessökonomischen Gründen meist erst im Rahmen des Endentscheids[72].

40 Um sämtlichen Verfahrensbeteiligten das rechtliche Gehör zu gewähren, sind alle Sachverhaltsabklärungen zu belegen. Im Rahmen des Beweisverfahrens besteht demnach eine behördliche Dokumentations- bzw. **Aktenführungspflicht**[73]. Ausgenommen von dieser Pflicht sind einzig jene Aktenstücke, die lediglich für den verwaltungsinternen Gebrauch bestimmt sind und keinen Einfluss auf die Entscheidfindung und Sachverhaltsfeststellung haben[74].

41 Stellen die Parteien **Beweisanträge,** so steht es im Ermessen der Entscheidinstanz, ob sie darüber separat, in einer selbständig eröffneten Zwischenverfügung oder im Endentscheid befindet. Erfolgt die Abweisung im Endentscheid, kann dies in einer separaten Ziffer des Dispositivs oder aber gemeinsam mit den Sachanträgen erfolgen[75].

42 Ordnet eine Behörde Beweismassnahmen an, so erlässt sie eine **prozessleitende Verfügung;** dabei handelt es sich um einen Zwischenentscheid, der unter den Voraussetzungen von § 19a Abs. 2 anfechtbar ist[76]. In komplizierten Fällen kann es sinnvoll sein, einen Beweisauflagebeschluss zu erlassen (vgl. Art. 154 ZPO), um die Verfahrensbeteiligten – insbesondere jene, die zur Mitwirkung verpflichtet sind – darüber aufzuklären, welche Tatsachen den Ausgang des Verfahrens in dieser oder jener Weise beeinflussen.

E. Instrumente der Sachverhaltsabklärung

1. Einleitung

43 Als Beweismittel zur Abklärung des rechtserheblichen Sachverhalts nennt § 7 Abs. 1 beispielhaft die Befragung von Beteiligten und Auskunftspersonen, den Beizug von Amtsberichten, Urkunden und Sachverständigen sowie den Augenschein. Der Sachverhalt kann sodann auch «auf andere Weise» untersucht werden. Die Behörde kann als Erkenntnisquelle beispielsweise Allgemeinwissen heranziehen[77] oder im Internet recherchieren[78]. Es gibt grundsätzlich **keine Beweismittelbeschränkung,** mit der Ausnahme, dass Verwaltungsbehörden und verwaltungsinterne Rekursinstanzen nicht befugt sind, Zeugeneinvernahmen durchzuführen (vgl. N. 57 f.). Spezialgesetze enthalten bisweilen ergänzende Beweismittelregelungen[79].

44 Ausnahmsweise zulässig ist eine **Beschränkung auf sofort verfügbare Beweismittel,** wenn es sich um ein dringliches Verfahren – etwa betreffend vorsorgliche Massnahmen –

---

[71] Gygi, Bundesverwaltungsrechtspflege, S. 277.
[72] Ch. Auer, in: Kommentar VwVG, Art. 12 N. 24; Gygi, Bundesverwaltungsrechtspflege, S. 141.
[73] Vgl. BGE 138 V 218, E. 8.1.2; VGr, 3.10.2012, SB.2011.00167, E. 4.3.
[74] BVGr, 11.7.2012, B-616/2012, E. 2.2.2.
[75] BGr, 12.10.2012, 1C_156/2012, E. 4.
[76] Vgl. VGr, 10.8.2010, VB.2010.00194, E. 1.3.
[77] Vgl. Krauskopf/Emmenegger, in: Praxiskommentar VwVG, Art. 12 N. 168.
[78] Vgl. z.B. BGr, 22.3.2012, 1C_326/2011, E. 2.1; VGr, 31.5.2012, VB.2012.00285, E. 2.2.
[79] Vgl. z.B. im Bereich des Sozialhilferechts § 27 SHV; im Steuerrecht Art. 123 Abs. 2 Satz 1 DBG und § 132 Abs. 2 StG.

handelt, bei dem eine summarische, nur vorläufig geltende Beurteilung vorzunehmen ist[80].

Die Behörden dürfen zur Abklärung des Sachverhalts **keine unzulässigen Beweismittel** einsetzen[81]. Rechtswidrig erlangte Beweismittel dürfen nur in sehr eingeschränktem Mass verwertet werden (vgl. N. 154 f.).

Beweismassnahmen müssen **verhältnismässig** sein. Die Verfahrensbeteiligten sind zwar grundsätzlich dazu verpflichtet, die behördlichen Sachverhaltsabklärungen im erforderlichen Umfang zu dulden. Je stärker aber ein Beweismittel zur Ermittlung des Sachverhalts in die Rechte der Betroffenen eingreift, desto eher ist eine klare gesetzliche Grundlage für die betreffende Untersuchungshandlung zu fordern[82]. Dritte haben behördliche Untersuchungshandlungen insoweit zu dulden, als ihnen daraus keine Nachteile erwachsen.

Die verwendeten Beweismittel und -methoden müssen **transparent und nachvollziehbar** sein. Dies bedeutet indessen keinen Ausschluss von Beweismethoden, die auf einem technischen Vorgehen beruhen, das für Laien kaum durchschaubar ist und für dessen Überprüfung Fachleute zugezogen werden müssen: Solches stellt im heutigen technisierten Leben und auch in gerichtlichen Verfahren nichts Aussergewöhnliches dar[83].

2. Befragung der Beteiligten

Zur Ermittlung des entscheidwesentlichen Sachverhalts kann die Verwaltungsbehörde die **Verfahrensbeteiligten,** d.h. die potenziellen und aktuellen Verfügungs- bzw. Entscheidadressaten, befragen. «Beteiligte» können sodann auch Dritte sein, deren schutzwürdige tatsächliche oder rechtliche Interessen durch eine Anordnung bzw. den Ausgang des Verfahrens berührt werden (vgl. § 21). In all diesen Rollen kommen als Beteiligte sowohl Private wie auch Behörden in Betracht.

Die Befragung der Beteiligten kann **schriftlich oder mündlich** erfolgen. Eine schriftliche Befragung wird in der Praxis bevorzugt, solange anzunehmen ist, dass sich die Betroffenen schriftlich genügend klar auszudrücken vermögen[84]. Eine mündliche Befragung in Anwesenheit der Behörden und Parteien vermag indessen oftmals ein differenzierteres Bild über einen Sachverhalt zu vermitteln als die blosse schriftliche Stellungnahme[85]. Telefonische Auskünfte sind nur insoweit ein zulässiges und taugliches Beweismittel, als damit blosse Nebenpunkte, namentlich Indizien oder Hilfstatsachen, festgestellt werden[86].

Als Beweismittel ausgeschlossen ist im nichtstreitigen und streitigen Verwaltungsverfahren die **förmliche Parteiaussage** (persönliche Befragung unter Ermahnung zur Wahr-

---

[80] Vgl. BGE 138 III 636, E. 4.3.2.
[81] Vgl. für das Strafprozessrecht Art. 137 Abs. 1 StPO; Art. 138 Abs. 1 StPO enthält eine Aufzählung explizit verbotener Beweismethoden.
[82] KRAUSKOPF/EMMENEGGER, in: Praxiskommentar VwVG, Art. 12 N. 73; vgl. z.B. Art. 36 Abs. 3 FINMAG und Art. 39 TSchG in Bezug auf den Zutritt zu Räumlichkeiten; für das Zivilprozessrecht Art. 160 Abs. 1 lit. b und c ZPO.
[83] BGE 134 II 49, E. 18.4.
[84] Vgl. VGr, 5.4.2013, VB.2012.00804, E. 1.4 (nicht publiziert).
[85] Vgl. z.B. § 27 SHV; dazu RB 1998 Nr. 83.
[86] BGE 117 V 282, E. 4c.

heit), soweit keine entsprechende spezialgesetzliche Grundlage besteht. Zulässig ist ein solches Parteiverhör hingegen im Beschwerdeverfahren (§ 60 VRG i.V.m. Art. 160 Abs. 1 lit. a ZPO).

51 Bei mündlichen Befragungen einer Partei im Verwaltungsverfahren besteht eine **Protokollierungspflicht** im Sinne einer Niederschrift der mündlichen Äusserungen nach ihrem wesentlichen Inhalt[87]. Die formlose Befragung ohne Aufzeichnung genügt nicht. In wichtigen Angelegenheiten ist das Protokoll von der befragten Person unterzeichnen zu lassen, so stets in Disziplinarfällen[88].

52 Die Parteibefragung, die im Rahmen von § 7 Abs. 1 als Beweismittel zur Abklärung des Sachverhalts dient, ist zu unterscheiden von der **persönlichen Anhörung** im Rahmen einer mündlichen (öffentlichen) Verhandlung, auf die gemäss Art. 6 Ziff. 1 EMRK Anspruch bestehen kann[89].

3. Befragung von Auskunftspersonen

53 Zur Ermittlung des entscheidwesentlichen Sachverhalts kann die Verwaltungsbehörde ferner **Auskunftspersonen** (mündlich oder schriftlich) befragen, d.h. private Dritte, die – im Gegensatz zu Verfahrensbeteiligten – kein schutzwürdiges rechtliches oder tatsächliches Interesse am Verfahrensausgang haben. Die Modalitäten der Befragung sind bisweilen spezialgesetzlich geregelt (vgl. z.B. § 18 Abs. 4 SHG).

54 Auskunftspersonen unterliegen im Allgemeinen **keiner Mitwirkungspflicht.** Den Behörden fehlt somit in der Regel eine Handhabe, um Auskunftspersonen zur Aussage zu veranlassen; diesen erwachsen aus einer Aussageverweigerung grundsätzlich keine Rechtsnachteile. Ebensowenig sind Auskunftspersonen zur Herausgabe von Urkunden verpflichtet.

55 Private Dritte können in ihrer Funktion als Auskunftsperson einzig dann **zur Aussage gezwungen** werden, wenn ein Gesetz dies vorsieht (vgl. z.B. Art. 28 Abs. 3 ATSG; Art. 90 AuG). In solchen Fällen ist zu beachten, dass die Befragung einer Auskunftsperson das Grundrecht der Privatsphäre sowie – bei der Befragung von Familienangehörigen – den Schutz des Familienlebens gemäss Art. 13 BV tangieren kann. Die Befragung Dritter muss mittels anfechtbarer Zwischenverfügung angeordnet werden. Dritte dürfen nur so weit befragt werden, als dies notwendig ist und die Angaben geeignet sind, den massgeblichen Sachverhalt zu klären. Die Befragung von Auskunftspersonen rechtfertigt sich in der Regel erst, nachdem die Verfahrensbeteiligten befragt worden sind[90]. Im Bereich der Sozialhilfe erachtet das Bundesgericht kantonale Bestimmungen, die weitgehende Auskunftspflichten Dritter vorsehen (unter Androhung einer Busse bei Nichtbefolgung), als verfassungskonform[91].

---

[87] BGE 130 II 473, E. 4.4; vgl. Art. 193 i.V.m. Art. 176 Abs. 1 ZPO.
[88] RB 1994 Nr. 26 (ZBl 1995, 78); leicht relativierend RB 1995 Nr. 20.
[89] Vgl. BGr, 3.1.2013, 8C_752/2012, E. 3.2.
[90] RB 2001 Nr. 4, E. 4b (VB.2001.00216).
[91] BGE 138 I 331, E. 8.3.2.3.

Im Unterschied zu Zeugen unterstehen Auskunftspersonen **keiner Pflicht zu wahrheits-** 56
getreuer Aussage gemäss Art. 307 StGB. Im Verwaltungsverfahren dürfen somit – anders als im Zivil- oder Strafprozess – auch Aussagen von Personen verwertet werden, die nicht formell zur Wahrheit ermahnt wurden[92].

Im **erstinstanzlichen Verfahren** können Auskunftspersonen nicht als Zeugen befragt 57
werden und unterliegen demnach keiner Pflicht zu wahrheitsgetreuer Aussage gemäss Art. 307 StGB[93], soweit nicht spezialgesetzlich etwas anderes vorgesehen ist (vgl. z.B. § 132 Abs. 2 StG i.V.m. § 6 Abs. 1 VO StG). Dies mindert die Aussage- und Beweiskraft ihrer Ausführungen, was die Behörden im Rahmen der Beweiswürdigung zu berücksichtigen haben. Wenn parallel zu einem Verwaltungsverfahren ein Zivil- oder Strafverfahren läuft, kann sich eine Verfahrenssistierung rechtfertigen, um später auf die tatsächlichen Abklärungen der Zivil- bzw. Strafbehörden abzustellen.

Im **Rekursverfahren** sind Zeugenbefragungen unter Strafandrohung (Art. 307 StGB) ge- 58
mäss § 26c nur durch jene Instanzen zulässig, die über richterliche Unabhängigkeit verfügen[94], d.h. durch das Bau- und das Steuerrekursgericht (vgl. § 26c N. 3). Das Verwaltungsgericht ist gemäss § 60 Satz 3 VRG i.V.m. Art. 169 ff. ZPO zur Einvernahme von Zeugen berechtigt. Diese rechtfertigt sich im Rekurs- und Beschwerdeverfahren insbesondere dann, wenn es unerlässlich erscheint, von einer Drittperson Auskünfte einzuholen, und diese sich weigert, zu erscheinen oder Auskunft zu geben[95]. Wird die befragte Person nicht auf Art. 307 StGB hingewiesen, so sind ihre Aussagen nicht wie jene eines Zeugen, sondern wie jene einer Auskunftsperson zu werten.

Werden von Drittpersonen Auskünfte zu wesentlichen Punkten des rechtserheblichen 59
Sachverhalts eingeholt, so geschieht dies in der Regel im Rahmen einer schriftlichen Anfrage bzw. Auskunft. Werden Auskunftspersonen zu wichtigen tatbeständlichen Fragen mündlich befragt, so ist eine Einvernahme durchzuführen; zur Wahrung des **rechtlichen Gehörs** ist ein schriftliches Protokoll der mündlichen Befragung von Auskunftspersonen aufzunehmen[96] und den Verfahrensbeteiligten zur Stellungnahme zukommen zu lassen. Bei wichtigen Aussagen ist das Protokoll von der Auskunftsperson unterzeichnen zu lassen. Die Verfahrensbeteiligten haben im Zusammenhang mit der Anhörung von Auskunftspersonen nach zürcherischem Verwaltungsrecht – im Gegensatz zum Bundesverwaltungsrecht[97] – kein Anwesenheits- und Fragerecht; es besteht demnach kein Anspruch auf Parteiöffentlichkeit der Befragung einer Auskunftsperson[98]. Den Anforderungen von Art. 29 Abs. 2 BV ist Genüge getan, wenn sich die Parteien im Zusammenhang

---

[92] VGr, 19.3.2012, VB.2012.00069, E. 2.3.1 (nicht publiziert).
[93] Vgl. Weisung 2009, S. 965; BGE 139 III 98, E. 4.3.3.
[94] Der ursprüngliche Entwurf zum VRG hatte noch ein generelles Recht der oberen Verwaltungsbehörden zur Zeugeneinvernahme vorgesehen (Weisung 1957, S. 996), das vom Kantonsrat jedoch abgelehnt wurde (Prot. KR 1955–1959, S. 3373 ff.).
[95] Vgl. BGE 130 II 169, E. 2.3.3.
[96] BGr, 12.11.2012, 2C_389/2012, E. 4.4.2; BGE 130 II 473, E. 4.2; vgl. RB 1995 Nr. 20. Zur Protokollierung von Zeugenbefragungen vgl. Art. 176 ZPO.
[97] Vgl. Art. 18 Abs. 1 VwVG; BGE 130 II 169, E. 2.3.5; KRAUSKOPF/EMMENEGGER, in: Praxiskommentar VwVG, Art. 12 N. 120 f.
[98] RB 1997 Nr. 1.

mit der Einnahme von Auskunftspersonen zum Befragungsprotokoll äussern können[99].

4. Amtsberichte

60 Amtsberichte sind von Amtsstellen eingeholte **Auskünfte**[100]. Es handelt sich um mündliche oder schriftliche Angaben einer Behörde oder Amtsstelle zuhanden der für ein Verwaltungsverfahren zuständigen anderen Behörde in Bezug auf bestimmte Tatsachen und Verhältnisse, über welche diese aufgrund ihrer Tätigkeit *besondere Sachkenntnisse* besitzt[101]. Inhaltlich stellt die Erteilung einer Auskunft aufgrund besonderer amtlicher Sachkunde zwar ein *Gutachten* dar[102]; formell ist eine solche Auskunft indessen als Amtsbericht zu behandeln. Anders als private Sachverständige sind Verwaltungsbehörden im Rahmen ihrer Amtshilfepflicht (§ 7 Abs. 3) dazu *verpflichtet,* Amtsberichte zu erstatten.

61 Den Verfahrensbeteiligten ist in Bezug auf Amtsberichte das **rechtliche Gehör** zu gewähren. Amtsberichte müssen deshalb vollumfänglich zu den Akten genommen und den Beteiligten zur Stellungnahme vorgelegt werden. Mündliche Amtsberichte sind stets in einem Protokoll festzuhalten.

62 Problematisch kann die Abgrenzung zwischen Amtsberichten und Berichten von Fachleuten sein, die bloss der **behördeninternen Meinungsbildung** dienen und in die deshalb keine Einsicht gewährt werden muss[103]. Letzteres gilt für Stellungnahmen, die sich lediglich mit der sachverständigen Würdigung feststehender, unbestrittener Tatsachen befassen und denen daher kein Beweischarakter zukommt. Ist ein behördeninterner Bericht dagegen von Bedeutung für den entscheidwesentlichen Sachverhalt, indem er sich zu streitigen Sachverhaltsfragen äussert, so lässt er sich nicht mehr als rein verwaltungsinterne Akte qualifizieren, sondern muss als Amtsbericht betrachtet werden[104].

5. Urkunden

63 Wegen der überwiegenden Schriftlichkeit des Verwaltungsverfahrens besitzen Urkunden bei der Sachverhaltsermittlung vorrangige Bedeutung[105]. Als Urkunden gelten **Informationsträger** bzw. Dokumente wie Schriftstücke, Zeichnungen, Pläne, Fotos, Filme, Tonaufzeichnungen, elektronische Dateien und dergleichen, die geeignet sind, rechtserhebliche Tatsachen zu beweisen (Art. 177 ZPO; siehe auch Art. 110 Abs. 4 StGB). Einem noch nicht ausgedruckten E-Mail kommt der Charakter einer (Computer-)Urkunde zu[106]. Je nach Autorschaft, Quelle, Schlüssigkeit etc. eines Dokuments hat dieses einen unterschiedlich hohen Beweiswert (vgl. N. 142 ff.). Zu den Urkunden sind auch jene Informa-

---

[99] VGr, 9.2.2011, VB.2010.00646, E. 7.2 und 7.3 (nicht publiziert).
[100] VGr, 8.8.2012, VB.2011.00799, E. 3.5; Kiener/Rütsche/Kuhn, Öffentliches Verfahrensrecht, N. 731.
[101] Gadola, Beschwerdeverfahren, S. 409; vgl. auch Art. 190 Abs. 1 ZPO.
[102] Vgl. Ch. Auer, in: Kommentar VwVG, Art. 12 N. 42.
[103] RB 1995 Nr. 22 (ZBl 1995, 332 ff.).
[104] Vgl. Krauskopf/Emmenegger, in: Praxiskommentar VwVG, Art. 12 N. 185; Merkli/Aeschlimann/Herzog, Kommentar VRPG, Art. 23 N. 8.
[105] Gadola, Beschwerdeverfahren, S. 405.
[106] BGE 138 IV 209, E. 5.4.

tionsträger zu zählen, die nicht von vornherein zum Beweis bestimmt sind, denen aber im Lauf eines Verfahrens Urkundencharakter zukommt (sogenannte Zufallsurkunden).

Die **Verfahrensbeteiligten** haben Urkunden, die sich in ihrem Herrschaftsbereich befinden, den darum ersuchenden Behörden herauszugeben, soweit sich dies im Rahmen ihrer Mitwirkungspflicht (§ 7 Abs. 2) als zumutbar erweist. Behörden unterliegen im Rahmen der Amtshilfe (§ 7 Abs. 3) der Pflicht, Urkunden herauszugeben. Dritte sind im Verwaltungsverfahren grundsätzlich nicht mitwirkungspflichtig, so dass den Verwaltungsbehörden in der Regel eine Handhabe fehlt, um die Herausgabe von Urkunden zu erzwingen. 64

Aufgrund des Anspruchs auf **rechtliches Gehör** haben die Verfahrensbeteiligten grundsätzlich Anspruch darauf, Einsicht in die verfahrensrelevanten Urkunden zu erhalten und dazu Stellung zu nehmen. 65

6. Gutachten

Sind zur Abklärung des relevanten Sachverhalts besondere Sachkenntnisse erforderlich, über welche die Entscheidbehörde nicht oder nur teilweise verfügt, so können gemäss § 7 Abs. 1 **Sachverständige beigezogen** werden[107]. Gestützt auf ihre besonderen Fachkenntnisse erstatten Sachverständige im Rahmen von Gutachten Bericht über die Sachverhaltsprüfung und -würdigung[108]. Gutachten können mündlich oder schriftlich abgegeben werden (vgl. Art. 187 Abs. 1 Satz 1 ZPO). 66

Ob der Beizug eines Sachverständigen zur Erstellung des Sachverhalts **erforderlich** ist, muss – soweit keine spezialgesetzliche Gutachtenspflicht besteht (vgl. z.B. Art. 7 Abs. 2 NHG; Art. 32 Abs. 3 SVG i.V.m. Art. 108 Abs. 3 SSV) – von Fall zu Fall entschieden werden, wobei der zuständigen Instanz ein erhebliches Ermessen zukommt[109]. Verfügt eine Entscheidinstanz über Fachmitglieder, müssen in der Regel keine Gutachten von Seiten Dritter eingeholt werden[110]. Der Beizug eines Gutachters drängt sich beispielsweise nicht auf, wenn ein Gericht die Einschätzung einer rechtswissenschaftlichen Bewertung zu beurteilen hat, weil davon auszugehen ist, dass Gerichte über die nötigen Fachkenntnisse verfügen[111]. Umgekehrt darf aufgrund eines regelmässigen, aber kontrollierten und mässigen Haschischkonsums nicht ohne gutachterliche Abklärungen auf fehlende Fahreignung geschlossen werden; die Behörden müssen in einem solchen Fall vielmehr ein Gutachten anordnen, das die Konsumgewohnheiten des Fahrzeugführers umfassend abklärt[112]. 67

Auskünfte und Gutachten von Sachverständigen dürfen einzig zu **Sachverhaltsfragen**, nicht aber zu Rechtsfragen eingeholt werden. Die Beantwortung von Rechtsfragen so- 68

---

[107] Vgl. RB 1999 Nr. 4 (ZBl 2000, 265 ff. = BEZ 1999 Nr. 25); VGr, 23.9.2009, VB.2009.00280, E. 2.2; BGE 118 Ia 144, E. 1c.
[108] Vgl. BGE 135 V 254, E. 3.3.1.
[109] BGr, 1.4.2013, 2C_992/2012, E. 3.2.
[110] Vgl. BGE 138 II 77, E. 3.1.
[111] BGE 136 I 229, E. 5.5.
[112] RB 2002 Nr. 56 (VB.2002.00277); vgl. BGE 127 II 122, E. 4b.

wie die rechtliche Würdigung von Gutachten obliegen zwingend der entscheidenden Behörde[113].

69 Erscheint die Schlüssigkeit eines Gutachtens in wesentlichen Punkten zweifelhaft, so hat die Entscheidinstanz nötigenfalls **ergänzende Beweise** zur Klärung dieser Zweifel zu erheben[114]. Der Verzicht auf gebotene zusätzliche Beweiserhebungen kann gegen das Verbot willkürlicher Beweiswürdigung verstossen[115]. Vor der Einholung eines allfälligen zweiten Gutachtens ist allerdings stets zu prüfen, ob sich Unklarheiten oder neue Tatsachen nicht durch ein Ergänzungsgutachten oder eine persönliche Befragung der sachverständigen Person klären lassen und ob die Entscheidinstanz den Zweifel dank ihres Fachwissens und des liquiden Sachverhalts nicht sofort beseitigen kann[116].

70 Erweist sich ein – weder ergänzungs- noch berichtigungsfähiges[117] – Gutachten als unklar, unvollständig oder nicht gehörig begründet, müssen neue erhebliche Tatsachen berücksichtigt werden oder ist die begutachtende Person befangen, so kann ein **Zweitgutachten** bzw. eine «Oberexpertise» angeordnet werden[118]. Für die Frage, ob ein früheres Gutachten noch hinreichend aktuell ist oder ob neue Abklärungen erforderlich sind, ist massgebend, ob das frühere Gutachten durch Zeitablauf und zufolge veränderter Verhältnisse an Aktualität eingebüsst hat[119]. Auch der Umstand, dass ein entscheidrelevantes Gutachten nach einem früher geltenden Standard erhoben wurde, kann zur Pflicht führen, ein neues, dem aktuellen Standard entsprechendes Gutachten einzuholen[120].

71 Im **Rechtsmittelverfahren** ist der Beizug von Sachverständigen dann geboten, wenn die Feststellungen der an der vorinstanzlichen Anordnung mitwirkenden Fachstelle in Zweifel zu ziehen sind, namentlich wenn ein vom Verfahrensbeteiligten eingereichtes Privatgutachten der Beurteilung durch die Verwaltung in wesentlichen Punkten widerspricht und sich dieser Widerspruch nicht sofort beseitigen lässt[121]. Bestand für die erstinstanzlichen Behörden keine Obliegenheit, ein Gutachten einzuholen, so sind auch die Rechtsmittelinstanzen nicht zu einem solchen Schritt verpflichtet[122].

72 Sachverständige sind Mitwirkende im Sinn von § 5a Abs. 1, weshalb auf sie die gesetzlichen **Ausstandsbestimmungen** anwendbar sind, wie sie für die entscheidenden Behördenmitglieder gelten[123]. Demnach müssen Sachverständige über die nötige Unbefangenheit verfügen[124]. Wird ein Gutachtensauftrag an eine juristische Person vergeben, so beziehen sich die Ausstandsgründe auf die einzelnen Mitarbeitenden[125].

---

[113] KIENER/RÜTSCHE/KUHN, Öffentliches Verfahrensrecht, N. 753; vgl. BGE 132 II 257, E. 4.4.1.
[114] BGE 133 II 384, E. 4.2.3.
[115] BGr, 24.6.2013, 1C_288/2012, E. 2.4.3; BGE 130 I 337, E. 5.4.2.
[116] VGr, 25.10.2011, VB.2011.00348, E. 3.3.3; MERKLI/AESCHLIMANN/HERZOG, Kommentar VRPG, Art. 19 N. 24.
[117] RB 2004 Nr. 99.
[118] Vgl. VGr, 15.11.2013, VB.2013.00134, E. 5.1; RB 1998 Nr. 19; BGE 118 Ia 144, E. 1c.
[119] BGE 134 IV 246, E. 4.3; VGr, 21.12.2011, VB.2011.00608, E. 2.4.
[120] Vgl. BGr, 4.10.2012, 9C_495/2012, E. 2.3 und 2.4.
[121] RB 1998 Nr. 19.
[122] Vgl. VGr, 3.11.2010, VB.2010.00312, E. 2.5.
[123] BGE 132 V 93, E. 7.1; VGr, 14.8.2013, SB.2012.00108, E. 1.1; vgl. Art. 183 Abs. 2 ZPO.
[124] VGr, 9.2.2011, VB.2010.00032, E. 5.2 (BEZ 2011 Nr. 21); vgl. § 5a N. 11.
[125] Vgl. MERKLI/AESCHLIMANN/HERZOG, Kommentar VRPG, Art. 19 N. 26.

Als Sachverständige können **behördeninterne oder -externe Personen** beigezogen werden. Im nichtstreitigen Verwaltungsverfahren ist in der Regel auf das Urteil von sachverständigen Mitarbeitenden abzustellen[126]. Der Beizug externer Gutachter ist indessen auch im erstinstanzlichen Verfahren zulässig. Stehen regelmässig schwierige Sachverhaltsabklärungen an, so ist zum Teil spezialgesetzlich vorgesehen, den relevanten Sachverhalt durch unabhängige Untersuchungsbeauftragte[127] oder durch besonders qualifizierte Gutachter[128] abklären zu lassen. Rechtsmittelinstanzen sind häufiger auf den Beizug externer Gutachter angewiesen. Auch Rechtsmittelinstanzen dürfen sich aber auf interne Expertisen abstützen[129]. So darf beispielsweise das Baurekursgericht zur Abklärung des Sachverhalts und zur sachkundigen Würdigung ein eigenes Mitglied als Gutachter beiziehen, der als diplomierter Baumeister über das nötige Fachwissen und über die erforderlichen technischen Mittel verfügt[130]. Im Bereich des Beschaffungswesens ist es bei anspruchsvollen Vorhaben zulässig, Fachleute beizuziehen, die direkt am Vergabeverfahren mitwirken, soweit gegen diese keine Ausstandsgründe vorliegen und der Entscheid nicht an sie delegiert wird[131].

73

Im erstinstanzlichen Verwaltungsverfahren sowie im Rekursverfahren unterliegen Sachverständige keiner strafrechtlich relevanten **Wahrheitspflicht,** da Art. 307 StGB nicht anwendbar ist. Im verwaltungsgerichtlichen Verfahren hingegen stehen Sachverständige im Fall eines falschen Befundes oder falschen Gutachtens unter der Strafandrohung gemäss Art. 307 StGB (§ 60 VRG i.V.m. Art. 184 Abs. 2 ZPO).

74

Aufgrund des **Anspruchs auf rechtliches Gehör** haben die Verfahrensbeteiligten ein Recht darauf, in die Äusserungen von beigezogenen Sachverständigen Einblick zu erhalten und dazu Stellung zu nehmen. Sie müssen rechtzeitig Gelegenheit erhalten, Einwendungen zu erheben und Ergänzungsfragen zu stellen[132]. Holt ein Mitglied einer Behörde bei einem Sachverständigen telefonisch eine Auskunft ein, so kommt dieser Beweischarakter zu. Die auf einer Aktennotiz festzuhaltende Auskunft muss den Parteien zur Wahrung ihres Anspruchs auf rechtliches Gehör zugestellt werden[133]. Auch eigenes Fachwissen muss die Behörde offenlegen, damit die Beteiligten dazu Stellung nehmen können (vgl. Art. 183 Abs. 3 ZPO). Wenn eine Fachbehörde Dritte beizieht, muss es den Beteiligten möglich sein, allfällige Einwendungen gegen die beigezogene Person und die Art ihrer Mitwirkung rechtzeitig zu erheben und sich zu deren Abklärungen zu äussern[134]. Gibt eine sachverständige Person mündlich Auskunft, so ist die Befragung in der Regel in Anwesenheit der Verfahrensbeteiligten durchzuführen. Wenn hingegen ein schriftliches Gutachten erstellt wird, besteht kein Anspruch auf Teilnahme an der durch die sachverständige Person durchgeführten Begutachtung[135]. Damit die Verfahrensbeteiligten ihren

75

---

[126] Vgl. BGr, 8.9.2011, 1C_225/2011, E. 2.4.
[127] Vgl. z.B. Art. 36 Abs. 1 FINMAG.
[128] Vgl. z.B. die PPGV; dazu HAUSER/SCHWERI/LIEBER, Kommentar GOG, § 123 N. 11 ff.
[129] Vgl. BGE 138 II 77, E. 5.2.
[130] RB 2001 Nr. 3, E. 1d (VB.2000.00312 = BEZ 2001 Nr. 23).
[131] RB 1999 Nr. 4 (ZBl 2000, 265 ff. = BEZ 1999 Nr. 25).
[132] Vgl. BGE 138 II 77, E. 3.2; Art. 187 Abs. 4 ZPO.
[133] BGr, 18.8.2011, 1C_170/2011, E. 2.3.
[134] BGE 138 II 77, E. 3.2.
[135] VGr, 23.9.2009, VB.2009.00280, E. 2.2.

Gehörsanspruch effektiv wahrnehmen können, sollen die Befunde von Sachverständigen in einer auch für Laien verständlichen Form dargestellt werden[136].

76 Sind sich die Parteien über die Einholung oder die Modalitäten eines Gutachtens oder über die sachverständige Person nicht einig, so hat die Entscheidbehörde die Einholung des Gutachtens grundsätzlich im Rahmen einer **Zwischenverfügung** anzuordnen, die unter den Voraussetzungen von § 19a selbständig anfechtbar ist[137].

77 Die Entscheidbehörde kann von einem Verfahrensbeteiligten, der die Einholung eines Gutachtens beantragt, gestützt auf § 15 Abs. 1 einen **Kostenvorschuss** einverlangen. Von dieser Möglichkeit sollte allerdings nur zurückhaltend Gebrauch gemacht werden. Die Erhebung eines Kostenvorschusses rechtfertigt sich namentlich dann, wenn die dem Gutachten zugrunde zu legenden tatsächlichen Behauptungen als vage erscheinen oder wenn die Beweiseignung des Gutachtens grundsätzlich anzuzweifeln ist und der Verfahrensbeteiligte gleichwohl an dessen Einholung festhält[138].

7. Augenschein

78 Augenscheine sind **Besichtigungen an Ort und Stelle** von Gegenständen, Örtlichkeiten und Vorgängen, die für die Beurteilung eines Sachverhalts bedeutsam sind, aber nicht unmittelbar als Beweisgegenstände vorliegen (vgl. Art. 190 Abs. 1 StPO). Es geht dabei nicht nur um visuelle Eindrücke, sondern um sämtliche durch die Sinnesorgane wahrnehmbaren Fakten, d.h. um alles, was durch den Seh-, Gehörs-, Geruchs-, Geschmacks- oder Tastsinn erfasst werden kann[139]. Augenscheine ermöglichen der Entscheidbehörde die unmittelbare Wahrnehmung von Tatsachen und dadurch ein besseres Verständnis des Sachverhalts (vgl. Art. 181 Abs. 1 ZPO). Sie können den Entscheidungsträgern im grundsätzlich schriftlichen Verwaltungsverfahren zusätzliche Informationen vermitteln. Gerade in raum- und umweltrelevanten Angelegenheiten können Augenscheine hilfreich sein, da die zur Verfügung stehenden Pläne und Modelle vielfach nur unzureichende Anhaltspunkte über die tatsächlichen Verhältnisse zu liefern vermögen.

79 Der Entscheid darüber, ob ein Augenschein angeordnet wird, steht im pflichtgemässen Ermessen der anordnenden Behörde. Eine Pflicht zur Durchführung eines Augenscheins besteht nur dann, wenn die tatsächlichen Verhältnisse auf andere Weise überhaupt nicht abgeklärt werden können[140]. Ein Augenschein ist insbesondere dann geboten, wenn die **tatsächlichen Verhältnisse unklar** sind und anzunehmen ist, die Parteien vermöchten durch ihre Darlegungen an Ort und Stelle Wesentliches zur Erhellung der sachlichen Grundlagen des Rechtsstreits beizutragen[141]. Der Verzicht auf Durchführung eines Augenscheins ist zulässig, wenn die Akten eine hinreichende Entscheidgrundlage darstellen. Dies ist häufig der Fall, wenn ein Verfahren in erster Linie *Rechts*fragen betrifft[142].

---

[136] VGr, 23.9.2009, VB.2009.00280, E. 2.4.1.
[137] Vgl. BGE 137 V 210, E. 3.4.2.6 und 3.4.2.7.
[138] GADOLA, Beschwerdeverfahren, S. 412.
[139] GYGI, Bundesverwaltungsrechtspflege, S. 276; vgl. RB 1981 Nr. 2; KIENER/RÜTSCHE/KUHN, Öffentliches Verfahrensrecht, N. 749.
[140] BGr, 8.11.2010, 1C_192, E. 3.3; BGr, 10.8.2010, 5C_512/2009, E. 2.3; VGr, 19.4.2012, VB.2011.00612, E. 1.3.
[141] VGr, 25.1.2012, VB.2011.00548, E. 2.1; vgl. RB 1995 Nr. 12, E. 1.
[142] Vgl. BGr, 6.7.2012, 1C_76/2012, E. 2.4.

Die Durchführung eines behördlichen «**Ohrenscheins**» kann sich etwa anbieten, wenn ein ungenügendes Lärmgutachten vorliegt[143] oder wenn die Immissionen einer bereits in Betrieb stehenden Gartenwirtschaft zu beurteilen sind[144]. Erscheint eine Überschreitung der lärmrechtlichen Planungswerte möglich, so kann es sich gestützt auf Art. 25 Abs. 1 und 2 USG als geboten erweisen, eine Lärmprognose einzuholen[145].

80

Aus verfahrensökonomischen Gründen ist es zulässig, dass sich eine **Rechtsmittelinstanz** – insbesondere das Verwaltungsgericht – auf das Ergebnis eines vorinstanzlichen Augenscheins abstützt und auf die Durchführung eines eigenen Augenscheins verzichtet. Dies setzt allerdings voraus, dass sich der massgebliche Sachverhalt aufgrund des vorinstanzlichen Augenscheins sowie aus den übrigen Verfahrensakten mit ausreichender Deutlichkeit ergibt, so dass nicht davon auszugehen ist, dass ein Augenschein Wesentliches zur weiteren Erhellung der sachlichen Grundlagen des Rechtsstreits beitragen kann[146]. Ist der zeitliche Abstand seit dem vorinstanzlichen Augenschein gross oder haben sich die örtlichen Verhältnisse oder der Beurteilungsgegenstand verändert, so kann sich vor dem Neuentscheid die Durchführung eines erneuten Augenscheins aufdrängen[147].

81

Augenscheine müssen **örtlich und zeitlich** so durchgeführt werden, dass Erkenntnisse über die entscheidrelevanten Fragen erwartet werden dürfen. Sind beispielsweise Immissionen einer Gartenwirtschaft zu beurteilen, so ist ein Augenschein in der Regel an einem lauen Sommerabend oder allenfalls zur Mittagszeit durchzuführen. Nur wenn besondere Umstände vorliegen, etwa wenn das Abwarten eines geeigneten Zeitpunkts das Verfahren ungebührlich verzögern würde, kann auf die Feststellung der tatsächlichen Lärmimmissionen verzichtet und eine Beurteilung aufgrund der örtlichen Verhältnisse und der allgemeinen Lebenserfahrung vorgenommen werden[148].

82

Aufgrund des Unmittelbarkeitsprinzips sollen Augenscheine grundsätzlich durch den **vollständigen Spruchkörper** der Entscheidbehörde vorgenommen werden[149]. Nach der Rechtsprechung ist es allerdings zulässig, wenn lediglich eine *Delegation* der Behörde oder gar einzig der Referent am Augenschein teilnimmt. Bei anderweitig stark belasteten politischen Behörden – etwa dem Regierungsrat – darf ein Augenschein sogar in Abwesenheit *sämtlicher* Mitglieder der Behörde durch den zuständigen Sachbearbeiter durchgeführt werden[150].

83

Die Verfahrensbeteiligten haben die Durchführung eines erforderlichen Augenscheins im Rahmen ihrer **Mitwirkungspflicht** zu dulden. Befindet sich das Augenscheinobjekt im Verfügungsbereich einer Partei, so hat sie dafür zu sorgen, dass das betreffende Objekt zum Zeitpunkt des Augenscheins zugänglich ist. Soll beispielsweise eine Liegenschaft be-

84

---

[143] Vgl. BGr, 31.1.2011, 1C_278/2010, E. 4.4.8.
[144] BGr, 5.3.2003, 1A.139/2002, E. 3.1 (ZBl 2004, 94 ff.); VGr, 25.1.2006, VB.2005.00535, E. 3.1.
[145] BGE 137 II 30, E. 3.4.
[146] BGr, 6.2.2013, 1C_422/2012, E. 3; VGr, 1.10.2008, VB.2008.00285, E. 2; vgl. RB 1995 Nr. 12, E. 1 (BEZ 1995 Nr. 32); BGr, 31.1.2011, 1C_403/2010, E. 2.2.
[147] Vgl. VGr, 9.6.2011, VB.2010.00536, E. 2.1.
[148] VGr, 25.1.2006, VB.2005.00535, E. 3.1; vgl. BGr, 5.3.2003, 1A.139/2002, E. 3.1.
[149] Ch. Auer, in: Kommentar VwVG, Art. 12 N. 21.
[150] BGE 110 Ia 81, E. 5c; RB 2002 Nr. 3, E. 2e (VB.2002.00225).

sichtigt werden und erscheint die gesuchstellende Partei, die über die Hausschlüssel verfügt, zum vereinbarten Zeitpunkt unentschuldigt nicht am vereinbarten Ort, so treten die angedrohten Säumnisfolgen ein. Die Behörde ist in einem solchen Fall weder verpflichtet noch befugt, unrechtmässig in die betreffenden Räume einzudringen[151]. Spezialgesetze können den Verfahrensbeteiligten weitere Duldungspflichten auferlegen[152]. Unbeteiligte Dritte haben einen Augenschein zumindest dann zu dulden, wenn ihnen daraus keine Nachteile erwachsen.

85 Der Anspruch auf rechtliches Gehör verleiht den Verfahrensbeteiligten bzw. ihren Rechtsvertretern bei der Durchführung von Augenscheinen grundsätzlich ein **Anwesenheitsrecht**[153]. Dies impliziert ein Anrecht auf rechtzeitige Einladung zum Augenschein, damit die Partei persönlich erscheinen oder sich ordnungsgemäss vertreten lassen kann. Die Parteien haben keinen Anspruch auf Festsetzung eines bestimmten Termins oder auf eine Verschiebung des Termins für den Fall, dass sie am betreffenden Datum verhindert sind. Einem Verschiebungsgesuch ist – in sinngemässer Anwendung der Fristwiederherstellungsregeln (§ 12 Abs. 2) – nur dann stattzugeben, wenn entschuldbare Hinderungsgründe (etwa eine schwere Erkrankung oder höhere Gewalt) vorliegen und keine Parteivertretung bestellt ist oder bestellt werden kann, die das Nötige zur Teilnahme am Augenschein vorzukehren vermag[154]. Verfahrensbeteiligte, die sich vertreten lassen, haben grundsätzlich kein Recht darauf, beim Augenschein *persönlich* anwesend zu sein – es sei denn, dass es auf persönlichkeitsbezogene Belange oder persönliche Ausführungen einer Partei ankommt[155]. Befindet sich eine zum Augenschein eingeladene Person zum vereinbarten Zeitpunkt nicht am vereinbarten Ort, ist die Behörde nicht dazu verpflichtet, nach ihr zu suchen[156].

86 Zur Besichtigung der Streitsache in *Abwesenheit* der Beteiligten ist die Behörde lediglich dann befugt, wenn schützenswerte Interessen Dritter oder des Staates oder eine besondere Dringlichkeit es gebieten, oder wenn der Augenschein seinen Zweck überhaupt nur dann erfüllen kann, wenn er unangemeldet erfolgt[157]. Ein **unangemeldeter Augenschein** kann insbesondere nötig und zulässig sein, um zu verhindern, dass eine Partei das Augenscheinobjekt zu ihrem Vorteil verändert[158]. In einem solchen Fall genügt es, wenn die betreffende Partei nachträglich zum Beweisergebnis Stellung nehmen kann[159].

87 Grundsätzlich gestattet ist ein **informeller Augenschein** in Abwesenheit der Parteien[160]. Eine solche Besichtigung, die in der Praxis vor allem im erstinstanzlichen Verwaltungsverfahren vorkommt, kann dem Sachbearbeiter ohne grössere Umtriebe zur notwen-

---

[151] Vgl. BGr, 14.8.2013, 1C_432/2012, E. 3.2.4.
[152] Vgl. z.B. Art. 36 Abs. 3 FINMAG und Art. 39 TSchG in Bezug auf den Zutritt zu Räumlichkeiten.
[153] VGr, 13.6.2012, VB.2011.00648, E. 2.1; vgl. BGE 116 Ia 94, E. 3b; RB 1998 Nr. 126; Krauskopf/Emmenegger, in: Praxiskommentar VwVG, Art. 12 N. 140 ff.
[154] VGr, 13.6.2012, VB.2011.00648, E. 2.1.
[155] VGr, 13.6.2012, VB.2011.00648, E. 2.2.
[156] Vgl. BGr, 14.8.2013, 1C_432/2012, E. 3.2.3.
[157] BGE 121 V 150, E. 4a und 4b; VGr, 25.1.2006, VB.2005.00535, E. 3.3.
[158] Ch. Auer, in: Kommentar VwVG, Art. 12 N. 51; Kiener/Rütsche/Kuhn, Öffentliches Verfahrensrecht, N. 750.
[159] RB 1981 Nr. 1; BGE 113 Ia 81, E. 3a.
[160] Vgl. BGE 116 Ia 94, E. 3b, sowie Ch. Auer, in: Kommentar VwVG, Art. 12 N. 50.

digen Kenntnis des Streitgegenstands verhelfen. Diesfalls ist es der Behörde allerdings verwehrt, das Ergebnis des Augenscheins zum Beweismittel zu erheben. Wird ein Augenschein ohne Not in Abwesenheit der Parteien und unter Erstellung von entscheidwesentlichen Protokollen durchgeführt, so liegt eine Verletzung des rechtlichen Gehörs vor; es genügt in diesem Fall nicht, das rechtliche Gehör durch die nachträgliche Einholung von Stellungnahmen der Beteiligten zu gewähren[161].

Aufgrund des Anspruchs der Verfahrensbeteiligten auf rechtliches Gehör sind die Behörden dazu verpflichtet, ein **schriftliches Protokoll** der anlässlich eines Augenscheins gemachten Feststellungen und wesentlichen Ergebnisse zu erstellen. Dieses muss den Verfahrensbeteiligten zwar nicht von Amtes wegen zugestellt werden; einem rechtzeitig gestellten Protokollzustellungs- oder -einsichtsbegehren einer Partei muss indessen stattgegeben werden[162]. Neben der unmittelbaren Gehörsgewährung dient das Augenscheinprotokoll auch der späteren Gewährung des Akteneinsichtsrechts sowie der Schaffung einwandfreier Entscheidungsgrundlagen[163]. Das Protokoll muss Aufschluss geben über alle an Ort und Stelle gemachten Wahrnehmungen, die für die Entscheidbildung von Bedeutung sein können, wobei diese in Schriftform, als Zeichnung, fotografische Aufnahmen oder in anderer geeigneter Form ins Protokoll aufgenommen werden können. Mündliche Ausführungen anlässlich eines Augenscheins müssen nicht wörtlich im Protokoll enthalten sein, sondern nur ihrem wesentlichen Inhalt nach[164]. Auf das Verfassen eines Augenscheinprotokolls darf ausnahmsweise dann verzichtet werden, wenn sich die wesentlichen Ergebnisse des Augenscheins aus den Ausführungen der anwesenden Fachleute ergeben und die entscheidrelevanten tatsächlichen Verhältnisse im Übrigen bereits hinreichend den Akten und Stellungnahmen der Verfahrensbeteiligten entnommen werden können[165]. Die Parteien können die Instanz, die den Augenschein durchführt, darum ersuchen, das Protokoll (im Rahmen eines Zwischenentscheids) zu berichtigen[166]. 88

III. Mitwirkungspflicht der Verfahrensbeteiligten (Abs. 2)

A. Einleitung

Unter den Voraussetzungen, die der seit 1959 unveränderte § 7 Abs. 2 statuiert, sind die Verfahrensbeteiligten bei der Sachverhaltsermittlung, die grundsätzlich der Verwaltungsbehörde obliegt (§ 7 Abs. 1), **zur Mitwirkung verpflichtet**. Das Vorliegen einer Mitwirkungspflicht bedeutet, dass die Verfahrensbeteiligten aktiv zur Sachverhaltsermittlung beitragen müssen, etwa durch Erteilung von Auskünften oder Herausgabe von Dokumenten[167]. Ferner haben sie behördliche Untersuchungshandlungen zu dulden. 89

---

[161] Vgl. RB 1981 Nr. 1.
[162] VGr, 19.12.2012, VB.2012.00587, E. 2.1 und 2.2; vgl. Ch. Auer, in: Kommentar VwVG, Art. 12 N. 53; Gadola, Beschwerdeverfahren, S. 409.
[163] Vgl. BGE 126 I 213, E. 2.
[164] VGr, 6.10.2010, VB.2009.00604, E. 1.2; vgl. Art. 182 ZPO.
[165] Vgl. BGr, 11.2.2011, 1C_372/2010, E. 7; siehe auch BGr, 26.6.2013, 1C_633/2012, E. 4.6.
[166] Vgl. 29.5.2013, VB.2012.00733, E. 3.1.
[167] BGr, 26.6.2003, K.93/02, E. 5.1.

90 Die Mitwirkungspflicht hebt die behördliche Beweisführungslast (subjektive Beweislast) zwar nicht auf, führt aber doch zu einer Einschränkung der behördlichen Untersuchungspflicht bzw. zu einer teilweisen **Verlagerung der Beweisführungslast auf die Parteien**[168]. Die Mitwirkungspflicht dient einer optimalen Sachverhaltsermittlung in Fällen, in denen die Beschwerdeführenden ein Begehren stellen oder in denen sie über besseren Zugang zu den tatsächlichen Begebenheiten verfügen als die Entscheidbehörde[169]. Soweit der massgebende Sachverhalt ausserhalb des Bereichs der Mitwirkungspflicht liegt, ist die Verwaltungsbehörde von ihrer Pflicht, den Sachverhalt von Amtes wegen zu ermitteln, nicht entbunden[170].

91 Mitwirkungspflichtige Verfahrensbeteiligte bleiben grundsätzlich **während der ganzen Verfahrensdauer** zur Mitwirkung verpflichtet – auch dann, wenn das Verfahren einen Dauersachverhalt betrifft, beispielsweise im Zusammenhang mit Sozialversicherungs- oder Sozialhilfeleistungen[171]. Wenn während des Verfahrens eine rechtswesentliche Änderung des Sachverhalts eintritt, muss die mitwirkungspflichtige Partei die Behörde von sich aus darüber informieren. Bei passivem Verhalten darf sich die Behörde darauf verlassen, dass die Auskünfte, die die mitwirkungspflichtige Person vormals erteilte, nach wie vor der Wirklichkeit entsprechen[172].

92 Die Mitwirkungspflicht ist abzugrenzen von der (objektiven) **Beweislast,** welche die Folgen der Beweislosigkeit betrifft (N. 157 ff.). Eine mitwirkungspflichtige Partei muss nicht zwingend beweisbelastet sein. Umgekehrt besteht nicht bereits deshalb eine Mitwirkungspflicht, weil eine Partei die (objektive) Beweislast für die für sie günstigen Tatsachen trägt. Der Umstand, dass sich die Beweislosigkeit zum Nachteil einer Partei auswirkt, hat in der Praxis zwar regelmässig zur Folge, dass diese dazu bereit ist, bei der Beweisbeschaffung mitzuwirken[173]. Dennoch darf aus der Beweislastverteilung nicht eine Ausdehnung der Mitwirkungspflichten über das gesetzliche Mass hinaus abgeleitet werden[174].

93 Verfahrensbeteiligte haben im Zusammenhang mit der Sachverhaltsabklärung nicht nur Mitwirkungspflichten, sondern – aufgrund ihres Anspruchs auf rechtliches Gehör – auch **Mitwirkungsrechte.** Sie dürfen Beweisanträge stellen und bei der Beweisbeschaffung mitwirken und sind somit nicht gezwungen, den behördlichen Untersuchungen ohne eigenes Engagement zuzusehen[175]. Sie haben grundsätzlich Anspruch darauf, an der Beweiserhebung teilzunehmen oder sich zumindest zum Beweisergebnis zu äussern, wenn

---

[168] Vgl. BGE 138 V 86, E. 5.2.3; GADOLA, Beschwerdeverfahren, S. 83 und 399 f.; GYGI, Bundesverwaltungsrechtspflege, S. 210; HÄNER, Feststellung, S. 45; MERKLI/AESCHLIMANN/HERZOG, Kommentar VRPG, Art. 18 N. 6; PFEIFER, Untersuchungsgrundsatz, S. 113.
[169] Vgl. RHINOW/KOLLER/KISS/THURNHERR/BRÜHL-MOSER, Öffentliches Prozessrecht, N. 1208.
[170] Vgl. RB 1998 Nr. 83.
[171] Vgl. z.B. RB 2004 Nr. 53, E. 3.1 (VB.2004.00412).
[172] BGE 132 II 113, E. 3.2.
[173] Vgl. GADOLA, Beschwerdeverfahren, S. 400; KRAUSKOPF/EMMENEGGER, in: Praxiskommentar VwVG, Art. 13 N. 36 und 63.
[174] HÄNER, Feststellung, S. 41.
[175] Vgl. Prot. KK 3.12.1957, S. 3; KRAUSKOPF/EMMENEGGER, in: Praxiskommentar VwVG, Art. 12 N. 7 und Art. 13 N. 7.

dieses geeignet ist, den Entscheid zu beeinflussen[176]. Ferner ist ihnen Gelegenheit einzuräumen, gesetzliche Vermutungsfolgen (N. 140) zu entkräften[177].

B. Gründe für eine Mitwirkungspflicht

1. Stellen eines Begehrens (lit. a)

Gemäss § 7 Abs. 2 lit. a haben die am Verfahren Beteiligten bei der Untersuchung des Sachverhalts mitzuwirken, soweit sie ein Begehren gestellt haben. Unter «**Begehren**» ist ein Antrag auf Einleitung eines (nichtstreitigen) Verwaltungsverfahrens zu verstehen, beispielsweise ein Anerkennungs-, Zulassungs- oder Bewilligungsgesuch[178]. Entwickelt sich daraus in der Folge ein Rekursverfahren, so besteht die Mitwirkungspflicht fort; denn Gegenstand des Rechtsmittelverfahrens bildet der erstinstanzliche Entscheid über das ursprünglich gestellte Begehren[179].

94

In Verfahren, die **von Amtes wegen eröffnet** werden, sind die Verfahrensbeteiligten grundsätzlich nur in Bezug auf jene Begehren mitwirkungspflichtig, die nicht den von Amtes wegen abzuklärenden Sachverhalt betreffen[180]. Im Übrigen trägt die Verwaltung die alleinige Verantwortung für die Sachverhaltsermittlung, soweit weder Gesetz noch Treu und Glauben eine Mitwirkungspflicht statuieren. Wird ein Verfahren von der Offizialmaxime beherrscht, so gilt es auch dann als von Amtes wegen eingeleitet, wenn eine Privatperson um Eröffnung des Verfahrens ersucht.

95

2. Spezialgesetzliche Mitwirkungspflicht (lit. b)

Gemäss § 7 Abs. 2 lit. b haben die Verfahrensbeteiligten bei der Untersuchung des Sachverhalts mitzuwirken, wenn ihnen **nach gesetzlicher Vorschrift** eine Auskunfts- oder Mitteilungspflicht obliegt. Entgegen dem Gesetzeswortlaut bezieht sich die Bestimmung nicht nur auf Auskunfts- oder Mitteilungspflichten; gemeint ist vielmehr eine allgemeine Mitwirkungspflicht, deren Inhalt im Einzelnen von den betreffenden (spezialgesetzlichen) Rechtsnormen umschrieben wird. Spezialgesetzliche Mitwirkungspflichten sind unabhängig davon zu beachten, ob ein Verfahren von Amtes wegen oder auf Begehren einer Partei hin eingeleitet wurde.

96

Nicht selten stehen spezialgesetzliche Auskunftspflichten im Zusammenhang mit Bewilligungsverfahren oder bewilligungspflichtigen Tätigkeiten sowie **Leistungen des Gemeinwesens**, um die ersucht wird[181]. Insoweit überschneiden sie sich mit der Mitwirkungspflicht gemäss § 7 Abs. 2 lit. a. Spezialgesetzliche Mitwirkungspflichten bestehen beispielsweise im Sozialversicherungsrecht (Art. 28 ATSG), Sozialhilferecht (§ 18 SHG), Umweltrecht (Art. 46 USG), Ausländerrecht (Art. 90 AuG), Asylrecht (Art. 8 AsylG),

97

---

[176] BGE 136 I 265, E. 3.2; 129 II 497, E. 2.2; Ch. Auer, in: Kommentar VwVG, Art. 12 N. 15; vgl. auch § 61 VRG, Art. 33 Abs. 1 VwVG, Art. 152 Abs. 1 ZPO sowie § 125 StG.
[177] Vgl., VGr, 5.10.2010, VB.2010.00412, E. 4.4.
[178] Vgl. BGE 128 V 272, E. 5b cc.
[179] Vgl. RB 1989 Nr. 20.
[180] Vgl. Krauskopf/Emmenegger, in: Praxiskommentar VwVG, Art. 13 N. 15; Seiler, Schweigerecht, S. 11.
[181] Krauskopf/Emmenegger, in: Praxiskommentar VwVG, Art. 13 N. 19.

Steuerrecht (Art. 125 f. DBG; Art. 42 StHG; §§ 133 ff. StG)[182] und Finanzmarktrecht (Art. 29 Abs. 1 FINMAG).

3. Treu und Glauben

98 Gemäss der **Rechtsprechung** kann eine Mitwirkungspflicht – über die gesetzlich erwähnten Fälle hinaus (vgl. lit. a und b) – auch nach Treu und Glauben bestehen. Generell ist mit der Annahme solcher (nicht kodifizierter) Mitwirkungspflichten allerdings Zurückhaltung geboten.

99 Von einer Mitwirkungspflicht geht die Rechtsprechung häufig dann aus, wenn Tatsachen betroffen sind, die eine **Partei besser kennt** als die Behörden und die ohne ihre Mitwirkung nicht oder nicht mit vernünftigem Aufwand erhoben werden könnten[183]. Eine Mitwirkungspflicht besteht insbesondere hinsichtlich solcher Unterlagen, die naturgemäss nur die Parteien beibringen können[184], und Tatsachen, die der Behörde nicht oder nur schwer zugänglich sind[185]. Auch in solchen Fällen gilt aber insoweit der Untersuchungsgrundsatz, als die Behörden die Umstände umfassend und fair zu prüfen haben und im Zweifelsfall zusätzliche Abklärungen vornehmen bzw. geeigneten Beweisanträgen entsprechen müssen[186].

100 Eine Auskunfts- bzw. Mitwirkungspflicht der Verfahrensbeteiligten nach Treu und Glauben besteht **beispielsweise,** wenn ein um Familiennachzug ersuchender Ausländer persönliche Umstände im Heimatland geltend macht, die von den Behörden nur mit unverhältnismässig grossem Aufwand abgeklärt werden könnten[187], wenn zu untersuchen ist, ob eine Ehe zum Zeitpunkt der erleichterten Einbürgerung tatsächlich gelebt wurde[188], oder wenn die Prozessvoraussetzungen – insbesondere die Legitimation – von Umständen abhängen, die der Behörde nicht bekannt sind[189].

C. Umfang der Mitwirkungspflicht

101 Soweit gesetzliche Umschreibungen des Mitwirkungsumfangs[190] fehlen, ergibt sich der zulässige Umfang der Mitwirkungspflicht aufgrund von Kriterien der **Verhältnismässigkeit** im konkreten Einzelfall[191]. Die aufgrund der Mitwirkungspflicht auferlegten Obliegenheiten müssen demnach für die betroffenen Verfahrensbeteiligten erfüllbar und

---

[182] Vgl. BGE 133 II 114, E. 3.2–3.4.
[183] BGE 138 II 465, E. 8.6.4; 124 II 361, E. 2b; BGr, 10.5.2011, 2C_378/2010, E. 3.2.3; VGr, 26.2.2009, VB.2008.00527, E. 4.1; RB 2001 Nr. 98, E. 2c.
[184] BGE 130 II 449, E. 6.6.1; 130 II 482, E. 4.2; BGr, 17.6.2010, 2C_50/2010, E. 2.2; VGr, 23.3.2005, VB.2004.00555, E. 3.1 (ZBl 2005, 526 ff.).
[185] BGE 132 II 113, E. 3.2; 130 II 482, E. 4.2. Zu Beispielen vgl. N. 100.
[186] BGr, 17.6.2010, 2C_50/2010, E. 2.2; vgl. BGE 130 II 482, E. 4.2.
[187] BGE 124 II 361, E. 2b; RB 1999 Nr. 6.
[188] BGE 130 II 482, E. 4.2.
[189] Vgl. RB 1980 Nr. 8.
[190] Vgl. z.B. Art. 125 DBG bzw. § 134 StG; Art. 43 Abs. 2 ATSG.
[191] Vgl. BGE 133 II 114, E. 3.5; RB 2001 Nr. 4, E. 3c (VB.2001.00216); VGr, 26.2.2009, VB.2008.00527, E. 4.1; Ch. Auer, in: Kommentar VwVG, Art. 13 N. 6.

zumutbar sein und sich zur Abklärung entscheidrelevanter Tatsachen als geeignet und erforderlich erweisen[192].

Die **Zumutbarkeit** des Umfangs der Mitwirkungspflicht beurteilt sich nach einer Interessenabwägung im konkreten Einzelfall. Relevant sein kann dabei beispielsweise die Intensität des Eingriffs in die Persönlichkeitsrechte, den die auferlegte Mitwirkungspflicht bewirkt[193], oder die Zugänglichkeit des Beweismittels bzw. der Aufwand, den eine Mitwirkungspflicht für den Verfahrensbeteiligten verursacht[194]. Im Rahmen eines Asylverfahrens darf die Behörde von der gesuchstellenden Person nicht unter dem Titel Mitwirkungspflicht verlangen, dass sie sich bei der Vertretung ihres Heimatlands um Ausweispapiere bemühe[195]. Hingegen kann es zulässig sein, zum Beweis einer behaupteten Krankheit ein ärztliches Zeugnis einzuverlangen[196]. Je positiver sich die Mitwirkungspflicht für die betroffene Partei auswirkt, desto mehr darf ihr grundsätzlich zugemutet werden[197]. 102

Geringere Anforderungen an den zumutbaren Umfang der Mitwirkungspflicht sind bei **prozessual unbeholfenen Beteiligten** – beispielsweise bei verbeiständeten, anwaltlich nicht vertretenen Parteien – zu stellen[198]. Die Verwaltungsbehörde ist verpflichtet, einen unbeholfenen Beteiligten derart zu unterstützen, dass die «Waffengleichheit» gewährleistet ist. Ist die Mitwirkung eines prozessual schwachen Beteiligten gänzlich unzumutbar, so ist darauf zu verzichten. 103

Wenn in Bezug auf ein bestimmtes Sachverhaltselement ein **begründeter Verdacht** zuungunsten eines mitwirkungspflichtigen Verfahrensbeteiligten vorliegt, so hat dieser den Verdacht zu entkräften. Unterlässt er dies, so kann die Pflicht der Behörde, weitere Untersuchungen vorzunehmen, erheblich relativiert werden oder gar dahinfallen[199]. 104

Im **Rechtsmittelverfahren** besteht eine erhöhte Mitwirkungspflicht, da die rechtsmittelführende Partei die ihre Rügen stützenden Tatsachen darzulegen und allenfalls Beweismittel einzureichen hat (vgl. §§ 23, 54, 83 und 86c). Die beschwerdeführende Partei muss beispielsweise dartun, in welchen Punkten der angefochtene Entscheid auf einem unrichtigen Sachverhalt beruht[200]. Zu Einzelheiten vgl. § 20 N. 43 ff. und § 60 N. 6 ff. 105

Im Bereich des Strafrechts gilt ein **Selbstbelastungsverbot** (nemo-tenetur-Prinzip)[201]. Im Strafverfahren gilt demnach der Grundsatz, dass niemand gehalten ist, zu seiner Be- 106

---

[192] Vgl. z.B. BGr, 9.1.2012, 2C_421/2011, E. 5; KIENER/RÜTSCHE/KUHN, Öffentliches Verfahrensrecht, N. 691.
[193] BGE 133 II 384, E. 5.2.2.
[194] Vgl. BGE 133 II 114, E. 3.5 (Steuerrecht); VGr, 9.7.2008, VB.2008.00055, E. 4.3, und BVGr, 28.9.2010, B-2705/2010, E. 3.5 (Beschaffung von Dokumenten im Ausland).
[195] BVGr, 24.8.2011, E-1995/2009, E. 3.4.
[196] Vgl. HÄNER, Feststellung, S. 43.
[197] KRAUSKOPF/EMMENEGGER, in: Praxiskommentar VwVG, Art. 13 N. 46.
[198] VGr, 26.2.2009, VB.2008.00527, E. 4.1.
[199] VGr, 23.10.2008, VB.2008.00386, E. 4.1 (betreffend Sozialhilfe); vgl. auch VGr, 26.8.2010, VB.2010.00287, E. 3.5, und RB 1986 Nr. 125 (betreffend Bewilligung zur selbständigen ärztlichen Berufsausübung).
[200] RB 2006 Nr. 45, E. 4 (VB.2006.00214).
[201] Vgl. Art. 111 Abs. 1 und Art. 166 StPO; für das Steuerstrafverfahren vgl. Art. 57a Abs. 1 StHG und § 244 Abs. 1 StG.

lastung beizutragen, dass der Beschuldigte nicht zur Aussage verpflichtet ist, dass er nicht mit Druckmitteln zur Aussage gezwungen werden darf und dass sein Schweigen nicht als Indiz für seine Schuld gewertet werden darf[202]. Nicht abschliessend geklärt ist, in welchem Verhältnis das strafrechtliche Aussageverweigerungsrecht zur verwaltungsrechtlichen – unter Umständen strafbewehrten[203] – Mitwirkungspflicht steht[204]. Die bundesgerichtliche Rechtsprechung scheint grundsätzlich davon auszugehen, dass eine verwaltungsrechtliche Mitwirkungspflicht auch dann besteht, wenn sie sich zum Nachteil des Rechtsunterworfenen auswirkt[205], selbst wenn dies dazu führt, dass sich der Betreffende selber einer strafrechtlichen Handlung bezichtigen muss[206]. Gemäss dem EGMR haben die Behörden den Beweis für die Stichhaltigkeit der von ihnen erhobenen strafrechtlichen Vorwürfe hingegen ohne Rückgriff auf Beweismittel zu erbringen, welche sie in Missachtung des Willens des Angeklagten durch die Ausübung von Zwang oder durch Unterdrückung erlangt haben. Demnach verstösst es gegen Art. 6 Abs. 1 EMRK, einen Steuerpflichtigen, der sich weigert, im Rahmen des gegen ihn eingeleiteten Hinterziehungsverfahrens den Steuerbehörden Beweismittel herauszugeben, mittels einer Beugebusse gleichwohl dazu zwingen zu wollen[207]. Zur Verwertbarkeit solcher Beweismittel vgl. N. 154 f.

D. Behördliche Aufklärungspflicht

107   Damit die Verfahrensbeteiligten die ihnen obliegenden Mitwirkungspflichten wahrnehmen können, bedarf es einer entsprechenden Aufklärung durch die Verwaltungsbehörden. Aus dem **Anspruch auf rechtliches Gehör** fliesst insbesondere das Recht der Mitwirkungspflichtigen, von den Behörden darüber aufgeklärt zu werden, worin die Mitwirkungspflicht besteht, welche Beweismittel sie beizubringen haben und mit welchen Säumnisfolgen sie im Fall einer unterlassenen Mitwirkung rechnen müssen[208]. Aufklärungspflichten sind bisweilen auch spezialgesetzlich umschrieben (vgl. z.B. § 28 SHV; § 5 VO StG). Die Aufforderung zur Mitwirkung muss bestimmt und konkret sein, um die Verpflichtung verbindlich und erzwingbar zu machen[209]. Die betroffene Person muss unmissverständlich auf ihre Mitwirkungspflicht hingewiesen werden[210]. Nur wenn ihr vor-

---

[202] BGE 138 IV 47, E. 2.6.1.
[203] Vgl. z.B. Art. 174 DBG; Art. 55 StHG.
[204] Vgl. BGE 131 IV 36, E. 3.1; CH. AUER, in: Kommentar VwVG, Art. 13 N. 8; HÄFELIN/MÜLLER/UHLMANN, Verwaltungsrecht, N. 1631a; KRAUSKOPF/EMMENEGGER, in: Praxiskommentar VwVG, Art. 13 N. 70; SEILER, Schweigerecht, S. 13. Siehe auch GILLES BENEDICK, Das Aussagedilemma in parallelen Verfahren, AJP 2011, 169 ff.; SIMON ROTH, Das Verhältnis zwischen verwaltungsrechtlichen Mitwirkungspflichten und dem Grundsatz «nemo tenetur se ipsum accusare», ZStrR 2011, 296 ff.
[205] BGE 132 II 113, E. 3.2; vgl. BVGE 2011/32 579, E. 5.7.5.1.2.
[206] BGE 121 II 273, E. 3c cc und 3g; dieses Bundesgerichtsurteil wurde vom EGMR allerdings als Verletzung von Art. 6 Abs. 1 EMRK qualifiziert (EGMR, 3.5.2001, 31827/96, J.B./Schweiz, in: VPB 2001 Nr. 128); vgl. HÄFELIN/MÜLLER/UHLMANN, Verwaltungsrecht, N. 1631b.
[207] EGMR, 3.5.2001, 31827/96 (J.B./Schweiz) (VPB 2001 Nr. 128); vgl. BGE 138 IV 47, E. 2.6.1; BGr, 17.9.2013, 2C_656/2013, E. 2.2.1.
[208] Vgl. BGE 132 II 113, E. 3.2; BVGr, 28.9.2010, B-2705/2010, E. 3.5; RB 1999 Nr. 85, E. 2; CH. AUER, in: Kommentar VwVG, Art. 13 N. 10; HÄNER, Feststellung, S. 42 f.; siehe auch Art. 161 Abs. 1 ZPO.
[209] Vgl. RB 1999 Nr. 85, E. 2.
[210] VGr, 23.10.2008, VB.2008.00386, E. 4.1.

gängig konkret mitgeteilt wurde, welchen Beitrag sie bei der Sachverhaltsermittlung zu leisten habe, ist im Unterlassungsfall von einer Verletzung der Mitwirkungspflicht auszugehen[211]. Reicht eine mitwirkungspflichtige Person einverlangte Unterlagen nicht vollständig ein und liegen keine Anzeichen von rechtsmissbräuchlichen Motiven vor, so rechtfertigt es sich in der Regel, der betroffenen Person eine kurze Nachfrist zur vollständigen Erfüllung ihrer Mitwirkungspflicht anzusetzen.

Besonders ausgeprägt ist die behördliche Aufklärungspflicht im Fall von **prozessual schwachen Beteiligten**. Geringere Anforderungen bestehen hingegen in Bezug auf anwaltlich vertretene Verfahrensbeteiligte, da diese die Mitwirkungspflicht, die mit dem Stellen von Begehren verbunden ist, grundsätzlich kennen müssen[212]. Zu relativieren ist die behördliche Aufklärungspflicht ferner auch in Bezug auf das Rechtsmittelverfahren, weil in diesem Verfahrensabschnitt eine erhöhte Begründungs- und Substanziierungspflicht besteht.

108

Auflagen betreffend die Mitwirkung werden in der Regel im Rahmen von **Zwischenverfügungen** angeordnet, die unter den Voraussetzungen von § 19a Abs. 2 selbständig anfechtbar sind.

109

E. Folgen ungenügender Mitwirkung

Die mangelnde Kooperation von Verfahrensbeteiligten kann verfahrens- und materiellrechtliche Folgen nach sich ziehen. Der Eintritt solcher Konsequenzen kommt allerdings nur unter folgenden **Voraussetzungen** in Frage: (1.) Der oder die Verfahrensbeteiligte muss einer Mitwirkungspflicht unterliegen, (2.) die im konkreten Fall auferlegte Mitwirkungspflicht muss zumutbar sein, und (3.) die verfahrensbeteiligte Person muss rechtzeitig über ihre Mitwirkungspflicht und über die Säumnisfolgen im Unterlassungsfall aufgeklärt worden sein und eine angemessene Frist erhalten haben, um der Pflicht nachzukommen.

110

Die ungenügende Mitwirkung kann im Rahmen der **Beweiswürdigung** gemäss § 7 Abs. 4 berücksichtigt werden (N. 152 f.).

111

Die fehlende oder ungenügende Mitwirkung kann **materiellrechtliche Säumnisfolgen** nach sich ziehen, so zum Beispiel die Kürzung, Einstellung oder Rückzahlung von Sozialhilfegeldern (soweit dies mit dem grundrechtlichen Anspruch auf Hilfe in Notlagen gemäss Art. 12 BV vereinbar ist)[213], den nachträglichen Widerruf einer Einbürgerung[214] oder die Vornahme einer steuerlichen Ermessenseinschätzung[215].

112

Die fehlende oder ungenügende Mitwirkung kann negative **Kostenfolgen** nach sich ziehen: Kosten, die durch die Verletzung der Mitwirkungspflicht verursacht werden, können gemäss § 13 Abs. 2 Satz 2 dem Verfahrensbeteiligten auferlegt werden, der sich weigerte,

113

---

[211] RB 2001 Nr. 4, E. 3c (VB.2001.00216).
[212] In Bezug auf Gesuche um unentgeltliche Rechtspflege vgl. § 16 N. 38 ff.
[213] Vgl. BGE 131 I 166, E. 7.1; RB 2004 Nr. 53, E. 3.2 (VB.2004.00412); VGr, 23.10.2008, VB.2008.00386, E. 4.1.
[214] BGE 132 II 113, E. 3.2.
[215] Vgl. § 139 Abs. 2 StG; Art. 130 Abs. 2 DBG.

§ 7

114 Die fehlende oder ungenügende Mitwirkung kann – insbesondere im Rechtsmittelverfahren (vgl. § 23 Abs. 2) – einen **Nichteintretensbeschluss** zur Folge haben. Im erstinstanzlichen Verwaltungsverfahren sollte von der Möglichkeit eines Nichteintretens wegen Verweigerung der zumutbaren Mitwirkung allerdings nur ganz ausnahmsweise[217] und gestützt auf eine konkrete gesetzliche Grundlage[218] Gebrauch gemacht werden. Soweit die mitwirkungspflichtige Partei die objektive Beweislast trägt (vgl. N. 157 ff.), empfiehlt es sich in solchen Fällen, auf das Verfahren einzutreten, das Begehren aber wegen fehlenden Beweises bestimmter Tatsachen in der Sache abzuweisen. Unangebracht ist ein Nichteintreten wegen mangelhafter Mitwirkung, wenn die materielle Behandlung des Falls im öffentlichen oder behördlichen Interesse liegt[219].

einer zumutbaren Mitwirkungspflicht nachzukommen, und dadurch unnötige Aufwendungen verursachte (§ 13 N. 58)[216].

115 Stellt die Verweigerung der gebotenen Mitwirkung eine Störung der vorgeschriebenen Ordnung des Geschäftsgangs dar, so kann sich die Verhängung einer **disziplinarrechtlichen Busse** rechtfertigen (§ 2 lit. a und c i.V.m. § 4 Abs. 1 Ziff. 2 OStrG)[220].

116 Spezialgesetzlich kann vorgesehen sein, dass die Verletzung von Mitwirkungspflichten **strafrechtliche Konsequenzen** hat bzw. mit der Auferlegung einer Busse sanktioniert wird (vgl. z.B. Art. 174 Abs. 1 DSG; Art. 55 StHG; Art. 31 BewG; Art. 61 Abs. 1 lit. o USG, Art. 48 Abs. 1 lit. i LMG; Art. 87 Abs. 1 lit. c HMG). Umstritten ist, ob und unter welchen Umständen die Androhung einer Bestrafung nach Art. 292 StGB für den Fall einer unterlassenen Mitwirkungspflicht zulässig ist[221]. Zurückhaltung ist insbesondere dann angebracht, wenn sich die Unterlassung der Mitwirkung ohnehin – im Rahmen der Beweiswürdigung – zum Nachteil der betreffenden Partei auswirkt[222]. Die Durchsetzung der Mitwirkungspflicht durch Ausübung *unmittelbaren* Zwangs gegen Personen und Sachen kommt mangels Verhältnismässigkeit nicht in Frage[223].

IV. Amts- und Rechtshilfe (Abs. 3)

A. Einleitung

117 § 7 Abs. 3 fand mit der VRG-Revision von 1997 Eingang in das Gesetz. Die Bestimmung dient in erster Linie der Klarstellung eines zuvor ungeschriebenen Grundsatzes[224]: **Sämtliche Verwaltungs- und Verwaltungsgerichtsbehörden** sind in Bezug auf Sachverhalts-

---

[216] Vgl. z.B. VGr, 11.11.2010, VB.2010.00377, E. 6; Ch. Auer, in: Kommentar VwVG, Art. 13 N. 30; so auch Art. 108 ZPO; siehe auch § 151 Abs. 2 StG.
[217] RB 1999 Nr. 7.
[218] Vgl. z.B. Art. 13 Abs. 2 VwVG; Art. 32 Abs. 2 lit. c AsylG; Art. 43 Abs. 3 ATSG.
[219] Vgl. VGr, 16.5.2012, VB.2012.00216, E. 5.3.1 (nicht publiziert).
[220] Vgl. auch Art. 19 i.V.m. Art. 60 VwVG sowie Art. 191 Abs. 2 ZPO.
[221] Vgl. Ch. Auer, in: Kommentar VwVG, Art. 13 N. 28; Häfelin/Müller/Uhlmann, Verwaltungsrecht, N. 1631; Kiener/Rütsche/Kuhn, Öffentliches Verfahrensrecht, N. 696 f.
[222] Krauskopf/Emmenegger, in: Praxiskommentar VwVG, Art. 13 N. 52.
[223] VPB 1987 Nr. 54.
[224] Weisung 1995, S. 1526.

feststellungen zu gegenseitiger Amts- und Rechtshilfe verpflichtet. Sie sind dazu angehalten, notwendige Akten herauszugeben, Amtsberichte zu erstatten und Auskünfte zu erteilen, soweit nicht besondere Vorschriften über die Geheimhaltung und den Datenschutz entgegenstehen.

Die Amts- und Rechtshilfe erleichtert der Verwaltungsbehörde, die den rechtserheblichen Sachverhalt von Amtes wegen zu ermitteln hat (§ 7 Abs. 1), ihre Aufgabe, da sie sich dafür der **Mithilfe anderer Behörden** bedienen kann. Auf diese Weise lassen sich hinsichtlich der Zugriffs- und Durchsetzungsmöglichkeiten Schranken überwinden, die sich aus der örtlich, sachlich und funktionell begrenzten Zuständigkeit der Verwaltungs- und Verwaltungsjustizbehörden ergeben[225]. 118

Die Frage der **Abgrenzung zwischen Amts- und Rechtshilfe** ist gemäss der bundesgerichtlichen Rechtsprechung ungeklärt und rechtsdogmatisch schwierig; sie richtet sich nach den anwendbaren internationalen und innerstaatlichen Rechtsquellen[226]. 119

Amtshilfe bedeutet die Zusammenarbeit zwischen einzelnen oder mehreren Verwaltungsbehörden bzw. von eidgenössischen, kantonalen oder kommunalen Behörden unter sich, wobei die Hilfeleistung der ersuchten Behörde der Aufgabenerfüllung der beantragenden Verwaltungsstelle dienen muss[227]. Kennzeichnend für die Amtshilfe ist, dass es um Hilfeleistungen von Verwaltungsbehörden – und nicht von verwaltungsunabhängigen Behörden – geht[228]. 120

Demgegenüber umfasst der Begriff der **Rechtshilfe** die prozessrechtlichen Hilfeleistungen unter *gerichtlichen* Behörden, etwa Zeugeneinvernahmen oder die Gewährung von Akteneinsicht[229]. 121

Nicht von § 7 Abs. 3 erfasst sind die **Rechtsdurchsetzungs- und Vollzugshilfe** sowie die Rechtshilfe im Sinn der Zustellungs- und Beweisaufnahmehilfe. In diesen Bereichen ist die Rechtshilfe teilweise in Konkordaten geregelt; vgl. z.B. das Konkordat der ostschweizerischen Kantone über den Vollzug von Strafen und Massnahmen vom 29. Oktober 2004. 122

B. Betroffene Behörden und Gerichte

Zur Amts- und Rechtshilfe verpflichtet sind grundsätzlich **sämtliche inländischen Verwaltungs- und Gerichtsbehörden.** § 7 Abs. 3 gilt zwar an sich nur für die Behörden des Kantons Zürich (vgl. § 4). Aufgrund von Art. 44 Abs. 2 Satz 2 BV besteht aber von Verfassungs wegen auch im interkantonalen Verhältnis sowie zwischen Bundes- und Kantonsbehörden eine Amtshilfepflicht[230]. Auch gegenüber Strafbehörden müssen Verwaltungs- und Gerichtsbehörden ihre Akten zur Einsichtnahme zur Verfügung stellen, wenn der Herausgabe keine überwiegenden öffentlichen oder privaten Geheimhaltungsinter- 123

---

[225] Vgl. MERKLI/AESCHLIMANN/HERZOG, Kommentar VRPG, Art. 10 N. 1.
[226] BGE 137 II 128, E. 2.3.1; KÖLZ/HÄNER/BERTSCHI, Verwaltungsverfahren, N. 2039.
[227] JAAG, in: Praxiskommentar VwVG, Art. 43 N. 7.
[228] KIENER/RÜTSCHE/KUHN, Öffentliches Verfahrensrecht, N. 1074.
[229] JAAG, in: Praxiskommentar VwVG, Art. 43 N. 5.
[230] Vgl. z.B. BGr, 4.11.2010, 2C_394/2010, E. 2.5; KÖLZ/HÄNER/BERTSCHI, Verwaltungsverfahren, N. 2043.

essen entgegenstehen (Art. 101 Abs. 2 StPO)[231]. Hingegen sind Behörden und Gerichte nicht dazu verpflichtet, Einsichtsakten an eine andere, vom Verfahren nicht betroffene Behörde zu überweisen, um einem Gesuchsteller einen langen Anreiseweg zu ersparen.

124 Aus bundes- und völkerrechtlichen Bestimmungen können sich ferner auch Amts- oder Rechtshilfepflichten von bzw. gegenüber **ausländischen Behörden** ergeben[232].

125 Im streitigen Verwaltungsverfahren können die involvierten Behörden nicht nur aufgrund ihrer Amtshilfepflicht, sondern auch aufgrund ihrer **Mitwirkungspflicht** als Verfahrensbeteiligte dazu verpflichtet sein, eine andere Behörde bei der Sachverhaltsermittlung zu unterstützen. Die Amtshilfe- und Mitwirkungspflicht richtet sich diesfalls nach den besonderen Bestimmungen über das Rekurs- und Beschwerdeverfahren (vgl. §§ 26a und 57).

C. Umfang und Schranken

126 Der zulässige Umfang der Amts- bzw. Rechtshilfe beurteilt sich in erster Linie nach Kriterien der **Verhältnismässigkeit**[233]. Von Bedeutung sind dabei insbesondere die Erforderlichkeit der Informationsweitergabe zur Abklärung des betreffenden Sachverhalts sowie die einer Amts- oder Rechtshilfe im konkreten Fall entgegenstehenden Geheimhaltungs- und Datenschutzinteressen. Die Zustimmung der Betroffenen zur Bekanntgabe der Daten ist im Zusammenhang mit der Amtshilfe keine zwingende Voraussetzung[234].

127 Bei der Beurteilung des zulässigen Umfangs der Amts- oder Rechtshilfe im konkreten Fall ist eine **Interessenabwägung** zwischen der Herausgabe- und der Geheimhaltungspflicht vorzunehmen. Dabei sind einerseits die Interessen an der Abklärung des wahren Sachverhalts und an der richtigen Rechtsanwendung zu berücksichtigen, die in der Regel für eine möglichst weitgehende Gewährung der Amts- und Rechtshilfe sprechen, andererseits Geheimhaltungs-[235] und Datenschutzvorschriften[236], die der vollständigen oder teilweisen Bekanntgabe nicht öffentlich zugänglicher Informationen entgegenstehen können[237]. Die Interessenabwägung bei der Erstattung von Amtsberichten obliegt der auskunftserteilenden Behörde; sie kann zu diesem Zweck die Akten beiziehen.

---

[231] Vgl. z.B. Art. 34 Abs. 3 StGB; siehe auch § 131 GOG.
[232] Vgl. z.B. Art. 42 FINMAG sowie das Abkommen vom 26. Oktober 2004 über die Zusammenarbeit zwischen der Schweizerischen Eidgenossenschaft einerseits und der Europäischen Gemeinschaft und ihren Mitgliedstaaten andererseits zur Bekämpfung von Betrug und sonstigen rechtswidrigen Handlungen, die ihre finanziellen Interessen beeinträchtigen (SR 0.351.926.81).
[233] Vgl. JAAG, in: Praxiskommentar VwVG, Art. 43 N. 13; KÖLZ/HÄNER/BERTSCHI, Verwaltungsverfahren, N. 2051; relativierend BGE 134 II 318, E. 6.5.
[234] Vgl. VGr, 16.12.2010, VB.2010.00588, E. 6.3.
[235] Insbesondere das Amtsgeheimnis (Art. 320 Ziff. 1 StGB; § 25 Abs. 1 AnwG), das Steuergeheimnis (Art. 110 DBG bzw. § 120 StG), das Berufsgeheimnis (Art. 321 Ziff. 1 StGB; Art. 13 BGFA i.V.m. §§ 33 ff. AnwG) sowie das Fabrikations- und Geschäftsgeheimnis (Art. 162 StGB); vgl. JAAG, in: Praxiskommentar VwVG, Art. 43 N. 16.
[236] Vgl. z.B. Art. 19 DSG; §§ 16 f. IDG; Art. 40 FINMAG. – Zur umstrittenen Frage, ob der datenschutzrechtliche Grundsatz der Zweckbindung (Art. 4 Abs. 3 DSG; § 9 Abs. 1 IDG) auch bei der Amtshilfe gilt, vgl. VGr, 16.12.2010, VB.2010.00588, E. 5.3.
[237] Vgl. für das Beschwerdeverfahren § 57 Abs. 3.

Amts- und Rechtshilfe ist nur für ein **bestimmtes, hängiges Verfahren** geschuldet. Der allgemeine, fallunabhängige Austausch von Personendaten zwischen einzelnen Behörden liefe dem Schutz der Persönlichkeitsrechte zuwider[238] und würde die in jedem konkreten Fall notwendige Güterabwägung zwischen öffentlichen und privaten Interessen von vornherein verunmöglichen. Aus diesem Grund ist auch der Zusammenschluss der Datenbanken von Verwaltung und Gerichten abzulehnen.

128

In der Praxis ergeben sich vor allem im **Steuerrecht**[239], im **Stipendienrecht**, im **Anwaltsaufsichtsrecht**[240] sowie im **Fürsorge-** und im **Gesundheitswesen** Konflikte bei der Auskunftserteilung, da in diesen Bereichen regelmässig heikle Personendaten involviert sind. Im Regelfall wird aber auch in diesen Sachbereichen – allenfalls mit Einschränkungen (z.B. Teilauszüge aus umfassenden Registern) – der gesetzlichen Amts- und Rechtshilfepflicht Folge geleistet.

129

D. Rechtsmittel und Rechtsbehelfe

Will sich die Behörde in ihrem Entscheid auf die amtshilfeweise erlangten Informationen stützen, hat sie die Verfahrensparteien darüber zu informieren und ihnen gegebenenfalls **Akteneinsicht** zu gewähren. Auf dieser Grundlage sind die betroffenen Personen in der Lage, die Richtigkeit der Informationen zu bestreiten oder geltend zu machen, diese seien unrechtmässig beschafft worden und daher nicht verwertbar[241].

130

Soweit im Rahmen von Amts- und Rechtshilfeleistungen **personenbezogene Informationen** oder Daten übermittelt werden sollen, die Auswirkungen auf nicht verfahrensbeteiligte Personen haben, muss diesen im Rahmen des Amtshilfeverfahrens in der Regel Parteistellung zugestanden werden. Erforderlich sind demnach auch eine vorgängige Anhörung der Betroffenen sowie der Erlass eines begründeten, anfechtbaren Entscheids[242].

131

Eine **Anordnung**, welche die ersuchte Behörde zur Erfüllung ihrer Amtshilfepflicht **gegenüber den Verfahrensbeteiligten** erlässt, kann angefochten werden. In diesem Zusammenhang können insbesondere unzulässige Grundrechtseingriffe geltend gemacht werden, so beispielsweise eine Verletzung des rechtlichen Gehörs, der persönlichen Freiheit oder der Eigentumsgarantie.

132

Kommt die ersuchte Behörde einem Begehren um Amtshilfe nicht nach, so kann die ersuchende Behörde sich dagegen mittels **Aufsichtsbeschwerde** zur Wehr setzen. Alsdann ist es Aufgabe der Aufsichtsbehörde, der Amtshilfepflicht, soweit eine solche besteht, Nachachtung zu verschaffen und der ersuchten Behörde gegebenenfalls die nötigen Weisungen zu erteilen[243]. Kommt es aufgrund eines Amtshilfegesuchs zu Streitigkeiten zwischen eidgenössischen und kantonalen Behörden oder zwischen Amtsstellen verschiede-

133

---

[238] GADOLA, Beschwerdeverfahren, S. 410.
[239] Vgl. Art. 110 Abs. 1 und 2 DBG.
[240] Vgl. VGr, 19.12.2012, VB.2012.00586, E. 5.
[241] KIENER/RÜTSCHE/KUHN, Öffentliches Verfahrensrecht, N. 1091.
[242] JAAG, in: Praxiskommentar VwVG, Art. 43 N. 23; vgl. BGE 136 II 23, E. 4.3.2.
[243] Vgl. KIENER/RÜTSCHE/KUHN, Öffentliches Verfahrensrecht, N. 1096; MERKLI/AESCHLIMANN/HERZOG, Kommentar VRPG, Art. 10 N. 9.

ner Kantone, steht gestützt auf Art. 120 Abs. 1 lit. b BGG die Klage an das Bundesgericht offen[244].

V. Beweiswürdigung und Rechtsanwendung (Abs. 4)

A. Einleitung

134 Der vierte Absatz von § 7, der bis zur Gesetzesrevision von 1997 den dritten Absatz gebildet hatte, regelt **Grundsätze** in Bezug auf jene Phase des Verfahrens, die nach der Sachverhaltsermittlung folgt und die zum Entscheid bzw. zum Abschluss des Verfahrens führt. § 7 Abs. 4 betrifft die Würdigung des Beweis- bzw. Untersuchungsergebnisses sowie den Entscheidungsspielraum für die zu treffenden Rechtsfolgen. Die Bestimmung statuiert drei fundamentale Verfahrensgrundsätze, nämlich die freie Beweiswürdigung (Satz 1), die Rechtsanwendung von Amtes wegen (Satz 2) sowie die fehlende Bindung an Begehren der Verfahrensbeteiligten (Satz 3).

135 Der aus § 7 Abs. 4 hervorgehende Grundsatz, dass die Behörden weder an Tatsachenbehauptungen noch an Rechtsvorbringen noch an Begehren der Verfahrensbeteiligten gebunden sind, verleiht der Entscheidbehörde **Autonomie** bei der Würdigung der Beweise und bei der Anwendung und Auslegung des Rechts. Gleichzeitig macht die Bestimmung deutlich, dass die Verfahrensbeteiligten in Bezug auf die Ermittlung und Interpretation der relevanten Rechtsnormen keiner Mitwirkungspflicht unterliegen. Dadurch soll sichergestellt werden, dass die Verwaltungsbehörden materiell richtige Anordnungen treffen.

B. Beweiswürdigung

1. Grundsatz der freien Beweiswürdigung

136 Gemäss § 7 Abs. 4 Satz 1 würdigt die Verwaltungsbehörde das Ergebnis der Untersuchung, die sie von Amtes wegen und/oder unter Mitwirkung der Beteiligten durchgeführt hat, frei. Der Grundsatz der freien Beweiswürdigung bedeutet, dass **allein die Überzeugung** der entscheidenden Behörde massgebend dafür ist, welcher Sachverhalt als entscheiderheblich erachtet wird[245].

137 Formale Beweiserfordernisse bestehen nicht. Die Entscheidbehörde ist insbesondere **nicht an bestimmte, starre Beweisregeln gebunden,** die ihr vorschreiben, wie ein gültiger Beweis zustande kommt und welchen Beweiswert die einzelnen Beweismittel im Verhältnis zueinander haben[246].

138 Der Grundsatz der freien Beweiswürdigung bedeutet nicht etwa die Zulässigkeit einer willkürlichen Beweiswürdigung. Freie Beweiswürdigung ist auch nicht mit freiem Er-

---

[244] KIENER/RÜTSCHE/KUHN, Öffentliches Verfahrensrecht, N. 1096.
[245] Vgl. z.B. VGr, 10.2.2011, VB.2010.00640, E. 4.2; BVGr, 4.2.2011, A-5409/2009, E. 1.5; siehe auch Art. 157 ZPO.
[246] BGE 130 II 482, E. 3.2; BGr, 15.11.2010, 2C_244/2010, E. 3.3; KÖLZ/HÄNER/BERTSCHI, Verwaltungsverfahren, N. 151.

messen zu verwechseln[247]. Der Entscheidinstanz steht zwar ein erheblicher **Ermessensspielraum** zu[248]; sie muss ihre Meinung indessen sorgfältig, gewissenhaft und unvoreingenommen bilden und auf nachvollziehbare Weise begründen, wie sie zu ihrer Überzeugung gelangt ist[249].

Die Entscheidinstanz hat im Rahmen der Beweiswürdigung darüber zu befinden, welchen Sachverhalt sie – vor dem Hintergrund des konkreten **Beweismasses** (vgl. N. 25 ff.) – als erstellt erachtet und wie dieser rechtlich zu würdigen ist. Sie hat das Ergebnis der Sachverhaltsermittlung nach Massgabe der gesamten Umstände entsprechend dem Gewicht der erhobenen Beweise zu werten[250]. 139

Gesetz und Rechtsprechung statuieren bisweilen **Vermutungsregeln,** die es im Rahmen der Beweiswürdigung erlauben, beim Vorliegen bestimmter – nachweislicher – Tatsachen auf andere – unbewiesene – zu schliessen[251]. Tatsächliche (natürliche) Vermutungen sind Wahrscheinlichkeitsfolgerungen, die aufgrund der Lebenserfahrung gezogen werden; solche Schlüsse sind etwa dann zulässig, wenn es um innere Vorgänge geht, die der Verwaltung nicht bekannt und schwierig zu beweisen sind – beispielsweise die Fragen, ob eine Ehe zu einem bestimmten Zeitpunkt tatsächlich gelebt wurde[252] oder ob ein Sozialhilfeempfänger nicht deklarierte Einkünfte erzielte[253]. Die beweisbelastete Partei hat die für die Vermutung benötigten Indizien (Vermutungsbasis) darzutun. Die Gegenpartei kann eine natürliche Vermutung *widerlegen,* sofern das Gesetz nicht eine unwiderlegbare Vermutung (Fiktion) statuiert. Soweit die Gegenpartei eine Vermutung nur noch mittels *Gegenbeweis* widerlegen kann, besteht für sie eine erhöhte Mitwirkungspflicht[254]. Zur Erbringung des Gegenbeweises genügt der Nachweis von Zweifeln an der Richtigkeit der Indizien und der daraus gezogenen Schlussfolgerung[255], soweit das Gesetz[256] oder die Rechtsprechung[257] nicht ein anderes Beweismass vorschreiben. 140

Relativierungen erfährt der Grundsatz der freien Beweiswürdigung in der Regel dann, wenn ein verwaltungsrechtlich zu würdigender **Sachverhalt zuvor bereits strafrechtlich gewürdigt** wurde. Grundsätzlich ist die Verwaltungsbehörde zwar auch in solchen Fällen frei in der rechtlichen Würdigung des Sachverhalts – namentlich auch des Verschuldens. Um widersprüchliche Urteile zu vermeiden, sind die Verwaltungsinstanzen jedoch insbesondere dann an die strafrechtliche Würdigung gebunden, wenn die rechtliche Qualifikation stark von der Würdigung von Tatsachen abhängt, die das Strafgericht besser kennt, etwa weil es die beschuldigte Person persönlich einvernommen hat[258]. So darf 141

---

[247] Gygi, Bundesverwaltungsrechtspflege, S. 278 f.
[248] Vgl. BGE 120 Ia 31, E. 4b; BGr, 1.10.2012, 2C_58/2012, E. 1.4.
[249] Peter Sutter, Beweislastregeln, S. 51.
[250] Vgl. RB 1977 Nr. 2; Gadola, Beschwerdeverfahren, S. 85.
[251] Vgl. BGE 130 II 482, E. 3.2; so z.B. Art. 6 GlG (dazu RB 1997 Nr. 19); Art. 24 ZGB; Art. 5 Abs. 3 KG; Art. 6 RuVG.
[252] Vgl. BGE 135 II 161, E. 3; 130 II 482, E. 3.2.
[253] Vgl. VGr, 10.2.2011, VB.2010.00640, E. 4.3.
[254] Vgl. BGr, 31.8.2011, 2C_125/2011, E. 4.3.
[255] Vgl. BGE 135 II 161, E. 3.
[256] Vgl. z.B. Art. 6 Abs. 2 RuVG.
[257] Vgl. z.B. BGE 128 II 407, E. 5.2.3.
[258] BGr, 15.1.2013, 1C_424/2012, E. 2.3; BGE 136 II 447, E. 3.1; VGr, 8.9.2010, VB.2010.00325 E. 3.

beispielsweise kein verwaltungsrechtlich begründetes Rayonverbot wegen Gewalttätigkeiten an Sportveranstaltungen angeordnet werden, wenn die Strafverfolgungsbehörden davon ausgehen, dass das zum Vorwurf gemachte Verhalten (Landfriedensbruch) nicht hinreichend bewiesen wurde[259]. Kommt die Strafbehörde aufgrund polizeilicher Ermittlungen und Einvernahmen zum Schluss, der Geschwindigkeitsexzess eines Autofahrers sei wegen Notstands nicht strafbar, so ist die Administrativbehörde, die selber keine Beweise erhebt, im Verfahren betreffend Führerausweisentzug an diese rechtliche Beurteilung gebunden[260]. Umgekehrt ist die von Verwaltungsinstanzen ergangene verwaltungsrechtliche Würdigung einer Handlung für die Strafgerichte grundsätzlich verbindlich[261]. Konnte die Rechtmässigkeit durch die Verwaltungsinstanzen hingegen nicht geprüft werden, so ist das Strafgericht in der Regel nicht an die dem Strafverfahren zugrunde liegende verwaltungsrechtliche Verfügung gebunden[262].

2. Beweiswert

142   Ein zentraler Aspekt der freien Beweiswürdigung ist der Grundsatz, dass im Allgemeinen keine **wertmässige Rangordnung** der einzelnen Beweismittel besteht[263]. Während das mittelalterliche Recht noch zahlreiche *Beweiswertregeln* kannte[264], sind hierarchische Abstufungen der Beweiskraft dem heutigen Recht weitgehend fremd. Auch das heutige Recht verzeichnet allerdings diverse Beweiswertregeln, die sich aus dem Gesetz sowie aufgrund der Rechtsprechung ergeben können.

143   Für die Gewichtung eines bestimmten Beweismittels ist massgebend, wie **geeignet und verlässlich** die Erkenntnisquelle ist, um den betreffenden Sachverhalt zu belegen[265]. Beweismittel, denen eine besondere Sachlichkeit bzw. Glaubwürdigkeit zukommt, sind in der Regel höher zu bewerten als solche, bei denen naturgemäss eine Manipulationsgefahr besteht[266]. Der Beweiswert von Parteiauskünften hängt von der Glaubhaftigkeit der Aussage ab[267]. Mehrere *Indizien*, die für sich allein eine relativ geringe Beweiskraft aufweisen, können in ihrer Gesamtheit die erforderliche Überzeugung vermitteln[268].

144   Die Beurteilung des Beweiswerts kann dem **zeitlichen Wandel** unterliegen. So genügten beispielsweise bis Ende 2002 noch Arztzeugnisse, um die Invalidität von Heimbewohnern nachzuweisen. Seither muss der Nachweis mit einer zusprechenden Verfügung der IV-Stelle für Renten oder Eingliederungsmassnahmen erbracht werden[269].

---

[259] VGr, 14.2.2011, VB.2010.00734, E. 3.1.
[260] BGr, 17.1.2013, 1C_345/2012, E. 2.3.2.
[261] BGE 121 IV 29, E. 2.1; bestätigt in BGE 129 IV 246, E. 2.1.
[262] BGr, 11.3.2011, 2C_596/2010, E. 3.2; vgl. BGE 129 IV 246, E. 2.1.
[263] Vgl. CH. AUER, in: Kommentar VwVG, Art. 12 N. 17.
[264] Vgl. PETER SUTTER, Beweislastregeln, S. 50.
[265] Vgl. VGr, 21.3.2012, VB.2012.00050, E. 2.3 (nicht publiziert); VGr BE, BVR 2009, S. 385, E. 4.3.3.
[266] Vgl. MERKLI/AESCHLIMANN/HERZOG, Kommentar VRPG, Art. 19 N. 11.
[267] Vgl. KIENER/RÜTSCHE/KUHN, Öffentliches Verfahrensrecht, N. 728.
[268] VGr, 18.3.2009, VB.2008.00587, E. 2.3.
[269] BGE 133 V 598, E. 5.

Die wichtigste gesetzlich verankerte Beweiswertregel lautet, dass **öffentliche Urkunden**[270] und **öffentliche Register** für die durch sie bezeugten Tatsachen den vollen Beweis erbringen, solange nicht die Unrichtigkeit ihres Inhalts nachgewiesen ist (Art. 9 ZGB und Art. 179 ZPO). Die Vermutung der Richtigkeit öffentlicher Urkunden lässt sich demnach nur durch den schlüssigen Nachweis der Unrichtigkeit oder Unechtheit entkräften. Ein gegenüber Privaturkunden erhöhter Beweiswert wird auch beglaubigten Kopien und Auszügen öffentlicher Urkunden zugestanden. Selbst der Fotokopie einer öffentlichen Urkunde kann die Bedeutung einer solchen zukommen, wenn sie im Geschäftsverkehr als Ersatz für das Original anerkannt ist und ihr daher Vertrauen entgegengebracht wird[271].

145

Gemäss der Rechtsprechung kommt auch behördlich angeordneten **Gutachten**[272] in der Regel ein erhöhter Beweiswert zu. Die Behörde darf sich im Rahmen der Beweiswürdigung auf die Prüfung beschränken, ob die Expertise vollständig, klar, gehörig begründet und frei von Lücken und Widersprüchen ist, ob sie auf zutreffenden tatsächlichen Feststellungen beruht und ob der Gutachter über hinreichende Sachkenntnis sowie die erforderliche Unbefangenheit verfügt[273]. Der Beweiswert eines Gutachtens wird geschmälert, wenn die Akten, die für die Begutachtung massgeblich sind, der sachverständigen Person nicht vollständig zur Verfügung stehen, oder wenn der für die Expertise relevante Sachverhalt noch nicht abschliessend geklärt wurde[274]. Amtsberichten[275], die auf besonderen Fachkenntnissen beruhen, kommt ein den Sachverständigengutachten vergleichbarer Beweiswert zu[276].

146

In Fachfragen darf die Entscheidinstanz nur ausnahmsweise, aus triftigen Gründen, von einer von der Behörde in Auftrag gegebenen **Expertise abweichen.** Dies ist etwa der Fall, wenn das Gutachten Irrtümer, Lücken oder Widersprüche enthält[277], wenn die Glaubwürdigkeit des Gutachtens durch die Umstände ernsthaft erschüttert ist[278], die Schlüssigkeit eines Gutachtens in wesentlichen Punkten zweifelhaft erscheint[279], wenn der Gutachter seine Erkenntnisse nicht begründet oder die ihm gestellten Fragen nicht beantwortet hat[280]. In einem Rechtsmittelverfahren betreffend den Entzug der aufschiebenden Wirkung ist von den Erkenntnissen und Bewertungen eines amtlichen Gutachtens gar nur abzuweichen, wenn dieses offensichtliche Mängel aufweist[281].

147

---

[270] Öffentliche Urkunden sind Urkunden, die von Mitgliedern einer Behörde, Beamten oder Personen öffentlichen Glaubens in Wahrnehmung hoheitlicher Funktionen ausgestellt werden (Art. 110 Abs. 5 Satz 1 StGB).
[271] BGE 114 IV 26; vgl. Art. 180 Abs. 1 ZPO.
[272] Zum Gutachten als Sachverhaltsabklärungsinstrument vgl. N. 66 ff.
[273] BGr, 21.7.2009, 2C_823/2008, E. 3.3; VGr, 9.2.2011, VB.2010.00032, E. 5.2 (BEZ 2011 Nr. 21).
[274] BGr, 5.9.2013, 2C_487/2013, E. 2.2.2 und 2.3.2.
[275] Zum Amtsbericht als Sachverhaltsabklärungsinstrument vgl. N. 60 ff.
[276] HÄNER, Feststellung, S. 49; KIENER/RÜTSCHE/KUHN, Öffentliches Verfahrensrecht, N. 760.
[277] VGr, 22.2.2012, VB.2011.00672, E. 4.1; VGr, 25.10.2011, VB.2011.00348, E. 3.3.2; VGr, 9.2.2011, VB.2010.00032, E. 5.2 (BEZ 2011 Nr. 21); vgl. BGE 136 II 214, E. 5.
[278] BGr, 2.11.2012, 1C_168/2012, E. 6.3.1; BGr, 17.11.2011, 6B_232/2011, E. 2.3; BGE 130 I 337, E. 5.4.2.
[279] BGE 136 II 539, E. 3.2; 132 II 257, E. 4.4.1.
[280] BGr, 23.9.2011, 6B_385/2011, E. 1.3.1; vgl. BGE 118 V 286, E. 1b.
[281] RB 1997 Nr. 9.

148 **Parteigutachten** bzw. Gutachten, die von Parteien eingereicht werden, kommt lediglich der Beweiswert von Parteivorbringen zu[282]. Expertisen, die von einer Partei eingeholt und in das Verfahren als Beweismittel eingebracht werden, darf der Beweiswert indessen nicht schon deshalb abgesprochen werden, weil sie von einer Partei stammen[283].

149 Der **Meinung von Fachstellen** kommt ebenfalls ein erhöhter Beweiswert zu. Die Gerichte dürfen grundsätzlich darauf abstellen, wenn die Rechtsanwendung technische Probleme oder Fachfragen betrifft, zu deren Beantwortung und Gewichtung die verfügende Behörde aufgrund ihres Spezialwissens besser geeignet ist, oder wenn sich Auslegungsfragen stellen, welche die Verwaltungsbehörde aufgrund ihrer örtlichen, sachlichen oder persönlichen Nähe sachgerechter zu beurteilen vermag als das Gericht. Dieses darf es in einem solchen Fall bei der Erwähnung bewenden lassen, der Gesuchsteller habe mit seinen Darlegungen nichts Gegenteiliges aufgezeigt[284].

150 Für den Beweiswert eines **Arztberichts** ist entscheidend, ob er für die streitigen Belange umfassend ist, auf allseitigen Untersuchungen beruht, in Kenntnis der Vorakten (Anamnese) abgegeben wurde, in der Beurteilung der Zusammenhänge und der medizinischen Situation einleuchtet und ob die Schlussfolgerungen des Experten begründet sind[285].

151 **Zeugenaussagen** geniessen aufgrund der angedrohten Strafsanktion wegen falschen Zeugnisses eine höhere Beweiskraft als einfache Auskünfte[286].

3. Verletzung der Mitwirkungspflicht

152 Kommen mitwirkungspflichtige Verfahrensbeteiligte den von den Behörden korrekt auferlegten zumutbaren Mitwirkungspflichten nicht oder nicht in genügendem Umfang nach (N. 101 ff.), so kann dies unter anderem **Konsequenzen bei der Beweiswürdigung** haben[287]. Spezialgesetzlich ist bisweilen explizit vorgesehen, dass die Behörde zuungunsten des Mitwirkungspflichtigen entscheiden kann, wenn dieser die notwendige und zumutbare Mitwirkung verweigert (vgl. z.B. Art. 22 Abs. 4 BewG). Das unkooperative Verhalten einer *nicht* mitwirkungspflichtigen Partei darf hingegen nicht negativ in die Beweiswürdigung einfliessen (vgl. Art. 162 ZPO).

153 Die Behörden können die ungenügende Wahrnehmung der Mitwirkungspflicht eines Verfahrensbeteiligten **zuungunsten der nicht kooperativen Partei** berücksichtigen[288]: Unter Umständen kann es sich in solchen Fällen rechtfertigen, zum Nachteil der mitwirkungspflichtigen Partei zu entscheiden in der Annahme, die zu belegende Tatsache habe

---

[282] Vgl. BGr, 30.8.2011, 4A_286/2011, E. 4; BGE 135 III 670, E. 3.3.1; 132 III 83, E. 3.6; VGr, 22.2.2012, VB.2011.00672, E. 4.2.
[283] BGE 137 II 266, E. 3.2.
[284] BGr, 10.5.2010, 1C_375/2009, E. 3.2 und 3.4.
[285] BGE 125 V 351, E. 3a; BGr, 30.5.2011, 5A_194/2011, E. 5.4.
[286] KIENER/RÜTSCHE/KUHN, Öffentliches Verfahrensrecht, N. 748.
[287] RB 2001 Nr. 98, E. 2c; CH. AUER, in: Kommentar VwVG, Art. 13 N. 24 und 26 f.; vgl. BGr, 10.5.2006, 2A.669/2005, E. 3.5.2.
[288] VGr, 26.2.2009, VB.2008.00527, E. 4.1; BVGr, 6.11.2008, A-1501/2006, E. 5.2; HÄNER, Feststellung, S. 49; KIENER/RÜTSCHE/KUHN, Öffentliches Verfahrensrecht, N. 693; SEILER, Schweigerecht, S. 11; vgl. Art. 164 ZPO.

sich nicht verwirklicht[289]. Indessen ist mit derartigen Fiktionen im Interesse der richtigen Sachverhaltsermittlung zumindest dann Zurückhaltung geboten, wenn nicht genügend beweisrechtlich relevante Anhaltspunkte für das Vorliegen eines bestimmten Sachverhaltselements bestehen[290]. Aus der fehlenden Mitwirkung darf jedenfalls nicht pauschal abgeleitet werden, dass das Gegenteil von dem, was der Verfahrensbeteiligte hätte beweisen müssen, als bewiesen gelte[291]. Die Behörde darf insbesondere nicht bewusst – aus pönalen Motiven – zum Nachteil der nicht mitwirkenden Partei von der materiellen Wahrheit abweichen[292].

4. Rechtswidrig erlangte Beweismittel und Zufallsfunde

Grundsätzlich besteht ein Verbot, den Sachverhalt mit widerrechtlichen Beweismitteln zu erstellen (vgl. N. 45). Liegen dennoch rechtswidrig erlangte Beweismittel vor, so dürfen diese **prinzipiell nicht verwertet**[293] und somit im Rahmen der Beweiswürdigung nicht berücksichtigt werden. 154

Das Verwertungsverbot gilt aber nicht absolut. Vielmehr ist im Zusammenhang mit der Verwendung rechtswidrig erlangter Beweismittel eine **Güterabwägung** vorzunehmen. Dabei stehen sich das Interesse an der korrekten Durchführung des Beweisverfahrens und jenes an der Wahrheitsfindung gegenüber[294]. Beweise, die in strafbarer oder sonstwie rechtswidriger Weise erhoben wurden, dürfen nur verwertet werden, wenn sie nicht durch Zwang oder Gewaltanwendung erlangt wurden und ihre Verwertung zum Schutz überwiegender öffentlicher Interessen – wie Sicherheits-, Gesundheits- oder Umweltinteressen – unerlässlich sind[295]. Kein Verwertungsverbot besteht bezüglich Beweismitteln, die zwar mittels Zwangsmassnahme beschafft wurden, jedoch unabhängig vom Willen der betroffenen Person greifbar sind[296]. Eine analoge Interessenabwägung in Bezug auf die Beweisverwertbarkeit ist in Strafverfahren (Art. 139 StPO)[297] und in Zivilprozessen (Art. 152 Abs. 2 ZPO) vorzunehmen. Der Umstand, dass eine Beweismassnahme (beispielsweise der verdeckte Alkoholtestkauf) strafrechtlich nicht verwertbar ist, bedeutet nicht zwingend die Nichtverwertbarkeit im verwaltungsrechtlichen Verfahren[298]. 155

Zufallsfunde sind Beweise, die in anderem Zusammenhang als mit der konkreten Sachverhaltsermittlung entdeckt wurden. Sie dürfen ohne Einschränkungen verwendet werden, wenn sie auch auf dem ordentlichen Weg der Sachverhaltsermittlung hätten beschafft werden können. Wäre das rechtmässige Beibringen dieser Beweise hingegen nicht möglich gewesen, ist – gleich wie bei rechtswidrig erlangten Beweisen (N. 155) – eine Güterabwägung zwischen dem Interesse an einem ordnungsgemässen Verfahren und jenem 156

---

[289] Vgl. BGE 133 III 507, E. 5.4; RB 1986 Nr. 125.
[290] VGr, 5.11.2009, VB.2009.00306, E. 5.7.
[291] Vgl. Pfeifer, Untersuchungsgrundsatz, S. 119.
[292] Vgl. BGE 138 II 465, E. 6.4 und 8.6.4.
[293] BGE 139 II 95, E. 3.1; 120 V 435, E. 3b; vgl. RB 1985 Nr. 26.
[294] BGE 139 II 95, E. 3.1; Häner, Feststellung, S. 51; Kölz/Häner/Bertschi, Verwaltungsverfahren, N. 480; Merkli/Aeschlimann/Herzog, Kommentar VRPG, Art. 19 N. 19.
[295] BGE 139 II 95, E. 3.1 und 3.5; Kiener/Rütsche/Kuhn, Öffentliches Verfahrensrecht, N. 716 f.
[296] BGE 138 IV 47, E. 2.6.1.
[297] Vgl. BGE 137 I 218, E. 2.3.4; 131 I 272, E. 4.1.2.
[298] Vgl. VGr, 26.8.2013, VB.2013.00156, E. 4.4 und 4.6; BGr, 30.10.2013, 2C_136/2013, E 4.2.

an der Wahrheitsfindung vorzunehmen[299]. Der Entscheid darüber, ob ein Zufallsfund in einem Verfahren verwertet werden darf, steht jener Behörde zu, die mit dem Verfahren befasst ist, in dem ein solches Beweismittel vorgelegt wird[300].

C. Beweislast (Folgen der Beweislosigkeit)

157 Objektiv **beweisbelastet** ist jene Partei, die im Fall eines offenen Beweisergebnisses die Folgen des unterbliebenen Beweises zu tragen hat. Die Frage der Beweislast stellt sich erst dann, wenn es sich als unmöglich erweist, den Sachverhalt im Rahmen des Untersuchungsgrundsatzes in einem dem konkreten Beweismass genügenden Umfang zu ermitteln[301]. Kann der rechtserhebliche Sachverhalt hingegen auf genügende Weise festgestellt werden, so erübrigt sich die Frage nach der objektiven Beweislast. Die Beweislastregeln kommen demnach nur im Falle der Beweislosigkeit zum Tragen und können sich nur auf Tatfragen, nicht aber auf Rechtsfragen beziehen[302].

158 Die Frage, wer die Beweislast trägt, ist **in erster Linie nach dem materiellen Recht** zu beantworten, subsidiär nach dem allgemeinen Rechtsgrundsatz gemäss Art. 8 ZGB[303]. Die lediglich subsidiär geltende allgemeine Beweislastregel kann durch abweichende gesetzliche Beweislastvorschriften (z.B. Art. 6 GlG) relativiert[304] oder – etwa im Fall einer beweislastumkehrenden gesetzlichen Vermutung – umgestossen werden.

159 Enthält das materielle Recht keine Beweislastregeln, so gilt als allgemeine Regel gestützt auf eine **analoge Anwendung von Art. 8 ZGB** der Grundsatz, dass jene Partei die Folgen der Beweislosigkeit trägt, die aus der unbewiesen gebliebenen Tatsache hätte Rechte ableiten können. Dieser allgemeine Rechtsgrundsatz hat auch im öffentlichen Recht seine Gültigkeit[305]. Die Partei, die einen Anspruch geltend macht, ist somit in Bezug auf die rechtsbegründenden Tatsachen beweisbelastet, während die Beweislast für rechtsaufhebende bzw. rechtsvernichtende oder rechtshindernde Tatsachen bei jener Partei liegt, die den Untergang des Anspruchs behauptet oder dessen Entstehung oder Durchsetzbarkeit bestreitet[306]. Die Untersuchungsmaxime befreit die Verfahrensbeteiligten somit nicht davon, dass sie die Beweislast für jene Tatsachen tragen, aus denen sie Rechte ableiten. Bleiben diese Tatsachen unbewiesen, so fällt dies grundsätzlich zu ihrem Nachteil aus.

160 Aus den einschlägigen Gesetzesbestimmungen hat die **Rechtsprechung** zahlreiche Beweislastregeln abgeleitet, beispielsweise in Bezug auf die postalische Zustellung von Verfü-

---

[299] MERKLI/AESCHLIMANN/HERZOG, Kommentar VRPG, Art. 19 N. 10.
[300] Vgl. BGE 122 I 182, E. 4c.
[301] Vgl. BGE 138 V 218, E. 6.
[302] BGE 137 II 313, E. 3.5.1.
[303] RB 2005 Nr. 107, E. 4.1 (PB.2005.00034).
[304] Vgl. BGE 130 III 321, E. 3.1.
[305] BGr, 10.5.2006, 2A.669/2005, E. 3.5.2.
[306] BGE 130 III 321, E. 3.1; vgl. CH. AUER, in: Kommentar VwVG, Art. 12 N. 16; KIENER/RÜTSCHE/KUHN, Öffentliches Verfahrensrecht, N. 766; kritisch zur Tauglichkeit von Art. 8 ZGB als Beweislastregel PETER SUTTER, Beweislastregeln, S. 118 und 129.

gungen³⁰⁷, den Nachweis steuerrelevanter Tatsachen³⁰⁸, den Beweis eines vom Arbeitsort abweichenden Lebensmittelpunkts³⁰⁹, den Nachweis des Bestehens eines Schenkungswillens³¹⁰, den Beweis einer baurechtlich relevanten Verwirkung³¹¹, den Nachweis eines Plagiats³¹², den Beweis einer Notlage im Zusammenhang mit Ansprüchen auf Verwandtenunterstützung³¹³, den Beweis der Mittellosigkeit von Sozialhilfebezügern³¹⁴, den Nachweis einer Verletzung des Kostendeckungsprinzips³¹⁵ oder die Entkräftung einer gesetzlichen Vermutung in Bezug auf regelmässiges nächtliches Parkieren³¹⁶.

Eine **Beweislastumkehr** tritt ein, wenn die beweisbelastete Partei eine gesetzliche Vermutung widerlegt, oder wenn sie einen Beweis aus Gründen nicht erbringen kann, die nicht von ihr, sondern von der Behörde zu verantworten sind. Letzteres ist beispielsweise dann der Fall, wenn die Rechtzeitigkeit eines Rechtsmittels nicht bewiesen werden kann, weil die Behörde den Briefumschlag, in dem das an sie gerichtete Rechtsmittel (uneingeschrieben) verschickt wurde, in Verletzung ihrer Aktenführungspflicht nicht zu den Akten genommen hat³¹⁷. 161

Die Beweislastverteilung ändert sich im **Verlauf eines Verfahrens** nicht. Eine begünstigte Verfahrenspartei bleibt demnach auch im anschliessenden Rechtsmittelverfahren beweisbelastet³¹⁸. 162

Zur Abgrenzung der Beweislast von der **Mitwirkungspflicht** vgl. N. 92. Zur Abgrenzung der Beweislast von der **Untersuchungspflicht** vgl. N. 7. 163

D. Rechtsanwendung von Amtes wegen

Nach § 7 Abs. 4 Satz 2 wendet die Verwaltungsbehörde das Recht von Amtes wegen an. Unter dem Begriff «**Rechtsanwendung**» versteht man das Ziehen von Schlussfolgerungen aus den Sachverhaltsfeststellungen, die Auslegung von Rechtsnormen und Subsumtion des Sachverhalts unter diese sowie die Ausübung von Ermessen³¹⁹. 164

Der Grundsatz der Rechtsanwendung von Amtes wegen («iura novit curia») bedeutet, dass Rechtsfragen – anders als Sachverhaltsfragen – ausschliesslich **von Amtes wegen abgeklärt** und entschieden werden müssen, dass also die Verfahrensbeteiligten diesbezüglich keiner Mitwirkungspflicht unterliegen. Auf diese Weise soll die materielle Recht- 165

---

³⁰⁷ BGr, 5.6.2009, 2C_38/2009, E. 3.2.
³⁰⁸ Eidgenössische Steuerrekurskommission, 8.3.2004, SRK 2002-115, E. 4 (VPB 2004 Nr. 98); RB 1987 Nr. 35; CH. AUER, in: Kommentar VwVG, Art. 13 N. 11.
³⁰⁹ BGr, 1.2.2012, 2C_518/2011, E. 2.2; BGE 125 I 54, E. 3a.
³¹⁰ RB 1992 Nr. 52; VGr, 23.8.2006, SR.2006.00005, E. 1.1.
³¹¹ RB 1999 Nr. 5.
³¹² VGr, 19.3.2008, VB.2007.00504, E. 3.5.
³¹³ BGE 133 III 507, E. 5.2.
³¹⁴ VGr, 23.10.2008, VB.2008.00386, E. 4.1.
³¹⁵ BGE 126 I 180, E. 3b aa; BGr, 8.11.2010, 2C_722/2009, E. 3.6.3.
³¹⁶ RB 1993 Nr. 62, E. 1b; VGr, 5.10.2010, VB.2010.00412, E. 4.1.
³¹⁷ BGE 138 V 218, E. 8.1.1.
³¹⁸ Vgl. CH. AUER, in: Kommentar VwVG, Art. 13 N. 18.
³¹⁹ CH. AUER, in: Kommentar VwVG, Art. 12 N. 2; KIENER/RÜTSCHE/KUHN, Öffentliches Verfahrensrecht, N. 761.

§ 7

mässigkeit des Verwaltungshandelns garantiert und verhindert werden, dass Rechtsunkenntnis den Verfahrensbeteiligten schadet[320].

166 Die Entscheidbehörde ist im Rahmen der Rechtsanwendung dazu verpflichtet, auf den festgestellten Sachverhalt jenen Rechtssatz anzuwenden, den sie als den zutreffenden ansieht, und ihm die Auslegung zu geben, von der sie – unter Berücksichtigung von Rechtsprechung und Lehre – **überzeugt** ist[321]. Die Nichtanwendung eines im konkreten Fall massgebenden Rechtssatzes stellt eine Rechtsverletzung dar, die auf dem Rechtsmittelweg gerügt werden kann[322].

167 An die Rechtsauffassung bzw. -behauptungen der Verfahrensbeteiligten bzw. einer allfälligen Vorinstanz ist die Entscheidbehörde **nicht gebunden**[323]: Die Entscheidinstanz kann ein Rechtsmittel auch aus anderen als den geltend gemachten Gründen gutheissen oder den Entscheid mit einer Begründung bestätigen, die von jener der Vorinstanz abweicht (sogenannte «Motivsubstitution»)[324]. Selbst wenn die Rechtsauffassungen der Parteien übereinstimmen, darf sie diese nicht unbesehen übernehmen. Immerhin können die rechtlichen Erörterungen einer Partei ein wesentliches Hilfsmittel im Rahmen der behördlichen Rechtsfindung bilden.

168 Die Rechtsanwendung von Amtes wegen hat zur Folge, dass die anordnende Behörde jeweils überprüfen muss, ob die massgebenden Rechtssätze ihrerseits rechtmässig sind. Es besteht mithin eine Pflicht aller rechtsanwendenden Instanzen zur vorfrageweisen Normenkontrolle **(akzessorisches Prüfungsrecht)**. Dies gilt – in den Schranken von Art. 190 BV – sowohl für Gerichte als grundsätzlich auch für Verwaltungsbehörden (vgl. Art. 79 Abs. 1 KV)[325]. Bei Bedarf steht der Entscheidbehörde ferner auch das Recht zu, eine Praxisänderung vorzunehmen[326].

169 Auf hängige Verfahren finden jene Bestimmungen Anwendung, die im **Zeitpunkt der Verwirklichung des Sachverhalts** Geltung haben. Rechtsänderungen nach dem erstinstanzlichen Entscheid sollen grundsätzlich nur dann berücksichtigt werden, wenn die Rechtsänderung auch einen Widerruf rechtfertigen würde. Die Anwendung neuen Rechts kommt insbesondere in Frage, wenn öffentliche Interessen es gebieten, wenn ein Dauersachverhalt vorliegt oder wenn es sich um eine Änderung von Verfahrensvorschriften handelt[327].

170 Grundsätzlich hat die Rechtsmittelbehörde auch **Fragen des ausländischen Rechts** von Amtes wegen abzuklären. Diesbezüglich rechtfertigt sich allerdings eine analoge Anwendung von Art. 16 Abs. 1 IPRG. Demnach kann die Mitwirkung der Parteien verlangt wer-

---

[320] GYGI, Bundesverwaltungsrechtspflege, S. 212; KIENER/RÜTSCHE/KUHN, Öffentliches Verfahrensrecht, N. 100; KÖLZ/HÄNER/BERTSCHI, Verwaltungsverfahren, N. 154; vgl. Weisung 1957, S. 1032; Beleuchtender Bericht 1959, S. 398.
[321] KRAUSKOPF/EMMENEGGER, in: Praxiskommentar VwVG, Art. 12 N. 17; vgl. BGE 130 V 253, E. 3.5.
[322] Vgl. z.B. VGr, 26.1.2012, VB.2011.00094, E. 2.2.
[323] BGE 133 V 196, E. 1.4; vgl. RB 1982 Nr. 5; GADOLA, Beschwerdeverfahren, S. 88 f.
[324] BGr, 11.4.2013, 2C_565/2012, E. 1.2; BGE 133 III 545, E. 2.2; VGr, 9.5.2012, VB.2011.00730, E. 4.3.
[325] Vgl. HÄFELIN/HALLER/KELLER, Bundesstaatsrecht, N. 2075 und 2083.
[326] Zu den Voraussetzungen im Einzelnen vgl. BGE 135 I 79, E. 3.
[327] Vgl. HÄFELIN/MÜLLER/UHLMANN, Verwaltungsrecht, N. 325 ff.

den; bei vermögensrechtlichen Ansprüchen kann der Nachweis den Parteien überbunden werden[328].

Der Grundsatz der Rechtsanwendung von Amtes wegen ist zu relativieren, wenn eine andere Behörde in derselben Sache bereits eine bestimmte Rechtsauffassung geäussert hat und die nunmehr entscheidberufene Instanz daran gebunden ist. Dies gilt namentlich, wenn eine Behörde über **Vorfragen** aus einem anderen Rechtsgebiet oder Zuständigkeitsbereich zu befinden hat (vgl. § 1 N. 55 ff.) oder wenn ein Rechtsmittel unter **Rückweisung** an die zuständige Instanz im Sinn der Erwägungen gutgeheissen wurde (vgl. § 28 N. 41; § 64 N. 14 f.)[329]. Wie weit eine Entscheidinstanz an die Entscheidung einer oberen Instanz gebunden ist, ergibt sich aus der Begründung des Rückweisungsentscheids. Bereits abschliessend entschiedene Fragen sind nicht mehr zu überprüfen[330], es sei denn, dass zwischenzeitlich neues, auf hängige Verfahren anwendbares Recht in Kraft getreten ist[331] oder dass Revisionsgründe eingetreten wären[332]. Keine Bindung der unteren Instanz besteht in Bezug auf offensichtlich aktenwidrige Sachverhaltsfeststellungen der zurückweisenden Instanz[333].

171

Die **Rechtsmittelinstanzen** – grundsätzlich auch das Bundesgericht (vgl. Art. 106 BGG)[334] – wenden das Recht zwar ebenfalls von Amtes wegen an. Aufgrund der im Rechtsmittelverfahren bestehenden Antrags- und Begründungspflicht (vgl. §§ 23 und 54)[335] und dem durch die Parteivorbringen festgelegten Streitgegenstand werden in der Regel allerdings nur die geltend gemachten Rügen geprüft[336]. Rechtsmittelbehörden sind jedenfalls nicht gehalten, wie eine erstinstanzliche Behörde alle sich stellenden rechtlichen Fragen zu untersuchen, wenn diese im Rechtsmittelverfahren nicht mehr vorgetragen werden[337].

172

E. Fehlende Bindung an die gestellten Begehren

Gemäss § 7 Abs. 4 Satz 3 ist die Verwaltungsbehörde an die von den Verfahrensbeteiligten gestellten Begehren nicht gebunden. Die grundsätzliche Freistellung der Verwaltungsbehörden von den Parteibegehren sichert – im Zusammenspiel mit der Untersuchungsmaxime, der freien Beweiswürdigung und der Rechtsanwendung von Amtes wegen – die **sachliche Richtigkeit** einer Anordnung: Die Durchsetzung des richtigen Rechts geniesst – entsprechend dem Legalitätsprinzip (Art. 5 Abs. 1 BV) – grundsätzlich Vorrang gegenüber den Interessen der Verfahrensbeteiligten[338]. Die gänzliche Ungebundenheit an die gestellten Begehren gilt lediglich für Verfahren, die von der Offizialmaxime be-

173

---

[328] Vgl. BGE 138 II 217, E. 2.3.
[329] Vgl. BGr, 10.2.2012, 2C_465/2011, E. 1.4; BGE 133 III 201, E. 4.2; RB 2000 Nr. 13, E. 3b dd; VGr, 8.8.2012, VB.2011.00799, E. 1.
[330] BGr, 28.3.2013, 1C_454/2012, E. 3.2; BGE 135 III 334, E. 2 und 2.1; VGr, 8.2.2012, VB.2011.00665, E. 1.
[331] VGr, 21.12.2011, VB.2011.00030, E. 2.1.
[332] BVGr, 22.10.2012, A-268/2012, E. 1.2.
[333] Vgl. BGE 137 I 86, E. 7.1.
[334] Vgl. BGE 136 I 229, E. 4.1.
[335] Vgl. BGE 133 II 249, E. 1.4.1.
[336] RB 2006 Nr. 45, E. 4 (VB.2006.00214).
[337] BGE 135 II 384, E. 2.2.1; vgl. RB 1997 Nr. 7.
[338] Vgl. VGr, 14.3.2012, AN.2012.00002, E. 5.4.

herrscht sind. In Verfahren, die der Dispositionsmaxime unterliegen – etwa in Baubewilligungsverfahren –, kann die Behörde hingegen nicht etwas beliebig anderes bewilligen als das, worum ersucht wurde.

174 Im **Rechtsmittelverfahren** gilt es zu differenzieren: Während Rekursinstanzen an die Begehren der Verfahrensbeteiligten nicht gebunden sind und zugunsten der rekurrierenden Partei über deren Begehren hinausgehen oder die angefochtene Anordnung zu ihrem Nachteil abändern können (§ 27), darf das Verwaltungsgericht nicht über die gestellten Rechtsbegehren hinausgehen und eine Anordnung nicht zum Nachteil der beschwerdeführenden Partei abändern (§ 63 Abs. 2).

Akteneinsicht
a. Grundsatz

§ 8

¹ Personen, die durch eine Anordnung berührt sind und ein schutzwürdiges Interesse an deren Aufhebung oder Änderung haben, sind berechtigt, in die Akten Einsicht zu nehmen. Ausserhalb eines förmlichen Verfahrens oder nach Vorliegen einer rechtskräftigen Verfügung richtet sich das Akteneinsichtsrecht nach dem Gesetz über die Information und den Datenschutz.

² Der Regierungsrat regelt die Herausgabe und Zustellung von Akten zur Einsichtnahme.

Materialien

Weisung 1957, S. 1033; Prot. KK 13.12.1957, 23.9.1958; Prot. KR 1955–1959, S. 3271; Beleuchtender Bericht 1959, S. 398 f.; Weisung 1995, S. 1527; Prot. KK 1995/96, S. 14, 19, 39, 46 ff., 76 ff., 233 ff., 250 f., 351; Prot. KR 1995–1999, S. 6427 ff., 6435 ff., 6488, 6830; Beleuchtender Bericht 1997, S. 6.

Zu Abs. 1 Satz 2: Weisung IDG, S. 1325.

Literatur

ALBERTINI, Rechtliches Gehör; BAERISWYL BRUNO/RUDIN BEAT (Hrsg.), Praxiskommentar zum Informations- und Datenschutzgesetz des Kantons Zürich (IDG), Zürich/Basel/Genf 2012 *(Praxiskommentar IDG)*; BIAGGINI GIOVANNI, in: Kommentar KV, Art. 17; BIAGGINI, Kommentar BV, Art. 29 N. 17 ff.; BRUNNER STEPHAN C., in: Kommentar VwVG, Art. 26–28; COTTIER, Rechtliches Gehör; DUBACH, Akteneinsicht; KELLER H., Garantien, N. 29 ff.; KIENER/KÄLIN, Grundrechte, S. 418 ff.; KIENER/RÜTSCHE/KUHN, Öffentliches Verfahrensrecht, N. 226 ff.; KÖLZ/HÄNER/BERTSCHI, Verwaltungsverfahren, N. 213 ff., 487 ff.; MAHON PASCAL, in: Commentaire Cst., Art. 29 N. 5 ff.; MÜLLER GEORG, in: Kommentar aBV, Art. 4 N. 98 ff.; MÜLLER/SCHEFER, Grundrechte, S. 846 ff.; RHINOW/KOLLER/KISS/THURNHERR/BRÜHL-MOSER, Öffentliches Prozessrecht, N. 309 ff.; SCHINDLER, Formelle Natur; SEILER, Abschied; STEINMANN GEROLD, in: St. Galler Kommentar BV, Art. 29 N. 21 ff.; SUTTER PATRICK, in: Kommentar VwVG, Art. 29; SUTTER PATRICK, Aktive und passive Zugangsrechte zu behördlichen Informationen im Kanton Schwyz, EGV-SZ 2005, 354 ff.; WALDMANN, Rechtliches Gehör; WALDMANN BERNHARD/BICKEL JÜRG, in: Praxiskommentar VwVG, Art. 29; WALDMANN BERNHARD/OESCHGER MAGNUS, in: Praxiskommentar VwVG, Art. 26–28.

Inhaltsübersicht

I.	Regelungsgegenstand und Entstehungsgeschichte	1–4
II.	Akteneinsichtsrecht	5–28
	A. In einem hängigen Verfahren (Abs. 1 Satz 1)	5–21
	1. Allgemeines	5–11
	2. Umfang des Akteneinsichtsrechts	12–15
	3. Modalitäten der Akteneinsicht	16–21
	B. Ausserhalb oder nach Abschluss eines Verfahrens (Abs. 1 Satz 2)	22–26
	C. Delegation an den Regierungsrat (Abs. 2)	27–28
III.	Weitere Teilgehalte des Anspruchs auf rechtliches Gehör (Überblick)	29–36
IV.	Grundrechtsqualität des Anspruchs auf rechtliches Gehör	37–38

Unter Mitarbeit von LILIANE SCHÄRMELI, MLaw.

I. Regelungsgegenstand und Entstehungsgeschichte

1 Die §§ 8 und 9 regeln die **Akteneinsicht** (so die Hauptmarginalie)[1]. § 8 («Grundsatz») nennt die Voraussetzungen, § 9 («Ausnahme») die Schranken des Akteneinsichtsrechts. Die beiden Bestimmungen stellen eine zusammengehörende Einheit dar.

2 Das VRG erfasst mit dem Akteneinsichtsrecht lediglich einen Teilgehalt des verfassungsmässigen Anspruchs auf **rechtliches Gehör** (Art. 29 Abs. 2 BV). Diese fundamentale Verfahrensgarantie dient einerseits der Sachverhaltsermittlung; andererseits stellt sie ein persönlichkeitsbezogenes Mitwirkungsrecht[2] und in dieser Funktion ein zentrales Element eines fairen Verfahrens dar[3], in welchem die Beteiligten nicht bloss Objekte, sondern Subjekte staatlichen Handelns sind. Seinem damaligen Konzept folgend, das Verfahrensrecht im VRG nicht umfassend zu kodifizieren (vgl. Einleitung N. 12), sah der Gesetzgeber 1959 davon ab, die Garantie des rechtlichen Gehörs ins Gesetz aufzunehmen; dies allerdings mit der wenig überzeugenden Begründung, man wolle auf Schlagworte verzichten[4]. Anlässlich der *VRG-Revision von 1997* erwog der Regierungsrat, das rechtliche Gehör im VRG zu verankern, doch verzichtete er letztlich auf einen entsprechenden Antrag an den Kantonsrat, weil er den Gehörsanspruch zum einen als durch Art. 4 Abs. 1 aBV und durch die bundesgerichtliche Rechtsprechung hinreichend umschrieben erachtete und zum andern das rechtliche Gehör nur im bundesrechtlichen Rahmen gewährleisten wollte[5]. Dieser Auffassung folgte schliesslich auch die vorberatende Kommission des Kantonsrats[6], nachdem sie den Anspruch auf rechtliches Gehör und Ausnahmen davon zunächst in die Revisionsvorlage aufgenommen hatte[7]. Auch im Rahmen der *VRG-Revision von 2010* sah der Gesetzgeber davon ab, den bereits durch die Bundesverfassung gewährleisteten Anspruch umfassender als bisher im VRG abzubilden.

3 § 8 in der ursprünglichen Fassung von 1959 bestand aus einem einzigen Absatz, der wie folgt lautete: «Die durch eine Anordnung in ihren Rechten Betroffenen sind berechtigt, in die Akten Einsicht zu nehmen.» Dies korrespondierte mit der damals engeren Umschreibung der Rekurslegitimation in § 21, wo ebenfalls ein Betroffensein «in seinen Rechten», also ein rechtlich geschütztes Interesse, vorausgesetzt wurde. Anlässlich der **VRG-Revision von 1997** erfuhr die Berechtigung zur Akteneinsicht – ebenso wie die Legitimation – eine Erweiterung in dem Sinn, dass ein *Berührtsein in schutzwürdigen Interessen* ausreicht; dabei kann es sich um ein rechtliches oder um ein tatsächliches Interesse handeln. Ferner fügte der Gesetzgeber im Rahmen der Gesetzesrevision von 1997 die Delegation an den Regierungsrat in Abs. 2 hinzu.

---

[1] Vgl. auf Bundesebene Art. 26–28 VwVG, welche «über das Scharnier von Art. 29 Abs. 2 BV (Art. 4 aBV) in die ganze Rechtsordnung ausstrahlen» (WALDMANN/OESCHGER, in: Praxiskommentar VwVG, Art. 26 N. 31).
[2] Statt vieler: BGE 136 V 351, E. 4.4; 135 I 187, E. 2.2.
[3] BIAGGINI, Kommentar BV, Art. 29 N. 17; KIENER/RÜTSCHE/KUHN, Öffentliches Verfahrensrecht, N. 226; BGE 134 I 140, E. 5.2. Das Bundesgericht attestierte dem Gehörsanspruch auch einen Bezug zur Menschenwürde (BGE 127 I 6, E. 5b).
[4] Prot. KK 13.12.1957, S. 7.
[5] Prot. KK 1995/96, S. 233.
[6] Prot. KK 1995/96, S. 234.
[7] Vgl. Prot. KK 1995/96, S. 77 f.

§ 8 Abs. 1 wurde 2007 bei Erlass des **Gesetzes über die Information und den Daten-** 4
schutz (IDG) durch einen zweiten Satz ergänzt. Nach dieser neuen Regelung richtet sich das Akteneinsichtsrecht ausserhalb eines förmlichen Verfahrens oder nach Vorliegen einer rechtskräftigen Verfügung nach dem IDG. Mit dem IDG vollzog der Gesetzgeber in Bezug auf die Verwaltungstätigkeit – in Umsetzung der Vorgaben der neuen Kantonsverfassung (vgl. Art. 17 und 49 KV) – den Paradigmawechsel vom Geheimhaltungsprinzip mit Öffentlichkeitsvorbehalt zum *Öffentlichkeitsprinzip* mit Geheimhaltungsvorbehalt, analog dem 2004 erlassenen Öffentlichkeitsgesetz (BGÖ) auf Bundesebene. Seit dem Inkrafttreten des IDG am 1. Oktober 2008 besteht ein Dualismus zwischen dem individual- und persönlichkeitsbezogenen Akteneinsichtsrecht als Ausprägung des rechtlichen Gehörs und dem auf dem Öffentlichkeitsprinzip beruhenden *allgemeinen Informationszugangsrecht* gemäss § 20 Abs. 1 IDG. Dieses ist zwar ebenfalls als (kantonale) Grundrechtsgarantie ausgestaltet – Art. 17 KV, wonach jede Person «das Recht auf Zugang zu amtlichen Dokumenten [hat], soweit nicht überwiegende öffentliche oder private Interessen entgegenstehen», befindet sich im Kapitel über die Grundrechte –, aber nicht als persönlichkeitsbezogene[8]. Gemäss § 20 Abs. 3 IDG sind nicht rechtskräftig abgeschlossene Verwaltungs- und Verwaltungsjustizverfahren vom Anwendungsbereich des IDG ausgenommen[9]. Ansonsten stehen die Einsichtsbefugnis gemäss Art. 29 Abs. 2 BV bzw. § 8 Abs. 1 (Satz 1) VRG einerseits und § 20 Abs. 1 IDG andererseits – je mit unterschiedlichen Voraussetzungen und Schranken (vgl. N. 23 und § 9 N. 4, 8) – *nebeneinander*. Die anderslautende Regelung in § 8 Abs. 1 Satz 2 erweist sich als partiell verfassungswidrig, soweit sie für die Geltendmachung des Akteneinsichtsrechts ausserhalb eines förmlichen Verfahrens oder nach Vorliegen einer rechtskräftigen Verfügung auf das IDG verweist und dieses hinter dem bundesverfassungsmässigen Anspruch auf rechtliches Gehör zurückbleibt (vgl. N. 23).

II. Akteneinsichtsrecht

A. In einem hängigen Verfahren (Abs. 1 Satz 1)

1. Allgemeines

Das Akteneinsichtsrecht ist eine Voraussetzung des Äusserungsrechts (vgl. N. 30) und 5
ganz allgemein eines fairen Verfahrens. Es setzt seinerseits Vollständigkeit der Akten voraus. Die Behörden sind deshalb verpflichtet, alle entscheidrelevanten Vorgänge – auch Befragungen und Zeugeneinvernahmen sowie die wesentlichen Ergebnisse eines Augenscheins – in den Akten festzuhalten. Es trifft sie also eine **Protokollierungs-** und **Aktenführungspflicht** (vgl. § 26a N. 7)[10].

---

[8] Vgl. auch WALDMANN/OESCHGER, in: Praxiskommentar VwVG, Art. 26 N. 21. Persönlichkeitsbezogen ist hingegen der Anspruch auf Zugang zu eigenen Personendaten gemäss § 20 Abs. 2 IDG.
[9] Zur abweichenden Regelung auf Bundesebene vgl. Art. 3 Abs. 1 BGÖ und WALDMANN/OESCHGER, in: Praxiskommentar VwVG, Art. 26 N. 20.
[10] BGE 130 II 473, E. 4; 126 I 15, E. 2 (Pra 2000 Nr. 190); RB 2005 Nr. 91 (SB.2004.00089, E. 4.3.1); BRUNNER, in: Kommentar VwVG, Art. 26 N. 9; WALDMANN/OESCHGER, in: Praxiskommentar VwVG, Art. 26 N. 34 ff.

6   Gemäss § 8 Abs. 1 Satz 1 steht das Akteneinsichtsrecht Personen zu, die durch eine Anordnung *berührt* sind und ein *schutzwürdiges Interesse* an deren Aufhebung oder Änderung haben. **Einsichtsberechtigt** ist somit, wer auch rechtsmittellegitimiert ist. Die Beteiligten eines hängigen Verwaltungs- oder Rechtsmittelverfahrens haben bereits aufgrund ihrer Stellung als Verfahrensbeteiligte ein schutzwürdiges Interesse an der Einsichtnahme in die Verfahrensakten[11]. Bei Dritten ist gestützt auf die Umstände des Einzelfalls zu entscheiden, ob sie in schutzwürdigen Interessen betroffen sind.

7   Ein Anspruch auf Akteneinsicht besteht nicht nur in einem hängigen Verfahren, sondern unter Umständen – nach Massgabe der Betroffenheit in schutzwürdigen Interessen – auch **nach Abschluss oder ausserhalb eines förmlichen Verfahrens**[12]. Dieser verfassungsmässige Anspruch ergibt sich in Fällen, die einen Bezug zur eigenen Persönlichkeit aufweisen, nicht allein aus Art. 29 Abs. 2 BV, sondern auch aus Art. 10 Abs. 2 BV (persönliche Freiheit) bzw. Art. 13 Abs. 2 BV (Recht auf Zugang zu persönlichen Daten)[13]. Ob § 8 Abs. 1 Satz 1 diesen Tatbestand heute immer noch erfasst, ist indessen unklar (vgl. N. 24).

8   Um das Akteneinsichtsrecht faktisch nicht zu vereiteln, besteht insoweit eine **Orientierungspflicht** der Behörden, als die Verfahrensbeteiligten nicht mit dem Beizug bzw. Vorhandensein bestimmter Aktenstücke rechnen mussten[14]. Die Orientierungspflicht steht damit unter dem Vorbehalt von Treu und Glauben der Verfahrensbeteiligten (Art. 5 Abs. 3 BV)[15]. Sie kann überdies aus verfahrensökonomischen Gründen an Grenzen stossen, namentlich bei Massenverfahren oder solchen mit unbestimmtem Adressatenkreis[16].

9   In **zeitlicher Hinsicht** kann das Akteneinsichtsrecht während der gesamten Verfahrensdauer beansprucht werden. Erfolgte keine förmliche Verfahrenseröffnung oder ist mit einem Realakt zu rechnen, so kann Akteneinsicht verlangt werden, sobald ein schutzwürdiges Interesse daran besteht[17]. Das Akteneinsichtsrecht besteht insbesondere auch noch während der Rechtsmittelfrist; gerade in diesem Verfahrensabschnitt sind die Verfahrensbeteiligten auf die Kenntnis der Akten angewiesen.

10 Der Einzelne kann auf die Einsichtnahme in die Akten im konkreten Fall **verzichten**[18]. Ein rechtsgültiger Verzicht setzt allerdings voraus, dass der Betroffene in der Lage ist, die damit verbundenen verfahrensrechtlichen Konsequenzen zu überblicken. Dies erfordert unter Umständen eine entsprechende Aufklärung durch die Behörde. Ein Verzicht ist nur für das laufende Verfahren wirksam, nicht auch für ein allfälliges Rechtsmittelverfahren. Unzulässig ist ein genereller, im Voraus erklärter Verzicht auf Akteneinsicht. Die

---

[11] WALDMANN/OESCHGER, in: Praxiskommentar VwVG, Art. 26 N. 48.
[12] BGE 129 I 249, E. 3; 122 I 153, E. 6a; WALDMANN/OESCHGER, in: Praxiskommentar VwVG, Art. 26 N. 49 f.
[13] BGE 126 I 7, E. 2a–2c (Pra 2001 Nr. 157); 125 I 257, E. 3b (Pra 2000 Nr. 77); 113 Ia 1, E. 4.
[14] BGr, 9.7.2002, 1P.83/2002, E. 2.2; VGr, 23.10.2008, VB.2008.00386, E. 3.1; VGr, 2.10.2008, VB.2008.00268, E. 3.1 (Leitsatz in RB 2008 Nr. 8); vgl. auch VGr, 5.8.2009, VB.2008.00450, E. 2.2.
[15] WALDMANN/OESCHGER, in: Praxiskommentar VwVG, Art. 26 N. 71.
[16] Vgl. BRUNNER, in: Kommentar VwVG, Art. 26 N. 45; WALDMANN/OESCHGER, in: Praxiskommentar VwVG, Art. 26 N. 72.
[17] Vgl. BRUNNER, in: Kommentar VwVG, Art. 26 N. 16.
[18] Vgl. im Zusammenhang mit dem rechtlichen Gehör im Allgemeinen bzw. dem Äusserungsrecht ALBERTINI, Rechtliches Gehör, S. 333 ff.; WALDMANN/BICKEL, in: Praxiskommentar VwVG, Art. 29 N. 64 ff., je auch zum Folgenden.

Verzichtserklärung kann ausdrücklich oder konkludent erfolgen, wobei Letzteres nicht leichthin angenommen werden darf, insbesondere wenn die Partei nicht anwaltlich vertreten ist.

Für die **Akteneinsicht durch Behörden** sind die Bestimmungen über die Amts- und Rechtshilfe massgebend (vgl. § 7 N. 117 ff.). § 16 Abs. 2 und § 17 Abs. 2 IDG regeln die amtshilfeweise Bekanntgabe von Personendaten bzw. besonderen Personendaten[19]. Soweit ein Gemeinwesen wie eine Privatperson handelt oder an einem Verfahren als Partei beteiligt ist, richtet sich sein Akteneinsichtsrecht nach § 8 Abs. 1 Satz 1.

2. Umfang des Akteneinsichtsrechts

Die nach § 8 Abs. 1 Satz 1 Berechtigten verfügen über ein grundsätzlich **umfassendes Akteneinsichtsrecht.** Dieses erstreckt sich auf alle schriftlichen oder elektronischen Unterlagen wie Eingaben, Protokolle, Korrespondenzen, E-Mails, Pläne, Fotografien, Tonaufnahmen usw., die geeignet sind, eine Grundlage der Verfügung bzw. des Entscheids zu bilden[20]. Massgebend ist somit allein die objektive Eignung eines Aktenstücks, den Entscheid zu beeinflussen[21]; dass es im betreffenden Verfahren tatsächlich als Beweismittel herangezogen wird, ist nicht erforderlich[22]. Es muss den Betroffenen überlassen bleiben, die Relevanz der Akten zu beurteilen[23]. Wer um Akteneinsicht ersucht, hat dementsprechend Anspruch darauf, dass ihm das gesamte Aktendossier überlassen wird; er muss sich darauf verlassen können, dass die Akten vollständig sind[24]. Im konkreten Fall ergibt sich der Umfang des Akteneinsichtsrechts jedoch häufig erst aufgrund einer Abwägung mit entgegenstehenden Geheimhaltungsinteressen (vgl. § 9 N. 3, 12).

Für das **Rekurs-** und das **Beschwerdeverfahren** statuieren die §§ 26a Abs. 2 bzw. 57 Abs. 2 ebenfalls ein Akteneinsichtsrecht. Dessen Tragweite ist zwar nicht restlos klar, doch spielt dies letztlich keine Rolle, weil diesen Bestimmungen keine selbständige Bedeutung zukommt (vgl. § 26a N. 14).

Vom Akteneinsichtsrecht ausgenommen sind – nach immer wieder bekräftigter bundesgerichtlicher Rechtsprechung – sog. «**interne**» **Akten**[25]. Als solche gelten Unterlagen, die ausschliesslich der verwaltungsinternen Meinungsbildung dienen und deshalb nur für den internen Gebrauch bestimmt sind, wie z.B. Notizen, Entwürfe, interne Stellungnahmen oder Anträge[26]. Früher wurde der Kreis der internen Akten tendenziell weiter gezogen als heute; so zählte das Bundesgericht noch im Jahr 1989 Berichte verwaltungsinterner Fachstellen dazu, wenn sie sich darauf beschränken, an sich feststehende Tatsachen

---

[19] Vgl. die Legaldefinitionen in § 3 IDG.
[20] BGr, 6.9.2010, 1C_148/2010, E. 4.1; BGE 121 I 225, E. 2a. Vgl. zum Aktenbegriff auch § 3 AEV.
[21] VGr, 12.3.2003, VB.2002.00403, E. 2a.
[22] Der Wortlaut von Art. 26 Abs. 1 lit. b VwVG («alle als Beweismittel dienenden Aktenstücke») ist deshalb zu eng (BRUNNER, in: Kommentar VwVG, Art. 26 N. 33; KÖLZ/HÄNER/BERTSCHI, Verwaltungsverfahren, N. 494; WALDMANN/OESCHGER, in: Praxiskommentar VwVG, Art. 26 N. 61).
[23] BGE 132 V 387, E. 3.2; VGr, 23.11.2011, VB.2011.00371, E. 3.2.2; WALDMANN/OESCHGER, in: Praxiskommentar VwVG, Art. 26 N. 58.
[24] WALDMANN/OESCHGER, in: Praxiskommentar VwVG, Art. 26 N. 78.
[25] BGE 132 II 485, E. 3.4.
[26] BGE 129 IV 141, E. 3.3.1 (Pra 2003 Nr. 185); 125 II 473, E. 4a.

sachverständig zu würdigen[27]. Soweit Akten als «intern» qualifiziert werden und der Einsicht entzogen bleiben, darf auf sie für die Feststellung des massgebenden Sachverhalts nicht abgestellt werden[28].

15 Dem kategorischen Ausschluss interner Akten vom Akteneinsichtsrecht kann nur insoweit zugestimmt werden, als es sich um «unfertige» Notizen oder Entwürfe handelt, die dem Sachbearbeiter bzw. der Behörde zur internen Erarbeitung ihres Standpunktes dienen. Darüber hinaus ist diese – in der Literatur zu Recht kritisierte[29] – Ausnahme vom Akteneinsichtsrecht jedoch *problematisch*; sie sollte aus mehreren Gründen aufgegeben werden: Erstens besteht die Gefahr, dass eine Behörde ein Aktenstück – etwa eine Stellungnahme oder einen Antrag einer Fachbehörde zuhanden der entscheidenden Behörde – im Zweifel als intern qualifiziert und dadurch ungerechtfertigterweise der Einsichtnahme entzieht. Zweitens bereitet die Abgrenzung zwischen den dem Einsichtsrecht unterliegenden Akten und den behördeninternen Unterlagen Mühe; klare Zuordnungskriterien gibt es nicht. Drittens muss angenommen werden, dass sich die entscheidende Instanz nicht selten – gegebenenfalls unbewusst – auf Grundlagen abstützt, die den Verfahrensbeteiligten aufgrund ihrer Qualifikation als intern nicht bekannt sind. Viertens steht eine a priori vom Einsichtsrecht ausgenommene Kategorie «interne Akten» nicht nur im Widerspruch zum heute geltenden Prinzip der Öffentlichkeit der Verwaltung, sondern auch zur differenzierteren, am Verhältnismässigkeitsprinzip ausgerichteten Schrankenregelung in § 9 Abs. 1, die den schutzwürdigen Geheimhaltungsinteressen der Behörden hinreichend Rechnung zu tragen vermag. Den Berechtigten sind daher – mit Ausnahme von Notizen und Entwürfen – alle Akten vorzulegen, soweit nicht im Einzelfall berechtigte Interessen im Sinn von § 9 einer Akteneinsicht entgegenstehen.

3. Modalitäten der Akteneinsicht

16 Akteneinsicht wird grundsätzlich nur auf **Gesuch** hin gewährt[30]; dieses kann formlos gestellt werden, also auch telefonisch oder per E-Mail[31]. Die Behörden sind nicht verpflichtet, die Akten den Einsichtsberechtigten von Amtes wegen auszuhändigen oder zuzustellen[32]. Gegebenenfalls müssen sie sie jedoch über das Vorhandensein bestimmter Aktenstücke informieren (N. 8).

17 Das Akteneinsichtsrecht beinhaltet lediglich den Anspruch, die Akten am Sitz der Behörde **einzusehen**[33]. Den Einsichtsberechtigten ist hierfür ausreichend Zeit zu gewäh-

---

[27] BGE 115 V 297, E. 2g bb, m.H. auf BGE 104 Ia 69, E. 3b; vgl. demgegenüber etwa VGr, 22.11.2006, VB.2006.00248, E. 4.2.
[28] ALBERTINI, Rechtliches Gehör, S. 229; MERKLI/AESCHLIMANN/HERZOG, Kommentar VRPG, Art. 23 N. 9.
[29] Vgl. etwa ALBERTINI, Rechtliches Gehör, S. 229 f.; BRUNNER, in: Kommentar VwVG, Art. 26 N. 39 f.; COTTIER, Rechtliches Gehör, S. 122 f.; H. KELLER, Garantien, N. 38; KÖLZ/HÄNER/BERTSCHI, Verwaltungsverfahren, N. 495; G. MÜLLER, in: Kommentar aBV, Art. 4 N. 109; MÜLLER/SCHEFER, Grundrechte, S. 875 f.
[30] BGE 132 V 387, E. 6.2.
[31] Demgegenüber verlangen § 24 Abs. 1 IDG und § 8 IDV im Zusammenhang mit dem allgemeinen Informationszugangsrecht ein schriftliches Gesuch.
[32] WALDMANN/OESCHGER, in: Praxiskommentar VwVG, Art. 26 N. 82.
[33] Vgl. Art. 26 Abs. 1 VwVG; VGr, 2.7.2008, VB.2008.00001, E. 3.1.

ren[34]. Ein Recht, die Akten nach Hause zu nehmen, besteht nicht[35]. Rechtsanwältinnen und Rechtsanwälten werden die Akten jedoch regelmässig zum Studium herausgegeben bzw. zugestellt. Diese Ungleichbehandlung gegenüber nicht anwaltlich vertretenen Parteien ist mit Blick auf die beruflichen Bedürfnisse der Anwaltschaft und das Vertrauen in die Person des Rechtsanwalts, der einer strengen Disziplinaraufsicht untersteht, gerechtfertigt[36]. Soweit die Zustellung der Akten an die Anwaltschaft einer generellen behördlichen Übung entspricht – was beispielsweise für das Baurekursgericht nicht zutrifft –, ergibt sich aufgrund des Rechtsgleichheitsgebots ein entsprechender Anspruch[37]. Dessen ungeachtet ist es Sache des Rechtsanwalts, rechtzeitig Einsicht in die Akten zu nehmen; ein Anspruch auf unverzügliche und unaufgeforderte Zustellung der Akten durch die Behörden besteht nicht[38]. Zuzustellen sind indessen Vernehmlassungen und weitere Eingaben einer Gegenpartei (vgl. § 26b Abs. 4); Letzteres zumindest in gerichtlichen Verfahren, in denen das sog. Replikrecht zur Anwendung kommt (vgl. § 26b N. 34 ff., § 58 N. 23 ff.). Die blosse Möglichkeit der Akteneinsicht genügt hier nicht[39].

Eine Art. 26 Abs. 1bis VwVG entsprechende Regelung, wonach die Behörde die Aktenstücke auf **elektronischem Weg** zur Einsichtnahme zustellen kann, wenn die betreffende Partei oder ihr Vertreter damit einverstanden ist[40], kennt das zürcherische Recht nicht. Der *allgemeine Informationszugang* gemäss § 20 Abs. 1 IDG kann hingegen auf elektronischem Weg gewährt werden, «wenn die verlangte Information keine Personendaten enthält oder die Personendaten vor unbefugtem Zugriff Dritter ausreichend geschützt sind» (§ 10 Abs. 3 IDV). Auch der *Zugang zu eigenen Personendaten* nach § 20 Abs. 2 IDG kann mit Zustimmung der gesuchstellenden Person auf elektronischem Weg erfolgen, «wenn die Übermittlung vor dem Zugriff unberechtigter Dritter ausreichend geschützt ist» (§ 18 Abs. 2 IDV).

Die Einsichtnahme ist so auszugestalten, dass sie dem Berechtigten ein sorgfältiges Studium der Akten ermöglicht. Die Einsichtsberechtigten sind befugt, Notizen zu erstellen, und haben grundsätzlich einen Anspruch darauf, **Fotokopien** von Akten anzufertigen, solange dies nicht mit einem unverhältnismässigen Aufwand für die Verwaltung verbunden ist und keine übermässigen Kosten verursacht[41]. Die normalen Kosten für Fotokopien dürfen in Rechnung gestellt werden; allerdings sind die Gebührenansätze für Fotokopien meist relativ hoch – in Verfahren vor dem Verwaltungsgericht und vor den Rekursgerichten 1 Franken pro Seite (§ 7 Abs. 1 GebV VGr) –, was bei umfangreichen Akten zu einer Beeinträchtigung der Mitwirkungsmöglichkeit und der Waffengleichheit im Verfahren führen kann. Unter dem Aspekt des verfassungsmässigen Äquivalenzprinzips – welches auch den Gesetz- und den Verordnungsgeber bindet – sind die Ansätze

---

[34] Vgl. BRUNNER, in: Kommentar VwVG, Art. 26 N. 30.
[35] BGE 108 Ia 5, E. 2b.
[36] BGr, 8.11.2004, 1P.193/2004, E. 2.3.3; BGE 108 Ia 5, E. 3.
[37] BGr, 15.3.2007, 1P.55/2007 und 1P.839/2006, E. 2.5; BGE 122 I 109, E. 2b.
[38] VGr, 2.7.2008, VB.2008.00001, E. 3.1; RB 1996 Nr. 7.
[39] BGE 137 I 195, E. 2.6; vgl. auch VGr, 10.9.2012, VB.2012.00393, E. 3.
[40] Vgl. dazu WALDMANN/OESCHGER, in: Praxiskommentar VwVG, Art. 26 N. 84.
[41] BGE 131 V 35, E. 4.2, m.w.H. (Pra 2006 Nr. 47); WALDMANN/OESCHGER, in: Praxiskommentar VwVG, Art. 26 N. 80.

gegebenenfalls angemessen herabzusetzen[42]; wünschbar wäre freilich, auch aus Gründen der Gleichbehandlung, eine entsprechend differenzierte generell-abstrakte Regelung.

20 Um den grundrechtlichen Anspruch auf Akteneinsicht in seiner Substanz nicht zu beeinträchtigen, ist es im Übrigen unzulässig, für die Akteneinsicht in einem hängigen Verfahren **Gebühren** zu erheben. Zurückhaltung ist diesbezüglich auch im Zusammenhang mit noch nicht eröffneten oder abgeschlossenen Verfahren angebracht, insbesondere bei einem Einsichtsbegehren des von einer staatlichen Handlung Betroffenen bzw. eines seinerzeitigen Verfahrensbeteiligten[43]. Kostenlos ist die Akteneinsicht – einschliesslich der Zustellung der Akten an Rechtsanwälte – beim Verwaltungsgericht. Weil die Gewährung der Akteneinsicht keine gebührenpflichtige Amtshandlung im Sinn von § 4 GebO VB darstellt, gilt dies auch für das nichtstreitige und streitige Verwaltungsverfahren.

21 Für den Zugang zu Informationen gestützt auf das *IDG* enthält dessen § 29 eine differenzierte Gebührenregelung, näher ausgeführt in § 35 IDV sowie im Gebührentarif im Anhang zur IDV[44]. Die Akteneinsichtsverordnung der obersten Gerichte (AEV) verweist in § 7 hinsichtlich der Erhebung von Kosten für die Abgabe von Kopien an Dritte[45] und für die Überlassung von Akten aus den Archiven auf diese Gebührenregelung – mit der etwas seltsamen Konsequenz, dass Dritte am Verwaltungsgericht, am Baurekursgericht und am Steuerrekursgericht für Fotokopien nur halb so viel bezahlen müssen wie Beteiligte (nämlich 50 Rappen pro Seite; vgl. N. 19).

B. Ausserhalb oder nach Abschluss eines Verfahrens (Abs. 1 Satz 2)

22 Ausserhalb eines förmlichen Verfahrens oder nach Vorliegen einer rechtskräftigen Verfügung soll sich das Akteneinsichtsrecht seit der Gesetzesrevision von 2007 – kraft Verweisung in § 8 Abs. 1 Satz 2 – nach dem **Informations- und Datenschutzgesetz** richten. «Der Klarheit halber» wollte der Gesetzgeber bei Erlass des IDG «die Erweiterung des Einsichtsrechts» kenntlich machen[46].

23 Dadurch schuf der Gesetzgeber jedoch **Unklarheiten**, und zwar in mehrfacher Hinsicht: Erstens erfasste § 8 Abs. 1 *schon zuvor* auch das Akteneinsichtsrecht nach Abschluss oder ausserhalb eines förmlichen Verfahrens (N. 7); von einer «Erweiterung» des Einsichtsrechts kann also nicht ohne weiteres gesprochen werden. Zweitens nimmt § 2 Abs. 1 Satz 2 IDG – der erst in der kantonsrätlichen Beratung eingefügt wurde[47] – *Gerichte* vom Anwendungsbereich des Gesetzes aus, soweit sie Rechtsprechungsfunktionen wahrnehmen und nicht Verwaltungsfunktionen erfüllen[48]. Die Verweisung auf das IDG in § 8 Abs. 1 Satz 2 (für das Verwaltungsgericht in Verbindung mit § 70) greift in Bezug auf gerichtliche Verfahren also ins Leere. Drittens ist das in § 8 geregelte Akteneinsichtsrecht Aus-

---

[42] Vgl. WALDMANN/OESCHGER, in: Praxiskommentar VwVG, Art. 26 N. 91.
[43] Vgl. aber Art. 26 Abs. 2 VwVG.
[44] Zur Gebührenpflicht für den Zugang zu amtlichen Dokumenten auf Bundesebene vgl. BGE 139 I 114.
[45] Vgl. dazu die «Legaldefinition» in § 2 AEV.
[46] Weisung IDG, S. 1325.
[47] BAERISWYL, in: Baeriswyl/Rudin, Praxiskommentar IDG, § 2 N. 5.
[48] Als Gerichte im Sinne dieser Bestimmung gelten die Bezirksgerichte, das Obergericht (einschliesslich Handelsgericht), das Sozialversicherungsgericht, das Verwaltungsgericht, das Baurekursgericht und das Steuerrekursgericht (BAERISWYL, in: Baeriswyl/Rudin, Praxiskommentar IDG, § 2 N. 4).

fluss des Individualanspruchs auf rechtliches Gehör, wogegen das Informationszugangsrecht gemäss § 20 Abs. 1 IDG auf dem *Öffentlichkeitsprinzip* beruht und – anders als das Akteneinsichtsrecht – gerade kein Berührtsein in schutzwürdigen Interessen voraussetzt. Es dient also nicht der Verfolgung, Wahrung oder Verteidigung eigener Interessen, sondern gilt voraussetzungslos[49]; insofern ist es tatsächlich «weiter» als das Akteneinsichtsrecht. Die beiden Ansprüche sind demnach nicht deckungsgleich; vielmehr verfolgen sie andere Ziele und beruhen auf unterschiedlichen Voraussetzungen. Das Informationszugangsrecht unterliegt denn auch stärkeren Einschränkungen als das Akteneinsichtsrecht (vgl. § 9 N. 4); insofern geht es also weniger weit. In Bezug auf diese Differenz erweist sich die neue Regelung, die einer verfassungskonformen Auslegung nicht zugänglich ist, als verfassungswidrig[50]. – Fazit: Die Verweisung auf das IDG in § 8 Abs. 1 Satz 2 ist eine *gesetzgeberische Fehlleistung*, ein falsch verstandenes Pendant zu § 20 Abs. 3 IDG, wonach sich das Recht auf Zugang zu Information in nicht abgeschlossenen Verwaltungs- und Verwaltungsjustizverfahren nach dem massgeblichen Verfahrensrecht richtet[51]. § 8 Abs. 1 Satz 2 sollte deshalb ersatzlos aufgehoben werden.

Damit bleibt auch unklar, ob mit der Ergänzung von § 8 Abs. 1 durch den zweiten Satz eine **Einschränkung des Anwendungsbereichs von Satz 1** auf hängige Verfahren einhergin. Ein Umkehrschluss aus Satz 2 legt dies nahe, die Mangelhaftigkeit der Regelung jedoch nicht. Die Frage spielt letztlich keine Rolle, weil sich ein Akteneinsichtsrecht ausserhalb oder nach Abschluss eines Verfahrens – nach Massgabe der in Satz 1 genannten Kriterien – bereits unmittelbar aus Art. 29 Abs. 2 BV ergibt (gegebenenfalls in Verbindung mit Art. 10 Abs. 2 und 13 Abs. 2 BV; vgl. N. 7)[52]. Nicht zu folgen ist deshalb der Auffassung des Verwaltungsgerichts, wonach sich der Zugang zu Akten eines *Aufsichtsbeschwerdeverfahrens* bereits deshalb nach dem IDG richten soll, weil es sich dabei nicht um ein förmliches Verfahren handelt[53]. Erst recht nicht haltbar ist die Aussage, allein aus der Betroffenheit durch die Bearbeitung von Personendaten im Rahmen einer Aufsichtsbeschwerde lasse sich kein Akteneinsichtsrecht ableiten[54]. Ein solches hängt vielmehr gerade von der Qualität und Intensität der persönlichen Betroffenheit ab[55].

Anders als eine Partei in einem hängigen Verfahren, deren Einsichtsinteresse sich ohne weiteres aus ihrer Parteistellung ergibt, muss das schutzwürdige Interesse ausserhalb oder nach Abschluss eines Verfahrens *glaubhaft gemacht* werden, soweit es um die Ausübung des **Akteneinsichtsrechts** geht[56]. Ein schutzwürdiges Interesse liegt beispielsweise vor, wenn Einsichtnahme in Akten über die eigene Person verlangt wird oder wenn ein in

---

[49] RUDIN, in: Baeriswyl/Rudin, Praxiskommentar IDG, § 20 N. 12.
[50] Verfassungskonform liesse sich die Regelung lediglich in dem Sinne «anwenden», dass man sie insoweit *nicht* anwendet, als das Informationszugangsrecht hinter dem Standard von Art. 29 Abs. 2 BV (gegebenenfalls i.V.m. Art. 10 Abs. 2 und 13 Abs. 2 BV) zurückbleibt. Eine partielle Nichtanwendung einer Norm kann jedoch nicht als (verfassungskonforme) Anwendung bezeichnet werden; zudem verbliebe § 8 Abs. 1 Satz 2 kein selbständiger Anwendungsbereich, da das IDG ohnehin gilt, auch ohne entsprechende Verweisung.
[51] Vgl. Weisung IDG, S. 1325.
[52] Vgl. auch BIAGGINI, in: Kommentar KV, Art. 17 N. 20.
[53] VGr, 12.1.2011, VB.2010.00461, E. 2.3.
[54] A.a.O.
[55] Vgl. BRUNNER, in: Kommentar VwVG, Art. 26 N. 18.
[56] BGE 129 I 249, E. 3; 125 I 257, E. 3b (Pra 2000 Nr. 77).

Aussicht genommenes Verfahren nur in Kenntnis der Akten eingeleitet werden kann[57]. In einem zweiten Schritt muss das Interesse an der Einsichtnahme sorgfältig gegen entgegenstehende öffentliche oder private Interessen abgewogen werden (§ 9 Abs. 1)[58].

26 Wird hingegen das allgemeine **Informationszugangsrecht** gemäss § 20 Abs. 1 IDG in Anspruch genommen – welches freilich stärkeren Einschränkungen unterliegen kann (vgl. § 9 N. 4, 8) –, so bedarf es grundsätzlich keines spezifischen Interessensnachweises; lediglich dann, wenn die Bearbeitung des Gesuchs einen unverhältnismässigen Aufwand verursacht, kann der Nachweis eines schutzwürdigen Interesses verlangt werden (§ 25 Abs. 2 IDG; § 15 IDV). Betrifft das Gesuch jedoch *besondere Personendaten*, muss das öffentliche Organ – d.h. der Träger der betreffenden Verwaltungsaufgabe[59] – den betroffenen Dritten gemäss § 26 IDG Gelegenheit zur Stellungnahme geben (Abs. 1)[60] und das Gesuch ablehnen, wenn diese dem Zugang nicht ausdrücklich zustimmen (Abs. 2). Das Verwaltungsgericht qualifizierte dieses apodiktisch formulierte Vetorecht Dritter – mit Blick auf den in Art. 30 Abs. 3 BV verankerten Grundsatz der Justizöffentlichkeit[61] – als verfassungswidrig[62] und verlangt stattdessen als Zugangsvoraussetzung ein *schutzwürdiges Informationsinteresse*, welches vom Gesuchsteller glaubhaft zu machen ist[63]. Es folgte dabei der bundesgerichtlichen Rechtsprechung, wonach für die Einsichtnahme nicht verfahrensbeteiligter Dritter in Straferkenntnisse bzw. Einstellungs- und Nichtanhandnahmeverfügungen – in Anlehnung an die Rechtsprechung zum Akteneinsichtsrecht bei abgeschlossenen Verfahren – ein schutzwürdiges Informationsinteresse vorliegen muss und keine überwiegenden öffentlichen oder privaten Interessen der beantragten Einsichtnahme entgegenstehen dürfen[64]. Ein schutzwürdiges Informationsinteresse kann sich beispielsweise aus der Kontrollfunktion der Medien ergeben[65]. Überwiegt dieses die entgegenstehenden Interessen, so sind die Modalitäten der Gewährung des Informationszugangs nach dem Verhältnismässigkeitsprinzip auszurichten[66].

C. Delegation an den Regierungsrat (Abs. 2)

27 Der im Rahmen der VRG-Revision von 1997 eingefügte § 8 Abs. 2 ermächtigt den Regierungsrat, die Herausgabe und Zustellung von Akten zur Einsichtnahme zu regeln. Über den Gesetzeswortlaut hinaus ist der Regierungsrat ganz allgemein befugt, Vorschriften über die näheren **Bedingungen und Modalitäten der Akteneinsicht** zu erlassen, beispielsweise betreffend die Erstellung von Fotokopien[67]. Dessen ungeachtet hat der Regierungsrat bislang keine generelle Regelung der Akteneinsicht erlassen.

---

[57] KÖLZ/HÄNER/BERTSCHI, Verwaltungsverfahren, N. 503, m.w.H.
[58] BGE 129 I 249, E. 3.
[59] Vgl. die Legaldefinition in § 3 IDG.
[60] Dies gilt generell für Personendaten, nicht nur für «besondere» Personendaten (vgl. die Legaldefinitionen in § 3 IDG).
[61] Ferner: Art. 6 Ziff. 1 EMRK; Art. 14 Abs. 1 UNO-Pakt II.
[62] VGr, 19.5.2010, VB.2010.00025, E. 3.10.
[63] A.a.O., E. 4.1; Bestätigung des Entscheids in BGE 137 I 16.
[64] BGE 134 I 286, E. 6.3 ff.
[65] BGE 139 I 129, E. 3.6; 137 I 16, E. 2.4.
[66] BGE 137 I 16, E. 2.5; BIAGGINI, in: Kommentar KV, Art. 17 N. 24.
[67] Weisung 1995, S. 1527.

Die regierungsrätliche Verordnungskompetenz erfasst lediglich die Akteneinsicht im nichtstreitigen und im streitigen Verwaltungsverfahren. Sie gestattet es, die Einsichtnahme in die Akten bei den Verwaltungsbehörden auf Kantons-, Bezirks- und Gemeindeebene nach einheitlichen Grundsätzen auszugestalten und zugleich auf die besonderen Bedürfnisse bestimmter Bereiche der Verwaltung Rücksicht zu nehmen[68]. Die Akteneinsicht beim Verwaltungsgericht und bei den verwaltungsunabhängigen Rechtspflegeinstanzen fällt dagegen nicht in die Verordnungskompetenz des Regierungsrats. Massgebend ist vielmehr die **Akteneinsichtsverordnung der obersten Gerichte (AEV)** aus dem Jahr 2001. Diese regelt die Akteneinsicht vor zürcherischen Zivil- und Strafgerichten sowie beim Verwaltungsgericht, beim Baurekursgericht, beim Steuerrekursgericht und beim Sozialversicherungsgericht (§ 1 Abs. 1 AEV).

28

III. Weitere Teilgehalte des Anspruchs auf rechtliches Gehör (Überblick)

Der Anspruch auf rechtliches Gehör (Art. 29 Abs. 2 BV) umfasst mehrere Teilgehalte, die im VRG – anders als etwa im VwVG – nicht ausdrücklich erwähnt sind, jedoch unmittelbar von Verfassungs wegen zur Anwendung gelangen. Sie werden hier nur überblicksartig dargestellt; für Einzelheiten muss auf die eingangs zusammengestellte Literatur zum Anspruch auf rechtliches Gehör verwiesen werden.

29

Der eigentliche Kern des rechtlichen Gehörs – daher auch die Bezeichnung der Verfahrensgarantie – ist der Anspruch auf **vorgängige Äusserung und Anhörung**[69]. Er besteht nach Massgabe der Intensität und Qualität der *individuellen Betroffenheit*. Diese ist im Zusammenhang mit dem Erlass von Verfügungen und Urteilen ohne weiteres hinreichend, jedenfalls bei den Adressaten, unter Umständen auch bei Dritten, nämlich dann, wenn diese in schutzwürdigen eigenen Interessen betroffen sind. Nicht genügend stark ist die individuelle Betroffenheit dagegen im Zusammenhang mit dem Erlass von Rechtsnormen; hier treten die demokratischen Partizipationsmöglichkeiten an die Stelle des individualrechtlichen Gehörsanspruchs. Allgemeinverfügungen werden in dieser Hinsicht grundsätzlich den Rechtssätzen gleichgestellt[70].

30

Aus dem Äusserungsrecht ergibt sich grundsätzlich kein Anspruch auf *mündliche* Anhörung. Eine solche kann jedoch geboten sein, wenn sich persönliche Umstände nur aufgrund einer mündlichen Anhörung klären lassen, wenn es auf den persönlichen Eindruck von einer Partei ankommt oder wenn sich eine mündliche Anhörung aus anderen Gründen als unabdingbar erweist[71]. Das Recht auf vorgängige Äusserung und Anhörung kann bei zeitlicher und sachlicher Dringlichkeit («Gefahr im Verzug»)[72] *eingeschränkt* werden, ferner dann, wenn der Zweck der Massnahme durch eine vorgängige Anhörung

31

---

[68] Weisung 1995, S. 1527.
[69] Vgl. Art. 30 Abs. 1 VwVG.
[70] Zur Wahrung des rechtlichen Gehörs bei der Festsetzung oder Änderung von Nutzungsplänen vgl. BGE 135 II 286, E. 5.
[71] BGr, 10.9.2010, 2C_153/2010, E. 3.2; KÖLZ/HÄNER/BERTSCHI, Verwaltungsverfahren, N. 248.
[72] Vgl. Art. 30 Abs. 2 lit. e VwVG.

§ 8

vereitelt würde (z.B. bei einer Festnahme oder einer Hausdurchsuchung). Bei Massenverfügungen, die eine Vielzahl von Personen betreffen, bestehen mitunter spezialgesetzliche Einwendungsverfahren. Diese dienen der effizienten Durchführung des Verwaltungsverfahrens unter gleichzeitiger Wahrung des rechtlichen Gehörs. Das VRG sieht kein derartiges Einwendungsverfahren vor[73].

32 Das rechtliche Gehör umfasst weiter einen Anspruch auf **Stellungnahme zu den Vorbringen der Gegenpartei**[74]. Ursprünglich wurde aus dem Gehörsanspruch lediglich ein Recht auf einmalige Stellungnahme abgeleitet; dies unter dem Vorbehalt neuer Behauptungen oder Tatsachen (Noven). Zum sog. *Replikrecht,* welches sich daraus in der Rechtsprechung des EGMR entwickelt hat, vgl. § 26b N. 34 ff. und § 58 N. 23 ff.

33 Ein weiterer Teilgehalt des rechtlichen Gehörs ist der Anspruch auf **Auseinandersetzung mit den gestellten Anträgen und den relevanten Sachvorbringen**[75]. Die Behörde muss die Vorbringen der am Verfahren Beteiligten sorgfältig und ernsthaft prüfen und beim Entscheid berücksichtigen. Dies bedeutet jedoch nicht, dass sie sich mit jeder tatbeständlichen Behauptung, mit jedem rechtlichen Einwand und mit jedem Beweismittel auseinandersetzen muss. Vielmehr kann sie sich auf die für den Entscheid wesentlichen Gesichtspunkte beschränken[76].

34 Aus dem rechtlichen Gehör ergibt sich sodann ein Anspruch auf **Mitwirkung bei Beweiserhebungen** (z.B. Teilnahme an Augenscheinen oder Zeugeneinvernahmen)[77] und auf Abnahme der von den Beteiligten angebotenen, erheblichen Beweise. Ausserdem haben die Beteiligten einen Anspruch auf Stellungnahme zum Ergebnis der Beweiserhebungen.

35 Weiter umfasst das rechtliche Gehör einen Anspruch auf **Begründung** der Verfügung bzw. des Entscheids, wie er in § 10 Abs. 1, §§ 28 f. und § 65 zum Ausdruck kommt[78]. Die Begründung ist notwendige Voraussetzung für eine sachgerechte Anfechtung, aber auch für eine sachgerechte Überprüfung durch die Rechtsmittelinstanz.

36 Schliesslich leiten Lehre und Praxis auch das Recht, sich in einem Verwaltungs- oder Rechtsmittelverfahren durch eine Person eigener Wahl **vertreten oder verbeiständen** zu lassen, aus dem Anspruch auf rechtliches Gehör ab[79].

---

[73] Vgl. auf Bundesebene Art. 30a Abs. 1 und 2 VwVG; ferner beispielsweise Art. 18f Abs. 1 EBG; Art. 37f Abs. 1 LFG.
[74] Vgl. Art. 31 VwVG.
[75] Vgl. Art. 32 Abs. 1 VwVG.
[76] Statt vieler: BGr, 27.1.2005, 1P.160/2004, E. 7.1.
[77] Vgl. Art. 18 und 33 Abs. 1 VwVG.
[78] Statt vieler: BGE 129 I 232, E. 3.2.
[79] BGE 119 Ia 260, E. 6a; KIENER/RÜTSCHE/KUHN, Öffentliches Verfahrensrecht, N. 240; G. MÜLLER, in: Kommentar aBV, Art. 4 N. 117; RHINOW/KOLLER/KISS/THURNHERR/BRÜHL-MOSER, Öffentliches Prozessrecht, N. 353 ff. Etwas zurückhaltender BGE 132 V 443, E. 3.3: «Die Befugnis, sich vertreten oder verbeiständen zu lassen, hängt mit dem Anspruch auf rechtliches Gehör zusammen […].»

IV. Grundrechtsqualität des Anspruchs auf rechtliches Gehör

Der Anspruch auf rechtliches Gehör ist, wie es das Bundesgericht in ständiger Rechtsprechung formuliert, «**formeller Natur**». Dies bedeutet, dass eine Gehörsverletzung ungeachtet der materiellen Begründetheit des Rechtsmittels zu dessen Gutheissung und zur Aufhebung des angefochtenen Entscheids führt[80]. Es kommt also nicht darauf an, ob die Wahrung des rechtlichen Gehörs im konkreten Fall für den Ausgang der materiellen Streitentscheidung von Bedeutung ist, d.h. die Behörde zu einer Änderung ihres Entscheides veranlasst hätte oder nicht. Daraus wird klar, was mit der – etwas unglücklichen – Bezeichnung «formelle» Natur gemeint ist, nämlich etwas durchaus Materielles: Die Gehörsverletzung stellt eine eigenständige Grundrechtsverletzung dar.

Ausnahmsweise kann eine Gehörsverletzung nach der bundesgerichtlichen Praxis jedoch «**geheilt**» werden, was zur Konsequenz hat, dass sie folgenlos bleibt. Dies ist der Fall, wenn die betroffene Person die Möglichkeit erhält, sich vor einer Rechtsmittelinstanz zu äussern, die in Bezug auf die strittige Frage über eine gleich weite Kognition verfügt wie die Vorinstanz, so dass sie eine Prüfung in gleichem Umfang vornehmen kann. Unter dieser Voraussetzung ist «selbst bei einer schwerwiegenden Verletzung des Anspruchs auf rechtliches Gehör von einer Rückweisung der Sache an die Vorinstanz abzusehen, wenn und soweit die Rückweisung zu einem formalistischen Leerlauf und damit zu unnötigen Verzögerungen führen würde, die mit dem (der Anhörung gleichgestellten) Interesse der betroffenen Partei an einer beförderlichen Beurteilung der Sache nicht zu vereinbaren wären»[81]. Die Praxis zur «Heilung» der Verletzung des rechtlichen Gehörs wird in der Literatur seit langem kritisiert[82].

---

[80] Statt vieler: BGE 135 I 187, E. 2.2, m.w.H.
[81] BGE 137 I 195, E. 2.3.2. Gegenbeispiel: VGr, 10.9.2012, VB.2012.00393, E. 3.
[82] Vgl. etwa Kölz/Häner/Bertschi, Verwaltungsverfahren, N. 551 f.; G. Müller, in: Kommentar aBV, Art. 4 N. 103; Müller/Schefer, Grundrechte, S. 857 f.; Bernhard Rütsche, Rechtsfolgen von Grundrechtsverletzungen – Mit Studien zur Normstruktur von Grundrechten, zu den funktionellen Grenzen der Verfassungsgerichtsbarkeit und zum Verhältnis von materiellem Recht und Verfahrensrecht, Diss. (Bern), Basel/Genf/München 2002, S. 153 ff.; Schindler, Formelle Natur, S. 174 ff.

> *b. Ausnahme*
>
> **§ 9**
>
> ¹ Die Einsicht in ein Aktenstück, insbesondere in ein Einvernahmeprotokoll, kann zur Wahrung wichtiger öffentlicher oder schutzwürdiger privater Interessen oder im Interesse einer noch nicht abgeschlossenen Untersuchung verweigert werden. Die Verweigerung ist in den Akten zu vermerken und zu begründen.
>
> ² Der wesentliche Inhalt eines Aktenstückes, in welches die Einsicht verweigert wurde, soll jedoch insoweit mitgeteilt werden, als dies ohne Verletzung der zu schützenden Interessen möglich ist. Bei mündlicher Bekanntgabe ist ein Protokoll zu erstellen, das derjenige zu unterzeichnen hat, der die Einsicht verlangt.

Materialien

Weisung 1957, S. 1033; Prot. KK 13.12.1957 S. 7, 23.9.1958 S. 1 f.; Prot. KR 1955–1959, S. 3271; Beleuchtender Bericht 1959, S. 399.

Literatur

Vgl. die Angaben bei § 8.

Inhaltsübersicht

I.	Schranken des Akteneinsichtsrechts	1–11
	A. Allgemeines	1–6
	B. Interessenabwägung	7–11
II.	Modalitäten bei Verweigerung oder Beschränkung der Akteneinsicht	12–15
III.	Rechtsfolgen bei Verweigerung der Akteneinsicht	16–17

I. Schranken des Akteneinsichtsrechts

A. Allgemeines

1 § 9 regelt – unter der Marginalie «**Ausnahme**» – die Schranken des Akteneinsichtsrechts. Er stellt mit § 8 eine Einheit dar (§ 8 N. 1). Im Gegensatz zu diesem ist § 9 seit 1959 unverändert geblieben.

2 Der Anspruch auf **rechtliches Gehör** gilt – wie jedes Grundrecht – nicht schrankenlos (vgl. Art. 36 BV). Er kann mit entgegenstehenden Interessen kollidieren, so dass eine Güterabwägung im Einzelfall erforderlich wird[1].

3 Auch das **Akteneinsichtsrecht** als Teilgehalt des rechtlichen Gehörs gilt nicht absolut. Einschränkungen sind möglich, wenn dem Interesse an der Einsichtnahme *öffentliche oder private Geheimhaltungsinteressen* entgegenstehen (§ 9 Abs. 1 Satz 1)[2], welche höher zu gewichten sind. Dabei vermögen jedoch nur öffentliche oder private Interessen von erheblicher Intensität eine Beschränkung der Akteneinsicht zu rechtfertigen. Nach

---

Unter Mitarbeit von MATHIAS KAUFMANN, M.A. HSG.

[1] Vgl. MÜLLER/SCHEFER, Grundrechte, S. 858 ff.
[2] Vgl. auch Art. 27 Abs. 1 VwVG.

Massgabe des Grundsatzes der Verhältnismässigkeit ist im Einzelfall zu beurteilen, ob die Akteneinsicht gänzlich zu verweigern oder lediglich zu beschränken ist (N. 12).

Auch das allgemeine **Informationszugangsrecht nach § 20 Abs. 1 IDG** unterliegt Einschränkungen, wenn überwiegende öffentliche oder private Interessen entgegenstehen (§ 23 Abs. 1 IDG). Mithin ist auch in diesem Zusammenhang eine Interessenabwägung vorzunehmen. Anders als im Fall des (individualrechtlichen) Akteneinsichtsrechts stehen den Geheimhaltungsinteressen jedoch nicht schutzwürdige eigene Interessen an der Einsichtnahme gegenüber, sondern der voraussetzungslos bestehende, im Öffentlichkeitsprinzip wurzelnde *Transparenzanspruch* gemäss § 1 Abs. 2 lit. a IDG. Dieser hat im Rahmen der Abwägung mit entgegenstehenden Geheimhaltungsinteressen tendenziell weniger Gewicht als das Akteneinsichtsrecht, welches ein persönlichkeitsbezogenes Grundrecht darstellt (vgl. § 8 N. 4), so dass der Informationszugang im Rahmen der Abwägung eher verweigert oder eingeschränkt werden kann als die Akteneinsicht[3]. Dies wird auch von der anderen «Waagschale» aus betrachtet deutlich, indem das Informationszugangsrecht – anders als das Akteneinsichtsrecht – bereits durch eher leichtgewichtige öffentliche Interessen aufgewogen werden kann (vgl. N. 8). Weiter kommt hinzu, dass eine einmal öffentlich gemachte Information im Sinn von § 3 Abs. 2 IDG ab diesem Moment jedermann zugänglich ist, nach dem Grundsatz «access to one, access to all»[4]. Auch aus diesem Grund kann bei der Gewährung des Informationszugangs grössere Zurückhaltung geboten sein als bei der Ausübung des Akteneinsichtsrechts. 4

Unhaltbar ist heute die in **§ 57 Abs. 3** vorgesehene Befugnis der am Verfahren beteiligten Verwaltungsbehörden, zur Wahrung wichtiger öffentlicher und schutzwürdiger privater Interessen gegenüber dem Verwaltungsgericht Akten zurückzubehalten (vgl. § 57 N. 7 ff.). 5

Zur **Anfechtbarkeit** einer Beschränkung oder einer (angeblich) zu weit gehenden Gewährung des Akteneinsichtsrechts vgl. § 19a N. 48, achtes Lemma. 6

B.   Interessenabwägung

Wesentliche **öffentliche Interessen,** die der Einsichtnahme entgegenstehen können, sind insbesondere die innere und äussere Sicherheit des Landes[5], ferner – gemäss § 9 Abs. 1 Satz 1[6] – das Interesse an einer noch nicht abgeschlossenen Untersuchung. In letzterem Fall besteht das überwiegende Interesse an der Geheimhaltung jedoch nur so lange, als die laufende Untersuchung gefährdet werden könnte[7]. Das Akteneinsichtsrecht kann von vornherein nur durch *wesentliche* öffentliche Interessen aufgewogen werden. Kein relevantes öffentliches Interesse stellt dasjenige am ungestörten Gang der Verwaltungstätig- 7

---

[3] Ebenso KÖLZ/HÄNER/BERTSCHI, Verwaltungsverfahren, N. 522; vgl. ferner BIAGGINI, in: Kommentar KV, Art. 17 N. 21.
[4] RUDIN, in: Baeriswyl/Rudin, Praxiskommentar IDG, § 20 N. 10.
[5] Vgl. Art. 27 Abs. 1 lit. a VwVG; hierzu BRUNNER, in: Kommentar VwVG, Art. 27 N. 19 ff.; WALDMANN/OESCHGER, in: Praxiskommentar VwVG, Art. 27 N. 20.
[6] Analog: Art. 27 Abs. 1 lit. c VwVG.
[7] KÖLZ/HÄNER/BERTSCHI, Verwaltungsverfahren, N. 508; WALDMANN/OESCHGER, in: Praxiskommentar VwVG, Art. 27 N. 21.

keit dar, ebensowenig die Vermeidung des mit der Akteneinsicht verbundenen Mehraufwands der Verwaltung[8].

8   Von erheblich geringerem Gewicht sind demgegenüber die öffentlichen Interessen, die dem *allgemeinen Informationszugangsrecht* gemäss § 20 Abs. 1 IDG entgegenstehen können und dieses gegebenenfalls aufzuwiegen vermögen[9]. So liegt ein relevantes öffentliches Interesse nach der nicht abschliessenden Aufzählung in § 23 Abs. 2 IDG etwa vor, wenn «die Bekanntgabe der Information den Meinungsbildungsprozess des öffentlichen Organs beeinträchtigt» (lit. b)[10]. Noch deutlicher wird dies bei der generalklauselartigen, schwammigen Formulierung in lit. e, wonach ein öffentliches Interesse an einer Einschränkung des Informationszugangs bereits dann gegeben ist, wenn «die Bekanntgabe die zielkonforme Durchführung konkreter behördlicher Massnahmen beeinträchtigt»[11].

9   Wesentliche öffentliche Interessen dürften der Akteneinsicht nur selten entgegenstehen. Häufiger sind indessen entgegenstehende **private Interessen,** entweder solche einer Gegenpartei oder von Dritten, die am Verfahren nicht beteiligt sind[12]. Im Vordergrund stehen hier der Schutz der Persönlichkeit sowie die Wahrung von Geschäfts- oder Berufsgeheimnissen[13]. Als Geschäftsgeheimnisse gelten grundsätzlich auch die im Rahmen eines Submissionsverfahrens eingereichten Offertunterlagen[14]. Ebenso besteht in der Regel ein schutzwürdiges Interesse, die Identität von Anzeigeerstattern oder Informanten geheimzuhalten, um diese vor ungerechtfertigten Massnahmen zu schützen (wobei hier auch öffentliche Interessen im Spiel sind)[15]. In Verfahren betreffend die Bewertung von Prüfungsleistungen ist die Einsichtnahme in Prüfungsarbeiten anderer Kandidaten nur statthaft, wenn konkrete Anhaltspunkte für eine rechtsungleiche Behandlung bestehen[16].

10 In sehr engen Grenzen ist es sogar denkbar, dem Einsichtsberechtigten zu dessen *Selbstschutz* gewisse Informationen vorzuenthalten, z.B. über die eigene Krankengeschichte oder den Inhalt eines psychiatrischen Gutachtens[17]. Dies kommt jedoch – mit Blick auf das in Art. 10 Abs. 2 BV gewährleistete Recht auf individuelle Selbstbestimmung – aus heutiger Sicht nur dann in Betracht, wenn durch die Einsichtnahme die akute Gefahr einer Gesundheitsschädigung geschaffen würde[18]. Als mildere Massnahme ist in einem

---

[8] Vgl. WALDMANN/OESCHGER, in: Praxiskommentar VwVG, Art. 27 N. 26.
[9] Offenbar anders BRUNNER, in: Kommentar VwVG, Art. 27 N. 23, der in Bezug auf die öffentlichen Interessen nicht zwischen den verschiedenen Einsichtsrechten differenziert.
[10] Vgl. dazu auch die «Präzisierungen» in § 2 IDV. Analog: Art. 7 Abs. 1 lit. a BGÖ.
[11] Analog: Art. 7 Abs. 1 lit. b BGÖ.
[12] Vgl. Art. 27 Abs. 1 lit. b VwVG.
[13] VGr, 23.11.2011, VB.2011.00371, E. 3.2.2.
[14] VGr, 28.9.2011, VB.2011.00316, E. 3.1.1 (BEZ 2011 Nr. 60); VGr, 12.9.2001, VB.2001.00095 (Zwischenentscheid), E. 3f (RB 2001 Nr. 5 = BEZ 2001 Nr. 56); WALDMANN/OESCHGER, in: Praxiskommentar VwVG, Art. 27 N. 35.
[15] VGr, 23.1.2002, VB.2001.00376, E. 4e (Leitsatz in RB 2002 Nr. 67); BGE 122 I 153, E. 6c aa/bb; vgl. WALDMANN/OESCHGER, in: Praxiskommentar VwVG, Art. 27 N. 23 f., 33.
[16] BGE 121 I 225, E. 2c.
[17] BGE 122 I 153, E. 6c cc.
[18] WALDMANN/OESCHGER, in: Praxiskommentar VwVG, Art. 27 N. 34.

solchen Fall stets zu prüfen, ob zumindest einer Vertrauensperson (Arzt, Rechtsanwalt usw.) Akteneinsicht gewährt werden kann (sog. mediatisierte Akteneinsicht)[19].

Sind die massgebenden, einander gegenüberstehenden Interessen **ermittelt**, so müssen sie **gewichtet** und im konkreten Fall – mit Blick auf die Gewährung oder Verweigerung der Akteneinsicht – sorgfältig und umfassend gegeneinander **abgewogen** werden. Die Behörde hat ihr Ermessen pflichtgemäss auszuüben und insbesondere den Grundsatz der Verhältnismässigkeit zu beachten. Ins Gewicht fällt dabei auch das (öffentliche) Interesse am Zustandekommen eines materiell richtigen Entscheids. Weist eine Behörde ein Gesuch um Akteneinsicht von vornherein ab, ohne die auf dem Spiel stehenden Interessen zu ermitteln, zu gewichten und gegeneinander abzuwägen, begeht sie eine Gehörsverletzung.

II. Modalitäten bei Verweigerung oder Beschränkung der Akteneinsicht

Stehen der Akteneinsicht überwiegende Interessen entgegen, so bedeutet dies nicht automatisch, dass die Einsichtnahme gänzlich zu verweigern ist. Vielmehr muss – nach Massgabe des **Verhältnismässigkeitsprinzips** (Art. 5 Abs. 2 BV) – der wesentliche Inhalt eines Aktenstückes insoweit mitgeteilt werden, als dies ohne Verletzung der zu schützenden Interessen möglich ist (§ 9 Abs. 2 Satz 1). Die Einschränkung darf nicht weiter gehen als in sachlicher, zeitlicher und persönlicher Hinsicht erforderlich. So ist es nicht zulässig, die Einsichtnahme bezüglich des gesamten Dossiers zu verweigern, wenn sich die Geheimhaltungsgründe nur auf einzelne Aktenstücke beziehen[20]. Gegebenenfalls sind – als mildere Massnahme gegenüber der gänzlichen Verweigerung der Einsichtnahme – bestimmte Passagen abzudecken oder zu anonymisieren. Unzulässig ist jedoch die pauschale Anonymisierung sämtlicher Akten[21]. Generell darf sich die Verweigerung oder Beschränkung der Akteneinsicht nur auf Aktenbestandteile erstrecken, für welche Geheimhaltungsgründe bestehen, und nicht länger andauern als zur Wahrung des Schutzzwecks erforderlich[22].

Stehen der Einsichtnahme Interessen Dritter entgegen, so ist diesen vor dem Entscheid über die Gewährung, Einschränkung oder Verweigerung der Akteneinsicht **Gelegenheit zur Stellungnahme** zu geben[23]. Dies ergibt sich aus *deren* Anspruch auf rechtliches Gehör.

Gemäss § 9 Abs. 1 Satz 2 muss die Verweigerung der Akteneinsicht in den Akten **vermerkt** und **begründet** werden. Dabei ist auch festzuhalten, hinsichtlich welcher Akten die Einsicht im Einzelnen verweigert wurde. Die gesetzliche Begründungspflicht zwingt die Behörden, die Abwägung der sich gegenüberstehenden Interessen sorgfältig vor-

---

[19] Vgl. ALBERTINI, Rechtliches Gehör, S. 246; WALDMANN/OESCHGER, in: Praxiskommentar VwVG, Art. 26 N. 56, Art. 27 N. 34.
[20] Vgl. Art. 27 Abs. 2 VwVG.
[21] VGr, 21.8.2008, VB.2008.00211, E. 2.2.3.
[22] RHINOW/KOLLER/KISS/THURNHERR/BRÜHL-MOSER, Öffentliches Prozessrecht, N. 337.
[23] BRUNNER, in: Kommentar VwVG, Art. 27 N. 35; vgl. die analoge Regelung in § 26 Abs. 1 IDG.

zunehmen und ihr Ermessen pflichtgemäss auszuüben. Sie ermöglicht es überdies, in einem allfälligen Rechtsmittelverfahren, in dem eine Gehörsverletzung geltend gemacht wird, die Beweggründe sowie den genauen Umfang der fraglichen Einsichtsverweigerung nachzuvollziehen. Allerdings können entgegenstehende Geheimhaltungsinteressen eine gewisse Zurückhaltung erfordern, was die Dichte der Begründung anbelangt. Dies kann in Ausnahmefällen – etwa wenn Interessen der inneren oder äusseren Sicherheit auf dem Spiel stehen – so weit gehen, dass auf eine eingehende Begründung verzichtet werden muss, weil andernfalls Einzelheiten des Sachverhalts aufgedeckt würden, die es geheimzuhalten gilt[24].

15 § 9 Abs. 2 Satz 2 schreibt vor, dass bei mündlicher Bekanntgabe des wesentlichen Inhalts eines geheimzuhaltenden Aktenstücks ein **Protokoll** zu erstellen ist, das derjenige zu unterzeichnen hat, der die Einsicht verlangt. Wie beim Vermerk und bei der Begründung der Einsichtsverweigerung in den Akten (N. 14) wird damit bezweckt, Umfang und Inhalt der Einsichtsgewährung verbindlich festzuhalten, um so für den Fall einer Überprüfung der Handhabung des Akteneinsichtsrechts in einem Rechtsmittelverfahren eine verlässliche Beurteilungsgrundlage zu schaffen.

III. Rechtsfolgen bei Verweigerung der Akteneinsicht

16 Wird einer Partei die Einsichtnahme in ein Aktenstück verweigert, so entsteht ein Spannungsverhältnis zwischen dem Gebot der materiellen Wahrheitsfindung (Pflicht zur Sachverhaltsermittlung von Amtes wegen) und dem Gebot eines fairen Verfahrens. Die Rechtsordnung gewichtet die Verfahrensfairness tendenziell stärker, indem sie in einem solchen Fall von einem grundsätzlichen **Verwertungsverbot** ausgeht. Allerdings greift mitunter eine vermittelnde Lösung Platz, die das Spannungsverhältnis entschärft: Wenn die Behörde – wozu sie grundsätzlich gehalten ist (vgl. § 9 Abs. 2 Satz 1) – die betroffene Partei schriftlich oder mündlich *über den wesentlichen Inhalt der betreffenden Akten informiert* und ihr Gelegenheit gibt, sich zu äussern und Gegenbeweismittel zu bezeichnen, darf das fragliche Aktenstück als Beweismittel verwendet werden. Diese in Art. 28 VwVG ausdrücklich formulierte Regel ergibt sich als Mindestanforderung bereits aus dem Bundesverfassungsrecht[25]. Sie ist dahingehend zu ergänzen, dass die Begründetheit und der Umfang der Geheimhaltung auf dem Rechtsmittelweg überprüfbar sein müssen, und zwar in Kenntnis der betreffenden Akten[26].

17 Falls die Information und die Möglichkeit, sich zu äussern, in Anbetracht der Schwere oder der Art der Geheimhaltungsinteressen unterbleiben, besteht trotz Verwertungsverbot freilich die erhebliche Gefahr, dass die vorhandenen Kenntnisse dennoch – möglicherweise unbewusst – in die Entscheidfindung einfliessen. Dem kann zumindest ein Stück weit entgegengetreten werden, indem das fragliche Aktenstück gänzlich **aus dem**

---

[24] BVGr, 7.7.2011, B-7407/2009, E. 2.2.
[25] BGE 100 Ia 97, E. 5d (Pra 1974 Nr. 201).
[26] ALBERTINI, Rechtliches Gehör, S. 248.

Dossier entfernt wird, wie dies die Literatur zum Teil postuliert[27]. Mit Rücksicht auf die materielle Wahrheitsfindung wird dies jedoch nicht immer möglich sein; diesfalls lässt sich das erwähnte Spannungsverhältnis nicht gänzlich auflösen.

---

[27] ALBERTINI, Rechtliches Gehör, S. 248; WALDMANN/OESCHGER, in: Praxiskommentar VwVG, Art. 28 N. 5.

Erledigung
a. Im Allgemeinen

§ 10

¹ Schriftliche Anordnungen sind zu begründen und mit einer Rechtsmittelbelehrung zu versehen, die das zulässige ordentliche Rechtsmittel, die Rechtsmittelinstanz und die Rechtsmittelfrist bezeichnet.

² Erlasse, ausgenommen die Kantonsverfassung und kantonale Gesetze, werden mit einer Rechtsmittelbelehrung veröffentlicht.

³ Schriftliche Anordnungen werden mitgeteilt:
  a. den Verfahrensbeteiligten,
  b. auf ihr Gesuch hin anderen Personen, wenn sie durch die Anordnung berührt sind und ein schutzwürdiges Interesse an deren Aufhebung oder Änderung haben,
  c. der Schlichtungsstelle im Sinne des Gleichstellungsgesetzes vom 24. März 1995, wenn eine Schlichtungsverhandlung durchgeführt wurde.

⁴ Eine Anordnung kann amtlich veröffentlicht werden, wenn sie
  a. nicht zugestellt werden kann,
  b. zahlreichen Personen mitgeteilt werden müsste,
  c. Personen unbekannten Aufenthalts mitgeteilt werden müsste,
  d. Personen mitgeteilt werden müsste, die sich nur mit unverhältnismässigem Aufwand vollzählig bestimmen lassen.

⁵ Anstelle der vollständigen amtlichen Veröffentlichung der Anordnung kann auch bekannt gemacht werden, bei welcher Amtsstelle die Anordnung innert welcher Frist bezogen werden kann.

Materialien

Weisung 2009, S. 952 f.; Prot. KR 2007–2011, S. 10239 und 10535.

Zur früheren Fassung/zu früheren Fassungen: Weisung 1957, S. 1035; Prot. KK 23.9.1958; Prot. KR 1955–1959, S. 3271; Beleuchtender Bericht 1959, S. 400; Weisung 1995, S. 1527 f.; Prot. KK 1995/96, S. 14 ff., 19 f., 33, 235 f., 351; Prot. KR 1995–1999, S. 6427 ff., 6435 ff., 6488, 6830; Beleuchtender Bericht 1997, S. 6.

Literatur

AMSTUTZ KATHRIN/ARNOLD PETER, in: Basler Kommentar BGG, Art. 44; BIAGGINI GIOVANNI, in: Kommentar KV, Art. 18; BORNATICO REMO, in: Basler Kommentar ZPO, Art. 136, 138, 140 und 141; CAVELTI URS PETER, in: Kommentar VwVG, Art. 20; DONZALLAZ, Notification; EHRENZELLER BERNHARD, in: Basler Kommentar BGG, Art. 112; FREI NINA J., in: Berner Kommentar ZPO, Art. 136 ff.; HÄFELIN/MÜLLER/UHLMANN, Verwaltungsrecht, N. 884 ff., 1638 ff., 1642 ff., 1705 ff.; HAUSER/SCHWERI/LIEBER, Kommentar GOG, §§ 121 und 136; KIENER/RÜTSCHE/KUHN, Öffentliches Verfahrensrecht, N. 799 ff.; KNEUBÜHLER, Begründungspflicht; KNEUBÜHLER LORENZ, in: Kommentar VwVG, Art. 34 und 36; KÖLZ/HÄNER/BERTSCHI, Verwaltungsverfahren, N. 615 ff.; MAITRE BERNARD/THALMANN VANESSA, in: Praxiskommentar VwVG, Art. 20; MERKLI/AESCHLIMANN/HERZOG, Kommentar VRPG, Art. 44 und 52; MEYER K., Begründung, S. 1416 ff.; OBERHAMMER PAUL, in: Basler Kommentar ZPO, Art. 239; RHINOW/KOLLER/KISS/THURNHERR/BRÜHL-MOSER, Öffentliches Prozessrecht, N. 342 ff.; RIEDO CHRISTOF, Falsch belehrt – falsch zugestellt. Falsche Rechtsmittelbelehrung und Zustellung direkt an den anwaltlich vertretenen Beschuldigten. Fristberechnung. Entscheid der strafrechtlichen Abteilung des Bundesgerichts vom 26. August 2011 (6B_295/2011), AJP 2012, 133 ff. *(Rechtsmittelbelehrung);* STADELWIESER, Eröffnung; UHLMANN FELIX/SCHWANK ALEXANDRA, in: Praxiskommentar VwVG, Art. 34 und 36; WIEDERKEHR, Begründungspflicht, S. 481 ff.

Inhaltsübersicht

I.	Vorbemerkungen zu den §§ 10 und 10a	1–3
II.	Einleitung zu § 10	4–14
III.	Begründungspflicht (Abs. 1)	15–37
	A. Einleitung	15–17
	B. Grundsatz und Ausnahmen	18–23
	C. Begründungsdichte	24–33
	D. Rechtsfolgen einer fehlenden oder fehlerhaften Begründung	34–37
IV.	Rechtsmittelbelehrung (Abs. 1 und 2)	38–57
	A. Übersicht	38–39
	B. Rechtsmittelbelehrung bei Anordnungen (Abs. 1)	40–46
	C. Rechtsmittelbelehrung bei Erlassen (Abs. 2)	47–50
	D. Rechtsfolgen einer fehlenden oder fehlerhaften Rechtsmittelbelehrung	51–57
V.	Mitteilung von Anordnungen (Abs. 3)	58–109
	A. Einleitung	58–63
	B. Mitteilungsberechtigte	64–78
	1. Verfahrensbeteiligte (lit. a)	64–67
	2. Andere Personen (lit. b)	68–73
	3. Schlichtungsstelle im Sinne des Gleichstellungsgesetzes (lit. c)	74–76
	4. Beschwerdeberechtigte Behörden und Organisationen	77–78
	C. Zustellung	79–107
	1. Zustellungszeitpunkt	79–81
	2. Zustellungsnachweis	82–85
	3. Zustellungsarten	86–107
	a) Zustellung auf dem Postweg	86–101
	aa) Pflichten des Adressaten	86–89
	bb) Zustellungsfiktion	90–92
	cc) Einzelne Konstellationen	93–101
	b) Zustellung durch eine Amtsperson	102–104
	c) Zustellung auf dem elektronischen Weg	105–106
	d) Zustellung durch amtliche Publikation	107
	D. Fehlende oder fehlerhafte Zustellung	108–109
VI.	Amtliche Veröffentlichung (Abs. 4 und 5)	110–132
	A. Einleitung	110–117
	B. Unzustellbarkeit (Abs. 4 lit. a)	118–119
	C. Zahlreiche Adressaten (Abs. 4 lit. b)	120–122
	D. Personen unbekannten Aufenthalts (Abs. 4 lit. c)	123–124
	E. Aufwendige vollzählige Bestimmung (Abs. 4 lit. d)	125
	F. Umfang der Veröffentlichung (Abs. 5)	126–130
	G. Verzicht auf Veröffentlichung	131–132

I. Vorbemerkungen zu den §§ 10 und 10a

Die §§ 10 und 10a umschreiben **Grundvoraussetzungen der rechtswirksamen Eröffnung** von Anordnungen bzw. der rechtswirksamen Publikation von Erlassen. Sie regeln in erster Linie, wie Anordnungen ausgestaltet und gegenüber wem sie mitgeteilt bzw. förmlich bekanntgemacht werden müssen, um Rechtswirkung zu entfalten.

§ 10

2   Die Obermarginalie zu den §§ 10 und 10a lautet «Erledigung»; gemeint ist die **Erledigung von erstinstanzlichen Verwaltungsverfahren**[1]. Die Erledigung des Rekursverfahrens ist demgegenüber in den §§ 27c ff., jene des Beschwerdeverfahrens in den §§ 63 ff. normiert; die §§ 10 und 10a sind aber auch in solchen Verfahren anwendbar (vgl. §§ 4 und 70). Bei der Erledigung verwaltungsgerichtlicher Verfahren sind ferner zivilprozessuale Bestimmungen (§ 71 VRG i.V.m. Art. 136 ff. ZPO) sowie einzelne Normen des Verwaltungsverfahrensgesetzes des Bundes (Art. 1 Abs. 3 VwVG) und des Bundesgerichtsgesetzes (Art. 112 BGG) zu beachten.

3   Im Rahmen der VRG-Revision von 1997 war § 10 gegenüber der Urfassung von 1959 erheblich verändert, ausgeweitet und mit einer Novelle (§ 10a) ergänzt worden. Ausdrücklich statuiert wurde neu die Begründungspflicht für das erstinstanzliche Verwaltungsverfahren (§ 10 Abs. 2 in der Fassung von 1997). Anlässlich der **VRG-Revision von 2010** wurden die §§ 10 und 10a abermals revidiert, umstrukturiert und ergänzt. Inhaltlich neu ist seit der Revision von 2010 allerdings einzig die Vorschrift, dass Erlasse unterhalb der Gesetzesstufe mit einer Rechtsmittelbelehrung veröffentlicht werden müssen (§ 10 Abs. 2). Die übrigen 2010 erfolgten Änderungen sind lediglich formeller Art. Sie wurden vorgenommen, weil Aufbau, Wortlaut und Marginalien der §§ 10 und 10a (in der Fassung von 1997) nicht mehr zu befriedigen vermochten[2]. Aus systematischen Gründen wurde die Reihenfolge der ersten beiden Absätze von § 10 vertauscht; der bisherige § 10 Abs. 3 wurde zwecks besserer Verständlichkeit in zwei Absätze (4 und 5) unterteilt und klarer strukturiert, und die 1997 als § 10a Abs. 2 ins VRG eingefügten Bestimmungen über das Einspracheverfahren wurden – unter Ergänzung der geltenden Praxis – in § 10b überführt.

II. Einleitung zu § 10

4   § 10 auferlegt den Behörden – als Teilgehalt des rechtlichen Gehörs – eine Begründungs-, Rechtsmittelbelehrungs- und Mitteilungspflicht in Bezug auf erstinstanzliche Anordnungen sowie eine Rechtsmittelbelehrungs- und Mitteilungspflicht in Bezug auf Erlasse. Indem § 10 umschreibt, wie Anordnungen und Erlasse bekanntgemacht werden müssen, um Rechtswirkung zu entfalten, statuiert diese Bestimmung die **Voraussetzungen einer rechtswirksamen Eröffnung** von Anordnungen bzw. einer rechtswirksamen Publikation von Erlassen.

5   Mit dem Begriff «Eröffnung» ist die förmliche Bekanntgabe des Inhalts eines Verwaltungsakts gemeint. Berührt ein Verwaltungsakt schutzwürdige Interessen einer Person, so sind die Behörden dazu verpflichtet, diesbezüglich eine Anordnung in der gesetzlich vorgeschriebenen Form zu erlassen und diese so bekanntzugeben, dass der Adressat oder die Adressatin davon Kenntnis nehmen kann[3]. Die rechtskonforme Eröffnung setzt sowohl die **korrekte Form** als auch die **korrekte Übermittlung** der Anordnung bzw. des

---

[1] Vgl. Weisung 2009, S. 952.
[2] Vgl. Weisung 2009, S. 952.
[3] Vgl. UHLMANN/SCHWANK, in: Praxiskommentar VwVG, Art. 34 N. 2.

Erlasses voraus[4]. Bisweilen enthalten Spezialgesetze besondere Eröffnungsvorschriften (vgl. z.B. § 68a GG; § 4 GSG; § 38 Abs. 2 SubmV; § 12 Abs. 2 BVV).

Die rechtskonforme Eröffnung ist Voraussetzung dafür, dass ein Verwaltungsakt den Lauf allfälliger Fristen auslöst (vgl. § 22 Abs. 2)[5] und **rechtswirksam** bzw. vollstreckbar wird[6]. Auch nicht oder nicht unmittelbar anfechtbare Rechtsakte – beispielsweise Zwischenentscheide, die keinen nicht wiedergutzumachenden Nachteil bewirken – müssen eröffnet werden, um Rechtswirksamkeit zu entfalten. Nicht von einer «Eröffnung» ist hingegen die Rede, wenn eine informelle bzw. nicht rechtswirksame Information bekanntgemacht wird, wenn Informationen zwischen Behörden ausgetauscht werden oder wenn ein Verfahren abgeschlossen bzw. eingestellt wird, das keine schutzwürdigen Interessen berührt.

Für **Anordnungen** gelten andere Eröffnungsvorschriften als für Erlasse. Während Erlasse durch amtliche Publikation eröffnet werden können, müssen Anordnungen den Adressaten (oder ihren Vertretern) in der Regel persönlich und individuell – im Normalfall per Post – mitgeteilt werden[7]. Nur ausnahmsweise kommt bei Anordnungen eine unpersönliche Eröffnung in Frage (vgl. § 10 Abs. 4).

Bei einer **Allgemeinverfügung** ist eine (zusätzliche) individuelle Eröffnung nur nötig, wenn sie auf Gesuch hin erlassen wurde oder wenn besondere, individualisierbare Adressaten vorhanden sind. Ansonsten sind Allgemeinverfügungen grundsätzlich nach den Regeln der Bekanntgabe von Rechtssätzen zu eröffnen[8].

Anordnungen werden in der Regel **schriftlich** eröffnet (vgl. § 10 Abs. 1, 3 und 4). Das Gesetz kann aber auch eine **elektronische**[9] oder **mündliche**[10] Eröffnung zulassen, soweit die Schriftform nicht zwingend vorgeschrieben ist (vgl. z.B. Art. 112 Abs. 1 BGG). Aus Beweisgründen soll die mündliche Eröffnung allerdings schriftlich in einem Protokoll festgehalten werden, das den Mitteilungsberechtigten bzw. den Anfechtungsberechtigten anschliessend zur Kenntnis gebracht wird.

Die rechtsgültige Eröffnung einer Anordnung setzt nicht nur deren korrekte Überbringung an den Adressaten voraus, sondern auch die Einhaltung weiterer gesetzlich vorgeschriebener **formaler Anforderungen**[11]. Anordnungen müssen insbesondere eine Begründung sowie eine Rechtsmittelbelehrung enthalten (vgl. § 10 Abs. 1), soweit das Gesetz eine unbegründete Anordnung nicht ausnahmsweise zulässt (vgl. § 10a). Ferner muss das Dispositiv klar, eindeutig und vollständig sein und darf nicht im Widerspruch zur Entscheidbegründung stehen; ansonsten kann Anspruch auf Erläuterung im Rah-

---

[4] Vgl. KIENER/RÜTSCHE/KUHN, Öffentliches Verfahrensrecht, N. 799.
[5] Vgl. VGr, 13.7.2011, VB.2011.00070, E. 2.3 (URP 2012, 47 ff., 51).
[6] Vgl. BGE 130 IV 101, E. 2.3; KNEUBÜHLER, in: Kommentar VwVG, Art. 34 N. 1; MERKLI/AESCHLIMANN/HERZOG, Kommentar VRPG, Art. 44 N. 1; OBERHAMMER, in: Basler Kommentar ZPO, Art. 239 N. 1; STADELWIESER, Eröffnung, S. 10.
[7] Vgl. BGE 133 I 201, E. 2.1; RB 1986 Nr. 24; 1983 Nr. 62; OBERHAMMER, in: Basler Kommentar ZPO, Art. 239 N. 1; RHINOW/KOLLER/KISS/THURNHERR/BRÜHL-MOSER, Öffentliches Prozessrecht, N. 342.
[8] RB 1984 Nr. 2 (ZBl 1985, 82 ff. = ZR 84 Nr. 9).
[9] Vgl. z.B. § 71 VRG i.V.m. Art. 139 Abs. 1 ZPO; Art. 34 Abs. 1bis VwVG; so auch Art. 86 StPO.
[10] Vgl. z.B. § 65 Abs. 3 VRG; Art. 1 Abs. 3 i.V.m. Art. 34 Abs. 2 VwVG; § 164 Abs. 3 Satz 2 JVV. Siehe BGr, 20.6.2012, 1C_522/2011, E. 4.
[11] Vgl. KIENER/RÜTSCHE/KUHN, Öffentliches Verfahrensrecht, N. 800 ff.

men einer fristauslösenden Neueröffnung bestehen[12]. Weitere Formerfordernisse können in Spezialgesetzen statuiert sein (vgl. z.B. § 150 StG; §§ 311 und 314 PBG; § 27 Abs. 1 GSVGer; § 164 Abs. 3 JVV).

11 Was den **Umfang der Eröffnung** betrifft, genügt in der Regel die Bekanntmachung der eigentlichen Anordnung. Diese muss in vollständiger Fassung eröffnet werden, soweit das Gesetz nicht ausnahmsweise etwas anderes vorschreibt (vgl. z.B. § 10 Abs. 5 und § 65 Abs. 3). Nicht unter die Eröffnungspflicht fallen Unterlagen, auf die in der Anordnung Bezug genommen wird. Solche Dokumente gehören zu den Verfahrensakten; es genügt, sie in der Anordnung zu erwähnen, damit die Parteien und allfällige Dritte Akteneinsicht verlangen können[13].

12 Nicht restlos geklärt ist, inwiefern eine schriftlich eröffnete Anordnung einer **Unterschrift** bedarf[14], soweit diese Frage nicht spezialgesetzlich[15] geregelt ist. Die für Massenverfügungen entwickelte Rechtsprechung, wonach die Unterzeichnung der Anordnung in der Regel kein Gültigkeitserfordernis darstellt[16], kann grundsätzlich auch auf individuell ausgefertigte Verfügungen angewendet werden[17]. Die fehlende Unterschrift auf einer Verfügung bewirkt in der Regel keine Nichtigkeit[18]. Soweit eine Anordnung unterschriftsbedürftig ist, lässt es die Praxis genügen, wenn einzig das bei der Entscheidinstanz verbleibende Original handschriftlich unterschrieben ist bzw. wenn die Verfahrensbeteiligten lediglich eine Kopie des unterschriebenen Originalentscheids erhalten. Als Zeichen von Respekt der Entscheidinstanz gegenüber den Verfahrensbeteiligten erscheint es indessen legitim, zu fordern, dass sämtliche behördlich eröffneten Entscheide handschriftlich unterschrieben werden.

13 Aus einer **fehlenden oder fehlerhaften Eröffnung** einer Anordnung darf den Betroffenen – soweit sie gutgläubig sind – kein Nachteil entstehen, was sich aus dem Fairnessgebot gemäss Art. 29 Abs. 1 BV ergibt[19]. Eröffnungsmängel dürfen insbesondere nicht dazu führen, dass die Möglichkeit, ein Rechtsmittel zu ergreifen, eingeschränkt oder vereitelt wird. Schwere Eröffnungsfehler – etwa die fehlende Bekanntmachung einer Anordnung oder eines Erlasses – haben in der Regel die Nichtigkeit, weniger gravierende Fehler die Anfechtbarkeit des betreffenden Akts zur Folge[20]. Ein blosses Schreibversehen – etwa die falsche Buchstabierung des Namens einer verfahrensbeteiligten Person – stellt keinen für den Adressaten nachteiligen Eröffnungsmangel dar[21].

---

[12] Vgl. RB 2004 Nr. 98, E. 2.1 (SB.2004.00045).
[13] Vgl. VGr, 30.5.2012, VB.2012.00145, E. 1.2; VGr, 21.3.2012, VB.2011.00692, E. 1.2.3 und 1.2.4.
[14] Kölz/Häner/Bertschi, Verwaltungsverfahren, N. 627.
[15] Vgl. z.B. § 71 VRG i.V.m. § 136 GOG; § 20 Abs. 2 OV VGr; § 8 VO StG; § 19 Abs. 1 OV BRG; siehe auch BGE 131 V 483, E. 2.3.3.
[16] BGE 112 V 87, E. 1; vgl. BGE 138 II 501, E. 3.2.2.
[17] Vgl. BVGer, 17.1.2008, A-4580/2007, E. 3.2; Häfelin/Müller/Uhlmann, Verwaltungsrecht, N. 887; Kiener/Rütsche/Kuhn, Öffentliches Verfahrensrecht, N. 822 ff.
[18] Vgl. BGr, 8.3.2013, 2C_848/2012, E. 4.3; BGE 138 II 501, E. 3.2.3.
[19] Vgl. auch Art. 49 BGG; Art. 38 VwVG.
[20] Vgl. VGr, 25.10.2012, VR.2012.00001, E. 2.3; Merkli/Aeschlimann/Herzog, Kommentar VRPG, Art. 52 N. 1.
[21] Vgl. z.B. VGr, 2.11.2011, SB.2011.00097, E. 2.2.2.

Kein Rechtsnachteil erwächst den Verfahrensbeteiligten aus einer mangelhaft eröffneten Anordnung, wenn sie diese problemlos auf dem ordentlichen Rechtsmittelweg anfechten können[22]. Nach **Treu und Glauben** darf eine Partei mit der Anfechtung einer mangelhaft eröffneten Verfügung nicht beliebig zuwarten, sondern ist gehalten, sich innert angemessener Frist ab Kenntnis des für sie nachteiligen Entscheids mit geeigneten Vorkehren dagegen zur Wehr zu setzen[23]. Welche Schritte von einer Person erwartet werden, der ein Entscheid nicht oder nicht ordnungsgemäss eröffnet wurde, hängt von den Umständen des Falles ab[24], wobei die Anforderungen an die Sorgfaltspflicht bei rechtskundigen Personen höher anzusetzen sind als bei juristischen Laien[25].

14

III. Begründungspflicht (Abs. 1)

A. Einleitung

Gemäss § 10 Abs. 1 müssen schriftliche Anordnungen begründet werden. Die Begründung ist in der Regel **Voraussetzung für die rechtswirksame Eröffnung** einer Anordnung. Die Begründungspflicht dient der Gewährung des rechtlichen Gehörs und hat überdies zahlreiche weitere Funktionen, insbesondere jene der Selbstkontrolle, der Fremdkontrolle, der Effizienz sowie der Akzeptanz und des Rechtsfriedens[26].

15

Die Begründungspflicht ergibt sich nicht nur aus § 10 Abs. 1 sowie – im Beschwerdeverfahren – aus § 65 Abs. 1 Satz 1, sondern auch aus Regeln des **übergeordneten Rechts,** insbesondere aus dem Anspruch auf rechtliches Gehör (Art. 29 Abs. 2 BV)[27], dem Anspruch auf begründete Entscheide von Verwaltungs- und Gerichtsinstanzen (Art. 18 Abs. 2 KV) sowie der bundesrechtlichen Begründungspflicht in Bezug auf letztinstanzliche kantonale Entscheide (Art. 112 Abs. 1 lit. d BGG)[28].

16

Die ursprüngliche Fassung des VRG hatte keine Bestimmung enthalten, welche die Behörden zur Begründung von Anordnungen verpflichtete; § 10 Abs. 2 (in der Fassung von 1959) enthielt lediglich Vorschriften in Bezug auf die Rechtsmittelbelehrung. Bestimmungen über die Begründungspflicht bzw. über Ausnahmen von dieser Pflicht enthält das VRG erst seit der **Revision von 1997** (vgl. § 10 Abs. 2 und § 10a in der damaligen Fassung). Mit der VRG-Revision von 2010 wurde die die Begründungspflicht betreffende Bestimmung in § 10 Abs. 1 überführt. Die Ausnahmen von der Begründungspflicht sind nach wie vor in § 10a geregelt, der im Rahmen der Revision von 2010 allerdings ebenfalls Veränderungen erfuhr (vgl. § 10a N. 2).

17

---

[22] Vgl. VGr, 30.5.2012, VB.2012.00145, E. 1.4.
[23] BGE 139 IV 228, E. 1.3; VGr, 13.07.2011, VB.2011.00070, E. 2.3 (URP 2012, 47 ff., 51); vgl. BGr, 6.3.2013, 1C_150/2012, E. 2.3.
[24] BGr, 3.2.2011, 1C_217/2010, E. 2.3.2.
[25] VGr, 16.5.2012, VB.2012.00216, E. 5.3.2 (nicht publiziert).
[26] K. Meyer, Begründung, S. 1416 ff.; vgl. Kneubühler, Begründungspflicht, S. 94 ff.
[27] Vgl. BGE 134 I 83, E. 4.1; Häfelin/Müller/Uhlmann, Verwaltungsrecht, N. 1705; Rhinow/Koller/Kiss/Thurnherr/Brühl-Moser, Öffentliches Prozessrecht, N. 343.
[28] Vgl. z.B. BGr, 13.9.2011, 1B_435/2011, E. 3.1 und 4; zur Ausnahme gemäss Art. 112 Abs. 2 BGG vgl. § 10a N. 6.

B. Grundsatz und Ausnahmen

18 § 10 Abs. 1 schreibt als **Grundsatz** vor, dass schriftliche Anordnungen begründet werden müssen. Anordnungen müssen individuell begründet bzw. auf die spezifischen Verhältnisse des Verfügungsadressaten – soweit rechtlich relevant – zugeschnitten sein[29]. Um eine sachgerechte Anfechtung zu ermöglichen, müssen Anordnungen vollumfänglich bzw. mit vollständiger Begründung eröffnet werden[30]. In Bezug auf Einspracheentscheide statuiert § 10b Abs. 3 Satz 2 eine Begründungspflicht.

19 Der Begründungs*pflicht* der Behörden steht ein prinzipieller **Begründungsanspruch** der Anordnungsadressaten gegenüber, der diesen unabhängig von der Berechtigung in der Sache und dem Vorliegen allfälliger Rechtsansprüche zukommt.

20 Aufgrund des übergeordneten Verfassungsrechts (vgl. N. 16) sind – über den Wortlaut von § 10 Abs. 1 hinaus – nicht nur schriftliche, sondern **auch nicht-schriftliche Anordnungen** begründungspflichtig, d.h. auch mündlich oder auf dem elektronischen Weg eröffnete Verfügungen.

21 Die Begründungspflicht betrifft gemäss § 10 Abs. 1 **Anordnungen**, d.h. individuell-konkrete Hoheitsakte einer Behörde[31]. Nicht begründungspflichtig sind demgegenüber Verwaltungsakte *ohne* Verfügungscharakter. Darunter fallen beispielsweise bloss informelle behördliche Mitteilungen (etwa ein Orientierungsschreiben, das keine Rechtswirkung entfalten soll) oder ein Schreiben einer Behörde an einen Aufsichtsanzeiger, mit dem sie bekanntgibt, dass sie der Anzeige keine Folge geben will[32]. Keiner Begründungspflicht unterliegen an sich auch *generell-abstrakte Erlasse*. In der Praxis wird die Änderung von Gesetzes- und Verordnungsbestimmungen indessen regelmässig begründet, was angesichts der Anfechtungsmöglichkeit im abstrakten Normenkontrollverfahren sachgerecht erscheint.

22 Eine Begründungspflicht besteht grundsätzlich unabhängig von **Anfechtbarkeit, Dringlichkeit** und **Art der Anordnung** (z.B. Zwischenverfügung, Endentscheid, Beschluss über Nebenfolgen). Anordnungen sind insbesondere auch dann zu begründen, wenn kein Rechtsmittel dagegen ergriffen werden kann oder wenn lediglich ein Rechtsbehelf (Wiedererwägungsgesuch, Aufsichtsbeschwerde) zur Verfügung steht. Zwischenverfügungen, die nicht selbständig anfechtbar sind, können im Rahmen der verfahrensabschliessenden Anordnung begründet werden[33].

23 **Ausnahmen** von der grundsätzlichen Pflicht, Anordnungen zu begründen, sind nur in gesetzlich vorgesehenen Fällen zulässig. Als wichtigste Ausnahmeklauseln sind § 10a und § 28a Abs. 2[34] zu erwähnen. Rekurs- und Beschwerdeinstanzen haben ferner die Möglichkeit, auf die Erwägungen der Vorinstanz zu verweisen, wenn sie diesen zustimmen

---

[29] Vgl. BGE 134 I 56, E. 2.
[30] Vgl. BGr, 4.4.2012, 1C_457/2011, E. 3.
[31] Vgl. BGE 129 I 232, E. 3.2.
[32] RB 2002 Nr. 5, E. 3b (VB.2002.00375).
[33] MERKLI/AESCHLIMANN/HERZOG, Kommentar VRPG, Art. 52 N. 23.
[34] Vgl. BGr, 6.6.2012, 1C_31/2012, E. 3.4; VGr, 4.9.2013, VB.2012.00786, E. 1.2.

([§ 71 i.V.m.] § 28 Abs. 1 Satz 2)[35]. Vereinzelt enthalten auch andere Gesetze Bestimmungen, die ausnahmsweise einen Begründungsverzicht[36] oder eine summarische Begründung[37] zulassen. Keiner Begründung bedürfen sodann nicht anfechtbare prozessleitende Verfügungen, die den normalen, gesetzlich geregelten Ablauf eines Verfahrens bestimmen – etwa die Aufforderung zur Einreichung einer Stellungnahme oder die Gewährung einer Fristerstreckung. Ein Begründungsverzicht kann schliesslich – bei Vorliegen bestimmter Voraussetzungen – in Bezug auf die Kosten- und Entschädigungsfolgen (vgl. § 13 N. 30 sowie § 17 N. 87) sowie die Höhe des Honorars der unentgeltlichen Rechtsvertretung (vgl. § 16 N. 110) zulässig sein.

C. Begründungsdichte

Wie ausführlich Anordnungen zu begründen sind, lässt sich nicht allgemein gesetzlich umschreiben; dies hängt vielmehr von den **konkreten Umständen** im Einzelfall ab[38]. 24

Gemäss der bundesgerichtlichen Rechtsprechung muss die Begründung von Verfügungen so abgefasst sein, dass sich der Betroffene **über die Tragweite des Entscheids Rechenschaft geben** und ihn in voller Kenntnis der Sache an die höhere Instanz weiterziehen kann[39]. Sie muss zumindest kurz die wesentlichen Überlegungen nennen, von denen sich die Entscheidinstanz hat leiten lassen und auf die sie ihren Entscheid stützt[40], und es muss grundsätzlich ersichtlich werden, wieso die Behörde vorgebrachte Äusserungen für unerheblich, unrichtig oder unzulässig hielt. Dabei darf sich die Begründung auf jene Aspekte beschränken, die die Behörde aus sachlich haltbaren Gründen als wesentlich betrachtet[41]. Nicht erforderlich ist deshalb, dass sich die Begründung mit allen Parteistandpunkten einlässlich auseinandersetzt und jedes einzelne Vorbringen ausdrücklich widerlegt[42]. Der Betroffene muss die Ausführungen der Entscheidinstanz nachvollziehen und in einem allfälligen Rechtsmittelverfahren substanziiert bestreiten können, ohne dass er auf Spekulationen darüber angewiesen ist, aus welchen Gründen gegen seine Anträge entschieden wurde[43]. Aus der Begründung muss mittelbar oder unmittelbar ersichtlich sein, ob die Behörde ein Vorbringen überhaupt nicht in Betracht gezogen oder lediglich für nicht erheblich bzw. für unrichtig gehalten hat[44]. 25

Bei **schematischen Rechtsanwendungsakten** (z.B. bei Bussentarifen) sowie bei Massenverfügungen (z.B. im Steuerrecht) bestehen geringere Anforderungen an die Begründungsdichte; hier kann bereits ein Hinweis auf die angewendete Norm oder eine formel- 26

---

[35] Zur Zulässigkeit einer solchen Verweisung vgl. BGr, 6.6.2012, 1C_31/2012, E. 3.4; BGr, 26.5.2011, 2C_109/2011, E. 2 und 4.
[36] Vgl. z.B. § 204 GOG in Bezug auf Entscheide über Begnadigungsgesuche (dazu BGr, 17.6.1994 [ZBl 1995, 140 ff.]); Art. 359 Abs. 1 Satz 2 StPO.
[37] Vgl. z.B. § 38 Abs. 2 SubmV.
[38] Weisung 1995, S. 1527.
[39] BGE 134 I 83, E. 4.1; 133 III 439, E. 3.3; VGr, 21.3.2012, VB.2011.00692, E. 1.2.1.
[40] BGE 136 I 229, E. 5.2; 136 I 184, E. 2.2.1; 133 III 439, E. 3.3.
[41] VGr, 4.5.2011, VB.2011.00023, E. 2.2.
[42] BGE 137 II 266, E. 3.2; 134 I 83, E. 4.1.
[43] Vgl. BGE 134 I 83, E. 4.2.3.
[44] BGE 101 Ia 46, E. 3; vgl. BGr, 21.3.2011, 6B_1036/2010, E. 3.3.3.

hafte Begründung genügen[45]. Auch eine summarische, standardisierte Begründung muss indessen schlüssig, verständlich und auf den individuellen Fall bzw. auf die konkreten Parteivorbringen zugeschnitten sein.

27 Die Begründungsanforderungen sind umso **höher,**
- je höher die *Komplexität* eines Falles ist,
- je grösser der *Entscheidungsspielraum* der Behörde ist,
- je stärker eine Anordnung in die *individuellen Rechte* eingreift[46],
- je *ungewöhnlicher* ein Entscheid vor dem Hintergrund des geltenden Rechts und der praxisgemässen Auslegung ist[47].

28 In Bezug auf **Kosten- und Entschädigungsfolgen** besteht eine reduzierte Begründungspflicht (vgl. § 13 N. 30, § 16 N. 110 sowie § 17 N. 87).

29 Im **Rechtsmittelverfahren** bestehen grundsätzlich höhere Begründungsanforderungen als im erstinstanzlichen Verfahren[48]. Immerhin ist es aber zulässig, auf Erwägungen der Vorinstanz zu verweisen, die den Parteien bekannt sind (vgl. § 28 Abs. 1 [i.V.m. § 70]). Eine bloss summarische Begründung der Rechtsmittelinstanz genügt sodann im Fall von offensichtlich unzulässigen, gegenstandslos gewordenen, offensichtlich unbegründeten oder offensichtlich begründeten Rechtsmitteln (§ 28a Abs. 1 lit. b; § 65 Abs. 1). Eine Begründung der *Sachurteilsvoraussetzungen* (Legitimation, Fristeinhaltung etc.) ist im Rechtsmittelverfahren nur dann notwendig, wenn unklar oder umstritten ist, ob die entsprechenden Erfordernisse erfüllt sind[49].

30 Die Anforderungen an die Begründung von **Allgemeinverfügungen** bzw. von Anordnungen, die sich an einen unbestimmten Adressatenkreis richten, sind grundsätzlich weniger hoch als jene an die Begründung einer individuell-konkreten Verfügung. Eine Ausnahme gilt dann, wenn einzelne Personen wesentlich schwerwiegender von der Anordnung betroffen sind als die übrige Vielzahl der Adressaten[50].

31 Die aus dem 19. Jahrhundert stammende Technik, Anordnungen «in der Erwägung dass..., dass...» zu begründen, ist heute für die durchschnittliche Leserschaft und selbst für Rechtsmittelinstanzen nur noch schwer verständlich. Lange und komplizierte «dass..., dass...»-Entscheide kommen einer ungenügenden Begründung nahe[51].

32 **Prüfungsentscheide** können zunächst mündlich begründet werden, falls keine anderweitigen kantonalen oder bundesrechtlichen Normen Schriftlichkeit vorschreiben[52]. Bei negativen Prüfungsentscheiden besteht auf Gesuch hin ein Anspruch auf eine summari-

---

[45] RHINOW/KOLLER/KISS/THURNHERR/BRÜHL-MOSER, Öffentliches Prozessrecht, N. 348.
[46] Weisung 1995, S. 1527; BGr, 12.10.2012, 1C_156/2012, E. 8.1.1; BGE 129 I 232, E. 3.3; VGr, 18.3.2010, SR.2010.00001, E. 2.2; vgl. MERKLI/AESCHLIMANN/HERZOG, Kommentar VRPG, Art. 52 N. 8.
[47] Vgl. BGr, 12.10.2012, 1C_156/2012, E. 8.1.1; RB 2006 Nr. 47, E. 4.3 (VB.2005.00602 = BEZ 2006 Nr. 36; RHINOW/KOLLER/KISS/THURNHERR/BRÜHL-MOSER, Öffentliches Prozessrecht, N. 347.
[48] HÄFELIN/MÜLLER/UHLMANN, Verwaltungsrecht, N. 1707.
[49] VGr, 10.7.2013, VB.2012.00015, E. 2.3.
[50] BGE 138 I 171, E. 3.3.2.
[51] OGr, 16.7.2012, NQ120028-O/U, ZR 2012, 214 ff., 216.
[52] BGr, 2.11.2011, 2D_11/2011, E. 2.2.

sche, schriftliche Begründung. Eine solche ist spätestens in einem Rechtsmittelverfahren über den Prüfungsentscheid nachzuliefern, wobei die betroffene Person Gelegenheit erhalten muss, in einem zweiten Schriftenwechsel dazu Stellung zu nehmen[53]. Aus Art. 29 BV lässt sich kein Anspruch auf Protokollierung oder Aufzeichnung mündlicher Prüfungen ableiten[54].

Wird ein Entscheid zunächst **mündlich beraten und eröffnet** und erst hernach schriftlich begründet, so darf die schriftliche Begründung bis zu einem gewissen Grad von den Äusserungen in der Beratung abweichen[55]. 33

D. Rechtsfolgen einer fehlenden oder fehlerhaften Begründung

Die fehlende oder fehlerhafte Begründung einer begründungspflichtigen Anordnung stellt einen Eröffnungsmangel dar und somit eine **Verletzung des Anspruchs auf rechtliches Gehör** bzw. eine formelle Rechtsverweigerung[56]. 34

Ungenügend begründete Entscheide sind nicht nichtig, aber anfechtbar[57]. Auf Erhebung eines Rechtsmittels hin sind sie grundsätzlich **aufzuheben**[58] und an die Vorinstanz **zurückzuweisen**. Diese Rechtsfolgen sieht auch Art. 112 Abs. 3 BGG in Bezug auf kantonal letztinstanzliche Entscheide vor, die mit Beschwerde anfechtbar sind und den Begründungsanforderungen gemäss Art. 112 Abs. 1 lit. b BGG nicht genügen. 35

Der Mangel der ungenügenden Begründung einer Anordnung kann nach der verwaltungsgerichtlichen Praxis unter Umständen durch spätere Nachreichung einer genügenden Begründung **geheilt** werden[59]. Demnach kann es zulässig sein, die ungenügende Begründung im Rahmen der Rechtsmittelbeantwortung – nicht mehr aber im Rahmen eines zweiten Schriftenwechsels – nachzuholen[60]. 36

Im **Submissionsrecht** müssen Zuschlagsverfügungen zwar grundsätzlich rechtsgenüglich begründet werden bzw. den Betroffenen eine sachgerechte Anfechtung ermöglichen[61]. Die Rechtsprechung des Verwaltungsgerichts lässt es allerdings zu, dass die Vergabeinstanzen die Begründung eines Vergabeentscheids im Rahmen der Beschwerdeantwort ergänzen und damit eine allfällige Verletzung des rechtlichen Gehörs, die aus dem ursprünglichen Fehlen einer ausreichenden Begründung erwachsen konnte, beheben[62]. 37

---

[53] VGr, 13.7.2011, VB.2010.00651, E. 3.1; vgl. BGr, 2.4.2012, 2D_65/2011, E. 5.1.
[54] BGr, 13.8.2004, 2P.23/2004, E. 2.4; BGr, 7.2.2002, 2P.223/2001, E. 3b.
[55] BGE 138 V 154, E. 2.4.
[56] BGE 102 Ib 231, E. 2b.
[57] MERKLI/AESCHLIMANN/HERZOG, Kommentar VRPG, Art. 52 N. 11.
[58] RHINOW/KOLLER/KISS/THURNHERR/BRÜHL-MOSER, Öffentliches Prozessrecht, N. 348.
[59] WIEDERKEHR, Begründungspflicht, S. 502 ff.
[60] RB 2003 Nr. 56 (VB.2002.00383 = BEZ 2003 Nr. 15); vgl. VGr, 1.11.2006, VB.2006.00026, E. 3.1 (BEZ 2006 Nr. 55); zur strengeren bundesgerichtlichen Praxis vgl. BGr, 21.3.2011, 6B_1036/2010, E. 3.3.4.
[61] BGr, 7.5.2013, 2C_277/2013, E. 1.5.
[62] VGr, 25.1.2012, VB.2011.00329, E. 5.1.2; RB 2000 Nr. 59 (BEZ 2000 Nr. 25).

IV. Rechtsmittelbelehrung (Abs. 1 und 2)

A. Übersicht

38 Schriftliche Anordnungen (§ 10 Abs. 1) sowie Erlasse, ausgenommen die Kantonsverfassung und kantonale Gesetze (§ 10 Abs. 2)[63], werden mit einer Rechtsmittelbelehrung versehen. Sowohl **individuell-konkrete als auch generell-abstrakte Akte** müssen demnach eine Rechtsmittelbelehrung enthalten. Diese Pflicht gilt somit auch in Bezug auf Hoheitsakte, die nicht eindeutig als Anordnung oder als Erlass qualifiziert werden können, beispielsweise Allgemeinverfügungen.

39 In der ursprünglichen Fassung des VRG war lediglich vorgeschrieben, dass mit der schriftlichen Mitteilung auf die Möglichkeit des Weiterzugs an eine Behörde innerhalb des Kantons und auf die Frist hinzuweisen sei (§ 10 Abs. 2 in der Fassung von 1959). Im Rahmen der **VRG-Revision** von 1997 erhielt § 10 Abs. 2 die Regel, dass schriftliche Mitteilungen mit einer Rechtsmittelbelehrung zu versehen sind, die das zulässige ordentliche Rechtsmittel, die Rechtsmittelinstanz und die Rechtsmittelfrist bezeichnet; in Ausnahmefällen konnte auf eine Rechtsmittelbelehrung verzichtet werden (§ 10a Abs. 2 in der Fassung von 1997). Anlässlich der VRG-Revision von 2010 wurde § 10 Abs. 2 in § 10 Abs. 1 überführt, unter Ersetzung des Begriffs «Mitteilung» durch «Anordnung». Die Möglichkeit, Anordnungen ausnahmsweise ohne Rechtsmittelbelehrung zu erlassen, ist im VRG seither nicht mehr ausdrücklich vorgesehen. Als Novelle wurde § 10 Abs. 2 eingefügt, wonach auch Erlasse unterhalb der Gesetzesstufe mit einer Rechtsmittelbelehrung veröffentlicht werden müssen.

B. Rechtsmittelbelehrung bei Anordnungen (Abs. 1)

40 § 10 Abs. 1 verpflichtet die Behörden, schriftliche Anordnungen mit einer Rechtsmittelbelehrung zu versehen. Der behördlichen **Rechtsmittelbelehrungspflicht** steht im Kanton Zürich der in Art. 18 Abs. 2 KV statuierte Anspruch der Parteien gegenüber, mit einer Rechtsmittelbelehrung versehene Entscheide von Verwaltungs- und Gerichtsinstanzen zu erhalten. Ausnahmen von der Rechtsmittelbelehrungspflicht sieht das Gesetz nicht vor[64].

41 Die Rechtsmittelbelehrung muss gemäss § 10 Abs. 1 das zulässige **ordentliche Rechtsmittel** enthalten. Als solche gelten beispielsweise die Einsprache, der Rekurs und die Beschwerde an das Verwaltungsgericht oder die Beschwerde in öffentlichrechtlichen Angelegenheiten an das Bundesgericht[65]. Ist eine subsidiäre Verfassungsbeschwerde an das Bundesgericht zulässig, so muss dies in der Rechtsmittelbelehrung ebenfalls erwähnt werden (Art. 117 i.V.m. Art. 112 Abs. 1 lit. d BGG). Kommen mehrere ordentliche Rechtsmittel in Frage, so müssen in der Rechtsmittelbelehrung alle angegeben werden[66].

---

[63] Der Grund der Ausnahme liegt darin, dass die Kantonsverfassung und kantonale Gesetze nicht mit Rekurs angefochten werden können (§ 19 Abs. 1 lit. d).
[64] In Bezug auf kantonal letztinstanzliche Entscheide dürfte Art. 112 Abs. 1 lit. d BGG einer Anwendung von Art. 1 Abs. 3 i.V.m. Art. 35 Abs. 3 VwVG entgegenstehen.
[65] Vgl. BGr, 26.5.2010, 2C_810/2009, E. 3.1.2.
[66] BGr, 3.12.2010, 5D_136/2010, E. 2.

Nicht hingewiesen werden muss gemäss § 10 Abs. 1 auf die Zulässigkeit von **ausserordentlichen Rechtsmitteln** – d.h. Rechtsmitteln, die sich gegen formell rechtskräftige Verfügungen und Entscheide richten (z.b. Revision)[67] – sowie blosser Rechtsbehelfe (Erläuterungsgesuch, Aufsichtsbeschwerde, Wiedererwägungsgesuch)[68]. Auf das Anbringen einer Rechtsmittelbelehrung kann etwa dann verzichtet werden, wenn einer Aufsichtsanzeige ohne Kostenauferlegung keine Folge gegeben wird. Sobald ein Entscheid allerdings teilweise – etwa im Kostenpunkt – mit einem ordentlichen Rechtsmittel angefochten werden kann, muss eine entsprechende Rechtsmittelbelehrung angebracht werden. Seitens der Lehre wird teilweise aus den Materialien zu Art. 18 KV abgeleitet, dass eine Rechtsmittelbelehrung auch in Bezug auf *ausserordentliche* Rechtsmittel anzubringen ist[69], was in der Praxis indessen zu langen, unübersichtlichen Auflistungen führen würde. 42

Implizit setzt § 10 Abs. 1 voraus, dass der Rechtsmittelweg gegen die betreffende Anordnung offen steht. Steht nach Auffassung der Behörde kein Rechtsmittel zur Verfügung – etwa weil der Entscheid letztinstanzlich gefällt wurde oder weil keine rechtsmittellegitimierte Person oder Behörde existiert –, so muss darauf nicht in Form einer **negativen Rechtsmittelbelehrung** hingewiesen werden[70]. Aus den Materialien zu Art. 18 KV wird indessen seitens der Lehre teilweise auch abgeleitet, dass eine negative Rechtsmittelbelehrung erforderlich ist, wenn gegen eine Anordnung kein Rechtsmittel zur Verfügung steht[71]. 43

Die Rechtsmittelbelehrungspflicht besteht unabhängig davon, um welche Art von Anordnung es sich handelt; so müssen beispielsweise auch **Zwischenverfügungen** eine Rechtsmittelbelehrung enthalten. Bei Teil-, Vor- und Zwischenentscheiden ist darauf hinzuweisen, dass die spezifischen Anfechtungsbedingungen gemäss § 19a Abs. 2 gelten[72]. 44

Rechtsmittelinstanz und Rechtsmittelfrist, auf welche die Rechtsmittelbelehrung gemäss § 10 Abs. 1 hinzuweisen hat, ergeben sich in erster Linie aus dem VRG[73] sowie – für letztinstanzliche kantonale Entscheide – aus Art. 100 BGG, allenfalls auch aus Spezialgesetzen. In Verfahren, in denen Rechtsmittelfristen während der Gerichtsferien in der Regel stillstehen, muss der Ausnahmefall – der fehlende Fristenstillstand – in der Rechtsmittelbelehrung erwähnt werden (vgl. § 71 VRG i.V.m. Art. 145 Abs. 3 ZPO). 45

Neben dem zulässigen ordentlichen Rechtsmittel, der Rechtsmittelinstanz und der Rechtsmittelfrist muss die Rechtsmittelbelehrung **keine weiteren Angaben** enthalten. Insbesondere muss nicht angezeigt werden, wer im Einzelnen rechtsmittellegitimiert ist, zumal die Rechtsmittelinstanz über die Legitimation entscheidet und diese von den geltend gemachten Rügen abhängen kann[74]. In komplexen oder uneindeutigen Fällen kann 46

---

[67] Vgl. BGr, 5.10.2011, 8C_459/2011, E. 4.3.
[68] HÄFELIN/MÜLLER/UHLMANN, Verwaltungsrecht, N. 1644; MERKLI/AESCHLIMANN/HERZOG, Kommentar VRPG, Art. 44 N. 26; UHLMANN/SCHWANK, in: Praxiskommentar VwVG, Art. 35 N. 39.
[69] BIAGGINI, in: Kommentar KV, Art. 18 N. 22 und 24.
[70] Vgl. MERKLI/AESCHLIMANN/HERZOG, Kommentar VRPG, Art. 52 N. 16.
[71] BIAGGINI, in: Kommentar KV, Art. 18 N. 22.
[72] Vgl. VGr, 27.3.2013, SB.2013.00001, E. 2.3.
[73] Vgl. z.B. § 19b (Rekursinstanzen), § 22 (Rekursfrist), § 41 (Beschwerdeinstanz) und § 53 (Beschwerdefrist).
[74] VGr, 20.8.2008, VB.2008.00159, E. 3.3.

es sich allerdings rechtfertigen, in den Entscheiderwägungen Erläuterungen zur im Dispositiv enthalten Rechtsmittelbelehrung anzubringen[75].

C. Rechtsmittelbelehrung bei Erlassen (Abs. 2)

47 Aufgrund von § 10 Abs. 2 müssen sämtliche generell-abstrakten **Hoheitsakte unterhalb der Stufe formeller Kantonsgesetze** mit einer Rechtsmittelbelehrung versehen sein. In Bezug auf Art und Zeitpunkt der Publikation solcher Erlasse sind die §§ 7 ff. PublG massgebend[76].

48 Im Rahmen der **VRG-Revision von 2010** fügte der Gesetzgeber den heutigen § 10 Abs. 2 ein, um der damals ausgeweiteten Möglichkeit der Anfechtung von Erlassen (Art. 79 Abs. 2 KV; § 19 Abs. 1 lit. d) auch in Bezug auf die Rechtsmittelbelehrung Rechnung zu tragen[77].

49 Mit einer Rechtsmittelbelehrung zu versehen sind sämtliche Erlasse, die unter § 19 Abs. 1 lit. d fallen. Als Erlasse unterhalb der Stufe formeller Kantonsgesetze gelten insbesondere **Verordnungen des Regierungsrats**. Beim Erlass kantonaler Gesetze muss hingegen weder gemäss Bundesrecht noch nach kantonalem Recht eine Rechtsmittelbelehrung angebracht werden, obwohl Kantonsgesetze beim Bundesgericht angefochten werden können (vgl. Art. 82 lit. b und Art. 87 BGG). Auch die Kantonsverfassung bedarf keiner Rechtsmittelbelehrung, zumal sie ohnehin nicht abstrakt angefochten werden kann.

50 **Kommunale Gesetze und Verordnungen** müssen ebenfalls eine Rechtsmittelbelehrung enthalten. Beschlüsse der Gemeindeversammlung sowie allgemein verbindliche Beschlüsse von Gemeindeorganen müssen unter Bekanntgabe der Beschwerde- oder Rekursfrist (§ 68a GG) sowie der zuständigen Rechtsmittelinstanz veröffentlicht werden.

D. Rechtsfolgen einer fehlenden oder fehlerhaften Rechtsmittelbelehrung

51 Enthält eine Anordnung zu Unrecht keine oder eine unrichtige oder unvollständige Rechtsmittelbelehrung, so gilt sie als mangelhaft eröffnet und darf gemäss dem Fairnessgebot (Art. 29 Abs. 1 BV) **nicht zu Nachteilen** der Betroffenen führen – es sei denn, dass die Partei den Irrtum bemerkt hat oder ihn bei gebührender Aufmerksamkeit hätte bemerken müssen[78].

52 Enthält eine Anordnung zu Unrecht **keine Rechtsmittelbelehrung,** so ist in der Regel davon auszugehen, dass sie nicht ohne weiteres innert der ordentlichen Rechtsmittelfrist in Rechtskraft erwächst[79] und nicht vollstreckt werden kann. Der Adressat kann eine ohne Rechtsmittelbelehrung eröffnete Anordnung allerdings nicht während beliebig langer Zeit anfechten. Vielmehr wird allgemein als bekannt vorausgesetzt, dass Entscheide an-

---

[75] Vgl. z.B. VGr, 3.12.2010, VB.2010.00654, E. 5.
[76] Vgl. § 13 Abs. 1 PublG; VGr, 14.12.2010, VB.2010.00484, E. 4.1.
[77] Vgl. Weisung 2009, S. 952.
[78] Vgl. BGE 138 I 49, E. 8.3.2 (Pra 2012 Nr. 72); BGE 121 II 72; BIAGGINI, in: Kommentar KV, Art. 18 N. 23; HÄFELIN/MÜLLER/UHLMANN, Verwaltungsrecht, N. 1645; so auch Art. 49 BGG und Art. 38 VwVG.
[79] Vgl. VGr, 25.10.2012, VR.2012.00001, E. 2.3; RB 1984 Nr. 1.

gefochten werden können. Unter der Voraussetzung, dass der Verfügungscharakter einer rechtsmittellosen Anordnung überhaupt erkennbar ist, müssen die Adressaten diese innert vernünftiger bzw. angemessener Frist anfechten oder sich zumindest nach Rechtsmitteln erkundigen[80]. Je nach Rechtskenntnissen des Adressaten gilt ein unterschiedlich strenger Massstab[81]. Eine anwaltlich vertretene Partei muss den Verfügungscharakter eines Schreibens grundsätzlich erkennen und innert Rechtsmittelfrist handeln[82]. Reagiert ein rechtsunkundiger Betroffener innert Rechtsmittelfrist mit einem Schreiben auf eine behördliche Anordnung, die fälschlicherweise keine Rechtsmittelbelehrung enthält, so muss die Behörde nach Treu und Glauben von einer möglichen Anfechtungsabsicht ausgehen, selbst wenn diese im Schreiben nicht eindeutig zum Ausdruck kommt[83].

Enthält die Rechtsmittelbelehrung eine **zu lange Rechtsmittelfrist,** so ist eine (formlose) Wiederherstellung der Frist zu prüfen, wenn das Rechtsmittel innerhalb der Rechtsmittelbelehrungsfrist, aber nach Ablauf der gesetzlichen Rechtsmittelfrist eingereicht wird[84]. Der Vertrauensschutz versagt in solchen Fällen nur dann, wenn der Mangel in der Rechtsmittelbelehrung für den Rechtsuchenden bzw. seinen Rechtsvertreter allein schon durch Konsultierung der massgebenden Verfahrensbestimmung ersichtlich gewesen wäre. Nicht verlangt wird hingegen, dass neben den Gesetzestexten auch noch die einschlägige Rechtsprechung oder Literatur nachgeschlagen wird[85]. Von einer rechtskundigen oder rechtkundig vertretenen Partei darf grundsätzlich ein höheres Mass an Sorgfalt erwartet werden als von einer rechtsunkundigen Privatperson[86]. Einer anwaltlich vertretenen Partei gleichgestellt ist allerdings eine rechtsunkundige Partei, die aus früheren Verfahren über einschlägige Erfahrungen verfügt[87]. Eine Person, die zwar längere juristische Studien absolvierte, das Studium aber nicht abschloss, darf auf eine vorbehaltlose behördliche Fristangabe vertrauen, wenn der Fristablauf aus dem Gesetz nicht eindeutig hervorgeht[88].

Nennt die Rechtsmittelbelehrung eine **unzuständige Rechtsmittelinstanz,** so ist das gutgläubig bei ihr eingereichte Rechtsmittel gemäss § 5 Abs. 2 an die zuständige Rechtsmittelinstanz weiterzuleiten[89].

Enthält die Rechtsmittelbelehrung zwar eine korrekte Angabe der Rechtsmittelinstanz, aber ein **unzutreffendes Rechtsmittel,** so hat die Rechtsmittelinstanz in der Regel von der Fiktion auszugehen, dass das richtige Rechtsmittel erhoben wurde[90].

---

[80] Vgl. VGr, 7.7.2013, VB.2013.00269, E. 2.3; VGr, 10.2.2010, VB.2009.00526, E. 6.2.2; EHRENZELLER, in: Basler Kommentar BGG, Art. 112 N. 19; MERKLI/AESCHLIMANN/HERZOG, Kommentar VRPG, Art. 44 N. 27.
[81] Vgl. BGE 119 IV 330, E. 1c; RB 1995 Nr. 1.
[82] Vgl. VGr, 19.6.2013, VB.2013.00292, E. 5.2.
[83] Vgl. VGr, 29.5.2013, VB.2013.00149, E. 4.3; RB 2007 Nr. 1, E. 2.3 (VB.2006.00313).
[84] Vgl. BGE 121 I 177, E. 2b cc; MERKLI/AESCHLIMANN/HERZOG, Kommentar VRPG, Art. 44 N. 28.
[85] BGE 138 I 49, E. 8.3.2 (Pra 2012 Nr. 72); BGE 135 III 374, E. 1.2.2.1; 134 I 199, E. 1.3.1; VGr, 27.3.2013, VB.2013.00032, E. 2.2.1.
[86] VGr, 19.6.2013, VB.2013.00292, E. 5.1.
[87] BGE 135 III 374, E. 1.2.2.2; VGr, 27.3.2013, VB.2013.00032, E. 2.2.1 und 2.2.3.
[88] BGr, 19.2.2013, 2C_988/2012, E. 3.4.2 und 3.4.3.
[89] Vgl. BGE 134 I 199, E. 1.3.1; VGr, 7.12.2011, VB.2011.00379, E. 3.2.
[90] Vgl. MERKLI/AESCHLIMANN/HERZOG, Kommentar VRPG, Art. 44 N. 29.

56 Nennt die Rechtsmittelbelehrung fälschlicherweise ein Rechtsmittel, obwohl die betreffende Anordnung **von Gesetzes wegen gar nicht anfechtbar** ist, so wird dadurch keine über das Gesetz hinausgehende Rechtsmittelbefugnis begründet bzw. kein gesetzlich nicht gegebenes Rechtsmittel geschaffen[91]. In einem solchen Fall darf aber die angerufene (unzuständige) Behörde für den Nichteintretensentscheid keine Kosten erheben. Ferner kann sich die Frage stellen, ob der irregeführten Partei, die in einer solchen Situation ein Rechtsmittel erhebt, eine Entschädigung für die nutzlosen Aufwendungen auszurichten ist[92].

57 Den Schutz vor Nachteilen kann eine Prozesspartei allerdings nur dann beanspruchen, wenn sie sich nach **Treu und Glauben** auf die fehlende, unvollständige, unrichtige oder unklare Rechtsmittelbelehrung verlassen durfte. Wer die Unrichtigkeit kannte oder bei gebührender Aufmerksamkeit hätte erkennen können, verdient keinen Schutz[93]. Aus einer fehlerhaften Rechtsmittelbelehrung kann der Adressat ferner nichts zu seinen Gunsten ableiten, wenn er die Anordnung trotz Unkenntnis der Rechtsmittelfrist fristgemäss anficht[94] oder wenn er die Anordnung anerkennt bzw. ausdrücklich auf die Ergreifung eines Rechtsmittels verzichtet.

V. Mitteilung von Anordnungen (Abs. 3)

A. Einleitung

58 § 10 Abs. 3 enthält in lit. a–c eine Auflistung von Adressaten, denen erstinstanzliche schriftliche Anordnungen mitzuteilen sind. Es handelt sich um die Mitteilungsberechtigten bzw. die **Eröffnungsadressaten.** In Bezug auf das Rekursverfahren wird der Kreis der Mitteilungsberechtigten in § 28 Abs. 2, in Bezug auf das Beschwerdeverfahren in § 65 Abs. 2 umschrieben. Von der Mitteilungsberechtigung im Rahmen der Eröffnung einer Verfügung zu unterscheiden ist die Frage, ob Dritte Akteneinsichts- bzw. Informationszugangsrechte in Bezug auf Verfahrensakten und (rechtskräftige oder nicht rechtskräftige) Entscheide haben[95].

59 In der Urfassung des VRG (1959) war die Auflistung der mitteilungsberechtigten Adressaten in § 10 Abs. 1 enthalten. Im Rahmen der VRG-Revision von 1997 wurde lit. c des damaligen ersten Absatzes modifiziert[96] und 2002 um lit. d ergänzt[97]. Anlässlich der **VRG-Revision von 2010** erfolgte – aus systematischen Gründen – eine Überführung von Abs. 1 in Abs. 3, wobei der Wortlaut geändert und die bisherigen lit. a–d in lit. a–c zusammengefasst wurden[98].

---

[91] BGE 135 III 470, E. 1.2.
[92] HÄFELIN/MÜLLER/UHLMANN, Verwaltungsrecht, N. 1646.
[93] BGE 139 III 78, E. 5.4.3; 135 III 374, E. 1.2.2.1; 134 I 199, E. 1.3.1; VGr, 23.12.2011, VB.2011.00794, E. 2.2.
[94] BGr, 3.12.2010, 5D_136/2010, E. 2; vgl. VGr, 7.2.2013, VB.2012.00272, E. 6.3; BGE 114 Ib 112, E. 2a.
[95] Vgl. Art. 17 Abs. 1 KV; §§ 8 f. VRG; §§ 20 ff. IDG; BGE 137 I 16, E. 2.2; 134 I 286, E. 5.1; VGr, 13.1.2011, VB.2010.00594, E. 3.
[96] OS 54, 268.
[97] OS 57, 156.
[98] Vgl. Weisung 2009, S. 952.

Gemäss § 10 Abs. 3 werden schriftliche Anordnungen den Adressaten «mitgeteilt». Der Begriff «**Mitteilung**» ist rechtlich nicht eindeutig definiert und wird denn auch kaum als rechtstechnischer Terminus verwendet. Es bietet sich an, «Mitteilung» als Oberbegriff für sämtliche (mündlichen und schriftlichen, rechtswirksamen und informellen) behördlichen Informationskundgaben gegenüber Adressaten zu definieren. § 10 Abs. 3 betrifft einzig die Mitteilung *schriftlicher Anordnungen* und somit die Frage der Zustellung schriftlich eröffneter Verfügungen.

60

Demgegenüber ist mit dem Begriff «**Eröffnung**» die (mündliche oder schriftliche) Mitteilung *rechtswirksamer* Informationen auf formell korrekte Weise gemeint (N. 6). *Anordnungen* werden in der Regel im Rahmen einer individuellen Zustellung, ausnahmsweise durch Amtsblattpublikation eröffnet. Die gesetzeskonforme Bekanntgabe ist Voraussetzung dafür, dass eine Anordnung als rechtswirksam eröffnet gilt und allfällige rechtliche Fristen zu laufen beginnen (vgl. § 22 Abs. 2)[99].

61

Unter «**Zustellung**» ist die Übermittlung einer (rechtswirksamen oder nicht rechtswirksamen) schriftlichen Mitteilung zu verstehen. Die Zustellung einer (rechtswirksamen) *Anordnung* bedeutet, dass die betreffende Anordnung auf eine den gesetzlichen Formvorschriften entsprechende Weise in den Verfügungsbereich des Adressaten gebracht wird, so dass dieser davon Kenntnis nehmen kann[100]. Nicht erforderlich ist eine förmliche Zustellung bei informellen, nicht rechtswirksamen Mitteilungen. Bei mündlich eröffneten Anordnungen entfällt der Zustellungsvorgang[101].

62

In Bezug auf die **Zustellungsmodalitäten** enthält das VRG keine Vorschriften. Im Verfahren vor Verwaltungsgericht kommen indessen aufgrund der Verweisungen in den §§ 86 und 71 die zivilprozessualen Zustellungsvorschriften gemäss Art. 136 ff. ZPO zur Anwendung. Praxisgemäss gelten die gerichtlichen Zustellungsvorschriften analog auch für die Verwaltungs- und Rekursbehörden[102].

63

B. Mitteilungsberechtigte

1. Verfahrensbeteiligte (lit. a)

Gemäss § 10 Abs. 3 lit. a werden schriftliche Anordnungen unter anderem den Verfahrensbeteiligten mitgeteilt, d.h. jenen, die durch einen erstinstanzlichen Hoheitsakt **mehr als die Allgemeinheit berührt** werden[103] und ein schutzwürdiges Interesse an der Aufrechterhaltung, Aufhebung oder Änderung der Verfügung haben. Bis zur VRG-Revision von 2010 war diese Bestimmung – mit abweichendem Wortlaut – in § 10 Abs. 1 lit. b enthalten[104].

64

---

[99] Vgl. BORNATICO, in: Basler Kommentar ZPO, Art. 138 N. 25.
[100] Vgl. BGE 122 III 316, E. 4b.
[101] Vgl. STADELWIESER, Eröffnung, S. 89.
[102] VGr, 10.2.2012, VB.2011.00803, E. 2.2.3; VGr, 13.07.2011, VB.2011.00386, E. 3.2.1; zum vor 2011 geltenden Recht vgl. RB 2004 Nr. 7, E. 4.1 (ZR 2005 Nr. 5); RB 1998 Nr. 2, E. 1 (ZR 1999 Nr. 26).
[103] Vgl. RHINOW/KOLLER/KISS/THURNHERR/BRÜHL-MOSER, Öffentliches Prozessrecht, N. 344.
[104] Vgl. Weisung 2009, S. 952.

65 Massgebend für die Einstufung als Verfahrensbeteiligte(r) ist die **Rechtsmittellegitimation**. Mitteilungsberechtigt sind demnach die potenziell rechtsmittelbefugten Personen. Der Kreis der Mitteilungsberechtigten ist weit zu fassen, da es nicht der anordnenden Behörde, sondern der Rechtsmittelinstanz obliegt, über die Legitimation zu befinden. Mitteilungsberechtigt sind insbesondere Gesuchsteller, Gesuchsgegner und Beigeladene. Im Rechtsmittelverfahren ist ferner auch die Vorinstanz mitteilungsberechtigt.

66 Wenn eine mitteilungsberechtigte Person vertreten wird, erfolgt die Mitteilung an die **Vertretung**[105]. Dies gilt so lange, bis der Vertretene den Widerruf der ausdrücklich oder tatsächlich kundgegebenen Vollmacht der Behörde mitgeteilt hat; der Untergang des Mandatsverhältnisses muss der Behörde ausdrücklich gemeldet werden[106]. Die Entgegennahme einer Sendung durch eine diesbezüglich bevollmächtigte Person ist dem Vollmachtgeber vorbehaltlos zuzurechnen[107]. Der Nachweis, dass ein wirksames Vertretungsverhältnis besteht bzw. nicht besteht, obliegt jener Partei, die sich darauf beruft[108]. In der Praxis erfolgt die Zustellung bisweilen zusätzlich auch an den Vertretenen, etwa wenn dieser persönlich vorgeladen wird[109]. Ist der Vertreter kein Rechtsanwalt, sondern ein Laie, so kann es auch in anderen Fällen sinnvoll sein, dem Vertretenen eine Orientierungskopie zuzustellen.

67 Die Zustellung einer Verfügung an die Partei selber statt an ihren Vertreter ist zwar mangelhaft, lässt die Verfügung aber nicht nichtig werden. Allfällige Fristen beginnen diesfalls grundsätzlich erst zu laufen, wenn die Anordnung in den Machtbereich des Vertreters gelangt[110]. Selbst wenn die Behörde die Verfügung dem Vertreter nicht (nachträglich) eröffnet, kann der Fristenlauf nicht beliebig hinausgezögert werden. Vielmehr muss eine solche Verfügung innerhalb einer vernünftigen Frist in Frage gestellt werden[111]. Dabei ist eine Abwägung von Rechtsschutz- und Rechtssicherheitsinteressen vorzunehmen[112]. Wenn die vertretene Person aber davon ausgehen muss, dass nur sie, nicht aber ihre Vertretung bedient worden ist, würde es gegen **Treu und Glauben** verstossen, wenn sie die Eröffnung als rechtsunwirksam betrachten wollte bzw. wenn sie nichts unternähme, um zur Klärung der Situation beizutragen[113]. In praktischer Hinsicht dürften allerdings nicht selten erhebliche Beweisschwierigkeiten bestehen, wenn für die Fristberechnung auf den Zeitpunkt abgestellt werden soll, in dem der Mandant die ihm zugestellte Sendung seinem Anwalt übergibt[114].

---

[105] RB 1983 Nr. 53 (ZBl 1984, 183 ff. = ZR 83 Nr. 41); vgl. Art. 137 ZPO; so auch Art. 87 Abs. 3 StPO; HÄFELIN/MÜLLER/UHLMANN, Verwaltungsrecht, N. 886.
[106] VGr, 30.1.2013, VB.2012.00734, E. 2.2 (nicht publiziert).
[107] BGr, 28.4.2011, 2C_82/2011, E. 2.3; VGr, 10.2.2012, VB.2011.00803, E. 2.3.
[108] BVGr, 18.12.2012, A-1645/2012, E. 3.1.3.
[109] Vgl. HAUSER/SCHWERI/LIEBER, Kommentar GOG, § 121 N. 11.
[110] BGr, 10.2.2000, 2A.35/2000, E. 3b; VGr, 10.2.2010, VB.2009.00526, E. 6.2.3; a.M. RIEDO (Rechtsmittelbelehrung, S. 137), der direkte Zustellungen an anwaltlich vertretene Parteien als nichtig erachtet.
[111] VGr, 10.2.2010, VB.2009.00526, E. 6.2.2.
[112] BGr, 6.3.2013, 1C_150/2012, E. 2.3.
[113] MERKLI/AESCHLIMANN/HERZOG, Kommentar VRPG, Art. 44 N. 3.
[114] RIEDO, Rechtsmittelbelehrung, S. 137.

2. Andere Personen (lit. b)

Gemäss § 10 Abs. 3 lit. b werden schriftliche Anordnungen auf ihr Gesuch hin weiteren Personen mitgeteilt, wenn sie durch die Anordnung berührt sind und ein schutzwürdiges Interesse an deren Aufhebung oder Änderung haben. Die Umschreibung dieses Personenkreises entspricht jenem der **Rekurslegitimierten** gemäss § 21 Abs. 1. Auf Gesuch hin mitteilungsberechtigt sind somit all jene Personen, die zwar nicht als Verfahrensbeteiligte involviert, aber zur Erhebung eines Rechtsmittels gegen die betreffende Anordnung legitimiert sind[115].

Nach der ursprünglichen Fassung von § 10 waren Anordnungen nur jenen nicht verfahrensbeteiligten Gesuchstellern mitzuteilen, die durch die materielle Erledigung der Angelegenheit in ihren Rechten betroffen waren (§ 10 Abs. 1 lit. c in der Fassung von 1959). Im Rahmen der **VRG-Revision von 1997** wurde der Kreis der nicht verfahrensbeteiligten Mitteilungsberechtigten – nach eingehender kantonsrätlicher Debatte[116] – ausgedehnt (vgl. § 10 Abs. 1 lit. c in der Fassung von 1997), um dem bundesrechtlich erweiterten Legitimationsbegriff Rechnung zu tragen. Anlässlich der VRG-Revision von 2010 überführte der Gesetzgeber den ersten in den dritten Absatz, wobei der Wortlaut von lit. b leicht modifiziert wurde[117].

Die Mitteilung an Drittpersonen setzt gemäss § 10 Abs. 3 lit. b ein (mündliches oder schriftliches) **Gesuch** voraus. Die Eröffnung hat somit – anders als gegenüber Verfahrensbeteiligten – nicht von Amtes wegen zu erfolgen, es sei denn, die in schutzwürdigen Interessen betroffene Drittperson habe den Behörden im Voraus zu erkennen gegeben, dass sie möglicherweise an der Erhebung eines Rechtsmittels interessiert sein werde. Das Mitteilungsbegehren ist nicht fristgebunden und kann so lange gestellt werden, als ein solches Verhalten nicht Treu und Glauben widerspricht[118].

Im Zusammenhang mit **Baubewilligungsverfahren** muss innert 20 Tagen seit der öffentlichen Bekanntmachung bei der örtlichen Baubehörde schriftlich die Zustellung des baurechtlichen Entscheids verlangt werden (§ 315 Abs. 1 PBG). Wer den baurechtlichen Entscheid nicht rechtzeitig verlangt, verwirkt sein Rekursrecht (§ 316 Abs. 1 PBG). Der Kreis der Mitteilungsberechtigten steht in solchen Fällen somit zum Vornherein fest und kann später grundsätzlich nicht mehr erweitert werden. Enthält eine Baubewilligung allerdings Nebenbestimmungen, die Dritte belasten, so muss sie diesen auch dann eröffnet werden, wenn sie kein Zustellungsbegehren gestellt haben, und diese bleiben rechtsmittelbefugt[119].

Gestaltungs- und Quartierpläne müssen nicht nur öffentlich bekanntgemacht und aufgelegt werden, sondern zusätzlich auch jenen Personen persönlich eröffnet werden, die bei Einleitung des Verfahrens bereits klar als Parteien bezeichnet werden können[120]. Keine individuelle Eröffnung ist hingegen bei Unterschutzstellungsverfügungen und In-

---

[115] Vgl. z.B. VGr, 19.12.2012, VB.2012.00586, E. 4.
[116] Prot. KR 1995–1999, S. 6435–6442.
[117] Weisung 2009, S. 952.
[118] Vgl. RB 1980 Nr. 2.
[119] RB 1998 Nr. 119.
[120] RB 1999 Nr. 10; vgl. in Bezug auf Quartierpläne § 158 PBG.

§ 10

ventarentlassungen mit definitivem Verzicht auf Unterschutzstellung gemäss § 211 PBG erforderlich[121].

73 Der Erstatter einer **Aufsichtsanzeige** hat zwar grundsätzlich kein schutzwürdiges Interesse im Sinne von § 10 Abs. 3 lit. b, über die Behandlung der von ihm aufgeworfenen Angelegenheit informiert zu werden. Im Kanton Zürich hat sich allerdings eine Verwaltungspraxis entwickelt, wonach der Anzeigeerstatter in Briefform Bescheid erhält, ob seinem Anliegen entsprochen werde oder nicht. Der Beschwerdeführer, dessen Aufsichtsanzeige die Behörde keine Folge geben will, darf deshalb erwarten, dass die Behörde ihm dieses Ergebnis (formlos) mitteilt[122].

3. Schlichtungsstelle im Sinne des Gleichstellungsgesetzes (lit. c)

74 Gemäss § 10 Abs. 3 lit. c werden erstinstanzliche schriftliche Anordnungen der Schlichtungsstelle im Sinne des Gleichstellungsgesetzes mitgeteilt, wenn eine Schlichtungsverhandlung durchgeführt wurde. Die Mitteilungsberechtigung der Schlichtungsstelle betrifft Entscheide über **diskriminierungsrechtliche Streitigkeiten aus öffentlichrechtlichen Arbeitsverhältnissen** des kantonalen und kommunalen Rechts. Für das Beschwerdeverfahren enthält § 65 Abs. 2 lit. c eine analoge Norm. Organisatorische und prozessuale Bestimmungen zu solchen Verfahren enthalten die §§ 58–62 GOG sowie das Gesetz über das Schlichtungsverfahren für Streitigkeiten nach Gleichstellungsgesetz in öffentlichrechtlichen Arbeitsverhältnissen vom 10. Mai 2010[123].

75 Eingeführt wurde diese am **1. Juli 2002** in Kraft getretene, ursprünglich in § 10 Abs. 3 lit. d enthaltene Bestimmung[124] durch das bis Ende 2010 geltende Einführungsgesetz zum Gleichstellungsgesetz vom 29. Oktober 2001[125]. Im Rahmen der VRG-Revision von 2010 wurde der erste Absatz von § 10 in den dritten Absatz und lit. d in lit. c überführt, wobei eine baldige – bis heute aber noch nicht erfolgte – Verlagerung von lit. c in ein Spezialgesetz angekündigt wurde[126].

76 In der Praxis kommt § 10 Abs. 3 lit. c angesichts der kleinen Zahl von Schlichtungsverhandlungen nach dem Gleichstellungsgesetz – etwa zehn pro Jahr[127] – nur **geringe Bedeutung** zu.

4. Beschwerdeberechtigte Behörden und Organisationen

77 Zu den mitteilungsberechtigten Adressaten kantonaler Anordnungen können weitere, in § 10 Abs. 3 nicht erwähnte **Bundes-, Kantons- oder Gemeindebehörden** sowie Organisationen gehören. In der Regel ergibt sich die Eröffnungspflicht gegenüber den betreffenden Behörden und Organisationen entweder aus allgemeinen[128] oder aus spezialgesetz-

---

[121] RB 2004 Nr. 62 (VB.2003.00386 = BEZ 2004 Nr. 25).
[122] RB 2002 Nr. 5, E. 3a und 3b (VB.2002.00375).
[123] LS 177.12.
[124] OS 57, 156.
[125] OS 57, 126 ff., 130.
[126] Weisung 2009, S. 952 f.
[127] Weisung GOG, S. 1602.
[128] Vgl. Art. 89 Abs. 2 BGG; §§ 21 Abs. 2 und § 21a lit. c VRG.

lichen[129] Bestimmungen über die Rechtsmittelberechtigung. Das Gesetz sieht bisweilen aber auch eine Mitteilungspflicht an nicht beschwerdelegitimierte Behörden vor (vgl. z.B. § 65 Abs. 2 lit. b).

Für jene Gebiete, in denen Bundesbehörden zur Beschwerde berechtigt sind, bestimmt laut Art. 112 Abs. 4 BGG der Bundesrat, welche Entscheide die kantonalen Behörden zu eröffnen haben. Nach Art. 1 der **Verordnung über die Eröffnung letztinstanzlicher kantonaler Entscheide** in öffentlichrechtlichen Angelegenheiten vom 8. November 2006[130] müssen die kantonalen Behörden den beschwerdeberechtigten Bundesbehörden sofort und unentgeltlich letztinstanzliche Entscheide eröffnen, die vor Bundesgericht mit Beschwerde in Zivilsachen, in Strafsachen oder in öffentlichrechtlichen Angelegenheiten angefochten werden können; Art. 2 der Verordnung enthält eine geringe Anzahl Ausnahmeregeln.

78

C. Zustellung

1. Zustellungszeitpunkt

Eine Sendung gilt nach einem allgemeinen Rechtsgrundsatz als zugestellt, wenn sie auf ordentlichem Weg in den **Machtbereich des Adressaten** gelangt ist, so dass er sie zur Kenntnis nehmen *kann*. Die Rechtsmittelfristen beginnen am Tag nach der ordnungsgemässen Zustellung zu laufen – unabhängig vom Zeitpunkt der *tatsächlichen* Empfang- bzw. Kenntnisnahme der betreffenden Sendung durch die betroffene Person[131].

79

Wurde ein Verwaltungsakt **mehrfach individuell zugestellt,** so ist für den Fristenlauf grundsätzlich die erste rechtsgültige individuelle Eröffnung massgebend[132]. Durfte die betroffene Person aus einer späteren Bekanntgabe jedoch in guten Treuen ableiten, diese löse den (oder einen neuen) Fristenlauf aus, so ist sie in ihrem Vertrauen zu schützen[133]. Dies kann etwa der Fall sein, wenn eine Anordnung mit vorbehaltloser Rechtsmittelbelehrung nach einem erfolglosen Zustellversuch vor Ablauf der Rechtsmittelfrist erneut zugestellt wird[134], wenn – nach Unklarheiten bei der ersten Zustellung – aus der zweiten Zustellung nicht hervorgeht, dass es sich um die zweite Zustellung handelt[135], oder wenn eine Behörde zusichert, dass für die Fristberechnung die zweite Zustellung massgebend sei[136]. Erfolgt die zweite Zustellung *nach* Ablauf der Rechtsmittelfrist, löst sie –

80

---

[129] Vgl. z.B. Art. 10a Abs. 2 BGBM; Art. 12 ff. NHG; Art. 84 Abs. 2 HMG; Art. 25 Abs. 2 TSchG; Art. 56 Abs. 1 USG; Art. 34 Abs. 2 RPG; Art. 48 Abs. 4 RPV; Art. 67a GSchG; Art. 46 Abs. 2 WaG; Art. 26 EnG; Art. 29 Abs. 1 GTG; Art. 17 Abs. 1 BewV; § 2 Abs. 5 VBewG.
[130] SR 173.110.47.
[131] BGr, 14.1.2010, 2C_430/2009, E. 2.4; BGE 122 III 316, E. 4b; HÄFELIN/MÜLLER/UHLMANN, Verwaltungsrecht, N. 886; STADELWIESER, Eröffnung, S. 88.
[132] RB 2005 Nr. 40, E. 3.5 (VB.2004.00477 = BEZ 2005 Nr. 23); RB 2002 Nr. 114, E. 2b (SB.2002.00064); vgl. BGE 118 V 190.
[133] Vgl. VGr, 10.2.2012, VB.2011.00803, E. 2.3; VGr, 28.09.2011, VB.2011.00322, E. 2; RB 2002 Nr. 114, E. 2b (SB.2002.00064).
[134] VGr, 10.7.2013, SB.2013.00005, E. 2.3 (nicht publiziert); RB 2008 Nr. 88; BGE 115 Ia 20, E. 4c; vgl. RB 2002 Nr. 114, E. [3]b (SB.2002.00064); RB 1998 Nr. 2, E. 4 (ZR 1999 Nr. 26).
[135] BGr, 5.12.2011, 8C_337/2011, E. 1.1.
[136] BGr, 19.2.2013, 2C_988/2012, E. 3.4.3.

§ 10

wenn der erste Zustellversuch gültig ist – keine neue Rechtsmittelfrist aus: Die unzutreffende Rechtsmittelbelehrung kann kein Rechtsmittel schaffen, das im betreffenden Fall nicht gegeben ist[137].

81 Wird ein Verwaltungsakt **sowohl individuell als auch per Amtsblattpublikation mitgeteilt,** ist grundsätzlich das Datum der individuellen Eröffnung massgebend[138]. Anders verhält es sich aus Gründen des Vertrauensschutzes ausnahmsweise dann, wenn im Rahmen der individuellen Eröffnung ausdrücklich auf das Datum der Amtsblattpublikation der betreffenden Anordnung hingewiesen wird[139] oder wenn die Anordnung nach erfolglosen individuellen Zustellungsversuchen unter Angabe einer Rechtsmittelfrist amtlich publiziert wird[140].

2. Zustellungsnachweis

82 Wird für die Eröffnung einer Verfügung eine Zustellform gewählt, bei welcher der Eingang beim Adressaten nicht genau nachweisbar ist – insbesondere bei **uneingeschriebenen Sendungen** –, so obliegt es der Behörde, den Beweis dafür zu erbringen, dass und an welchem Tag ihr Entscheid der Empfängerin bzw. dem Empfänger zugestellt worden ist[141]. Einen *direkten* Zustellbeweis kann die Behörde diesfalls zwar nicht erbringen; im Einzelfall können indessen Umstände vorliegen, die mit hinreichender Gewissheit darauf schliessen lassen, ob und wann die Sendung den Empfänger erreicht haben muss[142].

83 Bei **eingeschriebenen Sendungen** gilt die Unterschrift, mit der der empfangsberechtigte Adressat gegenüber dem Postbeamten die Entgegennahme der Sendung bestätigt, als Zustellnachweis. Hinterlegt der Postangestellte eine Abholungseinladung – insbesondere weil er den Adressaten an der Zustelladresse nicht antrifft –, so gilt nach der Rechtsprechung die Vermutung, dass die Abholungseinladung ordnungsgemäss in den Briefkasten oder in das Postfach des Empfängers gelegt und das Zustellungsdatum korrekt registriert worden ist. Es findet demnach in diesem Fall hinsichtlich der Ausstellung der Abholungseinladung eine *Umkehr der Beweislast* in dem Sinne statt, dass im Falle der Beweislosigkeit der Entscheid zuungunsten des Empfängers ausfällt, der den Erhalt der Abholungseinladung bestreitet[143]. Dem Empfänger muss Gelegenheit eingeräumt werden, die Zustellungsvermutung zu widerlegen. Die Vermutung gilt so lange, als der Empfänger nicht den Nachweis einer überwiegenden Wahrscheinlichkeit von Fehlern bei der Zustellung erbringt, beispielsweise indem er Umstände darlegt, die erhebliche Zweifel daran begründen, dass effektiv eine Abholungseinladung in den Briefkasten gelegt wurde. Dies ist etwa dann der Fall, wenn im Nachweissystem der Post («Track & Trace») ein Vermerk fehlt, dass die Sendung zur Abholung gemeldet worden sei[144], oder wenn aufgrund der

---

[137] RB 2002 Nr. 114, E. [3]b (SB.2002.00064).
[138] BGr, 20.12.2011, 1C_578/2010, E. 2.3.1 und 2.3.2.
[139] VGr, 10.2.2012, VB.2011.00803, E. 2.3.
[140] MERKLI/AESCHLIMANN/HERZOG, Kommentar VRPG, Art. 44 N. 7.
[141] BGr, 20.3.2013, 1C_45/2013, E. 2.3; BGr, 24.1.2012, 2C_570/2011, E. 4.1; vgl. AMSTUTZ/ARNOLD, in: Basler Kommentar BGG, Art. 44 N. 14.
[142] Vgl. VGr, 5.9.2012, VB.2012.00466, E. 3.1.
[143] BGr, 29.5.2012, 2C_128/2012, E. 2.2; BGE 122 I 97, E. 3b; VGr, 10.2.2012, VB.2011.00803, E. 2.2.5; vgl. DONZALLAZ, Notification, N. 1229 ff.
[144] BGr, 21.3.2011, 2C_780/2010, E. 2.4 und 2.7.

Sendeinformationen der Post nicht glaubhaft erscheint, dass die Zustellung tatsächlich an den richtigen Adressaten erfolgte[145]. Die immer bestehende theoretische Möglichkeit eines Fehlers bei der Poststelle genügt nicht, um die vermutete korrekte Zustellung zu widerlegen, solange nicht konkrete Anzeichen für einen derartigen Fehler vorhanden sind[146]. Grundsätzlich nicht in Betracht gezogen werden muss beispielsweise die Gefahr, dass die Abholungseinladung versehentlich in den Briefkasten einer Drittperson gelangt sein könnte, da diesfalls anzunehmen wäre, dass der unbeteiligte Dritte die Sendung dem Adressaten übergeben oder der Post retournieren würde[147]. Besteht Ungewissheit über den genauen Zeitpunkt der Zustellung, so hat der Adressat aus Gründen des Vertrauensschutzes und der Rechtssicherheit selbst alles Zumutbare zu unternehmen, um den Zeitpunkt und den Lauf der Rechtsmittelfrist – etwa durch Konsultation von «Track & Trace» oder durch Nachfrage bei der Post oder Behörde – in Erfahrung zu bringen[148].

Aus beweisrechtlichen Gründen empfiehlt es sich, dass die Behörde ihre Anordnungen mit einer vom Adressaten zu unterzeichnenden und von der Post zurückzusendenden **Empfangsbestätigung** zustellt. Gerichtliche Sendungen werden in der Regel mittels *Gerichtsurkunde* zugestellt; wo dies nicht möglich ist – etwa bei Postlageradressen oder beim Versand ins Ausland –, empfiehlt es sich, die Sendung eingeschrieben und mit Rückschein zu verschicken[149]. Als beweisrechtlich ungeeignet erweist sich demgegenüber die Zustellung von Anordnungen mittels uneingeschriebener Post oder gegen einen vom *Adressaten* zurückzusendenden Empfangsschein. Bei Mitteilungen per Mail oder Fax ist die Behörde in Bezug auf die Zustellung beweisbelastet; eine solche Zustellung rechtfertigt sich deshalb höchstens im Sinne einer Vorab-Information. Noch nicht restlos geklärt ist die Frage, wem der Zustellungsnachweis bei Sendungen obliegt, die mit «A-Post plus» verschickt werden[150].

84

Ist die Zustellung einer Sendung nachgewiesen, so gilt grundsätzlich die Vermutung, dass die fragliche Anordnung effektiv darin enthalten war. Diese Vermutung kann umgestossen werden, wenn konkrete Anhaltspunkte Anlass zu **Zweifeln hinsichtlich des Inhalts** der erwiesenermassen zugestellten Sendung geben; die Beweislast für den Inhalt trifft diesfalls den Absender[151].

85

---

[145] VGr, 2.11.2011, SB.2011.00062, E. 3.3.
[146] BGr, 29.5.2012, 2C_128/2012, E. 2.2.
[147] BGr, 29.1.2008, 5A_729/2007, E. 4.2.
[148] BGr, 24.1.2012, 2C_570/2011, E. 4.3.
[149] Vgl. VGr, 20.9.2012, VB.2012.00352, E. 9; AMSTUTZ/ARNOLD, in: Basler Kommentar BGG, Art. 44 N. 14; siehe auch Art. 138 Abs. 1 ZPO und § 121 Abs. 1 GOG. Zu den einzelnen Dienstleistungsangeboten der Post vgl. www.post.ch.
[150] Vgl. BGr, 24.1.2012, 2C_570/2011, E. 4.3.
[151] BGE 124 V 400; zu Sendungen Privater an Behörden vgl. VGr, 15.11.2013, VB.2013.00488, E 4.1.1.

§ 10

3. Zustellungsarten

a) Zustellung auf dem Postweg

aa) Pflichten des Adressaten

86 Das Vorliegen eines verfahrens- bzw. prozessrechtlichen Verhältnisses bewirkt für die Verfahrensbeteiligten eine **Empfangspflicht** bzw. eine Verpflichtung zur Entgegennahme; sie müssen während des hängigen Verfahrens mit der Zustellung behördlicher Akten rechnen[152]. Wer sich in einem verfahrensrechtlichen Verhältnis befindet, hat die Pflicht, sich so zu verhalten, dass Verfahrensakten zugestellt werden können, d.h. die Post regelmässig zu kontrollieren, den Behörden allfällige längere Ortsabwesenheiten mitzuteilen, Adressänderungen von sich aus zu kommunizieren sowie allenfalls einen Stellvertreter zu ernennen oder der Post einen Nachsendeauftrag zu erteilen[153]. Ferner sind solche Personen dazu verpflichtet, sich so zu organisieren, dass sie eine von der Post zur Abholung gemeldete behördliche Sendung innert sieben Tagen abholen oder dafür sorgen können, dass eine Drittperson sie abholt[154]. Die Empfangspflicht beginnt mit der Rechtshängigkeit des Verfahrens[155]. Solange die (erstinstanzliche) Behörde den Adressaten nicht darüber informiert, dass sie ein Verfahren eingeleitet hat, muss dieser mit der Zustellung behördlicher Sendungen nicht rechnen[156]. Ist das Verfahren einmal rechtshängig, so dauert die Empfangspflicht fort, bis ein rechtskräftiger Entscheid vorliegt oder das Verfahren abgeschrieben wird[157]. Die Pflicht besteht selbst dann, wenn über mehrere Monate keine Verfahrenshandlungen ergehen; sie gilt allerdings nur noch in abgeschwächter Form, wenn seit dem letzten verfahrensbezogenen Kontakt sehr lange Zeit verstrichen ist[158]. Soweit eine Empfangspflicht besteht, muss auch während der Gerichtsferien mit der Zustellung von Entscheiden gerechnet werden[159]. Die Rechtsprechung nimmt in Bezug auf die Erreichbarkeitspflicht folgende Differenzierung vor[160]:

– Die Pflicht, mit fristauslösenden Zustellungen zu rechnen und der Behörde *sämtliche Ortsabwesenheiten* zu melden, besteht in der Regel während eines Zeitraums bis zu einem Jahr seit der letzten verfahrensrechtlichen Handlung der Behörde. Nach Ablauf eines Jahres darf hingegen nicht mehr erwartet werden, dass eine verfahrensbeteiligte Person zu jedem Zeitpunkt erreichbar ist: Von diesem Moment an entfällt die Pflicht, der Behörde auch kürzere Ortsabwesenheiten zu melden, um keinen Rechtsnachteil zu erleiden.

---

[152] BGE 138 III 225, E. 3.1.
[153] Vgl. BGE 130 III 396, E. 1.2.3; 119 V 89, E. 4b aa; BGr, 29.4.2008, 2C_67/2008, E. 2.2; VGr, 10.2.2012, VB.2011.00803, E. 2.2.2; VGr, 25.6.2008, SB.2008.00021, E. 3.2.1; RB 1999 Nr. 8; zum früher geltenden Recht vgl. § 181 GVG.
[154] BGr, 13.6.2013, 6B_330/2013, E. 5.
[155] Vgl. BGr, 21.3.2013, 2C_1040/2012, E. 4.1 und 4.2; BGE 138 III 225, E. 3.1 und 3.2.
[156] Vgl. VGr, 15.7.2013, VB.2012.00668, E. 2.5.
[157] VGr, 29.5.2013, VB.2012.00857, E. 1.2.4.
[158] VGr, 19.5.2000, VB.2000.00127, E. 2a; vgl. BGr, 23.3.2006, 2P.120/2005, E. 4; VGr, 25.6.2008, SB.2008.00021, E. 3.2.1; MERKLI/AESCHLIMANN/HERZOG, Kommentar VRPG, Art. 44 N. 1.
[159] Vgl. BGr, 3.3.2011, 2C_740/2010, E. 2.3.
[160] BGr, 21.3.2013, 2C_1040/2012, E. 4.1; vgl. VGr, 23.10.2013, VB.2013.00634, E. 2.2.

– Die Pflicht, der Behörde *Adressänderungen* und *länger dauernde Abwesenheiten* zu melden, besteht demgegenüber auch nach Ablauf eines Jahres seit der letzten verfahrensrechtlichen Handlung der Behörde.

Kommt eine Person ihrer Melde- bzw. Erreichbarkeitspflicht nicht nach, so gelten die Regeln der Zustellungsfiktion (N. 90 ff.). Ändert sie beispielsweise während des Verfahrens ihre **Adresse,** ohne dies der Behörde zu melden, so gilt die (versuchte) Zustellung der Post an die zuletzt bekannte Adresse als erfolgt[161]. Dies gilt auch dann, wenn die Post die betreffende Sendung als «unzustellbar»[162] oder als «nicht abgeholt»[163] retourniert. Die Zustellung gilt selbst dann als erfolgt, wenn das an der betreffenden Adresse stehende Gebäude mittlerweile abgerissen wurde[164]. Nicht als zugestellt gilt hingegen eine Sendung, die erfolglos an eine *andere* als die zuletzt bekanntgegebene Adresse geschickt wird[165]. Ist ein Adressat, der keiner Empfangspflicht (mehr) untersteht, weggezogen, so muss die Behörde Nachforschungen über die neue Adresse anstellen und die betreffende Verfügung allenfalls im Amtsblatt veröffentlichen[166]. 87

Durch eine **rechtzeitige Abwesenheitsmeldung** kann eine Partei die während des Prozessrechtsverhältnisses bestehende Empfangspflicht in der Regel unterbrechen[167]. Kündigt ein anwaltlich nicht vertretener Gesuchsteller seine Ferienabwesenheit mehrere Tage im Voraus an, so muss er während dieser Zeit grundsätzlich nicht mit der Zustellung fristauslösender Verfügungen rechnen[168]. Anwältinnen und Anwälte müssen ihren Kanzleibetrieb zwar prinzipiell so organisieren, dass Fristen auch in ihrer Abwesenheit bzw. im Hinderungsfall gewahrt werden können (§ 12 N. 51). Es entspricht indessen dem Gebot von Treu und Glauben, anwaltliche Abwesenheitsmeldungen zumindest dann zu berücksichtigen, wenn die Abwesenheit rechtzeitig angekündigt wird, die Dauer der Abwesenheit mit dem Beschleunigungsgebot vereinbar ist und keine missbräuchlichen Motive (Verfahrensverzögerung) ersichtlich sind. 88

Die Verfahrensbeteiligten müssen dafür sorgen, dass ihnen behördliche und gerichtliche Verfügungen und Entscheide zugestellt werden können[169]. Für die Zustellung von Postsendungen muss auf Kosten der Erstellerin oder des Erstellers ein frei zugänglicher Briefkasten mit einem Brief- und Ablagefach[170] oder eine frei zugängliche Zustellanlage eingerichtet werden. Der **Briefkasten** ist **mit vollständiger und gut lesbarer Anschrift** zu versehen[171]. Scheitert die Zustellung an eine vorbehaltlos bekanntgegebene Zustell- 89

---

[161] VGr, 10.2.2012, VB.2011.00803, E. 2.2.4; BGr, 12.10.2011, 2C_783/2011; vgl. z.B. § 9 Abs. 3 VO StG.
[162] Vgl. BGr, 29.4.2008, 2C_67/2008, E. 2.2 und 2.3.
[163] VGr, 13.3.2013, VB.2012.00698, E. 3.2 (nicht publiziert).
[164] VGr, 13.3.2013, VB.2012.00698, E. 3.3 (nicht publiziert); vgl. BGr, 25.4.2013, 2C_355/2013, E. 2.2.
[165] Vgl. VGr, 11.7.2012, VB.2012.00128, E. 1.3.2 (nicht publiziert).
[166] Vgl. VGr, 25.6.2008, SB.2008.00033, E. 3.2 und 3.3.
[167] BGr, 11.4.2013, 2C_565/2012, E. 2.
[168] BGr, 9.2.2012, 4A_660/2011, E. 2.4.2 und 2.5; vgl. VGr, 24.1.2013, VB.2012.00754, E. 2.3.
[169] BGE 116 Ia 90, E. 2a; vgl. RB 2002 Nr. 114, E. 2b.
[170] Das Ablagefach wird teilweise auch als «Milchkasten» bezeichnet (vgl. BGr, 24.1.2012, 2C_570/2011, E. 2).
[171] Art. 10 und Art. 17 Abs. 1 der Verordnung des UVEK vom 18. März 1998 zur Postverordnung (SR 783.011); vgl. BGr, 23.2.2011, 2F_11/2010, E. 2.2.

adresse, die diesen Anforderungen nicht entspricht, so wird ein fehlerfreies Handeln der Post sowie ein Versehen bzw. Versäumnis der Partei vermutet[172].

bb) Zustellungsfiktion

90 Holt der Adressat die eingeschriebene Sendung innerhalb der siebentägigen Abholungsfrist auf der Post nicht ab und musste er aufgrund eines bestehenden verfahrensrechtlichen Verhältnisses mit einer gewissen Wahrscheinlichkeit mit der Zustellung einer Anordnung rechnen (N. 86 ff.), so gilt eine Zustellungsfiktion: Es wird fingiert, dass die Mitteilung **am siebten Tag** – gerechnet ab dem Tag, an dem die Abholeinladung in den Briefkasten gelegt wurde – zugestellt wurde[173], selbst wenn dieser Tag ein Sonntag oder Feiertag ist, an dem die Post geschlossen ist. Die Rechtsmittelfrist beginnt somit am achten Tag nach dem erfolglosen Zustellversuch zu laufen – unabhängig davon, ob es sich bei diesem Tag um einen Werktag, Samstag, Sonntag oder Feiertag handelt[174]. Die in diversen Gesetzesbestimmungen statuierte Zustellungsfiktion[175] gilt auch im Zürcher Verwaltungs- und Verwaltungsprozessrecht[176]. Im Zusammenhang mit solchen Verfahren ist die bundesgerichtliche Rechtsprechung zu Art. 138 Abs. 3 lit. a ZPO und Art. 44 Abs. 2 BGG zu beachten[177].

91 Nicht restlos geklärt ist die Frage, in welchen Fällen das fiktive Zustelldatum hinausgezögert wird, weil die **Post eine mehr als siebentätige Abholfrist gewährt.** Nach Treu und Glauben ist stets dann von einer Verzögerung des fingierten Zustelldatums auszugehen, wenn die postalische Abholfrist einen Fehler enthält, der für den (gutgläubigen) Empfänger aufgrund der Umstände nicht erkennbar war, beispielsweise weil der Beginn oder das Ende der Abholmöglichkeit auf der Abholeinladung falsch oder nicht eindeutig vermerkt ist[178]. Wird die Postabholfrist auf Initiative des Adressaten (per Telefon, Internet oder Smartphone) verlängert, so vermag dies das Zustelldatum nur dann hinauszuzögern, wenn der Empfänger rechtsunkundig und gutgläubig ist bzw. wenn er die Siebentageregel weder kannte noch kennen musste[179]; ansonsten ist von einer Zustellung durch Annahmeverweigerung auszugehen (N. 97). Als zu streng erscheint die Auffassung, dass sich – selbst rechtsunkundige – Zustellempfänger nicht einmal im Fall einer von der Post versehentlich (ohne Veranlassung durch den Empfänger) mehr als sieben Tage angesetzten Abholfrist auf Vertrauensschutz berufen können, da der Postbote zur Zusicherung von Rechtsmittelfristen nicht zuständig ist[180]. Das Problem könnte entschärft werden, wenn die Siebentageregel jeweils in der Rechtsmittelbelehrung erwähnt würde.

---

[172] BGr, 23.2.2011, 2F_11/2010, E. 2.1.
[173] BGE 138 III 225, E. 3.1.
[174] BGr, 22.11.2012, 8C_655/2012, E. 3.4; MAITRE/THALMANN, in: Praxiskommentar VwVG, Art. 20 N. 36; vgl. BGE 134 V 49, E. 5; RB 2002 Nr. 114, E. 2b (SB.2002.00064).
[175] Art. 44 Abs. 2 BGG; Art. 138 Abs. 3 ZPO; Art. 85 Abs. 4 StPO; Art. 38 Abs. 2bis ATSG; § 9 Abs. 2 VO StG.
[176] Vgl. VGr, 10.2.2012, VB.2011.00803, E. 2.2.3.
[177] Vgl. BGr, 22.11.2012, 8C_655/2012, E. 3.2.
[178] BGE 127 I 31, E. 3; BGr, 25.6.2012, 5A_211/2012, E. 1.3; BGr, 22.11.2012, 8C_655/2012, E. 4.2; BGr, 4.6.2010, 1C_85/2010, E. 1.4.3; vgl. VGr, 24.1.2013, VB.2012.00754, E. 2.6.
[179] Vgl. BGr, 22.11.2012, 8C_655/2012, E. 4.6; BGr, 25.6.2012, 5A_211/2012, E. 1.3.
[180] BGr, 13.2.2013, 4A_297/2011, E. 3.6; BGr, 22.11.2012, 8C_655/2012, E. 4.2 und 4.3; BGE 127 I 31, E. 2a aa und 2b.

Bereits **vor Ablauf der siebentägigen Abholfrist** kann die Zustellungsfiktion nur ganz 92
ausnahmsweise eintreten, nämlich wenn es sich um ein besonders dringliches Verfahren
handelt und der Adressat – etwa aufgrund einer telefonischen Avisierung – mit der kurzfristigen Zustellung einer Verfügung rechnen musste[181].

cc) Einzelne Konstellationen

Eine **uneingeschriebene Sendung** gilt als zugestellt, wenn sie in den Verfügungsbereich 93
der Adressatin bzw. des Adressaten gelangt, indem sie dieser bzw. diesem in den Briefkasten oder ins Postfach gelegt wird oder von einer empfangsberechtigten Person entgegengenommen wird[182]. Nicht massgebend für den Beginn des Fristenlaufs ist hingegen,
wann die Adressatin oder der Adressat die Sendung effektiv aus dem Briefkasten bzw. aus
dem Postfach nimmt[183].

Eine **eingeschriebene Sendung** gilt als zugestellt, wenn sie von der Adressatin oder dem 94
Adressaten oder einer im gleichen Haushalt lebenden, mindestens 16 Jahre alten urteilsfähigen Person entgegengenommen wurde[184]. Die förmliche Zustellung erfolgt mit der
Entgegennahme der Sendung bzw. mit der unterschriftlichen Empfangsbestätigung
durch eine empfangsberechtigte Person[185]. Dabei kann es sich etwa um (urteilsfähige) Familienangehörige, Arbeitgeber, Angestellte, Zimmervermieter oder in ähnlicher Eigenschaft mit dem Adressaten in Beziehung stehende Personen handeln, die nach aussen als
empfangsberechtigt erscheinen. Bei Zustellung an den Geschäftssitz kann die Sendung
auch von einer Hilfsperson rechtsgültig entgegengenommen werden[186]. Mit Aushändigung einer Sendung an einen Ehegatten gelangt diese (auch) in den Machtbereich des
anderen Gatten, wenn dieser mit ihm in ungetrennter Ehe lebt[187] oder wenn getrennt
lebende Gatten gegen aussen den Anschein erwecken, es bestehe ein gemeinsamer Haushalt[188]. Vorbehalten bleiben Anweisungen der Behörde, die Sendung dem Adressaten
oder der Adressatin *persönlich* zuzustellen (vgl. § 71 VRG i.V.m. Art. 138 Abs. 2 Satz 2
ZPO[189].

Trifft der Postbeamte weder den Adressaten der eingeschriebenen Sendung noch eine 95
andere empfangsberechtigte Person an, so legt er eine *Abholungseinladung* in den Briefkasten des Empfängers, die den Adressaten dazu berechtigt, die betreffende Sendung in-

---

[181] Vgl. in Bezug auf Gewaltschutzverfahren VGr, 20.6.2012, VB.2012.00356, E. 3.3; VGr, 6.1.2012, VB.2011.00736, E. 3.3; VGr, 1.10.2009, VB.2009.00460, E. 3.3.
[182] BGr, 14.1.2010, 2C_430/2009, E. 2.4; BGr, 11.9.2007, 1C_121/2007, E. 2.3; vgl. z.B. § 9 Abs. 1 VO StG.
[183] Vgl. BGr, 14.1.2010, 2C_430/2009, E. 2.3.
[184] Vgl. BGr, 17.3.2010, 5A_2/2010, E. 3; BGE 127 I 31; RB 2000 Nr. 2, E. 1b; Art. 138 Abs. 2 Satz 1 ZPO; Art. 20 Abs. 2bis VwVG; Art. 85 Abs. 3 StPO.
[185] Vgl. Schweizerische Post, Allgemeine Geschäftsbedingungen «Postdienstleistungen», Ausgabe April 2012, www.post.ch > Allgemeine Geschäftsbedingungen, Ziff. 2.3.5; BORNATICO, in: Basler Kommentar ZPO, Art. 138 N. 10.
[186] RB 1979 Nr. 4.
[187] BGr, 10.9.2010, 1C_239/2010; vgl. BGE 122 I 139, E. 1.
[188] VGr, 16.08.2011, VB.2011.00457, E. 4.1 (nicht publiziert).
[189] Vgl. Schweizerische Post, Allgemeine Geschäftsbedingungen «Postdienstleistungen», Ausgabe April 2012, www.post.ch > Allgemeine Geschäftsbedingungen, Ziff. 2.3.7 lit. c.

nert sieben Tagen **am Postschalter entgegenzunehmen**[190]. Holt der Adressat die eingeschriebene Sendung innerhalb der siebentägigen Abholungsfrist auf der Post ab, so gilt die Sendung in dem Moment als zugestellt, in dem der Adressat oder eine andere empfangsberechtigte Person die Sendung auf der Post gegen unterschriftliche Bestätigung entgegennimmt[191]. Anwältinnen und Anwälte sind bei der Abholung der Sendung dazu verpflichtet, zu kontrollieren, ob ihnen die Post alle zur Abholung avisierten Sendungen aushändigt[192].

96 **Holt** der Adressat die eingeschriebene Sendung innerhalb der siebentägigen Abholungsfrist auf der Post **nicht ab**, so sind zwei Konstellationen zu unterscheiden:

– Musste der Empfänger *mit der Zustellung einer Anordnung rechnen* (N. 86 ff.), so gilt die Sendung als zugestellt (N. 90 ff.). In diesem Fall erübrigt sich die Vornahme einer zweiten Zustellung – und zwar nicht nur im Beschwerdeverfahren, sondern auch im erstinstanzlichen Verwaltungsverfahren sowie im Rekursverfahren[193]. Eine zweite Zustellung ist aber zulässig[194] und kann sich insbesondere dann rechtfertigen, wenn zu erwarten ist, dass der Adressat die Zustellungsvermutung durch den Nachweis der Nichtzustellung zu entkräften vermag.

– Musste der Empfänger *nicht mit der Zustellung einer Anordnung rechnen*, so gilt die Sendung als nicht zugestellt. In diesem Fall wird regelmässig ein zweiter individueller Zustellversuch unternommen[195]. Misslingen trotz angemessenem Zustellaufwand mehrere postalische Zustellungen, so muss die Sendung auf andere Weise zugestellt werden, insbesondere durch die Übermittlung durch eine Amtsperson (N. 102 ff.) oder durch die Publikation im Amtsblatt (N. 110 ff.)[196].

97 Verweigert der Adressat wissentlich (bzw. schuldhaft) die Entgegennahme einer eingeschriebenen Sendung, die ihm persönlich zugestellt werden soll, und wird dies von der überbringenden Person festgehalten, so gilt die Sendung als am Tag der **Annahmeverweigerung** zugestellt[197]. Eine schuldhafte Annahmeverweigerung durch den Empfänger liegt nicht nur bei aktiver Zurückweisung, sondern auch bei passiver (wissentlicher) Nichtannahme vor[198]. Eine schuldhafte Verhinderung liegt etwa vor, wenn der Adressat die erforderlichen Vorkehren für die Zustellbarkeit von behördlichen Postsendungen unterlässt, obwohl er nach Treu und Glauben die Zustellung eines behördlichen Akts mit einer gewissen Wahrscheinlichkeit erwarten muss[199]. Davon kann beispielsweise dann

---

[190] Vgl. Schweizerische Post, Allgemeine Geschäftsbedingungen «Postdienstleistungen», Ziff. 2.3.7 lit. b.
[191] Vgl. BGr, 17.3.2010, 5A_2/2010, E. 3; BGE 127 I 31; RB 2000 Nr. 2, E. 1b; MERKLI/AESCHLIMANN/HERZOG, Kommentar VRPG, Art. 44 N. 10.
[192] BGr, 13.2.2013, 4A_297/2011, E. 3.3.
[193] VGr, 10.2.2012, VB.2011.00803, E. 2.2.3.
[194] Vgl. BGr, 31.7.2006, 2A.339/2006, E. 4.2.
[195] Bis Ende 2010 war ein zweiter Zustellungsversuch – ausser bei einer schuldhaft vereitelten Zustellung – generell erforderlich (vgl. alt § 71 VRG i.V.m. § 187 Abs. 1 und § 179 GVG); dazu RB 1999 Nr. 9; 1998 Nr. 2, E. 1 (ZR 1999 Nr. 26).
[196] Vgl. VGr, 15.7.2013, VB.2012.00668, E. 2.5.
[197] Vgl. RB 1998 Nr. 2, E. 1 (ZR 1999 Nr. 26); § 71 VRG i.V.m. Art. 138 Abs. 3 ZPO; so auch der Ende 2010 ausser Kraft getretene § 179 Abs. 2 GVG.
[198] VGr, 7.3.2012, VB.2012.00096, E. 3.4.
[199] VGr, 26.4.2013, VB.2013.00136, E. 2.3 (nicht publiziert); RB 2002 Nr. 114, E. 2b (SB.2002.00064).

ausgegangen werden, wenn eine Person, die sich in einem verfahrensrechtlichen Verhältnis befindet, ohne Angabe einer neuen Zustelladresse wegzieht[200] oder wenn sie der Post (bösgläubig) einen Auftrag erteilt, die Abholfrist zu verlängern[201].

Wird die Einladung zur Abholung einer eingeschriebenen Sendung in ein **Postfach** gelegt, so gilt sie in jenem Moment als zugestellt, in dem der Adressat sie beim Postschalter abholt. Falls der Adressat die Sendung nicht innert der siebentägigen Abholfrist auf der Post abholt, gilt sie als am siebten Tag der Abholfrist zugestellt, wenn der Adressat mit einer Zustellung rechnen musste und keinen Nachweis der Nichtzustellung erbringen kann[202]. 98

Wenn eine eingeschriebene Sendung an eine **Postlageradresse** geschickt wird, gilt sie in jenem Moment als zugestellt, in dem der Adressat sie auf der Post abholt. Holt der Adressat die Sendung nicht innert sieben Tagen am Postschalter ab, so gilt sie als am siebten Tag nach Eingang der Sendung bei der Poststelle zugestellt, falls der Adressat mit einer Zustellung rechnen musste und keinen Nachweis der Nichtzustellung erbringen kann[203]. Wird eine Sendung mit *Gerichtsurkunde* an eine Postlageradresse geschickt, so wird sie von der Post nicht zugestellt, sondern ohne Hinterlassung einer Abholungseinladung an den Absender zurückgeschickt[204]. Diesfalls dürfte es in der Regel angebracht sein, den (gutgläubigen) Empfänger zur Angabe einer Adresse aufzufordern, an die die Zustellung mit Gerichtsurkunde möglich ist, oder die Sendung mit Rückschein an die Postlageradresse zuzustellen. Von einer Zustellung infolge (schuldhafter) Annahmeverweigerung ist in solchen Fällen lediglich dann auszugehen, wenn Anzeichen vorliegen, dass der Postlagerauftrag aus missbräuchlichen Motiven – zur Verhinderung der Zustellung von Sendungen mit Gerichtsurkunde – erfolgte. 99

Wenn eine eingeschriebene Sendung an einen Adressaten geschickt wird, der der Post einen **Postrückbehaltungsauftrag** erteilt hat, gilt der Moment der Abholung auf der Post als Zustellungszeitpunkt. Holt der Adressat die Sendung nicht innert sieben Tagen beim Postschalter ab, so gilt sie als am siebten Tag nach Eingang der Sendung auf dem Postbüro am Wohnort des Empfängers zugestellt[205], falls er mit einer Zustellung rechnen musste und keinen Nachweis der Nichtzustellung erbringen kann[206]. Wenn der Adressat hingegen nicht mit einer Zustellung rechnen musste, gilt die Sendung in dem Moment als zugestellt, in dem der Empfänger die zurückbehaltene Post auf der Poststelle abholt. 100

Wenn eine eingeschriebene Sendung an einen Adressaten geschickt wird, der der Post einen **Nachsendeauftrag** erteilt hat, gilt der Moment der Übergabe am Nachsendeort bzw. der dortigen Abholung auf der Post als Zustellungszeitpunkt. Holt der Adressat die Sendung nicht innert sieben Tagen beim Postschalter ab, so gilt sie als am siebten Tag 101

---

[200] Vgl. BGr, 29.4.2008, 2C_67/2008, E. 2.3.
[201] VGr, 23.5.2012, SB.2011.00180, E. 3.4 (nicht publiziert); vgl. BGr, 11.4.2013, 2C_565/2012, E. 3.3.5.
[202] Vgl. BGr, 3.3.2011, 2C_740/2010, E. 2.3; BORNATICO, in: Basler Kommentar ZPO, Art. 138 N. 16 und 19.
[203] Vgl. BGr, 20.1.2006, 5P.425/2005, E. 3.2; BGr, 28.9.2005, 7B.164/2005; VGr, 24.8.2011, SB.2011.00031, E. 2.2; VGr, 25.2.2009, VB.2009.00027, E. 4.4.
[204] Vgl. VGr, 12.7.2012, VB.2012.00215, E. 2.2.
[205] Zu Sendungen, die am Samstag auf der Poststelle eintreffen, vgl. VGr, 23.10.2013, VB.2012.00690, E. 3.2.2 (a.M. BGr, 19.12.2012, 9C_1005/2012, E. 3.3).
[206] BGE 134 V 49, E. 4; BGr, 14.12.2012, 1C_478/2012, E. 2.1; VGr, 25.5.2011, SB.2011.00003, E. 3.1.

nach Eingang der Sendung bei dem im Nachsendeauftrag bestimmten Postamt zugestellt, falls der Adressat mit einer Zustellung rechnen musste und keinen Nachweis der Nichtzustellung erbringen kann[207]. In Missbrauchsfällen – bei «Ketten-Nachsendeaufträgen» – ist der Eingang der Sendung bei der im ersten Nachsendeauftrag erwähnten Poststelle massgebend.

b)   Zustellung durch eine Amtsperson

102   Gemäss § 121 Abs. 1 GOG kann eine Zustellung, die nicht durch eine eingeschriebene Postsendung erfolgt, durch **Angehörige des Gerichts,** den **Gemeindeammann** oder die **Polizei** vorgenommen werden[208]. Diese Bestimmung ist im Beschwerdeverfahren gemäss § 71 ergänzend anwendbar und dürfte im nichtstreitigen und streitigen Verwaltungsverfahren sinngemäss gelten. Auch im nichtgerichtlichen Verfahren kann die Zustellung somit durch eine verwaltungsinterne oder -externe Amtsperson erfolgen. Die zustellende Amtsperson übergibt die Anordnung dem Empfänger in der Regel an dessen Wohn- oder Arbeitsort.

103   Fristauslösender **Zustellungszeitpunkt** ist auch bei der behördlichen Zustellung der Moment, in dem die Anordnung in den Machtbereich des Empfängers gelangt. Verweigert der Adressat die Entgegennahme der Anordnung und wird dies von der überbringenden Person festgehalten, so gilt die Sendung als am Tag der Annahmeverweigerung zugestellt[209]. Trifft die Amtsperson den Zustellempfänger am Domizil ein- oder mehrmals nicht an, so hinterlegt sie eine Abholungseinladung mit einer Abholungsfrist; die Regeln der Zustellungsfiktion (N. 90 ff.) gelten diesfalls sinngemäss[210].

104   Die behördliche Zustellung bildet gegenüber der postalischen Zustellung die **Ausnahme.** Insbesondere die Mithilfe der Polizei soll nur beansprucht werden, wenn die Zustellung anderweitig erfolglos versucht wurde, was zumindest durch einen zulässigen, aber gescheiterten postalischen Zustellversuch erhärtet sein muss[211].

c)   Zustellung auf dem elektronischen Weg

105   Die Zustellung einer Anordnung mittels **Fax oder E-Mail** ist zwar zulässig, aber ungeeignet, da der (den Behörden obliegende) Nachweis der ordnungsgemässen Zustellung kaum möglich ist oder zumindest nicht leicht erbracht werden kann. Ungeachtet dessen sind die Behörden befugt, Anordnungen in dringenden Fällen vorab per Fax oder Mail zu eröffnen und nachträglich per Post zuzustellen. Der Fristenlauf wird freilich erst durch die nachfolgende formgenügliche Zustellung des Verwaltungsakts ausgelöst[212].

106   Im VRG (noch) nicht vorgesehen ist die Eröffnung bzw. Zustellung von Anordnungen auf dem elektronischen Weg **mit anerkannter elektronischer Signatur.** Die Praxis geht

---

[207] Vgl. BGr, 20.1.2006, 5P.425/2005, E. 3.3.
[208] Vgl. den ähnlichen Wortlaut des Ende 2010 ausser Kraft getretenen § 171 Abs. 1 GVG. Zu den Kostenfolgen bei Zustellung durch Gemeindepersonal vgl. § 2 Abs. 5 und 6 VOGG.
[209] Vgl. § 71 VRG i.V.m. Art. 138 Abs. 3 ZPO; so auch Art. 85 Abs. 4 StPO und Art. 38 Abs. 2bis ATSG.
[210] Vgl. VGr, 22.8.2012, SB.2012.00075, E. 4.2 (nicht auf Internet).
[211] Vgl. RB 1977 Nr. 3; HAUSER/SCHWERI/LIEBER, Kommentar GOG, § 121 N. 30.
[212] MERKLI/AESCHLIMANN/HERZOG, Kommentar VRPG, Art. 44 N. 6.

davon aus, dass die Zustellungsregelung gemäss § 10 abschliessenden Charakter hat, so dass auch im Beschwerdeverfahren eine – auf § 71 in Verbindung mit Art. 139 Abs. 1 ZPO sowie Art. 1 Abs. 3 i.V.m. Art. 34 Abs. 1bis VwVG[213] gestützte – elektronische Zustellung nicht in Frage kommt. Es dürfte aber nicht mehr lange dauern, bis elektronische Zustellungen auch im Verfahren nach VRG zulässig sein werden (zur Fristwahrung vgl. § 11 N. 62). Eine Zustellung per E-Mail vermag den Anforderungen an eine elektronische Zustellung im Sinn von Art. 139 Abs. 1 ZPO bzw. Art. 34 Abs. 1bis VwVG nicht zu genügen und wirkt in der Regel nicht fristauslösend[214].

d) Zustellung durch amtliche Publikation

Gemäss § 10 Abs. 4 kann eine Anordnung amtlich veröffentlicht werden. Eine solche Publikation – ohne persönliche Eröffnung der Anordnung gegenüber dem Adressaten – ist **nur in Ausnahmefällen** zulässig; dazu N. 110 ff.

107

D. Fehlende oder fehlerhafte Zustellung

Die fehlende oder fehlerhafte Zustellung einer individuell zu eröffnenden Anordnung stellt einen Eröffnungsmangel dar. Sie darf für die Betroffenen **keinen Nachteil** bewirken[215]. Insbesondere darf sie nicht dazu führen, dass die Ergreifung eines Rechtsmittels wegen Ablaufs der Rechtsmittelfrist vereitelt wird. Wird eine Anordnung einer empfangsberechtigten Partei zu Unrecht nicht zugestellt, so beginnt die Rechtsmittelfrist für diese Partei grundsätzlich erst mit effektiver Kenntnisnahme zu laufen[216]. Misslingt ein erster Zustellungsversuch, so ist in Fällen, in denen keine Zustellungsfiktion gilt, in der Regel ein zweiter Zustellungsversuch zu unternehmen.

108

Die fehlende oder fehlerhafte Zustellung löst nur so lange keine Rechtsmittelfrist aus, als die betroffene (gutgläubige) Partei keine Kenntnis von der Anordnung hat. Erhält sie davon jedoch Kenntnis, so darf sie mit der Geltendmachung ihrer Ansprüche nicht beliebig lange zuwarten, sondern ist nach **Treu und Glauben** gehalten, sich bei der Behörde zu erkundigen und innert angemessener Frist zu reagieren[217]. Die Frist beginnt zu laufen, wenn der Partei die Anordnung oder zumindest ihr wesentlicher Inhalt bekannt war oder bei der nach den Umständen zu erwartenden Sorgfalt hätte bekannt sein müssen[218]. Hat der Verfügungsadressat nach den gesamten Umständen übermässig lange mit der Rechtsmitteleingabe zugewartet, so gilt die Frist als nicht mehr gewahrt[219].

109

---

[213] Zur Regelung im Einzelnen vgl. die VeÜ-VwV; KÖLZ/HÄNER/BERTSCHI, Verwaltungsverfahren, N. 584; MAITRE/THALMANN, in: Praxiskommentar VwVG, Art. 20 N. 31 ff; UHLMANN/SCHWANK, in: Praxiskommentar VwVG, Art. 34 N. 28 ff.
[214] Vgl. VGr, 8.8.2012, VB.2012.00257, E. 2.2.1 und 2.2.2.
[215] VGr, 5.9.2012, VB.2012.00366, E. 3.1; VGr, 13.07.2011, VB.2011.00070, E. 2.3 (URP 2012, 47 ff., 51).
[216] Vgl. BGr, 29.8.2011, 1C_35/2011, E. 1.4; BGE 129 I 361, E. 2.1; RB 1983 Nr. 62; BORNATICO, in: Basler Kommentar ZPO, Art. 136 N. 10.
[217] BGr, 3.6.2013, 6B_14/2013, E. 1.3 (zur BGE-Publikation vorgesehen); 134 V 306, E. 4.2; BORNATICO, in: Basler Kommentar ZPO, Art. 138 N. 10 und 27; MERKLI/AESCHLIMANN/HERZOG, Kommentar VRPG, Art. 44 N. 25.
[218] VGr, 13.7.2011, VB.2011.00070, E. 2.3 (URP 2012, 47 ff., 51).
[219] Vgl. BGr, 26.4.2012, 2C_71/2012, E. 2.1.1; VGr, 16.12.2009, VB.2009.00018, E. 2.1; BEZ 2007 Nr. 9, E. 2.5 (VB.2005.00347).

VI. Amtliche Veröffentlichung (Abs. 4 und 5)

A. Einleitung

110 § 10 Abs. 4 und 5 statuieren die Regel, dass Anordnungen vollständig oder auszugsweise amtlich veröffentlicht bzw. **durch Amtsblattpublikation eröffnet** werden können, wenn eine individuelle Eröffnung an Mitteilungsberechtigte ausnahmsweise nicht in Frage kommt – sei es aufgrund der besonderen Grösse des Adressatenkreises (Massenverfahren), sei es aufgrund der Unmöglichkeit einer Zustellung oder eines unverhältnismässigen Zustellungsaufwands. Spezialgesetze enthalten bisweilen weitere Fälle, in denen eine Amtsblattpublikation – auch «Ediktaledition» genannt – in Frage kommt (vgl. z.B. § 4 Abs. 2 Satz 2 GSG).

111 Die seit der **Gesetzesrevision von 2010** geltende Fassung von § 10 Abs. 4 und 5 entspricht inhaltlich § 10 Abs. 3 der Fassung von 1997, wobei die Verständlichkeit der Regelung durch die Aufteilung in zwei Absätze und durch die Veränderung der Aufzählstruktur verbessert wurde[220]. Die Bestimmung war im Rahmen der Revision von 1997 in das VRG aufgenommen worden mit der Begründung, dass die meisten neueren Verwaltungsrechtspflegegesetze die Eröffnung von Verfügungen durch amtliche Veröffentlichung vorsähen und dass diese Möglichkeit in der Praxis bereits bestehe[221].

112 **Ziel der amtlichen Publikation** ist, zu gewährleisten, dass die Einleitung und Durchführung eines Verfahrens nicht durch die schwierige oder unmögliche Erreichbarkeit einer Partei oder aller Parteien vereitelt wird. Im Falle eines grossen Adressatenkreises wird fingiert, dass die Adressaten durch die amtliche Publikation von der Existenz der entsprechenden Verfügung erfahren. Ferner kann sich die amtliche Publikation aus *verfahrensökonomischen* Gründen rechtfertigen, indem beispielsweise bei Massenverfahren zeitlicher und finanzieller Aufwand gespart werden kann, der für die individuelle Eröffnung der Anordnungen erforderlich wäre[222].

113 Die unpersönliche Eröffnung in Form einer Amtsblattpublikation ist als **Notbehelf** gedacht für die in den §§ 6b und 10 Abs. 4 erwähnten Fälle, in denen die Verfügung dem Adressaten nicht individuell zugestellt werden kann oder darf[223]. Ist eine individuelle Zustellung möglich, so besteht die Verpflichtung zu einer individuellen Eröffnung, so dass eine Amtsblattpublikation keine Rechtswirkung entfaltet[224].

114 Die amtliche Publikation fingiert die formgerechte Zustellung und löst die **gleichen Rechtswirkungen** wie die ordentliche Eröffnung aus[225]. Mit der Publikation gilt die Anordnung als zugestellt, und zwar unabhängig davon, ob die betroffene Partei davon effektiv Kenntnis erhält oder nicht[226]. Versäumt eine Partei eine Frist, die aufgrund einer

---

[220] Weisung 2009, S. 953.
[221] Weisung 1995, S. 1528; vgl. z.B. Art. 36 VwVG.
[222] Vgl. MARANTELLI-SONANINI/HUBER, in: Praxiskommentar VwVG, Art. 11a N. 2.
[223] STADELWIESER, Eröffnung, S. 107 f.
[224] Vgl. BGE 129 I 361, E. 2.2; BORNATICO, in: Basler Kommentar ZPO, Art. 141 N. 11.
[225] BORNATICO, in: Basler Kommentar ZPO, Art. 141 N. 1; UHLMANN/SCHWANK, in: Praxiskommentar VwVG, Art. 36 N. 6.
[226] BGr, 10.6.2013, 5A_149/2013, E. 5.1.2; vgl. BORNATICO, in: Basler Kommentar ZPO, Art. 141 N. 1.

zulässigerweise durch amtliche Publikation eröffneten Anordnung ausgelöst wurde, so verbleibt ihr einzig die Möglichkeit, ein Fristwiederherstellungsgesuch gemäss § 12 Abs. 2 zu stellen[227].

Die Publikation von Anordnungen von Verwaltungs- und Rekursbehörden kann, jene im Beschwerdeverfahren *muss*[228] im **Amtsblatt des Kantons Zürich** erfolgen. Die Anordnung kann zusätzlich auch in weiteren, insbesondere kommunalen Amtsblättern veröffentlicht werden. Erst- und rekursinstanzliche Behörden können andere amtliche Publikationsorgane bezeichnen – etwa regionale Tageszeitungen – und ihre Anordnungen darin veröffentlichen[229]. Nicht zu genügen vermag hingegen ein öffentlicher Aushang am «Schwarzen Brett» einer Gemeinde, soweit eine solche Kundmachung nicht spezialgesetzlich vorgesehen ist (vgl. z.B. § 6 Abs. 1 lit. a PBG). 115

Als **Zustellungszeitpunkt** gilt im Fall der Amtsblattpublikation einer Anordnung der Tag der amtlichen Veröffentlichung[230]; allfällige Fristen beginnen am darauffolgenden Tag zu laufen (vgl. § 11 Abs. 1). Für die Fristauslösung ist ausschlaggebend, wann die Publikation die Leserschaft erreicht[231]. Bei Publikationen im zürcherischen Amtsblatt ist die *elektronische* Fassung des Amtsblatts für den Fristenlauf massgebend (§ 9a PublV)[232]. Wird eine Anordnung durch Publikation in *mehreren* Amtsblättern eröffnet, so ist das Datum der letzten Publikation massgebend[233]. Das Datum der Amtsblattpublikation ist grundsätzlich nur für jene Personen fristauslösend, denen die betreffende Anordnung nicht (zusätzlich) individuell eröffnet wurde[234]. Wird bloss der Hinweis publiziert, dass eine Anordnung innert einer bestimmten Frist bei einer bestimmten Amtsstelle bezogen werden kann, so gilt der tatsächliche Bezug der Anordnung bei der Amtsstelle als Zustelldatum. 116

Die ab Publikation eines Bauvorhabens im Amtsblatt laufende 20-tägige Frist zur Einverlangung eines **baurechtlichen Entscheids** beginnt dann nicht zu laufen, wenn die Publikation dergestalt qualifiziert mangelhaft ist, dass eine Drittperson auch bei Anwendung durchschnittlicher Aufmerksamkeit und trotz angemessener Sorgfalt nicht erkennen kann, um was es geht, und dadurch davon abgehalten wird, rechtzeitig die Zustellung des Baurechtsentscheids zu verlangen. Nach Treu und Glauben darf die Drittperson mit der Geltendmachung ihrer Ansprüche allerdings nicht beliebig zuwarten; sobald sie vom Bauvorhaben Kenntnis erhält, hat sie sich um die nachträgliche Zustellung des baurechtlichen Entscheids zu bemühen[235]. 117

---

[227] Vgl. BORNATICO, in: Basler Kommentar ZPO, Art. 141 N. 9.
[228] § 71 VRG i.V.m. § 121 Abs. 2 GOG; vgl. § 5 PublG und § 7 PublV.
[229] VGr, 11.1.2012, VB.2011.00596, E. 2.4 (BEZ 2012 Nr. 6).
[230] Vgl. Art. 141 Abs. 2 ZPO; so auch Art. 88 Abs. 2 StPO; vgl. MERKLI/AESCHLIMANN/HERZOG, Kommentar VRPG, Art. 44 N. 23.
[231] BORNATICO, in: Basler Kommentar ZPO, Art. 141 N. 10.
[232] Zur Rechtslage im Bund, in anderen Ländern und in anderen Kantonen vgl. Botschaft des Bundesrats vom 28. August 2013 zur Änderung des Publikationsgesetzes, BBl 2013 7057 ff., 7069 und 7087. Zur Problematik kurzer Fristen bei elektronischen Amtsblattpublikationen vgl. BGr, 2.10.2013, 1C_577/2013, E. 3.3.2.
[233] RB 1997 Nr. 3.
[234] BGr, 20.12.2011, 1C_578/2010, E. 2.3.1 und 2.3.2.
[235] VGr, 10.10.2012, VB.2012.00442, E. 2.1; VGr, 20.12.2006, VB.2005.00347, E. 2.5 (BEZ 2007 Nr. 9).

B. Unzustellbarkeit (Abs. 4 lit. a)

118 Eine Amtsblattpublikation kommt gemäss § 10 Abs. 4 lit. a in Frage, wenn eine Anordnung dem Adressaten nicht zugestellt und somit nicht individuell eröffnet werden kann. Die Unzustellbarkeit liegt dabei nicht im unbekannten Aufenthaltsort der betreffenden Person begründet – dieser Sachverhalt fällt unter lit. c –, sondern betrifft **Adressaten mit an sich bekanntem Aufenthaltsort,** bei denen eine Zustellung aus anderen Gründen nicht möglich ist.

119 Solche Konstellationen sind **in der Praxis selten:**
- Holt ein *(gutgläubiger) Adressat,* der nicht mit der Zustellung einer Anordnung rechnen musste, eine Postsendung nicht innert Frist bei der Post ab, so muss der Versuch einer individuellen Zustellung – nach Treu und Glauben allenfalls mehrfach – wiederholt werden, bevor die Anordnung mittels Amtsblattpublikation zugestellt werden darf.
- Bei schuldhafter Annahmeverweigerung oder bei Zustellung an Adressaten, die mit dem Empfang einer Anordnung rechnen mussten, ist eine Amtsblattpublikation nicht erforderlich, da die *Zustellungsfiktion* greift (N. 90 ff.); diese gilt selbst dann, wenn das Gebäude, das an der Zustelladresse stand, abgerissen wurde[236].
- Bei Adressaten mit *Wohnsitz im Ausland* ist eine direkt-postalische Zustellung zwar aus völkerrechtlichen Gründen nicht möglich; doch ausländische Adressaten unterliegen der Pflicht, in der Schweiz ein Zustelldomizil oder eine Vertretung anzugeben (§ 6b Abs. 1). Kommt eine Adressatin oder ein Adressat ihren Pflichten gemäss § 6b Abs. 1 nicht nach, so können künftige Anordnungen gestützt auf § 6b Abs. 2 durch Amtsblattpublikation mitgeteilt werden. Eine auf § 10 Abs. 4 lit. a gestützte Amtsblattpublikation kommt nur dann in Frage, wenn es nicht gelingt, den ausländischen Adressaten telefonisch, brieflich oder auf diplomatischem Weg auf seine Pflichten gemäss § 6b Abs. 1 aufmerksam zu machen (vgl. § 6b N. 13).

C. Zahlreiche Adressaten (Abs. 4 lit. b)

120 Eine Amtsblattpublikation kommt gemäss § 10 Abs. 4 lit. b sodann in Frage, wenn eine Anordnung zahlreichen Personen mitgeteilt werden müsste. Dies betrifft Verfahren, in denen der Adressatenkreis zwar – anders als bei Sachverhalten nach § 10 Abs. 4 lit. d – bekannt oder bestimmbar ist, aber eine derart grosse Zahl umfasst, dass eine individuelle Eröffnung an jeden Einzelnen mit **unverhältnismässig grossem Aufwand** verbunden wäre.

121 § 10 Abs. 4 lit. b betrifft sogenannte **Massenverfahren,** d.h. Verfahren, an denen mehrere Personen mit inhaltlich gleichen Eingaben beteiligt sind (vgl. § 6a Abs. 1), so dass zahlreiche Verfügungen erlassen werden müssen. Als Richtgrösse für die Annahme einer Massenverfügung gilt – wie im Zusammenhang mit § 6a Abs. 1 (vgl. § 6a N. 4) – eine Mindestzahl von zehn Adressaten[237].

---

[236] VGr, 13.3.2013, VB.2012.00698, E. 3.3 (nicht publiziert).
[237] VGr, 27.6.2013, VB.2013.00164, E. 2.

§ 10 Abs. 4 lit. b statuiert die **blosse Möglichkeit,** nicht aber eine Pflicht, Anordnungen im Fall von Massenverfahren durch Amtsblattpublikation zuzustellen. Da es sich bei der Amtsblatteröffnung um einen blossen Notbehelf handelt (N. 113), ist es grundsätzlich auch in einem Massenverfahren vorzuziehen, mit jedem einzelnen Beteiligten direkt zu verkehren, wenn der dadurch verursachte Verwaltungsaufwand nicht als klar unverhältnismässig erscheint. Es entspricht dem Gebot von Treu und Glauben, die Verfahrensbeteiligten zu Verfahrensbeginn im Rahmen von individuellen Schreiben darüber in Kenntnis zu setzen, dass es sich um ein Massenverfahren handelt bzw. dass die weiteren Verfahrensanordnungen im Rahmen von Amtsblattpublikationen erfolgen werden[238]. Im Rahmen der ersten Amtsblattpublikation werden die Verfahrensbeteiligten in der Regel dazu aufgefordert, ein gemeinsames Zustellungsdomizil oder einen gemeinsamen Vertreter zu bezeichnen (§ 6a Abs. 1).

122

D. Personen unbekannten Aufenthalts (Abs. 4 lit. c)

Eine Zustellung mittels Amtsblattpublikation kommt gemäss § 10 Abs. 4 lit. c auch dann in Frage, wenn eine Anordnung Personen mit unbekanntem Aufenthaltsort mitgeteilt werden müsste[239]. Von einem unbekannten Aufenthaltsort darf nur ausgegangen werden, wenn die Adresse der Betroffenen mit **zumutbarem Aufwand** nicht eruiert werden kann bzw. nachdem der Versuch einer individuellen Zustellung gescheitert ist[240]. Kann die Adresse hingegen mit zumutbarem Aufwand eruiert werden, so ist die Zustellung mittels Amtsblattpublikation nicht rechtswirksam[241].

123

Die Bestimmung kommt nur in Bezug auf Personen zur Anwendung, die sich **nicht in einem verfahrensrechtlichen Verhältnis** befinden. Wegen der fehlenden individuellen Eröffnung ist § 10 Abs. 4 lit. c nur in seltenen Ausnahmefällen anwendbar – beispielsweise wenn die Migrationsbehörde die Aufenthaltsbewilligung einer straffällig gewordenen Person widerruft, deren Adresse mit zumutbarem Aufwand nicht eruiert werden kann. Zieht hingegen eine Person, die sich in einem verfahrensrechtlichen Verhältnis befindet, an einen unbekannten Ort um, so erübrigt sich eine Amtsblattpublikation: Die Behörde ist diesfalls nicht verpflichtet, nach der neuen Adresse zu forschen, sondern kann Zustellungen weiterhin rechtswirksam an die alte Adresse vornehmen (N. 87).

124

E. Aufwendige vollzählige Bestimmung (Abs. 4 lit. d)

Die Amtsblattpublikation einer erstinstanzlichen Anordnung kommt schliesslich gemäss § 10 Abs. 4 lit. d in Frage, wenn die Betroffenen gar nicht oder nur mit unverhältnismässig grossem Aufwand vollständig bestimmbar sind. Zulässigkeitsvoraussetzung für eine Amtsblattpublikation ist einzig die **schwierige Eruierbarkeit** des bzw. der Adressaten, nicht aber die Grösse des mutmasslichen Adressatenkreises (die im Zusammenhang mit

125

---

[238] Vgl. VGr, Zwischenverfügung vom 23.4.2013, ABl 26.4.2013 (30915), E. 2; VGr, 27.6.2013, VB.2013.00164, E. 2.
[239] Vgl. die ähnliche Regelung in Art. 36 lit. a VwVG.
[240] Vgl. VGr, 23.10.2013, VB.2013.00634, E. 2.5; BORNATICO, in: Basler Kommentar ZPO, Art. 141 N. 2.
[241] Vgl. BGE 129 I 361, E. 2.2; VGr, 3.11.2013, VB.2013.00579, E. 1.3; BORNATICO, in: Basler Kommentar ZPO, Art. 141 N. 11.

§ 10 Abs. 4 lit. b von Bedeutung ist). Erfolgt die Zustellung einer Anordnung auf dem amtlichen Publikationsweg, obwohl die Betroffenen mit zumutbarem Aufwand vollständig eruierbar gewesen wären und auch kein anderer Grund gegen eine individuelle Zustellung spricht, so gilt die Anordnung als nicht rechtswirksam eröffnet[242].

F. Umfang der Veröffentlichung (Abs. 5)

126 Gemäss § 10 Abs. 5 kann anstelle der vollständigen amtlichen Veröffentlichung einer Anordnung auch bekanntgemacht werden, bei welcher **Amtsstelle** die Anordnung innert welcher Frist bezogen werden kann. Als Zustellungsdatum gilt in diesem Fall der tatsächliche Bezug der Anordnung bei der Amtsstelle. Um die Anordnung für den Adressaten kenntlich zu machen, sind im Amtsblatt je nach den konkreten Umständen des Falls Angaben zu den Verfahrensparteien, zum Verfahrensgegenstand, zur Art der Anordnung und zu den laufenden Fristen zu publizieren.

127 Hintergrund von § 10 Abs. 5 ist der Umstand, dass die amtliche Publikation einer Anordnung bis zu einem gewissen Grad im Konflikt steht mit dem Grundsatz, dass Verwaltungsverfahren nur parteiöffentlich sind und dass **Datenschutzbestimmungen** sowie **Persönlichkeitsrechte** der Betroffenen beachtet werden müssen[243].

128 Den Behörden stehen nicht nur die zwei Möglichkeiten offen, entweder eine Verfügung im Amtsblatt vollständig zu publizieren (§ 10 Abs. 4) oder sich auf den Hinweis einer Bezugsmöglichkeit bei einer Amtsstelle zu beschränken (§ 10 Abs. 5), sondern sie können auch **Teile der Anordnung** im Amtsblatt publizieren. Veröffentlicht werden kann beispielsweise lediglich das Dispositiv[244] oder das Dispositiv in Kombination mit einzelnen Teilen der Begründung[245].

129 In seltenen Ausnahmefällen können Datenschutzgründe dafür sprechen, eine **Anordnung lediglich in der gedruckten Fassung des Amtsblattes** (vollständig) zu publizieren, nicht aber im Internet[246]. Im Fall des Zürcher Amtsblatts darf ein Hinweis im Internet allerdings nicht vollständig unterbleiben, da inhaltlich die elektronische Fassung des Amtsblatts massgebend ist (§ 9a PublV).

130 In Bezug auf die öffentliche Bekanntmachung von **Bauprojekten** sind die Publikationsvorschriften gemäss § 314 PBG massgebend. Spezifische Publikationsregeln gelten für Bauvorhaben, die von beschwerdeberechtigten Organisationen angefochten werden können[247].

---

[242] Vgl. BGE 129 I 361, E. 2.2; BORNATICO, in: Basler Kommentar ZPO, Art. 141 N. 11.
[243] UHLMANN/SCHWANK, in: Praxiskommentar VwVG, Art. 36 N. 2; vgl. KNEUBÜHLER, in: Kommentar VwVG, Art. 36 N. 3.
[244] Vgl. z.B. VGr, 21.3.2012, VB.2012.00031, E. 5.4; für das Steuerrecht vgl. § 11 Abs. 2 VO StG.
[245] UHLMANN/SCHWANK, in: Praxiskommentar VwVG, Art. 36 N. 4.
[246] Vgl. z.B. Strafbescheid der Zollkreisdirektion Basel vom 22. Januar 2008 betreffend Zollhinterziehung, BBl 2008, 356.
[247] Zum Bundesrecht vgl. Art. 55a Abs. 2 USG und Art. 12b Abs. 2 NHG; zum kantonalen Recht vgl. VGr, 16.1.2013, VB.2012.00594, E. 3.4; VGr, 11.7.2012, VB.2011.00759, E. 3.3.2.

G. Verzicht auf Veröffentlichung

§ 10 äussert sich nicht zur Frage, ob es zulässig sein kann, sowohl auf eine individuelle Zustellung als auch auf eine Amtsblattpublikation zu verzichten. **Spezialgesetzlich** wird bisweilen statuiert, dass auf eine Eröffnung unter bestimmten Umständen gänzlich verzichtet werden darf (vgl. z.B. § 3 VO StG).

131

Gemäss der Rechtsprechung des Verwaltungsgerichts darf in Fällen, in denen eine individuelle Zustellung nicht in Frage kommt, auf eine Amtsblattpublikation gänzlich verzichtet werden, wenn diese **ausser zusätzlichen und kaum einbringlichen Kosten nichts verspräche**. In einem solchen Fall kann das für den betreffenden Adressaten bestimmte Exemplar zu dessen Handen im Dossier bleiben[248]. Diese Rechtsprechung findet allerdings weder im VRG noch in Art. 141 ZPO, auf den in § 71 verwiesen wird, eine Stütze[249]. Wird eine Verfügung weder individuell noch auf dem Weg einer Amtsblattpublikation noch auf eine andere, spezialgesetzlich vorgesehene Weise eröffnet, so beginnen allfällige Fristen nicht zu laufen und tritt der betreffende Entscheid nicht in formelle Rechtskraft. Der Adressat kann in einem solchen Fall grundsätzlich die Wiederaufnahme des Verfahrens verlangen[250], soweit der Grundsatz von Treu und Glauben dem nicht entgegensteht. Auf eine Beschwerde, die erst rund zehn Monate nach verwaltungsgerichtlicher Entscheiderledigung durch Aktenablage erhoben worden war, trat das Bundesgericht zwar nicht ein – allerdings nicht etwa wegen versäumter Rechtsmittelfrist, sondern wegen ungenügender Beschwerdebegründung[251].

132

---

[248] RB 2005 Nr. 7, E. 5 (PB.2005.00056); VGr, 16.01.2012, VB.2011.00781, E. 2 (nicht publiziert); für das Steuerrecht vgl. § 3 VO StG; vgl. auch BGr, 29.11.2007, 5A_411/2007, E. 8, allerdings im Zusammenhang mit einer teilweisen Beschwerdegutheissung und gestützt auf eine entsprechende Gesetzesnorm (Art. 39 Abs. 3 BGG).
[249] Vgl. BORNATICO, in: Basler Kommentar ZPO, Art. 140 N. 8.
[250] KNEUBÜHLER, in: Kommentar VwVG, Art. 36 N. 5.
[251] BGr, 5.4.2012, 2C_315/2012.

b. Anordnungen ohne Begründung

§ 10a

Auf die Begründung einer Anordnung kann verzichtet werden, wenn
a. den Begehren der Verfahrensbeteiligten vollständig entsprochen wird,
b. den Verfahrensbeteiligten angezeigt wird, dass sie innert zehn Tagen seit der Mitteilung schriftlich eine Begründung verlangen können; die Rechtsmittelfrist beginnt mit der Zustellung des begründeten Entscheides zu laufen,
c. den Verfahrensbeteiligten angezeigt wird, dass sie innert 30 Tagen seit der Mitteilung bei der anordnenden Behörde Einsprache erheben können.

Materialien

Weisung 2009, S. 936 f. und 952 f.; Prot. KR 2007–2011, S. 10239 und 10535.

Zur früheren Fassung/zu früheren Fassungen: Weisung 1995, S. 1527 f.; Prot. KK 1995/96, S. 14 ff., 19 f., 33, 235 f., 351; Prot. KR 1995–1999, S. 6427 ff., 6435 ff., 6488, 6830; Beleuchtender Bericht 1997, S. 6.

Literatur

HÄFELIN/MÜLLER/UHLMANN, Verwaltungsrecht, N. 1815 ff.; KIENER/RÜTSCHE/KUHN, Öffentliches Verfahrensrecht, N. 1786 ff.; KNEUBÜHLER LORENZ, in: Kommentar VwVG, Art. 35; KÖLZ/HÄNER/BERTSCHI, Verwaltungsverfahren, N. 785 ff.; MÄDER, VRG-Revision, S. 7; MERKLI/AESCHLIMANN/HERZOG, Kommentar VRPG, Art. 52; RHINOW/KOLLER/KISS/THURNHERR/BRÜHL-MOSER, Öffentliches Prozessrecht, N. 638 ff. und 1301 ff.; ROTACH TOMSCHIN, Revision, S. 442; SAILE/BURGHERR/LORETAN, Handbuch, N. 437 ff.; SCHINDLER, Beschleunigungspotentiale, S. 13 ff.; UHLMANN FELIX/SCHWANK ALEXANDRA, in: Praxiskommentar VwVG, Art. 35.

Inhaltsübersicht

I.	Einleitung	1–6
II.	Antragsgemässe Anordnung (lit. a)	7–11
III.	Nachträgliche Begründung auf Verlangen (lit. b)	12–19
IV.	Einsprache (lit. c)	20–36
	A. Einleitung	20–26
	B. Gewährung einer Einsprachemöglichkeit	27–31
	C. Einspracheinstanz	32–35
	D. Einsprachefrist	36

I. Einleitung

1 § 10a nennt – alternativ – drei prozessökonomisch motivierte **Ausnahmen von der Begründungspflicht** (§ 10 Abs. 1). *Endgültig* kann auf eine Begründung verzichtet werden, wenn den Begehren der Verfahrensbeteiligten vollständig entsprochen wird (lit. a). Ein *vorläufiger* Begründungsverzicht ist zulässig, wenn den Verfahrensbeteiligten angezeigt wird, dass sie innert zehn Tagen seit der Mitteilung schriftlich eine Begründung verlangen können (lit. b) oder dass sie innert 30 Tagen seit der Mitteilung zur Erhebung einer Einsprache bei der anordnenden Behörde befugt sind (lit. c).

Die ursprüngliche Fassung des VRG hatte im erstinstanzlichen Verwaltungsverfahren weder den Grundsatz der Pflicht zur Begründung von Anordnungen noch Ausnahmen von dieser Regel vorgesehen (vgl. § 10 Abs. 2 in der Fassung von 1959). Im Rahmen der **Gesetzesrevision** von 1997 wurde die Begründungspflicht im damaligen § 10 Abs. 2 statuiert. Gleichzeitig wurde mit § 10a eine – inhaltlich der heutigen Regelung weitgehend entsprechende – Ausnahmeklausel eingefügt, ergänzt durch eine rudimentäre Regelung des Einspracheverfahrens. Anlässlich der Gesetzesrevision von 2010 wurde § 10a neu formuliert und umstrukturiert, da Aufbau, Wortlaut und Marginalie der bisherigen Fassung nicht mehr zu befriedigen vermochten[1]. Die Möglichkeit des Verzichts auf eine Rechtsmittelbelehrung, die zuvor noch erwähnt war (§ 10a Abs. 2 in der Fassung von 1997), ist in der heutigen Fassung von § 10a nicht mehr zu finden. Die ursprünglich in § 10a Abs. 2 lit. b enthaltene Vorschrift betreffend das Einspracheverfahren wurde im Rahmen der VRG-Revision von 2010 in Abs. 3 des neu geschaffenen § 10b überführt.

Neben den drei in § 10a lit. a–c erwähnten Konstellationen kommen **weitere Ausnahmefälle** in Frage, in denen eine Anordnung entgegen § 10 Abs. 1 nicht begründet werden muss; dazu § 10 N. 23.

Bei § 10a handelt es sich um eine blosse **Kann-Bestimmung.** Den Behörden bleibt es unbenommen, eine Anordnung auch dann zu begründen, wenn ein Verzicht auf eine Begründung gemäss § 10a an sich zulässig wäre. Auch wenn der Begründungsaufwand im konkreten Fall aus prozessökonomischer Sicht unverhältnismässig erscheint, besteht demnach keine Pflicht, auf eine Begründung (vorläufig oder endgültig) zu verzichten. Die öffentlichen und/oder privaten Interessen, die einem Begründungsverzicht entgegenstehen, können die damit verbundenen prozessökonomischen Vorteile stets überwiegen.

§ 10a gilt grundsätzlich nur im nichtstreitigen, **erstinstanzlichen Verwaltungsverfahren,** da für das Rekurs- und Beschwerdeverfahren Spezialbestimmungen zur Anwendung kommen. Im Rekursverfahren ist ein Begründungsverzicht einzig bei gegenstandslos gewordenen Rekursen zulässig, wobei § 10a lit. b diesfalls sinngemäss gilt (§ 28a Abs. 2). Im Beschwerdeverfahren haben Entscheide stets begründet bzw. summarisch begründet zu ergehen (§ 65 Abs. 1).

Das **Bundesrecht** lässt kantonale Regelungen, welche die Eröffnung unbegründeter Entscheide vorsehen, ausdrücklich zu (Art. 112 Abs. 2 Satz 1 BGG). In diesem Fall müssen die Parteien aber innert 30 Tagen eine vollständige Ausfertigung verlangen können (Art. 112 Abs. 2 Satz 2 BGG)[2]. Ferner darf der Entscheid nicht vollstreckt werden, solange nicht entweder diese Frist unbenutzt abgelaufen oder die vollständige Ausfertigung eröffnet worden ist (Art. 112 Abs. 2 Satz 3 BGG). Diese Bestimmungen gelten allerdings nur für letztinstanzliche kantonale Entscheide[3]. Für solche kantonale Entscheide statuiert sodann Art. 1 Abs. 3 in Verbindung mit Art. 35 Abs. 3 VwVG, dass auf eine Begründung (und Rechtsmittelbelehrung) verzichtet werden kann, wenn den Begehren der Parteien voll entsprochen wird und keine Partei eine Begründung verlangt.

---

[1] Vgl. Weisung 2009, S. 952.
[2] Vgl. in Bezug auf das Zivilprozessrecht Art. 239 ZPO, in Bezug auf das Strafprozessrecht Art. 82 StPO.
[3] EHRENZELLER, in: Basler Kommentar BGG, Art. 112 N. 2.

II. Antragsgemässe Anordnung (lit. a)

7 Auf die Begründung einer Anordnung kann gemäss § 10a lit. a verzichtet werden, wenn den Begehren der Verfahrensbeteiligten vollständig entsprochen wird; von 1997 bis 2010 war dies in alt § 10a Abs. 1 geregelt. Ein solcher (endgültiger) Begründungsverzicht kann mit der **Verfahrensökonomie** und der **fehlenden Beschwer** der Verfahrensbeteiligten begründet werden: Unterliegt keine Partei, so besteht kein schutzwürdiges Interesse an Ausführungen über die Entscheidgründe, weshalb auf den damit verbundenen Aufwand verzichtet werden kann[4]. In solchen Fällen muss auch die in der Anordnung enthaltene – aufgrund des fehlenden Begründungsaufwands reduzierte[5] – Kostenauflage nicht begründet werden, soweit sie den gesetzlichen Vorschriften entspricht.

8 Ein auf § 10a lit. a gestützter Begründungsverzicht kommt nur in Frage, wenn **sämtlichen Begehren** aller Verfahrensbeteiligten entsprochen wird. Im Fall von abweichenden Begehren beteiligter Dritter ist demnach eine Begründung der Anordnung erforderlich. In der Praxis wird zwar teilweise auch in solchen Fällen ein Begründungsverzicht vorgenommen, doch im Gesetz findet sich dafür keine Stütze[6].

9 § 10a lit. a sieht nicht vor, dass die Verfahrensbeteiligten im Fall einer unbegründeten, ihren Begehren entsprechenden Anordnung eine nachträgliche Begründung verlangen können. Ihnen dies zu verweigern, dürfte allerdings kaum mit Art. 18 Abs. 2 KV vereinbar sein, wonach die Parteien einen **verfassungsmässigen Anspruch** auf einen begründeten Entscheid haben. Demnach ist davon auszugehen, dass ein Begründungsverzicht bei vollständigem Entsprechen der Parteibegehren nur dann zulässig ist, wenn alle Verfahrensbeteiligten damit einverstanden sind (vgl. auch Art. 35 Abs. 3 VwVG).

10 § 10a lit. a gibt den Behörden die Möglichkeit, auf eine Begründung zu verzichten, auferlegt ihnen aber keine entsprechende Pflicht. Auch wenn den Begehren sämtlicher Verfahrensbeteiligter entsprochen wurde und diese mit dem Begründungsverzicht einverstanden sind, ist ein solcher **nur ausnahmsweise** opportun. Das Anbringen einer Begründung kann sich insbesondere aufgrund der Selbstkontrollfunktion der Behörden oder wegen Interessen der Öffentlichkeit oder künftiger Gesuchsteller rechtfertigen[7]. Gegen einen Begründungsverzicht spricht sodann, dass zu einem späteren Zeitpunkt nicht mehr nachvollzogen werden kann, aufgrund welcher sachverhaltlicher Annahmen und aus welchen rechtlichen Überlegungen so und nicht anders entschieden wurde. Eine Wiedererwägung oder eine Anpassung der Anordnung an veränderte Verhältnisse lässt sich nur schwer rechtfertigen, wenn die Entscheidgründe nicht aktenkundig sind. Im Übrigen kann kaum je gänzlich ausgeschlossen werden, dass eine positive Verfügung rechtsmittellegitimierte Drittinteressenten (Personen, Organisationen oder Behörden) betreffen könnte[8]. Treten in einem Verfahren nachträglich Drittbetroffene in Erscheinung, so ist die Begründung spätestens mit der Rechtsmittelantwort nachzuliefern.

---

[4] MERKLI/AESCHLIMANN/HERZOG, Kommentar VRPG, Art. 52 N. 21; UHLMANN/SCHWANK, in: Praxiskommentar VwVG, Art. 35 N. 34.
[5] ROTACH TOMSCHIN, Revision, S. 442.
[6] Vgl. UHLMANN/SCHWANK, in: Praxiskommentar VwVG, Art. 35 N. 35 und 37.
[7] UHLMANN/SCHWANK, in: Praxiskommentar VwVG, Art. 35 N. 36.
[8] KNEUBÜHLER, in: Kommentar VwVG, Art. 35 N. 28.

Anordnungen, die gestützt auf § 10a lit. a unbegründet ergehen, unterliegen ebenso wie begründete Anordnungen der in § 10 Abs. 1 statuierten Pflicht zur **Rechtsmittelbelehrung**. Im Rahmen eines Rechtsmittelverfahrens kann eine Partei insbesondere geltend machen, ihren Begehren sei entgegen der Auffassung der Entscheidbehörde nicht vollständig entsprochen worden oder ihr hätten keine Verfahrenskosten auferlegt werden dürfen.

11

III. Nachträgliche Begründung auf Verlangen (lit. b)

Gemäss § 10a lit. b kann auf die Begründung einer Anordnung (vorläufig) verzichtet werden, wenn den Verfahrensbeteiligten angezeigt wird, dass sie innert zehn Tagen seit der Mitteilung **schriftlich eine Begründung verlangen** können, wobei die Rechtsmittelfrist mit der Zustellung des begründeten Entscheids zu laufen beginnt. Verlangt innert Frist kein Verfahrensbeteiligter eine Begründung, so wird der Begründungsverzicht endgültig. Von 1997 bis 2010 war dies in alt § 10a Abs. 2 lit. a geregelt.

12

Der Entscheidbehörde steht ein **erhebliches Ermessen** zu bei der Frage, ob sie eine Anordnung begründen oder vorläufig auf eine Begründung verzichten will und ob sie im Verzichtsfall eine Frist zur Geltendmachung des Anspruchs auf Begründung gemäss § 10a lit. b ansetzen oder eine Einsprachemöglichkeit gemäss § 10a lit. c eröffnen will. Gewährt die Behörde eine Einsprachemöglichkeit, so schafft sie die Option einer nochmaligen uneingeschränkten Überprüfung der Anordnung (§ 10a lit. c i.V.m. § 10b Abs. 3 Satz 1). Im Fall eines nachträglichen Begründungsgesuchs gemäss § 10a lit. b hat sie die Anordnung hingegen ohne Vornahme einer erneuten Überprüfung lediglich zu begründen.

13

Der Begründungsverzicht mit Einräumung der Möglichkeit, innert zehn Tagen eine schriftliche Begründung zu verlangen, kann aus **prozessökonomischen Gründen** angebracht sein. Ein (vorläufiger) Begründungsverzicht rechtfertigt sich vor allem im Rahmen von Massenverfahren (§ 6a), bei denen davon auszugehen ist, dass die Betroffenen von ihrem Anspruch auf Begründung überwiegend keinen Gebrauch machen. Die Kostenauflage einer solchen Anordnung ist aufgrund des mangels Begründung geringeren Aufwandes zu reduzieren[9].

14

Von der Möglichkeit eines auf § 10a lit. b gestützten Begründungsverzichts ist **zurückhaltend** Gebrauch zu machen. Zum einen ist der Erlass einer solchen Verfügung mit dem Nachteil verbunden, dass der oder die Betroffene einen aktiven Schritt (schriftliches Begründungsgesuch) tun muss, um die Begründung zu erfahren, obwohl Art. 18 Abs. 2 KV einen bedingungslosen Begründungsanspruch gewährt. Zum anderen erwächst die unbegründete Anordnung in Rechtskraft, wenn kein Begründungsgesuch gestellt wird, was vor dem Hintergrund allfälliger Drittinteressen oder öffentlicher Interessen problematisch erscheint (vgl. N. 10).

15

Besondere Zurückhaltung ist geboten, wenn es sich bei der fraglichen Anordnung um einen Entscheid mit weitreichenden Auswirkungen für den Verfügungsadressaten handelt, etwa um eine **Haftanordnung**, die mit erheblichen Grundrechtseingriffen verbun-

16

---

[9] ROTACH TOMSCHIN, Revision, S. 442.

den ist. Gemäss der bundesgerichtlichen Rechtsprechung kann ein Ausländer, der mit dem schweizerischen Recht und namentlich mit den gesetzlichen Haftgründen nicht vertraut ist, nur dann gültig auf eine schriftliche Begründung der Haftanordnung verzichten, wenn er durch einen qualifizierten Vertreter verbeiständet ist[10].

17 Gesuche um Begründung müssen gemäss § 10a lit. b *schriftlich* gestellt werden. Eine **Begründung des Gesuchs** ist hingegen nicht erforderlich.

18 Die Adressatin oder der Adressat der (vorläufig unbegründeten) Anordnung hat das Gesuch um Begründung gemäss § 10a lit. b **innert zehn Tagen** seit Mitteilung einzureichen. Diese gesetzliche Frist ist grundsätzlich unabänderlich und kann nur im Rahmen von § 12 erstreckt oder wiederhergestellt werden. Fristversäumnis zieht somit grundsätzlich die Verwirkung des Begründungsanspruchs nach sich.

19 Die **Rechtsmittelfrist** beginnt gemäss dem zweiten Halbsatz von § 10a lit. b mit der Zustellung des *begründeten* Entscheides zu laufen. Diese Regelung gilt unabhängig davon, wie die im *unbegründeten* Entscheid allenfalls enthaltene Rechtsmittelbelehrung lautet.

IV. Einsprache (lit. c)

A. Einleitung

20 Gemäss § 10a lit. c kann auf die Begründung einer Anordnung (vorläufig) verzichtet werden, wenn den Verfahrensbeteiligten angezeigt wird, dass sie innert 30 Tagen seit der Mitteilung bei der anordnenden Behörde Einsprache erheben können. Mit der Gewährung einer Einsprachemöglichkeit wird den Verfahrensbeteiligten die Option eröffnet, die Behörde darum zu ersuchen, ihre unbegründete (erstinstanzliche) **Anordnung neu zu überprüfen**. Nach unbenutztem Ablauf der 30-tägigen Einsprachefrist wird der Begründungsverzicht endgültig. Bei Erhebung einer Einsprache wird das Verwaltungsverfahren erst durch den Einspracheentscheid abgeschlossen, welcher die ursprüngliche Verfügung ersetzt[11].

21 Die ursprüngliche Fassung des VRG hatte keine Bestimmungen über die Einsprache enthalten. Im Rahmen der **Gesetzesrevision** von 1997 wurde § 10a Abs. 2 lit. b ins VRG eingefügt, der bei Gewährung einer Einsprachemöglichkeit einen Begründungsverzicht zuliess (Satz 1) und das Einspracheverfahren rudimentär regelte (Satz 2). Anlässlich der VRG-Revision von 2010 wurde die Bestimmung über den Begründungsverzicht bei Gewährung einer Einsprachemöglichkeit – unter Modifikation des Wortlauts – von § 10a Abs. 2 lit. b Satz 1 in den heutigen § 10a lit. c überführt. Gleichzeitig wurde zur Regelung des Einspracheverfahrens der neue § 10b geschaffen, unter Verlagerung der bisherigen Verfahrensregeln von § 10a Abs. 2 lit. b Satz 2 in den heutigen § 10b Abs. 3 Satz 1. Ferner wurde § 10b mit zusätzlichen Formvorschriften ergänzt, die weitgehend der (unkodifizierten) Praxis entsprechen, die bereits zuvor galt.

---

[10] BGE 125 II 369, E. 2c.
[11] BGE 131 V 407, E. 2.1.2.1.

Eine Anordnung, die mittels Einsprache angefochten werden kann, muss mit einer **Rechtsmittelbelehrung** versehen sein, die den Anforderungen gemäss § 10 Abs. 1 genügt. Diese hat jedoch nicht das gegen die begründete Anordnung zur Verfügung stehende Rechtsmittel, sondern die Einsprache zu benennen. Unterbleibt der Hinweis auf die Einsprachemöglichkeit, so darf dem Betroffenen daraus kein Nachteil erwachsen (§ 10 N. 51 ff.).

22

§ 10a lit. c sieht nicht nur die behördliche Möglichkeit vor, Einsprache gegen eine Anordnung zu gewähren, sondern enthält auch Verfahrensregeln in Bezug auf die Einsprachefrist und die Einspracheinstanz. **Weitere Verfahrensregeln** – betreffend Form, aufschiebende Wirkung und Eröffnung – sind in § 10b enthalten.

23

Von der Einsprache gemäss den §§ 10a lit. c und 10b abzugrenzen sind **kommunale Einspracheverfahren**, die sich auf § 57 Abs. 3 bzw. § 115a Abs. 3 GG stützen; als Beispiel sei das stadtinterne Zürcher Einspracheverfahren erwähnt[12]. Sieht die Gemeindeordnung eine Einsprachemöglichkeit im Sinne des Gemeindegesetzes vor, so führt die Erhebung der Einsprache dazu, dass die Anordnung eines Mitglieds einer Gemeindebehörde durch die Gesamtbehörde überprüft werden muss. Nicht ausgeschlossen ist, dass einer Einsprache nach Gemeindegesetz eine Einsprache nach den §§ 10a lit. c und 10b vorangeht, indem eine mit selbständigen Befugnissen ausgestattete Behörde unter Verzicht auf Begründung den Einspracheweg nach dieser Bestimmung öffnet[13]. – In seinem Antrag vom 20. März 2013 für ein neues Gemeindegesetz schlägt der Regierungsrat anstelle des kommunalen Einspracheverfahrens ein gemeindeinternes *Neubeurteilungsverfahren* vor, wenn die Gemeindeordnung diese Möglichkeit nicht ausschliesst: Überträgt eine Gemeindebehörde wie z.B. der Gemeindevorstand Aufgaben zur selbständigen Erledigung an einzelne Behördenmitglieder, Ausschüsse, unterstellte Kommissionen und Gemeindeangestellte, so kann in Bezug auf deren Anordnungen (und Erlasse) verlangt werden, dass die Delegationsbehörde innert 30 Tagen eine rekursfähige Neubeurteilung vornimmt (§§ 182 f. E-GG)[14].

24

Von der Einsprache nach den §§ 10a lit. c und 10b abzugrenzen sind sodann **besondere Einwendungsverfahren**. Diese stellen formalisierte Anhörungsrechte im Rahmen des erstinstanzlichen, nichtstreitigen Verwaltungsverfahrens dar und sind häufig dann vorgesehen, wenn der Kreis der Betroffenen sehr gross ist oder sich ohne unverhältnismässigen Aufwand nicht bestimmen lässt (vgl. z.B. Art. 30a VwVG)[15]. Beispiele für solche «Einsprachen» finden sich vor allem in Plangenehmigungsverfahren auf Bundesebene (vgl. z.B. Art. 37f LFG).

25

---

[12] Vgl. Art. 66 Abs. 1 Satz 1 der Gemeindeordnung der Stadt Zürich vom 26. April 1970; dazu SAILE/BURGHERR/LORETAN, Handbuch, N. 437 ff.; siehe auch VGr, 21.8.2008, VB.2008.00323, E. 4.1.
[13] Vgl. Weisung 2009, S. 892 f.
[14] Vgl. Weisung GG, S. 40 f., 204 f.
[15] Vgl. BGE 134 V 97, E. 2.8; HÄFELIN/MÜLLER/UHLMANN, Verwaltungsrecht, N. 1817; KÖLZ/HÄNER/BERTSCHI, Verwaltungsverfahren, N. 534 f.; RHINOW/KOLLER/KISS/THURNHERR/BRÜHL-MOSER, Öffentliches Prozessrecht, N. 1302.

26 Zahlreiche Gesetze[16], insbesondere auch im Bereich des Steuerrechts[17], sehen schliesslich **spezialgesetzliche Einsprachemöglichkeiten** vor, die den Vorschriften gemäss §§ 10a lit. c und 10b vorgehen. Soweit solche Einsprachevorschriften Verfahrensregeln enthalten, die von §§ 10a lit. c und 10b abweichen (etwa in Bezug auf die Einspracheinstanz, Frist, Begründung, aufschiebende Wirkung oder Prüfungsbefugnis), sind sie indessen nur zulässig, wenn sie auf einer genügenden gesetzlichen Grundlage beruhen (vgl. § 4 N. 30 und § 19b N. 52 f.)[18].

B. Gewährung einer Einsprachemöglichkeit

27 § 10a lit. c ermächtigt die erstinstanzlichen Behörden grundsätzlich in Bezug auf sämtliche Anordnungen, vorläufig auf eine Begründung zu verzichten und stattdessen eine Einsprachemöglichkeit zu gewähren. Abgesehen von der spezialgesetzlich statuierten Ausnahme für baurechtliche Bewilligungsverfahren (§ 315 Abs. 3 PBG)[19] ist das Einspracheverfahren **in allen Verwaltungsbereichen zulässig.** Jede kantonale oder kommunale Behörde ist demnach frei, Anordnungen gestützt auf § 10a lit. c ohne Begründung und mit der Möglichkeit der Einsprache zu erlassen[20]. Die verfügende Behörde darf somit bei jeder Anordnung darüber entscheiden, ob sie einem allfälligen Rekursverfahren ein Einspracheverfahren vorschalten will.

28 Der Entscheidbehörde steht ein **erhebliches Ermessen** zu bei der Frage, ob sie eine Einsprachemöglichkeit gewährt oder nicht (vgl. N. 13). Das behördliche Ermessen, eine Einsprachemöglichkeit zu gewähren, wird einzig dadurch eingeschränkt, dass die übergeordneten Instanzen mit allgemeinen Weisungen den Einsatz des Einspracheverfahrens vorschreiben oder limitieren können. Damit können übergeordnete Behörden einem überbordenden und allenfalls kontraproduktiven Gebrauch dieser Möglichkeit durch unterstellte Behörden entgegenwirken[21].

29 Die Gewährung einer Einsprachemöglichkeit dient in erster Linie der **Verfahrensökonomie,** indem sich der Begründungsaufwand vermindern lässt. Das Verfahren zielt darauf ab, ungenügende Abklärungen oder Fehlbeurteilungen, aber auch Missverständnisse, die den angefochtenen Verwaltungsverfügungen zugrunde liegen, in einem kostengünstigen und wenig formalisierten Verfahren auszuräumen, ohne dass die übergeordneten Instanzen angerufen werden müssen[22]. Auch die oberen Instanzen werden aufgrund des Einspracheverfahrens entlastet. Das Einspracheverfahren eignet sich vor allem für Massenverfügungen, ferner für Verfügungen, die von den Adressaten erfahrungsgemäss ak-

---

[16] Vgl. z.B. § 10d Abs. 1 VRG; Art. 52 ATSG; § 11 GSG; § 17 StrG; § 46 der Rahmenverordnung vom 20. August 2012 über den Bachelor- und Masterstudiengang sowie die Nebenfachstudienprogramme an der Rechtswissenschaftlichen Fakultät der Universität Zürich (LS 415.415.1).
[17] Art. 132 ff. DBG und §§ 140 ff. StG; vgl. RHINOW/KOLLER/KISS/THURNHERR/BRÜHL-MOSER, Öffentliches Prozessrecht, N. 639 und 1304.
[18] Vgl. BGr, 5.11.1997, 2P.63/1997, E. 4b (BVR 1998, 49 ff.); HAUSER, in: Kommentar KV, Art. 38 N. 26.
[19] Kritisch zu dieser Ausnahme MÄDER, VRG-Revision, S. 7 f.
[20] Weisung 2009, S. 936.
[21] ROTACH TOMSCHIN, Revision, S. 442; Weisung 2009, S. 936.
[22] BGE 131 V 412, E. 2.1.2.1; vgl. Weisung 1995, S. 1528.

zeptiert werden[23], sowie bei komplexen und fehleranfälligen Verfahren mit grossen Beurteilungsspielräumen[24]. Insgesamt wird das Verfahren – trotz der Einräumung eines zusätzlichen Rechtsmittels – in der Mehrzahl der Fälle verkürzt bzw. beschleunigt[25]. Eher gering ist das Beschleunigungspotenzial von Einspracheverfahren hingegen ausserhalb von Massenverfahren bzw. dort, wo der Entscheidung eine individuelle Beurteilung des Sachverhalts und der Rechtsfragen vorangeht[26].

Für die Rechtsunterworfenen ist die Gewährung einer Einsprachemöglichkeit nach § 10a lit. c mit den gleichen **Nachteilen** verbunden wie die Gewährung einer Begründungsgesuchsfrist nach § 10a lit. b (vgl. N. 15). 30

Das Einspracheverfahren hat für die betroffenen Adressaten aber auch diverse **Vorteile**. Zum einen sind die Hürden zur Erhebung einer Einsprache tief gesetzt: Es genügt, dass der Verfügungsadressat einen Einspracheantrag stellt (§ 10b Abs. 1 Satz 2), der nicht begründet werden muss. Zum anderen werden die Verwaltungsgebühren aufgrund des kleineren Verwaltungsaufwandes in der Regel tiefer angesetzt als im Fall einer von Anfang an begründeten Anordnung. Die Betroffenen erhalten sodann ein zusätzliches ordentliches Rechtsmittel, was letztlich ihrem Rechtsschutz dient. Insgesamt überwiegen die verfahrensökonomischen Vorteile des Einspracheverfahrens die damit verbundenen Nachteile für die Rechtsunterworfenen[27]. 31

C. Einspracheinstanz

Der Einspracheentscheid wird gemäss § 10a lit. c durch die **anordnende Behörde** selber und nicht durch eine übergeordnete Instanz gefällt. Es handelt sich somit um ein *nicht-devolutives* Rechtsmittel[28]. 32

Die Gewährung einer Einsprachemöglichkeit führt zu einem dreistufigen Rechtsmittelzug (Einsprache – Rekurs – Beschwerde) und somit zu einer (zulässigen) **Abweichung vom Regelinstanzenzug** gemäss Art. 77 Abs. 1 KV. Die Verlängerung des Verfahrens durch Einschub eines zusätzlichen Rechtsmittels kann dadurch gerechtfertigt werden, dass das Einspracheverfahren die Entlastung der Behörden und eine Verbesserung der Verfahrensökonomie bezweckt (N. 29). 33

Soweit die Verwaltungsbehörden unter Verzicht auf Begründung der Anordnung die Möglichkeit einräumen, Einsprache zu erheben, darf diese als ordentliches Rechtsmittel **nicht übersprungen** werden[29]. Die Einspracheinstanz darf eine Einsprache demnach 34

---

[23] Weisung 2009, S. 936.
[24] RHINOW/KOLLER/KISS/THURNHERR/BRÜHL-MOSER, Öffentliches Prozessrecht, N. 1304.
[25] Weisung 2009, S. 937; MÄDER, VRG-Revision, S. 7 f.
[26] SCHINDLER, Beschleunigungspotentiale, S. 16 f.
[27] Weisung 2009, S. 937.
[28] Weisung 2009, S. 936; vgl. BGE 132 V 368, E. 6.1; 131 V 407, E. 2.1.2.1; HÄFELIN/MÜLLER/UHLMANN, Verwaltungsrecht, N. 1815; RHINOW/KOLLER/KISS/THURNHERR/BRÜHL-MOSER, Öffentliches Prozessrecht, N. 638 und 1301.
[29] HÄFELIN/MÜLLER/UHLMANN, Verwaltungsrecht, N. 1820; RHINOW/KOLLER/KISS/THURNHERR/BRÜHL-MOSER, Öffentliches Prozessrecht, N. 639.

nicht zur Behandlung als Rekurs an die Rekursinstanz weiterleiten. Versäumt eine einspracheberechtigte Person die Einsprachefrist, so verwirkt sie auch das Rekursrecht[30].

35 Wird eine Einsprache bei einer unzuständigen Behörde eingereicht – z.B. bei der Rekursinstanz –, so ist diese unter den Voraussetzungen von § 5 Abs. 2 zur **Weiterleitung** an die zuständige Instanz verpflichtet.

D. Einsprachefrist

36 Die Einsprache muss gemäss § 10a lit. c **innert 30 Tagen** seit der Mitteilung bei der anordnenden Behörde eingereicht werden. Die gesetzliche Einsprachefrist ist grundsätzlich unabänderlich und kann nur im Rahmen von § 12 erstreckt oder wiederhergestellt werden. Fristversäumnis zieht somit grundsätzlich die Verwirkung des Rechts auf Begründung sowie des Rekursrechts nach sich. Die Behörde kann die 30-tägige Einsprachefrist – anders als etwa eine Rekursfrist (§ 22 Abs. 3) – nicht verkürzen. In dringlichen Fällen ist es ohnehin zweckmässig, eine Anordnung sofort zu begründen, um den mit dem Einspracheverfahren verbundenen Zeitverlust zu vermeiden[31].

---

[30] VGr, 21.11.2013, VB.2013.00354, E. 3.2.
[31] Vgl. Weisung 2009, S. 937 und 953.

Einspracheverfahren

§ 10b

¹ Die Einsprache ist schriftlich zu erheben. Sie muss einen Antrag enthalten.

² Dem Lauf der Einsprachefrist und der Einreichung der Einsprache kommen aufschiebende Wirkung zu.

³ Die Behörde überprüft ihre Anordnung uneingeschränkt und entscheidet nochmals über die Sache. Der Einspracheentscheid wird begründet.

Materialien

Vgl. die Angaben bei § 10a.

Literatur

Vgl. die Angaben bei § 10a.

Inhaltsübersicht

I.	Einleitung	1–5
II.	Form der Einsprache (Abs. 1)	6–8
III.	Aufschiebende Wirkung (Abs. 2)	9–10
IV.	Einspracheentscheid (Abs. 3)	11–15

I. Einleitung

Der im Rahmen der Gesetzesrevision von 2010 ins VRG eingefügte § 10b regelt das **Einspracheverfahren**. Die Bestimmung enthält Vorschriften über die Form der Einsprache (Abs. 1), über die aufschiebende Wirkung (Abs. 2) und über den Einspracheentscheid (Abs. 3). Weitere Verfahrensregeln – betreffend Einsprachefrist und Einspracheinstanz – sind in § 10a lit. c enthalten. 1

Die Schaffung von § 10b im Rahmen der Gesetzesrevision von 2010 wurde damit begründet, dass das geltende Recht wichtige Fragen zum Einspracheverfahren offen lasse – etwa zur Form der Einsprache (Schriftlichkeit, Erfordernis eines Antrages) oder zur aufschiebenden Wirkung. Diese Fragen sollten aus Gründen der **Rechtssicherheit** ausdrücklich normiert werden[1]. 2

Die Einsprache ist ein förmliches bzw. ein **ordentliches, vollkommenes und reformatorisches Rechtsmittel**[2]. Funktionell steht dieses (nicht-devolutive) Rechtsmittel zwischen Wiedererwägungsgesuch und Rekurs. 3

Die Regeln betreffend das Einspracheverfahren nach § 10b kommen nur dann zur Anwendung, wenn eine Behörde im Rahmen von § 10a lit. c auf die Begründung einer Anordnung verzichtet und stattdessen die Möglichkeit einer Einspracheerhebung gewährt. § 10a lit. c bestimmt somit den **sachlichen Anwendungsbereich** von § 10b; dies prägt 4

---

[1] Weisung 2009, S. 937 und 953; zum Hintergrund der Entstehungsgeschichte von § 10b vgl. § 10a N. 2.
[2] Weisung 2009, S. 936.

auch die weitere Ausgestaltung des Einspracheverfahrens (vgl. N. 6 ff.). Begründet die Behörde ihre Anordnung aber bzw. gewährt sie keine Einsprachemöglichkeit, so kann die betreffende Anordnung nicht mittels Einsprache, sondern mittels Rekurs angefochten werden.

5   Soweit das Einspracheverfahren in den §§ 10a lit. c und 10b nicht geregelt ist, können die **Regeln über das Rekursverfahren** analog herangezogen werden. So ist beispielsweise die Einsprachelegitimation entsprechend den für die Rekurslegitimation geltenden Kriterien bzw. in analoger Anwendung von § 21 zu beurteilen.

II.   Form der Einsprache (Abs. 1)

6   Gemäss § 10b Abs. 1 ist die Einsprache **schriftlich** zu erheben und muss einen **Antrag** enthalten. Diese nunmehr ausdrücklich statuierten Voraussetzungen entsprechen der bereits vor der VRG-Revision von 2010 geltenden, unkodifizierten Praxis[3]. Der Einspracheantrag muss klar, eindeutig und unbedingt sein. Im Übrigen sind an das Erfordernis des Antrags keine hohen Anforderungen zu stellen, denn die Behörde hat ihre Anordnung gemäss § 10b Abs. 3 Satz 1 ohnehin *uneingeschränkt* zu überprüfen (N. 12).

7   Die Einsprache muss – anders als der Rekurs und die Beschwerde (vgl. §§ 23 Abs. 1 Satz 1 und 54 Abs. 1) – **nicht begründet** werden, da die Einsprecherin bzw. der Einsprecher die Begründung der Behörden (noch) nicht kennt. Damit soll auch vermieden werden, dass sich die Behörden zu stark auf die Entkräftung der Argumente der Einsprache erhebenden Person konzentrieren, statt eine umfassende Begründung der Anordnung auszufertigen[4]. Dem Einsprecher bzw. der Einsprecherin steht es indessen frei, die Einsprache zu begründen und Mängel der Anordnung zu rügen.

8   **Spezialgesetzliche Einspracheverfahrensregeln** können gegenüber § 10b abweichende Vorschriften enthalten. So kann – anders als in § 10b – spezialgesetzlich vorgesehen sein, dass Einsprachen begründet werden müssen[5]; betroffen sind meist Konstellationen, in denen bereits eine begründete Verfügung vorliegt.

III.   Aufschiebende Wirkung (Abs. 2)

9   Gemäss § 10b Abs. 2 kommt dem Lauf der Einsprachefrist und der Einreichung der Einsprache aufschiebende Wirkung zu. Dies ist insofern sachgerecht, als die Einsprache – wie der Rekurs und die Beschwerde – auf die Neuüberprüfung der angefochtenen Anordnung abzielt. Die aufschiebende Wirkung kann – anders als im Rekurs- und im Beschwerdeverfahren (§§ 25 und 55) – **nicht entzogen** werden, denn einem Verfügungsadressaten kann nicht zugemutet werden, die unmittelbare Geltung oder gar die Vollstreckung einer Anordnung ohne Kenntnis der Gründe hinzunehmen; dadurch würden

---

[3] Weisung 2009, S. 937.
[4] Weisung 2009, S. 953.
[5] Vgl. z.B. Art. 132 Abs. 3 Satz 2 DBG; § 140 Abs. 2 Satz 2 StG; § 11 Abs. 2 Satz 1 GSG; Art. 66 Abs. 1 Satz 2 der Gemeindeordnung der Stadt Zürich vom 26. April 1970.

seine Verfahrensrechte verletzt. In dringenden Angelegenheiten müssen die Behörden deshalb stets begründete Verfügungen erlassen[6].

Spezialgesetzliche Bestimmungen können gegenüber § 10b Abs. 2 abweichende Regeln enthalten. Einsprachen, denen von Gesetzes wegen *keine* aufschiebende Wirkung zukommt, betreffen meist Konstellationen, in denen bereits eine begründete Verfügung vorliegt (vgl. z.B. § 11 Abs. 2 Satz 2 GSG).

IV. Einspracheentscheid (Abs. 3)

Gemäss § 10b Abs. 3 überprüft die Behörde ihre Anordnung uneingeschränkt und entscheidet nochmals über die Sache; der Einspracheentscheid wird begründet. Der erste Teil dieser Bestimmung war von 1997 bis 2010 in § 10a Abs. 2 lit. b Satz 2 enthalten und wurde im Rahmen der **VRG-Revision von 2010** in den heutigen § 10b Abs. 3 überführt. Die im zweiten Teil von § 10b Abs. 3 statuierte Pflicht, Einspracheentscheide zu begründen, wurde im Rahmen der VRG-Revision von 2010 neu in das Gesetz eingefügt, ergab sich aber implizit bereits aus den §§ 10 Abs. 2 und 10a Abs. 2 lit. b in der Fassung von 1997.

Gestützt auf § 10b Abs. 3 Satz 1 muss die Behörde die angefochtene, von ihr selber (ohne Begründung) erlassene Anordnung auf Einsprache hin **umfassend prüfen** – d.h. unabhängig von den gestellten Anträgen – und nochmals über die Sache entscheiden. Die uneingeschränkte nochmalige Prüfung der Anordnung mit voller Kognition hat zur Folge, dass die Behörde die Anordnung auch zum Nachteil der Einsprache erhebenden Person abändern kann (reformatio in peius).

Einspracheentscheide müssen gemäss § 10b Abs. 3 Satz 2 **begründet** werden, wobei die Begründungsanforderungen gemäss § 10 Abs. 1 gelten (§ 10 N. 24 ff.). Es ist demnach unzulässig, bloss auf die ursprüngliche – unbegründete – Anordnung zu verweisen, statt einen begründeten Einspracheentscheid zu erlassen. Vielmehr muss die Anordnung auf Einsprache hin umfassend – auch in Bezug auf unstrittige Punkte – begründet werden.

Die Einsprache erfüllt nicht die Voraussetzungen gemäss Art. 77 Abs. 1 KV, der die Möglichkeit einer wirksamen Überprüfung durch eine Rekursinstanz (sowie den Weiterzug an ein Gericht) verlangt. Deshalb muss grundsätzlich jeder Einspracheentscheid mit **Rekurs und Beschwerde** angefochten werden können[7] und eine entsprechende Rechtsmittelbelehrung enthalten (§ 10 Abs. 1).

Im Einspracheentscheid können den Parteien **Verfahrenskosten** auferlegt werden (§ 4 i.V.m. § 13 Abs. 1). Diese dürfen aufgrund des grösseren Verwaltungsaufwandes höher ausfallen als in der angefochtenen (unbegründeten) Anordnung. Die Kosten für eine von Anfang an begründete Anordnung dürfen indessen insgesamt nicht überstiegen werden. Die Zusprechung einer Parteientschädigung kommt im Rahmen des Einspracheverfahrens nicht in Frage (§ 4 i.V.m. § 17 Abs. 1).

---

[6] Weisung 2009, S. 937 und 953.
[7] Weisung 2009, S. 936.

> **Realakte**
> **a. Im Allgemeinen**
>
> **§ 10c**
>
> ¹ Wer ein schutzwürdiges Interesse hat, kann von der Behörde, die für Handlungen zuständig ist, welche sich auf öffentliches Recht stützen und Rechte oder Pflichten berühren, verlangen, dass sie:
> a. widerrechtliche Handlungen unterlässt, einstellt oder widerruft,
> b. die Folgen widerrechtlicher Handlungen beseitigt,
> c. die Widerrechtlichkeit von Handlungen feststellt.
>
> ² Die Behörde erlässt eine Anordnung.

Materialien

Erläuterungen Vorentwurf VRG-Revision 2010, S. 79 f.; Weisung 2009, S. 953 ff.; Prot. KR 2007–2011, S. 10239, 10535.

Literatur

BEUSCH/MOSER/KNEUBÜHLER, Ausgewählte Fragen, S. 4 ff.; BICKEL JÜRG/OESCHGER MAGNUS/STÖCKLI ANDREAS, Die verfahrensfreie Verfügung – Ein Beitrag zu einem übersehenen Konzept des VwVG, ZBl 2009, 593 ff.; FLÜCKIGER ALEXANDRE, Régulation, dérégulation, autorégulation: l'émergence des actes étatiques non obligatoires, ZSR 2004 II, 159 ff.; GENNER SUSANNE, Zur Abgrenzung von Rechtsakt und Realakt im öffentlichen Recht, AJP 2011, 1153 ff.; GIACOMINI, Jagdmachen; HÄNER ISABELLE, in: Praxiskommentar VwVG, Art. 25a; KIENER/RÜTSCHE/KUHN, Öffentliches Verfahrensrecht, N. 409 ff.; KÖLZ/HÄNER/BERTSCHI, Verwaltungsverfahren, N. 361 ff.; MARTI URSULA/MÜLLER MARKUS, Rechtsschutz gegen Realakte verbessert, plädoyer 3/2007, 34 ff.; MOHLER MARKUS H.F., Zur Anfechtbarkeit polizeilicher intervenierender Realakte unter dem Gesichtspunkt der Rechtsweggarantie gemäss Art. 29a BV-Justizreform, AJP 2007, 461 ff.; MOSER/BEUSCH/KNEUBÜHLER, Bundesverwaltungsgericht, N. 2.38 ff.; MÜLLER M., Verwaltungsrealakte; MÜLLER MARKUS, Rechtsschutz im Bereich des informalen Staatshandelns – Überlegungen am Beispiel der staatlichen Empfehlungen, ZBl 1995, 533 ff.; RHINOW/KOLLER/KISS/THURNHERR/BRÜHL-MOSER, Öffentliches Prozessrecht, N. 1283 ff.; RICHLI PAUL, Zum Rechtsschutz gegen verfügungsfreies Staatshandeln in der Totalrevision der Bundesrechtspflege, AJP 1998, 1426 ff.; RICHLI PAUL, Zum verfahrens- und prozessrechtlichen Regelungsdefizit beim verfügungsfreien Staatshandeln – Anliegen an die Totalrevision der Bundesrechtspflege, AJP 1992, 196 ff.; RIVA, Realakte; SCHINDLER BENJAMIN, Rechtsschutz im Polizeirecht: Eine Standortbestimmung, Sicherheit & Recht 2012, 215 ff.; TSCHANNEN PIERRE, Amtliche Warnungen und Empfehlungen, ZSR 1999 II, 353 ff. *(Warnungen);* TSCHOPP-CHRISTEN, Realakte; WEBER-DÜRLER BEATRICE, in: Kommentar VwVG, Art. 25a.

Inhaltsübersicht

I.	Allgemeines	1–8
II.	Anspruchsvoraussetzungen (Abs. 1, Ingress)	9–25
	A. Vorbemerkungen	9–12
	B. Anspruchsvoraussetzungen im Einzelnen	13–25
	1. Behördliche Handlung	13–17
	a) «Behörde»	13–15
	b) «Handlungen»	16–17

Unter Mitarbeit von MATHIAS KAUFMANN, M.A. HSG.

	2. Öffentlichrechtliche Handlungsgrundlage	18
	3. Berührtsein von Rechten oder Pflichten	19–20
	4. Schutzwürdiges Interesse	21–24
	5. Widerrechtlichkeit	25
III.	Ansprüche (Abs. 1 lit. a–c)	26–29
	A. Vorbemerkungen	26
	B. Ansprüche im Einzelnen	27–29
	1. Unterlassung, Einstellung, Widerruf (lit. a)	27
	2. Folgenbeseitigung (lit. b)	28
	3. Feststellung (lit. c)	29
IV.	Verwirklichung des Anspruchs (Abs. 2)	30–32

I. Allgemeines

Unter den etwas diffusen (Sammel-)**Begriff des Realakts** fallen alle behördlichen Handlungen, die nicht in einer bestimmten Rechtsform – Verfügung, Vertrag, Plan oder Erlass – ergehen[1], also «alles, was vom Tagewerk eines Verwaltungsträgers übrig bleibt, wenn man die rechtsförmlichen Tätigkeiten abzieht»[2]. Realakt ist damit ein Komplementärbegriff zum (förmlichen) Rechtsakt. Zuweilen werden Realakte mit «verfügungsfreiem» Staats- bzw. Verwaltungshandeln gleichgesetzt[3]; dies ist zwar anschaulich, stellt aber mit Blick auf andere Rechtsformen als die Verfügung eine Verkürzung dar. Schulbeispiele von Realakten sind etwa der Schusswaffengebrauch durch die Polizei, polizeiliche Kontrollen, die Telefonüberwachung, die staatliche Datenbeschaffung, die Umbenennung einer Strasse oder behördliche Empfehlungen, Auskünfte und Informationen. Auch die Aufnahme eines Schutzobjekts in ein Inventar gemäss § 203 Abs. 2 PBG stellt nach der Rechtsprechung des Verwaltungsgerichts eine «blosse Verwaltungshandlung ohne Verfügungscharakter» dar[4] (für weitere Beispiele und zur Abgrenzung des Realakts von der Verfügung vgl. § 19 N. 6 ff.). 1

Der Einzelne kann auch durch einen Realakt in seinen schutzwürdigen Interessen tangiert werden, mitunter ebenso stark wie durch eine förmliche Verfügung. Solche Realakte werden von der **Rechtsweggarantie** ebenfalls erfasst; Art. 29a BV spricht denn auch nicht von Verfügungen, sondern – offener – von «Rechtsstreitigkeiten»[5]. Bund und Kantone sind demnach verpflichtet, gegen Realakte, die in schützenswerte Rechtspositionen eingreifen, den Rechtsweg zu öffnen. Vor dem Inkrafttreten der Rechtsweggarantie stand in vielen Fällen bloss der Rechtsbehelf der Aufsichtsbeschwerde zur Verfügung, es sei denn, der Betroffene hatte ein schutzwürdiges Interesse am Erlass einer Feststellungsver- 2

---

[1] M. Müller, Verwaltungsrealakte, S. 317 f.; Rhinow/Koller/Kiss/Thurnherr/Brühl-Moser, Öffentliches Prozessrecht, N. 1286.

[2] Tschannen/Zimmerli/Müller, Verwaltungsrecht, § 38 N. 6; vgl. auch die Unterteilungen daselbst, N. 7 ff., 14 ff. Einen engeren Begriff des Realakts, von dem sie innerdienstliche und organisatorische Anordnungen ausklammern, verwenden Häfelin/Müller/Uhlmann, Verwaltungsrecht, N. 866 ff.

[3] So etwa Kölz/Häner/Bertschi, Verwaltungsverfahren, N. 362 f.; Weber-Dürler, in: Kommentar VwVG, Art. 25a N. 6.

[4] VGr, 11.7.2012, VB.2011.00759, E. 2.3 (BEZ 2012 Nr. 52), m.H. auf RB 1992 Nr. 8.

[5] Biaggini, Kommentar BV, Art. 29a N. 4; Häner, in: Praxiskommentar VwVG, Art. 25a N. 2; Kley, in: St. Galler Kommentar BV, Art. 29a N. 12; Weber-Dürler, in: Kommentar VwVG, Art. 25a N. 24.

§ 10c

fügung; diesfalls entsprach der Rechtsschutz bereits zuvor dem heutigen § 10c Abs. 1 lit. c i.V.m. Abs. 2 (vgl. § 19 N. 23)[6].

3 Zur Öffnung des Rechtswegs gegen Realakte bestehen grundsätzlich **zwei Möglichkeiten**:

– Das Anfechtungsobjekt eines Rechtsmittels kann auf Realakte ausgedehnt werden, so dass diese *unmittelbar angefochten* werden können. Das Verwaltungsrechtspflegegesetz des Kantons Graubünden etwa bezeichnet «Realakte, die in Rechte und Pflichten von Personen eingreifen», ausdrücklich als Anfechtungsobjekte[7]. Dieses Konzept entsprach bis zur VRG-Revision von 2010 – zumindest ansatzweise – auch der Praxis im Kanton Zürich, wo das Verwaltungsgericht in Grenz- und Zweifelsfällen auf das «objektive Anfechtungsinteresse» abstellte (vgl. Vorbem. zu §§ 4–31 N. 26; § 19 N. 13).

– Der Bundesgesetzgeber wählte in Art. 25a VwVG mit der Sachüberschrift «*Verfügung über Realakte*» – einem Formulierungsvorschlag von PIERRE TSCHANNEN folgend[8] – einen anderen, zweistufigen Weg: «Wer ein schutzwürdiges Interesse hat, kann von der Behörde, die für Handlungen zuständig ist, welche sich auf öffentliches Recht des Bundes stützen und Rechte oder Pflichten berühren, verlangen, dass sie: a. widerrechtliche Handlungen unterlässt, einstellt oder widerruft; b. die Folgen widerrechtlicher Handlungen beseitigt; c. die Widerrechtlichkeit von Handlungen feststellt» (Abs. 1). In welche Form die Behörde ihren Entscheid zu kleiden hat, sagt Abs. 2: «Die Behörde entscheidet durch Verfügung.» Diese kann hernach normal angefochten werden. Damit hat der Gesetzgeber eine Lösung gewählt, die sich harmonisch ins System der nachträglichen Verwaltungsrechtspflege einfügt, welches den Rechtsschutz an der Verfügung anknüpft. Im Einzelnen ist im Zusammenhang mit Art. 25a VwVG jedoch noch manche Frage ungeklärt.

4 Als Modifikation der erstgenannten Variante (direkte Anfechtbarkeit belastender Realakte) schlug MARKUS MÜLLER vor, dem Beschwerdeverfahren ein Einspracheverfahren vorzuschalten[9]. Dies hätte zur Folge, dass sich – wie beim Konzept von Art. 25a VwVG – zunächst die zuständige Verwaltungsbehörde nochmals mit der Sache bzw. mit der Rechtmässigkeit ihres Handelns befassen müsste.

5 Ob sich der **Geltungsbereich von Art. 25a VwVG** auch auf *kantonale und kommunale Behörden* erstreckt, soweit sich deren Handlungen auf öffentliches Recht des Bundes stützen (vgl. Abs. 1), ist in der Literatur umstritten, wird jedoch mehrheitlich – und m.E. zu Recht – verneint[10]. Die Kantone sind aufgrund der Rechtsweggarantie zwar verpflichtet, gegen Realakte, welche schutzwürdige Interessen Einzelner tangieren (und zwar auch ge-

---

[6] Vgl. auch die ausdrückliche Regelung auf Bundesebene in Art. 25 Abs. 2 VwVG; ferner VGr, 5.9.2012, VB.2012.00391, E. 2.3 f.
[7] Art. 28 Abs. 4 und Art. 49 Abs. 3 VRG GR.
[8] Vgl. TSCHANNEN, Warnungen, N. 153, der allerdings der Auffassung war, dass eine Gesetzesänderung nicht erforderlich sei, um dieses Konzept umzusetzen (a.a.O., N. 147, 153).
[9] Vgl. M. MÜLLER, Verwaltungsrealakte, S. 363 f., mit Textvorschlag.
[10] Siehe WEBER-DÜRLER, in: Kommentar VwVG, Art. 25a N. 18, m.w.H. in Fn. 80. Vgl. ferner die – wenn auch nicht abschliessende (hierzu TSCHANNEN, in: Kommentar VwVG, Art. 1 N. 27) – Aufzählung der Bestimmungen des VwVG, die auf das Verfahren letzter kantonaler Instanzen Anwendung finden, in Art. 1 Abs. 3 VwVG. Art. 25a VwVG ist in dieser Aufzählung nicht enthalten.

gen solche, die sich auf kantonales oder kommunales Recht stützen), Rechtsschutz zu gewähren, doch stehen ihnen hierzu mehrere Möglichkeiten offen[11]. So können sie insbesondere (wie z.B. der Kanton Graubünden; vgl. N. 3) die unmittelbare Anfechtung von Realakten vorsehen oder (wie z.B. der Kanton Zürich) eine Regelung analog Art. 25a VwVG treffen.

Anlässlich der **VRG-Revision von 2010** übernahm der zürcherische Gesetzgeber im neu eingefügten § 10c (im Vorentwurf von 2008 noch § 19b) praktisch wörtlich die bundesrechtliche Regelung. Zwar hegte der Regierungsrat offene Sympathien für den oben skizzierten Vorschlag von MARKUS MÜLLER (vgl. N. 4), den er als «dogmatisch möglicherweise stringenter und zukunftsweisend» bezeichnete. Gleichwohl – und obschon er im Ansatz gemäss Art. 25a VwVG «gewisse Mängel» erblickte – entschloss er sich für den autonomen Nachvollzug der bundesrechtlichen Lösung: «Auf diese Weise kann der Kanton von den Gedankenleistungen von Lehre und Rechtsprechung profitieren, wie sie zu Art. 25a VwVG erbracht werden. Ferner trägt diese Lösung zur Vereinheitlichung der Rechtsordnung bei»[12]. 6

Gegenüber Art. 25a VwVG nahm der kantonale Gesetzgeber indes zwei *Modifikationen* vor: Zum einen geht es nicht nur – wie bei Bundesbehörden – um Handlungen, welche sich auf öffentliches Recht des Bundes stützen, sondern um Handlungen gestützt auf öffentliches Recht schlechthin, also auch gestützt auf kantonales oder kommunales öffentliches Recht. Zum andern ist der Gesetzgeber in Abs. 2 seiner Terminologie treu geblieben, so dass die Behörde nicht eine Verfügung, sondern eine «Anordnung» zu erlassen hat (zum Begriff vgl. Vorbem. zu §§ 4–31 N. 13 ff.). 7

Besonderheiten gelten in **Stimmrechtssachen:** Hier können Realakte – wie auch auf Bundesebene (vgl. Art. 82 lit. c BGG) – unmittelbar Anfechtungsobjekt eines Rekurses sein (§ 19 Abs. 1 lit. c; vgl. § 19 N. 59). Davon ausgenommen sind erstinstanzliche Handlungen des Regierungsrats; in Bezug auf diese schuf der Gesetzgeber – in Anlehnung an das Konzept von MARKUS MÜLLER (N. 4) – ein Einspracheverfahren (§ 10d Abs. 1). 8

II. Anspruchsvoraussetzungen (Abs. 1, Ingress)

A. Vorbemerkungen

§ 10c Abs. 1 sieht in lit. a–c prozessuale Ansprüche auf Unterlassung, Beseitigung und Feststellung vor und statuiert dafür kumulativ folgende Voraussetzungen: 9
– das Vorliegen einer behördlichen Handlung;
– eine Handlungsgrundlage im öffentlichen Recht;

---

[11] Vgl. M. MÜLLER, Verwaltungsrealakte, S. 363 f.; WEBER-DÜRLER, in: Kommentar VwVG, Art. 25a N. 18.
[12] Weisung 2009, S. 955. – Gleich wie der Kanton Zürich ging z.B. auch der Kanton Schwyz vor (vgl. AUGUST MÄCHLER, Justizreform des Bundes und ihre Umsetzung für die Staats- und Verwaltungsrechtspflege sowie das Verwaltungsverfahren im Kanton Schwyz, EGV-SZ 2010, 186 ff., S. 211 ff.). Demgegenüber hat der Kanton Bern auf eine besondere Regelung verzichtet (vgl. CH. AUER, Umsetzung, S. 268 f.; HERZOG/DAUM, Umsetzung, S. 5).

- die Widerrechtlichkeit der Handlung;
- das Berührtsein von Rechten oder Pflichten;
- das Vorliegen eines schutzwürdigen Interesses.

10 Bei diesen Anspruchsvoraussetzungen handelt es sich – nebst der Zuständigkeit der Behörde sowie der Partei- und Prozessfähigkeit – nach überwiegender Auffassung um **Eintretensvoraussetzungen**[13]. Dies gilt allerdings nicht für die Voraussetzung der *Widerrechtlichkeit*, welche denn auch nicht im Ingress von Abs. 1, sondern in lit. a–c genannt wird. Die Frage, ob ein widerrechtliches Handeln vorliegt, ist im Rahmen der materiellen Prüfung zu beurteilen und führt dementsprechend zur Abweisung bzw. Gutheissung des Begehrens[14].

11 Nicht geregelt hat der Gesetzgeber, wie lange die Ansprüche gemäss § 10c Abs. 1 lit. a–c geltend gemacht werden können, zumal er dafür **keine Frist** vorsah. Massgebend ist das Vorliegen eines *aktuellen und praktischen Interesses* des Gesuchstellers[15] (zur Ausnahme vom Erfordernis des aktuellen Interesses vgl. N. 22); dieses ist regelmässig zu bejahen, solange der Realakt selbst oder seine Wirkungen andauern[16]. Auch nach deren Beendigung entfällt das schutzwürdige Interesse am Erlass einer Verfügung nicht automatisch. Solange ein schutzwürdiges Interesse vorhanden ist, bleibt ein Begehren nach § 10c Abs. 1 weiterhin möglich. Zusätzlich begrenzt wird ein solches lediglich durch den Grundsatz von *Treu und Glauben* (Art. 5 Abs. 3 BV), der es dem Gesuchsteller verwehrt, mit seinem Begehren ungebührlich lange zuzuwarten. Über diese doppelte Begrenzung hinaus durch Lückenfüllung, Analogieschluss oder Rückgriff auf allgemeine Rechtsgrundsätze Verjährungs- oder Verwirkungsfristen einzuführen, drängt sich nicht auf[17].

12 Ebenfalls nicht geregelt ist das Verhältnis des Rechtsschutzes gemäss § 10c (bzw. Art. 25a VwVG) zur **Staatshaftung.** Die Literatur geht überwiegend von einem Verhältnis der *Alternativität* der beiden Rechtsschutzbehelfe und nicht von der Subsidiarität der Staatshaftung aus. Dabei kommt es freilich auf die anvisierten Ziele an (Beseitigung der Folgen bzw. Schadenersatz); auch schliesst die alternative Zulassung der beiden Rechtsschutz-

---

[13] BEUSCH/MOSER/KNEUBÜHLER, Ausgewählte Fragen, S. 9; M. MÜLLER, Verwaltungsrealakte, S. 345; TSCHOPP-CHRISTEN, Realakte, S. 95 ff.; WEBER-DÜRLER, in: Kommentar VwVG, Art. 25a N. 44; a.M. RIVA, Realakte, S. 343.

[14] HÄNER, in: Praxiskommentar VwVG, Art. 25a N. 13, 52; M. MÜLLER, Verwaltungsrealakte, S. 360; RHINOW/KOLLER/KISS/THURNHERR/BRÜHL-MOSER, Öffentliches Prozessrecht, N. 1298; TSCHANNEN, Warnungen, N. 147; WEBER-DÜRLER, in: Kommentar VwVG, Art. 25a N. 40.

[15] HÄNER, in: Praxiskommentar VwVG, Art. 25a N. 49; WEBER-DÜRLER, in: Kommentar VwVG, Art. 25a N. 45.

[16] KIENER/RÜTSCHE/KUHN, Öffentliches Verfahrensrecht, N. 419; RHINOW/KOLLER/KISS/THURNHERR/BRÜHL-MOSER, Öffentliches Prozessrecht, N. 1297; RIVA, Realakte, S. 346; TSCHOPP-CHRISTEN, Realakte, S. 177.

[17] Im Ergebnis wie hier HÄNER, in: Praxiskommentar VwVG, Art. 25a N. 48 f.; KÖLZ/HÄNER/BERTSCHI, Verwaltungsverfahren, N. 374; anders BEUSCH/MOSER/KNEUBÜHLER, Ausgewählte Fragen, S. 8 f.; TSCHOPP-CHRISTEN, Realakte, S. 172 ff., 178 f. Vgl. auch RHINOW/KOLLER/KISS/THURNHERR/BRÜHL-MOSER, Öffentliches Prozessrecht, N. 1297; WEBER-DÜRLER, in: Kommentar VwVG, Art. 25a N. 45.

behelfe nicht aus, ein normalerweise aufwendigeres Staatshaftungsverfahren zu sistieren, wenn ein Rechtsmittelverfahren betreffend den Realakt selbst hängig ist[18].

B. Anspruchsvoraussetzungen im Einzelnen

1. Behördliche Handlung

a) «Behörde»

Die Rechtsschutzansprüche gemäss § 10c beziehen sich auf Handlungen, die dem Staat zuzurechnen sind, typischerweise in seiner hoheitlichen Funktion[19]. Dabei ist der Begriff der Behörde im Sinne dieser Bestimmung weit zu verstehen: Darunter fallen **alle Träger von Verwaltungsaufgaben,** ungeachtet ihrer öffentlichrechtlichen oder privatrechtlichen Rechtsform. In Betracht kommen mithin – nebst Einheiten der Zentral-, Bezirks- und Gemeindeverwaltung – öffentlichrechtliche Anstalten, öffentlichrechtliche Stiftungen, Zweckverbände, öffentliche Unternehmen in Privatrechtsform, spezialgesetzliche Aktiengesellschaften, gemischtwirtschaftliche Unternehmen sowie mit Verwaltungsaufgaben beliehene Private[20]. 13

Geht der Realakt von einem **Funktionär ohne Verfügungsbefugnis** aus – z.B. von einem Polizisten, einer Lehrerin, einem Gefängnisaufseher oder einer Psychiatriepflegerin –, so gilt diejenige Verwaltungseinheit als «Behörde», in welche die handelnde Person administrativ eingegliedert ist[21]. Hingegen erscheint es nicht sachgerecht, die Aufsichtsbehörde als für die Entgegennahme des Begehrens zuständig zu erachten[22]; diese ist für die betreffende Handlung denn auch nicht unmittelbar «zuständig» im Sinn von § 10c Abs. 1. 14

Hat eine **unzuständige Behörde** einen Realakt vorgenommen, so ist das Begehren gemäss § 10c Abs. 1 nicht bei dieser, sondern bei der zuständigen Behörde einzureichen[23]. 15

b) «Handlungen»

Der Gesetzestext spricht zwar nur von Handlungen, meint damit jedoch auch negative Realakte, d.h. **Unterlassungen**[24]. Der Oberbegriff «Verhalten» wäre somit zutreffender. Im Falle einer Unterlassung ist aufgrund des geltenden Rechts zu beurteilen, ob die Be- 16

---

[18] Vgl. zum Ganzen – teils mit weiteren Differenzierungen – BEUSCH/MOSER/KNEUBÜHLER, Ausgewählte Fragen, S. 9 f.; HÄNER, in: Praxiskommentar VwVG, Art. 25a N. 53 ff.; KIENER/RÜTSCHE/KUHN, Öffentliches Verfahrensrecht, N. 420; M. MÜLLER, Verwaltungsrealakte, S. 360 ff.; RHINOW/KOLLER/KISS/ THURNHERR/BRÜHL-MOSER, Öffentliches Prozessrecht, N. 1292; TSCHOPP-CHRISTEN, Realakte, S. 157 ff.; a.M. wohl RIVA, Realakte, S. 344.
[19] Anders RIVA, Realakte, S. 341.
[20] Vgl. zu Letzteren M. MÜLLER, Verwaltungsrealakte, S. 346; TSCHOPP-CHRISTEN, Realakte, S. 102 f.
[21] M. MÜLLER, Verwaltungsrealakte, S. 346; TSCHOPP-CHRISTEN, Realakte, S. 100 f.
[22] So aber WEBER-DÜRLER, in: Kommentar VwVG, Art. 25a N. 38.
[23] KÖLZ/HÄNER/BERTSCHI, Verwaltungsverfahren, N. 368; RHINOW/KOLLER/KISS/THURNHERR/BRÜHL-MOSER, Öffentliches Prozessrecht, N. 1288.
[24] HÄNER, in: Praxiskommentar VwVG, Art. 25a N. 11; M. MÜLLER, Verwaltungsrealakte, S. 355; RHINOW/ KOLLER/KISS/THURNHERR/BRÜHL-MOSER, Öffentliches Prozessrecht, N. 1298; TSCHOPP-CHRISTEN, Realakte, S. 143 f.; WEBER-DÜRLER, in: Kommentar VwVG, Art. 25a N. 11; a.M. SEILER, in: Handkommentar BGG, Art. 82 N. 30 (vgl. hierzu TSCHOPP-CHRISTEN, Realakte, S. 143 Fn. 722).

§ 10c

hörde mittels Verfügung oder Realakt hätte handeln müssen[25]. Trifft Ersteres zu, so führt der Rechtsschutz nicht über den Erlass einer Verfügung gemäss § 10c Abs. 2, sondern über den Weg des Rekurses wegen Rechtsverweigerung bzw. Rechtsverzögerung.

17 Zwischen dem behördlichen Verhalten und dem Berührtsein von Rechten oder Pflichten muss ein **Zurechnungszusammenhang** bestehen. Die Handlung bzw. Unterlassung muss für die Beeinträchtigung demnach adäquat kausal sein; zudem darf der Kausalzusammenhang nicht unterbrochen worden sein, namentlich durch Drittursachen, Selbstverschulden oder höhere Gewalt[26].

2. Öffentlichrechtliche Handlungsgrundlage

18 Die in Frage stehende Handlung muss sich «auf öffentliches Recht stützen», d.h. auf generell-abstrakte Normen, die nicht dem Privatrecht, dem Strafrecht oder dem Zwangsvollstreckungsrecht zuzuordnen sind[27]. Für den Rechtsschutz ist in diesen Fällen der zivil- bzw. strafprozessuale Weg einzuschlagen. Von § 10c nicht erfasst werden insbesondere *privatrechtliche Handlungen des Staates,* etwa im Rahmen der Bedarfsverwaltung, der Verwaltung des Finanzvermögens oder der privatwirtschaftlichen Staatstätigkeit[28]. Im Falle einer Übertragung von Verwaltungsaufgaben auf privatrechtliche Verwaltungsträger bzw. Private (z.B. Krankenkassen) greift § 10c von vornherein nicht, soweit sich diese ausserhalb ihrer öffentlichrechtlichen Funktion bewegen. § 10c ist jedoch anwendbar, wenn sich die Handlung des Staates bzw. eines Verwaltungsträgers auf öffentliches Recht hätte stützen sollen[29].

3. Berührtsein von Rechten oder Pflichten

19 Die behördliche Handlung bzw. Unterlassung muss geeignet sein, «Rechte oder Pflichten» der gesuchstellenden Person zu berühren. Damit wird eine **gewisse Intensität der Betroffenheit** vorausgesetzt; ein schwerer oder besonders intensiver Eingriff in Rechtspositionen muss jedoch nicht vorliegen[30]. Mit «berühren» ist eine *Reflexwirkung* gemeint. Der in Frage stehende Akt darf nicht darauf abzielen, selber unmittelbar Rechte oder Pflichten zu regeln; denn diesfalls würde es sich nicht mehr um einen Realakt, sondern um einen förmlichen Rechtsakt handeln[31].

20 Was das Berührtsein in *Rechten* anbelangt, so ist umstritten, ob der Rechtsschutz gegen Realakte auf die Beeinträchtigung subjektiver Rechte, d.h. rechtlich geschützter Interes-

---

[25] M. MÜLLER, Verwaltungsrealakte, S. 330; vgl. auch KÖLZ/HÄNER/BERTSCHI, Verwaltungsverfahren, N. 365.
[26] HÄNER, in: Praxiskommentar VwVG, Art. 25a N. 29; TSCHOPP-CHRISTEN, Realakte, S. 147 f.
[27] HÄNER, in: Praxiskommentar VwVG, Art. 25a N. 15.
[28] Zur Problematik der Zuordnung zum öffentlichen Recht bzw. Privatrecht vgl. M. MÜLLER, Verwaltungsrealakte, S. 349 f.; ferner TSCHOPP-CHRISTEN, Realakte, S. 106 f.
[29] M. MÜLLER, Verwaltungsrealakte, S. 348; RHINOW/KOLLER/KISS/THURNHERR/BRÜHL-MOSER, Öffentliches Prozessrecht, N. 1289; RIVA, Realakte, S. 341.
[30] HÄNER, in: Praxiskommentar VwVG, Art. 25a N. 26, 28; M. MÜLLER, Verwaltungsrealakte, S. 352 ff.; TSCHOPP-CHRISTEN, Realakte, S. 124; BVGr, 7.2.2013, A-5762/2012, E. 8.1.1 f.
[31] HÄNER, in: Praxiskommentar VwVG, Art. 25a N. 27; RIVA, Realakte, S. 341 f.; TSCHOPP-CHRISTEN, Realakte, S. 123 f.

sen, beschränkt ist[32]. Eine gewisse Widersprüchlichkeit der Formulierung ist nicht zu übersehen, indem die Norm einerseits ein Berührtsein in Rechten verlangt (wie früher im Rahmen der Legitimation zur staatsrechtlichen Beschwerde[33] und heute zur subsidiären Verfassungsbeschwerde[34]) und sich anderseits mit dem Vorliegen eines schutzwürdigen Interesses begnügt (wie bei der Legitimation zur Beschwerde in öffentlichrechtlichen Angelegenheiten[35] bzw. nach § 21)[36]. Im Hauptanwendungsfall – der Beeinträchtigung von **Grundrechten** – spielt die Frage keine Rolle, da hier ohnehin subjektive Rechte betroffen sind[37]. Solche können sich ausserdem aus einem Erlass, einer Verfügung oder einem Vertrag ergeben[38]. – Inwieweit auch *Pflichten* dergestalt reflexweise berührt werden können, dass ein schutzwürdiges Interesse an der Abwehr dieser (blossen) Reflexwirkung besteht, liegt bis heute im Nebel des Ungewissen[39].

4. Schutzwürdiges Interesse

Die gesuchstellende Person muss ein schutzwürdiges Interesse an einer der in § 10c Abs. 1 lit. a–c genannten Rechtsfolgen haben. Dabei gehen Lehre und Praxis grundsätzlich von einer Gleichsetzung mit dem in Art. 25 Abs. 2 VwVG (Feststellungsverfügung) sowie Art. 48 Abs. 1 lit. c VwVG und Art. 89 Abs. 1 lit. c BGG (Beschwerdelegitimation) enthaltenen Begriff des schutzwürdigen Interesses aus[40], so dass sowohl **rechtliche** wie **tatsächliche** Interessen in Betracht kommen (vgl. aber N. 20; eingehend zum schutzwürdigen Interesse als Legitimationsvoraussetzung § 21 N. 10 ff.).

21

Das Interesse muss auch hier **aktuell** sein und einen **praktischen Nutzen** verfolgen. Bei *Feststellungsbegehren* gemäss § 10c Abs. 1 lit. c kann jedoch ausnahmsweise vom Erfordernis eines aktuellen Interesses abgesehen werden, wenn sich die Frage jederzeit unter gleichen oder ähnlichen Umständen wieder stellen könnte und es im Einzelfall kaum je

22

---

[32] So namentlich M. MÜLLER, Verwaltungsrealakte, S. 351 f., und wohl auch HÄNER, in: Praxiskommentar VwVG, Art. 25a N. 19; VGr, 12.7.2007, VB.2007.00118, E. 2.2. *Contra:* TSCHOPP-CHRISTEN, Realakte, S. 117 ff., 121 ff.; WEBER-DÜRLER, in: Kommentar VwVG, Art. 25a N. 19 ff.
[33] Art. 88 OG.
[34] Art. 115 lit. b BGG.
[35] Art. 89 Abs. 1 lit. c BGG; entsprechend auch Art. 48 Abs. 1 lit. c VwVG.
[36] Vgl. den Versuch einer Harmonisierung bei KIENER/RÜTSCHE/KUHN, Öffentliches Verfahrensrecht, N. 421; siehe ferner M. MÜLLER, Verwaltungsrealakte, S. 355.
[37] BVGr, 7.2.2013, A-5762/2012, E. 8.1.1; BVGr, 7.9.2011, A-101/2011, E. 4.3.
[38] HÄNER, in: Praxiskommentar VwVG, Art. 25a N. 19; TSCHOPP-CHRISTEN, Realakte, S. 121.
[39] Vgl. RHINOW/KOLLER/KISS/THURNHERR/BRÜHL-MOSER, Öffentliches Prozessrecht, N. 1296, die indes «dem Privaten auferlegte Verhaltenspflichten» erwähnen, was einen förmlichen Rechtsakt und nicht einen Realakt impliziert. Ähnlich das Bundesgericht, welches im Zusammenhang mit der Zuweisung eines Schülers in ein weiter entfernt gelegenes Schulhaus von Anordnungen sprach, welche «die Rechtsstellung des Einzelnen berühren können, indem sie diesen direkt zu einem bestimmten – durch rechtliche Sanktionen gesicherten – Verhalten verpflichten» (BGr, 28.2.2002, 2P.324/2001, E. 3.3 [ZBl 2007, 170 ff. = Pra 2002 Nr. 140]).
[40] BEUSCH/MOSER/KNEUBÜHLER, Ausgewählte Fragen, S. 9; HÄNER, in: Praxiskommentar VwVG, Art. 25a N. 34; KIENER/RÜTSCHE/KUHN, Öffentliches Verfahrensrecht, N. 421; KÖLZ/HÄNER/BERTSCHI, Verwaltungsverfahren, N. 370; M. MÜLLER, Verwaltungsrealakte, S. 347; RHINOW/KOLLER/KISS/THURNHERR/BRÜHL-MOSER, Öffentliches Prozessrecht, N. 1294; RIVA, Realakte, S. 345; TSCHOPP-CHRISTEN, Realakte, S. 125 ff.; BVGr, 7.2.2013, A-5762/2012, E. 7.1; BVGr, 7.9.2011, A-101/2011, E. 4.4.1: differenzierend WEBER-DÜRLER, in: Kommentar VwVG, Art. 25a N. 27 ff. Vgl. ferner BGr, 13.7.2009, 2C_175/2009, E. 2.2.

möglich wäre, rechtzeitig eine Beurteilung und Klärung der Rechtslage mittels Verfügung herbeizuführen[41]. Teilweise wird das Erfordernis eines aktuellen und praktischen Interesses bei Feststellungsbegehren in der Literatur generell verneint[42].

23   Ein schutzwürdiges Interesse am Erlass einer Verfügung über einen Realakt besteht in der Regel dann nicht, wenn Rechtsschutz in einem **früheren Zeitpunkt** möglich gewesen wäre (z.B. im Fall des Vollzugs einer Verfügung) oder in einem **späteren Zeitpunkt** offen steht (z.B. bei einem Zwischenentscheid im Sinn von § 19a Abs. 2 i.V.m. Art. 93 Abs. 1 BGG, der keinen nicht wiedergutzumachenden Nachteil bewirkt[43]). Vorbehalten bleibt die Unzumutbarkeit einer früheren bzw. späteren Rechtswahrung[44].

24   Da es naturgemäss **keine Adressaten** eines Realakts gibt, sondern nur davon (gegebenenfalls) Betroffene, entfällt die bei Verfügungen übliche Unterscheidung zwischen *direkten Adressaten* und *Dritten*[45]. Allerdings gibt es nicht nur Realakte, die sich auf eine unbestimmte Vielzahl von Personen auswirken, sondern auch solche, die eine bestimmte Person oder einige wenige Personen betreffen. Massgebend zur Abgrenzung von «Popularbegehren» ist in allen Fällen das Vorliegen einer genügend intensiven Betroffenheit (Sondernachteil) und eines schutzwürdigen Interesses[46].

5.   Widerrechtlichkeit

25   Das behördliche Verhalten muss schliesslich widerrechtlich sein. Es handelt sich dabei nicht um eine Eintretens-, sondern um eine – genauer: die zentrale – materielle Anspruchsvoraussetzung (vgl. N. 10). Widerrechtlichkeit gemäss § 10c ist umfassend im Sinne einer **Verletzung objektiven Rechts** zu verstehen[47]; nicht massgebend ist hier der im Staatshaftungsrecht geltende, enge Begriff der Widerrechtlichkeit[48]. Zur Widerrechtlichkeit führen demnach grundsätzlich *alle formellen oder materiellen Mängel* des Realakts, also z.B. die fehlende Zuständigkeit der Behörde, eine Verletzung des Legalitäts- oder des Verhältnismässigkeitsprinzips oder der Verstoss gegen ein Grundrecht[49]. Die blosse Unangemessenheit des Verwaltungshandelns begründet indessen noch keine Widerrechtlichkeit[50].

---

[41] TSCHOPP-CHRISTEN, Realakte, S. 130.
[42] So HÄNER, in: Praxiskommentar VwVG, Art. 25a N. 34; KIENER/RÜTSCHE/KUHN, Öffentliches Verfahrensrecht, N. 422, 425; differenzierend TSCHOPP-CHRISTEN, Realakte, S. 129 f., und WEBER-DÜRLER, in: Kommentar VwVG, Art. 25a N. 30.
[43] Damit ist freilich nicht gesagt, ein Zwischenentscheid werde mangels nicht wiedergutzumachenden Nachteils zu einem Realakt (vgl. § 19 N. 8).
[44] Vgl. zum Ganzen TSCHOPP-CHRISTEN, Realakte, S. 131 f.; WEBER-DÜRLER, in: Kommentar VwVG, Art. 25a N. 31; BGE 136 V 156, E. 4.3; BVGr, 7.2.2013, A-5762/2012, E. 7.1.
[45] A.M. RHINOW/KOLLER/KISS/THURNHERR/BRÜHL-MOSER, Öffentliches Prozessrecht, N. 1295; offen gelassen bei RIVA, Realakte, S. 345.
[46] Vgl. auch WEBER-DÜRLER, in: Kommentar VwVG, Art. 25a N. 34.
[47] RIVA, Realakte, S. 342.
[48] HÄNER, in: Praxiskommentar VwVG, Art. 25a N. 13; RIVA, Realakte, S. 342 Fn. 36; TSCHOPP-CHRISTEN, Realakte, S. 148 f.; WEBER-DÜRLER, in: Kommentar VwVG, Art. 25a N. 40.
[49] Vgl. M. MÜLLER, Verwaltungsrealakte, S. 331; RHINOW/KOLLER/KISS/THURNHERR/BRÜHL-MOSER, Öffentliches Prozessrecht, N. 1298; TSCHOPP-CHRISTEN, Realakte, S. 148; WEBER-DÜRLER, in: Kommentar VwVG, Art. 25a N. 40.
[50] HÄNER, in: Praxiskommentar VwVG, Art. 25a N. 13; TSCHOPP-CHRISTEN, Realakte, S. 148.

III. Ansprüche (Abs. 1 lit. a–c)

A. Vorbemerkungen

§ 10c Abs. 1 sieht in lit. a–c verschiedene Rechtsschutzansprüche vor, die Art. 28a Abs. 1 ZGB (zivilrechtlicher Persönlichkeitsschutz), Art. 25 Abs. 1 DSG (Datenschutz) und Art. 5 Abs. 1 GlG (Gleichstellung der Geschlechter) nachgebildet sind. Dies ermöglicht es den Betroffenen, je nach den zeitlichen Gegebenheiten und den Auswirkungen des Realakts sowie dem angestrebten Ziel (Prävention, Restitution, Kompensation[51]) ein zweckmässiges Begehren zu stellen. Die im Gesetz vorgesehenen Ansprüche lassen sich allerdings nicht scharf voneinander abgrenzen. Kompensationsleistungen finanzieller Art, die über die Folgenbeseitigung oder die Feststellung der Widerrechtlichkeit hinausgehen, sind auf dem Weg der Staatshaftungsklage geltend zu machen.

26

B. Ansprüche im Einzelnen

1. Unterlassung, Einstellung, Widerruf (lit. a)

Gemäss § 10c Abs. 1 lit. a kann verlangt werden, dass die Behörde widerrechtliche Handlungen unterlässt, einstellt oder widerruft, je nachdem, ob die fragliche Handlung erst bevorsteht, noch andauert oder bereits abgeschlossen ist, aber weiterhin Wirkungen entfaltet[52]. Soweit eine Behörde aufgrund des öffentlichen Rechts zu einem Handeln verpflichtet ist, kann im Falle einer Unterlassung die «Unterlassung der Unterlassung», also ein positives Tun, verlangt werden[53].

27

2. Folgenbeseitigung (lit. b)

Hatte das widerrechtliche Verhalten nachteilige Folgen rechtlicher oder tatsächlicher Art, so kann gemäss § 10c Abs. 1 lit. b deren reale Beseitigung verlangt werden, z.B. in Form der Berichtigung einer fehlerhaften Information[54]. Dies setzt voraus, dass die Folgen nicht irreversibel sind, also ganz oder zumindest teilweise beseitigt werden können. Andernfalls bleibt nur noch Schadenersatz (Staatshaftung) oder die Feststellung der Widerrechtlichkeit nach lit. c. Folgenbeseitigung und Schadenersatz können auch parallel angestrebt werden (vgl. N. 12). Desgleichen lassen sich die Ansprüche gemäss lit. a und b kumulieren[55].

28

3. Feststellung (lit. c)

Schliesslich sieht § 10c Abs. 1 lit. c die Möglichkeit vor, die Widerrechtlichkeit des behördlichen Verhaltens feststellen zu lassen. Das Feststellungsbegehren erfüllt eine Wieder-

29

---

[51] Vgl. M. Müller, Verwaltungsrealakte, S. 356.
[52] Ausführlicher M. Müller, Verwaltungsrealakte, S. 357; Tschopp-Christen, Realakte, S. 150 ff.
[53] Häner, in: Praxiskommentar VwVG, Art. 25a N. 11; Riva, Realakte, S. 342 f.; Tschopp-Christen, Realakte, S. 151; Weber-Dürler, in: Kommentar VwVG, Art. 25a N. 41.
[54] Vgl. M. Müller, Verwaltungsrealakte, S. 357 f.; siehe ferner Häner, in: Praxiskommentar VwVG, Art. 25a N. 41ff.; Tschopp-Christen, Realakte, S. 152 f.; Weber-Dürler, in: Kommentar VwVG, Art. 25a N. 42.
[55] Häner, in: Praxiskommentar VwVG, Art. 25a N. 40; Riva, Realakte, S. 344; Tschopp-Christen, Realakte, S. 154 f.

gutmachungsfunktion und bezweckt unter Umständen auch eine gewisse Präventivwirkung[56]. Gegenüber den *Gestaltungsbegehren* gemäss lit. a und b kommt ihm – jedenfalls bei Realakten, die bereits stattgefunden haben – eine gewisse faktische Subsidiarität zu; rechtlich ist das Feststellungsbegehren jedoch nicht subsidiär, da der Betroffene nicht gezwungen werden kann, die Einstellung, den Widerruf oder die Beseitigung der Handlung zu verlangen, wenn er sich mit der Feststellung ihrer Widerrechtlichkeit begnügen will; daran kann er gegebenenfalls ein schutzwürdiges Interesse haben[57]. Auch kann ein Feststellungsbegehren mit einem Gestaltungsbegehren verbunden werden, sofern ihm neben diesem eine eigenständige Wirkung zukommt[58]. Subsidiarität besteht hingegen im Verhältnis zum *Entschädigungsanspruch aus Staatshaftung*, wenn beide Ansprüche geltend gemacht werden sollen[59]. Strebt der Betroffene aber keine finanzielle Entschädigung an, so besteht auch bei Vorliegen eines Schadens Raum für ein Feststellungsbegehren[60].

IV. Verwirklichung des Anspruchs (Abs. 2)

30 Gemäss § 10c Abs. 2 hat die Behörde nach Einreichung eines Begehrens im Sinn von Abs. 1 lit. a–c eine förmliche **Anordnung** zu erlassen. Dies erfolgt im Rahmen eines selbständigen Verwaltungsverfahrens gemäss den §§ 4a ff., in welchem dem Gesuchsteller und allfälligen weiteren in schutzwürdigen Interessen Betroffenen Parteistellung zukommt. Dabei handelt es sich um ein dem Realakt nachlaufendes Verfahren, weshalb die Gewährung des rechtlichen Gehörs faktisch insoweit eingeschränkt sein kann, als die Tathandlung bereits vollzogen ist[61]. Wenn alle Eintretensvoraussetzungen erfüllt sind (vgl. N. 9 f. und 13–24), lautet die Anordnung auf Gutheissung, teilweise Gutheissung oder Abweisung des Begehrens[62]. Gegenstand der Anordnung ist nicht der Realakt selbst, sondern – basierend auf diesem – der Rechtsschutzanspruch gemäss Abs. 1 lit. a–c, über dessen Bestand und gegebenenfalls Inhalt sich die Anordnung verbindlich auszusprechen hat[63].

31 Im Gegensatz zu einem Rekurs, dem nach § 25 grundsätzlich aufschiebende Wirkung zukommt, besteht im Verfahren um Erlass einer Anordnung gemäss § 10c Abs. 2 von Gesetzes wegen keine solche. Gegebenenfalls muss deshalb eine **vorsorgliche Massnahme**

---

[56] M. Müller, Verwaltungsrealakte, S. 359; Riva, Realakte, S. 344; Tschopp-Christen, Realakte, S. 154; Weber-Dürler, in: Kommentar VwVG, Art. 25a N. 43.
[57] So auch Tschopp-Christen, Realakte, S. 155 ff.; Weber-Dürler, in: Kommentar VwVG, Art. 25a N. 43. Anders Beusch/Moser/Kneubühler, Ausgewählte Fragen, S. 7 Fn. 32; Häner, in: Praxiskommentar VwVG, Art. 25a N. 45; Riva, Realakte, S. 344.
[58] Häner, in: Praxiskommentar VwVG, Art. 25a N. 45; Weber-Dürler, in: Kommentar VwVG, Art. 25a N. 43.
[59] Weber-Dürler, in: Kommentar VwVG, Art. 25a N. 43.
[60] Weber-Dürler, in: Kommentar VwVG, Art. 25a N. 43; VGr BE, 2.4.2007, VGE 22825, E. 4.1 (BVR 2007, 441 ff.).
[61] Vgl. Häner, in: Praxiskommentar VwVG, Art. 25a N. 47; Riva, Realakte, S. 346; Weber-Dürler, in: Kommentar VwVG, Art. 25a N. 47; ausführlich Tschopp-Christen, Realakte, S. 165 ff.
[62] Ausführlicher M. Müller, Verwaltungsrealakte, S. 359 f.
[63] Vgl. M. Müller, Verwaltungsrealakte, S. 344 f.; Riva, Realakte, S. 346.

nach § 6 beantragt werden, was sich insbesondere bei Unterlassungsbegehren regelmässig als geboten erweisen wird[64].

Die Anordnung kann hernach mit **Rekurs** nach den Vorschriften der §§ 19 ff. angefochten werden. Anfechtungsobjekt ist nicht der Realakt selbst – der also nicht als Verfügung fingiert wird –, sondern die Anordnung. Gegenstand des Rekursverfahrens bildet die Frage, ob die erstinstanzliche Behörde § 10c richtig angewendet hat[65]. Wird ein Nichteintretensentscheid angefochten, so ist lediglich zu beurteilen, ob die Behörde das Vorliegen der Eintretensvoraussetzungen zu Recht verneint hat; bei einer materiellen Anordnung ist gemäss § 20 Abs. 1 zu prüfen, ob die Behörde den Sachverhalt korrekt ermittelt und die materielle Beurteilung rechts- und ermessensfehlerfrei vorgenommen hat.

---

[64] Vgl. BEUSCH/MOSER/KNEUBÜHLER, Ausgewählte Fragen, S. 10; HÄNER, in: Praxiskommentar VwVG, Art. 25a N. 50; ausführlich TSCHOPP-CHRISTEN, Realakte, S. 179 ff.
[65] Vgl. BEUSCH/MOSER/KNEUBÜHLER, Ausgewählte Fragen, S. 7 f.

b. In Stimmrechtssachen

§ 10d

¹ Gegen erstinstanzliche Handlungen des Regierungsrates, welche die politische Stimmberechtigung der Bürgerinnen und Bürger oder Volkswahlen oder Volksabstimmungen betreffen, kann bei ihm innert fünf Tagen Einsprache erhoben werden. § 21a gilt sinngemäss.

² Bei entsprechenden Handlungen anderer staatlicher Organe gilt § 19 Abs. 1 lit. c.

Materialien

Erläuterungen Vorentwurf VRG-Revision 2010, S. 28 ff.; Weisung 2009, S. 877 ff., 956 f.; Prot. KR 2007–2011, S. 10239, 10535.

Literatur

GRIFFEL, Rekurs, S. 48 ff.; KIENER/KRÜSI, Beschwerde, S. 85 f., 91 f.

Inhaltsübersicht

I.	Realakte des Regierungsrats in Stimmrechtssachen (Abs. 1)	1–12
	A. Hintergrund der Regelung	1–3
	B. Eintretensvoraussetzungen der Einsprache	4–8
	C. Einspracheverfahren	9–11
	D. Säumnisfolgen	12
II.	Realakte anderer staatlicher Organe in Stimmrechtssachen (Abs. 2)	13

I. Realakte des Regierungsrats in Stimmrechtssachen (Abs. 1)

A. Hintergrund der Regelung

1 Die Kantone sind gemäss Art. 88 Abs. 2 BGG nicht verpflichtet, gegen **Akte des Parlaments und der Regierung,** welche die **politischen Rechte** der Stimmberechtigten in kantonalen Angelegenheiten verletzen können, ein Rechtsmittel vorzusehen. Solche Akte können von Bundesrechts wegen direkt beim Bundesgericht angefochten werden (vgl. § 44 N. 4). Dementsprechend wurden im Kanton Zürich von der Beschwerde an das Verwaltungsgericht ausgenommen:

– Akte des *Kantonsrats* und seiner Organe (§ 42 lit. b, mit hier nicht interessierenden Gegenausnahmen) sowie

– erstinstanzliche Anordnungen und Einspracheentscheide des *Regierungsrats* in Stimmrechtssachen (§ 44 Abs. 1 lit. a)[1]; Rekursentscheide des Regierungsrats in Stimmrechtssachen sind hingegen mit Beschwerde anfechtbar (vgl. § 44 N. 12)[2].

Unter Mitarbeit von MATHIAS KAUFMANN, M.A. HSG.

[1] Gegen Akte des Regierungsrats und des Kantonsrats ist – mangels übergeordneter Rekursinstanz – auch der Rekurs ausgeschlossen (§ 19 Abs. 2).
[2] VGr, 21.10.2009, VB.2009.00443, E. 3.2.2.

Für «erstinstanzliche Handlungen des Regierungsrates, welche die politische Stimmberechtigung der Bürgerinnen und Bürger oder Volkswahlen oder Volksabstimmungen betreffen», schuf der Gesetzgeber im Rahmen der VRG-Revision von 2010 mit § 10d Abs. 1 (im Vorentwurf von 2008 noch § 19c) indes ein **Einspracheverfahren**. Gemeint sind mit solchen Handlungen – wie sich aus der Hauptmarginalie ergibt – **Realakte** (zum Begriff vgl. § 10c N. 1 und § 19 N. 6 ff.). Dabei verdeutlicht das Adjektiv *erstinstanzlich* lediglich, dass nicht (zweitinstanzliche) Rekursentscheide des Regierungsrats gemeint sind. «Einzig bei Realakten des Regierungsrates» – so befand dieser in seiner Weisung – «drängt es sich auf, den Regierungsrat in Kenntnis der konkreten Einwände gegen seinen Akt nochmals entscheiden zu lassen»[3], bevor die Sache an das Bundesgericht gezogen werden kann.

§ 44 Abs. 1 lit. a, der zwar erstinstanzliche «Anordnungen», nicht jedoch auch Tathandlungen (Realakte) des Regierungsrats von der Beschwerde ausnimmt, scheint missverständlich formuliert, wenn man die Regelung für sich allein betrachtet. Die Kann-Formulierung in § 10d Abs. 1 («kann bei ihm innert fünf Tagen Einsprache erhoben werden») darf indes nicht dahingehend missverstanden werden, dass es den Betroffenen (vgl. N. 7) freisteht, Einsprache zu erheben. Unterlassen sie dies, so ist der weitere Rechtsschutz verwirkt (N. 12). Da die Einsprache gegen regierungsrätliche Realakte in Stimmrechtssachen zur weiteren Rechtswahrung **obligatorisch** ist, stellt sich die Frage der Zulässigkeit einer unmittelbar gegen den Realakt gerichteten Beschwerde mithin nicht; § 44 Abs. 1 lit. a musste sich demzufolge auch nicht dazu äussern.

B.   Eintretensvoraussetzungen der Einsprache

Realakte des Regierungsrats in Stimmrechtssachen, die als **Objekt einer Einsprache** in Frage kommen, sind beispielsweise[4]:

– die Anordnung einer kantonalen Volkswahl oder Volksabstimmung[5];
– der Beleuchtende Bericht zu einer Abstimmungsvorlage, soweit der Kantonsrat dessen Abfassung nicht seiner Geschäftsleitung übertragen hat[6];
– weitere bzw. andersartige Informationen im Vorfeld einer Wahl oder Abstimmung[7];
– der Entscheid, bei einer kantonalen Wahl den Unterlagen ein Beiblatt beizufügen, auf dem die Personen aufgeführt sind, welche öffentlich zur Wahl vorgeschlagen worden sind[8];
– der Antrag des Regierungsrats an den Kantonsrat, im Zusammenhang mit der Umsetzung einer vom Volk angenommenen Initiative in der Form einer allgemeinen Anregung seine eigene Umsetzungsvorlage abzulehnen[9].

---

[3]   Weisung 2009, S. 879.
[4]   Vgl. Weisung 2009, S. 878.
[5]   § 57 Abs. 1 i.V.m. § 12 Abs. 1 lit. a GPR.
[6]   § 64 Abs. 3 GPR.
[7]   Vgl. STEINMANN, in: Basler Kommentar BGG, Art. 88 N. 13.
[8]   § 61 Abs. 1 i.V.m. § 12 Abs. 1 lit. a GPR.
[9]   Vgl. das wohl singuläre, die am 17. Juni 2012 angenommene Kulturlandinitiative betreffende Beispiel in ABl 5.7.2013 (37127), Weisung Ziff. 8.

5 § 10d Abs. 1 statuiert eine **Einsprachefrist** von fünf Tagen (anders noch § 19c des Vorentwurfs von 2008, der keine Frist vorsah). Dies entspricht der Rekursfrist in Stimmrechtssachen gemäss § 22 Abs. 1 Satz 2. Über den *Beginn des Fristenlaufs* sagt § 10d nichts aus. Es liegt nahe, die für den Rekurs geltende Kaskadenregelung gemäss § 22 Abs. 2 analog anzuwenden; demnach beginnt die Frist am Tag nach der Mitteilung des angefochtenen Aktes zu laufen, ohne solche am Tag nach seiner amtlichen Veröffentlichung und ohne solche am Tag nach seiner Kenntnisnahme (vgl. § 22 N. 14 ff.). Der *Fristenlauf* als solcher, insbesondere die Fristberechnung, richtet sich nach § 11 Abs. 1. Die Einsprache muss spätestens am letzten Tag der Frist beim Regierungsrat eintreffen oder der Schweizerischen Post übergeben worden sein (§ 11 Abs. 2 Satz 1).

6 *Mängel im Vorfeld einer Wahl oder Abstimmung* müssen sofort – d.h. innert Frist – mittels Einsprache geltend gemacht werden; es ist nicht statthaft, bis zum Vorliegen der Wahl- oder Abstimmungsresultate zuzuwarten und erst danach Einsprache zu erheben. Diese im Zusammenhang mit dem Stimmrechtsrekurs bzw. der Stimmrechtsbeschwerde entwickelte Rechtsprechung[10] muss auch für das Einspracheverfahren gelten. Vom Grundsatz der unverzüglichen Anfechtung darf nur abgewichen werden, wenn die Frist nach dem Abstimmungstermin abläuft oder wenn besondere Gründe ein sofortiges Handeln als unzumutbar erscheinen lassen[11].

7 Hinsichtlich der **Legitimation** zur Einsprache verweist § 10d Abs. 1 Satz 2 sinngemäss auf § 21a. Zur Einsprache berechtigt sind demnach die im Kanton Zürich Stimmberechtigten – zumal Realakte des Regierungsrats in aller Regel den gesamten Kanton betreffen dürften (vgl. § 21a N. 7 f.) – sowie die Kandidatinnen und Kandidaten einer Wahl; ferner politische Parteien, die im Kanton Zürich tätig sind, und betroffene Gemeindebehörden (vgl. im Einzelnen § 21a N. 4 ff., 15 ff., 18 ff.).

8 Die zulässigen **Einsprachegründe** unterliegen – entsprechend der umfassenden Kognition des Regierungsrats (N. 9) – keiner Beschränkung. Gerügt werden können sämtliche formellen und materiellen Mängel des Realakts.

C. Einspracheverfahren

9 Das Einspracheverfahren richtet sich grundsätzlich nach § 10b, und zwar in Bezug auf die **Form** der Einsprache (vgl. § 10b N. 6 f.), die **Kognition** des Regierungsrats sowie die **reformatorische Wirkung** der Einsprache (vgl. § 10b N. 11 ff.).

10 Hingegen kommt § 10b Abs. 2, wonach der Lauf der Einsprachefrist und die Einreichung der Einsprache **aufschiebende Wirkung** haben, nur subsidiär zur Anwendung. Bezieht sich die Einsprache auf eine Wahl oder Abstimmung und wurde die Einsprache *vor dem Wahl- oder Abstimmungstag* eingereicht (vgl. N. 6), so ist § 25 Abs. 2 lit. b analog anwendbar. Danach besteht von Gesetzes wegen *keine* aufschiebende Wirkung; diese kann vom Regierungsrat jedoch erteilt werden (§ 25 Abs. 3 analog). In den *übrigen Fällen* kommt einer Einsprache aufschiebende Wirkung zu; anders als in den Fällen von § 10a lit. c (vgl.

---

[10] Vgl. VGr, 27.12.2011, VB.2011.00758, E. 2.1.1, m.H. auf die bundesgerichtliche Rechtsprechung.
[11] VGr, 27.12.2011, VB.2011.00758, E. 2.1.3, m.w.H.

dazu § 10b N. 9) kann diese jedoch entzogen werden (zu den Voraussetzungen vgl. § 25 N. 25 ff.).

Auch hinsichtlich der **weiteren Aspekte** des Einspracheverfahrens – etwa der Verbesserung einer mangelhaften Eingabe (vgl. § 23 Abs. 2) – sind die Regeln über das Rekursverfahren analog anwendbar (vgl. § 10b N. 5).

11

D. Säumnisfolgen

Die Einsprache nach § 10d ist ein ordentliches, vollkommenes, nicht-devolutives Rechtsmittel (vgl. § 10b N. 3; Vorbem. zu §§ 19–28a N. 11 ff.). Das Einspracheverfahren gehört damit zum ordentlichen Verfahrensgang[12]. Wer es versäumt, frist- und formgerecht Einsprache zu erheben, ist von der Beschwerde an das Bundesgericht ausgeschlossen, da er den kantonalen Rechtsmittelzug nicht ausgeschöpft hat; mit letzter kantonaler Instanz im Sinn von Art. 88 Abs. 1 lit. a BGG ist hier der Regierungsrat als Einspracheinstanz gemeint.

12

II. Realakte anderer staatlicher Organe in Stimmrechtssachen (Abs. 2)

Nicht zur Anwendung kommt das Einspracheverfahren bei erstinstanzlichen Handlungen in Stimmrechtssachen, die von anderen staatlichen Organen als vom Regierungsrat ausgehen und diesem auch nicht zuzurechnen sind[13]. Das besondere, zweistufige Verfahren gemäss § 10c kommt hier ebenfalls nicht zum Tragen. Vielmehr können derartige Realakte – ausnahmsweise – direkt mit **Rekurs** angefochten werden (§ 10d Abs. 2 i.V.m. § 19 Abs. 1 lit. c).

13

---

[12] KÖLZ/HÄNER/BERTSCHI, Verwaltungsverfahren, N. 787.
[13] Vgl. dazu STEINMANN, in: Basler Kommentar BGG, Art. 88 N. 13a.

Fristen
a. Fristenlauf

§ 11

¹ Der Tag der Eröffnung einer Frist oder der Tag der Mitteilung eines Entscheides wird bei der Fristberechnung nicht mitgezählt. Ist der letzte Tag einer Frist ein Samstag oder ein öffentlicher Ruhetag, so endigt sie am nächsten Werktag. Samstage und öffentliche Ruhetage im Laufe der Frist werden mitgezählt.

² Schriftliche Eingaben müssen spätestens am letzten Tage der Frist bei der Behörde eintreffen oder zu deren Handen der schweizerischen Post übergeben sein. Hat eine Person im Ausland eine Frist zu wahren, genügt es, wenn die Eingabe am letzten Tag der Frist bei einer schweizerischen diplomatischen oder konsularischen Vertretung eintrifft.

Materialien

Weisung 1957, S. 1035; Prot. KK 13.12.1957, 23.9.1958; Prot. KR 1955–1959, S. 3271; Beleuchtender Bericht 1959, S. 399 f.; Weisung 1995, S. 1528; Prot. KK 1995/96, S. 21; Prot. KR 1995–1999, S. 6488.

Literatur

AMSTUTZ KATRIN/ARNOLD PETER, in: Basler Kommentar BGG, Art. 44 f. und 48; BENN JURIJ, in: Basler Kommentar ZPO, Art. 142 f. und 145 f.; CAVELTI URS PETER, in: Kommentar VwVG, Art. 20, 21, 22a und 23; FREI NINA J., in: Berner Kommentar ZPO, Art. 142 f. und 145 f.; HÄFELIN/MÜLLER/UHLMANN, Verwaltungsrecht, N. 195 und 1650 ff.; HOFFMANN-NOWOTNY URS H., in: Kurzkommentar ZPO, Art. 145; KIENER/RÜTSCHE/KUHN, Öffentliches Verfahrensrecht, N. 292 ff.; KÖLZ/HÄNER/BERTSCHI, Verwaltungsverfahren, N. 575 ff.; MAITRE BERNARD/THALMANN VANESSA, in: Praxiskommentar VwVG, Art. 22a; MERKLI/AESCHLIMANN/HERZOG, Kommentar VRPG, Art. 41 f.; RHINOW/KOLLER/KISS/THURNHERR/BRÜHL-MOSER, Öffentliches Prozessrecht, N. 893 ff., 1246 ff., 1831 ff.

Inhaltsübersicht

I.	Einleitung	1–7
II.	Fristenlauf (Abs. 1)	8–36
	A. Fristauslösendes Ereignis	8–10
	B. Fristbeginn	11–13
	C. Lauf und Unterbruch von Fristen	14–16
	D. Gerichtsferien	17–29
	1. Geltungsbereich	17–18
	2. Bedeutung	19–24
	3. Ausnahmen	25–29
	E. Ende der Frist	30–36
III.	Fristwahrung (Abs. 2)	37–69
	A. Einleitung	37–41
	B. Direkte Übergabe an die Behörde	42–43
	C. Übergabe an die Post	44–52
	D. Eingabe an eine schweizerische Vertretung im Ausland	53–54
	E. Eingabe an eine unzuständige Behörde	55–60
	F. Rechtzeitig eingereichte Eingaben mit formellen Mängeln	61–63
	G. Exkurs: Zahlungen	64–69
IV.	Fristsäumnis und Säumnisfolgen	70–74

I. Einleitung

§ 11 statuiert – zusammen mit § 12 – verwaltungsverfahrensrechtliche Grundsätze in Bezug auf gesetzliche und behördliche Fristen. § 11 regelt den **Fristenlauf,** insbesondere die Berechnung bzw. Beginn und Ende von Fristen (Abs. 1), sowie die **Fristwahrung** im Fall von schriftlichen Eingaben (Abs. 2).

§ 11 ist sowohl im erstinstanzlichen Verfahren als auch im Einsprache-, Rekurs-, Beschwerde- und Klageverfahren anwendbar (vgl. §§ 4, 70 und 86). Im Verfahren vor **Verwaltungsgericht** sind ergänzend zu den §§ 11 und 12 die zivilprozessualen Fristvorschriften gemäss den Art. 142–149 ZPO anwendbar (§ 71).

Als «**Frist**» wird jene Zeitspanne bezeichnet, innerhalb der eine bestimmte Rechtshandlung durch eine Partei vorgenommen werden kann bzw. muss, um rechtswirksam zu sein[1].

Verfahrenshandlungen sind aus Gründen der **Prozessökonomie** und der **Rechtssicherheit** an Fristen gebunden[2]. Während behördlich angesetzte Fristen die zügige Verfahrenserledigung fördern sollen, dienen gesetzliche Fristen – insbesondere Rechtsmittelfristen – der Rechtssicherheit: Nach unbenutztem Ablauf erwachsen fristgebundene Anordnungen in Rechtskraft[3]. Nur ausnahmsweise – unter den Voraussetzungen von § 12 – kann eine Parteihandlung nach dem Ende einer einmal angesetzten Frist vorgenommen werden.

Die Fristgebundenheit von Verfahrenshandlungen wird durch den im Verwaltungsverfahren geltenden **Untersuchungsgrundsatz** relativiert. Da Verwaltungsbehörden den Sachverhalt grundsätzlich von Amtes wegen abzuklären haben (§ 7 Abs. 1), müssen entscheidwesentliche Tatsachen oder Beweismittel unter Umständen auch im Verspätungsfall berücksichtigt und zweifelhafte, aber nicht rechtzeitig bestrittene Sachbehauptungen von Amtes wegen abgeklärt werden[4].

Das **Europäische Übereinkommen** über die Berechnung von Fristen (EÜBF), das für die Schweiz am 28. April 1983 in Kraft getreten ist, dient der internationalen Vereinheitlichung der Vorschriften über die Fristberechnung. Zehn Mitgliedstaaten des Europarates haben das Übereinkommen zwischen 1972 und 1982 unterzeichnet, doch nur in vier Ländern ist es bis heute in Kraft getreten (Schweiz, Liechtenstein, Luxemburg und Österreich). Das Übereinkommen findet unter anderem im Bereich des innerstaatlichen Verwaltungs- und Verwaltungsverfahrensrechts Anwendung[5]. Es ist somit in allen nach VRG abgewickelten Verfahren anwendbar.

§ 11 Abs. 1 erfuhr seit Inkrafttreten des Gesetzes am 1. Mai 1960 keine Veränderung; für die Fristberechnung wurden die bereits damals geltenden Grundsätze des gerichtlichen

---

[1] AMSTUTZ/ARNOLD, in: Basler Kommentar BGG, Art. 44 N. 1; BENN, in: Basler Kommentar ZPO, Art. 142 N. 2; RHINOW/KOLLER/KISS/THURNHERR/BRÜHL-MOSER, Öffentliches Prozessrecht, N. 893.
[2] Vgl. MERKLI/AESCHLIMANN/HERZOG, Kommentar VRPG, Art. 41 N. 1.
[3] Vgl. HÄFELIN/MÜLLER/UHLMANN, Verwaltungsrecht, N. 1650.
[4] Vgl. BGE 133 V 196, E. 1.4; MERKLI/AESCHLIMANN/HERZOG, Kommentar VRPG, Art. 43 N. 21 f.
[5] Einleitung sowie Art. 1 Abs. 1 EÜBF; vgl. BENN, in: Basler Kommentar ZPO, Art. 142 N. 10.

§ 11

Verfahrens übernommen[6]. Auch § 11 Abs. 2 Satz 1 entspricht der Urfassung des Gesetzes. Der zweite Satz von § 11 Abs. 2 (Eingaben im Ausland) wurde im Rahmen der **VRG-Revision von 1997** ergänzt (N. 53). In der Revision von 2010 blieb § 11 unverändert.

II. Fristenlauf (Abs. 1)

A. Fristauslösendes Ereignis

8   Der Beginn des Fristenlaufs setzt den Eintritt eines Ereignisses voraus, das die Frist auslöst bzw. das bewirkt, dass die Frist zu einem späteren Zeitpunkt – grundsätzlich am Tag danach (§ 11 Abs. 1 Satz 1; § 22 Abs. 2) – beginnt. Fristauslösendes Ereignis ist in der Regel die **Eröffnung einer fristansetzenden Anordnung**[7] bzw. die Publikation eines anfechtbaren Erlasses im Amtsblatt. Neben der Eröffnung können auch andere Ereignisse fristauslösende Wirkung haben, etwa der Wegfall eines unverschuldeten Hindernisses im Zusammenhang mit Fristwiederherstellungsgesuchen (§ 12 Abs. 2), die Entdeckung eines Revisionsgrundes (§ 86b Abs. 2), das Eintreffen der Abstimmungserläuterungen beim Stimmberechtigten, der die Erläuterungen anficht[8], der Eintritt der Rechtskraft eines Entscheids (etwa bei Fristen zur Zahlung der Verfahrenskosten), die Zustellung von Eingaben, auf die praxisgemäss nur innert einer bestimmten Fristen repliziert werden darf[9], der Eintritt eines (echten) Novums oder – im Fall eines Bauprojekts – die öffentliche Bekanntmachung (§ 315 Abs. 1 PBG)[10].

9   Der Zeitpunkt der Eröffnung einer Anordnung ist demnach von zentraler Bedeutung für die Fristberechnung bzw. für die Frage, wann eine Frist beginnt und endet. Hinsichtlich der Frage, wann und gegenüber wem eine Anordnung als **ordnungsgemäss eröffnet bzw. zugestellt** gilt und wer diesbezüglich Beweispflichten trägt, ist § 10 massgebend (§ 10 N. 79 ff.).

10 Wird eine Anordnung **nicht eröffnet** oder ist sie **nichtig**[11], so werden die darin angesetzten Fristen grundsätzlich – unter Vorbehalt von Treu und Glauben – nicht ausgelöst (§ 10 N. 108 f.). In diesem Fall erübrigen sich somit Fragen nach dem Fristenlauf und nach den Säumnisfolgen.

B. Fristbeginn

11 Der Fristbeginn setzt voraus, dass – in der Regel am Tag davor – ein **fristauslösendes Ereignis** stattgefunden hat (N. 8 f.). Der Tag, an dem die Frist beginnt, wird «dies a quo» genannt (Art. 2 EÜBF); der Fristenlauf beginnt um Mitternacht dieses Tages (Art. 3 Ziff. 1 EÜBF).

---

[6]   Beleuchtender Bericht 1959, S. 399 f.
[7]   AMSTUTZ/ARNOLD, in: Basler Kommentar BGG, Art. 44 N. 7; HÄFELIN/MÜLLER/UHLMANN, Verwaltungsrecht, N. 1651.
[8]   VGr, 27.12.2011, VB.2011.00758, E. 2.2.
[9]   Zum Replikrecht vgl. § 26b N. 34 ff. und § 58 N. 23 ff.
[10] Vgl. VGr, 11.1.2012, VB.2011.00596, E. 2.3 ff.
[11] VGr, 7.9.2011, VB.2011.00276, E. 1.3; VGr, 10.3.2010, VB.2009.00699, E. 3.3.

In Verfahren, die keine Gerichtsferien kennen – insbesondere im erstinstanzlichen Verwaltungsverfahren sowie im Rekursverfahren –, beginnt die Frist stets am Tag nach dem fristauslösenden Ereignis zu laufen, d.h. am **Tag nach der Eröffnung** einer fristansetzenden Verfügung (vgl. § 11 Abs. 1 Satz 1 und § 22 Abs. 2). Der Tag des fristauslösenden Ereignisses ist bei der Fristberechnung nicht mitzuzählen (vgl. § 11 Abs. 1 Satz 1). Samstage, Sonntage und öffentliche Ruhetage vermögen den Beginn einer Frist nicht hinauszuzögern (vgl. § 11 Abs. 1 Sätze 2 und 3). Dies gilt auch dann, wenn die Eröffnung aufgrund der Zustellungsfiktion (§ 10 N. 90 ff.) an einem Tag erfolgt, an dem keine postalische Zustellung möglich gewesen wäre. Die in § 11 enthaltenen Fristbeginnregeln entsprechen jenen zahlreicher anderer Verfahrensgesetze[12] und spezialgesetzlicher Bestimmungen[13].

Im Verfahren vor Verwaltungsgericht kann der Fristbeginn ausnahmsweise auf einen späteren Zeitpunkt als den Tag nach dem fristauslösenden Ereignis fallen: Liegt dieser Tag nämlich in den **Gerichtsferien** und handelt es sich nicht ausnahmsweise um ein Verfahren, das während den Gerichtsferien keinen Fristenstillstand kennt, so beginnt die Frist erst am Tag nach dem letzten Gerichtsferientag zu laufen (N. 24).

C. Lauf und Unterbruch von Fristen

Eine einmal ausgelöste Frist läuft **grundsätzlich ununterbrochen** bis zum letzten Tag der Frist. Samstage, Sonntage und öffentliche Ruhetage, die in den Lauf einer Frist fallen, werden bei der Fristberechnung wie Werktage mitgezählt (§ 11 Abs. 1 Satz 3). Sie vermögen zwar, wenn der letzte Tag der Frist auf sie fällt, das Ende einer Frist hinauszuzögern (§ 11 Abs. 1 Satz 2). Vor Erreichen des letzten Tags der Frist unterbrechen sie den Fristenlauf hingegen nicht (§ 11 Abs. 1 Satz 3). Die in § 11 enthaltene Regelung entspricht jener mehrerer anderer Verfahrensgesetze[14].

Vor Erreichen des letzten Tags kann eine laufende Frist nur **ausnahmsweise** unterbrochen werden mit der Wirkung, dass sich das Fristende um den Zeitraum des Fristenstillstands verzögert. Zum einen kann dies der Fall sein, wenn in einem bestimmten Verfahren Gerichtsferien gelten und die Frist in den entsprechenden Zeitraum hineinragt (N. 19). Zum anderen ruht der Fristenlauf während der formellen Sistierung eines Verfahrens (Vorbem. zu §§ 4–31 N. 36).

Die Gewährung einer **Fristerstreckung** im Rahmen von § 12 Abs. 1 bewirkt zwar nicht einen Unterbruch bzw. Stillstand der Frist, hat aber ebenfalls ein Hinauszögern des Fristendes zur Folge. Ein Fristerstreckungsgesuch hemmt den Ablauf einer behördlichen Frist auch dann, wenn diese zuvor als nicht mehr erstreckbar erklärt wurde. Erstreckungsgesuche, die sich als trölerisch oder rechtsmissbräuchlich erweisen, bewirken hingegen kein Hinauszögern des Fristendes[15].

---

[12] Art. 44 Abs. 1 BGG; Art. 142 Abs. 1 ZPO; Art. 20 Abs. 1 VwVG; Art. 88 Abs. 1 StPO.
[13] Z.B. § 12 Abs. 1 VO StG.
[14] Vgl. z.B. Art. 5 Satz 1 EÜBF; § 12 Abs. 2 Satz 2 VO StG.
[15] VGr, 16.6.2010, VB.2010.00160, E. 2.1.

D. Gerichtsferien

1. Geltungsbereich

17 Fristen stehen während der Gerichtsferien nur dann still, wenn dies im Gesetz explizit vorgesehen ist. Aufgrund von §§ 86 und 71 finden im Verfahren vor dem Verwaltungsgericht die zivilprozessualen Fristenstillstandsvorschriften gemäss Art. 145 f. ZPO ergänzend Anwendung. Im verwaltungsgerichtlichen **Beschwerde- und Klageverfahren** stehen die Fristen während der Gerichtsferien demnach grundsätzlich still[16].

18 Für **erstinstanzliche Verwaltungsverfahren, Einsprache- und Rekursverfahren sowie Revisionsverfahren** sieht das VRG hingegen keinen Fristenstillstand während bestimmter Zeiträume vor, so dass in diesen Verfahren keine Gerichtsferien gelten[17]. In der Praxis wird aber bei behördlichen Fristen auf die Bedürfnisse der Rechtsvertreter regelmässig Rücksicht genommen, soweit dies mit dem Beschleunigungsgebot vereinbar ist.

2. Bedeutung

19 Soweit die Fristen während der Gerichtsferien stillstehen, stellt dies die **wichtigste Ausnahme** vom Grundsatz dar, dass Fristen am Tag nach der Eröffnung zu laufen beginnen und anschliessend ohne Unterbrechung weiterlaufen (N. 14). Gerichtsferien vermögen sowohl den Beginn einer Frist hinauszuzögern als auch eine einmal laufende Frist zu unterbrechen. Vom ersten bis zum letzten Tag der Gerichtsferien stehen sowohl gesetzliche als auch behördliche Fristen still, so dass sich ihr Ende um den entsprechenden Zeitraum nach hinten verschiebt[18]. Während der Dauer der Gerichtsferien müssen Rechtssuchende keine fristwahrenden prozessualen Handlungen vornehmen.

20 Fristen stehen in Verfahren, in denen die Gerichtsferien gelten, während folgender **Daten** still: vom 7. Tag vor Ostern bis und mit dem 7. Tag nach Ostern[19], vom 15. Juli bis und mit 15. August und vom 18. Dezember bis und mit 2. Januar (§ 71 VRG i.V.m. Art. 145 Abs. 1 ZPO)[20].

21 Während der Gerichtsferien finden **keine Gerichtsverhandlungen** statt, d.h. keine Instruktionsverhandlungen, Beweiserhebungen etc. Ausnahmen bedürfen des ausdrücklichen und klaren Einverständnisses der Parteien (vgl. § 71 VRG i.V.m. Art. 146 Abs. 2 ZPO)[21].

22 In Verfahren, in denen Gerichtsferien gelten, darf die Behörde grundsätzlich keine Frist auf ein **kalendarisch exaktes Datum** festsetzen, das in den Gerichtsferien liegt. Wäre dies zulässig, so könnte die Entscheidinstanz die Bestimmungen über den Fristenstill-

---

[16] RB 1999 Nr. 25 (BEZ 1999 Nr. 15).
[17] Vgl. BGr, 10.9.2010, 1C_239/2010, E. 2.2; VGr, 8.3.2012, VB.2012.00080, E. 3.2; RB 1985 Nr. 7; in Bezug auf Revisionsverfahren vgl. § 86b N. 20 (anders noch RB 1985 Nr. 22; anders auch das bundesgerichtliche Revisionsverfahren: BGr, 25.9.2012, 2F_20/2012, E. 1.1).
[18] RHINOW/KOLLER/KISS/THURNHERR/BRÜHL-MOSER, Öffentliches Prozessrecht, N. 1256.
[19] Mit «Ostern» ist der *Ostersonntag* gemeint (BGE 139 V 490, E. 2.2).
[20] Vgl. auch Art. 46 Abs. 1 BGG; Art. 22a Abs. 1 VwVG.
[21] Botschaft ZPO, S. 7309.

stand umgehen, indem sie stets kalendarisch fixierte Fristen ansetzt[22]. Eine solche Fristansetzung mag in Verfahren nach VwVG und BGG zulässig sein, soweit sie mit der gebotenen Zurückhaltung bzw. nur in dringenden Fällen erfolgt, da die Gerichtsferien hier laut Gesetz nur für «nach Tagen bestimmte Fristen» gelten (Art. 46 Abs. 1 BGG; Art. 22a Abs. 1 VwVG)[23]. In Verfahren nach ZPO stehen hingegen auch kalendarisch exakte Fristen still (Art. 145 Abs. 1 ZPO e contrario), so dass kaum Raum bleibt für die Ansetzung von Fristen auf Termine in den Gerichtsferien. Setzt die Behörde in einem solchen Fall dennoch (versehentlich) eine Frist auf ein in den Gerichtsferien liegendes Datum fest, so endet diese nicht an diesem Datum, sondern steht während der Gerichtsferien still. Am ersten Werktag nach Ende der Gerichtsferien beginnt die Frist zu laufen (wenn die Frist während der Gerichtsferien angesetzt wurde) bzw. weiterzulaufen (wenn die Frist vor Beginn der Gerichtsferien angesetzt wurde)[24].

Sind die Bestimmungen über die Gerichtsferien in einem bestimmten Verfahren anwendbar, so stehen auch Fristen still, die den Parteien zur Einreichung von Stellungnahmen angesetzt werden[25]. Bei der Ansetzung einer Frist zur Wahrnehmung des **Replikrechts**[26] muss der Fristenstillstand während der Gerichtsferien deshalb grundsätzlich beachtet werden. In dringlichen Fällen sind Ausnahmen denkbar, wobei auf die Nichtgeltung des Fristenstillstands hinzuweisen ist.

Gerichte und Behörden können auch während der Dauer des Fristenstillstands in den Gerichtsferien Entscheide bzw. Anordnungen treffen und zustellen[27]. Im Fall einer **Zustellung während der Gerichtsferien** (oder an einem Samstag oder öffentlichen Ruhetag unmittelbar vor Gerichtsferienbeginn) gilt der erste Tag nach dem Ende des Fristenstillstands – also der erste Tag nach dem letzten Gerichtsferientag, beispielsweise der 16. August – als erster zählender Tag für die Rechtsmittelfrist[28] – unabhängig davon, ob es sich dabei um einen Werktag, Samstag oder öffentlichen Ruhetag handelt.

3. Ausnahmen

Der Grundsatz, dass Fristen im Verfahren vor Verwaltungsgericht während der Gerichtsferien stillstehen, kennt Ausnahmen im Zusammenhang mit **dringlichen Verfahren**[29]. Der aufgrund von § 71 im Beschwerdeverfahren anwendbare Art. 145 Abs. 2 ZPO erwähnt die Nichtgeltung des Fristenstillstands in Bezug auf Schlichtungsverfahren und im summarischen Verfahren; solche kommen im Bereich des Verwaltungsrechts allerdings nicht vor. Für das verwaltungsgerichtliche Verfahren praktikabler ist die Regelung gemäss Art. 46 Abs. 2 BGG und Art. 22a Abs. 2 VwVG, wonach die Fristen (unter ande-

---

[22] Vgl. MAITRE/THALMANN, in: Praxiskommentar VwVG, Art. 22a N. 6.
[23] BGr, 13.7.2004, 2A.186/2004, E. 2.3; vgl. AMSTUTZ/ARNOLD, in: Basler Kommentar BGG, Art. 46 N. 2; MAITRE/THALMANN, in: Praxiskommentar VwVG, Art. 22a N. 6.
[24] Vgl. CAVELTI, in: Kommentar VwVG, Art. 20 N. 44 und Art. 22a N. 2; HOFFMANN-NOWOTNY, in: Kurzkommentar ZPO, Art. 145 N. 5.
[25] LANTER, Formeller Charakter, S. 182; vgl. VGr, 20.7.2012, VB.2012.00203, E. 3.3.2.
[26] Zum Replikrecht vgl. § 26b N. 34 ff. und § 58 N. 23 ff.
[27] BGr, 3.3.2011, 2C_740/2010, E. 2.3.
[28] RB 1991 Nr. 13 (BEZ 1991 Nr. 24); BGE 132 II 153, E. 4.1 (in Bezug auf das VwVG) und E. 4.2 (in Bezug auf das BGG); vgl. Art. 146 Abs. 1 ZPO.
[29] So früher ausdrücklich § 140 Abs. 2 GVG.

rem) in Verfahren betreffend aufschiebende Wirkung und andere vorsorgliche Massnahmen während der Gerichtsferien nicht stillstehen.

26 Teilweise ist die Nichtgeltung der Gerichtsferien im Rahmen **spezialgesetzlicher Bestimmungen** vorgeschrieben. Im Steuerverfahren stehen die Rechtsmittelfristen während der Gerichtsferien weder in Bezug auf die Staats- und Gemeindesteuern noch in Bezug auf die direkte Bundessteuer still[30]. Ähnliche Ausnahmebestimmungen enthalten auch das Submissions-, das Asyl- und das Börsenrecht[31].

27 Die Rechtsprechung kommt bisweilen im Rahmen der Auslegung von Verfahrensnormen zum Schluss, dass der Fristenstillstand während der Gerichtsferien in Bezug auf eine bestimmte Verfahrensart aufgrund des **Beschleunigungsgebots** nicht gilt, selbst wenn sich dies aus dem Wortlaut des Gesetzes nicht ergibt. Eine entsprechende neue Fristpraxis kann allerdings erst dann generell gelten, nachdem sie mit der entsprechenden Ankündigung publik gemacht worden ist[32]. Aus der Praxis sind folgende Beispiele zu erwähnen:
- Das Verwaltungsgericht erachtet es als offensichtliches Versehen des Gesetzgebers, dass im *Gewaltschutzgesetz* nicht ausdrücklich auf die Nichtgeltung der Gerichtsferien für Verfahren nach diesem Gesetz hingewiesen wird[33].
- Für ausländerrechtliche *Wegweisungen* gilt von Bundesrechts wegen im kantonalen Verfahren eine Rechtsmittelfrist von fünf Arbeitstagen. Aufgrund dieser Vorgabe finden kantonalrechtliche Fristenstillstandsregelungen gemäss der Rechtsprechung des Verwaltungsgerichts keine Anwendung[34].

28 Stehen die Fristen in einem Verfahren, das Gerichtsferien grundsätzlich kennt, während der Gerichtsferien ausnahmsweise nicht still, so sind die Parteien ausdrücklich darauf **hinzuweisen** (§ 71 VRG i.V.m. Art. 145 Abs. 3 ZPO)[35]. Wenn ein solcher Hinweis fehlt, stehen die Fristen – selbst bei anwaltlich vertretenen Parteien – gleichwohl still[36].

29 Erfolgt eine fristauslösende Zustellung während der Gerichtsferien, so gilt in Bezug auf die siebentägige **Postabholungsfrist** (§ 10 N. 90) kein Fristenstillstand[37].

E. Ende der Frist

30 Als Ende der Frist oder «**dies ad quem**» (Art. 2 EÜBF) wird jener Tag bezeichnet, an dem die Frist – um Mitternacht (Art. 3 EÜBF) – abläuft bzw. an dem eine Eingabe spätestens auf eine in § 11 Abs. 2 beschriebene Weise eingereicht werden muss, um als rechtzeitig zu gelten.

---

[30] Zur bis am 1. Juni 2011 geltenden Regelung, wonach die Fristen in Bezug auf die Staats- und Gemeindesteuern stillstanden (alt § 13 VO StG), vgl. BGr, 11.11.2010, 2C_503/2010, E. 2, sowie BGr, 15.2.2006, 2A.70/2006, E. 3; zur Aufhebung dieser Bestimmung vgl. RRB vom 2.2.2011, ABl 2011 392 ff., 395.
[31] Art. 15 Abs. 2bis IVöB; Art. 17 Abs. 1 AsylG; Art. 33b Abs. 4 BEHG.
[32] BGE 133 I 270, E. 1.2.2; vgl. VGr, 21.09.2011, VB.2011.00496, E. 1.3.
[33] VGr, 1.10.2009, VB.2009.00460, E. 3.2.
[34] VGr, 14.12.2011, VB.2011.00506, E. 1.3 und 1.4.
[35] VGr, 8.3.2012, VB.2012.00080, E. 3.1; RB 1999 Nr. 25 (BEZ 1999 Nr. 15).
[36] BGE 139 III 78, E. 5.4.2; VGr, 21.09.2011, VB.2011.00496, E. 1.3; BENN, in: Basler Kommentar ZPO, Art. 145 N. 8; vgl. Botschaft ZPO, S. 7309.
[37] AMSTUTZ/ARNOLD, in: Basler Kommentar BGG, Art. 44 N. 35.

Fällt der letzte Tag der Frist auf einen **Werktag,** so endet die Frist an diesem Werktag (§ 11 Abs. 1 Satz 2 e contrario). 31

Fällt der letzte Tag der Frist auf einen **Samstag** oder einen **öffentlichen Ruhetag,** so endet sie gemäss § 11 Abs. 1 Satz 2 am nächsten Werktag[38]. Der Fristablauf an einem Samstag oder einem öffentlichen Ruhetag hat somit zur Folge, dass die Frist von Gesetzes wegen bis zum nächsten Werktag erstreckt wird bzw. dass der nächste Werktag als letzter Tag der Frist zu betrachten ist. Sämtliche Fristen enden somit an Werktagen[39]. 32

Als **öffentliche Ruhetage,** die das Fristende gemäss § 11 Abs. 1 bis zum nächsten Werktag hinauszögern, gelten im Kanton Zürich laut § 1 Abs. 1 des Ruhetags- und Ladenöffnungsgesetzes[40] Sonntage sowie folgende Feiertage: Neujahrstag, Karfreitag, Ostermontag, Tag der Arbeit (1. Mai), Auffahrtstag, Pfingstmontag, Bundesfeiertag (1. August), Weihnachtstag (25. Dezember) und Stephanstag (26. Dezember). Der Bundesfeiertag (1. August) gilt – als einziger Feiertag – auch bundesrechtlich als öffentlicher Ruhetag (Art. 110 Abs. 3 BV). 33

Der **Berchtoldstag** (2. Januar) wird in § 1 Abs. 1 des Ruhetags- und Ladenöffnungsgesetzes *nicht* als öffentlicher Ruhetag bezeichnet. § 122 GOG erwähnt den Berchtoldstag zwar als gesetzlichen Feiertag; diese Bestimmung ist allerdings nur im Zürcher Straf- und Zivilprozess[41] sowie – ergänzend – im verwaltungsgerichtlichen Verfahren (§ 71) anwendbar. Dennoch stehen am Berchtoldstag im Kanton Zürich auch im erstinstanzlichen Verwaltungsverfahren sowie im Rekursverfahren (die keine Gerichtsferien kennen) sämtliche Fristen still: Gemäss dem Notifikationsverzeichnis, das die Schweiz gestützt auf Art. 11 EÜBF beim Generalsekretär des Europarats hinterlegt hat, gilt der Berchtoldstag im Kanton Zürich als gesetzlich anerkannter Feiertag[42], an dem sämtliche – auch verwaltungsrechtliche – Fristen stillstehen (Art. 1 Abs. 1 i.V.m. Art. 5 EÜBF). Diese Regelung entspricht im Übrigen dem Bedürfnis nach einer kantonal einheitlichen Fristenregelung[43] und erscheint vor dem Hintergrund der im Kanton Zürich geltenden Post- und Amtsöffnungszeiten[44] sachgerecht[45]. 34

Nicht als öffentliche Ruhetage gelten im Verfahren vor Zürcher Verwaltungsbehörden Tage, die weder vom Bund noch vom Kanton Zürich als öffentliche Ruhetage anerkannt werden[46]. So ist beispielsweise der Sechseläuten-Montag im Kanton Zürich kein öffentlicher Ruhetag, auch wenn der Nachmittag dieses Tages im Bezirk Zürich als halber Ruhe- 35

---

[38] Vgl. die ähnlichen Regelungen in Art. 5 Satz 2 EÜBF; Art. 45 Abs. 1 BGG; Art. 142 Abs. 3 ZPO; Art. 88 Abs. 2 StPO; § 12 Abs. 2 Satz 1 VO StG.
[39] AMSTUTZ/ARNOLD, in: Basler Kommentar BGG, Art. 45 N. 6.
[40] LS 822.4.
[41] Vgl. Weisung AnpassungsG ZPO/StPO, S. 1623.
[42] Bundesamt für Justiz, Gesetzliche Feiertage und Tage, die in der Schweiz wie gesetzliche Feiertage behandelt werden (Verzeichnis gestützt auf Art. 11 EÜBF). Dieses Verzeichnis ist in der Sammlung der eidgenössischen Gesetze nicht veröffentlicht; es kann aber auf der Internetseite des Bundesamts für Justiz heruntergeladen werden.
[43] Vgl. HAUSER/SCHWERI/LIEBER, Kommentar GOG, § 122 N. 3.
[44] Vgl. z.B. § 117 Abs. 1 lit. a der Vollzugsverordnung vom 19. Mai 1999 zum Personalgesetz (LS 177.111).
[45] Vgl. allerdings BGr, 24.10.2006, 1P.456/2006, E. 2.3.
[46] Vgl. BENN, in: Basler Kommentar ZPO, Art. 142 N. 21.

tag gilt und die Amtsstellen und Verkaufsgeschäfte in der Stadt geschlossen bleiben[47]. Ebensowenig gelten jene Feiertage als öffentliche Ruhetage, die zwar in anderen Kantonen oder Staaten, nicht aber im Kanton Zürich als öffentliche Ruhetage anerkannt sind. Wohnen Verfahrensbeteiligte oder ihre Vertreter ausserhalb des Kantons Zürich, so vermögen die an jenem Ort geltenden, im Kanton Zürich nicht anerkannten Feiertage keine Verzögerung des Fristendes zu bewirken[48].

36   Das VRG enthält keine Regelung des Fristendes für Fristen, die nicht nach Tagen, sondern **nach Wochen, Monaten oder Jahren berechnet** werden. Nach dem Europäischen Übereinkommen über die Berechnung von Fristen endet eine in Wochen ausgedrückte Frist am Tag der letzten Woche, der dem Tag des Fristbeginns im Namen entspricht (Art. 4 Ziff. 1 EÜBF; vgl. auch Art. 77 Abs. 1 Ziff. 2 OR). Ist eine Frist in Monaten oder Jahren ausgedrückt, so endet sie am Tag des letzten Monats oder des letzten Jahres, der nach seiner Zahl dem Tag des Fristbeginns entspricht, oder, wenn ein entsprechender Tag fehlt, am letzten Tag des letzten Monats (Art. 4 Ziff. 2 EÜBF)[49]. Auf Schaltjahre ist bei der Fristberechnung nicht Rücksicht zu nehmen[50].

III. Fristwahrung (Abs. 2)

A. Einleitung

37   Gemäss § 11 Abs. 2 müssen schriftliche Eingaben spätestens am letzten Tag der Frist – gemeint ist jener **Werktag, an dem die Frist abläuft** (N. 32) – bei der Behörde eintreffen, zu deren Handen der Schweizerischen Post übergeben sein oder – im Ausland – bei einer schweizerischen diplomatischen oder konsularischen Vertretung eintreffen. Andere Verfahrensgesetze enthalten ähnliche Regeln[51].

38   Der **späteste Zeitpunkt,** zu dem eine fristgebundene Handlung vorgenommen werden kann, ist gemäss § 11 Abs. 2 der letzte Tag der Frist. Die Parteien haben das Recht, eine solche Handlung bis zum letzten Moment – d.h. bis am letzten Tag der Frist um 24 Uhr – vorzunehmen. Ebenfalls bis zu diesem Zeitpunkt sind *Ergänzungen* zulässig, wenn eine Eingabe bereits vor Fristablauf eingereicht wurde[52].

39   Der **früheste Zeitpunkt,** zu dem eine fristgebundene Handlung vorgenommen werden kann, ist in der Regel der Moment des fristauslösenden Ereignisses (N. 8 f.). Rechtsmittel gegen Anordnungen können – anders als Rechtsmittel gegen Erlasse[53] – nicht vorsorglich (d.h. bevor der anzufechtende Entscheid überhaupt eröffnet wurde) erhoben werden, um eine Frist zu wahren. Die Behörden haben im Fall eines vorsorglich erhobenen Rechts-

---

[47] OGr, Beschluss vom 29.4.2008, ZR 2008 Nr. 69.
[48] Vgl. BGE 124 II 527, E. 2b.
[49] Vgl. auch Art. 77 Abs. 1 Ziff. 3 OR (dazu VGr, 1.3.2012, VB.2012.00049, E. 2.5 [nicht publiziert]) sowie – in Bezug auf Monatsfristen – Art. 142 Abs. 2 ZPO; zu Fristberechnungsmodalitäten vgl. BGE 131 V 314, E. 4.6, sowie PHILIPP WEBER, Monatsfristen nach ZPO: Dörfs es bitzeli meh sii?, Jusletter 19. März 2012.
[50] VGr, 1.3.2012, VB.2012.00049, E. 2.5 (nicht publiziert).
[51] Vgl. Art. 48 Abs. 1 BGG; Art. 143 Abs. 1 ZPO; Art. 21 Abs. 1 VwVG; Art. 89 Abs. 2 StPO.
[52] Vgl. BGr, 13.6.2012, 1C_171/2012, E. 1.1.
[53] Vgl. BGr, 17.12.2012, 5C_2/2012, E. 1.3; BGE 137 I 77, E. 1.5.

mittels kundzutun, dass sie dieses nicht an die Hand nehmen, damit die betreffende Partei die Prozesshandlung während der laufenden Rechtsmittelfrist wiederholen kann. Gelegentlich kommt es in der Praxis allerdings auch vor, dass ein vorsorglich eingereichtes Rechtsmittel unter Ansetzung einer Nachbesserungsfrist entgegengenommen wird.

Im Fall einer **Praxisänderung** einer Behörde betreffend die Fristberechnung gelten die allgemeinen Grundsätze des Vertrauensschutzes. Eine nach alter Praxis fristgerechte Eingabe darf demnach in jenem Entscheid, in dem die neue Praxis angekündigt wird, nicht als verspätet qualifiziert werden[54]. 40

Die **Beweislast** in Bezug auf die Rechtzeitigkeit einer fristgebundenen Handlung trägt die Partei, die diese Handlung vornehmen muss[55]. Sie hat für die Rechtzeitigkeit den vollen Beweis zu erbringen. Ist dies aus Gründen, die von den Behörden zu verantworten sind, nicht möglich, tritt eine Umkehr der Beweislast zu deren Nachteil ein. So verhält es sich beispielsweise, wenn die Behörde eine Anordnung mit uneingeschriebener Postsendung zustellt und der Adressat deshalb nicht in der Lage ist, das Empfangsdatum und damit die Fristeinhaltung nachzuweisen (§ 10 N. 82)[56]. 41

B. Direkte Übergabe an die Behörde

Eine Frist kann gemäss § 11 Abs. 2 unter anderem dadurch gewahrt werden, dass die schriftliche Eingabe **am letzten Tag der Frist** bei der Behörde eintrifft. Fristwahrend wirkt demnach die rechtzeitige direkte Übergabe einer Eingabe an die Entscheidbehörde. 42

Grundsätzlich genügt der **rechtzeitige Einwurf in den Briefkasten** der Behörde, wenn – im Streitfall – der Beweis der Rechtzeitigkeit durch Zeugen oder andere Beweismittel erbracht werden kann[57]. Aus Beweisgründen empfiehlt es sich aber, die Eingabe bei der Behörde während der Geschäftszeit einzureichen[58] und die Ausstellung einer Quittung mit dem Übergabedatum zu verlangen. 43

C. Übergabe an die Post

Eine Frist kann nach § 11 Abs. 2 auch dadurch gewahrt werden, dass die schriftliche Eingabe **am letzten Tag der Frist** zu Handen der Behörde der Schweizerischen Post übergeben wird. Dass es zur Fristwahrung genügt, eine Eingabe am letzten Tag der Frist der Schweizerischen Post zu übergeben, entspricht einem allgemeinen Grundsatz des Verwaltungsprozessrechts[59]. 44

Die Eingabe muss am letzten Tag der Frist spätestens bis 24 Uhr bei einer **Schweizer Poststelle** aufgegeben werden, um als rechtzeitig zu gelten. Ebenfalls fristwahrend wirkt am 45

---

[54] BGE 133 I 270, E. 1.2.3.
[55] Vgl. VGr, 20.4.2011, SB.2011.00021, E. 1.2; VGr, 7.12.2005, VB.2005.00310, E. 3.1.
[56] Vgl. MERKLI/AESCHLIMANN/HERZOG, Kommentar VRPG, Art. 42 N. 3.
[57] BGE 127 I 133, E. 7b; VGr, 28.1.2013, VB.2012.00591, E. 1.2–1.4.
[58] BENN, in: Basler Kommentar ZPO, Art. 143 N. 6.
[59] BGr, 2.7.2002, 1A.94/2002, E. 2.2.1; vgl. BGr, 29.9.2008, 2C_261/2007, E. 2.2.

letzten Fristtag die Übergabe an eine liechtensteinische Poststelle, da die Post der Schweiz und Liechtensteins eng zusammenarbeiten[60].

46 Die Übergabe an die Schweizerische Post ist vollzogen, wenn die Sendung von der Postverwaltung zur Beförderung entgegengenommen worden ist[61]. Für die Fristwahrung genügt grundsätzlich der **rechtzeitige Einwurf in einen Briefkasten** der Schweizerischen Post, sofern im Bestreitungsfall der Beweis der Rechtzeitigkeit durch Zeugen oder andere Beweismittel erbracht werden kann[62]. Wer die Rechtzeitigkeit einer Rechtsmitteleingabe mit Hilfe von Zeugen beweisen will, hat gegenüber der zuständigen Behörde deren Identität bekanntzugeben; andernfalls kann der Zeugenbeweis nicht erbracht werden[63].

47 Als Beweis für die Übergabe einer Eingabe an die Schweizerische Post dient grundsätzlich der **Poststempel**. Dem Absender steht jedoch der (Gegen-)Beweis offen, dass die Annahme der Sendung durch die Post schon vor der Abstempelung stattgefunden hat oder dass ein unrichtiger Stempel angebracht worden ist[64]. In der Regel dürfte es freilich nicht einfach sein, beispielsweise nachzuweisen, dass ein Briefkasten nicht vollständig geleert wurde, dass eine Sendung auf dem Transport vom Briefkasten zur Poststelle in Verstoss geriet oder dass ein Brief nach dem Eintreffen auf der Poststelle nicht sofort weiterverarbeitet wurde[65].

48 Die Abgabe bei einer **ausländischen Poststelle** genügt zur Fristwahrung nicht[66], soweit es sich nicht um eine liechtensteinische Poststelle handelt[67]. Eine im Ausland aufgegebene Sendung muss im Zeitpunkt des Fristablaufs von der ausländischen Post der Schweizerischen Post zur Beförderung übergeben worden sein, um als rechtzeitig eingereicht zu gelten; die diesbezügliche Beweislast obliegt dem Absender[68]. Trifft eine im Ausland aufgegebene, nicht mit Poststempel datierte Sendung zwei Tage nach Fristablauf bei der Entscheidinstanz ein, so ist damit nicht belegt, dass die Sendung rechtzeitig der Schweizerischen Post übergeben worden ist[69].

49 Werden für die Zustellung einer Sendung **private Zustelldienste** in Anspruch genommen, so gilt die Übergabe durch den privaten Dienst an die Behörde oder an die Schweizerische Post als Zustellungszeitpunkt. Die Datierung der Sendung mit einem Fakturastempel des Zustelldienstes stellt keinen Ersatz für den Poststempel dar[70].

50 Für den Fall, dass eine *Behörde* eine Frist zu wahren hat, ist nicht restlos geklärt, ob die Übergabe der behördlichen Sendung an einen **Weibeldienst,** der zur staatlichen Zentralverwaltung gehört, in gleicher Weise fristwahrend wirkt wie die Übergabe der Sendung an die Schweizerische Post. Das Verwaltungsgericht hat die fristwahrende Wirkung der

---

60 Vgl. BGr, 23.12.2008, 2C_754/2008, E. 2.3; VGr, 23.5.2012, SB.2011.00056, E. 2.2 (nicht publiziert).
61 Vgl. VGr, 23.5.2012, SB.2011.00056, E. 3.1 (nicht publiziert).
62 BGE 127 I 133, E. 7b; VGr, 22.10.2013, VB.2013.00143, E. 2.2.
63 RB 1999 Nr. 7.
64 VGr, 7.3.2012, VB.2011.00595, E. 2; VGr, 7.12.2005, VB.2005.00310, E. 3.1; vgl. auch § 12 Abs. 4 VO StG.
65 Vgl. VGr, 7.12.2005, VB.2005.00310, E. 3.2.
66 BGr, 6.12.2012, 1F_31/2012, E. 2; BGr, 12.11.2012, 2C_1113/2012, E. 2.2.
67 BGr, 23.12.2008, 2C_754/2008, E. 2.3.
68 RB 1999 Nr. 154.
69 VGr, 30.11.2011, SB.2011.00078, E. 2.3.
70 Vgl. VGr, 23.5.2012, SB.2011.00056, E. 3.1 (nicht publiziert).

Übergabe an einen behördlichen Weibeldienst im Rahmen eines unpublizierten Urteils verneint: Massgebend sei vielmehr, wann eine solche Sendung von der Schweizerischen Post erfasst worden sei bzw. wann der Weibeldienst die Sendung der Adressatin überbracht habe[71]. Ist die Behörde, die über einen Weibeldienst verfügt, hingegen *Empfängerin* einer Sendung, so gilt die Inempfangnahme durch den internen Weibeldienst als Zustellungszeitpunkt[72].

Strafgefangene können ihre Eingaben in der Regel nicht selbst der Post übergeben, sondern müssen diese dem Personal der Strafanstalt zur Weiterleitung aushändigen. Für die Frage der Rechtzeitigkeit ihrer Eingaben ist deshalb nicht das Datum der Übergabe an die Post massgebend, sondern in der Regel jenes der Übergabe an das Gefängnispersonal[73]. 51

Der Grundsatz, dass es zur Fristwahrung genügt, eine Eingabe am letzten Tag der Frist der Schweizerischen Post zu übergeben, gilt gemäss neuerer Rechtsprechung auch in Bezug auf **Fristerstreckungsgesuche** (§ 12 Abs. 1) und Gesuche um Verlängerung der Zahlungsfrist für den Kostenvorschuss[74]. Entgegen einer früheren Praxis wird heute nicht mehr verlangt, dass Fristverlängerungsgesuche spätestens am letzten Fristtag bei der Entscheidinstanz *eintreffen* müssen (§ 12 N. 26). 52

D. Eingabe an eine schweizerische Vertretung im Ausland

Im Rahmen der **VRG-Revision von 1997** wurde § 11 Abs. 2 um den seither geltenden zweiten Satz ergänzt, wonach eine Person im Ausland eine Frist wahren kann, wenn ihre Eingabe am letzten Tag der Frist bei einer schweizerischen diplomatischen oder konsularischen Vertretung eintrifft. Die Gesetzesergänzung wurde damit begründet, dass bei der Bestimmung des Fristenlaufs berücksichtigt werden müsse, dass zunehmend Personen mit Sitz im Ausland in zürcherischen Verwaltungsverfahren aufträten[75]. 53

In der **Praxis** kommen fristwahrende Eingaben bei schweizerischen diplomatischen oder konsularischen Vertretungen – sei es durch Übergabe an das Personal, sei es durch Einwurf in den Briefkasten der Vertretung – nur selten vor. Dies wohl auch deshalb, weil Verfahrensbeteiligte mit Sitz oder Wohnsitz im Ausland gemäss § 6b Abs. 1 dazu verpflichtet sind, ein Zustellungsdomizil oder einen Vertreter in der Schweiz anzugeben. 54

E. Eingabe an eine unzuständige Behörde

Für die Einhaltung der Fristen ist gemäss § 5 Abs. 2 Satz 2 der Zeitpunkt der Einreichung bei der unzuständigen Behörde massgebend. Die rechtzeitige Eingabe bei einer unzuständigen Instanz wirkt somit **von Gesetzes wegen fristwahrend**, so dass die gesuch- 55

---

[71] Vgl. VGr, 23.5.2012, SB.2011.00056, E. 3.3–3.5 (nicht publiziert); vgl. VGr, 8.5.2013, VB.2012.00798, E. 2.3. Die Verwaltungskommission des Verwaltungsgerichts geht hingegen von der fristwahrenden Wirkung der Übergabe an den Postdienst der Staatskanzlei aus (Schreiben der Verwaltungskommission an die Staatskanzlei vom 22. August 2013, JV.2013.00024).
[72] RB 1982 Nr. 88.
[73] VGr, 24.7.2013, VB.2013.00344, E. 1.2.4; VGr, 5.9.2012, VB.2012.00358, E. 2.4; offen gelassen in BGr, 27.11.2012, 6B_673/2012, E. 2.
[74] BGr, 2.7.2002, 1A.94/2002, E. 2.2.1; vgl. BGr, 29.9.2008, 2C_261/2007, E. 2.2.
[75] Weisung 1995, S. 1528.

stellende Person darauf verzichten kann, die zuständige Behörde um Fristwiederherstellung zu ersuchen. Diverse Verfahrensgesetze statuieren in analoger Weise den Grundsatz, dass Fristen im Fall der rechtzeitigen Einreichung bei einer unzuständigen Behörde als gewahrt gelten[76].

56 Als **allgemeiner prozessualer Grundsatz** gilt, dass der Rechtsuchende im Fall einer fristgemässen Eingabe bei einer unzuständigen Behörde nicht ohne Not um die Beurteilung seines Begehrens durch die zuständige Instanz gebracht werden soll. Dieser Grundsatz bezieht sich gemäss der bundesgerichtlichen Rechtsprechung auf die gesamte Rechtsordnung; er gilt jedenfalls dort, wo keine klare anderslautende Regelung besteht, auch in den Kantonen[77].

57 Da die zürcherische Gesetzgebung keine Bestimmungen kennt, die vom allgemeinen prozessualen Fristwahrungsgrundsatz abweichen, wirken – über den Geltungsbereich von § 5 Abs. 2 hinaus – nicht nur rechtzeitige Eingaben an unzuständige Zürcher Verwaltungsbehörden fristwahrend, sondern grundsätzlich auch solche an alle weiteren **Bundes-, Kantons- und Gemeindebehörden,** selbst wenn sie zum Verfahrensgegenstand keinen Bezug haben[78]. Anders als im Verfahren vor Bundesgericht, wo Eingaben bei *Gemeinde*behörden aufgrund des Wortlauts von Art. 48 Abs. 3 BGG als nicht fristwahrend gelten[79], besteht im Kanton Zürich keine gesetzliche Vorschrift, die in Bezug auf Eingaben an unzuständige Gemeindebehörden Restriktionen auferlegt.

58 Nicht fristwahrend wirkt die Eingabe bei einer unzuständigen Behörde ausnahmsweise dann, wenn ein Rechtsuchender nicht versehentlich, sondern wissentlich und auf **rechtsmissbräuchliche Weise** an eine unzuständige Instanz gelangt[80]. Dies kann beispielsweise im Fall einer absichtlichen Fehladressierung bejaht werden[81]. Kein Rechtsmissbrauch liegt hingegen vor, wenn eine Eingabe zur Fristwahrung aus sachlichen Gründen bei einer unzuständigen Behörde zur Weiterleitung an die zuständige Behörde übergeben wird und die betreffende Behörde sich zur Entgegennahme und Weiterleitung der Sendung bereit erklärt[82].

59 Die Fristwahrung beurteilt sich abgesehen von Missbrauchsfällen nach den **Fristbestimmungen,** die für die unzuständige Instanz, bei der die Eingabe erfolgt, massgebend sind. Gelangt beispielsweise eine gutgläubige, rechtsunkundige Person aufgrund einer fehlerhaften Rechtsmittelbelehrung an das Verwaltungsgericht statt an den Regierungsrat, so

---

[76] Art. 63 Abs. 1 ZPO; Art. 48 Abs. 3 BGG; Art. 21 Abs. 2 VwVG; Art. 89 Abs. 4 StPO.
[77] BGr, 17.8.2004, 1P.143/2004, E. 3.3.3; BGE 121 I 93, E. 1d; 118 Ia 241, E. 3c; HÄFELIN/MÜLLER/UHLMANN, Verwaltungsrecht, N. 195.
[78] Vgl. bezüglich des VwVG BGr, 1.2.2010, 9C_885/2009, E. 4.2; bezüglich des ATSG BGr, 7.6.2010, 8C_307/2010 E. 2.2; RHINOW/KOLLER/KISS/THURNHERR/BRÜHL-MOSER, Öffentliches Prozessrecht, N. 1252; bezüglich der ZPO BENN, in: Basler Kommentar ZPO, Art. 143 N. 3 f.; a.M. VGr, 3.12.2010, VB.2010.00654, E. 3.1.
[79] AMSTUTZ/ARNOLD, in: Basler Kommentar BGG, Art. 48 N. 23.
[80] Vgl. auch Art. 30 ATSG, wonach lediglich versehentlich bei der unzuständigen Instanz eingereichte Eingaben entgegenzunehmen und weiterzuleiten sind.
[81] BGE 111 V 406, E. 2; vgl. CAVELTI, in: Kommentar VwVG, Art. 21 N. 17; MERKLI/AESCHLIMANN/HERZOG, Kommentar VRPG, Art. 42 N. 13.
[82] Vgl. BGr, 3.8.2001, U 179/01, E. 2d; CAVELTI, in: Kommentar VwVG, Art. 21 N. 17.

muss sie sich nicht vorwerfen lassen, die Frist sei verpasst, weil sie die Gerichtsferien abgewartet hat.

Für die Wahrung einer Rechtsmittelfrist genügt es grundsätzlich nicht, bei der verfügenden Behörde ein **Wiedererwägungsgesuch** einzureichen, verbunden mit dem Eventualantrag, die Eingabe bei abschlägigem Bescheid der Rechtsmittelbehörde zu überweisen[83]. 60

F. Rechtzeitig eingereichte Eingaben mit formellen Mängeln

Eine Eingabe, die den gesetzlichen Formerfordernissen nicht entspricht, hat grundsätzlich **keine fristwahrende Wirkung**. Die betreffende Eingabe gilt als nicht rechtzeitig eingereicht, sofern der Mangel nicht innert der ursprünglich angesetzten Frist oder einer allenfalls gewährten Nachfrist behoben wird. In der Regel nicht fristwahrend sind beispielsweise – an sich rechtzeitig erfolgte – Eingaben per Fax, E-Mail oder in Kopie[84] sowie unleserliche, ungebührliche und übermässig weitschweifige Eingaben (§ 5 Abs. 3). 61

Im Unterschied zu den Verfahrensgesetzen des Bundes[85] fehlen im VRG Bestimmungen über die Fristwahrung im Falle von **elektronischen Eingaben**, da das Gesetz solche Eingaben nicht vorsieht. Soweit die elektronische Zustellung im Beschwerdeverfahren gestützt auf den Verweis in § 71 in Frage kommt (vgl. § 10 N. 106), gelten für die Fristwahrung die zivilprozessualen Regeln gemäss Art. 143 Abs. 2 ZPO[86]. Eingaben per Fax stellen keine elektronische Eingaben im Sinne des Gesetzes dar[87]. 62

Leidet eine Eingabe an einem prozessualen Formmangel wie fehlender Unterschrift, fehlender Vollmacht des Anwalts oder fehlenden Beilagen, so hat die Entscheidinstanz grundsätzlich eine kurze, gegebenenfalls auch über die gesetzliche Rechtsmittelfrist hinausgehende **Nachfrist** zur Behebung des Formmangels anzusetzen. Einen entsprechenden Anspruch leitet das Bundesgericht aus einem aus dem Verbot des überspitzten Formalismus fliessenden allgemeinen prozessualen Rechtsgrundsatz ab[88]. Das VRG gewährt einen Anspruch auf Gewährung einer Nachfrist ausdrücklich im Rekurs- und Beschwerdeverfahren (§ 23 Abs. 2 und § 56). Die Nachfristansetzung soll insbesondere Unbeholfenen und Rechtsunkundigen zugute kommen und es erlauben, einen versehentlich unterlaufenen Mangel zu beheben[89]. Rechtskundigen ist eine Nachfrist nur dann zu gewähren, wenn keine Gefahr besteht, dass der betreffende Verfahrensbeteiligte dadurch einen prozessualen bzw. zeitlichen Vorteil erlangt[90]. Zu Einzelheiten vgl. § 23 N. 29 ff. und § 56 N. 15 ff. 63

---

[83] VGr, 27.3.2008, VB.2008.00070, E. 2.1; vgl. § 22 N. 23.
[84] Vgl. VGr, 24.8.2006, VB.2006.00312, E. 3.3; BGr, 6.12.2012, 1F_31/2012, E. 2; BGE 121 II 252, E. 4.
[85] Vgl. Art. 48 Abs. 2 BGG; Art. 143 Abs. 2 ZPO (dazu BENN, in: Basler Kommentar ZPO, Art. 143 N. 15 ff.); Art. 21a Abs. 3 VwVG; Art. 89 Abs. 3 StPO.
[86] Zur Rechtsprechung in Bezug auf den gleichlautenden Art. 91 Abs. 3 StPO vgl. BGr, 19.7.2013, 1B_222/2013, E. 3.1.
[87] BGr, 6.12.2012, 1F_31/2012, E. 2.
[88] BGE 134 II 244, E. 2.4.2; 120 V 413, E. 6a.
[89] Vgl. RB 1999 Nr. 11; VGr, 29.7.2010, VB.2010.00226, E. 2; VGr, 24.8.2006, VB.2006.00312, E. 3.4.
[90] BGr, 6.7.2005, I 126/2005, E. 4.2; vgl. RB 1999 Nr. 11; VGr, 29.7.2010, VB.2010.00226, E. 2.

G. Exkurs: Zahlungen

64 Das VRG enthält keine Regelung betreffend Fristwahrung bei Zahlungspflichten, beispielsweise in Bezug auf Kostenvorschusszahlungen nach § 15. Gemäss der Rechtsprechung gelten für Zahlungsfristen grundsätzlich die in § 11 Abs. 2 Satz 1 enthaltenen Fristwahrungsregeln[91]. Demnach ist vom – in anderen Verfahrensgesetzen explizit enthaltenen[92] – **Grundsatz** auszugehen, dass die Frist für eine Zahlung eingehalten ist, wenn der Betrag rechtzeitig, d.h. spätestens am letzten Tag der Frist, zugunsten der Entscheidinstanz der Schweizerischen Post übergeben oder einem Post- oder Bankkonto in der Schweiz belastet worden ist.

65 Wird die Geldsumme per **Zahlungsauftrag** einbezahlt, so muss die *Belastung* auf dem Konto des Einzahlenden spätestens am letzten Tag der Frist erfolgen. Die Gutschrift auf dem Empfängerkonto darf hingegen auch nach Ablauf der Frist erfolgen[93]. Der Zahlungsauftrag muss somit rechtzeitig aufgegeben werden, damit die Zahlungsbelastung vor Fristablauf erfolgt; eine Auftragserteilung am letzten Tag der Frist dürfte in der Regel nicht fristwahrend sein[94]. Es genügt nicht, am Tag des Fristablaufs mittels E-Banking zu bezahlen, ohne sich zu vergewissern, ob die Zahlung an diesem Tag auch tatsächlich erfolgt[95]. Hält die Entscheidinstanz in der Kostenvorschussverfügung allerdings explizit fest, die Frist gelte als eingehalten, wenn die Post vor Ablauf der Frist die Zahlungs*anweisung* erhalte, so genügt eine Auftragserteilung am letzten Tag der Frist auch dann, wenn die Kontobelastung beim Kostenpflichtigen erst nach Fristablauf erfolgt[96]. Nicht fristwahrend wirkt eine Zahlungsanweisung zugunsten eines Zahlungsinstituts ohne Vermerk der Person bzw. der Behörde, welcher der Betrag als Endempfängerin zugute kommen soll[97].

66 Fristwahrend wirkt auch eine **Barbezahlung** (spätestens) am letzten Tag der Frist – sei es am Postschalter[98] oder direkt bei der Behörde[99]. Nicht fristwahrend wirkt demgegenüber die direkte Übergabe einer Wertsendung oder von Bargeld an eine schweizerische Botschaft bzw. an ein schweizerisches Konsulat[100].

67 Ein **Dritter,** dessen Dienste in Anspruch genommen werden, muss fristwahrende Zahlungen ebenfalls rechtzeitig veranlassen[101]. Entscheidet sich eine Partei beispielsweise für die Einschaltung einer Bank, so übernimmt sie die damit entstehenden Risiken und sind

---

[91] Vgl. RB 1995 Nr. 5.
[92] Vgl. Art. 143 Abs. 3 ZPO; Art. 48 Abs. 4 BGG; Art. 21 Abs. 3 VwVG; Art. 91 Abs. 5 StPO; zum früheren Recht vgl. § 193 GVG.
[93] BGE 139 III 364, E. 3.2.1; VGr, 30.10.2009, VB.2009.00410, E. 2.3; RB 1995 Nr. 5; vgl. auch Art. 48 Abs. 4 BGG und Art. 21 Abs. 3 VwVG.
[94] BENN, in: Basler Kommentar ZPO, Art. 143 N. 22 f.
[95] Vgl. BVGr, 22.10.2013, B-1186/2013, E. 2.2.
[96] BGr, 19.4.2011, 1C_93/2011, E. 2.4.2 und 2.4.3.
[97] BGr, 16.1.2008, 8C_739/2007.
[98] BEUSCH, in: Kommentar VwVG, Art. 63 N. 26; vgl. AMSTUTZ/ARNOLD, in: Basler Kommentar BGG, Art. 48 N. 26 ff.
[99] BENN, in: Basler Kommentar ZPO, Art. 143 N. 19.
[100] MERKLI/AESCHLIMANN/HERZOG, Kommentar VRPG, Art. 42 N. 10.
[101] RB 1995 Nr. 5.

ihr allfällige sich ergebende Probleme zuzurechnen[102]. Selbst wenn die einzahlende Person durch das Zahlungsinstitut falsch beraten worden ist, muss sie sich dessen Verhalten als dasjenige eines Erfüllungsgehilfen anrechnen lassen[103]. Handlungen eines Rechtsvertreters sind der vertretenen Partei (auch) im Zusammenhang mit der Leistung von Zahlungen zuzurechnen[104].

Den **Beweis** für die Rechtzeitigkeit einer Zahlung hat die zahlungspflichtige Partei zu erbringen[105]. Bei einer Post- oder Banküberweisung genügt zum Beweis der Kontoausdruck, aus dem hervorgeht, dass die Verarbeitung des Zahlungsauftrags und die damit verbundene Belastung spätestens am letzten Tag der Frist geschehen ist[106]. Wird die Zahlung dem Konto der Entscheidinstanz nicht innert der angesetzten Frist gutgeschrieben, so muss die Entscheidinstanz die zahlungspflichtige Person zum Nachweis auffordern, dass der Betrag am letzten Tag der Frist ihrem Post- oder Bankkonto in der Schweiz (oder demjenigen ihres Vertreters) belastet worden ist[107]. 68

Erfolgt die Zahlung zwar rechtzeitig, aber an eine **unzuständige Behörde,** so gelten sinngemäss die Regeln der Fristwahrung im Fall von rechtzeitigen Eingaben bei unzuständigen Behörden (N. 55 ff.). 69

IV. Fristsäumnis und Säumnisfolgen

Fristsäumnis liegt vor, wenn eine Prozesshandlung nicht rechtzeitig vorgenommen wird, d.h. nach Ablauf der formell korrekt angesetzten[108] und allenfalls durch Fristerstreckung nach § 12 Abs. 1 verlängerten Frist. Säumig ist ferner auch, wer zu einem Termin nicht erscheint (vgl. Art. 147 Abs. 1 ZPO; Art. 91 StPO). Es rechtfertigt sich – wie im Zivilprozess[109] –, eine Verspätung von bis zu 15 Minuten zu tolerieren. 70

Die Säumnis hat zur Folge, dass die betreffende Rechtshandlung – abgesehen vom Fall eines erfolgreichen Fristwiederherstellungsgesuchs (§ 12 Abs. 2) – **nicht mehr rechtswirksam** vorgenommen werden kann. Eine nach Fristablauf vorgenommene fristgebundene Handlung ist demnach grundsätzlich unwirksam. 71

Die spezifischen **Säumnisfolgen** ergeben sich in der Regel aufgrund der Natur der betreffenden (versäumten) Prozesshandlung im Einzelfall. Als Säumnisfolgen in Frage kommen insbesondere die Verwirkung eines prozessualen Rechts, der Eintritt eines sonsti- 72

---

[102] RB 2002 Nr. 13, E. 4b (VB.2002.00175).
[103] BGE 114 Ib 67, E. 2.
[104] Vgl. BGr, 24.6.2009, 2C_645/2008, E. 2.3.2.
[105] BGE 139 III 364, E. 3.1; Amstutz/Arnold, in: Basler Kommentar BGG, Art. 48 N. 29; Benn, in: Basler Kommentar ZPO, Art. 143 N. 19.
[106] BGE 139 III 364, E. 3.3.
[107] BGE 139 III 364, E. 3.2.2 und 3.2.3.
[108] Vgl. Gozzi, Basler Kommentar ZPO, Art. 147 N. 5; Rhinow/Koller/Kiss/Thurnherr/Brühl-Moser, Öffentliches Prozessrecht, N. 922.
[109] Gozzi, Basler Kommentar ZPO, Art. 147 N. 4 und 8 f.

gen prozessualen Nachteils, eine Entscheidung aufgrund der Akten, die Unbeachtlichkeit einer verspäteten Eingabe oder die Annahme des Verzichts auf eine Eingabe[110].

73 Der Eintritt der Säumnisfolgen setzt nicht nur das Vorliegen einer Säumnis voraus, sondern auch die **ausdrückliche Androhung** der Säumnisfolgen (vgl. Art. 147 Abs. 3 ZPO) – es sei denn, dass die betreffende Frist von Gesetzes wegen zu laufen begann. Die Säumnisfolgen sind sowohl bei gesetzlichen als auch bei richterlichen Fristen anzudrohen. Im Zusammenhang mit (gesetzlichen) Rechtsmittelfristen genügt es, im Dispositiv der betreffenden Anordnung eine § 10 Abs. 1 entsprechende Rechtsmittelbelehrung anzubringen. Bei Säumnis einer behördlichen Frist treten einzig die von der Behörde angedrohten Folgen ein (vgl. Art. 23 VwVG), denn der betroffenen Person müssen die Konsequenzen einer Fristsäumnis mitgeteilt werden.

74 Säumnisfolgen müssen **verhältnismässig** sein. Einschneidende Säumnisfolgen – insbesondere das Nichteintreten – dürfen nur angedroht werden, wenn die betreffende Sanktion gesetzlich vorgesehen ist (vgl. z.B. § 6b Abs. 2)[111].

---

[110] Vgl. RHINOW/KOLLER/KISS/THURNHERR/BRÜHL-MOSER, Öffentliches Prozessrecht, N. 923.
[111] CAVELTI, in: Kommentar VwVG, Art. 23 N. 8.

b. Erstreckung und Wiederherstellung einer Frist

§ 12

¹ Gesetzlich vorgeschriebene Fristen können nur erstreckt werden, wenn die davon betroffene Person im Laufe der Frist stirbt oder handlungsunfähig wird. Andere Fristen dürfen auf ein vor Fristablauf gestelltes Gesuch hin erstreckt werden, wenn ausreichende Gründe hiefür dargetan und soweit möglich belegt werden.

² Eine versäumte Frist kann wiederhergestellt werden, wenn dem Säumigen keine grobe Nachlässigkeit zur Last fällt und er innert zehn Tagen nach Wegfall des Grundes, der die Einhaltung der Frist verhindert hat, ein Gesuch um Wiederherstellung einreicht. Wird die Wiederherstellung gewährt, so beträgt die Frist zur Nachholung der versäumten Rechtshandlung zehn Tage.

Materialien

Weisung 1957, S. 1035; Prot. KK 13.12.1957, 23.9.1958; Prot. KR 1955–1959, S. 3271; Beleuchtender Bericht 1959, S. 399 f.; Weisung 1995, S. 1529; Prot. KK 1995/96, S. 21 ff.; Prot. KR 1995–1999, S. 6488.

Literatur

AMSTUTZ KATHRIN/ARNOLD PETER, in: Basler Kommentar BGG, Art. 47 und 50; BENN JURIJ, in: Basler Kommentar ZPO, Art. 144; FREI NINA J., in: Berner Kommentar ZPO, Art. 144 und 148; GADOLA, Beschwerdeverfahren, S. 98 ff.; GOZZI NICCOLÒ, in: Basler Kommentar ZPO, Art. 147–149; HOFFMANN-NOWOTNY URS, in: Kurzkommentar ZPO, Art. 148; KÖLZ/HÄNER/BERTSCHI, Verwaltungsverfahren, N. 585 ff.; MERKLI/AESCHLIMANN/HERZOG, Kommentar VRPG, Art. 43; RHINOW/KOLLER/KISS/THURNHERR/BRÜHL-MOSER, Öffentliches Prozessrecht, N. 924, 1255 ff., 1831 ff.; VOGEL STEFAN, in: Kommentar VwVG, Art. 24.

Inhaltsübersicht

I.	Einleitung	1–5
II.	Fristerstreckung (Abs. 1)	6–34
	A. Erstreckung gesetzlicher Fristen (Satz 1)	6–15
	1. Allgemeines	6–10
	2. Erstreckungsgründe	11–12
	3. Erstreckungsverfahren	13–15
	B. Erstreckung behördlicher Fristen (Satz 2)	16–34
	1. Erstreckungsgründe	16–19
	2. Mehrmalige Erstreckung	20–22
	3. Beweislast und Beweismass	23–24
	4. Zeitpunkt der Gesuchseinreichung	25–28
	5. Aufschiebende Wirkung des Erstreckungsgesuchs	29–30
	6. Erstreckungsentscheid	31–34
III.	Fristwiederherstellung (Abs. 2)	35–94
	A. Einleitung	35–40
	B. Wiederherstellungsgründe	41–81
	1. Entschuldbare Säumnis (Grundsatz)	41–44
	2. Sorgfaltspflichten im Allgemeinen	45–49
	3. Anwaltliche Sorgfaltspflichten	50–54
	4. Anrechenbarkeit der Säumnis von Vertretern und Hilfspersonen	55–60
	5. Gesundheitliche Beeinträchtigungen	61–65

6. Vertrauensschutz	66–70
7. Weitere Wiederherstellungsgründe (Kasuistik)	71–81
C. Wiederherstellungsverfahren	82–94
1. Zweistufigkeit	82
2. Gesuchsfrist	83–87
3. Beweislast	88
4. Zuständige Instanz	89–91
5. Wiederherstellungsentscheid	92–94

I. Einleitung

1 § 12 betrifft die **Erstreckung** (Abs. 1) und **Wiederherstellung** (Abs. 2) behördlicher und gesetzlicher Fristen. Eine Fristerstreckung kommt während des Fristenlaufs in Frage, eine Fristwiederherstellung nach Fristablauf bzw. im Säumnisfall.

2 § 12 **relativiert die starren Fristenlaufregeln gemäss § 11** und erlaubt es, auf begründetes Gesuch hin unter bestimmten Voraussetzungen ein ursprünglich geltendes Fristende auf einen zeitlich späteren Termin zu verschieben bzw. auch noch nach Ablauf der anfänglich geltenden Frist während eines bestimmten Zeitraums rechtswirksam handeln zu können.

3 Gegenüber den in § 11 enthaltenen Fristenlaufregeln stellt § 12 – zumindest rechtlich gesehen – den **Ausnahmefall** dar. Aus Gründen der Rechtssicherheit, Rechtsgleichheit und Prozessökonomie besteht ein gewichtiges Interesse daran, dass ein zum Zeitpunkt des fristauslösenden Ereignisses geltendes Fristende nicht nachträglich auf einen späteren Termin hinausgeschoben wird. Von diesem Grundsatz darf nur unter strengen, in § 12 statuierten Voraussetzungen abgewichen werden. In der Praxis wird freilich häufig – in der Regel erfolgreich – um Erstreckung behördlich angesetzter Fristen ersucht.

4 Die Regeln der Fristerstreckung und -wiederherstellung können nur zur Anwendung kommen, nachdem ein **fristauslösendes Ereignis** stattgefunden hat (§ 11 N. 8 ff.). Liegt hingegen ein Eröffnungsmangel vor und hat die Frist deshalb nicht zu laufen begonnen (§ 10 N. 108 f.), so erübrigt es sich, ein Gesuch um Fristerstreckung bzw. -wiederherstellung zu stellen. Vielmehr kann eine in einer mangelhaft eröffneten Verfügung angeordnete Handlung grundsätzlich auch nach dem vorgesehenen Ende der darin angesetzten Frist rechtswirksam vorgenommen werden. Immerhin darf es den betreffenden Verfügungsadressaten nach Treu und Glauben nicht zum Nachteil gereichen, wenn sie in einem solchen Fall trotzdem ein Fristerstreckungs- oder -wiederherstellungsgesuch einreichen[1].

5 Während § 12 Abs. 1 bis anhin keiner Gesetzesrevision unterzogen wurde, hatte § 12 Abs. 2 in der ursprünglichen Fassung des VRG lediglich vorgesehen, dass eine versäumte Frist wiederhergestellt werden kann, wenn dem Säumigen keine grobe Nachlässigkeit zur Last fällt. Im Rahmen der **VRG-Revision von 1997** wurde § 12 Abs. 2 um einen Teilsatz betreffend Fristwiederherstellungsgesuche sowie einen zweiten Satz betreffend Nachholfrist ergänzt. Dies wurde damit begründet, dass die Wiederherstellung einer versäum-

---

[1] VGr, 3.11.2010, VB.2010.00334, E. 2.4.

ten Frist im geltenden Recht zu knapp und zu grosszügig geordnet sei bzw. dass die neue Regelung der Verfahrensbeschleunigung diene; ferner wurde auf ähnliche Regelungen im Bund und im Kanton Bern verwiesen[2]. Bei der Revision von 2010 blieb § 12 unverändert.

II. Fristerstreckung (Abs. 1)

A. Erstreckung gesetzlicher Fristen (Satz 1)

1. Allgemeines

Gesetzliche Fristen sind gemäss § 12 Abs. 1 Satz 1 nur in sehr seltenen Ausnahmefällen – bei Tod oder Handlungsunfähigkeit – erstreckbar; sie können als **grundsätzlich unerstreckbar** bezeichnet werden. Diverse andere Verfahrensgesetze statuieren die *ausnahmslose* Unerstreckbarkeit gesetzlicher Fristen[3]. Grund für diese strenge Regelung sind das Legalitätsprinzip und die Rechtssicherheit. Demgegenüber rechtfertigen sich bei behördlichen Fristen, deren Dauer nicht im Gesetz selber verankert ist, weniger restriktive Voraussetzungen (vgl. § 12 Abs. 1 Satz 2).

Als gesetzlich vorgeschriebene Fristen im Sinn von § 12 Abs. 1 Satz 1 gelten jene Fristen, deren Dauer in einem **formellen Gesetz** festgelegt ist[4]. Die in der Praxis bedeutsamsten gesetzlichen Fristen sind **Rechtsmittelfristen,** d.h. Einsprache-, Rekurs-, Beschwerde- und Revisionsfristen.

Nicht unter § 12 Abs. 1 Satz 1 fallen hingegen jene Fristen, deren Dauer **von einer Behörde festgelegt** wird. Eine formellgesetzlich statuierte Frist gilt auch dann als gesetzliche Frist, wenn sie von einer Behörde angesetzt wird – etwa im Rahmen einer Rechtsmittelbelehrung[5]. Auf Fristen, die in *Verordnungen* festgelegt sind, ist § 12 Abs. 1 Satz 1 anwendbar, soweit sie auf einer genügenden gesetzlichen Delegationsnorm beruhen.

Keine Fristerstreckung, sondern die Ansetzung einer zusätzlichen Frist stellt die Gewährung einer **Nachbesserungsfrist** dar, die der Vervollständigung formell mangelhafter Eingaben dient und verhindern soll, dass aufgrund unbeabsichtigter Formmängel auf Eingaben nicht eingetreten werden kann (§ 11 N. 63).

Während gesetzliche Fristen nach § 12 Abs. 1 Satz 1 nur in seltenen Ausnahmefällen erstreckt werden können, genügt für die **Verkürzung** einer Rekurs- oder Beschwerdefrist – bis auf fünf Tage – das Vorliegen besonderer Dringlichkeit (§ 22 Abs. 3 [i.V.m. § 53 Satz 2]). Eine durch die Behörde verkürzte Rechtsmittelfrist wird dadurch nicht zu einer behördlichen Frist; auch in Bezug auf solche Fristen gelten somit die Fristerstreckungsvoraussetzungen gemäss § 12 Abs. 1 Satz 1. Wer beanstanden will, eine Frist sei zu Unrecht verkürzt worden, muss dies innerhalb der (verkürzten) Rechtsmittelfrist geltend

---

[2] Vgl. Weisung 1995, S. 1529.
[3] Art. 47 Abs. 1 BGG; Art. 155 Abs. 1 ZPO; Art. 22 Abs. 1 VwVG; Art. 87 Abs. 1 StPO.
[4] Vgl. Prot. KK 13.12.1957, S. 7 f.; AMSTUTZ/ARNOLD, in: Basler Kommentar BGG, Art. 44 N. 2.
[5] Vgl. BGr, 12.12.2011, 1C_336/2011, E. 2.1.

machen – es sei denn, dass Fristwiederherstellungsgründe vorliegen oder dass geltend gemacht wird, die Kürzung der Frist habe eine rechtzeitige Anfechtung verunmöglicht[6].

2. Erstreckungsgründe

11 § 12 Abs. 1 erwähnt einzig den **Tod** und die **Handlungsunfähigkeit** der von der Frist betroffenen Person als Gründe für die Erstreckung einer gesetzlichen Frist. Eine Fristerstreckung kann allerdings auch dann gewährt werden, wenn der *Vertreter* eines Verfahrensbeteiligten während des Fristenlaufs stirbt oder handlungsunfähig wird[7].

12 **Andere Fristerstreckungsgründe** als Tod und Handlungsunfähigkeit kommen nicht in Frage, soweit spezialgesetzlich nicht etwas anderes vorgesehen ist[8]. Auch Fristwiederherstellungsgründe gemäss § 12 Abs. 2 genügen für die Erstreckung einer gesetzlichen Frist nicht[9]. So stellt beispielsweise eine Erkrankung keinen hinreichenden Grund für die Erstreckung einer Rechtsmittelfrist dar. Gleiches gilt für vorhersehbare künftige gesundheitliche Beeinträchtigungen, die ein rechtzeitiges Handeln womöglich verhindern, etwa eine Radio- und Chemotherapie[10].

3. Erstreckungsverfahren

13 **Zuständig** für die Erstreckung einer gesetzlichen Frist ist im Fall einer Rechtsmittelfrist die Rechtsmittelinstanz, bei anderen gesetzlichen Fristen die anordnende Behörde.

14 Um Erstreckung einer gesetzlichen Frist ist **vor Fristablauf** zu ersuchen. Die beiden gesetzlichen Erstreckungsgründe – Tod und Handlungsunfähigkeit – verunmöglichen im Normalfall allerdings ein rechtzeitiges Handeln der betroffenen Person bzw. ihres Vertreters. Die Behörden sind deswegen befugt, gesetzliche Fristen von Amtes wegen zu erstrecken.

15 Über die Gutheissung bzw. Abweisung eines Fristerstreckungsgesuchs entscheidet die Behörde im Rahmen eines **prozessleitenden Entscheids,** ohne vorherige Vernehmlassung der anderen Verfahrensbeteiligten[11]. Ein solcher Zwischenentscheid ist in der Regel nicht selbständig, sondern erst im Rahmen des Endentscheids anfechtbar[12].

B. Erstreckung behördlicher Fristen (Satz 2)

1. Erstreckungsgründe

16 Anders als gesetzliche Fristen dürfen behördlich angesetzte Fristen gemäss § 12 Abs. 1 Satz 2 erstreckt werden, wenn **ausreichende Gründe** hiefür dargetan werden. In Verfah-

---

[6] Vgl. VGr, 29.2.2012, VB.2012.00106, E. 3.3.
[7] VGr, 5.6.2012, VB.2012.00222, E. 2.1 (nicht publiziert).
[8] Vgl. z.B. Art. 110 Abs. 3 AsylG (Krankheit und Unfall als mögliche Fristerstreckungsgründe).
[9] VGr, 27.9.2012, VB.2012.00484, E. 2.1 (nicht publiziert).
[10] RB 2008 Nr. 9, E. 3 (VB.2008.00243); vgl. VGr, 16.6.2008, VB.2008.00225, E. 2.3.
[11] BENN, in: Basler Kommentar ZPO, Art. 144 N. 12.
[12] BENN, in: Basler Kommentar ZPO, Art. 144 N. 15.

rensgesetzen des Bundes wird das Vorliegen zureichender[13] bzw. hinreichender[14] Gründe verlangt.

Die Erstreckung behördlicher Fristen wird in der Praxis entsprechend dem Gesetzeswortlaut liberal und uneinheitlich gehandhabt. Dies widerspiegelt letztlich das **weitgehende Ermessen** der Behörden im Einzelfall. In der Regel dürfen die Verfahrensbeteiligten mit der Bewilligung eines Fristerstreckungsgesuchs rechnen, wenn keine besonderen Dringlichkeitsgründe vorliegen. Zurückhaltung ist indessen gegenüber privaten Parteien angebracht, die ein Projekt zu verhindern suchen; hier ist bei Verdacht auf Verzögerungsabsicht ein strengerer Massstab anzulegen. 17

Setzt eine Behörde eine Frist an, ohne sie als «nicht erstreckbar» zu bezeichnen, so können die Verfahrensbeteiligten – unabhängig davon, ob sie anwaltlich vertreten sind oder nicht – mit der Gutheissung eines ersten Fristerstreckungsgesuchs rechnen, wenn **plausible Gründe** für die Verzögerung vorgebracht werden. Plausibel sind Gründe, die nach allgemeiner Lebenserfahrung geeignet erscheinen, die fristgerechte Vornahme der Prozesshandlung zu hindern[15], so beispielsweise Krankheit, Militärdienst, Arbeitsüberlastung oder Ferien. Auch die Notwendigkeit, weitere Beweismittel zu beschaffen, kann ein ausreichender Fristerstreckungsgrund sein. Ob die Gründe ausreichend sind, entscheidet die Behörde unter Berücksichtigung der Natur der Streitsache, der betroffenen Interessen und der Verfahrensumstände[16]. 18

Je dringlicher eine Sache ist, desto strengere Anforderungen sind an die Gründe für die Fristerstreckung zu stellen. 19

2. Mehrmalige Erstreckung

Die Behörden haben sich vom Grundsatz leiten zu lassen, dass eine Fristerstreckung **regelmässig nur einmal** für die Dauer der ursprünglich angesetzten Frist gewährt wird – in Anlehnung an § 26b Abs. 2, wonach die Frist für die Rekursvernehmlassung in der Regel höchstens einmal um die ursprüngliche Dauer erstreckt werden soll[17]. Das Verhalten nach Treu und Glauben gebietet es, den Verfahrensbeteiligten zusammen mit der Fristerstreckung Kenntnis davon zu geben, dass weiteren Fristverlängerungsgesuchen nicht entsprochen werde. 20

Wenn allerdings hinreichende Gründe vorliegen und das Interesse an einer beförderlichen Prozesserledigung eine **mehrmalige Erstreckung** zulässt, kann eine behördliche Frist auch mehr als einmal erstreckt werden[18]. Die Anzahl möglicher Fristverlängerungen beurteilt sich anhand der Natur der Streitsache, der betroffenen Interessen und der Verhältnisse des Einzelfalls[19]. Je öfter eine Frist erstreckt worden ist, desto höhere Anforderungen sind an eine abermalige Fristerstreckung zu stellen. 21

---

[13] Art. 47 Abs. 2 BGG; Art. 144 Abs. 2 ZPO; Art. 22 Abs. 2 VwVG.
[14] Art. 90 StPO.
[15] AMSTUTZ/ARNOLD, in: Basler Kommentar BGG, Art. 47 N. 7.
[16] MERKLI/AESCHLIMANN/HERZOG, Kommentar VRPG, Art. 43 N. 4.
[17] Vgl. VGr, 25.4.2012, VB.2012.00025, E. 2.4.
[18] Vgl. MERKLI/AESCHLIMANN/HERZOG, Kommentar VRPG, Art. 43 N. 5.
[19] VGr, 25.4.2012, VB.2012.00025, E. 2.4; vgl. BGr, 13.6.2012, 1C_171/2012, E. 2.3.

§ 12

22 Sind **neue Verhältnisse** eingetreten, können selbst einmalig oder letztmals erstreckte Fristen verlängert werden[20].

3. Beweislast und Beweismass

23 Gemäss § 12 Abs. 1 Satz 2 obliegt es dem Gesuchsteller, die ausreichenden Gründe für die Fristerstreckung darzutun und soweit möglich zu belegen. Der Gesuchsteller hat den Grund für die Erstreckung somit nicht nur darzulegen, sondern zu beweisen[21]. Die um Fristerstreckung ersuchende Partei trägt die **Beweislast.**

24 Die Praxis lässt es in der Regel dabei bewenden, dass der Fristerstreckungsgrund **glaubhaft** dargetan wird, denn dieser ist meist nicht sofort auf seine Stichhaltigkeit hin überprüfbar, und aus Zeitgründen sowie aus Gründen der Verhältnismässigkeit verbieten sich in der Regel nähere Abklärungen. Bestehen indessen begründete Zweifel am Vorliegen der geltend gemachten Gründe, so kann die Behörde die betreffende Partei zum Beleg auffordern[22].

4. Zeitpunkt der Gesuchseinreichung

25 § 12 Abs. 1 statuiert den Grundsatz, dass Fristerstreckungsgesuche **vor Fristablauf gestellt** werden müssen. Ein Fristerstreckungsgesuch kann demnach frühestens am ersten und muss spätestens am letzten Tag der Frist gestellt werden[23].

26 Gemäss der früheren Praxis mussten Fristverlängerungsgesuche spätestens am letzten Tag der Frist bei der Entscheidinstanz *eintreffen*[24]. Nach neuerer Rechtsprechung gilt hingegen auch in Bezug auf Fristerstreckungsgesuche der in § 11 Abs. 2 statuierte Grundsatz, dass eine Frist gewahrt ist, wenn die **Eingabe am letzten Tag der Frist der Schweizerischen Post übergeben** wird[25]. Ein Verfahrensbeteiligter geht zwar womöglich ein Risiko ein, wenn er erst am letzten Tag der Frist ein Verlängerungsgesuch der Post übergibt, weil er bei abschlägigem Entscheid unter Umständen nicht mehr rechtzeitig reagieren kann; als verspätet kann ein solches Gesuch deswegen aber nicht bezeichnet werden[26].

27 Wenn die Entscheidbehörde ein Fristerstreckungsgesuch nicht umgehend beurteilt, muss ein anwaltlich vertretener Gesuchsteller damit rechnen, dass sein **Gesuch bei der Behörde nicht eingetroffen** ist bzw. dass er den Erstreckungsentscheid der Behörde nicht erhalten hat, weshalb er sich innerhalb angemessener Zeit bei der Behörde nach dem Verbleib des Gesuchs bzw. dessen Behandlung erkundigen muss. Tut er dies nicht, so verhält er sich treuwidrig, wenn er viel später – beispielsweise nach mehreren Monaten – eine

---

[20] Vgl. AMSTUTZ/ARNOLD, in: Basler Kommentar BGG, Art. 47 N. 7; BENN, in: Basler Kommentar ZPO, Art. 144 N. 14.
[21] Prot. KK 13.12.1957, S. 8.
[22] BENN, in: Basler Kommentar ZPO, Art. 144 N. 9; vgl. AMSTUTZ/ARNOLD, in: Basler Kommentar BGG, Art. 47 N. 7.
[23] So auch Art. 47 Abs. 2 BGG; Art. 144 Abs. 2 ZPO; Art. 22 Abs. 2 VwVG; Art. 90 StPO. – Zu Fristbeginn und -ende vgl. § 11 N. 11 ff. und N. 30 ff.
[24] Vgl. 2. Aufl., N. 10.
[25] VGr, 23.4.2008, VB.2008.00015, E. 1.3; vgl. BGr, 2.7.2002, 1A.94/2002, E. 2.2.1; BGr, 29.9.2008, 2C_261/2007, E. 2.2; AMSTUTZ/ARNOLD, in: Basler Kommentar BGG, Art. 47 N. 6.
[26] Vgl. BGr, 29.9.2008, 2C_261/2007, E. 2.1.

Eingabe einreicht und sich in Bezug auf die Fristwahrung auf das Fristerstreckungsgesuch beruft[27].

Wird kein rechtzeitiges Fristerstreckungsgesuch gestellt oder liegt kein Grund zur Erstreckung einer behördlichen Frist vor, so kann eine fristwahrende Handlung nur dann zu einem späteren als dem ursprünglich angesetzten Fristende vorgenommen werden, wenn die Voraussetzungen der **Fristwiederherstellung** gemäss § 12 Abs. 2 gegeben sind (N. 35 ff.). Stellt ein Verfahrensbeteiligter nach Fristablauf ein Fristerstreckungsgesuch, so ist dieses als Fristwiederherstellungsgesuch entgegenzunehmen[28]. 28

5. Aufschiebende Wirkung des Erstreckungsgesuchs

Ein fristgerecht eingereichtes Erstreckungsgesuch **hemmt in der Regel den Ablauf einer behördlichen Frist.** Dem Fristerstreckungsgesuch kommt somit aufschiebende Wirkung in dem Sinne zu, dass die Frist zur Vornahme der Handlung vor dem Entscheid grundsätzlich nicht auslaufen kann[29]. Weist die Behörde das Gesuch nach Ablauf der ursprünglich angesetzten Frist ab, so muss sie dem Gesuchsteller eine *kurze Nachfrist* ansetzen, um die Vornahme der fristgebundenen Rechtshandlung – beispielsweise einer Kautionszahlung nach Abweisung des Gesuchs um unentgeltliche Prozessführung (vgl. § 15 N. 57) – zu ermöglichen[30]. 29

Anders verhält es sich einzig dann, wenn die Behörde die ursprünglich angesetzte Frist als «nicht erstreckbar» bezeichnet hatte[31] und die angeführten Erstreckungsgründe für eine weitere Verlängerung nicht ernsthaft in Betracht fallen, so dass sich das Gesuch als **trölerisch oder rechtsmissbräuchlich** erweist[32]. 30

6. Erstreckungsentscheid

Zuständig für die Erstreckung einer behördlichen Frist ist die fristansetzende Behörde. 31

Über die Gutheissung bzw. Abweisung eines Fristerstreckungsgesuchs entscheidet die Behörde im Rahmen eines **prozessleitenden Entscheids,** ohne vorherige Vernehmlassung der anderen Verfahrensbeteiligten[33]. Ein solcher Zwischenentscheid ist in der Regel nicht selbständig, sondern erst im Rahmen des Endentscheids anfechtbar[34]. Verfahrenskosten sind für die Bearbeitung von Fristverlängerungsgesuchen nicht gesondert zu erheben, denn der erforderliche Bearbeitungsaufwand bildet Teil des normalen Prozessaufwands. 32

---

[27] VGr, 25.4.2012, VB.2012.00025, E. 2.5 und 2.6; vgl. BGr, 15.11.2012, 1C_307/2012, E. 3.4.
[28] Vgl. BGr, 22.10.2012, 2C_699/2012, E. 2.2.
[29] BENN, in: Basler Kommentar ZPO, Art. 144 N. 7.
[30] RB 2004 Nr. 1, E. 2.1 (VB.2004.00015).
[31] RB 2004 Nr. 1, E. 2.1 (VB.2004.00015).
[32] VGr, 16.6.2010, VB.2010.00160, E. 2.1 und 2.2; BENN, in: Basler Kommentar ZPO, Art. 144 N. 7; vgl. 13.6.2012, 1C_171/2012, E. 2.4 und 2.5.
[33] BENN, in: Basler Kommentar ZPO, Art. 144 N. 12.
[34] Vgl. BENN, in: Basler Kommentar ZPO, Art. 144 N. 15.

33 Die **Dauer** der Erstreckung einer behördlichen Frist beurteilt sich anhand der Natur der Streitsache, der betroffenen Interessen und der Verhältnisse des Einzelfalls[35].

34 Die Fristerstreckung bewirkt die **Verlängerung einer bereits laufenden Frist** bzw. die lückenlose Fortsetzung des Fristenlaufs[36]. Mit der Erstreckung wird demnach *keine* neue, erst am Tag nach der Eröffnung zu laufen beginnende Frist angesetzt.

III. Fristwiederherstellung (Abs. 2)

A. Einleitung

35 Die Wiederherstellung einer Frist bedeutet die **Wiedereinsetzung in den vorherigen Stand** (restitutio in integrum)[37]. Die Gewährung einer Fristwiederherstellung stellt – abgesehen vom Fall einer erfolgreichen Revision – die einzige Möglichkeit dar, um eine Frist trotz ursprünglicher Säumnis zu wahren bzw. um den Eintritt der Säumnisfolgen (§ 11 N. 70 ff.) rückgängig zu machen. Solange keine Säumnis vorliegt – während des Fristenlaufs –, kann eine Frist erstreckt, nicht aber wiederhergestellt werden. Hat eine Frist wegen Eröffnungsmängeln gar nicht zu laufen begonnen, so erübrigt sich das Stellen eines Wiederherstellungsgesuchs.

36 Die Fristwiederherstellung setzt gemäss § 12 Abs. 2 Satz 1 ein **rechtzeitiges, mit einer entschuldbaren Säumnis begründetes Gesuch** voraus[38]. Wird die Wiederherstellung gewährt, so beträgt die Frist zur Nachholung der versäumten Rechtshandlung zehn Tage (§ 12 Abs. 2 Satz 2).

37 Den Verfahrensbeteiligten ist es erlaubt, eine fristwahrende Handlung erst gegen Ende der Frist vorzunehmen. **Tritt ein Hindernisgrund kurz vor Fristablauf ein,** so steht dies einer Fristwiederherstellung nicht entgegen[39]. Fällt der Hinderungsgrund allerdings vor Fristablauf weg, so muss in der verbleibenden Zeit die fristgebundene Rechtshandlung vorgenommen bzw. – bei behördlichen Fristen – ein Fristerstreckungsgesuch gestellt werden, sofern die verbleibende Restdauer der Frist dafür genügt. Es besteht somit kein Anspruch darauf, dass die volle Frist zur Wahrung der Rechte zur Verfügung steht[40].

38 Nicht massgebend für die Beurteilung eines Fristwiederherstellungsgesuchs ist, ob die Gegenpartei mit der Wiederherstellung der Frist einverstanden ist oder nicht. Während die zivilprozessuale Lehre aufgrund der im Zivilverfahren geltenden Dispositionsmaxime teilweise die Auffassung vertritt, die **Zustimmung der Gegenpartei** stelle einen Fristwiederherstellungsgrund dar[41], ist eine Fristwiederherstellung im Verwaltungs- und Verwaltungsprozessrecht, das in viel geringerem Umfang der Dispositionsmaxime unter-

---

[35] VGr, 25.4.2012, VB.2012.00025, E. 2.4.
[36] Vgl. AMSTUTZ/ARNOLD, in: Basler Kommentar BGG, Art. 47 N. 3 und 8.
[37] RHINOW/KOLLER/KISS/THURNHERR/BRÜHL-MOSER, Öffentliches Prozessrecht, N. 924.
[38] RHINOW/KOLLER/KISS/THURNHERR/BRÜHL-MOSER, Öffentliches Prozessrecht, N. 924.
[39] Vgl. MERKLI/AESCHLIMANN/HERZOG, Kommentar VRPG, Art. 43 N. 13.
[40] VGr, 24.1.2013, VB.2012.00754, E. 2.5; RB 1983 Nr. 55.
[41] GOZZI, in: Basler Kommentar ZPO, Art. 148 N. 34; a.M. HOFFMANN-NOWOTNY, in: Kurzkommentar ZPO, Art. 149 N. 2.

liegt, auch im Einverständnis mit der Gegenpartei ausgeschlossen, wenn der säumigen Partei grobe Nachlässigkeit vorzuwerfen ist[42].

§ 12 Abs. 2 betrifft einzig die Wiederherstellung **verfahrensrechtlicher Fristen,** die im Rahmen eines Verwaltungs- oder Rechtsmittelverfahrens eingehalten werden müssen. Die Wiederherstellung *materiellrechtlicher* Fristen richtet sich hingegen nach den einschlägigen spezialgesetzlichen Bestimmungen[43].

Betrifft die Säumnis nicht eine abgelaufene Frist, sondern einen **verpassten Termin** – etwa zur Durchführung eines Augenscheins oder einer mündlichen Verhandlung –, so sind die Bestimmungen über die Fristwiederherstellung sinngemäss anwendbar.

B. Wiederherstellungsgründe

1. Entschuldbare Säumnis (Grundsatz)

Die Wiederherstellung einer Frist nach § 12 Abs. 2 setzt voraus, dass dem Säumigen keine grobe Nachlässigkeit zur Last fällt. Diese Bestimmung konkretisiert den **allgemeinen Rechtsgrundsatz,** wonach die Möglichkeit bestehen muss, eine ohne Verschulden versäumte Verwirkungsfrist wiederherzustellen[44].

§ 12 Abs. 2 enthält **keine Aufzählung** möglicher Fristwiederherstellungsgründe. Spezialgesetzlich kommen solche Auflistungen bisweilen vor; das Steuerrecht erwähnt etwa beispielhaft Krankheit, Todesfall in der Familie, Landesabwesenheit und Militärdienst (§ 129 Abs. 2 StG i.V.m. § 15 Abs. 1 VO StG).

Die Wiederherstellung ist allgemein dann möglich, wenn eine Partei ordnungsgemäss Prozess führt und die Säumnis auf ein Ereignis zurückzuführen ist, das ihr nicht als grobe Nachlässigkeit zugerechnet werden darf[45]. Fristwiederherstellung ist somit nicht nur zulässig, wenn dem Säumigen überhaupt kein Fehlverhalten vorgeworfen werden kann. Vielmehr kann eine versäumte Frist – falls keine abweichende spezialgesetzliche Bestimmung gilt (vgl. z.B. Art. 133 Abs. 3 DBG) – auch im Fall **leichter Nachlässigkeit** wiederhergestellt werden[46].

Andere Verfahrensgesetze regeln die Fristwiederherstellung auf unterschiedliche Weise. Die Zivilprozessordnung setzt – ähnlich wie § 12 Abs. 2 – voraus, dass die Partei an der Säumnis kein oder nur ein leichtes Verschulden trifft (Art. 148 Abs. 1 ZPO). Im Verfahren vor Bundes- und Bundesgerichtsbehörden kommt eine Fristwiederherstellung hingegen nur dann in Frage, wenn die Partei oder ihr Vertreter unverschuldeterweise davon abgehalten wurde, fristgerecht zu handeln (Art. 47 Abs. 1 BGG; Art. 24 Abs. 1 VwVG); sogar ein *leichtes* Verschulden steht einer Fristwiederherstellung somit entgegen. Gleiches

---

[42] VGr, 14.3.2012, AN.2012.00002, E. 5.4. Zur früheren (im Ergebnis gleichen) Rechtsprechung, die eine ergänzende Anwendung des damals geltenden § 199 Abs. 1 GVG verneinte, vgl. RB 2006 Nr. 3, E. 2.
[43] Vgl. z.B. Art. 21 BüG; HÄFELIN/MÜLLER/UHLMANN, Verwaltungsrecht, N. 702.
[44] BGr, 18.2.2013, 1C_396/2012, E. 2.3; VGr, 8.7.2009, VB.2009.00279, E. 5.2; vgl. BGE 136 II 187, E. 6; AMSTUTZ/ARNOLD, in: Basler Kommentar BGG, Art. 50 N. 1; GOZZI, in: Basler Kommentar ZPO, Art. 148 N. 2; RHINOW/KOLLER/KISS/THURNHERR/BRÜHL-MOSER, Öffentliches Prozessrecht, N. 1259.
[45] RB 1986 Nr. 3.
[46] VGr, 28.9.2011, VB.2011.00431, E. 4.1.

gilt im Bereich des Steuerrechts (§ 129 Abs. 2 StG i.V.m. § 15 Abs. 1 VO StG)[47]. Die Strafprozessordnung verlangt darüber hinaus, dass die säumige Partei aufgrund der Säumnis einen erheblichen und unersetzlichen Rechtsverlust erleidet (Art. 94 Abs. 1 StPO).

2. Sorgfaltspflichten im Allgemeinen

45 Ein Grund, der die Wiederherstellung einer Frist rechtfertigen könnte, ist nicht leichthin anzunehmen. Die **strenge Praxis** rechtfertigt sich aus Gründen der Rechtssicherheit und der Verfahrensdisziplin[48]. Es gehört zu den grundlegenden Pflichten eines Verfahrensbeteiligten, sich über die Fristberechnung rechtzeitig zu informieren[49]. Hat eine Partei eine Frist freiwillig und irrtumsfrei verstreichen lassen – etwa weil sie das Zustelldatum der fristansetzenden Anordnung nicht sorgfältig abklärte –, so liegt grobe Nachlässigkeit vor und bleibt für eine Wiederherstellung kein Raum[50].

46 Eine fehlende grobe Nachlässigkeit im Sinne von § 12 Abs. 2 ist zu bejahen, wenn es der säumigen Person trotz Anwendung der üblichen Sorgfalt **objektiv unmöglich oder subjektiv nicht zumutbar** ist, die fristgebundene Rechtshandlung rechtzeitig vorzunehmen[51] oder – bei behördlichen Fristen – zumindest ein Fristerstreckungsgesuch zu stellen. Objektive Unmöglichkeit liegt vor, wenn die gesuchstellende Person bzw. ihre Vertretung wegen eines von ihrem Willen unabhängigen Umstands verhindert war, zeitgerecht zu handeln. Subjektive Unmöglichkeit wird angenommen, wenn zwar die Vornahme einer Handlung objektiv betrachtet möglich gewesen wäre, die betroffene Person aber durch besondere Umstände, die sie nicht zu verantworten hat, am Handeln gehindert worden ist[52].

47 Das Verschulden der säumigen Partei ist anhand eines **objektivierten Sorgfaltsmassstabs** zu beurteilen[53], wobei die konkreten Verhältnisse namentlich mit Blick auf die Rechts- und Verfahrenskenntnisse des Betroffenen berücksichtigt werden[54]. Hat die säumige Person eine Sorgfaltspflicht verletzt, deren Beachtung unter den gegebenen Umständen auch einer durchschnittlich sorgfältigen Person zuzumuten ist, handelt sie grob nachlässig im Sinn von § 12 Abs. 2[55]. Grobe Nachlässigkeit ist somit – analog dem Fahrlässigkeitsbegriff des Zivilrechts – anzunehmen, wenn der Fehlbare unter Verletzung der elementarsten Vorsichtsgebote das ausser Acht gelassen hat, was jedem verständigen Menschen in der gleichen Lage und unter den gleichen Umständen hätte einleuchten müssen.

48 Es ist weder sachlich gerechtfertigt noch aufgrund des Wortlauts von § 12 Abs. 2 geboten, die Wiederherstellung **gesetzlicher Fristen** strenger zu handhaben als jene der be-

---

[47] Vgl. BGr, 2.11.2011, 2C_513/2011, E. 2.1.
[48] GADOLA, Beschwerdeverfahren, S. 102; RHINOW/KOLLER/KISS/THURNHERR/BRÜHL-MOSER, Öffentliches Prozessrecht, N. 1261; vgl. VGr, 28.9.2011, VB.2011.00431, E. 4.1; RB 1988 Nr. 11.
[49] VGr, 30.7.2008, VB.2008.00319, E. 2.3.
[50] Vgl. BGr, 12.12.2011, 1C_336/2011, E. 2.4; VGr, 14.3.2012, AN.2012.00002, E. 4.1; AMSTUTZ/ARNOLD, in: Basler Kommentar BGG, Art. 50 N. 4.
[51] VGr, 14.3.2012, AN.2012.00002, E. 4.1; vgl. BGr, 12.10.2012, 2C_699/2012, E. 3.2.
[52] BGr, 21.3.2013, 5G_1/2013, E. 2; BGr, 28.10.2010, 1C_294/2010, E. 3.
[53] GOZZI, in: Basler Kommentar ZPO, Art. 148 N. 11.
[54] HOFFMANN-NOWOTNY, in: Kurzkommentar ZPO, Art. 148 N. 6.
[55] VGr, 28.9.2011, VB.2011.00431, E. 4.1; vgl. VGr, 13.7.2011, VB.2011.00271, E. 2.1.

hördlichen Fristen[56]. Die verwaltungsgerichtliche Praxis stellt allerdings bei gesetzlichen Fristen in der Regel höhere Anforderungen an die Sorgfaltspflichten als bei behördlichen Fristen[57].

Das Mass der anzuwendenden Sorgfalt bestimmt sich anhand der **Verhältnisse des Einzelfalls**. Ausschlaggebend sind unter anderem die Wichtigkeit der vorzunehmenden Handlung, die dafür zur Verfügung stehende Zeit, der Wahrscheinlichkeitsgrad eines Gefahreneintritts, die Grösse eines möglichen Schadens sowie die persönlichen Fähigkeiten und Verhältnisse des Einzelnen[58]. 49

3. Anwaltliche Sorgfaltspflichten

Rechtskundigen ist bei der Fristwahrung eine grössere Sorgfalt zuzumuten als Rechtsunkundigen. Bei Anwälten gilt deshalb ein **strengerer Massstab** als bei juristischen Laien[59]. Rechtsanwälte haben die einschlägigen Frist- und Fristtstillstandsbestimmungen zu kennen, ansonsten sie sich grobe Nachlässigkeit vorwerfen lassen müssen[60]. 50

Anwälte müssen ihren **Kanzleibetrieb** grundsätzlich so organisieren, dass Fristen auch in ihrer Abwesenheit bzw. im Hinderungsfall gewahrt werden können[61]. Im Verhinderungsfall müssen sie umgehend einen Substituten bestellen oder – bei fehlender Substitutionsvollmacht – die Klientschaft veranlassen, selbst zu handeln oder einen anderen Anwalt aufzusuchen[62]. Eine starke berufliche Belastung[63] oder Ferienabwesenheit[64] rechtfertigen keine Fristwiederherstellung. Ebensowenig genügt die blosse Arbeitsunfähigkeit eines Anwalts als Wiederherstellungsgrund; zusätzlich ist nachzuweisen, dass aufgrund der tatsächlichen Verhältnisse die Bestellung einer Vertretung ausgeschlossen war[65]. 51

Die geforderte Sorgfalt des anwaltlichen Handelns verlangt, dass der Anwalt es nicht dabei bewenden lassen darf, seinem Auftraggeber fristgebundene behördliche Auflagen zur Erledigung weiterzuleiten. Vielmehr muss er vor Ablauf der Frist Kontrollen durchführen bzw. **fristwahrende oder fristerstreckende Massnahmen** vornehmen. In Bezug auf Kostenvorschüsse bedeutet dies, dass der Vertreter die Kaution im Zweifelsfall entweder selbst einzubezahlen hat oder die Frist mit entsprechender Begründung rechtzeitig erstrecken lassen muss[66]. Der Vertreter ist ferner dazu verpflichtet, im Rahmen der Fristberechnung das Zustellungsdatum der fristauslösenden Anordnung abzuklären; er darf 52

---

[56] GADOLA, Beschwerdeverfahren, S. 100.
[57] VGr, 13.7.2011, VB.2011.00271, E. 2.1; RB 1988 Nr. 11, E. 1.
[58] VGr, 13.7.2011, VB.2011.00271, E. 2.1.
[59] VGr, 13.7.2011, VB.2011.00271, E. 2.1; RB 2002 Nr. 12, E. 1c (VB.2002.00115); RB 2002 Nr. 13, E. 1b (VB.2002.00175); vgl. GOZZI, in: Basler Kommentar ZPO, Art. 148 N. 14 und 31; MERKLI/AESCHLIMANN/HERZOG, Kommentar VRPG, Art. 43 N. 10.
[60] VGr, 2.6.2010, VB.2010.00234, E. 2.2.
[61] RHINOW/KOLLER/KISS/THURNHERR/BRÜHL-MOSER, Öffentliches Prozessrecht, N. 924.
[62] BGr, 18.6.2013, 8C_294/2013, E. 3.3.
[63] RB 1974 Nr. 4.
[64] Zu Ausnahmen vgl. § 10 N. 88.
[65] Vgl. BGE 119 II 86, E. 2a.
[66] RB 2000 Nr. 3, E. 2b (VB.2000.00041).

sich nicht auf ein Datum verlassen, das auf dem Entscheid angebracht ist oder von der beauftragenden Person genannt wird[67].

53 Mandatiert eine Partei ihren Rechtsvertreter erst **kurz vor Ablauf der Rechtsmittelfrist** und reicht dieser innert Rechtsmittelfrist lediglich ein Fristerstreckungsgesuch ein, so liegt kein Grund für eine Fristwiederherstellung vor[68].

54 Versäumt es ein Anwalt, die vorinstanzlichen **Akten rechtzeitig einzusehen,** kann er deswegen nicht Fristwiederherstellung verlangen. Dies gilt selbst dann, wenn er um Zustellung der Akten nachgesucht hat, diese aber (stillschweigend) nicht oder zufolge Kurzfristigkeit des Gesuchs nicht vor Ablauf der zu wahrenden Rechtsmittelfrist zugestellt worden sind[69].

4. Anrechenbarkeit der Säumnis von Vertretern und Hilfspersonen

55 Die Verfahrensbeteiligten müssen sich Fristversäumnisse eines beauftragten **Vertreters** anrechnen lassen[70]: Wer den Vorteil hat, Pflichten durch eine Hilfsperson erfüllen zu lassen, der hat grundsätzlich auch die daraus resultierenden Nachteile zu tragen[71]. Die vertretene Person kann sich der Verantwortung für die Wahrnehmung ihrer Prozesspflichten nicht dadurch entledigen, dass sie Dritte mit der Wahrung ihrer Rechte und Pflichten beauftragt[72].

56 Der Vertretene hat sich Versäumnisse des Vertreters so lange anzurechnen, wie er sich durch diesen vertreten lässt. Eine Säumnisanrechnung erfolgt selbst dann, wenn die Partei das **Mandatsverhältnis** zwar beendet, die Behörden aber nicht darüber informiert hat, so dass die fristauslösende Anordnung – zu Recht – dem Vertreter zugestellt wurde.

57 Die Nichteinhaltung der Rechtsmittelfrist durch den Vertreter ist dem Vertretenen als Versäumnis selbst dann zuzurechnen, wenn dieser dadurch einen **Rechtsverlust** – beispielsweise in Form einer Wegweisung – erleidet[73].

58 Die Parteien müssen sich ferner grundsätzlich auch Fristversäumnisse einer beigezogenen **Hilfsperson** – beispielsweise eines Boten – anrechnen lassen[74]. Als Hilfsperson gilt nicht nur, wer gegenüber der Partei oder ihrem Vertreter weisungsgebunden ist, sondern jeder Erfüllungsgehilfe, so auch Beauftragte und Unter-Hilfspersonen[75] sowie Personen, zu denen kein selbständiges Rechtsverhältnis besteht[76]. In Bezug auf Hilfspersonen und

---

[67] VGr, 25.2.1998, VB.97.00496 (nicht publiziert).
[68] RB 1999 Nr. 11, E. 2; VGr, 9.3.2011, VB.2010.00682, E. 2.3.
[69] VGr, 9.3.2011, VB.2010.00682, E. 2.5; RB 1996 Nr. 7.
[70] VGr, 13.7.2011, VB.2011.00271, E. 2.1; RB 2002 Nr. 12, E. 1c (VB.2002.00115); RB 2002 Nr. 13, E. 1b (VB.2002.00175); RB 2000 Nr. 3, E. 2b (VB.2000.00041); BGr, 28.8.2012, 2C_790/2012, E. 2.2; Gozzi, in: Basler Kommentar ZPO, Art. 148 N. 14 und 31; Hoffmann-Nowotny, in: Kurzkommentar ZPO, Art. 148 N. 8; Merkli/Aeschlimann/Herzog, Kommentar VRPG, Art. 43 N. 10.
[71] BGr, 24.1.2013, 2C_50/2013, E. 2.2.2.
[72] BGr, 22.10.2012, 2C_699/2012, E. 3.3.
[73] VGr, 25.3.2009, VB.2008.00486, E. 2.2; RB 2002 Nr. 12, E. 2 (VB.2002.00115); RB 2002 Nr. 13, E. 1b (VB.2002.00175).
[74] RB 2002 Nr. 13, E. 4b (VB.2002.00175); vgl. BGr, 6.7.2012, 6B_848/2011, E. 1.2.
[75] BGr, 22.10.2012, 2C_699/2012, E. 3.6.
[76] BGr, 21.3.2013, 5G_1/2013, E. 3.1.

Unter-Hilfspersonen haben die Partei und ihr Vertreter bzw. Organ allerdings nur für deren *sorgfältige Auswahl, Instruktion und Überwachung* einzustehen. Im Verfahren vor Zürcher Verwaltungs- und Rechtsmittelbehörden besteht somit – anders als im Verfahren vor Bundesgericht[77] – eine **Exkulpationsmöglichkeit**[78]. Beispiele:

- Ein Beschwerdeführer bzw. sein Rechtsvertreter müssen sich die Nachlässigkeit einer Hilfsperson nicht anrechnen lassen, wenn ein Briefumschlag durch eine sehr erfahrene Mitarbeiterin falsch adressiert wurde[79].
- Keine Fristwiederherstellung ist hingegen zu gewähren, wenn die Säumnis auf eine falsche Fristberechnung einer Hilfsperson eines Anwalts zurückzuführen ist, denn Anwälte müssen die Fristberechnungen ihres Hilfspersonals kontrollieren[80]. Im gleichen Sinn haben auch die Dienststellen einer öffentlichen Verwaltung eine Fristenkontrolle zu führen[81].
- Grobe Nachlässigkeit ist zu bejahen, wenn ein Anwalt eine Rechtsschrift erst am letzten Tag der Frist fertigstellt und gegenüber der Hilfsperson keine konkreten Instruktions- oder Kontrollmassnahmen ergreift, etwa indem er ihr die Rechtsschrift persönlich übergibt und ausdrücklich darauf hinweist, dass sie gleichentags der Post übergeben werden muss, oder indem er sich bei Betriebsschluss vergewissert, dass die Rechtsschrift nicht in der Kanzlei liegengeblieben ist[82].

Nimmt eine **empfangsberechtigte Person** eine eingeschriebene Sendung entgegen, ohne sie (intern) an den direkt betroffenen Adressaten weiterzuleiten, so muss sich der Adressat das Verhalten der empfangsberechtigten Person im Säumnisfall grundsätzlich als grobe Nachlässigkeit anrechnen lassen[83]. 59

Körperschaften müssen sich Fristversäumnisse ihrer **vertretungsbefugten Organe** anrechnen lassen. Eine Gesellschaft hat sich so zu organisieren, dass sie Rechtsmittelfristen einhalten kann[84]. Nicht nur grosse, sondern auch kleinere Unternehmen müssen sich beispielsweise so organisieren, dass Rechtsmittelfristen im Fall der Erkrankung von Mitarbeitenden eingehalten werden können[85]. 60

5. Gesundheitliche Beeinträchtigungen

Ein Fristwiederherstellungsgrund liegt grundsätzlich im Fall einer **ernsthaften Erkrankung** der Person vor, die eine fristgebundene Rechtshandlung vorzunehmen hat. Die Erkrankung muss allerdings derart sein, dass der Rechtsuchende durch sie sowohl davon abgehalten wird, selber innert Frist zu handeln, als auch daran gehindert wird, eine Dritt- 61

---

[77] BGE 114 Ib 67, E. 2e.
[78] VGr, 13.7.2011, VB.2011.00271, E. 2.1; RB 1988 Nr. 11; vgl. RB 2002 Nr. 13, E. 4a (VB.2002.00175); Gozzi, in: Basler Kommentar ZPO, Art. 148 N. 16; Hoffmann-Nowotny, in: Kurzkommentar ZPO, Art. 148 N. 8.
[79] VGr, 7.3.2012, VB.2011.00595, E. 1.3.
[80] VGr, 2.6.2010, VB.2010.00234, E. 2.3.
[81] RB 1986 Nr. 4.
[82] VGr, 13.7.2011, VB.2011.00271, E. 2.2 und 2.3.
[83] Vgl. VGr, 14.7.2004, VB.2004.00191, E. 2.3.
[84] VGr, 16.12.2003, SB.2003.00050, E. 4.
[85] VGr, 12.12.2012, SB.2012.00099, E. 2.4.

person mit der Vornahme der fristgebundenen Prozesshandlung zu betrauen[86]. Das Vorliegen einer Krankheit kann für sich alleine nicht genügen, um die Frist wiederherzustellen; vielmehr muss hinzukommen, dass darin die (anzuerkennende) Ursache für die Fristversäumnis liegt[87].

62 Als krankheitsbedingter Fristwiederherstellungsgrund gilt **beispielsweise** eine schwere Lungenentzündung eines hospitalisierten Verfahrensbeteiligten oder eine schwere nachoperative Blutung, die zu massiven zerebralen Veränderungen führt und den Säumigen intellektuell so stark beeinträchtigt, dass er während der gesamten Rechtsmittelfrist weder fähig ist, selber Beschwerde zu erheben, noch sich bewusst werden kann, dass er jemanden mit der Interessenwahrung hätte betrauen sollen. Keine Wiederherstellungsgründe sind hingegen beispielsweise ein immobilisierter rechter Arm oder eine schwere Grippe[88]. Auch das Vorliegen einer Depression genügt grundsätzlich nicht als Fristwiederherstellungsgrund[89].

63 Wird eine Person notfall- und daher **unplanmässig in ein Spital eingeliefert,** gereicht ihr nicht zum Vorwurf, dass sie keine Vorkehrungen für die Zustellung der für sie bestimmten Entscheide getroffen hat und aufgrund ihres Gesundheitszustands nicht in der Lage ist, vor Fristablauf einen Stellvertreter zu bestimmen[90].

64 Ein **Arztzeugnis,** in dem ohne nähere Angabe von Gründen bescheinigt wird, die säumige Person sei während eines bestimmten Zeitraums gänzlich arbeitsunfähig bzw. sie könne keine administrativen Angelegenheiten erledigen, stellt keinen genügenden Nachweis für fehlende grobe Nachlässigkeit dar. Vielmehr muss aus dem Arztzeugnis hervorgehen, weshalb die betroffene Person die fristwahrende Handlung aus gesundheitlichen Gründen nicht vornehmen und auch niemand anders damit betrauen konnte[91]. Das Arztzeugnis muss somit einen Beleg dafür darstellen, dass die säumige Person an jeglichem zielgerichteten Handeln verhindert war[92]. Dabei ist es Sache der säumigen Person, ihren Arzt bzw. ihre Ärztin im für das Verfahren erforderlichen Umfang vom Arztgeheimnis zu entbinden[93].

65 **Tod und Handlungsunfähigkeit** einer Partei im Laufe der Frist vermögen nicht nur die Erstreckung (§ 12 Abs. 1 Satz 1), sondern auch die Wiederherstellung von Fristen zu rechtfertigen. Stirbt eine Partei, so sind ihre Erben wieder in die Frist einzusetzen[94].

6. Vertrauensschutz

66 Ist die Fristsäumnis auf eine **fehlende oder unrichtige Rechtsmittelbelehrung** zurückzuführen, so darf dem Rechtsuchenden daraus nach Treu und Glauben kein Nachteil er-

---

[86] VGr, 12.12.2012, SB.2012.00099, E. 2.3; BGr, 21.3.2013, 5G_1/2013, E. 4.2 und 4.3; BGE 119 II 86, E. 2a.
[87] VGr, 11.8.2005, VB.2005.00171, E. 3.2; vgl. BGr, 28.8.2012, 2C_790/2012, E. 2.2; BGE 112 V 255, E. 2a.
[88] BGE 112 V 255, E. 2a (m.H. auf weitere Urteile); vgl. auch VGr, 11.8.2005, VB.2005.00171, E. 3.1.
[89] BGr, 17.10.2012, 8C_524/2012, E. 3.1.
[90] BGr, 7.2.2013, 5D_166/2012, E. 4.3.6; vgl. Gozzi, in: Basler Kommentar ZPO, Art. 148 N. 20 ff.; Merkli/Aeschlimann/Herzog, Kommentar VRPG, Art. 43 N. 9.
[91] BGr, 18.6.2013, 8C_294/2013, E. 3.2; VGr, 12.12.2012, SB.2012.00099, E. 2.3.
[92] BGr, 26.4.2012, 2C_224/2012, E. 2.
[93] VGr, 12.12.2012, SB.2012.00099, E. 2.3.
[94] Merkli/Aeschlimann/Herzog, Kommentar VRPG, Art. 43 N. 9.

wachsen. Die mangelhafte Eröffnung bewirkt in der Regel, dass die Rechtsmittelfrist nicht zu laufen beginnt (§ 10 N. 51). In solchen Fällen genügt es deshalb an sich, die Gründe für die Fristwahrung darzulegen, ohne formell um «Wiederherstellung» der (noch nicht laufenden) Frist zu ersuchen. In der Praxis ist dennoch regelmässig von «Fristwiederherstellung» die Rede, die zu gewähren ist, wenn die Säumnis eines gutgläubigen Rechtsuchenden auf eine fehlende oder unrichtige Rechtsmittelbelehrung zurückzuführen ist[95]. Der Vertrauensschutz versagt nur dann, wenn es der betroffenen Person möglich und zumutbar war, die Frist trotz der fehlenden oder unrichtigen Rechtsmittelbelehrung zu wahren (dazu § 10 N. 52 ff.).

Hat die Behörde die säumige Partei durch ihr Verhalten in einen **wesentlichen Irrtum** über den Fristenlauf versetzt, so ist die versäumte Frist nach Treu und Glauben wiederherzustellen[96]. Dies kann etwa der Fall sein, wenn ein Rechtsmittelkläger durch eine unrichtige behördliche Auskunft an der Einhaltung einer Frist gehindert wurde[97]. Keinen Fristwiederherstellungsgrund stellt eine nach Fristablauf erteilte Auskunft dar[98]. Gleiches gilt für eine von einer unzuständigen Person erteilte unrichtige Auskunft über eine Rechtsmittelfrist, soweit die Unzuständigkeit für die auskunftsersuchende Person erkennbar war[99]. 67

Wenn eine Entscheidinstanz eine (nicht absehbare) **Praxisänderung** zur Geltung oder Berechnung von Fristen vornimmt und dies zur Fristversäumnis einer Partei führt, so ist die versäumte Frist nach Treu und Glauben wiederherzustellen[100]. 68

Missachtet die Behörde ein bestehendes Vertretungsverhältnis, indem sie eine fristgebundene **Anordnung dem Vertretenen statt dem Vertreter zustellt,** so ist Ersterem grundsätzlich zuzumuten, mit seinem Vertreter oder der Behörde Verbindung aufzunehmen, um sich Klarheit darüber zu verschaffen, weshalb ihm die Anordnung zugestellt wurde. Nimmt er diese Abklärung binnen der ihm aufgrund der Umstände des Einzelfalls zumutbaren Zeitspanne seit Kenntnisnahme der Verfügung vor, so ist die versäumte Frist wiederherzustellen[101]. 69

Wird die Verspätung eines Rechtsmittels von der Rechtsmittelinstanz **nicht sofort erkannt,** so vermag dies keine Fristwiederherstellung nach Treu und Glauben zu rechtfertigen[102]. 70

7. Weitere Wiederherstellungsgründe (Kasuistik)

Fristwiederherstellungsgründe können **beispielsweise** vorliegen bei höherer Gewalt, dem unerwarteten Tod oder der plötzlichen schweren Erkrankung naher Angehöri- 71

---

[95] Vgl. Gozzi, in: Basler Kommentar ZPO, Art. 148 N. 29; Häfelin/Müller/Uhlmann, Verwaltungsrecht, N. 701; Merkli/Aeschlimann/Herzog, Kommentar VRPG, Art. 43 N. 12.
[96] VGr, 14.3.2012, SB.2011.00157, E. 2.1 (nicht publiziert); RB 1985 Nr. 52.
[97] Vgl. VGr, 27.6.2012, SB.2012.00033, E. 2.4 (nicht publiziert).
[98] BGr, 21.3.2013, 5G_1/2013, E. 3.2.
[99] Vgl. VGr, 23.5.2012, SB.2011.00090, E. 1.5 und 1.6 (nicht publiziert).
[100] BGE 133 I 270, E. 1.2.3; VGr, 14.12.2011, VB.2011.00506, E. 1.5.2.
[101] VGr, 19.3.2003, SB.2002.00094, E. 2a.
[102] BGr, 3.3.2011, 2C_740/2010, E. 2.4.

ger[103], dem unvorhersehbaren Ausfall von Kanzleipersonal sowie (bei Vorladungen) Verkehrshindernisse, die nicht innert nützlicher Frist überwindbar sind[104]. Zu verneinen sind Fristwiederherstellungsgründe hingegen in der Regel bei Arbeitsüberlastung, Ferien, organisatorischen Unzulänglichkeiten[105], Unachtsamkeit[106], falscher Notierung des Zustelldatums[107], Wohnungsumzug[108], Militärdienst sowie Katastropheneinsätzen[109]. Im konkreten Fall sind jeweils die Voraussehbarkeit des Hinderungsgrunds, die verbleibende Zeitspanne zur Einhaltung der Frist sowie der Umstand, ob eine Person anwaltlich vertreten ist oder nicht, zu berücksichtigen[110].

72 Legt der Rechtsvertreter das **Mandat nieder,** so ist es dem Vertretenen zumutbar, nach Massgabe der Rechtsmittelbelehrung selber ein Rechtsmittel zu erheben oder dazu eine Drittperson beizuziehen bzw. damit zu beauftragen[111].

73 Schwierigkeiten im Umgang mit **Informatiksystemen** stellen keinen Fristwiederherstellungsgrund dar. Einer Verfahrenspartei bzw. ihrer Vertretung ist grobe Nachlässigkeit vorzuwerfen, wenn die Fristsäumnis darauf zurückzuführen ist, dass sie eine entscheidrelevante Mitteilung per E-Mail versandt hat, ohne weitere (Kontroll-)Massnahmen zu ergreifen. Es ist unter den heute gängigen Standards unerlässlich, die Übermittlung einer E-Mail auf andere, primär herkömmliche Weise (telefonisch, postalisch) zu verifizieren und nicht auf das Ausbleiben einer Fehlermeldung bzw. auf den Eingang einer Zustellbestätigung zu vertrauen[112].

74 Die **Rechtsunkenntnis** über die Einhaltung einer Frist – beispielsweise bei einer Postaufgabe im Ausland[113] oder bei irrtümlicher Annahme eines längeren als des geltenden Fristenlaufs[114] – stellt grundsätzlich keinen Wiederherstellungsgrund dar. Eine Ausnahme gilt dann, wenn der Irrtum durch eine behördliche Auskunft hervorgerufen wurde, soweit die Voraussetzungen des Vertrauensschutzes erfüllt sind (N. 66 ff.).

75 **Ungenügende Sprachkenntnisse** bilden keinen Grund für eine Fristwiederherstellung: Von einer sprachunkundigen Person darf erwartet werden, dass sie sich um Hilfe bemüht[115]. Eine Person ohne Deutschkenntnisse, die sich nach dem Empfang einer behördlichen Sendung nicht unverzüglich über deren Inhalt erkundigt, trifft im Säumnisfall ein grobes Verschulden[116].

---

[103] VGr, 28.9.2011, VB.2011.00431, E. 4.3.
[104] Gozzi, in: Basler Kommentar ZPO, Art. 148 N. 20 ff.; Hoffmann-Nowotny, in: Kurzkommentar ZPO, Art. 148 N. 5; Merkli/Aeschlimann/Herzog, Kommentar VRPG, Art. 43 N. 9.
[105] BGr, 2C_699/2012, 22.10.2012, E. 3.2; Rhinow/Koller/Kiss/Thurnherr/Brühl-Moser, Öffentliches Prozessrecht, N. 924 und 1261; vgl. Hoffmann-Nowotny, in: Kurzkommentar ZPO, Art. 148 N. 7.
[106] Vgl. BGr, 18.7.2012, 2C_700/2012, E. 2.1.1.
[107] BGr, 12.12.2011, 1C_336/2011, E. 2.4; VGr, 11.9.2013, VB.2013.00511, E. 1.3.2.
[108] VGr, 12.7.2012, VB.2012.00303, E. 2.4.
[109] Gozzi, in: Basler Kommentar ZPO, Art. 148 N. 22; zu möglichen Ausnahmen vgl. RB 1983 Nr. 55.
[110] VGr, 28.9.2011, VB.2011.00431, E. 4.1.
[111] VGr, 25.3.2009, VB.2008.00486, E. 2.4.
[112] BGr, 22.10.2012, 2C_699/2012, E. 4.2 und 4.3.
[113] VGr, 17.4.2008, VB.2007.00572, E. 3; vgl. § 11 N. 48.
[114] BGr, 27.5.2011, 2C_438/2011, E. 2.2; VGr, 8.8.2012, VB.2012.00433, E. 3.2 (nicht publiziert).
[115] VGr, 17.5.2011, VB.2011.00269, E. 4.4 (nicht publiziert).
[116] VGr, 13.4.2012, VB.2012.00085, E. 4 (nicht publiziert).

Die säumige Person kann sich nicht darauf berufen, **von der fristansetzenden Anordnung keine Kenntnis** zu haben, solange ihr diese auf gesetzeskonforme Weise (§ 10) zugestellt wurde. Kein Grund für eine Fristwiederherstellung liegt etwa vor, wenn der Adressat die Zustellung der fristauslösenden Anordnung schuldhaft verweigert hat, wenn dem Zustelldatum zulässigerweise eine Zustellungsfiktion oder eine Amtsblattpublikation zugrunde liegt oder wenn der Empfänger seine Empfangspflichten missachtete (vgl. § 10 N. 86 ff.).

76

Die **Nichtigkeit** eines Entscheids ist grundsätzlich jederzeit und von sämtlichen rechtsanwendenden Behörden von Amtes wegen zu beachten. Sie kann auch im Rechtsmittelverfahren und selbst im Rechtsöffnungsverfahren geltend gemacht werden[117], soweit ein entsprechendes Rechtsschutzinteresse besteht[118]. Wer allerdings ein Gesuch um Feststellung der Nichtigkeit einer Anordnung stellt, nachdem die Rechtsmittelfrist und die Frist zur Einreichung eines Wiederherstellungsbegehrens abgelaufen sind, hat sich nicht an die Rechtsmittelbehörde zu wenden, sondern muss an jene Instanz gelangen, die die betreffende Anordnung vollzieht oder die sich in einem anderen Verfahren darauf stützt. Die Rechtsmittelbehörde hat einem unter Hinweis auf die Nichtigkeit gestellten Begehren um Wiederherstellung der Rechtsmittelfrist deshalb nicht zu entsprechen, falls keine Fristwiederherstellungsgründe im Sinne von § 12 Abs. 2 vorliegen[119]. Wird nach Ablauf der Rechtsmittelfrist geltend gemacht, die Vorinstanz habe eine unzulässig kurze Rechtsmittelfrist angesetzt, so hat die Rechtsmittelinstanz das Vorliegen einer Rechtsverweigerung zu prüfen[120].

77

Eine Rechtsmittelfrist ist nicht wiederherzustellen, wenn die Säumnis darauf zurückzuführen ist, dass ein Verfahrensbeteiligter seinem **Rechtsvertreter** eine zur Anfechtung bestimmte **Anordnung zugestellt** hat, ohne abzuklären, ob dieser das Mandat übernehmen kann und will[121].

78

Kein Grund für die Wiederherstellung der Rekursfrist liegt vor, wenn jemand die Zustellung eines **baurechtlichen Entscheids** nicht rechtzeitig verlangt hat, weil er die (korrekte) Aussteckung und Publikation des betreffenden Bauvorhabens übersehen hat[122].

79

Der Umstand, dass nach der **Abwahl des Vereinsvorstandes** eine Rechtsunsicherheit besteht, wer als rechtmässiger Vorstand zur Geschäftsführung und Vertretung des Vereins berechtigt ist, rechtfertigt es nicht, eine gesetzliche Beschwerdefrist verstreichen zu lassen. Der abgewählte Vorstand hätte innert Frist Beschwerde erheben müssen; es wäre dann Sache der Entscheidinstanz gewesen, das Verfahren allenfalls bis zur Klärung der umstrittenen Legitimationsfragen zu sistieren[123].

80

---

[117] BGE 133 II 366, E. 3.1; 129 I 361, E. 2.
[118] BGr, 24.4.2013, 1C_627/2012, E. 2.
[119] RB 1986 Nr. 11; VGr, 27.6.2012, SB.2012.00032, E. 3; VGr, 16.12.2003, SB.2003.00050, E. 3.1; vgl. BGr, 6.5.2004, 2A.82/2004, E. 5.1.
[120] Vgl. VGr, 14.3.2012, AN.2012.00002, E. 3.3.
[121] RB 1986 Nr. 3.
[122] Vgl. VGr, 30.5.2012, VB.2012.00179, E. 2.4.2.
[123] BGr, 28.10.2010, 1C_294/2010, E. 4.

81 Wird ein Ausländer wegen illegalen Aufenthalts **ins Ausland ausgeschafft** und ergeht anschliessend eine strafrechtliche Verfügung gegen ihn, mit der er aufgrund seiner bisherigen Erfahrungen rechnen musste und die ihm per Amtsblattpublikation mitgeteilt wird, so liegt gemäss der bundesgerichtlichen Rechtsprechung im Säumnisfall kein Fristwiederherstellungsgrund vor[124].

C. Wiederherstellungsverfahren

1. Zweistufigkeit

82 Seit der VRG-Revision von 1997 statuiert § 12 Abs. 2 für die Fristwiederherstellung ein **zweistufiges Verfahren:** In einem ersten Schritt muss innert zehn Tagen seit Wegfall des Grundes, der die Einhaltung der Frist verhindert hat, ein Fristwiederherstellungsgesuch eingereicht werden. In einem zweiten Schritt muss, falls das Gesuch gutgeheissen wird, die versäumte Rechtshandlung innert zehn Tagen nachgeholt werden. Ein solches zweistufiges Verfahren kennt auch das eidgenössische Zivilprozessrecht (Art. 148 f. ZPO)[125]. Demgegenüber sehen andere Gesetze, namentlich das Bundesgerichtsgesetz (Art. 50 Abs. 1 BGG), das Verwaltungsverfahrensgesetz (Art. 24 Abs. 1 VwVG) und die Strafprozessordnung (Art. 92 Abs. 2 StPO), aber auch kantonale Spezialbestimmungen (z.B. § 15 Abs. 2 VO StG) ein einstufiges Verfahren vor.

2. Gesuchsfrist

83 Ein auf § 12 Abs. 2 gestütztes Fristwiederherstellungsgesuch kann frühestens bei Eintritt der Fristversäumnis und muss **spätestens zehn Tage nach Wegfall des Hindernisgrunds** gestellt werden. Vor Eintritt der Säumnis besteht im Fall einer absehbaren Säumnis die Möglichkeit, ein Fristerstreckungsgesuch gemäss § 12 Abs. 1 zu stellen.

84 Während die Zivilprozessordnung wie das VRG eine zehntägige Frist seit Wegfall des Säumnisgrundes vorsieht (Art. 148 Abs. 2 ZPO), statuieren die **anderen Verfahrensgesetze** des Bundes eine 30-tägige Frist[126]. In diesem Zeitraum muss allerdings – anders als nach VRG und ZPO – nicht nur das Fristwiederherstellungsgesuch eingereicht, sondern auch die versäumte Rechtshandlung nachgeholt werden.

85 **Fristauslösend** wirkt der Moment, in dem die Partei aufgrund der ihr bekannten Umstände wissen oder damit rechnen muss, eine Frist versäumt zu haben, und es ihr objektiv möglich und subjektiv zumutbar ist, selber tätig zu werden oder eine Drittperson mit der Wahrung ihrer Interessen zu beauftragen[127]. Im Fall des Todes eines nahen Angehörigen der säumigen Person geht das Verwaltungsgericht von einer zehntägigen Frist bis zum Dahinfallen des fristauslösenden Hinderungsgrundes aus[128].

---

[124] BGr, 7.7.2011, 6B_125/2011, E. 1.2.
[125] Vgl. Botschaft ZPO, S. 7309 f.
[126] Art. 50 Abs. 1 BGG; Art. 24 Abs. 1 VwVG; Art. 92 Abs. 2 StPO.
[127] RB 2002 Nr. 13, E. 1a (VB.2002.00175); RB 1980 Nr. 3; VGr, 25.3.2009, VB.2008.00486, E. 2.4; vgl. AMSTUTZ/ARNOLD, in: Basler Kommentar BGG, Art. 50 N. 11; MERKLI/AESCHLIMANN/HERZOG, Kommentar VRPG, Art. 43 N. 14.
[128] VGr, 28.9.2011, VB.2011.00431, E. 4.4 (mit weiteren Hinweisen).

Das Gesetz schreibt keine *absolute* Frist ab Eröffnung der fristansetzenden Anordnung vor, innert der das Fristwiederherstellungsgesuch einzureichen ist. Der Hinderungsgrund kann demnach grundsätzlich **während beliebig langer Zeit andauern,** ohne dass die Möglichkeit der Wiederherstellung verwirkt. Das Zivilprozessrecht sieht demgegenüber vor, dass eine Fristwiederherstellung nur innerhalb von 6 Monaten seit Eintritt der Rechtskraft verlangt werden kann (Art. 148 Abs. 3 ZPO).

86

Fällt der Säumnisgrund nach Eintritt der Rechtskraft einer Anordnung weg, so kommt anstelle eines Fristwiederherstellungsgesuchs grundsätzlich auch die Erhebung einer **Revision** gemäss den §§ 86a ff. in Frage[129]. Soweit sich Fristwiederherstellungs- und Revisionsgründe allerdings überschneiden, geht die Fristwiederherstellung der Revision in der Regel vor, so dass die kürzere Frist von § 12 Abs. 2 einzuhalten ist[130].

87

3. Beweislast

Es obliegt der **säumigen Person,** die Säumnisgründe sowie die Tatsache, dass die zehntägige Gesuchsfrist eingehalten worden ist, im Wiederherstellungsgesuch vollständig und genau darzustellen[131]. Fehlt eine derartige Sachverhaltsdarstellung, so ist weder eine amtliche Untersuchung über die massgebenden Tatsachen zu führen noch der betreffenden Partei Frist zur Verbesserung des Gesuchs anzusetzen[132].

88

4. Zuständige Instanz

Das Fristwiederherstellungsgesuch muss von jener Behörde behandelt werden, die bei Gewährung der Wiederherstellung über die nachgeholte Rechtshandlung zu befinden hätte[133]. Fällt beispielsweise eine Behörde wegen Fristsäumnis einen **Nichteintretensentscheid,** so ist das Fristwiederherstellungsgesuch bei dieser Behörde – und nicht bei einer oberen Instanz – einzureichen[134]. Wird das Gesuch stattdessen bei der oberen Instanz eingereicht, so tritt diese mangels Zuständigkeit nicht darauf ein und überweist die Sache an die untere Instanz[135].

89

Gesuche um **Wiederherstellung der Rechtsmittelfrist** sind bei jener Instanz einzureichen, bei der das (verspätete) Rechtsmittel zu erheben ist[136]. Entsprechend ist beispielsweise zur Beurteilung eines Gesuchs um Wiederherstellung der Rekursfrist die Rekursinstanz zuständig. Bis Ende 2010 lag die Zuständigkeit demgegenüber – gestützt auf das damalige Recht (alt § 71 VRG i.V.m. § 200 Abs. 2 GVG) – noch bei der übergeordneten Instanz bzw. beim Verwaltungsgericht.

90

---

[129] Vgl. VGr, 27.6.2012, SB.2012.00032, E. 3.
[130] RB 2001 Nr. 104, E. 3c, 4c und 4d (SB.2001.00055); zu Einzelheiten vgl. § 86b N. 6 f.
[131] VGr,13.7.2011, VB.2011.00271, E. 2.1; RB 2002 Nr. 12, E. 1c (VB.2002.00115); RB 2002 Nr. 13, E. 1a (VB.2002.00175).
[132] VGr, 12.12.2012, SB.2012.00099, E. 2.2.
[133] VGr, 2.6.2010, VB.2010.00234, E. 2.1; Gozzi, in: Basler Kommentar ZPO, Art. 149 N. 2 f.; vgl. auch Art. 92 Abs. 2 StPO; § 15 Abs. 3 VO StG.
[134] Vgl. BGr, 17.10.2011, 2C_845, E. 2.
[135] VGr, 31.10.2012, SB.2012.00086, E. 3.3 (nicht publiziert).
[136] VGr, 2.6.2010, VB.2010.00234, E. 2.1.

91 Gesuche um Wiederherstellung **anderer gesetzlicher sowie behördlicher Fristen** sind in der Regel bei jener Instanz einzureichen, die die versäumte Frist angesetzt hat. Diese Instanz bestimmt auch, welche Handlungen im Einzelnen nachzuholen sind.

5. Wiederherstellungsentscheid

92 Auf ein Wiederherstellungsgesuch ist nur **einzutreten,** wenn der Gesuchsteller ein schutzwürdiges Wiederherstellungsinteresse hat. Dies ist beispielsweise dann zu verneinen, wenn die Fristwiederherstellung für den Ausgang des Verfahrens offensichtlich unerheblich ist[137] oder wenn eine verspätete Eingabe zur Feststellung des relevanten Sachverhalts ohnehin von Amtes wegen berücksichtigt werden muss[138].

93 Wird ein Fristwiederherstellungsgesuch **gutgeheissen,** so fällt die zuständige Instanz einen entsprechenden Zwischenentscheid und setzt der säumigen Partei eine zehntägige Frist zur Nachholung der versäumten Rechtshandlung an. Der Fristenlauf beginnt mit der Zustellung des positiven Wiederherstellungsentscheids. Die in § 12 Abs. 2 Satz 2 statuierte zehntägige Frist gilt ungeachtet der Dauer der ursprünglichen, versäumten Frist. Als gesetzliche Frist kann sie nur unter den Voraussetzungen von § 12 Abs. 1 Satz 1 erstreckt werden. Eine versäumte Frist kann auch nach Eröffnung des Urteils – und nach dessen allenfalls bereits erfolgter Vollstreckung – wiederhergestellt werden; dies führt zur Aufhebung des betreffenden Urteils (vgl. Art. 50 Abs. 2 BGG). Dabei ist aber dem Gesichtspunkt der Rechtssicherheit gebührend Rechnung zu tragen; zudem können die Verfahrensaussichten unter Einbezug der versäumten Rechtshandlung berücksichtigt werden[139].

94 Wird ein Fristwiederherstellungsgesuch **abgewiesen,** so erlässt die zuständige Instanz eine entsprechende Verfügung. Die versäumte Rechtshandlung kann in diesem Fall höchstens noch dann berücksichtigt werden, wenn es sich um entscheidrelevante Vorbringen handelt, die von Amtes wegen berücksichtigt werden müssen[140]. Betrifft die verweigerte Wiederherstellung eine *Rechtsmittelfrist,* so stellt die Gesuchsabweisung einen verfahrensabschliessenden, in der Regel mit Kosten- und allenfalls mit Entschädigungsfolgen verbundenen Endentscheid dar, der mit dem in der Hauptsache zur Verfügung stehenden Rechtsmittel angefochten werden kann[141]. Wird um Wiederherstellung einer *anderen* als einer Rechtsmittelfrist ersucht, so ergeht die Abweisung im Rahmen einer prozessleitenden Anordnung, die unter den Voraussetzungen von § 19a Abs. 2 angefochten werden kann.

---

[137] Gozzi, in: Basler Kommentar ZPO, Art. 148 N. 32.
[138] Vgl. VGr, 25.1.2011, VB.2010.00259, E. 2.2 (nicht publiziert).
[139] Merkli/Aeschlimann/Herzog, Kommentar VRPG, Art. 43 N. 16.
[140] Merkli/Aeschlimann/Herzog, Kommentar VRPG, Art. 43 N. 21.
[141] RB 2000 Nr. 3, E. 2a (VB.2000.00041).

Kosten und Parteientschädigung
a. Verfahrenskosten und Kostenauflage

§ 13

¹ Die Verwaltungsbehörden können für ihre Amtshandlungen Gebühren und Kosten auferlegen. Der Regierungsrat bezeichnet die kostenpflichtigen Amtshandlungen und die hiefür zu erhebenden Gebühren in einer Verordnung.

² Mehrere am Verfahren Beteiligte tragen die Kosten in der Regel entsprechend ihrem Unterliegen. Kosten, die ein Beteiligter durch Verletzung von Verfahrensvorschriften oder durch nachträgliches Vorbringen solcher Tatsachen oder Beweismittel verursacht, die er schon früher hätte geltend machen können, sind ihm ohne Rücksicht auf den Ausgang des Verfahrens zu überbinden.

³ In Verfahren betreffend personalrechtliche Streitigkeiten werden keine Kosten erhoben; vorbehalten bleibt die Kostenauflage an die unterliegende Partei, die durch ihre Prozessführung einen unangemessenen Aufwand verursacht hat.

⁴ In Stimmrechtssachen werden Verfahrenskosten nur dann erhoben, wenn das Rechtsmittel offensichtlich aussichtslos ist.

Materialien
Weisung 2009, S. 955; Prot. KR 2007–2011, S. 10239 und 10535.
Zur früheren Fassung/zu früheren Fassungen: Weisung 1957, S. 1035 f.; Prot. KK 20.12.1957, 23.9.1958; Prot. KR 1955–1959, S. 3271; Beleuchtender Bericht 1959, S. 400 f.; Weisung 1995, S. 1529; Prot. KK 1995/96, S. 25 f., 236 f.; Prot. KR 1995–1999, S. 6488; Beleuchtender Bericht 1997, S. 6.

Literatur
BEUSCH MICHAEL, in: Kommentar VwVG, Art. 63; GEISER THOMAS, in: Basler Kommentar BGG, Art. 66; GYGI, Bundesverwaltungsrechtspflege, S. 328 f.; KEISER, Personalrecht, S. 215; KIENER/RÜTSCHE/KUHN, Öffentliches Verfahrensrecht, N. 789 ff. und 1565 ff.; KÖLZ/HÄNER/BERTSCHI, Verwaltungsverfahren, N. 651 ff.; MAILLARD MARCEL, in: Praxiskommentar VwVG, Art. 63; MERKLI/AESCHLIMANN/HERZOG, Kommentar VRPG, Art. 103, 107, 108 und 110; RHINOW/KOLLER/KISS/THURNHERR/BRÜHL-MOSER, N. 969 ff. und 1371 ff.; ROTACH TOMSCHIN, Revision, S. 440; RUDIN BEAT, in: Basler Kommentar BGG, Art. 51; RÜEGG VIKTOR, in: Basler Kommentar ZPO, Art. 95 und 104–108; SOMMER, Verwaltungsgericht, S. 276.

Inhaltsübersicht

I.	Vorbemerkungen zu den §§ 13–17	1–2
II.	Einleitung zu § 13	3–7
III.	Erhebung von Verfahrenskosten (Abs. 1)	8–40
	A. Terminologie	8–11
	B. Legalitätsprinzip im Abgaberecht	12–14
	C. Grundsätzliche Kostenpflicht	15–18
	D. Ausnahmen von der Kostenpflicht	19–23
	E. Kostenhöhe	24–40
	1. Grundsätze	24–30
	2. Kriterien	31–40

IV.	Kostenverteilung (Abs. 2)	41–82
	A. Allgemeines	41–44
	B. Potenziell Kostenpflichtige	45–49
	C. Unterliegerprinzip	50–54
	D. Verursacherprinzip	55–62
	E. Billigkeitsgründe	63–64
	F. Einzelne Erledigungsarten	65–82
	1. Gutheissung (ohne Rückweisung), Abweisung und Nichteintreten	65–66
	2. Rückweisung	67–73
	3. Gegenstandslosigkeit	74–77
	4. Rückzug, Anerkennung und Vergleich	78–82
V.	Personalrechtliche Streitigkeiten (Abs. 3)	83–89
VI.	Stimmrechtssachen (Abs. 4)	90–93
VII.	Anfechtung des Kostenentscheids	94–100
VIII.	Vollstreckung des Kostenentscheids	101–104

I. Vorbemerkungen zu den §§ 13–17

1 Die §§ 13–17 tragen die Obermarginalie «**Kosten und Parteientschädigung**» und regeln die Frage, wer welche Kosten zu tragen hat, die aufgrund von verwaltungsrechtlichen Verfahren entstehen. Die Frage stellt sich einerseits in Bezug auf die Behörde, die das Verfahren durchführt und der daraus Aufwendungen erwachsen, andererseits in Bezug auf die involvierten Parteien, insbesondere wenn sich diese anwaltlich vertreten lassen. Sowohl die Verfahrens- als auch allfällige Parteientschädigungskosten werden im Regelfall durch einen oder mehrere Verfahrensbeteiligte getragen (§§ 13–15 und 17); sie können aber im Rahmen der unentgeltlichen Prozessführung (§ 16 Abs. 1), in Anwendung des Verursacherprinzips oder aus Billigkeitsgründen auch der Kasse der Entscheidinstanz belastet werden.

2 Die §§ 13–16 gelten in gleicher Weise auf **allen Stufen des Verfahrens:** im nichtstreitigen Verwaltungsverfahren, im Einspracheverfahren, im Rekursverfahren und – ergänzend zu § 65a Abs. 1 und 3 – im Beschwerde- und im Klageverfahren (§§ 4, 65a Abs. 2 und 86)[1]. Demgegenüber enthält § 17 unterschiedliche Regeln für das Verfahren vor den Verwaltungsbehörden (Abs. 1) sowie das Rekursverfahren und das Verfahren vor Verwaltungsgericht (Abs. 2).

II. Einleitung zu § 13

3 § 13 regelt gemäss der Marginalie **Verfahrenskosten und Kostenauflage.** Die Bestimmung verleiht den Behörden die grundsätzliche Kompetenz, für ihre Amtshandlungen Gebühren und Kosten aufzuerlegen (Abs. 1), statuiert das Erfolgs- und das Verursacherprinzip als Kostenverteilungsgrundsätze (Abs. 2) und enthält spezifische Regeln in Bezug auf die Kosten von personalrechtlichen Streitigkeiten (Abs. 3) und Verfahren in Stimmrechtssachen (Abs. 4).

---

[1] Zum Rekurs- und Beschwerdeverfahren in Steuersachen vgl. § 73 N. 7 ff.

Während die ersten beiden Absätze von § 13 seit dem Inkrafttreten des VRG unverändert geblieben sind, hat Abs. 3 im Rahmen der **VRG-Revision** von 1997 einen neuen Inhalt erhalten (N. 46 und 84) und ist Abs. 4 im Rahmen der VRG-Revision von 2010 neu hinzugefügt worden (N. 93). 4

§ 13 erfasst nur jene Verfahren, die auf den **Erlass einer Anordnung** zielen, nicht aber Realakte, vertragliches Handeln von Verwaltungsbehörden, die Festlegung von Planinhalten[2] oder den Erlass generell-abstrakter Normen. 5

Die Auferlegung von Verfahrenskosten nach § 13 erfolgt in der Regel im Rahmen des **Endentscheids** bzw. jenes Entscheids, der das Verfahren vor der betreffenden Instanz abschliesst. Ergehen zuvor Zwischenentscheide, so werden darin normalerweise keine Verfahrenskosten erhoben; stattdessen wird im Dispositiv regelmässig auf die Kostenregelung im Endentscheid verwiesen. Wenn die Voraussetzungen gemäss § 15 Abs. 2 erfüllt sind, können die Verfahrenskosten bereits zu Prozessbeginn sichergestellt werden. 6

Die Festsetzung und Verlegung der Verfahrenskosten nach § 13 erfolgt – anders als die Zusprechung einer Parteientschädigung (§ 17 N. 16 ff.) – **von Amtes wegen,** also unabhängig davon, ob die Verfahrensbeteiligten diesbezüglich Anträge gestellt haben oder nicht[3]. 7

III. Erhebung von Verfahrenskosten (Abs. 1)

A. Terminologie

Die **Verfahrenskosten** umfassen das Entgelt der Parteien für die besondere Inanspruchnahme der Verwaltungs- oder Verwaltungsjustizbehörde und die Auslagen für die Durchführung des Verfahrens (vgl. § 1 GebO VB)[4]. § 13 verwendet den Begriff «Verfahrenskosten» in der Marginalie als Oberbegriff für die in § 13 Abs. 1 Satz 1 erwähnten «Gebühren» und «Kosten» (so auch § 1 Abs. 2 GebV VGr). 8

Gebühren im Sinn von § 13 Abs. 1 Satz 1 bilden das Entgelt für eine bestimmte, vom Pflichtigen veranlasste Amtshandlung und sollen den dem Gemeinwesen dadurch entstandenen Aufwand decken. Je nach Verfahren werden sie als «Staatsgebühr», «Verwaltungsgebühr» oder «Gerichtsgebühr» bezeichnet. Sie umfassen in der Regel die Aufwendungen der Behörden, die aus deren zeitlicher Beanspruchung resultieren, sowie die Personal- und Infrastrukturkosten. Für bestimmte Amtshandlungen ist meist ein Gebührenrahmen vorgesehen (§§ 2–5 GebO VB; § 1 VOGG; §§ 2 und 3 GebV VGr)[5]. 9

---

[2] RB 2008 Nr. 44, E. 3.5.1 (VB.2007.00272 = BEZ 2008 Nr. 49).
[3] GYGI, Bundesverwaltungsrechtspflege, S. 328; RHINOW/KOLLER/KISS/THURNHERR/BRÜHL-MOSER, Öffentliches Prozessrecht, N. 1371; RÜEGG, in: Basler Kommentar ZPO, Art. 105 N. 1.
[4] BEUSCH, in: Kommentar VwVG, Art. 63 N. 3; GYGI, Bundesverwaltungsrechtspflege, S. 329; RHINOW/KOLLER/KISS/THURNHERR/BRÜHL-MOSER, Öffentliches Prozessrecht, N. 970.
[5] Vgl. MERKLI/AESCHLIMANN/HERZOG, Kommentar VRPG, Art. 103 N. 1; RHINOW/KOLLER/KISS/THURNHERR/BRÜHL-MOSER, Öffentliches Prozessrecht, N. 969.

10 Zu den **Kosten** im Sinn von § 13 Abs. 1 Satz 1 sind jene Aufwendungen zu zählen, die im Rahmen der Vornahme einer Amtshandlung entstanden sind und meist vollumfänglich auf die Pflichtigen überwälzt werden. Darunter fallen – vielfach unter dem Begriff «Schreibgebühr» oder «Kanzleigebühr» – die Ausfertigungs-, Kopier- und Zustellungskosten sowie die Barauslagen, welche sich vor allem aus Kosten Dritter zusammensetzen, etwa für Gutachten, Übersetzungen sowie ausserordentliche Aufwendungen für Spesen, Material und Geräte (vgl. § 7 GebO VB; § 2 VOGG; §§ 5–7 GebV VGr). Im Fall einer Veröffentlichung im Amtsblatt gehören zu den (Zustell-)Kosten auch die Aufwendungen für die Publikation[6].

11 Die Terminologie ist **nicht einheitlich:** Die in § 13 Abs. 1 Satz 1 enthaltene Unterscheidung zwischen «Gebühren» und «Kosten» wird in den gestützt auf § 13 Abs. 1 Satz 2 erlassenen Verordnungen nicht verwendet. Stattdessen wird zwischen verschiedenen Gebührenkategorien differenziert (vgl. §§ 1 ff. GebO VB und §§ 1 ff. VOGG; anders hingegen §§ 1 ff. GebV VGr). Ferner wird der Begriff «Kosten» in der Praxis nicht selten als Synonym für «Verfahrenskosten» verwendet.

B. Legalitätsprinzip im Abgaberecht

12 Aufgrund des verfassungsrechtlichen **Legalitätsprinzips** bedürfen Gebühren eines Verwaltungs- oder Rechtsmittelverfahrens als Kausalabgaben einer formellgesetzlichen Grundlage. Das bedeutet, dass diese Abgaben in rechtsatzmässiger Form festgelegt sein müssen, so dass den rechtsanwendenden Behörden kein übermässiger Spielraum verbleibt und die möglichen Abgabepflichten voraussehbar sind. Delegiert das Gesetz die Kompetenz zur Regelung der Abgabebemessung an den Verordnungsgeber, so muss es zumindest den Kreis der Abgabepflichtigen, den Gegenstand der Abgabe und die Bemessungsgrundlagen auf genügend bestimmte Weise festlegen[7].

13 Mit dem Erlass von § 13 Abs. 1 beabsichtigte der Gesetzgeber die Schaffung einer **gesetzlichen Regelung** der Grundsätze über die Kostenpflicht in Verwaltungsverfahren[8]. § 13 Abs. 1 und 2 enthalten allerdings eine **weite Umschreibung** von Abgabeobjekt und -subjekt, und anders als in der Kostenbestimmung zum verwaltungsgerichtlichen Verfahren (§ 65a Abs. 1) fehlen Angaben zur Bemessungsgrundlage und zur Gebührenhöhe. Die fehlende Bezeichnung der einzelnen kostenpflichtigen Verwaltungsakte und der diesbezüglichen Ansätze wurde vom Regierungsrat damit begründet, dass ein entsprechender Katalog den Rahmen des Gesetzes sprengen würde[9]. Trotz der relativ offenen Formulierung stellt § 13 Abs. 1 gemäss der Rechtsprechung eine genügende gesetzliche Grundlage für eine Kostenauferlegung im nichtgerichtlichen Verwaltungsverfahren dar[10]. Die nähere Ausgestaltung der Gebührenbemessung auf Verordnungsstufe ist aufgrund der Gesetzesdelegation in § 13 Abs. 1 Satz 2 zulässig, weil die Angemessenheit der im Einzelfall

---

[6] VGr, 8.8.2012, VB.2012.00456, E. 3.
[7] BGE 136 II 337, E. 5.1; RB 2000 Nr. 49, E. 5a (VB.2000.00048); vgl. RB 2008 Nr. 44, E. 3.2 (VB.2007.00272 = BEZ 2008 Nr. 49); RB 2007 Nr. 4, E. 10.1.3 (VB.2006.00354).
[8] Vgl. Weisung 1957, S. 1036; Beleuchtender Bericht 1959, S. 400.
[9] Weisung 1957, S. 1037.
[10] Im *gerichtlichen* Verfahren erachtete der Gesetzgeber hingegen einen formellgesetzlichen Gebührenrahmen als erforderlich (§ 65a N. 2).

auferlegten Gebühren anhand des Kostendeckungs- und des Äquivalenzprinzips überprüfbar ist; dabei sind bis zu einem gewissen Grad auch pauschalisierte Gebühren zulässig[11].

§ 13 Abs. 1 genügt als gesetzliche Grundlage auch in jenen erstinstanzlichen Verfahren, in denen eine Person durch Gesuch ein **Verfügungsverfahren auslöst** und dadurch die Behörden in Anspruch nimmt[12]. Für solche typisierte erstinstanzliche Amtshandlungen können den Gesuchstellenden unabhängig vom Obsiegen bzw. Unterliegen Gebühren auferlegt werden.

C. Grundsätzliche Kostenpflicht

Gemäss § 13 Abs. 1 Satz 1 «können» die Verwaltungsbehören für ihre Amtshandlungen Gebühren und Kosten auferlegen. Satz 2 von § 13 Abs. 1 relativiert die Kann-Bestimmung allerdings dahingehend, dass der Regierungsrat die **kostenpflichtigen Amtshandlungen** in einer Verordnung bezeichnet. Der Regierungsrat hat in Anwendung dieser Bestimmung zwei Verordnungen erlassen: Die Gebührenordnung für die Verwaltungsbehörden vom 30. Juni 1966 regelt die Auferlegung von Staats- und Schreibgebühren für die Amtstätigkeit der Kantons- und Bezirksverwaltung (§ 1 GebO VB), während die Verordnung über die Gebühren der Gemeindebehörden vom 8. Dezember 1966 Regeln über die Auferlegung von Verwaltungsgebühren für die Amtstätigkeit der Gemeindebehörden statuiert (§ 1 VOGG).

Die **GebO VB** enthält in den §§ 2 und 3 Angaben für die Auferlegung von Staatsgebühren für spezifische Verwaltungsakte, legt dann aber in § 4 Abs. 1 fest, dass auch für alle anderen Amtshandlungen eine Staatsgebühr zu beziehen ist. Ferner ist auch für Entscheide im Rechtsmittelverfahren eine Staatsgebühr zu erheben (§ 5 GebO VB). Soweit nicht spezialgesetzlich etwas anderes vorgesehen ist, gilt somit eine grundsätzliche Entgeltlichkeit von Amtshandlungen der Kantons- und Bezirksbehörden.

Die **VOGG** enthält in § 1 eine umfangreiche Auflistung von kostenpflichtigen Amtshandlungen der Gemeinden. Auch die Amtshandlungen der *kommunalen* Behörden sind demnach in aller Regel kostenpflichtig.

Im **Verfahren vor Verwaltungsgericht** beruht die Kostenpflicht nicht auf § 13 Abs. 1, sondern auf § 65a Abs. 1. Gestützt auf § 40 Abs. 1 lit. b hat das Verwaltungsgericht eine Gebührenverordnung erlassen, die die Verfahrenkosten im Verfahren vor dem Verwaltungs-, dem Bau- und dem Steuerrekursgericht regelt (§ 1 Abs. 1 GebV VGr).

D. Ausnahmen von der Kostenpflicht

§ 13 Abs. 1 Satz 1 ist als **Kann-Bestimmung** formuliert. Soweit eine Amtstätigkeit nicht aufgrund der GebO VB oder der VOGG kostenpflichtig ist – und somit in einer Minderheit der Fälle –, können die Behörden deshalb im erst- und im rekursinstanzlichen Verwaltungsverfahren davon absehen, von den Verfahrensbeteiligten für den Erlass von An-

---

[11] RB 2008 Nr. 44, E. 3.5.4 (VB.2007.00272 = BEZ 2008 Nr. 49).
[12] RB 2008 Nr. 44, E. 3.5.3 (VB.2007.00272 = BEZ 2008 Nr. 49).

ordnungen Gebühren und Kosten zu erheben. Die durch das Verfahren verursachten Kosten werden diesfalls nicht den Prozessbeteiligten auferlegt, sondern auf die Staats- bzw. Gerichtskasse genommen.

20 Gesetze und Verordnungen statuieren diverse Ausnahmen von der grundsätzlichen Kostenpflichtigkeit von Amtshandlungen. In diesen Fällen wird – meist aus sozial- oder staatspolitischen Gründen – **von Anfang an darauf verzichtet,** Verfahrensbeteiligten Kosten aufzuerlegen, so beispielsweise im Zusammenhang mit personalrechtlichen Streitigkeiten (§ 13 Abs. 3 und § 65a Abs. 3[13]), Stimmrechtsbeschwerden (§ 13 Abs. 4), Sozialhilfeverfahren (§ 10 GebO VB und § 6 VOGG), Sozialversicherungsverfahren (Art. 61 lit. a ATSG und § 33 Abs. 1 GSVGer[14]), Verfahren nach dem Gleichstellungsgesetz (Art. 13 Abs. 5 GlG[15]), Verfahren nach dem Opferhilfegesetz (Art. 30 Abs. 1 und 2 OHG), für die Inanspruchnahme der Ombudsperson (§ 94 Abs. 1) sowie in zahlreichen weiteren spezialgesetzlich vorgesehenen Fällen (z.B. Art. 3 Abs. 4 BGBM[16]; Art. 10 BehiG; § 37 Abs. 3 AnwG). Die Kostenlosigkeit des Verfahrens setzt stets voraus, dass es in der Sache effektiv um einen Anspruch geht, der die fragliche Materie betrifft – und nicht bloss um eine andere Problematik, die einen gewissen Zusammenhang dazu aufweist; die (potenziell) anspruchsberechtigte Person trägt diesbezüglich die Beweislast[17]. Werden bloss *teilweise* Rügen vorgebracht, die unter eine gesetzliche Kostenlosigkeitsbestimmung fallen, so sind reduzierte Kosten zu erheben[18].

21 Befindet sich eine an sich kostenpflichtige Partei in **angespannten finanziellen Verhältnissen,** so kommen folgende Ausnahmen von der Kostenpflicht in Frage:
– Einstweilige staatliche Kostenübernahme im Rahmen der *unentgeltlichen Prozessführung,* wenn die Voraussetzungen gemäss § 16 Abs. 1 erfüllt sind; Kostenlosigkeit des Gesuchsverfahrens betreffend unentgeltliche Rechtspflege (§ 16 N. 70 und 120);
– Kostenerlass wegen *offensichtlicher Uneinbringlichkeit*: Aus prozessökonomischen Gründen kann die Entscheidbehörde auch bei Aussichtslosigkeit der gestellten Begehren auf eine Kostenerhebung nach § 13 einstweilen verzichten (bei kurzfristiger Uneinbringlichkeit) oder die Kosten abschreiben bzw. auf die Kasse der Entscheidbehörde nehmen (bei längerfristiger Unerhältlichkeit). Ein so begründeter Kostenerlass kommt beispielsweise dann in Frage, wenn die Verfahrenskosten aufgrund der Bedürftigkeit oder der absehbaren Wegweisung der kostenpflichtigen Partei offensichtlich uneinbringlich wären[19];
– Berücksichtigung bei den *Inkassomodalitäten* (Gewährung von Ratenzahlungen; einstweilige Stundung; einstweiliger Inkassoverzicht)[20];
– *Nachträglicher Kostenerlass,* wenn eine kostenpflichtige Person, die während des Verfahrens noch über genügend Mittel verfügte, nach Fällung des Endentscheids mittel-

---

[13] Vgl. Art. 65 Abs. 4 lit. c BGG und Art. 114 lit. c ZPO.
[14] Vgl. Art. 65 Abs. 4 lit. a BGG.
[15] Vgl. Art. 65 Abs. 4 lit. b BGG und Art. 114 lit. a ZPO.
[16] Dazu RB 1998 Nr. 3.
[17] Vgl. BGr, 1.5.2012, 2C_930/2011, E. 3.2.
[18] Vgl. z.B. VGr, 6.12.2011, AN.2011.00002, E. 7.1.
[19] VGr, 10.2.2010, VB.2010.00024, E. 4.
[20] Vgl. VGr, 10.2.2011, VB.2010.00640, E. 8.

los wird. Ein nachträglicher Kostenerlass setzt voraus, dass die Mittellosigkeit voraussichtlich länger andauern wird bzw. dass in absehbarer Zeit keine Aussicht auf Besserung der finanziellen Lage besteht und dass die gestellten Begehren zum Zeitpunkt ihrer Einreichung nicht als aussichtslos zu qualifizieren waren[21].

Aus **Billigkeitsgründen** kann auf die Erhebung von Verfahrenskosten auch in weiteren Fällen verzichtet werden (N. 63 f.).

Das Verwaltungsverfahren ist grundsätzlich unabhängig davon kostenpflichtig, ob eine Partei persönliche oder öffentliche Interessen vertritt. Bei **Aufsichtsbeschwerden** werden allerdings praxisgemäss nur dann Kosten auferlegt, wenn der Anzeiger persönliche Interessen verfolgt[22]. Kann nicht eindeutig beurteilt werden, ob mit einer Aufsichtsbeschwerde überwiegend private oder mehrheitlich öffentliche Interessen verfolgt werden, so empfiehlt es sich, auf die Erhebung von Verfahrenskosten zu verzichten oder diese zumindest angemessen zu reduzieren[23].

E. Kostenhöhe

1. Grundsätze

Das VRG enthält für das erst- und das rekursinstanzliche Verfahren keinerlei Angaben zur Höhe der Verfahrenskosten. Der Gesetzgeber hat die Festsetzung an den Regierungsrat delegiert, der entsprechende **Gebührenrahmen** statuiert hat (§ 13 Abs. 1 i.V.m. §§ 4 f. GebO VB und § 1 VOGG). Diese sind massgebend, soweit keine spezialgesetzlichen Kostenvorschriften (z.B. § 338 Abs. 2 PBG; § 150b Abs. 2 StG) bestehen. Im verwaltungsgerichtlichen Verfahren ist der Gebührenrahmen hingegen – wie in den meisten Verfahrensordnungen[24] – auf Stufe des formellen Gesetzes festgelegt (§ 65a Abs. 1 Satz 2).

Die Behörde hat die Gebührenhöhe gestützt auf die einschlägigen Bestimmungen nach pflichtgemässem Ermessen festzusetzen, wobei ihr – angesichts des oftmals weiten Gebührenrahmens (z.B. § 5 GebO VB; § 65a Abs. 1 Satz 2 VRG; § 338 Abs. 2 PBG) – in der Regel ein **grosser Ermessensspielraum** zusteht[25]. Unter verfassungsrechtlichen Gesichtspunkten kann es beispielsweise zulässig sein, dass das Verwaltungsgericht – trotz eingeschränkter Überprüfungsbefugnis – eine fast doppelt so hohe Gerichtsgebühr verlangt wie das vorinstanzliche Baurekursgericht[26]. Im Fall einer offensichtlich übersetzten, massiv von der Regelgebühr abweichenden Kostenauferlegung darf die Rechtsmittelinstanz hingegen korrigierend eingreifen[27].

---

[21] VGr, 23.4.2013, KE.2012.00002, E. 2.1.2 und 3.2 (nicht publiziert); VGr, 23.8.2011, KE.2011.00001, E. 2, 2.1.2 und 3.2; siehe auch Art. 112 Abs. 1 ZPO; Art. 425 StPO (dazu BStrGr, 16.2.2012, SK.2012.1).
[22] VGr, 29.4.2013, VB.2012.00552, E. 4.6; RB 2002 Nr. 14, E. 1b (VB.2002.00227).
[23] Vgl. BGr, 1.7.2011, 8C_173/2011, E. 4.3.
[24] Z.B. Art. 65 Abs. 3–5 BGG; Art. 63 Abs. 4bis VwVG.
[25] VGr, 18.11.2010, VB.2010.00450, E. 3.1; vgl. BGr, 12.10.2012, 1C_156/2012, E. 8.2.2; BGE 135 II 172, E. 3.2; MERKLI/AESCHLIMANN/HERZOG, Kommentar VRPG, Art. 103 N. 4.
[26] Vgl. BGr, 4.7.2013, 1C_244/2013, E. 4.
[27] Vgl. z.B. BGr, 17.5.2010, 2C_856/2009, E. 3.3.

26 Bei der Festsetzung der Höhe der Verfahrenskosten muss der **Anspruch auf wohlfeile Rechtspflege** (Art. 18 KV) beachtet werden[28]. Das bedeutet, dass ein Verfahren für die Rechtsuchenden grundsätzlich bezahlbar sein muss; die Kosten müssen in einem angemessenen Verhältnis zum Streitwert bzw. -interesse stehen und dürfen die rechtsuchende Person nicht von der Beschreitung des prozessualen Wegs abhalten. Der Anspruch auf wohlfeile Verfahrenserledigung hat zur Folge, dass der Staat nicht die ganzen Verfahrenskosten auf die Rechtsuchenden überwälzen darf[29]. In der Regel wird nur ein kleiner Teil der Kosten, die ein Verfahren effektiv verursacht, im Rahmen der Auferlegung von Verfahrenskosten auf die Verfahrensbeteiligten überwälzt[30]. Im Übrigen erfolgt die Finanzierung der Verwaltungs- und Rechtsmittelinstanzen durch öffentliche Gelder[31]. In erster Linie zielt der Anspruch auf wohlfeile Rechtspflege auf Verfahren mit kleineren Streitwerten ab; er schliesst nicht aus, dass der Gesetzgeber Tarife vorsieht, die sich nach einem Streitwert richten[32].

27 Bei der Festsetzung der Höhe der Verfahrenskosten muss das **Äquivalenzprinzip** beachtet werden[33]. Demnach dürfen die Kosten nicht in ein offensichtliches Missverhältnis zum objektiven Wert der Leistung geraten und müssen sich in vernünftigen Grenzen bewegen. Dabei ist nicht notwendig, dass die Gebühren in jedem Fall genau dem Verwaltungsaufwand entsprechen; sie sollen indessen nach sachlich vertretbaren Kriterien bemessen sein und nicht Unterscheidungen treffen, für die keine vernünftigen Gründe ersichtlich sind[34]. Bei Verfahren mit geringem Streitwert würde eine kostendeckende Gebühr nicht nur gegen den Anspruch auf wohlfeile Rechtspflege verstossen, sondern auch gegen das Äquivalenzprinzip.

28 Bei der Festsetzung der Höhe der Verfahrenskosten muss ferner das **Kostendeckungsprinzip** beachtet werden[35]. Demnach dürfen die Verfahrenskosten die Gesamtkosten des betreffenden Verwaltungszweigs nicht oder bloss geringfügig übersteigen. Bei der Bemessung von Verwaltungsgebühren ist das Kostendeckungsprinzip kaum je bedeutsam; denn die eingenommenen Gebühren decken die entsprechenden Kosten erfahrungsgemäss bei Weitem nicht (vgl. N. 26)[36].

29 Soweit die Entscheidinstanz gestützt auf § 15 einen **Kostenvorschuss** erhebt, kann dieser den Parteien zwar als Orientierung der zu erwartenden Kosten dienen. Er ist für die Entscheidinstanz jedoch nicht bindend und bildet keine Vertrauensgrundlage für eine bestimmte oder maximale Höhe der Gebühr[37].

30 Kostenentscheide unterliegen einer **beschränkten Begründungspflicht.** Eine äusserst knappe oder gar eine fehlende Begründung kann genügen. Ein Begründungsverzicht ist

---

[28] Vgl. VGr, 23.5.2012, AN.2011.00001, E. 4.3.1.
[29] BGr, 12.10.2012, 1C_156/2012, E. 8.2.2.
[30] Vgl. BGr, 9.1.2012, 1C_349/2011, E. 5.1.
[31] Vgl. RÜEGG, in: Basler Kommentar ZPO, Art. 95 N. 1.
[32] BGr, 11.12.2012, 2C_513/2012, E. 3.5.
[33] BGE 132 II 371, E. 2.1.
[34] BGE 139 III 334, E. 3.2.4.
[35] BGE 132 II 371, E. 2.1.
[36] BGE 139 III 334, E. 3.2.3.
[37] BGr, 16.1.2012, 2C_603/2011, E. 2.4.

grundsätzlich zulässig, wenn es um Kosten geht, die nach Massgabe der einschlägigen kantonalen Bestimmungen pauschal, innerhalb eines gewissen Rahmentarifs, erhoben werden können, was eine gewisse Schematisierung erlaubt. In diesem Fall wird eine besondere Begründung nur verlangt, wenn der Rahmen über- oder unterschritten wird oder die Parteien besondere Umstände geltend machen[38]. Je mehr allerdings die Kostenfolgen von den gesetzlichen Kriterien abweichen, desto höher sind die Anforderungen an die Begründung[39]. Zur Pflicht zur Begründung des Streitwerts vgl. § 65a N. 19.

2. Kriterien

Im Verwaltungsverfahren werden die Verfahrenskosten in der Regel anhand von **Verfahrensaufwand und -bedeutung** festgesetzt (N. 33 ff.), im Rechtsmittelverfahren darüber hinaus anhand des Streitwerts (§ 65a N. 11 ff.). 31

Nach welchen Kriterien die Verfahrenskosten im Einzelfall zu bemessen sind, ergibt sich aus der **massgebenden Gebührenregelung** in den einschlägigen Verordnungsbestimmungen (§§ 1 ff. GebO VB; §§ 1 ff. VOGG). Soweit diese für eine bestimmte Amtshandlung nicht eine ziffernmässig festgesetzte Gebühr vorschreibt, hat die Behörde die Kostenhöhe gestützt auf die dort genannten Kriterien und innerhalb des vorgesehenen Kostenrahmens zu bestimmen. Relevant sein können insbesondere der Zeitaufwand für die betreffende Tätigkeit, die objektive Bedeutung des Geschäfts, der Nutzen und das Interesse der gebührenpflichtigen Person an der Verrichtung, die Schwierigkeit des Falls, der Aufwand aufgrund von Verhandlungen und Beweiserhebungen, der Umfang der Akten, die Klarheit der Rechtslage oder die finanzielle Leistungskraft des Pflichtigen[40]. 32

Das Kriterium der **Bedeutung des Verfahrens** bzw. des tatsächlichen Streitinteresses bemisst sich in erster Linie anhand der Tragweite eines Entscheids bzw. einer Streitsache. Die Tragweite ist vom Streitgegenstand abhängig[41]. Allfällige indirekt-monetäre Interessen, die einer Streitigkeit zugrunde liegen, können bei der Bewertung des tatsächlichen Streitinteresses berücksichtigt werden[42]. 33

Der **Verwaltungsaufwand** ist ein Kriterium, das für die Bemessung der Verfahrenskosten häufig relevant ist (z.B. § 9 Abs. 1 GebO VB; § 5 Abs. 1 VOGG; § 2 GebV VGr). Kostenerhöhend darf beispielsweise berücksichtigt werden, wenn mehrere Parteien gemeinsam ein Rechtsmittel einlegen[43], wenn eine grundsätzliche Frage zu beantworten ist[44] oder wenn ein sehr umfangreicher und bedeutender Endentscheid ergeht, dem zahlreiche Zwischenverfügungen vorangingen[45]. 34

---

[38] BGr, 12.10.2012, 1C_156/2012, E. 8.1.1.
[39] Vgl. RB 2003 Nr. 3, E. 2.1 (VB.2003.00093 = BEZ 2004 Nr. 9); BGE 111 Ia 1, E. 2a; MERKLI/AESCHLIMANN/HERZOG, Kommentar VRPG, Art. 107 N. 3; RÜEGG, in: Basler Kommentar ZPO, Art. 104 N. 1.
[40] Vgl. RB 1995 Nr. 90.
[41] Vgl. VGr, 7.11.2012, VB.2012.00379, E. 7.3; VGr, 8.8.2012, VB.2011.00800, E. 8.1.1.
[42] Vgl. BGE 135 III 578, E. 6.5; VGr, 7.11.2012, VB.2012.00379, E. 7.3.
[43] MERKLI/AESCHLIMANN/HERZOG, Kommentar VRPG, Art. 103 N. 4.
[44] Vgl. VGr, 18.11.2010, VB.2010.00450, E. 3.2.
[45] BGr, 22.12.2010, 1C_58/2010, E. 13.1.

§ 13

35 Im Fall von **besonders aufwendigen Verfahren** können die Verfahrenskosten gemäss den einschlägigen Verordnungsbestimmungen auch über den Höchstbetrag des vorgesehenen Gebührenrahmens hinaus erhöht werden (§ 9 Abs. 2 GebO VB; § 5 Abs. 2 VOGG; § 4 Abs.1 GebV VGr). Auch wenn die massgebende Verordnung keine Maximalgrenze vorsieht, darf die Gebühr aber auch in besonders aufwendigen Verfahren nicht beliebig angehoben werden, sondern gemäss der Rechtsprechung höchstens auf das *Doppelte* des Höchstbetrags: Die Voraussetzungen für die Abgabeerhebung müssen in den einschlägigen Rechtssätzen so genau umschrieben sein, dass der rechtsanwendenden Behörde kein übermässiger Spielraum verbleibt und die möglichen Abgabepflichten für den Bürger hinreichend voraussehbar sind[46].

36 Einem **verminderten Aufwand** muss durch Kostenreduktion Rechnung getragen werden. Kostenvermindernd ist etwa zu berücksichtigen, wenn mehrere Verfahren vereinigt worden sind[47] bzw. wenn mehrere einzelne Begehren mit einer einzigen Anordnung erledigt werden können[48], wenn sich aus der gleichzeitigen Erledigung mehrerer den gleichen Sachverhalt betreffenden Parallelverfahren Synergien ergeben[49], wenn eine Anordnung nicht oder nur summarisch begründet wird (vgl. § 4 Abs. 3 GebV VGr) oder wenn eine Baubehörde im zweiten Rechtsgang ein verbessertes Bauprojekt bewilligt, nachdem die ursprüngliche Baubewilligung im Rechtsmittelverfahren aufgehoben worden war[50].

37 Die Verfahrenskosten sind zu reduzieren, wenn die Begehren **nicht materiell geprüft** werden (vgl. z.B. § 6 GebO VB; § 4 Abs. 2 GebV VGr)[51], etwa wenn auf ein Rechtsmittel nicht eingetreten werden kann oder wenn ein Verfahren infolge Gegenstandslosigkeit, Rückzugs oder Vergleichs abgeschrieben werden muss (N. 74 ff.). Gleiches gilt, wenn der Entscheid einer Verfahrenserledigung ohne Anspruchsprüfung nahekommt, weil die Entscheidinstanz an ein Rückweisungsurteil der übergeordneten Instanz (oder an einen eigenen, im ersten Rechtsgang gefällten Rückweisungsentscheid) gebunden ist[52].

38 Im Bereich des **Verbandsbeschwerderechts** ist der Umstand, dass ideelle Interessen vertreten werden, bei der Kostenbemessung zu berücksichtigen[53]. Die Kosten- und Entschädigungsregelung darf die Erfüllung der Aufgaben, die die beschwerdeberechtigten Organisationen im öffentlichen Interesse wahrnehmen, nicht übermässig erschweren[54]. Das Prozessrisiko darf nicht derart hoch sein, dass ideelle Verbände an der Ausübung ihres Beschwerderechts gehindert werden. Vorbehalten bleiben Fälle, in denen ein aussichtsloses oder mutwilliges Rechtsmittel erhoben wird[55].

39 Gesetz und Verordnungen sehen zwar grundsätzlich nicht vor, dass bei der Festsetzung von Verwaltungsgebühren die **wirtschaftliche Situation des Pflichtigen** zu berücksich-

---

[46] RB 2007 Nr. 4, E. 10.1.3 (VB.2006.00354).
[47] MERKLI/AESCHLIMANN/HERZOG, Kommentar VRPG, Art. 103 N. 4.
[48] BGE 122 II 367, E. 3.
[49] Vgl. z.B. VGr, 7.2.2013, VB.2012.00272, E. 7.
[50] RB 1992 Nr. 77.
[51] Vgl. MERKLI/AESCHLIMANN/HERZOG, Kommentar VRPG, Art. 103 N. 4.
[52] VGr, 21.9.2011, SB.2011.00042, E. 4.2.
[53] BGr, 28.11.2012, 1C_399/2012, E. 2.6.
[54] BGr, 22.12.2008, 1C_381/2008, E. 2.2; VGr, 27.3.2013, VB.2012.00644, E. 4.2.2.
[55] VGr, 30.5.2012, VB.2011.00624, E. 5.7.6.

tigen ist. Um einen wirksamen Rechtsschutz zu gewähren, können die Verfahrenskosten allerdings angemessen reduziert werden, wenn sich Kostenpflichtige in bedrängten finanziellen Verhältnissen befinden, ohne Anspruch auf unentgeltliche Rechtspflege zu haben. Von dieser Möglichkeit macht das Verwaltungsgericht regelmässig im Zusammenhang mit sozialhilferechtlichen Beschwerdeverfahren Gebrauch[56], zumal das erstinstanzliche und das Rekursverfahren im Fürsorgebereich von Gesetzes wegen grundsätzlich kostenlos sind (§ 10 GebO VB; § 6 VOGG). Auch in anderen Rechtsbereichen wird in der Praxis dem Umstand Rechnung getragen, dass sich die kostenpflichtige Partei in einer schwierigen wirtschaftlichen Situation befindet[57].

Das **Verursacherprinzip** (N. 55 ff.) sowie **Billigkeitsgründe** (N. 63 f.) vermögen nicht nur den Verzicht, sondern auch die Erhöhung bzw. Herabsetzung der Kosten zu rechtfertigen, die der unterliegenden Partei auferlegt werden. 40

IV. Kostenverteilung (Abs. 2)

A. Allgemeines

§ 13 Abs. 2 enthält für den Fall, dass den Verfahrensbeteiligten Verfahrenskosten auferlegt werden, **Grundregeln** darüber, wer die Kosten zu tragen hat. Dabei erscheint die Kostenauferlegung nach Massgabe des Unterliegens (Satz 1) als Regel und jene nach dem Verursacherprinzip (Satz 2) als Ausnahme. Zulässig kann unter Umständen aber auch die Kostenauferlegung ohne Anknüpfung an die gesetzlichen Kriterien – rein fallbezogen unter Berücksichtigung von Billigkeitserwägungen – sein (vgl. N. 63 f.). Trotz des unpräzisen Gesetzestextes regelt § 13 Abs. 2 nicht nur die Kostenverlegung in Verfahren mit *mehreren* Verfahrensbeteiligten, sondern auch in solchen mit nur einem Beteiligten[58]. Nicht in § 13 Abs. 2, sondern in § 14 geregelt ist die Aufteilung der Verfahrenskosten auf mehrere Kostenpflichtige, die das gleiche Begehren gestellt haben oder gegen die sich das Verfahren in gleicher Weise richtet. 41

§ 13 Abs. 2 gelangt in erster Linie im **Rechtsmittelverfahren** zur Anwendung, wie die Verwendung des Begriffs «Unterliegen» impliziert. Werden die Kosten hingegen für die Ausübung von *Amtshandlungen* auferlegt, so richtet sich die Kostenverteilung nach den Verordnungen, auf die in § 13 Abs. 1 verwiesen wird (N. 15 ff.). 42

Der Entscheidinstanz steht bei der Verteilung der Verfahrenskosten ein **grosser Ermessensspielraum** zu[59]. Je ungewöhnlicher allerdings die Verteilung der Kosten angesichts der gesetzlichen Verteilungskriterien ist, desto höher sind die Anforderungen an die Begründung (vgl. N. 30). 43

Zahlreiche **Spezialgesetze** enthalten Sonderbestimmungen über die Kostenverteilung, die den Regeln nach § 13 Abs. 2 vorgehen, so etwa im Bereich des Enteignungsrechts 44

---

[56] VGr, 6.12.2012, VB.2012.00173, E. 8.1; VGr, 10.02.2011, VB.2010.00640.
[57] Vgl. z.B. VGr, 20.2.2012, VB.2011.00712, E. 5 (nicht publiziert).
[58] Prot. KK 20.12.1957, S. 1.
[59] VGr, 21.1.2009, VB.2008.00480, E. 2.2; vgl. MERKLI/AESCHLIMANN/HERZOG, Kommentar VRPG, Art. 103 N. 4.

(§§ 62 f. AbtrG)[60], des Quartierplanrechts (§ 177 Abs. 1 PBG) oder des Gewässerschutzrechts (§ 40 EG GSchG)[61].

B. Potenziell Kostenpflichtige

45 § 13 Abs. 2 nennt als potenziell Kostenpflichtige die «Beteiligten». Gemeint sind die **Verfahrensbeteiligten mit Parteistellung,** insbesondere Haupt- und Nebenparteien sowie Mitbeteiligte[62]. Involvierten ohne Parteistellung – etwa anwaltlichen Vertretern – können nur ausnahmsweise, im Rahmen des Verursacherprinzips, Kosten auferlegt werden (N. 61 f.). Beigeladene, die auf eine Verfahrensteilnahme (zulässigerweise) verzichten, werden nicht kostenpflichtig. Wird eine Beiladung aufgehoben, so entfällt die Kostenpflicht der bloss vorübergehend verfahrensbeteiligten Beigeladenen[63].

46 Sowohl Privaten als auch **Gemeinwesen,** die sich als Parteien an Verwaltungsverfahren beteiligen, können Kosten auferlegt werden. Kostenpflichtig können insbesondere Gemeinden, Kantone oder der Bund sein im Fall von Amtshandlungen, die auch für Private kostenpflichtig gewesen wären[64]. In der ursprünglichen Fassung des VRG hatte § 13 Abs. 3 noch vorgeschrieben, dass zürcherischen Amtsstellen für Amtshandlungen, die nicht in ihrem finanziellen Interesse liegen, keine Verfahrenskosten auferlegt würden und dass ein auf sie entfallender Kostenanteil auf die Amtskasse zu nehmen sei[65]. Diese Regelung wurde im Rahmen der VRG-Revision von 1997 aufgehoben, da die Kostenfreiheit für Amtsstellen angesichts des Grundsatzes der Kostentransparenz und des Verursacherprinzips nicht mehr als zeitgemäss erachtet wurde. Insbesondere hatten viele Gemeinden kritisiert, dass sie für die baupolizeiliche Prüfung selbst grosser kantonaler Hochbauvorhaben keine Gebühren verlangen konnten[66]. Innerhalb der kantonalen Amtsstellen, der Amtsstellen grösserer Gemeinden und der Gerichtsbehörden drängt es sich allerdings im Interesse einer ökonomischen Verwaltungsführung auf, Gebühren und Kosten nicht tatsächlich einzuziehen, sondern lediglich auf den betreffenden Konten zu belasten bzw. gutzuschreiben[67].

47 Die **erstinstanzlich anordnende Behörde** ist im Rechtsmittelverfahren als Partei zu behandeln, so dass ihr Verfahrenskosten auferlegt werden können.

48 Den weiteren **Vorinstanzen** kommt in einem Rechtsmittelverfahren hingegen nur partei*ähnliche* Stellung zu, zumal sie ausschliesslich die ihnen anvertrauten öffentlichen Interessen zu wahren haben. Sie haben deshalb im Allgemeinen keine Verfahrenskosten zu tragen[68]. Ausnahmsweise kann es sich aber rechtfertigen, einer Vorinstanz Verfahrens-

---

[60] Dazu RB 1993 Nr. 65.
[61] Dazu RB 1998 Nr. 4, E. 1.
[62] BEUSCH, in: Kommentar VwVG, Art. 63 N. 12; GEISER, in: Basler Kommentar BGG, Art. 66 N. 8; MAILLARD, in: Praxiskommentar VwVG, Art. 63 N. 13; vgl. BGr, 18.10.2013, 2C_434/2013, E. 2.3; RB 1995 Nr. 2.
[63] VGr, 15.4.2010, VB.2010.00039, E. 4.1.
[64] Vgl. Weisung 1995, S. 1529.
[65] Vgl. die ähnlich lautenden Regelungen in bundesrechtlichen Verfahrensgesetzen, die sich allerdings auf sämtliche Gemeinwesen beziehen (Art. 66 Abs. 4 BGG; Art. 63 Abs. 2 VwVG).
[66] Weisung 1995, S. 1529.
[67] ROTACH TOMSCHIN, Revision, S. 440.
[68] MERKLI/AESCHLIMANN/HERZOG, Kommentar VRPG, Art. 108 N. 10.

kosten aufzuerlegen[69], nämlich wenn das *Verursacherprinzip* (N. 59) oder *Billigkeitsgründe* (N. 64) eine solche Kostenauflage zulassen.

Können die Kosten ausnahmsweise – etwa aus Billigkeitsgründen – weder den am Verfahren beteiligten Parteien noch der Vorinstanz noch Drittverursachern auferlegt werden, so sind sie auf die **Kasse der Entscheidinstanz** zu nehmen[70]. 49

C. Unterliegerprinzip

§ 13 Abs. 2 Satz 1 hält fest, dass mehrere am Verfahren Beteiligte die Kosten in der Regel entsprechend ihrem Unterliegen tragen, und statuiert damit das Unterlieger- bzw. Erfolgsprinzip. Die Kostenverteilung nach dem Unterliegerprinzip stellt im Mehrparteienverfahren einen **allgemeinen prozessualen Grundsatz** dar[71], der in zahlreichen kostenpflichtigen staatlichen Verfahren üblich ist[72]. Das Unterliegerprinzip ist somit die Regel, während das Verursacherprinzip (N. 55 ff.) und Billigkeitserwägungen (N. 63 f.) nur ausnahmsweise zur Anwendung kommen. 50

Das Obsiegen wird grundsätzlich daran gemessen, mit welchen **Anträgen** der Verfahrensbeteiligte durchdringt[73]. Auf die Begründetheit einzelner *Rügen* kommt es hingegen nicht an[74]. Im Rechtsmittelverfahren ist massgebend, ob und in welchem Umfang die anfechtende Partei – zum Nachteil der Gegenpartei – eine Änderung des vorinstanzlichen Entscheids zu bewirken vermag. Dringt eine Partei bloss mit einem Eventualbegehren durch, so unterliegt sie mit der Differenz zwischen Haupt- und Eventualbegehren[75]. 51

Allfällige **Anträge einer Gegenpartei** sind für die Beurteilung des Unterliegens grundsätzlich nicht massgebend. Verzichtet die Gegenpartei auf das Stellen von Anträgen bzw. auf das Einreichen einer Vernehmlassung, so verliert sie dadurch ihre Parteistellung nicht und trägt für den Fall des Unterliegens in der Regel bis zum Abschluss des Verfahrens das Kostenrisiko[76]. Eine Ausnahme von diesem Grundsatz rechtfertigt sich allerdings dann, wenn ein gravierender, vom Rechtsmittelbeklagten nicht mitverschuldeter Verfahrensfehler zur Gutheissung des Rechtsmittels führt und der Rechtsmittelbeklagte entweder die Gutheissung des Rechtsmittels beantragt oder sich eines Antrags enthalten hat; ferner dann, wenn jemand ohne eigenes Zutun in das Verfahren einbezogen wurde oder wenn es ausschliesslich um verfahrensrechtliche Fragen geht oder die unterliegende Partei zu Unrecht vor der Vorinstanz nicht ins Verfahren einbezogen wurde[77]. 52

---

[69] MERKLI/AESCHLIMANN/HERZOG, Kommentar VRPG, Art. 107 N. 2 und 9 sowie Art. 108 N. 3.
[70] Vgl. z.B. VGr, 17.7.2013, EG.2013.00002, E. 3; VGr, 20.6.2012, VB.2012.00356, E. 4.1.
[71] BGE 132 II 47, E. 3.3; vgl. GYGI, Bundesverwaltungsrechtspflege, S. 329; RHINOW/KOLLER/KISS/THURNHERR/BRÜHL-MOSER, Öffentliches Prozessrecht, N. 971.
[72] Vgl. z.B. Art. 66 Abs. 1 Satz 1 BGG; Art. 63 Abs. 1 Satz 1 und Abs. 3 VwVG; Art. 144 Abs. 1 Teilsatz 1 DBG; § 151 Abs. 1 Teilsatz 1 StG; Art. 106 Abs. 1 Satz 1 ZPO; Art. 428 Abs. 1 Satz 1 StPO.
[73] Vgl. BGE 123 V 156, E. 3c; RB 1985 Nr. 2; MERKLI/AESCHLIMANN/HERZOG, Kommentar VRPG, Art. 108 N. 2; MAILLARD, in: Praxiskommentar VwVG, Art. 63 N. 14.
[74] VGr, 27.3.2013, VB.2012.00571, E. 10.2.
[75] RÜEGG, in: Basler Kommentar ZPO, Art. 106 N. 3.
[76] BGE 128 II 90, E. 2b; RB 1997 Nr. 6 (BEZ 1997 Nr. 16).
[77] BGr, 18.10.2013, 2C_434/2013, E. 2.4.

§ 13

53 Dringt eine Partei mit ihren Begehren nur zum Teil durch, so gilt sie als **teilweise obsiegend**. In diesem Fall trägt sie die Kosten gemäss § 13 Abs. 2 Satz 1 – wie auch nach zahlreichen anderen Verfahrensgesetzen[78] – entsprechend ihrem Unterliegen, d.h. anteilsmässig in jenem Umfang, in dem sie nicht obsiegt[79]. Obsiegt eine Partei weitgehend und unterliegt nur im Umfang von einigen Prozenten, so werden ihr in der Regel aus verfahrensökonomischen Gründen keine Verfahrenskosten auferlegt[80]; die der Gegenpartei auferlegten Kosten können in einem solchen Fall leicht reduziert werden[81]. Unterliegt eine Partei hingegen in nicht bloss untergeordnetem Umfang, so darf grundsätzlich nicht darauf verzichtet werden, ihr anteilsmässig Verfahrenskosten aufzuerlegen[82]. Bei einer nicht vermögensrechtlichen Streitigkeit kann der Anteil des Unterliegens und Obsiegens nicht präzis berechnet werden, weshalb der Entscheidinstanz bei der Festsetzung des Verteilschlüssels ein erheblicher Ermessensspielraum zusteht[83].

54 Wenn der Entscheid auf einen **Verfahrensfehler der Vorinstanz** zurückgeht und nicht von der unterliegenden Partei verursacht wurde, rechtfertigt sich in der Regel eine Kostenauferlegung nach dem Verursacherprinzip (N. 59) bzw. nach Billigkeitserwägungen (N. 64). Die Anwendung des Unterliegerprinzips ist aber auch in solchen Fällen nicht ausgeschlossen (vgl. N. 71).

D. Verursacherprinzip

55 § 13 Abs. 2 Satz 2 ist Ausdruck des prozesskostenrechtlichen Verursacherprinzips: Kosten, die eine verfahrensbeteiligte Person durch Verletzung von Verfahrensvorschriften oder durch nachträgliches Vorbringen solcher Tatsachen oder Beweismittel verursacht, die sie schon früher hätte geltend machen können, sind ihr ohne Rücksicht auf den Ausgang des Verfahrens zu überbinden. Die Kostenauferlegung nach dem Verursacherprinzip stellt gegenüber jener nach dem Unterliegerprinzip (§ 13 Abs. 2 Satz 1) die **Ausnahme** dar und lässt zu, dass die Verfahrenskosten auch einer obsiegenden Partei vollumfänglich oder teilweise auferlegt werden können.

56 Sinn und Zweck der Kostentragung nach dem Verursacherprinzip ist es, **unerwünschtes Prozessverhalten** zu sanktionieren, indem die Partei, die unnötigen Verfahrensaufwand verursacht, die Kosten zu tragen hat[84]. Diesen Grundsatz kennen auch zahlreiche andere Verfahrensgesetze[85].

---

[78] Art. 63 Abs. 1 Satz 2 VwVG; Art. 106 Abs. 2 ZPO; § 151 Abs. 1 Teilsatz 2 StG; Art. 144 Abs. 1 Teilsatz 2 DBG.
[79] Vgl. z.B. BGr, 10.10.2011, 2D_20/2011, E. 3.7; MERKLI/AESCHLIMANN/HERZOG, Kommentar VRPG, Art. 108 N. 3; RÜEGG, in: Basler Kommentar ZPO, Art. 106 N. 8.
[80] RÜEGG, in: Basler Kommentar ZPO, Art. 106 N. 3; vgl. z.B. BGr, 8.2.2012, VR.2010.00004, E. 4. Die Landwirtschaftliche Rekurskommission des Kantons Aargau auferlegt praxisgemäss einer Partei, die im Umfang von weniger als zehn Prozent obsiegt, die vollumfänglichen Verfahrenskosten (Entscheid vom 20.8.2004, AGVE 2004 Nr. 94, E. 8.1).
[81] Vgl. BGr, 1.3.2012, 2C_785/2011, E. 4.2.
[82] Vgl. VGr, 10.9.2012, VB.2012.00044, E. 9.3.
[83] BGr, 22.12.2010, 1C_58/2010, E. 13.2.
[84] MERKLI/AESCHLIMANN/HERZOG, Kommentar VRPG, Art. 108 N. 7 f.
[85] Z.B. Art. 66 Abs. 3 BGG; Art. 108 ZPO; Art. 63 Abs. 3 VwVG; § 151 Abs. 2 StG; Art. 144 Abs. 2 DBG; Art. 417 sowie Art. 426 Abs. 2 StPO.

Nicht jede kostenverursachende Verletzung von Verfahrensvorschriften durch eine obsiegende Partei rechtfertigt eine Kostenauferlegung nach § 13 Abs. 2 Satz 2. Vielmehr ist eine solche Sanktion nur im Fall eines **schuldhaften bzw. ordnungswidrigen Verhaltens** angemessen, d.h. wenn die Kosten unter Missachtung der zumutbaren Sorgfalt entstanden sind[86]. Stellt die obsiegende Partei hingegen ein prozessual zulässiges Begehren, das zusätzlichen Aufwand verursacht – etwa indem sie die Einholung von Empfangsscheinen zur Prüfung von Fristfragen beantragt –, so sind die dadurch verursachten Kosten in der Regel der unterliegenden Partei aufzuerlegen[87].

57

Eine (teilweise) obsiegende **private Partei** kann nach dem Verursacherprinzip kostenpflichtig werden,
- wenn ihr eine *wiederholt mutwillige Art der Prozessführung* vorzuwerfen ist[88];
- wenn sie im Rechtsmittelverfahren nur aufgrund von Beweisen obsiegt, die sie im vorinstanzlichen Verfahren ohne ersichtlichen Grund und in *Verletzung ihrer Mitwirkungspflicht* nicht vorgebracht hatte[89];
- wenn sie gegenüber der Vorinstanz *Umstände verschwieg*, die vermutlich bereits vor der Vorinstanz zu einer (teilweisen) Gutheissung geführt hätten[90];
- wenn sie das Verfahren aufgrund einer *ohne Bewilligung vorgenommenen Bauausführung* oder ungenügender Baupläne verursacht hat[91];
- wenn sie *bewusst an eine unzuständige Rechtsmittelinstanz* gelangt, welche die Eingabe an die richtige Rechtsmittelinstanz weiterleitet[92], oder sich anderweitig *widersprüchlich und treuwidrig* verhält[93].

58

Auch einem **Gemeinwesen** bzw. einer **Vorinstanz** können gestützt auf das Verursacherprinzip Verfahrenskosten auferlegt werden (vgl. N. 46 ff.). Dies ist beispielsweise zulässig,
- wenn die Vorinstanz ihre Pflicht zur Justizgewährung in qualifizierter Weise verletzte, indem sie aus überspitzt formalistischen Gründen auf ein Rechtsmittel nicht eintrat[94] und dadurch eine *Rechtsverweigerung* beging[95];
- wenn eine vorinstanzliche Behörde das *rechtliche Gehör verletzte* und es im Anfechtungsverfahren lediglich dank einer Heilung der Gehörsverletzung nicht zu einer Gutheissung des Rechtsmittels kam[96];
- wenn die Aufhebung eines Entscheids im Rechtsmittelverfahren allein auf *Verfahrensfehler* einer Vorinstanz zurückgeht[97], etwa auf eine mangelhafte Sachverhaltsabklärung,

59

---

[86] RÜEGG, in: Basler Kommentar ZPO, Art. 108 N. 1.
[87] BGr, 15.4.2010, 1C_525/2009, E. 3.
[88] Vgl. z.B. BGr, 29.3.2011, 6B_227/2011, E. 2.
[89] Vgl. BVGr, 6.8.2013, A-189/2013, E. 4.3.2 und 4.4.
[90] Vgl. VGr, 27.6.2012, VB.2012.00195, E. 6 (nicht publiziert).
[91] VGr, 8.2.2012, VB.2011.00530, E. 6.3.
[92] BGr 25.9.2012, 2C_928, E. 2.6.
[93] Vgl. BGr, 17.3.2003, 2A.474/2002, E. 7.2.
[94] Vgl. BGr, 29.5.2012, 4A_66/2012, E. 7.
[95] BGr, 15.5.2009, 9C_251/2009, E. 2.1; VGr, 29.5.2013, VB.2013.00149, E. 6.2.
[96] BGr, 30.8.2013, 1C_564/2013, E. 2.3; BGr, 19.4.2012, 1C_4/2012, E. 8.
[97] VGr, 4.9.2013, VB.2013.00052, E. 6; VGr, 25.7.2012, VB.2012.00434, E. 4.

eine Verletzung des rechtlichen Gehörs[98], eine ungenügende Begründung[99], eine unzutreffende Rechtsmittelbelehrung[100], eine falsche Parteibezeichnung[101], eine unterlassene Anhörung[102] oder eine Missachtung von Ausstandsvorschriften[103];
- wenn es im Rechtsmittelverfahren um Kosten für ein *Gutachten* geht für Abklärungen, die das Gemeinwesen im erstinstanzlichen Verfahren hätte vornehmen müssen[104];
- wenn ein Rechtsmittelverfahren in erster Linie durch die *mangelhafte Ausschreibung* eines Vergabeverfahrens ausgelöst wurde[105].

60 Nach dem Verursacherprinzip können die Verfahrenskosten ausnahmsweise auch dem **Rechtsvertreter** eines Verfahrensbeteiligten auferlegt werden, wenn dieser unnötige Kosten verursacht. Dies ist etwa dann der Fall, wenn ein Anwalt schon bei Beachtung elementarster Sorgfalt hätte feststellen können, dass das Rechtsmittel unzulässig ist[106], wenn er die Beschwerde ohne Vertretungsvollmacht führte[107] oder wenn er den Entscheidinstanzen eine mehrfach entschiedene und in Bezug auf die Klientschaft rechtskräftig beurteilte Rechtsfrage nochmals unterbreitet[108].

61 Die Kostenpflicht kann schliesslich auch **weitere Personen** betreffen, die in das Verfahren involviert sind und unnötige Kosten verursacht haben, etwa unentschuldigt fernbleibende Zeugen[109].

62 Wer **mutwillig oder querulatorisch** Prozesse führt, hat nach einem allgemeinen prozessualen Grundsatz die damit verbundenen Verfahrenskosten zu tragen[110]. Einem solchen Verhalten wird in der Praxis nicht selten dadurch Rechnung getragen, dass die Gebühr etwas höher als sonst üblich angesetzt und die verursachende Partei allenfalls zur Zahlung einer Parteientschädigung verpflichtet wird (§ 17 Abs. 2 lit. b)[111]. Ferner besteht in solchen Fällen die Möglichkeit der Anordnung von Disziplinarmassnahmen (§ 5 N. 85 ff.).

E. Billigkeitsgründe

63 Die Kostenverteilung nach Erfolgs- oder Verursacherprinzip kann im Einzelfall starr und unbillig erscheinen. Die Entscheidbehörde hat deshalb Spielraum, um bei besonderen

---

[98] VGr, 12.6.2013, VB.2012.00782, E. 4.2; VGr, 11.2.2004, VB.2003.00400, E. 4.
[99] Vgl. z.B. VGr, 9.5.2012, VB.2011.00730, E. 6.2.
[100] BGr, 12.5.2011, 4A_146/2011, E. 7.3; BGr, 4.1.2010, 8C_830/2009, E. 3.1; VGr, 06.01.2012, VB.2011.00736, E. 4.1; VGr, 7.7.2004, PB.2004.00013, E. 3; GEISER, in: Basler Kommentar BGG, Art. 66 N. 25.
[101] VGr, 11.1.2006, VB.2005.00357, E. 4.2.
[102] VGr, 9.2.2011, VB.2010.00396, E. 3.1.
[103] VGr, 21.11.2012, VB.2012.00705, E. 7.1.
[104] Vgl. VGr, 11.7.2012, VB.2010.00676, E. 10; BGr, 26.10.2011, 1C_355/2011, E. 3.3.
[105] RB 2004 Nr. 10, E. 4 (VB.2004.00195 = BEZ 2005 Nr. 6); vgl. BGr, 7.8.2012, 2D_26/2012, E. 2.4.
[106] BGE 129 IV 206, E. 2; BGr, 19.6.2012, 2C_589/2012, E. 2.3.
[107] BGr, 6.6.2012, 1C_31/2012, E. 5.4; RB 2004 Nr. 104 (RG.2004.00004); VGr, 25.4.2012, VB.2012.00025, E. 3 und 4; vgl. RÜEGG, in: Basler Kommentar ZPO, Art. 108 N. 2.
[108] BGr, 3.7.2013, 2C_524/2013, E. 2.3.
[109] GEISER, in: Basler Kommentar BGG, Art. 66 N. 24; RÜEGG, in: Basler Kommentar ZPO, Art. 108 N. 2.
[110] MAILLARD, in: Praxiskommentar VwVG, Art. 63 N. 24; vgl. Art. 115 ZPO.
[111] Vgl. SOMMER, Verwaltungsgericht, S. 276.

Umständen die Prozesskosten nach Ermessen, d.h. nach Billigkeitserwägungen, zu verlegen. Im Sinne der **Einzelfallgerechtigkeit** kann die Belastung mit Prozesskosten zugunsten der unterlegenen bzw. zulasten der obsiegenden Partei verschoben werden[112]. Wenn die Kosten keinem Verfahrensbeteiligten auferlegt werden können, besteht ferner die Möglichkeit, sie der Vorinstanz aufzuerlegen oder auf die Kasse der Entscheidinstanz zu nehmen (N. 48 f.). Andere Verfahrensgesetze enthalten im Gegensatz zum VRG oftmals ausdrückliche Bestimmungen, die aus Billigkeitserwägungen eine abweichende Kostenauferlegung bzw. einen Verzicht auf die Erhebung von Kosten erlauben[113].

Billigkeitsgründe, die dafür sprechen, **der unterliegenden Partei nicht die (vollen) Kosten aufzuerlegen,** liegen in der Regel vor,

- wenn die unterliegende Partei *in guten Treuen zur Prozessführung veranlasst* war[114];
- wenn die Entscheidinstanz eine *Praxisänderung* beschliesst[115];
- wenn eine Partei aufgrund einer *unrichtigen Rechtsmittelbelehrung* ein unzulässiges Rechtsmittel erhoben hat[116];
- wenn *behördliche Fehlleistungen* für die Parteien zu erheblichem Mehraufwand führen[117];
- wenn eine Partei einen *Verfahrensfehler der Vorinstanz* rügt und lediglich deshalb nicht durchdringt, weil die Entscheidinstanz von einer Heilung des Fehlers ausgeht[118] – es sei denn, es handle sich um einen inhaltlich nicht wesentlichen Verfahrensfehler[119];
- wenn eine private Gegenpartei lediglich aufgrund von gravierenden Verfahrensfehlern der Vorinstanz unterliegt bzw. wenn eine sogenannte «*Justizpanne*» vorliegt[120];
- wenn das Verfahren von *überlanger Dauer* war[121]; diesfalls sind die Verfahrenskosten im Umfang, in dem sie dem Rechtsmittelkläger herabgesetzt[122] oder erlassen[123] werden, jener Instanz aufzuerlegen, die für die unzulässige Verfahrensverzögerung verantwortlich war[124];
- wenn eine obere Behörde den Entscheid einer unteren Behörde infolge von deren *Unzuständigkeit* aufhebt[125];

---

[112] RÜEGG, in: Basler Kommentar ZPO, Art. 107 N. 1; vgl. BGE 139 III 33, E. 4.2.
[113] Z.B. Art. 66 Abs. 1 Satz 2 BGG; Art. 63 Abs. 1 Satz 3 VwVG; Art. 107 Abs. 1 lit. f und Art. 107 Abs. 2 ZPO; § 151 Abs. 3 StG; Art. 144 Abs. 3 DBG.
[114] Vgl. BGE 137 II 58, E. 14.2.3; VGr, 6.9.2012, VB.2012.00371, E. 3; so auch Art. 107 Abs. 1 lit. b ZPO.
[115] RÜEGG, in: Basler Kommentar ZPO, Art. 107 N. 5.
[116] VGr, 20.6.2012, VB.2012.00356, E. 4.1; RB 2002 Nr. 114, E. [3]d (SB.2002.00064); vgl. BGr, 23.8.2012, 2C_781/2012, E. 3; BGr, 12.5.2011, 4A_146/2011, E. 7.3; MAILLARD, in: Praxiskommentar VwVG, Art. 63 N. 19.
[117] MERKLI/AESCHLIMANN/HERZOG, Kommentar VRPG, Art. 108 N. 7 und 9.
[118] Vgl. BGr, 7.8.2012, 1C_98/2012, E. 9.3; BGE 126 II 111, E. 7b; VGr, 20.6.2012, VB.2012.00356, E. 4.1.
[119] BGr, 27.9.2011, 1C_271/2011, E. 8.
[120] BGr, 23.3.2012, 5A_61/2012, E. 4; VGr, 24.4.2013, VB.2013.00001, E. 4.
[121] BGr, 9.12.2011, 1C_100/2011, E. 15; VGr, 27.6.2012, SB.2011.00093, E. 4.
[122] RB 2008 Nr. 2 (VB.2008.00133); BGE 136 I 274, E. 2.3; 130 I 312, E. 5.3.
[123] BGE 138 II 513, E. 6.5 und (nicht publizierte) E. 9.
[124] BGr, 19.9.2013, 5A_345/2013, E. 3.3 (zur BGE-Publikation vorgesehen).
[125] VGr, 20.3.2013, VB.2012.00629, E. 3.1.

- wenn das Verfahren durch ein postalisches *Zustellproblem* verursacht wurde[126];
- wenn eine Partei lediglich aufgrund von *Noven*[127] oder aufgrund der *Verfahrensdauer*[128] unterliegt;
- wenn eine Partei aufgrund eines *negativen Kompetenzkonflikts* gezwungen war, einen Entscheid anzufechten[129];
- wenn ideelle Ziele verfolgt werden bzw. wenn die Abklärungen im *öffentlichen Interesse* liegen[130], beispielsweise wenn im Interesse des Natur- und Heimatschutzes die Schutzwürdigkeit des Objekts eines Grundeigentümers gutachterlich abgeklärt wird[131];
- wenn ein *erheblicher Klärungsbedarf* bestand, etwa wenn ein Pilotprozess geführt wurde[132], wenn bei der Planung eines Projekts zahlreiche Unklarheiten und Ungewissheiten bestehen[133] oder wenn neue, komplexe Zuständigkeitsfragen zu beurteilen sind[134];
- wenn sich eine Partei in *finanziell prekären Verhältnissen* befindet[135];
- wenn die Behörde ein Verfahren *einstellt,* das sie zuvor zu Unrecht von Amtes wegen eröffnet hatte[136].

F. Einzelne Erledigungsarten

1. Gutheissung (ohne Rückweisung), Abweisung und Nichteintreten

65 Wird ein Gesuch oder ein Rechtsmittel – unter Verzicht auf eine Rückweisung – ganz oder teilweise gutgeheissen oder abgewiesen oder wird nicht darauf eingetreten, so sind die Kosten des betreffenden Verfahrens **in der Regel nach dem Unterliegerprinzip** aufzuerlegen (vgl. N. 50 ff.), ausnahmsweise nach dem Verursacherprinzip (vgl. N. 55 ff.) oder nach Billigkeitserwägungen (vgl. N. 63 f.).

66 Im Rechtsmittelverfahren müssen unter Umständen die **vorinstanzlichen Kostenfolgen** korrigiert werden:
- Wird ein Rechtsmittel – unter Verzicht auf eine Rückweisung – ganz oder teilweise *gutgeheissen,* so sind die vorinstanzlichen Verfahrenskosten in der Regel entsprechend dem Ausgang des Verfahrens neu zu verlegen; dies gilt auch dann, wenn einer Partei im vorinstanzlichen Verfahren die unentgeltliche Prozessführung gewährt worden war. Liegen der Gutheissung allerdings neu eingetretene Tatsachen zugrunde, ohne

---

[126] VGr, 22.10.2013, VB.2013.00143, E. 3.1.
[127] VGr, 21.11.2013, VB.2012.00624, E. 4.2; VGr, 7.11.2013, VB.2011.00642, E. 3.2.
[128] BGr, 5.9.2013, 2C_13/2013, E. 6.
[129] Vgl. BGr, 27.3.2013, 9C_1036/2012, E. 6; BGE 138 III 471, E. 7.
[130] Vgl. BGr, 2.9.2005, 2A.191/2005, E. 2.2.
[131] BRK II, 27.10.1998, 264/1998, E. 6b (BEZ 1998 Nr. 25).
[132] BGE 137 II 58, E. 14.2.3.
[133] VGr, 1.12.2010, VB.2008.00176, E. 19.
[134] VGr, 5.12.2012, VB.2012.00755, E. 3.
[135] Vgl. VGr, 10.2.2011, VB.2010.00640; BGr, 11.4.2012, 1G_3/2012, E. 2.
[136] Vgl. BVGr, 15.10.2012, A-3406/2012, E. 3.2.

dass sich der vorinstanzliche Entscheid als im damaligen Zeitpunkt unzutreffend erweist, so ist die vorinstanzliche Kostenverteilung zu belassen[137].
– Wird ein Rechtsmittel *abgewiesen* oder wird *nicht darauf eingetreten,* so sind die vorinstanzlichen Kosten nicht neu zu verlegen. Einzig wenn wegen eines dahingefallenen aktuellen Rechtsschutzinteresses nicht auf ein Rechtsmittel eingetreten wird, kann sich ausnahmsweise – unter den gleichen Bedingungen wie im Fall der Gegenstandslosigkeit (N. 74 ff.) – eine Neuverlegung der vorinstanzlichen Verfahrenskosten rechtfertigen[138].

2. Rückweisung

Im Fall einer Rückweisung ist die Kostenverteilung einzig dann unproblematisch, wenn der Ausgang des Verfahrens bereits bekannt ist, so dass die Kosten nach dem Unterliegerprinzip (N. 50 ff.) auferlegt werden können[139], oder wenn die Kosten unabhängig vom Obsiegen – nach dem Verursacherprinzip (N. 55 ff.) oder nach Billigkeitserwägungen (N. 63 f.) – auferlegt werden. In den übrigen Fällen besteht hingegen das **Grundsatzproblem,** dass im Rückweisungszeitpunkt (noch) nicht bekannt ist, welche Partei schliesslich in der Sache obsiegen bzw. unterliegen wird, so dass eine Kostenauflage nach dem Unterliegerprinzip nicht in Frage kommt. Die einzige «gerechte» Lösung bestünde in dieser Situation darin, dass die Entscheidinstanz nur die Höhe ihrer Verfahrenskosten bestimmt und deren Verteilung jener unteren Instanz überlässt, an die sie die Sache zurückweist. Diese im Zivilprozessrecht explizit vorgesehene Möglichkeit (Art. 104 Abs. 4 ZPO) ist im Verwaltungsrecht zwar nicht ausgeschlossen, wird aber in der Praxis soweit ersichtlich nicht angewendet. Die Verwaltungs- und Gerichtsbehörden kennen in Bezug auf die Kostenauferlegung in Rückweisungsfällen keine einheitliche Praxis. 67

Als Grundsatz kann festgehalten werden, dass jene Instanz, an welche die Sache zurückgewiesen wurde, die Verfahrenskosten so festzulegen hat, dass der Rechtsuchende **insgesamt nicht schlechter gestellt** wird, als wenn der richtige Entscheid von Anfang an getroffen worden wäre[140]. 68

Hat eine Partei primär **Antrag auf Rückweisung** und eventualiter einen Entscheid in der Sache beantragt, so wird sie im Rückweisungsfall in der Regel als vollständig obsiegend betrachtet und trägt somit keine Verfahrenskosten. Von Bundesrechts wegen darf aber auch eine solche Partei trotz formell vollständigem Obsiegen als teilweise unterliegend mit Kosten belastet werden, wenn die Angelegenheit in der Hauptsache nach wie vor unentschieden ist[141]. 69

Hat eine Partei **keinen Antrag auf Rückweisung** gestellt oder beantragt sie diese nur eventuell, so geht die Praxis in der Regel von einem teilweisen Unterliegen aller Parteien bzw. von einer gleichmässigen Kostenverteilung auf die Parteien aus[142]. Im Bereich des 70

---

[137] VGr, 8.5.2013, VB.2013.00086, E. 4.3; VGr, 30.9.2009, VB.2009.00364, E. 3.4.
[138] VGr, 15.4.2010, VB.2010.00035, E. 4.1.
[139] Vgl. z.B. VGr, 22.8.2013, VB.2013.00070, E. 8.
[140] GADOLA, Beschwerdeverfahren, S. 462.
[141] BGr, 8.3.2011, 1C_440/2010, E. 5.4.
[142] BGr, 12.5.2011, 4A_146/2011, E. 3.3; VGr, 13.7.2011, VB.2010.00651, E. 10.

Sozialversicherungsrechts geht das Bundesgericht indessen davon aus, dass die Rückweisung der Sache an die Vorinstanz zu erneuter Abklärung (mit noch offenem Ausgang) für die Frage der Kostenauferlegung auch im kantonalen Verwaltungsgerichtsverfahren als volles Obsiegen gilt – und zwar unabhängig davon, ob die Rückweisung überhaupt beantragt oder ob das entsprechende Begehren im Haupt- oder im Eventualantrag gestellt wurde[143]. Das Bundesgericht erachtet diesen Grundsatz – dem es allerdings auch im Bereich des Sozialversicherungsrechts nicht konsequent folgt[144] – teilweise auch in nicht sozialversicherungsrechtlichen Gebieten[145] und bisweilen auch im kantonalen öffentlichen Recht[146] als massgebend. Auch das Zürcher Verwaltungsgericht auferlegt die Verfahrenskosten in Rückweisungsfällen bisweilen vollumfänglich der gesuchsgegnerischen Partei[147]. Eine solche Kostenauferlegung rechtfertigt sich insbesondere dann, wenn davon auszugehen ist, dass die ursprünglich angefochtene Verfügung schliesslich zumindest teilweise zugunsten der gesuchstellenden Partei abgeändert werden muss[148].

71 Wenn die Rückweisung auf **verfahrensrechtliche Fehler der Vorinstanz** – etwa eine Verletzung des rechtlichen Gehörs, eine unzutreffende Rechtsmittelbelehrung oder eine mangelhafte Sachverhaltsabklärung – zurückgeht und nicht auf Fehler einer Partei, so ist es in der Regel opportun, den Rechtsmittelführenden im Rückweisungsfall keine oder nur einen Teil der Verfahrenskosten aufzuerlegen (N. 59 und 64)[149]. Es ist in dieser Situation allerdings auch nicht rechtsverletzend, die den Endentscheid anstrebende Partei als teilweise unterliegend zu betrachten und ihr die Hälfte der Kosten aufzuerlegen. Dies gilt selbst dann, wenn der vorinstanzliche Fehler – etwa die ungenügende Sachverhaltsermittlung – für den Rechtsmittelkläger nicht ohne weiteres erkennbar war[150]. Die hälftige Kostenverteilung kann diesfalls mit dem allgemeinen Prozessrisiko der Verfahrensbeteiligten begründet werden[151] sowie mit dem Umstand, dass im Rückweisungszeitpunkt noch nicht bekannt ist, welche Partei schliesslich in der Sache obsiegen wird.

72 Beruht die Rückweisung auf einer mangelhaften Prozessführung eines **Verfahrensbeteiligten** – etwa weil dieser nachträglich Tatsachen vorbrachte, die er schon früher hätte geltend machen können –, so sind ihm die Verfahrenskosten gestützt auf § 13 Abs. 2 Satz 2 aufzuerlegen (vgl. N. 58).

73 Im Fall einer **Sprungrückweisung** an die Erstinstanz ist die Kostenverteilung ebenfalls nur dann unproblematisch, wenn der Ausgang des Verfahrens im Rückweisungszeitpunkt bereits bekannt ist, so dass die Kosten entsprechend dem Ausgang des Verfahrens bzw. nach dem Unterliegerprinzip auferlegt werden können[152]. Ist dies nicht der Fall, so

---

[143] BGE 137 V 57, E. 2.1 und 2.2; 132 V 215, E. 6.
[144] Vgl. z.B. BGr, 11.7.2011, 9C_69/2011, E. 7.
[145] BGr, 21.3.2013, 2C_984/2012, E. 3.2; BGr, 25.9.2012, 2D_49/2011, E. 11.3; BGr, 18.7.2012, 2C_182/2012, E. 6.1; BGr, 12.5.2011, 2C_60/2011, E. 2.4; BGE 131 II 72, E. 4; so auch die Praxis des Bundesverwaltungsgerichts (vgl. BVGr, 18.4.2011, B-7967/2009, E. 9).
[146] Vgl. z.B. BGr, 12.5.2011, 2C_60/2011, E. 2.5; BGr, 26.4.2010, 1C_397/2009, E. 6.
[147] Vgl. z.B. VGr, 13.3.2013, VB.2012.00657, E. 7.
[148] Vgl. BGE 137 II 58, E. 14.1; für das Sozialversicherungsrecht vgl. BGE 132 V 215, E. 6.2.
[149] VGr, 10.4.2013, VB.2012.00531, E. 7.2.
[150] VGr, 21.1.2009, VB.2008.00480, E. 2.3.
[151] BGr, 12.5.2011, 4A_146/2011, E. 3.3; vgl. BGE 119 Ia 1, E. 6b.
[152] Vgl. z.B. BGr, 27.7.2011, 1C_34/2011, E. 3.

wird die Vorinstanz in der Regel angewiesen, die Kosten neu zu verlegen[153]. Die nach der Praxis des Verwaltungsgerichts in solchen Fällen übliche hälftige Kostenverteilung ist nach der Rechtsprechung des Bundesgerichts dann unzulässig, wenn eine als teilweise unterliegend erachtete Partei in der Folge mit ihrem von Anfang an vorgetragenen Antrag obsiegt[154]. Die Vorinstanz kann das Risiko einer unzulässigen Kostenauferlegung somit nur verhindern, wenn sie die Kostenverlegung an die Erstinstanz delegiert oder das Verfahren bis zu deren Entscheid sistiert.

3. Gegenstandslosigkeit

Das VRG enthält **keine Vorschrift** über die Kostenauflage bei Gegenstandslosigkeit des Verfahrens. Die Rechtsprechung des Verwaltungsgerichts orientiert sich daher an den Regeln, welche die Zivilgerichte und das Bundesgericht in solchen Fällen beachten[155]. Zu berücksichtigen ist insbesondere die zivilprozessrechtliche Praxis zu Art. 107 Abs. 1 lit. e ZPO[156].

74

Demnach entscheidet die Behörde im Fall der Gegenstandslosigkeit des Verfahrens **nach Ermessen** über die Kosten- und Entschädigungsfolgen[157]. Dabei hat sie folgende Grundsätze zu beachten[158]:

75

– Die Kosten sind in erster Linie so zu verlegen, dass den **Prozessaussichten** nach dem Stand der Streitsache vor der Gegenstandslosigkeit Rechnung getragen wird. Für die Beurteilung des mutmasslichen Verfahrensausgangs genügt im Fall der Gegenstandslosigkeit eine summarische Begründung aufgrund der Sachlage vor Eintritt des Erledigungsgrunds. Dabei geht es nicht darum, die Prozessaussichten im Einzelnen zu vertiefen und dadurch weitere Umtriebe zu verursachen; vielmehr muss es bei einer knappen Beurteilung der Aktenlage sein Bewenden haben. Auf dem Weg über den Kostenentscheid soll nicht ein materielles Urteil gefällt und unter Umständen der Entscheid in einer heiklen Rechtsfrage präjudiziert werden[159].

– Lässt sich der mutmassliche Ausgang eines Verfahrens im konkreten Fall nicht ohne weiteres bestimmen, gehen die Kosten zulasten jener Partei, die das gegenstandslos gewordene **Verfahren veranlasst** hat oder bei der die Gründe eingetreten sind, die zur Gegenstandslosigkeit des Prozesses geführt haben. Diese Regelung bezweckt, jene Partei, die in guten Treuen Begehren gestellt hat, nicht im Kostenpunkt dafür zu bestrafen, dass das Verfahren infolge nachträglicher Änderung der Umstände abzuschreiben ist, ohne dass ihr dies anzulasten wäre[160]. Nicht zu beanstanden ist in einem solchen Fall beispielsweise eine hälftige Kostenauferlegung in einem gegenstandslos gewordenen Verfahren, das mittelbar durch das Zerwürfnis der Parteien

---

[153] Vgl. z.B. VGr, 20.8.2009, VB.2009.00160, E. 10.
[154] BGr, 12.5.2011, 2C_60/2011, E. 2.5.
[155] Vgl. VGr, 5.5.2010, VB.2007.00241, E. 3.2.
[156] Vgl. BGr, 26.10.2012, 5D_126/2012, E. 3.2; Botschaft ZPO, S. 7297.
[157] BGr, 18.10.2012, 1C_128/2012, E. 2.
[158] RB 2003 Nr. 4, Regeste (VB.2003.00053); RB 2002 Nr. 7, E. 3b; VGr, 15.9.2004, VB.2004.00215, E. 5.1.
[159] BGr, 2.4.2009, 1C_259/2008, E. 4.1; vgl. BGr, 17.3.2011, 5A_567/2010, E. 2.3; BGE 125 V 373, E. 2a.
[160] BGE 118 Ia 488, E. 4a; BGr, 2.4.2009, 1C_259/2008, E. 4.1.

verursacht worden war[161]. Kann keiner Partei vorgeworfen werden, die Gegenstandslosigkeit *allein* verursacht zu haben, so werden die Kosten regelmässig auf die Kasse der Entscheidinstanz genommen. Dies gilt auch dann, wenn das Verfahren aufgrund des Todes der gesuchstellenden bzw. beschwerdeführenden Person gegenstandslos geworden ist[162] – es sei denn, dass das Verfahren in Bezug auf andere Rechtsmittelkläger weitergeführt wird[163]. Sind bis zum Eintritt der Gegenstandslosigkeit bloss geringfügige Kosten entstanden, so kann auf die Erhebung von Verfahrenskosten verzichtet werden[164].

– Kann weder der mutmassliche Verfahrensausgang noch der Verursacher des Verfahrens oder der Gegenstandslosigkeit mit vernünftigem Aufwand eruiert werden, so dürfen die Kosten nach **Billigkeit** verlegt werden – beispielsweise indem die Verfahrenskosten auf die Kasse der Entscheidinstanz genommen werden[165] oder indem das prozessuale Verhalten einer Partei berücksichtigt wird[166].

76 Im Fall einer **ungebührlichen Verfahrensverzögerung** können die Kosten jener Instanz auferlegt werden, die das Beschleunigungsgebot (§ 4a) missachtete – selbst wenn eine andere, mutmasslich unterliegende Partei die Gegenstandslosigkeit des Verfahrens verursacht hat[167].

77 Wird ein Verfahren in der Hauptsache gegenstandslos, so rechtfertigt sich eine Änderung der **vorinstanzlichen Kostenregelung** aus prozessökonomischen Gründen nur dann, wenn sich der Entscheid unschwer als falsch bzw. ohne weiteres als unzutreffend herausstellt[168]. Auf die eingehende Behandlung hypothetisch gewordener Fragen ist zu verzichten[169]. Wenn die Vorinstanz die Kosten nach dem Unterliegerprinzip verteilt hat, ist ihre Regelung der Nebenfolgen dann fehlerhaft, wenn der betreffende Entscheid im Ergebnis nicht haltbar ist, was aufgrund einer summarischen Prüfung des angefochtenen Entscheids in der Hauptsache zu beurteilen ist[170]. Keine (summarische) Prüfung der Hauptfrage ist erforderlich, wenn die vorinstanzlichen Kosten zulässigerweise nach dem Verursacherprinzip verteilt wurden oder wenn die Vorinstanz aus prozessualen Gründen nicht über die Hauptfrage entschied[171]. Im letzteren Fall ist für die Kostenfrage zu berücksichtigen, wer die Gegenstandslosigkeit bzw. das gegenstandslos gewordene Verfahren verursacht hat, wobei ein Entscheid nach Billigkeit vorbehalten bleibt[172].

---

[161] BGr, 17.3.2011, 5A_567/2010, E. 2.3.
[162] Vgl. BGr, 2.8.2012, 2C_140/2012, E. 4.2.
[163] Vgl. BGE 139 II 404, E. 13.
[164] Vgl. VGr, 5.7.2012, VB.2012.00351, E. 2 (nicht publiziert).
[165] Vgl. BGr, 18.10.2012, 1C_128/2012, E. 2.
[166] Vgl. BGr, 26.10.2012, 5D_126/2012, E. 3.2.
[167] VGr, 18.1.2012, VB.2011.00213, E. 2.3 (nicht publiziert).
[168] RB 2003 Nr. 4, E. 3 (VB.2003.00053); RB 2006 Nr. 15, E. 3.1 (VB.2005.00533).
[169] RB 2006 Nr. 15, E. 3.1 (VB.2005.00533); VGr, 20.8.2009, VB.2009.00159, E. 1.3.
[170] RB 2006 Nr. 15, E. 3.2 (VB.2005.00533).
[171] Vgl. VGr, 11.7.2012, VB.2011.00759, E. 3.2.
[172] RB 2006 Nr. 15, E. 3.3 (VB.2005.00533).

4. Rückzug, Anerkennung und Vergleich

Im **nichtstreitigen Verfahren** werden bei einem Rückzug in der Regel nur dann Kosten erhoben, wenn die Behörde zu diesem Zeitpunkt bereits umfangreiche Abklärungen vorgenommen hat.

78

Im **streitigen Verfahren** besteht im Fall eines Rückzugs eine grundsätzliche Kostenpflicht: Wer Abstand erklärt, d.h. seine Begehren zurückzieht oder sich den Begehren der Gegenpartei (ausdrücklich oder konkludent) unterzieht, bewirkt die Gegenstandslosigkeit des Verfahrens und hat nach dem Unterliegerprinzip – unabhängig von den Prozessaussichten – die Kosten zu tragen[173]. Im Zivil- und Strafprozessrecht ist diese Kostenregelung explizit statuiert (Art. 106 Abs. 1 ZPO; Art. 428 Abs. 1 Satz 2 StPO)[174]. Wer die gegnerischen Anliegen anerkennt, hat grundsätzlich auch in allfälligen *vorinstanzlichen* Verfahren als unterliegend zu gelten und die damit verbundenen Verfahrenskosten zu tragen; in der Praxis erfolgt die Kostenauferlegung in solchen Fällen allerdings bisweilen anhand einer summarischen Prüfung der materiellen Rechtslage[175]. Kann das Verfahren in einem frühen Verfahrensstadium wegen Rückzugs ohne materielle Prüfung der Begehren abgeschrieben werden, so verringert sich der Verfahrensaufwand im Vergleich zu einem materiellen Entscheid in der Regel erheblich, was bei der Kostenauflage zu berücksichtigen ist[176]. Erfolgt der Rückzug erst in einem fortgeschrittenen Stadium, so wirkt sich der gesamte bis zum Rückzug getätigte Aufwand auf die Kosten aus[177].

79

Aus **Billigkeitserwägungen** kann es sich im streitigen Verfahren rechtfertigen, die Verfahrenskosten ganz oder teilweise der Gegenpartei aufzuerlegen oder auf die Staats- bzw. Gerichtskasse zu nehmen, statt sie der rückziehenden Partei anzulasten. Dies rechtfertigt sich dann,

80

- wenn eine Rechtsmitteleingabe nur deshalb zurückgezogen wird, weil die Gegenpartei den Anliegen der rechtsmittelführenden Partei in wesentlichen Punkten *entgegengekommen* ist[178]; im Fall einer Stimmrechtsbeschwerde genügt bereits ein geringfügiges Entgegenkommen der Gegenpartei, denn dieses indiziert, dass nicht von einer offensichtlichen Aussichtslosigkeit des Rechtsmittels im Sinn von § 13 Abs. 4 ausgegangen werden kann;
- wenn der Rückzug gestützt auf massgebliche Entscheidgründe erfolgt, die erst im Verlauf des Rechtsmittelverfahrens bekannt werden, weil der angefochtene *Entscheid nicht ausreichend begründet* war[179];
- wenn der Rückzug *unmittelbar nach der Überweisung* der Eingabe von einer unzuständigen an die zuständige Behörde erfolgte[180];

---

[173] VGr, 25.4.2012, VB.2012.00025, E. 4; BGr, 12.11.2010, 8C_351/2010, E. 5.2.2; Merkli/Aeschlimann/Herzog, Kommentar VRPG, Art. 110 N. 4.
[174] Anders hingegen Art. 66 Abs. 2 BGG.
[175] Vgl. VGr, 30.5.2012, VB.2011.00628, E. 2.2.2 sowie Minderheitsbegründung.
[176] Vgl. BGr, 16.7.2013, 1C_207/2013, E. 2.
[177] Vgl. BGr, 12.11.2010, 8C_351/2010, E. 5.2.2.
[178] Vgl. RB 1985 Nr. 2.
[179] Vgl. VGr, 20.7.2012, VB.2012.00180, E. 2 und 2.1; RB 2000 Nr. 71, E. 2b (VB.2000.00101 = BEZ 2000 Nr. 45).
[180] Vgl. VGr, 26.7.2012, VB.2012.00470, E. 3.2.

– oder wenn *Zweifel am Anfechtungswillen* der Person bestehen, die ihre Eingabe zurückzieht.

81 Kostenpflichtig ist eine Behörde, die ein Begehren *anerkennt* – sei es durch **Wiedererwägung,** Anpassung oder Rücknahme der angefochtenen Verfügung. Die Vorinstanz anerkennt damit einen Mangel ihrer Anordnung. Beruht eine Wiedererwägung allerdings auf einem schuldhaft verspäteten Nachbringen entscheidrelevanter Tatsachen, so sind die Kosten nach dem Verursacherprinzip der säumigen Partei aufzuerlegen.

82 Im Fall eines **Vergleichs** richtet sich die Kostenauferlegung in erster Linie nach dem Vereinbarten, denn die Parteien können über die Kostentragungspflicht grundsätzlich frei disponieren. Wenn aber die Parteien die Kostenverlegung der Behörde überlassen oder eine rechtswidrige Kostenliquidation vereinbart haben, muss die Behörde untersuchen, wer als unterliegende Partei zu gelten und die Kosten zu übernehmen hat[181]. Erklärt eine Partei im Rahmen des Vergleichs den Rückzug ihres Rechtsmittels oder zieht sie Anträge zurück, ist sie insofern als unterliegend zu betrachten[182]. Bei der Bemessung der Kostenhöhe ist dem durch die vergleichsweise Erledigung des Verfahrens verminderten Behördenaufwand Rechnung zu tragen.

V. Personalrechtliche Streitigkeiten (Abs. 3)

83 Nach § 13 Abs. 3 werden in Verfahren betreffend personalrechtliche Streitigkeiten – aus sozialpolitischen Gründen – **keine Kosten** erhoben, es sei denn, dass die unterliegende Partei durch ihre Prozessführung einen unangemessenen Aufwand verursacht hat. In den Genuss der grundsätzlichen Kostenlosigkeit kommen sowohl Arbeitnehmende als auch die als Partei auftretenden Behörden bzw. Gemeinwesen[183]. Zahlreiche andere Gesetze sehen bei personalrechtlichen Streitigkeiten ebenfalls den Erlass oder eine Reduktion der Verfahrenskosten vor, soweit der betreffenden Partei kein prozessuales Fehlverhalten vorzuwerfen ist (z.B. Art. 65 Abs. 4 lit. c BGG; Art. 113 Abs. 2 lit. d ZPO). Im Unterschied zu § 13 Abs. 3 gilt die Kostenlosigkeit allerdings nach den meisten anderen Gesetzen – wie auch nach § 65a Abs. 3 – nur bis zu einem Streitwert von Fr. 30 000.

84 § 13 Abs. 3 wurde im Rahmen der **VRG-Revision von 1997** in das Gesetz eingefügt (zur früheren Fassung von § 13 Abs. 3 vgl. N. 46). Zur Begründung wurde angeführt, dass der verwaltungsinterne Rechtsmittelweg für das Personal generell geöffnet worden und der Rechtsschutz des Personals der öffentlichen Dienste den Verfahren vor den zivilen Arbeitsgerichten angeglichen worden sei, was auch für die Regelung der Kostentragung gelten solle[184].

---

[181] MERKLI/AESCHLIMANN/HERZOG, Kommentar VRPG, Art. 110 N. 6; vgl. Art. 109 Abs. 1 und 2 ZPO sowie RÜEGG, in: Basler Kommentar ZPO, Art. 109 N. 1.
[182] MERKLI/AESCHLIMANN/HERZOG, Kommentar VRPG, Art. 110 N. 6.
[183] KEISER, Personalrecht, S. 215.
[184] Weisung 1995, S. 1529.

Eine **personalrechtliche Streitigkeit** liegt vor, wenn in einem Verfahren personalrechtliche Fragen zwischen Arbeitgebenden und Arbeitnehmenden umstritten sind[185]. Der Begriff der personalrechtlichen Streitigkeit im Sinne von § 13 Abs. 3 ist – in Anlehnung an die Rechtsprechung zu § 74 Abs. 1 in der bis am 30. Juni 2010 geltenden Fassung[186] – *weit zu verstehen*. Er umfasst beispielsweise auch Verfügungen gegenüber Behördenmitgliedern, welche auf öffentlichrechtlicher Grundlage im Dienst oder Auftrag des Gemeinwesens entgeltliche Arbeitsleistungen erbringen (soweit die Anordnung ihre dienstrechtliche Stellung betrifft), oder Streitigkeiten betreffend Verfügungen über Entschädigungen von Behördenmitgliedern. Keine personalrechtliche Streitigkeit liegt hingegen vor, wenn ein Arbeitnehmer die Anordnung einer Administrativuntersuchung gegen seinen Arbeitgeber anstrebt, ohne dass das Arbeitsverhältnis zwischen den Parteien in rechtlicher Hinsicht betroffen ist[187].

85

Die nach § 13 Abs. 3 unabhängig von einem allfälligen Streitwert geltende grundsätzliche Kostenbefreiung bei personalrechtlichen Streitigkeiten gilt **nur im nichtstreitigen Verwaltungs- und im Rekursverfahren**[188]. Verwaltungsgerichtliche Verfahren betreffend personalrechtliche Streitigkeiten sind hingegen lediglich bis zu einem Streitwert von Fr. 30 000 grundsätzlich kostenlos (§ 65a Abs. 3).

86

Gemäss § 13 Abs. 3 können der unterliegenden Partei – nicht aber der obsiegenden Partei – in Verfahren betreffend personalrechtliche Streitigkeiten **ausnahmsweise Kosten** auferlegt werden, wenn sie durch ihre Prozessführung einen unangemessenen Aufwand verursacht hat. Andere Verfahrensgesetze statuieren eine Kostenpflicht nur im Fall einer mutwilligen (Art. 13 Abs. 5 GlG) bzw. einer bös- oder mutwilligen (Art. 115 ZPO) Prozessführung.

87

Bei der Beurteilung der Frage, ob die unterliegende Partei einen **unangemessenen Aufwand** im Sinn von § 13 Abs. 3 verursacht hat, ist insbesondere die Art massgebend, wie die betreffende Partei das Verfahren geführt oder sich daran beteiligt hat. Als unangemessen kann sich der Aufwand etwa dann erweisen, wenn eine Partei Verfahrensvorschriften verletzt, wenn sie ungebührliche oder übermässig weitschweifige Eingaben einreicht (§ 5 Abs. 3)[189] oder wenn sie nachträglich Beweismittel vorbringt, die sie bereits früher kannte und die zusätzlichen Aufwand verursachen (N. 58). Entscheidend ist, ob der verursachte Aufwand als zur Wahrung der Parteiinteressen objektiv erforderlich bezeichnet werden kann oder nicht.

88

Die Kostenlosigkeit des Verfahrens nach § 13 Abs. 3 schliesst die Zusprechung einer **Parteientschädigung** im Rahmen von § 17 Abs. 2 nicht aus[190].

89

---

[185] VGr, 5.12.2012, VB.2012.00755, E. 2.4.
[186] VGr, 13.5.2009, PB.2008.00042, E. 2.2; VGr, 19.4.2000, PB.1999.00023, E. 1.
[187] RB 2008 Nr. 16, E. 3.
[188] Vgl. § 4 sowie Weisung 1995, S. 1529.
[189] Weisung 1995, S. 1529.
[190] RB 1997 Nr. 19, E. 3.

VI. Stimmrechtssachen (Abs. 4)

90   Gemäss § 13 Abs. 4 werden in Stimmrechtssachen **grundsätzlich keine Verfahrenskosten** erhoben. Die prinzipielle Kostenlosigkeit rechtfertigt sich damit, dass das allgemeine Interesse an der Verwirklichung des objektiven Rechts im Bereich von Stimmrechtssachen von grosser Bedeutung ist[191]. Vom Grundsatz der Kostenlosigkeit in Stimmrechtssachen kann nach § 13 Abs. 4 abgewichen werden, wenn das Rechtsmittel *offensichtlich aussichtslos* ist[192]. Zum Begriff der offensichtlichen Aussichtslosigkeit vgl. § 16 N. 46 ff.

91   Die Anwendung von § 13 Abs. 4 setzt voraus, dass das Verfahren eine **Stimmrechtssache** betrifft; vgl. zu diesem Begriff § 19 N. 62. Nicht als Stimmrechtssachen zu erachten sind Verfahren betreffend Protokollberichtigung nach § 54 Abs. 3 GG[193] sowie Gemeindebeschwerden gemäss § 151 GG[194].

92   Die prinzipielle Kostenlosigkeit in Stimmrechtssachen gilt **auf sämtlichen Ebenen des kantonalen Verfahrens** (vgl. §§ 4 und 65a Abs. 2). Vor Bundesgericht sind Verfahren in Stimmrechtssachen hingegen grundsätzlich kostenpflichtig (vgl. Art. 65 BGG)[195].

93   § 13 Abs. 4 wurde im Rahmen der **VRG-Revision von 2010** in das Gesetz eingefügt. Das zuvor in § 152 Abs. 1 GPR verankerte Prinzip der Kostenlosigkeit von Verfahren betreffend Stimmrechtssachen wurde bei der Revision grundsätzlich beibehalten, der Ausnahmebereich aber etwas erweitert[196]: Während eine Kostenpflicht nach alt § 152 Abs. 1 GPR nur im Fall von *rechtsmissbräuchlich* eingereichten Rechtsmitteln in Frage kam[197], genügt nach § 13 Abs. 4 bereits die offensichtliche Aussichtslosigkeit eines Rechtsmittels, um Verfahrenskosten zu erheben[198].

VII. Anfechtung des Kostenentscheids

94   Der Kostenentscheid, der in der Regel im Rahmen des Endentscheids ergeht, kann zusammen mit der (anfechtbaren) Hauptsache, aber auch selbständig bei der **in der Hauptsache zuständigen Instanz** – letztinstanzlich beim Bundesgericht – angefochten werden[199]. Ist die Erhebung eines Rechtsmittels in der Hauptsache unzulässig, so ist sie es auch gegen Anordnungen über Verfahrenskosten[200].

95   Zur Anfechtung des Kostenentscheids **legitimiert** sind – unter den Voraussetzungen von § 21 – all jene, denen Verfahrenskosten auferlegt wurden[201]. Kostenpflichtige sind auch

---

[191] Weisung 2009, S. 955.
[192] Vgl. VGr, 11.7.2012, VB.2012.00381, E. 6.
[193] VGr, 19.12.2012, VB.2012.00613, E. 3.1.
[194] VGr, 23.1.2013, VB.2012.00665, E. 3.
[195] Dazu BGE 133 I 141, E. 4.1.
[196] Vgl. Weisung 2009, S. 955.
[197] Vgl. z.B. VGr, 21.4.2010, VB.2010.00132, E. 7.6.
[198] Vgl. z.B. VGr, 17.1.2012, VB.2011.00796, E. 5; VGr, 12.5.2010, VB.2010.00205, E. 7.1.
[199] Vgl. BGr, 31.5.2012, 2C_437/2012, E. 2.2; GYGI, Bundesverwaltungsrechtspflege, S. 328; RHINOW/KOLLER/KISS/THURNHERR/BRÜHL-MOSER, Öffentliches Prozessrecht, N. 1690.
[200] Vgl. BGE 134 V 138, E. 3; in Bezug auf das verwaltungsgerichtliche Beschwerdeverfahren § 44 Abs. 3.
[201] MERKLI/AESCHLIMANN/HERZOG, Kommentar VRPG, Art. 107 N. 2 und 9 sowie Art. 108 N. 3.

dann anfechtungsberechtigt, wenn ihnen die unentgeltliche Prozessführung gewährt wurde[202].

Entsprechend dem weiten Ermessen, das den Behörden bei der Gebührenfestsetzung zukommt, prüfen die Rechtsmittelinstanzen die *Bemessung* von Verfahrenskosten mit einer gewissen **Zurückhaltung,** selbst wenn sie zur Ermessenskontrolle befugt sind. Eine umfangreichere Kognition steht den Rechtsmittelbehörden hingegen bei der Überprüfung der Kosten*verteilung* zu. 96

Soweit die Kostenfolgen ausnahmsweise im Rahmen eines **Zwischenentscheids** geregelt werden, können sie nicht selbständig angefochten werden, da sie keinen nicht wiedergutzumachenden Nachteil zu bewirken vermögen (vgl. § 19a Abs. 2 VRG i.V.m. Art. 93 Abs. 1 lit. a BGG)[203]. Ein unmittelbarer Weiterzug kommt nur dann in Frage, wenn eine Beschwerde gegen den Zwischenentscheid im Hauptpunkt zulässig ist und eine Anfechtung im Hauptpunkt tatsächlich erfolgt[204]; ansonsten müssen die Kostenfolgen in der Regel im Rahmen der Beschwerde gegen den Endentscheid angefochten werden[205]. 97

Handelt es sich beim Zwischenentscheid allerdings um einen **Rückweisungsentscheid,** der in der Hauptsache zwischenzeitlich durch Abschreibung des Verfahrens erledigt worden ist, so ist es zulässig, den Rückweisungsentscheid bloss im Kostenpunkt anzufechten[206]. Das Gleiche gilt, wenn die Instanz, an welche die Sache zurückgewiesen wurde, in der Hauptsache vollständig zugunsten der beschwerdeführenden Person entscheidet, so dass diese keinen Anlass mehr hat, diesen Entscheid in der Sache anzufechten[207]. 98

Weist die obere Rechtsmittelbehörde eine Sache mittels **Sprungrückweisung** an die Erstinstanz zurück unter Anweisung der Vorinstanz, die Kosten neu zu verlegen, so kann der vorinstanzliche Kostenentscheid – falls er vor dem Endentscheid in der Sache ergeht – erst angefochten werden, wenn der Endentscheid vorliegt[208]. 99

Gegen den Entscheid der Inkassoinstanz (N. 104) über **Kostenerlass,** Stundung, Verjährung und Verrechnung von Verzugszinsen kann bei der zuständigen Aufsichtsbehörde Aufsichtsbeschwerde erhoben werden[209]. Beim Verwaltungsgericht entscheidet erstinstanzlich der Generalsekretär über Kostenerlassgesuche. Dessen Entscheid kann mit Aufsichtsbeschwerde bei der Verwaltungskommission des Gerichts angefochten werden[210]. Gegen den Entscheid der Verwaltungskommission kann keine Beschwerde in öffentlich-rechtlichen Angelegenheiten beim Bundesgericht erhoben werden (Art. 83 lit. m BGG)[211]; eine subsidiäre Verfassungsbeschwerde kommt nur ausnahmsweise in Frage[212]. 100

---

[202] BGr, 26.10.2013, 2C_235/2013, E. 4.4.
[203] BGE 135 III 329, E. 1.2.2.
[204] BGE 138 III 94, E. 2.2 (SJZ 2012, 169 ff.).
[205] BGE 135 III 329, E. 1.2.2.
[206] BGr, 12.5.2011, 4A_146/2011, E. 1.2.
[207] BGE 133 V 645, E. 2.2.
[208] BGr, 12.5.2011, 2C_60/2011, E. 1.
[209] VGr, 23.8.2011, KE.2011.00001, E. 1.
[210] VGr, 23.4.2013, KE.2012.00002, E. 1 (nicht publiziert).
[211] Vgl. BGr, 20.2.2011, 2D_8/2011; VGr, 23.8.2011, KE.2011.00001, E. 5.
[212] Vgl. z.B. BGr, 18.8.2011, 2D_42/2011.

VIII. Vollstreckung des Kostenentscheids

101 Die Verfahrenskosten werden mit der **Rechtskraft** einer Anordnung fällig. Die der Entscheidbehörde übergeordnete Instanz hat nötigenfalls eine Rechtskraftbescheinigung auszustellen. Soweit eine Mahnung oder Betreibung vor der rechtskräftigen Gebührenfestsetzung erfolgt, gilt sie als verfrüht, so dass die verursachten Mahnungs- und Betreibungskosten nicht dem Gebührenschuldner auferlegt werden dürfen[213].

102 Die Bezahlung der Verfahrenskosten hat innert 30 Tagen seit Zustellung der Rechnung zu erfolgen, soweit der Betrag nicht durch Barbezug oder Vorauszahlung bezahlt worden ist oder – in begründeten Fällen – eine Stundung oder Ratenzahlung angeordnet wurde (vgl. § 29a Abs. 1). Nach Ablauf der Zahlungsfrist wird der Schuldner gemahnt; ab Datum der Mahnung schuldet er einen **Verzugszins** von fünf Prozent (§ 29a Abs. 2 VRG; § 10 Abs. 1 GebV VGr)[214]. Kostenforderungen unterliegen gemäss einem allgemeinen Rechtsgrundsatz einer zehnjährigen Verjährungsfrist[215].

103 Kostenentscheide aller Verwaltungsinstanzen stehen den zwangsweise vollstreckbaren gerichtlichen Urteilen gleich. Der Rechtsöffnungsrichter hat deshalb gestützt auf solche Anordnungen **definitive Rechtsöffnung** zu erteilen (vgl. § 30 Abs. 1 lit. a VRG i.V.m. Art. 80 Abs. 2 Ziff. 3 SchKG).

104 Für den **Kostenbezug** bzw. für das Inkasso ist in der Regel die Kanzlei jener Verwaltungsbehörde zuständig, die den Entscheid getroffen hat (§ 29)[216]. Diese Instanz entscheidet in Bezug auf die Verfahrenskosten auch über Erlass, Stundung, Verjährung und Verrechnung von Verzugszinsen. Bisweilen sieht das Gesetz allerdings die Möglichkeit vor, Inkassoforderungen an eine andere Instanz bzw. an eine zentrale Kasse abzutreten, wenn dies aus Effizienzgründen bzw. wegen schwieriger Einbringlichkeit der Forderung gerechtfertigt erscheint (vgl. z.B. § 201 Abs. 5 und 6 GOG i.V.m. § 1 Abs. 1 und 2 InkassoV).

---

[213] RB 1988 Nr. 4.
[214] Siehe auch Art. 112 Abs. 3 ZPO und Art. 104 Abs. 1 OR.
[215] HÄFELIN/MÜLLER/UHLMANN, Verwaltungsrecht, N. 189; vgl. Art. 112 Abs. 2 ZPO; Art. 127 OR.
[216] VGr, 23.8.2011, KE.2011.00001, E. 1.

b. Kostenauflage bei gemeinsam Beteiligten

§ 14

Haben mehrere Beteiligte dasselbe Begehren gestellt oder richtet sich das Verfahren gegen mehrere Beteiligte, so tragen sie die ihnen auferlegten Kosten in der Regel zu gleichen Teilen unter subsidiärer Haftung für das Ganze, soweit nicht durch das zwischen ihnen bestehende Rechtsverhältnis Solidarhaftung begründet ist.

Materialien
Weisung 1957, S. 1035 f.; Prot. KK 20.12.1957, 23.9.1958; Prot. KR 1955–1959, S. 3271; Beleuchtender Bericht 1959, S. 400 f.

Literatur
GADOLA, Beschwerdeverfahren, S. 463; GEISER THOMAS, in: Basler Kommentar BGG, Art. 66 N. 31 f.; MERKLI/AESCHLIMANN/HERZOG, Kommentar VRPG, Art. 106 N. 1 ff.; MOSER/BEUSCH/KNEUBÜHLER, Bundesverwaltungsgericht, N. 4.45; RÜEGG VIKTOR, in: Basler Kommentar ZPO, Art. 106 N. 9 f.

Inhaltsübersicht

I.	Einleitung	1–2
II.	Individuelle Haftung	3–5
III.	Solidarische Haftung	6–18
	A. Einleitung	6–8
	B. Rechtsverhältnis	9–12
	C. Gleiche Interessenlage	13–15
	D. Kostenverteilung und Regress	16–18
IV.	Subsidiäre Haftung	19–22

I. Einleitung

Während § 13 grundsätzliche Regeln zu den Verfahrenskosten und zu deren Verteilung statuiert, enthält der seit dem Inkrafttreten des VRG im Jahr 1960 unveränderte § 14 spezifische Vorschriften in Bezug auf die **Haftung** und die **interne Verteilung der Verfahrenskosten,** wenn mehrere Beteiligte im gleichen Verfahren dieselben Anträge gestellt haben oder wenn sich das Verfahren in gleicher Weise gegen sie richtet. Mehrere Kostenpflichtige können individuell, solidarisch oder subsidiär haften. Der Geltungsbereich von § 14 umfasst sowohl das nichtstreitige Verwaltungsverfahren als auch das Rekurs-, das Beschwerde- und das Klageverfahren (vgl. §§ 4, 65a Abs. 2 und 86). 1

§ 14 zielt darauf ab, die Gefahr zu mindern, dass dem Staat Verfahrenskosten infolge Uneinbringlichkeit entgehen: Die Solidar- bzw. Subsidiärhaftung hat zur Folge, dass die Behörde im Umfang des solidarisch oder subsidiär geschuldeten Betrags auf den bzw. die liquidesten Schuldner greifen kann. Das **Uneinbringlichkeitsrisiko** geht damit vom Staat auf jenen Schuldner über, der einen seinen Kostenanteil übersteigenden Betrag bezahlt und in diesem Umfang auf die anderen Schuldner Regress nehmen kann. 2

II. Individuelle Haftung

3 Haben mehrere kostenpflichtige Verfahrensbeteiligte **unterschiedliche Begehren** gestellt bzw. richtet sich das Verfahren nicht in gleicher Weise gegen sie, so haften sie für die Kosten, die ihnen nach § 13 auferlegt worden sind, weder subsidiär noch solidarisch füreinander, sondern ausschliesslich individuell bzw. lediglich für ihren eigenen Kostenanteil (§ 14 e contrario)[1].

4 Wenn mehrere kostenpflichtige Verfahrensbeteiligte **dasselbe Begehren** gestellt haben oder wenn sich das Verfahren in gleicher Weise gegen sie richtet, so haften sie gestützt auf § 14 in der Regel subsidiär bzw. solidarisch für das Ganze. Auch bei gleichen Begehren der Kostenpflichtigen kann sich allerdings eine individuelle bzw. auf den eigenen Kostenanteil beschränkte Haftung mehrerer Kostenpflichtiger rechtfertigen, nämlich

- wenn die Begehren *unterschiedliche Verfahren* betreffen, die nicht vereinigt wurden[2];
- wenn die Begehren zwar ein vereinigtes Verfahren betreffen, eine obere Instanz aber zum Schluss kommt, dass die *Verfahren zu Unrecht vereinigt* worden sind[3];
- wenn die Begehren von Personen stammen, die diese *unabhängig voneinander gestellt* haben[4] (zu Ausnahmen vgl. N. 21);
- wenn *nicht auf gleiche Weise über die gleichlautenden Begehren entschieden* wurde, beispielsweise wenn die Entscheidinstanz auf das Begehren eines Gesuchstellers mangels Legitimation nicht eintrat, während sie das identische Begehren eines anderen Gesuchstellers materiell beurteilte[5];
- wenn die Kostenpflichtigen, die dasselbe Begehren gestellt haben, *gegensätzliche Interessen* vertreten, also z.B. wenn zwei Parteien, die sich ursprünglich als Gegenparteien gegenüberstanden, aus unterschiedlichen Motiven die Aufhebung einer bestimmten Anordnung beantragt haben.

5 Im Falle einer individuellen Haftung sind die Kosten grundsätzlich gleich zu verlegen, wie wenn die Behörde die einzelnen Eingaben getrennt behandelt hätte, d.h. nach den Regeln von § 13. Dem **verminderten Bearbeitungsaufwand,** der sich aufgrund der ähnlichen Sachverhalts- und Rechtsfragen in der Regel ergibt, ist allerdings Rechnung zu tragen.

III. Solidarische Haftung

A. Einleitung

6 Die Solidarhaftung zwischen mehreren kostenpflichtigen Verfahrensbeteiligten unterliegt nach § 14 **zwei Voraussetzungen,** nämlich (1.) dass die Kostenpflichtigen dasselbe

---

[1] Vgl. VGr, 21.11.2001, VB.2001.00246, E. 7; VGr, 7.9.2011, VB.2011.00192, E. 10.3.1.
[2] Vgl. MOSER/BEUSCH/KNEUBÜHLER, Bundesverwaltungsgericht, N. 4.45; zur Verfahrensvereinigung vgl. Vorbem. zu §§ 4–31 N. 58 ff.
[3] Vgl. VGr, 7.9.2011, VB.2011.00192, E. 10.3.1.
[4] Vgl. MERKLI/AESCHLIMANN/HERZOG, Kommentar VRPG, Art. 106 N. 3.
[5] Vgl. MERKLI/AESCHLIMANN/HERZOG, Kommentar VRPG, Art. 106 N. 2.

Begehren gestellt haben bzw. dass sich das Verfahren gegen sie richtet und (2.) dass durch das zwischen ihnen bestehende Rechtsverhältnis Solidarhaftung begründet ist. Im Verfahren vor Bundes- und Bundesverwaltungsgericht setzt eine Solidarhaftung hingegen einzig voraus, dass den Betroffenen – in der Regel aufgrund ihres gemeinsamen Unterliegens – gemeinsam Verfahrenskosten auferlegt werden (Art. 66 Abs. 1 und 5 BGG; Art. 63 Abs. 1 Satz 1 VwVG i.V.m. Art. 6a VGKE).

Die **Bedeutung** der solidarischen Haftung liegt darin, dass die Entscheidbehörde als Gläubigerin der Kosten nach ihrer Wahl von allen Solidarschuldnern je nur einen Teil oder das Ganze fordern kann und dass sämtliche Schuldner so lange verpflichtet bleiben, bis die ganze Forderung getilgt ist (vgl. Art. 144 Abs. 1 und 2 OR). Im Unterschied zur subsidiären Haftung (N. 20) ist es bei der Solidarhaftung zulässig, von Anfang an einen Kostenpflichtigen für die Anteile aller Solidarschuldner zu belangen, ohne dass bei diesen zuvor ein Inkassoversuch erfolgen muss. Die Entscheidbehörde darf somit im Umfang der gesamten Forderung auf den ihr am zahlungskräftigsten erscheinenden Solidarschuldner greifen[6]. Eine interne Vereinbarung über die Kostentragung muss sich die Behörde nicht entgegenhalten lassen[7]. 7

Eine solidarische Haftung für gemeinsam auferlegte Verfahrenskosten muss in der Kostenziffer des **Dispositivs** der Anordnung ausdrücklich angeordnet werden – anders als etwa im bundesgerichtlichen Verfahren, wo mehrere Personen, denen gemeinsam Gerichtskosten auferlegt werden, von Gesetzes wegen solidarisch haften (Art. 66 Abs. 5 BGG)[8]. Fehlt ein Hinweis auf die Solidarität, so haften die Kostenpflichtigen individuell bzw. nur für ihren jeweiligen Kostenanteil[9]. 8

B. Rechtsverhältnis

Die solidarische Haftung mehrerer kostenpflichtiger Verfahrensbeteiligter kommt gemäss § 14 nur in Frage, wenn zwischen den Parteien ein Rechtsverhältnis besteht, das die Solidarhaftung begründet. Die solidarische Haftung muss demnach **im materiellen Recht begründet** sein (z.B. Art. 544 Abs. 3 OR, Art. 603 Abs. 1 ZGB, Art. 13 DBG, § 12 StG)[10] und setzt eine besondere – in der Regel privatrechtliche, seltener öffentlichrechtliche – Rechtsbeziehung zwischen den Solidarschuldnern voraus. In der Praxis kommt die solidarische Haftung am häufigsten bei privatrechtlichen Gesamthandschaften aus Erbengemeinschaft (Art. 602 f. ZGB), Gesamteigentum (Art. 652 ff. ZGB) oder einfacher Gesellschaft (Art. 543 f. OR) zur Anwendung. 9

Zwingend der solidarischen Kostenauferlegung unterliegen **notwendige Streitgenossen**[11], d.h. Personen, die an einem Rechtsverhältnis beteiligt sind, über das (aufgrund 10

---

[6] VGr, 15.2.2012, SR.2011.00027, E. 2.4.2; zur Regressmöglichkeit vgl. N. 18.
[7] VGr, 1.10.2012, VB.2012.00581, E. 2.1 (nicht publiziert).
[8] Vgl. GEISER, in: Basler Kommentar BGG, Art. 66 N. 32.
[9] Zur analogen Rechtslage im Zivilprozessrecht vgl. RÜEGG, in: Basler Kommentar ZPO, Art. 106 N. 10.
[10] GADOLA, Beschwerdeverfahren, S. 463.
[11] GEISER, in: Basler Kommentar BGG, Art. 66 N. 31; MERKLI/AESCHLIMANN/HERZOG, Kommentar VRPG, Art. 106 N. 2; MOSER/BEUSCH/KNEUBÜHLER, Bundesverwaltungsgericht, N. 4.45; vgl. BGr, 17.4.2012, 1C_278/2011, E. 1.2.

des materiellen Rechts) nur mit Wirkung für alle entschieden werden kann (vgl. Art. 70 Abs. 1 ZPO). Die Höhe der Kostenanteile der einzelnen Streitgenossen, die im Dispositiv zu beziffern ist, entspricht den internen Verhältnissen[12].

11 In folgenden Fällen geht die Praxis in aller Regel von einer **einfachen Gesellschaft** aus, deren Mitglieder im Fall einer Kostenpflicht gestützt auf Art. 544 Abs. 3 OR solidarisch für das Ganze haften, wenn ihre Rechtsbegehren das gleiche Schicksal erleiden:
- Mehrere Personen, die sich – als einfache Streitgenossenschaft (Art. 71 Abs. 1 ZPO) – zur Einreichung des gleichen Begehrens bzw. *zur Verfolgung des gleichen Zwecks zusammengeschlossen* haben[13], beispielsweise mehrere Private, die ein einziges, gemeinsam unterzeichnetes Rechtsmittel einreichen[14] oder zusammen ein Bauvorhaben bekämpfen[15];
- Mehrere Personen, die in der gleichen Sache *gemeinsam einen Rechtsanwalt mandatieren*[16];
- *Ehegatten,* die sich gemeinsam – zur Verfolgung der gleichen Ziele – an einem Verfahren beteiligen[17].

12 Die solidarische Haftung zwischen kostenpflichtigen Streitgenossen setzt rechtswirksame **Vertretungsverhältnisse** voraus. Reicht beispielsweise ein einzelner einfacher Gesellschafter ein Begehren «im Namen der Gesellschaft» ein, ohne über die entsprechenden Vertretungsbefugnisse zu verfügen, so wird nur er selber kostenpflichtig; die übrigen Gesellschafter haften nicht solidarisch (vgl. Art. 544 Abs. 3 OR). Gleiches gilt im Verhältnis zwischen zwei Ehegatten (vgl. Art. 166 Abs. 2 und 3 ZGB).

C. Gleiche Interessenlage

13 Solidarhaftung setzt gemäss § 14 voraus, dass die kostenpflichtigen Solidarhaftenden dasselbe Begehren gestellt haben oder – wenn sie als Gesuchsgegner auftreten – dass sich das Verfahren in gleicher Weise gegen sie richtet. Damit bringt § 14 zum Ausdruck, dass sich Solidarhaftung nur im Fall einer **gleichartigen Risiko- und Interessenlage** der Kostenpflichtigen rechtfertigt.

14 § 14 erlaubt die solidarische Haftung mehrerer **Gesuchsteller** dann, wenn diese «dasselbe Begehren» gestellt haben. Über den eng gefassten Wortlaut hinaus genügt es, wenn mehrere solidarisch Kostenpflichtige Anträge stellen, mit denen sie die gleichen Interessen bzw. Ziele verfolgen. Haben die Kostenpflichtigen hingegen *unterschiedliche* Begehren gestellt bzw. verfolgen sie unterschiedliche Interessen, so haften sie ausschliesslich für ihren eigenen Kostenanteil (N. 3).

---

[12] Vgl. Andreas Blattmann/Enrico Moretti, Zivilprozessuale Aspekte der Streitgenossenschaft, SJZ 2012, 589 ff., 595.
[13] VGr, 7.9.2011, VB.2011.00192, E. 10.3.1; Geiser, in: Basler Kommentar BGG, Art. 66 N. 31.
[14] Vgl. z.B. VGr, 17.1.2012, VB.2011.00796, E. 5.
[15] RB 1996 Nr. 9.
[16] VGr, 6.12.2011, AN.2011.00002, E. 7.1.
[17] Vgl. z.B. VGr, 20.8.2008, VB.2008.00249, E. 4.1.

Bei mehreren **Gesuchsgegnern,** gegen die sich ein Verfahren richtet, kommt eine Solidarhaftung gemäss § 14 ebenfalls in Frage. Die Solidarhaftung setzt voraus, dass die betreffenden Kostenpflichtigen die gleichen Interessen bzw. Ziele verfolgen. Zulässig ist eine Solidarhaftung mehrerer Gesuchsgegner auch beispielsweise dann, wenn sie Akteure betrifft, deren umstrittene Aktivität in finanzmarktrechtlicher Hinsicht gruppenweise erfasst werden muss[18].

D. Kostenverteilung und Regress

Die solidarisch für das Ganze haftenden Verfahrensbeteiligten tragen die Verfahrenskosten **in der Regel zu gleichen Teilen.** Aus dem Wortlaut von § 14 geht zwar nicht eindeutig hervor, ob diese Kostenverteilung, die Art. 148 Abs. 1 OR entspricht, nur für die subsidiäre Haftung gilt. Die gleichmässige Kostenaufteilung rechtfertigt sich aber auch bei der solidarischen Haftung als Regel, weil die betreffenden Beteiligten das gleiche Begehren gestellt haben. Ausnahmsweise haften Solidarschuldner dann zu ungleichen Teilen – analog zu § 13 Abs. 2 Satz 2 –, wenn ein Beteiligter aufgrund seines prozessualen Verhaltens höhere Kosten verursacht hat als andere.

Sind an einem Verfahren **mehrere kostenpflichtige Gruppen** beteiligt, deren Mitglieder jeweils nur gegenüber den Mitgliedern der eigenen Gruppe solidarisch haften, so müssen die Verfahrenskosten zunächst gruppenweise – nach den in § 13 statuierten Kriterien – verteilt werden. Hernach sind die gruppeninternen Kostenanteile festzulegen, für die jeweils eine solidarische Haftung besteht[19]. Wenn mehrere gleichartige Bewilligungen erteilt bzw. nicht erteilt werden, die von je einer Gruppe befürwortet bzw. bekämpft werden, so sind die Verfahrenskosten nach der Anzahl strittiger Bewilligungen zu verlegen und nicht nach der Anzahl der solidarisch haftenden Verfahrensbeteiligten[20].

Bezahlt ein Solidarschuldner der Behörde mehr als den ihm auferlegten Kostenanteil, so kann er für den Mehrbetrag intern **Rückgriff** (Regress) auf seine Mitschuldner nehmen (Art. 148 Abs. 2 OR)[21].

IV. Subsidiäre Haftung

Die subsidiäre Haftung zwischen mehreren kostenpflichtigen Verfahrensbeteiligten unterliegt nach § 14 **zwei Voraussetzungen,** nämlich (1.) dass die Kostenpflichtigen dasselbe Begehren gestellt haben bzw. dass sich das Verfahren gegen sie richtet (N. 4) und (2.) dass zwischen ihnen *kein* Rechtsverhältnis besteht, welches eine Solidarhaftung begründet (N. 9 ff.). Die subsidiär für das Ganze haftenden Schuldner tragen die ihnen auferlegten Kosten gemäss § 14 in der Regel zu gleichen Teilen.

Die **Bedeutung** der subsidiären Haftung liegt darin, dass die kostenpflichtigen Verfahrensbeteiligten zunächst nur für ihren jeweiligen Kostenanteil haften, dass aber wahl-

---

[18] BGE 135 II 356, E. 6.2.1.
[19] Vgl. z.B. VGr, 21.12.2011, VB.2011.00395, E. 11.2.
[20] Vgl. VGr, 28.3.2001, VB.2000.00277, E. 3b (nicht publizierte Erwägung).
[21] Vgl. BGE 133 III 116, E. 4.2.

weise jeder Beteiligte für das Ganze belangt werden kann, wenn die Kosten bei den anderen Schuldnern nicht erhältlich gemacht werden können. Im Unterschied zur Solidarhaftung (N. 7) ist es bei der Subsidiärhaftung nicht möglich, die Kosten aller Kostenpflichtigen *von Anfang an* von einem einzelnen Kostenpflichtigen zu verlangen; vielmehr greift die subsidiäre Haftung erst nach einem erfolglosen Inkassoversuch (vgl. §§ 29a und 30 Abs. 1 lit. a) bei den übrigen Kostenpflichtigen[22]. Bezahlt ein Subsidiärschuldner mehr als seinen Teil, so kann er – analog zur solidarischen Haftung (Art. 148 Abs. 2 OR) – im internen Verhältnis für den Mehrbetrag Rückgriff auf seine (in der Regel allerdings illiquiden) Mitschuldner nehmen.

21 In der Praxis kommt die in § 14 statuierte subsidiäre Haftung, die anderen Prozessordnungen unbekannt ist[23], nur **selten zur Anwendung**[24]. In der Regel haften mehrere Kostenpflichtige entweder – wegen ihrer individuellen Vorgehensweise – nur für ihren jeweiligen Anteil oder – wegen ihrer gemeinsamen Vorgehensweise – solidarisch. Eine subsidiäre Kostenauferlegung rechtfertigt sich letztlich nur dann, wenn die Verfahrenskosten, die einer Vielzahl von (nicht solidarisch haftenden) Kostenpflichtigen auferlegt werden, insgesamt nicht höher ausfallen, als wenn bloss ein einzelner Kostenpflichtiger am Verfahren beteiligt gewesen wäre. Wer sich nämlich unabhängig von anderen Mitstreitern an einem Verfahren beteiligt, muss nicht damit rechnen, dass er – über die von ihm verursachten Kosten hinaus – subsidiär für die Kosten anderer haftet, die zufälligerweise die gleichen Ziele verfolgen.

22 Eine subsidiäre Haftung der Kostenpflichtigen muss in der Kostenziffer des **Dispositivs** der Verfügung ausdrücklich angeordnet werden. Fehlt ein Hinweis auf die Subsidiarität, so haften die Kostenpflichtigen nur für ihren jeweiligen Kostenanteil.

---

[22] GADOLA, Beschwerdeverfahren, S. 463.
[23] Vgl. Art. 66 Abs. 5 BGG; Art. 6a VGKE; Art. 106 Abs. 3 Satz 2 ZPO; Art. 418 Abs. 2 StPO; Art. 2 Abs. 2 AllgGebV; Art. 106 VRPG BE; § 33 Abs. 3 VRPG AG; Art. 96bis VRPG SG.
[24] Vgl. z.B. VGr, 7.11.2007, VB.2007.00278, E. 6.2 und 6.3.

c. Kostenvorschuss

§ 15

¹ Entstehen aus der im Interesse eines Privaten veranlassten Untersuchung erhebliche Barauslagen, so kann die Durchführung der Untersuchung von der Leistung eines angemessenen Barvorschusses abhängig gemacht werden.

² Ein Privater kann überdies unter der Androhung, dass auf sein Begehren sonst nicht eingetreten werde, zur Sicherstellung der Verfahrenskosten angehalten werden:
  a. wenn er in der Schweiz keinen Wohnsitz hat;
  b. wenn er aus einem erledigten und nicht mehr weiterziehbaren Verfahren vor einer zürcherischen Verwaltungs- oder Gerichtsbehörde Kosten schuldet;
  c. wenn er als zahlungsunfähig erscheint.

Materialien

Weisung 1957, S. 1036; Prot. KK 30.12.1957, 23.9.1958; Prot. KR 1955–1959, S. 3271; Beleuchtender Bericht 1959, S. 400 f.; Weisung 1995, S. 1529; Prot. KK 1995/96, S. 26 f., 33 f.; Prot. KR 1995–1999, S. 6488, 6830.

Literatur

AMSTUTZ KATHRIN/ARNOLD PETER, in: Basler Kommentar BGG, Art. 48; BEUSCH MICHAEL, in: Kommentar VwVG, Art. 63; GADOLA, Beschwerdeverfahren, S. 466 f.; GEISER THOMAS, in: Basler Kommentar BGG, Art. 62 f.; GYGI, Bundesverwaltungsrechtspflege, S. 329; HÄFELIN/MÜLLER/UHLMANN, Verwaltungsrecht, N. 799 ff.; MAILLARD MARCEL, in: Praxiskommentar VwVG, Art. 63; MERKLI/AESCHLIMANN/HERZOG, Kommentar VRPG, Art. 103 N. 8 ff., Art. 105 N. 1 ff., 24 ff.; ROTACH TOMSCHIN, Revision, S. 440 f.; RÜEGG VIKTOR, in: Basler Kommentar ZPO, Art. 98–100 und 118.

Inhaltsübersicht

I.	Einleitung	1–4
II.	Anordnende Instanz	5–6
III.	Vorschusspflichtige Personen	7–10
IV.	Barvorschuss für Untersuchungshandlungen (Abs. 1)	11–20
V.	Sicherstellung der Verfahrenskosten (Abs. 2)	21–67
	A. Sinn und Zweck der Vorschusszahlung	21–22
	B. Gründe für die Erhebung eines Vorschusses	23–35
	1. Fehlender Wohnsitz in der Schweiz (lit. a)	23–26
	2. Schulden für Kosten erledigter Verfahren (lit. b)	27–30
	3. Zahlungsunfähigkeit (lit. c)	31–35
	C. Nichterhebung eines Vorschusses trotz Vorliegen von Kautionsgründen	36–41
	D. Zeitpunkt der Vorschusserhebung	42–45
	E. Höhe des Vorschusses	46–49
	F. Zahlungsmodalitäten	50–51
	G. Zahlungsfrist	52–57
	H. Säumnisfolgen	58–61
	I. Anfechtung	62–66
	J. Rückerstattung, Verrechnung und Nachforderung	67

§ 15

I. Einleitung

1 § 15, der 1997 letztmals teilrevidiert wurde (N. 24 und 32), erlaubt der Behörde, unter bestimmten Voraussetzungen von einer gesuchstellenden Person einen **Kostenvorschuss** – auch «**Barvorschuss**» oder «**Kaution**» genannt – zu erheben. Sinn und Zweck der Erhebung eines Kostenvorschusses ist in erster Linie, das Risiko zu minimieren, dass das Gemeinwesen anstelle eines kostenpflichtigen, möglicherweise aber zahlungsunwilligen oder -unfähigen Privaten für Untersuchungs- und Verfahrenskosten aufkommen muss. Der Kostenvorschuss wird erhoben, indem die zuständige Behörde eine verfahrensleitende Verfügung erlässt, in der sie die Vorschusshöhe, die Zahlungsfrist sowie die Folgen der Nichtleistung festsetzt.

2 Die Erhebung eines Kostenvorschusses hat im zürcherischen Verwaltungs- und Verwaltungsrechtspflegeverfahren **Ausnahmecharakter:** Sie kommt nur in den in § 15 Abs. 1 und Abs. 2 lit. a–c explizit erwähnten, in der Praxis relativ selten gegebenen Konstellationen in Frage. Selbst wenn die entsprechenden Voraussetzungen erfüllt sind, sieht § 15 keine Pflicht zur Erhebung eines Kostenvorschusses vor. Der Gesetzgeber hat die Kostenvorschusspflicht im Verwaltungsverfahren mit Absicht enger ausgestaltet als im Zivilprozess, vor allem aus der Erwägung, dass der Rechtsschutz des Bürgers im Verwaltungsverfahren durch die Vorschusspflicht nicht beeinträchtigt werden soll[1]. Andere Verfahrensordnungen sehen teilweise – wie § 15 – die blosse Möglichkeit[2], teilweise aber auch eine grundsätzliche Pflicht[3] zur Erhebung eines Kostenvorschusses vor. Für bestimmte Verfahrensarten ist gesetzlich explizit vorgeschrieben, dass die Entscheidinstanz *keinen* Kostenvorschuss verlangt[4].

3 § 15 ist auf **allen Stufen des Verfahrens** anwendbar, d.h. im nichtstreitigen Verwaltungsverfahren, im Einspracheverfahren, im Rekursverfahren, im Beschwerde- und im Klageverfahren (vgl. §§ 4, 65a Abs. 2 und 86)[5]. Andere kantonale Gesetze und Verordnungen enthalten teilweise Verweise auf § 15[6], teilweise eigenständige Kostenvorschussbestimmungen[7].

4 Gemäss § 15 können einzig für *Verfahrenskosten* Vorschüsse erhoben werden. Hingegen erlaubt das VRG – im Unterschied zu anderen Verfahrensordnungen[8] – **keine Sicherstellung von Parteikosten** bzw. keine Erhebung eines Kostenvorschusses im Hinblick auf eine mögliche Pflicht zur Zahlung einer Parteientschädigung (§ 17 N. 7).

---

[1] Vgl. Weisung 1957, S. 1036; VGr, 5.7.2011, VB.2011.00224, E. 2.1.1; MERKLI/AESCHLIMANN/HERZOG, Kommentar VRPG, Art. 105 N. 1.
[2] Art. 98 ZPO; Art. 313 Abs. 2 StPO.
[3] Art. 62 Abs. 1 BGG; Art. 63 Abs. 4 VwVG.
[4] Vgl. z.B. Art. 99 Abs. 3 ZPO; § 60 Abs. 1 EG KESR.
[5] Zur Erhebung von Kostenvorschüssen in steuerrechtlichen Verfahren vgl. § 73 N. 8.
[6] Vgl. z.B. § 33a Abs. 1 GSVGer; § 7 VOGG; § 12 Abs. 2 GebV VGr.
[7] Vgl. z.B. § 44 Abs. 5 KRG; § 19 Abs. 3 Satz 2 des Hundegesetzes vom 14. April 2008 (LS 554.5).
[8] Z.B. Art. 62 Abs. 2 BGG; Art. 99 Abs. 1 ZPO; Art. 105 Abs. 3 VRPG BE.

II. Anordnende Instanz

Zuständig für die Erhebung eines Kostenvorschusses ist die Behörde, die mit der **Hauptsache befasst** ist[9], soweit spezialgesetzlich keine abweichenden Zuständigkeitsregeln bestehen (z.B. § 4 Abs. 1 Ziff. 1 und Abs. 2 VRV RR). Innerhalb der Behörde ist die mit der Verfahrensinstruktion bzw. Prozessleitung betraute Person – in der Regel der Vorsitzende der Entscheidbehörde – für die Kautionierung zuständig[10].

Der Umstand, dass die zuständige Instruktionsperson eine Kautionsverfügung erlässt, stellt **keinen Ausstandsgrund** im Sinn von § 5a dar[11].

III. Vorschusspflichtige Personen

Ein Kostenvorschuss kann gemäss § 15 von «Privaten» erhoben werden, wobei es sich um **natürliche oder juristische Personen** handeln kann. Eine Vorschusspflicht kann unabhängig davon auferlegt werden, ob die Privaten eigene oder ausschliesslich ideelle Interessen vertreten[12].

Von **Gemeinwesen** und weiteren juristischen Personen des öffentlichen Rechts sowie von Amtsstellen und Behörden kann hingegen kein Kostenvorschuss erhoben werden. Die im Vergleich zu Privaten unterschiedliche Behandlung findet ihre Rechtfertigung darin, dass es gegenüber dem Gemeinwesen in der Regel keine Mühe bereitet, die Verfahrenskosten einzutreiben. Zudem sind sich die öffentlichen Instanzen – verglichen mit Privaten – eher bewusst, welche Kostenrisiken mit einem Verwaltungsverfahren verbunden sind[13].

Ein Kostenvorschuss zur Sicherstellung der Verfahrenskosten kann nur von einem Gesuchsteller bzw. Beschwerdeführer erhoben werden, nicht aber von einem **Gesuchs- oder Beschwerdegegner** oder von weiteren Verfahrensbeteiligten[14].

Nehmen an einem Verfahren **mehrere Private** teil, so kann von jedem, für den ein Kautionsgrund besteht, ein Kostenvorschuss verlangt werden. Bei einer einfachen Streitgenossenschaft beurteilt sich die Kautionspflicht eines einzelnen Streitgenossen in der Regel unabhängig von den übrigen[15], und die Säumnisfolgen treffen nur die einzelnen säumigen Mitglieder. Haften die Parteien hingegen nach § 14 solidarisch füreinander – etwa im Fall einer notwendigen Streitgenossenschaft –, so macht die Erhebung einer Kaution nur dann Sinn, wenn bei sämtlichen Solidarschuldnern ein Vorschussgrund nach § 15 Abs. 2

---

[9] Vgl. GYGI, Bundesverwaltungsrechtspflege, S. 329.
[10] Vgl. BGr, 16.1.2012, 2C_603/2011, E. 2.4; GADOLA, Beschwerdeverfahren, S. 466; GEISER, in: Basler Kommentar BGG, Art. 62 N. 32; MAILLARD, in: Praxiskommentar VwVG, Art. 63 N. 42; MERKLI/AESCHLIMANN/HERZOG, Kommentar VRPG, Art. 105 N. 12; siehe z.B. Art. 62 Abs. 3 Satz 1 BGG.
[11] RB 2004 Nr. 11; vgl. § 5a N. 27.
[12] VGr, 19.4.1996, VB 92/0152 (nicht publiziert).
[13] MERKLI/AESCHLIMANN/HERZOG, Kommentar VRPG, Art. 105 N. 10.
[14] GEISER, in: Basler Kommentar BGG, Art. 62 N. 8 f.; MAILLARD, in: Praxiskommentar VwVG, Art. 63 N. 35.
[15] RÜEGG, in: Basler Kommentar ZPO, Art. 99 N. 17.

vorliegt; ansonsten ist der Kostenanspruch des Gemeinwesens dank der Solidarhaftung unter den Gesuchstellern nicht gefährdet[16].

IV. Barvorschuss für Untersuchungshandlungen (Abs. 1)

11 Das Gemeinwesen trägt die Kosten für Beweismassnahmen im Verwaltungsverfahren – anders als im Zivilprozess (Art. 102 Abs. 1 ZPO) – in der Regel vorläufig selber, bis es sie den Beteiligten bei Verfahrensabschluss im Rahmen von § 13 auferlegt. Verlangt ein Privater in einem Verwaltungsverfahren aber **aufwendige Beweisvorkehren,** so kann es sich rechtfertigen, dass die zuständige Behörde einen Vorschuss nach § 15 Abs. 1 auferlegt[17].

12 Der seit 1959 unveränderte 15 Abs. 1 ist als **Kann-Bestimmung** formuliert: Selbst wenn für eine Untersuchung erhebliche Barauslagen entstehen, kann die Behörde davon absehen, die Durchführung der betreffenden Beweiserhebung von der Leistung eines Barvorschusses abhängig zu machen. Der Verwaltungsbehörde steht bei der Frage, ob sie einen Kosten- bzw. Barvorschuss verlangt, ein weites Ermessen zu[18].

13 Ein Barvorschuss im Sinn von § 15 Abs. 1 kann nur für jene Barauslagen (§ 13 N. 10) verlangt werden, die im Zusammenhang mit der Durchführung einer **behördlichen Untersuchung** anfallen. Nicht darunter fallen hingegen beispielsweise jene Kosten, die aus einer *gebührenpflichtigen* Tätigkeit der Verwaltung erwachsen; solche Aufwendungen sind vielmehr aus dem Gebührenerlös zu bestreiten. Ebensowenig gehören jene Kosten zu den Barauslagen, die aus dem Beizug eines Privaten zur Erfüllung einer angestammten kommunalen Aufgabe resultieren – etwa die Aufwendungen einer Gemeinde für einen Ingenieur, der für ein Baubewilligungsverfahren beigezogen wird[19].

14 Nach § 15 Abs. 1 kann die Behörde für eine Untersuchungshandlung nur dann einen Barvorschuss erheben, wenn die betreffende Beweismassnahme **im Interesse des Privaten** erfolgt, d.h. wenn der Private sie ausdrücklich verlangt[20] – beispielsweise indem er beantragt, ein Gutachten erstellen zu lassen, eine Übersetzung anzuordnen oder einen zur Erlangung einer Bewilligung erforderlichen Beweis einzuholen. Im Interesse des Privaten liegt etwa die Erstellung eines Gutachtens im Hinblick auf die *Wiedererteilung* des entzogenen Führerausweises, nicht aber ein (aus Gründen der Verkehrssicherheit erstelltes) Gutachten im Hinblick auf den *Entzug* des Führerausweises[21]. Ein Barvorschuss kann ferner verlangt werden, wenn ein Beteiligter darauf besteht, eine voraussichtlich nichts zur Sache beitragende Untersuchungsmassnahme durchzuführen.

15 Weder sinnvoll noch sachgerecht ist die Auferlegung eines Barvorschusses, wenn die Behörde den beantragten Beweis ohnehin im Rahmen der **Untersuchungspflicht** (§ 7

---

[16] Vgl. Art. 99 Abs. 2 ZPO; MERKLI/AESCHLIMANN/HERZOG, Kommentar VRPG, Art. 105 N. 6; RÜEGG, in: Basler Kommentar ZPO, Art. 99 N. 17; zu speziellen Konstellationen vgl. RB 1990 Nr. 3.
[17] Vgl. MERKLI/AESCHLIMANN/HERZOG, Kommentar VRPG, Art. 103 N. 8.
[18] BGr, 3.5.2011, 2C_56/2011, E. 2.2.1; VGr, 30.1.2008, VB.2007.00419, E. 3.5.
[19] RB 1995 Nr. 4, E. 1 (BEZ 1995 Nr. 22, E. 6b).
[20] RB 1995 Nr. 4, E. 1 (BEZ 1995 Nr. 22, E. 6b).
[21] VGr, 27.11.2002, VB.2002.00169, E. 2c.

Abs. 1) erheben müsste bzw. wenn sie die betreffende Abklärung im Fall einer Zahlungssäumnis von Amtes wegen durchzuführen hätte[22].

Wird im Rahmen von § 16 Abs. 1 die **unentgeltliche Prozessführung** bewilligt, so kann kein Barvorschuss für Beweiserhebungen verlangt werden: Die Gewährung der unentgeltlichen Rechtspflege befreit von Vorschüssen für sämtliche prozessualen Handlungen, die zur materiellen Beurteilung der geltend gemachten Ansprüche nötig sind[23]. 16

Bei der Frage, wann von **erheblichen Barauslagen** auszugehen ist, steht der Entscheidbehörde unter Berücksichtigung der gesamten Umstände des Einzelfalls ein weites Ermessen zu. Bejaht wird die Erheblichkeit von Barauslagen in der Praxis nicht selten im Zusammenhang mit der Einholung von Gutachten und Übersetzungen[24] sowie bei der Durchführung einer verkehrsmedizinischen Untersuchung zur Abklärung der Fahreignung[25]. 17

Der nach § 15 Abs. 1 erhobene Barvorschuss muss **angemessen** sein. Bei der Bemessung des Vorschusses steht der Entscheidbehörde ein weites Ermessen zu. Abzustellen ist in erster Linie auf den mutmasslichen Untersuchungsaufwand, beispielsweise auf die voraussichtlichen Gutachtenskosten. Als angemessen erachtete das Verwaltungsgericht beispielsweise einen Barvorschuss von Fr. 900 für die Durchführung einer verkehrsmedizinischen Untersuchung zur Abklärung der Fahreignung[26]. 18

Wird innert der behördlich angesetzten Frist kein Barvorschuss entrichtet, so besteht die – in der Vorschussverfügung angedrohte – **Säumnisfolge** darin, dass auf die beantragte Beweiserhebung ohne jede weitere formelle Anordnung verzichtet werden kann. Der Verzicht auf Beweiserhebung bzw. die daraus resultierende Beweislosigkeit muss aufgrund einer antizipierten Beweiswürdigung als vertretbar und den Umständen angemessen erscheinen[27]. Eine Untersuchungshandlung kann trotz Nichtbezahlung des Barvorschusses durchgeführt werden, wenn ein öffentliches Interesse an der Erhebung des betreffenden Beweises besteht[28] oder wenn der Barvorschuss erhoben wurde, obwohl die fragliche Abklärung von Amtes wegen vorgenommen werden muss bzw. obwohl der Staat die Beweislast trägt. 19

Die Erhebung eines Barvorschusses nach § 15 Abs. 1 bewirkt in der Regel keinen nicht wiedergutzumachenden Nachteil und stellt demnach im Allgemeinen einen **nicht anfechtbaren Zwischenentscheid** dar. Den Betroffenen steht es indessen frei, die Erhebung des Kostenvorschusses im Rahmen der Anfechtung des Endentscheids zu beanstanden[29]. 20

---

[22] Vgl. RB 1995 Nr. 4, E. 1 und 2 (BEZ 1995 Nr. 22, E. 6b und 6c); siehe auch Art. 102 Abs. 3 Satz 2 ZPO.
[23] So auch Art. 118 Abs. 1 lit. a ZPO; Art. 136 Abs. 2 lit. a StPO.
[24] RB 1995 Nr. 4, E. 1 (BEZ 1995 Nr. 22, E. 6b); GEISER, in: Basler Kommentar BGG, Art. 63 N. 2.
[25] VGr, 30.1.2008, VB.2007.00419, E. 3.5.
[26] VGr, 30.1.2008, VB.2007.00419, E. 3.5.
[27] MERKLI/AESCHLIMANN/HERZOG, Kommentar VRPG, Art. 103 N. 9.
[28] Vgl. GADOLA, Beschwerdeverfahren, S. 466 f.
[29] Vgl. VGr, 25.2.2010, VB.2010.00021, E. 1.5; RB 1990 Nr. 18.

V. Sicherstellung der Verfahrenskosten (Abs. 2)

A. Sinn und Zweck der Vorschusszahlung

21 Nach § 15 Abs. 2 kann die zuständige Behörde einen Privaten zur Sicherstellung der Verfahrenskosten anhalten. Die Erhebung eines Kostenvorschusses rechtfertigt sich nur dort, wo aufgrund der in § 15 Abs. 2 lit. a–c erwähnten Kriterien Zweifel daran bestehen, dass der betreffende Private die ihm allenfalls im Rahmen von § 13 aufzuerlegenden Verfahrenskosten bezahlen wird[30]. Der Zweck der Vorschusserhebung nach § 15 Abs. 2 besteht darin, **mutmassliche Kosten sicherzustellen**[31] und damit das Risiko zu minimieren, dass das Gemeinwesen anstelle eines nach § 13 kostenpflichtigen, aber zahlungsunwilligen oder -unfähigen Gesuchstellers für Verfahrenskosten aufkommen muss.

22 Die Kostenvorschusspflicht bezweckt allerdings nicht, zahlungsunfähigen Gesuchstellern den **Zugang zu einem behördlichen oder gerichtlichen Verfahren** zu verwehren: Private, denen die nötigen Mittel fehlen, haben gemäss § 16 Abs. 1 die Möglichkeit, sich im Rahmen eines Gesuchs um unentgeltliche Prozessführung von der Pflicht zur Zahlung eines Kostenvorschusses zu befreien, falls ihr Begehren nicht offensichtlich aussichtslos erscheint. Für die in § 15 Abs. 2 erwähnten Personengruppen stellt die rechtzeitige Zahlung des Kostenvorschusses eine zulässige verfahrensrechtliche Voraussetzung dafür dar, dass ihr Begehren von einer Behörde bzw. von einem Gericht materiell beurteilt wird[32].

B. Gründe für die Erhebung eines Vorschusses

1. Fehlender Wohnsitz in der Schweiz (lit. a)

23 § 15 Abs. 2 lit. a statuiert den Kautionsgrund des fehlenden Wohnsitzes in der Schweiz, den – in Bezug auf die Parteikosten – auch das Zivilprozessrecht kennt (Art. 99 Abs. 1 lit. a ZPO). Die Bestimmung **bezweckt,** das Gemeinwesen davor zu schützen, Verwaltungsaufwand zugunsten einer Person zu erbringen, gegen die ein Kostenentscheid aufgrund des ausländischen Wohnsitzes nicht vollstreckt werden kann[33]. Ein Kostenvorschuss kann einer Partei mit Wohnsitz oder Sitz im Ausland folglich auch dann auferlegt werden, wenn ihre Solvenz ausser Zweifel steht[34].

24 Mit der **VRG-Revision von 1997** wurde der bis damals in § 15 Abs. 2 lit. a statuierte, nicht mehr zeitgemässe Kautionsgrund des fehlenden *kantonalen* Wohnsitzes zugunsten des fehlenden Wohnsitzes in der Schweiz aufgegeben[35].

25 Der Begriff des **Wohnsitzes** bestimmt sich bei natürlichen Personen nach Art. 23 ZGB, mithin nach dem privatrechtlichen Wohnsitz (Lebensmittelpunkt)[36], bei juristischen Personen sowie Kollektiv- und Kommanditgesellschaften nach dem Geschäftssitz gemäss

---

[30] Vgl. Beleuchtender Bericht 1959, S. 401.
[31] Vgl. BGr, 16.1.2012, 2C_603/2011, E. 2.4.
[32] Vgl. BGr, 21.9.2010, 2C_703/2009, E. 4.4.2.
[33] VGr, 21.9.2005, VB.2005.00062, E. 5.2.
[34] GEISER, in: Basler Kommentar BGG, Art. 62 N. 15.
[35] Vgl. Prot. KK 1995/96, S. 33; ROTACH TOMSCHIN, Revision, S. 440.
[36] Zum zivilrechtlichen Wohnsitzbegriff vgl. BGE 136 II 405, E. 4.3.

Art. 56 ZGB[37]. Angesichts des Normzwecks genügt zur Befreiung von der Vorschusspflicht nur ein *tatsächlicher* Wohnsitz in der Schweiz; ein fiktiver Wohnsitz im Sinn von Art. 24 ZGB ist unbeachtlich[38]. Vorschusspflichtig sind auch im Ausland wohnhafte Schweizer sowie ausländische juristische Personen mit einer Zweigniederlassung in der Schweiz.

Behördliche Anordnungen – auch Kautionsverfügungen – dürfen grundsätzlich nicht ins Ausland zugestellt werden, weshalb Verfahrensbeteiligte mit Sitz oder Wohnsitz im Ausland nach § 6b Abs. 1 ein **Zustellungsdomizil** oder einen **Vertreter in der Schweiz** anzugeben haben. Die Bezeichnung eines Zustelldomizils bzw. einer Vertretung in der Schweiz befreit nicht von der Kostenvorschusspflicht[39].

2. Schulden für Kosten erledigter Verfahren (lit. b)

§ 15 Abs. 2 lit. b statuiert den Kautionsgrund der rechtskräftig geschuldeten Kosten aus einem anderen Verfahren. In der Praxis wird die Vorschusspflicht nach § 15 Abs. 2 lit. b **zurückhaltend angewendet;** insbesondere wird nicht systematisch nach ungetilgten Schulden geforscht. Der Gesetzgeber hatte in Bezug auf diesen Kautionsgrund in erster Linie Personen im Auge, welche die Arbeitszeit der Verwaltungsbehörden oder der Gerichte fortlaufend durch «trölerhafte Eingaben» in erheblichem Umfang beanspruchen und in der Bezahlung der ihnen rechtmässig auferlegten Kosten aus einem früheren Verfahren säumig sind[40]. Ein Kostenvorschuss kann allerdings unabhängig davon erhoben werden, aus welchem Grund die Prozesskostenschulden noch nicht beglichen wurden[41].

Im Zusammenhang mit § 15 Abs. 2 lit. b sind nur Prozesskostenschulden aus **zürcherischen Verwaltungs- oder Gerichtsverfahren** zu berücksichtigen, d.h. nur Kostenforderungen von zürcherischen Amtsstellen und Gerichten. Dabei spielt es keine Rolle, welchem Rechtsbereich das betreffende Verfahren zuzuordnen ist (Verwaltungs-, Sozialversicherungs-, Zivil- oder Strafrecht). Nicht zu berücksichtigen sind hingegen – anders als im Zivilprozessrecht (Art. 99 Abs. 1 lit. c ZPO) – Prozesskostenschulden aus ausserkantonalen oder bundesrechtlichen Verfahren.

Im Zusammenhang mit § 15 Abs. 2 lit. b sind nur Prozesskostenschulden aus **erledigten und nicht mehr weiterziehbaren Verfahren** zu berücksichtigen. Gemeint sind Verfahren, die nicht mehr mit einem ordentlichen Rechtsmittel an eine obere Instanz weitergezogen werden können. Da solche Entscheide rechtskräftig sind, also inhaltlich nicht mehr überprüft werden können, darf das Inkasso der Verfahrenskosten beginnen (§ 30 Abs. 1 lit. a). Erhebt die vorschusspflichtige Person im Betreibungsverfahren Rechtsvorschlag, so ändert dies nichts an der Rechtskraft der betreffenden Prozesskostenschuld[42].

---

[37] MERKLI/AESCHLIMANN/HERZOG, Kommentar VRPG, Art. 105 N. 3; RÜEGG, in: Basler Kommentar ZPO, Art. 99 N. 7.
[38] VGr, 21.9.2005, VB.2005.00062, E. 5.2 (nicht publizierte Erwägung in RB 2005 Nr. 6); GEISER, in: Basler Kommentar BGG, Art. 62 N. 26; MERKLI/AESCHLIMANN/HERZOG, Kommentar VRPG, Art. 105 N. 3; RÜEGG, in: Basler Kommentar ZPO, Art. 99 N. 7.
[39] MERKLI/AESCHLIMANN/HERZOG, Kommentar VRPG, Art. 105 N. 3.
[40] Weisung 1957, S. 1036.
[41] RÜEGG, in: Basler Kommentar ZPO, Art. 99 N. 16.
[42] VGr, 26.1.2012, VB.2011.00812, E. 2.1 und 4.2–4.4.

§ 15

30 Im Zusammenhang mit § 15 Abs. 2 lit. b sind nur die im Zeitpunkt der Kautionsverfügungseröffnung **effektiv geschuldeten Prozesskosten** zu berücksichtigen. Von Zahlungssäumnis ist auszugehen, wenn die Prozesskosten fällig und nicht innerhalb der in der Rechnung gesetzten Frist sowie einer Mahnfrist bezahlt worden sind; allfällige Stundungs- und Ratenzahlungsvereinbarungen ändern daran nichts[43]. Die Pflicht zur Zahlung des Kostenvorschusses fällt nach (strenger) Praxis des Verwaltungsgerichts nicht dahin, wenn der Vorschusspflichtige die Prozesskostenschulden nachträglich – d.h. nach Erlass der Kostenvorschussverfügung – begleicht, da dies den fehlenden Zahlungswillen in Bezug auf *künftige* Leistungen nicht zu widerlegen vermag[44]. Unbeachtlich ist hingegen eine frühere Prozesskostenschuld, die noch vor Eröffnung der Kautionsanordnung getilgt wurde – sei es durch Zahlung der pflichtigen Person, sei es durch eine staatliche Kostenübernahme (Erlass).

3. Zahlungsunfähigkeit (lit. c)

31 § 15 Abs. 2 lit. c statuiert den Kautionsgrund der **Zahlungsunfähigkeit,** ohne diesen Begriff näher zu definieren. In der Praxis wird von Zahlungsunfähigkeit grundsätzlich dann ausgegangen, wenn die betroffene Partei nicht über die notwendigen liquiden Mittel verfügt und auch nicht den nötigen Kredit besitzt, um den mit dem Prozess mutmasslich verbundenen Zahlungsverpflichtungen nachzukommen[45].

32 § 15 Abs. 2 lit. c wurde im Rahmen der **VRG-Revision von 1997** in das Gesetz eingefügt – in Anlehnung an § 73 Ziff. 2 und 3 der bis Ende 2010 gültigen zürcherischen Zivilprozessordnung, welche die Zahlungsunfähigkeit als zivilprozessualen Kautionsgrund regelte[46]. Seit dem 1. Januar 2011 ist im Zivilprozess Art. 99 Abs. 1 lit. b ZPO massgebend, der bei der Auslegung von § 15 Abs. 2 lit. c nunmehr heranzuziehen ist.

33 Nach Art. 99 Abs. 1 lit. b ZPO liegt ein Kautionsgrund vor, wenn eine Partei zahlungsunfähig erscheint, namentlich wenn gegen sie der **Konkurs** eröffnet oder ein **Nachlassverfahren** im Gang ist[47] oder **Verlustscheine** bestehen. Dabei handelt es sich um *unwiderlegbare* Kautionsgründe[48].

34 Eine Partei kann gemäss Art. 99 Abs. 1 lit. b ZPO auch aus anderen als den namentlich erwähnten Gründen zahlungsunfähig erscheinen. Die zuständige Behörde verfügt bei der Beurteilung der Zahlungsfähigkeit im Einzelfall über einen erheblichen *Ermessensspielraum*[49]. Ein **Anschein der Zahlungsunfähigkeit** kann durch entsprechende Indizien in den betreibungsrechtlichen Akten erweckt werden, etwa aufgrund von wiederholten Konkursbegehren, einem zeitlich nicht weit zurückliegenden Konkurs, einer leeren Pfändungsurkunde bei provisorischer Pfändung, sehr häufigen Betreibungen oder einer länger dauernden Lohnpfändung[50]. Unzulässig ist eine Kautionierung wegen Zahlungsunfä-

---

[43] RÜEGG, in: Basler Kommentar ZPO, Art. 99 N. 16.
[44] Vgl. VGr, 2.10.2012, VB.2012.00546, E. 5.3; VGr, 26.1.2012, VB.2011.00812, E. 2.1.
[45] VGr, 22.8.2012, SB.2012.00048, E. 3.1 (nicht publiziert); BGE 111 II 206, E. 1.
[46] Vgl. Weisung 1995, S. 1529; VGr, 5.7.2011, VB.2011.00224, E. 2.1.1 und 2.1.2.
[47] Dazu Handelsgericht ZH, 30.11.2012, HG120133, E. 4.
[48] RÜEGG, in: Basler Kommentar ZPO, Art. 99 N. 13–15.
[49] VGr, 5.7.2011, VB.2011.00224, E. 2.1.1.
[50] RÜEGG, in: Basler Kommentar ZPO, Art. 99 N. 13.

higkeit dann, wenn die Behörde zuvor das Gesuch des betreffenden Rechtsmittelklägers um unentgeltliche Rechtspflege mangels Nachweises der Bedürftigkeit abgewiesen hat[51].

Die **praktische Bedeutung** des Kautionsgrundes der Zahlungsunfähigkeit ist gering. Dies hängt zum einen damit zusammen, dass die Abklärung der Zahlungsfähigkeit der gesuchstellenden Person für die Behörde in der Regel mit grösserem Aufwand verbunden ist, der sich zu Beginn des Verfahrens kaum rechtfertigen lässt. Zum anderen haben zahlungsunfähige Gesuchsteller Anspruch auf Erlass eines allfälligen Kostenvorschusses, falls ihr Begehren nicht offensichtlich aussichtslos erscheint und sie um unentgeltliche Prozessführung ersuchen (§ 16 Abs. 1). Die Entscheidinstanzen verzichten auf eine Kautionierung nicht selten deshalb, weil diese mutmasslich ein Gesuch um unentgeltliche Prozessführung nach sich zöge, das vorab – im Rahmen einer in der Regel anfechtbaren Zwischenverfügung – zu beurteilen wäre (vgl. § 16 N. 64).

C. Nichterhebung eines Vorschusses trotz Vorliegen von Kautionsgründen

Die Nichterhebung eines Kostenvorschusses stellt im Zürcher Verwaltungs- und Verwaltungsrechtspflegeverfahren den **Normalfall** dar und rechtfertigt sich stets dann, wenn keine der in § 15 Abs. 2 erwähnten Kautionsgründe gegeben sind oder wenn ein Verfahren von Amtes wegen durchgeführt wird. Besteht ein Kautionsgrund nach § 15 Abs. 2, so ist die Behörde zwar nicht verpflichtet, in der Regel aber berechtigt, einen Kostenvorschuss zu erheben. Aus prozessökonomischen Gründen kann die Behörde allerdings trotz Vorliegen eines Kautionsgrundes darauf verzichten, einen Kostenvorschuss zu erheben.

Auch wenn die Voraussetzungen für die Erhebung eines Kostenvorschusses nach § 15 Abs. 2 erfüllt sind, hat die Behörde mittellosen Privaten gemäss § 16 Abs. 1 die Bezahlung von Kostenvorschüssen zu erlassen, wenn sie **Anspruch auf unentgeltliche Prozessführung** haben und diesen erfolgreich geltend machen[52]. Die Behörde hat die gesuchstellende Person diesfalls darüber zu informieren, dass die Frist zur Bezahlung des Kostenvorschusses nicht mehr läuft[53]. Die bewilligte unentgeltliche Rechtspflege befreit von Vorschüssen für sämtliche prozessualen Handlungen, die zur materiellen Beurteilung der geltend gemachten Ansprüche nötig sind, also beispielsweise auch von den Kosten für Beweiserhebungen und für notwendige Publikationen[54].

Aus Billigkeitsgründen kann ferner auch bei **zahlungsunfähigen Privaten,** die nach § 16 Abs. 1 *mutmasslich* Anspruch auf unentgeltliche Prozessführung hätten, diesen aber nicht geltend machen, auf die Erhebung eines Kostenvorschusses verzichtet werden[55].

---

[51] VGr, 9.5.2012, SB.2011.00128, E. 4.4.2 (nicht publiziert).
[52] Vgl. GYGI, Bundesverwaltungsrechtspflege, S. 329; MAILLARD, in: Praxiskommentar VwVG, Art. 63 N. 40.
[53] Vgl. z.B. VGr, 1.3.2006, VB.2005.00365, Sachverhalt II.
[54] RÜEGG, in: Basler Kommentar ZPO, Art. 118 N. 6; vgl. z.B. Art. 118 Abs. 1 lit. a ZPO; Art. 136 Abs. 2 lit. a StPO.
[55] Vgl. MERKLI/AESCHLIMANN/HERZOG, Kommentar VRPG, Art. 105 N. 8.

39 Die Erhebung eines Vorschusses zur Sicherung von Verfahrenskosten kommt – unter Vorbehalt der missbräuchlichen Prozessführung[56] – nur in kostenpflichtigen, nicht aber in **kostenlosen Verfahren** in Frage.

40 Die Nichterhebung eines Vorschusses kann sich ferner rechtfertigen, wenn die Verfahrenserledigung in der Hauptsache mit **geringem Aufwand** verbunden ist – etwa weil sich das Begehren als offensichtlich aussichtslos erweist[57]. In solchen Fällen erscheint es aus prozessökonomischen Gründen auch bei Vorliegen von Kautionsgründen gerechtfertigt, auf die Erhebung eines Vorschusses zu verzichten und stattdessen sofort einen Entscheid in der Hauptsache zu treffen.

41 Bei der Prüfung eines **Ausstands- oder Ablehnungsbegehrens** ist von einer Sicherstellung der diesbezüglichen Kosten abzusehen, da die Parteien einen verfassungsrechtlichen Anspruch auf richtige Besetzung der Entscheidbehörde haben, der durch nichts geschmälert werden darf[58].

D. Zeitpunkt der Vorschusserhebung

42 Über die Frage, ob ein Kostenvorschuss nach § 15 Abs. 2 verlangt werden soll, haben die Behörden grundsätzlich **zu Verfahrensbeginn** zu befinden, d.h. bevor sie das Begehren eines Privaten an die Hand nehmen.

43 Wird während laufender Frist zur Zahlung eines Kostenvorschusses ein Begehren um **unentgeltliche Prozessführung, Fristerstreckung, Ratenzahlung** oder **Vorschussreduktion** gestellt, so ist vorab darüber zu entscheiden; die Frist zur Zahlung des Kostenvorschusses wird dadurch unterbrochen (vgl. N. 57). Gleiches gilt, wenn die Kostenvorschussverfügung oder die Abweisung eines Gesuchs um unentgeltliche Prozessführung bei einer oberen Instanz angefochten wird.

44 Eine **nachträgliche Kautionierung** ist zulässig, wenn der Kautionsgrund erst im Verlauf des Verfahrens eintritt oder erst dann bekannt wird, etwa wenn die gesuchstellende Person den Wohnsitz ins Ausland verlegt oder zahlungsunfähig wird, oder wenn ihr Rechtsnachfolger vorschusspflichtig ist[59].

45 Da die Bezahlung des Vorschusses eine Eintretensvoraussetzung darstellt, nimmt die Entscheidbehörde bis zum fristgerechten Eingang des Vorschusses grundsätzlich **keine Verfahrenshandlungen** vor. Wenn allerdings die Voraussetzungen gemäss § 6 zur Anordnung vorsorglicher Massnahmen gegeben sind, können diese bereits vor Eingang der Kostenvorschusszahlung verfügt werden (vgl. Art. 101 Abs. 2 ZPO).

---

[56] MAILLARD, in: Praxiskommentar VwVG, Art. 63 N. 36; MERKLI/AESCHLIMANN/HERZOG, Kommentar VRPG, Art. 105 N. 10.
[57] Vgl. MERKLI/AESCHLIMANN/HERZOG, Kommentar VRPG, Art. 105 N. 8.
[58] BGE 100 Ia 28, E. 3; vgl. § 5a N. 5.
[59] Vgl. MERKLI/AESCHLIMANN/HERZOG, Kommentar VRPG, Art. 105 N. 5.

E. Höhe des Vorschusses

Bei der betragsmässigen Festsetzung des Kostenvorschusses steht der Behörde ein weites Ermessen zu[60]. Die Höhe des Vorschusses soll grundsätzlich dem voraussichtlichen Verfahrensaufwand entsprechen bzw. den **mutmasslichen Verfahrenskosten,** welche die gesuchstellende Partei im Unterliegensfall bezahlen müsste[61]. Der Vorschuss umfasst sämtliche Verfahrenskosten nach § 13, zu denen unter anderem auch die Barauslagen (§ 15 Abs. 1) gehören. Der Vorschussbetrag kann den Parteien als Orientierung der zu erwartenden Kosten dienen; er ist für die Entscheidinstanz jedoch bei der Gebührenauferlegung nicht bindend: Die Verfügung betreffend den Kostenvorschuss stellt keine Vertrauensgrundlage für eine bestimmte oder eine maximale Höhe der Gebühr dar[62]. 46

Die Kautionierung soll nicht so ausgestaltet sein, dass aus Kostengründen auf die Rechtsverfolgung verzichtet werden muss[63]: Der konventions- und verfassungsrechtlich gewährleistete **Zugang zu einem Gericht** (vgl. Art. 6 Ziff. 1 EMRK; Art. 29a BV) darf nicht durch einen übermässig hohen Kostenvorschuss vereitelt werden. Die Entscheidbehörde muss deshalb auf die finanzielle Leistungsfähigkeit der vorschusspflichtigen Partei gebührend Rücksicht nehmen. Wenn eine Partei etwa wegen fehlender Mittellosigkeit keinen Anspruch auf unentgeltliche Rechtspflege besitzt, gleichwohl aber nur minim über der Grenze des Notbedarfs lebt, ist die Behörde gehalten, bloss einen Teil der mutmasslichen Kosten oder die Leistung ratenweiser Teilvorschüsse einzuverlangen[64]. 47

Die Entscheidbehörde kann den auferlegten Kostenvorschuss **nachträglich erhöhen,** wenn sich die mutmasslichen Verfahrenskosten im Verlauf des Verfahrens erheblich ändern[65]. Eine nachträgliche Kautionserhöhung vor Verfahrensabschluss kann sich rechtfertigen, wenn das Verfahren aufgrund neuer Tatsachen oder Beweisanträge in nicht vorhergesehenem Mass ausgeweitet wird. 48

Eine **nachträgliche Herabsetzung oder Aufhebung** der Kaution vor Verfahrensabschluss rechtfertigt sich kaum: Die Interessen des Vorschusspflichtigen sind in der Regel hinreichend gewahrt, wenn nach Verfahrensabschluss eine Schlussabrechnung erstellt und ein allfälliger Überschuss zurückbezahlt wird. 49

F. Zahlungsmodalitäten

Der Kostenvorschuss ist grundsätzlich durch rechtzeitige Zahlung des geforderten Geldbetrags in bar an die von der Behörde bezeichnete Stelle zu leisten. Der Barbezahlung gleichgestellt sind die **Einzahlung** am Postschalter, die **Zahlungsanweisung** an die Post oder an einen anderen Zahlungsbeauftragten oder die Leistung einer Garantie einer in der Schweiz niedergelassenen Bank oder eines zum Geschäftsbetrieb in der Schweiz zugelassenen Versicherungsunternehmens (§ 11 N. 64 ff.). 50

---

[60] BGr, 3.5.2011, 2C_56/2011, E. 2.2.1.
[61] Vgl. VGr, 26.4.2013, VB.2013.00136, E. 2.1 (nicht publiziert); so auch Art. 62 Abs. 1 Satz 1 BGG; Art. 63 Abs. 4 Satz 1 VwVG; MERKLI/AESCHLIMANN/HERZOG, Kommentar VRPG, Art. 105 N. 11.
[62] BGr, 16.1.2012, 2C_603/2011, E. 2.4; vgl. GEISER, in: Basler Kommentar BGG, Art. 62 N. 11.
[63] Vgl. BGr, 3.5.2011, 2C_56/2011, E. 2.2.2.
[64] RÜEGG, in: Basler Kommentar ZPO, Art. 98 N. 2.
[65] Vgl. Art. 100 Abs. 2 ZPO; MERKLI/AESCHLIMANN/HERZOG, Kommentar VRPG, Art. 105 N. 11.

51 Die Behörde, die einen Kostenvorschuss verlangt, kann **Ratenzahlungen** gewähren. Eine solche Zahlungserleichterung stellt ein im Ermessen der Behörde liegendes Entgegenkommen dar, auf das die Rechtsuchenden grundsätzlich keinen Anspruch haben[66]. Die Anzahl zugestandener Raten hängt von der Interessenlage und der zeitlichen Dringlichkeit des Geschäfts ab[67]. Es ist zulässig, bei jeder einzelnen Ratenzahlung anzudrohen, im Säumnisfall nicht einzutreten[68].

G. Zahlungsfrist

52 Dem Privaten ist zur Sicherstellung der Verfahrenskosten eine **angemessene Frist** anzusetzen[69]. Dabei sind im Einzelfall die Höhe des verlangten Vorschusses, die Bedeutung und Dringlichkeit der Sache sowie unter Umständen die wirtschaftliche Leistungsfähigkeit des Pflichtigen zu berücksichtigen[70].

53 Bei der Fristansetzung zur Leistung des Kostenvorschusses steht der Entscheidinstanz ein **erheblicher Ermessensspielraum** zu. Innerhalb dieses Spielraums kann sie den Verfahrensumständen Rechnung tragen. Eine Pflicht, die Frist zur Leistung des Kostenvorschusses auf die gesetzliche Rechtsmittelfrist zur Anfechtung der Kostenvorschussverfügung abzustimmen, besteht nicht[71].

54 Der gesuchstellenden Person muss unter Berücksichtigung der Erfordernisse des Verfahrens genügend Zeit zur Verfügung gestellt werden, um den geforderten Betrag verfügbar machen und überweisen zu können[72]. Die Entscheidbehörden setzen in der Regel eine Vorschusszahlungsfrist von **20 Tagen,** in dringenderen Fällen von **zehn Tagen** an. Nach der bundesgerichtlichen Rechtsprechung vermag eine Zahlungsfrist von zehn Tagen oder etwas mehr zwar als kurz betrachtet werden; sie ist jedoch nicht so kurz, dass dadurch der Zugang zum Gericht de facto ausgeschlossen und damit eine Rechtsverweigerung begangen würde[73].

55 In Bezug auf die **Wahrung, Erstreckung und Wiederherstellung** einer Frist zur Bezahlung eines Kostenvorschusses sind § 11 bzw. § 12 massgebend.

56 Im Anwendungsbereich von § 15 besteht – anders als nach anderen Verfahrensordnungen[74] – grundsätzlich **keine Pflicht zur Ansetzung einer Nachfrist:** Bezahlt die kostenpflichtige Partei innert der angesetzten Frist keinen Vorschuss, so darf die Entscheidinstanz auf die Eingabe androhungsgemäss nicht eintreten[75]. Zulässig ist ein Ausschluss der Nachfrist allerdings nur dann, wenn der Kostenvorschuss formrichtig eröffnet wurde, die Frist angemessen ist, der Betrag nicht übersetzt ist, die Zahlungsmodalitäten üblich sind

---

[66] BGr, 20.4.2005, 2A.224/2005, E. 3.
[67] BEUSCH, in: Kommentar VwVG, Art. 63 N. 24.
[68] BEUSCH, in: Kommentar VwVG, Art. 63 N. 26 Fn. 42.
[69] GADOLA, Beschwerdeverfahren, S. 466; vgl. auch Art. 62 Abs. 3 Satz 1 BGG; Art. 63 Abs. 4 Satz 2 VwVG.
[70] Vgl. BEUSCH, in: Kommentar VwVG, Art. 63 N. 21.
[71] BGr, 21.9.2010, 2C_703/2009, E. 4.3.
[72] BGr, 21.9.2010, 2C_703/2009, E. 4.3.
[73] BGE 136 II 380, E. 3.1.
[74] Art. 62 Abs. 3 Satz 2 BGG; Art. 101 Abs. 3 ZPO; Art. 105 Abs. 4 VRPG BE.
[75] RB 2008 Nr. 17, E. 3; vgl. BGr, 21.9.2010, 2C_703/2009, E. 4.4.1.

und auf die Säumnisfolgen hingewiesen wurde[76]. Angesichts der drohenden gravierenden Säumnisfolgen muss bereits in der Kostenvorschussverfügung darauf hingewiesen werden, dass keine Nachfrist angesetzt wird[77].

Weist die Entscheidbehörde ein **Gesuch um unentgeltliche Prozessführung** ab, das während laufender Frist zur Zahlung des Kostenvorschusses gestellt wurde, so muss sie in der Regel eine kurze Nachfrist zur Zahlung des Kostenvorschusses ansetzen[78]. Gleiches gilt, nachdem die Kostenvorschussverfügung oder die Abweisung des Gesuchs um unentgeltliche Prozessführung bei einer oberen Instanz erfolglos angefochten wurde[79], wobei die obere Instanz die Nachfrist in diesem Fall auch eigenständig ansetzen kann[80]. Von der Ansetzung einer Nachfrist kann nach der (strengen) Rechtsprechung des Verwaltungsgerichts ausnahmsweise dann abgesehen werden, wenn das Gesuch um unentgeltliche Prozessführung rechtsmissbräuchlich erscheint, namentlich weil dessen Aussichtslosigkeit für den Gesuchsteller von vornherein ersichtlich war[81]. Ferner ist auch dann keine Nachfrist anzusetzen, wenn ein erst nach Ablauf der Kostenvorschussfrist gestelltes Gesuch um unentgeltliche Prozessführung abgewiesen wird[82].

H. Säumnisfolgen

Die nicht rechtzeitige Bezahlung des Kostenvorschusses führt nach dem Gesetzeswortlaut zum **Nichteintreten** auf das gestellte Begehren, wenn diese Säumnisfolge angedroht wurde. Die Bezahlung des Kostenvorschusses nach § 15 Abs. 2 stellt eine eigentliche Verfahrensvoraussetzung dar bzw. eine Voraussetzung dafür, dass das Begehren materiell beurteilt wird. Die Säumnisfolgen nach § 15 Abs. 2 sind somit strenger als jene nach § 15 Abs. 1 (vgl. N. 19).

Die Säumnisfolge des Nichteintretens bei Zahlungssäumnis verstösst nicht gegen übergeordnetes Recht[83]: Es ist **nicht überspitzt formalistisch,** im Säumnisfall ein Rechtsmittel nicht an die Hand zu nehmen, wenn die betroffene Partei auf die Höhe des Kostenvorschusses, die Zahlungsfrist und die Folgen des Nichtleistens in angemessener Weise aufmerksam gemacht worden ist[84]. Dies gilt grundsätzlich unabhängig von der Schwere der Folgen, die das Nichteintreten für die verspätet handelnde Partei hat[85].

Die angedrohten Säumnisfolgen treten auch dann ein, wenn eine Partei, von der ein Kostenvorschuss erhoben wurde, an sich **Anspruch auf unentgeltliche Prozessführung** gehabt hätte, diesen aber nicht geltend macht. Die Behörden sind nicht verpflichtet, die

---

[76] BGr, 21.9.2010, 2C_703/2009, E. 4.4.2.
[77] Vgl. BGE 136 II 380, E. 3 und 3.1.
[78] BGE 138 III 672, E. 4.2.1; 138 III 163, E. 4.2 (in Bezug auf ZPO und BGG); RB 1995 Nr. 3; GEISER, in: Basler Kommentar BGG, Art. 62 N. 14; MAILLARD, in: Praxiskommentar VwVG, Art. 63 N. 46; MERKLI/AESCHLIMANN/HERZOG, Kommentar VRPG, Art. 105 N. 21.
[79] Vgl. BGr, 28.6.2012, 8C_220/2012, E. 4.2.3.
[80] Vgl. BGr, 2.11.2012, 5A_638/2012, E. 6.
[81] VGr, 16.6.2010, VB.2010.00160, E. 2.2; RB 1997 Nr. 42.
[82] VGr, 16.6.2010, VB.2010.00160, E. 2.2.1.
[83] Vgl. BGE 133 V 402 E. 3.4.
[84] RB 2008 Nr. 17, E. 3; BGr, 24.6.2009, 2C_645/2008, E. 2.2.
[85] BGr, 24.6.2009, 2C_645/2008, E. 2.2.

Parteien auf die Möglichkeit der unentgeltlichen Rechtspflege aufmerksam zu machen, zumal es zur Geltendmachung eines Gesuchs um Erlass eines Kostenvorschusses genügt, dass die Person darlegt, dass sie nicht in der Lage ist, den Kostenvorschuss zu bezahlen, aber an ihrem Gesuch oder Rechtsmittel festhalten will[86].

61 Ausnahmsweise kann die Behörde trotz Nichtbezahlung des Kostenvorschusses auf das Gesuch eintreten und das Verfahren weiterführen, nämlich dann, wenn einem Nichteintretensbeschluss **öffentliche Interessen** entgegenstehen[87].

I. Anfechtung

62 Will sich eine Partei während des laufenden Verfahrens gegen eine Kostenvorschussverfügung wehren, so hat sie sich – je nach Beanstandung – an die **kautionierende Behörde** oder an die **nächsthöhere Instanz** zu wenden. Ein Begehren um Reduktion oder Erlass des Kostenvorschusses, um Gewährung der unentgeltlichen Prozessführung oder um Erstreckung der Zahlungsfrist ist bei jener Instanz vorzubringen, die den Kostenvorschuss verlangt hat. Bei der oberen Instanz geltend zu machen sind hingegen Rügen in Bezug auf die Anordnung oder Begründung eines Kostenvorschusses – etwa wenn geltend gemacht wird, das Verfahren sei von Gesetzes wegen kostenlos[88].

63 Soweit die gesuchstellende Person Rügen vorbringt, die bei einer oberen Instanz geltend zu machen sind, gilt Folgendes: Die Kostenvorschussverfügung stellt eine **selbständig anfechtbare Zwischenverfügung** dar; denn wenn ein Kostenvorschuss verlangt wird verbunden mit der Androhung, im Unterlassungsfall auf das erhobene Rechtsmittel nicht einzutreten, kann dies für eine Person, die sich auf ihre Mittellosigkeit beruft, einen nicht wiedergutzumachenden Nachteil bewirken[89]. Ungeklärt ist die Frage, ob eine Kostenvorschussverfügung auch dann selbständig anfechtbar ist, wenn nur die Höhe des Vorschusses strittig ist und sich die gesuchstellende Person nicht gleichzeitig auf ihre Mittellosigkeit beruft[90]. Anfechtungsinstanz ist jene, die auch mit einem Rechtsmittel gegen den Endentscheid in der Hauptsache angerufen werden könnte[91]. Ist ein Entscheid in der Hauptsache nicht anfechtbar, so entfällt die Anfechtbarkeit auch in Bezug auf die Erhebung des Kostenvorschusses[92].

64 Im Fall der Anfechtung einer Kostenvorschussverfügung bei einer oberen Instanz kann die untere Instanz in der Regel noch keinen (androhungsgemässen) Nichteintretensbeschluss fällen, solange die obere Instanz nicht entschieden hat. Ein sofortiger Entscheid der unteren Instanz kommt zwar ausnahmsweise dann in Frage, wenn dem Rechtsmit-

---

[86] BGr, 25.2.2010, 1C_6/2010, E. 2.3.
[87] GADOLA, Beschwerdeverfahren, S. 466 f.
[88] Vgl. BGr, 13.1.2012, 2C_14/2012; BGr, 21.9.2010, 2C_703/2009, E. 4.3; BGr, 11.6.2009, 2C_214/2009, E. 2.
[89] BGr, 10.2.2013, 2C_692/2012, E. 1.4.2; BGE 133 V 402, E. 1.2; 128 V 199, E. 2b–d; GADOLA, Beschwerdeverfahren, S. 466; GYGI, Bundesverwaltungsrechtspflege, S. 329; MAILLARD, in: Praxiskommentar VwVG, Art. 63 N. 47; siehe auch Art. 103 ZPO.
[90] BGr, 25.7.2013, 5A_384/2013, E. 1.
[91] BEUSCH, in: Kommentar VwVG, Art. 63 N. 25.
[92] Vgl. BGr, 14.2.2013, 2C_154/2013, E. 2.

tel keine **aufschiebende Wirkung** zukommt[93]; prozessökonomisch erscheint ein Nichtabwarten des Rechtsmittelentscheids allerdings kaum je sinnvoll.

Tritt eine Behörde auf die gestellten Begehren mangels Leistung des auferlegten Kostenvorschusses nicht ein und lehnt sie zugleich ein vom Gesuchsteller binnen der angesetzten Zahlungsfrist gestelltes Gesuch um Gewährung der unentgeltlichen Prozessführung ab, so ist es der Rechtsmittelbehörde im anschliessenden Rechtsmittelverfahren über den ergangenen Nichteintretensentscheid **verwehrt, erneut einen Kostenvorschuss zu verlangen** und im Säumnisfall gleich der Vorinstanz auf das Rechtsmittel nicht einzutreten[94].

Der **Nichteintretensbeschluss**, der wegen Nichtleistens eines Kostenvorschusses ergeht, stellt einen bei der Rechtsmittelinstanz anfechtbaren verfahrensabschliessenden Endentscheid dar.

J. Rückerstattung, Verrechnung und Nachforderung

Wurde der verlangte Kostenvorschuss rechtzeitig geleistet, so tritt die Entscheidbehörde auf das Begehren der gesuchstellenden Person ein und prüft dieses materiell. Im **Endentscheid** bestehen in Bezug auf den geleisteten Kostenvorschuss drei Möglichkeiten:

- Wurde der Kostenvorschuss höher angesetzt als die schliesslich gestützt auf § 13 resultierenden Verfahrenskosten, so wird der übersteigende Betrag dem Kostenpflichtigen nach Eintritt der Rechtskraft des Entscheids *zurückerstattet*[95], soweit er nicht mit weiteren fälligen Geldforderungen der gleichen Behörde gegen die gleiche Partei aus dem gleichen oder einem früheren Verfahren verrechnet werden kann[96]. Auf die geleistete Kaution wird kein Zins vergütet (§ 11 GebV VGr in Bezug auf das Verwaltungs-, das Baurekurs- und das Steuerrekursgericht)[97].

- Wurde der Kostenvorschuss gleich hoch angesetzt wie die schliesslich resultierenden Verfahrenskosten, so werden die Kosten mit dem Vorschuss *verrechnet* (vgl. Art. 111 Abs. 1 ZPO).

- Fallen die Verfahrenskosten höher aus als der einverlangte Vorschuss, so wird der Fehlbetrag von der kostenpflichtigen Person *nachgefordert* (vgl. Art. 111 Abs. 1 ZPO).

---

[93] BGr, 17.10.2007, 2C_128/2007, E. 3; VGr, 10.12.2010, VB.2010.00531, E. 2 (nicht publiziert).
[94] RB 1999 N. 12.
[95] Vgl. z.B. VGr, 18.11.2009, VB.2009.00324, E. 6.
[96] Vgl. HÄFELIN/MÜLLER/UHLMANN, Verwaltungsrecht, N. 801.
[97] Vgl. BEUSCH, in: Kommentar VwVG, Art. 63 N. 27.

d. Unentgeltliche Rechtspflege

§ 16

¹ Privaten, welchen die nötigen Mittel fehlen und deren Begehren nicht offensichtlich aussichtslos erscheint, ist auf entsprechendes Ersuchen die Bezahlung von Verfahrenskosten und Kostenvorschüssen zu erlassen.

² Sie haben überdies Anspruch auf die Bestellung eines unentgeltlichen Rechtsbeistandes, wenn sie nicht in der Lage sind, ihre Rechte im Verfahren selbst zu wahren.

³ Juristischen Personen wird die unentgeltliche Rechtspflege nicht gewährt.

⁴ Eine Partei, der die unentgeltliche Rechtspflege gewährt wurde, ist zur Nachzahlung verpflichtet, sobald sie dazu in der Lage ist. Der Anspruch des Kantons verjährt zehn Jahre nach Abschluss des Verfahrens.

Materialien

Weisung 2009, S. 955 f.; Prot. KR 2007–2011, S. 10239, 10535.

Zur früheren Fassung/zu früheren Fassungen: Weisung 1957, S. 1036; Prot. KK 20.12.1957, 23.9.1958; Prot. KR 1955–1959, S. 3271; Beleuchtender Bericht 1959, S. 400 f.; Weisung 1995, S. 1530; Prot. KK 1995/96, S. 27 f., 34 ff., 237 f.; Prot. KR 1995–1999, S. 6488.

Literatur

BÜHLER, Prozessarmut, S. 131 ff.; FORSTER, Anspruch, S. 475 ff.; GADOLA, Beschwerdeverfahren S. 475 ff.; GEISER THOMAS, in: Basler Kommentar BGG, Art. 64; GYGI, Bundesverwaltungsrechtspflege, S. 330 f.; HÄFELIN/HALLER/KELLER, Bundesstaatsrecht, N. 840 ff.; HÄFELIN/MÜLLER/UHLMANN, Verwaltungsrecht, N. 1712 ff.; HÄUSLER/FERRARI-VISCA, Anspruch; KAYSER MARTIN, in: Kommentar VwVG, Art. 65; KIENER/RÜTSCHE/KUHN, Öffentliches Verfahrensrecht, N. 241 ff., 795 ff. und 1586 ff.; KLEY-STRULLER, Unentgeltliche Rechtspflege, S. 179 ff.; KÖLZ/HÄNER/BERTSCHI, Verwaltungsverfahren, N. 656 ff.; MAILLARD MARCEL, in: Praxiskommentar VwVG, Art. 65; MEICHSSNER, Grundrecht; MERKLI/AESCHLIMANN/HERZOG, Kommentar VRPG, Art. 111 f.; RHINOW/KOLLER/KISS/THURNHERR/BRÜHL-MOSER, Öffentliches Prozessrecht, N. 365 ff.; RÜEGG VIKTOR, in: Basler Kommentar ZPO, Art. 118 ff.; STEINMANN GEROLD, in: St. Galler Kommentar BV, Art. 29.

Inhaltsübersicht

I.	Einleitung	1–15
	A. Regelungsgegenstand und Entstehungsgeschichte	1–2
	B. Verfassungs- und Konventionsrecht	3–5
	C. Anwendungsbereich	6–9
	D. Kreis der Anspruchsberechtigten	10–11
	E. Zuständigkeit	12–13
	F. Abgrenzung zu anderen Ansprüchen	14–15
II.	Unentgeltliche Prozessführung (Abs. 1)	16–73
	A. Einleitung	16–17
	B. Voraussetzungen	18–54
	1. Mittellosigkeit	18–41
	a) Grundsätze	18–22
	b) Einkünfte und Vermögen	23–31
	c) Ausgaben	32–37
	d) Nachweis	38–41

		2. Fehlende Aussichtslosigkeit	42–54
		a) Einleitung	42–45
		b) Formel und Kriterien	46–53
		c) Beurteilungszeitpunkt	54
	C.	Umfang der übernommenen Kosten	55–57
	D.	Verfahrensfragen	58–73
		1. Erfordernis eines Gesuchs	58–60
		2. Gesuchseinreichung	61–62
		3. Entscheidzeitpunkt	63–64
		4. Entscheid über das Gesuch	65–68
		5. Kostenfolgen	69–71
		6. Anfechtung	72–73
III.	Unentgeltliche Rechtsverbeiständung (Abs. 2)		74–123
	A.	Einleitung	74–75
	B.	Voraussetzungen	76–87
		1. Mittellosigkeit und fehlende Aussichtslosigkeit	76
		2. Notwendigkeit der Vertretung	77–87
		a) Einleitung	77–79
		b) Betroffenheit und Schwierigkeit (Regelfall)	80–83
		c) Besondere Betroffenheit (Ausnahmefall)	84–85
		d) Waffengleichheit	86
		e) Vertretung durch unentgeltlich tätige Dritte	87
	C.	Umfang der Entschädigung	88–102
		1. Erforderliche Kosten in sachlicher Hinsicht	88–93
		2. Erforderliche Kosten in zeitlicher Hinsicht	94–96
		3. Stundenansätze	97–99
		4. Priorität der Parteientschädigung	100–102
	D.	Unentgeltlich vertretende Person	103–112
		1. Rechtliche Stellung	103–107
		2. Honorar	108–112
	E.	Verfahrensfragen	113–123
		1. Erfordernis eines Antrags	113–114
		2. Gesuchseinreichung	115–117
		3. Entscheid über das Gesuch	118–121
		4. Anfechtung	122–123
IV.	Juristische Personen (Abs. 3)		124–126
V.	Nachzahlungspflicht (Abs. 4)		127–132

I. Einleitung

A. Regelungsgegenstand und Entstehungsgeschichte

§ 16 betrifft gemäss Marginalie die «Unentgeltliche Rechtspflege». Die Bestimmung regelt die Voraussetzungen für eine einstweilige – nach zehn Jahren allenfalls endgültige – staatliche Übernahme der Verfahrens- und Vertretungskosten privater Parteien. Der Anspruch auf unentgeltliche Rechtspflege umfasst zwei Bereiche: Absatz 1 statuiert einen Anspruch auf **unentgeltliche Prozessführung** bzw. das Recht auf Erlass der Bezahlung von Verfahrenskosten (§ 13) und von Kostenvorschüssen (§ 15); Absatz 2 regelt den Anspruch auf **unentgeltliche Rechtsverbeiständung** bzw. das Recht auf Beiordnung einer

1

unentgeltlichen Rechtsvertretung. Die Terminologie ist nicht einheitlich; so verwendet etwa Art. 29 Abs. 3 BV den Begriff «unentgeltliche Rechtspflege» nicht als Überbegriff, sondern bezeichnet damit die unentgeltliche Prozessführung im Sinn von § 16 Abs. 1. Der früher gebräuchliche Begriff «prozessuales Armenrecht» wird heute nicht mehr häufig verwendet[1].

2 In der ursprünglichen Fassung des VRG von 1959 umfasste § 16 nur einen einzigen Absatz, der die Möglichkeit (nicht aber den Anspruch) der Gewährung der unentgeltlichen Prozessführung vorsah. Im Rahmen der **VRG-Revision** von 1997 wurde § 16 um die Absätze 2 und 3 ergänzt; der bisherige Text wurde – nunmehr als Anspruch formuliert – als Absatz 1 festgesetzt. Die Revision von 1997 zielte darauf ab, dem vom Bundesgericht aus der Bundesverfassung abgeleiteten Anspruch auf unentgeltliche Rechtspflege Rechnung zu tragen und Unklarheiten in Bezug auf juristische Personen zu beseitigen[2]. Anlässlich der VRG-Revision von 2010 wurde § 16 um einen vierten Absatz ergänzt, der eine Nachzahlungspflicht während zehn Jahren statuiert. Der Gesetzgeber begründete die Ergänzung damit, dass auch in zahlreichen anderen Gesetzen eine solche Nachzahlungspflicht vorgesehen sei[3].

B. Verfassungs- und Konventionsrecht

3 Das Ziel der unentgeltlichen Rechtspflege besteht darin, eine gewisse Waffengleichheit zu gewährleisten: Jede betroffene Person soll grundsätzlich ohne Rücksicht auf ihre finanzielle Situation unter den von der Rechtsprechung umschriebenen Voraussetzungen Zugang zu den staatlichen Entscheidinstanzen und Anspruch auf Vertretung durch eine rechtskundige Person zur Wahrung ihrer Parteirechte haben. Es handelt sich dabei um einen eigentlichen **Pfeiler des Rechtsstaats**[4]. Es wäre weder mit dem Gleichheitsprinzip noch mit der Garantie eines fairen Verfahrens vereinbar, wenn eine Partei auf die Durchsetzung ihrer Rechte verzichten müsste, weil sie nicht über die nötigen Mittel zur Prozessführung verfügt, oder wenn sie ihre Ansprüche weniger wirkungsvoll geltend machen könnte als eine andere, wirtschaftlich stärkere Partei[5]. Der Anspruch auf unentgeltliche Rechtspflege stellt in erster Linie ein Verfahrensrecht zur Umsetzung der Rechtsgleichheit im Prozess dar[6], kann aber auch als soziales Grundrecht bezeichnet werden[7].

4 Die **Bundesverfassung** statuiert den Anspruch auf unentgeltliche Rechtspflege in Art. 29 Abs. 3 BV. Diese Bestimmung stellt gemäss der Rechtsprechung eine blosse *Minimalgarantie* dar, über die das kantonale Prozessrecht hinausgehen darf[8]. In der Praxis zeich-

---

[1] MEICHSSNER, Grundrecht, S. 4.
[2] Weisung 1995, S. 1530.
[3] Weisung 2009, S. 955.
[4] BGE 137 III 470, E. 6.5.4; MEICHSSNER, Grundrecht, S. 5.
[5] HÄFELIN/MÜLLER/UHLMANN, Verwaltungsrecht, N. 1712.
[6] HÄFELIN/HALLER/KELLER, Bundesstaatsrecht, N. 908; STEINMANN, in: St. Galler Kommentar BV, Art. 29 N. 34.
[7] KLEY-STRULLER, Unentgeltliche Rechtspflege, S. 190 f.; MEICHSSNER, Grundrecht, S. 5, 45 und 144; RHINOW/KOLLER/KISS/THURNHERR/BRÜHL-MOSER, Öffentliches Prozessrecht, N. 367.
[8] Vgl. BGr, 24.8.2012, 8C_325/2012, E. 6.1; BGE 128 I 225, E. 2.3; MAILLARD, in: Praxiskommentar VwVG, Art. 65 N. 2.

net sich allerdings immer mehr eine schweizweite Harmonisierung der unentgeltlichen Rechtspflege ab, die sich an den Vorgaben von Art. 29 Abs. 3 BV orientiert[9]. Die entsprechenden Bestimmungen zahlreicher Erlasse enthalten in Bezug auf den Wortlaut denn auch kaum grosse Differenzen[10]. Aus den Materialien zur VRG-Revision von 1997 geht hervor, dass der Gesetzgeber mit § 16 keinen Anspruch statuieren wollte, der über das damalige Bundesverfassungsrecht – das dem heutigen Art. 29 Abs. 3 BV entspricht[11] – hinausgeht[12].

Die **EMRK** gewährt lediglich im Zusammenhang mit *strafrechtlichen* Verfahren einen expliziten Anspruch auf unentgeltliche Rechtspflege (Art. 6 Ziff. 3 lit. c EMRK). Im Übrigen statuiert Art. 6 Ziff. 1 EMRK einen – unter Umständen auch im Bereich des Verwaltungsrechts geltenden (vgl. § 4 N. 17) – Anspruch auf Zugang zu einem Gericht. Dieser Anspruch geht aber nicht über die in Art. 29 Abs. 1 und 3 BV statuierten Rechte hinaus, die in sämtlichen Verwaltungsverfahren massgebend sind[13].

C. Anwendungsbereich

Der Anwendungsbereich von § 16 betrifft sowohl das **nichtstreitige Verfahren** als auch **das Einsprache-, das Rekurs-, das Beschwerde- und das Klageverfahren** (vgl. §§ 4, 70 und 86)[14]. Im nichtstreitigen Verfahren kommt § 16 in der Praxis zwar relativ selten – am ehesten im Bereich des Justizvollzugs – zur Anwendung. Auch in solchen Verfahren besteht indessen unter den Voraussetzungen von Art. 29 Abs. 3 BV ein verfassungsrechtlicher Anspruch auf unentgeltliche Rechtspflege[15]. Im steuerrechtlichen Verfahren vor Steuerrekurs- und Verwaltungsgericht ist § 16 gemäss § 12 Abs. 2 GebV VGr sinngemäss anwendbar[16].

Ein verfassungsmässiger Anspruch auf unentgeltliche Rechtspflege besteht **für jedes staatliche Verfahren,** in welches die gesuchstellende Person einbezogen wird oder welches zur Wahrung ihrer Rechte notwendig ist. Nicht entscheidend ist dabei die Rechtsnatur der Entscheidungsgrundlagen oder jene des in Frage stehenden Verfahrens[17]. Nicht anwendbar ist § 16 hingegen ausserhalb des Bereichs förmlicher staatlicher Verfahren,

---

[9] Vgl. KAYSER, in: Kommentar VwVG, Art. 65 N. 1; KLEY-STRULLER, Unentgeltliche Rechtspflege, S. 180; MEICHSSNER, Grundrecht, S. 25; siehe z.B. BGE 138 III 217, E. 2.2.4 (Berücksichtigung der Praxis zu Art. 29 Abs. 3 BV bei der Auslegung von Art. 117 lit. b ZPO).
[10] Vgl. Art. 29 Abs. 3 BV; Art. 64 BGG; Art. 65 VwVG; Art. 117 f. ZPO; Art. 136 StPO; § 16 VRG ZH; Art. 111 VRPG BE; § 34 VRPG AG.
[11] Vgl. Botschaft BV, S. 182.
[12] Vgl. Weisung 1995, S. 1530; siehe auch BGE 124 I 304, E. 2a (in Bezug auf Art. 111 VRPG BE).
[13] BGr, 19.4.2013, 5A_446/2009, E. 3.3; KLEY-STRULLER, Unentgeltliche Rechtspflege, S. 180; MEICHSSNER, Grundrecht, S. 20.
[14] Weisung 1995, S. 1530.
[15] BGr, 22.3.2010, 6B_1093/2009, E. 2.2.2; BGE 128 I 225, E. 2.3; 125 V 32, E. 4a; RB 2001 Nr. 6, E. 2b (VB.2001.00067).
[16] Vgl. z.B. VGr, 18.3.2009, SB.2008.00088, E. 3.2.
[17] BGE 130 I 180, E. 2.2.; 128 I 225, E. 2.3; RB 2001 Nr. 6, E. 2b (VB.2001.00067); RHINOW/KOLLER/KISS/THURNHERR/BRÜHL-MOSER, Öffentliches Prozessrecht, N. 383.

etwa in Schiedsverfahren (vgl. Art. 380 ZPO), in aufsichtsrechtlichen Verfahren[18], in Verfahren, die keine verbindliche Aussenwirkung zeitigen[19], oder in Bezug auf Personen, die nicht als Beteiligte eines formellen Verfahrens bezeichnet werden können[20]. Nicht gewährt werden kann die unentgeltliche Rechtspflege ferner für künftige, noch nicht hängige Verfahren[21] oder für die gesamte Dauer eines Sonderstatusverhältnisses – beispielsweise im Zusammenhang mit dem Strafvollzug[22].

8   Der Anspruch auf Gewährung der unentgeltliche Rechtspflege verpflichtet den Staat lediglich dazu, den Einzelnen dann zu unterstützen, wenn er ohne diese Unterstützung eines Rechts verlustig ginge oder sich gegen einen als unzulässig erachteten Eingriff nicht zur Wehr setzen könnte. Wer dagegen eine **Erlaubnis erlangen** will, für die er bestimmte persönliche Voraussetzungen erfüllen oder sachliche Gegebenheiten nachweisen muss, kann für die mit dem Nachweis dieser Voraussetzungen oder Fähigkeiten verbundenen Aufwendungen im dafür vorgesehenen Verwaltungsverfahren keine unentgeltliche Rechtspflege beanspruchen. Eine Person, die z.B. die Erteilung eines Fahrausweises oder eine Baubewilligung anstrebt, kann daher nicht mit Erfolg die Gewährung unentgeltlicher Rechtspflege beanspruchen, um die damit verbundenen Kosten – etwa für Fahrstunden, Prüfungsgebühren, Profilierungs- und Vermessungsarbeiten – von der öffentlichen Hand tragen zu lassen. Gleiches gilt für denjenigen, der durch eigenes Fehlverhalten – z.B. eine Trunkenheitsfahrt – ernsthafte Zweifel an seiner Fahreignung weckte und den zu Recht vorsorglich entzogenen Führerausweis wiedererlangen möchte: Für die dafür erforderlichen verkehrsmedizinischen und -psychologischen Abklärungen seiner Fahreignung kann er keine unentgeltliche Rechtspflege beanspruchen[23].

9   In der Regel nicht anwendbar ist § 16 gemäss der Rechtsprechung sodann im Verfahren der **abstrakten Normenkontrolle:** Zum einen sind mittellose Gesuchstellende durch Rechtsnormen als solche in ihren Rechten nicht direkt tangiert, weshalb es ihnen zuzumuten ist, einen konkreten Anwendungsakt abzuwarten und diesen anzufechten[24]. Zum anderen wäre angesichts des breiten Kreises von Personen, die zur Anfechtung von Erlassen legitimiert sind, zu befürchten, dass mittellose Personen vorgeschoben würden, um das abstrakte Normenkontrollverfahren kostenlos durchzufechten. Ausnahmsweise kann ein Anspruch auf unentgeltliche Rechtspflege allerdings trotzdem bereits im abstrakten Normenkontrollverfahren bejaht werden – nämlich dann, wenn aufgrund der Umstände mit einem sofortigen Anwendungsakt zu rechnen ist und die betroffene Person sich gegenüber den rechtsanwendenden Behörden nicht wirksam wird wehren können[25]. Eine

---

[18] MEICHSSNER, Grundrecht, S. 64; RHINOW/KOLLER/KISS/THURNHERR/BRÜHL-MOSER, Öffentliches Prozessrecht, N. 384.
[19] BGE 134 I 166, E. 2.2.
[20] BGr, 26.7.2013, 5A_431/2013, E. 3.
[21] RHINOW/KOLLER/KISS/THURNHERR/BRÜHL-MOSER, Öffentliches Prozessrecht, N. 386; dazu N. 61.
[22] Vgl. BGE 128 I 225, E. 2.4.4.
[23] BGr, 7.2.2012, 1C_378/2012, E. 2.2.
[24] BGE 121 I 314, E. 4; vgl. KIENER/RÜTSCHE/KUHN, Öffentliches Verfahrensrecht, N. 243; MEICHSSNER, Grundrecht, S. 66.
[25] BGE 139 I 138, E. 4.2.

solche Ausnahmesituation liegt beispielsweise vor, wenn sich ein Student gegen eine Verordnungsbestimmung wehrt, in der die Höhe der Studiengebühren statuiert wird[26].

D. Kreis der Anspruchsberechtigten

Der Kreis der Anspruchsberechtigten umfasst gemäss § 16 Abs. 1 «Private». Gemeint sind **natürliche Personen mit Parteistellung** (als Parteien oder als Mitbeteiligte), unabhängig von Staatsangehörigkeit und Wohnsitz[27]. Personen *ohne* Parteistellung haben hingegen kein Recht auf Gewährung der unentgeltlichen Rechtspflege[28]. Bei Streitigkeiten mit mehreren Streitgenossen ist die Anspruchsberechtigung bei jedem einzelnen und unabhängig von den anderen zu prüfen. Dies gilt auch dann, wenn die Streitgenossen gemäss § 14 aufgrund des zwischen ihnen bestehenden Rechtsverhältnisses solidarisch für die Kosten haften.

10

Nicht in Frage kommt die Gewährung der unentgeltlichen Rechtspflege für **juristische Personen** (§ 16 Abs. 3; zu Ausnahmen vgl. N. 126). Der Anspruch entfällt nicht nur für privatrechtliche, sondern auch für öffentlichrechtliche juristische Personen (Gemeinwesen sowie Körperschaften und Anstalten des öffentlichen Rechts). Personengesellschaften, etwa Kollektiv- oder Kommanditgesellschaften, können anspruchsberechtigt sein. Keinen Anspruch haben hingegen Sondervermögen sowie Konkurs- oder Nachlassmassen[29].

11

E. Zuständigkeit

Zuständig für den Entscheid über die Gewährung der unentgeltlichen Rechtspflege ist jene **Instanz, die mit der Sache befasst ist,** für die das Gesuch gestellt wird. Soweit es sich hierbei um eine Kollegialbehörde handelt, fällt diese den Entscheid in ordentlicher Besetzung. Da es sich beim Entscheid über die Gewährung der unentgeltlichen Rechtspflege um einen Rechtsprechungsakt handelt[30], sind Verordnungsbestimmungen, die eine andere als die ordentliche Besetzung vorsehen (z.B. § 9 Abs. 1 OV ZHRK), problematisch.

12

Im Verlauf des Instanzenzuges muss **vor jeder Instanz ein gesondertes Gesuch** um Gewährung der unentgeltlichen Rechtspflege gestellt und für den betreffenden Verfahrensabschnitt separat geprüft werden[31].

13

---

[26] BGE 139 I 138, E. 4.3.
[27] BGE 120 Ia 219, E. 1; HÄFELIN/MÜLLER/UHLMANN, Verwaltungsrecht, N. 1714.
[28] BGr, 19.8.2013, 5A_381/2013, E. 4.3; MAILLARD, in: Praxiskommentar VwVG, Art. 65 N. 8; MERKLI/AESCHLIMANN/HERZOG, Kommentar VRPG, Art. 111 N. 4.
[29] Vgl. BGE 131 II 306, E. 5.2.1; KAYSER, in: Kommentar VwVG, Art. 65 N. 10; MEICHSSNER, Grundrecht, S. 46 ff.
[30] VGr, 21.11.2013, VB.2013.00545, E. 2.7.
[31] Vgl. im Zivilprozess Art. 119 Abs. 5 ZPO.

F. Abgrenzung zu anderen Ansprüchen

14 Das Recht auf unentgeltliche Rechtspflege ist von **opferhilferechtlichen Ansprüchen** abzugrenzen, die unabhängig von den Kriterien gemäss § 16 zu beurteilen sind[32]. Gemäss Art. 30 OHG haben Opfer und ihre Angehörigen – ausser bei mutwilliger Prozessführung – Anspruch darauf, dass Verwaltungs- und Gerichtsbehörden ihnen in opferhilferechtlich relevanten Verfahren keine Verfahrenskosten auferlegen und dass sie die Kosten für einen unentgeltlichen Rechtsbeistand nicht zurückerstatten müssen. Diese Ansprüche sind allerdings insofern subsidiär, als sie nur dann endgültig gewährt werden, wenn keine andere Institution zur Erbringung einer genügenden Leistung verpflichtet ist (Art. 4 Abs. 1 OHG). Der Anspruch auf unentgeltliche Rechtspflege nach § 16 geht allfälligen opferhilferechtlichen Ansprüchen somit vor[33].

15 Das Recht auf unentgeltliche Rechtspflege ist ferner vom Anspruch auf **unentgeltliche Unterstützung durch einen Dolmetscher** abzugrenzen. Einen solchen sieht Art. 6 Ziff. 3 lit. e EMRK in Bezug auf strafrechtlich angeklagte Personen vor, welche die Verhandlungssprache des Gerichts nicht verstehen oder sprechen. Im verwaltungsrechtlichen Verfahren kann sich aus dem Recht auf ein faires Verfahren (Art. 29 Abs. 1 BV) ein Anspruch darauf ergeben, dass der Staat die Übersetzungs- und Dolmetscherkosten unabhängig vom Vorliegen der Voraussetzungen der unentgeltlichen Rechtspflege (Bedürftigkeit und Nichtaussichtslosigkeit) zu gewähren hat. Wird die unentgeltliche Prozessführung im Rahmen von § 16 Abs. 1 gewährt, so umfasst diese auch die staatliche Übernahme der erforderlichen Übersetzungs- und Dolmetscherkosten[34].

II. Unentgeltliche Prozessführung (Abs. 1)

A. Einleitung

16 § 16 Abs. 1 erwähnt für die Gewährung der unentgeltlichen Prozessführung **zwei kumulativ zu erfüllende Voraussetzungen,** nämlich die *Mittellosigkeit* der gesuchstellenden Person sowie die *fehlende Aussichtslosigkeit* ihrer Begehren. Die Gewährung der unentgeltlichen Prozessführung setzt ferner voraus, dass das Verfahren zur Wahrung individueller Rechte der betroffenen Person erforderlich ist (vgl. N. 7 ff.). Sind die Anspruchsvoraussetzungen nicht erfüllt, so kommen höchstens spezialgesetzliche – etwa opferhilferechtliche – Ansprüche in Frage (vgl. N. 14).

17 Die unentgeltliche Prozessführung nach § 16 Abs. 1 ist abzugrenzen von einem **Kostenerlass aus Gründen der Prozessökonomie und Billigkeit:**
– *Im Zeitpunkt des Endentscheids* kommt ein Kostenerlass in Frage, wenn die Verfahrenskosten *offensichtlich uneinbringlich* sind. Aus prozessökonomischen Gründen darf die Entscheidbehörde in solchen Fällen auch bei Aussichtslosigkeit der gestellten Begehren auf eine Kostenerhebung nach § 13 verzichten (vgl. § 13 N. 21).

---

[32] Vgl. BGr, 8.5.2013, 1C_348/2012, E. 2.8.
[33] Vgl. STEINMANN, in: St. Galler Kommentar BV, Art. 29 N. 35.
[34] VGr, 18.9.2013, VB.2013.00323, E. 3 (nicht publiziert).

– *Nachträglich* kann ein Kostenerlass gewährt werden, wenn eine kostenpflichtige Person, die während des Verfahrens noch über genügend Mittel verfügte, nach Fällung des Endentscheids mittellos wird. Ein nachträglicher Kostenerlass setzt voraus, dass in absehbarer Zeit keine Aussicht auf Besserung der finanziellen Lage besteht und dass die gestellten Begehren im Zeitpunkt ihrer Einreichung nicht als aussichtslos zu qualifizieren waren[35].

B. Voraussetzungen

1. Mittellosigkeit

a) Grundsätze

Die Mittellosigkeit, die auch als Bedürftigkeit bezeichnet wird, ist – anders als die fehlende Aussichtslosigkeit (N. 43) – in *jedem* staatlichen Verfahren Voraussetzung für die Gewährung der unentgeltlichen Prozessführung und Rechtsvertretung. Eine Person ist mittellos, wenn sie nicht in der Lage ist, für die Prozess- bzw. Vertretungskosten aufzukommen, ohne dass sie Mittel beanspruchen müsste, die zur Deckung des **Grundbedarfs** für sie und ihre Familie notwendig sind[36].

Die Bedürftigkeit ist aufgrund der **gesamten finanziellen Verhältnisse** der betreffenden Person zu beurteilen[37]. Das heisst, dass sämtlichen finanziellen Verpflichtungen der gesuchstellenden Person Rechnung zu tragen ist; zu beachten sind sowohl ihre Einkünfte als auch ihre Vermögenssituation. Nur bei vollständiger Kenntnis der gesamten finanziellen Verhältnisse der gesuchstellenden Person kann beurteilt werden, ob und allenfalls in welchem Umfang ihr die Beanspruchung des Vermögens, etwa durch entsprechende Kreditaufnahme, nicht nur möglich, sondern auch zumutbar ist, um die Mittel aufzubringen, welche zur Führung nicht aussichtsloser Prozesse erforderlich sind[38].

Um die Mittellosigkeit einer Person zu beurteilen, müssen zunächst ihre relevanten Einkünfte (N. 23 ff.) und Ausgaben (N. 32 ff.) ermittelt werden[39]. Die zur Verfügung stehenden Einnahmen, das realisierbare Vermögen sowie der prozessuale Zwangsbedarf (N. 32) sind mit den für den konkreten Fall zu erwartenden Gerichts- und Anwaltskosten in Beziehung zu setzen[40]. Keine Mittellosigkeit liegt vor, wenn ein Einnahme- oder Vermögensüberschuss resultiert, der es der betroffenen Person ermöglicht, die anfallenden **Verfahrenskosten innert angemessener Frist zu tilgen**[41] – bei aufwendigen Prozessen innert zwei Jahren, bei weniger aufwendigen Prozessen innert eines Jahres[42]. Zudem muss die gesuchstellende Person mit dem ihr verbleibenden Überschuss in der Lage sein,

---

[35] VGr, 23.8.2011, KE.2011.00001, E. 2, 2.1.2 und 3.2.
[36] BGE 135 I 221, E. 5.1 (Pra 2010 Nr. 25); 127 I 202, E. 3b; RB 2000 Nr. 4, E. 3a (VB.2000.00268).
[37] BGr, 21.8.2013, 4A_286/2013, E. 2.3; RB 2000 Nr. 4, E. 3a (VB.2000.00268).
[38] BGr, 9.8.2005, I 362/05, E. 5.3; BGE 120 Ia 179, E. 3a.
[39] BGr, 17.2.2011, 4A_668/2010, E. 3.2.
[40] BGE 118 Ia 369, E. 4a.
[41] BGr, 14.7.2010, 1B_183/2010, E. 3.3.4.
[42] BGr, 29.3.2010, 5A_822/2009, E. 3.1; BGE 109 Ia 5, E. 3a; MAILLARD, in: Praxiskommentar VwVG, Art. 65 N. 11.

§ 16

die im hängigen Verfahren anfallenden Vorschüsse für Gerichts- und Anwaltskosten innert angemessener Zeit zu leisten[43].

21 Die Mittellosigkeit ist **zum Zeitpunkt des Entscheids über das Gesuch** um unentgeltliche Rechtspflege zu beurteilen. Nicht massgebend ist der Zeitpunkt der Gesuchseinreichung: Entfällt die Mittellosigkeit zu einem späteren Zeitpunkt, so ist das Gesuch nicht zu bewilligen[44]. Wurde die unentgeltliche Prozessführung im Zeitpunkt des Wegfalls der Mittellosigkeit bereits gewährt, so ist sie rückwirkend aufzuheben; das ergibt sich implizit aus § 16 Abs. 4, wonach während zehn Jahren nach Abschluss des Verfahrens eine Nachzahlung anzuordnen ist, wenn die Mittellosigkeit nachträglich entfällt[45]. Stellt sich im Nachhinein heraus, dass die gesuchstellende Person gar nie mittellos war, so wird die unentgeltliche Rechtspflege (rückwirkend) entzogen (vgl. Art. 120 ZPO). Wird die gesuchstellende Person nach Abweisung ihres Gesuchs – etwa infolge Arbeitslosigkeit – mittellos, so kann sie (bevor der Endentscheid ergeht) ein neues Gesuch stellen[46] oder (nachdem der Endentscheid ergangen ist) einen nachträglichen Kostenerlass beantragen (vgl. N. 17).

22 Der **Grund für die Mittellosigkeit** einer Person ist im Zusammenhang mit Gesuchen um unentgeltliche Rechtspflege grundsätzlich unbeachtlich – anders als beispielsweise im Zusammenhang mit Gesuchen um Steuererlass (vgl. Art. 10 SteuererlassV). Auch selbstverschuldet Mittellose können in der Regel Anspruch auf unentgeltliche Rechtspflege haben[47]. Ausnahmsweise – wenn die Bedürftigkeit aus missbräuchlichen Motiven herbeigeführt wurde – kann auf die Gewährung der unentgeltlichen Prozessführung trotz bestehender Bedürftigkeit verzichtet werden[48]. In der Praxis sind solche Fälle kaum je anzutreffen.

b) Einkünfte und Vermögen

23 Im Rahmen von § 16 sind in der Regel das **eigene Einkommen, Leistungen Dritter sowie das Vermögen** als eigene Mittel zu berücksichtigen.

24 Das anrechenbare **Einkommen** setzt sich aus allen geldwerten Mitteln zusammen, die der gesuchstellenden Person effektiv zufliessen, beispielsweise Einkünfte aus Erwerbsarbeit (vgl. Art. 5 Abs. 2 AHVG), Familienzulagen, Nebenerwerb, Vermögenserträgen, Mietzinsen, Renten oder Versicherungen[49]. Bei einem unregelmässigen Einkommen ist von Durchschnittswerten auszugehen[50].

25 Neben den eigenen Mitteln sind auch die finanziellen **Leistungen Dritter** anzurechnen, die gegenüber der gesuchstellenden Person unterstützungspflichtig sind. Zu berücksich-

---

[43] BGr, 11.9.2007, 4A_87/2007, E. 2.1.
[44] MEICHSSNER, Grundrecht, S. 79.
[45] Vgl. (in Bezug auf Art. 123 ZPO) BGr, 28.3.2012, 5A_124/2012, E. 3.3.
[46] BGr, 27.9.2011, 5A_405/2011, E. 4.5.4.
[47] KIENER/RÜTSCHE/KUHN, Öffentliches Verfahrensrecht, N. 245; MEICHSSNER, Grundrecht, S. 76.
[48] BGE 104 Ia 31, E. 4; kritisch STEINMANN, in: St. Galler Kommentar BV, Art. 29 N. 38.
[49] MEICHSSNER, Grundrecht, S. 81 ff.; vgl. KAYSER, in: Kommentar VwVG, Art. 65 N. 18; MAILLARD, in: Praxiskommentar VwVG, Art. 65 N. 14.
[50] BGr, 20.3.2012, 5A_44/2012, E. 4.4.3.

tigen sind insbesondere die gegenseitige Beistandspflicht der Ehegatten[51], Unterhaltspflichten von Eltern gegenüber ihren unmündigen und – während der Erstausbildung – mündigen Kindern[52] sowie Leistungen einer Rechtsschutzversicherung, soweit diese eine vertragliche Deckung für das entsprechende Verfahren vorsieht[53]. Nicht anzurechnen sind hingegen Leistungen im Rahmen der Verwandtenunterstützungspflicht, denn Verfahrenskosten fallen nicht unter den notwendigen Lebensunterhalt, der nach Art. 328 f. ZGB zu decken ist[54].

Um zu prüfen, ob **Vermögenswerte** angerechnet werden können, müssen zunächst die Aktiven und Passiven einander gegenübergestellt werden. Resultiert ein positiver Wert, so ist zu untersuchen, ob die Vermögenswerte innert vernünftiger Frist ohne erheblichen Verlust *realisiert* werden können. Der betroffenen Person muss es vor dem Hintergrund ihrer finanziellen Gesamtsituation *zumutbar* sein, bestehende Verbindlichkeiten und finanzielle Verpflichtungen zu vermindern oder einen Bestandteil des beweglichen oder unbeweglichen Vermögens zu veräussern bzw. zu belasten[55].

26

Nicht als Vermögenswert anzurechnen ist der sogenannte «**Notgroschen**»: Wenn es die Verhältnisse im Einzelfall – etwa das Alter, die Arbeitssituation oder die Gesundheit der betroffenen Person – rechtfertigen, ist ein Vermögensfreibetrag bzw. eine Notreserve für künftige notwendige Ausgaben zu gewähren. Nicht anzurechnen ist zum einen eine Notreserve für *vorhersehbare* Bedürfnisse, beispielsweise aufgrund von mutmasslich anfallenden, nicht gedeckten Gesundheitskosten[56]. Ein Vermögensfreibetrag kann jedoch auch für nicht konkret vorhersehbare, aber mit einer gewissen Wahrscheinlichkeit zu erwartende *aussergewöhnliche* Ausgaben berücksichtigt werden. Als Notgroschen ist dabei nicht einfach eine allgemein gültige Pauschale anzurechnen. Vielmehr sind im konkreten Einzelfall die gesamten persönlichen und finanziellen Verhältnisse der betroffenen Person mit einzubeziehen. Gesichtspunkte, welche die Lebenssituation als besonders schwierig erscheinen lassen, können einen höheren Betrag rechtfertigen. Anderseits lässt eine einigermassen gesichert erscheinende Ausgangslage zu, die erforderliche Reserve für aussergewöhnliche Ausgaben niedriger anzusetzen[57]. Eine Notreserve für Ausgaben, die in der Situation der gesuchstellenden Person nicht mit einer gewissen Wahrscheinlichkeit zu erwarten sind oder die von künftigen Ereignissen abhängen, muss nicht gewährt werden, zumal bei später eintretender Mittellosigkeit die Möglichkeit besteht, ein nachträgliches Gesuch um Kostenerlass zu stellen (vgl. N. 17); entsprechend sind beispielsweise Ausgaben, die vom Prozessergebnis abhängen, nicht zu berücksichtigen[58]. Soweit das Vermögen einen angemessenen «Notgroschen» übersteigt, ist der gesuchstellenden

27

---

[51] BGr, 20.6.2013, 4A_148/2013, E. 4.3; BGE 138 III 672, E. 4.2.1; 119 Ia 11, E. 3a; VGr, 22.4.2013, VB.2013.00273, E. 3.2 (nicht publiziert).
[52] BGr, 13.5.2013, 2C_1132/2012, E. 4.4.2; BGE 127 I 202, E. 3b und 3g; VGr, 13.1.2012, VB.2011.00703, E. 5.
[53] KLEY-STRULLER, Unentgeltliche Rechtspflege, S. 181; MEICHSSNER, Grundrecht, S. 81.
[54] BGr, 2.7.2010, 4A_294/2010, E. 3.3; MEICHSSNER, Grundrecht, S. 84.
[55] Vgl. RB 2000 Nr. 4, E. 3a (VB.2000.00268); BGr, 30.1.2006, 5P.433/2005, E. 3.3; BGE 118 Ia 369, E. 4b.
[56] RB 2000 Nr. 4, E. 3a (VB.2000.00268).
[57] BGr, 22.2.2010, 8C_679/2009, E. 4.1; BGr, 9.8.2005, I 362/05, E. 5 (mit kasuistischen Hinweisen); vgl. RB 2000 Nr. 4, E. 3b (VB.2000.00268).
[58] VGr, 24.1.2013, VB.2012.00232, E. 8.3.

Person unbesehen der Art der Vermögensanlage zuzumuten, dieses zur Finanzierung des Prozesses zu verwenden, bevor dafür öffentliche Mittel bereitgestellt werden[59].

28 Von einer Person, die **Grundeigentum** besitzt, darf verlangt werden, die für ein Verfahren benötigten finanziellen Mittel durch Vermietung, Belehnung oder gegebenenfalls Veräusserung der Liegenschaft aufzubringen, soweit ein solches Vorgehen möglich und zumutbar erscheint[60]. Die Belehnung einer Liegenschaft ist normalerweise nur im Umfang von 80 Prozent des Verkehrswerts möglich[61]. Umgekehrt ist – auch bei ausländischen Banken – anzunehmen, dass Hypothekarbelastungen von über 25 Prozent akzeptiert werden, soweit diese Annahme nicht durch Beweise widerlegt wird[62]. Gegen eine Belehnungsmöglichkeit kann ein sehr tiefes Einkommen der betroffenen Person sprechen[63], für eine Belehnungsmöglichkeit ein aktuell tiefer Hypothekarzinssatz[64]. Der Verkauf einer Liegenschaft ist zumutbar, wenn eine gewinnbringende Veräusserung tatsächlich möglich ist und hierfür eine angemessene Frist angesetzt wird. Bis zu deren Ablauf ist die unentgeltliche Rechtspflege zu bewilligen[65].

29 Nicht als Einkünfte anzurechnen sind **hypothetische Einkommens- und Vermögenszurechnungen**, die vom Eintritt künftiger Ereignisse abhängen[66]. Verwirklichen sich solche Mittelzuflüsse zu einem späteren Zeitpunkt, so hat der Staat die Möglichkeit, die für die unentgeltliche Rechtspflege aufgebrachten Mittel nachträglich – im Rahmen von § 16 Abs. 4 – zurückzufordern. Im Falle einer noch nicht erfolgten Erbteilung muss allerdings geprüft werden, ob es der gesuchstellenden Person zumutbar ist, Mittel aus der noch unverteilten Erbschaft verfügbar zu machen oder zur Finanzierung der Prozesskosten ein kurzfristiges Darlehen aufzunehmen[67].

30 Als relevante Einkünfte gelten ferner Vermögenswerte, die an sich vorhanden wären, auf die zurückzugreifen der Ansprecher aber **freiwillig verzichtet**[68]. Wenn sich beispielsweise ein Versicherter eine freizügigkeitsrechtliche Austrittsleistung nicht ausbezahlen lässt, obwohl er sie verlangen könnte, ist ihm das Freizügigkeitsguthaben bei der Prüfung der Bedürftigkeit anzurechnen[69].

31 Bei **Strafgefangenen** sind sämtliche realisierbaren Einkommens- und Vermögenswerte zu berücksichtigen[70]. Nicht zum realisierbaren Vermögen gehört das Geld, das sich auf dem Sperrkonto befindet, das der Wiedereingliederung des Gefangenen dient[71].

---

[59] BGr, 2.7.2010, 4A_294/2010, E. 1.3; VGr, 24.1.2013, VB.2012.00232, E. 8.2.
[60] Vgl. VGr, 24.1.2013, VB.2012.00232, E. 8.3; MEICHSSNER, Grundrecht, S. 87.
[61] BGr, 5.7.2011, 2C_91/2011, E. 2.4; vgl. BGr, 2.7.2010, 4A_294/2010, E. 3.1.
[62] BGr, 13.2.2013, 5A_952/2012, E. 5.3.1.
[63] Vgl. z.B. BGr, 17.2.2011, 4A_668/2010, E. 3.3.
[64] Vgl. BGr, 20.11.2012, 2C_793/2012, E. 4.5.2.
[65] BGr, 2.7.2010, 4A_294/2010, E. 1.3; vgl. BGr, 14.2.2007, 4P.313/2006, E. 3.3.
[66] KLEY-STRULLER, Unentgeltliche Rechtspflege, S. 181.
[67] Vgl. BGr, 14.5.2009, 4D_41/2009, E. 5.
[68] Vgl. die analoge Regelung gemäss Art. 12 Abs. 2 SteuererlassV.
[69] BGE 135 I 288, E. 2.4.3 und 2.4.4.
[70] Vgl. z.B. BGr, 18.7.2013, 6B_182/2013, E. 5; VGr, 7.11.2013, VB.2013.0543, E. 5.1.
[71] Vgl. Richtlinien der Ostschweizer Strafvollzugskommission über das Arbeitsentgelt in Strafvollzugsanstalten vom 7. April 2006, Ziff. 4.2; Art. 92 Abs. 4 SchKG i.V.m. Art. 83 Abs. 2 StGB.

c) Ausgaben

Die Ausgaben, die bei der Beurteilung der prozessrechtlichen Bedürftigkeit einer Person zu berücksichtigen sind, entsprechen in erster Linie dem **betreibungsrechtlichen Existenzminimum** gemäss Art. 93 SchKG. Hinzuzurechnen sind in der Regel Steuerausgaben sowie allenfalls ein 20-prozentiger Zuschlag auf dem monatlichen Grundbetrag (N. 35), woraus sich der **prozessuale Zwangsbedarf** (auch «verfahrensrechtlicher Notbedarf» genannt) ergibt. Massgebend für die Berechnung sind die Verhältnisse am Wohnsitz der gesuchstellenden Person[72].

Im Kanton Zürich ist als Richtlinie für die Berechnung des betreibungsrechtlichen Existenzminimums das **Kreisschreiben** der Verwaltungskommission des Obergerichts vom 16. September 2009 heranzuziehen[73]. Bei diesem Kreisschreiben handelt es sich um eine für die Behörden verbindliche Verwaltungsverordnung, deren Hauptfunktion darin besteht, eine einheitliche, gleichmässige und sachrichtige Praxis des Gesetzesvollzugs sicherzustellen[74]. Bei der Berechnung des Existenzminimums nach dem Kreisschreiben sind in erster Linie ein monatlicher Grundbetrag sowie Zuschläge zum monatlichen Grundbetrag zu berücksichtigen (Kreisschreiben, Ziff. II und III).

Der **monatliche Grundbetrag** umfasst gemäss Ziff. II des Kreisschreibens jene Ausgaben, die unumgänglich notwendig erscheinen und deshalb gemäss Art. 93 SchKG von der Pfändung ausgeschlossen sind. Dazu zählen Ausgaben für Nahrung, Kleidung und Wäsche, Körper- und Gesundheitspflege, Unterhalt der Wohnungseinrichtung, Kulturelles sowie Energie (ohne Heizung). Das Kreisschreiben enthält als monatlichen Grundbetrag mehrere Pauschalbeträge, die je nach Familiensituation (alleinstehend, alleinerziehend, Ehepaar, Kinder) und Haushaltsituation unterschiedlich hoch sind. Der monatliche Grundbetrag beträgt beispielsweise für einen alleinstehenden Schuldner ohne Haushaltgemeinschaft Fr. 1200 (Kreisschreiben, Ziff. II.1.2). Damit liegt der monatliche Grundbetrag etwas höher als der Grundbedarf für den Lebensunterhalt, den die Schweizerische Konferenz für Sozialhilfe (SKOS) empfiehlt (zur Zeit Fr. 986 pro Monat für einen Einpersonenhaushalt); Letzterer orientiert sich am Konsumverhalten des (in Bezug auf das Einkommen) ärmsten Zehntels der Schweizer Haushaltungen[75].

Bei der Ermittlung des monatlichen Grundbedarfs soll nicht schematisch auf das betreibungsrechtliche Existenzminimum abgestellt, sondern den individuellen Umständen Rechnung getragen werden. In der Regel rechtfertigt es sich, nicht nur den monatlichen Grundbetrag gemäss Ziff. II des Kreisschreibens, sondern einen *erweiterten* Grundbedarf zu berücksichtigen, indem ein **Zuschlag von 20 Prozent** auf dem monatlichen Grundbetrag gewährt wird. Mit diesem Zuschlag soll im Einzelfall verhindert werden, dass eine Partei aufgrund von Verfahrenskosten auf das absolute (betreibungsrechtliche) Existenzminimum gesetzt wird. Bedürftigkeit kann somit auch dann angenommen werden, wenn

---

[72] Vgl. BGE 126 III 353, E. 1a bb.
[73] Verwaltungskommission des Obergerichts des Kantons Zürich, Richtlinien für die Berechnung des betreibungsrechtlichen Existenzminimums, Kreisschreiben vom 16. September 2009.
[74] VGr, 28.11.2012, SB.2012.00017, E. 3.3 (nicht publiziert).
[75] SKOS-Richtlinien, Kapitel B.2.1 und B.2.2.

§ 16

das Einkommen wenig über dem für den Lebensunterhalt notwendigen Betrag liegt[76]. Zu weit geht die Rechtsprechung des Verwaltungsgerichts, wonach es sich je nach den konkreten Umständen auch rechtfertigen kann, auf dem monatlichen Grundbetrag keinen Zuschlag zu gewähren und der betreffenden Partei damit zuzumuten, den gewohnten Lebensstandard vorübergehend einzuschränken, um die für ein Verfahren erforderlichen Mittel aufzubringen[77].

36 Zum betreibungsrechtlichen Existenzminimum zählen neben dem monatlichen Grundbetrag (Ziff. II des Kreisschreibens) ferner auch diverse **weitere Kosten,** die in Ziff. III des Kreisschreibens als «Zuschläge zum monatlichen Grundbetrag» bezeichnet werden. Dazu gehören die Wohnungskosten (inkl. Heizung), Sozialbeiträge (für AHV, obligatorische Krankenkasse usw.), unumgängliche Berufsauslagen, Unterstützungs- und Unterhaltsbeiträge, Auslagen für die Schulung der Kinder, Auslagen für die Abzahlung oder Miete von Vermögenswerten, die gemäss Art. 92 SchKG unpfändbar sind, sowie unmittelbar bevorstehende grössere notwendige Auslagen, beispielsweise für ärztliche Behandlung, Pflege von Familienangehörigen oder Wohnungswechsel. Da diese Beträge in der Regel bereits in ihrer tatsächlichen Höhe berücksichtigt werden, ist für sie – anders als für den monatlichen Grundbetrag – kein Zuschlag von 20 Prozent zu gewähren[78].

37 Die **Steuern** sind im Zusammenhang mit der Beurteilung der prozessualen Bedürftigkeit ebenfalls als relevante Ausgaben zu berücksichtigen, obwohl sie gemäss Ziff. VI des Kreisschreibens nicht Teil des betreibungsrechtlichen Existenzminimums sind. Verfallene Steuerschulden, deren Höhe und Fälligkeitsdatum feststehen, sind bei der Ermittlung der relevanten Ausgaben zu beachten, soweit sie tatsächlich bezahlt werden[79]. Für Steuerausgaben ist ebenfalls kein Zuschlag von 20 Prozent zu gewähren[80].

d) Nachweis

38 Die gesuchstellende Person ist in Bezug auf den Nachweis ihrer Bedürftigkeit **mitwirkungspflichtig** (§ 7 Abs. 2 lit. a): Es obliegt ihr, sämtliche zum Zeitpunkt der Gesuchseinreichung bestehenden finanziellen Verpflichtungen sowie die Einkommens- und Vermögensverhältnisse umfassend darzustellen und soweit möglich – etwa mittels Steuer- oder Lohnausweisen, Zahlungsbelegen oder Kontoauszügen – zu belegen[81]. Verweigert eine gesuchstellende Person die zur Beurteilung ihrer aktuellen Gesamtsituation erforderlichen Angaben oder Belege, so ist ihre Bedürftigkeit zu verneinen[82]. An die Mitwirkungspflicht sind praxisgemäss *hohe Anforderungen* zu stellen[83]. Die Anforderungen an eine umfassende und klare Darstellung der finanziellen Situation dürfen umso höher sein,

---

[76] BGr, 14.7.2010, 1B_183/2010, E. 3.3.3; BGr, 4.10.2005, 5P.295/2005, E. 2.3.1 und 2.3.2; vgl. RB 2000 Nr. 4, E. 3b (VB.2000.00268); BGE 124 I 1, E. 2a; HÄUSLER/FERRARI-VISCA, Anspruch, N. 19; MAILLARD, in: Praxiskommentar VwVG, Art. 65 N. 41; MEICHSSNER, Grundrecht, S. 95.
[77] RB 2000 Nr. 4, E. 3a (VB.2000.00268).
[78] BGr, 14.7.2010, 1B_183/2010, E. 3.3.3; BGr, 4.10.2005, 5P.295/2005, E. 2.3.1 und 2.3.2.
[79] BGE 135 I 221, E. 5.2 (Pra 2010 Nr. 25).
[80] BGr, 14.7.2010, 1B_183/2010, E. 3.3.3; BGr, 4.10.2005, 5P.295/2005, E. 2.3.1 und 2.3.2.
[81] Vgl. BGr, 2.7.2010, 4A_294/2010, E. 1.2; BGr, 10.6.2011, 5A_228/2011, E. 5.1.3 und 5.4.2; im Zivilprozessrecht vgl. Art. 119 Abs. 2 Satz 1 ZPO.
[82] BGr, 21.8.2013, 4A_286/2013, E. 2.3.
[83] VGr, 27.3.2009, VB.2009.00045, E. 3; vgl. BGr, 5.9.2013, 2C_156/2013, E. 3.2.

je komplexer die Verhältnisse sind[84]. Aus den eingereichten Belegen muss auf jeden Fall der aktuelle Grundbedarf der gesuchstellenden Person hervorgehen. Die Belege haben zudem über sämtliche finanziellen Verpflichtungen der gesuchstellenden Person sowie über ihre Einkommens- und Vermögensverhältnisse Aufschluss zu geben[85]. Da Ausgaben nur dann in die Bedarfsrechnung aufzunehmen sind, wenn sie wirklich getätigt werden, hat die gesuchstellende Person insbesondere nachzuweisen, dass sie den geltend gemachten finanziellen Verpflichtungen auch tatsächlich nachkommt[86]. Die Mittellosigkeit muss mindestens *glaubhaft* gemacht werden[87]. Insofern kann es beispielsweise genügen, wenn der Unterstützungsbescheid der Fürsorgebehörde und das Berechnungsblatt zur Bemessung der Sozialhilfe eingereicht werden[88]. Umgekehrt schliesst das Vorliegen von Betreibungen nicht zwingend aus, dass ein bedarfsgerechtes Einkommen vorliegt[89]. Verweigert die gesuchstellende Person die zur Beurteilung ihrer aktuellen Gesamtsituation erforderlichen Angaben oder Belege, so ist ihre Bedürftigkeit zu verneinen[90]. Die blosse Behauptung, es bestünden keine Einnahmen, erscheint unglaubhaft, wenn offensichtlich ist, dass die betreffende Person Lebenshaltungskosten bzw. Ausgaben zu tragen hat[91]. Anders verhält es sich hingegen, wenn glaubhaft erscheint, dass die betreffende Person kaum Ausgaben tätigt, etwa weil sie von nicht unterstützungspflichtigen Personen unentgeltlich Kost und Logis erhält[92].

Die Entscheidinstanz muss **unbeholfene Gesuchstellende** auf ihre Mitwirkungspflicht aufmerksam machen und ihnen darlegen, dass und wie sie ihre Mittellosigkeit zu belegen haben[93]. Soweit *Dritte* verpflichtet sind, die gesuchstellende Person finanziell zu unterstützen, hat die Entscheidinstanz die gesuchstellende Person dazu aufzufordern, deren finanzielle Verhältnisse darzulegen und zu belegen[94]. 39

In Bezug auf rechtskundige oder **rechtskundig vertretene Gesuchstellende** besteht in der Regel keine behördliche Hinweispflicht[95]. Reicht eine anwaltlich vertretene Partei indessen grundsätzlich geeignete, von den Behörden aber nicht als hinreichend erachtete Belege ein, so hat die Entscheidinstanz der Gesuchstellerin Gelegenheit zu geben, weitere Belege einzureichen, soweit Unsicherheiten oder Unklarheiten bestehen – sei es, dass die Behörde von einer Partei auf Fehler hingewiesen wird, sei es, dass sie sie selbst feststellt[96]. 40

---

[84] BGr, 5.10.2011, 4A_459/2011, E. 1.4; MERKLI/AESCHLIMANN/HERZOG, Kommentar VRPG, Art. 111 N. 10.
[85] BGE 125 IV 161, E. 4a.
[86] BGr, 29.3.2010, 5A_822/2009, E. 3.2.
[87] MEICHSSNER, Grundrecht, S. 77; vgl. BGE 104 Ia 323, E. 2b.
[88] BGE 125 IV 161, E. 4b.
[89] BGr, 5.3.2013, 4A_694/2012 E. 6.
[90] BGr, 5.9.2013, 2C_156/2013, E. 3.2; BGE 120 Ia 179, E. 3a; VGr, 19.12.2012, VB.2012.00514, E. 5.5 (nicht publiziert).
[91] BGr, 22.2.2013, 5A_36/2013, E. 5.3.5.
[92] Vgl. BGr, 5.9.2013, 2C_156/2013, E. 4.3 und 5.2.
[93] BGr, 5.9.2013, 2C_156/2013, E. 3.2; BGr, 19.4.2013, 5A_446/2009, E. 6.2.2.
[94] In Bezug auf die elterliche Unterhaltspflicht BGr, 13.5.2013, 2C_1132/2012, E. 4.4.2 (zur BGE-Publikation vorgesehen); BGE 127 I 202, E. 3g.
[95] BGr, 19.4.2013, 5A_446/2009, E. 6.2.2; VGr, 19.12.2012, VGr, 6.12.2012, VB.2012.00576, E. 4.3.
[96] BGr, 19.3.2013, 4A_645/2012, E. 3.3; BGr, 22.1.2013, 4A_639/2012, E. 4.1; zu restriktiv VGr, 19.12.2012, VB.2012.00514, E. 5.5 (nicht publiziert).

Ohne behördlichen Hinweis ist eine anwaltlich vertretene gesuchstellende Person ferner auch dann nicht gehalten, ihre Einkommensverhältnisse weiter zu erläutern, wenn sie diese bereits vor einer Vorinstanz – in einem von der Vorinstanz als hinreichend erachteten Umfang – dargelegt hatte[97].

41 Die Mittellosigkeit einer gesuchstellenden Person kann sich auch **aufgrund der Akten oder Umstände** ergeben, ohne dass ein handfester Beleg eingefordert werden muss[98]. In der Regel ohne detaillierte Belege zu bejahen ist etwa die Mittellosigkeit von Personen, die Sozialhilfe[99] oder Ergänzungsleistungen[100] beziehen. Verlangt die Behörde von einer Partei einen Kostenvorschuss wegen Zahlungsunfähigkeit (§ 15 Abs. 2 lit. c), so hat sie im Rahmen von § 16 von deren Bedürftigkeit auszugehen[101].

2. Fehlende Aussichtslosigkeit

a) Einleitung

42 Die Gewährung der unentgeltlichen Rechtspflege setzt gemäss § 16 Abs. 1 voraus, dass die Begehren der gesuchstellenden Person nicht offensichtlich aussichtslos sind: Von vornherein aussichtslose Verfahren sollen **nicht auf Staatskosten begünstigt** werden[102]. Der Umstand, dass die unentgeltliche Rechtspflege die Nicht-Aussichtslosigkeit der gestellten Begehren voraussetzt, verletzt weder den Anspruch bedürftiger Parteien auf Zugang zu einem Gericht[103] noch das Recht auf ein faires Verfahren[104].

43 Die Gewährung der unentgeltlichen Rechtspflege **trotz Aussichtslosigkeit** der Begehren kommt nur im Bereich des *Strafrechts* – im Zusammenhang mit der notwendigen Verteidigung – in Frage[105], nicht aber im Bereich des Verwaltungsrechts, insbesondere auch nicht im Bereich des Strafvollzugsrechts[106]. Ist eine Partei, deren Begehren aussichtslos erscheinen, mittellos, so kann dies indessen bei der Auferlegung der *Verfahrenskosten* als Reduktionsfaktor berücksichtigt werden (§ 13 N. 39)[107].

44 Im *Rechtsmittelverfahren* gilt das Kriterium der fehlenden offensichtlichen Aussichtslosigkeit einzig für die Rechtsmittelklägerin, nicht aber für die **gegnerische Partei,** die selber kein Rechtsmittel erhebt: Zum einen kann die Gegenpartei nicht selber darüber disponieren, ob sie am Verfahren teilnimmt oder nicht. Zum anderen können ihre Begehren bereits deshalb nicht als offensichtlich aussichtslos bezeichnet werden, weil sie vor

---

[97] Vgl. BGr, 2.7.2010, 4A_294/2010, E. 3.1.
[98] Vgl. z.B. RB 2000 Nr. 4, E. 3a (VB.2000.00268).
[99] VGr, 4.3.2009, VB.2008.00564, E. 7.2; vgl. Kayser, in: Kommentar VwVG, Art. 65 N. 14; Meichssner, Grundrecht, S. 74.
[100] BGr, 14.7.2010, 1B_183/2010, E. 3.2.
[101] VGr, 9.5.2012, SB.2011.00128, E. 4.4.2 (nicht publiziert).
[102] Kley-Struller, Unentgeltliche Rechtspflege, S. 181.
[103] EGMR, 14.10.2010, 10111/06 (Pedro Ramos/Schweiz), Ziff. 41; Merkli/Aeschlimann/Herzog, Kommentar VRPG, Art. 111 N. 14.
[104] BGr, 2.12.2010, 8C_119/2010, E. 3.6.
[105] Art. 130 f. i.V.m. Art. 135 StPO; vgl. BGE 134 I 92, E. 3.2.1; Häfelin/Haller/Keller, Bundesstaatsrecht, N. 843.
[106] RB 2003 Nr. 5, E. 4b (VB.2002.00356); vgl. VGr, 27.1.2011, VB.2010.00606, E. 2.4 und 2.5.
[107] Vgl. BGr, 13.2.2013, 5A_897/2012, E. 4.

der Vorinstanz mit ihren Anliegen durchgedrungen ist. In Bezug auf Gegenparteien genügt somit die Mittellosigkeit als Voraussetzung für die Gewährung der unentgeltlichen Rechtspflege[108]. Von diesem Grundsatz kann einzig dann abgewichen werden, wenn der angefochtene Entscheid an einem offensichtlichen Mangel, namentlich an einem krassen Verfahrensfehler leidet, der für sich allein zur Aufhebung des Entscheids führen muss[109].

Die Beurteilung der Aussichtslosigkeit im Rahmen eines Gesuchs um unentgeltliche Rechtspflege hat im Hinblick auf den Endentscheid keinen präjudiziellen Charakter[110]. Jene Personen, welche die Prozessaussichten aufgrund eines Gesuchs um unentgeltliche Rechtspflege im Rahmen eines Zwischenentscheids beurteilen, gelten im Hinblick auf den zu fällenden Endentscheid **nicht als befangen** (§ 5a N. 27)[111].

b) Formel und Kriterien

Als offensichtlich aussichtslos sind gemäss der Rechtsprechung jene Begehren anzusehen, bei denen die **Aussichten zu obsiegen wesentlich geringer** sind als die Aussichten zu unterliegen[112] und die deshalb kaum als ernsthaft bezeichnet werden können. Nicht offensichtlich aussichtslos ist ein Begehren, wenn sich die Aussichten auf Obsiegen bzw. Unterliegen ungefähr die Waage halten oder jene nur wenig geringer sind als diese[113].

Abzustellen ist auf das **hypothetische Verhalten** einer vermögenden Partei: Die Aussichtslosigkeit ist zu bejahen, wenn sich eine Partei, die über die nötigen Mittel verfügt, bei vernünftiger Überlegung gegen die Ergreifung eines Rechtsmittels entschliessen würde. Eine Partei soll ein Verfahren, das sie auf eigene Rechnung und Gefahr nicht führen würde, nicht deshalb anstrengen können, weil es sie nichts kostet[114].

Je stärker ein Verfahren mit **Grundrechtseingriffen** der gesuchstellenden Person verbunden ist, desto geringere Anforderungen sind an das Kriterium der fehlenden Aussichtslosigkeit zu stellen, zumal davon auszugehen ist, dass bei drohenden schweren Eingriffen auch Selbstzahlende trotz geringen Erfolgsaussichten zur Prozessführung bereit wären[115]. Zu relativieren ist das Erfordernis der fehlenden Aussichtslosigkeit etwa dann, wenn ein Freiheitsentzug von einer gewissen Intensität bzw. Dauer im Streit liegt, was regelmässig bei Verfahren betreffend administrative Haftverlängerung zu bejahen ist[116]. Im Fall eines behördlich abgewiesenen Gesuchs um Familiennachzug ist mit Blick auf das betroffene Rechtsgut (eheliches Familienleben) in der Regel davon auszugehen, dass sich

---

[108] BGr, 12.4.2012, 9C_658/2011, E. 5; MAILLARD, in: Praxiskommentar VwVG, Art. 65 N. 25; vgl. VGr, 29.5.2013, VB.2012.00808, E. 6.2.
[109] BGr, 6.8.2013, 4A_314/2013, E. 2.3 (zur BGE-Publikation vorgesehen).
[110] BGE 131 I 113, E. 3.7.3.
[111] Vgl. die explizite zivilprozessuale Regelung nach Art. 47 Abs. 2 lit. a ZPO; RHINOW/KOLLER/KISS/THURNHERR/BRÜHL-MOSER, Öffentliches Prozessrecht, N. 395.
[112] Die Grenze soll gemäss MEICHSSNER (Grundrecht, S. 100) bei einer Erfolgschance von höchstens einem Drittel liegen.
[113] BGE 138 III 217, E. 2.2.4; VGr, 17.7.2012, VB.2012.00380, E. 6.1.
[114] BGE 138 III 217, E. 2.2.4.
[115] Vgl. KIENER/RÜTSCHE/KUHN, Öffentliches Verfahrensrecht, N. 1590; RHINOW/KOLLER/KISS/THURNHERR/BRÜHL-MOSER, Öffentliches Prozessrecht, N. 400.
[116] BGr, 22.7.2013, 2C_598/2013, E. 3.3.1; vgl. BGE 134 I 92, E. 3.2.3.

auch eine Partei mit genügenden finanziellen Mitteln für eine richterliche Überprüfung entscheiden würde[117].

49 Vom Wortlaut her unterscheidet sich § 16 Abs. 1 insofern vom verfassungsrechtlichen Anspruch auf unentgeltliche Rechtspflege, als Art. 29 Abs. 3 BV voraussetzt, dass die gestellten Begehren nicht aussichtslos sind, während § 16 Abs. 1 bereits genügen lässt, dass die Begehren nicht «**offensichtlich**» aussichtslos sind. Aus den Gesetzesmaterialien ergibt sich zwar, dass der Gesetzgeber mit § 16 keinen über das Verfassungsrecht hinausgehenden (Minimal-)Anspruch statuieren wollte (vgl. N. 4). Aufgrund des eindeutigen Wortlauts der Bestimmung erscheint es indessen naheliegend, bei der Beurteilung der fehlenden Aussichtslosigkeit nach § 16 Abs. 1 einen weniger strengen Massstab anzusetzen als im Zusammenhang mit Art. 29 Abs. 3 BV.

50 Die Erfolgschancen eines Begehrens müssen anhand eines **objektiven Massstabs** beurteilt werden – unabhängig von den Vorbringen, welche die gesuchstellende Partei geltend macht. Ein Begehren erweist sich auch dann als aussichtsreich, wenn die Erfolgsaussichten aus Gründen überwiegen, die von der betreffenden Partei nicht vorgebracht wurden.

51 Der Entscheid über das Gesuch um unentgeltliche Rechtspflege erfolgt im verwaltungsrechtlichen Verfahren – wie im Zivilprozess (Art. 119 Abs. 3 Satz 1 ZPO) – gestützt auf eine **summarische Beurteilung** der Erfolgsaussichten[118]. Die Beurteilung darf sich auf eine antizipierte Beweiswürdigung stützen[119], nicht aber auf beweismässige Abklärungen der Entscheidinstanz[120]. Im Rechtsmittelverfahren ist es zulässig, bei der Prüfung der Prozesschancen den unterinstanzlichen Entscheid[121] sowie die Argumente allfälliger Gegenparteien[122] mit einzubeziehen.

52 Die Aussichtslosigkeit eines Begehrens kann sich aus **formell- oder materiellrechtlichen Gründen** ergeben. Ein Antrag kann sowohl deshalb aussichtslos sein, weil nicht darauf einzutreten ist, als auch deshalb, weil er abzuweisen ist. Aus materiellrechtlichen Gründen aussichtslos erweisen sich beispielsweise Begehren, die sich gegen Entscheide richten, welche der ständigen Rechtsprechung des Bundesgerichts entsprechen[123]. Aus formellrechtlichen Gründen aussichtslos erweisen sich beispielsweise Begehren, die als verspätet[124] oder prozessual unzulässig[125] erscheinen.

53 Die **fehlende Aussichtslosigkeit** ist insbesondere **zu bejahen,**
 – wenn zum Zeitpunkt der Gesuchseinreichung die ernsthafte Aussicht bestand, dass sich der bisherige Prozessstandpunkt der bedürftigen Partei im weiteren Verfahren – etwa aufgrund der Abnahme beantragter, geeigneter Beweise – erhärten lassen könnte[126];

---

[117] Vgl. BGr, 15.3.2012, 2C_31/2012, E. 2.4.
[118] BGE 138 III 217, E. 2.2.4.
[119] BGr, 21.8.2013, 4A_316/2013, E. 7.2; MERKLI/AESCHLIMANN/HERZOG, Kommentar VRPG, Art. 111 N. 13.
[120] Vgl. BGr, 25.1.2011, 5A_637/2010, E. 2.2.
[121] BGr, 13.2.2013, 5A_897/2012, E. 2.2; STEINMANN, in: St. Galler Kommentar BV, Art. 29 N. 39.
[122] KAYSER, in: Kommentar VwVG, Art. 65 N. 24.
[123] Vgl. z.B. BGr, 7.1.2013, 2C_1045/2012, E. 3.
[124] BGr, 7.2.2013, 2C_128/2013.
[125] Vgl. BGr, 15.5.2010, 2C_417/2010, E. 2.4.
[126] BGr, 4.7.2011, 4A_255/2011, E. 2.2; vgl. KAYSER, in: Kommentar VwVG, Art. 65 N. 23.

- wenn zur Beurteilung der Begehren die Durchführung ergänzender Abklärungen nötig ist[127];
- wenn neue, bisher ungeklärte Rechtsfragen zu erörtern sind[128], wenn keine klare gerichtliche Praxis besteht[129] oder wenn heikle Rechtsfragen umstritten sind[130];
- wenn die Rüge, die Vorinstanz habe das rechtliche Gehör verletzt, voraussichtlich zu einer Rückweisung der Sache oder aber zu einer Heilung der Gehörsverletzung führen wird[131].

c) Beurteilungszeitpunkt

Die Prozessaussichten sind bezogen auf den **Zeitpunkt der Einreichung des Gesuchs** um unentgeltliche Prozessführung zu beurteilen[132], und zwar auch dann, wenn das Gesuch erst später beurteilt wird. Verschlechtern sich die Prozessaussichten im Verlauf des weiteren Verfahrens, so darf dies nicht zur nachträglichen Bejahung der Aussichtslosigkeit bzw. zum Entzug der unentgeltlichen Rechtspflege führen[133]. Wird das Gesuch beispielsweise erst im Rahmen des Endentscheids beurteilt, so muss darauf geachtet werden, dass die Beurteilung der Gewinnchancen auf einer Ex-ante- und nicht auf einer Ex-post-Betrachtung beruht[134]. Unzulässig ist etwa die Begründung, die Aussichtslosigkeit ergebe sich aus den im Endentscheid dargelegten Erwägungen. Wird die unentgeltliche Rechtspflege im Rahmen einer Zwischenverfügung gewährt, so kommt ein späterer rückwirkender Entzug nur ausnahmsweise in Betracht, beispielsweise wenn die Aussichtslosigkeit aufgrund von falschen Angaben der gesuchstellenden Person verneint worden war[135].

C. Umfang der übernommenen Kosten

Die Gewährung der unentgeltlichen Prozessführung im Rahmen von § 16 Abs. 1 hat in der Regel zur Folge, dass die Kasse der Entscheidinstanz die Verfahrenskosten (§ 13) bzw. den erhobenen Kostenvorschuss (§ 15) unter Vorbehalt von § 16 Abs. 4 **vollumfänglich übernimmt**. Wenn die Begehren *nur zum Teil* als nicht aussichtslos erscheinen, wird die unentgeltliche Rechtspflege aus Gründen der Praktikabilität regelmässig ebenfalls vollumfänglich gewährt. Ausnahmsweise kann die unentgeltliche Rechtspflege allerdings auch bloss *teilweise* gewährt werden, nämlich wenn mehrere selbständige Rechtsbegehren mit unterschiedlichen Erfolgsaussichten gestellt werden, die sich klar auseinanderhalten lassen bzw. die unabhängig voneinander beurteilt werden können[136].

---

[127] BGr, 2.8.2010, 8C_107/2010, E. 9.2.
[128] BGr, 21.12.2011, 5A_711/2011, E. 3.2; MEICHSSNER, Grundrecht, S. 107.
[129] BGr, 20.6.2013, 2C_1228/2012, E. 8.1.
[130] BGr, 18.7.2013, 6B_182/2013, E. 4.1.
[131] VGr, 6.12.2012, VB.2012.00173, E. 8.2.
[132] BGE 138 III 217, E. 2.2.4.
[133] MEICHSSNER, Grundrecht, S. 109.
[134] Vgl. BGr, 18.7.2013, 6B_182/2013, E. 4.3.
[135] Vgl. BGr, 19.8.2013, 5A_305/2013, E. 3.5.
[136] BGE 139 III 396, E. 4.1; VGr, 11.9.2013, VB.2013.00511, E. 3.2; vgl. Art. 118 Abs. 2 ZPO und Art. 136 Abs. 1 StPO; KAYSER, in: Kommentar VwVG, Art. 65 N. 16; MAILLARD, in: Praxiskommentar VwVG, Art. 65

56 Die **Nichtgewährung** der unentgeltlichen Prozessführung hat zur Folge, dass die Entscheidinstanz den erhobenen Kostenvorschuss nicht erlässt bzw. dass die Verfahrenskosten durch die gesuchstellende Person bezahlt werden müssen. Wurde das Gesuch um unentgeltliche Prozessführung wegen Aussichtslosigkeit abgewiesen, so kann es sich allerdings gegenüber einer *mittellosen* Person aus Billigkeitsgründen in Ausnahmefällen rechtfertigen, die Kosten zu reduzieren oder (ganz oder teilweise) zu erlassen (vgl. N. 17).

57 Die Gewährung der unentgeltlichen Prozessführung entbindet die gesuchstellende Person im Unterliegensfall nicht von der Bezahlung einer allfälligen **Parteientschädigung** (§ 17 Abs. 2) an die obsiegende Gegenpartei[137], soweit Letztere nicht unentgeltlich verbeiständet ist[138] und soweit kein spezialgesetzlicher Anspruch auf Übernahme der Parteientschädigung durch den Staat besteht. Die Auferlegung einer Parteientschädigung an eine Partei, der die unentgeltliche Rechtspflege gewährt wird, verstösst gemäss der Rechtsprechung nicht gegen das Grundrecht auf Hilfe in Notlagen (Art. 12 BV), weil dieses einen geringeren Leistungsumfang als das betreibungsrechtliche Existenzminimum gewährleistet (Art. 93 SchKG)[139]. Seitens der Lehre wird diese Rechtsprechung zu Recht kritisiert[140]: Zum einen widerspricht es dem Grundgedanken der unentgeltlichen Rechtspflege, wenn eine mittellose Partei, die unentgeltlich prozessiert, das Risiko eingeht, infolge Zahlung einer Parteientschädigung unter das betreibungsrechtliche Existenzminimum zu fallen. Zum anderen trägt eine Partei, die gegen eine unentgeltlich prozessierende Gegenpartei obsiegt, das – gegenüber einer mittellosen Partei besonders grosse – Risiko der Uneinbringlichkeit der Parteientschädigung[141]. Eine gerecht erscheinende Lösung läge darin, dass der Staat – einstweilen – die Parteientschädigung übernimmt, wenn eine Partei gegen eine unentgeltlich prozessierende Partei obsiegt.

D. Verfahrensfragen

1. Erfordernis eines Gesuchs

58 Gemäss § 16 Abs. 1 wird die unentgeltliche Prozessführung auf **Gesuch der kostenpflichtigen Partei** hin gewährt. Für eine Gewährung von Amtes wegen bleibt damit im Allgemeinen kein Raum. Wird einzig um unentgeltliche Rechts*vertretung* ersucht, so geht die Praxis davon aus, dass für den Fall einer Kostenpflicht (implizit) auch die unentgeltliche Prozessführung beantragt wird[142].

59 Nach der Rechtsprechung besteht im Verwaltungsverfahren – anders als im Zivilprozessrecht (Art. 97 ZPO) – grundsätzlich **keine behördliche Pflicht,** nicht anwaltlich vertretene Verfahrensbeteiligte über die Möglichkeit **aufzuklären,** die unentgeltliche Prozessführung zu beantragen: Auch von einer nicht rechtskundigen Person kann erwartet

---

N. 30; MEICHSSNER, Grundrecht, S. 100 und 166; STEINMANN, in: St. Galler Kommentar BV, Art. 29 N. 39; a.M. KLEY-STRULLER, Unentgeltliche Rechtspflege, S. 184.

[137] BGr, 19.7.2012, 8C_292/2012, E. 6.4; BGE 122 I 322, E. 3c; VGr, 15.11.2010, VB.2010.00493, E. 2.3; KIENER/RÜTSCHE/KUHN, Öffentliches Verfahrensrecht, N. 1588; vgl. Art. 118 Abs. 3 und Art. 122 Abs. 1 lit. d ZPO.
[138] BGr, 19.7.2012, 8C_292/2012, E. 6.4.
[139] BGr, 19.7.2012, 8C_292/2012, E. 6.4.
[140] MEICHSSNER, Grundrecht, S. 164; vgl. KAYSER, in: Kommentar VwVG, Art. 65 N. 25.
[141] BGE 122 I 322, E. 2c; KLEY-STRULLER, Unentgeltliche Rechtspflege, S. 185.
[142] Vgl. VGr, 27.1.2011, VB.2010.00606, E. 4.

werden, einen Antrag auf unentgeltliche Rechtspflege zu stellen, zumal hierzu keine besonderen juristischen Kenntnisse erforderlich sind[143]. Ausnahmsweise kann es die prozessuale Fürsorgepflicht der Entscheidbehörde allerdings gebieten, besonders unbedarfte, nicht anwaltlich vertretene Parteien auf ihre Verfahrensrechte hinzuweisen[144].

Wird einer mittellosen Person, die ein nicht aussichtsloses Begehren einreicht, wegen fehlender Gesuchseinreichung keine unentgeltliche Prozessführung gewährt, so kann es sich aus **Billigkeitsgründen** rechtfertigen, die Verfahrenskosten zu reduzieren oder (ganz oder teilweise) zu erlassen (vgl. N. 17). 60

2. Gesuchseinreichung

Ein Gesuch um Gewährung der unentgeltlichen Rechtspflege kann im Verwaltungsverfahren – anders als im Zivilprozess (Art. 119 Abs. 1 ZPO) – erst **ab Rechtshängigkeit** der Begehren eingereicht werden[145]. Während des hängigen Verfahrens kann das Gesuch jederzeit – im Rechtsmittelverfahren also auch *nach* Ablauf der Rechtsmittelfrist – eingereicht werden. Gesuche um Erlass der Verfahrenskosten sind spätestens zu stellen, bevor der Endentscheid ergeht; nach Eröffnung des Endentscheids kommt nur noch ein Gesuch um *nachträglichen* Kostenerlass in Frage (vgl. N. 17). Gesuche um Erlass eines Kostenvorschusses müssen spätestens vor Ablauf der Zahlungsfrist für den Kostenvorschuss eingereicht werden. 61

Die **Erhebung eines bedingten Rechtsmittels** ist grundsätzlich unzulässig (vgl. § 23 N. 10)[146]. Aus diesem Grundsatz leitet das Verwaltungsgericht ab, dass ein Rechtsmittel nicht unter der Bedingung der Gewährung der unentgeltlichen Rechtspflege erhoben werden darf[147]. Die gesuchstellende Partei kann somit lediglich beantragen, dass die Entscheidinstanz vorab im Rahmen eines Zwischenentscheids über ihr Gesuch um unentgeltliche Prozessführung entscheide (vgl. N. 63). Wird das Gesuch aber abgewiesen und zieht die gesuchstellende Partei ihr Begehren daraufhin zurück, so trägt sie die Kosten des Abschreibungsverfahrens (vgl. § 13 N. 79). Es fragt sich, ob diese Rechtsprechung vor dem Verfassungsrecht standhält: Der in Art. 29 Abs. 3 BV statuierte Anspruch auf unentgeltliche Rechtspflege wird erheblich relativiert, wenn eine mittellose Partei im Verfahren nach VRG – anders als im Zivilprozess (Art. 119 ZPO) – keine Möglichkeit hat, im Voraus zu erfahren, ob sie ein Kostenrisiko eingeht, falls sie ein Begehren einreicht. 62

3. Entscheidzeitpunkt

Die Entscheidinstanz kann das Gesuch um unentgeltliche Prozessführung sowohl vorab – im Rahmen eines **Zwischenentscheids** – als auch im Rahmen des **Endentscheids** beurteilen; beides ist grundsätzlich zulässig[148]. 63

---

[143] BGr, 25.2.2010, 1C_6/2010, E. 2.3.
[144] BGr, 14.10.2010, 2C_341/2010, E. 3.2.3.
[145] VGr, 18.4.2012, VB.2012.00082, E. 9.4.2.
[146] BGE 134 III 332, E. 2.2.
[147] RB 2008 Nr. 25, E. 2.
[148] Vgl. BGr, 24.9.2010, 2D_35/2010, E. 4.3; VGr, 20.6.2013, VB.2013.00329, E. 1.3; VGr, 18.4.2012, VB.2012.00082, E. 9.4.4.

– Aus *Sicht der Entscheidinstanz* ist eine Beurteilung im Rahmen des Endentscheids prozessökonomischer, denn sie macht es entbehrlich, dass bereits zu Verfahrensbeginn die Mittellosigkeit der gesuchstellenden Partei sowie die Erfolgsaussichten der von ihr gestellten Begehren (summarisch) überprüft werden müssen.

– Aus *Sicht der gesuchstellenden Person* ist hingegen eine Beurteilung im Rahmen eines vorab ergehenden Zwischenentscheids vorteilhafter: Dies ermöglicht ihr, die (materiellrechtlichen) Begehren im Fall einer Gesuchsabweisung zurückzuziehen und damit ein geringeres Kostenrisiko einzugehen (vgl. § 13 N. 79). Ferner tendieren die Rechtsmittelinstanzen dazu, die Prozessaussichten zu Verfahrensbeginn positiver einzuschätzen als (im Rahmen einer nachträglichen Ex-ante-Betrachtung) bei Prozessende.

64 Verlangt die Entscheidinstanz von einer Partei einen Kostenvorschuss (§ 15) und stellt diese daraufhin gestützt auf § 16 Abs. 1 ein **Gesuch um Erlass des Kostenvorschusses**, so muss darüber in der Regel zunächst im Rahmen eines Zwischenentscheids entschieden werden[149]; denn das Gesuch unterbricht die Frist zur Zahlung des Kostenvorschusses (§ 15 N. 57). Falls sich die gestellten Sachbegehren jedoch als offensichtlich aussichtslos erweisen, kann es sich aus prozessökonomischen Gründen rechtfertigen, sofort einen Endentscheid zu fällen – unter Abweisung der Sachbegehren sowie Abschreibung des Gesuchs um Erlass des Kostenvorschusses wegen Gegenstandslosigkeit.

4. Entscheid über das Gesuch

65 Die **Gutheissung** eines Gesuchs um unentgeltliche Prozessführung gemäss § 16 Abs. 1 bedeutet, dass die betreffende Partei keinen Kostenvorschuss im Sinn von § 15 zu entrichten hat bzw. dass ihr – einstweilen – keine Verfahrenskosten im Sinn von § 13 auferlegt werden.

66 Die **Abweisung** des Gesuchs um unentgeltliche Prozessführung bedeutet, dass die gesuchstellende Partei einen im Rahmen von § 15 einverlangten Kostenvorschuss zu entrichten hat bzw. dass sie das Risiko trägt, im Rahmen von § 13 Verfahrenskosten tragen zu müssen. Falls die Entscheid- oder die Vorinstanz ursprünglich – vor der Gesuchseinreichung – eine Frist zur Bezahlung eines Kostenvorschusses angesetzt hatte, muss im Zeitpunkt der Gesuchsabweisung in der Regel eine Nachfrist zur Vorschusszahlung angesetzt werden[150].

67 Das Gesuch um unentgeltliche Prozessführung wird gegenstandslos, wenn der gesuchstellenden Partei im Rahmen von § 13 **keine Verfahrenskosten** auferlegt werden – sei es, dass sie obsiegt[151], dass die Entscheidinstanz aus Billigkeitsgründen auf eine Kostenerhebung verzichtet oder dass das Gesetz ein kostenloses Verfahren vorsieht.

68 Wird das **Verfahren gegenstandslos,** bevor das Gesuch um unentgeltliche Prozessführung beurteilt wurde, so ist im Rahmen des Abschreibungsentscheids anhand einer summarischen Beurteilung der Sachlage vor Eintritt des Erledigungsgrunds über das Gesuch

---

[149] MERKLI/AESCHLIMANN/HERZOG, Kommentar VRPG, Art. 111 N. 5.
[150] BGE 138 III 672, E. 4.2.1; 138 III 163, E. 3.2; MAILLARD, in: Praxiskommentar VwVG, Art. 65 N. 36.
[151] Vgl. z.B. BGr, 14.2.2011, 6G_3/2010, E. 2.1.

zu entscheiden[152]. Wurde das Gesuch vor Eintritt der Gegenstandslosigkeit gutgeheissen, so ist die unentgeltliche Prozessführung im Fall einer kostenpflichtigen Abschreibung zu gewähren.

5. Kostenfolgen

Das VRG enthält **keine Regelung** betreffend die Kostenfolgen, die mit der Einreichung eines Gesuchs um unentgeltliche Rechtspflege verbunden sein können. Andere Gesetze sehen demgegenüber vor, dass das Verfahren betreffend das Gesuch – zumindest erstinstanzlich – kostenlos zu sein hat, soweit der gesuchstellenden Person keine Bös- oder Mutwilligkeit vorzuwerfen ist[153]. 69

Aus dem Grundgedanken der unentgeltlichen Rechtspflege ergibt sich, dass das **Gesuchsverfahren kostenlos** sein muss, soweit das Gesuch nicht aus rechtsmissbräuchlichen Motiven[154] gestellt wird: Es wäre mit dem Anspruch auf unentgeltliche Rechtspflege nicht vereinbar, wenn mittellose Parteien, die ein Gesuch um unentgeltliche Rechtspflege stellen, ein höheres Kostenrisiko eingehen würden als nicht mittellose Parteien, die kein entsprechendes Gesuch stellen. Vielmehr sollen mittellose Personen um unentgeltlichen Rechtszugang ersuchen dürfen, ohne befürchten zu müssen, im Abweisungsfall höhere Kosten bezahlen zu müssen, als wenn sie kein solches Gesuch gestellt hätten. Unzulässig ist demnach auch, von einer Partei, die – beispielsweise infolge Obsiegens – keine Verfahrenskosten trägt, Kosten für die Abweisung ihres Gesuchs um unentgeltliche Rechtsprechung zu erheben[155]. Die grundsätzliche Kostenlosigkeit des Verfahrens betreffend das Gesuch muss unabhängig davon gelten, ob dieses im Rahmen eines Zwischen- oder des Endentscheids beurteilt wird, da die gesuchstellende Partei grundsätzlich keinen Einfluss darauf hat, in welchem Zeitpunkt die Entscheidinstanz ihr Gesuch beurteilt (vgl. N. 63). 70

Wird ein **Rechtsmittel** gegen die Abweisung eines Gesuchs um unentgeltliche Rechtspflege erhoben, so dürfen im Rechtsmittelverfahren – ebenso wie im zivilprozessualen Beschwerdeverfahren und im Verfahren vor Bundesgericht[156] – Verfahrenskosten erhoben werden. In solchen Fällen, in denen die Nichtgewährung der unentgeltlichen Rechtspflege durch die Vorinstanz den alleinigen Verfahrensgegenstand darstellt, ist es gemäss der Rechtsprechung aus prozessökonomischen und vollstreckungsrechtlichen Gründen[157] zulässig, Verfahrenkosten zu erheben[158]. 71

---

[152] Vgl. BGr, 17.1.2013, 6B_431/2012, E. 3.
[153] Vgl. Art. 119 Abs. 6 ZPO; Art. 112 Abs. 1 VRPG BE; Art. 24 Steuererlass V.
[154] Rechtsmissbrauch dürfte beispielsweise zu bejahen sein, wenn ein Millionär um unentgeltliche Rechtspflege ersucht.
[155] Anders VGr, 15.11.2012, VB.2012.00363, E. 2.2 (nicht publiziert).
[156] Vgl. BGE 137 III 470, E. 6.5.5.
[157] Gemeint sein dürften *fiskalische* Motive.
[158] Vgl. BGE 137 III 470, E. 6.5.4. – Im Kanton Bern sind hingegen auch Rechtsmittelverfahren stets kostenlos (MERKLI/AESCHLIMANN/HERZOG, Kommentar VRPG, Art. 112 N. 6).

6. Anfechtung

72 Im Fall der **Gewährung** der unentgeltlichen Prozessführung besteht mangels Beschwer keine Anfechtungsmöglichkeit[159]. Gleiches gilt auch für ein *Gemeinwesen*, das durch eine obere Instanz dazu verpflichtet wurde, einer gesuchstellenden Partei die unentgeltliche Prozessführung zu gewähren[160].

73 Im Fall der **Nichtgewährung** der unentgeltlichen Prozessführung ist zu differenzieren: Erfolgt die Abweisung im Rahmen eines Zwischenentscheids, so ist dieser bei der in der Hauptsache zuständigen Rechtsmittelinstanz selbständig anfechtbar, wenn nicht nur die unentgeltliche Rechtspflege verweigert, sondern zugleich die Anhandnahme des Rechtsmittels von der Bezahlung eines Kostenvorschusses abhängig gemacht wird[161]. Andernfalls kann die Abweisung des Gesuchs erst im Rahmen des Endentscheids angefochten werden[162]. Parteistellung haben im Anfechtungsverfahren einzig die Person, die um unentgeltliche Rechtspflege ersuchte, und die Behörde, die das Gesuch abgewiesen hat[163]. Ist ein Entscheid in der Hauptsache nicht anfechtbar, so entfällt die Anfechtbarkeit wegen des Grundsatzes der Prozesseinheit auch in Bezug auf die unentgeltliche Rechtspflege[164].

III. Unentgeltliche Rechtsverbeiständung (Abs. 2)

A. Einleitung

74 Sind mittellose Parteien, deren Begehren nicht offensichtlich aussichtslos erscheinen, nicht in der Lage, ihre Rechte im Verfahren selbst zu wahren, so haben sie gemäss Art. 29 Abs. 3 Satz 2 BV und § 16 Abs. 2 VRG ein Recht auf die Bestellung eines unentgeltlichen Rechtsbeistands, d.h. **Anspruch auf unentgeltliche amtliche Vertretung.** Der Staat übernimmt diesfalls einstweilen – nach zehnjähriger anhaltender Mittellosigkeit endgültig (§ 16 Abs. 4) – die Vertretungskosten der mittellosen Partei.

75 Die Frage, ob ein Anspruch auf unentgeltliche Rechtsverbeiständung besteht, ist unabhängig davon zu beurteilen, wer **Verfahrenkosten** und **Parteientschädigungen** zu tragen hat. Anspruch auf staatliche Übernahme der Vertretungskosten kann auch eine Partei haben, die keine Verfahrenkosten trägt, etwa weil sie obsiegt (§ 13 Abs. 2), weil das Gesetz die Kostenlosigkeit des Verfahrens vorsieht (vgl. z.B. § 13 Abs. 3) oder weil ihr die unentgeltliche Prozessführung gewährt wird (§ 16 Abs. 1). Eine Partei, welche die Voraussetzungen nach § 16 Abs. 2 erfüllt, ist ferner auch dann unentgeltlich zu verbeiständen, wenn ihr eine Parteientschädigung nach § 17 Abs. 2 zugesprochen wird (vgl. N. 93).

---

[159] Vgl. MERKLI/AESCHLIMANN/HERZOG, Kommentar VRPG, Art. 112 N. 5.
[160] BGE 138 II 506, E. 2.1.3; BGr, 23.3.2012, 5A_784/2011, E. 1.2.1.
[161] BGr, 15.1.2013, 2C_805/2012, E. 1; BGE 128 V 199, E. 2b. Zu möglichen Ausnahmen vgl. BGr, 20.8.2013, 2C_706/2013, E. 2.2.
[162] Vgl. BGr, 24.1.2013, 8C_9/2013.
[163] Vgl. BGE 139 III 334, E. 4.2; BGr, 19.8.2013, 5A_381/2013, E. 3.2.
[164] Vgl. BGr, 14.2.2013, 2C_154/2013, E. 2.

B. Voraussetzungen

1. Mittellosigkeit und fehlende Aussichtslosigkeit

§ 16 Abs. 2 nennt als Voraussetzung für die unentgeltliche Rechtsverbeiständung einzig das Kriterium der Notwendigkeit, nicht aber jenes der Mittellosigkeit und der fehlenden Aussichtslosigkeit. Doch aus der **Systematik** der Bestimmung und der **Formulierung** von § 16 Abs. 2 («Sie», «überdies») geht hervor, dass für die Gewährung der unentgeltlichen Rechtsverbeiständung auch die Voraussetzungen gemäss § 16 Abs. 1 erfüllt sein müssen[165]. Die Gewährung der unentgeltlichen Verbeiständung setzt somit (kumulativ) Mittellosigkeit (N. 18 ff.), fehlende Aussichtslosigkeit (N. 42 ff.) und Notwendigkeit (N. 77 ff.) voraus[166].

76

2. Notwendigkeit der Vertretung

a) Einleitung

§ 16 Abs. 2 setzt für einen Anspruch auf Bestellung einer unentgeltlichen Rechtsvertretung – neben der Mittellosigkeit und der fehlenden Aussichtslosigkeit – voraus, dass die gesuchstellende Person nicht in der Lage ist, ihre Rechte im Verfahren selbst zu wahren. Die unentgeltliche Rechtsverbeiständung muss somit **sachlich notwendig** sein (vgl. auch Art. 29 Abs. 3 Satz 2 BV)[167]. Bei der Klärung der Frage, ob eine unentgeltliche Rechtsverbeiständung sachlich notwendig ist, sind die konkreten Umstände des Einzelfalls und die Eigenheiten der anwendbaren Verfahrensvorschriften zu berücksichtigen[168].

77

Fehlt es an der Voraussetzung der Notwendigkeit, so ist ein auf § 16 Abs. 2 gestützter Anspruch auf unentgeltliche Rechtsverbeiständung ausgeschlossen. In Frage kommt diesfalls höchstens ein **spezialgesetzlicher** – etwa opferhilferechtlicher – Anspruch auf Übernahme der Vertretungskosten (vgl. N. 14).

78

Massgebender Zeitpunkt für die Beurteilung der Notwendigkeit einer unentgeltlichen Verbeiständung sind die Verhältnisse bei der Gesuchseinreichung[169].

79

b) Betroffenheit und Schwierigkeit (Regelfall)

Die Notwendigkeit der unentgeltlichen Rechtsvertretung setzt gemäss der Rechtsprechung als Erstes voraus, dass das Verfahren die Interessen der bedürftigen Partei **in schwerwiegender Weise betrifft**[170], d.h. dass es finanzielle, persönliche oder familiäre In-

80

---

[165] Weisung 1995, S. 1530.
[166] Vgl. z.B. VGr, 9.3.2011, VB.2010.00562, E. 3.6; BGr, 24.8.2012, 8C_325/2012, E. 6.2.2; HÄFELIN/HALLER/KELLER, Bundesstaatsrecht, N. 843; RHINOW/KOLLER/KISS/THURNHERR/BRÜHL-MOSER, Öffentliches Prozessrecht, N. 372; STEINMANN, in: St. Galler Kommentar BV, Art. 29 N. 37; siehe auch z.B. § 16 Abs. 1 GSVGer.
[167] In der kantonsrätlichen Kommission war erfolglos beantragt worden, auf die Voraussetzung der Notwendigkeit zu verzichten (vgl. Prot. KK 1995/96, S. 237 f.).
[168] BGE 128 I 225, E. 2.5.2.
[169] Vgl. BGr, 3.2.2011, 5A_648/2011, E. 5.3.
[170] BGE 130 I 180, E. 2.2; RB 2001 Nr. 6, E. 2c (VB.2001.00067); KIENER/RÜTSCHE/KUHN, Öffentliches Verfahrensrecht, N. 248.

teressen der gesuchstellenden Person relativ stark tangiert[171]. In der Praxis werden an die Bejahung der relativ schwerwiegenden Betroffenheit nur geringe Anforderungen gestellt; oft wird auf eine Prüfung des Kriteriums gar verzichtet. Eine genügende Betroffenheit (finanzieller) Interessen bejahte das Bundesgericht beispielsweise im Fall einer Streitigkeit, welche die Ausrichtung einer Integrationszulage in der Höhe von Fr. 100 pro Monat betraf[172]. Letztlich werden gestützt auf dieses Kriterium einzig *Bagatellfälle* von der unentgeltlichen Rechtsverbeiständung ausgeschlossen[173].

81 Als Zweites setzt die Notwendigkeit der unentgeltlichen Rechtsvertretung (kumulativ) voraus, dass das Verfahren **in tatsächlicher und rechtlicher Hinsicht Schwierigkeiten** bietet, die den Beizug einer Rechtsvertretung erforderlich machen[174]. Die tatsächliche und rechtliche Schwierigkeit eines Verfahrens muss vor dem Hintergrund der Komplexität der im konkreten Fall relevanten Rechtsfragen und der Unübersichtlichkeit des Sachverhalts beurteilt werden. Daneben sind auch in der betroffenen Person liegende Gründe zu berücksichtigen, so das Alter, die Gesundheit, die soziale Situation, Sprachkenntnisse, Schulbildung, Rechtskenntnisse und allgemein die Fähigkeit, sich im Verfahren zurechtzufinden und die Interessen auf sich allein gestellt wirksam wahrzunehmen[175].

82 Je stärker in einem Verfahren die **Untersuchungsmaxime** gilt (vgl. § 7 Abs. 1), desto schwieriger muss der Fall in rechtlicher und tatsächlicher Hinsicht sein, um die sachliche Notwendigkeit einer unentgeltlichen Rechtsvertretung zu bejahen[176]. In einem erstinstanzlichen Verfahren gilt deshalb in Bezug auf die unentgeltliche Rechtsverbeiständung ein strengerer Massstab als in einem Rekurs- oder Beschwerdeverfahren.

83 Im Bereich des **Sozialhilferechts** geht die Rechtsprechung – ähnlich wie im Bereich des Asylrechts[177] – nur mit Zurückhaltung von der Notwendigkeit einer anwaltlichen Vertretung aus, da es in solchen Verfahren regelmässig vorab um die Darlegung der persönlichen Umstände geht, die keine tatsächlichen oder rechtlichen Schwierigkeiten bereiten, denen die gesuchstellende Person nicht gewachsen wäre[178]. Je nach den persönlichen Verhältnissen der gesuchstellenden Person (z.B. schlechte Deutschkenntnisse, geringe Schulbildung, gesundheitliche Beeinträchtigung) und den sich stellenden tatsächlichen

---

[171] Vgl. z.B. RB 2001 Nr. 6, E. 2d (VB.2001.00067) betreffend Entlassung aus der Verwahrung; BGr, 24.9.2008, 1C_339/2008, E. 2.2 (Anordnung eines gewaltschutzrechtlichen Rayon- und Kontaktverbots); VGr, 23.11.2012, VB.2012.00582, E. 6.2 (Rückerstattung von Sozialhilfeleistungen in der Höhe von Fr. 36 426.20); BGr, 22.11.2008, 8C_139/2008, E. 10.3 (Sozialhilfeverfahren mit einer Streitsumme von Fr. 9480).
[172] BGr, 11.4.2011, 8C_224/2011, E. 4.5.
[173] MEICHSSNER, Grundrecht, S. 125.
[174] BGE 130 I 180, E. 2.2; RB 2001 Nr. 6, E. 2c (VB.2001.00067); KIENER/RÜTSCHE/KUHN, Öffentliches Verfahrensrecht, N. 248.
[175] BGr, 16.7.2012, 5A_395/2012, E. 4.3; BGE 128 I 225, E. 2.5.2; vgl. RB 2001 Nr. 6, E. 2e und 2f bb (VB.2001.00067); RB 1998 Nr. 5; BGr, 8.8.2011, 5A_336/2011, E. 2.5.2 (ZBl 2013, 344 ff.); BGr, 14.12.2006, 2P.234/2006, E. 5.2–5.4; MEICHSSNER, Grundrecht, S. 133; STEINMANN, in: St. Galler Kommentar BV, Art. 29 N. 40.
[176] Vgl. BGr, 16.4.2013, 8C_140/2013, E. 3.1.2; BGr, 17.4.2012, 2C_179/2012, E. 3; BGE 125 V 32, E. 4b.
[177] BVGr, 14.7.2010, D-4986/2006, E. 4.3; kritisch dazu KIENER/RÜTSCHE/KUHN, Öffentliches Verfahrensrecht, N. 798.
[178] Vgl. BGr, 16.4.2013, 8C_140/2013, E. 3.2.2; BGr, 19.7.2012, 8C_292/2012, E. 8.2; BGr, 11.4.2011, 8C_224/2011, E. 4.5; BGr, 14.12.2006, 2P.234/2006, E. 5.1.

und rechtlichen Schwierigkeiten wird die Notwendigkeit einer unentgeltlichen Verbeiständung aber auch im Sozialhilferecht bejaht[179].

c) Besondere Betroffenheit (Ausnahmefall)

In Abweichung vom Regelfall (N. 80 ff.) entfällt bei der Prüfung der Notwendigkeit der Vertretung das Kriterium der rechtlichen und tatsächlichen Schwierigkeit, wenn das in Frage stehende Verfahren **besonders stark in die Rechtsposition der mittellosen Person** einzugreifen droht[180]. Die Bejahung eines solchen Eingriffs entbindet die Entscheidbehörde jedoch nicht von der Prüfung der Voraussetzung der fehlenden Aussichtslosigkeit[181], an die in solchen Fällen allerdings regelmässig relativ geringe Anforderungen zu stellen sind (vgl. N. 48). 84

In der **Praxis** kommt es verhältnismässig selten vor, dass die Notwendigkeit der unentgeltlichen Vertretung aufgrund eines besonders starken Eingriffs in die Rechtsposition der gesuchstellenden Person bejaht wird. Beispiele betreffen etwa Strafprozesse, bei denen schwerwiegende freiheitsentziehende Strafen oder Massnahmen drohen[182], Verfahren betreffend administrative Haftverlängerung[183] oder Streitigkeiten über die Wiedererlangung der elterlichen Obhut[184]. Im Fall eines Verfahrens betreffend die Entlassung aus der Verwahrung verneinte das Verwaltungsgericht hingegen das Vorliegen eines besonders intensiven Eingriffs[185]. 85

d) Waffengleichheit

Ist eine **Gegenpartei rechtskundig oder anwaltlich vertreten,** so ist die Notwendigkeit aus Gründen der Waffengleichheit eher zu bejahen als im gegenteiligen Fall[186]. Allerdings wird die unentgeltliche Verbeiständung auch in diesem Fall nicht automatisch als notwendig erachtet, sondern es sind alle Umstände des Einzelfalls zu prüfen. Art. 6 Ziff. 1 EMRK verpflichtet die Staaten nicht, durch Einsatz öffentlicher Mittel vollständige Waffengleichheit zwischen den Parteien herzustellen, solange jede die Möglichkeit hat, ihren Fall unter Voraussetzungen zu führen, die sie gegenüber ihrem Gegner nicht wesentlich benachteiligen[187]. 86

e) Vertretung durch unentgeltlich tätige Dritte

Wenn die Vertretung durch unentgeltlich tätige Dritte – etwa durch eine **Rechtsschutzversicherung,** einen **Berufsverband** oder eine **Gewerkschaft** – erfolgt, ist die Notwen- 87

---

[179] VGr, 23.11.2012, VB.2012.00582, E. 6.2; VGr, 23.9.2009, VB.2009.00387, E. 3.4.
[180] BGE 130 I 180, E. 2.2; RB 2001 Nr. 6, E. 2c (VB.2001.00067).
[181] RB 2003 Nr. 5, E. 4b (VB.2002.00356); anders noch die frühere Rechtsprechung (RB 2001 Nr. 6, E. 2c [VB.2001.00067]).
[182] BGE 128 I 225, E. 2.5.2; RB 2001 Nr. 6, E. 2c (VB.2001.00067).
[183] BGE 134 I 92, E. 3.2.3.
[184] BGE 130 I 180, E. 3.3.2.
[185] RB 2001 Nr. 6, E. 2d (VB.2001.00067).
[186] Vgl. KAYSER, in: Kommentar VwVG, Art. 65 N. 32; MAILLARD, in: Praxiskommentar VwVG, Art. 65 N. 39; MEICHSSNER, Grundrecht, S. 134; im Zivilprozess Art. 118 Abs. 1 lit. c ZPO.
[187] BGr, 19.7.2012, 8C_292/2012, E. 8.3 und 8.4.

digkeit der unentgeltlichen Verbeiständung in der Regel zu verneinen. Unentgeltlich vertretende Dritte haben somit grundsätzlich keinen Anspruch darauf, gestützt auf § 16 Abs. 2 vom Staat entschädigt zu werden. Bejaht werden kann ein entsprechender Anspruch ausnahmsweise dann, wenn es sich bei der unentgeltlich tätigen Drittvertretung um eine Organisation handelt, die (1.) einen gemeinnützigen Zweck verfolgt, (2.) ihr Angebot der Rechtsverbeiständung ohne erheblichen Kostenersatz (Mitgliederbeiträge, Prämien etc.) zur Verfügung stellt und (3.) spezifische Interessenwahrung im sozialrechtlichen Bereich bezweckt[188].

C. Umfang der Entschädigung

1. Erforderliche Kosten in sachlicher Hinsicht

88 Die Gewährung der unentgeltlichen Rechtsverbeiständung befreit die gesuchstellende Person von der Zahlung der **erforderlichen Vertretungskosten.** Als erforderlich gelten jene Kosten, die für die Wahrnehmung der Rechte der vertretenen Partei aufzubringen sind, nämlich (1.) der vernünftigerweise anfallende bzw. gebotene *Aufwand,* (2.) die im Rahmen der Mandatsführung üblichen bzw. nötigen *Auslagen* und (3.) Mehrkosten aufgrund der *Mehrwertsteuer*[189].

89 Die **vier Kriterien,** die gemäss § 9 Abs. 1 Sätze 2 und 3 GebV VGr für die Bemessung der erforderlichen Vertretungskosten vor Verwaltungs-, Steuerrekurs- und Baurekursgericht zu berücksichtigen sind, erweisen sich in sämtlichen verwaltungsrechtlichen Verfahren als sachgerecht[190]: Notwendiger Zeitaufwand, Bedeutung der Streitsache, Schwierigkeit des Prozesses sowie Barauslagen.

90 Wichtigstes Kriterium zur Bemessung der Entschädigung ist der **notwendige Zeitaufwand.** Demgegenüber bilden die Bedeutung der Streitsache und Schwierigkeit des Prozesses blosse Hilfskriterien, um den allenfalls vom verrechneten Zeitaufwand abweichenden «notwendigen» Zeitaufwand zu bestimmen[191]. Als erforderlich zu erachten ist jener Zeitaufwand, den auch eine nicht bedürftige Partei von ihrem Rechtsvertreter vernünftigerweise erwartet hätte und zu dessen Zahlung sie bereit gewesen wäre, um ihre Rechte im Verfahren zu wahren[192]. Massgebend für die Beurteilung des notwendigen Zeitaufwandes können etwa sein: Umfang und Qualität der Eingaben; Aktenbeizüge; Akteneinsichtnahmen; Aktenstudien; Instruktionen, Besprechungen und Korrespondenz mit der Klientschaft; Korrespondenz mit Behörden; Vornahme von Abklärungen; Teilnahme an Verhandlungen; Studium des Endentscheids; Durchführung einer Schlussbesprechung mit der Klientschaft[193]. Als Reduktionsfaktor ist in der Regel der Umstand zu berücksichtigen, dass die gleiche Vertretung bereits im vorinstanzlichen Verfahren als unentgeltli-

---

[188] BGE 135 I 1, E. 7.4.1 und 7.4.2; VGr BE, 20.1.2012, VGE 100.2011.2015, E. 5.2.3 (BVR 2012, 424 ff.). Zu spezifischen Voraussetzungen im Bereich des Sozialversicherungsrechts vgl. BGr, 22.2.2013, 9C_908/2012, E. 2.2; BGE 132 V 200, E. 4.1.
[189] Vgl. BGE 122 I 1, E. 3a und 3c; siehe auch Art. 9 Abs. 1 VGKE.
[190] Vgl. BGr, 6.2.2009, 5D_175/2008, E. 5.4.
[191] VGr, 3.2.2006, URB.2005.00001, E. 2.1.
[192] VGr, 21.11.2013, VB.2013.00545, E. 4.3.
[193] VGr, 3.2.2006, URB.2005.00001, E. 3.1.

che Rechtsverbeiständung eingesetzt worden war[194]. Wird die unentgeltliche Rechtspflege bloss *teilweise* gewährt (N. 55), so ist lediglich jener Vertretungsaufwand zu entschädigen, der im Zusammenhang mit nicht offensichtlich aussichtslosen Begehren anfiel[195].

Für die Bemessung der Entschädigung nicht relevant sind Kosten, die zur Wahrnehmung der Interessen der Klientschaft **nicht notwendig** sind, insbesondere Kosten für übermässigen, unnützen oder überflüssigen Aufwand. 91

Die **Barauslagen,** die bei der Bemessung der Entschädigung zu berücksichtigen sind, umfassen namentlich bezahlte Gerichtskosten sowie erforderliche Reisespesen, Porti, Kosten für Telekommunikation und Fotokopien (vgl. § 14 Abs. 1 AnwGebV). 92

Die Gewährung der unentgeltlichen Rechtsverbeiständung befreit im Verwaltungsverfahren – gleich wie im Zivilprozess (Art. 118 Abs. 3 und Art. 122 Abs. 1 lit. d ZPO) – nicht von der Bezahlung einer allfälligen **Parteientschädigung** (§ 17) an die obsiegende Gegenpartei (vgl. N. 57). Die allfällige Zusprechung bzw. Nichtzusprechung einer Parteientschädigung betrifft einzig das Verhältnis zwischen den Parteien und hat keinen Einfluss auf die Festsetzung der Höhe der Entschädigung der unentgeltlichen Rechtsvertretung, die das Verhältnis zwischen einer Partei und der Entscheidinstanz betrifft[196]. Zur Priorität der Zahlung der Parteientschädigung gegenüber dem Anspruch auf staatliche Entschädigung vgl. N. 100 ff. 93

2. Erforderliche Kosten in zeitlicher Hinsicht

Die Entschädigung umfasst die erforderlichen Vertretungskosten **ab dem Moment der Gesuchseinreichung** bis zur Schlussbesprechung des Endentscheids mit der Klientschaft. 94

Im Zeitraum **vor der Gesuchseinreichung** sind grundsätzlich nur jene Leistungen zu berücksichtigen, die im Hinblick auf den Verfahrensschritt erbracht wurden, bei dessen Anlass das Gesuch gestellt wird. Mit einzubeziehen ist insbesondere der Aufwand für das Verfassen der Sacheingaben, die zusammen mit dem Gesuch um unentgeltliche Rechtsverbeiständung eingereicht werden. Eine weitergehende Rückwirkung kommt nur ausnahmsweise in Betracht[197], nämlich wenn es wegen der zeitlichen Dringlichkeit einer sachlich zwingend gebotenen Prozesshandlung nicht möglich war, gleichzeitig auch das Gesuch um unentgeltliche Rechtsverbeiständung zu stellen. Ansonsten besteht keine Rückwirkung – auch nicht in Bezug auf eine Partei, welche die Anspruchsvoraussetzungen im Übrigen erfüllt, aber aus Unwissenheit, Unvorsichtigkeit oder wegen mangelhafter Beratung kein rechtzeitiges Gesuch eingereicht hat[198]. Zur Gesuchspflicht vgl. N. 113 f. 95

---

[194] Vgl. BGr, 21.2.2013, 2C_101/2013, E. 3.
[195] Vgl. VGr, 11.9.2013, VB.2013.00511, E. 3.3.
[196] Vgl. BGr, 29.6.2009, 5A_388/2009, E. 3.2; MEICHSSNER, Grundrecht, S. 201.
[197] Vgl. im Zivilprozess Art. 119 Abs. 4 ZPO.
[198] Vgl. BGr, 27.6.2012, 5A_181/2012, E. 2.3.3; BGr, 25.2.2010, 1C_6/2010, E. 4.1 und 4.2; BGE 122 I 203, E. 2f; RB 1997 Nr. 4; MEICHSSNER, Grundrecht, S. 168.

§ 16

96 **Vorprozessuale Kosten** werden im Rahmen von § 16 Abs. 2 – anders als im Zivilprozess (Art. 118 Abs. 1 lit. c ZPO) – nicht entschädigt[199]. Gleiches gilt für *ausserprozessuale* Kosten, etwa im Rahmen einer Rechtsberatung ausserhalb des Verfahrens[200].

3. Stundenansätze

97 Im Verfahren vor dem Verwaltungs-, dem Steuerrekurs- und dem Baurekursgericht wird der unentgeltlichen Rechtsvertretung der notwendige Zeitaufwand nach den **Stundenansätzen des Obergerichts** für die amtliche Verteidigung entschädigt (§ 9 Abs. 1 Satz 1 GebV VGr). Massgebend ist somit die Verordnung des Obergerichts über die Anwaltsgebühren vom 21. Juni 2006 (vgl. § 16 AnwGebV). Der Stundenansatz beträgt in der Regel 150 bis 350 Franken (§ 13 i.V.m. § 11 Abs. 2 AnwGebV). Ein Beizug dieser Stundenansätze rechtfertigt sich auch im Verfahren vor anderen Zürcher Verwaltungsinstanzen. Vor Bundesverwaltungsgericht liegen die Ansätze höher, nämlich bei 200 bis 400 Franken für anwaltliche Vertreter und bei 100 bis 300 Franken für nichtanwaltliche Vertreter (Art. 10 Abs. 2 Satz 1 VGKE).

98 Nach der Rechtsprechung ist es zulässig, der unentgeltlichen Rechtsvertretung nicht eine volle bzw. eine bei privater Bestellung übliche, sondern nur eine **angemessene Entschädigung** zuzusprechen[201]. Hingegen lässt es sich heute nicht mehr rechtfertigen, den amtlichen Rechtsvertretern bloss deren eigene Aufwendungen zu ersetzen. Die Entschädigung ist vielmehr so zu bemessen, dass es den Vertretern möglich ist, einen bescheidenen (nicht bloss symbolischen) Verdienst zu erzielen. Bei durchschnittlichen anwaltlichen Selbstkosten von rund 130 Franken pro Stunde hat das Bundesgericht die Faustregel statuiert, dass sich die Entschädigung für einen amtlichen Anwalt im schweizerischen Durchschnitt heute in der Grössenordnung von 180 Franken pro Stunde (zuzüglich Mehrwertsteuer) bewegen muss, um vor der Verfassung standzuhalten, wobei kantonale Unterschiede eine Abweichung nach oben oder unten rechtfertigen können[202]. Die Entschädigung des unentgeltlichen Rechtsbeistands sollte zwischen 60% und 85% des sonst üblichen kantonalen Honorars für privat tätige Anwälte liegen[203].

99 Richtet sich die Entschädigung der unentgeltlichen anwaltlichen Rechtsvertretung nach dem Zeitaufwand, so beträgt sie im Kanton Zürich voraussichtlich ab Mitte 2014 in der Regel **Fr. 220 pro Stunde** (E-§ 3 AnwGebV)[204]. Bei Praktikanten, Substituten und Volontären sind tiefere Stundenansätze zulässig, zumal diese in der Regel mehr Zeit be-

---

[199] Vgl. MAILLARD, in: Praxiskommentar VwVG, Art. 65 N. 31.
[200] BGE 121 I 321, E. 2b; MEICHSSNER, Grundrecht, S. 68; STEINMANN, in: St. Galler Kommentar BV, Art. 29 N. 36.
[201] Vgl. BGE 137 III 185, E. 5.2 und 5.3; kritisch KAYSER, in: Kommentar VwVG, Art. 65 N. 49.
[202] BGE 132 I 201, E. 8.7; vgl. auch Art. 10 Satz 2 des Reglements über die Parteientschädigung und die Entschädigung für die amtliche Vertretung im Verfahren vor dem Bundesgericht vom 31. März 2006 (SR 173.110.210.3), wonach das (streitwertabhängige) Honorar amtlich bestellter Anwälte oder Anwältinnen um bis zu einem Drittel gekürzt werden kann.
[203] BGr, 31.5.2012, 5A_199/2012, E. 3.3; VGr, 18.6.2013, URB.2013.00001, E. 3.2 (nicht publiziert).
[204] Bis anhin lag der Ansatz noch bei 200 Franken pro Stunde (Kreisschreiben des Zürcher Obergerichts vom 13. März 2002; vgl. BGr, 11.2.2011, 8C_676/2010, E. 4.3.3).

anspruchen als patentierte Anwältinnen und Anwälte[205]. Richtigerweise sollte bei der Bemessung der Entschädigung indessen nicht die Ausbildung der vertretenden Person massgebend sein, sondern die Qualität der für die vertretene Person erbrachten Leistungen: Zu einem Stundenansatz von Fr. 220 ist jener Zeitaufwand zu entschädigen, der für eine in der Schweiz anwaltlich tätige Person objektiv erforderlich gewesen wäre, um die effektiv erbrachten Dienstleistungen in der gleichen Qualität zu erbringen.

4. Priorität der Parteientschädigung

Wird einer Partei sowohl die unentgeltliche Verbeiständung gewährt (§ 16 Abs. 2) als auch eine Parteientschädigung zugesprochen (§ 17 Abs. 2), so hat die Zahlung der Parteientschädigung **Vorrang gegenüber der staatlichen Entschädigung**: Nur soweit die Parteientschädigung die Vertretungskosten nicht deckt, sind diese durch den Staat zu finanzieren. 100

Ist die **Parteientschädigung tiefer** als die Entschädigung aus unentgeltlicher Verbeiständung – was im Rahmen des Verfahrens nach VRG auch bei vollem Obsiegen die Regel darstellt (§ 17 N. 80 ff.) –, so entrichtet die Entscheidinstanz der unentgeltlich vertretenden Person zunächst nur den um die Parteientschädigung verminderten Entschädigungsbetrag[206]. Den allfälligen Restbetrag bezahlt sie der vertretenden Person lediglich dann, wenn diese glaubhaft macht, dass die Parteientschädigung bei der Gegenpartei uneinbringlich ist oder dass sie mit eigenen Forderungen gegen die unentgeltlich verbeiständete Partei verrechnet wurde[207]. Der Anspruch auf Parteientschädigung geht diesfalls auf die Staats- bzw. Gerichtskasse über[208]. 101

Ist die **Parteientschädigung mindestens gleich hoch** wie die Entschädigung aus unentgeltlicher Verbeiständung – was im Rahmen von Verfahren nach VRG die Ausnahme darstellt (vgl. § 17 N. 80 ff.) –, so ist das Gesuch um unentgeltliche Verbeiständung als gegenstandslos geworden abzuschreiben, sofern nicht zu erwarten ist, dass der Vertreter die Parteientschädigung bei der Gegenpartei wegen Uneinbringlichkeit oder Verrechnung nicht erhältlich machen kann. Im letztgenannten Fall muss die Staats- bzw. Gerichtskasse die Vertretungskosten übernehmen[209]. 102

---

[205] BGr, 6.2.2009, 5D_175/2008, E. 4 und 5.5; BGr, 22.7.2010, 1B_94/2010, E. 6.2; zu den unterschiedlichen Ansätzen in Verfahren vor Bundesverwaltungsgericht vgl. Art. 10 Abs. 2 Satz 1 VGKE.
[206] Vgl. z.B. VGr, 5.3.2013, VB.2013.00069, E. 4.3; VGr, 9.3.2011, VB.2010.00562, E. 3.6.
[207] BGr, 5.9.2012, 1F_17/2012, E. 1; BGr, 6.6.2012, 1B_323/2012, E. 2; vgl. MEICHSSNER, Grundrecht, S. 203; im Zivilprozess Art. 122 Abs. 2 Satz 1 ZPO.
[208] Vgl. VGr, 9.3.2011, VB.2010.00562, E. 3.6; MEICHSSNER, Grundrecht, S. 204; im Zivilprozess Art. 122 Abs. 2 Satz 2 ZPO.
[209] Vgl. BGr, 11.10.2013, 5A_313/2013, E. 7.2; MAILLARD, in: Praxiskommentar VwVG, Art. 65 N. 46.

D. Unentgeltlich vertretende Person

1. Rechtliche Stellung

103 Die Person, die von der Entscheidinstanz als unentgeltliche(r) Rechtsvertreter(in) bestellt wird, steht in einem **öffentlichrechtlichen Verhältnis** zum Staat[210].

104 Vom Moment der Bestellung an werden die Kosten für die unentgeltliche Rechtsvertretung **ausschliesslich vom Staat finanziert,** soweit die Bezahlung nicht über eine (einbringliche) Parteientschädigung der Gegenpartei erfolgt (vgl. N. 101 f.). Die Entscheidinstanz hat die Entschädigung direkt der vertretenden Person (und nicht der vertretenen Person) zuzusprechen[211]. Auch eine allfällige Parteientschädigung, die an das Honorar des unentgeltlichen Rechtsbeistands angerechnet wird, muss diesem (und nicht der vertretenen Person) zugesprochen werden (vgl. § 17 N. 45). Die unentgeltlich vertretene Person darf von ihrem Vertreter nicht belangt werden. Der Rechtsbeistand darf von der Person, die er unentgeltlich vertritt, weder einen Kostenvorschuss verlangen noch Aufwand in Rechnung stellen, den die staatliche Entschädigung nicht deckt[212]. Erachtet die unentgeltlich vertretende Person die ihr zugesprochene Entschädigung als zu tief, so hat sie sich auf dem Rechtsmittelweg gegen die Behörde zur Wehr zu setzen, die die Entschädigung festgesetzt hat (vgl. N. 111).

105 In der Praxis übernehmen praktisch nur patentierte, im Register eingetragene **Rechtsanwältinnen und Rechtsanwälte** unentgeltliche Vertretungen. Diese sind zur Übernahme solcher Mandate gesetzlich verpflichtet (Art. 12 lit. g BGFA) und bieten am ehesten Gewähr für eine wirksame Interessenwahrung, zumal sie den Berufspflichten gemäss Art. 12 BGFA unterliegen. Wählt die Entscheidinstanz den unentgeltlichen Rechtsbeistand aus, so hat sie deshalb stets eine Person zu bestellen, die im Anwaltsregister eingetragen ist. Mandatiert die vertretene Person ihren Rechtsbeistand hingegen selber, so darf deren Bestellung als unentgeltliche Rechtsvertretung nicht einzig deshalb verweigert werden, weil es sich nicht um einen registrierten Anwalt handelt: Angesichts des fehlenden Anwaltsmonopols im Bereich des kantonalen Verwaltungs(prozess)rechts ist – anders als im Verfahren vor Bundesgericht (Art. 64 Abs. 2 Satz 1 BGG)[213] – auch die unentgeltliche Vertretung durch eine nicht-anwaltliche, hinreichend rechtskundige Person zulässig, soweit diese eine effektive Interessenwahrnehmung zu gewährleisten vermag[214]. Ob dies der Fall ist, muss in erster Linie anhand der Qualität der Eingaben geprüft werden. Zu bejahen sein dürfte dies in der Regel beispielsweise bei patentierten Sachwalterinnen und Sachwaltern sowie Rechtsagentinnen und Rechtsagenten im Sinn von Art. 68 Abs. 2 lit. b ZPO.

---

[210] BGE 138 II 506, E. 1; 132 V 200, E. 5.1.4; RHINOW/KOLLER/KISS/THURNHERR/BRÜHL-MOSER, Öffentliches Prozessrecht, N. 374.
[211] BGr, 3.4.2012, 6B_774/2011, E. 5; MAILLARD, in: Praxiskommentar VwVG, Art. 65 N. 44.
[212] RB 2004 Nr. 2, E. 1.2.1; VGr, 30.11.2011, VB.2011.00253, E. 1.3; KAYSER, in: Kommentar VwVG, Art. 65 N. 39.
[213] Vgl. BGr, 13.5.2013, 2C_1132/2012, E. 5.3; BGr, 22.10.2012, 2C_769/2012, E. 4.3.
[214] Vgl. Prot. KK 1995/96, S. 237; siehe z.B. VGr, 23.8.2012, VB.2012.00284, E. 5.4; VGr, 18.4.2012, VB.2012.00082, E. 9.4.7; so auch BGr, 28.2.2013, 2C_189/2013, E. 2.3; kritisch MEICHSSNER, Grundrecht, S. 187 f.

Der unentgeltliche Rechtsbeistand wird normalerweise nicht durch die Entscheidbehörde, sondern **durch die vertretene Person ausgewählt**. In der Regel schlägt die gesuchstellende Person ihre bereits privat mandatierte Vertretung als unentgeltlichen Rechtsbeistand vor; dieser Vorschlag wird von der Entscheidinstanz üblicherweise akzeptiert. Damit wird sichergestellt, dass die Partei durch eine Person ihres Vertrauens vertreten wird[215]. Die Entscheidinstanz ist indessen nicht dazu verpflichtet, die vom Gesuchsteller bzw. der Gesuchstellerin vorgeschlagene Person als unentgeltliche Rechtsvertretung einzusetzen, denn es besteht *keine freie Wahl* der vertretenden Person[216]. Ebensowenig ist die Entscheidinstanz in der Regel dazu verpflichtet, selber nach einer Rechtsvertretung für die gesuchstellende Person zu suchen. Eine entsprechende Pflicht besteht nur dann, wenn die gesuchstellende Person offensichtlich nicht in der Lage ist, selber eine Vertreterin oder einen Vertreter zu bestimmen (vgl. N. 114)[217].

106

Die unentgeltlich verbeiständete Person hat **keinen Anspruch auf Anwaltswechsel** – es sei denn, dass das Vertrauensverhältnis zwischen der Rechtsvertretung und der vertretenen Person erheblich gestört ist[218], etwa weil der Vertreter die Berufspflichten oder die Parteiinteressen offensichtlich verletzt hat[219].

107

2. Honorar

Die Entscheidinstanz fordert die als unentgeltliche Rechtsvertretung bestellte Person in der Regel im Rahmen des Endentscheids dazu auf, innert einer bestimmten Frist eine **Kostennote** einzureichen, die eine detaillierte Zusammenstellung des Zeitaufwands und der Barauslagen enthält[220] und in der gegebenenfalls die Mehrwertsteuer separat ausgewiesen wird. Die Kostennote dient als Grundlage für die Bemessung des notwendigen Vertretungsaufwands (vgl. N. 88 ff.). Wird sie nicht rechtzeitig eingereicht, so setzt die Entscheidinstanz die Entschädigung von Amtes wegen und nach Ermessen fest[221]. In diesem Fall wird regelmässig ein Pauschalbetrag zugesprochen, so dass die Mehrwertsteuer nicht noch zusätzlich zu vergüten ist.

108

Über die Höhe der Entschädigung, die der unentgeltlichen Rechtsvertretung zugesprochen wird, entscheidet die zuständige Behörde entweder im Rahmen des Endentscheids in der Sache oder aber im Rahmen eines später folgenden separaten (prozessualen) **Endentscheids**[222]. Die Festsetzung der Honorarhöhe ist ein Rechtsprechungsakt und bildet Teil des Entscheids[223], weshalb der Entscheidspruchkörper darüber zu befinden hat.

109

---

[215] VGr, 18.4.2012, VB.2012.00082, E. 9.4.6; vgl. STEINMANN, in: St. Galler Kommentar BV, Art. 29 N. 41.
[216] BGE 139 IV 113, E. 1.1; HÄFELIN/HALLER/KELLER, Bundesstaatsrecht, N. 844; zu Ausnahmen vgl. BGr, 26.8.2013, 2C_79/2013, E. 2.2.1.
[217] VGr, 18.4.2012, VB.2012.00082, E. 9.4.6.
[218] MEICHSSNER, Grundrecht, S. 194; vgl. auch Art. 134 Abs. 2 StPO.
[219] Vgl. BGE 131 I 350, E. 4.1; KLEY-STRULLER, Unentgeltliche Rechtspflege, S. 185; STEINMANN, in: St. Galler Kommentar BV, Art. 29 N. 41.
[220] Vgl. den vor Verwaltungs-, Bau- und Steuerrekursgericht anwendbaren § 9 Abs. 2 Satz 1 GebV VGr, dessen Heranziehung als Richtlinie auch im Verfahren vor anderen Instanzen sachgerecht erscheint.
[221] Vgl. den vor Verwaltungs-, Bau- und Steuerrekursgericht anwendbaren § 9 Abs. 2 Satz 2 GebV VGr, dessen Heranziehung als Richtlinie auch im Verfahren vor anderen Instanzen sachgerecht erscheint.
[222] RB 2004 Nr. 2, E. 1.2.2.
[223] Vgl. VGr, 21.11.2013, VB.2013.00545, E. 2.7.

§ 16

110 Der Entscheid über die Höhe des anwaltlichen Honorars muss in der Regel nicht begründet werden, wenn ein Tarif oder eine gesetzliche Regelung der Ober- und Untergrenze der Entschädigung besteht, das Gericht diesen Tarif beziehungsweise diese Bandbreite einhält und vom Vertreter der Partei keine aussergewöhnlichen Umstände vorgebracht werden. Eine **Begründungspflicht** besteht hingegen dann, wenn die Entschädigung abweichend von der (rechtzeitig eingereichten) Kostennote auf einen bestimmten Betrag festsetzt wird[224]. Akzeptiert die Entscheidinstanz einzelne Posten der Kostennote, setzt aber andere herab, so hat sie zu jeder Reduktion zumindest kurz auszuführen, aus welchem Grund die Aufwendungen als unnötig betrachtet werden[225].

111 Zur Anfechtung des Entscheids über die Höhe der Entschädigung **legitimiert** ist die Person, die als unentgeltliche Rechtsvertreterin bzw. als unentgeltlicher Rechtsvertreter bestellt worden ist. Die Person, die unentgeltlich verbeiständet wird, ist nach der hier vertretenen Auffassung[226] insofern zur Anfechtung legitimiert, als sie ein schutzwürdiges Interesse an der Reduktion des Entschädigungsbetrags hat, zu dessen Nachzahlung sie gemäss § 16 Abs. 4 während zehn Jahren verpflichtet ist[227]. Nicht zur Anfechtung der Honorarhöhe legitimiert sind die übrigen Verfahrensbeteiligten, etwa Gegenparteien; kommt es zu einem Honoraranfechtungsprozess, so haben diese keine Parteistellung (vgl. N. 73). Ebensowenig anfechtungsberechtigt ist schliesslich das Gemeinwesen, das von einer oberen Instanz zur Finanzierung einer unentgeltlichen Rechtsvertretung verpflichtet wird[228].

112 Entscheide über die Höhe der Entschädigung der unentgeltlichen Rechtsvertretung galten gemäss der früheren Rechtsprechung des Verwaltungsgerichts als von der Entscheidbehörde erstinstanzlich festgelegte *Justizverwaltungsakte*[229]. **Zuständige Anfechtungsinstanz** war entsprechend jene Behörde, bei der erstinstanzliche Justizverwaltungsakte angefochten werden können[230]. Nach der neueren Rechtsprechung gehört die Festsetzung des Honorars der unentgeltlichen Rechtsvertretung hingegen zum primären Aufgabenbereich der Justiz und ist als *Rechtsprechungsakt* zu qualifizieren. Nach dem Grundsatz der Einheit des Verfahrens muss die Entschädigungshöhe deshalb bei jener Instanz angefochten werden, bei der auch der Endentscheid in der Sache anfechtbar ist[231].

E. Verfahrensfragen

1. Erfordernis eines Antrags

113 Praxisgemäss (ohne explizite Erwähnung in § 16 Abs. 2) setzt die Gewährung der unentgeltlichen Rechtsverbeiständung in der Regel ein entsprechendes **Begehren** voraus. Wird einzig um unentgeltliche *Prozessführung* ersucht und weder explizit noch implizit unent-

---

[224] BGE 139 V 495, E. 5.1; vgl. BGr, 20.4.2011, 5D_4/2011, E. 4.2.2; VGr, 3.2.2006, URB.2005.00001, E. 2.2; MEICHSSNER, Grundrecht, S. 206.
[225] BGr, 14.6.2013, 5D_178/2012, E. 2.3.3.
[226] Zur gegenteiligen Auffassung vgl. RB 2004 Nr. 2, E. 1.2.1; BGr, 28.2.2013, 2C_189/2013, E. 2.2.
[227] MEICHSSNER, Grundrecht, S. 202; vgl. BGr, 9.1.2009, 5A_595/2008, E. 2.1; VGr, 30.11.2011, VB.2011.00253, E. 1.3.
[228] BGE 138 II 506, E. 2.1.3; BGr, 23.3.2012, 5A_784/2011, E. 1.2.1.
[229] Zum Begriff des Justizverwaltungsakts vgl. VGr, 21.11.2013, VB.2013.00545, E. 2.6; siehe auch § 42 N. 17.
[230] Vgl. VGr, 21.11.2013, VB.2013.00545, E. 2.3.
[231] VGr, 21.11.2013, VB.2013.00545, E. 2.7.

geltliche Verbeiständung beantragt, so ist davon auszugehen, dass die gesuchstellende Person einzig den Erlass der Verfahrenskosten begehrt.

Ausnahmsweise – bei **Unvermögen einer Partei** – kann es die Fürsorgepflicht der Entscheidbehörde gebieten, eine unentgeltliche Verbeiständung von Amtes wegen anzuordnen[232]. Ist eine Partei offensichtlich nicht im Stande, den Prozess selber zu führen bzw. eine Vertretung zu bestellen, so bestellt ihr die Entscheidinstanz gestützt auf § 16 Abs. 2 eine Vertretung[233]. Die Entscheidbehörde kann in solchen Fällen überdies die Erwachsenen- und Kindesschutzbehörde benachrichtigen, wenn sie Schutzmassnahmen für geboten hält (vgl. Art. 69 Abs. 2 ZPO).

114

2. Gesuchseinreichung

Grundsätzlich kann ein Gesuch um unentgeltliche Rechtsverbeiständung **jederzeit während der Hängigkeit des Verfahrens** gestellt werden[234]. Die Entschädigung umfasst allerdings in der Regel lediglich die ab dem Moment der Gesuchseinreichung entstehenden Vertretungskosten (vgl. N. 94 ff.), so dass eine möglichst frühzeitige Gesuchseinreichung von Vorteil ist[235].

115

Stellt eine rechtskundige oder zum Zeitpunkt der Gesuchseinreichung **rechtskundig vertretene Partei** im Rechtsmittelverfahren ein Gesuch um unentgeltliche Verbeiständung, so entbindet sie dies – auch im Fall einer sehr kurzfristigen Mandatierung der Rechtsvertretung – nicht von der Pflicht, innert der Rechtsmittelfrist eine materiell hinreichend begründete Rechtsmittelschrift einzureichen[236]. Wenn die zeitlichen Verhältnisse es zulassen, hat die Entscheidinstanz die betreffende Partei indessen auf ihre Pflicht hinzuweisen, innert Rechtsmittelfrist ein materiell hinreichend begründetes Rechtsmittel einzureichen.

116

Stellt eine nicht rechtskundige und zum Zeitpunkt der Gesuchseinreichung **nicht rechtskundig vertretene Partei** im Rechtsmittelverfahren ein Gesuch um unentgeltliche Verbeiständung, ohne ein materiell genügend begründetes Rechtsmittel in der Sache einzureichen, so muss die Entscheidinstanz in der Regel vorab im Rahmen eines Zwischenentscheids über das Gesuch entscheiden und hernach eine Frist zur Einreichung eines materiell vollständig begründeten Rechtsmittels ansetzen. Im Rechtsmittelverfahren kann dieses Vorgehen zu einer faktischen Verlängerung der Rechtsmittelfrist führen, was angesichts des verfassungsmässigen Anspruchs auf Verbeiständung grundsätzlich hinzunehmen ist (vgl. allerdings § 23 N. 14). Bestehen indessen Hinweise darauf, dass das Gesuch um unentgeltliche Rechtsverbeiständung einzig deshalb eingereicht wurde, um die Rechtsmittelfrist faktisch hinauszuzögern, so kann die Behörde auf den Erlass einer Zwischenverfügung verzichten und die gesuchstellende Partei stattdessen auf ihre Pflicht hinweisen, innert der Rechtsmittelfrist ein materiell vollständig begründetes Rechtsmittel

117

---

[232] BGr, 14.10.2010, 2C_341/2010, E. 3.2.3; MAILLARD, in: Praxiskommentar VwVG, Art. 65 N. 9.
[233] Vgl. VGr, 18.4.2012, VB.2012.00082, E. 9.4.3; VGr, 27.1.2011, VB.2010.00606, E. 3.2.
[234] Vgl. KLEY-STRULLER, Unentgeltliche Rechtspflege, S. 185.
[235] KAYSER, in: Kommentar VwVG, Art. 65 N. 11; MEICHSSNER, Grundrecht, S. 169; RHINOW/KOLLER/KISS/THURNHERR/BRÜHL-MOSER, Öffentliches Prozessrecht, N. 389.
[236] VGr, 18.4.2012, VB.2012.00082, E. 9.4.5; BGr, 20.4.2011, 2D_3/2011, E. 2.3 und 2.4; vgl. § 23 N. 13.

§ 16

einzureichen. Dieses Vorgehen rechtfertigt sich beispielsweise dann, wenn kurz vor Ablauf der Rechtsmittelfrist ein Gesuch um unentgeltliche Verbeiständung eingereicht wird und sich aus den Umständen ergibt, dass die gesuchstellende Person ohne weiteres in der Lage ist, ihre Rechte im Verfahren selber zu wahren. Gleiches gilt für den Fall, dass am letzten Fristtag ein Gesuch um unentgeltliche Rechtsvertretung eingereicht wird, ohne dass Rechtsbegehren in der Sache selbst gestellt werden[237].

3. Entscheid über das Gesuch

118 Falls zum Zeitpunkt der Gesuchseinreichung weitere Verfahrenshandlungen der – bereits mandatierten oder noch nicht mandatierten – Rechtsvertretung zu erwarten sind, die in erheblichem Mass Kosten verursachen (etwa die Durchführung eines zweiten Schriftenwechsels), muss das Gesuch umgehend im Rahmen eines **Zwischenentscheids** beurteilt werden, damit Klient und Rechtsvertreter sich über das finanzielle Verfahrensrisiko Klarheit verschaffen können[238].

119 Falls im Zeitpunkt der Gesuchseinreichung keine weiteren Prozesshandlungen der – bereits mandatierten oder noch nicht mandatierten – Rechtsvertretung zu erwarten sind, die in erheblichem Mass Kosten verursachen, ist das Gesuch im Rahmen des **Endentscheids** zu beurteilen, da neben dem allenfalls bereits entstandenen Aufwand nicht mit weiteren Vertretungskosten zu rechnen ist. Die gesuchstellende Partei hat in diesem Fall kein schutzwürdiges Interesse, die Beurteilung im Rahmen eines Zwischenentscheids zu verlangen[239].

120 Für das Verfahren betreffend das Gesuch selbst sind – ausser in missbräuchlichen Fällen – **keine Verfahrenskosten** zu erheben (vgl. N. 70).

121 Wird das Verfahren **gegenstandslos** und wurde das Gesuch vor Eintritt der Gegenstandslosigkeit bewilligt, so entschädigt die Entscheidinstanz die Vertretung mit den bis zu diesem Zeitpunkt angefallenen erforderlichen Vertretungskosten. Zur unentgeltlichen Rechtspflege bei gegenstandslos gewordenen Verfahren vgl. im Übrigen N. 68.

4. Anfechtung

122 Die Nichtgewährung der unentgeltlichen Rechtsverbeiständung kann durch die gesuchstellende Partei bei der in der **Hauptsache zuständigen Instanz** angefochten werden. Heisst die Anfechtungsinstanz das Rechtsmittel gut, so weist sie die Angelegenheit in der Regel zur Festsetzung der Höhe der Entschädigung (gegebenenfalls nach Abschluss des Verfahrens) an die Vorinstanz zurück[240].

123 Die Gesuchsabweisung ist auch dann anfechtbar, wenn sie im Rahmen eines **Zwischenentscheids** erfolgt: Die Verweigerung der unentgeltlichen Rechtsverbeiständung kann einen nicht wiedergutzumachenden Nachteil bewirken, da der Betroffene, der sich we-

---

[237] BGr, 13.6.2013, 5A_365/2013, E. 2.2.
[238] BGr, 4.7.2012, 8C_911/2011, E. 6.1; BGr, 20.4.2011, 2D_3/2011, E. 2.4; VGr, 18.4.2012, VB.2012.00082, E. 9.4.5.
[239] BGr, 20.4.2011, 2D_3/2011, E. 2.4; BGr, 11.4.2011, 4A_20/2011, E. 7.2.2; VGr, 18.4.2012, VB.2012.00082, E. 9.4.5.
[240] Vgl. RB 2001 Nr. 6, E. 2g (VB.2001.00067).

gen seiner Bedürftigkeit keine professionelle Vertretung leisten kann, bei der prozessualen Durchsetzung seiner Rechte benachteiligt ist[241]. Dies gilt jedenfalls dann, wenn die Aufgabe der Rechtsvertretung mit dem Verfassen und Einreichen der erfolgten Eingaben nicht abgeschlossen ist, sondern im weiteren Verfahrensverlauf zusätzliche Interventionen notwendig oder zumindest angezeigt sind[242].

IV. Juristische Personen (Abs. 3)

Gemäss dem dritten Absatz von § 16, der in der VRG-Revision von 1997 in das Gesetz eingefügt wurde, sind juristische Personen zur unentgeltlichen Rechtspflege **nicht berechtigt**. Zum Kreis der Anspruchsberechtigten gehören grundsätzlich nur *natürliche* Personen (vgl. N. 10 f.). 124

Auch aus dem **Verfassungsrecht** (Art. 29 Abs. 3 BV) ergibt sich grundsätzlich kein Anspruch juristischer Personen auf unentgeltliche Rechtspflege. Gemäss der Rechtsprechung können juristische Personen nicht arm oder bedürftig sein, sondern bloss zahlungsunfähig oder überschuldet; in diesem Fall haben sie die gebotenen gesellschafts- und konkursrechtlichen Konsequenzen zu ziehen[243]. 125

Ganz **ausnahmsweise** kann immerhin auch eine juristische Person gestützt auf Art. 29 Abs. 3 BV Anspruch auf unentgeltliche Rechtspflege und Verbeiständung haben, nämlich wenn ihr einziges Aktivum im Streit liegt und neben ihr auch die wirtschaftlich Beteiligten mittellos sind. Der Begriff der «wirtschaftlich Beteiligten» ist in diesem Zusammenhang weit zu verstehen; er umfasst neben den Gesellschaftern auch die Organe der juristischen Person sowie gegebenenfalls interessierte Gläubiger[244]. Nicht massgebend ist, ob sich der Sitz der juristischen Person in der Schweiz oder im Ausland befindet[245]. 126

V. Nachzahlungspflicht (Abs. 4)

§ 16 Abs. 4 Satz 1 statuiert den – auch in zahlreichen anderen Verfahrensgesetzen enthaltenen[246] – Grundsatz, dass eine Partei, der die unentgeltliche Rechtspflege gewährt wurde, zur Nachzahlung verpflichtet ist, sobald sie dazu in der Lage ist. Die Gewährung der unentgeltlichen Prozessführung oder Verbeiständung führt also – einstweilen – nur zu einer **Stundung** der Verfahrens- bzw. Vertretungskosten und (noch) nicht zu einem endgültigen Kostenerlass. Weder Verfassungs- noch Konventionsrecht verpflichten das Gemeinwesen dazu, endgültig auf die Rückzahlung von Kosten zu verzichten, die im Rahmen der unentgeltlichen Rechtspflege erlassen wurden[247]. Einzig spezialgesetzliche 127

---

[241] BGr, 3.6.2013, 4A_151/2013, E. 4.2; BGr, 7.2.2013, 1C_378/2012, E. 1; BGr, 18.9.2012, 2C_536/2012, E. 1.1.
[242] BGr, 20.12.2012, 2C_1102/2012, E. 1.
[243] BGr, 19.4.2013, 5A_446/2009, E. 3.2; BGE 131 II 306, E. 5.2.1; vgl. Meichssner, Grundrecht, S. 45.
[244] BGr, 19.4.2013, 5A_446/2009, E. 3.2, 5.1 und 5.2; BGE 131 II 306, E. 5.2.2.
[245] BGr, 19.4.2013, 5A_446/2009, E. 4.2.1 und 4.2.2.
[246] Art. 123 ZPO; Art. 64 Abs. 4 BGG; Art. 65 Abs. 4 VwVG; vgl. auch Art. 135 Abs. 4 und 5 StPO.
[247] BGE 135 I 91, E. 2.4.2.3 und 2.4.2.4.5 (Pra 2009 Nr. 73); Kley-Struller, Unentgeltliche Rechtspflege, S. 184.

Bestimmungen (z.B. Art. 30 Abs. 3 OHG) können einer Rückzahlungsforderung entgegenstehen.

128 Nach § 16 Abs. 4 Satz 2 **verjährt** der Anspruch des Kantons zehn Jahre nach Abschluss des Verfahrens. Der Kostenerlass wird somit *endgültig*, wenn die betreffende Partei innert zehn Jahren nach Zustellung des verfahrensabschliessenden Entscheids nicht in die Lage gerät, die geschuldeten Kosten nachzuzahlen. In der Praxis stellt die Verjährung der Forderung den Regelfall dar[248].

129 § 16 Abs. 4 wurde im Rahmen der **VRG-Revision von 2010** in das Gesetz eingefügt. Zur Begründung wurde insbesondere auf die – im Wortlaut identische – zivilprozessuale Nachzahlungsregelung gemäss Art. 123 ZPO verwiesen: Mit der Übernahme dieser Regelung im Verwaltungsrecht könne die zum Teil schon bestehende gemeinsame Bewirtschaftung der Forderungen nach einheitlichen Rechtsgrundsätzen weitergeführt werden[249].

130 Wird einer Partei die unentgeltliche Rechtspflege gewährt, so ist sowohl in den **Erwägungen**[250] als auch im **Dispositiv**[251] des Entscheids festzuhalten, dass die Verfahrens- bzw. Vertretungskosten einstweilen durch die Kasse der Entscheidinstanz übernommen werden, von der betroffenen Partei aber gemäss § 16 Abs. 4 zurückbezahlt werden müssen, wenn diese im Verlauf der nächsten zehn Jahre dazu in der Lage ist.

131 Die Entscheidinstanz bzw. die Inkassostelle, an welche die Nachzahlungsforderung allenfalls abgetreten wird, **prüft während zehn Jahren** nach Verfahrensabschluss regelmässig, ob die Partei, der die unentgeltliche Rechtspflege bewilligt wurde, zur Nachzahlung verpflichtet werden kann[252]. Sobald die wirtschaftlichen Verhältnisse eine Nachzahlung zulassen, d.h. sobald die Partei, der die unentgeltliche Rechtspflege gewährt wurde, nicht mehr mittellos im Sinn von § 16 Abs. 1 ist (vgl. N. 18 ff.), kann die zuständige Inkassostelle den vorläufig gestundeten Betrag zurückfordern.

132 Die Entscheidinstanz ordnet die Nachzahlung im Rahmen einer **anfechtbaren Verfügung** an. Ergreift die betroffene Partei dagegen ein Rechtsmittel, das gutgeheissen wird, so ist das betroffene Gemeinwesen nicht dazu legitimiert, diesen Entscheid anzufechten[253].

---

[248] Vgl. MEICHSSNER, Grundrecht, S. 162.
[249] Weisung 2009, S. 955.
[250] Vgl. z.B. BGE 134 I 166, E. 3.
[251] Vgl. MAILLARD, in: Praxiskommentar VwVG, Art. 65 N. 50; siehe z.B. VGr, 9.3.2011, VB.2010.00562, Disp.-Ziff. 3.
[252] Vgl. § 7 Abs. 1 der Verordnung des Obergerichts über das Rechnungswesen der Bezirksgerichte und des Obergerichts sowie über das zentrale Inkasso vom 9. April 2003 (LS 211.14).
[253] BGE 138 II 506, E. 2.4.

e. Parteientschädigung

§ 17

¹ Im Verfahren vor den Verwaltungsbehörden werden keine Parteientschädigungen zugesprochen.

² Im Rekursverfahren und im Verfahren vor Verwaltungsgericht kann indessen die unterliegende Partei oder Amtsstelle zu einer angemessenen Entschädigung für die Umtriebe ihres Gegners verpflichtet werden, namentlich wenn
  a. die rechtsgenügende Darlegung komplizierter Sachverhalte und schwieriger Rechtsfragen besonderen Aufwand erforderte oder den Beizug eines Rechtsbeistandes rechtfertigte, oder
  b. ihre Rechtsbegehren oder die angefochtene Anordnung offensichtlich unbegründet waren.

³ Stehen sich im Verfahren private Parteien mit gegensätzlichen Begehren gegenüber, wird die Entschädigung in der Regel der unterliegenden Partei auferlegt.

Materialien
Weisung 1957, S. 1036; Prot. KK 20.12.1957, 23.9.1958; Prot. KR 1955–1959, S. 3271; Beleuchtender Bericht 1959, S. 401; Prot. KR 1983–1987, S. 5330 ff., 12359 ff., 12684 f.; Bericht 1986, S. 1656 ff.

Literatur
BERNET, Parteientschädigung; GADOLA, Beschwerdeverfahren, S. 467 ff.; GEISER THOMAS, in: Basler Kommentar BGG, Art. 68; GYGI, Bundesverwaltungsrechtspflege, S. 330; MERKLI/AESCHLIMANN/HERZOG, Kommentar VRPG, Art. 104 N. 1 ff., Art. 108 N. 12, Art. 110 N. 1 ff.; RHINOW/KOLLER/KISS/THURNHERR/BRÜHL-MOSER, Öffentliches Prozessrecht, N. 354, 1698 ff. und 2068 ff. RÜEGG VIKTOR, in: Basler Kommentar ZPO, Art. 95.

Inhaltsübersicht

I.	Einleitung	1–7
II.	Verfahren vor Verwaltungsbehörden (Abs. 1)	8–12
III.	Verfahren vor Rekursinstanzen und Verwaltungsgericht (Abs. 2)	13–92
	A. Allgemeines	13–33
	1. Normzweck	13
	2. Bedingter Anspruch	14–15
	3. Erfordernis eines Antrags	16–18
	4. Unterliegerprinzip (Regel)	19–24
	5. Verursacherprinzip und Billigkeit (Ausnahmen)	25–28
	6. Einzelne Verfahrenserledigungen	29–33
	B. Entschädigungstatbestände	34–62
	1. Beizug einer externen Vertretung oder besonderer Aufwand (lit. a)	34–57
	a) Grundlagen	34–38
	b) Externe Vertretung	39–46
	c) Besonderer Aufwand	47–49
	d) Gemeinwesen	50–57
	2. Offensichtliche Unbegründetheit (lit. b)	58–62
	C. Höhe der Parteientschädigung	63–85
	1. Einleitung	63–66
	2. Notwendige Kosten	67–75
	3. Nicht notwendige Kosten	76–79

	4. Selbstübernahme eines Teils der Parteikosten	80–83
	5. Verbandsbeschwerderecht und bedrängte finanzielle Verhältnisse	84–85
	D. Verfahrensfragen	86–92
IV.	Verfahren mit einander gegenüberstehenden privaten Parteien (Abs. 3)	93–100

I. Einleitung

1   § 17 regelt die Zusprechung der **Parteientschädigung** (Marginalie), auch «Prozessentschädigung» oder «Umtriebsentschädigung» genannt. Die Bestimmung statuiert die Voraussetzungen, unter denen eine verfahrensbeteiligte Person oder Behörde Kosten zu übernehmen hat, die einer anderen verfahrensbeteiligten Person oder Behörde aufgrund des Verfahrens entstanden sind, und sie regelt, in welchem Umfang diese Kosten ersetzt werden müssen. Die drei Absätze von § 17 betreffen drei Verfahrenskonstellationen: Verfahren vor den Verwaltungsbehörden (Abs. 1), Rekursverfahren und Verfahren vor Verwaltungsgericht (Abs. 2) sowie Rechtsmittelverfahren, in denen sich private Parteien mit gegensätzlichen Begehren gegenüberstehen (Abs. 3). Keine Regelung enthält § 17 in Bezug auf das auftragsrechtliche Verhältnis zwischen Verfahrensbeteiligten und ihren Rechtsvertretern.

2   Der **Geltungsbereich** von § 17 Abs. 1 umfasst (nichtstreitige) Verfahren vor den Verwaltungsbehörden, während die Absätze 2 und 3 Rekursverfahren und Verfahren vor dem Verwaltungsgericht betreffen. § 17 Abs. 2 verweist als einzige Norm des zweiten Gesetzesabschnitts (§§ 4–31) auf seine Anwendbarkeit im Verfahren vor Verwaltungsgericht (§§ 32–86); soweit die übrigen Bestimmungen des zweiten Gesetzesabschnitts im Verfahren vor Verwaltungsgericht anwendbar sind, ergibt sich dies aufgrund von *Rück*verweisungsnormen im dritten Gesetzesabschnitt (vgl. Vorbem. zu §§ 4–31 N. 9). Im Bereich des *Steuerrechts* ist § 17 gemäss § 152 StG sinngemäss anwendbar; § 17 ist die einzige Bestimmung des VRG, die im Steuerrecht unmittelbar (kraft Gesetzesverweisung) zur Anwendung kommt (vgl. § 73 N. 10). Soweit spezialgesetzliche Entschädigungsbestimmungen existieren[1], gehen diese § 17 vor.

3   Der *erste Absatz* von § 17 entspricht der **ursprünglichen Fassung** der anfänglich zwei Absätze umfassenden Bestimmung. Der *zweite Absatz* hatte in der Fassung von 1959 vorgesehen, dass die unterliegende Partei oder Amtsstelle einzig dann zu einer Entschädigung für die Umtriebe ihres Gegners verpflichtet werden kann, wenn ihre Rechtsbegehren oder die angefochtene Anordnung offensichtlich unbegründet waren[2]. In der Praxis wurde diese Bestimmung restriktiv ausgelegt, so dass Parteientschädigungen nur sehr selten zugesprochen wurden und die obsiegende Partei ihre Parteikosten regelmässig selber zu tragen hatte[3]. Dies wurde mehr und mehr als ungerecht empfunden, zumal die Komplexität der Verwaltungsprozesse anstieg und den Beizug einer Vertreterin oder

---

[1] Vgl. z.B. § 27 der Wildschadenverordnung vom 24. November 1999 (LS 922.5); § 14 der Verordnung des Obergerichts über die Gebühren, Kosten und Entschädigungen gemäss Anwaltsgesetz (LS 215.12); Art. 61 lit. g ATSG; §§ 6 f. GebV SVGer.
[2] Vgl. OS 40, 546; Beleuchtender Bericht 1959, S. 401.
[3] Vgl. BGE 107 Ia 202, E. 3; Bericht 1986, S. 1656 f. und 1660; BERNET, Parteientschädigung, S. 11.

eines Vertreters immer häufiger erforderlich machte[4]. Deshalb änderte der Kantonsrat § 17 Abs. 2 im Jahr 1986 und ergänzte den Entschädigungstatbestand gemäss lit. a. Der andere, bereits zuvor bestehende Entschädigungsgrund (offensichtliche Unbegründetheit) ist seither in lit. b enthalten. Die Gesetzesänderung wurde in der Volksabstimmung vom 6. September 1987 angenommen und am 1. Januar 1988 in Kraft gesetzt. Im Rahmen der gleichen Gesetzesrevision wurde § 17 um einen *dritten Absatz* ergänzt. Dies wurde damit begründet, dass es bisweilen zu ungerechten Parteikostenverteilungen gekommen war, wenn sich private Parteien mit gegensätzlichen Begehren gegenüberstanden[5]. In den Gesetzesrevisionen von 1997 und 2010 blieb § 17 unverändert.

Die Parteientschädigungsregeln gemäss § 17 sind von den Bestimmungen über die **Verfahrenskosten** (§ 13) abzugrenzen. Während § 13 regelt, wer welche Kosten der *Entscheidinstanz* übernehmen muss, statuiert § 17, wer für welche Kosten der *Verfahrensbeteiligten* aufzukommen hat. Die Voraussetzungen für die Anwendung der §§ 13 und 17 sind unterschiedlich und müssen jeweils separat geprüft werden. Eine Parteientschädigung kann insbesondere auch dann zugesprochen bzw. auferlegt werden, wenn es sich um ein kostenloses Verfahren handelt[6]. 4

Die Regeln über die Parteientschädigung gemäss § 17 sind ferner von jenen über die **unentgeltliche Rechtspflege** (§ 16) abzugrenzen. Während § 17 die Voraussetzungen regelt, unter denen eine verfahrensbeteiligte Person oder Behörde die Kosten einer anderen verfahrensbeteiligten Person oder Behörde zu übernehmen hat, umschreibt § 16 die Voraussetzungen dafür, dass das Gemeinwesen für die Verfahrens- und Vertretungskosten einer Partei (einstweilen) aufkommt. Die Voraussetzungen für die Anwendung der §§ 16 und 17 sind unterschiedlich und müssen jeweils separat beurteilt werden. Der Umstand, dass der obsiegenden oder unterliegenden Partei im Rahmen von § 16 Abs. 2 die unentgeltliche Verbeiständung gewährt wird, ändert nichts daran, dass die unterliegende der obsiegenden Partei unter den Voraussetzungen von § 17 Abs. 2 eine Parteientschädigung zu entrichten hat (vgl. § 16 N. 57 und 93). 5

§ 17 regelt **abschliessend** die Entschädigungsansprüche, welche die Verfahrensbeteiligten im Verwaltungs- und Verwaltungsrechtspflegeverfahren für die von ihnen aufgewendeten Kosten geltend machen können. Es handelt sich um eine Spezialbestimmung, die anderen Haftungsnormen – insbesondere jenen der Staatshaftung – vorgeht[7]. 6

Das VRG erlaubt – im Unterschied zu anderen Verfahrensordnungen[8] – **keine Sicherstellung von Parteikosten** bzw. keine Erhebung eines Kostenvorschusses im Hinblick auf eine mögliche Pflicht zur Zahlung einer Parteientschädigung. Ein Kostenvorschuss kann gemäss § 15 einzig für gewisse Barauslagen und für die Sicherstellung der *Verfahrens*kosten erhoben werden. 7

---

[4] Vgl. Bericht 1986, S. 1657 und 1660 f.
[5] Vgl. Bericht 1986, S. 1657; Prot. KR 1983–1987, S. 5331.
[6] BGE 124 II 409, E. 12; RB 1997 Nr. 19. Kostenlos sind beispielsweise Verfahren nach § 13 Abs. 3 VRG, § 65a Abs. 3 VRG und Art. 13 Abs. 5 GlG.
[7] Vgl. BGE 112 Ib 353, E. 3a; BERNET, Parteientschädigung, S. 71; GEISER, in: Basler Kommentar BGG, Art. 68 N. 9.
[8] Z.B. Art. 62 Abs. 2 BGG; Art. 99 Abs. 1 ZPO; Art. 105 Abs. 3 VRPG BE.

II. Verfahren vor Verwaltungsbehörden (Abs. 1)

8 Gemäss § 17 Abs. 1 werden im erstinstanzlichen (nichtstreitigen) Verwaltungsverfahren – anders als im Verwaltungsrechtspflegeverfahren (§ 17 Abs. 2) – **keine Parteientschädigungen** zugesprochen. Diese Regelung entspricht jener des Bundes und zahlreicher Kantone[9].

9 Die Pflicht der Verfahrensbeteiligten, ihre Kosten selbst zu tragen, erscheint im nichtstreitigen Verwaltungsverfahren **zumutbar**: Erstinstanzliche Verfahren sind in der Regel mit relativ geringem Kostenaufwand verbunden und erfordern nur selten den Beizug einer Rechtsvertretung, zumal in diesem Verfahrensstadium – anders als in späteren Prozessphasen – die behördliche Untersuchungspflicht (§ 7 Abs. 1) im Vordergrund und die parteiliche Mitwirkungspflicht (§ 7 Abs. 2) im Hintergrund stehen. Das Verfahren betrifft zudem lediglich die gesuchstellende Person und die anordnende Behörde; es liegt (noch) kein Parteienstreit vor, in dem es darum geht, den Rechtsstandpunkt eines Prozessgegners zu bekämpfen[10].

10 Der Ausschluss einer Parteientschädigung gilt für **sämtliche erstinstanzlichen Verwaltungsverfahren**; Parteientschädigungen können somit nur im Rekursverfahren und im verwaltungsgerichtlichen Verfahren zugesprochen werden[11]. Eine Entschädigung ist insbesondere auch in folgenden Fällen ausgeschlossen: Wiedererwägung einer erstinstanzlichen Anordnung; Einsprache nach § 10a[12]; gemeinderechtliche Einsprache[13]; steuerrechtliche Einsprache[14]; Aufsichtsbeschwerde[15]; Verfahren vor der Schätzungskommission (§§ 32 ff. AbtrG); zivilstandsamtliches Beschwerdeverfahren[16].

11 Die in § 17 Abs. 1 statuierte Entschädigungslosigkeit im Verwaltungsverfahren besteht unabhängig davon, wer am Verfahren beteiligt ist. Die in § 17 Abs. 3 enthaltene Entschädigungsregelung für den Fall, dass sich **private Parteien mit gegensätzlichen Begehren** gegenüberstehen, kommt im nichtstreitigen Verwaltungsverfahren nicht zur Anwendung[17].

12 Grundsätzlich besteht von Bundesrechts wegen kein Anspruch auf Zusprechung einer Parteientschädigung, wenn eine Partei in einem kantonalen Verfahren obsiegt. Nach der bundesgerichtlichen Rechtsprechung kann aber ganz ausnahmsweise ein **verfassungsrechtlicher Anspruch auf Parteientschädigung** bestehen, nämlich dann, wenn die Abweisung des Entschädigungsbegehrens einer privaten Partei gegenüber dem Gemeinwesen in stossender Weise dem Gerechtigkeitsempfinden zuwiderliefe, so dass eine Verletzung des Willkürverbots (Art. 9 BV) vorläge[18]. Ein so begründeter Entschädi-

---

[9] Vgl. BERNET, Parteientschädigung, S. 56.
[10] Vgl. BERNET, Parteientschädigung, S. 125.
[11] RB 2007 Nr. 6, E. 2.1 (SB.2007.00017).
[12] RB 1998 Nr. 7.
[13] RB 2000 Nr. 5, E. 2 (VB.1999.00355).
[14] RB 2007 Nr. 6, E. 2.2 (SB.2007.00017); RB 1992 Nr. 31.
[15] Vgl. MAILLARD, in: Praxiskommentar VwVG, Art. 64 N. 13.
[16] RB 1998 Nr. 10 (ZZW 1998, S. 268 ff.).
[17] RB 2007 Nr. 6, E. 2.1 (SB.2007.00017).
[18] BGE 117 V 401, E. 1; BGr, 14.8.2013, 1C_432/2012, E. 3; BVGr, 6.3.2008, B-3318/2007, E. 8.2.3.

gungsanspruch wurde im erstinstanzlichen zürcherischen Verwaltungsverfahren allerdings bisher – soweit ersichtlich – noch nie bejaht.

III. Verfahren vor Rekursinstanzen und Verwaltungsgericht (Abs. 2)

A. Allgemeines

1. Normzweck

§ 17 Abs. 2 statuiert die Voraussetzungen für die Zusprechung einer Parteientschädigung im Verfahren vor Rekursinstanzen und vor Verwaltungsgericht. Die Bestimmung verfolgt **zwei Ziele**: Erstens soll ein finanzieller Ausgleich zugunsten der obsiegenden Partei geschaffen werden, wenn ihr aufgrund eines Rechtsmittelverfahrens notwendigerweise ein erheblicher Aufwand entstand (lit. a); dies kommt im Rechtsmittelverfahren nicht selten vor, zumal – im Vergleich zum erstinstanzlichen Verwaltungsverfahren – eine reduzierte behördliche Untersuchungspflicht und eine erhöhte Mitwirkungspflicht der Parteien besteht (vgl. § 7 N. 33 und 105). Zweitens zielt § 17 Abs. 2 darauf ab, einen finanziellen Anreiz zur Verhinderung offensichtlich aussichtsloser Begehren und Anordnungen zu schaffen (lit. b).

13

2. Bedingter Anspruch

Gemäss § 17 Abs. 2 «kann» die unterliegende Partei oder Amtsstelle im Rechtsmittelverfahren unter bestimmten Umständen zur Zahlung einer Parteientschädigung verpflichtet werden. Trotz der Kann-Formulierung geht die Praxis aufgrund der Entstehungsgeschichte dieser Bestimmung[19] von einem (bedingten) Anspruch auf Parteientschädigung aus: Falls die in § 17 Abs. 2 erwähnten Bedingungen erfüllt sind, kann eine Parteientschädigung **nur unter besonderen Umständen verweigert** werden[20]. Das höherrangige Recht verleiht keinen über § 17 Abs. 2 hinausgehenden Anspruch auf Zusprechung einer Parteientschädigung[21].

14

§ 17 Abs. 2 lit. a und b umschreiben **zwei unterschiedliche Entschädigungstatbestände**, die jeweils mehrere Untertatbestände umfassen (N. 34 ff.). Für die Zusprechung einer Parteientschädigung genügt, dass die Voraussetzungen nach lit. a *oder* nach lit. b (alternativ) erfüllt sind; eine kumulative Erfüllung der Voraussetzungen wird nicht verlangt. Mit dem in § 17 Abs. 2 verwendeten Begriff «namentlich» wollte der Gesetzgeber den Beispielcharakter der beiden in lit. a und b enthaltenen Entschädigungstatbestände zum Ausdruck bringen[22]. Faktisch handelt es sich indessen um eine abschliessende Aufzählung. Einzig

15

---

[19] Vgl. Prot. KR 1983–1987, S. 12361.
[20] VGr, 20.1.2012, VB.2011.00742, E. 2.1; VGr, 15.11.2010, VB.2010.00493, E. 2.3; RB 2008 Nr. 18, E. 2.3.1; vgl. BGr, 27.12.2011, 6B_720/2011, E. 2.6.
[21] Vgl. BGE 139 V 176, E. 17.3; BGr, 5.2.2009, 1C_406/2008, E. 2; BGE 117 V 401, E. 1; RB 2007 Nr. 6, E. 2.1 (SB.2007.00017); MAILLARD, in: Praxiskommentar VwVG, Art. 64 N. 1. – Zum weniger weit gehenden, auf Art. 9 BV gestützten Entschädigungsanspruch vgl. N. 12.
[22] Vgl. Prot. KR 1983–1987, S. 12361, 12365 und 12685; BGr, 27.12.2011, 6B_720/2011, E. 2.6.

im Zusammenhang mit der Anwendung des Verursacherprinzips und aus Gründen der Billigkeit kommt die Zusprechung einer Parteientschädigung in Frage, wenn weder die Voraussetzungen nach lit. a noch jene nach lit. b erfüllt sind (N. 25 ff.). Bei beiden Tatbeständen setzt ein Anspruch auf Parteientschädigung voraus, dass die verfahrensbeteiligte Person oder Behörde, die den Anspruch geltend macht, Parteistellung hat[23].

3. Erfordernis eines Antrags

16 Während die Verfahrenskosten nach § 13 von Amtes wegen zu verlegen sind (§ 13 N. 7), setzt die Zusprechung einer Parteientschädigung praxisgemäss – ohne dass dies dem Wortlaut von § 17 Abs. 2 zu entnehmen wäre – ein entsprechendes **Begehren** voraus[24]. Das Antragserfordernis wird mit dem (wenig überzeugenden) Argument begründet, dass sowohl Rekursschriften (§ 23 Abs. 1) als auch Beschwerdeschriften (§ 54 Abs. 1) einen Antrag enthalten müssen. Die Zusprechung einer Parteientschädigung erfordert somit im Verwaltungsrechtspflegeverfahren – wie im Zivilprozess[25], aber anders als nach anderen Verfahrensgesetzen[26] – ein rechtzeitiges (während des Verfahrens gestelltes) Begehren. Der Antrag darf kurz und (entgegen § 23 Abs. 1 und § 54 Abs. 1) unbegründet sein; es genügt die Formel «alles unter Entschädigungsfolgen zulasten…» oder «unter Kostenfolgen zulasten…»[27].

17 Eine **Ausnahme** vom Antragserfordernis gilt in Bezug auf Entschädigungsansprüche, die auf *Bundesrecht* beruhen: Hat eine obsiegende Partei Anspruch auf **unentgeltliche Rechtspflege** (Art. 29 Abs. 3 BV), so ist ihr auch ohne entsprechendes Gesuch eine Parteientschädigung zuzusprechen, wenn die Bedingungen gemäss § 17 Abs. 2 erfüllt sind[28].

18 Seitens der Lehre wird das praxisgemäss geltende Erfordernis eines Antrags **kritisiert** und verlangt, dass Parteientschädigungen von Amtes wegen zuzusprechen sind, wenn die Voraussetzungen gemäss § 17 Abs. 2 erfüllt sind[29]. Berücksichtigt man, dass ein bedingter Entschädigungsanspruch besteht und dass die Rechtsmittelinstanz das Recht von Amtes wegen anzuwenden hat und an die gestellten Begehren nicht gebunden ist (§ 7 Abs. 4), so erscheint es in der Tat unbillig, die Zusprechung einer Parteientschädigung davon abhängig zu machen, dass die entschädigungsberechtigte Partei die nicht begründungsbedürftige Floskel «unter Entschädigungsfolgen» verwendet.

4. Unterliegerprinzip (Regel)

19 Entschädigungspflichtig ist gemäss § 17 Abs. 2 «die unterliegende Partei oder Amtsstelle». Für die Auferlegung einer Parteientschädigung gilt somit – wie nach anderen Verfahrensgesetzen[30] – grundsätzlich das **Unterliegerprinzip,** ebenso wie für die Auferlegung der

---

[23] BERNET, Parteientschädigung, S. 127; vgl. BGr, 7.11.2012, 1C_273/2012, E. 8.3; BGE 135 II 384, E. 5.2.2; VGr, 26.10.2011, VB.2011.00515 (nicht publiziert).
[24] VGr, 20.1.2012, VB.2011.00742, E. 2.1.
[25] Art. 105 Abs. 2 ZPO; vgl. BGE 139 III 334, E. 4.3; RÜEGG, in: Basler Kommentar ZPO, Art. 95 N. 16.
[26] Art. 68 Abs. 2 BGG; Art. 64 Abs. 1 VwVG.
[27] BGr, 6.6.2013, 4A_45/2013, E. 7; BERNET, Parteientschädigung, S. 167.
[28] BGr, 3.11.2008, 8C_629/2007, E. 5.2.1; vgl. BGE 118 V 139, E. 3.
[29] Vgl. BERNET, Parteientschädigung, S. 166; GADOLA, Beschwerdeverfahren, S. 467.
[30] Art. 68 Abs. 1 BGG; Art. 64 Abs. 1 VwVG; Art. 106 Abs. 1 Satz 1 ZPO.

Verfahrenskosten (§ 13 Abs. 2). Die unterliegende Partei hat demnach in der Regel sowohl die Verfahrenskosten als auch ihre eigenen und die gegnerischen Parteikosten zu tragen (zu den Ausnahmen vgl. N. 25 ff.).

Entschädigungspflichtig können bei Anwendung des Unterliegerprinzips sämtliche **Verfahrensbeteiligten mit Parteistellung** sein, nicht aber Involvierte ohne Parteistellung. Die Entschädigungspflicht kommt sowohl für Private als auch für Behörden in Frage, die in einem Rechtsmittelverfahren als Rechtsmittelkläger, Rechtsmittelgegner oder als Mitbeteiligte (mit Parteistellung) auftreten. Auch eine unterliegende (Gegen-)Partei, die keine Begehren stellt, kann zur Bezahlung einer Parteientschädigung verpflichtet werden, wenn sich ihre Stellung als Gegenpartei aufgrund der tatsächlichen Verhältnisse ergibt[31] bzw. wenn ihr Interesse am Verfahrensausgang auf der Hand liegt[32].

20

Die Auferlegung einer Parteientschädigung nach § 17 Abs. 2 setzt ein Unterliegen der betreffenden Partei bzw. ein Obsiegen der Gegenpartei voraus. Gemäss der Rechtsprechung genügt es, wenn die Gegenpartei überwiegend obsiegt bzw. mit ihren Begehren mehrheitlich durchdringt. Die Entschädigung ist **anteilsmässig** (im Umfang des Obsiegens) zuzusprechen bzw. (im Umfang des Unterliegens) zu reduzieren[33]. Obsiegt eine Partei weniger als zur Hälfte, so wird ihr keine Parteientschädigung zugesprochen[34]. Sind mehrere einander gegenüberstehende Parteien entschädigungsberechtigt, so werden die anteilsmässigen Ansprüche auf Entschädigung gegenseitig verrechnet. Falls beide Seiten zu gleichen Teilen obsiegen, werden die Kosten demnach wettgeschlagen[35]. Eine Partei gilt grundsätzlich auch dann als obsiegend, wenn die Entscheidinstanz ihre Argumentation zwar verwirft, ihren Anträgen aber aufgrund einer Prüfung von Amtes wegen folgt[36].

21

Sind **mehrere Parteien** *entschädigungspflichtig*, so erfolgt eine anteilsmässige Aufteilung der Zahlung, entsprechend dem Unterliegen der Betroffenen. Soweit zwischen den Entschädigungspflichtigen ein solidarisches Haftungsverhältnis besteht, kann die Zahlungspflicht anteilsmässig unter solidarischer Haftung für das Ganze auferlegt werden[37]; § 14 kommt diesfalls analog zur Anwendung. Im Fall von mehreren Entschädigungs*berechtigten* haben diese einen anteiligen Ersatzanspruch[38] – jeweils im Umfang ihres notwendigen Aufwands.

22

Die Entschädigungspflicht besteht unabhängig davon, in welcher **finanziellen Situation** sich eine Partei befindet und ob sie private oder **öffentliche Interessen** verfolgt. Solche Faktoren können aber allenfalls bei der *Bemessung* der Parteientschädigung eine Rolle spielen (N. 84 f.).

23

---

[31] RB 1997 Nr. 6 (BEZ 1997 Nr. 16); vgl. BGE 123 V 159, E. 4b.
[32] BGE 128 II 90, E. 2c (in Bezug auf Art. 64 Abs. 3 VwVG).
[33] VGr, 16.11.2011, SB.2011.00018, E. 4.2; VGr, 15.11.2010, VB.2010.00493, E. 2.3; vgl. Art. 106 Abs. 2 ZPO; Art. 7 Abs. 2 VGKE; BGE 117 V 401, E. 2c.
[34] VGr, 21.9.2011, SB.2011.00037, E. 4; vgl. BERNET, Parteientschädigung, S. 134 f.
[35] VGr, 16.11.2011, SB.2011.00018, E. 7; vgl. BGr, 22.12.2010, 1C_58/2010, E. 14.3.
[36] Vgl. BGr, 9.10.2012, 4A_297/2012, E. 3.2.
[37] Vgl. z.B. RB 1996 Nr. 9; siehe Art. 106 Abs. 3 Satz 2 ZPO.
[38] Vgl. MERKLI/AESCHLIMANN/HERZOG, Kommentar VRPG, Art. 104 N. 3.

24 Einen speziellen Anwendungsfall des Unterliegerprinzips stellt § 17 Abs. 2 lit. b dar (Entschädigungspflicht im Fall von offensichtlich unbegründeten Begehren oder Entscheiden; N. 58 ff.). Eine Ausnahme vom Unterliegerprinzip stellt § 17 Abs. 3 dar: Gemeinwesen, die an der Seite einer privaten Partei unterliegen, sind grundsätzlich nicht entschädigungspflichtig (N. 93 ff.).

5. Verursacherprinzip und Billigkeit (Ausnahmen)

25 **Ausnahmsweise** werden Parteientschädigungen nicht nach dem Unterliegerprinzip gemäss § 17 Abs. 2 auferlegt, sondern nach dem Verursacherprinzip oder nach Gesichtspunkten der Billigkeit. Das VRG sieht zwar in Bezug auf die Parteientschädigung – anders als in Bezug auf die Verfahrenskosten (§ 13 Abs. 2) – keine Abweichung vom Unterliegerprinzip vor. Die Auferlegung einer Parteientschädigung nach dem Verursacherprinzip oder nach Billigkeit gilt aber im Rahmen von § 17 als zulässig[39]. Das Verursacherprinzip stellt in Bezug auf die Parteientschädigung einen allgemeinen Rechtsgrundsatz dar[40], der im VRG – anders als in anderen Verfahrensgesetzen[41] – nicht explizit erwähnt ist.

26 Bei Anwendung des Verursacherprinzips oder bei Abstellen auf Billigkeitsgesichtspunkte können **sämtliche Verfahrensbeteiligten** – unabhängig von der Parteistellung – entschädigungspflichtig sein. Eine Parteientschädigung kann beispielsweise auch einer *Vorinstanz* auferlegt werden, der Verfahrensfehler unterlaufen sind, oder einem *Rechtsvertreter*, der einer Partei unnötige Kosten verursacht hat[42].

27 Das **Verursacherprinzip** besagt, dass vermeidbare bzw. unnötigerweise entstandene Parteikosten unabhängig vom Verfahrensausgang durch jenen Verfahrensbeteiligten zu tragen sind, der sie schuldhaft verursacht hat. Das (prozessuale) Verschulden liegt im ordnungswidrigen Verhalten des die zusätzlichen Kosten verursachenden Verfahrensbeteiligten[43]. Die Anwendung des Verursacherprinzips kann folgende Konsequenzen haben:

– *Kürzung oder Verweigerung* der Parteientschädigung einer entschädigungsberechtigten Partei, soweit diese ihre eigenen Kosten unnötigerweise verursacht hat[44]. Einer entschädigungsberechtigten Behörde ist die Entschädigung zu reduzieren, wenn sie wegen nicht korrekter Verfahrensführung Kosten verursachte[45]. Keine Entschädigung ist einer obsiegenden Partei zuzusprechen, die ihre Mitwirkungspflicht verletzte und dadurch einen vermeidbaren Prozess auslöste[46]. Die einer privaten Partei auferlegte Parteientschädigung ist zu reduzieren, wenn sie nur deshalb vollständig unterlag, weil die Entscheidinstanz einen vorinstanzlichen Verfahrensfehler heilte[47].

---

[39] Vgl. RB 1989 Nr. 4.
[40] Vgl. BGr, 30.3.2012, 9C_68/2012, E. 3.1.
[41] § 8 Abs. 2 GebV VGr; Art. 68 Abs. 4 i.V.m. Art. 66 Abs. 3 BGG; Art. 108 ZPO; Art. 7 Abs. 3 VGKE.
[42] Vgl. GEISER, in: Basler Kommentar BGG, Art. 68 N. 18.
[43] BERNET, Parteientschädigung, S. 137 f. und 160.
[44] VGr, 8.9.2011, VB.2011.00465, E. 6.2; BGE 123 II 337, E. 10a; BERNET, Parteientschädigung, S. 137; vgl. § 8 Abs. 2 GebV VGr.
[45] BGE 131 II 200, E. 7.3.
[46] BGr, 14.8.2013, 1C_432/2012, E. 3.1.
[47] BGr, 7.8.2012, 1C_98/2012, E. 9.3.

- *Auferlegung* einer Parteientschädigung an die mehrheitlich obsiegende Partei, soweit ihr Verhalten bei anderen Verfahrensbeteiligten unnötige Parteikosten verursacht hat, etwa weil dadurch ein unnötiges Verfahren ausgelöst oder unnötige Prozesserweiterungen bewirkt wurden[48]. Letzteres kann beispielsweise dann der Fall sein, wenn eine Partei nachträglich neue Begehren stellt, Beweismittel verspätet vorbringt oder sich trölerisch oder bösgläubig verhält[49].

- Auferlegung einer (allenfalls reduzierten) Parteientschädigung an eine *Vorinstanz* (zulasten der Staats- oder Gerichtskasse), wenn diese ein unnötiges Verfahren oder unnötige Verfahrenskosten verursacht hat[50], beispielsweise weil sie den angefochtenen Entscheid ungenügend begründet[51] oder mit einer unzutreffenden Rechtsmittelbelehrung versehen hat[52].

- Auferlegung einer Parteientschädigung (zulasten der Staats- oder Gerichtskasse) an die *Entscheidinstanz,* die unnötige Kosten verursacht hat. Dies kann sich beispielsweise bei Gutheissung eines Revisionsbegehrens[53] oder eines Erläuterungs- oder Berichtigungsgesuchs[54] rechtfertigen.

In folgenden Fällen kann die Parteientschädigung nach **Billigkeitserwägungen** auferlegt bzw. zugesprochen werden:

- Eine unterliegende Partei, die *angesichts des vorinstanzlichen Entscheids in guten Treuen prozessierte,* hat keine oder höchstens eine reduzierte Parteientschädigung zu bezahlen[55]. Diesfalls muss die Kasse der Vorinstanz[56] oder jene der Entscheidinstanz[57] für eine allfällige Parteientschädigung an die obsiegende Partei (vollumfänglich oder teilweise) aufkommen. In guten Treuen prozessiert eine unterliegende Partei beispielsweise dann, wenn der Entscheid, den sie angefochten hat und der sie in ihren Grundrechten einschränkt, unzureichend begründet ist[58].

- Einer unterliegenden Partei, die sich angesichts des *Verhaltens der Gegenpartei* in guten Treuen zur Einreichung eines Rechtsmittels veranlasst sehen durfte, kann zulasten der obsiegenden Partei eine Parteientschädigung zugesprochen werden[59].

- *Aussergewöhnliche Umstände* können es auch bei korrekter Prozessführung rechtfertigen, einer unterliegenden privaten Partei zulasten eines obsiegenden Gemeinwesens

---

[48] Vgl. z.B. VGr, 20.7.2012, VB.2012.00180, E. 2.2.3 und 2.2.4; BGr, 7.8.2012, 2D_26/2012, E. 2.4; BGE 123 II 337, E. 10a.
[49] BERNET, Parteientschädigung, S. 138.
[50] BGr, 18.2.2013, 2D_67/2012, E. 2.2; VGr, 30.9.2009, VB.2009.00430, E. 6.2; RB 1989 Nr. 4; BERNET, Parteientschädigung, S. 137.
[51] BGr, 30.3.2012, 9C_68/2012, E. 3.1; vgl. BERNET, Parteientschädigung, S. 139 f.
[52] VGr, 19.12.2012, VB.2012.00651, E. 8.2 (nicht publiziert).
[53] Vgl. BGr, 24.9.2012, 6F_7/2012, E. 3; BGr, 7.12.2011, 1F_29/2011, E. 4.
[54] Vgl. BGr, 14.9.2012, 5G_2/2012; BGr, 29.8.2012, 1G_5/2012.
[55] Vgl. BERNET, Parteientschädigung, S. 140 f. und 160; RHINOW/KOLLER/KISS/THURNHERR/BRÜHL-MOSER, Öffentliches Prozessrecht, N. 2068; siehe Art. 107 Abs. 1 lit. b ZPO.
[56] Vgl. BVGr, 11.7.2012, B-616/2012, E. 5.
[57] Vgl. Art. 107 Abs. 2 ZPO.
[58] Vgl. BGE 133 I 234, E. 3.
[59] Vgl. z.B. BGr, 7.8.2012, 2D_26/2012, E. 2.4; GEISER, in: Basler Kommentar BGG, Art. 68 N. 14.

§ 17

eine Parteientschädigung zuzusprechen – etwa um der menschlichen Tragik eines bestimmten Falls Rechnung zu tragen[60].

6. Einzelne Verfahrenserledigungen

29 Wird ein Rechtsmittel durch **Gutheissung, Abweisung** oder **Nichteintreten** erledigt, so ist die Parteientschädigung in der Regel nach dem Unterliegerprinzip (N. 19 ff.), ausnahmsweise nach dem Verursacherprinzip oder nach Billigkeit (N. 25 ff.) aufzuerlegen. Wird das Rechtsmittel gutgeheissen, ohne die Sache an die Vorinstanz zurückzuweisen, so regelt die Entscheidinstanz die vorinstanzlichen Entschädigungsfolgen aus prozessökonomischen Gründen in der Regel selber neu[61].

30 Im Fall einer **Rückweisung** des Verfahrens an eine Vorinstanz wird nach der verwaltungsgerichtlichen Rechtsprechung in der Regel keiner Partei eine Parteientschädigung zugesprochen[62] – es sei denn, dass die Rückweisung ein überwiegendes Obsiegen einer Partei bedeutet. Nach der bundesgerichtlichen Rechtsprechung ist es zulässig, einer Partei, welche die Rückweisung im Haupt- oder Eventualstandpunkt beantragte, im Rückweisungsfall eine Parteientschädigung zuzusprechen[63]. Liegen der Rückweisung Verfahrensfehler einer Vorinstanz zugrunde – etwa die ungenügende Abklärung des Sachverhalts –, so ist die Parteientschädigung jener Behörde aufzuerlegen, die für den Fehler verantwortlich ist, und nicht den Parteien, die dafür keine Verantwortung tragen[64].

31 Bei **Gegenstandslosigkeit** eines Verfahrens berücksichtigt die Rechtsmittelbehörde in Bezug auf die Parteientschädigung, wer die Gegenstandslosigkeit bzw. das gegenstandslos gewordene Verfahren verursacht hat und welche Partei vermutlich obsiegt hätte. Insbesondere bei Versagen dieser Kriterien lässt sich aber auch nach Billigkeit vorgehen[65]. Die Behörde kann den potenziell Entschädigungsberechtigten beispielsweise eine Parteientschädigung aus der Kasse der Entscheidinstanz zusprechen[66]. Wird das Verfahren gegenstandslos, weil die Vorinstanz den Entscheid aus besserer eigener Erkenntnis abänderte, so kann die Rechtsmittelinstanz die Vorinstanz zur Zahlung einer Parteientschädigung verpflichten[67]. Die *vorinstanzliche* Entschädigungsregelung bleibt bei Gegenstandslosigkeit des Verfahrens in der Regel unangetastet, wenn sich der angefochtene Entscheid – im Rahmen einer summarischen Prüfung der Prozessaussichten vor Eintritt der Gegenstandslosigkeit – nicht als offensichtlich falsch herausstellt[68].

---

[60] BGE 126 II 145, E. 5b.
[61] VGr, 20.1.2012, VB.2011.00742, E. 2.4; VGr, 26.10.2011, VB.2011.00283, E. 7.1; RB 2008 Nr. 18, E. 2.3.4. – Zur anderslautenden bundesgerichtlichen Praxis vgl. BGE 131 II 72, E. 4; als Ausnahme dazu BGr, 15.1.2013, 1C_424/2012, E. 5.
[62] Vgl. z.B. VGr, 19.4.2012, VB.2011.00785, E. 10.3.
[63] BGr, 5.9.2013, 2C_487/2013, E. 2.5.5. und 4.2; BGr, 13.5.2013, 2C_1144/2012, E. 5.
[64] VGr, 11.2.2004, VB.2003.00400, E. 4; BGr, 27.12.2011, 6B_720/2011, E. 2.6; vgl. BGr, 23.3.2011, 9C_592/2010, E. 2.1; BGE 132 V 215, E. 6.2. Siehe auch § 13 N. 59.
[65] RB 2002 Nr. 7, E. 3b; RB 2003 Nr. 4, Regeste (VB.2003.00053); vgl. Art. 5 VGKE.
[66] Vgl. BGr, 18.10.2012, 1C_128/2012, E. 2.
[67] Vgl. Rhinow/Koller/Kiss/Thurnherr/Brühl-Moser, Öffentliches Prozessrecht, N. 1702.
[68] Vgl. Bernet, Parteientschädigung, S. 144; siehe auch Art. 107 Abs. 1 lit. e ZPO; Art. 15 VGKE.

Bei **Anerkennung und Rückzug** von Rechtsmitteln gilt – unabhängig von den Prozessaussichten – jene Partei oder Amtsstelle als unterliegend und in der Regel entschädigungspflichtig, die (explizit oder konkludent) das gegnerische Begehren anerkennt bzw. die eigenen Begehren zurückzieht[69]. Ausnahmen von diesem Grundsatz kommen aus Billigkeitsgründen in Frage (vgl. N. 28; siehe auch § 13 N. 80). Die Zusprechung einer Parteientschädigung an die Partei, die ihr Begehren zurückzieht, kann sich etwa dann rechtfertigen, wenn der Prozess während Jahren – bis zur Erledigung von Piloturteilen in Parallelverfahren – sistiert wird und die gesuchstellende Person das Interesse an der Prozessführung verloren hat, beispielsweise weil der ursprüngliche Gesuchsteller bereits verstorben ist[70].

Im Fall eines **Vergleichs** können sich die Parteien auch über die Parteientschädigung einigen. Enthält der Vergleich keine Regelung, so ist die Parteientschädigung in erster Linie nach dem mutmasslichen Prozessausgang[71], in zweiter Linie nach dem Verursacherprinzip oder nach Billigkeit zuzusprechen[72].

B. Entschädigungstatbestände

1. Beizug einer externen Vertretung oder besonderer Aufwand (lit. a)

a) Grundlagen

Die Zusprechung einer Parteientschädigung nach § 17 Abs. 2 lit. a setzt – neben der Erfüllung der allgemeinen Entschädigungsbedingungen (N. 16 ff.) – voraus, dass die rechtsgenügende Darlegung komplizierter Sachverhalte und schwieriger Rechtsfragen besonderen Aufwand erforderte oder den Beizug eines Rechtsbeistandes rechtfertigte. Es handelt sich nicht um eine kumulative Aufzählung von Entschädigungsvoraussetzungen, obwohl der Wortlaut dies – insbesondere in Bezug auf komplizierte Sachverhalte und schwierige Rechtsfragen – nahelegen könnte[73]. Vielmehr geht es um **vier alternative Entschädigungstatbestände:**

- 1. die rechtsgenügende Darlegung komplizierter Sachverhalte erforderte besonderen Aufwand;
- 2. die rechtsgenügende Darlegung schwieriger Rechtsfragen erforderte besonderen Aufwand;
- 3. die rechtsgenügende Darlegung komplizierter Sachverhalte rechtfertigte den Beizug eines Rechtsbeistandes;
- 4. die rechtsgenügende Darlegung schwieriger Rechtsfragen rechtfertigte den Beizug eines Rechtsbeistandes.

Die einzelnen in § 17 Abs. 2 lit. a enthaltenen Entschädigungskriterien sind in besonderem Masse von den **Umständen des Einzelfalls** abhängig. Von grosser Bedeutung ist

---

[69] Vgl. VGr, 4.7.2012, SR.2012.00001, E. 3 (nicht publiziert); Art. 106 Abs. 1 Satz 2 ZPO; BERNET, Parteientschädigung, S. 145 f.
[70] BGr, 27.8.2013, 1C_440/2012, E. 5.2.
[71] Vgl. RB 2003 Nr. 4, E. 3 (VB.2003.00053); BERNET, Parteientschädigung, S. 145.
[72] Vgl. Art. 109 Abs. 2 ZPO.
[73] Vgl. VGr, 18.11.2010, VB.2010.00450, E. 4.1.

insbesondere, ob eine Partei, die einen Entschädigungsanspruch geltend macht, mit oder ohne externe Vertretung auftritt (N. 39 ff.) und ob es sich um eine private Partei oder um ein Gemeinwesen handelt (N. 50 ff.).

36 Von einer **rechtsgenügenden Darlegung** von Sachverhalt und Rechtsfragen im Sinn von § 17 Abs. 2 lit. a ist auszugehen, wenn diese den formellen und materiellen Anforderungen genügt (vgl. § 23) und die entscheidrelevanten Fragen fachgerecht behandelt[74].

37 Ein **komplizierter Sachverhalt** im Sinn von § 17 Abs. 2 lit. a liegt vor, wenn sich die Sachlage nicht einfach erfassen lässt bzw. wenn zum Verständnis besondere Sach- und Rechtskenntnisse erforderlich sind[75].

38 Wann von einer **schwierigen Rechtsfrage** im Sinn von § 17 Abs. 2 lit. a auszugehen ist, muss anhand der Fähigkeiten und prozessualen Erfahrungen der Betroffenen beurteilt werden[76]. In der Regel gelten Rechtsfragen als schwierig, wenn sie auch rechtskundige Personen nicht ohne weiteres beantworten können, insbesondere weil eine klare gesetzliche Regelung fehlt, die Praxis der Behörden widersprüchlich oder die relevante Frage in Lehre und Rechtsprechung umstrittten ist[77].

b) Externe Vertretung

39 Nach § 17 Abs. 2 lit. a kann eine Partei entschädigungsberechtigt sein, wenn die rechtsgenügende Darlegung komplizierter Sachverhalte oder schwieriger Rechtsfragen den Beizug eines Rechtsbeistandes rechtfertigte. Gerechtfertigt ist der Beizug einer externen Vertretung dann, wenn er sich als **erforderlich oder zumindest nützlich** erweist. Wann dies der Fall ist, hängt im konkreten Einzelfall von der Schwierigkeit des Sachverhalts bzw. der Rechtsfragen, den prozessualen Erfahrungen und persönlichen Kenntnissen der Betroffenen, den behördlichen Vorkehren sowie der Bedeutung der Angelegenheit ab[78]. Die Zusprechung einer Parteientschädigung wegen gerechtfertigten Beizugs einer Vertretung kommt in erster Linie in Bezug auf *private Parteien* – und nur in Ausnahmefällen in Bezug auf Gemeinwesen – in Frage (vgl. N. 50 ff.).

40 Eine Entschädigung setzt den gerechtfertigten «Beizug eines Rechtsbeistandes» und damit eine gerechtfertigte **externe Vertretung** der Partei voraus. *Keine* externe Vertretung liegt hingegen vor, wenn sich eine Partei durch eine (anwaltlich oder nicht anwaltlich) tätige Person vertreten lässt, zu der sie in einem Arbeitsverhältnis steht oder – bei juristischen Personen – die als eines ihrer Organe fungiert. Im Fall einer solchen (internen) Vertretung setzt die Zusprechung einer Entschädigung – wie im Fall einer fehlenden Vertretung – besonderen Aufwand (N. 47 ff.) voraus[79].

41 Der gerechtfertigte Beizug einer externen Vertretung setzt nicht voraus, dass es sich beim Vertreter bzw. bei der Vertreterin um eine anwaltlich bzw. berufsmässig tätige Person

---

[74] VGr, 20.1.2012, VB.2011.00742, E. 2.1.
[75] VGr, 20.1.2012, VB.2011.00742, E. 2.1.
[76] Vgl. VGr, 20.1.2012, VB.2011.00742, E. 2.1.
[77] VGr, 18.11.2010, VB.2010.00450, E. 4.1 und 4.4.
[78] VGr, 20.1.2012, VB.2011.00742, E. 2.1; BERNET, Parteientschädigung, S. 148; MAILLARD, in: Praxiskommentar VwVG, Art. 64 N. 25 f.
[79] Vgl. GEISER, in: Basler Kommentar BGG, Art. 68 N. 5.

handelt; dies wäre nicht vereinbar mit der im Verwaltungsrecht aufgrund des fehlenden Anwaltsmonopols bestehenden freien Wahl der Vertretung[80]. Der Beizug einer **nichtanwaltlichen Vertretung** erscheint dann gerechtfertigt, wenn die vertretende Person zur Prozessführung aufgrund von Fachkenntnissen besser geeignet ist als die Partei selber[81], wobei die Qualität der geleisteten Arbeit eine Entschädigung rechtfertigen muss[82]. Als Vertretung kommen etwa Treuhänder, ideelle Organisationen, Beistände oder Ehegatten in Frage. Ausbildung und Berufstätigkeit des Vertreters bzw. der Vertreterin können einen Einfluss auf die *Bemessung* der Parteientschädigung (N. 63 ff.) haben[83].

Die **Rechtskenntnisse der vertretenen Person** spielen bei der Frage, ob der Beizug einer externen Vertretung gerechtfertigt erscheint, eine sekundäre Rolle. Der Beizug einer externen Vertretung kann sich auch bei Personen rechtfertigen, die theoretisch über genügend Rechtskenntnisse verfügen, bei denen aber eine Vertretung beispielsweise zur Objektivierung ihres Standpunkts angebracht erscheint. Selbst der Umstand, dass eine beschwerdeführende juristische Person interne Juristen beschäftigt, schliesst nicht aus, den Beizug eines externen Rechtsbeistands als gerechtfertigt zu qualifizieren[84]. 42

Für die Frage, ob der Beizug einer Vertretung gerechtfertigt war, ist nicht von Bedeutung, ob eine Partei für die Kosten ihrer Vertretung (teilweise oder vollständig) selber aufzukommen hätte, wenn ihr keine Parteientschädigung zugesprochen würde. Die entschädigungspflichtige Partei schuldet der entschädigungsberechtigten Partei insbesondere auch dann eine Parteientschädigung, wenn deren **Vertretungskosten durch Dritte übernommen** werden – etwa durch eine Rechtsschutzversicherung, durch den Staat (unentgeltliche Verbeiständung), durch eine gemeinnützige, unentgeltlich tätige Organisation, durch eine Haftpflichtversicherung, durch eine Gewerkschaft, durch eine andere Vereinigung, die sich für die Wahrung von Rechtsansprüchen ihrer Mitglieder einsetzt, oder durch eine sonstige Drittperson[85]. 43

Hat eine **private Partei,** die im Rahmen eines Verwaltungsrechtspflegeverfahrens **gegen eine Behörde obsiegt,** eine externe Vertretung beigezogen, so ist ihr gestützt auf § 17 Abs. 2 lit. a im Normalfall eine Parteientschädigung zuzusprechen. Auch wenn letztlich die Umstände des Einzelfalls ausschlaggebend sind, wird man angesichts des Grundsatzes der Waffengleichheit doch als Regel der privaten Partei, die im Vergleich zur gegnerischen Behörde juristisch weniger versiert ist, den Beizug eines rechtskundigen Vertreters ohne weiteres zugestehen und ihr dafür bei Obsiegen eine Entschädigung gewähren müssen[86]. 44

---

[80] Vgl. BERNET, Parteientschädigung, S. 151.
[81] Vgl. BERNET, Parteientschädigung, S. 152.
[82] So das sachgerecht erscheinende Kriterium gemäss Art. 9 des Reglements vom 31. März 2006 über die Parteientschädigung und die Entschädigung für die amtliche Vertretung im Verfahren vor dem Bundesgericht (SR 173.110.210.3); vgl. BGr, 15.10.2012, 1C_195/2012, E. 9.
[83] Vgl. z.B. Art. 95 Abs. 3 lit. c ZPO und Art. 10 Abs. 2 VGKE.
[84] VGr, 30.5.2012, VB.2012.00032, E. 5.2.
[85] Vgl. BGE 122 V 278, E. 3e aa; 117 Ia 295, E. 3; GEISER, in: Basler Kommentar BGG, Art. 68 N. 5a.
[86] BERNET, Parteientschädigung, S. 148; MAILLARD, in: Praxiskommentar VwVG, Art. 64 N. 26; vgl. VGr, 20.1.2012, VB.2011.00742, E. 2.3.

§ 17

45 Die Parteientschädigung ist in der Regel **der betroffenen Partei zuzusprechen** und nicht ihrem externen Vertreter[87]. Ist der Vertreter allerdings als *unentgeltlicher Rechtsbeistand* tätig, so ist die Parteientschädigung (als Honorar für die unentgeltliche Verbeiständung) ausnahmsweise direkt ihm – und nicht seiner Mandantschaft – zuzusprechen (vgl. § 16 N. 104). Würde die Parteientschädigung den Vertretenen zugesprochen, so bestünde die Gefahr, dass diese den Betrag für andere Zwecke als die Bezahlung ihrer Vertretung einsetzen würden.

46 Der Umstand, dass eine Parteivertretung während des Verfahrens ihr **Mandat niederlegt,** schliesst einen Anspruch auf Parteientschädigung nicht aus[88].

c) Besonderer Aufwand

47 Nach § 17 Abs. 2 lit. a kann eine Partei entschädigungsberechtigt sein, wenn die rechtsgenügende Darlegung komplizierter Sachverhalte oder schwieriger Rechtsfragen *besonderen Aufwand* erforderte. Der Entschädigungstatbestand des besonderen Aufwands ist gegenüber jenem des gerechtfertigten Beizugs eines Rechtsbeistandes subsidiär: Er ist nur bei **fehlender oder interner Vertretung** zu prüfen, nicht aber bei gerechtfertigter externer Vertretung (dazu N. 39 ff.). Eine Entschädigung wegen besonderen Aufwands kommt in erster Linie bei privaten Parteien – und nur ausnahmsweise bei Gemeinwesen – in Frage (vgl. N. 50 ff.).

48 Die **Rechtskundigkeit einer Partei** schliesst einen Entschädigungsanspruch wegen besonderen Aufwands nicht aus. Eine Parteientschädigung wegen besonderen Aufwands kann nicht nur juristisch ungebildeten Parteien zustehen, die sich nicht extern vertreten lassen, sondern auch Anwältinnen und Anwälten, die in eigener Sache prozessieren.

49 Von einem «besonderen Aufwand» ist im Rahmen von § 17 Abs. 2 lit. a dann auszugehen, wenn aufgrund der Umstände eines Prozesses im Rahmen einer fehlenden oder einer internen Vertretung **objektiv notwendiger, nicht bloss geringfügiger Aufwand** entsteht[89]. Dies kann etwa bejaht werden,
- wenn der erforderliche Rechtsverfolgungsaufwand das in einem solchen Verfahren *übliche Ausmass übersteigt*[90];
- wenn wegen der Komplexität des Streitfalls *aufwendige Darlegungen* nötig sind[91];
- wenn ein erheblicher Zeitaufwand erforderlich war, so dass eine in eigener Sache prozessierende Person während längerer Zeit ihrer *Berufs- bzw. Erwerbstätigkeit nicht nachgehen* konnte[92];

---

[87] VGr, 9.3.2011, VB.2010.00562, E. 3.5; vgl. GEISER, in: Basler Kommentar BGG, Art. 68 N. 12; MAILLARD, in: Praxiskommentar VwVG, Art. 64 N. 15; MERKLI/AESCHLIMANN/HERZOG, Kommentar VRPG, Art. 104 N. 3.
[88] BGr, 7.3.2013, 8C_682/2012, E. 5.
[89] Vgl. § 8 Abs. 2 GebV VGr (so auch Art. 7 Abs. 4 VGKE); VGr, 9.5.2012, VB.2012.00052, E. 4.3.
[90] Vgl. VGr, 10.9.2012, VB.2012.00044, E. 10.3; BGr, 30.5.2012, 4A_24/2012, E. 7; BGE 133 III 439, E. 4.
[91] VGr, 27.6.2012, SB.2012.00002, E. 4.3.1 (nicht publiziert); RB 1989 Nr. 2; vgl. BGr, 21.12.2007, 1C_198/2007, E. 6; BGE 125 II 518, E. 5b.
[92] In Bezug auf *Anwälte*, die in eigener Sache prozessieren: BGr, 31.5.2006, 5P.373/2005, E. 4; vgl. BGE 125 II 518, E. 5b; BERNET, Parteientschädigung, S. 154.

- wenn der *Beizug einer externen Vertretung* gerechtfertigt gewesen wäre (vgl. N. 39 ff.);
- wenn einem Anwalt nicht bloss geringfügige Aufwendungen für ein Verfahren entstehen, in dem er um sein Honorar als *unentgeltlicher Rechtsvertreter* streitet[93].

d) Gemeinwesen

Die **mögliche Entschädigungsberechtigung** von Gemeinwesen im Rahmen von § 17 Abs. 2 entspricht dem Willen des Gesetzgebers[94] und steht grundsätzlich im Einklang mit dem übergeordneten Recht[95]. 50

Auch wenn das VRG die Entschädigungsberechtigung des mehrheitlich obsiegenden Gemeinwesens – anders als andere Verfahrensgesetze[96] – zulässt, kommt eine solche im Rahmen von § 17 Abs. 2 lit. a nur unter besonderen Umständen in Frage und stellt gemäss der Rechtsprechung den **Ausnahmefall** dar. Die Entschädigungsberechtigung entfällt in der Regel, weil die Führung von Rechtsmittelprozessen für das Gemeinwesen im Allgemeinen weder mit besonderem Aufwand verbunden ist noch den Beizug eines Rechtsbeistands rechtfertigt[97]. In der Praxis wird dies regelmässig damit begründet, 51

- dass die Erhebung und Beantwortung von Rechtsmitteln zu den angestammten Aufgabenbereichen des Gemeinwesens bzw. zur *üblichen Amtstätigkeit* gehört, so dass sich das Gemeinwesen so zu organisieren hat, dass es Verwaltungsstreitsachen selbst durchfechten kann[98];
- dass der *Aufwand*, der dem Gemeinwesen im Rechtsmittelverfahren entstanden ist, jenen nicht wesentlich übertrifft, den es im vorangehenden nichtstreitigen Verfahren ohnehin erbringen musste[99];
- dass die Streitigkeit ein Rechtsgebiet betrifft, auf dem das Gemeinwesen über Fachkenntnisse verfügt und gegenüber den beteiligten Privaten einen *Wissensvorsprung* aufweist[100].

Die restriktiven Voraussetzungen für eine Entschädigung gelten grundsätzlich für sämtliche Gemeinwesen, d.h. für **alle öffentlichrechtlichen Körperschaften,** die staatliche Aufgaben wahrnehmen. Die gleichen strengen Voraussetzungen dürften auch für öffentlichrechtliche Anstalten und Stiftungen, öffentliche Unternehmen in Privatrechtsform, spezialgesetzliche Aktiengesellschaften, gemischtwirtschaftliche Unternehmen sowie für Private gelten, soweit sie öffentliche Aufgaben wahrnehmen[101]. 52

Die Praxis unterscheidet in Bezug auf die Entschädigungsberechtigung nach § 17 Abs. 2 lit. a zwischen **kleineren** und **grösseren Gemeinwesen.** Grösseren Gemeinwesen – als 53

---

[93] BGr, 11.2.2011, 8C_676/2010, E. 6; BGE 125 II 518, E. 6b; VGr, 21.11.2013, VB.2013.00545, E. 5.3.
[94] Vgl. Bericht 1986, S. 1661.
[95] Vgl. BGr, 19.7.2012, 8C_292/2012, E. 6.3.
[96] Art. 68 Abs. 3 BGG; Art. 7 Abs. 3 VGKE; vgl. BERNET, Parteientschädigung, S. 80 und 99, m.w.H.
[97] Vgl. RB 2008 Nr. 18, E. 2.3.1.
[98] VGr, 26.6.2012, VB.2012.00201, E. 7.3; RB 2008 Nr. 18, E. 2.3.1; VGr, 14.7.2004, VB.2004.00145, E. 7.
[99] RB 2008 Nr. 18, E. 2.3.1.
[100] VGr, 26.6.2012, VB.2012.00201, E. 7.3; RB 2008 Nr. 18, E. 2.3.1.
[101] Vgl. BGE 137 II 58, E. 14.2.2; siehe auch Art. 104 Abs. 4 i.V.m. Art. 2 Abs. 1 lit. c VRPG BE.

§ 17

solche werden in der Regel Gemeinden ab 10 000 Einwohnern eingestuft[102] – wird eine Parteientschädigung nur relativ selten zugesprochen. Kleinere Gemeinwesen werden hingegen häufiger als entschädigungsberechtigt eingestuft. Dies wird in der Regel damit begründet, dass das Verfahren für die Gemeinde einen grossen Aufwand bedeutet habe, so dass sie – angesichts der beschränkten personellen Ressourcen und der kurzen Dauer laufender Fristen – gezwungen gewesen sei, das unabdingbare Fachwissen anderweitig zu beschaffen[103]. Im Verfahren vor Bundesgericht sind grundsätzlich weder grössere noch kleinere Gemeinden entschädigungsberechtigt; das Bundesgericht ist von seiner früheren Praxis, kleineren Gemeinwesen wegen notwendigen Beizugs eines Anwalts eine Parteientschädigung zuzusprechen, abgekommen[104]. In Bezug auf *kantonale* Verfahren lässt es das Bundesgericht indessen weiterhin zu, dass kleineren Gemeinden (mit geringeren behördlichen Rechtskenntnissen) eher eine Parteientschädigung zugesprochen wird als grösseren Gemeinden[105].

54 Auch einem grösseren obsiegenden Gemeinwesen kann nach der Praxis ausnahmsweise eine Parteientschädigung zugesprochen werden, wenn **ausserordentliche Bemühungen** nötig waren, d.h. wenn der Arbeitsaufwand für ein Verfahren über das hinausgeht, wofür das betreffende Gemeinwesen organisatorisch eingerichtet ist. Als entschädigungsberechtigt erachtete das Verwaltungsgericht beispielsweise eine grössere Gemeinde, die einem Beschwerdeführer gegenüberstand, der die Fertigstellung einer Strasse aufgrund zahlreicher Verfahren seit 25 Jahren blockierte[106]. Eine Entschädigung sprach das Verwaltungsgericht ferner dem Zürcher Regierungsrat zu, der als obsiegende Gegenpartei nicht anwaltlich vertreten war – mit der Begründung, dass die Beantwortung der Beschwerde mit erheblichem Aufwand verbunden gewesen sei, der den im vorangegangenen Verfahren zu erbringenden Aufwand wesentlich überstiegen habe[107]. In einem anderen Fall wurde der Regierungsrat zur Ausrichtung einer Parteientschädigung an die obsiegende Stadt Zürich verpflichtet, weil Letztere unüblich aufwendige Verkehrsuntersuchungen hatte durchführen müssen[108]. Eine Parteientschädigung wurde sodann einer obsiegenden grösseren Gemeinde zugestanden, die nur wegen eines besonderen Einsatzes auf eine in einem solchen Verfahren übliche anwaltliche Vertretung hatte verzichten können und durch das prozessuale Verhalten der Gegenpartei über Gebühr belastet worden war[109]. Als entschädigungsberechtigt bezeichnet wurde schliesslich eine grosse Gemeinde, die in einem Verfahren obsiegt hatte, das komplex war, auf einem komplizierten Hintergrund beruhte und für die Gemeinde mit einem nicht unerheblichen Aufwand verbunden war[110].

---

[102] Vgl. VGr, 8.12.2005, VB.2005.00205, E. 4.4; BVGr, 26.7.2013, A-330/2013, E. 8.4.2.4; so auch die frühere bundesgerichtliche Praxis (vgl. BGE 134 II 117, E. 7).
[103] RB 2008 Nr. 18, E. 2.3.1; VGr, 3.1.2012, VB.2011.00574, E. 4.2 (nicht publiziert).
[104] BGE 134 II 117, E. 7.
[105] BGr, 7.7.2011, 8C_254/2011, E. 9.2.
[106] VGr, 1.3.2012, VB.2011.00455, E. 7.
[107] VGr, 13.6.2012, VB.2011.00647, E. 6.
[108] VGr, 22.8.2013, VB.2013.00070, E. 8.
[109] RB 2008 Nr. 18, E. 2.3.1; RB 1986 Nr. 5.
[110] VGr, 26.6.2012, VB.2012.00201, E. 7.4; BRK II, 1.3.2005, 39/2005 (BEZ 2005 Nr. 15).

Entschädigungsberechtigt sind obsiegende Gemeinwesen im Rahmen von § 17 Abs. 2 lit. a ferner ausnahmsweise dann, wenn sie **wie Privatpersonen betroffen** sind, wenn sie also nicht oder nicht in erster Linie hoheitliche Interessen wahren. Zu bejahen ist dies insbesondere in direkten Verwaltungsprozessen, d.h. in *Klageverfahren* nach den §§ 81 ff.[111]. Die Entschädigungsberechtigung des Gemeinwesens erscheint in solchen Fällen insofern gerechtfertigt, als es gegenüber der privaten Partei in der Regel über einen geringeren Wissensvorsprung verfügt und sich auch nicht in massgeblicher Weise auf Bemühungen abstützen kann, die in einem vorangegangenen nichtstreitigen Verfahren ohnehin erbracht werden mussten[112]. Auch im Verfahren betreffend *materielle Enteignung* wird dem obsiegenden Gemeinwesen bisweilen eine Parteientschädigung zugesprochen, weil seine Stellung vergleichbar sei mit jener einer Privatperson, die finanzielle Ansprüche abwehren will[113]. Im *Quartierplanverfahren* kann sich schliesslich die Zusprechung einer Parteientschädigung zugunsten der Quartierplanrechnung rechtfertigen, wenn das obsiegende Gemeinwesen nicht nur als Vertreter öffentlicher Interessen, sondern auch als Sachwalter eines Teils der Quartierplangenossen auftritt[114].

55

Nicht entschädigungsberechtigt ist ein Gemeinwesen, das zwar im Rechtsmittelverfahren obsiegt, dessen Entscheid, der dem Verfahren zugrunde liegt, aber unter (heilbaren) **Verfahrensfehlern** leidet. So ist beispielsweise einer obsiegenden submissionsrechtlichen Vergabestelle keine Parteientschädigung zuzusprechen, wenn sie im Rechtsmittelverfahren im Wesentlichen nur die von ihr ohnehin geschuldete Begründung des Vergabeentscheids nachgeholt hat[115].

56

Kritik: Die Praxis zu § 17 Abs. 2 lit. a erscheint in jenen Fällen zu entschädigungsfreundlich, in denen ein Gemeinwesen in einem Rekurs- oder Beschwerdeverfahren gegen eine private Partei obsiegt:

57

- Es darf erwartet werden, dass einer Behörde *kein grosser Aufwand* entsteht bzw. dass sie keine externe Vertretung beiziehen muss, wenn sie im Rahmen eines Rechtsmittelverfahrens eine Anordnung zu «verteidigen» hat, die sie erstinstanzlich selber erliess. Bereits bei Erlass der Anordnung musste die betreffende Behörde die erforderlichen Ressourcen einsetzen, um deren Rechtmässigkeit zu gewährleisten[116].
- Das Recht der Privaten, behördliche Verfügungen anzufechten, darf nicht durch unnötige finanzielle Prozessrisiken gegenüber dem Gemeinwesen faktisch eingeschränkt werden, zumal ein *Anspruch auf wohlfeile Verfahrenserledigung* besteht (Art. 18 Abs. 1 KV) und bereits die drohende Auferlegung der Verfahrenskosten (§ 13 Abs. 2) ein Prozessrisiko darstellt. Dies gilt insbesondere für die Mittelschicht der Bevölkerung, der die unentgeltliche Rechtspflege verwehrt ist[117]. Soweit keine offensichtlich unbegründeten Begehren gestellt werden (§ 17 Abs. 2 lit. b), ist das fiskalische Interesse des

---

[111] VGr, 22.12.2011, VK.2011.00003, E. 7.2; VGr, 10.2.2011, VK.2010.00002, E. 5.2; vgl. BERNET, Parteientschädigung, S. 99 f.; MERKLI/AESCHLIMANN/HERZOG, Kommentar VRPG, Art. 104 N. 15 f.
[112] VGr, 10.2.2011, VK.2010.00002, E. 5.2.
[113] VGr, 8.12.2011, VR.2011.00004, E. 10.
[114] VGr, 27.3.2013, VB.2010.00420, E. 5.2.
[115] RB 2003 Nr. 40 (VB.2002.00384, E. 4 = BEZ 2003 Nr. 48).
[116] Vgl. MERKLI/AESCHLIMANN/HERZOG, Kommentar VRPG, Art. 104 N. 14.
[117] Vgl. BERNET, Parteientschädigung, S. 62, 78 und 82.

Gemeinwesens tiefer zu gewichten als das Interesse der Privaten, den Rechtsweg ohne übermässige finanzielle Hürden zu beschreiten[118].

- Die *Differenzierung zwischen grösseren und kleineren Gemeinden* (vgl. N. 53) ist nicht sachgerecht: Zum einen führt die Unterscheidung dazu, dass Parteien, die in kleineren Gemeinden wohnen, im Verwaltungsprozess ein grösseres Kostenrisiko eingehen als Parteien, die in grösseren Gemeinden wohnen. Zum anderen erscheint zweifelhaft, ob die Aufwendungen kleinerer Gemeinwesen für die externe Beschaffung des nötigen Fachwissens tatsächlich grösser sind als die Kosten grösserer Gemeinden für die Festanstellung von Fachpersonen.

2. Offensichtliche Unbegründetheit (lit. b)

58 Die Zusprechung einer Parteientschädigung nach § 17 Abs. 2 lit. b kommt in Bezug auf **zwei unterschiedliche Tatbestände** in Frage: 1. offensichtliche Unbegründetheit der Rechtsbegehren der unterliegenden Partei, 2. offensichtliche Unbegründetheit der angefochtenen Anordnung. Ist einer dieser beiden Tatbestände gegeben, so besteht ein Anspruch auf Parteientschädigung nach § 17 Abs. 2 lit. b, ohne dass zu prüfen wäre, ob die Entschädigungsvoraussetzungen gemäss § 17 Abs. 2 lit. a erfüllt sind[119].

59 Die gemäss § 17 Abs. 2 lit. b drohende Entschädigungspflicht stellt einen **finanziellen Anreiz** dar, um offensichtlich unbegründete Entscheide und Rechtsmittelbegehren zu verhindern.

60 Die Praxis geht nur selten von **offensichtlich unbegründeten Rechtsbegehren** im Sinn von § 17 Abs. 2 lit. b aus. Eine auf diese Bestimmung gestützte Entschädigungspflicht wird häufig auch dann verneint, wenn die gestellten Begehren im Rahmen der unentgeltlichen Rechtspflege (§ 16 Abs. 1) als *offensichtlich aussichtslos* eingestuft werden[120]. Als offensichtlich unbegründet im Sinn von § 17 Abs. 2 lit. b gelten beispielsweise *mutwillige* Rechtsbegehren[121], d.h. Begehren, mit denen die betreffende Partei einen Standpunkt vertritt, den sie in guten Treuen nicht verfechten durfte, etwa weil sie sich damit widersprüchlich verhält (vgl. § 5 N. 85 ff.). Zum Begriff der offensichtlichen Unbegründetheit vgl. im Übrigen § 26a N. 11.

61 **Entscheide einer Amtsstelle** sind offensichtlich unbegründet, wenn sie als willkürlich erscheinen oder wenn sie mit gewichtigen Verfahrensfehlern behaftet sind[122]. Als fahrlässig ist ein Entscheid etwa dann zu bezeichnen, wenn eine massgebende und eindeutige gesetzliche Bestimmung ausser Acht gelassen wird[123].

62 Entschädigungsberechtigt können im Rahmen von § 17 Abs. 2 lit. b sowohl private Parteien als auch Gemeinwesen sein. Angesichts des Zwecks von § 17 Abs. 2 lit. b (Anreiz zur Verhinderung offensichtlich unbegründeter Eingaben) rechtfertigt es sich – anders als bei

---

[118] Vgl. BERNET, Parteientschädigung, S. 97–99 und 109.
[119] Vgl. RB 2008 Nr. 18, E. 2.3.2 und 2.3.3.
[120] Vgl. z.B. VGr, 23.2.2011, VB.2010.00557, E. 3.1 und 3.2.
[121] VGr, 20.1.2012, VB.2011.00742, E. 2.1; zum Begriff der Mutwilligkeit und zur möglichen Auferlegung einer Ordnungsbusse vgl. § 5 N. 85 ff.
[122] VGr, 20.1.2012, VB.2011.00742, E. 2.1; vgl. RB 1984 Nr. 3.
[123] VGr, 7.2.2012, VB.2012.00007, E. 3.1 (nicht publiziert).

§ 17 Abs. 2 lit. a (vgl. N. 51) – nicht, an die **Entschädigungsberechtigung des Gemeinwesens** höhere Anforderungen zu stellen als bei privaten Parteien. Auch in den Verfahren vor Bundes- und Bundesverwaltungsgericht, in denen die Entschädigungsberechtigung des Gemeinwesens grundsätzlich ausgeschlossen ist, kann einer Behörde ausnahmsweise eine Parteientschädigung zugesprochen werden, wenn der Gegenpartei eine mutwillige, leichtsinnige oder querulatorische Rechtsmittelführung vorzuwerfen ist[124].

C. Höhe der Parteientschädigung

1. Einleitung

Gemäss § 17 Abs. 2 ist eine «angemessene» Entschädigung zuzusprechen. Wie hoch eine angemessene Parteientschädigung ausfällt, hat die Entscheidinstanz im Einzelfall nach **pflichtgemässem Ermessen** zu entscheiden[125], wobei die bisherige Praxis in ähnlich gelagerten Fällen mitzuberücksichtigen ist. 63

Ausgangspunkt für die Bemessung einer angemessenen Entschädigung sind die **objektiv notwendigen Kosten,** die der entschädigungsberechtigten Partei im Prozess entstanden sind. Die angemessene Parteientschädigung fällt in der Regel allerdings tiefer aus als die notwendigen Kosten der entschädigungsberechtigten Partei. Dies hängt mit folgenden **Reduktionsgründen** zusammen: 64

– Anwendung des *Unterliegerprinzips* (insbesondere bei nur teilweisem Obsiegen; dazu N. 19 ff.);
– Praxis, dass die entschädigungsberechtigte Partei in der Regel einen Teil ihrer notwendigen Kosten selber zu tragen hat (vgl. N. 80 ff.).
– Anwendung des *Verursacherprinzips* oder Berücksichtigung von *Billigkeitsgründen* (vgl. N. 25 ff.);
– Praxis, dass unter Umständen zu berücksichtigen ist, dass die entschädigungspflichtige Partei *ideelle Interessen* verfolgt oder *finanzschwach* ist (vgl. N. 84 f.).

Die verwaltungsprozessuale Parteientschädigung wird grundsätzlich **nicht nach generell-abstrakt festgelegten Tarifen** bemessen – dies im Unterschied zur zivil- und strafprozessrechtlichen Parteientschädigung (Art. 96 ZPO; §§ 1 ff. AnwGebV), zur bundesgerichtlichen Parteientschädigung (Art. 68 Abs. 2 BGG)[126], zu den verwaltungsrechtlichen *Verfahrens*kosten (vgl. § 13 N. 24) und zur verwaltungsrechtlichen Entschädigung für die unentgeltliche Rechtsvertretung (vgl. § 9 Abs. 1 GebV VGr). 65

Nur ausnahmsweise – im Bereich von **Steuerstreitigkeiten** mit bestimmtem oder bestimmbarem Streitwert – zieht das Verwaltungsgericht für die Bemessung der Parteientschädigung die Tarife der obergerichtlichen Anwaltsgebührenverordnung als Richtlinie 66

---

[124] Vgl. BGr, 3.7.2012, 2C_485/2010, E. 12; BGE 126 V 143, E. 4b; GEISER, in: Basler Kommentar BGG, Art. 68 N. 21; RHINOW/KOLLER/KISS/THURNHERR/BRÜHL-MOSER, Öffentliches Prozessrecht, N. 1703 und 2070.
[125] VGr, 18.11.2010, VB.2010.00450, E. 4.1; RB 2008 Nr. 18, E. 2.3.1; RB 2007 Nr. 5, E. 2.2.2 (SB.2006.00070); RB 1998 Nr. 8 (ZBl 1998, 524 ff.); BERNET, Parteientschädigung, 158.
[126] Vgl. Art. 4 ff. des Reglements vom 31. März 2006 über die Parteientschädigung und die Entschädigung für die amtliche Vertretung im Verfahren vor dem Bundesgericht (SR 173.110.210.3).

§ 17

heran. Dabei wird die Grundgebühr, die nach dem in § 3 Abs. 1 AnwGebV festgelegten Tarif berechnet wird, für das Beschwerdeverfahren in der Regel auf einen Drittel herabgesetzt, wobei die so ermittelte Entschädigung bei Vorliegen besonderer Umstände um höchstens die Hälfte über- oder unterschritten werden kann[127].

2. Notwendige Kosten

67 Die Höhe der Parteientschädigung, die einer Partei gestützt auf § 17 Abs. 2 zugesprochen wird, hängt massgeblich davon ab, wie hoch ihr **notwendiger Verfahrensaufwand** war[128]. Die notwendigen Auslagen einer Partei bilden den *maximalen* Betrag, der ihr im Rahmen der Parteientschädigung zugesprochen werden kann[129].

68 Die Notwendigkeit der Kosten einer Partei beurteilt sich nicht aufgrund der Verhältnisse im Zeitpunkt des Prozessabschlusses, sondern nach der Prozesslage, wie sie sich der entschädigungsberechtigten Partei im **Zeitpunkt der Kostenaufwendung** darbot[130].

69 Bei der Frage, welche Aufwendungen einer Partei in einem Rechtsmittelverfahren erforderlich waren, ist von einem objektivierten Notwendigkeitsmassstab auszugehen: Als notwendig gelten jene Kosten einer Partei, die zur **sachgerechten und wirksamen Rechtsverfolgung** oder Rechtsverteidigung aufgrund der besonderen Umstände des Einzelfalls objektiv unerlässlich sind[131]. Relevant sind mithin jene Kosten, die unmittelbar durch das Verfahren bedingt und aus Vorkehren entstanden sind, die sich bei sorgfältiger Interessenwahrung als geboten erweisen oder doch in guten Treuen verantworten lassen[132]. Die aufgewendeten Kosten müssen für die betreffende Partei in der betreffenden Prozesssituation – unter Berücksichtigung der behördlichen Untersuchungspflicht (§ 7 Abs. 1) – unvermeidbar gewesen sein.

70 Die notwendigen Kosten werden bisweilen in Parteikosten und Barauslagen unterteilt. Zu den **Parteikosten** zählen die erforderlichen Kosten für die Vertretung, d.h. für die Teilnahme an Verhandlungen und für die Beschaffung von Beweismitteln, Beratungskosten sowie Kosten für die Instruktion und die Ausarbeitung von Eingaben[133]. Als **Barauslagen** gelten die notwendigen Aufwendungen der Parteien für Porti, Kopien und Telekommunikation sowie Reisespesen[134]. Falls Barauslagen geltend gemacht werden, sollte die Rechtsmittelinstanz bei der Festlegung der Parteientschädigung zur Vermeidung von Unklarheiten explizit festhalten, ob sie im Entschädigungsbetrag mitenthalten sind oder nicht.

---

[127] VGr, 4.7.2012, SB.2012.00001, E. 6.2.1; RB 2007 Nr. 5, E. 2.2.1 und 2.2.2 (SB.2006.00070); vgl. VGr, 27.6.2012, SB.2012.00002, E. 4.3.2 (nicht publiziert); VGr, 21.5.2003, SB.2002.00103, E. 5b; RB 1983 Nr. 4.
[128] Vgl. § 8 Abs. 2 GebV VGr; Art. 68 Abs. 4 i.V.m. Art. 66 Abs. 3 BGG; Art. 108 ZPO; Art. 7 Abs. 3 VGKE.
[129] Vgl. RB 1998 Nr. 6, E. 2.
[130] Vgl. BERNET, Parteientschädigung, S. 147; RHINOW/KOLLER/KISS/THURNHERR/BRÜHL-MOSER, Öffentliches Prozessrecht, N. 1700.
[131] RB 2005 Nr. 93 (SB.2005.00023, E. 2.1); vgl. BGE 131 II 200, E. 7.2; RHINOW/KOLLER/KISS/THURNHERR/BRÜHL-MOSER, Öffentliches Prozessrecht, N. 1700.
[132] Vgl. BGE 111 Ib 97, E. 3.
[133] Vgl. RB 2007 Nr. 5, E. 2.2.1 (SB.2006.00070).
[134] BERNET, Parteientschädigung, S. 155; vgl. § 22 Abs. 1 AnwGebV; Art. 9 Abs. 1 lit. b VGKE.

Massgebend für die Beurteilung der notwendigen Kosten sind in erster Linie die **Bedeutung der Streitsache**, die **Schwierigkeit des Prozesses**, der geltend gemachte **Zeitaufwand** und die Höhe der **Barauslagen** (vgl. § 8 Abs. 1 GebV VGr). Relevant können im Einzelfall insbesondere sein: der Umfang des Verfahrens, der Arbeitsaufwand für die Partei, die Anzahl Rechtsschriften, Umfang und Inhalt der Rechtsschriften, die Umstrittenheit und die Komplexität von Rechts- oder Sachverhaltsfragen, der Umfang von neuen Rechtsfragen (im Vergleich zum vorinstanzlichen Verfahren), der Einarbeitungsaufwand bzw. die prozessuale Erfahrung der Partei im betreffenden Sachbereich, der Umfang der Untersuchungs- und der Mitwirkungspflicht (§ 7 Abs. 1 und 2), Schwierigkeiten bei der Sammlung des Beweismaterials, der Streitwert, die Begründung des vorinstanzlichen Entscheids sowie die persönliche Bedeutung der Streitsache[135].

71

Bei der Beurteilung, wie hoch die **objektiv notwendigen Verfahrenskosten** einer Partei sind, ist zu beachten, ob diese extern vertreten ist und – wenn ja – durch wen.

72

– Bei notwendigem Beizug einer *externen anwaltlichen Vertretung* (vgl. N. 39 ff.) liegen die von der Entscheidinstanz als erforderlich erachteten Vertretungskosten regelmässig (teilweise massiv) tiefer als die von der betreffenden Partei geltend gemachten[136]. Berücksichtigt werden darf die Kostenstruktur der Rechtsvertretung – etwa ob diese freiberuflich oder gemeinnützig tätig ist[137]. Reicht die Rechtsvertretung eine Honorarnote bzw. eine Zusammenstellung über Zeitaufwand und Barauslagen ein (was im Verwaltungsprozess eher selten vorkommt)[138], so ist diese zu würdigen. Der behördliche Ermessensspielraum wird dadurch eingeschränkt[139], soweit sich die Honorarnote auf den notwendigen Aufwand beschränkt.

– Ist die notwendigerweise beigezogene externe Vertretung *nicht anwaltlich tätig* (vgl. N. 41), so werden die erforderlichen Verfahrenskosten einer Partei in der Regel geringer eingeschätzt als beim Beizug einer anwaltlichen Vertretung. Massgebend sind der von der nicht-anwaltlichen Vertretung erbrachte Zeitaufwand und der eigene entgangene Verdienst[140].

– Bei notwendigem besonderem Aufwand im Rahmen einer *fehlenden oder internen Vertretung* (vgl. N. 47 ff.) werden die erforderlichen Verfahrenskosten in der Regel als geringer erachtet als beim Beizug einer anwaltlichen Vertretung[141]. Massgebend sind der erbrachte Zeitaufwand und der entgangene Verdienst[142]. Bei der Bemessung des Aufwands ist zu berücksichtigen, dass Instruktion und Verkehr mit einem externen Vertreter entfallen. Im Zivilprozess wird aus diesem Grund in der Regel ein Abzug von mindestens 25 Prozent vom ordentlichen Honorar eines externen Vertreters vorgenommen[143].

---

[135] VGr, 20.1.2012, VB.2011.00742, E. 2.1; vgl. RB 2008 Nr. 18, E. 2.3.1; 2007 Nr. 5, E. 2.2.1 (SB.2006.00070); 1998 Nr. 8 (ZBl 1998, S. 524 ff.); 1998 Nr. 6; BERNET, Parteientschädigung, S. 162.
[136] Vgl. VGr, 8.7.2009, VB.2009.00126, E. 5.1, mit zahlreichen Hinweisen.
[137] Vgl. BGr, 19.11.2009, 9C_688/2009, E. 5.2.2.
[138] Vgl. VGr, 18.11.2010, VB.2010.00450, E. 4.4.
[139] RB 1998 Nr. 6, E. 3a.
[140] RÜEGG, in: Basler Kommentar ZPO, Art. 95 N. 21.
[141] BGr, 12.6.2012, 1C_71/2011, E. 8.2; VGr, 21.8.2013, SB.2013.00056, E. 6.1.
[142] RÜEGG, in: Basler Kommentar ZPO, Art. 95 N. 21.
[143] RÜEGG, in: Basler Kommentar ZPO, Art. 95 N. 22.

– Bei *Gemeinwesen* ist nur ausnahmsweise davon auszugehen, dass notwendigerweise Kosten für einen besonderen Aufwand entstehen (vgl. N. 50 ff.).

73 Soweit die einer Partei zugesprochene Parteientschädigung effektiv entstandene **Vertretungskosten nicht deckt,** darf der Vertreter oder die Vertreterin – ausser im Fall einer unentgeltlichen Vertretung (vgl. § 16 N. 104) – von der Mandantschaft ein Honorar verlangen, das die Parteientschädigung übersteigt[144].

74 Bei der Beurteilung des notwendigen Prozessaufwands ist **mitzuberücksichtigen,**
– dass sich die Vertretungskosten insgesamt erhöhen, wenn im gleichen Verfahren *mehrere Personen vertreten* werden[145], wobei sich der pro vertretene Person nötige Vertretungsaufwand aufgrund von Synergieeffekten verringert[146];
– dass im Verfahren vor der oberen Instanz ein geringerer Aufwand erforderlich ist als im Verfahren vor der unteren Instanz, wenn sich im oberinstanzlichen Verfahren die *gleichen Rechtsfragen* stellen bzw. wenn der Prozessstoff keine wesentliche Ausdehnung erfährt[147];
– dass in der Regel ein geringerer Kostenaufwand erforderlich ist, wenn ein Prozess nicht mit einem materiellen Urteil, sondern durch *Vergleich, Rückzug oder Anerkennung* erledigt wird[148];
– dass der erforderliche Prozessaufwand umso kleiner ausfällt, je umfangreicher die behördlichen *Untersuchungspflichten* (§ 7 Abs. 1) und je geringer die parteilichen Mitwirkungspflichten (§ 7 Abs. 2) in einem bestimmten Verfahren sind[149].

75 Zum entschädigungsberechtigten Prozessaufwand können auch notwendige **Mehrwertsteuerkosten** gehören. Eine Entschädigung für Mehrwertsteuerkosten wird in der Praxis allerdings nur dann gewährt, wenn die entschädigungsberechtigte Partei anwaltlich vertreten ist, selber nicht der Mehrwertsteuer unterliegt, einen Antrag auf Ersatz der Mehrwertsteuerkosten stellt und die Kosten im Bestreitungsfall belegt (vgl. Art. 18 Abs. 1 und Art. 28 ff. MWSTG)[150]. Liegt ein solches Begehren vor, so hat die Entscheidinstanz im Dispositiv klarzustellen, ob bzw. in welcher Höhe die Parteientschädigung Mehrwertsteuerkosten umfasst. Liegt hingegen kein solcher Antrag vor, so wird die Parteientschädigung in der Regel als Gesamtbetrag zugesprochen, in dem eine allfällige Mehrwertsteuer pauschal mitenthalten ist[151].

---

[144] Vgl. Geiser, in: Basler Kommentar BGG, Art. 68 N. 10; Maillard, in: Praxiskommentar VwVG, Art. 64 N. 43; Merkli/Aeschlimann/Herzog, Kommentar VRPG, Art. 104 N. 10.
[145] Vgl. § 8 AnwGebV.
[146] Vgl. BVGr, 26.7.2013, A-330/2013, E. 8.4.2.1; VGr, 15.4.2010, VB.2010.00039, E. 4.2.
[147] RB 1998 Nr. 6, E. 3c.
[148] Vgl. § 11 Abs. 4 AnwGebV; Art. 8 Abs. 3 des Reglements über die Parteientschädigung und die Entschädigung für die amtliche Vertretung im Verfahren vor dem Bundesgericht (SR 173.110.210.3).
[149] Vgl. RB 1989 Nr. 3.
[150] Siehe auch das Kreisschreiben der Verwaltungskommission des Obergerichts vom 17. Mai 2006, das gemäss Beschluss der Verwaltungskommission des Verwaltungsgerichts vom 5. September 2006 im Verfahren vor Verwaltungsgericht sinngemäss anwendbar ist (www.vgrzh.ch > Themen > Parteientschädigung-Mehrwertsteuer); VGr, 4.7.2012, SB.2012.00001, E. 6.2.2; ferner Rüegg, in: Basler Kommentar ZPO, Art. 95 N. 18.
[151] Vgl. BGE 125 V 201, E. 4b.

3. Nicht notwendige Kosten

Nicht als erforderlich bzw. entschädigungspflichtig gelten Kosten, die einer entschädigungsberechtigten Partei vor Beginn des Rechtsmittelverfahrens entstanden sind, d.h. die **vor- und ausserprozessualen Aufwendungen**[152] sowie die **erstinstanzlichen Kosten**. In Bezug auf erstinstanzliche Parteikosten kommt eine Entschädigung bereits deshalb nicht in Frage, weil im nichtstreitigen Verfahren kein Anspruch auf Parteientschädigung besteht (§ 17 Abs. 1). Würden der im anschliessenden Rechtsmittelverfahren erfolgreichen Partei die erstinstanzlichen Parteikosten ersetzt, so wäre sie gegenüber derjenigen Partei privilegiert, die keinen Anlass zur Erhebung eines Rechtsmittels hatte, weil bereits die erstinstanzliche Verfügung korrekt war[153].

Kosten für ein **Privatgutachten** zählen in der Regel nicht zu den notwendigen bzw. entschädigungspflichtigen Kosten einer Partei: Da die Behörden die nötige Sachkenntnis zur Beurteilung der rechtserheblichen Fragen in der Regel selber aufbringen müssen, besteht für die Parteien im Allgemeinen keine Notwendigkeit, unaufgefordert selber Experten beizuziehen, so dass für entsprechende Aufwendungen grundsätzlich kein Entschädigungsanspruch besteht[154]. Eine Entschädigung rechtfertigt sich *ausnahmsweise* dann, wenn ein Gutachten wesentliche neue Erkenntnisse ermöglicht[155], eine nützliche Entscheidgrundlage darstellt[156] oder ein neutrales Gutachten entbehrlich macht[157].

Nicht als erforderlich bzw. entschädigungspflichtig gelten **Folgekosten,** die nicht unmittelbar aufgrund des Rechtsmittelverfahrens angefallen sind. Dazu zählen beispielsweise Kosten für den Verspätungsschaden, der entsteht, wenn die Erteilung einer Baubewilligung wegen einer ungerechtfertigten Nachbarbeschwerde verzögert wird[158].

Nicht zum nötigen Prozessaufwand bzw. zu den entschädigungspflichtigen Kosten einer Partei zählen ferner

- Aufwendungen für *Verfahrenskosten* (§ 13);
- Aufwendungen für Ausführungen, die nicht das eigentliche Prozessthema bzw. den *Streitgegenstand* betreffen[159];
- Aufwendungen für Eingaben, die eingereicht werden, nachdem das Rechtsschutzinteresse bzw. die *Parteistellung* der entschädigungsberechtigten Partei *dahingefallen* ist[160];

---

[152] Vgl. RÜEGG, in: Basler Kommentar ZPO, Art. 95 N. 20.
[153] BERNET, Parteientschädigung, S. 157.
[154] VGr, 11.7.2012, VB.2010.00676, E. 10; RB 1998 Nr. 9; BERNET, Parteientschädigung, S. 156.
[155] RB 1998 N. 9.
[156] RB 1998 N. 9; vgl. BGr, 2.9.2005, 2A.191/2005, E. 5.2.
[157] Vgl. MERKLI/AESCHLIMANN/HERZOG, Kommentar VRPG, Art. 104 N. 6.
[158] BERNET, Parteientschädigung, S. 2.
[159] Vgl. BGr, 9.1.2012, 2C_422/2011, E. 2; BGr, 18.12.2002, B 53/02, E. 3.2; VGr, 20.2.2013, SR.2012.00018, E. 3.2 (nicht publiziert).
[160] Vgl. RB 2006 Nr. 17 (VB.2006.00214, E. 9).

- Aufwendungen aufgrund eines *Anwaltswechsels* im Verlauf eines Verfahrens (Mehrkosten für Übergabegespräche, Erstellen eines neuen Dossiers, erneutes Aktenstudium etc.)[161];
- Aufwendungen für Übersetzungen, die anfallen, weil ein Anwalt in einem für ihn *fremden Sprachraum* prozessiert[162];
- Aufwendungen einer Rechtsvertretung für Besprechungen mit beigezogenen *Hilfspersonen*[163].

4. Selbstübernahme eines Teils der Parteikosten

80   Aus dem Umstand, dass gemäss § 17 Abs. 2 nur eine «angemessene» Parteientschädigung zuzusprechen ist, leitet die Praxis ab, dass die Parteientschädigung in der Regel **nicht sämtliche erforderlichen Kosten** umfasst, die einer Partei entstanden sind, sondern nur einen Teil des nötigen Prozessaufwands. Im Übrigen hat die entschädigungsberechtigte Partei ihren notwendigen Aufwand selber zu tragen[164]. Sie muss somit nicht nur unnötig verursachte oder bloss geringfügige Kosten selber übernehmen (vgl. § 8 Abs. 2 GebV VGr), sondern auch einen Teil ihres notwendigen, über blosse Geringfügigkeit hinausgehenden Prozessaufwands. Begründet wird dies regelmässig damit, dass es der entschädigungsberechtigten Partei grundsätzlich zuzumuten sei, für einen Teil ihrer erforderlichen Kosten selber aufzukommen[165]. Der Umstand, dass die obsiegende Partei einen Teil ihrer Aufwendungen regelmässig selber zu tragen hat, bewirkt gemäss der Rechtsprechung keine übermässige Beschränkung des Anspruchs auf Zugang zu einem Gericht[166].

81   Bei der Frage, wie gross der Kostenanteil ist, den eine entschädigungsberechtigte Partei selber zu tragen hat, steht der Entscheidinstanz ein grosses Ermessen zu. In der Praxis liegt die Parteientschädigung in der Regel **deutlich unter den tatsächlichen Honorarkosten** des (notwendigerweise) beigezogenen Rechtsvertreters und selten über deren Hälfte[167]. In der Rechtsprechung finden sich zahlreiche Beispiele, in denen die Parteientschädigung auf einen Drittel[168], einen Viertel[169] oder einen Fünftel[170] der effektiven Vertretungskosten festgesetzt wurde. Eine im Rahmen von § 17 Abs. 2 zugesprochene Parteientschädigung ist somit in der Regel tiefer als eine im Rahmen von § 16 zugesprochene Entschädigung für eine unentgeltliche Rechtsverbeiständung, die die gesamten erforderlichen Kosten der verbeiständeten Partei zu decken hat (vgl. § 16 N. 88 ff.).

---

[161] RB 1998 Nr. 6, E. 3b; vgl. RÜEGG, in: Basler Kommentar ZPO, Art. 95 N. 18.
[162] VGr, 9.1.2012, 2C_421/2011, E. 9.2.
[163] Vgl. RB 1998 Nr. 6.
[164] VGr, 20.1.2012, VB.2011.00742, E. 2.1; RB 1998 Nr. 8 (ZBl 1998, 524 ff.); vgl. RB 2005 Nr. 93, E. 2.1 (SB.2005.00023).
[165] VGr, 20.1.2012, VB.2011.00742, E. 2.4.
[166] Vgl. BGr, 31.8.2005, 2P.147/2005, E. 2.2.
[167] VGr, 20.1.2012, VB.2011.00742, E. 2.4; vgl. VGr, 25.10.2011, VB.2011.00330, E. 5.2; VGr, 8.7.2009, VB.2009.00126, E. 5.1, mit zahlreichen Hinweisen.
[168] VGr, 30.1.2013, VB.2012.00459, E. 2.3 (nicht publiziert).
[169] VGr, 24.5.2006, VB.2005.00351, E. 4.4.
[170] VGr, 27.6.2012, VB.2012.00001, E. 6.2.

Nur **ausnahmsweise** spricht die Entscheidinstanz eine Parteientschädigung zu, die den gesamten erforderlichen Rechtsverfolgungsaufwand deckt. Eine volle Parteientschädigung wird namentlich dann gewährt, wenn ein Verfahren für die betroffene Person in persönlicher oder beruflicher Hinsicht von grosser Bedeutung ist[171] oder wenn ein Anwalt um sein Honorar als unentgeltlicher Rechtsvertreter streitet[172]. 82

Kritik: Die Praxis, wonach die obsiegende Partei in aller Regel einen Grossteil ihrer notwendigen Prozesskosten selber zu tragen hat, ist zu hinterfragen[173]: 83

– Weder die Gesetzesmaterialien[174] noch der Wortlaut von § 17 Abs. 2 deuten darauf hin, dass «*Angemessenheit*» einer Parteientschädigung bedeuten könnte, dass eine obsiegende Partei einen grossen Teil ihrer erforderlichen Kosten selber zu tragen hat. Naheliegender wäre vielmehr, eine Parteientschädigung dann als angemessen im Sinn von § 17 Abs. 2 zu erachten, wenn damit die objektiv notwendigen (nicht aber die darüber hinausgehenden) Kosten der Vertretung gedeckt werden, soweit sich eine Reduktion nicht aufgrund des Unterlieger- oder des Verursacherprinzips oder aus Gründen der Billigkeit ergibt. Es sind denn auch keine sachlichen Gründe ersichtlich, weshalb eine «angemessene Parteientschädigung» nach § 17 Abs. 2 tiefer ausfallen sollte als ein «angemessenes Honorar», das der unentgeltlichen Rechtsvertreterin bzw. dem unentgeltlichen Rechtsvertreter gemäss der Rechtsprechung[175] im Rahmen von § 16 Abs. 2 zusteht.

– Soweit ein *Gemeinwesen unterliegt,* kommen weitere Gründe hinzu, die dafür sprechen, der obsiegenden privaten Partei die notwendigen Kosten für die Vertretung zu ersetzen. Zum einen widerspricht es dem *Gerechtigkeitsgefühl,* wenn eine obsiegende private Partei einen Teil ihres Aufwands tragen muss, der nötig war, um eine unrechtmässige behördliche Anordnung auf dem Rechtsmittelweg zu korrigieren[176]. Zum anderen sind – abgesehen von *fiskalischen Motiven* – keine Gründe ersichtlich, weshalb ein unterliegendes Gemeinwesen nicht die gesamten erforderlichen Kosten der entschädigungsberechtigten privaten Partei übernehmen sollte. Fiskalische Gründe vermögen aber eine Schmälerung des Prozessgewinns der obsiegenden privaten Partei nicht zu rechtfertigen.

– Anders verhält es sich in Bezug auf *unterliegende private Parteien:* Hier bestehen sachliche Gründe, einen auf § 17 Abs. 2 lit. a gestützten Entschädigungsanspruch des obsiegenden Gemeinwesens generell zu verneinen (zur Begründung vgl. N. 57).

5. Verbandsbeschwerderecht und bedrängte finanzielle Verhältnisse

Eine Partei, die von Gesetzes wegen zur Führung von Rechtsmitteln zur Wahrung öffentlicher Interessen berechtigt ist (z.B. eine Umweltorganisation), darf zwar grundsätzlich 84

---

[171] VGr, 8.7.2009, VB.2009.00126, E. 5.1; RB 1998 Nr. 8 (ZBl 1998, 524 ff.).
[172] VGr, 21.11.2013, VB.2013.00545, E. 5.3.
[173] So auch das Obergericht Zürich, das diese Praxis als «nicht leicht zu verstehen» bezeichnete (OGr, 10.10.2012, PQ120008, E. 2).
[174] Vgl. Bericht 1986, S. 1659.
[175] Vgl. BGE 137 III 185, E. 5.2 und 5.3.
[176] Vgl. GADOLA, Beschwerdeverfahren, S. 467.

zur Zahlung einer Parteientschädigung verpflichtet werden[177]; **ideelle Organisationen** haben keinen Anspruch darauf, generell erheblich tiefere Parteientschädigungen zu entrichten als Private[178]. Bei hohen Streitwerten darf die Parteientschädigung aber nicht prohibitiv wirken: Das Kostenrisiko darf nicht derart gross sein, dass die Verbände ihrer Aufgabe zur Wahrung öffentlicher Interessen nicht mehr hinreichend nachkommen können bzw. dass die Ausübung des Verbandsbeschwerderechts illusorisch würde[179].

85 Die Entschädigungspflicht darf nicht zur Folge haben, dass der Zugang **finanzschwacher Parteien** zu einem Gericht unangemessen erschwert oder beschränkt wird[180]. Als entschädigungsreduzierender Faktor kann deshalb der Umstand berücksichtigt werden, dass die Belastung mit einer normalen Parteientschädigung eine finanzschwache unterliegende Partei, die nicht mittellos ist bzw. keinen Anspruch auf unentgeltliche Rechtspflege hat, in ernstliche wirtschaftliche Schwierigkeiten bringen würde[181].

D. Verfahrensfragen

86 Die Frage, welche Verfahrensbeteiligten entschädigungspflichtig bzw. -berechtigt sind, muss beim Durchlaufen des Instanzenzugs **von jeder Instanz separat** beurteilt werden.

87 Die Entscheidinstanz untersteht einer **reduzierten Begründungspflicht,** soweit die Entschädigungsfolgen nach dem gesetzlichen Regelfall (Unterliegerprinzip) verlegt werden und die Höhe der Parteientschädigung im Rahmen des behördlichen Ermessensspielraums liegt[182]. Erfolgt die Parteikostenverteilung hingegen ausnahmsweise nach dem Verursacherprinzip oder nach Billigkeit, so bedarf dies stichhaltiger Gründe, die im Entscheid festzuhalten sind[183]. Wird einer obsiegenden Partei – unüblicherweise – keine Parteientschädigung zugesprochen, so stellt der blosse Verweis auf die massgebliche Gesetzesbestimmung keine genügende Begründung dar[184]. Eine Begründung ist ferner erforderlich, wenn die Entscheidinstanz von einer eingereichten Kostennote abweicht[185], wenn sich eine Partei auf ausserordentliche Umstände beruft[186] oder wenn die Parteientschädigung selber im Streit liegt.

88 Die Parteientschädigung wird in der Regel erst im **Endentscheid** und nur ausnahmsweise im Rahmen eines Zwischenentscheids zugesprochen (vgl. Art. 104 Abs. 1 und 2 ZPO).

89 Werden mehrere Rechtsmittelverfahren vereinigt, deren Entschädigungsregeln auf **unterschiedlichen gesetzlichen Grundlagen** beruhen (z.B. Bundes- und Kantonssteuerverfahren), so ist die Zusprechung bzw. Verweigerung einer Parteientschädigung für die

---

[177] Vgl. BGE 123 II 337, E. 10a.
[178] BGr, 22.12.2008, 1C_381/2008, E. 2.2.
[179] BGr, 22.12.2008, 1C_381/2008, E. 2.2; BGr, 19.6.2007, 1C_113/2007, E. 2.2; BGr, 21.9.2005, 1A.125/2005, E. 13.2. Siehe auch Griffel/Rausch, Kommentar USG, Ergänzungsband, Art. 55e N. 5 f.
[180] Vgl. BGr, 19.7.2012, 8C_292/2012, E. 6.5 und 6.6.
[181] Vgl. Bernet, Parteientschädigung, S. 143 und 160.
[182] Vgl. BGr, 12.10.2012, 1C_156/2012, E. 8.1.1; BGE 111 Ia 1, E. 2a.
[183] Bernet, Parteientschädigung, S. 136.
[184] RB 2003 Nr. 3 (VB.2003.00093 = BEZ 2004 Nr. 9); vgl. BGE 111 Ia 1, E. 2a.
[185] BGr, 28.3.2012, 5D_15/2012, E. 4.2.2; Maillard, in: Praxiskommentar VwVG, Art. 64 N. 46.
[186] BGr, 27.11.2012, 2D_33/2012, E. 3.2.2; vgl. Merkli/Aeschlimann/Herzog, Kommentar VRPG, Art. 104 N. 9.

einzelnen Verfahren in der Regel separat zu begründen und im Dispositiv getrennt aufzuführen. Wenn allerdings eine Parteientschädigung in mehreren dieser Verfahren aus dem gleichen Grund entfällt, so ist eine gemeinsame Dispositivregelung zulässig[187].

Der Entscheidinstanz steht bei der Festsetzung und Bemessung der Parteientschädigung ein **weites Ermessen** zu, so dass eine Überprüfung bzw. Korrektur durch eine obere Instanz nur in begrenztem Umfang in Frage kommt[188].

90

Wer die Auferlegung, Zusprechung oder Höhe einer Parteientschädigung anfechten will, muss den **in der Hauptsache massgebenden Rechtsweg** beschreiten[189]. Die Entschädigungsregelung kann selbständig oder zusammen mit dem Sachentscheid angefochten werden.

91

Die Regelung der Parteientschädigung in einem **Rückweisungsentscheid** kann in der Regel nicht direkt angefochten werden, sondern erst dann, wenn der Endentscheid in der Sache ergeht. Das diesbezügliche Rechtsschutzinteresse fällt nicht dahin, wenn die Rückweisungsinstanz in der Sache vollständig zugunsten der anfechtungswilligen Partei entscheidet[190].

92

IV. Verfahren mit einander gegenüberstehenden privaten Parteien (Abs. 3)

§ 17 Abs. 3 betrifft nicht den (im Verwaltungsrechtspflegeverfahren häufig vorkommenden) Fall, in dem eine private Partei einzig einer Amtsstelle – nicht aber einer anderen privaten Partei – gegenübersteht und in dem die Amtsstelle bei Unterliegen entschädigungspflichtig werden kann. Vielmehr betrifft § 17 Abs. 3 die in den meisten Rechtsgebieten eher selten vorkommende Konstellation, in der eine private Partei einer anderen privaten Partei gegenübersteht, die an der Seite einer Amtsstelle am Verfahren beteiligt ist. Wenn diesfalls die **an der Seite der Amtsstelle prozessierende private Partei** unterliegt, so wird gemäss § 17 Abs. 3 in der Regel einzig sie – nicht aber die ebenfalls unterliegende Amtsstelle – entschädigungspflichtig, soweit die übrigen Entschädigungsvoraussetzungen nach § 17 Abs. 2 erfüllt sind.

93

§ 17 Abs. 3 zielt darauf ab, die **Entschädigungspflicht von Amtsstellen grundsätzlich auszuschliessen,** wenn sich in einem Verwaltungsrechtspflegeverfahren Private mit gegensätzlichen Begehren gegenüberstehen[191]. Anders als in Konstellationen nach § 17 Abs. 2 tragen in Situationen nach § 17 Abs. 3 somit – wie im Zivilprozess – ausschliesslich die privaten Parteien allfällige Parteientschädigungen. Das kann damit gerechtfer-

94

---

[187] RB 2006 Nr. 93 (StE 2006 B 96.13, Nr. 4; SB.2005.00076).
[188] RB 1998 Nr. 8 (ZBl 1998, 524 ff.); vgl. MERKLI/AESCHLIMANN/HERZOG, Kommentar VRPG, Art. 104 N. 7.
[189] BGE 134 I 159, E. 1.1; BERNET, Parteientschädigung, S. 169; vgl. § 44 Abs. 3.
[190] BGE 137 V 57, E. 1.1.
[191] Nur aus Gründen der redaktionellen Straffung verzichtete der Gesetzgeber darauf, in § 17 Abs. 3 darauf hinzuweisen, dass Amtsstellen in solchen Konstellationen von der Zahlung von Parteientschädigungen befreit sind (Bericht 1986, S. 1656 und 1661; Prot. KR 1983–1987, S. 12361).

tigt werden, dass ein zivilprozessähnliches Zweiparteienverfahren vorliegt, wenn sich in einem Verwaltungsprozess mehrere Private mit gegensätzlichen Begehren gegenüberstehen. Das Risiko, im Unterliegensfall die Parteikosten des Gegners tragen zu müssen, stellt deshalb – wie im Zivilprozess – einen notwendigen Schutz der korrekt handelnden Parteien vor Behelligung durch ungerechtfertigte Prozesse dar[192].

95 **Hauptanwendungsbereich** von § 17 Abs. 3 sind das *Baubewilligungsverfahren* und das Verfahren der *Nutzungsplanung*, wo neben den gesuchstellenden Privaten und den Behörden nicht selten betroffene Nachbarn involviert sind. Auch in anderen Verfahrensarten – etwa im Bereich von *Gewaltschutzmassnahmen* – stehen sich regelmässig private Parteien mit gegensätzlichen Begehren gegenüber.

96 § 17 Abs. 3 gilt **nur im Rechtsmittelverfahren**. Im erstinstanzlichen, nichtstreitigen Verfahren geht hingegen § 17 Abs. 1 vor, wonach von vornherein keine Parteientschädigung zugesprochen werden kann[193].

97 Zur Anwendung kommt § 17 Abs. 3 nur dann, wenn sich mehrere private Verfahrensbeteiligte mit **gegensätzlichen Begehren** gegenüberstehen. Die Anträge mehrerer Privater müssen insofern gegensätzlich sein, als nicht im gleichen Sinn über sie entschieden werden kann. Dass die private Gegenpartei effektiv gegensätzliche Anträge stellt, wird indessen nicht vorausgesetzt: Sie kann der Entschädigungspflicht nicht dadurch entgehen, dass sie keine selbständigen Begehren stellt. Hat die unterliegende Gegenpartei keine Begehren gestellt, so kann sie zur Bezahlung einer Parteientschädigung dann verpflichtet werden, wenn sich ihre Stellung als Gegenpartei aufgrund der tatsächlichen Verhältnisse ergibt[194] bzw. wenn ihr Interesse am Verfahrensausgang auf der Hand liegt[195].

98 Nicht von Bedeutung ist im Zusammenhang mit § 17 Abs. 3, auf welcher Seite die Amtsstelle in das Verfahren involviert ist: Ihre Entschädigungspflicht entfällt in einem Verwaltungsprozess, in dem sich private Parteien mit gegensätzlichen Begehren gegenüberstehen, unabhängig davon, ob die Amtsstelle als **Rechtsmittelklägerin, Rechtsmittelbeklagte** oder **Mitbeteiligte** unterliegt.

99 Die Entschädigung wird in Konstellationen nach § 17 Abs. 3 «in der Regel» der unterliegenden Partei – und nicht der unterliegenden Amtsstelle – auferlegt. Das Gesetz lässt demnach **ausnahmsweise** eine **Entschädigungspflicht der Amtsstelle** zu. Eine solche rechtfertigt sich in erster Linie dann, wenn die Parteientschädigung – etwa aufgrund von Verfahrensfehlern einer Behörde – nach dem Verursacherprinzip oder nach Billigkeit aufzuerlegen ist (vgl. N. 25 ff.). Von der alleinigen Entschädigungspflicht der unterliegenden privaten Partei kann ausserdem abgewichen werden, wenn das beteiligte Gemeinwesen im Verfahren überwiegend eigene, namentlich finanzielle Interessen wahrgenommen hat.

100 Stehen sich in einem Verwaltungsprozess private Parteien mit gegensätzlichen Begehren gegenüber, so entfällt aufgrund von § 17 Abs. 3 in der Regel nicht nur die Entschädi-

---

[192] BERNET, Parteientschädigung, S. 83 und 131.
[193] RB 2007 Nr. 6, E. 2.1 (SB.2007.00017).
[194] RB 1997 Nr. 6; vgl. BGE 123 V 159, E. 4b.
[195] BGE 128 II 90, E. 2c (in Bezug auf Art. 64 Abs. 3 VwVG).

gungs*pflicht* des Gemeinwesens (im Fall des Unterliegens), sondern – im Fall des Obsiegens – grundsätzlich auch die **Entschädigungsberechtigung**. Entschädigungsberechtigt ist demnach nur die an der Seite der Amtsstelle obsiegende *private* Partei. Eine Ausnahme von diesem Grundsatz kommt nur in seltenen Fällen in Frage, zumal das Gemeinwesen ohnehin kaum je entschädigungsberechtigt ist (vgl. N. 50 ff.). Bei Konstellationen nach § 17 Abs. 3 rechtfertigt sich die Zusprechung einer Parteientschädigung an eine obsiegende Amtsstelle *ausnahmsweise* dann, wenn das betreffende Gemeinwesen in besonderer Weise betroffen ist bzw. spezifische eigene Interessen zu wahren hat[196]. Dies kann etwa der Fall sein, wenn die Vorinstanz eine Bewilligung aufgehoben und dadurch die kommunale Regelung oder Planung in Frage gestellt hat[197].

(§ 18 aufgehoben)

---

[196] VGr, 23.11.2011, VB.2011.00306, E. 6; RB 2008 Nr. 19 (VB.2007.00382, E. 4.2 = BEZ 2008 Nr. 3).
[197] VGr, 14.6.2006, VB.2006.00062, E. 4.

C. Rekurs

Vorbemerkungen zu §§ 19–28a

Literatur

Abgrenzung Rechtsmittel/Rechtsbehelfe; Rechtsmittelarten: BEERLI-BONORAND, Rechtsmittel, S. 28 ff.; GYGI, Bundesverwaltungsrechtspflege, S. 217 ff., 228 ff.; KIENER/RÜTSCHE/KUHN, Öffentliches Verfahrensrecht, N. 131 ff.; KÖLZ/HÄNER/BERTSCHI, Verwaltungsverfahren, N. 677 ff.; MOOR/POLTIER, Droit administratif II, S. 623 f.; MÜLLER MARKUS, in: Kommentar VwVG, Art. 44 N. 6 ff.; RHINOW/KOLLER/KISS/THURNHERR/BRÜHL-MOSER, Öffentliches Prozessrecht, N. 626 ff., 666 ff.

Prozessmaximen, Streitgegenstand, Prozessvoraussetzungen: AUER CH., Streitgegenstand; BIAGGINI GIOVANNI, in: Kommentar KV, Art. 18; BÜRKI, Legalität; GADOLA, Beschwerdeverfahren, S. 61 f., 79 ff., 181 ff.; GYGI, Bundesverwaltungsrechtspflege, S. 42 ff., 63 ff., 71 ff., 199 ff.; KIENER/RÜTSCHE/KUHN, Öffentliches Verfahrensrecht, N. 79 ff., 456 ff., 1196 ff.; KÖLZ, Prozessmaximen; KÖLZ/HÄNER/BERTSCHI, Verwaltungsverfahren, N. 134 ff., 685 ff., 692 ff.; MERKLI/AESCHLIMANN/HERZOG, Kommentar VRPG, Art. 72 N. 6 ff.; MEYER/VON ZWEHL, Objet du litige; PFEIFER, Untersuchungsgrundsatz; RHINOW/KOLLER/KISS/THURNHERR/BRÜHL-MOSER, Öffentliches Prozessrecht, N. 974 ff., 985 ff., 1035 ff., 1343 ff.; RÜTSCHE/SCHNEIDER, Sachverhaltsfeststellung; SALADIN, Verwaltungsverfahrensrecht, S. 92 ff.; VOGEL STEFAN, in: Kommentar KV, Art. 78; WALDMANN, Grundsätze.

Aufsichtsbeschwerde: CAVELTI/VÖGELI, Verwaltungsgerichtsbarkeit, N. 1218 ff.; GYGI, Bundesverwaltungsrechtspflege, S. 221 ff.; HÄFELIN/MÜLLER/UHLMANN, Verwaltungsrecht, N. 1835 ff.; HUNZIKER, Anzeige; IMBODEN/RHINOW/KRÄHENMANN, Verwaltungsrechtsprechung, Nr. 145; JAAG TOBIAS, Zwangsmassnahmen in der Verbandsaufsicht, ZBl 2010, 73 ff.; JAAG TOBIAS, in: Kommentar KV, Art. 94; JAAG TOBIAS, Die Gemeindeaufsicht im Kanton Zürich, ZBl 1993, 529 ff. *(Gemeindeaufsicht);* JAAG/RÜSSLI, Staats- und Verwaltungsrecht, N. 1801 ff., 2801 ff.; KIENER/RÜTSCHE/KUHN, Öffentliches Verfahrensrecht, N. 1861 ff.; KÖLZ/HÄNER/BERTSCHI, Verwaltungsverfahren, N. 763 ff.; MERKER, Rechtsmittel, § 59a; MERKLI/AESCHLIMANN/HERZOG, Kommentar VRPG, Art. 101; MOOR/POLTIER, Droit administratif II, S. 616 ff.; MÜLLER GEORG, Die Aufsicht über die selbständigen öffentlich-rechtlichen Anstalten im Kanton Zürich, ZBl 2009, 473 ff.; RHINOW/KOLLER/KISS/THURNHERR/BRÜHL-MOSER, Öffentliches Prozessrecht, N. 659 ff., 1388 ff.; SALADIN, Verwaltungsverfahrensrecht, S. 218 f.; SCHULTHESS STEFAN/WIEDERKEHR RENÉ, Aufsicht und Legalitätsprinzip, ZBl 2009, 181 ff.; THALMANN, Kommentar GG, Vorbem. zu §§ 141–150 N. 8; VOGEL STEFAN, Aufsicht, in: Marco Donatsch/Thomas Gächter (Hrsg.), Zürcher Lehrpersonalrecht, Zürich/St. Gallen 2012, S. 31 ff. *(Aufsicht);* VOGEL STEFAN, in: Kommentar VwVG, Art. 71; ZIBUNG OLIVER, in: Praxiskommentar VwVG, Art. 71.

Inhaltsübersicht

I.	Zum Rekurs im Allgemeinen	1–2
II.	Einteilung der Rechtsmittel	3–17
	A. Rechtsmittel und Rechtsbehelfe	3–5
	B. Rechtsmittelarten	6–17
	1. Einleitende Bemerkung	6
	2. Ordentliche und ausserordentliche Rechtsmittel	7–11

Mit bestem Dank an Dr. iur. PETER HÖSLI, Stellvertretender Staatsschreiber und Chef des Rechtsdiensts der Staatskanzlei, sowie Dr. iur. FELIX HELG, Leiter des Rechtsdiensts der Bildungsdirektion, für ihre hilfreichen Auskünfte zur Aufsichtsbeschwerde.

		3. Vollkommene und unvollkommene Rechtsmittel	12
		4. Devolutive und nicht-devolutive Rechtsmittel	13–14
		5. Prinzipale und subsidiäre Rechtsmittel	15–16
		6. Selbständige und unselbständige Rechtsmittel	17
III.	Prozessmaximen		18–43
	A. Prozessmaximen und Verfahrensgarantien		18–21
	B. Zu den einzelnen Prozessmaximen		22–43
		1. Offizial- und Dispositionsmaxime	22–24
		2. Untersuchungs- und Verhandlungsmaxime	25–28
		3. Rechtsanwendung von Amtes wegen und Rügeprinzip	29–31
		4. Weitere Prozessmaximen	32–43
IV.	Streitgegenstand		44–49
V.	Prozessvoraussetzungen		50–58
VI.	Rechtsmittelverzicht		59–60
VII.	Exkurs: Aufsichtsbeschwerde		61–86
	A. Charakterisierung und Rechtsgrundlagen		61–64
	B. Verhältnis zum Rechtsmittelverfahren		65–69
	C. Verhältnis zur Aufsichtsbeschwerde nach §§ 82 ff. GOG		70–71
	D. Zuständigkeit		72–76
	E. Verfahren		77–86

I. Zum Rekurs im Allgemeinen

Unterabschnitt C des zweiten Gesetzesabschnitts trägt den Titel «**Rekurs**». Er regelt das Anfechtungsobjekt des Rekurses und den Instanzenzug (§§ 19–19b), die Rekursgründe bzw. die Kognition (§ 20), die Noven (§ 20a), die Rekurslegitimation (§§ 21 und 21a) sowie das Rekursverfahren im weiteren Sinn, Letzteres unterteilt in Rekurserhebung (§§ 22–25), Verfahren in engerem Sinn (§§ 26–26d), Entscheidbefugnis (§§ 27–27b) und Rekurserledigung (§§ 27c–28a). Die Bestimmungen gelten – unter Vorbehalt der Spezialgesetzgebung – unmittelbar nicht nur für das streitige Verwaltungsverfahren, also für die Tätigkeit der verwaltungsinternen Rekursbehörden, sondern auch für das Verfahren vor Rekursgerichten (zu den Rekursbehörden vgl. § 19b N. 25 ff.; zur Stellung der §§ 19–28a im Rahmen des VRG vgl. Vorbem. zu §§ 4–31 N. 1 ff.).

Im Gegensatz zum nichtstreitigen Verwaltungsverfahren ist das **Rekursverfahren** sinngemäss als Parteiverfahren ausgestaltet. Es gleicht in den Hauptstrukturen dem verwaltungsgerichtlichen Beschwerdeverfahren. Das gilt allerdings nur abgeschwächt für das Verfahren vor verwaltungsinternen Rekursbehörden, wo sich deren hierarchisch übergeordnete Stellung gegenüber den verfügenden Behörden in verschiedener Hinsicht auswirkt. Wie die Beschwerde ist der Rekurs ein ordentliches, devolutives und reformatorisches Rechtsmittel (vgl. dazu N. 11, 13 f.); anders als die Beschwerde ist er auch ein vollkommenes Rechtsmittel (vgl. N. 12; zum Verhältnis von Rekurs und Beschwerde im Allgemeinen vgl. Vorbem. zu §§ 32–86 N. 6 ff.).

II. Einteilung der Rechtsmittel

A. Rechtsmittel und Rechtsbehelfe

3   Nach einer gängigen öffentlichrechtlichen **Definition** sind Rechtsmittel und Rechtsbehelfe Instrumente, mit denen sich Betroffene gegen Handlungen und Unterlassungen der Träger öffentlicher Aufgaben zur Wehr setzen können[1]. Insoweit umfasst die Definition einzig die nachträgliche Verwaltungsrechtspflege und spart die Klage aus, die nicht an ein Anfechtungsobjekt anknüpft, sondern die ursprüngliche Verwaltungsrechtspflege einleitet. In einem weiteren Sinn kann auch die Klage den Rechtsmitteln zugerechnet werden[2]. Als Oberbegriffe für Rechtsmittel und Rechtsbehelfe finden sich «Rechtsschutzeinrichtung», «Rechtsschutzinstrument» oder «Rechtsschutzmittel»[3]; auch «Rechtsvorkehr» kann in diesem Sinn verwendet werden.

4   **Rechtsmittel** sind an bestimmte Formen und Fristen gebunden und verpflichten die Behörden zur Behandlung der bei ihnen anhängig gemachten Streitsache und zur Ausarbeitung einer förmlichen, begründeten Entscheidung. Bei den **Rechtsbehelfen** sind die Behörden gesetzlich dazu nicht verpflichtet; die Praxis verfährt indessen bei ihnen oft in ähnlicher Weise wie bei den Rechtsmitteln. Die Grenze zwischen Rechtsmitteln und Rechtsbehelfen lässt sich daher nicht immer klar ziehen: Manchmal wird ein Rechtsbehelf in der Praxis derart formalisiert, dass ihm zumindest eine rechtsmittelähnliche Wirkung zukommt[4].

5   Beim **Rekurs** handelt es sich um ein *Rechtsmittel*. Weitere Rechtsmittel sind die Einsprache (§ 10a Abs. 2 lit. b, § 10b und § 10d VRG; § 57 Abs. 3 und § 115a Abs. 3 GG[5]), die Beschwerde (§§ 41–71), die Revision (§§ 86a–86d), die Anpassung (Vorbem. zu §§ 86a–86d N. 17 f.) sowie die Erläuterung und Berichtigung (Vorbem. zu §§ 86a–86d N. 24 ff.). Rechtsbehelfe sind das Wiedererwägungsgesuch (Vorbem. zu §§ 86a–86d N. 19 ff.) und die Aufsichtsbeschwerde (N. 61 ff.).

B. Rechtsmittelarten

1. Einleitende Bemerkung

6   Die Rechtsmittel werden gemeinhin anhand verschiedener Kriterien in bestimmte Kategorien eingeteilt. Es handelt sich um vorwiegend analytische Einteilungen mit meist be-

---

[1] Vgl. etwa KÖLZ/HÄNER/BERTSCHI, Verwaltungsverfahren, N. 678; RHINOW/KOLLER/KISS/THURNHERR/BRÜHL-MOSER, Öffentliches Prozessrecht, N. 626 f.; vgl. auch KIENER/RÜTSCHE/KUHN, Öffentliches Verfahrensrecht, N. 131.
[2] Vgl. GYGI, Bundesverwaltungsrechtspflege, S. 218 f.; RHINOW/KOLLER/KISS/THURNHERR/BRÜHL-MOSER, Öffentliches Prozessrecht, N. 627.
[3] Vgl. GYGI, Bundesverwaltungsrechtspflege, S. 219; KÖLZ/HÄNER/BERTSCHI, Verwaltungsverfahren, N. 678; RHINOW/KOLLER/KISS/THURNHERR/BRÜHL-MOSER, Öffentliches Prozessrecht, N. 629.
[4] Vgl. zur Abgrenzung z.B. GYGI, Bundesverwaltungsrechtspflege, S. 217 ff.; KIENER/RÜTSCHE/KUHN, Öffentliches Verfahrensrecht, N. 131 ff.; KÖLZ/HÄNER/BERTSCHI, Verwaltungsverfahren, N. 678; RHINOW/KOLLER/KISS/THURNHERR/BRÜHL-MOSER, Öffentliches Prozessrecht, N. 630 ff.
[5] Die gemeinderechtliche Einsprache soll jedoch durch die «Neubeurteilung» ersetzt werden (§§ 182 f. E-GG; Weisung GG, S. 40 f.).

schränkter praktischer Bedeutung; wenn eine gesetzliche Regelung fehlt oder auslegungsbedürftig ist, können sie allerdings zur Interpretation beigezogen werden[6].

2. Ordentliche und ausserordentliche Rechtsmittel

Die **Definition** der ordentlichen und der ausserordentlichen Rechtsmittel ist **umstritten**. Teils wird der Begriff «ordentliches Rechtsmittel» als Synonym für das prinzipale Rechtsmittel verwendet[7]. Sieht man davon ab, geschieht die Definition des ordentlichen Rechtsmittels in der Regel entweder anhand der aufschiebenden Wirkung des Rechtsmittels oder anhand der formellen Rechtskraft des angefochtenen Entscheids[8]. Nicht alle Definitionsversuche sind dabei einem Zirkelschluss entgangen, der darin besteht, dass einerseits das ordentliche Rechtsmittel als dasjenige definiert wird, das die formelle Rechtskraft hindert, und anderseits die Hinderung der formellen Rechtskraft aus dem ordentlichen Charakter des Rechtsmittels hergeleitet wird[9]: Die formelle Rechtskraft wird gerade dadurch definiert, dass kein ordentliches Rechtsmittel gegen den betreffenden Entscheid mehr gegeben ist (Vorbem. zu §§ 86a–86d N. 6). Ein vergleichbarer Zirkelschluss ist auch möglich, wenn die aufschiebende Wirkung als Abgrenzungskriterium aufgefasst wird.

Ob ein Rechtsmittel ordentlich ist, sollte anhand seiner **Funktion** und seiner **Stellung im Rechtsmittelsystem** beantwortet werden: Wenn das fragliche Rechtsmittel zum Zweck hat, die Sache zur Gewährung des Rechtsschutzes vor die nächste funktionell zuständige Instanz zu bringen, ist von einem ordentlichen Rechtsmittel auszugehen; wenn ein eigenständiges, neues Verfahren eröffnet wird, weil aufgrund besonderer Umstände oder unter bestimmten Gesichtspunkten auf einen Entscheid zurückzukommen ist, handelt es sich um ein ausserordentliches Rechtsmittel[10]. Merkmale wie die aufschiebende Wirkung können einerseits als Indizien für die Klassierung eines Rechtsmittels dienen, falls sie aufgrund des Gesetzes oder ständiger – nicht mit dem Charakter des Rechtsmittels begründeter – Praxis feststehen; sie können anderseits im Fall des Fehlens einer gesetzlichen Regelung grundsätzlich aus dem Charakter des Rechtsmittels abgeleitet werden, falls dieser unabhängig vom betreffenden Merkmal bestimmt wurde. Die Hemmung der formellen Rechtskraft ist als übliche Wirkung eines ordentlichen Rechtsmittels zu betrachten, die sich aus dessen Funktion ergibt.

Wird nur ein Teil einer Anordnung mit einem ordentlichen Rechtsmittel angefochten, so erwächst der übrige Teil in formelle Rechtskraft, sofern sich nach der Natur der Streitsache die einzelnen Punkte voneinander trennen lassen (sogenannte **Teilrechtskraft**)[11].

---

[6] Zu den Rechtsmittelarten (auch zu allem Folgenden) KIENER/RÜTSCHE/KUHN, Öffentliches Verfahrensrecht, N. 134 ff.; KÖLZ/HÄNER/BERTSCHI, Verwaltungsverfahren, N. 680 ff.; RHINOW/KOLLER/KISS/THURNHERR/BRÜHL-MOSER, Öffentliches Prozessrecht, N. 666 ff.
[7] Vgl. Art. 119 BGG und dazu MISIC, Verfassungsbeschwerde, N. 112.
[8] Eingehend MISIC, Verfassungsbeschwerde, N. 109 ff.
[9] So der Vorwurf von KIENER/RÜTSCHE/KUHN, Öffentliches Verfahrensrecht, N. 135; STAEHELIN/STAEHELIN/GROLIMUND, Zivilprozessrecht, § 25 N. 3.
[10] In diesem Sinn: A. AUER, Terra incognita, S. 167; KÖLZ/HÄNER/BERTSCHI, Verwaltungsverfahren, N. 680. Wohl auch in diese Richtung zielend (aber wenig überzeugend am Kriterium des Fristbeginns anknüpfend): KIENER/RÜTSCHE/KUHN, Öffentliches Verfahrensrecht, N. 134 ff.
[11] Vgl. BGE 135 III 212, E. 1.2.3.

10 Mit der **formellen Rechtskraft** tritt die **Vollstreckbarkeit** ein (§ 30 Abs. 1, § 66). Das ist der Fall, wenn die Anordnung bzw. der Entscheid nicht mehr mit einem ordentlichen Rechtsmittel anfechtbar ist oder wenn die Rechtsmittelfrist unbenutzt verstrichen ist. Umgekehrt kann ein Verwaltungsakt bereits vor dem Eintreten der formellen Rechtskraft vollstreckbar sein, nämlich wenn dem Rechtsmittel keine aufschiebende Wirkung zukommt oder diese entzogen wurde (vgl. § 30 Abs. 1). Wenn ein Rechtsmittel erhoben wurde, wird die Vollstreckung in der Praxis jedoch regelmässig zumindest bis zum Entscheid über dessen aufschiebende Wirkung aufgeschoben (vgl. im Einzelnen § 30 N. 3 ff.).

11 **Ordentliche** Rechtsmittel sind die Einsprache[12], der Rekurs und die Beschwerde; **ausserordentliche** Rechtsmittel sind die Revision, das Anpassungsgesuch sowie das Erläuterungs- und Berichtigungsgesuch.

3. Vollkommene und unvollkommene Rechtsmittel

12 Die Unterscheidung zwischen vollkommenen und unvollkommenen Rechtsmitteln betrifft die zulässigen **Rechtsmittelgründe** und damit – weil sich diese mit der Prüfungsbefugnis der Rechtsmittelbehörde decken – den Umfang der **Kognition**. Mit den *vollkommenen Rechtsmitteln* können sämtliche Mängel einer Anordnung oder eines Entscheids gerügt werden. Im Sinn der traditionellen Dreiteilung der Kognition in Rechts-, Sachverhalts- und Ermessenskontrolle kann mit vollkommenen Rechtsmitteln nicht nur unrichtige Rechtsanwendung geltend gemacht werden, sondern auch unrichtige oder unvollständige Sachverhaltsermittlung sowie – was besonders kennzeichnend ist – unzweckmässige Ermessensausübung. Bei *unvollkommenen Rechtsmitteln* sind die Rechtsmittelgründe eingeschränkt; dies betrifft zunächst die Ermessenskontrolle, je nach Rechtsmittel aber auch die Sachverhalts- und die Rechtskontrolle. Nur Einsprache und Rekurs sind vollkommene Rechtsmittel.

4. Devolutive und nicht-devolutive Rechtsmittel

13 Bei *devolutiven Rechtsmitteln* geht die **Zuständigkeit** zur Behandlung der Sache an eine andere, der anordnenden bzw. entscheidenden Behörde im Rahmen der funktionellen Zuständigkeit übergeordnete Instanz über. Bei *nicht-devolutiven Rechtsmitteln* ist diejenige Instanz, welche die Verfügung oder den Entscheid erlassen hat, zugleich Rechtsmittelinstanz. Devolutive Rechtsmittel sind Rekurs und Beschwerde (mit Vorbehalten in Bezug auf die Rechtsmittel gegen Rechtsverweigerung und Rechtsverzögerung; vgl. dazu näher § 19 N. 44, 53). Die Einsprache ist ein nicht-devolutives Rechtsmittel. (Für die gemeinderechtliche Einsprache nach § 57 Abs. 3 und § 115a Abs. 3 GG gilt dies allerdings nur eingeschränkt; als massgebliches Kriterium erscheint, ob der erstinstanzliche Entscheid bereits im Namen der Einsprachebehörde gefällt wird[13].) Nicht-devolutiv sind auch Revision, Anpassung, Erläuterung und Berichtigung.

14 Innerhalb der devolutiven Rechtsmittel unterscheidet man zwischen **reformatorischen** und **kassatorischen** Rechtsmitteln. Bei den Ersteren ist die Rechtsmittelinstanz im Fall

---

[12] A.M. VGr, 26.7.2012, VB.2012.00184, E. 4.2, gestützt auf THALMANN, Kommentar GG, § 57 N. 7.2.1, wobei offen bleibt, welche Definition des ordentlichen Rechtsmittels dieser Einstufung zugrunde liegt.
[13] Vgl. auch (in anderem Zusammenhang) BGE 131 V 407, E. 2.1.2.1.

der Gutheissung befugt, selber einen neuen Entscheid zu treffen; bei den kassatorischen kann sie lediglich den Entscheid der Vorinstanz aufheben und die Sache zur Neubeurteilung zurückweisen. In diesem Sinn handelt es sich bei Rekurs und Beschwerde um reformatorische Rechtsmittel, was kassatorische Entscheide nicht ausschliesst (vgl. zum Rekurs im Einzelnen § 28 N. 36, 38 f.). Abweichend von der hier verwendeten Terminologie gehen Teile der Lehre davon aus, dass Rechtsmittel, die sowohl reformatorische als auch kassatorische Entscheide erlauben, sich keiner der beiden Kategorien zuordnen lassen[14]. Damit werden Rechtsmittelart und Entscheidtypus gleichgesetzt, was nicht überzeugt.

5. Prinzipale und subsidiäre Rechtsmittel

Von einem *prinzipalen* und einem *subsidiären* Rechsmittel spricht man dann, wenn das eine (das prinzipale) dem anderen (dem subsidiären) **vorgeht.** Das Problem der Rangfolge stellt sich nur, wenn grundsätzlich die Prozessvoraussetzungen beider in Frage kommender Rechtsmittel erfüllt sind[15]. Zu unterscheiden ist zwischen relativer und absoluter Subsidiarität: Bei *relativer Subsidiarität* kann das subsidiäre Rechtsmittel erst ergriffen werden, nachdem das Verfahren des prinzipalen Rechtsmittels abgeschlossen ist; bei *absoluter Subsidiarität* schliesst das prinzipale das subsidiäre Rechtsmittel ganz aus[16]. Während die Beschwerde an das Verwaltungsgericht im Verhältnis zum Rekurs gegen erstinstanzliche Anordnungen als relativ subsidiär bezeichnet werden kann (vgl. § 41 Abs. 1), ist der Rekurs gegen Rekursentscheide im Verhältnis zur Beschwerde an das Verwaltungsgericht absolut subsidiär (§ 19 Abs. 3).

15

In den Fällen **unechter Konkurrenz** zwischen zwei Rechtsmitteln, in denen die Anwendungsbereiche zweier Rechtsmittel ohne Überschneidungen festgelegt sind, liegt keine Rangfolge vor. Das gilt namentlich für das Verhältnis zwischen Anfechtungsverfahren und Klage (vgl. Vorbem. zu §§ 32–86 N. 13). Somit sollte in diesem Zusammenhang nicht von prinzipalen und subsidiären Rechtsmitteln gesprochen werden. Teilweise werden die Begriffe allerdings unspezifisch verwendet: Von einem prinzipalen und einem subsidiären Rechtsmittel ist manchmal bereits die Rede, wenn aufgrund der unterschiedlichen Voraussetzungen ein Rechtsmittel gegeben ist und ein anderes nicht.

16

6. Selbständige und unselbständige Rechtsmittel

Selbständige Rechtsmittel (Hauptrechtsmittel) hängen nicht von einem anderen Rechtsmittel ab, *unselbständige* dagegen schon. Unselbständig sind **Anschlussrechtsmittel,** die erhoben werden können, wenn eine Gegenpartei ein Rechtsmittel eingelegt hat. Ihr Streitgegenstand richtet sich nach demjenigen des Hauptrechtsmittels, und sie fallen dahin, wenn das Hauptrechtsmittel zurückgezogen wird oder darauf nicht eingetreten wird[17]. In der Verwaltungsrechtspflege spielt das Anschlussrechtsmittel kaum eine Rolle. Die Spezialgesetzgebung des Bundes sieht in Art. 78 Abs. 2 EntG eine Anschluss-

17

---

[14] Kiener/Rütsche/Kuhn, Öffentliches Verfahrensrecht, N. 142; Rhinow/Koller/Kiss/Thurnherr/Brühl-Moser, Öffentliches Prozessrecht, N. 675.
[15] Vgl. Kölz/Häner/Bertschi, Verwaltungsverfahren, N. 684.
[16] Kiener/Rütsche/Kuhn, Öffentliches Verfahrensrecht, N. 144 f.
[17] Zum Ganzen z.B. Gygi, Bundesverwaltungsrechtspflege, S. 234. Vgl. die Anschlussberufung nach Art. 313 ZPO.

beschwerde vor[18]; das Zürcher Verwaltungsprozessrecht kennt kein Anschlussrechtsmittel, auch nicht in Abtretungsstreitigkeiten. Deshalb ist auf Anträge in Rekurs- und Beschwerdeantworten, die über den Streitgegenstand des Rekurses bzw. der Beschwerde hinausgehen, nicht einzugehen. Die Praxis hält dies jeweils nur in den Erwägungen und nicht im Dispositiv fest[19]. Erhebt eine Partei ein «Anschlussrechtsmittel», so ist zu differenzieren: Liegt eine bedingte Rechtsmittelerhebung vor, so ist das Rechtsmittel unzulässig (vgl. § 23 N. 10). Ist dagegen der Wille zur selbständigen Rechtsmittelerhebung gegeben, so schadet die unzutreffende Bezeichnung nichts, und auf das Rechtsmittel kann grundsätzlich eingetreten werden; allerdings dürfte oft die Rechtsmittelfrist nicht eingehalten sein[20].

III. Prozessmaximen

A. Prozessmaximen und Verfahrensgarantien

18 **Prozess-** oder **Verfahrensmaximen** (auch: -grundsätze) sind keine Rechtssätze, sondern *Leitlinien,* nach denen sich die Ausgestaltung einer Verfahrensordnung richtet. Teils sind sie im VRG wie in anderen Verfahrensordnungen positivrechtlich normiert worden; im Übrigen bieten sie Auslegungshilfen, die bei unklaren oder lückenhaften Regelungen herangezogen werden können. Viele Verfahrensmaximen werden in Literatur und Praxis zusammen mit ihrem Gegenstück als *Gegensatzpaare* behandelt. Eine Verfahrensordnung kann Elemente gegensätzlicher Maximen in sich vereinigen und dennoch ein sinnvolles Ganzes ergeben[21].

19 Einige Maximen betreffen die Rahmenbedingungen des **Prozessbetriebs** (z.B. Amtsbetrieb, Eventualmaxime, Öffentlichkeit/Nichtöffentlichkeit, Mündlichkeit/Schriftlichkeit, Prozessökonomie, Verfahrenseinheit). Andere beschlagen die Rahmenbedingungen der **Beurteilung,** nämlich die Aufgabenverteilung zwischen den Verfahrensbeteiligten in Bezug auf den Beginn, den Gang und die Beendigung des Verfahrens und die Herrschaft über den Streitgegenstand (Offizial-/Dispositionsmaxime) sowie die Verantwortlichkeit für die Sachverhaltsermittlung (Untersuchungs-/Verhandlungsmaxime) und die Rechtsanwendung (von Amtes wegen/auf Rüge hin).

20 Manche Verfahrensmaximen stimmen grundsätzlich oder teilweise mit verfahrensbezogenen grundrechtlichen Ansprüchen überein, die vom Verfassungs- oder Völkerrecht eingeräumt und als **Verfahrensgarantien** bezeichnet werden. Ein unumstrittener Kanon, welche Verfahrensgarantien zugleich zu den Verfahrensmaximen zu zählen sind, besteht nicht. Die Verfahrensgarantien ihrerseits stellen ein Gewebe aus Regeln dar, die im Lauf

---

[18] Vgl. KÖLZ/HÄNER/BERTSCHI, Verwaltungsverfahren, N. 1951, m.H.
[19] Vgl. z.B. VGr, 21.11.2012, VB.2012.00287, E. 2.
[20] Vgl. immerhin VGr, 14.5.2008, SB.2007.00125 und 2008.00002, E. 1, wo die Frist gewahrt wurde (anders als in VGr, 14.5.2008, SB.2007.00126 und 2008.00003, E. 1 und 2.1).
[21] Zum Ganzen KÖLZ/HÄNER/BERTSCHI, Verwaltungsverfahren, N. 135. Zu den Prozessmaximen (auch zu allem Folgenden) vgl. namentlich KIENER/RÜTSCHE/KUHN, Öffentliches Verfahrensrecht, N. 79 ff.; KÖLZ/HÄNER/BERTSCHI, Verwaltungsverfahren, N. 134 ff.; RHINOW/KOLLER/KISS/THURNHERR/BRÜHL-MOSER, Öffentliches Prozessrecht, N. 974 ff.; WALDMANN, Grundsätze.

einer historischen, nicht abgeschlossenen Entwicklung angesichts konkreter Problemstellungen und anhand der tragenden Grundwerte der Bundesverfassung und der internationalen Menschenrechtsgarantien herausgearbeitet wurden, wobei es zwangsläufig zu Überschneidungen und Konkordanzproblemen kam[22]. Als Leitidee kann die *Verfahrensfairness* bestimmt werden (während in der Schweiz herkömmlicherweise das Verbot der formellen Rechtsverweigerung im weiteren Sinn als Oberbegriff dient)[23]; die *einzelnen Verfahrensgarantien* sind (unter Ausklammerung der strafprozessualen Garantien):

- die *Rechtsweggarantie* (Art. 29a BV; Art. 6 Ziff. 1 EMRK; vgl. § 41 N. 5 ff.) und das Recht auf eine wirksame Beschwerde (Art. 13 EMRK, vgl. dazu § 26 N. 7; vgl. auch den Gesetzgebungsauftrag von Art. 77 Abs. 1 KV und dazu § 19b N. 4 f., § 26 N. 8 f.);
- der Anspruch auf ein *gesetzliches, zuständiges, unabhängiges und unparteiisches Gericht* (Art. 30 Abs. 1 BV; Art. 6 Ziff. 1 EMRK; vgl. Vorbem. zu §§ 32–40a N. 6) bzw. die entsprechenden (eingeschränkten) Garantien gegenüber Verwaltungsbehörden (Art. 29 Abs. 1 BV; vgl. § 5a N. 4 f., § 26 N. 6, 10 f.);
- das Verbot der formellen *Rechtsverweigerung* im engeren Sinn und der *Rechtsverzögerung* (Art. 29 Abs. 1 BV; Art. 6 Ziff. 1 EMRK; Art. 18 Abs. 1 KV; vgl. § 19 N. 40 ff.), wobei Letzteres wiederum im Zusammenhang steht mit dem Grundsatz der Prozessökonomie (vgl. N. 41 f.);
- der Anspruch auf *rechtliches Gehör* (Art. 29 Abs. 2 BV; Art. 6 Ziff. 1 EMRK; vgl. auch Art. 18 Abs. 2 KV; vgl. § 8);
- der Anspruch auf *Rechtsmittelbelehrung* (Art. 18 Abs. 2 KV; vgl. § 10 N. 40 ff.);
- die Ansprüche auf (Publikums-)*Öffentlichkeit* und *Mündlichkeit* (Art. 30 Abs. 3 BV; Art. 6 Ziff. 1 EMRK; vgl. auch Art. 78 KV; vgl. N. 35 f.; § 59 N. 8 f.; § 62 N. 1 ff.);
- das Gebot der *Gleichbehandlung* der Parteien im Prozess («Waffengleichheit»; Art. 8 Abs. 1 und Art. 29 Abs. 1 BV; Art. 6 Ziff. 1 EMRK; vgl. N. 38);
- die verfahrensrechtlichen Gehalte des Gebots von *Treu und Glauben* sowie des Verbots des *überspitzten Formalismus* (Art. 5 Abs. 3, Art. 9 und Art. 29 Abs. 1 BV; Art. 6 Ziff. 1 EMRK; vgl. N. 39 f.);
- der Anspruch auf *unentgeltliche Rechtspflege* und unentgeltlichen Rechtsbeistand (Art. 29 Abs. 3 BV; Art. 6 Ziff. 1 EMRK; vgl. § 16 N. 3 ff.);
- der Anspruch auf *wohlfeile Verfahrenserledigung* (Art. 18 Abs. 1 KV; vgl. § 13 N. 26, § 17 N. 57). Auch das Legalitätsprinzip im Abgaberecht (Art. 5 Abs. 1 und Art. 127 BV[24]; vgl. auch Art. 126 Abs. 2 KV) wirkt sich auf die Verfahrenskosten aus (vgl. § 13 N. 12 ff.).

---

[22] KÖLZ/HÄNER/BERTSCHI, Verwaltungsverfahren, N. 170.
[23] KÖLZ/HÄNER/BERTSCHI, Verwaltungsverfahren, N. 168, m.H.
[24] Zur Anerkennung als verfassungsmässiges Individualrecht mit Geltung auch für die Kantone: BIAGGINI, in: Basler Kommentar BGG, Art. 116 N. 13, m.H.

21 Welche **prozessrechtlichen Institute** zu den Verfahrensmaximen zu rechnen sind, wird nicht einheitlich beantwortet; Teile der Lehre zählen zum Beispiel die Rechtshängigkeit (Vorbem. zu §§ 4–31 N. 28 ff.) dazu[25].

B. Zu den einzelnen Prozessmaximen

1. Offizial- und Dispositionsmaxime

22 In einem von der **Offizialmaxime** beherrschten Verfahren hat die Behörde das Recht und die Pflicht, das Verfahren einzuleiten, dessen Gegenstand zu bestimmen und es durch Verfügung oder Urteil zu beenden.

23 In einem von der **Dispositionsmaxime** geprägten Verfahren haben ausschliesslich die Parteien das Recht, das Verfahren einzuleiten (nemo iudex sine actore), den Streitgegenstand zu bestimmen und das Verfahren durch Anerkennung, Verzicht, Vergleich oder Rückzug zu beenden. Die Dispositionsmaxime hat auf die Sachurteilsvoraussetzungen keinen Einfluss; deren Vorhandensein ist stets von Amtes wegen unabhängig von Parteianträgen zu prüfen[26]. Die Herrschaft der Parteien über den Streitgegenstand hat zur Folge, dass die entscheidende Behörde einer Partei nicht mehr und nichts anderes zusprechen darf, als diese beantragt hat. Sie darf aber auch nicht weniger zusprechen, als die Gegenpartei anerkannt hat (ne eat iudex ultra petita partium). Aus der Dispositionsmaxime leitet sich ferner die Möglichkeit neuer Begehren ab.

24 Im **nichtstreitigen Verwaltungsverfahren** gilt die Offizialmaxime in jenen Fällen, in denen das Verfahren von Amtes wegen einzuleiten ist, und in den anderen Fällen insoweit, als die entscheidende Behörde nicht an die gestellten Begehren gebunden ist (§ 7 Abs. 4 Satz 3; vgl. § 7 N. 173). Der **Verwaltungsprozess,** vor allem das Verfahren vor Verwaltungsgericht, ist dagegen stärker von der Dispositionsmaxime beeinflusst. Zu den einzelnen Aspekten der beiden Maximen im Verwaltungsprozess ist Folgendes festzuhalten:

– *Herrschaft über den Streitgegenstand:* Im Rekurs- und Beschwerdeverfahren sind Änderungen des Streitgegenstands nur dann zulässig, wenn der Antrag auf ein Minus des ursprünglich gestellten Begehrens reduziert wird; neue Sachbegehren sind nicht zugelassen (§ 20a Abs. 1, gegebenenfalls in Verbindung mit § 52 Abs. 1).

– *Entscheidungsbefugnis der Rechtsmittelinstanz:* Die Rekursinstanz kann grundsätzlich zugunsten der rekurrierenden Partei über die Rekursbegehren hinausgehen oder die angefochtene Anordnung zu deren Nachteil abändern (§ 27), während dem Verwaltungsgericht im Beschwerdeverfahren die Möglichkeit einer solchen reformatio in peius vel melius verwehrt ist (§ 63 Abs. 2).

– *Verfahrenserledigung ohne Anspruchsprüfung:* Der Rekurs- bzw. Beschwerderückzug führt zur Abschreibung des Rechtsmittelverfahrens (§ 28 N. 22, 24; § 63 N. 4 f.). Die *Anerkennung* ist im Rechtsmittelverfahren insofern möglich, als die Behörde in der Rolle der Gegenpartei eine Wiedererwägung im Sinn der Anträge der rekurrieren-

---

[25] So KIENER/RÜTSCHE/KUHN, Öffentliches Verfahrensrecht, N. 122 ff.; RHINOW/KOLLER/KISS/THURNHERR/BRÜHL-MOSER, Öffentliches Prozessrecht, N. 978.
[26] GYGI, Bundesverwaltungsrechtspflege, S. 73.

den bzw. beschwerdeführenden Partei vornehmen kann. Der *Vergleich* ist sowohl gerichtlich als auch aussergerichtlich denkbar. Der gerichtliche Vergleich – eingeschlossen die in einem solchen Rahmen erfolgte Anerkennung – führt allerdings gemäss der Praxis des Verwaltungsgerichts nicht zur Abschreibung des Verfahrens, sondern zu einem Entscheid aufgrund einer summarischen Prüfung (vgl. zu dieser nicht ganz schlüssigen Praxis eingehend § 63 N. 9 ff.).

2. Untersuchungs- und Verhandlungsmaxime

Die **Verhandlungsmaxime** überträgt die Verantwortung für die Sachverhaltsermittlung den Parteien. Es bleibt diesen überlassen, Tatsachen in das Verfahren einzuführen und nötigenfalls zu beweisen. Die Behörde hat ihrem Entscheid nur solche Tatsachen zugrunde zu legen, welche von einer Partei behauptet und – im Fall der Bestreitung – bewiesen worden sind.

Nach der **Untersuchungsmaxime** ist die entscheidende Behörde für die Beschaffung des entscheidrelevanten Tatsachenmaterials, d.h. für die Ermittlung des massgebenden Sachverhalts, verantwortlich[27]. Die Parteien können zwar eigene Behauptungen aufstellen und die Abnahme von Beweismitteln beantragen; die entscheidende Behörde hat jedoch selbständig die ihr notwendig scheinenden Massnahmen zur Tatsachenermittlung zu treffen. Es besteht daher weder eine *Behauptungslast* noch eine *subjektive Beweislast (Beweisführungslast)* der Parteien. Die Entscheidungsinstanz ist auch nicht an Tatsachen gebunden, die alle Parteien anerkannt haben, wobei in der Praxis anerkannte Tatsachen in der Regel nicht weiter abgeklärt werden (vgl. § 7 N. 22). Die Untersuchungsmaxime kommt der im Prozess unbeholfenen Partei zugute; entsprechend kommen Untersuchungsmassnahmen der Behörden als Mittel zur Gewährleistung der prozessualen «Waffengleichheit» in Frage (N. 38).

Die Untersuchungsmaxime bildet die Modellvorstellung des öffentlichen Verfahrensrechts. Sie bzw. die Untersuchungspflicht der Behörden ist allerdings insoweit eingeschränkt, als einer Partei *Mitwirkungspflichten* auferlegt sind (§ 7 N. 5, 89 ff.). Sodann ändert die Untersuchungsmaxime nichts an der Regelung der *objektiven Beweislast;* wer diese trägt, bestimmt sich nach dem materiellen Recht (vgl. § 7 N. 7, 157 ff.). Daher müssen die Parteien im eigenen Interesse bei der Beweisbeschaffung mitwirken. Die Behörden forschen nicht von Amts wegen nach nicht aktenkundigen Tatsachen, wenn von der Partei nach den Umständen ein entsprechender Hinweis erwartet werden darf (vgl. § 7 N. 21, 33). Die Untersuchungsmaxime wird somit erheblich relativiert[28]; faktisch können diese Relativierungen einer Beweisführungslast und einer Behauptungslast bezüglich der für die Partei allenfalls günstigen Tatsachen nahekommen. Diese Lasten sind nicht mit der Begründungspflicht im Sinn von § 23 Abs. 1 Satz 1 und § 54 Abs. 1 gleichzusetzen, die eine Sachurteilsvoraussetzung bildet (vgl. § 23 N. 19). Die Praxis führt die Relativierun-

---

[27] Ein engeres Verständnis der Untersuchungsmaxime schlagen RÜTSCHE/SCHNEIDER, Sachverhaltsfeststellung, S. 80 ff., vor. Vgl. auch KIENER/RÜTSCHE/KUHN, Öffentliches Verfahrensrecht, N. 95.
[28] VGr, 17.5.2011, VB.2011.00208, E. 2.2.

gen der Untersuchungsmaxime oft auf das Rügeprinzip zurück[29], womit dieser Begriff in einem weiten Sinn verwendet wird (vgl. dagegen N. 30).

28 Dem **Zivilprozess** liegt die Verhandlungsmaxime zugrunde, was allerdings namentlich durch Ausnahmen zugunsten der Untersuchungsmaxime (vgl. Art. 153, 247, 272 und 296 ZPO) und durch die richterliche Fragepflicht (Art. 56 ZPO) relativiert wird[30]. Der Unterschied zwischen Verwaltungs- und Zivilprozess wird demnach durch Einschränkungen der jeweils herrschenden Maxime abgeschwächt.

3. Rechtsanwendung von Amtes wegen und Rügeprinzip

29 Der Grundsatz **der Rechtsanwendung von Amtes wegen** (iura novit curia) besagt, dass es Aufgabe der entscheidenden Behörden ist, die auf ein Verwaltungsrechtsverhältnis anwendbaren Normen aufzufinden und anzuwenden (§ 7 N. 165). Er ist zusammen mit der Untersuchungsmaxime ein wichtiger Garant für die materielle Rechtmässigkeit des Verwaltungshandelns. Er gilt im nichtstreitigen Verwaltungsverfahren wie im Verwaltungsprozess. Im Verwaltungsprozess besteht zwar das Erfordernis einer Rechtsmittel- oder Klagebegründung (§ 23 Abs. 1 Satz 1, § 54 Abs. 1, § 83 Abs. 1 Satz 2) als Prozessvoraussetzung; dies ändert an der Geltung des Grundsatzes der Rechtsanwendung von Amtes wegen jedoch insoweit nichts, als die entscheidende Behörde in keiner Weise an die von den Parteien vorgebrachte rechtliche Begründung gebunden ist. Gilt der Grundsatz der Rechtsanwendung von Amtes wegen, so kann die Rechtsmittelbehörde – im Rahmen des Streitgegenstands – eine *Motivsubstitution* vornehmen, d.h. sie kann die angefochtene Verfügung aus anderen als den von der Vorinstanz angeführten rechtlichen Gründen bestätigen (§ 7 N. 167). Die Rechtsmittelbehörde darf allerdings ihren Entscheid nicht auf einen anderen Rechtsgrund stützen, der weder von der Vorinstanz erwogen noch von der rekurrierenden Person geltend gemacht wurde. Sie darf also nicht die von der Vorinstanz festgelegte oder von der rekurrierenden Partei beantragte Rechtsfolge aus einem wesentlich verschiedenen Sachverhalt, verbunden mit einem anderen Rechtssatz, ableiten. Damit würde die Bindung an den Streitgegenstand missachtet (vgl. N. 46)[31].

30 Im Gegensatz zum Grundsatz der Rechtsanwendung von Amtes wegen steht das **Rügeprinzip**. Sein Ansatzpunkt ist die Begründungs- oder Rügepflicht, welche die Rekurrierenden bzw. Beschwerdeführenden dazu anhält, konkrete Einwände gegenüber dem angefochtenen Akt vorzubringen. Diese Rügen dürfen nicht mit den Beschwerdegründen verwechselt werden. Die gängige Bezeichnung als Pflicht ist zudem unspezifisch; es handelt sich strenggenommen um eine Last oder Obliegenheit. In der Lehre wird eine Kontroverse darüber geführt, ob von der Geltung des Rügeprinzips bereits dann die Rede sein soll, wenn die Rechtsmittelinstanz sich grundsätzlich auf die Prüfung der vorgebrachten Rügen beschränken darf, oder erst dann, wenn sie sich auf diese Prüfung beschränken

---

[29] Z.B. VGr, 17.5.2011, VB.2011.00208, E. 2.2; vgl. auch RB 1997 Nr. 7. Teile der Lehre beziehen das Rügeprinzip ebenfalls auf die Sachverhaltsfeststellung; vgl. GYGI, Bundesverwaltungsrechtspflege, S. 214 f.; WALDMANN, Grundsätze, S. 19.
[30] KÖLZ/HÄNER/BERTSCHI, Verwaltungsverfahren, N. 136, 145.
[31] Vgl. GYGI, Bundesverwaltungsrechtspflege, S. 213 f., 256 f.

muss (wie es Art. 106 Abs. 2 BGG vorsieht)[32]. Die Begriffsverwendung des Verwaltungsgerichts ist uneinheitlich und teils unspezifisch[33]. Dahinter ist die Vorstellung auszumachen, dass das Rügeprinzip die Rechtsanwendung von Amtes wegen je nach den anwendbaren Verfahrensbestimmungen und den Charakteristika des jeweiligen Rechtsmittels in gradueller Abstufung beschränkt[34]. Dies entspricht der allgemein anerkannten Ansicht, wonach im Rechtsmittelverfahren der Grundsatz der Rechtsanwendung von Amtes wegen durch eine mehr oder weniger streng gehandhabte Fokussierung auf die vorgebrachten Rügen relativiert wird.

Im **Zürcher Verwaltungsprozess** haben Rekurs und Beschwerde eine Begründung zu enthalten (§ 23 Abs. 1 Satz 1, § 54 Abs. 1). Es gilt der Grundsatz der Rechtsanwendung von Amtes wegen (§ 7 Abs. 4 Satz 2, für das Verwaltungsgericht in Verbindung mit § 70). Dieser wird jedoch insofern relativiert, als die Rechtsmittelinstanz sich im Prinzip auf die Prüfung der vorgebrachten Rügen beschränken darf, soweit der angefochtene Entscheid nicht offensichtliche Mängel aufweist (vgl. im Einzelnen § 50 N. 9 ff.). Wie das Verwaltungsgericht zutreffend festhält, handelt es sich jedoch um eine Einschränkung der Prüfungspflicht, nicht des Prüfungsrechts[35]. Im Ergebnis prüfen die Rechtsmittelinstanzen in der Regel nur die geltend gemachten sowie die offensichtlichen Rechtsmängel (vgl. § 7 N. 172). Im Baurecht stützt sich das Verwaltungsgericht auf das Rügeprinzip, um das erstmalige Vorbringen vorher nicht geltend gemachter Bauhinderungsgründe auszuschliessen – diese Herleitung ist ebenso fragwürdig wie das Ergebnis (vgl. dazu § 50 N. 12, § 52 N. 41).

31

4. Weitere Prozessmaximen

In einem vom **Amtsbetrieb** beherrschten Verfahren liegt die äussere Gestaltung des Prozessgangs in der Hand der entscheidenden Behörde. Dieser obliegt die Verfahrensleitung. Parteihandlungen, Beweiserhebungen wie die Bestellung von Sachverständigen sowie weitere Verfahrenshandlungen geschehen auf behördliche Initiative hin. Im Rahmen dieser Prozesshandlungen gibt die entscheidende Behörde den Beteiligten Gelegenheit zur Wahrung ihrer Parteirechte[36]. Der Amtsbetrieb gilt in allen Verfahrensarten. Sein Gegenstück ist der Parteibetrieb.

32

---

[32] Für die erstere Terminologie: Ch. Auer, in: Kommentar VwVG, Art. 12 N. 12; vgl. auch Waldmann, Grundsätze, S. 19 f.; für die letztere: Kölz/Häner/Bertschi, Verwaltungsverfahren, N. 155 ff. (mit eingehender Darstellung). Das Bundesgericht verwendet die letztere Terminologie (vgl. z.B. BGr, 18.6.2013, 2D_2/2013, E. 1.3; BGr, 6.5.2013, 6B_457/2012, E. 3.2; BGE 133 III 639, E. 2), allerdings nicht konsequent (vgl. etwa BGE 131 V 407, E. 2.2.1; 119 V 147, E. 1a).

[33] Gemäss einem Textbaustein relativiert das Rügeprinzip den Untersuchungsgrundsatz (z.B. VGr, 17.5.2011, VB.2011.00208, E. 2.2; vgl. auch RB 1997 Nr. 7). Vgl. für unspezifische Begriffsverwendungen VGr, 9.4.2011, VB.2011.00117, E. 2.3; VGr, 24.4.2009, VB.2009.00154, E. 1.1 und 3.1.

[34] So heisst es, es gelte im Verfahren vor Verwaltungsgericht «kein strenges» (VGr, 18.8.2011, VB.2011.00442, E. 2.3), nicht «das reine» (VGr, 2.8.2007, VB.2007.00060, E. 2.4) bzw. «kein Art. 42 Abs. 2 und Art. 106 Abs. 2 BGG entsprechendes» Rügeprinzip (VGr, 8.11.2012, VB.2012.00520, E. 1.2.3), oder das Rügeprinzip relativiere den Grundsatz der Rechtsanwendung von Amtes wegen (VGr, 13.4.2000, VB.1999.00400, E. 3).

[35] VGr, 13.4.2000, VB.1999.00400, E. 3.

[36] Zum Ganzen Gygi, Bundesverwaltungsrechtspflege, S. 63 f.

33　Die **Eventual- oder Konzentrationsmaxime** hat für das Rekursverfahren lediglich die Bedeutung, dass der Rekursantrag (§ 23 Abs. 1 Satz 1) sämtliche Begehren, auch die Eventualbegehren, enthalten muss. Ein Nachbringen von Begehren ist grundsätzlich nicht möglich. Tatsächliche Behauptungen und Beweisanerbieten können jedoch wegen der Geltung der Untersuchungsmaxime unter bestimmten Voraussetzungen später nachgebracht werden (vgl. im Einzelnen § 26b N. 26). Für das Beschwerdeverfahren ist von denselben Grundsätzen auszugehen.

34　Der Grundsatz der **freien Beweiswürdigung** bedeutet, dass die entscheidenden Behörden bei der Beweiswürdigung an keine formellen Regeln gebunden sind. Grundlage der Beweiswürdigung ist ausschliesslich die Überzeugung der entscheidenden Behörde, ob eine Tatsache aufgrund der vorliegenden Beweise als eingetreten zu betrachten sei oder nicht. Der Grundsatz der freien Beweiswürdigung ist in sämtlichen Verfahren voll verwirklicht (vgl. § 7 Abs. 4 Satz 1, für das Verwaltungsgericht in Verbindung mit § 70; dazu im Einzelnen § 7 N. 136 ff.).

35　In Bezug auf das Gebot der **Öffentlichkeit** ist zwischen Partei- und Publikumsöffentlichkeit zu unterscheiden[37]. *Parteiöffentlichkeit* bedeutet Zugang der Verfahrensbeteiligten zum Verfahren, namentlich zu den Beweishandlungen und schriftlichen Beweismitteln; sie folgt aus dem Anspruch auf rechtliches Gehör (§ 8). *Publikumsöffentlichkeit* bedeutet Zugang für die Allgemeinheit. Sie ist in hängigen Verfahren punktuell gewährleistet: Ein entsprechender Anspruch ergibt sich mit Bezug auf Gerichtsverhandlungen und Urteilsverkündungen aus Art. 6 Ziff. 1 EMRK und Art. 30 Abs. 3 BV. Die Praxis des EGMR und des Bundesgerichts zu diesen Bestimmungen bestimmt auch das Mass der Publikumsöffentlichkeit vor dem Verwaltungsgericht (vgl. im Einzelnen zur öffentlichen Verhandlung § 59 N. 8 ff., § 62 N. 1 ff.; zur öffentlichen Urteilsverkündung § 65 N. 28 ff.). Im Rekursverfahren vor anderen gerichtlichen Instanzen im Sinn von Art. 6 Ziff. 1 EMRK (vgl. § 26c N. 3 ff.) gilt im Anwendungsbereich der Konventionsbestimmung und im Rahmen, den diese steckt, ebenfalls die Publikumsöffentlichkeit (vgl. § 26b N. 33, § 28 N. 50). Soweit das Rekursverfahren nicht vor Gerichten stattfindet, ist der Anspruch auf Publikumsöffentlichkeit nach Art. 6 Ziff. 1 EMRK und Art. 30 Abs. 3 BV ohne Bedeutung. Dagegen ist Art. 78 KV auch im streitigen Verwaltungsverfahren zu beachten; laut dieser Bestimmung sind Rechtspflegeentscheide auf angemessene Weise und unter Wahrung des Persönlichkeitsschutzes der Öffentlichkeit zugänglich zu machen (Abs. 1) und ist die Entscheidpraxis zu veröffentlichen (Abs. 2; vgl. dazu § 28 N. 51 f.). Art. 78 KV ist als Auftrag an die Behörden konzipiert, doch ist davon auszugehen, dass dieser mit einem entsprechenden Anspruch der Berechtigten korreliert[38]. Der Anspruch auf Zugang zu amtlichen Dokumenten gemäss Art. 17 KV sowie seine gesetzliche Konkretisierung gemäss § 20 Abs. 1 IDG kommen in nicht rechtskräftig abgeschlossenen Verwaltungs- und Verwaltungsjustizverfahren nicht zum Zug, weil sich laut § 20 Abs. 3 IDG das Recht auf Zugang zu Information insoweit nach dem massgeblichen Verfahrensrecht richtet, also grundsätzlich nach dem VRG.

---

[37] Zum Ganzen (auch zum Folgenden) KÖLZ/HÄNER/BERTSCHI, Verwaltungsverfahren, N. 218 ff.
[38] Vgl. VOGEL, in: Kommentar KV, Art. 78 N. 1, unter Hinweis auf den grundrechtlichen Anspruch von Art. 17 KV.

Das Rekurs- und das Beschwerdeverfahren werden überwiegend vom Grundsatz der **Schriftlichkeit** beherrscht. Er wird durchbrochen von bestimmten völker- und verfassungsrechtlichen Ansprüchen auf **Mündlichkeit** der Anhörung oder der Verhandlung (was zu unterscheiden ist). Ein Anspruch auf eine mündliche Verhandlung ist im Anspruch auf öffentliche Verhandlung nach Art. 6 Ziff. 1 EMRK enthalten; im Übrigen folgt ein Anspruch auf mündliche Anhörung aus Art. 6 Ziff. 1 EMRK für das gerichtliche Verfahren über zivilrechtliche Ansprüche im Sinn dieser Bestimmung, wenn ein persönlicher Eindruck von der Partei notwendig ist. Die weitergehenden Ansprüche in Verfahren über strafrechtliche Anklagen gelten nur eingeschränkt bei Strafen von geringerem Gewicht, die nicht dem Kernbereich des Kriminalstrafrechts zuzuordnen sind[39]; sie dürften daher im Verwaltungsprozess in aller Regel nicht zur Anwendung kommen, obwohl bestimmte Verwaltungssanktionen den Strafsachen im Sinn von Art. 6 Ziff. 1 EMRK zuzuordnen sind (vgl. § 30 N. 48). Kein eigenständiges Recht auf eine mündliche Verhandlung folgt aus Art. 30 Abs. 3 BV[40]. Aus dem Anspruch auf rechtliches Gehör nach Art. 29 Abs. 2 BV ergibt sich grundsätzlich kein Anspruch auf mündliche Anhörung, doch kann eine solche laut Bundesgericht geboten sein, besonders dann, wenn der persönliche Eindruck von der Partei erheblich sein kann[41]; eine mündliche Anhörung ist auch angezeigt, wenn Dringlichkeit zwar dafür, aber nicht für schriftliche Gehörsgewährung Zeit lässt[42]. § 26b Abs. 3 und § 59 Abs. 1 räumen der Rekursbehörde bzw. dem Verwaltungsgericht zudem die Befugnis ein, eine mündliche Verhandlung anzuordnen (dazu § 26b N. 32 f., § 59 N. 3 ff.).

36

Nach dem Grundsatz der **Unmittelbarkeit** müssen sich alle massgebenden Prozesshandlungen, insbesondere die Beweisführung, vor der entscheidenden Behörde in der richtigen und vollständigen Besetzung abspielen. Danach soll nur entscheiden, wer selber unter dem Eindruck des Beweisverfahrens steht, also zum Beispiel am Augenschein teilgenommen, den Zeugen gehört oder eine Partei gesehen hat. Gilt das Prinzip der **Mittelbarkeit,** kann dagegen ein Ausschuss der urteilenden Behörde oder ein Sachbearbeiter bzw. eine Sachbearbeiterin die Beweise erheben; die Behörde entscheidet aufgrund der Akten. In der Verwaltungsrechtspflege überwiegt der Grundsatz der Mittelbarkeit[43]. Im VRG findet er seinen Ausdruck in spezifischen Bestimmungen, woraus nicht der Umkehrschluss gezogen werden kann, dass er im Übrigen nicht gelte: So überträgt § 26 Abs. 2 die Leitung des Rekursverfahrens vor dem Regierungsrat einem zentralen Rechtsdienst (vgl. § 26 N. 15 f., 25), und § 60 Satz 2 hält fest, dass das Verwaltungsgericht die Durchführung des Beweisverfahrens an eine Abordnung delegieren kann (dazu § 60 N. 24 ff.). Es besteht kein verfassungsmässiger Anspruch auf Unmittelbarkeit; insbesondere ergibt sich ein solcher nicht aus dem Grundsatz der Öffentlichkeit oder dem Anspruch auf rechtliches Ge-

37

---

[39] Zum Ganzen (auch zum Folgenden): KÖLZ/HÄNER/BERTSCHI, Verwaltungsverfahren, N. 249, m.H. auf die Rechtsprechung des EGMR.
[40] BGr, 2.8.2012, 2D_3/2012, E. 2.3; BGE 128 I 288, E. 2.3 ff. (Pra 2003 Nr. 80).
[41] BGr, 16.2.2011, 4A_661/2010, E. 2; BGE 130 II 425, E. 2.1 (Pra 2005 Nr. 71); 122 II 464, E. 4b–c (Pra 1997 Nr. 86).
[42] Vgl. BGE 131 II 670, E. 4.2; zum Ganzen KÖLZ/HÄNER/BERTSCHI, Verwaltungsverfahren, N. 248.
[43] RHINOW/KOLLER/KISS/THURNHERR/BRÜHL-MOSER, Öffentliches Prozessrecht, N. 1027. Vgl. auch VGr, 10.7.2002, PB.2002.00016 und 17, E. 5c (ZBl 2003, 185 ff.).

hör[44]. Ein Anspruch kann sich allenfalls aus den Verfassungs- und Konventionsgarantien für den Strafprozess ergeben[45].

38 Das Gebot der **Gleichbehandlung der Parteien** (Art. 8 Abs. 1 und Art. 29 Abs. 1 BV; Art. 6 Ziff. 1 EMRK) verpflichtet die Behörden, die «*Waffengleichheit*» zwischen den Parteien anzustreben[46]. Erforderlich ist nicht bloss formelle Gleichbehandlung; vielmehr ist die schwächere Partei – in der Regel die private Partei, besonders wenn sie nicht rechtskundig vertreten ist – durch geeignete Massnahmen zu unterstützen. Waffengleichheit ist allerdings nur insoweit herzustellen, als alle Parteien die gleichen prozessualen Chancen haben sollen, mit ihren materiellen Standpunkten durchzudringen[47]; es geht nicht um eine umfassende Gleichstellung, etwa in Bezug auf die Rechtsvertretung (vgl. § 16 N. 86; vgl. auch Vorbem. zu §§ 21–21a N. 10). Zudem können die verfügende Behörde und die privaten Parteien aus strukturellen Gründen besonders im erstinstanzlichen Verfahren, aber auch im Rechtsmittelverfahren nicht vollständig gleichgestellt werden[48]. Im Einzelnen lassen sich etwa folgende Grundsätze (auch) auf das Gebot der Gleichbehandlung der Parteien zurückführen:

– die gleiche Behandlung der Parteien in Bezug auf die Fristen[49], die Akteneinsicht, die Zulassung zum Beweis oder das Äusserungsrecht[50];
– das Recht auf Stellungnahme zu den Eingaben der anderen Parteien und der Vorinstanzen («Replikrecht im weiteren Sinn»)[51], das allerdings vorwiegend dem Anspruch auf rechtliches Gehör zuzurechnen ist (vgl. dazu im Einzelnen § 26b N. 38 ff., § 58 N. 30 ff.);
– das Recht auf unentgeltliche Prozessführung (Art. 29 Abs. 3 BV)[52], wobei bei der Beurteilung der Notwendigkeit eines unentgeltlichen Rechtsbeistands die Waffengleichheit wiederum zu berücksichtigen ist (vgl. § 16 N. 86);
– prozessuale Fürsorgepflichten der Behörde, etwa im Hinblick auf die Bestellung einer Vertretung für die nicht postulationsfähige Partei (dazu Vorbem. zu §§ 21–21a N. 10);
– die Berücksichtigung der Unbeholfenheit einer Partei bei der Wahrnehmung der behördlichen Aufklärungs- bzw. Orientierungspflichten, bei der Auferlegung von Mitwirkungspflichten[53] bzw. der Wahrnehmung der Untersuchungspflicht sowie bei der Würdigung von Formmängeln der Eingaben der betreffenden Partei[54];
– die Pflicht zur Publikation der Rechtsprechung von allgemeiner Bedeutung[55].

---

[44] BGE 125 I 127, E. 6c aa; 117 Ia 133, E. 1e; VGr, 1.6.2011, VB.2010.00358, E. 1.2.
[45] Zum Ganzen KÖLZ/HÄNER/BERTSCHI, Verwaltungsverfahren, N. 251.
[46] Zum Ganzen (auch zum Folgenden) vgl. KÖLZ/HÄNER/BERTSCHI, Verwaltungsverfahren, N. 207 ff.
[47] KÖLZ/HÄNER/BERTSCHI, Verwaltungsverfahren, N. 210.
[48] BGE 137 V 210, E. 2.1.2.1; 135 V 465, E. 4.3.1.
[49] BGE 126 V 244, E. 4c.
[50] BGE 122 V 157, E. 2b–c; VGr, 14.3.2001, PB.2000.00029, E. 3b.
[51] BGE 133 I 100, E. 4.3, m.H. auf die Rechtsprechung des EGMR.
[52] BGE 131 I 350, E. 3.1.
[53] VGr, 26.2.2009, VB.2008.00527, E. 4.1. Vgl. auch § 7 N. 103.
[54] KÖLZ/HÄNER/BERTSCHI, Verwaltungsverfahren, N. 210, m.H.
[55] BGE 133 I 106, E. 8.3; vgl. auch VOGEL, in: Kommentar KV, Art. 78 N. 10, m.w.H.

Die Waffengleichheit kann auch bei der Interpretation der Bestimmungen bzw. Regeln über die Beschwerdelegitimation oder Beiladung herangezogen werden, weil vergleichbar betroffenen Personen dieselbe verfahrensrechtliche Stellung zukommen sollte[56].

Der Grundsatz von **Treu und Glauben** ist in Art. 5 Abs. 3 BV als allgemeiner Verfassungsgrundsatz verankert, der sich an Behörden wie an Private richtet. Der *Vertrauensschutz* als ein Teilbereich bildet nach Art. 9 BV ein verfassungsmässiges Recht[57]. Der Grundsatz von Treu und Glauben ist in allen Verfahrensarten zu beachten und in verschiedener Hinsicht bedeutsam. Der Vertrauensschutz kommt etwa bei unrichtigen Rechtsmittelbelehrungen und unangekündigten Praxisänderungen zum Tragen, sofern eine Partei derentwegen ein prozessuales Recht verlöre. Aus der Bindung der Parteien an den Grundsatz von Treu und Glauben folgt etwa die Obliegenheit, Verfahrensmängel wie die Verletzung von Ausstandsvorschriften so rasch wie möglich zu rügen; auch werden Mitwirkungspflichten mit Treu und Glauben begründet, wenn die Behörde ohne die Mitwirkung den Sachverhalt gar nicht oder nur mit unverhältnismässigem Aufwand ermitteln könnte. Der Grundsatz ist sodann bei der Prüfung der Legitimation beachtlich (vgl. § 21 N. 22, 62, 67)[58]. 39

Das Verbot des **überspitzten Formalismus** hängt mit dem Grundsatz von Treu und Glauben (Art. 5 Abs. 3 BV) und dem Willkürverbot zusammen (Art. 9 BV); das Bundesgericht leitet es als Teilgehalt des Verbots der formellen Rechtsverweigerung aus Art. 29 Abs. 1 BV ab[59]. Überspitzter Formalismus bezeichnet eine exzessive, sachlich nicht gerechtfertigte Formstrenge, die zum Selbstzweck wird, so dass der Zugang zur Rechtspflege und die Verwirklichung des materiellen Rechts in unhaltbarer Weise erschwert oder sogar verhindert werden[60]. Ein wichtiger Anwendungsfall ist das an die Behörde gerichtete Gebot, untergeordnete Formmängel nicht ohne weiteres durch Nichteintreten zu sanktionieren, sondern zunächst eine Nachfrist zur Behebung anzusetzen (vgl. § 23 N. 6, 11). Weiter darf die Behörde den Antrag einer unbeholfenen Partei, der sich vernünftig interpretieren lässt, nicht unter Hinweis auf die strikt wörtliche Bedeutung abweisen[61]. 40

Das **Beschleunigungsgebot** verlangt, dass innert angemessener Frist über eine Sache zu entscheiden ist[62]. Zur seiner Umsetzung finden sich auf gesetzlicher Ebene eine neuerliche allgemeine Bekräftigung (§ 4a, für das Verwaltungsgericht in Verbindung mit § 70) sowie Behandlungsfristen namentlich für das Rekursverfahren (§ 27c) und für die baurechtlichen Verfahren (§§ 319 und 339a PBG; dazu und zu weiteren gesetzlichen Behandlungsfristen vgl. § 4a N. 9 ff., § 19 N. 50, § 27c N. 1 ff.). 41

---

56 Vgl. VGr, 17.12.2008, VB.2007.00398, E. 3.6.2 f. (Leitsatz: RB 2008 Nr. 20); VGr, 22.8.2002, VB.2002.00179, E. 2.
57 Dazu z.B. HÄFELIN/MÜLLER/UHLMANN, Verwaltungsrecht, N. 631 ff.
58 Zum Ganzen KÖLZ/HÄNER/BERTSCHI, Verwaltungsverfahren, N. 201 ff., m.H.
59 Zum Ganzen (auch zum Folgenden) KÖLZ/HÄNER/BERTSCHI, Verwaltungsverfahren, N. 206.
60 BGE 135 I 6, E. 2.1; 127 I 31, E. 2a bb.
61 Illustrativ BGr, 27.6.2006, 6A.36/2006, E. 3, wo die Behörde den Antrag auf amtliche Verteidigung abgewiesen hatte, weil es eine solche im Verwaltungsprozess nicht gebe, statt ihn als Antrag auf unentgeltliche Rechtsverbeiständung zu prüfen.
62 Zu den Rechtsgrundlagen vgl. § 19 N. 41; zu den Kriterien vgl. § 4a N. 20, § 19 N. 49.

42 Der Grundsatz der **Prozessökonomie** verlangt, auf einem möglichst einfachen, zweckmässigen, zeit- und kostensparenden Weg zum Abschluss des Verfahrens zu gelangen[63]. In der Lehre wird teils betont, dass die Prozessökonomie in den Dienst nicht nur der Streiterledigung, sondern aller Verfahrensfunktionen zu stellen sei[64]. Lehre und Praxis begründen zahlreiche verfahrensrechtliche Instrumente oder deren Einsatz im konkreten Fall auch mit der Prozessökonomie; Beispiele sind die Ausdehnung und die Vereinigung von Verfahren sowie die Heilung von Verfahrensmängeln[65]. Auf eine schlüssige dogmatische Verankerung des Prinzips und auf die Klärung des Verhältnisses zu den Verfahrensgarantien, insbesondere zum Beschleunigungsgebot, wird dabei oft wenig Wert gelegt. In der Lehre wird vorgeschlagen, die Prozessökonomie als eigenständiges, für sich allein jedoch nicht justiziables Verfassungsprinzip aufzufassen[66]. Jedenfalls kann die Effizienz, die definitionsgemäss im Dienst eines von ihr unabhängigen Zwecks steht, den verfassungs- und völkerrechtlichen Verfahrensgarantien nicht gleichberechtigt gegenübergestellt werden.

43 Der Grundsatz der **Verfahrenseinheit** verlangt, dass der Instanzenzug insofern einheitlich geregelt ist, als in seinem Verlauf der Zugang zu den Rechtspflegeinstanzen mittels der Prozessvoraussetzungen nur eingeengt, nicht aber erweitert werden darf. Namentlich das Anfechtungsobjekt (und damit der Streitgegenstand; vgl. N. 44 f.), die Legitimation und die Kognition können sich im Lauf des Instanzenzugs nur verengen, nicht aber erweitern. Mit dem Grundsatz der Verfahrenseinheit werden die funktionellen Zuständigkeiten gewahrt, doch entspricht er auch der Prozessökonomie[67]. Er entfaltet seine Wirkung gerade auch im Verhältnis zwischen Bundesrecht und kantonalem Verfahrensrecht: Die Kantone haben den Übergang zum ordentlichen bundesrechtlichen Verfahren möglichst reibungslos zu gestalten. Das Bundesgesetz schreibt die Verfahrenseinheit für die kantonalen Vorinstanzen des Bundesgerichts in Art. 111 f. (in Verbindung mit Art. 117) BGG fest. Die bundesstaatliche Komponente der Verfahrenseinheit hängt mit dem *Vereitelungsverbot* zusammen, das aus dem Vorrang des Bundesrechts (heute: Art. 49 Abs. 1 BV) abgeleitet wird und besagt, dass kantonale Verfahrensvorschriften die Durchsetzung des Bundesrechts nicht übermässig erschweren oder gar vereiteln dürfen[68].

IV. Streitgegenstand

44 Der Umfang der Tätigkeit der Rechtsmittelbehörden wird durch den **Streitgegenstand** umrissen. Dieser wird im Rekursverfahren durch **zwei Elemente** bestimmt: einerseits durch den Gegenstand der angefochtenen Anordnung, anderseits durch die Parteibegeh-

---

[63] GYGI, Bundesverwaltungsrechtspflege, S. 68; vgl. z.B. auch KIENER/RÜTSCHE/KUHN, Öffentliches Verfahrensrecht, N. 103; RHINOW/KOLLER/KISS/THURNHERR/BRÜHL-MOSER, Öffentliches Prozessrecht, N. 1032. Für eine systematisierende Übersicht über Praxis und Lehre vgl. BÜRKI, Legalität, S. 67 ff.
[64] BÜRKI, Legalität, S. 67 ff., 356 f.
[65] Vgl. die Übersichten in § 4a N. 12 ff. sowie bei KÖLZ/HÄNER/BERTSCHI, Verwaltungsverfahren, N. 260, m.H.; vgl. auch BÜRKI, Legalität, S. 85 ff.
[66] BÜRKI, Legalität, S. 133 ff., 146 f.; zur Kritik und zum Folgenden KÖLZ/HÄNER/BERTSCHI, Verwaltungsverfahren, N. 262, m.H.
[67] Zum Ganzen KIENER/RÜTSCHE/KUHN, Öffentliches Verfahrensrecht, N. 110 ff.
[68] Vgl. zum Ganzen KÖLZ/HÄNER/BERTSCHI, Verwaltungsverfahren, N. 107 ff., m.H.

ren[69]. «Er umfasst das durch die Verfügung geregelte Rechtsverhältnis, soweit dieses angefochten wird»[70].

Zum einen kann nur Gegenstand des Rekursverfahrens sein, was auch **Gegenstand der erstinstanzlichen Verfügung** war bzw. nach richtiger Gesetzesauslegung hätte sein sollen[71]. Gegenstände, über welche die erste Instanz zu Recht nicht entschieden hat, fallen nicht in den Kompetenzbereich der Rekursbehörden; sonst würde in die funktionelle Zuständigkeit der erstinstanzlich verfügenden Behörde eingegriffen. Zum andern bestimmt sich der Streitgegenstand nach der **im Rekursantrag** (§ 23 Abs. 1 Satz 1) **verlangten Rechtsfolge**. Diese Konsequenz folgt aus der Dispositionsmaxime: Die rekurrierende Person bestimmt den Umfang des Rekursverfahrens im Rahmen des von der erstinstanzlichen Anordnung geregelten Rechtsverhältnisses. Die erstinstanzliche Anordnung (bzw. der Entscheid der Vorinstanz) als Anfechtungsobjekt ist also nicht gleichzusetzen mit dem Streitgegenstand.

Nicht die Anordnung bildet den Rahmen des Streitgegenstands, sondern das **Rechtsverhältnis,** das sie regelt bzw. hätte regeln sollen[72]. Dabei ist im Einzelnen zu unterscheiden: Erging die erstinstanzliche Anordnung von Amtes wegen (ohne Gesuch eines privaten Verfahrensbeteiligten), bestimmt sich der Streitgegenstand einerseits aus dem Verfügungsthema und dem dazugehörigen Sachverhalt, anderseits aus dem Antrag der rekurrierenden Person und dem von dieser dem Rekurs zugrunde gelegten Sachverhalt, soweit er in einem nachvollziehbaren Zusammenhang mit der angefochtenen Verfügung steht. Wurde die erstinstanzliche Anordnung durch ein Begehren einer beteiligten Person ausgelöst, bestimmt bereits dieses zusammen mit dem ihm zugrunde gelegten Sachverhalt den Streitgegenstand mit[73].

Nach herrschender Ansicht sind die **Rekursbegehren, nicht deren Begründung massgebend** zur Bestimmung des Streitgegenstands. Die Begründung bildet zwar nicht Bestandteil des Streitgegenstands, ist jedoch allenfalls als Hilfsmittel zur Konkretisierung der Begehren heranzuziehen[74]. Eine Änderung des Streitgegenstands liegt demnach nicht nur dann vor, wenn ein neues oder erweitertes Rechtsbegehren gestellt wird, sondern auch dann, wenn der Rechtsgrund ausgewechselt, d.h. die gleiche Rechtsfolge aus einem wesentlich verschiedenen Sachverhalt, verbunden mit einem anderen Rechtssatz, abgeleitet wird[75].

Eine Verfügung kann auch nur in einzelnen Punkten angefochten werden, sofern sich diese nach der Natur der Sache voneinander trennen lassen. Der Streitgegenstand kann sich im Lauf des Rechtsmittelverfahrens **verengen,** grundsätzlich aber **nicht erweitern oder inhaltlich verändern**[76]. Die Praxis behält sich allerdings in besonderen Fällen Aus-

---

[69] Zum Ganzen (auch zum Folgenden): GYGI, Bundesverwaltungsrechtspflege, S. 44 ff.
[70] KÖLZ/HÄNER/BERTSCHI, Verwaltungsverfahren, N. 686; vgl. auch GYGI, Bundesverwaltungsrechtspflege, S. 46.
[71] Z.B. BGE 136 II 457, E. 4.2.
[72] RHINOW/KOLLER/KISS/THURNHERR/BRÜHL-MOSER, Öffentliches Prozessrecht, N. 987.
[73] MERKER, Rechtsmittel, § 39 N. 24 f.
[74] Z.B. BGE 136 II 165, E. 5; 131 II 200, E. 3.3; WALDMANN, Grundsätze, S. 10 f., m.w.H.
[75] MERKER, Rechtsmittel, § 39 N. 14.
[76] BGE 136 II 457, E. 4.2, m.H.

dehnungen des Streitgegenstands vor, soweit ein enger Sachzusammenhang besteht[77]. Im Beschwerdeverfahren vor Verwaltungsgericht bestimmt sich der Streitgegenstand sinngemäss gleich wie im Rekursverfahren.

49 Nach dem Streitgegenstand richten sich die sachliche Zuständigkeit, der Umfang der Rechtshängigkeit, die Zulässigkeit von Noven (§§ 20a und 52) und der Umfang der materiellen Rechtskraft; auch die reformatio in melius vel peius ist nur insoweit zulässig, als der Sachzusammenhang mit dem Streitgegenstand gewahrt bleibt (§ 27 N. 10)[78].

V. Prozessvoraussetzungen

50 Im Anfechtungsverfahren müssen gewisse Voraussetzungen erfüllt sein, damit die Rekurs- oder Beschwerdeinstanz auf das Rechtsmittel eintritt, die Sache inhaltlich («materiell») prüft und einen Sachentscheid fällt. Dabei handelt es sich um die sogenannten **Prozessvoraussetzungen** oder **Eintretensvoraussetzungen** (auch Sachurteils- bzw. Sachentscheidungs-, Gültigkeits- oder Zulässigkeitsvoraussetzungen). Fehlt es an einer dieser Voraussetzungen, führt das zu einem *Nichteintretensentscheid*. Der Ausdruck «Prozessvoraussetzungen» ist allerdings missverständlich, weil das Rechtsmittel ohnehin zur Einleitung eines Prozesses führt, in welchem zunächst das Vorliegen der Voraussetzungen für eine Beurteilung der Streitsache geprüft wird.

51 Weder die **Rechtsweggarantie** noch der **Anspruch auf ein faires Verfahren** (Art. 29a bzw. 29 Abs. 1 BV; Art. 6 Ziff. 1 EMRK) schliessen aus, Prozessvoraussetzungen aufzustellen[79]. Gemäss der Praxis des EGMR zu Art. 6 Ziff. 1 EMRK dürfen diese jedoch den Zugang zum Gericht nicht aushöhlen; sie müssen sachlich begründet sein, einen rechtmässigen Zweck verfolgen und verhältnismässig sein[80].

52 **Objektive** Prozessvoraussetzungen von Rekurs und Beschwerde bilden die Zuständigkeit der Behörde (§§ 5 Abs. 1, 19b, 41–44), das Vorliegen eines Anfechtungsobjekts (§§ 19, 19a, 41), das Vorliegen eines zulässigen Rekurs- bzw. Beschwerdegrundes (§§ 20, 50), die Wahrung der Rechtsmittelfrist (§§ 22, 53) und gewisse Formerfordernisse der Rechtsmitteleingabe (§§ 5 Abs. 3, 23, 54). Weiter kann die Rechtsmittelbehörde unter bestimmten Umständen einen Kostenvorschuss einfordern (§ 15 Abs. 2, gegebenenfalls in Verbindung mit § 65a Abs. 2). Schliesslich darf über die Streitsache nicht bereits rechtskräftig entschieden worden sein; es darf keine res iudicata vorliegen. **Subjektive** Voraussetzungen an die Person, die ein Rechtsmittel erhebt, sind die Partei- und Prozessfähigkeit sowie die Legitimation (§§ 21, 21a); handelt jemand anders im Namen der rekurrierenden bzw. beschwerdeführenden Person, ist zudem deren Vollmacht erforderlich (vgl. § 22

---

[77] BGE 125 V 413, E. 2d; vgl. auch Gygi, Bundesverwaltungsrechtspflege, S. 45.
[78] Kölz/Häner/Bertschi, Verwaltungsverfahren, N. 690 f.; Rhinow/Koller/Kiss/Thurnherr/Brühl-Moser, Öffentliches Prozessrecht, N. 989 f.
[79] Zu Art. 29a BV: BGr, 26.10.2011, 2C_457/2011, E. 4.4; BGE 137 II 409, E. 4.2; 136 I 323, E. 4.3, m.H.
[80] BGE 136 II 187, E. 8.2.1, m.H.; z.B. EGMR, 5.7.2011, 22006/07 (Mihal / Slowakei), Ziff. 49. Insbesondere sind die «üblichen Legitimationsvoraussetzungen» zulässig; BGE 131 II 169, E. 2.2.3; 123 II 376, E. 6. Vgl. aber § 21 N. 27 f. zum Erfordernis des aktuellen Interesses. Zu Art. 29a BV vgl. Kley, in: St. Galler Kommentar BV, Art. 29a N. 9, m.H.

N. 8, § 23 N. 25). Im nichtstreitigen Verfahren, bei den ausserordentlichen Rechtsmitteln sowie im gerichtlichen Klageverfahren sind teils sinngemäss die gleichen Eintretensvoraussetzungen anwendbar.

Die angerufene Behörde **prüft von Amtes wegen,** ob die Prozessvoraussetzungen gegeben sind (so mit Bezug auf die Zuständigkeit ausdrücklich § 5 Abs. 1)[81]; es gilt demnach auch hier der Grundsatz der Rechtsanwendung von Amtes wegen. Hingegen kommt die Untersuchungsmaxime bei der Prüfung der Prozessvoraussetzungen nur sehr eingeschränkt zum Zug: Es besteht eine Substanziierungslast der rekurrierenden bzw. beschwerdeführenden Person, soweit die Erfüllung der Eintretensvoraussetzungen von bestimmten, der Behörde nicht bekannten tatsächlichen Gegebenheiten abhängt, was namentlich hinsichtlich der Legitimation und der Fristwahrung zutreffen kann (vgl. § 21 N. 38 f., 68, 98; § 22 N. 24).

53

Aus verfahrensökonomischen Gründen kann es sich rechtfertigen, die Frage **offen zu lassen,** ob eine Prozessvoraussetzung gegeben sei, sofern die materielle Beurteilung der Streitsache ohnehin zur Abweisung des Rechtsmittels führt. Ein solches Vorgehen ist allerdings problematisch; unzulässig ist es, das Vorliegen einer Prozessvoraussetzung offen zu lassen und hernach das Rechtsmittel ganz oder teilweise gutzuheissen (vgl. zur Begründung und für Belege § 21 N. 40).

54

Die Prozessvoraussetzungen müssen **sowohl im Zeitpunkt der Rekurs- oder Beschwerdeerhebung als auch im Zeitpunkt der Entscheidfällung** gegeben sein. Fällt eine Prozessvoraussetzung während der Rechtshängigkeit weg, so ist das Verfahren grundsätzlich als gegenstandslos abzuschreiben; das gilt namentlich beim Dahinfallen der angefochtenen Anordnung und beim Wegfallen des Rechtsschutzinteresses (dazu § 28 N. 25 f., § 63 N. 6). Anders verhält es sich beim nachträglichen Wegfall der örtlichen oder sachlichen Zuständigkeit (perpetuatio fori; vgl. § 5 N. 8). Beim Wegfall des aktuellen Rechtsschutzinteresses kann sich zudem unter bestimmten Voraussetzungen gleichwohl eine materielle Beurteilung rechtfertigen (§ 4a N. 30 f., § 19 N. 52, § 21 N. 24 ff.).

55

Wenn eine Prozessvoraussetzung *vor der Rechtsmittelerhebung weggefallen* ist, wird auf das Rechtsmittel nicht eingetreten. Die angefochtene Anordnung wird dann in der Regel rechtskräftig, was nicht der Fall ist, wenn das Rechtsmittel als während des hängigen Verfahrens gegenstandslos geworden abgeschrieben wird (dazu § 28 N. 24 f.). Unter ganz spezifischen Umständen könnte dieses Eintreten der Rechtskraft stossende Folgen haben; um die Rechtskraft der Anordnung auszuschliessen, tritt das Verwaltungsgericht in diesen Fällen auf die Beschwerde in dem Sinn nicht ein, dass sie bereits vor der Einreichung gegenstandslos geworden ist[82]. Konkret ging es jeweils darum, Entschädigungsansprüche (nach § 6 Abs. 1 HG oder § 27a Abs. 1 i.V.m. § 63 Abs. 3 VRG) nicht zu vereiteln. Es handelt sich um eine Klarstellung, die nützlich ist, aber wohl nicht unabdingbar, weil die Rechtskraft der Anordnung unter den genannten Umständen die materielle Prü-

56

---

[81] Statt vieler: BGE 139 V 42, E. 1; 135 II 94, E. 1.
[82] VGr, 21.11.2012, VB.2012.00705, E. 6; RB 2007 Nr. 19, E. 2.1 (VB.2007.00436), und dazu BGr, 7.2.2008, 2C_746/2007, E. 4.

fung eines Staatshaftungs- bzw. Entschädigungsbegehrens ausnahmsweise ohnehin nicht ausschliessen dürfte[83].

57 Die obere Rechtsmittelinstanz hat gleichermassen von Amtes wegen zu prüfen, ob die **Prozessvoraussetzungen bei der unteren Rechtsmittelinstanz** gegeben waren[84]. Hat Letztere *trotz Fehlen einer Prozessvoraussetzung materiell entschieden*, so ist der angefochtene Entscheid aufzuheben[85]. Handelt es sich um eine Prozessvoraussetzung, die auch im Verfahren vor der oberen Instanz gilt, lässt sich deren Eintreten damit begründen, dass die Zuständigkeit der unteren Instanz sonst nicht geprüft werden kann. In solchen Fällen ist zu unterscheiden: Die Beschwerde des Verfügungsadressaten oder eines Dritten, der als Rekurrent materiell unterlag, ist unter Aufhebung des angefochtenen Rekursentscheids «im Sinn der Erwägungen» abzuweisen, womit die ursprünglich angefochtene Verfügung bestehen bleibt[86]. Die Beschwerde des Verfügungsadressaten, der im Rekursverfahren als Rekursgegner unterlag, ist gutzuheissen, womit die ursprünglich angefochtene Verfügung wiederhergestellt wird.

58 Ist die Vorinstanz *auf den Rekurs nicht eingetreten*, weil sie eine Prozessvoraussetzung nicht als erfüllt erachtete, so ist die formell unterlegene rekurrierende Person legitimiert, sich auf dem Rechtsmittelweg gegen den Nichteintretensentscheid zu wehren[87]. Das gilt namentlich auch hinsichtlich der Legitimation, obwohl für die Rekurs- und für die Beschwerdelegitimation gleichermassen § 21 oder § 21a (für das Beschwerdeverfahren in Verbindung mit § 49) massgebend ist; verneint das Verwaltungsgericht die Beschwerde- und Rekurslegitimation, weist es die Beschwerde materiell ab. Kommt die obere Rechtsmittelinstanz zum Schluss, die untere Instanz sei zu Unrecht vom Fehlen einer Prozessvoraussetzung ausgegangen und auf den Rekurs nicht eingetreten, heisst sie die Beschwerde gut und weist die Sache in der Regel zur materiellen Beurteilung an die untere Instanz zurück. Sie kann aus prozessökonomischen Gründen ausnahmsweise einen reformatorischen Entscheid fällen, namentlich wenn sich die Vorinstanz in einer Eventualbegründung zur Sache geäussert hat. Fehlt eine solche Eventualbegründung, so wird durch einen reformatorischen Entscheid im Ergebnis eine Instanz übersprungen, wofür triftige Gründe vorauszusetzen sind (vgl. auch § 28 N. 14, § 63 N. 18 mit zahlreichen Praxishinweisen, § 64 N. 7).

---

[83] Vgl. dazu KÖLZ/HÄNER/BERTSCHI, Verwaltungsverfahren, N. 1973 f., m.H.
[84] VGr, 12.6.2013, VB.2012.00787, E. 2.1.
[85] Z.B. BGr, 12.6.2012, 8C_852/2011, E. 4.1; BGE 132 V 93, E. 1.2; KÖLZ/HÄNER/BERTSCHI, Verwaltungsverfahren, N. 695.
[86] Vgl. VGr, 21.9.2011, VB.2011.00496, E. 2.1 und 5. In der Regel verzichtet das Gericht auf die Aufhebung des vorinstanzlichen Entscheids, vgl. VGr, 12.6.2013, VB.2012.00787, E. 2.1, und VGr, 21.4.2010, VB.2010.00146, E. 3, m.w.H. Vgl. ferner VGr, 6.5.2009, VB.2009.00107, wo das Gericht die Beschwerde allerdings nicht «im Sinn der Erwägungen» abgewiesen hat; bemerkenswert ist in diesem Entscheid die Reduktion der vorinstanzlichen Kosten (E. 3.2.2), weil die zu Unrecht erfolgte materielle Behandlung der Rekurse ein unnötig grosser Aufwand gewesen sei. In RB 2007 Nr. 10, E. 1.2 (VB.2007.00335) liess das Verwaltungsgericht offen, ob es einen Nichteintretensentscheid zu fällen oder die Beschwerde ohne materielle Prüfung abzuweisen hätte. Nur auf dem zweiten Weg kann allerdings der unzuständigerweise gefällte Entscheid der Vorinstanz beseitigt werden.
[87] VGr, 20.5.2009, VB.2008.00533, E. 3; zur analogen Praxis des Bundesgerichts vgl. BGE 138 I 61, E. 2; 131 II 497, E. 1.

VI. Rechtsmittelverzicht

Den Rechtsmittellegitimierten steht es frei, das zulässige Rechtsmittel zu ergreifen oder die Frist ungenutzt verstreichen zu lassen[88]. Träger öffentlicher Aufgaben haben allerdings über die Wahrnehmung der besonderen Rechtsmittelbefugnis zur Durchsetzung öffentlicher Interessen nach pflichtgemässem Ermessen zu entscheiden[89]. Die Möglichkeit des vorzeitigen Verzichts auf ein Rechtsmittel spielt praktisch insofern eine Rolle, als eine Partei ein Interesse am möglichst raschen Eintritt der formellen Rechtskraft haben kann[90]. Gemäss der *verwaltungsrechtlichen Praxis und Lehre* ist zu unterscheiden zwischen dem Rechtsmittelverzicht vor Kenntnisnahme der begründeten Anordnung oder des Entscheids und jenem nach der Kenntnisnahme. Der **im Voraus** erklärte Rechtsmittelverzicht ist nach Lehre und Praxis zum öffentlichen Verfahrensrecht unwirksam[91]. Teilweise wird allerdings im Verzicht auf den materiellrechtlichen Anspruch ein gültiger Rechtsmittelverzicht gesehen, sofern die betreffende Person über den Anspruch verfügen kann[92]. Der Verzicht auf den materiellen Anspruch kann jedoch zumindest insofern nicht mit einem Rechtsmittelverzicht gleichgesetzt werden, als auf die Überprüfung seiner Zulässigkeit, seines Umfangs und seiner prozessualen Folgen nicht verzichtet werden kann[93]. Der Rechtsmittelverzicht **im Nachhinein**, d.h. nach Entgegennahme der begründeten Verfügung und in voller Sachkenntnis, ist zulässig[94]. Der Verzicht kann auch konkludent erfolgen[95]. Er ist auch ohne Mitteilung an die Rechtsmittelinstanz (bzw. die beteiligten Behörden) gültig[96]. Auf das Rechtsmittel der Revision (§§ 86a–86d) kann nicht verzichtet werden, weil es den Parteien die Rüge besonders schwerwiegender oder erst später bekannt werdender Mängel ermöglicht[97]. Der Verzicht auf ein Rechtsmittel gegen nichtige Verfügungen ist unwirksam. Die Wirksamkeit und die Folgen eines bedingt erklärten Verzichts wären aufgrund der konkreten Umstände anhand des Grundsatzes von Treu und Glauben zu beurteilen. Zum *Rückzug* eines Rechtsmittels vgl. § 28 N. 20 ff.

59

---

[88] Vertiefend zum Rechtsmittelverzicht: MÄCHLER, Vertrag, S. 192 ff., m.H., 622 ff.
[89] Zu dieser Frage vgl. MÄCHLER, Vertrag, S. 246 ff., 625 f.
[90] Vgl. BGr, 20.12.2002, U 139/02, E. 2.4.
[91] VGr, 7.2.2006, VB.2005.00279, E. 6.7; VGr, 12.9.2001, VB.2001.00103, E. 2; BGE 86 I 150, E. 2; GYGI, Bundesverwaltungsrechtspflege, S. 59 f. Der Rechtsmittelverzicht kann bereits deshalb nicht als Grunddienstbarkeit verdinglicht werden, weil die Rechtsmittelbefugnis ein Instrument des Verfahrensrechts und kein Ausfluss des Eigentumsrechts ist; BGE 131 III 414, E. 2.3.
[92] Vgl. RB 1971 Nr. 81 (der sich jedoch auf die besondere Verfahrensregel von § 23 AbtrG bezieht); 1968 Nr. 15.
[93] So die Kritik von MÄCHLER, Vertrag, S. 229 f.
[94] BGr, 7.5.2013, 2C_277/2013, E. 1.4, m.H.; RB 1983 Nr. 61; anscheinend offen lassend: RB 2004 Nr. 16, E. 2.2 (VB.2004.00233 = BEZ 2004 Nr. 51).
[95] Je nach der Rechtslage kann etwa die bedingungslose Zahlung als Rechtsmittelverzicht angesehen werden (womit laut der Praxis das aktuelle Rechtsschutzinteresse entfällt); vgl. BGr, 30.4.2008, 9C_864/2007, E. 2 f., m.H.; BGE 106 Ia 151, E. 1b; 99 V 78, E. b (Pra 1974 Nr. 74); GYGI, Bundesverwaltungsrechtspflege, S. 60. Vgl. auch SALADIN, Verwaltungsverfahrensrecht, S. 108, m.H.
[96] BGr, 20.12.2002, U 139/02, E. 2.4.
[97] RB 1971 Nr. 81; so auch KIENER/RÜTSCHE/KUHN, Öffentliches Verfahrensrecht, N. 787, mit Bezug auf die Wiedererwägung. Gemäss MARKUS SCHEFER, Die Kerngehalte von Grundrechten, Bern 2001, S. 391, bleibt zudem der grundrechtliche Kerngehalt vorbehalten.

60 Der Rechtsmittelverzicht ist nicht frei widerrufbar. Der **Widerruf** des Verzichts ist jedoch zulässig, wenn nachgewiesen wird, dass er unter Willensmängeln, insbesondere aufgrund irreführender Angaben der Behörde, zustande gekommen ist[98].

VII. Exkurs: Aufsichtsbeschwerde

A. Charakterisierung und Rechtsgrundlagen

61 Die Aufsichtsbeschwerde ist ein **Rechtsbehelf,** der sich aus der Aufsichtsbefugnis der hierarchisch übergeordneten Verwaltungsbehörde über die untere ableitet. Sie erlaubt es, die Oberbehörde zu einer Überprüfung des Handelns der unteren Behörde zu veranlassen, auch wenn kein Rechtsmittel gegeben ist. Im VRG ist sie nicht geregelt; sie bedarf jedoch keiner gesetzlichen Grundlage[99]. Sie wird als Unterfall der Petition oder als mit dieser verwandt bezeichnet[100]. Eine zutreffendere Bezeichnung als «Aufsichtsbeschwerde» wäre «Aufsichtsanzeige», weil es sich nicht um ein Rechtsmittel handelt[101]. Im Kanton Zürich entspricht der Begriff «Aufsichtsbeschwerde» – anders als im Bund (vgl. Art. 71 VwVG) – auch nicht der gesetzlichen Terminologie[102]; er ist jedoch in der Praxis fest eingebürgert. Der Rechtsbehelf ist namentlich abzugrenzen von Beschwerden an die Aufsichtsbehörde gemäss Gesetz oder Praxis, die Rechtsmittel darstellen[103]. In der Praxis hat die Aufsichtsbeschwerde einige Bedeutung, die allerdings aufgrund der Rechtsweggarantie (Art. 29a BV) und insbesondere der Öffnung des Rechtswegs gegen Realakte zurückgegangen ist (§ 10c N. 2).

62 Wer gegen die Anordnung einer Verwaltungsbehörde bei deren Oberbehörde Aufsichtsbeschwerde erhebt, hat weder nach dem VRG noch nach dem höherrangigen Recht einen Anspruch auf einen **förmlichen Entscheid**[104]. Das Bundesgericht anerkennt nur ein Gebot der Höflichkeit (also keine Rechtspflicht), auf nicht querulatorische und in korrektem Ton gehaltene Eingaben zu antworten[105]. Die Lehre zum Bundesverwaltungsrecht spricht

---

[98] BGr, 7.5.2013, 2C_277/2013, E. 1.4, m.H.; RB 1983 Nr. 61; MOOR/POLTIER, Droit administratif II, S. 823.
[99] Z.B. HÄFELIN/MÜLLER/UHLMANN, Verwaltungsrecht, N. 1838.
[100] Für Ersteres: VOGEL, in: Kommentar VwVG, Art. 71 N. 1; für Letzteres: HUNZIKER, Anzeige, S. 43.
[101] So z.B. auch GYGI, Bundesverwaltungsrechtspflege, S. 221; KIENER/RÜTSCHE/KUHN, Öffentliches Verfahrensrecht, N. 1861; RHINOW/KOLLER/KISS/THURNHERR/BRÜHL-MOSER, Öffentliches Prozessrecht N. 660.
[102] In den §§ 40 und 44 KRG findet sich die Bezeichnung «Aufsichtseingabe»; in den §§ 82–84 GOG wird «Aufsichtsbeschwerde» für ein spezifisches Rechtsschutzmittel verwendet; die Aufsichtsbeschwerde nach § 111 StG ist ein ausserordentliches Rechtsmittel (vgl. FELIX RICHNER/WALTER FREI/STEFAN KAUFMANN/HANS ULRICH MEUTER, Kommentar zum Zürcher Steuergesetz, 3. Aufl., Zürich 2013, § 111 N. 6 sowie – zur Anzeige – N. 15 ff.).
[103] Vgl. KÖLZ/HÄNER/BERTSCHI, Verwaltungsverfahren, N. 765, m.H. auf Art. 84 Abs. 2 ZGB (vgl. BGE 107 II 385, E. 3), Art. 595 Abs. 3 ZGB, Art. 17 f. SchKG sowie Art. 61 ff. BVG (vgl. BGE 112 Ia 180, E. 3d). Vgl. ferner § 111 StG. Zur Aufsichtsbeschwerde nach §§ 82–85 GOG und zu §§ 33 f. NotG vgl. N. 70 f.
[104] Vgl. BGr, 13.7.2009, 2C_175/2009, E. 2.3; BGE 133 II 468, E. 2.
[105] Vgl. BGr, 26.5.2010, 12T_3/2010, E. 3 (in Bezug auf eine Anfrage); KÖLZ/HÄNER/BERTSCHI, Verwaltungsverfahren, N. 774. Dies entspricht auch der Auffassung des Rechtsdienstes der Zürcher Staatskanzlei (Auskunft vom 3. Dezember 2013).

sich für einen Anspruch auf eine kurze Antwort aus[106]. Dies müsste im Kanton Zürich umso mehr gelten, weil Art. 16 KV einen Anspruch des Petitionärs auf Prüfung und Stellungnahme vorsieht und der Aufsichtsbeschwerdeführer jedenfalls nicht schlechter gestellt werden sollte – unabhängig davon, dass das Verhältnis zwischen Aufsichtsbeschwerde und Petition nicht wirklich geklärt erscheint.

Auch im Kanton Zürich hat sich die Aufsichtsbeschwerde von ihrem ursprünglich formlosen Charakter bis zu einem gewissen Grad gelöst. In der **Praxis** werden sämtliche Aufsichtsbeschwerden behandelt, und den Anzeigeerstattenden wird die – formlose oder förmliche – Erledigung mitgeteilt. Sofern die Aufsichtsbeschwerde nicht offensichtlich aussichtslos oder querulatorisch erscheint, wird eine Stellungnahme beim Aufsichtsbeschwerdegegner eingeholt oder werden zumindest die Akten beigezogen[107]. Werden Kosten auferlegt, so hat dies in der Form einer Verfügung zu geschehen (N. 84).

63

Die **Grundsätze,** nach denen sich die Aufsichtsbeschwerde richtet, wurden im Kanton Zürich **von der Praxis entwickelt.** Dies geschah in Auseinandersetzung mit der Lehre sowie mit der Praxis des Bundesgerichts und der Bundesverwaltungsbehörden. Oft stimmen die Regeln des Zürcher Rechts im Ergebnis mit denen des Bundesrechts überein, oder sie weichen nicht sehr von diesen ab. Dennoch liegt kantonales Recht vor, wobei die Spielräume der kantonalen Praxis verhältnismässig gross sind, gehört doch die Aufsichtsbeschwerde sachlich zur kantonalen Behördenorganisation, die unter die Organisationsautonomie (vgl. Art. 47 Abs. 2 BV) fällt. Dies schliesst wiederum nicht aus, dass Bundesrecht auch in diesem Bereich zumindest punktuell beachtlich ist. In Frage kommen etwa bundesrechtliche Einschränkungen der Organisationsautonomie, grundrechtliche Ansprüche oder auch eine vom Bundesgericht entwickelte Rechtsprechung, sofern sie mangels einer kantonalen Regelung als subsidiäres kantonales Recht Anwendung findet, was für die Grundsätze über den Widerruf zutrifft (zum Widerruf durch die Aufsichtsbehörde vgl. N. 81)[108].

64

B. Verhältnis zum Rechtsmittelverfahren

Gemäss einer in der Praxis – auch der zürcherischen – anzutreffenden Formulierung gibt die Aufsichtsbehörde der Aufsichtsbeschwerde regelmässig keine Folge, wenn es der beschwerdeführenden Person zumutbar und möglich ist, die Verletzung ihrer Rechte und schutzwürdigen Interessen mit einem ordentlichen Rechtsmittel geltend zu machen; die

65

---

[106] MOOR/POLTIER, Droit administratif II, S. 618; VOGEL, in: Kommentar VwVG, Art. 71 N. 38; ZIBUNG, in: Praxiskommentar VwVG, Art. 71 N. 34, der allerdings nicht ausführt, ob er eine Rechtspflicht befürwortet. Dies bleibt auch gemäss der vom Bundesrat, 28.3.1979, E. 2 (VPB 1979 Nr. 82) verwendeten Formulierung offen; vgl. KÖLZ/HÄNER/BERTSCHI, Verwaltungsverfahren, N. 774.
[107] So lautet jedenfalls die Praxis des Regierungsrats bzw. der Staatskanzlei und der Bildungsdirektion (Auskunft der Rechtsdienste; 3. Dezember bzw. 9. September 2013). Vgl. auch RB 2002 Nr. 5, E. 3a (VB.2002.00375); JAAG/RÜSSLI, Staats- und Verwaltungsrecht, N. 2026; THALMANN, Kommentar GG, Vorbem. §§ 141–150 N. 8.4.2; 1. Aufl., § 20 N. 64 f. Der Regierungsrat erledigt Aufsichtsbeschwerden in der Regel mit formellem Entscheid, wenn sie politischen Gehalt haben, in Verbindung mit einem Rekurs eingereicht werden oder nicht offensichtlich unbegründet sind (Auskunft des Rechtsdiensts der Staatskanzlei; 3. Dezember 2013).
[108] Vgl. dazu BGr, 3.2.2012, 1C_300/2011, E. 3.1.

Aufsichtsbeschwerde gilt insofern als **subsidiär**[109]. Diese Praxis würde jedoch zu kurz greifen, wenn die Formulierung so zu interpretieren wäre, dass Aufsichtsbeschwerden rechtsmittellegitimierter Personen generell nicht entgegengenommen werden[110]: Die Behandlung einer Aufsichtsbeschwerde kann nicht davon abhängen, dass kein ordentliches Rechtsmittel gegeben ist; vielmehr muss die **Funktionsabgrenzung** zwischen Rechtsmittelbehörde und Aufsichtsbehörde massgeblich sein. Wenn die Voraussetzungen aufsichtsrechtlichen Eingreifens gegeben sind, hat die Aufsichtsbehörde die entsprechenden Massnahmen anzuordnen, und zwar auch dann, wenn sie durch die Aufsichtsbeschwerde einer grundsätzlich rechtsmittellegitimierten Person informiert worden ist. Sie darf dabei jedoch nicht in die Kompetenzen der Rechtsmittelbehörden eingreifen[111]. Soweit dagegen mit einer Aufsichtsbeschwerde einzig die Prüfung einer individuell-konkreten Anordnung auf das Vorliegen von Rekurs- oder Beschwerdegründen hin angestrebt wird, sind womöglich die Voraussetzungen eines aufsichtsrechtlichen Einschreitens nicht erfüllt, so dass der Anzeige keine Folge zu geben ist. Keinesfalls ist es die Funktion der Aufsichtsbeschwerde, individuellen Rechtsschutz zu ermöglichen, wenn die Prozessvoraussetzungen der ordentlichen Rechtsmittel nicht gegeben sind, etwa wenn die Rechtsmittelfrist verpasst wurde[112]. Wenn der Wille zur Erhebung eines ordentlichen Rechtsmittels nicht ausgeschlossen werden kann, ist die Eingabe allerdings als Rechtsmittel zu behandeln bzw. nach § 5 Abs. 2 an die Rechtsmittelbehörde weiterzuleiten.

66 Auch in der Praxis finden sich Aussagen, die in die genannte Richtung zielen. So hält das Bundesgericht fest, dass die Subsidiarität «[j]edenfalls dann von geringerer Tragweite [ist], wenn der hauptsächliche Rechtsmittelweg an eine gänzlich andere Behörde geht und womöglich anderer Rechtsnatur ist»[113]. In einem älteren Entscheid befand das Verwaltungsgericht, nur die Aufsichtsbeschwerde, nicht aber die Aufsichtskompetenz sei subsidiär. Die Aufsichtsbehörde, die von einem gesetzwidrigen Zustand Kenntnis erhalte, könne deshalb den Entscheid einer unteren Verwaltungsbehörde selbst dann aufsichtsrechtlich aufheben, wenn dagegen ein Rechtsmittel hängig sei[114]. In einem anderen Entscheid hielt das Verwaltungsgericht ausdrücklich fest, dass die Aufsichtsbehörde den Rekurs einer nicht rekurslegitimierten Person zum Anlass für Aufsichtsmassnahmen nehmen dürfe[115]. Die Praxis wäre widersinnig, sofern sie besagen wollte, die Auf-

---

[109] So z.B. RRB 1180/2012, Ziff. I (www.zh.ch > Regierungsratsbeschlüsse); RRB 1141/2003, E. 4 (www.zh entscheide.zh.ch); RB 1976 Nr. 36 (ZBl 1977, 143 f. = ZR 1976 Nr. 114). Kritisch RHINOW/KRÄHENMANN, Verwaltungsrechtsprechung, Nr. 145 B II f, m.H.; ablehnend MERKER, Rechtsmittel, § 59a N. 13; VOGEL, Aufsicht, S. 43. Zu einem anderen Begriffsgebrauch vgl. N. 68.

[110] Was der – teils noch restriktiveren – Praxis des Bundesrats entspräche; vgl. Bundesrat, 19.12.2003, E. 2.1 (VPB 2004 Nr. 46); KÖLZ/HÄNER/BERTSCHI, Verwaltungsverfahren, N. 777, m.w.H.

[111] In der Lehre werden wohl überwiegend ähnliche Positionen vertreten. Vgl. die Belege in Fn. 109 sowie zum Ganzen GIOVANNI BIAGGINI, Theorie und Praxis des Verwaltungsrechts im Bundesstaat, Basel 1996, S. 230 ff.; KÖLZ/HÄNER/BERTSCHI, Verwaltungsverfahren, N. 777; ZIBUNG, in: Praxiskommentar VwVG, Art. 71 N. 11; ähnlich WIRTHLIN, Verwaltungsrechtspflege, N. 34.13; vgl. auch Bundesamt für Justiz, Bundesaufsicht im Strassenverkehr. Einzelne Fragen zur Aufsicht des Bundes über die Einhaltung bundesrechtlicher Normen, Gutachten, 31.8.2004, E. II D 3 b (VPB 2005 Nr. 1).

[112] Anders THALMANN, Kommentar GG, Vorbem. zu §§ 141–150 N. 8.6.

[113] BGE 136 II 457, E. 3.1; vgl. auch BGE 98 Ib 53, E. 3.

[114] RB 1976 Nr. 36 (ZBl 1977, 143 f. = ZR 1976 Nr. 114); vgl. auch RB 1961 Nr. 36 (ZBl 1961, 537 ff., E. 2 = ZR 1962 Nr. 119); THALMANN, Kommentar GG, Vorbem. zu §§ 141–150 N. 8.6.

[115] RB 1972 Nr. 24.

sichtsbehörde dürfe zwar immer von Amtes wegen handeln, aber Missstände dann ignorieren, wenn sie durch eine rechtsmittellegitimierte Person darauf aufmerksam gemacht wurde. Es ist daher davon auszugehen, dass das Verwaltungsgericht sinngemäss auf die dargestellte funktionelle Abgrenzung zwischen Rechtsmittel und Aufsichtsbeschwerde abzielte.

Entsprechend wird nach der hier vertretenen Ansicht eine Aufsichtsbeschwerde gegen einen *Realakt* nicht durch die Möglichkeit ausgeschlossen, eine anfechtbare Anordnung nach § 10c zu verlangen. 67

Die Aufsichtsbeschwerde wird oft **in Verbindung mit einem Rekurs** eingereicht, vor allem dann, wenn die Rekurslegitimation als zweifelhaft erscheint. Wenn in diesen Fällen die Eintretensvoraussetzungen des Rekurses vorliegen, ist die Eingabe als Rekurs zu behandeln. In diesem Zusammenhang ist demnach zu Recht von der **Subsidiarität der Aufsichtsbeschwerde** die Rede[116]: Die Rechtsmittelbehörde darf ein Rechtsmittel nicht als Aufsichtsbeschwerde entgegennehmen und die Prüfung eines Rechtsmittels nicht unter Hinweis auf die Aufsichtsbeschwerde verweigern. Dies wäre als formelle Rechtsverweigerung (im weiteren Sinn) zu bewerten[117]. 68

Ist die Rekursbehörde zugleich Aufsichtsbehörde, so hat sie aufsichtsrechtlich einzuschreiten, wenn die entsprechenden Voraussetzungen gegeben sind (vgl. N. 81). Sie ist jedoch nicht verpflichtet, von Amtes wegen **einen Rekurs als Aufsichtsbeschwerde entgegenzunehmen,** wenn die Eintretensvoraussetzungen des Rekurses nicht gegeben sind, etwa wenn die Rekurslegitimation zu verneinen oder kein Anfechtungsobjekt im Sinn von § 19 vorhanden ist. Wenn die Rekursbehörde nicht zugleich Aufsichtsbehörde ist, so ist sie nicht verpflichtet, die Eingabe im Sinn von § 5 Abs. 2 an Letztere weiterzuleiten, weil durch den Verzicht auf die Weiterleitung den Aufsichtsbeschwerdeführenden kein Nachteil entsteht (vgl. § 5 N. 48 und die dortigen Hinweise). 69

C. Verhältnis zur Aufsichtsbeschwerde nach §§ 82 ff. GOG

Mit der Aufsichtsbeschwerde nach §§ 82 ff. GOG (früher: §§ 108 ff. GVG) können **Amtspflichtverletzungen** von Mitgliedern von Gerichts- und Schlichtungsbehörden sowie von angegliederten Kommissionen bei der unmittelbaren Aufsichtsbehörde gerügt werden (§ 82 Abs. 1 GOG). Sie ist anwendbar im Bereich der Aufsichtskompetenzen gemäss §§ 79–81 GOG[118]. Gemäss der Literatur ist die Aufsichtsbeschwerde nach §§ 82 ff. GOG «kein Rechtsmittel»[119], doch kommen ihr teilweise «wesentliche Züge eines Rechtsmittels» zu[120]. Sie ist denn auch weitgehend formalisiert (vgl. §§ 83 f. GOG). Die §§ 82–84 GOG sind subsidiär auf Beschwerden an die Aufsichtsbehörden gemäss kantonalen und eidgenössischen Erlassen anwendbar (§ 85 GOG; vgl. §§ 33 f. NotG, § 18 EG SchKG), was 70

---

[116] VGr, 12.5.2011, VB.2011.00144, E. 2.2; RRB 790/2012 (www.zhentscheide.zh.ch); so auch CAVELTI/VÖGELI, Verwaltungsgerichtsbarkeit, N. 1223.
[117] Vgl. BGE 135 I 265, E. 3.4, wo ein Verstoss gegen das Gebot des fairen Verfahrens nach Art. 29 Abs. 1 BV angenommen wird.
[118] Vgl. HAUSER/SCHWERI/LIEBER, Kommentar GOG, § 83 N. 4.
[119] HAUSER/SCHWERI/LIEBER, Kommentar GOG, § 82 N. 9, Vorbem. vor §§ 115 f. N. 9.
[120] HAUSER/SCHWERI/LIEBER, Kommentar GOG, § 82 N. 24.

nichts an der Rechtsmittelqualität dieser Beschwerden ändert. Die Aufsichtsbeschwerde nach §§ 82 ff. GOG ist subsidiär zu den Rechtsmitteln[121], worunter auch der Rekurs nach §§ 19 ff. VRG gegen Justizverwaltungsakte von Gerichten und Behörden der Zivil- und Strafrechtspflege fallen muss[122].

71 Die formalisierte Aufsichtsbeschwerde nach §§ 82 ff. GOG kann die formlose Anzeige angeblicher Missstände an die Aufsichtsbehörden nicht ausschliessen; insofern bleibt auch in ihrem Anwendungsbereich Raum für die Aufsichtsbeschwerde[123]. Eine **analoge Anwendung** der in §§ 82 ff. GOG enthaltenen Verfahrensbestimmungen auf die Aufsichtsbeschwerde im Sinn eines verwaltungsrechtlichen Rechtsbehelfs würde dem Zweck dieses Instituts widersprechen; sie ist denn auch, soweit ersichtlich, zu Recht nie in Betracht gezogen worden[124].

D. Zuständigkeit

72 Die Zuständigkeit zur Behandlung von Aufsichtsbeschwerden folgt aus der **Zuständigkeit zur Aufsicht.** Diese ergibt sich in den Grundzügen aus der KV, welche die Aufsichtsbehörden über die Gemeinden, Zweckverbände und die weiteren Träger kommunaler Aufgaben (Art. 94 KV; vgl. auch Art. 80 Abs. 3 KV) sowie über die weiteren nicht der Zentralverwaltung angehörenden Träger kantonaler öffentlicher Aufgaben ausdrücklich nennt (Art. 70 Abs. 3 KV). Im Übrigen bestimmt die Gesetzgebung, welche Behörde Aufsichtsinstanz ist.

73 Die **Gemeinden** stehen unter einer dreistufigen Verbandsaufsicht des Staates[125]. Dem Bezirksrat als dem allgemeinen Aufsichtsorgan über die Gemeinde (vgl. §§ 141–147 GG) untersteht die ganze Gemeindetätigkeit, soweit dafür keine Spezialaufsicht (Fachaufsicht) bestellt ist, die seine Aufsicht ausschliesst. Auf der Ebene der Direktionen ist die für das Gemeindewesen zuständige Direktion allgemeines Aufsichtsorgan über die Gemeinden (§§ 147 f. GG). Die übrigen Direktionen sind zuständige Aufsichtsstellen in ihrem Fachbereich, soweit die Gemeinden als ausführende Organe tätig sind (vgl. etwa § 2 lit. b PBG). Ein umfassendes Oberaufsichtsrecht steht schliesslich dem Regierungsrat als Gesamtbehörde zu (§ 149 GG)[126]. Die Aufsicht der staatlichen Instanzen über die Gemeinden umfasst auch deren autonomen Wirkungsbereich[127]. Die Struktur der Ge-

---

[121] Vgl. HAUSER/SCHWERI/LIEBER, Kommentar GOG, § 82 N. 23, 25.
[122] Vgl. Weisung 2009, S. 901 ff.
[123] Vgl. die Rechtslage im Kanton Luzern, wo zusätzlich zur Regelung der stark formalisierten Aufsichtsbeschwerde (§§ 180–187 VRG LU) ein Hinweis auf die formlose Aufsichtsanzeige in das Gesetz aufgenommen wurde (§ 187a VRG LU), die bereits zuvor von der Praxis anerkannt worden war; dazu WIRTHLIN, Verwaltungsrechtspflege, N. 34.13, m.H.
[124] Das Verhältnis der beiden Rechtsschutzmittel scheint nur bei HUNZIKER, Anzeige, S. 127 f., wenigstens rudimentär behandelt zu werden.
[125] THALMANN, Kommentar GG, Vorbem. zu §§ 141–150 N. 3; vgl. auch SCHWARZENBACH, in: Kommentar KV, Art. 80 N. 14. Art. 94 KV ist unpräzis; vgl. JAAG, in: Kommentar KV, Art. 94 N. 8.
[126] Zum Ganzen JAAG, Gemeindeaufsicht, S. 547 ff.; JAAG/RÜSSLI, Staats- und Verwaltungsrecht, N. 2801 ff.; THALMANN, Kommentar GG, Vorbem. zu §§ 141–150 N. 3, § 141 N. 1 f.; RRB 1508/2009, Ziff. I, m.H. (www.zh.ch > Regierungsratsbeschlüsse).
[127] THALMANN, Kommentar GG, Vorbem. §§ 141–150 N. 2.2, 5, § 142 N. 2.2.

meindeaufsicht soll gemäss dem Antrag zu einem neuen Gemeindegesetz gleich bleiben (§§ 175–181 E-GG)[128].

Gegenüber den **Behörden der staatlichen Zentralverwaltung,** den **Bezirksbehörden** und den **unselbständigen öffentlichrechtlichen Anstalten** sowie ihren Angestellten besteht die Dienstaufsicht der jeweils übergeordneten Behörde[129]; die oberste Aufsicht obliegt dem Regierungsrat (Art. 70 Abs. 1 KV). Der Regierungsrat beaufsichtigt sodann die **weiteren Träger öffentlicher Aufgaben,** soweit nach Gesetz nicht der Kantonsrat zuständig ist (Art. 70 Abs. 3 KV)[130]. Die obersten kantonalen Gerichte üben die Aufsicht über die übrigen **Gerichte** im Bereich der Justizverwaltung aus (vgl. Art. 73 Abs. 3 KV)[131]. Das Gesetz regelt die Zuständigkeit; der Aufsicht des Verwaltungsgerichts unterstehen das Baurekurs- und das Steuerrekursgericht sowie die Schätzungskommissionen (§ 336 Abs. 2 PBG; § 116 Abs. 2 StG; § 35 AbtrG). 74

Regierung, Verwaltung und oberste Gerichte unterstehen ebenso wie sämtliche anderen Träger öffentlicher Aufgaben der *Oberaufsicht* (bzw. der parlamentarischen Kontrolle) des *Kantonsrats* (Art. 57 KV, § 34a KRG). Die Geschäftsleitung nimmt an den Kantonsrat gerichtete Aufsichtseingaben entgegen (§ 44 Abs. 1 lit. b KRG). Sie leitet sie an eine der Aufsichtskommissionen (vgl. § 48a Abs. 1 sowie §§ 49a–49d KRG) oder an die Ombudsperson weiter. Die Aufsichtskommissionen können mit der abschliessenden Erledigung oder mit der Antragstellung zuhanden der Geschäftsleitung beauftragt werden (§ 44 Abs. 2 KRG). Der Kantonsrat und seine Organe können «Beschlüsse und Verfügungen der Behörden und Amtsstellen» nicht aufheben oder ändern (§ 34a Abs. 2 KRG)[132], und sie können richterliche Urteile weder in tatsächlicher noch in rechtlicher Hinsicht überprüfen (Art. 73 Abs. 2 KV, § 34a Abs. 3 KRG; vgl. Vorbem. zu §§ 32–40a N. 22). Der Kantonsrat hat jedoch die Geschäftsführung zu kontrollieren, nicht nur die Verfahrensdauer[133], weshalb die Aussage, die Aufsichtsbeschwerde an den Kantonsrat sei nur wegen Rechtsverweigerung und Rechtsverzögerung zulässig[134], zu kurz greift. 75

Die Aufsichtsbeschwerde ist grundsätzlich an die **direkt zuständige Aufsichtsbehörde** zu richten. Allerdings erscheint die Behandlung durch eine der Aufsichtsbehörde übergeordnete Behörde im Rahmen des Selbsteintritts- bzw. Evokationsrechts zulässig (§ 40 Abs. 2 OG RR; vgl. auch § 19b N. 54)[135]. 76

---

[128] Vgl. Weisung GG, S. 39 f., 99 f.
[129] VGr, 9.1.2013, VB.2012.00550, E. 3.1; Jaag/Rüssli, Staats- und Verwaltungsrecht, N. 1801.
[130] Dazu Häner, in: Kommentar KV, Art. 70 N. 11 ff.
[131] Vgl. Schmid, in: Kommentar KV, Art. 73 N. 11 f.
[132] Vgl. auch Hauser, in: Kommentar KV, Art. 57 N. 10.
[133] Zum Gegenstand der Aufsicht vgl. Hauser, in: Kommentar KV, Art. 57 N. 2 ff., 10, 17 ff.; mit Bezug auf die Gerichte vgl. Vorbem. zu §§ 32–40a N. 21 f. (Gegenstand) und N. 26 ff. (Sanktionen).
[134] VGr, 29.3.2012, VB.2012.00107, E. 2; VGr, 27.1.2010, PB.2009.00035, E. 16.6; 2. Aufl., N. 35; 1. Aufl., § 20 N. 78. Vgl. auch VGr, 16.12.2010, VB.2010.00588, E. 2.
[135] Vgl. zum Bundesverwaltungsrecht Kölz/Häner/Bertschi, Verwaltungsverfahren, N. 779, m.H.; Vogel, in: Kommentar VwVG, Art. 71 N. 20; Zibung, in: Praxiskommentar VwVG, Art. 71 N. 10; vgl. auch Thalmann, Kommentar GG, Vorbem. §§ 141–150 N. 3, 8.3.

E. Verfahren

77 **Objekt** der Aufsichtsbeschwerde können nicht nur Verfügungen und Entscheide sein, sondern *jede Art staatlichen Handelns,* also auch Vollzugsakte, Realakte (informelles Verwaltungshandeln), verwaltungsinterne Akte wie organisatorische Massnahmen und interne Richtlinien sowie nichthoheitliches, rechtsgeschäftliches Verwaltungshandeln[136]. Jegliches Verhalten einer Behörde oder Amtsstelle oder von deren Mitarbeiterinnen und Mitarbeitern kann somit Gegenstand einer Aufsichtsbeschwerde sein, sofern es in die Aufsichtskompetenz fällt. Soweit staatliche Behörden Aufsicht über Private ausüben, sind die Regeln über die Aufsichtsbeschwerde sinngemäss anwendbar[137]. Wenn öffentliche Aufgaben übertragen werden, ist die Aufsicht gesetzlich zu regeln (vgl. Art. 98 Abs. 4 lit. e KV[138]; vgl. auch Art. 70 Abs. 3 KV).

78 Die möglichen **Rügen** sind grundsätzlich nicht eingeschränkt. Ausser Rechtswidrigkeit können auch Unzweckmässigkeit sowie zum Beispiel mangelnde Wirtschaftlichkeit oder die Umgangsformen beanstandet werden[139]. In Bezug auf das Verhältnis zu den Rechtsmittelverfahren vgl. N. 65 ff.

79 Die **Befugnis** zur Aufsichtsbeschwerde hängt nicht von persönlichen Voraussetzungen ab; insbesondere bedarf es keiner direkten Beziehung zum Gegenstand der Aufsichtsbeschwerde. Die Aufsichtsbeschwerde steht auch Behörden, etwa Gemeindebehörden, zu[140]. So gesehen erscheint die Aufsichtsbeschwerde als eine Art Popularrechtsbehelf. Es sind **keine Fristen oder Formen** zu beachten. Nicht überzeugend ist der Vorbehalt von Treu und Glauben, den das Verwaltungsgericht in Bezug auf die Fristlosigkeit anbringt[141]: Die persönlichen Motive und das Verhalten der Anzeigenden im Verfahren können keine massgeblichen Kriterien dafür sein, ob eine Aufsichtsmassnahme angezeigt ist. Minimale Anforderungen an die Form ergeben sich allerdings aus der Notwendigkeit, sich der Behörde verständlich zu machen[142].

80 Der Formlosigkeit der Aufsichtsbeschwerde entspricht es, dass der anzeigenden Person **nicht die Stellung einer Prozesspartei** zukommt (vgl. Art. 71 Abs. 2 VwVG). Aus der Anzeige ergibt sich kein Recht auf Akteneinsicht oder Anhörung vor Erlass des Bescheids. Allerdings besteht der allgemeine Anspruch auf Informationszugang nach § 20 Abs. 1 IDG, es sei denn, die Behörde habe in der betreffenden Sache ein Verwaltungsverfahren eröffnet (vgl. § 20 Abs. 3 IDG). Von der anzeigenden Person sind diejenigen Per-

---

[136] RB 2002 Nr. 5, E. 3a (VB.2002.00375); vgl. etwa auch HÄFELIN/MÜLLER/UHLMANN, Verwaltungsrecht, N. 1835; THALMANN, Kommentar GG, Vorbem. zu §§ 141–150 N. 8.2. Als Beispiel für eine Beanstandung von Richtlinien vgl. RRB 1/2009, E. 3 (www.zhentscheide.zh.ch).
[137] Mit Bezug auf den Bund: KÖLZ/HÄNER/BERTSCHI, Verwaltungsverfahren, N. 772; MOOR/POLTIER, Droit administratif II, S. 619; VOGEL, in: Kommentar VwVG, Art. 71 N. 15; ZIBUNG, in: Praxiskommentar VwVG, Art. 71 N. 38.
[138] Vgl. A. MÜLLER, in: Kommentar KV, Art. 98 N. 29.
[139] KÖLZ/HÄNER/BERTSCHI, Verwaltungsverfahren, N. 773; VOGEL, in: Kommentar VwVG, Art. 71 N. 16. Zum Umfang der Aufsicht innerhalb der Judikative vgl. die Ausführungen zur Aufsichtstätigkeit des Bundesgerichts bei KOLLER, in: Basler Kommentar BGG, Art. 1 N. 82 ff.; KÖLZ/HÄNER/BERTSCHI, Verwaltungsverfahren, N. 771, m.H.
[140] IMBODEN/RHINOW/KRÄHENMANN, Verwaltungsrechtsprechung, Nr. 145 B II b.
[141] VGr, 29.3.2012, VB.2012.00107, E. 2.2; RB 2008 Nr. 16, E. 2.2 (PB.2008.00010); 2. Aufl., § 22 N. 26.
[142] Eingehend VOGEL, in: Kommentar VwVG, Art. 71 N. 23.

sonen zu unterscheiden, die durch eine allfällige aufsichtsrechtliche Anordnung betroffen würden: Ihnen stehen sämtliche Parteirechte zu[143].

Die Aufsichtsbeschwerde ist nach pflichtgemässem Ermessen zu behandeln[144]. Ihr ist immer dann Folge zu geben, wenn die angegangene Behörde bei Kenntnis der Sachlage auch von sich aus hätte einschreiten müssen. Die Aufsichtsbehörde übt beim Einschreiten kraft Aufsichtsrechts allgemein Zurückhaltung, insbesondere wenn sie in den Autonomiebereich eingreift[145]. Die Voraussetzungen für ein **aufsichtsrechtliches Eingreifen gegenüber Verfügungen und Entscheiden** sind nach weitgehend konstanter Praxis des Bundesgerichts und des Verwaltungsgerichts nur dann gegeben, wenn klares Recht – Verfahrensbestimmungen eingeschlossen – oder wesentliche öffentliche Interessen missachtet worden sind[146]. Bei einfachen Rechtsverletzungen und unzweckmässiger Ermessensausübung darf die Aufsichtsbehörde nicht einschreiten. Die rechtsverletzenden Ermessensfehler können jedoch bei entsprechendem Gewicht ein aufsichtsrechtliches Einschreiten rechtfertigen[147]. Die genannten Voraussetzungen gelten für die Aufhebung von Verfügungen und Entscheiden, nicht allgemein für das aufsichtsrechtliche Einschreiten[148]. *Formell rechtskräftige Verfügungen und Entscheide* darf die Aufsichtsbehörde nur dann aufheben, wenn die Voraussetzungen für den Widerruf gegeben sind[149]. Allgemein ist aufsichtsrechtliches Einschreiten nicht zulässig, soweit ihm schützenswerte, in der Interessenabwägung überwiegende Rechtspositionen entgegenstehen[150].

81

Richtet sich die Aufsichtsbeschwerde gegen **informelles Verwaltungshandeln,** so ist die Kognition der Aufsichtsinstanz nicht beschränkt; sie kann das Verhalten der ihr unterstellten Behörde vollumfänglich überprüfen und diejenigen Massnahmen treffen, welche sie für angemessen hält. Dies muss ungeachtet dessen gelten, dass seit der VRG-Revision von 2010 eine anfechtbare Anordnung über einen Realakt verlangt werden kann

82

---

[143] KÖLZ/HÄNER/BERTSCHI, Verwaltungsverfahren, N. 775. Vgl. zum Ganzen auch VGr, 12.1.2011, VB.2010.00461, E. 2.3.
[144] KÖLZ/HÄNER/BERTSCHI, Verwaltungsverfahren, N. 776, m.H.
[145] BGE 136 II 457, E. 3.1.
[146] BGE 110 Ib 38, E. 1; 97 I 7, E. 2; VGr, 16.12.2010, VB.2010.00588, E. 3; vgl. auch RB 1977 Nr. 105; 1963 Nr. 39. Die Formulierung findet sich sehr ähnlich bereits bei FRITZ FLEINER, Institutionen des Deutschen Verwaltungsrechts, 8. Aufl., Tübingen 1928, S. 229, der auf einen Entscheid des Oberlandesgerichts Dresden vom 28. Januar 1897 verweist.
[147] Vgl. RB 1967 Nr. 73, wo die willkürliche Handhabung des Ermessens als «klare und offensichtliche Verletzung von Verfassung und Gesetz» bezeichnet wird.
[148] Zumindest missverständlich RRB 1180/2012, Ziff. I (www.zh.ch > Regierungsratsbeschlüsse), und THALMANN, Kommentar GG, Vorbem. §§ 141–150 N. 8.5, m.H.; zu Recht wendet sich MERKER, Rechtsmittel, § 59a N. 19, gegen eine solche Verwechslung. Der Bundesrat fasst die genannten Voraussetzungen – weitergehend und dogmatisch nicht überzeugend – als Eintretensvoraussetzungen auf und verlangt zudem, dass die Rechtsverletzung wiederholt vorgekommen oder wiederholbar sein muss; vgl. Bundesrat, 19.12.2003, E. 2.1 (VPB 2004 Nr. 46); Bundesrat, 26.4.1995, E. 7.1 (VPB 1995 Nr. 20); RHINOW/KOLLER/KISS/THURNHERR/BRÜHL-MOSER, Öffentliches Prozessrecht, N. 1391. In BGE 136 II 457, E. 3.1, nimmt das Bundesgericht auf die Kritik der Lehre an dieser Praxis Bezug (vgl. KÖLZ/HÄNER/BERTSCHI, Verwaltungsverfahren, N. 770; VOGEL, in: Kommentar VwVG, Art. 71 N. 17).
[149] Vgl. IMBODEN/RHINOW/KRÄHENMANN, Verwaltungsrechtsprechung, Nr. 145 B III, und HÄFELIN/MÜLLER/UHLMANN, Verwaltungsrecht, N. 1842, die allerdings nicht zwischen rechtskräftigen und nicht rechtskräftigen Verfügungen unterscheiden.
[150] Vgl. VGr, 16.12.2010, VB.2010.00588, E. 3.

(§ 10c; vgl. auch N. 67). In ein **zivilrechtliches Rechtsverhältnis** darf die Aufsichtsbehörde nicht direkt eingreifen; sie darf jedoch Anweisungen zum Verhalten in der Vertragsbeziehung geben[151].

83 Weil die Aufsichtsbeschwerde kein Rechtsmittel ist und deshalb keine förmlichen Eintretensvoraussetzungen zu beachten sind, kann die Aufsichtsbeschwerde nur in dem Sinn erledigt werden, dass ihr «**Folge zu geben**» ist oder nicht. Ein «Nichteintreten» auf eine Aufsichtsbeschwerde ist begrifflich ausgeschlossen; in der Praxis kommt indessen diese Erledigungsform vor.

84 Wenn der Aufsichtsbeschwerde keine Folge gegeben wird, sind gemäss der Zürcher Praxis **Kosten** aufzuerlegen. Vorausgesetzt wird, dass für die Aufsichtsbehörde kein triftiger Grund bestand, sich von sich aus mit der Sache zu befassen, und dass mit dem Vorstoss persönliche, private Interessen verfolgt werden. Dies müsste namentlich auch dann bejaht werden, wenn die Aufsichtsbeschwerde ausschliesslich ergriffen wird, um Rekursgründe vorzubringen. Wenn mit der Aufsichtsbeschwerde (auch) öffentliche Interessen verfolgt werden, sind die Kosten auf die Staatskasse zu nehmen oder zumindest zu ermässigen (vgl. auch § 13 N. 23)[152]. Angesichts der Nähe zum Petitionsrecht ist die Kostenauflage ohnehin grundsätzlich fragwürdig[153]. Wenn einer Aufsichtsbeschwerde Folge gegeben wird, sind der anzeigenden Person keine Kosten aufzuerlegen. Ein Anspruch auf eine Parteientschädigung besteht nicht[154]. Bei der Kostenauflage handelt es sich um eine Anordnung, die mit den ordentlichen Rechtsmitteln anfechtbar ist[155]; sie ist daher gemäss den entsprechenden Formvorschriften (§§ 10 und 10a) zu eröffnen.

85 Gegen den **ablehnenden Bescheid** auf eine Aufsichtsbeschwerde hin ist lediglich eine erneute Aufsichtsbeschwerde möglich, die an die nächsthöhere Aufsichtsinstanz zu richten ist[156]. Ein Rechtsmittel steht der anzeigenden Person – ausser gegebenenfalls im Kostenpunkt – nicht zu[157]. Sie kann nicht schon daraus, dass sie eine Aufsichtsbeschwerde eingereicht hat, die Rechtsmittellegitimation ableiten[158]. Die Rechtsweggarantie (Art. 29a BV) greift nicht, weil sie nur für Rechtsstreitigkeiten gilt, zu denen die Erledigung von Aufsichtsbeschwerden nicht gehört[159]. Auch wenn der Aufsichtsbeschwerde Folge gegeben wird und die nächsthöhere Instanz hierauf diesen Beschluss – in einem von anderer Seite angestrengten Rechtsmittel- oder Aufsichtsbeschwerdeverfahren oder von Amtes wegen – wieder ändert, steht der Anzeige erstattenden Person kein Rechtsmittel zu[160].

---

[151] BGE 136 II 457, E. 6.3; KÖLZ/HÄNER/BERTSCHI, Verwaltungsverfahren, N. 778.
[152] Vgl. BGr, 1.7.2011, 8C_173/2011, E. 4; RB 2002 Nr. 14, E. 1b (VB.2002.00227); RRB 1/2009, E. 8 (www.zhentscheide.zh.ch); vgl. auch THALMANN, Kommentar GG, Vorbem. zu §§ 141–150 N. 8.8.
[153] Weitergehend VOGEL, in: Kommentar VwVG, Art. 71 N. 35.
[154] VGr, 2.10.1984, E. 7 (ZBl 1985, 82 ff.); vgl. auch VOGEL, in: Kommentar VwVG, Art. 71 N. 39; ZIBUNG, in: Praxiskommentar VwVG, Art. 71 N. 33.
[155] RB 2002 Nr. 14, E. 1b (VB.2002.00227).
[156] Z.B. VGr, 30.7.2008, VB.2008.00046, E. 2.6.4.
[157] VGr, 3.9.2008, VB.2008.00229, E. 1.1; RB 1965 Nr. 17; 1961 Nr. 19 (ZR 1961 Nr. 103, E. 3); GYGI, Bundesverwaltungsrechtspflege, S. 140; RHINOW/KOLLER/KISS/THURNHERR/BRÜHL-MOSER, Öffentliches Prozessrecht, N. 1392.
[158] BGE 139 II 279, E. 2.3; 138 II 162, E. 2.1.2 (Pra 2012 Nr. 108); 133 II 468, E. 2 (Pra 2008 Nr. 88).
[159] VGr, 20.8.2009, VB.2009.00409, E. 1.2; vgl. auch BGr, 26.9.2008, 2D_102/2008, E. 2.1.3.
[160] RB 1986 Nr. 18 (ZBl 1987, 213 ff., E. 2a).

Reagiert eine Behörde nicht auf eine Aufsichtsbeschwerde, so ist nach der Praxis ebenfalls nur die Aufsichtsbeschwerde an die nächsthöhere Aufsichtsinstanz gegeben[161]. Als deren Gegenstand hat grundsätzlich – in Analogie zur Rechtsverweigerungs- und Rechtsverzögerungsbeschwerde – die Untätigkeit der unteren Behörde zu gelten, doch kann gegebenenfalls ein Selbsteintritt der übergeordneten Behörde beantragt werden (vgl. auch N. 76). Nimmt man einen Rechtsanspruch auf Beantwortung der Aufsichtsbeschwerde an (N. 62), wäre allerdings insoweit die Rechtsverweigerungsbeschwerde (§ 19 Abs. 1 lit. b) gegeben. Jedenfalls kann die anzeigende Person ein **Rechtsmittel** erheben, soweit ihre verfahrensrechtliche Stellung Streitgegenstand ist, etwa wenn sie geltend macht, ihre Eingabe hätte nicht als Aufsichtsbeschwerde, sondern als förmliches Rechtsmittel oder als Antrag auf eine Verfügung über einen Realakt (§ 10c) entgegengenommen werden müssen oder sie verfüge – als Aufsichtsbeschwerdeführerin oder gestützt auf eine andere Rechtsgrundlage – über bestimmte Verfahrensrechte[162].

Erlässt die Behörde aus Anlass einer Aufsichtsbeschwerde **eine Anordnung,** so können die Rechtsmittellegitimierten die zulässigen Rechtsmittel erheben[163]. Nur Anordnungen im Sinn des materiellen Verfügungsbegriffs, nicht sämtliche auf Aufsichtsbeschwerde hin getroffenen Massnahmen sind anfechtbar[164]. Die Anordnung ist als erstinstanzlich zu betrachten, selbst wenn die Aufsichtsbehörde zugleich als Rekursbehörde amtet, so dass eine Gabelung des Rechtswegs eintreten kann[165]. Zu den Rechtsmittelbefugten kann auch die anzeigende Person gehören, allerdings nicht allein aufgrund der Erhebung der Aufsichtsbeschwerde[166].

86

---

[161] Vgl. VGr, 29.3.2012, VB.2012.00107, E. 2 (geschützt durch BGr, 3.8.2012, 1C_247/2012, E. 1).
[162] Vgl. VGr, 19.12.2002, VB.2002.00375, E. 1a; MOOR/POLTIER, Droit administratif II, S. 619, m.H.
[163] Z.B. VGr, 4.7.2008, VB.2008.00234, E. 1.1; RB 2002 Nr. 14, E. 1c (VB.2002.00227); VGr, 7.4.2000, VB. 2000.00085, E. 1; RB 1961 Nr. 19 (ZR 1961 Nr. 103, E. 3).
[164] RB 2003 Nr. 15, E. 1b (VB.2003.00298).
[165] Vgl. VGr, 4.7.2008, VB.2008.00234, E. 1.2.
[166] BGE 102 Ib 81, E. 3.

Zulässigkeit
a. Im Allgemeinen

§ 19

¹ Mit Rekurs können angefochten werden:
  a. Anordnungen, einschliesslich raumplanungsrechtlicher Festlegungen,
  b. unrechtmässiges Verweigern oder Verzögern einer anfechtbaren Anordnung,
  c. Handlungen staatlicher Organe, welche die politische Stimmberechtigung der Bürgerinnen und Bürger oder Volkswahlen oder Volksabstimmungen betreffen (Stimmrechtssachen),
  d. Erlasse, ausgenommen die Kantonsverfassung und kantonale Gesetze.

² Keinem Rekurs unterstehen Akte
  a. des Regierungsrates,
  b. des Kantonsrates, seiner Geschäftsleitung und der Verwaltungskommission der Geschäftsleitung.

³ Gegen Rekursentscheide ist der Rekurs nur zulässig, wenn der Weiterzug an das Verwaltungsgericht und an Rechtsmittelinstanzen des Bundes ausgeschlossen ist. Der Entscheid der zweiten Rekursinstanz ist kantonal letztinstanzlich.

⁴ Die für Anordnungen geltenden Bestimmungen sind sinngemäss auf die anderen Akte nach Abs. 1 anwendbar, soweit keine besondern Regelungen bestehen.

Materialien

Erläuterungen Vorentwurf VRG-Revision 2010, S. 79 sowie 9 ff., 61 ff., 72 f.; Weisung 2009, S. 956 ff. sowie 852 ff., 927 ff., 941 f.; Prot. KR 2007–2011, S. 10240, 10535.

Zu alt § 19 bzw. alt §§ 19–19c: Weisung 1957, S. 1037; Prot. KK 20.12.1957, 23.9.1958; Prot. KR 1955–1959, S. 3379; Beleuchtender Bericht 1959, S. 401 f.; Weisung 1995, S. 1530 ff.; Prot. KK 1995/96, S. 39 ff., 102 ff., 153 ff., 244 ff.; Prot. KR 1995–1999, S. 6488, 6508 ff.

Literatur

Anfechtungsobjekt im Allgemeinen; Verfügung bzw. Anordnung: ABEGG ANDREAS, Die Evolution des Verwaltungsvertrags zwischen Staatsverwaltung und Privaten, Bern/Stuttgart 2010; BICKEL JÜRG/OESCHGER MAGNUS/STÖCKLI ANDREAS, Die verfahrensfreie Verfügung – Ein Beitrag zu einem übersehenen Konzept des VwVG, ZBl 2009, 593 ff. *(Verfügung);* BOSSHART D., Anfechtungsobjekte; BRÜHWILER-FRÉSEY LUKAS S., Verfügung, Vertrag, Realakt und andere verwaltungsrechtliche Handlungssysteme, Diss. (Freiburg i. Üe.), Bern 1984; DONZALLAZ, Commentaire, Art. 82 N. 2660 ff.; GADOLA, Genehmigungsentscheid; GADOLA, Beschwerdeverfahren, S. 280 ff.; GENNER SUSANNE, Zur Abgrenzung von Rechtsakt und Realakt im öffentlichen Recht, AJP 2011, 1153 ff.; GIACOMINI, Jagdmachen; GIACOMINI SERGIO, Verwaltungsrechtlicher Vertrag und Verfügung im Subventionsverhältnis «Staat-Privater», Diss. (Freiburg i. Üe.), Freiburg i. Üe. 1992; GRIFFEL, Rekurs, S. 45 ff.; GUENG URS, Zur Tragweite des Feststellungsanspruchs gemäss Art. 25 VwG, SJZ 1971, 369 ff.; GYGI, Bundesverwaltungsrechtspflege, S. 126 ff.; HÄFELIN/MÜLLER/UHLMANN, Verwaltungsrecht, N. 854 ff.; HAFNER, Verfügung; HALTNER, Verfügung; HÄNER ISABELLE, in: Praxiskommentar VwVG, Art. 25, 25a; HÄNER ISABELLE/WALDMANN BERNHARD (Hrsg.), Der verwaltungsrechtliche Vertrag in der Praxis, Zürich/Basel/Genf 2007; HANGARTNER, Scheinverfügungen; IMBODEN/RHINOW/KRÄHENMANN, Verwaltungsrechtsprechung, Nrn. 35 f.; JAAG TOBIAS, Zur Rechtsnatur der Strassenbezeichnung, recht 1993, 50 ff.;

Die Kommentierung beruht auf einem Text Jürg Bossharts, der von Martin Bertschi überarbeitet und fertiggestellt wurde.

§ 19

JAAG TOBIAS, Die Abgrenzung zwischen Rechtssatz und Einzelakt, Zürich 1985 *(Abgrenzung)*; JAAG TOBIAS, Die Allgemeinverfügung im schweizerischen Recht, ZBl 1984, 433 ff.; JAAG/RÜSSLI, Staats- und Verwaltungsrecht, N. 2002 ff.; KIENER/RÜTSCHE/KUHN, Öffentliches Verfahrensrecht, N. 331 ff.; KLEY ANDREAS, Die Feststellungsverfügung – eine ganz gewöhnliche Verfügung?, in: Bernhard Ehrenzeller/ Philippe Mastronardi/René Schaffhauser/Rainer J. Schweizer/Klaus A. Vallender (Hrsg.), Der Verfassungsstaat vor neuen Herausforderungen. Festschrift für Yvo Hangartner, St. Gallen/Lachen 1998, S. 229 ff. *(Feststellungsverfügung)*; KÖLZ/HÄNER/BERTSCHI, Verwaltungsverfahren, N. 320 ff., 861 ff.; MÄCHLER, Vertrag; MERKER, Rechtsmittel, § 38 N. 3 ff.; MERKLI/AESCHLIMANN/HERZOG, Kommentar VRPG, Art. 49 N. 1 ff.; MOOR/POLTIER, Droit administratif II, S. 174 ff., 445 ff.; MOSER/BEUSCH/ KNEUBÜHLER, Bundesverwaltungsgericht, N. 2.1 ff.; MOSIMANN HANS-JAKOB, Beschwerde in öffentlich-rechtlichen Angelegenheiten, in: Prozessieren vor Bundesgericht, S. 183 ff., N. 4.7 ff.; MÜLLER MARKUS, in: Kommentar VwVG, Art. 5, Art. 44 N. 1 ff.; MÜLLER THOMAS P., Verwaltungsverträge im Spannungsfeld von Recht, Politik und Wirtschaft, Diss. (Basel), Basel 1997; NGUYEN MINH SON, Le contrat de collaboration en droit administratif, Diss. (Lausanne), Bern 1998; RHINOW RENÉ A., Verfügung, Verwaltungsvertrag und privatrechtlicher Vertrag, in: Juristische Fakultät der Universität Basel (Hrsg.), Privatrecht – Öffentliches Recht – Strafrecht, Festgabe zum Schweizerischen Juristentag 1985, Basel 1985, S. 295 ff.; RHINOW/KOLLER/KISS/THURNHERR/BRÜHL-MOSER, Öffentliches Prozessrecht, N. 1051 ff., 1516 ff.; RÜTSCHE BERNHARD, Was sind öffentliche Rechte und Pflichten? Überlegungen zum Rechtscharakter der Verfügung, in: Markus Rüssli/Julia Hänni/Reto Häggi Furrer (Hrsg.), Staats- und Verwaltungsrecht auf vier Ebenen, Festschrift für Tobias Jaag, Zürich/Basel/Genf 2012, S. 69 ff.; SALADIN, Verwaltungsverfahrensrecht, S. 57 ff., 96 ff.; SCHINDLER BENJAMIN, in: Kommentar VwVG, Einleitung N. 12 ff.; TANQUEREL, Manuel, N. 672 ff., 783 ff.; THALMANN, Kommentar GG, § 151 N. 2, § 152 N. 2; TSCHANNEN/ZIMMERLI/MÜLLER, Verwaltungsrecht, §§ 28, 33–35; UHLMANN FELIX, in: Praxiskommentar VwVG, Art. 5; WALDMANN BERNHARD, in: Basler Kommentar BGG, Art. 82 N. 5 ff.; WEBER-DÜRLER BEATRICE, in: Kommentar VwVG, Art. 25, 25a; WIEDERKEHR/RICHLI, Praxis, N. 2142 ff., 2940 ff.; WURZBURGER ALAIN, in: Commentaire LTF, Art. 82 N. 21 ff.; ZUFFEREY JEAN-BAPTISTE, Die verwaltungsrechtliche Verfügung – Ein Alibi, das allen dient, ZWR 2005, 339 ff.

Vgl. auch die Angaben bei § 10c.

Personalrecht: HELBLING PETER, in: Wolfgang Portmann/Felix Uhlmann (Hrsg.), Stämpflis Handkommentar Bundespersonalgesetz (BPG), Bern 2013 *(Handkommentar BPG)*, Art. 34 N. 40 ff.; KEISER, Personalrecht, S. 199 ff., 211; MÜLLER MARKUS, Das besondere Rechtsverhältnis, Bern 2003, S. 75 ff., 93 ff.

Bildungsrecht: AUBERT M., Leistungsbeurteilungen, S. 17 ff.; EGLI, Rechtsschutz, S. 546 ff.; HÖRDEGEN, Volksschulrecht, S. 71 ff.; KOLLER MARCEL, Was heisst «Faire Prüfung»? Die wesentlichen rechtlichen Aspekte bei Prüfungen an schweizerischen Mittel- und Hochschulen, Diss. (St. Gallen), Wallisellen 2002, S. 153 ff.; OESCH, Rechtspflege; PLOTKE HERBERT, Schweizerisches Schulrecht, 2. Aufl., Bern 2003, S. 711 ff. *(Schulrecht)*; PLOTKE, Prüfungsnoten; RICHLI PAUL, Fragwürdige Verrechtlichungen im Bildungswesen, in: Markus Rüssli/Julia Hänni/Reto Häggi Furrer (Hrsg.), Staats- und Verwaltungsrecht auf vier Ebenen, Festschrift für Tobias Jaag, Zürich/Basel/Genf 2012, S. 247 ff. *(Verrechtlichungen)*; SCHNYDER WERNER, Rechtsfragen der beruflichen Weiterbildung in der Schweiz, Zürich [2000], N. 287 ff.; WIDRIG, Studieren, N. 26 ff.

Submissions- und Konzessionsverfahren: BEYELER MARTIN, Öffentliche Beschaffung, Vergaberecht und Schadenersatz, Diss. (Freiburg i. Üe.), Zürich/Basel/Genf 2004, N. 340 ff., 382 ff.; FETZ MARCO, Öffentliches Beschaffungsrecht des Bundes, in: Thomas Cottier/Matthias Oesch (Hrsg.), Schweizerisches Bundesverwaltungsrecht, Bd. XI: Allgemeines Aussenwirtschafts- und Binnenmarktrecht, 2. Aufl., Basel 2007, S. 461 ff., N. 188 ff.; GALLI PETER/MOSER ANDRÉ/LANG ELISABETH/STEINER MARC, Praxis des öffentlichen Beschaffungsrechts, 3. Aufl., Zürich/Basel/Genf 2013, N. 1254 ff. *(Praxis)*; GAUCH PETER, Zuschlag und Verfügung, in: Peter Hänni (Hrsg.), Mensch und Staat, Festgabe der Rechtswissenschaftlichen Fakultät der Universität Freiburg für Thomas Fleiner zum 65. Geburtstag, Freiburg i. Üe. 2003, S. 595 ff.; KÖLZ/HÄNER/BERTSCHI, Verwaltungsverfahren, N. 1920 ff.; KUNZ, Konzessionen, S. 256 ff.; LOCHER THOMAS, Wirkungen des Zuschlags auf den Vertrag im Vergaberecht – Eine verwaltungsrecht-

§ 19

liche Einordnung, Diss. (Bern), Bern 2013, S. 27 ff., 90 ff., 161 ff. *(Wirkungen);* SCHERLER STEFAN, Die Verfügungen im Vergaberecht, in: Jean-Baptiste Zufferey/Hubert Stöckli (Hrsg.), Aktuelles Vergaberecht 2012, Zürich/Basel/Genf 2012, S. 347 ff.; TRÜEB HANS RUDOLF, in: Matthias Oesch/Rolf H. Weber/Roger Zäch (Hrsg.), Wettbewerbsrecht II, Zürich 2011, Art. 29 BöB; WOLF, Rechtsschutz, S. 161 ff.; WOLF, Beschwerde, S. 4 ff.

Raumpläne: AEMISEGGER/HAAG, Praxiskommentar, Art. 34 N. 20 ff.; AEMISEGGER HEINZ/SCHERRER REBER KARIN, in: Basler Kommentar BGG, Art. 82 N. 34 ff.; FRITZSCHE CHRISTOPH/BÖSCH PETER/WIPF THOMAS, Zürcher Planungs- und Baurecht, Bd. 1: Planungsrecht, Verfahren und Rechtsschutz, 5. Aufl., Zürich 2011, S. 95 ff. *(Planungs- und Baurecht);* GRIFFEL ALAIN, Raumplanungs- und Baurecht – in a nutshell, Zürich/St. Gallen 2012, S. 22 ff., 177 ff. *(Nutshell);* HÄFELIN/MÜLLER/UHLMANN, Verwaltungsrecht, N. 932 ff.; HALLER/KARLEN, Rechtsschutz, N. 1059 ff.; HALLER WALTER/KARLEN PETER, Raumplanungs-, Bau- und Umweltrecht, Bd. I: Grundlagen – Raumplanungsrecht – Baurecht, 3. Aufl., Zürich 1999, N. 139 ff. *(Raumplanungsrecht);* HÄNNI PETER, Planungs-, Bau- und besonderes Umweltschutzrecht, 5. Aufl., Bern 2008, S. 89 ff. *(Planungsrecht);* IMBODEN/RHINOW/KRÄHENMANN, Verwaltungsrechtsprechung, Nr. 11; JAAG/RÜSSLI, Staats- und Verwaltungsrecht, N. 4401 ff.; RUCKSTUHL, Rechtsschutz; TSCHANNEN/ZIMMERLI/MÜLLER, Verwaltungsrecht, § 37; WAGNER PFEIFER BEATRICE, Umweltrecht I, 3. Aufl., Zürich/Basel/Genf 2009, N. 237 ff.; WALDMANN BERNHARD/HÄNNI PETER, Stämpflis Handkommentar Raumplanungsgesetz (RPG), Bern 2006, Art. 34 N. 6 ff.; WIEDERKEHR/RICHLI, Praxis, N. 2793 ff.

Rechtsverweigerungs- und Rechtsverzögerungsbeschwerde: CORBOZ BERNARD, in: Commentaire LTF, Art. 94; DONZALLAZ, Commentaire, Art. 94; GÄCHTER, Rechtsverweigerungsbeschwerde; GEISER THOMAS/UHLMANN FELIX, Grundlagen, in: Prozessieren vor Bundesgericht, S. 1 ff., N. 1.142 ff. *(Grundlagen);* KÖLZ/HÄNER/BERTSCHI, Verwaltungsverfahren, N. 1298 ff., 1780 ff.; MERKLI/AESCHLIMANN/HERZOG, Kommentar VRPG, Art. 49 N. 63 ff.; MOSER/BEUSCH/KNEUBÜHLER, Bundesverwaltungsgericht, N. 5.18 ff.; MÜLLER MARKUS, in: Kommentar VwVG, Art. 46a; RHINOW/KOLLER/KISS/THURNHERR/BRÜHL-MOSER, Öffentliches Prozessrecht, N. 693 ff.; TRÜEB, Rechtsschutz, S. 205 ff.; TRÜEB, Vollzugsklage; UHLMANN FELIX, in: Basler Kommentar BGG, Art. 94; UHLMANN FELIX/WÄLLE-BÄR SIMONE, in: Praxiskommentar VwVG, Art. 46a.

Rechtsschutz in Stimmrechtssachen: BESSON, Stimmrechtssachen; BESSON, Schutz; DONZALLAZ, Commentaire, Art. 82 N. 2714 ff., Art. 88, Art. 95 N. 3555 ff.; EUSEBIO/CRAMERI, Tutela giuridica; GRISEL ETIENNE, Initiative et référendum populaires, 3. Aufl., Bern 2004, S. 135 ff.; HANGARTNER YVO/KLEY ANDREAS, Die demokratischen Rechte in Bund und Kantonen der Schweizerischen Eidgenossenschaft, Zürich 2000, N. 276 ff. *(Rechte);* HILLER, Stimmrechtsbeschwerde; KIENER/RÜTSCHE/KUHN, Öffentliches Verfahrensrecht, N. 1668 ff.; KÖLZ/HÄNER/BERTSCHI, Verwaltungsverfahren, N. 1708 ff.; MARTENET/LAMMERS, Accès au juge; SCHOTT MARKUS, in: Basler Kommentar BGG, Art. 95 N. 60 ff.; STEINMANN GEROLD, in: Basler Kommentar BGG, Art. 82 N. 75 ff., Art. 88; TORNAY BÉNÉDICTE, La démocratie directe saisie par le juge, Diss. (Genf), Genf/Zürich/Basel 2008, S. 17 ff.; TSCHANNEN PIERRE, Stimmrecht und politische Verständigung, Basel 1995, N. 767 ff.; VON WARTBURG PIA, in: Ergänzungsband Kommentar GG, § 151a N. 1 ff.; WURZBURGER ALAIN, in: Commentaire LTF, Art. 82 N. 110 ff., Art. 88.

Abstrakte Normenkontrolle: AEMISEGGER HEINZ/SCHERRER REBER KARIN, in: Basler Kommentar BGG, Art. 87; DONZALLAZ, Commentaire, Art. 82 N. 2694 ff., Art. 87; HÄNER ISABELLE, in: Kommentar KV, Art. 79 N. 18 ff.; KIENER/RÜTSCHE/KUHN, Öffentliches Verfahrensrecht, N. 1614 ff.; KÖLZ/HÄNER/BERTSCHI, Verwaltungsverfahren, N. 1674 ff.; MARTI, Besondere Verfahren, S. 104 ff.; RÜTSCHE, Rechtsfolgen; WALDMANN BERNHARD, in: Basler Kommentar BGG, Art. 82 N. 23 ff.; WURZBURGER ALAIN, in: Commentaire LTF, Art. 82 N. 80 ff., Art. 87.

Inhaltsübersicht

I.	Regelungsgegenstand	1–2
II.	Anfechtungsobjekte (Abs. 1)	3–85
	A. Anordnungen (Abs. 1 lit. a)	3–39
	1. Funktion	3–5
	2. Abgrenzungen	6–11
	a) Abgrenzung zum Realakt	6–8
	b) Abgrenzung zum rechtsgeschäftlichen Handeln	9–11
	3. Abgrenzungen und besondere Erscheinungsformen der Anordnung nach Sachgebieten	12–21
	a) Öffentliches Personalrecht	12–14
	b) Bildungswesen	15–16
	c) Submissionen	17
	d) Konzessionen	18–21
	4. Besondere Erscheinungsformen der Anordnung aufgrund der Funktion	22–31
	a) Feststellungsverfügungen	22–27
	b) Negative Verfügungen	28
	c) Genehmigungen	29
	d) Nebenbestimmungen und Nebenfolgen	30–31
	5. Raumpläne	32–39
	B. Rechtsverweigerung und Rechtsverzögerung (Abs. 1 lit. b)	40–56
	C. Stimmrechtssachen (Abs. 1 lit. c)	57–66
	D. Erlasse (Abs. 1 lit. d)	67–85
	1. Grundlagen der Erlassanfechtung	67–71
	2. Begriff und Abgrenzung des Erlasses	72–80
	3. Anfechtungsobjekt und Entscheid	81–85
III.	Ausschluss des Rekurses (Abs. 2)	86
IV.	Subsidiärer Weiterzug an eine zweite Rekursinstanz (Abs. 3)	87–89
V.	Sinngemässe Anwendung der für Anordnungen geltenden Bestimmungen (Abs. 4)	90

I. Regelungsgegenstand

§ 19 regelt die Zulässigkeit des Rekurses. Er umschreibt zum einen die **Anfechtungsobjekte (Abs. 1),** wobei er sich weitgehend an Art. 82 BGG bzw. die dort getroffene Unterscheidung in Beschwerden gegen Entscheide, gegen Erlasse und in Stimmrechtssachen anlehnt. Zum andern enthält er Regelungen zum Instanzenzug bzw. zur **funktionellen Zuständigkeit (Abs. 2 und 3).** Der letztere Bereich sollte mit der VRG-Revision von 2010 separat in § 19b geregelt werden[1], doch konnte eine vollständige Trennung der beiden zusammenhängenden Themen nicht gelingen. Die Regelung in § 19 Abs. 2 und 3 ergibt zusammen mit der Festlegung der zuständigen Rekursinstanz in § 19b Abs. 1 und 2 eine Gesamtordnung des Instanzenzugs und damit auch der funktionellen Zuständigkeit (vgl. zu dieser allgemein § 5 N. 21 ff.). Abweichungen müssen in einem Gesetz im formellen Sinn enthalten sein (vgl. § 19b N. 53).

In Bezug auf **kommunale Akte** wird die Regelung des Rechtsschutzes in § 19 ff. VRG teilweise von jener in § 151 ff. GG überlagert. Die Regelung des Rechtsschutzes im GG dif-

---

[1] Weisung 2009, S. 956.

ferenziert primär nicht nach den Anfechtungsobjekten, sondern nach den entscheidenden Gemeindeorganen: Unterschieden werden die Gemeindebeschwerde nach § 151 GG gegen Beschlüsse der Gemeinde oder des Grossen Gemeinderats (also der Stimmberechtigten an der Urne oder in der Gemeindeversammlung sowie des Gemeindeparlaments) und der Rekurs nach § 152 GG in Verbindung mit § 19 VRG gegen Akte anderer Gemeindebehörden und weiterer Träger öffentlicher Aufgaben. Beide Rechtsmittel können sich sowohl gegen Anordnungen als auch gegen Erlasse richten. Sodann regelt § 151a GG den Rekurs in Stimmrechtssachen. Die §§ 151a und § 152 GG verweisen (nahezu) vollständig auf den Rekurs gemäss VRG, aber auch die Sonderregelung von § 151 GG erklärt – unter Vorbehalt der abweichenden Bestimmungen über die Rekursinstanz, die Legitimation und die Kognition – die Normen des VRG über den Rekurs für anwendbar. Gesamthaft gesehen ist demnach die Ordnung des Rechtsschutzes im GG weitgehend mit jener des VRG verknüpft[2]. Der Antrag des Regierungsrats zu einem *neuen Gemeindegesetz* sieht die Vereinheitlichung des Rechtswegs vor, indem auf besondere kantonale Rechtsmittel gegen kommunale Akte verzichtet und stattdessen nur noch auf das VRG verwiesen werden soll[3].

II. Anfechtungsobjekte (Abs. 1)

A. Anordnungen (Abs. 1 lit. a)

1. Funktion

3   Der Anordnung, die im Wesentlichen mit der Verfügung gleichgesetzt werden kann (vgl. im Einzelnen Vorbem. zu §§ 4–31 N. 13 ff.), kommt eine **Doppelfunktion** zu. Einerseits ist sie wichtigstes Handlungsinstrument der Verwaltung und legt als *Institut des materiellen Rechts* verwaltungsrechtliche Rechtsverhältnisse für die Beteiligten verbindlich und erzwingbar fest – dies in Form von Gestaltungs- oder Feststellungsverfügungen oder aber von negativen Verfügungen, mit denen der Erlass eines gestaltenden oder feststellenden Verwaltungsakts förmlich abgelehnt wird (vgl. Art. 5 Abs. 1 lit. a–c VwVG). Anderseits ist sie in ihrer Funktion als Anfechtungsobjekt ein *Institut des Verwaltungsprozessrechts,* das den Zugang zum Anfechtungsstreit als der Hauptform der Verwaltungsrechtspflege zugleich öffnet und begrenzt. Als Anordnung mit Rekurs anfechtbar sind dabei sowohl individuell-konkrete Akte (Verfügungen) wie auch generell-konkrete Akte (Allgemeinverfügungen)[4]. Im Rahmen eines mehrstufigen Rechtsschutzes gelten auch Rechtsmittel- und Revisionsentscheide als Anordnungen, mitunter sogar Urteile im Klageverfahren, sofern sie nach spezialgesetzlicher Regelung mit Rekurs oder Beschwerde weitergezogen werden können.

4   Hinsichtlich der Funktion als Handlungsinstrument der Verwaltung kann auf die Ausführungen zum materiellen Verfügungsbegriff verwiesen werden (Vorbem. zu §§ 4–31

---

[2]   Zum Verhältnis zwischen der Gemeindebeschwerde nach § 151 GG und dem Rekurs an das Baurekursgericht nach § 329 PBG vgl. § 19b N. 82.
[3]   § 183 Abs. 4 E-GG; Weisung GG, S. 41, 100, 205.
[4]   Bezüglich Abgrenzung zu den generell-abstrakten Erlassen vgl. N. 72 ff.

N. 18 ff.). Mit Blick auf ihre **Funktion als Anfechtungsobjekt** lassen sich besondere Erscheinungsformen von Anordnungen unterscheiden (dazu N. 22 ff.). Im Rahmen des Verfügungs- oder Rechtsmittelverfahrens stellt sich zudem die prozessuale Frage, ob und inwiefern neben Endentscheiden auch Teilentscheide sowie Vor- und Zwischenentscheide selbständig anfechtbar sind (dazu § 19a). In ähnlicher Weise fragt sich, ob und inwieweit nach Abschluss des Verfügungsverfahrens ergehende Vollstreckungsverfügungen noch anfechtbar sind (dazu § 30 N. 80 ff.). Trotz seiner begriffsnotwendig absoluten rechtlichen Unwirksamkeit kann auch ein nichtiger Verwaltungsakt Anfechtungsobjekt eines Rekurses sein[5].

Anfechtungsobjekt im engeren Sinn bildet nur jener Teil einer Verfügung, der in formelle Rechtskraft erwachsen kann, also das Dispositiv sowie gegebenenfalls die Erwägungen, auf die das Dispositiv ausdrücklich oder sinngemäss verweist.

2. Abgrenzungen

a) Abgrenzung zum Realakt

Abzugrenzen sind Anordnungen unter anderem von den **Realakten**. Der Begriff wird hier – der vorherrschenden Lehre folgend – als Auffangbegriff für «alle Verrichtungen des Staats, die nicht in einer der tradierten Rechtsformen wie Verfügung, Vertrag, Plan oder Erlass ergehen»[6], verwendet (vgl. zur Definition § 10c N. 1). Realakte sind nach der Regelung des VRG nicht direkt Anfechtungsobjekt eines Rekurses. Vorbehalten bleiben die Stimmrechtssachen (vgl. § 10d Abs. 1 und § 19 Abs. 1 lit. c). Von diesen abgesehen, kann und muss seit der VRG-Revision von 2010 gemäss § 10c eine anfechtbare Anordnung verlangt werden, wenn ein Realakt auf dem Rechtsmittelweg beanstandet werden soll. Mit dieser gesetzgeberischen Konzeption ist die Funktion der Anordnung als Anfechtungsobjekt noch verstärkt worden.

Zur Abgrenzung zwischen Anordnung und Realakt besteht eine reichhaltige **Kasuistik**[7]:
- Nicht als anfechtbare Anordnungen gelten *verwaltungsinterne Weisungen*. Sie werden von einem Teil der Lehre den Realakten zugewiesen[8]. Verwaltungsinterne Weisungen, die sich auf einen Einzelfall beziehen und die Anordnung der untergeordneten Behörde weitgehend bestimmen, stehen in ihrer praktischen Auswirkung einer Anordnung nahe. Dennoch ist das Rekursrecht gegen eine verwaltungsinterne Weisung für den Einzelfall zu verneinen und nur der Rekurs gegen die weisungsausführende Anordnung der untergeordneten Behörde zuzulassen, womit der ordentliche Instanzenzug eingehalten wird[9]. Es muss jedoch möglich sein, die Dienstanweisung direkt anzufechten, wenn für einen Einzelfall erlassene verwaltungsinterne Weisungen formlos

---

[5] VGr, 20.8.2009, VB.2009.00409, E. 1.4; RB 1986 Nr. 11; 1977 Nr. 8; vgl. auch Vorbem. zu §§ 86a–86d N. 4.
[6] M. Müller, Verwaltungsrealakte, S. 317 f.; Weber-Dürler, in: Kommentar VwVG, Art. 25a N. 6, m.w.H. In einem engeren Sinn verwenden Häfelin/Müller/Uhlmann, Verwaltungsrecht, N. 866 ff., besonders N. 874c, den Begriff.
[7] Vgl. die Übersichten etwa bei Häfelin/Müller/Uhlmann, Verwaltungsrecht, N. 866 ff.; M. Müller, in: Kommentar VwVG, Art. 5 N. 41 ff.; Weber-Dürler, in: Kommentar VwVG, Art. 25a N. 6 ff.; Wiederkehr/Richli, Praxis, N. 2282 ff., 2812 ff.
[8] Weber-Dürler, in: Kommentar VwVG, Art. 25a N. 6, m.H.
[9] Z.B. BGE 128 I 167, E. 4.2. So bereits RB 1963 Nr. 4 (ZR 1964 Nr. 71).

umgesetzt werden sollen und es der betroffenen Person nicht möglich oder nicht zumutbar ist, den Erlass einer Verfügung zu erwirken oder den Umsetzungsakt abzuwarten und hernach gegen diesen vorzugehen[10]. In diesem Fall ist der Anordnungscharakter der einzelfallbezogenen Dienstanweisung zu bejahen – analog zur Bejahung des Rechtssatzcharakters bei Verwaltungsverordnungen mit Aussenwirkungen (dazu eingehend § 50 N. 52 ff.).

- Keine Verfügungsqualität wird *verwaltungsinternen Organisationsakten bzw. organisatorischen Anordnungen* zugestanden, weil sie keine verbindlichen und erzwingbaren Rechte und Pflichten Privater begründen[11]. Als verwaltungsinterne Organisationsakte gelten etwa die Aufhebung einer Verwaltungseinheit[12], die Umbenennung einer Poststelle[13], die Benennung einer neuen Strasse sowie nach überwiegender Auffassung die Umbenennung einer Strasse[14]. Zu den nicht direkt anfechtbaren organisatorischen Anordnungen werden ferner in der Regel Festlegungen über Verbindungen, Fahrpläne und Haltestellen des öffentlichen Verkehrs gezählt[15]. Die Spezialgesetzgebung sieht in diesen Fällen immerhin oft neben Mitwirkungsrechten auch Rechtsmittel interessierter Gemeinwesen vor (vgl. etwa § 29 Abs. 1 lit. a und b PVG). Die Grundsätze über verwaltungsinterne bzw. organisatorische Anordnungen sind nicht zuletzt im Sonderstatusverhältnis (bzw. besonderen Rechtsverhältnis) relevant (N. 12 ff. und 15 ff.).

- Nicht auf die Festlegung von Rechten und Pflichten ausgerichtet und damit keine Anordnungen sind behördliche Handlungen wie das Abfassen von *Berichten, Stellungnahmen*[16], *Vernehmlassungen* und *Expertisen, das Stellen von Anträgen*[17] oder *das Leisten guter Dienste*[18]. Keine Anordnung liegt sodann etwa vor, wenn eine untergeordnete Verwaltungseinheit zu einer Projektierung ermächtigt und eine beratende Kommission eingesetzt wird[19].

---

[10] Vgl. zur Frage auch WEBER-DÜRLER, in: Kommentar VwVG, Art. 25a N. 14, 31.
[11] Vgl. (auch zum Folgenden) z.B. HÄFELIN/MÜLLER/UHLMANN, Verwaltungsrecht, N. 867 ff.; KÖLZ/HÄNER/BERTSCHI, Verwaltungsverfahren, N. 889 ff.; WEBER-DÜRLER, in: Kommentar VwVG, Art. 25a N. 13.
[12] BGr, 8.12.2006, 2P.152/2006, E. 2.3 (Schliessung eines Asylzentrums).
[13] BGE 109 Ib 253, E. 1.
[14] VGr, 2.6.2005, VB.2005.00214, E. 2 (BEZ 2005 Nr. 29); VGr, 11.3.1999 (ZBl 2000, 80 ff. = BEZ 1999 Nr. 24 [Leitsatz: RB 1999 Nr. 14]); vgl. auch VGr, 12.7.2007, VB.2007.00118 (Umadressierung einer Liegenschaft). Vgl. HÄFELIN/MÜLLER/UHLMANN, Verwaltungsrecht, N. 870, und KÖLZ/HÄNER/BERTSCHI, Verwaltungsverfahren, N. 889, je m.w.H.
[15] Vgl. den Hinweis in BGE 109 Ib 253, E. 1b (Aufhebung einer Bahnhaltestelle; anders: Bundesrat, 7.11.1979, E. 1 [VPB 1980 Nr. 60]); Bundesrat, 16.10.1985, E. 2 (VPB 1986 Nr. 51; Postautolinienführung); VGr, 17.12.2008, VB.2007.00398, E. 1.2.2 (Festlegung des Verbundangebots; die Frage konnte in BGr, 21.10.2009, 2C_218/2009, E. 1.2, und in VGr, 30.4.2009, VB.2009.00170, E. 1.3.2, offen gelassen werden); Bundesrat, 1.9.1993, E. 4 (VPB 1994 Nr. 79; Festlegung von Fahrplänen).
[16] Vgl. etwa BGE 116 Ib 260, E. 1d (Pra 1991 Nr. 134), zur Stellungnahme der Bewilligungsbehörde nach Art. 21 Abs. 1 UVPV.
[17] Vgl. BGr, 16.10.2012, 2C_198/2012, E. 6.3.2, m.H.; RRB 2713/1960 (ZBl 1961, 17 ff.), den Beschluss eines Gemeinderats betreffend, über den die Gemeindeversammlung noch abzustimmen hat.
[18] BGE 112 Ib 145 (Pra 1986 Nr. 243).
[19] BGE 113 Ia 232, E. 1 (Pra 1988 Nr. 2).

- Behördliche Äusserungen, die sich an bestimmte Personen richten oder diese potenziell betreffen, ohne aber Rechtsbeziehungen zu ihnen verbindlich festzulegen, sind keine Anordnungen[20]. Dazu gehören namentlich unverbindliche *Mitteilungen, Hinweise, Absichtserklärungen*[21], *Auskünfte und Zusicherungen*[22]. Rechtsansprüche können sich allerdings unter bestimmten Umständen aus dem Vertrauensschutz (Art. 9 BV) ergeben[23]. Abgrenzungsfragen können sich namentlich in Bezug auf die Feststellungsverfügung stellen (N. 22 ff.; vgl. auch § 19a N. 23 ff.)[24]. Eine «Schlussrechnung» der Sozialbehörde, die materiell die Unterstützung mit wirtschaftlicher Hilfe beendet, stellt eine Anordnung dar und ist gemäss den entsprechenden Formvorschriften zu erlassen[25].

- Bei *Verweisen, Mahnungen und Androhungen* (insbesondere des Entzugs von Bewilligungen und von Leistungen) ist zu differenzieren[26]: Sie können zum einen Anordnungen darstellen, wenn sie den Charakter einer Disziplinarsanktion haben[27]. Beispiele sind die Verwarnung nach Art. 16 Abs. 2 oder Art. 16a Abs. 3 SVG[28] sowie der Verweis nach § 30 PG[29]. Zum andern liegt eine Anordnung vor, wenn die Androhung rechtliche Folgen hat. Dies kann der Fall sein, wenn sie einen obligatorischen Schritt auf dem Weg zu einer den Adressaten belastenden Verwaltungsmassnahme darstellt oder wenn sie eine solche zumindest vorbereitet und erleichtert, indem sie zu deren Verhältnismässigkeit beiträgt[30]. Der Verfügungscharakter ist dagegen nicht gegeben, wenn die Androhung in späteren Verfahren keine rechtlichen Folgen hat, so dass sie als blosse Ermahnung unter Hinweis auf mögliche rechtliche Konsequenzen erscheint[31]. Selbst wenn Verwarnungen und Androhungen Verfügungscharakter beigemessen wird, kann ihre selbständige Anfechtbarkeit fraglich sein, sofern es sich um Vor- bzw. Zwischenentscheide handelt[32]. Zur Androhung der Vollstreckung vgl. § 31 N. 4.

---

[20] Vgl. zum Ganzen etwa auch HÄFELIN/MÜLLER/UHLMANN, Verwaltungsrecht, N. 878 ff.; WIEDERKEHR/RICHLI, Praxis, N. 2836 ff.
[21] Vgl. VGr, 5.10.2005, VB.2005.00258, E. 2.3 (Auszug: RB 2005 Nr. 56), zu Ausführungen über die Grundeigentümerbeteiligung an den Erschliessungskosten gemäss § 92 PBG in einem Bericht zu einem Erschliessungsplan.
[22] Als Beispiele und zur Unterscheidung: VGr, 21.9.2011, VB.2011.00086, E. 5.1, und VGr, 7.9.2011, VB.2011.00326, E. 4.2, je m.H.
[23] Vgl. etwa HÄFELIN/MÜLLER/UHLMANN, Verwaltungsrecht, N. 626 ff.
[24] Vgl. als Beispiel BGr, 12.7.2013, 2C_52/2013, E. 4.2 f., ein als Feststellungsverfügung bezeichnetes Schreiben über die Bewilligungs- und Gebührenpflicht für «Passantenstopper» betreffend.
[25] RRB 790/2012, E. 2c (www.zhentscheide.zh.ch).
[26] Zum Ganzen: MERKLI/AESCHLIMANN/HERZOG, Kommentar VRPG, Art. 49 N. 30; WIEDERKEHR/RICHLI, Praxis, N. 2323.
[27] Zu den Kriterien: BGr, 12.8.2003, 5P.199/2003, E. 1.1.
[28] Vgl. z.B. BGr, 25.5.2012, 1C_28/2012, E. 2.4; VGr, 7.12.2011, VB.2011.00534, E. 1 und 3.1.
[29] BGr, 31.8.2010, 8C_1065/2009, E. 1.2; VGr, 18.11.2009, PB.2009.00027, E. 1.2.
[30] BGE 125 I 119, E. 2a (Pra 1999 Nr. 165).
[31] Vgl. VGr, 13.9.2007, VB.2007.00104, E. 2, wo die Androhung eines Entzugs der Berufsausübungsbewilligung im Fall eines erneuten Verstosses gegen die Berufsregeln nicht als Verfügung aufgefasst wurde, was im Licht der Bundesgerichtspraxis zumindest diskutabel erscheint.
[32] Vgl. zu Weisungen und Auflagen an Sozialhilfebeziehende im Einzelnen § 19a N. 49.

- Die *Einleitung von Verwaltungsverfahren* stellt grundsätzlich keine anfechtbare Anordnung dar. Beispiele sind etwa die Eröffnung eines Disziplinarverfahrens oder einer Administrativuntersuchung[33]. Auch die *Erstattung einer Strafanzeige* ist keine Anordnung[34].

- Den Realakten werden meist auch *Überwachungs- und Kontrollmassnahmen* – namentlich der Polizei – zugeordnet[35], soweit es sich nicht um strafprozessuale Zwangsmassnahmen handelt. Soweit die Merkmale der Verfügung materiell erfüllt sind, erschiene es allerdings überzeugender, diese Massnahmen als Anordnungen zu betrachten, die unter bestimmten Voraussetzungen «verfahrensfrei» ergehen bzw. sofort vollstreckt werden können[36]. Die sinngemässe Anwendung von § 10c würde dadurch nicht ausgeschlossen (vgl. N. 8).

- Finanzielle Forderungen des Gemeinwesens in Form blosser *Rechnungen* stellen grundsätzlich lediglich eine Zahlungsaufforderung dar und gehören nicht zu den anfechtbaren Verwaltungsakten. Vielfach werden solche Rechnungen aus verwaltungsökonomischen Gründen formlos versandt; eine förmliche Verfügung ist in einem solchen Fall nur zu erlassen, wenn der Schuldner die Forderung oder eine spätere Nachforderung bestreitet[37]. Allerdings kann auch bereits die Rechnung die Elemente einer Verfügung aufweisen. Zahlungspläne und die Bewilligung von Ratenzahlungen haben keinen Anordnungscharakter[38].

- Ob die *Bauausschreibung* im Sinn von § 314 PBG ein Realakt oder eine Allgemeinverfügung ist, liess das Verwaltungsgericht offen, weil die Voraussetzungen für die Anfechtung eines Zwischenentscheids ohnehin nicht gegeben waren (vgl. auch N. 8)[39].

8   Die Abgrenzung zwischen Anordnung und Realakt **hat an Bedeutung verloren,** seit der Rechtsweg gegen Realakte gemäss § 10c gesichert ist. Zwar ist die Unterscheidung noch massgebend für die Frage, auf welche Weise der Rechtsschutz in die Wege zu leiten ist. Die Wahl der unzutreffenden Vorgehensweise darf für die Betroffenen jedoch keine nachteiligen Konsequenzen haben, sofern sie sich nach Treu und Glauben verhalten: Die Weiterleitungspflicht nach § 5 Abs. 2 muss in diesem Fall analog zur Anwendung kommen[40]. Die Abgrenzungsprobleme können zudem entschärft werden, wenn sich die

---

[33] Vgl. VGr, 29.6.2006, VB.2006.00229, E. 2.2.1 (Leitsatz: RB 2006 Nr. 36), den Verzicht auf die Einstellung eines Verfahrens betreffend; BERNHARD RÜDY, Administrativuntersuchungen und ihre dienstrechtlichen Konsequenzen, in: Verwaltungsorganisationsrecht – Staatshaftungsrecht – öffentliches Dienstrecht, Jahrbuch 2012, Bern 2013, S. 119 ff., 133 f., m.H. Vgl. auch VGr, 29.5.2013, VB.2012.00808, E. 2 f., zum Charakter der Administrativuntersuchung.
[34] BRK II, 19.11.2002, 267/2002, E. 2b (BEZ 2002 Nr. 69); WIEDERKEHR/RICHLI, Praxis, N. 2323.
[35] Z.B. BGE 130 I 369, E. 6.1; 128 I 167, E. 4.5 (Kontrolle und Fernhaltung); VGr, 26.1.2012, VB.2011.00710, E. 3.2 (Personenkontrolle und Identitätsfeststellung durch die Polizei); VGr, 19.6.2008, VB.2008.00143, E. 2 (Fahrausweiskontrolle). Vgl. auch BGE 136 I 87, E. 3.1, zur Polizeitätigkeit im Allgemeinen.
[36] So BICKEL/OESCHGER/STÖCKLI, Verfügung, S. 600 ff., 618 ff.; M. MÜLLER, Verwaltungsrealakte, S. 326; vgl. auch RR AG, 23.5.2001, E. 1b (ZBl 2003, 311 ff. = AGVE 2001 Nr. 131), zur Eingangskontrolle bei einer Strafanstalt.
[37] Vgl. RB 1997 Nr. 60, E. 1; 1992 Nr. 88.
[38] WIEDERKEHR/RICHLI, Praxis, N. 2325, m.H.
[39] RB 1990 Nr. 90.
[40] Vgl. sinngemäss RB 2007 Nr. 10, E. 1.3 (VB.2007.00335); zu dieser Frage und zum Ganzen auch WEBER-DÜRLER, in: Kommentar VwVG, Art. 25a N. 50.

Anfechtung formlos erlassener («verfahrensfreier») bzw. unmittelbar vollstreckter Verfügungen ebenfalls nach § 10c richtet[41]. Die früheren Konstruktionen der Praxis, die bei Fehlen einer Anordnung den Rechtsweg öffneten, müssten obsolet geworden sein (vgl. Vorbem. zu §§ 4–31 N. 26)[42]. Die Voraussetzungen der Anfechtung von Vor- oder Zwischenverfügungen (§ 19a Abs. 2) gelten auch in Bezug auf Realakte mit verfahrensleitender Funktion sowie auf Rechtsakte mit zweifelhafter Rechtsnatur, die jedoch im Fall ihrer Zuordnung zu den Verfügungen als Zwischenentscheide einzustufen wären; § 10c darf nicht dazu dienen, die Voraussetzungen von § 19a Abs. 2 zu umgehen[43]. Auch in dieser Hinsicht kommt somit der Unterscheidung zwischen Anordnung und Realakt keine entscheidende Bedeutung zu.

b)   Abgrenzung zum rechtsgeschäftlichen Handeln

Rechtsgeschäftliche Willenserklärungen des Gemeinwesens sind *keine Verfügungen*, unabhängig davon, ob sie auf den Abschluss privatrechtlicher oder öffentlichrechtlicher Verträge gerichtet sind[44]. Das Bundesgericht hat allerdings schon vor längerem anerkannt, dass die behördliche Weigerung, einen Vertrag abzuschliessen, eine Verfügung darstellt, soweit das öffentliche Recht Anspruch auf Abschluss eines Vertrags einräumt[45]. 9

Gemäss der sogenannten **Zweistufentheorie** ist beim Abschluss eines Vertrags durch das Gemeinwesen zwischen der verwaltungsinternen Willensbildung, die mit einer anfechtbaren Verfügung abgeschlossen wird, und dem Vertragsabschluss zu unterscheiden[46]. Der Anwendungsbereich der Zweistufentheorie erscheint allerdings nicht geklärt. Der Theorie selber kann er nicht direkt entnommen werden: Von ihren Ursprüngen und ihrer Zwecksetzung her erscheint sie weniger als Mittel zur Erkenntnis der Zusammenhänge zwischen hoheitlichem und vertraglichem Handeln denn als Mittel zur Konstruktion verwaltungsrechtlichen Rechtsschutzes, falls dieser als angebracht gilt[47]. Aus der hierzu eingeführten Unterscheidung zwischen der Willensbildung und dem rechtsgeschäftlichen Handeln der Verwaltung allein ergibt sich jedoch noch nicht, inwieweit gegen Erstere Rechtsschutz zu gewähren ist. Gerade im wichtigen Fall des Submissionsverfahrens hat das Bundesgericht die Zweistufentheorie bisher nur insoweit anerkannt, als sie ihren Ausdruck im Gesetz gefunden hat[48]. Das Verwaltungsgericht spricht verwirrenderweise davon, dass es die Theorie analog auf die Vergabe von Konzessionen anwende (N. 19). Die Zweistufentheorie darf nicht unbesehen auf den Abschluss anderer privatrechtlicher Verträge oder gar auf weitere rechtsgeschäftliche Akte des Gemeinwesens 10

---

[41] So WEBER-DÜRLER, in: Kommentar VwVG, Art. 25 N. 27, mit Bezug auf Art. 25a VwVG.
[42] WEBER-DÜRLER, in: Kommentar VwVG, Art. 25a N. 50.
[43] Vgl. BGE 136 V 156, E. 4.3; WEBER-DÜRLER, in: Kommentar VwVG, Art. 25a N. 31.
[44] IMBODEN/RHINOW/KRÄHENMANN, Verwaltungsrechtsprechung, Nr. 35 B II b; BGE 127 I 84, E. 4a.
[45] Vgl. BGE 106 Ia 65, E. 3; 101 Ib 306, E. 2.
[46] Vgl. z.B. HÄFELIN/MÜLLER/UHLMANN, Verwaltungsrecht, N. 287 ff.; KÖLZ/HÄNER/BERTSCHI, Verwaltungsverfahren, N. 876. Vertiefend MOOR/POLTIER, Droit administratif II, S. 445 ff.
[47] Zu den Ursprüngen der Zweistufentheorie vgl. LOCHER, Wirkungen, S. 90 f.
[48] HÄFELIN/MÜLLER/UHLMANN, Verwaltungsrecht, N. 290; vgl. auch BGE 131 I 137, E. 2; 125 II 86, E. 3b. Weiter gehend: OGr SH, 9.11.2007, E. 2b (ZBl 2008, 539 ff.), wo die Anfechtung der behördlichen Willensbildung, die zur Kündigung eines privatrechtlichen Pachtvertrags führte, durch den Vertragspartner bejaht wurde. Vgl. dazu und zum Ganzen AUGUST MÄCHLER, Bemerkungen der Redaktion, ZBl 2008, 549 f.

ausgedehnt werden. Der zivile Rechtsweg muss im Vordergrund stehen; daraus folgt allerdings, dass die Zivilgerichte die Grundrechtsbindung der Verwaltungsträger durchzusetzen haben[49]. Für Streitigkeiten aus öffentlichrechtlichen Verträgen steht grundsätzlich die verwaltungsrechtliche Klage zur Verfügung.

11 **Streitigkeiten aus privatrechtlichen Verträgen** des Gemeinwesens sind von den Zivilgerichten zu beurteilen (§ 1). Auch § 10c lässt keine Verfügungen zu, sofern die fraglichen Akte privatrechtlichen Charakter haben (vgl. § 10c N. 18). Damit bleibt kein Platz mehr für die früher in einzelnen Fällen geübte, umstrittene Praxis, innerhalb privatrechtlicher Verhältnisse wegen der Grundrechtsbindung des Gemeinwesens den öffentlichrechtlichen Anfechtungsweg zu öffnen[50]. Streitigkeiten aus verwaltungsrechtlichen Verträgen können dem Verwaltungsgericht im Klageverfahren unterbreitet werden (§ 81 lit. b). Die Verfügungskompetenz des Gemeinwesens ist im vertraglich geregelten Bereich allerdings nicht generell ausgeschlossen (vgl. im Einzelnen § 81 N. 12 f.).

3. Abgrenzungen und besondere Erscheinungsformen der Anordnung nach Sachgebieten

a) Öffentliches Personalrecht

12 Die Abgrenzung von Verfügung und Realakt ist besonders in den Sonderstatusverhältnissen (oder besonderen Rechtsverhältnissen) von Bedeutung, so im öffentlichen Personalrecht. Verfügungscharakter haben nur jene Dispositionen, welche das **Grundverhältnis,** also die private Rechtsstellung staatlicher Angestellter, in irgendeiner Weise berühren, indem sie Rechte oder Pflichten begründen, ändern oder aufheben. Dagegen regeln konkrete Dienstbefehle (ebenso wie generelle Dienstanweisungen) das **Betriebsverhältnis,** also die Tätigkeiten der angestellten Personen in deren Eigenschaft als Organe der Verwaltung; insoweit kommt ihnen keine Verfügungsqualität zu[51]. Sie können ausnahmsweise in die Rechtsstellung eines oder einer Angestellten eingreifen, wenn sie etwa eine Persönlichkeitsverletzung oder eine (versteckte) disziplinarische Massnahme darstellen[52].

13 **Verfügungscharakter** haben insbesondere folgende Akte[53]: die Begründung von Dienstverhältnissen (sofern sie nicht ausnahmsweise durch öffentlichrechtlichen Vertrag erfolgt); die Einreihung und die Beförderung in Besoldungsklassen und -stufen[54]; die Ausrichtung von einmaligen Leistungsprämien; die Gewährung von Zulagen; die Vergütung von Überstunden; die Ausrichtung und Rückforderung von Weiterbildungsbeiträgen[55]; Entscheide über Urlaubsgesuche und Ferienguthaben; Verfügungen über die Ausübung

---

[49] Vgl. HANGARTNER, Rechtsschutz, S. 150; WEBER-DÜRLER, in: Kommentar VwVG, Art. 25a N. 16, m.w.H.
[50] Z.B. BGr, 8.6.2001, 2P.96/2000, E. 4 f. (ZBl 2001, 656 ff.). Vgl. zur Kritik an diesem Entscheid und zur Änderung der Rechtslage WEBER-DÜRLER, in: Kommentar VwVG, Art. 25a N. 9 und 16.
[51] Z.B. KÖLZ/HÄNER/BERTSCHI, Verwaltungsverfahren, N. 892; TSCHANNEN/ZIMMERLI/MÜLLER, Verwaltungsrecht, § 41 N. 4; VGr, 6.3.2013, VB.2013.00037, E. 2.3.2 (nicht publiziert).
[52] VGr, 6.3.2013, VB.2013.00037, E. 2.3.5 (nicht publiziert).
[53] Die Auflistung folgt im Wesentlichen KEISER, Personalrecht, S. 199 ff. Für eine Übersicht über die Praxis zum Bundespersonalrecht vgl. HELBLING, in: Handkommentar BPG, Art. 34 N. 40 ff.
[54] Vgl. VGr, 24.1.2007, PB.2006.00025, E. 1.2, m.H.
[55] Als Beispiel: VGr, 16.6.2010, PB.2010.00004, E. 1.1.

einer Nebenbeschäftigung oder eines öffentlichen Amts[56]; die individuelle Unterbrechung des Stufenaufstiegs und die Rückstufung; die Versetzung im Amt, wenn die betreffende Person für eine bestimmte Stelle gewählt wurde; die Zuweisung einer wesentlich anderen Tätigkeit[57]; der Verweis nach § 30 PG[58]; die Ansetzung einer Bewährungsfrist (die eine Zwischenverfügung darstellt)[59]; die Freistellung oder Einstellung im Amt[60]; die Kündigung durch den Arbeitgeber; die vorzeitige administrative Entlassung; die vorzeitige Pensionierung; die Nichtwiederwahl auf Amtszeit gewählter Beamtinnen und Beamter[61]. Bei der Anordnung einer vertrauensärztlichen Untersuchung handelt es sich nach der überzeugenden Ansicht des Verwaltungsgerichts um eine (Zwischen-)Verfügung, die wegen eines nicht wiedergutzumachenden Nachteils selbständig angefochten werden kann, weil sie in die Persönlichkeitsrechte eingreift[62]. Das Arbeitszeugnis öffentlichrechtlicher Angestellter stellt an sich keine Verfügung dar; nach der Erweiterung der personalrechtlichen Rechtsmittel mit der VRG-Revision von 1997 bejahte das Verwaltungsgericht jedoch ein objektives Anfechtungsinteresse[63], wobei es die Weigerung, das Dienstzeugnis auf Antrag der angestellten Person zu ändern, als Anfechtungsobjekt definierte[64]. Mit dieser Konstruktion eines Anfechtungsobjekts nahm das Verwaltungsgericht die später mit § 10c allgemein eingeführte Regelung sinngemäss vorweg.

Keinen Verfügungscharakter haben dagegen organisatorische Massnahmen wie unwesentliche Änderungen des Tätigkeitsbereichs oder kleinräumige Verlegungen des Arbeitsplatzes[65]. Gleiches gilt mit Bezug auf nichtdisziplinarische Beanstandungen wie Ermahnung oder Tadel. Obwohl Mitarbeiterbeurteilungen erhebliche Bedeutung für die Ausgestaltung des Arbeitsverhältnisses haben, sind sie keine Anordnungen; sie bilden lediglich die Grundlage für Beförderungen, Rückstufungen und dergleichen und können nur im Zusammenhang mit solchen Anordnungen im Rechtsmittelverfahren überprüft werden[66].

14

---

[56] Als Beispiel: VGr, 6.2.2008, VB.2007.00315, E. 1.1.
[57] Zur Abgrenzung: BGE 136 I 323, E. 4.5 ff. (Pra 2011 Nr. 36); als Beispiel: VGr, 28.4.2004, PB.2003.00041, E. 1.1, m.H. (Leitsatz: RB 2004 Nr. 19).
[58] BGr, 31.8.2010, 8C_1065/2009, E. 1.2; VGr, 18.11.2009, PB.2009.00027, E. 1.2.
[59] BGr, 3.1.2002, 1P.555/2001, E. 4.2.2; VGr, 6.7.2010, PB.2010.00019, E. 4.1 f. Die Voraussetzungen der Anfechtung von Zwischenentscheiden dürften allerdings in der Regel nicht gegeben sein.
[60] VGr, 12.1.2011, PB.2010.00005, E. 1.4. Vgl. auch § 19a N. 49.
[61] Vgl. dazu im Einzelnen KEISER, Personalrecht, S. 201, m.H.
[62] VGr, 23.2.2011, PB.2010.00044, E. 1.3.1 (nicht publiziert; geschützt durch BGr, 5.12.2011, 8C_337/2011); vgl. auch VGr, 23.8.2001, VB.2001.00236, E. 1b; RB 2002 Nr. 16, E. 2a (VB.2002.00169). Das Bundesgericht lässt – nach Massgabe des anwendbaren Rechts – auch zu, dass die Anweisung nicht als Verfügung ergeht; vgl. BGr, 3.8.2010, 8C_373/2010, E. 6.1, den Kanton Basel-Stadt betreffend. Vgl. auch § 19a N. 48.
[63] RB 2000 Nr. 28, E. 1a (PB.2000.00010).
[64] RB 2004 Nr. 118, E. 4.5.1, m.H. (PB.2003.00016); VGr, 22.11.2000, PB.2000.00012, E. 2b.
[65] KEISER, Personalrecht, S. 200; vgl. als Beispiel VGr, 23.5.2001, PB.2000.00031, E. 3b–c.
[66] VGr, 24.1.2007, PB.2006.00025, E. 1.2, m.w.H.; KEISER, Personalrecht, S. 201 f. Für weitere Beispiele innerdienstlicher Anordnungen vgl. BGr, 3.1.2002, 1P.555/2001, E. 4.3 (vgl. auch E. 5.2.2 zum Vermerk in den Personalakten).

b) Bildungswesen

15 Im Bereich der Schule liegt ebenfalls eine **anfechtbare Anordnung** vor, wenn das Grundverhältnis berührt wird (N. 12). Organisatorische Massnahmen und interne Anweisungen, die grundsätzlich Realakte darstellen, müssen sodann nach § 10c anfechtbar sein, wenn sie die Rechtsstellung der Schülerinnen und Schüler betreffen oder diesen besondere Pflichten oder sonstige Nachteile auferlegen, die sich nicht bereits aus dem Sonderstatus als solchem ergeben[67]. Das Bundesgericht verlangte zum Beispiel eine Möglichkeit, die Zuweisung eines Schülers der ersten Primarklasse in ein weiter entferntes Schulhaus anzufechten[68]. Ein Anspruch auf eine anfechtbare Anordnung über die inhaltliche Ausgestaltung des Unterrichts kann jedenfalls dann verlangt werden, wenn in vertretbarer Weise geltend gemacht wird, dass der verfassungsmässige Anspruch auf genügenden Grundschulunterricht (Art. 19 BV) betroffen ist oder dass sich aus der Rechtsordnung weitere Ansprüche auf einen bestimmten Unterricht oder bestimmte Unterrichtsmaterialien ergeben[69].

16 **Prüfungsentscheide** bzw. -zeugnisse sind anfechtbare Verfügungen, wobei je nach den Rechtswirkungen auch ein schutzwürdiges Interesse an der Anfechtung genügender Qualifikationen bestehen kann (§ 21 N. 46). Dogmatische und praktische Schwierigkeiten bereitet die Frage der Anfechtbarkeit **einzelner Prüfungsnoten**. Diese stellen grundsätzlich keine Anordnungen dar, sondern Begründungselemente des Prüfungsentscheids, die nicht selbständig anfechtbar sind[70]. Im Einzelnen ist zu unterscheiden:
– Wird ein (ungenügendes oder genügendes) Gesamtergebnis angefochten, kann die Erhöhung der einzelnen Noten beantragt werden, die unmittelbar für das Gesamtergebnis ausschlaggebend sind[71]. Anfechtungsobjekt ist aber der Prüfungsentscheid bzw. die Gesamtqualifikation; die Beanstandungen der einzelnen Noten sind als Rügen bzw. Elemente der Beschwerdebegründung aufzufassen[72].
– Einzelnoten, an die sich direkt bestimmte Rechtswirkungen knüpfen (etwa die Möglichkeit, bestimmte zusätzliche Kurse oder Weiterbildungen zu absolvieren, besondere Qualifikationen zu erwerben oder weitere Prüfungen abzulegen), sind als unmittelbar anfechtbare Verfügungen aufzufassen[73].
– Einzelnoten für vorzeitig abgeschlossene Fächer sowie Einzelnoten, die als Erfahrungsnoten dienen, können nach der Praxis direkt angefochten werden[74]. Begründet wird dies mit der Rechtssicherheit und der Schwierigkeit, später den Sachverhalt fest-

---

[67] BGr, 9.7.2012, 2C_272/2012, E. 4.4.1 ff., mit einer Übersicht über die Bundesgerichtspraxis. Vgl. auch HÖRDEGEN, Volksschulrecht, S. 72 ff.; PLOTKE, Schulrecht, S. 716 f., 719 f.; RICHLI, Verrechtlichungen, S. 251 f.
[68] BGr, 28.3.2002, 2P.324/2001, E. 3.4 (ZBl 2007, 170 ff.); vgl. dazu auch BICKEL/OESCHGER/STÖCKLI, Verfügung, S. 621 ff., sowie die Kritik bei RICHLI, Verrechtlichungen, S. 250 ff.
[69] BGr, 9.7.2012, 2C_272/2012, E. 4.4.5 ff., den Anspruch auf Turnen und Sport an Berufsschulen betreffend.
[70] BGr, 7.11.2002, 2P.177/2002, E. 5.2.2, m.H.; VGr, 1.3.2006, VB.2005.00509, E. 3.1.
[71] Verneint für eine Betragensnote: BGr, 8.9.2005, 2P.208/2005, E. 2.1.
[72] Unpräzis VGr, 5.12.2012, VB.2012.00513, E. 2.1; klarer BGE 136 I 229, E. 2.5 f.
[73] BGE 136 I 229, E. 2.2; vgl. als Beispiel VGr, 7.7.2004, VB.2004.00212, E. 2.2.2; vgl. auch BVGE 2009/10 144, E. 6.2.1; HÖRDEGEN, Volksschulrecht, S. 74 f.
[74] RB 2006 Nr. 4, E. 3.3 (VB.2005.00509); HÖRDEGEN, Volksschulrecht, S. 74 ff.; vgl. auch PLOTKE, Schulrecht, S. 715.

zustellen[75]. Solche Einzelnoten werden als Vor- bzw. Zwischenentscheide aufgefasst (nach der hier verwendeten Terminologie: als Vorentscheide; vgl. § 19a N. 24 f.)[76]. Die Zulässigkeit der direkten Anfechtung lässt sich mit dem nicht wiedergutzumachenden Nachteil begründen, der sich aus der eventuellen Unmöglichkeit oder Schwierigkeit der späteren Beweiserhebung ergibt. Die Lehre sowie die Praxis in anderen Kantonen gehen teils davon aus, dass solche Noten mit einem Rechtsmittel gegen das Gesamtergebnis nicht mehr beanstandet werden können[77]. Nach § 19a Abs. 2 in Verbindung mit Art. 93 Abs. 3 BGG dürfen sie allerdings noch mit Rekurs gegen das Endergebnis gerügt werden. Die Schwierigkeiten bei der nachträglichen Sachverhaltsfeststellung können hieran nichts ändern; aus der Sicht der Betroffenen, welche die objektive Beweislast tragen, sprechen sie jedoch für eine umgehende Anfechtung[78].

Anzumerken ist, dass der Anordnungscharakter der Prüfungsnote und die Legitimation zwei verschiedene Rechtsfragen darstellen.

c) Submissionen

Zur öffentlichen Beschaffung von Waren, Dienstleistungen und Arbeitsleistungen werden privatrechtliche Verträge abgeschlossen, weshalb sich die früher umstrittene Frage stellt, ob die behördliche Annahme eines entsprechenden Angebots eine Verfügung darstellt. Die Frage ist heute in einem interkantonalen Erlass (der IVöB) geregelt, mit welcher den Anforderungen des internationalen Rechts und des Bundesrechts an den Rechtsschutz entsprochen wird[79]. Die IVöB wird im Kanton Zürich durch das IVöB-BeitrittsG und die SubmV umgesetzt. Demnach stellen im Anwendungsbereich der IVöB die wichtigsten Akte im Rahmen des Vergabeverfahrens **anfechtbare Verfügungen** dar: Als solche gelten nach Art. 15 Abs. 1bis IVöB die Ausschreibung des Auftrags (lit. a), der Entscheid über Aufnahmen einer Anbieterin oder eines Anbieters in eine ständige Liste gemäss Art. 13 lit. e (lit. b), der Entscheid über die Auswahl der Teilnehmerinnen und Teilnehmer im selektiven Verfahren (lit. c), der Ausschluss aus dem Verfahren (lit. d), der Zuschlag, dessen Widerruf und der Abbruch des Vergabeverfahrens (lit. e). Gemäss der Praxis des Verwaltungsgerichts regelt Art. 15 Abs. 1bis IVöB die Anfechtungsobjekte allerdings in zweierlei Hinsicht nicht abschliessend: Erstens anerkennt das Verwaltungsgericht weitere Vergabehandlungen, die öffentliche Beschaffungen im Sinn von Art. 1 IVöB oder Art. 5 und 9 BGBM betreffen, als anfechtbare Verfügungen[80]. Zweitens ist gegebenenfalls § 19a Abs. 2 in Verbindung mit Art. 91–93 BGG über die Anfechtung von Vor- und Zwischenentscheiden zu beachten (vgl. § 19a N. 67). Gegen anfechtbare Ver-

---

[75] PLOTKE, Schulrecht, S. 715; vgl. auch VGr, 7.7.2004, VB.2004.00212, E. 2.2.4.
[76] RB 2006 Nr. 4, E. 3.3 (VB.2005.00509); HÖRDEGEN, Volksschulrecht, S. 75.
[77] PLOTKE, Schulrecht, S. 715, m.H.; vgl. auch VGr, 7.7.2004, VB.2004.00212, E. 2.2.4.
[78] Vgl. auch § 19a N. 21 zur Problematik der Abgrenzung des Vorentscheids vom Teilentscheid.
[79] Zu diesen Rechtsgrundlagen vgl. z.B. JAAG/RÜSSLI, Staats- und Verwaltungsrecht, N. 3502 ff. Zum Anwendungsbereich der submissionsrechtlichen Regeln vgl. BGr, 16.10.2012, 2C_198/2012, E. 5.1 f., mit zahlreichen Hinweisen; GALLI/MOSER/LANG/STEINER, Praxis, N. 106 f.
[80] Vgl. RB 2004 Nr. 43, E. 2.1 (VB.2003.00058 = BEZ 2004 Nr. 37; Entscheid zur Wiederholung des Vergabeverfahrens); 2000 Nr. 62, E. 2 (VB.1999.00106 = BEZ 2000 Nr. 26; freihändige Vergabe). Gegenbeispiele: VGr, 31.8.2010, VB.2010.00284, E. 1.2, m.w.H. (Sanktionen nach Art. 19 Abs. 2 IVöB), auch zu den zulässigen Rügen und zum Ganzen; VGr, 5.4.2006, VB.2006.00145, E. 1, m.w.H. (Verzicht auf eine Beschaffung).

gabeentscheide steht unmittelbar die Beschwerde an das Verwaltungsgericht offen, das in solchen Fällen als einzige kantonale Rechtsmittelinstanz entscheidet (§ 2 Abs. 1 IVöB-BeitrittsG; dazu § 41 N. 10).

d) Konzessionen

18 Konzessionen verleihen das Recht zur Ausübung einer monopolisierten Tätigkeit oder zur Sondernutzung einer öffentlichen Sache im Gemeingebrauch[81]. Sie enthalten neben verfügungsmässigen häufig auch vertragliche Teile. Das Bundesgericht fasst sie als **gemischte Akte** auf, die sowohl verfügte als auch durch öffentlichrechtlichen Vertrag begründete Elemente enthalten[82]. Vertraglich sind diejenigen Teile der Konzession, bei denen die gesetzliche Grundlage relativ unbestimmt, der Spielraum für die Ausgestaltung des Konzessionsverhältnisses entsprechend gross und das öffentliche Interesse weniger gewichtig ist[83]. Im Hinblick auf ihren verfügungsmässigen Kern sind Konzessionen **grundsätzlich anfechtbare Verwaltungsakte**[84].

19 Art. 2 Abs. 7 BGBM schreibt vor, dass die Übertragung der Nutzung kantonaler und kommunaler Monopole auf Private durch Ausschreibung zu erfolgen hat[85]. In Bezug auf Jagd- und Fischereipachten (die Monopolkonzessionen darstellen) spricht das Verwaltungsgericht in einigen Entscheiden davon, dass der Zuschlag in analoger Anwendung der Zweistufentheorie mit den Rechtsmitteln der Verwaltungsrechtspflege anfechtbar sei[86]. Der Rückgriff auf die Zweistufentheorie (vgl. N. 10) ist allerdings unnötig, weil die Anfechtbarkeit der Konzessionsvergabe als eines öffentlichrechtlichen Rechtsakts ohnehin ausser Frage steht[87].

20 Das VRG sieht auch nach der VRG-Revision von 2010 vor, dass bestimmte Streitigkeiten aus Konzessionen im **Klageverfahren** vorzubringen sind. Im Gegensatz zum früheren Recht (§ 82 lit. b in der ursprünglichen Fassung, aufgehoben mit der VRG-Revision von 2010) erfolgt die Abgrenzung nun allerdings aufgrund des Kriteriums, ob die Streitigkeit den verfügungsmässigen oder den vertraglichen Teil betrifft. Ist der vertragliche Teil betroffen, kommt das Klageverfahren vor Verwaltungsgericht unmittelbar gestützt auf dessen Zuständigkeit zur Beurteilung von «Streitigkeiten aus verwaltungsrechtlichen Verträgen» (§ 81 lit. b) zum Zug[88]. Sodann unterstellt das Bundesrecht bestimmte Streitigkeiten aus Wasserrechtskonzessionen dem Klageverfahren (vgl. § 81 N. 22)[89].

---

[81] Statt vieler: HÄFELIN/MÜLLER/UHLMANN, Verwaltungsrecht, N. 2591.
[82] BGr, 30.8.2012, 2C_258/2011, E. 4.1, mit zahlreichen Hinweisen.
[83] BGE 130 II 18, E. 3.1 (Pra 2005 Nr. 40). Zum Ganzen: HÄFELIN/MÜLLER/UHLMANN, Verwaltungsrecht, N. 2593.
[84] Vgl. z.B. BGr, 30.5.2013, 1C_371/2012, E. 1.1; VGr, 13.7.2011, VB.2011.00070, E. 1.1.
[85] Zur (weitgehend ungeklärten) Tragweite: GALLI/MOSER/LANG/STEINER, Praxis, N. 206 ff.
[86] Z.B. VGr, 3.11.2010, VB.2010.00295, E. 1.3; VGr, 21.10.2009, VB.2009.00271, E. 1.2.
[87] So sinngemäss auch VGr, 20.6.2002, VB.2001.00404, E. 2b, wonach die Erteilung der Sondernutzungskonzession zum Plakataushang auf öffentlichem Grund «ohne Weiteres» ein zulässiges Anfechtungsobjekt darstelle. Vgl. auch MOOR/POLTIER, Droit administratif II, S. 449.
[88] Weisung 2009, S. 920.
[89] Weisung 2009, S. 920 f.

Gewisse Streitigkeiten im Zusammenhang mit Konzessionen sind weder mit Rekurs oder Beschwerde noch im verwaltungsgerichtlichen Klageverfahren, sondern auf dem **Zivilweg** geltend zu machen, so namentlich finanzielle Ansprüche, die mit rechtswidrigem Verhalten von staatlichen Angestellten oder Behörden im Zusammenhang mit der Vorbereitung und Nichterteilung einer Konzession (culpa in contrahendo) begründet werden (§ 2 Abs. 1 VRG)[90], ferner Streitigkeiten darüber, ob ein Gewässer öffentlicher oder privater Natur sei (§ 6 Abs. 3 WWG)[91].

4. Besondere Erscheinungsformen der Anordnung aufgrund der Funktion

a) Feststellungsverfügungen

Während mit der Gestaltungsverfügung Rechte und/oder Pflichten begründet, geändert oder aufgehoben werden, hat die Feststellungsverfügung zum **Zweck**, das Bestehen, Nichtbestehen oder den Umfang von Rechten und Pflichten festzustellen. Die Feststellungsverfügung ändert nichts an der bestehenden Rechtslage; die förmlich getroffene Feststellung wird aber nach Eintritt der formellen Rechtskraft gegenüber den Behörden und gegenüber Dritten, die am Verfahren beteiligt worden sind, verbindlich.

Im VRG werden Feststellungsbegehren und Feststellungsentscheid nicht ausdrücklich geregelt, abgesehen davon, dass seit der VRG-Revision von 2010 die Feststellung der Widerrechtlichkeit von Realakten in § 10c Abs. 1 lit. b verankert ist. Nach Lehre und Rechtsprechung besteht ein **Anspruch auf einen Feststellungsentscheid** bei Vorliegen eines schutzwürdigen Interesses (vgl. dazu N. 24) auch ohne gesetzliche Grundlage. Das Bundesrecht sieht den Feststellungsentscheid in Art. 5 Abs. 1 lit. b und Art. 25 VwVG vor; der betreffende Anspruch gilt auch gegenüber den Kantonen, wenn sie öffentliches Recht des Bundes anwenden[92]. Im Übrigen findet sich die Feststellungsverfügung in verschiedenen Spezialgesetzen (vgl. etwa Art. 17 Abs. 1 BewG; Art. 84 BGBB; Art. 10 WaG). Doch anerkennt das Verwaltungsgericht den Anspruch auf einen anfechtbaren Feststellungsentscheid auch für das zürcherische Recht ohnehin seit langem[93]. Auch die von Amtes wegen erlassene Feststellungsverfügung muss zulässig sein, wenn ein entsprechendes öffentliches Interesse besteht (vgl. für das Bundesrecht Art. 25 Abs. 1 VwVG)[94]. Die **Zuständigkeit** der Behörde richtet sich nach der Verfügungskompetenz in der betreffenden Materie.

Dem Begehren um eine Feststellungsverfügung ist zu entsprechen, wenn die gesuchstellende Person ein *schutzwürdiges Interesse* an der Feststellung nachweist (vgl. Art. 25 Abs. 2 VwVG). Es sind grundsätzlich die gleichen Kriterien wie für die Rekurslegitimation (§ 21 Abs. 1) massgebend. Der praktische Nutzen besteht in der Regel darin, dass mit der Feststellungsverfügung nachteilige Dispositionen vermieden werden können[95].

---

[90] VGr 15.6.1994, VK 93/0022 (nicht publiziert). Vgl. zur Begründung § 81 N. 16.
[91] VGr, 22.1.2003, VB.2002.00247, E. 1b bb; vgl. auch zum früheren Recht RB 1978 Nr. 15.
[92] Vgl. im Einzelnen Weber-Dürler, in: Kommentar VwVG, Art. 25 N. 26, m.H.
[93] Vgl. VGr, 4.5.2006, VB.2006.00143, E. 1.2: «seit jeher»; RB 1972 Nr. 12 (ZBl 1973, 209 ff., E. 1 = ZR 1973 Nr. 95).
[94] Vgl. Weber-Dürler, in: Kommentar VwVG, Art. 25 N. 8.
[95] Zum Ganzen Häner, in: Praxiskommentar VwVG, Art. 25 N. 16 ff.; Weber-Dürler, in: Kommentar VwVG, Art. 25 N. 10 ff.; Wiederkehr/Richli, Praxis, N. 2388 ff., 2766 f.

Das Feststellungsinteresse muss aktuell sein; soweit die Feststellung zukünftiger Rechte und Pflichten in Frage steht, bedeutet dies vor allem, dass es bereits genügend konkretisiert sein muss (N. 25)[96].

25 Daneben gelten spezifische Kriterien für die Schutzwürdigkeit des Feststellungsinteresses und damit die Zulässigkeit der Feststellungsverfügung. Über den Bestand, Nichtbestand und Umfang öffentlichrechtlicher Rechte und Pflichten muss Unklarheit bestehen. **Gegenstand** der Feststellungsverfügung muss ein konkretes Rechtsverhältnis sein; es muss sich um verwaltungsrechtliche Rechte oder Pflichten eines individuell bestimmten Rechtssubjekts handeln, die sich aus einem bestimmten Sachverhalt ergeben[97]. Ausgeschlossen sind damit Feststellungsverfügungen über die Ermittlung von Tatsachen[98]. Unzulässig sind Feststellungsbegehren zur Klärung theoretischer oder abstrakter Rechtsfragen[99]. Insbesondere darf das Institut der Feststellungsverfügung nicht dazu verwendet werden, auf indirektem Weg die abstrakte Normenkontrolle herbeizuführen[100]. Nach Praxis und Lehre sind hingegen grundsätzlich auch zukünftige Rechtsverhältnisse feststellungswürdig, wenn sie hinreichend konkretisiert sind. Zum Teil wird gefordert, dass dies nur insoweit gelten solle, als sich der relevante Sachverhalt bereits verwirklicht hat und nur noch ein für die Beurteilung der Rechtsfrage nicht unmittelbar bestimmendes Sachverhaltselement, wie z.B. der von der gesuchstellenden Person beabsichtigte Kauf eines Grundstücks, aussteht[101]. Die Praxis und die Mehrheit der Lehre anerkennen diese einschränkende Voraussetzung allerdings nicht[102]. Doch erfordert die Annahme eines schutzwürdigen Interesses immerhin eine besondere Begründung, wenn eine Feststellung über ein zukünftiges Rechtsverhältnis angestrebt wird: Das Interesse der gesuchstellenden Person an einer sicheren Dispositionsgrundlage muss das Interesse an der Verwaltungsökonomie überwiegen[103]. Sofern der Sachverhalt hinreichend bestimmt ist, kann sich die Feststellungsverfügung auch auf eine Vielzahl von zukünftigen Anwendungsfällen beziehen[104]. Besonderes Gewicht kommt bei der Ausgestaltung der Feststellungsverfügung der eingehenden Fixierung des Sachverhalts zu; damit kann vermieden werden, dass sich der Adressat bzw. die Adressatin später trotz veränderter Sachlage auf die Verbindlichkeit der Feststellungsverfügung beruft.

---

[96] Vgl. HÄNER, in: Praxiskommentar VwVG, Art. 25 N. 18; WEBER-DÜRLER, in: Kommentar VwVG, Art. 25 N. 18. Das Verwaltungsgericht bezeichnet als aktuelles Interesse, was hier praktischer Nutzen genannt wird; vgl. VGr, 20.5.2010, VB.2010.00080, E. 3.4 (der 2. Aufl., N. 61, folgend).
[97] BGr, 10.10.2012, 1C_78/2012, E. 2.2; VGr, 13.12.2012, VB.2012.00563, E. 2.1.
[98] BGE 135 II 60, E. 3.3.2; HÄNER, in: Praxiskommentar VwVG, Art. 25 N. 6; WEBER-DÜRLER, in: Kommentar VwVG, Art. 25 N. 6.
[99] Z.B. BGE 137 II 199, E. 6.5; VGr, 10.5.2007, VB.2007.00071, E. 3.
[100] Z.B. VGr, 11.3.2010, VB.2009.00559, E. 1.2; VGr, 19.6.2008, VB.2008.00143, E. 2; vgl. auch BGr, 6.7.2001, 2A.111/1999, E. 4.
[101] MERKER, Rechtsmittel, § 38 N. 31 f., mit Beispielen in Fn. 79.
[102] Vgl. BGE 135 II 60, E. 3.3.3; HÄNER, in: Praxiskommentar VwVG, Art. 25 N. 8, m.H.; WEBER-DÜRLER, in: Kommentar VwVG, Art. 25 N. 18, m.H.
[103] BGE 135 II 60, E. 3.3.3; WEBER-DÜRLER, in: Kommentar VwVG, Art. 25 N. 18, m.H.
[104] BGr, 10.10.2012, 1C_78/2012, E. 2.2, m.H.; VGr, 13.12.2012, VB.2012.00563, E. 2.1, m.H., wo die Zulässigkeit einer Feststellungsverfügung bejaht wurde, welche die künftige Ausgangs- und Urlaubsgewährung für den Adressaten im Massnahmenvollzug während eines festgelegten Zeitraums regelte.

Ein Feststellungsanspruch besteht regelmässig dann nicht, wenn die gesuchstellende Person in der betreffenden Angelegenheit ebensogut – bzw. ohne unzumutbare Nachteile – eine Gestaltungsverfügung oder ein im gerichtlichen Klageverfahren zu treffendes Gestaltungsurteil erwirken kann; in diesem Sinn ist der Feststellungsanspruch **subsidiär**[105]. Die Subsidiarität darf aber nicht absolut verstanden werden, und eine Feststellungsverfügung muss namentlich zulässig sein, wenn sie gewisse grundlegende Rechtsfragen vorweg löst, so dass auf ein unter Umständen aufwendiges Verfahren über Leistungs- oder Gestaltungsbegehren verzichtet werden kann[106].

26

Feststellende Verfügungen sind **mit Rekurs anfechtbar**. Mitunter kann zweifelhaft sein, ob es sich bei der getroffenen Feststellung um eine verbindlich gemeinte Verfügung oder um eine blosse Auskunft der Behörde handelt, was aufgrund ihres Gehalts zu entscheiden ist. Die Weigerung der angerufenen Behörde, einen Feststellungsentscheid zu treffen, ist mit Rechtsverweigerungsbeschwerde anfechtbar[107]. Feststellungsverfügungen und -entscheide sind nicht vollstreckungsfähig. Die Frage der aufschiebenden Wirkung des Rechtsmittels gegen einen Feststellungsentscheid stellt sich daher nicht[108].

27

b) Negative Verfügungen

Hauptanwendungsfall der negativen Verfügung ist das *Nichteintreten auf ein Verfügungsbegehren oder dessen Abweisung* (vgl. Art. 5 Abs. 1 lit. c VwVG). Eine negative Verfügung liegt dann vor, wenn die positive Antwort auf das Begehren als Verfügung zu qualifizieren wäre[109]. Gelegentlich bedarf aber der *Verzicht auf ein Verwaltungshandeln* auch dann einer Verfügung, wenn er nicht in Ablehnung eines entsprechenden Gesuchs erfolgt. Dies ist der Fall, wenn Rechtsmittellegitimierten der Rechtsweg geöffnet werden muss. So muss der Verzicht auf Unterschutzstellung in Form einer Verfügung getroffen werden, wenn die Rechtsmittelbefugnis der Natur- und Heimatschutzorganisationen betroffen ist (vgl. § 21 N. 169)[110].

28

c) Genehmigungen

Die **Genehmigung einer Anordnung** (vgl. z.B. § 227 Abs. 2 PBG) gilt in der Lehre mehrheitlich als Verfügung[111], teils wird sie – mit bedenkenswerten Gründen – als verwaltungsinterne Anweisung an die untergeordnete Behörde im Rahmen eines mehrstufi-

29

---

[105] Z.B. BGE 137 II 199, E. 6.5; VGr, 8.11.2006, PB.2006.00021, E. 2.1.
[106] So jedenfalls (zu Recht) Teile der Lehre: HÄNER, in: Praxiskommentar VwVG, Art. 25 N. 20; KLEY, Feststellungsverfügung, S. 243 f.; KÖLZ/HÄNER/BERTSCHI, Verwaltungsverfahren, N. 352; vgl. auch WEBER-DÜRLER, in: Kommentar VwVG, Art. 25 N. 16. Vgl. weiter § 19a N. 25.
[107] VGr, 4.5.2006, VB.2006.00143, E. 1.3, m.H.; vgl. auch RB 1978 Nr. 9.
[108] VGr, 28.2.2002, VB.2001.00390, E. 1b.
[109] Vgl. z.B. GYGI, Bundesverwaltungsrechtspflege, S. 133; KÖLZ/HÄNER/BERTSCHI, Verwaltungsverfahren, N. 864.
[110] Vgl. auch BGr, 17.7.2009, 1C_68/2009, E. 3, und VGr, 5.11.2009, VB.2008.00541, E. 3.3, wonach die fingierte Verfügung im Sinn von § 213 Abs. 3 Satz 2 PBG anfechtbar und daher den Legitimierten anzuzeigen ist.
[111] Z.B. GADOLA, Genehmigungsentscheid, S. 294; KÖLZ/HÄNER/BERTSCHI, Verwaltungsverfahren, N. 884; M. MÜLLER, in: Kommentar VwVG, Art. 5 N. 28; WALDMANN, in: Basler Kommentar BGG, Art. 82 N. 10.

gen Verwaltungsakts bezeichnet[112]. Jedenfalls ist der positive Genehmigungsentscheid nicht als separates Anfechtungsobjekt aufzufassen, sondern zusammen mit dem genehmigten Akt anzufechten, weil in derselben Sache der Rechtsweg nicht mehrfach zu öffnen ist[113]. Entsprechend ist gemäss dem Koordinationsgebot (vgl. Art. 25a und 33 Abs. 2 RPG; §§ 7–12 BVV i.V.m. § 319 Abs. 2 PBG) die Genehmigung zusammen mit der Bewilligung zu eröffnen[114]. Die Nichtgenehmigung des Verwaltungsakts ist für die Betroffenen ein selbständiges Anfechtungsobjekt. Für die Genehmigung von Allgemeinverfügungen gelten sinngemäss dieselben Grundsätze[115]. Die **Genehmigung eines privatrechtlichen Rechtsgeschäfts** ist eine sogenannte privatrechtsgestaltende Verfügung (vgl. z.B. Art. 2 Abs. 1 BewG; Art. 60 BGBB)[116]. Zur Genehmigung von Raumplänen vgl. N. 39; zur Genehmigung von Erlassen N. 79 f.

d)   Nebenbestimmungen und Nebenfolgen

30   **Nebenbestimmungen** sind als Bestandteil des Dispositivs von Verfügungen rechtsverbindlich und anfechtbar. Man unterscheidet Auflagen, Bedingungen und Befristungen[117]. Eine *Auflage* verpflichtet den Verfügungsadressaten im Zusammenhang mit den Rechten und Pflichten, welche die Verfügung begründet, zu einem Tun, Dulden oder Unterlassen. Von unverbindlichen Empfehlungen unterscheiden sich Auflagen dadurch, dass einerseits ihre Einhaltung selbständig erzwungen werden kann und anderseits Anordnungen unter Umständen widerrufen werden dürfen, wenn die im Zusammenhang mit ihnen stehenden Auflagen nicht erfüllt werden. Mit der *Bedingung* wird die Rechtswirksamkeit einer Verfügung von einem künftigen ungewissen Ereignis abhängig gemacht. Die Bedingung ist suspensiv, wenn die Rechtswirksamkeit erst mit dem Ereignis eintritt; sie ist resolutiv, wenn mit dem Eintreten des vorbehaltenen Ereignisses die Rechtswirksamkeit beendet wird. Mit der *Befristung* wird die Rechtswirksamkeit einer Verfügung zeitlich begrenzt. Begleitende Hinweise in einer Verfügung, die als blosse Empfehlungen und nicht als erzwingbare Auflagen aufzufassen sind, stellen kein Anfechtungsobjekt dar[118].

31   Die Nebenbestimmungen sind nicht zu verwechseln mit den **Nebenfolgen;** dieser in der Praxis gebräuchliche Begriff bezeichnet die zusätzlich zum Entscheid in der Hauptsache anzuordnenden und von diesen abhängigen Rechtsfolgen – vor allem, aber nicht ausschliesslich, den Entscheid über die Verfahrenskosten und die Parteientschädigung (zur Anfechtung vgl. § 13 N. 94 ff.; § 17 N. 91 f.)[119]. Entscheide über selbständige Verfahrensanträge wie etwa über die unentgeltliche Rechtspflege werden nicht unter den Begriff subsumiert. Die **Festlegung der Entschädigung des unentgeltlichen Rechtsbeistands**

---

[112] MERKER, Rechtsmittel, § 38 N. 114; 2. Aufl., N. 37; vgl. auch JAAG, Abgrenzung, S. 228.
[113] Im Ergebnis übereinstimmend: JAAG, Abgrenzung, S. 234; MERKER, Rechtsmittel, § 38 N. 114; M. MÜLLER, in: Kommentar VwVG, Art. 5 N. 28. Teilweise anders: GADOLA, Genehmigungsentscheid, S. 294.
[114] FRITZSCHE/BÖSCH/WIPF, Planungs- und Baurecht, S. 376; insoweit überholt: RB 1983 Nr. 10; VGr, 29.6.2007, VB.2006.00354, E. 5 (wo die Frage aufgeworfen, aber offen gelassen wurde).
[115] Vgl. MERKLI/AESCHLIMANN/HERZOG, Kommentar VRPG, Art. 77 N. 16.
[116] M. MÜLLER, in: Kommentar VwVG, Art. 5 N. 30; vgl. auch HÄFELIN/MÜLLER/UHLMANN, Verwaltungsrecht, N. 1019 ff.; WIEDERKEHR/RICHLI, Praxis, N. 2755 ff.
[117] HÄFELIN/MÜLLER/UHLMANN, Verwaltungsrecht, N. 901 ff., auch zum Folgenden.
[118] VGr, 27.2.2013, VB.2012.00553, E. 4.1; RB 1998 Nr. 32.
[119] Als Beispiel für weitere Nebenfolgen: VGr, 13.5.2013, VB.2012.00533, E. 3.2.

galt nach der bisherigen Praxis als erstinstanzliche Anordnung, selbst wenn sie von einer Rechtsmittelinstanz für das Rechtsmittelverfahren verfügt wurde[120]. Diese Praxis wurde jüngst geändert (vgl. dazu § 16 N. 112).

5. Raumpläne

Die **Rechtsnatur** der Raumpläne ist schwierig zu bestimmen. *Richtpläne* gelten als Rechtsakte sui generis; sie sind keine Rechtssätze, weil sie nicht gesetzliche Grundlage eines Verwaltungsakts bilden können, und keine Verfügungen, weil sie für die Grundeigentümer nicht verbindlich sind. *Nutzungspläne* werden als Zwischengebilde zwischen Rechtssatz und Verfügung bezeichnet, wobei teils auf die Ähnlichkeit mit den Allgemeinverfügungen hingewiesen wird[121].

Die Frage der Rechtsnatur von Plänen hat allerdings viel von ihrer ursprünglichen praktischen Relevanz verloren, weil sich Festsetzung und **Anfechtbarkeit** der Raumpläne nach eigenen Regeln bestimmen, die grösstenteils gesetzlich, namentlich im RPG und im PBG, umschrieben sind. § 19 Abs. 1 lit. a in der Fassung der VRG-Revision von 2010 erwähnt nunmehr «raumplanungsrechtliche Festlegungen» ausdrücklich als eine besondere Erscheinungsform von Anordnungen. Der Gesetzgeber wollte mit dieser Formulierung nicht den Kreis der Anfechtungsobjekte im Bereich der Raumplanung erweitern, sondern klarstellen, dass raumplanungsrechtliche Festlegungen ungeachtet ihrer Rechtsnatur prozessual als Anordnungen gelten, soweit sie nach dem Bundesrecht und der dazu entwickelten Praxis anfechtbar sind. Auf sie sind insoweit die für Anordnungen geltenden Bestimmungen des VRG nicht nur sinngemäss (vgl. § 19 Abs. 4), sondern unmittelbar anwendbar[122]. Dem entspricht, dass der ebenfalls zur Umschreibung des Anfechtungsobjekts verwendete Begriff der «Anordnung» in § 329 PBG seit jeher als Oberbegriff sowohl für Verfügungen als auch für Nutzungspläne verstanden wurde[123].

Im **Plansystem des PBG,** das durch das RPG vorgeprägt ist, wird unterschieden zwischen Richt-, Rahmennutzungs- und Sondernutzungsplanung[124]. Die *Richtplanung* umfasst den kantonalen Richtplan (§§ 20–26 PBG), den regionalen Richtplan (§ 30 PBG) und den kommunalen Richtplan (§ 31 PBG). Die *Rahmennutzungsplanung* besteht aus den kantonalen und regionalen Nutzungszonen (§§ 36–44 PBG) sowie den kommunalen Bau- und Zonenordnungen (§§ 45–78 PBG). Zur *Sondernutzungsplanung* gehören der Gestaltungsplan (§§ 44a, 83–87 PBG), der Erschliessungsplan (§§ 90–95 PBG), der Bau-, der Niveau-, der Ski- und Schlittellinienplan (§§ 96–113 PBG), der Werkplan (§§ 114–119 PBG) und der Quartierplan (§§ 123–202 PBG). Träger der Sondernutzungspläne sind primär die Gemeinden; teilweise sind zusätzlich weitere Planungsträger kompetent.

---

[120] VGr, 16.1.2013, VB.2013.00010 (nicht publiziert); RB 2004 Nr. 2; vgl. auch VGr, 28.4.2010, URB.2009.00001, E. 1.
[121] Zum Ganzen z.B. Häfelin/Müller/Uhlmann, Verwaltungsrecht, N. 942, 944; Hänni, Planungsrecht, S. 92 f., 97 ff.
[122] Weisung 2009, S. 956; Griffel, Rekurs, S. 48.
[123] Vgl. RB 2007 Nr. 60, E. 3.5 (VB.2007.00312 = BEZ 2007 Nr. 42).
[124] Vgl. Haller/Karlen, Raumplanungsrecht, N. 139 ff.; vgl. auch Fritzsche/Bösch/Wipf, Planungs- und Baurecht, S. 96, 117 f., die allerdings zwischen Sondernutzungsplänen und Hilfsinstrumenten unterscheiden.

§ 19

Wie Nutzungspläne behandelt werden auch die Schutzverordnungen im Sinn von § 205 lit. b PBG[125]. Der Grundwasserschutzzonenplan nach Art. 20 GSchG wird ebenfalls als Sondernutzungsplan bezeichnet[126].

35 Ähnlich wie bei der Überprüfung von Erlassen kommt ein **Rechtsschutz** gegen Raumpläne **in zwei Phasen** in Betracht: Einerseits kann ein Plan unmittelbar nach seiner Festsetzung oder Genehmigung angefochten werden, anderseits kann, sofern dies nicht möglich ist, seine Rechtmässigkeit später anlässlich der Anfechtung eines Anwendungsakts bestritten werden.

36 **Richtpläne** können wegen ihrer blossen Behördenverbindlichkeit von *Privaten* nicht direkt mit Rekurs angefochten werden; ein solcher Rechtsschutz wird auch vom Bundesrecht nicht verlangt (Art. 33 Abs. 2 RPG e contrario); aus dem gleichen Grund steht Privaten die Beschwerde in öffentlichrechtlichen Angelegenheiten nicht offen[127]. *Gemeinden* können den *kommunalen* Richtplan einer Nachbargemeinde mit Rekurs anfechten[128]; ferner sind sie zur Beschwerde an das Verwaltungsgericht befugt, wenn der Regierungsrat ihren kommunalen Richtplan nicht genehmigt[129]. Gegen den vom Kantonsrat festgesetzten *kantonalen* Richtplan können die Gemeinden Beschwerde in öffentlichrechtlichen Angelegenheiten erheben, wobei die Regeln über die Anfechtung von Erlassen (Art. 82 lit. b BGG) zum Zug kommen[130].

37 *Private* können **Nutzungspläne** anfechten und dabei die akzessorische Prüfung von Richtplänen verlangen (vgl. § 19 Abs. 2 PBG)[131]. Dagegen können *Gemeinden,* die sich gegen die Nichtgenehmigung ihres Nutzungsplans wehren, grundsätzlich nicht mehr geltend machen, diese stütze sich auf einen rechtswidrigen Richtplan; sie können dessen akzessorische Überprüfung ausnahmsweise dann verlangen, wenn sinngemäss die Voraussetzungen erfüllt sind, unter denen Private die vorfrageweise Prüfung eines Nutzungsplans beantragen können (N. 38)[132].

38 Kommunale und kantonale Nutzungspläne sowie damit in engem Sachzusammenhang stehende nichtkartografische planerische Festlegungen (d.h. Zonenvorschriften, die den Planinhalt umschreiben) unterliegen *im Rechtsmittelverfahren über eine Baubewilligung* grundsätzlich nicht der akzessorischen Überprüfung. Eine solche ist nur ausnahmsweise, d.h. lediglich dann zulässig, wenn der Grundeigentümer die durch die Festlegung bewirkten Eigentumsbeschränkungen bei der Festsetzung nicht erkennen konnte, wenn er keine Möglichkeit zur Verteidigung seiner Interessen hatte oder wenn sich seither die

---

[125] VGr, 12.1.2011, VB.2010.00555 und 556, E. 1.1; RB 1986 Nr. 14.
[126] VGr, 7.2.2002, VB.2001.00194, E. 1a.
[127] WALDMANN, in: Basler Kommentar BGG, Art. 82 N. 10.
[128] RRB 3197/1989 (BEZ 1989 Nr. 40); RUCKSTUHL, Rechtsschutz, S. 286; vgl. auch HALLER/KARLEN, Rechtsschutz, N. 1063.
[129] VGr, 27.3.2013, VB.2012.00794, E. 1.1.
[130] BGE 136 I 265, E. 1.1; WALDMANN, in: Basler Kommentar BGG, Art. 82 N. 10.
[131] Vgl. z.B. BGr, 2.4.2008, 1A.19/2007, E. 2.2.3; VGr, 29.8.2000, VB.2000.00199, E. 3c (wo offen gelassen wird, ob eine solche Überprüfungsbefugnis auch der Genehmigungsbehörde zukommt; vgl. § 20 N. 37); RB 1982 Nr. 141.
[132] BGE 111 Ia 129, E. 3d; GRIFFEL, Nutshell, S. 196; HALLER/KARLEN, Rechtsschutz, N. 1064 f.; vgl. auch BGE 136 I 265, E. 1.3, m.w.H.

rechtlichen oder tatsächlichen Verhältnisse wesentlich geändert haben[133]. Soweit es um nichtkartografische Festlegungen geht, gilt diese Rechtsprechung jedoch nur für Bauvorschriften, die dazu dienen, Art, Natur und Umfang der im Zonenplan kartografisch dargestellten Nutzungen zu umschreiben, d.h. die anstelle einer Planlegende stehen und mit dem Zonenplan ein untrennbares Ganzes bilden. Den übrigen Bestimmungen kommunaler Bauordnungen kommt dagegen Erlasscharakter zu[134]. Auch mit der ideellen Verbandsbeschwerde kann die akzessorische Überprüfung der Nutzungsplanung nicht verlangt werden[135], wobei die erwähnten Ausnahmen wohl sinngemäss ebenfalls gelten.

Die Anfechtbarkeit von **Genehmigungsakten** beurteilt sich wegen der besonderen Rechtsnatur von Raumplänen nach eigenen Grundsätzen, die auf die Koordination zwischen dem Genehmigungsentscheid und dem Rechtsmittelverfahren über einen kommunalen Planungsakt ausgerichtet sind. Laut § 329 Abs. 4 PBG in der Fassung der VRG-Revision von 1997 erfolgt die Koordination der Verfahren erst vor dem Verwaltungsgericht[136]. Dagegen wird gemäss § 5 Abs. 3 PBG in der Fassung vom 28. Oktober 2013 der Genehmigungsentscheid unmittelbar im Anschluss an die Festlegung des Nutzungsplans getroffen und zusammen mit dem geprüften Akt in der Gemeinde aufgelegt werden[137]. Gegen genehmigte Festlegungen wird den betroffenen Privaten und den Verbänden nach Massgabe von §§ 338a und 338b PBG in der Fassung vom 28. Oktober 2013 der Rekurs offen stehen; gegen negative Genehmigungsentscheide der zuständigen Direktion wird die Gemeinde als Planungsträgerin Rekurs erheben können. Neu wird auch die Genehmigungsinstanz, die Direktion, Rekursentscheide anfechten können, mit denen ihr Genehmigungsentscheid aufgehoben wurde (§ 338c PBG in der Fassung vom 28. Oktober 2013)[138].

39

B. Rechtsverweigerung und Rechtsverzögerung (Abs. 1 lit. b)

«Rechtsverweigerung» im weiteren Sinn umfasst als Oberbegriff formelle und materielle Rechtsverweigerung. Als *materielle Rechtsverweigerung* wird die qualifiziert falsche, also willkürliche oder rechtsungleiche Rechtsanwendung verstanden. Eine *formelle Rechtsverweigerung im weiteren Sinn* wird angenommen, wenn eine Verwaltungs- oder Justizbehörde ein Vorbringen in verfahrensrechtlicher Hinsicht unkorrekt oder gar nicht behandelt. *Formelle Rechtsverweigerung im engeren Sinn* begeht die Behörde, wenn sie sich weigert, eine Anordnung zu erlassen, obwohl sie dazu verpflichtet wäre. Die *Rechtsverzögerung* kann als besondere Form der formellen Rechtsverweigerung bezeichnet

40

---

[133] BGE 106 Ia 310, E. 3; GRIFFEL, Nutshell, S. 197 f.; HALLER/KARLEN, Rechtsschutz, N. 1066 ff.; weitere Hinweise: BGE 135 II 209, E. 5.1; AEMISEGGER/SCHERRER REBER, in: Basler Kommentar BGG, Art. 82 N. 35; zur akzessorischen Überprüfung von Bau- und Niveaulinien im Baubewilligungsverfahren vgl. RB 1997 Nr. 66.
[134] Vgl. BGE 133 II 353, E. 3.3; 116 Ia 207, E. 3b; VGr, 12.1.2011, VB.2010.00574, E. 3.2 (BEZ 2011 Nr. 7); vgl. auch AEMISEGGER/SCHERRER REBER, in: Basler Kommentar BGG, Art. 82 N. 35.
[135] BGE 123 II 337, E. 3.
[136] Wird die Festsetzung eines angefochtenen Nutzungsplans nicht genehmigt und diese Nichtgenehmigung nicht angefochten, so entfällt das Anfechtungsobjekt; vgl. RB 2004 Nr. 57, E. 2.1 (VB.2002.00249).
[137] Vgl. Weisung PBG 2011, S. 1133. Zur Genehmigung von Strassenprojekten vgl. § 15 Abs. 2 Satz 2 und Abs. 3 sowie § 45 Abs. 3 StrG.
[138] Weisung PBG 2011, S. 1140.

werden. Sie ist anzunehmen, wenn behördliches Handeln nicht grundsätzlich verweigert wird, jedoch nicht binnen der gesetzlichen Frist oder – wo eine solche fehlt – nicht binnen angemessener Frist erfolgt[139]. **Anfechtungsobjekt gemäss § 19 Abs. 1 lit. b** bilden die formelle Rechtsverweigerung im engeren Sinn und die Rechtsverzögerung.

41 Das **Verbot der Rechtsverweigerung und der Rechtsverzögerung** ergibt sich als Teilgehalt aus der allgemeinen Verfahrensgarantie von Art. 29 Abs. 1 BV, wonach jede Person «vor Gerichts- und Verwaltungsinstanzen Anspruch auf gleiche und gerechte Behandlung sowie auf Beurteilung innert angemessener Frist» hat. Der Wortlaut der Norm ist insofern zu eng, als das Gebot für alle Behörden gilt, also auch für parlamentarische, wenn sie über individuelle Rechte und Pflichten entscheiden[140]. Für zivilrechtliche Streitigkeiten und strafrechtliche Anklagen im Sinn von Art. 6 Ziff. 1 EMRK ergibt sich der Anspruch auf Behandlung «innerhalb angemessener Frist» auch aus dieser Bestimmung. Art. 6 Ziff. 1 EMRK ist zwar nicht direkt auf das Verwaltungsverfahren anwendbar, jedoch insofern beachtlich, als der EGMR bei der Prüfung der Verfahrensdauer dem Gerichtsverfahren vorgeschaltete verwaltungsinterne Verfahren oder wenigstens Beschwerdeverfahren teilweise mitberücksichtigt[141]. Sodann gewährleistet Art. 18 Abs. 1 KV einen Anspruch auf «rasche» Erledigung des Verfahrens, der gemäss dem Willen des Verfassungsgebers weiter gehen soll als Art. 29 Abs. 1 BV und Art. 6 Ziff. 1 EMRK[142].

42 Mit § 19 Abs. 1 lit. b wird dem bundesrechtlichen **Gebot der Einheit des Verfahrens** entsprochen (Art. 111 Abs. 1 i.V.m. Art. 94 und gegebenenfalls Art. 117 BGG)[143]. Bis zur VRG-Revision von 2010 hatte die Zürcher Verfahrensgesetzgebung die Rechtsverweigerungs- und Rechtsverzögerungsbeschwerde nicht geregelt. Sie war ursprünglich als besondere, förmliche Variante der Aufsichtsbeschwerde betrachtet worden, weshalb die Aufsichtsinstanz zur Behandlung zuständig gewesen war. Die Beschwerde an das Verwaltungsgericht wurde zunächst nur so weit zugelassen, wie das bundesrechtliche Gebot der Verfahrenseinheit dies erforderte[144], und erst spät allgemein anerkannt[145].

43 § 19 Abs. 1 lit. b ist den entsprechenden Bestimmungen der Bundesrechtspflege (Art. 46a VwVG und Art. 94 BGG) nachgebildet. Alle diese Normen enthalten als **reine Verfahrensbestimmungen** keine Beurteilungsmassstäbe dafür, wann ein behördliches Verhalten eine unrechtmässige Rechtsverweigerung oder -verzögerung darstellt. Vielmehr stellen sie den Rechtsschutz gegen unrechtmässiges Verweigern und Verzögern behördlichen Handelns allein verfahrensrechtlich dadurch sicher, dass sie ein solches Verhalten trotz Fehlen einer Anordnung als Anfechtungsobjekt bezeichnen.

44 Wie bei den Rekursen in Stimmrechtssachen (Abs. 1 lit. c) und gegen Erlasse (Abs. 1 lit. d) bestehen beim Rechtsverweigerungs- und Rekursverzögerungsrekurs **verfahrensmässige Besonderheiten.** Weil Anfechtungsobjekt einzig das gerügte Verweigern oder

---

[139] Vgl. zu den Begriffen z.B. UHLMANN, in: Basler Kommentar BGG, Art. 94 N. 1.
[140] BGE 129 I 232, E. 3.2; BIAGGINI, Kommentar BV, Art. 29 N. 3.
[141] Zum Ganzen: KÖLZ/HÄNER/BERTSCHI, Verwaltungsverfahren, N. 253, m.H., 1301.
[142] BIAGGINI, in: Kommentar KV, Art. 18 N. 15, m.H. auf die Materialien; VGr, 17.10.2012, VB.2012.00483, E. 3.4.1.
[143] Weisung 2009, S. 941 f.
[144] RB 1997 Nr. 12.
[145] RB 2005 Nr. 13, E. 1.1 f. (PB.2005.00002).

Verzögern einer Anordnung bildet, beschränkt sich der *Streitgegenstand* auf die Frage nach dem «Ob» bzw. «Wann» des behördlichen Handelns. Das Rechtsmittel ist sodann an *keine Frist* gebunden, und es kommt ihm insoweit *keine devolutive Wirkung* zu, als in aller Regel (N. 53) allein die Instanz, deren Säumigkeit geltend gemacht wird, zum Erlass der angeblich verweigerten oder verzögerten Anordnung befugt bleibt. Weiter bleibt die Bestimmung über die aufschiebende Wirkung des Rekurses (§ 25 Abs. 1) folgenlos, und schliesslich bestehen Besonderheiten in Bezug auf die anzuordnenden Rechtsfolgen (N. 52 ff.). Im Übrigen gelten allerdings die allgemeinen Verfahrensregeln, namentlich auch in Bezug auf die Eintretensvoraussetzungen. So ist der Rechtsverweigerungs- bzw. Rechtsverzögerungsrekurs nur möglich, wenn das Rechtsmittel auch in der Hauptsache zulässig wäre[146].

Der Rechtsverweigerungs- bzw. Rechtsverzögerungsrekurs ist nur **zulässig,** wenn dargetan wird, dass eine Verweigerung oder Verzögerung einer anfechtbaren Anordnung durch die zuständige Behörde vorliegt und ein Anspruch auf Erlass dieser Anordnung besteht[147]. Wird eine Behörde ausdrücklich um eine Anordnung ersucht, hat sie jedoch eine Nichteintretensanordnung zu erlassen, wenn sie sich für unzuständig hält (§ 5 Abs. 1) oder wenn sie die Parteieigenschaft der gesuchstellenden Personen verneint[148]. Das Verweigern oder Verzögern einer solchen Anordnung kann ebenfalls mit Rekurs angefochten werden[149]. Aus diesen Grundlagen ergibt sich, dass der Rechtsverweigerungs- bzw. Rechtsverzögerungsrekurs als Vehikel eingesetzt werden kann, um gegen eine Unterlassung bzw. Untätigkeit der zuständigen, zum Handeln in Verfügungsform verpflichteten Behörde vorzugehen, wobei zunächst ein Begehren auf Erlass der Verfügung bei der erstinstanzlich zuständigen Behörde zu stellen ist[150]. Somit können betroffene Private versuchen, mit den Rechtsmitteln gegen Rechtsverweigerung und Rechtsverzögerung zur *Behebung mutmasslicher Vollzugsmängel* (etwa im Bereich des Umweltrechts) beizutragen[151] – wobei allerdings in der Praxis oft nichts weiter als ein förmlicher Nichteintretensentscheid erreicht werden kann[152].

45

Die **Rechtsverweigerung** erfolgt **stets informal,** sei es implizit, indem die Behörde auf ein Gesuch überhaupt nicht reagiert, oder explizit, indem sie mit einer informellen Mitteilung – mit Brief, E-Mail oder auch mündlich – den Erlass einer Anordnung ablehnt. *Zu unterscheiden* ist das unrechtmässige Verweigern einer Anordnung (die Rechtsverweigerung im Sinn von § 19 Abs. 1 lit. b) *von einer negativen Anordnung,* mit welcher die Behörde ein Handeln förmlich ablehnt, etwa indem sie auf ein Gesuch nicht eintritt. Die Abgrenzung kann im Einzelfall Schwierigkeiten bereiten, weil unter Umständen auch einem formlosen Schreiben der Behörde Verfügungscharakter zuzuerkennen ist (dazu

46

---

[146] Z.B. VGr, 18.11.2009, VB.2009.00634, E. 2.1, m.H.
[147] Vgl. BGE 135 II 60, E. 3.1.2.
[148] BGE 130 II 521, E. 2.5; BVGE 2009/1 1, E. 3; 2008/15 190, E. 3.2. Vgl. auch § 5 N. 34.
[149] BVGE 2009/1 1, E. 4.1.
[150] BGr, 3.11.2009, 1C_165/2009, E. 2.2; BVGE 2009/1 1, E. 3, m.H. Zum Ganzen: KÖLZ/HÄNER/BERTSCHI, Verwaltungsverfahren, N. 1306 f.
[151] Vgl. BGr, 3.11.2009, 1C_165/2009, E. 2.2; GÄCHTER, Rechtsverweigerungsbeschwerde; TRÜEB, Rechtsschutz, S. 205 ff.; aber auch GRIFFEL/RAUSCH, Ergänzungsband Kommentar USG, Vorbem. zu Art. 54–57 N. 33, zur beschränkten Tragweite.
[152] Vgl. zu Begehren um Massnahmen zur Luftreinhaltung: BVGE 2009/1 1, E. 4 ff.; BGr, 3.3.2009, 1C_437/2007.

Vorbem. zu §§ 4–31 N. 24 f.). Massgebend ist in Zweifelsfällen, ob der Adressat trotz Eröffnungsmängeln ohne weiteres erkennen kann, dass die Behörde eine verbindliche (negative) Anordnung treffen wollte. Die Unterscheidung zwischen förmlicher negativer Verfügung und formloser Rechtsverweigerung oder Rechtsverzögerung ist vor allem im Hinblick darauf wichtig, dass förmliche Verfügungen innert der dafür vorgesehenen Frist angefochten werden müssen. Das Gewicht der Differenzierung wird allerdings dadurch verringert, dass es den Adressaten einer informellen, aber expliziten Rechtsverweigerung obliegt, innerhalb einer nach Treu und Glauben (Art. 5 Abs. 3 BV) zu bestimmenden Zeitspanne angemessen zu reagieren (vgl. Vorbem. zu §§ 4–31 N. 24 f.). Praxis und Lehre folgern daraus meist, dass grundsätzlich innerhalb der gesetzlichen Frist das Rechtsmittel zu erheben ist[153]. Je nach den Umständen müsste jedoch auch das Anfordern einer anfechtbaren Verfügung innerhalb dieser Frist genügen[154].

47 Die **Rechtsverzögerung** lässt sich gelegentlich nur schwer von der impliziten Rechtsverweigerung abgrenzen, was jedoch von geringer praktischer Bedeutung ist. Wie bei der Rechtsverweigerung können sich auch bei der Rechtsverzögerung Abgrenzungsprobleme im Hinblick auf förmliche Anordnungen ergeben. Das gilt vor allem bei *Zwischenentscheiden* im Sinn von § 19a Abs. 2 wie etwa Verfahrenssistierungen, Beweisanordnungen, Fristerstreckungen oder Rückweisungen, die einen Verfahrensbeteiligten dazu veranlassen können, eine unzumutbare Verfahrensverlängerung zu beanstanden. *Anfechtungsobjekt* bildet in solchen Fällen jedoch nicht die geltend gemachte Rechtsverweigerung bzw. -verzögerung im Sinn von § 19 Abs. 1 lit. b, sondern die betreffende Zwischenverfügung; die Geltendmachung einer Rechtsverweigerung bzw. -verzögerung stellt eine Rüge und zugleich – als Geltendmachen einer Verfassungsverletzung – eine Begründung des Rechtsmittels dar[155]. Eine bereits eingetretene oder unmittelbar drohende Rechtsverweigerung oder Rechtsverzögerung kommt sodann einem nicht wiedergutzumachenden Nachteil gleich, woraus sich die Zulässigkeit des Rechtsmittels gegen die Zwischenverfügung ergibt (vgl. im Einzelnen § 19a N. 48).

48 Der Rekurs bzw. die Beschwerde gegen das unrechtmässige Verweigern oder Verzögern einer Verfügung ist unter Vorbehalt von Treu und Glauben an **keine Frist** gebunden (vgl. § 22 N. 11). Teile der Lehre zum Bundesverwaltungsrecht gehen davon aus, dass vor der Rechtsmittelerhebung eine **Mahnung** an die säumige Behörde zu richten ist[156]. Zwar erscheint eine solche Mahnung oder zumindest eine Erkundigung nach dem Stand des Verfahrens als in der Regel zweckmässig und zumutbar, weshalb der Verzicht darauf im Beschwerdeverfahren bei der Kostenverteilung sowie in einem allfälligen Staatshaftungs-

---

[153] BGr, 18.12.2002, 2P.16/2002, E. 2.2, m.H.; BVGE 2008/15 190, E. 3.2; KÖLZ/HÄNER/BERTSCHI, Verwaltungsverfahren, N. 1310; RHINOW/KOLLER/KISS/THURNHERR/BRÜHL-MOSER, Öffentliches Prozessrecht, N. 1606.
[154] So RB 2008 Nr. 1, E. 3.2 (VB.2008.00229), wobei dieser Entscheid insofern nicht überzeugt, als zu dieser Frist noch die ordentliche Rekursfrist hinzugerechnet wurde, innerhalb derer der Beschwerdeführer die hypothetische Anordnung hätte anfechten können, die auf sein hypothetisches Begehren hin hätte ergehen können.
[155] Vgl. KÖLZ/HÄNER/BERTSCHI, Verwaltungsverfahren, N. 1305; UHLMANN/WÄLLE-BÄR, in: Praxiskommentar VwVG, Art. 46a N. 8. Anders M. MÜLLER, in: Kommentar VwVG, Art. 46a N. 6 und 10.
[156] MOSER/BEUSCH/KNEUBÜHLER, Bundesverwaltungsgericht, N. 5.20, m.w.H.; M. MÜLLER, in: Kommentar VwVG, Art. 46a N. 7.

verfahren berücksichtigt werden kann[157]. Als Eintretensvoraussetzung von Rekurs und Beschwerde wegen Rechtsverweigerung bzw. Rechtsverzögerung sollte sie aber nicht aufgefasst werden[158]. Sollte das anwendbare Recht eine **Einsprache** bei der anordnenden Behörde – also der untätigen Behörde selber – vorsehen, kann dieses Rechtsmittel übersprungen werden[159]. Bei der Einsprache nach § 10a lit. c kann dieser Fall allerdings nicht eintreten, da sie von der Behörde im Einzelfall eingeräumt werden muss. Die gemeinderechtliche Einsprache bzw. Neubeurteilung (§ 57 Abs. 3 und § 115a Abs. 3 GG; § 182 E-GG) wäre zu überspringen, soweit sie sich an die verfügende Behörde richtet.

Die Beurteilungsmassstäbe für die **materielle Behandlung** von Rechtsverweigerungs- und Rechtsverzögerungsbeschwerden ergeben sich aus Art. 6 Ziff. 1 EMRK, Art. 29 Abs. 1 BV und Art. 18 Abs. 1 KV sowie aus gesetzlichen Bestimmungen, welche die Verpflichtung der Behörde, über eine Sache in Verfügungsform zu entscheiden, bzw. den Anspruch Betroffener auf Behandlung innert angemessener Frist näher konkretisieren. Gemäss der Praxis des EGMR – der das Bundesgericht folgt – ist die Angemessenheit der Verfahrensdauer nach den besonderen Umständen der Sache zu bestimmen; massgeblich sind namentlich die Art des Verfahrens, der Umfang und die Komplexität der aufgeworfenen Sach- und Rechtsfragen, die Bedeutung der Angelegenheit für die Parteien sowie das Verhalten der Beteiligten (vgl. § 4a N. 20). Der Zeitraum, der für die Beurteilung der Verfahrensdauer massgeblich ist, beginnt mit der Einreichung des Gesuchs bzw. Rechtsmittels oder, wenn kein Gesuch gestellt wurde, mit der Rechtshängigkeit[160]. 49

Im Hinblick auf das Verbot der Rechtsverzögerung enthält die zürcherische Verfahrensgesetzgebung verschiedene **Behandlungsfristen**. Das VRG selber statuiert in § 4a für das Verwaltungsverfahren ein allgemeines Beschleunigungsgebot ohne Fristenregelung, das im Ergebnis nicht über die aus Art. 29 Abs. 1 BV abgeleiteten Anforderungen hinausgeht (§ 4a N. 5). Für das Rekursverfahren vor verwaltungsinternen Rekursinstanzen und Rekurskommissionen sieht § 27c eine Behandlungsfrist vor (dazu § 27c N. 1 ff., 10 ff.). Sonderbestimmungen gelten – in Umsetzung von Art. 25 Abs. 1bis RPG – im baurechtlichen Verwaltungs- und Rechtsmittelverfahren (§§ 319 und 339a PBG; vgl. dazu § 27c N. 4, 6 ff.). Ferner auferlegt § 42 Abs. 1 AbtrG den Schätzungskommissionen eine Behandlungsfrist. Zu weiteren gesetzlichen Umsetzungen des Beschleunigungsgebots vgl. § 4a N. 11, § 27c N. 9. 50

Bei all den genannten Regelungen (§ 27c VRG, § 319 und § 339a PBG, § 42 Abs. 1 AbtrG) löst die **Nichteinhaltung der Frist** keine unmittelbare Sanktion aus. Wird eine Frist unbegründet überschritten, so ist darin allerdings eine Rechtsverzögerung zu sehen (vgl. auch § 27c N. 19)[161]. Die Stichhaltigkeit der Begründung ist jeweils anhand der Praxis 51

---

[157] Vgl. Kölz/Häner/Bertschi, Verwaltungsverfahren, N. 1309; zu den genannten Konsequenzen: BGE 125 V 373, E. 2b; 107 Ib 155, E. 2b bb.
[158] Gl.M. Kölz/Häner/Bertschi, Verwaltungsverfahren, N. 1309; Uhlmann/Wälle-Bär, in: Kommentar VwVG, Art. 46a N. 11.
[159] Vgl. BVGE 2008/15 190, E. 3.1.1.
[160] Vgl. VGr, 27.6.2012, SB.2011.00093, E. 3.2.1; Müller/Schefer, Grundrechte, S. 839; vgl. als Beispiele BGr, 25.1.2008, 1D_6/2007, E. 4.2 f.; BGE 125 V 373, E. 2a.
[161] Kiener/Rütsche/Kuhn, Öffentliches Verfahrensrecht, N. 1141; Kölz/Häner/Bertschi, Verwaltungsverfahren, N. 257.

§ 19

zur Bestimmung der zulässigen Verfahrensdauer im Allgemeinen zu prüfen (vgl. N. 49, § 4a N. 20).

52 Ein Rechtsverweigerungs- oder Rechtsverzögerungsrekurs zielt grundsätzlich darauf ab, die Vorinstanz zu einer beförderlichen Verfahrenserledigung anzuhalten. Er muss demnach erhoben werden, solange der Entscheid der untätigen Behörde noch aussteht; auf Rechtsmittel, die erst nach Erlass des Entscheids erhoben werden, ist grundsätzlich mangels **aktuellen Rechtsschutzinteresses** nicht einzutreten. Ebenso sind hängige Rechtsmittelverfahren grundsätzlich als gegenstandslos geworden abzuschreiben, wenn die ausstehende Anordnung vor dem Entscheid über die Rechtsverweigerung oder Rechtsverzögerung erging[162]. Eine informelle Reaktion der Behörde rechtfertigt die Verfahrensabschreibung jedoch nicht[163]. Auch kann sich unter Umständen trotz dem Abschluss des als überlang gerügten Verfahrens eine Behandlung des Rechtsmittels rechtfertigen. Begründen lässt sich dies gegebenenfalls mit den allgemein geltenden Voraussetzungen für das Absehen vom aktuellen Rechtsschutzinteresse (§ 21 N. 25) und zudem namentlich damit, dass die *Feststellung einer unzulässigen Rechtsverzögerung* für die Betroffenen eine *Genugtuung* darstellt[164]. Sind die Anforderungen des jeweiligen Verfahrensrechts an die Substanziierung eines solchen Feststellungsbegehrens erfüllt, ist auf die Beschwerde einzutreten[165]. Darüber hinaus muss kein spezifisches Feststellungsinteresse dargetan werden[166]. Eine Verletzung des grundrechtlichen Anspruchs wird gegebenenfalls im Dispositiv festgestellt[167]. Anders ist vorzugehen, wenn bei der Behandlung eines Rechtsmittels gegen ein anderes Anfechtungsobjekt eine Rechtsverweigerung oder Rechtsverzögerung festgestellt wird; in diesem Fall erfolgt die Feststellung mangels eines entsprechenden Antrags in den Erwägungen[168].

53 Entsprechend der prozessualen Eigenart des Rechtsverweigerungs- oder des Rechtsverzögerungsrekurses weist auch dessen **Erledigung** Besonderheiten auf: Kommt die Rechtsmittelbehörde bei der materiellen Beurteilung zum Schluss, dass die Vorinstanz in der fraglichen Angelegenheit rechtswidrig überhaupt nicht oder nur verzögert tätig geworden ist, stellt sie dies fest und heisst gestützt auf diese Feststellung die Beschwerde gut; wenn der vorinstanzliche Entscheid noch aussteht, weist sie die Vorinstanz an, die Angelegenheit zu behandeln und mittels Anordnung zu erledigen (bei formeller Rechtsverweigerung) bzw. das Verfahren beförderlich weiterzuführen (bei Rechtsverzögerung)[169]. Dieser Entscheid wird von der Lehre nicht einheitlich qualifiziert[170]. Er hat nicht bloss

---

[162] M. MÜLLER, in: Kommentar VwVG, Art. 46a N. 11 f.; UHLMANN/WÄLLE-BÄR, in: Praxiskommentar VwVG, Art. 46a N. 6.
[163] Vgl. VGr, 26.1.2012, VB.2011.00762, E. 2.
[164] RB 2006 Nr. 12 (VB.2005.00579, E. 3.1); BGE 129 V 411, E. 1.3 (Pra 2005 Nr. 13); KÖLZ/HÄNER/BERTSCHI, Verwaltungsverfahren, N. 1311; vgl. auch BGE 130 I 312, E. 5.3 (Pra 2006 Nr. 37). Die von M. MÜLLER, in: Kommentar VwVG, Art. 46a N. 12, oder UHLMANN/WÄLLE-BÄR, in: Praxiskommentar VwVG, Art. 46a N. 6, erwähnten Staatshaftungsansprüche führen in der Regel nicht zu einem aktuellen Interesse; vgl. § 21 N. 28.
[165] Vgl. BGr, 26.2.2013, 5A_903/2012, E. 3; BGr, 12.7.2012, 4A_744/2011, E. 11.1.
[166] BGr, 25.5.2012, 1C_439/2011, E. 2.1.
[167] Vgl. BGr, 19.7.2013, 6B_109/2013, E. 5.3.
[168] Vgl. VGr, 28.2.2013, VB.2012.00719, E. 3.3; vgl. auch § 4a N. 30.
[169] Vgl. KÖLZ/HÄNER/BERTSCHI, Verwaltungsverfahren, N. 1312.
[170] Vgl. M. MÜLLER, in: Kommentar VwVG, Art. 46a N. 14 (vorwiegend feststellender Charakter); UHLMANN/WÄLLE-BAR, in: Praxiskommentar VwVG, Art. 46a N. 36 (Rückweisung).

feststellenden Charakter, weil der Vorinstanz eine Anweisung erteilt wird und die Feststellung der Rechtsverweigerung bzw. Rechtsverzögerung hierfür lediglich die Grundlage bildet. Es liegt aber auch kein Rückweisungsentscheid vor, weil einerseits die Vorinstanz für den Entscheid in der Hauptsache stets zuständig blieb und anderseits die Rechtsmittelinstanz über die bei ihr anhängig gemachte Sache selber entscheidet. Im Grund erlässt die Rechtsmittelbehörde eine verfahrensleitende Anordnung zuhanden der Vorinstanz (worin auch die Logik der ursprünglichen Zuordnung der Rechtsverweigerungs- und Rechtsverzögerungsbeschwerde zur Aufsichtsbeschwerde liegt). Einen eigentlichen Feststellungsentscheid fällt die Rechtsmittelbehörde jedoch, wenn sie das Rechtsmittel gutheisst, obwohl die Vorinstanz den Entscheid in der Sache mittlerweile gefällt hat. Nur in ausgesprochenen Ausnahmefällen kommt in Betracht, dass die Rechtsmittelinstanz aus prozessökonomischen Gründen in der Hauptsache entscheidet[171].

Die **Feststellung** der Rechtsverweigerung bzw. Rechtsverzögerung entfaltet **Wirkungen,** indem sie je nach den Umständen bei der Regelung der prozessualen Kosten- und Entschädigungsfolgen zu berücksichtigen ist[172]; ebenso ist sie zu beachten, wenn Strafen oder Verwaltungssanktionen mit pönalem Charakter festzulegen sind[173]. Sie kann jedoch nicht zur Gewährung jener staatlichen Leistung führen, die im Streit liegt[174]. Keine direkte Wirkung der Rechtsverzögerung liegt schliesslich vor, wenn während des Verfahrens die Voraussetzungen für die Erteilung einer Bewilligung eingetreten sind; die längere Verfahrensdauer kann dies jedoch begünstigen, und die Bewilligungserteilung kommt eher in Frage, wenn die Verfahrensverlängerung nicht auf das Verhalten der gesuchstellenden Person zurückgeht, weil diese sich andernfalls nach Treu und Glauben möglicherweise nicht auf die inzwischen eingetretene Voraussetzung berufen könnte[175]. Die blosse Verfahrensdauer – bzw. die Untätigkeit der Behörde – schafft in aller Regel keinen Vertrauenstatbestand[176]. Geldforderungen wegen Schadenersatz oder Genugtuung sind im Staatshaftungsverfahren geltend zu machen[177]. 54

In bestimmten Verfahren, insbesondere beim **Freiheitsentzug,** kann eine Rechtsverzögerung die Aufhebung der fraglichen Massnahme zur Folge haben; so führt die Verletzung des Beschleunigungsgebots in der Regel zur unverzüglichen Entlassung aus der Ausschaffungshaft (vgl. im Einzelnen § 4a N. 27). 55

---

[171] Vgl. BVGE 2009/1 1 E. 4.2 und dazu BVGE 2008/15 190, E. 3.1.2, sowie BVGr, 20.3.2012, A-3130/2011, E. 1.4.3; MOSER/BEUSCH/KNEUBÜHLER, Bundesverwaltungsgericht, N. 5.25; UHLMANN, in: Basler Kommentar BGG, Art. 94 N. 8; UHLMANN/WÄLLE-BÄR, in: Praxiskommentar VwVG, Art. 46a N. 37. Vgl. auch § 4a N. 25.
[172] BGE 130 I 312, E. 5.3 (Pra 2006 Nr. 37); 129 V 411, E. 1.3 (Pra 2005 Nr. 13).
[173] Vgl. BGE 135 II 334, E. 2.2 f. (Führerausweisentzug zu Warnzwecken).
[174] BGE 129 V 411, E. 3.4 (Pra 2005 Nr. 13); BGr, 30.8.2011, 2C_189/2011, E. 4; vgl. auch BGE 138 II 513, E. 6.5.
[175] Vgl. BGr, 24.11.2011, 2C_454/2011, E. 2.5 f., eine Aufenthaltsbewilligung betreffend.
[176] BGr, 11.5.2012, 2C_277/2012, E. 5.2.
[177] BGr, 15.9.2005, 5A.8/2005, E. 3; BGE 130 I 312, E. 5.3 (Pra 2006 Nr. 37). Zum Ganzen vgl. KÖLZ/HÄNER/BERTSCHI, Verwaltungsverfahren, N. 256, 1316; eingehend zu den möglichen Rechtsfolgen: MÜLLER/SCHEFER, Grundrechte, S. 844 f. Vgl. auch § 4a N. 31 ff., § 27c N. 20 f., mit zahlreichen Hinweisen zur Verwaltungsgerichtspraxis.

56 Rechtsverweigerung und Rechtsverzögerung können auch **Gegenstand anderer Verfahren** bilden, die nicht mit einem Rekurs nach § 19 Abs. 1 lit. b eingeleitet werden. So kann namentlich im Rechtsmittel gegen die bereits ergangene Sachverfügung eine entsprechende Rüge erhoben werden (vgl. N. 52). Auch können Rechtsverweigerung und Rechtsverzögerung vor der Ombudsperson geltend gemacht werden (§ 90 lit. c; vgl. § 90 N. 15); im Übrigen kommt grundsätzlich eine Anzeige an die Aufsichtsbehörde in Frage (zu den Voraussetzungen vgl. Vorbem. zu §§ 19–28a N. 61 ff., 72 ff.). Schwierig ist die **Abgrenzung** der Rechtsmittel wegen Rechtsverweigerung und Rechtsverzögerung zum Anspruch auf Erlass einer Feststellungsverfügung (N. 22 ff.); je nach den Umständen können diese Rechtsvorkehren wohl auch alternativ gegeben sein[178].

C. Stimmrechtssachen (Abs. 1 lit. c)

57 Vor der VRG-Revision von 2010 war der Rechtsschutz in Stimmrechtssachen in den §§ 147–152 GPR geregelt, mit denen weitgehend die bundesgerichtliche Praxis zur damaligen Stimmrechtsbeschwerde im Sinn von Art. 85 lit. a OG (einer Form der staatsrechtlichen Beschwerde) kodifiziert worden war. Der kantonale Gesetzgeber wollte damit den Anschluss zwischen dem kantonalen und dem eidgenössischen Rechtsmittelsystem gewährleisten[179]. Mit der **VRG-Revision von 2010** integrierte der Gesetzgeber diese Regelung der Transparenz und Einheitlichkeit halber in das VRG. Die §§ 147–152 GPR hob er auf. § 146 Abs. 1 GPR sowie § 151a GG, der mit dem GPR geschaffen worden war und für den Stimmrechtsrekurs in kommunalen Angelegenheiten auf das GPR verwiesen hatte, wurden entsprechend geändert. Soweit sachlich geboten, wurden die Regelungen des VRG im Sinn der bisherigen Rechtsschutznormen des GPR ergänzt (vgl. § 10d, § 13 Abs. 4, § 19 Abs. 1 lit. c, § 19b Abs. 2 lit. b Ziff. 2 und lit. e, § 21a, § 22 Abs. 1 Satz 2, § 25 Abs. 2 lit. b, § 26d und § 27b; vgl. auch § 44 Abs. 1 lit. a). Der «Stimmrechtsrekurs» stellt seither eine besondere Form des allgemeinen Rekurses gemäss VRG dar.

58 § 19 Abs. 1 lit. c bezieht sich auf den Stimmrechtsrekurs in **kantonalen Angelegenheiten**. «Kantonal» im Sinn von Art. 88 Abs. 1 lit. a BGG sind Wahlen und Abstimmungen in Kanton, Bezirk und Gemeinde sowie in allen übrigen Körperschaften, soweit sie dem kantonalen öffentlichen Recht unterstehen[180]. Der kantonale Rechtsweg in *eidgenössischen Angelegenheiten* richtet sich nach Art. 77–80 BPR und Art. 88 Abs. 1 lit. b BGG (vgl. § 19b N. 66 f.).

59 Das **Anfechtungsobjekt** des Stimmrechtsrekurses ergibt sich aus Art. 111 Abs. 1 in Verbindung mit Art. 82 lit. c sowie Art. 88 Abs. 1 lit. a und Abs. 2 BGG, die ihrerseits insoweit die Praxis des Bundesgerichts zum früheren Art. 85 lit. a OG aufnehmen. In Stimmrechtssachen gilt die Besonderheit, dass sich der Rekurs nicht nur gegen Anordnungen richtet, sondern gegen *alle staatlichen Akte, welche die politischen Rechte nach Art. 34 BV betreffen*. Während der frühere § 147 Abs. 2 GPR «alle Handlungen und Unterlassun-

---

[178] Vgl. zu diesen Fragen KÖLZ/HÄNER/BERTSCHI, Verwaltungsverfahren, N. 1316; M. MÜLLER, in: Kommentar VwVG, Art. 46a N. 15; WEBER-DÜRLER, in: Kommentar VwVG, Art. 25a N. 11 und 22. Zur Abgrenzung vom Rechtsschutz gegen einen Realakt vgl. § 10c N. 16.
[179] Vgl. Weisung GPR, S. 1633; vgl. auch VGr, 12.5.2010, VB.2010.00205, E. 3.1.
[180] Vgl. BGE 120 Ia 194, E. 1a.

gen von staatlichen Organen» zu Anfechtungsobjekten erklärte, spricht § 19 Abs. 1 lit. c nur noch von «Handlungen staatlicher Organe», ohne dass inhaltlich ein Unterschied zum früheren Recht bestünde[181]. Die Norm stellt eine Spezialbestimmung im Vergleich zur Regelung des Rechtsschutzes gegenüber Realakten im Allgemeinen (§ 10c) dar und macht deutlich, dass im Bereich der politischen Rechte Realakte direkt mit Rekurs angefochten werden können, ohne dass zunächst eine Anordnung darüber verlangt werden müsste[182]. Die weiteren Formen staatlichen Handelns (namentlich Anordnungen und Erlasse) sind ebenfalls unter die «Handlungen» im Sinn von Abs. 1 lit. c zu subsumieren.

§ 19 Abs. 1 lit. c lässt den Rekurs nur gegen Handlungen «staatlicher Organe» zu. **Akte Privater** können zwar die politischen Rechte tangieren und insoweit Anlass und Rügegrund eines Stimmrechtsrekurses bilden. Im Wesentlichen kann dies unter besonderen Umständen bei Eingriffen Privater in Wahl- und Abstimmungskämpfe der Fall sein. Anfechtungsobjekt des Rekurses ist jedoch weder der Akt der Privatperson noch die diesbezügliche Untätigkeit der Behörden, sondern das Wahl- oder Abstimmungsergebnis[183]. Damit entspricht auch der Fristbeginn nicht demjenigen, der bei der Anfechtung behördlicher Vorbereitungshandlungen für Wahlen und Abstimmungen gilt (dazu § 22 N. 22). 60

Gegen erstinstanzliche Handlungen des **Regierungsrats** ist der Rekurs ebenso ausgeschlossen wie die Beschwerde (§ 19 Abs. 2 lit. a und § 44 Abs. 1 lit. a); jedoch ist eine Einsprache vorgesehen (§ 10d Abs. 1). Gegen Akte des **Kantonsrats** sind weder Rekurs noch Beschwerde gegeben, wobei die Beschwerde gegen Kantonsratsverordnungen vorbehalten bleibt (§ 19 Abs. 2 lit. b und § 42 lit. b; vgl. auch Art. 88 Abs. 2 BGG sowie im Einzelnen § 19b N. 62 ff.). 61

§ 19 Abs. 1 lit. c bezeichnet nicht nur das Anfechtungsobjekt in Stimmrechtssachen, sondern umschreibt auch den **Anwendungsbereich** dieses besonderen Rechtsschutzes: Nahezu wörtlich an Art. 82 lit. c BGG anknüpfend, definiert er «Stimmrechtssachen» als jene Angelegenheiten, «welche die politische Stimmberechtigung der Bürgerinnen und Bürger oder Volkswahlen oder Volksabstimmungen betreffen». Der Anwendungsbereich des Rekurses in Stimmrechtssachen umfasst den Gehalt der *Garantie der politischen Rechte (Art. 34 BV)*. Diese verweist wiederum insofern auf das einschlägige eidgenössische und kantonale Recht aller Stufen zurück, als dessen korrekte Anwendung in den Schutzbereich der Garantie fällt[184]. Entsprechend formuliert das Bundesgericht, dass sich der konkrete Gehalt der politischen Rechte in erster Linie aus dem spezifischen Organisationsrecht des Bundes bzw. der Kantone ergebe[185]. Die Praxis der Bundesbehörden, namentlich des Bundesgerichts, ist allerdings für die Bestimmung des Grundrechtsgehalts sehr bedeutsam[186]. 62

---

[181] Weisung 2009, S. 956 f.; vgl. auch N. 57 sowie N. 84 zur Anfechtung von Unterlassungen des Gesetzgebers.
[182] Weisung 2009, S. 956 f.
[183] VGr 4.11.2009, VB.2009.00385, E. 2.3.2, m.H.; KÖLZ/HÄNER/BERTSCHI, Verwaltungsverfahren, N. 1720. Zur Abgrenzung zwischen privaten und amtlichen Handlungen von Behördemitgliedern: BGr, 2.12.2011, 1C_379/2011, E. 4.2, m.w.H.; VGr, 10.2.2010, VB.2009.00590, E. 6.1.
[184] KÖLZ/HÄNER/BERTSCHI, Verwaltungsverfahren, N. 1718.
[185] BGE 136 I 352, E. 2, m.w.H.
[186] Für knappe Übersichten vgl. etwa Weisung GPR, S. 1634; BIAGGINI, Kommentar BV, Art. 34 N. 9 ff.; KÖLZ/HÄNER/BERTSCHI, Verwaltungsverfahren, N. 1711 ff.; STEINMANN, in: Basler Kommentar BGG, Art. 82 N. 82 f., 85 ff.

63 Da der Anwendungsbereich der Rechtsmittel in Stimmrechtssachen dem Schutzbereich der politischen Rechte entspricht, lassen sich die Fragen des Anwendungsbereichs, der Rekurs- bzw. Beschwerdegründe und der Legitimation nicht grundsätzlich voneinander trennen. Dies wirkt sich namentlich auf die **Rekurs- bzw. Beschwerdegründe** aus: Zwar enthält das VRG insoweit keine besondere Regelung für Stimmrechtssachen (vgl. § 20 und § 50). Weil die blosse Unangemessenheit einer Handlung keinen Eingriff in die politischen Rechte darstellt (und daher auch die Rekurs- bzw. Beschwerdelegitimation nicht herzustellen vermag), läuft der Rekursgrund der Unangemessenheit von § 20 lit. c mit Bezug auf Stimmrechtssachen ins Leere. Zum selben Schluss führt die Überlegung, dass mit der VRG-Revision von 2010 am Inhalt des früheren § 147 Abs. 1 GPR, der die Rüge der «Verletzung der politischen Rechte oder von Vorschriften über ihre Ausübung» zuliess, nichts geändert werden sollte[187]. Die Rüge der unrichtigen oder ungenügenden Sachverhaltsfeststellung kann dagegen besonders im Beschwerdeverfahren zum Zug kommen (§ 50 i.V.m. § 20 lit. b), wenn sich der Rekurs gegen einen Realakt richtete.

64 Mit Stimmrechtsrekurs können **nur unmittelbare Verletzungen des Stimm- und Wahlrechts** gerügt werden[188]. Nicht dazu gehören Vorschriften betreffend *die Organisation und das Verfahren anderer staatlicher Organe* als des Volks[189]. Generelle Ausstandsbestimmungen für bestimmte Parlamentsmitglieder tangieren jedoch das aktive und das passive Wahlrecht und unterstehen daher dem Stimmrechtsrekurs, wenn sie eine partielle Unvereinbarkeit mit sich bringen[190]. Wahlen, die ein Parlament vorzunehmen hat, können nicht mit Stimmrechtsrekurs angefochten werden[191]. Dagegen können die Rügen, das Parlament habe zu Unrecht anstelle des Volks Behördemitglieder gewählt oder ein Beschluss oder Erlass sei zu Unrecht nicht dem Referendum unterstellt worden, mit Stimmrechtsrekurs vorgebracht werden[192].

65 Wenn geltend gemacht wird, eine Bestimmung sei auf Verordnungs- statt auf Gesetzesebene oder auf Gesetzes- statt auf Verfassungsebene verankert worden, so dass das fakultative oder das obligatorische Referendum umgangen worden sei, wird die *Verletzung des Gewaltenteilungsprinzips* bzw. *des Legalitätsprinzips* gerügt. Obwohl damit mittelbar eine Verletzung der politischen Rechte beanstandet wird, fällt diese Rüge nach gefestigter Bundesgerichtspraxis nicht in den Anwendungsbereich der Rechtsmittel in Stimmrechtssachen[193]. Dies lässt sich damit begründen, dass die Rechtsmittel in Stimmrechtssachen sonst allgemein für die Rüge der Verletzung höherrangigen Rechts geöffnet würden. Sie

---

[187] Vgl. OS 58, 289, 322; Weisung GPR, S. 1634; Weisung 2009, S. 946. Vgl. auch § 20 N. 3; GRIFFEL, Rekurs, S. 63.
[188] Zum Folgenden: KÖLZ/HÄNER/BERTSCHI, Verwaltungsverfahren, N. 1714, 1716; für Detailfragen vgl. auch STEINMANN, in: Basler Kommentar BGG, Art. 82 N. 84, m.H.
[189] BGr, 13.11.2007, 1C_175/2007, E. 1.1; BGr, 16.11.2000, 1P.571/2000, E. 1, m.H.
[190] BGE 123 I 97, E. 1b ee.
[191] BGE 137 I 77, E. 1.1; 99 Ia 444, E. 1; 38 I 19, S. 24.
[192] BGr, 20.8.2007, 1C_23/2007, E. 1; BGE 97 I 24, E. 2c.
[193] Vgl. zur Abgrenzung auch BGr, 26.8.2002, 1P.91/2002, E. 1.3. Das Verwaltungsgericht liess die Abgrenzungsfragen bisher offen: VGr, 2.9.2009, VB.2009.00083, E. 8.4.1; VGr, 24.6.2009, VB.2009.00081, E. 1.3. Anders als hier HANGARTNER/KLEY, Rechte, N. 284, laut denen regelmässig die Rechtsmittelanträge das massgebliche Abgrenzungskriterium darstellen sollten. Zum Werdegang der in der Lehre kritisierten Praxis vgl. HILLER, Stimmrechtsbeschwerde, S. 144 ff.

sind wiederum gegeben, wenn vorgebracht wird, der fragliche Erlass verletze politische Rechte, die auf höherer Stufe garantiert würden[194].

Die Frage, ob die politischen Rechte unmittelbar betroffen seien, stellte sich dem Verwaltungsgericht in folgendem Fall: Ein Stimmbürger machte das unrechtmässige Zustandekommen einer *Revision der Verbandsordnung eines Zweckverbands* geltend, der die notwendige Mehrheit der beteiligten Gemeinden zugestimmt hatte. Er focht deswegen die Abstimmungen auch in anderen Gemeinden als seiner Wohngemeinde an. Das Verwaltungsgericht prüfte die Frage, ob dies zulässig sei, unter dem Aspekt der Legitimation und liess sie offen; tendenziell nahm es jedoch eine nur mittelbare Betroffenheit an[195]. Dem ist zuzustimmen. Vergleichbare Fälle wären die Anfechtung des Zustandekommens der Standesstimme (Art. 142 Abs. 3 BV) eines anderen Kantons oder die Anfechtung einer Abstimmung in einem anderen Kanton über eine interkantonale Vereinbarung, welcher der Wohnsitzkanton der rekurrierenden Person zugestimmt hat, die jedoch nur beim Beitritt einer bestimmten Anzahl Kantone in Kraft tritt.

66

D. Erlasse (Abs. 1 lit. d)

1. Grundlagen der Erlassanfechtung

§ 19 Abs. 1 lit. d regelt das Anfechtungsobjekt der **abstrakten Normenkontrolle.** Nach dem früheren Recht war diese nur bei kommunalen Erlassen möglich, wobei der Bezirksrat als erste und der Regierungsrat als zweite Instanz wirkte; die Beschwerde an das Verwaltungsgericht war ausgeschlossen (vgl. dazu und zum Folgenden auch § 20 N. 91 ff.).

67

Bei der VRG-Revision von 2010 waren die **Vorgaben des übergeordneten Rechts** zu berücksichtigen: Erstens muss gemäss *Art. 87 Abs. 2 in Verbindung mit Art. 86 Abs. 2 und 3 BGG* der Rechtsweg zur Anfechtung von Erlassen grundsätzlich an ein oberes kantonales Gericht führen, falls das kantonale Recht ein Rechtsmittel gegen Erlasse vorsieht. Die Kantone sind frei, ein solches einzuführen; daraus ist abzuleiten, dass sie die abstrakte Normenkontrolle partiell einführen können. Kaum zum Tragen kommt die Ausnahme von Art. 86 Abs. 3 BGG, wonach die Kantone für Entscheide mit vorwiegend politischem Charakter eine andere Behörde statt eines Gerichts als Vorinstanz des Bundesgerichts einsetzen können: Zwar sind Erlasse das Ergebnis politischer Auseinandersetzungen; dies macht aber die Frage ihrer Vereinbarkeit mit höherrangigem Recht nicht zu einer vorwiegend politischen Frage[196]. Zweitens enthält *Art. 79 KV* neben Vorgaben für die akzessorische Normenkontrolle (Abs. 1) auch solche für die abstrakte Normenkontrolle: Demnach können kantonale Erlasse mit Ausnahme der Verfassung und der Gesetze bei einem vom Gesetz bezeichneten obersten Gericht angefochten werden, wenn geltend gemacht wird, dass sie gegen übergeordnetes Recht verstossen (Abs. 2). Die Anfechtbarkeit kom-

68

---

[194] Zum Ganzen: BGE 131 I 386, E. 2.2 (Pra 2006 Nr. 61); KÖLZ/HÄNER/BERTSCHI, Verwaltungsverfahren, N. 1715, m.w.H.
[195] VGr, 4.11.2009, VB.2009.00351, E. 1.2.2.
[196] So tendenziell BGr, 17.3.2009, 1C_140/2008, E. 1.1 (ZBl 2010, 42 ff.); gl.M. AEMISEGGER/SCHERRER REBER, in: Basler Kommentar BGG, Art. 87 N. 3 f., m.w.H. auf die uneinige Lehre. Vgl. auch § 20 N. 93; Weisung 2009, S. 932 f., m.H.

munaler Erlasse regelt das Gesetz (Abs. 3); die KV verlangt also insoweit nicht zwingend eine abstrakte Normenkontrolle.

69 Der Gesetzgeber entschied sich mit § 19 Abs. 1 lit. d dafür, die abstrakte Normenkontrolle kommunaler Akte beizubehalten. Sodann entschied er sich im Grundsatz für einen **zweistufigen Rechtsmittelweg**[197]. Mit Bezug auf die Verordnungen des Kantonsrats, des Regierungsrats und der Gerichte kommt allerdings für die abstrakte Normenkontrolle ohnehin nur ein oberstes Gericht in Betracht, womit die Möglichkeit eines vorgeschalteten Rekurses entfällt. Schliesslich entschied sich der Gesetzgeber dafür, als gerichtliche und zweite Rechtsmittelinstanz zur Hauptsache das Verwaltungsgericht einzusetzen (vgl. § 42 lit. b Ziff. 3 und lit. c Ziff. 2 sowie § 43 Abs. 2 lit. b). Zum Instanzenzug im Einzelnen vgl. § 19b N. 59 ff.

70 Wie beim Stimmrechtsrekurs bzw. bei der Stimmrechtsbeschwerde handelt es sich auch beim Rekurs bzw. bei der Beschwerde gegen Erlasse gesetzessystematisch **nicht um ein eigenständiges Rechtsmittel**. Verfahrensmässig gelten jedoch auch hier in mehrfacher Hinsicht *besondere Bestimmungen und Grundsätze,* namentlich hinsichtlich des Anfechtungsobjekts (§ 19 Abs. 2 lit. d), der Legitimation (§ 21 N. 32 ff.), der Kognition (§ 20 Abs. 2), der Entscheidbefugnis (N. 85) sowie des Spruchkörpers im gerichtlichen Beschwerdeverfahren (§ 38a Abs. 1 f.). Insofern kann man von einem «Erlassanfechtungsrekurs» als einer Variante des Rekurses sprechen.

71 Möglich sind **Überschneidungen zwischen dem Erlassanfechtungs- und dem Stimmrechtsrekurs** namentlich bei kommunalen Erlassen, wo sich zudem die Frage des Verhältnisses zur Gemeindebeschwerde stellt (vgl. §§ 151–152 GG)[198]. Der Stimmrechtsrekurs dürfte dann Vorrang haben, wenn gerügt wird, ein das Stimm- und Wahlrecht regelnder kommunaler Erlass verletze politische Rechte des übergeordneten Rechts oder eine kommunale Erlassvorlage verletze den Grundsatz der Einheit der Materie[199]. Die Zuordnung kann praktische Auswirkungen haben; so kann von ihr abhängen, ob der Bezirksrat, der Statthalter oder das Baurekursgericht zur Rekursbehandlung zuständig ist (vgl. § 151a bzw. 152 GG i.V.m. § 19b Abs. 2 lit. c und d VRG, § 329 PBG; vgl. auch § 19b N. 82). Sodann ist sie auch für die Frist (§ 22 VRG) massgeblich. Die Abgrenzungsfragen würden durch das neue Gemeindegesetz (vgl. § 183 Abs. 4 E-GG[200]) nicht vollends beseitigt.

2. Begriff und Abgrenzung des Erlasses

72 **Erlasse** sind *generell-abstrakte Rechtsakte,* die für eine unbestimmte Vielheit von Menschen gelten und eine unbestimmte Vielheit von Tatbeständen regeln, ohne Rücksicht auf einen bestimmten Einzelfall oder eine einzelne Person; sie beanspruchen Allgemeinver-

---

[197] Weisung 2009, S. 927 ff.
[198] Zur Abgrenzung vgl. auch eingehend § 20 N. 104 ff.
[199] Zur entsprechenden Abgrenzung bei der Beschwerde an das Bundesgericht nach Art. 82 BGG vgl. STEINMANN, in: Basler Kommentar BGG, Art. 82 N. 87. A.M. MARTI, Besondere Verfahren, S. 112, 115; THALMANN, Kommentar GG, § 151 N. 4.2.3; VON WARTBURG, in: Ergänzungsband Kommentar GG, § 151a N. 3.1. Im Grundsatz wie hier, aber in Bezug auf die Rüge der Verletzung des Gewaltenteilungsprinzips a.M. § 20 N. 111 ff.
[200] Weisung GG, S. 41.

bindlichkeit²⁰¹. Sie begründen Rechte und Pflichten der Privaten, oder sie regeln Organisation, Zuständigkeit oder Aufgaben der Behörden oder das Verfahren²⁰². Es handelt sich um «Rechtssätze» im Sinn von Art. 38 KV. *Gesetze* (im formellen Sinn) sind Erlasse, die im besonderen Verfahren der Gesetzgebung erlassen worden sind²⁰³. Ein Erlass, der nicht im formellen Gesetzgebungsverfahren ergeht, wird meist *Verordnung* genannt, so auch in der Kantonsverfassung (Art. 38 Abs. 2 KV); im Zürcher Recht finden sich mitunter aber auch andere Bezeichnungen wie Reglement, Vollzugsbestimmungen, Beschluss oder sogar Verfügung²⁰⁴. Auch kommunalen Erlassen kommt formeller Gesetzescharakter zu, sofern sie von der Gemeindeversammlung, in einer Urnenabstimmung oder unter Vorbehalt zumindest des fakultativen Referendums vom Gemeindeparlament verabschiedet worden sind²⁰⁵; für die kommunale Ebene hat jedoch die begriffliche Unterscheidung zwischen Gesetz und Verordnung aus der Sicht von Art. 38 KV und § 19 Abs. 1 lit. d VRG keine praktische Bedeutung, da diese Bestimmungen lediglich kantonale Gesetze von der abstrakten Normenkontrolle ausnehmen.

Verschiedene Akte können in der Praxis nur schwer einem Idealtypus zugeordnet werden. Die Abgrenzungen sind denn auch teils umstritten und unsicher²⁰⁶. Die äussere Form des Verwaltungshandelns ist für die Abgrenzung nicht massgeblich; entscheidend ist, ob die typischen **materiellen Merkmale** vorliegen²⁰⁷. In der Praxis ist der Begriff des Erlasses insbesondere **abzugrenzen** von der Anordnung bzw. Verfügung sowie der Allgemeinverfügung (dazu Vorbem. zu §§ 4–31 N. 21), dem Raumplan (dazu N. 32 ff.) und der Verwaltungsverordnung (dazu § 50 N. 52 ff.). Die Verwaltungsverordnung ist generell-abstrakt wie der Erlass, begründet aber keine Rechte und Pflichten Privater. Die Abgrenzung gegenüber der Verfügung und der Allgemeinverfügung geschieht anhand des Kriteriums, ob die Adressaten bzw. die geregelten Fälle bestimmt sind: Die Anordnung ist individuell-konkret, die Allgemeinverfügung generell-konkret. Die Praxis zieht zur Abgrenzung oft das aus der Konkretheit der Anordnung folgende Merkmal der unmittelbaren Vollziehbarkeit bei, die dem Erlass abgeht (Vorbem. zu §§ 4–31 N. 21). 73

Im Gegensatz zum Erlass, der Allgemeinverfügung und der Verfügung ist die vierte denkbare Form, nämlich der *individuell-abstrakte Rechtsakt,* kaum konturiert. Umstritten ist nicht nur seine Zuordnung, sondern auch die Frage, ob er in der Realität überhaupt existiert. Einerseits wird die Bezeichnung manchmal gebraucht, wenn abstrakte Regeln nur gegenüber bestimmten oder bestimmbaren Adressaten ausgesprochen wer- 74

---

[201] BGE 139 V 72, E. 2.2.1; 135 II 38, E. 4.3; AEMISEGGER/SCHERRER REBER, in: Basler Kommentar BGG, Art. 82 N. 27.
[202] VGr, 17.1.2012, VB.2011.00722, E. 1.1, nach HÄFELIN/MÜLLER/UHLMANN, Verwaltungsrecht, N. 383.
[203] Zum formellen Gesetzesbegriff: HÄFELIN/MÜLLER/UHLMANN, Verwaltungsrecht, N. 105; HAUSER, in: Kommentar KV, Art. 38 N. 2, 7 und 50.
[204] HAUSER, in: Kommentar KV, Art. 38 N. 33.
[205] HAUSER, in: Kommentar KV, Art. 38 N. 50, m.w.H.
[206] Vgl. die Übersichten bei HÄFELIN/MÜLLER/UHLMANN, Verwaltungsrecht, N. 923 ff.; M. MÜLLER, in: Kommentar VwVG, Art. 5 N. 20 ff.; UHLMANN, in: Praxiskommentar VwVG, Art. 5 N. 41 ff.; WIEDERKEHR/RICHLI, Praxis, N. 294 ff.
[207] Vgl. BGE 133 II 450, E. 2.1; VGr, 15.3.2006, PB.2005.00058, E. 2.2; UHLMANN, in: Kommentar VwVG, Art. 5 N. 45; WIEDERKEHR/RICHLI, Praxis, N. 297, 398. Sinngemäss anders BGr, 23.11.2009, 5C_4 und 5/2009, E. 6.2.

den[208]. Dabei dürfte es sich jedoch in aller Regel um blosse Hinweise auf die Rechtslage, also um Realakte, handeln. Anderseits werden zuweilen individuelle Bewilligungen oder Anordnungen, die dauerhaft gelten bzw. sich auf unbestimmt viele Situationen beziehen, als individuell-abstrakt bezeichnet[209]. Ihre Zuordnung ist umstritten, doch sollten sie als Einzelakte betrachtet werden[210].

75 **Kasuistik:**

– Als Erlasse wurden folgende *Tarife* qualifiziert: ein Taxitarif[211], eine Taxordnung für ein Alterswohnheim[212] und eine Gebührenordnung für Weiterbildungskurse[213].

– Als Erlasse qualifizierte das Verwaltungsgericht *personalrechtliche Ausführungsbestimmungen* betreffend Teuerungsausgleich und Lohnmassnahmen (namentlich weil ein generell-abstrakter Erlass zumindest faktisch abgeändert worden war)[214] sowie eine Entschädigungsordnung für das Personal[215]. Die generelle Sistierung der Gehaltserhöhungen der Lehrkräfte für ein bestimmtes Schuljahr regelt dagegen laut Bundesgericht einen bestimmten Sachverhalt und stellt daher eine Allgemeinverfügung dar[216]. Gemäss Verwaltungsgericht ist die *Festlegung des Beginns eines bestimmten Semesters* eine Allgemeinverfügung[217].

– *Stellenpläne* werden in den Materialien und der Lehre den Erlassen zugeordnet[218].

– Die *Festlegung von Betreibungskreisen* (§ 1 und Anhang EG SchKG) ist laut Bundesgericht ein Erlass[219], laut Verwaltungsgericht ein individuell-abstrakter Akt, der aber im Sinn des Bundesgerichts als Erlass behandelt werden kann[220].

– Anlässlich der Prüfung eines *Klärschlamm-Entsorgungsplans* hielt das Verwaltungsgericht fest: Während die Festlegung der Einzugsgebiete für die Abfallentsorgung (Art. 31b Abs. 2 USG) als generell-abstrakt gilt, ist die konkrete, bestimmten Inhabern von Abwasserreinigungsanlagen auferlegte Verpflichtung zur Entsorgung des

---

[208] Vgl. VGr, 21.11.2012, VB.2012.00555, E. 2.2 f. (teilweise aufgehoben durch BGr, 12.7.2013, 2C_52/2013, E. 3 f.).
[209] Vgl. BGr, 16.8.2013, 2C_1174/2012, E. 3.3.4 (Generaleinfuhrbewilligung); JAAG, Abgrenzung, S. 112.
[210] So JAAG, Abgrenzung, S. 108 ff., mit zahlreichen Hinweisen, auch auf abweichende Meinungen; WEBER-DÜRLER, in: Kommentar VwVG, Art. 25 N. 3. Die Praxis dürfte derartige Rechtsakte in der Regel implizit den Dauerverfügungen zuordnen (vgl. Vorbem. zu §§ 86a–86d N. 17).
[211] BGr, 18.6.2011, 2C_609/2010, E. 1.1.2.
[212] VGr, 14.12.2010, VB.2010.00484, E. 1.2, mit einer Rechtsprechungsübersicht; das Verwaltungsgericht folgt JAAG, Abgrenzung, S. 188 ff. Vgl. auch BGE 135 V 309, E. 1.2 (Pra 2010 Nr. 34).
[213] VGr, 2.9.2009, VB.2009.00388, E. 1.1. Als weiteres Beispiel (vgl. N. 76): RB 1992 Nr. 5, E. 2 (ZBl 1992, 515 ff., E. 3).
[214] VGr, 15.3.2006, PB.2005.00058, E. 2.
[215] VGr, 18.4.2011, PB.2010.00026, E. 8.3; vgl. auch VGr, 6.12.2011, AN.2011.00002, E. 1.1, und BGr, 30.8.2012, 8C_63/2012, E. 1.1.
[216] BGE 125 I 313, E. 2a.
[217] VGr, 19.8.1998, E. 5e (ZR 1999 Nr. 14).
[218] Weisung 2009, S. 930; JAAG, Gerichte, S. 793.
[219] BGr, 23.11.2009, 5C_4 und 5/2009, E. 6.2.
[220] VGr, 30.9.2009, VB.2009.00376, E. 3.2 f.

Klärschlamms über die jeweils zugewiesene Anlage eine individuell-konkrete Anordnung[221].
– Die *Spitalliste* (vgl. § 7 SPFG) ist laut Bundesverwaltungsgericht ein Rechtsinstitut sui generis, in erster Linie jedoch ein Bündel von Individualverfügungen, da den Spitälern individuelle Leistungsaufträge erteilt werden[222].
– Das Verwaltungsgericht qualifizierte ein Feuerverbot für das ganze Kantonsgebiet, das wegen Waldbrandgefahr bis auf weiteres verhängt worden war, als Allgemeinverfügung[223].

Die Festlegung der **zeitlichen Geltungsdauer,** die Befristung, schliesst das Vorliegen eines Erlasses nicht aus[224]. Schwierigkeiten kann insbesondere die **örtliche Begrenzung** des Geltungsbereichs bereiten. Grundsätzlich ändert sie nichts am Erlasscharakter einer generell-abstrakten Regelung, weil Erlasse immer nur innerhalb eines bestimmten Territoriums gelten. Eine Regelung ist auch nicht bereits deshalb konkret, weil sie nur in einem Teil des Territoriums des betreffenden Gemeinwesens gilt. Als konkret ist jedoch ein Akt einzustufen, der «eine bestimmte Örtlichkeit einem bestimmten Regime unterstell[t]» bzw. der die rechtlichen Eigenschaften eines bestimmten – auch grossräumigen – Gebiets festlegt[225]. In der Praxis finden sich folgende Beispiele (vgl. auch N. 75):

– Eine *Gebührenordnung* für Parkplätze am Flughafen Zürich wurde als Erlass qualifiziert[226];
– *Verkehrsanordnungen* für bestimmte Strassenabschnitte oder Verhaltensgebote für bestimmte – auch ausgedehnte – Gebiete sind Allgemeinverfügungen[227], jedenfalls soweit nicht im Ergebnis eine Regelung für (nahezu) alle entsprechenden Örtlichkeiten des jeweiligen Gemeinwesens aufgestellt wird[228].

Ein Erlass kann auch vorliegen, wenn ein **Bündel scheinbar selbständiger Regelungen** insgesamt einer abstrakten Norm gleich- oder nahekommt[229].

76

77

---

[221] VGr, 12.5.2004, VB.2004.00034, E. 1.2.3 zum Klärschlamm-Entsorgungsplan vom 3. Dezember 2003, der sowohl generell-abstrakte als auch individuell-konkrete Regelungen enthält; vgl. auch VGr, 13.6.2012, VB.2011.00647, E. 1.2, zum Klärschlamm-Entsorgungsplan 2015 vom 31. August 2011 (RRB 1035/2011).
[222] BVGE 2012/9 187, E. 3.2, m.H. auf die unterschiedlichen Lehrmeinungen.
[223] RB 2007 Nr. 10, E. 1.3 (VB.2007.00335). Weitere Beispiele für Allgemeinverfügungen: BGE 126 II 300, E. 1a (Weisungen betreffend das Schiessen am Banntag in Liestal); VGr, 21.12.2011, VB.2011.00395, E. 2.2 (Regelung eines Schulbustransports).
[224] Vgl. BGE 135 V 309, E. 1.2 (Pra 2010 Nr. 34).
[225] Zitat: VGr, 30.9.2009, VB.2009.00376, E. 3.2.2 (bzw. JAAG, Abgrenzung, S. 95); vgl. auch RB 1992 Nr. 5, E. 2 (ZBl 1992, 515 ff., E. 3); WIEDERKEHR/RICHLI, Praxis, N. 393. Weiterführend JAAG, Abgrenzung, S. 75 ff., 90 ff.
[226] RB 1992 Nr. 5, E. 2 (ZBl 1992, 515 ff., E. 3).
[227] Z.B. BGr, 16.8.2007, 6B_113/2007, E. 2.6 (Parkierungsbeschränkungen); BGE 101 Ia 73 (Fahr- und Reitverbot auf den über 50 km langen Tössuferwegen); VGr, 6.12.2007, VB.2007.00391, E. 1.1; VGr, 13.7.2001, VB.2001.00153, E. 1b (Leinenzwang für Hunde in bestimmten Gebieten bzw. auf bestimmten Wegen).
[228] Vgl. BGr, 21.11.2008, 2C_118/2008, E. 1.1.
[229] Beispiele: BGE 135 V 309, E. 1.2 (Pra 2010 Nr. 34; 63 Beschlüsse, mit denen für jedes kantonale Heim die Taxen festgesetzt worden waren); BGr, 21.11.2008, 2C_118/2008, E. 1.1 (fast alle kantonalen Parks umfassende Liste der Parks, in denen Hunde keinen Zutritt haben).

78 Der Beschluss über die **Inkraftsetzung** eines Erlasses ist selber ein Erlass, weil er den Zeitpunkt, in dem der Erlassinhalt in Kraft tritt, für eine unbestimmte Anzahl Adressaten und Fälle bestimmt. Delegiert der Gesetzgeber die Inkraftsetzung an den Regierungsrat, so unterliegt dessen Beschluss der abstrakten Normenkontrolle[230].

79 **Genehmigungen** von generell-abstrakten Erlassen *durch ein anderes Organ desselben Gemeinwesens* – z.B. die kantonsrätliche Genehmigung von regierungsrätlichen Verordnungen[231] – sind nach herrschender Lehre ein Teil des Rechtsetzungsverfahrens (und nicht etwa ein Akt der parlamentarischen Oberaufsicht)[232].

80 Hauptanwendungsfall der Genehmigung von Erlassen *im subordinationsrechtlichen Verhältnis* ist die Genehmigung von kommunalen Erlassen durch eine kantonale Behörde[233]. Die Rechtsnatur solcher Genehmigungsentscheide ist in der Lehre umstritten[234]. Nach der wohl überwiegenden (und überzeugenden) Ansicht ist der Genehmigungsentscheid Bestandteil des Rechtsetzungsverfahrens, im Verhältnis zur Gemeinde jedoch Verwaltungsakt[235]. Wird die kommunale Norm genehmigt, ist der genehmigte Erlass Anfechtungsobjekt, nicht der Genehmigungsakt[236]. Wird der Erlass nicht genehmigt, tritt er nicht in Kraft, weshalb es an einem Anfechtungsobjekt im Verfahren der abstrakten Normenkontrolle fehlt. Das hat zur Folge, dass die von den Rechtssätzen virtuell Betroffenen die Nichtgenehmigung nicht anfechten können, zumindest soweit sie nicht die Verletzung eines Anspruchs auf Tätigwerden des Gesetzgebers geltend machen können (vgl. N. 84). Hingegen kann die betroffene Gemeinde gegen die Nichtgenehmigung gestützt auf § 19 Abs. 1 lit. a in Verbindung mit § 21 Abs. 2 lit. b Rekurs wegen Autonomieverletzung erheben (dazu § 21 N. 104, 118 ff.)[237]. Dasselbe gilt für rechtsfähige dezentrale Verwaltungsträger[238].

3. Anfechtungsobjekt und Entscheid

81 Die **Zulässigkeit** der abstrakten Normenkontrolle wird in § 19 Abs. 1 lit. d dadurch **sachlich beschränkt,** dass die Kantonsverfassung und die kantonalen Gesetze davon ausgenommen werden, was der Vorgabe von Art. 79 Abs. 2 KV entspricht. Die abstrakte Normenkontrolle interkantonaler Vereinbarungen – nicht aber der kantonalen Beitrittsakte – durch kantonale Behörden wird bereits vom Bundesrecht ausgeschlossen[239].

---

[230] VGr, 17.1.2012, VB.2011.00722, E. 1.2; RB 1994 Nr. 6.
[231] JAAG/RÜSSLI, Staats- und Verwaltungsrecht, N. 431.
[232] GADOLA, Genehmigungsentscheid, S. 291; M. MÜLLER, in: Kommentar VwVG, Art. 5 N. 29.
[233] Vgl. JAAG/RÜSSLI, Staats- und Verwaltungsrecht, N. 2813 ff.
[234] Vgl. die Hinweise bei GADOLA, Genehmigungsentscheid, S. 294 f.
[235] MERKER, Rechtsschutz, § 38 N. 111; M. MÜLLER, in: Kommentar VwVG, Art. 5 N. 29; a.M. GADOLA, Genehmigungsentscheid, S. 294 f.
[236] Vgl. VGr, 18.4.2011, PB.2010.00026, E. 1.2; MARTI, Besondere Verfahren, S. 118 f.; vgl. auch Weisung 2009, S. 868 ff., 934; THALMANN, Kommentar GG, § 151 N. 2.6 sowie (allgemein zur Genehmigung) Vorbem. zu §§ 141–150 N. 6.4.
[237] KÖLZ/HÄNER/BERTSCHI, Verwaltungsverfahren, N. 884; MARTI, Besondere Verfahren, S. 119; MERKER, Rechtsschutz, § 38 N. 111; M. MÜLLER, in: Kommentar VwVG, Art. 5 N. 29; vgl. auch AEMISEGGER/SCHERRER REBER, in: Basler Kommentar BGG, Art. 82 N. 42.
[238] Vgl. BGE 135 II 38, E. 4.6.
[239] BGE 138 I 435, E. 1.3 (Pra 2013 Nr. 32), gestützt auf Art. 49 Abs. 1 und Art. 48 Abs. 5 BV sowie die Souveränität der Kantone; vgl. dazu GIOVANNI BIAGGINI, Bemerkungen, ZBl 2013, 404 ff. Vgl. auch MARTI, Besondere Verfahren, S. 118.

Anfechtbar sind kantonale Verordnungen, kommunale Erlasse sowie Erlasse anderer 82
Körperschaften und selbständiger Anstalten des öffentlichen Rechts. Dasselbe gilt für Erlasse weiterer Träger öffentlicher Aufgaben, namentlich Privater (was für Träger kommunaler öffentlicher Aufgaben in § 152 GG bzw. § 19b Abs. 2 lit. c Ziff. 3–5 VRG in der Fassung des E-GG[240] festgehalten ist bzw. werden soll). Weiter gelten als anfechtbare Erlasse innerkantonale Verträge rechtsetzender Natur[241] sowie Gesamtarbeitsverträge und Rahmenmietverträge, die vom hierfür zuständigen Regierungsrat für allgemeinverbindlich erklärt werden[242].

Der Rekurs hat sich *nicht gegen den Erlass als solchen* zu richten, sondern **gegen dessen** 83
einzelne beanstandete Bestimmungen, deren angebliche Rechtswidrigkeit konkret darzutun ist. Die *Aufhebung des ganzen Erlasses* kann allerdings verlangt werden, wenn geltend gemacht wird, er sei vollständig rechtswidrig oder die verbleibenden Teile machten bei der Aufhebung der als rechtswidrig gerügten Normen keinen Sinn mehr[243]. Bei der **Teilrevision** eines Erlasses können unverändert übernommene bzw. belassene Normen nur dann angefochten werden, wenn sie im Rahmen des geänderten Erlasses eine gegenüber ihrem ursprünglichen Gehalt veränderte rechtliche Bedeutung erhalten und im Gesamtzusammenhang in einem anderen Licht erscheinen. Sodann sind ausdrückliche Bestätigungen umstrittener Regelungen anfechtbar. Bei einer **Totalrevision** können sämtliche Normen des Erlasses angefochten werden, selbst wenn sie inhaltlich mit der bisherigen Regelung übereinstimmen[244].

Nach der neueren Bundesgerichtspraxis kann vor Bundesgericht die Untätigkeit des kan- 84
tonalen Gesetzgebers beanstandet bzw. die Schaffung eines Erlasses beantragt werden. Hierfür ist darzulegen, dass sich aus einer besonderen Norm des höherrangigen Rechts potenziell ein klarer und bestimmter Auftrag an den kantonalen Gesetzgeber ergibt und dass diesem auch inhaltliche Vorgaben gemacht werden[245]. Diese Praxis muss sinngemäss auch im Rahmen der abstrakten Normenkontrolle auf kantonaler Ebene gelten. Aufgrund von Art. 79 Abs. 2 und 3 KV sowie § 19 Abs. 1 lit. d VRG muss demnach unter den erwähnten Voraussetzungen auch **Säumnis in der Rechtsetzung** angefochten werden können, soweit nicht Untätigkeit des Verfassungs- oder kantonalen Gesetzgebers beanstandet wird. Im Bereich der Stimmrechtsbeschwerde ist die Rechtsverweigerungs- bzw. Rechtsverzögerungsbeschwerde ohnehin auch gegen die Untätigkeit des Gesetzgebers zulässig, wenn dadurch die Wirksamkeit einer Initiative verhindert wird (es wäre wohl zu verallgemeinern: wenn die Volksrechte vereitelt werden)[246].

Für den **Entscheid** im Verfahren der abstrakten Normenkontrolle gelten einige Beson- 85
derheiten: Die Rechtsmittelbehörde muss in begründeten Fällen ausnahmsweise befugt

---

[240] Weisung GG, S. 51 f.
[241] Zum Ganzen: MARTI, Besondere Verfahren, S. 117 f.; vgl. auch HÄNER, in: Kommentar KV, Art. 79 N. 21; Weisung 2009, S. 928.
[242] Weisung 2009, S. 928; vgl. auch AEMISEGGER/SCHERRER REBER, in: Basler Kommentar BGG, Art. 82 N. 44b.
[243] Zum Ganzen: MARTI, Besondere Verfahren, S. 119.
[244] Zum Ganzen: BGE 135 I 28, E. 3.1.1; 122 I 222, E. 1b aa; AEMISEGGER/SCHERRER REBER, in: Basler Kommentar BGG, Art. 82 N. 45 f., m.w.H.; MARTI, Besondere Verfahren, S. 119.
[245] BGE 137 I 305, E. 2.4 f.
[246] Vgl. BGE 137 I 305, E. 2.1.4; BGr, 16.11.1994, E. 1b (ZBl 1995, 419 ff.).

sein, über den Rechtsmittelantrag hinaus den ganzen Erlass aufzuheben, etwa wenn dieser ohne die wegen Rechtswidrigkeit aufgehobenen Bestimmungen keinen Sinn mehr ergibt (vgl. § 63 N. 28; vgl. auch § 27 N. 4). Darin kann eine reformatio in melius gesehen werden, so dass die Rekursinstanz sich hierfür auf § 27 stützen kann[247]; dagegen sind Anwendungsfälle der in § 27 ebenfalls vorgesehenen reformatio in peius schwer vorstellbar. Die Aufhebung einer generell-abstrakten Norm entfaltet nicht nur für die Parteien Wirkung, sondern gegenüber allen *(erga omnes)*[248]. Ein entsprechender Entscheid ist daher zu publizieren; die allgemeinverbindliche Wirkung tritt mit seiner Veröffentlichung ein[249]. Dabei handelt es sich allerdings um eine Veröffentlichung auf ausserordentlichem Weg im Sinn von § 8 Abs. 1 PublG, womit den Betroffenen nach § 13 Abs. 2 PublG der Nachweis offen bleibt, dass sie die Aufhebung nicht kannten und trotz pflichtgemässer Sorgfalt nicht kennen konnten. Die Publikation in der Offiziellen Gesetzessammlung hat sobald als möglich zu erfolgen (§ 8 Abs. 2 PublG). Stellt eine Rechtsmittelbehörde die Missachtung oder Verschleppung eines Normsetzungsauftrags fest, so wird sie eine Anweisung oder Einladung zum Tätigwerden in das Entscheiddispositiv aufnehmen[250].

III. Ausschluss des Rekurses (Abs. 2)

86 Nach § 19 Abs. 2 ist der Rekurs **unzulässig** gegen Akte des Regierungsrats, des Kantonsrats sowie der Geschäftsleitung und der Verwaltungskommission der Geschäftsleitung des Kantonsrats. Der Ausschluss des Rekurses gegen Akte des Regierungs- und des Kantonsrats entspricht der Behördenhierarchie im Kanton: Der Kantonsrat ist – zusammen mit dem Volk – verfassungs- und gesetzgebende Behörde, der Regierungsrat oberste leitende und vollziehende Behörde (Art. 50 Abs. 1, Art. 60 Abs. 1 KV). Als Rechtsmittel gegen ihre Akte kommt höchstens die Beschwerde an ein oberstes kantonales Gericht (Art. 74 Abs. 2 KV) in Frage[251]. Somit ist auch die Ausnahme vom zweistufigen Instanzenzug nach Art. 77 Abs. 1 KV begründet. Zum Ausschluss des Rekurses gegen die genannten parlamentarischen Organe vgl. § 19b N. 32. § 19 Abs. 2 enthält keine abschliessende Liste der Anordnungen, die dem Rekurs nicht unterstellt sind[252].

IV. Subsidiärer Weiterzug an eine zweite Rekursinstanz (Abs. 3)

87 § 19 Abs. 3 ordnet zusammen mit § 19b Abs. 1 den **Instanzenzug** im Sinn von Art. 77 Abs. 1 KV. Diese Ordnung wird von zwei Grundsätzen geprägt: Der erste sieht vor, dass gegen jeden Akt im Sinn von § 19 Abs. 1 *mindestens eine Rekursinstanz* angerufen werden kann (§ 19b Abs. 1). Der zweite hält fest, dass innerhalb des Kantons *höchstens zwei Rekurs- bzw. Beschwerdeinstanzen* – einschliesslich des Verwaltungsgerichts – nacheinander

---

[247] Vgl. auch MARTI, Besondere Verfahren, S. 120 Fn. 90.
[248] HANGARTNER, Aufhebung, S. 447.
[249] Vgl., auch zum Folgenden: VGr, 26.6.2013, AN.2012.00005, E. 3.5; VGr, 18.4.2011, PB.2010.00026, E. 8.4.
[250] Vgl. BGE 137 I 305, E. 7, wo allerdings eine Verpflichtung im Sinn der Beschwerdeanträge verneint wurde.
[251] Vgl. auch RRB 285/2011, E. 2 (www.zhentscheide.zh.ch).
[252] Weisung 2009, S. 957.

entscheiden sollen (§ 19 Abs. 3). Eine **zweite Rekursinstanz** ist nur **subsidiär** gegeben, wenn die Beschwerde an das Verwaltungsgericht und an Rechtsmittelinstanzen des Bundes ausgeschlossen ist[253]. Der Wortlaut von § 19 Abs. 3 ist insofern zu eng, als eine zweite Rekursinstanz auch dann nicht zur Verfügung steht, wenn ein anderes oberstes Gericht statt des Verwaltungsgerichts Beschwerdeinstanz ist (für ein Beispiel vgl. § 19b N. 74).

Art. 77 Abs. 1 Satz 2 KV, die Verfassungsgrundlage für Ausnahmen vom Regelinstanzenzug, soll zwar in erster Linie die gesetzliche Verkürzung des Instanzenzugs ermöglichen[254], liesse jedoch gemäss seinem Wortlaut auch die Einführung **weiterer Rekursinstanzen** zu[255]. Abgesehen von den Einsprachen bestehen jedoch seit der VRG-Revision von 2010, soweit ersichtlich, im Anwendungsbereich des Gesetzes keine solchen verlängerten Instanzenzüge mehr. 88

Der subsidiäre Rekurs gemäss § 19 Abs. 3 ist nur bei **Unzuständigkeit der Gerichte** (und der Bundesinstanzen) gegeben; er kommt nicht zum Zug, wenn andere Eintretensvoraussetzungen vor Gericht nicht erfüllt sind, vor einer Rekursinstanz aber erfüllt wären (etwa wenn Unangemessenheit gerügt wird, die das Gericht nicht prüfen darf; vgl. § 50 gegenüber § 20)[256]. 89

V. Sinngemässe Anwendung der für Anordnungen geltenden Bestimmungen (Abs. 4)

Laut § 19 Abs. 4 sind die «für Anordnungen geltenden Bestimmungen [...] sinngemäss auf die anderen Akte nach Abs. 1 anwendbar, soweit keine besonderen Regelungen bestehen». Die Bestimmung soll ein **gesetzestechnisches Problem** lösen: Es sollte klargestellt werden, dass die Regelung des Rekurses grundsätzlich für alle Anfechtungsobjekte gilt (also auch in Bezug auf Rechtsverweigerung und Rechtsverzögerung, Handlungen betreffend die politische Stimmberechtigung sowie Erlasse gemäss § 19 Abs. 1 lit. b–d). Hierzu fügte der Gesetzgeber die Verweisung von Abs. 4 ein, statt einen Oberbegriff zu kreieren oder stets alle Anfechtungsobjekte aufzuzählen[257]. Der Begriff der Anordnung wird im VRG allerdings unterschiedlich verwendet (vgl. Vorbem. zu §§ 4–31 N. 16); zudem ergibt die Auslegung der für Anordnungen im Sinn von § 19 Abs. 1 lit. a geltenden Bestimmungen, dass sie nicht immer gleichermassen auf alle anderen Anfechtungsobjekte anwendbar sein können. Abs. 4 entbindet also die rechtsanwendenden Behörden nicht davon, die Anwendbarkeit der fraglichen Bestimmungen einzeln zu prüfen. Zu den **Abweichungen** beim Rekurs gegen Rechtsverweigerung und Rechtsverzögerung vgl. N. 44, 52 ff.; für den Rekurs in Stimmrechtssachen vgl. N. 57; für den Rekurs gegen Erlasse N. 70, 85. 90

---

[253] Die Beschwerde an Bundesinstanzen gegen Rekursentscheide, die in Anwendung von §§ 19 und 19b getroffen wurden, ist nur selten vorgesehen; vgl. als Beispiel Art. 166 Abs. 2 LwG; vgl. auch MOSER/BEUSCH/KNEUBÜHLER, Bundesverwaltungsgericht, N. 1.39.

[254] Vgl. HÄNER, in: Kommentar KV, Art. 77 N. 18; vgl. auch Weisung 2009, S. 860 ff.

[255] Die Materialien enthalten nur spärliche und widersprüchliche Aussagen: Prot. Verfassungsrat, 24. Sitzung (21. November 2002), S. 1291; 56. Sitzung (1. Juli 2004), S. 3066.

[256] Mit Bezug auf einen Spezialfall anscheinend a.M. MARTI, Besondere Verfahren, S. 114 Fn. 58.

[257] Vgl. Weisung 2009, S. 958.

b. Art der anfechtbaren Anordnung

§ 19a

¹ Anfechtbar sind Anordnungen, die das Verfahren abschliessen.

² Die Anfechtbarkeit von Teil-, Vor- und Zwischenentscheiden richtet sich sinngemäss nach Art. 91–93 des Bundesgerichtsgesetzes vom 17. Juni 2005.

Materialien

Erläuterungen Vorentwurf VRG-Revision 2010, S. 69 ff.; Weisung 2009, S. 937 ff., 958 f.; Prot. KR 2007–2011, S. 10240, 10535.

Zu alt § 19: Weisung 1957, S. 1037; Prot. KK 20.12.1957, 23.9.1958; Prot. KR 1955–1959, S. 3379; Beleuchtender Bericht 1959, S. 401 f.; Weisung 1995, S. 1530 ff.; Prot. KK 1995/96, S. 39 ff., 102 ff., 153 ff., 244 ff.; Prot. KR 1995–1999, S. 6488, 6508 ff.

Zu alt § 48: Weisung 1957, S. 522; Prot. KK 4.3.1958, 7.10.1958; Prot. KR 1955–1959, S. 3403; Beleuchtender Bericht 1959, S. 410; Prot. KK 1995/96, S. 120.

Literatur

CAGIANUT, Vorbescheid; CORBOZ BERNARD, in: Commentaire LTF, Art. 90–93; DOLGE, Anfechtbarkeit; DONZALLAZ, Commentaire, Art. 90–93; GEISER THOMAS/UHLMANN FELIX, Grundlagen, in: Prozessieren vor Bundesgericht, S. 1 ff., N. 1.116 ff. *(Grundlagen)*; GÖKSU, Beschwerden, N. 78 ff.; GRIFFEL ALAIN, Raumplanungs- und Baurecht – in a nutshell, Zürich/St. Gallen 2012 *(Nutshell)*; GRIFFEL, Rekurs, S. 51 f.; GRIFFEL, Vorentscheide; KAPPELER, Problematik; KAYSER MARTIN, in: Kommentar VwVG, Art. 45–46; KIENER/RÜTSCHE/KUHN, Öffentliches Verfahrensrecht, N. 430 ff., 1176 ff.; KÖLZ/HÄNER/BERTSCHI, Verwaltungsverfahren, N. 905 ff., 1428 ff.; MÄDER, Baubewilligungsverfahren, N. 503 ff.; MEYER L., Wege, S. 805 ff.; MISIC, Verfassungsbeschwerde, N. 420 ff.; MOOR/POLTIER, Droit administratif II, S. 711 ff.; MOSER/BEUSCH/KNEUBÜHLER, Bundesverwaltungsgericht, N. 2.41 ff.; MOSIMANN HANS-JAKOB, Beschwerde in öffentlich-rechtlichen Angelegenheiten, in: Prozessieren vor Bundesgericht, S. 183 ff., N. 4.19 ff.; RHINOW/KOLLER/KISS/THURNHERR/BRÜHL-MOSER, Öffentliches Prozessrecht, N. 1530 ff., 1867 ff.; UHLMANN FELIX, in: Basler Kommentar BGG, Art. 90–93; UHLMANN FELIX/WÄLLE-BÄR SIMONE, in: Praxiskommentar VwVG, Art. 44–46; WALTER, Teilurteil; WENIGER, Recours.

Inhaltsübersicht

I.	Einleitende Bemerkungen	1–2
II.	Verhältnis zum Bundesrecht	3–12
III.	Endentscheide (Abs. 1)	13–15
IV.	Teilentscheide (Abs. 2 in Verbindung mit Art. 91 BGG)	16–21
V.	Vor- und Zwischenentscheide (Abs. 2 in Verbindung mit Art. 92 und 93 BGG)	22–63
	A. Einleitende Bemerkung zu den Begriffen	22
	B. Vorentscheide	23–30
	C. Zwischenentscheide	31–32
	D. Selbständige Eröffnung als Anfechtungsvoraussetzung	33–34
	E. Vor- und Zwischenentscheide über die Zuständigkeit und den Ausstand (Art. 92 BGG)	35–41
	F. Andere Vor- und Zwischenentscheide (Art. 93 BGG)	42–62
	1. Einleitende Bemerkungen	42–43

2.	Selbständige Anfechtung (Art. 93 Abs. 1 BGG)	44–59
	a) Nicht wiedergutzumachender Nachteil (lit. a)	44–51
	b) Prozessökonomie (lit. b)	52–59
3.	Anfechtung mit dem Endentscheid (Art. 93 Abs. 3 BGG)	60–62
G.	Weitere Bemerkungen zum Verfahren	63
VI.	Rückweisungsentscheide und Entscheide unter Auflagen	64–66
VII.	Besondere Fälle	67–70

I. Einleitende Bemerkungen

Geht es um die Unterscheidung von End-, Teil-, Zwischen- und Vorentscheiden, wird oft auch mit Bezug auf das nichtstreitige Verfahren von «Entscheiden» statt von «Verfügungen» oder «Anordnungen» gesprochen. Diese Terminologie liegt dem Wortlaut von § 19a Abs. 2 zugrunde und wird deshalb auch im Folgenden verwendet. Massgebend für die Qualifizierung der konkreten Entscheide ist nicht deren formelle Bezeichnung, sondern deren Inhalt[1].

1

Die Anfechtbarkeit von End-, Zwischen- und Vorentscheiden wurde in der ursprünglichen, bis zur Revision von 2010 gültigen Fassung des VRG in § 19 sowie – für die Beschwerde an das Verwaltungsgericht – in § 48 geregelt. Bei der VRG-Revision von 2010 passte der Gesetzgeber die Bestimmungen an die Praxis und an die Anforderungen des Bundesrechts an. In diesem Sinn regelt neu § 19a die «Art der anfechtbaren Anordnung» (so das Marginale) für das Rekursverfahren. Für das Verfahren vor dem Verwaltungsgericht verweist nun § 41 Abs. 3 auf § 19a; § 48 wurde aufgehoben.

2

II. Verhältnis zum Bundesrecht

§ 19a **Abs. 1** sieht die Anfechtbarkeit von Endentscheiden vor; die Bestimmung entspricht Art. 90 BGG, wonach die Beschwerde zulässig ist «gegen Entscheide, die das Verfahren abschliessen». Insoweit hielt der Gesetzgeber jedoch an einer selbständigen Normierung fest. Für die Regelung der Anfechtbarkeit von Teil-, Vor- und Zwischenentscheiden in **Abs. 2** hatte der Regierungsrat sowohl eine Verweisung auf die entsprechenden bundesrechtlichen Bestimmungen über das Beschwerdeverfahren vor dem Bundesgericht als auch die wörtliche Übernahme dieser Normen in das VRG in Betracht gezogen und dem Kantonsrat schliesslich die erstere Variante beantragt, was das Kantonsparlament diskussionslos guthiess[2]. Der Unterschied zwischen Abs. 1 und Abs. 2 in Bezug auf die Gesetzgebungstechnik wird in den Materialien nicht thematisiert. **Art. 91–93 BGG,** auf welche Abs. 2 verweist, lauten wie folgt[3]:

3

---

[1] BGE 136 V 131, E. 1.1.2; 135 II 30, E. 1.3.1.
[2] Weisung 2009, S. 937 ff.; Prot. KR 2007–2011, S. 10240, 10535.
[3] Art. 93 Abs. 2 Satz 1 BGG in der Fassung vom 1. Oktober 2010, in Kraft seit 1. April 2011 (AS 2011, 925), die übrigen Bestimmungen in der ursprünglichen Fassung.

Art. 91   Teilentscheide

Die Beschwerde ist zulässig gegen einen Entscheid, der:
a. nur einen Teil der gestellten Begehren behandelt, wenn diese Begehren unabhängig von den anderen beurteilt werden können;
b. das Verfahren nur für einen Teil der Streitgenossen und Streitgenossinnen abschliesst.

Art. 92   Vor- und Zwischenentscheide über die Zuständigkeit und den Ausstand

¹ Gegen selbständig eröffnete Vor- und Zwischenentscheide über die Zuständigkeit und über Ausstandsbegehren ist die Beschwerde zulässig.

² Diese Entscheide können später nicht mehr angefochten werden.

Art. 93   Andere Vor- und Zwischenentscheide

¹ Gegen andere selbständig eröffnete Vor- und Zwischenentscheide ist die Beschwerde zulässig:
a. wenn sie einen nicht wieder gutzumachenden Nachteil bewirken können; oder
b. wenn die Gutheissung der Beschwerde sofort einen Endentscheid herbeiführen und damit einen bedeutenden Aufwand an Zeit oder Kosten für ein weitläufiges Beweisverfahren ersparen würde.

² Auf dem Gebiet der internationalen Rechtshilfe in Strafsachen und dem Gebiet des Asyls sind Vor- und Zwischenentscheide nicht anfechtbar. Vorbehalten bleiben Beschwerden gegen Entscheide über die Auslieferungshaft sowie über die Beschlagnahme von Vermögenswerten und Wertgegenständen, sofern die Voraussetzungen von Absatz 1 erfüllt sind.

³ Ist die Beschwerde nach den Absätzen 1 und 2 nicht zulässig oder wurde von ihr kein Gebrauch gemacht, so sind die betreffenden Vor- und Zwischenentscheide durch Beschwerde gegen den Endentscheid anfechtbar, soweit sie sich auf dessen Inhalt auswirken.

4   Die Art. 90–93 BGG verbinden ausgewählte Elemente der früheren Bestimmungen zu den einzelnen Rechtsmitteln an das Bundesgericht und der entsprechenden Praxis zu einer neuen, als einheitlich gedachten Regelung[4]. Selbst wenn sie nahezu wörtlich bestimmten früheren Normen entsprechen, ist zu beachten, dass sie in einem anderen Zusammenhang zu lesen sind, weil die Rechtsmittelordnung grundlegend verändert wurde. Aus diesen Gründen kann nur teilweise und nicht unbesehen auf die frühere Rechtsprechung Bezug genommen werden[5].

5   Den Art. 92 f. BGG entsprechen die **Art. 45 f. VwVG**, die auf die Bundesverwaltungsrechtspflege anwendbar sind. Das VwVG kennt allerdings den Begriff des Vorentscheids nicht, was jedoch keinen Schluss auf inhaltliche Unterschiede zwischen den beiden Gesetzen zulässt[6]. Zudem enthält das VwVG kein Pendant zu Art. 93 Abs. 2 BGG.

6   Unabhängig vom kantonalen Recht beanspruchen die Art. 90–93 BGG bereits **von Bundesrechts wegen** – aufgrund der Grundsätze der Verfahrenseinheit und des Vereitelungsverbots (vgl. Vorbem. zu §§ 19–28a N. 43) – weitreichende **Beachtung im kantonalen Verfahren** (ausgenommen Art. 93 Abs. 2 BGG, der nicht für die kantonalen Verfahren gilt; vgl. N. 42). Die Definition der letztinstanzlichen kantonalen Anfechtungsobjekte im BGG setzt einen kantonalen Rechtsweg voraus, der deren Erlass ermöglicht. Zwar wird das Anfechtungsobjekt des Verfahrens vor dem Bundesgericht – im Gegensatz zu den

---

[4] Vgl. Botschaft Bundesrechtspflege, S. 4331, 4333.
[5] Sinngemäss gl.M. GEISER/UHLMANN, Grundlagen, N. 1.120.
[6] Vgl. KÖLZ/HÄNER/BERTSCHI, Verwaltungsverfahren, N. 905; UHLMANN, in: Basler Kommentar BGG, Art. 92 N. 3; BGr, 27.3.2013, 2C_450/2012, E. 1.2.1, m.w.H.

bundesrechtlichen Legitimations- und Kognitionsvorschriften – in Art. 111 (gegebenenfalls in Verbindung mit Art. 117) BGG nicht ausdrücklich als Mindestanforderung an das kantonale Verfahren bezeichnet, doch handelt es sich um eine Voraussetzung der Wirksamkeit von Art. 111 BGG, die wohl nur wegen ihrer Selbstverständlichkeit nicht erwähnt wird. Im Übrigen nehmen die Art. 92 und 93 Abs. 1 BGG auf die Legitimation Bezug: Art. 92 BGG betrifft potenzielle Verletzungen bestimmter Verfahrensgarantien mit «formellem Charakter». Deren Verletzung führt grundsätzlich unabhängig von den Auswirkungen auf den betreffenden Entscheid zu dessen Aufhebung im Rechtsmittelverfahren[7]. Die Rüge der Verletzung von Art. 92 BGG schliesst insofern die Behauptung eines Rechtsschutzinteresses in sich. Art. 93 Abs. 1 lit. a BGG nennt eine spezifische Form der Betroffenheit als Anfechtungsvoraussetzung. Damit kann diese Norm auch als Legitimationsbestimmung aufgefasst werden[8]. Bei Art. 93 Abs. 1 lit. b BGG, welcher der Prozessökonomie dient (N. 52), ist der Bezug zum subjektiven Anfechtungsinteresse allerdings weniger eng.

Es ist davon auszugehen, dass Art. 90 und 91 sowie Art. 93 Abs. 1 lit. a und Abs. 3 BGG **Minimalanforderungen** an das Anfechtungsobjekt im kantonalen Verfahren aufstellen, während Art. 92 BGG eine auch für das kantonale Verfahren **zwingende Vorschrift** enthält[9]. Fraglich erscheint dagegen, ob das Bundesrecht den Kantonen vorschreibt, die Anfechtungsmöglichkeit gemäss Art. 93 Abs. 1 lit. b BGG auf kantonaler Ebene vorzusehen. Die Anforderungen der Verfahrenseinheit im vorliegenden Zusammenhang werden allerdings in Literatur und Praxis kaum behandelt und können nicht als geklärt gelten[10]. 7

Mit der Anlehnung von § 19a Abs. 1 an Art. 90 BGG und der Verweisung von Abs. 2 bezweckte der **Zürcher Gesetzgeber** die *Harmonisierung* des kantonalen Verfahrens mit demjenigen vor Bundesgericht[11], womit er der Zürcher Praxis auch die Beachtung der zukünftigen bundesgerichtlichen Rechtsprechung auferlegte[12]. Indem Art. 91–93 BGG nur «sinngemäss» anwendbar sein sollen, gestattet der Wortlaut von Abs. 2 jedoch *Abweichungen*, soweit sie mit dem Bundesrecht vereinbar sind. Aufgrund der Verweisung in Abs. 2 lässt das Bundesgericht allerdings Diskrepanzen bei der Unterscheidung von End- und Zwischenentscheid nicht zu[13]. Das Verwaltungsgericht spricht sich für eine «bis zu einem gewissen Grad» eigenständige Auslegung von Abs. 2 aus. Dies dränge sich umso eher auf, als es die Verantwortung dafür trage, «dass innert angemessener Frist ein kantonaler Endentscheid erreicht werden kann, der überhaupt erst den Weiterzug an das 8

---

[7] Vgl. Kölz/Häner/Bertschi, Verwaltungsverfahren, N. 174.
[8] So VGr, 10.3.2010, PB.2009.00045, E. 2.2; vgl. auch Kayser, in: Kommentar VwVG, Art. 46 N. 10.
[9] Vgl. auch VGr, 21.12.2011, VB.2011.00030, E. 1.1.1, wonach das Verwaltungsgericht von Bundesrechts wegen die Anfechtbarkeit von Rückweisungsentscheiden zwar nicht enger, aber weiter umschreiben darf als das Bundesgericht.
[10] Der Bundesgesetzgeber hat insoweit weder die ZPO noch die StPO mit dem BGG koordiniert; zur ZPO vgl. Kriech, in: Kommentar ZPO 2011, Art. 237 N. 12.
[11] Weisung 2009, S. 939, 959.
[12] Vgl. VGr, 8.11.2012, VB.2012.00520, E. 1.2.2; VGr, 18.8.2011, VB.2011.00442, E. 2.3.
[13] BGr, 13.6.2012, 8C_871/2011, E. 4.4 (woraus aber kaum der Umkehrschluss gezogen werden darf, ohne eine entsprechende Verweisung im kantonalen Recht seien sie zulässig).

Bundesgericht ermöglicht»[14]. Im Wesentlichen läuft dies darauf hinaus, dass das Verwaltungsgericht in Abweichung von der bundesgerichtlichen Praxis auf eine Beschwerde gegen einen Vor- oder Zwischenentscheid im Sinn von Art. 93 Abs. 1 BGG eintreten kann. Zu fordern ist allerdings, dass solche Abweichungen sachlich begründbar sind.

9   Als **Begründungen für Abweichungen** von der Bundesgerichtspraxis kommen etwa Unterschiede in Bezug auf den *Zweck* der Regelungen oder auf die *Funktionen* der verschiedenen Instanzen in Frage[15]. Das Bundesgericht knüpft selber mit seiner Praxis, wonach sich die Intensität des nicht wiedergutzumachenden Nachteils im Sinn von Art. 93 Abs. 1 lit. a BGG im Lauf des Verfahrens ändern kann, an den unterschiedlichen Funktionen der Instanzen an – nach der hier vertretenen Ansicht allerdings nicht in überzeugender Weise (N. 46). Das Verwaltungsgericht hat festgehalten, dass einer der Zwecke von Art. 93 Abs. 1 BGG, die Entlastung des Bundesgerichts, nicht einmal sinngemäss auf die kantonale Ebene übertragbar ist[16]. Im kantonalen Verfahren ist nicht nur die Belastung der obersten kantonalen Instanz zu beachten, sondern ebenso sehr, dass den unteren Instanzen kein unnötiger Verfahrensaufwand aufgebürdet wird[17].

10 Allfällige *Unklarheiten* und *fehlende Einheitlichkeit* der bundesgerichtlichen Praxis können ebenfalls eine eigenständige kantonale Praxis nahelegen[18]. Sodann können *Eigenheiten der Verwaltungsrechtspflege* eine abweichende Rechtsprechung rechtfertigen, weil sich die Art. 91–93 BGG auf sämtliche Verfahren vor Bundesgericht beziehen. Die bundesgerichtliche Praxis ist deshalb auch von Elementen der Zivil- und Strafrechtspflege sowie der früheren staatsrechtlichen Beschwerde geprägt, die unter Umständen nicht auf die Verwaltungsrechtspflege passen. Dergestalt begründete Abweichungen werden dadurch, dass das Bundesgericht in seiner Praxis teils auf die Besonderheiten des Verwaltungsrechts eingeht (N. 44), nicht ausgeschlossen. Soweit in der Rechtsprechung des Bundesgerichts Unterschiede zwischen den drei Einheitsbeschwerden gemacht werden, liegt es nahe, wenn sich die kantonale Verwaltungsrechtspflege grundsätzlich an der Praxis zur Beschwerde in öffentlichrechtlichen Angelegenheiten orientiert.

11 Soweit Art. 91–93 BGG aufgrund der Verweisung in § 19a lit. b zur Anwendung kommen, gelten sie als **ergänzendes kantonales öffentliches Recht**[19].

12 Die Art. 91–93 BGG sind – im Sinn einer Lückenfüllung gemäss Art. 1 Abs. 2 ZGB – auch im **Steuerverfahrensrecht** anzuwenden, das selber die Anfechtung von Teil-, Vor- und Zwischenentscheiden nicht regelt[20].

---

[14] VGr, 28.2.2013, VB.2012.00558, E. 1.2.2; die Möglichkeit einer eigenständigen Auslegung bejaht auch GRIFFEL, Rekurs, S. 52.
[15] So sinngemäss auch VGr, 28.2.2013, VB.2012.00558, E. 1.2.2; VGr, 21.12.2011, VB.2011.00030, E. 1.1.1, wonach den Besonderheiten des kantonalen Verfahrens Rechnung getragen werden kann.
[16] VGr, 18.8.2011, VB.2011.00442, E. 2.3.
[17] VGr, 21.12.2011, VB.2011.00030, E. 1.1.1, zu Art. 93 BGG; vgl. auch GRIFFEL, Rekurs, S. 52.
[18] Vgl. auch GRIFFEL, Rekurs, S. 52.
[19] Vgl. BGr, 13.6.2012, 8C_871/2011, E. 4.3.3; vgl. auch KÖLZ/HÄNER/BERTSCHI, Verwaltungsverfahren, N. 1554, m.w.H.
[20] VGr, 2.2.2011, SB.2010.00137, E. 1.2 (StE 2011 B 96.21 Nr. 16): Praxisänderung, explizit nur zu Rückweisungsentscheiden, wobei das Gericht den Umfang der Überprüfung angefochtener Rückweisungsentscheide beibehalten hat (vgl. E. 2.1 des genannten Entscheids); ausdrücklich zu Teil-, Vor- und Zwischenentscheiden im Allgemeinen: VGr, 27.3.2013, SB.2013.00001 und 2, E. 2.1.

III. Endentscheide (Abs. 1)

§ 19a Abs. 1 erklärt Endentscheide für anfechtbar. Endentscheide erledigen eine Streitsache instanzabschliessend. Der Endentscheid kann formeller oder materieller Natur sein. Endentscheide formeller Natur werden als Prozessentscheide, solche materieller Natur als Sachentscheide bezeichnet. Bei *Prozessentscheiden* handelt es sich einerseits um Nichteintretensentscheide infolge des Fehlens von Prozessvoraussetzungen, anderseits um Abschreibungsverfügungen wegen Rückzugs, Anerkennung, Vergleichs oder Gegenstandslosigkeit. *Sachentscheide* sind alle übrigen Erledigungen (vgl. § 28 N. 11 ff., 34 ff.).

Bei der Anfechtung eines *Nichteintretensentscheids* kann nur die unrichtige Anwendung der Prozessvoraussetzungen gerügt werden. Gegenüber *Abschreibungsbeschlüssen* können Rügen betreffend Voraussetzungen und Modalitäten der Abschreibung, insbesondere Verfahrensmängel, der Vertrauensschutz sowie Willensmängel, geltend gemacht werden[21]. Stets können auch die mit den Endentscheiden verbundenen Kostenauflagen angefochten werden. Zulässig und angezeigt ist sodann die Beanstandung allfälliger materieller Eventualbegründungen des angefochtenen Entscheids.

Ein Endentscheid – und kein Vor- oder Zwischenentscheid – liegt auch vor, wenn eine Anordnung ein Rechtsverhältnis **befristet, vorläufig oder vorübergehend** regelt, aber nicht im Hinblick auf ein Hauptverfahren getroffen wird, sondern in einem selbständigen Verfahren ergeht[22].

IV. Teilentscheide (Abs. 2 in Verbindung mit Art. 91 BGG)

Nach Art. 91 BGG liegt ein anfechtbarer Teilentscheid vor, wenn nur ein Teil der gestellten Begehren behandelt wird, sofern diese unabhängig von den anderen Begehren beurteilt werden können (lit. a), oder wenn das Verfahren nur für einen Teil der Streitgenossinnen und Streitgenossen abgeschlossen wird (lit. b). Der Teilentscheid ist eine *Variante des Endentscheids;* er setzt voraus, dass in sachlicher oder personeller Hinsicht verschiedene, unabhängig zu beurteilende Rechtsbegehren vorliegen[23]. **Unabhängigkeit** bedeutet zum einen, dass die Begehren je einzeln auch Gegenstand eines eigenen Prozesses hätten bilden können. Sie erfordert zum andern, dass ein Teil des gesamten Prozessgegenstands abschliessend beurteilt wird, so dass keine Gefahr besteht, dass der Entscheid über den verbliebenen Prozessgegenstand in Widerspruch zum bereits rechtskräftig ausgefällten Teilentscheid gerät[24]. Die Abgrenzung kann heikel sein; Praxis und Lehre sind nicht immer einheitlich. Ein Sachzusammenhang allein schliesst die Qualifikation als Teilent-

---

[21] Vgl. BGr, 17.9.2010, 1C_19/2010, E. 3.1; BGE 135 V 65, E. 2.3; 109 V 234, E. 3 (Pra 1984 Nr. 142); RB 2003 Nr. 11 (PB.2003.00019, E. 1).

[22] BGE 136 V 131, E. 1.1.2 (wo angefügt wird: «oder ergehen kann»; insofern zu Recht kritisiert von GEISER/ UHLMANN, Grundlagen, N. 1.121 Fn. 368); 134 II 349, E. 1.4 (Pra 2009 Nr. 65); BGr, 28.3.2013, 2C_347 und 357/2012, E. 2.2; vgl. auch UHLMANN, in: Basler Kommentar BGG, Art. 90 N. 9.

[23] BGE 138 V 106, E. 1.1, unter Hinweis auf die zivilprozessualen Figuren der objektiven und der subjektiven Klagehäufung. Die hier verwendete Terminologie beruht auf der Annahme, dass Art. 91 BGG den Teilentscheid als solchen definiert und nicht bloss festhält, wann ein Teilentscheid anfechtbar ist (ebenso CORBOZ, in: Commentaire LTF, Art. 91 N. 5).

[24] Vgl. BGE 135 III 212, E. 1.2.2 f.

scheid nicht aus[25]. Dies gilt auch, wenn der fragliche Entscheid die späteren Entscheide über die restlichen Begehren beeinflusst (etwa weil sich dieselben Vorfragen stellen)[26].

17 Stehen **Dauerrechtsverhältnisse** zur Diskussion, können Entscheide, die nur eine bestimmte Zeitperiode betreffen, grundsätzlich Teilentscheide darstellen. Mit Bezug auf sozialversicherungsrechtliche Rentenansprüche hielt das Bundesgericht fest, dass ein Teilentscheid vorliegt, wenn der Anspruch für eine bestimmte Teilperiode materiell beurteilt und für eine zeitlich nachfolgende Teilperiode die Sache zur neuen Beurteilung zurückgewiesen wird. Umgekehrt liegt gesamthaft ein Zwischenentscheid vor, wenn der Anspruch – fragwürdigerweise – für eine nachfolgende Teilperiode beurteilt wird und für die vorangehende Teilperiode eine Rückweisung zur neuen Beurteilung erfolgt[27]. Letzteres begründet das Bundesgericht zwar mit «spezifischen sozialversicherungsrechtlichen Gründen», weil der Rentenanspruch als Ganzes Streitgegenstand bildet[28]; doch dürfte auch in anderen Sachbereichen zutreffen, dass die unabhängige, abschliessende Beurteilung eines Dauerrechtsverhältnisses für einen bestimmten Zeitraum – und damit ein Teilentscheid – in der Regel nicht möglich ist, wenn die Beurteilung des fraglichen Rechtsverhältnisses für einen vorangehenden Zeitraum noch aussteht.

18 **Praxisbeispiele** für Teilentscheide im Sinn von Art. 91 **lit. a** BGG betreffen etwa den wegen Verjährung vorgezogenen Entscheid über einzelne von mehreren Entschädigungsbegehren aus materieller Enteignung[29], die Entscheide über die Entzüge von Führerausweisen verschiedener Kategorien derselben Person[30], den vorgezogenen Entscheid über den Zeitpunkt der Beendigung des Dienstverhältnisses, ohne dass bereits über die Ansprüche aus der Auflösung entschieden worden wäre[31], oder den vorgezogenen Entscheid über ein Parkplatzreglement, das im Rahmen einer Revision der Bau- und Zonenordnung erlassen worden war[32]. Das Verwaltungsgericht liess die Frage offen, als es einen Ausschluss vom Besitz des Jagdpasses und einen Entzug bzw. die Aberkennung des Jagdfähigkeitsausweises bestätigte, die Sache aber zur Überprüfung der Dauer der Sperrfrist an die Vorinstanz zurückwies[33]. *Keine Teilentscheide* (sondern Vor- bzw. Zwischenent-

---

[25] BGE 135 V 141, E. 1.4.5.
[26] BGE 135 III 212, E. 1.2.2 f. (wo die Unabhängigkeit der selbständig eröffneten Abweisung des Hauptbegehrens von der Prüfung des Eventualbegehrens bejaht wurde); Corboz, in: Commentaire LTF, Art. 91 N. 14; vgl. auch Walter, Teilurteil, S. 255 ff. Anders BGr, 19.4.2013, 4A_724/2012, E. 1, m.H., und möglicherweise auch BGr, 15.5.2009, 5A_184/2009, E. 3.3 (der allerdings auch bloss aussagen könnte, dass die vorweggenommene Beurteilung einzelner Begehren nicht als Teil-Endentscheid aufgefasst werden kann und daher nicht anfechtbar ist, wenn sie von der Prüfung der restlichen Begehren abhängen müsste).
[27] BGE 135 V 148, E. 5; 135 V 141, E. 1.4.2 ff.; dazu auch Kölz/Häner/Bertschi, Verwaltungsverfahren, N. 1429.
[28] BGE 135 V 148, E. 5.2.
[29] BGr, 13.8.2010, 1C_98/2010, E. 1.1. Betrifft der vorgezogene Entscheid über die Verjährung den gesamten Streitgegenstand, liegt dagegen ein Vor- bzw. Zwischenentscheid vor, wenn die Verjährung verneint wird (Walter, Teilurteil, S. 246), und ein Endentscheid, wenn sie bejaht wird (vgl. N. 19).
[30] BGr, 6.9.2007, 1C_79/2007, E. 1.1.
[31] BGr, 7.12.2007, 1C_103/2007, E. 1.1.
[32] VGr, 8.7.2010, VB.2008.00494, E. 3.1.3.
[33] VGr, 14.7.2010, VB.2010.00218, E. 7, wobei das Gericht tendenziell vom Vorliegen eines Teilentscheids ausging. Für die Qualifikation als Zwischenentscheid spricht, dass die Voraussetzungen einer Sanktion bejaht wurden, ohne dass diese abschliessend festgelegt worden wäre (vgl. N. 19).

scheide) sind im Gegenzug der Entscheid über einzelne Positionen einer Steuerveranlagung[34], die Verpflichtung zur Durchführung einer Voruntersuchung im umweltschutzrechtlichen Sanierungsverfahren[35] sowie – nach diskutabler Ansicht – das Nichteintreten auf ein Feststellungsbegehren wegen dessen Subsidiarität gegenüber den noch nicht behandelten Leistungs- oder Gestaltungsbegehren[36]. Der Entscheid über die Nebenfolgen in einem Rückweisungsentscheid stellt keinen Teilentscheid dar[37].

Nach Art. 91 BGG zählen die **materiellen Grundsatzentscheide,** die einen *Teilaspekt* einer Streitsache bzw. eine *Vorfrage* vorweg beurteilen (ohne dass dadurch das Verfahren abgeschlossen würde), *nicht* zu den Teilentscheiden, sondern zu den Vor- oder Zwischenentscheiden[38] (nach der hier verwendeten Begrifflichkeit: zu den Vorentscheiden; N. 24 f.). In Bezug auf ihre Anfechtung ergibt sich damit eine Änderung gegenüber der Praxis des Bundesgerichts zur früheren Verwaltungsgerichtsbeschwerde, doch entspricht die Regelung alt § 48 Abs. 3 VRG. Demnach liegt kein Teilentscheid, sondern ein Vor- bzw. Zwischenentscheid vor, wenn

- das Vorliegen der materiellen Grundlage eines Anspruchs – etwa auf eine Entschädigung aus Lohndiskriminierung oder Enteignung – im Grundsatz bejaht wird, ohne dass bereits über den Anspruch entschieden würde[39];
- aus verschiedenen geltend gemachten Anspruchsgrundlagen – etwa einer Entschädigung aus materieller Enteignung – die einschlägige materielle Grundlage bestimmt wird, der Umfang des Anspruchs aber noch festzulegen bleibt[40];
- das Vorliegen einzelner Voraussetzungen eines Anspruchs[41], einer Bewilligung[42] oder Verpflichtung vorweg bejaht wird, die weiteren Voraussetzungen aber noch zu prüfen sind;
- ein Rechtsanspruch – etwa auf eine Aufenthaltsbewilligung – verneint wird und die Sache an die Vorinstanz zur Prüfung zurückgewiesen wird, ob dem geltend gemachten Begehren im Rahmen des Ermessens zu entsprechen sei[43].

19

---

[34] BGr, 26.1.2011, 2C_700/2010, E. 2.2.
[35] BGr, 20.8.2009, 1C_126/2009, E. 3 (URP 2010, 99 ff.).
[36] BGr, 27.3.2013, 2C_572 und 573/2012, E. 2.5. Vgl. auch die Praxisübersicht in BGr, 27.3.2013, 2C_412/2012, E. 1.3.4 ff.
[37] BGr, 30.8.2010, 2C_639/2009, E. 3.3; BGr, 6.3.2009, 2C_759/2008, E. 2.3. Vgl. N. 62.
[38] Z.B. Kölz/Häner/Bertschi, Verwaltungsverfahren, N. 1430; BGE 133 V 477, E. 4.1.3, m.w.H. Vgl. zur Abgrenzung zwischen (Teil-)Endentscheid und Zwischenentscheid auch die Praxisbeispiele in BGr, 27.3.2013, 2C_412/2012, E. 1.3.
[39] Zu diesen und weiteren Beispielen: Uhlmann, in: Basler Kommentar BGG, Art. 91 N. 4, m.H. Vgl. auch BGE 139 V 42, E. 2, die Vorleistungspflicht einer Vorsorgeeinrichtung betreffend. Vgl. dagegen zum Enteignungsverfahren N. 69.
[40] BGE 136 II 165, E. 1.1, Entschädigungen für Fluglärm betreffend.
[41] Z.B. aus formeller Enteignung; vgl. BGr, 8.6.2010, 1C_284, 288 und 290/2009, E. 2.1, Entschädigungen für Fluglärmimmissionen betreffend.
[42] Z.B. im Baubewilligungsverfahren die vorweg erteilte Zustimmung zum Gesuch um Unterschreitung des Waldabstands (vgl. BGE 135 II 30, E. 1.3.1, und dazu auch N. 27, 49), oder der vorweg gefällte Entscheid über die UVP-Pflicht (Uhlmann, in: Basler Kommentar BGG, Art. 91 N. 4; offen gelassen: BGE 134 II 137, E. 1.3.2).
[43] BGr, 14.7.2009, 2C_161/2009, E. 3.4.

Führt die Beantwortung der vorweggenommenen Teilfrage zum **Nichteintreten** auf ein Begehren oder zu dessen **Abweisung,** liegt hingegen ein anfechtbarer Endentscheid vor[44].

20 Ein Teilentscheid im Sinn von Art. 91 **lit. b** BGG liegt vor, wenn die Parteieigenschaft einzelner Personen in einem selbständigen Entscheid verneint wird, das Verfahren aber in Bezug auf andere Personen fortgeführt wird[45]. Dagegen kann die Zulassung anderer Personen als Parteien zum Verfahren nicht als Teilentscheid angefochten werden[46].

21 Weil es sich beim Teilentscheid um einen Endentscheid handelt, **muss** er gegebenenfalls **direkt angefochten** werden; es ist nicht zulässig, ihn erst zusammen mit dem Entscheid, der das restliche Verfahren abschliesst, anzufechten[47]. Dies hat zur Folge, dass sich die Parteien in Zweifelsfällen faktisch gezwungen sehen, einen vorgezogenen Entscheid anzufechten, da sie andernfalls Gefahr laufen, diese Möglichkeit zu verwirken. Daraus ergibt sich die Forderung an die nicht letztinstanzlich entscheidenden Behörden, die Instrumente des Teil- und des Vorentscheids nur einzusetzen, wenn es sich ausreichend begründen lässt, und die Qualifikation im betreffenden Entscheid klarzustellen. Darüber hinaus erscheint die **Abgrenzung zwischen Teil- und Vorentscheid** grundsätzlich **problematisch:** Unter Umständen besteht ein gerechtfertigtes Bedürfnis, über Grundsatz- und andere Rechtsfragen vorweg einen Entscheid zu fällen, der nicht nur unmittelbar anfechtbar ist, sondern auch nachher nicht mehr in Frage gestellt werden kann (vgl. N. 27 sowie § 19 N. 16). Die Zuordnung der antizipierten Entscheide über Rechtsfragen zu den Vor- und Zwischenentscheiden erfüllt dieses Anliegen nur teilweise, weil die Anfechtung mit dem Endentscheid möglich bleibt (Art. 93 Abs. 3 BGG; N. 60).

V. Vor- und Zwischenentscheide (Abs. 2 in Verbindung mit Art. 92 und 93 BGG)

A. Einleitende Bemerkung zu den Begriffen

22 Die in Art. 92 f. BGG enthaltenen Bezeichnungen werden in der Bundesgesetzgebung **nicht einheitlich** verwendet. So unterscheidet die ZPO Zwischenentscheide, Entscheide über vorsorgliche Massnahmen und prozessleitende Verfügungen (vgl. Art. 124, 237, 246, 308 und 319 ZPO). Ein Zwischenentscheid im Sinn der ZPO ist ein Entscheid über einen Teilaspekt des Rechtsbegehrens. Die prozessleitende Verfügung bestimmt den formellen Ablauf und die konkrete Gestaltung des Verfahrens; sie ist eine Unterform des Inzidenzentscheids, also eines Entscheids über rein verfahrensrechtliche Zwischenfragen[48]. In Art. 92 f. BGG werden alle diese Entscheidformen als «Vor- und Zwischenentscheide» aufgefasst (unter Vorbehalt der vorsorglichen Massnahmen, die in einem selbständigen

---

[44] GEISER/UHLMANN, Grundlagen, N. 1.128.
[45] BGr, 18.5.2011, 2C_491/2009, E. 1, m.H., wobei das Bundesgericht anmerkt, dass es sich für die Betroffenen um einen Endentscheid im Sinn von Art. 90 BGG handle; vgl. auch BGE 131 I 57, E. 1.1 (Pra 2005 Nr. 135).
[46] BGr, 17.3.2012, 2C_215/2012, E. 1.1 f. Zur Anfechtung als Vor- bzw. Zwischenentscheid vgl. N. 48.
[47] BGE 134 III 426, E. 1.1; UHLMANN, in: Basler Kommentar BGG, Art. 91 N. 1, m.w.H.
[48] Botschaft ZPO, S. 7343 f., 7376 f. Zur Begrifflichkeit in Abgrenzung zu derjenigen des BGG vgl. DOLGE, Anfechtbarkeit.

Verfahren als Endentscheide ergehen), ohne dass das Verhältnis zwischen diesen beiden Begriffen geklärt würde; in Art. 45 f. VwVG ist nur von Zwischenentscheiden die Rede, wobei in Bezug auf das Anfechtungsobjekt keine Unterschiede zu Art. 92 f. BGG anzunehmen sind (vgl. N. 5). Im Folgenden geht es einzig um die Begrifflichkeit des BGG bzw. der Verwaltungsrechtspflege.

B. Vorentscheide

Der Vorentscheid ist schwer vom *Zwischenentscheid* einerseits, vom *Feststellungsentscheid* anderseits abzugrenzen[49]. Die erstere Unterscheidung ist allerdings praktisch insofern nicht relevant, als die Anfechtung gesetzlich gleich geregelt wird. Teilweise wird der Vorentscheid als Entscheid über eine materielle Frage und der Zwischenentscheid als Entscheid über eine prozessuale Frage definiert[50]. Diese Unterscheidung ist nur schlüssig, wenn man von der zivilprozessualen Terminologie mit ihrem engeren Verständnis des Zwischenentscheids oder eben des Vor- und des Zwischenentscheids ausgeht und diesen Begriff bzw. diese Begriffe für vorweggenommene Entscheide über rechtliche Vorfragen reserviert. Sie stiftet eher Verwirrung, wenn man von der Begrifflichkeit des BGG ausgeht. Nach der hier vertretenen Ansicht ist im öffentlichen Prozessrecht zwischen **zwei Verwendungen** der Bezeichnung «Vorentscheid» zu unterscheiden. 23

Die *erste Begriffsverwendung* kommt in Betracht, wenn eine Instanz einen **Grundsatzentscheid über eine Vorfrage bzw. einen Teilaspekt** vorweg fällt, ohne dass damit über einen Teil des Streitgegenstands endgültig entschieden würde (so dass kein Teilentscheid vorliegt). Soweit die Behörde eine für den Endentscheid relevante Rechtsfrage nicht nur für die Dauer des Verfahrens regeln will, kann man von einem Vorentscheid sprechen[51]. Diesem Begriff des Vorentscheids entspricht der Begriff des Zwischenentscheids in der ZPO (vgl. N. 22). Das entsprechende Begriffsverständnis lag dem früheren § 48 Abs. 2 und 3 zugrunde. Mit der Terminologie von Art. 92 f. BGG, worin «Vor- und Zwischenentscheid» als einheitlicher Sammelbegriff verwendet wird, lässt es sich vereinbaren. Für die Anwendung von Art. 92 f. BGG und damit auch von § 19a ist es allerdings nicht relevant, weil der so definierte Vorentscheid jedenfalls wie ein Zwischenentscheid (und nicht etwa als Teilentscheid) zu behandeln wäre. 24

Der Vorentscheid in diesem Sinn dient der Prozessökonomie. Er unterscheidet sich vom Endentscheid dadurch, dass er nicht vollstreckungsfähig ist. Zu Recht wird er daher von Art. 91 ff. BGG nicht den Teilentscheiden zugeordnet. Mit dem Vorentscheid können so- 25

---

[49] Teils wird der Vorentscheid als Anwendungsfall des Feststellungsentscheids bezeichnet; vgl. HÄNER, in: Praxiskommentar VwVG, Art. 25 N. 4; WEBER-DÜRLER, in: Kommentar VwVG, Art. 25 N. 7.
[50] So UHLMANN, in: Basler Kommentar BGG, Art. 92 N. 3, der die Unterscheidung allerdings sogleich relativiert.
[51] Den Begriff des Vorentscheids (bzw. der Vorverfügung) verwenden KÖLZ/HÄNER/BERTSCHI, Verwaltungsverfahren, N. 905. Nur von Zwischenentscheiden sprechen z.B. BGE 136 II 165, E. 1.1; RHINOW/KOLLER/KISS/THURNHERR/BRÜHL-MOSER, Öffentliches Prozessrecht, N. 1870. KIENER/RÜTSCHE/KUHN, Öffentliches Verfahrensrecht, N. 434 ff., unterscheiden zwischen materiellen und prozessualen Zwischenverfügungen; der erstere Begriff entspricht demjenigen des Vorentscheids, wie er hier verwendet wird.

wohl materielle als auch prozessuale Rechtsfragen entschieden werden[52]. Dass auch prozessuale Fragen zum Gegenstand eines Vorentscheids gemacht werden können[53], entspricht dem Zweck des Instituts, denn auch wenn sich solche (etwa zur Zuständigkeit oder zur Legitimation) stellen, lässt sich allenfalls sofort ein Endentscheid herbeiführen und zudem das Verfahren erheblich verkürzen. Der Vorentscheid ist dem Feststellungsentscheid insoweit ähnlich, als er zumeist lediglich feststellenden Charakter hat.

26 *Zweitens* kann ein Gesetz oder die Rechtspraxis den Vorentscheid als **Rechtsinstitut** vorsehen; in diesen Fällen ergibt sich aus der Auslegung der betreffenden Normen bzw. aus den angewandten Grundsätzen, ob er den Endentscheiden oder aber den Vor- und Zwischenentscheiden im Sinn des BGG zuzurechnen ist und wie die Anfechtung geregelt ist, die sich nicht zwingend nach den Art. 90–93 BGG (in Verbindung mit § 19a Abs. 2) zu richten braucht. Im Folgenden werden die relevanten gesetzlich geregelten Vorentscheide genannt.

27 Der **baurechtliche Vorentscheid** mit Drittverbindlichkeit nach §§ 323 f. PBG bezweckt, der Bauherrschaft Klarheit über ein Teilproblem zu verschaffen, bevor ihr Aufwand und Kosten für die (Detail-)Projektierung entstehen[54]. Die Praxis unterscheidet zwischen der Ablehnung des Bauprojekts, die sie als negativen Vorentscheid bezeichnet und die als Endentscheid anfechtbar ist, und dem positiven baurechtlichen Vorentscheid, den sie als Vor- bzw. Zwischenentscheid im Sinn des BGG auffasst[55]. Um das in verschiedenen Kantonen bekannte Institut des drittwirksamen, verbindlichen baurechtlichen Vorentscheids nicht seines Gehalts zu entleeren, tritt das Bundesgericht grundsätzlich wegen Vorliegens eines nicht wiedergutzumachenden (tatsächlichen) Nachteils im Sinn von Art. 93 Abs. 1 lit. a BGG auf Beschwerden gegen solche positiven Vorentscheide ein (vgl. im Einzelnen N. 49)[56]. Hierzu ist zunächst anzumerken, dass die Ablehnung des ganzen Bauvorhabens nur den Extremfall des negativen Vorentscheids darstellt; negativ ist ein Vorentscheid insoweit, als die Behörde die gestellte Frage nicht im Sinn der Bauherrschaft beantwortet[57]. Solche Vorentscheide müssen in Bezug auf die Anfechtung den positiven gleichgestellt werden. Sodann ist es problematisch, von einem Vor- bzw. Zwischenentscheid im Sinn von Art. 93 BGG auszugehen, der gegebenenfalls immer noch mit dem Endentscheid angefochten werden könnte. Auf diese Weise kann dem Zweck des baurechtlichen Vorentscheids – nämlich der verbindlichen Klärung grundlegender Fragen im Voraus – gerade nicht entsprochen werden[58]. Der baurechtliche Vorentscheid sollte daher als Fest-

---

[52] Vgl. E. BOSSHART, Kommentar VRG, § 48 N. 3.
[53] Vgl. RB 1962 Nr. 27.
[54] VGr, 31.1.2002, VB.2001.00316, E. 2a, m.H.; GRIFFEL, Nutshell, S. 151. Eine den §§ 323 f. PBG weitgehend entsprechende Regelung findet sich in § 37 WWG betreffend den Vorentscheid über Fragen zur Nutzung der öffentlichen Gewässer, die für die spätere Bewilligungsfähigkeit eines Vorhabens grundlegend sind.
[55] BGr, 13.12.2010, 1C_318/2010, E. 1.2, und die dort zitierten Entscheide; VGr, 24.3.2011, VB.2010.00495, E. 1.2.1.
[56] BGr, 27.2.2013, 1C_444/2012, E. 1.1; BGE 135 II 30, E. 1.3.4 f.
[57] Vgl. GRIFFEL, Vorentscheide, S. 265 f.
[58] So zu Recht GRIFFEL, Nutshell, S. 192 f.

stellungsentscheid aufgefasst werden, der im Sinn eines Endentscheids einen Teilaspekt vorweg regelt[59].

Baurechtliche Vorentscheide *ohne Drittverbindlichkeit,* die von §§ 323 f. PBG in der aktuellen Fassung noch vorgesehen werden, gelten als bundesrechtswidrig und werden in der Praxis von der Rechtsmittelinstanz aufgehoben, wenn sie angefochten werden[60]. Mit der PBG-Revision vom 28. Oktober 2013 werden die §§ 323 f. PBG der Rechtsentwicklung angepasst, indem der baurechtliche Vorentscheid ohne Drittverbindlichkeit abgeschafft wird[61]. 28

Der negative **arbeitsmarktliche Vorentscheid** nach Art. 40 Abs. 2 AuG und Art. 83 und 84 VZAE ist selbständig anfechtbar, wenn unterschiedliche Behörden für die Zulassung zur Erwerbstätigkeit und die Erteilung der Kurzaufenthalts- oder Aufenthaltsbewilligung zuständig sind, was im Kanton Zürich der Fall ist (§ 1 und § 2 lit. a VZA)[62]. Das Verwaltungsgericht liess offen, ob ein End- oder aber ein Vor- bzw. Zwischenentscheid vorliegt, was es sinngemäss damit begründete, dass sich die selbständige Anfechtbarkeit unabhängig davon aus dem materiellen Bundesrecht ergebe; im Ergebnis liege aber ein Endentscheid vor. Der positive arbeitsmarktliche Vorentscheid hat als Arbeitsbewilligung keine selbständige Bedeutung, sondern bildet Bestandteil der betreffenden Anwesenheitsbewilligung[63]. 29

Hinzuweisen ist schliesslich auf den **steuerrechtlichen Vorbescheid,** auf den das VRG allerdings von vornherein nicht anwendbar ist (vgl. § 4 i.V.m. §§ 106 ff. StG; § 4 N. 29): Dieser stellt – jedenfalls soweit er von Zürcher Behörden getroffen wird – grundsätzlich eine Auskunft ohne Verfügungscharakter über die vorgängige steuerrechtliche Beurteilung eines Sachverhalts oder die Würdigung eines Elements des steuerrechtlich relevanten Sachverhalts dar[64]. Vorbehalten bleibt der Vorentscheid, der in Bezug auf die Staatssteuern zu treffen ist, wenn die Steuerhoheit des betreffenden Kantons wegen interkantonaler Doppelbesteuerung bestritten wird (Steuerdomizilentscheid). Es handelt sich um einen Feststellungsentscheid, also einen Endentscheid[65]. Gegen ihn steht der Rechts- 30

---

[59] Gl.M. 2. Aufl., § 19 N. 53 und 56; KIENER/RÜTSCHE/KUHN, Öffentliches Verfahrensrecht, N. 388. – GRIFFEL, Nutshell, S. 193, geht von einem Teilentscheid aus.

[60] BRK IV, 23.8.2007, 104/2007 (BEZ 2007 Nr. 55); VGr, 8.11.2006, VB.2006.00390, E. 4 (BEZ 2006 Nr. 57; Leitsatz: RB 2006 Nr. 72); Weisung PBG 2011, S. 1137, m.H. Die Bundesrechtswidrigkeit wurde zunächst für den Anwendungsbereich des RPG und seiner eidgenössischen und kantonalen Ausführungsbestimmungen konstatiert, muss jedoch unter dieser Voraussetzung seit dem Inkrafttreten der Rechtsweggarantie von Art. 29a BV und des Art. 111 Abs. 1 (i.V.m. Art. 117) BGG konsequenterweise allgemein angenommen werden.

[61] Vgl. Weisung PBG 2011, S. 1121 f., 1136 f. Vgl. auch den Vorschlag zur Kompensation durch die Einführung «qualifizierter behördlicher Auskünfte» bei GRIFFEL, Nutshell, S. 152.

[62] VGr, 10.4.2013, VB.2012.00457, E. 1.2; Botschaft zum Bundesgesetz über die Ausländerinnen und Ausländer vom 8. März 2002, BBl 2002, 3709 ff., 3792.

[63] VGr, 10.4.2013, VB.2012.00457, E. 1.2, m.H.

[64] Merkblatt des kantonalen Steueramtes betreffend Begehren um amtliche Auskünfte und Vorbescheide vom 13. Oktober 2008 (Zürcher Steuerbuch, Teil I, Bd. 2, Nr. 30/500), lit. C Ziff. I. Anders die Terminologie bei CAGIANUT, Vorbescheid, S. 22, der unter Vorbescheid einen verbindlichen Feststellungsentscheid über steuerliche Folgen eines bestimmten Sachverhalts versteht.

[65] Vgl. MICHAEL BEUSCH/NADINE MAYHALL, in: Martin Zweifel/Michael Beusch/Peter Mäusli-Allenspach (Hrsg.), Kommentar zum schweizerischen Steuerrecht. Interkantonales Steuerrecht, Basel 2011, § 40 N. 19.

weg offen, was sich direkt aus dem Verbot der interkantonalen Doppelbesteuerung nach Art. 127 Abs. 3 BV ergibt[66].

C. Zwischenentscheide

31 Zwischenentscheide sind – sofern man die Vorentscheide nicht zu ihnen zählt – **verfahrensleitende (prozessleitende) Verfügungen,** die das Verfahren nicht abschliessen, sondern es im Rahmen der Verfahrensinstruktion von der Rechtsanhängigkeit zum Endentscheid führen. Sie stellen bloss einen Zwischenschritt auf dem Weg zur Verfahrenserledigung dar und «sind akzessorisch zu einem Hauptverfahren; sie können nur vor oder während eines Hauptverfahrens erlassen werden und nur für die Dauer desselben Bestand haben bzw. unter der Bedingung, dass ein solches eingeleitet wird. Sie fallen mit dem Entscheid in der Hauptsache dahin»[67]. Sie erwachsen nicht in materielle Rechtskraft und können daher noch zusammen mit dem Endentscheid angefochten werden, sofern ein entsprechendes Rechtsschutzinteresse vorliegt und sich aus dem anwendbaren Recht nichts anderes ergibt[68]. Typische Zwischenentscheide sind Verfügungen betreffend Ausstand (§ 5a), vorsorgliche Massnahmen (§ 6), gemeinsames Zustellungsdomizil bzw. gemeinsame Vertretung (§ 6a), inländisches Zustellungsdomizil bzw. inländische Vertretung (§ 6b), Sachverhaltsermittlung (§ 7), Akteneinsicht (§ 8 f.), Fristerstreckung (§ 12 Abs. 1), Fristwiederherstellung (§ 12 Abs. 2), Kostenvorschuss (§ 15), unentgeltliche Rechtspflege und unentgeltlichen Rechtsbeistand (§ 16), aufschiebende Wirkung von Rechtsmitteln (§ 25), Aktenbeizug (§ 26 Abs. 1), Schriftenwechsel (§ 26b), Sistierung, Verfahrensvereinigung und -trennung (Vorbem. zu §§ 4–31 N. 34 ff. und 50 ff.).

32 **Rechtsmittelentscheide** über Zwischenentscheide gelten ihrerseits ebenfalls als Zwischenentscheide, ausser wenn sie den Abschluss des Hauptverfahrens darstellen. Dies gilt auch, wenn auf das Rechtsmittel gegen den Zwischenentscheid nicht eingetreten wird[69].

D. Selbständige Eröffnung als Anfechtungsvoraussetzung

33 Sowohl Art. 92 als auch Art. 93 BGG machen die Anfechtung der Vor- und Zwischenentscheide davon abhängig, dass diese **selbständig eröffnet** wurden. Für die Entscheide der unmittelbaren Vorinstanzen des Bundesgerichts bedeutet dies, dass sie schriftlich mitgeteilt, begründet und mit einer Rechtsmittelbelehrung versehen sein müssen (Art. 112 Abs. 1 BGG)[70]. Sinngemäss dieselben Voraussetzungen folgen im kantonalen Verfahren

---

[66] BGE 137 I 273, E. 3.3.2, m.w.H.; 115 Ia 73, E. 3; vgl. auch Merkblatt des kantonalen Steueramtes über das Verfahren bei Bestreitung der Steuerhoheit ab Steuerperiode 1999 [...] vom 24. November 1999 (Zürcher Steuerbuch, Teil I, Bd. 1, Nr. 11/050). Für interkantonale Kompetenzstreitigkeiten bei der direkten Bundessteuer gilt Art. 108 DBG, für interkommunale Kompetenzstreitigkeiten § 192 StG. Wenn es nicht um einen Zuständigkeitskonflikt geht, handelt es sich bei einem allfälligen selbständigen Entscheid über die Zuständigkeit um einen Vor- bzw. Zwischenentscheid; vgl. BGE 123 I 325, E. 3b.
[67] BGE 139 V 42, E. 2.3; 136 V 131, E. 1.1.2, m.H.
[68] Z.B. GEISER/UHLMANN, Grundlagen, N. 1.130. Für eine Darstellung der Praxis unter Abgrenzung vom (Teil-)Endentscheid und mit zahlreichen Fallbeispielen vgl. BGr, 27.3.2013, 2C_412/2012, E. 1.3.
[69] BGr, 13.12.2011, 2C_475 und 476/2011, E. 2.1; vgl. auch RHINOW/KOLLER/KISS/THURNHERR/BRÜHL-MOSER, Öffentliches Prozessrecht, N. 1870.
[70] UHLMANN, in: Basler Kommentar BGG, Art. 92 N. 5; BGE 135 III 566, E. 1.1 (Pra 2010 Nr. 62).

aus dem kantonalen Recht (§§ 10 und 10a VRG). Als selbständig eröffnet gilt auch ein Zwischenentscheid, der am gleichen Tag wie der Endentscheid gefällt, aber früher als dieser zugestellt wurde[71]. Bei mangelhafter Eröffnung hat sich das Vorgehen der betroffenen Partei nach Treu und Glauben (Art. 5 Abs. 3 BV) zu richten (vgl. § 10 N. 51 ff., 108 f.)[72].

Zu Recht wird in der Lehre gefordert, dass unter Umständen ein **Anspruch** auf selbständige Eröffnung besteht. Dies muss namentlich gelten, wenn ein nicht wiedergutzumachender Nachteil im Sinn von Art. 93 Abs. 1 lit. a BGG droht[73]. Wenn ein solcher nicht klar auszuschliessen ist, kommt zum Beispiel das – in der Regel ohnehin fragwürdige – Vorgehen nicht in Betracht, mit der Behandlung eines Gesuchs betreffend die aufschiebende Wirkung oder vorsorgliche Massnahmen bis zum Endentscheid zuzuwarten und es dann darin für gegenstandslos zu erklären (vgl. dazu § 6 N. 16). 34

E. Vor- und Zwischenentscheide über die Zuständigkeit und den Ausstand (Art. 92 BGG)

Nach § 19a Abs. 2 in Verbindung mit Art. 92 Abs. 1 BGG ist die Beschwerde gegen Vor- und Zwischenentscheide über die Zuständigkeit und über Ausstandsbegehren zulässig. Wer einen selbständig eröffneten Zwischenentscheid über die Zuständigkeit und über den Ausstand nicht fristgerecht nach dessen Erlass anficht, verwirkt die Befugnis zur Anfechtung (Art. 92 Abs. 2 BGG). Art. 92 BGG ist allerdings nur anwendbar, soweit sich die Beschwerde auf Fragen der Zuständigkeit oder des Ausstands bezieht. Werden nur die Nebenfolgen des Zwischenentscheids angefochten, so richtet sich die Zulässigkeit des Rechtsmittels nach Art. 93 BGG[74]. 35

Die Ausnahme vom Grundsatz, dass sich das Bundesgericht möglichst nur einmal mit einer Angelegenheit befassen soll, findet ihre **Begründung** einerseits in der Prozessökonomie, indem sie sicherstellt, dass Zuständigkeits- und Ausstandsfragen vor der Durchführung des Verfahrens geklärt werden. Anderseits wird sie auf Treu und Glauben (Art. 5 Abs. 3 BV) zurückgeführt: Die Parteien sollen ihnen bekannte mögliche Mängel unverzüglich vorbringen und nicht erst im Fall ihres Unterliegens als Mittel einsetzen, um ein neues Verfahren anzustrengen[75]. Ganz allgemein obliegt ihnen nach Treu und Glauben, die Verletzung bestimmter Verfahrensmängel nach Kenntnis des Rügegrunds umgehend geltend zu machen[76]. Im Gegenzug soll einer Partei nicht die Prozessführung bis zum Endentscheid zugemutet werden mit dem Risiko, dass das gesamte Verfahren wiederholt werden muss, wenn eine Gegenpartei den Endentscheid wegen Unzuständigkeit oder Verletzung der Ausstandsbestimmungen anficht[77]; dieses Argument bezieht sich allerdings nur auf das Mehrparteienverfahren. Art. 92 BGG und seine Begründung fussen darauf, dass bei einer Verletzung der Bestimmungen über Zuständigkeit und Ausstand, 36

---

[71] BGr, 7.4.2009, 1C_282/2008, E. 2; L. MEYER, Wege, S. 813.
[72] Vgl. auch UHLMANN, in: Basler Kommentar BGG, Art. 92 N. 5.
[73] UHLMANN, in: Basler Kommentar BGG, Art. 92 N. 5.
[74] BGE 138 III 94, E. 2.3.
[75] Zum Ganzen UHLMANN, in: Basler Kommentar BGG, Art. 92 N. 13.
[76] Vgl. BGE 138 I 97, E. 4.1.5; mit Bezug auf den Ausstand: BGE 132 II 485, E. 4.3; 132 V 93, E. 6.2; vgl. auch § 5a N. 43 f., 49.
[77] BGE 138 III 94, E. 2.1, m.H.; zum Ganzen vgl. bereits BGE 69 I 15.

die den Verfahrensgarantien mit «formellem Charakter» zuzuordnen sind, der mangelhaft zustande gekommene Entscheid aufzuheben ist (vgl. N. 6).

37 Voraussetzung der Anfechtung ist, dass die Entscheide **selbständig eröffnet** wurden (dazu N. 33). Wurde der Endentscheid in der Zwischenzeit gefällt, gilt er als mitangefochten[78]. Wird über die Zuständigkeit oder den Ausstand im Endentscheid befunden, richtet sich die Anfechtung nach § 19a Abs. 1; wird der betreffende Zwischenentscheid gleichzeitig mit dem Endentscheid, aber separat eröffnet, ist § 19a Abs. 2 in Verbindung mit Art. 92 BGG anwendbar. Im Ergebnis macht dies keinen Unterschied[79].

38 Zwischenentscheide über die **Zuständigkeit** können die örtliche, die sachliche oder die funktionelle Zuständigkeit betreffen[80]. Auch Entscheide über die interne Zuständigkeit werden erfasst; so kann etwa mit Beschwerde nach Art. 92 BGG vorgebracht werden, ein Entscheid sei zu Unrecht vom Einzelrichter bzw. der Einzelrichterin statt von der Kammer gefällt worden[81]. Die Wahl einer bestimmten Verfahrensart fällt dagegen nicht unter Art. 92 BGG[82]. Weil die inhaltliche Richtigkeit eines Entscheids stets auch als Frage der sachlichen Zuständigkeit betrachtet werden könnte, sind *Abgrenzungskriterien* zu bestimmen, damit nicht jeder Vor- oder Zwischenentscheid mit der Begründung der Unzuständigkeit angefochten werden kann; das Bundesgericht legte deswegen in einem älteren Entscheid fest, dass eine Kompetenzfrage nur vorliegt, «wenn das Gesetz einen kompetenzbegründenden Teiltatbestand (z.B. Anfechtungsobjekt, Streitwert, Ort der gelegenen Sache oder der begangenen Tat) ausgeschieden hat, von dem die Zuständigkeit einer Behörde abhängig ist»[83]. Unter dem heutigen Recht kommt allerdings nicht mehr nur das Gesetz als Rechtsgrundlage einer solchen Abgrenzung in Frage[84].

39 Die *Verneinung* der Zuständigkeit stellt grundsätzlich einen Endentscheid dar, die selbständig eröffnete *Bejahung* der Zuständigkeit einen Zwischenentscheid, der nach Art. 92 BGG anfechtbar ist. Ungeklärt ist, ob die *Überweisung* an eine andere, für zuständig erachtete Behörde als End- oder als Zwischenentscheid aufzufassen ist[85]. Die Frage ist nicht von praktischer Bedeutung, weil der Entscheid jedenfalls direkt angefochten werden kann.

---

[78] BGE 117 Ia 157, E. 4a; vgl. auch BGr, 16.2.2012, 4A_547/2011, E. 3.3; BGr, 20.10.2000, 1P.473/2000, E. 5. Die Praxis sollte beibehalten werden.

[79] Für die analoge Anwendung von Art. 93 Abs. 3 BGG, die in der Lehre vertreten wird (UHLMANN, in: Basler Kommentar BGG, Art. 92 N. 5, m.H.), bleibt kein Raum, doch würde auch sie zum selben Ergebnis führen.

[80] UHLMANN, in: Basler Kommentar BGG, Art. 92 N. 7 f.; explizit zur funktionellen Zuständigkeit z.B. BGr, 22.2.2012, 9C_975/2011, E. 1; BGE 133 IV 288, E. 2.1 (Pra 2008 Nr. 70).

[81] BGr, 8.8.2011, 9C_574/2010, E. 3; BGr, 30.10.2008, 9C_836/2008, E. 3.

[82] Vgl. BGr, 8.6.2010, 1B_179/2010, E. 5.

[83] Zum Ganzen: BGE 97 I 55; dazu VON WERDT, in: Handkommentar BGG, Art. 92 N. 9 f.; vgl. auch BGr, 14.8.2002, 1P.494/2001, E. 1.1.

[84] Vgl. sinngemäss L. MEYER, Wege, S. 813.

[85] Offen lassend: BGE 136 I 80, E. 1.2; vgl. auch BGE 135 V 124, E. 1. Für die Qualifikation als Zwischentscheid: KÖLZ/HÄNER/BERTSCHI, Verwaltungsverfahren, N. 1435; für die Einstufung als Endentscheid: GEISER/UHLMANN, Grundlagen, N. 1.134 Fn. 407. Zum Ganzen auch UHLMANN, in: Basler Kommentar BGG, Art. 92 N. 6 und 8a.

Ein Zwischenentscheid über den **Ausstand** kann sich auf beliebige an der Entscheidungsfindung beteiligte Personen beziehen[86]. Er liegt gemäss Bundesgericht vor, wenn es um «formelle (gesetzliche) Ausstandsgründe» geht; damit fallen etwa die Rügen, Amtsträger seien aufgrund der Verpflichtung zur Wahrnehmung öffentlicher Interessen oder der Zugehörigkeit zur Verwaltung als solcher nicht unparteilich, grundsätzlich nicht unter Art. 92 BGG[87]. In der Literatur wird zu Recht festgehalten, dass Art. 92 BGG sich auf sämtliche Verletzungen der Garantie des gesetzlich geschaffenen, zuständigen, unabhängigen und unparteiischen Gerichts nach Art. 30 Abs. 1 BV (bzw. der einschlägigen Garantien, die sich aus Art. 29 Abs. 1 BV für Verwaltungsbehörden ergeben) beziehen muss, so namentlich auf die Besetzung der Behörde mit einer gesetzlich nicht vorgesehenen Anzahl Personen oder mit Personen, die nicht gültig gewählt wurden oder aus der Behörde ausgeschieden sind[88]. Auch das Bundesgericht anerkennt, dass eine Beschwerde nach Art. 92 BGG zulässig ist, wenn geltend gemacht wird, es sei «nicht in verfassungsmässiger Besetzung entschieden» worden[89]. Dies ist auch die Erklärung dafür, dass nicht nur die Abweisung, sondern auch – von einer allfälligen anderen Partei – die Gutheissung des Ausstandsbegehrens angefochten werden kann[90]. Sodann ist nicht ersichtlich, weshalb von Amtes wegen gefällte Zwischenentscheide über den Ausstand nicht ebenfalls unter Art. 92 Abs. 1 BGG fallen sollten, obwohl dort von Entscheiden «über Ausstandsbegehren» die Rede ist.

40

Art. 92 BGG belässt der **kantonalen Gesetzgebung und Rechtsprechung** keinen Spielraum für abweichende Regelungen.

41

F. Andere Vor- und Zwischenentscheide (Art. 93 BGG)

1. Einleitende Bemerkungen

Soweit Vor- und Zwischenentscheide nicht die Zuständigkeit oder den Ausstand betreffen, sind sie gemäss Art. 93 Abs. 1 BGG nur unter besonderen Voraussetzungen direkt anfechtbar. Zweck dieser Regelung ist, dass sich das Bundesgericht nur einmal mit der Sache befassen soll und sich nicht ohne genügend umfassende Sachverhaltskenntnisse bereits in einem frühen Verfahrensstadium festlegen muss[91]. Verlangt wird wiederum die selbständige Eröffnung des Entscheids (N. 33). Zudem müssen alternativ die Voraussetzungen entweder gemäss lit. a oder gemäss lit. b von Art. 93 Abs. 1 BGG gegeben sein (N. 44 ff. bzw. 52 ff.). Die Nichtigkeit ist gegebenenfalls auch im Verfahren gegen einen ansonsten nicht direkt anfechtbaren Vor- oder Zwischenentscheid zu prüfen[92]. Die Sonderbestimmungen von Art. 93 Abs. 2 BGG zur internationalen Rechtshilfe in Strafsachen

42

---

[86] Vgl. BGr, 18.7.2012, 2C_991 und 992/2011, E. 1.3, m.H., und 3, Sachverständige betreffend; KAYSER, in: Kommentar VwVG, Art. 45 N. 11.
[87] Vgl. BGr, 12.5.2010, 9C_304/2010, E. 2; BGr, 14.7.2008, 2C_507/2008, E. 2.2; L. MEYER, Wege, S. 813 Fn. 53.
[88] CORBOZ, in: Commentaire LTF, Art. 92 N. 18; UHLMANN, in: Basler Kommentar BGG, Art. 92 N. 10. Vgl. als Beispiele für solche Mängel: BGE 136 I 207, E. 5.6; 129 V 335, E. 3.
[89] BGr, 8.8.2011, 9C_574/2010, E. 1; BGr, 30.10.2008, 9C_836/2008, E. 1.
[90] Vgl. KAYSER, in: Kommentar VwVG, Art. 45 N. 12, m.H.
[91] Z.B. BGr, 29.2.2012, 2C_105–107/2012, E. 2.2.1; BGE 137 IV 237, E. 1.1.
[92] VGr, 16.9.2010, VB.2010.00428, E. 1.4 (wo allerdings offen bleibt, ob die Frage offen gelassen wurde).

und zum Asylwesen gelten nur für die Beschwerden an das Bundesgericht und kommen in der kantonalen Rechtspflege nicht zur Anwendung. Hier sind die spezialgesetzlichen Bestimmungen anwendbar (vgl. Art. 48 Abs. 2, Art. 80e und 80*l* IRSG; Art. 107 AsylG), wobei die internationale Rechtshilfe in Strafsachen nicht in die Zuständigkeit der Verwaltungsbehörden fällt.

43 In seiner Praxis zur staatsrechtlichen Beschwerde sah das Bundesgericht vom Erfordernis des nicht wiedergutzumachenden Nachteils ab, wenn es die Sache ohnehin aufgrund der Beschwerden anderer, hierzu legitimierter Parteien gegen den Vor- oder Zwischenentscheid zu prüfen hatte[93]. Diese Praxis entspricht der Prozessökonomie, weshalb sie – mit Bezug auf sämtliche Voraussetzungen von Art. 93 Abs. 1 BGG – weitergeführt werden sollte.

2. Selbständige Anfechtung (Art. 93 Abs. 1 BGG)

a) Nicht wiedergutzumachender Nachteil (lit. a)

44 Art. 93 Abs. 1 lit. a BGG gestattet die selbständige Anfechtung eines Vor- oder Zwischenentscheids, wenn dieser einen nicht wiedergutzumachenden Nachteil bewirken kann. Die blosse Möglichkeit des Eintritts eines solchen Nachteils genügt. Das Bundesgericht legt die Bestimmung restriktiv aus[94]. Grundsätzlich verlangt es einen **Nachteil rechtlicher Natur**. Ein solcher liegt nach der Praxis vor, wenn er selbst mit einem für die betreffende Partei günstigen Endurteil des Bundesgerichts in der Sache nicht mehr oder nicht mehr vollständig behoben werden kann[95]. Der Nachteil rechtlicher Natur darf jedoch nicht mit diesem Definitionselement gleichgesetzt werden. Mit seiner Praxis knüpft das Bundesgericht an seine Rechtsprechung zur früheren staatsrechtlichen Beschwerde an; der Unterschied gegenüber der Praxis zur früheren Verwaltungsgerichtsbeschwerde liegt im Wesentlichen darin, dass bei Letzterer wirtschaftliche Nachteile, die sich aus dem angefochtenen Zwischenentscheid ergaben, berücksichtigt wurden, sofern sie nicht nur in der Verlängerung und Verteuerung des Verfahrens bestanden[96]. Sodann wurde bei der Verwaltungsgerichtsbeschwerde auch nicht verlangt, dass der Nachteil selbst im Fall eines günstigen Entscheids bestehen bliebe[97]. Was ein «rechtliches» Interesses im Vergleich zum «tatsächlichen» oder «bloss wirtschaftlichen» Interesse ist, versteht sich demgemäss nicht von selber und ergibt sich auch nicht unmittelbar und zwingend aus der Legitimationsvoraussetzung des «rechtlich geschützten» Interesses, aus der es hergeleitet wurde. Weil bei der Beschwerde in Zivilsachen und der Beschwerde in öffentlichrechtlichen Angelegenheiten ebenso wie früher bei der Verwaltungsgerichtsbeschwerde ein schutzwürdiges Interesse legitimationsbegründend wirkt, erscheint die Anknüpfung an die frühere Praxis zur staatsrechtlichen Beschwerde insoweit fragwürdig[98]. Das Bundes-

---

[93] BGE 131 I 57, E. 1.2 (Pra 2005 Nr. 135); 116 Ia 197, E. 1b.
[94] BGr, 26.1.2011, 8C_1053/2010, E. 4.1.1.
[95] Z.B. BGr, 29.2.2012, 2C_105–107/2012, E. 2.2.1; BGE 134 III 188, E. 2.1 f.
[96] Vgl. BGE 130 II 149, E. 1.1; 127 II 132, E. 2a; 116 Ib 344, E. 1c; von Werdt, in: Handkommentar BGG, Art. 93 N. 8.
[97] BGE 117 V 185, E. 1d; 99 Ib 413, E. 1b; Moser/Beusch/Kneubühler, Bundesverwaltungsgericht, N. 2.47.
[98] Vgl. dazu die eingehende Kritik bei Uhlmann, in: Basler Kommentar BGG, Art. 93 N. 3 f., m.w.H.

gericht lässt denn auch «**rein tatsächliche**» **Nachteile** genügen, soweit es das materielle Verwaltungsrecht gebietet; sofern es der beschwerdeführenden Person nicht lediglich darum geht, eine Verlängerung oder Verteuerung des Verfahrens zu verhindern, kann in diesem Fall auch ein anderes – zum Beispiel ein wirtschaftliches – schutzwürdiges Interesse genügen[99]. Ein tatsächlicher Nachteil genügt auch bei der Anwendung von Art. 46 Abs. 1 lit. a VwVG[100]. Ob sein Vorliegen zu bejahen ist, hängt von der Art des anzufechtenden Entscheids ab und kann nicht aufgrund eines einzigen, allgemeinen Kriteriums bestimmt werden[101].

Das **Verwaltungsgericht** stützt sich grundsätzlich auf die bundesgerichtliche Praxis, wobei deutliche Tendenzen zu erkennen sind, an die Rechtsprechung zu alt § 19 Abs. 2 und alt § 48 Abs. 2 anzuknüpfen[102]. Angesichts dessen, dass § 19a Abs. 2 begründete Abweichungen von der Bundesgerichtspraxis zulässt (N. 8 ff.) und das Erfordernis eines rechtlichen Nachteils sich nicht überzeugend in das System der Verwaltungsrechtspflege einfügen lässt, ist dem zuzustimmen. 45

Laut Bundesgericht kann sich die Intensität des drohenden Nachteils **im Lauf des Instanzenzugs verändern.** Wenn kein definitiver Rechtsverlust droht, kann laut Bundesgericht eine (gerichtliche) Rechtskontrolle durch das Bundesverwaltungsgericht oder ein kantonales Gericht dazu führen, dass die verbleibende Möglichkeit eines nicht wiedergutzumachenden Nachteils das Eintreten des Bundesgerichts auf die Beschwerde gegen den Zwischenentscheid nicht mehr erfordere[103]. Diese Praxis wurde mit Bezug auf die Anordnung von Sachverständigengutachten im sozialversicherungsrechtlichen Abklärungsprozess entwickelt und soll möglicherweise auf diesen Fall beschränkt bleiben[104]; analoge Überlegungen könnten jedoch auch für das Verhältnis zwischen dem Verwaltungsgericht und seinen (gerichtlichen) Vorinstanzen aufgestellt werden. Allerdings ist diese Praxis abzulehnen: Der Rechtsschutz durch eine gerichtliche Vorinstanz mag zwar faktisch die Gefahr verringern, dass ein nicht wiedergutzumachender Nachteil eintritt, schliesst die Möglichkeit als solche jedoch nicht aus. Er ändert – entgegen der Ansicht des Bundesgerichts – auch nichts an der Intensität des möglicherweise eintretenden Nachteils. Das Gesetz sieht zudem für das Bundesverwaltungsgericht und das Bundesgericht dieselbe Eintretensvoraussetzung vor (Art. 46 Abs. 1 lit. a VwVG i.V.m. Art. 37 VGG; Art. 93 Abs. 1 lit. a BGG), wobei als Normzweck die Koordination wegleitend war[105]. Für eine unterschiedliche Auslegung der anwendbaren Bestimmungen besteht kein Anlass. Die Argumentation des Bundesgerichts läuft letztlich darauf hinaus, die Einschränkung des gesetzlich vorgesehenen, unmittelbaren mehrstufigen Rechtsschutzes gegenüber bestimmten Zwischenentscheiden gerade aus der Mehrstufigkeit abzuleiten. 46

---

[99] BGE 135 II 30, E. 1.3.4.
[100] BVGE 2009/42 590, E. 1.1, m.H.; BGr, 23.4.2008, 2C_86 und 87/2008, E. 3.2; im Einzelnen MOSER/BEUSCH/KNEUBÜHLER, Bundesverwaltungsgericht, N. 2.45 ff.
[101] BGE 131 V 362, E. 3.1; 98 Ib 282, E. 4 (Pra 1973 Nr. 18); KAYSER, in: Kommentar VwVG, Art. 46 N. 10.
[102] Vgl. VGr, 8.11.2012, VB.2012.00520, E. 1.2.2 (wo die bundesgerichtliche der kantonalen Rechtsprechung gegenübergestellt wird), oder VGr, 18.8.2011, VB.2011.00442, E. 2.3 (wonach die bundesgerichtliche Praxis «grundsätzlich [...] beizuziehen» ist).
[103] BGE 138 V 271, E. 3.2 f.
[104] Vgl. auch BGE 139 V 339, E. 4.5.
[105] Vgl. Botschaft Bundesrechtspflege, S. 4407.

§ 19a

47 Wie das Verwaltungsgericht festhält, ist das Vorliegen des nicht wiedergutzumachenden Nachteils grundsätzlich von Amtes wegen abzuklären. Der mögliche Nachteil ist allerdings zu substanziieren (nicht aber nachzuweisen), wenn er nicht in die Augen springt[106]. Die **Substanziierungslast** ist im kantonalen Verfahren gemäss den dafür geltenden gesetzlichen Grundlagen weniger streng zu handhaben als vor Bundesgericht. Es dürfen – insbesondere gegenüber weder rechtskundigen noch rechtskundig vertretenen Personen – keine überspannten Anforderungen gestellt werden; es genügt, wenn das Gericht in die Lage versetzt wird, den Nachteil zu erkennen[107].

48 Für die verschiedenen **Typen und Inhalte des Vor- oder Zwischenentscheids** hat die Praxis Grundsätze entwickelt, nach denen sie den nicht wiedergutzumachenden Nachteil bzw. das Anfechtungsinteresse beurteilt[108]:

– Die Vermehrung des Verfahrensaufwands durch *Einbezug einer weiteren (Gegen-)Partei* stellt keinen nicht wiedergutzumachenden Nachteil dar[109].

– Bei der Verweigerung der *unentgeltlichen Rechtspflege* nimmt die Praxis in aller Regel einen nicht wiedergutzumachenden Nachteil an. Ein solcher liegt jedenfalls dann vor, wenn von der betreffenden Partei zugleich ein Kostenvorschuss erhoben wird, dessen Nichtbezahlung zum Nichteintreten führen würde[110]; kein Nachteil besteht, wenn die Partei den Kostenvorschuss bezahlt hat[111]. Die Ablehnung der *unentgeltlichen Rechtsverbeiständung* begründet jedenfalls dann einen nicht wiedergutzumachenden Nachteil, wenn nicht auszuschliessen ist, dass im weiteren Verlauf des Verfahrens zusätzliche Schritte der Rechtsvertretung erforderlich sind[112]. Diese Hürde kann und darf nicht hoch sein. Das Verwaltungsgericht scheint die Verweigerung der unentgeltlichen Rechtspflege als nicht wiedergutzumachenden Nachteil anzuerkennen, ohne weitere Voraussetzungen aufzustellen[113].

– Die Aufforderung zur Leistung eines *Kostenvorschusses* unter Androhung des Nichteintretens im Säumnisfall führt nach der ständigen Rechtsprechung des Bundesge-

---

[106] VGr, 9.8.2011, VB.2011.00473, E. 2 (nicht publiziert); VGr, 10.3.2010, PB.2009.00045, E. 2.2. Ähnlich das Bundesgericht, wonach der Nachteil in der Beschwerdeschrift darzulegen ist, wenn er nicht offensichtlich ist; BGr, 29.2.2012, 2C_105–107/2012, E. 2.2.1; BGE 137 III 522, E. 1.3.
[107] VGr, 8.11.2012, VB.2012.00520, E. 1.2.3; VGr, 18.8.2011, VB.2011.00442, E. 2.3.
[108] Vgl. auch KAYSER, in: Kommentar VwVG, Art. 46 N. 12 f., als detaillierte Praxisübersicht zu Art. 46 Abs. 1 lit. a VwVG.
[109] BGr, 17.3.2012, 2C_215/2012, E. 1.2.3. Vgl. als Beispiel eines nicht wiedergutzumachenden Nachteils durch Einräumung der Parteistellung an Dritte: BGE 129 II 183, E. 3.2.2 (Pra 2003 Nr. 191).
[110] BGr, 31.10.2011, 9C_684/2011, E. 2.2.1, mit zahlreichen Hinweisen. Noch in BGE 126 I 207, E. 2a, wird der Kostenvorschuss als blosses Beispiel für den nicht wiedergutzumachenden Nachteil aufgeführt, der bei Verweigerung der unentgeltlichen Rechtspflege und Rechtsverbeiständung «in aller Regel» drohe. Die Formulierungen in neueren Entscheiden könnten naheleg en, dass der Nachteil nur noch anerkannt wird, wenn das Nichteintreten wegen des Nichtbezahlens des Kostenvorschusses droht. Doch kann dies die Berücksichtigung anderer Nachteile, die sich aus der Verweigerung der unentgeltlichen Rechtspflege ergeben können, nicht ausschliessen.
[111] BGr, 2.4.2007, 2D_1/2007, E. 3.2–3.4.
[112] BGr, 31.10.2011, 9C_684/2011, E. 2.2.2, m.H. Zum Ganzen auch RB 2008 Nr. 23, E. 3 (VB.2008.00004).
[113] VGr, 19.12.2012, VB.2012.00514, E. 1.2 (nicht publiziert); VGr, 26.4.2011, VB.2011.00012, E. 1.1 (nicht publiziert); VGr, 5.10.2010, VB.2010.00432, E. 1.2 (nicht publiziert).

richts zu einem nicht wiedergutzumachenden Nachteil[114]. Das Bundesgericht lässt offen, ob dies auch gilt, wenn nicht die Kostenpflicht als solche, sondern nur die Höhe des konkreten Vorschusses in Frage steht und sich die beschwerdeführende Person nicht auf Mittellosigkeit beruft[115]. Weil der Vorschuss je nach Verfahrensausgang verrechnet oder zurückerstattet wird, ist allerdings nicht erkennbar, weshalb generell ein Nachteil angenommen werden soll, sofern nicht ein Antrag auf unentgeltliche Rechtspflege gestellt wurde[116]. Dies gilt umso mehr, wenn die angedrohte Sanktion bei Nichtleistung des Vorschusses darin besteht, dass aufgrund der Akten entschieden wird[117]. Sind Akontozahlungen in einem Quartierplanverfahren streitig, wird die Anfechtbarkeit des Zwischenentscheids verneint[118].

- Bei Erlass und Verweigerung *vorsorglicher Massnahmen* droht laut der – allerdings nicht einheitlichen – Praxis regelmässig ein nicht wiedergutzumachender Nachteil[119]. Dies gilt auch für Gesuche betreffend die aufschiebende Wirkung von Rechtsmitteln, die gegen die Anordnung vorsorglicher Massnahmen gerichtet sind[120]. Im Ergebnis nimmt die Praxis den irreparablen Nachteil jedoch nicht unbesehen an; dieser muss also dargetan werden, wenn er nicht offensichtlich ist (N. 47). Die Gefahr eines schweren, wahrscheinlich eintretenden Nachteils als Voraussetzung der Anordnung vorsorglicher Massnahmen (vgl. dazu § 6 N. 16) ist nicht deckungsgleich mit dem nicht wiedergutzumachenden Nachteil im Sinn von Art. 93 Abs. 1 lit. a BGG[121].

- Bei Entscheiden über die *aufschiebende Wirkung* beurteilt die neuere Praxis die Wirkungen im Einzelfall[122].

- An der Anfechtung einer Verweigerung *superprovisorischer Massnahmen* besteht grundsätzlich kein Rechtsschutzinteresse, weil das Rechtsmittelverfahren in aller Regel nicht so rasch abgeschlossen werden kann, dass der behaupteten Dringlichkeit Rechnung getragen werden könnte[123]. Mit anderen Worten: Die Möglichkeit eines nicht wiedergutzumachenden Nachteils besteht, doch könnte sie durch das Rechtsmittelverfahren nicht behoben werden[124]. Die gesuchstellende Person hat vielmehr um eine vorsorgliche Massnahme zu ersuchen[125]. Dies gilt sinngemäss auch für die

---

[114] Z.B. BGE 133 V 402, E. 1.2 (Pra 2008 Nr. 84).
[115] BGr, 16.2.2012, 4A_547/2011, E. 3.1.
[116] Entsprechend verneinte das Verwaltungsgericht unter dem früheren Recht die Anfechtbarkeit der Kautionierung: VGr, 27.11.2002, VB.2002.00169, E. 2c; RB 1990 Nr. 18.
[117] Offen gelassen: BGr, 4.3.2013, 8C_65/2013, E. 2.
[118] BGr, 4.12.2007, 2D_81/2007, E. 1.2.3; BGE 115 Ia 315; RB 1993 Nr. 8; vgl. auch VGr, 11.4.2002, VB. 2002.00014, E. 3a.
[119] BGE 134 I 83, E. 3.1 (angezweifelt in BGE 137 III 324, E. 1.1) sowie z.B. VGr, 23.8.2012, VB.2012.00430, E. 1.3; VGr, 24.11.2011, VB.2011.00637, E. 1.2. In VGr, 9.1.2013, VB.2012.00670, E. 1.2, wird eine solche Regel jedoch nicht erwähnt; laut VGr, 8.11.2012, VB.2012.00520, E. 1.2.2, liegt «mitunter» ein irreparabler Nachteil vor.
[120] VGr, 24.11.2011, VB.2011.00637, E. 1.2.
[121] Vgl. BGE 137 III 324, E. 1.1. Zumindest missverständlich VGr, 8.11.2012, VB.2012.00520, E. 1.2.2.
[122] Vgl. BGr, 18.3.2013, 1C_656/2012, E. 1.2; VGr, 18.8.2011, VB.2011.00442, E. 3. Vgl. aber auch zum Personalrecht N. 49.
[123] BGE 137 III 417, E. 1.4, zu Art. 76 Abs. 1 lit. b BGG; VGr, 15.3.2012, VB.2012.00150, E. 2 (nicht publiziert). Superprovisorische Massnahmen stellen Zwischenentscheide dar: vgl. BGr, 8.1.2008, 5A_678/2007, E. 2.1.
[124] Im Ergebnis gleich: § 6 N. 37.
[125] Vgl. sinngemäss BGE 137 III 417, E. 1.2.

von einer superprovisorischen Massnahme Betroffenen: Deren Rechtsschutz ist zu gewährleisten, indem ihnen unmittelbar nach Erlass der Massnahme das rechtliche Gehör einzuräumen und die Anordnung allenfalls als vorsorgliche Massnahme aufrechtzuerhalten ist[126].

- Bei der Beschwerde gegen *verfahrensverlängernde und -verteuernde Anordnungen* wie eine *Sistierung* oder eine *Rückweisung* ist gemäss der etwas umständlichen Formulierung der Praxis zum einen «vom Erfordernis eines weiteren, nicht wiedergutzumachenden Nachteils abzusehen», wenn eine ungerechtfertigte Verfahrensverzögerung bzw. Rechtsverweigerung dargetan wird[127]. Die bereits eingetretene oder unmittelbar drohende Rechtsverzögerung wird also – zu Recht – als nicht wiedergutzumachender Nachteil aufgefasst (vgl. auch Vorbem. zu §§ 4–31 N. 47; § 19 N. 47). Teils führt das Bundesgericht aus, dass die Verletzung der Verfahrensgarantie bereits eingetreten sein oder als Folge der angefochtenen Anordnung notwendigerweise eintreten müsse[128]. Zum andern liegt ein nicht wiedergutzumachender Nachteil auch vor, wenn das Gebot, im Rahmen eines fairen Verfahrens innerhalb angemessener Frist einen wirksamen Rechtsschutz zu leisten (Art. 29 Abs. 1 BV; Art. 6 Ziff. 1 EMRK), es als rechtsstaatlich unzumutbar erscheinen liesse, die Parteien auf die Anfechtung des Endentscheids zu verweisen[129].

- Richtet sich ein Rechtsmittel gegen eine angeblich zu weit gehende Gewährung des *Akteneinsichtsrechts*, bejaht die Praxis einen nicht wiedergutzumachenden Nachteil, weil die Akteneinsicht nicht rückgängig gemacht werden kann[130]. Die Beschränkung des Akteneinsichtsrechts kann dagegen nicht selbständig angefochten werden, es sei denn, es wäre rechtsstaatlich unzumutbar, die Parteien auf die Anfechtung des Endentscheids zu verweisen[131]. Die Offenlegung von Geschäftsgeheimnissen gegenüber einer Gegenpartei stellt einen nicht wiedergutzumachenden Nachteil dar[132].

- Anordnungen über *Beweismassnahmen* haben in der Regel keinen voraussichtlich nicht behebbaren Nachteil zur Folge (vgl. auch Art. 93 Abs. 1 lit. b BGG e contrario)[133]. Dasselbe gilt auch, wenn über *Mitwirkungspflichten* entschieden wird[134]. Vorbehalten bleiben besondere Umstände, etwa die Gefahr der Vereitelung des Beweises[135], ein

---

[126] Vgl. BGE 126 II 111, E. 6b aa; KÖLZ/HÄNER/BERTSCHI, Verwaltungsverfahren, N. 532; vgl. auch § 6 N. 30.
[127] VGr, 22.2.2012, VB.2011.00751 und 752, E. 1.1 (wonach die zumindest sinngemässe Geltendmachung genügt); BGE 135 III 127 E. 1.3.
[128] BGE 134 IV 43, E. 2.5 (Pra 2008 Nr. 122). In anderen Entscheiden wird diese Voraussetzung nicht erwähnt; vgl. z.B. BGr, 3.7.2013, 8C_1014/2012, E. 1; 138 IV 258, E. 1.1; 135 III 127, E. 1.3.
[129] Vgl. BGE 136 II 165, E. 1.2 (wo die Verfahrensdauer, das rechtliche Gehör und die Gleichbehandlung der Parteien ausschlaggebend waren), und dazu BGr, 28.6.2011, 4A_172/2011, E. 2.2; zum Ganzen – auch zur Abgrenzung von der Rechtsverweigerungs- bzw. Rechtsverzögerungsbeschwerde – vgl. auch BGr, 13.12.2011, 2C_475 und 476/2011, E. 2.4.
[130] BGr, 21.11.2006, 2A.651/2005, E. 1.1.
[131] BGr, 9.4.2010, 8C_1071/2009, E. 3.2 f.; vgl. auch VGr, 28.2.2013, VB.2012.00750, E. 1.2.1. Zum Ganzen auch KÖLZ/HÄNER/BERTSCHI, Verwaltungsverfahren, N. 506.
[132] BGr, 17.3.2012, 2C_215/2012, E. 1.2.3; BGE 129 II 183, E. 3.2.2 (Pra 2003 Nr. 191).
[133] Vgl. BGE 134 III 188, E. 2.3.
[134] Vgl. RB 1998 Nr. 35.
[135] Vgl. BGE 134 III 188 E. 2.3; 98 Ib 282, E. 4 (Pra 1973 Nr. 18); vgl. auch BVGE 2009/42 590, E. 1.

drohender Eingriff in Grundrechte (vgl. sogleich) oder die drohende Notwendigkeit existenzgefährdender finanzieller Aufwendungen (vgl. N. 50)[136].

– Bei Eingriffen in *Grundrechte* ist ein nicht wiedergutzumachender Nachteil zu bejahen; so etwa bei Eingriffen in die persönliche Freiheit oder die Privatsphäre (Art. 10 Abs. 2 und 13 BV; Art. 8 EMRK)[137], die Glaubens- und Gewissensfreiheit (Art. 15 BV; Art. 9 EMRK)[138] oder die Wirtschaftsfreiheit (Art. 27 BV)[139]. Diese Praxis bezieht sich nicht auf die Verletzung von Verfahrensgarantien[140].

– Droht der Zwischenentscheid dazu zu führen, dass der *Anspruch in der Hauptsache nicht mehr durchgesetzt* werden könnte, ist der nicht wiedergutzumachende Nachteil zu bejahen. Dies war der Fall, als Beschwerden der obsiegenden Submittentin gegen den Widerruf des Zuschlags und den Abbruch des Vergabeverfahrens die aufschiebende Wirkung verweigert wurde: Dadurch wurde die Vergabestelle ermächtigt, eine Neuausschreibung einzuleiten und gegebenenfalls den Auftrag einer Drittperson zu erteilen[141].

– Müsste eine beschwerdeberechtigte erste Instanz (es kann sich um ein Gemeinwesen oder eine Behörde handeln) aufgrund eines Rückweisungsentscheids einen Entscheid fällen, den sie für unrichtig hält, kann sie den Rückweisungsentscheid wegen Vorliegens eines nicht wiedergutzumachenden Nachteils anfechten (vgl. dazu im Einzelnen § 21 N. 114).

Mit Blick auf bestimmte **Sachgebiete** bzw. **Sachfragen** lassen sich folgende Beispiele anführen (wobei die hier behandelte Eintretensfrage nicht mit der materiellen Überprüfung eines Entscheids über die aufschiebende Wirkung oder vorsorgliche Massnahmen verwechselt werden darf): 49

– Bei der Anfechtung eines *baurechtlichen Vorentscheids* bejaht das Bundesgericht grundsätzlich das Vorliegen eines nicht wiedergutzumachenden (tatsächlichen) Nachteils, «wenn es dem Beschwerdeführer bei der Anfechtung nicht lediglich darum geht, eine Verlängerung oder Verteuerung des Verfahrens zu verhindern, sondern in erster Linie Rechtssicherheit und Transparenz sowohl für die Bauwilligen als

---

[136] Vgl. auch BGE 137 V 210, E. 3.4.2.7, zur nicht sachgerechten Begutachtung im Sozialversicherungsverfahren (und die Ergänzung dieser Praxis durch BGE 139 V 99).

[137] Z.B. durch Anordnung einer vertrauens- bzw. amtsärztlichen Untersuchung (VGr, 23.2.2011, PB.2010.00044, E. 1.3.1 [nicht publiziert]; geschützt durch BGr, 5.12.2011, 8C_337/2011]; VGr, 23.8.2001, VB.2001.00236, E. 1b; RB 2002 Nr. 16, E. 2a [VB.2002.00169]; vgl. aber auch § 19 N. 13) oder durch eine Freistellung, soweit diese eine Persönlichkeitsverletzung darstellen kann (VGr, 12.1.2011, PB.2010.00005, E. 1.4, m.H.; dagegen verneint das Bundesgericht bei Freistellungen und Einstellungen im Amt mit Lohnfortzahlung einen Nachteil: BGE 99 Ib 129, E. 1c); durch eine Wegweisung (BGr, 29.5.2012, 2C_273/2012, E. 1) oder ein Hausverbot (VGr, 23.8.2012, VB.2012.00430, E. 1.3, wo es als genügend bezeichnet wird, dass ein Grundrecht betroffen ist).

[138] Z.B. durch Ablehnung eines Gesuchs um Unterrichtsdispens während des Verfahrens (BGr, 29.2.2012, 2C_105–107/2012, E. 2.2).

[139] Z.B. durch ein als vorsorgliche Massnahme ausgesprochenes Berufsverbot (BGr, 18.12.2012, 2C_866/2012, E. 1.2.2).

[140] BGr, 17.3.2012, 2C_215/2012, E. 1.2.3. Vgl. auch BGr, 3.9.2008, 8C_59/2008, E. 3.2, zum Anspruch auf öffentliche Verhandlung nach Art. 6 Ziff. 1 EMRK. Vgl. allerdings Art. 92 BGG und die Ausführungen zu Rechtsverweigerung und Rechtsverzögerung sowie zum Fairnessgebot weiter vorn.

[141] BGE 134 II 192, E. 1.4; vgl. dazu auch KÖLZ/HÄNER/BERTSCHI, Verwaltungsverfahren, N. 1437.

auch für mögliche Drittbetroffene geschaffen werden sollen». Kumulativ wird vorausgesetzt, dass eine vorzeitige Prüfung einzelner baurechtlicher Fragen den Grundsätzen der Koordination im Sinn von Art. 25a RPG nicht widerspricht und das Abwarten des Endentscheides auch nicht aus anderen Gründen als nötig oder zumutbar erscheint[142].

- Wird einem Rechtsmittel gegen den *Führerausweiszug* die aufschiebende Wirkung entzogen, liegt darin in der Regel ein nicht wiedergutzumachender Nachteil, weil die Fahrberechtigung während der Dauer des Verfahrens entfällt[143].
- Der Entzug bzw. die Verweigerung der aufschiebenden Wirkung von Rechtsmitteln gegen die *Kündigung, Freistellung oder Versetzung im öffentlichen Dienst* führt laut Verwaltungsgericht regelmässig nicht zu einem irreparablen Nachteil, weil der Lohn im Fall der Gutheissung des Rechtsmittels rückwirkend ausbezahlt würde (vgl. auch § 25 N. 22 f.)[144].
- Richtet sich die Beschwerde in der Hauptsache gegen einen *Prüfungsentscheid* und droht infolge des Entscheids über die aufschiebende Wirkung oder eine vorsorgliche Massnahme der Unterbruch oder Abbruch der Ausbildung, so liegt darin oft ein nicht wiedergutzumachender Nachteil. Das Bundesgericht erkannte einen solchen etwa darin, dass der Anschluss an die erste Gymnasialklasse verunmöglicht werden konnte[145]. Das Verwaltungsgericht sah in der Verlängerung des Studiums um ein Jahr mit den daraus folgenden finanziellen Konsequenzen einen irreparablen Nachteil[146].
- Die Verweigerung des *Verbleibs im Land* bis zum rechtskräftigen Abschluss des ausländerrechtlichen Verfahrens stellt regelmässig einen nicht wiedergutzumachenden Nachteil dar[147], jedenfalls wenn grundsätzlich ein Anwesenheitsanspruch besteht[148].
- *Weisungen und Auflagen*, die *Sozialhilfebeziehenden* unter der Androhung von Leistungskürzungen (Verhaltens-)Pflichten auferlegen (vgl. §§ 21 und 24 SHG), werden vom Bundesgericht den Zwischenentscheiden zugeordnet, weil sie das Verfahren nicht beenden, sondern lediglich einen unverzichtbaren ersten Schritt im Rahmen des auf Reduktion der Sozialhilfeleistungen eingeleiteten Verfahrens darstellen. Dies ermöglicht es den Betroffenen, sich noch bei der Anfechtung der Leistungskürzung gegen die Weisung oder Auflage zur Wehr zu setzen[149]. Das Verwaltungsgericht be-

---

[142] BGr, 27.2.2013, 1C_444/2012, E. 1.1; BGE 135 II 30, E. 1.3.4 f. Kritisch GRIFFEL, Nutshell, S. 192 f. Der Vorbehalt zugunsten des Koordinationsgebots wird mit der PBG-Revision vom 28. Oktober 2013 ausdrücklich in § 323 PBG verankert; vgl. Weisung PBG 2011, S. 1121, 1136.
[143] BGr, 20.6.2012, 1C_522/2011, E. 1.2; VGr, 4.1.2013, VB.2012.00789, E. 1.2.
[144] VGr, 10.3.2010, PB.2009.00045, E. 2.3 f.; RB 2008 Nr. 28, E. 2, m.w.H. (PB.2007.00056). Gegenbeispiel: VGr, 6.3.2013, VB.2012.00612, E. 1.2, zur Verweigerung einer vorsorglichen Weiterbeschäftigung. Anders BVGr, 10.5.2012, A-828/2012, E. 1.1.2, eine fristlose Kündigung betreffend, wegen des Aufwands und der psychischen Belastung, wenn der Lebensunterhalt anderweitig finanziert werden muss (vgl. dazu auch KÖLZ/HÄNER/BERTSCHI, Verwaltungsverfahren, N. 914).
[145] BGr, 16.10.2009, 2D_52/2009, E. 1.2.
[146] VGr, 9.1.2013, VB.2012.00670, E. 1.2; vgl. ferner VGr, 6.3.2013, VB.2012.00612, E. 1.2.
[147] BGr, 2.2.2011, 2C_832/2010, E. 2.1; VGr, 25.8.2010, VB.2010.00368, E. 2.2 (mit dem Hinweis, dass der Vollzug einer rechtskräftigen Wegweisung davon unberührt bleibt).
[148] BGr, 4.10.2010, 2C_517/2010, E. 1.3.
[149] BGr, 13.6.2012, 8C_871/2011, E. 4.3 f.

jahte ein Rechtsschutzinteresse an der direkten Anfechtung im Fall der Verpflichtung zur Suche nach einer billigeren Mietwohnung[150].

Grundsätzlich keinen irreparablen Nachteil stellt die **Verlängerung oder Verteuerung des Verfahrens** – etwa durch einen Rückweisungsentscheid – dar[151]. Weil die selbständige Anfechtung eines Zwischenentscheids ihrerseits regelmässig das Verfahren verlängert und verteuert, würde die Anerkennung eines solchen Anfechtungsgrunds keine Verbesserung des Rechtsschutzes darstellen[152]. Vorbehalten bleiben die Rechtsverweigerung bzw. Rechtsverzögerung sowie die drohende Verletzung des Fairnessgebots (N. 48). Doch auch abgesehen davon können unter besonderen Umständen Verlängerungen und Verteuerungen des Verfahrens einen nicht wiedergutzumachenden Nachteil bewirken. Das Bundesgericht bejahte dies, als die notwendige Vorfinanzierung der im Zwischenentscheid verfügten Massnahme den Konkurs der betreffenden Partei nach sich zu ziehen drohte[153]. 50

Entsprechend reichen andere **finanzielle Einbussen** nicht aus zur Annahme eines irreparablen Nachteils, was das Bundesgericht mit ihrer tatsächlichen Natur begründet[154]. Im Verwaltungsrecht wird allerdings nicht zwingend ein rechtlicher Nachteil verlangt (N. 44). Selbst wenn die Anfechtung eines Vor- oder Zwischenentscheids nur von einem tatsächlichen Nachteil abhängig gemacht wird, genügt allerdings nicht jedes finanzielle Interesse: In der Rechtsprechung zu alt § 19 Abs. 2 und alt § 48 Abs. 2 hatte das Verwaltungsgericht zwar nicht eine existenzielle Bedeutung, aber ein erhebliches Gewicht der geltend gemachten finanziellen Einbusse verlangt[155]. 51

b) Prozessökonomie (lit. b)

Nach Art. 93 Abs. 1 lit. b BGG ist die Beschwerde gegen einen selbständig eröffneten Vor- oder Zwischenentscheid zulässig, wenn die Gutheissung der Beschwerde *sofort einen Endentscheid herbeiführen* und damit *einen bedeutenden Aufwand an Zeit oder Kosten für ein weitläufiges Beweisverfahren ersparen* würde. Die Bestimmung dient der Prozessökonomie. Sie knüpft an den früheren Art. 50 OG über die zivilrechtliche Berufung an[156]. Nach dessen Vorbild hatte auch der frühere § 48 Abs. 3 für Vorentscheide, durch die eine Rechtsfrage beurteilt wurde, eine vergleichbare Regelung vorgesehen. 52

Es handelt sich um kumulative Voraussetzungen[157]. Das Bundesgericht legt die Bestimmung restriktiv aus[158] und prüft das Vorliegen der bedeutenden Aufwandersparnis nach 53

---

[150] VGr, 25.2.2013, VB.2013.00044, E. 1.2.
[151] Z.B. BGE 134 III 188, E. 2.2.
[152] BGE 133 V 477, E. 5.2.1; VGr, 1.7.2009, VB.2009.00252, E. 3.3.2.
[153] BGE 136 II 370, E. 1.5 (wobei zusätzlich auch das Fairnessgebot für das Eintreten sprach).
[154] Z.B. BGr, 29.9.2011, 1C_340/2011, E. 1.3.
[155] RB 1998 Nr. 33.
[156] Vgl. zum Ganzen UHLMANN, in: Basler Kommentar BGG, Art. 93 N. 6, m.w.H., der darauf hinweist, dass das Bundesgericht prozessökonomische Gründe auch bei der staatsrechtlichen Beschwerde berücksichtige (z.B. BGE 132 I 13, E. 1.1 [Pra 2006 Nr. 134]).
[157] Vgl. immerhin BGE 134 II 137, E. 1.3.3, wo das Bundesgericht eine Abweichung von der kumulativen Anwendung der beiden Voraussetzungen in Betracht zu ziehen scheint.
[158] Für ein Beispiel aus dem öffentlichen Recht: BGr, 2.11.2012, 2C_460/2012, E. 2.2.2.

freiem Ermessen[159]. Die finanziellen Interessen der Parteien sind nicht relevant[160]; sie können aber unter besonderen Umständen einen nicht wiedergutzumachenden Nachteil im Sinn von lit. a darstellen (N. 50).

54 Das Vorliegen der Voraussetzungen ist zu **substanziieren**. In Entscheiden zum öffentlichen Recht verlangt das *Bundesgericht* wie bei Art. 93 Abs. 1 lit. a BGG, dass sie darzulegen sind, wenn sie nicht ohne weiteres ersichtlich sind bzw. ins Auge springen[161]. Im Zivilrecht ist es – der Praxis zum früheren Art. 50 OG folgend – zumindest teilweise noch strikter und tritt auf die Beschwerde von vornherein nicht ein, wenn die Frage der Eintretensvoraussetzungen im Sinn von Art. 93 Abs. 1 lit. b BGG gar nicht thematisiert wird[162]. Auch im Sozialversicherungsrecht scheint es teilweise eine ausdrückliche Thematisierung der Eintretensvoraussetzungen zu fordern[163]. Dagegen richtet sich die Substanziierungslast vor *kantonalen Instanzen* nach den Anforderungen des VRG; sie ist somit weniger streng zu handhaben. Demnach sollte von Amtes wegen eingetreten werden, wenn die Voraussetzungen offensichtlich gegeben sind, selbst wenn sie im Rechtsmittel nicht angesprochen werden, und an die Substanziierung sollten keine überspannten Anforderungen gestellt werden (vgl. N. 47).

55 Gemäss der Praxis des Bundesgerichts kann die erste Voraussetzung – die **sofortige Herbeiführung eines Endentscheids** – nur erfüllt werden, wenn das Gericht einen *reformatorischen Entscheid* fällen kann[164]. Eine Anfechtung nach lit. b fällt daher ausser Betracht, wenn die beschwerdeführende Person einzig Rückweisung an die Vorinstanz zur neuen Entscheidung beantragt[165]. Dasselbe gilt, wenn die Vorinstanz auf ein Rechtsmittel gegen einen Zwischenentscheid nicht eingetreten ist und sich auch nicht in einer Eventualbegründung zur Sache geäussert hat (vgl. § 28 N. 14; § 63 N. 18; § 64 N. 7)[166]. Ein sofortiger Endentscheid kann auch dann nicht herbeigeführt werden, wenn auf jeden Fall weitere, entscheidrelevante Abklärungen vorzunehmen sind[167]. Dagegen kann nicht massgebend sein, ob tatsächlich ein reformatorischer Entscheid gefällt wird, weil sich dies erst aus der materiellen Prüfung ergibt[168].

56 Die zweite Voraussetzung – **Ersparnis eines bedeutenden Aufwands an Zeit oder Kosten für ein weitläufiges Beweisverfahren** – kann nicht gegeben sein, wenn die Beweise schon erhoben wurden und nur eine theoretische und abstrakte Möglichkeit besteht, dass

---

[159] BGr, 5.12.2007, 9C_446/2007, E. 3.
[160] Vgl. BGE 139 V 42, E. 3.2.
[161] Z.B. BGr, 22.5.2013, 2C_469 und 470/2013, E. 2.2; BGr, 14.5.2013, 2C_443 und 444/2013, E. 2.2; BGr, 11.6.2010, 8C_330/2010, E. 1.4.
[162] Zu den Anforderungen an die Substanziierung gemäss dieser Rechtsprechungslinie vgl. z.B. BGr, 15.10.2012, 4A_402/2012, E. 1.3.1; BGr, 8.6.2007, 4A_92/2007, E. 2; UHLMANN, in: Basler Kommentar BGG, Art. 93 N. 9.
[163] BGr, 31.5.2012, 9C_290/2012, E. 2.3 f., m.H., allerdings in Bezug auf die Beschwerde einer Bundesbehörde.
[164] BGE 134 III 426, E. 1.3.2 (Pra 2009 Nr. 6).
[165] BGr, 12.10.2011, 2C_571–574/2011, E. 2.4.2.
[166] Vgl. BGE 138 III 46, E. 1.2.
[167] BGE 133 V 477, E. 5.1.
[168] So das Verwaltungsgericht: VGr, 21.12.2011, VB.2011.00030, E. 1.1.2.

neue Beweismassnahmen beantragt werden könnten[169]. Sie kann zum Beispiel bejaht werden,
- wenn die Grundsatzfrage, ob eine materielle Enteignung vorliege, streitig ist; wenn sie zu verneinen ist, entfällt nämlich das Verfahren zur Ermittlung der Entschädigungshöhe[170];
- wenn der Aufwand für ein Baubewilligungsverfahren durch die Gutheissung der Beschwerde vermieden werden könnte[171];
- wenn die Frage der Bewilligungspflicht streitig ist[172];
- wenn streitig ist, ob ein Rechtsmittel fristgerecht eingereicht wurde[173].

Beim relevanten Aufwand handelt es sich nicht um einen Nachteil rechtlicher Natur[174].

Unter dem früheren Art. 50 OG trat das Bundesgericht auch auf eine Berufung ein, um einen **Musterprozess** zu ermöglichen[175]. Diese Möglichkeit dürfte unter dem geltenden Recht nach wie vor bestehen, weil sie dem Zweck von Art. 93 Abs. 1 lit. b BGG, der Prozessökonomie, entspricht und keine Anzeichen darauf hindeuten, dass der Gesetzgeber sie ausschliessen wollte.

Im Vergleich zum Bundesgericht scheint das **Verwaltungsgericht** die Eintretensvoraussetzungen weniger restriktiv auslegen zu wollen: Unter Berufung darauf, dass § 19a Abs. 2 die Art. 91–93 BGG nur für sinngemäss anwendbar erklärt, trat es auf eine Beschwerde gestützt auf Art. 93 Abs. 1 lit. b BGG ein, obwohl deren Gutheissung keinen Endentscheid herbeiführen konnte. Es begründete dies erstens damit, dass eine Grundsatzfrage streitig sei, die erhebliche Auswirkungen auf das weitere Verfahren habe und Bezüge zur Zuständigkeitsregelung aufweise; zweitens berief es sich auf die Gefahr einer massiven und rechtsstaatlich unzumutbaren Verfahrensverzögerung[176].

Das Eintreten des Verwaltungsgerichts nach § 19a Abs. 2 in Verbindung mit Art. 93 Abs. 1 lit. b BGG wird nicht dadurch ausgeschlossen, dass die Vorinstanz nicht alle Rügen beurteilt hat; das Gericht kann unter bestimmten Voraussetzungen die ungeprüften Rügen dennoch beurteilen[177].

3. Anfechtung mit dem Endentscheid (Art. 93 Abs. 3 BGG)

Nach Art. 93 Abs. 3 BGG sind Vor- und Zwischenentscheide durch Beschwerde gegen den Endentscheid anfechtbar, wenn die Beschwerde nach Abs. 1 oder Abs. 2 nicht zulässig war oder nicht erhoben wurde. Die Personen, die über ein Rechtsschutzinteresse verfügen, können demnach einen Vor- und Zwischenentscheid im Sinn von Art. 93 BGG **alternativ direkt** – sofern die Voraussetzungen von Abs. 1 lit. a oder b erfüllt sind – **oder**

---

[169] BGE 133 III 629, E. 2.4.2 (Pra 2008 Nr. 66).
[170] BGr, 7.4.2009, 1C_281/2008, E. 1 (ZBl 2010, 289 ff.). Für ein weiteres Beispiel: BGE 134 II 142, E. 1.2.4.
[171] BGE 133 II 409, E. 1.2; BGr, 24.9.2007, 1C_136/2007, E. 1.2; VGr, 5.12.2012, VB.2012.00444, E. 1.
[172] VGr, 18.8.2004, VB.2004.00167, E. 1.1, zu alt § 48 Abs. 3.
[173] Vgl. BGE 134 II 186, E. 1.2 (Pra 2009 Nr. 18).
[174] BGE 134 III 188, E. 2.3.
[175] BGE 116 II 480, E. 1b; vgl. KAYSER, in: Kommentar VwVG, Art. 46 N. 17.
[176] VGr, 28.2.2013, VB.2012.00558, E. 1.2.5.
[177] VGr, 21.12.2011, VB.2011.00030, E. 1.1.2.

zusammen mit dem Endentscheid anfechten. Weil Zwischenentscheide keine materielle Rechtskraft erlangen, müssen sie – unter Vorbehalt einer abweichenden Regelung – nicht unmittelbar im Anschluss an ihren Erlass angefochten werden (N. 31). Dies muss auch für Rechtsmittelentscheide über Zwischenentscheide gelten.

61 Abs. 3 lässt die Anfechtung zusammen mit dem Endentscheid allerdings nur zu, wenn sich der Vor- oder Zwischenentscheid auf dessen Inhalt auswirkt. Gemeint ist, dass das Rechtsschutzinteresse grundsätzlich (vgl. § 21 N. 24 ff.) über den Erlass des Endentscheids hinaus **aktuell** bleiben muss[178].

62 Die Kosten- und Entschädigungsregelung eines Rückweisungsentscheids wirkt sich zwar nicht auf den Inhalt des Endentscheids aus. Wenn allein die Regelung der **Nebenfolgen** im Zwischenentscheid beanstandet wird, ist sie jedoch – entsprechend dem früheren Recht – mit dem späteren Endentscheid und nicht direkt anzufechten; der Wortlaut von Art. 93 Abs. 3 BGG ist insofern zu eng[179]. Wenn die betroffene Person nicht gegen den Endentscheid vorgeht, kann sie die Kosten- und Entschädigungsregelung im Rückweisungsentscheid direkt und selbständig nach dem Ergehen des Endentscheids anfechten[180].

G. Weitere Bemerkungen zum Verfahren

63 Der *Rechtsweg* folgt dem der Hauptsache[181]. Die *Legitimation* ergibt sich aus der Beteiligung als Partei im Hauptverfahren, ungeachtet dessen, dass deren Berechtigung erst im Hauptverfahren überprüft wird[182]. Für die Anfechtung von Vor- und Zwischenentscheiden gilt die ordentliche *Rekurs- bzw. Beschwerdefrist* von 30 Tagen (§ 22 Abs. 1 Satz 1 [i.V.m. § 53]); die in § 22 Abs. 2 vorgesehene Kompetenz der Behörde, die Rekursfrist bei besonderer Dringlichkeit bis auf fünf Tage zu kürzen, ist vor allem bei Zwischenentscheiden sinnvoll. Bei Beschwerden gegen Entscheide über vorsorgliche Massnahmen beschränkt Art. 98 BGG die *Beschwerdegründe* vor Bundesgericht auf die Verletzung verfassungsmässiger Rechte; für die kantonale Verwaltungsrechtspflege besteht keine derartige Einschränkung. In Zwischenentscheiden – ausgenommen Rückweisungsentscheide – werden in der Regel keine *Nebenfolgen* festgelegt; über Letztere wird im Endentscheid befunden.

VI. Rückweisungsentscheide und Entscheide unter Auflagen

64 Gesondert einzugehen ist auf den **Rückweisungsentscheid,** der im Unterschied zu den übrigen hier behandelten Entscheidformen definitionsgemäss nicht erstinstanzlich, son-

---

[178] BGE 135 III 329, E. 1.2.2 (Pra 2009 Nr. 137); BGr, 6.3.2009, 2C_759/2008, E. 2.6, m.H.
[179] BGE 135 III 329, E. 1.2.2 (Pra 2009 Nr. 137); BGr, 6.3.2009, 2C_759/2008, E. 2.6.
[180] Das Bundesgericht stellt für den Fristbeginn nach Art. 100 BGG wohl überwiegend auf die Rechtskraft des Endentscheids ab (z.B. BGr, 14.5.2013, 2C_443 und 444/2013, E. 2.1; BGE 137 V 57, E. 1.1; BGr, 30.10.2008, 9C_567/2008, E. 4.2; anders und einleuchtender BGr, 6.3.2009, 2C_759/2008, E. 2.6 f.; BGE 135 III 329, E. 1.2.2 [Pra 2009 Nr. 137]: auf die Eröffnung des Endentscheids).
[181] Z.B. BGr, 18.10.2011, 8C_712/2011, E. 1; BGE 133 III 645, E. 2.2.
[182] BGE 129 II 286, E. 1.3.

dern nur als Rechtsmittelentscheid ergehen kann (vgl. auch § 28 N. 38 ff.; § 64 N. 2 ff.). Rückweisungen schliessen das Verfahren nicht ab, sondern weisen es sinngemäss an die Vorinstanz zurück. Sie sind daher nach der Regelung des BGG grundsätzlich keine Endentscheide, sondern den *Vor- und Zwischenentscheiden* zuzuordnen, weshalb sich ihre Anfechtung nach Art. 92 f. BGG richtet[183]. Das Verwaltungsgericht hatte bereits unter dem früheren Recht die Rückweisungsentscheide den Vor- und Zwischenentscheiden zugerechnet, ihre direkte Anfechtung jedoch zugelassen, wenn prozessökonomische Gründe dafür sprachen[184]. Zur Legitimation der verfügenden Instanz, den Rückweisungsentscheid anzufechten, vgl. N. 48 sowie § 21 N. 114; zur Frage der Anfechtbarkeit der Nebenfolgenregelung N. 62.

Ein *Endentscheid* liegt nach der Praxis jedoch vor, wenn der unteren Instanz, an welche die Sache zurückgewiesen wird, kein Entscheidungsspielraum mehr verbleibt und die Rückweisung nur noch der (rechnerischen) Umsetzung des oberinstanzlich Angeordneten dient[185]. Dies ist etwa dann nicht der Fall, wenn die untere Instanz ihr Ermessen ausüben kann[186] oder ergänzende Sachverhaltsabklärungen vorzunehmen hat, wobei daran nichts ändert, wenn die rückweisende Instanz bestimmte Fragen verbindlich beantwortet hat[187]. 65

Bestätigt ein Rechtsmittelentscheid eine Baubewilligung mit einer **Auflage**, derentwegen das Bauprojekt vor Baubeginn nochmals überarbeitet und behördlich genehmigt werden muss, so liegt gemäss Bundesgericht nur dann ein Endentscheid im Sinn von Art. 90 BGG vor, «wenn damit bereits die Umsetzung der Auflage gestützt auf entsprechend überarbeitete Pläne mitbeurteilt wird»[188]. Die Voraussetzung dürfte schwer zu erfüllen sein. Die Qualifikation nach kantonalem Recht kann hiervon abweichen[189]. 66

VII. Besondere Fälle

Art. 15 Abs. 1bis IVöB bezeichnet verschiedene **Anordnungen im Submissionsverfahren** als selbständig anfechtbare Verfügungen. Nach § 2 Abs. 2 IVöB-BeitrittsG finden die Bestimmungen des VRG über das Verwaltungsgericht als Beschwerdeinstanz ergänzend Anwendung. Aufgrund der Verweisung in § 41 Abs. 3 VRG ist damit auch § 19a ergänzend anwendbar. Dafür bestünde allerdings dann kein Raum, wenn man – entgegen der Ansicht des Verwaltungsgerichts – annehmen wollte, dass Art. 15 Abs. 1bis IVöB nicht nur die Verfügungsqualität der aufgezählten Anordnungen festlegt, sondern auch deren selbständige Anfechtbarkeit abschliessend regelt. Im Ergebnis ist die Frage vor allem mit Bezug auf die Ausschreibung (lit. a) relevant, weil sämtliche anderen Verfügungen nach Art. 15 Abs. 1bis IVöB das Verfahren für die Betroffenen abschliessen, wenn sie negativ 67

---

[183] BGE 133 V 477, E. 4.2; 133 II 409, E. 1.2.
[184] VGr, 8.11.2006, VB.2006.00279, E. 1.2, m.H.; RB 1998 Nr. 31; 1982 Nr. 33; 1962 Nr. 27.
[185] BGE 138 I 143, E. 1.2; 134 II 124, E. 1.3; vgl. z.B. auch BGr, 19.12.2012, 2C_1254/2012, E. 2.1.1, m.w.H.
[186] VGr, 21.9.2011, VB.2011.00086, E. 1.4.
[187] BGr, 27.3.2009, 2C_258/2008, E. 3.3; VGr, 27.6.2012, SB.2010.00149, E. 1.1.
[188] BGr, 26.4.2013, 1C_563/2012, E. 1.2, m.H.
[189] Vgl. BGr, 26.4.2013, 1C_563/2012, E. 1.2. Im betreffenden Fall war das Verwaltungsgericht auf die Beschwerde eingetreten, ohne die Frage zu thematisieren; vgl. VGr, 10.9.2012, VB.2012.00290.

ausfallen[190]. Die Betroffenen haben sie daher unmittelbar anzufechten, sei es nach Art. 15 Abs. 1bis IVöB oder als (Teil-)Endentscheide nach § 2 Abs. 2 IVöB-BeitrittsG in Verbindung mit § 41 Abs. 3 sowie § 19a VRG und Art. 91 BGG. Die *Ausschreibung* ihrerseits wird vom Verwaltungsgericht als Vor- oder Zwischenentscheid eingestuft, dessen Anfechtung sich nach § 19a in Verbindung mit Art. 93 BGG richtet. Das heisst, dass sie noch mit Beschwerde gegen den Endentscheid angefochten werden kann (Art. 93 Abs. 3 BGG). Vorbehalten bleibt der Fall, dass die betroffene Person nach Treu und Glauben (Art. 5 Abs. 3 BV) verpflichtet war, die ihr zustehenden Rügen in einem möglichst frühen Verfahrensstadium geltend zu machen, um einen unnötigen Verfahrensaufwand zu vermeiden[191]. Die *Ausschreibungsunterlagen* werden nach der Praxis des Verwaltungsgerichts von einer Beschwerde gegen die Ausschreibung nicht erfasst. Ihr Inhalt kann in der Regel noch mit Beschwerde gegen den Zuschlag gerügt werden, es sei denn, aus Treu und Glauben ergäbe sich die Obliegenheit, sie ausserhalb eines formellen Beschwerdeverfahrens zu beanstanden[192]. Das Bundesgericht geht dagegen davon aus, dass gegen die Ausschreibung samt den Ausschreibungsunterlagen – sofern diese noch fristgerecht zusammen mit der Ausschreibung angefochten werden können – unmittelbar Beschwerde zu erheben ist. Dabei stellt es allerdings an die Anbietenden keine hohen Anforderungen; umgehend zu rügen sind nur besonders offensichtliche Mängel[193].

68 Ungeklärt ist die Rechtslage bei der Anfechtung der **Einleitung des Quartierplanverfahrens** bzw. von deren Verweigerung. Laut § 148 Abs. 2 PBG kann dagegen der Rekurs ergriffen werden, doch kann nur geltend gemacht werden, die Voraussetzungen zur Durchführung des Verfahrens fehlten oder seien gegeben; Einwendungen dieser Art können später nicht mehr erhoben werden. Nach § 331 lit. c PBG entscheidet die Baudirektion als einzige Instanz, doch hat nach Art. 6 Ziff. 1 EMRK, Art. 29a BV und Art. 86 Abs. 2 BGG das Verwaltungsgericht auf Beschwerden gegen Rekursentscheide einzutreten[194]. § 331 lit. c PBG wird (wie die §§ 330–332 PBG insgesamt) mit der PBG-Revision vom 28. Oktober 2013 aufgehoben[195]. Damit wird das Baurekursgericht als erste und das Verwaltungsgericht als zweite Rechtsmittelinstanz zuständig sein (§ 329 Abs. 1 PBG in der Fassung vom 28. Oktober 2013; § 41 VRG). Das Bundesgericht und das Verwaltungsgericht lassen offen, ob der Einleitungsbeschluss als Zwischenentscheid oder – was der früheren Praxis entspräche – als Endentscheid aufzufassen ist[196]. Die Frage spielt allerdings im kantonalen Verfahren keine Rolle, weil sich die Zulässigkeit des Rekurses aus § 148 Abs. 2 PBG – der von der PBG-Revision vom 28. Oktober 2013 nicht berührt wird – als lex specialis ergibt; die Bestimmung ist analog auch auf die Beschwerde an das Verwaltungsgericht anzuwenden. Im Übrigen ist die direkte Anfechtbarkeit im Rahmen von Art. 148 Abs. 2

---

[190] WOLF, Beschwerde, S. 9 f.
[191] Zum Ganzen VGr, 9.5.2012, VB.2011.00676, E. 3, m.w.H.
[192] Z.B. VGr, 22.9.2010, VB.2010.00170, E. 3.1.2 (zum früheren Recht); zu Treu und Glauben: BGE 130 I 241, E. 4.3 (Pra 2005 Nr. 59). Zum Ganzen: WOLF, Rechtsschutz, S. 161 ff.
[193] Vgl. BGE 130 I 241, E. 4.2 f. (Pra 2005 Nr. 59); 129 I 313, E. 6.2 (Pra 2004 Nr. 64); 125 I 203, E. 3a; WOLF, Rechtsschutz, S. 162. Zum Submissionsverfahren im Allgemeinen vgl. die Literaturangaben zu § 19.
[194] VGr, 26.6.2012, VB.2012.00201, E. 1.1; VGr, 17.12.2009, VB.2009.00350, E. 1; VGr, 20.5.2009, VB.2008.00520, E. 1.3.
[195] Vgl. Weisung PBG 2011, S. 1122, 1138.
[196] Vgl. BGE 134 II 137, E. 1.3.2; VGr, 8.9.2011, VB.2011.00368, E. 2.3; VGr, 7.10.2010, VB.2010.00148, E. 2.3. In BGE 117 Ia 412, E. 1a, wird der Einleitungsbeschluss den Endentscheiden zugeordnet.

PBG aus prozessökonomischen Gründen zu bejahen, weil die Frage, ob die Voraussetzungen zur Durchführung des Quartierplanverfahrens gegeben sind, sinnvollerweise vor der Durchführung beantwortet wird. Entsprechend sollte der Einleitungsbeschluss weiterhin als Endentscheid qualifiziert werden.

Wenn das **Enteignungsverfahren** zweistufig aufgebaut ist, indem auf einer ersten Stufe über die Zulässigkeit und den Umfang der Enteignung und auf einer zweiten Stufe über die Entschädigung entschieden wird, so handelt es sich beim Entscheid über die Zulässigkeit und den Umfang um einen Endentscheid nach Art. 90 BGG[197]. Im Kanton Zürich können die Entscheide über die Erteilung des Enteignungsrechts sowie über Art und Umfang der Enteignung (§§ 21 ff. AbtrG) vor dem Verwaltungsgericht und anschliessend vor dem Bundesgericht angefochten werden[198]. 69

Der Entscheid über die Gewährung von **Amts- und Rechtshilfe** im internationalen Verhältnis ist als Endentscheid aufzufassen. Im Binnenverhältnis bezeichnete das Bundesgericht die Gewährung oder Verweigerung von Amtshilfe nach Art. 112 DBG als Endentscheid, sofern eine entsprechende Verfügung eröffnet wird[199]. Wenn ein nicht wiedergutzumachender Nachteil droht, sollte eine Verfügung erlassen und damit der Rechtsweg geöffnet werden (vgl. auch N. 34 zur Verpflichtung, anfechtbare Zwischenentscheide zu erlassen, im Allgemeinen)[200]. 70

---

[197] BGE 135 II 310, E. 1.2; Kölz/Häner/Bertschi, Verwaltungsverfahren, N. 1431.
[198] Vgl. Jaag/Rüssli, Staats- und Verwaltungsrecht, N. 3631, 3637.
[199] BGr, 20.3.2012, 2C_806/2011, E. 1.3 f.; BGr, 2.11.2009, 2C_909/2008, E. 1.5; vgl. Kölz/Häner/Bertschi, Verwaltungsverfahren, N. 2054, 2089, m.w.H.
[200] Kiener/Rütsche/Kuhn, Öffentliches Verfahrensrecht, N. 1092.

Rekursinstanz
§ 19b

¹ Anordnungen einer unteren Behörde können an die obere Behörde weitergezogen werden.

² Rekursinstanz ist
a. der Regierungsrat bei Anordnungen
   1. einer Direktion,
   2. einer von einem Mitglied des Regierungsrates geleiteten Kommission,
   3. der Bezirksräte und Statthalter,
b. die Direktion bei Anordnungen
   1. einer Verwaltungseinheit der Direktion,
   2. einer Gemeinde oder einer Kreiswahlvorsteherschaft in Stimmrechtssachen des Kantons,
c. der Bezirksrat bei Anordnungen der politischen Gemeinden und der Schulgemeinden,
d. das Statthalteramt bei Anordnungen der politischen Gemeinden im Bereich der Ortspolizei, des Strassenwesens und des Feuerwehrwesens,[1]
e. der Kantonsrat hinsichtlich des Ergebnisses einer Kantonsratswahl; er entscheidet auf Antrag des Regierungsrates,
f. die Geschäftsleitung des Kantonsrates bei Anordnungen seiner Kommissionen,
g. die Verwaltungskommission der Geschäftsleitung des Kantonsrates bei Anordnungen in personalrechtlichen und administrativen Belangen
   1. des Beauftragten für den Datenschutz,
   2. des Leiters der Finanzkontrolle,
   3. der Ombudsperson,
   4. des Chefs der Parlamentsdienste.

³ Abweichende gesetzliche Regelungen bleiben vorbehalten.

⁴ Hat eine Rekursinstanz im Einzelfall Rat oder Weisung erteilt, dass oder wie eine Vorinstanz entscheiden soll, ist die der Rekursinstanz übergeordnete Verwaltungsbehörde für die Behandlung des Rekurses zuständig. In der Rechtsmittelbelehrung ist diese Behörde als Rekursinstanz anzugeben.

Materialien

Erläuterungen Vorentwurf VRG-Revision 2010, S. 81 sowie S. 9 ff., 28 ff., 41 ff.; Weisung 2009, S. 959 f. sowie S. 852 ff., 877 ff., 891 ff.; Prot. KR 2007–2011, S. 10234 ff., 10240, 10535.

Zu alt § 19 bzw. alt §§ 19–19c: Weisung 1957, S. 1037; Prot. KK 20.12.1957, 23.9.1958; Prot. KR 1955–1959, S. 3379; Beleuchtender Bericht 1959, S. 401 f.; Weisung 1995, S. 1530 ff.; Prot. KK 1995/96, S. 39 ff., 102 ff., 153 ff., 244 ff.; Prot. KR 1995–1999, S. 6488, 6508 ff.

Literatur

GRIFFEL, Rekurs, S. 57 ff.; HADORN, Schätzungsverfahren; HÄNER ISABELLE, in: Kommentar KV, Art. 77; JAAG, Ausgangslage; JAAG/RÜSSLI, Staats- und Verwaltungsrecht, N. 2004 ff., 2901 ff., 3626a ff.; 4088 ff.; NAY, Rechtsschutz; OESCH, Rechtspflege; RÖHL, Rechtsschutz; SCHINDLER/LOUIS, Rechts-

---

Die Kommentierung beruht auf einem Text Jürg Bossharts, der von Martin Bertschi überarbeitet und fertiggestellt wurde.

1. Text gemäss PBG-Revision vom 28. Oktober 2013 (ABl 8.11.2013 [50985]; Referendumsvorlage): «[…] im Bereich der Ortspolizei und des Feuerwehrwesens» (Anmerkung des Autors).

schutz; STOLL/REBSAMEN, Enteignung; THALMANN, Kommentar GG, § 151 N. 6, § 152 N. 1, § 153; VON WARTBURG PIA, in: Ergänzungsband Kommentar GG, Vorbem. zu §§ 151–155, § 151 N. 6, § 152; WIDRIG, Studieren.

Inhaltsübersicht

I.	Regelungsgegenstand	1
II.	Instanzenzug (Abs. 1)	2–7
III.	Hinweis: Einsprache	8
IV.	Behörden (Abs. 2)	9–51
	A. Arten von Rekursbehörden	9
	B. Systematische Einordnung von Abs. 2	10–12
	C. Zentral-, Bezirks- und Gemeindeverwaltung (Abs. 2 lit. a–d)	13–30
	1. Verfügende Behörden	13–24
	a) Zentralverwaltung	13–19
	b) Bezirksverwaltung	20
	c) Gemeindeverwaltung	21–24
	2. Rekursbehörden	25–30
	a) Rekurse gegen Anordnungen der Zentral- und Bezirksverwaltung (Abs. 2 lit. a und lit. b Ziff. 1)	25–26
	b) Rekurse gegen kommunale Anordnungen (Abs. 2 lit. b Ziff. 2, lit. c und d)	27–30
	D. Parlamentarische Rekursinstanzen (Abs. 2 lit. e–g)	31–34
	E. Rekursinstanzen bei Anordnungen der Strafverfolgungsbehörden	35
	F. Rekursinstanzen bei Anordnungen der Organe selbständiger Anstalten	36–40
	G. Rekursinstanzen bei Anordnungen privater Verwaltungsträger	41–42
	H. Rechtsmittelinstanzen in der Justizverwaltung	43–46
	I. Hinweis: Besondere verwaltungsexterne Rekursinstanzen	47–50
	J. Hinweis: Weitere Rechtsschutzbehörden	51
V.	Abweichungen von der Grundordnung (Abs. 3)	52–53
VI.	Sprungrekurs (Abs. 4)	54–58
VII.	Instanzenzug in besonderen Bereichen	59–95
	A. Anfechtung von Erlassen	59–61
	B. Stimmrechtssachen	62–67
	1. Kantonale Stimmrechtssachen	62–65
	2. Eidgenössische Stimmrechtssachen	66–67
	C. Kirchliche Angelegenheiten	68–73
	D. Formelles Zivil- und Strafrecht	74–75
	E. Verwaltungsrechtliche Zwangsmassnahmen	76–77
	F. Planungs-, Bau- und Umweltrecht	78–82
	G. Enteignungen	83–95
	1. Rechtsgrundlage und Gegenstand	83
	2. Administrativverfahren	84–90
	3. Schätzungsverfahren	91–94
	4. Besondere Ordnung bei Strassen- und Wasserbauprojekten	95

I. Regelungsgegenstand

1 Das Marginale von § 19b lautet: «Rekursinstanz». Nach den Vorstellungen des Gesetzgebers sollte das Anfechtungsobjekt des Rekurses in § 19, der Instanzenzug in § 19b normiert werden[2]. In diesem Sinn regelt § 19b einen **Teilbereich der funktionellen Zuständigkeit**. Die beiden Themen lassen sich allerdings nicht vollständig entflechten. So fasste der Gesetzgeber den Ausschluss des Rekurses gegen Akte bestimmter Behörden sowie den Weiterzug von Rekursentscheiden als Fragen des Anfechtungsobjekts – und nicht der funktionellen Zuständigkeit – auf, weshalb sie in § 19 Abs. 2 und 3 normiert werden. Die Regelung des gesamten Instanzenzugs ergibt sich – unter Vorbehalt des Bundesrechts und der Spezialgesetzgebung – aus § 19b Abs. 1 und 2 in Verbindung mit § 19 Abs. 2 und 3 und §§ 41–44.

II. Instanzenzug (Abs. 1)

2 § 19b Abs. 1 und § 19 Abs. 3 sind die zentralen Bestimmungen über den **Instanzenzug**. Dessen Ordnung wird von zwei Grundsätzen geprägt. Der erste sieht vor, dass gegen jeden Akt im Sinn von § 19 Abs. 1 *mindestens eine Rekursinstanz* angerufen werden kann (§ 19b Abs. 1). Der zweite hält fest, dass innerhalb des Kantons *höchstens zwei Rekurs- bzw. Beschwerdeinstanzen* – einschliesslich des Verwaltungsgerichts – nacheinander entscheiden sollen (§ 19 Abs. 3). Dieses Modell des zweistufigen Rechtsschutzes galt im Wesentlichen schon vor der VRG-Revision von 2010[3]. Es wird nunmehr im Rahmen des revidierten VRG weitergeführt.

3 Bei der VRG-Revision von 2010 war – ihrer Zielsetzung entsprechend – zu prüfen, ob und inwieweit der damalige Instanzenzug den **Vorgaben des übergeordneten Rechts** entspreche. Zu berücksichtigen waren namentlich die Rechtsweggarantie von Art. 29a BV, die Vorinstanzenregelung von Art. 86–88 (in Verbindung mit Art. 114) BGG und schliesslich Art. 77 Abs. 1 KV, wonach das Gesetz für die im Verwaltungsverfahren ergangenen Anordnungen «die wirksame Überprüfung durch eine Rekursinstanz sowie den Weiterzug an ein Gericht» gewährleistet, wobei das Gesetz «in begründeten Fällen» Ausnahmen vorsehen kann.

4 Prägend für die Ausgestaltung des Instanzenzugs im VRG ist in erster Linie Art. 77 Abs. 1 KV, da dadurch der – von Bundesrechts wegen nicht erforderliche – zweistufige Instanzenzug für die Anfechtung von Anordnungen festgelegt wird. Für die Anfechtung von Erlassen, soweit diese überhaupt vorgesehen ist, schreibt die KV dagegen keinen zweistufigen Rechtsschutz vor (Art. 79 Abs. 2 f. KV; vgl. § 19 N. 68). Im Licht von Art. 77 Abs. 1 KV kann die von § 19b Abs. 1 und § 19 Abs. 3 als Grundsatz aufgestellte Ordnung – Rekurs an die obere Behörde und anschliessend Beschwerde an das Verwaltungsgericht – als *Regelinstanzenzug* bezeichnet werden.

---

[2] Weisung 2009, S. 956.
[3] Vgl. Weisung 1995, S. 1530 f.; VGr, 7.4.2004, VB.2004.00046, E. 2.1.

Für die untere dieser beiden Stufen, den Rekurs, bildet das Erfordernis einer **wirksamen** **Überprüfung** durch eine Rekursinstanz die verfassungsrechtliche Leitplanke (Art. 77 Abs. 1 Satz 1 KV). Die Tragweite dieser Verfassungsnorm ergibt sich aus ihrer Entstehungsgeschichte: Der Verfassungsrat verwarf die Abschaffung der verwaltungsinternen Rechtspflege und die Einführung eines doppelten gerichtlichen Instanzenzugs zugunsten des geltenden Art. 77 Abs. 1 KV, der im Wesentlichen die Weiterführung der bestehenden Ordnung – mit einem doppelten Instanzenzug, jedoch ohne Vorgabe der gerichtlichen Unabhängigkeit für die untere Rechtsmittelbehörde – ermöglichen sollte[4]. Der Verfassungsgeber hielt somit im Grundsatz an der umstrittenen verwaltungsinternen Rechtspflege fest[5]. Er wollte jedoch mit der Vorgabe einer «wirksamen Überprüfung» sicherstellen, dass die Rekursinstanz neben der Fachkompetenz ein bestimmtes Mass an Unabhängigkeit gegenüber der Behörde, deren Anordnung sie zu überprüfen hat, aufweist (vgl. dazu im Einzelnen § 26 N. 8). Die gewählte Formulierung lehnt sich an das in Art. 13 EMRK statuierte Erfordernis einer «wirksamen Beschwerde» an[6]. Nach der dazu entwickelten Rechtsprechung genügt einerseits die Überprüfung durch eine Verwaltungsbehörde; andererseits erfordert eine «wirksame Überprüfung» eine übergeordnete Instanz, die – anders als bei der Einsprache und der Wiedererwägung – nicht mit der anordnenden Instanz identisch ist (vgl. auch § 26 N. 7)[7]. Mit der VRG-Revision von 2010 wurde die Unabhängigkeit der Rekursinstanz stärker abgesichert, indem der Grundsatz in § 26 Abs. 1 verankert und § 19b Abs. 4 über den Sprungrekurs ins Gesetz aufgenommen wurde[8].

§ 19b Abs. 1 stellt den Grundsatz auf, dass **Anordnungen einer «unteren» an die «obere» Behörde weitergezogen** werden können. Wie sich aus Abs. 2 ergibt, nimmt Abs. 1 erstens auf die Verwaltungshierarchie Bezug; insoweit ist die jeweils direkt übergeordnete Verwaltungsbehörde obere Behörde (Abs. 2 lit. a und b Ziff. 1). Zweitens ist die Verbandsaufsicht des Kantons über die Gemeinden angesprochen; obere Behörde ist insoweit die kantonale Aufsichtsbehörde (Abs. 2 lit. c–d). Drittens regelt Abs. 2 die Zuständigkeit von Instanzen der Parlamentsverwaltung (Abs. 2 lit. f–g). Diese knüpft ebenfalls an Weisungs- oder Aufsichtsbefugnisse an (N. 32 f.), wenn auch das hierarchische Verhältnis gelockert oder auf die – nebensächlichen – administrativen Belange beschränkt ist. Insgesamt stellt *Abs. 2* nicht bloss eine beispielhafte Verdeutlichung von Abs. 1 dar, sondern eine *Konkretisierung*, welche auf die Interpretation von Abs. 1 zurückwirkt. Die Bestimmung der Rekursinstanzen in denjenigen Organisationsstrukturen, die in § 19b nicht genannt und auch in der Spezialgesetzgebung nicht festgelegt werden, hat sich so-

---

[4] Weisung 2009, S. 853.
[5] Zu den Funktionen der verwaltungsinternen Verwaltungsrechtspflege und zur Frage ihrer Berechtigung vgl. HÄFELIN/MÜLLER/UHLMANN, Verwaltungsrecht, N. 1738 ff.; KÖLZ/HÄNER/BERTSCHI, Verwaltungsverfahren, N. 16 ff.; MARTI, Aktueller Stand. Für die verwaltungsinterne Rechtspflege treten etwa ein (jeweils mit eingehender Begründung): AUER/FRIEDERICH, Aufgabe, S. 372 ff.; BOLZ, Verwaltungsinterne Rechtspflege, S. 88 ff.; M. MÜLLER, Rechtsweggarantie, S. 187 ff.
[6] Prot. Verfassungsrat, 24. Sitzung (21. November 2002), S. 1312, 1317. Vgl. auch HÄNER, in: Kommentar KV, Art. 77 N. 7, Weisung 2009, S. 853 f.
[7] HÄNER, in: Kommentar KV, Art. 77 N. 7 ff.; vgl. BGE 138 I 6, E. 6.1; 129 II 193, E. 4.1, m.H.
[8] Vgl. Weisung 2009, S. 857.

mit an einer Auslegung von Abs. 1 und 2 zu orientieren, die diesen Zusammenhang berücksichtigt.

7 Als **zweite Rechtsmittelinstanz** sieht das VRG in der Regel das **Verwaltungsgericht** – ein oberstes kantonales Gericht im Sinn von Art. 74 Abs. 2 KV – vor (§ 19 Abs. 3 und § 41 Abs. 1). Damit wird sowohl Art. 77 Abs. 1 KV als auch der bundesrechtlichen Vorgabe von Art. 86 Abs. 2 (gegebenenfalls in Verbindung mit Art. 114) BGG, wonach als unmittelbare Vorinstanz des Bundesgerichts ein «oberes» kantonales Gericht eingesetzt werden muss, entsprochen.

III. Hinweis: Einsprache

8 Dem Rekurs nach §§ 19 ff. gegen erstinstanzliche Anordnungen ist allenfalls eine Einsprache vorgeschaltet. Dabei ist zwischen der allgemeinen Einsprache nach § 10a lit. c VRG und der besonderen gemeinderechtlichen Einsprache nach §§ 57 Abs. 3 und 115a Abs. 3 GG zu unterscheiden. Die **allgemeine Einsprache** nach § 10a lit. c (vgl. dazu § 10a N. 20 ff.; § 10b) genügt dem verfassungsrechtlichen Erfordernis einer wirksamen Überprüfung nicht, weil es sich nicht um ein devolutives Rechtsmittel handelt (N. 5). Gleichwohl führt sie zu einem dreistufigen Rechtsmittelzug und damit zu einer Verlängerung des Verfahrens. Der Gesetzgeber schätzte sie daher als begründungsbedürftige Abweichung vom Regelinstanzenzug nach Art. 77 Abs. 1 KV – dem keine direkte Aussage zur Einsprache entnommen werden kann – ein, erachtete sie jedoch als gerechtfertigt[9]. Im Baurecht wird die Möglichkeit, ein Einspracheverfahren vorzusehen, durch § 315 Abs. 3 PBG ausgeschlossen. Die Berechtigung der **gemeinderechtlichen Einsprache** nach § 57 Abs. 3 bzw. § 115a Abs. 3 GG (vgl. dazu § 10a N. 24) wurde anlässlich der VRG-Revision von 2010 geprüft; der Gesetzgeber entschied sich für die Beibehaltung im Sinn einer gerechtfertigten Ausnahme nach Art. 77 Abs. 1 Satz 2 KV[10]. Er wertete selbst eine Kumulation der beiden Einspracheverfahren noch als gerechtfertigt, obwohl sie zu einem vierfachen Rechtsmittelzug führt[11]. In seinem Antrag zu einem neuen Gemeindegesetz schlägt der Regierungsrat vor, dass Rechtsakte kommunaler Behördemitglieder und -ausschüsse, unterstellter Kommissionen und Angestellter grundsätzlich einer sogenannten Neubeurteilung unterliegen sollen, bevor der Rechtsweg nach § 19b Abs. 2 VRG zur Verfügung steht[12].

IV. Behörden (Abs. 2)

A. Arten von Rekursbehörden

9 Die Rekursbehörden lassen sich grob in verwaltungsinterne und verwaltungsexterne unterteilen. **Verwaltungsinterne** Rekursbehörden sind in die Verwaltungshierarchie

---

[9] Zur Begründung: Weisung 2009, S. 936 f.
[10] Weisung 2009, S. 892 ff.
[11] Weisung 2009, S. 894 f.
[12] Weisung GG, S. 40 f., 204 f.

eingegliedert. In aller Regel nehmen sie hauptsächlich Verwaltungs- und nicht Rechtsprechungsfunktionen wahr. Namentlich auf die Rekursbehörden der Zentral- und Bezirksverwaltung treffen diese Kriterien zu, aber auch die Organe selbständiger Anstalten können dieser Kategorie zugeordnet werden. Demgegenüber nehmen **verwaltungsexterne** Rekursbehörden vorwiegend Rechtsprechungsfunktion wahr und sind zu diesem Zweck als eigenständige Behörde gesetzlich vorgesehen, was vor allem auf die Rekursgerichte und Rekurskommissionen zutrifft. Besonderer Art sind die Rekursbehörden in der *Parlaments-* und in der *Justizverwaltung:* Sie gehören innerhalb der kantonalen Behördenorganisation nicht der Exekutive, sondern der Legislative bzw. der Judikative an und sind bereits deshalb gemäss einer staatsrechtlichen Betrachtung verwaltungsexterne Behörden. Für die so getroffene Unterscheidung zwischen verwaltungsinternen und verwaltungsexternen Rekursbehörden ist nicht primär massgebend, ob einer Rekursinstanz richterliche Unabhängigkeit zukommt. Zwar kann dies für die verwaltungsinternen Rekursbehörden generell verneint werden, doch kommt es bei den verwaltungsexternen Rekursbehörden auf deren Stellung und gesetzliche Ausgestaltung im Einzelnen an (vgl. im Einzelnen N. 34, 43, § 26c N. 3 ff.).

B. Systematische Einordnung von Abs. 2

Abs. 2 enthält eine **Auflistung der Rekursinstanzen,** die für die Überprüfung der Anordnungen der in der Bestimmung aufgezählten «unteren» Behörden zuständig sind. Die Aufzählung der Rekursinstanzen stellt keine blosse Deduktion aus Abs. 1 dar, sondern eine Konkretisierung, die auf die Auslegung von Abs. 1 zurückwirkt (N. 6). 10

Die Auflistung in Abs. 2 ist **nicht vollständig**[13]. *Aufgezählt* werden die verwaltungsinternen Rekursinstanzen bei Anordnungen der Zentral-, Bezirks- und Gemeindeverwaltung sowie die parlamentarischen Rekursinstanzen. Abs. 2 lit. e begründet sodann eine – singuläre – Zuständigkeit des Kantonsrats im Bereich der Stimmrechtsstreitigkeiten. *Nicht erwähnt* wird in Abs. 2 die Zuständigkeit zum Rekursentscheid gegenüber Anordnungen der Strafverfolgungsbehörden (N. 35), der Organe selbständiger Anstalten (N. 36 ff.), der privaten Träger staatlicher Aufgaben (N. 41 f.) und der Justizverwaltungsorgane (N. 43 ff.). Auch die verwaltungsexternen Rekursinstanzen (N. 47 ff.) bleiben ungenannt. 11

Die Oberaufsicht des **Kantonsrats** (Art. 57 KV) macht die ihr unterstellten Träger öffentlicher Aufgaben, namentlich den Regierungsrat und die obersten kantonalen Gerichte, nicht zu «unteren» Behörden im Sinn von § 19b Abs. 1. Daher bezieht sich § 19b nicht auf das Verhältnis zwischen den genannten Behörden. 12

C. Zentral-, Bezirks- und Gemeindeverwaltung (Abs. 2 lit. a–d)

1. Verfügende Behörden

a) Zentralverwaltung

Zur **Organisation der Zentralverwaltung** äussert sich die Verfassung insoweit, als sie die Aufteilung in Direktionen vorsieht (Art. 65 Abs. 2 und 3 KV) und den Regierungs- 13

---

[13] Laut der Weisung 2009, S. 959, umfasst sie die «häufigsten Fälle».

§ 19b

rat ermächtigt, den Direktionen und den ihnen unterstellten Verwaltungseinheiten Geschäfte zur selbständigen Erledigung zu übertragen (Art. 65 Abs. 4 KV). Die wesentlichen Bestimmungen über Organisation und Aufgaben der Behörden sind in einem formellen Gesetz zu erlassen (Art. 38 Abs. 1 lit. c KV); in dessen Rahmen obliegt dem Regierungsrat die Verwaltungsorganisation (Art. 70 Abs. 1 KV). Gemäss dem Gesetz hat der Regierungsrat den Direktionen ihre Zuständigkeitsbereiche und Aufgaben zuzuweisen und anhand der gesetzlichen Kriterien die Grundzüge der Organisation in einer Verordnung festzulegen (§ 38 Abs. 1–3 OG RR). Er legt fest, ob die nachgeordneten Verwaltungseinheiten im eigenen Namen oder im Namen der Direktion entscheiden (§ 38 Abs. 4 OG RR)[14]. Zweck dieser Bestimmung ist, dass dem Regierungsrat die notwendige Flexibilität zukommen soll, damit er die Zuständigkeiten und den Instanzenzug an veränderte Verhältnisse anpassen kann. Die Norm geht auf die VRG-Revision von 1997 zurück und wurde gerade auch mit Blick auf ihre Auswirkungen auf den Instanzenzug geschaffen[15].

14 Die Verfügungskompetenz der Verwaltungseinheiten unterhalb der Stufe der Direktion wird also erst auf Verordnungsstufe bestimmt (vgl. § 66 i.V.m. Anhang 3 VOG RR). Zu beachten sind auch die Regelungen der jeweiligen Sachbereiche[16]. Im Ergebnis finden sich *Verfügungskompetenzen auf allen drei Stufen,* also beim Regierungsrat, bei den Direktionen und bei den unteren Verwaltungseinheiten.

15 Bei der VRG-Revision von 2010 ging der Gesetzgeber vom naheliegenden Gedanken aus, dass das Rechtsmittel des Rekurses tatsächlich gegeben sein soll, woraus folgt, dass das **oberste Organ** in einer Verwaltungsorganisation **in der Regel nicht selber verfügen** sollte. Dies gilt insbesondere für den Regierungsrat, der angesichts seiner Stellung als oberste leitende Behörde des Kantons (Art. 60 Abs. 1 KV) nur noch bei sehr wichtigen Geschäften die erstinstanzliche Anordnung treffen soll[17]. Aufgrund dieser Stellung soll er zudem in der Regel auch nicht mehr als Rekursbehörde wirken[18].

16 Entsprechend dem Konzept der VRG-Revision von 2010 erfolgen in der Zentralverwaltung erstinstanzliche Anordnungen grundsätzlich **auf Amtsstufe** und im Namen der Ämter, so dass über Rekurse gegen solche Anordnungen die Direktionen entscheiden (§ 19b Abs. 2 lit. b Ziff. 1)[19]. Die Verwaltungseinheiten der Direktionen entscheiden gemäss § 66 Abs. 1 VOG RR erstinstanzlich in eigenem Namen in den Aufgabenbereichen gemäss Anhang 3 VOG RR sowie in den Fällen, die in anderen Erlassen vorgesehen sind.

17 Ergibt sich hieraus keine Verfügungskompetenz einer unteren Verwaltungseinheit, so ist für die betreffende Anordnung funktionell direkt die **Direktion** zuständig, in deren sachlichen Zuständigkeitsbereich die betreffende Angelegenheit fällt (zu den sachlichen Zuständigkeitsbereichen der Direktionen vgl. § 58 Abs. 1 i.V.m. Anhang 1 VOG RR). Die Direktionsvorsteherin oder der Direktionsvorsteher kann Verwaltungseinheiten und

---

[14] Vgl. zum Ganzen auch HÄNER, in: Kommentar KV, Art. 65 N. 13 ff., Art. 70 N. 3; zum Aufbau der kantonalen Zentralverwaltung auch JAAG/RÜSSLI, Staats- und Verwaltungsrecht, N. 1501 ff.
[15] Vgl. Weisung 1995, S. 46 f.; Weisung OG RR, S. 80.
[16] Weisung 2009, S. 858.
[17] Weisung 2009, S. 854 f.
[18] Weisung 2009, S. 858.
[19] Weisung 2009, S. 858.

Mitarbeitende ermächtigen, in bestimmten Aufgabenbereichen namens der Direktion zu entscheiden (§ 66 Abs. 2 VOG RR).

Verwaltungsaufgaben werden teils von besonderen **Kommissionen** wahrgenommen. In §§ 28–30 OG RR werden erstens die Kommissionen *mit Entscheidungsbefugnissen* von den anderen Kommissionen abgegrenzt[20]. Bei der Regelung des Instanzenzugs interessieren nur die Ersteren. Für die Übertragung von Entscheidungsbefugnissen ist eine Grundlage in einem formellen Gesetz erforderlich (§ 29 OG RR)[21]. Wenn eine Kommission ohne genügende gesetzliche Grundlage Entscheidungsbefugnisse wahrnehmen würde, so würde dies den Rechtsweg nach Abs. 2 allerdings nicht ausschliessen; vielmehr läge ein Rügegrund vor. Anordnungen über Realakte von Kommissionen ohne Entscheidungsbefugnisse (§ 10c) wären dagegen bei der zuständigen Aufsichtsbehörde zu beantragen. Zweitens ist danach zu differenzieren, ob eine Kommission *von einem Mitglied des Regierungsrats geleitet* wird oder nicht. Die Leitung durch ein Mitglied des Regierungsrats ist dabei von der blossen Einsitznahme eines Regierungsratsmitglieds zu unterschieden. Wenn ein Regierungsratsmitglied die Kommission leitet, steht diese auf gleicher hierarchischer Stufe wie die Direktionen; Rekursbehörde ist in diesem Fall der Regierungsrat (§ 19b Abs. 2 lit. a Ziff. 2). Das wichtigste Beispiel für eine Kommission der Zentralverwaltung mit Entscheidbefugnissen, die von einem Mitglied des Regierungsrats geleitet wird, ist der Bildungsrat (§ 22 Abs. 1 Ziff. 1 und Abs. 2 BiG)[22]. Auch ein Leitungsorgan einer unselbständigen öffentlichrechtlichen Anstalt wie der Verkehrsrat (vgl. § 14 PVG) kann die genannten Voraussetzungen erfüllen[23]. Beim Rechtsweg gegen Anordnungen anderer Kommissionen der Zentralverwaltung mit Entscheidungsbefugnissen ist zu unterscheiden: Primär ergibt sich der Rechtsweg aus der Spezialgesetzgebung. So unterstehen Anordnungen der Schulkommissionen der Mittelschulen dem Rekurs an die Direktion (vgl. §§ 5 f. und 39 Abs. 1 MittelschulG), Anordnungen der Kantonalen Ethikkommission dem Rekurs an den Regierungsrat (§ 5 Abs. 4 PatG)[24]. Fehlt eine spezialgesetzliche Regelung, ist in aller Regel der Rekurs nach § 19b Abs. 2 lit. b Ziff. 1 an die Direktion zu richten: Nach § 30 Abs. 3 OG RR sind die Kommissionen administrativ einer Direktion oder der Staatskanzlei zuzuordnen; wenn Ersteres der Fall ist, haben die Kommissionen als Verwaltungseinheiten der Direktion im Sinn von § 19b Abs. 2 lit. b Ziff. 1 zu gelten. Der Staatskanzlei sind derzeit keine Kommissionen zugeordnet.

Der **Regierungsrat** trifft erstinstanzlich Anordnungen nur noch dort, wo dies in anderen Erlassen ausdrücklich vorgesehen ist.

b) Bezirksverwaltung

Auf Stufe Bezirk sind Verwaltungsbehörden mit Verfügungskompetenz: die *Bezirksräte* (Art. 80 lit. b KV; §§ 9 f. BezVG) und *Statthalter* (Art. 80 lit. a KV; § 9 Abs. 1 lit. a und

---

[20] Vgl. JAAG, Staats- und Verwaltungsrecht, N. 1516 ff.
[21] Vgl. Weisung OG RR, S. 73.
[22] Vgl. JAAG/RÜSSLI, Staats- und Verwaltungsrecht, N. 1519, 4013 f.
[23] Zwar regelt § 29 PVG die Anfechtung bestimmter Akte (vor dem Regierungsrat), doch ist diese Bestimmung nicht als abschliessende Regelung des Rechtsmittelwegs zu betrachten (VGr, 17.12.2008, VB. 2007.00398, E. 1.2), so dass die Anwendung von § 19b Abs. 2 lit. a Ziff. 2 VRG in Frage kommt.
[24] Vgl. auch Weisung 2009, S. 1002 f.

§§ 11 f. BezVG) sowie die *Bezirkskirchenpflegen* der Evangelisch-reformierten Landeskirche (Art. 181 Abs. 1 und Art. 182–186 KO-ERL)[25].

c) Gemeindeverwaltung

21 Im Rahmen der kommunalen Verwaltung[26] besitzt **Verfügungskompetenz** in erster Linie der *Gemeindevorstand* als oberste Exekutivbehörde: der Gemeinderat in der politischen Gemeinde (§§ 73 f. GG); die Schulpflege in der Schulgemeinde (§ 81 f. GG). In sogenannten Einheitsgemeinden, in denen politische und Schulgemeinden vereinigt sind, bildet die Schulpflege eine besondere Behörde (§ 81 Abs. 3 GG). In allen politischen Gemeinden besteht eine besondere, für das Fürsorgewesen zuständige *Fürsorgebehörde* (§ 79 GG). Sodann kann die Gemeindeordnung die Besorgung von Verwaltungszweigen besonderen *Kommissionen mit selbständigen Verwaltungsbefugnissen* unter dem Vorsitz eines Mitglieds des Gemeindevorstands übertragen (§ 56 GG). Ferner kann die Gemeindeordnung vorsehen, dass bestimmte Geschäftsbereiche einzelnen oder mehreren Mitgliedern des Gemeindevorstands – d.h. *Verwaltungsvorständen oder Ausschüssen* – übertragen werden. Soweit sich Fragen von grundsätzlicher Bedeutung stellen, sind diese allerdings der Gesamtbehörde zum Entscheid vorzulegen (§ 57 GG). In Gemeinden mit ausserordentlicher Gemeindeorganisation besteht zudem die Möglichkeit, dass einzelne Verwaltungsbefugnisse besonderen *Beamten* mit eigener Verantwortlichkeit übertragen werden (§ 115a GG)[27].

22 Der **Entwurf** des Regierungsrats zu einem **neuen Gemeindegesetz** soll insoweit keine grundlegenden Änderungen bringen (vgl. besonders § 5 lit. c, § 43 f., §§ 47 ff., 54 ff., 58 und 182 E-GG)[28]. Er sieht aber neu neben eigenständigen auch unterstellte Kommissionen vor und ermöglicht – im Sinn von Art. 88 KV – die Schaffung von Quartier- und Ortsteilkommissionen (§§ 50 f. und 58 E-GG)[29]. Die Übertragung von Aufgaben an kommunale Angestellte zur selbständigen Erledigung soll allgemein möglich werden (§ 44 E-GG)[30].

23 Im Bereich der **Planung** bestehen folgende Kompetenzen: Zur Festsetzung kommunaler Richt-, Rahmennutzungs- und Sondernutzungspläne sind in der Regel die kommunalen Legislativbehörden zuständig (vgl. § 2 lit. c, § 32 Abs. 3, §§ 88 Abs. 1, § 95 PBG)[31]. Quar-

---

[25] Vgl. zu den Bezirksbehörden JAAG/RÜSSLI, Staats- und Verwaltungsrecht, N. 1602 ff.; vgl. auch SCHWARZENBACH, in: Kommentar KV, Art. 80.
[26] Vgl. JAAG/RÜSSLI, Staats- und Verwaltungsrecht, N. 2436 ff.
[27] Obsolet geworden sind die – nicht förmlich aufgehobenen – Bestimmungen des GG über die Zivilgemeinden (am 1. Januar 2010; Art. 143 Abs. 1 i.V.m. Art. 135 Abs. 1 KV; § 6 GG) und die Bürgerschaft bzw. die bürgerliche Abteilung des Gemeinderats (mit Inkrafttreten der KV am 1. Januar 2006; Art. 21 Abs. 1, Art. 83 und Art. 135 Abs. 1 KV; vgl. JAAG, in: Kommentar KV, Art. 83 N. 13 f., Art. 143 N. 2; JAAG/RÜSSLI, Staats- und Verwaltungsrecht, N. 2219; KOTTUSCH, in: Kommentar KV, Art. 21 N. 7). Wird eine Bürgerrechtskommission nach Art. 21 Abs. 1 KV eingesetzt, so handelt es sich um eine Kommission mit selbständigen Verwaltungsbefugnissen nach § 56 GG.
[28] Weisung GG, S. 2, 10 ff., 40, 84 ff., 112, 130 ff.
[29] Weisung GG, S. 11 f., 85, 133 ff., 139; vgl. auch JAAG, in: Kommentar KV, Art. 88. Die Bürgerrechtskommission (Art. 21 Abs. 1 KV; § 40 lit. a Ziff. 6 E-GG; Weisung GG, S. 44, 211) gehört zu den eigenständigen Kommissionen.
[30] Vgl. Weisung GG, S. 10, 85, 130.
[31] Vgl. JAAG/RÜSSLI, Staats- und Verwaltungsrecht, N. 4412, 4417 ff.

tierpläne werden vom Gemeinderat festgesetzt (§ 158 Abs. 1 Satz 1 PBG). Werkpläne werden vom Träger des Werks – also nicht notwendigerweise von der Gemeinde – festgesetzt (§ 115 Abs. 1 PBG). Das neue Gemeindegesetz soll insoweit keine Änderungen bringen[32].

Anordnungen können auch von kommunalen **Zweckverbänden,** kommunalen **Anstalten** oder **Privaten,** die öffentliche Aufgaben erfüllen, ausgehen (vgl. Art. 92 f. und 98 KV; §§ 7, 15a f. und 72 GG; §§ 66 ff. und 75 ff. E-GG[33]; vgl. auch N. 27). 24

2. Rekursbehörden

a) Rekurse gegen Anordnungen der Zentral- und Bezirksverwaltung
(Abs. 2 lit. a und lit. b Ziff. 1)

Abs. 2 lit. a: Der **Regierungsrat** ist Rekursbehörde bei Anordnungen der in Abs. 2 lit. a 25
Ziff. 1–3 genannten Instanzen, also der Direktionen, der von einem Regierungsratsmitglied geleiteten Kommissionen sowie der Bezirksräte und Statthalter. Laut § 6 Abs. 2 OG RR kann er eine Rekurskommission einsetzen, die an seiner Stelle entscheidet, doch hat er von dieser Ermächtigung bisher keinen Gebrauch gemacht. Zum Verfahren vgl. § 26 N. 25 ff.

Abs. 2 lit. b: Die **Direktion** ist gemäss lit. b Ziff. 1 *innerhalb der Zentralverwaltung* die 26
«*Regelrekursbehörde*», weil die Verfügungskompetenz zumeist bei einer unteren Verwaltungseinheit liegt. Die zuständige Direktion entscheidet dabei nicht nur über Anordnungen ihrer Ämter, sondern auch dann, wenn es ausnahmsweise um eine Anordnung geht, die eine noch tiefer gestellte Verwaltungseinheit (Abteilung oder andere Amtsstelle) in eigenem Namen getroffen hat. Auf diese Weise soll die Wahrnehmung der politischen Verantwortung sichergestellt werden[34]. Als Anfechtungsobjekt in Frage kommen auch Anordnungen von Kommissionen (vgl. N. 18). Die Direktion ist sodann gemäss lit. b Ziff. 2 *ausnahmsweise* auch Rekursbehörde bei Anordnungen von Instanzen *ausserhalb der Zentralverwaltung,* nämlich bei Anordnungen einer Gemeinde oder einer Kreiswahlvorsteherschaft (§ 87 GPR) in Stimmrechtssachen des Kantons: Der Gesetzgeber erachtete es als wichtig, bei kantonalen Stimmrechtssachen eine einheitliche Rechtsanwendung zu gewährleisten[35].

b) Rekurse gegen kommunale Anordnungen (Abs. 2 lit. b Ziff. 2, lit. c und d)

Abs. 2 lit. c: Der **Bezirksrat** ist bei Anordnungen der politischen Gemeinden die «Re- 27
gelrekursinstanz» (§ 151 GG, § 10 Abs. 1 BezVG). Bei der VRG-Revision von 2010 entschied sich der Gesetzgeber dafür, den Bezirksräten diese Rechtsprechungskompetenz zu belassen, da sie im Rahmen der Behördenhierarchie – besser als die Direktionen der Zentralverwaltung – mit den Verhältnissen in den Gemeinden vertraut sind[36]; vorbehalten bleibt lit. b Ziff. 2 (N. 26). Die Zuständigkeit zum Rekursentscheid über Anordnungen der Schulpflegen, die zuvor den auf den 31. Dezember 2007 abgeschafften Bezirksschul-

---

[32] Vgl. Weisung GG, S. 55.
[33] Vgl. Weisung GG, S. 14 ff., 88 f., 143 ff.
[34] Weisung 2009, S. 959 f.
[35] Weisung 2010, S. 880 f.
[36] Weisung 2009, S. 892.

§ 19b

pflegen zukam, liegt heute grundsätzlich beim Bezirksrat[37]. Im Rahmen der Totalrevision des Gemeindegesetzes schlägt der Regierungsrat vor, ausser den politischen Gemeinden und den Schulgemeinden auch die kommunalen Anstalten und Zweckverbände sowie die Privaten, die öffentliche Aufgaben erfüllen, ausdrücklich in § 19b Abs. 2 lit. c als Vorinstanzen des Bezirksrats zu nennen (vgl. heute § 152 GG). Gemeint sind Träger kommunaler Aufgaben[38]. Gemäss der Spezialgesetzgebung ist der Bezirksrat auch Rekursinstanz bei Entscheiden anderer öffentlichrechtlicher Körperschaften als der politischen Gemeinden und der Schulgemeinden; zu nennen sind die Kirchgemeinden (§ 18 Abs. 1 KiG; vgl. N. 69) und Genossenschaften des Landwirtschaftsrechts (§§ 49 ff. und 69 LG).

28 **Abs. 2 lit. d:** Das **Statthalteramt** ist in jenen Bereichen, in denen es die Aufsicht ausübt, nämlich im Bereich der Ortspolizei[39], des Strassenwesens und des Feuerwehrwesens (§ 12 Abs. 1 BezVG; § 37 Abs. 1 FFG), zuständige Rekursinstanz. Der Kantonsrat entschied dies im Rahmen der VRG-Revision 2010 entgegen dem Antrag des Regierungsrats[40]. Mit der PBG-Revision vom 28. Oktober 2013 wird lit. d geändert und die Zuständigkeit des Statthalters für Rekurse im Strassenwesen wieder aufgehoben[41].

29 In der **Spezialgesetzgebung** finden sich verschiedene weitere Ausnahmen, laut denen *andere Behörden* als der Bezirksrat – im Hinblick auf ihre spezifische Fachkompetenz und eine gesamtkantonal einheitliche Praxis – für die Überprüfung kommunaler Anordnungen zuständig sind (vgl. auch den entsprechenden Vorbehalt in § 153 GG)[42]. Zuständige Rekursbehörden sind

– das Baurekursgericht im Planungs- und Baurecht (§ 329 Abs. 1 PBG in der Fassung der PBG-Revision vom 28. Oktober 2013; vgl. N. 82),

– das Baurekursgericht bei Anordnungen im Bereich der Feuerpolizei (§ 15 FFG),

– die Bildungsdirektion bei Anordnungen von Schulpflegen betreffend das Arbeitsverhältnis von Lehrpersonen (§ 10 LPG),

– die Volkswirtschaftsdirektion bei Anordnungen im Bereich des Gastgewerbes (§ 4 f. GGG i.V.m. § 1 VGGG),

– das Steuerrekursgericht, die Finanzdirektion oder das Verwaltungsgericht im Bereich des Steuerrechts gemäss den einschlägigen Bestimmungen des StG und des ESchG;

– schliesslich ist im Zivilstandswesen die Direktion der Justiz und des Innern Beschwerdeinstanz gegen Verfügungen der Zivilstandsbeamtinnen und -beamten (§ 12a Abs. 2 ZVO i.V.m. Art. 90 Abs. 1 ZStV).

---

[37] § 75 VSG; OS 61, 219, Ziff. VI.
[38] Weisung GG, S. 51 f., 224.
[39] Dazu zählen auch Streitigkeiten über Gebühren für nächtliches Dauerparkieren: RB 2006 Nr. 1 (VB. 2006.00250 = BEZ 2006 Nr. 58).
[40] Vgl. Weisung 2009, S. 804, 807 f., 841, 951, 995; VRG-Revision 2010, Antrag KJS, S. 173, 176 f., 211; Prot. KR 2007–2011, S. 10234 ff., 10240, 10254.
[41] Vgl. PBG-Revision 2011, Antrag der Redaktionskommission des Kantonsrates vom 4. September 2013, einsehbar unter www.kantonsrat.zh.ch > KR-Nr./Vorlagen-Nr. 4777 > Antrag Redaktionskommission 4777b.
[42] Vgl. Weisung 2009, S. 891 f.

Weitere Spezialerlasse regeln die Anfechtung kommunaler Anordnungen *grundlegend* 30 *anders*:

- Im Submissionsverfahren ist direkt Beschwerde an das Verwaltungsgericht zu erheben (Art. 15 Abs. 1 IVöB i.V.m. § 2 Abs. 1 IVöB-BeitrittsG).

- Abweichend geregelt ist der Rechtsweg weiter bei bestimmten verwaltungsrechtlichen Massnahmen der kommunalen Polizei: Gegen Massnahmen der Polizei nach dem GSG und gegen den polizeilichen Gewahrsam nach PolG ist das Gesuch um gerichtliche Beurteilung beim Haftgericht zu stellen[43]; gegen Wegweisung und Fernhaltung unter Strafandrohung nach PolG sowie bei Massnahmen nach Art. 4–9 HooliganK ist die Beschwerde an das Haftgericht vorgesehen (vgl. auch N. 76 f.)[44].

- Hinzuweisen ist schliesslich auf die Besonderheiten der Behördenorganisation und der Rechtswege im Bereich des materiellen Verwaltungsrechts, das formell Zivilrecht darstellt (vgl. N. 74 f.).

D. Parlamentarische Rekursinstanzen (Abs. 2 lit. e–g)

Abs. 2 lit. e: Der **Kantonsrat** wirkt einzig in dem hier vorgesehenen Bereich als Rekurs- 31 instanz, nämlich zur Behandlung von *Stimmrechtsrekursen* hinsichtlich der *Wahl seiner eigenen Mitglieder*. Die Bestimmung entspricht weitgehend dem früheren § 149 Abs. 2 lit. a GPR, der mit der VRG-Revision von 2010 aufgehoben wurde. Der Gesetzgeber wollte diese Zuständigkeit angesichts der staatsrechtlichen Stellung des Kantonsrats nicht dem Regierungsrat überlassen[45]. Aus dem gleichen Grund schloss er die Beschwerde an das Verwaltungsgericht gegen diesbezügliche Rekursentscheide aus (§ 42 lit. b)[46]. Die Anfechtungsobjekte werden von der Direktion erlassen (§ 106 GPR). Der Kantonsrat entscheidet an seiner konstituierenden Sitzung aufgrund von Bericht und Antrag des Regierungsrats. Diese werden wiederum von der Geschäftsleitung des Kantonsrats geprüft, die ihrerseits Antrag stellt (§ 107 GPR, § 43 Abs. 2 KRG).

Abs. 2 lit. f und lit. g Ziff. 4 betreffen *Anordnungen der Parlamentsverwaltung*. Die **Ge-** 32 **schäftsleitung des Kantonsrats** (vgl. § 41 ff. KRG) ist Rekursinstanz bei Verwaltungsakten der Kommissionen (vgl. § 49 ff. KRG). Dies korrespondiert mit ihrer Befugnis, den Kommissionen in administrativen Belangen Weisungen zu erteilen (§ 43 Abs. 6 KRG). Die **Verwaltungskommission der Geschäftsleitung** des Kantonsrats wirkt als Rekursinstanz bei Anordnungen des Chefs der Parlamentsdienste in personalrechtlichen und administrativen Belangen (vgl. § 46 f. KRG). Damit wird bezüglich Anordnungen der Parlamentskommissionen und der Parlamentsdienste ein parlamentsinterner Rekursweg geöffnet. Die wichtigeren Parlamentsverwaltungsakte werden allerdings erstinstanzlich von der Verwaltungskommission der Geschäftsleitung erlassen, so insbesondere Personalanstellungen und Beschaffungsentscheide. Der Gesetzgeber verzichtete darauf, für Parlamentsverwaltungsakte der Geschäftsleitung einen Rekursweg an das Ratsplenum

---

[43] §§ 2 f., 5, 8 Abs. 2, 13 GSG (vgl. auch § 14 GSG); §§ 25–27 PolG; § 33 Abs. 1 GOG.
[44] § 34 Abs. 2 und 4 PolG; § 2 Abs. 2 HooliganK-BeitrittsG (zur Zuständigkeit der Stadtpolizeien Zürich und Winterthur: § 2 VV HooliganK); § 33 Abs. 1 und 3 lit. b GOG.
[45] Weisung 2009, S. 880.
[46] Zur Frage der Vereinbarkeit dieses Ausschlusses mit Art. 88 Abs. 2 BGG vgl. N. 65.

§ 19b

sowie für Parlamentsverwaltungsakte der Verwaltungskommission der Geschäftsleitung einen Rekursweg an die Geschäftsleitung einzuführen, da aufgrund der organisatorischen Verflechtungen eine unabhängige Behandlung solcher Rekurse nicht gewährleistet erschien[47]. Parlamentsverwaltungsakte dieser Organe unterliegen daher direkt der Beschwerde an das Verwaltungsgericht (§ 19 Abs. 2 lit. b, § 41 Abs. 1 und § 42 lit. b Ziff. 1).

33 **Abs. 2 lit. g Ziff. 1–3** betrifft Anordnungen in personalrechtlichen und administrativen Belangen des *Beauftragten für den Datenschutz*, des *Leiters der Finanzkontrolle* und der *Ombudsperson*. Es handelt sich um drei Organisationseinheiten, die über eine verhältnismässig grosse Autonomie verfügen[48]. Als die VRG-Revision von 2010 im Kantonsrat hängig war, stand es diesem zu, die Ombudsperson und den Leiter der Finanzkontrolle zu wählen (§ 87 Abs. 1 VRG; § 5 Abs. 2 FKG in der Fassung vom 30. Juni 2008[49]) sowie die Wahl des Datenschutzbeauftragten zu genehmigen; nach geltendem Recht wird auch Letzterer vom Kantonsrat gewählt (§ 30 Abs. 1 IDG in der Fassung vom 17. Dezember 2012[50]). Datenschutzbeauftragter und Finanzkontrolle sind administrativ der Geschäftsleitung des Kantonsrats zugeordnet (§ 30 Abs. 3 IDG in der Fassung vom 17. Dezember 2012[51]; § 1 Abs. 2 Satz 1 FKG); die Ombudsperson ist dem Kantonsrat rechenschaftspflichtig (§ 87a Abs. 2 VRG; vgl. § 87 N. 16 f., § 87a N. 8 ff.). Daher kam für die Überprüfung der personalrechtlichen und administrativen Anordnungen dieser Organe keine verwaltungsinterne Rekursinstanz in Frage. Aus Gründen des Datenschutzes und wegen der Grösse der Geschäftsleitung des Kantonsrats entschied sich der Gesetzgeber dafür, die **Verwaltungskommission der Geschäftsleitung des Kantonsrats** – ebenso wie bei Rekursen gegen Anordnungen des Chefs der Parlamentsdienste – als Rekursbehörde einzusetzen[52]. Die Regelungen von § 19b Abs. 2 lit. g Ziff. 1–3 werden in § 39a Abs. 1 IDG, § 1 Abs. 2 Satz 2 FKG bzw. § 88a VRG wiederholt.

34 Den parlamentarischen Rekursinstanzen kommt **keine richterliche Unabhängigkeit** zu.

E. Rekursinstanzen bei Anordnungen der Strafverfolgungsbehörden

35 Bei verwaltungsrechtlichen Anordnungen der Strafverfolgungsbehörden (vgl. §§ 86 und 93–116 GOG) richtet sich der Instanzenzug nach Art. 77 Abs. 1 KV bzw. **§ 19 Abs. 3** und **§ 19b Abs. 1**. Anordnungen der Staatsanwaltschaften sind demzufolge mit Rekurs bei der Oberstaatsanwaltschaft anzufechten, Anordnungen der Jugendanwaltschaften mit Rekurs bei der Oberjugendanwaltschaft; als zweite Rechtsmittelinstanz entscheidet das Verwaltungsgericht[53]. Erstinstanzliche Anordnungen der Oberstaatsanwaltschaft und der Oberjugendanwaltschaft sind mit Rekurs bei der Aufsichtsinstanz, der Direktion der

---

[47] Weisung 2009, S. 901, 957.
[48] Vgl. zum Datenschutzbeauftragten §§ 30–32 und 34–39a IDG, zur Finanzkontrolle das FKG und zur Ombudsperson §§ 87–94a VRG.
[49] Zur ursprünglichen Fassung: OS 56, 465, 466.
[50] Zur ursprünglichen Fassung: OS 62, 121, 128.
[51] Ursprünglich § 30 Abs. 2 und § 31 Abs. 3 IDG (OS 62, 121, 128 f.).
[52] Weisung 2009, S. 910 f.
[53] Die bisherige Praxis betrifft den Informationszugang; vgl. z.B. BGr, 15.6.2011, 1B_44/2011, E. 1.

Justiz und des Innern (vgl. § 115 Abs. 1 GOG), anzufechten[54]; gegen deren Entscheid ist wiederum die Beschwerde an das Verwaltungsgericht gegeben.

F. Rekursinstanzen bei Anordnungen der Organe selbständiger Anstalten

Die Anfechtung von Anordnungen der Organe selbständiger Anstalten ist in der jeweiligen **Spezialgesetzgebung** geregelt, richtet sich jedoch grundsätzlich nach dem Regelinstanzenzug von Art. 77 Abs. 1 KV bzw. **§ 19 Abs. 3 und § 19b Abs. 1**. Demnach gilt im Grundsatz: Liegt die Verfügungskompetenz bei einem unteren Organ, entscheidet als Rekursbehörde das Geschäftsführungsorgan oder das oberste leitende (strategische) Organ, das teils als Aufsichts- bzw. Verwaltungsrat bezeichnet wird. Hat das Geschäftsführungsorgan erstinstanzlich verfügt, kann dagegen Rekurs beim obersten Organ erhoben werden. Gegen Rekursentscheide von Anstaltsorganen sowie gegen erstinstanzliche Entscheide des obersten Organs ist die Beschwerde an das Verwaltungsgericht gegeben. Die direkte Beschwerde an das Verwaltungsgericht gegen erstinstanzliche Anordnungen des obersten Anstaltsorgans entspricht zwar nicht dem Regelinstanzenzug, ist jedoch angesichts der Selbständigkeit der Anstalten folgerichtig. Anordnungen des obersten Anstaltsorgans werden insofern wie solche des Regierungsrats behandelt. Mit der VRG-Revision von 2010 wandte sich der Gesetzgeber explizit gegen die damalige Praxis des Verwaltungsgerichts, derzufolge gegen Entscheide der Anstaltsorgane der Rekurs an den Regierungsrat gegeben war[55].

36

Im Einzelnen richten sich die Instanzenzüge in folgenden Anstalten mit gewissen Variationen *nach diesen Grundsätzen* (wobei für Einzelheiten auf die anwendbaren Normen verwiesen wird):

37

- Universitätsspital Zürich und Kantonsspital Winterthur (§ 29 f. USZG; § 28 f. KSWG);
- Elektrizitätswerke des Kantons Zürich (§ 8a EKZ-Gesetz);
- Gebäudeversicherungsanstalt des Kantons Zürich (§ 77 GebVG; gegen Anordnungen der Anstalt im Versicherungsbereich sieht § 76 GebVG den Rekurs an das Baurekursgericht vor);
- BVG- und Stiftungsaufsicht des Kantons Zürich (für Anordnungen der Anstalt im Bereich der Stiftungen nach § 2 Abs. 2 BVSG; die Anfechtung von Verfügungen der Anstalt im Bereich der beruflichen Vorsorge richtet sich nach Art. 74 Abs. 1 BVG, der die Beschwerde an das Bundesverwaltungsgericht vorsieht; vgl. § 22 BVSG).

Für andere selbständige Anstalten gelten in Bezug auf das Rekursverfahren *abweichende Regelungen*:

38

- Hat nicht der Universitätsrat, sondern ein anderes Organ der **Universität Zürich** eine Anordnung getroffen, richtet sich der Rekurs an die *Rekurskommission der Zürcher Hochschulen* (wobei § 46 Abs. 2 UniG die eidgenössische Medizinalgesetzgebung vor-

---

[54] Dies sieht § 9 der Verordnung über das Wahlfähigkeitszeugnis für Staatsanwältinnen und Staatsanwälte vom 22. Juni 2005 (LS 213.23) ausdrücklich vor.
[55] Weisung 2009, S. 908. Zum Ganzen – auch zum Folgenden – Weisung 2009, S. 903 ff.

behält[56]). Ebenso ist für Rekurse gegen Anordnungen der staatlichen Hochschulen, die unter der Bezeichnung **Zürcher Fachhochschule** zusammengefasst sind, nicht der Fachhochschulrat, sondern dieselbe Rekurskommission zuständig. Die erstinstanzlichen Anordnungen des Universitätsrats bzw. des Fachhochschulrats unterliegen – wie die Entscheide der Rekurskommission – der Beschwerde an das Verwaltungsgericht (§ 46 UniG; § 36 FaHG).

– Beim **Zentrum für Gehör und Sprache** sind erstinstanzliche Anordnungen der Geschäftsleitung und des Zentrumsrats mit Rekurs bei der Bildungsdirektion anfechtbar (§ 17 ZGSG).

39 Bei den übrigen selbständigen Anstalten ist das VRG von vornherein *grundsätzlich oder gar nicht anwendbar:*

– Die Anfechtung von Verfügungen der **Sozialversicherungsanstalt** und der **Kantonalen Familienausgleichskasse** richtet sich nach dem Bundessozialversicherungsrecht sowie § 2 f. GSVGer, wo grundsätzlich das Sozialversicherungsgericht für zuständig erklärt wird[57].

– Die Beziehungen der Zürcher **Kantonalbank** zu ihrem Personal, ihren Kunden und Dritten sind privatrechtlich[58]; das VRG ist nicht anwendbar (§ 1 VRG). Ansprüche aus der Haftung des Bankpräsidiums, des Bankrats, der Generaldirektion und der Revisionsstelle sind allerdings laut § 25 Abs. 2 KBG mit Klage beim Verwaltungsgericht geltend zu machen. Wenn sich die Rechtsstellung der vom Kantonsrat gewählten Mitglieder des Bankrats und des Bankpräsidiums nach öffentlichem Recht richtet[59], sind weitere öffentlichrechtliche Streitigkeiten denkbar, wobei im Einzelfall zu klären wäre, ob das Klage- oder das Anfechtungsverfahren (das sich nach den in N. 36 genannten Grundsätzen zu richten hätte) gegeben ist.

40 Schliesslich ist die **Zentralbibliothek** Zürich zu erwähnen. Diese Stiftung, die im ZB-Stiftungsvertrag und in den ZB-Statuten als «*öffentliche Stiftung*» bezeichnet wird, beruht auf einem verwaltungsrechtlichen Vertrag. Sie ist deswegen als öffentlichrechtliche Stiftung zu qualifizieren – ungeachtet der Verweisung auf das ZGB in den Materialien[60]. Die Zuordnung zum öffentlichen Recht war umstritten; mittlerweile wird jedoch der öffentlichrechtliche Charakter der Stiftung überwiegend bejaht. Mit der Vertragsänderung vom 23. Januar/15. Mai 2013 wurde denn auch das Personal dem Personalrecht der Staatsangestellten unterstellt (§ 11 Abs. 1 ZB-Stiftungsvertrag)[61].

---

[56] Gegen die Entscheide der Prüfungskommissionen ist die Beschwerde an das Bundesverwaltungsgericht gegeben (§ 33 lit. d VGG i.V.m. Art. 7 Prüfungsverordnung MedBG; vgl. z.B. BVGr, 2.10.2012, B-6462/2011, E. 1.1).
[57] Zu den beiden Anstalten vgl. §§ 1–13 EG AHVG/IVG bzw. §§ 13 f. EG FamZG.
[58] RÜSSLI, in: Kommentar KV, Art. 109 N. 9, m.H.
[59] RÜSSLI, in: Kommentar KV, Art. 109 N. 9.
[60] Antrag und Weisung des Regierungsrates vom 20. Februar 1913, Vertrag zwischen dem Kanton Zürich und der Stadt Zürich betreffend die Errichtung einer Zentralbibliothek, ABl 1913, 541 ff., 556 f.
[61] Anders noch OGr, 27.2.2002 (ZR 2002 Nr. 57), gestützt auf RIEMER, in: Berner Kommentar ZGB, Die Stiftungen, Bern 1975, Systematischer Teil N. 473 (wobei die Unzweckmässigkeit der Unterstellung unter das Privatrecht eingeräumt wurde). Wie hier JAAG/RÜSSLI, Staats- und Verwaltungsrecht, N. 1716, 4110; Begründung des Regierungsrates vom 23. Januar 2013, Änderung ZB-Stiftungsvertrag und ZB-Statuten, ABl 12.7.2013 (37929), m.H.

G. Rekursinstanzen bei Anordnungen privater Verwaltungsträger

Das VRG regelt die Anfechtung öffentlichrechtlicher Anordnungen privater Verwaltungsträger nicht[62]. Der Rechtsweg kann sich aus dem **Spezialgesetz** ergeben. Vgl. als Beispiele 41

- die Anfechtung von Disziplinarentscheiden privater Vollzugseinrichtungen nach § 23d Abs. 1 lit. b StJVG;
- die Anfechtung öffentlichrechtlicher Anordnungen nichtstaatlicher Mittelschulen gemäss § 39 Abs. 2 MittelschulG;
- die Anfechtung öffentlichrechtlicher Anordnungen nichtkantonaler Berufsfachschulen gemäss § 47 Abs. 1 lit. c EG BBG[63];
- den Rekurs gegen Prüfungsentscheide nichtstaatlicher Fachhochschulen nach Ziff. II des Beschlusses des Regierungsrates über die Rekurserledigung im Fachhochschulbereich vom 3. Dezember 2003[64] in Verbindung mit § 36 Abs. 2 Satz 2 FaHG.

Wenn eine spezialgesetzliche Regelung (trotz Art. 98 Abs. 4 lit. e KV) fehlt oder lückenhaft ist, hat sich die Anfechtung allfälliger öffentlichrechtlicher Anordnungen möglichst nach dem Regelinstanzenzug gemäss Art. 77 Abs. 1 KV bzw. § 19 Abs. 3 und § 19b Abs. 1 zu richten. Für den Rekurs wäre dabei die Aufsichtsbehörde zuständig. 42

H. Rechtsmittelinstanzen in der Justizverwaltung

Der Rechtsschutz in der Justizverwaltung obliegt Organen der zuständigen Gerichte[65]. Fraglich ist, ob justizinterne Organe, die über Rechtsmittel gegen Justizverwaltungsakte zu entscheiden haben, als **unabhängig** gelten können. Wenn die Rechtsmittelinstanz einem anderen Gericht angehört, ist die Frage zu bejahen. Sie ist dagegen zu verneinen, soweit es sich bei der Rechtsmittelinstanz um ein Organ derjenigen Behörde handelt, die den angefochtenen Entscheid gefällt hat, denn in diesem Fall ist die Unabhängigkeit der kontrollierenden von der kontrollierten Instanz nicht gegeben[66]. 43

Zuständig muss in analoger Anwendung von § 19b Abs. 1 die **Aufsichtsbehörde** sein, sofern sich den anwendbaren Rechtsgrundlagen keine abweichende Regelung entnehmen lässt[67]. Justizverwaltungsakte, die das Obergericht und das Sozialversicherungsgericht als 44

---

[62] Für private Verwaltungsträger auf kommunaler Ebene ist eine entsprechende Ergänzung vorgesehen; vgl. N. 27.
[63] § 47 Abs. 1 lit. c EG BBG ist allerdings nicht anwendbar auf Streitigkeiten aus Arbeitsverhältnissen an nichtkantonalen Berufsfachschulen, die (trotz § 21 Abs. 3 EG BBG) privatrechtlicher Natur bleiben: VGr, 6.8.2010, PK.2010.00001, E. 3. Vgl. auch § 10 Abs. 3 und § 21 EG BBG sowie Art. 61 Abs. 1 lit. a BBG.
[64] LS 414.114.
[65] Vgl. Weisung 2009, S. 901 ff.
[66] So zur internen Rekurskommission des Bundesgerichts: BGr, 19.3.2003, D 1/02, E. 1.2; TSCHÜMPERLIN, in: Basler Kommentar BGG, Art. 25 N. 117. Keine richterliche Unabhängigkeit kommt der Aufsichtskommission über die Rechtsanwälte in den von ihr durchgeführten Disziplinarverfahren zu; BGE 126 I 228, E. 2c.
[67] Vgl. § 38 AnwG, der die direkte Beschwerde an das Verwaltungsgericht «nach Massgabe der §§ 41 ff.» VRG vorsieht. Dieser missverständlichen – im Zusammenhang mit der damaligen Fassung des VRG geschaffenen – Formulierung zum Trotz wird § 38 AnwG zu Recht so interpretiert, dass er die Zuständigkeit des

einzige Instanz getroffen haben, sind mit Beschwerde beim Verwaltungsgericht anfechtbar (§ 42 lit. c Ziff. 1); wirkte das Verwaltungsgericht als einzige Instanz, kann der betreffende Akt beim Obergericht angefochten werden (§ 43 Abs. 2 lit. a)[68].

45 Der Gesetzgeber ging anscheinend davon aus, dass diese Rechtsmittel «übers Kreuz» ausgeschlossen sind, wenn gegen die Anordnung eines obersten Gerichts ein **gerichtsinternes Rechtsmittel** gegeben ist, wobei dessen Einrichtung auf Verordnungsstufe genügen würde[69]. Beim *Obergericht* ist ein solcher interner Rechtsweg unter Vorbehalt der Personalsachen gegeben (§ 18 Abs. 1 lit. a sowie § 19 Abs. 1 und 3 OV OGr)[70]. Dagegen reicht die Kompetenzvermutung von § 7 Abs. 1 OV VGr zugunsten der Verwaltungskommission des *Verwaltungsgerichts* als Grundlage einer gerichtsinternen Anfechtung nach der hier vertretenen Ansicht nicht aus (zur Begründung vgl. § 39 N. 8)[71]. Letzteres gälte ebenso für § 5 Abs. 1 OrgV SVGer, der die subsidiäre Zuständigkeit der Geschäftsleitung des *Sozialversicherungsgerichts* vorsieht. Weil eine gerichtsinterne Rechtsmittelinstanz nicht als unabhängig gelten kann (N. 43), ergibt sich allerdings aus den Rechtsweg- bzw. Rechtsschutzgarantien (Art. 29a BV; gegebenenfalls Art. 6 Ziff. 1 und Art. 13 EMRK), dass gerichtsinterne Rechtsmittel – die als eine Form der Einsprache verstanden werden können – die Beschwerde an das jeweils gesetzlich vorgesehene andere oberste Gericht nicht auszuschliessen vermögen[72].

46 Zur Vereinheitlichung der Verwaltungsrechtspflege mit der Zivil- und Strafrechtspflege zog das Verwaltungsgericht unter dem früheren Recht die Bestimmungen über die heutige **Aufsichtsbeschwerde nach §§ 82–85 GOG** analog heran[73]. Unter dem geltenden Recht besteht kein ersichtlicher Anlass, von den Vorschriften des VRG abzuweichen.

I. Hinweis: Besondere verwaltungsexterne Rekursinstanzen

47 Das **Steuerrekursgericht**[74] behandelt Rekurse in Streitigkeiten betreffend Staats- und Gemeindesteuern, Grundstückgewinnsteuer, Erbschafts- und Schenkungssteuer (§ 147 Abs. 1 und § 212 StG; § 43 Abs. 1 ESchG) sowie betreffend direkte Bundessteuer, Verrechnungssteuer und Wehrpflichtersatz (Art. 140 Abs. 1 DBG i.V.m. § 3 lit. c und § 13 VO DBG; Art. 22 Abs. 3 WPEG i.V.m. § 1 Abs. 2 KWPEV; Art. 35 Abs. 2 VStG i.V.m. §§ 4 und 15 Abs. 2 VO VStG). Administrativ ist es dem Verwaltungsgericht unterstellt (§ 116 Abs. 2 StG). Zuständigkeit und Verfahren richten sich nach den Bestimmungen der Steuergesetzgebung, weshalb das VRG gemäss seinem § 4 nicht anwendbar ist.

Verwaltungsgerichts vorbehaltlos und nicht (im Sinn von § 42 lit. c Ziff. 1 VRG i.V.m. § 18 Abs. 1 lit. a bzw. § 19 OV VGr) subsidiär zum internen Rechtsweg am Obergericht vorsieht (vgl. VGr, 4.10.2012, VB.2012.00460, E. 1).

[68] Kritisch JAAG, Gerichte, S. 790, 794.
[69] Vgl. Weisung 2009, S. 903.
[70] Vgl. auch § 21 der Dolmetscherverordnung vom 26./27. November 2003 (LS 211.17), der den Rekurs an die Verwaltungskommission des Obergerichts vorsieht. Vgl. ferner die – auch historische – Übersicht über die beim Verwaltungsgericht anfechtbaren Anordnungen in VGr, 5.12.2012, VB.2012.00755, E. 2.3, m.H.
[71] A.M. VGr, 5.12.2012, VB.2012.00755, E. 2.4, wo aber eingeräumt wird, es mute «die verordnungsmässige Ausprägung beim Obergericht klarer denn beim Verwaltungsgericht an».
[72] A.M. VGr, 5.12.2012, VB.2012.00755, E. 2.4.
[73] VGr, 28.4.2010, URB.2009.00001, E. 1; RB 2006 Nr. 35 (URB 2005.00001, E. 1).
[74] Vgl. dazu §§ 112–118a StG.

Das **Baurekursgericht** ist Rekursinstanz im Planungs-, Bau- und Umweltrecht (N. 78; vgl. auch N. 95). Es behandelt auch Beschwerden gegen Verfügungen betreffend den Erwerb von Grundstücken durch Personen im Ausland (§ 4 lit. c EG BewG i.V.m. Art. 15 Abs. 1 lit. c und Art. 20 BewG), Rekurse gegen Anordnungen der Gebäudeversicherung im Versicherungsbereich (§ 76 GebVG), Rekurse im Bereich der Feuerpolizei und teilweise des Feuerwehrwesens (§ 15 und § 37 Abs. 2 FFG) sowie im Klageverfahren Streitigkeiten nach dem Landwirtschaftsgesetz (§ 68 Abs. 3 f., § 70 Abs. 4 und §§ 73 f. LG). Administrativ ist es dem Verwaltungsgericht unterstellt (§ 336 Abs. 2 PBG).

Die **Rekurskommission der Zürcher Hochschulen** behandelt Rekurse gegen Anordnungen von Organen der Universität und von Fachhochschulen (ausser solchen des Universitätsrats und des Fachhochschulrats), wobei es vor allem um Personalsachen und Prüfungen geht. Der Universitätsrat regelt Zusammensetzung und Verfahren der Kommission (§ 46 UniG; § 36 FaHG). Die sieben nebenamtlichen Mitglieder werden vom Universitätsrat gewählt, der auch die administrative Aufsicht über die Geschäftsführung ausübt (§§ 1 f. OV ZHRK).

Die **kirchlichen Rekurskommissionen** sind im Rahmen von § 18 KiG zuständig bei Anordnungen von Organen einer kirchlichen Körperschaft, die sich nicht unmittelbar auf staatliches Recht stützen (vgl. im Einzelnen N. 68 ff.).

J. Hinweis: Weitere Rechtsschutzbehörden

Nicht zu den Rekursinstanzen gehören die **Schätzungskommissionen** in Enteignungs- und gewissen Beitragsstreitigkeiten. Sie entscheiden im Klageverfahren. Es bestehen vier Schätzungskommissionen, von denen jede für einen mehrere Bezirke umfassenden Schätzungskreis örtlich zuständig ist. Jeder Kommission gehören drei Mitglieder und zwei Ersatzleute an. Deren Wahl obliegt dem Verwaltungsgericht, das auch die Aufsicht über die Kommissionen ausübt (§§ 32–35 AbtrG). Die Schätzungskommissionen sind in ihrer Rechtsprechung unabhängig, weshalb das Verwaltungsgericht als Aufsichtsinstanz nur allgemeine Weisungen erteilen kann (vgl. auch § 39 N. 4 und 7)[75]. Ob die Kommissionen richterliche Instanzen im Sinn von Art. 6 Abs. 1 EMRK und Art. 30 Abs. 1 BV darstellen, ist umstritten und wohl zu verneinen[76]. Die Regelung der Amtsdauer und – sofern man annimmt, dass es sich um Gerichte handelt – der Wahl entsprechen der KV nicht mehr (vgl. Art. 41, Art. 75 Abs. 2 KV)[77].

---

[75] JAAG/RÜSSLI, Staats- und Verwaltungsrecht, N. 3639.
[76] Bejahend: JAAG/RÜSSLI, Staats- und Verwaltungsrecht, N. 3639; vgl. auch RB 1998 Nr. 44 (= BEZ 1998 Nr. 23). Verneinend: § 52 N. 3; RB 2001 Nr. 25, E. 2a (VR.2000.00003), unter Hinweis auf die Wahl durch das Verwaltungsgericht, das Fehlen der Kompetenz zur Zeugeneinvernahme (§ 15 Abs. 2 VO SchKomm) und der nicht auf die Lösung komplexer Rechtsfragen ausgerichteten Konzeption. Vgl. auch VGr, 25.10.2012, VR.2012.00001, E. 3.3, wo anscheinend angenommen wird, eine mündliche Verhandlung im Sinn von Art. 6 Ziff. 1 EMRK müsse vom Verwaltungsgericht vorgenommen werden, sowie § 26b N. 40.
[77] Vgl. auch JAAG/RÜSSLI, Staats- und Verwaltungsrecht, N. 3638a.

V. Abweichungen von der Grundordnung (Abs. 3)

52 § 19b Abs. 3 behält abweichende gesetzliche Regelungen vor. Bereits laut § 4 haben allerdings Vorschriften für das Verfahren vor Verwaltungsbehörden, die von den Bestimmungen des zweiten Gesetzesabschnitts abweichen, den Vorrang. Sofern § 19b Abs. 3 ein eigenständiger **Gehalt** zukommen soll, muss dieser darin liegen, dass die Norm im Gegensatz zu § 4 (vgl. § 4 N. 30) eine Abweichung nur gestattet, wenn sie in einem Gesetz im formellen Sinn enthalten ist. Die Unterschiede im Wortlaut sprechen für diese Auslegung.

53 Aufgrund seiner systematischen Stellung scheint Abs. 3 nur einen schmalen **Anwendungsbereich** zu haben: Demnach scheint er bloss die Ausnahmen zu § 19b Abs. 1 und 2 zu regeln, also jene Fälle, in denen gegen die Anordnung einer «unteren» Instanz eine andere Rekursbehörde vorgesehen ist als diejenige, die sich aus Abs. 1 und 2 ergäbe[78]. Überzeugender erscheint jedoch, § 19b Abs. 3 auf Abweichungen von den §§ 19 und 19b insgesamt (und auch von § 19a) zu beziehen. Unabhängig von dieser Überlegung gilt der Gehalt von § 19b Abs. 3 (N. 52) ohnehin für sämtliche Abweichungen von den §§ 19–19b: Laut Art. 77 Abs. 1 Satz 2 KV müssen Abweichungen vom Regelinstanzenzug im «Gesetz» vorgesehen sein; gemeint ist ein Gesetz im formellen Sinn[79]. Weil die Normen über die Zuständigkeit von Rechtsmittelinstanzen wichtige Rechtssätze über Organisation und Aufgaben von Behörden im Sinn von § 38 Abs. 1 lit. c KV sind[80], muss dies auch für weitere Abweichungen von der Ordnung der funktionellen Zuständigkeit gemäss VRG gelten, selbst wenn sie dem Regelinstanzenzug entsprechen. Eine Abweichung vom Regelinstanzenzug auf Verordnungsebene, die vor Art. 77 Abs. 1 Satz 2 KV nicht haltbar ist, stellt zum Beispiel § 40 Abs. 2 SubmV dar, der gegen Sanktionen im Submissionsverfahren eine direkte Beschwerde an das Verwaltungsgericht vorsieht[81].

VI. Sprungrekurs (Abs. 4)

54 § 19b Abs. 4 sieht einen **Sprungrekurs** vor: Hat die ordentliche Rekursbehörde «im Einzelfall Rat oder Weisung erteilt, dass oder wie eine Vorinstanz entscheiden soll», ist die ihr übergeordnete Verwaltungsbehörde für die Behandlung des Rekurses zuständig. Abs. 4 dient der Umsetzung einer Vorgabe von Art. 77 Abs. 1 KV, indem er die wirksame Überprüfung durch die Rekursinstanz in einer besonderen Situation sicherstellt. Zudem ermöglicht er einer Direktion, gezielt in Einzelfällen von grosser politischer Bedeutung die Angelegenheit durch Ausübung der Weisungsbefugnis gegenüber der formell zuständigen Amtsstelle an sich zu ziehen und dadurch die Zuständigkeit des Regierungsrats als Rekursinstanz herbeizuführen[82]. Derselbe Effekt wird übrigens erreicht, wenn die Direktion in Ausübung ihres Selbsteintritts- bzw. Evokationsrechts eine Angelegenheit direkt

---

[78] Die Materialien geben keine Auskunft; vgl. Weisung 2009, S. 960.
[79] VGr, 31.8.2010, VB.2010.00284, E. 1.3.
[80] HAUSER, in: Kommentar KV, Art. 38 N. 26.
[81] VGr, 31.8.2010, VB.2010.00284, E. 1.3 (wo die Norm aber aufgrund der Übergangsbestimmungen von Art. 138 Abs. 1 lit. b und Abs. 2 KV noch angewandt wurde).
[82] Weisung 2009, S. 857.

selber entscheidet[83]. § 40 Abs. 2 OG RR gesteht der Vorsteherin oder dem Vorsteher der Direktion sowie der Chefin oder dem Chef einer Verwaltungseinheit uneingeschränkte Weisungs- und Selbsteintrittsrechte – allerdings nur im Rahmen der VOG RR – zu[84].

Voraussetzung des Sprungrekurses ist, dass die ordentliche Rekursinstanz «*Rat*» oder «*Weisung*» erteilt hat. Von diesen beiden alternativen Voraussetzungen ist vor allem der erste Begriff auslegungsbedürftig. Eine allgemeine Auskunft, die sich nicht im Einzelnen und konkret auf den zu entscheidenden Fall bezieht, dürfte nicht darunterfallen. Nehmen Behörden des Bezirks und des Kantons ihre Beratungsfunktion gegenüber den Gemeinden wahr, kann auf den Sprungrekurs dann verzichtet werden, wenn die Beratung einer bestimmten Person zugeordnet werden kann und organisatorisch sichergestellt ist, dass diese am Rekursverfahren nicht mitwirkt; andernfalls würde der Regelinstanzenzug in gewissen Sachbereichen nahezu systematisch ausgehebelt (vgl. im Einzelnen § 26 N. 13). Der Rat oder die Weisung muss sich auf den Erlass einer Verfügung beziehen, wobei alle Verfügungstypen im Sinn von § 19a in Frage kommen[85]. 55

Der Sprungrekurs ist **nicht möglich,** wenn die Behörde, die Rat oder Weisung erteilt hat, *in der Verwaltungshierarchie zuoberst* steht. Er entfällt somit, wenn die Verfügungskompetenz der Direktion und nicht einer ihr untergeordneten Verwaltungseinheit zukommt. Wenn das oberste Organ einer selbständigen Anstalt Rat oder Weisung erteilt hat, ist innerhalb der Anstalt ebenfalls kein Sprungrekurs möglich. Zwar käme der Sprungrekurs an den Regierungsrat in Frage, doch stünde dies im Widerspruch mit der Selbständigkeit der Anstalten und wohl auch dem Willen des Gesetzgebers[86]. Zur Sicherstellung des zweistufigen Rechtswegs sollten der Regierungsrat und die obersten Anstaltsorgane beim Erteilen von Rat und Weisung darauf achten, dass sie trotz den dadurch entstehenden Ausstandsgründen (vgl. § 5a N. 25 ff.) als Rekursinstanzen beschlussfähig bleiben. Demnach sollten sie – unter Vorbehalt besonderer Umstände – nicht als Gesamtbehörde in Verfahren eingreifen, die vor einer Vorinstanz hängig sind. 56

Die **Rechtsfolgen** des Sprungrekurses treten von Gesetzes wegen ein[87]. An die Stelle der Weisung oder Rat erteilenden ordentlichen Rekursinstanz tritt die übergeordnete Behörde. Diese ist in der Rechtsmittelbelehrung als Rekursinstanz anzugeben (Abs. 4 Satz 2). 57

Die bundesrechtliche Regelung der **Sprungbeschwerde nach Art. 47 Abs. 2 und 4 VwVG** unterscheidet sich in verschiedener Hinsicht von § 19 Abs. 4[88]. Für den Sprungrekurs 58

---

[83] Zum Evokationsrecht VGr, 27.1.2010, PB.2009.00035, E. 13.2; VGr, 2.5.2007, PB.2006.00020, E. 7.3.3, m.H.; vgl. auch Art. 47 Abs. 4 f. RVOG und dazu BGE 138 III 90, E. 2.6, m.H.; SÄGESSER, Handkommentar RVOG, Art. 47 N. 36 ff.
[84] Die in Aussicht gestellten Verordnungsbestimmungen über die Kriterien zur Ausübung des Selbsteintritts (Weisung OG RR, S. 81) wurden, soweit ersichtlich, bisher nicht erlassen.
[85] Vgl. für den Bund KIENER, in: Kommentar VwVG, Art. 47 N. 16.
[86] Vgl. Weisung 2009, 908; vgl. auch den kategorischen Ausschluss des Rekurses an den Regierungsrat in § 30 Satz 2 USZG und § 29 Satz 2 KSWG (der allerdings in § 8a Abs. 2 EKG-Gesetz, § 77 Abs. 2 GebVG und § 22 BVSG nicht aufgenommen wurde).
[87] Vgl. für den Bund KIENER, in: Kommentar VwVG, Art. 47 N. 17.
[88] Zur Sprungbeschwerde nach Art. 47 VwVG vgl. KIENER, in: Kommentar VwVG, Art. 47 N. 15 ff.; KÖLZ/HÄNER/BERTSCHI, Verwaltungsverfahren, N. 1271 f.; MOSER/BEUSCH/KNEUBÜHLER, Bundesverwaltungsgericht, N. 2.55 ff.; ZIBUNG, in: Praxiskommentar VwVG, Art. 47 N. 15 ff. Vgl. auch für den Kanton Bern: KEUSEN/LANZ, Sprungrekurs; LUDWIG, Sprungrekurs.

nach Art. 47 Abs. 2 VwVG genügt die Erteilung eines Rats nicht: Erforderlich ist – zumindest gemäss dem Wortlaut der Bestimmung – die Erteilung einer Weisung. Es genügt allerdings, wenn der Entscheid der zu überspringenden Behörde im Voraus feststeht, zum Beispiel weil diese an der angefochtenen Verfügung massgeblich mitgewirkt hat[89]. Anders als im Bund wird sodann im Kanton Zürich nicht der Instanzenzug verkürzt, sondern die ordentliche Rekursinstanz durch die übergeordnete Behörde ersetzt. Im Bund kann der Sprungrekurs zur unmittelbaren Zuständigkeit des Bundesverwaltungsgerichts führen[90]; demgegenüber ist im kantonalen Verfahren keine Sprungbeschwerde an das Verwaltungsgericht möglich: § 19b Abs. 4 bietet keine Grundlage dafür, eine verwaltungsinterne Beschwerdeinstanz ersatzlos auszulassen.

VII. Instanzenzug in besonderen Bereichen

A. Anfechtung von Erlassen

59 Die **abstrakte Normenkontrolle** wurde anlässlich der VRG-Revision von 2010 neu gestaltet: bezüglich kommunaler Erlasse wurde sie beibehalten, bezüglich kantonaler Erlasse unterhalb der Stufe des Gesetzes neu eingeführt. Der Rechtsweg richtet sich nach der Zuständigkeitsordnung für die Anfechtung von Anordnungen (§ 19 Abs. 4).

60 Demnach besteht stets ein *doppelter Instanzenzug* bei **kommunalen** Erlassen. Diese sind mit Gemeindebeschwerde beim Bezirksrat anfechtbar (§ 151 GG) bzw. mit Rekurs beim Bezirksrat oder Statthalter (§ 152 GG oder auch § 151a GG i.V.m. § 19b Abs. 2 lit. c und d VRG). Der E-GG enthält keine besonderen Bestimmungen über Rechtsmittel vor kantonalen Instanzen mehr, womit allein § 19b Abs. 2 lit. c und d VRG massgeblich wären[91]. Zur Anfechtung bau- und planungsrechtlicher Erlasse vgl. N. 82. Zweite Rechtsmittelinstanz ist stets das Verwaltungsgericht (§ 41 Abs. 1).

61 Bei **kantonalen** Erlassen und bei Erlassen der Organe **selbständiger Anstalten** besteht ein doppelter Instanzenzug nur, wenn sie von einer unteren Instanz stammen. Unmittelbar beim Verwaltungsgericht anfechtbar sind Verordnungen des Regierungsrats (§ 41 Abs. 1 i.V.m. § 19 Abs. 2 lit. a), des Kantonsrats (§ 42 lit. b Ziff. 3 i.V.m. § 19 Abs. 2 lit. b) sowie des Ober- und des Sozialversicherungsgerichts (§ 42 lit. c Ziff. 2 VRG i.V.m. Art. 74 Abs. 2 KV). Dies gilt auch für gemeinsame Erlasse der obersten kantonalen Gerichte[92], während bei Erlassen des Verwaltungsgerichts das Obergericht Beschwerdeinstanz ist (§ 43 Abs. 2 lit. b). Ebenso sind Verordnungen der obersten Organe selbständiger kantonaler Anstalten direkt beim Verwaltungsgericht anfechtbar (zum Ganzen § 41 N. 18 ff.)[93].

---

[89] BVGE 2009/30 386, E. 1.2.2; KIENER, in: Kommentar VwVG, Art. 47 N. 16 Fn. 68, m.H.
[90] Vgl. BVGE 2009/30 386, E. 1.2.
[91] Vgl. Weisung GG, S. 100.
[92] Kritisch JAAG, Gerichte, S. 794.
[93] Zur abstrakten Normenkontrolle vgl. auch MARTI, Besondere Verfahren, S. 111 ff.

B. Stimmrechtssachen

1. Kantonale Stimmrechtssachen

Bei Akten in Stimmrechtssachen des Kantons, des Bezirks, der Gemeinde und anderer Körperschaften des kantonalen öffentlichen Rechts (§ 19 Abs. 1 lit. c; vgl. dazu § 19 N. 57 ff.) besteht – mit Ausnahme der Anordnungen und Realakte des Regierungsrats und des Kantonsrats – durchwegs ein **zweistufiger Rechtsschutz** gemäss Art. 77 Abs. 1 KV, wobei jeweils die in § 19b Abs. 2 VRG genannte Rekursinstanz zuständig ist.

62

Gegen **Rekursentscheide** des **Regierungsrats** (über erstinstanzliche Akte der Direktion oder des Bezirksrats; vgl. § 19b Abs. 2 lit. a Ziff. 1 und 3) steht stets die Beschwerde an das Verwaltungsgericht offen (§ 41 Abs. 1), während Rekursentscheide des **Kantonsrats** hinsichtlich des Ergebnisses einer Kantonsratswahl (§ 19b Abs. 2 lit. e) nicht an das Verwaltungsgericht weitergezogen werden können (§ 42 lit. b).

63

Gegen **erstinstanzliche Akte** des **Regierungsrats** kann Einsprache erhoben werden (§ 10d Abs. 1). Die Beschwerde an das Verwaltungsgericht steht nicht offen (§ 44 Abs. 1 lit. a). Letzteres gilt – unter Vorbehalt der Anfechtung von Kantonsratsverordnungen – ebenso mit Bezug auf erstinstanzliche Akte des **Kantonsrats** (§ 42 lit. b). Gegen den Einspracheentscheid des Regierungsrats oder den Akt des Kantonsrats ist direkt Beschwerde in öffentlichrechtlichen Angelegenheiten an das Bundesgericht zu erheben (vgl. Art. 88 Abs. 2 BGG). Dasselbe gilt für die Anfechtung von Volksentscheiden in Angelegenheiten des Kantons[94].

64

Inwieweit diese Regelungen den **Anforderungen des Bundesrechts** entsprechen, erscheint noch nicht restlos geklärt[95]. Jedenfalls fordert Art. 88 Abs. 2 Satz 1 BGG gemäss der Auslegung des Bundesgerichts ein Rechtsmittel an ein Gericht gegen Akte, welche die politischen Rechte der Stimmberechtigten verletzen können[96]. Die Ausnahme in Satz 2 dieser Bestimmung bezieht sich nur auf erstinstanzliche Akte der Kantonsregierung und des Kantonsparlaments. Wenn die Kantonsregierung oder das Kantonsparlament als Rechtsmittelinstanz über Akte anderer Behörden entscheidet, ist deshalb ein weiteres Rechtsmittel an ein Gericht vorzusehen. Das Bundesgericht hat offen gelassen, ob dies auch mit Bezug auf allfällige Einspracheentscheide und Wiedererwägungsverfügungen von Kantonsparlamenten und Kantonsregierungen gilt[97]. Weil den betreffenden Entscheiden erstinstanzliche Anordnungen der Regierung oder des Parlaments zugrunde liegen, ist dies zu verneinen[98]. Folglich ist der Ausschluss der Beschwerde an das Verwaltungsgericht gegen Einspracheentscheide des Regierungsrats (§ 44 Abs. 1 lit. a) als zulässig zu bewerten, der Ausschluss der Beschwerde gegen Rekursentscheide des Kantonsrats im Sinn von § 19b Abs. 2 lit. e (§ 42 lit. b) dagegen als bedenklich.

65

---

[94] Vgl. RRB 285/2011, E. 2 (www.zhentscheide.zh.ch).
[95] Die Bundesrechtsmässigkeit wird bejaht in der Weisung 2009, S. 879 f.
[96] BGE 134 I 199, E. 1.2; ausführlich: BGr, 12.2.2007, 1P.338 und 582/2006, E. 3.10 (ZBl 2007, 313 ff.).
[97] BGr, 29.6.2009, 1C_82/2009, E. 2.2.1; vgl. auch KÖLZ/HÄNER/BERTSCHI, Verwaltungsverfahren, N. 1724 (auch zum Ganzen).
[98] KÖLZ/HÄNER/BERTSCHI, Verwaltungsverfahren, N. 1724, m.w.H.

2. Eidgenössische Stimmrechtssachen

66 Der Rechtsweg in eidgenössischen Stimmrechtssachen ergibt sich aus dem Bundesrecht (Art. 77–80 BPR; Art. 88 Abs. 1 lit. b BGG). Akte der Bundesversammlung und des Bundesrats können nicht angefochten werden (Art. 189 Abs. 4 BV; der Gesetzgeber hat von der ihm dort eingeräumten Befugnis, Ausnahmen vorzusehen, keinen Gebrauch gemacht). Kantonale Instanzen sind insoweit involviert, als Art. 77 Abs. 1 BPR in drei Fällen die Beschwerde an die Kantonsregierung vorsieht: wegen Verletzung des Stimmrechts gemäss bestimmten Normen des BPR (lit. a; Stimmrechtsbeschwerde i.e.S.); wegen Unregelmässigkeiten bei eidgenössischen Abstimmungen (lit. b; Abstimmungsbeschwerde) sowie wegen Unregelmässigkeiten bei der Vorbereitung und Durchführung der Nationalratswahlen (lit. c; Wahlbeschwerde). Art. 77 Abs. 2 sowie Art. 78 f. BPR enthalten Frist- und Verfahrensbestimmungen; gegen die Beschwerdeentscheide der Kantonsregierung kann direkt beim Bundesgericht Beschwerde in öffentlichrechtlichen Angelegenheiten erhoben werden (Art. 80 Abs. 1 BPR; Art. 88 Abs. 1 lit. b BGG).

67 Dieser Rechtsweg ist nicht adäquat, sobald Unregelmässigkeiten in Frage stehen, die sich nicht nur innerhalb des betreffenden Kantons auswirken. Die Kantonsregierung ist als Beschwerdeinstanz ungeeignet, wenn unzulässige Eingriffe in den Wahl- oder Abstimmungskampf gerügt werden, die sich nicht auf einen einzigen Kanton beschränken, oder wenn die Verschiebung oder Absetzung einer eidgenössischen Wahl beantragt wird. Laut Bundesgericht ist dennoch in erster Instanz die Kantonsregierung anzurufen. Diese hat gegebenenfalls einen Nichteintretensentscheid zu fällen, der beim Bundesgericht anzufechten ist. Zu Recht ruft das Bundesgericht den Gesetzgeber zur Neuordnung des Rechtswegs auf[99]. Ungeklärt erscheint im Übrigen das Verhältnis zwischen rechtskräftigen Beschwerdeentscheiden der Kantonsregierung einerseits und der Erwahrung des Abstimmungs- oder Wahlresultats durch den Bundesrat bzw. den Nationalrat (Art. 15 Abs. 1 und Art. 53 Abs. 1 BPR) anderseits[100].

C. Kirchliche Angelegenheiten

68 Als selbständige kirchliche Körperschaften des öffentlichen Rechts anerkannt werden die Evangelisch-reformierte Landeskirche und ihre Kirchgemeinden, die Römisch-katholische Körperschaft und ihre Kirchgemeinden sowie die Christkatholische Kirchgemeinde (Art. 130 Abs. 1 KV). Das staatliche Recht macht den **Rechtsweg** von der grundlegenden Unterscheidung abhängig, ob sich die Anordnung eines kirchlichen Organs unmittelbar auf kantonales Recht stützt[101]. Im Sinn von Art. 130 Abs. 3 KV kommen vor allem die Bestimmungen des Kirchengesetzes selber sowie jene über die Pfarrwahlen im GPR und jene des Steuergesetzes über die Kirchensteuer in Frage. Die sinngemässe Anwendung kantonalen Rechts als kirchlich-körperschaftliches Recht aufgrund einer Verweisung oder der subsidiären Regelung von § 5 Abs. 3 KiG fällt nicht darunter[102]. Die

---

[99] BGE 137 II 177, E. 1.2.2 f.
[100] Zum Ganzen: BESSON, Legitimation, S. 856, 871 f.; KÖLZ/HÄNER/BERTSCHI, Verwaltungsverfahren, N. 1726 ff.; STEINMANN, in: Basler Kommentar BGG, Art. 88 N. 4 ff.
[101] Zu den Rechtswegen nach KiG und KO-ERL eingehend RÖHL, Rechtsschutz; zu den Anforderungen des Bundesrechts NAY, Rechtsschutz, S. 14 ff.
[102] Vgl. auch RÖHL, Rechtsschutz, S. 263 Fn. 11.

wörtliche Wiedergabe einer Bestimmung des kantonalen Rechts in einem Erlass der kirchlichen Körperschaften macht aus der Norm allerdings noch nicht kirchlich-körperschaftliches Recht[103].

Stützen sich die Anordnungen kirchlicher Organe **unmittelbar auf kantonales Recht**, so sind sie *bei staatlichen Organen anfechtbar*. Die Zuständigkeit der Rechtsmittelinstanz bestimmt sich durch sinngemässe Anwendung des kantonalen Verwaltungsverfahrensrechts (§ 18 Abs. 1 KiG). Anwendbar sind demnach §§ 19 und 19b VRG. Das bedeutet: Wendet ein Organ einer Kirchgemeinde kantonales Recht unmittelbar an, ist der Rekurs an den Bezirksrat zulässig; wendet ein Organ einer kantonalen kirchlichen Körperschaft kantonales Recht unmittelbar an, so ist – analog zur Anfechtung erstinstanzlicher Anordnungen des Regierungsrats – direkt die Beschwerde an das Verwaltungsgericht zulässig[104]. Erstinstanzliche Anordnungen der Bezirkskirchenpflege, die sich auf kantonales Recht stützen, unterliegen dem Rekurs an den Regierungsrat (§ 19b Abs. 1 lit. a Ziff. 3 analog), dessen Entscheid an das Verwaltungsgericht weitergezogen werden kann. Entscheide der kirchlichen Behörden über Bestand und Umfang der Kirchensteuerpflicht können gemäss den Bestimmungen angefochten werden, die für Entscheide über Gemeindesteuern gelten (§ 204 StG)[105].

69

Bei Anordnungen, die sich **nicht unmittelbar auf kantonales Recht stützen**, haben die kantonalen kirchlichen Körperschaften einen *dem kantonalen Recht gleichwertigen Rechtsschutz* zu gewährleisten. Soweit sie keine eigenen Bestimmungen erlassen, richtet sich das Verfahren nach dem VRG und den entsprechenden Bestimmungen des GG (§ 18 Abs. 2 KiG). Weil den kantonalen kirchlichen Körperschaften durch die Kantonsverfassung und das Kirchengesetz im Rahmen des kantonalen Rechts weitgehend Autonomie eingeräumt wird (Art. 130 Abs. 2 KV; § 5 Abs. 1 KiG)[106], können sie auch den Rechtsschutz relativ eigenständig regeln. Die Evangelisch-reformierte Landeskirche und die Römisch-katholische Körperschaft müssen jedoch nach § 7 Abs. 1 lit. c bzw. Abs. 2 lit. c KiG über eine Judikative in der Form einer Rekurskommission verfügen; Entscheide kirchlicher Behörden müssen letztinstanzlich an diese Rekurskommission oder, sofern die Kirchenordnung dies nicht vorsieht, an das Verwaltungsgericht weitergezogen werden können. Von dieser auf Gesetzesstufe nochmals vorgegebenen Rechtsweggarantie ausgenommen sind einerseits kultische Fragen[107], anderseits – sofern die Kirchenordnung dies vorsieht – Entscheide mit vorwiegend politischem Charakter (§ 18 Abs. 3 KiG). Aufgrund der gesetzlichen Ordnung ist die Stellung der kirchlichen Rekurskommissionen in ihrem speziellen Zuständigkeitsbereich vergleichbar mit derjenigen des Verwaltungsgerichts; entsprechend können sie als obere Gerichte im Sinn von Art. 86 Abs. 2 BGG gelten[108].

70

---

[103] Vgl. § 3 KiG und Art. 2 Abs. 1 f. KO-RKK zur Mitgliedschaft.
[104] Weisung 2009, S. 976.
[105] Zum Rechtsweg: §§ 192, 195 und 196 StG; FELIX RICHNER/WALTER FREI/STEFAN KAUFMANN/HANS ULRICH MEUTER, Kommentar zum Zürcher Steuergesetz, 3. Aufl., Zürich 2013, § 204 N. 6. Für die Evangelisch-reformierte Landeskirche vgl. RÖHL, Rechtsschutz, S. 271 f. Nicht gesetzeskonform ist Art. 57 Abs. 2 und 3 KO-RKK, wonach in Kirchensteuersachen der innerkirchliche Instanzenzug gegeben ist, wenn die Zugehörigkeit zur Kirche bestritten wird.
[106] RÖHL, in: Kommentar KV, Art. 130 N. 14 ff.
[107] Zum Begriff: Weisung KiG, S. 617.
[108] NAY, Rechtsschutz, S. 14 f.

§ 19b

71 In der **Evangelisch-reformierten Landeskirche** wirken als Rekursinstanzen die Bezirkskirchenpflege, der Kirchenrat sowie die Rekurskommission. Die Bezirkskirchenpflege entscheidet als erste Rekursinstanz über Anordnungen der Kirchgemeinden und Kirchgemeindeverbände sowie von deren Organen (Art. 186 lit. e KO-ERL). Der Kirchenrat entscheidet als erste Rekursinstanz über erstinstanzliche Anordnungen der Bezirkskirchenpflege sowie – subsidiär zur Rekurskommission und zum Verwaltungsgericht – über deren Rekursentscheide (Art. 220 lit. p KO-ERL). Die Rekurskommission entscheidet als zweite Rechtsmittelinstanz über Rekursentscheide der Bezirkskirchenpflege sowie des Kirchenrats, ferner als erste Rechtsmittelinstanz über erstinstanzliche Anordnungen des Kirchenrats (Art. 228 Abs. 1 KO-ERL). Besonders ausgestaltet ist der Instanzenzug in *personalrechtlichen Streitigkeiten*: Personalrechtliche Anordnungen der Kirchenpflege sind entsprechend der Grundordnung mit Rekurs bei der Bezirkskirchenpflege anfechtbar; diese Rekursentscheide sowie personalrechtliche Anordnungen der Bezirkskirchenpflege und des Kirchenrats unterliegen jedoch der Beschwerde an das Verwaltungsgericht; die Zuständigkeit der Rekurskommission wird insoweit gestützt auf § 18 Abs. 3 Satz 1 KiG ausgeschlossen (Art. 228 Abs. 2 KO-ERL)[109]. Sodann entzieht Art. 228 Abs. 3 KO-ERL gewisse Akte kirchlicher Organe generell dem Rechtsschutz auf kantonaler Ebene; das trifft zu auf sämtliche Beschlüsse der Kirchensynode (analog zu § 42 lit. b VRG) sowie in Stimmrechtssachen auf Anordnungen des Kirchenrats. Der Ausschluss der verwaltungsgerichtlichen Kontrolle ist allerdings nur im Rahmen von Art. 86 Abs. 2 und 3 sowie Art. 88 Abs. 2 BGG zulässig[110]. Eine abstrakte Normenkontrolle sieht die Kirchenordnung nicht vor. Weil die Garantie der abstrakten Normenkontrolle gemäss Art. 79 Abs. 2 KV auch die Satzungen selbständiger Körperschaften und Anstalten des öffentlichen Rechts umfasst[111], richtet sich der Rechtsweg insofern nach § 18 Abs. 2 KiG; letztinstanzlich ist das Verwaltungsgericht zuständig (§ 18 Abs. 3 KiG)[112].

72 In der **Römisch-katholischen Körperschaft,** die keine Bezirksebene kennt, ist der Rechtsschutz im Wesentlichen einstufig ausgestaltet. Anordnungen des Synodalrats, der Kirchgemeinden und Zweckverbände sowie ihrer Organe unterstehen dem Rekurs an die Rekurskommission (Art. 47 lit. c und e KO-RKK). Ein innerkirchlicher Rechtsschutz besteht – anders als in der Evangelisch-reformierten Landeskirche – auch bei personalrechtlichen Streitigkeiten, wobei hier grundsätzlich ein doppelter Instanzenzug vorgesehen ist: Der Synodalrat entscheidet über Rekurse gegen Anordnungen der Kirchgemeinden und Zweckverbände (Art. 41 lit. o KO-RKK), die Rekurskommission über Rekurse gegen Rekursentscheide und erstinstanzliche Anordnungen des Synodalrats (Art. 47 lit. b und d KO-RKK). Die Rekurskommission übt auch eine abstrakte Normenkontrolle aus (Art. 47 lit. h KO-RKK).

73 Die **Christkatholische Kirchgemeinde** verfügt nicht über eine Rekurskommission (§ 7 Abs. 3 i.V.m. § 11 Abs. 1 KiG; Art. 8 Abs. 1 KO-CKK). Sowohl unmittelbar auf staatliches Recht gestützte als auch andere Anordnungen sind mit Rekurs an den Bezirksrat Zürich weiterziehbar (Art. 8 KO-CKK i.V.m. § 18 KiG und § 7 Abs. 2 VO KiG-GjG). Kultische

---

[109] Vgl. VGr, 15.5.2013, VB.2013.00023, E. 3.4 f.
[110] Vgl. auch JAAG/RÜSSLI, Staats- und Verwaltungsrecht, N. 1325a; RÖHL, Rechtsschutz, S. 270 f., 274.
[111] Gl.M. MARTI, Besondere Verfahren, S. 117 f.
[112] Gl.M. RÖHL, Rechtsschutz, S. 267 f.

Fragen sind von der Prüfung durch die staatlichen Behörden ausgeschlossen (§ 18 Abs. 3 KiG; Art. 8 Abs. 3 Satz 2 KO-CKK)[113].

D. Formelles Zivil- und Strafrecht

In Materien, die formell dem Zivilrecht angehören, materiell aber dem Verwaltungsrecht zuzuordnen sind, entscheiden **zum Teil verwaltungsinterne** und **zum Teil zivilgerichtliche** Instanzen. Zum Beispiel:

- Im *Kindes- und Erwachsenenschutzrecht* beurteilt das Einzelgericht des örtlich zuständigen Bezirksgerichts Beschwerden betreffend die fürsorgerische Unterbringung im Sinn von §§ 426 ff. ZGB (§ 62 EG KESR; § 30 GOG), der Bezirksrat als erste Rechtsmittelinstanz Beschwerden im Sinn von Art. 450 Abs. 1 ZGB (§ 63 EG KESR). Zweite Beschwerdeinstanz ist jeweils das Obergericht (§ 64 EG KESR; § 50 lit. a und b GOG). Auf diese Rechtsmittelordnung verweist im Übrigen auch § 27 Abs. 2 PatG, der den Rechtsschutz bei Zwangsmassnahmen nach §§ 24 ff. PatG regelt.
- Über Gesuche um *Namensänderungen* verfügt das Gemeindeamt, dessen Anordnung mit Rekurs an die zuständige Direktion weitergezogen werden kann (§ 44 Ziff. 15 EG ZGB; Anhang 3 Ziff. 1.1 lit. c VOG RR). Der Entscheid der Direktion kann beim Obergericht angefochten werden (§ 45 EG ZGB; § 50 lit. c GOG).
- Die Beschwerde gegen Verfügungen des *Grundbuchamts* nach Art. 956a ZGB ist an das Bezirksgericht zu richten, dessen Entscheid an das Obergericht weitergezogen werden kann (vgl. § 221 EG ZGB i.V.m. §§ 33 f. NotG)[114]. Gegen Verfügungen, die sich auf die *Notariats- und Grundbuchgebühren* beziehen, ist allerdings der Rekurs an die Finanzdirektion gegeben, gegen deren Entscheid Beschwerde beim Verwaltungsgericht erhoben werden kann (§ 31 NotG)[115].

Die Rechtsmittelentscheide des Obergerichts in den genannten Fällen unterliegen der Beschwerde in Zivilsachen an das Bundesgericht (Art. 72 Abs. 2 lit. b Ziff. 2, 3 und 6 BGG).

Weitere Streitigkeiten, die materiell dem Verwaltungsrecht, formell jedoch dem Zivil- oder Strafrecht zuzuordnen sind, fallen ganz in die **Zuständigkeit der Verwaltungsbehörden und des Verwaltungsgerichts**. Das gilt für Angelegenheiten der *Stiftungsaufsicht* (§ 34 Ziff. 2 und § 37 EG ZGB; § 22 Abs. 2 und 3 BVSG), des *Zivilstandsregisters* (§ 12a Abs. 2 und § 20a ZVO), des *Handelsregisters*[116] sowie des *Straf- und Massnahmenvollzugs* (§§ 23d, 29 und 35 StJVG). Soweit die Zuständigkeit des Verwaltungsgerichts in den genannten Fällen nicht ausdrücklich oder durch Verweisung auf das VRG vorgese-

---

[113] Anscheinend irrtümlich anders: Röhl, Rechtsschutz, S. 264 Fn. 13 und S. 265.
[114] Zu den Grundbuchbeschwerden im Allgemeinen vgl. Schmid-Tschirren/Pfäffli, Beschwerden im Grundbuchrecht.
[115] Als Beispiel: VGr, 13.1.2011, VB.2010.00626.
[116] Gemäss Art. 165 Abs. 1 und 2 (i.V.m. Art. 4 Abs. 3) HRegV sind Verfügungen des Handelsregisteramts direkt beim Verwaltungsgericht – und nicht zunächst mit Rekurs bei der Aufsichtsbehörde nach § 42 Abs. 3 EG ZGB – anzufechten; vgl. BGE 137 III 217, E. 2; VGr, 13.5.2013, VB.2012.00533, E. 1.2; VGr, 17.5.2011, VB.2011.00266, E. 1.3; Michael Gwelessiani, Praxiskommentar zur Handelsregisterverordnung, 2. Aufl., Zürich/Basel/Genf 2012, N. 583; David Rüetschi, in: Rino Siffert/Nicholas Turin (Hrsg.), Stämpflis Handkommentar Handelsregisterverordnung (HRegV), Bern 2013, Art. 165 N. 11 ff.

hen ist, ergibt sie sich aus § 41 Abs. 1 und 2 VRG sowie – jeweils e contrario – § 43 Abs. 1 VRG und § 51 Abs. 1 GOG. Die Rechtsmittelentscheide des Verwaltungsgerichts unterliegen, soweit es um formelles Zivilrecht geht, der Beschwerde in Zivilsachen (Art. 72 Abs. 2 lit. b Ziff. 2 und 4 BGG) und im Bereich des Straf- und Massnahmenvollzugs der Beschwerde in Strafsachen an das Bundesgericht (Art. 78 Abs. 2 lit. b BGG).

E. Verwaltungsrechtliche Zwangsmassnahmen

76 Zur Beurteilung gewisser **Zwangsmassnahmen** des Verwaltungsrechts ist als erste Rechtsmittelinstanz bzw. erste Instanz das Einzelgericht am Bezirksgericht als *Haftgericht* zuständig, gegen dessen Entscheid Beschwerde an das *Verwaltungsgericht* erhoben werden kann (§ 43 Abs. 1; § 11a GSG [gegebenenfalls i.V.m. § 14 Abs. 3 GSG]; vgl. auch § 43 N. 5 f.)[117]. Dies betrifft

– Zwangsmassnahmen gemäss GSG (Wegweisung, Rayonverbot, Kontaktverbot und Gewahrsam; §§ 3–14 GSG; § 33 Abs. 1 GOG);
– Zwangsmassnahmen gemäss Art. 73–78 AuG (§ 33 Abs. 3 lit. a GOG);
– Zwangsmassnahmen gemäss Art. 4–9 HooliganK (Rayonverbot, Meldeauflage und Polizeigewahrsam; § 2 Abs. 2 HooliganK-BeitrittsG; § 33 Abs. 3 lit. b GOG).

77 Bei polizeilichen Massnahmen nach dem **PolG** sind *verschiedene Rechtswege* gegeben:
– Wegweisung und Fernhaltung unter Strafandrohung gemäss § 34 Abs. 2 und 4 PolG sind beim Haftgericht (Einzelgericht am Bezirksgericht) anzufechten (§ 33 Abs. 1 GOG), gegen dessen Entscheid praxisgemäss die Beschwerde an das Verwaltungsgericht gegeben ist (§ 34 Abs. 4 PolG i.V.m. § 11a GSG)[118].
– Gegen den polizeilichen Gewahrsam nach §§ 25 ff. PolG ist das Haftgericht anzurufen (§ 27 PolG; § 33 Abs. 1 GOG). Dessen Entscheid kann mit Beschwerde an das Obergericht weitergezogen werden, weil § 27 Abs. 2 Satz 2 PolG auf die StPO verweist (Art. 18 Abs. 1 und Art. 20 Abs. 1 lit. c StPO i.V.m. § 29 Abs. 1 und § 49 GOG; § 43 Abs. 1 VRG e contrario)[119]. Dieser Rechtsweg ist auch gegeben, wenn gerade umstritten ist, ob es sich um polizeilichen Gewahrsam handelt[120].
– Soweit das Gesetz keine spezifischen Verfahrensvorschriften enthält, sind verwaltungsrechtliche Verfügungen der Polizei nach den §§ 19, 19b und 41 VRG anzufechten. Verfügungen der Stadtpolizeien unterstehen somit dem Rekurs an den Statthalter, Verfügungen der Kantonspolizei dem Rekurs an die Sicherheitsdirektion (§ 19b Abs. 2 lit. d bzw. lit. b Ziff. 1 i.V.m. Anhang 3 Ziff. 2.1 VOG RR); als zweite Rechtsmittelinstanz kann das Verwaltungsgericht mit Beschwerde angerufen werden (§ 41 Abs. 1 VRG)[121]. Dies gilt etwa grundsätzlich für das Verbringen auf eine Dienststelle

---

[117] Zum Ganzen vgl. auch HAUSER/SCHWERI/LIEBER, Kommentar GOG, § 33.
[118] VGr, 7.2.2013, VB.2012.00272, E. 2.3; VGr, 3.12.2009, VB.2009.00523, E. 1.1. Die Annahme der Zuständigkeit des Verwaltungsgerichts (und nicht des Obergerichts) erscheint aufgrund von § 34 Abs. 4 PolG i.V.m. § 11a GSG vertretbar, aber angesichts von § 43 Abs. 1 VRG und § 51 Abs. 1 GOG keineswegs zwingend.
[119] VGr, 26.1.2012, VB.2011.00710, E. 2.1.
[120] VGr, 26.1.2012, VB.2011.00710, E. 3.2.
[121] VGr, 26.1.2012, VB.2011.00710, E. 2.2.

zur Personenkontrolle und Identitätsfeststellung oder die Wegweisung und Fernhaltung im Allgemeinen (unter Vorbehalt von § 34 Abs. 2 und 4 PolG)[122].

F. Planungs-, Bau- und Umweltrecht

Das **Baurekursgericht** ist Rekursbehörde im Bereich des Planungs-, Bau- und Umweltrechts. Mit der PBG-Revision vom 28. Oktober 2013 werden die noch verbliebenen Teilzuständigkeiten des Regierungsrats abgeschafft (§ 329 Abs. 1 PBG)[123]; ferner werden die Zuständigkeiten des Baurekursgerichts im Umwelt-, Strassen-, Wasserwirtschafts- und Energierecht erweitert. Gegen Anordnungen des Regierungsrats wird die Beschwerde an das Baurekursgericht nicht gegeben sein (§ 52 EG GSchG, § 38 AbfG, § 41 StrG, § 78 WWG, § 33a KWaG, § 14 EnerG, alle in der Fassung der PBG-Revision vom 28. Oktober 2013)[124].

Gegen Entscheide des Baurekursgerichts und Anordnungen des Regierungsrats steht durchwegs die Beschwerde an das **Verwaltungsgericht** offen (§ 41 VRG). Mit der PBG-Revision vom 28. Oktober 2013 werden die dem höherrangigen Recht widersprechenden §§ 330–332 PBG, die für bestimmte Streitigkeiten einen Weiterzug des Rekursentscheids an das Verwaltungsgericht ausschliessen, aufgehoben.

Bezüglich **Einleitung, Durchführung und Erledigung der Rechtsmittelverfahren** gilt die Ordnung des VRG, soweit das PBG keine besonderen Verfahrensvorschriften enthält. Das PBG regelt nur die Legitimation (§§ 338a–338c PBG; § 21 N. 53) sowie den Umfang der aufschiebenden Wirkung und den Erlass vorsorglicher Massnahmen (§ 339 Abs. 1 PBG; vgl. dazu auch § 25 N. 8) in besonderen Bestimmungen. § 339 Abs. 1 PBG ist zudem nicht abschliessend; die §§ 25 und 55 VRG sind ergänzend anwendbar[125]. Mit der PBG-Revision vom 28. Oktober 2013 wird zudem eine Bestimmung über die Geltendmachung von Schadenersatzansprüchen wegen rechtsmissbräuchlicher und treuwidriger Rechtsmittelerhebung eingefügt (§ 339b PBG), die gemäss den Materialien als blosser warnender Hinweis zu verstehen ist[126].

Im Nutzungsplanverfahren wird gemäss PBG-Revision vom 28. Oktober 2013 die **Koordination des Festlegungsverfahrens mit dem Genehmigungsverfahren** – anders als nach geltendem Recht – noch im Rahmen des erstinstanzlichen Verfahrens erfolgen, indem der Genehmigungsentscheid unmittelbar im Anschluss an die Festlegung des Nutzungsplans getroffen und zusammen mit dem geprüften Akt in der Gemeinde aufgelegt wird (§ 5 Abs. 3 PBG in der Fassung vom 28. Oktober 2013).

Die **Abgrenzung der Zuständigkeiten von Bezirksrat und Baurekursgericht** wirft in der Praxis verschiedentlich Probleme auf. Die folgenden Rechtsprechungslinien erscheinen ungeachtet der verschiedenen Gesetzesrevisionen der jüngeren Zeit noch aktuell:

---

[122] VGr, 7.2.2013, VB.2012.00272, E. 2.3 f.; VGr, 26.1.2012, VB.2011.00710, E. 2.4 und 3.2.
[123] Vgl. Weisung PBG 2011, S. 1137 f.
[124] Vgl. auch den Überblick in der Weisung PBG 2011, S. 1130 f.
[125] RB 1981 Nr. 18 (ZBl 1981, 474 ff., E. 3 = ZR 1981 Nr. 104 = BEZ 1981 Nr. 35). Vgl. auch VGr, 11.7.2012, VB.2012.00264, E. 2.2 f.
[126] Prot. KR 2011–2015, S. 7710 ff.

- Bei der Anfechtung *bau- und planungsrechtlicher Erlasse bzw. von Nutzungsplänen* ist der Bezirksrat gestützt auf § 151 GG nur zuständig, wenn Verletzungen politischer Rechte oder Verstösse gegen das kommunale Verfahrens- oder Organisationsrecht geltend gemacht werden; bezieht sich die Anfechtung auf bau- oder planungsrechtliche Fragen, ist der Rekurs nach § 329 PBG an das Baurekursgericht zu richten[127]. Der Rekurs an das Baurekursgericht gilt zugleich als Anwendungsfall von § 151 GG, so dass er auch von Stimmberechtigten erhoben werden kann. Betreffen die Rügen sowohl das Bau- und Planungsrecht als auch das Verfahren, so ist das Baurekursgericht zuständig; es überprüft in diesem Fall vorfrageweise das rechtmässige Zustandekommen des angefochtenen Akts[128].

- Geht es um die *Bewilligung von Veranstaltungen,* so ist der Zusammenhang mit dem Baurecht und damit die Zuständigkeit des Baurekursgerichts erst gegeben, wenn die Veranstaltungen unter die baurechtliche Bewilligungspflicht fallen, was etwa der Fall ist, wenn sie zu einer bewilligungspflichtigen Nutzungsänderung führen[129].

- Das Baurekursgericht beurteilt die *bauliche Beanspruchung des öffentlichen Grundes*[130], und zwar auch dann, wenn die angefochtene Anordnung ihre Grundlage nicht im Baupolizeirecht, sondern im «autonomen Hoheitsrecht» des Gemeinwesens und der daraus fliessenden Normsetzungsbefugnis hat[131]; ebenso beurteilt es Gebühren für die vorübergehende Benutzung des öffentlichen Grundes als Standort von Bauinstallationen[132].

- Für Streitigkeiten um die *vermögensrechtlichen Folgen* baurechtlicher Entscheide ist das Baurekursgericht nicht zuständig (unter Vorbehalt des Quartierplanverfahrens)[133].

- Wenn das Baurekursgericht in der Sache zuständig ist, beurteilt es die *Gebühren- und Kostenauflagen* der kommunalen Baubehörde auch dann, wenn allein diese angefochten werden[134].

---

[127] VGr, 24.5.2011, AN.2011.00003, E. 2, m.H. (Zusammenfassung: BEZ 2011 Nr. 37). In E. 2.4 dieses Entscheids liess das Verwaltungsgericht offen, welche Instanz für den Rekurs gegen eine Gebührenordnung für das Reklamewesen zuständig sei.
[128] RB 2002 Nr. 74, E. 2b, m.H. (VB.2001.00245, 296 und 297 = BEZ 2002 Nr. 25 = ZBl 2002, 663).
[129] BRG I, 10.6.2011, 112/2011 (BEZ 2011 Nr. 62), mit Hinweisen auf die – teils in Frage gestellte – Verwaltungsgerichtspraxis.
[130] Gegenbeispiel: BRK IV, 23.11.2000, 136/2000 (BEZ 2001 Nr. 18), Zeitungsboxen betreffend (die Praxishinweise in diesem Entscheid sind allerdings insoweit überholt, als Boulevardcafés nach neuerer Rechtsprechung einer Baubewilligung bedürfen; BGr, 8.8.2008, 1C_47/2008, E. 2).
[131] RB 1984 Nr. 4 (BEZ 1984 Nr. 34).
[132] RB 1986 Nr. 6 (BEZ 1986 Nr. 37).
[133] BRK II, 28.9.2006, 190/2006 (BEZ 2006 Nr. 68).
[134] RB 1984 Nr. 5. Weitere Beispiele für Zuständigkeitsabgrenzungen: VGr, 24.11.2011, VB.2011.00474, E. 2; VGr, 24.3.2010, VB.2009.00571, E. 3.2; VGr, 8.2.2007, VB.2006.00505, E. 1.2; BRK III, 23.6.2010, 86/2010 (BEZ 2010 Nr. 49); BRK I, 5.5.1995, 174/1995 (BEZ 1995 Nr. 27); BRK II, 20.12.1994, 267/1994 (BEZ 1995 Nr. 10).

§ 19b

G. Enteignungen

1. Rechtsgrundlage und Gegenstand

In Enteignungsverfahren gilt die Verfahrensordnung von §§ 21 ff. **AbtrG**, mit Bezug auf Strassen- und Gewässerprojekte allerdings in modifizierter Form (N. 95)[135]. Zu beachten ist, dass das Enteignungsverfahren nicht nur der Erteilung des Enteignungsrechts sowie der Festlegung der Abtretungsansprüche gegenüber den betroffenen Grundeigentümern und der Entschädigungsansprüche dient, sondern auch der Erhebung von Mehrwertbeiträgen (vgl. § 17 AbtrG), insbesondere von Strassen- und Trottoirbeiträgen (vgl. § 62 lit. e StrG). Sodann wird im Schätzungsverfahren, das Bestandteil des Enteignungsverfahrens bildet, auch über streitige Entschädigungen wegen materieller Enteignung sowie damit zusammenhängende Streitpunkte wie Heimschlags- und Zugrechte entschieden (§ 183ter Abs. 2 und § 183^{quater} Abs. 4 EG ZGB).

83

2. Administrativverfahren

Die **Erteilung des Enteignungsrechts** bildet Gegenstand eines besonderen Rechtsmittelverfahrens nach § 21 AbtrG. Das Gesuch um Verleihung dieses Rechts wird, sofern es sich nicht als offensichtlich unbegründet erweist (§ 2 AbtrV), unter Ansetzung einer Frist für «Einsprachen» (es handelt sich nach heute vorherrschender Begrifflichkeit um Einwendungen) im Amtsblatt publiziert (§ 3 AbtrV). Obwohl in § 21 AbtrG nicht ausdrücklich vorgesehen, ist die Frist zur Erhebung von Einsprachen den betroffenen Grundeigentümern durch persönliche Anzeige anzusetzen[136]. Zur Einsprache berechtigt sind alle Personen, die von der Enteignung in ihren dinglichen Rechten betroffen werden könnten[137]. Zu beurteilen ist in diesem «Prüfungsverfahren» ausschliesslich die Frage, ob das öffentliche Interesse die Enteignung rechtfertige; der – projektbedingte – Umfang der Enteignung bildet noch nicht Streitgegenstand. Zuständig zur Beurteilung der Einsprachen ist der Bezirksrat. Dessen Stellungnahme hat die Funktion eines Gutachtens an den Regierungsrat (§ 21 Abs. 4 AbtrG, § 4 Abs. 2 AbtrV), der bei öffentlichen Unternehmen selber entscheidet (§ 3 lit. a AbtrG), bei privaten Unternehmen dem Kantonsrat Antrag stellt (§ 3 lit. b AbtrG, § 6 AbtrV). Entscheide des Regierungsrats und des Kantonsrats über die Erteilung des Enteignungsrechts sind mit Beschwerde an das Verwaltungsgericht anfechtbar (§ 41 und § 42 lit. b Ziff. 2 VRG). Zur Beschwerde legitimiert sind auch jene Betroffenen, welche gegen die Stellungnahme des Bezirksrats keine Einwendungen zuhanden des Regierungsrats eingereicht haben (vgl. § 5 AbtrV)[138], nach wohl überholter Rechtsprechung sogar jene, welche keine Einsprache erhoben haben[139].

84

In gewissen Fällen *entfällt* das Einspracheverfahren nach § 21 AbtrG betreffend die Erteilung des Enteignungsrechts. Das gilt regelmässig dann, wenn der Staat selber das Ent-

85

---

[135] Zum Überblick über das Enteignungsverfahren vgl. JAAG/RÜSSLI, Staats- und Verwaltungsrecht, N. 3626a ff. Der Regierungsrat plant auf einen noch unbestimmten Zeitpunkt eine Totalrevision des aus dem Jahr 1879 stammenden AbtrG: vgl. Weisung 2009, S. 923, 943; Regierungsrat des Kantons Zürich, Geschäftsbericht und Rechnung 2011, S. 34 und 59, sowie Geschäftsbericht und Rechnung 2012, S. 35.
[136] RB 1977 Nr. 119.
[137] RB 1966 Nr. 15.
[138] RB 1964 Nr. 21.
[139] RB 1967 Nr. 11 (ZBl 1967, 531 ff., E. 2 = ZR 1967 Nr. 171).

eignungsrecht für ein Projekt beansprucht, wobei der Regierungsrat zur Genehmigung zuständig ist (§ 7 Abs. 2 AbtrV). In diesem Fall können Einwendungen gegen die Enteignung noch im Planauflageverfahren erhoben werden[140]. Das Einspracheverfahren nach § 21 AbtrG entfällt schliesslich dann, wenn die planungsrechtliche Festsetzung die Erteilung des Enteignungsrechts einschliesst, so bei Bau- und Niveaulinien (§ 110 PBG), Werkplänen (§ 116 PBG) sowie Strassen- und Gewässerbauprojekten (§ 17 StrG; § 18a WWG; vgl. dazu N. 95).

86   Im **Planauflageverfahren** nach §§ 22 ff. AbtrG, dem Hauptbestandteil des Administrativverfahrens, wird der Rechtsschutz bezüglich des Umfangs der Enteignung gewährleistet. Das Projekt, für welches das Enteignungsrecht beansprucht wird, ist durch den Gemeinderat aufzulegen und amtlich zu publizieren (§ 22 AbtrG). Gleichzeitig werden die betroffenen Grundeigentümer persönlich über den Umfang der an sie gestellten Enteignungsansprüche orientiert, unter Ansetzung einer Frist für die «Anmeldung» von «Einsprachen» (bzw. Einwendungen) gegen Abtretungs- und Beitragsforderungen des Exproprianten und von Entschädigungsbegehren (§ 23 AbtrG). Gegen das Projekt als solches, d.h. die Erteilung des Enteignungsrechts, können keine Einwendungen erhoben werden, es sei denn, dies wäre vorher nicht möglich gewesen, weil der Kanton als Enteigner auftritt[141]. Mit der Einsprache nach § 23 AbtrG können die Betroffenen vor allem geltend machen, das beanspruchte Grundstück sei für die Ausführung des Projekts nicht oder nur teilweise nötig. Zudem können sie Projektänderungen verlangen, soweit diese untergeordneter Natur, d.h. für das Projekt nicht nachteilig sind (§ 24 AbtrG)[142]. § 23 AbtrG unterscheidet bei Unterlassen der «Anmeldung» die Wirkungen hinsichtlich Ansprüchen des Exproprianten (Abtretungen und Mehrwertbeiträge) einerseits sowie Entschädigungen anderseits: Erstere gelten als anerkannt und werden rechtskräftig[143]. Wer jedoch auf die Anzeige hin keine Ansprüche anmeldet, verzichtet damit nicht auf Entschädigung; vielmehr ist das Verfahren fortzusetzen, wobei aber die gesetzliche Vermutung greift, der Betroffene anerkenne im Voraus die Richtigkeit des Entscheids der Schätzungskommission[144].

87   Mit der Projektauflage nach §§ 23 f. AbtrG verbunden ist ein **Expropriationsbann;** danach ist es dem Grundeigentümer während zweier Jahre untersagt, am Abtretungsgegenstand rechtliche und wesentliche tatsächliche Änderungen vorzunehmen (§§ 26 f. AbtrG).

88   Vor dem Entscheid über die Einsprachen und Entschädigungsforderungen muss sich der Expropriant um eine gütliche Einigung bemühen (§ 29 AbtrG). Das **Verständigungsverfahren** ist auch dann durchzuführen, wenn sich der Expropriant davon keinen Erfolg verspricht[145].

---

[140] RB 1975 Nr. 11.
[141] RB 1975 Nr. 11.
[142] Vgl. auch RB 1970 Nr. 107 (ZBl 1971, 67 ff. = ZR 1970 Nr. 80).
[143] RB 1975 Nr. 134; vgl. auch VGr, 22.3.2007, VR.2007.00001, E. 2.5.
[144] RB 1961 Nr. 133; vgl. auch RB 1972 Nr. 109.
[145] RB 1966 Nr. 115.

Kommt es zu einer Einigung, erfolgt diese in Form eines **Expropriationsvertrags**. Dabei handelt es sich um einen verwaltungsrechtlichen Vertrag[146]. Streitigkeiten daraus sind unmittelbar beim Verwaltungsgericht geltend zu machen, das hierüber im Klageverfahren zu entscheiden hat (§ 81 lit. b VRG). Das weitere Enteignungsverfahren entfällt[147].

89

Kommt keine Einigung zustande, so ist über die Einsprachen zu entscheiden, wobei sich der **Rechtsweg gabelt**:

90

- Über Einwendungen betreffend **Art und Umfang der Enteignung** entscheidet erstinstanzlich der Bezirksrat und zweitinstanzlich der Regierungsrat (§ 30 AbtrG; §§ 13 f. AbtrV). Der Entscheid des Bezirksrats gilt als erstinstanzliche Verfügung, die bei Verzicht auf Weiterzug rechtskräftig wird. Bei deren Weiterzug an den Regierungsrat handelt es sich demnach – anders als beim Weiterzug der bezirksrätlichen Stellungnahme an den Regierungsrat betreffend die Erteilung des Enteignungsrechts nach § 21 AbtrG – um ein eigentliches verwaltungsinternes Rekursverfahren nach §§ 19 ff. VRG. Der Rekursentscheid des Regierungsrats ist mit Beschwerde an das Verwaltungsgericht weiterziehbar (§ 41 VRG).

- Über **finanzielle Ansprüche** (Entschädigungen für das abgetretene Land, bestrittene Beitragsforderungen des Exproprianten) entscheidet die Schätzungskommission im Schätzungsverfahren (§§ 32 ff. AbtrG).

3. Schätzungsverfahren

Die **Schätzungskommission** ist sachlich **zuständig** für den Entscheid über finanzielle Ansprüche im Zusammenhang mit dem Enteignungsverfahren. Das sind primär die Abtretungsentschädigungen, über welche die Schätzungskommission auch dann zu befinden hat, wenn der Betroffene im Administrativverfahren keine eigenen Forderungen angemeldet hat. Hingegen hat die Kommission über Beitragsforderungen nur dann zu befinden, wenn diese im Administrativverfahren vom Betroffenen bestritten worden sind (vgl. § 23 VO SchKomm). Die Schätzungskommission entscheidet ferner über Ansprüche aus der Enteignung von nachbarrechtlichen Abwehransprüchen infolge Errichtung eines öffentlichen Bauvorhabens oder Betrieb eines öffentlichen Werks[148] sowie über streitige Entschädigungsansprüche wegen materieller Enteignung, einschliesslich deren Rückforderung (§§ 183ter Abs. 2, 183^{quater} Abs. 4 EG ZGB)[149]. Anders als bei der formellen Enteignung wird die Schätzungskommission bei der materiellen Enteignung nur tätig, wenn der Betroffene zuvor seine Ansprüche beim zuständigen Gemeinwesen ausdrücklich an-

91

---

[146] Vgl. RB 1964 Nr. 124 (ZBl 1965, 120 ff., E. 4). Nach einem älteren Verwaltungsgerichtsentscheid liegt ein privatrechtlicher Vertrag vor, wenn eine Vereinbarung über die Abtretung oder Beschränkung von Grundeigentum mit dem Gemeinwesen vor dem Enteignungsverfahren oder ausserhalb von diesem abgeschlossen wird (RB 1977 Nr. 120). Das Bundesgericht geht dagegen von einem öffentlichrechtlichen Vertrag aus, falls er nach Eröffnung des Enteignungs- oder Projektfestsetzungsverfahrens abgeschlossen wurde (BGr, 28.6.2010, 4A_116/2010, E. 4.3, m.H.; WIEDERKEHR/RICHLI, Praxis, N. 2952).

[147] Vgl. VGr, 21.6.2007, VB.2007.00098, E. 2 f.; RB 1964 Nr. 39 (ZBl 1965, 120 ff., E. 1).

[148] RB 1998 Nr. 174.

[149] Zur Abgrenzung der Zuständigkeit vgl. auch RB 2005 Nr. 3, E. 4 (VB.2005.00015 = BEZ 2005 Nr. 30), eine Ersatzforderung für nutzlos gewordene Planungsaufwendungen betreffend. Zur Zuständigkeit bei materieller Enteignung vertraglich begründeter wohlerworbener Rechte vgl. VGr, 12.4.2001, VR.2000.00006, E. 1c (zum damaligen Recht, jedoch noch aktuell).

gemeldet hat, wofür ihm eine Frist von zehn Jahren seit Inkrafttreten der Eigentumsbeschränkung zur Verfügung steht (§ 183ter Abs. 1 EG ZGB); die unterschiedliche Regelung hängt damit zusammen, dass bei Einleitung des Schätzungsverfahrens wegen formeller Enteignung Letztere bereits eine feststehende Rechtstatsache bildet, während im Schätzungsverfahren wegen materieller Enteignung vielfach das Vorliegen einer solchen und damit die Frage der Entschädigungspflicht streitig ist. Zum sachlichen Zuständigkeitsbereich der Schätzungskommissionen gehören schliesslich gewisse Streitigkeiten, die nicht unmittelbar vermögensrechtlicher Natur sind, so bei der formellen Enteignung der Entscheid über streitige Anpassungsarbeiten[150], ferner der Entscheid über Bestand und Umfang von Zugrechten des Gemeinwesens und von Heimschlagsrechten des Grundeigentümers, dies sowohl bei der formellen[151] wie auch bei der materiellen Enteignung[152]. Die Schätzungskommissionen entscheiden ferner verschiedene Streitigkeiten gemäss der Spezialgesetzgebung (vgl. etwa § 246 Abs. 4 PBG; § 16 Abs. 2 EG GSchG)[153].

92 Das **Verfahren** vor der Schätzungskommission richtet sich nach den §§ 38–42 AbtrG sowie nach der vom Verwaltungsgericht erlassenen VO SchKomm. Es bleibt auch nach der VRG-Revision von 1997, welche lediglich den Weiterzug des Schätzungsentscheids an das Verwaltungsgericht neu geregelt hat, ein Klageverfahren. Es wird durch den stets in der Rolle des Klägers auftretenden Exproprianten mit einem entsprechenden Gesuch an das Statthalteramt eingeleitet, welches die Akten der zuständigen Schätzungskommission übermittelt (§ 39 AbtrG). Diese führt mit den Parteien eine mündliche Verhandlung durch, zumeist verbunden mit einem Augenschein. Sie kann auch vor oder nach der Verhandlung einen oder mehrere Schriftenwechsel durchführen und weitere Ermittlungen vornehmen (§ 41 AbtrG)[154]. Im Schätzungsverfahren sind die Ansprüche, anders als im Administrativverfahren, vollständig geltend zu machen; unterlassene Begehren können später vor Verwaltungsgericht nicht nachgeholt werden (§ 46 AbtrG i.V.m. § 52 Abs. 1 und § 20a Abs. 1 VRG). Die Schätzungskommission ist an die Anträge der Parteien nicht gebunden[155]. Sie darf den Beklagten auch dann zu Mehrwertbeiträgen verpflichten, wenn das klagende Gemeinwesen solche im Administrativverfahren noch nicht geltend gemacht hat[156]. Weist das Verwaltungsgericht die Sache zum Neuentscheid an die Schätzungskommission zurück, so ist es dieser jedoch verwehrt, im zweiten Rechtsgang den Abtretungspflichtigen schlechter zu stellen als im ersten, vom Enteigner hingenommenen Entscheid[157]. Der Schätzungsentscheid muss den Anforderungen eines definitiven Rechtsöffnungstitels genügen; er darf nicht in einer Rückweisung der Sache an den Exproprianten und/oder Beitragsgläubiger bestehen[158]. Wer sich im Voraus dem Schätzungsentscheid unterzogen oder vor der Schätzungskommission geeinigt hat, kann den

---

[150] RB 1970 Nr. 108; zu deren Abgrenzung von den Projektänderungen vgl. RB 1975 Nr. 135.
[151] Vgl. §§ 8 f. AbtrG; dazu RB 1971 Nr. 82.
[152] RB 1977 Nr. 121 (ZBl 1977, 559 ff. = ZR 1977 Nr. 81); vgl. als Beispiel auch VGr, 20.8.2009, VR.2008.00001, E. 1.
[153] Dazu und zu weiteren Kompetenzen vgl. HADORN, Schätzungsverfahren, S. 12 f.
[154] Vgl. zum Ganzen auch HADORN, Schätzungsverfahren S. 8 ff.
[155] RB 1964 Nr. 125. Nach dem Rückzug der Einsprache hat die Schätzungskommission aber nicht mehr materiell über Abtretungs- und Beitragsforderungen des Enteigners zu entscheiden; RB 1971 Nr. 83.
[156] RB 1972 Nr. 110.
[157] RB 1992 Nr. 94.
[158] RB 1966 Nr. 117.

Entscheid nicht anfechten, unter Vorbehalt der Berufung auf Willensmängel und der Revision; der Betreffende kann sich jedoch nicht auf einen Grundlagenirrtum nach Art. 23 OR berufen, nur weil die Schätzungskommission nicht gemäss seinen Vorstellungen entschieden hat[159]. Die Kosten des Schätzungsverfahrens trägt nach § 63 Abs. 1 AbtrG in der Regel der Expropriant. Dies gilt selbst dann, wenn die geltend gemachte materielle Enteignung verneint wird; vorbehalten bleibt die leichtfertige Verursachung des Verfahrens durch den Ansprecher[160]. Der Schätzungsentscheid kann nach § 46 AbtrG an das Verwaltungsgericht weitergezogen werden (zum Verfahren vgl. Vorbem. zu §§ 32–86 N. 10).

Der Expropriant **erwirbt das Eigentum** mit der Bezahlung der Entschädigung (§ 56 AbtrG). Dies gilt auch bei Abschluss eines Expropriationsvertrags[161]. Der Expropriant kann die vorzeitige Besitzeinweisung verlangen, wenn ein bedeutender Nachteil droht und die Entschädigung sich auch nach dem Vollzug der Abtretung mit Sicherheit ermitteln lässt (§ 54 Abs. 1 AbtrG). Es genügt, wenn der Nachteil glaubhaft gemacht wird[162]. Streitigkeiten entscheidet der Regierungsrat (§ 54 Abs. 2 AbtrG), auf dessen Anrufung § 13 AbtrV analog anwendbar sein dürfte. Gegen den Entscheid des Regierungsrats kann Beschwerde an das Verwaltungsgericht erhoben werden (§ 41 VRG)[163].

93

Streitigkeiten über die **Rückforderung** der abgetretenen Rechte und geleisteten Beiträge nach den §§ 58 ff. AbtrG entscheidet das Verwaltungsgericht im Klageverfahren (§ 61 AbtrG i.V.m. § 81 lit. c VRG)[164].

94

4. Besondere Ordnung bei Strassen- und Wasserbauprojekten

Für **Projekte des Strassen- und Gewässerbaus** wurde mit der VRG-Revision von 1997 zur Straffung und zur Koordination mit dem Enteignungsverfahren ein Festsetzungsverfahren, bestehend aus Planauflage, «Einsprache-» bzw. Einwendungsverfahren und Enteignungsverfahren, eingeführt[165]. Die Regelungen ermöglichen drei Verfahrensformen[166]:

95

- Im «getrennten Verfahren» folgt auf das Projektfestsetzungsverfahren nach §§ 16 f. StrG bzw. § 18a WWG das enteignungsrechtliche Planauflageverfahren.
- Im «kombinierten Verfahren» müssen auch die Einwendungen, die üblicherweise im enteignungsrechtlichen Planauflageverfahren vorzubringen sind, im Projektfestsetzungsverfahren eingereicht werden (§ 17 Abs. 2 Satz 2 und Abs. 3 lit. b StrG; § 18a Abs. 3 Satz 2 und Abs. 4 lit. b WWG); das enteignungsrechtliche Planauflageverfahren entfällt[167].

---

[159] RB 1971 Nr. 81 (das Regest ist missverständlich); RB 1973 Nr. 82.
[160] VGr, 20.8.2009, VR.2008.00001, E. 9; RB 1993 Nr. 65.
[161] RB 1969 Nr. 83.
[162] RRB 119/2012, E. 4.2e, unter Hinweis auf die Rechtsprechung zu Art. 76 Abs. 1 EntG.
[163] Gl.M. JAAG/RÜSSLI, Staats- und Verwaltungsrecht, N. 3645.
[164] Weisung 2009, S. 922 f.; JAAG/RÜSSLI, Staats- und Verwaltungsrecht, N. 3646.
[165] Weisung 1995, S. 1556 ff.; Prot. KK 1995/96, S. 337 ff.; ROTACH TOMSCHIN, Revision, S. 456. Es handelt sich zugleich um ein Sondernutzungsplanverfahren: BGr, 20.8.2002, 1A.27/2002, E. 5; BGE 117 Ib 35, E. 2; VGr, 16.11.2001, VB.2001.00178, E. 2b–c.
[166] Zum Ganzen eingehend STOLL/REBSAMEN, Enteignung.
[167] Vgl. z.B. VGr, 7.2.2013, VR.2012.00003, E. 2.2.

– Schliesslich gestatten § 17 Abs. 5 StrG und § 18a Abs. 6 WWG ein besonderes Verfahren für Projekte von untergeordneter Bedeutung[168].

Die Zuständigkeiten zur Festsetzung und zur allenfalls notwendigen Genehmigung ergeben sich aus §§ 15 und 45 StrG bzw. § 17 sowie § 18 Abs. 1 und 4 WWG[169]. Mit der Genehmigung wird das Enteignungsrecht von Gesetzes wegen erteilt (§ 15 Abs. 1 Satz 3 bzw. § 45 Abs. 3 Satz 3 StrG; § 18 Abs. 4 Satz 4 WWG)[170]. Der Rekurs- und Beschwerdeweg richtet sich nach dem VRG (§ 17 Abs. 4 Satz 2 StrG, § 18a Abs. 5 Satz 2 WWG) [171]. Mit der PBG-Revision vom 28. Oktober 2013 werden diese Verweisungen auf das VRG allerdings gestrichen, und grundsätzlich wird das Baurekursgericht als Rekursinstanz eingesetzt (§ 41 StrG, § 78a WWG in der Fassung vom 28. Oktober 2013)[172]. Mit Rekurs anfechtbar ist auch die Verweigerung einer Genehmigung.

(§ 19c aufgehoben)

---

[168] Dazu, insbesondere auch zur Problematik dieser Regelung: STOLL/REBSAMEN, Enteignung, S. 11 ff.

[169] Die Genehmigung für Einmündungen von Gemeinde- in Staatsstrassen erteilt allerdings abweichend von § 15 Abs. 3 StrG die Volkswirtschaftsdirektion (bzw. das Amt für Verkehr); vgl. STOLL/REBSAMEN, Enteignung, S. 17 Endnote 15.

[170] Zur insoweit unklaren Rechtslage bei Projekten von untergeordneter Bedeutung vgl. STOLL/REBSAMEN, Enteignung, S. 13 f., m.H.

[171] Seit dem Inkrafttreten der VRG-Revision von 2010 ist der Bezirksrat zwar zur Genehmigung kommunaler Strassenprojekte zuständig (§ 15 Abs. 2 StrG), der Statthalter jedoch zum Rekursentscheid (§ 12 Abs. 1 BezVG; § 19b Abs. 2 lit. d VRG); vgl. VGr, 6.9.2012, VB.2012.00238, E. 2 f. Diese Zuständigkeit des Statthalters wird mit der PBG-Revision vom 28. Oktober 2013 wieder abgeschafft (N. 28).

[172] Vgl. PBG-Revision 2011, Antrag der Redaktionskommission des Kantonsrates vom 4. September 2013, einsehbar unter www.kantonsrat.zh.ch > KR-Nr./Vorlagen-Nr. 4777 > Antrag Redaktionskommission 4777b; Prot. KR 2011–2015, Sitzung vom 28. Oktober 2013.

Rekursgründe

§ 20

¹ Mit Rekurs können gerügt werden:
  a. Rechtsverletzungen einschliesslich Ermessensmissbrauch, Ermessensüberschreitung oder Ermessensunterschreitung,
  b. unrichtige oder ungenügende Feststellung des Sachverhaltes,
  c. Unangemessenheit der angefochtenen Anordnung.

² Wird ein Erlass angefochten, kann die Verletzung übergeordneten Rechts gerügt werden.

Materialien
Weisung 2009, S. 852 ff., 927 f.; 932 f.; 960; Prot. KR 2007–2011, S. 10240.

Zur früheren Fassung/zu früheren Fassungen: Weisung 1957, S. 1038; Prot. KK 20.12.1957, 23.9.1958; Beleuchtender Bericht 1959, S. 401.

Literatur

Allgemein: FELLER/MÜLLER, Prüfungszuständigkeit; GERBER ALEXANDRA/SEILER HANSJÖRG, Verwaltungsrichter und Technologie, ZBl 1999, 289 ff.; GRIFFEL, Rekurs, S. 62 f.; HÄFELIN/MÜLLER/UHLMANN, Verwaltungsrecht, N. 427 ff.; HÄNER ISABELLE, in: Kommentar KV, Art. 77; HANGARTNER, Zurückhaltung; HANGARTNER YVO, Behördenrechtliche Kognitionsbeschränkungen in der Verwaltungsrechtspflege, in: Benoît Bovay/Minh Son Nguyen (Hrsg.), Mélanges en l'honneur de Pierre Moor, Bern 2005, S. 319 ff.; KIENER/RÜTSCHE/KUHN, Öffentliches Verfahrensrecht, N. 1425 ff.; KÖLZ/HÄNER/BERTSCHI, Verwaltungsverfahren, N. 1026 ff.; MÜLLER GEORG, Rechtspflege, in: Stephan Breitenmoser et al. (Hrsg.), Menschenrechte, Demokratie und Rechtsstaat, Liber amicorum für Luzius Wildhaber, Zürich/St. Gallen 2007, S. 1437 ff.; MÜLLER GEORG, Zuständigkeit und Überprüfungsbefugnis der Verwaltungsgerichte, in: Michael Leupold et al. (Hrsg.), Der Weg zum Recht, Festschrift für Alfred Bühler, Zürich/Basel/Genf 2008, S. 335 ff.; MÜLLER M., Verwaltungsrechtspflege, S. 174 ff.; RHINOW RENÉ, Vom Ermessen im Verwaltungsrecht – Eine Einladung zum Nach- und Umdenken, in: recht 1983, 41 ff. und 83 ff.; RHINOW RENÉ, Verwaltungsgerichtsbarkeit im Wandel, in: Staatsorganisation und Staatsfunktionen im Wandel, Festschrift für Kurt Eichenberger zum 60. Geburtstag, Basel/Frankfurt a.M. 1982, S. 657 ff. *(Verwaltungsgerichtsbarkeit);* RHINOW/KOLLER/KISS/THURNHERR/BRÜHL-MOSER, Öffentliches Prozessrecht, N. 1123 ff., 1585 ff.; SCHINDLER BENJAMIN, Verwaltungsermessen – Gestaltungskompetenzen der öffentlichen Verwaltung in der Schweiz, Zürich/St. Gallen 2010 *(Verwaltungsermessen);* SCHINDLER, Ermessen; SCHINDLER BENJAMIN, in: Kommentar VwVG, Art. 49; SCHOTT MARKUS, in: Basler Kommentar BGG, Art. 95 N. 12a ff., 31 ff.; TSCHANNEN/ZIMMERLI/MÜLLER, Verwaltungsrecht, § 26; WIEDERKEHR/RICHLI, Praxis, N. 1418 ff., 1454 ff.; ZIBUNG OLIVER/HOFSTETTER ELIAS, in: Praxiskommentar VwVG, Art. 49.

Einordnung und Gestaltung von Bauten: MATTLE ADRIAN, Bauverweigerung gestützt auf § 238 Abs. 1 PBG, PBG aktuell 2011/2, 24 ff.; PFANNKUCHEN-HEEB SILVIA, Ermessensspielraum und Willkürgrenze bei Gestaltungsfragen, PBG aktuell 2010/3, 5 ff.; SCHINDLER BENJAMIN, Die Gemeindeautonomie als Hindernis für einen wirksamen Rechtsschutz – Ästhetikvorschriften als Reservate kommunaler Willkür?, in: Markus Rüssli/Julia Hänni/Reto Häggi Furrer (Hrsg.), Staats- und Verwaltungsrecht auf vier Ebenen, Festschrift für Tobias Jaag, Zürich/Basel/Genf 2012, S. 145 ff. *(Gemeindeautonomie);* WALKER SPÄH CARMEN, Ermessensspielraum bei Gestaltungsfragen und Rechtsweggarantie, PBG aktuell 2009/4, 5 ff.

Bewertung von Prüfungsleistungen: EGLI, Rechtsschutz; HELG FELIX, Kognition bei der Überprüfung von Prüfungsentscheiden: Anmerkungen zur Praxis im Kanton Zürich, in: Markus Rüssli/Julia Hänni/

Reto Häggi Furrer (Hrsg.), Staats- und Verwaltungsrecht auf vier Ebenen, Festschrift für Tobias Jaag, Zürich/Basel/Genf 2012, S. 209 ff. *(Kognition);* HÖRDEGEN STEPHAN, Aktuelle Aspekte des gerichtlichen Rechtschutzes im Volksschulrecht, in: Thomas Gächter/Tobias Jaag (Hrsg.), Das neue Volksschulrecht, Zürich/St. Gallen 2007, S. 65 ff.; SCHINDLER/LOUIS, Rechtsschutz, S. 509 ff.; WIDRIG DANIEL, Studieren geht über Prozessieren, Rechtsschutz von Studierenden bei Prüfungen, Jusletter 2. Mai 2011.

Abstrakte Normenkontrolle: GRIFFEL, Rechtsschutz, N. 31 ff.; HÄNER ISABELLE, in: Kommentar KV, Art. 79 N. 18 ff.; MARTI, Besondere Verfahren, S. 104 ff.

Vgl. auch die Angaben bei § 50.

Inhaltsübersicht

I.	Allgemeines	1–7
	A. Regelungsgegenstand und Entstehungsgeschichte	1–5
	B. Vorgaben des übergeordneten Rechts	6–7
II.	Rechtsverletzungen (Abs. 1 lit. a)	8–37
	A. Rechtsquellen	8–11
	B. Fehlerhafte Rechtsanwendung	12–20
	1. Allgemeines	12–14
	2. Verletzung von Verfahrensvorschriften	15–20
	C. Qualifizierte Ermessensfehler	21–22
	D. Akzessorische Normenkontrolle	23–37
	1. Zur Prüfung verpflichtete Behörden	24–27
	2. Verletzung übergeordneten Rechts	28–34
	3. Akzessorische Prüfung von Nutzungsplänen	35–37
III.	Unrichtige oder ungenügende Sachverhaltsermittlung (Abs. 1 lit. b)	38–48
	A. Allgemeines	38–42
	B. Untersuchungsgrundsatz	43–48
IV.	Unangemessenheit (Abs. 1 lit. c)	49–53
V.	Beschränkung der Prüfungsbefugnis	54–90
	A. Einleitung	54–56
	B. Wahrung der Gemeindeautonomie	57–79
	1. Allgemeines	57–67
	a) Im Anwendungsbereich des kommunalen Rechts	59–60
	b) Im Anwendungsbereich des kantonalen Rechts	61–63
	c) Zur Begründung dieser Rechtsprechung – Kritik	64–67
	2. Bauentscheide kommunaler Behörden	68–73
	a) Praxis zum «Ästhetikparagraphen» (§ 238 PBG)	68–71
	b) Weitere Anwendungsfälle	72–73
	3. Kommunale Nutzungsplanung	74–79
	a) Allgemeines	74–76
	b) Prüfungsdichte	77–79
	C. Besondere Natur der Streitsache	80–90
	1. Im Allgemeinen	80–84
	2. Anordnungen im Bereich des Heimatschutzes	85–86
	3. Bewertung von Prüfungsleistungen	87–90
VI.	Abstrakte Normenkontrolle (Abs. 2)	91–113
	A. Allgemeines	91–93
	B. Rügegrund	94–96
	C. Entscheidbefugnis	97–103
	D. Exkurs: Verhältnis zwischen Gemeindebeschwerde und Rekurs in Stimmrechtssachen bei Erlassen der Gemeinde	104–113

I. Allgemeines

A. Regelungsgegenstand und Entstehungsgeschichte

§ 20 regelt die **zulässigen Rekursgründe**. Es werden aus Sicht der rekurrierenden Partei die Mängel festgelegt, welche durch Rekurs gerügt werden können. Nicht geregelt wird dadurch aber, ob die Rekursinstanz nur die geltend gemachten Rügen zu prüfen hat[1]. Das ist eine Frage der Rügepflicht bzw. der Anforderungen an die Rekursbegründung (vgl. dazu § 23 N. 17 ff.). Ebensowenig betrifft § 20 die Entscheidbefugnis der Rekursinstanz. Ob diese an die Anträge der Parteien gebunden ist und ob und inwieweit die Rekursinstanz bei Aufhebung der angefochtenen Anordnung einen Neuentscheid fällen darf, regelt § 27.

Die Rekursgründe nach § 20 Abs. 1 beziehen sich auf das Regelanfechtungsobjekt des Rekurses, die individuell-konkrete **Anordnung**. Richtet sich ein Rekurs gegen einen (generell-abstrakten) Erlass, steht einzig der Rügegrund nach § 20 Abs. 2, d.h. die Verletzung übergeordneten Rechts, offen (dazu N. 94 ff.).

Nicht ausdrücklich geregelt wird in § 20, welche Rügen mit dem **Stimmrechtsrekurs** erhoben werden können. Dieser richtet sich gegen Handlungen staatlicher Organe, welche die politische Stimmberechtigung der Bürgerinnen und Bürger, Volkswahlen oder Volksabstimmungen betreffen (§ 19 Abs. 1 lit. c). Mit dem Rekurs in Stimmrechtssachen ist damit «die Verletzung der politischen Rechte oder von Vorschriften über ihre Ausübung» zu rügen (alt § 147 Abs. 1 GPR)[2]. Dabei handelt es sich um Rechtsverletzungen im Sinn von § 20 Abs. 1 lit. a, wobei sich diese namentlich auf Bundesrecht (insbesondere Art. 34 BV) oder auf kantonales Recht beziehen können (vgl. auch § 19 N. 63)[3].

Aus Sicht der Rekursinstanz wird mit den Rekursgründen die **Kognition**, d.h. deren Prüfungsbefugnis und -pflicht bestimmt. Was mit einem Rechtsmittel gerügt werden kann, muss die Rekursinstanz prüfen; Rekursgründe und Kognition sind rechtslogisch deckungsgleich[4]. Kennzeichnend für den Rekurs ist dabei, dass damit «alle Mängel des Verfahrens und der angefochtenen Anordnung geltend gemacht werden» können, wie es alt § 20 Abs. 1 treffend formulierte. Die Rekursinstanz verfügt über eine umfassende Prüfungsbefugnis bzw. volle Kognition. Der Rekurs unterscheidet sich dadurch von der Beschwerde an das Verwaltungsgericht, da dieses die Rüge der Unangemessenheit nur ausnahmsweise prüfen darf (vgl. § 50).

An dieser Rechtslage, d.h. der umfassenden Prüfungsbefugnis der Rekursinstanzen, hat sich durch die Neuformulierung von § 20 Abs. 1 im Rahmen der VRG-Revision von 2010 nichts geändert. Der Gesetzeswortlaut folgt der traditionellen Dreiteilung der Kognition in Rechts-, Sachverhalts- und Ermessenskontrolle[5]. Die Neufassung von § 20 Abs. 1 soll damit einer **Nachführung** im Sinne von Lehre und Rechtsprechung entsprechen[6]: Gerügt werden können Rechtsverletzungen einschliesslich qualifizierter Ermes-

---

[1] Vgl. auch SCHINDLER, in: Kommentar VwVG, Art. 49 N. 1, m.w.H.
[2] GRIFFEL, Rekurs, S. 63.
[3] Vgl. auch SCHOTT, in: Basler Kommentar BGG, Art. 95 N. 60 ff.
[4] Grundlegend GYGI, Bundesverwaltungsrechtspflege, S. 266.
[5] GRIFFEL, Rekurs, S. 62.
[6] SCHUHMACHER, Überblick, S. 27.

sensfehler (lit. a), die unrichtige oder ungenügende Feststellung des Sachverhalts (lit. b) und schliesslich – was den Rekurs grundsätzlich von der Beschwerde unterscheidet – die Unangemessenheit der angefochtenen Anordnung (lit. c). Durch die Verweisung in § 50 Abs. 1 bestimmen § 20 Abs. 1 lit. a und b ebenso die Beschwerdegründe im Verfahren vor Verwaltungsgericht.

B. Vorgaben des übergeordneten Rechts

6   Nach **Art. 77 Abs. 1 Satz 1 KV** gewährleistet das Gesetz für Anordnungen, die im Verwaltungsverfahren ergangen sind, «die wirksame Überprüfung durch eine Rekursinstanz». Der Gesetzgeber schliesst daraus, dass nach dem Willen des Verfassungsgebers die Rekursinstanz grundsätzlich eine *volle Ermessenskontrolle* wahrnehmen soll; dies entspreche dem Wesen des Rekurses als vollkommenes Rechtsmittel[7]. Der Reduktion der Prüfungsdichte bzw. der Zurückhaltung bei der Ermessenskontrolle durch die Rekursinstanzen sind daher mit Blick auf die verfassungsrechtliche Vorgabe von Art. 77 Abs. 1 KV enge Grenzen gesetzt (N. 54 ff.)[8]. Die Wirksamkeit der Überprüfung nach Art. 77 Abs. 1 KV ist nicht auf die Garantie der Verfahrensfairness und der Unabhängigkeit der Rekursinstanzen beschränkt[9].

7   Die **Rechtsweggarantie** nach Art. 29a BV – sowie deren Umsetzung durch Art. 110 BGG – gewährleistet den Zugang zu einer Gerichtsinstanz, welche eine uneingeschränkte Rechts- und Sachverhaltskontrolle vornimmt. Nicht verlangt ist die Prüfung der Angemessenheit des angefochtenen Verwaltungsaktes; die Gerichte haben den Handlungsspielraum, den der Sacherlass der Verwaltung einräumt, zu respektieren (eingeschränkte Justiziabilität von Ermessensentscheiden)[10]. Eine *Angemessenheitskontrolle* ist daher nur dann erforderlich, wenn *spezialgesetzlich* – wie für das Rekursverfahren nach Art. 77 Abs. 1 KV und § 20 Abs. 1 lit. c – eine solche vorgesehen ist[11].

II. Rechtsverletzungen (Abs. 1 lit. a)

A. Rechtsquellen

8   Die Rechtsverletzung kann **Rechtsnormen** (rechtsetzende Erlasse) **aller Normstufen** betreffen: kommunales Recht[12], kantonales Recht[13], interkantonales Recht, Bundesrecht und Völkerrecht. Keine Rolle spielt es, ob die Rechtsnorm dem materiellen Recht, dem

---

[7] Weisung 2009, S. 852, 854 f.
[8] Vgl. Weisung 2009, S. 856.
[9] Dahingehend aber Häner, in: Kommentar KV, Art. 77 N. 7 ff.
[10] Vgl. Tophinke, Rechtsweggarantie, S. 91; Biaggini, Kommentar BV, Art. 29a N. 8; BGr, 17.3.2010, 1C_310/2009, E. 2.2.2 f.; Weisung 2009, S. 847, 859.
[11] Vgl. BGr, 17.3.2010, 1C_310/2009, E. 2.2.3.
[12] Neben Erlassen der Gemeinden kann es sich dabei auch um Satzungen von Zweckverbänden oder (inter-)kommunalen Anstalten handeln (vgl. Art. 92 f. KV; §§ 15a f. GG). Vgl. aus der Praxis z.B. VGr, 29.8.2001, PB.2001.00011, E. 1c.
[13] Dazu gehören auch die Erlasse der öffentlichrechtlichen Körperschaften bzw. Anstalten des kantonalen Rechts (z.B. Verordnungen des Universitätsrats oder der Spitalräte des USZ bzw. KSW).

§ 20

Verfahrensrecht oder dem Organisationsrecht zuzurechnen ist[14] und ob sie im hierarchischen Stufenbau auf Verfassungs-, Gesetzes- oder Verordnungsebene steht. Eine Rechtsverletzung liegt auch bei einem qualifizierten Ermessensfehler vor (N. 21 f.).

Neben dem positiven Recht, wozu auch die nach Art. 5 BV inzwischen kodifizierten Grundprinzipien bzw. Verfassungsgrundsätze des Verwaltungsrechts gehören (Legalitätsprinzip, öffentliches Interesse, Verhältnismässigkeit, Treu und Glauben)[15], kann auch die Verletzung **allgemeiner Rechtsgrundsätze** (etwa über die Verjährung und die Pflicht zur Zahlung von Verzugszinsen)[16] gerügt werden. Als Rechtsquelle bzw. als Rechtsnormen gelten sodann auch das *Gewohnheitsrecht*[17] und das *Richterrecht*. Bei Letzterem handelt es sich um generell-abstrakte Regeln, die aus einer längeren gefestigten Justizpraxis heraus entstanden sind, und nicht bloss um gerichtliche Präjudizien[18]. Eine Abgrenzung zwischen einem Präjudiz, das die Auslegung von Rechtsnormen klärt, und der Schöpfung von Richterrecht ist allerdings kaum möglich[19].

Nicht den Charakter einer Rechtsquelle haben demgegenüber **Verwaltungsverordnungen**. Die Verletzung einer Verwaltungsverordnung kann daher in der Regel nicht als Rechtsverletzung gerügt werden (differenzierend zum Ganzen § 50 N. 52 ff.)[20]. Im Rahmen der *Ermessenskontrolle* kann freilich die Missachtung einer Verwaltungsverordnung geltend gemacht werden[21]. Umgekehrt auferlegt sich die Rekursbehörde bei der Ermessenskontrolle Zurückhaltung, wenn die angefochtene Verfügung den Richtlinien einer Verwaltungsverordnung entspricht[22].

Umstritten ist in der Lehre schliesslich, ob die Verletzung einer **Allgemeinverfügung** als Rechtsverletzung gerügt werden kann[23]. Ergeht in Umsetzung der Allgemeinverfügung eine Verfügung im Einzelfall, kann zwar im Rahmen der Anfechtung dieser Einzelverfügung auch noch vorfrageweise die Allgemeinverfügung auf ihre Rechtmässigkeit überprüft werden, wenn die unmittelbare Anfechtung nicht möglich oder nicht zumutbar war[24]. Weicht die Einzelverfügung von der Allgemeinverfügung ab, begründet dies für sich betrachtet indes noch keine Rechtsverletzung, es sei denn, die Abweichung führe – analog der Rechtsprechung zur Verwaltungsverordnung (§ 50 N. 54) – zu einer Verletzung des Rechtsgleichheitsgebots oder des Vertrauensschutzes.

---

[14] Vgl. Schindler, in: Kommentar VwVG, Art. 49 N. 25.
[15] Vgl. Häfelin/Müller/Uhlmann, Verwaltungsrecht, N. 363 ff.; Tschannen/Zimmerli/Müller, Verwaltungsrecht, §§ 19–23; Wiederkehr/Richli, Praxis, N. 1274 ff.
[16] Dazu Häfelin/Müller/Uhlmann, Verwaltungsrecht, N. 184 ff.; Tschannen/Zimmerli/Müller, Verwaltungsrecht, § 16 N. 9 ff.; Wiederkehr/Richli, Praxis, N. 667 ff.
[17] In der jüngeren kantonalzürcherischen Praxis finden sich dafür keine Beispiele.
[18] So Häfelin/Müller/Uhlmann, Verwaltungsrecht, N. 209.
[19] Tschannen/Zimmerli/Müller, Verwaltungsrecht, § 16 N. 6–8.
[20] Zur Praxis im Bund vgl. Schindler, in: Kommentar VwVG, Art. 49 N. 25, m.w.H.
[21] Schindler, in: Kommentar VwVG, Art. 49 N. 25 und 38; ferner VGr, 14.9.2006, VB.2006.00250, E. 3.2.
[22] VGr, 8.11.2012, VB.2012.00478, E. 4.
[23] Verneinend Schindler, in: Kommentar VwVG, Art. 49 N. 25, unter Hinweis auf 2. Aufl., § 50 N. 36; bejahend Schott, in: Basler Kommentar BGG, Art. 95 N. 38; Kölz/Häner/Bertschi, Verwaltungsverfahren, N. 1042.
[24] VGr, 21.12.2011, VB.2011.00395, E. 2.3.3.

B. Fehlerhafte Rechtsanwendung

1. Allgemeines

12 Eine angefochtene Anordnung beruht in folgenden unterschiedlichen Konstellationen auf einer fehlerhaften Rechtsanwendung[25]:

- **Unrichtige Anwendung des richtigen Rechtssatzes:** Die Behörde legt die anwendbaren Rechtssätze falsch aus oder ordnet eine unzutreffende Rechtsfolge an.
- **Anwendung eines unzutreffenden Rechtssatzes:** Die Anordnung stützt sich auf einen Rechtssatz der falschen Ebene oder überhaupt auf einen unzutreffenden Erlass bzw. eine unzutreffende Bestimmung. Ebenso bildet die Nichtanwendung eines im konkreten Fall massgebenden Rechtssatzes eine Rechtsverletzung[26].

13 Die fehlerhafte Rechtsanwendung ist in der Regel das Ergebnis einer unzutreffenden **Auslegung** der für die Beurteilung des konkreten Sachverhalts massgebenden Rechtsnormen. Die falsche Auslegung von Rechtsnormen bildet in der Praxis denn auch den häufigsten und wichtigsten Rügegrund. Der Ermittlung des Normsinns hat in Anwendung der von Lehre und Rechtsprechung entwickelten Auslegungselemente zu erfolgen. Nach dem sog. *Methodenpluralismus* kommt keinem der Elemente der Auslegung – grammatikalische, historische, teleologische und systematische – Vorrang zu. Insbesondere ist nicht von einem Vorrang der grammatikalischen Auslegung auszugehen. Der Wortlaut der Bestimmung bildet zwar Ausgangspunkt jeder Auslegung; ist der Text jedoch nicht restlos klar[27] und sind verschiedene Interpretationen möglich, so muss nach der wahren Tragweite der Bestimmung gesucht werden. Dabei kommt es insbesondere auf den Zweck der Regelung, die dem Text zugrunde liegenden Wertungen sowie auf den Sinnzusammenhang an, in dem die Norm steht[28]. Der Zweck einer Bestimmung folgt dabei zum einen aus dem Regelungszweck des Gesetzeserlasses als solchem; zum anderen ergibt er sich insbesondere bei jüngeren Erlassen aus dem historischen Willen des Gesetzgebers, d.h. den Gesetzesmaterialien. Es muss folglich im Einzelfall abgewogen werden, welche Methode oder Methodenkombination geeignet ist, den wahren Sinn der auszulegenden Norm wiederzugeben; dieser Abwägung ist eine Wertung immanent[29].

14 Eine Rechtsverletzung liegt im Übrigen auch bei der **Anwendung von rechtswidrigem Recht** vor[30]. In dieser Konstellation beruht die Anordnung auf einem Rechtssatz, der ge-

---

[25] Vgl. zum Ganzen KIENER/RÜTSCHE/KUHN, Öffentliches Verfahrensrecht, N. 1462 ff.; KÖLZ/HÄNER/BERTSCHI, Verwaltungsverfahren, N. 1035 ff.; ZIBUNG/HOFSTETTER, in: Praxiskommentar VwVG, Art. 49 N. 11 ff.

[26] VGr, 26.1.2012, VB.2011.00094, E. 2.2.

[27] Ob der Wortlaut einer Bestimmung klar ist, lässt sich richtig besehen nur durch Auslegung ermitteln, d.h. unter Einbezug der anderen Auslegungselemente (vgl. THOMAS GÄCHTER, Rechtsanwendung, in: Biaggini/Gächter/Kiener, Staatsrecht, § 26 N. 18).

[28] Vgl. statt vieler BGE 137 III 217, E. 2.4.1, m.w.H.

[29] Vgl. zum Ganzen statt vieler HÄFELIN/HALLER/KELLER, Bundesstaatsrecht, N. 75 ff.; THOMAS GÄCHTER, Rechtsanwendung, in: Biaggini/Gächter/Kiener, Staatsrecht, § 26; GIOVANNI BIAGGINI, Methodik in der Rechtsanwendung, in: Anne Peters/Markus Schefer (Hrsg.), Grundprobleme der Auslegung aus Sicht des öffentlichen Rechts: Symposium zum 60. Geburtstag von René Rhinow, Bern 2004, S. 27 ff.

[30] Vgl. KIENER/RÜTSCHE/KUHN, Öffentliches Verfahrensrecht, N. 1469; KÖLZ/HÄNER/BERTSCHI, Verwaltungsverfahren, N. 1036.

gen übergeordnetes Recht verstösst. Die Rechtsanwendung ist dabei insofern fehlerhaft, als die betreffende Norm gar nicht hätte angewendet werden dürfen (zur akzessorischen Normenkontrolle vgl. N. 23 ff.).

2. Verletzung von Verfahrensvorschriften

Neben der materiellrechtlichen Beurteilung der angefochtenen Anordnung ist im Rekursverfahren die Verletzung von Verfahrensvorschriften zu prüfen. Die Durchführung eines korrekten Verfahrens soll – gerade auch wenn sich die Rekursinstanzen bei der inhaltlichen Prüfung teilweise Zurückhaltung auferlegen (N. 54 ff.) – garantieren, dass ein materiell möglichst einwandfreier Entscheid zustande kommt[31]. Der Einhaltung der Verfahrensvorschriften ist daher besonderes Gewicht beizumessen. Der Beachtung des (gesetzlichen) Verfahrensrechts und der Verfahrensgrundrechte kommt für die materielle Rechtsverwirklichung **eigenständige Bedeutung** zu[32]. 15

Mit dem Rekurs kann die Verletzung der **gesetzlichen Vorschriften über das Verwaltungsverfahren** (§§ 4a ff.) sowie der verfassungsrechtlichen **Verfahrensgarantien** (Art. 29 BV; Art. 18 KV) gerügt werden[33]. Die Untersuchungspflicht der Behörden (§ 7) und der Gehörsanspruch der Verfahrensbeteiligten (insbesondere die Ansprüche auf vorgängige Äusserung und Stellungnahme sowie Mitwirkung am Beweisverfahren) dienen vorab der richtigen und vollständigen Sachverhaltsermittlung. Mängel in der Sachverhaltsermittlung schliessen daher zumeist eine Verletzung dieser Grundsätze mit ein. 16

Als Verletzung einer Verfahrensvorschrift gilt auch die mangelhafte Eröffnung einer Anordnung (vgl. dazu § 10). **Eröffnungsmängel** sind daher mit Rekurs geltend zu machen. Das gilt selbst dann, wenn die *fehlende* Eröffnung einer Anordnung beanstandet wird, da auch ein gegebenenfalls nichtiger Verwaltungsakt trotz seiner rechtlichen Unwirksamkeit Anfechtungsobjekt eines Rekurses sein kann[34]. 17

Die allgemeinen Verfahrensgarantien nach Art. 29 BV sind sogenannt «**formeller Natur**». Ihre Verletzung führt ungeachtet der Wesentlichkeit für den vorinstanzlichen Verfahrensausgang bzw. der Erfolgsaussichten des Rekurses in der Sache zur Aufhebung der angefochtenen Anordnung[35]. Dennoch ist in der Praxis zu differenzieren: 18

Gemäss ständiger Rechtsprechung kann eine nicht besonders schwerwiegende Verletzung des **rechtlichen Gehörs** (Art. 29 Abs. 2 BV) ausnahmsweise **geheilt** werden, wenn die betroffene Person die Möglichkeit erhält, sich vor einer Rechtsmittelinstanz zu äussern, die sowohl den Sachverhalt als auch die Rechtslage frei überprüfen kann. Von einer Rückweisung ist selbst bei einer schwerwiegenden Verletzung des rechtlichen Gehörs 19

---

[31] BGE 132 II 257, E. 3.3.5; SCHINDLER, in: Kommentar VwVG, Art. 49 N. 19.
[32] Vgl. dazu SCHINDLER, in: Kommentar VwVG, Einleitung N. 20 ff.; ferner MATTHIAS KRADOLFER, Verfahrensgerechtigkeit als Grundrecht? Überlegungen zu dogmatischen Grundsatzfragen von Art. 29 Abs. 1 BV, Jusletter 4. Oktober 2010.
[33] Es ist im Einzelfall zu prüfen, ob die Verletzung einer verfassungsrechtlichen Minimalgarantie oder einer konkreten Bestimmung des VRG gerügt wird (vgl. UHLMANN, Verfahrensgrundrechte, N. 18).
[34] VGr, 22.6.2005, VB.2005.00050, E. 5.3, m.w.H.
[35] Vgl. BIAGGINI, Kommentar BV, Art. 29 N. 8, m.w.H.; ZIBUNG/HOFSTETTER, in: Praxiskommentar VwVG, Art. 49 N. 17, m.w.H.

dann abzusehen, wenn und soweit die Rückweisung zu einem formalistischen Leerlauf und damit zu unnötigen Verzögerungen führen würde, die mit dem Interesse der betroffenen Partei an einer beförderlichen Beurteilung der Sache nicht zu vereinbaren wären. Für den Entscheid über eine Rückweisung oder Heilung im Einzelfall ist die konkrete Interessenlage zu berücksichtigen[36]. Für das *Rekursverfahren* bedeutet diese Rechtsprechung, dass die Verletzung wesentlicher Teilgehalte des Gehörsanspruchs (namentlich des Äusserungsrechts, des Akteneinsichtsrechts, der Mitwirkung an der Beweiserhebung und der Begründungspflicht) regelmässig geheilt werden *kann*. Im Ergebnis tritt damit das Rekursverfahren – sozusagen vollständig – an die Stelle des erstinstanzlichen Verwaltungsverfahrens.

20 Wird der **Anspruch auf richtige Zusammensetzung und Unparteilichkeit** bzw. auf ordnungsgemässe Willensbildung der entscheidenden Behörde – als Teilgehalt von Art. 29 Abs. 1 BV – verletzt, führt dies grundsätzlich zu einer Rückweisung. Es spielt keine Rolle, ob die betroffene Instanz bei Einhaltung der verletzten Verfahrensvorschrift zu einem anderen materiellen Ergebnis gelangt wäre[37]. Eine Heilung soll namentlich bei der Nichtbeachtung einer Ausstandspflicht allerdings in besonders leichten Fällen möglich sein, d.h. wenn der Verfahrensverstoss geringes Gewicht hat und ein Einfluss auf den Inhalt der Entscheidung als ausgeschlossen erscheint[38].

C. Qualifizierte Ermessensfehler

21 § 20 Abs. 1 lit. a qualifiziert den Ermessensmissbrauch, die Ermessensüberschreitung sowie die Ermessensunterschreitung als **Rechtsverletzung.** Diese drei Formen der qualifiziert fehlerhaften Ermessensausübung durch die Verwaltungsbehörden können auch – im Gegensatz zur blossen Unangemessenheit – vor dem Verwaltungsgericht gerügt werden (vgl. § 50 Abs. 1). Für das Rekursverfahren spielt diese Unterscheidung hingegen grundsätzlich keine Rolle, da die Rekursinstanz über volle Kognition verfügt und damit «alle Mängel» zu prüfen hat (N. 4).

22 Die Kodifizierung der sog. Ermessensfehlertypologie, wie sie die schweizerische Rechtslehre und Rechtsprechung von der deutschen Dogmatik übernommen haben, erscheint daher im Zusammenhang mit den Rekursgründen als wenig ergiebig. Wie BENJAMIN SCHINDLER überzeugend aufgezeigt hat, bringt die gesetzliche Aufzählung von Ermessensfehlern ohnehin keinen normativen Mehrwert[39]. Zur dogmatischen Unterscheidung zwischen Ermessensmissbrauch, Ermessensüber- sowie -unterschreitung und der Praxis des Verwaltungsgerichts vgl. § 50 N. 26 f.

---

[36] Vgl. etwa BGE 137 I 195, E. 2.3.2; 133 I 201 E. 2.2; VGr, 24.1.2013, VB.2012.00762, E. 2.2; RB 1995 Nr. 23.
[37] VGr, 20.12.2000, PB.2000.00013, E. 4b; RHINOW/KOLLER/KISS/THURNHERR/BRÜHL-MOSER, Öffentliches Prozessrecht, N. 305.
[38] VGr, 21.11.2012, VB.2012.00705, E. 3.2; VGr, 20.4.2005, VB.2005.00014, E. 6.3; SCHINDLER, Befangenheit, S. 215 f.
[39] SCHINDLER, in: Kommentar VwVG, Art. 49 N. 26; SCHINDLER, Verwaltungsermessen, N. 267 ff., 534.

D. Akzessorische Normenkontrolle

Bildet eine konkrete Anordnung Anfechtungsobjekt des Rekurses und wird gerügt, die Anordnung beruhe auf einem Rechtssatz, der **gegen übergeordnetes Recht verstösst**, spricht man von einer akzessorischen (oder konkreten) Normenkontrolle. Es wird vorfrageweise geprüft, ob dem Rechtssatz, auf dem die angefochtene Anordnung beruht, die Anwendung zu versagen ist. Falls das der Fall ist, entfällt die Rechtsgrundlage der angefochtenen Anordnung und diese ist aufzuheben. Die mangelhafte Rechtsnorm als solche bleibt freilich bestehen bzw. kann von der Rekursinstanz nicht aufgehoben werden (vgl. auch § 50 N. 46)[40]. 23

1. Zur Prüfung verpflichtete Behörden

Nach **Art. 79 Abs. 1 KV** steht nur den Gerichten und den vom Volk gewählten kantonalen Behörden das Recht bzw. die Pflicht zur konkreten Normenkontrolle zu[41]. Mit richterlicher Unabhängigkeit ausgestattete Rekursbehörden sind das Bau- und Steuerrekursgericht; zu den vom Volk gewählten kantonalen Rekursbehörden zählen der Regierungsrat und die Bezirksräte. Ebenso erfasst werden schliesslich die Direktionen, da deren Vorstehende als Mitglieder des Regierungsrats vom Volk gewählt sind[42]. Nicht vom Volk gewählt werden hingegen namentlich die Mitglieder der Rekurskommission der Zürcher Hochschulen[43]. 24

Eine Rekursinstanz, die von Art. 79 Abs. 1 KV erfasst wird, muss die ihr vom Verfassungsgeber auferlegte Verpflichtung zur Ausübung der akzessorischen Normenkontrolle wahrnehmen, und zwar grundsätzlich **von Amtes wegen** (§ 50 N. 44)[44]. Eine Einschränkung dieser Prüfungsbefugnis verletzt Art. 79 Abs. 1 KV. Liegt eine entsprechende Rüge vor, ist zudem der Anspruch auf rechtliches Gehör zu wahren (Art. 29 Abs. 2 BV)[45]. Die Gehörsverletzung kann freilich in einem nachfolgenden Beschwerdeverfahren vor Verwaltungsgericht durchaus geheilt werden, da dieses bei der akzessorischen Normenkontrolle über dieselbe Kognition wie die Rekursinstanzen verfügt. 25

Die Pflicht zur konkreten Normenkontrolle ergibt sich nicht nur aus Art. 79 Abs. 1 KV; sie lässt sich ebenso aus dem Legalitätsprinzip (Art. 5 Abs. 1 BV) und aus der **Normenhierarchie** ableiten[46]. Prozessrechtlich folgt sie aus dem Grundsatz der Rechtsanwendung von Amtes wegen[47]. Bei dieser verfassungsrechtlichen Ausgangslage dürfte die *bisherige Lehre,* welcher sich auch das Verwaltungsgericht angeschlossen hat, grundsätzlich überholt sein[48]. Danach war unter den Rekursbehörden zu differenzieren: Jene, deren 26

---

[40] Vgl. Griffel, Rechtsschutz, N. 38–40; Häner, in: Kommentar KV, Art. 79 N. 1; VGr, 23.8.2001, VB.2001.00171, E. 3d.
[41] Nicht zur konkreten Normenkontrolle befugt sind daher Gemeindebehörden, selbst wenn sie ausnahmsweise als Rekursinstanz entscheiden (dazu Häner, in: Kommentar KV, Art. 79 N. 12).
[42] Häner, in: Kommentar KV, Art. 79 N. 10 f.
[43] Diese werden vom Universitätsrat ernannt (vgl. § 46 Abs. 3 UniG i.V.m. § 1 Abs. 2 OV ZHRK).
[44] Ebenso Häner, in: Kommentar KV, Art. 79 N. 2.
[45] So VGr, 10.3.2006, PB.2005.00044, E. 2.2.
[46] Vgl. Griffel, Rechtsschutz, N. 31.
[47] Häner, in: Kommentar KV, Art. 79 N. 5, m.w.H.
[48] Vgl. auch Häner, in: Kommentar KV, Art. 79 N. 8.

Entscheide an das Verwaltungsgericht oder den Regierungsrat weitergezogen werden können, hätten sich eine gewisse Zurückhaltung aufzuerlegen. Eine Nichtanwendung komme für diese Instanzen nur in Frage, wenn die Bestimmung klar und eindeutig verfassungs- oder gesetzeswidrig sei. Zu differenzieren sei auch nach dem Rang des betreffenden Rechtssatzes in der Normenhierarchie. Bei formellen Gesetzen sei mehr Zurückhaltung zu üben als bei Verordnungen, bei kantonalen Erlassen mehr als bei kommunalen[49].

27 Soweit es sich bei der Rekursinstanz **weder um ein Gericht noch um eine vom Volk gewählte kantonale Behörde** handelt, gerät eine uneingeschränkte Verpflichtung zur konkreten Normenkontrolle indessen in Konflikt mit Art. 79 Abs. 1 KV. In diesem Fall scheint es gerechtfertigt, dass die Rekursbehörde entsprechend der vorstehend zitierten Praxis Zurückhaltung übt[50]. Dies ist aus demokratischer Rücksichtnahme gegenüber dem kantonalen Gesetz- und Verordnungsgeber geboten; rechtsstaatlich ist diese Einschränkung mit Blick auf die Rechtsweggarantie so lange unproblematisch, als der Weiterzug an das Verwaltungsgericht offensteht.

2. Verletzung übergeordneten Rechts

28 Die abstrakte Normenkontrolle ist gegenüber der Kantonsverfassung und den kantonalen Gesetzen ausgeschlossen (vgl. Art. 79 Abs. 2 KV). Demgegenüber entspricht es der ständigen Rechtsprechung, dass im Rahmen der konkreten Normenkontrolle – neben kantonalem Verordnungsrecht – auch **kantonale Gesetze** auf ihre Übereinstimmung mit dem höherrangigen Recht zu prüfen sind[51]. Daher steht es den Rechtsmittelinstanzen beispielsweise zu, eine kantonalgesetzliche Zuständigkeitsordnung gestützt auf die bundesrechtliche Koordinationspflicht für nicht anwendbar zu erklären[52].

29 Offen gelassen hat das Verwaltungsgericht bislang die Frage der Zulässigkeit der vorfrageweisen Überprüfung einer **kantonalen Verfassungsbestimmung**[53]. Das Bundesgericht lehnt eine uneingeschränkte Prüfung kantonaler Verfassungsbestimmungen ab, da diese bereits im Rahmen des Gewährleistungsverfahrens durch die Bundesversammlung geprüft wurden. Diese Unüberprüfbarkeit erstreckt sich auch auf die Anwendungsakte der gewährleisteten Kantonsverfassung und damit auch auf kantonales Gesetzesrecht, soweit dieses inhaltlich mit gewährleisteten Verfassungsbestimmungen übereinstimmt[54]. Wenn die Bundesversammlung indessen das in Frage stehende übergeordnete Recht im Zeitpunkt der Gewährleistung noch nicht berücksichtigen konnte, weil es damals noch nicht existierte, nimmt das Bundesgericht insoweit eine akzessorische Prüfung vor[55].

---

[49] VGr, 2.6.2010, VB.2009.00708, E. 5.1; VGr, 7.11.2007, VB.2007.00342, E. 4.1 (nicht publiziert); VGr, 10.3.2006, PB.2005.00044, E. 2.1; VGr, 23.8.2001, VB.2001.00171, E. 3b, in Bezug auf die Finanzdirektion als Rekursinstanz; 2. Aufl., § 20 N. 25 ff.
[50] Die akzessorische Normenkontrolle durch Verwaltungsbehörden bejaht TOBIAS JAAG, Die Verordnung im schweizerischen Recht, ZBl 2011, 629 ff., 657.
[51] Grundlegend bereits RB 1965 Nr. 19; VGr, 21.10.2009, VB.2009.00411, E. 5.2; VGr, 13.7.2006, VB.2005.00359, E. 3.3.2; VGr, 24.3.2004, VB.2003.00459, E. 2.1; RB 1996 Nr. 29.
[52] VGr, 5.4.2007, VB.2007.00051, E. 1.1.
[53] VGr, 21.10.2009, VB.2009.00411, E. 5.3.
[54] BGE 138 I 378, E. 5.2.
[55] Zum Ganzen GRIFFEL, Rechtsschutz, N. 105–108, mit einer Darstellung der Entwicklung der Rechtsprechung des Bundesgerichts; ferner AEMISEGGER/SCHERRER REBER, in: Basler Kommentar BGG, Art. 82

Nach Art. 79 Abs. 1 KV sind Bestimmungen, die gegen übergeordnetes Recht verstossen, nicht anzuwenden. Der Wortlaut lässt damit offen, ob auch Bestimmungen der Kantonsverfassung im Rahmen der konkreten Normenkontrolle die Anwendung versagt werden darf[56]. Indessen verlangt Art. 111 Abs. 3 BGG, dass die unmittelbare Vorinstanz des Bundesgerichts mindestens dieselben Rügen wie Letzteres prüfen können muss. Beruht ein Rechtsanwendungsakt – ausnahmsweise – unmittelbar auf einer Vorschrift der Kantonsverfassung, kann im Verfahren vor Bundesgericht unter der in N. 29 erwähnten Voraussetzung gerügt werden, dass diese bundesrechtswidrig sei oder gegen Völkerrecht verstosse (vgl. Art. 95 lit. a und b BGG)[57]. Jedenfalls das Verwaltungsgericht als unmittelbare Vorinstanz des Bundesgerichts ist daher in gleicher Weise wie dieses zur akzessorischen Prüfung kantonaler Verfassungsbestimmungen verpflichtet. Dabei dürfte es freilich einer kantonalen Verfassungsbestimmung die Anwendung nur dann versagen, wenn diese einer bundesrechts- oder völkerrechtskonformen Auslegung bzw. Anwendung in der zu beurteilenden Angelegenheit mit keiner vertretbaren Begründung zugänglich ist (N. 34).

30

Bei der Prüfung von Bundesrecht haben die Rekursbehörden – wie alle rechtsanwendenden Behörden – das **Anwendungsgebot von Art. 190 BV** zu beachten. Danach sind Bundesgesetze und völkerrechtliche Normen selbst dann anzuwenden, wenn sie sich als verfassungswidrig erweisen sollten[58].

31

Demgegenüber können **Verordnungen des Bundes** grundsätzlich akzessorisch auf ihre Übereinstimmung mit dem übergeordneten Recht (Bundesgesetze, Bundesverfassung und Völkerrecht) geprüft werden. Nach ständiger Rechtsprechung prüft das Bundesgericht bei unselbständigen Verordnungen, die sich auf eine gesetzliche Delegation stützen, ob sich der Bundesrat an die Grenzen der ihm im Gesetz eingeräumten Befugnisse gehalten hat[59]. Soweit das Gesetz den Bundesrat nicht ermächtigt, von der Verfassung abzuweichen, ist auch über die Verfassungsmässigkeit der unselbständigen Verordnung zu befinden. Wird dem Bundesrat durch die gesetzliche Delegation ein sehr weiter Ermessensspielraum für die Regelung auf Verordnungsstufe eingeräumt, so ist dieser Spielraum nach Art. 190 BV verbindlich; in diesem Fall darf die rechtsanwendende Behörde bei der Überprüfung der Verordnung nicht ihr eigenes Ermessen an die Stelle desjenigen des Bundesrats setzen. Es darf nur geprüft werden, ob die Verordnung den Rahmen der dem Bundesrat im Gesetz delegierten Kompetenzen offensichtlich sprengt oder aus anderen

32

N. 40; kritisch zu dieser Rechtsprechung etwa BIAGGINI, Kommentar BV, Art. 51 N. 25. – In BGE 138 I 378, E. 5.3, liess das Bundesgericht offen, ob an dieser Praxis festzuhalten sei oder ob sie «aufgegeben oder gelockert» werden müsse.

[56] Nach HÄNER, in: Kommentar KV, Art. 79 N. 15, erfasst Art. 79 Abs. 1 KV sämtliche generell-abstrakten Erlasse, insbesondere kantonale Gesetze und Verordnungen.
[57] Vgl. auch SCHOTT, in: Basler Kommentar BGG, Art. 95 N. 55; BGr, 3.7.2012, 2C_485/2010, E. 2.1 (in BGE 138 I 378 nicht publizierte Erwägung).
[58] BIAGGINI, Kommentar BV, Art. 190 N. 6, 13.
[59] Vgl. GRIFFEL, Rechtsschutz, N. 101, wonach Art. 190 BV bei der Prüfung der Gesetzeskonformität nicht zum Tragen kommt.

Gründen gesetz- oder verfassungswidrig ist. Für die Zweckmässigkeit der angeordneten Massnahme trägt der Bundesrat die Verantwortung[60].

33 Diese Rechtsprechung bezieht sich auf das akzessorische Prüfungsrecht des Bundesgerichts. Die Rechtslehre geht zutreffend davon aus, dass den **kantonalen Gerichtsinstanzen,** d.h. den richterlichen Rekursbehörden und dem Verwaltungsgericht, dasselbe Prüfungsrecht zusteht[61]. Handelt es sich bei der Rekursinstanz hingegen um eine vom Volk gewählte kantonale «Verwaltungsbehörde» – worunter im vorliegenden Zusammenhang der Regierungsrat, die Direktionen und die Bezirksräte zu verstehen sind – ist die bundesgerichtliche Praxis uneinheitlich[62]. Aufgrund von Art. 79 Abs. 1 KV, der die konkrete Normenkontrolle nicht auf kantonale Rechtssätze beschränkt, erscheinen auch diese Rekursinstanzen zur akzessorischen Prüfung von Verordnungen des Bundes berechtigt und verpflichtet. Dies gilt umso mehr, als das gegen das Prüfungsrecht von Verwaltungsbehörden vorgebrachte Hierarchieprinzip[63] im Verhältnis zwischen *kantonalen* Behörden und dem Bundesrat nicht Platz greift.

34 Im Rahmen der akzessorischen Normenkontrolle ist schliesslich einer Bestimmung die Anwendung nur dann zu versagen, wenn sie sich – so wie sie im konkreten Fall angewendet wurde – **jeder mit dem übergeordneten Recht konformen Auslegung entzieht**[64].

3. Akzessorische Prüfung von Nutzungsplänen

35 Nutzungspläne und damit in engem Sachzusammenhang stehende planerische Festlegungen sind nach ständiger Rechtsprechung des Bundesgerichts im Anschluss an deren Erlass anzufechten[65]. Solche planerischen Festlegungen gelten nach § 19 Abs. 1 lit. a als Anordnungen und sind dementsprechend anfechtbar (dazu auch N. 74 ff.). Deren akzessorische Überprüfung in einem konkreten Anwendungsfall, namentlich im Baubewilligungsverfahren, ist nur in **Ausnahmesituationen** zulässig.

36 Die Rechtsprechung lässt die akzessorische Überprüfung von Nutzungsplänen nur zu, wenn sich der Betroffene bei Erlass des Plans noch nicht über die ihm damit auferlegten Beschränkungen Rechenschaft geben konnte und der Betroffene keine Möglichkeit hatte, seine Interessen zu verteidigen[66]. Ebenfalls zu prüfen ist ein Nutzungsplan, wenn sich seit dessen Festsetzung die rechtlichen oder tatsächlichen Verhältnisse in einer Weise geändert haben, dass das öffentliche Interesse an der Beibehaltung der auferlegten Nut-

---

[60] BGE 137 III 217, E. 2.3 f., mit zahlreichen Hinweisen auf die bundesgerichtliche Rechtsprechung; vgl. auch GRIFFEL, Rechtsschutz, N. 97 ff.
[61] Vgl. HÄFELIN/HALLER/KELLER, Bundesstaatsrecht, N. 2070 ff.; GRIFFEL, Rechtsschutz, N. 99; anders aber VGr, 8.9.2010, VB.2010.00290, E. 3.2, m.w.H., wonach einer bundesrätlichen Verordnung die Anwendung nur versagt werden kann, wenn diese klar und eindeutig verfassungs- oder gesetzwidrig sei. – Dieser Entscheid wurde vom Bundesgericht aufgrund einer abweichenden materiellen Beurteilung der Rechtmässigkeit einer bundesrätlichen Verordnungsbestimmung aufgehoben (BGE 137 III 217).
[62] Vgl. HÄFELIN/HALLER/KELLER, Bundesstaatsrecht, N. 1197, m.w.H., N. 2083.
[63] Vgl. GRIFFEL, Rechtsschutz, N. 100; ZIBUNG/HOFSTETTER, in: Praxiskommentar VwVG, Art. 49 N. 13.
[64] VGr, 19.11.2009, VB.2009.00459, E. 5, unter Hinweis auf BGE 133 I 1, E. 6.1.
[65] BGE 135 II 209, E. 5.1, m.w.H.; vgl. zum Ganzen auch ALAIN GRIFFEL, Raumplanungs- und Baurecht – in a nutshell, Zürich/St. Gallen 2012, S. 195 ff.
[66] Grundlegend BGE 106 Ia 310, E. 3.

zungsbeschränkungen dahingefallen sein könnte[67]. Das Verwaltungsgericht wendet diese Rechtsprechung jedenfalls analog auch für die akzessorische Prüfung von «Waldgrenzenplänen» an[68].

Anders als Nutzungspläne kann der **kantonale Richtplan** von Privaten nicht direkt angefochten werden, aber allenfalls im Rechtsmittelverfahren über die streitige Nutzungsplanfestsetzung bzw. -genehmigung einer akzessorischen Prüfung unterliegen (vgl. § 19 Abs. 2 PBG). Dabei ist umstritten, ob die Baudirektion bzw. der Regierungsrat als Genehmigungsbehörde[69] den vom Kantonsrat festgesetzten Richtplan (§ 32 Abs. 1 PBG) akzessorisch prüfen darf. Dem Verwaltungsgericht steht jedenfalls dieses Überprüfungsrecht zu[70].

37

III. Unrichtige oder ungenügende Sachverhaltsermittlung (Abs. 1 lit. b)

A. Allgemeines

Nach § 20 Abs. 1 lit. b kann mit dem Rekurs die unrichtige oder ungenügende Feststellung des Sachverhalts gerügt werden. Nicht mehr ausdrücklich erwähnt wird, dass sich die Rüge auf den **rechtserheblichen bzw. entscheidwesentlichen** Sachverhalt beziehen muss (vgl. alt § 51)[71]. Bereits im erstinstanzlichen Verwaltungsverfahren ist die Untersuchungspflicht auf den rechtserheblichen Sachverhalt beschränkt (§ 7 N. 10 ff.).

38

Der Gesetzeswortlaut unterscheidet zwischen unrichtiger und ungenügender Feststellung des Sachverhalts[72]:

39

– **Unrichtig** ist die Sachverhaltsfeststellung namentlich dann, wenn über rechtserhebliche Umstände keine Beweise erhoben oder diese unzutreffend gewürdigt wurden[73]; ebenso wenn die rechtliche Würdigung des angefochtenen Entscheids auf falschen, aktenwidrigen Tatsachenannahmen beruht[74].

---

[67] BGE 127 I 103, E. 6b, m.w.H.; ferner VGr, 13.1.2010, VB.2009.00319, E. 5.2; VGr, 27.2.2002, VB.2001.00293, E. 3b.
[68] VGr, 7.9.2005, VB.2005.00144, E. 4.2.3 und 4.3, womit die Frage offen gelassen werden konnte, ob es sich beim «Waldgrenzenplan» überhaupt um einen Nutzungsplan handelt. – Die Rechtslehre unterscheidet insoweit zwischen Wald(abstands)linien und der Eintragung von Waldgrenzen in Nutzungsplänen (vgl. ALAIN GRIFFEL, Raumplanungs- und Baurecht – in a nutshell, Zürich/St. Gallen 2012, S. 59 f.).
[69] Vgl. § 2 lit. a bzw. b PBG.
[70] VGr, 29.8.2000, VB.2000.00199, E. 3c, mit Hinweis auf RB 1996 Nr. 64.
[71] VGr, 17.6.2005, VB.2005.00037, E. 2.1; VGr, 29.9.2000, VB.2000.00222, E. 2b; ferner SCHINDLER, in: Kommentar VwVG, Art. 49 N. 29.
[72] Vgl. auch KIENER/RÜTSCHE/KUHN, Öffentliches Verfahrensrecht, N. 1484 ff.
[73] VGr, 21.4.2010, VB.2010.00113, E. 5.5 (nicht publiziert).
[74] Vgl. VGr, 24.6.2009, VB.2009.00179, E. 2 (nicht publiziert).

– Ungenügend bzw. **unvollständig** ist die Sachverhaltsfeststellung, wenn von der verfügenden Behörde nicht alle entscheidwesentlichen Tatsachen erhoben und berücksichtigt wurden[75].

40 Der Rügegrund der fehlerhaften Feststellung des Sachverhalts weist einen engen Bezug zu jenem der **Verletzung von Verfahrensvorschriften** auf, namentlich wenn die Vorinstanz die Untersuchungspflicht (§ 7)[76] oder die aus dem rechtlichen Gehör (Art. 29 Abs. 2 BV) abgeleitete Beweisabnahmepflicht verletzt hat[77].

41 Beruht der Sachverhaltsmangel auf der fehlenden oder ungenügenden Mitwirkung der rekurrierenden Partei und trifft diese eine Mitwirkungspflicht (§ 7 Abs. 2), so liegt an sich kein Verfahrensmangel vor[78]. Die Rechtsweggarantie verschafft indessen einen Anspruch auf eine umfassende Sachverhalts- und Rechtskontrolle durch eine Gerichtsinstanz (vgl. Art. 110 BGG). Kommt die rekurrierende Partei ihrer Mitwirkungspflicht erst mit dem Rekurs durch entsprechende Tatsachenvorbringen und Beweismittel nach, hat die Rekursinstanz die angefochtene Anordnung dennoch grundsätzlich – d.h. unter Vorbehalt des Rechtsmissbrauchs – auch unter diesen Gesichtspunkten zu überprüfen. Das folgt ebenso aus der **uneingeschränkten Zulässigkeit echter sowie unechter Noven** im Rekursverfahren (§ 20a N. 7 f. und 16 f.)[79].

42 Ist der Sachverhalt von der Vorinstanz mangelhaft erstellt worden, muss die Rekursinstanz die erforderlichen ergänzenden Sachverhaltsermittlungen nicht in jedem Fall selber vornehmen; sie kann die Angelegenheit auch an die Vorinstanz zurückweisen[80]. Eine **Rückweisung** ist allerdings nur dann gerechtfertigt, wenn die erstinstanzliche Verwaltungsbehörde aufgrund ihrer funktionellen und instrumentellen Ausstattung besser geeignet ist als die Rekursbehörde, die Entscheidungsgrundlagen zu beschaffen (vgl. § 28 N. 38 ff.; § 64 N. 9).

B. Untersuchungsgrundsatz

43 Den **Verwaltungsbehörden** obliegt nach § 7 Abs. 1 **von Amtes wegen** die Beweisführung in Bezug auf die Sachverhaltsermittlung. Eine Mitwirkungspflicht der übrigen Verfahrensbeteiligten besteht einerseits unter den gesetzlichen Voraussetzungen von § 7 Abs. 2; andererseits lässt sich eine solche nach der Rechtsprechung auch aus dem Grundsatz von Treu und Glauben ableiten (im Einzelnen § 7 N. 4 ff. und 89 ff.).

44 Auch im **Rekursverfahren** gilt die Untersuchungsmaxime; folglich haben die Rekursbehörden von Amtes wegen die notwendig erscheinenden Sachverhaltsabklärungen zu

---

[75] VGr, 17.11.2010, VB.2010.00184, E. 3.5; VGr, 21.1.2009, VB.2008.00468, E. 3.2; VGr, 17.6.2005, VB.2005.00037, E. 2.1.
[76] VGr, 30.7.2008, VB.2008.00265, E. 4.1 (nicht publiziert).
[77] KIENER/RÜTSCHE/KUHN, Öffentliches Verfahrensrecht, N. 1491.
[78] Vgl. GYGI, Bundesverwaltungsrechtspflege, S. 287; 2. Aufl., § 51 N. 4; ferner VGr, 30.7.2008, VB.2008.00265, E. 4.1 (nicht publiziert), wonach diese Rüge nur zulässig ist, wenn die Sachverhaltsfeststellung nicht von einer Prozesspartei zu verantworten ist.
[79] SCHINDLER, in: Kommentar VwVG, Art. 49 N. 30.
[80] VGr, 8.7.2010, VB.2008.00494, E. 4.

treffen⁸¹. Das bedeutet an sich ebenso, dass die Rekursinstanz prüfen muss, ob die Verwaltungsbehörde ihrer Untersuchungspflicht nachgekommen ist⁸². Lehre und Rechtsprechung gehen indessen im Grundsatz davon aus, dass im Rekursverfahren eine **abgeschwächte Untersuchungspflicht** gilt (§ 7 N. 33), da dieses stets durch Parteianträge eingeleitet wird.

Die rekurrierende Partei hat die ihre Rügen stützenden Tatsachen darzulegen und allenfalls Beweismittel einzureichen⁸³. Entsprechend ist im Rekurs zu begründen, inwieweit die angefochtene Anordnung auf einer unrichtigen oder unvollständigen Sachverhaltsermittlung beruht. An diese **Begründungs- bzw. Substanziierungspflicht** dürfen freilich keine hohen Anforderungen gestellt werden. 45

Eine Partei ist gehalten, sich in einem Verfahren nach Treu und Glauben zu verhalten; Art und Umfang ihrer **Mitwirkungspflicht** richten sich grundsätzlich nach der Zumutbarkeit und der Verhältnismässigkeit. Eine Mitwirkungspflicht besteht insbesondere für die Beschaffung von Unterlagen, welche nur die Parteien beibringen können, und für die Abklärung von Tatsachen, welche eine Partei besser kennt als die Behörden⁸⁴. 46

Die Rekursinstanz ist demnach nicht verpflichtet, ohne entsprechende Parteivorbringen den Sachverhalt umfassend zu prüfen. Sie darf aber zur Gewährung der materiellen Rechtmässigkeit des Rekursentscheids das tatsächliche Fundament der angefochtenen Anordnung prüfen; es besteht **keine Bindung an die Sachverhaltsfeststellungen der Vorinstanz**⁸⁵. Sie kann daher auch ohne ausdrückliche Rüge zusätzliche Sachverhaltsabklärungen vornehmen, wenn die Akten darauf hindeuten, dass der Sachverhalt von der Vorinstanz unrichtig oder unvollständig ermittelt wurde⁸⁶. 47

Die im Grundsatz durch Lehre und Rechtsprechung abgeschwächte Untersuchungspflicht schränkt die von Amtes wegen zu erfolgende Rechtsanwendung nicht ein: Ist die mangelhafte Ermittlung des Sachverhalts auf eine **falsche materielle Rechtsanwendung** durch die Vorinstanz zurückzuführen, ist dieser Fehler von der Rechtsmittelbehörde von Amtes wegen zu berücksichtigen⁸⁷. Diese Rechtsprechung des Verwaltungsgerichts trägt dem Umstand Rechnung, dass zwischen der Ermittlung des Sachverhalts und der richtigen Rechtsanwendung ein enger Konnex besteht⁸⁸. 48

IV. Unangemessenheit (Abs. 1 lit. c)

Zur besonderen Eigenschaft des Rekurses gehört es, dass damit sämtliche Mängel des erstinstanzlichen Verfahrens gerügt werden können. Die Ermessenskontrolle ist damit 49

---

⁸¹ VGr, 25.10.2011, VB.2011.00348, E. 3.3.5; VGr, 1.12.2010, VB.2010.00417, E. 4.1.
⁸² So auch VGr, 8.7.2010, VB.2008.00494, E. 4.
⁸³ Vgl. z.B. VGr, 9.11.2011, VB.2011.00573, E. 7.2.
⁸⁴ VGr, 30.7.2008, VB.2008.00265, E. 4.2 (nicht publiziert); VGr, 23.3.2005, VB.2004.00555 (ZBl 2005, 526 ff.), E. 3.1; BGE 130 II 449, E. 6.6.1; ferner Häfelin/Müller/Uhlmann, Verwaltungsrecht, N. 1630.
⁸⁵ Vgl. VGr, 17.1.2001, VB.2000.00357, E. 5a.
⁸⁶ Zibung/Hofstetter, in: Praxiskommentar VwVG, Art. 49 N. 35, m.w.H.
⁸⁷ VGr, 19.12.2007, VB.2006.00549, E. 4.1; VGr, 13.7.2000, VB.2000.00038, E. 2b; RB 1982 Nr. 5.
⁸⁸ Vgl. auch Zibung/Hofstetter, in: Praxiskommentar VwVG, Art. 49 N. 34, m.w.H.

nicht auf die Prüfung einer rechtsfehlerhaften Ermessensausübung – und damit einer Rechtsverletzung – durch die Verwaltungsbehörde beschränkt. Räumt das anwendbare Recht der Verwaltung einen Ermessensspielraum ein, so kann die **Rekursbehörde** ihr **eigenes Ermessen** uneingeschränkt an die Stelle desjenigen der Vorinstanz setzen.

50 Der Begriff der Angemessenheit bezeichnet die den Umständen angepasste und zweckmässige Lösung innerhalb des rechtlich nicht normierten Handlungsspielraums der Verwaltung[89]. Unangemessen ist eine Anordnung, wenn sie zwar innerhalb des Ermessensspielraums liegt und die allgemeinen Verfassungsprinzipien sowie den Sinn und Zweck der gesetzlichen Ordnung beachtet, das Ermessen aber unzweckmässig ausgeübt wird[90]. Der Rügegrund der Unangemessenheit bzw. Unzweckmässigkeit weist damit **kaum fassbare Konturen** auf.

51 Hinzu kommt, dass sich die Beurteilung der Angemessenheit nur schwer von der Rechtmässigkeitskontrolle des Ermessens **abgrenzen** lässt. Eine angemessene Ermessensausübung beruht auf sachlichen Gesichtspunkten, trägt den konkreten Umständen des Einzelfalls Rechnung und berücksichtigt die für den Entscheid relevanten Interessen. Diese Kriterien können ebenso unter den rechtlichen Gesichtspunkten des Willkürverbots bzw. des Sinns und Zwecks der gesetzlichen Ordnung, der Ermessensunterschreitung sowie schliesslich des Grundsatzes der Verhältnismässigkeit erfasst werden[91].

52 Die Rüge der Unangemessenheit hat in der Praxis nur eine **untergeordnete Bedeutung**, wird doch die rekurrierende Partei in aller Regel bestrebt sein – gerade mit Blick auf einen allfälligen Weiterzug ans Verwaltungsgericht und dessen eingeschränkte Kognition – auch im Rekursverfahren qualifizierte Ermessensfehler nach § 20 Abs. 1 lit. a geltend zu machen[92]; die Rüge der Unangemessenheit wird einzig behelfsweise vorgebracht. Ergibt die Prüfung eine rechtskonforme Ermessensbetätigung durch die Verwaltungsbehörde, so wird die Rekursbehörde wohl nur in seltenen Fällen auf eine Unangemessenheit der Anordnung schliessen. Bei der Angemessenheitskontrolle kommt zudem in besonderem Masse eine Zurückhaltung der Rekursbehörde zum Tragen.

53 Die Rüge der Unangemessenheit kann **spezialgesetzlich** auch bereits im Rekursverfahren **ausgeschlossen** sein (dazu N. 87).

V. Beschränkung der Prüfungsbefugnis

A. Einleitung

54 Die Rekursbehörden sind grundsätzlich nicht nur berechtigt, sondern auch verpflichtet, ihre umfassende Überprüfungsbefugnis nach § 20 Abs. 1 voll **auszuschöpfen**[93]. Eine

---

[89] WIEDERKEHR/RICHLI, Praxis, N. 1510; KIENER/RÜTSCHE/KUHN, Öffentliches Verfahrensrecht, N. 1501; SCHINDLER, in: Kommentar VwVG, Art. 49 N. 33.
[90] HÄFELIN/MÜLLER/UHLMANN, Verwaltungsrecht, N. 460.
[91] SCHINDLER, in: Kommentar VwVG, Art. 49 N. 34–36.
[92] Vgl. auch ZIBUNG/HOFSTETTER, in: Praxiskommentar VwVG, Art. 49 N. 55, wonach in der Praxis im Bund die Rüge der Unangemessenheit praktisch nie durchdringt.
[93] Vgl. z.B. VGr, 28.4.2010, URB.2009.00001, E. 2.2; VGr, 17.12.2003, VB.2003.00326, E. 2.

zu Unrecht vorgenommene Einschränkung der Prüfungsbefugnis durch eine Rekursinstanz stellt eine Verweigerung des rechtlichen Gehörs bzw. eine formelle Rechtsverweigerung dar[94]. Die Rekursbehörden haben damit im Grundsatz sowohl die Auslegung unbestimmter Rechtsbegriffe wie auch die Ermessensausübung durch die erstinstanzliche Verwaltungsbehörde uneingeschränkt bzw. voll zu überprüfen[95].

Die Rechtsprechung anerkennt freilich, dass die Rekursbehörden gegebenenfalls ihre Prüfungsbefugnis **einschränken** dürfen. Unter welchen Voraussetzungen und inwieweit die Prüfungsdichte durch die Rekursbehörden trotz an sich voller Prüfungszuständigkeit beschränkt werden darf bzw. allenfalls sogar beschränkt werden muss, lässt sich nicht in allgemeiner Weise bestimmen. In der Praxis des Verwaltungsgerichts haben sich im Wesentlichen zwei Hauptkategorien herausgebildet, in welchen sich die Rekursbehörden Zurückhaltung aufzuerlegen haben: zum einen im Anwendungsbereich der *Gemeindeautonomie* und zum anderen, wenn die *Natur der Streitsache* einer uneingeschränkten Überprüfung entgegensteht.

Besondere Schwierigkeiten bereitet der Rechtsprechung schliesslich die Festsetzung der Prüfungsdichte bei der Anwendung bzw. Auslegung von **unbestimmten Rechtsbegriffen**. Die Rekursbehörden haben sich dabei unter denselben Voraussetzungen wie das Verwaltungsgericht im Beschwerdeverfahren Zurückhaltung aufzuerlegen (dazu § 50 N. 28 ff.).

B. Wahrung der Gemeindeautonomie

1. Allgemeines

Art. 50 Abs. 1 BV gewährleistet die Gemeindeautonomie «nach Massgabe des kantonalen Rechts». Gemäss ständiger Rechtsprechung des Bundesgerichts sind Gemeinden in einem Sachbereich autonom, wenn das kantonale Recht diesen nicht abschliessend ordnet, sondern ihn teilweise oder ganz der Gemeinde zur Regelung überlässt und ihr dabei eine relativ erhebliche Entscheidungsfreiheit einräumt. Der **geschützte Autonomiebereich** kann die Befugnis zum Erlass oder Vollzug eigener *kommunaler Vorschriften* betreffen oder sich auf einen entsprechenden Spielraum bei der *Anwendung kantonalen oder eidgenössischen Rechts* beziehen. Für den Schutz der Gemeindeautonomie bedarf es keiner Autonomie in einem ganzen Aufgabengebiet; es genügt eine relativ erhebliche Entscheidungsfreiheit im streitigen Bereich. Im Einzelnen ergibt sich der Umfang der kommunalen Autonomie aus dem für den entsprechenden Bereich anwendbaren kantonalen Verfassungs- und Gesetzesrecht (vgl. Art. 85 Abs. 1 KV)[96].

---

[94] BGE 133 II 35, E. 3; 131 II 271, E. 11.7.1; ferner z.B. VGr, 24.1.2007, PB.2006.00025, E. 2.
[95] So etwa zutreffend VGr, 21.12.2005, VB.2005.00323, E. 4.4.
[96] Vgl. statt vieler BGE 137 I 235, E. 2.2; JAAG, in: Kommentar KV, Art. 85 N. 5 ff.

§ 20

58 Die Wahrung der Gemeindeautonomie hat eine **Beschränkung der Überprüfungsbefugnis** der Rekursbehörden zur Folge. Dabei ist insbesondere zwischen folgenden Fallgruppen zu unterscheiden:

a) Im Anwendungsbereich des kommunalen Rechts

59 Nach ständiger Rechtsprechung steht den Rekursbehörden in Bezug auf die **Auslegung unbestimmter Rechtsbegriffe** des kommunalen Rechts sowie bei **Ermessensentscheiden** gestützt auf kommunales Recht nur eine beschränkte Überprüfungsbefugnis zu[97]. Das bedeutet, dass den zuständigen Gemeindebehörden bei der Auslegung ein erheblicher *Beurteilungsspielraum* zukommt, so dass die Rekursbehörden eine vertretbare Auslegung zu respektieren haben[98]. Bei kommunalen Ermessensentscheiden kommt die Kognition der Rekursbehörden derjenigen des Verwaltungsgerichts gleich, da ein Eingreifen nur bei einem qualifizierten Ermessensfehler (Ermessensmissbrauch, -überschreitung oder -unterschreitung) zulässig ist[99].

60 Diese Zurückhaltung der Rekursbehörden ist zur Wahrung der Gemeindeautonomie einzig dann geboten, wenn die angefochtene kommunale Anordnung die Auslegung unbestimmter Rechtsbegriffe des kommunalen Rechts betrifft, sowie bei eigentlichen Ermessensentscheiden, d.h. wenn das anwendbare kommunale Recht der Behörde einen Ermessensspielraum einräumt[100]. **Abzulehnen** ist daher die in der verwaltungsgerichtlichen Praxis zuweilen auftretende Auffassung, dass bei der Auslegung kommunalen Rechts allgemein Zurückhaltung zu üben sei bzw. dass dabei der kommunalen Behörde ein gewisser Beurteilungsspielraum zukomme[101]. Die Gemeinde kann sich beim Vollzug von kompetenzgemäss erlassenem kommunalem Recht nicht per se auf den Schutz der Gemeindeautonomie berufen[102]; eine relativ erhebliche Entscheidungsfreiheit besteht auch beim Vollzug kommunalen Rechts nur dann, wenn die einschlägigen Bestimmungen der rechtsanwendenden Behörde durch unbestimmte Rechtsbegriffe einen Beurteilungsspielraum einräumen oder wenn der Rechtssatz der Behörde Ermessen einräumt.

---

[97] VGr, 21.9.2011, VB.2011.00086, E. 2.1; VGr, 21.12.2005, VB.2005.00323, E. 4.4; VGr, 2.9.2009, VB.2009.00083, E. 8; VGr, 18.4.2007, PB.2006.00044, E. 3.2; VGr, 24.5.2012, VB.2012.00102, E. 5.3, in Bezug auf die Auslegung einer kommunalen Nachtparkierverordnung; VGr, 29.4.2004, VB.2004.00122, E. 2.
[98] Vgl. BGE 136 I 395, E. 4.3.1; VGr, 29.4.2004, VB.2004.00122, E. 2; VGr, 5.2.2004, VB.2003.00444, E. 3.2. – Häufig ist in der Rechtsprechung zudem davon die Rede, dass bei der Auslegung unbestimmter Rechtsbegriffe ein erheblicher *Ermessensspielraum* der kommunalen Behörde bestehe (so z.B. VGr, 14.9.2006, VB.2006.00250, E. 3.2, und auch BGE 136 I 395, E. 4.3.5). Vgl. zur dogmatischen Unterscheidung zwischen Ermessen und unbestimmten Rechtsbegriffen § 50 N. 15 ff.
[99] VGr, 17.12.2003, VB.2003.00326, E. 2.
[100] Vgl. auch VGr, 30.6.2010, VB.2010.00156, E. 5.2; VGr, 14.9.2006, VB.2006.00250, E. 3.2; VGr, 21.12.2005, VB.2005.00323, E. 4.4.
[101] VGr, 8.2.2012, VB.2011.00558, E. 5.1; VGr, 20.8.2009, VB.2009.00160, E. 2.3; VGr, 4.6.2009, VB.2009.00048, E. 4.4.4; VGr, 3.9.2008, VB.2007.00272, E. 4.3.
[102] So aber VGr, 21.9.2011, VB.2011.00086, E. 2.2, betreffend den Vollzug des kommunalen Personalrechts; vgl. auch VGr, 5.12.2012, VB.2012.00453, E. 2.3.1.

b) Im Anwendungsbereich des kantonalen Rechts

Zum anderen kann auch das kantonale Recht den Gemeinden bei der Anwendung *unbestimmter Rechtsbegriffe* sowie bei *Ermessensentscheiden* eine **relativ erhebliche Entscheidungsfreiheit** einräumen. Das setzt voraus, dass der erstinstanzliche Vollzug des kantonalen Rechts der Gemeinde übertragen ist und zudem die Art der geregelten Materie für ein kommunales Selbstbestimmungsrecht Raum lässt. Dies ist insbesondere der Fall, wenn örtliche Interessen im Vordergrund stehen und eine sinnvolle Aufgabenerfüllung auf kommunaler Ebene ermöglicht werden soll[103].

Ob eine Bestimmung des kantonalen Rechts den Gemeinden einen autonomen Entscheidungsspielraum einräumt, ist durch **Auslegung** zu ermitteln. Dabei handelt es sich um eine Rechtsfrage, die mit voller Kognition zu prüfen ist. Ergibt die Auslegung, dass der Gemeinde – als erstinstanzlich rechtsanwendender Behörde – bei der Anwendung unbestimmter Rechtsbegriffe des kantonalen Rechts keine durch die Gemeindeautonomie geschützte relativ erhebliche Entscheidungsfreiheit zukommt, verfügen die Rechtsmittelinstanzen über volle Kognition[104].

Die *Anwendung unbestimmter Rechtsbegriffe des kantonalen Rechts* ist daher von den Rekursbehörden **grundsätzlich uneingeschränkt** zu prüfen[105]. Spielen aber bei der Auslegung eines unbestimmten Rechtsbegriffs – wie etwa der Beurteilung der Zumutbarkeit des Schulwegs – die *örtlichen Verhältnisse* eine zentrale Rolle, kommt der kommunalen Behörde insoweit gleichwohl ein gewisser Beurteilungsspielraum zu[106]. Diese Zurückhaltung folgt aber nicht aus der Wahrung der Gemeindeautonomie.

c) Zur Begründung dieser Rechtsprechung – Kritik

Gemäss dem Verwaltungsgericht schliessen weder Art. 77 Abs. 1 KV, wonach das Gesetz eine wirksame Überprüfung von Anordnungen zu gewährleisten hat, noch die Umsetzung dieses Verfassungsauftrags durch § 20 Abs. 1 eine Beschränkung der Prüfungsbefugnis durch die Rekursbehörden aus. Begründet wird diese Beschränkung bzw. Zurückhaltung in erster Linie mit der **Wahrung der Gemeindeautonomie.** Zudem nimmt das Verwaltungsgericht Bezug auf die Rechtslehre, wonach ein Zweck der Verwendung unbestimmter Rechtsbegriffe gerade darin bestehe, den mit der Rechtsanwendung betrauten Verwaltungsbehörden einen gewissen Gestaltungsspielraum einzuräumen[107]. Das gelte auch dann, wenn die erstinstanzliche Rechtsanwendung des kantonalen Rechts einer kommunalen Behörde übertragen sei[108].

Aus der Entstehungsgeschichte von Art. 77 Abs. 1 KV ergibt sich freilich, dass der Verfassungsgeber damit – in Ergänzung zu einem unabhängigen gerichtlichen Rechtsschutz –

---

[103] BGE 136 I 395, E. 3.2.3.
[104] VGr, 21.12.2005, VB.2005.00323, E. 4.4, betreffend die Frage der wirtschaftlichen Selbsterhaltungsfähigkeit nach dem kantonalen Einbürgerungsrecht für Gesuchstellende mit einem Rechtsanspruch auf Einbürgerung; VGr, 30.9.2004, VB.2004.00321, E. 2.3.2.
[105] BGr, 30.8.2010, 1D_5/2010, E. 3.2.4.
[106] VGr, 21.12.2011, VB.2011.00395, E. 4.1; VGr, 5.11.2008, VB.2008.00363, E. 3.3.1.
[107] Vgl. RHINOW, Verwaltungsgerichtsbarkeit, S. 670 f.; SCHINDLER, in: Kommentar VwVG, Art. 49 N. 3 ff.
[108] VGr, 11.7.2012, VB.2012.00178, E. 5.3; VGr, 30.6.2010, VB.2010.00127, E. 4.3.

eine **umfassende Angemessenheitskontrolle** durch eine Rekursinstanz sicherstellen wollte[109]. Ausnahmen von diesem Grundsatz bedürfen einer gesetzlichen Grundlage (Art. 77 Abs. 1 Satz 1 KV)[110].

66 Hinzu kommt, dass Kognitionsbeschränkungen, die sich nicht nur auf das eigentliche Ermessen, sondern auch auf unbestimmte Rechtsbegriffe erstrecken, in Konflikt mit der **Rechtsweggarantie** (Art. 29a BV, Art. 110 BGG) geraten können. Diese verlangt eine uneingeschränkte Rechts- und Sachverhaltskontrolle durch ein Gericht. Es gilt daher das Verhältnis zwischen Art. 77 Abs. 1 KV sowie der Rechtsweggarantie auf der einen und der Gemeindeautonomie auf der anderen Seite zu klären[111].

67 Wie BENJAMIN SCHINDLER zutreffend festhält, lässt sich nicht schlüssig begründen, weshalb der Gemeindeautonomie gegenüber anderen verfassungsrechtlichen Garantien Vorrang zukommen soll[112]. Folgerichtig haben die kantonalen Rechtsmittelinstanzen den **im konkreten Einzelfall auf dem Spiel stehenden Interessen,** also auch dem Rechtsschutzbedürfnis der Beteiligten, verstärkt Rechnung zu tragen. Dem Schutz der Gemeindeautonomie darf kein allgemeiner Vorrang zukommen; vielmehr ist zwischen der Gemeindeautonomie und dem Anspruch auf wirksamen (gerichtlichen) Rechtsschutz (Art. 77 Abs. 1 KV; Art. 29a BV) aufgrund der Interessenlage im Einzelfall «praktische Konkordanz» herzustellen[113].

2. Bauentscheide kommunaler Behörden

a) Praxis zum «Ästhetikparagraphen» (§ 238 PBG)

68 Der wichtigste und in der Praxis häufigste Anwendungsfall der Beschränkung der Prüfungsbefugnis zur Wahrung der Gemeindeautonomie betrifft den Entscheid der kommunalen (Bau-)Behörden über die ästhetische Gestaltung und die Einordnung einer Baute in die bauliche und landschaftliche Umgebung nach § 238 PBG. Das Gesetz verlangt hierfür eine **«befriedigende Gesamtwirkung».** Bei der Anwendung dieses unbestimmten Rechtsbegriffs verfügt die Gemeinde über eine relativ erhebliche Entscheidungsfreiheit im Sinn der Gemeindeautonomie[114].

69 Das hat zur Folge, dass sich das Baurekursgericht als Rekursinstanz sowohl im Rahmen der Angemessenheits- als auch der Rechtskontrolle Zurückhaltung auferlegen muss. Beruht der Entscheid der Gemeinde auf einer vertretbaren Würdigung der massgebenden Sachumstände, ist er zu respektieren. Die Rekursinstanz darf nach ständiger Recht-

---

[109] So überzeugend SCHINDLER, Gemeindeautonomie, S. 151, unter Hinweis auf das Protokoll des Zürcher Verfassungsrats.
[110] A.M. wohl HÄNER, in: Kommentar KV, Art. 77 N. 15 ff., welche diese Ausnahmen in begründeten Fällen auf die gerichtliche Prüfung sowie den zweifachen Instanzenzug bezieht.
[111] Vgl. GRIFFEL, Rekurs, S. 62 f., wonach dieses Verhältnis bis heute «noch weitgehend im Dunkeln» liege.
[112] SCHINDLER, Gemeindeautonomie, S. 152.
[113] SCHINDLER, Gemeindeautonomie, S. 152.
[114] In der Praxis ist häufig auch von einem erheblichen Beurteilungs- oder Ermessensspielraum die Rede. Damit wird zum einen begrifflich nicht zwischen Ermessen und unbestimmtem Rechtsbegriff unterschieden; zum anderen folgt die Beschränkung der Prüfungsbefugnis aus der Gemeindeautonomie, so dass es richtig besehen die relativ erhebliche Entscheidungsfreiheit als deren abstraktes Begriffsmerkmal zu respektieren gilt.

sprechung nur einschreiten, wenn die ästhetische Würdigung der kommunalen Behörde **sachlich nicht mehr vertretbar** ist[115].

Diese «Vertretbarkeitskontrolle» des kommunalen Bauentscheids darf **nicht** mit einer Reduktion auf eine blosse **Willkürprüfung** gleichgesetzt werden[116]. Die Beurteilung eines Einordnungsentscheids setzt eine Würdigung der konkreten örtlichen Verhältnisse sowie eine Interessenabwägung der sich gegenüberstehenden privaten und öffentlichen Interessen voraus. Massgebend ist daher nicht ein subjektives Empfinden, sondern eine nach objektiven Massstäben und mit nachvollziehbarer Begründung zu erfolgende Beurteilung[117]. Der Gestaltungsspielraum der Gemeinden darf daher nicht zu einem Verzicht auf die nach der Rechtsweggarantie erforderliche Rechts- und Sachverhaltsprüfung führen[118].

Beruht der Entscheid der kommunalen Behörde nicht auf einer nach objektiven Gesichtspunkten vertretbaren und nachvollziehbaren ästhetischen Würdigung, ist die Rekursinstanz zu einem Einschreiten demnach berechtigt. Nicht vorausgesetzt ist hierfür, dass der angefochtene Bauentscheid «offensichtlich unhaltbar», d.h. willkürlich ist[119]. Die **Eingriffsschwelle** muss damit tiefer gesetzt werden.

b)   Weitere Anwendungsfälle

Nach der Rechtsprechung des Verwaltungsgerichts haben sich die Rekursbehörden namentlich bei der Anwendung folgender Bestimmungen des PBG ebenso Zurückhaltung aufzuerlegen bzw. die relativ erhebliche Entscheidungsfreiheit der Gemeinden bei der Anwendung kantonalen Rechts zu respektieren wie im Zusammenhang mit § 238 PBG:

– **§ 71 PBG** betreffend die bauliche Gestaltung und Einordnung in das vorhandene Ortsbild von Arealüberbauungen[120];
– **§ 237 Abs. 1 f. PBG** betreffend die Beurteilung der Verkehrssicherheit einer Zufahrt[121];

---

[115] Vgl. statt vieler VGr, 8.8.2012, VB.2012.00320, E. 5.2; VGr, 8.8.2012, VB.2012.00043, E. 5; VGr, 11.7.2012, VB.2012.00178, E. 5.2; VGr, 30.6.2010, VB.2010.00127, E. 4.2; BGr, 21.6.2005, 1P.678/2004 (ZBl 2006, 430 ff.), E. 3.2 und 4.
[116] So zu Recht VGr, 11.4.2007, VB.2006.00446, E. 3.3. – Die Rechtslehre konstatiert freilich kritisch, dass kommunale Entscheide nur dann korrigiert würden, wenn sie geradezu willkürlich seien (vgl. SCHINDLER, Gemeindeautonomie, S. 150, m.w.H.; ALAIN GRIFFEL, Raumplanungs- und Baurecht – in a nutshell, Zürich/St. Gallen 2012, S. 130, 182; ders., Raumplanungs-, Bau- und Umweltrecht – Entwicklungen 2010, Bern 2011, S. 74).
[117] VGr, 11.7.2012, VB.2012.00178, E. 5.1, m.w.H.; SCHINDLER, Gemeindeautonomie, S. 148, m.w.H.
[118] Vgl. BGE 137 I 235, E. 2.5.2, in Bezug auf das Erfordernis der «genügenden Integration» bei Einbürgerungen.
[119] Vgl. auch BGr, 14.3.2012, 1C_495/2011, E. 4.3; problematisch hingegen BGr, 21.6.2005, 1P.678/2004 (ZBl 2006, 430 ff.), E. 4, wo das Bundesgericht verlangt, dass sich die Würdigung «als offensichtlich unvertretbar erweist».
[120] VGr, 1.6.2011, VB.2010.00666, E. 4.1; VGr, 22.2.2006, VB.2005.00583, E. 4.2; VGr, 9.4.2003, VB.2003.00006, E. 2b (BEZ 2003 Nr. 22).
[121] VGr, 28.3.2007, VB.2006.00431, E. 2.2; RB 2004 Nr. 70 (VB.2003.00430 = BEZ 2004 Nr. 64).

§ 20

– § 357 Abs. 1 PBG betreffend die Beurteilung zulässiger Änderungen an vorschriftswidrigen Bauten[122].

73 Eine gewisse Zurückhaltung ist sodann auch bei der Anwendung von § 341 PBG geboten. Bei der Frage der Wiederherstellung des rechtmässigen Zustands besteht zwar kein Ermessensspielraum, ob die zuständige Baubehörde tätig werden oder ob sie die Sache auf sich beruhen lassen soll[123]. Die Anordnung der Wiederherstellung des rechtmässigen Zustands muss indessen verhältnismässig sein (Art. 5 Abs. 2 BV), was als Rechtsfrage an sich uneingeschränkt zu prüfen ist[124]. Allerdings sei mit der Gewichtung der in Frage stehenden öffentlichen und privaten Interessen die Auslegung unbestimmter Rechtsbegriffe verbunden, bei der den Verwaltungsbehörden ein gewisser Beurteilungsspielraum zustehe (dazu auch § 50 N. 34)[125]. Diese Kognitionsbeschränkung beruht damit nicht auf der Wahrung der Gemeindeautonomie.

3. Kommunale Nutzungsplanung

a) Allgemeines

74 § 19 Abs. 1 lit. a stellt **raumplanungsrechtliche Festlegungen** als Anfechtungsobjekte des Rekurses den (individuell-konkreten) Anordnungen gleich. Solche Festlegungen, namentlich Nutzungs- und Gestaltungspläne, Bau- und Zonenordnungen sowie Bau- und Niveaulinien, sollen damit gemäss der Weisung des Regierungsrats zur VRG-Revision von 2010 nicht Gegenstand der abstrakten Normenkontrolle nach § 19 Abs. 1 lit. d bilden[126]. Im Bau- und Planungsrecht besteht eine Sonderordnung[127].

75 Das Verwaltungsgericht ist dieser Unterscheidung in Bezug auf das Anfechtungsobjekt zwischen § 19 Abs. 1 lit. a (raumplanungsrechtliche Festlegungen) und lit. d (Erlassanfechtung bzw. abstrakte Normenkontrolle) nicht gefolgt. Es fasst die **Anfechtung** generell-abstrakter Normen der kommunalen Nutzungsplanung als eine **abstrakte Normenkontrolle** auf, zumal wenn diese Gegenstand der Bau- und Zonenordnung (BZO) oder eines anderen Gemeindeerlasses bilden[128]. Dabei qualifiziert es freilich den Nutzungsplanungsrekurs als spezialgesetzlich geregelten Anwendungsfall der Gemeindebeschwerde (§ 151 GG; dazu N. 104 ff.) mit der Folge, dass zur Beurteilung das *Baurekursgericht* (§ 329 Abs. 1 PBG) und nicht etwa der Bezirksrat zuständig ist[129].

76 Bei der Erlassanfechtung ist eine **Ermessenskontrolle** ausgeschlossen (vgl. § 20 Abs. 2; dazu N. 95). Das gilt aber nicht für den Bereich des Bau-und Planungsrechts. Das Verwal-

---

[122] VGr, 11.7.2012, VB.2011.00159, E. 3.3.1; VGr, 8.10.2003, VB.2003.00196, E. 2c.
[123] VGr, 4.4.2012, VB.2011.00565, E. 6.1; VGr, 8.2.2012, VB.2011.00530, E. 5.1.
[124] BGr, 26.4.2010, 1C_397/2009, E. 4.1; VGr, 12.3.2008, VB.2007.00383, E. 7.
[125] VGr, 4.4.2012, VB.2011.00565, E. 6.1; VGr, 5.2.2009, VB.2008.00445, E. 4.3, in Bezug auf das Verbot einer baulichen Massnahme der Baudirektion.
[126] Weisung 2009, S. 956. – Vgl. dazu Näheres § 19 N. 32 ff.
[127] MARTI, Besondere Verfahren, S. 108 Fn. 22, S. 111. – Für das Verfahren vor Bundesgericht vgl. ALAIN GRIFFEL, Raumplanungs- und Baurecht – in a nutshell, Zürich/St. Gallen 2012, S. 179 f.
[128] Hinzu kommt, dass selbst Gestaltungspläne generell-abstrakte Nutzungsbestimmungen (vgl. § 83 PBG) enthalten. Dabei geht auch das Verwaltungsgericht zu Recht nicht von einer Erlassanfechtung aus (VGr, 12.7.2012, VB.2012.00063, E. 2.1).
[129] VGr, 24.5.2011, AN.2011.00003, E. 1.1 und E. 2; VGr, 6.12.2011, VB.2010.00673 und 383, E. 1 f.

tungsgericht geht betreffend die Kognition der Rekursbehörde davon aus, dass diese den angefochtenen Akt nicht nur auf Rechtmässigkeit, sondern ebenso auf Angemessenheit hin zu prüfen hat[130]. Das würde sich ebenso aus § 20 Abs. 1 ergeben, wenn man die Anfechtung planungsrechtlicher – auch generell-abstrakter – Festlegungen nicht als Erlassanfechtung qualifizieren würde, wie es Wortlaut und Gesetzesmaterialien zu § 19 Abs. 1 lit. a nahelegen[131].

b)   Prüfungsdichte

Das Baurekursgericht als Rekursinstanz[132] und ebenso der Regierungsrat als Genehmigungsbehörde[133] haben nach ständiger Rechtsprechung die der Gemeinde zustehende **Autonomie bei der Nutzungsplanung** zu respektieren (vgl. §§ 2 lit. c und 45 ff. PBG)[134]. Das gilt insbesondere, wenn es auf die Beurteilung der örtlichen Verhältnisse ankommt. Ein Eingreifen ist nur dann gerechtfertigt, wenn sich die kommunale Lösung aufgrund überkommunaler Interessen als unzweckmässig erweist, sie den wegleitenden Grundsätzen und Zielen der Raumplanung widerspricht oder wenn sie offensichtlich unangemessen ist[135]. Nicht vorausgesetzt ist aber, dass die kommunale Planfestsetzung ohne sachliche Gründe getroffen wurde und schlechthin unhaltbar ist[136].

77

Die Prüfungsdichte gegenüber kommunalen Nutzungsplänen ergibt sich – entgegen den Erwägungen des Verwaltungsgerichts (N. 75 f.) – nicht aus dem kantonalen (Verfahrens-)Recht. Nutzungspläne müssen **von Bundesrechts wegen** durch wenigstens eine Beschwerdebehörde voll überprüft werden können (Art. 33 Abs. 3 lit. b RPG). Damit ist gemäss dem Bundesgericht auch eine Kontrolle der Angemessenheit verlangt; die Rechtsmittelinstanz muss freilich auch im Anwendungsbereich von Art. 33 Abs. 3 lit. b RPG den Handlungsspielraum, welchen das Gesetz der Verwaltung einräumt, respektieren. Dies gilt insbesondere im Bereich der Gemeindeautonomie. Die Kognition darf aber nicht auf eine Willkürprüfung beschränkt werden[137].

78

Die Beschränkung der Prüfungsdichte der Rekursbehörden wird nicht nur mit der Wahrung der Gemeindeautonomie, sondern ebenso mit dem den Gemeindebehörden bei der Nutzungsplanung zukommenden erheblichen **prospektiv-technischen Ermessen** begründet[138]. Entsprechend darf die Rekursbehörde nicht ihr Ermessen an die Stelle

79

---

[130] VGr, 6.12.2011, VB2010.00673 und 383, E. 2, mit dem pauschalen – und damit gerade nicht aufschlussreichen – Hinweis auf § 20. Ebenfalls nicht einschlägig ist § 5 Abs. 1 PBG, da sich diese Bestimmung auf die Genehmigung durch den Kanton und nicht das Rekursverfahren bezieht.
[131] Ebenso MARTI, Besondere Verfahren, S. 116 f.
[132] Zur Prüfung eines kommunalen Strassenprojekts als Sondernutzungsplanung ist der Bezirksrat zuständig (VGr, 30.9.2004, VB.2004.00076, E. 3).
[133] Vgl. § 2 lit. a und b i.V.m § 5 Abs. 1 PBG; VGr, 24.8.2011, VB.2008.00401, E. 5; VGr, 26.2.2009, VB.2008.00437, E. 4.2; ferner JAAG/RÜSSLI, Staats- und Verwaltungsrecht, N. 4419.
[134] BGE 136 I 395, E. 3.2.2; JAAG, in: Kommentar KV, Art. 85 N. 11.
[135] Vgl. statt vieler VGr, 12.7.2012, VB.2012.00063, E. 2.1 (betreffend Gestaltungspläne); VGr, 6.12.2011, VB.2010.00673 und 383, E. 2 (betreffend Bau- und Zonenordnung).
[136] Grundlegend BGE 110 Ia 51, E. 3.
[137] BGr, 15.7.2011, 1C_156/2011, E. 2.3, m.w.H.
[138] BGr, 23.3.2011, 1C_562/2010, E. 2.2 f.; VGr, 15.4.2010, VB.2009.00521, E. 2.4; VGr, 23.8.2007, VB.2006.00289, E. 4.3, m.w.H.

desjenigen der Planungsbehörde setzen, womit ihre Lösung an die Stelle einer anderen ebenso vertretbaren Lösung treten würde[139]. Ein erhebliches prospektiv-technisches Ermessen kommt auch der Quartierplanbehörde bei der Planfestsetzung zu (vgl. §§ 123 ff. PBG)[140].

C. Besondere Natur der Streitsache

1. Im Allgemeinen

80   In der *bisherigen* Praxis ist anerkannt, dass sich die Rekursbehörden bei der Ermessenskontrolle regelmässig eine gewisse Zurückhaltung auferlegen, soweit **persönliche oder örtliche Verhältnisse** zu berücksichtigen sind oder wenn es um **technische oder verwaltungsorganisatorische Fragen** geht[141]. Mit Blick auf Art. 77 Abs. 1 KV (N. 6) bezeichnet der Regierungsrat in der Weisung zur VRG-Revision 2010 diese in der Praxis geübte Zurückhaltung als «fragwürdig»[142]. Daran dürfte freilich der Umstand, dass die Rüge der Unangemessenheit im Gesetz nun ausdrücklich verankert wird, wenig ändern[143].

81   Das Bundesgericht und diesem folgend das Bundesverwaltungsgericht räumen den Verwaltungsbehörden bei der Beurteilung technischer Probleme bzw. ausgesprochener Fachfragen einen eigenständigen Beurteilungsspielraum ein, der als «*technisches Ermessen*» bezeichnet wird. Dabei wird regelmässig nicht unterschieden, ob Ermessen ausgeübt oder unbestimmte Rechtsbegriffe ausgelegt werden[144]. In der zürcherischen Praxis ist im Zusammenhang mit dem *Planungsermessen* von einem **prospektiv-technischen Ermessen** die Rede (N. 79). Soweit das Planungsermessen der kommunalen Behörden bereits durch die Gemeindeautonomie geschützt ist, kommt diesem Aspekt freilich keine eigenständige Bedeutung zu.

82   Auch **Prognosen** sind mit Zurückhaltung zu prüfen, sofern sie auf besonderem Fachwissen und einer anerkannten Methode beruhen. Die Beurteilung von Prognosen betrifft richtig besehen jedoch nicht die Ermessenskontrolle[145], sondern die Tatsachenkognition, da sie sich auf die Sachverhaltsermittlung beziehen (§ 50 N. 65).

83   In der Rechtslehre ist unbestritten, dass jedenfalls die gerichtlichen Rechtsmittelinstanzen gewisse eigenständige Beurteilungsspielräume der Verwaltungsbehörden zu respektieren haben. Eine Rechtsmittelinstanz ist **keine allgemeine Aufsichts- oder Oberverwaltungsbehörde**; sie wird nur tätig, wenn gegen eine Anordnung ein Rechtsmittel

---

[139] VGr, 15.4.2010, VB.2009.00521, E. 2.4; VGr, 19.3.2008, VB.2007.00370, E. 2; VGr, 20.9.2006, VB.2006.00059, E. 4.2.
[140] VGr, 8.2.2012, VB.2011.00104, E. 3.2, m.w.H.
[141] VGr, 8.11.2012, VB.2012.00478, E. 4; VGr, 5.5.2010, VB.2009.00576, E. 4.5; VGr, 21.4.2010, VB.2010.00146, E. 4.1; VGr, 18.8.2004, PB.2004.00009, E. 2; VGr, 28.4.2004, PB.2003.00041, E. 2.3.3; GRIFFEL, Rekurs, S. 62; ferner M. MÜLLER, Verwaltungsrechtspflege, S. 176.
[142] Weisung 2009, S. 856.
[143] GRIFFEL, Rekurs, S. 62.
[144] Zum Ganzen WIEDERKEHR/RICHLI, Praxis, N. 1503 f.
[145] So VGr, 23.3.2006, VB.2006.00073, E. 3.2.2.

ergriffen wird. Das Rekursverfahren bezweckt daher in erster Linie eine nachträgliche Überprüfung im Einzelfall und die Gewährung von individuellem Rechtsschutz[146].

Die Rechtfertigung der Zurückhaltung bei der Ermessenskontrolle beruht im Wesentlichen auf einer *funktionalen Betrachtungsweise* bzw. der mangelnden fachlichen Eignung der Rechtsmittelinstanzen. Auch die gerichtlichen Rekursinstanzen im Kanton Zürich – das Bau- und das Steuerrekursgericht – verfügen als Spezialverwaltungsgerichte sowie aufgrund ihrer Zusammensetzung[147] indes über das notwendige Fachwissen, um auch Ermessensfragen sachgerecht zu beurteilen. Dementsprechend ist eine **Einschränkung der Ermessenskontrolle** aufgrund von Art. 77 Abs. 1 KV und der Neufassung von § 20 Abs. 1 **im Einzelfall sachlich zu begründen**.

84

2. Anordnungen im Bereich des Heimatschutzes

Nach ständiger Rechtsprechung kommt den rechtsanwendenden Behörden bei denkmalpflegerischen Anordnungen gestützt auf § 203 PBG eine besondere Entscheidungsfreiheit zu, da sie dabei im **Grenzbereich zwischen Rechtsanwendung und Ermessensbetätigung** handeln[148]. Die Entscheidungsfreiheit der erstinstanzlichen Behörde bezieht sich namentlich auf die Frage der Qualifikation eines Objekts als wichtiger Zeuge im Sinne des PBG, auf den konkret erforderlichen Umfang einer Unterschutzstellungsmassnahme oder, sofern erforderlich, auf die Auswahl unter mehreren in Betracht fallenden Schutzobjekten[149]. Die Rekursbehörde darf eine noch *vertretbare Wertung* der (kommunalen) Behörde nicht durch eine abweichende eigene Wertung ersetzen[150]. Auch bei Inventarentlassungen greift die Rekursbehörde nur bei sachlich nicht mehr vertretbaren Entscheiden der kommunalen Behörde ein. Die Rekursbehörde verfügt damit insofern über keine weitere Prüfungsbefugnis als das auf Rechtskontrolle beschränkte Verwaltungsgericht[151].

85

Zu beachten ist, dass die von der Rekursbehörde zu wahrende Zurückhaltung **nicht** im Zusammenhang mit der **Gemeindeautonomie** steht. Die Zurückhaltung greift daher nur, soweit es um die Würdigung örtlicher Verhältnisse oder um technische oder andere Fragen geht, die ein bestimmtes Fachwissen voraussetzen, zumal die Beratung der entscheidenden Behörden durch Fachstellen ausdrücklich im Gesetz vorgesehen ist (§ 216 Abs. 1 PBG)[152]. Das ist etwa nicht der Fall bei der Beantwortung der Frage, was unter einem wertvollen Baum oder Baumbestand bzw. Feldgehölz im Sinn von § 203 Abs. 1 lit. f PBG zu verstehen ist[153].

86

---

[146] Vgl. weiterführend SCHINDLER, in: Kommentar VwVG, Art. 49 N. 5 ff.
[147] Vgl. zum Baurekursgericht § 64 N. 10.
[148] Vgl. BGE 115 Ib 131, E. 3.
[149] VGr, 4.5.2011, VB.2011.00135, E. 5.1; VGr, 20.12.2007, VB.2007.00192, E. 5.2.
[150] VGr, 3.9.2009, VB.2008.00449, E. 3.2.
[151] VGr, 4.5.2011, VB.2011.00135, E. 4.5.2.
[152] VGr, 3.9.2009, VB.2008.00449, E. 3.2; BGE 115 Ib 131, E. 3.
[153] VGr, 8.2.2012, VB.2010.00359, E. 4.1.

3. Bewertung von Prüfungsleistungen

87 Aufgrund **spezialgesetzlicher Regelungen** ist im Bereich der Hochschulen bei der Anfechtung des *Ergebnisses von Prüfungen und Promotionen*[154] die Rüge der Angemessenheit bereits für das Rekursverfahren ausgeschlossen[155]. Dasselbe gilt für *Qualifikationsentscheide* der beruflichen Grundbildung (insbesondere Lehrabschlussprüfungen) einschliesslich der Berufsmaturität, wobei in diesen Fällen dem Rekurs von Gesetzes wegen ein Einspracheverfahren beim prüfenden Organ vorgeschaltet ist[156]. Die Kognition der Rekursbehörden entspricht damit derjenigen des Verwaltungsgerichts im Beschwerdeverfahren (vgl. § 50 Abs. 1)[157].

88 Auch ohne spezialgesetzliche Grundlage können sich die Rekursbehörden nach ständiger Rechtsprechung des Verwaltungsgerichts bei der Überprüfung der Bewertung von Prüfungsleistungen – etwa bei Aufnahmeprüfungen ins Gymnasium – eine gewisse Zurückhaltung auferlegen. Es handelt sich dabei – dogmatisch betrachtet – um eine **Herabsetzung der Prüfungsdichte** bei grundsätzlich uneingeschränkter Kognition[158]. Die Rekursbehörden schreiten erst ein, wenn die Prüfungsbewertung *nicht nachvollziehbar* ist, *offensichtliche Mängel* aufweist oder auf *sachfremden Kriterien* beruht[159]. Diese Beschränkung der Prüfungsdichte erlaubt es den Rekursbehörden aber nicht, sich auf eine eigentliche Willkürprüfung zu beschränken. So ist ein Entscheid zwar nicht bereits dann willkürlich, wenn eine andere Lösung ebenfalls vertretbar erscheint oder gar vorzuziehen wäre; bei der Korrektur einer Prüfung sind die Korrigierenden indes gerade gehalten, sämtliche vertretbaren Lösungen zuzulassen[160].

89 Das Verwaltungsgericht hat diese aus der Natur der Streitsache folgende Herabsetzung der Prüfungsdichte zunächst ausschliesslich auf die eigentliche **Benotung und Bewertung** der Prüfungsleistung bezogen, da es sich dabei um eine ausgesprochene Ermessensfrage handelt[161]. Demgegenüber ist die (uneingeschränkte) Prüfungsbefugnis voll auszuschöpfen, wenn die Auslegung oder Anwendung von Rechtssätzen oder Verfahrensmängel[162] gerügt werden[163].

---

[154] Darunter fallen auch die Bewertung von Bachelor- oder Masterarbeiten (vgl. VGr, 1.12.2004, VB.2004.00377, E. 3.1, und VGr, 5.12.2012, VB.2012.00513, E. 2 f., zur Frage der Beschwerdeberechtigung) sowie die Bewertung einer Habilitationsleistung (RB 2006 Nr. 21, E. 2.1).
[155] Vgl. § 36 Abs. 3 FaHG und § 46 Abs. 4 UniG.
[156] Vgl. § 47 Abs. 2 i.V.m. § 46 des Einführungsgesetzes zum Bundesgesetz über die Berufsbildung vom 14. Januar 2008 (EG BBG; LS 413.31).
[157] Vgl. z.B. VGr, 1.12.2004, VB.2004.00377, E. 3.1; RB 2006 Nr. 21, E. 2.1.
[158] VGr, 13.7.2011, VB.2010.00651, E. 2.2; VGr, 25.6.2008, VB.2008.00125, E. 2.2 f.
[159] Vgl. z.B. VGr, 22.11.2006, VB.2006.00248, E. 2.2; VGr, 19.3.2008, VB.2007.00510, E. 2.1. – Vgl. zur Konkretisierung dieser Kognitionsbeschränkung in der Praxis HELG, Kognition, S. 212 f.
[160] RB 2006 Nr. 21, E. 2.1; grundlegend VGr, 30.8.2004, VB.2004.00213, E. 3.1.3 f. – Vgl. auch HELG, Kognition, S. 213 f.
[161] VGr, 25.6.2008, VB.2008.00125, E. 2.3. – A.M. WIEDERKEHR/RICHLI, Praxis, N. 1504, wonach die Beurteilung von Prüfungsleistungen nicht die Ausübung von Ermessen, sondern die Konkretisierung unbestimmter Rechtsbegriffe betreffe.
[162] Sämtliche Einwendungen, die sich auf den äusseren Ablauf des Examens oder der Bewertung beziehen, gelten als Verfahrensfragen (VGr, 13.7.2011, VB.2010.00651, E. 2.2).
[163] Vgl. z.B. VGr, 1.12.2004, VB.2004.00377, E. 3.1; VGr, 31.5.2006, VB.2006.00030, E. 2.3; VGr, 13.7.2011, VB.2010.00651, E. 2.2.

In neueren Entscheiden hat das Verwaltungsgericht erwogen, dass es sich im Zusammenhang mit der Überprüfung von Examensleistungen auch bei der **Auslegung unbestimmter Rechtsbegriffe** auf eine blosse Haltbarkeits- bzw. Vertretbarkeitskontrolle der von den Behörden vorgenommenen Auslegung beschränke. Im Ergebnis gleiche sich damit die richterliche Kontrolldichte bei der Auslegung unbestimmter Rechtsbegriffe an die Kognition bei Ermessensfragen an. Entscheidend sei in beiden Fällen, dass das Vorgehen der Behörden dem Gericht als vertretbar erscheine[164]. Gleichzeitig hält aber das Verwaltungsgericht weiterhin daran fest, dass es sich bei der Bewertung einer Prüfungsleistung um eine Ermessensfrage handle und dass die korrekte Anwendung der Prüfungskriterien eine mit voller Kognition zu prüfende Rechtsfrage bilde[165]. Die Bedeutung dieser Rechtsprechung ist unklar: Zum einen ist offen, ob diese Kognitionsbeschränkung auch bereits für die *Rekursbehörden* gilt; und zum anderen bleibt der Zusammenhang zwischen der Kontrolle einer Prüfungsleistung durch die Rechtsmittelinstanzen und die darauf einwirkende Auslegung unbestimmter Rechtsbegriffe völlig im Dunkeln.

VI. Abstrakte Normenkontrolle (Abs. 2)

A. Allgemeines

Anfechtungsobjekte der abstrakten Normenkontrolle durch die Rekursinstanzen bilden zum einen die *kommunalen Erlasse* und zum anderen *Erlasse einer Direktion*[166]. Die abstrakte Normenkontrolle wird dabei auch nicht für den Fall, dass ein solcher Erlass der Genehmigung des Regierungsrats oder eines anderen Organs untersteht, ausgeschlossen[167]. Die übrigen Erlasse, welche Gegenstand der abstrakten Normenkontrolle bilden können (§ 19 N. 82), sind direkt beim Verwaltungsgericht – bzw. Erlasse des Verwaltungsgerichts beim Obergericht (§ 43 Abs. 2 lit. b) – anzufechten.

Während die abstrakte Normenkontrolle gegenüber **kantonalen Erlassen** unterhalb der Gesetzesstufe durch Art. 79 Abs. 2 KV – bzw. die Umsetzung des Verfassungsauftrags in den §§ 19 ff. und 41 Abs. 1 – neu eingeführt wurde, bestand sie gegenüber kommunalen Erlassen bereits nach Massgabe des Gemeindegesetzes. Rechtsmittelinstanzen waren dabei der Bezirksrat und der Regierungsrat; die Beschwerde an das Verwaltungsgericht war demgegenüber ausgeschlossen[168].

Nach Art. 79 Abs. 3 KV regelt das Gesetz die Anfechtbarkeit **kommunaler Erlasse**. Der Verfassungsgeber wollte damit an der in der Praxis bewährten Prüfung kommunaler Erlasse festhalten[169]. Erlasse der Gemeinde, d.h. der Gemeindeversammlung oder einer Urnenabstimmung, sowie des Gemeindeparlaments, sind mit der *Gemeindebeschwerde* gemäss § 151 GG anfechtbar; Erlasse der Gemeindebehörden, d.h. des Gemeindevorstands

---

[164] VGr, 30.9.2009, VB.2009.00430, E. 3.2; VGr, 2.12.2009, VB.2009.00502, E. 5.2; VGr, 13.1.2010, VB.2009.00352, E. 2.2 (nicht publiziert).
[165] VGr, 30.9.2009, VB.2009.00430, E. 3.4 f.
[166] GRIFFEL, Rekurs, S. 62; JAAG/RÜSSLI, Staats- und Verwaltungsrecht, N. 2003.
[167] VGr, 18.4.2011, PB.2010.00026, E. 1.2; Weisung 2009, S. 934; MARTI, Besondere Verfahren, S. 110.
[168] Weisung 2009, S. 927 f.; 2. Aufl., § 20 N. 24, § 41 N. 8 und § 50 N. 116.
[169] HÄNER, in: Kommentar KV, Art. 79 N. 25; Weisung 2009, S. 932.

oder weiterer Exekutivbehörden, mit *Rekurs* gemäss § 152 GG i.V.m. den §§ 19 ff.[170]. Gegen die Beschwerde- bzw. Rekursentscheide der Bezirksräte steht die Beschwerde an das Verwaltungsgericht offen (§ 41 Abs. 1 i.V.m. 19 Abs. 1 lit. d)[171]; der Gesetzgeber hat sich bewusst für die Einsetzung des Verwaltungsgerichts als letzter kantonaler Instanz und damit als Vorinstanz des Bundesgerichts entschieden, obschon in der Rechtslehre umstritten ist, ob die Kantone gestützt auf Art. 86 Abs. 3 BGG hierfür auch eine nichtrichterliche Behörde vorsehen können[172].

B. Rügegrund

94 Mit dem Rekurs gegen einen Erlass kann die **Verletzung übergeordneten Rechts** gerügt werden (§ 20 Abs. 2)[173]. Prüfungsmassstab bilden damit insbesondere das *kantonale Verfassungs- und Gesetzesrecht* und das gesamte *Bundesrecht* (auf Stufe Verfassung, Gesetz und Verordnung). Ebenso gerügt werden kann die Verletzung von *internationalem Recht* (Völkerrecht), sofern dieses direkt anwendbar (self-executing) ist[174]. Schliesslich ist auch das *interkantonale Recht* zu beachten (vgl. Art. 48 Abs. 5 BV), d.h. unmittelbar rechtsetzende interkantonale Vereinbarungen und das von interkantonalen Organen erlassene «Sekundärrecht»; das interkantonale Recht steht in der Normenhierarchie über dem kantonalen Recht[175].

95 *Ausgeschlossen* ist damit nach § 20 Abs. 2 bereits im Rekursverfahren grundsätzlich die **Ermessenskontrolle**; das Ermessen der rechtsetzenden Behörde ist zu respektieren[176]. Das Verwaltungsgericht schliesst daraus, dass dem Verordnungsgeber – soweit er gestützt auf eine Delegationsnorm ein kantonales Gesetz näher ausführt – auch bei der *Konkretisierung unbestimmter Rechtsbegriffe* ein Spielraum einzuräumen sei; der Verordnungsgeber habe sich bei dieser Konkretisierung nach den Grundsätzen zu richten, die für die Gesetzesdelegation entwickelt worden seien[177]. Dieser Spielraum ist nicht nur einer kantonalen Behörde (Regierungsrat, Direktion oder einer selbständigen Anstalt des kantonalen Rechts) als Verordnungsgeberin, sondern aufgrund der Gemeindeautonomie umso mehr den kommunalen Behörden für den Bereich delegierter Gesetzgebungsakte im kommunalen Recht zuzugestehen.

---

[170] Vgl. JAAG/RÜSSLI, Staats- und Verwaltungsrecht, N. 2902, 2906 f.
[171] GRIFFEL, Rekurs, S. 62; JAAG/RÜSSLI, Staats- und Verwaltungsrecht, N. 2124.
[172] Weisung 2009, S. 932 f. mit zahlreichen Hinweisen auf die unterschiedlichen Lehrmeinungen. – Das Verwaltungsgericht ist bereits vor Inkraftsetzung des neuen § 41 Abs. 1 i.V.m. 19 Abs. 1 lit. d und nach Ablauf der Übergangsfrist von Art. 130 Abs. 3 BGG zur Anpassung des kantonalen Rechts an Art. 86 Abs. 2 f. BGG auf Beschwerden gegen Rekursentscheide der *Bezirksräte* gestützt auf die §§ 151 und 152 GG eingetreten (VGr, 16.12.2009, PB.2009.00029, E. 1.3; VGr, 2.9.2009, VB.2009.00083, E. 1.2, m.w.H.).
[173] Vgl. Weisung 2009, S. 960.
[174] Vgl. SCHOTT, in: Basler Kommentar BGG, Art. 95 N. 50–54.
[175] TOBIAS JAAG, Zusammenarbeit zwischen Bund und Kantonen sowie zwischen den Kantonen, in: Biaggini/Gächter/Kiener, Staatsrecht, § 14 N. 14.
[176] HÄNER, in: Kommentar KV, Art. 79 N. 23; VGr, 26.6.2012, AN.2012.00001, E. 1.4; VGr, 18.4.2011, PB.2010.00026, E. 4.
[177] VGr, 18.4.2011, PB.2010.00026, E. 6.1.1 und 6.3.3, unter Bezugnahme auf HAUSER, in: Kommentar KV, Art. 38 N. 41, und HÄFELIN/MÜLLER/UHLMANN, Verwaltungsrecht, N. 428b f.

Im Anwendungsbereich der abstrakten Normenkontrolle gegenüber kommunalen Erlassen führt die Rüge der **Verletzung höherrangigen kommunalen Rechts** zu Abgrenzungsschwierigkeiten zwischen der Gemeindebeschwerde und dem Stimmrechtsrekurs. Soweit sich ein Rekurs nach § 152 GG (i.V.m. §§ 19 ff.) gegen Erlasse der Gemeinde*behörden* – d.h. nicht der Gemeinde bzw. des Gemeindeparlaments nach § 151 GG (N. 93) – richtet, kann gerügt werden, dass diese gegen die Gemeindeordnung (kommunale Verfassung) oder anderweitig übergeordnetes kommunales Recht[178] verstossen. Ersteres muss etwa auch gelten, wenn nach § 151 GG Erlasse des Gemeindeparlaments angefochten werden, d.h. es sollte gerügt werden können, dass ein solcher kommunaler Rechtsetzungsakt gegen die Gemeindeordnung verstösst (N. 112). Die Verletzung des kommunalen Rechts ist alsdann zugleich eine Verletzung des Grundsatzes der Gewaltenteilung bzw. des Legalitätsprinzips (vgl. N. 104 ff.).

96

C. Entscheidbefugnis

Die gesetzliche Regelung der Entscheidbefugnis der Rechtsmittelinstanzen in den §§ 27 und 63 bezieht sich auf den Anfechtungsgegenstand der «Anordnung» (zur ausnahmsweise fehlenden Bindung an den Rechtsmittelantrag im Verfahren vor Verwaltungsgericht vgl. § 63 N. 28). Für das Verfahren der abstrakten Normenkontrolle fehlt eine gesetzliche Regelung über die **Rechtswirkungen der Aufhebung** der angefochtenen Norm(en) bei Gutheissung des Rechtsmittels.

97

Gemäss der Rechtsprechung des Verwaltungsgerichts wirkt die Aufhebung einer generell-abstrakten Norm gegenüber jedermann (erga omnes) und nicht nur gegenüber den Parteien; die *allgemeinverbindliche Wirkung* tritt daher mit der **Veröffentlichung des Urteils** ein. Eine Publikation durch die Erlassbehörde in der gleichen Form wie die Erlasspublikation selbst bzw. ein entsprechender Hinweis in der Offiziellen Gesetzessammlung ist hierfür nicht notwendig[179]. Dieser Praxis ist beizupflichten, wobei die Veröffentlichung des Entscheiddispositivs aus Gründen der Rechtssicherheit und -klarheit im *Amtsblatt* erfolgt (vgl. § 5 Abs. 1 PublG)[180].

98

Da es sich bei einer solchen Urteilsveröffentlichung durch eine Rechtsmittelinstanz gemäss § 13 Abs. 2 PublG um eine Bekanntmachung auf ausserordentlichem Weg handelt, führt sie nur zu einer beschränkten Verbindlichkeit. Daher hat die **Erlassbehörde** gleichwohl dafür besorgt zu sein, dass zusätzlich in den **Gesetzessammlungen (OS und LS)** in geeigneter Form auf die Aufhebung der betreffenden Bestimmungen verwiesen wird[181].

99

Dem Wesen der abstrakten Normenkontrolle entspricht eine rein **kassatorische** Entscheidbefugnis der Rechtsmittelinstanzen; diese können damit eine angefochtene Norm,

100

---

[178] Erlasse der Exekutive können namentlich gegen übergeordnete Erlasse der Gemeindeversammlung oder des Gemeindeparlaments verstossen (vgl. VGr, 16.12.2009, PB.2009.00029 betreffend die Vereinbarkeit eines stadträtlichen Reglements [Exekutiverlass] mit der kommunalen Personalverordnung [Erlass des städtischen Parlaments, der dem fakultativen Referendum untersteht]).
[179] VGr, 18.4.2011, PB.2010.00026, E. 8.4; a.M. Marti, Besondere Verfahren, S. 121.
[180] VGr, 26.6.2013, AN.2012.00005, E. 3.5.
[181] VGr, 26.6.2013, AN.2012.00005, E. 3.5. – Vgl. auch VGr, 18.4.2011, PB.2010.00026, E. 8.4, wonach die förmliche Aufhebung der betreffenden Bestimmungen im ordentlichen Rechtsetzungsverfahren erfolgt.

§ 20

die gegen übergeordnetes Recht verstösst, weder ändern noch ersetzen[182]. Aus den Entscheiderwägungen, mit welchen der Verstoss gegen das übergeordnete Recht begründet wird, lässt sich freilich der rechtsetzende Gestaltungsspielraum der Erlassbehörde ableiten. Dabei ist es aber aufgrund der Gewaltenteilung und der Aufgabenteilung in der Rechtsetzung nicht an der Rechtsmittelinstanz, der Erlassbehörde dazu verbindliche Weisungen zu erteilen[183].

101 Hat die Aufhebung der angefochtenen Norm zur Folge, dass dadurch ebenfalls eine rechtswidrige Situation eintritt, ist auch im Rahmen der abstrakten Normenkontrolle ein sogenannter **Appellentscheid** möglich (dazu eingehend § 50 N. 48 ff.). Die Rechtsmittelinstanz beschränkt sich dabei auf die Feststellung der Rechtswidrigkeit und weist die Erlassbehörde an, eine rechtskonforme Regelung zu schaffen[184].

102 In der bisherigen Rechtsprechung *nicht geklärt* ist schliesslich, ob ein Aufhebungsentscheid nur dann erfolgen soll, wenn sich die betreffende Norm einer **rechtskonformen Auslegung** in jeder Hinsicht entzieht[185]. Der rechts- bzw. verfassungskonformen Auslegung kommt insoweit normerhaltende Funktion zu[186]. Diese vom Bundesgericht insbesondere gegenüber kantonalen Gesetzen geübte Zurückhaltung[187] ist föderalistisch und demokratisch begründet. Gegenüber *kantonalen Verordnungen* des Regierungsrats, der Direktionen oder selbständiger Rechtsträger ausserhalb der Zentralverwaltung besteht daher kein Grund für eine solche Zurückhaltung[188].

103 Im Rekursverfahren amtet der Regierungsrat bei der Anfechtung von Verordnungen der Direktionen als Rekursinstanz. Er hat daher – ebenso wie das Verwaltungsgericht als zweite Rechtsmittelinstanz – eine angefochtene Bestimmung nicht erst dann aufzuheben, wenn deren rechtskonforme zukünftige Anwendung bzw. Auslegung eindeutig als ausgeschlossen erscheint. Hingegen ist eine – analog der Rechtsprechung des Bundesgerichts geübte – Zurückhaltung bei der Prüfung *kommunaler* Erlasse bereits durch den Bezirksrat zur **Wahrung der Gemeindeautonomie** gerechtfertigt.

D. Exkurs: Verhältnis zwischen Gemeindebeschwerde und Rekurs in Stimmrechtssachen bei Erlassen der Gemeinde

104 Soweit ein Erlass der Gemeinde, d.h. der Gemeindeversammlung oder des Gemeindeparlaments, mit Gemeindebeschwerde nach § 151 GG angefochten wird, ist in der **bisherigen Praxis** das Verhältnis zum Rekurs in Stimmrechtssachen nach § 151a GG in Verbindung mit § 21a **nicht geklärt**.

---

[182] MARTI, Besondere Verfahren, S. 120, m.w.H.
[183] Dahingehend aber VGr, 20.9.2012, AN.2012.00003, E. 2.4.1.
[184] MARTI, Besondere Verfahren, S. 120, m.w.H; AEMISEGGER/SCHERRER REBER, in: Basler Kommentar BGG, Art. 82 N. 70a.
[185] So wohl VGr, 26.6.2012, AN.2012.00001, E. 1.4; offen gelassen hingegen in VGr, 26.6.2013, AN.2012.00005, E. 2.4.3; VGr, 23.5.2012, AN.2011.00001, E. 3; VGr, 18.4.2011, PB.2010.00026, E. 4.
[186] Vgl. VGr, 23.8.2001, VB.2001.00171, E. 3a.
[187] Vgl. etwa BGE 134 I 293, E. 2; AEMISEGGER/SCHERRER REBER, in: Basler Kommentar BGG, Art. 82 N. 68.
[188] Ebenso HÄNER, in: Kommentar KV, Art. 79 N. 23.

In der seit dem 1. Januar 2005 geltenden Fassung von § 151 GG ist nicht mehr vorgesehen, dass mit der Gemeindebeschwerde eine **Verletzung des Stimmrechts** gerügt werden kann. Der Rügegrund nach § 151 Abs. 1 Ziff. 1 GG wurde auf die Verletzung übergeordneten Rechts beschränkt, wobei aus den Gesetzesmaterialien geschlossen werden könnte, dass eine Verletzung des übergeordneten kommunalen Rechts davon nicht erfasst wird[189].

105

Die Unterscheidung zwischen Gemeindebeschwerde und Stimmrechtsrekurs ist bedeutsam, da für die beiden Rechtsmittel nicht dieselbe **Rechtsmittelfrist** gilt (vgl. § 22) und auch das **Anfechtungsobjekt** nicht dasselbe ist: Der Stimmrechtsrekurs muss sich direkt gegen den die politischen Rechte verletzenden Akt der Gemeinde richten. Mit der Gemeindebeschwerde ist demgegenüber gemäss der Lehre im Fall des fakultativen Referendums der Beschluss über den Erlass einerseits direkt anfechtbar; andererseits soll aber auch erst nach Ablauf der Referendumsfrist die Beschwerde ergriffen werden können. Kommt das Referendum zustande oder unterliegt die Vorlage dem obligatorischen Referendum, kann auch noch der Beschluss des Stimmvolks angefochten werden[190].

106

Hinzu kommt, dass gemäss § 10 Abs. 2 Erlasse mit einer Rechtsmittelbelehrung zu veröffentlichen sind[191]. *Fristauslösend* für die Gemeindebeschwerde ist daher die **amtliche Publikation über das definitive Zustandekommen eines kommunalen Erlasses**. Wird bei einem Erlass eine Referendumsabstimmung durchgeführt, knüpft auch das Bundesgericht in seiner langjährigen Praxis an den eigentlichen Erwahrungsbeschluss, d.h. den Beschluss, welcher das Abstimmungsergebnis und die Annahme einer gesetzlichen Vorlage amtlich bekannt gibt, an. Gemäss dem Bundesgericht schliesst der Erwahrungsbeschluss das Gesetzgebungsverfahren förmlich ab[192].

107

Die **Rechtsmittelberechtigung** kommt hingegen – selbst im zweitinstanzlichen Verfahren vor Verwaltungsgericht – unter anderem sämtlichen Stimmberechtigten (§ 151 GG) zu, ohne dass ein schutzwürdiges Interesse bzw. zumindest ein virtuelles Betroffensein erforderlich wäre (vgl. auch § 21 N. 92)[193]. Insoweit spielt die Abgrenzung zwischen der Gemeindebeschwerde und dem Stimmrechtsrekurs keine Rolle.

108

Nach ständiger Rechtsprechung anerkennt das Bundesgericht das **Prinzip der Gewaltenteilung** als verfassungsmässiges Recht, dessen Verletzung im Zusammenhang mit dem Legalitätsprinzip vor kantonalen Instanzen und dem Bundesgericht gerügt werden kann. Es schützt die Einhaltung der verfassungsmässigen Zuständigkeitsordnung, welche sich in erster Linie aus dem kantonalen Staatsrecht ergibt[194]. Für den Bereich der Rechtsetzung bedeutet der Grundsatz der Gewaltenteilung, dass generell-abstrakte Nor-

109

---

[189] Vgl. Weisung GPR, S. 1647 f. – Das Verwaltungsgericht geht gestützt auf die Literatur (THALMANN, Kommentar GG, § 151 N. 4.1.2), die sich allerdings auf die frühere, in der Zwischenzeit geänderte Fassung von § 151 GG bezieht, davon aus, dass mit der Gemeindebeschwerde jedenfalls die Rüge, ein kommunaler *Beschluss* verstosse gegen einen kommunalen Erlass, vorgebracht werden könne (VGr, 2.9.2009, VB.2009.00083, E. 8).
[190] Vgl. JAAG, Rechtsmittel, S. 469; THALMANN, Kommentar GG, § 151 N. 2.3 f.
[191] Vgl. auch MARTI, Besondere Verfahren, S. 113.
[192] BGE 133 I 286, E. 1.
[193] VGr, 2.9.2009, VB.2009.00083, E. 2.1.1; VGr, 30.4.2009, VB.2009.00055, E. 1.4.
[194] BGE 130 I 1, E. 3.1, m.w.H.; BIAGGINI, in: Kommentar KV, Art. 3 N. 10.

men vom zuständigen Organ in der dafür vorgesehenen Form zu erlassen sind[195]; erfasst werden damit sowohl das Verhältnis zwischen dem Parlament und den Stimmbürgern – z.B. wenn ein Erlass dem fakultativen statt dem obligatorischen Referendum unterstellt wird – wie auch dasjenige zwischen Legislative und Exekutive.

110 Bei der Anfechtung kantonaler Erlasse kann gemäss dem Verwaltungsgericht auch die Verletzung des Grundsatzes der Gewaltenteilung gerügt werden[196]. Das steht in Einklang mit der Rechtsprechung des Bundesgerichts, wonach die Rüge, eine von der Exekutive erlassene Verordnung widerspreche *inhaltlich* dem Gesetz bzw. sei vom Gesetz nicht abgedeckt, nicht mit Stimmrechtsbeschwerde, sondern mit (Verfassungs-)Beschwerde wegen Verletzung der Gewaltenteilung geltend zu machen ist[197]. Eine Verletzung der kantonalen Zuständigkeitsordnung durch den Kantonsrat kann innerkantonal zum Vornherein mit keinem Rechtsmittel gerügt werden (§ 19 Abs. 1 lit. d und Abs. 2 lit. b; § 42 lit. b).

111 Die Einhaltung der **kommunalen Kompetenzordnung** gemäss der Gemeindeordnung wird durch den Grundsatz der Gewaltenteilung geschützt; dessen Verletzung kann mit dem Stimmrechtsrekurs (§ 151a GG i.V.m. § 21a) gerügt werden[198]. Das Verwaltungsgericht hat bislang die Frage offen gelassen, ob mit der Gemeindebeschwerde nach § 151 GG auch die Verletzung des Grundsatzes der Gewaltenteilung gerügt werden kann oder ob hierfür einzig der Rekurs in Stimmrechtssachen zur Verfügung steht[199].

112 Bei Erlassen der Gemeinde ist wie folgt zu unterscheiden: Betrifft die Rüge die demokratischen Teilnahmerechte (politischen Rechte) des Stimmbürgers am **Zustandekommen** des Erlasses – fakultatives oder obligatorisches Referendum –, ist *Rekurs in Stimmrechtssachen* zu erheben (§ 151a GG i.V.m. § 21a). Wird hingegen gerügt, ein Erlass widerspreche **inhaltlich** den Vorgaben der Gemeindeordnung, ist die *Gemeindebeschwerde nach § 151 GG* gegeben (vgl. auch N. 96). Dies entspricht auch der Praxis des Bundesgerichts, wonach die Rüge, ein Erlass der Exekutive stehe in Widerspruch zum Gesetz, die inhaltliche Richtigkeit und nicht die politischen Rechte der Stimmbürger betreffe[200].

113 Daher ist es gerechtfertigt, die **Rüge der Stimmrechtsverletzung** im Verfahren der *Gemeindebeschwerde nach § 151 GG nicht zuzulassen* (vgl. auch § 19 N. 71)[201]; das Verwaltungsgericht lässt aber im Rahmen der Gemeindebeschwerde jedenfalls auch die Rüge,

---

[195] BGE 131 I 291, E. 2.1.
[196] VGr, 23.5.2012, AN.2011.00001, E. 4.6. – Unzutreffend ist in diesem Zusammenhang freilich die Auffassung des Verwaltungsgerichts, dass das Gewaltentrennungsprinzip in der Kantonsverfassung nicht ausdrücklich ausgesprochen werde (ebd., E. 4.6.1); Art. 3 Abs. 1 KV bekräftigt ausdrücklich, dass die kantonale Verfassungsordnung auf dem Grundsatz der Gewaltenteilung beruht (zutreffend VGr, 26.6.2013, AN.2012.00005, E. 2.2).
[197] BGr, 30.12.2002, 1P.293/2002, E. 1.3; BGE 123 I 41, E. 6b.
[198] VON WARTBURG, in: Ergänzungsband Kommentar GG, § 151a N. 3.1; THALMANN, Kommentar GG, § 151 N. 4.2.3.4.
[199] VGr, 30.6.2010, VB.2010.00291, E. 1.4.4 (nicht publiziert); VGr, 2.9.2009, VB.2009.00083, E. 2.2. – Vgl. aber auch VGr, 24.6.2009, VB.2009.00081, E. 2.1, wonach die Verletzung von politischen Rechten stets mit dem Stimmrechtsrekurs zu rügen sei, da dieser Rügegrund keine Verletzung von übergeordnetem Recht im Sinn von § 151 Abs. 1 Ziff. 1 GG darstelle.
[200] Grundlegend BGE 105 Ia 349, E. 4.
[201] Vgl. BGr, 27.5.2013, 1C_634/2012; a.M. MARTI, Besondere Verfahren, S. 112 und 115, wonach bei der unmittelbaren Erlassanfechtung auch Stimmrechtsverletzungen geltend gemacht werden können.

ein *Beschluss* sei zu Unrecht allein vom Gemeindeparlament unter Missachtung des Referendumsrechts gefällt worden, als Rüge der Verletzung der Gewaltenteilung (im weiteren Sinn) zu[202]. Wird hingegen in einem Stimmrechtsrekurs ein inhaltlicher Widerspruch mit übergeordnetem – auch kommunalem – Recht gerügt, so ist das Rechtsmittel insoweit als Gemeindebeschwerde zu behandeln[203].

---

[202] VGr, 2.9.2009, VB.2009.00083, E. 8.4.1.
[203] Ebenso VGr, 30.4.2009, VB.2009.00055, E. 1.3.

Neue Vorbringen
§ 20a

¹ Im Rekursverfahren können keine neuen Sachbegehren gestellt werden.

² Neue Tatsachenbehauptungen und neue Beweismittel sind zulässig.

Materialien

Weisung 2009, S. 960 f.; Prot. KR 2007–2011, S. 10240.

Zu alt § 20 Abs. 2: Weisung 1957, S. 1038; Prot. KK 20.12.1957, 23.9.1958; Beleuchtender Bericht 1959, S. 401.

Literatur

EHRENZELLER BERNHARD, in: Basler Kommentar BGG, Art. 110; KIENER/RÜTSCHE/KUHN, Öffentliches Verfahrensrecht, N. 1511 ff.; KÖLZ/HÄNER/BERTSCHI, Verwaltungsverfahren, N. 1018 ff.; MEYER ULRICH/DORMANN JOHANNA, in: Basler Kommentar BGG, Art. 99 N. 4 ff.; MÜLLER M., Verwaltungsrechtspflege, S. 68 ff.; RHINOW/KOLLER/KISS/THURNHERR/BRÜHL-MOSER, Öffentliches Prozessrecht, N. 1134 f., 1611 f., 1662, 1992 ff.

Inhaltsübersicht

I. Allgemeines	1–8
A. Regelungsgegenstand und Entstehungsgeschichte	1–3
B. Massgebender Zeitpunkt in Bezug auf die Sachlage	4–8
1. Vorgaben des übergeordneten Rechts	5–6
2. Untersuchungsgrundsatz	7–8
II. Neue Vorbringen	9–19
A. Begehren (Abs. 1)	9–15
B. Tatsachenbehauptungen und Beweismittel (Abs. 2)	16–17
C. «Verspätete» Vorbringen	18–19
III. Neue rechtliche Begründung	20–22
IV. Massgebender Zeitpunkt in Bezug auf die Rechtslage	23–32
A. Im Allgemeinen	23–26
B. Zürcherische Praxis	27–32

I. Allgemeines

A. Regelungsgegenstand und Entstehungsgeschichte

1 § 20a regelt das **Novenrecht.** Noven sind neue rechtliche oder tatsächliche Vorbringen durch die Verfahrensbeteiligten im Rechtsmittelverfahren. Das Novenrecht nimmt somit Bezug auf den funktionellen Instanzenzug, da die Vorbringen bei der erstinstanzlich anordnenden Behörde nicht geltend gemacht wurden. Zu klären ist damit, ob und inwieweit gegenüber dem vorinstanzlichen Verfahren neue Rechtsbegehren, neue Rechtsstandpunkte, neue Tatsachenbehauptungen und neue Beweismittel zulässig sind. Allgemeine Schranke bildet dabei der Streitgegenstand des vorinstanzlichen Verfahrens, da dieser grundsätzlich – d.h. mit Ausnahmen – nicht verändert werden darf.

Der Gesetzgeber hat bei der VRG-Revision von 2010 die Regelung des Novenrechts in dem neuen § 20a **verselbständigt**. Inhaltlich entspricht § 20a dem bisherigen § 20 Abs. 2[1]. Die neue Fassung bezeichnet neue Sachbegehren nunmehr ausdrücklich als unzulässig, während in der alten Fassung neue Begehren verfahrensrechtlicher Art für zulässig erklärt wurden. Beides folgt aus der Anknüpfung des Rekursverfahrens an den Streitgegenstand der angefochtenen erstinstanzlichen Anordnung.

§ 20a bringt durch die Marginalie «Neue Vorbringen» zum Ausdruck, dass es sich dabei nicht um eine Frage der Rekursgründe handelt[2]. Dennoch darf nicht übersehen werden, dass das Novenrecht einen **engen Zusammenhang mit der Kognition** der Rekursinstanz (§ 20) aufweist. Die Berücksichtigung neuer Vorbringen setzt voraus, dass die Rekursinstanz die angefochtene Anordnung in dieser Hinsicht uneingeschränkt überprüft. Das ist zu beachten, wenn sich die Rekursinstanz – insbesondere in Ermessensfragen – trotz der an sich vollen Überprüfungsbefugnis eine gewisse Zurückhaltung auferlegt (vgl. dazu § 20 N. 54 ff.)[3].

B. Massgebender Zeitpunkt in Bezug auf die Sachlage

Aus der prozessualen Regelung des Novenrechts lässt sich nicht schliessen, welches der massgebende Zeitpunkt hinsichtlich des Sachverhalts ist. Insbesondere lässt § 20a Abs. 2 offen, ob sich neue Tatsachenbehauptungen auf Tatsachen beziehen, die sich *vor oder nach* Erlass der erstinstanzlichen Anordnung verwirklicht haben. Nach der Rechtsprechung ist für die verwaltungsinterne wie auch die gerichtliche Rekursbehörde **immer** der Sachverhalt im **Zeitpunkt des Rekursentscheids** massgebend. Das ergibt sich aus den folgenden Gründen:

1. Vorgaben des übergeordneten Rechts

Nach Art. 29a BV hat jede Person bei Rechtsstreitigkeiten Anspruch auf Beurteilung durch eine richterliche Behörde. Die Rechtsweggarantie verlangt, dass **einer Gerichtsinstanz eine umfassende Rechts- und Sachverhaltskontrolle** zukommt. Diese Anforderung muss grundsätzlich bereits im kantonalen Verfahren erfüllt werden, auch wenn der Rechtsmittelweg an das Bundesgericht offen steht. Gemäss Art. 110 BGG muss das Verwaltungsgericht (als letzte kantonale Instanz) oder eine vorgängig zuständige andere richterliche Behörde den Sachverhalt frei prüfen und das massgebende Recht von Amtes wegen anwenden, wenn die Kantone nach dem BGG ein Gericht als letzte kantonale Instanz einzusetzen haben[4]. Das Bundesgericht folgert daraus, dass der Sachverhalt im gerichtlichen Verfahren zu erstellen ist, weshalb dem Verwaltungsgericht oder dessen gerichtlicher Vorinstanz auch neue Tatsachen und Beweismittel unterbreitet werden können[5].

---

[1] Vgl. GRIFFEL, Rekurs, S. 67; Weisung 2009, S. 961.
[2] Weisung 2009, S. 960.
[3] Eine zu Unrecht vorgenommene Kognitionsbeschränkung stellt eine Verletzung des rechtlichen Gehörs bzw. eine formelle Rechtsverweigerung dar (BGE 133 II 35, E. 3; 131 II 271, E. 11.7.1).
[4] Vgl. im Einzelnen EHRENZELLER, in: Basler Kommentar BGG, Art. 110 N. 8 ff.; JAAG, Ausgangslage, S. 9 Fn. 38.
[5] BGE 135 II 369, E. 3.3.

6 Für die Rekursbehörden als Vorinstanzen des Verwaltungsgerichts haben Art. 110 BGG und die Rechtsprechung des Bundesgerichts zur Folge, dass auf die **aktuellen tatsächlichen Verhältnisse im Zeitpunkt des Rekursentscheids** abzustellen ist. Ist die Rekursbehörde kein Gericht, folgt dies aus der Einheit des Verfahrens, da auch das Verwaltungsgericht auf die tatsächlichen Verhältnisse im Zeitpunkt des eigenen Entscheids abstellen muss[6]. Ist die Rekursinstanz ein Gericht, so hat dieses die Anforderungen von Art. 110 BGG zu erfüllen, da der kantonale Gesetzgeber für diesen Fall die Berücksichtigung neuer Tatsachen durch das Verwaltungsgericht einschränkt (vgl. dazu § 52 N. 22 ff.).

2. Untersuchungsgrundsatz

7 Im Verfahren vor Rekursbehörden spielt dementsprechend die Unterscheidung zwischen sog. **echten und unechten Noven** keine Rolle[7]: Bei Ersteren handelt es sich um erst nach der angefochtenen Anordnung eingetretene Tatsachen, bei Letzteren um die Nachholung von im vorinstanzlichen Verfahren versäumten Vorbringen. Die neuen Tatsachenbehauptungen können ferner durch eine seit dem Erlass der angefochtenen Anordnung veränderte Rechtslage veranlasst sein. Dasselbe gilt für neue Beweismittel.

8 Die umfassende Berücksichtigung neuer Vorbringen in Bezug auf die Sachlage im Rekursverfahren entsprach bereits vor dem Inkrafttreten bzw. der Umsetzung der Rechtsweggarantie einer langjährigen Praxis. Sie wurde aus dem Untersuchungsgrundsatz und nicht aus der prozessualen Regelung (§ 20a bzw. alt § 20 Abs. 2) des Novenrechts abgeleitet[8].

II. Neue Vorbringen

A. Begehren (Abs. 1)

9 Nach § 20a Abs. 1 können keine neuen **Sachbegehren** gestellt werden. Das folgt aus dem Begriff und der Funktion des Streitgegenstands. Der Umfang des Rekursverfahrens wird einerseits durch das Thema der erstinstanzlichen Verfügung sowie den dazugehörigen Sachverhalt (Streitgegenstand des erstinstanzlichen Verfahrens) und andererseits durch die Rekursanträge sowie den ihnen zugrunde liegenden Sachverhalt bestimmt[9]. Wurde die angefochtene Anordnung durch ein Begehren eines Verfahrensbeteiligten ausgelöst, bestimmt bereits dieses zusammen mit dem ihm zugrunde liegenden Sachverhalt den Streitgegenstand des Rekursverfahrens. Diese **Fixierung des Streitgegenstands** bzw. das damit verbundene Verbot der «Klageänderung» dient der Wahrung der funktionellen Zuständigkeit und des Instanzenzugs[10].

---

[6] Grundlegend VGr, 29.6.2011, VB.2011.00066, E. 3.1.
[7] Vgl. auch KIENER/RÜTSCHE/KUHN, Öffentliches Verfahrensrecht, N. 1513; KÖLZ/HÄNER/BERTSCHI, Verwaltungsverfahren, N. 1021; RHINOW/KOLLER/KISS/THURNHERR/BRÜHL-MOSER, Öffentliches Prozessrecht, N. 1612, 1662.
[8] 2. Aufl., § 20 N. 47.
[9] Vgl. z.B. VGr, 4.4.2012, VB.2012.00046, E. 2 (nicht publiziert).
[10] So Prot. KK 23.9.1958; VGr, 30.5.2012, VB.2012.00226, E. 5.1 (nicht publiziert).

Der Rekursantrag darf nur Sachbegehren enthalten, über welche die Vorinstanz entschieden hat oder hätte entscheiden müssen[11]. Es darf damit **nicht mehr oder etwas anderes** als ursprünglich verlangt beantragt werden. Ein unzulässiges neues Sachbegehren liegt überdies auch dann vor, wenn sich dieses auf einen ausserhalb des vorinstanzlichen Streitgegenstands liegenden Sachverhalt und einen anderen Rechtssatz abstützt, selbst wenn damit dieselbe Rechtsfolge wie bei der Vorinstanz bezweckt wird (N. 17). Der Streitgegenstand kann mit anderen Worten nicht unter Berufung auf den Grundsatz der Rechtsanwendung von Amtes wegen erweitert werden[12]. Auf solche Anträge ist nicht einzutreten. Ohne weiteres zulässig ist hingegen die Reduktion von Sachbegehren auf ein **Minus** des ursprünglichen Antrags.

10

Auch eine an sich zulässige Reduktion des Streitgegenstands darf nicht dazu führen, dass sich daraus eine wesentlich andere Ausgangslage ergibt. Nach ständiger Praxis sind daher im Baurecht **Projektänderungen** im Laufe des Rechtsmittelverfahrens nur zulässig, wenn sie im Verzicht auf die Ausführung von klar umschriebenen Teilen des Projekts bestehen und keine wesentlichen Änderungen an den beibehaltenen Teilen bedingen; andernfalls ist ein neues Bewilligungsverfahren vor der örtlichen Baubehörde durchzuführen[13]. Zur Wahrung der funktionellen Zuständigkeit darf die Rechtsmittelinstanz nicht in die Lage versetzt werden, dass sie sozusagen als erstinstanzliche Behörde zu entscheiden hätte. Dieser für die baurechtliche Praxis entwickelte Grundsatz gilt auch bei der Überprüfung von Gestaltungsplänen[14]. Schliesslich darf eine Projektänderung den anfechtenden Nachbarn nicht in seinen Rechten beeinträchtigen[15].

11

Betrifft die Projektänderung einen Einordnungsentscheid, ist überdies der durch die *Gemeindeautonomie* geschützte Beurteilungsspielraum der Baubehörde zu wahren[16]. Das verlangt zwingend, dass die kommunale Behörde als erste Instanz im Rahmen ihres Ermessens über die wesentlich veränderte Situation entscheiden kann.

12

Neue Begehren **verfahrensrechtlicher Natur** – wie zum Beispiel Begehren betreffend aufschiebende Wirkung, vorsorgliche Massnahmen oder die Bestellung eines unentgeltlichen Rechtsbeistands – sind, auch wenn dies nicht mehr ausdrücklich im Gesetzeswortlaut zum Ausdruck kommt (N. 2), zulässig[17]. Solche Begehren sind für die Bestimmung des (materiellen) Streitgegenstands der angefochtenen Verfügung in der Regel nicht massgebend. Daher muss es auch zulässig sein, solche Begehren, selbst wenn sie bereits bei der Vorinstanz gestellt wurden und diese darüber entschieden hat, im Hauptsacheverfahren an veränderte Verhältnisse anzupassen. Einzig wenn die Vorinstanz einen Zwischenentscheid fällt und dieser selbständig angefochten wird (vgl. § 19a Abs. 2), fixieren dieser und das vorinstanzliche Begehren den Streitgegenstand des diesbezüglichen Rekursverfahrens.

13

---

[11] Vgl. VGr, 29.9.2011, VB.2011.00439, E. 1.3; VGr, 14.5.2008, PB.2008.00005, E. 1.3.
[12] Vgl. auch M. MÜLLER, Verwaltungsrechtspflege, S. 69 und 150.
[13] VGr, 25.2.2009, VB.2008.00430, E. 5.3; RB 1985 Nr. 115.
[14] VGr, 17.11.2005, VB.2004.00563 und VB.2005.00058, E. 6.1.
[15] VGr, 22.8.2003, VB.2003.00149, E. 2.
[16] VGr, 25.2.2009, VB.2008.00430, E. 5.3 f.
[17] Weisung 2009, S. 961; GRIFFEL, Rekurs, S. 67.

14 Das Verbot neuer Sachbegehren ist in der Praxis der – vor allem verwaltungsinternen – Rekursbehörden aus **prozessökonomischen Gründen**[18] weniger streng und formalistisch anzuwenden als im zweitinstanzlichen Beschwerdeverfahren vor Verwaltungsgericht. Im Verwaltungsalltag sind Anordnungen von (kommunalen) Verwaltungsbehörden bzw. deren Dispositive nicht selten – aus streng juristischer Warte – ungenau oder unvollständig abgefasst. Zur Bestimmung des Streitgegenstands und damit zur Beurteilung der Zulässigkeit der Rekursbegehren ist darauf abzustellen, was aufgrund des Sachzusammenhangs notwendiger- und vernünftigerweise in der angefochtenen Anordnung geregelt sein sollte. Der funktionellen Zuständigkeit der Verwaltungsbehörde kann bis zu einem gewissen Grad auch durch Gewährung des rechtlichen Gehörs Rechnung getragen werden.

15 Ist die Rekursinstanz zugleich die Aufsichtsbehörde gegenüber der anordnenden Verwaltungsbehörde, kann sie – unabhängig vom Rekursbegehren – **aufsichtsrechtlich** die angefochtene Anordnung ganz oder teilweise aufheben bzw. ergänzen, wenn die Voraussetzungen des aufsichtsrechtlichen Einschreitens gegeben sind (dazu Vorbem. zu §§ 19–28a N. 61 ff.).

B. Tatsachenbehauptungen und Beweismittel (Abs. 2)

16 Nach § 20a Abs. 2 sind neue Tatsachenbehauptungen und neue Beweismittel **grundsätzlich uneingeschränkt zulässig**. Dem entspricht die volle Überprüfungsbefugnis der Rekursinstanz hinsichtlich der Feststellung des Sachverhalts durch die verfügende Behörde. Von einer Rückweisung an die erstinstanzlich verfügende Behörde zur Berücksichtigung der neuen Tatsachen hat die Rekursinstanz grundsätzlich abzusehen[19]; eine solche kommt nur in Frage, wenn sich Ermessensfragen stellen und die Kognition der Rekursinstanz diesbezüglich ausnahmsweise beschränkt ist (vgl. § 20 N. 54 ff.).

17 Die neuen Tatsachenbehauptungen (und diese stützende Beweismittel) müssen sich auf den **Streitgegenstand der angefochtenen Anordnung** beziehen. Es ist daher nicht zulässig, den Rekurs, auch wenn damit dieselbe Rechtsfolge wie mit dem verfahrensauslösenden Gesuch bezweckt wird, auf neue Tatsachen abzustützen, die vom ursprünglich zu beurteilenden Sachverhalt wesentlich abweichen[20]. Haben die neu eingetretenen Tatsachen eine solche wesentliche Änderung des Streitgegenstands zur Folge, ist das Verfahren an die erstinstanzlich zuständige Verwaltungsbehörde zu überweisen (§ 5 Abs. 2 Satz 1; vgl. auch § 52 N. 17)[21].

C. «Verspätete» Vorbringen

18 Handelt es sich bei der Rekursinstanz um eine **verwaltungsinterne** Rechtspflegebehörde, sind neue Vorbringen der Verfahrensbeteiligten **jederzeit** – d.h. nicht nur innerhalb der

---

[18] Vgl. 2. Aufl., § 20 N. 37; beiläufig zustimmend VGr, 28.10.2010, VB.2010.00421, E. 4.4; VGr, 15.12.2003, VB.2003.00362, E. 3.2.
[19] Vgl. VGr, 8.4.2009, VB.2009.00028, E. 2.3.
[20] Das kann etwa im Bereich des Ausländerrechts der Fall sein, wenn sich ein Anwesenheitsanspruch auf einen neuen Sachverhalt bezieht, der von der Verwaltungsbehörde noch gar nicht beurteilt wurde.
[21] Vgl. VGr, 7.1.2008, VB.2007.00556, E. 2.3.

Rekursfrist oder bis zum Abschluss des Schriftenwechsels – zulässig. Es macht aus prozessökonomischen Gründen keinen Sinn, dass die Rekursinstanz neue Tatsachenbehauptungen oder Beweismittel als verspätet aus dem Recht weist, da diese in einem anschliessenden Beschwerdeverfahren vor Verwaltungsgericht ohnehin zulässig sind (§ 52 N. 16 ff.). Die dadurch entstehende Verzögerung des Verfahrens ist hinzunehmen, da sich dadurch allenfalls ein Weiterzug des Rekursentscheids vermeiden lässt.

Ist die Rekursinstanz eine **richterliche** Behörde, können in einem darauffolgenden Beschwerdeverfahren vor Verwaltungsgericht grundsätzlich keine neuen Tatsachenbehauptungen mehr vorgebracht werden (§ 52 N. 22 ff.). Die Beurteilung, bis zu welchem Zeitpunkt neue Vorbringen im Rekursverfahren zu berücksichtigen sind, hat sich daher nach denselben Kriterien zu richten wie für das Verfahren vor Verwaltungsgericht als erster kantonaler Gerichtsinstanz (vgl. dazu § 52 N. 26 ff.). 19

III. Neue rechtliche Begründung

Die rechtliche Begründung bildet nicht Bestandteil des Streitgegenstands; sie kann daher im Rahmen des streitigen Lebenssachverhalts – und innerhalb des durch die angefochtene Anordnung bestimmten Streitgegenstands – während des Verfahrens **geändert** werden[22]. Dabei definiert grundsätzlich die rechtliche Wirkung – und nicht die Begründung oder Herleitung – den Streitgegenstand, auch wenn unter Umständen auf die Begründung zurückgegriffen werden muss, um die Rechtsfolge zu verstehen (vgl. aber einschränkend N. 10 und 17)[23]. 20

Die Rekursinstanz ist wegen des Grundsatzes der Rechtsanwendung von Amtes wegen nicht an die rechtlichen Vorbringen der Parteien gebunden (vgl. § 7 N. 167)[24]. Sie ist zudem berechtigt, durch eine sog. **Motivsubstitution** eine im Ergebnis richtige, aber falsch begründete Anordnung aus anderen rechtlichen Gründen zu bestätigen[25]. Hierzu ist das rechtliche Gehör zu gewähren, wenn die Rekursinstanz ihren Entscheid auf Rechtsnormen stützt, mit deren Anwendung die Parteien *nicht rechnen* mussten[26]. 21

Bildet ein Revisionsentscheid Gegenstand eines Rekursverfahrens, können **keine neuen Revisionsgründe** geltend gemacht werden. Hierfür ist bei der erstinstanzlich verfügenden Behörde ein neues Revisionsgesuch einzureichen. Im Revisionsverfahren sind nur 22

---

[22] Vgl. BGr, 21.3.2013, 2C_984/2012, E. 2.4, m.w.H.; VGr, 16.9.2009, PB.2009.00003, E. 4.3; ferner M. MÜLLER, Verwaltungsrechtspflege, S. 69.
[23] BGE 131 II 200, E. 3.3.
[24] Vgl. auch KIENER/RÜTSCHE/KUHN, Öffentliches Verfahrensrecht, N. 99 und 1517; RHINOW/KOLLER/KISS/THURNHERR/BRÜHL-MOSER, Öffentliches Prozessrecht, N. 1004.
[25] Vgl. VGr, 15.6.2006, VB.2006.00096, E. 2.3; VGr, 25.2.2004, PB.2003.00040, E. 4.3.
[26] BGE 131 V 9, E. 5.4.1; VGr, 30.7.2008, VK.2007.00003, E. 6.2; BVGE 2007/41, E. 2; KIENER/RÜTSCHE/KUHN, Öffentliches Verfahrensrecht, N. 1139; MEYER/DORMANN, in: Basler Kommentar BGG, Art. 106 N. 13; RHINOW/KOLLER/KISS/THURNHERR/BRÜHL-MOSER, Öffentliches Prozessrecht, N. 1665. – Etwas missverständlich formuliert, im Ergebnis aber ebenso VGr, 11.7.2012, VB.2010.00676, E. 4.3, und VGr, 9.5.2012, VB.2011.00730, E. 4.3.

die geltend gemachten Revisionsgründe, nicht aber der vollständige Sachverhalt zu überprüfen[27].

IV. Massgebender Zeitpunkt in Bezug auf die Rechtslage

A. Im Allgemeinen

23 Ob während des Rekursverfahrens eingetretene Änderungen der Rechtslage zu berücksichtigen sind, ist in erster Linie eine Frage des anwendbaren **materiellen Rechts**[28]. Das neue materielle Recht kann aufgrund einer ausdrücklichen intertemporalrechtlichen Regelung auf hängige Rechtsmittelverfahren anwendbar sein. Die Anwendbarkeit des neuen Rechts ergibt sich alsdann aus dem materiellen Recht. Das Verwaltungsgericht hält für diesen Fall gleichwohl fest, dass prozessrechtlich die Berücksichtigung des neuen Rechts nach dem Grundsatz der Rechtsanwendung von Amtes wegen und dem Gebot der Prozessökonomie angezeigt sei; der Streitgegenstand dürfe dadurch aber nicht verändert werden[29]. Durch die geänderte Rechtslage neu aufgeworfene Ermessensfragen stehen aufgrund der vollen Kognition der Rekursinstanz (§ 20) der Anwendung des neuen Rechts nicht entgegen.

24 Die Rechtslehre und das Bundesgericht gehen – bei Fehlen einer gesetzlichen Regelung – vom Grundsatz aus, dass im Rechtsmittelverfahren die Rechtslage im Zeitpunkt der **erstinstanzlichen Anordnung** massgebend ist[30]. Dabei sind das Kontinuitätsinteresse des Privaten einerseits und das Interesse des Gemeinwesens an der Geltung des neuen Rechts andererseits gegeneinander abzuwägen. In der Regel ist das Vertrauen des Privaten in die unveränderte Weitergeltung des bisherigen Rechts zu schützen.

25 Etwas anderes gilt, wenn **zwingende Gründe** für die Berücksichtigung des neuen Rechts sprechen, insbesondere wenn die Vorschriften um der öffentlichen Ordnung willen oder zur Durchsetzung erheblicher öffentlicher Interessen erlassen wurden[31]. Auch macht es keinen Sinn, eine Bewilligung aufzuheben, weil sie dem alten Recht widerspricht, während sie nach neuem Recht auf erneutes Gesuch hin zu erteilen wäre[32]. Besteht auf Seiten des Privaten kein Kontinuitätsinteresse, da das neue Recht milder ist, kann ebenso ohne weiteres auf dieses abgestellt werden[33].

26 In der Rechtslehre wird dementsprechend die Auffassung vertreten, dass Rechtsänderungen nach der erstinstanzlichen Anordnung nur dann berücksichtigt werden sollten, wenn

---

[27] VGr, 24.2.1999, VB.98.00343, E. 2b (nicht publiziert); RB 1961 Nr. 3 (= ZR 60 Nr. 103).
[28] Vgl. HÄFELIN/MÜLLER/UHLMANN, Verwaltungsrecht, N. 324 ff.; TSCHANNEN/ZIMMERLI/MÜLLER, Verwaltungsrecht, § 24 N. 19.
[29] VGr, 25.5.2011, VB.2011.00029 und 115, E. 2; RB 1987 Nr. 11.
[30] Vgl. dazu eingehend HÄFELIN/MÜLLER/UHLMANN, Verwaltungsrecht, N. 325 ff.; TSCHANNEN/ZIMMERLI/MÜLLER, Verwaltungsrecht, § 24 N. 18 ff.; WIEDERKEHR/RICHLI, Praxis, N. 777 ff.
[31] BGE 139 II 470, E. 4.2; 129 II 497, E. 5.3.2; 126 II 522, E. 3b aa.
[32] TSCHANNEN/ZIMMERLI/MÜLLER, Verwaltungsrecht, § 24 N. 20.
[33] VGr, 16.12.2009, VB.2009.00556, E. 2.3 (nicht publiziert).

die Rechtsänderung auch einen *Widerruf* rechtfertigen würde[34]. Das gilt auch für Anordnungen über dauernde Rechtsverhältnisse.

B. Zürcherische Praxis

Die zürcherische Praxis beurteilt die Anwendung neuen Rechts auf hängige Rechtsmittelverfahren bei Fehlen einer ausdrücklichen gesetzlichen Übergangsbestimmung nicht einzig aufgrund der vorstehend skizzierten Interessenabwägung (N. 24 ff.). Es wird zwischen folgenden Fallkonstellationen unterschieden: 27

Hat sich der massgebende **Sachverhalt abschliessend** vor dem Inkrafttreten des neuen Rechts verwirklicht, ist grundsätzlich auf das im Zeitpunkt der *erstinstanzlichen Anordnung* geltende Recht abzustellen[35]. Vom Verbot der echten Rückwirkung kann ausnahmsweise abgewichen werden, wenn folgende Voraussetzungen kumulativ erfüllt sind: Die Rückwirkung muss ausdrücklich angeordnet oder klar gewollt sowie zeitlich mässig und durch triftige Gründe gerechtfertigt sein; sie darf zudem weder stossende Rechtsungleichheiten bewirken noch in wohlerworbene Rechte eingreifen[36]. 28

Bei **Dauersachverhalten** ist nach der ständigen Rechtsprechung des Verwaltungsgerichts im Rekurs- wie auch im Beschwerdeverfahren auf das **neue Recht** abzustellen[37]. 29

In **Bewilligungsverfahren** wird bei Fehlen einer ausdrücklichen gesetzlichen Regelung nach der verwaltungsgerichtlichen Praxis in der Regel das Recht als massgebend erachtet, das im Zeitpunkt der definitiven Beurteilung durch die zur vollen Sachverhalts- und Rechtskontrolle befugte Behörde gegolten hat[38]. Bei einer solchen Behörde scheint es sich nach dieser Praxis auch um eine Rechtsmittelinstanz handeln zu können[39]. Dabei bleibt allerdings die Abgrenzung zwischen der Beurteilung eines Dauersachverhalts und einer Bewilligungserteilung unklar. Letztere hat häufig dauernde Rechtsverhältnisse (z.B. Berufsausübungsbewilligung, Denkmalschutzverfügung)[40] zum Gegenstand. 30

Der Zeitpunkt der **Gesuchseinreichung** ist folglich grundsätzlich **nicht** massgebend[41]. Vorbehalten bleiben indessen Fälle, in welchen die Anwendung des neuen Rechts gegen den Grundsatz von Treu und Glauben verstösst[42]. Aufgrund einer Änderung des materiellen Rechts kann es sogar aus prozessökonomischen Gründen gerechtfertigt sein, das (Sach-)Begehren im Laufe des Verfahrens auszuweiten[43]. 31

---

[34] So HÄFELIN/MÜLLER/UHLMANN, Verwaltungsrecht, N. 327.
[35] VGr, 5.11.2009, VB.2009.00306, E. 3.1; VGr, 18.12.2003, VB.2003.00263, E. 2; VGr, 23.5.2001, PB.2001.00003, E. 2a.
[36] HÄFELIN/MÜLLER/UHLMANN, Verwaltungsrecht, N. 331, mit Hinweisen zur Rechtsprechung des Bundesgerichts.
[37] VGr, 7.2.2007, VB.2006.00430, E. 2.3; VGr, 14.11.2002, VB.2002.00310, E. 2a; RB 1985 Nr. 116; 1982 Nr. 7.
[38] Vgl. VGr, 20.5.2010, VB.2010.00023, E. 3.4; VGr, 14.1.2010, VB.2009.00564, E. 3.2.
[39] Im Entscheid VGr, 14.1.2010, VB.2009.00564, E. 3.2, wird auf die Rechtslage im Zeitpunkt des Rekursentscheids und nicht der erstinstanzlichen Verfügung abgestellt.
[40] HÄFELIN/MÜLLER/UHLMANN, Verwaltungsrecht, N. 999.
[41] Vgl. VGr, 14.11.2002, VB.2002.00310, E. 2a, m.w.H.
[42] Vgl. VGr, 13.11.2003, VB.2003.00152, E. 2c, m.w.H.
[43] VGr, 20.12.2007, VB.2007.00408, E. 1.3.

32 Gemäss ständiger Praxis ist beim **nachträglichen Bauentscheid** – d.h. wenn eine Baute formell illegal, ohne die erforderliche Bewilligung oder in Abweichung davon errichtet oder umgenutzt wurde – auf die Rechtslage im Zeitpunkt der Errichtung bzw. Umnutzung der Baute abzustellen, ausgenommen das im Zeitpunkt der Beurteilung aktuell geltende Recht sei für den Bauherrn günstiger[44]. Ebenso lässt sich ein *einstweiliger Verzicht auf die Wiederherstellung* des rechtmässigen Zustandes (Abbruch, Beseitigung einer Baute) rechtfertigen, wenn mit erheblicher Wahrscheinlichkeit in naher Zukunft eine Rechtsänderung verwirklicht wird, welche die Baurechtswidrigkeit behebt. Massgebend für die Beurteilung sind dabei die Umstände des Einzelfalles[45]. In Verfahren betreffend *kommunale Zonen- oder Nutzungsplanänderungen* sind nach deren Festsetzung geänderte Grundlagen im regionalen Richtplan zu berücksichtigen[46].

---

[44] VGr, 21.12.2011, VB.2011.00503, E. 2; VGr, 26.9.2001, VB.2001.00191, E. 3a; RB 1980 Nr. 133.
[45] Vgl. BGr, 15.3.2012, 1C_187/2011, E. 2.3 und 3 (ZBl 2012, 610 ff.); VGr, 18.12.2008, VB.2008.00444, E. 4.3; RB 1990 Nr. 85.
[46] VGr, 9.9.2004, VB.2002.00249, E. 3.4 f.; VGr, 9.12.2010, VB.2009.00666, E. 2.4.

Vorbemerkungen zu §§ 21–21a

Literatur

BELLANGER, Qualité de partie; CAVELTI/VÖGELI, Verwaltungsgerichtsbarkeit, N. 350 ff.; GRISEL C., Obligation, N. 479 ff.; GADOLA, Beschwerdeverfahren, S. 191 ff.; GYGI, Bundesverwaltungsrechtspflege, S. 180 ff.; HÄNER ISABELLE, in: Kommentar VwVG, Art. 6; HÄNER, Die Beteiligten, N. 246 ff.; HUBER, Beiladung; KETTIGER, Parteien; KIENER/RÜTSCHE/KUHN, Öffentliches Verfahrensrecht, N. 541 ff.; KÖLZ/HÄNER/BERTSCHI, Verwaltungsverfahren, N. 442 ff., 921 ff.; LEBER, Parteistellung; LEBER, Die Beteiligten; MARANTELLI-SONANINI VERA/HUBER SAID, in: Praxiskommentar VwVG, Art. 6; MERKER, Parteien; MERKER, Rechtsmittel, Vorbem. zu § 38 N. 9 ff.; MERKLI/AESCHLIMANN/HERZOG, Kommentar VRPG, Art. 12, 14; MOOR/POLTIER, Droit administratif II, S. 282 ff.; MOSER ANDRÉ, in: Kommentar VwVG, Art. 57 N. 5 ff.; MOSER/BEUSCH/KNEUBÜHLER, Bundesverwaltungsgericht, N. 3.1 ff.; MÜLLER M., Verwaltungsrechtspflege, S. 44 ff.; PFLÜGER, Legitimation, N. 102 ff.; RHINOW/KOLLER/KISS/THURNHERR/BRÜHL-MOSER, Öffentliches Prozessrecht, N. 847 ff.; SALADIN, Verwaltungsverfahrensrecht, S. 85 ff.; SEETHALER FRANK/PLÜSS KASPAR, in: Praxiskommentar VwVG, Art. 57 N. 4 ff.; TANQUEREL, Manuel, N. 1484 ff.; VOLZ MELCHIOR, in: Kommentar GSVGer, § 14; WIRTHLIN, Verwaltungsrechtspflege, S. 115 ff.; WOHLFART HEINER/MEYER CAROLINE B., in: Adrian Staehelin/Thomas Bauer/Daniel Staehelin (Hrsg.), Basler Kommentar zum Bundesgesetz über Schuldbetreibung und Konkurs, Bd. II, 2. Aufl., Basel 2010, Art. 204, 207 *(Basler Kommentar SchKG)*; ZÜND, Beiladung.

Inhaltsübersicht

I.	Einleitung	1
II.	Partei- und Prozessfähigkeit	2–9
	A. Parteifähigkeit	2–6
	B. Prozessfähigkeit	7–9
III.	Postulationsfähigkeit und Vertretung	10–11
IV.	Parteien und weitere Mitwirkende	12–23
	A. Parteibegriff	12–18
	B. Parteiwechsel	19
	C. Andere Mitwirkende	20–23
V.	Einbezug ins Verfahren bzw. «Beiladung»	24–37
	A. Grundlagen	24
	B. Beiladung im «technischen» Sinn	25–28
	C. Der Beiladungsbegriff im Zürcher Verwaltungsverfahren und Verwaltungsprozess	29
	D. Fragwürdigkeit des Beiladungsbegriffs	30–32
	E. Einbezug und Stellung der beigeladenen Person	33–36
	F. Nebenintervention und Streitverkündung	37

I. Einleitung

Die §§ 21 und 21a regeln die Legitimation zum Rekurs und, in Verbindung mit § 49, zur Beschwerde. Im Gegensatz zu anderen Verwaltungsverfahrensgesetzen normiert das VRG die Parteistellung und die damit zusammenhängenden Fragen wie den Parteiwechsel, die Beiladung und die Vertretung nicht[1]. Ebensowenig befasst es sich mit der Partei-

1

---

[1] Vgl. dagegen Art. 6 VwVG; §§ 12–14 VRG AG; Art. 12–15 VRPG BE; §§ 17 und 20–24 VRG LU. Das VRG regelt nur in den §§ 6a und 6b Sonderfälle der Vertretung.

und der Prozessfähigkeit. Partei- und Prozessfähigkeit sind Prozessvoraussetzungen, deren grundsätzliche Geltung sich aus dem Zivilrecht ergibt. Einige Verfahrensordnungen erwähnen sie ausdrücklich[2], die übrigen gehen implizit von ihrer Geltung aus[3].

II. Partei- und Prozessfähigkeit

A. Parteifähigkeit

2 Die Parteifähigkeit ist eine Voraussetzung der Parteieigenschaft (dazu N. 12 ff.). Parteifähigkeit ist die **prozessuale Rechtsfähigkeit** (vgl. auch Art. 66 ZPO). Rechtsfähig ist, wer fähig ist, Rechte und Pflichten zu haben, also jedes Rechtssubjekt (vgl. Art. 11 ZGB). Somit ist parteifähig, wer im Prozess unter eigenem Namen Rechte geltend machen kann. Fällt die Parteifähigkeit nachträglich weg, ist das Rechtsmittel als gegenstandslos abzuschreiben. Im Verfahren über die Frage, ob die Parteifähigkeit vorliegt, wird sie vorausgesetzt.

3 Parteifähig sind die **natürlichen und juristischen Personen des Privatrechts**. Da die Persönlichkeit mit dem Tod endet (Art. 31 Abs. 1 ZGB), kommt prozessuales Handeln im Namen Verstorbener nicht in Betracht[4]. Parteifähig sind zudem aufgrund **spezieller gesetzlicher Regelung** die *Kollektiv-* und die *Kommanditgesellschaft* (Art. 562 und 602 OR), die *Stockwerkeigentümergemeinschaft* im Rahmen der ihr obliegenden Verwaltungsaufgaben (vgl. Art. 712 l Abs. 2 ZGB) – auch mit Bezug auf öffentlichrechtliche Gebührenforderungen[5] – sowie die *Konkursmasse* im Rahmen des für die Liquidation gebildeten Sondervermögens (vgl. N. 9) und die *Liquidationsmasse* beim Nachlassvertrag mit Vermögensabtretung (Art. 319 SchKG). Die Parteifähigkeit der Stockwerkeigentümergemeinschaft beeinflusst die Legitimation der einzelnen Stockwerkeigentümer in bau- und planungsrechtlichen Angelegenheiten nicht[6]. Die *Zweigniederlassung* ist nicht parteifähig, kann jedoch als Vertreterin der juristischen Person handeln[7].

4 **Gesamthandverhältnisse** (wie die Erbengemeinschaft oder die einfache Gesellschaft) sind als solche nicht parteifähig. Die Beteiligten bilden eine notwendige Streitgenossenschaft[8]; nur bei zeitlicher Dringlichkeit kann ein einzelner Gesamthandschafter die Interessen der Gemeinschaft vorläufig wahren[9]. Im Verwaltungsprozess kommt jedoch den *einzelnen Gesamthandschaftern* eine *selbständige Anfechtungsbefugnis* zu, wenn das Rechtsmittel darauf angelegt ist, eine belastende oder pflichtbegründende Anordnung

---

[2] Vgl. Art. 11 VRPG BE; §§ 18 f. VRG LU; Art. 9 VRG SG.
[3] Vgl. WALDMANN, in: Basler Kommentar BGG, Art. 89 N. 1.
[4] BGE 129 I 302, E. 1.2; VGr, 5.2.2004, VB.2003.00478, E. 2.1; RB 1998 Nr. 41, E. 1.
[5] VGr, 26.8.2004, VB.2004.00162, E. 1.
[6] RB 1998 Nr. 18; vgl. auch VGr, 7.6.2007, VB.2007.00093, E. 2.2; BRK II, 4.3.2008, 26/2008 (BEZ 2008 Nr. 33).
[7] BGr, 2.2.2004, 4P.184/2003, E. 2.2.1 f.; VGr, 15.7.2010, VB.2010.00210, E. 1.2, einen Verein betreffend.
[8] Z.B. VGr, 15.7.2010, VB.2010.00190, E. 3.2; VGr, 13.7.2011, VB.2011.00150, E. 2 (Erbengemeinschaft); VGr, 27.10.2010, VB.2010.00295, E. 1.4; VGr, 5.5.2010, VB.2009.00575, E. 1.4 (einfache Gesellschaft: Bewerbergruppe um eine Fischerei- bzw. Jagdpacht). Vgl. auch § 21 N. 43 zum Submissionsverfahren.
[9] BGr, 8.7.1987, E. 1b-c (ZBl 1988, 553 ff.).

abzuwenden[10]. Die *Zustimmung aller Beteiligten oder ihrer Vertretungen* ist hingegen erforderlich, wenn das Interesse der Gemeinschaft oder der übrigen Gemeinschafter beeinträchtigt oder gefährdet erscheint[11]. Dies gilt etwa bei Entschädigungsbegehren, welche ein Heimschlagsrecht zur Folge haben können[12], oder für das Begehren um Unterschutzstellung einer Liegenschaft im Gesamteigentum[13]. Die Möglichkeit der reformatio in peius gilt nicht als Beeinträchtigung oder Gefährdung der Interessen der übrigen Gemeinschaftsmitglieder[14]. Kontrovers ist die Frage der Parteifähigkeit des einzelnen Gesamthandschafters bei Leistungsbegehren im Allgemeinen[15]. Wird die Legitimation eines einzelnen Gesamthandschafters bejaht, sind die übrigen ins Verfahren einzubeziehen[16]. Soweit der *Willensvollstrecker* mit der Verwaltung der Erbschaft im Sinn von Art. 518 ZGB betraut ist, ist er im eigenen Namen und als Partei prozessführungsbefugt[17], nicht jedoch als Vertreter des Verstorbenen (N. 3)[18]. Ist sein Mandat umfassend, kommen den Erben in Sachen der Erbschaft keine Parteirechte zu[19]. Sie können jedoch als Parteien auftreten, wenn sie persönlich betroffen sind, namentlich aufgrund ihrer solidarischen Haftung für Schulden des Erblassers[20].

Parteifähig sind auch die **juristischen Personen des öffentlichen Rechts:** Bund, Kantone und Gemeinden, Zweckverbände, die übrigen öffentlichrechtlichen Körperschaften[21], selbständige öffentlichrechtliche Stiftungen[22] und selbständige öffentlichrechtliche Anstalten[23]. Unselbständigen öffentlichrechtlichen Stiftungen und Anstalten können die Partei- und die Prozessfähigkeit kraft besonderer gesetzlicher Bestimmung zukommen, 5

---

[10] BGr, 18.12.2008, 2C_46–48 und 55/2008, E. 1.3; BGr. 8.7.1987, E. 1d (ZBl 1988, 553 ff.); RB 1984 Nr. 6; vgl. auch RB 1964 Nr. 9.
[11] BGr, 17.4.2012, 1C_278/2011, E. 1.2; BGr. 8.7.1987, E. 1d (ZBl 1988, 553 ff.).
[12] BGr, 8.7.1987, E. 1d (ZBl 1988, 553 ff.).
[13] BGr, 23.6.1997, 1P.134/1997, E. 3 und 5 (ZBl 1998, 386 ff.).
[14] RB 1984 Nr. 64, E. d (ZBl 1985, 178 ff., E. 2d = StE 1985 B 92.51 Nr. 1).
[15] Offen gelassen: BGr, 8.7.1987, E. 1d (ZBl 1988, 553 ff.); VGr, 20.9.2001, VR.2001.00003, E. 1c. Bejahend: HÄNER, Die Beteiligten, N. 488; MERKER, Rechtsmittel, Vorbem. zu § 38 N. 13.
[16] RB 1984 Nr. 64, E. d (ZBl 1985, 178 ff., E. 2d = StE 1985 B 92.51 Nr. 1).
[17] BGr, 24.1.2011, 2C_188 und 194/2010, E. 2.2; BGE 129 V 113, E. 4.2; 116 II 131, E. 3; VGr, 25.5.2005, SB.2005.00021, E. 4.3 (StE 2006 B 92.7 Nr. 7; Leitsatz: RB 2005 Nr. 90); zu den in der Lehre vertretenen, teils abweichenden Meinungen und theoretischen Herleitungen vgl. BGr, 8.11.2006, 5P.355/2006, E. 3. Dasselbe gilt für die amtliche Erbschaftsverwaltung, den Erbschaftsliquidator und die Erbenvertretung (Art. 554, 595 und 602 Abs. 3 ZGB): vgl. BGr, 23.5.2001, 5C.40/2001, E. 1; STERCHI, in: Berner Kommentar ZPO, Art. 67 N. 21b; TENCHIO-KUZMIC, in: Basler Kommentar ZPO, Art. 66 N. 40.
[18] RB 1998 Nr. 41, E. 1. Vgl. auch TENCHIO-KUZMIC, in: Basler Kommentar ZPO, Art. 66 N. 10.
[19] BRK I, 31.3.1995, 145/1995, m.H. (BEZ 1995 Nr. 19); FRANK/STRÄULI/MESSMER, Kommentar ZPO ZH, § 27/28 N. 70. Zumindest im Steuerverfahrensrecht ist die Frage umstritten: vgl. VGr, 25.5.2005, SB.2005.00021, E. 4.3 (StE 2006 B 92.7 Nr. 7; Leitsatz: RB 2005 Nr. 90), wo sie offen gelassen wurde.
[20] VGr, 25.5.2005, SB.2005.00021, E. 4.3 (StE 2006 B 92.7 Nr. 7; Leitsatz: RB 2005 Nr. 90); vgl. auch BGE 116 II 131, E. 3b.
[21] Zu den Formen und für Beispiele im kantonalen bzw. kommunalen Recht vgl. JAAG/RÜSSLI, Staats- und Verwaltungsrecht, N. 1706 ff.
[22] Ein Beispiel ist die Zentralbibliothek Zürich; vgl. § 19b N. 40.
[23] Für Beispiele im kantonalen bzw. kommunalen Recht vgl. JAAG/RÜSSLI, Staats- und Verwaltungsrecht, N. 1711 f.; vgl. auch § 19b N. 37 ff.

wie z.B. dem Verkehrsverbund gemäss § 10 Abs. 2 PVG; eine solche Regelung sagt noch nichts aus über die Rechtsmittellegitimation, die im konkreten Fall zu prüfen ist[24].

6 **Behörden** sind grundsätzlich nicht parteifähig, handeln jedoch gegebenenfalls als Organe des parteifähigen Gemeinwesens[25]. Namentlich darf aus der Rechtsmittellegitimation nicht auf die Parteifähigkeit geschlossen werden[26]. Fraglich ist, ob dies auch zutrifft, wenn der Behörde spezialgesetzlich die Rechtsmittellegitimation zugestanden wird[27]. Die Konstruktion, dass das Gemeinwesen Träger der Rechtsmittelbefugnis sei, lässt sich jedenfalls dann schwerlich aufrechterhalten, wenn das Gesetz eine Behörde zur Anfechtung von Entscheiden des eigenen Gemeinwesens ermächtigt; in diesem Fall ist die Behörde zumindest faktisch als Trägerin der Rechtsmittelbefugnis anzusehen und entsprechend davon auszugehen, dass ihr mit der Legitimation auch die Parteifähigkeit (und die Prozessfähigkeit) eingeräumt wurden (§ 21 N. 138). Eigentümlich ist die Stellung der *verfügenden Instanz,* wenn es sich bei ihr um eine nicht rechtsfähige Amtsstelle handelt. Obwohl eine solche grundsätzlich nicht parteifähig sein kann, nimmt sie faktisch die Stellung der Gegenpartei der rekurrierenden bzw. beschwerdeführenden Partei ein (vgl. N. 18).

B. Prozessfähigkeit

7 Die Prozessfähigkeit ist das Gegenstück zur zivilrechtlichen **Handlungsfähigkeit** (Art. 12 ff. ZGB); sie ist die Fähigkeit, einen Prozess selber zu führen oder durch einen gewählten Vertreter führen zu lassen (vgl. auch Art. 67 ZPO). Handlungsfähig ist, wer volljährig und urteilsfähig ist (Art. 13 ZGB). Die Urteilsfähigkeit – und damit auch die Prozessfähigkeit – *Volljähriger* wird vermutet[28]. Vorbehalten bleibt die Aufhebung oder Einschränkung der Handlungsfähigkeit durch Massnahmen des Erwachsenenschutzes (Art. 17 und 19d ZGB). Bestehen im Übrigen Zweifel an der Urteilsfähigkeit, so ist in der Regel ein Sachverständigenurteil über die Fähigkeit, den konkreten Prozess zu führen, einzuholen[29]. Es ist indessen auch ohne ein solches zulässig, *Querulierenden* die Prozessfähigkeit abzusprechen, wenn deren langjähriges, allgemein bekanntes prozessuales Verhalten zum zwingenden Schluss führt, sie handelten aus keinen vernünftigen Überlegungen mehr, sondern nur noch aus einer schweren psychischen Störung heraus[30]. Bis zur endgültigen gerichtlichen Feststellung der Prozessunfähigkeit ist die Prozessfähigkeit anzunehmen, soweit gerade sie Gegenstand des Verfahrens ist[31]. *Juristische Personen* sind handlungsfähig, sobald die nach Gesetz und Statuten hierfür unentbehrlichen Organe bestellt sind (Art. 54 ZGB). *Fehlt die Prozessfähigkeit, spricht sich die Lehre*

---

[24] Zum Verkehrsverbund vgl. VGr, 17.12.2008, VB.2007.00398, E. 2 (Leitsatz: RB 2008 Nr. 20).
[25] Z.B. GADOLA, Behördenbeschwerde, S. 1458; GYGI, Bundesverwaltungsrechtspflege, S. 180; PFLÜGER, Legitimation, N. 113; SALADIN, Verwaltungsverfahrensrecht, S. 89. A.M. HÄNER, Die Beteiligten, N. 492 ff.
[26] Eingehend PFLÜGER, Legitimation, N. 441 ff., m.H. auf abweichende Minderheitsmeinungen.
[27] Verneinend HÄNER, Die Beteiligten, N. 494; MERKER, Rechtsmittel, Vorbem. zu § 38 N. 18.
[28] Vgl. BGr, 3.3.2009, 2C_496/2008, E. 3.4, mit Bezug auf das öffentliche Recht; BGE 124 III 5, E. 1b.
[29] BGr, 21.7.2000, 5C.254/1999, E. 3b; BGE 118 Ia 236, E. 2b; 98 Ia 324, E. 3; VGr, 21.8.2002, SB.2002.00036, E. 1.
[30] BGE 118 Ia 236, E. 2b; 98 Ia 324, E. 3. Eingehend zur querulatorischen Prozessführung: MERKER, Rechtsmittel, Vorbem. zu § 38 N. 36 ff.; MERZ, in: Basler Kommentar BGG, Art. 42 N. 112 ff.
[31] BGr, 28.3.2011, 5A_503/2010, E. 1.3; BGE 118 Ia 236, E. 3a.

teils für Nichteintreten[32], teils für Sistierung und Aufforderung zur Bestellung einer Vertretung aus[33]. Das Verwaltungsgericht tritt auf Rechtsmittel prozessunfähiger Personen nicht ein[34]. Bei nachträglichem Wegfall ist grundsätzlich eine Vertretung anzuordnen (vgl. auch Vorbem. zu §§ 4–31 N. 41).

Handlungsunfähige müssen den Prozess – ausser im Bereich ihrer höchstpersönlichen Rechte (Art. 19c ZGB) – durch ihre *gesetzliche Vertretung* führen. *Urteilsfähige Minderjährige* sind aber mit Bezug auf den Arbeitserwerb sowie das Berufs- und Gewerbevermögen nach Art. 323 ZGB als prozessfähig zu betrachten[35]. Im Übrigen kommt bei handlungsunfähigen und eingeschränkt handlungsfähigen Personen unter Vertretungs- oder umfassender Beistandschaft die Befugnis zur Prozessführung *dem Beistand bzw. der Beiständin* mit Zustimmung der Erwachsenenschutzbehörde zu (Art. 394, 397 f. und Art. 416 Abs. 1 Ziff. 9 ZGB), bei Unmündigen den sorgeberechtigten *Eltern* bzw. dem sorgeberechtigten Elternteil[36]. Bei verheirateten Eltern, welche die elterliche Sorge grundsätzlich gemeinsam ausüben (Art. 297 Abs. 1 ZGB), ist der eine Elternteil mit ausdrücklicher oder stillschweigender Zustimmung des andern allein zur selbständigen Prozessführung befugt. Die Praxis geht gestützt auf Art. 304 Abs. 2 ZGB grundsätzlich davon aus, dass ein allein handelnder Elternteil im Einvernehmen mit dem anderen handelt[37]. Verheiratete, unverheiratete und geschiedene Eltern mit gemeinsamem Sorgerecht (vgl. Art. 133 Abs. 3 und Art. 298a Abs. 1 ZGB) sind gleich zu behandeln[38].

8

Der **Konkursschuldner** verliert zwar nicht die Prozessfähigkeit an sich, aber die *Prozessführungsbefugnis* in allen hängigen Verfahren, die Auswirkungen auf die Masse haben können. Das Verfügungsrecht geht auf die *Konkursmasse*, vertreten durch die Konkursverwaltung, über (vgl. Art. 207, 240 und 260 SchKG)[39]. Die *vorläufige Einstellung* erfolgt bei Verwaltungsprozessen im Unterschied zu Zivilprozessen nicht zwingend von Gesetzes wegen (Art. 207 Abs. 1 und 2 SchKG). Diese Regelung ermöglicht besonders im Hinblick auf Mehrparteienverfahren eine Interessenabwägung[40]. Zweiparteienverfahren sind dagegen grundsätzlich zu sistieren, sofern kein besonderer Bedarf nach einem

9

---

[32] Zum Zivilprozessrecht: STERCHI, in: Berner Kommentar ZPO, Art. 67 N. 8.

[33] MERZ, in: Basler Kommentar BGG, Art. 41 N. 9 (im Grundsatz); zum Zivilprozessrecht: GULDENER, Zivilprozessrecht, S. 129; TENCHIO-KUZMIC, in: Basler Kommentar ZPO, Art. 67 N. 36.

[34] Vgl. als Beispiele (juristische Personen betreffend) VGr, 31.10.2010, SB.2012.00071, E. 1.2–1.4 und 1.6 (AG); VGr, 16.9.2009, VB.2009.00335, E. 1.4–1.6 (Stiftung).

[35] HÄNER, Die Beteiligten, N. 503; zum Zivilprozessrecht: STERCHI, in: Berner Kommentar ZPO, Art. 67 N. 14; TENCHIO-KUZMIC, in: Basler Kommentar ZPO, Art. 67 N. 32. Vorstellbar ist auch die analoge Anwendung von Art. 67 Abs. 3 lit. b ZPO (Dringlichkeit).

[36] VGr, 29.5.2013, VB.2012.00812, E. 1.2 (auch zur Weiterführung des Verfahrens durch das volljährig gewordene Kind im eigenen Namen). Vgl. bereits RB 1964 Nr. 7.

[37] BGE 119 Ia 178, E. 2b; PLOTKE, Schulrecht, S. 699 f. Zweifelnd INGEBORG SCHWENZER, in: Heinrich Honsell/Nedim Peter Vogt/Thomas Geiser (Hrsg.), Basler Kommentar Zivilgesetzbuch, Bd. I, 4. Aufl., Basel 2010, Art. 304/305 N. 11.

[38] LINUS CANTIENI/ROLF VETTERLI, in: Andrea Büchler/Dominique Jakob (Hrsg.), Kurzkommentar ZGB, 3. Aufl., Basel 2012, Art. 304 N. 2. Vgl. auch Art. 296 Abs. 2 ZGB in der Fassung vom 21. Juni 2013 (elterliche Sorge; BBl 2013, 4763 ff. [Referendumsvorlage]).

[39] BGE 121 III 28, E. 3; VGr, 30.6.2010, VB.2010.00275, E. 2.2.2; RB 1989 Nr. 37; RRB 2531/1996 (BEZ 1996 Nr. 28); WOHLFART/MEYER, in: Basler Kommentar SchKG, Art. 204 N. 44.

[40] WOHLFART/MEYER, in: Basler Kommentar SchKG, Art. 207 N. 18, m.H. Als Beispiel einer Abwägung vgl. BGr, 16.2.2012, 2C_650/2011, E. 1.2 (Steuerverfahren).

raschen Abschluss erkennbar ist[41]. «Hängig» und damit einstellungsfähig im Sinn von Art. 207 SchKG sind streitige Verwaltungsverfahren sowie Verwaltungsgerichtsverfahren; massgebend ist der Zeitpunkt der Zustellung der Verfügung[42]. Bei *Aktivprozessen* fällt die Prozessführungsbefugnis an den Schuldner zurück, wenn die Masse sie weder selber beansprucht noch an Gläubiger abtritt und wenn es sich beim Schuldner um eine natürliche Person handelt. Als Aktivprozesse gelten Verwaltungsverfahren, die dem Konkursschuldner allein Rechte einräumen können und geeignet sind, die Konkursmasse zu vergrössern[43]. Im *Passivprozess* gilt der Entscheid der Gläubigerversammlung, das Verfahren nicht zu übernehmen, als Anerkennung (Art. 63 Abs. 2 KOV). Passivprozesse sind Verfahren, die dem Schuldner Pflichten auferlegen können und geeignet sind, die Konkursmasse zu verringern, wie etwa Verfahren über Steuerforderungen. Dies gilt unabhängig davon, ob der Schuldner Rekurrent oder Rekursgegner ist[44].

III. Postulationsfähigkeit und Vertretung

10   Mit **Postulationsfähigkeit** wird die *Fähigkeit (der Partei oder ihrer Vertretung) bezeichnet, Prozesshandlungen persönlich vorzunehmen*. Von Gesetzes wegen wird die Postulationsfähigkeit der Partei nicht beschränkt; ein *Vertretungs- oder Anwaltszwang* besteht weder im Rekursverfahren noch im Verfahren vor Verwaltungsgericht. Art. 41 Abs. 1 BGG und Art. 69 Abs. 1 ZPO sehen vor, dass das Gericht eine *Partei, der offensichtlich die Postulationsfähigkeit abgeht*, zum Beizug einer Vertretung innerhalb einer bestimmten Frist auffordern und ihr im Säumnisfall selber eine Rechtsanwältin oder einen Rechtsanwalt als Vertretung bestellen kann. Das Gericht verfügt über einen Entscheidungsspielraum, doch ist von der Pflicht zur Bestellung einer Vertretung auszugehen, wenn die Voraussetzungen erfüllt sind und keine Alternativen – wie etwa Fristverlängerungen oder eine (informelle) Sistierung bei längerer Krankheit – in Frage kommen[45]. Mangels einer entsprechenden Bestimmung oder Verweisungsnorm im VRG wendet das Verwaltungsgericht Art. 69 Abs. 1 ZPO analog an[46]. Praxis und Lehre gehen teils vom Vorliegen eines allgemeinen Rechtsgrundsatzes aus[47]; letztlich lässt sich die Unterstützung der unbeholfenen Partei dem Grundsatz der Gleichbehandlung der Parteien bzw. der Waffengleichheit im Prozess zuordnen (vgl. dazu auch Vorbem. zu §§ 19–28a N. 38)[48].

11   Das **Recht auf Vertretung** ist gewährleistet. *Vertretungsbefugt* ist jede handlungsfähige Person. Selbst die berufsmässige Vertretung ist nicht den Rechtsanwältinnen und Rechtsanwälten vorbehalten; es besteht also kein *Anwaltsmonopol* (vgl. § 11 AnwG). Die *Ver-*

---

[41] BGr, 24.10.2011, 2C_303/2010, E. 2.4.2.
[42] Vgl. BGE 116 V 284, E. 3d; Wohlfart/Meyer, in: Basler Kommentar SchKG, Art. 207 N. 11.
[43] Wohlfart/Meyer, in: Basler Kommentar SchKG, Art. 207 N. 20 f.
[44] RB 1989 Nr. 37; Wohlfart/Meyer, in: Basler Kommentar SchKG, Art. 207 N. 23.
[45] Merz, in: Basler Kommentar BGG, Art. 41 N. 2, 5–7 und 17.
[46] VGr, 18.4.2012, VB.2012.00082 und 225, E. 9.4.3.
[47] Häner, Die Beteiligten, N. 509, m.H.; Kölz/Häner/Bertschi, Verwaltungsverfahren, N. 445.
[48] So auch (differenzierend) Merz, in: Basler Kommentar BGG, Art. 41 N. 6. Zu einzelnen Anwendungsfällen sowie zu den Folgen der Bestellung einer Vertretung vgl. Merz, in: Basler Kommentar BGG, Art. 41 N. 11 ff. bzw. 20 ff.

tretungsverhältnisse sind *anzugeben*[49]. Wenn die Vertretung im eigenen Namen handelt, gilt ihre Eingabe als diejenige einer nicht legitimierten Drittperson, die Offenlegung der Vertretungsverhältnisse nach Ablauf der Eingabefrist als unzulässiger Parteiwechsel[50]. Im Begehren um die Zustellung des baurechtlichen Entscheids nach § 315 Abs. 1 PBG muss jedoch eine gesetzliche Vertretung wie jene unter Eheleuten (Art. 166 ZGB) oder eingetragenen Partnerinnen bzw. Partnern (Art. 15 PartG) oder jene unmündiger Kinder durch ihre Eltern (Art. 304 ZGB) noch nicht angegeben werden[51]. Sodann kann im Verwaltungsverfahren und in der Verwaltungsrechtspflege gegebenenfalls eine stillschweigende Vollmacht aufgrund der Umstände angenommen werden[52]. Die Parteien haben auch bei Bestehen eines Vertretungsverhältnisses nach Massgabe von § 7 persönlich mitzuwirken.

IV. Parteien und weitere Mitwirkende

A. Parteibegriff

Der Parteibegriff kann im Verwaltungsverfahren wegen der eigenartigen Struktur des verwaltungsinternen Verfahrens **dogmatisch nicht schlüssig erfasst** werden: Es trägt zwar deutliche Züge eines Parteiverfahrens, lässt sich jedoch aufgrund der besonderen Stellung der verfügenden Instanz nicht konsequent als solches ausgestalten (vgl. N. 18). 12

Das VRG verwendet in verschiedenen Bestimmungen die Begriffe der «**Partei**» und – häufiger noch – des «**Verfahrensbeteiligten**», ohne sie zu definieren. Die beiden Bezeichnungen werden grundsätzlich *synonym* gebraucht (vgl. aber auch N. 21). Ein Mangel an Präzision zeigt sich auch darin, dass § 8 das Akteneinsichtsrecht (als pars pro toto für den Anspruch auf rechtliches Gehör) nicht an die Parteistellung, sondern an die Rekurslegitimation anknüpft. 13

Weil eine gesetzliche Bestimmung und Abgrenzung der Begriffe fehlt, ist von einer *allgemeinen Umschreibung des Parteibegriffs* auszugehen, die sich nicht an der inkonsequenten Terminologie des VRG orientiert. Als Parteien werden die **Träger der prozessualen Rechte und Pflichten** bezeichnet[53]. Ihnen kommt insbesondere – soweit nach der jeweiligen Prozessordnung die Dispositionsmaxime herrscht – grundsätzlich die Verfügung über den Streitgegenstand zu. 14

Die **Rechtsmittellegitimation** darf nicht mit der Parteistellung gleichgesetzt werden, obwohl ein Zusammenhang besteht: Als Partei gilt auch, wer sich trotz Fehlen der Rechtsmittellegitimation am Verfahren in einer Weise beteiligt, dass die Verfahrensrechte und -pflichten ausgelöst werden, namentlich mit Rechtsmittelerhebung oder Antragstellung; 15

---

[49] Zu den Anforderungen an den Nachweis der Vertretung einer Stockwerkeigentümergemeinschaft vgl. VGr, 25.4.2012, VB.2012.00025, E. 1.2 bzw. BGr, 15.11.2012, 1C_307/2012, E. 1.4.
[50] RB 1966 Nr. 3; vgl. auch N. 19.
[51] VGr, 3.11.2010, VB.2010.00334, E. 2.1; RB 1993 Nr. 53 (ZBl 1994, 184 ff., E. 1b).
[52] Vgl. z.B. (jeweils die Vertretung durch den Ehepartner betreffend) VGr, 28.2.2008, VB.2007.00545, E. 1 (verneint); VGr, 13.8.2004, VB.2004.00209, E. 1.2 (bejaht); vgl. auch VGr, 29.5.2013, VB.2012.00812, E. 1.2.3.
[53] MERKER, Rechtsmittel, § 41 N. 16.

umgekehrt können Rechtsmittelbefugte auf eine Teilnahme verzichten[54]. Partei ist somit, wer *von Amtes wegen als solche in das Verfahren einbezogen wird*, etwa als Adressat oder als sogenannter Beigeladener (vgl. N. 24 ff.). Partei ist weiter, wer *mit der Behauptung, rechtsmittellegitimiert zu sein, sich am Verfahren beteiligt*, so namentlich als Rekurrent bzw. Beschwerdeführer. Wenn die Rechtsmittelinstanz auf einen Rekurs oder eine Beschwerde wegen Fehlens der Legitimation nicht eintritt, wird die Parteistellung des betreffenden Rekurrenten bzw. Beschwerdeführers nicht nachträglich aufgehoben[55].

16 Für das nichtstreitige Verfahren vor Bundesverwaltungsbehörden bezeichnet **Art. 6 VwVG** als Parteien jene Personen, deren Rechte oder Pflichten die Verfügung berühren soll, und andere Personen, Organisationen oder Behörden, denen ein Rechtsmittel gegen die Verfügung zusteht. Auch im nichtstreitigen Verfahren ist allerdings als Partei anzuerkennen, wer sich mit der Behauptung, über die Parteieigenschaft zu verfügen, und eigenen Anträgen am Verfahren beteiligt[56]. Das Bundesgericht geht davon aus, dass die Rechtsmittelbefugnis im Sinn von Art. 89 BGG (und Art. 48 VwVG) die Parteistellung nach Art. 6 VwVG mit umfasst[57]. Nach Art. 111 Abs. 1 (i.V.m. Art. 117) BGG können sich Personen, die zur Beschwerde an das Bundesgericht berechtigt sind, am Verfahren vor allen kantonalen Vorinstanzen als Partei beteiligen; sinngemäss dasselbe gilt, wenn ein Rechtsmittel an eine andere Bundesinstanz gegeben ist. Aus diesen Prämissen ist abzuleiten, dass der Parteibegriff von Art. 6 VwVG auch für das **erstinstanzliche kantonale Verfahren** gilt[58], was unter dem früheren Recht umstritten war. Sofern keine Einsprache- oder Einwendungsverfahren vorgesehen sind, hat die zuständige Behörde den Kreis der potenziellen Drittbetroffenen rechtzeitig von Amtes wegen in geeigneter Weise *abzuklären* und diese ins Verfahren *einzubeziehen*[59]. Umstritten ist, ob eine potenziell betroffene Person selbst dann die Möglichkeit haben muss, sich als Partei am Verfahren zu beteiligen, wenn von vornherein absehbar ist, dass sie durch die zu treffende Verfügung nicht beschwert wird[60]. Im Ergebnis unterscheiden sich die beiden Ansätze allerdings kaum: Fest steht, dass die betreffende Person keinen Rechtsnachteil erleidet, wenn sie nicht in das Verfahren einbezogen wird, und dass ihr jedenfalls die Anordnung mitzuteilen ist[61]. Nach wie vor offen erscheint, ob es zulässig ist, dass aus dem Zustellungsbegehren nach § 315 Abs. 1 PBG keinerlei Parteirechte im erstinstanzlichen Verfahren folgen[62].

---

[54] MERKER, Rechtsmittel, § 41 N. 16.
[55] Vgl. zum Ganzen MERKER, Rechtsmittel, § 41 N. 22, 39; vgl. auch § 13 Abs. 1 lit. c und Abs. 2 lit. c VRPG AG.
[56] MERKER, Parteien, S. 146 f., 153 f.; vgl. auch HÄNER, Die Beteiligten, N. 265. Anders VGr, 8.5.2012, VB.2012.00191, E. 3.4, wobei der Unterschied begrifflicher Natur ist; zumindest faktisch müssen die betreffenden doch als Parteien behandelt werden.
[57] Vgl. BGE 133 V 188, E. 4.2, m.H.; vgl. auch BGr, 3.11.2009, 1C_165/2009, E. 2.3.
[58] Vgl. VGr, 8.5.2012, VB.2012.00191, E. 2.1; HÄNER, in: Kommentar VwVG, Art. 6 N. 4; vgl. auch EHRENZELLER, in: Basler Kommentar BGG, Art. 111 N. 5; TANQUEREL, Manuel, N. 1492 ff.
[59] EHRENZELLER, in: Basler Kommentar BGG, Art. 111 N. 9; HÄNER, Die Beteiligten, N. 270; HÄNER, in: Kommentar VwVG, Art. 6 N. 7; MARANTELLI-SONANINI/HUBER, in: Praxiskommentar VwVG, Art. 6 N. 7, 20; vgl. BGr, 17.2.2006, 1A.253/2005, E. 2.1.1; BGE 129 II 286, E. 4.3.3.
[60] So BGr, 25.7.2001, 2A.96/2000, E. 1c; MARANTELLI-SONANINI/HUBER, Art. 6 N. 20; contra: KÖLZ/ HÄNER/BERTSCHI, Verwaltungsverfahren, N. 446.
[61] BGr, 25.7.2001, 2A.96/2000, E. 1c; MARANTELLI-SONANINI/HUBER, Art. 6 N. 20. Vgl. allgemein zur Mitteilung § 10 N. 64 f.
[62] Vgl. RB 1998 Nr. 42, E. 2b; vgl. dazu auch N. 36.

Wer **im vorinstanzlichen Verfahrens obsiegt** hat, bleibt Partei, selbst wenn er sich nicht mehr mit eigenen Anträgen am Verfahren beteiligt. Das Stillschweigen muss als impliziter Antrag auf Bestätigung des angefochtenen Entscheids gedeutet werden[63]. Deshalb kann die betreffende Partei gegebenenfalls mit Kosten und Parteientschädigungen belastet werden[64]. Umgekehrt muss sie auch zur weiteren Rechtsmittelerhebung legitimiert sein, wenn sie durch den Entscheid der Rechtsmittelinstanz erneut beschwert wird[65] (vgl. auch N. 36 zum Baubewilligungsverfahren). Diese Grundsätze können allerdings nicht gelten, wenn der Gegenstand des Verfahrens die vorinstanzlich Obsiegenden nicht betrifft, etwa wenn ein Prozessentscheid angefochten wird, den sie nicht verursacht haben[66]. 17

Die **verfügende Instanz** nimmt im Rechtsmittelverfahren eine eigentümliche Stellung ein, soweit es sich bei ihr nicht um eine Gemeinde oder einen andern Verwaltungsträger mit Rechtspersönlichkeit handelt. Ihre dogmatisch nicht einwandfrei ableitbare Stellung ergibt sich aus praktischen Gründen. Obwohl die Vorinstanz grundsätzlich nicht parteifähig ist, wenn es sich bei ihr um eine nicht rechtsfähige Amtsstelle handelt, wird sie zumindest teilweise als Partei behandelt. Ihr kommt mit den Worten des Verwaltungsgerichts zwar *nicht die Parteieigenschaft, aber die Parteirolle* zu[67]; sie hat eine «*mindestens parteiähnliche*» *Stellung*[68]. Sofern es sich bei ihr nicht um eine Gemeinde oder eine andere Verwaltungseinheit mit Rechtspersönlichkeit handelt (unter Vorbehalt anderslautender Bestimmungen der Spezialgesetzgebung, vgl. etwa § 153 StG), fehlt ihr die aktive Rekurs- und Beschwerdefähigkeit, weshalb sie gegenüber dem Rekurrenten bzw. Beschwerdeführer die Rolle der passiven Beschwerdegegnerin einnimmt[69]. Sie kann in dieser Rolle das Verfahren durch Anerkennung beenden, indem sie die angefochtene Verfügung in Wiedererwägung zieht. Das Verwaltungsgericht als zweite Rechtsmittelinstanz bezieht im Mehrparteienverfahren das verfügende Gemeinwesen bzw. die verfügende Behörde als Beschwerdegegnerin ein, wenn die Verfügung von der Vorinstanz bestätigt wurde, und als Mitbeteiligte, wenn die Vorinstanz die Verfügung aufhob (vgl. § 58 N. 9 ff.)[70]. Die **Rekursbehörde** wird als Vorinstanz einbezogen, nicht aber als Partei. Die richterliche Vorinstanz könnte im Verfahren vor Verwaltungsgericht ohnehin nicht Partei werden, da die Parteistellung im Verfahren mit der Funktion einer richterlichen Behörde nicht vereinbar ist. Die Aufforderung zur Vernehmlassung bedeutet in diesem Fall nicht die Einräumung der Parteistellung[71]. 18

---

[63] BGE 128 II 90, E. 2b; vgl. auch Beusch, in: Kommentar VwVG, Art. 63 N. 12; Moser/Beusch/Kneubühler, Bundesverwaltungsgericht, N. 4.41.
[64] RB 1997 Nr. 6 (BEZ 1997 Nr. 16); vgl. z.B. VGr, 4.6.2009, VB.2009.00173, E. 4; vgl. auch BGE 128 II 90, E. 2b (zu Art. 63 Abs. 1 und Art. 64 Abs. 3 VwVG); 123 V 156; 123 V 159; Geiser, in: Basler Kommentar BGG, Art. 66 N. 8.
[65] A.M. Häner, Die Beteiligten, N. 367.
[66] Vgl. z.B. BGr, 18.3.2009, 2C_658/2008, E. 3.3; BGr, 28.6.2007, B 8/07, E. 5.1. In BGE 128 II 90, E. 2b, war die Frage noch offen gelassen worden. Vgl. auch Kölz/Häner/Bertschi, Verwaltungsverfahren, N. 922, 1175, sowie die weiteren (nur teilweise überzeugenden) Differenzierungen bei Beusch, in: Kommentar VwVG, Art. 63 N. 12, und Moser/Beusch/Kneubühler, Bundesverwaltungsgericht, N. 4.41.
[67] Vgl. RB 1962 Nr. 45.
[68] RB 1984 Nr. 14, E. 3d dd.
[69] Vgl. VGr, 22.10.2009, VB.2009.00553, E. 1.3.
[70] Z.B. VGr, 19.4.2012, VB.2011.00808, E. 2; VGr, 11.2.2004, VB.2003.00400, E. 1.
[71] Vgl. Merker, Rechtsmittel, § 41 N. 28.

B. Parteiwechsel

19 Ein **Parteiwechsel** kann von Gesetzes wegen bei *Universalsukzession* eintreten. Weiter ist er auf Antrag hin in der Regel als zulässig zu betrachten, wenn das schutzwürdige Interesse wegen des *Übergangs eines Rechts* oder der *Änderung tatsächlicher Verhältnisse* auf einen Dritten übergegangen ist[72]. Veräussert etwa der Grundeigentümer das Bau- oder Bewilligungsobjekt während der Hängigkeit des Bewilligungsverfahrens, kann der Erwerber in das Verfahren eintreten[73]. Tritt er nicht ein, wird das Verfahren als gegenstandslos abgeschrieben[74]. Unzulässig ist hingegen der Parteiwechsel, wenn er nicht auf dem Übergang schutzwürdiger Interessen beruht. Wer von Anfang an zur Rechtsmittelerhebung legitimiert war, die Möglichkeit der Verfahrensbeteiligung aber nicht wahrgenommen hat, kann später nicht mittels Parteiwechsel in das Verfahren eintreten[75]. Wenn ein Vertreter zunächst als Partei auftritt, indem er in eigenem Namen ein Rechtsmittel ergreift, ist in der *verspäteten Offenlegung des Vertretungsverhältnisses* ein unzulässiger Parteiwechsel zu sehen und das Rechtsmittel durch Nichteintreten zu erledigen[76]. Dasselbe gilt, wenn der Vertreter in eigenem Namen das Begehren um Zustellung des baurechtlichen Entscheids gemäss § 315 Abs. 1 PBG gestellt hat; nach Ablauf der jeweiligen Frist lässt sich das im Namen des Vertreters gestellte Begehren nicht mehr in ein solches des Vertretenen umdeuten[77]. Die Verwirkung des Rekursrechts tritt in diesem Fall allerdings nicht ein, wenn das nicht ausdrücklich genannte Vertretungsverhältnis gesetzlich ist oder wenn es sich aus den Umständen des konkreten Sachverhalts ergibt und für die Bauherrschaft erkennbar ist, welche natürliche oder juristische Person potenzielle Rekurrentin ist[78]. Ein Parteiwechsel kann auch *nicht eventualiter beantragt* werden, etwa für den Fall, dass die Parteistellung der rechtsmittelerhebenden Behörde verneint wird[79]. Dagegen ist die **irrige Parteibezeichnung** *zu berichtigen,* wenn die Identität der Partei gewahrt bleibt[80].

C. Andere Mitwirkende

20 Die Parteien sind von jenen Behörden und Personen zu unterscheiden, die **in anderer Funktion am Verfahren mitwirken,** etwa als entscheidende (Rechtsmittel-)Instanz oder als Zeugen, Auskunftspersonen oder Sachverständige, die an der Sachverhaltsermittlung beteiligt sind (vgl. § 7 Abs. 1; zur Stellung der erstinstanzlich verfügenden Behörde vgl.

---

[72] Ausführlich zum Ganzen MERKER, Rechtsmittel, Vorbem. zu § 38 N. 23 ff.; vgl. auch HÄNER, Die Beteiligten, N. 369 ff.; KÖLZ/HÄNER/BERTSCHI, Verwaltungsverfahren, N. 933.
[73] VGr, 27.2.2013, VB.2012.00372, E. 1.2; RB 1983 Nr. 11; 1981 Nr. 16. Der neue Mieter tritt dagegen nicht in die Parteistellung des Vormieters ein; VGr, 16.1.2008, VB.2007.00202, E. 1.2.
[74] RB 1983 Nr. 11; anders im Verfahren vor Bundesgericht, wo Art. 17 und Art. 21 Abs. 2 BZP i.V.m. Art. 71 BGG anwendbar sind; vgl. BGr, 18.10.2007, 1C_32/2007, E. 1.1; vgl. auch BGE 116 Ia 221, E. 1b.
[75] Vgl. BGr, 13.3.2008, 1C_280/2007, E. 1.2.
[76] RB 1966 Nr. 3. Vgl. als Beispiel auch BGr, 29.3.2007, 2A.29/2007, E. 3.
[77] RB 1993 Nr. 53 (ZBl 1994, 184 ff., E. 1b und 2).
[78] VGr, 7.11.2001, VB.2000.00238, E. 1c, m.H., unter Hinweis auf das Verbot des überspitzten Formalismus. Zum gesetzlichen Vertretungsverhältnis vgl. auch N. 8, 11.
[79] VGr, 22.10.2009, VB.2009.00553, E. 1.4.
[80] RB 1966 Nr. 3.

N. 18). Ihre verfahrensrechtliche Stellung richtet sich nach den jeweils anwendbaren Bestimmungen.

Im Bundesrecht bezeichnet der schwer fassbare Begriff der «**Beteiligten**» bzw. «**anderen Beteiligten**» (Art. 102 Abs. 1 BGG; Art. 57 Abs. 1 VwVG) eine Restgruppe von Personen und Behörden, die in den Schriftenwechsel einbezogen werden dürfen, ohne dass ihnen Parteistellung zukäme[81]. Während das VRG die Begriffe des (Verfahrens-)Beteiligten und der Partei grundsätzlich synonym verwendet, erscheint der Sinn der ersteren Bezeichnung namentlich in den §§ 26b und 58 über den Schriftenwechsel weiter; hier scheinen unter die «am Verfahren Beteiligten» auch andere Beteiligte als die Parteien zu fallen. Jedenfalls können solche gegebenenfalls in den Schriftenwechsel einbezogen werden (vgl. zu den Vernehmlassungsberechtigten § 26b N. 8 ff., § 58 N. 6 ff.).

21

Ebenfalls schillernd ist die von den Zürcher Behörden verwendete Bezeichnung «**Mitbeteiligte**». Nach älteren Definitionen gelten Mitbeteiligte als Verfahrensbeteiligte, die sich den Anträgen in einem Rechtsmittel nicht widersetzen, ohne selbst ein Rechtsmittel ergriffen zu haben[82]. Das Verwaltungsgericht bezeichnet als Mitbeteiligte einerseits – aber nur in bestimmten Fällen – Personen, denen die Parteistellung zusteht (wie etwa nach ständiger Praxis den obsiegenden Anbieter im Submissionsverfahren), andererseits weitere Personen und Behörden mit einem Interesse am Verfahren, deren Parteistellung offen erscheint oder die keine Parteistellung (mehr) beanspruchen können, wie etwa die im vorinstanzlichen Verfahren Unterlegenen, die sich nicht mehr am Beschwerdeverfahren beteiligen. Auch die verfügende Instanz, deren Anordnung von der Rekursinstanz aufgehoben wurde, wird als Mitbeteiligte am Verfahren beteiligt (N. 18, § 58 N. 10).

22

Zu erwähnen sind schliesslich Personen, die sich zwar im Verfahren bemerkbar machen, *denen aber keine verfahrensrechtliche Stellung zukommt*, soweit nicht gerade diese den Streitgegenstand darstellt. So kommt es (eher selten) vor, dass zugunsten einer Verfahrenspartei Eingaben von Dritten – etwa persönlicher Bekannter oder ideeller Organisationen – eingereicht werden, ohne dass deren Urheberschaft Parteistellung beanspruchen will. Solche Eingaben werden aus dem Recht gewiesen, weil der «**amicus curiae**» im schweizerischen Verfahrensrecht unbekannt ist[83]. Auch das *Petitionsrecht* (Art. 33 BV bzw. Art. 16 KV) verschafft den Verfasserinnen bzw. Verfassern keinen Zugang zum Verfahren. Dies gilt ungeachtet dessen, dass das Bundesgericht Petitionen von Dritten, die sich auf konkrete Gerichtsverfahren beziehen, im Gegensatz zu Petitionen von Verfahrensbeteiligten nicht als von vornherein unzulässig bezeichnet[84] und aus dem Petitionsrecht nach Art. 16 KV ein Anspruch auf behördliche Stellungnahme folgt[85].

23

---

[81] Vgl. BGE 135 II 384, E. 1.2; Kölz/Häner/Bertschi, Verwaltungsverfahren, N. 928; Meyer/Dormann, in: Basler Kommentar BGG, Art. 102 N. 13 f.; Seethaler/Plüss, in: Kommentar VwVG, Art. 57 N. 13 ff.

[82] 1. Aufl., § 21 N. 23, § 26 N. 6; Gadola, Beschwerdeverfahren, S. 196.

[83] Häfelin/Haller/Keller, Bundesstaatsrecht, N. 891 sowie gestützt auf diese Literaturstelle VGr, 5.5.2006, VB.2005.00370, E. 6; BVGr, 27.8.2010, D-5873/2009, E. 6.

[84] BGE 119 Ia 53, E. 4; vgl. dazu Müller/Schefer, Grundrechte, S. 643, m.H. Generell gegen die Entgegennahme von Petitionen, die konkrete Verfahren betreffen, durch Gerichte: Häfelin/Haller/Keller, Bundesstaatsrecht, N. 891; VGr, 5.5.2006, VB.2005.00370, E. 6; BVGr, 27.8.2010, D-5873/2009, E. 6.

[85] Zu den Pflichten der Behörde nach Art. 33 BV vgl. BGr, 19.7.2010, 1C_242, 244 und 246/2010, E. 3; Müller/Schefer, Grundrechte, S. 645 f. Vgl. auch zur Stellung des Aufsichtsbeschwerdeführers Vorbem. zu §§ 19–28a N. 61 ff.

V. Einbezug ins Verfahren bzw. «Beiladung»

A. Grundlagen

24 Der **Begriff** der Beiladung wird *unterschiedlich verwendet,* und seine *Berechtigung* wird teils *angezweifelt*[86]. Das VRG enthält weder die Bezeichnung noch eine Regelung des Rechtsinstituts. Allgemein bezeichnet Beiladung den *Einbezug von Personen, die am Verfahrensausgang interessiert sind, als Parteien in ein bereits anhängiges Verfahren mit anderen Parteien*[87]. Als **Ziele** der Beiladung gelten: Verhinderung einander widersprechender Entscheide (und damit auch Koordination des materiellen Rechts[88]), Rechtssicherheit, Prozessökonomie, Wahrung des rechtlichen Gehörs und der prozessualen Waffengleichheit[89]. Grundsätzlich sind *zwei Arten des Begriffsverständnisses* zu unterscheiden. Die eine definiert die Beiladung als Rechtsinstitut (N. 25 ff.); die andere, vor allem im Kanton Zürich beheimatete, legt den Begriff der Beiladung zweckgerichtet aus, um Lücken der gesetzlichen Regelung des Verwaltungsprozesses zu überbrücken (vgl. N. 29)[90]. In der vorliegenden Kommentierung kommt dem Begriff, sofern er ohne Attribute gebraucht wird, dieser letztere Sinn zu, wie er sich im Zürcher Verwaltungsverfahren und -prozess eingebürgert hat.

B. Beiladung im «technischen» Sinn

25 Die eine Form der Beiladung wird dadurch **definiert,** dass *eine Person ins Verfahren einbezogen wird* mit dem *Zweck, die Rechtskraft des Urteils* auf sie *auszudehnen,* so dass sie in einem später gegen sie gerichteten Prozess das Urteil im Beiladungsprozess gegen sich gelten lassen muss[91]. Die Beiladung erfolgt von Amtes wegen oder auf Antrag einer Verfahrenspartei oder der betreffenden Person. In Abgrenzung zum pragmatischen Beiladungsbegriff, der im Zürcher Verwaltungsverfahren und Verwaltungsprozess verwendet wird, ist in der Folge von *«Beiladung im technischen Sinn»* die Rede. Der Kanton Zürich kennt ein solches Institut für das Verfahren vor dem Sozialversicherungsgericht (§ 14 GSVGer); verschiedene andere Kantone sehen die Beiladung in ihren Verwaltungsverfahrens- bzw. Verwaltungsrechtspflegegesetzen vor (vgl. § 12 VRPG AG; Art. 14 Abs. 1 und 2 VRPG BE; § 20 VRG LU). Teils wird allerdings auch in diesen Kantonen das Verständnis der Beiladung als eines eigenständigen Rechtsinstituts in Frage gestellt[92].

---

[86] Als überflüssig bezeichnen den Begriff der Beiladung: LEBER, Die Beteiligten, S. 29; SALADIN, Verwaltungsverfahrensrecht, S. 87 Fn. 8, S. 187. Die Unterscheidung zwischen «notwendiger» und «einfacher» oder «fakultativer» Beiladung ist im öffentlichen Prozessrecht nicht gebräuchlich; dazu MERKER, Parteien, S. 165; vgl. auch HÄNER, Die Beteiligten, N. 308.
[87] Vgl. HÄNER, Die Beteiligten, N. 299.
[88] HÄNER, Die Beteiligten, N. 299; ZÜND, Beiladung, S. 38.
[89] Vgl. etwa HUBER, Beiladung, S. 234 f.
[90] Ähnlich HÄNER, Die Beteiligten, N. 299, welche die Beiladung im engeren und im weiteren Sinn unterscheidet.
[91] GYGI, Bundesverwaltungsrechtspflege, S. 183 f.; MERKER, Rechtsmittel § 41 N. 61.
[92] Vgl. für Bern: M. MÜLLER, Verwaltungsrechtspflege, S. 46; für Luzern: WIRTHLIN, Verwaltungsrechtspflege, S. 118 f.; ebenso für St. Gallen (das keine gesetzliche Regelung kennt): CAVELTI/VÖGELI, Verwaltungsgerichtsbarkeit, N. 351.

Grundsätzlich sind **zwei Konzeptionen** zu unterscheiden. Die erste beschränkt die Beiladung auf Personen, welche ein rechtliches Interesse am Ausgang des Verfahrens haben, wobei keine Verletzung der rechtlichen Interessen vorausgesetzt wird; deren blosses Berührtsein genügt[93]. Der Begriff der Beiladung wird für den Beizug *zwar rechtlich, aber nur indirekt* (über die Rechtsbeziehungen zu einer der Parteien) *Betroffener* reserviert, unter Ausschluss all derjenigen, die Parteistellung beanspruchen könnten. Mit der letzteren Einschränkung soll vermieden werden, dass Personen, welche es versäumt haben, sich als Partei am Verfahren zu beteiligen, auf dem Weg der Beiladung Zugang dazu finden. Dieses Verständnis der Beiladung gilt namentlich in den Kantonen Bern und Aargau[94]. Berner Praxis und Lehre nehmen dabei in Kauf, dass der Begriff des schutzwürdigen Interesses je nach Zusammenhang anders auszulegen ist[95]. Will man zwischen Beigeladenen im genannten Sinn und Rechtsmittellegitimierten unterscheiden, ohne dass sich die Begriffe überschneiden, so setzt man zudem implizit voraus, dass den indirekt in ihren rechtlichen Interessen betroffenen Personen die Rechtsmittellegitimation abgeht.

26

In der zweiten Konzeption wird der Begriff der Beiladung *unabhängig von Parteistellung und Rechtsmittellegitimation definiert*, so dass sich die Begriffe überlappen und auch Personen, die in ihren schutzwürdigen Interessen unmittelbar betroffen sind, beigeladen werden können. Diese Konzeption wird mit Bezug auf den Sozialversicherungsprozess vertreten[96]. Personen, die es versäumt haben, sich am Verfahren zu beteiligen, sind allerdings nur beizuladen, wenn ihre Beiladung im öffentlichen Interesse oder im schutzwürdigen Interesse Dritter liegt[97].

27

In jedem Fall gilt, dass Personen, die unmittelbar in ihren schutzwürdigen Interessen betroffen sind, *zwingend als Parteien mit vollen Rechten zu behandeln* sind, wenn sie sich am Verfahren beteiligen. Sie dürfen nicht auf einen Beigeladenenstatus verwiesen werden, sofern dieser in irgendeiner Weise nachteilig ist[98].

28

C. Der Beiladungsbegriff im Zürcher Verwaltungsverfahren und Verwaltungsprozess

Gemäss dem anderen Verständnis der Beiladung bezeichnet diese den *Einbezug weiterer Personen ins Verfahren, welche Parteistellung beanspruchen könnten*, bisher jedoch nicht am Verfahren beteiligt waren. Lehre und Praxis zum allgemeinen Zürcher Verwaltungs-

29

---

[93] GYGI, Bundesverwaltungsrechtspflege, S. 184; MERKER, Rechtsmittel, § 41 N. 62; MERKLI/AESCHLIMANN/HERZOG, Kommentar VRPG, Art. 14 N. 2.

[94] Vgl. VGr BE, 28.2.2008, VGE 22962, E. 3.4.1 (BVR 2008, 261 ff.); MERKLI/AESCHLIMANN/HERZOG, Kommentar VRPG, Art. 14 N. 2; M. MÜLLER, Verwaltungsrechtspflege, S. 44 ff.; zum aargauischen Recht: BGr, 18.5.2011, 2C_491/2009, E. 4–6. Das Bundesverwaltungsgericht geht ebenfalls von dieser Konzeption aus, kennt daneben aber auch die «untechnische» Beiladung, d.h. den Einbezug ins Verfahren zur Wahrung des rechtlichen Gehörs; vgl. BVGr, 25.4.2012, A-212/2011, E. 4; BVGr, 7.2.2011, A-7841/2010, E. 2.

[95] Vgl. Art. 14 Abs. 1 und z.B. Art. 65 Abs. 1 lit. c VRPG BE; MERKLI/AESCHLIMANN/HERZOG, Kommentar VRPG, Art. 14 N. 2; das Problem stellt sich nicht bei § 12 VRPG AG.

[96] VOLZ, in: Kommentar GSVGer, § 14 N. 11, m.H. auf die Praxis; ZÜND, Beiladung, S. 40 f.

[97] Vgl. VOLZ, in: Kommentar GSVGer, § 14 N. 11.

[98] Vgl. BGr, 18.5.2011, 2C_491/2009, E. 4–6. Zulässig ist die Beiladung (potenziell) Rechtsmittellegitimierter, wenn sie zu einer vollen Parteistellung führt; vgl. BGr, 27.11.2012, 9C_731/2012, besonders E. 3.2, zu § 14 Abs. 2 GSVGer.

verfahrens- und -prozessrecht verstehen den Begriff in diesem Sinn; nach der gebräuchlichen Definition «dient» die Beiladung der (bzw. «bedeutet» sie die) Prozessbeteiligung einer Person, die zwar schutzwürdige Interessen am Ausgang des Verfahrens hat, jedoch zuvor nicht als Partei zugelassen worden ist[99]. Diese Terminologie dürfte darauf zurückzuführen sein, dass das VRG aufgrund der engen Fassung der Bestimmung über den Schriftenwechsel im Rekursverfahren (heute § 26b Abs. 1) und des Fehlens eines Parteibegriffs eine Lücke enthält: Das VRG sieht ausdrücklich bloss den Einbezug Dritter ins Verfahren vor, die durch einen bereits gefällten Entscheid in ihren schutzwürdigen Interessen berührt wurden (§ 10 Abs. 3 lit. a und b, § 28 Abs. 2). Doch kann ihm nicht entnommen werden, auf welche Weise Personen in das Verfahren einzubeziehen sind, die zwar noch nicht daran beteiligt sind, denen jedoch Gelegenheit dazu geboten werden sollte, weil sie potenziell betroffen sind – d.h. durch den noch zu treffenden Entscheid in ihren schutzwürdigen Interessen berührt werden könnten – oder weil sie von der Vorinstanz zu Unrecht nicht beigezogen wurden. Um diese Lücke zu füllen, wurde der Begriff der Beiladung herangezogen, dessen unspezifische Verwendung damit in Kauf genommen wurde.

D. Fragwürdigkeit des Beiladungsbegriffs

30 Es erscheint fraglich, ob das Institut der Beiladung sinnvoll in das schweizerische Verwaltungsverfahrens- und -prozessrecht mit seinem weiten Partei- und Legitimationsbegriff eingepasst werden kann. Die Stellung einer im technischen Sinn beigeladenen Person, wie sie von Praxis und Lehre – allerdings nicht ganz einheitlich – skizziert wird, unterscheidet sich grundsätzlich weder in den Grundzügen noch in den Einzelheiten von der Stellung einer Drittperson, der die Parteistellung zuerkannt wird (vgl. auch N. 32, 34). Der Beiladungsbegriff des Zürcher Verwaltungsverfahrens und -prozesses ist wiederum missverständlich, weil hier **gar kein besonderes Rechtsinstitut** besteht: Unter dem Titel «Beiladung» wird die Frage abgehandelt, wem im hängigen Verfahren die Parteistellung zu gewähren ist. Die Möglichkeit des Einbezugs noch nicht beteiligter Dritter ins Verfahren ist zwar notwendig. Dafür hätte es jedoch des Bezugs auf ein umstrittenes, im VRG nicht erwähntes Rechtsinstitut nicht bedurft; sie hätte auch – und vielleicht klarer – über eine extensive Auslegung des zu engen Gesetzeswortlauts hergestellt werden können. *Grundsätzlich* könnte somit der Ansicht zugestimmt werden, der Begriff der Beiladung sei im schweizerischen Verwaltungsverfahren und -prozess *verzichtbar* (vgl. N. 24).

31 Der Begriff der Beiladung darf allerdings dort nicht übergangen werden, wo er – anders als im VRG – im Gesetz verwendet wird. Zudem erscheint er eingebürgert, und er erfüllt in der einen wie in der anderen Form offenbar ein **praktisches Bedürfnis.** In dem Sinn, wie er im Zürcher Verwaltungsverfahren und Verwaltungsprozess konstant gehandhabt wird, erlaubt er die begriffliche Unterscheidung zwischen dem Einbezug von Personen mit potenzieller Parteieigenschaft und dem Einbezug anderer Verfahrensteilnehmender wie etwa der Vorinstanz, welche nicht erstinstanzlich verfügende Behörde ist.

32 Mit der Beiladung im technischen Sinn, wie sie in den Kantonen Bern und Aargau besteht, wird dagegen die Verfahrensbeteiligung jener Personen geregelt, die *nur mittel-*

---

[99] Z.B. VGr, 8.5.2012, VB.2012.00191, E. 4.1; RB 1998 Nr. 42; HUBER, Beiladung, S. 234; MÄDER, Baubewilligungsverfahren, N. 320.

bar, aber in rechtlich geschützten Interessen vom Verfahrensausgang betroffen sind[100]. Der Verzicht auf diese Form der Beiladung würde diese Frage nicht aus der Welt schaffen. Er würde allerdings nach der hier vertretenen Ansicht die Tür zu einem allenfalls besseren Verständnis öffnen: Die Frage sollte als Unterfall der Rechtsmittellegitimation bzw. der Parteistellung betrachtet werden (vgl. § 21 N. 87). Allfällige Besonderheiten der Verfahrensstellung dergestalt Betroffener sollten nicht aus einer dogmatischen Konstruktion, sondern aus den Rechtsverhältnissen und tatsächlichen Gegebenheiten abgeleitet werden, durch welche die Beteiligten untereinander verbunden sind (N. 35).

E. Einbezug und Stellung der beigeladenen Person

Im Zürcher Verwaltungsverfahren und -prozess richten sich der Einbezug ins Verfahren und die Stellung der beigeladenen Person nach der Regelung der **Parteistellung** sowie den allgemeinen Verfahrensgrundsätzen und -garantien, besonders dem Anspruch auf rechtliches Gehör.

33

Die Behörde muss eine Person – von Amtes wegen, auf Antrag einer Partei oder auf Gesuch der betroffenen Person hin – einbeziehen, wenn diese bisher noch nicht am Verfahren beteiligt war, jedoch ein schutzwürdiges Interesse am Ausgang des Verfahrens hat und bisher keine Gelegenheit oder keinen Anlass hatte, dieses geltend zu machen. Die einzubeziehende Person muss auf die **Wirkungen** hingewiesen werden, nämlich dass sie durch aktive Beteiligung am Verfahren volle Parteistellung erhält, aber auch kostenpflichtig werden kann, während sie bei Verzicht auf die aktive Beteiligung die Anfechtung des Entscheids verwirkt und diesen gegen sich gelten lassen muss[101]. Die genannten Wirkungen müssen sinngemäss auch bei einer Beiladung im technischen Sinn eintreten, ungeachtet dessen, dass keine einheitliche Meinung darüber besteht, ob die Beigeladenen im technischen Sinn Haupt- oder Nebenparteien werden: Wenn der Entscheid ihnen gegenüber rechtskräftig und damit vollstreckbar werden soll, dürfen sie in der Parteistellung und damit in den Angriffs- und Verteidigungsmitteln nicht beschränkt werden[102].

34

Das Verhältnis der beigeladenen Person zum **Streitgegenstand** ergibt sich nach der hier vertretenen Ansicht *nicht aus der Form des Einbezugs* ins Verfahren, sondern *aus der Beschaffenheit des schutzwürdigen Interesses,* welches den Einbezug erst rechtfertigt. Massgebend ist demnach, ob eine Person wegen eines unmittelbaren schutzwürdigen Interesses beigeladen wurde oder wegen eines bloss mittelbaren Interesses, das sich aus ihrem Verhältnis zu einer Verfahrenspartei ergibt (vgl. § 21 N. 87). Anders scheinen Praxis und Lehre vorzugehen, wenn sie dem Konzept der Beiladung im technischen Sinn folgen: Sie leiten – zumindest vordergründig – aus dem Beiladungsbegriff selbst ab, ob die Betreffenden über den Streitgegenstand verfügen können und ob sie durch Dispositionen der (Haupt-)Parteien über den Streitgegenstand gebunden werden[103]. Allerdings sind die ge-

35

---

[100] So auch Häner, Die Beteiligten, N. 306.
[101] Vgl. VGr, 12.1.2011, VB.2010.00461, E. 4.3.2. Die Informationspflichten bei der Beiladung im technischen Sinn sind sinngemäss gleich; vgl. Merker, Rechtsmittel, § 41 N. 33 und 66.
[102] Gl.M. Häner, Die Beteiligten, N. 314 f.
[103] Vgl. Merkli/Aeschlimann/Herzog, Kommentar VRPG, Art. 14 N. 5.

setzlichen Regelungen und die Praxis auch hier letztlich auf die Interessen ausgerichtet, für welche diese Form der Beiladung konzipiert wurde.

36 Im **Baubewilligungsverfahren** hat sich der Einbezug Dritter nach der Praxis des Verwaltungsgerichts wie folgt abzuspielen (vgl. auch § 26b N. 14): Im Rekursverfahren, welches der Bauwillige gegen die Verweigerung einer Baubewilligung anstrengt, ist denjenigen, welche um Zustellung des baurechtlichen Entscheids nach § 315 Abs. 1 PBG ersucht haben, zur Wahrung des rechtlichen Gehörs und der prozessualen Gleichbehandlung Gelegenheit zu geben, sich am Verfahren zu beteiligen[104]. Wird ein Rechtsmittel gegen den Entscheid erhoben, ist den Gesuchstellenden die Eingangsverfügung mitzuteilen, worauf sie ihr Beiladungsgesuch stellen können[105]. Darauf kann bloss ausnahmsweise verzichtet werden, wenn die Gesuchstellenden bereits im Zustellungsgesuch ihre Einwände vorgebracht haben, diese Stellungnahmen der Rekursinstanz vorliegen und die Gesuchstellenden selber keine Verfahrensbeteiligung wünschen[106]. Gemäss der älteren Praxis verwirkte eine gesuchstellende Person, die trotz der Mitteilung auf die Teilnahme am Rekursverfahren verzichtete, das Recht zur Anfechtung des Rekursentscheids. Ob daran festzuhalten ist, wurde in einem jüngeren Entscheid offen gelassen; jedenfalls kann eine Verwirkung nur angenommen werden, wenn die berechtigte Person in voller Kenntnis der verfahrensrechtlichen Konsequenzen auf Beiladung verzichtet hat[107]. Über den Anspruch auf Mitteilung des Entscheids und einer allfälligen Rechtsmittelerhebung hinaus verleiht das Zustellungsgesuch im Übrigen keine weiteren Verfahrensrechte, namentlich keinen Gehörsanspruch und keine Mitwirkungsrechte im erstinstanzlichen Verfahren. Dies erscheint problematisch[108], wird in der Praxis aber offenbar hingenommen.

F. Nebenintervention und Streitverkündung

37 Unter **Nebenintervention** wird der Eintritt einer Drittperson in das Verfahren zur Unterstützung einer Partei, an deren Obsiegen sie interessiert ist, verstanden (vgl. Art. 74 ff. ZPO). Lehre und Praxis halten sie im Verwaltungsverfahren und -prozess angesichts des weiten Partei- bzw. Legitimationsbegriffs zu Recht für überflüssig[109]. Dasselbe gilt für die **Streitverkündung,** mit der eine Partei eine Drittperson zur Unterstützung auffordern kann (vgl. Art. 78 ff. ZPO). Wo die Beiladung im technischen Sinn besteht, gehen diese Institute in ihr auf.

---

[104] RB 1983 Nr. 13 (BEZ 1984 Nr. 6).
[105] RB 1997 Nr. 5, E. 3.
[106] RB 1997 Nr. 5, E. 1; 1984 Nr. 15.
[107] Vgl. VGr, 21.8.2008, VB.2008.00144, E. 2.1 und 2.4 (BEZ 2008 Nr. 51), gegenüber RB 1997 Nr. 5, E. 2. In VGr, 16.1.2008, VB.2007.00202, E. 1.1, wurde die Beschwerdelegitimation der Gesuchstellenden, die erst durch den Rekursentscheid beschwert wurden, ohne weiteres anerkannt; allerdings finden sich im Entscheid keine Angaben zu ihrer Rolle im Rekursverfahren.
[108] Gl.M. HÄNER, Die Beteiligten, N. 302 Fn. 844. Die Zulässigkeit wurde offen gelassen in RB 1998 Nr. 42, E. 2b.
[109] Z.B. GYGI, Bundesverwaltungsrechtspflege, S. 183; SALADIN, Verwaltungsverfahrensrecht, S. 187; BGE 125 V 80, E. 8b; RB 1974 Nr. 14.

Rekursberechtigung
a. Im Allgemeinen

§ 21

¹ Zum Rekurs ist berechtigt, wer durch die Anordnung berührt ist und ein schutzwürdiges Interesse an deren Aufhebung oder Änderung hat.

² Gemeinden und andere Träger öffentlicher Aufgaben mit Rechtspersönlichkeit sind rekursberechtigt, wenn sie
  a. durch die Anordnung wie eine Privatperson berührt sind und ein schutzwürdiges Interesse an deren Aufhebung oder Änderung haben,
  b. die Verletzung von Garantien rügen, die ihnen die Kantons- oder Bundesverfassung gewährt,
  c. bei der Erfüllung von gesetzlichen Aufgaben in ihren schutzwürdigen Interessen anderweitig verletzt sind, insbesondere bei einem wesentlichen Eingriff in ihr Finanz- oder Verwaltungsvermögen.

Materialien

Erläuterungen Vorentwurf VRG-Revision 2010, S. 67, 81 ff.; Weisung 2009, S. 934 f., 961 ff.; Prot. KR 2007–2011, S. 10240, 10535.

Zur früheren Fassung/zu früheren Fassungen: Weisung 1957, S. 1038; Prot. KK 20.12.1957, 23.9.1958; Prot. KR 1955–1959, S. 3379; Beleuchtender Bericht 1959, S. 402; Weisung 1995, S. 32 f., 54 ff.; Prot. KK 1995/96, S. 49 ff., 108 ff., 114, 143 f., 249 f., 352; Prot. KR 1995–1999, S. 6414 ff., 6426 ff., 6435 ff., 6488, 6830 f.; Beleuchtender Bericht 1997, S. 6; Antrag und Weisung des Regierungsrates vom 9. Mai 2001, Volksschulgesetz, ABl 2001, 772 ff., 859 *(Weisung VSG)*; Prot. KR 2003–2007, S. 6048.

Literatur

Allgemein: AEMISEGGER, Beschwerdegang, S. 147 ff.; BELLANGER, Recours, S. 58 ff.; CORBOZ BERNARD, in: Commentaire LTF, Art. 111 N. 6 ff.; DONZALLAZ, Commentaire, Art. 89, Art. 111 N. 4423 ff.; EHRENZELLER BERNHARD, in: Basler Kommentar BGG, Art. 111; ERRASS, Popularbeschwerde; GADOLA, Beschwerdeverfahren, S. 204 ff.; GRIFFEL, Rekurs, S. 63 ff.; GRISEL A., Traité, S. 898 ff.; GUCKELBERGER, Zugang; GYGI, Beschwerderecht; GYGI, Bundesverwaltungsrechtspflege, S. 145 ff., 237 f.; GYGI, Versuch; GYGI, Beschwerdebefugnis; HÄFELIN/MÜLLER/UHLMANN, Verwaltungsrecht, N. 1766 ff., 1940 ff.; HÄNER ISABELLE, in: Kommentar VwVG, Art. 48; HÄNER, Die Beteiligten; JAAG, Rechtsmittel, S. 472 ff.; JOST, Rechtsschutz, S. 538 ff.; KIENER, Beschwerde, S. 252 ff.; KIENER/RÜTSCHE/KUHN, Öffentliches Verfahrensrecht, N. 541 ff., 1331 ff.; KÖLZ, Legitimation; KÖLZ/HÄNER/BERTSCHI, Verwaltungsverfahren, N. 937 ff.; KUNZ, Konzessionen, S. 314 ff.; MAJER, Bürgerklage; MARANTELLI-SONANINI VERA/HUBER SAID, in: Praxiskommentar VwVG, Art. 48; MERKER, Rechtsmittel, § 38 N. 125 ff.; MERKLI/AESCHLIMANN/HERZOG, Kommentar VRPG, Art. 65, 79; MEYER L., Wege, S. 839 ff.; MOOR PIERRE, La notion de participation dans la systématique du droit public, in: Tanquerel/Bellanger, Tiers, S. 9 ff.; MOOR/POLTIER, Droit administratif II, S. 718 ff.; MOSER/BEUSCH/KNEUBÜHLER, Bundesverwaltungsgericht, N. 2.60 ff.; MOSIMANN HANS-JAKOB, Beschwerde in öffentlich-rechtlichen Angelegenheiten, in: Prozessieren vor Bundesgericht, S. 183 ff., N. 4.45 ff.; PAPPA/JAGGI, Rechtsschutz; RHINOW/KOLLER/KISS/THURNHERR/BRÜHL-MOSER, Öffentliches Prozessrecht, N. 1092 ff., 1547 ff., 1925 ff.; ROTACH TOMSCHIN, Revision, S. 436 ff.; SALADIN, Verwaltungsverfahrensrecht, S. 173 ff.; SCHWANDER, Beschwerdebefugnis; SEILER HANSJÖRG, in: Handkommentar BGG, Art. 89, Art. 111; SPORI, Vereinbarkeit; SPÜHLER/DOLGE/VOCK, Kurzkommentar BGG, Art. 89, Art. 111; SUTER, Rechtsschutz, N. 38 ff.; TANQUEREL, Manuel, N. 1358 ff.; VOLZ MELCHIOR, in: Kommentar GSVGer, § 13 N. 50 ff.; WÄDENSWEILER, Rechtsschutz, S. 116 ff.; WALDMANN BERNHARD, in: Basler Kommentar BGG, Art. 89; WURZBURGER ALAIN, in: Commentaire LTF, Art. 89; WYSS SIMONE, Das subjektive öffentliche Recht als Begriff des Bundesgerichts, Diss. (Bern), Basel 2009.

§ 21

Einzelne Rechtsgebiete

Submissionsrecht: BEYELER MARTIN, Öffentliche Beschaffung, Vergaberecht und Schadenersatz, Diss. (Freiburg i. Üe.), Zürich/Basel/Genf 2004, N. 399 ff.; GALLI PETER/MOSER ANDRÉ/LANG ELISABETH/ STEINER MARC, Praxis des öffentlichen Beschaffungsrechts, 3. Aufl., Zürich/Basel/Genf 2013, N. 1296 ff.; GRABER, Legittimazione; KÖLZ/HÄNER/BERTSCHI, Verwaltungsverfahren, N. 1927 ff.; LOCHER THOMAS, Wirkungen des Zuschlags auf den Vertrag im Vergaberecht. Eine verwaltungsrechtliche Einordnung, Diss. (Bern), Bern 2013, S. 168 ff.; TRÜEB HANS RUDOLF, in: Matthias Oesch/Rolf H. Weber/Roger Zäch (Hrsg.), Wettbewerbsrecht II, Zürich 2011, Art. 28 BöB N. 9 ff.; WOLF, Rechtsschutz, S. 172 f.; WOLF, Beschwerde, S. 11 ff.

Bildungsrecht: AUBERT M., Leistungsbeurteilungen, S. 81 ff.; EGLI, Rechtsschutz, S. 546 ff.; HÖRDEGEN, Volksschulrecht, S. 83 ff.; PLOTKE HERBERT, Schweizerisches Schulrecht, 2. Aufl., Bern 2003, S. 697 ff. *(Schulrecht);* PLOTKE, Prüfungsnoten; RICHLI PAUL, Fragwürdige Verrechtlichungen im Bildungswesen, in: Markus Rüssli/Julia Hänni/Reto Häggi Furrer (Hrsg.), Staats- und Verwaltungsrecht auf vier Ebenen. Festschrift für Tobias Jaag, Zürich/Basel/Genf 2012, S. 247 ff. *(Verrechtlichungen);* SCHNYDER WERNER, Rechtsfragen der beruflichen Weiterbildung in der Schweiz, Zürich [2000], N. 297 ff.

Verkehrsanordnungen: ROHNER CHRISTOPH J., Erlass und Anfechtung von lokalen Verkehrsanordnungen, Diss. (Zürich), Zürich/St. Gallen 2012, S. 177 ff., 203 ff. *(Verkehrsanordnungen);* SCHAFFHAUSER, Verkehrsanordnungen, S. 503 ff.

Raumplanungs-, Bau- und Umweltrecht: AEMISEGGER/HAAG, Praxiskommentar, Art. 33 N. 50 ff., Art. 34 N. 82 ff.; FRITZSCHE CHRISTOPH/BÖSCH PETER/WIPF THOMAS, Zürcher Planungs- und Baurecht, Bd. 1: Planungsrecht, Verfahren und Rechtsschutz, 5. Aufl., Zürich 2011, S. 439 ff. *(Planungs- und Baurecht);* GADOLA, Drittbeschwerde; HÄNNI PETER, Planungs-, Bau- und besonderes Umweltschutzrecht, 5. Aufl., Bern 2008, S. 541 ff.; INDERMAUR, Rechtsmittelmöglichkeiten; LUSTENBERGER, Verzichtsvereinbarung; LUSTENBERGER, Einsprachen; MÄDER, Anfechtung, S. 8 ff., 12 ff., 23 ff.; RUCKSTUHL, Rechtsschutz, S. 288 f., 293 ff.; TRÜEB, Rechtsschutz; TANQUEREL, Opposants; WAGNER PFEIFER BEATRICE, Umweltrecht I, 3. Aufl., Zürich/Basel/Genf 2009, N. 964 ff.; WALDMANN BERNHARD/HÄNNI PETER, Stämpflis Handkommentar Raumplanungsgesetz (RPG), Bern 2006, Art. 33 N. 27 ff., Art. 34 N. 37 ff.

Öffentliches Wirtschaftsrecht (Konkurrierendenbeschwerde): GLANZMANN-TARNUTZER, Legitimation; RHINOW RENÉ/SCHMID GERHARD/BIAGGINI GIOVANNI/UHLMANN FELIX, Öffentliches Wirtschaftsrecht, 2. Aufl., Basel 2011, § 17 N. 27 ff.; SCHWEIZER M., Drittbeschwerde, S. 803 ff.

Besondere Kategorien von Rekurs- und Beschwerdeberechtigten

Gemeinwesen und Behörden: BAUMGARTNER, Behördenbeschwerde; BERTSCHI, Beschwerdebefugnis; GADOLA, Behördenbeschwerde; GRODECKI STÉPHANE/PFEIFFER LAURENT, in: Pierre Moor/Anne-Christine Favre/Alexandre Flückiger (Hrsg.), Loi sur la protection de l'environnement (LPE). Commentaire, Bern 2010, Art. 56–57; GRIFFEL ALAIN/RAUSCH HERIBERT, Kommentar zum Umweltschutzgesetz, Ergänzungsband zur 2. Auflage, Zürich 2011, Art. 56–57 *(Ergänzungsband Kommentar USG);* GYGI, Beschwerdebefugnis des Gemeinwesens; HOFMANN, Etat; JAAG/RÜSSLI, Staats- und Verwaltungsrecht, N. 2923 ff.; KELLER PETER M., in: Peter M. Keller/Jean-Baptiste Zufferey/Karl Ludwig Fahrländer (Hrsg.), Kommentar NHG. Kommentar zum Bundesgesetz über den Natur- und Heimatschutz, Zürich 1997, Art. 12–12b *(Kommentar NHG);* KÖLZ, Vertretung des öffentlichen Interesses; KÖLZ, Beschwerdebefugnis; KÖLZ, Behördenbeschwerde; LORETAN THEODOR H., in: Vereinigung für Umweltrecht/Helen Keller (Hrsg.), Kommentar zum Umweltschutzgesetz, 2. Aufl., Zürich/Basel/Genf 2004, Art. 56–57 *(Kommentar USG);* MOOR, Qualité pour agir; PFLÜGER, Legitimation; TANQUEREL, Recours; WALKER SPÄH, Behördenbeschwerde.

Ideelle Verbandsbeschwerde: BOLLIGER/GOETSCHEL, Wahrnehmung tierlicher Interessen; BOVAY BENOÎT, in: Thomas Geiser/Adrian von Kaenel/Rémy Wyler (Hrsg.), Stämpflis Handkommentar Arbeitsgesetz (ArG), Bern 2005, Art. 58; EPINEY, Anforderungen; FAVRE, But idéal; FLÜCKIGER/MORAND/ TANQUEREL, Evaluation; FREIVOGEL ELISABETH, in: Claudia Kaufmann/Sabine Steiger-Sackmann

§ 21

(Hrsg.), Kommentar zum Gleichstellungsgesetz, 2. Aufl., Basel 2009, Art. 7; GRIFFEL, Verbandsbeschwerderecht; GRIFFEL ALAIN/RAUSCH HERIBERT, Kommentar zum Umweltschutzgesetz, Ergänzungsband zur 2. Auflage, Zürich 2011, Vorbem. zu Art. 54–57 N. 19 ff., Art. 55–55f *(Ergänzungsband Kommentar USG)*; HÄNER, Neuerungen im USG; HÄNER, Stellung von Verbänden; HESELHAUS, Verbandsbeschwerderecht; KELLER/HAUSER, Gretchenfrage; KELLER/THURNHERR, Verbandsbeschwerde; KELLER PETER M., in: Peter M. Keller/Jean-Baptiste Zufferey/Karl Ludwig Fahrländer (Hrsg.), Kommentar NHG. Kommentar zum Bundesgesetz über den Natur- und Heimatschutz, Zürich 1997, Art. 12, 12a; LORETAN THEODOR H., in: Vereinigung für Umweltrecht/Helen Keller (Hrsg.), Kommentar zum Umweltschutzgesetz, 2. Aufl., Zürich/Basel/Genf 2004, Art. 55 *(Kommentar USG)*; MAHAIM, Intérêts publics; MATTER, Verbandsbeschwerde; NUTT, Beschwerderecht; POLTIER, Qualité pour recourir; RIVA, Beschwerdebefugnis; ROHRER, Bedeutung; WISARD NICOLAS, in: Pierre Moor/Anne-Christine Favre/Alexandre Flückiger (Hrsg.), Loi sur la protection de l'environnement (LPE). Commentaire, Bern 2010, Art. 55–55f *(Commentaire LPE)*; ZWEIDLER, UVP.

Inhaltsübersicht

I.	Grundlagen	1–8
	A. Zweck und Konzeption	1–2
	B. Die Neufassung von § 21 in der VRG-Revision von 2010 namentlich in ihrem Verhältnis zum Bundesrecht	3–5
	C. Begrifflichkeit	6
	D. Prozessuale Natur der Legitimation	7–8
II.	Allgemeine Rekurs- und Beschwerdelegitimation Privater (Abs. 1)	9–98
	A. Kategorien von Beschwerdeberechtigten	9
	B. Elemente des Legitimationsbegriffs im Einzelnen	10–31
	1. Materielle Beschwer	10–28
	a) Berührtsein und schutzwürdiges Interesse	10–23
	aa) Elemente	10–17
	bb) Verhältnis zu Beschwerdegründen, Rügen und Beweggründen	18–22
	cc) Rüge von Verfahrensmängeln	23
	b) Aktuelles Interesse	24–28
	2. Formelle Beschwer	29–31
	C. Besonderheiten bei der abstrakten Normenkontrolle	32–36
	D. Anfechtung von Allgemeinverfügungen	37
	E. Nachweis der Legitimation	38–40
	F. Berechtigte im Einzelnen	41–90
	1. Verfügungsadressatinnen und -adressaten	41–47
	a) Im Allgemeinen	41
	b) Anbietende im Submissions- und Konzessionsverfahren	42–44
	c) Bewerberinnen und Bewerber um Stellen im öffentlichen Dienst	45
	d) Anfechtung von Prüfungsentscheiden	46
	e) Anfechtung begünstigender Verfügungen der Strafvollzugsbehörden	47
	2. Anfechtung von Verkehrsanordnungen durch Strassenbenützerinnen und -benützer sowie Anwohnerinnen und Anwohner	48–52
	3. Zulasten der Verfügungsadressaten intervenierende Dritte	53–76
	a) Nachbarinnen und Nachbarn sowie Immissionsbetroffene	53–69
	aa) Allgemeine Grundsätze	53–62
	bb) Bestimmte Immissionen	63–65
	cc) Legitimierende Rechtsstellung	66–67
	dd) Nachweis der Legitimation	68
	ee) Anfechtung kommunaler Nutzungspläne	69
	b) Konkurrierende	70–75
	c) Konsumentinnen und Konsumenten	76

		4. Im Sinn der Verfügungsadressaten intervenierende Dritte	77–87
		a) Praxisübersicht	77–85
		b) Zugrunde liegende Fallkonstellationen	86–87
		aa) Unmittelbar betroffene Dritte	86
		bb) Aufgrund einer Beziehung zu Direktbetroffenen interessierte Dritte	87
		c) Stellungnahme	88–90
	G.	Spezialgesetzliche Bestimmungen	91–92
	H.	Egoistische Verbandsbeschwerde	93–98
III.	Rekurs- und Beschwerdebefugnis der Gemeinden und anderer Träger öffentlicher Aufgaben mit Rechtspersönlichkeit (Abs. 2)		99–133
	A.	Gründe, Trägerschaft und Vertretungsbefugnis	99–101
	B.	Bundesrecht	102–115
		1. Übersicht	102
		2. Betroffenheit wie eine Privatperson	103
		3. Autonomiebeschwerde	104
		4. Betroffenheit in hoheitlichen Befugnissen bzw. öffentlichen Aufgaben	105–113
		a) Praxisübersicht	105–112
		aa) Im Allgemeinen	105–109
		bb) Insbesondere zur Beschwerdebefugnis des Kantons gegenüber Entscheiden der kantonal letztinstanzlichen Behörde	110–112
		b) Zusammenfassung	113
		5. Hinweis: Rückweisungsentscheide	114
		6. Zur Rüge der Verletzung von Verfahrensrechten	115
	C.	Rechtslage im Kanton Zürich	116–127
		1. Entwicklung und gesetzliche Regelung	116
		2. Insbesondere: Betroffen wie eine Privatperson (Abs. 2 lit. a)	117
		3. Insbesondere zur Autonomiebeschwerde (Abs. 2 lit. b)	118–121
		4. Insbesondere zur Verletzung schutzwürdiger Interessen bei der Erfüllung gesetzlicher Aufgaben (Abs. 2 lit. c)	122–132
		a) Zur Auslegung	122–126
		b) Zur Praxis im Einzelnen	127–132
		5. Legitimation des Kantons	133
IV.	Rekurs- und Beschwerdebefugnis zur Vertretung öffentlicher Interessen		134–172
	A.	Im Allgemeinen	134–136
	B.	Beschwerdebefugnis von Gemeinwesen oder Behörden	137–150
		1. Bezeichnung und Trägerschaft	137–138
		2. Bundesrecht	139–148
		a) Beschwerderecht der Bundesbehörden	139–145
		b) Beschwerderecht von Kantonen und Gemeinden	146–148
		3. Kantonales Recht	149–150
	C.	Ideelle Verbandsbeschwerde	151–172
		1. Bundesrecht	151–163
		2. Kantonales Recht	164–172

I. Grundlagen

A. Zweck und Konzeption

1 § 21 ist eine der Schlüsselbestimmungen des Gesetzes. Er vermittelt den Zugang zu Rekurs und Beschwerde (Letzteres aufgrund der Verweisung in § 49). Sein **Zweck** ist einer-

seits, die materielle Überprüfung eines staatlichen Akts denjenigen Personen zugänglich zu machen, die von diesem Akt betroffen sind, und anderseits die Popularbeschwerde zu verhindern. Er weist insofern einen engen Zusammenhang zu § 19 auf, als sich Anfechtungsobjekt und Legitimation beide nach dem Rechtsschutzinteresse bestimmen (vgl. auch Vorbem. zu §§ 4–31 N. 26).

In der ursprünglichen Fassung lautete § 21: «Zum Rekurs ist berechtigt, wer durch eine Anordnung in seinen Rechten betroffen wird.» Mit der *VRG-Revision von 1997* erfolgte der generelle Wechsel zu einer rein **prozessual verstandenen, an der Betroffenheit orientierten Rechtsmittellegitimation,** wie sie schon zuvor teilweise vom Bundesrecht verlangt worden war[1]. Zugleich wurde § 21 um eine lit. b ergänzt, welche die Rekurs- und Beschwerdelegitimation der Gemeinden, der übrigen öffentlichrechtlichen Körperschaften und der öffentlichrechtlichen Anstalten ausdrücklich erwähnte[2].

B. Die Neufassung von § 21 in der VRG-Revision von 2010 namentlich in ihrem Verhältnis zum Bundesrecht

Hauptsächlicher **Anlass** zur VRG-Revision von 2010 war die Notwendigkeit einer **Anpassung des kantonalen Rechts an die totalrevidierten Bestimmungen über die Bundesrechtspflege.** Art. 89 Abs. 1 BGG führt für die *Beschwerde in öffentlichrechtlichen Angelegenheiten* grundsätzlich die Regelung weiter, die der frühere Art. 103 lit. a OG für die Verwaltungsgerichtsbeschwerde vorsah. Art. 89 Abs. 2 BGG enthält die besonderen Beschwerderechte der Behörden und Gemeinwesen (lit. a–c) und einen Vorbehalt zugunsten der Spezialgesetzgebung (lit. d); Art. 89 Abs. 3 BGG regelt die Legitimation in Stimmrechtssachen. Art. 115 BGG knüpft für die *subsidiäre Verfassungsbeschwerde* an die Praxis zur früheren staatsrechtlichen Beschwerde an und lässt das Beschwerderecht vom Vorliegen eines rechtlich geschützten Interesses abhängen. Die Legitimationsvorschriften des BGG sind auch *im kantonalen Verfahren zu beachten*: Art. 111 BGG kodifiziert den Grundsatz der Verfahrenseinheit und sieht namentlich in Abs. 1 vor, dass die zur Beschwerde an das Bundesgericht Berechtigten sich am Verfahren vor allen kantonalen Vorinstanzen als Partei beteiligen können. Art. 111 Abs. 1 BGG ist als Minimalanforderung zu begreifen[3], deren Gehalt sich im Einzelnen danach bestimmt, mit welcher Beschwerde das Bundesgericht angerufen werden kann (vgl. Art. 89, Art. 76, Art. 81 bzw. Art. 115 und 117 BGG)[4]. Das BGG erweitert damit den Anwendungsbereich des «gemeineidgenössischen Verwaltungsverfahrensrechts»[5]. Irrelevant ist, ob sich eine Anordnung auf Verwaltungsrecht des Bundes oder des Kantons stützt.

---

[1] Ausführlich zur früheren Konzeption und zur geschichtlichen Entwicklung: 1. Aufl., N. 1 ff.; 2. Aufl., N. 1 ff.

[2] Weisung 1995, S. 1532.

[3] BGE 138 II 162, E. 2.1.1 (Pra 2012 Nr. 108); EHRENZELLER, in: Basler Kommentar BGG, Art. 110 N. 6 f., Art. 111 N. 4 ff.

[4] Im Anwendungsbereich der subsidiären Verfassungsbeschwerde könnte sich allerdings eine weitere Legitimation, als sie Art. 115 BGG vorsieht, aus der Rechtsweggarantie (Art. 29a BV) ergeben; vgl. HÄNER, Die Beteiligten, N. 645 ff., m.w.H., besonders 647.

[5] Z.B. EHRENZELLER, in: Basler Kommentar BGG, Art. 110 N. 6.

4   Die Bestimmung des VRG über die allgemeine Rechtsmittelbefugnis *Privater* (§ 21 lit. a in der Fassung von 1997; § 21 Abs. 1 in der Fassung von 2010) entspricht sinngemäss der Regelung für die Beschwerde in öffentlichrechtlichen Angelegenheiten an das Bundesgericht. Bei der VRG-Revision von 2010 war ihre unveränderte Beibehaltung nicht umstritten. Dagegen wurde die Rechtsmittellegitimation der *Gemeinden und der anderen Träger öffentlicher Aufgaben mit Rechtspersönlichkeit* im heutigen § 21 Abs. 2 umfassender geregelt als in § 21 lit. b in der Fassung von 1997. Dabei ging es einerseits um eine Anpassung an die bundesrechtlichen Vorgaben und andererseits um eine Präzisierung der Bestimmung anhand der Verwaltungsgerichtspraxis[6]. Die Regelung der Legitimation in *Stimmrechtssachen* wurde in das VRG überführt und im neuen § 21a verankert (vgl. § 21a N. 1). Schliesslich wurde in die Bestimmungen über das Beschwerdeverfahren vor Verwaltungsgericht eine ausdrückliche Verweisung (§ 49) auf die §§ 21 und 21a aufgenommen, nachdem sich zuvor die Anwendbarkeit von § 21 im Beschwerdeverfahren aus der allgemeinen Verweisung von § 70 ergeben hatte.

5   Aufgrund des Vereitelungsverbots und des Grundsatzes der Verfahrenseinheit (dazu Vorbem. zu §§ 19–28a N. 43) sind dem jeweils anwendbaren Bundesrecht auch dann Minimalanforderungen an die Legitimation vor kantonalen Behörden zu entnehmen, wenn ein **ordentliches Rechtsmittel an eine andere Bundesbehörde** – etwa an das Bundesverwaltungsgericht oder den Bundesrat – gegeben ist (vgl. Art. 33 lit. i VGG; Art. 73 lit. c VwVG)[7].

C. Begrifflichkeit

6   Die Begriffe des *Rekurs- und des Beschwerderechts*, der *Rechtsmittelbefugnis* (bzw. der Rekurs- oder Beschwerdebefugnis) sowie der *Rechtsmittellegitimation* (bzw. der Rekurs- und der Beschwerdelegitimation) oder einfach der *Legitimation* werden im Allgemeinen – und auch hier – synonym verwendet. Das VRG spricht von «Rekurs-» und «Beschwerdeberechtigung» (Marginalien zu §§ 21 f. und 49), das PBG von der «Rekurs- und Beschwerdelegitimation» (Marginale zu § 338a PBG).

D. Prozessuale Natur der Legitimation

7   Im **Klageverfahren** ist die *Sachlegitimation* von der *Prozessführungsbefugnis* zu unterscheiden. Die Unterscheidung entstammt dem Zivilprozessrecht. Die Sachlegitimation ist eine Frage des materiellen Rechts: Das Zivilgericht klärt bei der Prüfung einer Klage ab, wer im eigenen Namen einen Anspruch gegen eine bestimmte andere Person geltend machen darf – welches also die Subjekte eines bestimmten zivilrechtlichen Rechtsverhältnisses sind[8]. Im anschliessenden Rechtsmittelverfahren ist die *Rechtsmittellegitimation* oder *Beschwer* dagegen eine Sachurteilsvoraussetzung; sie kommt jener Partei des vorausgehenden Verfahrens zu, die ein ausreichendes Interesse am Rechtsmittel geltend machen kann. Im öffentlichrechtlichen **Anfechtungsverfahren** ist die Legitimation eine

---

[6]   Vgl. Weisung 2009, S. 961 ff.
[7]   Zu Art. 48 VwVG: Bundesrat, 30.6.1982, E. 2 (VPB 1982 Nr. 55); BGE 108 Ib 245, E. 2d; RB 1991 Nr. 4, E. 1a; TSCHANNEN, in: Kommentar VwVG, Art. 1 N. 27.
[8]   Z.B. ZINGG, in: Berner Kommentar ZPO, Art. 59 N. 60; vgl. GULDENER, Zivilprozessrecht, S. 139 ff.

rein prozessuale Frage und entspricht insofern der zivilprozessualen Rechtsmittellegitimation[9]. Sie zählt zu den *Prozessvoraussetzungen;* fehlt sie, wird das Verfahren durch Nichteintreten erledigt. Dennoch kann es bei der Prüfung der Legitimation zur summarischen Vorwegnahme materieller Erwägungen kommen[10].

Dies gilt namentlich für die sogenannten **doppelrelevanten Sachverhalte**. Die Praxis hat diese Kategorie in jüngerer Zeit aus dem Zivilprozessrecht in das Verwaltungsprozessrecht übernommen, wo sie sowohl im Klage- als auch im Anfechtungsverfahren verwendet wird. Es handelt sich um Tatsachen, die Gegenstand der materiellen Beurteilung sind, aber auch vorfrageweise für die Eintretensvoraussetzungen – etwa die Legitimation – Bedeutung haben[11]. Sie können sowohl im Rahmen des Eintretens als auch im Rahmen der materiellen Beurteilung geprüft werden. Im Gegensatz zum Klageverfahren ist im Anfechtungsverfahren grundsätzlich nicht bedeutsam, ob die Sache als Eintretensfrage oder als materielle Frage beurteilt wird; wesentlich ist nur, dass die Prüfung überhaupt erfolgt, damit der materielle Anspruch nicht vereitelt wird (vgl. auch N. 39)[12].

II. Allgemeine Rekurs- und Beschwerdelegitimation Privater (Abs. 1)

A. Kategorien von Beschwerdeberechtigten

Es können zwei Kategorien von Rechtsmittelberechtigten unterschieden werden. Zum einen handelt es sich um die *Verfügungsadressatinnen und -adressaten* (auch: materielle Adressaten; vgl. N. 41 ff.), deren Rechte und Pflichten in der angefochtenen Verfügung geregelt werden, zum andern um *Drittbetroffene* (vgl. N. 53 ff.)[13]. Bei den rechtsmittelbefugten Dritten handelt es sich um Personen, die in der Regel ebenfalls direkt von der Verfügung betroffen sind[14]. Allerdings werden ihre Rechte und Pflichten nicht in der Verfügung geregelt, sondern diese greift auf andere Weise in ihre Rechte oder Interessen ein.

---

[9] Zum Ganzen: GYGI, Bundesverwaltungsrechtspflege, S. 149 f.
[10] So BGE 121 II 176, E. 3a.
[11] Vgl. BGE 137 II 313, E. 3.3.3, als Beispiel: Sowohl die Legitimation der Beschwerdeführerinnen als auch die Zulässigkeit des gewählten Vergabeverfahrens hing davon ab, ob der Gegenstand der Submission rechtmässig umschrieben worden war.
[12] Zum Ganzen: BGE 137 II 313, E. 3.3.3; 135 V 373, E. 3.2; BVGr, Urteil C-2927/2007 vom 23.2.2009, E. 3.7; KÖLZ/HÄNER/BERTSCHI, Verwaltungsverfahren, N. 43.
[13] WALDMANN, in: Basler Kommentar BGG, Art. 89 N. 18 und 19. Zur Abgrenzung zwischen «primären» und «sekundären» Adressaten vgl. HÄNER, Die Beteiligten, N. 538, m.H., 709 f.
[14] Die Unterscheidung zwischen direkter bzw. indirekter und unmittelbarer bzw. mittelbarer Betroffenheit (HÄNER, Die Beteiligten, N. 587 f.) wird hier nicht übernommen.

B. Elemente des Legitimationsbegriffs im Einzelnen

1. Materielle Beschwer

a) Berührtsein und schutzwürdiges Interesse

aa) Elemente

10 § 21 Abs. 1 nennt als **Legitimationsvoraussetzungen** das Berührtsein und die Betroffenheit in schutzwürdigen Interessen, die der sogenannten *materiellen Beschwer* zuzuordnen sind. Art. 89 Abs. 1 BGG erwähnt zudem in lit. a die Voraussetzung der *formellen Beschwer* (dazu N. 29 ff.).

11 Mit der Totalrevision der Bundesrechtspflege hat sich eine **Abweichung im Wortlaut** zwischen § 21 Abs. 1 und der entsprechenden Bestimmung des Bundesrechts ergeben, weil Art. 89 Abs. 1 lit. b BGG – im Gegensatz zum früheren Art. 103 lit. a OG – verlangt, dass die beschwerdeführende Person nicht nur «berührt», sondern «besonders berührt» ist. Der Bundesgesetzgeber wollte damit eine restriktivere Legitimationspraxis bei Drittbeschwerden erreichen[15]. Der kantonale Gesetzgeber übernahm in § 21 Abs. 1 den früheren § 21 lit. a in unveränderter Form, ohne dass die neu entstandene Differenz zum Bundesrecht thematisiert worden wäre[16]. Die Entstehungsgeschichte von § 21 Abs. 1 lässt somit offen, ob die vom Bundesgesetzgeber angestrebte Verschärfung auf kantonaler Ebene zu übernehmen wäre. Die Frage scheint sich in der Praxis allerdings nicht zu stellen: Das *Bundesgericht* fasst die Änderung im Wortlaut als Zeichen auf, dass eine von ihm bereits zuvor eingeleitete Verschärfung der Legitimationspraxis insbesondere bei Drittbeschwerden weiterzuverfolgen sei[17]. Eine merkliche, generelle Kurskorrektur hin zu einer restriktiveren Haltung ist jedoch nicht auszumachen[18]; grundsätzlich führt und entwickelt das Bundesgericht seine Praxis zum früheren Art. 103 lit. a OG weiter[19]. Das *Verwaltungsgericht* hat sich dafür ausgesprochen, § 21 Abs. 1 entsprechend der Praxis zu Art. 89 Abs. 1 lit. b und c BGG auszulegen[20]. Dies erscheint im Sinn der Rechtseinheit angebracht; der Unterschied im Wortlaut und seine Entstehungsgeschichte würden es allerdings zulassen, an besonderen, etablierten kantonalen Rechtsprechungslinien festzuhalten, sofern sie die Legitimation weiter fassen als das Bundesgericht.

12 Nach der **ursprünglichen Konzeption des Bundesgesetzgebers** sollte die Regelung der materiellen Beschwer im damaligen Art. 103 lit. a OG zur Verwaltungsgerichtsbeschwerde und im ursprünglichen Art. 48 lit. a VwVG[21] (Art. 48 Abs. 1 VwVG in der Fassung vom 17. Juni 2005) *drei kumulative Voraussetzungen* enthalten: erstens eine besonders nahe Beziehung der beschwerdeführenden Person zur angefochtenen Verfügung (das «Berührtsein»), zweitens ein aktuelles Interesse an der Aufhebung oder Änderung der Verfügung und drittens die Behauptung eines schutzwürdigen Interesses. Praxis und

---

[15] Vgl. Botschaft Bundesrechtspflege, S. 4329; BGE 137 II 40, E. 2.3; 135 II 145, E. 6.1.
[16] Weisung 2009, S. 961; Prot. KR 2007–2011, S. 10240.
[17] BGE 133 II 468, E. 1 (Pra 2008 Nr. 88) mit zahlreichen Hinweisen auf die Lehre.
[18] KÖLZ/HÄNER/BERTSCHI, Verwaltungsverfahren, N. 938.
[19] Vgl. BGE 136 II 281, E. 2.1 f.
[20] VGr, 24.2.2010, VB.2009.00423, E. 7.2.2.
[21] AS 1969, 737, 749.

Lehre *setzten* in der Folge jedoch häufig *die Kriterien des Berührtseins und des schutzwürdigen Interesses gleich*. Im Gegensatz zum früheren Art. 103 lit. a OG trennt zwar Art. 89 Abs. 1 lit. b und c BGG die beiden Begriffe deutlich voneinander. Doch besteht Einigkeit in Praxis und Lehre, dass die beiden Voraussetzungen eng miteinander zusammenhängen und nicht als selbständige Kriterien aufzufassen sind[22].

Nach einer **Standardformulierung des Bundesgerichts** setzt die materielle Beschwer voraus, dass die betreffende Person «über eine spezifische Beziehungsnähe zur Streitsache verfügt und einen praktischen Nutzen aus der Aufhebung oder Änderung des angefochtenen Entscheids zieht. [...] Ein schutzwürdiges Interesse liegt vor, wenn die tatsächliche oder rechtliche Situation der Beschwerdeführerin durch den Ausgang des Verfahrens beeinflusst werden kann»[23]. Grundsätzlich können die im Folgenden aufgezählten **Elemente der materiellen Beschwer** unterschieden werden, die zwar kumulativ gegeben sein müssen, sich allerdings aufgrund ihrer inneren Zusammenhänge nicht vollständig auseinanderhalten lassen: *Besondere Beziehung zur Streitsache, praktisches Interesse, eigenes Interesse, unmittelbares Interesse* (sowie das *aktuelle Interesse,* das allerdings teilweise nicht der materiellen Beschwer zugerechnet wird). Anhand dieser Elemente werden Fallgruppen gebildet, die für die Beurteilung der Legitimation zentral sind[24]. Die Grenzen zur verpönten Popularbeschwerde werden je nach Sachgebiet und unter Einbezug praktischer Gesichtspunkte, also auch ergebnisorientiert, gezogen[25].

13

Dem Erfordernis des Berührtseins kann die von der Praxis entwickelte Anforderung zugeordnet werden, dass die rekurrierende Person **stärker als beliebige Dritte oder die Allgemeinheit betroffen** sein und **in einer besonderen, beachtenswerten, nahen Beziehung zum Streitgegenstand stehen** muss[26]. Während die besondere, beachtenswerte, nahe Beziehung bei den Verfügungsadressaten stets gegeben ist, scheitern Drittbeschwerden häufig daran. Die Voraussetzung, dass die Betroffenheit *stärker als jene der Allgemeinheit* sein muss, ist *fragwürdig*, weil sie die Intensität des Betroffenseins von der Anzahl Betroffener abhängig macht. Dies bedeutet, dass die Betroffenen bei gleicher Intensität des Berührtseins in Fällen mit wenig Betroffenen bejaht, in Fällen mit grosser Breitenwirkung verneint wird, was eine rechtsungleiche Handhabung der Legitimationsvoraussetzungen darstellt. Sie mag zwar im Regelfall aussagekräftig sein, ist aber bei Beschwerden gegen Grossprojekte nicht tauglich[27]. So geht denn auch die Praxis davon aus, dass bei grossflächigen Immissionen ein sehr weiter Kreis Betroffener rechtsmittellegitimiert sein kann, besonders in dicht besiedelten Gebieten[28]. Sodann darf laut dem Bundesge-

14

---

[22] Z.B. (mit unterschiedlichen Nuancen) BGE 136 II 281, E. 2.2; KIENER/RÜTSCHE/KUHN, Öffentliches Verfahrensrecht, N. 1342; WALDMANN, in: Basler Kommentar BGG, Art. 89 N. 10.
[23] Z.B. BGE 137 II 30, E. 2.2.2; vgl. auch BGE 139 II 279, E. 2.2; 138 V 292, E. 3.
[24] GYGI, Beschwerderecht, S. 12; MERKER, Rechtsmittel, § 38 N. 149.
[25] Vgl. BGr, 2.2.2011, 2C_762/2010, E. 4.4 (mit einer Praxisübersicht in E. 4.3); BGE 139 II 279, E. 2.3; 123 II 376, E. 5b bb; 113 Ib 363, E. 3c; KÖLZ/HÄNER/BERTSCHI, Verwaltungsverfahren, N. 947.
[26] BGE 139 II 279, E. 2.3, wo das Kriterium spezifisch dem Berührtsein zugeordnet wird; vgl. z.B. auch BGE 135 II 145, E. 6.1; 131 II 587, E. 2.1.
[27] Vgl. zum Ganzen BERTSCHI, Beschwerdebefugnis, S. 10; HÄNER, Die Beteiligten, N. 690, 876 Fn. 2153; KÖLZ/HÄNER/BERTSCHI, Verwaltungsverfahren, N. 953.
[28] BGE 136 II 281, E. 2.3.1, mit Bezug auf Flug- oder Schiesslärm.

richt der Perimeter der Beschwerdeberechtigung bei neuen Technologien mit schwer abschätzbaren Gefahren nicht zu eng gezogen werden[29].

15 Die materielle Beschwer setzt sodann voraus, dass das erfolgreiche Rechtsmittel der rekurrierenden oder beschwerdeführenden Person einen **praktischen Nutzen** eintragen würde bzw. dass es einen *ideellen, materiellen, wirtschaftlichen oder anderweitigen Nachteil* abwenden würde, den der negative Entscheid zur Folge hätte[30]. Unter Umständen genügt die *Abwehr einer Gefährdung* oder die *Erhöhung der Chancen*, das angestrebte Ziel zu erreichen (vgl. N. 42, 65). Könnte jedoch die geltend gemachte Beeinträchtigung selbst durch die Gutheissung des Rechtsmittels nicht abgewendet werden, ist das schutzwürdige Interesse zu verneinen. Entsprechend sind Rügen nicht zuzulassen, wenn ihre Gutheissung den Beschwerdeführenden nicht den erwünschten praktischen Nutzen verschaffen kann (zum Musterbeispiel vgl. N. 59 f.).

16 Weiter ist vorauszusetzen, dass die rekurrierende Person einen **eigenen, persönlichen** praktischen Nutzen an der Rechtsmittelerhebung dartun kann. Die Wahrnehmung der Interessen Dritter oder öffentlicher Interessen genügt nicht[31].

17 Sodann muss sich der angestrebte Nutzen für die rekurrierende Person **unmittelbar** durch die Korrektur der angefochtenen Anordnung ergeben. Dieses Erfordernis darf nicht so verstanden werden, als ob eine «Reflexwirkung» nicht genügen würde; damit würde die Legitimation Drittbetroffener häufig gerade ausgeschlossen. Es geht hier vielmehr um die Frage, ob eine Gutheissung des Rechtsmittels für sich allein überhaupt ausreicht, um den von der rekurrierenden Person gewünschten Erfolg zu zeitigen. Die Frage stellt sich vor allem, wenn Dritte eine den Adressaten belastende Verfügung anfechten. Laut Praxis und Lehre muss sich der geltend gemachte Nachteil unmittelbar für die anfechtende Drittperson ergeben; er darf *nicht bloss eine Folge des dem Adressaten durch die Verfügung gebotenen Handelns* sein. Massgebend ist daher, ob die Drittperson einen für sie günstigen Entscheid gegenüber dem Adressaten überhaupt durchsetzen könnte (vgl. dazu N. 78 ff., mit Beispielen). Die unmittelbare Betroffenheit ist auch zu verneinen, wenn sich der allfällige Nachteil für die rekurrierende Person erst aus einer weiteren Anordnung ergäbe, für welche die angefochtene Anordnung nicht bindend wirkt[32].

bb) Verhältnis zu Beschwerdegründen, Rügen und Beweggründen

18 Die Kriterien der materiellen Beschwer hängen weder mit dem geltend gemachten **Beschwerdegrund** noch mit den vorgebrachten **Rügen** zusammen. Ob die materielle Beschwer vorliegt, ist nicht mit Bezug auf jede einzelne Rüge gesondert zu prüfen; vielmehr kann eine zur Rechtsmittelerhebung befugte Person sämtliche Rügen vorbringen, die nach der anwendbaren Verfahrensordnung zulässig sind, sofern sie bei Gutheissung

---

[29] BGE 129 II 286, E. 4.3.2, zu einem Freisetzungsversuch mit gentechnisch verändertem Weizen.
[30] Z.B. BGr, 29.8.2011, 1C_270/2011, E. 3.2; BGE 131 V 362, E. 2.1; vgl. (auch zum Folgenden) BERTSCHI, Beschwerdebefugnis, S. 9. Der praktische Nutzen wird teils auch in einem Zug mit dem aktuellen Interesse (dazu N. 24 ff.) genannt; vgl. KIENER/RÜTSCHE/KUHN, Öffentliches Verfahrensrecht, N. 1354 ff.; BGE 135 II 430, E. 2.2.
[31] Z.B. BGE 131 II 587, E. 3; VGr, 23.8.2012, VB.2012.00342, E. 3.2.
[32] VGr, 17.12.2008, VB.2007.00398, E. 3.3; vgl. auch BGE 108 Ib 376 sowie N. 61.

des Rechtsmittels der rekurrierenden bzw. beschwerdeführenden Person den angestrebten praktischen Nutzen verschaffen können (vgl. N. 15).

Unter der genannten Voraussetzung dürfen **alle Argumente und Rechtssätze,** die im Ergebnis zur Gutheissung des Antrags führen können, angeführt werden[33]. Anders als das «rechtlich geschützte Interesse», das noch bei der subsidiären Verfassungsbeschwerde ans Bundesgericht gegeben sein muss, setzt das schutzwürdige Interesse nicht voraus, dass die Verletzung einer Norm geltend gemacht wird, die auch den Schutz der beschwerdeführenden Person bezweckt[34]; auf den *Normzweck* muss allerdings immerhin dann abgestellt werden, wenn kein anderes Interesse als dasjenige an der Vermeidung einer bestimmten Normverletzung geltend gemacht wird oder ersichtlich ist[35].

Praxis und Lehre verwenden oft die Formulierung, das Interesse könne **rechtlicher oder tatsächlicher Natur** sein bzw. es genüge, wenn der angestrebte Entscheid die rechtliche oder tatsächliche Situation der betreffenden Person (günstig) beeinflusse. Der Begriff des tatsächlichen Interesses ist allerdings insofern missverständlich, als *nicht jedes beliebige Interesse* anerkannt wird. Wie bereits das Wort «schutzwürdig» anzeigt, unterliegt das geltend gemachte Interesse einer Wertung durch die entscheidende Behörde: Vorausgesetzt wird ein Interesse, «das vom geltenden Recht geschützt oder im Lichte der dominierenden Grundsätze unserer Rechtsordnung schützenswert ist»[36] bzw. «das vom Richter berücksichtigt zu werden verdient»[37]. Ob ein «tatsächliches» Interesse vorliegt, ergibt sich also nicht direkt aus einer Tatsachenfeststellung, sondern aus einer rechtlichen Würdigung. Entsprechend wird über Art und Ausmass des Interesses gemäss einer *objektivierten Betrachtung* entschieden. Ein ideell motiviertes Engagement, eine rein emotionale Bindung oder eine bloss subjektive Empfindlichkeit sind nicht zu berücksichtigen[38]. Allfällige faktische Unannehmlichkeiten, die sich aus dem Einbezug in ein Zivil-, Straf- oder Verwaltungsverfahren oder der Eröffnung eines Verfahrens ergeben, begründen kein schutzwürdiges Interesse[39]. Soweit ein Interesse einzig durch die zweckwidrige Verwendung eines Rechtsinstituts befriedigt werden kann, sollte es ebenfalls nicht als schutzwürdig gelten (für ein Beispiel vgl. N. 47).

Zwischen den **Beweggründen** der rekurrierenden Person und dem geltend gemachten Interesse braucht grundsätzlich ebensowenig ein Zusammenhang zu bestehen wie zwischen dem schutzwürdigen Interesse und dem vorgebrachten Beschwerdegrund[40]. Eine Schranke bildet jedoch die *rechtsmissbräuchliche bzw. zweckwidrige Rechtsmittelerhebung.* Aufgrund des Spannungsverhältnisses zum Rechtsverweigerungsverbot (Art. 29 Abs. 1 BV) und zur Rechtsweggarantie (Art. 29a BV) wird eine solche zu Recht nur mit grosser

---

[33] BGE 137 II 30, E. 2.3; VGr, 13.6.2012, VB.2011.00648 und 681, E. 4.1.1.
[34] Grundlegend: BGE 104 Ib 245, E. 7c; RB 1980 Nr. 7.
[35] BGr, 2.6.2009, 2C_77 und 78/2009, E. 4.4 f. (zu den Begünstigten der Meldepflicht nach Art. 20 BEHG).
[36] Botschaft OG-Revision 1965, S. 1320 f.
[37] BGE 98 Ib 63, E. 2c; so sinngemäss auch BGE 139 II 279, E. 2.3.
[38] Z.B.: BGr, 12.11.2002, 1A.143/2002, E. 2.1.1, und BGE 123 II 376, E. 4a (ideell begründetes Engagement); BGr, 23.6.1997, 1P.134/1997, E. 6c (ZBl 1998, 386 ff.), und VGr, 10.3.2004, VB.2003.00320, E. 1.3 (emotionale Bindung); BGr, 28.3.1995, 1A.98/1994, E. 2c (ZBl 1995, 527 ff.; besondere Empfindlichkeit).
[39] BGE 131 II 587, E. 4.1. Vgl. auch N. 79 sowie § 19 N. 7.
[40] Vgl. VGr, 19.6.2008, VB.2007.00413, E. 4.2.

Zurückhaltung angenommen[41]. Namentlich ist es grundsätzlich nicht rechtsmissbräuchlich, wenn ein Nachbar ein nicht aussichtsloses Rechtsmittel erhebt, um eine Entschädigung durch die Bauherrschaft zu erlangen (vgl. N. 62).

22 Die Praxis verneint das schutzwürdige Interesse sodann gestützt auf den Grundsatz von **Treu und Glauben** (Art. 5 Abs. 3 BV), wenn die Rechtsmittelerhebung treuwidrig oder widersprüchlich erscheint. Weil die Verweigerung des Rechtsschutzes einschneidend ist, sollte dies allerdings nur mit Zurückhaltung angenommen werden. Obwohl die Verfahrensbeteiligten ihr prozessuales Verhalten am Grundsatz von Treu und Glauben auszurichten haben (vgl. Vorbem. zu §§ 19–28a N. 39), sind Private doch nicht generell an ihr früheres Handeln gebunden; als treuwidrig kann ihr Verhalten erst gelten, wenn es schutzwürdiges Vertrauen hervorgerufen hat, das durch die widersprechenden Handlungen enttäuscht wurde. Gemäss diesem Grundsatz verneinte das Bundesgericht, dass die Anfechtung eines Bauprojekts durch eine Nachbarin gegen Treu und Glauben verstosse, weil die Betreffende vorher erfolgreich versucht hatte, in einem gewissen Mass Einfluss auf das Projekt zu nehmen[42]. *Beispiele* für das Nichteintreten auf Rechtsmittel wegen Treuwidrigkeit sind denn auch selten; sie betreffen in der Regel Rekurs- bzw. Beschwerdeführende, die mit der Rechtsmittelerhebung *vertraglichen Pflichten zuwiderhandelten*[43]. Die Missachtung eines im Voraus erklärten – also unwirksamen – Rechtsmittelverzichts fällt nicht darunter (vgl. Vorbem. zu §§ 19–28a N. 59 f.). Wenn die Betroffenheit eigens mit Blick auf die Rechtsmittelerhebung geschaffen wurde, wäre die Legitimation dagegen zu verneinen[44].

cc) Rüge von Verfahrensmängeln

23 Die Legitimationsvoraussetzungen gelten sinngemäss bei der *Rüge von Verfahrensmängeln*. Namentlich setzt diese ebenfalls einen **praktischen Nutzen** voraus: Erwuchs der anfechtenden Person kein Nachteil aus dem gerügten Verfahrensmangel, so ist sie nicht beschwert und folglich zur betreffenden Rüge auch nicht legitimiert; dieser Fall liegt namentlich vor, wenn sie die richtigen Rechtsvorkehren ergriff, obwohl die Behörde ihre Informationspflichten missachtet hatte[45]. Vorzubehalten sind allerdings Verletzungen von Verfahrensgarantien, denen formelle Natur zugestanden wird, woran die Möglichkeit der «Heilung» nichts ändern sollte. Auf eine formelle Rechtsverweigerung beruft sich auch, wer geltend macht, dass die Vorinstanz zu Unrecht das Vorliegen der Legitimation verneint habe; die Frage der Legitimation im Verfahren vor der Vorinstanz wird dann von

---

[41] Vgl. THOMAS GÄCHTER, Rechtsmissbrauch im öffentlichen Recht, Zürich/Basel/Genf 2005, S. 310 ff., und HÄNER, Die Beteiligten, N. 648 ff., je m.H.; vgl. weiter Art. 42 Abs. 7 BGG und dazu MERZ, in: Basler Kommentar BGG, Art. 42 N. 112 ff.

[42] BGr, 16.11.2000, 1A.130 und 1P.206/2000, E. 3b (gestützt auf Art. 2 ZGB).

[43] VGr, 16.7.2009, VB.2009.00225, E. 2.2; VGr, 8.2.2006, VB.2005.00506, E. 3 (BEZ 2006 Nr. 33; Leitsatz: RB 2006 Nr. 18); VGr, 13.10.2004, VB.2004.00236 und 239, E. 3.2.2 (BEZ 2004 Nr. 67); RB 1981 Nr. 147. Fragwürdig erscheint dagegen der Rückgriff auf Treu und Glauben in VGr, 11.3.2009, VB.2009.00001, E. 2.3.

[44] Vgl. etwa die Umstände in VGr, 30.5.2012, VB.2012.00032, E. 4.2, wo es allerdings bereits an der Betroffenheit fehlte.

[45] Z.B. BGE 114 Ib 112, E. 2a (trotz Fehlen der Rechtsmittelbelehrung wurde das richtige Rechtsmittel ergriffen); VGr, 21.12.2011, VB.2011.00608, E. 1.4 (insoweit durch BGr, 7.9.2012, 1C_86/2012, E. 2.1, geschützt); BGr, 8.3.2011, 1C_440/2010, E. 3.4 (trotz angeblicher mangelhafter Publikation von Bauvorhaben konnten sich die Beschwerdeführenden ordnungsgemäss informieren und die gegebenen Rechtsmittel erheben).

der übergeordneten Instanz im Rahmen der materiellen Prüfung behandelt (Vorbem. zu §§ 19–28a N. 58).

b) Aktuelles Interesse

Bei der Anfechtung von Anordnungen muss das geltend gemachte Interesse grundsätzlich *aktuell* sein, was bedeutet, dass es sowohl im Zeitpunkt der Rechtsmittelerhebung als auch im Zeitpunkt des Entscheids vorliegen muss[46]. Die Voraussetzung des aktuellen Interesses – das weder in Art. 89 Abs. 1 BGG noch in § 21 Abs. 1 ausdrücklich genannt wird – wird teilweise dem schutzwürdigen Interesse zugeordnet, teilweise als eigenständiges Kriterium aufgefasst[47]. Im Ergebnis wirkt sich diese Differenz nicht aus. Bei einer **nachträglichen Änderung des Sachverhalts** sind **zwei gedankliche Schritte** zu unterscheiden: Erstens stellt sich die Frage, ob das aktuelle Interesse weiterhin bestehen bleibt oder ob es dahingefallen ist; nur im letzteren Fall ist zweitens zu prüfen, ob deshalb auch das Rechtsschutzinteresse weggefallen ist oder ob ausnahmsweise auf das Erfordernis des aktuellen Interesses zu verzichten ist. Die Antworten auf beide Fragen hängen stark von den Umständen des Einzelfalls ab[48].

Gemäss der *Standardformulierung* kann **vom Erfordernis des aktuellen Interesses abgesehen** werden, wenn sich die aufgeworfenen Fragen jederzeit unter gleichen oder ähnlichen Umständen wieder stellen könnten, wenn kaum je rechtzeitig eine Prüfung im Einzelfall stattfinden könnte und wenn aufgrund der grundsätzlichen Natur der Fragen ein hinreichendes öffentliches Interesse an der Beantwortung besteht[49]. Das Bundesgericht hat allerdings vereinzelt ein Absehen vom aktuellen Interesse aus *anderen, besonderen Gründen* vorbehalten, wobei offen bleibt, inwieweit damit eine selbständige Ausnahmeregel aufgestellt werden sollte und welchen Gehalt diese hätte[50]. Das Verwaltungsgericht hat in einem Entscheid auch die Rechtsschutzinteressen der Gegenparteien berücksichtigt[51]. Die Legitimation ist jedenfalls nicht gegeben, wenn nur ein Entscheid über eine theoretische Rechtsfrage angestrebt wird[52]. Dass die Rechtmässigkeit einer Anordnung Gegenstand eines allfälligen Straf- oder Staatshaftungsverfahrens werden könnte, begründet nach der Praxis kein Interesse an einem feststellenden Sachentscheid im primären Rechtsmittelverfahren gegen die betreffende Anordnung[53].

---

[46] BGE 137 I 23, E. 1.3.1, m.w.H.
[47] Vgl. WALDMANN, in: Basler Kommentar BGG, Art. 89 N. 10, m.H.
[48] Beispiele für das Weiterbestehen des aktuellen Interesses: BGr, 26.2.2010, 2C_816/2008, E. 2; VGr, 1.4.2009, PB.2008.00050, E. 2; VGr, 19.8.2004, VB.2001.00302, E. 1.1. Beispiele für Weiterbestehen des Rechtsschutzinteresses trotz Wegfallen des aktuellen Interesses: VGr, 14.12.2011, VB.2011.00506, E. 2.1 (Wegweisung); VGr, 3.12.2009, VB.2009.00523, E. 1.2 (Rayonverbot); BGr, 9.2.2012, 2C_660/2011, E. 1.2 (Nichtzulassung zu einem Markt); RB 2007 Nr. 10, E. 1.3 (VB.2007.00335; Feuerwerksverbot).
[49] Z.B. BGE 137 I 23, E. 1.3.1; 131 II 670, E. 1.2; 117 Ia 193, E. 1a; RB 2007 Nr. 10, E. 1.3 (VB.2007.00335). Teils nennt das Bundesgericht als letzte der drei Voraussetzungen einfach die grundsätzliche Bedeutung der aufgeworfenen Frage.
[50] BGE 125 I 394, E. 5f; 118 Ib 1, E. 2b; vgl. SPORI, Vereinbarkeit, S. 152.
[51] VGr, 21.8.2008, VB.2008.00207, E. 1.2 f.
[52] Z.B. BGr, 28.4.2005, 2A.45/2005, E. 2.2; BGE 104 Ia 487, E. 2; VGr, 21.10.2009, VB.2009.00321, E. 1.2 (BEZ 2009 Nr. 54).
[53] Z.B. BGr, 11.3.2011, 2C_596/2010, E. 3.2; VGr, 15.4.2010, VB.2009.00702, E. 3.5; vgl. auch N. 20, 28 und 79. Zur abweichenden Regelung im Submissionsrecht vgl. N. 42.

26 **Fällt das Rechtsschutzinteresse** während der Hängigkeit des Verfahrens **dahin,** wird dieses als *gegenstandslos abgeschrieben*[54]. Eine allfällige Kostenauflage im vorinstanzlichen Entscheid ändert nichts daran, da sie auch bei einer Abschreibung des Verfahrens wegen Gegenstandslosigkeit summarisch überprüft werden kann; vorbehalten bleibt die selbständige Anfechtung der Kostenauflage, also die Rüge, die Kosten seien unabhängig vom Verfahrensausgang zu Unrecht auferlegt worden[55].

27 In den letzten Jahren wurde die Frage aufgeworfen, ob sich das Erfordernis des aktuellen Interesses mit der **Rechtsweg- bzw. Rechtsschutzgarantie** nach Art. 29a BV sowie Art. 6 Ziff. 1 und Art. 13 EMRK vereinbaren lässt[56]. Laut EGMR wird unter Umständen das Recht auf eine wirksame Beschwerde gegen Konventionsverletzungen nach Art. 13 EMRK nicht gewahrt, wenn das Verfahren infolge des Wegfalls des aktuellen Interesses abgeschrieben wird[57]. In der Lehre wird daher zu Recht ein *Anspruch auf einen Feststellungsentscheid* bejaht, sofern ein Entscheid nicht in einem anderen, zumindest gleichwertigen Verfahren verlangt werden kann[58]. Weil dem Feststellungsentscheid Genugtuungswirkung zugeschrieben wird, bleibt insoweit ein aktuelles Interesse bestehen[59].

28 Fraglich ist, inwieweit die Möglichkeit zur Einleitung eines **Staatshaftungsverfahrens** gestattet, ein Rechtsmittel wegen mangelnden aktuellen Interesses abzuschreiben. Der EGMR hält es zumindest mit Bezug auf die Anfechtung von Verfahrenshandlungen im Strafprozess nicht für erwiesen, dass das Staatshaftungsverfahren als wirksame Beschwerde im Sinn von Art. 13 EMRK anerkannt werden könne[60]. Entsprechend bejahte das Bundesgericht das aktuelle praktische Interesse eines aus der Untersuchungshaft Entlassenen an der Haftbeschwerde aufgrund des Gebots des fairen Verfahrens (Art. 29 Abs. 1 BV) und der Prozessökonomie, weil eine Verletzung von Art. 5 Ziff. 3 EMRK offensichtlich war; damit war auch Art. 13 EMRK auf jeden Fall Genüge getan[61]. Jedenfalls kann ein Verfahren nur abgeschrieben werden, wenn das Staatshaftungsverfahren einen gleichwertigen Rechtsschutz bietet. Dies bedeutet, dass im Staatshaftungsverfahren gegebenenfalls auch ein reines Feststellungsbegehren entgegenzunehmen ist[62]. Zudem muss die Widerrechtlichkeit der Anordnung im gleichen Umfang geprüft werden wie

---

[54] Z.B. BGE 136 III 497, E. 2.1; VGr, 21.11.2012, VB.2012.00705, E. 6.
[55] VGr, 22.2.2006, VB.2005.00533, E. 1.2.
[56] BVGE 2009/31 398, E. 5; 2007/12, E. 2.5; SPORI, Vereinbarkeit; vgl. auch KIENER/RÜTSCHE/KUHN, Öffentliches Verfahrensrecht, N. 1359.
[57] EGMR, 16.12.1997, 21353/93, CEDH 1997-VIII (Camenzind / Schweiz), Ziff. 51 ff.; dazu SPORI, Vereinbarkeit, S. 149. Vgl. auch BGE 136 I 274, E. 1.3.
[58] KIENER/RÜTSCHE/KUHN, Öffentliches Verfahrensrecht, N. 1359 (ohne Erwähnung der einschränkenden Voraussetzung); SPORI, Vereinbarkeit, S. 152. So sinngemäss auch VGr, 21.11.2012, VB.2012.00705, E. 4 (Verneinung des Feststellungsinteresses wegen der Möglichkeit eines Leistungsbegehrens).
[59] So die neuere Praxis zur Rechtsverweigerungs- und Rechtsverzögerungsbeschwerde (dazu § 19 N. 52): VGr, 26.10.2011, VB.2011.00283, E. 2.1, m.w.H.; vgl. auch BGE 129 V 411, E. 1.3. Gl.M. KIENER/RÜTSCHE/KUHN, Öffentliches Verfahrensrecht, N. 1359.
[60] EGMR, 16.12.1997, 21353/93, CEDH 1997-VIII (Camenzind / Schweiz), Ziff. 52 und 56.
[61] BGE 136 I 274, E. 1.3. Anders für die Beschwerde gegen die damalige fürsorgerische Freiheitsentziehung nach Art. 397a ff. ZGB in der bis 31. Dezember 2012 geltenden Fassung: BGE 136 III 497, E. 2.
[62] Vgl. BGE 125 I 394, E. 5c, zu Art. 5 Ziff. 5 EMRK (wobei dies – entgegen BGr, 7.6.2000, 1P.75/2000, E. 3b – nicht nur im Anwendungsbereich von Art. 5 Ziff. 5 EMRK möglich erscheint); vgl. KÖLZ/HÄNER/BERTSCHI, Verwaltungsverfahren, N. 1971 ff., auch zum Folgenden.

im Hauptverfahren, woraus folgt, dass unter diesen Umständen kein qualifizierter Begriff der Widerrechtlichkeit verwendet werden darf. § 21 Abs. 1 HG, laut dem im Staatshaftungsverfahren die Gesetzmässigkeit formell rechtskräftiger Verfügungen, Entscheide und Urteile nicht überprüft werden darf, kann nicht zur Anwendung kommen, wenn das Rechtsmittelverfahren zuvor unter Hinweis auf das Staatshaftungsverfahren abgeschrieben wurde[63].

2. Formelle Beschwer

Das Erfordernis der *formellen Beschwer* wird in § 21 VRG – anders als in Art. 89 Abs. 1 lit. a BGG und Art. 48 Abs. 1 lit. a VwVG – nicht ausdrücklich festgehalten. Es ist erfüllt, wenn die rechtsuchende Person **im Verfahren vor der Vorinstanz teilgenommen** hat und **mit ihren Anträgen nicht oder nicht vollständig durchgedrungen** ist. Formelle Beschwer liegt auch bei einer Kostenauflage vor. An der Anfechtung allein der Erwägungen eines Entscheids besteht kein schutzwürdiges Interesse. Wer vor einer unteren Instanz unterlegen ist, diesen Entscheid aber hingenommen hat, kann den Rekursentscheid in dieser Sache nicht anfechten, wenn er durch diesen nicht zusätzlich beschwert wird[64]. Dasselbe gilt für Personen, die auf die Anfechtung einer belastenden Anordnung verzichtet haben[65]. Umgekehrt folgt aus der zu Unrecht erfolgten Beteiligung am vorinstanzlichen Verfahren keine Legitimation, ausser im Fall einer (kostenmässigen) Belastung[66] und in Bezug auf das Vorbringen, die Legitimation sei zu Unrecht verneint worden (vgl. Vorbem. zu §§ 19–28 N. 58).

29

Im **Verfahren vor der ersten Rekursinstanz** gelten diese Regeln allerdings nur modifiziert: Eine *unaufgeforderte aktive Teilnahme am erstinstanzlichen Verfahren* (etwa mit Anträgen oder Eingaben) ist weder nach Bundesrecht noch nach kantonalem Recht Voraussetzung der Rechtsmittellegitimation, was namentlich für Dritte, die von der Anordnung belastet werden, von Bedeutung ist[67]. Vorbehalten bleibt der Fall, dass die Betreffenden in genügender Weise – insbesondere unter Hinweis auf die Konsequenzen eines Verzichts auf die Beteiligung – über das Verfahren in Kenntnis gesetzt worden sind[68]. Ist hingegen ein *Einwendungs- oder Einspracheverfahren* vorgesehen, gehört dieses zum ordentlichen Verfahrensgang; so setzen denn auch § 17 Abs. 4 StrG, § 18a Abs. 5 WWG und § 64 Abs. 2 WWG für die Rekurs- und Beschwerdelegitimation die Teilnahme am «Einspracheverfahren» (es handelt sich jeweils um Einwendungsverfahren) voraus. Dasselbe

30

---

[63] Im Ergebnis gl.M. VGr, 15.4.2010, VB.2009.00702, E. 3.5 (vom Bundesgericht geschützt; vgl. BGr, 11.3.2011, 2C_596/2010, E. 3.2); VGr, 3.12.2009, VB.2009.00523, E. 1.2.2.
[64] VGr, 30.6.2011, VB.2010.00492, E. 1.2.2 (nicht publiziert); RB 1975 Nr. 4.
[65] Vgl. z.B. BGE 133 II 181, E. 3.2.1; VGr, 9.4.2008, VB.2008.00032, E. 1; MOSER/BEUSCH/KNEUBÜHLER, Bundesverwaltungsgericht, N. 2.62. Vgl. aber zur Abgrenzung Vorbem. zu §§ 21–21a N. 17.
[66] MERKER, Rechtsmittel, § 38 N. 146.
[67] Vgl. BGr, 18.5.2011, 2C_491/2009, E. 6 (wo offen gelassen wird, ob das Bundesrecht eine derartige Voraussetzung des kantonalen Rechts überhaupt zuliesse); vgl. auch VGr, 24.2.2010, VB.2009.00423, E. 7.2.3. A.M. LEBER, Parteistellung, S. 29. Zum Baubewilligungsverfahren vgl. Vorbem. zu §§ 21–21a N. 36.
[68] Vgl. HÄNER, in: Kommentar VwVG, Art. 48 N. 8 Fn. 24; KÖLZ/HÄNER/BERTSCHI, Verwaltungsverfahren, N. 453, 940.

gilt für gemeindeinterne ordentliche Rechtsmittel, die aus dem Blickwinkel des kantonalen Rechts eine Einsprache darstellen[69].

31 Das Erfordernis der formellen Beschwer muss nicht erfüllt sein, wenn jemand **zu Unrecht und ohne eigenes Verschulden** nicht am vorinstanzlichen Verfahren teilnehmen konnte, etwa weil ihm das Verfahren nicht bekannt war und auch nicht bekannt sein musste, oder wenn ihm zu Unrecht die Parteistellung versagt wurde oder wenn diese erst durch den angefochtenen Entscheid begründet wurde (vgl. Art. 89 Abs. 1 lit. a BGG, Art. 48 Abs. 1 lit. a VwVG)[70].

C. Besonderheiten bei der abstrakten Normenkontrolle

32 Das VRG kennt keine besondere Bestimmung über die Legitimation im Verfahren der abstrakten Normenkontrolle. Es gelten die **speziellen, teils erleichterten Anforderungen,** die das Bundesgericht entwickelt hat[71]. Das Bundesgericht berücksichtigt die unter dem früheren Recht entwickelten Grundsätze heute bei der Anwendung von Art. 89 Abs. 1 BGG, da kantonale Erlasse vor Bundesgericht stets mit Beschwerde in öffentlich-rechtlichen Angelegenheiten anzufechten sind (Art. 82 lit. b BGG). Das Verwaltungsgericht scheint sich direkt auf Art. 89 Abs. 1 in Verbindung mit Art. 111 Abs. 1 BGG abzustützen[72], statt § 21 Abs. 1 entsprechend auszulegen, wobei die Herleitung im Ergebnis keine Rolle spielt. Die Praxis kann ohnehin nicht beim Wortlaut der Bestimmungen ansetzen, da weder § 21 Abs. 1 noch Art. 89 Abs. 1 BGG den wichtigsten Ansatzpunkt der Sonderregelung – das aktuelle Interesse – erwähnen[73].

33 Die wichtigste Besonderheit der Legitimation zur Anfechtung von Erlassen besteht darin, dass keine aktuelle Betroffenheit durch den Erlass vorausgesetzt wird, sondern dass auch eine **virtuelle Betroffenheit** genügt. Gemäss der in jüngerer Zeit verwendeten Standardformulierung des Bundesgerichts ist zur Anfechtung eines Erlasses legitimiert, wer durch diesen «aktuell oder virtuell besonders berührt ist und ein schutzwürdiges Interesse an dessen Änderung oder Aufhebung hat». Dabei genügt für die Annahme eines virtuellen Berührtseins, dass die betreffende Person «von der angefochtenen Regelung früher oder später einmal mit einer minimalen Wahrscheinlichkeit unmittelbar betroffen ist»[74]. Allerdings bezieht sich diese besondere Erleichterung der Legitimationsvoraussetzungen nur auf die *Betroffenheit durch den Inhalt des angefochtenen Erlasses*. Ein *aktuelles Interesse* ist dagegen insoweit erforderlich, als ein geeignetes Anfechtungsobjekt vorliegen muss, dessen Aufhebung der beschwerdeführenden Person den angestrebten Nutzen bringen

---

[69] Vgl. VGr, 4.5.2011, PB.2010.00062, E. 3.1. Vgl. auch die geplante Neuregelung des innerkommunalen Rechtswegs («Neubeurteilung») in §§ 182 f. E-GG; Weisung GG, S. 40 f., 204 f.
[70] WALDMANN, in: Basler Kommentar BGG, Art. 89 N. 9. Als Beispiel für letzteren Fall vgl. BGE 134 I 159, E. 1.1 und 1.3.
[71] Weisung 2009, S. 934 f.; MARTI, Besondere Verfahren, S. 110 f.
[72] Vgl. VGr, 26.6.2012, AN.2012.00001, E. 1.3.1, unter Hinweis auf die Weisung 2009, S. 934 f.
[73] Zur obsolet gewordenen Praxis des Regierungsrats zum Gemeinderekurs (§ 152 GG), die eine aktuelle Betroffenheit verlangte, vgl. MARTI, Besondere Verfahren, S. 110 Fn. 32, m.H.; TRIPPEL, Gemeindebeschwerde, S. 130.
[74] BGE 137 I 77, E. 1.4, m.H.; vgl. auch VGr, 20.9.2012, AN.2012.00003, E. 2.5.1.

muss. Dies bedeutet vor allem, dass der Erlass im Zeitpunkt des Entscheids noch bestehen muss[75].

Das Erfordernis der **unmittelbaren Betroffenheit** muss sich zwar nicht aktuell verwirklichen, wird aber dadurch, dass ein virtuelles Berührtsein genügt, nicht aufgehoben. Die unmittelbare Betroffenheit entsteht dadurch, dass der Erlass auf eine Person direkt anwendbar ist oder werden könnte oder dass die Person zumindest durch auf ihn gestützte potenzielle Rechtsanwendungsakte direkt betroffen werden könnte. Die mittelbare Belastung, die sich für Steuerpflichtige aus einem Gesetz über den innerkantonalen Finanzausgleich ergeben könnte, genügt zum Beispiel nicht für die Begründung der Legitimation[76]. Liegt eine minimale Wahrscheinlichkeit vor, dass die Rekurrierenden bzw. Beschwerdeführenden im genannten Sinn unmittelbar betroffen werden können, so sind nur *geringe Anforderungen an die Substanziierung* der Art und Weise zu stellen, wie sich aus dieser Anwendung ein Nachteil ergeben könnte[77]. Unerheblich ist auch, ob die Rekurrierenden bzw. Beschwerdeführenden durch die Ordnung, die bei einer Aufhebung des angefochtenen Erlasses allenfalls anwendbar würde, schlechter gestellt würden als durch diesen[78]. Die Rekurrierenden müssen aber *persönliche Interessen* vertreten; eine Rechtsmittelerhebung zur Vertretung von Interessen der Allgemeinheit oder von Dritten ist nicht zulässig[79].

34

Eine weitere Besonderheit bei der Anfechtung von Erlassen – insbesondere auch gegenüber der Anfechtung von Allgemeinverfügungen – liegt darin, dass das **besondere Berührtsein** je nach dem Inhalt des angefochtenen Erlasses **im Ergebnis wegfallen** kann. In bestimmten Fällen kann die gesamte Kantonsbevölkerung oder können sogar noch weitere Kreise als aktuell oder virtuell betroffen gelten. So sind gemäss der neueren Praxis alle im jeweiligen Kanton Steuerpflichtigen zur *Anfechtung eines Steuertarifs* (die direkte Einkommens- und Vermögenssteuer betreffend) legitimiert, weil dieser ein unteilbares Ganzes bildet; es ist nicht massgeblich, ob sich ein Vorteil zugunsten anderer Steuerpflichtiger unmittelbar zum Nachteil der Beschwerdeführenden auswirkt[80]. Auch bei Beschwerden gegen die *Untätigkeit des Gesetzgebers* verlangt das Bundesgericht nicht, dass die Beschwerdeführenden stärker betroffen sind als die restliche Kantonsbevölkerung[81]. Weiter können laut Bundesgericht zum Beispiel Erlasse zum Schutz vor Passivrauchen in öffentlichen Räumen zumindest von allen (natürlichen) Personen mit Wohnsitz im jeweiligen Kanton angefochten werden, unabhängig davon, ob die Betreffenden selber rau-

35

---

[75] AEMISEGGER/SCHERRER REBER, in: Basler Kommentar BGG, Art. 82 N. 56; zum Ganzen (auch zum Folgenden) KÖLZ/HÄNER/BERTSCHI, Verwaltungsverfahren, N. 1690 ff.
[76] BGE 135 I 43, E. 1.4.
[77] VGr, 18.4.2011, PB.2010.00026, E. 2.1.2.
[78] BGE 135 I 28, E. 3.4.2; BGr, 13.7.2004, 2P.253/2003, E. 1.2.3.
[79] BGE 136 I 49, E. 2.1.
[80] BGE 136 I 49, E. 2.1 (wo einmal allgemeiner von «Steuererlassen» die Rede ist); so bereits BGE 133 I 206 E. 2.2–2.4 zum früheren Recht.
[81] BGE 137 I 305, E. 2.6.

chen oder nicht[82]. Dagegen ist der Kreis potenziell Betroffener etwa bei Regelungen über Fürsorgeleistungen an Asylsuchende beschränkt[83].

36 Für die **Anfechtung von Erlassen, die Dritte begünstigen,** entwickelte das Bundesgericht mit Bezug auf die frühere staatsrechtliche Beschwerde, bei der ein rechtlich geschütztes Interesse an der Beschwerde vorausgesetzt wurde, die nach dem Leitentscheid benannte «*AVLOCA-Praxis*». Dieser zufolge kann eine Person, die sich nicht auf eine Schutznorm berufen kann, einen solchen Erlass nur anfechten, wenn sie sich in einer vergleichbaren Lage befindet wie die Begünstigten und sich der den Dritten gewährte Vorteil für sie als Nachteil auswirkt, d.h. sofern zwischen der beanstandeten Drittprivilegierung und ihrer eigenen Situation ein relevanter Zusammenhang besteht[84]. Die Lehre erwartet, dass diese Anforderungen bei der Anwendung von Art. 89 Abs. 1 BGG gelockert werden[85]; das Bundesgericht hat die Frage aufgeworfen, aber offen gelassen. Jedenfalls ist die «AVLOCA-Praxis» bei der Anfechtung von Steuertarifen (dazu N. 35) nicht mehr massgebend[86].

D. Anfechtung von Allgemeinverfügungen

37 Bei der Anfechtung von Allgemeinverfügungen richtet sich die Legitimation nach den **Grundsätzen der Anfechtung von Verfügungen** und nicht nach den Regeln über die Anfechtung von Erlassen[87]. Wegen des offenen Adressatenkreises haben auch die Adressaten ihr Berührtsein zu spezifizieren[88]. Es wird zwischen *Spezial- und Normaladressaten* unterschieden. Bei den Ersteren handelt es sich um jene Adressaten, die von der Allgemeinverfügung unmittelbar betroffen sind und etwa wegen ihrer örtlichen Nähe in stärkerem Mass berührt sind als die Normaladressaten, die in der Regel nur gelegentlich oder virtuell betroffen sind. Letztere und *Drittbetroffene* müssen aber zur Beschwerde ebenfalls legitimiert sein, wenn sie einen genügend engen Bezug zur streitigen Allgemeinverfügung dartun[89]. Ein gänzlicher Ausschluss der Normaladressaten und der Dritten, wie ihn das Verwaltungsgericht im Anschluss an Teile der Lehre erwogen hat[90], liesse sich nicht rechtfertigen. Nicht ausreichend ist die virtuelle Betroffenheit (N. 33)[91]; es darf aber nicht

---

[82] BGE 136 I 241, E. 1.2.2 (Pra 2011 Nr. 1); BGr, 5.9.2008, 1C_155, 156 und 181/2008, E. 1.3. Weitere Beispiele: BGr, 17.12.2012, 5C_2/2012, E. 1.2 (Erwachsenenschutz); BGE 136 II 415, E. 1.3 (organisierte Sterbehilfe). Restriktiver bei der egoistischen Verbandsbeschwerde gegen ein Sozialhilfegesetz: BGr, 4.9.2012, 8C_949/2011, E. 2.2.1.
[83] BGE 130 I 82, E. 1.3 f. Zum Ganzen vgl. KÖLZ/HÄNER/BERTSCHI, Verwaltungsverfahren, N. 1694.
[84] BGE 131 I 198, E. 2.6, m.H.; 109 Ia 252 (Pra 1984 Nr. 50; in Sachen AVLOCA und Konsorten).
[85] AEMISEGGER/SCHERRER REBER, in: Basler Kommentar BGG, Art. 82 N. 57 f.
[86] BGE 136 I 49, E. 2.1; 133 I 206, E. 2.2–2.4. Zum Ganzen vgl. KÖLZ/HÄNER/BERTSCHI, Verwaltungsverfahren, N. 1696.
[87] BGr, 26.10.2011, 2C_457/2011, E. 4.2, mit zahlreichen Hinweisen.
[88] Vgl. WALDMANN, in: Basler Kommentar BGG, Art. 89 N. 18c.
[89] So zu Recht BVGE 2008/18 238, E. 2.1; sinngemäss auch BGE 126 II 300, E. 1c; VGr, 13.7.2001, VB.2001.00153, E. 1b–d; WALDMANN, in: Basler Kommentar BGG, Art. 89 N. 18c. Vgl. auch KÖLZ/HÄNER/BERTSCHI, Verwaltungsverfahren, N. 951. – KIENER/RÜTSCHE/KUHN, Öffentliches Verfahrensrecht, N. 1616, befürworten eine Anfechtung im Verfahren der abstrakten Normenkontrolle.
[90] Vgl. VGr, 21.12.2011, VB.2011.00395, E. 2.3.3 und 2.4, m.H.
[91] Insofern ist VGr, 21.12.2011, VB.2011.00395, E. 2.4, zuzustimmen. Gl.M. HÄNER, Die Beteiligten, N. 705; a.M. MERKER, Rechtsmittel, § 38 N. 139, m.H.

übersehen werden, dass es Normaladressaten und auch Dritte geben kann, die mehr als nur virtuell betroffen sind, was auf Personen zutrifft, auf welche die Allgemeinverfügung regelmässig angewandt würde oder die zum Beispiel den durch sie zugelassenen Immissionen ausgesetzt wären.

E. Nachweis der Legitimation

Das Vorliegen der Prozessvoraussetzungen und damit der Legitimation ist grundsätzlich **von Amtes wegen** festzustellen, was die Rechtsuchenden jedoch nicht davon entbindet, ihre Legitimation zu **substanziieren**[92]. Dies gilt jedenfalls, wenn sie nicht offensichtlich ist. An eine anwaltlich vertretene oder rechtskundige Partei dürfen höhere Anforderungen gestellt werden als an Laien[93]. Doch auch Letztere haben sinngemäss darzulegen, welchen persönlichen, konkreten Nachteil sie mit dem Rechtsmittel abwenden wollen[94]. Die Anforderungen an die Begründung hängen von den Umständen ab. Wenn die legitimationsbegründenden Sachverhaltsumstände nicht offensichtlich sind, sind sie so weit darzutun, dass die Rechtsmittelinstanzen nicht danach zu forschen haben[95]. Diese haben allerdings auch Ausführungen zu berücksichtigen, die mit der materiellen Begründung vermischt sind[96]. Die Substanziierung hat bereits im Verfahren vor der ersten Rechtsmittelinstanz bzw. gegebenenfalls im Einspracheverfahren zu erfolgen[97].

38

Der **Grad des Nachweises** ist unterschiedlich[98]. Für die Rechtsstellung, aus der die Betroffenheit abgeleitet wird (etwa als Eigentümer einer Liegenschaft in der Nachbarschaft des Baugrundstücks), ist zumindest auf Aufforderung hin der volle Nachweis zu erbringen (vgl. N. 68). Im Übrigen geht die Praxis von einem herabgesetzten Beweisgrad aus. Die Anforderungen können bezüglich der einzelnen Fallgruppen und Legitimationselemente variieren, doch wird *in der Regel das Glaubhaftmachen* verlangt[99]. Die blosse Behauptung eines schutzwürdigen Interesses genügt jedenfalls nicht. Doppelrelevante Tatsachen – Sachverhaltselemente, die sowohl Bestandteil der Eintretensprüfung als auch der materiellen Beurteilung bilden – müssen laut Bundesgericht mit einer gewissen Wahrscheinlichkeit geltend gemacht werden[100]. Hier liegt wohl eine nicht hinterfragte Übernahme aus dem Zivilprozessrecht vor[101]; dagegen lässt das Verwaltungsgericht das Glaubhaftmachen genügen, wenn der volle Beweis umfangreiche Abklärungen erfordern

39

---

[92] VGr, 20.5.2009, VB.2008.00533, E. 4.
[93] VGr, 23.8.2012, VB.2012.00342, E. 4.2, m.H.
[94] VGr, 25.2.2010, VB.2009.00654 und 655, E. 4.2.
[95] Z.B. BGE 134 II 120, E. 1; 133 II 400, E. 2.
[96] VGr, 10.7.2008, VB.2008.00051, E. 4.3.
[97] VGr, 10.5.2012, VB.2012.00157, E. 2.4; VGr, 25.2.2010, VB.2009.00654 und 655, E. 4.1.
[98] Zur ursprünglichen Konzeption von alt Art. 103 lit. a OG in der Fassung vom 20. Dezember 1968, auf den § 21 Abs. 1 zurückgeht, vgl. Botschaft OG-Revision 1965, S. 1320 f.; SALADIN, Verwaltungsverfahrensrecht, S. 186.
[99] Vgl. zu Drittbeschwerden gegen Baubewilligungen BGE 136 II 281, E. 2.3; zu Drittbeschwerden wegen der erwarteten Immissionen einer Anlage oder Verkehrsanordnung VGr, 10.7.2008, VB.2008.00051, E. 4.3.
[100] BGE 137 II 313, E. 3.3.3.
[101] KÖLZ/HÄNER/BERTSCHI, Verwaltungsverfahren, N. 943.

und die materielle Beurteilung vorwegnehmen würde[102]. In der Praxis dürften sich diese Unterschiede allerdings kaum auswirken.

40 In der Praxis wird **die Legitimation** nicht selten **offen gelassen,** wenn das Rechtsmittel als materiell unbegründet abzuweisen ist. Dies mag prozessökonomisch sinnvoll sein, wenn der Aufwand für die Prüfung der materiellen Frage deutlich geringer ist als die Abklärung der Legitimation[103]. Doch bestehen Bedenken, so dass nur *mit Zurückhaltung* so vorgegangen werden sollte: Zunächst erscheint grundsätzlich fragwürdig, dass die Behörde statt der ihr vorab aufgegebenen Frage eine andere prüft, die sie bei schrittweisem Vorgehen gegebenenfalls nicht zu beantworten hätte. Sodann wird auf diese Weise unnötigerweise Rechtsunsicherheit in Bezug auf die Prozessvoraussetzungen geschaffen, und schliesslich besteht die Gefahr einer sachfremden Beeinflussung der materiellen Beurteilung. *Unzulässig* ist es, *die Frage der Legitimation nicht zu beantworten* und *das Rechtsmittel gutzuheissen.* Wenn mehrere Personen gemeinsam Beschwerde erhoben haben und die Legitimation zumindest einer Person feststeht, lässt die Praxis jedoch manchmal aus prozessökonomischen Gründen die Legitimation einzelner beschwerdeführender Personen offen, und dies selbst dann, wenn die Beschwerde in der Folge gutgeheissen wird[104]. Es kann jedoch nicht angehen, dass Personen, die allenfalls die Prozessvoraussetzungen gar nicht erfüllen, zu den Obsiegenden gezählt werden. Auch bei gemeinsamen Beschwerden sehr vieler Personen kann den Beschwerdeführenden bzw. ihrer Vertretung zugemutet werden, die Legitimation je einzeln so darzulegen, dass sie für die Rechtsmittelbehörde ohne übermässigen Aufwand nachvollziehbar ist, so wie es auch bei der egoistischen Verbandsbeschwerde gehandhabt wird (N. 98). Ein korrektes Vorgehen ist jedoch bei gemeinsamen Beschwerden grosser Personenkreise, wie sie namentlich zur Abwehr grossflächiger Immissionen erhoben werden, unbestreitbar umständlich. Daher wäre es zu begrüssen, wenn der *Gesetzgeber* eine klare Regelung schaffen würde.

F. Berechtigte im Einzelnen

1. Verfügungsadressatinnen und -adressaten

a) Im Allgemeinen

41 Die Verfügungsadressaten sind **in der Regel ohne weiteres rechtsmittellegitimiert,** soweit sie formell beschwert sind. *Kein Rechtsschutzinteresse* haben jedoch die Adressaten, wenn die Verfügung vollumfänglich ihren Anträgen entspricht, womit ihnen die formelle Beschwer fehlt. Gesondert einzugehen ist sodann auf den Fall, dass eine Person eine sie selber belastende Anordnung beantragt (vgl. N. 47).

---

[102] VGr, 19.11.2008, VB.2008.00417, E. 2.2 (nicht publiziert); VGr, 22.1.2004, VB.2003.00223, E. 3.1.1; VGr, 21.3.2002, VB.2001.00245, E. 3b.
[103] So auch GYGI, Bundesverwaltungsrechtspflege, S. 74, ebenfalls kritisch.
[104] BGE 136 II 281, E. 2.5.4; BVGr, 1.3.2012, A-667/2010, E. 1.2; VGr, 20.5.2009, VB.2008.00326, E. 1.2. Zur Kritik vgl. auch KÖLZ/HÄNER/BERTSCHI, Verwaltungsverfahren, N. 694.

b) Anbietende im Submissions- und Konzessionsverfahren

Bei *öffentlichen Vergabeverfahren* (ausgenommen das freihändige Verfahren) zählen die **ausgeschlossenen oder nicht berücksichtigten Anbietenden** zu den Verfügungsadressaten[105]. Ihre Legitimation wird von den einzelnen kantonalen Verwaltungsgerichten und vom Bundesverwaltungsgericht unterschiedlich beurteilt. Das Zürcher Verwaltungsgericht lässt zur *Anfechtung der Ausschreibung* alle potenziellen Anbietenden zu, die ein Interesse an einer konkreten Beschaffung haben und deren Rechtsstellung durch den gerügten Mangel beeinträchtigt wird[106]. Es bejaht das schutzwürdige Interesse nicht berücksichtigter Anbietender an der *Beschwerde gegen den Vergabeentscheid*, wenn sie bei deren Gutheissung eine realistische Chance haben, mit dem eigenen Angebot zum Zug zu kommen, oder wenn die Gutheissung der Beschwerde zu einer Wiederholung des Submissionsverfahrens führt, in welchem sie ein neues Angebot einreichen können[107]. Mit dem Rückzug der Offerte fällt die Betroffenheit dahin[108]. Der Vertragsabschluss lässt das Rechtsschutzinteresse der nicht berücksichtigten Anbietenden jedoch nicht dahinfallen; es ist vielmehr ein Feststellungsentscheid zu treffen (Art. 18 Abs. 2 IVöB). Wenn eine Vergabe im *freihändigen Verfahren* mit der Begründung angefochten wird, dass eine öffentliche Ausschreibung im offenen oder selektiven Verfahren hätte stattfinden müssen, hängt die Legitimation potenzieller Anbietender davon ab, dass sie in der Lage sind, einen Auftrag der betreffenden Art zu übernehmen, und ein Interesse an dessen Ausführung glaubhaft machen. Wird beanstandet, dass statt des freihändigen Verfahrens ein Einladungsverfahren hätte stattfinden müssen, so ist grundsätzlich legitimiert, wer offensichtlich zum Kreis der für eine Einladung in Frage kommenden Anbietenden zählt und die soeben genannten Anforderungen erfüllt[109]. Heikle Abgrenzungsprobleme stellen sich bei der Frage, unter welchen Voraussetzungen die Rüge erhoben werden kann, die Vergabestelle habe zu Unrecht den Beschaffungsgegenstand so umschrieben, dass das Produkt der beschwerdeführenden Anbietenden nicht in Frage komme[110]. Schliesslich ist darauf hinzuweisen, dass das Bundesverwaltungsgericht – grundsätzlich analog zur Konkurrierendenbeschwerde – die Beschwerdelegitimation bejaht, wenn die Betreffenden einer besonderen wirtschaftsverwaltungsrechtlichen Ordnung unterworfen sind[111].

42

Als Mitglieder einer einfachen Gesellschaft haben die Angehörigen eines **unterlegenen Konsortiums** gemeinsam den Rechtsweg zu beschreiten, sofern die Vergabebehörde den Vertrag mit dem obsiegenden Anbieter noch nicht abgeschlossen hat[112]. Entsprechend trat das Verwaltungsgericht auf eine Beschwerde gegen eine freihändige Vergabe nicht

43

---

[105] Z.B. BVGE 2012/13 252, E. 3.2.3.
[106] VGr, 10.12.2008, VB.2008.00347, E. 3.
[107] VGr, 14.1.2009, VB.2008.00339, E. 2; RB 1999 Nr. 18 (BEZ 1999 Nr. 11). Zu den Differenzen in der Praxis vgl. WOLF, Rechtsschutz, S. 172 f.
[108] VGr, 21.7.2006, VB.2006.00276, E. 2.
[109] RB 2001 Nr. 20, E. 2c (VB.2001.00116 = BEZ 2001 Nr. 55).
[110] Eingehend (jeweils zu Art. 48 Abs. 1 VwVG) BGE 137 II 313, E. 3.3; BVGE 2012/13 252, E. 3.2.
[111] Wobei bei sogenannten marktordnenden Beschaffungen eine Verschiebung der Kräfteverhältnisse im Markt ausnahmsweise ausreichen könne: BVGE 2012/13 252, E. 3.2.4 f.; 2009/17 221, E. 3.3.
[112] Vgl. RB 2000 Nr. 11, E. 3 (BEZ 2000 Nr. 7); BGr, 21.11.2005, 2P.130/2005, E. 2.1; BGE 131 I 153, E. 5.8, 6.1; BVGr, Urteil B-3060/2010 vom 27.8.2010, E. 2.1; BVGE 2008/7 84, E. 2.2.2 (Praxisänderung gegenüber BVGE 2007/13 128, E. 1.4).

ein, die der Beschwerdeführer im eigenen Namen erhoben hatte, obwohl er für die Übernahme eines Auftrags auf eine Arbeitsgemeinschaft angewiesen gewesen wäre[113]. *Begehren um Feststellung der Rechtswidrigkeit und um Schadenersatz* nach dem Vertragsschluss können die Konsortiumsmitglieder dagegen – nach der allerdings umstrittenen Praxis des Bundesgerichts – einzeln vorbringen[114].

44 Bei **Konzessionsvergaben** umschreibt das Verwaltungsgericht den Kreis der Rechtsmittelbefugten *analog*. Hier sind ebenfalls unterlegene Mitbewerbende zur Anfechtung legitimiert, sofern die Gutheissung des Rechtsmittels ihnen eine realistische Chance verschaffen würde, mit ihrem eigenen Angebot zum Zuge zu kommen, oder zur Wiederholung des Verfahrens führen würde, in der sie ein neues Angebot einreichen könnten[115].

c) Bewerberinnen und Bewerber um Stellen im öffentlichen Dienst

45 Nicht berücksichtigte Bewerberinnen und Bewerber um Stellen im öffentlichen Dienst sind nach Art. 5 Abs. 2 in Verbindung mit Art. 13 Abs. 2 GlG zur Geltendmachung eines Entschädigungsanspruchs auf dem Rechtsweg befugt, wenn sie eine *geschlechtsspezifische Diskriminierung* vorbringen[116]. Im Übrigen dürfte heute mehrheitlich bejaht werden, dass Anstellungsverfügungen von den unterlegenen Bewerberinnen und Bewerbern *grundsätzlich angefochten* werden können[117]. Im Kanton Zürich blieb die Frage bisher offen[118]; anscheinend stellte sie sich auch in der Praxis nicht. Mit der wohl überwiegenden Lehre ist ein schutzwürdiges Interesse der nicht berücksichtigten Bewerberinnen und Bewerber – die als Adressatinnen und Adressaten zu betrachten sind – an der Anfechtung der Anstellungsverfügung zu bejahen[119]. Bei vertraglichen Anstellungen ist ein Anspruch der unterlegenen Bewerberinnen und Bewerber auf eine Feststellungsverfügung anzunehmen[120]. In Analogie zu § 27a Abs. 1 (und im Übrigen auch zu Art. 5 Abs. 2 i.V.m. Art. 13 Abs. 2 GlG) können zulässigerweise allerdings nur die *Feststellung der Rechtswidrigkeit* sowie eine *Entschädigung* beantragt werden.

---

[113] VGr, 5.5.2010, VB.2009.00667, E. 2.4.
[114] BGr, 21.11.2005, 2P.130/2005, E. 2.1; BGE 131 I 153, E. 6 (wo allerdings die umgekehrte Lösung als nicht willkürlich bezeichnet wurde). A.M. WOLF, Beschwerde, S. 16; vgl. zum Ganzen auch WOLF, Rechtsschutz, S. 173, m.H.
[115] VGr, 5.5.2010, VB.2009.00575, E. 1.5 (Jagdpacht); VGr, 6.11.2002, VB.2002.00261, E. 3a (Fischereipacht); VGr, 20.6.2002, VB.2001.00404, E. 2b (Plakataushang auf öffentlichem Grund).
[116] Dazu KATHRIN ARIOLI, in: Claudia Kaufmann/Sabine Steiger-Sackmann (Hrsg.), Kommentar zum Gleichstellungsgesetz, 2. Aufl., Basel 2009, Art. 13 N. 44 ff.; MOSER/BEUSCH/KNEUBÜHLER, Bundesverwaltungsgericht, N. 2.81. Vgl. VGr, 8.2.2006, PB.2005.00049, E. 3.
[117] Vgl. BGr, 18.10.2010, 8C_165/2010, E. 1.2 und 2.4. Vgl. auch (unter Beachtung der Besonderheiten des Bundesverwaltungs-, besonders des Bundespersonalrechts) BVGE 2010/53 763, besonders E. 7; kritisiert von PAPPA/JAGGI, Rechtsschutz, besonders S. 812 f. Die Öffnung des Rechtswegs befürworten etwa HÄFELIN/MÜLLER/UHLMANN, Verwaltungsrecht, N. 1554; HÄNER, Die Beteiligten, N. 755 ff.; TOBIAS JAAG, Bemerkungen [zu BVGE 2010/53], AJP 2011, 421 f., 422; MERKER, Rechtsmittel, § 38 N. 158; weitere Hinweise bei MOSER/BEUSCH/KNEUBÜHLER, Bundesverwaltungsgericht, N. 2.81 Fn. 250. Tendenziell ablehnend HÄBERLI, in: Basler Kommentar BGG, Art. 83 N. 173.
[118] Vgl. Weisung 2009, S. 884; KEISER, Personalrecht, S. 212 f.
[119] Vgl. zur Begründung etwa HÄNER, Die Beteiligten, N. 757 ff.
[120] Vgl. sinngemäss BVGE 2010/53 763, E. 7.3.

d) Anfechtung von Prüfungsentscheiden

Bei der Anfechtung von Prüfungsentscheiden ist ein schutzwürdiges Interesse zunächst zu bejahen, wenn statt einer ungenügenden eine genügende *Gesamtqualifikation* angestrebt wird. Werden einzelne Noten einer bereits genügenden Gesamtqualifikation beanstandet, so bejaht das Bundesgericht angesichts der rechtlichen Wirkungen ein rechtlich geschütztes Interesse an der Anfechtung des Gesamtergebnisses, wenn folgende zwei Voraussetzungen kumulativ gegeben sind: Erstens müssen die Noten rein rechnerisch geeignet sein, die Gesamtqualifikation zu beeinflussen, und zweitens muss an die Höhe der angestrebten Gesamtbeurteilung eine bestimmte Rechtsfolge geknüpft sein wie etwa ein besseres Abschlussprädikat oder die Zulassung zur Weiterbildung[121]. Ein schutzwürdiges Interesse an der Anfechtung einer genügenden Gesamtqualifikation sollte darüber hinaus bereits dann anerkannt werden, wenn sich aufgrund der höheren Qualifikation etwa die Chancen bei Stellenbewerbungen, für ein Doktorat oder auf höhere Anfangsentlöhnung merklich erhöhen würden[122]. Weist die Anwaltsprüfungskommission einen Bewerber oder eine Bewerberin ab, besteht wegen der Beeinträchtigung der Stellung auf dem Arbeitsmarkt ein schutzwürdiges Interesse an der Anfechtung, obwohl die Prüfung – allerdings frühestens nach zwei Jahren – erneut abgelegt werden kann[123].

46

e) Anfechtung begünstigender Verfügungen der Strafvollzugsbehörden

Sporadisch sieht sich die Praxis mit Fällen konfrontiert, in denen sich Betroffene *gegen die Beendigung einer Strafvollzugsmassnahme* wehren. Gemäss einem älteren Entscheid des Bundesgerichts ist die betroffene Person insofern zur Anfechtung einer bedingten Entlassung aus dem Strafvollzug legitimiert, als geltend gemacht wird, dass diese aufgrund inakzeptabler Bedingungen nur einer Scheinfreiheit gleichkomme[124]. In jüngerer Zeit liess die Praxis in der Regel offen, ob die in den konkreten Fällen vorgebrachten persönlichen Motive zur Anfechtung der Aufhebung einer stationären Massnahme oder der Entlassung aus dem Strafvollzug legitimierten[125]. Grundsätzlich sollte das *Interesse an der zweckwidrigem Verwendung* eines Rechtsinstituts *nicht als schutzwürdig anerkannt* werden (vgl. N. 20). Soweit die geltend gemachten Anliegen dem Zweck der jeweils beantragten Strafvollzugsmassnahmen nicht entsprechen, können sie daher kein Rechtsschutzinteresse begründen (allenfalls aber einen Anspruch auf die Anordnung anderer geeigneter Massnahmen).

47

---

[121] BGE 136 I 229, E. 2 f.; VGr, 5.12.2012, VB.2012.00513, E. 2 f., wo die Bundesrechtspraxis zum rechtlich geschützten Interesse als Voraussetzung der subsidiären Verfassungsbeschwerde unbesehen auf das schutzwürdige Interesse übertragen wird.

[122] M. AUBERT, Leistungsbeurteilungen, S. 91 f.; PLOTKE, Schulrecht, S. 714 f., m.H. auf die uneinheitliche kantonale Praxis (und mit zu weit gehenden Forderungen). Kritisch RICHLI, Verrechtlichungen, S. 255 ff. Vgl. auch § 19 N. 16.

[123] VGr, 27.8.2008, VB.2008.00098, E. 1; VGr, 2.8.2007, VB.2007.00060, E. 1.3.

[124] BGE 101 Ib 452, E. 1.

[125] BGr, 19.7.2011, 6B_92/2011, E. 2.5 (vgl. auch VGr, 13.12.2010, VB.2010.00625, E. 2), sowie VGr, 17.11.2004, VB.2004.00340, E. 1.2.3, und VGr, 20.2.2003, VB.2003.00056, E. 2 (beide unpubliziert und erwähnt in VGr, 13.12.2010, VB.2010.00625, E. 2.3.1).

2. Anfechtung von Verkehrsanordnungen durch Strassenbenützerinnen und -benützer sowie Anwohnerinnen und Anwohner

48 Verkehrsanordnungen stellen *Allgemeinverfügungen* dar, woraus sich mit Bezug auf die Rechtsmittellegitimation gewisse Besonderheiten ergeben (vgl. N. 37)[126]. Zur **direkten Anfechtung von funktionellen Verkehrsanordnungen** im Sinn von Art. 3 Abs. 4 SVG – zu denen auch Geschwindigkeitsbeschränkungen wie Tempo-30-Zonen gehören, soweit sie durch Signale angeordnet werden – sind jedenfalls die *Eigentümer der betreffenden Strassenparzelle* befugt[127]. Sodann steht die Legitimation allen *Verkehrsteilnehmenden* zu, welche die mit einer Beschränkung belegte Strasse mehr oder weniger regelmässig benützen, was etwa für Anwohner oder Pendler gilt, während bloss gelegentliches Befahren der Strasse nicht genügt[128]. Zusätzlich müssen die Betreffenden allerdings glaubhaft machen, dass das Projekt für sie unter Würdigung der gesamten Umstände *Beeinträchtigungen von einer gewissen Intensität* zur Folge hat. Das Verwaltungsgericht sucht (oder suchte zumindest) insoweit eine restriktivere Legitimationspraxis zu verfolgen[129]. Doch dürfte auch das Bundesgericht diese Voraussetzung anerkennen[130].

49 Die **Anforderungen** an das **Ausmass und die Wahrscheinlichkeit der Beeinträchtigung** sind jedenfalls **nicht hoch**[131]. Zwar stellt gelegentliches Warten hinter einem haltenden Bus keine genügende Beeinträchtigung dar[132]. Doch genügt es laut Bundesgericht, wenn «gewisse Verzögerungen» für den Verkehr nicht auszuschliessen sind oder «eine gewisse Einschränkung» der Verkehrssicherheit für Fussgänger nicht von der Hand zu weisen ist[133]. Angesichts dessen fragt sich, ob die Praxis an restriktiveren Tendenzen in nur wenig älteren Entscheiden vollumfänglich festhalten wird: So ging das Verwaltungsgericht davon aus, dass eine geringfügige Verlängerung der Fahrzeit durch Schaffung einer Tempo-30-Zone keine ausreichende Beeinträchtigung darstelle[134]. Das Bundesgericht setzte für die Legitimation von Anstössern oder Gewerbetreibenden zur Anfechtung von Verkehrsanordnungen voraus, dass die Zufahrt erheblich erschwert wird, weil eine Strasse aufgehoben oder mit einem Fahrverbot belegt werde[135]. Gesondert betrach-

---

[126] Für eine umfassende Sammlung der Praxis vgl. SCHAFFHAUSER, Verkehrsanordnungen, S. 515 ff.
[127] BGr, 3.11.2006, 2A.194/2006, E. 1.2.
[128] Z.B. BGr, 10.12.2012, 1C_160/2012, E. 1.2; BGE 136 II 539, E. 1.1, m.H. Die zusätzliche Voraussetzung, dass die Beschwerdeführenden zwingend auf die Benützung des fraglichen Strassenabschnitts angewiesen sein müssten (VGr, 7.4.2005, VB.2004.00558, E. 2.2.1; offen gelassen: BGr, 6.7.2004, 1A.73/2004, E. 2.3; vgl. WALDMANN, in: Basler Kommentar BGG, Art. 89 N. 18c Fn. 79) scheint aufgegeben bzw. nicht aufgenommen worden zu sein.
[129] Laut ROHNER, Verkehrsanordnungen, S. 209 Fn. 537, sticht «die (frühere) Zürcher Praxis als besonders streng hervor».
[130] Vgl. BGr, 8.4.2011, 1C_43/2011, E. 7; VGr, 23.8.2012, VB.2012.00342, E. 3.3; ARNOLD MARTI, Bemerkungen der Redaktion [zu BGr, 15.12.2010, 1C_317 und 319/2010], ZBl 2011, S. 617 ff. – BGr, 10.12.2012, 1C_160/2012, E. 1.2, und BGE 136 II 539, E. 1.1 (jeweils zur egoistischen Verbandsbeschwerde), erwähnen das Kriterium nicht.
[131] Zur Begründung: ROHNER, Verkehrsanordnungen, S. 195 ff., vgl. auch S. 178 ff.
[132] BGr, 8.4.2011, 1C_43/2011, E. 7; vgl. auch VGr, 23.8.2012, VB.2012.00342, E. 3.3.
[133] BGr, 15.10.2010, 1C_317 und 319/2010, E. 5.4 f. (ZBl 2011, 612 ff.).
[134] VGr, 24.5.2006, VB.2006.00124, E. 2.2; RB 2005 Nr. 9 (VB.2005.00172 = ZBl 2005, 597 ff. = BEZ 2005 Nr. 38).
[135] BGr, 9.11.2007, 2A.70/2007, E. 2.2; BGr, 14.8.2007, 2A.115/2007, E. 3 (vgl. dazu auch sogleich N. 51).

tet werden *Einschränkungen für den Berufsverkehr;* so sind betroffen Angehörige des Transportgewerbes zur Anfechtung eines Fahrverbots für Lastwagen legitimiert, das sie zwingt, längere Strecken zurückzulegen, womit sich wiederum die leistungsabhängige Schwerverkehrsabgabe erhöht[136].

Werden **Beschränkungen des Parkierens** oder die **Aufhebung von Parkplätzen** angefochten, so macht das Bundesgericht die Legitimation davon abhängig, dass die Nutzung einer Liegenschaft verunmöglicht oder erheblich erschwert werde[137]. Das Verwaltungsgericht bejaht die Legitimation Gewerbetreibender, die sich gegen die Aufhebung von Parkplätzen wenden, wenn ein erheblicher Anteil der Kundinnen und Kunden eines Geschäfts tatsächlich mit dem Auto kommt und deren Parkplatzsuche markant erschwert ist[138].

50

Die Legitimation zur Anfechtung von Verkehrsanordnungen ist von der Zulässigkeit der Berufung auf die **Eigentumsgarantie** zu unterscheiden[139]. Das Bundesgericht nimmt aber teils Bezug auf seine frühere Praxis zur staatsrechtlichen Beschwerde, wo das Eintreten von der Berufung auf eine Grundrechtsverletzung abhängig war[140]; insoweit ist eine Klärung der Rechtsprechung angezeigt.

51

Die Praxis zur Anfechtung funktioneller Verkehrsanordungen wird **analog** auf Massnahmen angewandt, die sich vergleichbar auswirken, so etwa auf Entwidmungen von Strassen[141], auf bauliche Verkehrsberuhigungsmassnahmen[142] oder Strassenprojekte (wobei sich die Legitimation zugleich auch aus den Grundsätzen zur Anfechtung von Bauvorhaben durch Nachbarn ergeben kann)[143]. Umgekehrt wird die Praxis zur Anfechtung von Bauprojekten aufgrund von Verkehrsimmissionen (N. 63) auch auf die Anfechtung funktioneller Verkehrsanordnungen angewandt[144].

52

---

[136] BGr, 17.3.2010, 1C_310/2009, E. 1.4.2. Vgl. auch VGr, 4.5.2006, VB.2005.00353, E. 2.
[137] BGr, 9.11.2007, 2A.70/2007, E. 2.2; BGr, 14.8.2007, 2A.115/2007, E. 3 (vgl. dazu auch sogleich N. 51); vgl. auch BGr, 20.4.2010, 1C_380 und 432/2009, E. 3 f.; wohl weniger streng: BGr, 12.10.2006, 2A.329/2006, E. 1.2.
[138] Die Frage der Legitimation wurde in den konkreten Fällen offen gelassen: VGr, 22.9.2011, VB.2011.00440, E. 2.3 f.; VGr, 4.12.2008, VB.2008.00415, E. 2.2 (eine Entwidmung betreffend); VGr, 7.12.2006, VB.2006.00422, E. 2.2 f. (ZBl 2008, 111 ff.; geschützt durch BGr, 14.8.2007, 2A.115/2007, E. 4, wo die Legitimation verneint wurde).
[139] BGE 131 I 12, E. 1.3; 126 I 213, E. 1b; vgl. KÖLZ/HÄNER/BERTSCHI, Verwaltungsverfahren, N. 951.
[140] Vgl. BGr, 9.11.2007, 2A.70/2007, E. 2.2; BGr, 14.8.2007, 2A.115/2007, E. 3.
[141] Vgl. VGr, 4.12.2008, VB.2008.00415, E. 2.2. Vgl. auch VGr, 28.2.2002, VB.2001.00365, E. 2d bb (geschützt durch BGr, 12.11.2002, 1A.143/2002, E. 2.2.1) zur Anfechtung einer Naturschutzverordnung, welche die Badezone einschränkt, durch einen Strandbadbesucher.
[142] VGr, 22.9.2011, VB.2010.00656, E. 2.1.
[143] BGr, 15.12.2010, 1C_317 und 319/2010, E. 5.6 (ZBl 2011, 612 ff.); VGr, 23.8.2012, VB.2012.00342, E. 3.3.
[144] VGr, 4.12.2003, VB.2003.00304, E. 2.2.

3. Zulasten der Verfügungsadressaten intervenierende Dritte

a) Nachbarinnen und Nachbarn sowie Immissionsbetroffene

aa) Allgemeine Grundsätze

53 Für das Baubewilligungsverfahren gelten nach § 4 VRG die §§ 309 ff. PBG (vgl. § 4 N. 29). **§ 338a Abs. 1 Satz 1 PBG**, der die Rekurs- und Beschwerdelegitimation Privater regelt, **entspricht** allerdings **§ 21 Abs. 1 VRG** (und für die Rechtsmittelbefugnis der Gemeinden muss auf den heutigen § 21 Abs. 2 VRG zurückgegriffen werden[145]). § 338a Abs. 1 Satz 1 PBG und § 21 Abs. 1 VRG erscheinen als zwei Verankerungen derselben Regelung und sind gleich auszulegen.

54 Zum Erfordernis der **formellen Beschwer** ist anzumerken: Das PBG sieht zwar kein Einspracheverfahren vor (§ 315 Abs. 3 PBG), doch hat nach § 316 Abs. 1 PBG diejenige Person das Rekursrecht in Bausachen verwirkt, die nicht rechtzeitig nach § 315 Abs. 1 PBG die **Zustellung des baurechtlichen Entscheids** verlangt hat (vgl. auch Vorbem. zu §§ 21–21a N. 36).

55 Gemäss der Praxis des Verwaltungsgerichts ist die **materielle Beschwer** des Nachbarn unter folgenden **kumulativen Voraussetzungen** gegeben: wenn er über eine hinreichend enge nachbarliche Raumbeziehung zum Baugrundstück verfügt, mehr als irgendeine Drittperson oder die Allgemeinheit durch die Erteilung der Baubewilligung in eigenen qualifizierten (tatsächlichen oder rechtlichen) Interessen betroffen ist und Mängel rügt, durch deren Behebung diese Betroffenheit behoben werden kann[146].

56 Die materielle Beschwer ergibt sich nicht allein aus der in Metern gemessenen Distanz zum Baugrundstück, die aber als Kriterium zu beachten ist. Es bedarf eines **schutzwürdigen Anfechtungsinteresses**, das dann vorliegt, wenn die Auswirkungen auf die Liegenschaft des Nachbarn nach Art und Intensität so beschaffen sind, dass sie auch bei objektivierter Betrachtungsweise als Nachteil empfunden werden müssen[147]. Demnach sind ausser der *räumlichen Distanz* auch die *geltend gemachten Einwirkungen bzw. die gerügten Regelverstösse* zu beachten[148] (zur Substanziierung vgl. im Einzelnen N. 68). Bei ideellen Beeinträchtigungen (vgl. N. 64) wie etwa Veränderungen des Landschaftsbildes muss das Ausmass des Eingriffs ungleich stärker sein als bei materiellen Beeinträchtigungen bzw. Immissionen[149]. Die Beschwerdebefugnis *wird in der Regel anerkannt, wenn die Liegenschaft des Nachbarn unmittelbar an das Baugrundstück angrenzt* oder nur durch einen Verkehrsträger davon getrennt wird[150]; gemäss Bundesgericht muss die besondere Betroffenheit erst näher erörtert werden, wenn die Distanz zum Baugrundstück mehr als 100 Meter beträgt[151]. Ausser der Distanz sind auch weitere Kriterien zu berücksichtigen wie etwa eine allfällige Hanglage oder gegebenenfalls eine Sichtverbindung[152]. Letztere

---

[145] Vgl. RB 1998 Nr. 12.
[146] Z.B. VGr, 25.4.2012, VB.2012.00025, E. 2.
[147] VGr, 10.5.2012, VB.2012.00157, E. 2.3; VGr, 29.8.2007, VB.2007.00092, E. 1.2; RB 1985 Nr. 8.
[148] VGr, 10.7.2008, VB.2008.00051, E. 3.1.
[149] VGr, 10.5.2012, VB.2012.00157, E. 2.3; RB 2004 Nr. 5, E. 2 (VB.2004.00426 = BEZ 2004 Nr. 69).
[150] BGr, 16.7.2010, 1C_236/2010, E. 1.4, m.H. (ZBl 2011, 608 ff.); VGr, 25.1.2012, VB.2011.00559, E. 2.
[151] BGr, 1.2.2012, 1C_346/2011, E. 2.5 (URP 2012, 692 ff.).
[152] VGr, 14.1.2010, VB.2009.00466, E. 1.2.3, m.H.

allein reicht aber nicht aus[153]. Wenn der Nachbar sich auf die Verletzung von Bestimmungen berufen kann, denen nicht nur öffentliche Interessen zugrunde liegen, sondern die auch seinem Schutz dienen, ergibt sich das schutzwürdige Interesse bereits aus der engen räumlichen Beziehung und den Rügen. *Nachbarschützende Funktion* kommt etwa den Bestimmungen über die Gebäude- und Grenzabstände, die erlaubte zonenmässige Ausnützung, die Bauhöhe, die Geschosszahl oder die zonenkonformen Immissionen zu[154]; weiter den § 13 Abs. 2 und § 2 Abs. 2 UGG betreffend die Einwirkungen von Unterhaltungsbetrieben[155]. Wenn der Nachbar selber aufgrund der Kernzonenvorschriften zum Ortsbildschutz besonderen Einschränkungen unterworfen ist, ist sein Interesse an der Einhaltung von Kernzonenvorschriften – zumindest bei geringer Distanz und teilweiser Sichtverbindung – zu bejahen[156]. Anerkannt wird sodann etwa das Anfechtungsinteresse des Nachbarn, der geltend macht, das Bauprojekt verunstalte ein Ensemble, dem auch seine eigene Liegenschaft zugehöre[157]. Über ein Anfechtungsinteresse verfügt auch der Nachbar, der vorbringt, aufgrund des Ersatzes eines Altbaus durch einen Neubau werde eine Abstandsverletzung perpetuiert[158]. Bei *grösseren Distanzen* müssen *ausserordentliche Umstände*, etwa *Immissionen von besonderer Intensität*, glaubhaft gemacht werden; soweit es nur um den Entzug bzw. die Beeinträchtigung der Aussicht geht, darf der Kreis der Rechtsmittellegitimierten nicht zu weit gezogen werden[159]. Die Beschwerdebefugnis wird – auch bei grösseren Entfernungen – in der Regel anerkannt, wenn der Bau oder Betrieb einer projektierten Anlage mit Sicherheit oder grosser Wahrscheinlichkeit zu Immissionen (etwa durch Lärm, Staub, Erschütterungen oder Licht) führt und die Beschwerdeführenden dadurch betroffen werden. Dies gilt unabhängig davon, dass auch eine grosse Anzahl von Personen betroffen sein kann, was etwa bei Flughäfen und Schiessanlagen der Fall ist (vgl. im Einzelnen N. 14, 63)[160].

Das schutzwürdige Anfechtungsinteresse und die **geltend gemachten Rügen** brauchen *nicht übereinzustimmen*. Der Nachbar, der über ein schutzwürdiges Interesse verfügt, kann zu dessen Durchsetzung auch die Verletzung von Normen rügen, die dem Schutz Dritter dienen oder im öffentlichen Interesse liegen, was etwa auf Bestimmungen über den Wohnanteil[161] oder den Natur- und Heimatschutz zutrifft[162]. Er kann insbesondere auch geltend machen, die Baubewilligung dürfe nicht erteilt werden, bevor nicht geklärt

57

---

[153] VGr, 6.5.2009, VB.2009.00107, E. 2.3 (geschützt durch BGr, 8.12.2009, 1C_306/2009, E. 7).
[154] VGr, 10.5.2012, VB.2012.00157, E. 2.4; VGr, 9.2.2011, VB.2010.00506, E. 1.3; RB 1989 Nr. 10; 1982 Nr. 19 (BEZ 1982 Nr. 40).
[155] RB 1988 Nr. 6.
[156] VGr, 26.9.2001, VB.2001.00192, E. 1b.
[157] BGr, 23.11.2007, 1C_329/2007, E. 1.2, bzw. VGr, 29.8.2007, VB.2007.00092, E. 1.2 (eine unmittelbare Nachbarin betreffend); RB 2006 Nr. 8, E. 2.4 (VB.2006.00067 = BEZ 2006 Nr. 45). Vgl. auch VGr, 20.12.2007, VB.2007.00192 und 193, E. 3.2; ferner RB 2004 Nr. 4, E. 2.3.4 (VB.2004.00027 = BEZ 2004 Nr. 53), zum Schutz der Klosteranlage Kappel am Albis.
[158] VGr, 23.2.2005, VB.2005.00006, E. 2.
[159] VGr, 10.5.2012, VB.2012.00157, E. 2.2; RB 1995 Nr. 9, wo die Legitimation in Bezug auf ein 1,1 km entferntes Hochhaus verneint wurde.
[160] BGr, 1.2.2012, 1C_346/2011, E. 2.4 (URP 2012, 692 ff.); BGE 136 II 281, E. 2.3.1.
[161] VGr, 23.3.2011, VB.2010.00607, E. 3.2 (BEZ 2011 Nr. 24).
[162] Vgl. z.B. VGr, 25.10.2011, VB.2011.00483, E. 4.2; VGr, 17.11.2010, VB.2009.00605, E. 10.2 ff.

sei, ob und inwieweit ein Objekt unter Schutz zu stellen sei[163]. Beruft sich der Nachbar auf die Verletzung von Bestimmungen, die nicht auch seinem Schutz dienen, hat er jedoch zusätzlich sein eigenes Anfechtungsinteresse darzulegen[164]. Sinngemäss dasselbe gilt für Dritte, die in grösserer Entfernung wohnhaft sind und über ein Anfechtungsinteresse verfügen (das sich in diesem Fall namentlich aus Immissionen ergeben kann)[165].

58 **Zivilrechtliche Ansprüche** sind auf dem Zivilweg zu wahren. Dies schliesst jedoch die Rekurs- und Beschwerdelegitimation zum Vorbringen öffentlichrechtlicher Rügen nicht aus. Ein Beispiel ist die Anfechtung einer Baubewilligung durch eine Drittperson, die neben der Verletzung ihres Eigentums (etwa an einer Wegparzelle) auch das Fehlen einer öffentlichrechtlichen Bewilligungsvoraussetzung (etwa einer genügenden Zufahrt) rügt[166].

59 Ein schutzwürdiges Interesse liegt nur vor, wenn das Rechtsmittel dem Nachbarn einen **praktischen Nutzen** bringen kann. Das Rechtsmittel darf also nicht von vornherein ungeeignet sein, den geltend gemachten Nachteil zu beseitigen (vgl. N. 15). Kein schutzwürdiges Interesse ist daher gegeben, wenn die Gutheissung der Beschwerde die behauptete Beeinträchtigung gar nicht abzuwenden vermöchte, etwa weil ein *Projektmangel* durch eine für den Nachbarn *bedeutungslose Nebenbestimmung geheilt* werden kann[167]. Somit kann der Nachbar, der sich gegen das gesamte Bauvorhaben und nicht gegen die Parkfelder als solche zur Wehr setzt, seine Legitimation nicht daraus ableiten, dass die Parkfelder angeblich den gesetzlichen Anforderungen nicht genügen: Die Gutheissung der Beschwerde hätte bloss die Verpflichtung des Bauherrn zur Folge, sich an einer Gemeinschaftsanlage zu beteiligen oder eine Ersatzabgabe zu errichten (§§ 245 f. PBG), würde das Bauvorhaben jedoch nicht verhindern[168]. Unzulässig sind auch Rügen betreffend die innere Ausgestaltung der streitigen Baute, sofern diese nicht die Aufhebung oder eine für die Rekurrierenden bzw. Beschwerdeführenden wesentliche Änderung der Baubewilligung – es kann sich dabei auch um eine Auflage handeln – zur Folge haben können[169]. Auf die Rüge der übermässigen Beschattung der Grundstücke Dritter im Sinn von § 284 Abs. 4 PBG ist ebenfalls nicht einzutreten, sofern dieser Mangel durch eine Zu-

---

[163] VGr, 14.9.2011, VB.2011.00370, E. 1.2, m.H. Anders als bei der Verbandsbeschwerde nach § 338a Abs. 2 PBG (bzw. § 338b in der Fassung vom 28. Oktober 2013) ist nicht massgeblich, ob das angebliche Schutzobjekt inventarisiert wurde: RB 2008 Nr. 11, E. 2.1, m.H. (VB.2008.00404 = BEZ 2009 Nr. 4). Vgl. auch N. 61 zur Anfechtung der Inventarentlassung.
[164] RB 1989 Nr. 10, E. 1; vgl. z.B. VGr, 25.10.2011, VB.2011.00483, E. 4.2 f.
[165] Vgl. ARNOLD MARTI, Bemerkungen der Redaktion [zu BGr, 12.7.2011, 1C_33/2011], ZBl 2011, 620 f.; vgl. auch BGr, 15.4.2008, 1C_18/2008, E. 5.1, wo die Rüge der Verletzung von Ästhetikvorschriften durch Immissionsbetroffene zugelassen wurde.
[166] VGr, 27.9.2006, VB.2006.00181, E. 2.2; RB 1987 Nr. 4; 1981 Nr. 10 (ZBl 1981, 463 ff., E. 1 = ZR 1982 Nr. 6 = BEZ 1981 Nr. 1).
[167] VGr, 1.12.2010, VB.2010.00436, E. 3.1; VGr, 20.8.2008, VB.2008.00210, E. 6.2; RB 1987 Nr. 3; vgl. auch BGE 133 II 249, E. 1.3.2.
[168] Z.B. VGr, 9.2.2011, VB.2010.00506, E. 4; VGr, 24.3.2010, VB.2009.00609, E. 4; RB 1995 Nr. 8 (BEZ 1995 Nr. 14).
[169] Z.B. VGr, 1.12.2010, VB.2010.00436, E. 3.1; VGr, 17.11.2010, VB.2009.00605, E. 10.3. Gegenbeispiele: VGr, 9.2.2011, VB.2010.00506, E. 1.5 ff.; BRK II, 4.5.2010, 94/2010, E. 3.5 (BEZ 2010 Nr. 37). Weitere Beispiele bei MÄDER, Anfechtung, S. 16 f.

stimmungserklärung der betroffenen Grundeigentümer geheilt werden kann[170]. Durch *Mängel des Baubewilligungsverfahrens* ist ebenfalls nur diejenige Person beschwert, der deswegen ein Nachteil erwächst, nicht aber diejenige, die sich dennoch ordnungsgemäss informieren und die gegebenen Rechtsmittel erheben konnte[171]. Richtet sich das Rechtsmittel gegen einen *Vorentscheid* (§ 323 f. PBG), kann dem Nachbarn jedoch in aller Regel das Anfechtungsinteresse nicht mit dem Hinweis abgesprochen werden, der gerügte Mangel könne mit einer Nebenbestimmung zur Baubewilligung geheilt werden, die ihm keinen Nutzen bringe: Die gegen den Vorentscheid vorgebrachten Anträge zielen nicht auf die Bewilligungsfähigkeit als solche, sondern auf die Beantwortung grundlegender Fragen im Sinn von § 323 Abs. 1 PBG[172]. Für die Rechtsmittel von Gemeinwesen gelten dieselben Grundsätze[173].

Die in der Praxis etablierte Voraussetzung des praktischen Nutzens der Rechtsmittelerhebung hat in der Lehre die *Kritik* hervorgerufen, die Rechtsprechung stelle auf den Schutzzweck der angerufenen Normen ab. Zwar mögen sich missverständlich formulierte oder unrichtige Entscheide finden, doch beruht diese Kritik im Grundsatz auf einer Verwechslung[174]. Soweit der praktische Nutzen in Frage steht, ist auch an einer rügenspezifischen Betrachtung nichts auszusetzen: Auf die Rüge, die von vornherein nicht zum angestrebten Nutzen führen kann, ist nicht einzutreten. Es ist also nicht so, dass beim Vorliegen eines Anfechtungsinteresses sämtliche Rügen, auch die von vornherein nutzlosen, materiell zu prüfen wären[175]. Andernfalls würden theoretische Rechtsfragen geprüft, deren Behandlung für den konkreten Entscheid bedeutungslos ist. Eine rügenspezifische Betrachtung ist jedoch nur in Bezug auf den praktischen Nutzen der einzelnen Rügen angezeigt, nicht aber in Bezug auf das schutzwürdige Interesse im Allgemeinen.

Ein **unmittelbarer Nachteil** für Dritte wird nicht nur bei Baubewilligungen und in der Wirkung vergleichbaren Anordnungen bejaht. Er kann sich bereits aus anderen Anordnungen ergeben, mit welchen Voraussetzungen dafür geschaffen werden. So kann die *Entlassung eines Objekts aus einem Schutzinventar* von den Nachbarn angefochten werden, wenn die damit verbundene, rein abstrakte Möglichkeit der Neuüberbauung eines Grundstücks eine Minderung des ideellen oder materiellen Werts ihrer Liegenschaft zur Folge hat[176]. Das Verwaltungsgericht hat sodann die Legitimation von Nachbarn zur Anfechtung weiterer Anordnungen bejaht, mit denen *Voraussetzungen zur Bebauung geschaffen* wurden, wobei es teils weiter ging als das Bundesgericht; jedenfalls handelt es

---

[170] BGr, 28.2.2008, 1C_267 und 269/2007, E. 1.2 und 8 f. (mit teils missverständlichen Formulierungen) sowie Disp.-Ziff. 1.2.
[171] BGr, 7.9.2012, 1C_86/2012, E. 2.1 (insoweit VGr, 21.12.2011, VB.2011.00608, E. 1.4, schützend); BGr, 8.3.2011, 1C_440/2010, E. 3.4.
[172] VGr, 23.5.2007, VB.2007.00049, E. 1.5.2 (Leitsatz: RB 2007 Nr. 7).
[173] Missverständlich RB 2006 Nr. 19, E. 1.2 (VB.2006.00155); dazu BERTSCHI, Beschwerdebefugnis, S. 17 f.
[174] Gl.M. AEMISEGGER, in: Aemisegger/Haag, Praxiskommentar, Art. 34 N. 123; ARNOLD MARTI, Bemerkungen der Redaktion [zu BGE 137 II 30], in: ZBl 2011, 604 ff., 606. Vgl. zur Kritik WALDMANN, in: Basler Kommentar BGG, Art. 89 N. 3a, m.w.H.
[175] A.M. WALDMANN, in: Basler Kommentar BGG, Art. 89 N. 3a Fn. 23.
[176] VGr, 25.1.2012, VB.2011.00559, E. 3.2; VGr, 25.5.2011, VB.2009.00498, E. 1.2.2, m.H. (insoweit geschützt durch BGr, 26.10.2011, 1C_355/2011); VGr, 12.7.2007, VB.2007.00126, E. 3.2 f.; noch offen gelassen: VGr, 4.5.2006, VB.2006.00067, E. 2.3.

sich um Grenzfälle[177]. Wird die Legitimation verneint, muss es zulässig sein, die betreffenden Rügen im Baubewilligungsverfahren vorfrageweise vorzubringen. Kein schutzwürdiges Interesse hat der Nachbar an der Anfechtung einer Betriebsbewilligung, die eine *Nebenbewilligung* im Sinn von § 8 Abs. 2 BVV darstellt und für die Zulässigkeit des Bauvorhabens nicht erheblich ist[178]. Am Rechtsmittelverfahren über *prozessuale Fragen*, welche die Interessen Drittlegitimierter nicht direkt betreffen, können sich diese nicht beteiligen[179]. Zum *baurechtlichen Vorentscheid* vgl. § 19a N. 27 f., 49.

62 Die Legitimation kann verneint werden, wenn eine **zweckwidrige («rechtsmissbräuchliche») Verwendung des Rechtsmittels** oder ein **Verstoss gegen Treu und Glauben** vorliegt (vgl. auch N. 21 f., 67). Im Bauverfahrensrecht stellt sich die Frage namentlich beim Rechtsmittel des Nachbarn, das *gegen eine Entschädigung durch die Bauherrschaft zurückgezogen* wird. Ein solches Verhalten ist allerdings nur unter bestimmten Voraussetzungen rechtsmissbräuchlich[180]. Der Abschluss von Verträgen über den entgeltlichen Rückzug eines Rechtsmittels ist nämlich nicht sittenwidrig, sofern das Rechtsmittel nicht aussichtslos ist und das Entgelt dazu dient, eine mit dem Bauvorhaben verbundene Beeinträchtigung des Nachbargrundstücks auszugleichen. Das Gegenteil gilt allerdings, wenn das Entgelt allein dazu bestimmt ist, den Verzögerungsschaden zu verringern, welcher der Bauherrschaft aufgrund des Rechtsmittels droht; davon ist auszugehen, wenn das Rechtsmittel aussichtslos ist[181] oder wenn sich aus der Höhe der verlangten Zahlung ergibt, dass es dem Nachbar nicht um die Entschädigung für Beeinträchtigungen, sondern um die Ausnutzung seiner Rechtsposition aus finanziellen Gründen geht[182]. Im baurechtlichen Rechtsmittelverfahren fragt sich allerdings in der Regel nur, ob auf das Rechtsmittel wegen seiner Aussichtslosigkeit oder wegen zweckwidriger Rechtsmittelerhebung nicht einzutreten ist oder ob es gegebenenfalls infolge der Verzichtsvereinbarung wegen Rückzugs abzuschreiben ist[183].

bb) Bestimmte Immissionen

63 Für bestimmte **materielle Immissionen** hat die Rechtsprechung folgende Grundsätze entwickelt:
– Werden Immissionen aus dem *Zubringerverkehr* geltend gemacht, so müssen diese für die Beschwerdeführenden deutlich wahrnehmbar sein, wobei das Bundesgericht

---

[177] RB 2007 Nr. 18, E. 4 (VB.2006.00329): Genehmigung der Änderung eines Stiftungszwecks, mit der ein in der ursprünglichen Stiftungsurkunde enthaltenes Bauverbot aufgehoben wurde; VGr, 2.9.2009, VB.2009.00083, E. 2.1.2: Baurechtsvertrag (das Bundesgericht verneinte die Legitimation: BGr, 15.4.2010, 1C_455/2009, E. 1.2.3). Vgl. auch BGr, 16.6.2010, 1C_15/2010, E. 1.2.2, wonach eine Nachbarin, die sich gegen Nachteile durch Probebohrungen zur Wehr setzen will, die Übertragung des Nutzungsrechts am Bohrstandort und am Zufahrtsweg nicht anfechten kann.
[178] VGr, 16.7.2009, VB.2009.00225, E. 1.2, die Betriebsbewilligung für einen Schräglift betreffend.
[179] VGr, 6.4.2005, VB.2005.00073, E. 2.2; VGr, 14.7.2004, VB.2004.00146 und 147, E. 2.4 (BEZ 2004 Nr. 50; Leitsatz: RB 2004 Nr. 12).
[180] Vgl. RB 1991 Nr. 6.
[181] BGr, 11.3.2009, 4A_21/2009, E. 5; BGr, 12.6.2008, 4A_37/2008, E. 3, m.w.H.; BGE 123 III 101, E. 2c; 115 II 232, E. 4b. Eingehend zur Thematik LUSTENBERGER, Verzichtsvereinbarung.
[182] BGr, 12.6.2006, 6P.5 und 6S.8/2006, E. 7.
[183] Vgl. VGr, 28.9.2011, VB.2011.00376, mit Minderheitsmeinung. Vgl. auch § 339b in der Fassung vom 28. Oktober 2013 (und dazu § 19b N. 80).

nicht schematisch auf einzelne Kriterien abstellt, sondern eine *Gesamtwürdigung* anhand der tatsächlichen Verhältnisse im konkreten Fall vornimmt[184]. Im Sinn einer *Richtlinie* bejaht das Verwaltungsgericht eine legitimationsbegründende Betroffenheit ab einer *Zunahme des durchschnittlichen täglichen Verkehrs um 10 Prozent,* soweit das Grundstück der Rekurrierenden bzw. Beschwerdeführenden direkt an die belastete Strasse anstösst[185]. Das Bundesgericht hält einen derartigen Richtwert für angemessen[186]. Auch bei einer geringeren Verkehrszunahme kann aber die Legitimation gegeben sein, etwa bei geringer Distanz zur Immissionsquelle[187] oder wenn ausschliesslich der Anteil des Lastwagenverkehrs zunimmt[188]. Die Praxis ist analog auf die Anfechtung von Strassenprojekten anwendbar (vgl. N. 52).

– Bei *anderen Lärmimmissionen* wird die Legitimation bejaht, wenn die Betreffenden den Lärm *deutlich wahrnehmen* und dadurch *in ihrer Ruhe gestört* werden. Nicht erforderlich ist, dass auf der betroffenen Liegenschaft der Immissionsgrenzwert oder gar der Alarmwert überschritten wird. Massgebend sind die Umstände des Einzelfalls gemäss einer objektivierten Betrachtung[189].

– Bei *Mobilfunkanlagen* ist der *Radius* massgebend, innerhalb dessen die anlagebedingte Strahlung *mindestens 10 Prozent des Anlagegrenzwerts* betragen kann. Nicht erheblich ist, ob die konkrete Strahlung auf dem Grundstück geringer ist[190]. Zur Beschwerde ist befugt, wer innerhalb dieses Umkreises wohnt oder arbeitet und wer Eigentümer von Wohnungen innerhalb dieses Radius ist, ohne dort selbst zu wohnen[191].

Im Übrigen hat sich die Praxis mit einem Panoptikum menschlicher Konflikte zu befassen. Bei den materiellen Immissionen kann es auch um *Staub, Erschütterungen, Licht*[192] oder *Geruch*[193] gehen, ein Beispiel eines relevanten Sicherheitsrisikos kann die Gefahr

---

[184] BGE 136 II 281, E. 2.3.2, mit einer Übersicht über die Praxis. Das Verwaltungsgericht führt noch – m.H. auf die ältere Bundesgerichtspraxis – die Voraussetzung an, dass die Immissionen auch ohne technisch aufwendige und kostspielige Abklärungen von den allgemeinen Immissionen unterschieden werden können (z.B. VGr, 1.2.2010, VB.2010.00436, E. 2.1.1.2; BGE 113 Ib 225 E. 1c).
[185] Z.B. VGr, 10.7.2008, VB.2008.00051, E. 5 (URP 2009, 194 ff.); VGr, 2.7.2008, VB.2008.00001, E. 6, m.H. (geschützt durch BGr, 18.3.2009, 1C_405/2008, E. 2.5). Vgl. auch VGr, 2.6.2005, VB.2005.00069, E. 3 (BEZ 2005 Nr. 28).
[186] BGr, 20.12.2005, 1A.148, 152, 154 und 156/2005, E. 3.5 f. (ZBl 2006, 609 ff. = URP 2006, 144 ff.).
[187] Vgl. BGr, 1.2.2012, 1C_346/2011, E. 2.5 (URP 2012, 692 ff.).
[188] Vgl. BGE 136 II 281, E. 2.5.
[189] Vgl. im Einzelnen zum Schiesslärm: VGr, 18.3.2004, VB.2003.00421, E. 2.2 (insoweit geschützt durch BGr, 30.5.2005, 1A.122/2004, E. 1.2); BGE 133 II 181, E. 3.2.2; 110 Ib 99, E. 1c; zum Kirchenglockengeläut: VGr, 6.10.2010, VB.2010.00304, E. 1 (BEZ 2011 Nr. 10); BGr, 18.1.2010, 1C_297/2009, E. 1.2; BGr, 13.5.2003, 1A.240/2002, E. 1.1 (URP 2003, 685 ff.). Zur (engeren) Umschreibung der Legitimation wegen Baulärms: RB 1997 Nr. 104 (BEZ 1998 Nr. 4 = URP 1998, 73 ff.); vgl. auch BGr, 15.3.2013, 1C_423/2012, E. 1 (vorübergehende Immissionen durch Probebohrungen).
[190] Vgl. im Einzelnen BGE 128 II 168, E. 2.3; vgl. auch BGE 133 II 409, E. 1.3.1.
[191] BGr, 15.11.2012, 1C_307/2012, E. 3.3; vgl. auch VGr, 29.4.2004, VB.2004.00027, E. 2.2 (BEZ 2004 Nr. 53; Leitsatz: RB 2004 Nr. 4), wonach der Eigentümer nicht überbauter Grundstücke ausserhalb der Bauzone sich nicht auf den Strahlenschutz berufen kann.
[192] Vgl. BGr, 28.9.2010, 1C_216/2010, E. 1.2 (Legitimation offen gelassen); vgl. auch BGr, 10.9.2007, 1A.202/2006, E. 5.1–5.5 (üppige Weihnachtsdekorationen an einem Einfamilienhaus).
[193] Etwa durch Tierställe, vgl. VGr, 10.5.2012, VB.2012.00157, E. 5.1, m.H.; VGr, 14.1.2010, VB.2009.00466, E. 1.2.3 f.

von Hangrutschungen sein[194]. Als **ideelle Immissionen** gelten Einwirkungen, die das *seelische Empfinden verletzen bzw. unangenehme psychische Eindrücke erwecken*[195]. Ideelle Immissionen können mit Aussicht auf Erfolg geltend gemacht werden gegenüber polizeilich und sozial motivierten Einrichtungen[196], gegenüber der Nutzung von Räumen durch das Sexgewerbe oder durch Suizidbegleitungen[197]. *Beschränkungen der Aussicht* oder *ästhetische Beeinträchtigungen* werden in der Praxis nur teilweise den ideellen Immissionen zugeordnet, können aber unabhängig von ihrer Einteilung ein Anfechtungsinteresse auslösen[198]. Ob die Legitimation bejaht wird, hängt – ausser bei den unmittelbaren Nachbarn – stark von den Umständen des Einzelfalls ab[199].

65 Eine Betroffenheit kann auch vorliegen, wenn von einer Anlage normalerweise keine Emissionen ausgehen, wenn sie jedoch einen **besonderen Gefahrenherd** darstellt und die Anwohner einem **besonderen Risiko** aussetzt[200]. In Frage kommen *sowohl stationäre als auch mobile Gefahrenquellen,* wobei das tatsächliche Risiko bei Letzteren regelmässig geringer sein dürfte[201]. Das Bundesgericht verneinte zum Beispiel die Legitimation der Anwohner einer Eisenbahnlinie zur Beschwerde gegen eine Bewilligung zum Transport radioaktiver Rückstände[202]. Es wies dagegen die Vorinstanz an, im Verfahren über die Bewilligung für einen Freisetzungsversuch mit gentechnisch verändertem Weizen die Legitimation eines Landwirtepaars zu prüfen, das ca. 350–500 Meter vom Versuchsfeld entfernt Weizen anbaute[203]. Zu prüfen ist auch eine Legitimation gestützt auf Art. 8 Ziff. 1 EMRK gemäss der neueren Praxis des EGMR zum Anspruch auf Schutz vor direkten und erheblichen Beeinträchtigungen durch Immissionen[204].

cc) Legitimierende Rechtsstellung

66 Rechtsmittellegitimiert als Nachbar oder Immissionsbetroffener ist nicht nur der **Grundeigentümer.** Auch andere Berechtigte sind grundsätzlich rechtsmittelbefugt, unabhängig davon, ob sie über ein beschränktes dingliches oder über ein obligatorisches Recht verfügen. Dabei kann es sich etwa um **Baurechtsinhaber, Nutzniesser**[205], **Mieter** oder **Päch-**

---

[194] Vgl. BGr, 7.2.2011, 1C_249/2010, E. 3.4.
[195] BGE 136 I 395, E. 4.3.2; 108 Ia 140, E. 5c; BERNHARD WALDMANN, Der Schutz vor ideellen Immissionen in Wohngebieten – eine kritische Würdigung, Baurecht 2005, S. 156 ff.
[196] Vgl. BGr, 9.3.2010, 1C_40/2010, E. 2.4: Asylbewerberheim; BGr, 6.7.2009, 1C_99/2009, E. 1.1: Gassenküche; RB 2004 Nr. 5, E. 4 (VB.2004.00426): Therapiestätte (Legitimation verneint); VGr, 1.12.2010, VB.2010.00436, E. 2.2: Anlaufstelle für Randständige (Legitimation verneint).
[197] Vgl. die materiellrechtlichen Erwägungen in BGE 136 I 395, E. 4.
[198] Vgl. BRK II, 16.3.2010, 47/2010, E. 4.2.2 (BEZ 2011 Nr. 17; letztinstanzlich geschützt durch BGr, 14.4.2011, 1C_37/2011, E. 2.3.3); BGr, 17.6.2004, 1P.164/2004, E. 2.6 f. (Legitimation verneint).
[199] Bezüglich des Verhältnisses zum zivilrechtlichen Nachbarschutz (Art. 684 ZGB) vgl. FRITZSCHE/BÖSCH/WIPF, Planungs- und Baurecht, S. 549 f., 775 f.; BERNHARD WALDMANN, Der Schutz vor ideellen Immissionen in Wohngebieten – eine kritische Würdigung, Baurecht 2005, S. 156 ff., 157 f.
[200] BGE 120 Ib 431; 120 Ib 379, E. 4d.
[201] BGE 121 II 176, E. 3a.
[202] BGE 121 II 176; vgl. auch BGE 120 Ib 431.
[203] BGE 129 II 286, E. 4.3 f.; vgl. auch BGE 120 Ib 379, E. 4e.
[204] Vgl. HELEN KELLER/LUCA CIRIGLIANO, Grundrechtliche Ansprüche an den Service Public: Am Beispiel der italienischen Abfallkrise, URP 2012, 831 ff., 838 ff., 845 ff., 852 f., m.H. namentlich auf: EGMR, 10.1.2012, 30765/08 (di Sarno u.a./Italien), besonders Ziff. 78 ff., 94 ff.
[205] Vgl. BRG IV, 3.5.2012, 72/2012 (BEZ 2012 Nr. 43); RB 1962 Nr. 10.

ter handeln[206]. Ein Vorkaufsrecht, dessen Ausübung ungewiss ist, genügt nicht[207]. Die *Art der Berechtigung* spielt nur insofern eine Rolle, als sie geeignet sein muss, den Zusammenhang zwischen der Beeinträchtigung des Grundstücks und der besonderen Betroffenheit des Anfechtenden herzustellen. Dem *Grundeigentümer* kommt einzig deshalb eine besondere Stellung zu, weil infolge seiner *umfassenden Sachherrschaft* jeder Nachteil für das Grundstück notwendigerweise seine Interessen berührt. Bei *anderen Berechtigten* ist dieser Zusammenhang im Einzelnen zu prüfen. Wird der Wohnwert der Liegenschaft beeinträchtigt, so ist der Mieter grundsätzlich legitimiert (vgl. zu den Voraussetzungen N. 68)[208].

Die dinglich oder obligatorisch Berechtigten sind jedoch grundsätzlich *nicht berechtigt*, ihre **privatrechtlichen Interessen gegenüber dem Grundeigentümer** im Baubewilligungsverfahren durchzusetzen. Das Verwaltungsgericht hat dies in Bezug auf den Mieter mehrmals festgehalten[209]. Die Praxis lässt sich damit begründen, dass sich aus dem obligatorischen Recht des Mieters oder Pächters keine Befugnis ableiten lässt, zur Wahrung des Miet- oder Pachtverhältnisses den öffentlichrechtlichen Rechtsweg in Anspruch zu nehmen; für solche Streitigkeiten steht gemäss § 317 PBG der Zivilprozess zur Verfügung[210]. Bereits aus Treu und Glauben ergibt sich sodann die Unzulässigkeit des Rechtsmittels der Person, die aufgrund eines Notmietvertrags ein Abbruchobjekt bewohnt und im Voraus auf eine Einsprache gegen die vertragsgemässe Aufforderung zur Räumung der Wohnung verzichtet hat, dann aber den Verzicht auf eine Unterschutzstellung des Hauses anficht[211].

67

dd) Nachweis der Legitimation

Für den **Nachweis** der Legitimationsvoraussetzungen (vgl. dazu allgemein N. 38 f.) durch die beschwerdeführenden Nachbarn hat das Verwaltungsgericht differenzierte Regeln entwickelt[212]. Die *nahe räumliche Beziehung* muss nicht besonders dargetan werden, wenn sie sich bereits aus den Akten (zum Beispiel aus einem Katasterplan) ergibt[213]. Zumindest auf Aufforderung hin hat der Grundeigentümer oder Mieter, der die behauptete

68

---

[206] RB 2000 Nr. 10, E. 2b (VB.2000.00040); 1988 Nr. 6; 1981 Nr. 13 (BEZ 1981 Nr. 34, E. 3). Vgl. auch BGr, 23.6.1997, 1P.134/1997, E. 6c (ZBl 1998, 386 ff.), einen Mieter betreffend, der zugleich einer der Gesamteigentümer war.
[207] VGr, 19.6.2002, VB.2002.00049, E. 3c (BEZ 2002 Nr. 48); das Verwaltungsgericht hat die Legitimation des Käufers offen gelassen (VGr, 4.5.2011, VB.2010.00108, E. 1.2); das Bundesgericht ein schutzwürdiges Interesse des Kaufsberechtigten ohne weiteres bejaht (BGr, 14.4.2011, 1C_537/2010, E. 1). Vgl. auch N. 78 ff.
[208] RB 1981 Nr. 13 (BEZ 1981 Nr. 34, E. 3). Einschränkend RB 2006 Nr. 6, E. 3.6 (VB.2006.00096), für das Projekteinspracheverfahren nach § 17 StrG (geschützt durch BGr, 4.12.2006, 1P.579/2006; vgl. auch N. 84).
[209] Anders in Bezug auf ein öffentlichrechtliches Vertragsverhältnis VGr, 8.12.2005, VB.2005.00225, E. 2.3, wo die Legitimation der Mieter von Schiffsbojenplätzen zur Rechtsmittelerhebung gegen eine Konzessionserteilung für einen Hafen bejaht wurde; die Mietverträge waren sinngemäss unter der Suspensivbedingung der Konzessionserteilung gekündigt worden.
[210] VGr, 10.3.2004, VB.2003.00320, E. 1.1 (BEZ 2004 Nr. 30); VGr, 10.5.2000, VB.2000.00040, E. 2b–c (teilweise veröffentlicht in RB 2000 Nr. 10). Vgl. auch BGE 131 II 649 sowie – mit allerdings diskutabler Argumentation – RB 2008 Nr. 10, E. 2.4 (VB.2008.00262 = BEZ 2008 Nr. 50).
[211] RB 1989 Nr. 9.
[212] Vgl. zum Folgenden auch RUCKSTUHL, Rechtsschutz, S. 297.
[213] VGr, 10.5.2012, VB.2012.00157, E. 2.4. Vgl. im Einzelnen RB 1982 Nr. 19; 1982 Nr. 17; vgl. auch RB 1988 Nr. 6, E. 2.

Legitimation nur mit einer Adressangabe belegt hat, den erforderlichen Nachweis zu erbringen. Der Mieter, der als Nachbar ein Rechtsmittel erhebt, hat zudem darzulegen und jedenfalls auf Aufforderung hin nachzuweisen, dass das Mietverhältnis unbefristet oder zumindest auf genügend lange Dauer angelegt und nicht gekündigt ist[214]. Das *schutzwürdige Interesse* muss mehr oder weniger ausführlich dargetan werden, je nach der Distanz und den weiteren räumlichen Gegebenheiten, dem vorgebrachten Interesse sowie den geltend gemachten Einwirkungen und Rügen (vgl. auch N. 56). Laut Verwaltungsgericht genügt die bloss geltend gemachte und aufgrund einer summarischen Würdigung nicht auszuschliessende Beeinträchtigung[215] – was wohl noch weniger streng ist als die in der Regel verlangte Glaubhaftmachung (vgl. N. 39). Es muss jedoch ersichtlich sein, inwiefern die allfällige Baubewilligung die konkreten eigenen Interessen des betreffenden Nachbarn beeinträchtigt; die blosse Aufzählung eines Katalogs denkbarer Nachteile genügt nicht, wenn diese nicht konkret den einzelnen Anfechtenden zugeordnet werden können[216]. An die Darlegung des Anfechtungsinteresses sind nur geringe Anforderungen zu stellen, wenn aufgrund der bestehenden Sach- und Rechtslage ohne weiteres ersichtlich ist, dass das Bauvorhaben in seiner konkreten Ausgestaltung die Interessen des Nachbarn unmittelbar berührt[217]. Dies ist namentlich der Fall, wenn der Nachbar sich auf die Verletzung von Bestimmungen beruft, denen nicht nur öffentliche Interessen zugrunde liegen, sondern die auch seinem Schutz dienen. Wenn die Betroffenheit nicht offensichtlich ist, muss sie substanziiert werden; so muss die Betreiberin eines Autohauses darlegen, weshalb die Zunahme des Motorfahrzeugverkehrs für sie einen Nachteil darstelle[218]. Ist der Beschwerdeführer nicht Grundeigentümer, muss der Zusammenhang zwischen dem Rechtsverhältnis, dem seine Berechtigung entspringt, und den behaupteten Nachteilen belegt werden, sofern er nicht offensichtlich ist[219]. Der Mieter muss etwa darlegen, inwiefern der Wert seiner eigenen Wohnung geschmälert würde; er kann sich nicht darauf beschränken, Nachteile für das Nachbargrundstück als solches geltend zu machen[220].

ee) Anfechtung kommunaler Nutzungspläne

69 Bei der **Anfechtung von kommunalen Nutzungsplänen** richtet sich die Legitimation ebenfalls nach § 338a PBG. Sie entspricht grundsätzlich derjenigen bei der Anfechtung von Baubewilligungen, soweit die Nutzungspläne individuell-konkrete Anordnungen enthalten[221]. Soweit sie Erlasse darstellen, richtet sich die Legitimation nach den entsprechenden Grundsätzen (N. 32 ff.), womit insbesondere die virtuelle Betroffenheit ausreicht[222]. Bei der Totalrevision der Nutzungsplanung dürfen die Grundeigentümer die

---

[214] VGr, 25.4.2012, VB.2012.00025, E. 2.1; RB 1986 Nr. 10. Das Verwaltungsgericht spricht von «langer Dauer»; darunter muss eine Dauer verstanden werden, die eine Betroffenheit des Mieters möglich erscheinen lässt; vgl. BGr, 15.11.2012, 1C_307/2012, E. 3.3.
[215] VGr, 4.4.2012, VB.2011.00589, E. 1.2, wo dies als ständige Rechtsprechung bezeichnet wird; vgl. auch RB 1988 Nr. 6, E. 2.
[216] RB 1986 Nr. 10.
[217] VGr, 25.1.2012, VB.2011.00559, E. 2; vgl. auch VGr, 25.10.2011, VB.2011.00483, E. 4.2 f.
[218] VGr, 11.3.2009, VB.2008.00551, E. 2.
[219] RB 1981 Nr. 13 (BEZ 1981 Nr. 34, E. 3).
[220] RB 1986 Nr. 10.
[221] Vgl. RB 2008 Nr. 10, E. 2.4 (VB.2008.00262 = BEZ 2008 Nr. 50).
[222] BGE 133 II 353, E. 3.3; KIENER, Beschwerde, S. 239. Beispiel: BGr, 14.8.2007, 1C_57/2007, E. 3.3.

Überprüfung der ihre Parzellen betreffenden Anordnungen selbst dann verlangen, wenn die bisherige Ordnung beibehalten wird[223]. Ein schutzwürdiges Interesse an Anträgen in Bezug auf Grundstücke, die nicht im Eigentum der Rekurrierenden bzw. Beschwerdeführenden stehen, kann sich auch aus dem Gesichtspunkt der Bildung planerisch sinnvoller Einheiten ergeben[224]. Auch Mietern kann die Beschwerdebefugnis zukommen[225]. Zugleich unterstehen Nutzungspläne der Gemeindebeschwerde nach § 151 GG, weshalb auch die Stimmberechtigten der betreffenden Gemeinde zu ihrer Anfechtung legitimiert sind (vgl. dazu N. 92)[226].

b) Konkurrierende

Die Bundesgerichtspraxis zur Beschwerde Konkurrierender kann heute als gefestigt bezeichnet werden. Ihr zufolge begründen die blosse Konkurrierendenstellung bzw. die Befürchtung, verstärkter Konkurrenz ausgesetzt zu sein, kein schutzwürdiges Interesse an der Anfechtung von Erlassen und Anordnungen, die andere Konkurrierende begünstigen. Diese Art von Berührtsein entspricht vielmehr dem Prinzip des freien Wettbewerbs; im freien Markt greift *Konkurrenz* als solche grundsätzlich *nicht in genügendem Mass* in die Interessen der Wettbewerbsteilnehmenden ein. Erforderlich ist vielmehr eine **schutzwürdige besondere Beziehungsnähe,** die sich aus der anwendbaren gesetzlichen Ordnung ergibt[227]. Eine solche wird in folgenden Konstellationen bejaht: Zum einen, wenn sie aus einer *wirtschaftspolitischen oder sonstigen besonderen Regelung* folgt, mit der gerade das Konkurrenzverhältnis zwischen verschiedenen Gewerbetreibenden geregelt wird (N. 71); zum andern, wenn das *Gebot der Gleichbehandlung der Konkurrierenden* angerufen wird, indem geltend gemacht wird, gesetzliche Vorschriften würden Konkurrierende ungleich behandeln oder ungleich auf sie angewendet (N. 72)[228].

Bei der **besonderen gesetzlichen Ordnung,** die eine genügende Beziehungsnähe schafft, kann es sich um eine Regelung handeln, die gerade dem Schutz der betreffenden Wirtschaftssubjekte dient. Dies trifft bei speziellen Zulassungsordnungen für Produkte oder Produzierende zu, namentlich wenn der Schutz von Ursprungsbezeichnungen streitig ist[229]. Auch Kontingente, Monopole oder Bedürfnisklauseln schaffen eine solche Beziehungsnähe[230]; dasselbe gilt von der Kartellgesetzgebung[231]. Das Bundesgericht bejahte etwa ein besonderes Berührtsein aufgrund einer – nicht wirtschaftspolitisch motivierten – Bedürfnisprüfung, weil die Behörde konkurrierende Gesuche gegeneinander abwägen könne[232], woraus geschlossen werden kann, dass die Legitimation auch gegeben

---

[223] BGr, 10.6.2008, 1C_50/2008, E. 1; BGE 115 Ia 85, E. 3b aa.
[224] RB 2007 Nr. 9, E. 1.2 (VB.2006.00289).
[225] Vgl. BGr, 4.4.2006, 1A.140/2005, E. 3.3; offen gelassen in VGr, 4.12.2003, VB.2002.00376, E. 4b.
[226] VGr, 21.4.2011, VB.2010.00309, E. 1.3; zur Begründung RB 2002 Nr. 74, E. 2b, m.H. (VB.2001.00245).
[227] BGr, 3.7.2012, 2C_485/2010, E. 1.2.4; BGE 127 II 264, E. 2c.
[228] BGr, 17.1.2013, 2C_579/2012, E. 3.3; zum Ganzen auch BGE 139 II 328, E. 3.3.
[229] Vgl. BGE 135 II 243, E. 1.2 (abstrakte Normenkontrolle); BGr, 29.10.2010, 2C_852/2009, E. 1.1 und 6.2; BGr, 26.2.2010, 2C_816/2008, E. 2.
[230] Vgl. BGr, 20.5.2010, 2C_694/2009, E. 1.1 (konzessioniertes Glücksspiel); BGr, 17.2.2006, 1A.253/2005, E. 2.1.1 (Einfuhrkontingente).
[231] BGE 139 II 328, E. 3 f., zu den Voraussetzungen der Legitimation im kartellrechtlichen Untersuchungsverfahren.
[232] BGE 127 II 264, E. 2h; vgl. auch WALDMANN, in: Basler Kommentar BGG, Art. 89 N. 25.

§ 21

72 Im Übrigen lässt die Praxis die Beschwerde Konkurrierender nur zu, soweit sich diese auf das Gebot der **Gleichbehandlung direkter Konkurrierender** nach Art. 27 Abs. 1 BV berufen können und geltend machen, Konkurrierende würden privilegiert, also rechtsungleich behandelt[233]. Direkte Konkurrierende sind Angehörige der gleichen Branche, die sich mit dem gleichen Angebot an das gleiche Publikum richten, um das gleiche Bedürfnis zu befriedigen[234]. Die Rüge muss darauf hinauslaufen, es werde der Konkurrenz etwas erlaubt, was der beschwerdeführenden Person selber verwehrt werde[235]. Sodann kann die Praxis zur Anfechtung von Erlassen durch Personen, die nicht Adressaten der beanstandeten Bestimmungen sind, wegen rechtsungleicher Begünstigung Dritter anwendbar sein[236]. Es ist davon auszugehen, dass der dabei in der Regel vorausgesetzte Zusammenhang zwischen der gerügten Privilegierung Dritter und der eigenen Situation – bzw. zwischen dem den Dritten gewährten Vorteil und einem bei der beschwerdeführenden Person eintretenden Nachteil – sich von selbst versteht und nicht eigens dargetan werden muss, wenn die Beschwerde von direkten Konkurrierenden erhoben wird.

sein kann, wenn die konkurrenzschützende Funktion nicht eigentlicher Zweck der anwendbaren Regelung ist.

73 Im Gegenzug **reichen folgende Elemente nicht aus,** um das notwendige Berührtsein zu begründen: Ein direktes Konkurrenzverhältnis genügt, für sich allein genommen, nicht[237]; es berechtigt zum Beispiel nicht dazu, der Konkurrenz erteilte Baubewilligungen[238] oder Polizeibewilligungen, die den Marktzutritt gestatten[239], anzufechten. Zwar liessen sich rechtswidrige Bewilligungen durchaus als verfassungswidrige Privilegierung auffassen, doch will die Praxis ihre Anfechtung durch Konkurrierende aus nachvollziehbaren praktischen Gründen ausschliessen[240]. Die Legitimation wird auch nicht durch ein besonderes faktisches Konkurrenzverhältnis begründet[241]. Ebensowenig genügt die Befürchtung der Anfechtenden, zum Beispiel wegen der Zulassung neuer Konkurrenzprodukte einen Umsatzrückgang zu erleiden[242]. Umso mehr ist die Rechtsmittellegitimation

---

[233] BGr, 3.7.2012, 2C_485/2010, E. 1.2.4; BGr, 23.9.2011, 2C_53/2009, E. 3.8 (ZBl 2012, 194 ff.); BGE 127 II 264, E. 2c; vgl. auch BGE 125 I 7, E. 3g cc.
[234] Z.B. BGE 132 I 97, E. 2.1; 125 II 129, E. 10b; vgl. MÜLLER/SCHEFER, Grundrechte, S. 1056 ff.
[235] BGr, 2A.19/2006, 24.5.2006, E. 3.3; vgl. auch BGE 125 I 7, E. 3g cc; 123 I 279, E. 3d. Als nach wie vor nicht überholt erscheinen BGE 98 Ib 226, E. 2, und BGE 97 I 591, E. 2, wo die Legitimation der Stadtberner Apotheker zur Anfechtung der Eröffnung einer Apotheke im Hauptbahnhof, der längere Öffnungszeiten zugestanden wurden, bejaht wurde.
[236] BGr, 3.7.2012, 2C_485/2010, E. 1.2.5.
[237] Vgl. z.B. BGr, 3.7.2012, 2C_485/2010, E. 1.2.3 f.; BGr, 7.9.2011, 1C_191/2011, E. 2.5; BGr, 24.5.2006, 2A.19/2006, E. 3.4. Insofern ist RB 1998 Nr. 42 (ZBl 1999, 436 ff.) überholt.
[238] BGE 109 Ib 198 (gewerbliche Sportanlage); RB 1990 Nr. 6 (Apotheke); vgl. auch BGr, 7.9.2011, 1C_191/2011, E. 2.5 (Bewilligung zur Errichtung einer Kies- und Betonwerkanlage auf einem Grundstück des Kantons und zum Kiesabbau). Vorbehalten bleibt gegebenenfalls die Legitimation als Nachbar; BGr, 13.3.2006, 1A.266/2005, E. 1.4.
[239] BGr, 17.1.2013, 2C_579/2012, E. 3.5.
[240] BGr, 17.1.2013, 2C_579/2012, E. 3.5; BGr, 24.5.2006, 2A.19/2006, E. 3; BGE 109 Ib 198, E. 4c.
[241] BGr, 7.9.2011, 1C_191/2011, E. 2.5 (in Bezug auf die Konkurrenz von nur drei regionalen Anbieterinnen). Vgl. immerhin BVGE 2009/17 221, E. 3.3, wo die Praxis zur Konkurrierendenbeschwerde auf das Submissionsverfahren übertragen und bei sogenannten marktordnenden Beschaffungen – d.h. solchen, die einen Markt grundlegend neu ordnen – ein erweitertes Anfechtungsinteresse angenommen wurde.
[242] Z.B. BGr, 26.10.2011, 2C_457/2011, E. 3.3; BGE 123 II 376, E. 5b.

ausgeschlossen, wenn die Betreffenden – ohne dass sie sich auf eine Schutznorm berufen könnten – Dritte von Vorteilen ausschliessen wollen, die ihnen selber zustehen[243]. Nicht jede Regelung des betreffenden Markts stellt eine legitimationsbegründende Sonderordnung dar; die gemeinsame Unterstellung unter irgendeine gesetzliche Ordnung – etwa gesundheits- oder wirtschaftspolizeilicher Natur – genügt nicht[244]. So schafft eine Beaufsichtigung des Marktes noch keine genügend enge Beziehung zwischen den Gewerbetreibenden[245]. Die Berufung auf eine besondere wirtschaftspolitische Regelung hilft sodann nichts, wenn kein genügender Zusammenhang zwischen dieser und der angefochtenen Anordnung besteht[246]. Fehlt ein besonderes Berührtsein, so genügt es nicht, wenn sich die Anfechtenden bloss auf das allgemeine Interesse an der korrekten Anwendung der generell geltenden Vorschriften auf alle Wirtschaftsteilnehmenden berufen[247], wenn sie öffentliche Interessen (wie etwa den Konsumentenschutz oder die Lauterkeit des Handelsverkehrs) geltend machen[248] oder den Qualitätsstandard in der Branche verteidigen wollen[249].

Unter Berufung auf diese Grundsätze verneinte die **Praxis** etwa mangels eines schutzwürdigen Interesses die Legitimation von Apothekern gegen die Bewilligung für eine Versandapotheke[250], einer Inspektionsstelle für Schausteller und Zirkusbetreiber gegen die Zulassung einer Konkurrentin[251], der Hersteller und Vertreiber von Sojaprodukten gegen die Zulassung von Lebensmitteln aus gentechnisch veränderter Soja[252], verschiedener Lebensmittelproduzenten gegen die Bewilligung zum Inverkehrbringen von Produkten, die nach ausländischen technischen Vorschriften hergestellt werden (Cassis-de-Dijon-Prinzip)[253] sowie von Liegenschaftsverwaltungen und -eigentümern gegen Baurechtsverträge der Stadt Zürich mit Wohnbaugenossenschaften[254]. Das Bundesgericht bejahte die Legitimation von Versicherungsgesellschaften zur Anfechtung eines kantonalen Gesetzes, das der kantonalen Sachversicherungsanstalt gestattete, ausserhalb ihres Teilmonopols im Wettbewerb tätig zu sein, womit das Vorliegen einer wettbewerbsverzerrenden und verfassungswidrigen Privilegierung in Frage stand[255]. Dagegen verwehrte es den Versicherungsgesellschaften die Rechtsmittelbefugnis gegenüber einer Bewilligung der FINMA, mit welcher diese einer kantonalen Gebäudeversicherungsanstalt die Aus-

---

[243] BGr, 3.7.2012, 2C_485/2010, E. 1.2.4.
[244] BGE 125 I 7, E. 3g bb.
[245] BVGr, 12.12.2011, B-4405/2011, E. 2.6 (geschützt durch BGr, 3.7.2012, 2C_94/2012).
[246] BGr, 10.5.2012, 2C_854/2011, E. 3.3 f.
[247] BGr, 3.7.2012, 2C_485/2010, E. 1.2.4.
[248] BGr, 26.10.2011, 2C_457/2011, E. 3.3.
[249] BGE 125 I 7, E. 3f.
[250] Vgl. BGE 125 I 7, E. 3g: die Verneinung des schutzwürdigen Interesses durch die Vorinstanz war zumindest nicht willkürlich.
[251] BGr, 24.5.2006, 2A.19/2006, E. 3, unter Distanzierung von BGE 99 Ib 104, E. 1, wo die Legitimation einer zur Bankenrevision berechtigten Treuhandgesellschaft zur Anfechtung der Zulassung einer Konkurrentin bejaht worden war.
[252] BGE 123 II 376, E. 5b.
[253] BGr, 10.5.2012, 2C_854/2011, E. 3.3 f.; BGr, 26.10.2011, 2C_457/2011, E. 3.3; BGr, 22.8.2011, 2C_348/2011, E. 2.3.
[254] BGr, 15.4.2010, 1C_455/2009, E. 1.2.4, allerdings unter Hinweis auf die mangelhafte Substanziierung des Vorbringens.
[255] BGr, 3.7.2012, 2C_485/2010, E. 1.2.5.

übung der Versicherungstätigkeit gestattet hatte, weil es sich um eine reine Polizeibewilligung handelte, die keinen Zusammenhang zum kantonalen Monopol aufwies[256]. Verschiedentlich hatte die Rechtsprechung gerade mit Bezug auf das Zürcher Recht die Frage zu beantworten, ob den *Apothekern* die Beschwerdebefugnis gegen Erlasse betreffend die Selbstdispensation durch *Ärzte* oder gegen entsprechende Bewilligungen zustehe. Die Legitimation hängt davon ab, ob das kantonale Recht eine Schutznorm zugunsten der Apotheker kennt; dies trifft auf § 25a GesG in der Fassung vom 2. Mai 2011 im Gegensatz zum früheren Recht nicht mehr zu[257]. Bevor der früheren Regelung diese Schutzfunktion aufgrund einer Praxisänderung des Bundesgerichts zuerkannt worden war, war die Legitimation der Apotheker verneint worden, weil keine direkte Konkurrenz zwischen Apothekern und Ärzten bestehe und keine Privilegierung vorliege[258].

75 Als **Stellungnahme:** Die Rechtsprechung zur Legitimation von Konkurrierenden nähert das schutzwürdige Interesse im Ergebnis dem rechtlich geschützten Interesse an. Eine derartige Einschränkung in Bezug auf eine bestimmte Fallgruppe erscheint grundsätzlich nicht unzulässig. Allerdings zieht die Praxis eher rigide Schlüsse aus der Entscheidung des Bundesverfassungsgebers für das Prinzip des freien Wettbewerbs (Art. 94 Abs. 1 BV): Zwar ergibt sich daraus ohne weiteres, dass Konkurrenz als solche kein Anfechtungsinteresse begründet, doch kann nicht zwingend gefolgert werden, dass ihre Auswirkungen auf die individuellen Marktteilnehmenden in gar keinem Fall relevante faktische Nachteile darstellen können. Die Lehre kritisiert denn auch teilweise, dass die Legitimation an den allfälligen Schutzzweck der anwendbaren gesetzlichen Ordnung angeknüpft wird, und schlägt etwa vor, die Beschwerdelegitimation von einer *Beeinträchtigung in der Wettbewerbsstellung* abhängig zu machen[259]. Obwohl auch dieses Kriterium Abgrenzungsfragen aufwirft, wäre zu prüfen, ob es alternativ zu den heutigen Kriterien – im Sinn eines Auffangtatbestands – als legitimationsbegründend anerkannt werden sollte. Jedenfalls wäre eine *bedeutende faktische Verschlechterung der wirtschaftlichen Position* vorauszusetzen, damit der Rechtsweg zur Anfechtung von Polizeibewilligungen durch Branchenmitglieder grundsätzlich ausgeschlossen bliebe.

c) Konsumentinnen und Konsumenten

76 Das Bundesgericht verneinte die Beschwerdelegitimation von **Konsumentinnen und Konsumenten,** welche die Zulassung genmanipulierter Soja anfochten, mangels genügend konkreter Gefährdung und mangels genügender Beziehungsnähe[260].

---

[256] BGr, 3.7.2012, 2C_94/2012, E. 2.
[257] BGr, 17.1.2013, 2C_579/2012, E. 3.4; vgl. auch BGr, 23.9.2011, 2C_53/2009, E. 1.3 (ZBl 2012, 194 ff.); BGE 131 I 205, E. 2.3; vgl. auch BGE 119 Ia 433, E. 2c.
[258] Zur Praxisänderung vgl. BGE 131 I 205, E. 2.3; dazu auch VGr, 13.7.2005, VB.2005.00229, E. 3.2. Zur früheren Praxis vgl. RB 1999 Nr. 28; 1998 Nr. 42 (ZBl 1999, 436 ff.); die kantonale Praxis war in BGr, 15.6.1999, 2P.195/1998, E. 4 (ZBl 2000, 533 ff.), als nicht willkürlich bezeichnet worden. Zur Verneinung der direkten Konkurrenz (unter Vorbehalt des sogenannten Handverkaufs) vgl. BGr, 23.9.2011, 2C_53/2009, E. 3.8 (ZBl 2012, 194 ff.); BGE 131 I 198, E. 2.6, m.H.
[259] HÄNER, Die Beteiligten, N. 739 ff.; MARKUS SCHOTT, Anmerkungen [zu BGr, 23.9.2011, 2C_53/2009], ZBl 2012, 203 ff., 204.
[260] BGE 123 II 376, E. 4b; vgl. auch BVGr, 28.3.2012, C-465/2011, E. 2.3.5.

4. Im Sinn der Verfügungsadressaten intervenierende Dritte

a) Praxisübersicht

Dritte können unter bestimmten Voraussetzungen befugt sein, Verfügungen anzufechten, welche die **Verfügungsadressaten belasten**[261]. Die Praxis erscheint kaum völlig kohärent, und das Bundesgericht bekennt sich auch zur *pragmatischen, einzelfall- bzw. fallgruppenspezifischen Betrachtung*[262]. Vor allem in Bezug auf ältere Entscheide kann im Übrigen fraglich sein, inwieweit der Rechtsprechung präjudizielle Wirkung zukommt. Die Schwierigkeiten bei der Erfassung der «Drittbeschwerde pro Adressat»[263] rühren nicht zuletzt daher, dass sie einerseits **keine einheitliche Kategorie** darstellt und dass anderseits die dogmatischen Fragen, die unter diesem Titel abgehandelt werden, sich auch in anderen Fällen stellen (vgl. N. 86 ff.). Zudem ist diese häufig verwendete Bezeichnung missverständlich, weil die Drittperson von vornherein nur ihre eigenen Interessen vertreten darf (die denjenigen des Adressaten entsprechen können), nicht aber ausschliesslich diejenigen des Adressaten[264].

77

In der Praxis lassen sich folgende **Grundsätze** ausmachen: Die Legitimation setzt voraus, dass sich der geltend gemachte Nachteil *unmittelbar für den anfechtenden Dritten* ergibt und nicht bloss eine Folge des dem Adressaten durch die Verfügung gebotenen Handelns ist[265]. Könnte der Dritte einen für ihn günstigen Entscheid gegenüber dem Adressaten überhaupt nicht durchsetzen, ist seine Legitimation zu verneinen[266]. Insbesondere wenn der Verfügungsadressat sich mit der belastenden Verfügung abgefunden hat, wenn also der Dritte nicht *parallel* zum Adressaten, sondern *statt* diesem den Prozess führen will, dürfte der Dritte im Allgemeinen keinen praktischen Nutzen am Ausgang des Prozesses geltend machen können.

78

Eine wichtige **Fallgruppe,** die oft unter dem Titel der «Drittbeschwerde pro Adressat» abgehandelt wird, stellen Beschwerden von Dritten dar, die sich aufgrund ihres **Verhältnisses zum Verfügungsadressaten** am Verfahrensausgang interessiert zeigen. Allerdings gilt die *bloss an Geschäftsbeziehungen interessierte* bzw. *vertraglich mit dem Adressaten verbundene* Drittperson als in der Regel nicht legitimiert[267]. Die *Gläubigereigenschaft* reicht ebenfalls nicht aus[268]. Die Rechtsprechung verneint entsprechend die Befugnis der Aktionäre zur Beschwerde gegen Massnahmen, die sich gegen die AG richten[269], der Ge-

79

---

[261] Vgl. zum Folgenden auch die Praxisübersichten in BGr, 2.2.2011, 2C_762/2010, E. 4.3, und BVGr, 13.8.2009, A-5646/2008, E. 4.4.3 f.
[262] BGr, 2.2.2011, 2C_762/2010, E. 4.4.
[263] GYGI, Bundesverwaltungsrechtspflege, S. 161.
[264] Vgl. PFLÜGER, Legitimation, N. 176 f.
[265] Z.B. VGr, 17.12.2008, VB.2007.00398, E. 3.3, m.H.; RB 1998 Nr. 11 (ZBl 1999, 444 ff. = BEZ 1999 Nr. 10); 1984 Nr. 12.
[266] Vgl. BVGr, 13.8.2009, A-5646/2008, E. 4.5 f.
[267] JOST, Rechtsschutz, S. 541 f.; WALDMANN, in: Basler Kommentar BGG, Art. 89 N. 29; BGE 101 Ib 108, E. 2a; 99 Ib 377, E. 1b.
[268] Vgl. BGE 134 V 153, E. 5.3.2.3, m.H.
[269] BGr, 27.8.2013, 2C_1158/2012, E. 2.3.3, m.H.; BGE 131 II 306, E. 1.2.2, m.w.H.; 124 II 581, E. 1 (ausnahmsweise bejaht); 116 Ib 331, E. 1c (offen gelassen in Bezug auf die Holding); vgl. auch zur Verneinung der Rechtsmittelbefugnis von Aktionären und Financiers ausländischer Grundstückskäufer in Bezug auf Verfügungen gemäss BewG: BGE 101 Ib 383, E. 1b, und den Hinweis in BGE 131 II 649, E. 3.4 (überholt BGE

§ 21

nossenschaftsmitglieder gegen Verfügungen, welche die Genossenschaft belasten[270], und der Besitzer von Anteilscheinen gegen Verfügungen im Verfahren gegen den betreffenden Anlagefonds[271]. In allen diesen Fällen wurde das Interesse der Beschwerdeführenden bloss als mittelbar und deshalb unzureichend klassiert; vorbehalten bleibt ein eigenes und unmittelbares schutzwürdiges Interesse an einer bestimmten Massnahme[272]. Weil eine *vertragliche Verbindung* mit dem Verfügungsadressaten als solche nicht genügt, sind etwa Architekten, Bauunternehmungen und Handwerker nicht zur Anfechtung der Verweigerung einer Baubewilligung[273] sowie die Arbeitnehmenden und Lieferanten eines im Submissionsverfahren unterlegenen Anbieters nicht zur Anfechtung des Zuschlags legitimiert[274]. Die Rückversicherung ist nicht beschwerdelegitimiert im Verfahren um die Leistungspflicht der Versicherung[275]. In Bezug auf die Frage, ob die Möglichkeit eines *haftungsrechtlichen Rückgriffs* der davon betroffenen Person ein Anfechtungsinteresse verschafft, erscheint die Praxis tendenziell ablehnend[276]. Jedenfalls ist die Legitimation des Dritten bei Vorliegen einer *Solidarhaftung* zu bejahen[277]. Die Anweisung der Aufsichtsbehörde gegenüber einer Versicherungsgesellschaft, gegen ihre Organe Zivilklage zu erheben, kann von den Betreffenden bereits mangels eines schutzwürdigen Interesses nicht angefochten werden[278].

80 In manchen Fällen wurde allerdings die Legitimation Dritter *aufgrund vertraglicher Verbindungen anerkannt*. So bejahte das Bundesgericht die Legitimation einer Grundstücksverkäuferin gegen die Verweigerung der Rodungsbewilligung, weil der Käufer einen Grundlagenirrtum geltend machen könne[279]. Das Bundesgericht hiess ein Beiladungsgesuch der SBB im Streit zwischen Gewerkschaften und Bahnhofsläden um die Bewilligungspflicht für Sonntagsarbeit gut, weil der Verfahrensausgang nicht näher bezeichnete «unmittelbare Auswirkungen auf die mietrechtlichen Beziehungen der SBB zu den be-

---

112 Ib 241, E. 1b, und BGE 110 Ib 105, E. 1d, wo die Legitimation der Treugeber bzw. des Alleinaktionärs bejaht wurde).
[270] Rekurskommission EVD, 31.8.1994, E. 4.2 (VPB 1995 Nr. 105).
[271] Vgl. BGE 120 Ib 351, E. 3b.
[272] BGr, 2.2.2011, 2C_762/2010, E. 4.3.2; BGE 120 Ib 351, E. 3b. Ein schutzwürdiges Interesse wurde in BGE 98 Ib 53, E. 4, bejaht.
[273] Vgl. BGE 99 Ib 377, E. 1b; vgl. auch BGr, 6.10.2009, 1C_260/2009, E. 4.3 f., wo offen gelassen wurde, ob die Architektin als Urheberin eines Bauwerks befugt sei, sich gegen eine Rückbauverfügung zu wehren.
[274] BGr, 8.6.2001, 2P.42/2001, E. 2e bb (ZBl 2002, 146 ff.); RB 1998 Nr. 11 (ZBl 1999, 444 ff. = BEZ 1999 Nr. 10). Vgl. auch RB 1973 Nr. 7.
[275] Vgl. BGE 106 V 187, E. 3.
[276] In BGE 116 II 136, E. 5, wurde für «das besondere Verfahren der Grundbuchbeschwerde» die Legitimation des Notars gegen die Verweigerung einer Eintragung besonders im Hinblick auf eine allfällige Verantwortlichkeitsklage bejaht. Grundsätzlich reicht aber die ungewisse Möglichkeit einer Haftungsklage, besonders einer Staatshaftungsklage, nicht aus: BGE 135 V 382, E. 3.3.1; 133 II 400, E. 2.4.2. – VGr, 9.7.2003, VB.2003.00189, E. 1c, m.H., verneint eine Beiladung zweier potenzieller Schuldnerinnen im Streit um die Wiedereintragung einer gelöschten Gesellschaft ins Handelsreister.
[277] Vgl. z.B. BVGr, 31.10.2011, A-1634/2011, E. 1.2.2 (Zollschuld); vgl. auch BGr, 27.12.2012, 9C_752, 775 und 777/2012, E. 4.1 f. (Schadenersatzforderung). Gegenbeispiel: BRK II, 4.3.2008, 26/2008, E. 7.2 (BEZ 2008 Nr. 33; einzelne Stockwerkeigentümer, wenn die Gemeinschaft Schuldnerin ist).
[278] BGE 131 II 587, E. 4.1. Vgl. N. 20.
[279] BGE 98 Ib 368, E. 1. Vgl. auch BGE 110 Ib 93, E. 1b (wo allerdings die Verkäuferin auch eine Kostenpflicht für eine behördliche Ersatzvornahme zu gewärtigen hatte); Art. 20 Abs. 2 lit. a BewG, der dem Veräusserer und dem Erwerber das Beschwerderecht einräumt. Vgl. auch N. 66.

schwerdeführenden Betrieben» habe[280]. Und das Bundesverwaltungsgericht trat auf die Beschwerde einer Schweizer Abnehmerin gegen die Verweigerung einer Einfuhrbewilligung gegenüber der ausländischen Vertragspartnerin ein[281]. Teils ergibt sich die Legitimation aus der gesetzlichen Regelung; so ist laut Art. 11 Abs. 3 AuG der Antrag auf eine Bewilligung zur unselbständigen Erwerbstätigkeit von der Arbeitgeberschaft zu stellen, womit dieser Parteistellung im Verfahren zukommt[282].

In weiteren Fällen, in denen die Praxis die Beschwerdebefugnis bejaht hat, steht das **unmittelbare Berührtsein der Drittperson** im Vordergrund, selbst wenn es teilweise ebenfalls auf deren Verhältnis zum Verfügungsadressaten zurückzuführen sein mag. Im Einzelnen: Ein betroffener Mieter ist zur Anfechtung einer Stromliefersperre berechtigt, die wegen Zahlungsrückständen des Liegenschaftseigentümers verhängt wird, jedenfalls wenn er sich auf eine Schutznorm stützen kann[283]. Die Herstellerin eines alkoholhaltigen Getränks kann gegen dessen Beschlagnahme, die gegenüber einer Verkaufsstelle verfügt wurde, auf dem Rechtsweg vorgehen[284]. Gegen das Verbot der öffentlichen Vorführung eines Films kann sich auch der Filmverleiher zur Wehr setzen[285]. Gegen ein Vertretungsverbot, das gegenüber einem Anwalt ausgesprochen wurde, kann auch der betroffene Mandant auf dem Rechtsmittelweg vorgehen[286]. Eine als Pflegemutter wirkende Grossmutter war im eigenen Namen zur Geltendmachung der Alimentenbevorschussung legitimiert, weil die Unterhaltsbeiträge direkt an sie zu leisten waren und der Deckung der Pflegeplatzkosten dienten[287]. Offen gelassen hat das Verwaltungsgericht, ob ein Spital als Leistungserbringer die Verfügung der Sozialhilfebehörde betreffend Kostengutsprache anfechten kann, wobei im betreffenden Fall die Verpflichtung zur Behandlung nicht feststand[288]. Ebenso offen blieb, ob die von der Sozialbehörde gegenüber einem Sozialhilfeempfänger ausgesprochene Verpflichtung zur Erbteilung von einem anderen Erben angefochten werden kann[289].

81

Zur **Beschwerde an die Stiftungsaufsichtsbehörde** sind die tatsächlichen und die potenziellen *Destinatäre* legitimiert[290]; diese Praxis stellt allerdings einen Sonderfall dar, da sie

82

---

[280] BGr, 22.3.2002, 2A.256/2001, E. 1.2. Die direkte Ableitung des Interesses aus der Eigentümerstellung wäre wohl überzeugender gewesen.
[281] BVGE 2008/31 453, E. 3.2 f.
[282] PHILIPP EGLI/TOBIAS D. MEYER, in: Martina Caroni/Thomas Gächter/Daniela Thurnherr (Hrsg.), Stämpflis Handkommentar Bundesgesetz über die Ausländerinnen und Ausländer (AuG), Bern 2010, Art. 11 N. 14. Vgl. auch Art. 18 lit. b AuG.
[283] BGE 137 I 120, E. 2.1 und 5.4–5.6; der Beschwerdeführer wurde teils als mitbetroffener Dritter, teils als direkter Adressat bezeichnet.
[284] VGr, 31.5.2007, VB.2007.00101, E. 1.2.
[285] RB 1965 Nr. 6.
[286] BGE 138 II 162 (Pra 2012 Nr. 108; Praxisänderung).
[287] VGr, 31.10.2005, VB.2005.00311, E. 2.1 (nicht publiziert). Vgl. auch BGE 107 Ib 43, E. 1: Der Widerruf von Subventionen für die Erstellung eines Gebäudes kann von der Hypothekargläubigerin angefochten werden, weil die Subventionen zweckgebunden sind und deshalb notwendigerweise der betreffenden Bank zugute kommen werden; eine Distanzierung von diesem Entscheid findet sich in BGE 109 Ib 198, E. 4c.
[288] VGr, 23.6.2005, VB.2005.00027, E. 1.2. Vgl. zum Sozialversicherungsrecht: WALDMANN, in: Basler Kommentar BGG, Art. 89 N. 29a; BGE 134 V 153, m.w.H.
[289] VGr, 4.12.2008, VB.2008.00394, E. 2.2.
[290] BGr, 2.2.2011, 2C_762/2010, E. 4.3.3 (m.H. auf besondere Regelungen in der beruflichen Vorsorge); BVGr, 29.4.2008, B-3867/2007, E. 1.3; BGE 110 II 436, E. 2; 107 II 385, E. 3 f.

aus historischen Gründen nicht in Koordination mit den Grundsätzen des Verwaltungsprozesses entwickelt wurde.

83 Im **Ausländerrecht** lässt die Praxis anwesenheitsberechtigte Drittbetroffene anscheinend ohne weiteres – und ohne nähere Begründung – zur Beschwerde selbst anstelle des Adressaten zu. Dabei mögen praktische Gründe eine Rolle spielen, doch liesse es sich damit rechtfertigen, dass die Grundrechte der Betreffenden direkt tangiert sind. Das gilt etwa für die Ehegattin eines Ausländers, die durch dessen Ausweisung direkt in ihrem Familienleben nach Art. 8 EMRK und Art. 13 Abs. 1 BV betroffen ist[291], aber in der Regel auch für Gastgeber und Garanten, wenn eine Einreisebewilligung in Frage steht[292].

84 Im **Baubewilligungsverfahren** können Dritte mangels eines aktuellen Interesses in der Regel nicht gegen die Verweigerung einer Baubewilligung vorgehen, mit welcher der Adressat sich abgefunden hat. Unter Vorbehalt einer direkten Betroffenheit durch die Anordnung gilt dies sowohl für den Grundeigentümer, wenn dieser nicht Baugesuchsteller ist[293], als auch für die Gemeinde, die einen solchen Rechtsmittelentscheid anficht[294]. Ebenso wurde einer Mieterin, die sich gegen eine Landabtretung für ein Strassenprojekt zur Wehr setzen wollte, die Beschwerdebefugnis abgesprochen, weil die Eigentümerin der Abtretung zugestimmt hatte und nur geringfügige Nachteile hinzunehmen waren[295].

85 Zur Rechtsmittelerhebung gegen die **Verweigerung der unentgeltlichen Rechtspflege** ist laut Bundesgericht und zivilprozessualer Lehre grundsätzlich nur die vertretene Partei, nicht aber der Rechtsbeistand (im eigenen Namen) befugt[296]. Nur der Rechtsbeistand darf dagegen ein höheres Honorar beantragen; die Mandantschaft ist nicht betroffen, weil der Rechtsbeistand ihr nicht zusätzlich Rechnung stellen darf. Die Mandantschaft hat allerdings ein schutzwürdiges Interesse, ein tieferes Honorar zu beantragen, weil sie nach § 16 Abs. 4 zur Nachzahlung verpflichtet ist[297]. Aufgrund möglicher Interessenkonflikte darf nur die vertretene Partei die Höhe der **Parteientschädigung** anfechten[298].

---

[291] Zu diesem Fallbeispiel auch GYGI, Beschwerderecht, S. 10 f. So tritt die Praxis auf Rechtsmittel der anwesenheitsberechtigten Personen ein, wenn der Familiennachzug streitig ist; vgl. z.B. BGr, 19.2.2013, 2C_817/2012, E. 1.
[292] Vgl. z.B. BVGr, 24.1.2012, C-4605/2011, E. 1.3; BVGr, 14.6.2011, C-6856/2010, E. 1.3.
[293] VGr, 5.8.2009, VB.2009.00321, E. 1.2 (BEZ 2009 Nr. 54); RB 1984 Nr. 12.
[294] RB 2001 Nr. 10, E. 1 (VB.2000.00382 = BEZ 2001 Nr. 52); 1987 Nr. 2 (BEZ 1987 Nr. 21); 1980 Nr. 5. Vgl. auch BVGr, 13.8.2009, A-5646/2008, E. 4.6.
[295] RB 2006 Nr. 6 (VB.2006.00096), geschützt durch BGr, 4.12.2006, 1P.579/2006.
[296] BGr, 15.9.2005, 5A.8/2005, E. 6.1; BGr, 10.8.1983, E. 1b (Semjud 1984, 49 ff.). Vorbehalten bleiben Fälle, in denen die Rechtsstellung der Rechtsvertretung betroffen ist; eingehend BÜHLER, in: Berner Kommentar ZPO, Art. 121 N. 11 ff. Anders als das Bundesgericht: VGr, 7.12.2007, VB.2007.00286, E. 1.3 (nicht publiziert), unter Hinweis darauf, dass ein öffentlichrechtliches Rechtsverhältnis zwischen Gemeinwesen und Rechtsbeistand in Frage steht.
[297] Vgl. § 16 N. 111, m.H. auf die (teils) abweichende Praxis.
[298] BGr, 18.5.2009, 9C_991/2008, E. 2.2; RB 2004 Nr. 2, E. 1.2.1.

b) Zugrunde liegende Fallkonstellationen

aa) Unmittelbar betroffene Dritte

Bei der «Drittbeschwerde pro Adressat» geht es zum einen um die *unmittelbare Betroffenheit weiterer Personen durch eine den Adressaten belastende Verfügung*. Diese sind unabhängig vom Verhalten des formellen Adressaten rechtsmittellegitimiert, wenn die Anordnung direkt in ihre schutzwürdigen Interessen eingreift. Eine rechtliche Beziehung zwischen Adressat und Drittperson mag oft vorliegen, tritt aber gegenüber der direkten Betroffenheit der Drittperson in den Hintergrund. Im Grundsatz unterscheidet sich diese Form der Betroffenheit Dritter nicht danach, ob die angefochtene Verfügung den Adressaten belastet oder begünstigt und ob die Interessen der Drittperson mit denjenigen des Adressaten ganz, teilweise oder gar nicht übereinstimmen.

86

bb) Aufgrund einer Beziehung zu Direktbetroffenen interessierte Dritte

Unter die «Drittbeschwerden pro Adressat» werden zum andern jene Rechtsmittel Dritter subsumiert, in denen das Interesse des Dritten am Verfahrensausgang nur *durch die Beziehung zu einer Verfahrenspartei oder einer direkt vom Verfahrensausgang betroffenen Person* vermittelt wird. Dabei kann es sich um eine vertragliche oder auch um eine gesetzlich geschaffene Verbindung handeln. Die Konstellation ist auch bei Beschwerden zuungunsten des Adressaten denkbar: So könnte der Zulieferer eines Betriebs, dessen Produkte unter eine geschützte Ursprungsbezeichnung fallen, an einer Beschwerde gegen die Zulassung eines weiteren Produzenten interessiert sein. Im Baubewilligungsverfahren kann sich die Frage stellen, ob obligatorisch an Nachbargrundstücken berechtigte Personen zur Nachbarbeschwerde legitimiert sind (vgl. N. 66). Wenn Arbeitnehmende und Lieferanten eines unterlegenen Submittenten Beschwerde erheben, wirkt das Rechtsmittel sowohl «pro» als auch «contra Adressat», da sowohl der Zuschlagsempfänger als auch die unterlegenen Anbietenden als Adressaten gelten (N. 42).

87

c) Stellungnahme

Das Anfechtungsinteresse der Person, die **aufgrund ihrer Beziehungen zu einer Verfahrenspartei oder einer direkt betroffenen Person** – in der Regel, aber nicht zwingend ein Verfügungsadressat – am Verfahren interessiert ist, entspricht demjenigen der Person, deren Beteiligung am Zivilprozess anhand der Rechtsfiguren der *Nebenintervention* und der *Streitverkündung* (Art. 74 ff. bzw. 78 ff. ZPO) geprüft wird und für die in einzelnen Verwaltungsverfahrens- bzw. -prozessordnungen das Institut der *Beiladung* reserviert wird (Vorbem. zu §§ 21–21a N. 24 ff.). Nach der hier vertretenen, mit Bezug auf die Beiladung umstrittenen Ansicht sind diese Institute im Verwaltungsprozess überflüssig, weil die dahinter stehenden Interessen im Rahmen der Auslegung des Legitimationsbegriffs zu berücksichtigen sind. Dies bedeutet aber umgekehrt, dass der Legitimationsbegriff sich an den Fallkonstellationen zu orientieren hat, die diesen Instituten zugrunde liegen, soweit sie im öffentlichen Prozessrecht zu beachten sind. Der weite Legitimationsbegriff des Verwaltungsprozessrechts macht besondere Kategorien von Beteiligten und besondere Instrumente der Beteiligung (Streitverkündung, Nebenintervention, Beiladung) nur dann überflüssig, wenn die dahinter stehenden relevanten Interessen bei sei-

88

ner Umschreibung berücksichtigt werden[299]. Dies bedeutet nicht, dass die Ergebnisse gleich ausfallen müssen wie im Zivilprozessrecht. Im Einzelnen werden folgende Grundsätze vorgeschlagen:

- Die *vertragliche Bindung* gegenüber einem Verfügungsadressaten sollte – der wohl überwiegenden Praxis entsprechend – allein grundsätzlich nicht ausreichen. Allerdings sollte die Legitimation unter folgenden, kumulativen Voraussetzungen bejaht werden: Erstens muss die angefochtene Anordnung direkt in die vertraglichen Rechte und Pflichten eingreifen bzw. eine vertragliche Wirkung auslösen; zweitens muss der Drittperson dadurch ein Schaden entstehen. Der entgangene Vertragsabschluss oder die Vertragsauflösung sollten jedoch nicht ausreichen[300]. Für den Entscheid über die zivilrechtlichen Folgen steht der Zivilprozess zur Verfügung[301].

- Entsprechend sollten *Forderungen gegenüber der Drittperson,* die aus der angefochtenen Anordnung folgen (etwa vertraglicher oder haftungsrechtlicher Art oder aufgrund gesetzlicher Leistungsansprüche), nur legitimationsbegründend wirken, wenn sie unmittelbar entstehen, wie dies etwa bei der Solidarhaftung, bei bestimmten Leistungsansprüchen des Sozialversicherungsrechts[302] oder auch bei der Regressforderung für die unentgeltliche Rechtspflege nach § 16 Abs. 4 (vgl. § 16 N. 111) der Fall ist. Die Gefahr, dass Haftungsansprüche zu gewärtigen sind, sollte jedoch nicht genügen.

- Entsprechend ist die Legitimation zu bejahen, wenn sich die angefochtene Anordnung gemäss der Ansicht der verfügenden Behörde oder einer Rechtsmittelbehörde *bindend auf weitere Anordnungen über die Rechte und Pflichten der Drittperson auswirken soll,* so dass diese ein mittelbares rechtliches Interesse am Verfahrensausgang hat. Dies gilt denn auch als Grund der Beiladung, wo diese als Rechtsinstitut existiert (Vorbem. zu §§ 21–21a N. 25). Andernfalls kann die Anordnung der Drittperson nicht entgegengehalten werden, womit die Gefahr widersprüchlicher Urteile entsteht. Dies ist je nach den Umständen auch zum Schutz des Verfügungsadressaten zu vermeiden[303]. Vorauszusetzen ist jedoch, dass die Behörde oder das Gericht für den Entscheid über die Rechtsbeziehung zwischen dem Adressaten und der Drittperson zuständig ist.

89 Auf die Frage, ob zwischen der **Beschwerde neben dem Adressaten** und jener **anstelle des Adressaten** ein **Unterschied** zu machen ist, ergibt sich für die beiden hier ausgemachten Kategorien eine unterschiedliche Antwort: Soweit die Legitimation der Drittperson auf deren *unmittelbarem, eigenem Interesse* am Verfahrensausgang beruht, kann sie nicht davon abhängen, dass auch der Verfügungsadressat ein Rechtsmittel erhebt. Wenn die Legitimation vom Verhalten des Verfügungsadressaten abhinge, ist sie generell zu verneinen, weil es in diesem Fall an der Voraussetzung des unmittelbaren Interes-

---

[299] So zu Recht HÄNER, Die Beteiligten, N. 773, in Bezug auf die Nebenintervention.
[300] Anders BVGE 2008/31 453, E. 3.3. Allenfalls weiter gehend HÄNER, Die Beteiligten, N. 765; vgl. zur Problematik auch MERKER, Rechtsmittel, § 38 N. 159 ff.; MERKLI/AESCHLIMANN/HERZOG, Kommentar VRPG, Art. 12 N. 7, Art. 14 N. 3.
[301] Vgl. HÄNER, Die Beteiligten, N. 767.
[302] Vgl. dazu WALDMANN, in: Basler Kommentar BGG, Art. 89 N. 29a.
[303] Vgl. die Fälle, in denen eine versicherte Person alternative Leistungsansprüche gegenüber zwei Leistungserbringern der Sozialversicherung geltend macht: BGr, 6.6.2012, 9C_362 und 366/2012, E. 2; BGE 129 V 132, E. 1.

ses fehlt[304]. Soweit die Drittperson *aufgrund ihres Verhältnisses zu einer Verfahrenspartei oder direkt betroffenen Person* legitimiert ist, muss im Einzelfall geprüft werden, ob nach einem Rechtsmittelverzicht oder -rückzug dieser Person noch ein Rechtsschutzinteresse besteht[305].

Abzulehnen ist schliesslich *das vom Bundesverwaltungsgericht eingeführte Kriterium*, wonach die Drittbeschwerde im Sinn des Adressaten nicht zulässig ist, wenn nicht ein **drohender Nachteil abgewendet** (bzw. ein Vorteil bewahrt), sondern ein **Vorteil erstritten** (bzw. ein bestehender Nachteil beseitigt) werden soll[306]. Mit dieser Differenzierung wird ignoriert, dass jemand bei Bestehen eines Rechtsanspruchs auch Anordnungen, die an andere Personen adressiert sind, auf dem Rechtsmittelweg durchsetzen kann. Zudem schafft sie nicht zu rechtfertigende Unterschiede in Bezug auf die Rechtsmittelbefugnis je nachdem, ob eine erstmalige Anordnung oder ein Widerruf Anfechtungsobjekt ist. Die Rechtsmittellegitimation sollte daher nicht anhand dieser Begriffe bestimmt werden, sondern wie bei den Rechtsmitteln zulasten des Adressaten anhand der Unmittelbarkeit und Intensität des praktischen Nutzens an der Rechtsmittelerhebung.

90

G. Spezialgesetzliche Bestimmungen

Spezialgesetzliche Regelungen der Legitimation Privater finden sich namentlich im **Steuerrecht**, im **Sozialversicherungsrecht** sowie im **formellen Zivilrecht** (vgl. Art. 439 Abs. 1 und 450 Abs. 3 ZGB zum Erwachsenenschutzrecht, Art. 956a Abs. 2 ZGB zum Grundbuch und Art. 165 Abs. 3 HRegV i.V.m. Art. 929 Abs. 1 OR). Weitere Beispiele sind Art. 20 Abs. 2 lit. a BewG und Art. 83 Abs. 3 BGBB. Diese Regelungen beruhen nicht auf eigenständigen Konzeptionen der Legitimation; vielmehr entsprechen sie den allgemeinen Legitimationsbestimmungen und regeln allenfalls spezifische Grenzfälle[307].

91

Dagegen geht die Legitimation zur **Gemeindebeschwerde** gemäss § 151 Abs. 1 GG weit über diejenige gemäss § 21 Abs. 1 VRG hinaus, indem Beschlüsse der Stimmberechtigten und des Gemeindeparlaments ausser von den nach § 21 VRG Berechtigten auch von den *Gemeindebehörden* und von einzelnen *Stimmberechtigten* angefochten werden können (zum Rekurs in Stimmrechtssachen nach § 151a GG vgl. § 21a N. 14). Weil jedoch nicht die politischen Rechte in Frage stehen, führt ein Wegzug der beschwerdeführenden Stimmberechtigten aus der Gemeinde zur Gegenstandslosigkeit des Rechtsmittels[308]. § 151 Abs. 1 GG ist gemäss der Praxis auch auf das Verfahren vor der zweiten Rechtsmittelinstanz, dem *Verwaltungsgericht*, anwendbar[309]. Dem ist zuzustimmen: Zwar be-

92

---

[304] Vgl. JOST, Rechtsschutz, S. 541.
[305] Ebenso HÄNER, Die Beteiligten, N. 315, zu den Beigeladenen.
[306] BVGr, 13.8.2009, A-5646/2008, E. 4.5, als Alternativbegründung, mit Bezug auf Drittbeschwerden gegen die – von der Verfügungsadressatin, der heutigen Flughafen Zürich AG, hingenommene – Verweigerung der Betriebsreglementsänderung zur Einführung des gekröpften Nordanflugs.
[307] Für Art. 165 Abs. 3 HRegV: VGr, 14.7.2010, VB.2010.00220, E. 2.5. Zum Genügen der gesetzlichen Grundlage (mit Bezug auf Art. 165 Abs. 2 HRegV): BGE 137 III 217.
[308] VGr, 21.4.2011, VB.2010.00207, E. 1.3.2; wohl a.M. THALMANN, Kommentar GG, § 151 N. 3.1.2.
[309] Z.B. VGr, 23.1.2013, VB.2012.00665, E. 1.2; VGr, 21.4.2011, VB.2010.00309, E. 1.3. Zweifelnd: VGr, 26.8.2010, VB.2010.00323, E. 1.2. Zur Rechtslage vor der VRG-Revision von 2010 vgl. VGr, 30.4.2009, VB.2009.00055, E. 1.4; BGr, 31.5.1995, 1P.62/1995 (ZBl 1996, 21 ff.).

zieht sich § 151 GG nicht auf das zweitinstanzliche Beschwerdeverfahren, auf das § 49 in Verbindung mit § 21 VRG anwendbar ist. Doch überwiegen die Gründe für die Anwendung von § 151 Abs. 1 GG: Mit der VRG-Revision von 2010 sollte die Rechtsmittellegitimation nicht eingeschränkt werden, und das Beschwerderecht der Stimmberechtigten würde stark an Gewicht einbüssen, wenn es nur vor der ersten Rechtsmittelinstanz zur Anwendung käme[310]. Gemäss dem Antrag des Regierungsrats soll das totalrevidierte GG keine besonderen Rechtsmittel mehr enthalten, sondern auf das VRG verweisen[311].

H. Egoistische Verbandsbeschwerde

93 Wenn juristische Personen als Adressatinnen oder Dritte in ihren eigenen schutzwürdigen Interessen betroffen sind, sind die allgemeinen Legitimationsvoraussetzungen zu beachten. Daneben können Verbände zur Verbandsbeschwerde befugt sein. Zu unterscheiden sind die *egoistische* Verbandsbeschwerde, mit welcher sich Verbände für die – meist wirtschaftlichen – Interessen ihrer Mitglieder einsetzen, und die *ideelle* Verbandsbeschwerde, mit welcher gesetzlich hierzu legitimierte Organisationen öffentliche Interessen vertreten. Zur Erhebung der egoistischen Verbandsbeschwerde ist keine besondere gesetzliche Grundlage nötig. Es handelt sich bei ihr um eine **Form der Prozessstandschaft,** da der Verband **im eigenen Namen, aber im Interesse seiner Mitglieder** Beschwerde führt. Die Beschwerdelegitimation der (Berufs-)Verbände wurde schon früh anerkannt[312]. Ist die Legitimation des Verbands unsicher, so kann es zwecks Vermeidung eines Nichteintretensentscheids sinnvoll sein, zusätzlich ein legitimiertes Verbandsmitglied als Rekurrenten bzw. Beschwerdeführer anzuführen.

94 Die folgenden, kumulativ zu erfüllenden **Voraussetzungen** der egoistischen Verbandsbeschwerde gelten in allen staats- und verwaltungsrechtlichen Verfahren des Bundes; sie gelten ebenso im kantonalen Verfahren: Erstens muss die Vereinigung eine juristische Person sein, zweitens muss sie statutarisch zur Wahrung der betreffenden Interessen der Mitglieder befugt sein, drittens müssen diese Interessen allen oder zumindest einer grossen Anzahl von Mitgliedern gemeinsam sein, und viertens muss jedes dieser Mitglieder selber zur Geltendmachung des Interesses auf dem Rechtsmittelweg befugt sein[313].

95 Der **statutarische Zweck** muss in einem engen, unmittelbaren Zusammenhang mit dem Sachgebiet stehen, in welchem die Verfügung ergangen ist[314]. Eine politische Partei ist somit nicht befugt, allgemeine öffentliche Interessen zu wahren, selbst wenn sie in ihren Zielsetzungen Interesse an derartigen Fragen bekundet[315].

96 Von der Voraussetzung, dass eine **Mehrzahl oder zumindest eine grosse Zahl der Mitglieder** betroffen sein muss, kann nicht deshalb abgesehen werden, weil sie – wie ein Ver-

---

[310] Im Ergebnis gl.M. MARTI, Besondere Verfahren, S. 114.
[311] Vgl. Weisung GG, S. 41, 204.
[312] BGE 28 I 235, E. 1.
[313] Zum Ganzen z.B. VGr, 1.12.2010, VB.2010.00436, E. 2.1.2.
[314] BGE 136 II 539, E. 1.1.
[315] Vgl. BGr, 24.7.1991, 1A.101/1991, E. 1a (ZBl 1993, 45 ff. = URP 1992, 646 f.); RB 1984 Nr. 10; vgl. auch BGr, 4.9.2012, 8C_949/2011, E. 2.2.1.

band behauptete – schwer nachzuweisen sei und Vereine mit grosser Mitgliederzahl benachteilige[316].

Das **Anfechtungsinteresse** des Verbands hängt von jenem der betroffenen Mitglieder ab, das sich nach den allgemeinen Grundsätzen richtet. Bei der Anfechtung von Verfügungen genügt daher eine virtuelle Betroffenheit der Mitglieder nicht[317]. Das Interesse vieler Verbandsmitglieder an einem Präjudiz für ähnlich gelagerte Fälle reicht nicht aus zur Anfechtung einer Anordnung, die sich nur an einzelne Verbandsmitglieder richtet; insoweit kann die egoistische Verbandsbeschwerde nicht zum Führen von «Musterprozessen» dienen[318].

97

Die Legitimationsvoraussetzungen sind – sofern sie nicht offensichtlich erfüllt sind – **substanziiert darzulegen.** Dies gilt insbesondere mit Bezug auf den *Anteil an betroffenen Verbandsmitgliedern* und auf *deren materielle Beschwer*[319]. Das Bundesgericht verlangt die Substanziierung auch bei der Anfechtung von Erlassen, und zwar selbst dann, wenn die virtuelle Betroffenheit natürlicher, im Kanton wohnender Personen ohne weiteres bejaht wird[320]. Jedenfalls in Baurechtsprozessen verlangt die Zürcher Praxis die Einreichung eines vollständigen Mitgliederverzeichnisses und die Darlegung, welche Mitglieder aus welchen Gründen legitimiert sein sollen; wenn für die Legitimation die Distanz zum Streitobjekt massgeblich ist, so ist eine Auflistung der betroffenen Mitglieder samt deren Wohnadressen und einem Situationsplan, in welchem diese eingezeichnet sind, einzureichen[321].

98

III. Rekurs- und Beschwerdebefugnis der Gemeinden und anderer Träger öffentlicher Aufgaben mit Rechtspersönlichkeit (Abs. 2)

A. Gründe, Trägerschaft und Vertretungsbefugnis

Die Rechtsmittelbefugnis des Gemeinwesens – diese Bezeichnung wird hier als Oberbegriff für die Träger öffentlicher Aufgaben mit Rechtspersönlichkeit verwendet – versteht sich nicht von selbst, weil die Verwaltungsrechtspflege aus der Idee des Schutzes der individuellen Rechte der Einzelnen gegen die Verwaltung hervorgegangen ist[322]. Sie findet ihre **Begründung** jedoch erstens darin, dass die autonomen Körperschaften und Anstalten mit Rechtspersönlichkeit – namentlich die Gemeinden – des Schutzes vor Eingrif-

99

---

[316] RB 1991 Nr. 8 (BEZ 1991 Nr. 3, E. 2b).
[317] BGE 119 Ib 374, E. 2a cc (keine Legitimation von Gewerkschaften des Verkaufspersonals im Streit um Ladenöffnungszeiten im Zürcher Hauptbahnhof). Grosszügiger BGr, 1.5.2000, 1A.123/1999, E. 1b; BGr, 1.9.1997, 1A.46/1997, E. 2c, m.w.H. (ZBl 1998, 395 ff.), in Bezug auf Fischereiverbände.
[318] RB 2002 Nr. 8, E. 1 (VB 2002.00179).
[319] Vgl. VGr, 12.12.2005, VB.2005.00324, E. 2.2.2.
[320] Vgl. BGr, 17.12.2012, 5C_2/2012, E. 1.2, zum Erwachsenenschutzrecht.
[321] BRK II, 17.6.2008, 112–117/2008, E. 3.3.2 f. (BEZ 2008 Nr. 61); VGr, 12.2.1991, VB 90/0171, E. 2a (BEZ 1991 Nr. 3). Im Fall mangelhafter Angaben hat die Rechtsmittelinstanz nach § 23 Abs. 2 vorzugehen (vgl. sinngemäss § 23 N. 29 ff.).
[322] GYGI, Bundesverwaltungsrechtspflege, S. 167; VGr, 6.8.2010, VB.2010.00187, E. 2.4.1.

fen in ihre *Autonomie* bedürfen[323]. Zweitens kann das Gemeinwesen als Adressat oder Dritter *ähnlich wie eine Privatperson betroffen* sein. Drittens können die vom Gemeinwesen zu wahrenden *öffentlichen Interessen* die Rechtsmittelbefugnis nahelegen, was sowohl zum Erlass entsprechender spezialgesetzlicher Regelungen geführt hat als auch zur eingeschränkten Anerkennung im Rahmen der allgemeinen Rechtsmittelbefugnis. Die letztere Praxis kann sich in Bezug auf Gemeinden auf deren körperschaftliche Verfassung stützen, während innerhalb der hierarchisch strukturierten Zentralverwaltung Beschwerderechte einer unteren Instanz gegen Entscheide der oberen Instanz ohne besondere gesetzliche Grundlage nicht in Frage kommen[324]. Bei diesen drei Legitimationsbegründungen handelt es sich um **Fallgruppen,** die Gesetzgeber und Praxis aufgrund manifest gewordener Rechtsschutzbedürfnisse entwickelt haben. Die Zuordnung der einzelnen Fälle zu den Kategorien kann in der Praxis schwanken, und es kommt nicht selten vor, dass die Beschwerdelegitimation kumulativ unter zwei oder gar allen drei Gesichtspunkten bejaht werden kann[325].

100 Unter Vorbehalt spezialgesetzlicher Regelungen kann die Legitimation Kantonen, Gemeinden, weiteren öffentlichrechtlichen Körperschaften und öffentlichrechtlichen Anstalten mit eigener Rechtspersönlichkeit sowie anderen Trägern öffentlicher Aufgaben mit Rechtspersönlichkeit zukommen[326]. Sie ist nicht auf schweizerische Gemeinwesen beschränkt[327]. Die **Rechtspersönlichkeit** ist Voraussetzung; eine allfällige Autonomie bei der Wahrnehmung der übertragenen Aufgaben oder auch die Unabhängigkeit der betreffenden Behörde genügt nicht[328].

101 Die einzelnen **Behörden** handeln gegebenenfalls **als Vertreter** des jeweiligen Gemeinwesens[329]. Die *Vertretungsbefugnis* ist nachzuweisen. Zur Beschwerde im Namen einer öffentlichrechtlichen Körperschaft ist – unter Vorbehalt abweichender Bestimmungen – deren *oberste vollziehende Behörde* befugt. Untergeordnete Behörden haben ihre Vertretungsbefugnis explizit darzutun, entweder durch Vorlage eines speziellen Ermächtigungsbeschlusses oder durch Angabe der Rechtsgrundlage[330]. Vorbehalten bleiben die besonderen Vorschriften der *Gemeindebeschwerde:* § 151 GG ermächtigt auch andere Gemeindebehörden ausser der Exekutive zur Beschwerde, wenn ihr besonderes Aufgabengebiet betroffen ist[331]. Nach § 155 GG entscheidet bei Aufhebung von Beschlüssen der Gemeinde (der Stimmberechtigten an der Urne oder in der Gemeindeversammlung) oder

---

[323] Vgl. bereits BGE 29 I 200, E. 2a; 10, 494, E. 1.
[324] KÖLZ, Beschwerdebefugnis, S. 116.
[325] Vgl. BERTSCHI, Beschwerdebefugnis, S. 7 f. (zum kantonalen Recht). Zur Beschwerdebefugnis des Gemeinwesens nach Bundesrecht im Allgemeinen vgl. besonders HÄNER, Die Beteiligten, N. 825 ff.; PFLÜGER, Legitimation, N. 132 ff.
[326] Vgl z.B. BGr, 23.2.2012, 2C_736/2010, E. 1.3: FMH (Foederatio Medicorum Helveticorum). Weiterführend WALDMANN, in: Basler Kommentar BGG, Art. 89 N. 40.
[327] BVGr, 10.12.2009, A-1936/2006, E. 3.2; VGr, 18.12.1997, VB.97.00455, E. 1d (BEZ 1998 Nr. 4); offen lassend: BGE 124 II 293, E. 3c.
[328] BGE 127 II 32 E. 2g; 123 II 542 E. 2g–h; VGr, 17.12.2008, VB.2007.00398, E. 2.4.1.
[329] Vgl. VGr, 29.6.2011, VB.2010.00699 und 700, E. 1.3; VGr, 22.10.2009, VB.2009.00553, E. 1.3 f.
[330] Zum Ganzen BGE 136 V 351, E. 2.4; 134 II 45, E. 2.2. WALDMANN, in: Basler Kommentar BGG, Art. 89 N. 40, m.H.
[331] VON WARTBURG, in: Ergänzungsband Kommentar GG, §§ 151 N. 4.1; THALMANN, Kommentar GG, § 151 N. 3.3.

des Grossen Gemeinderates (des Gemeindeparlaments) im Rechtsmittelverfahren folgendes Organ über den Weiterzug: das Gemeindeparlament, soweit ein solches besteht, und andernfalls der Gemeindevorstand in gemeinsamer Sitzung mit der Rechnungsprüfungskommission (Abs. 1). Der Gemeindevorstand kann das Rechtsmittel vorweg ergreifen und den Entscheid des zuständigen Organs nachbringen[332].

B. Bundesrecht

1. Übersicht

Für die Legitimation des Gemeinwesens im kantonalen Verfahren ist das **Bundesrecht relevant,** weil es gemäss Art. 111 Abs. 1 (i.V.m. Art. 117) BGG bzw. dem Grundsatz der Verfahrenseinheit Minimalanforderungen aufstellt. Zudem sind Art. 89 BGG über die **Legitimation zur Beschwerde in öffentlichrechtlichen Angelegenheiten** und die hierzu ergangene Praxis deshalb zu beachten, weil sich § 21 Abs. 2 an dieser Bestimmung orientiert. Zwei der drei Fallgruppen der Legitimation des Gemeinwesens werden von der Praxis den allgemeinen Voraussetzungen von Art. 89 Abs. 1 BGG zugeordnet, nämlich die Betroffenheit, die derjenigen einer Privatperson gleichkommt (N. 103), und das Berührtsein in hoheitlichen Befugnissen und schutzwürdigen, spezifisch öffentlichen Interessen. Die Beschwerde wegen Verletzung von Garantien der Kantons- oder Bundesverfassung zugunsten des Gemeinwesens (N. 104) ist dagegen in Art. 89 Abs. 2 lit. c BGG ausdrücklich vorgesehen. Das vorgebrachte Interesse muss nicht nur im Sinn der folgenden Ausführungen schutzwürdig sein, sondern auch aktuell sein (vgl. N. 24 ff.).

102

2. Betroffenheit wie eine Privatperson

Nach der Praxis zu Art. 89 Abs. 1 BGG und Art. 48 Abs. 1 VwVG (i.V.m. Art. 37 VGG) sind Träger öffentlicher Aufgaben mit Rechtspersönlichkeit beschwerdelegitimiert, wenn sie *in gleicher oder ähnlicher Weise wie eine Privatperson betroffen* sind. Dies kann **insbesondere** dann der Fall sein, wenn sie in ihren **vermögensrechtlichen Interessen** betroffen sind[333]. Das Gemeinwesen ist aber nicht bereits dann gleich oder ähnlich wie eine Privatperson betroffen, wenn ein Entscheid Auswirkungen auf sein Vermögen hat; dies trifft nur zu, wenn es entweder um die privatrechtliche Stellung des Gemeinwesens geht oder um Rechtsverhältnisse, die zwar öffentlichrechtlich geregelt sind, aber Analogien zu privatrechtlichen Instituten aufweisen[334]. Beispiele sind die Betroffenheit als Arbeitgeber bei Streitigkeiten aus dem öffentlichen Personalrecht[335], als Enteigner[336], als Werkeigen-

103

---

[332] So die Fassung vom 14. September 2009, in Kraft seit 1. Januar 2010; vgl. von Wartburg, in: Ergänzungsband Kommentar GG, § 155. Vgl. auch (grundsätzlich gleich) § 184 E-GG und dazu Weisung GG, S. 41, 206. Zur früheren Rechtslage: VGr, 27.5.2009, VB.2009.00205, E. 5; VGr, 7.12.2006, VB.2006.00461, E. 2 (Leitsatz: RB 2006 Nr. 11).
[333] BGE 138 II 506, E. 2.1.2, mit zahlreichen Hinweisen.
[334] BGE 138 II 506, E. 2.3. Für Fürsorgeleistungen wird dies zu Recht verneint in VGr, 10.11.2011, VB.2011.00523, E. 1.3.2.
[335] BGE 134 I 204, E. 2.3; zur subsidiären Verfassungsbeschwerde und damit zu den nicht vermögensrechtlichen Angelegenheiten: BGr, 14.12.2012, 8C_649/2012, E. 3.4.
[336] BGE 103 Ib 210, E. 1f.

tümer[337], als Träger der Staatshaftung[338], als Subventionsgesuchsteller (wobei insoweit auch die Betroffenheit in hoheitlichen Befugnissen in Frage kommen kann)[339], als Gläubiger von Steuerforderungen (soweit eine vollstreckungsrechtliche Frage Streitgegenstand ist)[340], als Gebührenschuldner[341], als Bauherr[342], als Eigentümer des öffentlichen Grundes[343] oder als Marktteilnehmer[344]. Die öffentlichrechtliche Körperschaft oder Anstalt ist auch als Drittbetroffene unter den entsprechenden Voraussetzungen beschwerdeberechtigt, so zum Beispiel als Konkurrentin, sofern eine privatwirtschaftliche Tätigkeit berührt ist, oder als Nachbarin[345]. Im Kanton Zürich hat die Gemeinde, die sich als Nachbarin an einem Bauverfahren beteiligen will, die Zustellung des baurechtlichen Entscheids nach § 315 PBG zu verlangen[346].

3. Autonomiebeschwerde

104 Gemäss Art. 89 Abs. 2 lit. c BGG sind Gemeinden und andere öffentlichrechtliche Körperschaften zur Beschwerde berechtigt, wenn sie die *Verletzung von Garantien* rügen, die ihnen die *Kantons- oder Bundesverfassung* gewährt. In Frage kommen Verletzungen der Autonomie, der Bestandesgarantie und der territorialen Integrität[347], wobei hier vereinfachend jeweils nur die Autonomie explizit genannt wird. Es genügt, wenn die Gemeinde durch einen Verwaltungsakt in ihrer Eigenschaft als Trägerin hoheitlicher Gewalt berührt ist und eine Verletzung der Autonomie geltend macht; ob die beanspruchte Autonomie konkret überhaupt besteht und verletzt wurde, ist im Rahmen der materiellen Prüfung zu klären[348]. Vorbehalten bleibt das offensichtliche Fehlen eines Autonomiebereichs[349]. Ist die Gemeinde zur Autonomiebeschwerde befugt, kann sie akzessorisch eine Verletzung anderer verfassungsmässiger Rechte – namentlich des Willkürverbots (Art. 9 BV) – rügen, soweit diese Vorbringen mit der Autonomieverletzung in engem Zusammenhang stehen[350].

---

[337] Vgl. BGE 123 II 425, E. 3a, zu BGE 122 II 33, E. 1 (Auflegung von Kosten für Schallschutzmassnahmen).
[338] BGr, 7.7.2011, 2C_111/2011, E. 1.3; die blosse Möglichkeit eines Staatshaftungsbegehrens genügt aber nicht: vgl. BGE 133 II 400, E. 2.4.2, und N. 79.
[339] BGr, 9.11.2011, 2C_461/2011, E. 1; BGE 122 II 382, E. 2b; 110 Ib 148, E. 1c.
[340] BGr, 19.2.2009, 2C_792/2008, E. 1.2 (StE 2009 B 73.14 Nr. 3), und dazu BGE 136 II 383, E. 2.3. Vgl. auch N. 106.
[341] Vgl. BGE 132 I 140, E. 1.3.3. Die Auflegung von Verfahrenskosten und Parteientschädigungen genügt aber nicht; vgl. PFLÜGER, Legitimation, N. 285 f., m.H.
[342] VGr, 22.2.2012, VB.2011.00531 und 541, E. 2.2.1.
[343] BGr, 8.8.2008, 1C_47/2008, E. 1.2, zur Bewilligungspflicht für Vorhaben auf öffentlichem Grund; VGr, 1.10.2009, VB.2009.00261, E. 1.4 (nicht publiziert), zur Videoüberwachung öffentlicher Strassen durch Private (wobei die Gemeinde auch als Trägerin der Ortspolizei legitimiert ist).
[344] Rekurskommission EVD, 1.11.1994, E. 1.2 (VPB 1995 Nr. 85).
[345] BGE 124 II 293, E. 3b.
[346] BGr, 5.4.2004, 1A.134/2003, E. 1.2; VGr, 9.4.2003, VB.2003.00019, E. 1a.
[347] BGE 129 I 313, E. 4.1, m.H.
[348] Z.B. BGr, 14.12.2012, 8C_649/2012, E. 3.3.2; BGr, 9.2.2012, 2C_919/2011, E. 1.2.3 und 2.3; BGE 136 I 404, E. 1.1.3.
[349] So ausdrücklich BGr, 1.12.2009, 2C_187/2009, E. 2.
[350] Z.B. BGr, 14.12.2012, 8C_649/2012, E. 3.3.2; BGE 134 I 204, E. 2.2. Ergibt sich bei der materiellen Prüfung, dass im betreffenden Bereich keine Autonomie besteht, prüft das Bundesgericht die akzessorischen Rügen nicht inhaltlich; vgl. BGr, 9.2.2012, 2C_919/2011, E. 1.2.3 und 2.4; BGE 114 Ia 168, E. 4. Zur (bisher offen

4. Betroffenheit in hoheitlichen Befugnissen bzw. öffentlichen Aufgaben

a) Praxisübersicht

aa) Im Allgemeinen

Nach der Praxis zu Art. 89 Abs. 1 BGG und Art. 48 Abs. 1 VwVG ist ein Gemeinwesen gestützt auf diese **allgemeinen Legitimationsbestimmungen** weiter zur Beschwerde legitimiert, wenn es durch die angefochtene Verfügung oder den angefochtenen Erlass *in seinen hoheitlichen Befugnissen berührt* ist und ein *schutzwürdiges eigenes Interesse* an der Aufhebung oder Änderung des angefochtenen Entscheids hat. Das Bundesgericht legt dieses Erfordernis allerdings restriktiv aus[351]. Das Interesse an der richtigen Rechtsanwendung reicht nicht aus[352]. Insbesondere genügt das Interesse der desavouierten Vorinstanz an der Durchsetzung ihrer Rechtsauffassung nicht[353].

105

Das erforderliche Interesse kann sich aus **finanziellen Auswirkungen** des angefochtenen Entscheids ergeben: Zur Wehr setzen kann sich ein Gemeinwesen grundsätzlich etwa für die von ihm erhobenen Gebühren[354] und Steuern (vgl. Fn. 366) oder für die Subventionen, die es zur Erfüllung seiner öffentlichen Aufgaben beansprucht[355]. Es genügt aber nicht jedes beliebige, mit der Erfüllung einer öffentlichen Aufgabe direkt oder indirekt verbundene finanzielle Interesse des Gemeinwesens; das Gemeinwesen kann sich nicht ohne weiteres gegen die finanziellen Folgen der Verwaltungstätigkeit zur Wehr setzen[356]. Auch das Interesse an der Optimierung des Steuerertrags genügt nicht[357]. Im Einzelnen verneinte das Bundesgericht die Legitimation eines Kantons, als die Auslegung von Übergangsbestimmungen betreffend die Nachlasssteuer streitig war, weil der Kanton mit der Abschaffung der Steuer im Hauptanwendungsfall kundgetan habe, dass es sich um einen entbehrlichen Teil der Gesetzgebung und um verzichtbare Einnahmen handle[358]. Ferner ist das Gemeinwesen gemäss Bundesgericht grundsätzlich nicht genügend betroffen durch die Auferlegung von Verfahrenskosten und Parteientschädigungen[359], in Streitigkeiten über die unentgeltliche Rechtspflege[360], durch die Verpflichtung zu einer Entschädigung an das Opfer einer Straftat[361], durch die Verpflichtung zu kantonalrechtlichen

106

---

gelassenen und in der Lehre umstrittenen) Frage einer Beschwerdebefugnis der Kantone gestützt auf Art. 3 BV: BGr, 3.5.2012, 2C_1016/2011, E. 1.2.1, und BGr, 24.11.2010, 9C_476/2010, E. 1, je m.H.

[351] BGE 136 II 274, E. 4.2; 135 I 43, E. 1.3.
[352] Z.B. BGE 136 II 383, E. 2.4; 136 II 274, E. 4.2.
[353] Vgl. z.B. BGE 136 II 383, E. 2.4.
[354] BGr, 9.3.2009, 2C_444/2008, E. 1.2; BGE 125 II 192, E. 2a bb; vgl. auch BGE 119 Ib 389, E. 2e. In BGE 138 II 506, E. 2.3, wird das Gewicht nun auf die Bedeutung der Gebühr für die Erfüllung einer öffentlichen Aufgabe bzw. Erstellung einer Anlage im öffentlichen Interesse gelegt.
[355] Vgl. BGE 138 II 506, E. 2.1.2; 135 II 156, E. 3.1 (Pra 2009 Nr. 119); 131 II 58, E. 1.3 (Pra 2005 Nr. 144).
[356] BGE 138 II 506, E. 2.1.3 und 2.3.
[357] BGE 136 II 274, E. 4.2; vgl. auch BGE 131 II 753, E. 4.3.3.
[358] BGE 136 II 383, E. 2.5; vgl. auch BGr, 28.3.2011, 2C_931/2010, E. 2.5 f.
[359] BGE 134 II 45, E. 2.2.2 f. (unter Vorbehalt besonderer Fälle).
[360] BGE 138 II 506, E. 2.4 (Verjährung einer Rückerstattungsforderung); BGr, 23.3.2012, 5A_784/2011, E. 1.2, und BGr, 25.1.2012, 5A_360/2011, E. 2 f. (Belastung einer Gemeinde mit den Kosten der unentgeltlichen Rechtspflege).
[361] BGE 123 II 425, E. 4.

Ergänzungsleistungen³⁶² oder durch die Festlegung des Steuerdomizils einzelner Pflichtiger³⁶³. Dagegen liess das Bundesgericht bisher genügen, dass das Gemeinwesen aufgrund der Verpflichtung zur Sozialhilfe unmittelbar und konkret in seinen vermögensrechtlichen Interessen berührt ist³⁶⁴, wobei offen bleibt, ob es neuerdings auch insoweit eine Einschränkung im Sinn der genannten Grundsätze vorsehen will³⁶⁵. Im Bereich des Steuerrechts besteht für die Legitimation nach Art. 89 Abs. 1 BGG neben der speziellen Regelung von Art. 146 DBG bzw. Art. 73 Abs. 2 StHG i.V.m. Art. 89 Abs. 2 lit. d BGG in der Regel kein Platz³⁶⁶.

107 Unabhängig von den finanziellen Auswirkungen des Entscheids anerkennt das Bundesgericht die Legitimation des Gemeinwesens, wenn dieses **in spezifischen eigenen Sachanliegen qualifiziert betroffen** ist; dies ist der Fall, wenn der angefochtene Hoheitsakt wesentliche öffentliche Interessen in einem Politikbereich betrifft, der dem Gemeinwesen zur Regelung zugewiesen wurde³⁶⁷ (was allerdings bei Gemeinden regelmässig kumulativ von der Rüge der Autonomieverletzung erfasst werden dürfte). Bejaht wurde etwa die Legitimation von Gemeinden zur Anfechtung eines Erlasses, der in engem Zusammenhang mit der Aufgabenverteilung zwischen Kanton und Gemeinden stand³⁶⁸, sowie zur Anfechtung eines Erlasses über den innerkantonalen Finanzausgleich³⁶⁹. Sind Entscheide in einem Submissionsverfahren zum Bau eines Gemeindehauses streitig, so ist die Gemeinde als Trägerin hoheitlicher Gewalt in einem Kernbereich ihrer Aufgaben berührt³⁷⁰. Die Trägerin einer Wasserversorgung war im Streit um eine Schutzzonenausscheidung in ihren hoheitlichen Befugnissen und Aufgaben gemäss Art. 20 Abs. 2 GSchG berührt³⁷¹. Das Bundesgericht bejahte – allerdings ohne dies zu vertiefen – auch die Legitimation der Gemeinde, welche eine Baubewilligungspflicht in Frage stellte, in der Funktion als Baubewilligungsbehörde³⁷². Es trat sodann auf eine Beschwerde einer Gemeinde ein, die als Initiatorin eines Jugend- und Kulturzentrums einen Rechtsmittelentscheid betreffend Öffnungs- und Betriebszeiten anfocht³⁷³. Verneint wurde die Beschwerdebefugnis von Gemeinden, die sich gegen die Aufhebung einer nicht zur Grundversorgung zäh-

---

³⁶² BGE 134 V 53, E. 2.3.3.
³⁶³ BGE 136 II 274, E. 4.3.
³⁶⁴ BGE 134 V 346, E. 3.4 f.; 135 V 2, E. 1.1; vgl. auch BGE 133 V 188, E. 4.4 f.
³⁶⁵ So die Vermutung in VGr, 8.11.2012, VB.2012.00478, E. 2.1. Vgl. BGE 138 II 506, E. 2.1.2 f.; BGr, 19.8.2010, 8C_1025/2009, E. 3.2–3.4.
³⁶⁶ BGE 136 II 274, E. 4.2; BGr, 19.7.2010, 2C_667/2009, E. 4.3. Zur allfälligen Beschwerdebefugnis der Gemeinde im Rahmen von Art. 73 Abs. 2 StHG vgl. BGr, 14.2.2013, 2C_102/2013, E. 2.1; BGE 136 II 274, E. 3.4. Beispiele ausserhalb des Anwendungsbereichs dieser Bestimmung: BGE 136 II 383, E. 2.2–2.6; BGr, 28.3.2011, 2C_931/2010, E. 2.5 f. (die Legitimation wurde beide Male verneint).
³⁶⁷ BGE 136 II 383, E. 2.4; 136 II 274, E. 4.2.
³⁶⁸ BGE 135 II 156, E. 3.3.
³⁶⁹ BGE 135 I 43, E. 1.3; vgl. auch BGE 138 II 506, E. 2.1.2.
³⁷⁰ BGE 138 I 143, E. 1.3.2.
³⁷¹ BGE 134 II 137, E. 1.2. Zur Legitimation der Gemeinde als Verantwortliche und Aufsichtsbehörde für den Betrieb der Wasserwerke vgl. auch VGr, 11.11.2010, VB.2010.00311, E. 1.3–1.5; RB 1998 Nr. 13.
³⁷² BGr, 8.8.2008, 1C_47/2008, E. 1.2; die Beschwerde des als Baubewilligungsbehörde betroffenen Gemeinwesens wird allerdings in der Regel (zu Recht) der Autonomiebeschwerde zugeordnet; vgl. BGE 136 I 265, E. 1.3.
³⁷³ BGE 130 II 32, E. 1.

lenden Schifffahrtsverbindung wehren wollten[374]. Als offen zu gelten hat wohl die Frage der Legitimation einer Gemeinde, die einen kantonalen Erlass anficht, den sie bloss zu vollziehen hat, ohne dass ihr dabei Entscheidungskompetenzen zustehen würden[375].

Seit längerem anerkennt die Praxis sodann – im Sinn eines Unterfalls des Berührtseins in hoheitlichen Befugnissen und Aufgaben – die Beschwerdebefugnis von Gemeinwesen (namentlich Gemeinden), die als Gebietskorporationen **öffentliche Anliegen** wie den **Schutz der Bevölkerung** zu vetreten haben[376]. Es muss sich – nach einem neueren Entscheid – um Eingriffe handeln, deren Auswirkungen die Gesamtheit oder einen Grossteil der Einwohnerschaft unmittelbar treffen können[377]. Zugelassen sind namentlich Beschwerden von Gemeinden gegen ein mit Immissionen verbundenes Werk, wobei allerdings nicht immer an der Voraussetzung festgehalten wird, dass eine Mehrheit der Bevölkerung betroffen sein muss[378]. Verneint wurde die Legitimation von Kantonen zur Beschwerde gegen die Eintragung einer geschützten Ursprungsbezeichnung, ungeachtet dessen, dass ein wichtiger Wirtschaftszweig in den betreffenden Kantonen berührt war[379]. 108

Angesichts der neueren Bemühungen um eine restriktive Zulassung des Gemeinwesens zur Beschwerde erscheint die Praxis noch zu konturlos. Die **Abgrenzung** zwischen den (angeblichen) *Interessen der Bevölkerung* und den *öffentlichen Interessen* bzw. den *hoheitlichen Befugnissen und Aufgaben* wird nicht immer deutlich[380], was auf den inneren Zusammenhang hinweist: Ob und inwieweit die Betroffenheit der Bevölkerung eine Rolle spielt, hätte sich aus dem geltend gemachten Interesse zu ergeben. Je nachdem setzt dieses nicht voraus, dass ein Grossteil der Bevölkerung durch den konkreten Fall betroffen ist (ein Beispiel wäre die Ortspolizei; vgl. auch N. 126). Umgekehrt lässt sich allein aus der Betroffenheit der Bevölkerung keine Rechtsmittellegitimation ableiten, wenn zwar grosse Teile der Bevölkerung betroffen sind, die Interessen verschiedener Bevölkerungsgruppen einander jedoch zuwiderlaufen[381]. 109

---

[374] BGr, 21.10.2009, 2C_218/2009, E. 2.3, m.H.
[375] Eher verneinend BGr, 14.5.2008, 1C_384/2007, E. 3.4 f. (Semjud 2008 I 453 ff.); wiederum eher distanziert dazu BGr, 15.4.2010, 8C_212/2009, E. 3.3.1.
[376] BGE 136 I 265, E. 1.4.
[377] BGE 131 II 753, E. 4.3.3.
[378] Z.B. BGE 124 II 293, E. 3b; BGr, 18.8.2010, 1C_372/2009, E. 1.2 (Lärmimmissionen durch Flughäfen); BGE 136 I 265, E. 1.4 (Richtplanfestsetzung, die eine Kiesgrube auf dem Gemeindegebiet vorsieht); BGr, 9.2.2006, 1A.149 und 1P.327/2005, E. 2.2.3 (Lärmimmissionen durch Bauschutt-Recyclinganlage); BGE 133 II 370, E. 2.1 (Geruchsimmissionen durch eine Zuchtschweinhaltung, auch gestützt auf Art. 34 Abs. 2 RPG); BGr, 5.4.2004, 1A.134/2003, E.1.2 (ionisierende Strahlung). Vgl. auch VGr, 23.11.2011, VB.2011.00344, E. 1.3 (Lärmimmissionen durch Pferdehaltung, auch zum «Schutz der Wohnzone»); VGr, 25.1.2012, VB.2011.00548, E. 1.2; VGr, 9.4.2003, VB.2003.00019, E. 1b (ionisierende Strahlung).
[379] Offen gelassen wurde die Frage einer auf eigene ideelle und hoheitliche Interessen gestützten Beschwerdebefugnis; BGE 131 II 753, E. 4.3.2 f.
[380] Zumindest missverständlich: BGr, 26.10.2011, 1C_91/2011, E. 1.4. Vgl. auch BVGr, 6.6.2008, A-55/2008, E. 2, wonach die Gemeinde den Ortsbild- und Landschaftsschutz als «Anliegen der Gemeindebevölkerung» vertreten kann; BVGr, 1.12.2011, A-8386/2010, E. 1.2.1.
[381] Sinngemäss gl.M. VGr, 22.1.2004, VB.2003.00395, E. 1.2 (Verneinung der Legitimation einer Gemeinde, die sich für eine Deponie-Betriebsbewilligung einsetzte, weil eine mögliche Verlegung an einen anderen Standort auf dem Gemeindegebiet zu Immissionen für einen grösseren Anwohnerkreis führe). Sinngemäss a.M. BVGr, 1.12.2011, A-8386/2010, E. 1.2.1.

§ 21

bb) Insbesondere zur Beschwerdebefugnis des Kantons gegenüber Entscheiden der kantonal letztinstanzlichen Behörde

110 Bis vor wenigen Jahren verneinte das Bundesgericht die Legitimation des **Kantons,** der Entscheide seiner eigenen letzten Instanz anfechten wollte[382], sofern er nicht wie eine Privatperson betroffen war[383]. In seiner neueren Praxis bejaht es sie darüber hinaus unter bestimmten Voraussetzungen[384]. Demnach ist der Kanton legitimiert, wenn es um die Bundesrechtswidrigkeit des kantonalen Rechts und kumulativ um bedeutsame, vom Kanton zu wahrende öffentliche Interessen geht (finanzielle Interessen eingeschlossen)[385]. Gemäss seinem Leitentscheid klammert das Bundesgericht allerdings die rein individuellen Aspekte des streitigen Einzelfalles von der Prüfung aus, wenn sich dessen Tragweite allein aus der präjudiziellen Wirkung ergibt[386]. Ferner ist der Kanton zur Beschwerde befugt, wenn mit der Rechtsgrundlage einer Verordnung die Funktionsfähigkeit der Verwaltung im betreffenden Bereich in Frage steht[387]. Die Bedeutung der vorgebrachten Interessen kann sich aus der direkten wie aus der präjudiziellen Wirkung des Entscheids ergeben. Der Kanton ist jedoch grundsätzlich nicht zur Beschwerde befugt, wenn die Auslegung des kantonalen Rechts zwischen den obersten kantonalen Organen streitig ist[388].

111 Die erwähnte Praxis findet ebenfalls Anwendung, wenn der Kanton *finanzielle Interessen* geltend macht. Er ist in diesem Fall beschwerdelegitimiert, wenn sich der Streit um die richtige Anwendung von Bundesrecht dreht – wenn es also um die Erfüllung einer vom Bundesrecht vorgegebenen Aufgabe mit finanziellen Folgen geht – und wenn der Entscheidung präjudizielle Wirkung für künftige Verfahren zukommt[389].

112 Die Praxis erscheint nach wie vor *ungefestigt.* Zudem scheint ihre Übereinstimmung mit dem Willen des Gesetzgebers zweifelhaft[390]. *Bedenken* erweckt jedoch namentlich der Ansatz, die individuellen Aspekte des Falles nicht zu prüfen, wenn sich die Beschwerdebefugnis aus der präjudiziellen Wirkung ergibt (vgl. N. 110): Damit wird eine Art Vorlageverfahren eingeführt, wofür die gesetzlichen Grundlagen nicht ausreichen[391]. Entgegen der Ansicht des Bundesgerichts[392] lässt sich dies nicht mit dem Eintreten auf eine

---

[382] BGE 134 II 45, E. 2.2.2.
[383] BGE 124 II 409, E. 1e dd.
[384] Vgl. BGr, 19.8.2010, 8C_1025/2009, E. 3.3.4; BGE 134 V 53, E. 2.3.3.2. Vgl. auch die Einteilung bei MOOR/POLTIER, Droit administratif II, S. 755 ff., und dazu PFLÜGER, Legitimation, N. 385 ff.
[385] BGE 135 II 12, E. 1.2.2 (in Frage gestellt in BGr, 15.4.2010, 8C_212/2009, E. 3.3.6, jedoch wiederum bestätigt – unter Auseinandersetzung mit den Gesetzesmaterialien – in BGr, 19.8.2010, 8C_1025/2009, E. 3.3.4, der seinerseits in BGE 137 IV 269, E. 1.4, ausdrücklich relativiert wird).
[386] BGE 135 II 12, E. 1.2.2. Vgl. auch N. 112 zur Kritik.
[387] BGr, 3.5.2012, 2C_1016/2011, E. 1.2. Die Gefährdung der Funktionsfähigkeit der staatlichen Organe wird auch in BGE 137 IV 269, E. 1.4, als legitimationsbegründend anerkannt.
[388] BGr, 19.8.2010, 8C_1025/2009, E. 3.3.4; BGE 136 V 346, E. 3.5; 134 V 53, E. 2.3.3.3. Im Ergebnis anders BGr, 9.6.2011, 1C_507/2010, E. 1.2.3; vgl. dazu PFLÜGER, Legitimation, N. 374.
[389] BGr, 15.4.2010, 8C_212/2009, E. 3.3.4 f. (Regelung der Zahlungsmodalitäten für Prämienverbilligungen nach Art. 65 KVG); vgl. auch BGr, 19.8.2010, 8C_1025/2009, E. 3.4.3 (Sozialhilfe an vorläufig Aufgenommene).
[390] Vgl. PFLÜGER, Legitimation, N. 491 ff.; vgl. auch MOOR/POLTIER, Droit administratif II, S. 756 ff. Ein Widerspruch zu den Materialien wird verneint in BGr, 19.8.2010, 8C_1025/2009, E. 3.3.4.1 f.
[391] Kritisch auch PFLÜGER, Legitimation, N. 378; WURZBURGER, in: Commentaire LTF, Art. 89 N. 40.
[392] BGE 135 II 12, E. 1.2.2.

Beschwerde nach dem Wegfallen des aktuellen Interesses vergleichen (vgl. dazu N. 25): Dort prüft das Gericht gerade jene Fragen, an deren Beantwortung voraussichtlich noch ein praktisches Interesse besteht. Daraus lässt sich nicht ableiten, dass es sich gestützt auf die Legitimationsbestimmungen auf die Beantwortung allgemeiner Rechtsfragen beschränken könnte, ohne den konkreten Einzelfall zu entscheiden. Inwieweit dessen Umstände zu prüfen sind, ist eine Frage der Kognition und nicht der Legitimation.

b) Zusammenfassung

Zusammenfassend kann festgehalten werden: Das Bundesgericht tut sich schwer mit der Abgrenzung des schutzwürdigen Interesses, wenn das Gemeinwesen in seiner hoheitlichen Stellung betroffen ist. Die Praxis hat eine Komplexität erreicht, die eine grundlegende Neuordnung wünschbar erscheinen lässt[393]. Aufgrund ihres derzeitigen Stands steht immerhin fest, dass eine **qualifizierte Betroffenheit** vorliegen muss. Im Einzelnen können *folgende Fallkategorien* umschrieben werden[394]:

– Das Gemeinwesen ist legitimiert aufgrund eines *wichtigen vermögensrechtlichen Interesses*, wobei ein unmittelbarer Zusammenhang mit einer vom betreffenden Gemeinwesen zu erfüllenden hoheitlichen Aufgabe vorausgesetzt wird.

– Das Gemeinwesen ist legitimiert wegen der *Betroffenheit in wesentlichen öffentlichen Interessen in einem selber zu regelnden Politikbereich* (wobei Gemeinden in solchen Fällen regelmässig auch die Legitimation wegen einer Autonomieverletzung zustehen dürfte), wozu auch der Schutz der Einwohnerschaft gehört.

– Besondere, noch ungefestigte Regeln gelten für den *Kanton, der einen Entscheid seiner eigenen letzten Instanz* anficht.

5. Hinweis: Rückweisungsentscheide

Hinzuweisen ist schliesslich auf eine *Besonderheit bei der Anfechtung von Rückweisungsentscheiden mit materiellen Vorgaben:* Das Bundesgericht nimmt einen *nicht wiedergutzumachenden Nachteil* im Sinne von Art. 93 Abs. 1 lit. a BGG an, wenn ein beschwerdebefugtes Gemeinwesen – bzw. eine beschwerdebefugte Behörde – durch einen Rückweisungsentscheid angehalten wird, eine für rechtswidrig gehaltene Verfügung zu erlassen[395]. Weil das Gemeinwesen bzw. die Behörde den eigenen (Folge-)Entscheid nicht anfechten kann, ist es bzw. sie zur Anfechtung des Rückweisungsentscheids bzw. des ihn bestätigenden Entscheids berechtigt[396]. Das Bundesgericht begründet dies oft damit, es sei der beschwerdeberechtigten verfügenden Instanz nicht zuzumuten, einer von ihr als falsch betrachteten Anweisung Folge zu leisten und danach den eigenen Entscheid anzufechten[397]. Gewichtiger erscheint allerdings das Argument, dass die Systematik des Ver-

---

[393] Ein solcher Ansatz findet sich neuerdings bei PFLÜGER, Legitimation, N. 434 ff.
[394] PFLÜGER, Legitimation, N. 348 ff., unterscheidet drei Untergruppen, die sinngemäss den hier unterschiedenen Fallkategorien entsprechen.
[395] Bei Rückweisungen zur Sachverhaltsabklärung wird kein nicht wiedergutzumachender Nachteil angenommen; vgl. BGr, 14.5.2013, 2C_860/2012, E. 1.3.3; BGE 133 V 477, E. 5.2.2.
[396] BGr, 18.1.2012, 2C_818/2011, E. 1.1.2, m.H.; vgl. auch VGr, 2.11.2007, VB.2007.00350, E. 1.1; VGr, 8.11.2006, VB.2006.00279, E. 1.3.
[397] BGr, 13.4.2011, 1D_1/2011, E. 1.3; BGE 133 II 409, E. 1.2, m.H.; 116 Ia 41, E. 1b.

waltungsprozessrechts die Anfechtung einer Verfügung durch die verfügende Instanz gar nicht zulässt[398].

6. Zur Rüge der Verletzung von Verfahrensrechten

115 Ist ein Gemeinwesen *in der Sache nicht legitimiert*, so ist es auch *nicht zur Rüge der Verletzung von Parteirechten befugt*, deren Missachtung auf eine formelle Rechtsverweigerung hinausläuft; es kann sich nicht auf die entsprechende, zur früheren staatsrechtlichen Beschwerde entwickelte «*Star-Praxis*» stützen[399]. Dem ist zuzustimmen, weil diese Praxis dem Grundrechtsschutz privater Betroffener dient und das Gemeinwesen sich nicht auf die verfassungsmässigen Verfahrensgarantien berufen kann, wenn es einzig zur Erfüllung hoheitlicher Aufgaben bzw. öffentlicher Interessen am Verfahren teilnimmt; das Gemeinwesen ist nicht Träger, sondern Adressat der Grundrechte[400]. Auf die Verfahrensgarantien kann sich das Gemeinwesen einzig berufen, wenn es wie eine Privatperson betroffen ist oder die Verletzung seiner Autonomie geltend macht[401]. Das in der Sache nicht legitimierte Gemeinwesen ist auch *nicht zur Anfechtung der Nebenfolgen befugt*; namentlich ergibt sich aus der Auferlegung von Verfahrenskosten und Parteientschädigungen kein genügend qualifiziertes vermögensrechtliches Interesse (vgl. N. 103).

C. Rechtslage im Kanton Zürich

1. Entwicklung und gesetzliche Regelung

116 Im verwaltungsinternen Rekursverfahren bestand eine Rekurslegitimation der Gemeinde aufgrund einer *langjährigen Praxis des Regierungsrats* bereits vor Inkrafttreten des GG, dessen § 155 Abs. 1 hernach ihre Grundlage bildete. Die *Praxis des Verwaltungsgerichts* geht in den Grundzügen auf § 21 in der Fassung von 1959 zurück. Mit der *VRG-Revision von 1997* wurde die Beschwerdebefugnis der Gemeinden, der anderen Körperschaften sowie der Anstalten des öffentlichen Rechts erstmals ausdrücklich in der neuen lit. b von § 21 verankert. Das Verwaltungsgericht nahm diese Revision zum Anlass, seine Praxis weiterzuentwickeln[402]. Mit dem *Volksschulgesetz vom 7. Februar 2005 (VSG)* wurde lit. b ergänzt und festgehalten, dass die Legitimation gegeben sei, «insbesondere wenn der Entscheid oder die Beachtung desselben in gleichartigen Fällen für die Gemeinde besondere finanzielle Auswirkungen hat»[403]. Die mittlerweile gefestigte Praxis des Verwaltungsge-

---

[398] So auch sinngemäss BGr, 18.1.2012, 2C_818/2011, E. 1.1.2.
[399] BGE 136 II 383, E. 3.
[400] BGr, 14.12.2012, 8C_649/2012, E. 3.2; BGE 129 II 225, E. 1.5; 129 I 313, E. 4.1; KÖLZ/HÄNER/BERTSCHI, Verwaltungsverfahren, N. 177; MÜLLER/SCHEFER, Grundrechte, S. 820; a.M. KIENER/RÜTSCHE/KUHN, Öffentliches Verfahrensrecht, N. 188, 563 f.; RHINOW/KOLLER/KISS/THURNHERR/BRÜHL-MOSER, Öffentliches Prozessrecht, N. 265.
[401] BGr, 14.12.2012, 8C_649/2012, E. 3.3.2, mit Bezug auf die Rüge der Autonomieverletzung. Ergibt sich bei der materiellen Prüfung, dass im betreffenden Bereich keine Autonomie besteht, prüft das Bundesgericht die akzessorischen Rügen nicht inhaltlich; vgl. BGr, 9.2.2012, 2C_919/2011, E. 1.2.3 und 2.4; BGE 114 Ia 168, E. 4.
[402] Vgl. BERTSCHI, Beschwerdebefugnis, S. 6 f., m.H.
[403] OS 61, 194, 213. Zu den Hintergründen vgl. N. 125; VGr, 17.12.2008, VB.2007.00398, E. 3.6.2; VGr, 10.5.2007, VB.2007.00077, E. 1.2; BERTSCHI, Beschwerdebefugnis, S. 11 f., m.H.

richts wurde schliesslich mit der *VRG-Revision von 2010* in § 21 Abs. 2 kodifiziert[404]. Diese Bestimmung fasst die vom Verwaltungsgericht entwickelten Kriterien – angepasst an die Anforderungen des Bundesrechts – überzeugend in drei Kategorien zusammen, die grundsätzlich den Fallgruppen des Bundesgerichts entsprechen.

2. Insbesondere: Betroffen wie eine Privatperson (Abs. 2 lit. a)

Nach lit. a sind Gemeinden und andere Träger öffentlicher Aufgaben mit Rechtspersönlichkeit rekursberechtigt, wenn sie durch die angefochtene Anordnung *wie eine Privatperson berührt* sind und ein *schutzwürdiges Interesse* an deren Aufhebung oder Änderung haben. Es kann sich dabei auch um ein vermögensrechtliches Interesse handeln, ungeachtet dessen, dass ein solches nur in lit. c ausdrücklich erwähnt wird. Die besonderen Anforderungen, die lit. c an vermögensrechtliche Interessen stellt, sind nicht anwendbar, wenn sich die Legitimation nach lit. a richtet. Im Einzelnen vgl. N. 103 zum Bundesrecht.

117

3. Insbesondere zur Autonomiebeschwerde (Abs. 2 lit. b)

Nach lit. b ist die Legitimation gegeben, wenn die *Verletzung von Garantien der Kantons- oder Bundesverfassung* gerügt wird. Damit werden zwei Fallgruppen der früheren Verwaltungsgerichtspraxis erfasst: erstens die Legitimation der **Gemeinde** zur *Durchsetzung und richtigen Anwendung ihres kommunalen Rechts* sowie zweitens jene aufgrund der *Betroffenheit in einer qualifizierten Entscheidungs- und Ermessensfreiheit*, wobei Letztere weniger weit reichte als die Legitimation zur Autonomiebeschwerde gemäss der Bundesgerichtspraxis. Um den Minimalanforderungen gemäss Art. 111 Abs. 1 (i.V.m. Art. 117) BGG zu genügen, passte der Gesetzgeber lit. b an Art. 89 Abs. 2 lit. c BGG an[405]. Während das Verwaltungsgericht jeweils als Eintretensvoraussetzung und bezogen auf die spezifische Sachfrage prüfte, ob der Gemeinde eine qualifizierte Entscheidungs- und Ermessensfreiheit zukomme, ist das *Vorliegen einer Autonomieverletzung* nach Art. 89 Abs. 2 lit. c oder Art. 116 in Verbindung mit Art. 111 Abs. 1 BGG bzw. § 21 Abs. 2 lit. b *nicht mehr im Rahmen der Eintretensprüfung* zu klären[406]. Weil sich die Gemeinden auf die Garantie der Gemeindeautonomie nach Art. 85 Abs. 1 KV stützen können, ist die frühere Praxis zur Frage der qualifizierten Entscheidungs- und Ermessensfreiheit im Rahmen der Eintretensprüfung nicht mehr von Belang. Insbesondere ist die Gemeinde im Bereich des Planungs- und Baurechts aufgrund ihrer Planungsautonomie und als Baubewilligungsbehörde zur Autonomiebeschwerde befugt[407]. Auch für die materielle Frage, ob im fraglichen Bereich Gemeindeautonomie besteht, ist die Praxis zur qualifizierten Entscheidungs- und Ermessensfreiheit nicht unbesehen verwendbar, weil laut bundesge-

118

---

[404] Weisung 2009, S. 961 ff.; GRIFFEL, Rekurs, S. 64; VGr, 8.11.2012, VB.2012.00478, E. 2.2. Zur früheren Entwicklung der Praxis vgl. RB 2004 Nr. 6, E. 1.2.1, m.H. (VB.2004.00423); zu den Kriterien im Einzelnen BERTSCHI, Beschwerdebefugnis, S. 10 ff.

[405] Zum Ganzen Weisung 2009, S. 961 f.

[406] Vgl. N. 104 sowie VGr, 6.9.2012, VB.2012.00238, E. 1.2; VGr, 6.12.2011, VB.2010.00673 und VB.2011.00383, E. 1.2. Zur Rüge der Verletzung des autonomen Satzungsrechts vgl. BGE 132 I 68, E. 1.1.

[407] BGE 136 I 265, E. 1.3; BGr, 26.10.2011, 1C_91/2011, E. 1.3.

richtlicher Praxis die freie Prüfung durch die übergeordnete Behörde Gemeindeautonomie nicht ausschliesst[408].

119 Die Gemeindeautonomie steht auch den **Zweckverbänden** (Art. 92 f. KV; Art. 7 GG) zu, wenn sie eine Aufgabe erfüllen, die den Gemeinden zukommt und die diese dem Verband übertragen haben[409]. Bei **anderen Trägern öffentlicher Aufgaben** ist jeweils anhand der anwendbaren Rechtsgrundlagen zu bestimmen, inwieweit sie über geschützte Autonomie verfügen[410]. Für die Zulässigkeit der Autonomiebeschwerde genügt jedoch ein allfälliger Regelungs- oder Ermessensspielraum nicht, sofern dieser nicht auf einen verfassungsmässigen Schutz der Autonomie gestützt werden kann[411]. Derartige Kompetenzen können allerdings eine Rolle spielen bei der Beantwortung der Frage, ob die Legitimation nach Abs. 2 lit. c zu bejahen ist.

120 § 21 Abs. 2 lit. b übernimmt die Formulierung von Art. 89 Abs. 2 lit. c BGG, wonach die Legitimation voraussetzt, dass eine Verletzung der verfassungsmässigen Garantien **gerügt** wird. Daraus kann nicht abgeleitet werden, es seien die strengeren Rügepflichten des Verfahrens vor Bundesgericht (Art. 42 Abs. 2 sowie vor allem Art. 106 Abs. 2 BGG, gegebenenfalls i.V.m. Art. 117 BGG) anwendbar. Lit. b bezweckt vielmehr, die Legitimation im kantonalen Verfahren den Minimalanforderungen des Bundesrechts anzupassen; die Formulierung deutet zudem darauf hin, dass für das Eintreten die blosse Berufung auf die Verletzung der verfassungsmässigen Rechte genügt.

121 Verschiedene **Fälle,** in denen die Praxis die Legitimation der Gemeinde *bejaht* hat, wären heute (auch) der Autonomiebeschwerde zuzuordnen (vgl. aber auch N. 123). Dies gilt etwa für eine Betroffenheit in den *ortspolizeilichen Kompetenzen*[412]. Sodann stützt sich eine Gemeinde auf ihre *Planungsautonomie,* wenn sie sich gegen Bauvorhaben auf dem Gebiet einer Nachbargemeinde wehrt, um eine Beeinträchtigung ihrer eigenen planungsrechtlichen Festlegungen zu verhindern, zum Beispiel wenn sie sich für die ungeschmälerte funktionelle Erhaltung eines Aussichtspunkts wehrt, den die eigene Nutzungsplanung in der Nähe der Nachbargemeinde vorsieht. Dabei kann sie alle geeigneten Rügen vorbringen[413]. Zur Wahrung ihrer Planungshoheit kann die Gemeinde auch die Richtplanung der Nachbargemeinde, etwa deren kommunalen Verkehrsplan, anfechten[414]. Für weitere Beispiele vgl. N. 127.

---

[408] Das Bundesgericht verlangt eine relativ erhebliche Entscheidungsfreiheit; z.B. BGE 138 I 242, E. 5.2. Diese wird nicht von jedem unbestimmten Rechtsbegriff des kantonalen Rechts begründet; verlangt wird im Wesentlichen ein Spielraum bei der Beurteilung etwa der konkreten örtlichen Verhältnisse: z.B. BGr, 24.2.2010, 8C_122/2009, E. 2.2; BGE 118 Ia 218, E. 3d. Können die Rechtsmittelinstanzen den kommunalen Beurteilungsspielraum frei überprüfen, verletzen sie die Gemeindeautonomie nur bei willkürlicher Auslegung und Anwendung der massgeblichen kantonalen Normen: z.B. BGr, 24.11.2009, 1C_280/2009, E. 2.4; BGr, 5.12.1995, 1P.26 und 480/1995, E. 3c (ZBl 1997, 260 ff.).
[409] BGr, 14.12.2012, 8C_649/2012, E. 3.3.1.
[410] Vgl. zu Fachhochschulen: VGr, 19.9.2012, VB.2012.00305, E. 1.3; VGr, 6.8.2010, VB.2010.00187, E. 2.3, mit zahlreichen Hinweisen.
[411] VGr, 6.8.2010, VB.2010.00187, E. 2.4.2; vgl. auch VGr, 17.12.2008, VB.2007.00398, E. 2.6.3, m.H.
[412] VGr, VB.2008.00183, 20.8.2008, E. 2.1; VGr, 15.11.2007, VB.2007.00316, E. 2.2 (Leitsatz: RB 2007 Nr. 11).
[413] Vgl. zum Ganzen RB 1993 Nr. 1.
[414] RRB 3197/1989 (BEZ 1989 Nr. 40); RUCKSTUHL, Rechtsschutz, S. 286; vgl. auch HALLER/KARLEN, Rechtsschutz, N. 1063.

4. Insbesondere zur Verletzung schutzwürdiger Interessen bei der Erfüllung gesetzlicher Aufgaben (Abs. 2 lit. c)

a) Zur Auslegung

Nach lit. c sind Gemeinden und andere Träger öffentlicher Aufgaben mit Rechtspersönlichkeit beschwerdebefugt, wenn sie bei der Erfüllung von gesetzlichen Aufgaben in ihren *schutzwürdigen Interessen anderweitig verletzt* sind, insbesondere bei einem *wesentlichen Eingriff in ihr Finanz- oder Verwaltungsvermögen.* Das Kriterium entspricht im Wesentlichen der **Betroffenheit in hoheitlichen Befugnissen,** welche das Bundesgericht mangels einer besonderen Norm der allgemeinen Legitimationsbestimmung von Art. 89 Abs. 1 BGG zuordnet (vgl. N. 102, 105). Im Gegensatz zum früheren § 21 lit. b Satz 2 (in der Fassung vom 7. Februar 2005) sagt lit. c nicht mehr ausdrücklich, dass ein wesentlicher Eingriff in das Vermögen auf zwei Wegen entstehen kann, nämlich erstens als *direkte Folge* des angefochtenen Entscheids und zweitens aufgrund der *präjudiziellen Wirkung.* Dies gilt jedoch nach wie vor. Dabei genügt nicht jedes beliebige finanzielle Interesse.

In verschiedenen Fällen, in denen die Praxis die Legitimation wegen schutzwürdiger Interessen bei der Erfüllung hoheitlicher Aufgaben bejaht hat, ist *heute die Autonomiebeschwerde gegeben.* Dennoch bleibt die Frage, ob das Gemeinwesen aufgrund seiner Betroffenheit bei der Erfüllung hoheitlicher Aufgaben beschwerdebefugt ist, oft relevant: Bei der Autonomiebeschwerde wird zwar als materielle Frage geprüft, ob im jeweiligen Sachbereich tatsächlich Autonomie gegeben ist; wenn dies zu verneinen ist, wird das Rechtsmittel aber ohne weiteres als unbegründet abgewiesen[415]. Somit empfiehlt es sich für rechtsuchende Gemeinwesen, gegebenenfalls zusätzlich die Legitimation nach lit. c substanziiert vorzubringen.

Bei **anderen Trägern** öffentlicher Aufgaben mit Rechtspersönlichkeit sind grundsätzlich keine strengeren Anforderungen zu stellen als bei Gemeinden[416].

Zum Verständnis dessen, was unter einem «**wesentlichen Eingriff**» in das **Finanz- oder Verwaltungsvermögen** zu verstehen ist, muss die **Vorgeschichte** von lit. c rekapituliert werden: Angesichts von Unsicherheiten über die Auslegung des damaligen § 21 lit. b hielt das Verwaltungsgericht zunächst ausdrücklich daran fest, dass die Gemeinde legitimiert sein solle, eine aus dem höherrangigen Recht folgende Verpflichtung zu einer hoheitlichen Tätigkeit mit finanziellen Folgen anzufechten[417]. Der Gesetzgeber verankerte die Praxis mit der Revision des VSG vom 7. Februar 2005 explizit im Gesetz, wobei er nicht jegliches finanzielle Interesse als legitimationsbegründend anerkennen wollte, sondern namentlich betroffenen Gemeinden den Rechtsweg gegen die Verpflichtung zur Übernahme von Sonderschulungskosten offen halten und sie insofern mit der Gegenpartei gleichstellen wollte[418]. Die Weisung zur VRG-Revision von 2010 hält unter Bezugnahme auf die Praxis fest, dass «nicht jeder noch so geringe Eingriff» zur Beschwerde berechti-

---

[415] Vgl. VGr, 10.11.2011, VB.2011.00523, E. 1.3.2.
[416] VGr, 19.9.2012, VB.2012.00305, E. 1.2, m.H., mit Bezug auf Anstalten. Vgl. auch VGr, 18.3.2009, VB.2008.00506, E. 2, mit Bezug auf eine Drainage-Genossenschaft.
[417] VGr, 9.5.2001, VB.2000.00421, E. 2 (ZBl 2001, 525 ff.; Leitsatz: RB 2001 Nr. 9); vgl. auch BGr, 5.12.2001, 2P.7/2001, E. 3a.
[418] Weisung VSG, S. 859; VGr, 17.12.2008, VB.2007.00398, E. 3.6.2.

gen solle⁴¹⁹. Weil die Streitigkeiten um die Übernahme von Sonderschulungskosten, die den Anlass zur ausdrücklichen gesetzlichen Regelung bildeten, oft nur mässige Beträge betreffen, sollte allerdings die «Wesentlichkeit» des Eingriffs in das Finanz- oder Verwaltungsvermögen nicht nur aufgrund des Streitwerts, sondern auch anhand qualitativer Kriterien bestimmt werden. Entsprechend der Fassung des früheren § 21 lit. b vom 7. Februar 2005 (und in Übereinstimmung mit der heutigen Bundesgerichtspraxis) kann sich die Wesentlichkeit sowohl aus den direkten Folgen des Entscheids als auch aus dessen präjudizieller Wirkung ergeben. Zudem folgt aus der Vorgeschichte und den Materialien, dass lit. c den Willen zu einer eigenständigen kantonalen Regelung ausdrückt – im Gegensatz zu lit. b, die eine Anpassung an das Bundesrecht bezweckt –, weshalb das Beschwerderecht weiter gefasst werden kann, als es die Minimalgarantie von Art. 89 Abs. 1 in Verbindung mit Art. 111 Abs. 1 BGG erfordert. Die Weiterführung einer selbständigen Praxis erscheint auch deswegen angebracht, weil die Bundesgerichtspraxis noch ungefestigt wirkt.

126 Die Betroffenheit der **Gesamtheit oder eines grossen Teils der Bevölkerung** sollte nicht als selbständige Legitimationsvoraussetzung betrachtet werden, sondern als Kriterium dafür, dass eine Betroffenheit des Gemeinwesens in der Erfüllung öffentlicher Aufgaben ein schutzwürdiges Anfechtungsinteresse begründet. Dies entspricht der bundesgerichtlichen Praxis (N. 108 f.), dem Wortlaut von lit. c und der Ansicht des Zürcher Gesetzgebers⁴²⁰.

b)   Zur Praxis im Einzelnen

127 In frühen Leitentscheiden bejahte das Verwaltungsgericht die Betroffenheit in schutzwürdigen kommunalen Interessen, als die zweckmässige Ausgestaltung der kommunalen **Energieplanung** in Frage stand⁴²¹ und als sich eine Gemeinde gegen die Verweigerung einer **Baubewilligung für eine Asylbewerberunterkunft** wehrte⁴²². Diese Fälle liessen sich heute auch unter lit. b subsumieren.

128 Im **Quartierplanverfahren** sind die Gemeinden aufgrund einer recht weit zurückreichenden Praxis berechtigt, den Interessenausgleich der Grundeigentümer gleichsam treuhänderisch auf dem Rechtsmittelweg zu verteidigen, selbst wenn sie weder in ihrer planerischen Autonomie noch in eigenen vermögensrechtlichen Interessen betroffen sind, und somit auch, wenn nur die Auslegung kantonalen Rechts streitig ist⁴²³.

129 Die jeweiligen **finanziellen Folgen** verschafften den betroffenen Gemeinden die Legitimation zur Anfechtung folgender Anordnungen: Verpflichtung zur Übernahme der Kosten für die Privatschulung von Kindern⁴²⁴; Verpflichtung, eine Klärschlammverwer-

---

[419] Weisung 2009, S. 962.
[420] Weisung 2009, S. 962 f.
[421] VGr, 16.5.1991, VB 90/0131 und 133, E. 2.
[422] VGr, 3.10.1991, VB 91/0054 und 55, E. 3b (ZBl 1992, 184 ff.).
[423] VGr, 10.5.2012, VB.2011.00052 und 782, E. 1.3; RB 1991 Nr. 7. Analog mit Bezug auf die Kostenverlegung für die Sanierung privater Leitungen: VGr, 23.12.2004, VB.2004.00343, E. 1.2.
[424] VGr, 9.5.2001, VB.2000.00421, E. 2 (ZBl 2001, 525 ff.; Leitsatz: RB 2001 Nr. 9), auch aufgrund der qualifizierten Entscheidungs- und Ermessensfreiheit; bestätigt etwa in VGr, 31.12.2010, VB.2010.00399, E. 1.2, und VGr, 13.3.2007, VB.2006.00502, E. 1.2 (beide nicht publiziert).

tungsanlage ausser Betrieb zu nehmen[425]; aufsichtsrechtlich angeordnete Bewertung der Liegenschaften im Finanzvermögen[426].

Das Verwaltungsgericht bejahte die Legitimation des Gemeinwesens, das infolge der **Verpflichtung zu Sozialhilfeleistungen** unmittelbar in seinem Vermögen betroffen ist, gestützt auf die Bundesgerichtspraxis zunächst unabhängig von der finanziellen Bedeutung des Falles[427]. Angesichts der noch nicht absehbaren Weiterentwicklung der Bundesgerichtspraxis stützte es sich später auf das kantonale Recht und bejahte die Legitimation unter der Voraussetzung, dass der Entscheid entweder im Einzelfall oder aufgrund der präjudiziellen Bedeutung einen wesentlichen Eingriff in das Finanz- oder Verwaltungsvermögen darstelle[428]. Soweit die Praxis nicht restriktiver ist als jene des Bundesgerichts, kann sie beibehalten werden (vgl. auch N. 11, 125)[429]. Die Wesentlichkeit des Eingriffs wird auch anhand der Grösse des Gemeinwesens beurteilt[430], was grundsätzlich überzeugt, wobei die Kriterien mit Blick auf die Rechtssicherheit noch konkretisiert werden sollten.

130

Wehrt sich eine **(Fach-)Hochschule** gegen einen Entscheid der Rekursbehörde betreffend die **Zulassung zum Studium** oder eine **Prüfungsbewertung**, so ist zu differenzieren: Die *Anordnung für den konkreten Einzelfall* dürfte in der Regel weder die zu wahrenden öffentlichen Interessen noch das Finanz- oder Verwaltungsvermögen in genügendem Mass betreffen[431]. Hingegen können die *präjudiziellen Wirkungen* des Entscheids unter Umständen die Legitimation begründen: Dies ist etwa der Fall, wenn seine Umsetzung eine Umgestaltung des Prüfungsverfahrens erfordert und die Qualität der Ausbildung gefährden würde[432]. Dreht sich die Streitigkeit um das Vorliegen eines Sachverhaltselements, kann keine präjudizielle Wirkung gegeben sein[433].

131

Nur **mittelbar finanziell betroffen** und daher **nicht rechtsmittellegitimiert** ist die Gemeinde, die gegen einen Ausgabenbeschluss des Verkehrsverbunds – bzw. einen diesen finanziell belastenden Rekursentscheid – vorgehen will[434]. Ebenso liegt ein bloss mittelbares und daher nicht schutzwürdiges Interesse vor, wenn ein regionaler Planungsverband eine Lärmschutzmassnahme anficht, weil sie Auswirkungen auf künftige Festlegungen im regionalen Richtplan haben kann[435]. Dagegen wurde die Legitimation der Gemeinden

132

---

[425] VGr, 13.6.2012, VB.2011.00647, E. 1.3, auch unter Hinweis auf die Interessen der Einwohnerschaft. Das Bundesgericht verneinte die Legitimation: BGr, 23.5.2013, 1C_403/2012, E. 3.4.
[426] VGr, 8.11.2000, VB.2000.00064, E. 3.
[427] VGr, 10.11.2011, VB.2011.00523, E. 1.3; vgl. N. 106.
[428] VGr, 8.11.2012, VB.2012.00478, E. 2; bestätigt z.B. in VGr, 14.6.2013, VB.2013.00259, E. 1.2.2.
[429] Offen gelassen in VGr, 6.12.2012, VB.2012.00576, E. 1.3. Vgl. auch zum Eintreten wegen geltend gemachter Autonomieverletzungen: BGr, 22.11.2012, 8C_500/2012, E. 2.2; VGr, 22.8.2013, VB.2013.00150, E. 2.2; VGr, 29.1.2013, VB.2012.00695, E. 1.4.
[430] VGr, 6.12.2012, VB.2012.00576, E. 1.3.
[431] Vgl. VGr, 19.9.2012, VB.2012.00305, E. 1.4.2 (Zulassung zum Studium); VGr, 6.8.2010, VB.2010.00187, E. 2.4.2 (Rückweisung zur Neubewertung der Prüfungsleistung).
[432] VGr, 19.9.2012, VB.2012.00305, E. 1.4.
[433] VGr, 31.12.2010, VB.2010.00729, E. 2.4.3.3 (nicht publiziert).
[434] VGr, 17.12.2008, VB.2007.00398, E. 3.6 (Leitsatz: RB 2008 Nr. 20).
[435] VGr, 26.4.2001, VB.2000.00147, E. 2d.

zur Anfechtung der Spitalzuteilung (nach mittlerweile ausser Kraft getretenem Recht) bejaht, weil davon die Höhe des kommunalen Kostenanteils direkt abhing[436].

5. Legitimation des Kantons

133 Bei der VRG-Revision von 1997 **verzichtete** der Gesetzgeber bewusst darauf, ein *Rekurs- und Beschwerderecht des Kantons* in das Gesetz aufzunehmen[437]. Das *Bundesrecht* liess diesen Ausschluss allerdings nur beschränkt zu. In diesem Rahmen verneinte das Verwaltungsgericht jedoch konsequent die Legitimation des Kantons, und zwar selbst dann, wenn dieser gleich oder ähnlich wie eine Privatperson betroffen war[438]. Unter der Herrschaft der totalrevidierten Bundesrechtspflegeordnung kann diese Praxis insoweit nicht aufrecht erhalten werden, als der Kanton zur Beschwerde an das Bundesgericht berechtigt ist; dies trifft zu, wenn er Beschwerde in öffentlichrechtlichen Angelegenheiten erheben kann, weil er wie eine Privatperson betroffen oder in seinen hoheitlichen Aufgaben berührt ist (N. 110 ff.). In diesen Fällen ist er gemäss der Minimalgarantie von Art. 111 Abs. 1 BV im kantonalen Verfahren rechtsmittellegitimiert. Allerdings kann er – bzw. der in seinem Namen handelnde Regierungsrat oder gegebenenfalls eine andere dazu ermächtigte Behörde – gestützt auf das allgemeine Beschwerderecht nur dann zur Anfechtung eines Aktes bzw. Entscheids befugt sein, wenn dieser entweder von einem anderen Träger öffentlicher Aufgaben mit Rechtspersönlichkeit oder von einer Rechtsmittelinstanz ausserhalb der Zentralverwaltung stammt[439]. Zu den Letzteren sind wohl auch die Bezirksräte zu zählen, die in ihrer rechtsprechenden Tätigkeit von der Verwaltung unabhängig sind (§ 3 BezVG)[440].

IV. Rekurs- und Beschwerdebefugnis zur Vertretung öffentlicher Interessen

A. Im Allgemeinen

134 Die Durchsetzung der gesetzlich festgeschriebenen öffentlichen Interessen obliegt in erster Linie der entscheidenden Behörde. Das Gesetz kann jedoch **Gemeinwesen und Behörden** oder **private Verbände mit ideellem Zweck** ermächtigen, sie mit den Rechtsmitteln der Verwaltungsrechtspflege geltend zu machen. Derartige Beschwerderechte sind zwar nicht im VRG, aber in verschiedenen Gesetzen des Bundes und des Kantons vorgesehen. Sie sind sinnvoll, um die gleichrangige Vertretung der entgegenstehenden öffentlichen und privaten Interessen zu gewährleisten. Weil Betroffene eine Verfügung, die sie zulasten öffentlicher Interessen ungebührlich begünstigt, nicht anfechten werden, müssen Dritte zum Weiterzug berechtigt sein, wenn die Entscheide unterer Instanzen gewich-

---

[436] VGr, 15.4.2010, VB.2009.00613–618, E. 1.2; vgl. auch VGr, 31.5.2007, VB.2007.00024–31, E.1.2.2 f.
[437] Weisung 1995, S. 1504, 1533; Prot. KK 1995/96, S. 51 ff.; ROTACH TOMSCHIN, Revision, S. 437.
[438] Z.B. VGr, 5.10.2005, VB.2005.00337, E. 2, m.H.
[439] Vgl. die im Rahmen der VRG-Revision von 1997 vom Regierungsrat beantragte, vom Kantonsrat abgelehnte lit. c (Weisung 1995, S. 1504, 1533).
[440] Vgl. VGr, 5.4.2007, VB.2007.00051, E. 1.2; RB 2000 Nr. 24; vgl. auch BGE 139 III 98, E. 4.

tige öffentliche Interessen zu beeinträchtigen scheinen. Diese Beschwerderechte dienen auch der einheitlichen Rechtsanwendung.

In Abgrenzung zur Legitimation zwecks Wahrung privater Interessen wird die Rechtsmittelbefugnis zur Vertretung öffentlicher Interessen teils als «**abstraktes**» **Rekurs- und Beschwerderecht** bezeichnet. Der Begriff ist missverständlich, da die Rechtsmittel nicht völlig voraussetzungslos ergriffen werden können[441]: Die Durchsetzung des zu schützenden öffentlichen Interesses muss im konkreten Fall gefährdet sein. Was dies im Einzelnen bedeutet, ist anhand der anwendbaren gesetzlichen Grundlage zu bestimmen[442]. Jedenfalls kann die Rechtsmittelbefugnis zur Vertretung öffentlicher Interessen nicht verwendet werden, wenn einzig private Interessen in Frage stehen[443]. Das Interesse muss sodann grundsätzlich aktuell sein[444].

135

Für die *Beschwerde in öffentlichrechtlichen Angelegenheiten* sind besondere Beschwerderechte in Art. 89 Abs. 2 BGG sowie in Spezialgesetzen vorgesehen; für die *subsidiäre Verfassungsbeschwerde* können die besonderen Beschwerderechte gelten, wenn dies in einem Spezialgesetz vorgesehen wird[445]. Aufgrund von Art. 111 Abs. 1 (i.V.m. Art. 117) BGG sind diese Vorschriften auch für das **kantonale Verfahren** massgebend.

136

B. Beschwerdebefugnis von Gemeinwesen oder Behörden

1. Bezeichnung und Trägerschaft

Das Gesetz kann die Beschwerdebefugnis entweder einem Gemeinwesen oder einer Behörde zuerkennen. Für beide Varianten hat sich der nicht ganz treffende Begriff «**Behördenbeschwerde**» eingebürgert[446].

137

Nach umstrittener, allerdings wohl vorherrschender Ansicht ist das *Gemeinwesen* **Träger** des Beschwerderechts und handelt die *Behörde* stets nur als dessen *Organ*[447]. Teilweise wird dies jedoch für den Fall in Frage gestellt, dass eine Behörde gestützt auf eine spezialgesetzliche Grundlage rechtsmittelbefugt ist, zumindest wenn sie Entscheide von Instanzen des Gemeinwesens, dem sie selber angehört, anfechten kann[448]. In solchen Fällen setzt die Annahme, dass die prozessierende Behörde für das Gemeinwesen handle, kühne

138

---

[441] Vgl. die Kritik bei GADOLA, Behördenbeschwerde, S. 1463 ff., 1466; PFLÜGER, Legitimation, N. 752, 784; vgl. auch HÄNER, Die Beteiligten, N. 906.
[442] Vgl. GADOLA, Behördenbeschwerde, S. 1464, 1466; PFLÜGER, Legitimation, N. 950 ff. (zu Art. 34 Abs. 2 RPG).
[443] BGE 123 II 16, E. 2c; HÄNER, Die Beteiligten, N. 910 ff.
[444] Zur Beschwerde von Bundesbehörden: BGE 135 II 338, E. 1.2.1 (dazu auch N. 142).
[445] Zweifelnd mit Bezug auf Art. 58 ArG: BGr, 7.12.2010, 8C_236/2010, E. 3.2.1 f. Von der Ausweitung des Beschwerderechts der Wettbewerbskommission nach Art. 9 Abs. 2bis BGBM auf die Verfassungsbeschwerde sah der Bundesgesetzgeber ab; vgl. KÖLZ/HÄNER/BERTSCHI, Verwaltungsverfahren, N. 1769, m.H.
[446] Kritisch z.B. GRIFFEL/RAUSCH, Ergänzungsband Kommentar USG, Art. 56 N. 3 f.
[447] GYGI, Bundesverwaltungsrechtspflege, S. 163; KÖLZ/HÄNER/BERTSCHI, Verwaltungsverfahren, N. 982; RHINOW/KOLLER/KISS/THURNHERR/BRÜHL-MOSER, Öffentliches Prozessrecht N. 1581; WALDMANN, in: Basler Kommentar BGG, Art. 89 N. 40.
[448] Vgl. die (untereinander nicht deckungsgleichen) Ansichten von MERKER, Rechtsmittel, § 38 N. 190 ff.; MOOR/POLTIER, Droit administratif II, S. 766; PFLÜGER, Legitimation, N. 769; SEILER, in: Handkommentar BGG, Art. 89 N. 63.

gedankliche Konstruktionen der Willensbildung des Gemeinwesens voraus. Dies spricht dafür, insoweit die Behörde und nicht das Gemeinwesen als Prozesspartei zu begreifen, was wiederum voraussetzt, dass die Partei- und Prozessfähigkeit der Behörde unter diesen Umständen aus der Rechtsmittellegitimation abzuleiten ist (vgl. Vorbem. zu §§ 21–21a N. 6). Diese Fragen haben allerdings keine direkt ersichtliche praktische Bedeutung, soweit die Beschwerdebefugnis gesetzlich geregelt ist.

2. Bundesrecht

a) Beschwerderecht der Bundesbehörden

139 Im vorliegenden Zusammenhang interessieren die **besonderen Beschwerderechte im Rahmen der Beschwerde in öffentlichrechtlichen Angelegenheiten** gemäss Art. 89 Abs. 2 lit. a und d BGG. Aufgrund der Harmonisierungsvorschriften von Art. 111 Abs. 1 und 2 BGG entfalten diese Beschwerderechte – anders als nach dem früheren Recht – auch im **Verfahren vor allen kantonalen Vorinstanzen** Wirkung; es handelt sich somit um sogenannte *integrale Beschwerderechte*. Die integrale Behördenbeschwerde stellt ein zweck- und verhältnismässiges Mittel der Verbandsaufsicht des Bundes gegenüber den Kantonen dar, das die kantonalen Verfahrens- und Organisationskompetenzen besser schont als die anderen Aufsichtsmittel[449].

140 **Art. 89 Abs. 2 lit. a BGG** erklärt die *Bundeskanzlei*, die *Departemente* des Bundes oder, soweit das Bundesrecht es vorsieht, die ihnen *unterstellten Dienststellen* für beschwerdelegitimiert, wenn der angefochtene Akt die Bundesgesetzgebung in ihrem Aufgabenbereich verletzen kann. Die Beschwerdelegitimation nach Art. 89 Abs. 2 lit. a BGG kann sowohl auf Gesetzes- als auch auf Verordnungsstufe einer untergeordneten Dienststelle übertragen werden. Gemeint sind Verwaltungseinheiten der Zentralverwaltung (Art. 2 Abs. 1 und 2 RVOG; Art. 7 RVOV)[450]. Liegt eine solche Ermächtigung vor, so ist das Departement nicht zur Beschwerde nach Art. 89 Abs. 2 lit. a BGG befugt; sein Beschwerderecht ist insoweit subsidiär[451]. Soweit Bundesämter oder andere Behörden der Zentralverwaltung auf Gesetzesebene zur Beschwerde ermächtigt werden, kann wohl offen bleiben, ob diese Beschwerderechte unter lit. a oder lit. d fallen[452]: Es ist so oder so davon auszugehen, dass sich die Beschwerdebefugnis primär nach dem Spezialgesetz richtet[453] und dass das Beschwerderecht der unterstellten Dienststelle jenes des Departements ausschliesst[454].

141 Über die Möglichkeit einer Bundesrechtsverletzung im Aufgabenbereich der Behörde hinaus wird kein spezifisches schutzwürdiges Interesse verlangt; es genügt das **Interesse an der richtigen und einheitlichen Anwendung des Bundesrechts.** Die Behördenbe-

---

[449] Vgl. dazu etwa GIOVANNI BIAGGINI, Theorie und Praxis des Verwaltungsrechts im Bundesstaat, Basel 1996, S. 209 ff.; KÖLZ, Behördenbeschwerde, S. 364 ff.
[450] WALDMANN, in: Basler Kommentar BGG, Art. 89 N. 50.
[451] WALDMANN, in: Basler Kommentar BGG, Art. 89 N. 50; Botschaft Bundesrechtspflege, S. 4330. Als Beispiel einer Ermächtigung: Art. 48 Abs. 4 RPV (Anwendungsfall: BGE 136 II 359, E. 1.2).
[452] KÖLZ/HÄNER/BERTSCHI, Verwaltungsverfahren, N. 1497.
[453] WALDMANN, in: Basler Kommentar BGG, Art. 89 N. 65.
[454] Unter Vorbehalt des Evokations- bzw. Selbsteintrittsrechts der übergeordneten Verwaltungseinheit (Art. 47 Abs. 4 RVOG); vgl. BGE 138 III 90 zu Art. 76 Abs. 2 BGG.

schwerde darf allerdings nicht der Behandlung einer vom konkreten Fall losgelösten abstrakten Frage des objektiven Rechts dienen[455].

Für **ausländerrechtliche Haftfälle** hat das Bundesgericht folgende Praxis entwickelt: Einerseits muss ein *zureichendes Interesse an der Beurteilung der aufgeworfenen Probleme* bestehen, wobei diese Frage mit Blick auf die einheitliche Anwendung des Bundesrechts in vergleichbaren Fällen zu beantworten ist. Die Voraussetzung ist erfüllt, wenn dem Gericht eine neue Rechtsfrage unterbreitet oder wenn eine konkret drohende und nicht anders abwendbare bundesrechtswidrige Rechtsentwicklung verhindert werden soll. Anderseits muss sich die Beschwerde auf *konkrete Probleme eines tatsächlich bestehenden Einzelfalls mit Auswirkungen über diesen hinaus* beziehen; zudem muss sie für diesen von einer gewissen Aktualität und (wenigstens potenziellen) Relevanz sein[456]. Diese Grundsätze ergeben sich – im Sinn einer Konkretisierung der allgemeinen Regeln über das Rechtsschutzinteresse nach dem Wegfallen des aktuellen Interesses (N. 25) – aus der besonderen Situation bei der Anfechtung einer Ablehnung oder Nichtverlängerung der ausländerrechtlichen Haft[457]. Das Bundesgericht *überträgt* sie in jüngerer Zeit teilweise auf **andere Behördenbeschwerden**[458]. Dies ist jedoch *nicht sachgerecht,* soweit ein aktuelles Interesse an deren Behandlung besteht[459]: Weil die Behördenbeschwerde der Verbandsaufsicht dient, muss sie auch gegen einen bundesrechtswidrigen Einzelentscheid zur Verfügung stehen.

142

Art. 89 Abs. 2 lit. d BGG erklärt Personen, Organisationen und Behörden für beschwerdeberechtigt, denen ein anderes Bundesgesetz dieses Recht einräumt. Einheiten der dezentralen Verwaltung (Art. 2 Abs. 3 RVOG; Art. 7a RVOV) können nur durch eine solche spezielle Grundlage auf der Stufe des formellen Gesetzes zur Behördenbeschwerde ermächtigt werden[460]. Im Gegensatz zu lit. a verlangt lit. d nicht ausdrücklich, dass der angefochtene Akt die Bundesgesetzgebung im Aufgabenbereich der betreffenden Behörde verletzen kann. Massgeblich ist die spezialgesetzliche Regelung[461]. Sind dieser keine Angaben zu entnehmen, so dürfte genügen, wenn die Behörde die *richtige und einheitliche Anwendung des Bundesrechts* durchsetzen will und wenn dieses Interesse *praktischer und aktueller Natur* ist[462]. Sieht der Gesetzgeber nicht ausdrücklich eine Verknüpfung zwischen Legitimation und Beschwerdegründen vor, geht das Bundesgericht nicht von einer solchen aus[463].

143

Verschiedene **Spezialgesetze** ermächtigen Bundesbehörden zur Behördenbeschwerde. Im Anwendungsbereich von § 21 sind zu nennen: die Beschwerdebefugnis der Bundesämter nach Art. 20 Abs. 2 lit. b BewG, Art. 25 TSchG, Art. 12g Abs. 2 NHG, Art. 34

144

---

[455] Z.B. BGE 135 II 338, E. 1.2.1, m.H.
[456] BGr, 27.4.2009, 2C_49/2009, E. 1; BGE 134 II 201, E. 1.1; BGr, 1.12.2004, 2A.338/2004, E. 1.2.5, mit zahlreichen weiteren Hinweisen; BGE 128 II 193, E. 1.
[457] Vgl. BGr, 18.1.2007, 2A.748/2006, E. 2.2, m.H.
[458] BGE 135 II 338, E. 1.2.1. Vgl. dagegen BGE 138 II 42, E. 1.3, wo die üblichen Grundsätze betreffend das aktuelle Interesse angewandt werden.
[459] Kritisch auch WALDMANN, in: Basler Kommentar BGG, Art. 89 N. 52.
[460] WALDMANN, in: Basler Kommentar BGG, Art. 89 N. 50.
[461] BGE 134 II 124, E. 2.6.
[462] WALDMANN, in: Basler Kommentar BGG, Art. 89 N. 65; vgl. BGr, 19.10.2007, 2C_171 und 283/2007, E. 3.2.
[463] Vgl. BGE 134 II 124, E. 2.6.1 f.

Abs. 3 RPG (gemäss der LwG-Revision vom 22. März 2013), Art. 56 Abs. 1 USG, Art. 67a GSchG, Art. 29 Abs. 1 GTG, Art. 166 Abs. 3 LwG und Art. 46 Abs. 2 WaG sowie die Legitimation der Wettbewerbskommission nach Art. 9 Abs. 2bis BGBM. Im Übrigen finden sich Beispiele, die auch das kantonale Verfahren betreffen, namentlich im Steuer- und Sozialversicherungsrecht.

145 Ebensowenig wie die übrigen Anforderungen nach Art. 89 Abs. 1 BGG muss bei den Beschwerden von Bundesbehörden die **formelle Beschwer** im Sinn von Art. 89 Abs. 1 lit. a BGG gegeben sein: Nach Art. 111 Abs. 2 BGG können die zur Beschwerde an das Bundesgericht berechtigten Bundesbehörden zwar die Rechtsmittel des kantonalen Rechts ergreifen und sich vor jeder kantonalen Instanz am Verfahren beteiligen, wenn sie dies beantragen. Sie können insbesondere am erstinstanzlichen Verfahren teilnehmen und auch die Eröffnung eines solchen verlangen[464]. Ihr Beschwerderecht ist jedoch *nicht verwirkt*, wenn sie sich am vorinstanzlichen Verfahren nicht beteiligt haben. Die Regelung soll die Anforderungen der Bundesaufsicht erfüllen, ohne zur Überbeanspruchung der Bundesbehörden zu führen[465]. Entsprechend sind diesen auch nur letztinstanzliche kantonale Entscheide zu eröffnen[466]. Im Verfahren vor Bundesgericht sind die Bundesbehörden nicht an den Streitgegenstand des kantonalen Verfahrens gebunden; sie können also auch eine reformatio in peius beantragen[467]. Dies müsste auch im kantonalen Verfahren gelten, in dem die Bundesbehörden sich somit ebenfalls nicht an den Streitgegenstand halten müssen, wie er im Zeitpunkt ihres Verfahrenseintritts besteht – was allerdings nicht bedeuten kann, dass ihnen nach dem Verfahrenseintritt die nachlässige Prozessführung nicht entgegengehalten werden könnte.

b) Beschwerderecht von Kantonen und Gemeinden

146 Das Bundesrecht kann im Sinn von *Art. 89 Abs. 2 lit. d BGG* den **Kantonen** oder bestimmten **kantonalen Behörden** ein Beschwerderecht einräumen. Im kantonalen Verfahren – und im Anwendungsbereich von § 21 – sind folgende Bestimmungen zu beachten, die Kantonen oder kantonalen Behörden ein Beschwerderecht einräumen: Art. 20 Abs. 2 lit. b BewG[468]; Art. 34 Abs. 2 i.V.m. Art. 33 Abs. 3 lit. a RPG; Art. 24 Abs. 2 SVG (wobei lit. a aufgrund der Zuständigkeitsordnung in der Zürcher Verwaltungsrechtspflege nicht zur Anwendung gelangt); Art. 56 Abs. 2 USG; Art. 29 Abs. 2 GTG.

147 Schliesslich spricht das Bundesrecht den **Gemeinden** in verschiedenen Erlassen ein Beschwerderecht im kantonalen Verfahren zu, so in Art. 51 Abs. 2 BüG i.V.m. Art. 111 Abs. 1 bzw. 117 BGG[469], Art. 20 Abs. 2 lit. c BewG[470], Art. 12 Abs. 1 lit. a NHG sowie

---

[464] Botschaft Bundesrechtspflege, S. 4350.
[465] Vgl. Botschaft Bundesrechtspflege, S. 4349 f.
[466] Art. 112 Abs. 4 BGG; Verordnung über die Eröffnung letztinstanzlicher kantonaler Entscheide in öffentlichrechtlichen Angelegenheiten vom 8. November 2006 (SR 173.110.47).
[467] BGE 136 II 359, E. 1.2.
[468] Zur innerkantonalen Zuständigkeit vgl. § 1 VBewG i.V.m. § 4 lit. b EG BewG; BGr, 15.1.2010, 2C_409/2009, E. 1.1; VGr, 30.6.2011, VB.2011.00120, E. 1.2.
[469] Das Verwaltungsgericht hatte die Beschwerdebefugnis bereits unter dem früheren Recht in konstanter Praxis bejaht: VGr, 3.10.2012, VB.2012.00406, E. 1.2, m.H.
[470] Vgl. VGr, 7.4.2011, VB.2011.00021, E. 1.2.3, wonach die Gemeinde auch legitimiert ist, wenn die Bewilligungspflicht streitig ist, und die Aufzählung von lit. c beispielhaft ist.

Art. 46 Abs. 3 WaG i.V.m. Art. 12 Abs. 1 lit. a NHG (zugunsten des Natur- und Heimatschutzes bzw. zum Schutz und zur Erhaltung des Waldes[471]), Art. 14 Abs. 1 lit. a FWG (wenn das Gebiet der Gemeinde betroffen ist), Art. 34 Abs. 2 i.V.m. Art. 33 Abs. 3 lit. a RPG, Art. 3 Abs. 4 Satz 3 SVG (gegen Anordnungen von Verkehrsmassnahmen auf dem Gebiet der Gemeinde). Art. 57 USG enthält hingegen kein «abstraktes» Beschwerderecht der Gemeinde, wie sich aus seinem Wortlaut ergibt; das Beschwerderecht der Gemeinde nach Art. 57 USG entspricht demjenigen nach Art. 89 Abs. 1 BGG[472].

Ermächtigt das Bundesrecht den Kanton oder die Gemeinden zum Weiterzug des letztinstanzlichen kantonalen Entscheids an das Bundesgericht, gilt diese Rechtsmittelbefugnis nach Art. 111 Abs. 1 BGG auch im **innerkantonalen Verfahren**. Für die Legitimation nach Art. 34 Abs. 2 RPG folgt dies aus Art. 33 Abs. 3 lit. a RPG. Anders als Bundesbehörden (für die Art. 111 Abs. 2 BGG gilt) verwirken Kantone und Gemeinden allerdings ihr Beschwerderecht, wenn sie am kantonalen Verfahren als Parteien teilnehmen könnten und dies unterlassen (so ausdrücklich Art. 12c Abs. 1 und 2 NHG für Gemeinden).

3. Kantonales Recht

Auch das kantonale Recht kann **spezialgesetzliche Beschwerderechte** zur Wahrung öffentlicher Interessen vorsehen. So sind die *kantonale Tierversuchskommission* sowie drei gemeinsam handelnde Kommissionsmitglieder zu Rekurs und Beschwerde im Bewilligungsverfahren für Tierversuche berechtigt[473]. § 29 Abs. 2 StJVG ermächtigt die *Oberstaatsanwaltschaft* zur Erhebung von Rechtsmitteln, wenn Vollzugsöffnungen gegenüber verwahrten oder zu lebenslänglicher Freiheitsstrafe verurteilten Personen in Frage stehen. Die Befugnis der *Gemeinden* zur Erhebung von Einwendungen (und damit ihre Rekurs- und Beschwerdelegitimation) nach § 17 Abs. 1 StrG und § 18a Abs. 2 WWG weicht dagegen nicht von der Legitimation nach § 21 Abs. 2 VRG ab, wobei die Formulierung hervorheben soll, dass auch Nachbargemeinden bei Vorliegen eines schutzwürdigen Interesses rechtsmittelbefugt sind[474]. Dass dem nicht über Rechtspersönlichkeit verfügenden *Verkehrsverbund* in § 10 Abs. 2 PVG die Partei- und Prozessfähigkeit eingeräumt wird, bedeutet nicht, dass er als desavouierte Vorinstanz zu Rekurs und Beschwerde legitimiert wäre[475].

Mit der PBG-Revision vom 28. Oktober 2013 wird der *zuständigen Direktion* in den Bereichen des Planungs-, Bau- und Umweltrechts die Behördenbeschwerde gegen Rekursentscheide (konkret: des Baurekursgerichts) eingeräumt (§ 338c PBG; § 52a EG GSchG; § 38a AbfG; § 41a StrG; § 78b Abs. 3 WWG; § 33b KWaG). Diese Behördenbeschwerde dient der Wahrung der öffentlichen Interessen, besonders der Sicherstellung der richtigen Rechtsanwendung im Bereich des kantonalen Planungs- und Baurechts, und soll der Di-

---

[471] Vgl. BGr, 20.3.2002, 1A.141 und 143/2001, E. 2.3; BGE 109 Ib 341, E. 2b.
[472] Vgl. BGE 124 II 293, E. 3b; KÖLZ/HÄNER/BERTSCHI, Verwaltungsverfahren, N. 987; LORETAN, in: Kommentar USG, Art. 57 N. 1.
[473] § 12 Abs. 2 KTSchG; vgl. BGE 135 II 384, E. 1.2.2 f.; vgl. auch BOLLIGER/GOETSCHEL, Wahrnehmung tierlicher Interessen, S. 45 ff., 57 ff., 70 ff.
[474] Zur Entstehungsgeschichte: Prot. KK 1995/96, S. 337 ff., 355; Prot. KR 1995–1999, S. 6834 f.
[475] VGr, 17.12.2008, VB.2007.00398, E. 2.5.

rektion vor allem ermöglichen, Aufhebungen ihrer Genehmigungsentscheide anzufechten und damit ihre Vollzugspraxis zu verteidigen[476].

C. Ideelle Verbandsbeschwerde

1. Bundesrecht

151 Die ideelle Verbandsbeschwerde **bezweckt** eine *Stärkung bestimmter öffentlicher Interessen* in der Verwaltungsrechtspflege, weil angenommen wird, dass die entscheidenden Behörden diese bei Interessenkollisionen tendenziell zu gering gewichten. Bedeutsam ist die ideelle Verbandsbeschwerde namentlich im Bereich des Natur- und Umweltschutzrechts, wo sie in Art. 12 ff. NHG und Art. 55 ff. USG vorgesehen ist, wobei eine Vereinheitlichung mit der Revision des NHG vom 24. März 1995 erfolgte[477]. Gerade in diesen Rechtsgebieten blieb sie politisch stets umstritten; die Revision des USG und des NHG vom 20. Dezember 2006[478] führte verschiedene Massnahmen zur Verhinderung von Missbrauch ein, die teilweise stark auf die damals aktuellen konkreten Fälle bezogen sind. Die Voraussetzungen von Art. 12 ff. NHG müssen auch bei der Beschwerde gemäss Art. 46 Abs. 3 WaG gegeben sein. Mit der Aarhus-Konvention, welche die Bundesversammlung am 27. September 2013 genehmigt hat, wird das Verbandsbeschwerderecht auch völkerrechtlich abgestützt (vgl. Art. 9 Abs. 2 Aarhus-Konvention)[479].

152 **Art. 55 USG** ermächtigt *Umweltschutzorganisationen* zur Beschwerde gegen Verfügungen von kantonalen Behörden oder Bundesbehörden über die Planung, Errichtung oder Änderung von Anlagen, für die eine Umweltverträglichkeitsprüfung nach Art. 10a USG erforderlich ist[480]. Die Organisationen müssen gesamtschweizerisch tätig sein und rein ideelle Zwecke verfolgen; allfällige wirtschaftliche Tätigkeiten müssen den ideellen Zwecken dienen (Abs. 1). Das Beschwerderecht steht den Organisationen nur für Rügen in Rechtsbereichen zu, die seit mindestens zehn Jahren Gegenstand ihres statutarischen Zwecks bilden (Abs. 2). Zuständig zur Beschwerde ist das oberste Exekutivorgan (Abs. 4); die rechtlich selbständigen kantonalen und überkantonalen Unterorganisationen können für ihr örtliches Tätigkeitsgebiet generell zur Erhebung von Einsprachen und im Einzelfall zur Erhebung von Beschwerden ermächtigt werden (Abs. 5)[481]. Nach der bisherigen Praxis galt, dass sämtliche Interessen des Umweltschutzes geltend gemacht und die Verletzung zum Beispiel auch der Bestimmungen über den Natur- und Heimatschutz, den Landschaftsschutz, den Gewässerschutz und die Walderhaltung gerügt werden konnten

---

[476] Weisung PBG 2011, S. 1140.
[477] AS 1996, 214, 216 f., 222 f.
[478] AS 2007, 2701.
[479] Vgl. auch den Vorbehalt zu dieser Bestimmung (BBl 2013, 7403 ff.).
[480] Als Beispiel für die Rüge, eine UVP sei zu Unrecht unterblieben, VGr, 3.9.2008, VB.2008.00132, E. 2.2.
[481] Offen ist, ob die Ermächtigung für das Einspracheverfahren immer noch ohne ausdrückliche Anordnung, allein aufgrund der statutarischen Aufgabenteilung bzw. der engen Beziehung zwischen gesamtschweizerischer Organisation und prozessführender Sektion, angenommen werden kann; VGr, 1.12.2010, VB.2008. 00176, 175, 177, 181 und 189, E. 3.3.3.

(vgl. Art. 3 UVPV)[482]. Es erscheint noch offen, ob Art. 55 Abs. 2 USG zu einer Verengung der Praxis führen wird[483].

Art. 12 NHG berechtigt *Organisationen, die sich dem Naturschutz, dem Heimatschutz, der Denkmalpflege oder verwandten Zielen widmen,* zur Beschwerde gegen Verfügungen von Kantons- oder Bundesbehörden, die in Erfüllung einer Bundesaufgabe im Sinn von Art. 78 Abs. 2 BV und Art. 2 NHG ergehen oder hätten ergehen sollen[484] – wobei die Aufzählung in Art. 2 NHG nicht abschliessend ist – und Auswirkungen auf die Natur- und Heimatschutzinteressen haben[485]. Die Anforderungen an die Organisation sind dieselben, die auch Art. 55 USG aufstellt. Zulässig sind nur Rügen, welche die Natur- und Heimatschutzinteressen betreffen[486].

153

Laut älterer Praxis des Bundesgerichts ergibt sich aus der Beschwerdelegitimation ideeller Organisationen kein Anspruch auf den **Erlass erstinstanzlicher Verfügungen**[487]. Es erscheint zweifelhaft, ob diese Praxis noch massgebend ist: Zum einen ist sie von vornherein fragwürdig, weil sie allfällige Umgehungen des Verbandsbeschwerderechts nicht sanktioniert. Zum andern erscheint sie mittlerweile überholt, nachdem der Anspruch auf eine Verfügung über Realakte (Art. 25a VwVG bzw. § 10c VRG) gesetzlich festgeschrieben und die Möglichkeit, auf dem Weg der Rechtsverweigerungsbeschwerde eine Verfügung zu erzwingen, in Literatur und Praxis anerkannt ist[488]. Allerdings bezog sich die Begründung des Bundesgerichts, nämlich dass ein allgemeines Aufsichts- und Interventionsrecht der ideellen Organisationen nur bei ausdrücklicher Verankerung im Gesetz anerkannt werden könne, spezifisch auf die ideelle Verbandsbeschwerde. Tatsächlich ergibt sich die Legitimation der ideellen Verbände nicht aus der allgemeinen Voraussetzung des schutzwürdigen Interesses (von dem auch der Anspruch auf eine Verfügung über einen Realakt abhängt), sondern aus einer besonderen gesetzlichen Ermächtigung. Daraus lässt sich jedoch nicht ableiten, dass ihnen die Verfügung über Realakte und die Rechtsverweigerungsbeschwerde verwehrt bleiben sollen, wenn sie gegen eine Vereitelung ihres Beschwerderechts vorgehen wollen.

154

Art. 55c USG und Art. 12d NHG regeln die **Vereinbarungen zwischen Gesuchstellenden und ideellen Organisationen**. Hat eine Organisation unzulässige Leistungen im Sinn dieser Bestimmungen gefordert, ist auf ihre Beschwerde nicht einzutreten (jeweils Abs. 2 und 3). Unnötigerweise wird in Art. 55c Abs. 3 USG und Art. 12d Abs. 3 NHG zudem das Eintreten auf rechtsmissbräuchliche Beschwerden ausgeschlossen. Ebenso überflüssig sind im Übrigen Art. 55b Abs. 3 (i.V.m. Abs. 4) USG und Art. 12c Abs. 3 (i.V.m. Abs. 4) NHG, welche die allgemein gültige Regel festhalten, dass Rügen, die gegen einen

155

---

[482] BGE 124 II 460, E. 2.
[483] Kölz/Häner/Bertschi, Verwaltungsverfahren, N. 990; vgl. im Einzelnen Griffel/Rausch, Ergänzungsband Kommentar USG, Art. 55 N. 14.
[484] VGr, 23.3.2006, VB.2005.00580, E. 1.2.
[485] Vgl. z.B. BGE 136 II 101, E. 1.1 (Pra 2010 Nr. 94; Jagd); VGr, 13.7.2011, VB.2011.00070, E. 2.2.1 (Gewässerschutz). Ausführlich zur Bundesaufgabe: BGE 139 II 271 (Baubewilligungen für Zweitwohnungen betreffend).
[486] Kölz/Häner/Bertschi, Verwaltungsverfahren, N. 991.
[487] BGE 110 Ib 160, E. 2a; BGr, 27.6.1985, E. 2a (ZBl 1986, 219 ff.); a.M. Trüeb, Vollzugsklage, S. 440 Fn. 50.
[488] Vgl. Gächter, Rechtsverweigerungsbeschwerde, m.H.; BGE 126 II 300, E. 2c. Zur beschränkten Tragweite Griffel/Rausch, Ergänzungsband Kommentar USG, Vorbem. zu Art. 54–57 N. 33.

§ 21

Nutzungsplan mit Verfügungscharakter erhoben werden konnten, in nachfolgenden Verfahren nicht mehr vorgebracht werden können.

156 Nach Art. 55 Abs. 3 USG und Art. 12 Abs. 3 NHG bezeichnet der Bundesrat die **beschwerdeberechtigten Organisationen**. Ein wohl noch immer überwiegender Teil der Lehre misst der Liste im Anhang zur VBO nur deklaratorische Natur zu, was bedeuten würde, dass nicht in der Liste aufgeführte Organisation ihre Legitimation nachweisen bzw. als Vorfrage die Nichterwähnung in der Liste rügen müssen[489]. Zumindest die jüngere Praxis scheint dieser Ansicht aber nicht zu folgen[490].

157 Es handelt sich um ein **integrales Beschwerderecht**; die ideellen Organisationen können sich somit an den Einsprache- und Rechtsmittelverfahren vor sämtlichen Instanzen beteiligen (Art. 55 Abs. 1 USG, Art. 12 Abs. 1 NHG). Umgekehrt verwirken sie nach Art. 55b Abs. 1 und 2 USG bzw. Art. 12c Abs. 1 und 2 NHG das Beschwerderecht, wenn sie sich an allfälligen Einspracheverfahren und Rechtsmittelverfahren vor unteren Instanzen nicht beteiligt haben. Das Erfordernis der **formellen Beschwer** muss mithin erfüllt sein. Die Behörde muss den Organisationen die Verfügung durch schriftliche Mitteilung oder Publikation im Bundesblatt oder im kantonalen Amtsblatt **eröffnen**. Ist ein Einspracheverfahren vorgesehen, sind auch die Gesuche entsprechend zu veröffentlichen (Art. 55a USG, Art. 12b NHG). Die Veröffentlichung muss so verfasst sein, dass sich die beschwerdeberechtigten Organisationen ein Bild über die umweltschutz- bzw. natur- und heimatschutzrechtliche Tragweite des Vorhabens machen können[491]. Die Organisationen haben die **kantonalen Verfahrensvorschriften** einzuhalten, sofern dadurch die Erfüllung der ihnen vom Bundesrecht übertragenen Aufgaben nicht verunmöglicht oder übermässig erschwert wird[492]. Auch prohibitive Verfahrenskosten oder Parteientschädigungen können eine unzulässige Vereitelung des Beschwerderechts darstellen[493].

158 Das **PBG** sieht – anders als § 17 Abs. 1–3 StrG und § 18a Abs. 2–5 WWG – kein Einwendungsverfahren vor (vgl. § 315 Abs. 3 PBG). Gemäss Art. 55b Abs. 2 USG und Art. 12c Abs. 2 NHG (e contrario) müssen sich die legitimierten Verbände daher *nicht am erstinstanzlichen Verwaltungsverfahren beteiligen,* um ihre Rechtsmittelbefugnis zu wahren. Doch sind die §§ 315 f. PBG auf die gesamtschweizerischen ideellen Organisationen anwendbar: Nach § 316 Abs. 1 PBG *verwirken* Dritte ihre Rechtsmittellegitimation in Bausachen, wenn sie nicht nach § 315 Abs. 1 PBG die **Zustellung des baurechtlichen Entscheids** verlangt haben; dies gilt auch mit Bezug auf die ideelle Verbandsbeschwerde[494].

---

[489] Vgl. KELLER/HAUSER, Gretchenfrage, S. 860 f., m.H., 867 ff.; KÖLZ/HÄNER/BERTSCHI, Verwaltungsverfahren, N. 994, m.H.; WALDMANN, in: Basler Kommentar BGG, Art. 89 N. 70, m.H.

[490] Das Bundesgericht bezeichnet die Liste als abschliessend; vgl. z.B. BGr, 10.3.2009, 1C_531/2008, E. 3.4; so auch, mit Begründung, VGr, 8.4.2009, VB.2009.00137, E. 2.2.1. Zur Praxis vgl. WISARD, in: Commentaire LPE, Art. 55 N. 52 ff.

[491] Vgl. im Einzelnen VGr, 10.2.2010, VB.2009.00424, E. 4.1; VGr, 18.11.2009, VB.2009.00361, E. 1.1; P.M. KELLER, in: Kommentar NHG, Art. 12a N. 13; zu UVP-pflichtigen Vorhaben: VGr, 3.9.2008, VB.2008.00132, E. 2.3, m.H.; VGr, 20.12.2006, VB.2005.00347, E. 2.3, m.H. (BEZ 2007 Nr. 9); GRIFFEL/RAUSCH, Ergänzungsband Kommentar USG, Art. 55a N. 7.

[492] BGE 121 II 224, E. 2a.

[493] Vgl. BGr, 22.12.2008, 1C_381/2008, E. 2.2; BGr, 21.9.2005, 1A.125/2005, E. 13.2; VGr, 30.5.2012, VB.2011. 00628, E. 3.9.

[494] VGr, 20.5.2009, VB.2009.00057, E. 3.1; RB 1994 Nr. 90.

Laut Bundesgericht stellen § 315 Abs. 1 und § 316 Abs. 1 PBG keine unnötige Erschwerung oder Behinderung des Verbandsbeschwerderechts dar[495]. Weil das Zustellungsgesuch nicht mit einer Beteiligung am erstinstanzlichen Verfahren gleichgesetzt werden kann, liegt kein Anwendungsfall von Art. 55b Abs. 2 USG bzw. Art. 12c Abs. 2 NHG vor. In Analogie zu Art. 55b Abs. 1 USG und Art. 12c Abs. 1 NHG und im Sinn dieser Bestimmungen sollten sich jedoch Verbände, die kein Zustellungsgesuch gestellt haben – ebenso wie Organisationen, die kein Rechtsmittel ergriffen haben – am weiteren Verfahren als Partei immerhin dann beteiligen können, wenn sich eine Änderung der Verfügung auf die von ihnen vertretenen Interessen nachteilig auswirkt[496].

Eine weitere ideelle Verbandsbeschwerde – die aber in der Rechtspraxis wenig Bedeutung hat – ist in **Art. 14 Abs. 1 lit. b FWG** vorgesehen. Die Liste der zur Beschwerde nach Art. 14 Abs. 1 lit. b FWG berechtigten Organisationen[497] hat unbestrittenermassen konstitutive Wirkung, da das FWG die Voraussetzungen der Anerkennung dem Ermessen des Departements überlässt[498]. 159

Gesamtschweizerische Umweltschutzorganisationen, die mindestens zehn Jahre vor Einreichung der Beschwerde gegründet wurden, werden sodann in zwei weiteren Bestimmungen zur Verbandsbeschwerde ermächtigt: **Art. 55f USG** betrifft Bewilligungen über das *Inverkehrbringen pathogener Organismen*, die bestimmungsgemäss in der Umwelt verwendet werden sollen. **Art. 28 GTG** betrifft Bewilligungen über das *Inverkehrbringen gentechnisch veränderter Organismen*, die bestimmungsgemäss in der Umwelt verwendet werden sollen[499]. 160

Die Verbandsbeschwerderechte nach dem ArG, dem GlG und dem BehiG sind **sozialpolitisch motiviert**, weshalb sich der Zweck des konkret ergriffenen Rechtsmittels demjenigen einer egoistischen Verbandsbeschwerde annähert. **Art. 58 ArG** ermächtigt die *Arbeitnehmer- und Arbeitgeberverbände*, anstelle einzelner Arbeitnehmender oder Arbeitgebender Beschwerde gegen Verfügungen zu erheben, die sich auf das ArG stützen. Es wird nicht vorausgesetzt, dass die betreffenden Arbeitnehmenden oder Arbeitgebenden Verbandsmitglieder sind oder selber ein Interesse an der Beschwerdeführung bekunden; dagegen muss der beschwerdeführende Verband die Verteidigung beruflicher, wirtschaftlicher, sozialer oder kultureller Interessen seiner Mitglieder bezwecken. Die Beschwerdelegitimation kommt nach neuerer Praxis allen Verbänden – auch branchenübergreifenden – zu, die im fraglichen Wirtschaftszweig massgebliche Interessen vertreten[500]. 161

Nach **Art. 7 GlG** können Organisationen, welche statutengemäss die *Gleichstellung von Frau und Mann* fördern oder die *Interessen der Arbeitnehmenden* wahren, im Klage- und Beschwerdeverfahren nach Art. 13 GlG feststellen lassen, dass eine Diskriminierung vor- 162

---

[495] BGE 121 II 224, E. 4 f.
[496] Zum Gehalt der Bestimmung vgl. GRIFFEL/RAUSCH, Ergänzungsband Kommentar USG, Art. 55b N. 4; WISARD, in: Commentaire LPE, Art. 55b N. 5 ff.
[497] Art. 1 der Verordnung des Eidgenössischen Departements des Innern über die Bezeichnung der beschwerdeberechtigten Fachorganisationen für Fuss- und Wanderwege vom 16. April 1993 (SR 704.5).
[498] NUTT, Beschwerderecht, S. 265; WALDMANN, in: Basler Kommentar BGG, Art. 89 N. 70.
[499] Zur Bezeichnung der beschwerdeberechtigten Organisationen vgl. den Anhang zur VBO.
[500] BGr, 26.3.2009, 2C_344 und 345/2008, E. 3.

liegt, wenn der Ausgang des Verfahrens sich voraussichtlich auf eine grössere Zahl von Arbeitsverhältnissen auswirken kann. Die Bestimmungen über die Rechtsmittel von Einzelpersonen gelten im Übrigen sinngemäss (Art. 7 Abs. 2 GlG).

163 Laut **Art. 9 Abs. 1 BehiG** können *Behindertenorganisationen* gesamtschweizerischer Bedeutung, die seit mindestens zehn Jahren bestehen, *Rechtsansprüche aufgrund von Benachteiligungen, die sich auf eine grosse Zahl Behinderter auswirken*, geltend machen. Nach Art. 9 Abs. 2 BehiG bezeichnet der Bundesrat die beschwerdeberechtigten Organisationen. Die entsprechende Liste findet sich in Anhang 1 zur BehiV; sie ist nicht konstitutiv[501]. Art. 9 Abs. 3 BehiG zählt die Verfahren auf, in denen das Beschwerderecht ausgeübt werden kann. Für den *kantonalen Verwaltungsprozess* ist lit. b von Belang, wonach das Beschwerderecht bei Verfahren zur Erteilung einer Bewilligung für den Bau oder die Erneuerung von Bauten und Anlagen gegeben ist, um die Rechtsansprüche gemäss Art. 7 BehiG geltend zu machen. Abs. 4 und 5 von Art. 9 BehiG, welche die Publikation der Entscheide und Gesuche sowie die Voraussetzung der formellen Beschwer für die Verbandsbeschwerde vorsehen, gelten nach ihrem Wortlaut und dem Willen des Gesetzgebers nicht für die Bauverfahren nach Abs. 3 lit. b, sondern nur für die Verfahren und Verfügungen der Bundesbehörden nach Abs. 3 lit. c und d[502].

2. Kantonales Recht

164 § 338a Abs. 2 PBG bzw. **§ 338b PBG** in der Fassung vom 28. Oktober 2013 ermächtigt gesamtkantonal tätige Vereinigungen, die sich seit mindestens zehn Jahren statutengemäss dem *Natur- und Heimatschutz* oder verwandten, rein ideellen Zielen widmen, zum Rekurs und zur Beschwerde gegen Anordnungen und Erlasse, soweit sich diese auf den III. Titel des PBG oder auf § 238 Abs. 2 PBG stützen, ferner gegen Bewilligungen für Bauten und Anlagen ausserhalb der Bauzonen und gegen die Festsetzung von überkommunalen Gestaltungsplänen ausserhalb der Bauzonen[503]. Sodann sieht § 24 Abs. 2 WWG bzw. **§ 78b Abs. 2 WWG** in der Fassung vom 28. Oktober 2013 ein Beschwerderecht für Natur(schutz)-, Heimat(schutz)-, Umwelt(schutz)- und Fischereiorganisationen sowie andere Vereinigungen vor, die sich statutengemäss seit mindestens zehn Jahren gesamtkantonal mit Aufgaben des Gewässerschutzes und der Gewässernutzung befassen[504]. Regionale und lokale Organisationen sind nicht legitimiert[505].

165 Der **Wortlaut** von § 338a Abs. 2 PBG bzw. § 338b Abs. 2 lit. a PBG in der Fassung vom 28. Oktober 2013 ist insofern **zu eng,** als es zur Ausübung des Rekurs- und Beschwerderechts genügt, wenn sich die angefochtene Verfügung auf den III. Titel oder § 238 Abs. 2 PBG stützt oder *hätte stützen sollen*[506]. Die blosse Behauptung, eine Anordnung hätte

---

[501] BGr, 10.6.2011, 1C_394 und 404/2010, E. 2.3.
[502] Amtl. Bull. SR 2002, S. 711 ff., NR 2002, S. 1728.
[503] Materialien: Bericht und Antrag des Regierungsrates zur Volksinitiative für Natur und Umwelt: für einen wirksamen Schutz des Natur- und Heimatschutzrechtes vom 20. März 1985, ABl 1985, 782 ff.; Antrag der Kantonsratskommission vom 6. Dezember 1985, ABl 1985, 1714 f.; Prot. KR 1983–1987, S. 8091 ff. (besonders S. 8128 ff.), 8538 ff.; 1987–1991, S. 13455 ff., 13872 ff.; Weisung PBG 2011, S. 1139 f.
[504] Materialien: Antrag der Kantonsratskommission vom 10. September 1990, ABl 1990, 1785 ff., 1791, 1799; Prot. KR 1987–1991, S. 11457 ff., 11490 f., 12358 ff., 12383 ff.; Weisung PBG 2011, S. 1144.
[505] VGr, 8.5.2008, VB.2008.00092 und 93, E. 2; RB 1996 Nr. 12, m.H. auf die Materialien.
[506] RB 1990 Nr. 11 (BEZ 1990 Nr. 11, E. 2a).

sich auf den III. Titel oder auf § 238 Abs. 2 PBG stützen müssen, reicht jedoch nicht aus. Wenn vorgebracht wird, dass sich eine Anordnung auf die betreffenden Bestimmungen hätte stützen sollen, so müssen näher konkretisierte Anhaltspunkte gegeben sein, dass ein Schutzobjekt betroffen ist[507].

Die Verbandsbeschwerde ist jedoch immer dann zuzulassen, wenn die Anordnung ein **geschütztes Objekt** (§ 205 PBG) oder **inventarisiertes Schutzobjekt** (§ 203 Abs. 2 PBG) berührt[508]. Wird die Beschwerde zugunsten nicht inventarisierter Objekte erhoben, anerkennt das Verwaltungsgericht die Rechtsmittellegitimation der Verbände nur in Ausnahmefällen. Ein solcher liegt zunächst vor, wenn der Inventareintrag eines unbestrittenermassen schutzwürdigen Objekts nur unterblieben ist, weil dieses nicht rechtzeitig entdeckt wurde. Sodann wird die Legitimation bejaht, wenn das zuständige Gemeinwesen seiner Pflicht zur Inventarisierung nicht nachgekommen ist und die Schutzwürdigkeit als glaubhaft dargetan und wahrscheinlich erscheint[509]. Dazu gehört auch der Fall, dass ein potenzielles Schutzobjekt von einer unzuständigen Behörde inventarisiert wurde[510]. Schliesslich ist die Legitimation auch gegeben, wenn die Beschwerde ein Objekt betrifft, das im Sinn von § 210 PBG provisorisch geschützt ist[511].

166

Mit Bezug auf die Festsetzung einer Kernzone hat das Verwaltungsgericht festgehalten, die Verbände seien auch legitimiert, wenn eine Gebäudegesamtheit richtplanerisch als **schutzwürdiges Ortsbild** (§ 22 Abs. 2 PBG) ausgeschieden sei. Sie sind aber nicht bereits dann legitimiert, wenn ihrer Ansicht nach im Interesse des Heimatschutzes eine *Kernzone* oder eine *Freihaltezone* anzuordnen wäre[512]. Die Verbände können Verstösse gegen Vorschriften über *Quartiererhaltungszonen* nicht rügen, weil diesen Zonen nach der Rechtsprechung kein heimatschutzrechtlicher Gehalt zukommt[513].

167

Wird eine **Verletzung von Art. 24–24d RPG**[514] geltend gemacht, so muss nicht zusätzlich eine Verletzung von Belangen des Natur- und Heimatschutzes dargetan werden; der Gesetzgeber ging davon aus, dass bei Bauten und Anlagen ausserhalb der Bauzonen die Interessen des Natur- und Heimatschutzes grundsätzlich immer berührt sind[515]. Die Rechtsmittellegitimation bei der Anfechtung gemäss Art. 24–24d RPG entspricht derjenigen der ideellen Verbandsbeschwerde nach Bundesrecht[516]. Mit der Rüge, die Art. 24–24d RPG würden umgangen, können auch kommunale Gestaltungspläne für Gebiete ausserhalb der Bauzone angefochten werden; der letzte Satz von § 338a Abs. 2 PBG bzw.

168

---

[507] VGr, 20.12.2001, VB.2001.00351, E. 1b.
[508] RB 1990 Nr. 11 (BEZ 1990 Nr. 11, E. 2a).
[509] VGr, 10.2.2010, VB.2009.00424, E. 2.2, m.H. (BEZ 2010 Nr. 15), auch zum Ganzen. Vgl. auch RB 2005 Nr. 62, E. 4.1 f. (VB.2004.00488), und VGr, 10.9.2003, VB.2003.00197, E. 2, wo die Legitimation jeweils verneint wurde.
[510] So der Leitsatz in RB 1996 Nr. 6; vgl. aber auch die abweichende Wiedergabe der massgebenden Elemente dieses Entscheids in VGr, 10.2.2010, VB.2009.00424, E. 2.2 (BEZ 2010 Nr. 15).
[511] VGr, 8.12.2005, VB.2005.00479, E. 2; VGr, 27.8.2003, VB.2003.00121, E. 1a.
[512] Zum Ganzen: VGr, 29.3.2001, VB.2001.00031, E. 3.
[513] VGr, 2.6.2010, VB.2010.00001, E. 1.2, m.H.; VGr, 26.8.2009, VB.2009.00317, E. 3.5 (geschützt durch BGr, 16.3.2010, 1C_462/2009, E. 4).
[514] Die RPG-Revision vom 22. März 2013 fügt einen Art. 24e an (BBl 2013, 2475).
[515] VGr, 22.1.1993, VB 92/0108, E. 1 (nicht publiziert; Leitsatz: RB 1993 Nr. 2).
[516] RB 2002 Nr. 75, E. 6b (VB.2001.00313 = BEZ 2002 Nr. 66).

§ 21

§ 338b Abs. 1 lit. c PBG in der Fassung vom 28. Oktober 2013 – womit die Festsetzung überkommunaler Gestaltungspläne ausserhalb der Bauzonen dem Verbandsbeschwerderecht unterstellt wird – spricht nicht dagegen[517].

169 Die Natur- und Heimatschutzverbände sind insofern zur **Rechtsverweigerungsbeschwerde** befugt, als sie rügen können, durch den unzulässigen Verzicht auf Anordnungen, die sich auf den III. Titel oder auf § 238 Abs. 2 PBG hätten stützen müssen, werde ihr Rekurs- und Beschwerderecht verletzt[518]. Dazu sind sie auch befugt, wenn ein Gemeinwesen trotz eines Begehrens des Grundeigentümers um einen Entscheid im Sinn von § 213 PBG untätig bleibt, so dass bei Ablauf der Verwirkungsfrist von § 213 Abs. 3 PBG die gesetzliche Fiktion des Verzichts auf eine Unterschutzstellung eintritt[519]. Ist völlig unbestritten und von der zuständigen Behörde ausdrücklich anerkannt worden, dass ein Schutzobjekt vorliegt, so ist die Behörde verpflichtet, in einem formellen Entscheid über die Unterschutzstellung zu befinden. Gemäss der Praxis verschafft das Rekurs- und Beschwerderecht den Verbänden jedoch im Übrigen **keinen Anspruch auf Erlass erstinstanzlicher Verfügungen**[520]. Allerdings kann dies dann nicht gelten, wenn andernfalls das Verbandsbeschwerderecht vereitelt würde (vgl. N. 154, 166). Jedenfalls werden den Verbänden keine Mitwirkungsrechte bei der Erstellung der Inventare und keine Rechtsmittelbefugnis gegen deren Festsetzung zugestanden[521] – was im Übrigen allgemein gilt, da die Inventare keinen Verfügungscharakter haben[522]. Die Verbände sind aber zur **Beschwerde gegen Inventarentlassungen** berechtigt[523].

170 Die Anforderungen an die **Publikation** von Entscheiden, die der ideellen Verbandsbeschwerde nach Art. 55 ff. USG oder Art. 12 ff. NHG unterliegen, sind analog auf Anordnungen anwendbar, die der kantonalen Verbandsbeschwerde unterstehen[524]. Wenn ein inventarisiertes Objekt betroffen ist, muss auf die Inventarzugehörigkeit verwiesen werden; eine allfällige (Teil-)Entlassung aus dem Inventar ist zu publizieren[525]. Das **Zustellungsgesuch** nach § 315 Abs. 1 PBG ist gegebenenfalls auch Voraussetzung für eine Verbandsbeschwerde nach kantonalem Recht[526]. Es dürfen keine abschreckend hohen **Verfahrenskosten und Parteientschädigungen** auferlegt werden[527].

171 Mit der PBG-Revision vom 28. Oktober 2013 werden die Vorschriften von Art. 55c USG und Art. 12d NHG über die **Vereinbarungen zwischen Verbänden und Gesuchstellen-**

---

[517] VGr, 13.1.2011, VB.2010.00062, E. 2.4 (BEZ 2011 Nr. 9); geschützt durch BGr, 15.9.2011, 1C_118/2011, E. 3.2.
[518] RB 1991 Nr. 3, E. 2 (ZBl 1991, 495 ff., E. 4a cc = BEZ 1991 Nr. 23, E. 2).
[519] BGr, 17.7.2009, 1C_68/2009, E. 3.
[520] So RB 1991 Nr. 9 (ZBl 1991, 495 ff., E. 4b = BEZ 1991 Nr. 23, E. 2b).
[521] VGr, 10.2.2010, VB.2009.00424, E. 2.2 (BEZ 2010 Nr. 15); vgl. auch VGr, 18.5.2011, VB.2010.00496, E. 1.1; RB 2005 Nr. 62, E. 4.1 f. (VB.2004.00488). Zum Ganzen vgl. auch VGr, 11.7.2012, VB.2011.00759, E. 2, m.w.H. (BEZ 2012 Nr. 52).
[522] Vgl. RB 2006 Nr. 63, E. 4 (VB.2006.00024 = BEZ 2006 Nr. 29).
[523] VGr, 19.5.2010, VB.2009.00662, E. 3.2, m.H.
[524] VGr, 10.2.2010, VB.2009.00424, E. 4.1, m.H. Vgl. N. 157.
[525] VGr, 21.3.2012, VB.2011.00652, E. 3.2 f. und 4; vgl. auch für Beispiele mangelhafter Publikationen VGr, 16.1.2013, VB.2012.00594, E. 3.2 ff.; VGr, 18.11.2009, VB.2009.00361, E. 1.2 f.
[526] VGr, 21.3.2012, VB.2011.00652, E. 3.1; VGr, 20.5.2009, VB.2009.00057, E. 3.1.
[527] BGr, 4.6.2009, 1C_40/2009, E. 5.3 (im konkreten Fall verneint).

den analog für die Verbandsbeschwerde nach § 338a Abs. 2 (neu: § 338b) PBG eingeführt[528]. Neu werden zudem nur noch **Rügen** zugelassen, «die mit den Interessen des Natur- und Heimatschutzes in unmittelbarem Zusammenhang stehen» (§ 338b Abs. 2 PBG in der Fassung vom 28. Oktober 2013)[529].

Die Verbände können **Verletzungen ihrer Parteirechte im kantonalen Verfahren,** die einer formellen Rechtsverweigerung gleichkommen, mit Beschwerde in öffentlichrechtlichen Angelegenheiten nach Art. 89 Abs. 1 BGG rügen, ungeachtet dessen, dass ihnen im Verfahren vor Bundesgericht keine Legitimation in der Sache zukommt[530]. 172

---

[528] Weisung PBG 2011, S. 1122 f., 1139 f. Kritisch ALAIN GRIFFEL, Raumplanungs- und Baurecht – in a nutshell, Zürich/St. Gallen 2012, S. 191.
[529] PBG-Revision 2011, Anträge der Kommission für Planung und Bau und der Redaktionskommission des Kantonsrates vom 21. Mai 2013 bzw. vom 4. September 2013, einsehbar unter www.kantonsrat.zh.ch > KR-Nr./Vorlagen-Nr. 4777 > Antrag KPB 4777a bzw. Antrag Redaktionskommisson 4777b; Prot. KR 2011–2015, S. 7709, 7714, 7729 sowie Sitzung vom 28. Oktober 2013.
[530] BGr, 26.6.2013, 1C_633/2012, E. 2.2, m.H.; KÖLZ/HÄNER/BERTSCHI, Verwaltungsverfahren, N. 1770.

b. In Stimmrechtssachen

§ 21a

In Stimmrechtssachen sind rekursberechtigt:
a. die Stimmberechtigten des betreffenden Wahl- oder Abstimmungskreises und die Kandidierenden,
b. politische Parteien und Gruppierungen, die im betreffenden Wahl- oder Abstimmungskreis tätig sind,
c. betroffene Gemeindebehörden.

Materialien

Erläuterungen Vorentwurf VRG-Revision 2010, S. 28 ff.; Weisung 2009, S. 946, 963; Prot. KR 2007–2011, S. 10233, 10240, 10535.

Zu alt § 148 GPR: Weisung GPR, S. 1634 f.; Prot. KR 1999–2003, S. 16416.

Literatur

BESSON, Legitimation; BESSON, Stimmrechtssachen, S. 413 ff.; DONZALLAZ, Commentaire, Art. 89 N. 3189 ff.; VON WARTBURG PIA, in: Ergänzungsband Kommentar GG, § 151a N. 4 f.; EUSEBIO/CRAMERI, Tutela giuridica, S. 381 ff., 404 f.; GRISEL ETIENNE, Initiative et référendum populaires, 3. Aufl., Bern 2004, N. 318 f., 368 ff. *(Initiative);* HANGARTNER YVO/KLEY ANDREAS, Die demokratischen Rechte in Bund und Kantonen der Schweizerischen Eidgenossenschaft, Zürich 2000, N. 286 ff.; HILLER, Stimmrechtsbeschwerde, S. 243 ff.; KÄLIN, Staatsrechtliche Beschwerde, S. 278 ff.; KIENER, Beschwerde, S. 266 ff.; KIENER/RÜTSCHE/KUHN, Öffentliches Verfahrensrecht, N. 1704 ff.; KÖLZ/HÄNER/BERTSCHI, Verwaltungsverfahren, N. 1733 ff.; MARTENET/LAMMERS, Accès au juge, S. 320 ff.; STEINMANN GEROLD, in: Basler Kommentar BGG, Art. 89 N. 71 ff.; SUTER, Rechtsschutz, N. 257 ff.; THALMANN, Kommentar GG, § 151 N. 3; TSCHANNEN PIERRE, Stimmrecht und politische Verständigung, Basel 1995, N. 775 ff. *(Stimmrecht);* WURZBURGER ALAIN, in: Commentaire LTF, Art. 89 N. 56 ff.

Inhaltsübersicht

I.	Grundlagen	1–3
II.	Stimmberechtigte und Kandidierende (lit. a)	4–14
III.	Politische Parteien und Gruppierungen (lit. b)	15–17
IV.	Betroffene Gemeindebehörden (lit. c) und weitere Behörden	18–24

I. Grundlagen

1 § 21a regelt die Legitimation zum Rekurs in kantonalen Stimmrechtssachen (dazu § 19 N. 57 ff.); aufgrund der Verweisung von § 49 gilt er auch für die Beschwerde an das Verwaltungsgericht. Zur **Entstehungsgeschichte:** Mit der VRG-Revision von 2010 wurden die Bestimmungen über den Rechtsschutz in Stimmrechtssachen ins VRG integriert, wobei auch der damalige § 148 GPR[1] inhaltlich unverändert als § 21a in das VRG aufgenommen wurde[2]. Vorgänger von alt § 148 GPR war wiederum § 124 des Gesetzes über die Wahlen und Abstimmungen (Wahlgesetz) vom 4. September 1983[3], die erste ausdrück-

---

[1] OS 58, 289, 322.
[2] Weisung 2009, S. 946, 963.
[3] OS 48, 785, 810. Das Gesetz wurde durch § 156 GPR aufgehoben.

liche Bestimmung über die Rechtsmittellegitimation in kantonalen Stimmrechtssachen. Für **kommunale Stimmrechtssachen** verweist § 151a Abs. 1 GG seit seiner Anpassung im Rahmen der VRG-Revision von 2010 ebenfalls auf § 21a. Eine Sondernorm stellt allerdings § 151a Abs. 2 GG dar (vgl. dazu N. 14). Gemäss dem Antrag des Regierungsrats zur Totalrevision des Gemeindegesetzes soll sich die Anfechtung kommunal letztinstanzlicher Akte allgemein nach dem VRG richten, weshalb der heutige § 151a Abs. 2 GG inhaltlich verändert als § 21a Abs. 2 in das VRG eingefügt werden soll[4].

Bereits alt § 148 GPR hatte den Zweck, die Legitimation zum Stimmrechtsrekurs gemäss der **Praxis des Bundesgerichts** zu regeln[5]. Heute ergibt sich aus Art. 111 Abs. 1 BGG, dass die Legitimation im kantonalen Verfahren nicht enger gefasst sein darf als bei der Beschwerde in Stimmrechtssachen an das Bundesgericht, die nun einen Unterfall der Beschwerde in öffentlichrechtlichen Angelegenheiten darstellt (vgl. auch § 21 N. 4). Die entsprechende Bestimmung, Art. 89 Abs. 3 BGG, bezweckt die Weiterführung der früheren Legitimationspraxis zur Stimmrechtsbeschwerde, die damals eine besondere Form der staatsrechtlichen Beschwerde war; diese Rechtsprechung ist somit nach wie vor massgeblich[6]. Das kantonale Recht geht einzig mit der Legitimation betroffener Gemeindebehörden (heute § 21a lit. c) über die bundesrechtlichen Minimalvorschriften hinaus.

2

§ 21a regelt – ebenso wie Art. 89 Abs. 3 BGG – das **Rechtsschutzinteresse** in Stimmrechtssachen grundsätzlich abschliessend. Er äussert sich jedoch nicht (bzw. höchstens indirekt; vgl. N. 5) zu den Voraussetzungen des aktuellen Interesses und der formellen Beschwer, die beide gemäss den entsprechenden allgemeinen Regeln grundsätzlich gegeben sein müssen (vgl. N. 10 ff.). Insoweit ist zur Bestimmung der Legitimation in Stimmrechtssachen auf § 21 Abs. 1 bzw. Art. 89 Abs. 1 BGG zurückzugreifen[7].

3

II. Stimmberechtigte und Kandidierende (lit. a)

Rechtsmittellegitimiert ist gemäss der Bundesgerichtspraxis zu Art. 89 Abs. 3 BGG jede Person, die in der betreffenden Sache **stimmberechtigt** ist oder geltend macht, ihre Stimmberechtigung sei zu Unrecht verneint worden[8]. Die Stimmberechtigten üben mit dem Stimmrecht auch eine Organkompetenz und damit öffentliche Funktionen aus, weshalb sie für die Rechtsmittelerhebung über keine weitere Betroffenheit verfügen müssen[9]. Dagegen lässt sich die Rechtsmittelbefugnis nicht aus der Stellung als Behördemitglied

4

---

[4] Weisung GG, S. 52, 204, 224.
[5] Weisung GPR, S. 1633, 1634 f.
[6] Botschaft Bundesrechtspflege, S. 4329 f.; BGE 134 I 172, E. 1.3.2; BESSON, Legitimation, S. 846 f.
[7] Zu Recht präzisiert BESSON, Legitimation, S. 850 ff., in diesem Sinn die Formulierung des Bundesgerichts und der Lehre, Art. 89 Abs. 3 BGG regle die Legitimation in Stimmrechtssachen abschliessend (vgl. BGE 134 I 172, E. 1.3.3; STEINMANN, in: Basler Kommentar BGG, Art. 89 N. 71).
[8] BGE 116 Ia 359, E. 3a; KÖLZ/HÄNER/BERTSCHI, Verwaltungsverfahren, N. 1733.
[9] BGE 116 Ia 359, E. 3b; vgl. auch BGE 99 Ia 724, E. 1; 59 I 114, E. 3, m.w.H.: Die konstante Praxis geht noch auf den Bundesrat zurück, der vor dem 1. Februar 1912 für Stimmrechtsbeschwerden zuständig war. Es gibt ganz vereinzelt Ausrutscher: So wird die Möglichkeit einer punktuellen Praxisänderung in BGr, 25.4.2012, 1C_16/2012, E. 1.4, offen gelassen. Der in sich widersprüchlichen Erwägung kann nicht gefolgt werden. Vgl. auch BGr, 1.10.2009, 1C_257/2009, E. 1.2, und dazu die berechtigte Kritik von BESSON, Legitimation, S. 866 f.

ableiten[10]. Der Schutzbereich der Garantie der politischen Rechte bzw. der Wahl- und Abstimmungsfreiheit (Art. 34 BV) ist massgeblich sowohl für das Bestehen eines Anfechtungsobjekts als auch für die Legitimation, die somit eng zusammenhängen.

5   In lit. a werden die *Kandidierenden* ausdrücklich erwähnt. Die Bestimmung nimmt somit darauf Bezug, dass sich die Rechtsmittellegitimation nicht nur aus dem aktiven, sondern **auch aus dem passiven Wahlrecht** ergibt[11]. Aktive und passive Wahlberechtigung entsprechen sich nicht zwingend (vgl. Art. 40 Abs. 1 Satz 2 KV[12] sowie § 3 Abs. 3 GPR, der abweichende Bestimmungen über die Wählbarkeit vorbehält). So bestehen aufgrund der Regelung der Wohnsitzpflicht Abweichungen bei Ämtern der Bezirke und Gemeinden (vgl. § 23 Abs. 1 und 3 GPR). Im Übrigen wird jedoch im Zürcher Recht derzeit, soweit ersichtlich, das passive Wahlrecht für Ämter, die in Volkswahlen zu besetzen sind, nirgends weiter abgesteckt als das aktive Wahlrecht. Indem das Gesetz mit der Erwähnung der Kandidatur die konkrete Situation anspricht, in der das passive Wahlrecht verletzt werden kann, weist es – wohl unabsichtlich – indirekt auf das Erfordernis des aktuellen Interesses hin, das allgemein gilt (dazu N. 10). Es genügt nicht, wenn die rekurrierende bzw. beschwerdeführende Person nur ein virtuelles Interesse hat (wenn also bloss die Möglichkeit besteht, dass sie einmal für ein Amt im betreffenden Wahlkreis kandidieren könnte); sie muss mit der Kandidatur von ihrem passiven Wahlrecht Gebrauch gemacht haben[13]. Vorbehalten bleibt die Anfechtung von Erlassen (vgl. N. 11).

6   Die **materielle Beschwer** im Sinn der allgemeinen Rechtsmittelbefugnis (vgl. § 21 N. 11 ff.) ist für die Rechtsmittel in Stimmrechtssachen *nicht relevant*. Wenn sie vorliegt, schliesst sie einerseits die Legitimation in Stimmrechtssachen nicht aus[14] und vermag sie anderseits die betreffenden Rechtsmittel nicht für Personen zu öffnen, welche nicht stimmberechtigt sind. Für diese stehen gegebenenfalls die *allgemeinen Rechtsmittel der Verwaltungsrechtspflege* zur Verfügung[15]. Stimmberechtigte, die sowohl eine Verletzung des Stimmrechts als auch eine Beschwer durch den Inhalt des angefochtenen Aktes geltend machen wollen, müssen beide Rechtsmittel ergreifen. Angesichts der bisherigen Rechtsprechung dürfte eine Berufung auf die Wahl- und Abstimmungsfreiheit im Rahmen der allgemeinen Verwaltungsrechtspflege unzulässig sein, selbst wenn sie hilfs- oder vorfrageweise erfolgen würde[16]. Bei Rechtsmitteln von Stimmberechtigten gilt dies, weil andernfalls die kürzeren Fristen für Rekurs und Beschwerde in Stimmrechtssachen (§ 22 Abs. 1 Satz 2, gegebenenfalls in Verbindung mit § 53 Satz 2) umgangen werden könnten; bei Rechtsmitteln von Personen ohne Stimmberechtigung ist wegen des Fehlens der Grundrechtsträgerschaft davon auszugehen. Allerdings ist daran zu erinnern, dass das Bundesgericht manche verfassungsmässigen Garantien mit institutionellem Gehalt als

---

[10] Besson, Legitimation, S. 848, m.H.
[11] BGE 128 I 34, E. 1e; 119 Ia 167, E. 1; VGr, 11.7.2012, VB.2012.00381, E. 3.2.
[12] Vgl. dazu Haller, in: Kommentar KV, Art. 40 N. 8.
[13] BGE 119 Ia 167, E. 1d–e.
[14] BGr, 18.12.1988, E. 3b (ZBl 1989, 491 ff.).
[15] BGE 134 I 172, E. 1.3.3 (Pra 2008 Nr. 127); 119 Ia 167, E. 1d. A.M. Seiler, in: Handkommentar BGG, Art. 89 N. 68. Zum Ganzen: Kölz/Häner/Bertschi, Verwaltungsverfahren, N. 1734; Steinmann, in: Basler Kommentar BGG, Art. 89 N. 72.
[16] Sinngemäss ebenso Hiller, Stimmrechtsbeschwerde, S. 257, besonders Fn. 88.

individuelle Grundrechte anerkennt[17] oder die hilfs- bzw. vorfrageweise Anrufung durch Dritte unter bestimmten Umständen zulässt[18]. Insofern erschiene auch die Anerkennung einer vorfrageweisen Geltendmachung der Wahl- und Abstimmungsfreiheit durch beschwerte Dritte nicht absolut undenkbar.

Aus alt § 148 GPR wurde die Formulierung übernommen, die aktiven Stimmberechtigten «**des betreffenden Wahl- oder Abstimmungskreises**» seien rechtsmittelbefugt. Nicht mit den Wahl- und Abstimmungskreisen zu verwechseln sind die *Stimmkreise* nach § 17 GPR, in welche die Gemeinden ihr Gebiet für die Stimmabgabe und die Auswertung der Stimm- und Wahlzettel einteilen können[19]. *Im Einzelnen* ist wie folgt zu differenzieren: 7

- Bei Abstimmungen und Wahlen, die *in einem einzigen Abstimmungs- bzw. Wahlkreis* erfolgen, sind sämtliche Stimmberechtigten zur Rüge sämtlicher Verletzungen des Stimmrechts berechtigt (vgl. N. 4)[20]. Darunter fallen sämtliche Abstimmungen und Wahlen auf der Ebene des Kantons, der Bezirke und der Gemeinden unter Vorbehalt der Kantonsratswahlen und allenfalls der Wahlen in das Gemeindeparlament (vgl. Art. 51 Abs. 2 KV, § 43 GPR).

- Mit Bezug auf *nationale Abstimmungen* hat das Bundesgericht offen gelassen, ob Stimmberechtigte die Abstimmungsbeschwerde nach Art. 77 Abs. 1 lit. b BPR auch bei der Regierung eines *anderen Kantons* erheben können[21]. Die Frage ist zu bejahen, weil das Gesamtergebnis betroffen ist.

- Bei *Wahlen*, für die das Gebiet des betreffenden Gemeinwesens *in verschiedene Wahlkreise* eingeteilt wird, verneint das Bundesgericht tendenziell die Legitimation der Stimmberechtigten, soweit diese die Wahl in einem anderen Wahlkreis anfechten[22]. Die Lehre ist geteilt[23]. Es sprechen gute Gründe für eine wahlkreisübergreifende Legitimation; doch könnte wohl dennoch bei der Wahlbeschwerde nach Art. 77 Abs. 1 lit. c BPR betreffend die *Nationalratswahlen* aus föderalistischen und historischen Gründen die Legitimation zur Anfechtung von Wahlen in anderen Wahlkreisen ausgeschlossen werden[24]. In Bezug auf die Zürcher *Kantonsratswahlen* sowie Wahlen in *Gemeindeparlamente mit mehreren Wahlkreisen* ist die Befugnis der Stimmberechtigten zur Anfechtung von Vorkommnissen im ganzen Wahlgebiet zu bejahen, weil gemäss dem Zürcher Wahlsystem die Sitzzuteilung auf der Ebene des ganzen Wahl-

---

[17] So den Grundsatz der Gewaltenteilung und den Vorrang des Bundesrechts (Art. 49 Abs. 1 BV); vgl. Biaggini, in: Basler Kommentar BGG, Art. 116 N. 13 f.
[18] Was auf die Gemeindeautonomie zutrifft; z.B. BGr, 7.5.2013, 1C_53/2013, E. 1.1; BGE 119 Ia 214, E. 2c; 107 Ia 96.
[19] Vgl. Weisung GPR, S. 1570.
[20] Gegenbeispiel: Wird über die Revision der Verbandsordnung eines Zweckverbands in den einzelnen Zweckverbandsgemeinden abgestimmt, sind die Stimmberechtigten nicht rechtsmittellegitimiert, soweit sie sich gegen die Abstimmung in anderen Gemeinden wenden; vgl. VGr, 4.11.2009, VB.2009.00351, E. 1.1.3 (und zu diesem Entscheid auch § 19 N. 66).
[21] BGE 137 II 177, E. 1.2.2; BGr, 1.10.2009, 1C_253/2009, E. 2.2, m.H. auf die uneinige Lehre. Wie hier Besson, Legitimation, S. 868 f.; Kölz/Häner/Bertschi, Verwaltungsverfahren, N. 1738.
[22] BGr, 16.3.1995, 1P.605/1994, E. 1b (ZBl 1996, 134 ff.), wo die Frage aber offen gelassen wurde.
[23] Für eine wahlkreisübergreifende Beschwerdebefugnis z.B. Besson, Legitimation, S. 849, 868 f.; Hiller, Stimmrechtsbeschwerde, S. 26 f.; dagegen z.B. Steinmann, in: Basler Kommentar BGG, Art. 89 N. 78.
[24] Vgl. zur Anerkennung historischer und anderer Gründe für Wahlkreiseinteilungen z.B. BGE 136 I 376, E. 4.7; 131 I 85, E. 2.2.

§ 21a

gebiets vorgenommen wird, so dass sich die einzelnen Stimmen nicht nur im eigenen Wahlkreis auswirken (vgl. §§ 85 und § 103 f. GPR sowie für die kommunale Ebene zudem § 111 GPR und § 101 GG)[25]. Zum Vorbringen von *Rügen, die sich auf die gesamte Wahl beziehen* oder Vorkommnisse betreffen, die wahlkreisübergreifend wirken bzw. sich keinem Wahlkreis klar zuordnen lassen, müssen alle Stimmberechtigten befugt sein, auch bei Nationalratswahlen.

8 Die *Formulierung von § 21 lit. a* erscheint nicht eindeutig und bereits deshalb *nicht entscheidend*. Für die genannten Fragen ist jedoch ohnehin Art. 89 Abs. 3 in Verbindung mit Art. 111 Abs. 1 BGG massgeblich. Dem kantonalen Recht kommt somit nur dann Bedeutung zu, wenn es die Legitimation weiter fasst als das Bundesrecht, was für lit. a zu verneinen ist.

9 **Behördeninterne Wahlen und Abstimmungen** betreffen die Wahl- und Abstimmungsfreiheit nur indirekt, sofern nicht geltend gemacht wird, ein Beschluss sei zu Unrecht der Volksabstimmung entzogen worden. Nur im letzteren Fall ist die Legitimation zu ihrer Anfechtung gegeben[26].

10 Die Rechtsmittelerhebung setzt ein **aktuelles Interesse** voraus, worauf unter den Voraussetzungen, wie sie für die Legitimation im Allgemeinen gelten, verzichtet werden kann (vgl. § 21 N. 25)[27]. Der *Wegzug* aus dem betreffenden Gemeinwesen bzw. Wahl- oder Abstimmungskreis während der Hängigkeit des Verfahrens lässt das aktuelle Interesse nicht entfallen, weil die Verletzung eines Grundrechts geltend gemacht wird[28]. Die Anfechtung angeblich fehlerhafter *Einträge in den Stimmregistern* ist auch ohne Bezug zu einer konkreten Wahl oder Abstimmung zulässig[29]. Richtet sich ein Rechtsmittel gegen *Vorbereitungshandlungen* für eine Wahl oder Abstimmung und wird der Urnengang durchgeführt, während das Verfahren hängig ist, so entfällt das aktuelle Interesse nicht, und die Wahl oder Abstimmung gilt als mitangefochten[30].

11 Wird ein **Erlass** angefochten, so muss für die Rüge, die darin enthaltene Regelung verletze die Wahl- und Abstimmungsfreiheit, ein **virtuelles Interesse** gemäss den allgemeinen Regeln zur Anfechtung von Erlassen genügen[31]. Dagegen ist ein aktuell bestehendes Anfechtungsobjekt vorauszusetzen (vgl. zum Ganzen § 21 N. 32 ff.).

---

[25] «Neues Zürcher Zuteilungsverfahren für Parlamentswahlen» oder «doppeltproportionale Divisormethode mit Standardrundung» bzw. «*Doppelter Pukelsheim*»; vgl. HAUSER, in: Kommentar KV, Art. 51 N. 38 ff. Von den Gemeinden hat die Stadt Zürich mehrere Wahlkreise; vgl. SAILE/BURGHERR/LORETAN, Handbuch, N. 35 ff. zur Wahlkreiseinteilung und N. 169 ff. zum Wahlsystem.
[26] Vgl. zu den indirekten Beeinflussungen der Wahl- und Abstimmungsfreiheit im Einzelnen § 19 N. 64 ff., m.H.
[27] BGr, 20.12.2010, 1C_127 und 491/2010, E. 3.1, die Zuteilung der Anzahl der Kantonsratsmandate auf die einzelnen Gemeinden im Kanton Zug betreffend; BGE 116 Ia 359, E. 2a–b.
[28] Gl.M. HILLER, Stimmrechtsbeschwerde, S. 259; THALMANN, Kommentar GG, Art. 151 N. 3.1.2 (allerdings wohl auch für die Gemeindebeschwerde nach § 151 GG und insofern überholt; vgl. dazu § 21 N. 92); mit Bezug auf die Stimmrechtsbeschwerde offen lassend: VGr, 21.4.2011, VB.2010.00207, E. 1.3.2.
[29] BGE 109 Ia 41, E. 3a; 38 I 466, E. 1; KÖLZ/HÄNER/BERTSCHI, Verwaltungsverfahren, N. 1739.
[30] Z.B. BGr, 3.12.2008, 1C_217/2008, E. 1.2, und STEINMANN, in: Basler Kommentar BGG, Art. 89 N. 74, je mit zahlreichen Hinweisen. Vgl. im Einzelnen § 19 N. 60 und § 22 N. 22.
[31] Gl.M. HILLER, Stimmrechtsbeschwerde, S. 259, 273 f. Offen lassend: STEINMANN, in: Basler Kommentar BGG, Art. 89 N. 72.

Die Voraussetzung der **formellen Beschwer** muss auch bei den Rechtsmitteln in Stimmrechtssachen erfüllt sein[32]. Die Regeln, die für Rekurs und Beschwerde im Allgemeinen gelten (vgl. § 21 N. 29 ff.), sind zu beachten. Wenn Stimmberechtigte in ihren politischen Rechten erst durch einen Rechtsmittelentscheid betroffen werden, sind sie daher zu dessen Anfechtung befugt, selbst wenn sie sich zuvor mangels eines Anlasses am Verfahren nicht beteiligt haben[33].

12

Was den **Nachweis der Stimmberechtigung** betrifft, so hat sich das Verwaltungsgericht in einem Entscheid das Einfordern eines entsprechenden Belegs vorbehalten[34]. Bisher scheint es bei der Ankündigung geblieben zu sein. Oft dürfte sich die Stimmberechtigung allerdings *aus den Umständen oder den geltend gemachten Rügen* ergeben. Zum Beispiel: die rekurrierende bzw. beschwerdeführende Person ist Mitglied eines Initiativ- oder Referendumskomitees, was bedeutet, dass ihre Stimmberechtigung überprüft wurde (vgl. § 122 Abs. 1 GPR; § 61 Abs. 1 und 2 GPR); sie beanstandet Mängel der Abstimmungserläuterungen oder des Abstimmungsmaterials, und die zuständige Behörde räumt in der Rekursantwort explizit oder implizit ein, dass die betreffende Person zu Recht Adressatin des Versands war. Kann die Stimmberechtigung als belegt gelten, wäre das Erfordernis eines zusätzlichen Nachweises als überspitzter Formalismus (Art. 29 Abs. 1 BV) zu bewerten.

13

Für **kommunale Stimmrechtsangelegenheiten** sieht § 151a Abs. 2 GG folgende Regelung vor: Wird beanstandet, dass *im Rahmen einer Gemeindeversammlung oder einer Versammlung des Gemeindeparlaments* Vorschriften über die politischen Rechte oder ihre Ausübung verletzt worden seien, so kann eine Person, die an der Versammlung teilgenommen hat, nur dann Rekurs erheben, wenn sie die Verletzung schon in der Versammlung gerügt hat. Vorausgesetzt wird, dass die betreffende Person in der Versammlung die Verletzung selber zumindest sinngemäss rügte oder jedenfalls erklärte, dass sie sich der Rüge, die eine andere Person in der Versammlung vorbrachte, anschliesse. Es genügt nicht, wenn sie sich lediglich mit materiellen Einwänden gegen die betreffende Vorlage zu Wort meldete. Dagegen wird nicht vorausgesetzt, dass die Rüge der Verletzung der politischen Rechte in der Versammlung detailliert begründet oder dass die Rechtsmittelerhebung angekündigt wurde[35]. Eine Ausnahme ist zu machen, wenn ein Mangel trotz gebührender Sorgfalt nicht erkannt werden konnte[36]. § 151a Abs. 2 GG ist Ausdruck des Grundsatzes von Treu und Glauben (Art. 5 Abs. 3 BV). Die Norm soll sicherstellen, dass die Versammlungsleitung auf Beanstandungen sofort reagieren und gegebenenfalls Fehler korrigieren kann[37]. Sie entspricht der Regel, dass Mängel bei Vorbereitungshandlungen für Wahlen und Abstimmungen grundsätzlich sofort zu rügen sind (vgl. § 22 N. 22). Im *Antrag zur Totalrevision des Gemeindegesetzes* schlägt der Regierungsrat vor, den heu-

14

---

[32] Besson, Legitimation, S. 850 f., m.w.H.
[33] Besson, Legitimation, S. 851 Fn. 25; BGr, 21.10.1993, 1P.222/1993, E. 1b (ZBl 1994, 321 ff.). Vgl. auch BGr, 31.5.1995, 1P.62/1995 (ZBl 1996, 21 ff.), zur Gemeindebeschwerde nach § 151 GG.
[34] VGr, 2.9.2009, VB.2009.00083, E. 2.1.2.
[35] VGr, 19.9.2012, VB.2012.00512, E. 2.5 f.; VGr, 21.9.2011, VB.2011.00496, E. 2.5. Vgl. im Einzelnen von Wartburg, in: Ergänzungsband Kommentar GG, § 151a N. 5; vgl. als Beispiel auch BGr, 22.1.2007, 1P.750/2006, E. 2.2 f.
[36] Von Wartburg, in: Ergänzungsband Kommentar GG, § 151a N. 5.3.
[37] Von Wartburg, in: Ergänzungsband Kommentar GG, § 151a N. 5.2.

tigen § 151a Abs. 2 GG als § 21a Abs. 2 ins VRG aufzunehmen. Die vorgeschlagene Fassung setzt eine Rüge an der Versammlung nur noch voraus, wenn beanstandet wird, es seien in der Gemeindeversammlung Verfahrensvorschriften verletzt worden. Sie verzichtet zudem auf das Erfordernis, dass die rekurrierende Person den Mangel an der Versammlung selber gerügt haben muss; was den letzteren Punkt betrifft, würde damit die Rechtslage vor Inkrafttreten von § 151a Abs. 2 GG bzw. die entsprechende Praxis des Regierungsrats wieder aufgenommen werden[38]. Dabei ist davon auszugehen, dass beim Ausbleiben einer Rüge auch Stimmberechtigte, die nicht an der Versammlung teilnehmen, obwohl es ihnen zumutbar wäre, von der Anfechtung ausgeschlossen sein sollen[39].

III. Politische Parteien und Gruppierungen (lit. b)

15 *Juristische Personen* – des Privatrechts wie auch des öffentlichen Rechts – sind nicht Trägerinnen der politischen Rechte und daher grundsätzlich zur Rechtsmittelerhebung in Stimmrechtssachen nicht legitimiert[40]. Das Bundesgericht anerkennt aber die Rechtsmittelbefugnis **politischer Parteien und von Organisationen mit politischem Charakter,** sofern sie als juristische Personen konstituiert sind, ihre Aktivität im betroffenen Gemeinwesen ausüben und ihre Mitglieder ihnen in erster Linie in der Eigenschaft als Stimmberechtigte angehören. Legitimiert sind namentlich *Komitees,* die ad hoc für eine bestimmte politische Aktion gebildet wurden[41]. Im Ergebnis schadet es allerdings nichts, wenn das Komitee keine juristische Person ist: Das Bundesgericht behandelt eine Beschwerde in einem solchen Fall als Rechtsmittel der beteiligten stimmberechtigten Komiteemitglieder, und es lässt die Komiteemitglieder auch «[i]m Sinn einer Vereinfachung» zur gemeinsamen Beschwerde unter dem Namen des Komitees zu[42]. Dies ändert nichts daran, dass die Komiteemitglieder einzeln beschwerdebefugt sind; offen bleibt, ob das Bundesgericht die gemeinsame Beschwerde als Rechtsmittel einer einfachen Gesellschaft auffasst. Darüber hinaus anerkennt das Verwaltungsgericht, dass bei einem kantonalen Komitee dessen Vertreterin bzw. Vertreter oder allenfalls die Stellvertretung im Namen der andern Komiteemitglieder handeln kann[43].

16 Im Gegenzug verneint die Praxis grundsätzlich die Legitimation von **Organisationen, die andere als politische Ziele verfolgen** und ihre Mitglieder nicht vorwiegend in deren Eigenschaft als Stimmberechtigte auswählen[44]. Es reicht nicht aus, wenn die Abstimmung

---

[38] Weisung GG, S. 52, 224. Vgl. zur früheren Praxis VGr, 21.9.2011, VB.2011.00496, E. 2.5.1 f., m.H.
[39] Vgl. zur früheren Praxis THALMANN, Kommentar GG, § 151 N. 4.2.1.2; vgl. auch BGr, 25.7.1991, 1P.437/1990 (ZBl 1992, 169 ff.), allerdings eine strengere kantonale Regelung betreffend.
[40] Vgl. BGr, 1.7.2011, 1C_203/2011, E. 1.2; BGE 111 Ia 115, E. 1a.
[41] BGE 134 I 172, E. 1.3.1 (Pra 2008 Nr. 127).
[42] BGr, 7.2.2011, 1C_395/2010, E. 1.1; BGr, 14.12.2010, 1C_174/2010, E. 1.2; vgl. auch VGr, 10.2.2010, VB.2009.00509, E. 1.2.3 (teilweise überholt durch VGr, 6.8.2010, VB.2010.00205, E. 1.3). Zum Ganzen auch KÖLZ/HÄNER/BERTSCHI, Verwaltungsverfahren, N. 1736. Kritisch gegenüber der Voraussetzung der juristischen Persönlichkeit: BESSON, Legitimation, S. 853 Fn. 34; HILLER, Stimmrechtsbeschwerde, S. 231 f., 306; STEINMANN, in: Basler Kommentar BGG, Art. 89 N. 73; TSCHANNEN, Stimmrecht, N. 778 lit. a.
[43] VGr, 6.8.2010, VB.2010.00205, E. 1.3, gestützt auf § 61 Abs. 3 VPR (für Referendumskomitees analog angewendet).
[44] BGr, 28.2.2007, 1P.451/2006, E. 1.4, m.H.; STEINMANN, in: Basler Kommentar BGG, Art. 89 N. 73.

eine Sachfrage betrifft, welche unter die Zweckbestimmung der rekurrierenden bzw. beschwerdeführenden Vereinigung fällt[45]. Allerdings scheint das Bundesgericht seine Praxis in jüngerer Zeit auszuweiten; es hat die Legitimation Organisationen zuerkannt, die punktuelle politische Ziele verfolgten und massgeblich beim Ergreifen des in Frage stehenden Volksbegehrens mitgewirkt hatten, wobei noch offen erscheint, ob die beiden Gründe kumulativ gegeben sein müssen[46]. Die Lehre äussert sich teils kritisch zur Abgrenzung[47]; tatsächlich genügen die mutmasslichen Unterschiede zwischen politischen und anderen Organisationen in Bezug auf die Mitgliederstruktur nicht zur Begründung dafür, dass eine Organisation mit einem spezifischen, unpolitischen Zweck sich nicht für die von ihr (mit) ergriffenen Initiativen und Referenden soll wehren können.

Verbände sind zudem zur **egoistischen Verbandsbeschwerde** befugt, sofern sie die entsprechenden Voraussetzungen erfüllen (vgl. dazu § 21 N. 93 ff.). Das Bundesgericht bejahte die Legitimation zweier Vereine, welche gemäss ihren Statuten unter anderem die Wahrung der «staatspolitischen Interessen» ihrer Mitglieder bezweckten[48]. In der Lehre wird das Fehlen einer Abgrenzung und vertieften Begründung dieser Praxis kritisiert[49]. Es sprechen allerdings keine überzeugenden Gründe gegen die Zulassung der egoistischen Verbandsbeschwerde in Stimmrechtssachen, die – entgegen der Kritik – auch nicht neu ist[50]. 17

IV. Betroffene Gemeindebehörden (lit. c) und weitere Behörden

Gemäss der Praxis des Bundesgerichts sind **Gemeinwesen** keine Träger der politischen Rechte und damit zur Rechtsmittelerhebung in Stimmrechtssachen *nicht befugt*. Vorbehalten bleiben abweichende Normen sowie die Berufung auf *Initiativ- oder Referendumsrechte*, die den betreffenden Gemeinwesen zukommen[51]. Diese können sodann nach Art. 89 Abs. 2 lit. c BGG eine Beschwerde zur Wahrung ihrer *Autonomie* im Bereich der 18

---

[45] KÄLIN, Staatsrechtliche Beschwerde, S. 280. Beispiele: BGE 114 Ia 267, E. 2b; 111 Ia 115, E. 1a (Basler Heimatschutz).
[46] BGr, 6.10.2010, 1C_22/2010, E. 1.2 (VFSN Verein Flugschneise Süd – Nein); BGr, 21.1.2009, 1C_247/2008, E. 1.1 (Bündnis «Luzern Für Alle»). Vgl. auch (mit weniger aussagekräftiger Begründung) BGr, 14.12.2010, 1C_174/2010, E. 1.2, und VGr, 10.2.2010, VB.2009.00509, E. 1.2.2 (Bürgerinitiative Fluglärmsolidarität). BESSON, Legitimation, S. 853, interpretiert die Praxis als Zulassung parteiähnlicher Vereinigungen mit politischen Zielsetzungen.
[47] Vgl. BESSON, Legitimation, S. 854 Fn. 36; HILLER, Stimmrechtsbeschwerde, S. 306 f.; TSCHANNEN, Stimmrecht, N. 778 lit. b.
[48] BGE 130 I 290, E. 1.3 (Zürcher Anwaltsverband; Verein Demokratische Juristinnen und Juristen Zürich); KÖLZ/HÄNER/BERTSCHI, Verwaltungsverfahren, N. 1736. Vgl. auch BGr, 28.2.2007, 1P.451/2006, E. 1.4.
[49] BESSON, Legitimation, S. 854 Fn. 37; STEINMANN, in: Basler Kommentar BGG, Art. 89 N. 73; vgl. auch WURZBURGER, in: Commentaire LTF, Art. 89 N. 58. Der Bundesgerichtspraxis zustimmend: KIENER, Beschwerde, S. 269; KIENER/RÜTSCHE/KUHN, Öffentliches Verfahrensrecht, N. 1713, m.w.H.
[50] Vgl. BGE 99 Ia 535, E. 2; HILLER, Stimmrechtsbeschwerde, S. 297 ff., m.w.H., 309.
[51] BESSON, Legitimation, S. 854 f.; GRISEL, Initiative, N. 372; HILLER, Stimmrechtsbeschwerde, S. 314. Die in der Literatur anzutreffende Ansicht, öffentlichrechtliche Körperschaften seien «in keinem Fall» zur Stimmrechtsbeschwerde legitimiert (z.B. KIENER, Beschwerde, S. 269), geht zu weit. Vgl. auch BGE 117 Ia 233, E. 4, besonders E. 4b und 4d (Pra 1992 Nr. 225).

politischen Rechte erheben[52]. Zu Recht wird in der Literatur gefordert, dass die Legitimation in Stimmrechtssachen darüber hinaus denjenigen öffentlichrechtlichen Körperschaften zuzuerkennen sei, die zur Intervention in einen Abstimmungskampf berechtigt und somit besonders betroffen sind[53].

19 Die Rechtsmittelbefugnis der **betroffenen Gemeindebehörden nach lit. c** im Zürcher Recht entstammt § 124 des Wahlgesetzes von 1983 (vgl. N. 1) und wurde unverändert aus alt § 148 GPR in § 21a übernommen. Gemäss dem Gesetzgeber sollte diese Legitimationsvorschrift über das Bundesrecht hinausgehen und sich auf Gemeindebehörden beziehen, welche «die Interessen der Gemeindeautonomie» wahrnehmen[54]. Es stellt sich die Frage nach dem *Verhältnis zu den Bestimmungen über die Vertretung der Gemeinden durch ihre Organe sowie zu § 155 GG* über die Anfechtung von Rekursentscheiden, mit denen Beschlüsse der Gemeindeversammlung oder des Gemeindeparlaments aufgehoben oder geändert wurden (vgl. § 21 N. 101). Es ist davon auszugehen, dass lit. c diese Vorschriften nicht ersetzen soll, sondern dass die Rechtsmittelbefugnis betroffener Behörden gegebenenfalls zu den genannten Vertretungs- und Anfechtungsrechten hinzutritt. Zu denken ist etwa an Behörden, welche Abstimmungserläuterungen oder Eingriffe in einen Abstimmungskampf zu verantworten haben; vorauszusetzen ist, dass die Behörde einen Beurteilungs- oder Handlungsspielraum geltend machen kann, der sich der kommunalen Autonomie zuordnen lässt[55].

20 Lit. c erwähnt nur **kommunale Behörden.** Behörden kommunaler *Zweckverbände* dürften von lit. c erfasst sein, da die Zweckverbände an der Gemeindeautonomie teilhaben (vgl. § 21 N. 119). Im Übrigen ist eine Auslegung, die über den klaren Wortlaut und den Willen des Gesetzgebers hinausgeht, nur mit Zurückhaltung vorzunehmen. Als legitimiert könnten allenfalls Organe öffentlichrechtlicher Körperschaften und selbständiger Anstalten betrachtet werden, wenn sie sich auf einen verfassungsmässigen Schutz der Autonomie zugunsten der Körperschaft oder Anstalt berufen können (vgl. auch § 21 N. 119) oder sich für eine von ihnen erhobene Behördeninitiative wehren (vgl. N. 21). Doch ist lit. c nicht auf kantonale Behörden anzuwenden, weil das Prozessieren von Behörden desselben Gemeinwesens gegeneinander bzw. gegen das Gemeinwesen vermieden werden sollte[56].

21 Im Kanton Zürich bestehen derzeit folgende politische Rechte, die nicht den Stimmberechtigten, sondern einer anderen Trägerschaft zustehen: die *Behördeninitiative* sowie das *Gemeinde-* und das *Kantonsratsreferendum*. Die Trägerschaft der **Behördeninitiative** (Art. 24 lit. b KV; §§ 139–139b GPR) wird von Verfassung und Gesetz nicht bestimmt, ist aber gemäss der Lehre weit zu fassen[57]. Nach lit. c wäre eine kommunale Behörde, die eine Verletzung ihres Behördeninitiativrechts geltend macht, als betroffen zu betrachten und zu Rekurs und Beschwerde legitimiert. Bei den übrigen Behörden könnte die

---

[52] BGE 136 I 404, E. 1.1 (Pra 2011 Nr. 48); eingehend HILLER, Stimmrechtsbeschwerde, S. 311 ff., m.w.H.; zum Ganzen auch KÖLZ/HÄNER/BERTSCHI, Verwaltungsverfahren, N. 1737.
[53] TSCHANNEN, Stimmrecht, N. 778 lit. c; ebenso BESSON, Legitimation, N. 855.
[54] Weisung GPR, S. 1635; vgl. RRB, 27.11.1985, E. 5 (ZBl 1987, 66 ff.).
[55] RRB, 27.11.1985, E. 5 (ZBl 1987, 66 ff.). Vgl. auch TRIPPEL, Gemeindebeschwerde, S. 83.
[56] Vgl. PFLÜGER, Legitimation, N. 454 ff.
[57] Vgl. im Einzelnen SCHUHMACHER, in: Kommentar KV, Art. 24 N. 15 f., m.H.

Legitimation nach lit. c erwogen werden, wenn sie befugt sind, für eine öffentlichrechtliche Körperschaft (exklusive des Kantons selber) oder Anstalt zu handeln. Im Übrigen fragt sich, ob sich die Rechtsmittellegitimation der zur Behördeninitiative befugten Organe aus der Bundesgerichtspraxis zu Art. 89 Abs. 3 BGG (i.V.m. Art. 111 Abs. 1 BGG) ergibt. Mit Bezug auf nicht parteifähige Behörden ist dies mangels einer ausdrücklichen gesetzlichen Einräumung der Rechtsmittelbefugnis zu verneinen. Die Körperschaft oder Anstalt ist nicht rechtsmittellegitimiert, weil das Initiativrecht nicht ihr, sondern der Behörde zusteht.

Das **Gemeindereferendum** kann einerseits von zwölf politischen Gemeinden verlangt werden und steht andererseits den Städten Zürich und Winterthur je einzeln zu (Art. 33 Abs. 2 lit. b KV; vgl. auch Art. 33 Abs. 4 KV zum zuständigen Organ sowie § 143e GPR)[58]. Die Legitimation zu Rekurs und Beschwerde in Stimmrechtssachen ergibt sich bereits aus dem Bundesrecht (N. 18). Sollte das Organ, das über die Ergreifung des Referendums entscheidet, nicht identisch sein mit dem Organ, das die Gemeinde auf dem Rechtsweg vertritt, wäre es alternativ nach lit. c zur Rechtsmittelerhebung befugt. 22

Das sogenannte **Kantonsratsreferendum** bezeichnet das Recht einer Minderheit von einem Viertel der Kantonsratsmitglieder, eine Volksabstimmung über einen referendumsfähigen Beschluss des Kantonsrats zu verlangen (Art. 33 Abs. 2 lit. c KV; vgl. auch § 144 GPR). Weder aus Art. 89 Abs. 3 BGG noch aus lit. c lässt sich die Rechtsmittellegitimation dieser Parlamentsmitglieder in ihrer Eigenschaft als Behördemitglieder ableiten. Die Frage ist theoretischer Natur, weil die Betreffenden als Stimmberechtigte rechtsmittelbefugt sind. 23

In der Lehre ist umstritten, ob die **Bundeskanzlei** in Stimmrechtssachen zur (integralen) **Behördenbeschwerde** nach Art. 89 Abs. 2 lit. a (i.V.m. Art. 111 Abs. 2) BGG befugt ist[59]. Diese Beschwerdebefugnis betrifft allerdings nur die Beschwerde in eidgenössischen Angelegenheiten nach Art. 77 ff. BPR (vgl. auch Art. 79 Abs. 3 BPR)[60]. 24

---

[58] Zum Ganzen SCHUHMACHER, in: Kommentar KV, Art. 33 N. 37 ff.
[59] Zu Recht bejahend BESSON, Legitimation, S. 855 f.; STEINMANN, in: Basler Kommentar BGG, Art. 88 N. 7; verneinend KIENER, Beschwerde, S. 269 f.
[60] Vgl. BESSON, Legitimation, S. 855 f.; STEINMANN, in: Basler Kommentar BGG, Art. 88 N. 7.

Rekurserhebung
a. Ort und Frist

§ 22

¹ Der Rekurs ist innert 30 Tagen bei der Rekursinstanz schriftlich einzureichen. In Stimmrechtssachen beträgt die Frist fünf Tage.

² Der Fristenlauf beginnt am Tag nach der Mitteilung des angefochtenen Aktes, ohne solche am Tag nach seiner amtlichen Veröffentlichung und ohne solche am Tag nach seiner Kenntnisnahme.

³ Bei besonderer Dringlichkeit kann die anordnende Behörde die Rekursfrist bis auf fünf Tage abkürzen.

Materialien
Weisung 2009, S. 963 f.; Prot. KR 2007–2011, S. 10240, 10535.

Zur früheren Fassung/zu früheren Fassungen: Weisung 1957, S. 1038; Prot. KK 20.12.1957, 23.9.1958; Prot. KR 1955–1959, S. 3379; Beleuchtender Bericht 1959, S. 401; Weisung 1995, S. 1533 f.; Prot. KK 1995/96, S. 53 ff., 335 f., 352; Prot. KR 1995–1999, S. 6413 f., 6416, 6443 ff., 6488.

Inhaltsübersicht

I.	Regelungsgegenstand und Entstehungsgeschichte	1–2
II.	Ort der Rekurserhebung (Abs. 1)	3–4
III.	Form des Rekurses (Abs. 1)	5–9
IV.	Rekursfrist	10–29
	A. Ordentliche Rekursfrist (Abs. 1)	10–13
	B. Beginn des Fristenlaufs (Abs. 2)	14–24
	1. Gesetzliche Kaskadenregelung	14–22
	a) Vorbemerkungen	14–15
	b) Mitteilung	16–17
	c) Amtliche Veröffentlichung	18–19
	d) Kenntnisnahme	20–22
	2. Fristberechnung und Fristwahrung; Beweislast	23–24
	C. Abkürzung der Rekursfrist bei besonderer Dringlichkeit (Abs. 3)	25–29

I. Regelungsgegenstand und Entstehungsgeschichte

1   Art. 22 regelt **Ort und Frist** (so die Marginalie), aber auch die **Form der Rekurserhebung** sowie den **Beginn des Fristenlaufs.** Das zürcherische Verwaltungsverfahrensrecht kannte ursprünglich unterschiedliche Rekursfristen. Mit dem *VRG von 1959* wurden diese für die Verfahren vor den kantonalen Verwaltungsbehörden auf 20 Tage vereinheitlicht. Im Rahmen der *VRG-Revision von 1997* verlängerte der Gesetzgeber die Rekursfrist auf 30 Tage[1]. Er leistete damit einen wesentlichen Beitrag zur Vereinheitlichung des kan-

---

Unter Mitarbeit von Dr. iur. STEPHANIE WALTI und ANDREA LINIGER, MLaw.

[1] Im Kantonsrat war dies allerdings heftig umstritten; vgl. Prot. KR 1995–1999, S. 6443 ff.; ROTACH TOMSCHIN, Revision, S. 444.

tonalen und des eidgenössischen Verfahrensrechts, zumal für die Rechtsmittel auf Bundesebene schon seit geraumer Zeit eine Beschwerdefrist von 30 Tagen galt.

Gemäss dem im Rahmen der **VRG-Revision von 2010** abermals revidierten § 22 Abs. 1 beträgt die Rekursfrist weiterhin 30 Tage (Satz 1), wobei sie bei besonderer Dringlichkeit bis auf fünf Tage abgekürzt werden kann (Abs. 3; vormals Abs. 2). Sodann wurde die fünftägige Rekursfrist für Stimmrechtssachen, die zuvor in § 150 Abs. 1 GPR enthalten war, ins VRG integriert (§ 22 Abs. 1 Satz 2). Desgleichen übernahm der Gesetzgeber die Kaskadenregelung betreffend den Beginn des Fristenlaufs gemäss alt § 150 Abs. 2 GPR (§ 22 Abs. 2). Die bisherige, letztlich unklare[2] Regelung in alt § 22 Abs. 3 betreffend den Geltungsbereich der Bestimmungen über die Rekurs- bzw. Rechtsmittelfrist und den Vorrang abweichender Regelungen wurde – weil ohne weiteres entbehrlich – nicht übernommen.

II. Ort der Rekurserhebung (Abs. 1)

Der Rekurs ist ein devolutives Rechtsmittel (vgl. Vorbem. zu §§ 19–28a, N. 13). Demgemäss ist er nicht bei der erstinstanzlich verfügenden Behörde, sondern **bei der Rekursinstanz** einzureichen (§ 22 Abs. 1 Satz 1). Die Rekursschrift muss spätestens am letzten Tag der Frist bei der Rekursbehörde eintreffen oder der Schweizerischen Post übergeben worden sein (§ 11 Abs. 2 Satz 1). Erhebt eine Person im Ausland Rekurs, so genügt es, wenn die Rekurseingabe am letzten Tag der Frist bei einer schweizerischen diplomatischen oder konsularischen Vertretung eintrifft (§ 11 Abs. 2 Satz 2).

Bei rechtzeitiger, aber irrtümlicher Einreichung der Rekursschrift bei einer unzuständigen zürcherischen Verwaltungs- oder Verwaltungsrechtspflegebehörde – nicht aber bei einer ausserkantonalen Behörde[3] – gilt die Frist als gewahrt. Die unzuständige Behörde hat die Eingabe von Amtes wegen der zuständigen Rekursinstanz zu **überweisen** (§ 5 Abs. 2; zur Weiterleitung an Behörden anderer Kantone vgl. § 5 N. 54 ff.). Ungeachtet dieser gesetzlichen Überweisungspflicht sind die Behörden jedoch gehalten, ihre Verfügungen mit einer Rechtsmittelbelehrung zu versehen, welche neben dem ordentlichen Rechtsmittel und der Rechtsmittelfrist auch die zuständige Rekursinstanz bezeichnet (§ 10 Abs. 1).

III. Form des Rekurses (Abs. 1)

Der Rekurs ist **schriftlich** einzureichen (§ 22 Abs. 1 Satz 1)[4]. Die Entgegennahme und Protokollierung eines mündlichen Rekurses ist im VRG nicht vorgesehen und unzulässig, insbesondere im Interesse der Rechtssicherheit und zwecks Schaffung klarer Verhältnisse. Das Erfordernis der Schriftlichkeit erschöpft sich in der *Schriftform* als solcher.

---

[2] Vgl. 2. Aufl., N. 23.
[3] Vgl. VGr, 3.12.2010, VB.2010.00654, E. 3.1.
[4] Analog § 147 Abs. 1 StG für das Steuerrekursverfahren. Vgl. VGr, 9.8.2011, VB.2011.00404, E. 3.2; VGr, 18.5.2011, VB.2011.00124, E. 4.3.

Daneben gelten die formalen Anforderungen gemäss § 23 Abs. 1 Satz 1 bzw. § 54 Abs. 1 (Erfordernis eines Antrags und einer Begründung). Weitergehende Anforderungen an den formalen Aufbau einer Rekurseingabe bestehen nicht; so genügt auch ein einfacher, handschriftlicher Brief[5]. Unleserliche Eingaben werden jedoch zur Verbesserung zurückgewiesen (§ 5 Abs. 3).

6   Zur Schriftform gehört auch – obwohl im VRG nicht ausdrücklich erwähnt[6] – die eigenhändige **Unterschrift** der rekurrierenden Partei oder ihres Vertreters[7]. Sie ist stets von einer natürlichen Person anzubringen und hat deren *Namen* wiederzugeben. Dies gilt auch für juristische Personen, die durch ihre Organe handeln; eine Unterzeichnung bloss mit dem Firmennamen genügt nicht[8]. Die Unterschrift befindet sich in der Regel am Schluss der Rekurseingabe; zwingend erforderlich ist dies jedoch nicht, solange der Inhalt der Eingabe dem Rekurrenten *zweifelsfrei zugerechnet* werden kann. Unter dieser Voraussetzung kann die Unterschrift ausnahmsweise auch auf einem Begleitschreiben oder sogar auf der Absenderangabe des Briefumschlags angebracht werden[9]. Um Manipulationen und Fälschungen möglichst auszuschliessen, muss die Unterschrift *im Original* vorliegen[10]. Daran fehlt es bei Rekursen, die per Fax oder per E-Mail eingehen, aber auch bei einer Fotokopie einer handschriftlich unterzeichneten Rekursschrift, weshalb solche Eingaben den Anforderungen nicht genügen[11]. Anders als die Verfahrensgesetze des Bundes[12] sieht das VRG die Möglichkeit nicht vor, die eigenhändige Unterschrift durch eine *elektronische Signatur* zu ersetzen. Im Rekursverfahren sind elektronische Eingaben somit nicht zulässig (vgl. demgegenüber für das Beschwerdeverfahren § 53 N. 4).

7   Die Rekurseingabe ist auf **Deutsch** als der Amtssprache des Kantons Zürich (Art. 48 KV) abzufassen[13]. Fremdsprachige Rekursschriften müssen daher nicht akzeptiert werden[14]. Es liegt jedoch im Ermessen der Behörde, solche Eingaben gleichwohl entgegenzunehmen, insbesondere dann, wenn sie in einer Landessprache abgefasst sind[15]. Einer Partei, welche die Amtssprache nicht beherrscht und nicht in der Lage ist, für die Übersetzungskosten aufzukommen, sind die prozessual vorgesehenen Eingaben nötigenfalls auf Staatskosten zu übersetzen, sofern die Voraussetzungen für die Bestellung eines unentgeltlichen Rechtsbeistands erfüllt sind (vgl. § 16 N. 15)[16].

---

5   MERKER, Rechtsmittel, § 39 N. 2.
6   Vgl. demgegenüber Art. 52 Abs. 1 VwVG und Art. 42 Abs. 1 BGG.
7   RB 2006 Nr. 7, E. 3.3 (VB.2006.00312).
8   MERKER, Rechtsmittel, § 39 N. 3.
9   SEETHALER/BOCHSLER, in: Praxiskommentar VwVG, Art. 52 N. 21; RB 1984 Nr. 53; 1975 Nr. 8.
10 MOSER/BEUSCH/KNEUBÜHLER, Bundesverwaltungsgericht, N. 2.228 f.
11 BGr, 10.6.2011, 2C_128/2011, E. 2.4; BGr, 30.8.2005, 1P.254/2005, E. 2.3 (Pra 2006 Nr. 51); BGE 121 II 252, E. 3 (Pra 1996 Nr. 147); RB 2006 Nr. 7, E. 3.3 und 3.5 (VB.2006.00312); MOSER, in: Kommentar VwVG, Art. 52 N. 11; SEETHALER/BOCHSLER, in: Praxiskommentar VwVG, Art. 52 N. 23. Hingegen akzeptiert das Verwaltungsgericht per Fax übermittelte Fristerstreckungsgesuche (RB 2006 Nr. 7, E. 3.5 [VB.2006.00312]).
12 Vgl. Art. 21a VwVG und hierzu die VeÜ-VwV; Art. 42 Abs. 4 BGG und hierzu das ReRBGer; Art. 130 ZPO; Art. 110 Abs. 2 StPO.
13 RB 1992 Nr. 36; vgl. auch Art. 129 ZPO.
14 BGE 102 Ia 35, E. 1; GADOLA, Beschwerdeverfahren, S. 271.
15 Vgl. auch MOSER/BEUSCH/KNEUBÜHLER, Bundesverwaltungsgericht, N. 2.224.
16 RB 1992 Nr. 37.

Ein Rekurs, der nicht im eigenen Namen erhoben wird, ist grundsätzlich nur gültig, wenn eine schriftliche, vom Vertretenen unterzeichnete **Vollmacht** vorliegt; ein Vertretungsverhältnis kann sich allerdings auch aus den konkreten Umständen ergeben[17]. Fehlt die Vollmacht, so ist im Rahmen einer Nachfrist (N. 9) Gelegenheit zu geben, die Vollmacht nachzureichen; dies unter Androhung des Nichteintretens im Unterlassungsfall. Entgegen der bisherigen Praxis setzt das Baurekursgericht heute nur noch dem Vertreter und nicht mehr auch dem Vertretenen Frist zur Nachreichung der Vollmacht an[18]. Hat der «Vertreter» jedoch ausschliesslich in eigenem Namen gehandelt, so ist von einer Nachfristansetzung abzusehen[19].

8

Wenn eine Rekurseingabe die formalen Anforderungen nicht erfüllt und dies auf ein Versehen oder auf prozessuale Unbeholfenheit zurückzuführen ist, hat die Rekursinstanz unter Androhung des Nichteintretens eine kurze, nicht erstreckbare **Nachfrist** zur Verbesserung anzusetzen (vgl. § 23 N. 29 ff.)[20]. Ein sofortiges Nichteintreten auf einen formal mangelhaften Rekurs käme einem *überspitzten Formalismus* gleich. Von der Ansetzung einer Nachfrist ist jedoch abzusehen, wenn die Eingabe nicht als Rekurs qualifiziert werden kann, etwa weil es an der Schriftform fehlt oder weil kein Wille erkennbar ist, ein Rechtsmittel zu erheben und die Sache an die Rekursinstanz weiterzuziehen[21]. Zu rigid ist indes die Praxis des Verwaltungsgerichts, wonach bei einer per Fax eingereichten Rekursschrift – anders als bei einer postalisch eingereichten, die keine Unterschrift enthält – von einer Nachfristansetzung abzusehen ist[22].

9

IV. Rekursfrist

A. Ordentliche Rekursfrist (Abs. 1)

Die ordentliche Frist für Rekurse gegen Akte im Sinn von § 19 Abs. 1 lit. a und d – also gegen **Verfügungen, raumplanungsrechtliche Festlegungen** und **Erlasse** – beträgt *30 Tage* (§ 22 Abs. 1 Satz 1)[23]. Diese Frist gilt unabhängig davon, ob sich der Rekurs gegen einen Endentscheid oder gegen einen Teil-, Vor- oder Zwischenentscheid gemäss § 19a Abs. 2 richtet.

10

---

[17] Vgl. VGr, 20.8.2009, VB.2009.00120, E. 3.2; siehe auch Art. 11 Abs. 2 VwVG.
[18] BRG I, 25.11.2011, 237/2011 (BEZ 2012 Nr. 66); vgl. dazu auch VGr, 25.4.2012, VB.2012.00025, E. 2.6.
[19] Vgl. VGr, 24.8.2006, VB.2006.00222, E. 2.
[20] RB 2006 Nr. 7, E. 3.4 (VB.2006.00312); 1995 Nr. 7.
[21] Vgl. VGr, 18.4.2011, VB.2011.00221, E. 2.5.
[22] RB 2006 Nr. 7, E. 3.5 (VB.2006.00312), m.H. auf kritische Stellungnahmen in der Literatur. Anders (im Zusammenhang mit einer Eingabe per E-Mail) BGr, 30.8.2005, 1P.254/2005, E. 2.6 (Pra 2006 Nr. 51); strenger noch BGE 121 II 252, E. 4b (Pra 1996 Nr. 147), wo das Bundesgericht allerdings von einer *bewusst* mangelhaften Einreichung einer Beschwerdeschrift per Fax ausgegangen war. Art. 108 Abs. 5 AsylG enthält eine ausdrückliche Regelung, wonach eine innert Frist per Fax eingereichte Rechtsschrift gültig ist, wenn das unterzeichnete Original nachgereicht wird. Vgl. ferner KÖLZ/HÄNER/BERTSCHI, Verwaltungsverfahren, N. 1011; MOSER, in: Kommentar VwVG, Art. 52 N. 15; SEETHALER/BOCHSLER, in: Praxiskommentar VwVG, Art. 52 N. 115.
[23] Analog § 147 Abs. 1 StG für das Steuerrekursverfahren.

§ 22

11 Wegen **Rechtsverweigerung** oder **Rechtsverzögerung** (§ 19 Abs. 1 lit. b) kann, ein aktuelles Rechtsschutzinteresse vorausgesetzt[24], grundsätzlich *jederzeit* Rekurs erhoben werden, auch wenn dies im VRG – anders als im Bundesprozessrecht[25] – nicht ausdrücklich geregelt ist. Lehnt die Behörde die Anhandnahme eines Verfahrens bzw. den Erlass einer Verfügung jedoch explizit und schriftlich ab, so ist hiergegen im Zweifel innert 30 Tagen Rekurs zu erheben; andernfalls besteht die Gefahr, dass das Rekursrecht nach Treu und Glauben als verwirkt gilt[26]. In jedem Fall innert 30 Tagen anzufechten sind formelle Nichteintretensentscheide, ebenso Zwischenentscheide betreffend die Sistierung des Verfahrens, als unnötig erachtete Beweisanordnungen und dergleichen[27]. Für die Anfechtung eines Rechtsmittelentscheids, der die Rechtsverweigerung oder -verzögerung durch eine untere Instanz verneint, gilt ebenfalls die ordentliche Frist[28].

12 In **Stimmrechtssachen** – d.h. gegenüber Handlungen staatlicher Organe, welche die politische Stimmberechtigung der Bürgerinnen und Bürger oder Volkswahlen bzw. -abstimmungen betreffen (§ 19 Abs. 1 lit. c) – beträgt die ordentliche Rekursfrist *fünf Tage* (§ 22 Abs. 1 Satz 2). Die kurze Zeitspanne zielt darauf ab, allfällige Mängel frühzeitig zu erkennen und möglichst noch vor dem Urnengang beheben zu können[29]. Der Gesetzgeber übernahm die bisher in alt § 150 Abs. 1 GPR enthaltene Regelung anlässlich der VRG-Revision von 2010 ins VRG (vgl. N. 2).

13 Die Rekursfrist ist eine gesetzliche **Verwirkungsfrist** (vgl. § 12 N. 6 f.)[30]; ein verspäteter Rekurs ist unwirksam. Die rekurrierende Partei muss innert der Rekursfrist zumindest ihren klaren Willen zur Anfechtung eines bestimmten Aktes kundtun und die nötigen Angaben zu ihrer Individualisierung liefern. Versäumt sie dies, so hat sie ihr Rekursrecht verwirkt. Nach Fristablauf vorgenommene Prozesshandlungen entfalten grundsätzlich keine Rechtswirkungen. Dies gilt auch für eine Erweiterung der Rekursanträge oder eine Ergänzung der Rekursbegründung[31]; hingegen sind neue Tatsachenbehauptungen und neue Beweismittel im Rahmen der Untersuchungspflicht gemäss § 7 Abs. 1 zu berücksichtigen, soweit dadurch der Streitgegenstand nicht erweitert wird (§ 20a Abs. 2 und, etwas einschränkender, § 52)[32]. Die Rekursfrist kann nur unter den strengen Voraussetzungen von § 12 Abs. 1 erstreckt werden (vgl. § 12 N. 11 f.); eine Wiederherstellung richtet sich nach § 12 Abs. 2. Wird die Frist nicht eingehalten und fällt deren Erstreckung oder Wiederherstellung ausser Betracht, so ist ein Nichteintretensentscheid zu fällen (vgl. § 28 N. 11)[33].

---

[24] ZIBUNG, in: Praxiskommentar VwVG, Art. 50 N. 21.
[25] Vgl. Art. 50 Abs. 2 VwVG; Art. 100 Abs. 7 BGG.
[26] VOGEL, in: Kommentar VwVG, Art. 50 N. 10; ZIBUNG, in: Praxiskommentar VwVG, Art. 50 N. 19.
[27] ZIBUNG, in: Praxiskommentar VwVG, Art. 50 N. 19 bzw. 21.
[28] VOGEL, in: Kommentar VwVG, Art. 50 N. 11.
[29] VGr, 27.12.2011, VB.2011.00758, E. 2.2.2.
[30] Statt vieler: VGr, 29.2.2012, VB.2012.00106, E. 2.2.
[31] Vgl. etwa BRK II, 17.6.2008, 112–117/2008, E. 3.3.2 (BEZ 2008 Nr. 61), betreffend die Darlegung der legitimationsbegründenden Sachumstände.
[32] Vgl. VGr, 23.6.2005, VB.2005.00134, E. 2.
[33] VGr, 16.9.2009, VB.2009.00335, E. 2.3.1.

B. Beginn des Fristenlaufs (Abs. 2)

1. Gesetzliche Kaskadenregelung

a) Vorbemerkungen

§ 22 Abs. 2 stellt für den Beginn der Rekursfrist – in Übernahme der bisherigen Regelung für den Stimmrechtsrekurs (alt § 150 Abs. 2 GPR)[34] – eine Kaskadenordnung auf. Danach beginnt der Fristenlauf

- grundsätzlich am Tag nach der *Mitteilung* des angefochtenen Aktes;
- wenn keine solche stattfindet, am Tag nach der *amtlichen Veröffentlichung*;
- mangels solcher am Tag nach der tatsächlichen *Kenntnisnahme*.

Damit wich der Gesetzgeber anlässlich der VRG-Revision von 2010 von der bisherigen Regelung in alt § 22 Abs. 1 ab, wonach dann, wenn keine Mitteilung erfolgte, sogleich auf die Kenntnisnahme abzustellen war. Er erachtete die Regel, subsidiär zunächst auf die amtliche Veröffentlichung abzustellen, auch ausserhalb des Bereichs des bisherigen Stimmrechtsrekurses als sinnvoll, weshalb er sie verallgemeinerte und vom GPR ins VRG überführte[35].

b) Mitteilung

Wie bis anhin ist in erster Linie die Mitteilung fristauslösend, d.h. die **rechtsgenügende Zustellung** an die Adressaten gemäss § 10 Abs. 3 (vgl. dazu § 10 N. 79 ff.). Dies gilt auch dann, wenn zuvor ausnahmsweise eine amtliche Publikation erfolgte[36]. Hat ein Beteiligter einen Rechtsvertreter bestellt, so ist die Verfügung diesem zuzustellen[37]; für die Berechnung der Rechtsmittelfristen ist allein die Zustellung an den Vertreter massgebend. Wird lediglich das Dispositiv der Verfügung eröffnet und den Verfahrensbeteiligten angezeigt, dass sie innert zehn Tagen schriftlich eine Begründung verlangen können, so beginnt die Rechtsmittelfrist erst mit der Zustellung des begründeten Entscheids zu laufen (§ 10a lit. b)[38].

Im Übrigen gilt auch hinsichtlich des Fristbeginns der – in Art. 38 VwVG ausdrücklich festgehaltene – Grundsatz, dass den Verfahrensbeteiligten aus einer **mangelhaften Eröffnung** kein Nachteil erwachsen darf[39]; dabei ist aufgrund der Umstände des Einzelfalls zu beurteilen, ob der Betroffene durch den Eröffnungsmangel tatsächlich irregeführt und deshalb benachteiligt worden ist[40]. Eine nicht rechtsgenügend eröffnete Anordnung, von welcher der Adressat trotzdem Kenntnis erhalten hat, kann gleichwohl den Lauf der Re-

---

[34] Nicht übernommen wurde dagegen die Regelung von alt § 150 Abs. 3 GPR, wonach der Fristenlauf «in jedem Fall spätestens am Tag nach der Veröffentlichung des Ergebnisses einer Wahl oder Abstimmung» begann. Zu den Gründen vgl. Weisung 2009, S. 964.
[35] SCHUHMACHER, Überblick, S. 25.
[36] VGr, 11.7.2012, VB.2012.00381, E. 2, betreffend die Ungültigerklärung eines Wahlvorschlags.
[37] VGr, 20.8.2009, VB.2009.00120, E. 3.1.
[38] Für eine Beschwerde gegen einen Rekursentscheid, der wegen Gegenstandslosigkeit ohne Begründung erging, gilt sinngemäss das Gleiche (§ 28a Abs. 2).
[39] Vgl. etwa BGr, 9.6.2006, 2P.44/2006, E. 2.4; BGE 123 II 231, E. 8b.
[40] VGr, 27.9.2006, VB.2006.00095, E. 2.1.

kursfrist auslösen (vgl. § 10 N. 109). Unter bestimmten Voraussetzungen hindert selbst das Fehlen einer Rechtsmittelbelehrung oder deren Mangelhaftigkeit den Lauf der Rekursfrist nicht (vgl. § 10 N. 51 ff.)[41].

c) Amtliche Veröffentlichung

18 Die mit der VRG-Revision von 2010 eingefügte Regelung, wonach beim Fehlen einer Mitteilung auf den Zeitpunkt der amtlichen Veröffentlichung abzustellen ist, gilt nicht nur bei individuell-konkreten und generell-konkreten Anordnungen – d.h. bei Verfügungen und Allgemeinverfügungen –, sondern auch bei **Erlassen**. Diese werden den Adressatinnen und Adressaten in der Regel nicht persönlich mitgeteilt. Das bisherige Recht regelte den Fristbeginn nicht, soweit Erlasse überhaupt angefochten werden konnten, und die Praxis war differenziert und unübersichtlich. Neu ist generell auf das Datum der Veröffentlichung im Publikationsorgan des betreffenden Gemeinwesens abzustellen, bei kantonalen Verordnungen auf die Publikation im Amtsblatt des Kantons Zürich[42]; diese ist gemäss § 10 Abs. 2 mit einer Rechtsmittelbelehrung zu versehen.

19 Erfolgt die amtliche Veröffentlichung des anfechtbaren Aktes sowohl im kantonalen Amtsblatt als auch im Publikationsorgan der Gemeinde – bzw. in den kommunalen Publikationsorganen, wenn es mehrere gibt –, so ist für den Beginn der Rekursfrist auf den jeweils **spätesten Publikationszeitpunkt** abzustellen[43], es sei denn, es handle sich nicht um ein amtliches Publikationsorgan[44].

d) Kenntnisnahme

20 Der Zeitpunkt der tatsächlichen Kenntnisnahme ist fristauslösend, wenn eine Verfügung einem Adressaten **nicht ordnungsgemäss mitgeteilt** wurde[45]; ferner dann, wenn eine Verfügung einem **Dritten,** der dadurch **in seinen schutzwürdigen Interessen berührt** wird und aus diesem Grund zum Rekurs legitimiert ist, nicht zugestellt wurde. Von Amtes wegen hat dies gemäss § 10 Abs. 3 lit. b nur zu erfolgen, wenn die betreffende Person ein entsprechendes Gesuch gestellt hat (vgl. § 10 N. 70). Die tatsächliche Kenntnisnahme löst indes dann keine Rekursfrist aus, wenn das Verhalten des Dritten gegen Treu und Glauben verstösst oder wenn das Rekursrecht in einer baurechtlichen Angelegenheit bereits verwirkt ist, weil der Dritte es versäumt hat, rechtzeitig die Zustellung des baurechtlichen Entscheids zu verlangen (§ 316 Abs. 1 i.V.m. § 315 Abs. 1 PBG).

21 Weder persönlich mitgeteilt noch amtlich veröffentlicht werden in der Regel **Realakte,** so dass nach dem vorstehend Ausgeführten an der Kenntnisnahme anzuknüpfen wäre. Hier kommt jedoch die Sonderregelung gemäss § 10c zur Anwendung: Die Betroffenen müssen sich an die für die betreffende Handlung zuständige Behörde wenden und ein Be-

---

[41] Geschützt wurde das Vertrauen in die fehlerhafte Rechtsmittelbelehrung etwa in VGr, 22.10.2008, VB.2008.00367, E. 2.3 (nicht publiziert).
[42] Vgl. etwa VGr, 14.3.2012, AN.2012.00002, Sachverhalt (I.) und E. 2.1. Die Publikation von Verordnungen in der Offiziellen Gesetzessammlung (OS) erfolgt erst, wenn sie rechtskräftig sind und der Zeitpunkt ihres Inkrafttretens feststeht (§ 2 Abs. 1 lit. d i.V.m. § 13 Abs. 1 PublV).
[43] RB 1997 Nr. 3.
[44] Vgl. VGr, 11.1.2012, VB.2011.00596, E. 2.4–2.6 (BEZ 2012 Nr. 6).
[45] Vgl. VGr, 27.9.2006, VB.2006.00095, E. 2.2.

gehren im Sinn von § 10c Abs. 1 lit. a, b oder c stellen, worauf die Behörde hierüber eine Verfügung zu erlassen hat. Diese kann dann innert der ordentlichen 30-tägigen Frist mit Rekurs angefochten werden. Demgegenüber richtet sich die Frist, innert welcher die Betroffenen bei der erstinstanzlichen Behörde vorstellig werden müssen, nicht nach § 22; sie wird lediglich durch den Grundsatz von Treu und Glauben begrenzt (vgl. § 10c N. 11).

Massgebend ist die Anknüpfung der Rekursfrist am Zeitpunkt der tatsächlichen Kenntnisnahme jedoch bei Handlungen (Realakten) in **Stimmrechtssachen** gemäss § 19 Abs. 1 lit. c, ausgenommen erstinstanzliche Handlungen des Regierungsrats. Hier greift die Sonderregelung gemäss § 10d Abs. 1, wonach innert fünf Tagen Einsprache beim Regierungsrat selbst zu erheben ist. Richtet sich ein Rekurs gegen eine Vorbereitungshandlung für eine Wahl oder Abstimmung, müssen die Mängel sofort – d.h. innert fünf Tagen nach Kenntnisnahme – gerügt werden; es ist nicht zulässig, bis zum Vorliegen der Wahl- oder Abstimmungsresultate zuzuwarten[46]. Von diesem Grundsatz ist nur abzuweichen, wenn die Frist nach dem Abstimmungstermin abläuft oder wenn besondere Gründe ein sofortiges Handeln als unzumutbar erscheinen lassen[47]. 22

2. Fristberechnung und Fristwahrung; Beweislast

Der **Fristenlauf,** insbesondere die Fristberechnung, richtet sich nach § 11 Abs. 1. Ob die Rekursfrist gewahrt ist, beurteilt sich nach § 11 Abs. 2 (vgl. N. 3). Zu beachten ist, dass das Verwaltungs- und das Rekursverfahren *keine Gerichtsferien* kennen; diese gelten nur im Verfahren vor dem Verwaltungsgericht (vgl. § 11 N. 17 f.). Gelangt eine Partei innert Frist mit ihrer Rekurseingabe irrtümlich an eine *unzuständige Behörde,* so ist diese verpflichtet, die Eingabe an die zuständige Behörde weiterzuleiten (§ 5 Abs. 2 Satz 1). In einem solchen Fall gilt die fristgebundene Rechtshandlung als rechtzeitig erfolgt (§ 5 Abs. 2 Satz 2). Hingegen genügt es für die Wahrung der Rekursfrist grundsätzlich nicht, bei der verfügenden Behörde ein Wiedererwägungsgesuch einzureichen, verbunden mit dem Eventualantrag, die Eingabe bei abschlägigem Entscheid der Rekursbehörde zu überweisen[48]. Unzulässig ist auch eine *vorsorgliche Rekurserhebung* zwecks Fristwahrung (vgl. § 11 N. 39; für einen Ausnahmefall im Beschwerdeverfahren vgl. § 53 N. 7). Zulässig ist jedoch eine bedingte Rekurserhebung in dem Sinne, dass der Rekurs vorsorglich für den Fall eingereicht wird, dass die verfügende Behörde ein gleichzeitig eingereichtes Wiedererwägungsgesuch abweist. Dies entspricht im Ergebnis einem bedingungslos eingereichten Rekurs, verbunden mit dem Antrag, das Rekursverfahren bis zur Erledigung des Wiedererwägungsgesuchs zu sistieren[49]. 23

Die Behörde trägt die **Beweislast** für die richtige Zustellung und Eröffnung der von ihr erlassenen Verfügung. Hingegen hat der Rekurrent den Nachweis zu erbringen, dass er die Rekursfrist eingehalten hat, sofern dies zweifelhaft ist[50]. Dabei genügt eine überwie- 24

---

[46] VGr, 27.12.2011, VB.2011.00758, E. 2.1.1, m.H. auf die bundesgerichtliche Rechtsprechung.
[47] VGr, 27.12.2011, VB.2011.00758, E. 2.1.3, m.w.H.
[48] BGr, 19.11.2007, 2C_631/2007, E. 4; RB 2008 Nr. 12, E. 2.1 (VB.2008.00070); VGr, 13.9.2007, VB.2007.00233, E. 2.1; VGr, 6.4.2006, VB.2006.00064, E. 2.2.
[49] RB 2008 Nr. 12, E. 2.1 (VB.2008.00070).
[50] VGr, 16.9.2009, VB.2009.00335, E. 2.3.2; VGr, 7.12.2005, VB.2005.00310, E. 3.1; VGr, 17.1.2001, VB.2000.00357, E. 2a; KIENER/RÜTSCHE/KUHN, Öffentliches Verfahrensrecht, N. 1232.

§ 22

gende Wahrscheinlichkeit der Rechtzeitigkeit nicht; vielmehr muss dafür der volle Beweis erbracht werden[51]. Wird ein Rekursbegehren auf dem Postweg eingereicht, so ist grundsätzlich auf das Datum des Poststempels abzustellen (§ 11 N. 47). Gegebenenfalls ist die Post mit einem Nachforschungsbegehren zu beauftragen, wenn der Zeitpunkt der Postaufgabe nach den Akten unklar ist. Bei inhaftierten Personen ist nicht die Postaufgabe, sondern der Zeitpunkt der Übergabe der Rekursschrift an das Anstaltspersonal für die Fristwahrung massgebend[52]. Wird die Rekursschrift einer Behörde direkt übergeben, so empfiehlt es sich, eine Quittung zu verlangen.

C. Abkürzung der Rekursfrist bei besonderer Dringlichkeit (Abs. 3)

25 Bei besonderer Dringlichkeit kann die **anordnende Behörde** die Rekursfrist abkürzen (§ 22 Abs. 3). In seiner ursprünglichen Fassung gestattete § 22 Abs. 2 eine Verkürzung der Rekursfrist bis auf 48 Stunden. Im Zuge der VRG-Revision von 1997 setzte sich die Erkenntnis durch, dass eine nach Stunden bemessene Minimalfrist nicht praktikabel ist und dass eine so kurze Frist den Betroffenen oftmals verunmöglicht, ihre Rechte im Verfahren hinreichend wahrzunehmen. Parallel zur Verlängerung der Rekursfrist von 20 auf 30 Tage hob der Gesetzgeber deshalb auch die Mindestfrist in Fällen besonderer Dringlichkeit auf fünf Tage an.

26 Im Rahmen der VRG-Revision von 2010 wurde die Regelung in den dritten Absatz verschoben, materiell aber beibehalten, allerdings ergänzt um das Wort «bis» («**bis auf fünf Tage**»). Diese Präposition war 1997 gestrichen worden, was wohl auf einem gesetzgeberischen Versehen beruhte; denn in Fällen besonderer Dringlichkeit soll die Behörde die Frist *angemessen* verkürzen können und nicht bloss zwischen der Alternative 30 oder fünf Tage wählen müssen[53].

27 Ob und wann **besondere Dringlichkeit** vorliegt, welche die Abkürzung der Rekursfrist rechtfertigt, ist aufgrund der Umstände des Einzelfalls zu bestimmen. Die anordnende Behörde besitzt hierbei ein erhebliches Ermessen, ebenso mit Bezug auf die zu bestimmende Dauer der Frist[54]. Da «besondere» Dringlichkeit vorausgesetzt ist, darf die Rekursfrist nicht leichthin, sondern nur ausnahmsweise abgekürzt werden. Die sich gegenüberstehenden Interessen – insbesondere an der Verfahrensbeschleunigung einerseits und an der Gewährung eines umfassenden Rechtsschutzes anderseits – sind sorgfältig gegeneinander abzuwägen[55]. Dementsprechend wird die Abkürzung der Rekursfrist in der Praxis mit Zurückhaltung gehandhabt; sie kommt vor allem im Polizeirecht, im Strafvollzugswesen sowie im Zusammenhang mit Prüfungs- bzw. Promotionsentscheiden[56] vor. In Stimmrechtssachen beträgt bereits die ordentliche Rekursfrist fünf Tage (vgl. N. 12). Dem Entzug der aufschiebenden Wirkung (§ 25 Abs. 3) ist die Verkürzung der Rekursfrist in der Regel dann vorzuziehen, wenn das Interesse an einem formell rechtskräftigen Entscheid gegenüber dem Interesse an dessen vorläufiger Vollstreckbarkeit überwiegt.

---

[51] VGr, 28.1.2013, VB.2012.00591, E. 1.2; VGr, 17.1.2001, VB.2000.00357, E. 2a.
[52] VGr, 5.9.2012, VB.2012.00358, E. 2.4. und 2.5; offen gelassen in BGr, 27.11.2012, 6B_673/2012, E. 2.
[53] Weisung 2009, S. 964.
[54] VGr, 20.2.2013, VB.2012.00825, E. 2; VGr, 29.2.2012, VB.2012.00106, E. 2.3.
[55] VGr, 29.2.2012, VB.2012.00106, E. 2.3.
[56] Vgl. VGr, 20.2.2013, VB.2012.00825, E. 2.

Die Abkürzung der Rekursfrist ist zu *begründen*[57]. Das Ansetzen einer zu kurzen Frist führt in der Regel nicht zur Nichtigkeit, sondern nur zur Anfechtbarkeit der Anordnung; Nichtigkeit liegt allenfalls dann vor, wenn eine Behörde eine derart kurze Frist ansetzt, dass eine Anfechtung im konkreten Fall aus zeitlichen Gründen praktisch unmöglich ist[58]. Der Entscheid über die Fristverkürzung kann als **Zwischenentscheid** selbständig mit Rekurs angefochten werden, wenn er – was regelmässig der Fall sein dürfte – einen nicht wiedergutzumachenden Nachteil zu bewirken vermag (§ 19a Abs. 2 VRG i.V.m. Art. 93 Abs. 1 lit. a BGG). Ein Rekurs gegen den Abkürzungsentscheid hemmt den Fristenlauf, soweit ihm nach § 25 aufschiebende Wirkung zukommt und diese nicht entzogen wird.

28

Auch die wegen besonderer Dringlichkeit verkürzte Frist ist eine gesetzliche **Verwirkungsfrist** (vgl. N. 13); sie wird durch die Abkürzung im Einzelfall nicht zu einer behördlichen Frist.

29

---

[57] VGr, 29.2.2012, VB.2012.00106, E. 2.3.
[58] VGr, 14.3.2012, AN.2012.00002, E. 3.3; vgl. auch VGr, 29.2.2012, VB.2012.00106, E. 3.3.

b. Inhalt der Rekursschrift

§ 23

¹ Die Rekursschrift muss einen Antrag und dessen Begründung enthalten. Der angefochtene Entscheid ist beizulegen oder genau zu bezeichnen.

² Genügt die Rekursschrift diesen Erfordernissen nicht, so wird dem Rekurrenten eine kurze Frist zur Behebung des Mangels angesetzt unter der Androhung, dass sonst auf den Rekurs nicht eingetreten würde.

³ Die Beweismittel sollen genau bezeichnet und soweit möglich beigelegt werden.

Materialien
Weisung 2009, S. 964; Prot. KR 2007–2011, S. 10240, 10535.

Zur früheren Fassung sowie zu alt § 24: Weisung 1957, S. 1038; Prot. KK 20.12.1957, 23.9.1958; Prot. KR 1955–1959, S. 3379; Beleuchtender Bericht 1959, S. 401.

Literatur
GYGI, Bundesverwaltungsrechtspflege, S. 195 ff.; HÄNER, Anforderungen; KIENER/RÜTSCHE/KUHN, Öffentliches Verfahrensrecht, N. 1207 ff.; KÖLZ/HÄNER/BERTSCHI, Verwaltungsverfahren, N. 1006 ff.; MERKER, Rechtsmittel, § 39 N. 5 ff.; MERKLI/AESCHLIMANN/HERZOG, Kommentar VRPG, Art. 32 N. 10 ff., Art. 33; MOSER ANDRÉ, in: Kommentar VwVG, Art. 52; MOSER/BEUSCH/KNEUBÜHLER, Bundesverwaltungsgericht, N. 2.211 ff.; MÜLLER M., Verwaltungsrechtspflege, S. 80 ff.; RHINOW/KOLLER/KISS/THURNHERR/BRÜHL-MOSER, Öffentliches Prozessrecht, N. 1609 ff.; SCHWANK, Diss., S. 144 ff.; SEETHALER FRANK/BOCHSLER FABIA, in: Praxiskommentar VwVG, Art. 52.

Inhaltsübersicht

I.	Regelungsgegenstand und Entstehungsgeschichte	1–2
II.	Inhaltliche Anforderungen an die Rekursschrift (Abs. 1 Satz 1)	3–23
	A. Allgemeines	3–11
	B. Antrag	12–16
	C. Begründung	17–23
III.	Beilagen (Abs. 1 Satz 2 und Abs. 3)	24–28
IV.	Vorgehen bei mangelhaften Rekurseingaben (Abs. 2)	29–38

I. Regelungsgegenstand und Entstehungsgeschichte

1 § 23 umschreibt die **inhaltlichen Anforderungen an die Rekursschrift** (vgl. die Marginalie), nennt die erforderlichen **Beilagen** und regelt das **Vorgehen im Falle einer mangelhaften Rekurseingabe**. Entsprechende Regelungen für das Beschwerdeverfahren finden sich in den §§ 54 und 56.

2 Bei der geltenden Bestimmung handelt es sich um einen Zusammenzug der bisherigen §§ 23 und 24, der im Rahmen der **VRG-Revision von 2010** erfolgte: *Abs. 1 und 2* entsprechen der bisherigen, ursprünglichen Fassung von § 23; *Abs. 3* entspricht dem vormaligen

---

Unter Mitarbeit von ANDREA LINIGER, MLaw.

§ 24, der aufgehoben wurde. Dabei nahm der Gesetzgeber in Abs. 3 eine inhaltlich bedeutungslose sprachliche Straffung vor («Die Beweismittel» statt «Die Beweismittel, auf die sich der Rekurrent beruft»).

II. Inhaltliche Anforderungen an die Rekursschrift (Abs. 1 Satz 1)

A. Allgemeines

Die Einhaltung **prozessualer Fristen und Formen** ist unabdingbar, um die ordnungsgemässe Abwicklung des Verfahrens und die Durchsetzung des materiellen Rechts zu gewährleisten[1]. So muss die Rekursschrift, die innert der Rekursfrist (§ 22) einzureichen ist, gemäss § 23 Abs. 1 Satz 1 einen Antrag und eine Begründung enthalten[2]; Entsprechendes gilt auch für die Beschwerdeschrift (§ 54 Abs. 1) und die Klageschrift (§ 83 Abs. 1). Antrag und Begründung bilden den wesentlichen Inhalt der Rekursschrift; sie gewährleisten eine rasche und verlässliche Prüfung des Rekurses und sind formelles Gültigkeitserfordernis (zu den Anforderungen an die *Form* der Rekurseingabe vgl. § 22 N. 5 ff.). Im Verfahren der Verwaltungsrechtspflege besteht demnach keine Möglichkeit, ein Rechtsmittel zunächst bloss anzumelden und erst später zu begründen, wie dies bei der Berufung in Strafsachen der Fall ist[3]; einzige Ausnahme bildet der Rekurs an das Verwaltungsgericht gemäss § 46 AbtrG gegen einen Entscheid einer Schätzungskommission[4].

3

Aus dem Antrag ergibt sich das **Rechtsbegehren** der rekurrierenden Partei, wobei hierfür je nachdem auch die Begründung heranzuziehen ist. Das Rechtsbegehren bestimmt – im Rahmen des angefochtenen Aktes – den **Streitgegenstand,** der nach Ablauf der Rechtsmittelfrist grundsätzlich nicht mehr erweitert werden kann (zum Streitgegenstand vgl. Vorbem. zu §§ 19–28a N. 44 ff.)[5]. Neue Tatsachen und Beweismittel im Sinn von § 20a Abs. 2 sind deshalb nur noch zulässig, soweit sie den Streitgegenstand nicht erweitern[6].

4

Aus dem Antrag und aus der Begründung geht hervor, was am angefochtenen Akt nach Auffassung des Rekurrenten mangelhaft und deshalb neu zu beurteilen ist. Dabei trifft den Rekurrenten eine **Rüge- und Substanziierungspflicht** (vgl. § 7 N. 3, 33); daraus ergibt sich, in welcher Hinsicht die Rekursinstanz das Anfechtungsobjekt zu überprüfen hat. Antrag und Begründung bestimmen und begrenzen mithin den Umfang der Überprüfung des angefochtenen Aktes durch die Rekursbehörde, ohne dass diese von der gesetzlichen Pflicht zur Sachverhaltsermittlung und zur Rechtsanwendung von Amtes wegen (§ 7 Abs. 1 und 4) entbunden wäre.

5

---

[1] BGE 134 II 244, E. 2.4.2; KIENER/RÜTSCHE/KUHN, Öffentliches Verfahrensrecht, N. 24.
[2] Analog § 147 Abs. 4 Satz 1 StG für das Steuerrekursverfahren.
[3] Vgl. Art. 399 StPO.
[4] Gemäss § 46 Abs. 2 AbtrG setzt das Verwaltungsgericht nach Anmeldung des Rekurses eine Frist zur Einreichung der Rekursschrift an.
[5] Vgl. MOSER, in: Kommentar VwVG, Art. 52 N. 3; MOSER/BEUSCH/KNEUBÜHLER, Bundesverwaltungsgericht, N. 2.213.
[6] Vgl. VGr, 23.6.2005, VB.2005.00134, E. 2, bezogen auf das Beschwerdeverfahren.

§ 23

6 Die **Anforderungen** an den Antrag und an die Begründung sind nicht immer gleich hoch. Sie sind weniger streng, wenn es sich um die Eingabe eines juristischen Laien handelt[7]. Demgegenüber darf von Rechtsanwältinnen und Rechtsanwälten grundsätzlich erwartet werden, dass sie klare Anträge stellen und diese auch hinreichend begründen[8]. Bei der Beurteilung der Frage, ob ein Antrag oder eine Begründung den formalen Anforderungen von § 23 Abs. 1 genügt, kommt der Rekursinstanz ein gewisser Ermessensspielraum zu[9]. Dessen Schranke bildet in jedem Fall das in Art. 29 Abs. 1 BV enthaltene *Verbot des überspitzten Formalismus* als besondere Form der Rechtsverweigerung[10]. So dürfen die Anforderungen an den Antrag und die Begründung nicht zum blossen Selbstzweck werden; sie dürfen den Rechtsweg und die Verwirklichung des materiellen Rechts weder verhindern noch in unhaltbarer Weise erschweren[11]. Nicht jede prozessuale Formstrenge stellt jedoch überspitzten Formalismus dar[12].

7 Aus dem Rekursantrag und – soweit nötig – der Begründung muss der klare **Anfechtungswille** des Rekurrenten hervorgehen, d.h. der Wille, als Rechtsmittelkläger aufzutreten und vor der Rechtsmittelinstanz die Aufhebung oder Änderung eines bestimmten Hoheitsaktes anzustreben[13]. Lässt sich einer Eingabe nicht einmal ein minimaler Anfechtungswille entnehmen, so liegt keine gültige Rechtsmittelerklärung vor. In einem solchen Fall erübrigt es sich, eine Nachfrist zur Verbesserung anzusetzen; auf die Eingabe ist vielmehr nicht einzutreten (vgl. N. 31). Auch bei Laienrekursen gilt das Erfordernis, dass ein minimaler Anfechtungswille hinreichend klar zum Ausdruck gebracht werden muss[14]. Gegenüber rechtsunkundigen Personen ist jedoch keine allzu grosse Strenge angebracht; hier kann es in Zweifelsfällen sogar geboten sein, mündlich oder schriftlich nachzufragen, gegebenenfalls gefolgt von einer Nachfristansetzung nach § 23 Abs. 2[15].

8 Eigentliche **Gültigkeitsvoraussetzungen,** deren Nichterfüllung – in der Regel nach erfolglosem Gewähren einer Nachbesserungsmöglichkeit – zu einem Nichteintretensentscheid führt, bilden

- der *Antrag* und die *Begründung* (vgl. N. 12 ff.), welche auch Aufschluss darüber geben müssen, gegen was und wen Rechtsschutz begehrt wird und an wen sich die Eingabe richtet;
- die Anforderungen gemäss § 5 Abs. 3, wonach die Eingabe *weder unleserlich noch ungebührlich noch übermässig weitschweifig* sein darf (vgl. § 5 N. 67 ff.);
- das Erfordernis der *Schriftlichkeit,* einschliesslich Unterschrift (vgl. § 22 N. 5 f.);

---

[7] VGr, 27.10.2004, VB.2003.00238, E. 2.2; zur sozialen Prägung des öffentlichen Verfahrensrechts vgl. KIENER/RÜTSCHE/KUHN, Öffentliches Verfahrensrecht, N. 32.
[8] Vgl. VGr, 30.1.2013, VB.2012.00791, E. 2.4.2; MOSER, in: Kommentar VwVG, Art. 52 N. 1; MOSER/BEUSCH/KNEUBÜHLER, Bundesverwaltungsgericht, N. 2.211.
[9] VGr, 30.1.2013, VB.2012.00791, E. 2.4.2; VGr, 10.5.2012, VB.2011.00052, E. 3.2.
[10] Vgl. dazu BGE 135 I 6, E. 2.1.
[11] BGE 132 I 249, E. 5; 130 V 177, E. 5.4.1.
[12] BGE 134 II 244, E. 2.4.2.
[13] VGr, 5.10.2005, VB.2005.00191, E. 2.1; MERKLI/AESCHLIMANN/HERZOG, Kommentar VRPG, Art. 32 N. 11.
[14] BGr, 12.4.2006, 1P.759/2005, E. 2.3.
[15] MERKLI/AESCHLIMANN/HERZOG, Kommentar VRPG, Art. 32 N. 11.

- die Verwendung der deutschen *Amtssprache* (vgl. § 22 N. 7);
- die Vollmacht (vgl. § 22 N. 8) bzw. die Zustimmung des gesetzlichen Vertreters bei Handlungsunfähigen.

Darüber hinaus gibt es weitere Anforderungen an die Rekurseingabe, die jedoch nur den Charakter von **Ordnungsvorschriften** ohne Nichteintretensfolge haben. Dazu gehören etwa die richtige Bezeichnung des Rechtsmittels (vgl. N. 11) oder die Obliegenheit gemäss § 23 Abs. 3, die Beweismittel genau zu bezeichnen und der Rekursschrift beizulegen (vgl. N. 26).

Grundsätzlich unzulässig ist eine **bedingte Rekurserhebung**. Die klare Äusserung des Anfechtungswillens (vgl. N. 7) setzt voraus, dass das Rechtsmittel *vorbehaltlos* erhoben wird. Dies entspricht dem allgemeinen Grundsatz, dass Prozesshandlungen bedingungsfeindlich sind. So ist es nicht statthaft, dass der Rekurrent seinen Rekurs von der Gewährung der unentgeltlichen Rechtspflege abhängig macht oder das Rechtsmittel bloss vorsorglich für den Fall einreicht, dass auch die Gegenpartei Rekurs erhebt; denn dies käme einem (unzulässigen) Anschlussrekurs gleich[16]. Auch soll es die rekurrierende Partei nicht in der Hand haben, mittels Bedingungen faktisch eine Verfahrenssistierung zu erwirken. Auf dergestalt bedingte Rekurse ist *nicht einzutreten*. Zulässig ist es jedoch, wenn ein Rekurs vorsorglich und insofern bedingt für den Fall erhoben wird, dass die erstinstanzliche Behörde ein parallel dazu eingereichtes Wiedererwägungsgesuch abweist (vgl. § 22 N. 23). Statthaft sind ferner Eventualanträge (vgl. N. 13); diese sind lediglich insofern als bedingt zu qualifizieren, als sie die Reihenfolge der Prüfung von Haupt- und Eventualbegehren durch die Rechtsmittelinstanz bestimmen.

Aus dem Verbot des überspitzten Formalismus (Art. 29 Abs. 1 BV) folgt, dass eine Rekurseingabe nicht als solche bezeichnet werden muss und dem Rekurrenten eine **unrichtige Benennung** seines Rechtsmittels – z.B. als «Einsprache» oder «Beschwerde» – nicht schadet[17].

B. Antrag

Der Antrag bildet formelle Gültigkeitsvoraussetzung des Rekurses (vgl. N. 8). Üblicherweise befindet er sich am Anfang der Rekursschrift, nach der Benennung des Rekursgegners bzw. der Vorinstanz und der Streitsache, gefolgt von der Begründung[18]. Aus dem Antrag muss ersichtlich sein, **inwiefern** nach Meinung der rekurrierenden Partei das Dispositiv der angefochtenen Verfügung **abzuändern** ist[19], sofern nicht deren gänzliche **Aufhebung** verlangt wird. Bei Anfechtung eines Erlasses bzw. einer Rechtsnorm kann allerdings nur deren Aufhebung beantragt werden, da die abstrakte Normenkontrolle ihrem Wesen nach kassatorischer Natur ist[20]. Ein professionell formulierter Antrag kann

---

[16] Vgl. BGE 134 III 332, E. 2.5; siehe demgegenüber Art. 313 ZPO (Anschlussberufung).
[17] Moser, in: Kommentar VwVG, Art. 52 N. 12; Moser/Beusch/Kneubühler, Bundesverwaltungsgericht, N. 2.231; Seethaler/Bochsler, in: Praxiskommentar VwVG, Art. 52 N. 32.
[18] Anders jedoch die Gepflogenheiten in der französischen Schweiz, wo der Antrag in der Regel erst am Ende der Rechtsschrift gestellt wird («Conclusions»).
[19] VGr, 30.1.2013, VB.2012.00791, E. 2.4.2; VGr, 10.9.2012, VB.2012.00383, E. 2.2.
[20] Marti, Besondere Verfahren, S. 119 f.

bei Gutheissung des Rekurses ins Dispositiv des Rekursentscheids übernommen werden. Allerdings ist die Praxis diesbezüglich nicht allzu streng, besonders bei juristischen Laien; so genügt es, wenn aus dem Zusammenhang und unter Beizug der Begründung zumindest sinngemäss klar wird, was der Rekurrent will. Es bedarf mithin weder eines gesondert formulierten Rechtsbegehrens, noch kommt es auf juristisch korrekte Formulierungen an[21]. Vom Beizug der Begründung zur Inhaltsbestimmung des Rechtsbegehrens ist indessen abzusehen, wenn ein ausformulierter Antrag vorliegt, aus dem klar und eindeutig hervorgeht, wie das Dispositiv des angefochtenen Entscheids abgeändert werden soll[22].

13 Zu unterscheiden ist zwischen materiellen und verfahrensrechtlichen (prozessualen) Anträgen einerseits sowie Haupt- und Eventualanträgen anderseits. **Materielle Anträge** zielen auf die Aufhebung oder Änderung des angefochtenen Aktes in der Sache selbst. Dabei verlangt ein *Eventualantrag* weniger als der Hauptantrag; er wird für den Fall gestellt, dass die Rechtsmittelinstanz dem Hauptantrag nicht folgen sollte. Materielle Eventualanträge müssen wie materielle Hauptanträge vor Ablauf der Rekursfrist eingereicht werden.

14 Nebst dem materiellen Antrag können – im Sinne von Nebenanträgen – auch **verfahrensrechtliche Anträge** gestellt werden. Solche betreffen beispielsweise den Ausstand eines Mitglieds der Rechtsmittelbehörde, die Sistierung des Verfahrens, die aufschiebende Wirkung oder andere vorsorgliche Massnahmen[23]. Prozessuale Eventualanträge sind ebenfalls denkbar. Je nachdem, wann die Gründe dafür eingetreten bzw. erkennbar geworden sind, können prozessuale Anträge auch noch nach Ablauf der Rechtsmittelfrist gestellt werden[24]. Umgekehrt geht es nicht an, einen prozessualen Antrag – etwa um Gewährung der unentgeltlichen Rechtspflege oder um Sistierung – mit einer materiell vorerst bloss summarisch oder gar nicht begründeten Rekurs- oder Beschwerdeschrift einzureichen, weil damit die gesetzliche Rechtsmittelfrist unterlaufen würde (vgl. allerdings § 16 N. 117)[25].

15 Der Antrag muss **klar, eindeutig** und **unbedingt** sein (zu Letzterem vgl. N. 10)[26]. Ob der Rekurrent den Antrag zur Durchsetzung seiner Interessen besser hätte formulieren können, spielt keine Rolle. In finanziellen Streitigkeiten muss der Antrag betragsmässig bestimmt oder zumindest bestimmbar sein[27]. Zulässig und mit dem Klarheits-, Eindeutigkeits- und Unbedingtheitsgebot vereinbar sind auch *Eventualanträge* (N. 13). Dagegen sind *Alternativanträge*, die gleichwertig nebeneinander stehen, unstatthaft, weil diesfalls

---

[21] VGr, 10.9.2012, VB.2012.00383, E. 2.2; VGr, 20.7.2012, VB.2012.00055, E. 2.1; VGr, 10.5.2012, VB.2011.00052, E. 3.2; VGr, 28.2.2012, AN.2011.00004, E. 2.1; VGr, 2.7.2008, VB.2008.00107, E. 1.2; SEETHALER/BOCHSLER, in: Praxiskommentar VwVG, Art. 52 N. 47 ff.
[22] VGr, 13.1.2010, VB.2009.00656, E. 1.4.
[23] Vgl. KIENER/RÜTSCHE/KUHN, Öffentliches Verfahrensrecht, N. 1216.
[24] Vgl. MOSER/BEUSCH/KNEUBÜHLER, Bundesverwaltungsgericht, N. 2.218; SEETHALER/BOCHSLER, in: Praxiskommentar VwVG, Art. 52 N. 42.
[25] BGr, 2.2.2010, 1C_31/2010, E. 1.5; VGr, 18.4.2012, VB.2012.00082, E. 9.4.5; VGr, 12.1.2011, VB.2010.00480, E. 3.3; VGr, 21.10.2009, VB.2009.00497 (nicht publiziert).
[26] VGr, 8.4.2004, VB.2004.00049, E. 2.2.2 (nicht publiziert).
[27] VGr, 15.12.2003, VB.2003.00362, E. 1.2; RB 1998 Nr. 15 (VB.98.00020).

nicht mehr klar ist, was die rekurrierende Partei will[28]. In Zweifelsfällen ist gemäss § 23 Abs. 2 eine Nachfrist zur Verbesserung und Klarstellung anzusetzen.

Änderungen oder **Ergänzungen** eines Antrags sind lediglich innerhalb der Rekursfrist möglich. Nach Fristablauf können die gestellten Anträge nur noch im Sinne eines Teilrückzugs auf ein «Minus» reduziert werden (vgl. N. 4)[29]. Einzig in *prozessualen Nebenpunkten* – etwa betreffend vorsorgliche Massnahmen, die Sistierung des Verfahrens oder die unentgeltliche Prozessführung – können Anträge auch noch später eingereicht werden (vgl. N. 14). Wird im Rechtsmittelverfahren ein zweiter Schriftenwechsel angeordnet, so bedeutet dies nicht, dass in dessen Rahmen die Rekursanträge geändert oder ergänzt werden können; erst recht nicht möglich ist dies bei Ausübung des Replikrechts (vgl. dazu § 26b N. 34 ff.; § 58 N. 23 ff.).

C. Begründung

Wie der Antrag bildet auch die Begründung eine formelle Gültigkeitsvoraussetzung des Rekurses (vgl. N. 8). In der Begründung hat die rekurrierende Partei darzulegen, inwiefern der angefochtene Akt an einem Mangel leidet und dem gestellten Antrag entsprechend aufzuheben oder abzuändern ist. Hierbei genügt die blosse Behauptung, die angefochtene Verfügung sei fehlerhaft, nicht; die Begründung muss sich vielmehr – jedenfalls in minimaler Weise – mit den Erwägungen der Vorinstanz auseinandersetzen[30]. Allerdings werden bei juristischen Laien keine hohen **Anforderungen an die Begründung** gestellt; diese muss immerhin *sachbezogen* sein und wenigstens im Ansatz erkennen lassen, in welchen Punkten und weshalb die beanstandete Verfügung angefochten wird[31]. Höhere Anforderungen werden dagegen an Rechtsanwälte gestellt; bei diesen wird vorausgesetzt, dass sie die Anforderungen an eine Rekurseingabe kennen[32]. Auch von ideellen, verbandsbeschwerdeberechtigten Organisationen kann erwartet werden, dass sie ihr Beschwerderecht in prozessualer Hinsicht mit einer gewissen Fachkunde wahrnehmen und eine Rechtsmitteleingabe hinreichend substanziieren[33].

Handelt es sich bei der angefochtenen Verfügung um einen *Nichteintretensentscheid*, muss in der Begründung des Rekurses dargelegt werden, dass und weshalb die Vorinstanz auf das Begehren hätte eintreten sollen[34]. Wenn *mehrere Rekursanträge* gestellt werden, sind grundsätzlich alle zu begründen. Die Rekursbegründung darf sodann nicht übermässig *weitschweifig* sein und muss inhaltlich den im Verfahren gebotenen Anstand wahren; andernfalls ist die Eingabe zur Verbesserung zurückzuweisen (§ 5 Abs. 3). Schliess-

---

[28] MERKER, Rechtsmittel, § 39 N. 10.
[29] VGr, 13.1.2010, VB.2009.00267, E. 1.3; VGr, 18.11.2009, VB.2009.00168, E. 1.3; vgl. SEETHALER/BOCHSLER, in: Praxiskommentar VwVG, Art. 52 N. 41, 43.
[30] Vgl. VGr, 8.8.2012, VB.2011.00800, E. 2.3; VGr, 9.3.2011, VB.2010.00682, E. 2.2; VGr, 27.5.2009, VB.2009.00205, E. 6.1; RB 2002 Nr. 21 (PB.2002.00023); siehe ferner BGE 131 II 449, E. 1.3; 131 II 470, E. 1.3.
[31] VGr, 9.9.2004, VB.2004.00281, E. 2.2; VGr, 11.9.2003, VB.2003.00191, E. 1b; VGr, 23.1.2002, VB.2001.00376, E. 2b; MOSER/BEUSCH/KNEUBÜHLER, Bundesverwaltungsgericht, N. 2.219. Zu den Mindestanforderungen an die Begründung vgl. auch SEETHALER/BOCHSLER, in: Praxiskommentar VwVG, Art. 52 N. 73 ff.
[32] VGr, 29.10.1996, VB.96.00115.
[33] VGr, 8.12.2005, VB.2005.00479, E. 5.3.
[34] VGr, 30.3.2000, VB.2000.00059, E. 1d (nicht publiziert).

lich genügt eine pauschale *Verweisung* auf bereits vor anderen Instanzen Vorgebrachtes als Begründung nicht[35]; indessen darf ergänzend auf frühere Ausführungen hingewiesen werden, wenn es sich hierbei um einzelne, spezifische Punkte handelt und die Verweisung klar erkennen lässt, worauf sie sich bezieht[36].

19 Dem Erfordernis der Rekursbegründung kommt eine **doppelte Funktion** zu[37]: Einerseits bildet sie – im Sinne einer eigentlichen Begründungs*pflicht* – eine Eintretensvoraussetzung, wofür indessen lediglich die dargelegten Minimalanforderungen gelten. In § 23 Abs. 1 Satz 1 ist dieses eher formale Erfordernis gemeint; eine Begründung kann in formaler Hinsicht auch dann genügen, wenn sie sachlich unzutreffend oder untauglich ist[38]. Anderseits ergibt sich eine über die Minimalanforderungen hinausgehende *Obliegenheit* zur Rekursbegründung daraus, dass der Grundsatz der Sachverhaltsermittlung und der Rechtsanwendung von Amtes wegen im Rekursverfahren nicht absolut gilt, weil namentlich die Untersuchungsmaxime durch die Behauptungslast, allenfalls sogar durch eine Mitwirkungspflicht im vorangegangenen nichtstreitigen Verfahren (vgl. § 7 Abs. 2) relativiert wird[39]. Es liegt daher im Interesse der rekurrierenden Partei, eine möglichst fundierte Begründung einzureichen und die Rekursinstanz von ihrem Standpunkt zu überzeugen, zumal diese nicht gehalten ist, umfassend nach Beweismitteln zu forschen und zu prüfen, ob sich der angefochtene Entscheid unter allen erdenklichen rechtlichen und tatsächlichen Gesichtspunkten als korrekt erweist. Sie ist lediglich insoweit dazu verpflichtet, als sich aus den Parteivorbringen oder den Akten Anhaltspunkte dafür ergeben[40].

20 Anders als Verfügungen unterliegen **Erlasse** von Gesetzes wegen keinem Begründungserfordernis (vgl. § 10 Abs. 1 und 2). Dessen ungeachtet werden anfechtbare kantonale Erlasse, namentlich Verordnungen, im Amtsblatt jeweils mit einer Begründung publiziert. Soweit dies nicht der Fall ist – insbesondere bei kommunalen Erlassen –, kann ein Rechtsmittel im Rahmen einer *abstrakten Normenkontrolle* nicht schon in der Rekurs- bzw. Beschwerdeschrift substanziiert begründet werden, da die Erlassbehörde ihrerseits die umstrittenen Punkte erst im Rahmen der Vernehmlassung begründet. Dies erfordert regelmässig einen zweiten Schriftenwechsel (vgl. § 26b Abs. 3 und § 58 Satz 2)[41].

21 Eine Rechtsmittelbegründung gliedert sich in der Regel – wenn von einem Anwalt verfasst – in einen formellen und einen materiellen Teil. Der **formelle Teil** («Formelles») behandelt die *Sachentscheidsvoraussetzungen*. Deren Vorliegen ist zwar von Amtes wegen zu prüfen; doch obliegt es der rekurrierenden Partei, die massgebenden Sachumstände zu substanziieren, d.h. detailliert und nachvollziehbar darzulegen. Hierzu ist sie in unterschiedlichem Mass verpflichtet: Die Partei- und Prozessfähigkeit werden vermutet, wenn keine gegenteiligen Anhaltspunkte vorliegen (vgl. Vorbem. zu §§ 21–21a N. 7). Hingegen

---

[35] BGr, 4.7.2002, 1P.148/2002, E. 2.5.1; VGr, 8.8.2012, VB.2011.00800, E. 2.3; VGr, 6.6.2012, VB.2011.00614, E. 1.2.
[36] RB 2008 Nr. 13, E. 3.1 (VB.2007.00557 = BEZ 2008 Nr. 23); Moser, in: Kommentar VwVG, Art. 52 N. 8; Moser/Beusch/Kneubühler, Bundesverwaltungsgericht, N. 2.221; Seethaler/Bochsler, in: Praxiskommentar VwVG, Art. 52 N. 72.
[37] Vgl. BGr, 4.7.2002, 1P.148/2002, E. 2.5.1.
[38] VGr, 9.9.2004, VB.2004.00281, E. 2.4; RB 1991 Nr. 10.
[39] VGr, 9.9.2004, VB.2004.00281, E. 2.3; vgl. ferner VGr, 19.2.2003, VB.2002.00168, E. 2a.
[40] RB 1997 Nr. 7; 1982 Nr. 5.
[41] Marti, Besondere Verfahren, S. 113 f., insb. Fn. 52.

hat der Rekurrent die legitimationsbegründenden Umstände darzulegen, wenn sie nicht ohne weiteres ersichtlich sind; es ist in diesem Fall nicht Sache der Rekursbehörde, von Amtes wegen danach zu forschen[42]. Ebenso ist die Einhaltung der Rekursfrist nachzuweisen (§ 22 N. 24). Schliesslich sind bestehende Vertretungsverhältnisse anzugeben[43].

Der **materielle Teil** der Rekursbegründung («Materielles») enthält die Begründung des Rechtsmittels in der Sache selbst, und zwar in tatsächlicher wie in rechtlicher Hinsicht. Hier nennt die rekurrierende Partei ihre Rekursgründe – d.h. ihre *Rügen* – und legt ihren diesbezüglichen Standpunkt dar. *Rechtliche Ausführungen* sind im Rahmen der Rekursschrift zulässig und üblich, jedoch nicht notwendig, da die Rekursinstanz das Recht von Amtes wegen anzuwenden hat (§ 7 Abs. 4). Diesbezüglich geht die Begründungspflicht im kantonalen Rechtsmittelverfahren weniger weit als im Verfahren vor dem Bundesgericht, wo in der Begründung «in gedrängter Form dazulegen [ist], inwiefern der angefochtene Akt Recht verletzt» (Art. 42 Abs. 2 Satz 1 BGG)[44]. Im Rekursverfahren muss die als verletzt gerügte Rechtsnorm nicht genannt werden; ebensowenig schadet dem Rekurrenten die Berufung auf einen falschen Rechtsgrund.

Wie der Antrag kann auch die Begründung nach Ablauf der Rekursfrist grundsätzlich **nicht** mehr **erweitert** werden (vgl. N. 4). Insbesondere besteht kein Recht auf Ergänzung der Rekursschrift nach dem Beizug der Akten; es ist vielmehr Sache der rekurrierenden Partei, sich innerhalb der Rekursfrist Einblick in die Akten zu verschaffen, um das Rechtsmittel hinreichend zu begründen[45]. Von diesem Grundsatz ist ausnahmsweise abzurücken, wenn die rekurrierende Partei Revisionsgründe im Sinn von § 86a vorbringt[46]. Im Rahmen eines weiteren Schriftenwechsels oder einer mündlichen Verhandlung (vgl. § 26b Abs. 3) darf die Rekursbegründung nur hinsichtlich des von der Rekursgegnerschaft oder von den Mitbeteiligten neu Vorgebrachten erweitert werden, ferner in Bezug auf Akten oder Aktenstücke, die innert der Rekursfrist aus objektiven Gründen nicht eingesehen werden konnten, z.B. weil sie dem Rekurrenten vorenthalten wurden[47]. Als Folge der behördlichen Untersuchungspflicht (§ 7 Abs. 1) steht es allerdings generell im Ermessen der Rekursinstanz, auch verspätete Parteivorbringen zu berücksichtigen[48]. Anders als im Beschwerdeverfahren vor Bundesbehörden (vgl. Art. 53 VwVG) besteht im Rekurs- und im Beschwerdeverfahren nach VRG keine Möglichkeit, die Begründung bei aussergewöhnlichem Umfang oder besonderer Schwierigkeit der Rekurssache innert einer angemessenen Nachfrist zu ergänzen.

---

[42] BGE 133 II 249, E. 1.1; VGr, 25.10.2011, VB.2011.00483, E. 4.1; VGr, 19.2.2003, VB.2002.00168, E. 1c; BVGr, 8.9.2010, C-623/2009, E. 5.1; anders MOSER, in: Kommentar VwVG, Art. 52 N. 7; MOSER/BEUSCH/KNEUBÜHLER, Bundesverwaltungsgericht, N. 2.220.
[43] Vgl. RB 1979 Nr. 13.
[44] Anders BGr, 2.5.2013, 2C_148/2013, E. 4.1, wonach die Anforderungen des kantonalen Rechts an die Begründung «dem Gehalt von Art. 42 Abs. 2 BGG» entsprechen. – Noch strengere Anforderungen gelten, wenn die Verletzung von Grundrechten oder von kantonalem oder interkantonalem Recht gerügt wird (Art. 106 Abs. 2 BGG).
[45] VGr, 17.1.2008, VB.2007.00500, E. 2.1 (nicht publiziert), bezogen auf das Beschwerdeverfahren.
[46] Vgl. VGr, 21.7.2010, VB.2010.00088, E. 1.4 (nicht publiziert); RB 1976 Nr. 18.
[47] Vgl. VGr, 30.5.2012, VB.2012.00145, E. 1.4.
[48] RB 1994 Nr. 16.

III. Beilagen (Abs. 1 Satz 2 und Abs. 3)

24 Gemäss § 23 Abs. 1 Satz 2 ist der Rekurrent gehalten, den **angefochtenen Entscheid** der Rekursschrift beizulegen oder darin zumindest genau zu bezeichnen. Es genügt somit, wenn die angefochtene Verfügung anhand der Rekurseingabe *bestimmbar* ist, zumal sie in den vorinstanzlichen Akten, die von der Rekursinstanz von Amtes wegen beigezogen werden (§ 26a Abs. 1), enthalten sein muss (Aktenführungspflicht; vgl. § 26a N. 7).

25 Wird ein Rekurs nicht in eigenem Namen erhoben, ist die Bevollmächtigung mittels schriftlicher **Vollmacht** nachzuweisen. Das Einreichen der Vollmacht ist eine Gültigkeitsvoraussetzung des Rekurses (vgl. N. 8). Allerdings kann sich die Bevollmächtigung auch aus den vorinstanzlichen Akten oder stillschweigend aus den Umständen ergeben (vgl. § 22 N. 8).

26 Zu den vorgeschriebenen Rekursbeilagen zählen im Weiteren die **Beweismittel,** auf die sich die rekurrierende Partei beruft, insbesondere Urkunden. Diese sind der Rekurseingabe gemäss § 23 Abs. 3 ebenfalls beizulegen oder zumindest genau zu bezeichnen[49]. Dabei handelt es sich jedoch um eine blosse *Ordnungsvorschrift*[50]. Dies bedeutet, dass ihre Missachtung keinen Grund bildet, auf den Rekurs nicht einzutreten. Ihre praktische Bedeutung ist überdies gering: Zum einen obliegt es aufgrund der Untersuchungsmaxime den Behörden, Fehlendes einzuverlangen; zum andern wird der Rekurrent die ihm zugänglichen Beweismittel normalerweise im eigenen Interesse beilegen. Zu den im Rekursverfahren zulässigen Beweismitteln vgl. § 7 N. 43 ff. und § 26c N. 2 f.

27 Eine gewisse Bedeutung hat § 23 Abs. 3 dort, wo die Beteiligten bei der Sachverhaltsermittlung eine *Mitwirkungspflicht* trifft (§ 7 Abs. 2). Verletzt die rekurrierende Partei ihre Mitwirkungspflichten, indem sie ihre Beweismittel weder beilegt noch bezeichnet, hat sie die aus der für sie nachteiligen Beweislage entstandenen Folgen selber zu tragen (vgl. § 7 N. 110 ff.). Diese bestehen in erster Linie darin, dass die Rekursinstanz im Säumnisfall aufgrund der Akten und – soweit dies nicht möglich ist – nach pflichtgemässem Ermessen entscheidet; unzulässig wäre in solchen Fällen ein Nichteintreten auf den Rekurs. Die Säumnisfolgen treten indes nicht sofort ein. Obschon sich § 23 Abs. 2 nach Wortlaut und Systematik auf Mängel im Sinn von Abs. 1 bezieht, ist auch bei ungenügender Zustellung oder Bezeichnung der Beweismittel eine kurze Nachfrist zur Verbesserung anzusetzen, unter Androhung der erwähnten Folgen.

28 Soweit in der Rechtsmittelbelehrung oder im Rahmen der Verfahrensleitung keine abweichende Anordnung ergeht, genügt es, die Rekursbeilagen wie die Rekursschrift selbst **in einfacher Ausfertigung** einzureichen. Von Anwälten werden die Beilagen üblicherweise nummeriert und mit einem Beilagenverzeichnis versehen. Sie können grundsätzlich in Kopie eingereicht werden.

---

[49] Analog § 147 Abs. 4 Satz 3 StG für das Steuerrekursverfahren.
[50] KÖLZ/HÄNER/BERTSCHI, Verwaltungsverfahren, N. 1010; MOSER, in: Kommentar VwVG, Art. 52 N. 10.

IV. Vorgehen bei mangelhaften Rekurseingaben (Abs. 2)

Gemäss § 23 Abs. 2 ist dem Rekurrenten eine **kurze Frist zur Behebung des Mangels** anzusetzen, wenn die Rekursschrift den Erfordernissen von Abs. 1 und Abs. 3 (vgl. N. 27) nicht genügt; dies unter der Androhung, dass sonst auf den Rekurs nicht eingetreten werde[51]. Eine solche Nachfrist ist auch dann anzusetzen, wenn ohne Absicht die Formvorschriften gemäss § 22 Abs. 1 nicht erfüllt worden sind (vgl. § 22 N. 9), ferner bei unleserlichen, ungebührlichen und übermässig weitschweifigen Eingaben, die gemäss § 5 Abs. 3 zur Verbesserung zurückgewiesen werden[52]. Die Rekursinstanz ist grundsätzlich zur Nachfristansetzung verpflichtet[53]; sie verfügt bei der Anwendung von § 23 Abs. 2 jedoch über einen gewissen Ermessensspielraum[54]. 29

Aus dem Verbot des überspitzten Formalismus (Art. 29 Abs. 1 BV) – zuweilen wird auch der Grundsatz von Treu und Glauben (Art. 5 Abs. 3 und Art. 9 BV) herangezogen – ergibt sich ein **verfassungsrechtlicher Mindestanspruch** darauf, dass die Behörde eine Eingabe, welche an einem klar erkennbaren Formmangel leidet, zur Verbesserung zurückweist, sofern die noch verfügbare Zeit ausreicht, um den Mangel bis zum Ablauf der Rechtsmittelfrist, gegebenenfalls auch im Rahmen einer Nachfrist, zu beheben[55]. Dieser Mindestanspruch gilt bei formalen Mängeln wie dem versehentlichen Fehlen der Unterschrift oder der Vollmacht, nicht aber dann, wenn das Rechtsmittel überhaupt keine Begründung enthält[56], und insbesondere dann nicht, wenn der Mangel bewusst bzw. freiwillig oder gar rechtsmissbräuchlich erfolgte, um die Einräumung einer Nachfrist für die Begründung zu erwirken[57]. 30

Entgegen dem Wortlaut von § 23 Abs. 2 hat nicht jeder Mangel in Bezug auf den Antrag, die Begründung oder die Form die Gewährung einer Nachfrist zur Folge. Eine Frist zur Verbesserung ist nur dann anzusetzen, wenn aus der mangelhaften Rekursschrift wenigstens der **Wille erkennbar ist**, **ein Rechtsmittel zu erheben** und die Sache an die Rekursinstanz weiterzuziehen[58]. Fehlt diese Willenskundgabe, ist ohne Weiterungen ein *Nichteintretensentscheid* zu fällen. Im Übrigen hat die Rekursinstanz die rekurrierende Partei höchstens auf formale Mängel ihrer Eingabe aufmerksam zu machen. Kein Mangel im 31

---

[51] Analog § 147 Abs. 4 Satz 2 StG für das Steuerrekursverfahren sowie Art. 52 Abs. 2 VwVG. Demgegenüber sieht Art. 42 Abs. 5 BGG eine Verbesserungsmöglichkeit nur vor, wenn die Unterschrift, die Vollmacht oder die Beilagen fehlen oder wenn die Vertretung nicht zugelassen ist, nicht aber bei Mangelhaftigkeit des Antrags oder der Begründung (vgl. BGE 134 II 244, E. 2.4.2).
[52] VGr, 26.10.2010, VB.2010.00515, E. 2.1 (nicht publiziert).
[53] KÖLZ/HÄNER/BERTSCHI, Verwaltungsverfahren, N. 1013; MOSER/BEUSCH/KNEUBÜHLER, Bundesverwaltungsgericht, N. 2.235; SEETHALER/BOCHSLER, in: Praxiskommentar VwVG, Art. 52 N. 110.
[54] VGr, 25.10.2011, VB.2011.00483, E. 5.2; VGr, 8.4.2004, VB.2004.00049, E. 2.2.3 (nicht publiziert).
[55] BGr, 26.1.2012, 2C_319/2011, E. 6.1; BGr, 30.8.2005, 1P.254/2005, E. 2.5 (Pra 2006 Nr. 51).
[56] Vgl. BGE 134 II 244, E. 2.4.
[57] BGr, 30.8.2005, 1P.254/2005, E. 2.5 (Pra 2006 Nr. 51).
[58] Vgl. VGr, 18.4.2011, VB.2011.00221, E. 2.2; VGr, 7.3.2007, VB.2006.00313, E. 2.1; KÖLZ/HÄNER/BERTSCHI, Verwaltungsverfahren, N. 1015; MOSER, in: Kommentar VwVG, Art. 52 N. 13; MOSER/BEUSCH/KNEUBÜHLER, Bundesverwaltungsgericht, N. 2.235; RHINOW/KOLLER/KISS/THURNHERR/BRÜHL-MOSER, Öffentliches Prozessrecht, N. 1619; SEETHALER/BOCHSLER, in: Praxiskommentar VwVG, Art. 52 N. 85.

Sinn von § 23 Abs. 2 liegt vor, wenn eine Begründung des Rekurses zwar vorhanden ist, sich jedoch als fehlerhaft, untauglich oder sachlich unzureichend erweist[59].

32 Selbst bei formalen Mängeln ist nicht in allen Fällen automatisch eine Nachfrist anzusetzen. § 23 Abs. 2 will lediglich dem Verbot des überspitzten Formalismus Nachachtung verschaffen (vgl. N. 6, 30); die Bestimmung soll insbesondere *rechtsunkundige und prozessual unbeholfene Rekurrierende* vor den Folgen einer mangelhaften Prozessführung bewahren[60]. Sie bezweckt jedoch nicht, dass sich die rekurrierende Partei mittels einer **absichtlich mangelhaften Rekurseingabe** eine Erstreckung der Rekursfrist verschaffen kann, namentlich um materielle Beschwerdegründe nachzubringen[61]. So ist einer rechtskundigen oder rechtskundig vertretenen Partei keine Gelegenheit zur Verbesserung einzuräumen, wenn Antrag oder Begründung eines Rekurses trotz korrekter Rechtsmittelbelehrung gänzlich fehlen[62], wenn die Eingabe bloss summarisch begründet wurde, verbunden mit dem Antrag auf Ansetzung einer Nachfrist zur Ergänzung der Begründung[63], oder wenn die Partei kurz vor Fristablauf nur eine Rekurserklärung abgibt oder lediglich ein Fristerstreckungsgesuch einreicht[64]. Daran ändert nichts, wenn der Rekurrent ohne Vorliegen besonderer Gründe erst kurz vor Fristablauf einen Rechtsvertreter mandatiert hat[65]. Im Weiteren muss ein Rekurrent – jedenfalls in krassen Fällen[66] – nicht zur Verbesserung seiner Eingabe aufgefordert werden, wenn er trotz Kenntnis der formalen Anforderungen an Rechtsmitteleingaben aus früheren Verfahren erneut eine mit gleichartigen Mängeln behaftete Rekursschrift einreicht[67]. Schliesslich darf auch von einem rechtskundigen Nichtjuristen – etwa einem Architekten, der regelmässig Rechtsvertretungen in Baurechtssachen übernimmt, oder einem Inhaber eines Treuhandbüros – erwartet werden, dass er die grundlegenden Anforderungen an eine Rechtsmitteleingabe kennt, wobei hier nicht von vornherein die gleichen Anforderungen wie an einen patentierten Rechtsanwalt gestellt werden dürfen[68]. – Analoge Grundsätze gelten

---

[59] VGr, 3.11.2010, VB.2010.00312, E. 1; VGr, 26.11.2008, VB.2008.00496, E. 2 (nicht publiziert); RB 1991 Nr. 10; 1989 Nrn. 15 und 16.
[60] VGr, 10.9.2012, VB.2012.00383, E. 1; VGr, 25.10.2011, VB.2011.00483, E. 5.2; VGr, 13.4.2011, VB.2010.00623, E. 2.2; RB 2006 Nr. 7, E. 3.4 (VB.2006.00312).
[61] BGr, 2.5.2013, 2C_148/2013, E. 4.1; BGE 121 II 252, E. 4b (Pra 1996 Nr. 147); 108 Ia 209, E. 3; VGr, 19.5.2004, VB.2004.00043, E. 3.2; VGr, 21.10.2010, VB.2010.00569, E. 3.2; KIENER/RÜTSCHE/KUHN, Öffentliches Verfahrensrecht, N. 1223; MOSER/BEUSCH/KNEUBÜHLER, Bundesverwaltungsgericht, N. 2.236; SEETHALER/BOCHSLER, in: Praxiskommentar VwVG, Art. 52 N. 111.
[62] BGr, 28.11.2012, 1C_399/2012, E. 4.3.2; im konkreten Fall lag ein ungenügend bezifferter Eventualantrag vor. Vgl. ferner VGr, 26.8.2010, VB.2010.00232, E. 1.4.
[63] VGr, 18.4.2012, VB.2012.00082, E. 9.4.5; vgl. auch VGr, 12.12.2007, VB.2007.00313, E. 2.
[64] VGr, 9.3.2011, VB.2010.00682, E. 2.2 und 2.3; RB 1999 Nr. 11, E. 1; 1991 Nr. 28; 1987 Nr. 36.
[65] VGr, 23.2.2011, VB.2010.00557, E. 2.4.2. Die in BGE 134 V 162, E. 5.2, präzisierte, grosszügigere Rechtsprechung des Bundesgerichts zur Nachfristregelung gemäss Art. 61 lit. b ATSG lässt sich nicht unbesehen auf Fälle übertragen, in denen andere bundes- oder kantonalrechtliche Bestimmungen anwendbar sind (BGr, 26.1.2012, 2C_319/2011, E. 7).
[66] Vgl. VGr, 21.12.2006, VB.2006.00528, E. 4.
[67] VGr, 2.2.2007, VB.2006.00554, E. 2; VGr, 21.12.2006, VB.2006.00528, E. 3 (beide Urteile bezogen auf das Beschwerdeverfahren).
[68] Vgl. VGr, 12.1.2011, VB.2010.00480, E. 3.4 (Architekt); VGr, 11.4.2002, VB.2002.00054, E. 4b (Inhaberin eines Treuhand- und Buchhaltungsbüros; nicht publiziert).

auch für die Verbesserung einer ungenügenden *Beschwerdeschrift* gemäss § 56 (vgl. § 56 N. 15 ff.).

Im Interesse der Verfahrensökonomie rechtfertigt es sich sodann, von der Gewährung einer Nachbesserungsmöglichkeit grundsätzlich abzusehen, wenn ein Rekurs **offensichtlich unzulässig oder unbegründet** erscheint (vgl. dazu § 28a N. 8 f.). Im Falle offensichtlicher Unbegründetheit rechtfertigt sich dies allerdings nur, wenn eine minimale Begründung bereits vorliegt, da dies ansonsten nicht verifiziert werden kann[69]. 33

Die Nachfrist ist der **rekurrierenden Partei** anzusetzen. Wenn sie einen *Vertreter* bestellt hat, ist die verfahrensleitende Anordnung diesem zuzustellen. Betrifft der Mangel das Fehlen einer *Vollmacht*, so ist dem Vertreter im Rahmen einer Nachfrist Gelegenheit zu geben, die Vollmacht nachzureichen (vgl. § 22 N. 8). 34

§ 23 Abs. 2 verlangt das Ansetzen einer **kurzen** Nachfrist. Wie diese im Einzelfall zu bemessen ist, liegt im Ermessen der Rekursinstanz, die sich in erster Linie von der Dringlichkeit der Sache leiten zu lassen hat. Die Frist ist in jedem Fall so anzusetzen, dass die Verbesserung tatsächlich möglich ist. Bei nicht besonders dringlichen Angelegenheiten hat sich eine Dauer von zehn Tagen eingespielt[70]. Die Nachfrist ist **nicht erstreckbar**[71]; dies ergibt sich aus ihrer Funktion sowie aufgrund der Tatsache, dass ihr mit der Rekursfrist eine gesetzliche, der Erstreckung grundsätzlich nicht zugängliche Frist vorangeht. Die Rekursfrist wird durch die Anwendung von § 23 Abs. 2 nicht zu einer erstreckbaren richterlichen Frist[72]. Auf die fehlende Erstreckbarkeit der Nachfrist ist ausdrücklich hinzuweisen. 35

Hinsichtlich der **Säumnisfolgen** ist zu differenzieren[73]: Wird bei Mängeln, die den Rekurs als ungültig erscheinen lassen, innerhalb der Nachfrist keine Verbesserung vorgenommen, ist auf den Rekurs nicht einzutreten. Dabei muss das Nichteintreten im Säumnisfall ausdrücklich angedroht worden sein. Diese Rechtsfolge ist aber nur dort angemessen, wo die festgestellten Mängel die *Gültigkeitsvoraussetzungen* eines Rekurses betreffen, also insbesondere den Antrag, die Begründung, die Amtssprache, die Unterschrift oder die Vollmacht (vgl. N. 8). Dient die Nachfrist hingegen dazu, das Befolgen von *Ordnungsvorschriften* – wie etwa das Beilegen oder genaue Bezeichnen von Beweismitteln – zu ermöglichen, wäre ein Nichteintreten unangemessen streng und überdies mit der behördlichen Untersuchungspflicht gemäss § 7 Abs. 1 nicht vereinbar. In einem solchen Fall hat 36

---

[69] Vgl. SEETHALER/BOCHSLER, in: Praxiskommentar VwVG, Art. 52 N. 90. In Art. 52 Abs. 2 VwVG wird die offensichtliche Unzulässigkeit ausdrücklich als Ausschlussgrund genannt, nicht aber die offensichtliche Unbegründetheit; dies im Gegensatz zu Art. 57 Abs. 1 VwVG (Verzicht auf Vernehmlassung).

[70] Vgl. VGr, 13.4.2011, VB.2010.00623, E. 3.3. Restriktiver ist die Praxis des Bundesverwaltungsgerichts; vgl. MOSER, in: Kommentar VwVG, Art. 52 N. 16, insb. Fn. 57; MOSER/BEUSCH/KNEUBÜHLER, Bundesverwaltungsgericht, N. 2.237, insb. Fn. 640.

[71] So ausdrücklich § 147 Abs. 4 Satz 2 StG für das Steuerrekursverfahren; VGr, 11.8.2005, VB.2005.00171, E. 3.1; MERKER, Rechtsmittel, § 39 N. 54; a.M. SEETHALER/BOCHSLER, in: Praxiskommentar VwVG, Art. 52 N. 114; differenzierend VGr, 21.10.2009, VB.2009.00263, E. 1.2, wonach die Nachfrist zur Einreichung einer Vollmacht erstreckt werden kann.

[72] RB 1995 Nr. 7; a.M. SEETHALER/BOCHSLER, in: Praxiskommentar VwVG, Art. 52 N. 114.

[73] Vgl. auch Art. 52 Abs. 3 VwVG; hierzu MOSER, in: Kommentar VwVG, Art. 52 N. 18; SEETHALER/BOCHSLER, in: Praxiskommentar VwVG, Art. 52 N. 120 ff.

die Rekursinstanz aufgrund der Akten zu entscheiden und dabei das Verhalten des säumigen Rekurrenten nach Ermessen zu würdigen.

37 Die Rechtssicherheit gebietet der Rekursinstanz, *unverzüglich* nach Eingang des Rekurses zu prüfen, ob die Formvorschriften sowie die Anforderungen gemäss § 23 Abs. 1 und 3 erfüllt sind. Sie hat der rekurrierenden Partei **möglichst bald Frist** zur Verbesserung **anzusetzen**. Ein späteres Entdecken solcher Mängel schliesst eine nachträgliche Fristansetzung jedoch nicht aus. Ebensowenig werden Mängel durch spätes Entdecken, langes Zuwarten oder unzweckmässiges Vorgehen der Behörde geheilt[74]. Unterlässt die Behörde das Ansetzen einer Nachfrist, obschon dies gemäss § 23 Abs. 2 geboten wäre, darf der betroffenen Partei daraus kein Nachteil erwachsen[75].

38 Das Ansetzen einer **zweiten Nachfrist** ist im Allgemeinen nicht statthaft, etwa dann nicht, wenn auch die zweite Eingabe keine nachvollziehbare Begründung dafür enthält, warum die angefochtene Verfügung nicht rechtmässig sein soll[76]. Ausnahmsweise kann sich eine zweite Fristansetzung jedoch rechtfertigen, wenn die verbesserte Rekurseingabe *neue* Mängel aufweist, die auf entschuldbare Unkenntnis zurückzuführen sind[77].

(§ 24 aufgehoben)

---

[74] MERKLI/AESCHLIMANN/HERZOG, Kommentar VRPG, Art. 33 N. 3.
[75] SEETHALER/BOCHSLER, in: Praxiskommentar VwVG, Art. 52 N. 110.
[76] VGr, 10.11.2010, VB.2010.00587, E. 2.2 (nicht publiziert); VGr, 16.3.2005, VB.2004.00561, E. 3.2 (nicht publiziert).
[77] MERKLI/AESCHLIMANN/HERZOG, Kommentar VRPG, Art. 33 N. 10.

c. Aufschiebende Wirkung

§ 25

¹ Dem Lauf der Rekursfrist und der Einreichung des Rekurses kommt aufschiebende Wirkung zu.

² Keine aufschiebende Wirkung besteht
 a. in personalrechtlichen Angelegenheiten bei einer Kündigung, einer Einstellung im Amt, einer vorzeitigen Entlassung oder einer Freistellung,
 b. in Stimmrechtssachen, wenn sich der Rekurs auf eine Wahl oder Abstimmung bezieht und die Rekursschrift vor dem Wahl- oder Abstimmungstag eingereicht worden ist.

³ Die anordnende Instanz, die Rekursinstanz und der Vorsitzende der Rekursinstanz können aus besonderen Gründen gegenteilige Anordnungen treffen.

⁴ Abs. 2 lit. a gilt nicht, wenn für die dort genannten Fälle das kommunale Personalrecht die Möglichkeit einer Weiterbeschäftigung vorsieht.

Materialien
Weisung 2009, S. 888, 953, 964; Prot. KR 2007–2011, S. 10240 f.

Zur früheren Fassung/zu früheren Fassungen: Weisung 1957, S. 1038; Prot. KK 3.12.1957, 9.9.1958; Prot. KR 1955–1959, S. 3379; Beleuchtender Bericht 1959, S. 401.

Literatur
BAUMBERGER, Aufschiebende Wirkung; DONATSCH MARCO, Gerichtspraxis zum Lehrpersonalrecht, in: Marco Donatsch/Thomas Gächter (Hrsg.), Zürcher Lehrpersonalrecht, Zürich/St. Gallen 2012, S. 5 ff. *(Gerichtspraxis);* KIENER REGINA, in: Kommentar VwVG, Art. 55; KUHN, Vorläufiger Rechtsschutz; MERKLI, Vorsorgliche Massnahmen; MEYER ULRICH/DORMANN JOHANNA, in: Basler Kommentar BGG, Art. 103; SEILER HANSJÖRG, in: Praxiskommentar VwVG, Art. 55; STEINMANN, Rechtsschutz.

Vgl. im Übrigen die Angaben bei § 6.

Inhaltsübersicht

I.	Grundlagen	1–10
	A. Regelungsgegenstand und Entstehungsgeschichte	1–4
	B. Vorgaben des übergeordneten Rechts	5–6
	C. Vorbehalt spezialgesetzlicher Regelung	7–9
	D. Verhältnis zu den vorsorglichen Massnahmen	10
II.	Regel: Aufschiebende Wirkung (Abs. 1)	11–20
	A. Anwendungsbereich	11–12
	B. Gegenstand	13–20
	1. Grundsatz	13–15
	2. Arten von Anordnungen	16–19
	3. Umfang	20
III.	Ausnahmen (Abs. 2 und Abs. 4)	21–24
	A. Personalrechtliche Streitigkeiten	22–23
	B. Stimmrechtssachen	24

Unter Mitarbeit von ANJA MARTINA BINDER, MLaw, LL.M., und PATRICK BLUMER, MLaw.

IV.	Entzug und Wiederherstellung (Abs. 3)	25–32
	A. Voraussetzungen	25–29
	B. Zuständigkeit	30–31
	C. Wirkungen	32
V.	Verfahrensfragen	33–49
	A. Initiierung	33–34
	B. Form und Verfahren	35–39
	C. Beginn, Wirksamkeit, Rechtsbeständigkeit und Dauer	40–46
	D. Anfechtbarkeit	47–48
	E. Haftung	49

I. Grundlagen

A. Regelungsgegenstand und Entstehungsgeschichte

1 Gemäss § 25 haben rekursfähige Anordnungen aufschiebende Wirkung. Die aufschiebende Wirkung ist ein Institut des vorläufigen Rechtsschutzes. Da sie grundsätzlich von Gesetzes wegen gilt, muss die aufschiebende Wirkung nicht ausdrücklich als vorsorgliche Massnahme angeordnet werden[1]. Eine – im Ergebnis sehr zweckmässige – **Besonderheit** im Vergleich zu den Verfahrensordnungen des Bundes und anderer Kantone besteht insofern, als nach Massgabe des VRG die aufschiebende Wirkung nicht erst mit der Einreichung des Rekurses, sondern bereits mit dem Lauf der Rekursfrist eintritt (Abs. 1). *Ausnahmen* vom Grundsatz der aufschiebenden Wirkung macht das Gesetz für gewisse personalrechtliche Angelegenheiten (Abs. 2 lit. a i.V.m. Abs. 4) sowie – entsprechend alt § 151 Abs. 2 GPR – für gewisse Stimmrechtssachen (Abs. 2 lit. b). In diesen Fällen kommt dem Rekurs von Gesetzes wegen keine aufschiebende Wirkung zu. Gemäss Abs. 3 kann aus besonderen Gründen jeweils eine *abweichende Regelung* getroffen werden.

2 Die aufschiebende Wirkung – auch: *Suspensiveffekt* – hat zur **Folge,** dass die verfügte Rechtsfolge nicht mit der Eröffnung der Anordnung eintritt, sondern vorderhand aufgeschoben wird. Die Anordnung entfaltet vorläufig *keine Rechtswirksamkeit* und kann auch *nicht vollstreckt* werden (vgl. § 30 Abs. 1). Vielmehr bleibt der rechtliche und tatsächliche Zustand, wie er vor Erlass der Anordnung galt, vorderhand bestehen. Der Verfügungsadressat wird für die Dauer der Rechtsmittelfrist bzw. des Rechtsmittelverfahrens so gestellt, wie wenn kein Sachentscheid getroffen worden wäre[2]: Von einer begünstigenden Anordnung darf er vorderhand nicht Gebrauch machen, einer belastenden Anordnung muss er keine Folge leisten[3].

3 Nach dem Gesagten liegt die **Funktion** der aufschiebenden Wirkung in der vorläufigen Hemmung von Rechtswirksamkeit und Vollstreckbarkeit der angefochtenen Verfügung. Der Suspensiveffekt verhindert, dass Präjudizien geschaffen werden, die einen Rekurs il-

---

[1] Vgl. M. Müller, Verwaltungsrechtspflege, S. 182; Seiler, in: Praxiskommentar VwVG, Art. 55 N. 7.
[2] VGr, 16.12.2009, VB.2009.00581, E. 3.2; BGE 129 V 370, E. 2.2. Aus der Lehre statt aller Kiener, in: Kommentar VwVG, Art. 55 N. 2; Seiler, in: Praxiskommentar VwVG, Art. 55 N. 8 ff., je m.H.
[3] M. Müller, Verwaltungsrechtspflege, S. 183; eingehend Baumberger, Aufschiebende Wirkung, N. 174 ff.

lusorisch werden lassen. Im Ergebnis wird sichergestellt, dass die Wirkungen einer Anordnung nicht einsetzen, bevor sie rechtskräftig feststehen[4].

§ 25 wurde anlässlich der Revision von 2010 **neu gefasst**[5], ohne dass es in der Sache zu einer grundlegenden Änderung gekommen wäre: Abs. 1 übernimmt den Grundsatz von alt Abs. 1, wonach dem Lauf der Rekursfrist und der Einreichung eines Rekurses aufschiebende Wirkung zukommt. Ausnahmen von diesem Grundsatz bestehen wie bisher im Bereich des Personalrechts (Abs. 2 lit. a) und im Bereich der Wahlen und Abstimmungen (Abs. 2 lit. b)[6]. Aufgrund der Streichung von alt §§ 74–80d wurden die entsprechenden Bestimmungen in § 25 Abs. 2 umplatziert[7]. § 25 Abs. 3 übernimmt die bisherige Regelung von alt Abs. 1 und 2, wonach die anordnende Instanz sowie die Rekursinstanz und ihre Vorsitzende bzw. ihr Vorsitzender aus besonderen Gründen eine abweichende Regelung treffen, d.h. die aufschiebende Wirkung entziehen bzw. erteilen können[8]. Neu ist, dass dazu keine Dringlichkeit vorliegen muss.

B. Vorgaben des übergeordneten Rechts

Gleich wie bei der Anordnung vorsorglicher Massnahmen sind bei der Anordnung bzw. dem Entzug der aufschiebenden Wirkung die **Grundsätze rechtsstaatlichen Handelns** (Art. 2 KV; Art. 5 BV) und die in den Verfahrensgrundrechten verankerten Fairnessgehalte (insbesondere Art. 18 KV und Art. 29 Abs. 1 und 2 BV) zu beachten (vgl. § 6 N. 4). Hier wie dort keine Anwendung finden die Verfahrensgarantien von Art. 6 Ziff. 1 und Art. 13 EMRK. Beachtet werden muss jedoch die verfassungsrechtliche Rechtsweggarantie (Art. 29a BV; vgl. § 6 N. 5)[9].

Die aufschiebende Wirkung im Rekursverfahren beurteilt sich nicht allein nach der Regelung im VRG. Gemäss Art. 1 Abs. 3 VwVG sind auf das Verfahren *letzter* kantonaler Instanzen, welche gestützt auf öffentliches Recht des Bundes nicht endgültig verfügen, bestimmte Verfahrensregeln des VwVG anwendbar, unter anderem auch **Art. 55 Abs. 2 und 4 VwVG,** welche den Entzug der aufschiebenden Wirkung und die haftpflichtrechtliche Verantwortung der entziehenden Behörde betreffen. Soweit eine Behörde als letzte kantonale Instanz entscheidet, sind folglich beim Entzug der aufschiebenden Wirkung neben § 25 auch die genannten Bestimmungen des VwVG zu beachten. Im Konfliktfall geht das Bundesrecht vor. Obschon von der Verweisung in Art. 1 VwVG nicht ausdrücklich erfasst, ist darüber hinaus auch Art. 55 Abs. 3 VwVG anwendbar, sofern sich im kantonalen Recht keine abweichende Regelung findet[10]. Im Anwendungsbereich von Art. 55 VwVG kann die aufschiebende Wirkung nicht entzogen werden, sobald eine Geldleistung in Frage steht, wobei vorausgesetzt ist, dass die angefochtene Anordnung eine Geld-

---

[4] KIENER, in: Kommentar VwVG, Art. 55 N. 3.
[5] OS 65, 390; Weisung 2009, S. 809, 888.
[6] Weisung 2009, S. 964.
[7] Prot. KR 2007–2011, S. 10240 f.; Weisung 2009, S. 888.
[8] Weisung 2009, S. 964.
[9] Vgl. BGr, 13.6.2007, 5A_202/2007, E. 3.2; BGr, 29.5.2012, 2C_273/2012, E. 3.4.
[10] BGE 106 Ib 115, E. 2a; vgl. auch BGE 117 V 185, E. 1c. Siehe auch MAYHALL, in: Praxiskommentar VwVG, Art. 1 N. 45 mit Fn. 84.

leistungspflicht des Adressaten beinhaltet[11]. Ausserhalb des Anwendungsbereichs von Art. 55 VwVG obliegt es beim Vollzug von Bundesrecht den Kantonen, die aufschiebende Wirkung ihrer Rechtsmittel zu regeln.

C. Vorbehalt spezialgesetzlicher Regelung

7 Kantonalrechtliche Regeln zur aufschiebenden Wirkung finden sich nicht allein in § 25. Zunächst kann das **VRG** selber für bestimmte Verfahren besondere Vorschriften aufstellen. Entsprechende Regeln gelten für die Einsprache (§ 10b Abs. 2) und für die Beschwerde (§ 55; es handelt sich allerdings um eine blosse Verweisnorm).

8 Auch ein bundesrechtliches oder kantonalrechtliches **Spezialgesetz** kann von § 25 abweichende Vorschriften zur aufschiebenden Wirkung aufstellen. Besondere Vorschriften des *kantonalen Rechts* gelten beispielsweise bei Rekursen der Gemeinden in Streitigkeiten über gewisse Anordnungen im Bereich des öffentlichen Personenverkehrs (§ 29 PVG). Weiter kommt Rechtsmitteln gegen Schutzmassnahmen im Sinn des Planungs- und Baugesetzes keine aufschiebende Wirkung zu (§ 211 Abs. 4 PBG)[12]. Generell hindern Rechtsmittel gegen eine baurechtliche Bewilligung den Baubeginn und den Baufortgang nur soweit, als der Ausgang des Verfahrens die Bauausführung beeinflussen kann (§ 339 Abs. 1 PBG)[13]. In Übereinstimmung mit § 25 Abs. 1 VRG wird damit das Prinzip festgehalten, dass Rechtsmittel im Bereich des Planungs- und Baurechts grundsätzlich aufschiebende Wirkung haben. Allerdings umschreibt das PBG deren Umfang anders als das VRG[14]. Besondere Vorschriften des *Bundesrechts* mit Wirkung für die Kantone finden sich beispielsweise in Art. 55d USG oder Art. 12e NHG.

9 Das Spezialgesetz kann auch den in § 25 Abs. 3 verwendeten **Begriff der «besonderen Gründe»** konkretisieren; ein Beispiel ist § 12 Abs. 3 KTschG, wonach bei Anordnungen im Zusammenhang mit Tierversuchen dem Rekurs und der Beschwerde die aufschiebende Wirkung entzogen wird, wenn der Schutz übergeordneter Rechtsgüter, namentlich von Leben und Gesundheit von Menschen und Tieren, eine rasche Durchführung des Versuchs erfordert. Diese Bestimmung darf indessen nicht dahingehend verstanden werden, dass der Entzug der aufschiebenden Wirkung einzig unter den dort genannten Voraussetzungen zulässig wäre; aufgrund des Verhältnismässigkeitsprinzips kann der Entzug auch aus anderen Gründen zulässig sein[15].

D. Verhältnis zu den vorsorglichen Massnahmen

10 Das Institut der aufschiebenden Wirkung steht in einem engen Bezug zu jenem der vorsorglichen Massnahme gemäss § 6. Vorsorgliche Massnahmen sind gleich wie die aufschiebende Wirkung Instrumente des **einstweiligen Rechtsschutzes**[16]. Die aufschie-

---

[11] Kiener, in: Kommentar VwVG, Art. 55 N. 19; Seiler, in: Praxiskommentar VwVG, Art. 55 N. 82 ff.
[12] Vgl. RB 1983 Nr. 90.
[13] Vgl. VGr, 11.7.2012, VB.2012.00264, E. 2.2 ff.
[14] RB 1981 Nr. 18 (ZBl 1981, 474 ff. = ZR 80 Nr. 104 = BEZ 1981 Nr. 35).
[15] VGr, 16.6.1995, VB.95.00076.
[16] VGr, 23.8.2012, VB.2012.00430, E. 2.3. Vgl. Baumberger, Aufschiebende Wirkung, N. 3 ff.; Häner, Vorsorgliche Massnahmen, N. 3 f.; Kuhn, Vorläufiger Rechtsschutz, S. 158 f.; Merkli/Aeschlimann/Her-

bende Wirkung stellt den wichtigsten Anwendungsfall einer vorsorglichen Massnahme dar[17]. Im Übrigen ist das Verhältnis zwischen aufschiebender Wirkung und vorsorglichen Massnahmen komplex (eingehend § 6 N. 10 ff.).

II. Regel: Aufschiebende Wirkung (Abs. 1)

A. Anwendungsbereich

Wortlaut und systematischer Einordnung zufolge beschlägt § 25 ausschliesslich die aufschiebende Wirkung von Anordnungen, die mit **Rekurs** (§§ 19 ff.) anfechtbar sind. Aufschiebende Wirkung kommt damit insbesondere auch dem Rekurs gegen einen *Erlass* zu (§ 19 Abs. 1 lit. d)[18]. Für das *Beschwerdeverfahren* findet § 25 kraft Verweises in § 55 Anwendung. 11

Keine Anwendung findet § 25 auf Rechtsmittel und Rechtsbehelfe ausserhalb von Rekurs und Beschwerde. Da die aufschiebende Wirkung an eine Anordnung anschliesst, ist deren Erteilung vorher, d.h. während des *Verwaltungsverfahrens*, nicht möglich (zum *Klageverfahren* vgl. § 55 N. 7). Ebenfalls aufgrund des fehlenden Anfechtungsobjekts ausgeschlossen ist die aufschiebende Wirkung bei *Rechtsverzögerungs- und Rechtsverweigerungsbeschwerden*[19]. Die aufschiebende Wirkung der *Einsprache* richtet sich nach § 10b Abs. 2 und nach dem anwendbaren Spezialgesetz (vgl. z.B. § 11 Abs. 2 GSG). Auch ausserordentlichen Rechtsmitteln, welche wie die *Revision* (§§ 86a ff.) an das Vorliegen einer formell rechtskräftigen Anordnung anknüpfen, kommt keine aufschiebende Wirkung zu[20]. Das Gleiche gilt für *Rechtsbehelfe* wie das Wiedererwägungsgesuch, die Erläuterung oder die Aufsichtsbeschwerde[21]. In allen genannten Fällen sind allenfalls vorsorgliche Massnahmen gemäss § 6 möglich. 12

B. Gegenstand

1. Grundsatz

In **zeitlicher Hinsicht** tritt die aufschiebende Wirkung nicht erst mit der Rekurserhebung ein, vielmehr wirkt bereits der *Lauf der Rekursfrist* aufschiebend (§ 25 Abs. 1). Gegenteilige Anordnung vorbehalten, wird eine behördliche Anordnung daher grundsätzlich erst nach ungenutzt verstrichener Rekursfrist rechtswirksam und vollstreckbar. Diese Regel unterscheidet sich von jener, die für die Rechtsmittel im Bund und in zahlreichen Kantonen gilt und nach der erst die Einreichung eines Rechtsmittels die aufschiebende 13

ZOG, Kommentar VRPG, Art. 27 N. 7 und Art. 68 N. 3; MEYER/DORMANN, in: Basler Kommentar BGG, Art. 104 N. 1; STEINMANN, Rechtsschutz, S. 142 f. Zur entsprechenden Begriffsverwendung vgl. ebenso Art. 103 f. BGG und Art. 55 f. VwVG.
[17] Vgl. auch SEILER, in: Praxiskommentar VwVG, Art. 55 N. 1 («Unterart»); KIENER, in: Kommentar VwVG, Art. 55 N. 3; M. MÜLLER, Verwaltungsrechtspflege, S. 73; STEINMANN, Rechtsschutz, S. 144 f.
[18] Weisung 2009, S. 964.
[19] Vgl. auch BAUMBERGER, Aufschiebende Wirkung, N. 252.
[20] Vgl. SEILER, in: Praxiskommentar VwVG, Art. 55 N. 15.
[21] So auch BAUMBERGER, Aufschiebende Wirkung, N. 278 f.

Wirkung auslöst (Art. 55 Abs. 1 VwVG, vgl. Art. 103 BGG)[22]. Sie hat den eminenten *Vorteil*, dass die Behörde nicht zusätzlich vorsorgliche Massnahmen anordnen muss, wenn sie verhindern will, dass während hängiger Rechtsmittelfrist über den Verfahrensgegenstand verfügt wird[23].

14 Als **Folge** dieser Konzeption wird die Rechtswirksamkeit einer Anordnung auch dann aufgeschoben, wenn (noch) kein Rechtsmittel ergriffen wurde; deshalb müssen anlässlich der Eröffnung der Anordnung in der Regel keine besonderen Massnahmen gemäss § 6 verfügt werden, um den Aufschub der Rechtswirksamkeit sicherzustellen. Zudem tritt der Suspensiveffekt unbesehen des Umstands ein, ob der Rekurs (bzw. die Beschwerde) im Einzelfall zulässig ist. Er wirkt zudem auch dann, wenn ein Rekurs die formellen Gültigkeitserfordernisse (§§ 20 ff.) nicht erfüllt[24]; die aufschiebende Wirkung fällt diesfalls erst mit dem Nichteintretensentscheid der Rekursinstanz dahin[25].

15 Während des Laufs der Rekursfrist wirkt sich der Suspensiveffekt in **persönlicher Hinsicht** zunächst auf den oder die Verfügungsadressaten aus. Wurde ein Rechtsmittel erhoben, gilt die aufschiebende Wirkung grundsätzlich bezüglich derjenigen Parteien, welche Rekurs führen. Erheben Dritte gegen eine den Adressaten begünstigende Verfügung Rekurs oder Beschwerde, greift die aufschiebende Wirkung aber zwangsläufig auch zugunsten weiterer Dritter, die kein Rechtsmittel erhoben haben[26].

2. Arten von Anordnungen

16 Der Suspensiveffekt greift grundsätzlich bei allen Kategorien von Anordnungen[27]. Auch eine im Ergebnis rechtswidrige oder formell ungenügende Anordnung löst die aufschiebende Wirkung aus. In der Praxis liegt die hauptsächliche Bedeutung indessen bei den **positiven Verfügungen,** welche eine Änderung der bisherigen Rechtslage bewirken. Die aufschiebende Wirkung zielt darauf ab, während der Dauer eines Rechtsmittelverfahrens den ursprünglich bestehenden Zustand zu erhalten. Diesem Ziel wird sie ohne weiteres gerecht, wenn die Verfügung die bisherige Rechtslage (zugunsten oder zulasten des Adressaten) verändert. Beispielsweise darf aufgrund des Suspensiveffekts von einer erteilten Bewilligung vorerst kein Gebrauch gemacht werden[28].

17 Richtet sich der Rekurs gegen eine **negative Anordnung,** mit der ein Begehren um Änderung der geltenden Rechtslage oder um Begründung von Rechten abgelehnt oder darauf nicht eingetreten wird, kommt die aufschiebende Wirkung grundsätzlich ebenfalls zum Tragen, sie läuft jedoch leer. Insbesondere hat der Suspensiveffekt nicht zur Folge, dass die Behörde trotz Nichteintretensentscheids vorläufig auf ein Begehren eintreten

---

[22] Vgl. dazu statt aller KIENER, in: Kommentar VwVG, Art. 55 N. 10; SEILER, in: Praxiskommentar VwVG, Art. 55 N. 53.
[23] In diese Richtung auch BAUMBERGER, Aufschiebende Wirkung, N. 324.
[24] Vgl. BGE 129 II 286, E. 1.3; BAUMBERGER, Aufschiebende Wirkung, N. 287 ff.; MERKLI/AESCHLIMANN/HERZOG, Kommentar VRPG, Art. 68 N. 6 f.
[25] MERKLI/AESCHLIMANN/HERZOG, Kommentar VRPG, Art. 68 N. 10.
[26] Zum Ganzen BAUMBERGER, Aufschiebende Wirkung, N. 313 ff.; SEILER, in: Praxiskommentar VwVG, Art. 55 N. 50 ff.
[27] Vgl. KIENER, in: Kommentar VwVG, Art. 55 N. 6.
[28] M. MÜLLER, Verwaltungsrechtspflege, S. 183 f.

müsste oder dem von der Vorinstanz abgewiesenen Gesuch vorläufig zu entsprechen wäre[29]; denn die aufschiebende Wirkung soll gerade nicht gestaltend auf das Rechtsverhältnis einwirken, sondern vielmehr den bestehenden Rechtszustand für die Dauer des Verfahrens erhalten[30]. Will die Behörde einem abgewiesenen Gesuch vorläufig entsprechen, muss sie in Anwendung von § 6 eine positive vorsorgliche Massnahme erlassen[31].

Greift der Suspensiveffekt, werden auch die **Feststellungsverfügungen** vorerst aufgeschoben; konkrete Rechtsfolgen müssen auf dem Weg der vorsorglichen Massnahmen gemäss § 6 angeordnet werden[32]. 18

Auch **Zwischenverfügungen** haben aufschiebende Wirkung, wenn es sich dabei um positive oder um feststellende Verfügungen handelt. Insbesondere eignet auch *vorsorglichen Massnahmen* die aufschiebende Wirkung (vgl. § 6 N. 32). Ist eine entsprechende Zwischenverfügung überhaupt selbständig anfechtbar (§ 19a Abs. 2), muss jedoch die Frage geklärt werden, ob das Hauptverfahren während des Rekursverfahrens weitergeführt werden kann. Diese Frage ist je nach Gegenstand unterschiedlich zu beantworten. Während bei Zwischenverfügungen über die Zuständigkeit und über Ausstandsbegehren (Art. 92 BGG) das Verfahren in der Sache sistiert werden muss, ist bei anderen Arten von Zwischenverfügungen die Frage der Weiterführung nach dem Gesichtspunkt der Sachgerechtigkeit zu entscheiden[33]. 19

3. Umfang

Der Suspensiveffekt zeitigt umfassende Wirkung: Ist eine Anordnung mit **Nebenbestimmungen** (Befristungen, Bedingungen, Auflagen) verbunden, erfasst die aufschiebende Wirkung die *gesamte Anordnung* einschliesslich der Nebenbestimmungen, ungeachtet des Umstands, ob sich der Rekurs gegen die Anordnung als Ganzes oder nur gegen eine oder mehrere Nebenbestimmungen richtet[34]. Steht eine Bewilligung in Frage und sind lediglich deren Nebenbestimmungen streitig, kann der Betroffene aber eine vorsorgliche Massnahme (§ 6) beantragen, wonach ihm zu gestatten sei, von der Bewilligung bis zum Abschluss des Rekursverfahrens unter Einhaltung der Nebenbestimmungen Gebrauch zu machen. 20

---

[29] KIENER/RÜTSCHE/KUHN, Öffentliches Verfahrensrecht, N. 1235.
[30] BGE 126 V 407, E. 3; 130 II 149, E. 2.2; BVGr, 15.1.2008, A-8624/2007, E. 3. So auch die herrschende Lehre. Vgl. BAUMBERGER, Aufschiebende Wirkung, N. 236 ff.; MERKLI/AESCHLIMANN/HERZOG, Kommentar VRPG, Art. 68 N. 5; KIENER, in: Kommentar VwVG, Art. 55 N. 7, m.H.; RHINOW/KOLLER/KISS/THURNHERR/BRÜHL-MOSER, Öffentliches Prozessrecht, N. 1632; SEILER, in: Praxiskommentar VwVG, Art. 55 N. 23, 30.
[31] Vgl. RB 2001 Nr. 11; BGE 127 II 132, E. 3, oder 125 II 613, E. 7a. Zudem KIENER, in: Kommentar VwVG, Art. 55 N. 7 m.H.; SEILER, in: Praxiskommentar VwVG, Art. 55 N. 23.
[32] BAUMBERGER, Aufschiebende Wirkung, N. 234; HÄNER, Vorsorgliche Massnahmen, N. 9; MERKLI/AESCHLIMANN/HERZOG, Kommentar VRPG, Art. 68 N. 1; SEILER, in: Praxiskommentar VwVG, Art. 55 N. 12, 29.
[33] Zum Ganzen eingehend SEILER, in: Praxiskommentar VwVG, Art. 55 N. 34 ff.
[34] Vgl. BAUMBERGER, Aufschiebende Wirkung, N. 299 ff.

III. Ausnahmen (Abs. 2 und Abs. 4)

21 Mit § 25 Abs. 2 nimmt das Gesetz bestimmte Sachmaterien vom Grundsatz der aufschiebenden Wirkung aus. Einer entsprechenden Anordnung bzw. einem Rekurs kommt in diesem Fall keine aufschiebende Wirkung zu und die Anordnung wird im Grundsatz sofort rechtswirksam und vollstreckbar. Soll etwas anderes gelten, muss die anordnende Instanz, die Rekursinstanz oder deren Vorsitzender eine gegenteilige Anordnung treffen (Abs. 3).

A. Personalrechtliche Streitigkeiten

22 Nach Massgabe des kantonalen Rechts **keine aufschiebende Wirkung** besteht in personalrechtlichen Angelegenheiten bei einer *Kündigung,* einer *Einstellung* im Amt, einer vorzeitigen *Entlassung* oder einer *Freistellung* (Abs. 2 lit. a)[35]. Diese bislang in alt § 80 Abs. 1 aufgeführte Ausnahmeregel wurde anlässlich der Revision im Jahr 2010 in § 25 übernommen; kraft Verweises in § 55 gilt sie auch für entsprechende Beschwerdeverfahren vor Verwaltungsgericht. Würde in diesen Fällen die aufschiebende Wirkung gelten, hätte der Rekurs gegen eine entsprechende personalrechtliche Massnahme zur Folge, dass das Anstellungsverhältnis für die gesamte Verfahrensdauer weiter gelten würde. Zudem würde im Fall der Gutheissung des Rechtsmittels der Bestandesschutz greifen, und die betroffene Person würde weiterbeschäftigt[36]. Sinn und Zweck entsprechender Anordnungen ist jedoch, dass diese ihre Wirkungen sofort entfalten; der Gesetzgeber hat sich deshalb für die gegenteilige Lösung entschieden. Hält die Rekursinstanz eine Kündigung, eine Einstellung im Amt (unter Einschluss der Freistellung[37]) oder eine vorzeitige Entlassung für nicht gerechtfertigt, stellt sie dies fest und bestimmt von Amtes wegen die Entschädigung, die das Gemeinwesen zu entrichten hat (§§ 27a Abs. 1 und 63 Abs. 3)[38]. Die aufschiebende Wirkung würde nur Sinn machen, wenn die Rechtsmittelinstanz die Rechtswidrigkeit einer Anordnung nicht nur feststellen, sondern diese auch aufheben und die Weiterbeschäftigung anordnen könnte. Dies ist bei personalrechtlichen Streitigkeiten von Gesetzes wegen ausgeschlossen, so dass ein Rechtsmittel mit aufschiebender Wirkung gemäss den Vorstellungen des Gesetzgebers keinen Sinn macht[39]. Eine andere Frage ist, ob sich diese Regel mit der Rechtsweggarantie vereinbaren lässt (vgl. eingehend § 27a N. 18 ff.)[40].

23 Eine **Gegenausnahme** findet sich in § 25 Abs. 4: Demnach gilt die in § 25 Abs. 2 lit. a formulierte Ausnahme nicht, wenn für die dort genannten Fälle das *kommunale Personalrecht* die Möglichkeit der *Weiterbeschäftigung* vorsieht. Diese Bestimmung wurde erst im Kantonsrat eingefügt; sie steht im Zusammenhang mit der entsprechenden Änderung

---

[35] Vgl. RB 2008 Nr. 28, E. 2 (PB.2007.00056).
[36] DONATSCH, Gerichtspraxis, S. 8 f.
[37] Gemäss VGr, 25.2.2004, PB.2003.00040, E. 1.3, ist unter die «Einstellung im Amt» auch die Freistellung zu fassen.
[38] Damit wurde die bisherige Praxis des Verwaltungsgerichts (insb. VGr, 18.11.2009, PB.2009.00027, E. 2.1, m.H.) auch für die Rekursbehörden zur gesetzlichen Regel erhoben; vgl. DONATSCH, Gerichtspraxis, S. 11.
[39] Weisung 2009, S. 888.
[40] Vgl. VGr, 1.4.2009, PB.2009.00002, E. 2.1.4, m.H.

von § 27a (die Wirkungen des Rekurses betreffend), wo mit Rücksicht auf Besonderheiten des kommunalen Personalrechts Abs. 2 neu eingefügt wurde[41]. Grund für diese Ergänzung ist der Umstand, dass einzelne Gemeinden wie namentlich die Stadt Zürich – anders als der Kanton – die Möglichkeit der Weiterbeschäftigung ausdrücklich vorsehen (vgl. § 27a N. 16). Damit die gemeinderechtliche Regel nicht ins Leere läuft, muss der Rekursinstanz die Anordnung der Weiterbeschäftigung möglich sein und einem entsprechenden Rekurs die aufschiebende Wirkung zukommen können[42]. Im Übrigen ist § 25 Abs. 4 insofern nicht abschliessend, als sich die Möglichkeit zur Weiterbeschäftigung auch aus dem übergeordneten Recht ergeben kann (vgl. § 27a N. 13).

B. Stimmrechtssachen

Ebenfalls **keine aufschiebende Wirkung** besteht in *Stimmrechtssachen* (vgl. § 19 Abs. 1 lit. c), wenn sich der Rekurs auf eine Wahl oder Abstimmung bezieht und die Rekursschrift vor dem Wahl- oder Abstimmungstag eingereicht worden ist (Abs. 2 lit. b), denn die Durchführung der Wahl oder Abstimmung soll nicht auf diese Weise verhindert oder verzögert werden können. Reicht der Rekurrent das Rechtsmittel erst nach dem fraglichen Datum ein, gilt die allgemeine Regel von § 25 Abs. 1, wonach der Einreichung des Rekurses aufschiebende Wirkung zukommt.

24

IV. Entzug und Wiederherstellung (Abs. 3)

A. Voraussetzungen

Die aufschiebende Wirkung tritt – die Ausnahmen gemäss Abs. 2 vorbehalten – von Gesetzes wegen ein; diese Regel gilt jedoch nicht absolut. Vielmehr können **ausnahmsweise** gegenteilige Anordnungen getroffen werden, wenn «besondere Gründe» vorliegen. Damit kann die aufschiebende Wirkung unter gewissen Voraussetzungen *entzogen* bzw. – in den Fällen von Abs. 2 oder bei Entzug durch die Vorinstanz – *erteilt* bzw. *wiederhergestellt* werden. Systematischer und teleologischer Auslegung zufolge (die Regelung soll von vornherein verhindern, dass die kündigende Behörde vollendete Tatsachen schafft) bezieht sich die Möglichkeit einer gegenteiligen Anordnung einzig auf die in Abs. 1 und 2 aufgeführten Konstellationen, nicht aber auf die Gegenausnahme gemäss Abs. 4, welche eine spezifische Konstellation des kommunalen Personalrechts betrifft. Im Übrigen sind gegenteilige Anordnungen im Sinn von § 25 Abs. 3 bezüglich aller Verfügungen möglich, bei denen der Suspensiveffekt greift; da negativen Verfügungen keine aufschiebende Wirkung zukommt (N. 17), wäre ein Entzug zwecklos, da er nicht dazu führen kann, dass die Verfügung einstweilen positive Wirkung hat.

25

Entzug und Wiederherstellung der aufschiebenden Wirkung setzen **besondere Gründe** voraus. Das Gesetz nennt diese Gründe nicht, sondern legt den Entscheid ins Ermessen der zuständigen Behörden, welche gegenteilige Anordnungen treffen «können»[43]. Weil

26

---

[41] Vgl. zum Antrag des Regierungsrats Weisung 2009, S. 888.
[42] Prot. KR 2007–2011, S. 10240 f.
[43] Vgl. zum Ermessensspielraum auch BGE 129 II 286, E. 3; 117 V 185, E. 2b.

die aufschiebende Wirkung den gesetzlichen Regelfall darstellt und dem Interesse, ein umstrittenes Rechtsverhältnis in der Schwebe zu halten, aus Gründen der Rechtssicherheit erhebliche Bedeutung zukommt, soll der Entzug die Ausnahme darstellen[44]. Für die sofortige Wirksamkeit müssen deshalb qualifizierte und *überzeugende* Gründe sprechen, ohne dass aber ganz ausserordentliche Umstände verlangt wären[45]. Weil bei einem Entzug der aufschiebenden Wirkung die Anordnung rechtswirksam wird, bevor die Rekursinstanz deren Rechtmässigkeit geprüft hat, ist erforderlich, dass ein *schwerer Nachteil* droht, falls die aufschiebende Wirkung nicht entzogen würde. Dieser Nachteil kann etwa in einer unmittelbaren und schweren Bedrohung hochwertiger Güter des Einzelnen oder des Staates bestehen[46].

27 Die Unbegründetheit oder offensichtliche Haltlosigkeit des Rekurses kann einen wichtigen Grund im Sinn von § 25 Abs. 3 darstellen[47]; in jedem Fall sind diese Gesichtspunkte bei der anschliessenden Interessenabwägung zu berücksichtigen. **Kein besonderer Grund** liegt vor, wenn die Rechtsstellung Dritter nur geringfügig beeinträchtigt wird[48]. Auch rein *fiskalische Interessen* des Gemeinwesens reichen im Regelfall nicht aus, um einen schweren Nachteil zu begründen[49]. Hat die Anordnung eine *Geldleistung* zum Gegenstand, sind die Voraussetzungen zum Entzug der aufschiebenden Wirkung nach der Praxis nicht gegeben[50].

28 Wird das Vorliegen besonderer Gründe bejaht, ist in einem zweiten Schritt zu prüfen, ob sich die «gegenteilige Anordnung» als *verhältnismässig* erweist. Die mit einer solchen Anordnung verbundenen Wirkungen müssen zur Erreichung der «besonderen Gründe» geeignet, erforderlich und den Betroffenen – neben dem Verfügungsadressaten auch allenfalls betroffenen Dritten – zumutbar sein. Im Rahmen dieser **einzelfallbezogenen** und **umfassenden Interessenabwägung** sind alle sich gegenüberstehenden Interessen abzuwägen[51]. In der Regel sind die öffentlichen Interessen des Gemeinwesens und die privaten Interessen der rekurrierenden Partei in Rechnung zu stellen; namentlich bei Drittrekursen können die abzuwägenden Interessen aber auch ausschliesslich privater Natur sein.

– Besonderes Gewicht haben Interessen wie der Schutz von *Polizeigütern*, die Bewahrung der *gesetzlichen Ordnung*, die ungeschmälerte Erhaltung des *Streitgegenstands*, die *Sicherung des Vollzugs* der angefochtenen Anordnung oder das Vermeiden von Veränderungen, welche den Entscheid in der Sache *vorwegnehmen*. Gewichtige Inter-

---

[44] Vgl. KIENER, in: Kommentar VwVG, Art. 55 N. 14, m.H. in Fn. 50.
[45] VGr, 24.11.2011, VB.2011.00637, E. 4.2. Vgl. BGE 129 II 286, E. 3.2; 124 V 82, E. 6a; 110 V 40, E. 5b.
[46] Vgl. VGr, 10.3.2010, VB.2010.00022, E. 3.3, betr. Interesse am ordnungsgemässen Schulbetrieb; RB 2002 Nr. 9 betr. Erhalt von existenzsichernden Sozialleistungen; VGr, 1.10.2009, VB.2009.00469, E. 3.3, betr. Sicherheit des öffentlichen Verkehrs. Vgl. auch BGE 129 II 286 betr. Schutz der Gesundheit; BGE 115 Ib 424, E. 7, betr. Schutz vor Elementarereignissen.
[47] M. MÜLLER, Verwaltungsrechtspflege, S. 185; MERKLI/AESCHLIMANN/HERZOG, Kommentar VRPG, Art. 68 N. 16, 29 ff.
[48] RB 2002 Nr. 10, E. 2b, betr. Gefahr, dass Konsumenten durch unzutreffende Werbung dazu verführt werden könnten, ein Produkt zum Preis von Fr. 50.– zu kaufen.
[49] VGr, 3.6.2010, VB.2010.00244, E. 4.1.
[50] RB 1999 Nr. 21. Vgl. BGE 123 V 39, E. 2 (Pra 1998 Nr. 14); 110 V 40, E. 5a. Vgl. auch BAUMBERGER, Aufschiebende Wirkung, N. 431 ff., m.H.
[51] VGr, 24.11.2011, VB.2011.00637, E. 4.2; BGE 129 II 286, E. 3.3; 110 V 40, E. 5a.

essen liegen auch in der Wahrung der *Lebensführung*[52], insbesondere der Erhaltung der wirtschaftlichen *Existenz* eines Privaten[53].

– Zu berücksichtigen sind ausserdem der Umstand, wem der Schwebezustand am ehesten *zumutbar* ist, und die Frage, ob für den zwischenzeitlichen Schaden ein *Ersatzanspruch* besteht; denn die am Ende unterliegende Partei soll aus der aufschiebenden Wirkung zum Schaden der obsiegenden Partei keinen Vorteil ziehen können. In die Interessenabwägung ist auch das bisherige *Verhalten* der Verfahrensbeteiligten mit einzubeziehen[54].

– Die *Prozessaussichten* können miterwogen werden, sofern sie klar zutage treten[55]. Bestehen beispielsweise erhebliche Zweifel an der Zulässigkeit eines Verbots, kann sich die aufschiebende Wirkung als unverhältnismässig erweisen[56]. Auch gilt es zu vermeiden, dass in der Sache praktisch aussichtslose Rekurse allein um der Verzögerungsmöglichkeit willen erhoben werden[57]. Ist die Streitigkeit liquide, soll unverzüglich materiell entschieden werden[58].

Das Erfordernis besonderer Gründe und die Notwendigkeit einer Interessenabwägung haben zur Folge, dass die Behörden beim Entzug der – von Gesetzes wegen bestehenden – aufschiebenden Wirkung im Allgemeinen Zurückhaltung üben. Bezüglich des Umfangs der Anordnung ist die zuständige Behörde frei: Sie kann die aufschiebende Wirkung **vollständig** entziehen (bzw. wiederherstellen). Es ist ihr aber freigestellt, die Suspensivwirkung auch nur **teilweise** zu entziehen (bzw. wiederherzustellen), sofern dies nach der Natur der Sache möglich ist (vgl. N. 20)[59]. Der Grundsatz der Verhältnismässigkeit verlangt sodann, dass weniger einschneidende vorsorgliche Massnahmen (§ 6) – allenfalls verbunden mit einem bloss teilweisen Entzug der aufschiebenden Wirkung – getroffen werden, wenn dadurch die bedrohten Interessen der Beteiligten hinreichend gesichert werden können[60]. 29

---

[52] RB 2002 Nr. 9 betr. Entzug von Sozialhilfeleistungen; VGr, 3.6.2010, VB.2010.00244, E. 2.5, betr. Kürzung von Sozialhilfeleistungen; vgl. auch VGr, 10.3.2010, VB.2010.00022, E. 3.7, betr. Ausschluss vom Schulbetrieb durch Sonderschulungsmassnahmen.
[53] Das gesundheitspolitische Interesse an einem sofortigen Verbot der Heiltätigkeit kann im Einzelfall das wirtschaftliche Interesse des Betroffenen überwiegen; vgl. VGr, 24.11.2011, VB.2011.00637, E. 4.5.
[54] GADOLA, Beschwerdeverfahren, S. 374; KÖLZ/HÄNER/BERTSCHI, Verwaltungsverfahren, N. 1076; MERKLI/AESCHLIMANN/HERZOG, Kommentar VRPG, Art. 68 N. 16.
[55] BGE 130 II 149, E. 2.2; 129 II 286, E. 3; VPB 1998 Nr. 8, S. 65; vgl. RB 1983 Nr. 1.
[56] RB 2007 Nr. 2, E. 4.4 f. (VB.2007.00472 = ZBl 2008, 209 ff. = BEZ 2007 Nr. 44); ebenso RB 2007 Nr. 3, E. 4.1.1 (VB.2007.00473 = ZBl 2008, 214 ff. = BEZ 2007 Nr. 45).
[57] GYGI, Bundesverwaltungsrechtspflege, S. 245.
[58] Vgl. BAUMBERGER, Aufschiebende Wirkung, N. 492 f.; HÄNER, Vorsorgliche Massnahmen, N. 92 f.; MEYER/DORMANN, in: Basler Kommentar BGG, Art. 103 N. 35.
[59] Für Beispiele vgl. VGr, 31.3.2010, VB.2010.00079, E. 3.5, betr. befristete Umnutzung der Landiwiese, oder VGr, 28.1.2009, VB.2009.00013, betr. Beschlagnahme, Umplatzierung bzw. Euthanasierung von Giftschlangen.
[60] GADOLA, Beschwerdeverfahren, S. 374; GYGI, Aufschiebende Wirkung, S. 7; MERKER, Rechtsmittel, § 44 N. 30.

B. Zuständigkeit

30 Der Entscheid über den Entzug bzw. die Wiederherstellung der aufschiebenden Wirkung steht gemäss § 25 Abs. 3 einerseits der **(Verwaltungs-)Behörde** zu, welche die Anordnung erlassen hat. Anderseits ist aber auch die in der Sache zuständige **Rekursinstanz** dazu befugt, Letztere aufgrund des Devolutiveffekts aber erst mit Rechtshängigkeit des Rekurses. Entsprechende Anordnungen durch die Instanz, welche eine Anordnung getroffen hat, gelten nur für das unmittelbar darauf folgende Rechtsmittelverfahren. Soll der Entzug bzw. die Wiederherstellung der aufschiebenden Wirkung auch für das Verfahren vor einer allfälligen zweiten Rechtsmittelinstanz gelten, hat die erste oder die zweite Rechtsmittelinstanz den Entzug bzw. die Wiederherstellung erneut anzuordnen[61].

31 Anders als betreffend die Anordnung vorsorglicher Massnahmen (§ 6), aber analog zur entsprechenden Regelung im Beschwerdeverfahren (§ 55) steht der oder dem **Vorsitzenden der Rekursinstanz** dieses Recht jederzeit und nicht nur – wie vor der VRG-Revision von 2010 – in dringlichen Fällen zu[62]. Im Rekursverfahren vor dem *Regierungsrat* fällt der Entscheid in die alleinige und abschliessende Zuständigkeit des Präsidenten bzw. der Präsidentin (§ 3 Abs. 1 Ziff. 2 und 3 VRV RR); ein Weiterzug an den Gesamtregierungsrat ist damit nicht möglich. Im Verfahren vor dem *Baurekursgericht* entscheidet auf Gesuch einer Partei oder von Amtes wegen der Präsident der Rekursinstanz endgültig (§ 339 Abs. 2 PBG), und auch im Verfahren vor den verwaltungsexternen *Rekurskommissionen* befindet gemeinhin deren Präsidentin oder Präsident über Anordnungen im Zusammenhang mit der aufschiebenden Wirkung (vgl. § 9 Abs. 1 OV ZHRK).

C. Wirkungen

32 Bei einem Entzug der aufschiebenden Wirkung wird die Anordnung in sachlicher Hinsicht **vorläufig wirksam.** Der Adressat kann von der Anordnung Gebrauch machen, die Behörde sie **vollstrecken** (vgl. § 30). In zeitlicher Hinsicht wirkt der Entzug ex nunc[63], d.h. vom Moment seiner Anordnung an.

V. Verfahrensfragen

A. Initiierung

33 Die zuständige Behörde trifft den Entscheid über den Entzug bzw. die Wiederherstellung der aufschiebenden Wirkung **von Amtes wegen,** insbesondere wenn überwiegende öffentliche Interessen oder solche Dritter dies gebieten. Der Entzug von Amtes wegen durch die Rekursinstanz drängt sich bei offensichtlich unzulässigen oder offensichtlich unbegründeten Rekursen auf, wenn nicht sofort ein Nichteintretensentscheid bzw. ein Entscheid in der Sache gefällt werden kann[64].

---

[61] RB 2008 Nr. 14, E. 1.1 (VB.2008.00337).
[62] Weisung 2009, S. 964.
[63] Vgl. auch SEILER, in: Praxiskommentar VwVG, Art. 55 N. 106 und 107.
[64] Vgl. MERKLI/AESCHLIMANN/HERZOG, Kommentar VRPG, Art. 68 N. 7.

Weil sich die Behörden in der Regel an der gesetzlich vorgegebenen Regelung (Abs. 1) 34
orientieren, obliegt es in der Praxis zumeist den Parteien, einen **Antrag** auf Entzug bzw.
Wiederherstellung der aufschiebenden Wirkung zu stellen. Aufgrund des vorläufigen
Charakters der Massnahme ist der Antrag lediglich *glaubhaft* zu machen (vgl. § 6 N. 22).
Die Legitimation zur Anfechtung einer entsprechenden Anordnung bemisst sich nicht
nach der Legitimation in der Hauptsache, sondern nach der Parteistellung im Rekursverfahren[65].

B. Form und Verfahren

Soweit nicht die anordnende Behörde den Entzug (bzw. die Wiederherstellung) der aufschiebenden Wirkung zusammen mit der Anordnung in der Hauptsache verfügt (vgl. 35
N. 47), ist über den Entzug bzw. die Wiederherstellung der aufschiebenden Wirkung in
einem **summarischen,** einfachen und raschen **Verfahren** zu verfügen, regelmässig aufgrund der Akten und ohne zusätzliche, zumeist zeitraubende Beweiserhebungen[66]. Die
zuständige Behörde trifft ihren Entscheid ohne Verzug (vgl. § 4a N. 9). Ob die Voraussetzungen zum Erlass einer Massnahme gegeben sind, mithin besondere Gründe vorliegen (vgl. N. 25 ff.), ist eine Rechtsfrage; ob die Massnahme tatsächlich getroffen werden
soll, ergibt sich aufgrund einer Interessenabwägung und ist weitgehend eine Ermessensfrage (N. 28).

Die Verfahrensbeteiligten haben Anspruch auf **rechtliches Gehör;** beruht die Mass- 36
nahme auf einem entsprechenden Parteiantrag, ist das rechtliche Gehör des Gesuchstellers bereits durch das Gesuch selber gewahrt. Bei Gefahr im Verzug kann die Gehörsgewährung auch erst nachträglich erfolgen; *superprovisorische* Anordnungen sind mithin
möglich (vgl. § 6 N. 19 und 30)[67]. Falls eine Anordnung im Zusammenhang mit der aufschiebenden Wirkung durch die (erst- bzw. vorinstanzlich) verfügende Behörde erfolgt,
braucht diese die Beteiligten dazu allerdings nicht eigens anzuhören[68].

Massnahmen im Zusammenhang mit der aufschiebenden Wirkung unter Einschluss der 37
Abweisung eines entsprechenden Antrags ergehen als **prozessleitende Anordnungen**
(betr. Anfechtbarkeit siehe N. 48), es sei denn, die verfügende Behörde treffe eine entsprechende Anordnung im Dispositiv ihrer Endverfügung (N. 47).

Bezüglich **Form und Frist** gelten die gleichen Vorgaben wie für andere Anordnungen 38
auch (§ 10 Abs. 1): Die Massnahme ist Teil des Entscheiddispositivs einer End- oder einer
Zwischenverfügung (N. 47 f.), je nachdem, ob sie von der erstinstanzlichen Verwaltungsbehörde oder der Rekursinstanz angeordnet wurde. Sie untersteht dem Schriftlichkeitserfordernis und ist zu begründen; eine separate Rechtsmittelbelehrung ist nur erforderlich, wenn die Anordnung als Zwischenverfügung ergeht. Die Frist zur Einlegung eines
Rechtsmittels gegen eine Zwischenverfügung beträgt gleich wie in der Hauptsache und

---

[65] VGr, 1.10.2009, VB.2009.00469, E. 1.3. Vgl. BGE 129 II 286, E. 1.3.
[66] Vgl. BGE 124 V 82, E. 6a; 117 V 185, E. 2b; BAUMBERGER, Aufschiebende Wirkung, N. 705 ff.; HÄNER, Vorsorgliche Massnahmen, N. 157; MERKLI/AESCHLIMANN/HERZOG, Kommentar VRPG, Art. 68 N. 17.
[67] Vgl. BAUMBERGER, Aufschiebende Wirkung, N. 698 ff.; HÄNER, Vorsorgliche Massnahmen, N. 158; KIENER, in: Kommentar VwVG, Art. 55 N. 20.
[68] MERKLI/AESCHLIMANN/HERZOG, Kommentar VRPG, Art. 68 N. 15 und 25.

sowohl im Rekurs- wie auch im Beschwerdeverfahren 30 Tage (§§ 22 Abs. 1 und 53). Ausnahmsweise kann die Rechtsmittelfrist bei *besonderer Dringlichkeit* bis auf fünf Tage verkürzt werden (§§ 22 Abs. 3 und 53).

39 Die weiteren **Sachurteilsvoraussetzungen** richten sich nach den Regeln des entsprechenden Rekurs- bzw. des Beschwerdeverfahrens. Über die Tragung der **Kosten** wird zusammen mit dem Endentscheid befunden; unter den Voraussetzungen von § 16 ist die Gewährung der unentgeltlichen Rechtspflege möglich.

C. Beginn, Wirksamkeit, Rechtsbeständigkeit und Dauer

40 Die aufschiebende Wirkung **beginnt** mit dem *Lauf der Rekursfrist* und mit der Einreichung eines Rekurses (Abs. 1) sowie mit ihrer Wiederherstellung nach einem Entzug (Abs. 3).

41 Anordnungen im Zusammenhang mit der aufschiebenden Wirkung werden sofort rechtswirksam. Richtet sich ein Rekurs bzw. eine Beschwerde lediglich gegen den Entzug bzw. die Wiederherstellung der aufschiebenden Wirkung, kommt dem dagegen erhobenen Rechtsmittel **keine aufschiebende Wirkung** zu[69]. Dies bedeutet, dass bis zur Erledigung der Beschwerde oder bis zu einer «gegenteiligen Anordnung» nach Massgabe von § 25 Abs. 3 der angeordnete Entzug bzw. die angeordnete Wiederherstellung wirksam bleibt. Andernfalls wäre es kaum möglich, einem Rechtsmittel in der Hauptsache die aufschiebende Wirkung zu entziehen, weil diese mit einem dagegen gerichteten Rechtsmittel automatisch wiederhergestellt werden könnte[70].

42 Prozessleitende Anordnungen können bis zur Zustellung des Entscheids in der Hauptsache von Amtes wegen oder auf Gesuch hin jederzeit **angepasst** werden, wenn sich die massgebenden Verhältnisse in tatsächlicher oder rechtlicher Hinsicht wesentlich geändert haben. Dies gilt auch hinsichtlich des Entzugs bzw. der Erteilung der aufschiebenden Wirkung.

43 Wird die Anordnung, welche den Suspensiveffekt auslöst, nicht angefochten, **endet die aufschiebende Wirkung** mit unbenutztem *Ablauf der Rekursfrist*. Weiter endet die aufschiebende Wirkung durch ihren *Entzug* (vgl. Abs. 2). Wurde die Anordnung angefochten, tritt das Ende der aufschiebenden Wirkung mit dem *instanzabschliessenden Rekursentscheid* ein. Der Sachentscheid ersetzt den provisorischen Schwebezustand, der mit Einsetzen der aufschiebenden Wirkung bestand. Im Fall der Gutheissung des Rekurses wird der angefochtene Akt aufgehoben; dass seine Wirksamkeit mittels aufschiebender Wirkung aufgeschoben worden ist, spielt keine Rolle. Im Fall der Abweisung des Rekurses, bei Nichteintreten oder bei Abschreibung fällt die aufschiebende Wirkung dahin[71].

44 Der **Entzug** der aufschiebenden Wirkung **endet** mit der Anordnung ihrer Wiederherstellung und andernfalls mit dem Entscheid in der Hauptsache; diesem kommt wiederum

---

[69] Vgl. BAUMBERGER, Aufschiebende Wirkung, N. 255; HÄNER, Vorsorgliche Massnahmen, N. 170; MERKLI/AESCHLIMANN/HERZOG, Kommentar VRPG, Art. 68 N. 20; M. MÜLLER, Verwaltungsrechtspflege, S. 186.
[70] VGr, 1.10.2009, VB.2009.00469, E. 2; RB 1997 Nr. 15.
[71] BAUMBERGER, Aufschiebende Wirkung, N. 331 ff.

aufschiebende Wirkung zu[72]. Dementsprechend endet die **Wiederherstellung** der aufschiebenden Wirkung mit ihrem Entzug, andernfalls mit dem Entscheid in der Hauptsache.

Die in der Verfügung angeordneten Rechtsfolgen treten **grundsätzlich rückwirkend** auf den Zeitpunkt ein, in dem die erstinstanzliche Anordnung ergangen ist; die Besonderheiten des Einzelfalls sowie die jeweilige Interessenlage können aber eine differenzierte Betrachtung erfordern. Eine Ausnahme besteht bei Anordnungen, die auf ein bestimmtes Verhalten gerichtet sind, welches nicht rückwirkend geändert werden kann (z.B. der Entzug des Führerausweises), oder wenn das rückwirkende Eintreten der Rechtsfolge widersinnig wäre (z.B. die Streichung eines Spitals von der Spitalliste)[73].

45

Der Entzug oder die Wiederherstellung der aufschiebenden Wirkung stellt keine Abänderung der angefochtenen Anordnung zum Nachteil des Beteiligten dar. Es liegt mithin **keine reformatio in peius** vor (vgl. § 27), sondern lediglich eine der Rekursinstanz zustehende Festlegung der vorläufigen Wirkung des Rekurses, entweder im Sinn des Entzugs oder der Zuerkennung des Suspensiveffekts[74].

46

D. Anfechtbarkeit

Soweit die anordnende Behörde den Entzug (bzw. die Wiederherstellung) der aufschiebenden Wirkung zusammen **mit der Anordnung in der Hauptsache** für das allenfalls nachfolgende Rekursverfahren verfügt, geschieht dies mittels ausdrücklicher Anordnung im *Dispositiv* des Sachentscheids[75]. Der Antrag auf Wiederherstellung kann im Rekurs gegen den Sachentscheid gestellt werden.

47

Erfolgt der Entzug bzw. die Wiederherstellung nicht in der Sachverfügung, werden Anordnungen im Zusammenhang mit der aufschiebenden Wirkung in Form einer **Zwischenverfügung** erlassen[76]. Als solche ist die Anordnung nach Massgabe von § 19a Abs. 2 i.V.m Art. 93 Abs. 1 BGG selbständig anfechtbar; vorausgesetzt ist damit, dass die Verfügung entweder einen nicht wiedergutzumachenden Nachteil bewirken kann (Art. 93 Abs. 1 lit. a BGG)[77] oder aber die Gutheissung sofort einen Entscheid herbeiführen und damit einen bedeutenden Aufwand an Zeit oder Kosten für ein weitläufiges Beschwerdeverfahren ersparen würde (Art. 93 Abs. 1 lit. b BGG). Allerdings kommt die zweitgenannte Möglichkeit der Natur der Sache nach praktisch nicht in Frage[78]. Ein nicht wiedergutzumachender Nachteil ist der bundesgerichtlichen Rechtsprechung zufolge grundsätzlich

48

---

[72] Zu den Wirkungen eingehend SEILER, in: Praxiskommentar VwVG, Art. 55 N. 108 ff.
[73] VGr, 16.12.2009, VB.2009.00581, E. 3.2; BGE 112 V 74, E. 2a; HÄNER, Vorsorgliche Massnahmen, N. 179 ff.; MERKLI/AESCHLIMANN/HERZOG, Kommentar VRPG, Art. 68 N. 10; M. MÜLLER, Verwaltungsrechtspflege, S. 183; vgl. auch die Beispiele bei SEILER, in: Praxiskommentar VwVG, Art. 55 N. 72 f.
[74] MERKER, Rechtsmittel, § 44 N. 42.
[75] BGE 109 V 229, E. 2a.
[76] VGr, 24.11.2011, VB.2011.00637, E. 1.2.
[77] Als Beispiele VGr, 24.11.2011, VB.2011.00637, E. 1.2, betr. Verbot der Heiltätigkeit; sowie VGr, 11.7.2012, VB.2012.00264, E. 1, betr. Baubewilligung.
[78] SEILER, in: Praxiskommentar VwVG, Art. 55 N. 130.

ein Nachteil *rechtlicher Natur* (vgl. ausführlich § 19a N. 44 ff.)[79]. Das Verwaltungsgericht bejaht den nicht wiedergutzumachenden Nachteil regelmässig; es verneint ihn aber im Personalrecht insoweit prinzipiell, als es um eine Kündigung oder eine Freistellung geht[80]. Der Rechtsmittelweg folgt jenem der Hauptsache, legitimiert sind grundsätzlich alle Parteien.

E. Haftung

49 Zur Verantwortlichkeit bzw. Haftung für Schäden wegen Entzugs oder Wiederherstellung der aufschiebenden Wirkung vgl. § 6 N. 43 ff.

---

[79] Vgl. die Nachweise bei UHLMANN, in: Basler Kommentar BGG, Art. 93 N. 4 ff., sowie auch dessen Kritik in N. 4 a.E.
[80] VGr, 2.8.2010, PB.2010.00020, E. 3; VGr, 10.3.2010, PB.2009.00045, E. 2.3; RB 2008 Nr. 28, E. 2 (PB.2007.00056).

Rekursverfahren
a. Verfahrensleitung

§ 26

¹ Die Rekursinstanz leitet das Rekursverfahren und bereitet den Rekursentscheid unabhängig von der anordnenden Behörde vor.

² Richtet sich der Rekurs gegen die Anordnung einer Direktion oder einer Kommission, die von einem Mitglied des Regierungsrates geleitet wird, ist hierfür ein zentraler Rechtsdienst zuständig.

Materialien
Erläuterungen Vorentwurf VRG-Revision 2010, S. 9 ff.; Weisung 2009, S. 852 ff., 965; Prot. KR 2007–2011, S. 10241, 10536.

Zu alt § 26a: Weisung 1995, S. 1534, 1546 f.; Prot. KK 1995/96, S. 58 f., 166 f.; Prot. KR 1995–1999, S. 6426, 6488, 6506; Beleuchtender Bericht 1997, S. 6.

Literatur
BOLZ, Verwaltungsinterne Rechtspflege, S. 95 ff.; HÄNER ISABELLE, in: Kommentar KV, Art. 77 N. 1 ff.; HÄNER, Rechtsschutz, S. 149 ff.; HANGARTNER, Rechtsschutz, S. 136 ff.; HANGARTNER, Wirksame Beschwerde, S. 8 ff.; KIENER, Unabhängigkeit, S. 23 f., 76 ff., 128 ff.; SCHINDLER, Befangenheit, S. 155 ff.

Inhaltsübersicht

I.	Allgemeines	1–9
	A. Regelungsgegenstand	1–2
	B. Entstehungsgeschichte	3–5
	C. Vorgaben des übergeordneten Rechts	6–9
	1. Bundesrechtliche und völkerrechtliche Vorgaben	6–7
	2. Art. 77 KV (wirksame Überprüfung)	8–9
II.	Unabhängige Instruktion durch die Rekursinstanz (Abs. 1)	10–14
III.	Zentraler Rechtsdienst des Regierungsrats (Abs. 2)	15–26
	A. Funktion	15–16
	B. Organisationsrechtliche Stellung	17–18
	C. Zuständigkeit	19–24
	D. Instruktionsverfahren	25–26
IV.	Exkurs: Beschlussfassung im Regierungsrat	27–31

I. Allgemeines

A. Regelungsgegenstand

Das **Rekursverfahren** im engeren Sinn war vor der VRG-Revision von 2010 in lediglich zwei Bestimmungen geregelt (alt §§ 26 und 26a)¹. Neu ist es – systematisch besser ge- 1

Unter Mitarbeit von CORINA CALUORI, MLaw.

¹ Vgl. ferner alt § 151 GPR in der ursprünglichen Fassung von 2003 (OS 58, 289 [S. 323]); hierzu § 26d N. 2 und § 27b N. 2.

gliedert – auf fünf Paragrafen aufgeteilt: Verfahrensleitung (§ 26), Aktenbeizug (§ 26a), Schriftenwechsel (§ 26b), Zeugeneinvernahme (§ 26c) sowie Besonderheiten bei Volkswahlen und -abstimmungen (§ 26d).

2 § 26 betrifft die **Instruktion** des Verfahrens, d.h. die formelle und materielle Verfahrensleitung (so die Marginalie) von der Rechtshängigkeit des Rekurses bis zur Antragstellung[2]. Abs. 1 verlangt hierzu generell die *Unabhängigkeit der Rekursinstanz* von der anordnenden Behörde; im bisherigen Gesetzestext fehlte eine entsprechende Bestimmung[3]. Abs. 2, der inhaltlich § 26a in der Fassung von 1997 entspricht, schreibt für die Instruktion von Rekursentscheiden des *Regierungsrats* einen zentralen Rechtsdienst vor, wenn sich der Rekurs gegen die Anordnung einer Direktion oder einer von einem Regierungsmitglied geleiteten Kommission richtet.

B. Entstehungsgeschichte

3 Mit der **VRG-Revision von 1997** fügte der Gesetzgeber § 26a ein, der wie folgt lautete: «Die Vorbereitung von Entscheiden über Rekurse, die sich gegen Anordnungen von Direktionen oder ihnen gleichgestellten Kommissionen richten, obliegt einem zentralen Rechtsdienst.» Mit der Schaffung dieses *zentralen Rechtsdienstes*, der in die Staatskanzlei eingegliedert wurde, trug der Gesetzgeber der Kritik am bisherigen System Rechnung, bei dem jene Direktion, welche die angefochtene Anordnung erlassen hatte, an der Vorbereitung des Rekursentscheids des Regierungsrats beteiligt war[4].

4 Im Vorentwurf von 2008 zur **VRG-Revision von 2010** wurde § 26a um einen Abs. 1, der dem heutigen § 26 Abs. 1 entspricht, ergänzt; dies, um den Vorgaben der neuen Kantonsverfassung (Art. 77 Abs. 1) zu genügen (vgl. N. 8)[5]. Der bisherige § 26a wurde – einstweilen unverändert – zu § 26a Abs. 2. Die Marginalie von § 26a lautete «Unabhängigkeit».

5 Aufgrund des im Rahmen der Vernehmlassung erhobenen Einwandes, der neu vorgeschlagene § 26 sei zu lang und sollte in mehrere Paragrafen aufgeteilt werden[6], nahm die Direktion der Justiz und des Innern nebst der Aufteilung auch eine systematische Anpassung vor. Der bisherige § 26a wurde zu *§ 26*, wobei Abs. 1 unverändert blieb und Abs. 2 in die heute geltende Fassung umformuliert wurde. § 26 erhielt neu die Marginalie «*Verfahrensleitung*». Die in der Folge vom Regierungsrat so verabschiedete Bestimmung erfuhr im weiteren Gesetzgebungsverfahren keine Änderungen mehr.

C. Vorgaben des übergeordneten Rechts

1. Bundesrechtliche und völkerrechtliche Vorgaben

6 **Art. 29 Abs. 1 BV** gewährleistet in Verfahren vor Gerichts- und Verwaltungsinstanzen[7] einen Anspruch auf «gleiche und gerechte Behandlung». Diese verfahrensrechtliche

---

[2] Vgl. GYGI, Bundesverwaltungsrechtspflege, S. 54 f.
[3] Kritisch dazu die 2. Aufl., § 26a N. 4; ROTACH TOMSCHIN, Revision, S. 440.
[4] Weisung 1995, S. 1534.
[5] Erläuterungen Vorentwurf VRG-Revision 2010, S. 9 ff., 13.
[6] Stellungnahme von Prof. Dr. TOBIAS JAAG vom 28. August 2008, S. 3.
[7] Zum Anwendungsbereich vgl. die Präzisierung bei BIAGGINI, Kommentar BV, Art. 29 N. 3.

Auffanggrundnorm[8] der Bundesverfassung statuiert im Kern – ebenso wie Art. 6 Ziff. 1 EMRK für gerichtliche Verfahren – das *Fairnessgebot:* Sowohl Gerichte wie auch Verwaltungsbehörden sind durchwegs verpflichtet, ein faires, rechtsstaatlichen Anforderungen genügendes Verfahren sicherzustellen. Dazu gehört nebst der Wahrung des rechtlichen Gehörs, der Begründungspflicht und gegebenenfalls dem Anspruch auf unentgeltliche Rechtspflege insbesondere auch die *Unabhängigkeit* und Unparteilichkeit der Behörde bzw. der involvierten Behördemitglieder[9]. Ein Mindestmass an Unabhängigkeit und Unparteilichkeit muss somit auch im Verwaltungsverfahren gewährleistet sein[10]. Allerdings verlangt Art. 29 Abs. 1 BV für Verwaltungsbehörden nicht den gleichen Grad an *institutioneller* Unabhängigkeit, wie er einem Gericht zukommen muss[11]. Die *innere* Unabhängigkeit der konkret handelnden Personen muss dagegen jederzeit gegeben sein[12]; sie wird über die Ausstandspflicht sichergestellt (§ 5a).

Art. 13 EMRK verleiht jeder Person, welche die Verletzung einer Konventionsgarantie geltend macht – d.h. eines in der EMRK oder in einem vom Signatarstaat ratifizierten Zusatzprotokoll gewährleisteten Rechts –, einen verfahrensrechtlichen Anspruch auf eine «wirksame Beschwerde» an eine innerstaatliche Instanz. Dabei muss es sich im Unterschied zu Art. 6 Ziff. 1 EMRK nicht um eine gerichtliche Instanz handeln; eine Verwaltungsbehörde kann genügen. Mindestvoraussetzung ist jedoch, dass die Behörde unabhängig und unparteiisch ist[13]; das Bundesgericht verlangt eine «hinreichend unabhängige Verwaltungsbehörde»[14] bzw. ein «hinreichend unabhängiges verwaltungsinternes Rechtspflegeorgan»[15]. Die hinreichende Unabhängigkeit besteht insbesondere dann nicht, wenn die betreffende Behörde auch den angefochtenen Entscheid gefällt hat. Eine Einsprache als nicht-devolutives Rechtsmittel stellt deshalb keine «wirksame Beschwerde» im Sinn von Art. 13 EMRK dar[16]. 7

2. Art. 77 KV (wirksame Überprüfung)

Art. 77 Abs. 1 Satz 1 KV schreibt dem Gesetzgeber vor, für Anordnungen, die im Verwaltungsverfahren ergangen sind, die **«wirksame Überprüfung durch eine Rekursinstanz»** sowie den Weiterzug an ein Gericht zu gewährleisten. Im Gegensatz zur Zivil- und Strafrechtspflege (vgl. dazu Art. 76 KV) genügt es also, dass zunächst eine verwaltungsinterne Rechtspflegebehörde eine wirksame Überprüfung vornimmt. Die Wirksamkeit der Überprüfung setzt – nebst hinreichender Fachkompetenz der Rekursinstanz – deren *Unabhängigkeit* voraus. «Weder darf die Rekursinstanz im Vorverfahren involviert gewe- 8

---

[8] Vgl. STEINMANN, in: St. Galler Kommentar BV, Art. 29 N. 20.
[9] BGr, 4.11.2004, 2P.56/2004, E. 3.2, m.w.H.; M. MÜLLER, Rechtsweggarantie, S. 189.
[10] UHLMANN, Verfahrensgrundrechte, N. 21.
[11] Vgl. KIENER, Unabhängigkeit, S. 24, 128 ff.; SCHINDLER, Befangenheit, S. 52 f. Zur richterlichen Unabhängigkeit siehe RHINOW/KOLLER/KISS/THURNHERR/BRÜHL-MOSER, Öffentliches Prozessrecht, N. 477 ff.
[12] KIENER, Unabhängigkeit, S. 78 ff.
[13] HANGARTNER, Rechtsschutz, S. 138; KÖLZ/HÄNER/BERTSCHI, Verwaltungsverfahren, N. 83, 330; RHINOW/KOLLER/KISS/THURNHERR/BRÜHL-MOSER, Öffentliches Prozessrecht, N. 128.
[14] BGE 138 I 6, E. 6.1; 130 I 369, E. 6.1; 128 I 167, E. 4.5; 121 I 87, E. 1b.
[15] BGE 129 II 193, E. 3.1.
[16] HÄNER, in: Kommentar KV, Art. 77 N. 9; HANGARTNER, Wirksame Beschwerde, S. 9. Zu den (weiteren) Anforderungen an eine wirksame Beschwerde gemäss Art. 13 EMRK siehe BGE 138 I 6, E. 6.1 f., m.H. auf die Rechtsprechung des EGMR.

sen sein, noch darf die anordnende Instanz bei der Vorbereitung des Rekursentscheides mitwirken [...]. Dies setzt voraus, dass die anordnende Instanz und die Rekursinstanz organisatorisch und personell getrennt sind»[17].

9 Gemäss Art. 77 Abs. 1 Satz 2 KV kann das Gesetz in begründeten Fällen *Ausnahmen* vorsehen. Dies bezieht sich jedoch nicht auf die Wirksamkeit der Überprüfung, sondern auf die Anzahl Instanzen oder – unter Vorbehalt des Bundesrechts[18] – auf den Ersatz der ersten oder zweiten Rechtsmittelinstanz durch ein Gericht bzw. eine nichtrichterliche Instanz[19].

II. Unabhängige Instruktion durch die Rekursinstanz (Abs. 1)

10 Die verwaltungsinterne Rechtspflege steht stets in einem gewissen Spannungsfeld zwischen *Unabhängigkeit* und *Fachkompetenz*: «Je unabhängiger die Rekursinstanz von der anordnenden Instanz ist, desto kleiner dürfte tendenziell ihre fachliche Kompetenz sein, und umgekehrt»[20]. Der Gesetzgeber hat diesem Spannungsverhältnis dadurch Rechnung getragen, dass er einerseits weiterhin die der verfügenden Behörde hierarchisch übergeordnete Behörde als Regel-Rekursinstanz beliess, andererseits die verfügende Instanz und die Rekursinstanz organisatorisch und personell klarer trennte. In diesem Sinne verlangt § 26 Abs. 1 neu – in Übereinstimmung mit den Vorgaben des übergeordneten Rechts –, dass die Rekursinstanz den Rekursentscheid **unabhängig von der anordnenden Behörde** vorbereitet. Ausserdem hält Abs. 1 fest, dass die Rekursinstanz das Rekursverfahren «leitet», dass ihr also die formelle und materielle Verfahrensleitung obliegt. Damit schreibt das Gesetz nun generell eine unabhängige Verfahrensinstruktion vor, analog der Regelung auf Bundesebene in Art. 59 VwVG[21].

11 Die Unabhängigkeit der Rekursinstanz muss naturgemäss *keine richterliche* sein, da verwaltungsinterne Rechtsmittelinstanzen lediglich eine gerichtsähnliche Stellung einnehmen[22]. Erforderlich ist aber eine *institutionelle Unabhängigkeit* in dem Sinne, dass die verfügende Behörde und die Rekursbehörde **organisatorisch und personell getrennt** sein müssen. Nicht mehr zulässig ist demnach die – früher verbreitete und auch kritisierte[23] – Praxis, wonach Rekursentscheide der kantonalen Direktionen durch jene Amtsstellen vorbereitet wurden, welche die erstinstanzliche Anordnung getroffen hatten, bzw. Rekursentscheide des Regierungsrats durch die betroffene Direktion. Eine institutionell bedingte Befangenheit wird hier also vermutet, und zwar unabhängig davon, ob die betreffende Einzelperson am angefochtenen Entscheid mitgewirkt hat oder nicht[24]. Das Problem des Anscheins der fehlenden Unabhängigkeit wird somit auf institutionel-

---

[17] Weisung 2009, S. 853 f.; ferner a.a.O., S. 857.
[18] Art. 86 Abs. 2 und 3 BGG.
[19] Griffel, Rekurs, S. 58; Häner, in: Kommentar KV, Art. 77 N. 5.
[20] Weisung 2009, S. 854; siehe ferner Schindler, Befangenheit, S. 167.
[21] Vgl. für das (selten gewordene) Beschwerdeverfahren vor dem Bundesrat Art. 75 Abs. 2 VwVG.
[22] Vgl. Schindler, Befangenheit, S. 158; Weisung 2009, S. 853.
[23] Vgl. die Hinweise bei Schindler, Befangenheit, S. 164 Fn. 798.
[24] Feller, in: Kommentar VwVG, Art. 59 N. 1; Merkli/Aeschlimann/Herzog, Kommentar VRPG, Art. 70 N. 4; Schindler, Befangenheit, S. 160. Zu gewissen Nachteilen einer solchen «Abschottung» der

ler Ebene gelöst und nicht über eine individuelle Ausstandspflicht. Sozusagen als Gegenstück dazu müssen Mitglieder des Regierungsrats bei der Beratung und Beschlussfassung über einen ihre Direktion betreffenden Rekurs in den Ausstand treten (§ 18 Abs. 1 OG RR; vgl. N. 29); dies ebenfalls losgelöst davon, ob sie mit der Angelegenheit konkret befasst waren[25]. Massgebend ist in beiden Fällen nicht die individuelle Vorbefassung des Amtsträgers, sondern dessen systembedingte Nähe zum Organ, welches den Entscheid gefällt hat.

Die Unabhängigkeit der Rekursinstanz ist auch dann nicht gewährleistet, wenn diese im Einzelfall Rat oder Weisung erteilt hat, dass oder wie die Vorinstanz entscheiden soll. Dieses Problem hat der Gesetzgeber durch Einführung des **Sprungrekurses** an die der Rekursbehörde übergeordnete Verwaltungsbehörde gemäss § 19b Abs. 4 VRG gelöst (siehe § 19b N. 54 ff.). 12

Bezirksbehörden, aber auch Einheiten der kantonalen Zentralverwaltung wie etwa das Gemeindeamt oder die Bildungsdirektion nehmen gegenüber den Gemeinden bzw. Schulpflegen regelmässig eine *Beratungsfunktion* wahr. Dadurch entsteht ein Konflikt zwischen dieser unverzichtbaren Dienstleistung gegenüber den Gemeindebehörden und der Unabhängigkeit im Falle eines nachfolgenden Rechtsmittelverfahrens. Mit der Einführung des Sprungrekurses ist dieses Problem weitgehend gelöst; gleichwohl sollte der Sprungrekurs nicht in jedem Fall einer Beratung sozusagen automatisch Platz greifen, da sonst der Regelinstanzenzug weitgehend aus den Angeln gehoben wird. Insbesondere wenn organisatorisch sichergestellt werden kann – etwa durch Einrichtung eines internen Rekursdienstes –, dass eine Person, welche eine Gemeindebehörde beraten hat, in einem anschliessenden Rekursverfahren nicht mitwirkt, ist eine Aufrechterhaltung des Regelinstanzenzuges denkbar[26]. Lässt sich die Beratung jedoch nicht einem individualisierbaren Mitarbeiter oder einer bestimmten Untereinheit zuordnen, der bzw. die mit dem anschliessenden Rekursverfahren klarerweise nichts zu tun hat[27], sondern ist sie der Rekursbehörde als solcher zuzurechnen, kommt es zum Sprungrekurs. Entscheidend ist der Anschein der fehlenden Unabhängigkeit bzw. der Voreingenommenheit der Rekursinstanz; dabei dürfte die Schwelle, bis dieser Anschein erreicht wird, aufgrund der systembedingten Nähe zwischen dem beratenden und dem entscheidenden Organ in der Regel eher tief anzusetzen sein. 13

Gemäss Art. 79 Abs. 1 KV dürfen die Gerichte und die kantonalen Behörden Rechtsnormen unter dem Vorbehalt von Art. 190 BV **vorfrageweise** (akzessorisch) auf ihre Vereinbarkeit mit übergeordnetem Recht überprüfen. Dies gilt auch für die Direktionen. An 14

Rechtsmittelinstanz vgl. SCHINDLER, a.a.O., S. 161 und 166 f.; a.M. BREITENMOSER/SPORI FEDAIL, in: Praxiskommentar VwVG, Art. 59 N. 5 f.

[25] Analog für den Bundesrat Art. 76 Abs. 1 VwVG; vgl. auch KIENER, Unabhängigkeit, S. 141, 165 f.

[26] Vgl. HÄNER, in: Kommentar KV, Art. 77 N. 9.

[27] Vgl. VPB 2000 Nr. 17, E. 1.2, wo der Bundesrat darauf hinwies, dass die Instruktion des Beschwerdeverfahrens zwar durch das Bundesamt für Justiz erfolgt sei, welches in der gleichen Angelegenheit auch ein Rechtsgutachten erstattet hatte, dass diese beiden Aufgaben jedoch zwei organisatorisch getrennten Abteilungen des BJ zugewiesen seien. Hingegen lässt es sich mitunter nicht vermeiden, dass die gleiche Fachstelle und die gleichen Personen dieser Fachstelle (in casu ging es um den Preisüberwacher) sowohl im erstinstanzlichen Verfahren als auch im Rechtsmittelverfahren Stellung nehmen (Bundesrat, VPB 2004 Nr. 137, E. 2.3).

regierungsrätliche **Verordnungen** sind sie jedoch grundsätzlich gebunden, was sich aus dem hierarchischen Aufbau der Verwaltung ergibt; dies jedenfalls dann, wenn keine offensichtliche Verfassungs- oder Gesetzesverletzung vorliegt[28]. Soweit die Beschwerde an das Verwaltungsgericht oder – im Falle einer Bundesrechtsverletzung – die Beschwerde in öffentlichrechtlichen Angelegenheiten an das Bundesgericht offensteht, ist diese systembedingte Beschränkung der Überprüfungsbefugnis im Rekursverfahren nicht sehr problematisch[29]; dies umso weniger, als Verordnungen des Regierungsrats heute beim Verwaltungsgericht auch abstrakt angefochten werden können[30].

III. Zentraler Rechtsdienst des Regierungsrats (Abs. 2)

A. Funktion

15 Die *Instruktion von Rekursen durch den Regierungsrat* stiess bis in die 1990er-Jahre auf Kritik. Bemängelt wurde insbesondere, dass die Direktion, deren Entscheid mit Rekurs beim Regierungsrat angefochten wurde, an der Vorbereitung des regierungsrätlichen Rekursentscheids als antragstellende Direktion massgebend beteiligt war[31]. Deshalb wurde mit der VRG-Revision von 1997 alt § 26a ins Gesetz eingefügt, der die Schaffung eines zentralen Rechtsdienstes vorsah. Die **Ratio** dieser Bestimmung war bzw. ist die Gewährleistung einer unabhängigen Instruktion (auch) des Rekursverfahrens vor dem Regierungsrat, indem die Direktion, die in der Sache entschieden hat, nicht zugleich mit der formellen und materiellen Verfahrensleitung betraut sein soll.

16 Der Wortlaut von § 26 Abs. 2 weicht von alt § 26a (vgl. N. 3) in zweierlei Hinsicht ab: Zum einen sprach alt § 26a von der «Vorbereitung» von Rekursentscheiden des Regierungsrats, wogegen § 26 nun generell die *Leitung* des Rekursverfahrens (Abs. 1) bzw. die Verfahrensleitung (Marginalie) regelt. Zum andern ist nicht mehr von *Kommissionen*, die den Direktionen «gleichgestellt» sind, die Rede, sondern von Kommissionen, die von einem Mitglied des Regierungsrats geleitet werden[32]. In beiden Fällen handelt es sich lediglich um Präzisierungen, ohne Differenz in der Sache. Kommissionen, die von einem Regierungsmitglied geleitet werden, sind z.B. der Bildungsrat oder der Verkehrsrat (vgl. § 19b N. 18)[33].

B. Organisationsrechtliche Stellung

17 Der aufgrund der VRG-Revision von 1997 geschaffene zentrale Rechtsdienst wurde als **Rekursabteilung** in die **Staatskanzlei** eingegliedert, was sachgerecht ist, da es sich bei der

---

[28] Vgl. GRIFFEL, Rechtsschutz, N. 100, 104; HÄFELIN/HALLER/KELLER, Bundesstaatsrecht, N. 1197; für eine uneingeschränkte Prüfungsbefugnis dagegen TOBIAS JAAG, Die Verordnung im schweizerischen Recht, ZBl 2011, 629 ff., 657.
[29] Kritischer HÄNER, in: Kommentar KV, Art. 77 N. 10, 12.
[30] § 41 Abs. 1 i.V.m. § 19 Abs. 1 lit. d und Abs. 2 lit. a VRG.
[31] Weisung 1995, S. 1534.
[32] So auch alt § 19a Abs. 1 und neu § 19b Abs. 2 lit. a Ziff. 2; die alte Formulierung findet sich indessen noch in § 1 Abs. 2 VRV RR.
[33] Zu den allgemeinen organisationsrechtlichen Grundlagen vgl. §§ 28–31 OG RR.

Staatskanzlei um die allgemeine Stabsstelle des Regierungsrats handelt[34]. Die organisatorische Stellung des zentralen Rechtsdienstes ergibt sich indessen weder aus § 26 Abs. 2 noch aus dem OG RR von 2005[35], sondern lediglich indirekt aus der Verordnung über das Rekursverfahren vor dem Regierungsrat (VRV RR) von 1997, wo in § 1 Abs. 2 und 4 – im Zusammenhang mit der Zuständigkeit des Regierungsrats – vom «Rechtsdienst der Staatskanzlei» die Rede ist. Es fragt sich jedoch, ob nicht zumindest die Zuordnung des zentralen Rechtsdienstes zur Staatskanzlei (und nicht etwa zur Direktion der Justiz und des Innern) auf Gesetzesstufe verankert sein sollte (vgl. auch Art. 38 Abs. 1 lit. c und Art. 70 Abs. 1 KV).

Gemäss § 6 Abs. 2 Satz 2 OG RR kann der Regierungsrat durch Verordnung eine **Rekurskommission** einsetzen, die an seiner Stelle entscheidet, also nicht bloss das Verfahren instruiert. Von dieser Möglichkeit hat der Regierungsrat bis heute keinen Gebrauch gemacht.

C. Zuständigkeit

Die Zuständigkeit des zentralen Rechtsdienstes zur Instruktion des regierungsrätlichen Rekursverfahrens wird *funktional* abgegrenzt, und zwar danach, welche Behörde Vorinstanz des Regierungsrats war. Sie beschränkt sich – der Vorgabe von § 26 Abs. 2 entsprechend – auf Rekurse, «die sich gegen Anordnungen von **Direktionen** oder ihnen gleichgestellten **Kommissionen** richten» (§ 1 Abs. 2 VRV RR[36]; zur Formulierung vgl. N. 16).

Im Übrigen werden die Rekurse – namentlich solche gegen Anordnungen der **Bezirksräte** und der **Statthalter** – weiterhin von der in der Sache zuständigen *Direktion* instruiert (§ 1 Abs. 3 VRV RR). Die unabhängige Verfahrensinstruktion im regierungsrätlichen Rekursverfahren wird dadurch zwar nicht beeinträchtigt; es ist jedoch nicht plausibel und geht auch nicht aus den Materialien hervor, weshalb dem zentralen Rechtsdienst nicht die Instruktion sämtlicher Rekursverfahren vor dem Regierungsrat anvertraut worden ist. Möglicherweise führte die Abneigung der einzelnen Direktionen und auch des Regierungsrats selbst gegen einen allzu einflussreichen zentralen Rechtsdienst zu dieser Kompromisslösung. Immerhin kann zugunsten der heutigen Lösung die Fachkompetenz der jeweils zuständigen Direktion ins Feld geführt werden.

§ 1 Abs. 3 VRV RR sieht die Instruktion durch die zuständige Direktion im Weiteren auch gegenüber *Rekursentscheiden* der Bezirksräte und der Statthalter vor. Diese Regelung ist mit der VRG-Revision von 2010 jedoch *hinfällig* geworden, weil gegen Rekursentscheide gemäss § 19 Abs. 3 VRG kein Rekurs mehr möglich ist, wenn die Streitsache an das Verwaltungsgericht weitergezogen werden kann. Sowohl Rekursentscheide der Bezirksräte

---

[34] § 24 Abs. 1 OG RR.
[35] Dem OG RR lässt sich nur entnehmen, dass die Staatsschreiberin oder der Staatsschreiber – die bzw. der seinerseits der Präsidentin oder dem Präsidenten des Regierungsrats unterstellt ist (§ 25 Abs. 2) – den Aufbau der Staatskanzlei und die Geschäftsabläufe innerhalb der Staatskanzlei festlegt (§ 25 Abs. 3 Satz 2 i.V.m. § 40 Abs. 1 Satz 1).
[36] Hervorhebungen hinzugefügt.

§ 26

als auch solche der Statthalterämter können mit Beschwerde beim Verwaltungsgericht angefochten werden[37].

22 § 1 Abs. 4 VRV RR, eingefügt am 25. August 1999, enthält eine Sonderregelung im Zusammenhang mit Rekursentscheiden der Statthalter betreffend *Verkehrsanordnungen in den Städten Zürich und Winterthur*. Für die Instruktion von Rekursen gegen solche Rekursentscheide erklärt er den zentralen Rechtsdienst als zuständig[38]. Diese Bestimmung ist jedoch in ihrer Gänze *obsolet* geworden, da es derartige Zweitrekurse an den Regierungsrat heute nicht mehr gibt (vgl. N. 21). Sie kann – solange sie nicht förmlich aufgehoben ist – nur noch bei Sprungrekursen zur Anwendung kommen, wenn ein Statthalter im Einzelfall Rat oder Weisung erteilt hat, und in diesem Fall zur Zuständigkeit des zentralen Rechtsdienstes für die Verfahrensinstruktion führen (vgl. N. 24).

23 Die Zuständigkeit des zentralen Rechtsdienstes setzt selbstredend voraus, dass der **Regierungsrat** für den Rekurs **funktional und sachlich zuständig** ist. Erstinstanzliche Anordnungen ergehen in der kantonalen Zentralverwaltung grundsätzlich auf Stufe Amt, so dass nicht der Regierungsrat, sondern die betreffende Direktion Rekursinstanz ist. Der Regierungsrat als oberste leitende und vollziehende Behörde des Kantons[39], welcher in erster Linie die politische Planung und Führung auf kantonaler Ebene obliegt[40], wird dadurch von «Rekursen minderer Bedeutung» entlastet[41]. In sachlicher Hinsicht sind die regierungsrätlichen Zuständigkeiten namentlich im Bereich des Raumplanungs-, Bau- und Umweltrechts seit 1997 sukzessive auf die Baurekurskommissionen (heute Baurekursgericht) übertragen worden (vgl. auch § 19b N. 78 ff.). Eine Übertragung der letzten noch verbliebenen Zuständigkeiten in diesem Bereich ist derzeit hängig[42].

24 Der zentrale Rechtsdienst ist auch dann für die Instruktion zuständig, wenn eine Direktion, eine von einem Regierungsmitglied geleitete Kommission oder – im Zusammenhang mit einer Verkehrsanordnung in Zürich oder Winterthur (N. 22) – ein Statthalter im Einzelfall Rat oder Weisung erteilt hat und es deswegen zum **Sprungrekurs** nach § 19b Abs. 4 kommt[43]. Ging der Rat oder die Weisung hingegen von einem Bezirksrat oder Statthalter aus (abgesehen vom Sonderfall Verkehrsanordnungen in Zürich oder Winterthur), bleibt es auch im Falle eines Sprungrekurses bei der Verfahrensleitung durch die sachlich zuständige Direktion.

---

[37] § 41 Abs. 1 i.V.m § 19b Abs. 2 lit. c und d; vgl. § 41 N. 13, zweites Lemma.
[38] Diese Regelung, die sich nicht nach der funktionalen (vgl. N. 19), sondern nach der sachlichen Zuständigkeit der Vorinstanz richtet, ergibt bzw. ergab sich daraus, dass in Zürich und Winterthur anstelle der Kantonspolizei die Gemeindebehörden für den Vollzug des Signalisationsrechts des Bundes zuständig sind und die erstinstanzliche Aufsicht nicht durch die Sicherheitsdirektion, sondern durch die Statthalterämter ausgeübt wird (§§ 27 und 32 KSigV). Dementsprechend wäre es auf Stufe Regierungsrat ohne Spezialregelung zu einer Gabelung gekommen, was die Zuständigkeit zur Instruktion von Rekursverfahren in diesem Sachbereich anbelangt.
[39] Art. 60 Abs. 1 KV.
[40] § 2 Abs. 1 OG RR.
[41] Weisung 2009, S. 858.
[42] Antrag des Regierungsrats an den Kantonsrat vom 9. März 2011 (ABl 2011, 1119 ff.); Antrag der Kommission für Planung und Bau vom 21. Mai 2013 (ABl 7.6.2013 [33853]).
[43] Vgl. Weisung 2009, S. 965.

D. Instruktionsverfahren

Gemäss § 4 Abs. 1 VRV RR ist der zentrale Rechtsdienst der Staatskanzlei namentlich für folgende **verfahrensleitende Handlungen** zuständig: die Auferlegung eines Kostenvorschusses gemäss § 15 VRG und dessen Erlass (Ziff. 1); die Bewilligung einer Nachfrist zur Verbesserung einer mangelhaften Rekursschrift gemäss § 23 Abs. 2 VRG (Ziff. 2); die Aufforderungen gemäss den §§ 6a und 6b VRG, ein Zustellungsdomizil oder einen Vertreter anzugeben (Ziff. 3); die Bestimmung eines Zustellungsdomizils oder eines Vertreters (Ziff. 4); die Anordnung superprovisorischer Massnahmen (Ziff. 5, eingefügt am 18. Juli 2007); das Einholen der Vernehmlassungen der Vorinstanz und der beteiligten Parteien gemäss § 26b Abs. 1 und 2 VRG (Ziff. 6); die Durchführung eines zweiten Schriftenwechsels gemäss § 26b Abs. 3 VRG (Ziff. 7[44]); die Abklärung des Sachverhalts und die Vornahme damit verbundener Untersuchungen wie das Einholen von Amtsberichten und Gutachten sowie die Durchführung von Augenscheinen gemäss § 7 Abs. 1 VRG (Ziff. 8); die Anzeige gemäss § 27c Abs. 1 VRG, dass die Sachverhaltsermittlung abgeschlossen ist (Ziff. 9); die Mitteilung gemäss § 27c Abs. 2 VRG, wenn die Behandlungsfrist seit Abschluss der Sachverhaltsermittlung nicht eingehalten werden kann (Ziff. 10); die Androhung einer reformatio in peius (Ziff. 11; vgl. § 27 N. 14 f.); die Feststellung, dass ein Rekursverfahren infolge Rückzugs, Gegenstandslosigkeit oder Wiedererwägung erledigt worden ist (Ziff. 12).

In den Fällen, in denen nicht der zentrale Rechtsdienst, sondern eine **Direktion** für die Instruktion des Rekursverfahrens zuständig ist (vgl. N. 20), ist es deren Sache, die erwähnten verfahrensleitenden Schritte durchzuführen (§ 4 Abs. 2 VRV RR).

IV. Exkurs: Beschlussfassung im Regierungsrat

Der Regierungsrat fasst seine Beschlüsse als **Kollegialbehörde** (Art. 65 Abs. 1 KV; § 11 Abs. 1 OG RR). Das Rekursverfahren richtet sich in erster Linie nach dem VRG; ergänzend enthalten das OG RR und die VRV RR besondere Regelungen.

Seit dem Inkrafttreten des OG RR verfügt die **Staatskanzlei** bei Regierungsratsgeschäften über ein selbständiges *Antragsrecht* (§ 14 Abs. 1 OG RR). Zuvor oblag die Antragstellung bei Rekursentscheiden, die vom zentralen Rechtsdienst instruiert wurden, der Präsidentin oder dem Präsidenten des Regierungsrats[45]. Noch früher, vor dem Inkrafttreten der VRV RR am 1. Januar 1998, war jeweils ein anderes Regierungsmitglied als die betroffene Direktionsvorsteherin bzw. der betroffene Direktionsvorsteher als Referentin bzw. Referent bestimmt worden[46].

Mit dem OG RR wurde neu eingeführt, dass Mitglieder des Regierungsrats sowie die Staatsschreiberin oder der Staatsschreiber bei der Beratung und Beschlussfassung in den **Ausstand** treten müssen, wenn Anordnungen der von ihnen geleiteten Direktion, der Staatskanzlei oder eines Gremiums, in dem sie Einsitz haben, vor dem Regierungsrat

---

[44] Zum sog. Replikrecht, welches auch weitere Schriftenwechsel zur Folge haben kann, siehe § 26b N. 34 ff.
[45] Vgl. VGr, 12.3.2003, VB.2002.00403, E. 2b.
[46] Vgl. RB 1984 Nr. 14, E. 3a.

angefochten werden (§ 18 Abs. 1 OG RR; vgl. N. 11). Hierzu muss der bzw. die Betreffende den Sitzungsraum verlassen; es genügt nicht, sich anlässlich der Beratung lediglich des Wortes zu enthalten (vgl. § 5a N. 47)[47]. Die Missachtung der Ausstandspflicht stellt einen gravierenden Verfahrensfehler dar, der in einem anschliessenden Beschwerdeverfahren grundsätzlich nicht geheilt werden kann, so dass ein unter Verletzung der Ausstandspflicht zustande gekommener Rekursentscheid des Regierungsrats in der Regel ohne materielle Prüfung der Beschwerde aufzuheben ist[48]. Bis zum Inkrafttreten des OG RR am 1. September 2007 nahm das Regierungsmitglied, dessen Direktion die angefochtene Verfügung erlassen hatte, mit beratender Stimme an der Beratung und Beschlussfassung teil[49].

30 § 3 Abs. 1 VRV RR sieht – gestützt auf die Delegation in § 23 Abs. 3 OG RR – die abschliessende Entscheidzuständigkeit der **Regierungspräsidentin** oder des **Regierungspräsidenten** hinsichtlich folgender *Zwischenentscheide* vor: vorsorgliche Massnahmen (Ziff. 1); Wiederherstellung der aufschiebenden Wirkung (Ziff. 2); Entzug der aufschiebenden Wirkung (Ziff. 3); Bewilligung der unentgeltlichen Rechtspflege (Ziff. 4). Präsidial entschieden werden ausserdem Gesuche um Zusprechung einer Parteientschädigung, wenn keine anderen Punkte offen sind (§ 3 Abs. 2 VRV RR, Fassung vom 18. Juli 2007). Ursprünglich war die Zuständigkeit der Präsidentin oder des Präsidenten des Regierungsrats auch dann vorgesehen, wenn aus formellen Gründen auf den Rekurs nicht eingetreten werden konnte (alt § 3 Abs. 2 Ziff. 1 VRV RR); das Verwaltungsgericht hatte an der Vereinbarkeit dieser Regelung mit dem übergeordneten Recht jedoch wiederholt Zweifel geäussert[50], weshalb sie der Regierungsrat bei Erlass der VOG RR aufhob[51].

31 Schliesslich regelt § 5 VRV RR die Zuständigkeit zur **Vertretung des Regierungsrats** in Beschwerdeverfahren *gegen* einen regierungsrätlichen Rekursentscheid; danach wird der Regierungsrat durch die Staatskanzlei bzw. die zuständige Direktion vertreten, je nachdem, wer im Rekursverfahren vor dem Regierungsrat für die Instruktion zuständig war (vgl. N. 19 ff.).

---

[47] Gl.M. mit Bezug auf Art. 76 Abs. 1 VwVG SÄGESSER, Handkommentar RVOG, Art. 20 N. 35; SCHEYLI, in: Praxiskommentar VwVG, Art. 76 N. 5; SCHINDLER, Befangenheit, S. 161 Fn. 784. Differenzierend LEBER, in: Kommentar VwVG, Art. 76 N. 4.
[48] VGr, 13.1.2011, VB.2010.00458, E. 4.
[49] Vgl. RB 1984 Nr. 14.
[50] VGr, 15.12.2004, VB.2004.00421, E. 2.1; VGr, 20.10.1999, VB.99.00261, E. 3 (nicht publiziert); VGr, 22.9.1999, VB.99.00170, E. 2b (nicht publiziert). Kritisch auch die 2. Aufl., § 26a N. 8.
[51] Vgl. Begründung VOG RR, S. 1392.

b. Aktenbeizug

§ 26a

¹ Die Rekursinstanz zieht die Akten der Vorinstanz bei. Bei offensichtlich unzulässigen oder offensichtlich unbegründeten Rechtsmitteln kann sie darauf verzichten.

² Die Akten stehen den Verfahrensbeteiligten zur Einsicht offen. Vorbehalten bleibt § 9.

Materialien
Weisung 2009, S. 965; Prot. KR 2007–2011, S. 10241, 10536.
Zu alt § 26: Weisung 1957, S. 1038; Prot. KK 20.12.1957, 23.9.1958; Prot. KR 1955–1959, S. 3379; Beleuchtender Bericht 1959, S. 401; Weisung 1995, S. 1534; Prot. KK 1995/96, S. 53 f., 57 f., 251 ff.; Prot. KR 1995–1999, S. 6488; Beleuchtender Bericht 1997, S. 6.

Inhaltsübersicht

I.	Allgemeines	1–3
II.	Beizug der Akten (Abs. 1)	4–13
	A. Grundsatz: Aktenbeizug (Satz 1)	4–8
	B. Ausnahme: Verzicht auf Aktenbeizug (Satz 2)	9–13
III.	Akteneinsicht (Abs. 2)	14–16

I. Allgemeines

§ 26a in der Fassung von 2010 regelt in Abs. 1 den **Aktenbeizug** und in Abs. 2 das **Akteneinsichtsrecht** der Verfahrensbeteiligten. Die Marginalie «Aktenbeizug» erweist sich mithin als etwas zu eng, was jedoch ohne Bedeutung ist, weil Abs. 2 keine selbständige Tragweite zukommt (vgl. N. 14). 1

Die neu auf zwei Absätze verteilte Regelung entspricht materiell dem bisherigen § 26 Abs. 1[1], wobei ein Verzicht auf Aktenbeizug nicht mehr nur bei offensichtlich unbegründeter, sondern auch bei offensichtlich unzulässiger Rekurserhebung vorgesehen ist. In der Praxis wurde dies bereits bisher in diesem Sinne gehandhabt. 2

§ 26a stimmt weitgehend mit der Regelung für das *Beschwerdeverfahren* gemäss § 57 überein, allerdings ohne das dort in Abs. 3 vorgesehene «Zurückbehaltungsrecht» der Verwaltungsbehörden. Dieses ist rechtlich freilich nicht mehr haltbar (vgl. § 57 N. 8). 3

Unter Mitarbeit von LILIANE SCHÄRMELI, MLaw.

[1] Zur Aufteilung des bisherigen § 26 in mehrere Paragrafen siehe § 26 N. 1 und 5.

II. Beizug der Akten (Abs. 1)

A. Grundsatz: Aktenbeizug (Satz 1)

4 Die vorinstanzlichen Akten stellen zumeist eine wesentliche Grundlage für die Überprüfung des angefochtenen Hoheitsaktes dar. Ihr Beizug ist deshalb in der Regel unerlässlich, um der **Untersuchungspflicht** gemäss § 7 Abs. 1 nachzukommen. Der Beizug der Akten erfolgt von Amtes wegen; ein entsprechender Antrag ist nicht erforderlich[2].

5 Mit «**Akten**» sind grundsätzlich die bei der *Vorinstanz* liegenden Akten gemeint; dementsprechend nimmt § 26a Abs. 1 Satz 1 nur auf diese Bezug. Beigezogen wird jeweils das vollständige Dossier[3]. Soweit erforderlich können jedoch auch *weitere Akten* beigezogen werden, beispielsweise diejenigen einer eingestellten Strafuntersuchung in einer personalrechtlichen Streitsache[4]. Verwaltungsbehörden und Gerichte (auch Zivil- und Strafgerichte) sind im Rahmen der Amtshilfe gemäss § 7 Abs. 3 grundsätzlich zur Herausgabe verpflichtet.

6 Im Regelfall ergeht die Aufforderung an die Vorinstanz zur Vorlage der Akten gleichzeitig mit der Einladung zur Vernehmlassung gemäss § 26b Abs. 1. Die Vorinstanz ist **verpflichtet**, die Akten der Rekursbehörde **auszuhändigen**[5], und zwar auch dann, wenn sie auf die Erstattung einer Vernehmlassung verzichtet. Sie muss die Akten – einschliesslich allfälliger Vorakten und sämtlicher Beilagen – vollständig und möglichst im Original einreichen; allerdings kommt ihr mitunter ein gewisser Ermessensspielraum zu, ob ein Aktenstück zum Dossier des betreffenden Verfahrens gehört oder allgemeiner Natur ist[6].

7 Die Behörden trifft generell eine **Aktenführungspflicht:** Sie sind grundsätzlich gehalten, die entscheidrelevanten Dokumente im betreffenden Dossier abzulegen und sie in einem geordneten und übersichtlichen Zustand einzureichen. Dies ergibt sich aus ihrer Untersuchungs- und Mitwirkungspflicht gemäss § 7 Abs. 1 und Abs. 2 lit. b, aber auch aus dem Akteneinsichtsrecht der Beteiligten, welches andernfalls vereitelt würde[7]. Normalerweise sind die Akten zu ordnen, zu nummerieren (akturieren) und mit einem Aktenverzeichnis zu versehen, worauf die Vorinstanz im Rahmen der Aufforderung zur Aktenvorlage gegebenenfalls hinzuweisen ist.

8 Ein Recht auf **Ergänzung der Rekursschrift** nach dem Beizug der Akten besteht nicht. Es liegt vielmehr an der rekurrierenden Partei, sich innerhalb der Rekursfrist Einblick in die Akten zu verschaffen, um das Rechtsmittel abschliessend zu begründen[8]. Eine Ergänzung der Rekurseingabe kommt lediglich dann in Betracht, wenn es dem Rekurrenten aus objektiven Gründen nicht möglich war, Akten bzw. einzelne Aktenstücke innert der Rekursfrist einzusehen (z.B. weil sie ihm vorenthalten wurden)[9].

---

[2] VGr, 14.12.2011, VB.2011.00320, E. 2 (nicht publiziert); VGr, 22.8.2002, VB.2002.00174, E. 1a.
[3] VGr, 19.8.2004, VB.2004.00031, E. 1.4, bezogen auf das Beschwerdeverfahren.
[4] Vgl. VGr, 8.3.2010, PB.2009.00014, E. 4.3 (nicht publiziert).
[5] § 26a Abs. 1 stellt insoweit eine lex specialis zu § 7 Abs. 3 dar.
[6] VGr, 5.11.2003, PB.2003.00013, E. 2b.
[7] VGr, 2.12.2004, VB.2004.00412, E. 2; VGr, 10.3.2004, VB.2003.00320, E. 2.
[8] VGr, 17.1.2008, VB.2007.00500, E. 2.1 (nicht publiziert), bezogen auf das Beschwerdeverfahren.
[9] Vgl. VGr, 30.5.2012, VB.2012.00145, E. 1.4.

B. Ausnahme: Verzicht auf Aktenbeizug (Satz 2)

Ausnahmsweise, nämlich bei offensichtlicher Unzulässigkeit oder Unbegründetheit des Rekurses, kann die Rekursbehörde auf den Beizug der Akten verzichten:

Offensichtlich unzulässig ist ein Rekurs, wenn eine *Prozessvoraussetzung* ohne jeden Zweifel nicht erfüllt ist und eine Verbesserung der Eingabe daran nichts zu ändern vermag[10]. Dies ist insbesondere der Fall, wenn die Rekursfrist verpasst wurde, wenn die angerufene Instanz offensichtlich unzuständig ist, wenn kein anfechtbarer Hoheitsakt vorliegt oder wenn es klarerweise an der Parteifähigkeit, der Prozessfähigkeit oder der Legitimation mangelt; ferner dann, wenn auch nach Einräumung einer Nachfrist kein Antrag oder keine Begründung im Sinn von § 23 Abs. 1 vorliegt. Offensichtlich unzulässig sind im Weiteren eindeutig rechtsmissbräuchliche oder querulatorische Eingaben, bei denen dem Rekurrenten ein schutzwürdiges Interesse abzusprechen ist[11].

Dagegen ist ein Rekurs **offensichtlich unbegründet,** wenn er *in der Sache selbst* klarerweise nicht zum Erfolg führen kann, weil die Anträge oder die Begründung von vornherein nicht geeignet sind, das vorinstanzliche Erkenntnis umzustossen[12]. Um dies festzustellen, bedarf es regelmässig einer vorläufigen, summarischen Beurteilung, wobei sich die Rekursinstanz Zurückhaltung auferlegen muss und bloss dann auf den Beizug der Akten verzichten darf, wenn das Ergebnis des Entscheids ohne jeden Zweifel feststeht. Dies dürfte freilich nur selten der Fall sein[13]. Auch ist ein Rekurs nicht allein deswegen sachlich unbegründet, weil er unklar ist oder weil es an einer Begründung fehlt. In diesem Fall ist vielmehr eine Nachfrist zur Behebung des Mangels anzusetzen; darauf darf lediglich dann verzichtet werden, wenn die Voraussetzungen von § 23 Abs. 2 nicht erfüllt sind (vgl. § 23 N. 31 ff.).

Ungeachtet der Regelung in § 26a Abs. 1 Satz 2 werden die vorinstanzlichen Akten in der **Praxis** in den weitaus meisten Fällen beigezogen, auch wenn es bloss um die Entscheidung der Eintretensfrage geht. Ein Entscheid ohne Beizug der Akten erfolgt praktisch nur bei offensichtlicher Unzuständigkeit oder bei querulatorischen Eingaben aufgrund eines der Rekursinstanz bereits hinlänglich bekannten Sachverhalts.

Weitere Konsequenzen: Wird wegen offensichtlicher Unzulässigkeit oder Unbegründetheit des Rekurses ausnahmsweise auf den Beizug der Akten verzichtet, so erübrigt es sich regelmässig auch, ein *Vernehmlassungsverfahren* gemäss § 26b Abs. 1 durchzuführen (vgl. § 26b N. 6). Ausserdem ist die Rekursbehörde in diesem Fall seit der VRG-Revision von 2010 befugt, bei Einstimmigkeit auf dem *Zirkulationsweg* zu entscheiden und den Entscheid bloss *summarisch zu begründen* (§ 28a Abs. 1). Hinsichtlich der Eröffnung des Entscheids gelten indes die normalen Anforderungen gemäss § 28 Abs. 2.

---

[10] MERKLI/AESCHLIMANN/HERZOG, Kommentar VRPG, Art. 69 N. 8.
[11] Ausführlicher hierzu SEETHALER/PLÜSS, in: Praxiskommentar VwVG, Art. 57 N. 26.
[12] MERKLI/AESCHLIMANN/HERZOG, Kommentar VRPG, Art. 69 N. 8.
[13] Beispiele: VGr, 5.7.2012, VB.2012.00211, E. 4.1–4.3; VGr, 9.2.2011, VB.2010.00674, E. 2 f. (beide nicht publiziert).

III. Akteneinsicht (Abs. 2)

14 § 26a Abs. 2 gesteht den Verfahrensbeteiligten – unter Vorbehalt der Ausnahmen gemäss § 9 – ein Akteneinsichtsrecht zu. Dabei kann offen bleiben, ob sich dieses umfassend auf sämtliche Akten des Verfahrens bezieht (wie man aus dem Wortlaut von Abs. 2 schliessen könnte) oder aber auf die beigezogenen Akten der Vorinstanz beschränkt (wie aus dem systematischen Zusammenhang mit Abs. 1 geschlossen werden kann). Denn das umfassende Akteneinsichtsrecht gemäss § 8 findet ohnehin auch auf das Rekursverfahren Anwendung (vgl. Vorbem. zu §§ 4–31 N. 1 ff.), weshalb § 26a Abs. 2 als «lex specialis» **keine selbständige**, über die allgemeine Regelung hinausgehende **Bedeutung** zukommt. Überdies ergibt sich das Akteneinsichtsrecht der am Verfahren Beteiligten auch unmittelbar aus Art. 29 Abs. 2 BV.

15 Auch in einer anderen Hinsicht ist § 26a Abs. 2 – abgesehen von seinem auf das Rekursverfahren beschränkten Anwendungsbereich – nur vermeintlich *enger* als § 8, weil er das Akteneinsichtsrecht ausdrücklich auf die «**Verfahrensbeteiligten**» beschränkt, wogegen § 8 Abs. 1 Satz 1 all jene Personen als einsichtsberechtigt bezeichnet, die durch eine Anordnung berührt sind und ein schutzwürdiges Interesse an deren Aufhebung oder Änderung haben[14]. Denn solche Dritte gelten ebenfalls als Beteiligte und sind von Amtes wegen oder auf Gesuch hin in das Rekursverfahren einzubeziehen (vgl. § 26b N. 13 f.).

16 Die **Zuständigkeit** zum Entscheid über die Gewährung und die Modalitäten der Akteneinsicht geht aufgrund des Devolutiveffekts des Rekurses auf die Rekursinstanz über[15]. Dies gilt auch hinsichtlich der vorinstanzlichen Akten.

---

[14] Offenbar anders die 2. Aufl., § 26 N. 9.
[15] BGE 132 V 387, E. 6.3 f.

c. Schriftenwechsel

§ 26b

¹ Die Vorinstanz und die am vorinstanzlichen Verfahren Beteiligten erhalten Gelegenheit zur schriftlichen Vernehmlassung. Die Vorinstanz kann hierzu verpflichtet werden.

² Die Vernehmlassungsfrist soll in der Regel nicht länger als die Rechtsmittelfrist sein und nur einmal höchstens um die gleiche Dauer erstreckt werden.

³ Die Rekursinstanz kann einen weiteren Schriftenwechsel anordnen oder die Beteiligten zu einer mündlichen Verhandlung vorladen.

⁴ Die Rekursinstanz stellt die Vernehmlassungen den andern Verfahrensbeteiligten zu.

Materialien

Weisung 2009, S. 965; Prot. KR 2007–2011, S. 10241, 10536.

Zu alt § 26: Weisung 1957, S. 1038; Prot. KK 20.12.1957, 23.9.1958; Prot. KR 1955–1959, S. 3379; Beleuchtender Bericht 1959, S. 401; Weisung 1995, S. 1534; Prot. KK 1995/96, S. 53 f., 57 f., 251 ff.; Prot. KR 1995–1999, S. 6488; Beleuchtender Bericht 1997, S. 6.

Literatur

AEMISEGGER, Probleme, S. 593 ff.; AEMISEGGER, Bedeutung, S. 25 f.; GOLDSCHMID, Schriftenwechsel; GRODECKI, Strasbourg; KIENER/RÜTSCHE/KUHN, Öffentliches Verfahrensrecht, N. 1147 ff.; KÖLZ/HÄNER/BERTSCHI, Verwaltungsverfahren, N. 1111 ff.; LANTER, Formeller Charakter; LANTER, Bemerkungen; RHINOW/KOLLER/KISS/THURNHERR/BRÜHL-MOSER, Öffentliches Prozessrecht, N. 1645 ff.; SEETHALER FRANK/PLÜSS KASPAR, in: Praxiskommentar VwVG, Art. 57 N. 35 ff.

Inhaltsübersicht

I.	Allgemeines	1–2
II.	Vernehmlassung (Abs. 1)	3–20
	A. Begriff und Funktion	3–7
	B. Vernehmlassungsberechtigte	8–16
	C. Form und Inhalt	17–20
III.	Vernehmlassungsfrist (Abs. 2)	21–27
IV.	Weiterer Schriftenwechsel; mündliche Verhandlung (Abs. 3)	28–33
V.	Recht auf Stellungnahme (Replikrecht)	34–45
	A. Ausgangslage	34–35
	B. Anwendungsbereich	36–45
	1. Replikrecht i.e.S.	37
	2. Replikrecht i.w.S.	38–41
	3. Konsequenzen der Unterscheidung	42–45

Unter Mitarbeit von CORINA CALUORI, MLaw.

I. Allgemeines

1 § 26b in der Fassung von 2010 regelt den **Schriftenwechsel** (so die Marginalie), bei dem es sich um einen wesentlichen Teil des Instruktionsverfahrens handelt (vgl. § 26 N. 2). Die Absätze 1–3 entsprechen den Absätzen 2–4 des bisherigen § 26[1]. Neu aufgenommen wurde Abs. 4, wonach die Rekursinstanz die Vernehmlassungen den andern Verfahrensbeteiligten zustellen muss. Damit wollte der Gesetzgeber der neueren Rechtsprechung des Europäischen Gerichtshofs für Menschenrechte und des Bundesgerichts zum sog. «Replikrecht» Rechnung tragen[2]. Nicht umgesetzt hat er hingegen die im Vernehmlassungsverfahren geäusserte Anregung, dass in geeigneten Fällen anstelle des schriftlichen Verfahrens eine mündliche Verhandlung durchgeführt werden soll[3]; nur das schriftliche Verfahren gewährleiste, dass das Tatsächliche eines Streitfalls in hinreichender Qualität eingebracht wird[4].

2 § 26b konkretisiert zum einen den im VRG nicht ausdrücklich verankerten Anspruch auf **rechtliches Gehör** (vgl. § 8 N. 30 ff.). Zum andern soll er – zusammen mit den §§ 26a, 26c und 26d – dazu beitragen, dass der entscheidwesentliche **Sachverhalt** im Sinn von § 7 Abs. 1 richtig und vollständig abgeklärt wird. Schliesslich dient § 26b Abs. 2 – eingefügt mit der VRG-Revision von 1997 (als alt § 26 Abs. 3) – dem Gebot der **Verfahrensbeschleunigung,** indem er § 4a für das Rekursverfahren näher ausführt.

II. Vernehmlassung (Abs. 1)

A. Begriff und Funktion

3 Das Gesetz bezeichnet die **schriftliche Beantwortung eines Rekurses** im Rahmen des ersten Schriftenwechsels einheitlich und ohne Differenzierungen als «Vernehmlassung». Es lässt dabei ausser Acht, dass der Vernehmlassung je nach der prozessualen Stellung der Verfahrensbeteiligten eine unterschiedliche Bedeutung zukommt[5]:

– Stammt sie von einer *Partei*, d.h. vom Rekursgegner oder einem am Verfahren Mitbeteiligten, so handelt es sich um eine **Rekursantwort,** also um eine Rechtsschrift (eingehend zum Parteibegriff Vorbem. zu §§ 21–21a N. 12 ff.).

– Die Eingabe der *Vorinstanz*, welche den angefochtenen Akt bzw. Rechtsmittelentscheid erlassen hat, ist demgegenüber die **Vernehmlassung** im engeren Sinn. Handelt es sich bei der Vorinstanz um das Organ einer Gemeinde oder eines andern Verwaltungsträgers mit Rechtspersönlichkeit (z.B. einer selbständigen öffentlichrechtlichen Anstalt), so stellt ihre Vernehmlassung zugleich eine Rekursantwort dar; denn in diesem Fall kommt ihr – anders als etwa einem kantonalen Amt – im Rekursverfahren Parteistellung zu (zur Stellung der Vorinstanz vgl. Vorbem. zu §§ 21–21a N. 18).

---

[1] Zur Aufteilung des bisherigen § 26 in mehrere Paragrafen siehe § 26 N. 1 und 5.
[2] Weisung 2009, S. 965.
[3] Stellungnahme des Zürcher Anwaltsverbandes vom 30. September 2008, S. 5.
[4] Weisung 2009, S. 965.
[5] Vgl. MERKER, Rechtsmittel, § 41 Rz. 13; SCHWANK, Diss., S. 164.

– Mitunter werden Berichte von *Fachstellen* der Verwaltung eingeholt, bei denen es sich um blosse **Stellungnahmen** handelt. Solche Fachberichte haben sich auf die Beantwortung der gestellten Fragen zu beschränken[6].

Diese Unterscheidung ist nicht nur formaler Natur; vielmehr muss sich die verfahrensleitende Behörde Klarheit darüber verschaffen, wen sie in welcher Funktion und mit welchen Folgen zur Sache anhört. Dadurch weiss auch der Empfänger einer Vernehmlassungseinladung, in welcher Eigenschaft er am Verfahren teilnimmt oder – im Falle einer Beiladung – teilnehmen kann bzw. wird. 4

Dem Schriftenwechsel kommt eine **Doppelfunktion** zu: Einerseits gewährleistet er den Parteien das *rechtliche Gehör* und die damit zusammenhängenden prozessualen Mitwirkungsrechte; er trägt dazu bei, dass unter den Parteien Waffengleichheit entsteht[7]. Anderseits dient er der richtigen und vollständigen *Sachverhaltsabklärung* (vgl. § 7 Abs. 1). Die Kenntnis der Standpunkte der Verfahrensbeteiligten versetzt die Rekursinstanz in die Lage, gegebenenfalls weitere Instruktionsmassnahmen anzuordnen und das Verfahren zur Entscheidreife zu bringen[8]. Zudem ergibt sich aus den Eingaben der Beteiligten, inwiefern sich ihre Standpunkte unterscheiden und welche rechtlichen oder tatsächlichen Vorbringen unbestritten sind[9]. Aus prozessökonomischen Gründen kann die instruierende Behörde den Schriftenwechsel zunächst auch auf einzelne, meist prozessuale Fragen wie beispielsweise die Legitimation *beschränken,* wenn dadurch mit einer gewissen Wahrscheinlichkeit ein unnötiger Prozessaufwand vermieden werden kann[10]. 5

Bei **offensichtlich unzulässigen** oder **offensichtlich unbegründeten** Rechtsmitteln kann die Rekursinstanz auf den Beizug der Akten verzichten (§ 26a Abs. 1). Tut sie dies – was eher selten vorkommt (vgl. § 26a N. 12) –, so erübrigt es sich grundsätzlich auch, den Verfahrensbeteiligten Gelegenheit zur schriftlichen Vernehmlassung zu geben. Davon kann aber auch dann abgesehen werden, wenn die Akten beigezogen werden, obschon der Rekurs von vornherein als offensichtlich unzulässig oder offensichtlich unbegründet erscheint. In solchen Fällen überwiegt das *Beschleunigungsgebot* (§ 4a) gegenüber dem Interesse an der Gehörswahrung, welche lediglich auf eine leere Formalität hinauslaufen würde[11]. Allerdings ist beim Verzicht auf Durchführung einer Vernehmlassung Zurückhaltung geboten, weil die Sach- und Rechtslage meist erst aus den eingereichten Vernehmlassungen deutlich wird. Er kommt nur in Betracht, wenn das Ergebnis des Entscheids ohne jeden Zweifel feststeht, etwa weil die Rekursfrist eindeutig verpasst worden ist oder weil es sich um eine querulatorische oder rechtsmissbräuchliche Eingabe handelt und der Sachverhalt bereits hinlänglich bekannt ist[12]. 6

---

[6] Moser, in: Kommentar VwVG, Art. 57 N. 6.
[7] Moser, in: Kommentar VwVG, Art. 57 N. 1; Moser/Beusch/Kneubühler, Bundesverwaltungsgericht, N. 3.37.
[8] Seethaler/Plüss, in: Praxiskommentar VwVG, Art. 57 N. 1.
[9] Schwank, Festgabe, S. 461.
[10] Moser, in: Kommentar VwVG, Art. 57 N. 3; Seethaler/Plüss, in: Praxiskommentar VwVG, Art. 57 N. 1.
[11] Merkli/Aeschlimann/Herzog, Kommentar VRPG, Art. 69 N. 8; Seethaler/Plüss, in: Praxiskommentar VwVG, Art. 57 N. 25. Vgl. für das Steuerrekursverfahren § 148 Abs. 1 Satz 1 StG.
[12] Vgl. Merkli/Aeschlimann/Herzog, Kommentar VRPG, Art. 69 N. 8; Moser, in: Kommentar VwVG, Art. 57 N. 1; Schwank, Diss., S. 155 f.; Seethaler/Plüss, in: Praxiskommentar VwVG, Art. 57 N. 26 f.

7   Die im Rahmen des Schriftenwechsels erforderlichen behördlichen Anordnungen haben *prozessleitenden* Charakter. Sie sind nach Möglichkeit mit einer Androhung zu versehen, die den zur Rekursantwort bzw. Vernehmlassung Aufgeforderten die Folgen einer Säumnis ausdrücklich nennt. Es handelt sich dabei um **Zwischenentscheide,** die in der Regel keinen nicht wiedergutzumachenden Nachteil im Sinn von Art. 93 Abs. 1 lit. a BGG (i.V.m. § 19a Abs. 2 und § 41 Abs. 3 VRG) bewirken, weshalb sie nicht selbständig, sondern nur zusammen mit dem Endentscheid angefochten werden können.

B.   Vernehmlassungsberechtigte

8   Gemäss § 26b Abs. 1 Satz 1 hat die Rekursbehörde der Vorinstanz und den am vorinstanzlichen Verfahren Beteiligten Gelegenheit zur Vernehmlassung bzw. Rekursantwort zu geben. Diese Aufzählung ist jedoch nicht vollständig.

9   Die unmittelbare **Vorinstanz** ist unabhängig davon vernehmlassungsberechtigt, ob es sich um eine juristische Person handelt (Gemeinde oder anderer Verwaltungsträger mit Rechtspersönlichkeit) und ihr deshalb Parteistellung zukommt. Die Erstattung einer Vernehmlassung ist den Beteiligten grundsätzlich freigestellt (N. 16); gemäss § 26b Abs. 1 Satz 2 kann die Vorinstanz jedoch dazu *verpflichtet* werden. Dies ist namentlich dann angebracht, wenn sich die Rekursbehörde davon einen Beitrag zur Klärung der Sach- oder Rechtslage erhofft, was überwiegend der Fall sein dürfte[13].

10 Anstatt eine Vernehmlassung einzureichen, kann die erstinstanzlich verfügende Behörde – trotz des Devolutiveffekts des Rekurses – die angefochtene Verfügung auf Antrag oder von Amtes wegen auch in *Wiedererwägung* ziehen und eine neue Verfügung erlassen. Dabei kann sie insbesondere Erkenntnissen Rechnung tragen, die sie aus der Rekursschrift gewonnen hat. Eine Wiedererwägung ist praxisgemäss bis zum Zeitpunkt des Rekursentscheids möglich. Das Rekursverfahren wird dann in Bezug auf die nicht mehr strittigen Punkte gegenstandslos und kann insoweit – oftmals vollständig – abgeschrieben werden (vgl. § 28 N. 25)[14]. Nicht selten wird, etwa in Bausachen, ein Wiedererwägungsgesuch parallel zu einem Rekurs eingereicht, wobei das Rekursverfahren in der Regel bis zum Entscheid über das Wiedererwägungsgesuch sistiert wird. Dieses Vorgehen kommt im Ergebnis einer Einsprache an die verfügende Behörde nahe.

11 Hinsichtlich der **Vorinstanz der Vorinstanz** («Vorvorinstanz») ist zu differenzieren, soweit eine solche Konstellation im Rekursverfahren – aufgrund der Beschränkung des Verwaltungsprozesses auf grundsätzlich zwei kantonale Rechtsmittel – überhaupt noch eintreten kann: Stehen Vorinstanz und «Vorvorinstanz» in einem hierarchischen Verhältnis zueinander, tritt Erstere an die Stelle der Letzteren, so dass die «Vorvorinstanz» nicht vernehmlassungsberechtigt ist. Besteht hingegen keine hierarchische Unterordnung der erstinstanzlich anordnenden Behörde – was namentlich bei Körperschaften (insbesondere Gemeinden) der Fall ist, denen aufgrund ihrer Rechtspersönlichkeit Parteistellung

---

[13] Gegenbeispiel: VGr, 5.4.2006, VB.2005.00579, E. 2.2.
[14] Vgl. MOSER/BEUSCH/KNEUBÜHLER, Bundesverwaltungsgericht, N. 3.44 ff.; M. MÜLLER, Verwaltungsrechtspflege, S. 186 f.; SCHWANK, Diss., S. 168 f.

zukommt –, bleibt die betreffende Behörde bzw. juristische Person Gegenpartei, die zur Vorinstanz hinzutritt[15].

Wer zu den «**am vorinstanzlichen Verfahren Beteiligten**» zu zählen ist, ergibt sich in erster Linie daraus, wen die Vorinstanz in ihrem Verfahren formell als Beteiligte behandelt hat. Zu diesen gehören namentlich die *private Gegenpartei* der nunmehr rekurrierenden Partei sowie allfällige *Mitbeteiligte* des vorinstanzlichen Verfahrens (zur Terminologie vgl. Vorbem. zu §§ 21–21a N. 21 f.). Bei Rekursen Dritter wird der Verfügungsadressat zur Gegenpartei. Die fehlerhafte oder irrtümliche Benennung einer Person als Verfügungsadressatin hat jedoch nicht zur Folge, dass sie auch in das Rekursverfahren einzubeziehen wäre[16]. Zu den Beteiligten gehören ferner *Gemeinden* und andere Verwaltungsträger mit eigener Rechtspersönlichkeit, welche gegebenenfalls die erstinstanzliche Anordnung erlassen haben. Deren handelndes Organ ist in der Regel zugleich Vorinstanz.

12

Über den Wortlaut von § 26b Abs. 1 hinaus ist Dritten, die **am vorinstanzlichen Verfahren nicht beteiligt** waren, aber eine gewisse Beziehungsnähe zur Streitsache aufweisen, insoweit Gelegenheit zur Rekursantwort einzuräumen, als sie durch die angefochtene Anordnung oder den angefochtenen Rechtsmittelentscheid in schutzwürdigen Interessen berührt werden und ohne eigenes Verschulden am vorinstanzlichen Verfahren nicht beteiligt waren oder zu einer Beteiligung daran keine Veranlassung hatten (zum Institut der Beiladung vgl. Vorbem. zu §§ 21–21a N. 24 ff.). Dabei ist unerheblich, ob sich ihr schutzwürdiges Interesse auf die Aufrechterhaltung der Anordnung bzw. des Entscheids oder aber auf deren bzw. dessen Aufhebung oder Änderung bezieht[17]. Solche Dritte – bei denen es sich um natürliche oder juristische Personen des Privatrechts, aber auch um öffentlichrechtliche Körperschaften oder gegebenenfalls Anstalten handeln kann – sind *rechtsmittellegitimiert* und haben Anspruch auf *rechtliches Gehör*[18]. Sie sind deshalb als weitere Beteiligte bzw. *Mitbeteiligte* in das Verfahren einzubeziehen; d.h. es ist ihnen Gelegenheit zu geben, am Rekursverfahren teilzunehmen. Tun sie dies, indem sie sich mit eigenen Anträgen dem Rekurs widersetzen bzw. diesen unterstützen, erhalten sie Parteistellung mit allen Rechten und Pflichten[19]; damit tragen sie insbesondere auch ein Kostenrisiko[20].

13

Es ist Sache der verfahrensleitenden Behörde, zu prüfen, ob am vorinstanzlichen Verfahren nicht beteiligte Dritte durch den Rekursentscheid betroffen werden könnten und

14

---

[15] MOSER, in: Kommentar VwVG, Art. 57 N. 5; SCHWANK, Diss., S. 107, 165; anders für das Verfahren auf Bundesebene SEETHALER/PLÜSS, in: Praxiskommentar VwVG, Art. 57 N. 5.
[16] VGr, 29.11.2005, VB.2005.00281, E. 3 (nicht publiziert); in casu war auch die Ehefrau des Gesuchstellers aus ungeklärten Gründen als Verfügungsadressatin bezeichnet worden.
[17] Beispiel für den zweiten Fall: BGr, 20.9.2007, 2A.629 und 630/2006, E. 3.
[18] Bei Subjekten des öffentlichen Rechts kann nur in einem übertragenen Sinn von einem *Anspruch* auf rechtliches Gehör gesprochen werden; vgl. dazu auch ALBERTINI, Rechtliches Gehör, S. 140.
[19] SCHWANK, Diss., S. 165. Zur etwas differenzierten Rechtslage auf Bundesebene, wo ausdrücklich von «anderen Beteiligten» die Rede ist (Art. 57 Abs. 1 VwVG), vgl. SEETHALER/PLÜSS, in: Praxiskommentar VwVG, Art. 57 N. 13 ff.; BVGr, 15.10.2010, B-2257/2010, E. 2.2; BVGE 2010/25 326, E. 2.3.1; BVGr, 4.3.2010, B-7972/2008, E. 2.4; BVGr, 30.6.2009, B-517/2008, E. 2.3; vgl. auch BVGr, 3.10.2007, B-2157/2006, E. 1.4.2. Für das Beschwerdeverfahren vor dem Bundesgericht vgl. MEYER/DORMANN, in: Basler Kommentar BGG, Art. 102 N. 13 f.
[20] MOSER, in: Kommentar VwVG, Art. 57 N. 7.

deshalb mittels prozessleitender Verfügung *beizuladen* sind[21]. Je nach Intensität der Betroffenheit hat dies von Amtes wegen oder auf Antrag einer Partei bzw. auf Gesuch der betroffenen Person hin zu erfolgen[22]. So muss beispielsweise das Baurekursgericht, welches eine vom Bauherrn angefochtene Verweigerung einer Baubewilligung zu beurteilen hat, Dritten, die rechtzeitig ein Zustellbegehren gemäss § 315 Abs. 1 PBG gestellt haben und damit potenziell rekursberechtigt sind, von Amtes wegen die Gelegenheit geben, sich am Verfahren zu beteiligen; denn wenn es ihnen lediglich freistünde, im Anschluss an einen gutheissenden Rückweisungsentscheid gegen die daraufhin erteilte Baubewilligung vorzugehen, erlitten sie aufgrund der faktischen Bindung der Rechtsmittelinstanz an ihren eigenen Entscheid eine «offenkundige Gehörsverweigerung»[23].

15 Wird einem zur Vernehmlassung Berechtigten keine Gelegenheit hierzu gegeben, liegt eine **Verletzung des rechtlichen Gehörs** vor, die zur *Aufhebung* des Rekursentscheids führt, sofern nicht ausnahmsweise eine Heilung der Gehörsverletzung in Betracht kommt[24]. Bestehen Zweifel über die Vernehmlassungsberechtigung, empfiehlt es sich deshalb, den Rekurs den betreffenden Privaten oder Behörden zur (freigestellten) Vernehmlassung bzw. Rekursantwort zuzustellen.

16 Die am vorinstanzlichen Verfahren Beteiligten sowie die im Rekursverfahren neu Beigeladenen sind zur Erstattung einer Vernehmlassung grundsätzlich nicht verpflichtet (zur Ausnahme betreffend die Vorinstanz vgl. N. 9). Äussern sie sich trotz Gelegenheit hierzu nicht frist- und formgerecht, ist dies als **Verzicht auf Vernehmlassung** zu verstehen, nicht jedoch als Antrag auf Rekursgutheissung oder -abweisung. Hinsichtlich der Folgen eines solchen Verzichts ist zu unterscheiden: *Verfügungsadressaten*, deren Rechtsstellung aufgrund der Rekursbegehren geändert werden soll, bleiben ungeachtet ihres Stillschweigens am Verfahren beteiligt; es liegt eine notwendige Teilnahme vor. *Andere Beteiligte* bzw. *Beigeladene* verzichten damit auf die Ausübung von Parteirechten, werden in diesem Verfahren aber auch nicht kostenpflichtig. Ihr Verzicht hat zur Folge, dass sie sich später nicht wieder am Verfahren beteiligen können, ausser in Bezug auf Änderungen, die neu ihre Betroffenheit nach sich ziehen[25].

C. Form und Inhalt

17 Die Rekursantwort bzw. Vernehmlassung muss in **schriftlicher** Form erfolgen. Im Rahmen oder anstelle des ersten Schriftenwechsels besteht – anders als im Beschwerdeverfahren vor dem Verwaltungsgericht (vgl. § 59 Abs. 1) – keine Möglichkeit, sich mündlich zu äussern[26]. *Nach* durchgeführtem erstem Schriftenwechsel ist dies indes auch im Rekursverfahren möglich (vgl. N. 32 f.).

---

[21] SCHWANK, Diss., S. 166.
[22] Vgl. RB 1996 Nr. 10.
[23] VGr, 21.8.2008, VB.2008.00144, E. 2.1 (BEZ 2008 Nr. 51); RB 1997 Nr. 5.
[24] Vgl. z.B. VGr, 20.5.2009, VB.2008.00326, E. 3; zur Heilung von Gehörsverletzungen vgl. § 8 N. 38.
[25] MERKLI/AESCHLIMANN/HERZOG, Kommentar VRPG, Art. 69 N. 5; VGr, 10.5.2005, PB.2004.00086, E. 3.1.
[26] VGr, 9.8.2011, VB.2011.00404, E. 3.2; VGr, 18.5.2011, VB.2011.00124, E. 4.3.

Inhaltlich enthält die Rekursantwort bzw. Vernehmlassung in der Regel einen oder mehrere **Anträge** sowie Darlegungen des eigenen Standpunkts in sachverhaltsmässiger und rechtlicher Hinsicht. Dabei muss der Sachzusammenhang zum Streitgegenstand gewahrt werden, wie er durch den angefochtenen Akt und das Rechtsbegehren der rekurrierenden Partei bestimmt worden ist. Die Rekursgegner, die Vorinstanz sowie die Mitbeteiligten können in *materieller* Hinsicht Nichteintreten, teilweise oder vollumfängliche Abweisung oder Gutheissung des Rekurses beantragen. Ferner können sie *prozessuale* Anträge stellen, etwa hinsichtlich der aufschiebenden Wirkung oder einer Sistierung des Rekursverfahrens. Zulässig sind auch Eventualanträge. Im Rahmen der **Begründung** sind in erster Linie die relevanten Sachverhaltselemente darzulegen. Rechtliche Ausführungen sind insofern «freiwillig», als die Rekursbehörde das Recht von Amtes wegen anzuwenden hat (§ 7 Abs. 4). Insbesondere die Vorinstanz ist jedoch grundsätzlich gehalten, zu allen tatsächlichen und rechtlichen Vorbringen der rekurrierenden Partei Stellung zu nehmen.

Ein Vernehmlasser kann, ohne selbst Rekurs zu erheben, im Rahmen des Streitgegenstandes auch Anträge *zuungunsten* der rekurrierenden Partei stellen, da eine reformatio in peius gemäss § 27 zulässig ist. Solche Anträge besitzen allerdings nur den Charakter einer prozessualen Anregung (vgl. § 27 N. 20); sie fallen bei Nichteintreten auf den Rekurs oder bei dessen Rückzug dahin. Über den Streitgegenstand hinausgehende Anträge sind unzulässig, da die nachträgliche Verwaltungsrechtspflege das Institut des Anschlussrekurses nicht kennt. Es steht den Verfahrensbeteiligten aber frei, bei gegebenen Voraussetzungen innert Frist selber Rekurs zu erheben[27].

Die Rekursantwort bzw. Vernehmlassung ist grundsätzlich auf die Widerlegung der Rekursbegründung ausgerichtet. Zu diesem Zweck dürfen im Rahmen des Streitgegenstands – wie bereits in der Rekursbegründung (§ 20a Abs. 2) – **neue Tatsachen und Beweismittel** vorgebracht werden. Diese Noven hat die Rekursinstanz aufgrund der Untersuchungsmaxime bei der Beurteilung des massgeblichen Sachverhalts zu berücksichtigen[28].

III. Vernehmlassungsfrist (Abs. 2)

§ 26b Abs. 2 wurde – als alt § 26 Abs. 3 – anlässlich der VRG-Revision von 1997 eingefügt. Er dient der **Verfahrensbeschleunigung**[29] und konkretisiert für das Rekursverfahren das allgemeine Beschleunigungsgebot von § 4a. Aufgrund der Verweisung in § 70 (i.V.m. § 86) gilt er auch in den Verfahren vor dem Verwaltungsgericht.

---

[27] MERKLI/AESCHLIMANN/HERZOG, Kommentar VRPG, Art. 69 N. 3; MOSER/BEUSCH/KNEUBÜHLER, Bundesverwaltungsgericht, N. 3.42; SCHWANK, Diss., S. 167; SEETHALER/PLÜSS, in: Praxiskommentar VwVG, Art. 57 N. 20.
[28] MERKLI/AESCHLIMANN/HERZOG, Kommentar VRPG, Art. 69 N. 3; MOSER, in: Kommentar VwVG, Art. 57 N. 11; MOSER/BEUSCH/KNEUBÜHLER, Bundesverwaltungsgericht, N. 3.42.
[29] Weisung 1995, S. 1534.

22 Die Vernehmlassungsfrist ist in der Regel **gleich** zu bemessen wie die **Rechtsmittelfrist** im betreffenden Verfahren; dies entspricht dem Prinzip der Waffengleichheit[30]. Die Rechtsmittelfrist beträgt für Rekurs und Beschwerde grundsätzlich *30 Tage* (§ 22 Abs. 1 Satz 1 und § 53). Eine Verkürzung dieser Frist rechtfertigt sich nur in Fällen *besonderer Dringlichkeit* (§ 22 Abs. 3) oder wenn die Vernehmlassung auf *einzelne Punkte* beschränkt wird (vgl. N. 5). Als fraglich erscheint, ob eine Verkürzung auch dann gerechtfertigt ist, wenn das Gesetz – wie in § 339a PBG – für bestimmte Verfahren eine absolute, d.h. an den Rekurseingang und nicht (wie in § 27c) an den Abschluss der Sachverhaltsermittlung anknüpfende *Behandlungsfrist* vorsieht[31]. Jedenfalls muss der Anspruch auf rechtliches Gehör gewahrt bleiben; d.h. die Parteien müssen ihre Standpunkte fundiert und wirksam zur Geltung bringen können[32].

23 Die Vernehmlassungsfrist ist als richterliche Frist unter den Voraussetzungen von § 12 Abs. 1 erstreckbar. § 26b Abs. 2 setzt der **Fristerstreckung** im Vernehmlassungsverfahren jedoch Schranken: Sie soll nur einmal gewährt werden, und zwar höchstens um die Dauer der ursprünglich angesetzten Frist.

24 Die Beschränkung auf *eine* Erstreckung ist sinnvoll. Damit lassen sich von vornherein Versuche von Verfahrensbeteiligten unterbinden, mittels mehrmaliger Fristerstreckung die Verfahrensdauer in die Länge zu ziehen. Zudem trägt diese Beschränkung zur Gleichbehandlung aller Verfahrensbeteiligten bei.

25 Eher fragwürdig ist dagegen die Vorgabe, dass die Vernehmlassungsfrist *höchstens um die Dauer der ursprünglich angesetzten Frist* erstreckt werden soll. Zwar lässt sich dadurch eine weitere – wenn auch eher geringfügige – Verfahrensbeschleunigung erzielen, insbesondere wenn die ursprüngliche Frist weniger als 30 Tage beträgt, was etwa in Stimmrechtssachen der Fall ist (§ 22 Abs. 1 Satz 2). Der Gesetzeswortlaut hat jedoch zur Folge, dass mit der Bemessung der Vernehmlassungsfrist zugleich auch die Dauer einer möglichen Erstreckung bestimmt wird, obwohl dieser Entscheid zu gegebener Zeit im pflichtgemässen Ermessen der verfahrensleitenden Behörde liegt, die vorab den Umständen des Einzelfalls Rechnung tragen muss[33]. Überdies kann diese weitere Verkürzung der Vernehmlassungsfrist zur Folge haben, dass es einer Gemeinde nicht möglich ist, ihre Vernehmlassung im Rahmen der ordentlichen gemeinderätlichen Tätigkeit zu verabschieden. In der Praxis wird § 26b Abs. 2 deshalb in dem Sinne gehandhabt, dass die instruierenden Rechtspflegebehörden in erster Linie darauf achten, für das Vernehmlassungsverfahren *insgesamt* die *Höchstdauer von 60 Tagen* (ausgehend von der ordentlichen, 30-tägigen Rekurs- bzw. Beschwerdefrist) nicht zu überschreiten.

26 Bei **Säumnis** gilt das Folgende: Ein *verspätetes Fristerstreckungsgesuch* ist – unter Vorbehalt der Fristwiederherstellung (§ 12 Abs. 2) – unbeachtlich. Der betreffende Verfahrensbeteiligte wird demnach so gestellt, wie wenn er sich innert Frist nicht hätte vernehmen

---

[30] Vgl. BGE 127 V 228, E. 2a; 126 V 244, E. 4; MOSER, in: Kommentar VwVG, Art. 57 N. 4; MOSER/BEUSCH/KNEUBÜHLER, Bundesverwaltungsgericht, N. 3.39.
[31] So die Stellungnahme der Baurekurskommissionen des Kantons Zürich vom 26. September 2008 zum Vorentwurf VRG-Revision 2010, S. 2 f.
[32] SEETHALER/PLÜSS, in: Praxiskommentar VwVG, Art. 57 N. 21.
[33] Vgl. VGr, 25.4.2012, VB.2012.00025, E. 2.4.

lassen (vgl. N. 16)[34]. *Nach Fristablauf eingereichte Eingaben* sind grundsätzlich aus dem Recht zu weisen[35], können aber – kraft Geltung der Untersuchungsmaxime – zur Ermittlung des rechtserheblichen Sachverhalts (§ 7 Abs. 1) berücksichtigt werden[36]; je nach Bedeutung der Vorbringen ist die Rekursbehörde sogar dazu verpflichtet[37]. Die Eventualmaxime, wonach bis zu einem bestimmten Verfahrensabschnitt alle Begehren, Eventualbegehren sowie die zugehörigen tatsächlichen Behauptungen und Beweismittel vorgebracht werden müssen, gilt im Rekursverfahren demnach nicht, was die tatsächlichen Behauptungen und Beweismittel anbelangt.

§ 26b Abs. 2 hat den Charakter einer **Ordnungsvorschrift**. Sein Wortlaut setzt hinsichtlich der Vernehmlassungsfrist lediglich einen generellen Zeitrahmen fest[38]. Die instruierenden Rechtsmittelbehörden sind zwar – im Sinne eines allgemeinen Gebots – gehalten, dieser Bestimmung Rechnung zu tragen und Rechtsmittelverfahren durch möglichst kurze Vernehmlassungsfristen zu beschleunigen; in einem strikten Sinn verpflichtet sind sie dazu aber nicht. Sanktionen für den Fall der Nichtbefolgung dieses Gebots sind keine vorgesehen. Solche bestehen erst dann, wenn eine eigentliche Rechtsverzögerung vorliegt, was jedoch nicht leichthin anzunehmen ist. Die Offenheit der Regelung ist durchaus angebracht; denn die Komplexität und der Umfang eines Rekurses bzw. einer Beschwerde können im Einzelfall im Interesse einer sorgfältigen Sachverhaltsermittlung und zur Wahrung des rechtlichen Gehörs eine mehrmalige oder längerdauernde Fristerstreckung erfordern. Allerdings geht es nicht an, ein zweites, nicht substanziiert begründetes Fristerstreckungsgesuch ohne weiteres zu bewilligen, ebensowenig wie es statthaft ist, darüber einfach hinwegzugehen[39].

27

IV. Weiterer Schriftenwechsel; mündliche Verhandlung (Abs. 3)

§ 26b Abs. 3 stimmt mit alt § 26 Abs. 4 überein[40]. Wie die Rekursvernehmlassung dient auch ein allfälliger zweiter Schriftenwechsel (bestehend aus einer Replik und einer Duplik) in erster Linie der Gewährung des **rechtlichen Gehörs**. Ausserdem kann er zur weiteren Klärung des **Sachverhalts** beitragen, so dass anderweitige Untersuchungshandlungen der Rekursinstanz oder eine Rückweisung an die Vorinstanz womöglich vermieden werden können. Dabei bleibt es der instruierenden Rekursbehörde grundsätzlich unbenommen, den zweiten Schriftenwechsel auf einzelne Punkte zu beschränken. Bis weit in die 1990er-Jahre bildete die Entscheidung auf der Grundlage eines einzigen Schriftenwechsels die Regel; ein zweiter Schriftenwechsel wurde nur ausnahmsweise durchgeführt. Seither hat sich die Gestaltung der Rechtsmittelverfahren aufgrund der Recht-

28

---

[34] VGr, 23.4.2008, VB.2008.00015, E. 1.3.
[35] VGr, 3.5.2006, PB.2005.00036, E. 1.2; VGr, 11.7.2002, VB.2001.00278, E. 1b.
[36] VGr, 23.4.2008, VB.2008.00081, E. 2; VGr, 7.12.2006, VB.2005.00597, E. 2.1; BVGr, 23.8.2011, E-4576/2008, E. 3; BVGr, 29.10.2007, E-2733/2007, E. 2.2; VPB 2004 Nr. 148, E. 6a.
[37] BVGr, 24.5.2011, E-7433/2008, E. 3.
[38] Vgl. Prot. KK 1995/96, S. 58.
[39] VGr, 26.11.2001, VB.2001.00295, E. 3d (nicht publiziert).
[40] Analog § 148 Abs. 2 StG für das Steuerrekursverfahren.

sprechung des Europäischen Gerichtshofs für Menschenrechte zum sog. *Replikrecht* stark verändert (siehe N. 34 ff.).

29 Gemäss § 26b Abs. 3 liegt die **Anordnung** eines weiteren Schriftenwechsels grundsätzlich im pflichtgemässen Ermessen der Rekursbehörde[41]. Trotz der «Kann»-Formulierung *muss* diese aufgrund des Anspruchs auf rechtliches Gehör jedoch immer dann einen zweiten Schriftenwechsel anordnen, wenn sie in ihrem Entscheid auf erstmals in der Vernehmlassung vorgebrachte Behauptungen (sog. Noven) abstellen will[42]; ferner dann, wenn sie von sich aus beabsichtigt, ihrem Entscheid neu eingetretene oder bisher ausser Acht gelassene Tatsachen zugrunde zu legen[43], oder wenn sie gestützt auf einen von keiner Partei angerufenen Rechtsgrund, dessen Heranziehung von den Beteiligten nicht vorausgesehen werden konnte, entscheiden will (sog. Motivsubstitution)[44]. Ein zweiter Schriftenwechsel ist schliesslich erforderlich, wenn die erstinstanzlich anordnende Behörde bzw. die Vorinstanz ihren Entscheid ungenügend oder gar nicht begründet hat und die Begründung erst in der Vernehmlassung nachliefert[45]. Dies gilt auch im Rahmen eines abstrakten Normenkontrollverfahrens, soweit die Begründung des angefochtenen Erlasses in den strittigen Punkten von der Erlassbehörde erst mit der Vernehmlassung beigebracht wird (vgl. § 23 N. 20).

30 Darüber hinaus *kann* ein zweiter Schriftenwechsel angeordnet werden, wenn zu erwarten ist, dass er zur weiteren Erhellung unklarer tatsächlicher oder rechtlicher Verhältnisse beitragen wird. Zwar ergibt sich bei nicht hinreichend geklärtem Sachverhalt aus der Untersuchungsmaxime eine grundsätzliche Pflicht der Rekursinstanz zur Anordnung eines zweiten Schriftenwechsels; dieser dient jedoch nicht dazu, Darlegungen nachzuholen, die bereits in der Rekursschrift hätten vorgebracht werden können, beliebig neue Tatsachenbehauptungen in das Rekursverfahren einzubringen oder die in einem früheren Verfahrensstadium versäumte Akteneinsicht nachzuholen. Wird ein zweiter Schriftenwechsel durchgeführt, so ist allen Beteiligten Gelegenheit zu geben, sich erneut zu äussern.

31 Der Wortlaut von § 26b Abs. 3 geht (immer noch) davon aus, dass nach dem Einholen der Rekursantwort bzw. Vernehmlassung lediglich *ein* weiterer Schriftenwechsel angeordnet werden kann, es somit beim zweiten Schriftenwechsel sein Bewenden haben muss. Ein zweiter Schriftenwechsel kann jedoch **weitere Schriftenwechsel** nach sich ziehen (vgl. N. 34 ff.).

32 Anstelle des zweiten (oder eines weiteren) Schriftenwechsels kann die Rekursbehörde eine **mündliche Verhandlung** durchführen; hierzu besteht insbesondere anlässlich von Augenscheinen Gelegenheit. Eine mündliche Verhandlung kann hilfreich sein, wenn vertiefte oder umfangreiche Abklärungen nötig sind und zu erwarten ist, dass schriftliche Eingaben nicht zu allen massgebenden Gesichtspunkten genügend Aufschluss geben. Sie gestattet es überdies, durch Konfrontation verschiedener Beteiligter zusätzliche Erkennt-

---

[41] Analog Art. 57 Abs. 2 VwVG.
[42] Vgl. VGr, 22.1.2008, VB.2007.00565, E. 4.1 f. (nicht publiziert); VGr, 7.11.2007, VB.2007.00236, E. 3.1; VGr, 11.12.2002, VB.2002.00317, E. 2.
[43] Vgl. VGr, 30.6.2010, VB.2009.00472, E. 2.1 f.; VGr, 5.8.2009, VB.2008.00450, E. 2.1 f.
[44] MOSER, in: Kommentar VwVG, Art. 57 N. 14.
[45] Vgl. VGr, 23.6.2011, VB.2011.00223, E. 4.5; RB 2007 Nr. 12, E. 2.2 (VB.2006.00532 = BEZ 2007 Nr. 21).

nisse zu erlangen, allenfalls eine Einigung zu erzielen oder einen persönlichen Eindruck zu gewinnen, soweit es darauf ankommt. Über den Gesetzeswortlaut hinaus kann eine mündliche Verhandlung auch *zusätzlich* zu einem zweiten Schriftenwechsel angeordnet werden; dies ergibt sich schon daraus, dass im Rekursverfahren gegebenenfalls auch mehr als zwei Schriftenwechsel zulässig sind.

Im Anwendungsbereich von Art. 6 Ziff. 1 EMRK besteht ein **Anspruch** auf eine mündliche verfahrensabschliessende Verhandlung. Diese Verfahrensgarantie besteht jedoch nur bei Rechtsstreitigkeiten betreffend zivilrechtliche Ansprüche und Verpflichtungen oder strafrechtliche Anklagen im Sinn von Art. 6 Ziff. 1 EMRK vor verwaltungsunabhängigen Justizbehörden, d.h. vor dem Verwaltungsgericht, dem Baurekursgericht und dem Steuerrekursgericht. Im verwaltungsinternen Rekursverfahren kommen die Verfahrensgarantien von Art. 6 EMRK dagegen nicht zum Tragen. Aus Art. 29 Abs. 2 BV lässt sich ebensowenig ein Anspruch auf eine *mündliche Verhandlung* ableiten wie aus § 26b Abs. 3 VRG[46]; hingegen ergibt sich aus dem Gehörsanspruch unter Umständen ein Anspruch auf *mündliche Anhörung* (vgl. § 8 N. 31).

V. Recht auf Stellungnahme (Replikrecht)

A. Ausgangslage

In seiner jüngeren, stark von der angloamerikanischen Tradition beeinflussten Rechtsprechung, welche ihrerseits vom mündlichen Verfahren geprägt ist[47], leitete der Europäische Gerichtshof für Menschenrechte aus dem Gebot des *fair trial* gemäss Art. 6 Ziff. 1 EMRK ein *bedingungsloses Recht auf Stellungnahme* ab[48], das zumeist als «Replikrecht» bezeichnet wird. Um dieses durchzusetzen, verpflichtet der mit der VRG-Revision von 2010 neu eingefügte **Abs. 4** von § 26b die Rekursinstanz, die Vernehmlassungen den andern Verfahrensbeteiligten **unaufgefordert zuzustellen**. Gleiches gilt – zumindest im Anwendungsbereich des Replikrechts – auch für weitere Eingaben[49].

Diese Ergänzung des Gesetzes trägt der jüngeren Rechtsprechung des Strassburger Gerichtshofs allerdings nur teilweise Rechnung[50]. Denn § 26b Abs. 3 erfasst – wie auch Art. 57 Abs. 2 VwVG – zumindest von seinem Wortlaut her lediglich den von der Rechtsmittelbehörde *angeordneten* weiteren Schriftenwechsel[51]. Die Parteien haben nach der erwähnten Rechtsprechung jedoch *von sich aus* das Recht zu weiteren gegenseitigen Stellungnahmen; es ist also Sache der Parteien, über die Erforderlichkeit einer weiteren Stellungnahme zu entscheiden. Der Rechtsmittelinstanz bleibt aber weiterhin das Recht

---

[46] Vgl. SEETHALER/PLÜSS, in: Praxiskommentar VwVG, Art. 57 N. 58.
[47] AEMISEGGER, Bedeutung, S. 26.
[48] Vgl. die Hinweise bei AEMISEGGER, Probleme, S. 593 Fn. 51, LANTER, Formeller Charakter, S. 169 Fn. 6, und SEETHALER/PLÜSS, in: Praxiskommentar VwVG, Art. 57 Fn. 75.
[49] BGE 137 I 195, E. 2.6.
[50] Dies gilt auch für die meisten anderen Prozessgesetze; vgl. die Hinweise bei LANTER, Formeller Charakter, S. 168 Fn. 4.
[51] Vgl. LANTER, Formeller Charakter, S. 182.

bzw. die Pflicht (vgl. N. 29 f.), gegebenenfalls von sich aus einen weiteren Schriftenwechsel anzuordnen.

B. Anwendungsbereich

36 Nach bisheriger Auffassung kam das Replikrecht, wie es vom Strassburger Gerichtshof entwickelt und vom Bundesgericht nach einigem Zögern übernommen und konkretisiert worden war, in allen gerichtlichen und verwaltungsbehördlichen Rechtspflegeverfahren zur Anwendung, mit Bezug auf Letztere abgeleitet aus Art. 29 Abs. 1 und 2 BV[52]. In einem Grundsatzurteil vom 12. April 2012[53] nahm die II. öffentlichrechtliche Abteilung des Bundesgerichts indes eine Differenzierung vor und *schränkte den Anwendungsbereich des Replikrechts für die verwaltungsinterne Rechtspflege stark ein*. So unterschied sie erstmals zwischen einem Replikrecht im engeren Sinn, welches besteht, wenn eine neue Eingabe einer Partei eigentliche Noven enthält, und einem «Recht auf Kenntnisnahme von und Stellungnahme zu Eingaben der übrigen Verfahrensbeteiligten», welches unabhängig vom Inhalt einer neuen Eingabe zum Tragen kommt. Die Beständigkeit dieser Praxisänderung ist allerdings fraglich; zwar wurde das Urteil in die Amtliche Sammlung der höchstrichterlichen Leitentscheide (BGE) aufgenommen, doch handelt es sich nicht um einen Entscheid der Vereinigung aller Abteilungen des Bundesgerichts gemäss Art. 23 BGG.

1. Replikrecht i.e.S.

37 Wie bis anhin (vgl. N. 29) «ergibt sich aus dem verfassungsmässigen Anspruch auf rechtliches Gehör (Art. 29 Abs. 2 BV) in den Verfahren vor Verwaltungs- und Gerichtsbehörden, mithin allen Arten von Verfahren, die durch individuell-konkrete Anordnung abzuschliessen sind [...], das Recht, sich zu Eingaben von Vorinstanz oder Gegenpartei (‹Vernehmlassung›, ‹Stellungnahme› und dergleichen) zu äussern, soweit die darin vorgebrachten Noven prozessual zulässig und materiell geeignet sind, den Entscheid zu beeinflussen. Einen derart bedingten Anspruch erkannte das Bundesgericht bereits unter Herrschaft von Art. 4 aBV»[54]. Er hängt also vom Vorliegen **neuer Behauptungen (Noven)** ab, ist auf diese beschränkt und besteht in *allen Rechtsmittelverfahren,* unabhängig davon, ob die Rechtsmittelbehörde eine gerichtliche oder eine verwaltungsinterne ist.

---

[52] Vgl. VGr, 2.9.2009, VB.2009.00083, E. 4.2.1 (bestätigt in VGr, 18.5.2011, VB.2011.00124, E. 4.2; VGr, 14.1.2011, VB.2010.00608, E. 3.3.2; VGr, 7.10.2010, VB.2010.00250, E. 2.1; VGr, 14.9.2010, VB.2010.00353, E. 2.2.2; VGr, 8.9.2010, VB.2010.00296, E. 2.3; VGr, 10.6.2010, VB.2010.00120, E. 2.7 [BEZ 2011 Nr. 39]; VGr, 10.3.2010, PB.2009.00031, E. 2.1.1; VGr, 26.10.2009, VB.2009.00374, E. 2.1); VGr BE, 26.2.2009, VGE 100.2008.23254, E. 2.4 (BVR 2009, 328 ff.); LANTER, Formeller Charakter, S. 171; PATRICK SUTTER, in: Kommentar VwVG, Art. 29 N. 2, Art. 30 N. 2, Art. 31 N. 3. In BGE 133 I 98, E. 2.1, liess das Bundesgericht allerdings offen, inwiefern Art. 29 Abs. 2 BV ein Replikrecht auch im *Verwaltungsverfahren* verleiht (gemeint war wohl das erstinstanzliche, nichtstreitige Verwaltungsverfahren; so auch WALDMANN/BICKEL, in: Praxiskommentar VwVG, Art. 31 N. 22); vgl. demgegenüber BGer, 24.4.2007, 5P.454/2006, E. 4, wo das Bundesgericht eher beiläufig festhielt, das Replikrecht bestehe «in allen Gerichts- und Verwaltungsverfahren».
[53] BGE 138 I 154.
[54] BGE 138 I 154, E. 2.3.2, m.w.H.

2. Replikrecht i.w.S.

In seinem Grundsatzurteil von 2012 bezeichnete das Bundesgericht die soeben umschriebene Facette des Anspruchs auf rechtliches Gehör als Replikrecht im engeren Sinn und unterschied davon «die vom EGMR entwickelte Möglichkeit, zu jeder Eingabe von Vorinstanz oder Gegenpartei Stellung zu nehmen, und zwar **unabhängig davon, ob diese neue und erhebliche Gesichtspunkte enthalten**»[55]. Dieses weiter gefasste Replikrecht – vom Bundesgericht etwas umständlich als «*Recht auf Kenntnisnahme von und Stellungnahme zu Eingaben der übrigen Verfahrensbeteiligten*» bezeichnet – gilt primär in Gerichtsverfahren im Anwendungsbereich von Art. 6 Ziff. 1 EMRK, doch wurde es vom Bundesgericht auch auf die verbleibenden Gerichtsverfahren ausserhalb des Schutzbereichs von Art. 6 Ziff. 1 EMRK ausgedehnt, abgeleitet aus Art. 29 Abs. 1 und 2 BV[56].

Art. 29 BV kommt in allen Verfahren vor Gerichts- und Verwaltungsinstanzen zur Anwendung. Das schliesse – so das Bundesgericht weiter – aber nicht aus, bei der Konkretisierung der darin enthaltenen Verfahrensgrundsätze den *sachlichen Unterschieden zwischen den verschiedenen Behörden und Verfahrenskonstellationen* Rechnung zu tragen. Zum «Recht auf Kenntnisnahme von und Stellungnahme zu Eingaben der übrigen Verfahrensbeteiligten» in gerichtlichen Verfahren habe das Bundesgericht klare Regeln aufgestellt. Auch nach der Praxis des EGMR gelte ein solches Recht **nur im Verfahren vor Gerichten,** nicht aber vor anderen Behörden[57]. Selbst mit Blick auf die an sich anzustrebende Parallelität zwischen den Verfahrensgarantien der EMRK und denjenigen der Bundesverfassung bestehe daher «kein Anlass, aus Art. 29 BV ein Recht auf Kenntnisnahme von und Stellungnahme zu Eingaben der übrigen Verfahrensbeteiligten auch im Verfahren vor anderen als gerichtlichen Behörden abzuleiten»[58].

Das Replikrecht im weiteren Sinn gilt mithin in den Verfahren vor dem *Verwaltungsgericht*, dem *Baurekursgericht* und dem *Steuerrekursgericht,* nicht aber im verwaltungsinternen Rekursverfahren vor den Behörden der Zentral- und der Bezirksverwaltung, ebensowenig im Verfahren vor der Rekurskommission der Zürcher Hochschulen (vgl. § 26c N. 3 f.). Die *Schätzungskommissionen* in Enteignungssachen gemäss den §§ 32 ff. AbtrG sind in ihrer Rechtsprechung zwar unabhängig[59]; ob es sich jedoch um gerichtliche Instanzen handelt, ist umstritten (vgl. § 19b N. 51). Selbst in diesem Fall käme das Replikrecht i.w.S. nur in modifizierter Weise zum Tragen, weil das Verfahren vor den Schätzungskommissionen grundsätzlich mündlich ist[60] (ausführlich zum Enteignungsverfahren § 19b N. 83 ff.).

Zur Tragweite und Handhabung des Replikrechts i.w.S. siehe im Einzelnen § 58 N. 30 ff.

---

[55] BGE 138 I 154, E. 2.3.3 (Hervorhebung hinzugefügt).
[56] BGE 133 I 100, E. 4.6; 138 I 154, E. 2.3.3.
[57] Unter Hinweis auf EGMR, 28.10.2010, 41718/05 (Schaller-Bossert/Schweiz), Ziff. 29–32; vgl. zu diesem Punkt die Kritik von Lanter, Bemerkungen, N. 9, der die Bezugnahme auf dieses EGMR-Urteil als «abwegig» bezeichnet.
[58] BGE 138 I 154, E. 2.5; kritisch dazu Lanter, Bemerkungen, N. 7 ff. Infolge dieses Grundsatzurteils sind anderslautende Urteile des Verwaltungsgerichts und Äusserungen in der Literatur überholt; vgl. die Hinweise darauf in Fn. 52.
[59] Jaag/Rüssli, Staats- und Verwaltungsrecht, N. 2035 und 3639.
[60] Vgl. § 14 VO SchKomm.

3. Konsequenzen der Unterscheidung

42 In Rekursverfahren vor **nicht-gerichtlichen Behörden** ist im Rahmen der Verfahrensleitung demnach weiterhin zu prüfen, ob eine Eingabe *neue, wesentliche Vorbringen* enthält. Darüber ist gegebenenfalls im Rahmen eines Zwischenentscheids zu befinden, der unter den Voraussetzungen von § 19a Abs. 2 VRG i.V.m. Art. 93 Abs. 1 lit. a BGG (Bejahung eines nicht wiedergutzumachenden Nachteils) angefochten werden kann. Unverlangte Stellungnahmen zu Eingaben, welche keine Noven enthielten, können aus dem Recht gewiesen werden. Es ist der Rekursinstanz jedoch nicht verwehrt, Eingaben den Verfahrensbeteiligten zur freigestellten Stellungnahme zuzustellen.

43 § 26b Abs. 4 sieht lediglich die **unaufgeforderte Zustellung** von Vernehmlassungen (und weiteren Eingaben; vgl. N. 34) vor, verpflichtet die Rekursinstanz jedoch nicht dazu, auf die Möglichkeit einer Stellungnahme explizit hinzuweisen. Soweit bei nicht-gerichtlichen Rekursinstanzen lediglich das *Replikrecht im engeren Sinn* greift, genügt dies grundsätzlich; denn hier ist die Prüfung der Frage, ob rechtserhebliche Noven vorliegen, weiterhin Sache der Behörde (N. 42), welche bejahendenfalls – bereits gestützt auf Art. 29 Abs. 2 BV – Frist zur Stellungnahme ansetzen muss (N. 29) und es verneinendenfalls bei der blossen Zustellung der Eingabe bewenden lassen darf, verbunden allerdings mit der (zumindest sinngemässen) Feststellung im Rahmen einer Zwischenverfügung, dass die Eingabe keine neuen Vorbringen enthält und der Schriftenwechsel deshalb abgeschlossen ist.

44 Wo hingegen das *Replikrecht im weiteren Sinn* zum Tragen kommt, kann sich eine blosse Zustellung zur Kenntnisnahme – ohne Fristansetzung für eine allfällige Stellungnahme – mit Blick auf die Effektivität des Replikrechts als problematisch erweisen[61]. Das Bundesgericht lässt dies nach neuster Rechtsprechung dann genügen, «wenn von den Parteien erwartet werden kann, dass sie umgehend unaufgefordert Stellung nehmen oder eine Stellungnahme beantragen»[62]. Dies ist insbesondere bei anwaltlich vertretenen Parteien der Fall, da von Rechtsanwältinnen und Rechtsanwälten erwartet werden kann, dass sie die bundesgerichtliche Rechtsprechung zum Replikrecht kennen und sich entsprechend verhalten[63]. Zustellen muss das Gericht eine Eingabe jedoch auf jeden Fall; die Möglichkeit der Akteneinsicht vermag die Zustellung nicht zu ersetzen[64].

45 Vor gerichtlichen Rechtsmittelinstanzen kann eine Partei nach der Zustellung einer Eingabe zur Kenntnisnahme entweder *direkt eine Replik* darauf einreichen oder um entsprechende *Fristansetzung* ersuchen, wobei Letzteres in der Regel bevorzugt wird, um Zeit zu gewinnen. Diese Prozesshandlungen haben **unverzüglich** zu erfolgen, widrigenfalls ein Verzicht auf eine weitere Eingabe angenommen wird und das Replikrecht als verwirkt gilt[65]. Allerdings ist der Partei zur Wahrnehmung des Replikrechts eine gewisse Zeit zu belassen, bevor der Entscheid gefällt wird. Die Ausübung des Replikrechts darf nicht ver-

---

[61] Vgl. LANTER, Formeller Charakter, S. 175 ff., 182.
[62] BGE 138 I 484, E. 2.4 (Entscheid der Vereinigung aller Abteilungen des Bundesgerichts gemäss Art. 23 Abs. 1 BGG).
[63] Vgl. BGE 138 I 484, E. 2.3 und 2.5, m.H. auf EGMR, 15.11.2012, 43245/07 (Joos/Schweiz); so nun auch VGr, 21.2.2013, VB.2013.00075, E. 2, allerdings in Bezug auf eine nicht-gerichtliche Vorinstanz und ohne Auseinandersetzung mit BGE 138 I 154 (vgl. N. 36, 38 f.).
[64] BGE 137 I 195, E. 2.6; vgl. auch VGr, 24.1.2013, VB.2012.00762, E. 2; VGr, 10.9.2012, VB.2012.00393, E. 3.
[65] BGE 133 I 100, E. 4.8; 133 I 98, E. 2.2; 132 I 42, E. 3.3.4.

hindert werden, indem der Entscheid so rasch ergeht, dass eine Stellungnahme innert vernünftiger Frist nicht mehr möglich ist. Das Bundesgericht bezeichnete eine Zeitspanne von weniger als zehn Tagen als ungenügend, eine solche von mehr als 20 Tagen hingegen als ausreichend[66], so dass sich der Begriff «unverzüglich» – je nach Art und Dringlichkeit des Entscheids – innerhalb einer *Bandbreite von zehn bis 20 Tagen* bewegt[67]. Selbstverständlich ist es den Gerichten mit Blick auf das Beschleunigungsgebot (§ 4a) weiterhin unbenommen, direkt eine Frist zur Stellungnahme anzusetzen. Dies entspricht der Praxis des Baurekursgerichts, welches jeweils eine nicht erstreckbare Frist von 20 Tagen zur Einreichung der Stellungnahme ansetzt[68]. Auch das Bundesgericht selbst hat – trotz Präzisierung der Rechtsprechung (vgl. N. 44) – beschlossen, zur Wahrung des Replikrechts in seinen eigenen Verfahren «in der Regel eine Frist anzusetzen»; dies, um «jede Unsicherheit darüber zu beseitigen, zu welchem Zeitpunkt Verzicht angenommen wird»[69].

---

[66] BGr, 25.11.2010, 6B_629/2010, E. 3.3.2; vgl. ferner BGr, 17.4.2013, 5A_155/2013, E. 1.4; BGr, 16.11.2012, 1B_459/2012, E. 2.2; BGr, 21.9.2012, 1B_407/2012, E. 2.2; BGr, 14.4.2009, 2C_794/2008, E. 3.4 f. Restriktiver («Als unverzüglich gilt ein Handeln innert maximal zehn Tagen») VGr, 5.12.2012, VB.2012.00543, E. 5.2; VGr, 29.6.2011, VB.2011.00148, E. 1.6–1.6.4.
[67] Vgl. auch LANTER, Formeller Charakter, S. 173 f. und 177, der diese Praxis – insbesondere die daran anknüpfende Fiktion eines Verzichts auf Stellungnahme – als problematisch erachtet.
[68] Stellungnahme der Baurekurskommissionen vom 26. September 2008 zum Vorentwurf VRG-Revision 2010, S. 3 f.
[69] Schweizerisches Bundesgericht, Dokument «Schriftenwechsel und freiwillige Bemerkungen» (www.bger.ch > Rechtsprechung > Schriftenwechsel und freiwillige Bemerkungen).

d. Zeugeneinvernahme
§ 26c
Verfügt die Rekursinstanz über gerichtliche Unabhängigkeit, kann sie Zeugen einvernehmen.

Materialien
Weisung 2009, S. 965; Prot. KR 2007–2011, S. 10241, 10536.

Literatur
KIENER/RÜTSCHE/KUHN, Öffentliches Verfahrensrecht, N. 735 ff.; RHINOW/KOLLER/KISS/THURN-HERR/BRÜHL-MOSER, Öffentliches Prozessrecht, N. 1216 ff.

1 Im Vorentwurf von 2008 zur VRG-Revision von 2010 war der jetzige § 26c als neuer Abs. 5 des bisherigen § 26 vorgesehen. Nach der Vernehmlassung wurde er als eigene Bestimmung verselbständigt[1].

2 Obwohl erstinstanzliche Verwaltungsbehörden und Rekursinstanzen den Sachverhalt gemäss § 7 Abs. 1 von Amtes wegen abklären müssen und die in dieser Bestimmung enthaltene Aufzählung der hierfür zur Verfügung stehenden Beweismittel keinen abschliessenden Charakter hat (vgl. § 7 N. 43), sind sie **grundsätzlich nicht befugt,** Zeugeneinvernahmen durchzuführen (vgl. § 7 N. 57 f.). Dies wird damit begründet, dass es sich bei der Zeugeneinvernahme um ein relativ anspruchsvolles Mittel der Beweiserhebung handelt[2]. In anderen Kantonen sind hingegen – nebst den Gerichten – auch nicht-gerichtliche Rechtsmittelinstanzen oder sogar Verwaltungsbehörden zur Zeugeneinvernahme berechtigt, vereinzelt allerdings unter der Voraussetzung, dass die einvernehmende Person über eine juristische Ausbildung verfügt[3]. Auf Bundesebene gilt die restriktive Regelung gemäss Art. 14 VwVG.

3 Mit der VRG-Revision von 2010 liess der Gesetzgeber Zeugeneinvernahmen neu für diejenigen Rekursinstanzen zu, welchen **gerichtliche Unabhängigkeit** zukommt, also für das heutige *Baurekursgericht* und das *Steuerrekursgericht*[4]. Diese sind als gerichtliche In-

---

Unter Mitarbeit von CORINA CALUORI, MLaw.

[1] Zur Aufteilung des bisherigen § 26 in mehrere Paragrafen siehe § 26 N. 1 und 5.
[2] Weisung 2009, S. 965; vgl. ferner MERKLI/AESCHLIMANN/HERZOG, Kommentar VRPG, Art. 19 N. 40; SCHWANK, Diss., S. 187.
[3] Vgl. z.B. § 24 Abs. 2 VRPG AG; Art. 19 Abs. 1 lit. e VRPG BE; Art. 53 VRG FR; Art. 52 VRG GL; Art. 1 Abs. 2 VRG GR; § 73 VRG LU; Art. 63 Abs. 2 StVG OW; Art. 12 Abs. 1 VRP SG; § 16 VRG SO; § 12 Abs. 2 VRG TG; Art. 18a Abs. 2 VVRG VS.
[4] Nach dem Inkrafttreten der neuen Regelung am 1. Juli 2010 galt diese noch während eines halben Jahres für die damaligen Bau- und Steuerrekurskommissionen. Deren – von der VRG-Revision unabhängige – Reorganisation und gleichzeitige administrative Unterstellung unter das Verwaltungsgericht (anstelle der vormaligen Angliederung an die Direktion der Justiz und des Innern) war aufgrund der Vorgaben der neuen Kantonsverfassung von 2005 notwendig geworden (vgl. Art. 73 Abs. 3 Satz 1 und Art. 75 Abs. 2 Satz 1 KV) und erfolgte per 1. Januar 2011 mit dem Gesetz über die Unterstellung der Steuerrekurskommissionen und der Baurekurskommissionen unter das Verwaltungsgericht vom 13. September 2010 (OS 65, 953).

stanzen im Sinn von Art. 30 Abs. 1 BV und Art. 6 Ziff. 1 EMRK konzipiert, kraft ausdrücklicher Gesetzesvorschrift in ihrer rechtsprechenden Tätigkeit unabhängig[5] und nehmen neben dieser Tätigkeit – anders als die Rekursbehörden der Zentral- und der Bezirksverwaltung – weder Verwaltungs- noch Aufsichtsfunktionen wahr[6]. Allerdings änderte sich aufgrund der Einfügung von § 26c nur für die vormaligen Baurekurskommissionen bzw. das Baurekursgericht etwas, weil die Steuerrekurskommissionen schon zuvor befugt waren, Zeugen einzuvernehmen (§ 148 Abs. 3 i.V.m. § 132 Abs. 2 StG)[7].

Als unabhängige Gerichte sind auch die *kirchlichen Rekurskommissionen* gemäss Art. 7 KiG zu qualifizieren – d.h. die Rekurskommission der Evangelisch-reformierten Landeskirche und die Rekurskommission der Römisch-katholischen Körperschaft –, die teilweise als erste und teilweise als zweite Rekursinstanz amten[8]. Auf das Verfahren finden kraft Verweisung in § 18 Abs. 2 KiG die Bestimmungen des VRG Anwendung, soweit die kantonalen kirchlichen Körperschaften keine besonderen Regelungen erlassen haben (ausführlich zum Rechtsschutz in kirchlichen Angelegenheiten § 19b N. 68 ff.). Keine gerichtliche Instanz ist demgegenüber die *Rekurskommission der Zürcher Hochschulen*; diese ist in ihrer rechtsprechenden Tätigkeit zwar unabhängig[9], wird jedoch vom Universitätsrat gewählt und unterliegt dessen administrativer Aufsicht[10].

4

Die **Bezirksräte** gelten nicht als gerichtliche Behörden, soweit sie Vollzugs-, Aufsichts- und Rechtsprechungsfunktionen im öffentlichrechtlichen Bereich wahrnehmen[11]. In ihrer Funktion als *erste Beschwerdeinstanz gegen Entscheide der Erwachsenenschutzbehörde* (Art. 450 Abs. 1 ZGB i.V.m. § 63 Abs. 1 EG KESR) kommt ihnen nach Auffassung des Bundesgerichts jedoch gerichtliche Unabhängigkeit zu[12]. Hier sind sie ebenfalls zur Zeugeneinvernahme befugt, allerdings nicht gestützt auf § 26c VRG – welcher in jenem Verfahren nicht zur Anwendung gelangt –, sondern gemäss spezialgesetzlicher Regelung in § 40 EG KESR, die ihrerseits auf das ZGB, das GOG und subsidiär auf die ZPO verweist. Überdies ermächtigt § 53 EG KESR die Kindes- und Erwachsenenschutzbehörden ausdrücklich, Zeugen zu befragen. Das Bundesgericht schliesst daraus, dass der Beschwerdeinstanz auch aus diesem Grund die gleiche Befugnis zukommen muss[13].

5

---

[5] Vgl. § 336 Abs. 1 PBG bzw. § 116 Abs. 1 StG.
[6] Die Bau- und die Steuerrekurskommissionen waren in ihrer rechtsprechenden Tätigkeit schon zuvor unabhängig gewesen. Sie galten als «gerichtsähnliche Instanzen» mit richterlicher Unabhängigkeit (2. Aufl., § 19 N. 86; siehe ferner – mit Bezug auf die Baurekurskommissionen – RB 2007 Nr. 14, E. 2.1 [VB.2007.00136 = BEZ 2007 Nr. 33 = ZBl 2008, 225 ff.]; VGr, 25.4.2007, VB.2007.00091, E. 2.2).
[7] Demgegenüber schloss § 22 der Verordnung über die Organisation und den Geschäftsgang der Baurekurskommissionen vom 20. Juli 1977 (OS 46, 759) die Befugnis zur förmlichen Zeugeneinvernahme ausdrücklich aus. Diese Verordnung wurde durch die OV BRG abgelöst, die am 1. Januar 2011 in Kraft trat.
[8] Vgl. JAAG/RÜSSLI, Staats- und Verwaltungsrecht, N. 1325 ff. und 2030 ff., insb. 2034b.
[9] § 2 Abs. 1 OV ZHRK.
[10] § 1 Abs. 2 und § 2 Abs. 2 OV ZHRK. Zur Verneinung der Gerichts-Qualität der Rekurskommission vgl. BGr, 3.11.2003, 2P.252/2003, E. 3.4.1, m.H. auf BGr, 16.6.1999, 1P.4/1999, E. 3; JAAG/RÜSSLI, Staats- und Verwaltungsrecht, N. 2033.
[11] BGE 139 III 98, E. 4.4.2, m.w.H.
[12] BGE 139 III 98, E. 4.4.3–4.4.5; a.M. JAAG/RÜSSLI, Staats- und Verwaltungsrecht, N. 2005a; G. MÜLLER, Gerichtliche Beschwerdeinstanz. Vgl. auch die kritische Urteilsanmerkung von REGINA KIENER in ZBl 2013, 274 ff.
[13] BGE 139 III 98, E. 4.3.3.

6 Die **Durchführung** von Zeugeneinvernahmen ist weder für das Rekurs- noch für das Beschwerdeverfahren näher geregelt. Sie richtet sich sinngemäss nach den Bestimmungen der *Zivilprozessordnung*[14] (§ 60 analog; vgl. § 60 N. 15 ff.; siehe ferner § 61 betreffend das sich aus dem Anspruch auf rechtliches Gehör ergebende Recht auf Stellungnahme zum Beweisergebnis).

---

[14] Vgl. insbesondere Art. 160 ff. und 169 ff. ZPO.

e. Bei Volkswahlen und -abstimmungen

§ 26d

Betrifft der Rekurs eine Volkswahl oder eine Volksabstimmung, kann die Rekursinstanz Nachzählungen vornehmen oder vornehmen lassen.

Materialien
Weisung 2009, S. 946, 966; Prot. KR 2007–2011, S. 10241, 10536.

Literatur
BESSON, Legitimation, S. 862 ff.; LUTZ GEORG/FELLER RETO/MÜLLER MARKUS, Nachzählung bei knappen Wahl- und Abstimmungsergebnissen – überhöhte Erwartungen? Überlegungen aus juristischer und politologischer Sicht, AJP 2006, 1517 ff. *(Nachzählung);* MAAG BERNHARD, Urnenwahl von Behörden im Majorzsystem – Ausgehend vom Recht des Kantons Zürich, Diss. (Zürich), Norderstedt 2004, S. 64 ff.; NUSPLIGER KURT, Gerichtlicher Rechtsschutz und politische Rechte, in: Herzog/Feller, Verwaltungsgerichtsbarkeit, S. 437 ff., 453 ff.; NUSPLIGER KURT/MÄDER JANA, Präzision in der Demokratie. Das Nachzählen sehr knapper Wahl- und Abstimmungsergebnisse – am Beispiel der Vorlage über die Teilrevision des Berner Motorfahrzeugsteuergesetzes, ZBl 2013, 183 ff. *(Präzision);* SCHUHMACHER CHRISTIAN, Eine Lanze für die Nachzählung, ZBl 2013, 491 ff. *(Lanze);* TORNAY SCHALLER BÉNÉDICTE, Y a-t-il un droit au recomptage automatique en cas de résultat de votation ou d'élection très serré? – Analyse critique de l'ATF 136 II 132, in: Andrea Good/Bettina Platipodis (Hrsg.), Direkte Demokratie – Herausforderungen zwischen Politik und Recht, Festschrift für Andreas Auer zum 65. Geburtstag, Bern 2013, S. 99 ff. *(Droit au recomptage);* TORNAY BÉNÉDICTE, La démocratie directe saisie par le juge – L'empreinte de la jurisprudence sur les droits populaires en Suisse, Diss. (Genf), Genf/Zürich/Basel 2008, S. 278 ff.; TSCHANNEN, Staatsrecht, § 52 N. 69 ff.; TSCHANNEN PIERRE, in: Walter Kälin et al., Die staatsrechtliche Rechtsprechung des Bundesgerichts in den Jahren 2010 und 2011, ZBJV 2011, 747 ff., S. 808 f. *(Rechtsprechung 2010/2011);* TSCHANNEN PIERRE, in: Walter Kälin et al., Die staatsrechtliche Rechtsprechung des Bundesgerichts in den Jahren 2005 und 2006, ZBJV 2006, 741 ff., S. 800 f. *(Rechtsprechung 2005/2006);* WIDMER STEPHAN, Wahl- und Abstimmungsfreiheit, Diss. (Zürich), Zürich 1989, S. 170 ff.

Inhaltsübersicht

I.	Entstehungsgeschichte und Regelungsgegenstand	1–3
II.	Voraussetzungen für eine Nachzählung	4–12
	A. Kantonales Recht	4–7
	B. Bundesrechtliche Mindestanforderungen	8–12

I. Entstehungsgeschichte und Regelungsgegenstand

Im Rahmen der VRG-Revision von 2010 war der Gesetzgeber bestrebt, das VRG stärker als bisher als verfahrensrechtlichen Kernerlass auszugestalten[1]. Aus diesem Grund integrierte er die Regelung des **Rechtsschutzes im Bereich der politischen Rechte,** welche zuvor im GPR von 2003 enthalten war, ins VRG; dies unter weitgehender Beibehaltung

---

Unter Mitarbeit von MATHIAS KAUFMANN, M.A. HSG.

[1] GRIFFEL, Rekurs, S. 44.

der bisherigen Besonderheiten (vgl. § 19 N. 57)[2]. Die den sog. *Stimmrechtsrekurs* betreffenden §§ 147–152 GPR konnten deshalb aufgehoben werden. § 146 Abs. 1 GPR verweist nunmehr auf die Regelung im VRG, was den Schutz der politischen Rechte des kantonalen und kommunalen Rechts anbelangt.

2 § 26d (im Vorentwurf von 2008: § 26b) bezieht sich auf die *Sachverhaltsermittlung* und entspricht inhaltlich dem früheren § 151 Abs. 3 GPR[3], wonach die Rekursinstanz **Nachzählungen** vornehmen oder vornehmen lassen konnte. Mit jener Bestimmung sollte «in sinnvoller Weise von § 7 VRG abgewichen [werden], wonach die Rekursinstanz den Sachverhalt selbst zu ermitteln hat»[4]; freilich geht es weniger um eine Abweichung von § 7 als vielmehr um eine Ergänzung der in Abs. 1 (nicht abschliessend) aufgezählten Mittel zur Sachverhaltsfeststellung. Nach wie vor im GPR enthalten ist die Befugnis der *wahlleitenden Behörde*[5], bei einem knappen Ausgang der Wahl bzw. Abstimmung eine Nachzählung anzuordnen (§ 75 Abs. 3 Satz 2 GPR; siehe dazu die Präzisierungen in § 49 VPR).

3 **Rekursinstanzen** in Stimmrechtssachen sind
– die *Direktion der Justiz und des Innern* bei kantonalen Wahlen und Abstimmungen, und zwar nicht nur im Zusammenhang mit Handlungen[6] der Kreiswahlvorsteherschaften, welche bei der Kantonsratswahl den Regierungsrat als wahlleitende Behörde unterstützen[7], sondern auch bei Handlungen von Gemeindebehörden (§ 19b Abs. 2 lit. b Ziff. 2). Durch diese Abweichung vom Regelinstanzenzug (vgl. § 19b N. 2 ff.) sollte kantonsweit eine einheitliche Rechtsanwendung gewährleistet werden[8];
– der *Bezirksrat* bei Handlungen von Gemeindebehörden im Zusammenhang mit kommunalen Wahlen und Abstimmungen (§ 19b Abs. 2 lit. c);
– die *Direktion* bei Handlungen eines Amts oder einer tieferstufigen Verwaltungseinheit, z.B. einer Abteilung (§ 19b Abs. 2 lit. b Ziff. 1);
– der *Regierungsrat* bei erstinstanzlichen Handlungen einer Direktion, der Staatskanzlei[9] oder eines Bezirksrats (§ 19b Abs. 2 lit. a Ziff. 1 und 3);
– der *Kantonsrat* (als einzige Instanz) bei Rekursen gegen das Ergebnis einer Kantonsratswahl (§ 19b Abs. 2 lit. e).

Gegen Rekursentscheide des Regierungsrats, der Direktionen und der Bezirksräte – nicht aber gegen Entscheide des Kantonsrats – steht die Beschwerde an das Verwaltungsgericht offen (§§ 41 und 42 lit. b).

---

[2] Vgl. die Übersicht in der Weisung 2009, S. 946.
[3] OS 58, 289 (S. 323).
[4] Weisung GPR, S. 1637.
[5] Vgl. dazu § 12 GPR.
[6] Zum Anfechtungsobjekt in Stimmrechtssachen vgl. § 19 Abs. 1 lit. c.
[7] Vgl. Art. 13, 87, 90 f. und 95 GPR.
[8] Vgl. Weisung 2009, S. 880 f.
[9] Die Staatskanzlei steht auf der gleichen Stufe wie eine Direktion (JAAG/RÜSSLI, Staats- und Verwaltungsrecht, N. 1507).

II. Voraussetzungen für eine Nachzählung

A. Kantonales Recht

§ 26d nennt keine Voraussetzungen für eine Nachzählung von Wahl- oder Abstimmungszetteln im Rekursverfahren. § 75 Abs. 3 Satz 2 GPR ermächtigt wie dargelegt die wahlleitende Behörde, eine Nachzählung anzuordnen, allerdings nur «[b]ei einem knappen Ausgang». § 26d VRG sieht diese Einschränkung – wie zuvor schon alt § 151 Abs. 3 GPR – für das Rekursverfahren nicht ausdrücklich vor. Gleichwohl gilt auch hier, dass eine Nachzählung von vornherein nur in Betracht kommt, wenn Zweifel an der Richtigkeit des ermittelten Ergebnisses bestehen, insbesondere weil ein **knappes Resultat** vorliegt[10]. Ab wann von einem solchen auszugehen ist, hat das Bundesgericht bisher offengelassen[11], wobei es eine Differenz von 1,83 Prozent zwischen Ja- und Nein-Stimmen als nicht knapp bezeichnete[12], eine solche von 0,29 Prozent hingegen als knapp, wenn auch nicht «äusserst knapp»[13]. In erster Linie bestimmt jedoch das *kantonale Recht*, unter welchen Voraussetzungen die zuständige Behörde eine Nachzählung anordnen darf bzw. eine solche verlangt werden kann[14]. Im Kanton Zürich liegt es nahe, hierzu für das Rekursverfahren *§ 49 VPR* analog heranzuziehen (analog deshalb, weil er als Ausführungsbestimmung zu § 75 Abs. 3 Satz 2 GPR für die wahlleitende Behörde gilt):

- Demnach liegt ein knapper Ausgang einer *Abstimmung* in der Regel dann vor, wenn der Anteil der Ja-Stimmen zwischen 49,8 und 50,2 Prozent der Summe der Ja- und der Nein-Stimmen liegt (Abs. 1). Bei einer Vorlage mit einem Gegenvorschlag muss diese Bandbreite von 0,4 Prozent analog auch für die Nachzählung des Ergebnisses der Stichfrage massgebend sein[15].

- Bei einer *Mehrheitswahl* liegt ein knapper Ausgang in der Regel in folgenden Fällen vor (Abs. 2): Die Stimmendifferenz zwischen einer gewählten und einer nicht gewählten Person, die das absolute Mehr ebenfalls erreicht hat, beträgt weniger als 0,8 Prozent der Stimmen der gewählten Person (lit. a); eine Person wird wegen Nichterreichens des absoluten Mehrs nicht gewählt, wobei die Differenz zwischen ihrer Stimmenzahl und dem absoluten Mehr weniger als 0,8 Prozent des absoluten Mehrs beträgt (lit. b)[16].

Die in § 49 VPR enthaltende Relativierung («in der Regel») eröffnet nur einen geringfügigen Ermessensspielraum. Sie lässt einen Verzicht auf Nachzählung trotz Unterschreitung der genannten Prozentgrenzen nur in Ausnahmefällen zu, etwa bei einer sehr geringfügigen Unterschreitung[17]. Dies gilt jedenfalls im direkten Anwendungsbereich der Norm,

---

[10] Vgl. BGE 136 II 132, E. 2.7.
[11] BGE 138 I 171, E. 4.1.
[12] BGr, 1.10.2009, 1C_241/2009, E. 1.2.3.
[13] BGE 136 II 132, E. 2.6; kritisch hierzu BESSON, Legitimation, S. 865.
[14] BGE 136 II 132, E. 2.3.1; 131 I 442, E. 3.2; vgl. den Überblick bei TORNAY SCHALLER, Droit au recomptage, S. 100 f.
[15] Vgl. LUTZ/FELLER/MÜLLER, Nachzählung, S. 1529.
[16] Zu den Problemen im Zusammenhang mit der Definition der Knappheit bei Proporzwahlen vgl. LUTZ/FELLER/MÜLLER, Nachzählung, S. 1529.
[17] RR, 10.5.2006, RRB 657/2006, E. 2b; vgl. das Beispiel bei SCHUHMACHER, Lanze, S. 491 Fn. 2.

§ 26d

d.h. für die wahlleitende Behörde. Freilich haftet der generell-abstrakten Festlegung solcher Prozentgrenzen «zwangsläufig etwas Willkürliches» an[18].

6 § 26d ist **keine echte «Kann»-Vorschrift** in dem Sinne, dass sie der Rekursinstanz in jedem Fall (Entschliessungs-)Ermessen einräumt, ob sie eine Nachzählung anordnen will oder nicht. Bestehen Anhaltspunkte für eine Verfälschung des Abstimmungs- oder Wahlergebnisses oder zumindest begründete Zweifel an der Zuverlässigkeit des ermittelten Resultats, ist die Rekursbehörde aufgrund der Untersuchungsmaxime vielmehr dazu verpflichtet[19] (weitergehend nun der sich aus dem Bundesrecht ergebende Anspruch auf Nachzählung; vgl. N. 9). Das Verb «kann» bezieht sich also mehr auf die grundsätzliche Möglichkeit, zur Klärung des Sachverhalts wenn nötig vom Instrument der Nachzählung Gebrauch zu machen (vgl. denn auch die verpflichtende Formulierung ohne «kann» in § 75 Abs. 3 Satz 2 GPR betreffend die wahlleitende Behörde; ein sachlicher Unterschied besteht nicht).

7 Knappe Ergebnisse sind bei eidgenössischen Abstimmungen – gesamtschweizerisch betrachtet – selten, bei Majorzwahlen häufiger und bei Proporzwahlen häufig[20]. Auch hier gilt freilich: «Mehrheit ist Mehrheit, und mag sie noch so eng ausfallen»[21]. Das Bundesgericht hat dazu in grundsätzlicher Weise Folgendes ausgeführt: «Soweit die einschlägige kantonale Gesetzgebung eine Nachzählung bei Unterschreiten einer festgelegten prozentualen Differenz zwischen Ja- und Nein-Stimmen oder allgemein bei einem ‹knappen Resultat› vorsieht, wird damit nicht etwa in Frage gestellt, dass auch knappe Resultate zu respektieren sind. Vielmehr wird dadurch einer **erfahrungsgemässen Fehlerquote** bei der Ermittlung des Resultats oder mit andern Worten dem Umstand Rechnung getragen, dass zweifelhaft sein kann, ob ein knappes Resultat auch ordnungsgemäss zustande gekommen ist. Es handelt sich um die gesetzlich normierte Tatsachenvermutung, dass ein knappes Resultat mit entscheidenden Zählfehlern behaftet ist. Diese Tatsachenvermutung wird durch Nachzählen bestätigt oder widerlegt»[22].

B. Bundesrechtliche Mindestanforderungen

8 Über die kantonale Regelung hinaus kann sich auch aus dem verfassungsrechtlichen *Anspruch auf unverfälschte Willenskundgabe* gemäss **Art. 34 Abs. 2 BV** eine vom Einzelnen durchsetzbare Verpflichtung zur Nachzählung ergeben[23]. Der jüngeren und jüngsten bundesgerichtlichen Rechtsprechung lassen sich dazu folgende Leitlinien entnehmen:

9 Im Gegensatz zu seiner früheren Rechtsprechung[24] geht das Bundesgericht neuerdings von einer **Tatsachenvermutung** aus, dass ein knappes Resultat mit relevanten Zählfehlern behaftet ist. Diese Vermutung ist gleich zu behandeln wie der Verdacht auf andere

---

[18] BGE 136 II 132, E. 2.7; vgl. auch LUTZ/FELLER/MÜLLER, Nachzählung, S. 1528, 1532 f.
[19] Vgl. RR, 19.9.2001, RRB 1402/2001, E. 3d.
[20] Ausführlicher LUTZ/FELLER/MÜLLER, Nachzählung, S. 1530 f.
[21] TSCHANNEN, Staatsrecht, § 52 N. 70.
[22] BGE 136 II 132, E. 2.4.1 (Hervorhebung hinzugefügt).
[23] BGE 136 II 132, E. 2.3.3.
[24] BGE 98 Ia 73, E. 4.

Unregelmässigkeiten[25], weshalb sie eine Nachzählung auch ohne zusätzliche Anhaltspunkte für eine fehlerhafte Auszählung rechtfertigt[26].

Ergibt die Nachzählung – von der das Bundesgericht annimmt, dass sie zu einem zuverlässigeren Ergebnis führt[27] – wiederum ein knappes Resultat, so hat dies grundsätzlich **keine weitere Nachzählung** zur Folge. Eine solche darf nur ausnahmsweise vorgenommen werden, wenn es bei der ersten Nachzählung zu eigentlichen Unregelmässigkeiten gekommen ist[28].

10

Die zuständige Behörde kann auch ohne entsprechende Regelung im kantonalen Recht **von Amtes wegen** eine Nachkontrolle eines Wahl- oder Abstimmungsergebnisses anordnen, wenn dies nach der gegebenen Sachlage als für die zuverlässige Ermittlung geboten erscheint[29].

11

Erweist sich eine Nachzählung (z.B. wegen Vernichtung von Stimmzetteln) als **undurchführbar**, obwohl die Voraussetzungen dafür gegeben wären, so ist die Wahl oder Abstimmung zu *wiederholen*, wenn nicht «überwiegende Gründe» bzw. «besondere Umstände» dagegen sprechen, so dass «sich die Abstimmungswiederholung als völlig unverhältnismässig erwiese bzw. mit den Anliegen der Rechtssicherheit nicht in Einklang zu bringen wäre»[30].

12

---

[25] Im Sinn von Art. 77 Abs. 1 lit. b BPR, der sich allerdings auf eidgenössische Abstimmungen bezieht.
[26] BGE 136 II 132, E. 2.4.2; zurückhaltender noch BGE 131 I 442, E. 3.6 («jedenfalls […], wenn bei knappem Wahl- oder Abstimmungsergebnis zusätzlich Anzeichen für Unregelmässigkeiten bestehen oder solche gar nachgewiesen sind»). Grundsätzlich zustimmend zur verschärften Praxis TSCHANNEN, Rechtsprechung 2010/2011, S. 808 f.; kritischer noch ders., Rechtsprechung 2005/2006, S. 800 f.; kritisch ferner LUTZ/ FELLER/MÜLLER, Nachzählung, S. 1522 ff.; NUSPLIGER/MÄDER, Präzision, S. 187 ff.; TORNAY SCHALLER, Droit au recomptage, S. 106 ff. – Nicht anwendbar ist diese Praxis allerdings auf die Wahl des Nationalrats, weil das Bundesrecht das Wahlverfahren und insbesondere das Vorgehen bei knappen Ergebnissen detailliert regelt und jenes Verfahren überdies von Dringlichkeit geprägt ist (BGE 138 II 5, E. 3.2–4.2 [Pra 2012 Nr. 14]; vgl. die Kritik an diesem Entscheid bei NUSPLIGER/MÄDER, Präzision, S. 188 ff.).
[27] Kritisch und differenziert zu diesem Aspekt LUTZ/FELLER/MÜLLER, Nachzählung, S. 1531 ff.; zustimmend hingegen SCHUHMACHER, Lanze, S. 492 ff., der indessen nicht eine Nachzählung im Sinne einer zweiten, von der Erstzählung unabhängigen Zählung postuliert, sondern eine sequenzielle Prüf- oder Kontrollzählung, bei der sämtliche Schritte der Erstzählung nachgeprüft werden.
[28] BGE 136 II 132, E. 2.4.3.
[29] BGE 136 II 132, E. 2.3.2; 131 I 442, E. 3.2; 101 Ia 238, E. 4a.
[30] BGE 138 I 171, E. 5.6 (lediglich bezogen auf Abstimmungen); vgl. auch E. 5.7 zur Frage einer allfälligen Teilwiederholung.

§ 27

Entscheidbefugnis
a. Im Allgemeinen

§ 27

Die Rekursinstanz kann zugunsten des Rekurrenten über die Rekursbegehren hinausgehen oder die angefochtene Anordnung zu seinem Nachteil abändern.

Materialien

Prot. KR 2007–2011, S. 10241, 10536; Weisung 1957, S. 1038; Prot. KK 20.12.1957, 23.9.1958; Prot. KR 1955–1959, S. 3379; Beleuchtender Bericht 1959, S. 402; Weisung 2009, S. 966.

Literatur

ALBERTINI, Rechtliches Gehör, S. 213 ff., 291 ff.; BÖCKLI PETER, Reformatio in pejus – oder der Schlag auf die hilfesuchende Hand, ZBl 1980, 97 ff.; CAMPRUBI MADELEINE, in: Kommentar VwVG, Art. 62; GADOLA, Reformatio; GUCKELBERGER, Reformatio; GYGI, Bundesverwaltungsrechtspflege, S. 249 ff.; HÄBERLI THOMAS, in: Praxiskommentar VwVG, Art. 62; KIENER/RÜTSCHE/KUHN, Öffentliches Verfahrensrecht, N. 1551 ff.; KÖLZ/HÄNER/BERTSCHI, Verwaltungsverfahren, N. 1161 ff.; MERKER, Rechtsmittel, § 43 N. 2 ff.; MERKLI/AESCHLIMANN/HERZOG, Kommentar VRPG, Art. 73; MOSER/BEUSCH/KNEUBÜHLER, Bundesverwaltungsgericht, N. 3.198 ff.; MÜLLER M., Verwaltungsrechtspflege, S. 189 f.; RHINOW/KOLLER/KISS/THURNHERR/BRÜHL-MOSER, Öffentliches Prozessrecht, N. 1680 ff.; SCHWANK, Diss., S. 199 ff.; ZIMMERLI ULRICH, Zur reformatio in peius vel melius im Verwaltungsrechtspflegeverfahren des Bundes, in: Mélanges Henri Zwahlen, Lausanne 1977, S. 511 ff.

Inhaltsübersicht

I.	Allgemeines	1–5
II.	Grundsätzliche Zulässigkeit der reformatio in peius vel melius	6–9
III.	Schranken der reformatio in peius vel melius	10–13
IV.	Verfahrensfragen	14–21

I. Allgemeines

1 § 27 regelt die **Entscheidbefugnis** der Rekursinstanz im Allgemeinen (vgl. die Marginalie). Dabei handelt es sich *nicht* um die Kognition (Prüfungsbefugnis) der Rekursbehörde, die das Spiegelbild der zulässigen Rekursgründe gemäss § 20 darstellt und mit diesen deckungsgleich ist (vgl. § 20 N. 4). Die Entscheidbefugnis betrifft vielmehr die Frage, ob die Rechtsmittelinstanz bei Aufhebung der angefochtenen Anordnung selber einen Neuentscheid treffen darf und ob sie dabei an den durch die Parteibegehren abgesteckten Rahmen gebunden ist. § 27 geht stillschweigend von Ersterem aus (vgl. auch § 28 N. 38 ff.) und regelt nur den zweiten Aspekt.

2 Die Gesetzesbestimmung als solche entspricht der ursprünglichen Fassung von 1959. Hingegen wurde mit der VRG-Revision von 2010 die sachlich unzutreffende[1] **Margina-

---

Unter Mitarbeit von ANDREA LINIGER, MLaw.

[1] Vgl. 2. Aufl., N. 1.

lie «Überprüfungsbefugnis» durch «*Entscheidbefugnis*» ersetzt. Entscheidbefugnis ist neu die Hauptmarginalie (anstelle von «Rekurserledigung»[2]), weil mit den §§ 27a und 27b besondere Regelungen betreffend personalrechtliche Angelegenheiten bzw. Volkswahlen und -abstimmungen hinzukamen, so dass § 27 nunmehr die Entscheidbefugnis *im Allgemeinen* (so die Untermarginalie) regelt.

§ 27 erlaubt es der *Rekursinstanz,* die angefochtene Anordnung aufzuheben und einen für die rekurrierende Partei ungünstigeren Entscheid zu treffen; sie kann dieser aber auch mehr zusprechen, als sie selbst beantragt hat[3]. Im ersten Fall spricht man von einer **reformatio in peius** (Abänderung zum Schlechteren, «Verböserung»), im zweiten von einer **reformatio in melius** (Abänderung zum Besseren)[4]. Dem *Verwaltungsgericht* steht diese Möglichkeit jedoch nicht offen (vgl. § 63 Abs. 2); das Gesetz fasst die Entscheidungsbefugnis im Rekursverfahren demnach weiter als im Beschwerdeverfahren (zu den Gründen vgl. N. 6). Auch dem Bundesgericht ist eine Abänderung des angefochtenen Entscheids zum Vor- oder Nachteil der beschwerdeführenden Partei verwehrt[5].

Die Regelung in § 27 ist auf das Verfahren der *Einzelaktanfechtung* zugeschnitten. Dies schliesst seine Anwendbarkeit im Rahmen einer **abstrakten Normenkontrolle** nicht aus. Deren kassatorische Natur (vgl. dazu § 28 N. 36) steht einer reformatio in peius vel melius jedoch insoweit entgegen, als es der Rekursinstanz verwehrt ist, die angefochtene(n) Bestimmung(en) anders zu formulieren; dies bleibt Sache des zuständigen Rechtsetzungsorgans. Hingegen ist es denkbar, dass die Rekursbehörde bei engem Sachzusammenhang auch nicht angefochtene Vorschriften aufhebt (vgl. § 63 N. 28)[6]. Da keine Interessen aktuell Betroffener zu berücksichtigen sind, ist diesbezüglich sogar weniger Zurückhaltung geboten als im Verfahren der Einzelaktanfechtung; in der Praxis dürfte es jedoch nur in seltenen Fällen zu einer solchen Kassation von Amtes wegen kommen.

Die reformatio in peius und die reformatio in melius haben im Rekursverfahren **keine grosse praktische Bedeutung.** Eine reformatio in peius ist schon deshalb selten, weil die Rekursinstanz die rekurrierende Partei zur Wahrung des rechtlichen Gehörs vorgängig darüber orientieren muss (N. 14 f.), was regelmässig zu einem Rückzug des Rekurses führt. Auch eine reformatio in melius kommt sehr selten vor.

II. Grundsätzliche Zulässigkeit der reformatio in peius vel melius

Die reformatio in peius vel melius ist im Rekursverfahren – anders als im Beschwerdeverfahren vor dem Verwaltungsgericht (vgl. § 63 Abs. 2) – grundsätzlich zulässig. Der Gesetzgeber traf somit innerhalb des Instanzenzuges eine differenzierte Lösung, wobei er

---

[2] «Rekurserledigung» ist neu Hauptmarginalie der §§ 27c, 28 und 28a.
[3] Vgl. auf Bundesebene die differenziertere Regelung in Art. 62 Abs. 1 und 2 VwVG.
[4] Vgl. zum Begriff GUCKELBERGER, Reformatio, S. 98 f.
[5] Vgl. Art. 107 Abs. 1 BGG; GUCKELBERGER, Reformatio, S. 106 f.; MEYER/DORMANN, in: Basler Kommentar BGG, Art. 107 N. 1; VON WERDT, in: Handkommentar BGG, Art. 107 N. 2 ff.; BGr, 3.9.2012, 8C_417/2011, E. 2.
[6] Vgl. auch MARTI, Besondere Verfahren, S. 120 Fn. 90.

sich in einem Spannungsfeld gegenläufiger Interessen bewegte: Auf der einen Seite geht es um das Interesse an der bestmöglichen **Verwirklichung des objektiven Rechts,** auf der andern Seite um die **subjektive Rechtsschutzfunktion** des Verwaltungsrechtspflegeverfahrens[7]. Es erscheint nicht unproblematisch, dass die rekurrierende Partei damit rechnen muss, nach der Erhebung eines – zu ihrem Schutz vorgesehenen – Rechtsmittels schlechter dazustehen als vorher. Allerdings ist zu beachten, dass auch anderweitig kein absoluter Schutz des Vertrauens in die Beständigkeit des einmal Verfügten besteht. So können verwaltungsinterne Rekursinstanzen grundsätzlich auch ausserhalb eines Rechtsmittelverfahrens aufsichtsrechtlich einschreiten, und erstinstanzlich verfügende Behörden können eine Verfügung unter Umständen zum Nachteil der betroffenen Partei anpassen bzw. widerrufen. Mit der unterschiedlichen Behandlung der reformatio in peius vel melius im Rekursverfahren einerseits und im Beschwerdeverfahren anderseits hat der Gesetzgeber zum Ausdruck gebracht, dass er im Rekursverfahren – inspiriert vom Modell des verwaltungsinternen Rechtspflegeverfahrens, in dem die Rekursinstanz typischerweise auch Aufsichtsbehörde ist – das Interesse an der Durchsetzung des objektiven Rechts stärker gewichtete, wogegen im Beschwerdeverfahren die subjektive Rechtsschutzfunktion in den Vordergrund rückt[8].

7   Gemäss § 27 «kann» die Rekursinstanz zugunsten oder zuungunsten der rekurrierenden Partei eine Besser- bzw. Schlechterstellung vornehmen. Der Entscheid darüber liegt demnach im pflichtgemässen **Ermessen** der Rekursbehörde[9]. Diese hat dabei zu beachten, dass das Instrument der reformatio in peius vel melius in erster Linie dazu dient, unabhängig von Opportunitätsüberlegungen und von der subjektiven Rechtsschutzfunktion des Rekursverfahrens das objektive Recht durchzusetzen (N. 6). Die Rekursbehörde ist daher gegebenenfalls verpflichtet, zum Nachteil der rekurrierenden Partei zu entscheiden, wobei sie den Umständen des Einzelfalls gebührend Rechnung zu tragen hat[10].

8   Die reformatio in *peius* bezieht sich lediglich auf das **Dispositiv** und nicht auf die Begründung des angefochtenen Entscheids, es sei denn, die Vorinstanz verweist im Dispositiv ausdrücklich auf die Begründung, indem sie ihren Entscheid «im Sinne der Erwägungen» trifft[11]. Die Rekursbehörde kann ihren Entscheid somit anders und für die rekurrierende Partei ungünstiger begründen als die Vorinstanz[12]. Ob eine reformatio in *melius* vorliegt, beurteilt sich dagegen aufgrund des Rechtsbegehrens der rekurrierenden Partei.

---

[7]   Ausführlich zu den auf dem Spiel stehenden Interessen GUCKELBERGER, Reformatio, S. 103 ff.
[8]   Das Bundesgericht wies demgegenüber auf die umfassendere Überprüfungsbefugnis der erstinstanzlichen Rekursbehörden hin (BGr, 4.3.2013, 1C_441/2012, E. 6.4), was als Begründung für die unterschiedliche Regelung insofern nicht überzeugt, als gerade die blosse Unangemessenheit des angefochtenen Aktes eine reformatio in peius grundsätzlich nicht zu rechtfertigen vermag (vgl. N. 12).
[9]   Vgl. CAMPRUBI, in: Kommentar VwVG, Art. 62 N. 6; KÖLZ/HÄNER/BERTSCHI, Verwaltungsverfahren, N. 1164; a.M. HÄBERLI, in: Praxiskommentar VwVG, Art. 62 N. 24.
[10] MERKLI/AESCHLIMANN/HERZOG, Kommentar VRPG, Art. 73 N. 6.
[11] Vgl. auch GUCKELBERGER, Reformatio, S. 99.
[12] GYGI, Bundesverwaltungsrechtspflege, S. 249 f.; MERKER, Rechtsmittel, § 43 Rz. 4.

In folgenden Konstellationen liegt **keine reformatio in peius** vor: 9
- Die Rekursinstanz hebt die vorinstanzliche Anordnung zufolge *Verletzung von Verfahrensgarantien* – insbesondere wegen Verweigerung des rechtlichen Gehörs – auf. Der Anspruch auf rechtliches Gehör ist «formeller» (d.h. selbständiger) Natur und hat grundsätzlich die Aufhebung der in gehörsverletzender Weise ergangenen Verfügung zur Folge (vgl. § 8 N. 37).
- Die Rekursinstanz tritt wegen fehlender *Sachentscheidsvoraussetzungen* (Zuständigkeit, Legitimation usw.) nicht auf den Rekurs ein. Das Vorliegen der Sachentscheidsvoraussetzungen ist von Amtes wegen zu prüfen und der Dispositionsfreiheit der Verfahrensbeteiligten entzogen.
- Die Rekursinstanz bestätigt das Dispositiv des vorinstanzlichen Entscheids mit einer *anderen Begründung* (vgl. N. 8).
- Die Rekursinstanz auferlegt der rekurrierenden Partei ganz oder teilweise die *Verfahrenskosten*. Dies stellt keine Schlechterstellung dar, weil es sich dabei um eine Folge des Rekursverfahrens selbst handelt, die keinen Bezug zum vorinstanzlichen Entscheiddispositiv aufweist. Hinzu kommt, dass die Verfahrenskosten von Amtes wegen zu verlegen sind und insoweit die Offizialmaxime gilt. Dass die rekurrierende Partei kostenmässig gegebenenfalls schlechter gestellt wird, als wenn sie den Rekurs nicht erhoben hätte, ist daher unbeachtlich[13].

III. Schranken der reformatio in peius vel melius

Die Zulässigkeit einer reformatio in peius vel melius bedeutet, dass die Rekursinstanz nicht an die Parteianträge gebunden ist. Die *Rechtsfolgen* des Rekursentscheids dürfen somit über den Rahmen der Parteibegehren hinausgehen. Hingegen bleibt der *Sachverhalt,* auf dem die angefochtene Verfügung beruht, grundsätzlich verfahrensbestimmend. Grenze der Entscheidungsbefugnis bildet in jedem Fall der Streitgegenstand mit dem ihm zugrunde liegenden Sachverhalt; demnach muss jede reformatio den **Sachzusammenhang zum Streitgegenstand** wahren[14]. Eine Besser- oder Schlechterstellung hat sich somit auf Punkte zu beschränken, die bereits Gegenstand des vorinstanzlichen Verfahrens bildeten und von den Parteien mit ihren Vorbringen zur Disposition gestellt werden. Lediglich in diesem Rahmen darf der rechtsuchenden Partei auch etwas «anderes» zugesprochen werden, als sie beantragt hat[15]. Weil im Verwaltungsrecht im Unterschied zum Zivilrecht Streitigkeiten häufig nicht unmittelbar vermögensrechtlicher Natur sind, lässt sich allerdings nicht immer eindeutig feststellen, wann ein «Mehr» oder ein «Weniger» oder aber ein «Aliud» vorliegt. 10

Aufgrund des Wortlauts von § 27 scheint eine **reformatio in peius** im Rekursverfahren auf den ersten Blick unbeschränkt möglich zu sein. Dem steht jedoch entgegen, dass die 11

---
[13] MERKER, Rechtsmittel, § 43 Rz. 8.
[14] Vgl. VGr, 2.11.2007, VB.2007.00350, E. 3.3; CAMPRUBI, in: Kommentar VwVG, Art. 62 N. 5; GUCKELBERGER, Reformatio, S. 99 f.; HÄBERLI, in: Praxiskommentar VwVG, Art. 62 N. 11; KÖLZ/HÄNER/BERTSCHI, Verwaltungsverfahren, N. 1165. Zum Streitgegenstand vgl. Vorbem. zu §§ 19–28a N. 44 ff.
[15] Vgl. MERKLI/AESCHLIMANN/HERZOG, Kommentar VRPG, Art. 73 N. 8.

Rekursinstanz im Rahmen der Ausübung ihres pflichtgemässen Ermessens (vgl. N. 7) namentlich dem *Vertrauensschutz* (Art. 9 BV) und dem *Fairnessgebot* (Art. 29 Abs. 1 BV) gebührend Rechnung zu tragen hat, insbesondere weil eine derartige Rekurserledigung zu einer von der rekurrierenden Partei nicht beabsichtigten Schlechterstellung führt. Aus diesem Grund darf die Rekursinstanz eine reformatio in peius nicht leichthin vornehmen; vielmehr bedarf es eines so **gewichtigen Rechtsfehlers,** dass die angefochtene Verfügung *offensichtlich unrichtig* erscheint und ihre Korrektur von erheblicher Bedeutung ist, weil sie klares Recht oder wesentliche öffentliche Interessen verletzt[16]. Diese Kriterien entsprechen etwa denjenigen, welche eine Aufsichtsbehörde zu einer aufsichtsrechtlichen Aufhebung einer von der unteren Instanz getroffenen Verfügung veranlassen können[17]. Als Rechtsfehler gelten dabei auch qualifizierte Ermessensfehler (Ermessensüber- und -unterschreitung sowie Ermessensmissbrauch).

12 Wegen blosser **Unangemessenheit** ist eine reformatio in peius – analog der ausdrücklichen Regelung in Art. 62 Abs. 2 Halbsatz 2 VwVG – in einem Zweiparteienverfahren, in dem sich lediglich die rekurrierende Partei und die erstinstanzlich verfügende Behörde gegenüberstehen, unzulässig[18]. In einem Mehrparteienverfahren – also zugunsten einer formell als Gegenpartei auftretenden Drittperson – ist eine reformatio in peius hingegen auch wegen Unangemessenheit möglich; dies entspricht ebenfalls der Regelung in Art. 62 Abs. 2 Halbsatz 2 VwVG[19].

13 Eine **reformatio in melius** erweckt dann keine Bedenken, wenn sich im Rekursverfahren lediglich die erstinstanzlich verfügende Behörde und der Verfügungsadressat gegenüberstehen. Hingegen ist in einem *Mehrparteienverfahren* von der Möglichkeit der Besserstellung nur zurückhaltend Gebrauch zu machen; denn für eine private Gegenpartei bedeutet die Besserstellung der rekurrierenden Partei notwendigerweise eine Verschlechterung ihrer eigenen Stellung, der sie nicht wie die rekurrierende Partei durch den Rückzug des Rechtsmittels entgehen kann[20].

IV. Verfahrensfragen

14 Die Rekursinstanz muss der rekurrierenden Partei vor einer beabsichtigten Schlechterstellung das **rechtliche Gehör** gewähren, indem sie ihr davon Kenntnis gibt und Gelegenheit einräumt, hierzu Stellung zu nehmen[21]. Dabei muss sie auch die massgebenden

---

[16] VGr, 6.5.2009, VB.2009.00104, E. 3.1; VGr, 5.11.2008, PB.2008.00017, E. 3.4. Im Zusammenhang mit Art. 61 lit. d ATSG: BGr, 23.11.2012, 8C_592/2012, E. 3.5. Vgl. ferner BVGr, 23.10.2012, A-3358/2011, E. 11.2. GUCKELBERGER hält dafür, «dass eine reformatio in peius umso eher in Betracht kommen wird, je näher die angefochtene Verfügung an die Schwelle einer nichtigen Verfügung heranrückt» (Reformatio, S. 112).
[17] VGr, 6.5.2009, VB.2009.00104, E. 3.1.
[18] GUCKELBERGER, Reformatio, S. 110; HÄBERLI, in: Praxiskommentar VwVG, Art. 62 N. 23.
[19] Zum Begriff der «Gegenpartei» im Sinne dieser Bestimmung vgl. KÖLZ/HÄNER/BERTSCHI, Verwaltungsverfahren, N. 1163.
[20] VGr, 14.12.2005, VB.2005.00104, E. 3.2.3; HÄBERLI, in: Praxiskommentar VwVG, Art. 62 N. 16; MERKLI/AESCHLIMANN/HERZOG, Kommentar VRPG, Art. 73 N. 3.
[21] BGE 122 V 166, E. 2a; VGr, 10.3.2010, PB.2009.00031, E. 2.2.1; VGr, 18.12.2003, VB.2003.00359, E. 2.2 (Leitsatz in RB 2003 Nr. 8).

Gründe für die reformatio in peius nennen[22]. § 27 äussert sich – anders als Art. 62 Abs. 3 VwVG – zwar nicht zur Anhörungspflicht, doch ergibt sich diese aus dem allgemeinen Anspruch auf rechtliches Gehör gemäss Art. 29 Abs. 2 BV[23]. Der Hinweis auf eine drohende reformatio in peius stellt eine verfahrensleitende Massnahme, aber keinen Zwischenentscheid im Sinn von § 19a Abs. 2 VRG i.V.m. Art. 93 BGG dar[24].

Die Information über die in Aussicht stehende Verschlechterung ermöglicht es der rekurrierenden Partei, ihr Rechtsmittel zurückzuziehen und den ungünstigen Entscheid abzuwenden. Auf die **Rückzugsmöglichkeit** muss die Rekursbehörde den Rekurrenten **ausdrücklich hinweisen**[25], insbesondere wenn es sich um eine nicht rechtskundig vertretene Partei handelt[26]. Dies ist ein direkter Ausfluss des Fairnessgebots gemäss Art. 29 Abs. 1 BV[27]. Allerdings ist es nur dann erforderlich, den Rechtsmittelkläger auf die Möglichkeit eines Rückzugs hinzuweisen, wenn er über den Streitgegenstand verfügen und das Rechtsmittelverfahren einseitig beenden kann[28]. Dies trifft in einem Mehrparteienverfahren, in welchem die Gegenpartei selbständig Rekurs. bzw. Beschwerde erhoben hat, nicht zu[29].

Die Dispositionsmaxime kommt im Rekursverfahren insoweit zum Tragen, als der rekurrierenden Partei ein **Anspruch auf Rückzug des Rekurses** zusteht, um einer drohenden reformatio in peius zu entgehen. Diese Möglichkeit steht ihr bis zur Verfahrenserledigung zu; sie kann von diesem Recht somit bis zur Eröffnung des Entscheids Gebrauch machen[30]. Der Rückzug kann ein umfassender oder bloss teilweiser sein; in jedem Fall muss er bedingungslos und ausdrücklich erfolgen (vgl. § 28 N. 21). Trotz eines Rückzugs bleibt es der erstinstanzlichen Verwaltungsbehörde allerdings unbenommen, ihre materiell nunmehr unbeurteilt gebliebene Verfügung ganz oder teilweise zu *widerrufen*, wenn die Voraussetzungen für den Widerruf einer rechtskräftigen Verfügung (vgl. Vorbem. zu §§ 86a–86d N. 9 ff.) erfüllt sind[31].

Zieht die Behörde in einem Mehrparteienverfahren zugunsten der rekurrierenden Partei eine reformatio in melius in Betracht, ist das rechtliche Gehör der Gegenpartei zu gewähren. Ganz allgemein hat die Rekursbehörde im Fall einer beabsichtigten reformatio

---

[22] ALBERTINI, Rechtliches Gehör, S. 216; GUCKELBERGER, Reformatio, S. 114.
[23] GUCKELBERGER, Reformatio, S. 112; HÄBERLI, in: Praxiskommentar VwVG, Art. 62 N. 29; KÖLZ/HÄNER/BERTSCHI, Verwaltungsverfahren, N. 1166.
[24] BGr, 6.5.2013, 9C_964/2012, E. 1.2.
[25] BGE 122 V 166, E. 2b bb; CAMPRUBI, in: Kommentar VwVG, Art. 62 N. 12; HÄBERLI, in: Praxiskommentar VwVG, Art. 62 N. 32. – Art. 61 lit. d ATSG schreibt für das Verfahren vor dem kantonalen Sozialversicherungsgericht ausdrücklich vor, dass den Parteien vorgängig «Gelegenheit zur Stellungnahme sowie zum Rückzug der Beschwerde zu geben ist». Dies gilt – jedenfalls im Anwendungsbereich dieser Bestimmung – auch dann, wenn eine begünstigende Verfügung aufgehoben und die Sache zur weiteren Abklärung und neuer Entscheidung an die Vorinstanz zurückgewiesen werden soll (BGE 137 V 314, E. 3.2.4; offenbar verallgemeinernd KÖLZ/HÄNER/BERTSCHI, Verwaltungsverfahren, N. 1167).
[26] VGr, 18.12.2003, VB.2003.00359, E. 2.2 (Leitsatz in RB 2003 Nr. 8); GUCKELBERGER, Reformatio, S. 114; MERKLI/AESCHLIMANN/HERZOG, Kommentar VRPG, Art. 73 N. 13.
[27] BGE 122 V 166, E. 2b bb; 131 V 414, E. 1; KIENER/RÜTSCHE/KUHN, Öffentliches Verfahrensrecht, N. 1553.
[28] BGE 129 II 125, E. 3.4.
[29] KÖLZ/HÄNER/BERTSCHI, Verwaltungsverfahren, N. 1166.
[30] HÄBERLI, in: Praxiskommentar VwVG, Art. 62 N. 31.
[31] BGE 122 V 166, E. 2c; vgl. auch VGr, 18.12.2003, VB.2003.00359, E. 2.4.

in peius vel melius ausser der rekurrierenden Partei bzw. der Gegenpartei auch allfällige **weitere Verfahrensbeteiligte** (Mitbeteiligte oder Beigeladene) vorgängig anzuhören, soweit diese durch die Änderung beschwert sind. Das rechtliche Gehör ist sodann all jenen Personen zu gewähren, die sich diesbezüglich auf ein schutzwürdiges Interesse berufen können, namentlich wenn sie bisher keinen Anlass hatten, sich am Verfahren zu beteiligen, und durch die reformatio in peius vel melius erstmals beschwert würden. Nicht anzuhören ist, wer trotz gebotener Gelegenheit darauf verzichtet hat, sich am Rekursverfahren zu beteiligen. Dies gilt aber nur insoweit, als Auswirkungen in Frage stehen, die schon Gegenstand des vorinstanzlichen Verfahrens bildeten und mit denen deshalb grundsätzlich zu rechnen war[32]. Keinen Anspruch auf Anhörung zu einer beabsichtigten reformatio in peius vel melius haben am Verfahren Beteiligte, denen im Rekursverfahren keine Parteistellung zukommt, insbesondere eine Vorinstanz ohne Rechtspersönlichkeit oder ein Gemeinwesen, welches mittels Behördenbeschwerde lediglich allgemeine Interessen wahrnimmt[33].

18 Eine Rekursinstanz, die den Betroffenen mit Bezug auf eine reformatio in peius nicht anhört, begeht regelmässig eine Gehörsverletzung, die zufolge der formellen Natur des Anspruchs auf rechtliches Gehör – auf Anfechtung hin – grundsätzlich zur Aufhebung des Rekursentscheids führt. Allerdings kann die Gehörsverletzung im nachfolgenden Rechtsmittelverfahren unter Umständen «geheilt» werden (vgl. § 8 N. 38). Eine **Heilung** tritt jedenfalls dann ein, wenn die rekurrierende Partei zu erkennen gibt, dass sie ihren Rekurs auch in Kenntnis der Schlechterstellung nicht zurückgezogen hätte[34].

19 Die Rekursinstanz hat einem Rückzug des Rekurses zu entsprechen und das Verfahren mittels eines Prozessentscheids abzuschreiben, d.h. förmlich zu beenden (vgl. § 28 N. 20, m.H. auf die abweichende Regelung in § 149 Abs. 2 Satz 3 StG). Amtet die Rekursinstanz zugleich als **Aufsichtsbehörde,** so ist sie jedoch unabhängig vom Rückzug des Rekurses befugt, den Entscheid aufzuheben, wenn die Vorinstanz klares Recht oder wesentliche öffentliche Interessen verletzt hat[35]. Auch vor einer aufsichtsrechtlichen Aufhebung einer Verfügung müssen die in schutzwürdigen Interessen Betroffenen grundsätzlich angehört werden[36].

20 Die Rekursinstanz kann eine reformatio in peius nicht nur von sich aus, sondern auch **auf Antrag eines Rekursgegners** vornehmen, der gegen die betreffende Anordnung nicht selbst rekurriert. Dieser kann in seiner Rekursantwort eine Schlechterstellung der rekurrierenden Partei beantragen; dabei stehen ihm sämtliche Einwendungen zur Verteidigung seiner Position zur Verfügung, einschliesslich der von der Vorinstanz verworfenen. Einem solchen Antrag kommt indessen lediglich die Bedeutung einer prozessualen An-

---

[32] MERKLI/AESCHLIMANN/HERZOG, Kommentar VRPG, Art. 73 N. 14.
[33] MERKLI/AESCHLIMANN/HERZOG, Kommentar VRPG, Art. 73 N. 4; BGE 120 V 89, E. 5b.
[34] VGr, 18.12.2003, VB.2003.00359, E. 2.3; vgl. auch VGr, 10.3.2010, PB.2009.00031, E. 2.3, betreffend eine aufsichtsrechtliche Aufhebung einer Verfügung.
[35] KÖLZ/HÄNER/BERTSCHI, Verwaltungsverfahren, N. 1168; restriktiver CAMPRUBI, in: Kommentar VwVG, Art. 62 N. 11.
[36] VGr, 10.3.2010, PB.2009.00031, E. 2.2.2.

regung zuhanden der Rekursinstanz zu[37]; diese kann für den Antragsteller freilich Kostenfolgen nach sich ziehen[38].

Im Falle einer **Rückweisung** der Sache an die Vorinstanz (oder gegebenenfalls eine untere Instanz) zur Neubeurteilung kann diese in ihrem Neuentscheid grundsätzlich eine reformatio in peius vornehmen. Dies gilt jedenfalls insoweit, als zugleich neue Tatsachen vorliegen, die gemäss § 20a Abs. 2 zu berücksichtigen sind[39]. Im Übrigen ist eine reformatio in peius durch die Vorinstanz in gleichem Umfang gestattet, wie auch die rückweisende Rekursinstanz hierzu befugt wäre; denn die Zulässigkeit einer Änderung zulasten der rekurrierenden Partei darf nicht von der Zufälligkeit abhängen, ob die Rekursinstanz den Neuentscheid selber trifft oder ihn der Vorinstanz überlässt. Der *Rückweisungsentscheid selbst* beinhaltet jedenfalls dann eine reformatio in peius, wenn nicht bloss die Möglichkeit besteht, sondern gewiss ist, dass die Rückweisung an die Vorinstanz eine Verschlechterung der Rechtsstellung der betroffenen Partei zur Folge haben wird[40].

21

---

[37] GUCKELBERGER, Reformatio, S. 110; HÄBERLI, in: Praxiskommentar VwVG, Art. 62 N. 27.
[38] GYGI, Bundesverwaltungsrechtspflege, S. 253.
[39] Vgl. RB 1995 Nr. 57.
[40] Vgl. BGE 137 V 314, E. 3, betreffend Art. 61 lit. d ATSG; BGr, 6.1.2009, 9C_992/2008, E. 2; VGr, 10.3.2010, PB.2009.00031, E. 2.2.1.

b. Personalrechtliche Angelegenheiten

§ 27a

¹ Hält die Rekursinstanz eine Kündigung, eine Einstellung im Amt oder eine vorzeitige Entlassung für nicht gerechtfertigt, stellt sie dies fest und bestimmt von Amtes wegen die Entschädigung, die das Gemeinwesen zu entrichten hat.

² Der Entscheid über weiter gehende Ansprüche aufgrund des kommunalen Personalrechts, insbesondere auf Weiterbeschäftigung, bleibt vorbehalten.

Materialien

Erläuterungen Vorentwurf VRG-Revision 2010, S. 37 f.; Weisung 2009, S. 886 f., 966; Prot. KR 2007–2011, S. 10240 f., 10536.

Literatur

BERTSCHI MARTIN, Auf der Suche nach dem einschlägigen Recht im öffentlichen Personalrecht – Das Heranziehen ergänzend anwendbarer Normen, besonders des Obligationenrechts, ZBl 2004, 617 ff.; DONATSCH MARCO, Gerichtspraxis zum Lehrpersonalrecht, in: Marco Donatsch/Thomas Gächter (Hrsg.), Zürcher Lehrpersonalrecht, Zürich/St. Gallen 2012, S. 5 ff. *(Gerichtspraxis)*; DONATSCH MARCO, Privatrechtliche Arbeitsverträge und der öffentliche Dienst – Berechtigtes Anliegen oder juristischer Irrweg?, Jusletter 3. Mai 2010 *(Privatrechtliche Arbeitsverträge)*; KEISER ANDREAS, Das neue Personalrecht – eine Herausforderung für die Zürcher Gemeinden, ZBl 2001, 561 ff. *(Herausforderung)*; LANG FRITZ, Das Zürcher Personalgesetz vom 27. September 1998, in: Peter Helbling/Tomas Poledna (Hrsg.), Personalrecht des öffentlichen Dienstes, Bern 1999, S. 49 ff. *(Personalgesetz)*; RAESS-EICHENBERGER SUSANNE, Die Beendigung des Arbeitsverhältnisses, in: Marco Donatsch/Thomas Gächter (Hrsg.), Zürcher Lehrpersonalrecht, Zürich/St. Gallen 2012, S. 119 ff. *(Beendigung)*; URSPRUNG RUDOLF/RIEDI HUNOLD DOROTHEA, Schwerpunkte der neueren bundesgerichtlichen Rechtsprechung zum öffentlichen Personalrecht, ZBl 2013, 295 ff. *(Schwerpunkte)*.

Inhaltsübersicht

I.	Regelungsgegenstand und Entstehungsgeschichte	1–4
II.	Grundsatz: beschränkte Entscheidbefugnis (Abs. 1)	5–15
III.	Ausnahme: unbeschränkte Entscheidbefugnis (Abs. 2)	16–17
IV.	Kritische Würdigung	18–23

I. Regelungsgegenstand und Entstehungsgeschichte

1 § 27a regelt die **Entscheidbefugnis** (so die Hauptmarginalie) in personalrechtlichen Angelegenheiten und dient vorab dazu, diese bei Vorliegen bestimmter, namentlich aufgezählter Tatbestände – Kündigung, Einstellung im Amt und vorzeitige Entlassung – **einzuschränken**.

2 Die Bestimmung wurde im Rahmen der **VRG-Revision von 2010** ins Gesetz eingefügt. Der *Vorentwurf von 2008* enthielt einen einzigen Absatz (§ 27 Abs. 2), der wie folgt lau-

---

Unter Mitarbeit von LILIANE SCHÄRMELI, MLaw.

tete: «Hält die Rekursinstanz die Beendigung eines Arbeitsverhältnisses durch das Gemeinwesen oder eine Einstellung im Amt für nicht gerechtfertigt, stellt sie dies fest und bestimmt von Amtes wegen die Entschädigung, die das Gemeinwesen zu entrichten hat. Bei schwerwiegenden Mängeln kann die angefochtene Verfügung aufsichtsrechtlich aufgehoben werden.»

Der *Entwurf des Regierungsrats* wich in zweifacher Hinsicht vom Vorentwurf ab und lehnte sich stärker an alt § 80 Abs. 2 an (zu den Unterschieden vgl. N. 9 f.). Zum einen spricht er – anstelle der Generalklausel «Beendigung eines Arbeitsverhältnisses durch das Gemeinwesen»[1] – explizit von *Kündigung* und *vorzeitiger Entlassung*; dies ist sachlich gerechtfertigt, weil damit nicht auch die Entlassung invaliditätshalber[2] erfasst wird. Zum andern verzichtete er (ohne nähere Begründung) auf die Erwähnung der Möglichkeit, die angefochtene Verfügung bei schwerwiegenden Mängeln *aufsichtsrechtlich* aufzuheben[3]; dagegen waren im Rahmen der Vernehmlassung Bedenken erhoben worden. Die regierungsrätliche Fassung, die lediglich *einen* Absatz enthielt, entspricht unverändert dem jetzigen *Abs. 1*.

Abs. 2 wurde erst von der *kantonsrätlichen Kommission* eingefügt[4]; er sollte dem Umstand Rechnung tragen, dass die Gemeinden befugt sind, den Kündigungsschutz grosszügiger auszugestalten als das kantonale Recht und insbesondere einen Anspruch auf Weiterbeschäftigung im Falle einer unrechtmässigen Kündigung vorzusehen[5]. Ein entsprechender Vorschlag war bereits im Rahmen der Vernehmlassung eingebracht, vom Regierungsrat jedoch abgelehnt worden. Im gleichen Zusammenhang präzisierte die Kommission die Verweisung in § 63 Abs. 3 – wenn auch in nur schwer nachvollziehbarer und nicht haltbarer Weise (vgl. N. 17 sowie § 63 N. 36) – und ergänzte § 25 betreffend die aufschiebende Wirkung durch einen neuen Absatz 4 (vgl. dazu § 25 N. 23). Im Plenum des Kantonsrats erfuhr § 27a keine Änderungen mehr.

II. Grundsatz: beschränkte Entscheidbefugnis (Abs. 1)

Das **Personalgesetz** (PG) regelt in den §§ 17–27 die materiellen Voraussetzungen, das Verfahren sowie die Rechtsfolgen der Beendigung des öffentlichrechtlichen Arbeitsverhältnisses des Staatspersonals. Dabei schränkt § 18 Abs. 3 PG den *Kündigungsschutz* wie folgt ein: «Erweist sich die Kündigung als missbräuchlich oder sachlich nicht gerechtfertigt, und wird der oder die Angestellte nicht wiedereingestellt, so bemisst sich die Entschädigung nach den Bestimmungen des Obligationenrechts über die missbräuchliche Kündigung. Die Ausrichtung einer Abfindung nach § 26 bleibt vorbehalten.» Der Rechtsschutz weist damit aufgrund der materiellrechtlichen Regelung im Personalgesetz – jedenfalls nach konstanter Auslegung durch das Verwaltungsgericht – die *Besonderheit*

---

[1] Vgl. dazu die Erläuterungen Vorentwurf VRG-Revision 2010, S. 38.
[2] Vgl. §§ 16 lit. e und 24 PG.
[3] Der Regierungsrat wies immerhin darauf hin, dass dies der Praxis entspreche (Weisung 2009, S. 887, m.H. auf VGr, 11.6.2003, PB.2003.00011, E. 2d).
[4] VRG-Revision 2010, Antrag KJS, S. 180.
[5] Vgl. Prot. KR 2007–2011, S. 10240 f.

auf, dass es den Rechtsmittelinstanzen im Falle einer missbräuchlichen oder sachlich nicht gerechtfertigten Kündigung verwehrt ist, die Kündigung aufzuheben und dadurch die Auflösung des Arbeitsverhältnisses rückgängig zu machen[6]. In der kantonsrätlichen Kommission, welche das Personalgesetz von 1998 vorberaten hatte, war ein Antrag, Angestellten bei missbräuchlicher oder sachlich nicht gerechtfertigter Kündigung ein Recht auf Wiedereinstellung einzuräumen, deutlich abgelehnt worden[7].

6 § 27a Abs. 1 knüpft an diese Regelung im Personalgesetz an und dehnt sie nebst dem Tatbestand der **Kündigung** (§§ 17–22 PG) auf die **vorzeitige Entlassung** eines auf Amtsdauer gewählten Angestellten (§ 25 PG) sowie die vorsorgliche **Einstellung im Amt** (§ 29 PG) – üblicherweise als Freistellung bezeichnet[8] – aus. Eine Diskrepanz besteht – zumindest dem Wortlaut nach – ferner darin, dass § 27a Abs. 1 nur von **nicht gerechtfertigter**, nicht aber auch von *missbräuchlicher* Kündigung spricht (vgl. demgegenüber § 18 Abs. 3 PG: «missbräuchlich oder sachlich nicht gerechtfertigt»). Schliesslich sagt § 27a Abs. 1 VRG nichts über die *Höhe der Entschädigung* aus; die §§ 18 Abs. 3 und 22 Abs. 4 PG verweisen diesbezüglich auf die Bestimmungen des OR.

7 Sind die tatbeständlichen Voraussetzungen von § 27a Abs. 1 erfüllt, so kann die Rekursinstanz dies lediglich **feststellen**; die Aufhebung des angefochtenen Aktes ist ihr hingegen – «unter Vorbehalt des Verbots der Vereitelung von Bundesrecht»[9] (vgl. N. 13) – verwehrt. Dies gilt nach ständiger Rechtsprechung des Verwaltungsgerichts selbst dann, wenn *formelle Mängel* des Kündigungsverfahrens geltend gemacht werden[10], es sei denn, diese seien so gravierend, dass sie ausnahmsweise die *Nichtigkeit* der Kündigungsverfügung zur Folge haben[11].

8 Das **Motiv** dieser Art. 336a OR nachempfundenen Regelung liegt darin, dass das *Vertrauensverhältnis* zwischen Arbeitgeber und Arbeitnehmer in den namentlich genannten Fällen oft derart stark beeinträchtigt ist, dass eine Aufhebung der angefochtenen Verfügung – und damit eine Weiterbeschäftigung des Arbeitnehmers – nicht sinnvoll wäre[12].

9 § 27a Abs. 1 entspricht im Wesentlichen alt § 80 Abs. 2 in der Fassung von 1997, welcher das Verfahren vor dem Verwaltungsgericht betraf[13]. Bereits vor dem Inkrafttreten von § 27a galt dieses Regime – gestützt auf § 18 Abs. 3 PG – auch für das Rekursverfah-

---

[6] Vgl. VGr, 18.11.2009, PB.2009.00027, E. 2.1 und 2.2.1; VGr, 1.4.2009, PB.2009.00002, E. 2.1.1 f.; RB 2003 Nr. 116, E. 2b (PB.2003.00011); RB 2000 Nr. 30 (PB.2000.00016); KEISER, Herausforderung, S. 568. Siehe aber N. 23, zweites Lemma.
[7] Weisung 2009, S. 887; LANG, Personalgesetz, S. 67. Desgleichen lehnte der Kantonsrat eine 2006 eingereichte Motion ab, die gefordert hatte, dass Angestellten bei missbräuchlicher oder sachlich nicht gerechtfertigter Kündigung die bisherige oder eine andere Arbeit anzubieten sei (vgl. den Hinweis in der Weisung 2009, a.a.O.).
[8] So ausdrücklich § 24 LPG (Marginalie sowie Abs. 3 und 4).
[9] VGr, 1.4.2009, PB.2009.00002, E. 1.3; VGr, 25.2.2004, PB.2003.00040, E. 1.2.
[10] VGr, 6.3.2013, VB.2012.00612, E. 2.2; VGr, 21.11.2012, VB.2012.00705, E. 3.2.
[11] Präzisierung der Rechtsprechung in RB 2008 Nr. 102, E. 2.2.2 (PB.2007.00031); ferner VGr, 21.11.2012, VB.2012.00705, E. 3.3, betreffend die Verletzung von Ausstandsregeln; VGr, 18.11.2009, PB.2009.00027, E. 2.2.3.
[12] Weisung 2009, S. 886 f.; VGr, 21.11.2012, VB.2012.00705, E. 3.2.
[13] Zur Integration der besonderen personalrechtlichen Rechtsmittel (alt §§ 74–80d) in die allgemeine Rechtsmittelordnung vgl. Weisung 2009, S. 883; Vorbem. zu §§ 32–86 N. 4.

ren[14]. An der bisherigen Rechtslage sollte **materiell nichts geändert** werden; hingegen vermochte die bisherige Regelung in formaler Hinsicht nicht zu befriedigen[15]: Zum einen sollte aus Gründen der Transparenz im Gesetz ausdrücklich geregelt werden, dass eine vom Gemeinwesen ausgehende Beendigung eines Arbeitsverhältnisses in den genannten Fällen *auch im Rekursverfahren* nicht rückgängig gemacht werden kann. Zum andern bezog sich alt § 80 Abs. 2 auch auf den Tatbestand der *Nichtwiederwahl*, welcher mit dem Dahinfallen des Beamtenstatus im geltenden Personalgesetz obsolet wurde.

Eine materielle Änderung ist immerhin darin zu erblicken, dass die Rekursinstanz und das Verwaltungsgericht (vgl. § 63 Abs. 3) die **Entschädigung neu von Amtes wegen** – und nicht nur auf entsprechenden Antrag hin – festzulegen haben. Zur Begründung führte der Regierungsrat an, dass die Nichtaufhebung einer rechtswidrigen personalrechtlichen Anordnung und die Zusprechung einer Entschädigung an deren Stelle «nicht den allgemeinen Erwartungen an ein Rechtsmittelverfahren» entsprächen, weshalb sich «[i]nsbesondere im Rekursverfahren, das von vielen Verfügungsadressatinnen und -adressaten noch ohne anwaltliche Vertretung geführt wird», eine Verpflichtung zur Festlegung der Entschädigung vom Amtes wegen aufdränge[16].

Hinsichtlich der **Höhe der Entschädigung** gelten im Fall der ordentlichen und der fristlosen Kündigung – kraft Verweisung in den §§ 18 Abs. 3 und 22 Abs. 4 PG – die Bestimmungen des Obligationenrechts. Allerdings sind diese nicht als Bundesrecht, sondern als subsidiäres kantonales öffentliches Recht anwendbar[17]; dementsprechend ist die Kognition des Bundesgerichts auf Willkür beschränkt. Gemäss Art. 336a Abs. 2 OR ist die Entschädigung bei einer missbräuchlichen Kündigung vom Richter «unter Würdigung aller Umstände» festzusetzen, wobei sie *sechs Monatslöhne* nicht übersteigen darf; vorbehalten bleiben Schadenersatzansprüche aus einem anderen Rechtstitel. Zu den Folgen einer fristlosen Entlassung vgl. Art. 337b und 337c OR. Bei einer Freistellung ist spätestens mit dem Entscheid über die Fortsetzung des Arbeitsverhältnisses über die finanziellen Folgen zu bestimmen (§ 29 Abs. 2 Satz 3 PG).

Zu einer Entschädigung kommt gegebenenfalls die Ausrichtung einer **Abfindung** hinzu, wenn die Voraussetzungen von § 26 PG erfüllt sind[18].

Ein **Anspruch auf Weiterbeschäftigung bzw. Wiedereinstellung** besteht nur dann, wenn die speziellen Kündigungsschutzvoraussetzungen des *Gleichstellungsgesetzes* (GlG) erfüllt sind, namentlich diejenigen von Art. 10 GlG[19]; letztere Bestimmung schützt vor sog. Rachekündigungen, wenn sich die Arbeitnehmerin oder der Arbeitnehmer im Rahmen eines innerbetrieblichen Beschwerdeverfahrens, eines Schlichtungs- oder eines Gerichtsverfahrens gegen eine geschlechtsspezifische Benachteiligung zur Wehr gesetzt

---

[14] Vgl. VGr, 11.6.2003, PB.2003.00011, E. 2b und 2c (teilweise in RB 2003 Nr. 116); Weisung 2009, S. 887. Anders noch die 2. Aufl., § 80 N. 1, m.H. auf VGr, 8.7.1998, PB.98.00002 (nicht publiziert); VGr 28.2.2001, PB.2000.00027, E. 4; VGr, 16.12.2000, DR.2000.00002, E. 2a.
[15] Vgl. Weisung 2009, S. 887, auch zum Folgenden.
[16] Weisung 2009, S. 887.
[17] BGr, 29.5.2013, 8C_913/2012, E. 4.3, m.w.H.; BGE 138 I 232, E. 2.4.
[18] Vgl. Keiser, Herausforderung, S. 579; Raess-Eichenberger, Beendigung, S. 153 ff.
[19] VGr, 6.3.2013, VB.2012.00612, E. 2.2.

hat[20]. Dagegen führt eine «normale» Kündigung, die eine geschlechtsspezifische Diskriminierung darstellt, lediglich zu einem Anspruch auf Entschädigung (Art. 5 Abs. 2 GlG). Art. 10 GlG befindet sich gesetzessystematisch zwar in einem Abschnitt über «Besondere Bestimmungen für Arbeitsverhältnisse nach Obligationenrecht»; gemäss § 21 PG richtet sich der Kündigungsschutz bei einer Diskriminierung aufgrund des Geschlechts jedoch nach dem Gleichstellungsgesetz, weshalb Art. 10 GlG auch auf öffentlichrechtliche Dienstverhältnisse im Kanton Zürich anwendbar ist[21].

14 § 20 Abs. 1 PG verweist hinsichtlich des Tatbestands und der Rechtsfolgen einer **Kündigung zur Unzeit** auf die Bestimmungen des Obligationenrechts. Gemäss Art. 336c Abs. 2 OR ist eine zur Unzeit, d.h. während der Sperrfristen von Art. 336c Abs. 1 OR erfolgte Kündigung *nichtig*, so dass insoweit also ein echter – wenn auch bloss vorübergehender – Bestandesschutz für das Arbeitsverhältnis besteht[22]. Dies muss – entgegen dem Wortlaut von § 27a Abs. 1 – auch im Rechtsmittelverfahren Beachtung finden[23].

15 Schliesslich besteht weiterhin die Möglichkeit, eine personalrechtliche Verfügung bei schwerwiegenden Mängeln **aufsichtsrechtlich** aufzuheben, auch wenn dies – anders als noch im Vorentwurf von 2008 (vgl. N. 2) – im Gesetz nicht ausdrücklich geregelt ist[24].

III. Ausnahme: unbeschränkte Entscheidbefugnis (Abs. 2)

16 Die **Gemeinden** sind befugt, eigene personalrechtliche Vorschriften zu erlassen und vom materiellen kantonalen Personalrecht – welches lediglich subsidiär gilt (vgl. § 72 Abs. 2 GG) – abzuweichen[25]. Dabei können sie auch einen Anspruch auf Weiterbeschäftigung bzw. Wiedereinstellung bei einer ungerechtfertigten Entlassung vorsehen. Von dieser Möglichkeit hat namentlich die Stadt Zürich Gebrauch gemacht (vgl. Art. 17 Abs. 4 der Verordnung über das Arbeitsverhältnis des städtischen Personals vom 6. Februar 2002[26]). Auch die Stadt Winterthur geht über die kantonale Minimalregelung hinaus, indem einer zu Unrecht entlassenen Person «nach Möglichkeit eine andere zumutbare Stelle anzubieten» ist (§ 19 Abs. 3 des Personalstatuts vom 12. April 1999).

---

[20] VGr, 6.3.2013, VB.2012.00612, E. 2.3.
[21] VGr, 6.3.2013, VB.2012.00612, E. 2.2; so bis zur Gesetzesrevision vom 14. Dezember 2012 ausdrücklich auch Art. 14 Abs. 6 BPG.
[22] Vgl. WOLFGANG PORTMANN/JEAN-FRITZ STÖCKLI, Schweizerisches Arbeitsrecht, 3. Aufl., Zürich/St. Gallen 2013, N. 715.
[23] Vgl. RB 2008 Nr. 102, E. 2.2.2 (PB.2007.00031); KEISER, Herausforderung, S. 578.
[24] VGr, 12.6.2013, VB.2012.00782, E. 3.1; VGr, 26.7.2012, VB.2012.00184, E. 2.1; KEISER, Herausforderung, S. 568; LANG, Personalgesetz, S. 67 Fn. 89.
[25] Vgl. KEISER, Herausforderung, S. 563 ff.
[26] Amtliche Sammlung 177.100. Die Bestimmung hat folgenden Wortlaut: «Erweist sich die Kündigung als missbräuchlich oder sachlich nicht gerechtfertigt, wird die oder der Angestellte von der Stadt mit der bisherigen oder, wenn dies nicht möglich ist, mit einer anderen zumutbaren Arbeit weiterbeschäftigt. Ist ausnahmsweise beides aus triftigen Gründen nicht möglich, so bemisst sich die Entschädigung nach den Bestimmungen des Obligationenrechts über die missbräuchliche Kündigung. Die zusätzliche Ausrichtung einer Abfindung nach Art. 28 oder die Lohnfortzahlung nach Art. 29 bleiben vorbehalten.»

Bei Anwendbarkeit solcher kommunaler Bestimmungen ist die Entscheidbefugnis der Rekursbehörden im Falle einer ungerechtfertigten Auflösung des Arbeitsverhältnisses nicht auf die Feststellung der Rechtswidrigkeit und die Festsetzung einer Entschädigung beschränkt. Vielmehr richten sich die **Rechtsfolgen** nach den entsprechenden **materiellrechtlichen Vorschriften** des kommunalen Personalrechts. Merkwürdigerweise soll dies aber nur für das Rekursverfahren, nicht jedoch auch für das Beschwerdeverfahren vor dem Verwaltungsgericht gelten (vgl. die Verweisung in § 63 Abs. 3 sowie § 63 N. 36)[27]. Dies entbehrt nicht nur jeglicher Plausibilität und ist stossend – ja geradezu willkürlich –, sondern verstösst auch gegen die Rechtsweggarantie; denn jedenfalls insoweit, als ein materiellrechtlicher Anspruch besteht (hier gestützt auf das kommunale Recht), muss dieser prozessual durchgesetzt werden können, auch, ja gerade im Beschwerdeverfahren vor dem Verwaltungsgericht (vgl. zur umgekehrten Konstellation N. 21).

17

IV. Kritische Würdigung

Die gesetzliche Regelung in § 27a Abs. 1 erweckt Bedenken; dies mit Blick auf den verfassungs- und konventionsmässigen Anspruch auf wirksamen Rechtsschutz (Art. 77 Abs. 1 Satz 1 KV; Art. 13 EMRK), vor allem aber mit Blick auf die **Rechtsweggarantie** (Art. 29a BV; Art. 6 Ziff. 1 EMRK)[28], deren Kern heute zwar gefestigt ist[29], deren weitere Konturen sich aber noch im Fluss befinden. Es stellt sich ernsthaft die Frage, ob sich diese zentrale Verfahrensgarantie mit der *formalen* Zurverfügungstellung eines Rechtswegs begnügt, der im Falle einer Rechtsverletzung aber nicht zum erwünschten Ziel führt (sondern sich mit einer Entschädigung als Surrogat begnügt), oder ob sie nicht vielmehr auch einen Anspruch auf vollständige Korrektur fehlerhafter Entscheide – auf *restitutio in integrum* – beinhaltet. Das Verwaltungsgericht selbst warf diese Frage, die sich wegen des Grundsatzes der Verfahrenseinheit (vgl. Vorbem. zu §§ 19–28a N. 43) bereits im von der Rechtsweggarantie nicht direkt erfassten Rekursverfahren stellt, kurz nach dem Inkrafttreten der Justizreform und der Totalrevision der Bundesrechtspflege (bzw. nach Ablauf der zweijährigen Übergangsfrist für die Kantone gemäss Art. 130 Abs. 3 BGG) einmal auf, liess sie jedoch aus intertemporalrechtlichen Gründen offen[30]. In einem weiteren Fall sah sich das Verwaltungsgericht im Hinblick auf die Rechtsweggarantie immerhin veranlasst, auf ein Begehren um Aufhebung einer (Teil-)Kündigung einzutreten[31]. Es blieb bis heute jedoch auf halbem Weg stehen. Offenbar fasst es die Rechtsweggarantie als blosse *Garantie eines (gerichtlichen) Verfahrens* auf; damit wird es dieser Verfassungs- und

18

---

[27] Dementsprechend auch die Praxis des Verwaltungsgerichts; vgl. VGr, 12.6.2013, VB.2012.00782, E. 3.4.1, m.w.H.
[28] Zu deren Anwendbarkeit im öffentlichen Personalrecht vgl. BGE 136 I 323, E. 4 (Pra 2011 Nr. 36); URSPRUNG/RIEDI HUNOLD, Schwerpunkte, S. 306.
[29] Er umfasst namentlich den Anspruch auf *Zugang* zu einer Gerichtsinstanz, stellt Mindestanforderungen an die *Überprüfungsbefugnis* des Gerichts (volle Rechts- und Sachverhaltskontrolle) und erstreckt sich auf *Verfügungen* und gewisse Realakte, nicht aber auf Erlasse (vgl. statt vieler MÜLLER/SCHEFER, Grundrechte, S. 907 ff.).
[30] VGr, 1.4.2009, PB.2009.00002, E. 2.1.4.
[31] VGr, 18.11.2009, PB.2009.00027, E. 1.1.3.

Konventionsgarantie m.E. jedoch nicht gerecht[32]. Die Rechtsweggarantie gewährleistet den Weg zum Recht, d.h. einen *Anspruch auf gerichtliche Durchsetzung des rechtskonformen Zustandes*, nicht bloss ein Rechtsmittel an ein Gericht mit beschränkter Entscheidbefugnis. Sie bezweckt, Unrecht ungeschehen machen zu können, nicht aber, dieses zu perpetuieren. Dadurch würde ihr Zweck buchstäblich in sein Gegenteil verkehrt. Der Gedanke, dass sich der Staat für rechtsfehlerhaftes oder gar willkürliches Verhalten mit einer Strafzahlung[33] einfach freikaufen (und dies sogar bewusst in Kauf nehmen) kann, ist im Rechtsstaat des 21. Jahrhunderts geradezu unerträglich.

19 Nicht zu überzeugen vermag die gängige Begründung, wonach das **Vertrauensverhältnis** in den fraglichen Fällen derart stark beeinträchtigt sei, dass eine Aufhebung der angefochtenen Verfügung und eine Weiterbeschäftigung des Arbeitnehmers nicht sinnvoll wäre (vgl. N. 8). Sie übersieht zweierlei: Zum einen ist im Fall einer sachlich unbegründeten oder gar missbräuchlichen Kündigung durch den Arbeitgeber vorab das Vertrauen des *Arbeitnehmers* beeinträchtigt. Verzichtet dieser unter den gegebenen Umständen auf eine Weiterbeschäftigung und begnügt er sich mit einer Entschädigung, so stellt sich das Problem im konkreten Fall nicht. Zum andern bleibt es dem öffentlichen Arbeitgeber bei Vorliegen eines sachlichen Grundes[34] unbenommen, dem Arbeitnehmer *formfehler- und missbrauchsfrei* zu kündigen; in diesem Fall besteht auch kein Anspruch auf Weiterbeschäftigung. Es geht also um den Schutz vor Missbrauch, nicht um den Schutz *des* Missbrauchs.

20 Die hier zur Diskussion stehende, «hinkende» Regelung ist freilich **nicht singulär**. So sieht auch das *private Arbeitsrecht* bei missbräuchlicher Kündigung im Sinn von Art. 336 OR bloss einen Anspruch auf Entschädigung vor (Art. 336a OR); desgleichen das *Gleichstellungsgesetz* im Falle einer Kündigung, die eine geschlechtsspezifische Diskriminierung darstellt (§ 5 Abs. 2 GlG; vgl. aber N. 13)[35]. Auch die Teilrevision des *Bundespersonalgesetzes* vom 14. Dezember 2012[36], welche das öffentliche Personalrecht des Bundes weiter dem OR angenähert hat, beschränkte den Anspruch auf Weiterbeschäftigung bei mangelhafter Kündigung auf vier Fallgruppen, nämlich auf bestimmte Rachekündigungen, missbräuchliche Kündigungen im Sinn von Art. 336 OR, Kündigungen zur Unzeit gemäss Art. 336c Abs. 1 OR sowie diskriminierende Kündigungen nach dem Gleichstellungsgesetz (Art. 34c Abs. 1 BPG). Wenn «lediglich» sachlich hinreichende Gründe für eine ordentliche Kündigung oder wichtige Gründe für eine fristlose Kündigung fehlen[37] oder Verfahrensvorschriften verletzt worden sind, kann die Beschwerdeinstanz dem entlassenen Arbeitnehmer nur eine Entschädigung zusprechen[38]; diese beträgt «in der Re-

---

[32] Kritisch auch DONATSCH, Privatrechtliche Arbeitsverträge, N. 23; DONATSCH, Gerichtspraxis, S. 10; § 63 N. 34; vgl. ferner den kritischen Unterton in der Weisung 2009, S. 886 und 887.
[33] Vgl. PORTMANN/STÖCKLI (Fn. 22), N. 701; KEISER, Herausforderung, S. 578 f.
[34] Vgl. § 18 Abs. 2 PG; DONATSCH, Privatrechtliche Arbeitsverträge, N. 21 f.
[35] Entsprechend auch § 13 Abs. 2 GlG betreffend die geschlechterdiskriminierende Abweisung einer Bewerbung.
[36] AS 2013, 1493.
[37] Vgl. zu diesen Erfordernissen Art. 10 Abs. 3 bzw. 4 BPG in der revidierten Fassung.
[38] Art. 14 BPG in der ursprünglichen Fassung sah demgegenüber ein Spezialanfechtungsverfahren mit Umkehr der Rollen- und Beweislastverteilung vor. Vgl. zur bisherigen Rechtslage BGr, 30.6.2008, 1C_277/2007, E. 7; ferner BGr, 3.9.2012, 8C_417/2011, E. 5.1 f.; BGr, 1.5.2012, 8C_703/2011, E. 7.1 f.; BGr, 25.5.2011,

gel» mindestens sechs Monatslöhne und höchstens einen Jahreslohn (Art. 34b Abs. 1 lit. a und Abs. 2 BPG)[39]. Schliesslich kennt das *Submissionsrecht* die Regel, dass die Beschwerdeinstanz im Falle der Gutheissung der Beschwerde die Verfügung – insbesondere den Zuschlag – nur dann aufheben kann, wenn der Vertrag mit dem Anbieter noch nicht abgeschlossen wurde; andernfalls muss sie sich mit der Feststellung begnügen, dass bzw. inwiefern die Verfügung rechtswidrig ist (Art. 18 IVöB; Art. 32 Abs. 2 BöB), was eine Schadenersatzpflicht nach sich zieht (§ 3 IVöB-BeitrittsG; Art. 34 f. BöB)[40].

Die vorstehend genannten Regelungen finden sich – anders als § 27a – allesamt im **materiellen Recht**. Es fragt sich deshalb, ob die Rechtsweggarantie mehr verschaffen kann, als das materielle Recht an Ansprüchen bereithält. Auf den ersten Blick ist man geneigt, diese Frage zu verneinen. Bei genauerem Hinsehen zeigt sich allerdings, dass die Frage falsch gestellt ist; denn in diesen Regelungen geht es nicht um materielle Ansprüche an sich, sondern stets um die *prozessuale Durchsetzung* (oder eben Nichtdurchsetzung) des materiellen Rechts. Letztlich handelt es sich also nicht um materiellrechtliche, sondern um verfahrensrechtliche Regelungen, welche die Rechtsweggarantie – so, wie sie hier verstanden wird (vgl. N. 18) – einschränken. Dem Gesetzgeber bleibt es weiterhin unbenommen, etwa im materiellen Arbeitsprivatrecht die Tatbestände der missbräuchlichen Kündigung näher auszugestalten. In der Weise, wie er dies getan hat, greift für die prozessuale Durchsetzung indes die Rechtsweggarantie. 21

Weiter fragt es sich, ob die erwähnten Regelungen als **Ausnahmen von der Rechtsweggarantie** im Sinn von Art. 29a Satz 2 BV aufgefasst werden können bzw. müssen. In Anbetracht des Umstandes, dass der Verfassungsgeber hierfür keinerlei Kriterien formuliert hat, lässt sich dies nicht leicht beantworten. Immerhin besteht in der Literatur Einigkeit darüber, dass Ausnahmen von der Rechtsweggarantie einer spezifischen, qualifizierten Rechtfertigung bedürfen, wobei an die Stichhaltigkeit und Sachlichkeit der Begründung einer Ausnahme hohe Anforderungen zu stellen sind[41]. Überdies bildet Art. 6 Ziff. 1 EMRK die völkerrechtliche Grenze für Ausnahmen. 22

Die in N. 21 f. aufgeworfenen Fragen können hier nicht abschliessend beantwortet werden. Festzuhalten ist ergänzend immerhin Folgendes: 23

– Im Gegensatz zu privaten Arbeitgebern, dies sich auf die Privatautonomie und die Vertragsfreiheit berufen können, ist der Staat auch als Arbeitgeber an die **Grundrechte** sowie die Grundsätze des rechtsstaatlichen Verwaltungshandelns (Art. 5 BV) gebunden, insbesondere an das Willkürverbot (Art. 9 BV)[42]. Nebst einer Verletzung

---

8C_722/2010, E. 7.2 ff. Zuweilen sprach das Bundesgericht in diesen Entscheiden vom «Primat der Weiterbeschäftigungspflicht des Arbeitgebers». Siehe ferner VGr, 1.4.2009, PB.2009.00002, E. 2.1.3; URSPRUNG/RIEDI HUNOLD, Schwerpunkte, S. 301 f.

[39] Dabei handelt es sich um eine bewusste «Besserstellung der Angestellten im Vergleich zum OR […] als Gegenleistung für die Flexibilisierung der Auflösung der Arbeitsverhältnisse und den Verzicht auf die Weiterbeschäftigung bei ungültiger Kündigung» (Botschaft zu einer Änderung des Bundespersonalgesetzes vom 31. August 2011 [BBl 2011, 6703 ff.], S. 6724).

[40] Vgl. VGr, 26.9.2012, VB.2012.00286, E. 3.4.3, m.w.H.

[41] KLEY, in: St. Galler Kommentar BV, Art. 29a N. 19; MÜLLER/SCHEFER, Grundrechte, S. 920; RHINOW/SCHEFER, Verfassungsrecht, N. 2843.

[42] BGE 138 I 113, E. 6.4.2; DONATSCH, Privatrechtliche Arbeitsverträge, N. 18; vgl. auch URSPRUNG/RIEDI HUNOLD, Schwerpunkte, S. 307 ff.

der Rechtsweggarantie und weiterer Verfahrensgarantien – etwa des Anspruchs auf rechtliches Gehör (Art. 29 Abs. 2 BV)[43] – steht bei einer ungerechtfertigten oder gar missbräuchlichen Entlassung also oftmals auch eine materielle Grundrechtsverletzung in Frage. Dementsprechend besteht ein *qualifiziertes Rechtsschutzbedürfnis*.

- Die materiellrechtliche Regelung in *§ 18 Abs. 3 PG* ist – bezogen auf die Rechtsweggarantie – einer **verfassungskonformen Auslegung** durchaus zugänglich. Sie kann zwanglos so verstanden werden, dass sie lediglich die Rechtsfolgen festlegt, wenn (tatbeständlich) eine missbräuchliche oder sachlich nicht gerechtfertigte Kündigung vorliegt *und* der oder die Angestellte nicht wiedereingestellt wird. Sie schliesst also – entgegen der Lesart des Verwaltungsgerichts – nicht zwingend aus, dass die missbräuchliche oder sachlich nicht gerechtfertigte Kündigung durch die Rechtsmittelinstanz aufgehoben und das Anstellungsverhältnis weitergeführt wird.

- Bei Erlass des Personalgesetzes wurde der **Unterschied zwischen öffentlichrechtlichen und privatrechtlichen Arbeitsverhältnissen** im Zusammenhang mit dem Rechtsschutz bei Beendigung des Dienstverhältnisses vom Regierungsrat deutlich hervorgehoben: «Während im Privatrecht nur eine bestimmte Anzahl missbräuchlicher Kündigungsgründe verpönt ist, muss das Staatspersonal auch nach dem Verzicht auf den Beamtenstatus einen besseren Schutz vor Kündigungen erhalten, denn staatliches Handeln hat sich an objektiven Kriterien zu orientieren. In der Vernehmlassung ist denn auch die Wichtigkeit eines ausreichenden Rechtsschutzes zur Sicherung der Unabhängigkeit der Staatsangestellten, zur Verhinderung willkürlicher Kündigungen und generell als Kompensation zur Abschaffung der Amtsdauer stark betont worden»[44].

---

[43] Vgl. DONATSCH, Privatrechtliche Arbeitsverträge, N. 22; URSPRUNG/RIEDI HUNOLD, Schwerpunkte, S. 306.
[44] Weisung PG, S. 1148.

c. Volkswahlen und -abstimmungen

§ 27b

Die Wiederholung einer Volkswahl oder Volksabstimmung wird nur dann angeordnet, wenn Gründe für die Annahme bestehen, dass die Unregelmässigkeit den Ausgang der Wahl oder Abstimmung mit einer gewissen Wahrscheinlichkeit beeinflusst hat.

Materialien
Weisung 2009, S. 946, 966; Prot. KR 2007–2011, S. 10241, 10536.

Literatur
ARTA HANS-RUDOLF, Die Rechtsfolgen unzulässiger behördlicher Einflussnahmen auf kantonale und kommunale Wahlen und Abstimmungen, AJP 1996, 278 ff. *(Rechtsfolgen);* BESSON MICHEL, Bundesgericht hebt Volksabstimmung trotz «krassen» Mängeln nicht auf – BGE 132 I 104 (Clément) führt zu einer Ausweitung der behördlichen Informationspflichten vor Volksabstimmungen, Jusletter 19. Februar 2007; BESSON MICHEL, Behördliche Information vor Volksabstimmungen – Verfassungsrechtliche Anforderungen an die freie Willensbildung der Stimmberechtigten in Bund und Kantonen, Diss. (Bern), Bern 2003 *(Behördliche Information);* HANGARTNER YVO/KLEY ANDREAS, Die demokratischen Rechte in Bund und Kantonen der Schweizerischen Eidgenossenschaft, Zürich 2000, N. 2693 ff.; HILLER, Stimmrechtsbeschwerde, S. 77 f., 412 ff.; LEVI ROBERT, Das Stimmenverhältnis als Kriterium für den Entscheid über Stimmrechtsbeschwerden, in: Stefano Bolla und Claude Rouiller (Hrsg.), Verfassungsrechtsprechung und Verwaltungsrechtsprechung – Sammlung von Beiträgen veröffentlicht von der I. öffentlich-rechtlichen Abteilung des schweizerischen Bundesgerichts, Zürich 1992, S. 85 ff.; MÜLLER/SCHEFER, Grundrechte, S. 634 ff.; RAMSEYER JEANNE, Zur Problematik der behördlichen Information im Vorfeld von Wahlen und Abstimmungen, Diss. (Basel), Basel 1992; RÜTSCHE BERNHARD, Grenzen der Verfassungsgerichtsbarkeit, Jusletter 22. September 2003; SCHEFER MARKUS/SCHAUB LUKAS, Stärkung der Wahl- und Abstimmungsfreiheit – Bemerkungen zu BGE 1C_587/2008 bzw. 1C_15/2009 vom 12. August 2009, Jusletter 19. Oktober 2009; SCHWAB RENÉ, Wahlkampf und Verfassung – Schweizerisches und italienisches Verfassungsrecht im Vergleich, Diss. (Zürich), Zürich 2001, S. 153 ff.; TORNAY BÉNÉDICTE, La démocratie directe saisie par le juge – L'empreinte de la jurisprudence sur les droits populaires en Suisse, Diss. (Genf), Genf/Zürich/Basel 2008, S. 282 ff.; TSCHANNEN, Staatsrecht, § 48 N. 45 ff.; TSCHANNEN PIERRE, Stimmrecht und politische Verständigung – Beiträge zu einem erneuerten Verständnis von direkter Demokratie, Basel 1995, N. 226 ff.; WIDMER STEPHAN, Wahl- und Abstimmungsfreiheit, Diss. (Zürich), Zürich 1989.

Inhaltsübersicht

I.	Entstehungsgeschichte und Regelungsgegenstand	1–4
II.	Tatbestand: Beeinflussung des Ausgangs einer Wahl oder Abstimmung durch eine Unregelmässigkeit	5–23
	A. Vorliegen einer Unregelmässigkeit	6–19
	1. Vorbemerkungen	6–8
	2. Unregelmässigkeiten bei Wahlen	9–10
	3. Unregelmässigkeiten bei Sachabstimmungen	11–19

Unter Mitarbeit von MATHIAS KAUFMANN, M.A. HSG.

	B. Beeinflussung des Ausgangs der Wahl oder Abstimmung	20–22
	1. Regel: Beeinflussung erforderlich	20–21
	2. Ausnahme: Beeinflussung nicht erforderlich	22
	C. «Begründete Annahme»; «gewisse Wahrscheinlichkeit»	23
III.	Rechtsfolge	24–26
	A. Regel: Aufhebung und Wiederholung der Wahl oder Abstimmung	24
	B. Ausnahme: Keine Aufhebung und Wiederholung der Wahl oder Abstimmung	25–26

I. Entstehungsgeschichte und Regelungsgegenstand

1 Im Rahmen der VRG-Revision von 2010 war der Gesetzgeber bestrebt, das VRG stärker als bisher als verfahrensrechtlichen Kernerlass auszugestalten[1]. Aus diesem Grund integrierte er die Regelung des **Rechtsschutzes im Bereich der politischen Rechte,** welche zuvor im GPR von 2003 enthalten war, ins VRG; dies unter weitgehender Beibehaltung der bisherigen Besonderheiten (vgl. § 19 N. 57)[2]. Die den sog. *Stimmrechtsrekurs* betreffenden §§ 147–152 GPR konnten deshalb aufgehoben werden. § 146 Abs. 1 GPR verweist nunmehr auf die Regelung im VRG, was den Schutz der politischen Rechte des kantonalen und kommunalen Rechts anbelangt.

2 § 27b (im Vorentwurf von 2008: § 27 Abs. 3) entspricht – von geringfügigen sprachlichen Modifikationen abgesehen – dem früheren § 151 Abs. 4 GPR[3] und gestattet der Rekursinstanz unter der Hauptmarginalie «Entscheidbefugnis», bei Gutheissung des Rekurses unter bestimmten Voraussetzungen die **Wiederholung einer Volkswahl oder -abstimmung** anzuordnen (wobei dies nicht nur als Befugnis, sondern grundsätzlich als Verpflichtung zu verstehen ist; vgl. N. 24). Damit sollte das kantonale Recht in Übereinstimmung mit der Praxis des Bundesgerichts gebracht werden[4].

3 In der Tat leiten sich die hier massgebenden Grundsätze aus dem Verfassungsrecht des Bundes ab, nämlich aus der in Art. 34 Abs. 2 BV als Grundrecht gewährleisteten **Wahl- und Abstimmungsfreiheit.** Diese gibt den Stimmberechtigten nach konstanter Formulierung des Bundesgerichts einen «Anspruch darauf, dass kein Wahl- oder Abstimmungsergebnis anerkannt wird, das nicht den freien Willen der Stimmberechtigten zuverlässig und unverfälscht zum Ausdruck bringt. Es soll garantiert werden, dass jeder Stimmberechtigte seinen Entscheid gestützt auf einen möglichst freien und umfassenden Prozess der Meinungsbildung treffen und entsprechend mit seiner Stimme zum Ausdruck bringen kann»[5] (vgl. auch § 6 Abs. 1 GPR).

4 Zu den **Rekursinstanzen** in Angelegenheiten des Stimm- und Wahlrechts vgl. § 26d N. 3.

---

[1] GRIFFEL, Rekurs, S. 44.
[2] Vgl. die Übersicht in der Weisung 2009, S. 946.
[3] OS 58, 289 (S. 323).
[4] Weisung GPR, S. 1637.
[5] Statt vieler: BGE 138 I 61, E. 6.2.

II. Tatbestand: Beeinflussung des Ausgangs einer Wahl oder Abstimmung durch eine Unregelmässigkeit

§ 27b nennt zwei Voraussetzungen für die Wiederholung einer Wahl oder Abstimmung, die *kumulativ* erfüllt sein müssen:

- das Vorliegen einer Unregelmässigkeit;
- die begründete Annahme, dass diese den Ausgang der Wahl oder Abstimmung mit einer gewissen Wahrscheinlichkeit beeinflusst hat.

Allerdings hat die neuere bundesgerichtliche Rechtsprechung diese Regelung punktuell durchbrochen: Einerseits muss die Unregelmässigkeit den Ausgang des Urnengangs nicht in jedem Fall beeinflusst haben (vgl. N. 22). Andererseits ist die Wahl oder Abstimmung nicht in allen Fällen, in denen die beiden Voraussetzungen gemäss § 27b erfüllt sind, zu wiederholen (vgl. N. 25 f.).

A. Vorliegen einer Unregelmässigkeit

1. Vorbemerkungen

Unregelmässigkeiten können bei Wahlen und Abstimmungen in mancherlei Hinsicht auftreten; sie lassen sich nicht abschliessend umschreiben. Zu Fehlern kann es insbesondere im Zusammenhang mit der Vorbereitung oder Durchführung des Urnengangs oder bei der Auszählung der Stimm- bzw. Wahlzettel kommen. Von besonderem Interesse sind Beeinträchtigungen der unverfälschten Willensbildung der Stimmberechtigten durch eine **unzulässige Beeinflussung im Vorfeld des Urnengangs**. Hierzu haben sich im Rahmen einer langjährigen bundesgerichtlichen Rechtsprechung mehrere typische, nachfolgend darzustellende Fallgruppen herausgebildet. Dabei ist zwischen Wahlen (N. 9 f.) und Sachabstimmungen (N. 11 ff.) zu unterscheiden, da hierfür nicht durchwegs das Gleiche gilt.

Zu gewissen Unregelmässigkeiten kommt es bei realistischer Betrachtung zumeist auch im Rahmen der **Auszählung** (und gegebenenfalls Interpretation) der Wahl- bzw. Stimmzettel. Dies führt bei knappen Resultaten grundsätzlich nicht zu einer Wiederholung des Urnengangs, sondern zu einer *Nachzählung* (vgl. § 26d N. 4 f., 12; hinten N. 22).

Keine Unregelmässigkeiten im Zusammenhang mit einer Wahl oder Abstimmung sind *Mängel, die der Vorlage selbst anhaften*, namentlich eine Verletzung der Einheit der Materie, ein Verstoss gegen übergeordnetes Recht oder die Undurchführbarkeit der Vorlage (vgl. Art. 28 Abs. 1 KV). Solche Mängel führen gegebenenfalls zur Ungültigerklärung der Vorlage (vgl. Art. 28 Abs. 2 und 3 KV betreffend kantonale Volksinitiativen) oder aber – ohne weitere Voraussetzungen – zu deren Kassation im Rechtsmittelverfahren. Von der blossen Unregelmässigkeit im Einzelfall ist weiter die *mangelhafte Ausgestaltung des (Proporz-)Wahlverfahrens* als solche zu unterscheiden[6]. § 27b erfasst diese beiden Tatbestände nicht.

---

[6] Vgl. dazu BGr, 19.3.2012, 1C_407, 445 und 447/2011 (Wahlverfahren für den Schwyzer Kantonsrat); BGE 136 I 352 (Wahlverfahren für den Nidwaldner Landrat); BGE 129 I 185 (Wahlverfahren für den Stadtzürcher Gemeinderat).

2. Unregelmässigkeiten bei Wahlen

9 Anders als bei Sachabstimmungen (vgl. N. 11) kommt den Behörden im Vorfeld einer Wahl *keine Beratungsfunktion* zu. Die Behörden sind vielmehr zu strikter Neutralität verpflichtet. **Behördliche Interventionen** in einem Wahlkampf sind deshalb grundsätzlich unzulässig. Sie sind nur dann gerechtfertigt, wenn sie im Interesse der freien und unverfälschten Willensbildung und Willensbetätigung der Wähler als unerlässlich erscheinen, etwa zur Richtigstellung offensichtlich falscher Informationen, die im Verlauf des Wahlkampfes verbreitet worden sind[7].

10 Demgegenüber sind **Einflussnahmen Privater** auf einen Wahlkampf grundsätzlich statthaft, ja geradezu systemimmanent. Auch unsachliche, übertreibende und verzerrende Behauptungen von Privatpersonen oder Medienschaffenden stehen unter dem Schutz der Meinungs- bzw. der Medienfreiheit (Art. 16 und 17 BV) und müssen in einem Wahlkampf grundsätzlich hingenommen werden. Nur besonders schwerwiegende Beeinträchtigungen der freien Willensbildung überschreiten die Schwelle zur «Unregelmässigkeit» im Sinn von § 27b, die gegebenenfalls (vgl. N. 20) zur Aufhebung der Wahl führen kann[8]. Präjudizien hierfür scheinen derart selten zu sein, dass Lehre und Rechtsprechung stets das gleiche Urteil aus dem Jahr 1939 anführen, in welchem das Bundesgericht eine unzulässige Beeinflussung einer Wahl auf Gemeindeebene darin erblickte, dass ein Kandidat (bzw. dessen Onkel) auf einem Flugblatt in letzter Stunde des Stimmenkaufs beschuldigt worden war[9].

3. Unregelmässigkeiten bei Sachabstimmungen

11 **Behördliche Informationen** im Vorfeld einer Abstimmung – wie Abstimmungserläuterungen oder Ausführungen anlässlich einer Gemeindeversammlung – müssen in ihren Kernaussagen sachbezogen, ausgewogen und seriös sowie qualitativ und quantitativ ausreichend sein, um die Willensbildung der Stimmberechtigten nicht zu beeinträchtigen und das Abstimmungsergebnis nicht zu verfälschen. Die Behörden sind mithin zu *objektiver Information* verpflichtet. Dies verbietet ihnen jedoch nicht, eine Vorlage zur Annahme oder Ablehnung zu empfehlen und eine wertende Stellungnahme abzugeben, solange diese sachlich vertretbar bleibt. Den Stimmberechtigen darf zugemutet werden, sich nötigenfalls auch aus anderen Quellen zu informieren[10].

12 Gemäss § 64 Abs. 1 lit. c GPR muss im Kanton Zürich der *Beleuchtende Bericht* (der in der Regel von der Exekutive zu verfassen ist[11]) bei Volksinitiativen und fakultativen Volksreferenden eine Stellungnahme des Initiativ- oder Referendumskomitees enthalten. Dementsprechend sind die Anforderungen an die Ausgewogenheit der behördlichen Stellungnahme tiefer; die Behörde muss namentlich die *für* die Initiative bzw. das Referendum sprechenden Argumente nicht selbst erwähnen[12]. Hingegen ist es nicht statthaft,

---

[7] BGE 118 Ia 259, E. 3, m.w.H.
[8] BGE 118 Ia 259, E. 3, m.w.H.
[9] BGr, 3.2.1939 (zusammengefasst in ZBl 1939, 249 ff.).
[10] Vgl. BGE 135 I 292, E. 4.2; BGr, 20.4.2006, 1P.582 und 650/2005, E. 2 (ZBl 2007, 275 ff.); BGE 132 I 104, E. 4.1 (Pra 2006 Nr. 139); 130 I 290, E. 3.2 und 4.1; VGr, 12.5.2010, VB.2010.00205, E. 4.3.
[11] § 64 Abs. 3 Satz 1 GPR.
[12] VGr, 12.5.2010, VB.2010.00205, E. 5.2.

für die Darstellung der Argumente des Initiativ- bzw. Referendumskomitees eine optisch deutlich weniger ansprechende Form (z.B. eine wesentlich kleinere Schrift) zu wählen[13].

Bei *Steuervorlagen* im Besonderen kommt der Frage, welche Mehr- bzw. Mindereinnahmen dem Gemeinwesen dadurch entstehen, ausschlaggebende Bedeutung zu. Sind die behördlichen Abstimmungserläuterungen in dieser Hinsicht nicht nur unvollständig, sondern erweisen sie sich wegen der Unterdrückung wichtiger Elemente und bedeutender Gegebenheiten auch als unsachlich, liegt eine Verletzung der Abstimmungsfreiheit vor[14]. 13

Heikel sind Stellungnahmen von **Mitgliedern einer (Exekutiv-)Behörde** im Rahmen eines Abstimmungskampfes. Grundsätzlich können auch Behördemitglieder – *als Privatpersonen* – das Recht auf freie Meinungsäusserung beanspruchen und zu einer Gesetzes- oder Sachvorlage Position beziehen. Darüber hinaus ist es sogar üblich und im Grundsatz statthaft, dass einzelne Behördemitglieder eine persönliche Stellungnahme auch mit ihrer amtlichen Funktion in Verbindung bringen, um ihre besondere Sachkunde und ihr politisches Engagement zu unterstreichen. Die Grenze zum Unzulässigen wird indessen überschritten, wenn ein Behördemitglied seinen individuellen und insoweit privaten Meinungsäusserungen einen amtlichen Anstrich gibt und den *Anschein* erweckt, es handle sich dabei um eine *offizielle Verlautbarung* der betreffenden (Kollegial-)Behörde. Ob Inhalt und Form der Stellungnahme geeignet sind, einen solchen Anschein zu erwecken, entscheidet sich nach Massgabe der Wirkung, die sie auf die Adressaten – d.h. die durchschnittlich aufmerksamen und politisch interessierten Stimmbürger – ausübt[15]. Anderseits darf sich ein Behördemitglied – insbesondere das in der Sache zuständige – bis zu einem gewissen Grad öffentlich zur Wehr setzen, wenn es direkt oder indirekt öffentlich angegriffen wird und ihm beispielsweise unwahre Behauptungen unterstellt werden[16]. 14

Grundsätzlich unzulässig ist die behördliche Einflussnahme auf einen Abstimmungskampf durch **finanzielle Unterstützung** eines privaten Abstimmungskomitees, in welchem die Behörde selbst nicht vertreten ist. Besonders verpönt ist eine solche Einflussnahme mit öffentlichen Geldmitteln, wenn sie heimlich erfolgt oder wenn die verwendeten Beträge unverhältnismässig hoch sind oder auf unzulässige Weise eingesetzt wurden[17]. 15

Auch **andere Formen behördlichen Eingreifens** in einen Abstimmungskampf – insbesondere in einen solchen eines anderen Gemeinwesens – sind nur ausnahmsweise zulässig, wenn dafür triftige Gründe vorliegen[18]. So geht es beispielsweise nicht an, dass eine staatliche, von der Abstimmung direkt betroffene Stelle einem Pro-Komitee die Adressen potenzieller Befürworter zur Verfügung stellt[19]. 16

---

[13] VGr, 12.5.2010, VB.2010.00205, E. 5.7.
[14] BGE 138 I 61, E. 8.6 (Parallelurteil: BGr, 20.12.2011, 1C_182/2011).
[15] BGE 130 I 290, E. 3.3; 119 Ia 271, E. 3d.
[16] Vgl. BGE 130 I 290, E. 5.
[17] BGE 132 I 104, E. 5.1 (Pra 2006 Nr. 139); 114 Ia 427, E. 6.
[18] BGE 119 Ia 271, E. 3b.
[19] VGr AG, 24.2.2010, WBE.2009.434, E. 4.2.3.3 (ZBl 2010, 378 ff.).

17 **Äusserungen Privater** im Vorfeld einer Sachabstimmung können ebenfalls in unzulässiger Weise die Willensbildung der Stimmberechtigten beeinflussen. Solche Äusserungen stehen allerdings unter dem Schutz der Meinungs- bzw. der Medienfreiheit, weshalb eine unzulässige Beeinträchtigung nicht leichthin angenommen werden darf. Übertreibende oder gar unwahre Behauptungen sind im Rahmen einer politischen Auseinandersetzung bis zu einem gewissen Grad hinzunehmen; zudem stellt die Pluralität an vertretenen Meinungen auch ein gewisses Mindestmass an Objektivität sicher. Schliesslich darf den Stimmberechtigten ein Urteil über die bekundeten Meinungen und Übertreibungen durchaus zugetraut werden. Aus all diesen Gründen kommt die Aufhebung einer Abstimmung nur mit grösster Zurückhaltung und lediglich bei gravierenden Verstössen in Betracht. Nach ständiger Praxis des Bundesgerichts muss es sich um eine *schwerwiegende Irreführung der Stimmbürger* über eine entscheidwesentliche Tatsache oder einen Hauptpunkt der Vorlage handeln; überdies wird verlangt, dass die irreführenden Informationen die Stimmberechtigten *so knapp vor der Stimmabgabe* erreichen, dass es ihnen nach den Umständen nicht mehr möglich ist, sich aus anderen Quellen ein zuverlässiges Bild zu machen[20].

18 Im Sinne eines Korrektivs besteht unter Umständen eine **Pflicht der Behörden,** zur Gewährleistung des Anspruchs auf freie Willensbildung zu **intervenieren** und offensichtlich falsche oder irreführende Informationen richtigzustellen. Dabei kommt den Behörden jedoch ein grosser Ermessensspielraum zu, namentlich in Bezug auf die Frage, inwiefern unsachliche, irreführende oder falsche Behauptungen durch Private einer behördlichen Richtigstellung bedürfen. Das Bundesgericht nimmt eine Interventionspflicht – deren Verletzung einen relevanten Mangel darstellt – grundsätzlich nur an, «wenn die Einflussnahme privater Akteure die Willensbildung der Stimmberechtigen in ganz schwerwiegender Art beeinträchtigt oder geradezu verunmöglicht»[21].

19 Schliesslich muss die **Abstimmungsfrage** klar und objektiv formuliert werden; sie darf weder irreführend noch suggestiv sein. Allerdings ist den Stimmberechtigten bei komplexeren Fragestellungen zuzumuten, nicht nur den Stimmzettel, sondern auch die ihnen zugestellten Abstimmungsunterlagen zu lesen, zumal die Abstimmungsfrage allein in den meisten Fällen keine genügende, mögliche Irrtümer ausschliessende Information darstellt[22].

B. Beeinflussung des Ausgangs der Wahl oder Abstimmung

1. Regel: Beeinflussung erforderlich

20 Das Bundesgericht hebt eine Wahl oder Abstimmung in ständiger Praxis nur auf, wenn die Unregelmässigkeiten erheblich sind und das Ergebnis beeinflusst haben könnten. Zu berücksichtigen sind dabei – im Rahmen einer **Gesamtbetrachtung** – die gesamten Umstände des konkreten Falles, insbesondere die *Grösse des Stimmenunterschieds,* die

---

[20] BGr, 20.1.2011, 1C_472/2010, E. 4–4.2, m.w.H. (ZBl 2011, 375 ff.; vorinstanzliches Urteil: VGr, 8.9.2010, VB.2010.00296, E. 3.2); BGE 135 I 292, E. 4.1, m.w.H.
[21] BGr, 20.1.2011, 1C_472/2010, E. 4.3, m.w.H. (ZBl 2011, 375 ff.; vorinstanzliches Urteil: VGr, 8.9.2010, VB.2010.00296, E. 4).
[22] BGE 121 I 1, E. 5b.

Schwere des festgestellten Mangels und dessen *Bedeutung* im Rahmen der Abstimmung. Erscheint die Möglichkeit, dass die Wahl oder Abstimmung ohne den Mangel anders ausgefallen wäre, als derart gering, dass sie nicht mehr ernsthaft in Betracht fällt, so ist von der Aufhebung der Abstimmung abzusehen[23]. Dies deckt sich im Ergebnis mit der Formulierung in § 27b («mit einer gewissen Wahrscheinlichkeit»).

Mängel im Vorfeld einer Wahl oder Abstimmung sind grundsätzlich **sofort zu rügen**, d.h. innert der fünftägigen Frist gemäss § 22 Abs. 1 Satz 2. Dies soll wenn möglich gewährleisten, dass der Mangel noch vor dem Urnengang behoben wird, damit eine nachträgliche Wiederholung der Wahl oder Abstimmung vermieden werden kann (vgl. § 22 N. 12). Gelingt dies – wobei einem solchen Rekurs nur aus «besonderen Gründen» aufschiebende Wirkung erteilt werden kann (§ 25 Abs. 2 lit. b und Abs. 3) bzw. eine vorsorgliche Massnahme nur unter analogen, strengen Voraussetzungen in Betracht fällt[24] –, so kommt § 27b mangels kausaler Beeinflussung des Ergebnisses nicht zur Anwendung. Wird der Rekurs jedoch erst nach dem Urnengang behandelt, ist § 27b anwendbar.

21

2. Ausnahme: Beeinflussung nicht erforderlich

Bei einem **knappen Ergebnis** einer Wahl oder Abstimmung geht das Bundesgericht in seiner jüngsten Rechtsprechung von einer Tatsachenvermutung aus, dass dieses mit relevanten Zählfehlern behaftet ist. In diesem Fall muss stets eine *Nachzählung* angeordnet werden, also auch dann, wenn keine besonderen Anhaltspunkte für Unregelmässigkeiten bestehen[25]. Erweist sich eine Nachzählung indes als *undurchführbar*, so ist die Wahl oder Abstimmung grundsätzlich zu wiederholen (vgl. § 26d N. 9, 12). In dieser Konstellation hängt die Wiederholung mithin nicht davon ab, ob die (unwiderlegbar) vermuteten Zählfehler den Ausgang der Wahl oder Abstimmung effektiv beeinflusst haben.

22

C. «Begründete Annahme»; «gewisse Wahrscheinlichkeit»

Dass eine Unregelmässigkeit vorliegt – d.h. ein als unzulässig bewertetes Verhalten einer Behörde oder ausnahmsweise eines Privaten –, muss im Rekursverfahren sachverhaltsmässig erstellt sein. Hingegen ist es in der Regel nicht möglich, die Beeinflussung des Ergebnisses durch diese Unregelmässigkeit strikt nachzuweisen; dies ist insbesondere nicht Sache des Rekurrenten[26]. § 27b eröffnet der Rekursinstanz deshalb einen **Beurteilungsspielraum**, um – unter sorgfältiger Würdigung aller Umstände (vgl. N. 20) – zu entscheiden, ob eine Beeinflussung des Ergebnisses im Bereich des Möglichen liegt, also «mit

23

---

[23] Vgl. BGE 135 I 292, E. 4.4; BGr, 20.4.2006, 1P.582 und 650/2005, E. 2 und 5 (ZBl 2007, 275 ff.); BGE 132 I 104, E. 3.3 (Pra 2006 Nr. 139); 130 I 290, E. 3.4; 129 I 185, E. 8.1; ARTA, Rechtsfolgen, S. 283 f.; BESSON, Behördliche Information, S. 392 ff.; MÜLLER/SCHEFER, Grundrechte, S. 634 ff.

[24] Falls sich der Rekurs nicht gerade gegen die Festsetzung des Wahl- bzw. Abstimmungstermins richtet (was nur selten der Fall sein dürfte), bedarf es für die Verschiebung des Urnengangs einer vorsorglichen Massnahme gemäss § 6. Die blosse Erteilung der aufschiebenden Wirkung vermag diese Folge in den übrigen Fällen nicht herbeizuführen. Eine vorsorgliche Verschiebung der Wahl bzw. Abstimmung kommt allerdings nur in Betracht, wenn der Mangel so gravierend ist, dass mit einer späteren Aufhebung des Urnengangs ernsthaft gerechnet werden muss (vgl. ARTA, Rechtsfolgen, S. 280; THALMANN, Kommentar GG, § 151 N. 7.3.1).

[25] Zum «Spezialfall» Nationalratswahl siehe allerdings § 26d Fn. 26.

[26] TSCHANNEN, Staatsrecht, § 48 N. 47; HILLER, Stimmrechtsbeschwerde, S. 416.

einer gewissen Wahrscheinlichkeit» bejaht werden kann[27]. Dieser Entscheid muss *plausibel* und nachvollziehbar sein, was durch die Formulierung «wenn Gründe für die Annahme bestehen» hervorgehoben wird.

III. Rechtsfolge

A. Regel: Aufhebung und Wiederholung der Wahl oder Abstimmung

24 Sind die beiden Tatbestandsvoraussetzungen erfüllt – liegt also eine Unregelmässigkeit vor und bestehen Gründe für die Annahme, dass diese den Ausgang der Wahl oder Abstimmung mit einer gewissen Wahrscheinlichkeit beeinflusst hat –, so ist im Regelfall in *Gutheissung* des Rekurses die Wahl oder Abstimmung aufzuheben und deren Wiederholung anzuordnen. Diese Rechtsfolge ist bei gegebenem Tatbestand grundsätzlich zwingend, d.h. es besteht – unter Vorbehalt der sogleich darzustellenden Ausnahme – diesbezüglich kein Ermessen der Rekursinstanz.

B. Ausnahme: Keine Aufhebung und Wiederholung der Wahl oder Abstimmung

25 Im Rahmen einer **gesamthaften Würdigung** und Abwägung aller relevanten Umstände können indessen Aspekte der Rechtssicherheit, der Verhältnismässigkeit, von Treu und Glauben sowie der Rechtsgleichheit, aber auch praktische Gesichtspunkte dazu führen, dass trotz Vorliegen von Unregelmässigkeiten, die für das Ergebnis relevant waren, von einer Aufhebung und Wiederholung der Wahl oder Abstimmung abzusehen ist. Dies kann etwa dann der Fall sein, wenn ein im Rahmen der fraglichen Abstimmung angenommener Erlass bereits in Kraft steht und Private gestützt darauf Dispositionen getroffen haben oder wenn es nicht mehr möglich ist, die bereits erfolgte Umsetzung durch die Behörden rückgängig zu machen[28].

26 In solchen Fällen nimmt das Bundesgericht zuweilen – in *Gutheissung* der Beschwerde – eine ausdrückliche **Feststellung** der Verletzung der Wahl- und Abstimmungsfreiheit ins Dispositiv auf, wenn das Urteil *Appellcharakter* haben soll, insbesondere weil die zuständigen Behörden damit aufgefordert werden sollen, im Hinblick auf künftige Wahlen oder Abstimmungen für einen verfassungsmässigen Zustand zu sorgen[29]. Ist ein solcher Appell hingegen nicht erforderlich, so begnügt sich das Bundesgericht mit einer *Abweisung* der Beschwerde «im Sinne der Erwägungen»[30].

---

[27] Vgl. auch die stets wiederkehrende Formulierung des Bundesgerichts, etwa in BGE 135 I 292, E. 4.4.
[28] Vgl. BGE 138 I 61, E. 8.7.
[29] Vgl. BGr, 19.3.2012, 1C_407, 445 und 447/2011, E. 6; BGE 136 I 352, E. 5.2; 129 I 185, E. 8 f.
[30] BGE 138 I 61, E. 8.7, 9.

Rekurserledigung
a. Behandlungsfrist

§ 27c

¹ Verwaltungsinterne Rekursinstanzen sowie Rekurskommissionen entscheiden innert 60 Tagen seit Abschluss der Sachverhaltsermittlungen. Der Abschluss der Sachverhaltsermittlung wird den Parteien angezeigt.

² Kann eine Rekursinstanz diese Frist nicht einhalten, teilt sie den Parteien unter Angabe der Gründe mit, wann der Entscheid vorliegt.

Materialien

Weisung 2009, S. 966; Prot. KR 2007–2011, S. 10241, 10536.

Zu alt § 27a: Prot. KK 1995/96, S. 226 ff., 276 ff., 288 ff., 299 ff., 317 f.; Prot. KR 1995–1999, S. 6423, 6443 ff., 6488, 6832; Beleuchtender Bericht 1997, S. 6.

Literatur

Hösli, Verfahrensbeschleunigung, S. 87 ff.; Kölz/Häner/Bertschi, Verwaltungsverfahren, N. 252 ff., insb. N. 257; Rhinow/Koller/Kiss/Thurnherr/Brühl-Moser, Öffentliches Prozessrecht, N. 120 f., 288 ff.; Rotach Tomschin, Revision, S. 445 f.; Schindler, Beschleunigungspotentiale, S. 15 f.

Inhaltsübersicht

I.	Allgemeines	1–9
	A. Entstehungsgeschichte und Zweck	1–3
	B. Weitere Regelungen zur Verfahrensbeschleunigung	4–9
II.	Behandlungsfrist (Abs. 1)	10–16
	A. Geltungsbereich	10–11
	B. Fristenlauf	12–16
III.	Fristüberschreitung (Abs. 2)	17–21
	A. Mitteilungs- und Begründungspflicht	17–18
	B. Rechtsfolgen	19–21
IV.	Kritische Würdigung	22–23

I. Allgemeines

A. Entstehungsgeschichte und Zweck

§ 27c entspricht unverändert alt § 27a, der anlässlich der **VRG-Revision von 1997** ins Gesetz eingefügt wurde. Im Rahmen der VRG-Revision von 2010 ergab sich lediglich eine Modifikation bei den Marginalien: Die bisherige Marginalie «Behandlungsfrist» wurde zur Untermarginalie, da die §§ 27c, 28 und 28a unter die Hauptmarginalie «Rekurserledigung» gestellt wurden.

1

Unter Mitarbeit von Corina Caluori, MLaw.

§ 27c

2   Die Regelung dient der **Verfahrensbeschleunigung**. Sie wurde – wie das allgemeine Beschleunigungsgebot (§ 4a) – erst durch die kantonsrätliche Kommission eingefügt; dies nach eingehenden Beratungen[1] und gegen erhebliche Bedenken des Regierungsrats[2]. Während es sich bei § 4a um ein allgemeines Gebot zur Verfahrensbeschleunigung handelt, konkretisiert § 27c dieses Gebot für das Rekursverfahren, indem er den Rekursbehörden aufgibt, ihren Entscheid innert einer bestimmten Frist zu treffen, und ihnen – zwecks Fristenkontrolle durch die Parteien – Mitteilungs- und Begründungspflichten auferlegt. Damit kommt § 27c eine wesentlich grössere praktische Bedeutung zu als § 4a.

3   § 27c ist eine *Verfahrensvorschrift*. Diese korrespondiert mit dem verfassungs- bzw. völkerrechtlichen **Individualanspruch** auf Beurteilung innert *angemessener Frist* gemäss Art. 29 Abs. 1 BV und Art. 6 Ziff. 1 EMRK[3] bzw. mit demjenigen auf *rasche Erledigung* des Verfahrens gemäss Art. 18 Abs. 1 KV. Mit letzterer Bestimmung ging die Kantonsverfassung bewusst über den Minimalanspruch von Art. 29 Abs. 1 BV hinaus[4]. Das Verwaltungsgericht betrachtet die Behandlungsfrist gemäss § 27c als «eines der hauptsächlichen Kriterien», wenn es gesamthaft um die Bestimmung der angemessenen Verfahrensdauer geht[5].

B.   Weitere Regelungen zur Verfahrensbeschleunigung

4   Nebst § 4a und alt § 27a (heute § 27c) führte der Gesetzgeber im Rahmen der **VRG-Revision von 1997** weitere Regelungen ein, die zu einer beförderlichen Verfahrenserledigung beitragen sollten: *alt § 10a* (Verzicht auf die Begründung einer Anordnung; heute in der Fassung von 2010), *alt §§ 19a–19c* (in der Regel nur zwei Rechtsmittelinstanzen; vgl. heute § 19 Abs. 3), *alt § 26 Abs. 3* (Höchstdauer der Vernehmlassungsfrist; heute § 26b Abs. 2), *alt § 38* (Zirkulations- und Einzelrichterentscheide des Verwaltungsgerichts; vgl. heute die §§ 38 Abs. 2 und 38b) sowie *§ 319 Abs. 1 PBG* (Behandlungsfristen im Baubewilligungsverfahren)[6].

5   Mit der **VRG-Revision von 2010** kam § 28a (vereinfachte Erledigung des Rekursverfahrens) hinzu.

6   Am 27. Oktober 2008 fügte der Gesetzgeber mit **§ 339a PBG** – trotz erheblicher Bedenken des Regierungsrats im Verlauf des Gesetzgebungsverfahrens – folgende **Sonderregelung** ins Planungs- und Baugesetz ein[7]: «Die kantonalen Behörden entscheiden über ein Rechtsmittel innert sechs Monaten nach dessen Eingang» (Abs. 1). «Ist für das Bau-

---

[1]   Vgl. Prot. KK 1995/96, S. 226 ff., 276 ff., 288 ff., 299 ff., 317 f.
[2]   Vgl. Prot. KK 1995/96, S. 227 f., 231 f., 280.
[3]   Vgl. die Rechtsprechungsübersicht in VGr, 21.10.2009, PB.2009.00020, E. 2.1.
[4]   Biaggini, in: Kommentar KV, Art. 18 N. 15; statt vieler: VGr, 17.10.2012, VB.2012.00483, E. 3.4.1; VGr, 11.2.2009, VB.2008.00258, E. 4.1; VGr, 16.7.2008, VB.2008.00133, E. 2.1.
[5]   Statt vieler: VGr, 17.10.2012, VB.2012.00483, E. 3.4.3; VGr, 11.2.2009, VB.2008.00258, E. 4.6; RB 2004 Nr. 47, E. 3.3 (VB.2004.00089); vgl. auch BGr, 11.9.2007, 1C_65/2007, E. 5.2. – Entsprechend auch die ständige Rechtsprechung des Bundesverwaltungsgerichts im Zusammenhang mit Art. 37 AsylG: BVGr, 7.5.2013, E-1599/2013, E. 6.1; BVGr, 9.4.2013, D-691/2013, E. 2.3.1; BVGr, 20.11.2012, E-5783/2012, E. 5; BVGr, 16.11.2012, D-4224/2012, E. 3.3.1.
[6]   Vgl. dazu auch § 11 Abs. 4 BVV.
[7]   OS 64, 161.

vorhaben eine Umweltverträglichkeitsprüfung, ein Gutachten oder die Mitwirkung von Bundesstellen erforderlich, so entscheiden sie innert sieben Monaten» (Abs. 2). Die Regelung geht auf eine *Parlamentarische Initiative* mit dem Titel «Fristen im Rechtsmittelverfahren» zurück, welche Behandlungsfristen von drei bzw. vier Monaten verlangt hatte[8]. Die vorberatende Kommission beantragte dem Kantonsrat, die Parlamentarische Initiative – welche vom Rat vorläufig unterstützt worden war – abzulehnen und stattdessen einen Gegenvorschlag zu beschliessen, der die in der Parlamentarischen Initiative vorgesehenen Behandlungsfristen um je einen Monat verlängern sollte (also auf vier bzw. fünf Monate)[9]. Nach Wiederaufnahme des Geschäfts arbeitete die Kommission einen anderen Gegenvorschlag aus, den sie aufgrund einer negativen Stellungnahme des Regierungsrats indessen wieder fallen liess[10]. Schliesslich beschloss der Kantonsrat eine Regelung im Sinne des ursprünglichen Gegenvorschlags, welche jedoch nochmals um je zwei Monate verlängerte Fristen (sechs bzw. sieben Monate) vorsieht.

Anders als bei § 27c beginnt die Behandlungsfrist gemäss § 339a PBG nicht mit dem Abschluss der Sachverhaltsermittlungen, sondern bereits mit dem *Eingang* des Rechtsmittels zu laufen. Die Sonderregelung gilt für alle Rechtsmittelinstanzen, welche über Fälle im Bereich des *Raumplanungs-, Bau- oder Umweltrechts* zu entscheiden haben, also

– für das *Baurekursgericht* in der weitaus überwiegenden Zahl der Fälle; ausgenommen sind lediglich Geschäfte, in denen das Baurekursgericht nicht gestützt auf § 329 Abs. 1 PBG, sondern aufgrund anderer Zuständigkeitsregelungen tätig wird, namentlich bei Rekursen betreffend die Gebäudeversicherung des Kantons Zürich (vgl. § 76 GebVG), die Feuerpolizei und teilweise das Feuerwehrwesen (vgl. § 15 und § 37 Abs. 2 FFG) sowie den Erwerb von Grundstücken durch Personen im Ausland (vgl. 4 lit. c EG BewG), ferner in landwirtschaftlichen Streitigkeiten gemäss Landwirtschaftsgesetz (vgl. § 68 Abs. 3 und § 70 Abs. 4 LG);
– für das – ansonsten nicht von Fristenregelungen erfasste (vgl. N. 11) – *Verwaltungsgericht* in den Sachbereichen Raumplanungs-, Bau- und Umweltrecht, was rund einen Fünftel der verwaltungsgerichtlichen Beschwerdeverfahren betrifft[11];
– bisher auch für den *Regierungsrat* in den in § 329 Abs. 2 PBG vorgesehenen Fallgruppen; dessen Zuständigkeit in diesem Bereich wurde im Rahmen einer am 28. Oktober 2013 verabschiedeten Teilrevision des PBG (betreffend Verfahren und Rechtsschutz) jedoch aufgehoben und auf das Baurekursgericht übertragen[12].

---

[8] Wortlaut der Parlamentarischen Initiative (KR-Nr. 233/2004): «Das Gesetz über das Planungs- und Baugesetz (PBG) des Kantons Zürich vom 7. September 1975 [so im Original] ist wie folgt zu ergänzen: Die in Rechtsmittelverfahren zuständigen kantonalen Behörden treffen ihre Entscheide innert 3 Monaten, bei der Behandlung von Vorhaben, die eine Umweltverträglichkeitsprüfung, den Beizug weiterer Fachgutachten oder die Mitwirkung von Bundesstellen erfordern, innert 4 Monaten seit Eingang des Rechtsmittels.»
[9] ABl 2006, 1470 ff.
[10] ABl 2008, 486 ff.
[11] Vgl. die Stellungnahme des Regierungsrats zur erwähnten Parlamentarischen Initiative, wiedergegeben in ABl 2006, 1473 ff. (S. 1473), und ABl 2008, 488 ff. (S. 489).
[12] ABl 8.11.2013 (50985).

8 Der Gesetzgeber schuf damit im Wesentlichen eine «Lex BRK/BRG», obwohl gerade bei dieser Rekursinstanz keinerlei Probleme im Zusammenhang mit überlangen Verfahrensdauern bestehen[13].

9 Auch im **Bundesrecht** finden sich verschiedene Regelungen, die der Verfahrensbeschleunigung dienen, insbesondere Behandlungsfristen (vgl. z.B. Art. 62c RVOG; Art. 25 Abs. 1bis RPG; Art. 37 und 109 AsylG; Art. 12a und 12b UVPV).

II. Behandlungsfrist (Abs. 1)

A. Geltungsbereich

10 Der Geltungsbereich von § 27c erstreckt sich auf die **verwaltungsinternen Rekursinstanzen** (Bezirksbehörden, Direktionen, Regierungsrat) sowie die **Rekurskommission der Zürcher Hochschulen**. Nicht (mehr) anwendbar ist § 27c hingegen auf das *Baurekursgericht*; denn das Verwaltungsgericht betrachtet § 339a PBG (vgl. N. 6 f.) seit dessen Inkrafttreten am 1. Juli 2009 als lex specialis – was nicht zwingend, aber vernünftig ist – und weist überdies darauf hin, dass § 27c, der nur von «Rekurskommissionen» spricht, seit der Umwandlung und Umbenennung der früheren Baurekurskommissionen zum Baurekursgericht per 1. Januar 2011[14] auf dieses auch «formell» nicht mehr anwendbar sei[15]. Das letztere Argument trifft auch auf Rekursverfahren zu, für welche das Baurekursgericht ausserhalb des Anwendungsbereichs des PBG zuständig ist (vgl. N. 7, erstes Lemma). Für das *Steuerrekursgericht* enthält § 149 Abs. 1 StG eine § 27c analoge Bestimmung[16]. Nicht zu den Rekurskommissionen im Sinn von § 27c gehören die *Schätzungskommissionen* in Enteignungssachen[17].

11 Keine Geltung beansprucht § 27c VRG im Weiteren für die Verfahren vor dem **Verwaltungsgericht**. Auch eine «entsprechende» Anwendung gestützt auf § 70 fällt ausser Betracht; aus dem Fehlen einer Direktverweisung in den §§ 63 ff. («Beschwerdeerledigung») ist vielmehr auf ein qualifiziertes Schweigen zu schliessen[18]. Nicht anwendbar ist § 27c selbst dann, wenn das Verwaltungsgericht über einen *Rekurs* gegen einen Entscheid einer Schätzungskommission im Sinn von § 46 AbtrG entscheidet; denn das verwaltungsgerichtliche «Rekursverfahren» in Abtretungsstreitigkeiten richtet sich weitgehend nach den Regeln des Beschwerdeverfahrens (vgl. Vorbem. zu §§ 32–86 N. 10)[19]. Hingegen ist

---

[13] Vgl. hinten Fn. 41.
[14] Gesetz über die Unterstellung der Steuerrekurskommissionen und der Baurekurskommissionen unter das Verwaltungsgericht vom 13. September 2010 (OS 65, 953).
[15] VGr, 29.6.2011, VB.2011.00148, E. 1.7; ebenso JAAG/RÜSSLI, Staats- und Verwaltungsrecht, N. 2015.
[16] Vgl. dazu P. MÜLLER, Aspekte, S. 277.
[17] Deren Verfahren richtet sich nach den Bestimmungen des AbtrG und der VO SchKomm, die ihrerseits in Teilbereichen auf das VRG verweist. § 42 Abs. 1 AbtrG verpflichtet die Schätzungskommissionen, ihren Entscheid über die streitigen Ansprüche in der Regel innerhalb von 14 Tagen nach der letzten Verhandlung zu treffen; nach ständiger Praxis bedeutet dies, dass innert dieser Frist ein Entscheid zu fällen ist, nicht aber, dass dieser den Parteien bereits schriftlich und begründet zugestellt sein muss.
[18] Im Ergebnis, aber ohne nähere Begründung, gleich: BGr, 11.9.2007, 1C_65/2007, E. 5.2; JAAG/RÜSSLI, Staats- und Verwaltungsrecht, N. 2015.
[19] RB 1998 Nr. 44 (BEZ 1998 Nr. 23).

das Verwaltungsgericht dem *allgemeinen Beschleunigungsgebot* gemäss § 4a unterworfen. Darüber hinaus gilt § *339a PBG* (vgl. N. 6 f.) auch für das Verfahren vor dem Verwaltungsgericht, soweit dieses über Fälle im Bereich des Raumplanungs-, Bau- oder Umweltrechts entscheidet.

B. Fristenlauf

Die Behandlungsfrist nach § 27c Abs. 1 beträgt schematisch **60 Tage**. 12

Sie **beginnt** mit dem **Abschluss der Sachverhaltsermittlungen** zu laufen (vgl. demgegenüber § 339a PBG; vorn N. 7). Dies ist nicht – oder jedenfalls nicht notwendigerweise – mit der Beendigung des Schriftenwechsels gleichzusetzen[20]. Vielmehr sind die Rekursbehörden aufgrund der Untersuchungspflicht (§ 7 Abs. 1) befugt und verpflichtet, zu prüfen, ob weitere Sachverhaltsabklärungen erforderlich sind; dies nicht nur, aber vor allem in umfangreichen, aufwendigen oder komplizierten Rekursverfahren. In einfacheren Verfahren fallen die Beendigung des Schriftenwechsels und der Abschluss der Sachverhaltsermittlung allerdings häufig zusammen oder liegen zumindest nahe beieinander[21]. 13

Der so geregelte Ansatzpunkt für den Fristenlauf vermag freilich nicht zu verhindern, dass es eine Rekursinstanz teilweise selbst in der Hand hat, den Zeitpunkt zu bestimmen, in dem die Behandlungsfrist zu laufen beginnt[22]. Allerdings gilt nicht jede noch so kleine Verfahrenshandlung – etwa der Beizug eines Kartenausschnitts aus dem Twixtel[23] – als Sachverhaltsermittlung[24]. 14

Zur Schaffung von Transparenz und damit die Verfahrensbeteiligten die Einhaltung der Behandlungsfrist überprüfen können, schreibt § 27c Abs. 1 Satz 2 den Rekursbehörden vor, den Parteien den Abschluss der Sachverhaltsermittlung **anzuzeigen**. Weil diese Mitteilung für die Parteien nicht fristauslösend ist, genügt hierfür einfache Schriftlichkeit in Briefform. Das Verwaltungsgericht äusserte sich einmal dahingehend, dass es aus «präventiven Gründen» gerechtfertigt sei, die Verletzung dieser Mitteilungspflicht einer Verletzung der 60-tägigen Behandlungsfrist gleichzusetzen[25]. 15

Gemäss § 27c Abs. 1 Satz 1 haben die Rekursinstanzen innert 60 Tagen seit Abschluss der Sachverhaltsermittlungen zu «**entscheiden**». Dem Gesetzeswortlaut lässt sich nicht entnehmen, ob damit der Akt der eigentlichen Entscheidfällung oder aber die schriftliche Zustellung des Entscheids an die Parteien gemeint ist. Nach dem Zweck der Regelung – Verfahrensbeschleunigung – ist diese so zu verstehen, dass innert der 60-tägigen Behandlungsfrist der schriftliche und begründete Rekursentscheid den Parteien *zugestellt*, also eröffnet werden muss[26]. 16

---

[20] VGr. 2.3.2000, VB.2000.00016, E. 2 (nicht publiziert).
[21] Vgl. VGr, 22.1.2002, VB.2001.00358, E. 3c; VGr, 29.8.2000, VB.2000.00249, E. 3.
[22] Vgl. etwa VGr, 21.5.2008, VB. 2008.00147, E. 4.4: Der Regierungsrat zog 21 Monate nach Abschluss des Schriftenwechsels Strafakten bei, so dass die 60-tägige Frist erst anschliessend zu laufen begann.
[23] VGr, 11.2.2009, VB.2008.00258, E. 4.6.
[24] Vgl. VGr, 7.12.2011, VB.2011.00534, E. 4.3.1; VGr, 16.7.2008, VB.2008.00133, E. 2.2.
[25] VGr, 16.7.2008, VB.2008.00133, E. 2.2.
[26] VGr, 22.1.2002, VB.2001.00358, E. 3c; VGr, 29.8.2000, VB.2000.00249, E. 3; ROTACH TOMSCHIN, Revision, S. 445.

III. Fristüberschreitung (Abs. 2)

A. Mitteilungs- und Begründungspflicht

17 Die schematische Dauer der Behandlungsfrist von 60 Tagen trägt den besonderen Verhältnissen des Einzelfalls nicht Rechnung. In einfachen Fällen erweist sie sich als zu grosszügig bemessen; in komplizierten oder besonders umstrittenen Verfahren reicht sie dagegen nicht aus. Im Hinblick darauf gesteht § 27c Abs. 2 den Rekursbehörden eine Überschreitung der Behandlungsfrist zu. Lässt sich die Frist nach Auffassung der Rekursinstanz nicht einhalten, hat sie dies den Parteien **unter Angabe der Gründe mitzuteilen**; zugleich hat sie den Parteien bekanntzugeben, **wann** der Entscheid **voraussichtlich vorliegen** wird. Trotz der von vornherein zugestandenen Möglichkeit der Fristüberschreitung enthält § 27c Abs. 2 demnach insoweit eine gewisse Sanktion, als sich die Rekursbehörden gegenüber den Parteien rechtfertigen müssen. Dabei bewirkt die Pflicht zur Bekanntgabe des Entscheidzeitpunkts eine gewisse *Selbstbindung*: Die Rekursbehörde muss sich und den Parteien gegenüber Rechenschaft über den weiteren zeitlichen Ablauf des Verfahrens ablegen. Im Zweifelsfall dürfte sie allerdings einen eher grosszügigen Zeitraum nennen, wodurch die Bedeutung der Selbstbindung relativiert wird.

18 Dem Gesetz lässt sich nicht entnehmen, wie zu verfahren ist, wenn eine Rekursinstanz auch innert der selbst deklarierten, verlängerten Behandlungsfrist **nicht entscheidet**. In einem solchen Fall liegt es nahe, dass die Rekursinstanz die Parteien erneut im Sinn von § 27c Abs. 2 benachrichtigen muss, jedenfalls dann, wenn eine mehr als nur geringfügige (weitere) Fristüberschreitung zu erwarten ist. Eine Verwirkungsfolge tritt jedoch auch in diesem Fall nicht ein (vgl. N. 19).

B. Rechtsfolgen

19 Die Überschreitung der Behandlungsfrist gemäss § 27c Abs. 2 zieht zwar eine Mitteilungs- und Begründungspflicht nach sich; gleichwohl handelt es sich bei dieser Frist um eine blosse **Ordnungsfrist** und nicht um eine Verwirkungsfrist in dem Sinne, dass der Rekursentscheid bei Fristüberschreitung unwirksam würde[27]. Ordnungsfristen stellen für die Behörden in erster Linie eine Richtlinie dar, innert welcher Zeitdauer sie zu entscheiden haben[28]. Dementsprechend erweist sich das Beschleunigungsgebot in dieser Ausgestaltung nur als beschränkt justiziabel; immerhin kann mit *Aufsichtsbeschwerde* bei der Aufsichtsinstanz geltend gemacht werden, dass eine Rekursbehörde ihren Mitteilungspflichten oder der Begründungspflicht nicht oder nicht richtig nachgekommen

---

[27] VGr, 13.11.2003, VB.2003.00333, E. 2; ferner statt vieler: VGr, 7.12.2011, VB.2011.00534, E. 4.3.2; VGr, 11.2.2009, VB.2008.00258, E. 4.6; VGr, 16.7.2008, VB.2008.00133, E. 2.1; RB 2004 Nr. 47, E. 3.3 (VB.2004.00089). – Eine Frist mit Genehmigungsfiktion findet sich demgegenüber in § 13 Abs. 2 BVV: Danach gilt ein Bauvorhaben von untergeordneter Bedeutung, für welches das *Anzeigeverfahren* durchgeführt wird, «als bewilligt», wenn keine der zuständigen Behörden innert der Behandlungsfrist von 30 Tage eine Anordnung trifft (vgl. auch § 18 Abs. 3 BVV). Die Bundesrechtskonformität dieser Bewilligungsfiktion ist allerdings zweifelhaft; vgl. ALAIN GRIFFEL, Raumplanungs- und Baurecht – in a nutshell, Zürich/St. Gallen 2012, S. 168.

[28] HÖSLI, Verfahrensbeschleunigung, S. 88.

ist[29]. Darüber hinaus kann behördliche Untätigkeit auch Anlass zu einer Beschwerde wegen *Rechtsverzögerung* geben[30], wobei das Überschreiten einer Ordnungsfrist nicht automatisch eine solche darstellt; vielmehr kommt es auf die gesamten Umstände des Einzelfalls an[31]. Weiter ist es denkbar, die Verletzung des Beschleunigungsgebots im Dispositiv des Entscheids festzustellen[32].

Bei einem *schweren Verstoss* gegen das Beschleunigungsgebot bzw. gegen die Pflicht zur Beurteilung innert angemessener Frist (vgl. N. 3) ist unter Umständen eine **materielle Änderung der angefochtenen Verfügung** geboten. So verzichtete das Verwaltungsgericht nach einer Überschreitung der Behandlungsfrist durch den Regierungsrat um mehr als das 21-fache auf eine Administrativmassnahme (Verwarnung) wegen leichter Widerhandlung gegen das Strassenverkehrsgesetz[33]. In zahlreichen Fällen reduzierte es die *Dauer des Führerausweisentzugs* (Warnungsentzug)[34]; in einem Fall sah es sogar gänzlich von einem solchen ab[35]. 20

Schliesslich berücksichtigt das Verwaltungsgericht eine überlange Verfahrensdauer im Rahmen der **Kostenverteilung** und bei der Festlegung der **Entschädigungsfolgen**[36]. Insbesondere auferlegt es der säumigen Vorinstanz – in der Regel handelt es sich dabei um den Regierungsrat – zuweilen die Kosten des Rekurs- oder des Beschwerdeverfahrens[37]. 21

IV. Kritische Würdigung

Die Einführung von Fristenregelungen erfreute sich bei den Gesetzgebern des Bundes und des Kantons Zürich vor allem in den späten 1990er-Jahren grosser Beliebtheit[38]. Seither scheint sich die «Aufregung» hüben und drüben wieder ein wenig gelegt zu haben: 22

---

[29] VGr, 29.6.2011, VB.2011.00148, E. 1.7.
[30] Vgl. etwa VGr, 21.10.2009, PB.2009.00020; anders noch VGr, 19.4.2000, PB.2000.00006, E. 4.
[31] Hösli, Verfahrensbeschleunigung, S. 88 f., insb. Fn. 18.; vgl. auch Kiener/Rütsche/Kuhn, Öffentliches Verfahrensrecht, N. 215, 1141; Kölz/Häner/Bertschi, Verwaltungsverfahren, N. 257; Rhinow/Koller/Kiss/Thurnherr/Brühl-Moser, Öffentliches Prozessrecht, N. 290 ff.
[32] BGE 138 II 513, E. 6.5; VGr, 5.11.2008, PB.2008.00017, E. 4.
[33] VGr, 7.12.2011, VB.2011.00534, E. 4.4.
[34] VGr, 17.10.2012, VB.2012.00483, E. 3.4.2 und 3.4.4; VGr, 11.2.2009, VB.2008.00258, E. 4.1 und 4.8; VGr, 31.1.2007, VB.2006.00440, E. 4.3, 5.3.4 und 5.4.3 (bestätigt in BGr, 11.9.2007, 1C_65/2007, E. 5.4); VGr, 12.1.2005, VB.2004.00446, E. 5.1, 5.2.2 und 5.3 (in diesem Fall hatte das Strassenverkehrsamt seine Verfügung während der Hängigkeit des Rekursverfahrens selbst in Wiedererwägung gezogen und die Entzugsdauer wegen überlanger Verfahrensdauer gekürzt); VGr, 7.4.2004, VB.2004.00067, 2.2, 3.3.2 und 3.4; vgl. ferner VGr, 21.5.2008, VB.2008.00147, E. 4.1 und 4.5 f.
[35] RB 2004 Nr. 47, E. 3.1 und 3.4 f. (VB.2004.00089).
[36] Vgl. VGr, 17.10.2012, VB.2012.00483, E. 4; VGr, 30.11.2011, VB.2011.00305, E. 3; VGr, 5.4.2007, VB.2006.00463, E. 5.2; VGr, 9.9.2004, VB.2004.00171, E. 2.2.2.2 und 3.3.
[37] Vgl. VGr, 16.7.2008, VB.2008.00133, E. 2.3 (Leitsatz in RB 2008 Nr. 2); VGr, 31.1.2007, VB.2006.00440, E. 6; VGr, 12.1.2005, VB.2004.00446, E. 6; VGr, 7.4.2004, VB.2004.00067, E. 4; VGr, 24.3.2004, VB.2004.00089, E. 4 (Übernahme der Kosten auf die Staatskasse).
[38] Wie der Zürcher Regierungsrat (vgl. N. 2 und 6) äusserte sich indessen auch der Bundesrat kritisch: Botschaft zu einem Bundesgesetz über die Koordination und Vereinfachung der Plangenehmigungsverfahren (BBl 1998, 2591 ff.), S. 2605 f. Vgl. ferner die Stellungnahme des Bundesrats vom 25. August 2004 zur (später abgeschriebenen) Motion «Behandlungsfristen für Rekursinstanzen und Gerichte» (04.3278).

einerseits die übersteigerten Erwartungen der Politik in solche Vorschriften, anderseits die Skepsis der Rechtswissenschaft, was die Tauglichkeit dieses Instruments anbelangt. Nach wie vor hinterlassen Fristenregelungen wie § 27c jedoch einen etwas zwiespältigen Eindruck: So kann man auf der einen Seite nicht sagen, überlange Verfahren seien in der Schweiz insgesamt – von einzelnen, neuralgischen Bereichen abgesehen – ein reales oder gar drängendes Problem. Der wohl überwiegende Teil aller Verwaltungs- und Rechtsmittelverfahren wird hierzulande vielmehr zügig abgewickelt, auch wenn die tendenziell zunehmende Komplexität der Verfahren und die Einführung eines unbeschränkten «Replikrechts» (vgl. § 26b N. 34 ff.) gewiss keine beschleunigende Wirkung hatten. Sodann handelt es sich bei derartigen Regeln naturgemäss um blosse Ordnungsvorschriften, also um «leges imperfectae», die letztlich *nicht durchgesetzt* werden können. Insofern liegt ein Stück weit *symbolische Gesetzgebung* vor, welche stets die Gefahr einer normativen Entleerung der Gesetze in sich birgt[39].

23 Auf der anderen Seite vermögen Fristenregelungen durchaus einen *gewissen Druck* zu erzeugen – und sei es nur einen psychologischen –, der nicht ohne Wirkungen bleibt. Auch geben sie den Aufsichtsbehörden ein wertvolles *Kontrollinstrument* in die Hand, um Probleme oder gar Missstände zu erkennen und die nötigen organisatorischen oder personellen Massnahmen zu treffen[40]. Indessen zeigt gerade das praktisch einzige problematische Beispiel im Kanton Zürich – die Rekurstätigkeit des Regierungsrats – die beschränkte Wirkung von § 27c. Selbst massive, ja unhaltbare Fristüberschreitungen von mehreren Monaten oder Jahren sind hier nicht selten, wogegen bei den übrigen Rekursbehörden keine derartigen Probleme zu bestehen scheinen[41]. Die Problematik ist im Gefolge der VRG-Revision von 2010 insoweit entschärft worden, als die Verfügungskompetenz innerhalb der Zentralverwaltung in den einschlägigen Verordnungen grundsätzlich auf Stufe Amt angesiedelt wurde, so dass über Rekurse nicht mehr der Regierungsrat, sondern die Direktionen entscheiden (mit Weiterzugsmöglichkeit an das Verwaltungsgericht)[42]. Auch hier muss indessen gelten, was das Bundesgericht in Bezug auf die Behandlung asylrechtlicher Fälle durch das Bundesverwaltungsgericht festhielt: «Mit Arbeitsüberlastung kann dies nicht gerechtfertigt werden. Wenn das Bundesverwaltungsgericht nicht über die Mittel verfügt, um die Asylfälle zeitgerecht zu behandeln, muss es so ausgestattet werden, dass es in der Lage ist, dies zu tun»[43].

---

[39] Eine bemerkenswerte Kombination von Symbolgesetzgebung und Überregulierung findet sich in der Verordnung über Grundsätze und Ordnungsfristen für Bewilligungsverfahren (Ordnungsfristenverordnung, OrFV) vom 25. Mai 2011 (SR 172.010.14), welche die Grundsätze und den zeitlichen Rahmen festlegt, die bei erstinstanzlichen wirtschaftsrechtlichen Verfahren des Bundesrechts beachtet werden müssen.
[40] Ebenso HÖSLI, Verfahrensbeschleunigung, S. 88, 91, 92 f. Kritischer etwa MARINO LEBER, Grundsätze für die Rechtsetzung im Bereich der Bundesrechtspflege, LeGes 2012, 297 ff., 307 f.
[41] So betrug im Jahr 2012 die durchschnittliche Verfahrensdauer vor dem *Baurekursgericht* 3,7 Monate. 90% der Fälle konnten innerhalb von sechs Monaten erledigt werden. Innert acht Monaten wurden 94% und innert zwölf Monaten 99% der Fälle abgeschlossen (Rechenschaftsbericht 2012, S. 4; www.baurekursgericht-zh.ch > Über uns > Rechenschaftsbericht).
[42] Weisung 2009, S. 858.
[43] BGE 138 II 513, E. 6.4.

b. Rekursentscheid

§ 28

¹ Der Rekursentscheid umschreibt kurz den Tatbestand und fasst die Erwägungen zusammen. Soweit der Darstellung des Tatbestandes und den Erwägungen der Vorinstanz zugestimmt wird, kann auf sie verwiesen werden.

² Der Rekursentscheid wird dem Rekurrenten, der Vorinstanz sowie allfälligen weiteren am Rekursverfahren Beteiligten schriftlich zugestellt. Ändert die Rekursinstanz die Anordnung der unteren Instanz, so sollen überdies all jene Personen den Rekursentscheid erhalten, welche durch diese Erledigung in ihren schutzwürdigen Interessen berührt werden.

Materialien

Weisung 1957, S. 1038; Prot. KK 20.12.1957, 23.9.1958; Prot. KR 1955–1959, S. 3379; Beleuchtender Bericht 1959, S. 402; Weisung 1995, S. 1534, Prot. KK 1995/96, S. 59; Prot. KR 1995–1999, S. 6488, 6832; Beleuchtender Bericht 1997, S. 6; Weisung 2009, S. 966.

Literatur

AUBRY GIRARDIN FLORENCE, in: Commentaire LTF, Art. 32 N. 10 ff.; CAMPRUBI MADELEINE, in: Kommentar VwVG, Art. 61; CORBOZ BERNARD, in: Commentaire LTF, Art. 107 N. 10 ff., Art. 112 N. 10 ff., 19 ff.; EHRENZELLER BERNHARD, in: Basler Kommentar BGG, Art. 112 N. 3 ff.; GADOLA, Beschwerdeverfahren, S. 435 ff., 481 ff.; GYGI, Bundesverwaltungsrechtspflege, S. 317 ff.; HÄFELIN/MÜLLER/UHLMANN, Verwaltungsrecht, N. 1811 ff., 1977 ff.; HÄRRI MATTHIAS, in: Basler Kommentar BGG, Art. 32 N. 11 ff.; KIENER/RÜTSCHE/KUHN, Öffentliches Verfahrensrecht, N. 1520 ff.; KÖLZ/HÄNER/BERTSCHI, Verwaltungsverfahren, N. 1144 ff., 1639 ff.; MERKER, Rechtsmittel, § 58; MERKLI/AESCHLIMANN/HERZOG, Kommentar VRPG, Art. 39, Art. 72; MEYER ULRICH/DORMANN JOHANNA, in: Basler Kommentar BGG, Art. 107 N. 12 ff.; MOOR/POLTIER, Droit administratif II, S. 822 ff.; MOSER/BEUSCH/KNEUBÜHLER, Bundesverwaltungsgericht, N. 3.181 ff., 3.206 ff.; MÜLLER M., Verwaltungsrechtspflege, S. 91 ff., 187 ff.; RHINOW/KOLLER/KISS/THURNHERR/BRÜHL-MOSER, Öffentliches Prozessrecht, N. 942 ff.; SCHWANK, Diss., S. 193 ff., 204 ff.; SCHWANK, Festgabe, S. 467 ff.; WEISSENBERGER PHILIPPE, in: Praxiskommentar VwVG, Art. 61.

Inhaltsübersicht

I.	Regelungsgegenstand	1
II.	Anforderungen an den Rekursentscheid (Abs. 1)	2–7
III.	Arten der Rekurserledigung	8–46
	A. Allgemeines	8–10
	B. Prozessentscheid	11–33
	1. Nichteintreten	11–16
	2. Abschreibung des Verfahrens	17–33
	a) Allgemeines	17–19
	b) Rückzug	20–24
	c) Gegenstandslosigkeit	25–26
	d) Vergleich	27–32
	e) Anerkennung	33

Unter Mitarbeit von MATHIAS KAUFMANN, M.A. HSG.

C. Sachentscheid 34–37
D. Rückweisung 38–46
IV. Mitteilung des Rekursentscheids (Abs. 2) 47–49
V. Exkurs: Öffentlichkeit von Rekursentscheiden 50–52

I. Regelungsgegenstand

1 § 28 regelt in Abs. 1 – wenn auch nur in rudimentärer Weise – die inhaltlichen **Anforderungen an den Rekursentscheid** und in Abs. 2 dessen schriftliche **Mitteilung**. Über die verschiedenen *Arten der Rekurserledigung* (vgl. N. 8 ff.) sagt § 28 nichts aus. Die Bestimmung ist seit der VRG-Revision von 1997 unverändert geblieben. Anlässlich der VRG-Revision von 2010 wurde sie jedoch durch § 28a (vereinfachtes Verfahren) ergänzt.

II. Anforderungen an den Rekursentscheid (Abs. 1)

2 Rekursentscheide müssen – in stärkerem Mass als erstinstanzliche Verfügungen – bestimmten inhaltlichen und formalen Anforderungen genügen. In Bezug auf den Inhalt verlangt Abs. 1 allerdings nur, dass der Entscheid kurz den «*Tatbestand*» (Sachverhalt) umschreibt und die *Erwägungen* zusammenfasst. Hinsichtlich der Form schreibt § 28 Abs. 2 lediglich *Schriftlichkeit* vor. Darüber hinaus bestehen jedoch weitere Erfordernisse.

3 So muss aus dem **Rubrum** (Kopfblatt) nebst dem Datum des Entscheids und einer allfälligen Geschäftsnummer hervorgehen, welche Behörde als Rekursinstanz amtete und wer am Entscheid mitwirkte; dies nicht zuletzt mit Blick auf die Ausstandsregelung gemäss § 5a. Ferner sind die Verfahrensbeteiligten und deren allfällige Vertreter aufzuführen. Schliesslich wird im Rubrum üblicherweise das Anfechtungsobjekt genannt und der Verfahrensgegenstand umschrieben[1].

4 Im Rahmen der **Erwägungen** (Entscheidgründe) sind vorerst der entscheidwesentliche Sachverhalt und die Prozessgeschichte darzustellen, einschliesslich der Parteianträge. Hernach folgt – als Hauptteil der Erwägungen – die eigentliche Begründung des Entscheids, d.h. die Auseinandersetzung mit den Parteivorbringen, dem angefochtenen Hoheitsakt und den massgebenden Rechtsnormen; dies zunächst in Bezug auf die Sachurteilsvoraussetzungen, hernach – wenn auf den Rekurs eingetreten werden kann – hinsichtlich der Streitsache selbst. Die Erwägungen nehmen grundsätzlich nicht an der Rechtskraft des Entscheids teil (vgl. aber die Präzisierung in N. 7).

5 Die *Begründung* des Rekursentscheids muss – mit Blick auf den Anspruch auf rechtliches Gehör (Art. 29 Abs. 2 BV) – grundsätzlich den gleichen Anforderungen genügen wie diejenige der erstinstanzlichen Verfügung. Allerdings bestehen einige Besonderheiten:

---

[1] Vgl. zum Ganzen WEISSENBERGER, in: Praxiskommentar VwVG, Art. 61 N. 33 f.

– Stimmt die Rekursinstanz den vorinstanzlichen Überlegungen zu, so kann sie sich aus Gründen der Verfahrensökonomie darauf beschränken, auf die Erwägungen der Vorinstanz zu *verweisen* (§ 28 Abs. 1 Satz 2)[2].
– Bei offensichtlich unzulässigen, gegenstandslos gewordenen, offensichtlich unbegründeten oder offensichtlich begründeten Rechtsmitteln kann sich die Rekursinstanz mit einer *summarischen* Begründung des Entscheids begnügen (§ 28a Abs. 1 lit. b[3]).
– Bei gegenstandslos gewordenen Rekursen kann die Rekursinstanz gänzlich auf eine Begründung *verzichten,* wobei die Verfahrensbeteiligten diesfalls innert zehn Tagen seit der Mitteilung des Entscheids eine Begründung verlangen können (§ 28a Abs. 2 i.V.m. § 10a lit. b). Dies gilt sinngemäss auch bei Rückzug und Anerkennung des Rekurses (vgl. § 28a N. 19).

Das **Dispositiv** (Erkenntnis, Entscheidformel) enthält den eigentlichen Rekursentscheid. Daraus ergibt sich in erster Linie die Art der Erledigung. Weiter umfasst das Dispositiv die Regelung der Kosten- und Entschädigungsfolgen, die Rechtsmittelbelehrung sowie die Liste derjenigen Personen und Amtsstellen, denen der Entscheid mitgeteilt wird. Schliesslich ist der Entscheid im Anschluss an das Dispositiv zu unterzeichnen.

Grundsätzlich erwächst nur das Dispositiv in *Rechtskraft.* Allerdings können auch die Erwägungen an der Rechtskraft teilhaben, namentlich dann, wenn das Dispositiv ausdrücklich auf sie verweist («im Sinne der Erwägungen»)[4]. Überdies haben die Erwägungen – auch ohne ausdrücklichen Hinweis – insoweit an der Rechtskraftwirkung teil, als sie für das Verständnis des Dispositivs unerlässlich sind[5].

III. Arten der Rekurserledigung

A. Allgemeines

Jedes vor einer Rekursinstanz anhängig gemachte Verfahren muss **förmlich abgeschlossen** werden. Die Erledigung des Rekursverfahrens – die im VRG nicht näher geregelt ist – erfolgt durch einen (formellen) Prozessentscheid oder durch einen (materiellen) Sachentscheid:
– Mit einem *Prozessentscheid* wird das Verfahren erledigt, wenn sich die Rekursinstanz nicht zur Begründetheit der Rechtsbegehren in der Sache äussern muss. Fehlt es an einer Sachentscheidsvoraussetzung, ergeht ein Nichteintretensentscheid (N. 11 ff.). Erübrigt sich ein materieller Entscheid wegen Rückzugs, Gegenstandslosigkeit oder Vergleichs, erfolgt die Abschreibung des Verfahrens (N. 17 ff.).
– Wenn hingegen sämtliche Prozessvoraussetzungen erfüllt sind und auch kein Grund für eine Verfahrensabschreibung vorliegt, muss die Rekursinstanz im Rahmen

---

[2] Zur Frage, ob ergänzend auch auf eine Vernehmlassung der Vorinstanz verwiesen werden kann, vgl. RB 2005 Nr. 11, E. 2.1.2 (VB.2004.00548); VGr, 22.6.2000, VB.2000.00165, E. 3; VGr, 27.4.2000, VB.2000.00098, E. 3.
[3] Entsprechend für das Beschwerdeverfahren § 65 Abs. 1 Satz 2; vgl. ferner § 150a Abs. 2 StG.
[4] BGr, 18.3.2009, 1C_523/2008, E. 2.3.
[5] Vgl. VGr, 5.5.2006, VB.2005.00370, E. 7.2.4.

eines *Sachentscheids* materiell über die Begründetheit der Rechtsbegehren befinden (N. 34 ff.).

9 Der Begriff «**Entscheid**» ist – bezogen auf die Gesamtheit der streitentscheidenden Behörden – umfassender als derjenige des «**Urteils**». Von Urteilen (Sachurteil bzw. Prozessurteil) spricht man lediglich bei gerichtlichen Instanzen. In der Sache besteht jedoch kein Unterschied. Bei Prozess- wie bei Sachentscheiden handelt es sich in der Regel um instanzabschliessende Endentscheide, doch kann auch ein Teil-, Vor- oder Zwischenentscheid im Sinn von § 19a Abs. 2 vorliegen. Gegen Prozessentscheide können die gleichen Rechtsmittel wie gegen Sachentscheide ergriffen werden (zu den Rückweisungsentscheiden im Besonderen vgl. N. 45).

10 Das rechtsgültige Zustandekommen eines förmlichen Rekursentscheids setzt voraus, dass die Rekursinstanz – bei der es sich meist um eine Kollegialbehörde handelt – **beschlussfähig** ist. Dementsprechend können Bezirksbehörden, die als Kollegium tätig werden – also namentlich die Bezirksräte[6] –, nur dann über Rekurse entscheiden, wenn die Mehrheit ihrer Mitglieder anwesend ist (§ 4 Abs. 1 Satz 2 BezVG i.V.m. § 66 Abs. 1 GG). Regierungsrätliche Rekursentscheide bedürfen grundsätzlich der Anwesenheit von vier Mitgliedern (§ 17 Abs. 1 und 2 OG RR). Für die Verfahren vor dem Baurekursgericht schreibt § 335 Abs. 1 PBG vor, dass dieses seine Entscheide in Dreierbesetzung trifft, wobei mindestens zwei Mitglieder anwesend sein müssen (§ 1 Abs. 2 OV BRG); das Gleiche gilt für die Verfahren vor dem Steuerrekursgericht (§ 114 Abs. 1 StG und § 1 Abs. 2 OV StRG). Ebenfalls in Dreierbesetzung entscheidet die Rekurskommission der Zürcher Hochschulen (§ 8 Abs. 1 OV ZHRK). Zu den Fällen, in denen anstelle des Kollegiums der Rekursbehörde eine *Einzelperson* entscheidet, vgl. N. 15, 18 und 37.

B. Prozessentscheid

1. Nichteintreten

11 Fehlt es an einer Sachentscheidsvoraussetzung (Prozessvoraussetzung) – etwa an der Legitimation oder an der Wahrung der Rekursfrist –, so fällt die Rekursinstanz einen Nichteintretensentscheid. Dabei kann das Nichteintreten ein **vollständiges** oder ein bloss **teilweises** sein. Letzteres ist dann der Fall, wenn es lediglich in Bezug auf bestimmte verfahrensbeteiligte Personen oder einzelne Rechtsbegehren an den Sachentscheidsvoraussetzungen mangelt; diesfalls ist nur insoweit auf den Rekurs nicht einzutreten, im Übrigen aber materiell zu entscheiden.

12 Betrifft der Mangel die **Zuständigkeit** der Rekursinstanz, ist die Eingabe gestützt auf § 5 Abs. 2 von Amtes wegen an die zuständige Behörde zu *überweisen;* ein Nichteintretensentscheid ist nur zu treffen, wenn eine der beteiligten Parteien auf der Zuständigkeit der angerufenen Rekursinstanz beharrt[7].

---

[6] Vgl. § 2 BezVG.
[7] Vgl. auf Bundesebene Art. 9 Abs. 2 VwVG. Umstritten ist, ob es sich dabei um einen Endentscheid handelt (so DAUM, in: Kommentar VwVG, Art. 9 N. 7; RHINOW/KOLLER/KISS/THURNHERR/BRÜHL-MOSER, Öffentliches Prozessrecht, N. 1187, 1534; UHLMANN, in: Basler Kommentar BGG, Art. 92 N. 6) oder aber um einen (atypischen) Zwischenentscheid (so BOOG, in: Basler Kommentar BGG, Art. 30 N. 1 Fn. 2; M. MÜLLER, Verwaltungsrechtspflege, S. 19 f.; T. FLÜCKIGER, in: Praxiskommentar VwVG, Art. 9 N. 13). So oder

Ein Nichteintretensentscheid ergeht dann, wenn eine Sachentscheidsvoraussetzung von Anfang an fehlt. Fällt eine solche erst **während der Dauer des Rekursverfahrens** dahin, wird der Rekurs *gegenstandslos,* so dass das Verfahren abzuschreiben ist. Anders verhält es sich, wenn sich während des hängigen Verfahrens die Zuständigkeit ändert; diesfalls bleibt die einmal begründete Zuständigkeit bestehen (*perpetuatio fori;* vgl. § 5 N. 8).

13

Selbst wenn die Rekursinstanz auf Nichteintreten erkennt, bleibt es ihr unbenommen, in ihrem Entscheid darzulegen, weshalb der Rekurs auch im Eintretensfall erfolglos geblieben wäre. Neben den prozessualen Nichteintretensentscheid als Hauptstandpunkt tritt so der Sachentscheid als **Eventualstandpunkt.** Ein solches Vorgehen hat den Vorteil, dass die nächste Rechtsmittelinstanz – sofern sie den Nichteintretensentscheid für unzutreffend hält – die Sache nicht an die Vorinstanz zurückweisen muss, sondern im Interesse der Verfahrensbeschleunigung direkt deren materiellen Eventualstandpunkt prüfen kann (vgl. § 64 N. 7)[8]. Wegen der präjudiziellen Wirkung, die von Eventualerwägungen ausgehen kann, sollte davon jedoch mit einer gewissen Zurückhaltung Gebrauch gemacht werden.

14

Der Nichteintretensentscheid wird als «Beschluss» bezeichnet, wenn eine **Kollegialbehörde** entscheidet, und zumeist als «Verfügung» (im untechnischen Sinn), wenn eine **Einzelperson** zuständig ist[9]. In den Rekursverfahren vor den Bezirksräten können alle formellen Entscheide als Präsidialverfügungen ergehen (§ 4 Abs. 1 Satz 2 BezVG i.V.m. § 67 GG). Beim Bau- und beim Steuerrekursgericht amten Einzelrichter, welche – unter anderem – bei offensichtlicher Unzulässigkeit über den Rekurs entscheiden (§ 335 Abs. 2 lit. a PBG und § 114 Abs. 2 lit. a StG)[10]. Ebenso entscheidet der oder die Vorsitzende der Rekurskommission der Zürcher Hochschulen über offensichtlich unzulässige Rekurse (§ 9 Abs. 2 OV ZHRK)[11].

15

Auch im Falle des Nichteintretens kann sich die Rekursinstanz – sofern es sich um die zuständige Aufsichtsbehörde handelt – zu **aufsichtsrechtlichem** Einschreiten veranlasst sehen. Ferner ist ihr gestattet, im Nichteintretensentscheid einer hierarchisch unterstellten Behörde *Weisungen* betreffend den Vollzug der angefochtenen Anordnung zu erteilen. Hingegen ist es der Rekursinstanz verwehrt, den Verfahrensbeteiligten im Nichteintretensentscheid Leistungspflichten aufzuerlegen[12].

16

---

anders sind derartige Nichteintretensentscheide selbständig anfechtbar (§ 19a Abs. 1 bzw. § 19a Abs. 2 i.V.m. Art. 92 BGG).
[8] VGr, 5.12.2007, VB.2006.00384, E. 4.3; RHINOW/KOLLER/KISS/THURNHERR/BRÜHL-MOSER, Öffentliches Prozessrecht, N. 948.
[9] Vgl. auch § 135 Abs. 2 GOG.
[10] Vgl. hierzu Weisung StRG/BRG, S. 277, 281 f.
[11] Bis 2007 war auch die Präsidentin oder der Präsident des Regierungsrats für Nichteintretensentscheide aus formellen Gründen zuständig (vgl. § 26 N. 30).
[12] RB 1982 Nr. 23.

2. Abschreibung des Verfahrens

a) Allgemeines

17 Zu einem Prozessentscheid kommt es auch, wenn das Verfahren wegen *Rückzugs, Gegenstandslosigkeit* oder *Vergleichs* abgeschrieben wird. Der förmliche Abschreibungsentscheid ergeht zwar – zumindest im Falle des Rückzugs und der Gegenstandslosigkeit – ohne materielle Prüfung der Rechtslage. Gleichwohl sollte ihm deswegen nicht eine bloss deklaratorische Bedeutung beigemessen werden[13]. Der Abschreibungsentscheid hat vielmehr insofern **konstitutive Wirkung,** als das Rekursverfahren erst dadurch beendet wird[14]. Missverständlich ist sodann die Bezeichnung des Abschreibungsentscheids als «Verfahrenserledigung ohne Urteil»[15]; denn auch ein Prozessurteil ist ein Urteil[16] (zur Terminologie vgl. N. 8 f.).

18 **Zuständig** für die Verfahrensabschreibung ist wie bei Nichteintretensentscheiden regelmässig eine Einzelperson (vgl. für die Bezirksräte, die Rekursgerichte und die Rekurskommission der Zürcher Hochschulen N. 15), im Rekursverfahren vor dem Regierungsrat die Staatskanzlei oder die den Entscheid vorbereitende Direktion (§ 4 Abs. 1 Ziff. 2 und Abs. 2 VRV RR). Dies gilt auch im Falle der Wiedererwägung durch die Vorinstanz[17], weshalb die Rekursinstanz hierüber zu orientieren ist. Abschreibungsbeschlüsse sind auf dem ordentlichen Rechtsmittelweg anfechtbar.

19 Zu den **Kostenfolgen** bei Rückzug, Gegenstandslosigkeit, Vergleich und Anerkennung vgl. § 13 N. 74 ff. bzw. 78 ff.; zu den **Entschädigungsfolgen** vgl. § 17 N. 31 ff.

b) Rückzug

20 Aus der in der Verwaltungsrechtspflege geltenden Dispositionsmaxime ergibt sich das Recht der rekurrierenden Partei, den Rückzug ihres Rechtsmittels zu erklären[18]. Der Rückzug – zuweilen auch als «Abstand» bezeichnet (im Sinne von Abstandnahme)[19] – ist für die Rekursbehörde **verbindlich;** allerdings führt das *Steuerrekursgericht* das Verfahren trotz Rückzugs oder Anerkennung des Rekurses weiter, «sofern Anhaltspunkte dafür vorliegen, dass der angefochtene Entscheid oder die übereinstimmenden Anträge dem Gesetz widersprechen, oder eine Gegenpartei einen abweichenden Antrag gestellt hat»

---

[13] So die 2. Aufl., N. 13; GADOLA, Beschwerdeverfahren, S. 438; SCHWANK, Diss., S. 194.

[14] MERKLI/AESCHLIMANN/HERZOG, Kommentar VRPG, Art. 39 N. 4; M. MÜLLER, Verwaltungsrechtspflege, S. 92; vgl. ferner KIENER/RÜTSCHE/KUHN, Öffentliches Verfahrensrecht, N. 776; VGr LU, 16.3.2001, A 00 246, E. 1a (LGVE 2001 II Nr. 50).

[15] So etwa GYGI, Bundesverwaltungsrechtspflege, S. 325 ff.; HÄRRI, in: Basler Kommentar BGG, Art. 32 N. 19; RHINOW/KOLLER/KISS/THURNHERR/BRÜHL-MOSER, Öffentliches Prozessrecht, N. 958.

[16] M. MÜLLER, Verwaltungsrechtspflege, S. 188 Fn. 370.

[17] So ausdrücklich § 4 Abs. 1 Ziff. 12 VRV RR.

[18] Vgl. MÄCHLER, Vertrag, § 11 N. 86; MERKLI/AESCHLIMANN/HERZOG, Kommentar VRPG, Art. 39 N. 6; M. MÜLLER, Verwaltungsrechtspflege, S. 91.

[19] So etwa GYGI, Bundesverwaltungsrechtspflege, S. 327; MERKLI/AESCHLIMANN/HERZOG, Kommentar VRPG, Art. 39 N. 6; MOSER/BEUSCH/KNEUBÜHLER, Bundesverwaltungsgericht, N. 3.212; M. MÜLLER, Verwaltungsrechtspflege, S. 91, 188.

(§ 149 Abs. 2 Satz 3 StG)[20]. Die rekurrierende Partei bringt mit dem Rückzug zum Ausdruck, dass sie auf die Überprüfung des angefochtenen Hoheitsakts verzichtet; dieser erwächst daher in formelle Rechtskraft[21]. Möglich ist auch ein blosser *Teilrückzug*, d.h. ein teilweiser Rückzug eines Rechtsbegehrens oder der Rückzug bloss einzelner von mehreren Rechtsbegehren. Haben mehrere Personen Rekurs erhoben, so ist eine Partei nur insoweit zum Rückzug befugt, als sie über den Streitgegenstand selbständig verfügen kann.

Der Rückzug des Rekurses ist gegenüber der Rekursinstanz zu erklären und bis zur Zustellung des Rekursentscheids möglich. Dabei muss die rekurrierende Partei den Rückzug **ausdrücklich, unmissverständlich** und **vorbehaltlos** erklären. Diese Voraussetzung ist etwa dann nicht erfüllt, wenn der Rekurrent den Rückzug davon abhängig macht, dass ihm keine Kosten auferlegt werden[22]. Ausgeschlossen ist insbesondere ein stillschweigender Rückzug[23].

21

Ein Rückzug des Rekurses ist grundsätzlich **unwiderruflich.** Vorbehalten bleibt ein Widerruf der Rückzugserklärung wegen *Willensmängeln*, namentlich wenn Elemente des Vertrauensschutzes hinzutreten[24]. Das kann beispielsweise der Fall sein, wenn der Rückzug aufgrund einer behördlichen Zusicherung einer neuen Verfügung erfolgte, diese in der Folge aber unterbleibt[25]. Nach Zustellung des Abschreibungsbeschlusses ist ein Widerruf des Rückzugs allerdings auch in solchen Fällen nicht mehr möglich. Diesfalls ist der Abschreibungsbeschluss auf dem Rechtsmittelweg anzufechten, d.h. mittels Beschwerde bzw. – nach Ablauf der Beschwerdefrist – durch ein Revisionsgesuch.

22

Vielfach erfolgt der Rekursrückzug als Folge einer **Wiedererwägung** der angefochtenen Verfügung durch die Vorinstanz. Bei dieser Konstellation weisen beide Verfahrenshandlungen zusammengenommen – die Wiedererwägung und der anschliessende Rückzug – oftmals die Merkmale eines ausserprozessualen Vergleichs auf (vgl. N. 29 f.).

23

Häufig wird gesagt, der Rückzug des Rechtsmittels führe zur **Gegenstandslosigkeit** des Verfahrens[26]. Dies ist zumindest unpräzis; denn wie das Nichteintreten und die materielle Abweisung hat der Rückzug zur Folge, dass die dem Rechtsmittelverfahren zugrunde liegende Verfügung in Rechtskraft erwächst (vgl. N. 20). Bei Gegenstandslosigkeit ist dies aber nicht der Fall: Hier wird typischerweise das gesamte Verfahren – einschliesslich des

24

---

[20] Zur analogen Rechtslage im Zusammenhang mit der direkten Bundessteuer vgl. BGr, 13.2.2004, 2A.408/2002, E. 1.4 (ASA 2006–2007, 159 ff.); BGr, 31.8.2004, 2A.286/2004, E. 2.1; kritisch hierzu Markus Felber, Abfuhr trotz Rückzug der Beschwerde – Eigentümliches Verfahrensrecht im Steuerbereich, Jusletter 21. Juni 2004.
[21] BGr, 17.9.2010, 1C_19/2010, E. 3.1; Kölz/Häner/Bertschi, Verwaltungsverfahren, N. 1147; Rhinow/Koller/Kiss/Thurnherr/Brühl-Moser, Öffentliches Prozessrecht, N. 959.
[22] VGr, 2.6.2010, VB.2009.00708, E. 9.2.
[23] BGE 119 V 36, E. 1b.
[24] BGr, 17.9.2010, 1C_19/2010, E. 3.1, m.w.H.
[25] BGE 109 V 234, E. 3.
[26] So etwa Moser/Beusch/Kneubühler, Bundesverwaltungsgericht, N. 3.212; Rhinow/Koller/Kiss/Thurnherr/Brühl-Moser, Öffentliches Prozessrecht, N. 1366, 1677 (anders N. 959 und 962); Schwank, Festgabe, S. 467 f.; Weissenberger, in: Praxiskommentar VwVG, Art. 61 N. 4.

Verwaltungsverfahrens – hinfällig (vgl. N. 25), wogegen bei einem Rückzug bloss das Rechtsmittelverfahren abgeschrieben wird[27].

c) Gegenstandslosigkeit

25 Das Rekursverfahren wird gegenstandslos und ist aus diesem Grund abzuschreiben, wenn der geltend gemachte Nachteil selbst bei Gutheissung des Rekurses nicht mehr behoben werden könnte[28], wenn die angefochtene Anordnung infolge Wiedererwägung, Widerrufs oder Zeitablaufs zu existieren aufhört, wenn der private Rekursgegner das streitige Bewilligungsgesuch zurückzieht, wenn das Streitobjekt untergeht oder seitens der rekurrierenden Partei veräussert wird[29], wenn der Rekurrent auf die Bewilligung, deren Entzug streitig ist, nachträglich verzichtet oder – sofern personenbezogene, unvererbliche Ansprüche im Streit liegen – wenn die betroffene Person stirbt. In all diesen Konstellationen entfällt während des hängigen Verfahrens das **aktuelle und praktische Rechtsschutzinteresse** des Rekurrenten an der autoritativen Entscheidung der Streitsache.

26 Allerdings kann vom Erfordernis eines aktuellen und praktischen Rechtsschutzinteresses **ausnahmsweise** abgesehen und gleichwohl eine materielle Beurteilung vorgenommen werden, wenn sich die mit dem Rekurs aufgeworfene Frage jederzeit wieder stellen könnte und an ihrer Beantwortung ein hinreichendes öffentliches Interesse besteht, dies ansonsten aber kaum je rechtzeitig möglich wäre[30].

d) Vergleich

27 Anders als der Rückzug und die Anerkennung, die beide auf einer einseitigen Willenserklärung beruhen, beinhaltet der Vergleich eine **vertragliche Einigung** der Parteien, in der sich diese nach Einleitung des Rechtsmittelverfahrens mittels gegenseitiger Zugeständnisse über den Streitgegenstand verständigen. Die Verfahrenserledigung durch Vergleich kann auch eine nur teilweise sein, indem dieser lediglich einzelne Aspekte des Rechtsstreits beschlägt und das Rekursverfahren im Übrigen weiterzuführen ist. Der Vergleich weist eine *doppelte Rechtsnatur* auf: Einerseits ist er ein materiellrechtlicher Vertrag des öffentlichen Rechts, andererseits eine formelle Prozesshandlung[31]. Verfahrensrechtlich stellt er einen gemeinsamen Antrag der beteiligten Parteien an die Rekursinstanz betreffend die Erledigung der Streitsache dar[32].

---

[27] Vgl. auch den bemerkenswerten Unterschied zwischen § 38b Abs. 1 lit. b VRG und § 335 Abs. 2 lit. a PBG einerseits («oder sonstwie gegenstandslos») und § 114 Abs. 2 lit. a sowie § 150a Abs. 3 StG anderseits («oder gegenstandslos»). Auch Art. 32 Abs. 2 BGG liegt terminologisch auf der hier vertretenen Linie (vgl. dazu Aubry Girardin, in: Commentaire LTF, Art. 32 N. 19); dies im Gegensatz zu Art. 23 Abs. 1 lit. a VGG.
[28] VGr, 24.1.2013, VB.2012.00769, E. 1.2.1; VGr, 3.12.2009, VB.2009.00523, E. 1.2.1.
[29] VGr, 19.6.2002, VB.2002.00049, E. 3c (BEZ 2002 Nr. 48); gegenteilig BGr, 10.7.2012, 1C_75/2012, E. 1.2, jedoch gestützt auf die explizit anderslautende Regelung in Art. 21 Abs. 2 Satz 2 BZP i.V.m. Art. 71 BGG.
[30] Vgl. BGE 138 II 42, E. 1.3; 137 I 23, E. 1.3.1; 131 II 670, E. 1.2; VGr, 24.1.2013, VB.2012.00769, E. 1.2.1; VGr, 21.8.2008, VB.2008.00247, E. 2.2; RB 2007 Nr. 10, E. 1.3 (VB.2007.00335).
[31] Eingehend zur Rechtsnatur des Vergleichs Mächler, Vertrag, § 11 N. 15 ff. Zur Frage, ob es sich bei Vereinbarungen zwischen Steuerpflichtigen und Steuerbehörden (sog. «Rulings») um Vergleiche handelt, vgl. BVGE 2008/51 714, E. 2.3 f., m.w.H.
[32] Häfelin/Müller/Uhlmann, Verwaltungsrecht, N. 1083.

§ 28

Die *zwingende Natur des öffentlichen Rechts* hat zur Folge, dass ein Vergleich nur insoweit zulässig ist, als die den betreffenden Gegenstand erfassende öffentlichrechtliche Regelung den Parteien einen *Gestaltungsspielraum* belässt. Dies setzt der vergleichsweisen Erledigung eines Rekursverfahrens relativ **enge Schranken**[33]. Die Rekursinstanz darf das Verfahren deshalb nicht unbesehen als zufolge Vergleichs erledigt abschreiben, sondern muss – mindestens summarisch – **prüfen,** ob die Erledigung durch Vergleich als solche wie auch der konkrete Vergleichsinhalt zulässig sind. Je nach Kognition wird sie sich dabei auf eine Rechtskontrolle beschränken oder aber auch Aspekte der Angemessenheit beurteilen[34]. Soweit die Rekursbehörde die Zulässigkeit des Vergleichs indessen bejaht, ist er für sie verbindlich[35].

28

Zu unterscheiden ist – in Anlehnung an das Zivilprozessrecht – zwischen dem **prozessualen** («gerichtlichen») und dem **ausserprozessualen** («aussergerichtlichen») Vergleich[36]: Der prozessuale Vergleich wird unter Mitwirkung der Verwaltungsrechtspflegeinstanz abgeschlossen, der ausserprozessuale ohne deren Zutun. Wird der Rekursinstanz ein ausserprozessualer Vergleich eingereicht, hat dies zur Folge, dass er der behördlichen Überprüfung (vgl. N. 28) in gleicher Weise zugänglich wird wie ein prozessualer und insoweit einem solchen gleichzustellen ist (vgl. § 63 N. 15). Rein ausserprozessual bleibt ein Vergleich hingegen dann, wenn die Rekursinstanz von seinem Inhalt keine Kenntnis erhält. Unterliegt eine solche Einigung der Parteidisposition – etwa wenn sie sich auf die Prozessentschädigung bezieht –, so schreibt die Rekursinstanz das Verfahren als gegenstandslos geworden ab[37]; andernfalls kann das Verfahren nur durch Rückzug oder Wiedererwägung erledigt werden. Bedeutsam ist die Unterscheidung zwischen prozessualem und ausserprozessualem Vergleich insofern, als bloss der prozessuale Vergleich einen definitiven Rechtsöffnungstitel im Sinn von Art. 80 SchKG darstellt, soweit es um Geldleistungen geht[38]. Ausserprozessuale Vergleiche kommen immerhin als provisorische Rechtsöffnungstitel in Betracht, wenn die Voraussetzungen von Art. 82 SchKG erfüllt sind.

29

Der Vergleich wird in Verfahren, in denen sich der Verfügungsadressat und die erstinstanzliche Verwaltungsbehörde gegenüberstehen, nicht mit der Rekursinstanz, sondern mit der erstinstanzlichen Behörde abgeschlossen. Da diese ihre Verfügung im Rahmen des Vergleichs regelmässig in **Wiedererwägung** zieht, erübrigt sich – jedenfalls im Re-

30

---

[33] Vgl. BGE 138 V 147, E. 2.4; MERKLI/AESCHLIMANN/HERZOG, Kommentar VRPG, Art. 39 N. 9; MOSER/BEUSCH/KNEUBÜHLER, Bundesverwaltungsgericht, N. 3.213, 3.217 f.
[34] Vgl. auf Bundesebene die besonderen (allerdings auf das Verwaltungsverfahren bezogenen) Regelungen in Art. 33b Abs. 4 VwVG, Art. 55c Abs. 1 USG und Art. 12d Abs. 1 NHG, je mit einer – gesetzestechnisch verunglückten – Verweisung auf Art. 49 VwVG (vgl. dazu ALAIN GRIFFEL/HERIBERT RAUSCH, Kommentar zum Umweltschutzgesetz – Ergänzungsband zur 2. Auflage, Zürich/Basel/Genf 2011, Art. 55c N. 4 f.).
[35] Zur Regelung im Steuerrecht (§ 149 Abs. 2 Satz 3 StG) vgl. N. 20.
[36] Vgl. CAVELTI, Verständigung, S. 176; MERKLI/AESCHLIMANN/HERZOG, Kommentar VRPG, Art. 39 N. 9 ff.; MOSER/BEUSCH/KNEUBÜHLER, Bundesverwaltungsgericht, N. 3.216, 3.219 f.; kritisch zur Übertragung dieser Unterscheidung auf das Verwaltungs- bzw. Verwaltungsprozessrecht MÄCHLER, Vertrag, § 11 N. 6 f.
[37] Vgl. MERKLI/AESCHLIMANN/HERZOG, Kommentar VRPG, Art. 39 N. 10; MOSER/BEUSCH/KNEUBÜHLER, Bundesverwaltungsgericht, N. 3.219.
[38] Vgl. BGE 124 II 8, E. 3c; MERKLI/AESCHLIMANN/HERZOG, Kommentar VRPG, Art. 39 N. 10 f.; MOSER/BEUSCH/KNEUBÜHLER, Bundesverwaltungsgericht, N. 3.219, 3.221; M. MÜLLER, Verwaltungsrechtspflege, S. 92.

kursverfahren – ein Sachentscheid der Rekursinstanz; die Abschreibung des Verfahrens genügt[39]. Soweit der Vergleich Rechtsverhältnisse regelt, die auch *Dritte* betreffen, müssen diese mit den sie belastenden Inhalten einverstanden sein. Andernfalls ist der Vergleich in diesem Umfang unwirksam[40].

31 Ein Vergleich, welcher der Rekursbehörde eingereicht werden soll, bedarf der Schriftform, während der unter Mitwirkung der Rekursinstanz erzielte Vergleich zu protokollieren ist[41]. Zuständig für die Verfahrensabschreibung ist die instruierende Rekursbehörde (vgl. N. 18). Abschreibungsentscheide, die infolge von Vergleichen ergehen, bedürfen einer zumindest *summarischen Begründung*[42]. Die Rekursinstanz hat den Vergleichsinhalt in das **Dispositiv** ihres Entscheids aufzunehmen – wörtlich oder durch Verweisung auf die Begründung[43] –, wodurch dieser zum Vollstreckungstitel wird (vgl. N. 29). Auch insofern erübrigt sich ein Sachentscheid.

32 Vergleiche sind vor Zustellung des Abschreibungsbeschlusses unter den gleichen (engen) Voraussetzungen **widerrufbar** wie Rückzüge (vgl. N. 22). Ist die Zustellung bereits erfolgt, kann auch der Erledigungsentscheid infolge Vergleichs nur auf dem Weg der Beschwerde bzw. Revision angefochten werden.

e) Anerkennung

33 Wie der Rückzug des Rekurses beruht auch dessen Anerkennung darauf, dass eine Partei einseitig ihren Standpunkt im Verfahren aufgibt. Anders als beim Rückzug ist dies jedoch nicht die rekurrierende Partei, sondern die erstinstanzlich verfügende Behörde oder eine private Gegenpartei. In ersterem Fall ändert die Verwaltungsbehörde wiedererwägungsweise die angefochtene Verfügung im Sinne der Rekursanträge[44]; im zweiten Fall unterzieht sich der private Rekursgegner dem Begehren des Rekurrenten. Vom Vergleich unterscheidet sich die Anerkennung dadurch, dass sie einen Rechtsstreit durch einseitiges Nachgeben – und nicht durch gegenseitige Zugeständnisse – beendet[45]. Der einseitigen Anerkennung kommt im Rahmen der nachträglichen Verwaltungsrechtspflege – also ausserhalb von Klageverfahren – jedoch **keine selbständige Bedeutung** zu; denn die Anerkennung führt entweder zur Wiedererwägung der angefochtenen Verfügung oder zum Rückzug des Rekurses (oder zu beidem).

C. Sachentscheid

34 Ein materieller Entscheid ist zu treffen, wenn die Sachentscheidsvoraussetzungen erfüllt sind und das Verfahren nicht aus einem der vorstehend genannten Gründe abzuschrei-

---

[39] Anders mit Bezug auf das Beschwerdeverfahren VGr, 30.8.2011, VB.2011.00044, E. 5.4; ausführlich dazu § 63 N. 10 ff.
[40] MERKER, Rechtsmittel, § 58 N. 19. Vgl. auch MERKLI/AESCHLIMANN/HERZOG, Kommentar VRPG, Art. 39 N. 11.
[41] MÄCHLER, Vertrag, § 12 N. 166; MERKER, Rechtsmittel, § 58 N. 17.
[42] Präzisierung der Rechtsprechung in BGE 135 V 65, E. 2.1 ff.
[43] BGE 135 V 65, E. 2.7; vgl. auch MÄCHLER, Vertrag, § 12 N. 165.
[44] Die blosse Anerkennung des Standpunkts des Rekurrenten in der Rekursvernehmlassung genügt dagegen nicht. Diesfalls muss ein Entscheid in der Sache ergehen (MERKER, Rechtsmittel, § 58 N. 10).
[45] Vgl. MÄCHLER, Vertrag, § 11 N. 84 f., 87 f.

ben ist. Im Sachentscheid hat die Rekursinstanz über die **Begründetheit** der Rechtsbegehren zu befinden; sie kann auf Gutheissung, teilweise Gutheissung oder auf Abweisung des Rekurses erkennen. Bei einem bloss teilweisen Eintreten (vgl. N. 11) kommt es zu einer Kombination von Sach- und Prozessentscheid, indem die Rekursinstanz den Rekurs ganz oder teilweise gutheisst bzw. abweist, soweit sie darauf eintritt. Zuweilen lassen die Rekursbehörden unklare oder umstrittene Sachentscheidsvoraussetzungen offen und treten gleichwohl auf den Rekurs ein, wenn sie diesen in der Sache abweisen. Schliesslich kann der materielle Entscheid eine *Rückweisung* an die Vorinstanz beinhalten (vgl. N. 38 ff.).

Die **Abweisung** des Rekurses bedeutet, dass der angefochtene Hoheitsakt nach Auffassung der Rekursinstanz mängelfrei ist, soweit sie ihn beurteilen konnte bzw. durfte. Allerdings kann die Rekursinstanz einer Verfügung, die sie im Ergebnis bestätigt, auch eine alternative rechtliche Begründung zugrunde legen (sog. *Motivsubstitution*), da sie das Recht von Amtes wegen anzuwenden hat (§ 7 Abs. 4 Satz 2)[46]. War eine Verfügung angefochten, so tritt der abweisende Rekursentscheid im Umfang der materiellen Beurteilung an deren Stelle *(Devolutiveffekt)*[47]. Die Abweisung hat weder reformatorische noch kassatorische Wirkung.

Ganz oder teilweise **gutzuheissen** ist der Rekurs hingegen, wenn sich der angefochtene Akt als mangelhaft erweist. In diesem Fall ist die Rekursinstanz – entsprechend der *reformatorischen Natur* des Rekurses[48] – grundsätzlich gehalten, einen neuen materiellen Entscheid zu fällen. Auch Rekursentscheiden, die sich darauf beschränken, den angefochtenen Akt aufzuheben, wohnt manchmal ein reformatorisches, d.h. rechtsgestaltendes Element inne; dies etwa dann, wenn der Entzug einer Bewilligung aufgehoben wird. Rein *kassatorischer* Charakter kommt dagegen der Aufhebung einer Norm im Rahmen einer abstrakten Normenkontrolle zu[49], da es Sache des zuständigen Rechtsetzungsorgans ist, die Norm gegebenenfalls abzuändern bzw. mit geändertem Inhalt neu zu erlassen, auch wenn dabei mitunter die Erwägungen des Rekursentscheids zu beachten sind. Kassatorisch ist ferner ein Rückweisungsentscheid, unabhängig davon, wie gross der Beurteilungsspielraum ist, den er der Vorinstanz belässt.

Handelt es sich bei der Rekursinstanz um eine Kollegialbehörde, ergehen Sachentscheide grundsätzlich durch das **Kollegium**. Hiervon bestehen jedoch *Ausnahmen:* So kann der Präsident des Bezirksrats in der Zeit zwischen zwei Sitzungen nebst formellen auch materielle Entscheide treffen, die von geringer Bedeutung oder dringlich sind (§ 4 Abs. 1 Satz 2 BezVG i.V.m. § 67 GG). Der Einzelrichter am Baurekursgericht und am Steuerrekursgericht entscheidet in Fällen, in denen der Streitwert Fr. 20 000 nicht übersteigt (§ 335 Abs. 2 lit. b PBG bzw. § 114 Abs. 2 lit. b StG)[50]; vorbehalten bleiben Fälle von grundsätzlicher Bedeutung, die auch in Dreierbesetzung entschieden werden können (§ 335 Abs. 3

---

[46] Vgl. ALBERTINI, Rechtliches Gehör, S. 433.
[47] KIENER/RÜTSCHE/KUHN, Öffentliches Verfahrensrecht, N. 1539; MOSER/BEUSCH/KNEUBÜHLER, Bundesverwaltungsgericht, N. 3.192; WEISSENBERGER, in: Praxiskommentar VwVG, Art. 61 N. 9.
[48] Vgl. auf Bundesebene Art. 61 Abs. 1 VwVG.
[49] Vgl. MARTI, Besondere Verfahren, S. 119 f. Zur erga-omnes-Wirkung und zum Erfordernis der Publikation eines entsprechenden Entscheids vgl. § 19 N. 85.
[50] Vgl. hierzu Weisung StRG/BRG, S. 277, 281 ff.

PBG bzw. § 114 Abs. 3 StG). Baubewilligungsstreitigkeiten – auch solche über Kleinigkeiten – gelten allerdings als Rechtsmittelverfahren ohne Streitwert, so dass darüber stets in Dreierbesetzung zu entscheiden ist[51].

D. Rückweisung

38 Bei Gutheissung des Rekurses besteht die – in § 28 im Gegensatz zu § 64 nicht ausdrücklich vorgesehene – Möglichkeit, die Sache zur Neubeurteilung an die Vorinstanz zurückzuweisen. Weil die Rückweisung regelmässig zu einer Verlängerung des Verfahrens führt, ist davon mit Blick auf das allgemeine Beschleunigungsgebot (§ 4a) zurückhaltend Gebrauch zu machen[52]. Eine Rückweisung kommt daher nur in **besonders gelagerten Fällen** in Betracht[53], insbesondere

- wenn *Ermessensentscheide* zu treffen sind;
- wenn wesentliche *Sachverhaltsabklärungen* nicht vorgenommen wurden und die zuständige Verwaltungsbehörde aufgrund ihrer Sachkunde oder besonderer örtlicher Verhältnisse besser in der Lage ist, den Mangel zu beheben;
- wenn zwecks Feststellung weiterer Tatsachen ein umfassendes *Beweisverfahren* durchgeführt werden muss;
- wenn eine *Verletzung des rechtlichen Gehörs* vorliegt und eine Heilung durch die Rekursinstanz nicht möglich oder nicht gerechtfertigt ist;
- wenn es sich bei der Vorinstanz um eine Gemeinde handelt und diese im fraglichen Bereich über *Autonomie* verfügt; in diesem Fall ist eine Rückweisung grundsätzlich zwingend.

39 Aus dem Vorstehenden ergibt sich, dass eine Rückweisung nicht stets dann in Betracht kommt, wenn die Sache noch nicht entscheidungsreif ist. Vielmehr sind die Rekursbehörden in stärkerem Mass als das Verwaltungsgericht gehalten, die Entscheidungsreife selbst herbeiführen[54]. Eine Rückweisung kann auch dann unterbleiben, wenn der an einem möglichst raschen Sachentscheid interessierte Rekurrent auf die Rückweisung

---

[51] Weisung StRG/BRG, S. 282.
[52] Vgl. CAMPRUBI, in: Kommentar VwVG, Art. 61 N. 2 f.; MOOR/POLTIER, Droit administratif II, S. 827 f.
[53] Vgl. VGr, 1.7.2009, VB.2009.00252, E. 4.2; BVGE 2010/21 278, E. 8.4; CAMPRUBI, in: Kommentar VwVG, Art. 61 N. 10 ff.; KIENER/RÜTSCHI/KUHN, Öffentliches Verfahrensrecht, N. 1542 ff.; MOSER/BEUSCH/KNEUBÜHLER, Bundesverwaltungsgericht, N. 3.193 ff.; RHINOW/KOLLER/KISS/THURNHERR/BRÜHL-MOSER, Öffentliches Prozessrecht, N. 2042; WEISSENBERGER, in: Praxiskommentar VwVG, Art. 61 N. 15 ff. – Aus der zürcherischen Gerichtspraxis vgl. VGr, 12.6.2013, VB.2012.00782, E. 3.5 ff. (Rückweisung wegen Verletzung der Begründungspflicht); VGr, 24.1.2013, VB.2012.00762, E. 2 (Rückweisung wegen Verletzung des Replikrechts); VGr, 8.6.2012, VB.2012.00210, E. 3.3, 6.1 (Rückweisung wegen Verletzung des Anhörungsrechts); VGr, 25.10.2011, VB.2011.00348, E. 4 (Rückweisung wegen Kognitionsunterschreitung und ungenügender Sachverhaltsfeststellung); VGr, 13.7.2011, VB.2010.00651, E. 9 (Rückweisung wegen Nichtgewährens von Einsicht in ein «Punkteschema» im Zusammenhang mit der Bewertung einer schriftlichen Prüfung); BRGE II, 20.12.2011, 0301/2011, E. 6 (BEZ 2012 Nr. 16; Rückweisung wegen fehlender Ermessensausübung einer örtlichen Baubehörde im Zusammenhang mit § 238 PBG).
[54] VGr, 8.4.2009, VB.2009.00028, E. 2.3 (BEZ 2009 Nr. 30 = URP 2009, 929 ff.).

zur Wahrung des rechtlichen Gehörs verzichtet[55]. In umfangreichen Verfahren, in denen sich eine Rückweisung nur in einem Nebenpunkt aufdrängt, ist bei teilbarem Streitgegenstand schliesslich auch eine Teilrückweisung möglich[56]. Keinen Rückweisungsgrund bilden hingegen Rechtsanwendungsfehler, zumal das Recht von Amtes wegen anzuwenden ist (§ 7 Abs. 4 Satz 2)[57].

Die Regel, wonach die Gutheissung eines Rekurses gegen einen *Nichteintretensentscheid* grundsätzlich zur Rückweisung führt (vgl. § 64 Abs. 1), spielt heute im Rekursverfahren kaum mehr eine Rolle, weil Rekursentscheide seit der VRG-Revision von 2010 nur noch ausnahmsweise mit Rekurs angefochten werden können, das Rekursverfahren also grundsätzlich einstufig ausgestaltet ist (vgl. § 19 Abs. 3). Aus dem gleichen Grund bleibt nur noch selten Raum für eine sog. *Sprungrückweisung*, d.h. die Rückweisung nicht an die unmittelbare Vorinstanz, sondern an eine untere Instanz (vgl. dazu § 64 N. 4). 40

Im Falle einer Rückweisung hält die Rekursinstanz im Dispositiv zumeist nur die Aufhebung des angefochtenen Hoheitsakts und die Rückweisung fest, gegebenenfalls verbunden mit der Aufforderung zu weiterer Untersuchung und Neubeurteilung. Sie kann der Vorinstanz jedoch auch verbindliche **Weisungen** erteilen. Diese müssen aus dem Dispositiv hervorgehen – entweder direkt oder durch Bezugnahme auf die Erwägungen[58] – und sich aus Gründen der funktionalen Zuständigkeit auf den konkreten Einzelfall beziehen, sofern es sich bei der Rekursinstanz nicht zugleich um die Aufsichtsbehörde handelt. Diesfalls sind auch darüber hinausgehende Weisungen zulässig. Fällt die Vorinstanz entgegen der im Rückweisungsentscheid enthaltenen Aufforderung keinen neuen Entscheid oder setzt sie sich über verbindliche Weisungen hinweg, begeht sie eine formelle Rechtsverweigerung[59]. 41

Die Rückweisung bewirkt, dass die Vorinstanz die Sache erneut beurteilen muss. Sie ist dabei **an die Rechtsauffassung der Rekursinstanz gebunden** (vgl. § 64 Abs. 2 Satz 2)[60]. Nicht bindend sind hingegen allgemeine Hinweise der Rekursinstanz, Eventualerwägungen und sog. «obiter dicta» (d.h. nicht entscheidtragende Erwägungen), wobei ihnen immerhin eine faktische Bindungswirkung in dem Sinne zukommen kann, dass sie präjudizielle Bedeutung erlangen[61]. Die Vorinstanz darf ihrem neuen Entscheid auch weitere Gesichtspunkte zugrunde legen, solange sie dabei die Vorgaben des Rückweisungsentscheids nicht unterläuft[62]. 42

Noven, d.h. *neue Tatsachenbehauptungen* und *neue Beweismittel,* sind im Rahmen des Neuentscheids durch die Vorinstanz zulässig (vgl. § 64 Abs. 2 Satz 1). Der Umfang der zu- 43

---

[55] VGr, 4.6.2012, VB.2012.00276, E. 2.2; Häfelin/Müller/Uhlmann, Verwaltungsrecht, N. 1711; vgl. auch Moser/Beusch/Kneubühler, Bundesverwaltungsgericht, N. 3.113.
[56] Vgl. Merker, Rechtsmittel, § 58 N. 32.
[57] VGr, 1.7.2009, VB.2009.00252, E. 4.2; Merker, Rechtsmittel, § 58 N. 30.
[58] BVGr, 30.5.2012, A-3075/2011, E. 1.4; Camprubi, in: Kommentar VwVG, Art. 61 N. 8; Weissenberger, in: Praxiskommentar VwVG, Art. 61 N. 24.
[59] BGE 102 Ib 231, E. 2b.
[60] Zur Neufassung von § 336 PBG vgl. Weisung StRG/BRG, S. 283.
[61] Vgl. Camprubi, in: Kommentar VwVG, Art. 61 N. 24.
[62] Vgl. BGr, 16.11.2012, 2C_1020/2011, E. 4.2; BGr, 26.3.2008, 8C_304/2007, E. 2.1; VGr, 1.6.2011, VB.2010.00358, E. 1.1 (BEZ 2011 Nr. 58); VGr, 9.2.2011, VB.2010.00460, E. 2.

lässigen Noven ist allerdings nicht unbegrenzt, sondern ergibt sich im Einzelnen aus dem Rückweisungsentscheid; wenn eine ergänzende Sachverhaltsermittlung nur bezüglich einzelner Streitpunkte erforderlich ist, müssen sich neue Tatsachenbehauptungen und Beweismittel – eigentliche Revisionsgründe vorbehalten – an diesen Rahmen halten[63]. Unbeachtlich sind *neue rechtliche Vorbringen*, soweit ihnen die von der Rekursinstanz vorgenommene Beurteilung entgegensteht. Sie sind jedoch insoweit zu berücksichtigen, als neu in das Verfahren eingebrachte Tatsachen oder Beweismittel neue Rechtsfragen aufwerfen oder eine neue rechtliche Beurteilung erfordern. Auch bleibt es den Parteien unbenommen, im Rahmen der Dispositionsmaxime den Streitgegenstand zu verändern, beispielsweise durch Einreichung eines neuen oder modifizierten Gesuchs.

44 Wird die neue Verfügung der unteren Instanz wiederum an die Rekursinstanz weitergezogen, so ist auch diese **an ihren früheren Entscheid gebunden**[64]. Die Bindungswirkung entfällt lediglich insoweit, als aufgrund neuer Tatsachenbehauptungen oder Beweismittel oder aufgrund einer Änderung des Streitgegenstandes im zweiten Rechtsgang ein *geänderter Sachverhalt* zu beurteilen ist oder in der Zwischenzeit eine *Rechts- oder Praxisänderung* erfolgte (ausführlich § 64 N. 19 ff.).

45 Rückweisungsentscheide stellen nach bundesgerichtlicher Rechtsprechung grundsätzlich **Zwischenentscheide** dar, welche – sofern sie nicht Zuständigkeits- oder Ausstandsfragen betreffen (vgl. Art. 92 Abs. 1 BGG) – nur dann selbständig anfechtbar sind, wenn ein nicht wiedergutzumachender Nachteil droht oder die Gutheissung einer dagegen erhobenen Beschwerde sofort einen Entscheid herbeiführen würde (Art. 93 Abs. 1 BGG)[65]. Diese Sichtweise ist prinzipiell auch im zürcherischen Verfahrensrecht massgebend (vgl. § 19a Abs. 2 und § 41 Abs. 3; § 19a N. 64)[66]. Bei Rückweisungsentscheiden, die der Vorinstanz keinen Beurteilungsspielraum belassen, handelt es sich dagegen um Endentscheide im Sinn von Art. 90 BGG[67].

46 Zu den **Kostenfolgen** im Falle einer Rückweisung vgl. § 13 N. 67 ff.; zu den **Entschädigungsfolgen** vgl. § 17 N. 30.

IV. Mitteilung des Rekursentscheids (Abs. 2)

47 § 28 Abs. 2 regelt die **Form** der Eröffnung des Rekursentscheids sowie den Kreis der **Adressaten** bzw. Mitteilungsberechtigten. Ergänzend kommen die §§ 10, 10a und 28a zur Anwendung, namentlich in Bezug auf die *Begründung* (vgl. N. 5), die *Rechtsmittelbelehrung* (vgl. § 10 Abs. 1) und die Surrogate für die *Zustellung* (amtliche Veröffentlichung bzw. Bekanntmachung der Bezugsquelle gemäss § 10 Abs. 4 und 5). Entscheidet die Re-

---

[63] VGr, 9.2.2011, VB.2010.00460, E. 2.
[64] Anders noch die 2. Aufl., N. 38, in Übereinstimmung mit der früheren Rechtsprechung des Verwaltungsgerichts.
[65] Vgl. BGE 133 V 477, E. 4.2.
[66] Vgl. VGr, 18.8.2011, VB.2011.00442, E. 2.3.
[67] BGr, 11.1.2012, 2C_558/2011, E. 2.1; BGE 134 II 124, E. 1.3; VGr, 23.5.2013, VB.2013.00317, E. 6; VGr, 8.6.2012, VB.2012.00210, E. 7; HÄBERLI/MERZ, in: Prozessieren vor Bundesgericht, N. 5.39; UHLMANN, in: Basler Kommentar BGG, Art. 90 N. 9.

kursinstanz als letzte kantonale Instanz – was seit der VRG-Revision von 2010 nur noch in Ausnahmefällen vorkommt (vgl. § 19 Abs. 3 i.V.m. § 44) –, muss ihr Entscheid ausserdem den Anforderungen von Art. 112 Abs. 1 BGG und – soweit er sich auf öffentliches Recht des Bundes stützt – Art. 1 Abs. 3 VwVG genügen.

§ 28 Abs. 2 Satz 1 schreibt vor, dass Rekursentscheide **schriftlich** zuzustellen sind. Im Unterschied zu § 65 Abs. 3 für das Beschwerdeverfahren vor dem Verwaltungsgericht erwähnt § 28 Abs. 2 die Möglichkeit einer *mündlichen* Eröffnung nicht. Dessen ungeachtet besteht diese – wie im Verwaltungsverfahren (vgl. § 10 N. 9) – ausnahmsweise auch im Rekursverfahren, jedenfalls dann, wenn besondere Dringlichkeit oder Gefahr im Verzug vorliegt, wenn also zur Verhinderung eines erheblichen Schadens sofort gehandelt werden muss und die Zeit für eine schriftliche und begründete Ausfertigung nicht ausreicht. Die Rechtsmittelfrist beginnt jedoch auch in solchen Fällen erst mit der schriftlichen Eröffnung zu laufen (§ 10a lit. b Halbsatz 2 analog).

48

Als **mitteilungsberechtigt** (Adressaten) bezeichnet § 28 Abs. 2 Satz 1 die *rekurrierende Partei*, die *Vorinstanz* sowie allfällige weitere am Rekursverfahren *Beteiligte*, also die Mitbeteiligten und die Beigeladenen. Mitzuteilen ist der Rekursentscheid sodann all jenen Personen, die durch diesen in ihren schutzwürdigen Interessen berührt werden, weil die Rekursinstanz die vorinstanzliche Anordnung abändert (§ 28 Abs. 2 Satz 2). Hierbei handelt es sich um Personen, die mangels Beschwer nicht zur Rekurserhebung gegen den vorinstanzlichen Entscheid legitimiert waren oder erst durch den reformatorischen Rekursentscheid in einer legitimationsbegründenden Weise berührt werden. Über den Wortlaut von § 28 Abs. 2 hinaus sind Rekursentscheide auch einer allfälligen weiteren Vorinstanz, welche der Vorinstanz nicht hierarchisch untergeordnet ist, sowie den Vollzugsbehörden mitzuteilen[68]. Soweit eine Rekursbehörde ausnahmsweise (vgl. N. 47) als letzte kantonale Instanz entscheidet, gilt schliesslich die bundesrechtliche Verpflichtung, bestimmte Entscheide den beschwerdeberechtigten Bundesbehörden zuzustellen (Art. 112 Abs. 4 BGG in Verbindung mit der Verordnung über die Eröffnung letztinstanzlicher kantonaler Entscheide in öffentlichrechtlichen Angelegenheiten[69]).

49

V. Exkurs: Öffentlichkeit von Rekursentscheiden

Art. 6 Ziff. 1 EMRK schreibt für seinen Anwendungsbereich («civil rights and obligations», «criminal charge») die *öffentliche Verkündung von Gerichtsurteilen* vor[70]; dasselbe verlangt – ohne thematische Einschränkung – der in **Art. 30 Abs. 3 BV** verankerte Grundsatz der Justizöffentlichkeit[71]. Das Öffentlichkeitsgebot erfasst auch Rekursentscheide von Behörden mit richterlicher Unabhängigkeit, im Kanton Zürich also diejenigen des *Baurekursgerichts* und des *Steuerrekursgerichts*[72]. Der Grundsatz der Öffentlichkeit setzt keine mündliche Urteilseröffnung voraus; es genügt, wenn das Urteil auf andere

50

---

[68] Vgl. SCHWANK, Diss., S. 207.
[69] SR 173.110.47.
[70] Vgl. auch Art. 14 Ziff. 1 UNO-Pakt II.
[71] Vgl. BGE 139 I 129, E. 3.3, m.w.H.; BIAGGINI, Kommentar BV, Art. 30 N. 17.
[72] Vgl. § 336 Abs. 1 PBG und § 116 Abs. 1 StG.

Weise bekannt gemacht wird, z.B. mittels Auflage in der Gerichtskanzlei oder durch Publikation in einer Entscheidsammlung oder im Internet[73]. Dabei ist nach überwiegender Auffassung nebst dem Dispositiv auch die Begründung des Entscheids in geeigneter Weise öffentlich zugänglich zu machen[74], wobei auch in dieser Hinsicht – je nach den Besonderheiten des Verfahrens und der Stellung der betreffenden Rechtsmittelinstanz – eine gewisse Flexibilität besteht[75]. Schliesslich erstreckt sich die Justizöffentlichkeit auch auf die Zusammensetzung des Spruchkörpers[76]. Allerdings gilt der verfassungsrechtliche Anspruch auf Kenntnisnahme von Urteilen nicht absolut; er wird begrenzt durch den ebenfalls verfassungsrechtlich verankerten Schutz von persönlichen und öffentlichen Interessen, was beispielsweise die Anonymisierung eines Entscheids erfordern kann[77].

51 Gemäss **Art. 78 Abs. 1 KV** sind Rechtspflegeentscheide – unter Vorbehalt des Persönlichkeitsschutzes – «auf angemessene Weise» der Öffentlichkeit zugänglich zu machen. Anders als Art. 30 Abs. 3 BV und Art. 6 Ziff. 1 EMRK erfasst diese kantonale Garantie *sämtliche Behörden*, welche Rechtspflegefunktionen ausüben, also nicht nur gerichtliche[78]. Sie verlangt im Grundsatz, dass die Entscheide umfassend zugänglich gemacht werden, dürfte diesbezüglich allerdings nicht über die erwähnten völker- bzw. bundesverfassungsrechtlichen Garantien hinausgehen[79]. Im Ergebnis dehnt sie diese auf alle Rekursbehörden – namentlich die nicht-richterlichen – aus.

52 Davon zu unterscheiden ist die in **Art. 78 Abs. 2 KV** statuierte Verpflichtung der Rechtspflegebehörden, ihre *Entscheidpraxis* zu veröffentlichen. Dies erfordert weder eine Publikation sämtlicher Entscheide – die Veröffentlichung von Leitentscheiden genügt vielmehr[80] –, noch bestehen Vorgaben hinsichtlich der Art der Publikation. In Betracht kommen insbesondere eine gedruckte Entscheidsammlung, eine Publikation in einer Fachzeitschrift oder eine Veröffentlichung im Internet[81].

---

[73] BGE 139 I 129, E. 3.3.
[74] BGE 139 I 129, E. 3.6; Aemisegger, Öffentlichkeit, S. 382, 390, 402; Heimgartner/Wiprächtiger, in: Basler Kommentar BGG, Art. 59 N. 77; Moser/Beusch/Kneubühler, Bundesverwaltungsgericht, N. 3.180; M. Müller, Verwaltungsrechtspflege, S. 88; Müller/Schefer, Grundrechte, S. 978; Raselli, Öffentliche Urteilsverkündung, S. 34; Weissenberger, in: Praxiskommentar VwVG, Art. 61 N. 90; a.M. Biaggini, Kommentar BV, Art. 30 N. 20; Rhinow/Koller/Kiss/Thurnherr/Brühl-Moser, Öffentliches Prozessrecht, N. 576.
[75] BGr, 15.7.2009, 4A_169/2009, E. 2.
[76] BGE 139 I 129, E. 3.6.
[77] BGE 139 I 129, E. 3.6.
[78] Vogel, in: Kommentar KV, Art. 78 N. 1.
[79] A.M. Vogel, in: Kommentar KV, Art. 78 N. 3 f.
[80] Vogel, in: Kommentar KV, Art. 78 N. 33.
[81] Siehe im Kanton Zürich insbesondere folgende Internetseiten: www.baurekursgericht-zh.ch > Rechtsprechung; www.strgzh.ch > Entscheide; www.zhentscheide.zh.ch.

c. Vereinfachtes Verfahren

§ 28a

¹ Bei offensichtlich unzulässigen, gegenstandslos gewordenen, offensichtlich unbegründeten oder offensichtlich begründeten Rechtsmitteln kann die Rekursbehörde
a. bei Einstimmigkeit auf dem Zirkulationsweg entscheiden,
b. den Entscheid summarisch begründen.

² Bei gegenstandslos gewordenen Rekursen kann auf die Begründung des Entscheids verzichtet werden. § 10a lit. b gilt sinngemäss.

Materialien
Weisung 2009, S. 966; Prot. KR 2007–2011, S. 10241, 10536.

Literatur
AEMISEGGER HEINZ, Vereinfachtes Verfahren, Art. 108 und 109 BGG, Instruktionsverfahren, Art. 32 BGG, in: Ehrenzeller/Schweizer, Reorganisation, S. 475 ff.; BELSER EVA MARIA/BACHER BETTINA, in: Basler Kommentar BGG, Art. 108 und 109; CORBOZ BERNARD; in: Commentaire LTF, Art. 108 und 109; GRÜNVOGEL ROGER, Das einzelrichterliche Verfahren nach Art. 108 BGG, AJP 2011, 59 ff.; SCHINDLER, Beschleunigungspotentiale, S. 19 f.; SEILER HANSJÖRG, in: Handkommentar BGG, Art. 108 und 109.

Inhaltsübersicht

I.	Entstehungsgeschichte und Regelungsgegenstand	1–3
II.	Zirkulationsentscheid und summarische Begründung (Abs. 1)	4–17
	A. Tatbestände (Ingress)	4–11
	1. Offensichtlichkeit	5–10
	a) Begriff und Bedeutung	5–7
	b) Offensichtliche Unzulässigkeit	8
	c) Offensichtliche Unbegründetheit oder Begründetheit	9–10
	2. Gegenstandslosigkeit	11
	B. Rechtsfolgen	12–17
	1. Entscheid auf dem Zirkulationsweg (lit. a)	12–15
	2. Summarische Begründung (lit. b)	16–17
III.	Verzicht auf Begründung (Abs. 2)	18–19

I. Entstehungsgeschichte und Regelungsgegenstand

§ 28a wurde anlässlich der **VRG-Revision von 2010** neu ins Gesetz eingefügt. Der Vorentwurf von 2008 hatte noch keine entsprechende Bestimmung enthalten. Im Rahmen des Vernehmlassungsverfahrens regten die Baurekurskommissionen an, zu prüfen, ob nicht – analog alt § 38 Abs. 1 – auch den Rekursinstanzen ermöglicht werden sollte, in klaren Fällen summarisch begründete Zirkulationsentscheide zu treffen[1]. Der Regie-

1

Unter Mitarbeit von CORINA CALUORI, MLaw.

[1] Vernehmlassung der Baurekurskommissionen des Kantons Zürich vom 26. September 2008, S. 4.

rungsrat nahm in der Folge einen entsprechenden § 28a in seinen Gesetzesentwurf auf, der diesem Anliegen Rechnung trug. Die Bestimmung erfuhr im weiteren Gesetzgebungsverfahren keine Änderung mehr.

2 Die neue Regelung betrifft die Rekurserledigung (so die Hauptmarginalie) und sieht für offensichtlich unzulässige, gegenstandslos gewordene, offensichtlich unbegründete oder offensichtlich begründete Rekurse ein **vereinfachtes Verfahren** (Marginalie) vor. Sie bezweckt mithin die Vereinfachung, Straffung und Beschleunigung des Rekursverfahrens und dient damit auch der Umsetzung des Anspruchs auf ein rasches Verfahren gemäss Art. 18 Abs. 1 KV.

3 § 28a enthält in Abs. 1 und 2 je eine «**Kann**»-Formulierung. Gleichwohl wird – mit Bezug auf die analogen Bestimmungen für das Beschwerdeverfahren (vgl. N. 6) – angenommen, dass *grundsätzlich* eine *Verpflichtung* der Rechtsmittelbehörde bestehe, von den vorgesehenen Vereinfachungen Gebrauch zu machen[2]. Angesichts der Offenheit der in der Regelung enthaltenen unbestimmten Rechtsbegriffe und des Eigeninteresses der Rechtsmittelinstanzen, keinen unnötigen Aufwand zu betreiben, ist diese Frage indessen eher von theoretischer Bedeutung.

II. Zirkulationsentscheid und summarische Begründung (Abs. 1)

A. Tatbestände (Ingress)

4 § 28a Abs. 1 kommt bei *Offensichtlichkeit* (offensichtliche Unzulässigkeit oder Begründetheit bzw. Unbegründetheit) sowie bei *Gegenstandslosigkeit* zur Anwendung.

1. Offensichtlichkeit

a) Begriff und Bedeutung

5 «Offensichtlich» bedeutet, dass etwas augenfällig ist, offen zu Tage liegt, **ohne jeden Zweifel** feststeht und deshalb auf den ersten Blick erkennbar ist[3].

6 Offensichtlichkeit ist ein im öffentlichen Verfahrensrecht **verbreitetes Kriterium** zur Vereinfachung und Beschleunigung des Verfahrens[4]. So sind die in § 28a verwendeten Begriffe «offensichtlich unzulässig» und «offensichtlich unbegründet» die gleichen wie in § 26a Abs. 1, wonach bei Vorliegen einer dieser Voraussetzungen auf den Beizug der Akten verzichtet werden kann. Für das Beschwerdeverfahren vor dem Verwaltungsgericht finden sich diese Begriffe in § 38 Abs. 2 (Zirkulationsentscheid), § 57 Abs. 1 (Verzicht auf Aktenbeizug) und § 65 Abs. 1 (summarische Begründung); ferner sieht § 38b Abs. 1 lit. a bei offensichtlich unzulässigen Beschwerden die Zuständigkeit des Einzelrichters vor. Das Bundesgerichtsgesetz verwendet den Begriff der offensichtlich unzulässigen Be-

---

[2] Vgl. KIENER/KRÜSI, Beschwerde, S. 76; § 38 N. 17; § 65 N. 19, 21.
[3] Vgl. BELSER/BACHER, in: Basler Kommentar BGG, Art. 108 N. 16.
[4] Vgl. auch BÜRKI, Legalität, S. 107.

schwerde in Art. 108 Abs. 1 lit. a (einzelrichterliche Zuständigkeit), denjenigen der offensichtlichen Begründetheit bzw. Unbegründetheit in Art. 109 Abs. 2 (Dreierbesetzung, summarische Begründung [Abs. 3]).

Offensichtliche Unzulässigkeit bzw. offensichtliche Begründetheit oder Unbegründetheit eines Rechtsmittels setzt eine **klare Sach- und Rechtslage** voraus, welche sich aus dem eindeutigen Sinn des Gesetzes, aber auch aus einer gefestigten und unbestrittenen Gerichtspraxis ergeben kann[5].

b) Offensichtliche Unzulässigkeit

Offensichtlich unzulässig ist ein Rekurs, wenn eine **Prozessvoraussetzung** ohne jeden Zweifel nicht erfüllt ist und eine Verbesserung der Eingabe daran nichts zu ändern vermag[6]. Dies ist insbesondere der Fall, wenn die Rekursfrist verpasst wurde, wenn die angerufene Instanz offensichtlich unzuständig ist, wenn kein anfechtbarer Hoheitsakt vorliegt oder wenn es klarerweise an der Parteifähigkeit, der Prozessfähigkeit oder der Legitimation mangelt; ferner dann, wenn auch nach Einräumung einer Nachfrist kein Antrag oder keine Begründung im Sinn von § 23 Abs. 1 vorliegt. Offensichtlich unzulässig sind im Weiteren eindeutig rechtsmissbräuchliche oder querulatorische Eingaben, bei denen dem Rekurrenten ein schutzwürdiges Interesse abzusprechen ist[7].

c) Offensichtliche Unbegründetheit oder Begründetheit

Ein Rekurs ist *offensichtlich unbegründet,* wenn er in der Sache, also **materiell,** klarerweise nicht zum Erfolg führen kann, weil die Anträge oder die Begründung von vornherein nicht geeignet sind, das vorinstanzliche Erkenntnis umzustossen[8]. Ein offensichtlich unbegründeter Rekurs ist mithin *aussichtslos.* Materiell unbegründet ist ein Rekurs jedoch nicht allein deswegen, weil die Ausführungen in der Rekursschrift unklar sind oder weil es an einer Begründung fehlt. In diesem Fall ist vielmehr eine Nachfrist zur Behebung des Mangels anzusetzen; darauf darf nur verzichtet werden, wenn die Voraussetzungen von § 23 Abs. 2 nicht erfüllt sind (vgl. § 23 N. 31 ff.).

Offensichtlich begründet ist ein Rekurs, wenn der angefochtene Akt klarerweise – also auf den ersten Blick – an einem Mangel im Sinn von § 20 leidet und dieser auch gerügt worden ist.

2. Gegenstandslosigkeit

Von Gegenstandslosigkeit spricht man, wenn das Verfahren (vgl. die Präzisierung in § 28 N. 24) während der Rechtshängigkeit seinen Gegenstand verliert, so dass das **aktuelle und praktische Rechtsschutzinteresse** des Rekurrenten an der autoritativen Entschei-

---

[5] Vgl. VGr, 30.5.2012, VB.2012.00179, E. 2.2; BELSER/BACHER, in: Basler Kommentar BGG, Art. 108 N. 16; SEILER, in: Handkommentar BGG, Art. 109 N. 8 f.
[6] MERKLI/AESCHLIMANN/HERZOG, Kommentar VRPG, Art. 69 N. 8.
[7] Ausführlicher hierzu SEETHALER/PLÜSS, in: Praxiskommentar VwVG, Art. 57 N. 26.
[8] MERKLI/AESCHLIMANN/HERZOG, Kommentar VRPG, Art. 69 N. 8.

dung der Streitsache entfällt und das Verfahren hinfällig wird. Dies kann aus ganz unterschiedlichen Gründen geschehen; typische Fallgruppen sind insbesondere folgende[9]:
- der geltend gemachte Nachteil könnte selbst bei Gutheissung des Rekurses nicht mehr behoben werden[10];
- die angefochtene Anordnung hat infolge Wiedererwägung, Widerrufs oder Zeitablaufs zu existieren aufgehört;
- der private Rekursgegner hat das streitige Bewilligungsgesuch zurückgezogen;
- der Rekurrent hat auf die Bewilligung, deren Entzug streitig ist, nachträglich verzichtet;
- das Streitobjekt ist untergegangen oder seitens des Rekurrenten veräussert worden[11];
- die betroffene Person ist gestorben, und es liegen personenbezogene, unvererbliche Ansprüche im Streit.

B. Rechtsfolgen

1. Entscheid auf dem Zirkulationsweg (lit. a)

12 § 28a Abs. 1 lit. a gestattet es der Rekursbehörde, bei Vorliegen der tatbeständlichen Voraussetzungen – also bei einem offensichtlich unzulässigen, gegenstandslos gewordenen, offensichtlich unbegründeten oder offensichtlich begründeten Rechtsmittel – auf dem Zirkulationsweg zu entscheiden. Dies hat allerdings nur dann den beabsichtigten **verfahrensbeschleunigenden Effekt,** wenn nicht ohnehin in regelmässigen, kürzeren Abständen Sitzungen der Behörde stattfinden oder es – beispielsweise über die Sommerferien – zu einer längeren Sitzungspause kommt.

13 Das Gesetz verlangt für einen Entscheid auf dem Zirkulationsweg überdies **Einstimmigkeit.** Diese zusätzliche Voraussetzung, welche kumulativ erfüllt sein muss, erscheint insoweit überflüssig, als es bei fehlender Einstimmigkeit wohl regelmässig an der erforderlichen *Offensichtlichkeit* mangeln dürfte (vgl. N. 5). Auch über die *Gegenstandslosigkeit* dürften im konkreten Fall nur selten Zweifel bestehen.

14 Für das **Baurekursgericht** und das **Steuerrekursgericht** existieren Sonderregelungen: Hier amten *Einzelrichter,* welche bei offensichtlicher Unzulässigkeit, bei einem Rückzug sowie bei Gegenstandslosigkeit über den Rekurs entscheiden (§ 335 Abs. 2 lit. a PBG und § 114 Abs. 2 lit. a StG)[12], so dass sich die Frage nach einem Zirkulationsentscheid nicht stellt. Ebenso entscheidet der oder die Vorsitzende der **Rekurskommission der Zürcher Hochschulen** über offensichtlich unzulässige, zurückgezogene oder gegenstandslos ge-

---

[9] Vgl. auch RHINOW/KOLLER/KISS/THURNHERR/BRÜHL-MOSER, Öffentliches Prozessrecht, N. 1677.
[10] VGr, 3.12.2009, VB.2009.00523, E. 1.2.1.
[11] VGr, 19.6.2002, VB.2002.00049, E. 3c (BEZ 2002 Nr. 48); gegenteilig BGr, 10.7.2012, 1C_75/2012, E. 1.2, jedoch gestützt auf die explizit anderslautende Regelung in Art. 21 Abs. 2 Satz 2 BZP i.V.m. Art. 71 BGG.
[12] Beim Steuerrekursgericht besteht die einzelrichterliche Zuständigkeit überdies auch im Fall der Anerkennung. Dies ist im Zusammenhang mit § 149 Abs. 2 Satz 3 StG zu sehen, wonach das StRG das Verfahren trotz Rückzugs oder Anerkennung des Rekurses unter bestimmten Voraussetzungen weiterführt (vgl. § 28 N. 20).

wordene Rekurse (§ 9 Abs. 2 OV ZHRK)[13]. Bei *offensichtlicher Begründetheit oder Unbegründetheit* ist jedoch die Gesamtbehörde bzw. Abteilung zuständig, so dass hier für das Baurekursgericht und die Hochschulrekurskommission § 28a Abs. 1 lit. a zur Anwendung gelangt und gegebenenfalls ein Zirkulationsentscheid gefällt werden kann[14]; für das Steuerrekursgericht enthält § 150a Abs. 1 StG eine analoge Regelung.

Im Beschwerdeverfahren vor dem **Verwaltungsgericht** entscheidet bei offensichtlicher Unzulässigkeit, Rückzug oder Gegenstandslosigkeit ebenfalls ein Einzelrichter (§ 38b Abs. 1 lit. a bzw. b). Im Falle offensichtlicher Begründetheit oder Unbegründetheit bleibt hingegen die Kammer zuständig, wobei sie bei Einstimmigkeit – wie im Rekursverfahren – auf dem Zirkulationsweg entscheiden kann (§ 38 Abs. 2).

15

2. Summarische Begründung (lit. b)

Bei gegebenen Voraussetzungen kann sich die Rekursinstanz gemäss § 28a Abs. 1 lit. b mit einer summarischen Begründung des Entscheids begnügen. Das Gleiche gilt kraft Spezialregelung für das Steuerrekursgericht (§ 150a Abs. 2 StG), ferner für das Beschwerdeverfahren vor dem Verwaltungsgericht (§ 65 Abs. 1 Satz 2). Dabei hat sich die summarische Begründung hauptsächlich auf die Frage zu beziehen, weshalb und inwiefern der Rekurs offensichtlich unzulässig, offensichtlich unbegründet, offensichtlich begründet oder gegenstandslos ist.

16

Summarische Begründung bedeutet, dass die Anforderungen an die **Dichte der Entscheidbegründung** herabgesetzt sind. Auch ein bloss summarisch begründeter Entscheid muss jedoch insgesamt *schlüssig*, d.h. *haltbar und verständlich* sein[15]. Die summarische Begründung muss die Parteien insbesondere in die Lage versetzen, den Entscheid nachzuvollziehen und sachgerecht anzufechten[16]; andernfalls ist ihr Anspruch auf rechtliches Gehör verletzt. Auch eine summarische Begründung bedarf deshalb zumeist einer kurzen, fallbezogenen Subsumtion[17].

17

III. Verzicht auf Begründung (Abs. 2)

Bei **gegenstandslos** gewordenen Rekursen kann die Rekursinstanz gänzlich auf eine Begründung verzichten. Die Verfahrensbeteiligten können allerdings innert zehn Tagen seit der Mitteilung des unbegründeten Entscheids eine *Begründung verlangen* (§ 28a Abs. 2 i.V.m. § 10a lit. b). Die Beschwerdefrist beginnt diesfalls erst mit der Zustellung des begründeten Rekursentscheids zu laufen, wobei sich die Rekursinstanz auch dann, wenn eine Begründung verlangt wurde, mit einer summarischen Begründung begnügen darf (§ 28a Abs. 1 lit. b).

18

---

[13] Bis 2007 war auch die Präsidentin oder der Präsident des Regierungsrats für Nichteintretensentscheide aus formellen Gründen zuständig (vgl. § 26 N. 30).
[14] Vgl. Weisung StRG/BRG, S. 282.
[15] VGr, 4.10.2007, VB.2007.00335, E. 2.
[16] VGr, 30.5.2012, VB.2012.00179, E. 2.2.
[17] BELSER/BACHER, in: Basler Kommentar BGG, Art. 108 N. 13.

19 Anders als § 28a Abs. 2 nennt der am 13. September 2010 eingefügte § 150a Abs. 3 StG – der sich auf das Verfahren vor dem Steuerrekursgericht bezieht – nebst der Gegenstandslosigkeit auch den **Rückzug**[18] und die **Anerkennung** des Rekurses als Gründe für einen Verzicht auf Begründung. Diese etwas jüngere Regelung dürfte sinngemäss auch in den übrigen Rekursverfahren zur Anwendung kommen, zumal der Gesetzgeber nicht zu erkennen gab, dass er diesbezüglich eine Differenz schaffen wollte[19].

---

[18] Zum Verhältnis zwischen Rückzug und Gegenstandslosigkeit vgl. § 28 N. 24.
[19] Vgl. Weisung StRG/BRG, S. 278 f.

D. Vollstreckung

Vorbemerkungen zu §§ 29–31

Materialien

Weisung 1957, S. 1039; Prot. KK 10.1.1958, 30.9.1958; Prot. KR 1955–1959, S. 3379 f.; Beleuchtender Bericht 1959, S. 402; Weisung Verzugszinsen, S. 1309 ff.; Prot. KR 1999–2003, S. 10920 f.

Literatur

ACKERMANN SCHWENDENER CHRISTINE, Die klassische Ersatzvornahme als Vollstreckungsmittel des Verwaltungsrechts, Diss. (Zürich), Zürich 1999 *(Ersatzvornahme)*; BEELER URS RUDOLPH, Die widerrechtliche Baute, Diss. (Zürich), Zürich 1984 *(Widerrechtliche Baute)*; FRITZSCHE CHRISTOPH/BÖSCH PETER/WIPF THOMAS, Zürcher Planungs- und Baurecht, 2 Bde., 5. Aufl., Zürich 2011, S. 488 ff. *(Baurecht)*; GÄCHTER THOMAS/EGLI PHILIPP, in: Kommentar VwVG, Art. 39–43; GRISEL, Traité, S. 635 ff.; GYGI FRITZ, Verwaltungsrecht – Eine Einführung, Bern 1986, S. 318 ff. *(Verwaltungsrecht)*; HÄFELIN/MÜLLER/UHLMANN, Verwaltungsrecht, N. 1134 ff.; HÄNER ISABELLE/WALDMANN BERNHARD (Hrsg.), Verwaltungsstrafrecht und sanktionierendes Verwaltungsrecht, Zürich/Basel/Genf 2010 *(Verwaltungsstrafrecht)*; HEER BALTHASAR, Die Ersatzvornahme als verwaltungsrechtliche Sanktion, St. Gallen 1975; JAAG TOBIAS, Sanktionen im Verwaltungsrecht, in: Jürg-Beat Ackermann/Andreas Donatsch/Jörg Rehberg (Hrsg.), Wirtschaft und Strafrecht, Festschrift für Niklaus Schmid zum 65. Geburtstag, Zürich 2001, S. 559 ff. *(FS Schmid)*; JAAG TOBIAS, Verwaltungsrechtliche Sanktionen und Verfahrensgarantien der EMRK, in: Andreas Donatsch/Marc Forster/Christian Schwarzenegger (Hrsg.), Strafrecht, Strafprozessrecht und Menschenrechte, Festschrift für Stefan Trechsel zum 65. Geburtstag, Zürich 2002, S. 151 ff. *(FS Trechsel)*; JAAG TOBIAS, in: Praxiskommentar VwVG, Art. 39–40, 42–43; JAAG TOBIAS, Verwaltungsrechtliche Sanktionen: Einführung, in: Häner/Waldmann, Verwaltungsstrafrecht, S. 1 ff. *(Einführung)*; JAAG TOBIAS/HÄGGI RETO, in: Praxiskommentar VwVG, Art. 41; KIENER/RÜTSCHE/KUHN, Öffentliches Verfahrensrecht, N. 438 ff., 834 ff.; KÖLZ/HÄNER/BERTSCHI, Verwaltungsverfahren, N. 663 ff.; LOCHER ALEXANDER, Verwaltungsrechtliche Sanktionen. Rechtliche Ausgestaltung, Abgrenzung und Anwendbarkeit der Verfahrensgarantien, Diss. (Zürich), Zürich/Basel/Genf 2013 *(Sanktionen)*; MERKLI/AESCHLIMANN/HERZOG, Kommentar VRPG, Art. 114 ff.; MOOR/POLTIER, Droit administratif II, S. 112 ff.; MÜLLER HEINRICH ANDREAS, Der Verwaltungszwang, Diss. (Zürich), Zürich 1975 *(Verwaltungszwang)*; OGG MARCEL, Die verwaltungsrechtlichen Sanktionen und ihre Rechtsgrundlagen, Diss. (Zürich), Zürich 2002 *(Sanktionen)*; RHINOW/KOLLER/KISS/THURNHERR/BRÜHL-MOSER, Öffentliches Prozessrecht, N. 1273 ff.; RUOSS FIERZ MAGDALENA, Massnahmen gegen illegales Bauen unter besonderer Berücksichtigung des zürcherischen Rechts, Diss. (Zürich), Zürich 1999 *(Massnahmen)*; SALADIN, Verwaltungsverfahrensrecht, S. 151 ff.; TANQUEREL, Manuel, N. 1133 ff.; TSCHANNEN/ZIMMERLI/MÜLLER, Verwaltungsrecht, § 32; WIEDERKEHR/RICHLI, Praxis, S. 1043 ff.; ZWEIFEL/CASANOVA, Steuerverfahrensrecht, S. 405 ff.

Frau lic. iur. BARBARA KAMMERMANN und Herr MLaw ADRIAN GOSSWEILER, Rechtsanwalt, haben intensiv an der Überarbeitung des Unterabschnitts D zur Vollstreckung (Vorbemerkungen und §§ 29–31) mitgewirkt; sie haben nicht nur umfangreiches Material ausgewertet, sondern auch Entwürfe zu den Texten ausgearbeitet. Dafür danke ich ihnen herzlich.

Vorbemerkungen zu §§ 29–31

Inhaltsübersicht

I.	Grundlagen	1–6
II.	Verwaltungsrechtliche Zwangsmittel (Übersicht)	7–11
III.	Vollstreckungs- und Sachverfügung	12–14
IV.	Vollstreckungs- und Entscheidungsverfahren	15–19

I. Grundlagen

1 Das VRG regelt im letzten Unterabschnitt des zweiten Abschnitts über das Verwaltungsverfahren die **Vollstreckung** (§§ 29–31). Diese bildet den Abschluss eines Verwaltungsverfahrens. Die Regelung deckt sich weitgehend mit jener des Bundes in Art. 39–43 VwVG[1].

2 Die §§ 29, 30 und 31 sind noch in der ursprünglichen **Fassung von 1959**[2]. § 29a ist durch das Gesetz über Verzugszinsen für öffentlichrechtliche Forderungen vom 17. Juni 2002 eingefügt worden[3].

3 In den weitaus meisten Fällen wird Verfügungen oder Entscheiden ohne weiteres nachgelebt. Für den Fall, dass ihnen keine Folge geleistet wird, muss das Gemeinwesen jedoch über Mittel zu deren Durchsetzung verfügen. **Sinn und Zweck** der Vorschriften über die Vollstreckung ist die Durchsetzung der im Verwaltungsverfahren auferlegten verwaltungsrechtlichen Pflichten[4].

4 **Gegenstand einer Vollstreckung** nach den §§ 29–31 können sämtliche Verfügungen sein, die in Anwendung des VRG ergehen. Demzufolge werden sowohl erstinstanzliche Anordnungen, die im Rahmen eines nichtstreitigen Verwaltungsverfahrens ergehen, als auch Rekursentscheide sowie Urteile des Verwaltungsgerichts nach den §§ 29–31 vollstreckt[5]. Entscheide des Bundesgerichts sind von den Kantonen in gleicher Weise zu vollstrecken wie die rechtskräftigen Urteile ihrer eigenen Gerichte (Art. 70 Abs. 1 BGG)[6]. Dabei spielt es keine Rolle, ob sich die Verfügung oder das Urteil auf Bundesrecht oder kantonales Recht stützt. Verfügungen, die sich auf Bundesrecht stützen, für dessen Vollzug die Kantone zuständig sind, werden nach kantonalem Recht vollzogen, sofern das Bundesrecht keine spezialgesetzliche Regelung enthält[7]. Die Zuständigkeit zur Vollstreckung beurteilt sich dabei nach § 29.

---

[1] Vgl. dazu GÄCHTER/EGLI, in: Kommentar VwVG, Art. 39–43; JAAG sowie JAAG/HÄGGI, in: Praxiskommentar VwVG, Art. 39–43.

[2] Einzig in § 31 Abs. 2 wurde – ohne formelle Gesetzesrevision – die Schreibweise von selbständig zu *selbstständig* verändert. Diese in der ganzen kantonalzürcherischen Gesetzgebung eingeführte Schreibweise ist zwar korrekt, aber unschön und unnötig kompliziert.

[3] OS 57, 277.

[4] Vgl. HÄFELIN/MÜLLER/UHLMANN, Verwaltungsrecht, N. 1134; TSCHANNEN/ZIMMERLI/MÜLLER, Verwaltungsreht, § 32 N. 1 f.; OGG, Sanktionen, S. 1 f.; JAAG, Einführung, S. 1.

[5] Vgl. etwa für das Umweltrecht RB 2001 Nr. 77, E. 5b aa (VB.2000.00117 = BEZ 2001 Nr. 6 = URP 2001, 478 ff.).

[6] KOLLER, in: Basler Kommentar BGG, Art. 2 N. 64.

[7] RB 2001 Nr. 77, E. 5b bb (VB.2000.00117 = BEZ 2001 Nr. 6 = URP 2001, 478 ff.).

Die Vollstreckung von Verfügungen mit verwaltungsrechtlichen Zwangsmassnahmen ist abzugrenzen vom **Zwang beim unmittelbaren Gesetzesvollzug**. Der Unterschied besteht darin, dass dem unmittelbaren Gesetzesvollzug keine Sachverfügung vorausgeht[8]. Die Unterscheidung ist vor allem hinsichtlich der gesetzlichen Grundlage, der Kostenüberwälzung sowie mit Blick auf den Rechtsschutz von Bedeutung. Handlungen im Rahmen des unmittelbaren Gesetzesvollzugs sowie die anschliessende Kostenüberwälzung bedürfen einer expliziten gesetzlichen Grundlage; ausnahmsweise kann auch die polizeiliche Generalklausel herangezogen werden[9]. Aufgrund der fehlenden vorangehenden Sachverfügung ist der Rechtsschutz zudem erst im Nachhinein gewährleistet. Demgegenüber ist für die Anordnung verwaltungsrechtlicher Sanktionen im Zusammenhang mit der Vollstreckung von Verfügungen nur teilweise eine explizite Gesetzesgrundlage notwendig und der Verfügungsadressat hat die Kosten auch ohne besondere gesetzliche Grundlage zu tragen (vgl. § 30 N. 1 f.).

5

Die §§ 29–31 VRG regeln nur die **Vollstreckung von Anordnungen,** nicht jedoch den unmittelbaren Gesetzesvollzug. Einzelne Bestimmungen können indessen für den unmittelbaren Vollzug von Rechtsnormen analog herangezogen werden.

6

II. Verwaltungsrechtliche Zwangsmittel (Übersicht)

Für die Vollstreckung stehen verschiedene Mittel zur Verfügung. Nach der Art des Eingriffs werden in Praxis und Lehre insbesondere exekutorische und pönale Zwangsmittel unterschieden[10]. Die Unterscheidung ist wesentlich für die Anforderungen an die gesetzliche Grundlage, das Verschulden, den Verfahrensablauf sowie für die Frage nach der Kumulierbarkeit von Zwangsmitteln (vgl. dazu § 30).

7

Die **exekutorischen Zwangsmittel** dienen der unmittelbaren Durchsetzung verwaltungsrechtlicher Pflichten und damit der (Wieder-)Herstellung des rechtmässigen Zustands[11]. Exekutorischen Massnahmen kommt keine pönale Funktion zu, weshalb der gängige Begriff «verwaltungsrechtliche *Sanktion*» ungenau ist[12]. Das VRG regelt nur die exekutorischen Massnahmen: Schuldbetreibung, Ersatzvornahme sowie unmittelbaren Zwang gegen den Pflichtigen oder an Sachen, die er besitzt (§ 30 Abs. 1 lit. a–c; vgl. § 30 N. 14 ff.). § 30 ist die zentrale vollstreckungsrechtliche Bestimmung des zürcherischen Rechts, entsprechend Art. 41 VwVG auf Bundesebene.

8

Demgegenüber ahnden die **pönalen Zwangsmittel** (Sanktionen) eine begangene Pflichtverletzung; sie dienen somit nicht unmittelbar der Herstellung des rechtmässigen Zu-

9

---

[8] TSCHANNEN/ZIMMERLI/MÜLLER, Verwaltungsrecht, § 32 N. 35.
[9] TSCHANNEN/ZIMMERLI/MÜLLER, Verwaltungsrecht, § 32 N. 36; GÄCHTER/EGLI, in: Kommentar VwVG, Art. 39 N. 8.
[10] Vgl. statt vieler LOCHER, Sanktionen, N. 52 ff.
[11] OGG, Sanktionen, S. 8 f.; TSCHANNEN/ZIMMERLI/MÜLLER, Verwaltungsrecht, § 32 N. 7; LOCHER, Sanktionen, N. 53 ff.
[12] GÄCHTER/EGLI, in: Kommentar VwVG, Art. 39 N. 5.

stands[13]. Beispiele sind die Ordnungsstrafen sowie die Disziplinarmassnahmen (vgl. § 30 N. 42 ff.). Ihr Merkmal ist, dass sie mittels Druck auf den Pflichtigen *indirekt* die Durchsetzung der Verfügung fördern sollen. Die Sanktion als solche kann nur von der erneuten Verletzung gleichartiger Rechtspflichten abhalten, nicht aber eine geschehene Verletzung aufheben. Die Ungehorsamsstrafe gemäss Art. 292 StGB kann immerhin zur Beendigung einer noch andauernden Pflichtverletzung eingesetzt werden (vgl. § 30 N. 54 ff.); dennoch gelten für sie dieselben Grundsätze wie für die pönalen Sanktionen im Allgemeinen.

10 Die **administrativen Rechtsnachteile** sind teils exekutorischer, teils pönaler Natur (vgl. § 30 N. 62 ff.).

11 Schliesslich gibt es die **administrativen Sicherungsmittel,** wie zum Beispiel den Arrest nach Art. 271 ff. SchKG, die gesetzlichen Pfandrechte des öffentlichen Rechts[14] sowie die Bürgschaften und Kautionen[15]. Sie bilden nicht Gegenstand der §§ 29–31, sondern beruhen auf spezialgesetzlichen Regelungen[16].

III. Vollstreckungs- und Sachverfügung

12 Eine Vollstreckung setzt eine Sachverfügung voraus; darin liegt der Unterschied zum unmittelbaren Gesetzesvollzug (N. 5). Die Vorschriften über die Vollstreckung kommen allerdings nur zum Tragen, wenn es sich bei der Sachverfügung um eine **belastende Verfügung** handelt, die auf ein Tun, Dulden oder Unterlassen lautet[17]. Ist beispielsweise eine Baute ohne Baubewilligung oder in Abweichung von der Baubewilligung erstellt worden, so kann gestützt auf § 341 PBG deren Änderung oder Abbruch angeordnet werden (Sachverfügung)[18]. Kommt der Eigentümer dem Änderungs- oder Abbruchbefehl nicht nach, so kann die Gemeinde dessen zwangsweise Vollstreckung durch Ersatzvornahme anordnen (Vollstreckungsverfügung)[19]. Begünstigende Akte bedürfen keiner Vollstreckung durch das Gemeinwesen[20], und Verfügungen feststellender oder verweigernder Natur sind keiner Vollstreckung zugänglich[21].

13 Neben Individualverfügungen können unter Umständen auch **Allgemeinverfügungen** vollstreckt werden, sofern sie genügend konkret sind[22]. Zu denken ist etwa an örtlich

---

[13] KÖLZ/HÄNER/BERTSCHI, Verwaltungsverfahren, N. 667; JAAG, FS Schmid, S. 561 f.; JAAG/HÄGGI, in: Praxiskommentar VwVG, Art. 41 N. 5.
[14] Vgl. bspw. §§ 194 ff. EG ZGB.
[15] Vgl. bspw. § 181 StG.
[16] ZWEIFEL/CASANOVA, Steuerverfahrensrecht, § 30 N. 48, m.w.H.; BGE 100 Ia 348 E. 4c.
[17] JAAG, FS Schmid, S. 561.
[18] Vgl. z.B. VGr, 10.9.2012, VB.2012.00081; BGE 111 Ib 226; 100 Ia 345; BEELER, Widerrechtliche Baute, S. 88 ff.; FRITZSCHE/BÖSCH/WIPF, Baurecht, S. 478 ff., 483 ff.
[19] Bei der antizipierten Vollstreckung entfällt die Vollstreckungsverfügung (vgl. § 30 N. 29).
[20] Falls das Gemeinwesen die Erfüllung einer begünstigenden Verfügung verweigert, gelangen nicht die §§ 29 ff. zur Anwendung. Der Verfügungsadressat kann insbesondere mit Aufsichtsbeschwerde gegen die Behörde vorgehen; Geldforderungen kann er auf dem Weg der Schuldbetreibung durchsetzen.
[21] GÄCHTER/EGLI, in: Kommentar VwVG, Art. 39 N. 14. Zur Typisierung der verschiedenen Verfügungsformen vgl. HÄFELIN/MÜLLER/UHLMANN, Verwaltungsrecht, N. 890 ff., und TSCHANNEN/ZIMMERLI/MÜLLER, Verwaltungsrecht, § 28 N. 47 ff., insb. N. 60 ff. und 66 ff.
[22] GÄCHTER/EGLI, in: Kommentar VwVG, Art. 39 N. 15.

signalisierte Parkverbote, die mit dem Abschleppen unzulässig parkierter Fahrzeuge vollstreckt werden (vgl. § 30 N. 29).

Verpflichtungen aus **verwaltungsrechtlichen Verträgen** unterliegen nicht der Vollstreckung nach den §§ 29–31; diesbezüglich ist das verwaltungsrechtliche Klageverfahren zu beschreiten (§ 81 lit. b). Erst das verwaltungsgerichtliche Urteil kann allenfalls mit den entsprechenden Zwangsmitteln vollstreckt werden[23]. 14

IV. Vollstreckungs- und Entscheidungsverfahren

Das Gesetz geht von einer **Funktionsteilung** zwischen Entscheidungs- und Vollstreckungsverfahren aus. Im Entscheidungs- oder Erkenntnisverfahren wird über Bestand oder Nichtbestand öffentlicher Rechte und Pflichten, im Vollstreckungsverfahren über die Art und Weise der Durchsetzung entschieden. Ergebnis des Entscheidungsverfahrens ist die Sachverfügung, jenes des Vollstreckungsverfahrens die Vollstreckungsverfügung. Der Weg zur Vollstreckung verläuft somit von der Sachverfügung über die Zwangsandrohung und die Vollstreckungsverfügung[24]. Indessen kann die Sachverfügung auch bereits Anordnungen zur Vollstreckung enthalten[25]. Die Behörde, welche die Sachverfügung erlässt, ist befugt und je nach den Umständen im Einzelfall verpflichtet, Vollstreckungsmodalitäten in deren Dispositiv aufzunehmen[26]. 15

Ausfluss der Funktionsteilung zwischen Erkenntnis- und Vollstreckungsverfahren ist der Grundsatz, dass im Vollstreckungsverfahren die Sachverfügung in der Regel nicht mehr auf ihre Rechtmässigkeit hin überprüft werden kann[27]. Die Sachverfügung ist vollumfänglich mit Rekurs anfechtbar, die Vollstreckungsverfügung nur insoweit, als sie neue Elemente enthält, z.B. eine Frist zur Wiederherstellung des rechtmässigen Zustands[28]. Die in formelle Rechtskraft erwachsene Sachverfügung kann nicht im Zusammenhang mit der Vollstreckung ein zweites Mal überprüft werden; es gilt der **Grundsatz des einmaligen Rechtsschutzes.** 16

Um zu vermeiden, dass die eigentliche Vollstreckungsverfügung mit der Begründung, sie sei unverhältnismässig, wiederum angefochten wird, muss die Sachverfügung so **konkrete Angaben** über die Art und Weise des Vollstreckungsmittels enthalten, dass die allfällige Rüge der Unverhältnismässigkeit bereits im Rekursverfahren gegen sie vorgebracht werden kann. Die blosse Feststellung, ein Zustand oder eine Handlung sei rechtswidrig, genügt daher in der Regel nicht. Die Sachverfügung muss auch die Massnahmen bezeichnen, die zur Herstellung des rechtmässigen Zustands erforderlich sind, damit sie vom Ad- 17

---

[23] URS ACHERMANN, Privatisierung im öffentlichen Verkehr, Diss. (Zürich), Zürich 2008, S. 243.
[24] VGr, 20.6.2002, VB.2002.00076, E. 3; RB 1985 Nr. 14 (VB 172 und 173/1984 = BEZ 1985 Nr. 48).
[25] Vgl. VGr, 3.2.2010, VB.2009.00453, E. 3.2.
[26] RRB Nr. 576/1972.
[27] VGr, 5.11.2003, VB.2003.00281, E. 2b; VGr, 23.3.2006, VB.2005.00580, E. 2.2 (BEZ 2006 Nr. 28); VGr, 16.8.2006, VB.2006.00016, E. 1.3; RB 1990 Nr. 16 (VB.90.0090 und 91 = BEZ 1991 Nr. 13); vgl. TSCHANNEN/ZIMMERLI/MÜLLER, Verwaltungsrecht, § 32 N. 76.
[28] VGr, 23.3.2006, VB.2005.00580, E. 2.2 (BEZ 2006 Nr. 28); vgl. auch VGr, 16.8.2006, VB.2006.00016, E. 1.3; VGr, 23.12.2004, VB.2004.00416, E. 4.1; VGr, 5.11.2003, VB.2003.00281, E. 2b; RB 1990 Nr. 16 (VB.90.0090 und 91 = BEZ 1991 Nr. 13).

ressaten erfüllt werden kann. Die allenfalls nachfolgende Vollstreckungsverfügung auferlegt bei diesem Vorgehen dem Pflichtigen keine neue Last, so dass es gerechtfertigt ist, ihre Anfechtbarkeit nur unter eingeschränkten Voraussetzungen zuzulassen.

18 Enthält eine Sachverfügung eine Bestimmung oder eine Nebenbestimmung, die unklar ist oder mehr als eine vertretbare Auffassung über ihren Sinngehalt zulässt, so kann diese nicht ohne **Konkretisierung** vollzogen werden. Die Konkretisierung hat jedoch nicht im Vollzugsverfahren zu geschehen, sondern in einem dem Entscheidungsverfahren nachgebildeten Verfahren, in dem die gleichen Rechtsmittel zur Verfügung stehen müssen wie im ursprünglichen Verfahren[29]. Entsprechendes gilt, wenn streitig ist, ob eine Nebenbestimmung eingehalten bzw. erfüllt wurde[30].

19 Die Vollstreckungsmassnahmen richten sich in erster Linie gegen den **Adressaten** der Sachverfügung. Wer Adressat ist, bestimmt sich nach materiellem Recht. Ausser dem Adressaten können aber weitere **Störer** betroffen sein, etwa bei der Räumung einer illegalen Gaststätte[31]. Sind die Adressaten unter mehreren Störern auszuwählen, so verfügt die Behörde über ein gewisses Ermessen. Grundsätzlich kann alternativ oder kumulativ jeder Verhaltens- oder Zustandsstörer beigezogen werden. Verhaltensstörer sind aber wenn möglich vor Zustandsstörern in Anspruch zu nehmen. Bei Dringlichkeit ist jener Störer zu belangen, der dem Gefahrenherd am nächsten ist und sowohl rechtlich als auch persönlich zur Beseitigung imstande ist[32].

---

[29] VGr, 19.2.1987 (BEZ 1987 Nr. 20).
[30] RB 1985 Nr. 120; 1983 Nr. 113 (BEZ 1983 Nr. 37).
[31] RB 1975 Nr. 99 (ZBl 1975, 471 ff. = ZR 74 Nr. 85).
[32] VGr, 20.12.2006, VB.2006.00391, E. 5.3, m.w.H. (BEZ 2007 Nr. 7); vgl. auch BGE 122 II 65, E. 6; 107 Ia 19, E. 2b; HÄFELIN/MÜLLER/UHLMANN, Verwaltungsrecht, N. 2503.

§ 29

Zuständigkeit

§ 29

¹ Jede Verwaltungsbehörde vollstreckt die von ihr getroffene Anordnung selbst. Sie ist befugt, die Vollstreckung einer ihr unterstellten Behörde zu übertragen.

² Rekursentscheide werden, soweit die Rekursinstanz nichts anderes bestimmt, von der ersten Instanz vollstreckt. Die Kosten des Rekursverfahrens bezieht die Rekursinstanz.

Materialien
Vgl. Vorbem. zu §§ 29–31.

Literatur
Vgl. Vorbem. zu §§ 29–31.

Inhaltsübersicht

I.	Anordnende Behörde (Abs. 1 Satz 1 und Abs. 2 Satz 1)	1–2
II.	Mitwirkung anderer Behörden (Abs. 1 Satz 2)	3–8
III.	Bezug von Kosten des Rekursverfahrens (Abs. 2 Satz 2)	9

I. Anordnende Behörde (Abs. 1 Satz 1 und Abs. 2 Satz 1)

§ 29 befasst sich mit der Zuständigkeit für die Vollstreckung. Grundsätzlich vollstreckt die **verfügende Behörde** die von ihr gesetzten Akte selber (Abs. 1 Satz 1)[1]. Die meisten erstinstanzlichen Verfügungen gehen von den Gemeinden und den Direktionen des Regierungsrats bzw. von deren Organisationseinheiten (Ämter, Kommissionen) aus, welche deshalb in der Regel auch vollstrecken. 1

Auch **Rekursentscheide** werden in der Praxis fast ausschliesslich von der erstinstanzlich verfügenden Behörde vollstreckt, selbst wenn mehrere Instanzen tätig waren (Abs. 2 Satz 1). Die Rekursbehörde kann die Vollstreckung jedoch selber anordnen[2]. 2

II. Mitwirkung anderer Behörden (Abs. 1 Satz 2)

Es steht im Ermessen der erstinstanzlich verfügenden Behörde, die Vollstreckung einer unterstellten Behörde zu übertragen **(Vollzugsdelegation)**. Dies ist vor allem dann der Fall, wenn eine Direktion verfügt und das zuständige Amt vollstreckt. 3

---

[1] Vgl. Gächter/Egli, in: Kommentar VwVG, Art. 39 N. 18, m.w.H.; Jaag, in: Praxiskommentar VwVG, Art. 37 N. 7.
[2] Vgl. dazu Ogg, Sanktionen, S. 60 f.; Gächter/Egli, in: Kommentar VwVG, Art. 39 N. 19; BGE 100 Ia 348, E. 2.

4 Für die **Einforderung von Geldleistungen** erfolgt grundsätzlich keine Delegation; die verfügende Behörde macht in der Regel die ihr zustehenden geldwerten Forderungen selber geltend.

5 Nach der Natur der Sache ist die verfügende Instanz jedoch oft nicht in der Lage, die Vollstreckung allein vorzunehmen, so wenn Polizeihilfe nötig ist oder bei Registereinträgen. In diesem Fall muss sie die zuständige Behörde beiziehen. Die entsprechende Behörde (z.B. das Grundbuchamt) wird mit der Mitteilung der Verfügung im Dispositiv ersucht, bei der Vollstreckung mitzuwirken. Entstehen zwischen der verfügenden und der um Vollstreckung ersuchten Behörde Differenzen über die Mitwirkung oder deren Modalitäten, so entscheidet die gemeinsame Aufsichtsbehörde.

6 Wird für die Vollstreckung eine andere Behörde beigezogen, so kann dieser eine Frist angesetzt und von ihr ein Bericht über die erfolgte Vollstreckung verlangt werden (**Vollzugsmeldung**). Eine Vollzugsmeldung kann auch die Rekursinstanz verlangen, wenn sie die Verfügung einer Behörde oder Gemeinde abgeändert hat.

7 Die obere Instanz kann auch konkrete **Vollstreckungsanweisungen** erteilen[3] oder an Ort und Stelle kontrollieren, ob richtig vollstreckt worden ist. Ist die untere Instanz mit der Vollstreckung einer ihr übertragenen Sache säumig, so kann die obere jederzeit selber vollstrecken.

8 **Weigert** sich eine untere Behörde, eine Verfügung oder einen Rekursentscheid zu vollstrecken, so kann sie aufsichtsrechtlich dazu gezwungen werden. Gegenüber Gemeindefunktionären sind disziplinarische Massnahmen möglich[4]. Oft dürfte im Fall der Weigerung die Vollstreckung durch die Oberbehörde jedoch zweckmässiger sein.

III. Bezug von Kosten des Rekursverfahrens (Abs. 2 Satz 2)

9 Die den Parteien auferlegten Rekurskosten werden von der Rekursinstanz selbst bezogen. Die erste Instanz hat damit nichts zu tun. Vgl. zum Kostenbezug § 13 N. 104 sowie § 29a N. 2 ff.

---

[3] Vgl. RB 1982 Nr. 23. Zu Anordnungen hinsichtlich des Vollzugs in der Sachverfügung auch Vorbem. zu §§ 29–31 N. 17.
[4] Vgl. THALMANN, Kommentar GG, § 65 N. 5.1.

Fälligkeit von Forderungen

§ 29a

¹ Öffentlichrechtliche Forderungen der Verwaltungsbehörden und von Privatpersonen werden 30 Tage seit Zustellung der Rechnung fällig. Vorbehalten bleiben der Barbezug oder die Vorauszahlung, wo dies zur Vereinfachung des Verfahrens angezeigt ist, sowie die Stundung und Ratenzahlung in begründeten Fällen.

² Nach Ablauf der Zahlungsfrist wird der Schuldner gemahnt. Ab Datum der Mahnung schuldet er Verzugszins von 5%.

³ Abweichende Bestimmungen der Steuergesetzgebung bleiben vorbehalten.

Materialien

Vgl. Vorbem. zu §§ 29–31.

Literatur

HONSELL HEINRICH/VOGT NEDIM PETER/WIEGAND WOLFGANG (Hrsg.), Basler Kommentar Obligationenrecht I, Art. 1–529 OR, 5. Aufl., Basel 2011 (Basler Kommentar OR I); MEIER THOMAS, Verjährung und Verwirkung öffentlich-rechtlicher Forderungen, Diss. (Freiburg i.Üe.), Zürich/Basel/Genf 2013 *(Verjährung)*; WIEGAND WOLFGANG, in: Basler Kommentar OR I, Art. 97–109.

Vgl. auch Vorbem. zu §§ 29–31.

Inhaltsübersicht

I.	Tragweite der Regelung	1
II.	Fälligkeit öffentlichrechtlicher Forderungen (Abs. 1)	2–4
III.	Mahnung und Verzugszinsen (Abs. 2)	5–8
IV.	Verjährung und Verwirkung	9–10
V.	Vorbehalt abweichender steuerrechtlicher Bestimmungen (Abs. 3)	11

I. Tragweite der Regelung

Bei dem 2002 ins Gesetz eingefügten § 29a[1] handelt es sich nicht um eine vollstreckungsrechtliche Bestimmung, sondern um eine **materiellrechtliche Vorschrift**[2]. Sinn und Zweck ist die einheitliche Regelung der Verzugszinspflicht für öffentlichrechtliche Forderungen. Entsprechend wäre die Bestimmung besser bei § 13 platziert worden. Wegen des umfassenden Geltungsanspruchs wäre allerdings eine Regelung in einem Gesetz über kantonale Abgaben vorzuziehen; damit wäre klar, dass die Bestimmung auch für die Gebühren der Zivil- und Strafgerichte[3], der Gemeinden sowie für weitere öffentlichrechtliche Forderungen gilt.

1

---

[1] Vgl. Vorbem. zu §§ 29–31 N. 2.
[2] Weisung Verzugszinsen, S. 1312; VGr, 11.2.2010, VB.2009.00685, E. 3.2.
[3] Vgl. zur Fälligkeit der Gebühren im Zivil- und Strafverfahren HAUSER/SCHWERI/LIEBER, Kommentar GOG, Vorbemerkungen zu §§ 199 ff. N. 24 f.

II. Fälligkeit öffentlichrechtlicher Forderungen (Abs. 1)

2   Damit eine Forderung vollstreckt werden kann, muss sie fällig sein[4]. Mit der Zustellung der Rechnung wird die **Zahlungsfrist** ausgelöst; diese beträgt 30 Tage (Abs. 1 Satz 1). Mit Ablauf der Zahlungsfrist wird die Forderung fällig. Diese Regelung gilt für sämtliche öffentlichrechtlichen Forderungen des Kantons Zürich; es besteht kein Platz für autonomes kommunales Recht[5].

3   Die Zahlungsfrist gilt nicht absolut (Abs. 1 Satz 2). Sie entfällt einerseits, wenn Leistungen nur gegen Vorauszahlung oder Barzahlung erbracht werden oder ein Kostenvorschuss erhoben wurde, mit dem die Forderung verrechnet werden kann. In begründeten Fällen ist es sodann möglich, dem Schuldner eine längere Frist einzuräumen[6]. Dazu kann insbesondere die **Stundung oder Ratenzahlung** vereinbart werden.

4   Die **Rechnung** ist keine Verfügung, sondern eine reine Zahlungsaufforderung; sie ist nicht nach § 19 anfechtbar[7]. Weigert sich der Schuldner zu bezahlen, so muss die Behörde die Forderung in der Form einer Verfügung geltend machen. Die Verfügung unterliegt dem ordentlichen Anfechtungsverfahren. Grundsätzlich kann sie erst vollstreckt werden, wenn sie rechtskräftig ist (vgl. § 30 N. 14 ff.).

III. Mahnung und Verzugszinsen (Abs. 2)

5   Mit der **Mahnung** erfolgt – wie gemäss Art. 102 Abs. 1 OR[8] – die gehörige Geltendmachung des Anspruchs. Der Gläubiger muss mittels einer klaren Willensäusserung ausdrücken, dass er die geschuldete Leistung einfordert. Dies geschieht vorzugsweise schriftlich, kann aber auch mündlich erfolgen. Die Mahnung kann auch bereits vor Fälligkeit der Forderung auf den Zeitpunkt des Ablaufs der Zahlungsfrist ausgesprochen werden[9].

6   Die Pflicht zur Leistung von **Verzugszinsen** besteht grundsätzlich auch ohne gesetzliche Grundlage; die Verzugszinspflicht für öffentlichrechtliche Forderungen gilt als allgemeiner Rechtsgrundsatz. Im Abgaberecht kann die Erhebung von Verzugszinsen aufgrund der besonderen Bedeutung des Legalitätsprinzips jedoch nur gestützt auf eine ausdrückliche Grundlage in einem Gesetz im formellen Sinn erfolgen[10]. Dies gilt in der Regel auch für Gebühren und Beiträge[11]. Zweck der Einführung der Verzugszinspflicht in § 29a Abs. 2 war es, den allgemeinen Rechtsgrundsatz zu verdeutlichen sowie die notwendige Klarheit zu schaffen[12].

---

[4] Weisung Verzugszinsen, S. 1312.
[5] VGr, 11.2.2010, VB.2009.00685, E. 3.2.
[6] Weisung Verzugszinsen, S. 1312.
[7] Weisung Verzugszinsen, S. 1312.
[8] Vgl. dazu etwa WIEGAND, in: Basler Kommentar OR I, Art. 102 N. 5 ff.
[9] VGr, 17.5.2011, VB.2011.00063, E. 4.8; VGr, 5.10.2011, PB.2010.00047, E. 6.
[10] Weisung Verzugszinsen, S. 1310; TSCHANNEN/ZIMMERLI/MÜLLER, Verwaltungsrecht, § 59 N. 15.
[11] Verwaltungsrekurskommission St. Gallen, ZBl 2002, 490 ff., E. 2e; VGr, ZBl 1980, 181 ff.; RB 1978 Nr. 116 (ZBl 1978, 536 ff. = ZR 77 Nr. 127).
[12] Weisung Verzugszinsen, S. 1311.

Der Verzugszins beträgt in Übereinstimmung mit Art. 104 Abs. 1 OR fünf Prozent pro 7
Jahr. Die Zinspflicht läuft **ab Datum der Mahnung** (Satz 2), frühestens aber ab Ablauf der Zahlungsfrist. Dies gilt selbst dann, wenn über die Forderung noch nicht rechtskräftig entschieden ist. Die Mahnung ist eine empfangsbedürftige Mitteilung[13], ähnlich der Eröffnung einer Verfügung (vgl. § 10 N. 79 ff.). Entsprechend wird die Verzugszinspflicht erst mit Empfang der Mahnung durch den Zahlungspflichtigen ausgelöst; die Zinspflicht beginnt wie eine Rechtsmittelfrist am Tag nach dem Empfang der Mahnung[14]. Im Fall einer nicht abgeholten eingeschriebenen Sendung ist wie bei der Eröffnung einer Verfügung von einem fiktiven Empfang am siebten Tag nach der Zustellung der Abholungseinladung auszugehen (§ 10 N. 90 ff.).

Erweist sich der Rechnungsbetrag im Nachhinein als rechtswidrig oder überhöht, so 8
umfasst das **Rückforderungsrecht** auch die Verzugszinsen[15]. Die Rückforderung einer grundlos erbrachten Leistung (Art. 62 Abs. 2 OR) ist als allgemeiner Rechtsgrundsatz auch im öffentlichen Recht anwendbar[16]. Die Rückerstattungspflicht umfasst auch einen Nutzen des Bereicherten, insbesondere Zinsen[17]. Die Höhe der Rückforderungszinsen entspricht jener der Verzugszinsen.

IV. Verjährung und Verwirkung

Da § 29a öffentlichrechtliche Forderungen verschiedenster Art erfasst, wurde auf eine 9
Verjährungsbestimmung verzichtet[18]. Die **Verjährung** von öffentlichrechtlichen Forderungen ist ein allgemeiner Rechtsgrundsatz[19]. Besteht keine gesetzliche Verjährungsfrist, so stellt das Bundesgericht auf eine öffentlichrechtliche Regelung eines verwandten Sachverhalts ab. Fehlt eine solche Regelung, so wird eine privatrechtliche Regelung, insbesondere Art. 127 und 128 OR, herangezogen oder es wird eine eigene Regel festgelegt[20]. Wenn das Gemeinwesen Gläubiger ist, muss die Verjährung von Amtes wegen beachtet werden[21].

Ebenfalls als allgemeiner Rechtsgrundsatz gilt die **Verwirkung** der Geltendmachung von 10
Verzugszinsforderungen[22]. Die Hemmung, Unterbrechung oder Erstreckung der Frist ist bei der Verwirkung im Unterschied zur Verjährung grundsätzlich nicht möglich[23].

---

[13] WIEGAND, in: Basler Kommentar OR I, Art. 102 N. 7.
[14] WIEGAND, in: Basler Kommentar OR I, Art. 104 N. 3.
[15] Weisung Verzugszinsen, S. 1312 f.
[16] VGr, 10.3.2010, PB.2009.00031, E. 3.7; BGr, 2.6.2003, 2A.321/2002, E. 2.2; BGE 88 I 213.
[17] BGr, 7.9.2009, 4A_59/2009, E. 5.3.3.2; BGE 84 II 179, E. 4.
[18] Weisung Verzugszinsen, S. 1313 f.
[19] HÄFELIN/MÜLLER/UHLMANN, Verwaltungsrecht, N. 189, 777 ff.; BGr, 13.8.2010, 1C_98/2010, E. 3.2; BGE 97 I 624, E. 6b f. Vgl. auch § 30 N. 79.
[20] Vgl. BGE 131 V 55, E. 3.1 f.; 126 II 54, E. 7; HÄFELIN/MÜLLER/UHLMANN, Verwaltungsrecht, N. 185 und 790; TSCHANNEN/ZIMMERLI/MÜLLER, Verwaltungsrecht, § 16 N. 11; MEIER, Verjährung, S. 23 ff.
[21] HÄFELIN/MÜLLER/UHLMANN, Verwaltungsrecht, N. 786 f.; MEIER, Verjährung, S. 277 ff.
[22] BGE 129 V 345, E. 4.
[23] HÄFELIN/MÜLLER/UHLMANN, Verwaltungsrecht, N. 756 und 795; MEIER, Verjährung, S. 262.

V. Vorbehalt abweichender steuerrechtlicher Bestimmungen (Abs. 3)

11 Die **Steuerforderung** ist ein vermögensrechtlicher Anspruch des Gemeinwesens gegenüber dem Steuerpflichtigen und als solcher eine öffentlichrechtliche Forderung. Dafür bestehen jedoch in den steuerrechtlichen Erlassen eigene Bestimmungen[24], die als Spezialregelungen § 29a vorgehen.

---

[24] Vgl. z.B. §§ 130 f., 173 ff. StG; §§ 59 ff. ESchG.

Vollstreckbarkeit und Zwangsmittel

§ 30

¹ Kann die Anordnung einer Verwaltungsbehörde nicht mehr weitergezogen werden oder kommt dem Weiterzug keine aufschiebende Wirkung zu, so kann sie zwangsweise vollstreckt werden durch:
a. Schuldbetreibung nach den Vorschriften des Bundesrechtes, wenn die Anordnung auf Geldzahlung oder Sicherheitsleistung gerichtet ist,
b. Ersatzvornahme auf Kosten des Pflichtigen. Der Entscheid über die Kostenauflage kann weitergezogen werden,
c. unmittelbaren Zwang gegen den Pflichtigen oder an Sachen, die er besitzt. Hiefür kann polizeiliche Hilfe beansprucht werden.

² Wo Bestrafung gesetzlich zulässig ist, bleibt sie vorbehalten.

Materialien

Vgl. Vorbem. zu §§ 29–31.

Literatur

ACOCELLA DOMENICO, in: Basler Kommentar SchKG I, Art. 43; AMONN KURT/WALTHER FRIDOLIN, Grundriss des Schuldbetreibungs- und Konkursrechts, 8. Aufl., Bern 2008 *(Grundriss);* DONATSCH ANDREAS/WOHLERS WOLFGANG, Strafrecht IV, Delikte gegen die Allgemeinheit, 4. Aufl., Zürich/Basel/Genf 2011 *(Strafrecht IV);* GASSER DOMINIK, Rechtsöffnung im Verwaltungsverfahren, ZZZ 2005, 183 ff. *(Rechtsöffnung);* KARLEN PETER, Privilegien des Staates bei der Vollstreckung öffentlich-rechtlicher Geldforderungen, in: Hans Michael Riemer et al. (Hrsg.), Schweizerisches und Internationales Zwangsvollstreckungsrecht, Festschrift für Karl Spühler, Zürich 2005, S. 149 ff. *(Privilegien);* NIGGLI MARCEL ALEXANDER/WIPRÄCHTIGER HANS (Hrsg.), Basler Kommentar zum Strafrecht II, Art. 111–392 StGB, 3. Aufl., Basel 2013 *(Basler Kommentar StGB II);* RIEDO CHRISTOF/BONER BARBARA, in: Basler Kommentar StGB II, Art. 292; RIEDO CHRISTOF/NIGGLI MARCEL ALEXANDER, Verwaltungsstrafrecht, Teil 1: Ein Märchen, eine Lösung, ein Problem und ein Beispiel, in: Häner/Waldmann, Verwaltungsstrafrecht, S. 41 ff. *(Verwaltungsstrafrecht);* SCHUHMACHER CHRISTIAN, Erscheinungsweisen und Kritik des Verwaltungsstrafrechts des Kantons Zürich, in: Markus Rüssli/Julia Hänni/Reto Häggi Furrer (Hrsg.), Staats- und Verwaltungsrecht auf vier Ebenen, Festschrift für Tobias Jaag, Zürich/Basel/Genf 2012, S. 289 ff. *(Verwaltungsstrafrecht);* SPÜHLER KARL, Probleme bei der Schuldbetreibung für öffentlich-rechtliche Geldforderungen, ZBl 1999, 254 ff. *(Probleme);* STAEHELIN ADRIAN/BAUER THOMAS/STAEHELIN DANIEL (Hrsg.), Kommentar zum Bundesgesetz über Schuldbetreibung und Konkurs I, Art. 1–158 SchKG, 2. Aufl., Basel/Genf/München 2010 *(Basler Kommentar SchKG I);* STAEHELIN DANIEL, in: Basler Kommentar SchKG I, Art. 80; STRATENWERTH GÜNTER, Schweizerisches Strafrecht, Allgemeiner Teil I: Die Straftat, 4. Aufl., Bern 2011 *(AT I);* STRATENWERTH GÜNTER/BOMMER FELIX, Schweizerisches Strafrecht, Besonderer Teil II: Straftaten gegen Gemeininteressen, 6. Aufl., Bern 2008 *(BT II);* TRECHSEL STEFAN, Schweizerisches Strafgesetzbuch, Praxiskommentar, Zürich/St. Gallen 2008 *(Praxiskommentar).*

Basler Kommentar SchKG I: siehe STAEHELIN/BAUER/STAEHELIN.

Basler Kommentar StGB II: siehe NIGGLI/WIPRÄCHTIGER.

Vgl. auch Vorbem. zu §§ 29–31.

Inhaltsübersicht

I.	Voraussetzungen der Vollstreckung (Abs. 1, Einleitungssatz)	1–13
	A. Gesetzliche Grundlage?	1–2
	B. Vollstreckbarkeit	3–8
	1. Formell rechtskräftige Verfügung	3–4
	2. Fehlende aufschiebende Wirkung	5–8
	C. Verschulden?	9
	D. Pflicht zur Vollstreckung nach Androhung	10–13
II.	Mittel der Vollstreckung	14–41
	A. Schuldbetreibung (Abs. 1 lit. a)	14–24
	1. Grundsatz	14–15
	2. Rechtsöffnungstitel	16–21
	3. Fortsetzung der Betreibung	22–24
	B. Ersatzvornahme (Abs. 1 lit. b)	25–37
	1. Begriff und Arten	25–31
	2. Kosten	32–37
	C. Unmittelbarer Zwang (Abs. 1 lit. c)	38–41
III.	Bestrafung (Abs. 2)	42–61
	A. Verwaltungsstrafrecht und pönale Verwaltungsmassnahmen	42–48
	1. Pönale Verwaltungsmassnahmen	43–45
	2. Verwaltungsstrafrecht	46–48
	B. Rechtsgrundlagen und Zuständigkeiten	49–53
	C. Ungehorsamsstrafe (Art. 292 StGB)	54–58
	D. Weitere Aspekte	59–61
IV.	Exkurs: Administrative Rechtsnachteile	62–67
V.	Modalitäten der Vollstreckung	68–90
	A. Verhältnismässigkeit	68–78
	1. Allgemeines	68–72
	2. Rangordnung von Zwangsmitteln	73–76
	3. Kumulation von Zwangsmitteln	77–78
	B. Verjährung	79
	C. Rechtsschutz gegen Vollstreckungsmassnahmen	80–90

I. Voraussetzungen der Vollstreckung (Abs. 1, Einleitungssatz)

A. Gesetzliche Grundlage?

1 Wie sämtliches staatliches Handeln bedarf grundsätzlich auch die Anordnung von verwaltungsrechtlichem Zwang einer gesetzlichen Grundlage. Als gesetzliche Grundlage der **exekutorischen Massnahmen**[1] gilt allerdings bereits das materielle Recht und die daraus folgende Vollstreckungskompetenz der Behörde[2]. Exekutorische Massnahmen bedürfen daher keiner eigenen gesetzlichen Grundlage, sofern mit der Sanktion keine neue Verpflichtung auferlegt wird und sie nicht über das hinausgehen, was zur Herstellung des

---

[1] Vgl. Vorbem. zu §§ 29–31 N. 8.
[2] KÖLZ/HÄNER/BERTSCHI, Verwaltungsverfahren, N. 673; vgl. auch KARLEN, Privilegien, S. 151 f.

rechtmässigen Zustands notwendig ist[3]. Einer zusätzlichen, ausdrücklichen gesetzlichen Grundlage bedürfen exekutorische Massnahmen jedoch, wenn sie über die ursprüngliche Anordnung hinaus in die Rechtsposition des Einzelnen eingreifen.

Demgegenüber bedürfen Massnahmen mit ganz oder teilweise **pönalem Charakter** stets einer besonderen gesetzlichen Grundlage (vgl. zur Bestrafung N. 49; zu den administrativen Rechtsnachteilen N. 63 f.).

B. Vollstreckbarkeit

1. Formell rechtskräftige Verfügung

Verwaltungsverfügungen werden grundsätzlich gleich wie zivilrechtliche Urteile[4] erst mit dem **Eintritt der formellen Rechtskraft** vollstreckbar[5]. Eine Verwaltungsverfügung erwächst in formelle Rechtskraft, wenn sie nicht mehr mit einem ordentlichen Rechtsmittel angefochten werden kann[6]. Dies ist der Fall, wenn[7]

- das Gesetz kein ordentliches Rechtsmittel mehr vorsieht;
- die Rechtsmittelfrist zur Einlegung eines ordentlichen Rechtsmittels unbenutzt abgelaufen ist;
- die Parteien ausdrücklich auf die Einlegung eines Rechtsmittels verzichtet haben (Rechtsmittelverzicht[8]); oder
- ein ordentliches Rechtsmittel von der einlegenden Partei zurückgezogen wird.

Entscheidend für die Vollstreckung ist demnach die Qualifikation eines Rechtsmittels als **ordentliches Rechtsmittel**[9]. Die ordentlichen Rechtsmittel des VRG sind der Rekurs und die Beschwerde; die Revision hingegen stellt ein ausserordentliches Rechtsmittel dar. Für das Verfahren vor Bundesgericht gelten die Einheitsbeschwerden in straf-, zivil- und

---

[3] HÄFELIN/MÜLLER/UHLMANN, Verwaltungsrecht, N. 1144; TSCHANNEN/ZIMMERLI/MÜLLER, Verwaltungsrecht, § 32 N. 13; MOOR/POLTIER, Droit administratif II, S. 116 ff.; GÄCHTER/EGLI, in: Kommentar VwVG, Art. 39 N. 6; GYGI, Verwaltungsrecht, S. 319; LOCHER, Sanktionen, N. 56 ff.; a.M. GRISEL, Traité, S. 643; ausführlich OGG, Sanktionen, S. 111 ff. und 122 ff.; BGE 125 V 266, E. 6e; BGr, 24.4.2007, 2A.705/2006, E. 3.6 (ASA 2007–2008, 700 ff.); RB 2001 Nr. 77, E. 5b aa (VB.2000.00117 = BEZ 2001 Nr. 6 = URP 2001, 478 ff.).
[4] Art. 336 Abs. 1 lit. a ZPO.
[5] ACKERMANN SCHWENDENER, Ersatzvornahme, S. 47 und 55; vgl. dazu auch BAUMBERGER, Aufschiebende Wirkung, N. 201 ff.; JAAG, in: Praxiskommentar VwVG, Art. 39 N. 4.
[6] Die Vollstreckbarkeit darf nicht mit der Wirksamkeit einer Verfügung gleichgesetzt werden; vgl. dazu SALADIN, Verwaltungsverfahrensrecht, S. 152; TSCHANNEN/ZIMMERLI/MÜLLER, Verwaltungsrecht, § 31 N. 2.
[7] RHINOW/KOLLER/KISS/THURNHERR/BRÜHL-MOSER, Öffentliches Prozessrecht, N. 951; vgl. auch MERKLI/AESCHLIMANN/HERZOG, Kommentar VRPG, Art. 114 N. 3 ff.
[8] Ein Rechtsmittelverzicht ist indes grundsätzlich nur im Nachhinein und bei voller Kenntnis der Verfügung zulässig; ein im Voraus erklärter Verzicht ist ungültig. Vgl. dazu KÖLZ/HÄNER/BERTSCHI, Verwaltungsverfahren, N. 664; MÄCHLER, Vertrag, § 7 N. 6 und 62 ff.
[9] Vgl. dazu KÖLZ/HÄNER/BERTSCHI, Verwaltungsverfahren, N. 680; RHINOW/KOLLER/KISS/THURNHERR/BRÜHL-MOSER, Öffentliches Prozessrecht, N. 669 ff.; GÄCHTER/EGLI, in: Kommentar VwVG, Art. 39 N. 30 ff.

öffentlichrechtlichen Angelegenheiten als ordentliche[10], die Revision als ausserordentliches Rechtsmittel[11]. Für die subsidiäre Verfassungsbeschwerde ist die Frage umstritten[12].

2. Fehlende aufschiebende Wirkung

5   Nur wenn einem Rechtsmittel von Gesetzes wegen keine aufschiebende Wirkung zukommt oder ihm diese im Einzelfall entzogen worden ist, kommt eine Vollstreckung **nicht rechtskräftiger Akte** in Betracht.

6   Häufigstes Beispiel eines ordentlichen Rechtsmittels ohne aufschiebende Wirkung ist die Beschwerde in öffentlichrechtlichen Angelegenheiten gemäss Art. 82 ff. BGG. Sofern das Gericht keine anderweitige Anordnung trifft, kommt der Beschwerde keine aufschiebende Wirkung zu (Art. 103 BGG)[13]. Demzufolge hindert ein entsprechendes Verfahren vor Bundesgericht die kantonale Vollstreckung gemäss den §§ 29 ff. nicht.

7   Im kantonalen Verfahren entzieht § 25 Abs. 2 dem Rekurs und – in Verbindung mit § 55 – der Beschwerde in Personal- oder Stimmrechtsangelegenheiten die aufschiebende Wirkung von Gesetzes wegen[14]. Daneben kann die Rechtsmittelinstanz die aufschiebende Wirkung auch im Einzelfall aus besonderen Gründen entziehen (§ 25 Abs. 3 i.V.m. § 55; vgl. dazu § 25 N. 25 ff.).

8   Auch wenn eine vollstreckbare Anordnung vorhanden ist, jedoch noch ein ordentliches Rechtsmittel ohne Suspensivwirkung oder ein ausserordentliches Rechtsmittel ergriffen wurde, wird in der **Praxis** im Regelfall mit der Vollstreckung zumindest so lange zugewartet, bis die Rechtsmittelinstanz über eine allfällige Gewährung der aufschiebenden Wirkung entschieden hat[15].

C. Verschulden?

9   Ein Verschulden des säumigen Verfügungsadressaten wird für die Durchführung von exekutorischen Massnahmen nicht vorausgesetzt, wohl aber für die Anwendung von Zwangsmitteln mit ganz oder teilweise pönalem Charakter (vgl. N. 56 und 59).

D. Pflicht zur Vollstreckung nach Androhung

10 Die Formulierung des Einleitungssatzes von Abs. 1 lässt vermuten, dass der Behörde über die Frage, ob vollstreckt wird, ein Ermessen zusteht. Dies trifft jedoch nicht zu. Grundsätzlich *muss* eine rechtskräftige Verfügung aus Gründen der Rechtssicherheit und der Rechtsgleichheit vollstreckt werden; Rechtssicherheit und Rechtsgleichheit sowie die

---

[10] Art. 72 ff., 78 ff. und 82 ff. BGG; BGE 133 I 185 E. 2.1; WALDMANN, in: Basler Kommentar BGG, Art. 82 N. 3.
[11] Art. 121 ff. BGG.
[12] Art. 113 ff. BGG; vgl. dazu BIAGGINI, in: Basler Kommentar BGG, Art. 113 N. 19; GÄCHTER/EGLI, in: Kommentar VwVG, Art. 39 N. 32, m.w.H.
[13] Vgl. dazu BAUMBERGER, Aufschiebende Wirkung, N. 173.
[14] Vgl. dazu VGr, 28.2.2001, PB.2000.00027, E. 8a, sowie die Erläuterungen zu den §§ 25 und 55.
[15] Vgl. auch MERKLI/AESCHLIMANN/HERZOG, Kommentar VRPG, Art. 114 N. 5; zur Tragweite der aufschiebenden Wirkung auch VGr, 16.12.2009, VB.2009.00581, E. 3.2.

Wahrung der Drittinteressen lassen **keinen wesentlichen Raum für Entschliessungsermessen**[16].

Allerdings verfügt die Behörde **in Ausnahmefällen** nicht nur beim Entscheid, welches Zwangsmittel angewendet werden soll, sondern unter Umständen auch bei der Frage, ob überhaupt eine Zwangsmassnahme ergriffen werden soll, über Ermessen. So könnte etwa gestützt auf den Grundsatz der Verhältnismässigkeit (vgl. N. 68 ff.) auf die Wiederherstellung des rechtmässigen Zustands (einstweilen) verzichtet werden, wenn eine laufende Gesetzesrevision die Rechtswidrigkeit des Zustands mit grosser Wahrscheinlichkeit beheben wird. 11

Wurde ein **Zwangsmittel beschlossen,** so muss vollstreckt werden; die mit der Ausführung beauftragte Behörde verfügt nicht über das Ermessen, die Vollstreckung zu verweigern[17]. Trifft die zuständige Behörde die angeordneten Vollstreckungsmassnahmen nicht innert vernünftiger Frist, so kann Beschwerde wegen Rechtsverweigerung bzw. Rechtsverzögerung erhoben werden[18]. Die Beschwerde ist auch zulässig, wenn die Vollstreckung zu Unrecht nicht verfügt wird[19]. 12

Vollstreckungsmassnahmen sind grundsätzlich erst nach entsprechender **Androhung** zulässig (vgl. § 31 N. 1 f.). 13

II. Mittel der Vollstreckung

A. Schuldbetreibung (Abs. 1 lit. a)

1. Grundsatz

Lautet eine verwaltungsrechtliche Anordnung auf eine Geldzahlung oder Sicherheitsleistung, so wird sie auf dem Weg der Schuldbetreibung nach der Bundesgesetzgebung über Schuldbetreibung und Zwangsvollstreckung (SchKG) vollstreckt. Öffentlichrechtliche Forderungen sind hinsichtlich ihrer Vollstreckung den privatrechtlichen grundsätzlich gleichgestellt[20]. Es bestehen jedoch gewisse Sonderregelungen. Zu diesen zählen insbesondere die Qualifikation von Verfügungen als definitive Rechtsöffnungstitel sowie der Ausschluss der Konkursbetreibung. 14

---

[16] BVGr, 6.1.2012, A-2401/2011, E. 3.5; VGr, VB.2008.00445, E. 6.1. Ogg, Sanktionen, S. 100; Kölz/Häner/Bertschi, Verwaltungsverfahren, N. 671; Tschannen/Zimmerli/Müller, Verwaltungsrecht, § 32 N. 1; Gächter/Egli, in: Kommentar VwVG, Art. 39 N. 20; Jaag, in: Praxiskommentar VwVG, Art. 39 N. 5.
[17] Vgl. BGE 119 Ia 28, E. 3; zur Prüfung der Verfügung durch den Richter bei der Rechtsöffnung und bei der Anwendung von Art. 292 StGB vgl. N. 20 und 58.
[18] Rhinow/Koller/Kiss/Thurnherr/Brühl-Moser, Öffentliches Prozessrecht, N. 283; zur früheren staatsrechtlichen Beschwerde BGr, 21.11.1990 (ZBl 1991, 218 ff.).
[19] RB 2005 Nr. 13, E. 1.2 (PB.2005.00002); VGr, 22.7.2005, VB.2005.00123, E. 1.3 (BEZ 2006 Nr. 59). Die Praxis bezieht sich auf das Verweigern einer Verfügung, gilt aber analog auch für das Verweigern einer Vollstreckungsmassnahme. Vgl. dazu auch Weisung 2009, S. 941 f. Nach früherer Praxis des Verwaltungsgerichts war nur die Aufsichtsbeschwerde gegeben (RB 1981 Nr. 24).
[20] BGE 120 III 20, E. 2 (Pra 1995 Nr. 83); Jaag, in: Praxiskommentar VwVG, Art. 40 N. 4; Zweifel/Casanova, Steuerverfahrensrecht, § 29 N. 34.

15 Die aktive (und auch passive) **Betreibungsfähigkeit** kommt dem Gemeinwesen oder der jeweiligen Körperschaft oder Anstalt mit Rechtspersönlichkeit, nicht aber der in der Sache zuständigen Behörde zu; diese hat lediglich Vertreterfunktion[21].

2. Rechtsöffnungstitel

16 Die Behörde kann die Betreibung für eine öffentlichrechtliche Forderung ohne rechtskräftigen Rechtsöffnungstitel einleiten. Im Fall eines Rechtsvorschlags muss sie jedoch nachträglich eine **Verfügung** erlassen. Erst, wenn diese rechtskräftig ist, kann die Betreibung fortgesetzt werden. Das Dispositiv der Verfügung muss mit Bestimmtheit auf die hängige Betreibung Bezug nehmen und den Rechtsvorschlag ausdrücklich als aufgehoben erklären. Die Verwaltungsbehörde und allfällige Rechtsmittelinstanzen fällen damit nicht nur einen Sachentscheid über die Verpflichtung zu einer Geldzahlung, sondern befinden zugleich im Sinne von Art. 79 SchKG über die *Aufhebung des Rechtsvorschlags*[22]; die Verwaltungsbehörden sind in diesem Fall gleichzeitig Rechtsöffnungsinstanzen.

17 Hat die Behörde indes bereits vor Einleitung der Betreibung eine Verfügung erlassen, so kann sie sich nicht selber Rechtsöffnung gemäss Art. 79 SchKG erteilen, sondern sie muss dafür als betreibende Gläubigerin an den *Rechtsöffnungsrichter* gelangen[23]. Die Verfügung ist dabei gemäss Art. 80 Abs. 2 SchKG einem vollstreckbaren gerichtlichen Entscheid und damit einem **definitiven Rechtsöffnungstitel** gleichgestellt, weshalb das Gemeinwesen die definitive Rechtsöffnung beantragen kann.

18 Mit dem Inkrafttreten der Schweizerischen Zivilprozessordnung und der gleichzeitigen Änderung des SchKG ist die altrechtliche Unterscheidung zwischen Verfügungen kantonaler Behörden und von Bundesbehörden weggefallen[24]. **Sämtliche Verfügungen** von Verwaltungsbehörden stellen unabhängig von ihrer Rechtsgrundlage einen definitiven Rechtsöffnungstitel dar. Somit sind die ausserkantonalen Verfügungen den innerkantonalen Entscheiden und jenen von Bundesbehörden gleichgestellt. Damit ist das Konkordat über die Gewährung gegenseitiger Rechtshilfe zur Vollstreckung öffentlichrechtlicher Ansprüche von 1971 gegenstandslos geworden; es wurde mit dem Inkrafttreten der ZPO und des GOG auf den 1. Januar 2011 aufgehoben[25].

19 Eine Verfügung muss gewissen **Anforderungen** genügen, damit sie als definitiver Rechtsöffnungstitel in Frage kommt[26]:

– Sie muss wie ein gerichtliches Urteil nach Art. 80 Abs. 1 SchKG *vollstreckbar* sein. Vollstreckbar ist die Verfügung, wenn sie ordnungsgemäss eröffnet wurde und nicht mehr mit einem ordentlichen Rechtsmittel angefochten werden kann (N. 3 ff.)[27]; ent-

---

[21] BGE 90 III 10, E. 1; JAAG, in: Praxiskommentar VwVG, Art. 40 N. 11.
[22] STAEHELIN, in: Basler Kommentar SchKG I, Art. 80 N. 101; GASSER, Rechtsöffnung, S. 184 ff.; BGE 119 V 329, E. 2b; VGr, 3.3.2011, VB.2011.00046, E. 3.4.1, m.w.H.
[23] STAEHELIN, in: Basler Kommentar SchKG I, Art. 80 N. 101; GASSER, Rechtsöffnung, S. 183 f.
[24] Alt Art. 80 Abs. 2 SchKG unterschied noch zwischen Verfügungen von Bundesbehörden (Ziff. 2) und kantonalen Verfügungen (Ziff. 3); vgl. dazu STAEHELIN, in: Basler Kommentar SchKG I, Art. 80 N. 102.
[25] OS 65, 566; Botschaft ZPO, S. 7384; STAEHELIN, in: Basler Kommentar SchKG I, Art. 80 N. 101.
[26] Vgl. dazu auch SPÜHLER, Probleme, S. 259 f.
[27] BGE 105 III 43, E. 2a; AMONN/WALTHER, Grundriss, § 19 N. 53, m.H. auf jüngere Bundesgerichtsentscheide.

gegen der früheren Praxis genügt es aber auch, dass einem ordentlichen Rechtsmittel keine aufschiebende Wirkung zukommt oder diese im Einzelfall entzogen wurde[28]. Die Prüfung der Vollstreckbarkeit erfolgt von Amtes wegen[29].

- Bezüglich *Überprüfung der sachlichen Zuständigkeit* hat der Rechtsöffnungsrichter nach der bundesgerichtlichen Praxis nur zu kontrollieren, ob die Verfügung von einer Behörde ausgegangen ist, die im entsprechenden Sachgebiet allgemein Entscheidungsgewalt hat[30]. Die Tragweite dieser Prüfung ist jedoch umstritten; die Lehre beschränkt die Prüfung teilweise auf Nichtigkeit[31].
- In *formeller Hinsicht* muss dem Verfügungsadressaten das rechtliche Gehör gewährt worden sein; er musste die Möglichkeit zur Ergreifung eines Rechtsmittels haben, mit welchem er die Überprüfung des Sachverhalts verlangen konnte, und die Verfügung musste eine Rechtsmittelbelehrung aufweisen[32]. Die rechtskräftige Verfügung bzw. der Entscheid ist samt Rechtskraftbescheinigung dem Rechtsöffnungsbegehren beizulegen.

Die **Einreden des Schuldners** im Rechtsöffnungsverfahren sind auf Stundung, Tilgung und Verjährung beschränkt (Art. 81 Abs. 1 SchKG). Ausserhalb des Rechtsöffnungsverfahrens muss er dazu im Verfahren nach Art. 85 oder 85a SchKG um Einstellung oder Aufhebung der Betreibung ersuchen[33]. 20

Gemäss Art. 271 Abs. 1 Ziff. 6 SchKG stellt ein definitiver Rechtsöffnungstitel einen **Arrestgrund** dar. Demzufolge können für öffentlichrechtliche Forderungen, die verfügt worden sind, Arrestbegehren gestellt werden[34]. 21

3. Fortsetzung der Betreibung

Ist der Rechtsvorschlag beseitigt, so muss die Behörde das **Fortsetzungsbegehren** stellen (Art. 88 SchKG)[35]. Für im öffentlichen Recht begründete Forderungen ist stets auf Pfändung oder Pfandverwertung zu betreiben; Art. 43 Ziff. 1 SchKG schliesst die Konkursbetreibung aus für Steuern[36], Abgaben, Gebühren, Sporteln, Bussen (sowie neuerdings Geldstrafen) und andere im öffentlichen Recht begründete Leistungen an öffentliche Kas- 22

---

[28] STAEHELIN, in: Basler Kommentar SchKG I, Art. 80 N. 110. Vgl. zur früheren Praxis 2. Aufl., N. 12, sowie GÄCHTER/EGLI, in: Kommentar VwVG, Art. 40 N. 15.
[29] BGE 105 III 43, E. 2a; STAEHELIN, in: Basler Kommentar SchKG I, Art. 80 N. 115.
[30] BGE 113 II 395; 99 Ia 429; OGr, 20.6.1996 (ZR 96 Nr. 40); vgl. auch OGr, 21.10.1993 (ZR 93 Nr. 70).
[31] BLAISE KNAPP/GÉRARD HERTIG, L'exécution forcée des actes cantonaux pécuniaires de droit public (Art. 80 al. 2 LP), BlSchK 1986, 121 ff., 161 ff., 164; MOOR/POLTIER, Droit administratif II, S. 149; STAEHELIN, in: Basler Kommentar SchKG I, Art. 80 N. 128.
[32] So ausdrücklich Art. 3 des – inzwischen aufgehobenen – Konkordats über die Gewährung gegenseitiger Rechtshilfe zur Vollstreckung öffentlichrechtlicher Ansprüche von 1971. Diese Anforderungen ergeben sich heute aus Art. 29 Abs. 2 BV (früher Art. 4 aBV) sowie Art. 18 und 76 f. KV; kritisch STAEHELIN, in: Basler Kommentar SchKG I, Art. 80 N. 121.
[33] AMONN/WALTHER, Grundriss, § 19 N. 53.
[34] FELIX MEIER-DIETERLE, Arrestpraxis ab 1. Januar 2011, AJP 2010, 1211 ff., 1213.
[35] VGr, 3.3.2011, VB.2011.00046, E. 3.4.1; GASSER, Rechtsöffnung, S. 189.
[36] Vgl. dazu ZWEIFEL/CASANOVA, Steuerverfahrensrecht, § 29 N. 33 ff.; STÉPHANE ABBET, Les créances fiscales dans la LP, ZSR 2009 I, 181 ff.

sen oder an Beamte[37]. Als im öffentlichen Recht begründete Forderungen gelten Ansprüche, die aus dem Subordinationsverhältnis zwischen Staat und Bürger bei der Erfüllung staatlicher Aufgaben hervorgehen[38]. Forderungen privater Krankenkassen fallen hingegen – trotz der öffentlichrechtlichen Ausgestaltung des Versicherungsobligatoriums – nicht unter Art. 43 Ziff. 1 SchKG, weil es sich bei diesen Kassen nicht um Rechtssubjekte des öffentlichen Rechts handelt[39].

23 Art. 43 Ziff. 1 SchKG ist unbeachtlich, wenn ein anderer Gläubiger bereits den **Konkurs** gegen den fraglichen Schuldner erwirkt hat. In diesem Fall gibt das Gemeinwesen seine Forderung direkt im Konkursverfahren ein[40]. Die Konkurseinleitung für öffentlichrechtliche Forderungen ist ausnahmsweise auch in den Fällen von Art. 190 SchKG ohne vorgängige Betreibung zulässig, wenn die materiellen Konkursgründe vorliegen[41].

24 Im **Pfändungsverfahren** hat die Verwaltung grundsätzlich dieselbe Stellung wie ein privater Gläubiger. Eine Sonderstellung ergibt sich indes aus Art. 44 SchKG, wonach die Verwertung von Gegenständen, welche aufgrund strafrechtlicher oder fiskalischer Gesetze beschlagnahmt werden, vorbehalten ist[42]. Diese Bestimmung stellt – soweit es um die Sicherung von Forderungen und nicht von strafrechtlichen Beweisstücken geht – eine Privilegierung der öffentlichrechtlichen Gläubiger dar. Die Beschlagnahme richtet sich dabei nach den spezialgesetzlichen Bestimmungen[43].

B. Ersatzvornahme (Abs. 1 lit. b)

1. Begriff und Arten

25 Ersatzvornahme bedeutet, dass die Verwaltungsbehörde eine dem Privaten obliegende, pflichtwidrig nicht vorgenommene, **vertretbare Handlung** auf dessen Kosten durch eine amtliche Stelle oder durch eine Drittperson verrichten lässt[44]. Wohl wichtigstes Beispiel ist der Abbruch einer widerrechtlich erstellten Baute durch ein von der Gemeinde beauftragtes Unternehmen anstelle des Eigentümers[45].

26 Die Ersatzvornahme darf nur dann vorgenommen werden, wenn sich der Pflichtige weigert oder nicht in der Lage ist, freiwillig den rechtmässigen Zustand herzustellen. Es muss ihr deshalb mindestens eine einmalige **Androhung** vorausgehen (§ 31 Abs. 1)[46]. Hat die

---

[37] Vgl. dazu ACOCELLA, in: Basler Kommentar SchKG I, Art. 43 N. 5 ff.
[38] JAAG, in: Praxiskommentar VwVG, Art. 40 N. 9 mit Beispielen; SPÜHLER, Probleme, S. 256.
[39] BGE 125 III 250, E. 1; 118 III 13, E. 2; ACOCELLA, in: Basler Kommentar SchKG I, Art. 43 N. 5; JAAG, in: Praxiskommentar VwVG, Art. 40 N. 8. Dies im Gegensatz zu den Prämien der obligatorischen Unfallversicherung; für diese ist die Konkursbetreibung stets ausgeschlossen (Art. 43 Ziff. 1bis SchKG).
[40] ACOCELLA, in: Basler Kommentar SchKG I, Art. 43 N. 2; JAAG, in: Praxiskommentar VwVG, Art. 40 N. 10.
[41] Vgl. statt vieler ACOCELLA, in: Basler Kommentar SchKG I, Art. 43 N. 12, m.w.H.
[42] KARLEN, Privilegien, S. 151 f.; GÄCHTER/EGLI, in: Kommentar VwVG, Art. 40 N. 5; SPÜHLER, Probleme, S. 264; BGE 126 I 97, E. 3d bb; 115 III 1, E. 3a; BGr, 30.9.2005, 7B.106/2005, E. 3.3 (ZBGR 2006, 335 ff.).
[43] Vgl. z.B. Art. 263 ff. StPO.
[44] BGE 105 Ib 343, E. 4b; HÄFELIN/MÜLLER/UHLMANN, Verwaltungsrecht, N. 1154; JAAG/HÄGGI, in: Praxiskommentar VwVG, Art. 41 N. 14.
[45] Vgl. z.B. VGr, 19.2.2003, VB.2002.00204; BEELER, Widerrechtliche Baute, S. 94 ff.; FRITZSCHE/BÖSCH/WIPF, Baurecht, S. 489 f.
[46] Vgl. VGr, 20.6.2002, VB.2002.00076, E. 3a; ferner § 31 N. 1.

Androhung keine Wirkung, so wird die Ersatzvornahme in Verfügungsform angeordnet (Vollstreckungsverfügung). Eine spezielle gesetzliche Grundlage ist dafür nicht erforderlich; die Ersatzvornahme vollzieht lediglich die Sachverfügung und damit bereits bestehende Pflichten[47].

Die **Vollstreckungsverfügung** enthält Ort, Zeitpunkt, Art und Weise[48] der Ersatzvornahme und entsprechend dem konkreten Fall weitere Angaben dazu, verbunden mit der Aufforderung an den Pflichtigen, die notwendigen Vorbereitungen zu treffen und zur Abwendung von möglichem Schaden daran teilzunehmen[49]. Bei der Festsetzung ist die Behörde an das von ihr angedrohte Zwangsmittel gebunden[50].

27

Die Behörde kann die Ersatzvornahme selbst durchführen, wenn sie über die entsprechenden Mittel verfügt. Sie kann aber auch einen **Dritten damit betrauen**. In diesem Fall muss sie dessen Namen nennen[51] und es trifft sie eine Aufsichtspflicht[52]. Bei der Auswahl der Drittperson obliegt der Behörde eine Sorgfaltspflicht; sie muss die erforderliche Fachkraft gewissenhaft aussuchen und entsprechend instruieren[53]. Verursacht der beauftragte Dritte bei der Ausübung der Ersatzvornahme Schaden, so wird das verfügende Gemeinwesen nur subsidiär schadenersatzpflichtig; primär haftet der Beauftragte (§ 4a HG). Aufgrund des fehlenden Rechtsverhältnisses zwischen dem Geschädigten und dem beauftragten Dritten ist diese Regelung problematisch[54]. Ob – falls die massgebenden Schwellenwerte erreicht sind – eine Ausschreibung nach den Vorschriften über das öffentliche Beschaffungswesen zu erfolgen hat, ist umstritten. Dafür spricht, dass es um die Erfüllung von staatlichen Aufgaben geht[55]. Dagegen sprechen die zeitlichen Verhältnisse. Sinnvoll und auch praktikabel dürfte die Ausschreibung von Dienstleistungen jedenfalls für gleichartige wiederkehrende Ersatzvornahmen sein wie z.B. für das Abschleppen falsch parkierter Fahrzeuge.

28

Eine **antizipierte Ersatzvornahme** liegt vor, wenn die Behörde die vertretbare Handlung unmittelbar selber vornimmt oder durch einen Dritten vornehmen lässt. Auf die Sachverfügung folgt ohne Androhung und Vollstreckungsverfügung die Vollstreckung, oder es entfällt sogar die Sachverfügung; im letzteren Fall handelt es sich um unmittelbaren Gesetzesvollzug (vgl. Vorbem. zu §§ 29–31 N. 5). Die antizipierte Ersatzvornahme ist zulässig, wenn Gefahr im Verzug ist[56], d.h. wenn zum Schutz von Rechtsgütern soforti-

29

---

47 HÄFELIN/MÜLLER/UHLMANN, Verwaltungsrecht, N. 1159; JAAG/HÄGGI, in: Praxiskommentar VwVG, Art. 41 N. 15; vgl. auch N. 1.
48 VGr, 20.6.2002, VB.2002.00076, E. 3a.
49 OGG, Sanktionen, S. 69; ACKERMANN SCHWENDENER, Ersatzvornahme, S. 81.
50 OGG, Sanktionen, S. 103, mit Verweisung auf die Ausnahme von der Bindung an das angedrohte Zwangsmittel, wenn Gefahr im Verzug ist; wird ohne oder in Abweichung von der Androhung vollstreckt, so ist nachträglicher Rechtsschutz i.S. eines Feststellungsverfahrens möglich (OGG, Sanktionen, S. 73).
51 JAAG/HÄGGI, in: Praxiskommentar VwVG, Art. 41 N. 19; H.A. MÜLLER, Verwaltungszwang, S. 9.
52 H.A. MÜLLER, Verwaltungszwang, S. 10; ACKERMANN SCHWENDENER, Ersatzvornahme, S. 85.
53 ACKERMANN SCHWENDENER, Ersatzvornahme, S. 85 ff.
54 JAAG, Einführung, S. 8 Fn. 23.
55 A.M. MARTIN BEYELER, Der objektive Geltungsbereich des Vergaberechts, in: Jean-Baptiste Zufferey/Hubert Stöckli (Hrsg.), Aktuelles Vergaberecht 2008, Zürich/Basel/Genf 2008, S. 65 ff., 99 f., 123 f.
56 HÄFELIN/MÜLLER/UHLMANN, Verwaltungsrecht, N. 1162, m.H. auf einen Teil der Lehre, der die antizipierte Ersatzvornahme in Anlehnung an die polizeiliche Generalklausel nur dann als zulässig erachtet, wenn sie notwendig ist, um eine schwere, unmittelbar drohende Gefährdung oder eine bereits eingetretene

ges Handeln notwendig ist oder wenn von vornherein feststeht, dass dem Pflichtigen die rechtlichen oder tatsächlichen Mittel fehlen, um der behördlichen Anordnung oder der gesetzlichen Pflicht innert vernünftiger Frist nachzukommen[57]. Im zweiten Fall ist allerdings Zurückhaltung am Platz. Wenn keine zeitliche Dringlichkeit besteht, muss eine Sachverfügung erlassen werden und eine Androhung erfolgen, damit der Pflichtige allenfalls selber Vorschläge über die Art der Durchführung der Vollstreckung machen oder Personen seines Vertrauens damit beauftragen kann. Zudem soll ihm die Androhung ermöglichen, durch geeignete Vorkehren Schaden zu vermeiden[58]. Die antizipierte Ersatzvornahme kommt etwa beim Abschleppen rechtswidrig parkierter Fahrzeuge in Frage[59].

30   In gewissen Fällen sieht das Gesetz vor, dass der Staat einen bestimmten rechtswidrigen Zustand (z.B. Umweltschäden) beseitigt, weil die Verursacher dazu regelmässig nicht imstande sind (vgl. Art. 54 GSchG, Art. 59 USG). Die Verantwortlichen haben dafür die Kosten der Massnahmen zu tragen. In diesen Fällen handelt es sich nicht um eine antizipierte Ersatzvornahme, sondern um unmittelbaren Gesetzesvollzug, weil das Gesetz von vornherein nur eine **Duldungs- und Kostenpflicht** vorsieht[60].

31   Die Behörde hat dafür zu sorgen, dass die Ersatzvornahme ruhig abläuft und nicht gestört wird. Sind Private mit der Ersatzvornahme betraut, muss diese durch einen Behördenvertreter überwacht werden. Zum Schutz der mit der Ersatzvornahme betrauten Personen kann die Behörde, sofern notwendig, Polizeikräfte einsetzen[61].

2. Kosten

32   Die Kosten der Ersatzvornahme trägt der **Verfügungsadressat,** weil er diese mit seiner Weigerung, den rechtmässigen Zustand herzustellen, verursacht hat. Der Pflichtige hat auch dann bereits angefallene Kosten aus einer eingeleiteten Ersatzvornahme zu tragen, wenn er nach Ablauf der ihm angesetzten Frist den rechtmässigen Zustand selber herstellt[62]. Die Kostenerhebung bedarf keiner gesetzlichen Grundlage[63]. Unerheblich ist, ob die Kosten der öffentlichen Hand direkt erwachsen oder ob ein Dritter mit der Ersatzvornahme betraut wird[64].

33   Unter mehreren Pflichtigen besteht **keine Solidarhaftung** für die Kosten. Für deren Aufteilung sind die von der Praxis entwickelten Regeln über die Haftungskonkurrenz bei

---

schwere Störung von Polizeigütern zu beseitigen. So Grisel, Traité, S. 639; Moor/Poltier, Droit administratif II, S. 125 f.

[57] VGr, 20.6.2002, VB.2002.00076, E. 3.
[58] VGr, 25.9.2007, VB.2007.00248, E. 3.1; Jaag/Häggi, in: Praxiskommentar VwVG, Art. 41 N. 17.
[59] BGr, 11.6.2008, 1C_364/2007; VGr, 5.1.2005, VB.2004.00165, E. 4; RB 1991 Nr. 12. Vgl. dazu Tobias Jaag/Markus Rüssli, Das Abschleppen vorschriftswidrig parkierter Fahrzeuge, am Beispiel der Stadt Zürich, AJP 2001, 1381 ff. Nach einem Teil der Lehre ist die Figur der antizipierten Ersatzvornahme überholt; so Häfelin/Müller/Uhlmann, Verwaltungsrecht, N. 1163; Tschannen/Zimmerli/Müller, Verwaltungsrecht, § 32 N. 27 f.; Gächter/Egli, in: Kommentar VwVG, Art. 41 N. 20.
[60] Ebenso Gygi, Verwaltungsrecht, S. 329 ff.
[61] Ackermann Schwendener, Ersatzvornahme, S. 87.
[62] Jaag/Häggi, in: Praxiskommentar VwVG, Art. 41 N. 20.
[63] BGr, 7.11.2000, 1P.517/1999, E. 3d cc; Ackermann Schwendener, Ersatzvornahme, S. 90.
[64] VGr, 20.6.2002, VB.2002.00076, E. 4b; RB 1985 Nr. 14 (BEZ 1985 Nr. 48).

einer Mehrzahl von Verursachern anzuwenden, wonach die einzelnen Quoten nach möglichst genauer Klärung des Hergangs festzusetzen sind[65].

Dem Pflichtigen können nur **notwendige und angemessene Kosten** auferlegt werden; die Kostenauflage darf keine pönalen Elemente enthalten[66]. Nicht notwendig sind übersetzte Unternehmerforderungen, welche die Verwaltung pflichtwidrig anerkannt hat[67]. An die Sorgfaltspflicht der Verwaltung darf allerdings kein strengerer als ein durchschnittlicher Massstab angelegt werden. Die Behörde hat keine Sonderanstrengungen zu unternehmen, um die preisgünstigste Wiederherstellung des rechtmässigen Zustands zu gewähren[68]. Der hinterher erhobene Einwand, der Pflichtige hätte die gebotenen Massnahmen billiger vorgenommen oder vornehmen lassen, ist nicht zu hören. Zum notwendigen Aufwand gehört auch der Verwaltungsaufwand, der dem Gemeinwesen durch das pflichtwidrige Verhalten erwächst. Er umfasst sämtliche Personalkosten einschliesslich der von Organen des Gemeinwesens geleisteten Arbeitsstunden. Die Kostentragungspflicht aus der Ersatzvornahme ist ausschliesslich öffentlichrechtlicher Natur, da sie aus einer nicht erfüllten öffentlichrechtlichen Pflicht erwächst. Dies gilt auch, wenn die Ersatzvornahme durch einen Privaten durchgeführt wird[69].

34

Die Kosten der Ersatzvornahme sind in **Verfügungsform** festzusetzen. Der Entscheid über die Kostenauflage kann mit Rekurs weitergezogen werden (dazu N. 84).

35

Es ist zulässig, für die Sicherstellung der mutmasslichen Kosten der Ersatzvornahme einen **Vorschuss** zu verlangen[70]. Im Allgemeinen dürfte aber aus praktischen Gründen die sofortige Durchführung der Ersatzvornahme und die nachträgliche Eintreibung der Kosten vorzuziehen sein. Der Pflichtige wird wohl, wenn es schon zur Ersatzvornahme kommt, den Vorschuss nicht freiwillig bezahlen, so dass die Herstellung des rechtmässigen Zustands durch ein solches Vorgehen verzögert würde. Das Eintreten auf einen Rekurs gegen die Sachverfügung von einem Kostenvorschuss für die allfällige Ersatzvornahme abhängig zu machen, ist in keinem Fall zulässig.

36

Die aus § 30 fliessende Befugnis zur Ersatzvornahme enthält ohne ausdrückliche gesetzliche Grundlage keine Ermächtigung, bewegliche Gegenstände der Pflichtigen zwecks Sicherung der Forderung zu pfänden[71]; eine **Pfändung** von Fahrnis ist nur im Schuldbetreibungs- und Konkursverfahren aufgrund einer rechtskräftigen Verfügung möglich. Eine solche Grundlage fehlt im zürcherischen Recht. Die Gemeinden können indessen

37

---

[65] MOOR/POLTIER, Droit administratif II, S. 130 f.; KÖLZ/HÄNER/BERTSCHI, Verwaltungsverfahren, N. 676; OGG, Sanktionen, S. 23 ff.; TSCHANNEN/ZIMMERLI/MÜLLER, Verwaltungsrecht, § 56 N. 41; BGE 114 Ib 44, E. 2a; BGr, 12.10.1990, E. 6a (ZBl 1991, 212 ff.).
[66] JAAG/HÄGGI, in: Praxiskommentar VwVG, Art. 41 N. 20.
[67] RB 1976 Nr. 14.
[68] VGr, 20.6.2002, VB.2002.00076, E. 4b und 5; RB 1985 Nr. 14 (BEZ 1985 Nr. 48), auch zum Folgenden.
[69] MOOR/POLTIER, Droit administratif II, S. 124.
[70] RB 1969 Nr. 11 (ZBl 1970, 154 ff. = ZR 69 Nr. 86); a.M. OGG, Sanktionen, S. 185, wonach die Vorschusszahlung ohne ausdrückliche Normierung nicht zugelassen werden sollte; vgl. dazu auch ACKERMANN SCHWENDENER, Ersatzvornahme, S. 98 ff. Zur Anfechtbarkeit der Sicherheitsleistung BGr, 3.5.2002, 1A.211/2001, E. 1.2.2 (URP 2002, 710). Im Kanton Zürich ist die Möglichkeit, einen Kostenvorschuss zu verlangen, ausdrücklich vorgesehen für Ersatzvornahmen im Bereich des Gewässerschutzes (§ 13 Abs. 1 EG GSchG).
[71] BGE 100 Ia 348, E. 4c.

gemäss § 197 lit. c EG ZGB zur Sicherung von Forderungen aus der Ersatzvornahme im Zusammenhang mit Grundstücken Liegenschaften des Pflichtigen mit einem (mittelbar gesetzlichen) Grundpfandrecht belegen. Zu dessen Eintragung ist ein formeller, mit Rekurs anfechtbarer Gemeinderatsbeschluss notwendig. Dieser muss Angaben über Art und Höhe der Pfandhaft sowie über die belasteten Grundstücke enthalten[72].

C. Unmittelbarer Zwang (Abs. 1 lit. c)

38 Weigert sich der zu einer **persönlichen, nicht vertretbaren Handlung** Verpflichtete, diese vorzunehmen, so muss unmittelbarer Zwang angewendet werden; die Erfüllung der Rechtspflichten einer Person wird mit direkter Gewalt gegen diese oder deren Sachen durchgesetzt[73].

39 Die **Formen** des unmittelbaren Zwangs sind vielfältig[74]. Bei Sachen ist insbesondere die Siegelung, die Schliessung, die Beschlagnahmung oder gar die Zerstörung möglich[75]. Gegenüber Personen kommt etwa die vorübergehende oder dauernde Einweisung in eine Anstalt oder ein Spital oder ein Eingriff in die physische Integrität (Blutentnahme, Zwangsimpfung) in Frage[76]. Bei der Auswahl des Mittels im konkreten Fall kommt dem Grundsatz der Verhältnismässigkeit besonderes Gewicht zu (N. 68 ff.)[77].

40 Der unmittelbare Zwang ist ausschliesslich durch **staatliche Organe** auszuüben; der Einsatz privater Dritter ist hier, im Gegensatz zur Ersatzvornahme, ausgeschlossen[78]. Im Vordergrund steht die mit dem Vollzug betraute Verwaltungsbehörde. Diese kann gemäss ausdrücklicher Ermächtigung im Gesetz die Hilfe der Polizei beanspruchen. Eine materielle Überprüfung der einer Zwangsmassnahme zugrunde liegenden Verfügung auf ihre Rechtmässigkeit steht den Polizeiorganen nicht zu. Differenzen zwischen dem Vollstreckungsorgan und der zur Vollstreckung beigezogenen Polizei entscheidet die gemeinsame Aufsichtsbehörde.

41 Gemäss Verursacherprinzip sind die **Kosten** des unmittelbaren Zwangs wie jene einer Ersatzvornahme in der Regel dem Pflichtigen aufzuerlegen. Dafür müsste allerdings eine gesetzliche Grundlage geschaffen werden, die im VRG fehlt[79].

---

[72] RRB Nr. 2808/1971; ACKERMANN SCHWENDENER, Ersatzvornahme, S. 101.
[73] Vgl. dazu GÄCHTER/EGLI, in: Kommentar VwVG, Art. 41 N. 22 ff.; JAAG/HÄGGI, in: Praxiskommentar VwVG, Art. 41 N. 24 ff.
[74] Vgl. dazu die Beispiele bei OGG, Sanktionen, S. 25 f.
[75] Zur Stilllegung eines Produktionsprozesses: RB 2001 Nr. 77, E. 5b aa (VB.2000.00117 = BEZ 2001 Nr. 6 = URP 2001, 478 ff.).
[76] Zur Zwangsmedikation: BGE 127 I 6 sowie BGr, 19.6.2012, 5A_353/2012, E. 3.1 ff.
[77] BGr, 6.7.2010, 5A_335/2010, E. 3.3; BGE 124 I 40, E. 3e; zur Verhältnismässigkeit bei Zwangsmassnahmen im Ausländerrecht BGE 135 II 105, E. 2.2.1; 134 II 201, E. 2.2.2; HÄFELIN/MÜLLER/UHLMANN, Verwaltungsrecht, N. 1169.
[78] GÄCHTER/EGLI, in: Kommentar VwVG, Art. 41 N. 23; JAAG/HÄGGI, in: Praxiskommentar VwVG, Art. 41 N. 27.
[79] Vgl. OGG, Sanktionen, S. 213. In der Lehre wird die Kostenpflicht teilweise unmittelbar aus dem Verursacherprinzip abgeleitet; so JAAG, Einführung, S. 9; GÄCHTER/EGLI, in: Kommentar VwVG, Art. 41 N. 28, m.w.H.

III. Bestrafung (Abs. 2)

A. Verwaltungsstrafrecht und pönale Verwaltungsmassnahmen

Der Vorbehalt der Bestrafung bezieht sich sowohl auf pönale verwaltungsrechtliche Sanktionen (pönale Verwaltungsmassnahmen) als auch auf das Verwaltungsstrafrecht. Beide dienen nur mittelbar der Vollstreckung. Mit ihnen wird nicht der rechtmässige Zustand hergestellt, sondern die Verletzung verwaltungsrechtlicher Pflichten geahndet. Durch die Androhung der Sanktion soll indirekt die Erfüllung verwaltungsrechtlicher Pflichten erreicht werden. Bei Nichterfüllung der Pflichten wird die angedrohte Sanktion auferlegt. 42

1. Pönale Verwaltungsmassnahmen

Zu den pönalen Verwaltungsmassnahmen (pönalen verwaltungsrechtlichen Sanktionen) gehören die allgemeinen Verwaltungssanktionen, die dem Betroffenen Pflichten auferlegen (z.b. Ordnungsbusse) oder Freiheiten einschränken (z.b. Rayonverbot). Daneben zählen auch die Disziplinarmassnahmen im besonderen Rechtsverhältnis (z.b. Verweis, Disziplinarbusse[80], Besoldungskürzungen, Schulausschluss[81]) sowie die administrativen Rechtsnachteile ohne unmittelbaren Zusammenhang zwischen verletzter Pflicht und entzogenem Vorteil (vgl. N. 62 ff.) zu den pönalen Verwaltungsmassnahmen. Die einschlägigen Begriffe werden in der Lehre nicht einheitlich verwendet[82]. 43

Die **Ordnungsstrafe** (in der Regel eine **Ordnungsbusse**) ist eine Geldstrafe für die Missachtung von Gesetzesvorschriften und Verfügungen. Wegen der Geringfügigkeit des geahndeten Verhaltens bestehen gesetzliche Sonderregeln für die Ordnungsbussen. Aufgrund dieser vom Gesetzgeber vorgenommenen Abgrenzung können Ordnungsbussen (zusammen mit den Disziplinarmassnahmen) der Kategorie der pönalen Verwaltungsmassnahmen zugewiesen werden[83]. Die Ordnungsbusse wird denn auch in der Regel von Verwaltungsbehörden ausgesprochen und von Verwaltungsgerichten überprüft. 44

Pönale Verwaltungsmassnahmen weisen keinen Strafcharakter auf und sind daher dem Verwaltungsrecht zuzuordnen[84]. Allerdings zählt die wohl herrschende Lehre und Praxis die Ordnungsbussen zum Verwaltungsstrafrecht und sieht sie als Strafen im Rechtssinn[85]. Der Unterschied zwischen Kriminalstrafen und pönalen Verwaltungsmassnahmen ist graduell, nicht grundsätzlich[86]. Der formelle Unterschied kann jedoch für die Frage der Geltung von strafrechtlichen Verfahrensgarantien praktische Bedeutung erlangen[87]. 45

---

[80] Vgl. z.B. BGE 128 I 346; 121 I 379.
[81] Vgl. z.B. BGE 129 I 12.
[82] Vgl. den neusten Versuch einer terminologischen Klärung bei LOCHER, Sanktionen, N. 321 ff.
[83] STRATENWERTH, AT I, § 2 N. 42 f.; JAAG, FS Schmid, S. 575.
[84] JAAG, FS Schmid, S. 577.
[85] BGE 115 IV 137, E. 2b; RIEDO/NIGGLI, Verwaltungsstrafrecht, S. 43; TSCHANNEN/ZIMMERLI/MÜLLER, Verwaltungsrecht, § 32 N. 8.
[86] STRATENWERTH, AT I, § 2 N. 41; JAAG, Einführung, S. 17 f.
[87] ANDREAS EICKER/FRIEDRICH FRANK/JONAS ACHERMANN, Verwaltungsstrafrecht und Verwaltungsstrafverfahrensrecht, Bern 2012, S. 9; GÄCHTER/EGLI, in: Kommentar VwVG, Art. 41 N. 34; LOCHER, N. 448 ff.

2. Verwaltungsstrafrecht

46 Die pönalen Verwaltungsmassnahmen sind zu unterscheiden von eigentlichen Strafen. Die Strafe (Kriminalstrafe) wird definiert als Eingriff in die Rechtsgüter eines Menschen, weil dieser wichtige zwingende Verhaltensnormen schuldhaft verletzt hat. Das Verwaltungsstrafrecht umfasst die materiellen Strafbestimmungen, die in Verwaltungsgesetzen enthalten sind. Es ist dem Strafrecht zuzurechnen[88]; die Verwaltungsstrafgesetzgebung stellt einen wichtigen Bestandteil des Nebenstrafrechts dar[89]. Die Zuständigkeit zur Verhängung von Verwaltungsstrafen kann, muss aber nicht bei den Verwaltungsbehörden liegen.

47 Keine Verwaltungsstrafe ist die **Beugestrafe** (Ungehorsamsstrafe gemäss Art. 292 StGB; vgl. N. 54 ff.). Diese weist teilweise exekutorischen Charakter auf; sie ist ihrem Wesen nach primär Mittel zur direkten Durchsetzung des Verwaltungsrechts. Die Verwaltungsstrafe schützt zwar das Rechtsgut der verwaltungsrechtlichen Ordnung – und damit die öffentlichen und privaten Interessen, die darin verdichtet wurden –, ist aber in der Regel rein pönaler Natur[90].

48 Verwaltungsstrafen sind als Strafen im Rechtssinn nach **Art. 6 Ziff. 1 EMRK** anfechtbar[91]. Bei der Frage, ob eine strafrechtliche Anklage nach Art. 6 Ziff. 1 EMRK vorliegt und deshalb Anspruch auf eine gerichtliche Beurteilung besteht, spielt die Abgrenzung zwischen Verwaltungsstrafrecht und Verwaltungsrecht eine untergeordnete Rolle. Nach der autonomen Auslegung der Bestimmung durch den EGMR ergibt sich der Strafcharakter aus folgenden drei alternativen Kriterien[92]: Erstens aus der landesrechtlichen Qualifikation, zweitens aus der Natur der Widerhandlung und deren Folgen (d.h. aus dem Zweck und dem Adressatenkreis der Sanktion) und drittens aus der Art und der Schwere der angedrohten Sanktion. Eine strafrechtliche Angelegenheit liegt grundsätzlich dann vor, wenn die angewendete Norm ein bestimmtes Verhalten erzwingt, indem mit ihr ein präventiver oder repressiver Zweck verfolgt wird[93]. Disziplinarmassnahmen stellen keine Strafen im Sinn von Art. 6 EMRK dar[94], ebenso Disziplinarbussen nach § 4 Abs. 1 Ziff. 2 OStrG[95]. Damit findet Art. 6 EMRK zum Beispiel Anwendung auf das Strafsteuerverfahren[96] oder auf den Führerausweisentzug zu Warnzwecken[97], nicht aber auf den Führer-

---

[88] So die h.L.; vgl. Jaag, FS Schmid, S. 578; Riedo/Niggli, Verwaltungsstrafrecht, S. 43; Tschannen/Zimmerli/Müller, Verwaltungsrecht, § 32 N. 55 f.; a.M. Häfelin/Müller/Uhlmann, Verwaltungsrecht, N. 1171, welche die Verwaltungsstrafen primär als *Mittel des Verwaltungszwangs* zur Durchsetzung des Verwaltungsrechts betrachten.
[89] Stratenwerth, AT I, § 2 N. 40.
[90] Vgl. Knapp, Précis, N. 1701, 1703.
[91] Riedo/Niggli, Verwaltungsstrafrecht, S. 44; Häfelin/Müller/Uhlmann, Verwaltungsrecht, N. 1151a f.; Jaag/Häggi, in: Praxiskommentar VwVG, Art. 41 N. 33.
[92] EGMR, 8.6.1974, Serie A Nr. 22 (Engel u.a./Niederlande), Ziff. 82 (EuGRZ 1976, 221 ff.), bestätigt in BGE 125 I 104, E. 2a; ausführlich VGr, 12.8.2005, VB.2005.00040; vgl. dazu auch Jaag, FS Trechsel, S. 158.
[93] BGr, 11.8.2000, 1P.102/2000, E. 1a (ZBl 2001, 203 ff.); BGE 125 I 104, E. 2a.
[94] BGE 129 I 12, E. 10.6.4; 128 I 346, E. 2.2 ff.; 121 I 379, E. 3c aa. Dagegen fällt der disziplinarrechtliche Freiheitsentzug je nach Dauer und Art der Vollstreckung unter Art. 6 EMRK.
[95] BGE 135 I 313, E. 2.3.
[96] Nicht aber auf das Nachsteuerverfahren; vgl. zum Ganzen: BGr, 21.7.2010, 2C_175/2010, E. 2.2; BGE 121 II 273, E. 3b; 119 Ib 311, E. 2 ff.; RB 2004 Nr. 103, E. 2.1.
[97] Vgl. dazu BGE 133 II 331, E. 4.2 f.; 128 II 285, E. 2.4; 121 II 22, insb. E. 3b.

ausweisentzug zu Sicherungszwecken; bei Letzterem kann allerdings eine zivilrechtliche Streitigkeit im Sinne von Art. 6 Ziff. 1 EMRK vorliegen (vgl. § 4 N. 17)[98]. Da im Verfahren bei Übertretungen die gerichtliche Beurteilung verlangt werden kann (Art. 357 Abs. 2 i.V.m. Art. 354 Abs. 1 StPO), ist Art. 6 EMRK Genüge getan[99].

B. Rechtsgrundlagen und Zuständigkeiten

Pönale Verwaltungsmassnahmen müssen wie strafrechtliche Sanktionen auf einer **gesetzlichen Grundlage** beruhen, da sich die rechtliche Grundlage anders als bei den exekutorischen Massnahmen nicht bereits aus der Grundpflicht ergibt, deren Verletzung sanktioniert wird[100]. Für Strafen, die eine erhebliche Einschränkung der Freiheit oder anderer Grundrechte zur Folge haben, ist eine ausdrückliche Grundlage in einem *Gesetz im formellen Sinn* erforderlich[101]. Für Bussen genügt dagegen eine gesetzliche Grundlage in Form einer Verordnung, sofern eine bestimmte Höhe nicht überschritten wird[102]. Ob das formelle Gesetz den Verordnungsgeber ausdrücklich zum Erlass von Bussenandrohungen ermächtigen muss, ist umstritten[103].

49

Spezielle Strafbestimmungen finden sich in zahlreichen Gesetzen und Verordnungen des Bundesrechts und – aufgrund des Kompetenzvorbehalts in Art. 335 StGB – des kantonalen Rechts. Die Kantone dürfen zur Sicherung des kantonalen Verwaltungsrechts (nicht aber der ergänzenden Bestimmungen zum Bundesverwaltungsrecht) auch kantonale Vergehenstatbestände vorsehen[104].

50

Ein eigentliches **Verwaltungsstrafgesetz** kennt der Kanton Zürich nicht. Einige Übertretungsstraftatbestände finden sich in den §§ 4–13 StJVG. Im Übrigen sind die Straftatbestände in einzelnen Gesetzen und Verordnungen statuiert. Das Zürcher Verwaltungsstrafrecht kennt keine Freiheitsstrafen mehr. Soweit in einer Bestimmung nach wie vor Haft als Sanktion vorgesehen ist, wird diese als Übertretung interpretiert und entsprechend mit Busse bestraft (§ 39 StJVG i.V.m. Art. 333 Abs. 3 und Art. 103 StGB)[105]. Pönale Verwaltungsmassnahmen sind im Ordnungsstrafengesetz von 1866 (OStrG) vorgesehen[106].

51

Die **Strafprozessordnung** findet unter Vorbehalt besonderer Bestimmungen auch auf das kantonale Strafrecht Anwendung (§ 2 GOG). Die Verfahrensbestimmungen für das Übertretungsstrafverfahren finden sich in Art. 357 i.V.m. Art. 352 ff. StPO, diejenigen für

52

---

[98] Vgl. BGE 122 II 464, E. 3b f. (Pra 1997 Nr. 86), bestätigt in BGr, 18.1.2008, 1C_263/2007, E. 3.2, sowie BGE 129 II 82 (6A.48/2002), unpublizierte E. 7.4.2.
[99] BGE 124 IV 234, E. 3c; 114 Ia 143, E. 7a, mit Hinweis auf die Rechtsprechung des EGMR.
[100] JAAG, FS Schmid, S. 579; JAAG, Einführung, S. 16.
[101] BGr, 24.4.2007, 2A.705/2006, E. 3.7 (ASA 2007–2008, 700 ff.); BGE 124 IV 23, E. 1; 118 Ia 305, E. 7a; 112 Ia 107, E. 3b; vgl. TRECHSEL, Praxiskommentar, Art. 1 N. 13.
[102] BGE 123 IV 29, E. 4; HÄFELIN/MÜLLER/UHLMANN, Verwaltungsrecht, N. 1178.
[103] Offen gelassen in BGE 112 Ia 107, E. 3b; bejaht von OGG, Sanktionen, S. 117; eher verneinend, sofern die Verhältnismässigkeit gewahrt ist, MOOR/POLTIER, Droit administratif II, S. 154 f.
[104] STRATENWERTH, AT I, § 4 N. 22.
[105] SCHUHMACHER, Verwaltungsstrafrecht, S. 298; vgl. § 63 der Verordnung über die Bestattungen vom 7. März 1963 (LS 818.61).
[106] Dazu SCHUHMACHER, Verwaltungsstrafrecht, S. 289 ff.

das Ordnungsbussenverfahren in § 171 ff. GOG[107]. Die Ermächtigung der Verwaltungsbehörden und Gerichte, den Verfahrensablauf mit Strafen wegen Störung des Geschäftsgangs oder Verletzung des gebotenen Anstands zu sichern (kantonales Prozessstrafrecht), findet sich in § 2 OStrG. Auf die Strafbestimmungen der Spezialgesetze finden die allgemeinen Bestimmungen des StGB (Art. 1–110) grundsätzlich Anwendung (Art. 333 StGB; § 2 StJVG). Art. 333 und 334 StGB gelten sinngemäss (§ 2 Abs. 2 StJVG). Übertretungen werden im Übertretungsstrafverfahren nach Art. 357 ff. StPO verfolgt[108]. Ziel ist die rasche Erledigung mittels eines schriftlichen Strafbefehls (Art. 357 Abs. 2 i.V.m. Art. 352 ff. StPO).

53 Bund und Kantone können Verwaltungsbehörden als **Übertretungsstrafbehörden** einsetzen (Art. 17 Abs. 1 StPO). Die Zuständigkeit für dieses Verfahren liegt im Kanton Zürich bei den Statthalterämtern oder den vom Regierungsrat bezeichneten Gemeindebehörden (§ 86 Abs. 1 lit. b Ziff. 1 i.V.m. § 89 GOG), welche dieselben Befugnisse besitzen wie die Staatsanwaltschaft (Art. 357 Abs. 1 StPO). Auf das Übertretungsstrafrecht der Gemeinden finden die StPO und JStPO Anwendung (§ 2 GOG). Der Bestrafte und der Geschädigte können binnen zehn Tagen seit der Mitteilung der Bussenverfügung schriftlich Einsprache bei der Staatsanwaltschaft erheben (Art. 354 Abs. 1 StPO). Hält die Staatsanwaltschaft am Strafbefehl fest, so überweist sie die Akten dem erstinstanzlichen Gericht (Bezirksgericht) zur Durchführung des Hauptverfahrens (Art. 356 Abs. 1 StPO).

C. Ungehorsamsstrafe (Art. 292 StGB)

54 Subsidiär zur Bestrafung nach besonderen Strafbestimmungen des eidgenössischen oder kantonalen Rechts ist auch die Bestrafung aufgrund des Blankettstraftatbestands des **Ungehorsams gegen eine amtliche Verfügung**[109]. Zu den anderen Vollstreckungsmitteln ist diese nicht subsidiär[110]. Jede zuständige Verwaltungsbehörde ist befugt, für den Fall der Widerhandlung gegen ihre Verfügungen mit der Überweisung an den Strafrichter zur Bestrafung wegen Ungehorsams im Sinn von Art. 292 StGB zu drohen[111]. Die Strafe ist in diesem Fall Busse; somit handelt es sich um einen Übertretungstatbestand (Art. 103 StGB).

55 Die Verfügung, in welcher dem Betroffenen für den Fall der Zuwiderhandlung Bestrafung wegen Ungehorsams gemäss Art. 292 StGB angedroht wird, muss die angedrohte Strafe **ausdrücklich nennen.** Die Wiedergabe des Wortlauts von Art. 292 StGB genügt diesem Erfordernis[112]. Der blosse Hinweis auf die Gesetzesbestimmung oder die Straf-

---

[107] Vgl. dazu SCHUHMACHER, Verwaltungsstrafrecht, S. 290 f. Die im kantonalen Ordnungsbussenverfahren zu beurteilenden Verfehlungen finden sich in der Verordnung über das kantonalrechtliche Ordnungsbussenverfahren vom 14. Oktober 1992 (LS 321.2).
[108] Übertretungen, die im Zusammenhang mit einem Verbrechen oder Vergehen verübt wurden, werden zusammen mit diesen im ordentlichen Strafverfahren beurteilt (Art. 17 Abs. 2 StPO).
[109] BGE 124 IV 64, E. 4a; 121 IV 29, E. 2b aa f.; STRATENWERTH/BOMMER, BT II, § 51 N. 2 und 12; RIEDO/BONER, in: Basler Kommentar StGB II, Art. 292 N. 28a.
[110] STRATENWERTH/BOMMER, BT II, § 51 N. 12; BGE 90 IV 206, E. 4. Vgl. dazu auch die Kasuistik bei RIEDO/BONER, in: Basler Kommentar StGB II, Art. 292 N. 29 f.
[111] STRATENWERTH/BOMMER, BT II, § 51 N. 4; DONATSCH/WOHLERS, Strafrecht IV, S. 414.
[112] BGE 124 IV 297, E. II.4e.

barkeit genügt nur, wenn der Adressat durch eine im gleichen Verfahren ergangene, nicht lange zurückliegende Verfügung, welche die Strafandrohung enthielt, die durch Art. 292 StGB angedrohten Strafen kennt[113]. Aus dem Grundsatz «nulla poena sine lege» folgt, dass die verlangte Verhaltensweise in der Verfügung genügend bestimmt umschrieben sein muss[114].

Art. 292 StGB ist ein **Vorsatzdelikt**. Der Adressat der Verfügung muss deren Inhalt sowie die Folgen der Nichtbefolgung kennen und in diesem Wissen der Verfügung willentlich nicht nachkommen. Erfährt er zwar auf andere Weise von der Zustellung der Verfügung, hat er aber keine Kenntnis von der darin enthaltenen Strafandrohung, so fällt eine Bestrafung wegen Ungehorsams ausser Betracht[115]. 56

Zuständig für die Anwendung des **Ungehorsamstatbestands** ist das Strafgericht[116]. Art. 292 StGB ist ein Offizialdelikt; die Behörde, welche eine Strafe nach Art. 292 StGB angedroht hat, braucht daher lediglich Anzeige zu erstatten. Bei Widerhandlung ist sie hierzu verpflichtet (Art. 302 Abs. 1 StPO)[117]. 57

Das Gericht ist bei der Anwendung von Art. 292 StGB nur beschränkt an die zugrunde liegende Verwaltungsverfügung gebunden. Die **Überprüfungsbefugnis des Strafgerichts** hängt nach der bundesgerichtlichen Praxis von der verwaltungsgerichtlichen Überprüfung der Verfügung ab (vgl. § 1 N. 51).[118]. Das Strafgericht kann die Verfügung frei auf ihre Rechtmässigkeit – nicht jedoch auf ihre Angemessenheit – überprüfen, wenn sie nicht an ein Verwaltungsgericht weitergezogen werden konnte; diese Konstellation hat heute aufgrund der Rechtsweggarantie (Art. 29a BV) geringe praktische Relevanz[119]. Wurde von der Weiterzugsmöglichkeit an ein Verwaltungsgericht kein Gebrauch gemacht oder steht der Entscheid des Verwaltungsgerichts noch aus, so ist die Überprüfungsbefugnis des Strafgerichts auf offensichtliche Rechtsverletzungen und offensichtlichen Ermessensmissbrauch beschränkt. Kein Prüfungsrecht steht ihm zu, wenn ein Verwaltungsgericht die Rechtmässigkeit der Verfügung bejaht hat[120]. Das Strafgericht hat ferner zu prüfen, ob die Verfügung von einer örtlich, sachlich und funktionell zuständigen Behörde ausging[121]. 58

---

[113] BGE 105 IV 248, E. 1 f.; vgl. STRATENWERTH/BOMMER, BT II, § 51 N. 8.
[114] BGr, 24.11.2003, 6P.84/2003, E. 3.1; BGE 124 IV 297, E. II.4d.
[115] BGr, 20.5.2010, 6B_280/2010, E. 3.1 f. (forumpoenale 2011, 19 ff.); BGE 119 IV 238, E. 2a; vgl. DONATSCH/WOHLERS, Strafrecht IV, S. 416.
[116] HÄFELIN/MÜLLER/UHLMANN, Verwaltungsrecht, N. 1186.
[117] H.A. MÜLLER, Verwaltungszwang, S. 77.
[118] BGE 129 IV 246, E. 2 (Pra 2004 Nr. 71); 124 IV 297, E. II.4a.
[119] HÄFELIN/MÜLLER/UHLMANN, Verwaltungsrecht, N. 78; JAAG/HÄGGI, in: Praxiskommentar VwVG, Art. 41 N. 40.
[120] Vgl. zum Ganzen HÄFELIN/MÜLLER/UHLMANN, Verwaltungsrecht, N. 77 ff., sowie RIEDO/BONER, in: Basler Kommentar StGB II, Art. 292 N. 69 ff. In der Lehre wird vereinzelt gefordert, die Überprüfung der Verfügung auf ihre Rechtmässigkeit müsse unabhängig von der Prüfung durch ein Verwaltungsgericht zulässig sein; STRATENWERTH/BOMMER, BT II, § 51 N. 7.
[121] BGr, 20.5.2010, 6B_280/2010, E. 3.1 (forumpoenale 2011, 19 ff.); BGE 122 IV 340, E. 2 (mit zahlreichen Hinweisen).

D. Weitere Aspekte

59 Während die Verwaltungsstrafen ein **Verschulden** voraussetzen, wird die Frage für Ordnungsbussen nicht ausdrücklich geregelt. Im Bundesrecht kann jedoch aus Art. 8 VStrR für die Verhängung einer Ordnungsbusse gefolgert werden, dass ein Verschulden erforderlich ist[122]. Im Kanton Zürich finden nach § 2 Abs. 1 StJVG die allgemeinen Bestimmungen des StGB Anwendung. Aus dem Verweis in § 4a Abs. 1 OStrG auf Art. 106 Abs. 3 StGB folgt, dass bei der Bemessung der Ordnungsbusse das Verschulden berücksichtigt werden muss[123].

60 Vgl. zum Grundsatz **ne bis in idem** N. 77.

61 Wurden Vermögenswerte durch eine strafbare Handlung hervorgebracht oder erlangt, so können sie unter bestimmten Voraussetzungen nach Art. 70 ff. StGB **eingezogen** werden bzw. kann auf eine Forderung des Staats in der Höhe des unrechtmässigen Vorteils erkannt werden[124]. Art. 70 StGB ist auch auf das kantonale Strafrecht anwendbar (§ 2 Abs. 1 StJVG). In Frage kommt etwa der Gewinn aus Mieteinnahmen oder aufgrund des Eigenmietwerts bei nicht bewilligten Bauten (Art. 70 StGB i.V.m. § 2 Abs. 1 StJVG und § 340 PBG)[125]. Der Betrag des unrechtmässigen Vorteils darf hingegen nicht schematisch die Bemessung einer Busse bestimmen[126].

IV. Exkurs: Administrative Rechtsnachteile

62 Bei der Verletzung von verwaltungsrechtlichen Pflichten können auch administrative Rechtsnachteile angeordnet werden[127]. Beispiele sind etwa die Verweigerung von Verwaltungsleistungen, der Widerruf begünstigender Verfügungen wie der Entzug staatlicher Subventionen, Konzessionen oder Bewilligungen sowie die Einziehung unrechtmässig erlangter Vermögenswerte; auch der Ausschluss von Anbietern aus Vergabeverfahren[128] ist als administrativer Rechtsnachteil zu qualifizieren. Gesetzlich vorgesehen sind administrative Rechtsnachteile beispielsweise in Art. 16 f. SVG (Entzug des Führerausweises[129]), § 24 Abs. 2 SHG (Leistungskürzung bei Nichtbefolgen von Anordnungen der Fürsorgebehörden) und § 14 StBG (Widerruf und Rückforderung von Staatsbeiträgen).

---

[122] HÄFELIN/MÜLLER/UHLMANN, Verwaltungsrecht, N. 1179, mit Verweisung auf BGr, 7.2.2001, 2A.457/2000, E. 2a (ASA 2001–2002, 330 ff.); vgl. dazu auch JAAG, Einführung, S. 16; H.A. MÜLLER, Verwaltungszwang, S. 117.

[123] Vgl. OGr, 5.5.1981, E. 3b (ZR 1982 Nr. 15).

[124] Vgl. BGE 119 IV 10, E. 4c aa; BGr, 26.9.2005, 1S.5/2005, E. 7.1 ff.; BGr, 17.12.2008, 1B_166/2008, E. 5.2; HÄFELIN/MÜLLER/UHLMANN, Verwaltungsrecht, N. 1207.

[125] Vgl. dazu ARNOLD MARTI, Die Sanktionen im öffentlichen Baurecht: Geltendes Recht, Zusammenhänge und neue Fragen, in: Institut für Schweizerisches und Internationales Baurecht (Hrsg.), Schweizerische Baurechtstagung 2001, S. 69 ff., 92 f.

[126] BGE 119 IV 10, E. 4b aa.

[127] Vgl. z.B. BGE 134 I 293 (Hundegesetz Thurgau), E. 3.2 ff. Vgl. dazu JAAG, Einführung, S. 10 ff.; LOCHER, Sanktionen, N. 72 ff.

[128] Vgl. VGr, 31.8.2010, VB.2010.00284.

[129] Vgl. BGE 135 II 138; 128 II 285.

§ 30

Obwohl der **Widerruf von Verfügungen** grundsätzlich auch ohne besondere gesetzliche Grundlage zulässig ist[130], bedarf der administrative Rechtsnachteil einer solchen, sobald er über das hinausgeht, was in der ursprünglichen Verfügung vorgesehen war oder was zur Wiederherstellung des rechtmässigen Zustands notwendig ist[131]. Die Rücknahme eines unrechtmässig erlangten Vorteils bedarf einer gesetzlichen Grundlage, es sei denn, es liege eine grundlos erbrachte Leistung vor[132].

63

Die **Verweigerung einer Verwaltungsleistung** bedarf einer ausdrücklichen gesetzlichen Grundlage. Bei Fehlen einer solchen genügt allerdings unter gewissen Voraussetzungen ein unmittelbarer sachlicher Zusammenhang – Konnexität – zwischen der Pflichtverletzung und der Leistung[133]. Soweit ein Zusammenhang zwischen der verletzten Pflicht und der Forderung besteht, kann die Nichterfüllung einer öffentlichrechtlichen Forderung dadurch sanktioniert werden, dass die Gegenleistung verweigert wird, um den Schuldner zur Zahlung zu veranlassen[134]. Dabei ist der Wahrung der Verhältnismässigkeit besonderes Gewicht beizumessen[135]. Monopolisierte Leistungen des Gemeinwesens, die lebensnotwendig oder für die öffentliche Ordnung unerlässlich sind – wie die Wasser- oder Stromversorgung –, dürfen nur in äussersten Ausnahmefällen entzogen werden[136]. Der Entzug von Leistungen ohne gesetzliche Grundlage sollte subsidiär zur Schuldbetreibung sein.

64

Zulässig ist auch der Befehl zur **Auflösung privatrechtlicher Vertragsverhältnisse**, etwa zur Kündigung eines Mietvertrags, wenn die unzulässige Nutzung eines Gebäudes oder Gebäudeteils beendet werden soll. Privatrechtliche Verpflichtungen können die Durchsetzung des öffentlichen Rechts nicht hindern[137]. Ansprüche der Vertragsparteien gegeneinander, die aus den öffentlichrechtlichen Massnahmen resultieren können, sind auf dem Zivilweg zu verfolgen[138].

65

Die **dogmatische Einordnung** der administrativen Rechtsnachteile bereitet Mühe[139]; sie werden zum Teil als Unterkategorie der pönalen Verwaltungsmassnahmen behandelt[140]. Die administrativen Rechtsnachteile bewirken nicht unmittelbar die Durchsetzung verletzter verwaltungsrechtlicher Pflichten; darin unterscheiden sie sich von den exekutorischen Massnahmen[141]. Vielmehr dienen sie der Herstellung des rechtmässigen Zustands,

66

---

[130] Vgl. VGr, 26.1.2012, VB.2011.00639, E. 3.1; BGE 121 II 273, E. 1.
[131] BGr, 24.4.2007, 2A.705/2006, E. 3.7 (ASA 2007–2008, 700 ff.); JAAG, FS Schmid, S. 578.
[132] TSCHANNEN/ZIMMERLI/MÜLLER, Verwaltungsrecht, § 32 N. 40.
[133] TSCHANNEN/ZIMMERLI/MÜLLER, Verwaltungsrecht, § 32 N. 41; HÄFELIN/MÜLLER/UHLMANN, Verwaltungsrecht, N. 1211 ff.
[134] BGE 134 I 293, E. 3.2; HÄFELIN/MÜLLER/UHLMANN, Verwaltungsrecht, N. 1152; JAAG, Einführung, S. 15.
[135] Zur Unverhältnismässigkeit des Entzugs einer Leistung vgl. BGE 122 II 193, E. 2b und 3a ff. (Entzug von Fürsorgeleistungen gegenüber einem abgewiesenen Asylbewerber), sowie VGr, 20.10.2005, VB.2005.00265, E. 4.3 (Entzug von Sozialhilfe).
[136] HÄFELIN/MÜLLER/UHLMANN, Verwaltungsrecht, N. 1216 ff., mit Beispielen; MOOR/POLTIER, Droit administratif II, S. 141; JAAG, in: Praxiskommentar VwVG, Art. 42 N. 22.
[137] Vgl. JAAG, FS Schmid, S. 571; vgl. dazu auch BGE 130 II 290, E. 2.6.
[138] VGr, 13.2.1996, VB.94.00187 (Leitsatz in RB 1996 Nr. 88).
[139] Vgl. JAAG, FS Schmid, S. 569; JAAG/HÄGGI, in: Praxiskommentar VwVG, Art. 41 N. 6.
[140] Vgl. etwa TSCHANNEN/ZIMMERLI/MÜLLER, Verwaltungsrecht, § 32 N. 8.
[141] HÄFELIN/MÜLLER/UHLMANN, Verwaltungsrecht, N. 1138; TSCHANNEN/ZIMMERLI/MÜLLER, Verwaltungsrecht, § 32 N. 39 ff.; JAAG, FS Trechsel, S. 154.

indem Vorteile, für welche die Voraussetzungen nicht (mehr) erfüllt sind, entzogen oder nicht gewährt werden. Obwohl das Motiv für administrative Rechtsnachteile in solchen Fällen nicht die Sanktionierung ist, werden derartige Massnahmen von den Betroffenen oft als Bestrafung empfunden; dies umso mehr, als sie sehr einschneidend sein können, wie das Beispiel des Entzugs einer Berufsausübungsbewilligung zeigt. Insofern weisen sie oft pönale Wirkungen auf, was eine Behandlung wie pönale Massnahmen rechtfertigt.

67 Das Verwaltungsgericht unterscheidet in seiner neueren Rechtsprechung in Anlehnung an die Lehre zwischen **restitutorischen und pönalen administrativen Rechtsnachteilen**[142]. Erstere dienen der Herstellung des rechtmässigen Zustands und stehen in einem unmittelbaren Zusammenhang mit der betreffenden Pflicht. Letztere dienen hingegen vorwiegend der Ahndung des pflichtwidrigen Verhaltens und stehen in keinem direkten Zusammenhang mit der verletzten Pflicht. So qualifizierte das Gericht den Ausschluss von künftigen Vergabeverfahren wegen Pflichtverletzung in einem früheren Vergabeverfahren als pönalen Rechtsnachteil[143]. Pönale administrative Rechtsnachteile bedürfen wie pönale Verwaltungsmassnahmen im Allgemeinen – aber im Unterschied zu restitutorischen Massnahmen – einer ausdrücklichen gesetzlichen Grundlage[144].

V. Modalitäten der Vollstreckung

A. Verhältnismässigkeit

1. Allgemeines

68 Die Anordnung verwaltungsrechtlicher Sanktionen hat dem Grundsatz der Verhältnismässigkeit (Art. 5 Abs. 2 BV) zu genügen[145]. Danach muss eine verwaltungsrechtliche Sanktion geeignet und erforderlich sein, das anvisierte Ziel – die Durchsetzung der verwaltungsrechtlichen Pflicht oder die Beseitigung des rechtswidrigen Zustands – zu erreichen. Zudem muss das mit der Massnahme verfolgte Ziel in einem vernünftigen Verhältnis zu den Wirkungen der Sanktion auf den Betroffenen stehen; die Sanktion muss angemessen (zumutbar) sein[146].

69 Eine verwaltungsrechtliche Sanktion erweist sich dann als **geeignet,** wenn sie tauglich ist, den verfolgten Zweck zu verwirklichen oder zumindest einen wesentlichen Beitrag zu dessen Verwirklichung zu leisten. Jedenfalls darf die gewählte Sanktion nicht völlig ungeeignet erscheinen; ein solches Vorgehen wäre unverhältnismässig[147].

---

[142] VGr, 31.10.2010, VB.2010.00284, E. 2.2; OGG Sanktionen, S. 40 ff.; JAAG, Einführung, S. 10 ff. Vgl. dazu LOCHER, Sanktionen, N. 72 ff.
[143] VGr, 31.10.2010, VB.2010.00284, E. 2.2.
[144] VGr, 31.10.2010, VB.2010.00284, E. 2.2; vgl. auch N. 1.
[145] Für die Vollstreckung nach Bundesrecht vgl. Art. 42 VwVG.
[146] ACKERMANN SCHWENDENER, Ersatzvornahme, S. 23 ff.; HÄFELIN/MÜLLER/UHLMANN, Verwaltungsrecht, N. 1148; JAAG, in: Praxiskommentar VwVG, Art. 42 N. 3; MOOR/POLTIER, Droit administratif II, S. 118; H.A. MÜLLER, Verwaltungszwang, S. 125 ff.
[147] JAAG, in: Praxiskommentar VwVG, Art. 42 N. 8; H.A. MÜLLER, Verwaltungszwang, S. 126.

Stehen mehrere geeignete verwaltungsrechtliche Sanktionen zur Debatte, so hat die Vollstreckungsbehörde stets die mildeste Massnahme anzuordnen. Das Kriterium der **Erforderlichkeit** verlangt, dass die Sanktion in sachlicher, räumlicher, zeitlicher und persönlicher Hinsicht nicht über das notwendige Mass zur Durchsetzung der verwaltungsrechtlichen Pflicht oder zur Beseitigung des rechtswidrigen Zustands hinausgeht[148]. So ist bei der Erstellung einer Baute ohne Baubewilligung oder in Abweichung von einer solchen zunächst zu prüfen, ob die nachträgliche Erteilung oder Anpassung der Baubewilligung in Frage käme[149]; ein Änderungs- oder Abbruchbefehl setzt voraus, dass die Baute weder im Zeitpunkt der Errichtung bewilligungsfähig war noch durch seitherige Rechtsänderungen bewilligungsfähig wurde[150]. 70

Der Grundsatz der Erforderlichkeit schliesst eine Kumulation verschiedener rechtlicher Sanktionen nicht aus, sofern sich diese im Einzelfall als notwendig erweist (vgl. N. 77 f.). Wenn zum Vornherein nur eine geeignete Sanktion zur Verfügung steht, stellt sich die Frage nach der Erforderlichkeit einer Sanktion nicht; in diesem Fall verlagert sich die Prüfung der Rechtmässigkeit auf die Stufe der Angemessenheit[151]. 71

Die angeordnete verwaltungsrechtliche Sanktion beziehungsweise ihre Auswirkungen müssen **angemessen** (zumutbar) sein, d.h. in einem vernünftigen Verhältnis zum angestrebten Ziel stehen. Das Interesse an der Durchsetzung der verwaltungsrechtlichen Pflicht oder an der Herstellung des rechtmässigen Zustandes muss das Interesse des Adressaten am Verzicht auf die Sanktion überwiegen[152]. Dafür ist eine Interessenabwägung durchzuführen. So ist trotz materieller Polizeiwidrigkeit auf den Abbruch oder die Änderung von Gebäuden zu verzichten, wenn die Abweichung vom rechtmässigen Zustand geringfügig und ohne wesentliche Bedeutung für das öffentliche Interesse ist[153]. Das gilt grundsätzlich auch, wenn der Bauherr vorsätzlich oder fahrlässig bösgläubig gehandelt hat; dem bösen Glauben ist jedoch in angemessener Weise Rechnung zu tragen[154], indem das private Interesse weniger ins Gewicht fällt als bei gutem Glauben. 72

2. Rangordnung von Zwangsmitteln

Die Rangordnung der Zwangsmittel ist gesetzlich nicht vorgeschrieben, folgt jedoch ebenfalls dem Grundsatz der Verhältnismässigkeit. Da eine behördliche Anordnung nicht weiter gehen darf, als es der angestrebte Zweck erfordert, ist nur der Einsatz desjenigen tauglichen und angemessenen Mittels zulässig, das am wenigsten einschneidend ist[155]. 73

---

[148] Vgl. zum Ganzen TSCHANNEN/ZIMMERLI/MÜLLER, Verwaltungsrecht, § 21 N. 6 ff.
[149] Vgl. z.B. BGr, 22.9.1982 (ZBl 1983, 182 f.); RB 1981 Nr. 146; 1980 Nr. 133; 1963 Nr. 109.
[150] BGE 104 Ib 304; VGr, 12.6.1987 (ZBl 1988, 262 = BEZ 1987 Nr. 22); RB 1980 Nr. 133. A.M. GRISEL, Traité, 651.
[151] JAAG, in: Praxiskommentar VwVG, Art. 42 N. 17.
[152] HÄFELIN/MÜLLER/UHLMANN, Verwaltungsrecht, N. 1148.
[153] VGr, 12.6.1987 (ZBl 1988, 262 = BEZ 1987 Nr. 22); RB 1981 Nr. 146; 1973 Nr. 70.
[154] BGE 111 Ib 224; BGr 22.9.1982 (ZBl 1983, 181 ff.); BGr 15.3.1978 (ZBl 1978, 393 f.).
[155] BGE 126 I 112, E. 5b; 124 I 40, E. 3e; RB 1967 Nr. 55 (ZBl 1968, 364 ff.); vgl. auch RB 1981 Nr. 146.

74 Als erster Schritt ist meist eine Mahnung mit **Androhung der Sanktion** und Fristansetzung angezeigt (§ 31); Ziel ist stets die *freiwillige Erfüllung* durch den Pflichtigen[156]. Wenn schwere administrative Rechtsnachteile zugefügt werden, wird nach der Praxis eine Pflicht zur Mahnung angenommen, selbst wenn das anzuwendende Gesetz sie nicht vorsieht[157]. Insbesondere bei unmittelbarer Gefahr für Rechtsgüter kann dagegen die sofortige Verhängung einer einschneidenden Massnahme ohne vorherige Mahnung geboten sein[158].

75 Eine allgemeingültige **Rangfolge der Zwangsmittel** gibt es nicht. Falls mehrere Massnahmen in Frage kommen, ist das im konkreten Einzelfall mildeste Mittel anzuwenden. Da die Ersatzvornahme nicht weiter in die Grundrechtsposition des Pflichtigen eingreift als die Sachverfügung, ist sie in der Regel das mildere Mittel als unmittelbarer Zwang[159]. Dieser ist nur dann verhältnismässig, wenn die Herstellung des rechtmässigen Zustands mittels einer anderen Massnahme nicht möglich ist[160]. Gleiches gilt für die Anordnung von schweren administrativen Rechtsnachteilen[161].

76 Im **Verhältnis zwischen Strafen und exekutorischen Massnahmen** haben letztere Vorrang, da primäres Ziel die Erfüllung der Pflichten ist und die Bestrafung subsidiären Charakter hat. Auch aus der Gesetzessystematik ergibt sich, dass man die Bestrafung als ultima ratio versteht[162]. Somit sind in der Regel zunächst die in § 30 Abs. 1 vorgesehenen Mittel anzuwenden, und nur in besonders gelagerten Fällen ist als erste Massnahme die Bestrafung angezeigt. Die Androhung der Ungehorsamsstrafe gemäss Art. 292 StGB kann als erste Massnahme in Frage kommen, wenn die notwendige Verwaltungszwangsmassnahme einen schweren Eingriff in Persönlichkeitsrechte bedingen würde und Grund zur Annahme besteht, der Betreffende werde infolge der Androhung seine Pflichten wahrnehmen, so dass die Androhung der Strafe als das mildeste Mittel erscheint[163].

3. Kumulation von Zwangsmitteln

77 Der Grundsatz **ne bis in idem** verbietet die mehrfache Bestrafung eines verpönten Verhaltens. Werden durch dasselbe Verhalten eine strafrechtliche Norm und eine verwaltungsrechtliche Vorschrift verletzt, so ist eine Kumulierung von strafrechtlicher und verwaltungsrechtlicher Sanktion nicht gerechtfertigt[164]. Die Qualifizierung einer verwaltungsrechtlichen Sanktion als Strafe hat jedoch nicht automatisch die Anwendung des Grundsatzes zur Folge[165]. So dürfen Ordnungsbusse oder Ungehorsamsstrafe zur

---

[156] JAAG, in: Praxiskommentar VwVG, Art. 42 N. 15.
[157] RB 1984 Nr. 25.
[158] RB 1974 Nr. 27.
[159] GÄCHTER/EGLI, in: Kommentar VwVG, Art. 42 N. 8 f.; OGG, Sanktionen, S. 105.
[160] HÄFELIN/MÜLLER/UHLMANN, Verwaltungsrecht, N. 1169; vgl. dazu BRK III, 10.3.2004, 0038/2004, E. 4c (BEZ 2004 Nr. 42).
[161] JAAG, in: Praxiskommentar VwVG, Art. 42 N. 18.
[162] Gl.M. H.A. MÜLLER, Verwaltungszwang, S. 108.
[163] So auch OGG, Sanktionen, S. 108.
[164] JAAG, FS Schmid, S. 580 f. Der Grundsatz *ne bis in idem* ist verankert in Art. 4 des Protokolls Nr. 7 zur EMRK und Art. 14 Abs. 7 UNO-Pakt II.
[165] Vgl. JAAG, FS Trechsel, S. 165, mit Verweisung auf den Warnungsentzug des Führerausweises, der neben einer strafrechtlichen Verurteilung möglich ist. Vgl. auch BGE 128 II 133, E. 3b; 125 II 402, E. 1b.

§ 30

Vollstreckung einer bestimmten Verfügung mehrfach angewendet werden, sofern sie durch wiederholte Verfügung festgelegt wurden[166]. Auch Art. 292 StGB schliesst die wiederholte Bestrafung wegen Verstosses gegen dieselbe Anordnung nicht aus[167]. Wo das strafbare Unrecht mit einer einmaligen Zuwiderhandlung gegen die Anordnung bereits abgeschlossen ist, sollte jedoch eine mehrmalige Bestrafung nicht zulässig sein; der Ungehorsam würde sonst eine den Dauerdelikten vergleichbare Behandlung erfahren[168]. Sodann findet der Grundsatz keine Anwendung zwischen strafrechtlichen Sanktionen und Disziplinarmassnahmen; auch nicht bei denjenigen, welche als Strafe i.S.v. Art. 6 EMRK gelten. Dies scheint indessen nur vertretbar, sofern verschiedene Rechtsgüter geschützt werden[169].

Die Kumulation mehrerer Zwangsmittel ist somit **grundsätzlich möglich**[170]. Mehrere exekutorische Massnahmen dürfen kumuliert werden, sofern sie sich nicht gegenseitig ausschliessen und die Verhältnismässigkeit gewahrt ist. In der Praxis ist die Kumulation von Ersatzvornahme und Ungehorsamsstrafe häufig[171]. Auch Verwaltungszwang und Strafe, d.h. exekutorische und pönale Massnahmen, schliessen einander nicht aus; sie dürfen unter Berücksichtigung der Verhältnismässigkeit kumulativ angewendet werden[172]. In gewissen Fällen sieht dies das Gesetz ausdrücklich vor. Ein administrativer Rechtsnachteil kann unter Umständen mit anderen Zwangsmassnahmen verbunden werden[173]. Ob die Ungehorsamsstrafe nach Art. 292 StGB und Verwaltungszwangsmassnahmen gleichzeitig oder nur nacheinander angedroht werden dürfen, ist nicht geklärt. Nicht nebeneinander angewendet werden dürfen Ordnungsbusse und Kriminalstrafe; die Kumulation von Sanktionen mit überwiegendem Strafcharakter zum Schutz ein und desselben Rechtsguts ist unzulässig[174]. 78

B. Verjährung

Es gilt als allgemeiner Rechtsgrundsatz des Verwaltungsrechts, dass öffentlichrechtliche Ansprüche – ausgenommen Pflichten, die sich aus polizeilichen Rechtsnormen ergeben – verjähren; eine ausdrückliche Gesetzesbestimmung ist dafür nicht erforderlich (vgl. § 29a N. 9)[175]. Die Verjährungsfrist für die Vollstreckung eines *Beseitigungsbefehls* beträgt in analoger Anwendung von Art. 137 Abs. 2 OR zehn Jahre und beginnt in der Regel mit dem Eintritt der Rechtskraft der Sachverfügung zu laufen[176]. Davon abzugren- 79

---

[166] BGE 121 II 273, E. 4.
[167] BGE 121 II 273, E. 4; 104 IV 229, E. 3.
[168] DONATSCH/WOHLERS, Strafrecht IV, S. 421; STRATENWERTH/BOMMER, BT II, § 51 N. 9; a.M. BGE 121 II 273, E. 4; offen gelassen in BGE 104 IV 229, E. 3.
[169] JAAG, FS Trechsel, S. 166.
[170] BGE 125 II 402, E. 1b. Dazu TSCHANNEN/ZIMMERLI/MÜLLER, Verwaltungsrecht, § 32 N. 20; GÄCHTER/EGLI, in: Kommentar VwVG, Art. 41 N. 9 f.
[171] OGG, Sanktionen, S. 109.
[172] VGr, 5.1.2005, VB.2004.00165, E. 2; KÖLZ/HÄNER/BERTSCHI, Verwaltungsverfahren, N. 675.
[173] BGr, 4.12.2010, 2C_57/2010, E. 5.2 (ZBl 2011, 494 ff.); BGE 134 I 293, E. 3.2.
[174] JAAG, in: Praxiskommentar VwVG, Art. 41 N. 13.
[175] BGE 105 Ib 265, E. 3a f.; VGr, 16.8.2006, VB.2006.00016, E. 5.2. Vgl. dazu auch HÄFELIN/MÜLLER/UHLMANN, Verwaltungsrecht, N. 777 ff.
[176] VGr, 4.10.2007, VB.2007.00324, E. 4.1; VGr, 16.8.2006, VB.2006.00016, E. 5.3.

§ 30

zen ist die Verjährung des Anspruchs auf *Wiederherstellung des rechtmässigen Zustands*, d.h. der erstmaligen Beseitigungsanordnung[177]. Die Befugnis der Behörden zur Anordnung des Abbruchs widerrechtlicher Bauten fällt 30 Jahre nach deren Fertigstellung dahin. Aus Gründen des Vertrauensschutzes können auch kürzere Fristen gelten[178]. Für die Ansprüche des Gemeinwesens auf *Kostenersatz* nach Art. 54 GSchG und Art. 59 USG hat das Bundesgericht eine Verjährungsfrist von fünf Jahren festgelegt; es geht bei öffentlichrechtlichen Rückerstattungsansprüchen regelmässig von dieser Frist aus, wenn keine speziellen gesetzlichen Bestimmungen vorliegen[179]. Es liegt nahe, diese Frist auch auf die Rückerstattungsansprüche für die Kosten einer Ersatzvornahme anzuwenden[180]. Die Frist beginnt an dem Tag zu laufen, an dem der Behörde die effektiven Kosten bekannt sind, das heisst nach der Vornahme des Vollzugs. Die *strafrechtlichen Sanktionen* verjähren entsprechend den allgemeinen Vorschriften des StGB (§ 2 Abs. 1 StJVG).

C. Rechtsschutz gegen Vollstreckungsmassnahmen

80 Die Sachverfügung ist vollumfänglich anfechtbar. Dagegen sind Vollzugshandlungen, die lediglich eine frühere rechtskräftige Verfügung konkretisieren, ohne dem Betroffenen eine neue Belastung zu überbinden, nach allgemeiner Regel nicht mit förmlichem Rechtsmittel weiterziehbar[181]. Aufgrund positiver Vorschrift ist jedoch der Entscheid über die Kostenauflage bei der Ersatzvornahme weiterziehbar (§ 30 Abs. 1 lit. b; N. 84)[182]. Ansonsten aber ist die Vollstreckungsverfügung **nur beschränkt anfechtbar.** So kann nichts mehr vorgebracht werden, was im Entscheidverfahren, welches mit der Sachverfügung abgeschlossen wurde, hätte vorgebracht werden können[183]. Die zu vollstreckende Anordnung kann daher grundsätzlich nicht mehr auf ihre Rechtmässigkeit hin überprüft werden; sonst würde im Ergebnis die Rechtmässigkeit der Sachverfügung zweimal überprüft. Umgekehrt können im Verfahren zur Sachverfügung keine Rügen vorgebracht werden, die die Vollstreckung betreffen, soweit diese nicht bereits in der Sachverfügung geregelt ist[184].

81 Bei der Anfechtung der Vollstreckungsverfügung kann jedoch gegenüber der **Sachverfügung** geltend gemacht werden, sie sei von Anfang an nichtig gewesen, enthalte schwerwiegende Grundrechtsverletzungen[185] oder sei durch nachträglich eingetretene Umstände

---

[177] VGr, 26.8.2010, VB.2010.00232, E. 4.4 f. (BEZ 2010 Nr. 42).
[178] BGE 136 II 359, E. 7; 107 Ia 121, E. 1c; VGr, 16.8.2006, VB.2006.00016, E. 5.2.
[179] Zu Art. 8 GSchG 1971: BGE 122 II 26, E. 5; BGr, 17.12.1980, E. 2 (ZBl 1981, 370 ff.).
[180] So auch Ackermann Schwendener, Ersatzvornahme, S. 93 f.
[181] VGr, 23.3.2006, VB.2005.00580, E. 2.2 (BEZ 2006 Nr. 28); VGr, 5.11.2003, VB.2003.00281, E. 2b; RB 1990 Nr. 16 (BEZ 1991 Nr. 13).
[182] Vgl. dazu VGr, 19.2.2003, VB.2002.00204, E. 1a.
[183] VGr, 23.3.2006, VB.2005.00580, E. 2.2 (BEZ 2006 Nr. 28); VGr, 16.8.2006, VB.2006.00016, E. 1.3; VGr, 5.11.2003, VB.2003.00281, E. 2b; VGr, 19.2.2003, VB.2002.00204, E. 1a; RB 1990 Nr. 16 (BEZ 1991 Nr. 13); Tschannen/Zimmerli/Müller, Verwaltungsrecht, § 32 N. 76.
[184] VGr, 10.1.2001, SR.2000.00020, E. 3.
[185] Vgl. für die Beschwerde an das Bundesgericht BGr, 27.4.2007, 1C_15/2007, E. 1.3; BGE 118 Ia 209, E. 2b; Waldmann, in: Basler Kommentar BGG, Art. 82 N. 10. Gemäss älterer Lehre und Praxis sind dies die unverjährbaren und unverzichtbaren Grundrechte.

rechtswidrig oder gegenstandslos geworden[186]. Wurde die Sachverfügung mangelhaft eröffnet, so wird der Fristenlauf zu ihrer Anfechtung unter Umständen erst durch die Vollstreckungsverfügung ausgelöst[187]; in diesem Fall liegt nur scheinbar eine Anfechtung der Vollstreckungsverfügung wegen Mängeln der Sachverfügung vor[188].

Die **Vollstreckungsverfügung** ist ferner dann anfechtbar, wenn Mängel vorgebracht werden, die in ihr selber begründet sind[189]. Es kann etwa geltend gemacht werden, die Vollstreckung gehe über die zu vollstreckende Anordnung hinaus oder sie stimme nicht mit ihr überein, weil z.B. eine in der Sachverfügung enthaltene Vollstreckungsanordnung missachtet wurde. Weiter kann sich der Pflichtige auf das Gesetzmässigkeitsprinzip bei der Wahl des Vollstreckungsmittels oder auf das Verhältnismässigkeitsprinzip berufen, wenn in der Sachverfügung das Vollstreckungsmittel nicht speziell genannt ist[190]. Schliesslich kann auch die Überprüfung verfassungsrechtlicher Garantien verlangt werden, so etwa der rechtsstaatlichen Grundsätze (Art. 5 BV) und der Verfahrensgarantien (Art. 29 ff. BV)[191]. 82

Für die Anfechtung einer Vollstreckungsverfügung muss die beschwerdeführende Partei über ein **aktuelles Rechtsschutzinteresse** verfügen[192]. Dieses fehlt grundsätzlich, wenn die Vollstreckung bereits erfolgt ist. Falls jedoch die Vollstreckungsverfügung für spätere Verfahrensstadien wie etwa für die Kostenauflage massgebend ist, ist auf eine Beschwerde gegen sie einzutreten; dasselbe gilt, wenn über die Anordnung der Vollstreckung kaum je ein rechtzeitiger Entscheid gefällt werden könnte und sich die Frage wieder stellen kann. Voraussetzung ist jedoch stets, dass die Anfechtung innerhalb der Rechtsmittelfrist erfolgt; gegen eine rechtskräftige Vollstreckungsverfügung können grundsätzlich keine vollstreckungsrechtlichen Einwände mehr vorgebracht werden[193]. Ob zwangsvollstreckende Angelegenheiten unter die zivilrechtlichen Ansprüche gemäss Art. 6 Abs. 1 EMRK fallen, hat das Verwaltungsgericht offen gelassen[194]. 83

Da die **Kostenverfügung** nur in Bezug auf den Umfang und die Höhe der Kosten Eigenständigkeit besitzt, sind bei der ordentlichen – anders als bei der antizipierten – Ersatzvornahme lediglich Rügen in Bezug darauf möglich[195]. Angefochten werden kann die Angemessenheit der Kostenhöhe, ferner die fehlende Androhung, da diese zur Befreiung von der Kostentragungspflicht führen kann[196]. Nach Eintritt der formellen Rechtskraft ist 84

---

[186] BGr, 27.4.2007, 1C_15/2007, E. 1.3; VGr, 10.3.2010, VB.2009.00699, E. 3.3; VGr, 16.8.2006, VB.2006.00016, E. 1.3; RB 1990 Nr. 16 (BEZ 1991 Nr. 13).
[187] KÖLZ/HÄNER/BERTSCHI, Verwaltungsverfahren, N. 642.
[188] Vgl. auch RB 1983 Nr. 102 (BEZ 1983 Nr. 38).
[189] VGr, 16.8.2006, VB.2006.00016, E. 1.3; VGr, 5.11.2003, VB.2003.00281, E. 2b; VGr, 19.2.2003, VB.2002.00204, E. 1a; RB 1990 Nr. 16 (BEZ 1991 Nr. 13).
[190] VGr, 5.11.2003, VB.2003.00281, E. 2b.
[191] VGr, 19.2.2003, VB.2002.00204, E. 1a.
[192] VGr, 19.2.2003, VB.2002.00204, E. 1b.
[193] VGr, 6.7.2000, VB.2000.00146, E. 3 (BEZ 2000 Nr. 4).
[194] VGr, 6.7.2000, VB.2000.00146, E. 1 (BEZ 2000 Nr. 4).
[195] ACKERMANN SCHWENDENER, Ersatzvornahme, S. 172; GÄCHTER/EGLI, in: Kommentar VwVG, Art. 41 N. 18. Zur antizipierten Ersatzvornahme RB 2002 Nr. 40, E. 2 (VB.2002.00071).
[196] BGr, 23.6.1997, 1P.242/1997, E. 1b (ZBl 1998, 138 ff.); JAAG/HÄGGI, in: Praxiskommentar VwVG, Art. 41 N. 22.

§ 30

die durch Kostenverfügung festgesetzte öffentlichrechtliche Forderung mit den entsprechenden Mitteln geltend zu machen (vgl. N. 14 ff.).

85 Auch bei der Anfechtung von Vollstreckungsmassnahmen kann unter den in § 15 Abs. 2 genannten Voraussetzungen ein **Kostenvorschuss** verlangt werden[197].

86 Aus Gründen der Verfahrensfairness (Art. 29 Abs. 1 BV) sind auch im Vollstreckungsverfahren die **Ausstandsgründe** zu beachten, sofern der fraglichen Vollstreckungshandlung ein Gewicht zukommt, das eine selbständige Anfechtung rechtfertigt[198].

87 Der **Weiterzug** einer Vollstreckungsverfügung an das Verwaltungsgericht ist nicht möglich, wenn dieses in der Sache selbst nicht zuständig ist[199]. Dies ergibt sich aus dem Grundsatz der Einheit des Verfahrens (vgl. auch § 44 Abs. 3). Gleiches gilt auch für die Anfechtung der Kosten nach § 30 Abs. 1 lit. b, da die Überprüfung der Kostenverfügung regelmässig die vorfrageweise Überprüfung des Sachentscheids voraussetzt[200].

88 Vollstreckungsentscheide können unter den üblichen Voraussetzungen mit Beschwerde in öffentlichrechtlichen Angelegenheiten an das **Bundesgericht** weitergezogen werden.

89 Gegen Vollzugsakte als Realakte steht der Rechtsschutz gemäss § 10c zur Verfügung. Der Betroffene kann von der Behörde eine Verfügung über die Rechtmässigkeit von Vollstreckungshandlungen verlangen; diese unterliegt den ordentlichen Rechtsmitteln. Daneben ist stets die **Aufsichtsbeschwerde** möglich (vgl. Vorbem. zu §§ 19–28a N. 61 ff.).

90 Vgl. zu den Rechtsmitteln gegen das Unterlassen der Vollstreckung N. 12, zur Anfechtung der Androhung § 31 N. 4.

---

[197] VGr, 26.1.2012, VB.2011.00812, E. 4.1 ff.
[198] VGr, 19.2.2003, VB.2002.00204, E. 2b, m.w.H.
[199] VGr, 16.8.2006, VB.2006.00016, E. 1.2; VGr, 1.3.2012, VB.2011.00455, E. 1.1.
[200] RB 1991 Nr. 12, E. 1.

Zwangsandrohung

§ 31

¹ Der Ersatzvornahme und der Anwendung unmittelbaren Zwanges muss eine entsprechende Androhung vorangehen. Dem Pflichtigen ist gleichzeitig eine angemessene Frist zur Erfüllung anzusetzen.

² Die Zwangsandrohung kann mit der zu vollstreckenden Anordnung verbunden oder selbstständig erlassen werden. Sie ist nicht durch Rekurs anfechtbar.

³ In dringlichen Fällen kann von einer Zwangsandrohung abgesehen werden.

Materialien
Vgl. Vorbem. zu §§ 29–31.

Literatur
Vgl. Vorbem. zu §§ 29–31.

Inhaltsübersicht

I.	Zwangsandrohung (Abs. 1 Satz 1 und Abs. 2 Satz 1)	1–2
II.	Frist (Abs. 1 Satz 2)	3
III.	Anfechtbarkeit (Abs. 2 Satz 2)	4–5
IV.	Antizipierte Vollstreckung (Abs. 3)	6–7

I. Zwangsandrohung (Abs. 1 Satz 1 und Abs. 2 Satz 1)

§ 31 befasst sich mit der Androhung von Vollstreckungsmassnahmen. Abs. 1 schreibt als Grundsatz für die Ersatzvornahme und für die Anwendung unmittelbaren Zwangs die **vorgängige Androhung** vor. Diese muss in Verfügungsform gemäss § 10 abgefasst und mitgeteilt werden[1]. Der Pflichtige muss unter Fristansetzung aufgefordert werden, den rechtmässigen Zustand herzustellen; zugleich muss ihm angedroht werden, dass im Weigerungsfall zur Ersatzvornahme bzw. zum unmittelbaren Zwang auf seine Kosten geschritten werde[2]. Aus der Androhung muss eindeutig hervorgehen, mit welchen Mitteln die Behörde den rechtmässigen Zustand herzustellen beabsichtigt[3].   1

Nicht nur vor der Ersatzvornahme und dem unmittelbaren Zwang, sondern vor **jeder Zwangsmassnahme** ist in der Regel eine Androhung angezeigt. Ist eine Verwarnung als Administrativmassnahme vorgesehen, erfüllt diese zugleich die Funktion der Androhung (vgl. § 24 SHG). Bei einem Grossteil der (repressiven) Administrativmassnahmen entfällt jedoch die Androhung (vgl. Art. 16 Abs. 2 SVG; Entzug des Führerausweises bei Widerhandlungen gegen die Strassenverkehrsvorschriften)[4].   2

---

[1] Ogg, Sanktionen, S. 64.
[2] VGr, 20.6.2002, VB.2002.00076, E. 3a.
[3] Ogg, Sanktionen, S. 64 f.
[4] H.A. Müller, Verwaltungszwang, S. 122; zu § 24 SHG vgl. VGr, 13.1.2012, VB.2011.00763, E. 2.3.

II. Frist (Abs. 1 Satz 2)

3 Bei der Bemessung der Frist zur Erfüllung der auferlegten Pflicht kommt der Vollzugsbehörde ein erhebliches Ermessen zu. Die Frist richtet sich nach der Natur der Sache und muss aufgrund einer Abwägung der Interessen des Adressaten und der Öffentlichkeit bemessen werden[5]. Die Frist sollte jedoch so angesetzt werden, dass der Pflichtige selber die notwendigen Vorkehrungen treffen kann[6]. Ist die Androhungsverfügung anfechtbar, so kommt dem Lauf der Rechtsmittelfrist und der Einreichung eines Rechtsmittels aufschiebende Wirkung zu, die allerdings entzogen werden kann (§§ 25 und 55; vgl. § 25 N. 13 ff. und 25 ff.).

III. Anfechtbarkeit (Abs. 2 Satz 2)

4 Können Sachverfügung einerseits, Zwangsandrohung und Vollstreckungsverfügung anderseits auseinandergehalten werden, so ist nebst der Sachverfügung nur die Vollstreckungsverfügung – beschränkt – anfechtbar (vgl. § 30 N. 80 ff.). Die Zwangsandrohung unterliegt allein nicht dem Rekurs. Der Wortlaut erscheint allerdings zu eng: Zwar begründen die Fristansetzung wie auch der Hinweis auf die Ersatzvornahme grundsätzlich keine neuen Pflichten[7]. Doch sollte dem Adressaten gegen die Androhung ein Rechtsmittel bezüglich derjenigen Punkte zustehen, in denen die Androhung gegenüber der Sachverfügung Neues regelt[8]. So sollte sie wegen Unangemessenheit der gesetzten Frist[9] weiterziehbar sein, etwa wenn der Pflichtige glaubhaft geltend machen kann, zur Abwendung weiteren Schadens nicht über die notwendige Zeit zu verfügen. In der Literatur wird teils eine umfassendere Anfechtbarkeit der Androhung gefordert; sie habe Verfügungscharakter, weil sie selbständige Rechtswirkungen entfalte, indem sie das Zwangsmittel und dessen Adressaten bestimme[10].

5 Wurde dem Pflichtigen mehrmals Frist angesetzt, um den rechtswidrigen Zustand zu beheben, so stellt die unterlassene Androhung der Ersatzvornahme keinen Mangel dar, der zur Aufhebung der angefochtenen Anordnung führt[11].

---

[5] ACKERMANN SCHWENDENER, Ersatzvornahme, S. 70 ff.; JAAG/HÄGGI, in: Praxiskommentar VwVG, Art. 41 N. 44.

[6] Die Frist für die Beseitigung widerrechtlicher Bauten beträgt in der Regel drei Monate; vgl. VGr, 23.12.2004, VB.2004.00416, E. 3 und 4.1; VGr, 19.2.2003, VB.2002.00204, E. 3; VGr, 5.12.2002, VB.2002.00307, E. 2a. Bei § 341 PBG sind die gleichen Kriterien massgebend wie bei § 31 VRG.

[7] RB 1985 Nr. 13.

[8] JAAG/HÄGGI, in: Praxiskommentar VwVG, Art. 41 N. 45.

[9] VGr, 5.11.2003, VB.2003.00281, E. 2b.

[10] Die herrschende Lehre geht vom Verfügungscharakter der Androhung aus; so MOOR/POLTIER, Droit administratif II, S. 121 f.; TSCHANNEN/ZIMMERLI/MÜLLER, Verwaltungsrecht, § 32 N. 16; HÄFELIN/MÜLLER/UHLMANN, Verwaltungsrecht, N. 1151; a.M. GÄCHTER/EGLI, in: Kommentar VwVG, Art. 41 N. 54. Vgl. dazu auch JAAG/HÄGGI, in: Praxiskommentar VwVG, Art. 41 N. 45.

[11] VGr, 20.6.2002, VB.2002.00076, E. 3c.

IV. Antizipierte Vollstreckung (Abs. 3)

In dringlichen Fällen kann von der Zwangsandrohung abgesehen und sogleich Ersatzvornahme oder unmittelbarer Zwang angeordnet werden (antizipierte Vollstreckung). Das Kriterium der **Dringlichkeit** ist streng zu handhaben. Dringlichkeit besteht nur im Fall des polizeilichen Notstands, also wenn eine zeitlich unmittelbar drohende Gefahr für von der Behörde zu schützende Rechtsgüter besteht[12]. Praxis und Lehre lassen eine *antizipierte Ersatzvornahme* auch zu, wenn von vornherein feststeht, dass dem Pflichtigen die rechtlichen oder tatsächlichen Mittel fehlen, um innert nützlicher Frist der behördlichen Anordnung nachzukommen (vgl. § 30 N. 29). Eine antizipierte Vollstreckung sollte jedoch nur bei Dringlichkeit vorgenommen werden.

Gegen die antizipierte Vollstreckung muss auch im Nachhinein **Rekurs** (und allenfalls Beschwerde) zulässig sein. Es handelt sich hierbei um ein Feststellungsverfahren; das Interesse der Betroffenen am Feststellungsentscheid ist ohne weiteres zu bejahen[13].

---

[12] Dazu Grisel, Traité, S. 639; Jaag/Häggi, in: Praxiskommentar VwVG, Art. 41 N. 46.
[13] Vgl. Jaag/Häggi, in: Praxiskommentar VwVG, Art. 41 N. 48.

Dritter Abschnitt: Die Verwaltungsgerichtsbarkeit

Vorbemerkungen zu §§ 32–86

Inhaltsübersicht

I.	Inhalt und Systematik des dritten Abschnitts	1–4
II.	Abgrenzungen der Rechtsmittel an das Verwaltungsgericht; Rechtsmittelkonkurrenz	5–13
	A. Anfechtungsverfahren und Klage	5
	B. Rekurs und Beschwerde im Anfechtungsverfahren	6–10
	C. Besondere Verfahren	11–12
	D. Rechtsmittelkonkurrenz	13
III.	Erfüllung der Rechtsweggarantie	14

I. Inhalt und Systematik des dritten Abschnitts

1 Im dritten Abschnitt des Gesetzes werden **Organisation und Tätigkeit des Verwaltungsgerichts** geregelt.

2 Unterabschnitt A (§§ 32–40a) regelt die **Organisation des Verwaltungsgerichts.** Das Verwaltungsgericht ist als *organisatorisch selbständige Behörde* ausgestaltet; es bildet nicht, wie in einigen andern Kantonen, eine Abteilung oder Kammer eines einzigen obersten kantonalen Gerichts. Gemäss Art. 74 Abs. 2 KV gehört es zusammen mit dem Obergericht und dem Sozialversicherungsgericht zu den «obersten» kantonalen Gerichten[1]. Es stellt sodann ein «oberes» kantonales Gericht im Sinn von Art. 86 Abs. 2 BGG dar, weil es für das ganze Kantonsgebiet zuständig und hierarchisch keiner anderen Gerichtsinstanz unterstellt ist[2]; damit ist es unmittelbare Vorinstanz des Bundesgerichts. Das Verwaltungsgericht verfügt über volle *richterliche Unabhängigkeit;* ein von ihm gefälltes Urteil darf weder von der Legislative noch von der Exekutive aufgehoben oder abgeändert werden (Art. 73 Abs. 2 KV; § 35 Abs. 1 VRG). Bedeutsam für die organisatorische Unabhängigkeit sind die Wahl der Gerichtsmitglieder durch den Kantonsrat (§ 33) sowie die Befugnisse des Gerichts im Bereich der Justizverwaltung (§§ 36, 39 und 40). Die personelle Unabhängigkeit wird durch § 34 gewährleistet. Zur Selbstverwaltung des Gerichts und zur Oberaufsicht des Kantonsrats vgl. Vorbem. zu §§ 32–40a N. 10 ff., 21 ff.

3 Die **rechtsprechende Tätigkeit** des Verwaltungsgerichts umfasst nach der gesetzlichen Systematik drei Zuständigkeitsbereiche. Erstens entscheidet das Gericht im Verfahren der Beschwerde (Unterabschnitt B, §§ 41–71) als letzte kantonale Instanz Streitigkeiten über Akte im Sinn von § 19 Abs. 1. Insoweit wird seine Zuständigkeit durch eine Generalklausel bestimmt, die durch Ausnahmen eingeschränkt wird (§§ 41–44). Zweitens beurteilt es als letzte kantonale Instanz für Rekurs und Beschwerde in Steuersachen (Unterabschnitt C, §§ 72 f.) steuerrechtliche Streitigkeiten nach den besonderen Zuständigkeits- und Verfahrensbestimmungen der Steuergesetzgebung. Drittens kann die verwaltungsrechtliche

---

[1] Zu den Begriffen des «obersten» und des «oberen» kantonalen Gerichts: JAAG, Gerichte, S. 776.
[2] Zu den Voraussetzungen von Art. 86 Abs. 2 BGG vgl. z.B. BGE 135 II 94, E. 4.1, m.H. Vgl. zum Ganzen Vorbem. zu §§ 32–40a N. 8 f.

Klage (Unterabschnitt D, §§ 81–86) erhoben werden. In diesem Verfahren beurteilt das Verwaltungsgericht als einzige kantonale Instanz die in § 81 aufgezählten Streitsachen, die nach dem Willen des Gesetzgebers nicht Gegenstand eines Anfechtungsverfahrens bilden können – wobei mit der VRG-Revision von 2010 der Anwendungsbereich der Klage, einer allgemeinen Tendenz folgend, stark verkleinert wurde[3]. Funktionell handelt es sich beim ersten und zweiten Zuständigkeitsbereich um nachträgliche Verwaltungsgerichtsbarkeit (in sogenannten Anfechtungsstreitigkeiten), während das Gericht im dritten Bereich, dem Klageverfahren, ursprüngliche Verwaltungsgerichtsbarkeit ausübt.

Die **Rechtsmittelordnung** und damit auch die **Gesetzessystematik** wurden mit der VRG-Revision von 2010 deutlich vereinfacht: Der dritte Gesetzesabschnitt enthält nun – neben der Regelung der Organisation – im Wesentlichen die beiden Unterabschnitte über das Beschwerde- und das Klageverfahren. Weil das Steuerverfahrensrecht aus historischen Gründen bisher nicht in das allgemeine Verwaltungsverfahrensrecht integriert wurde (vgl. § 72 N. 4), ist zudem der Unterabschnitt über Rekurs und Beschwerde in Steuersachen verblieben, der aus Verweisungen auf die Steuergesetzgebung besteht. *Aufgehoben* wurde dagegen ein weiterer Unterabschnitt, der die Zuständigkeit des Verwaltungsgerichts als «*Disziplinargericht*» (§§ 74–80 in der Fassung von 1959) bzw. als «*Personalgericht*» (§§ 74–80d in der Fassung von 1997) geregelt hatte. Die besonderen Bestimmungen über die Beschwerde in Angelegenheiten des öffentlichen Personalrechts wurden mit der Revision von 2010 in die Regelung des allgemeinen Rekurs- und Beschwerdeverfahrens eingegliedert (§ 55 i.V.m. § 25 Abs. 2 lit. a, § 63 Abs. 3 i.V.m. § 27a Abs. 1 und § 65a Abs. 3). Der unwichtig gewordene Disziplinarrekurs und die – durch die Praxis des Verwaltungsgerichts bereits ziemlich marginalisierte – personalrechtliche Klage wurden beseitigt (vgl. auch § 81 lit. b)[4].

II. Abgrenzungen der Rechtsmittel an das Verwaltungsgericht; Rechtsmittelkonkurrenz

A. Anfechtungsverfahren und Klage

In der gesetzlichen Regelung des verwaltungsgerichtlichen Rechtsschutzes ist die grundlegende Unterscheidung zwischen der **nachträglichen** Verwaltungsrechtspflege bzw. dem Anfechtungsverfahren (Beschwerde, Rekurs) einerseits sowie der **ursprünglichen Verwaltungsrechtspflege** bzw. dem Klageverfahren anderseits auszumachen. Das verwaltungsgerichtliche *Klageverfahren* (§§ 83–86) wird in einem erheblichen Ausmass durch zivilprozessuale Grundsätze geprägt, obwohl § 86 nicht etwa die Bestimmungen der ZPO, sondern jene über das Beschwerdeverfahren für subsidiär anwendbar erklärt. Insbesondere ist im Klageverfahren in Anlehnung an den Zivilprozess die Dispositionsmaxime deutlicher ausgeprägt und die Untersuchungsmaxime stärker eingeschränkt als im Beschwerdeverfahren (vgl. Vorbem. zu §§ 81–86 N. 20 ff.). Zum Teil werden allerdings auch im *Beschwerdeverfahren* zivilprozessuale Bestimmungen sinngemäss oder ergänzend an-

---

[3] Weisung 2009, S. 885 f., 912 ff.
[4] Weisung 2009, S. 882 ff., 926, 949. Zur Einschränkung des Anwendungsbereichs der personalrechtlichen Klage vgl. RB 2002 Nr. 25 (PK.2002.00003).

gewendet, so namentlich jene über das Beweisverfahren (§ 60), die Prozessleitung, das prozessuale Handeln und die Fristen sowie die allgemeinen Bestimmungen des GOG über den Zivilprozess (§ 71).

B. Rekurs und Beschwerde im Anfechtungsverfahren

6   In Bezug auf das ordentliche Anfechtungsverfahren unterscheidet das **VRG** zwischen Rekurs und Beschwerde (vgl. zweiter Abschnitt, Unterabschnitt C, §§ 19–28a, und dritter Abschnitt, Unterabschnitt B). Die begriffliche Differenzierung ist nicht allgemein üblich; das allgemeine Verwaltungsverfahrensrecht des Bundes kennt zum Beispiel nur den Begriff der Beschwerde (französisch: recours, italienisch: ricorso; vgl. Art. 44 VwVG). Vor dem Erlass des VRG wurden «Rekurs» und «Beschwerde» im Zürcher Verwaltungsverfahrensrecht teils synonym verwendet, wobei sich eher der Begriff des Rekurses für das ordentliche Rechtsmittel der Verwaltungsrechtspflege etabliert hatte[5]. Das VRG bezeichnet nun mit «Beschwerde» das ordentliche Rechtsmittel an das Verwaltungsgericht in Anfechtungsstreitigkeiten, während der Rekurs sich an eine Verwaltungsbehörde oder untere Gerichtsinstanz richtet. Massgeblich für die Unterscheidung ist also, *welche Behörde angerufen wird*. Nicht alle Unterscheidungen zwischen Rekurs und Beschwerde im Zürcher Recht folgen jedoch diesem Schema (vgl. §§ 151 und 151a GG; vgl. auch N. 7 f.). Das VRG sieht Unterschiede zwischen Rekurs und Beschwerde – der Funktion der Rechtsmittel entsprechend – vor allem in Bezug auf die Kognition und die Entscheidungsbefugnis vor: Der Rekurs ist ein vollkommenes Rechtsmittel, das eine Prüfung der Angemessenheit zulässt; zudem ist die Rekursinstanz zur reformatio in peius vel melius befugt (vgl. §§ 20 und 27). Die Beschwerdeinstanz – also das Verwaltungsgericht – ist dagegen grundsätzlich nur zur Kontrolle der Rechtmässigkeit befugt; auch darf sie weder über die gestellten Rechtsbegehren hinausgehen noch die angefochtene Anordnung zum Nachteil der beschwerdeführenden Person abändern (vgl. §§ 50 und 63 Abs. 2). Sodann ist das Vorbringen neuer Tatsachen und Beweismittel teils im Beschwerde-, nicht aber im Rekursverfahren eingeschränkt (vgl. § 20a Abs. 2 und § 52 Abs. 2).

7   Die Einteilung und Abgrenzung von Rekurs und Beschwerde im **Steuerverfahrensrecht** erfolgt aufgrund anderer Kriterien. Das Bundesrecht spricht – in der deutschen Fassung – im Bereich der direkten Bundessteuer mit Bezug auf das Verfahren sowohl vor der ersten als auch vor der zweiten Rechtsmittelinstanz von der «Beschwerde» (Art. 140–145 DBG), im Bereich der harmonisierten kantonalen Steuern mit Bezug auf das Verfahren vor der ersten Rechtsmittelinstanz vom «Rekurs» (Art. 50 StHG), ohne dass dies auf inhaltliche Unterschiede hinwiese[6]. Das kantonale Recht verwendet die Bezeichnung «Beschwerde» für das Rechtsmittel an das Verwaltungsgericht gegen Rekursentscheide des Steuerrekursgerichts, des Steueramts oder der Finanzdirektion[7]. «Rekurs» wird all-

---

[5]   Vgl. FEHR, Verwaltungsrechtspflege, S. 257 ff. Vgl. Weisung 1957, S. 1037, 1042.
[6]   Vgl. P. MÜLLER, Aspekte, S. 33; FELIX RICHNER/WALTER FREI/STEFAN KAUFMANN/HANS ULRICH MEUTER, Handkommentar zum DBG (Bundesgesetz über die direkte Bundessteuer), 2. Aufl., Zürich 2009, Vorbem. zu Art. 140–146 N. 4, Art. 140 N. 1.
[7]   Vgl. §§ 153, 171 Abs. 2, 196 und 213 StG, § 43 Abs. 2 ESchG (Vorinstanz: Steuerrekursgericht); § 178 Abs. 1 StG (Vorinstanz: Steueramt); §§ 122 Abs. 4 und 185 Abs. 1 StG; §§ 61 Abs. 2 und 64 Abs. 2 ESchG (Vorinstanz: Finanzdirektion).

gemein das Rechtsmittel gegen Verfügungen und Einspracheentscheide genannt; in bestimmten Fällen kann ein solcher Rekurs direkt beim Verwaltungsgericht erhoben werden (nach § 162 Abs. 3 StG und § 54 ESchG gegen den Einspracheentscheid betreffend Nachsteuer; nach § 181 Abs. 3 StG und § 64 Abs. 1 ESchG gegen Sicherstellungsverfügungen; nach § 259, wenn im Steuerhinterziehungsverfahren einzig die Kostenauflage angefochten wird). Massgebliches Unterscheidungskriterium ist also die *angefochtene Anordnung*.

Im Steuerverfahrensrecht weist die Beschwerde nicht alle Charakteristika der Beschwerde nach §§ 41–71 VRG auf. Zwar sieht auch das *kantonale Steuerverfahrensrecht* für die Rekursinstanz eine Ermessenskontrolle und für die Beschwerdeinstanz eine blosse Rechtskontrolle vor; dies bedeutet, dass das Verwaltungsgericht immerhin als Rekursinstanz, nicht aber als Beschwerdeinstanz das Ermessen überprüft (vgl. § 153 Abs. 3 StG gegenüber § 162 Abs. 3 i.V.m. § 147 Abs. 3 StG). Doch ist sowohl im Rekurs- als auch im Beschwerdeverfahren die reformatio in peius vel melius zulässig (vgl. § 153 Abs. 4 bzw. § 162 Abs. 3 i.V.m. Art. 149 Abs. 2 StG), wobei das Verwaltungsgericht sie nur vornimmt, wenn der angefochtene Entscheid offensichtlich unrichtig und die Korrektur von erheblicher Bedeutung ist[8]. Zur Zulässigkeit von *Noven* im Beschwerdeverfahren äussert sich das kantonale Steuerverfahrensrecht nicht ausdrücklich; weil § 153 Abs. 4 StG nur «sinngemäss» auf die Regelung des Rekursverfahrens verweist, lässt das Verwaltungsgericht unter Hinweis auf seine Funktion als zweitinstanzliches Gericht Noven grundsätzlich nicht zu[9]. Das *Verfahren im Bereich der direkten Bundessteuer* ist bundesrechtlich geregelt, wobei Art. 145 Abs. 2 DBG über das Verfahren vor der zweiten Rechtsmittelinstanz «sinngemäss» auf die Art. 140–144 DBG verweist, die für die erste Rechtsmittelinstanz gelten. Die Einrichtung einer zweiten Rechtsmittelinstanz ist nach Art. 145 Abs. 1 DBG für die Kantone fakultativ, doch sind die Rechtswege in den Bereichen der kantonalen und der direkten Bundessteuern parallel zu führen[10]. Das Bundesrecht lässt zu, dass die zweite Rechtsmittelinstanz ihre Kognition beschränkt. Das Verwaltungsgericht übt im Gegensatz zur Vorinstanz deshalb keine Ermessenskontrolle aus und lässt Noven nur im gleichen Mass wie im Beschwerdeverfahren nach § 153 StG zu[11].

Das kantonale Steuerverfahrensrecht *verweist* für die Rechtsmittel in Belangen, die der Aufsichtstätigkeit nahestehen, ausdrücklich oder sinngemäss auf die Rechtsmittel des VRG (§ 119 Abs. 4 StG zu Streitigkeiten über den Ausstand und § 111 StG zu Rechtsverweigerung und Rechtsverzögerung). Es ist im Übrigen auf einige *spezielle Steuern nicht anwendbar*, so dass sich deren Anfechtung nach der allgemeinen Rechtsmittelordnung des VRG richtet[12].

---

[8] VGr, 2.6.2010, SB.2010.00014, E. 2, m.H.; vgl. auch VGr, 16.11.2011, SB.2011.00018, E. 5. An der reformatio in peius vel melius wird anscheinend auch nach Inkrafttreten des BGG festgehalten, obwohl sie im Wesentlichen mit der Kognition des Bundesgerichts gemäss dem früheren Art. 114 Abs. 1 OG begründet wurde; vgl. VGr, 24.11.2004, SB.2004.00025, E. 1.2; RB 2003 Nr. 98, E. 2b (SB.2002.00084).
[9] VGr, 19.11.2008, SB.2007.00089, E. 1.2; vgl. im Einzelnen RB 1999 Nr. 149, E. 2 (= StE 2000 B 96.21 Nr. 6, E. 5 = ZStP 2000, 39 ff., E. 5).
[10] BGE 131 II 548, E. 2.1.
[11] VGr, 27.6.2012, SB.2011.00148, E. 1; BGE 131 II 548, E. 2.2 und 2.5.
[12] Vgl. VGr, 28.2.2002, VB.2001.00390, E. 2a, zur Verkehrsabgabe (trotz der Bezeichnung handelt es sich grundsätzlich um eine Steuer).

10 Schliesslich ist auf den Sonderfall von § 46 AbtrG hinzuweisen. Diese Bestimmung sieht gemäss ihrem Wortlaut – der dem Willen des Gesetzgebers entspricht[13] – einen **Rekurs an das Verwaltungsgericht gegen Entscheide der Schätzungskommissionen** vor. Diesen Rekurs in vermögensrechtlichen Enteignungsstreitigkeiten behandelt das Verwaltungsgericht jedoch grundsätzlich *im Beschwerdeverfahren*, wobei es dessen Bestimmungen einzeln daraufhin prüft, ob sie adäquat sind. So werden in Anwendung der §§ 50 und 63 Abs. 2 die Ermessensprüfung und die reformatio in peius vel melius ausgeschlossen, weil es sich – so der Leitentscheid – bei den Schätzungskommissionen um Fachbehörden handle und das Verwaltungsgericht als zweite Gerichtsinstanz tätig werde[14]. Doch sprach sich das Gericht gegen eine Anwendung des teilweisen Novenverbots von § 52 Abs. 2 aus – und dies unabhängig von der (nunmehr verneinten) Frage, ob die Schätzungskommissionen Gerichte im Sinn dieser Bestimmung darstellen[15]. Insofern erscheint die oft verwendete zusammenfassende Formulierung des Verwaltungsgerichts, das Verfahren richte sich nach den Bestimmungen über die Beschwerde[16], als zu verkürzt; korrekt ist die ebenfalls anzutreffende Variante, wonach das Gericht den Rekurs nach § 46 AbtrG «weitgehend nach den Bestimmungen [...] über die Beschwerde» behandelt[17].

C. Besondere Verfahren

11 Besonderen Charakter hat das **verwaltungsgerichtliche Steuerstrafverfahren,** das bei Verletzung von Verfahrenspflichten und Steuerhinterziehung zur Anwendung kommt (§§ 234 ff. StG; vgl. auch Art. 174 ff. DBG, Art. 55 ff. StHG). Es wird durch strafprozessuale Grundsätze mitbestimmt und vereinigt in sich Merkmale sowohl des verwaltungsrechtlichen Rekursverfahrens als auch eines erstinstanzlichen Strafverfahrens. Die Sache wird dem Verwaltungsgericht vorgelegt, indem die angeschuldigte Person oder die Gemeinde ein *Begehren um gerichtliche Beurteilung des Einspracheentscheids* stellt (§§ 252 ff. StG; §§ 67 und 71 ESchG)[18]. Als Anklage gilt in diesem Fall entweder der Einspracheentscheid oder das Begehren der Gemeinde, wenn diese eine schwerere Bestrafung erreichen will (§ 253 StG).

12 Im Übrigen befasst sich das Verwaltungsgericht nicht ausschliesslich mit Rechtsmitteln gemäss dem dritten Gesetzesabschnitt und den darin enthaltenen Verweisungen, sondern auch mit **Revisions-, Erläuterungs- und Berichtigungsgesuchen** gegen seine eigenen Entscheide. Das ausserordentliche Rechtsmittel der Revision wird mit Bezug auf die Anordnungen sämtlicher Behörden im vierten Abschnitt des Gesetzes geregelt (§§ 86a–86d). Die Erläuterung und die Berichtigung werden im VRG nicht erwähnt (vgl. Vorbem. zu §§ 86a–86d N. 24 ff.).

---

[13] Vgl. Weisung 1995, S. 1559.
[14] Mit ausführlicher Begründung: RB 1998 Nr. 44 (= BEZ 1998 Nr. 23). Vgl. auch VGr, 25.11.2010, VR.2010.00003, E. 1.3; VGr, 8.3.2005, VR.2005.00001, E. 1.1.
[15] RB 2001 Nr. 25, E. 2a a.E. (VR.2000.00003 = BEZ 2001 Nr. 8). Zur Frage, ob es sich bei den Schätzungskommissionen um unabhängige Gerichte handelt, vgl. § 19b N. 51, § 26b N. 40, § 52 N. 3.
[16] Z.B. VGr, 8.12.2011, VR.2011.00004, E. 1.2.
[17] VGr, 3.12.2009, VR.2009.00005, E. 1.2.
[18] Vgl. die bundesrechtlichen Grundlagen: Art. 182 Abs. 2 DBG, Art. 57bis Abs. 2 StHG; dazu THOMMEN, in: Basler Kommentar BGG, Art. 78 N. 18 f.

D. Rechtsmittelkonkurrenz

Die verschiedenen Rechtsmittel an das Verwaltungsgericht stehen untereinander grundsätzlich in einem **Verhältnis der unechten Konkurrenz,** weil das Gesetz ihre Anwendungsbereiche so definiert, dass keine Überschneidungen bestehen. In diesem Sinn ist die Beschwerde nach §§ 41 ff. trotz der Generalklausel von § 41 Abs. 1 und des Vorbehalts abweichender gesetzlicher Regelungen in § 41 Abs. 2 *nicht subsidiär,* auch wenn die anderen Rechtsmittel aufgrund ihres gesetzlich umschriebenen besonderen Anwendungsbereichs als die spezielleren erscheinen (vgl. Vorbem. zu §§ 19–28a N. 15 f. zum Begriff des subsidiären Rechtsmittels). Auch die Klage nach § 81 ff. steht zur Beschwerde – bzw. zu den Rechtsmitteln des Anfechtungsverfahrens – in unechter Konkurrenz, weil sie nur in Frage kommt, wenn eine Prozessvoraussetzung des Anfechtungsverfahrens, die Verfügung, nicht vorliegen kann[19]. Dies wird gerade als Voraussetzung der Klage nach § 81 lit. a definiert, trifft aber auch auf die Klage nach § 81 lit. b und c zu, weil die Verfügungskompetenz durch die Zulässigkeit der Klage stillschweigend wegbedungen wird[20].

13

III. Erfüllung der Rechtsweggarantie

Die Rechtsweggarantie (Art. 29a BV) gegenüber Anordnungen kantonaler Behörden ist im Wesentlichen durch Rechtsmittel an obere kantonale Gerichte gemäss BGG zu erfüllen, wobei der Bundesgesetzgeber auch den Rahmen der zulässigen Ausnahmen von der Verfassungsgarantie absteckt (vgl. Art. 86 Abs. 2 und 3 i.V.m. Art. 114 und ferner Art. 88 Abs. 2 BGG). Die VRG-Revision von 2010 setzte diese Vorgabe um[21]. Zentrales Instrument hierzu ist die **Generalklausel** von § 41 Abs. 1 für die *Beschwerde;* sie wurde bereits mit der Revision von 1997 eingeführt, doch mussten zur Umsetzung der Rechtsweggarantie die Ausnahmen der §§ 41–44 neu – vor allem enger – gefasst werden. Wenn nach § 81 in bestimmten Streitsachen die verwaltungsgerichtliche *Klage* zulässig ist, so schränkt dies den gerichtlichen Rechtsschutz nicht ein. Ebensowenig bedeutet die historisch bedingte eigenständige Regelung der verwaltungsgerichtlichen Zuständigkeit in Steuersachen, dass in diesem Bereich ein eingeschränkter Rechtsschutz bestünde. Die *Steuergesetzgebung* enthält allerdings keine Generalklausel für die verwaltungsgerichtliche Zuständigkeit; der umfassende gerichtliche Rechtsschutz soll hier mit einem lückenlosen Netz einzelner Zuständigkeitsnormen und Verweisungen erreicht werden (vgl. auch § 72 N. 4)[22]. Im Fall verbleibender Rechtsschutzlücken ergibt sich die Zuständigkeit eines oberen kantonalen Gerichts direkt aus Art. 86 Abs. 2 BGG und die konkrete Bestimmung des sachlich zuständigen Gerichts wiederum aus dem kantonalen Recht[23].

14

---

[19] Auch diese Konstellation wird allerdings teilweise in einem weiteren Sinn als Subsidiarität (der Klage) bezeichnet; vgl. WALDMANN, in: Basler Kommentar BGG, Art. 120 N. 20.
[20] Vgl. Weisung 2009, S. 925 f.
[21] Vgl. Weisung 2009, S. 847 ff.
[22] Vgl. Weisung 2009, S. 986 ff. Zur Kritik SCHUHMACHER, Überblick, S. 34 ff.
[23] BGr, 4.1.2011, 1D_9/2010, E. 3.2; BGE 136 I 42, E. 2 (Pra 2010 Nr. 69).

A. Organisation des Verwaltungsgerichts

Vorbemerkungen zu §§ 32–40a

Literatur

EICHENBERGER, Justizverwaltung; GROSS, Selbstverwaltung; HALLER, Selbstverwaltung, S. 185 ff.; HALLER WALTER, in: Kommentar KV, Art. 44; HÄNER, Rechtsschutz; HAUSER MATTHIAS, in: Kommentar KV, Art. 57; HAUSER/SCHWERI/LIEBER, Kommentar GOG, Vorbemerkungen zu §§ 67 ff.; JAAG, Gerichte; KIENER, Unabhängigkeit, S. 291 ff.; POLTIER, Organisation; SCHMID NIKLAUS, in: Kommentar KV, Art. 73 ff.; SCHMID NIKLAUS/HÄNER ISABELLE, Vorbemerkungen zu §§ 73–79, in: Kommentar KV; WIPFLI, Selbstverwaltung.

Inhaltsübersicht

I.	Grundlagen	1–7
	A. Inhalt und Systematik	1–4
	B. Vorgaben des übergeordneten Rechts	5–7
II.	Organisation	8–20
	A. Grundsatz	8–9
	B. Insbesondere: Selbstverwaltung	10–20
	1. Grundsatz	10–13
	2. Justizverwaltung des Verwaltungsgerichts	14–16
	3. Gerichtsübergreifende Justizverwaltung	17–18
	4. Rechtsschutz	19–20
III.	Parlamentarische Kontrolle	21–25
IV.	Verantwortlichkeit	26–28

I. Grundlagen

A. Inhalt und Systematik

1 Der dritte Abschnitt des Gesetzes regelt die Verwaltungsgerichtsbarkeit. Der Unterabschnitt A hat mit den §§ 32–40a die **Organisation des Verwaltungsgerichts** zum Gegenstand; die weiteren Unterabschnitte B und C sind der rechtsprechenden Tätigkeit des Verwaltungsgerichts gewidmet.

2 Im **Überblick** enthält der Unterabschnitt A zunächst die Bestimmungen über die *Gerichtsverfassung:* § 32 regelt Bestand und Sitz des Verwaltungsgerichts, § 33 die Wahl der Richterinnen und Richter, § 34 betrifft die Unvereinbarkeit des Richteramts und 34a die Offenlegung von Interessenbindungen. Weiter bildet § 37 Abs. 1 die gesetzliche Grundlage für die Besoldung der Richterinnen und Richter. Von zentraler Bedeutung ist § 35, wo die *Unabhängigkeit* des Verwaltungsgerichts, aber ebenso die Pflicht zur Rechenschaftsablegung an den Kantonsrat festgehalten ist. Schliesslich wird in diesem Unter-

---

Unter Mitarbeit von lic. iur. GABRIELA MEDICI und PATRICK BLUMER, MLaw.

abschnitt auch die *gerichtsinterne Organisation* unter Einschluss der Geschäftserledigung geregelt (§§ 36, 38–39); mit § 40 findet sich die Delegationsnorm, welche das *Verordnungsrecht* des Verwaltungsgerichts begründet.

Die gesetzlichen Regeln zur Organisation des Verwaltungsgerichts werden auf Verordnungsstufe weiter konkretisiert. Einschlägig ist die **Organisationsverordnung** des Verwaltungsgerichts (OV VGr) vom 23. August 2010, welche nebst den Aufgaben der *zentralen Organe* (Gesamtgericht, Verwaltungskommission und Generalsekretariat) die *gerichtsinterne Organisation* der Rechtsprechung durch Abteilungen, Spruchkörper und Einzelrichterinnen und -richter, aber auch den *Geschäftsgang* und die innergerichtliche Zuständigkeit für die *Behandlung von Ausstandsbegehren* regelt.

Die Organisation des Verwaltungsgerichts wurde in den §§ 32–40a bewusst **nicht abschliessend** geordnet[1]. Daran haben auch die verschiedenen Gesetzesrevisionen nichts geändert. Anlässlich der VRG-Revision von 2010 hat einzig § 33 eine inhaltliche Änderung erfahren; dies aufgrund der erweiterten Wahlkompetenzen des Kantonsrats gemäss der zwischenzeitlich revidierten Kantonsverfassung (vgl. Art. 75 Abs. 1 KV), welche den Verlust der gerichtlichen Kooptationsrechte zur Folge hat (dazu § 33 N. 2).

B. Vorgaben des übergeordneten Rechts

Die Kantonsverfassung, die Bundesverfassung und nicht zuletzt auch das Völkerrecht verankern verschiedene für die Gerichtsbarkeit relevante Bestimmungen, welche sowohl der Gesetzgeber wie auch – im Rahmen der verfassungskonformen bzw. völkerrechtskonformen Auslegung – die rechtsanwendenden Behörden zu beachten haben, namentlich auch der Kantonsrat im Rahmen seiner Kontrollfunktionen.

Die Bundesverfassung garantiert die **richterliche Unabhängigkeit** als Grundrecht in Art. 30 Abs. 1 und als organisationsrechtliche Bestimmung in Art. 191c. Zudem ist der Anspruch auf ein unabhängiges und unparteiisches *Gericht* auch durch das Völkerrecht in Form eines justiziablen Grundrechtsanspruchs geschützt (Art. 6 Ziff. 1 EMRK; Art. 14 UNO-Pakt II). Es handelt sich um Mindestanforderungen, welche allerdings durch eine reichhaltige Rechtsprechung stark ausdifferenziert worden sind und die unmittelbar auch für die kantonale Justizorganisation und die kantonalen Justizverfahren gelten[2]. Die Unabhängigkeit des Verwaltungsgerichts wird auch durch die Kantonsverfassung garantiert: Gemäss Art. 73 Abs. 2 KV gilt der Grundsatz, dass die Gerichte in ihrer Rechtsprechung von den anderen Staatsgewalten unabhängig sind und ein rechtskräftiger Entscheid einer Gerichtsinstanz von keiner der anderen Gewalten aufgehoben oder geändert werden kann[3]. Der Anspruch der Parteien auf Beurteilung durch unparteiische *Richterinnen und Richter* wird bestätigt durch Art. 10 Abs. 1 KV i.V.m. Art. 30 Abs. 1 BV und Art. 6 Ziff. 1 EMRK[4].

---

[1] Das Verwaltungsgericht hat am 14. September 1961 eine erste Verordnung über die Organisation und den Geschäftsgang des Verwaltungsgerichts erlassen, welche am 11. Dezember 1961 vom Kantonsrat genehmigt wurde (vgl. OS 41, 89); dazu SOMMER, Verwaltungsgericht.
[2] STEINMANN, in: St. Galler Kommentar BV, Art. 30 N. 5 und Art. 191c N. 2; HERZOG, Art. 6 EMRK, S. 3 ff.
[3] Eingehend SCHMID, in: Kommentar KV, Art. 73 N. 4 ff.
[4] Vgl. BIAGGINI, in: Kommentar KV, Art. 10 N. 6 ff.

7   Bezüglich der **Gerichtsorganisation** verankert Art. 3 Abs. 1 KV in allgemeiner Weise den Grundsatz der Gewaltenteilung; Art. 3 Abs. 2 KV hält aber gleichzeitig fest, dass staatliche Macht nicht unkontrolliert und unbegrenzt ausgeübt werden darf. Diese Vorgabe wird durch die Kantonsverfassung selber in verschiedenen Bestimmungen konkretisiert. Unbesehen seiner Unabhängigkeit untersteht das Verwaltungsgericht gleich wie die anderen obersten Gerichte des Kantons der parlamentarischen Kontrolle, welche aber allein den Geschäftsgang beschlägt (Art. 57 Abs. 1 KV). Zudem wählt der Kantonsrat die Mitglieder und Ersatzmitglieder des Verwaltungsgerichts (Art. 75 KV). Die Grundsätze der Gewaltenteilung und der richterlichen Unabhängigkeit konkretisieren sich in der Selbstverwaltung der Justiz, welche unter der Leitung der obersten kantonalen Gerichte erfolgt (Art. 73 Abs. 3 KV). In jedem Fall muss die Gerichtsorganisation so ausgestaltet sein, dass sie eine verlässliche und rasche Rechtspflege gewährleistet (Art. 18 Abs. 1 und Art. 74 Abs. 1 KV)[5].

II. Organisation

A. Grundsatz

8   In der kantonalen Justizorganisation ist das Verwaltungsgericht seit Inkrafttreten des VRG im Jahr 1960 als **organisatorisch eigenständige Behörde** ausgestaltet. Das Gericht bildet also nicht eine Abteilung oder Kammer eines einzigen kantonalen (Höchst-)Gerichts, wie dies in anderen Kantonen teilweise der Fall ist, sondern einen administrativ und personell selbständigen Gerichtshof[6]. Die sachliche *Zuständigkeit* des Verwaltungsgerichts erstreckt sich auf öffentlichrechtliche Angelegenheiten unter Einschluss der Steuersachen; ausgeschlossen sind das Sozialversicherungsrecht und einige weitere Sachbereiche[7]. Unbesehen der gerichtsübergreifenden Justizverwaltung (N. 17 f.) ist das Verwaltungsgericht insbesondere auch von den anderen obersten Gerichten des Kantons unabhängig.

9   Aus der Optik des kantonalen Verfassungsrechts ist das Verwaltungsgericht gleich wie das Obergericht und das Sozialversicherungsgericht ein **oberstes kantonales Gericht** (Art. 74 Abs. 2 KV)[8], aus jener des Bundesrechts ein **oberes kantonales Gericht** gemäss Art. 86 Abs. 2 BGG. Das Verwaltungsgericht ist für das gesamte Kantonsgebiet zuständig und im Kanton hierarchisch keiner anderen Gerichtsinstanz unterstellt; seine Entscheide sind im Kanton generell letztinstanzlich[9].

---

[5] Weiterführend SCHMID, in: Kommentar KV, Art. 74 N. 4 ff.
[6] Weisung 1957, S. 1039 f.
[7] Vgl. JAAG, Gerichte, S. 777.
[8] Vgl. SCHMID, in: Kommentar KV, Art. 74 N. 7 f.; JAAG, Gerichte, S. 776.
[9] Zusammenfassung der Rechtsprechung in BGE 135 II 94, E. 4.1, m.H; seither BGE 136 II 470, E. 1.1 (Pra 2011 Nr. 37); 136 II 233, E. 2.1 (Pra 2010 Nr. 137).

B. Insbesondere: Selbstverwaltung

1. Grundsatz

Als Ausdruck der Eigenständigkeit und damit der Unabhängigkeit der Justiz garantiert die Kantonsverfassung in Art. 74 Abs. 2 KV die Selbstverwaltung der obersten kantonalen Gerichte[10]. Darüber hinaus wird auf der Ebene des Gesetzes der Grundsatz statuiert, dass sämtliche Gerichte im Bereich der Justizverwaltung unabhängig sind (§ 68 Abs. 1 GOG). Die Justizverwaltung ist allgemeiner **Definition** zufolge jene behördliche Tätigkeit, die weder Rechtsetzung noch Rechtsprechung darstellt und zu dem Zweck ausgeübt wird, die sachlichen und personellen Voraussetzungen zu schaffen, damit die Gerichte ihre Rechtsprechungsaufgaben erfüllen können[11]. In allgemeiner Weise beschlägt die gerichtliche Selbstverwaltung die *Organisationsautonomie*, welche sich namentlich in der Bestellung der gerichtsinternen Organe und Dienste zeigt, die *Finanzautonomie*, namentlich bezüglich der Verfügung über die vom Parlament bewilligten Mittel, und schliesslich die *Personalautonomie* bei der Anstellung und Beaufsichtigung von juristischem und administrativem Personal[12]. Die Selbstverwaltung erstreckt sich grundsätzlich auch auf den *Bau und Unterhalt* von Gerichtsgebäuden (vgl. § 32 N. 17).

10

Ein wichtiger Bereich der (verwaltungs-)gerichtlichen Selbstverwaltung ist die Führung einer **eigenen Rechnung**. Gemäss § 75 Abs. 1 GOG sind die Gerichte dem Gesetz über Controlling und Rechnungslegung unterstellt (vgl. § 1 Abs. 2 CRG). Die obersten Gerichte – und damit auch das Verwaltungsgericht – führen je eine eigene Rechnung; sie unterbreiten dem Kantonsrat jährlich eine Übersicht über die Entwicklung der Leistungen und Finanzen, einen Budgetentwurf sowie einen Bericht über ihre Tätigkeit mit Einschluss der Rechnung[13]. Die Justizkommission des Kantonsrats verkehrt in Budgetfragen direkt mit den obersten Gerichten[14].

11

Im Bereich ihrer **Personalverwaltung** kommt den Gerichten die Kompetenz zur Anordnung von Disziplinarmassnahmen zu. Die Disziplinargewalt ergibt sich aus den entsprechenden Bestimmungen des Personalgesetzes (§§ 28 ff. PG); Disziplinarmassnahmen sind die Versetzung (§ 28 PG), vorsorgliche Massnahmen wie die vorsorgliche Einstellung im Amt (§ 29 PG) sowie der Verweis (§ 30 PG).

12

Im Hinblick auf das anwendbare **Verfahren** richtet sich die Justizverwaltung als Materie des öffentlichen Rechts grundsätzlich nach den Regeln des Verwaltungsverfahrensrechts; Entscheide ergehen als Verwaltungsakte (zum Rechtsschutz siehe N. 19 f.)[15]. Das Verfahren für Wahlen und Abstimmungen richtet sich grundsätzlich nach den entsprechenden

13

---

[10] Zum Konnex mit der richterlichen Unabhängigkeit KIENER, Unabhängigkeit, S. 291 ff.; vgl. auch GROSS, Selbstverwaltung.
[11] EICHENBERGER, Justizverwaltung, S. 32; vgl. auch KIENER, Unabhängigkeit, S. 292; KISS/KOLLER, in: St. Galler Kommentar BV, Art. 188 N. 26 ff.; HAUSER/SCHWERI/LIEBER, Kommentar GOG, Vorbem. zu §§ 67 ff. N. 3 f.; JAAG, Gerichte, S. 787, m.H. in Fn. 88; SCHMID, in: Kommentar KV, Art. 73 N. 11 ff.
[12] Vgl. REGINA KIENER, Das Bundesgericht und weitere richterliche Behörden, in: Biaggini/Gächter/Kiener, Staatsrecht, § 21 N. 49; vgl. HAUSER/SCHWERI/LIEBER, Kommentar GOG, Vorbem. zu §§ 67 ff. N. 9 ff.
[13] Vgl. zum Inhalt des entsprechenden Tätigkeitsberichts HAUSER/SCHWERI/LIEBER, Kommentar GOG, § 75 N. 3.
[14] HAUSER/SCHWERI/LIEBER, Kommentar GOG, Vorbem. zu §§ 67 ff. N. 14.
[15] Eingehend HAUSER/SCHWERI/LIEBER, Kommentar GOG, Vorbem. zu §§ 67 ff. N. 5 ff.; § 68 N. 5 ff.

Bestimmungen für Gemeindebehörden (§ 67 GOG); angesprochen sind insbesondere die §§ 55 ff. GG[16]. Die Verweisungsnorm im GOG gilt für alle Behörden, welche Aufgaben der Justizverwaltung ausüben[17], und damit auch für das Verwaltungsgericht im Rahmen der gerichtsinternen Aufsichtstätigkeit.

2. Justizverwaltung des Verwaltungsgerichts

14 Die Justizverwaltungsaufgaben des Verwaltungsgerichts umfassen mehrere **Bereiche:** Zunächst ist das Verwaltungsgericht für die Justizverwaltung des Gerichts selber zuständig (N. 15). Daneben sind dem Verwaltungsgericht Aufsichtskompetenzen gegenüber unteren Behörden eingeräumt (N. 16). Schliesslich übt das Verwaltungsgericht zusammen mit den beiden anderen obersten Gerichten gemeinsame Justizverwaltungsaufgaben aus (N. 17 f.). Unbesehen der gemeinsam ausgeübten, gerichtsübergreifenden Justizverwaltung bleiben die drei obersten kantonalen Gerichte in ihrer Justizverwaltung grundsätzlich voneinander *unabhängig*. Sie üben ihre eigenen Justizverwaltungskompetenzen aus, soweit diese nicht aufgrund der §§ 67 ff. GOG den gerichtsübergreifenden Justizverwaltungsorganen zukommen.

15 Dem Verwaltungsgericht obliegt die Justizverwaltung in seinem **eigenen Zuständigkeitsbereich.** Dazu gehört die Wahl des Präsidiums, die Anstellung des Generalsekretärs und des weiteren juristischen und administrativen Personals (§ 36), die Bildung der Kammern, die Besetzung der übrigen Funktionen am Gericht (§ 39) sowie die Kompetenz zum Erlass eigener Verordnungen (§ 40)[18].

16 Die administrativen Aufgaben des Verwaltungsgerichts beinhalten die Ausübung von **Aufsichtskompetenzen,** die das Gericht gegenüber gewissen unteren Behörden innehat[19]. Das Verwaltungsgericht übt die Aufsicht über das *Baurekursgericht* (§§ 336 Abs. 2, 337 Abs. 1 und 337a PBG), das *Steuerrekursgericht* (§§ 116 Abs. 2, 117 Abs. 1, 118 und 118a StG) und über die kantonalen *Schätzungskommissionen* (§§ 34 und 35 AbtrG) aus. Es überwacht in dieser Eigenschaft die Justizverwaltung (vgl. § 42 Abs. 2 AbtrG), nicht aber die rechtsprechende Tätigkeit der beaufsichtigten Justizbehörden. Im Rahmen dieser Aufsichtskompetenzen hat das Verwaltungsgericht die Geschäftsordnungen der administrativ unterstellten Gerichte zu genehmigen (§ 337a PBG, § 118a Abs. 2 StG), soweit es entsprechende Verordnungen nicht ohnehin selber erlässt[20]. Weiter kommen dem Verwaltungsgericht gewisse Wahlkompetenzen zu (vgl. § 34 AbtrG), oder es bestimmt die Zahl der Stellen des juristischen und administrativen Personals (§ 337 Abs. 1 PBG, § 117 Abs. 1 StG).

---

[16] Beziehungsweise §§ 37 ff. E-GG; vgl. Weisung GG, S. 9, 127 ff.
[17] HAUSER/SCHWERI/LIEBER, Kommentar GOG, § 67 N. 1.
[18] Vgl. auch JAAG, Gerichte, S. 787 f.
[19] Vgl. dazu JAAG, Gerichte, S. 788.
[20] Vgl. Verordnung über das Verfahren der Schätzungskommissionen in Abtretungsstreitigkeiten, vom 24. November 1969 (LS 781.2); zudem § 337a Abs. 1 PBG; § 118 StG.

3. Gerichtsübergreifende Justizverwaltung

Gemäss Art. 73 Abs. 3 KV steht die gerichtliche Selbstverwaltung unter der Leitung der **obersten kantonalen Gerichte** (neben dem Verwaltungsgericht das Obergericht und das Sozialversicherungsgericht). Die entsprechende (Vorläufer-)Regelung wurde anlässlich der Schaffung des Personalgesetzes im Jahr 1998 eingefügt[21]. Mit der Einrichtung gemeinsamer Organe sollte einerseits der Verkehr der Gerichte mit dem Kantonsrat und Regierungsrat vereinfacht und anderseits die richterliche Unabhängigkeit geschützt werden[22].

17

Konkretisiert wird der Grundsatz der gemeinsamen Justizverwaltung durch die §§ 67 ff. GOG. Gerichtsübergreifende **Justizverwaltungsorgane** sind der Plenarausschuss der Gerichte und die Verwaltungskommission der Gerichte (§ 69 GOG). Das GOG regelt die Aufgaben dieser beiden Organe abschliessend; für alle anderen Fragen der Justizverwaltung bleibt die Zuständigkeit der einzelnen Gerichte bestehen[23].

18

- Mitglieder des *Plenarausschusses* sind die Mitglieder der Verwaltungskommission sowie sechs vom Obergericht und je vier vom Verwaltungsgericht und vom Sozialversicherungsgericht delegierte Mitglieder (§ 70 Abs. 1 GOG)[24]. Die Generalsekretärinnen oder -sekretäre nehmen mit beratender Stimme an den Sitzungen teil (§ 70 Abs. 4 GOG). Der Ausschuss ist vor allem im Bereich der Rechtsetzung tätig. Gestützt auf die entsprechende Delegationsnorm in § 73 GOG wurden Verordnungen zu folgenden Sachbereichen erlassen[25]: zum Personalrecht[26], zur Entschädigung der Zeuginnen, Zeugen, Auskunftspersonen und Sachverständigen[27], zu den Gerichtsauditorinnen und -auditoren[28], zur Information über Gerichtsverfahren und die Akteneinsicht Dritter[29] sowie – gemeinsam mit dem Regierungsrat – zum Dolmetscherwesen[30].

- Die *Verwaltungskommission* setzt sich aus den Präsidentinnen und Präsidenten der obersten kantonalen Gerichte zusammen (§ 71 GOG)[31]. Sie ist der geschäftsführende Ausschuss des Plenarausschusses, bereitet die Geschäfte vor und besorgt den Verkehr mit dem Kantonsrat und dem Regierungsrat (§ 74 GOG), damit diese einen einzigen Ansprechpartner haben. Die Generalsekretärinnen oder -sekretäre nehmen mit beratender Stimme an den Sitzungen teil (§ 71 Abs. 3 GOG).

---

[21] Vgl. zum Werdegang HAUSER/SCHWERI/LIEBER, Kommentar GOG, § 68 N. 1.
[22] JAAG, Gerichte, S. 788.
[23] HAUSER/SCHWERI/LIEBER, Kommentar GOG, § 72 N. 4.
[24] Weiterführend HAUSER/SCHWERI/LIEBER, Kommentar GOG, § 70.
[25] Eingehend zu den einzelnen Verordnungen HAUSER/SCHWERI/LIEBER, Kommentar GOG, § 73.
[26] Insb. Vollzugsverordnung der obersten kantonalen Gerichte zum Personalgesetz vom 26. Oktober 1999 (LS 211.21).
[27] Verordnung der obersten kantonalen Gerichte über die Entschädigung der Zeugen und Zeuginnen, Auskunftspersonen und Sachverständigen (Entschädigungsverordnung der obersten Gerichte) vom 11. Juni 2002 (LS 211.21).
[28] Verordnung der obersten kantonalen Gerichte über die Gerichtsauditoren und Gerichtsauditorinnen vom 20. Juni 2000 (LS 211.23).
[29] Verordnung der obersten kantonalen Gerichte über die Archivierung von Verfahrensakten (Archivverordnung der obersten Gerichte) vom 16. März 2001 (LS 211.16).
[30] Dolmetscherverordnung vom 26./27. November 2003 (LS 211.17).
[31] Weiterführend HAUSER/SCHWERI/LIEBER, Kommentar GOG, § 71.

4. Rechtsschutz

19 Soweit das Verwaltungsgericht im Rahmen der Selbstverwaltung Verordnungen erlässt oder als einzige Instanz Justizverwaltungsakte trifft, sind diese mit Beschwerde beim **Obergericht** anzufechten (§ 43 Abs. 2 VRG)[32]. Justizverwaltungsakte, welche das Verwaltungsgericht als Rechtsmittelinstanz getroffen hat, unterstehen direkt der Beschwerde an das Bundesgericht (Art. 82 ff. BGG)[33]. Für Erlasse und Anordnungen von gemeinsamen Organen der obersten kantonalen Gerichte findet der Ausnahmekatalog gemäss § 43 Abs. 2 (jeweils e contrario) keine Anwendung; da es sich bei Streitigkeiten im Zusammenhang mit der Aufsichtstätigkeit in der Sache um öffentlichrechtliche Angelegenheiten handelt, ist das Verwaltungsgericht nach Massgabe der §§ 41 ff. zur Behandlung entsprechender Rechtsmittel zuständig (vgl. § 43 N. 8 ff.)[34].

20 Mängel, die sich aus dem allgemeinen Geschäftsgang der beaufsichtigten Justizbehörden ergeben, sind mit **Aufsichtsbeschwerde** bei der Verwaltungskommission des Verwaltungsgerichts geltend zu machen (vgl. § 8 OV VGr), Mängel in der Rechtsprechung mit den entsprechenden ordentlichen Rechtsmitteln zu rügen.

III. Parlamentarische Kontrolle

21 Art. 57 KV weist dem **Kantonsrat** die Kontrolle über den Geschäftsgang der obersten kantonalen Gerichte und damit auch über das Verwaltungsgericht zu[35]. Gleichzeitig hält Art. 73 Abs. 2 KV den Grundsatz fest, dass die Gerichte in ihrer Rechtsprechung von den anderen Staatsgewalten unabhängig sind und ein rechtskräftiger Entscheid einer Gerichtsinstanz von keiner der anderen Gewalten aufgehoben oder geändert werden kann. Auch die Selbstverwaltung der Justiz ist verfassungsrechtlich anerkannt (Art. 73 Abs. 3 KV). Diese Eckpunkte sind nicht nur für die gesetzliche Ausgestaltung der parlamentarischen Kontrolle massgebend (vgl. § 35), sie binden auch den Kantonsrat und seine Organe bei der Ausübung dieser Kontrolle.

22 Gegenstand der parlamentarischen Kontrolle ist der **äussere Geschäftsgang** des Verwaltungsgerichts (eingehend § 35 N. 9). Dieser umfasst beispielsweise die Art und Dauer der Verfahren, die Geschäftslast und generell die Angelegenheiten der Justizverwaltung unter Einschluss des rechtsstaatlich guten Funktionierens des Gerichts, wozu nicht zuletzt auch die Wahrung des Amtsgeheimnisses gehört[36]. Aufgrund seiner Aufsichtskompetenzen steht dem Kantonsrat auch die Befugnis zu, über die Einhaltung der Unvereinbarkeitsbestimmungen (§ 34) und der Offenlegungspflichten (§ 34a) zu wachen. Die Aufsicht muss die Unabhängigkeit der Rechtsprechung wahren. Die rechtsprechende Tätigkeit wird deshalb von der parlamentarischen Kontrolle nicht erfasst; dem Kantonsrat

---

[32] Weisung 2009, S. 931.
[33] Vgl. Weisung 2009, S. 902; KIENER/KRÜSI, Beschwerde, S. 88 f.; vgl. VGr, 5.12.2012, VB.2012.00755, E. 2.3 und 2.4.
[34] Weisung 2009, S. 932; im Ergebnis gleich JAAG, Gerichte, S. 790.
[35] Vgl. auch § 34a Abs. 1 lit. b KRG.
[36] Vgl. auch HAUSER, in: Kommentar KV, Art. 57 N. 18.

sind jegliche Weisungen und Inhaltsprüfungen untersagt (§ 34a Abs. 2 und 3 KRG)[37]. Vor diesem Hintergrund ist der Wortlaut von Art. 73 Abs. 2 Satz 2 KV (Verbot der Aufhebung oder Änderung von «rechtskräftigen Entscheiden») zu eng formuliert[38].

Primäres und wichtigstes **Informationsmittel** des Kantonsrats in Bezug auf die Selbstverwaltung des Verwaltungsgerichts ist dessen *Rechenschaftsbericht* (§ 35 Abs. 2, vgl. dort N. 12 ff.). Weitere Informationsrechte, die dem Kantonsrat und seinen Organen im Rahmen der parlamentarischen Kontrolle zustehen, finden sich im Kantonsratsgesetz[39]. Die ratsintern mit der Justizaufsicht betraute Justizkommission (§ 49c Abs. 1 lit. a KRG i.V.m. § 11 Abs. 1 GR-KR) kann im Bereich ihrer Aufsichtstätigkeit beim Verwaltungsgericht die Herausgabe aller mit der Beurteilung des Finanzhaushalts beziehungsweise der Geschäftsführung im Zusammenhang stehenden *Akten* verlangen (§ 34e Abs. 1 lit. a KRG). Soweit es zur Wahrung schutzwürdiger privater Interessen, zum Schutz der Persönlichkeit oder aus Rücksicht auf ein hängiges justizförmiges Verfahren unerlässlich ist, kann das Verwaltungsgericht anstelle der Herausgabe von Amtsakten einen *besonderen Bericht* erstatten (§ 34e Abs. 2 KRG); das Amtsgeheimnis zum Schutz überwiegender öffentlicher Interessen kann das Gericht gegenüber der Aufsichtskommission indessen nicht geltend machen (§ 34e Abs. 3 KRG). Die in § 34e Abs. 1 lit. b KRG vorgesehene Möglichkeit der Aufsichtskommission, ohne Einvernehmen mit dem zuständigen Organ in der Verwaltung Besichtigungen vorzunehmen sowie jede Person in der Verwaltung anzuhören und zu befragen, bezieht sich dem klaren Wortlaut zufolge einzig auf die «Verwaltung» und damit auf die Tätigkeit von Verwaltungsbehörden. Auf die Justizverwaltung der Gerichte ist sie nicht anwendbar[40]. 23

Kraft seiner Kompetenz zur Kontrolle des Geschäftsgangs nimmt der Kantonsrat bzw. dessen Geschäftsleitung **Aufsichtsbeschwerden** entgegen, welche die *Justizverwaltung* des Verwaltungsgerichts zum Gegenstand haben (§ 44 Abs. 1 lit. b KRG)[41]. Die Eingaben werden an die Justizkommission oder an die Ombudsperson weitergeleitet, wobei die Aufsichtskommissionen (d.h. die Finanzkommission, die Geschäftsprüfungskommission und die Justizkommission[42]) mit der abschliessenden Erledigung oder mit der Antragstellung zuhanden der Geschäftsleitung beauftragt werden können (§ 44 Abs. 2 KRG). 24

Dem Kantonsrat kommt **kein Weisungsrecht** gegenüber dem Verwaltungsgericht und seinen Mitgliedern zu[43]. Er darf folglich nicht in konkrete Verfahren und Einzelakte eingreifen, auch nicht im Bereich der Justizverwaltung[44]. Zu den Sanktionierungsmöglichkeiten siehe sogleich N. 26 ff. 25

---

[37] BGE 134 I 16, E. 4.2; Vgl. HAUSER, in: Kommentar KV, Art. 57 N. 4 und 17; HAUSER/SCHWERI/LIEBER, Kommentar GOG, § 68; JAAG, Gerichte, S. 791 f.; SCHMID, in: Kommentar KV, Art. 73 N. 4 f. und 7.
[38] Zu Recht weiter gefasst ist § 34a Abs. 3 KRG.
[39] Weiterführend HAUSER, in: Kommentar KV, Art. 57 N. 23 ff.
[40] Am Wortlaut dieser Bestimmung wurde anlässlich der Revision des KRG im Jahr 2012 festgehalten, obwohl andere Gehalte von § 34e KRG geändert wurden; vgl. Weisung KRG 2012, S. 193.
[41] Zur früheren Fassung von § 44 KRG («Die Geschäftsleitung nimmt an den Kantonsrat gerichtete Petitionen, Aufsichtseingaben über die [...] Rechtspflege entgegen») zu Recht kritisch HAUSER, in: Kommentar KV, Art. 57 N. 21.
[42] Vgl. § 34e KRG.
[43] Anders die 2. Aufl., N. 8.
[44] HAUSER, in: Kommentar KV, Art. 57 N. 4.

IV. Verantwortlichkeit

26 Als Sanktion zufolge **disziplinarischer Verantwortlichkeit** kommt lediglich die *Ermahnung* in Betracht[45]. Gemäss § 36 Abs. 1 lit. b KRG (in der Fassung von 2012) kann ein Mitglied des Kantonsrats eine Ermahnung beantragen, wenn es einem Mitglied des Verwaltungsgerichts vorwirft, gegen das Recht verstossen oder eine Amtspflicht verletzt zu haben. Das Verfahren richtet sich gemäss § 36 Abs. 2 KRG sinngemäss nach § 35 VRG. Da sich der Aufsichtsbereich des Kantonsrats einzig auf den äusseren Geschäftsgang bezieht (N. 22), können allein Rechtsverletzungen im Zusammenhang mit der Justizverwaltung Anlass zu einer Ermahnung geben, nicht aber Rechtsverletzungen anlässlich der Rechtspflegetätigkeit. Diese sind im Rahmen der ordentlichen und in jedem Fall möglichen Rechtsmittel beim Bundesgericht zu rügen (Art. 82 ff. BGG). Mangels einer Grundlage in einem formellen Gesetz sind weitere Disziplinarmassnahmen wie beispielsweise die Amtsenthebung auch im Fall gravierender Verstösse nicht zulässig[46]. Fällt eine Wählbarkeitsvoraussetzung während laufender Amtszeit dahin, muss um Entlassung aus dem Amt oder um Erlaubnis zur Weiterführung des Amts ersucht werden (§ 35 VRG i.V.m. § 24 GPR). Im Übrigen bleibt dem Kantonsrat nur die Möglichkeit, einem Richter oder einer Richterin nach Ablauf der Amtsdauer die Wiederwahl zu versagen.

27 Bezüglich der **strafrechtlichen Verantwortlichkeit** geniessen die Mitglieder des Verwaltungsgerichts (relative) Immunität; sie können wegen ihrer Handlungen und Äusserungen im Amt nur mit vorheriger Zustimmung des Kantonsrats strafrechtlich verfolgt werden (Art. 44 Abs. 3 KV, § 38 Abs. 1 KRG). Nach dem Wortlaut der Verfassung steht das Strafverfolgungspriviileg den «Mitgliedern» der obersten Gerichte zu; angesprochen sind sämtliche Richterinnen und Richter[47]. Das parlamentsinterne Verfahren richtet sich nach § 38 Abs. 2 und 3 KRG. Beschliesst der Kantonsrat die Eröffnung einer Strafuntersuchung, kann er zu deren Durchführung einen besonderen Staatsanwalt bestimmen (§ 38 Abs. 4 KRG).

28 Die **vermögensrechtliche Verantwortlichkeit** richtet sich nach den Regeln des Haftungsgesetzes. Nach Massgabe von § 6 Abs. 1 HG haftungsbegründend ist neben dem Eintritt eines Schadens unter anderem, dass sich die in Frage stehende Massnahme als *widerrechtlich* erweist, was wiederum einen Verstoss gegen ein absolutes Rechtsgut oder – bei reinen Vermögensschäden – gegen Gebote und Verbote der Rechtsordnung voraussetzt[48]. Das Haftungsgesetz lässt indessen kaum Raum für die Geltendmachung von Schadenersatz- oder Rückgriffsansprüchen gegen Richterinnen und Richter: Die Rechtmässigkeit formell rechtskräftiger Urteile darf nicht überprüft werden (§ 21 HG), und wird ein Entscheid des Verwaltungsgerichts im Rechtsmittelverfahren geändert, so besteht eine Haftung des Staates nur bei arglistigem Handeln (§ 6 Abs. 2 HG). Mitglieder des Kantonsrats haben ihre Beanstandungen vorerst in einer Interpellation vorzubringen, wenn sie den

---

[45] Vgl. HAUSER/SCHWERI/LIEBER, Kommentar GOG, Vorbem. zu §§ 34 f. N. 9.
[46] Vgl. HALLER, in: Kommentar KV, Art. 41 N. 2.
[47] A.M. HALLER, in: Kommentar KV, Art. 44 N. 13 (Geltung von Art. 44 Abs. 3 KV einzig für *ordentliche* Richterinnen und Richter).
[48] Eingehend zur Staats- und Beamtenhaftung JAAG/RÜSSLI, Staats- und Verwaltungsrecht, N. 3101 ff., insb. N. 3110 ff.

Rat veranlassen wollen, Schadenersatz- oder Rückgriffsansprüche (vgl. §§ 14 und 15 HG) geltend zu machen. Die Finanzkommission, die Geschäftsprüfungskommission, die Justizkommission, die zuständige Aufsichtskommission sowie Parlamentarische Untersuchungskommissionen können solche Anträge aufgrund ihrer Untersuchungen auch ohne vorgängige Interpellation zur Verhandlung bringen (§ 35 Abs. 1 und 2 KRG).

Bestand und Sitz des Verwaltungsgerichts

§ 32

¹ Dem Verwaltungsgericht gehören vollamtliche sowie teilamtliche Mitglieder und Ersatzmitglieder an. Der Kantonsrat legt die Zahl der Mitglieder und der Ersatzmitglieder fest.

² Der Kantonsrat bestimmt den Sitz.

Materialien

Weisung 2009, S. 966 f.; Prot. KR 2007–2011, S. 10241, 10536; Weisung AnpassungsG ZPO/StPO, S. 1605.

Zur früheren Fassung/zu früheren Fassungen: Weisung 1957, S. 1040 ff.; Prot. KK 21.1.1958, 30.9.1958; Prot. KR 1955–1959, S. 3380 f.; Beleuchtender Bericht 1959, S. 403; Weisung 1995, S. 1505 und 1534 ff.; Prot. KK 1995/96, S. 60 ff., 254 ff., 262 ff.; Prot. KR 1995–1999, S. 6490 ff.; Beleuchtender Bericht 1997, S. 6.

Literatur

BIAGGINI GIOVANNI, in: Kommentar KV, Art. 18; BIAGGINI, Kommentar BV, Art. 35; HALLER, Selbstverwaltung; HAUSER MATTHIAS, in: Kommentar KV, Art. 38; HAUSER/SCHWERI/LIEBER, Kommentar GOG, § 6; JAAG, Gerichte, S. 778 ff.; JAAG/RÜSSLI, Staats- und Verwaltungsrecht, N. 2105 ff.; KOLLER HEINRICH, in: Basler Kommentar BGG, Art. 1; MERKLI/AESCHLIMANN/HERZOG, Kommentar VRPG, Art. 119; MOSIMANN HANS-JAKOB, in: Kommentar GSVGer, § 5; SCHMID NIKLAUS, in: Kommentar KV, Art. 73; SEILER HANSJÖRG, in: Handkommentar BGG, Art. 1.

Vgl. im Übrigen Vorbem. zu §§ 32–40a.

Inhaltsübersicht

I.	Grundlagen	1–6
	A. Regelungsgegenstand und Entstehungsgeschichte	1–4
	B. Vorgaben des übergeordneten Rechts	5–6
II.	Bestand des Verwaltungsgerichts (Abs. 1)	7–15
	A. Kategorien	7–13
	B. Zahl der Mitglieder	14–15
III.	Sitz des Verwaltungsgerichts (Abs. 2)	16–18

I. Grundlagen

A. Regelungsgegenstand und Entstehungsgeschichte

1 § 32 regelt die **Zusammensetzung** des Verwaltungsgerichts mit vollamtlichen und teilamtlichen Mitgliedern sowie Ersatzmitgliedern. Zudem begründet das Gesetz die **Kompetenz** des Kantonsrats zur Festlegung sowohl der Zahl der Mitglieder als auch des Gerichtssitzes.

Unter Mitarbeit von lic. iur. GABRIELA MEDICI und PATRICK BLUMER, MLaw.

Die in § 32 festgehaltenen Regeln über Bestand und Sitz des Verwaltungsgerichts wurden letztmals mit der VRG-Revision von 1997 geändert und sind seither **unverändert** geblieben.

Die **Entstehungsgeschichte** der Norm zeigt indessen, dass ihr Inhalt – namentlich die Festlegung der verschiedenen Richterkategorien – regelmässig zu *Diskussionen* Anlass gab. Bei der Schaffung des VRG hatte der Regierungsrat ein Gericht mit neun Richtern und sechs Ersatzmännern vorgesehen[1]; im Kantonsrat beschlossen wurde jedoch der Einsatz von vollamtlichen und nebenamtlichen Mitgliedern sowie von Ersatzmitgliedern[2]. Anlässlich der Revision von 1997 bildete die Frage, ob nicht einzig im *Vollamt* tätige Richterinnen und Richter einzusetzen seien, einen wichtigen Diskussionspunkt. Der erste Expertenentwurf hatte vorgeschlagen, die Kategorie der nebenamtlichen Richter abzuschaffen. Der Regierungsrat sprach sich jedoch für die Beibehaltung des «Milizelements» aus, allerdings in Form des *Teilamts* anstelle des Nebenamts[3]. Als Vorbild diente das bei der Schaffung des Sozialversicherungsgerichts verwirklichte Modell, wonach sich Teilamt und Vollamt lediglich durch den Beschäftigungsgrad der Amtsträger unterscheiden und in beiden Fällen das Richteramt den Hauptberuf darstellen soll (vgl. § 5 Abs. 1 GSVGer).

Wie schon in der vorberatenden Kommission blieb die Frage der *Ausgestaltung* des Teilamts auch im Kantonsrat umstritten. Anders als der Regierungsrat war die Kommission der Meinung, dass teilamtlich tätige Richterinnen und Richter neben ihrem Richteramt eine andere hauptberufliche Tätigkeit ausüben dürfen. Folglich musste die Frage diskutiert werden, ob und inwieweit den teilamtlichen Gerichtsmitgliedern die berufsmässige Vertretung Dritter in verwaltungsrechtlichen Streitigkeiten erlaubt sein soll. Nach langem Hin und Her einigte man sich darauf, das Plädierverbot auf Verfahren vor dem Verwaltungsgericht zu beschränken[4]. Diese Lösung entspricht dem heutigen § 34 Abs. 2; ein grundsätzlicher Systemwechsel erfolgte also nicht.

B. Vorgaben des übergeordneten Rechts

Das übergeordnete Recht enthält keine expliziten Vorgaben betreffend Bestand und Sitz von (kantonalen) Höchstgerichten. Gleichwohl steht die Festlegung der Zahl der Richterinnen und Richter *nicht* allein im politischen *Ermessen* des Kantonsrats. Art. 74 Abs. 1 KV stellt den Grundsatz auf, dass die Gerichtsorganisation und das Verfahren eine «verlässliche und rasche Rechtsprechung» gewährleisten; darüber hinaus geniessen die Verfahrensparteien einen verfassungsrechtlichen Anspruch auf rasche Erledigung des Verfahrens (Art. 18 Abs. 1 und Art. 74 Abs. 1 KV; Art. 29 Abs. 1 BV) und auf einen begründeten Entscheid (Art. 18 Abs. 2 KV; Art. 29 Abs. 2 BV). Als Normen des Verfassungsrechts verpflichten diese Bestimmungen auch den Kantonsrat[5]. Dieser muss folglich in jedem Fall und damit auch bei angespannter Finanzlage eine **angemessene personelle Ausstattung**

---

[1] Weisung 1957, S. 1040 f.
[2] Beleuchtender Bericht 1959, S. 403.
[3] Weisung 1995, S. 1535.
[4] Vgl. Prot. KR 1995–1999, S. 6490 ff.
[5] Vgl. Art. 10 Abs. 2 KV i.V.m. Art. 35 Abs. 2 BV. Vgl. SCHMID, in: Kommentar KV, Art. 74 N. 6; BIAGGINI, in: Kommentar KV, Art. 18 N. 3, 12 und 15 ff.; vgl. ausserdem BIAGGINI, Kommentar BV, Art. 35 N. 10; KIENER/KÄLIN, Grundrechte, S. 40.

des Verwaltungsgerichts sicherstellen[6]. Rechtsverzögerungen und andere Verletzungen von Verfahrensrechten lassen sich nicht mit dem Hinweis auf eine knappe personelle Ausstattung rechtfertigen[7].

6   Bezüglich der Wahl des Gerichtssitzes (§ 32 Abs. 2) ist namentlich das im Grundsatz der richterlichen Unabhängigkeit angelegte und mit Art. 73 Abs. 3 KV verfassungsrechtlich ausdrücklich anerkannte Prinzip der **Selbstverwaltung** der obersten Gerichte zu beachten (N. 17).

II. Bestand des Verwaltungsgerichts (Abs. 1)

A. Kategorien

7   Das Gesetz unterscheidet **drei Kategorien** von Richterinnen und Richtern: Vollamtliche Mitglieder, teilamtliche Mitglieder und Ersatzmitglieder. In ihrer Gesamtheit machen sie den Bestand (vgl. den Wortlaut der Marginalie) des Verwaltungsgerichts aus. Daneben verfügt das Verwaltungsgericht über juristisches und administratives Personal (§ 36 Abs. 2).

8   Die vollamtlichen und teilamtlichen Mitglieder sind Magistratspersonen. Sie sind die primären Träger der richterlichen Arbeit[8] und bilden das **Gesamtgericht oder Plenum** des Verwaltungsgerichts (§ 39 Abs. 1 Satz 1 VRG; § 1 Abs. 1 OV VGr). Das Gesetz stellt keine Vorschriften für den Anteil der jeweiligen Richterkategorie im Gesamtgericht oder im einzelnen Spruchkörper auf. Die Vorsitzenden des Gerichts (Präsidium und Vizepräsidium) sind indessen in erster Linie aus dem Kreis der vollamtlichen Richterinnen und Richter zu wählen (§ 36 Abs. 1 Satz 2).

9   **Vollamtliche Mitglieder** sind mit einem Beschäftigungsgrad von 100 Prozent tätig. Zurzeit gehören dem Verwaltungsgericht vier vollamtliche Mitglieder an[9]. Dementsprechend ist das Amt mit einer anderen hauptberuflichen Tätigkeit und mit der berufsmässigen Vertretung Dritter vor den Gerichten oder Verwaltungsbehörden des Kantons unvereinbar (§ 34). Die vollamtlichen Mitglieder erledigen ihre Arbeit grundsätzlich am Sitz des Gerichts (§ 15 OV VGr e contrario).

10 **Teilamtliche Mitglieder** sind Teil des Gesamtgerichts (§ 39 Abs. 1 Satz 1). Sie haben das gleiche Stimmengewicht wie die vollamtlichen Mitglieder (Kopfstimmrecht)[10] und können als Einzelrichter über Rechtsmittel entscheiden (§ 38b). In der Regel gehören dem Verwaltungsgericht zwölf teilamtliche Richterinnen und Richter an, deren Beschäf-

---

[6]   Vgl. MERKLI/AESCHLIMANN/HERZOG, Kommentar VRPG, Art. 119 N. 6.
[7]   Grundlegend EGMR, 28.6.1978, 6232/73, A27 (König/Deutschland), Ziff. 100; danach in ständiger Rechtsprechung, siehe bspw. EGMR, 27.7.1997, 19773/92, 1997-IV (Philis [Nr. 2]/Griechenland), Ziff. 40; für die Schweiz BGE 130 I 213, E. 5.2.
[8]   Vgl. auch MERKLI/AESCHLIMANN/HERZOG, Kommentar VRPG, Art. 119 N. 5.
[9]   RB 2011, S. 7 f.
[10] JAAG/RÜSSLI, Staats- und Verwaltungsrecht, N. 2106; JAAG, Gerichte, S. 779; HAUSER/SCHWERI/LIEBER, Kommentar GOG, § 6 N. 4.

tigungsgrad jeweils 50 Prozent beträgt[11]. Teilamtliche Mitglieder sind im Rahmen ihres Beschäftigungsgrads am Sitz des Gerichts so oft anwesend, wie es für den reibungslosen Geschäftsgang erforderlich ist (§ 15 OV VGr).

Der **Unterschied** zwischen den vollamtlichen und den teilamtlichen Mitgliedern betrifft nicht die Rechtsprechungstätigkeit, sondern Statusfragen. Der Hauptunterschied liegt im Beschäftigungsgrad, welcher für die teilamtlichen Mitglieder anlässlich der Wahl durch den Kantonsrat festgelegt wird (§ 32 Abs. 1 Satz 2). Zudem dürfen die teilamtlichen im Unterschied zu den vollamtlichen Mitgliedern eine *andere* hauptberufliche *Tätigkeit* ausüben und insbesondere auch als Rechtsanwälte tätig sein[12]; die berufsmässige Vertretung Dritter vor dem Verwaltungsgericht ist ihnen aber untersagt (§ 34 Abs. 2).

11

Die **Ersatzmitglieder** sind nicht Teil des Gesamtgerichts und wirken folglich auch nicht an der Regelung von organisatorischen und personellen Angelegenheiten und an der gerichtlichen Selbstverwaltung mit (§ 39). Sie sind deshalb auch nicht an der Rechtsetzung (Verordnungsrecht) des Gerichts beteiligt (§ 40). Werden Ersatzmitglieder punktuell in Fragen der Gerichtsverwaltung herangezogen, haben sie bloss beratende Stimme (vgl. § 6 Abs. 4 OV VGr).

12

Die **Funktion** der Ersatzmitglieder besteht aus gerichtsorganisatorischer Sicht darin, Spitzen in der Geschäftslast aufzufangen oder allenfalls ausgefallene vollamtliche und teilamtliche Richter zu ersetzen; sie sind deshalb vorab zur *temporären Entlastung* des Gesamtgerichts einzusetzen[13] und werden dementsprechend nur fallweise entschädigt[14]. Über das in verwaltungsrechtlichen Streitigkeiten erforderliche Fachwissen verfügt das Gericht mit den vollamtlichen und teilamtlichen Mitgliedern, so dass sich aus diesem Grund der Einsatz von spezifisch fachkompetenten Ersatzmitgliedern heute nicht mehr rechtfertigen lässt. Ersatzmitglieder stehen bei Bedarf denn auch für den Einsatz in allen Kammern zur Verfügung (§ 16 Abs. 1 Satz 1 OV VGr) und sollen nur ausnahmsweise einer oder mehreren Abteilungen fest zugeteilt werden (§ 16 Abs. 1 Satz 2 OV VGr). Weil es der Grundfunktion von Ersatzmitgliedern widerspricht, wenn sie regelmässig wie ordentliche Mitglieder an der Erledigung von Streitigkeiten mitwirken, sind die Kammern so zu konstituieren, dass sie grundsätzlich in ordentlicher Besetzung und ohne Beizug von Ersatzleuten tagen können (vgl. § 13 Abs. 3 OV VGr). Von der Möglichkeit, einzelne Ersatzmitglieder aufgrund eines zeitlich fest bestimmten Beschäftigungsgrads unter entsprechender Entlöhnung einzusetzen (§ 5 Abs. 1 lit. d i.V.m. § 16 Abs. 2 OV VGr), sollte deshalb nur in Ausnahmesituationen Gebrauch gemacht werden.

13

B. Zahl der Mitglieder

Das Gesetz legt die Zahl der Richterinnen und Richter nicht selber fest, sondern **delegiert** diese Aufgabe an den **Kantonsrat** (§ 32 Abs. 1 Satz 2)[15]. Demgegenüber bestimmen

14

---

[11] RB 2011, S. 7 f.
[12] JAAG/RÜSSLI, Staats- und Verwaltungsrecht, N. 2106.
[13] SEILER, in: Handkommentar BGG, Art. 1 N. 13; KOLLER, in: Basler Kommentar BGG, Art. 1 N. 122.
[14] JAAG, Gerichte, S. 779.
[15] Gleich wird auch die Anzahl Oberrichter nicht durch das GOG, sondern durch einen Kantonsratsbeschluss bestimmt; vgl. § 34 Abs. 2 GOG.

der Bund[16] und zahlreiche Kantone im Gesetz die Mindest- und Höchstzahl der Richterinnen und Richter eines Gerichts[17]. Der Kantonsrat hat die ihm übertragene Rechtsetzungskompetenz in Form einer unselbständigen Verordnung wahrgenommen (Beschluss des Kantonsrates über die Zahl der Mitglieder und Ersatzmitglieder des Verwaltungsgerichts vom 7. Juli 1997[18]). Dieser Beschluss nimmt einzig bezüglich der Zahl der *zwölf Ersatzmitglieder* eine numerische Festlegung vor (Ziff. II). Demgegenüber wird die Zahl der Stellen für voll- und teilamtliche Mitglieder des Verwaltungsgerichts auf insgesamt *1000 Stellenprozente* oder insgesamt zehn Vollzeitstellen festgesetzt (Ziff. I). Der Grund für diese Regelung liegt darin, dass das Gesetz den Kantonsrat dazu verpflichtet, den Beschäftigungsgrad der teilamtlichen Mitglieder gleichzeitig mit der Wahl festzulegen (§ 33 Abs. 1 Satz 2). Zurzeit gehören dem Verwaltungsgericht insgesamt 16 Mitglieder an, wobei die zwölf teilamtlichen Richterinnen und Richter jeweils mit einem Beschäftigungsgrad von 50 Prozent tätig sind[19].

15 Mit Inkraftsetzung der Kantonsverfassung im Jahr 2005 und der damit einhergehenden Stärkung des Rechtsstaatlichkeitsprinzips erscheint das vom Gesetzgeber gewählte Konzept in verschiedener Hinsicht **unbefriedigend.** Die Zahl der an einer obersten kantonalen Justizbehörde[20] tätigen Richterinnen und Richter ist nach Massgabe des Legalitätsprinzips (verankert in Art. 2 Abs. 1 und Art. 38 Abs. 1 lit. c KV) eine für die Behördenorganisation wichtige rechtsetzende Bestimmung und sollte deshalb zumindest in den Grundzügen – Mindest- und Höchstzahl der Richter – im formellen Gesetz geregelt werden[21]. Dies gilt umso mehr, als die Festlegung der Zahl der Richterinnen und Richter nicht im politischen Ermessen des Kantonsrats liegt (ausführlich N. 5). Unter dem Gesichtspunkt des Transparenzgebots (vgl. Art. 49 KV) wenig befriedigend ist nicht zuletzt auch der Umstand, dass die exakte zahlenmässige Zusammensetzung des Verwaltungsgerichts weder aus dem Verwaltungsrechtspflegegesetz selber noch aus nachgeordneten Rechtsnormen ersichtlich wird.

III. Sitz des Verwaltungsgerichts (Abs. 2)

16 Das Verwaltungsrechtspflegegesetz von 1959 hatte Zürich als Gerichtssitz bestimmt[22]. Anlässlich der Teilrevision von 1997 wollte man im Interesse flexibler Lösungen auf eine Festschreibung verzichten. Dem Antrag des Regierungsrats, es sei ihm die Kompetenz zur Festlegung des Gerichtssitzes zu übertragen, wurde mit Blick auf die richterliche Unabhängigkeit jedoch nicht gefolgt[23]. Nach Massgabe von § 32 Abs. 2 bestimmt nun der

---

[16] Art. 1 Abs. 3 BGG; Art. 1 Abs. 3 VGG; Art. 41 Abs. 1 und 2 StBOG; vgl. allerdings Art. 8 Abs. 2 PatGG.
[17] Als Beispiel Art. 119 Abs. 1 VRPG BE.
[18] LS 175.213.
[19] RB 2011, S. 7 f.
[20] Vgl. Art. 74 Abs. 2 KV.
[21] Vgl. BGE 134 I 125, E. 3.2 und 3.3; BÜRKI, Legalität, S. 183; vgl. ausserdem HAUSER, in: Kommentar KV, Art. 38 N. 26 und 47; KOLLER, in: Basler Kommentar BGG, Art. 1 N. 137.
[22] § 32 Abs. 2 in der Fassung vom 24. Mai 1959.
[23] Weisung 1995, S. 1505 und 1535; Prot. KK 1995/96, S. 70.

Kantonsrat den Sitz des Verwaltungsgerichts, welcher sich seit dem Jahr 1960 in der Stadt Zürich befindet.

Die **Standortwahl** innerhalb der vom Kantonsrat bestimmten Gemeinde und die allfällige Wahl zwischen mehreren, gleichermassen zweckmässigen Gebäuden ist grundsätzlich Sache des *Gerichts*. Diese Regel folgt aus dem Grundsatz der richterlichen Unabhängigkeit im Allgemeinen und dem daraus abgeleiteten Prinzip der Selbstverwaltung der obersten Gerichte im Besonderen (Art. 73 Abs. 3 KV; § 68 Abs. 1 GOG)[24]; sie entspricht auch dem Willen des Gesetzgebers[25]. Die Selbstverwaltung erstreckt sich auch auf den *Bau und Unterhalt* von Gerichtsgebäuden[26]. Entgegen dem Vorschlag des Regierungsrats (Art. 70 Entwurf GOG) wurde den Gerichten die Bauverwaltung deshalb nicht entzogen[27]. Die Immobilienverordnung des Regierungsrats findet auf die Gerichte keine Anwendung (vgl. § 2 ImV); § 68 Abs. 2 GOG verpflichtet die obersten kantonalen Gerichte aber dazu, bei der Planung, beim Bau und Unterhalt von Liegenschaften mit der für das Bauwesen zuständigen Direktion zusammenzuarbeiten. Die Einzelheiten sollen in einer – noch zu erlassenden – gemeinsamen Verordnung der obersten kantonalen Gerichte und des Regierungsrats geregelt werden[28].

17

Bei allen die Gerichtsbauten betreffenden Fragen bewegt sich der **Entscheidungsspielraum** der Beteiligten innerhalb der verfassungsrechtlichen Schranken: Sie haben neben den allgemeinen Grundsätzen rechtsstaatlichen Handelns (Art. 2 KV, Art. 5 BV) insbesondere den Justizgewährleistungsanspruch der Parteien (Art. 18 KV, Art. 29 Abs. 1 BV) sowie das Ansehen und die Unabhängigkeit der Justiz (Art. 30 Abs. 1 BV, Art. 6 Ziff. 1 EMRK) zu beachten[29], aber auch dem Diskriminierungsverbot und – damit einhergehend – den Anliegen der Behindertengleichstellung (Art. 11 Abs. 4 und Art. 138 KV; Art. 8 Abs. 4 BV)[30] Rechnung zu tragen. Die Bauten müssen demnach für alle Parteien örtlich und physisch zugänglich sein und die einem obersten Gericht angemessene Infrastruktur bieten.

18

---

[24] Eingehend HALLER, Selbstverwaltung, S. 187 ff.; vgl. auch SCHMID, in: Kommentar KV, Art. 73 N. 11 f.
[25] Vgl. Prot. KK 1995/96, S. 70.
[26] HALLER, Selbstverwaltung, S. 191 ff., 195 f. und passim; SCHMID, in: Kommentar KV, Art. 73 N. 11; HAUSER/SCHWERI/LIEBER, Kommentar GOG, § 68 N. 6. Anders noch ROBERT HAUSER/ERHARD SCHWERI, Kommentar zum zürcherischen Gerichtsverfassungsgesetz, Zürich 2002, § 42 N. 17; KURT EICHENBERGER, Verfassung des Kantons Aargau, Aarau/Frankfurt a.M. 1986, § 96 N. 2.
[27] Weisung AnpassungsG ZPO/StPO, S. 1605.
[28] HAUSER/SCHWERI/LIEBER, Kommentar GOG, § 68 N. 6; vgl. auch HALLER, Selbstverwaltung, S. 200 f.
[29] Vgl. zum Zusammenspiel zwischen Selbstverwaltung der Justiz und richterlicher Unabhängigkeit HALLER, Selbstverwaltung, S. 187 ff.
[30] Vgl. Art. 2 Abs. 3 sowie Art. 3 lit. a und Art. 7 BehiG sowie §§ 239 a ff. PBG.

> *Wahl des Verwaltungsgerichts*
>
> **§ 33**
>
> [1] Der Kantonsrat wählt die Mitglieder und die Ersatzmitglieder. Mit der Wahl der teilamtlichen Mitglieder legt er deren Beschäftigungsgrad fest. Für die Wahl der Hälfte der Ersatzmitglieder steht dem Gericht ein Vorschlagsrecht zu.
>
> [2] Die Amtsdauer beträgt sechs Jahre.

Materialien

Weisung 2009, S. 966 f.; Prot. KR 2007–2011, S. 10241, 10536.

Zur früheren Fassung/zu früheren Fassungen: Weisung 1957, S. 1040; Prot. KK 21.1.1958, 30.9.1958; Prot. KR 1955–1959, S. 3380 f.; Beleuchtender Bericht 1959, S. 403; Weisung 1995, S. 1534 ff.; Prot. KK 1995/96. S. 70 f., 254 ff., 269 ff.; Prot. KR 1995–1999, S. 6490 ff.; Beleuchtender Bericht 1997, S. 6.

Literatur

ALBRECHT, Parteivertreter; BÜHLER, Wahl und Auswahl; HALLER WALTER, in: Kommentar KV, Art. 40 und 41; HAUSER/SCHWERI/LIEBER, Kommentar GOG, § 5; HUGI YAR THOMAS/KLEY ANDREAS, in: Basler Kommentar BGG, Art. 9; JAAG, Gerichte, S. 780 ff., 784, 790; JAAG/RÜSSLI, Staats- und Verwaltungsrecht, N. 2105; KIENER REGINA, in: Basler Kommentar BGG, Art. 6; KOTTUSCH PETER, in: Kommentar KV, Art. 20; LIVSCHITZ, Richterwahl; MOSIMANN HANS-JAKOB, in: Kommentar GSVGer, § 5; SCHMID NIKLAUS, in: Kommentar KV, Art. 75; SEILER, Richter als Parteivertreter; SPÜHLER, Wahlart, S. 31 f.

Inhaltsübersicht

I.	Grundlagen	1–4
	A. Regelungsgegenstand und Entstehungsgeschichte	1–2
	B. Vorgaben des übergeordneten Rechts	3–4
II.	Wahl (Abs. 1)	5–17
	A. Wahlbehörde	5–6
	B. Wählbarkeitsvoraussetzungen	7–11
	C. Wahlverfahren	12–17
III.	Amtsdauer (Abs. 2)	18–22

I. Grundlagen

A. Regelungsgegenstand und Entstehungsgeschichte

1 § 33 Abs. 1 regelt die **Wahl** sämtlicher Mitglieder an das Verwaltungsgericht. Die Bestimmung soll in erster Linie die Wahl der Richterinnen und Richter einschliesslich der Ersatzrichter durch eine demokratisch direkt legitimierte Behörde sichern[1]. Der persönliche Geltungsbereich von § 33 erstreckt sich demnach sowohl auf die vollamtlichen wie

---

Unter Mitarbeit von lic. iur. GABRIELA MEDICI und PATRICK BLUMER, MLaw.

[1] KIENER/KRÜSI, Beschwerde, S. 75.

die teilamtlichen Gerichtsmitglieder und die Ersatzmitglieder (§ 32). § 33 Abs. 2 legt deren **Amtsdauer** einheitlich auf sechs Jahre fest. Darüber hinaus begründet die Bestimmung ein Vorschlagsrecht des Gerichts für die Wahl der Hälfte der Ersatzmitglieder.

§ 33 wurde anlässlich der VRG-Revision von 2010 **teilweise geändert**. Bis zur Revision der Kantonsverfassung hatte der Kantonsrat die Mitglieder des Verwaltungsgerichts sowie die Hälfte der Ersatzmitglieder gewählt; die weiteren Ersatzmitglieder wurden vom Verwaltungsgericht selber bestimmt (sog. Kooptation)[2]. Diese auf Gesetz beruhende Bestimmung verletzte die verfassungsrechtlich neu begründete Wahlkompetenz des Kantonsrats (Art. 75 Abs. 1 KV), wonach «die Mitglieder und Ersatzmitglieder der für das gesamte Kantonsgebiet zuständigen Gerichte» und damit auch sämtliche Mitglieder des Verwaltungsgerichts ausschliesslich durch den Kantonsrat zu wählen sind[3]. Im Gegenzug erhielt das Verwaltungsgericht für die Wahl der Hälfte der Ersatzmitglieder ein Vorschlagsrecht.

B. Vorgaben des übergeordneten Rechts

Die **Kantonsverfassung** normiert die Regeln über die Wahl der Richterinnen und Richter ans Verwaltungsgericht **abschliessend**: Art. 75 Abs. 1 KV begründet die Kompetenz des Kantonsrats zur Richterwahl, Art. 40 und Art. 22 KV umschreiben die Wählbarkeitsvoraussetzungen, und Art. 41 Abs. 2 KV legt die Amtsdauer der Richterinnen und Richter auf sechs Jahre fest. Mit Ausnahme des gerichtlichen Vorschlagsrechts für die Wahl der Hälfte der Ersatzmitglieder gemäss Abs. 1 Satz 3 hat § 33 damit bloss *deklaratorischen Charakter*.

Wählbarkeitsvoraussetzungen und Wahlverfahren sind so auszugestalten, dass die **richterliche Unabhängigkeit** (Art. 73 Abs. 2 KV, Art. 30 Abs. 1 BV, Art. 6 Ziff. 1 EMRK) nicht verletzt, sondern in bestmöglicher Weise gesichert wird. Ein im verfassungs- und völkerrechtlichen Sinn unabhängiges Gericht zeichnet sich namentlich durch die Art und Weise der Richterwahl und der Wahl auf feste Amtsdauer aus; wesentlich ist immer, ob das Gericht dem äusseren Anschein nach den Eindruck von Unabhängigkeit vermitteln kann[4]. Die Zuständigkeit des *Parlaments* und damit auch des Kantonsrats als einer politischen Behörde ist mit den Anforderungen, welche die richterliche Unabhängigkeit an die Wahlbehörde stellt, vereinbar[5]. Eine Amtsdauer von sechs Jahren hält vor Art. 6 Ziff. 1 EMRK stand[6]; in der Lehre wird die Beschränkung der richterlichen *Amtsdauer* allerdings kontrovers diskutiert[7]. Den Kandidierenden steht kein Rechtsanspruch auf Wahl zu. Weil es sich bei einer Richterwahl aber um die Wahrnehmung einer staatlichen Aufgabe handelt,

---

[2] Vgl § 33 Satz 1 und 2 in der Fassung vom 24. Mai 1959 bzw. § 33 Abs. 1 Satz 1 und 3 nach der Revision von 1997.
[3] Weisung 2009, S. 966 f.; vgl. auch SCHMID, in: Kommentar KV, Art. 75 N. 3 f.
[4] BGE 126 I 228, E. 2; 134 I 16, E. 4.2; zu Art. 6 Ziff. 1 EMRK vgl. statt anderer GRABENWARTER/PABEL, EMRK, § 24 N. 32 ff.
[5] EGMR, 28.6.1984, 7819/77, A 80 (Campbell und Fell/Grossbritannien), Ziff. 79; vgl. allerdings strenger Europarat, Empfehlung CM/Rec(2010)12, Ziff. 46 ff.
[6] EGMR, 22.10.1984, 8790/79, A 84 (Sramek/Österreich), Ziff. 26 und 38; EGMR, 28.6.1984, 7819/77, A 80 (Campbell und Fell/Grossbritannien), Ziff. 80.
[7] Vgl. die Nachweise bei HUGI YAR/KLEY, in: Basler Kommentar BGG, Art. 9 N. 2 in Fn. 6.

welche von Verfassungs wegen die Bindung an die Grundrechte nach sich zieht[8], steht die Wahlbehörde namentlich in der Pflicht, die Kandidaten fair zu behandeln (Art. 29 BV) und das Willkürverbot sowie das Gebot von Treu und Glauben (Art. 9 BV) zu beachten[9]; in Nachachtung der richterlichen Unabhängigkeit hat sie das *Verfahren* sorgfältig und möglichst professionell zu führen[10].

II. Wahl (Abs. 1)

A. Wahlbehörde

5   Gemäss Art. 75 Abs. 1 i.V.m. Abs. 2 KV wählt der **Kantonsrat** die Mitglieder und die Ersatzmitglieder der für das gesamte Kantonsgebiet zuständigen Gerichte und damit auch *sämtliche* Mitglieder des Verwaltungsgerichts. § 33 Abs. 1 Satz 1 hat deshalb nur deklaratorischen Charakter. Mit der Übertragung der Wahlkompetenz ans Kantonsparlament gilt im Kanton Zürich die gleiche Regelung wie im Bund, wo die Mitglieder der eidgenössischen Gerichte durch die Vereinigte Bundesversammlung gewählt werden[11].

6   Der **Kompetenzbereich** des Kantonsrats beschränkt sich auf die Wahl der Kandidatinnen und Kandidaten ans Verwaltungsgericht und auf die Festlegung des Beschäftigungsgrads der teilamtlichen Mitglieder (§ 33 Abs. 1 Satz 2), erstreckt sich aber nicht auf die Wahl in eine der Abteilungen des Gerichts. Gleich wie die Wahl des Präsidenten und der Vizepräsidentinnen und -präsidenten obliegt diese Aufgabe dem Verwaltungsgericht selber (§ 36 Abs. 1 VRG sowie § 2 OV VGr). Die Wahlkompetenz des Kantonsrats aktualisiert sich in drei Fällen: bei einer Ergänzungswahl aufgrund einer Vakanz während der laufenden Amtsdauer, bei einer Neuwahl für den Fall, dass ein bisheriges, sich der Wiederwahl stellendes Mitglied des Verwaltungsgerichts nicht wiedergewählt worden ist oder aber eine neue Richterstelle zu besetzen ist, und schliesslich bei der (Wieder-)Wahl nach Ablauf der Amtsdauer[12].

B. Wählbarkeitsvoraussetzungen

7   Gemäss Art. 40 Abs. 1 KV kann ins Verwaltungsgericht gewählt werden, wer in kantonalen Angelegenheiten **stimmberechtigt** ist. Nach Massgabe von Art. 22 KV steht das Stimm- und Wahlrecht in Kantons- und Gemeindeangelegenheiten allen Schweizerinnen und Schweizern zu, die im Kanton wohnen, das 18. Lebensjahr zurückgelegt haben und in eidgenössischen Angelegenheiten stimmberechtigt, d.h. nicht wegen Geisteskrankheit oder Geistesschwäche entmündigt sind (Art. 136 Abs. 1 BV)[13]. Diese Regelung ist *abschliessend;* das Gesetz darf keine weiter gehenden Wählbarkeitsvoraussetzungen aufstellen[14].

---

[8]   Art. 10 Abs. 2 KV i.V.m. Art. 35 Abs. 1 und 2 BV.
[9]   Vgl. KIENER, in: Basler Kommentar BGG, Art. 5 N. 10.
[10] Vgl. BGE 137 I 77, E. 3.3.5.
[11] Art. 168 Abs. 1 BV; vgl. Art. 5 Abs. 1 BGG; Art. 5 Abs. 1 VGG; Art. 42 Abs. 1 StBOG; Art. 9 Abs. 1 PatGG.
[12] Vgl. KIENER, in: Basler Kommentar BGG, Art. 5 N. 4.
[13] Zu diesem «dynamischen Verweis» KOTTUSCH, in: Kommentar KV, Art. 22 N. 37.
[14] BGE 137 I 77, E. 3.3.2 ff. Vgl. HALLER, in: Kommentar KV, Art. 40 N. 5.

Nach Massgabe der Kantonsverfassung ist als Mitglied des Verwaltungsgerichts nur wählbar, wer im Kanton politischen **Wohnsitz** hat (Art. 40 Abs. 1 i.V.m. Art. 22 KV, § 23 Abs. 1 GPR). Die Wohnsitzpflicht bezweckt die Verbundenheit der Mitglieder des Verwaltungsgerichts mit der Bevölkerung[15]. Ob sie vor der verfassungsrechtlich garantierten Niederlassungsfreiheit (Art. 25 BV) standhält, muss im Einzelfall entschieden werden[16]. Der Wohnsitz richtet sich nach den Bestimmungen von Art. 23 ZGB. Die Begründung des politischen Wohnsitzes im Zeitpunkt des Amtsantritts genügt (vgl. auch § 87 N. 4).

Weitere Voraussetzungen bestehen *nicht;* namentlich ist keine besondere juristische Befähigung und damit weder ein juristischer Studienabschluss noch ein Anwaltspatent oder ein Minimum an Berufserfahrung in Justiz oder Verwaltung verlangt[17]. Diese Regelung ist ausdrücklich gewollt; die Einführung von Wählbarkeitsvoraussetzungen auf Gesetzesebene fand im Verfassungsrat keine Mehrheit[18]. Da gemäss Art. 48 KV Deutsch die Amtssprache des Kantons ist, wird die Beherrschung dieser Sprache zumindest implizit vorausgesetzt. Von vornherein keine Wählbarkeitsvoraussetzung stellen im Übrigen die Unvereinbarkeiten (§ 34) dar[19].

In der **Praxis** wurden seit Schaffung des Verwaltungsgerichts von ganz wenigen Ausnahmen abgesehen jedoch immer Personen mit juristischer Bildung gewählt. Art. 40 Abs. 2 KV hält den Kantonsrat dazu an, bei der Bestellung des Verwaltungsgerichts eine angemessene Vertretung beider *Geschlechter* anzustreben. Diese nicht justiziable *Zielvorgabe*[20] wurde bezüglich des Verwaltungsgerichts bislang nicht erreicht; gemäss Rechenschaftsbericht 2011 sind das Präsidium und die drei Abteilungsvorsitze mit Männern besetzt, unter den teilamtlichen Mitgliedern sind vier von zwölf Mitgliedern weiblichen Geschlechts, bei zwei Vakanzen[21]. Der Kantonsrat befolgt bei der Wahl den *Parteienproporz* (§ 75 Abs. 1 GR-KR)[22]. Die Ersatzmitglieder des Verwaltungsgerichts werden indessen keiner Fraktion angerechnet[23].

---

[15] HAUSER/SCHWERI/LIEBER, Kommentar GOG, § 5 N. 3.
[16] Das Bundesgericht hat die Residenzpflicht für die Gerichtsschreiber eines Bezirksgerichts für verhältnismässig erachtet; vgl. BGr, 27.3.1987, P.388/1986, zitiert in BGE 128 I 280, E. 4.2. Allgemein bejahend HAUSER/SCHWERI/LIEBER, Kommentar GOG, § 5 N. 3; vgl. differenziert MÜLLER/SCHEFER, Grundrechte, S. 321 f.; BIAGGINI, Kommentar BV, Art. 24 N. 10.
[17] Vgl. BGE 137 I 77, E. 3.1; SCHMID, in: Kommentar KV, Art. 75 N. 8; HALLER, in: Kommentar KV, Art. 40 N. 7; HAUSER/SCHWERI/LIEBER, Kommentar GOG, § 5 N. 5; MOSIMANN, in: Kommentar GSVGer, § 5 N. 2.
[18] Vgl. SCHMID, in: Kommentar KV, Art. 75 N. 8; HALLER, in: Kommentar KV, Art. 40 N. 7; vgl. auch BGE 137 I 77, E. 3.1.
[19] Anderer Meinung HAUSER/SCHWERI/LIEBER, Kommentar GOG, § 5 N. 3.
[20] HALLER, in: Kommentar KV, Art. 40 N. 15.
[21] RB 2011, S. 7 f.
[22] Vgl. auch SCHMID, in: Kommentar KV, Art. 75 N. 5; Beschluss des Kantonsrats vom 22. November 2010 über die parlamentarische Initiative von Peter Schulthess betreffend Änderung des Kantonsratsgesetzes und des Geschäftsreglements des Kantonsrats betreffend die Kandidaturprüfung für die Wahl der Mitglieder und Ersatzmitglieder der für das gesamte Kantonsgebiet zuständigen Gerichte, Vorlage 385a/2008, ABl 2010, 2348 ff.; Prot. KR 2007–2011, S. 12703.
[23] Grundsatzbeschluss der Interfraktionellen Konferenz des Kantonsrats vom 14. Dezember 2010, nicht publiziert.

11 Das Fehlen einer Wählbarkeitsvoraussetzung zeitigt unterschiedliche **Rechtsfolgen:** Sind anlässlich der Wahl nicht sämtliche Wählbarkeitsvoraussetzungen gegeben, kommt keine gültige Wahl zustande[24]. Hoheitsakte, die unter Mitwirkung eines de lege nicht gültig gewählten Richters ergangen sind, sind aus Rechtssicherheitsgründen nicht nichtig, sondern wegen Verletzung des Anspruchs auf den gesetzlichen Richter (Art. 30 Abs. 1 BV, Art. 6 Ziff. 1 EMRK) anfechtbar[25]. Fällt eine Wählbarkeitsvoraussetzung während laufender Amtsdauer dahin, etwa weil ein Richter seinen Wohnsitz in einen anderen Kanton verlegt, muss der betroffene Richter den Kantonsrat um vorzeitige Entlassung aus dem Amt ersuchen (§ 35 i.V.m. § 36 Abs. 1 GPR). Die Mitwirkung eines Richters, der die Wählbarkeitsvoraussetzung des Wohnsitzes nicht mehr erfüllt, vom Kantonsrat aber gemäss den §§ 35 f. GPR bis zum Amtsantritt seines Nachfolgers zur weiteren Amtsausübung ermächtigt wird, gilt als rechtmässig[26].

C. Wahlverfahren

12 Eine vom Kantonsrat bestimmte **Kommission** prüft die Kandidaturen zuhanden des Kantonsrats (Art. 75 Abs. 1 Satz 2 KV). Der Gesetzgeber hat diese Aufgabe in § 49c Abs. 3 KRG der Justizkommission übertragen. Anders als in der Lehre gefordert, ist damit nicht eine eigens geschaffene und mit auch externen Fachpersonen ergänzte Kommission für die Vorprüfung der Bewerbungen zuständig[27], sondern eine ständige Aufsichtskommission des Kantonsrats (vgl. § 48 Abs. 1 lit. c KRG).

13 Ist die Stelle eines Mitglieds oder Ersatzmitglieds am Verwaltungsgericht neu zu besetzen, ermittelt zunächst die Interfraktionelle Konferenz des Kantonsrats jene Fraktion, die aufgrund ihrer Stärke im Kantonsrat rechnerischen Anspruch auf die Richterstelle erheben kann. Um Teilzeitstellen zu ermöglichen, folgt gemäss einem Beschluss der Interfraktionellen Konferenz des Kantonsrats der «Verteilschlüssel der Ansprüche der Richterstellen nach dem 50-Prozent-Modell»[28], d.h. es werden sämtliche Richterstellen in 50-Prozent-Stellen umgerechnet und daraufhin festgestellt, welcher Fraktion wie viele dieser (Teilzeit-)Stellen zukommen. Für das restliche Wahlverfahren ist die Justizkommission zuständig; ihre **Aufgaben** bei Richterwahlen sind in § 59b GR-KR umschrieben: Die Justizkommission schreibt die Stelle in der Regel öffentlich aus; dabei wird auf die Fraktion hingewiesen, welche den Sitz beansprucht (Abs. 1). Die Justizkommission prüft die *fachliche und persönliche Eignung* der Kandidierenden; wer sich zur Wiederwahl stellt (N. 21), wird nicht erneut geprüft (Abs. 2). Bei der Prüfung stützt sich die Justizkommission grundsätzlich auf die Bewerbungsunterlagen; sie führt in der Regel Befragungen mit den Kandidierenden durch und kann Auskünfte bei Behörden und Privaten einholen sowie weitere Abklärungen treffen (Abs. 3). Nach Abschluss der Prüfung teilt die Kommission den Fraktionen und der Interfraktionellen Konferenz des Kantonsrats mit, welche Kandidierenden sie für das Richteramt als geeignet erachtet; die andern Kandidierenden

---

[24] BGE 136 I 207, E. 5.5; 128 I 34, E. 1d; KIENER, in: Basler Kommentar BGG, Art. 5 N. 20; HALLER, in: Kommentar KV, Art. 40 N. 1.
[25] BGE 136 I 207, E. 5.6.
[26] BGr, 22.3.2011, 4A_97/2011, E. 5.5.
[27] So SCHMID, in: Kommentar KV, Art. 75 N. 7.
[28] Grundsatzbeschluss der Interfraktionellen Konferenz des Kantonsrats vom 16. Juni 2005, nicht publiziert.

informiert sie über die Gründe der ablehnenden Beurteilung (Abs. 4). Der Kantonsrat entscheidet auf Antrag der Justizkommission und der Interfraktionellen Konferenz[29]. Die Wahl der Mitglieder erfolgt im geheimen Verfahren (§ 13 Abs. 1 lit. b KRG). Die Wahl der Ersatzmitglieder erfolgt im geheimen Verfahren, sofern mehr Vorschläge gemacht wurden, als Sitze zu vergeben sind (§ 13 Abs. 2 KRG). Andernfalls gilt das offene Wahlverfahren, vorausgesetzt der Kantonsrat beschliesst nichts anderes (§ 13 Abs. 3 KRG)[30].

Ist die Stelle eines Ersatzmitglieds zu besetzen, für die das gesetzliche **Vorschlagsrecht des Verwaltungsgerichts** besteht (§ 33 Abs. 1 Satz 2), schreibt das Gericht die Stelle öffentlich aus (§ 59b Abs. 5 GR-KR). Gerichtsintern werden die dem Kantonsrat zur Wahl vorgeschlagenen Personen durch das Gesamtgericht bezeichnet (§ 5 Abs. 2 OV VGr); die vom Gericht vorgeschlagenen Kandidaten werden anschliessend durch die Justizkommission geprüft (§ 59b Abs. 5 GR-KR). 14

Der Kommission kommen keine Entscheidungsbefugnisse zu; sie gibt dem Kantonsrat einzig eine – in der Sache unverbindliche – **Empfehlung** ab[31]. Das Wahlverfahren im Kantonsrat richtet sich nach den §§ 12 und 13 KRG und den §§ 36 ff. GR-KR. Der Kantonsrat wählt die Mitglieder des Verwaltungsgerichts in geheimer Wahl (§ 13 Abs. 1 lit. b KRG). 15

Für ein Richteramt am Verwaltungsgericht besteht **kein Amtszwang** (§ 31 GPR e contrario). Bei der Wahl ins Richteramt handelt es sich folglich um einen mitwirkungsbedürftigen Akt, so dass die *Annahme* der Wahl erforderlich ist. Gemäss § 46 Abs. 1 GPR gilt die Wahl als angenommen, wenn die gewählte Person gegenüber der wahlleitenden Behörde diese nicht innert fünf Tagen nach der Mitteilung schriftlich ablehnt. 16

Mit Annahme der Wahl realisieren sich die mit dem Amt einhergehenden **Rechte und Pflichten,** wie sie sich insbesondere aus den §§ 34–37 ergeben. 17

III. Amtsdauer (Abs. 2)

Die in § 33 Abs. 2 vorgesehene Amtsdauer von **sechs Jahren** ist durch Art. 41 Abs. 2 KV vorgegeben und wird in § 32 Abs. 1 GPR wiederholt. Die Amtsdauer ist für die vollamtlichen und teilamtlichen Mitglieder und für die Ersatzmitglieder identisch. Mit der im Vergleich zu den politischen Behörden längeren Amtsdauer hat der Gesetzgeber versucht, das Spannungsfeld zwischen richterlicher Unabhängigkeit und demokratischer Legitimation der Justiz zu einem Ausgleich zu bringen[32]. Im Zusammenhang mit der Schaffung des Personalgesetzes war eine Verkürzung der Amtsdauer auf vier Jahre diskutiert, im Interesse der richterlichen Unabhängigkeit aber abgelehnt worden[33]; anlässlich der Revi- 18

---

[29] JAAG, Gerichte, S. 791.
[30] MOSIMANN, in: Kommentar GSVGer, § 5 N. 3.
[31] SCHMID, in: Kommentar KV, Art. 75 N. 8; zu den entsprechenden Kompetenzen der eidg. Gerichtskommission vgl. Art. 40a ParlG sowie KATRIN MARTI, Die Gerichtskommission der Vereinigten Bundesversammlung, Richterzeitung 1/2010.
[32] HALLER, in: Kommentar KV, Art. 41 N. 12; HUGI YAR/KLEY, in: Basler Kommentar BGG, Art. 9 N. 3a.
[33] Vgl. Prot. KK 1995/1996, S. 71.

sion der Kantonsverfassung blieb aber auch ein Antrag auf einmalige feste Amtsdauer bis zum Erreichen des Pensionsalters chancenlos[34].

19   Die Amtsdauer **beginnt** mit der Konstituierung des neu gewählten Organs (§ 32 Abs. 2 GPR, § 2 OV VGr) und **endet** nach sechs Jahren mit dem Beginn der Amtsdauer des erneuerten Organs (§ 32 Abs. 3 GPR). In dem Jahr, in dem die Amtsdauer abläuft, findet für das gesamte Organ eine *Erneuerungswahl* statt (§ 44 Abs. 1 GPR). Während der laufenden Amtsdauer endet das Amt durch Tod, Rücktritt oder durch den Wegfall einer Wählbarkeitsvoraussetzung. Im letzteren Fall muss das betroffene Gerichtsmitglied beim Kantonsrat um *vorzeitige Entlassung* ersuchen (§ 35 i.V.m. § 36 Abs. 1 GPR). Scheidet ein Mitglied während laufender Amtsdauer aus dem Gericht aus, wird der Ersatz im Regelfall nur für den Rest der Amtsdauer gewählt (§ 45 GPR), mit der Folge, dass die erste Amtsdauer der so Gewählten weniger als sechs Jahre beträgt.

20   Die Richterinnen und Richter des Verwaltungsgerichts sind während laufender Amtsdauer nicht absetzbar; eine **Amtsenthebung** ist folglich auch bei einer gravierenden Verletzung von Amtspflichten nicht möglich[35].

21   Wer das Amt nach Ablauf der Amtsdauer weiterhin ausüben will, muss sich erneut zur Wahl stellen. Es besteht kein Rechtsanspruch auf **Wiederwahl**; in der Praxis werden die sich der Wiederwahl stellenden Richterinnen und Richter indessen regelmässig bestätigt. Kantonsverfassung und Gesetzgebung sehen *keine Amtszeitbeschränkung* vor; die mehrmalige Wiederwahl ist folglich zulässig[36].

22   Weder die Kantonsverfassung noch das VRG legen das **Rücktrittsalter** der Richterinnen und Richter ausdrücklich fest[37]. Das im Kanton nach Massgabe der Personalgesetzgebung übliche Pensionsalter von 65 Jahren (§ 24 Abs. 1 lit. b PG i.V.m. § 10 Abs. 4 BVK-Statuten) gilt für die Mitglieder des Verwaltungsgerichts nicht (vgl. § 1 Abs. 3 PG). Weil es sich um ein *qualifiziertes Schweigen* des Gesetzgebers handelt[38], werden gemäss einem Beschluss der Interfraktionellen Konferenz des Kantonsrats jene voll- bzw. nebenamtlichen Behördemitglieder, die zu Beginn der Amtsdauer das 65. Altersjahr vollendet haben, nicht mehr zur Wahl vorgeschlagen[39]. Vorher wiedergewählte Richter müssen beim Erreichen des 65. Altersjahres aber nicht zurücktreten, sondern dürfen bis an das Ende der regulären Amtsdauer im Amt verbleiben. Aus Sicht des Legalitätsprinzips und der Rechtsgleichheit ist diese Regelung problematisch[40].

---

[34] Nachweise bei HALLER, in: Kommentar KV, Art. 41 N. 11.
[35] Vgl. HALLER, in: Kommentar KV, Art. 41 N. 2.
[36] HALLER, in: Kommentar KV, Art. 41 N. 8.
[37] Vgl. HALLER, in: Kommentar KV, Art. 41 N. 7.
[38] VGr, 26.1.2011, PB.2010.00043, E. 3.3.
[39] Grundsatzbeschluss der Interfraktionellen Konferenz des Kantonsrats vom 1. November 2010, Altersguillotine bei voll- und teilamtlichen Richtern, nicht publiziert.
[40] JAAG, Gerichte, S. 784.

Unvereinbarkeit

§ 34

¹ Das Amt eines vollamtlichen Mitglieds des Verwaltungsgerichts ist mit einer anderen hauptberuflichen Tätigkeit sowie mit der berufsmässigen Vertretung dritter Personen vor den Gerichten oder den Verwaltungsbehörden unvereinbar.

² Das Amt eines teilamtlichen Mitglieds des Verwaltungsgerichts ist mit der berufsmässigen Vertretung dritter Personen vor dem Verwaltungsgericht unvereinbar.

³ Für die Zugehörigkeit zur Verwaltung oder Geschäftsführung einer Handelsgesellschaft oder einer Genossenschaft zu wirtschaftlichen Zwecken ist für die vollamtlichen und die teilamtlichen Mitglieder die Bewilligung des Kantonsrates erforderlich.

⁴ Im Übrigen gelten die Unvereinbarkeitsbestimmungen des Gesetzes über die politischen Rechte.

Materialien

Weisung 1957, S. 1041; Prot. KK 21.1.1958, 30.9.1958; Prot. KR 1955–1959, S. 3380; Beleuchtender Bericht 1959, S. 403; Weisung 1995, S. 1534 ff.; Prot. KK 1995/96, S. 67 ff., 256 ff., 353; Prot. KR 1995–1999, S. 6490 ff.; Beleuchtender Bericht 1997, S. 6; Weisung GPR, S. 1574 ff.; Weisung StRG/BRG, S. 277 ff.

Literatur

BAUMANN/GUY-ECABERT/LAURENT/LOCHER, Persönliche Unvereinbarkeiten; BEELER, Gewaltentrennung; BIAGGINI GIOVANNI, in: Kommentar KV, Art. 3; BIAGGINI, Kommentar BV, Art. 144; GASS, Professionalisierung; HALLER WALTER, in: Kommentar KV, Art. 42; HAUSER/SCHWERI/LIEBER, Kommentar GOG, §§ 5 und 6; KIENER, Unabhängigkeit; KIENER REGINA, in: Basler Kommentar BGG, Art. 6; KIENER/MEDICI, Anwälte; MOSIMANN HANS-JAKOB, in: Kommentar GSVGer, § 5b; RIEDO CHRISTOF, in: Basler Kommentar BGG, Art. 8; SUTTER PATRICK, Anwalt.

Inhaltsübersicht

I.	Grundlagen	1–10
	A. Regelungsgegenstand und Entstehungsgeschichte	1–5
	B. Vorgaben des übergeordneten Rechts	6–10
II.	Vollamtliche Mitglieder (Abs. 1)	11–12
III.	Teilamtliche Mitglieder (Abs. 2)	13–15
IV.	Bewilligungspflicht (Abs. 3)	16–18
V.	Subsidiäre Geltung des GPR (Abs. 4)	19–20
VI.	Verfahrensfragen	21–24

I. Grundlagen

A. Regelungsgegenstand und Entstehungsgeschichte

§ 34 regelt die **Unvereinbarkeit** des Richteramts am Verwaltungsgericht mit bestimmten hoheitlichen oder privaten Tätigkeiten. Ausdrücklich normiert wird die *funktionelle*

1

Unter Mitarbeit von lic. iur. GABRIELA MEDICI und PATRICK BLUMER, MLaw.

§ 34

Unvereinbarkeit (auch: Unvereinbarkeit des Amtes), was bedeutet, dass eine Amtsperson nicht gleichzeitig zwei bestimmte Ämter oder Tätigkeiten ausüben darf[1]. Über den Verweis in Abs. 4 werden zudem gewisse Konstellationen der *persönlichen Unvereinbarkeit* (auch: Unvereinbarkeit der Person) erfasst (N. 20); demnach darf eine (Kollegial-)Behörde nicht gleichzeitig mit Personen besetzt sein, die in bestimmten – zumeist verwandtschaftlichen – Beziehungen stehen.

2   Den Mitgliedern des Verwaltungsgerichts sind einzig die in Verfassung und Gesetz ausdrücklich normierten Tätigkeiten untersagt. Anders als die Verfahrensordnungen des Bundes[2] oder das kantonale Personalrecht[3] kennt das VRG für die Verwaltungsrichterinnen und -richter **keinen generellen Ausschluss** von Tätigkeiten, welche die Erfüllung der Amtspflichten, die Unabhängigkeit oder das Ansehen des Gerichts beeinträchtigen. Den (vollamtlichen wie teilamtlichen) Mitgliedern des Verwaltungsgerichts ist deshalb beispielsweise eine Tätigkeit als (teilamtlicher) Hochschuldozent oder als (teilamtliche) Bezirksrichterin nicht a priori verboten[4].

3   Der **persönliche Geltungsbereich** von § 34 erstreckt sich auf die vollamtlichen (§ 32 N. 9) und auf die teilamtlichen (§ 32 N. 10) Mitglieder des Verwaltungsgerichts; allerdings gelten teilweise unterschiedliche Regeln. Vom Geltungsbereich der Norm nicht erfasst werden die *Ersatzmitglieder*[5]. Ebensowenig gilt § 34 für das juristische und administrative Personal des Verwaltungsgerichts; für das Personal greifen aber allenfalls gewisse Unvereinbarkeitsbestimmungen[6]. Ersatzmitglieder dürfen folglich einer hauptberuflichen Tätigkeit nachgehen und dabei auch vor dem Verwaltungsgericht selber als Anwältinnen und Anwälte auftreten. Damit greift im Ergebnis die gleiche Regel wie für die Ersatzmitglieder des Baurekurs- und des Steuerrekursgerichts (§ 334a Abs. 1 BPG und § 113a StG, jeweils e contrario)[7]. Demgegenüber ist es den Ersatzmitgliedern des Sozialversicherungsgerichts untersagt, vor dem eigenen Gericht aufzutreten[8]. In jedem Fall und damit auch für Ersatzmitglieder des Verwaltungsgerichts gelten indessen die Bestimmungen von § 5a, welche für zahlreiche Konstellationen berufsmässiger Vertretung eine Ausstandspflicht im Einzelfall verlangen.

4   **Abgrenzungen** sind nach zwei Seiten hin vorzunehmen: Zum einen ist die Unvereinbarkeit nicht mit der *Wählbarkeit* gleichzusetzen. Wer als Verwaltungsrichterin oder -richter kandidiert und zugleich ein Amt innehat oder anstrebt, für das eine Unvereinbarkeit besteht, ist gültig wählbar, muss aber nach der Wahl eines der beiden Ämter abgeben[9].

---

1   Biaggini, Kommentar BV, Art. 144 N. 2, oder Tschannen, Staatsrecht, § 31 N. 12.
2   Art. 6 Abs. 2 BGG; Art. 6 Abs. 2 VGG; Art. 44 Abs. 2 StBOG; Art. 10 Abs. 2 PatGG.
3   § 53 Abs. 1 PG; demnach ist die Ausübung einer Nebenbeschäftigung nur zulässig, wenn sie die amtliche Aufgabenerfüllung nicht beeinträchtigt und mit der dienstlichen Stellung vereinbar ist.
4   Nur für teilamtliche Mitglieder des Verwaltungsgerichts Hauser/Schweri/Lieber, Kommentar GOG, § 5 N. 19.
5   Vgl. Hauser/Schweri/Lieber, Kommentar GOG, § 6 N. 2.
6   §§ 25 ff., insb. § 29 GPR.
7   Vgl. Weisung StRG/BRG, S. 277 und 281.
8   § 5b Abs. 2 GSVGer; Kiener/Medici, Anwälte, N. 16.
9   Vgl. Haller, in: Kommentar KV, Art. 42 N. 6; vgl. auch Art. 3 KV; allgemein statt anderer Biaggini, Kommentar BV, Art. 144 N. 3; Tschannen, Staatsrecht, § 31 N. 15; Kiener, in: Basler Kommentar BGG, Art. 6 N. 30.

Zum anderen ist die Unvereinbarkeit vom *Ausstand* (§ 5a) zu unterscheiden. Während Ausstandsgründe eine «Unvereinbarkeit» bezüglich einer bestimmten Einzelfallkonstellation abbilden, wirken Unvereinbarkeiten bzw. Verbote bestimmter Nebenbeschäftigungen prinzipiell und schliessen die Kumulation der entsprechenden Tätigkeiten generell und nicht nur im Einzelfall aus[10]. Tätigkeiten, welche keine generelle Unvereinbarkeit begründen, können folglich immer noch eine Ausstandspflicht im Einzelfall nach Massgabe von § 5a bewirken.

Anlässlich der VRG-Revision von 2010 blieb § 34 normtextlich **unverändert**. Die Bestimmung war letztmals 2003 anlässlich des Erlasses des Gesetzes über die politischen Rechte (GPR) geändert worden, als § 155 GPR den Ausdruck «Wahlgesetz» in § 34 Abs. 4 durch den Begriff «Gesetz über die politischen Rechte» ersetzte.

B. Vorgaben des übergeordneten Rechts

Unvereinbarkeitsbestimmungen verdeutlichen die organisatorische und personelle **Gewaltenteilung**, wie sie als fundamentales Organisationsprinzip in Art. 3 KV verankert ist[11]. Mit dem Ziel der Machthemmung werden bestimmte staatliche Kernfunktionen auf unterschiedliche Staatsorgane verteilt und es wird zugleich sichergestellt, dass eine Person nicht gleichzeitig mehreren dieser Staatsorgane angehört[12]. Zudem sichern die Unvereinbarkeitsbestimmungen die **richterliche Unabhängigkeit** (Art. 10 Abs. 1 KV i.V.m. Art. 30 BV), welche in ihrem institutionellen Teilgehalt den Gewaltenteilungsgrundsatz für den Bereich der Justiz konkretisiert und dabei verlangt, dass ein Gericht nicht nur gegenüber den Parteien, sondern insbesondere auch gegenüber den anderen staatlichen Behörden unabhängig ist[13]. Nicht zuletzt betonen die Unvereinbarkeitsregeln die Eigenständigkeit der Justiz[14]: Die Gefahr sachfremder Einflüsse auf die Rechtsprechung wird vermindert, zu Interessenkollisionen führende Loyalitäten und Abhängigkeiten werden vermieden, die Funktionsfähigkeit des Gerichts wird gesichert und die Unabhängigkeit der Richterinnen und Richter auch nach aussen hin sichtbar gemacht[15]. Dabei geht es immer auch um die Bewahrung des Vertrauens des Bürgers in den Staat[16].

Weil die Grundsätze der richterlichen Unabhängigkeit auch die Amtsträger selber verpflichten[17], müssen sämtliche am Verwaltungsgericht tätigen Richterinnen und Richter jederzeit darauf achten, dass keine ihrer (Neben-)Tätigkeiten dem Ansehen ihrer Funktion schadet oder den Eindruck mangelnder Objektivität erweckt – auch wenn die fragliche Tätigkeit nicht unter § 34 fällt.

---

[10] Kiener/Medici, Anwälte, N. 2.
[11] Biaggini, in: Kommentar KV, Art. 3 N. 5; Haller, in: Kommentar KV, Art. 42 N. 1; Denise Buser, Kantonales Staatsrecht, 2. Aufl., Basel 2011, § 25 N. 423.
[12] Statt vieler Giovanni Biaggini, Grundfragen und Herausforderungen, in: Biaggini/Gächter/Kiener, Staatsrecht, § 17 N. 7 ff.
[13] BGE 126 I 228, E. 2a bb.
[14] Beeler, Gewaltentrennung, S. 132 f.; Kiener, Unabhängigkeit, S. 249.
[15] Kiener, in: Basler Kommentar BGG, Art. 6 N. 4.
[16] BGE 114 Ia 395, E. 6b; BGr, 3.6.2009, 1C_11/2009, E. 2.
[17] Art. 10 Abs. 2 KV i.V.m. Art. 35 BV.

8 Für die obersten kantonalen Organe formuliert **Art. 42 Abs. 1 KV** eine gegenseitige Unvereinbarkeit. Demnach dürfen die Mitglieder des Kantonsrats, des Regierungsrats, der obersten kantonalen Gerichte und der kantonalen Ombudsstelle nicht gleichzeitig einer anderen dieser Behörden angehören. Von der Bestimmung erfasst werden insbesondere auch die Mitglieder des Verwaltungsgerichts als eines der drei obersten kantonalen Gerichte (Art. 74 Abs. 2 KV). Zu den Mitgliedern des Verwaltungsgerichts im Sinne von Art. 42 Abs. 1 KV zählen die vollamtlichen und teilamtlichen Mitglieder. Vom Geltungsbereich nicht erfasst werden demgegenüber die Ersatzmitglieder sowie das juristische und administrative Personal des Verwaltungsgerichts[18].

9 Die **Unvereinbarkeit mit Ämtern des Bundes** kann sich einerseits aus dem kantonalen Recht und andererseits aus dem Bundesrecht ergeben[19]. Die Kantonsverfassung und das GPR stellen für die Richterinnen und Richter keine entsprechenden Unvereinbarkeitsregeln auf; im Gegenteil wurden beim Erlass des GPR diesbezügliche Unvereinbarkeiten gezielt abgebaut[20]. Nach Massgabe von Art. 144 Abs. 2 BV darf jedoch, wer (irgend-) ein Amt eines Kantons bekleidet, weder dem Bundesrat noch als vollamtliches Mitglied dem Bundesgericht angehören. Ebenso statuieren die Verfahrenserlasse des Bundes, dass die ordentlichen bzw. die mit einem vollen Pensum angestellten Richterinnen und Richter des Bundes kein Amt eines Kantons bekleiden dürfen[21]. Aus der Optik des Kantons bedeutet dies, dass jegliche Richtertätigkeit am Verwaltungsgericht unter Einschluss des Ersatzrichteramts mit einem Vollpensum an einem Gericht des Bundes nicht vereinbar ist, wohl aber mit einem entsprechenden Neben- bzw. Teilamt[22].

10 Die Verfassung stellt keine abschliessende Regelung der (verwaltungs-)richterlichen Unvereinbarkeiten auf, sondern überlässt es mit Art. 42 Abs. 2 KV dem **Gesetzgeber,** weitere Unvereinbarkeiten bezüglich des kantonalen Rechts einzurichten. Mit Blick auf die Richterinnen und Richter des Verwaltungsgerichts sind die §§ 34 und 34a und kraft Verweis in § 34 Abs. 4 die Regeln des Gesetzes über die politischen Rechte einschlägig.

II. Vollamtliche Mitglieder (Abs. 1)

11 Den vollamtlichen Gerichtsmitgliedern (§ 32 N. 9) ist jede andere **hauptberufliche Tätigkeit** untersagt. Als hauptberuflich gilt jede selbständig oder unselbständig ausgeübte Tätigkeit, welche funktionell der Erzielung eines Erwerbseinkommens dient und in zeitlicher Hinsicht die Arbeitskraft des Richters oder der Richterin ganz oder überwiegend beansprucht[23]. Als Umkehrschluss zulässig sind demgegenüber nebenberufliche Tätigkeiten mit Ausnahme der berufsmässigen Vertretung Dritter sowie jener wirtschaftlichen Tätigkeiten, welche gemäss Abs. 3 bewilligungspflichtig sind.

---

[18] HALLER, in: Kommentar KV, Art. 42 N. 5, m.H. auf die Materialien.
[19] Vgl. § 25 Abs. 1 Satz 2 GPR.
[20] Vgl. Weisung GPR, S. 1574 ff.
[21] Art. 6 Abs. 4 Satz 1 BGG; Art. 6 Abs. 4 Satz 1 VGG; Art. 44 Abs. 5 Satz 1 StBOG; Art. 10 Abs. 5 Satz 1 PatGG.
[22] Vgl. KIENER, in: Basler Kommentar BGG, Art. 6 N. 25 und 28.
[23] Vgl. KIENER, in: Basler Kommentar BGG, Art. 6 N. 26.

Mit einem Vollamt unvereinbar ist die **berufsmässige Vertretung Dritter** vor «den Gerichten oder den Verwaltungsbehörden». Angesprochen sind zunächst sämtliche Gerichts- und Verwaltungsbehörden des Kantons Zürich. Ob auch die berufsmässige Vertretung in anderen Kantonen oder vor Bundesbehörden erfasst wird, lässt sich aus dem Wortlaut nicht schliessen. Zwar umfasst der Geltungsbereich des Gesetzes (vgl. § 4) einzig Verfahren vor kantonalen und kommunalen Behörden. Daraus lässt sich aber für ausserkantonale Verfahren nichts ableiten, stünde es doch dem kantonalen Gesetzgeber frei, den Mitgliedern kantonaler Justizbehörden etwa die berufsmässige Vertretung vor dem Bundesgericht ausdrücklich zu untersagen. Sinn und Zweck der Unvereinbarkeitsbestimmung (Vermeidung von Interessenkonflikten, Ansehen des Amtes, Konzentration der vollamtlichen Richterinnen und Richter auf ihr Amt) legen ein weites Begriffsverständnis nahe. Ebenfalls umstritten ist, ob Gratismandate und vereinzelte entgeltliche Vertretungen eine Unvereinbarkeit begründen[24]. Mit Blick auf die Zielsetzung der Unvereinbarkeitsregeln ist auch hier eine weite Auslegung des Begriffs der berufsmässigen Vertretung angezeigt. Aus dem Wortlaut von Abs. 1 lässt sich weiter schliessen, dass die reine *Beratung* Dritter so lange erlaubt bleibt, als sie nicht das Mass einer hauptberuflichen Tätigkeit (N. 11) annimmt.

12

III. Teilamtliche Mitglieder (Abs. 2)

Den teilamtlichen Mitgliedern (§ 32 N. 10) des Verwaltungsgerichts ist die **berufsmässige Vertretung** Dritter einzig vor dem Verwaltungsgericht selber untersagt. Gleich wie die teilamtlichen Richterinnen und Richter des Sozialversicherungsgerichts[25] dürfen sie neben dem Richteramt eine *andere hauptberufliche Tätigkeit* ausüben und beispielsweise als Hochschuldozenten oder als Ersatzrichter am Bundesgericht, insbesondere aber auch als Anwältinnen und Anwälte tätig sein[26]. Das Teilamt wird mithin wesentlich dadurch charakterisiert und gegenüber dem Vollamt abgegrenzt, dass dessen Trägerinnen und Trägern eine (andere) hauptberufliche Tätigkeit überhaupt nicht und die berufsmässige Vertretung Dritter einzig vor dem Verwaltungsgericht selber verboten ist (eingehend § 32 N. 11). Damit wurde die Gefahr von Interessenkonflikten indessen nicht beseitigt[27].

13

Die Frage, ob für die teilamtlichen Gerichtsmitglieder ein umfassendes Plädierverbot gelten soll, war schon anlässlich der VRG-Revision von 1997 in der vorberatenden Kommission wie später auch im Kantonsrat **umstritten**. Das vom Regierungsrat beantragte generelle Plädierverbot fand keine Mehrheit, weil der Kantonsrat sicherstellen wollte, dass für die teilamtliche Richtertätigkeit genügend qualifizierte Personen zur Verfügung ste-

14

---

[24] Verneinend die 2. Aufl., N. 3; HAUSER/SCHWERI/LIEBER, Kommentar GOG, § 6 N. 9, unter Hinweis auf den Rechenschaftsbericht des Obergerichts 1944, S. 34; MOSIMANN, in: Kommentar GSVGer, § 5 N. 3, sowie SEILER, in: Handkommentar BGG, Art. 6 N. 10; bejahend DONZALLAZ, Commentaire, Art. 6 Rz. 144; KIENER, in: Basler Kommentar BGG, Art. 6 N. 18, sowie WURZBURGER, in: Commentaire LTF, Art. 6 N. 13.
[25] Vgl. § 5b Abs. 2 GSVGer.
[26] Zur restriktiveren Regelung im GOG vgl. HAUSER/SCHWERI/LIEBER, Kommentar GOG, § 6 N. 6.
[27] Anders die 2. Aufl., N. 4.

hen; als Kompromiss wurde den teilamtlichen Richtern jedoch die anwaltliche Tätigkeit vor dem Verwaltungsgericht selber untersagt[28].

15 Die Möglichkeit der anwaltlichen Tätigkeit von teilamtlichen Mitgliedern der ordentlichen Gerichtsbarkeit steht indessen weiterhin in der **Kritik**. Die zugunsten des Einsatzes von Anwältinnen und Anwälten als teilamtliche Richterinnen und Richter vorgebrachten Argumente – regelhaft: Verfahrensökonomie und Gewinn besonderer Fachkompetenz – vermögen im Ergebnis nicht zu überzeugen; zu erheblich erscheinen die Beengungen, welche die Unabhängigkeit und das Ansehen der Justiz durch entsprechende Doppelmandate erfahren[29]. Aus der Optik der Parteien ist unerheblich, ob ihre Sache von einem vollamtlichen, einem teilamtlichen oder einem Ersatzmitglied des Verwaltungsgerichts beurteilt wird; alle Richterinnen und Richter wirken gleichberechtigt am Urteil mit und sollten deshalb auch über das gleiche Mass an Unabhängigkeit verfügen[30]. Das Bundesgericht erachtet solche Konstellationen denn auch als «justizpolitisch unerwünscht»[31].

IV. Bewilligungspflicht (Abs. 3)

16 Die Zugehörigkeit zur Verwaltung oder Geschäftsführung einer **Handelsgesellschaft** oder einer **Genossenschaft zu wirtschaftlichen Zwecken** begründet eine Unvereinbarkeit, falls sie vom Kantonsrat nicht *ausdrücklich* bewilligt worden ist[32]. Die Bewilligungspflicht gilt für die vollamtlichen wie für die teilamtlichen Mitglieder des Verwaltungsgerichts, nicht aber für die Ersatzmitglieder. Die Regel will Interessenkollisionen vorbeugen und damit die Unabhängigkeit des Gerichts sicherstellen. Mit Blick auf die vollamtlichen Gerichtsmitglieder geht es auch um die Erhaltung ihrer vollen Arbeitskraft. Aufgrund dieser Zielsetzungen ist bei der Erteilung von Bewilligungen *Zurückhaltung* angebracht[33].

17 Der Kreis der **Handelsgesellschaften** ist mit Blick auf die Funktionen der Unvereinbarkeitsregeln (N. 6) weit zu ziehen. Dazu zählen zunächst die in der Dritten Abteilung des Obligationenrechts (Art. 552–827 OR) aufgeführten Gesellschaftsformen, mithin auch öffentlichrechtliche Unternehmen in Privatrechtsform und gemischtwirtschaftliche Unternehmen[34], aber auch spezialgesetzliche Aktiengesellschaften[35]. Eine *Genossenschaft* zu wirtschaftlichen Zwecken ist eine Körperschaft gemäss Art. 828 ff. OR[36]. Der Bewilli-

---

[28] Prot. KR 1995–1999, S. 6490 ff.
[29] So schon KIENER, Unabhängigkeit, S. 114 f.; seither GASS, Professionalisierung, S. 1146 ff., 1153; KIENER/MEDICI, Anwälte, N. 33 ff.; MÜLLER/SCHEFER, Grundrechte, S. 947; RAINER J. SCHWEIZER, Die erstinstanzliche Verwaltungsgerichtsbarkeit des Bundes durch Rekurs- und Schiedskommissionen – aktuelle Situation und Reformbedürfnisse, Basel/Frankfurt a.M. 1998, S. 67; PATRICK SUTTER, Anwalt, S. 39; vgl. demgegenüber die 2. Aufl., N. 4.
[30] KIENER/MEDICI, Anwälte, N. 37.
[31] BGr, 23.6.2006, 2P.301/2005, E. 5.2 (ZBl 2006, 586 ff.).
[32] Relativierend MOSIMANN, § 5b N. 4, wonach die Bewilligung durch die Wahl erfolgt, wenn der Kantonsrat im Zeitpunkt der Wahl von einer solchen Tätigkeit Kenntnis hatte.
[33] Ebenso HAUSER/SCHWERI/LIEBER, Kommentar GOG, § 6 N. 12.
[34] Art. 762 OR; vgl. auch KIENER, in: Basler Kommentar BGG, Art. 6 N. 27.
[35] Z.B. SBB oder Post; vgl. Art. 2 Abs. 1 SBBG; Art. 2 Abs. 1 POG.
[36] Der Begriff ist überschiessend, die Verfolgung wirtschaftlicher Zwecke ist dem Genossenschaftsbegriff immanent; vgl. statt anderer MATTHIAS COURVOISIER, in: Marc Amstutz/Peter Breitschmid/Andreas Furrer/

gungspflicht untersteht jeweils einzig die Zugehörigkeit zur *Verwaltung* oder *Geschäftsführung*, nicht aber eine weitere Tätigkeit, mit der ein Richter seine Zeit und Arbeitskraft einsetzt.

Bewilligungsbehörde ist der Kantonsrat, welcher auf Antrag der Justizkommission entscheidet[37]. 18

V. Subsidiäre Geltung des GPR (Abs. 4)

Kraft Verweisung gelten zusätzlich die Unvereinbarkeitsbestimmungen des GPR. Im Einzelnen begründet das GPR folgende **funktionelle Unvereinbarkeiten**: 19

– Unvereinbarkeit aufgrund *unterschiedlicher Organfunktionen* (§ 25 GPR): Ein voll- oder teilamtliches Mitglied des Verwaltungsgerichts kann nicht zugleich Mitglied des Kantonsrats, der Oberstaatsanwaltschaft oder der Oberjugendanwaltschaft sein (Abs. 2 lit. a) und darf auch nicht dem Regierungsrat angehören (Abs. 1).

– Unvereinbarkeit aufgrund eines *Aufsichtsverhältnisses* (§ 26 GPR): Ämter und Anstellungen, die in einem unmittelbaren Anstellungs- oder Aufsichtsverhältnis zueinander stehen, sind unvereinbar (Abs. 1). Ein Mitglied des Verwaltungsgerichts kann deshalb nicht zugleich der Kanzlei des Verwaltungsgerichts (§ 36 Abs. 2 VRG) angehören. Unzulässig ist auch die gleichzeitige Tätigkeit als kantonale Ombudsperson oder als kantonaler Datenschutzbeauftragter (§ 26 Abs. 2 lit. c GPR) oder als Leiterin oder Leiter der Finanzkontrolle (§ 26 Abs. 2 lit. d GPR)[38].

– Unvereinbarkeit aufgrund eines *Rechtsmittelverhältnisses* (§ 27 GPR): Ein voll- oder teilamtliches Mitglied des Verwaltungsgerichts kann nicht zugleich einem Gemeindeorgan oder dem Bezirksrat angehören oder Statthalter sein (Abs. 1 lit. b). Es darf nicht als für Bausachen zuständiges Mitglied eines Gemeindeorgans oder am Baurekursgericht amten (Abs. 1 lit. c) oder als Finanzvorstand einer Gemeinde, als Mitglied der Grundsteuerkommission oder des Steuerrekursgerichts wirken (Abs. 1 lit. d)[39]. Für das Baurekursgericht und das Steuerrekursgericht ergibt sich die Unvereinbarkeit zusätzlich aufgrund des Vorliegens eines Aufsichtsverhältnisses.

Neben funktionellen Unvereinbarkeiten begründet das GPR in abschliessender Aufzählung auch **Unvereinbarkeiten der Person:** Der gleichen *Abteilung* des Verwaltungsgerichts dürfen demnach nicht gleichzeitig Personen angehören, welche zueinander in einer bestimmten persönlichen Beziehungsnähe stehen. Neben der Verhinderung von Machtkonzentration und persönlichen Konflikten innerhalb der Gerichtsabteilung geht 20

Daniel Girsberger/Claire Huguenin/Markus Müller-Chen/Vito Roberto/Alexandra Rumo-Jungo/Anton K. Schnyder/Hans Rudolf Trüeb (Hrsg.), Handkommentar zum Schweizer Privatrecht, 2. Aufl., Zürich/Basel/Genf 2012, Art. 828 N. 4 ff.

[37] Vgl. HAUSER/SCHWERI/LIEBER, Kommentar GOG, § 6 N. 12.
[38] Für Ersatzleute gilt dieser Unvereinbarkeitsgrund nicht, § 26 Abs. 3 GPR.
[39] Für Ersatzleute gilt dieser Unvereinbarkeitsgrund nicht, § 27 Abs. 2 GPR; vgl. KIENER/MEDICI, Anwälte, N. 17.

es dabei auch um den Schutz der richterlichen Unabhängigkeit[40]. Angesprochen sind insbesondere Ehegatten, eingetragene Partnerinnen und Partner, Eltern, Kinder und Geschwister sowie deren Ehegatten und eingetragenen Partnerinnen und Partner. In faktischer Lebensgemeinschaft stehende Personen sind den Ehegatten bzw. den eingetragenen Partnerinnen und Partnern gleichgestellt (§ 28 GPR). Eine faktische Lebensgemeinschaft liegt vor, wenn in der gleichen Abteilung tätige Personen ein auf Dauer angelegtes partnerschaftliches Verhältnis unterhalten, was namentlich beim Zusammenleben im gemeinsamen Haushalt oder bei Vorliegen eines Konkubinatsvertrags auf der Hand liegt; es ist aber nicht erforderlich, dass die Betroffenen zusammenleben[41]. Von den Regeln im GPR nicht erfasst sind hingegen Patchworkfamilien-Verhältnisse und Unvereinbarkeiten zwischen Ex-Lebens- bzw. Ehepartnern[42]. Da die Wahl ans Verwaltungsgericht und nicht an eine bestimmte Gerichtsabteilung erfolgt, schliesst eine entsprechende Unvereinbarkeit die Richtertätigkeit am Verwaltungsgericht nicht prinzipiell aus; am Gericht dürfen folglich verwandte oder in Lebensgemeinschaft verbundene Personen tätig sein, solange sie nicht der gleichen Gerichtsabteilung angehören.

VI. Verfahrensfragen

21 Tritt bei einem Mitglied des Verwaltungsgerichts eine **Unvereinbarkeit** ein, besteht eine **Mitteilungspflicht:** Die betroffene Person teilt der Direktion der Justiz und des Innern[43] innerhalb von fünf Tagen nach Mitteilung der Wahl oder nach Eintritt des Unvereinbarkeitsgrundes mit, für welches Amt sie oder er sich entschieden hat (§ 30 Abs. 1 GPR). Fehlt es an einer solchen Erklärung, weist der Regierungsrat[44] das Amt anhand der im Gesetz genannten Kriterien zu: Das Amt mit Amtszwang steht vor jenem ohne Amtszwang, das bisherige Amt steht vor dem neuen Amt. Am Ende steht der Losentscheid (§ 30 Abs. 2 GPR).

22 Steht die Ausübung einer **bewilligungspflichtigen Tätigkeit** (Abs. 3) in Frage, ist dem Kantonsrat ein begründetes **Gesuch** zu stellen. Dies gilt auch für neu gewählte Mitglieder, welche eine entsprechende Tätigkeit schon vor der Wahl ans Verwaltungsgericht ausgeübt haben. Wird die Bewilligung verweigert, darf die Tätigkeit nicht aufgenommen bzw. muss diese aufgegeben werden; andernfalls muss der Betroffene auf das Richteramt verzichten.

23 Die **Verantwortung** für die Einhaltung der Unvereinbarkeitsregeln liegt bei den Gerichtsmitgliedern selber; sie werden nach ihrer Wahl durch die wahlleitende Behörde un-

---

[40] RIEDO, in: Basler Kommentar BGG, Art. 8 N. 5 ff.; BAUMANN/GUY-ECABERT/LAURENT/LOCHER, Persönliche Unvereinbarkeiten, S. 218.
[41] BREITENMOSER/SPORI FEDAIL, in: Praxiskommentar VwVG, Art. 10 N. 54; vgl. BGE 108 II 204, E. 3a; wohl strenger die SKOS-Richtlinien, 4. Aufl. April 2005, Stand Januar 2011, 12/07, G.3–2. Vgl. auch BGr, 12.1.2004, 2P.242/2003; demnach würde eine Lebensgemeinschaft nach einer Dauer von zwei Jahren vorliegen oder wenn die Partner mit einem gemeinsamen Kind zusammenleben.
[42] Vgl. dazu BAUMANN/GUY-ECABERT/LAURENT/LOCHER, Persönliche Unvereinbarkeiten, S. 233 ff.
[43] § 13 Abs. 2 lit. d i.V.m. § 1 VPR.
[44] § 13 Abs. 1 lit. b VPR.

verzüglich auf die Unvereinbarkeiten hingewiesen[45]. Die *Aufsicht* über die Einhaltung der Unvereinbarkeitsregeln obliegt zuerst dem Verwaltungsgericht und wird durch die Verwaltungskommission wahrgenommen, welche als zentrales Führungs- und Aufsichtsorgan alle Justizverwaltungsgeschäfte des Verwaltungsgerichts behandelt (§ 7 Abs. 1 OV VGer). Über die Einhaltung der Unvereinbarkeiten wacht zudem der Kantonsrat im Rahmen seiner Oberaufsicht über die Justiz[46].

Verwaltungsgerichtliche Anordnungen, die in **Verletzung von Unvereinbarkeitsbestimmungen** getroffen wurden, führen nicht zur Nichtigkeit[47]. Sie verletzen aber den Anspruch der Parteien auf den gesetzlichen Richter und – wo sie sich mit Ausstandsgründen überschneiden – zudem deren Anspruch auf unparteiische Beurteilung (Art. 10 Abs. 1 KV i.V.m. Art. 30 Abs. 1 BV, Art. 6 Ziff. 1 EMRK). Wird die Rechtsverletzung während eines hängigen Verfahrens entdeckt, ist der Mangel zu rügen und allenfalls in Form eines (selbständig) anfechtbaren Zwischenentscheids festzustellen (§ 19a Abs. 2); wird der Mangel erst nach Abschluss des Verfahrens, aber vor Eintritt der formellen Rechtskraft ersichtlich, sind bisher ergangene Verfahrenshandlungen – von Amtes wegen oder auf entsprechende Beschwerde hin – aufzuheben[48]. Wird der Fehler erst nach rechtskräftigem Abschluss des Verfahrens entdeckt, ist nach Massgabe von § 86a lit. b eine *Revision* möglich.

24

---

[45] § 81 Abs. 1 GPR.
[46] Art. 57 Abs. 1 KV.
[47] Vgl. zur Frage fehlender Wählbarkeitsvoraussetzungen BGE 136 I 207, E. 5.6.
[48] Vgl. KIENER, in: Basler Kommentar BGG, Art. 6 N. 33.

Offenlegung von Interessenbindungen
§ 34a
Für die Offenlegung von Interessenbindungen gilt § 7 GOG.

Materialien

Zu § 34a: Weisung des Regierungsrates vom 21. Januar 1998 zum Gesetz über die Offenlegung von Interessenbindungen von Richterinnen und Richtern, ABl 1998 I 110 ff.; Protokoll der Justizverwaltungskommission vom 15. April 1998; Antrag der Justizverwaltungskommission vom 18. Mai 1998, ABl 1998 I 556 f.

Zu § 7 GOG: Weisung AnpassungsG ZPO/StPO, S. 1581; Antrag der Kommission für Justiz und öffentliche Sicherheit vom 18. März 2010, ABl 2010, 513 ff., 516 und 571; Prot. KR 2007–2011, S. 10780.

Literatur

HAUSER MATTHIAS, in: Kommentar KV, Art. 52 N. 6 ff.; HAUSER/SCHWERI/LIEBER, Kommentar GOG, § 7; MOSIMANN HANS-JAKOB, in: Kommentar GSVGer, § 5a; SAILE/BURGHERR/LORETAN, Handbuch, N. 174 ff.; SCHWARZENBACH EVI, in: Kommentar KV, Art. 45; VON WYSS MORITZ, in: St. Galler Kommentar BV, Art. 161.

Inhaltsübersicht

I.	Grundlagen	1–4
	A. Regelungsgegenstand und Entstehungsgeschichte	1–3
	B. Vorgaben des übergeordneten Rechts	4
II.	Umfang der Offenlegungspflicht	5–9
III.	Verfahrensfragen	10–13

I. Grundlagen

A. Regelungsgegenstand und Entstehungsgeschichte

1 Wie andere Amtsträger sind auch Richterinnen und Richter Teil der Gesellschaft; Interessenbindungen sind deshalb unvermeidlich. Das Gesetz trägt dieser Gegebenheit Rechnung, indem Interessenbindungen nicht generell aufgegeben, sondern offengelegt werden müssen. Anders als ein (Miliz-)Parlament ist ein Gericht indessen nicht wesensgemäss aus Interessenvertretern zusammengesetzt[1]. Vielmehr steht die Pflicht zur Offenlegung von Interessenbindungen inhaltlich in Verbindung mit der Ausstandspflicht (§ 5a) und mit der Unvereinbarkeitsregelung (§ 34). Dementsprechend verfolgt die Bestimmung mehrere **Zwecke:** Sie dient der Transparenz des staatlichen Handelns, sie er-

---

Unter Mitarbeit von lic. iur. GABRIELA MEDICI und PATRICK BLUMER, MLaw.

[1] Zur Pflicht der Parlamentsmitglieder zur Offenlegung ihrer Interessenbindungen vgl. HAUSER, in: Kommentar KV, Art. 52 N. 6 (Kanton Zürich); VON WYSS, in: St. Galler Kommentar BV, Art. 161 N. 9 (Bund), sowie SAILE/BURGHERR/LORETAN, Handbuch, N. 174 ff. (Stadt Zürich).

leichtert die Geltendmachung von Ausstandsgründen (§ 5a), und nicht zuletzt ist sie geeignet, das Vertrauen der Bevölkerung in die Unabhängigkeit der Justiz zu fördern[2].

Die Verweisungsnorm § 34a hat (anlässlich der Anpassung der kantonalen Behördenorganisation und des kantonalen Prozessrechts in Zivil- und Strafsachen an die Prozessgesetze des Bundes) einzig eine **formale Anpassung** erfahren[3]. Ins VRG eingeführt wurde die Pflicht zur Offenlegung von Interessenbindungen im Jahr 1999[4]; der neue § 34a enthielt einen Verweis auf den im damaligen Gerichtsverfassungsgesetz (GVG) ebenfalls neu eingefügten § 3a GVG, welcher die materielle Regelung formulierte. Anlässlich der Totalrevision des GVG wurde § 3a mit einer geringfügigen Änderung, welche die explizite Aufzählung der zur Offenlegung verpflichteten Personen enthält, als § 7 ins neue Gerichtsorganisationsgesetz (GOG) übernommen; in dieser geringfügig geänderten Fassung stehen § 7 GOG und damit auch § 34a VRG seit dem 1. Januar 2011 in Kraft.

Zu klären ist das **Verhältnis zu § 34 Abs. 3**; demnach begründet die Zugehörigkeit zur Verwaltung oder Geschäftsführung einer Handelsgesellschaft oder einer Genossenschaft zu wirtschaftlichen Zwecken eine Unvereinbarkeit, falls sie vom Kantonsrat nicht ausdrücklich bewilligt worden ist (vgl. § 34 N. 16 ff.). Demgegenüber statuiert § 34a in Verbindung mit § 7 GOG für bestimmte (wirtschaftliche) Tätigkeiten weder eine Unvereinbarkeit noch eine Bewilligungspflicht, sondern eine blosse *Meldepflicht*, welche allerdings – anders als § 34 – *sämtliche* am Gericht tätigen Richterinnen und Richter und damit auch die Ersatzleute erfasst (N. 6).

B. Vorgaben des übergeordneten Rechts

Direkte Vorgaben zur Deklaration von Interessenbindungen lassen sich dem übergeordneten Recht nicht entnehmen. Indessen verlangt die umfassende Verwirklichung der **richterlichen Unabhängigkeit**[5] nach Regeln, welche die Unparteilichkeit der Richterinnen und Richter bestmöglich sichern und der Garantie in der gesamten Rechtsordnung Geltung verschaffen. Die Offenlegung von Interessenbindungen dient dieser Zielsetzung: Sie ermöglicht nicht nur die Begründung von Ausstandsbegehren, sondern stärkt auch das Vertrauen der Rechtsgemeinschaft in die Justiz (N. 1). Nur von untergeordneter Bedeutung ist demgegenüber Art. 45 KV, wonach der Kanton und die Gemeinden günstige Rahmenbedingungen für die Ausübung von nebenamtlichen Behördentätigkeiten schaffen. Diese Bestimmung wurde vorab mit Blick auf Behördentätigkeiten auf kommunaler Ebene geschaffen[6]; aufgrund der zwingenden Natur der Garantien richterlicher Unabhängigkeit und der damit einhergehenden Verwirklichungspflichten[7] darf die Förderungsnorm zudem keinesfalls zu einer engen Ausgestaltung oder Auslegung der Offenlegungspflicht führen.

---

[2] Vgl. auch SCHINDLER, Befangenheit, S. 59.
[3] Vgl. Weisung AnpassungsG ZPO/StPO, S. 1581.
[4] Gesetz über die Offenlegung von Interessenbindungen von Richterinnen und Richtern vom 13. Juni 1999 (OS 55, 434).
[5] Art. 10 Abs. 2 KV i.V.m. Art. 30 Abs. 1 und Art. 35 Abs. 2 BV.
[6] SCHWARZENBACH, in: Kommentar KV, Art. 45 N. 6.
[7] Art. 35 Abs. 1 und 2 BV.

II. Umfang der Offenlegungspflicht

5 § 7 GOG hat folgenden **Wortlaut**:

> ¹ Bei Amtsantritt unterrichten alle Mitglieder und Ersatzmitglieder der Bezirksgerichte und des Obergerichts, Beisitzende eines Arbeits- oder Mietgerichts sowie Handelsrichterinnen und -richter das Gericht, dem sie angehören, schriftlich über
> a. berufliche Nebenbeschäftigungen oder die berufliche Haupttätigkeit,
> b. die Tätigkeit in Führungs- und Aufsichtsgremien kommunaler, kantonaler, schweizerischer und ausländischer Körperschaften, Anstalten und Stiftungen des privaten und öffentlichen Rechts,
> c. dauernde Leitungs- und Beratungsfunktionen für Interessengruppen,
> d. die Mitwirkung in Kommissionen und anderen Organen des Bundes, des Kantons und der Gemeinden.
>
> ² Änderungen sind zu Beginn jedes Kalenderjahres anzugeben. Das Berufsgeheimnis bleibt vorbehalten.
>
> ³ Jedes Gericht erstellt und veröffentlicht ein Register über die Angaben gemäss Abs. 1. Es wacht über die Einhaltung der Offenlegungspflichten.

6 § 7 Abs. 1 GOG gilt für die in der Zivil- und Strafrechtspflege tätigen Richterinnen und Richter. In sinngemässer Anwendung erstreckt sich der **persönliche Geltungsbereich** der Offenlegungspflicht auf sämtliche Mitglieder und Ersatzmitglieder des Verwaltungsgerichts. Ob diese im Vollamt oder im Teilamt tätig sind oder als Ersatzmitglieder amten, spielt keine Rolle[8]. Entsprechende Regeln gelten auch für alle Richterinnen und Richter des Sozialversicherungsgerichts[9], des Baurekursgerichts[10] und des Steuerrekursgerichts[11]. Die Bestimmung ist hingegen nicht massgebend für die verwaltungsinternen Rekursinstanzen (§ 19b) und für die Ombudsperson (§§ 87 ff.).

7 Dem **sachlichen Geltungsbereich** von § 7 Abs. 1 GOG und damit der Pflicht zur Offenlegung unterstehen einzig die im Gesetz ausdrücklich genannten Tätigkeiten[12]. Ob diese entschädigt werden und welcher Zeitaufwand damit verbunden ist, spielt keine Rolle. Der Katalog ist abschliessend zu verstehen. Die Offenlegungspflicht erstreckt sich grundsätzlich auf *alle* der im Gesetz genannten Bindungen, unbesehen des Umstands, ob sie für das (verwaltungs-)richterliche Mandat relevant sind oder nicht[13]. Die Offenlegungspflicht besteht indessen einzig bezüglich der Tätigkeit selber, nicht auch bezüglich der damit allenfalls verbundenen Einkünfte.

8 Im Einzelnen unterstellt das Gesetz folgende Tätigkeiten einer **Meldepflicht:** Die Bestimmung erstreckt sich auf berufliche *Nebenbeschäftigungen* oder die *berufliche Haupttätigkeit* (lit. a), falls entsprechende Tätigkeiten nach Massgabe der Regeln über die Unvereinbarkeit (§ 34) überhaupt ausgeübt werden dürfen. Meldepflichtig ist sodann die Tätigkeit in Führungs- und Aufsichtsgremien kommunaler, kantonaler, schweizerischer und ausländischer *Körperschaften, Anstalten* und *Stiftungen* des privaten und öffentlichen Rechts

---

[8] Vgl. HAUSER/SCHWERI/LIEBER, Kommentar GOG, § 7 N. 3.
[9] § 5a GSVGer; vgl. MOSIMANN, in: Kommentar GSVGer, § 5a N. 2.
[10] § 334a Abs. 2 PBG; a.M. HAUSER/SCHWERI/LIEBER, Kommentar GOG, § 7 N. 4.
[11] § 113a Abs. 2 StG; a.M. HAUSER/SCHWERI/LIEBER, Kommentar GOG, § 7 N. 4.
[12] Vgl. die entsprechende Aufzählung in § 5a KRG.
[13] HAUSER, in: Kommentar KV, Art. 52 N. 8.

(lit. b). Sinn und Zweck der Bestimmung legen es nahe, den Begriff der Körperschaft weit zu verstehen und auch gemeinschaftlich strukturierte Gesellschaften, namentlich Kollektiv- und Kommanditgesellschaften, zu erfassen[14]. Auch Leitungs- und Beratungsfunktionen für *Interessengruppen* (lit. c) bedürfen der Offenlegung, dies allerdings nur, wenn es sich um eine dauernde Tätigkeit handelt; einmalige Leitungs- oder Beratungsfunktionen sind nicht meldepflichtig. Der Begriff «Interessengruppen» ist umfassend zu verstehen und meint namentlich kommunale, kantonale, schweizerische und ausländische Organisationen und Verbände[15]. Offengelegt werden muss schliesslich die Mitwirkung in *Kommissionen* und anderen Organen des Bundes, des Kantons und der Gemeinden (lit. d). Die Pflicht zur Offenlegung besteht selbstredend einzig für Interessenbindungen, die im Zeitpunkt der Aufnahme ins Register (N. 12) noch aktuell sind[16].

Keine Offenlegungspflicht besteht insoweit, als damit das **Berufsgeheimnis** verletzt würde (§ 7 Abs. 2 Satz 2 GOG). Das bundesrechtlich mit Art. 321 StGB geschützte Berufsgeheimnis erstreckt sich namentlich auf Rechtsanwälte, Verteidiger, Notare, Patentanwälte und nach Obligationenrecht zur Verschwiegenheit verpflichtete Revisoren sowie ihre Hilfspersonen[17]. Ebenfalls vorbehalten sind allfällige kantonalrechtliche Bestimmungen zum Schutz von Berufsgeheimnissen[18]. Der in Art. 321 Abs. 3 StGB formulierte Vorbehalt betreffend kantonale Bestimmungen über die Auskunftspflicht gegenüber einer Behörde ist nicht einschlägig[19]. 9

III. Verfahrensfragen

Als massgeblichen **Zeitpunkt** für die Offenlegungspflicht definiert das Gesetz den Amtsantritt (§ 7 Abs. 1 GOG). Eine Offenlegung zu einem früheren Zeitpunkt – anlässlich der Bewerbung oder der Wahl – wurde in den Beratungen zum GOG diskutiert, aus Praktikabilitätsgründen indessen verworfen[20]; im Plenum fand keine Diskussion in der Sache mehr statt[21]. Allfällige Änderungen sind zu Beginn jedes Kalenderjahres anzugeben (§ 7 Abs. 2 Satz 1 GOG); im Interesse der Transparenz (N. 1) ist indessen die sofortige Mitteilung angezeigt. 10

Die Mitteilung erfolgt in Schriftform und geht nach dem Wortlaut von § 7 Abs. 1 GOG an «das Gericht». Gerichtsintern **zuständig** ist grundsätzlich die Verwaltungskommission des Verwaltungsgerichts, welche als zentrales Führungs- und Aufsichtsorgan alle 11

---

[14] Vgl. auch MOSIMANN, in: Kommentar GSVGer, § 5a N. 3.
[15] Weisung AnpassungsG ZPO/StPO, S. 1581.
[16] ROBERT HAUSER/ERHARD SCHWERI, Kommentar zum zürcherischen Gerichtsverfassungsgesetz, Zürich 2002, § 3a N. 1.
[17] Ebenfalls geschützt, aber im vorliegenden Kontext wohl kaum bedeutsam ist das Berufsgeheiminis von Geistlichen, Ärzten, Zahnärzten, Apothekern und Hebammen; vgl. Art. 321 Abs. 1 StGB.
[18] HAUSER, in: Kommentar KV, Art. 52 N. 10.
[19] STEFAN FLACHSMANN, in: Andreas Donatsch/Stefan Flachsmann/Markus Hug/Ulrich Weder (Hrsg.), StGB Kommentar Schweizerisches Strafgesetzbuch – inkl. JStG, 18. Aufl., Zürich/Basel/Genf 2010, Art. 321 N. 20 f.
[20] Vgl. HAUSER/SCHWERI/LIEBER, Kommentar GOG, § 7 N. 5; für die Mitglieder des Kantonsrats vgl. HAUSER, in: Kommentar KV, Art. 52 N. 11.
[21] Prot. KR 2007–2011, S. 10780.

§ 34a

Justizverwaltungsgeschäfte des Verwaltungsgerichts behandelt, soweit sie nicht anderen Behörden oder Organen des Gerichts vorbehalten sind (§ 7 Abs. 1 OV VGr). Die Kommission wacht darüber hinaus auch über die Einhaltung der Offenlegungspflichten (§ 7 Abs. 3 Satz 2 GOG).

12 Nach Massgabe von § 7 Abs. 3 Satz 1 GOG ist das Verwaltungsgericht zur Erstellung und Veröffentlichung eines Registers verpflichtet, welches die gesetzlich vorgeschriebenen Angaben (N. 5) enthält. Das Gesetz macht keine Vorgaben betreffend die Art und Weise der Registerführung und der Veröffentlichung. Damit das dergestalt **öffentliche Register** seine Funktionen (N. 1) erfüllen kann, muss es einfach zugänglich sein und in jeweils aktualisierter Fassung vorliegen. Die Veröffentlichung kann durch öffentliche Auflage des Registers am Gerichtssitz selber oder in elektronischer Form über die Website des Gerichts erfolgen. Eine rein gerichtsinterne Publikation oder eine Veröffentlichung allein gegenüber dem Kantonsrat genügt nicht, ebensowenig die bloss jährliche Nachführung[22].

13 Die vollständige und wahrheitsgemässe Offenlegung der Interessenbindungen ist gleich wie die Führung und Veröffentlichung des entsprechenden Registers eine **Amtspflicht,** deren Einhaltung im Rahmen der gerichtsinternen Aufsicht (§ 7 Abs. 1 OV VGr) bzw. der parlamentarischen Kontrolle des Geschäftsgangs (Art. 57 Abs. 1 KV) sicherzustellen ist[23].

---

[22] Für den Kantonsrat ebenso HAUSER, in: Kommentar KV, Art. 52 N. 7.
[23] Vgl. HAUSER/SCHWERI/LIEBER, Kommentar GOG, § 7 N. 7.

Stellung des Verwaltungsgerichts

§ 35

¹ In seiner richterlichen Tätigkeit ist das Verwaltungsgericht unabhängig und nur dem Gesetz unterworfen.

² Das Verwaltungsgericht erstattet dem Kantonsrat jährlich Bericht über seine Tätigkeit. Dazu gehören statistische Angaben über den Personalbestand, die Geschäftslast und die Bearbeitungszeiten der Geschäfte, einschliesslich der einzelnen Verfahrensschritte.

Materialien

Weisung 1957, S. 1041; Prot. KK 21.1.1958, 30.9.1958; Prot. KR 1955–1959, S. 3380 f.; Beleuchtender Bericht 1959, S. 403; Prot. KK 1995/96, S. 226 ff., 276 ff., 286 ff., 299 ff., 317 f.; Prot. KR 1995–1999, S. 6490 ff.; Beleuchtender Bericht 1997, S. 6.

Literatur

BIAGGINI GIOVANNI, in: Kommentar KV, Art. 2; KIENER, Unabhängigkeit; KOLLER HEINRICH, in: Basler Kommentar BGG, Art. 2; SCHMID NIKLAUS, in: Kommentar KV, Art. 73; WIPFLI, Selbstverwaltung.

Vgl. im Übrigen Vorbem. zu §§ 32–40a.

Inhaltsübersicht

I.	Grundlagen	1–6
	A. Regelungsgegenstand und Entstehungsgeschichte	1–2
	B. Vorgaben des übergeordneten Rechts	3–6
II.	Unabhängigkeit des Verwaltungsgerichts (Abs. 1)	7–11
	A. Grundsatz	7
	B. Unabhängigkeit in der Rechtsprechung	8–10
	C. Gesetzesbindung	11
III.	Berichterstattung an den Kantonsrat (Abs. 2)	12–15

I. Grundlagen

A. Regelungsgegenstand und Entstehungsgeschichte

§ 35 hält den für die Rechtsstaatlichkeit der kantonalen Verwaltungsgerichtsbarkeit zentralen Grundsatz der **richterlichen Unabhängigkeit** auf Gesetzesstufe fest. Demnach ist das Verwaltungsgericht bezogen auf seine richterliche Tätigkeit unabhängig und einzig an das Gesetz gebunden (Abs. 1). Weil im Rechtsstaat staatliche Macht nicht unkontrolliert ausgeübt werden darf und folglich auch die Justiz der (parlamentarischen) Kontrolle untersteht, hält das Gesetz gleichzeitig die Berichterstattungspflicht des Verwaltungsgerichts an den Kantonsrat fest (Abs. 2). Mit § 35 verankert das Gesetz den Grundsatz der institutionell-organisatorischen Unabhängigkeit des Verwaltungsgerichts[1]; die persönli-

1

Unter Mitarbeit von BASIL CUPA, MLaw, LL.M., und PATRICK BLUMER, MLaw.

[1] Ähnlich SCHMID, in: Kommentar KV, Art. 73 N. 4.

che Unabhängigkeit der Mitglieder des Verwaltungsgerichts wird demgegenüber auf Gesetzesstufe in § 5a geregelt.

2 Der Grundsatz der richterlichen Unabhängigkeit und die Berichterstattungspflicht fanden sich schon in der ursprünglichen Fassung des VRG vom 24. Mai 1959. Die Anforderungen an die Berichterstattung wurden anlässlich der Revision von 1997 in § 35 Abs. 2 Satz 2 näher umschrieben. Seither ist der Wortlaut von § 35 **unverändert** geblieben.

B. Vorgaben des übergeordneten Rechts

3 Aufgrund seiner rechtsstaatlichen Bedeutung ist der Grundsatz der richterlichen Unabhängigkeit sowohl verfassungsrechtlich wie auch völkerrechtlich garantiert (vgl. Vorbem. zu §§ 32–40a, N. 5 f.). Bei den einschlägigen Regeln handelt es sich um **Mindestanforderungen**; sie gehen allerdings in ihrer Differenziertheit über die gesetzliche Regel des § 35 hinaus und werden durch eine reichhaltige Rechtsprechung weiter ausdifferenziert.

4 Die **Kantonsverfassung** verankert in Art. 3 Abs. 1 in allgemeiner Weise den Grundsatz der *Gewaltenteilung,* hält in Art. 3 Abs. 2 aber gleichzeitig auch fest, dass niemand staatliche Macht unkontrolliert und unbegrenzt ausüben darf. Auf Verfassungsstufe konkretisiert werden diese Grundsätze durch die *Unvereinbarkeiten* (Art. 42 KV, vgl. § 34) und durch die *Aufsichtsbefugnisse* des Kantonsrats, welche auch den Geschäftsgang der obersten kantonalen Gerichte beschlagen (Art. 57 Abs. 1 KV). Nicht zuletzt hält Art. 73 Abs. 2 KV den Grundsatz fest, dass die Gerichte in ihrer Rechtsprechung von den anderen Staatsgewalten unabhängig sind und ein rechtskräftiger Entscheid einer Gerichtsinstanz von keiner der anderen Gewalten aufgehoben oder geändert werden kann.

5 Mit Wirkung für die kantonalen Justizbehörden garantiert die **Bundesverfassung** die richterliche Unabhängigkeit als Grundrecht in Art. 30 Abs. 1 und als organisationsrechtliche Bestimmung in Art. 191c. Zudem ist die richterliche Unabhängigkeit auch durch das *Völkerrecht* in Form eines justiziablen Grundrechtsanspruchs geschützt (Art. 6 Ziff. 1 EMRK, Art. 14 UNO-Pakt II). Nicht zuletzt bestehen unzählige – im Einzelnen rechtlich nicht verbindliche – Deklarationen und Richtlinien zur Unabhängigkeit der Justiz[2].

6 Das Institut der **Bundesaufsicht** (vgl. Art. 49 Abs. 2 BV) vermittelt dem Bund keine Kompetenz zur aufsichtsrechtlichen Aufhebung von Urteilen des Verwaltungsgerichts, welche nach der Einschätzung von Bundesbehörden das Bundesrecht verletzen[3]. Solche Entscheide sind auf dem ordentlichen Rechtsmittelweg auf ihre Bundesrechtskonformität hin zu überprüfen. Dabei verfügt der Bund mit der Behördenbeschwerde[4] und mit der Klage[5] über gesetzlich geordnete Rechtsschutzmöglichkeiten, welche die Unabhängigkeit des Verwaltungsgerichts intakt lassen; eine aufsichtsrechtliche Kassation sollte sich deshalb erübrigen.

---

[2] Vgl. STEPHAN GASS/REGINA KIENER/THOMAS STADELMANN (Hrsg.), Standards on Judicial Independence, Bern 2012.
[3] Ebenso BIAGGINI, Kommentar BV, Art. 49 N. 25; anders TSCHANNEN, Staatsrecht, § 26 N. 25, je m.H.
[4] Art. 89 Abs. 2 lit. a BGG; dazu KIENER/RÜTSCHE/KUHN, Öffentliches Verfahrensrecht, N. 1375 ff.
[5] Art. 120 Abs. 1 lit. b BGG; vgl. KIENER/RÜTSCHE/KUHN, Öffentliches Verfahrensrecht, N. 1100 ff.

II. Unabhängigkeit des Verwaltungsgerichts (Abs. 1)

A. Grundsatz

Das durch die richterliche Unabhängigkeit bewirkte Einwirkungsverbot der anderen Gewalten bezieht sich dem Wortlaut von § 35 zufolge auf die «richterliche» und damit auf die **rechtsprechende Tätigkeit** des Verwaltungsgerichts. Rechtsprechung ist gleichzusetzen mit der verbindlichen Entscheidung von rechtlichen Streitigkeiten in einem durch das Prozessrecht strukturierten Rechtsanwendungsverfahren[6]. Nicht zur Rechtsprechung zählen folglich jene Tätigkeiten, welche das Gericht im Rahmen der Selbstverwaltung wahrnimmt (Art. 73 Abs. 3 KV), namentlich die nach Massgabe der §§ 36 und 39 in der Kompetenz des Gerichts liegenden Angelegenheiten der *Justizverwaltung*, aber auch die gerichtliche *Rechtsetzungstätigkeit* gemäss § 40. Dass diese Tätigkeiten vom Geltungsbereich des § 35 nicht erfasst werden, bedeutet allerdings nicht, dass sich die Unabhängigkeit des Verwaltungsgerichts nicht auch auf diese Bereiche bezieht, werden sie doch durch die Unabhängigkeitsgarantien des übergeordneten Rechts (mit-)erfasst (N. 3 ff. sowie Vorbem. zu §§ 32–40a N. 5 f.). Im Gegensatz zur rechtsprechenden Tätigkeit betreffen die genannten Bereiche indessen den *Geschäftsgang* des Verwaltungsgerichts und unterstehen deshalb – anders als die rechtsprechende Tätigkeit – der parlamentarischen Kontrolle (Art. 57 Abs. 1 KV; dazu eingehend Vorbem. zu §§ 32–40a N. 21 ff.).

B. Unabhängigkeit in der Rechtsprechung

Die Besonderheiten der Rechtsprechung führen dazu, dass das Verwaltungsgericht besonderer Abschirmung bedarf, damit sich der Grundsatz der **institutionell-organisatorischen Unabhängigkeit** verwirklichen kann. Diese Unabhängigkeit ist nach verschiedenen Richtungen hin sicherzustellen.

In Bezug auf die Stellung des Verwaltungsgerichts im gewaltenteiligen Gefüge der Kantonsverfassung gilt die Unabhängigkeit im Verhältnis zu den **anderen obersten Behörden** des Kantons. Das Verwaltungsgericht ist als (ein) oberstes kantonales Gericht (Art. 74 Abs. 2 KV) im Bereich seiner Zuständigkeiten höchste rechtsprechende Gewalt und in dieser Funktion von der gesetzgebenden und von der administrativen Gewalt unabhängig (Art. 73 Abs. 2 Satz 1 KV). Abgesichert wird dieser Grundsatz durch Unvereinbarkeitsregeln (Art. 42 Abs. 1 KV; § 34 VRG). Aus dieser institutionellen Stellung folgt, dass eine inhaltliche Prüfung der Urteile des Verwaltungsgerichts unzulässig ist[7], diese folglich weder vom Regierungsrat noch vom Kantonsrat in tatsächlicher oder rechtlicher Hinsicht *überprüft, geändert oder aufgehoben* werden dürfen. Ob ein Urteil schon rechtskräftig ist oder nicht, spielt keine Rolle: Ein beim Verwaltungsgericht anhängiges Verfahren darf diesem auch nicht entzogen werden, und *Weisungen* oder andere Einwirkungen auf den Rechtsfindungsprozess sind untersagt[8]. Vor diesem Hintergrund erweist sich der Wortlaut von Art. 73 Abs. 2 Satz 2 KV («rechtskräftiger Entscheid») als zu eng formu-

---

[6] REGINA KIENER, Das Bundesgericht und weitere richterliche Behörden, in: Biaggini/Gächter/Kiener, Staatsrecht, § 21 N. 2; vgl. TSCHANNEN, Staatsrecht, § 40 N. 3.
[7] Vgl. JAAG, Gerichte, S. 791.
[8] BGE 134 I 16, E. 4.2; SCHMID, in: Kommentar KV, Art. 73 N. 4 f.; HAUSER/SCHWERI/LIEBER, Kommentar GOG, § 68 N. 4 f.

liert⁹. Schliesslich müssen die rechtskräftigen Urteile des Verwaltungsgerichts – wo nötig mit Hilfe des staatlichen Zwangsapparats – vollstreckt werden[10]. Im Rahmen der parlamentarischen Oberaufsicht zulässig ist demgegenüber die Aufsicht über den *äusseren Geschäftsgang* des Verwaltungsgerichts (ausdrücklich: Art. 57 KV), welche beispielsweise die Art und Dauer der Verfahren oder die Anfechtungsquoten vor der Rechtsmittelinstanz (Bundesgericht) umfasst (vgl. N. 4).

10 Im Verhältnis zu den **anderen Gerichten und Justizbehörden** des Kantons bedeutet der Grundsatz der Unabhängigkeit, dass das Verwaltungsgericht im Rahmen seiner Zuständigkeit die Stellung der obersten Rechtspflegebehörde des Kantons in öffentlichrechtlichen Angelegenheiten (mit Ausnahme des Sozialversicherungsrechts und einiger weiterer Sachmaterien) innehat. Einwirkungen auf die Rechtsfindung sind deshalb auch den anderen Gerichten und Justizbehörden untersagt, und rechtskräftige Urteile des Verwaltungsgerichts sind von den anderen Justizbehörden zu beachten[11].

C. Gesetzesbindung

11 Gemäss § 35 ist das Verwaltungsgericht in seiner rechtsprechenden Tätigkeit «nur dem Gesetz» unterworfen. Die Gesetzesbindung geht über den Bereich der rechtsprechenden Tätigkeit hinaus und erfasst auch den Bereich der Justizverwaltung. Seine verfassungsmässige Grundlage findet das Gesetzmässigkeitsprinzip in Art. 2 Abs. 1 KV sowie (wörtlich gleichlautend) in Art. 5 Abs. 1 BV. Die Verpflichtung der Gerichte auf das Recht zieht der richterlichen Unabhängigkeit eine aus rechtsstaatlicher Sicht notwendige Grenze. Unabhängigkeit bedeutet deshalb, dass die Justiz «keinen anderen Massstäben verpflichtet ist als dem demokratischen Gesetz»[12]. Als Folge der Gesetzesbindung gilt für das Verwaltungsgericht zum einen der *Gesetzesvorbehalt*; gerichtliche Anordnungen müssen sich deshalb auf eine materiell-gesetzliche Grundlage abstützen, die hinreichend bestimmt und vom staatsrechtlich zuständigen Organ erlassen worden ist[13]. Zum anderen hat sich das Verwaltungsgericht an den *Vorrang des Gesetzes* und damit an das gesetzte Recht zu halten[14]. In Fällen ernster, unmittelbarer und nicht anders abwendbarer Gefahr darf das Verwaltungsgericht ausnahmsweise ohne besondere rechtssatzmässige Grundlage direkt gestützt auf die sog. polizeiliche Generalklausel handeln[15]; entsprechende Fälle dürften indessen überaus selten sein.

III. Berichterstattung an den Kantonsrat (Abs. 2)

12 Das Verwaltungsgericht ist verpflichtet, dem Kantonsrat jährlich Bericht über seine Tätigkeit zu erstatten. Der **Rechenschaftsbericht** ist das primäre Informationsmittel des

---

[9] Zu Recht weiter gefasst ist § 34a Abs. 3 KRG.
[10] Vgl. REGINA KIENER, Das Bundesgericht und weitere richterliche Behörden, in: Biaggini/Gächter/Kiener, Staatsrecht, § 21 N. 15.
[11] SCHMID, in: Kommentar KV, Art. 73 N. 9.
[12] TSCHANNEN, Staatsrecht, § 40 N. 24; vgl. auch SCHMID, in: Kommentar KV, Art. 73 N. 4.
[13] BGE 130 I 1, E. 3.1.
[14] Zum Ganzen BIAGGINI, in: Kommentar KV, Art. 2 N. 8 ff.
[15] Aus grundrechtlicher Sicht verankert in Art. 36 Abs. 1 Satz 3 BV.

Parlaments bei der Ausübung der parlamentarischen Oberaufsicht über die Justiz, wie sie in Art. 57 Abs. 1 KV angelegt ist[16]. Gerichtsintern liegt die Zuständigkeit zur Verabschiedung des Rechenschaftsberichts beim *Gesamtgericht* (§ 5 Abs. 1 lit. a OV VGr).

§ 32 Abs. 2 Satz 2 nennt mit den statistischen Angaben über den Personalbestand, die Geschäftslast und die Bearbeitungszeiten der Geschäfte jene **Informationen,** die in jedem Fall in den Bericht aufgenommen werden müssen. Seit dem Berichtsjahr 2011[17] enthält der Rechenschaftsbericht auch die Geschäftsberichte des Baurekursgerichts und des Steuerrekursgerichts, beides Behörden, welche dem Verwaltungsgericht mit Wirkung ab 1. Januar 2011 unterstellt wurden[18], sowie weiterhin den Bericht der Schätzungskommissionen, über die das Verwaltungsgericht seit jeher die Aufsicht innehat[19]. In diesem Zusammenhang finden sich auch Ausführungen darüber, wie das Verwaltungsgericht die Aufsicht über die Rekursgerichte ausübt. Im Hinblick auf das in Gesetz und Verfassung verankerte Gebot der Verfahrensbeschleunigung[20] gehören zu den notwendigen Informationen auch solche über die Geschäftslast und die Bearbeitungszeiten der Geschäfte. Nicht zuletzt weist das Verwaltungsgericht den Kantonsrat im Rechenschaftsbericht auch auf allfällige Mängel in der Gesetzgebung hin. Die früher übliche Praxis, auch Auszüge aus wichtigen Urteilen zu publizieren, wurde bedauerlicherweise aufgegeben. 13

Im **Kantonsrat** wird der Geschäftsbericht durch die *Justizkommission* vorberaten[21]. Im Rahmen der kommissionsinternen Vorberatung kann die Justizkommission beim Verwaltungsgericht die Herausgabe aller mit der Beurteilung der Geschäftsführung in Zusammenhang stehenden Amtsakten verlangen; dem Gericht steht frei, anstelle der Herausgabe einen besonderen Bericht zu erstatten, soweit dies zur Wahrung schutzwürdiger privater Interessen, zum Schutz der Persönlichkeit oder aus Rücksicht auf ein hängiges Justizverfahren unerlässlich ist[22]. Das Amtsgeheimnis zum Schutz überwiegender öffentlicher Interessen kann das Verwaltungsgericht gegenüber der Justizkommission jedoch nicht geltend machen[23]. Die Justizkommission legt den Geschäftsbericht mit ihrem Antrag dem Kantonsrat vor; dieser muss zwingend auf das Geschäft eintreten[24]. 14

Die Abnahme bzw. Genehmigung des Geschäftsberichts hat in aufsichtsrechtlicher Hinsicht die **Entlastung** des Verwaltungsgerichts zur Folge. Das Gericht wird damit von der (politischen) Verantwortung für die im Geschäftsbericht offengelegten und zudem auch für die in der Debatte erörterten Vorgänge entbunden[25]. 15

---

[16] Vgl. für die entsprechende Regelung im GOG Hauser/Schweri/Lieber, Kommentar GOG, § 79 N. 6; für das BGG Koller, in: Basler Kommentar BGG, Art. 3 N. 58.
[17] Einundfünfzigster Rechenschaftsbericht des Verwaltungsgerichts vom 1. März 2012.
[18] § 116 Abs. 2 StG und § 336 PBG, je in der Fassung gemäss Gesetz über die Unterstellung der Steuerrekurskommissionen und der Baurekurskommissionen unter das Verwaltungsgericht vom 13. September 2010, in Kraft seit 1. Januar 2011 (OS 65, 953).
[19] Vgl. §§ 34 und 35 AbtrG.
[20] § 4a VRG; Art. 18 Abs. 1 KV; Art. 29 Abs. 1 BV; Art. 6 Ziff. 1 EMRK.
[21] § 49c Abs. 1 lit. a KRG i.V.m. § 11 Abs. 1 und § 59a lit. a GR-KR.
[22] § 34e Abs. 1 lit. a und Abs. 2 KRG.
[23] § 34e Abs. 3 KRG.
[24] § 17 Abs. 2 GR-KR.
[25] Koller, in: Basler Kommentar BGG, Art. 3 N. 63 f.

> *Vorsitz und Kanzlei*
>
> **§ 36**
>
> ¹ Das Verwaltungsgericht bezeichnet den Präsidenten und die erforderlichen Vizepräsidenten jeweils bei Beginn und auf Mitte einer Amtsperiode. Präsident und Vizepräsidenten sind in erster Linie aus der Zahl der vollamtlichen Richter zu wählen.
>
> ² Das Verwaltungsgericht stellt den Generalsekretär, dessen Stellvertreter sowie das juristische und administrative Personal an.

Materialien

Weisung 1957, S. 1041; Prot. KK 31.1.1958, 30.9.1958; Prot. KR 1955–1959, S. 3381; Beleuchtender Bericht 1959, S. 403; Weisung 1995, S. 1534 ff.; Prot. KR 1995–1999, S. 6490 ff.; Beleuchtender Bericht 1997, S. 6; Weisung 2009, S. 966 f.

Literatur

MERKLI/AESCHLIMANN/HERZOG, Kommentar VRPG, Art. 120 und 123; SCHMID NIKLAUS, in: Kommentar KV, Art. 73; URSPRUNG RUDOLF/RIEDI HUNOLD DOROTHEA, in: Basler Kommentar BGG, Art. 14.

Vgl. im Übrigen Vorbem. zu §§ 32–40a.

Inhaltsübersicht

I.	Grundlagen	1–3
II.	Vorsitz (Abs. 1)	4–8
III.	Kanzlei (Abs. 2)	9–13

I. Grundlagen

1 Die mit der Bestellung des Gerichtsvorsitzes und der Kanzlei einhergehenden Wahlen und Anstellungen sind Ausdruck der **Selbstverwaltungsbefugnisse** des Verwaltungsgerichts, deren verfassungsrechtliche Grundlage sich in Art. 73 Abs. 3 KV findet (vgl. auch Vorbem. zu §§ 32 ff., N. 10 ff.)[1]. Demgegenüber stellen der Bund und andere kantonale Verfahrensordnungen die Würde des Amtes in den Vordergrund und betrauen deshalb das Parlament mit der Wahl der Gerichtsleitung (Präsidium und Vizepräsidium)[2].

2 § 36 zeichnet zusammen mit den in den §§ 38–39 geregelten Bestimmungen betreffend die Besetzung der jeweiligen Spruchkörper und die Aufgaben des Gesamtgerichts die **organisatorische Grundstruktur** des Verwaltungsgerichts vor, welche das Gericht gestützt

---

Unter Mitarbeit von BASIL CUPA, MLaw, LL.M., und PATRICK BLUMER, MLaw.

[1] Vgl. MERKLI/AESCHLIMANN/HERZOG, Kommentar VRPG, Art. 123 N. 4; SCHMID, in: Kommentar KV, Art. 73 N. 10 ff.

[2] Vgl. Art. 14 Abs. 1 BGG; dazu URSPRUNG/RIEDI HUNOLD, in: Basler Kommentar BGG, Art. 14 N. 2 ff.; oder Art. 25 GSOG BE; zum vormaligen Art. 120 Abs. 2 VRPG BE vgl. MERKLI/AESCHLIMANN/HERZOG, Kommentar VRPG, Art. 120 N. 12 f.

auf seine Rechtsetzungskompetenz (§ 40 Abs. 1 lit. a) in zwei Verordnungen näher geregelt hat. Einschlägig ist zum einen die Organisationsverordnung des Verwaltungsgerichts (OV VGr) und zum anderen die Verordnung über die Kanzlei des Verwaltungsgerichts (KanzleiV VGr).

Während sich § 36 Abs. 1 in identischer Form schon in der ursprünglichen Fassung des VRG von 1959 fand, wurde § 36 Abs. 2 bei Erlass des Personalgesetzes vom 27. September 1998 neu gefasst[3]. Der Wechsel von der bisher üblichen Wahl des auf feste Amtsdauer verbeamteten Personals hin zur *Anstellung* in ein öffentlichrechtliches Dienstverhältnis machte eine entsprechende Anpassung nötig[4]. Seither hat § 36 **keine Änderungen** mehr erfahren.

II. Vorsitz (Abs. 1)

Gleich wie das Obergericht (§ 37 GOG) und das Sozialversicherungsgericht (§ 8 Abs. 1 GSVGer) bestellt das Verwaltungsgericht das Präsidium und das Vizepräsidium selber. Das **Wahlverfahren** richtet sich grundsätzlich nach den §§ 36 und 39, subsidiär nach den Bestimmungen für die Gemeindebehörden (§ 40a). Konkretisiert werden die entsprechenden gesetzlichen Vorgaben durch § 1 OV VGr. *Wahlorgan* ist nach Massgabe von § 39 Abs. 1 das Gesamtgericht, d.h. die Versammlung der vollamtlichen und teilamtlichen Mitglieder unter Ausschluss der Ersatzmitglieder. *Wählbar* sind sämtliche Mitglieder des Verwaltungsgerichts; indessen stellt das Gesetz mit § 36 Abs. 1 Satz 2 den Grundsatz auf, dass die Präsidien in erster Linie aus dem Kreis der vollamtlichen Richter zu bestimmen sind[5]. Weitere Wählbarkeitsvoraussetzungen werden nicht genannt. Die für die sachgerechte Aufgabenerfüllung erforderlichen Eigenschaften (vgl. etwa § 9 OV VGr für das Präsidium) müssen folglich schon anlässlich der Wahl ins Verwaltungsrichteramt gesichert sein; wichtig sind Kompetenzen wie die Führungseignung und -erfahrung, die Vertrautheit mit administrativen Belangen und Budgetfragen und nicht zuletzt auch kommunikative Fähigkeiten[6].

In **zeitlicher Hinsicht** werden das Präsidium und die Vizepräsidien laut Gesetz jeweils bei Beginn und auf Mitte einer Amtsperiode bestimmt (§ 36 Abs. 1 Satz 1)[7]. Diese Regel ist in der Praxis vor allem mit Blick auf das Gerichtspräsidium von Bedeutung; usanzgemäss – aber gesetzlich nicht zwingend – findet in diesem Turnus ein Wechsel im Präsidialamt statt, womit der entsprechenden Zusatzbelastung Rechnung getragen wird[8]. Aufgrund der jederzeit möglichen personellen Veränderungen sind Wahlen indessen auch zu jedem anderen Zeitpunkt möglich. Dementsprechend konstituiert sich das Verwal-

---

[3] Vgl. OS 54, 766.
[4] Näheres bei BERNHARD RÜDY, Neues Personalrecht für den Kanton Zürich, ArbR 1999, S. 25 ff., 29.
[5] Vgl. auch Art. 20 Abs. 4 GSOG BE; zum vormaligen Art. 120 Abs. 2 VRPG BE vgl. MERKLI/AESCHLIMANN/HERZOG, Kommentar VRPG, Art. 120 N. 12.
[6] Vgl. den Kriterienkatalog der Gerichtskommission der Bundesversammlung bei URSPRUNG/RIEDI HUNOLD, in: Basler Kommentar BGG, Art. 14 N. 3.
[7] Die Amtsdauer beträgt gemäss Art. 41 Abs. 2 KV und § 33 Abs. 2 sechs Jahre.
[8] Vgl. auch MERKLI/AESCHLIMANN/HERZOG, Kommentar VRPG, Art. 120 N. 13.

tungsgericht grundsätzlich jeweils zu Beginn und auf Mitte einer Amtsperiode, doch kann es sich auch in der Zwischenzeit neu konstituieren (§ 2 Abs. 1 OV VGr).

6   Wie viele **Vizepräsidenten** «erforderlich» sind, steht im Ermessen des Gerichts. Nach Massgabe der reglementarischen Bestimmungen wählt das Gericht so viele Personen, wie für die Besetzung der Abteilungspräsidien nötig sind (§§ 2 Abs. 2 lit. a und 2 Abs. 3 lit. b i.V.m. § 12 Abs. 1 OV VGr). Nachdem sich das Gericht mit vier Abteilungen konstituiert hat[9], von denen eine durch den Präsidenten geleitet wird (vgl. § 12 Abs. 1 OV VGr), gibt es zurzeit drei Vizepräsidenten.

7   Die **Zuständigkeiten des Gerichtspräsidenten** sind in § 9 OV VGr umschrieben. Demnach vertritt das präsidierende Mitglied das Gericht nach aussen und gewährleistet die Zusammenarbeit mit den anderen obersten kantonalen Gerichten (Abs. 1), entscheidet in Einzelfällen bei Zuständigkeitskonflikten zwischen den Abteilungen (Abs. 2), steht dem Generalsekretariat und der Zentralkanzlei vor (Abs. 3) und entscheidet über untergeordnete Justizverwaltungsgeschäfte (Abs. 4). Zudem bestimmt das präsidierende Mitglied in gewissen Fällen den Spruchkörper bei Fünferbesetzung (Abs. 5).

8   Die **Aufgaben der Mitglieder des Vizepräsidiums** ergeben sich aus § 12 OV VGr. Demnach stehen sie gleich wie das präsidierende Mitglied jeweils einer Abteilung vor (Abs. 1), sorgen bei allen Kammergeschäften für eine speditive Erledigung und fachkundige Urteilsredaktion (Abs. 2) und amten als unmittelbare Vorgesetzte der Gerichtsschreiberinnen und Gerichtsschreiber sowie des administrativen Personals der jeweiligen Abteilung (Abs. 3). Darüber hinaus übernehmen sie zentrale Aufgaben bei der Bildung des Spruchkörpers (§ 13 OV VGr).

III. Kanzlei (Abs. 2)

9   Das Verwaltungsgericht verfügt über die Kompetenz zur **Anstellung** seines eigenen Personals (§ 36 Abs. 2). Gerichtsintern zuständig für die Ernennung des Generalsekretärs und dessen Stellvertretung ist das Gesamtgericht (§ 3 lit. a OV VGr), während die Wahl des juristischen und administrativen Personals der Verwaltungskommission obliegt (§ 7 Abs. 2 OV VGr). Das Gesetz macht der Wahlbehörde keine Vorgaben zu den Wählbarkeitsvoraussetzungen[10]; als «juristisches» Personal müssen die Gerichtsschreiberinnen und -schreiber jedoch implizit über eine entsprechende Ausbildung verfügen.

10 Nach Massgabe von § 10 Abs. 1 OV VGr kommt dem **Generalsekretär** innerhalb des administrativen Personals eine herausragende Stellung zu: Er leitet die Zentralkanzlei (lit. d), bereitet die Präsidialgeschäfte vor und unterstützt den Präsidenten bei der Vorbereitung der Plenar- und Kommissionsgeschäfte, an denen er mit beratender Stimme teilnimmt (lit. a–c). Zudem koordiniert er die Arbeit der Gerichtsschreiberinnen und

---

[9]   RB 2011, S. 7 f.
[10] Anders z.B. Art. 33 Abs. 3 GSOG BE, wonach Gerichtsschreiberinnen und Gerichtsschreiber über das Anwaltspatent verfügen müssen; zum vormaligen Art. 123 Abs. 3 VRPG BE vgl. MERKLI/AESCHLIMANN/HERZOG, Kommentar VRPG, Art. 123 N. 5.

-schreiber sowie des Administrativpersonals (lit. e), wirkt bei der Personalrekrutierung mit (lit. f) und regelt die abteilungsübergreifenden personellen Belange (lit. g).

Das Kanzleipersonal untersteht grundsätzlich dem **Personalgesetz** (§ 1 Abs. 1 PG). Die vom Regierungsrat gestützt auf das Personalgesetz erlassenen *Verordnungen* gelten für das Personal der Rechtspflege insoweit, als die obersten kantonalen Gerichte in den von ihnen gemeinsam erlassenen Verordnungen für ihr Personal keine ergänzenden oder abweichenden Regelungen treffen (§ 56 Abs. 3 Satz 1 PG). Beim Erlass entsprechender Verordnungen besteht von Gesetzes wegen eine gegenseitige vorgängige Anhörungspflicht zwischen Regierungsrat und Gerichten (§ 56 Abs. 3 Satz 3 PG), und die Verordnungen bedürfen der Genehmigung durch den Kantonsrat (§ 56 Abs. 3 Satz 2 i.V.m. § 56 Abs. 1 Satz 2 PG). Allfällige Gesamtarbeitsverträge für das Personal der Rechtspflege werden vom Regierungsrat zusammen mit dem zuständigen obersten kantonalen Gericht abgeschlossen (§ 6 Abs. 3 PG).

11

Das **Verordnungsrecht** der obersten kantonalen Gerichte wird durch deren Plenarausschuss erlassen (§ 73 Abs. 1 lit. a GOG). Von der allgemeinen Personalgesetzgebung abweichend und diese ergänzend regelt die entsprechende Vollzugsverordnung der obersten kantonalen Gerichte zum Personalgesetz (VV KG PG) Fragen wie die Befristung von Arbeitsverhältnissen (§ 2), die Zuständigkeiten der jeweiligen Anstellungsbehörde (§ 7), die Arbeitszeit (§ 8) und die zulässigen Nebenbeschäftigungen (§ 9; vgl. ebenso § 53 Abs. 2 PG).

12

Mit der Kompetenz zur Anstellung des eigenen Personals ist dem Verwaltungsgericht von Gesetzes wegen auch die Zuständigkeit zur Festsetzung des entsprechenden **Stellenplans** eingeräumt (§ 8 Abs. 1 PG i.V.m. §§ 3–6 VV KG PG). Das Gericht ist verpflichtet, die Stelle des Generalsekretärs und dessen Stellvertretung zu besetzen sowie juristisches und administratives Personal anzustellen (§ 36 Abs. 2). Die Zahl der erforderlichen Personalstellen ist gesetzlich nicht vorgeschrieben und liegt damit grundsätzlich im Ermessen des Gerichts, welches wiederum durch die *Budgetkompetenz* des Kantonsrats (Art. 56 Abs. 1 lit. a KV) relativiert wird. Der Kantonsrat ist indessen verpflichtet, seine Kompetenzen so auszuüben, dass eine «verlässliche und rasche Rechtsprechung» (Art. 74 Abs. 1 KV) gewährleistet ist und das Verwaltungsgericht den verfassungsrechtlichen Anspruch der Parteien auf «rasche und wohlfeile» Erledigung (Art. 18 Abs. 1 KV; Art. 29 Abs. 1 BV) und deren Recht auf einen begründeten Entscheid (Art. 18 Abs. 2 KV; Art. 29 Abs. 2 BV) einlösen kann[11].

13

---

[11] Dazu eingehend § 32 N. 5 f.

> *Besoldung*
> **§ 37**
> ¹ Der Kantonsrat ordnet die Besoldung der Mitglieder und die Entschädigung der Ersatzrichter.
> ² ...

Materialien

Weisung 1957, S. 1041; Prot. KK 31.1.1958, 30.9.1958; Prot. KR 1955–1959, S. 3381; Beleuchtender Bericht 1959, S. 403; Weisung 2009, S. 966 f.

Literatur

EICHENBERGER KURT, Die richterliche Unabhängigkeit als staatsrechtliches Problem, Bern 1960, S. 242 ff. *(Unabhängigkeit)*; GOSSWEILER MARC, Richterliche Unabhängigkeit in Bund und Kantonen, Diss. (Bern), Bern 1951, S. 26 ff. *(Unabhängigkeit)*; HAUSER/SCHWERI/LIEBER, Kommentar GOG, § 40; KIENER REGINA, in: Basler Kommentar BGG, Art. 5; KIENER, Unabhängigkeit, S. 289 ff.; MOSIMANN HANS-JAKOB, Leistungsbeurteilung von Richterinnen und Richtern – Qualitätsmerkmal oder Angriff auf die richterliche Unabhängigkeit?, «Justice – Justiz – Giustizia» 2011/1 *(Leistungsbeurteilung)*.

Vgl. im Übrigen Vorbem. zu §§ 32–40a.

Inhaltsübersicht

I.	Grundlagen	1–4
II.	Richterinnen und Richter	5–7
III.	Personal	8–9

I. Grundlagen

1 § 37 bildet die gesetzliche Grundlage für die Regelung der Besoldung bzw. Entschädigung der am Verwaltungsgericht tätigen Richterinnen und Richter. Eine angemessene, der Bedeutung und Verantwortung des Amtes entsprechende Besoldung der Richterinnen und Richter ist zur **Sicherung der richterlichen Unabhängigkeit** unerlässlich[1]. Diesem Grundsatz ist bei der *Bemessung* der Besoldung Rechnung zu tragen: Diese soll die Gleichrangigkeit der Justiz mit den anderen Staatsfunktionen betonen und zugleich sicherstellen, dass die Gerichtsmitglieder keinen zusätzlichen Erwerbstätigkeiten nachgehen müssen, welche zu Interessenskonflikten führen, und keine wirtschaftlichen Bindun-

---

Unter Mitarbeit von BASIL CUPA, MLaw, LL.M., und PATRICK BLUMER, MLaw.

[1] KIENER, Unabhängigkeit, S. 286, m.H. Vgl. auch die Empfehlung CM/Rec(2010)12 des Ministerkomitees des Europarats vom 17. November 2010, Ziff. 54; die Europäische Charta über die Rechtsstellung von Richterinnen und Richtern, beschlossen von einem durch den Europarat einberufenen Expertengremium am 8.–10. Juli 1998, Ziff. 6; die «Syracuse draft principles on the independence of the judiciary», beschlossen von der Internationalen Juristenkommission am 25.–29. Mai 1981, Art. 26; zudem ERNST MARKEL, Vertreterversammlung der Europäischen Vereinigung der Richter (EVR), «Justice – Justiz – Giustizia» 2006/2, N. 6; SCHMID, in: Kommentar KV, Art. 75 N. 5.

gen eingehen müssen, welche unlautere Beeinflussungen zur Folge haben können. Nicht zuletzt dient eine angemessene Besoldung dem Anliegen, dass sich gut qualifizierte Kandidaten mit beruflichen Alternativen in der Privatwirtschaft für das Richteramt zur Verfügung stellen[2]. Aufgrund einer möglichen Beeinträchtigung der richterlichen Unabhängigkeit darf die Besoldung nicht von *Leistungskriterien* abhängig gemacht werden[3].

Ihrer Bedeutung im Rechtsstaat entsprechend, handelt es sich bei den Bestimmungen über die Richterbesoldung um **wichtige Rechtssätze** des kantonalen Rechts (Art. 38 Abs. 1 KV), welche zumindest in den Grundzügen im (formellen) Gesetz geregelt werden sollten[4].

Lohnkürzungen ist ein erhebliches Disziplinierungspotenzial inhärent; entsprechende Massnahmen sind deshalb mit Blick auf die richterliche Unabhängigkeit heikel[5]. § 37 Abs. 1 und die darauf fussende Gesetzgebung begründen jedoch **keine wohlerworbenen Rechte,** welche einer allfälligen nicht rückwirkenden Kürzung der finanziellen Ansprüche von Magistratspersonen auf dem Weg der Rechtsetzung entgegenstehen würden[6]. Wohlerworbene Rechte entstehen nach Massgabe der bundesgerichtlichen Rechtsprechung nur dann, wenn das Gesetz die entsprechenden Beziehungen ein für alle Mal festlegt und von den Einwirkungen der gesetzlichen Entwicklung ausnimmt oder wenn bestimmte, mit einem einzelnen Anstellungsverhältnis verbundene Zusicherungen abgegeben worden sind[7]. Im Regelfall wird das richterliche Dienstverhältnis zum Staat aber durch die Gesetzgebung bestimmt und macht daher, auch was seine vermögensrechtliche Seite angeht, die Entwicklung mit, welche die Gesetzgebung erfährt[8]. Im Ergebnis sind die Ansprüche von Richterinnen und Richtern gegenüber den Massnahmen des Gesetzgebers nur nach Massgabe des Willkürverbots (Art. 9 BV), des Rechtsgleichheitsgebots (Art. 8 Abs. 1 BV) und des Diskriminierungsverbots (Art. 8 Abs. 2 und 3 BV) geschützt[9].

Nach dem früheren § 37 Abs. 2 regelte das Verwaltungsgericht sowohl das Dienstverhältnis wie auch die Besoldung seines Personals in gleicher Weise wie das Obergericht durch eine eigene Verordnung, welche der Genehmigung durch den Regierungsrat bedurfte. Mit dem Personalgesetz vom 27. September 1998 wurde § 37 Abs. 2 aufgehoben[10]. Seither hat § 37 **keine Änderungen** mehr erfahren.

---

[2] Vgl. auch EICHENBERGER, Unabhängigkeit, S. 242 ff.; GOSSWEILER, Unabhängigkeit, S. 26 f.; MICHAEL GRESSMANN, Gerechtigkeit braucht eine starke Justiz, «Justice – Justiz – Giustizia» 2009/4, N. 2.
[3] KIENER, Unabhängigkeit, S. 290 f.; ebenso ANDREAS LIENHARD/DANIEL KETTIGER, Keine Absage an ein zeitgemässes Justizmanagement, «Justice – Justiz – Giustizia» 2011/2, N. 10; MOSIMANN, Leistungsbeurteilung, N. 1 ff.; des Weiteren auch CM/Rec(2010)12, Ziff. 55.
[4] CM/Rec(2010)12, Ziff. 53, sowie die Empfehlung CM/Rec(1994)12 des Ministerkomitees des Europarats über Unabhängigkeit, Effizienz und die Rechtsstellung von Richterinnen und Richtern vom 13. Oktober 1994, Ziff. 2 lit. a ii. Vgl. ebenso BIAGGINI, Kommentar BV, Art. 164 N. 3 f.; HAUSER, in: Kommentar KV, Art. 38 N. 3.
[5] CM/Rec(2010)12, Ziff. 54 Satz 3.
[6] BGr, 29.11.2010, 1C_313/2010, E. 2.3.
[7] BGE 134 I 23, E. 7.1.
[8] BGE 134 I 23, E. 7.1.
[9] BGr, 11.3.2008, 1C_230/2007, E. 4.1 (ZBl 2009, 258 ff., m.H.).
[10] Vgl. § 58 lit. e PG sowie OS 54, 766.

II. Richterinnen und Richter

5 § 37 delegiert die Regelung der Besoldung der Gerichtsmitglieder und die Entschädigung der Ersatzrichter an den **Kantonsrat**. Dieser hat seine Kompetenz mit Schaffung einer entsprechenden (Parlaments-)Verordnung wahrgenommen: Einschlägig ist der Beschluss des Kantonsrates über die Festsetzung der Besoldungen der Mitglieder des Verwaltungsgerichts vom 7. Juli 1997 (KRB Besoldungen VGr). Der Kantonsratsbeschluss regelt die Grundzüge der Richterbesoldung, verweist im Übrigen aber auf die einschlägigen Bestimmungen des Personalrechts. Ebenso hat der Kantonsrat gestützt auf das entsprechende Gesetz[11] eine Verordnung über die Abgangsleistungen für die Mitglieder der obersten kantonalen Gerichte erlassen[12]. Demnach gelten die Bestimmungen des Personalrechts über die Lohnfortzahlung bei Beendigung des Amtes und diejenigen über die Abgangsleistungen für die Mitglieder der obersten kantonalen Gerichte sinngemäss (Ziff. II); die Abfindung wird für die Mitglieder der obersten kantonalen Gerichte durch die Verwaltungskommission des jeweiligen Gerichts festgelegt (Ziff. III).

6 Die vollamtlichen und die teilamtlichen **Mitglieder** des Verwaltungsgerichts sind besoldungsmässig in der obersten Lohnklasse des Kantons eingereiht (Ziff. I Abs. 1 KRB Besoldungen VGr), wobei die Besoldung der teilamtlichen Mitglieder einen Bruchteil derjenigen eines vollamtlichen Mitglieds beträgt, entsprechend dem Beschäftigungsgrad (Ziff. II Abs. 1 KRB Besoldungen VGr). Teilamtlichen Mitgliedern, die am Gericht keinen festen Arbeitsplatz belegen, steht für die Beanspruchung ihres eigenen Arbeitsplatzes eine Spesenentschädigung zu, welche das Verwaltungsgericht als Gesamtgericht (§ 5 lit. f OV VGr) festsetzt; zusätzlich werden Telefonspesen, Porti und dergleichen vergütet (Ziff. II Abs. 2 KRB Besoldungen VGr). Darüber hinaus werden dem Präsidenten, dem Vizepräsidenten und den als Einzelrichter tätigen Mitgliedern jährliche Zulagen ausgerichtet (Ziff. III KRB Besoldungen VGr). Bezüglich Zulagen, Reallohnerhöhungen, Auszahlungsmodalitäten, Dienstaltersgeschenken und Besoldungsfortzahlungen gelten die Bestimmungen der allgemeinen Personalgesetzgebung sinngemäss (Ziff. V Abs. 1 KRB Besoldungen VGr)[13].

7 Die **Ersatzmitglieder** werden – ihrer Funktion entsprechend (vgl. § 32 N. 7 ff.) – nach Aufwand entschädigt. Der Stundenansatz wird aufgrund jener Lohnklasse und -stufe ermittelt, in welche die vollamtlichen und teilamtlichen Mitglieder des Verwaltungsgerichts im ersten Dienstjahr eingereiht sind (Ziff. IV i.V.m. Ziff. I Abs. 1 KRB Besoldungen VGr). Die Bestimmungen der allgemeinen Personalgesetzgebung werden auf die Ersatzmitglieder insoweit sinngemäss angewendet, als Teuerungszulagen und die generellen Reallohnerhöhungen in Frage stehen (Ziff. V Abs. 2 KRB Besoldungen VGr).

---

[11] Gesetz über die Abgangsleistungen für die Mitglieder des Regierungsrates und der obersten kantonalen Gerichte vom 9. März 2009 (LS 177.201/177.201.1).
[12] Beschluss des Kantonsrates über die Abgangsleistungen für die Mitglieder des Regierungsrates und der obersten kantonalen Gerichte vom 9. März 2009 (LS 177.25).
[13] Vgl. CM/Rec(2010)12, Ziff. 54.

III. Personal

Die Anstellung des Generalsekretärs, seiner Stellvertretung und des weiteren Personals erfolgt durch das Verwaltungsgericht (§ 36 Abs. 2; vgl. dort N. 9 ff.). Seit Inkrafttreten des Personalgesetzes vom 27. September 1998 gilt für das Gerichtspersonal bezüglich der Besoldung und der übrigen Anstellungsmodalitäten grundsätzlich die **Personalgesetzgebung,** soweit die obersten kantonalen Gerichte in den von ihnen gemeinsam erlassenen Verordnungen nicht ergänzende oder abweichende Regelungen treffen (§ 56 Abs. 3 Satz 1 PG). Ergänzende und abweichende Bestimmungen über den Vollzug des Personalgesetzes für das Personal der Rechtspflege finden sich in der Vollzugsverordnung der obersten kantonalen Gerichte zum Personalgesetz (VV KG PG).

8

Die Teilung der Regelungszuständigkeiten bezüglich des Gerichtspersonals stellte seinerzeit einen **Kompromiss** dar; dieser beendete die Auseinandersetzung zwischen Regierung und obersten Justizbehörden betreffend den Umfang der Gerichtsautonomie im Personalwesen und die schwerfällig zu handhabende gemeinsame Kompetenz (vgl. N. 4). Sie beliess dem Regierungsrat die gewünschte strategische Führungsrolle im Personalbereich[14] und stärkte gleichzeitig die mittlerweile auch verfassungsrechtlich garantierte Unabhängigkeit der Gerichte und ihr Selbstverwaltungsrecht (Art. 73 Abs. 2 und 3 KV)[15].

9

---

[14] Vgl. Weisung PG, S. 1160 ff.
[15] SCHMID, in: Kommentar KV, Art. 73 N. 12.

> *Geschäftserledigung*
> *a. Dreierbesetzung*
>
> **§ 38**
>
> ¹ Das Verwaltungsgericht erledigt Streitigkeiten in Dreierbesetzung.
>
> ² Über offensichtlich unbegründete oder offensichtlich begründete Rechtsmittel kann es bei Einstimmigkeit auf dem Zirkulationsweg entscheiden.

Materialien

Weisung 2009, S. 967, 973; Prot. KR 2007–2011, S. 10241, 10536.

Zur früheren Fassung / zu früheren Fassungen: Weisung 1957, S. 1041; Prot. KK 31.1.1958, 30.9.1958; Prot. KR 1955–1959, S. 3381; Beleuchtender Bericht 1959, S. 403; Weisung 1995, S. 1534 ff.; Prot. KK 1995/96, S. 80 ff., 115 f., 128 ff., 294 f.; Prot. KR 1995–1999, S. 6490 ff.; Beleuchtender Bericht 1997, S. 6.

Literatur

BANDLI, Spruchkörperbildung; EGLI, Dissenting Opinions; HAUSER/SCHWERI/LIEBER, Kommentar GOG, § 124; PICHONNAZ/SCYBOZ, Dissenting opinions; POLTIER, Organisation; UEBERSAX, Gerichtsschreiberinnen und Gerichtsschreiber.

Vgl. auch Vorbem. zu §§ 32–40a.

Inhaltsübersicht

I.	Inhalt und Geschichte von § 38	1–2
II.	Ordentliche Besetzung (Abs. 1)	3
III.	Organisation des Gerichts mit Bezug auf die Rechtsprechung	4–5
IV.	Geschäftsgang bei Kammergeschäften im Allgemeinen	6–15
V.	Vereinfachte Erledigung (Abs. 2)	16–17
VI.	Zu den völker- und verfassungsrechtlichen Anforderungen an die Besetzung der Spruchkörper	18–24

I. Inhalt und Geschichte von § 38

1 Die §§ 38–38b VRG regeln die **Besetzung** des Gerichts. Die ursprüngliche Fassung von 1959 normierte die Geschäftserledigung sowohl mit Bezug auf die Rechtsprechung als auch mit Bezug auf die Justizverwaltung noch allein in § 38. Mit der VRG-Revision von 1997 wurden dessen ursprüngliche Abs. 2 und 3, welche die Justizverwaltung und die Stimmabgabe regelten, in den § 39 verschoben und dafür zwei Neuerungen, das vereinfachte Verfahren und die Einzelrichterkompetenz, in einem zweiten Satz von § 38 Abs. 1 sowie in § 38 Abs. 2 und 3 verankert. Mit der Revision von 2010 wurden erneut die Abs. 2 und 3, die nun die einzelrichterliche Zuständigkeit regelten, in eine andere Bestimmung

---

Der Autor dankt verschiedenen Gewährsleuten am Verwaltungsgericht für Auskünfte, Diskussionen und Anregungen bei der Bearbeitung der §§ 38–40a.

verschoben, nämlich in den neuen § 38b. Der bisherige Abs. 1 wurde in die heutigen beiden Absätze aufgeteilt. Zum Teil wurden die Bestimmungen jeweils materiell geändert.

Seit der Revision von 2010 bestimmt § 38 Abs. 1 die **ordentliche Besetzung** des Gerichts, nämlich die Dreierbesetzung; Abs. 2 regelt die Voraussetzungen des **Zirkulationsverfahrens**. Im Übrigen überlasst das Gesetz die Organisation der Rechtsprechung und des Geschäftsgangs dem Gericht. Dieses hat sie laut § 40 Abs. 1 lit. a und Abs. 2 durch eine Verordnung, die der Genehmigung des Kantonsrats bedarf, zu regeln. Das Gericht hat die genannten Materien im Wesentlichen in der OV VGr normiert. Zu beachten sind auch die §§ 6 f. KanzleiV VGr (vgl. § 40 N. 5).

II. Ordentliche Besetzung (Abs. 1)

In der ursprünglichen Fassung schrieb § 38 Abs. 1 die Erledigung aller Streitfälle in Fünferbesetzung vor. Die Gesetzesrevision von 1997 führte zur Vereinfachung und Beschleunigung des Verfahrens die **Dreierbesetzung** für die Kammergeschäfte sowie die *Einzelrichterzuständigkeit* für näher umschriebene Fälle ein (dazu § 38b). Seit der Revision von 2010 kennt das VRG auch die *Fünferbesetzung* wieder, allerdings nur für die abstrakte Normenkontrolle (vgl. § 38a). Die Dreierbesetzung ist – unter Vorbehalt der einzelrichterlichen Kompetenzen – für Urteile und Nichteintretensbeschlüsse erforderlich, für die prozessleitenden Anordnungen dagegen nur dann, wenn sie als Kammerbeschluss ergehen, was vor allem bei Beweismassnahmen vorkommt (zur Kompetenzregelung bei prozessleitenden Anordnungen vgl. N. 9)[1].

III. Organisation des Gerichts mit Bezug auf die Rechtsprechung

Jede **Gerichtsabteilung** behandelt die in ihrem Zuständigkeitsbereich in Dreierbesetzung zu erledigenden Geschäfte in einer Kammer (§ 11 Abs. 1 OV VGr). Die *Abteilung* ist also die organisatorische Einheit, die *Kammer* der Spruchkörper. Soweit der Zuständigkeitsbereich einer Abteilung Streitigkeiten in Einzelrichterkompetenz umfasst, bestimmt sie selbständig, welchen Mitgliedern sie diese Funktion überträgt (§ 11 Abs. 2 OV VGr). Jeder Abteilung steht als *Abteilungspräsident*[2] entweder der Gerichtspräsident oder ein Vizepräsident vor (§ 12 Abs. 1 OV VGr). Er führt in der Regel den Vorsitz in der Kammer (§ 13 Abs. 4 OV VGr). Ihm sind die Gerichtsschreiber (gemäss dem früheren Recht: die juristischen Sekretäre) und das administrative Personal (früher: die Kanzleiangestellten) seiner Abteilung direkt unterstellt; er sorgt bei allen Kammergeschäften für eine speditive Erledigung und eine fachkundige Urteilsredaktion (§ 12 Abs. 2 und 3 OV VGr; dazu auch

---

[1] Zur intertemporalrechtlichen Regelung der Spruchkörperbildung vgl. VGr, 18.4.2011, PB.2010.00026, E. 1.1; VGr, 26.8.2010, VB.2010.00323, E. 1.1 (jeweils zu § 38a). Zur (davon zu unterscheidenden) nachträglichen Änderung der internen Zuständigkeit, die in Bezug auf die Einzelrichterkompetenz von Bedeutung ist, vgl. § 38b N. 3, 14.

[2] Die OV VGr und die KanzleiV VGr verwenden jeweils sowohl die männliche als auch die weibliche Form, worauf in der nun folgenden Übersicht um der Lesbarkeit willen verzichtet wird.

§ 38

N. 14). Die *Kammern* sind grundsätzlich mit Mitgliedern der Abteilung zu besetzen; in begründeten Fällen können auch Mitglieder anderer Abteilungen oder Ersatzmitglieder beigezogen werden (§ 13 Abs. 2 lit. a und Abs. 3 OV VGr). Bei *Einzelrichtergeschäften* besetzt der Abteilungspräsident den Spruchkörper mit einem Mitglied der Abteilung (§ 13 Abs. 2 lit. b OV VGr). Der Einzelrichter ist bei den in eigener Kompetenz zu behandelnden Streitigkeiten verantwortlich für speditive Geschäftserledigung und fachkundige Urteilsredaktion. Für seine Tätigkeit kann er Gerichtsschreiber und administratives Personal in Absprache mit dem Abteilungspräsidenten einsetzen (§ 14 Abs. 1 und 2 OV VGr). *Ersatzmitglieder* stehen grundsätzlich für den Einsatz in allen Kammern zur Verfügung; ausnahmsweise können sie einer oder mehreren Abteilungen fest zugeteilt werden (§ 16 Abs. 1 OV VGr). Bei Bedarf können einzelne Ersatzmitglieder aufgrund eines zeitlich fest bestimmten Beschäftigungsgrads unter entsprechender Entlöhnung eingesetzt werden (§ 16 Abs. 2 OV VGr).

5   In jeder Abteilung amtet ein Gerichtsschreiber als *Leitender Gerichtsschreiber* (früher: Abteilungssekretär). Er bereitet für den Kammervorsitzenden und den Einzelrichter die Prozessleitung vor (§ 6 Abs. 1 KanzleiV VGr). Der Leitende Gerichtsschreiber und die übrigen *Gerichtsschreiber* führen das Protokoll in Verhandlungen und Beratungen, wirken in den Verhandlungen und Beratungen mit beratender Stimme mit, redigieren die Urteile und Beschlüsse und verfassen Urteilsanträge (sogenannte Referate; zum Ganzen § 7 KanzleiV VGr). Mit der Protokollführung können ausnahmsweise die Mitarbeitenden der administrativen Kanzlei betraut werden (§ 8 Abs. 3 KanzleiV VGr). Der Aufgabenbereich der *Abteilungskanzlei*, die dem Abteilungspräsidenten direkt unterstellt ist, umfasst das Anlegen der Geschäfte, die administrative Vorbereitung und Ausführung von prozessleitenden Anordnungen (namentlich betreffend Schriftenwechsel, Beweisverfahren, Fristerstreckung, Vorladung) sowie von prozessbezogenen internen Vorkehren (wie Zuteilung, Aktenzirkulation, Traktandierung), ferner die Ausfertigung und den Versand von Verfügungen, Beschlüssen, Entscheiden und Vernehmlassungen, die Aufnahme von Entscheiden in die EDV-Dokumentation, die Ausführung allgemeiner Sekretariatsarbeiten für den Abteilungspräsidenten und den Einzelrichter sowie die Rechtskraftbescheinigungen (§ 8 KanzleiV VGr).

IV. Geschäftsgang bei Kammergeschäften im Allgemeinen

6   Die eingehenden Geschäfte werden von den Abteilungen des Gerichts nach Massgabe ihrer **Zuständigkeit** gemäss Konstituierungsbeschluss[3] entgegengenommen. In Zweifelsfällen verständigen sich die Abteilungspräsidenten mit Stichentscheid des Gerichtspräsidenten über die Zuteilung (§ 17 OV VGr).

7   In Bezug auf die **Kompetenz zur Besetzung des Spruchkörpers** erweist sich die OV VGr nicht als völlig klar: Laut § 13 Abs. 1 OV VGr bestimmt der Abteilungspräsident den Spruchkörper und den Gerichtsschreiber sowie aus diesem Kreis den Referenten; laut § 18 Abs. 2 OV VGr wird der Referent hingegen vom Kammervorsitzenden bestimmt.

---

[3] Vgl. den Beschluss vom 25. Juni 2013 zur Konstituierung des Verwaltungsgerichts für den vom 1. Juli 2013 bis 30. Juni 2016 laufenden Teil der Amtsdauer 2013–2019, ABl 5.7.2013 (37151).

Weil der Abteilungspräsident gemäss § 13 Abs. 4 OV VGr nur in der Regel, also nicht zwingend den Vorsitz führt, bleibt offen, wer den Spruchkörper in den Ausnahmefällen bestimmt, in denen Abteilungspräsident und Kammervorsitzender nicht identisch sind. Primär dürfte der Abteilungspräsident, subsidiär der Kammervorsitzende zu diesem Beschluss befugt sein; allerdings dürften die Gründe, welche den Abteilungspräsidenten an der Übernahme des Vorsitzes hindern (etwa: Ausstand, Abwesenheit), oft auch seine Mitwirkung im Verfahren überhaupt ausschliessen. Eine Klärung der Frage durch Änderung der OV VGr oder zumindest im Konstituierungsbeschluss wäre wünschenswert (vgl. im Übrigen N. 20 ff. zur Vereinbarkeit mit der Garantie des gesetzlichen Gerichts nach Art. 30 Abs. 1 BV). Überweist der Einzelrichter einen Fall von grundsätzlicher Bedeutung der Kammer (§ 38b Abs. 2), so wirkt er bei dessen Bearbeitung mit (§ 19 Abs. 2 OV VGr).

Anders als das Bundesgericht und das Bundesverwaltungsgericht (Art. 23 BGG; Art. 25 VGG) kennt das Verwaltungsgericht keine institutionalisierten Verfahren zum abteilungsübergreifenden Entscheid über **Rechtsfragen, die mehrere Abteilungen betreffen**.

Bei Kammergeschäften leitet der *Vorsitzende* den Prozess und erlässt die erforderlichen **prozessleitenden Anordnungen**. Die Prozessleitung kann ganz oder teilweise dem *Referenten* übertragen werden. Dieser kann zudem selbständig die Parteien zu einer Referentenaudienz vorladen (§ 18 Abs. 2 OV VGr). Das gilt auch, wenn ein Ersatzmitglied Referent ist. Der Kammervorsitzende leitet die vor der Kammer durchzuführenden mündlichen Parteiverhandlungen; er kann Teile der Verhandlungsleitung (gemeint ist die Befragung zur Sache) dem Referenten übertragen (§ 18 Abs. 3 OV VGr). Vorbehalten bleiben stets *Anordnungen der Kammer* im Beweisverfahren. Die Kammer kann jedoch die Durchführung dieses Verfahrens ganz oder teilweise einer Abordnung, dem Vorsitzenden oder einem Mitglied übertragen (§ 60 Satz 1 VRG; § 18 Abs. 4 OV VGr; dazu § 60 N. 24 ff.). Zur Kompetenzregelung bezüglich der Prozessleitung vgl. auch § 56 N. 4 ff.

Bei Kammergeschäften unterbreitet der Referent seinen *Antrag auf Erledigung* in der Regel schriftlich und mit Begründung (also in Form eines *Referats*), wobei der Vorsitzende ein anderes Mitglied oder den Gerichtsschreiber mit der Ausarbeitung eines schriftlichen Koreferats beauftragen kann (§ 18 Abs. 1 OV VGr). Selbstverständlich können diese auch von sich aus Änderungen der Erwägungen vorschlagen und Gegenanträge stellen. Die Kammer fasst ihre **Beschlüsse und Entscheide** nach mündlicher, nicht öffentlicher **Beratung** in einer Sitzung unter Mitwirkung des Gerichtsschreibers, dem beratende Stimme zukommt (vgl. § 62 Abs. 1 VRG; § 7 lit. b KanzleiV VGr). Die Anwesenheit weiterer Personen ist allenfalls in begründeten Ausnahmefällen statthaft (zum Beispiel: Anwesenheit eines neu eingestellten Gerichtsschreibers zur Einführung)[4]. Die Gerichtsmitglieder sind in ihrer rechtsprechenden Tätigkeit gleichberechtigt.

---

[4] Laut der Formulierung des Bundesgerichts hat die Behörde «ohne Anwesenheit Unbefugter» zu entscheiden; vgl. BGE 137 I 340, E. 2.2.1, m.H. Soweit ersichtlich, finden sich in der Praxis allerdings keine Beispiele, in denen die blosse Anwesenheit und nicht die Mitwirkung Unbefugter in Frage stand. Jedenfalls haben Personen, die sich im Ausstand befinden, den Raum zu verlassen; vgl. RB 2002 Nr. 2, E. 2, m.H. (VB.2001.00189).

§ 38

11 Gemäss § 39 Abs. 2 VRG hat jedes Gerichtsmitglied seine Stimme abzugeben, und es entscheidet die **Mehrheit**. Diese Bestimmung – die ursprünglich Abs. 3 von § 38 bildete und erst mit der Gesetzesrevision von 1997 zusammen mit dem damaligen § 38 Abs. 2 an ihre heutige Stelle transferiert wurde – bezieht sich, anders als § 39 Abs. 1, auch auf die rechtsprechende Tätigkeit. Allerdings hat § 39 Abs. 2 Satz 2 – wonach bei Stimmengleichheit die Stimme des Vorsitzenden doppelt zählt – infolge der ungeraden Zahl der Gerichtsmitglieder und des Verbots der Stimmenthaltung insoweit keine Bedeutung[5].

12 Der **Ablauf** der Beratung gestaltet sich wie folgt: Das Wort gehört zunächst dem Referenten, hierauf den anderen Gerichtsmitgliedern. Die formellen Fragen (Zuständigkeit, Legitimation usw.) sind vor den materiellen Fragen zu entscheiden. Sind mehr als zwei Anträge vorhanden, so sind nach dem Verfahren der Eventualabstimmung zunächst die Anträge zu Nebenfragen einander gegenüberzustellen, hierauf jene zu den Hauptfragen; Meinungsverschiedenheiten über den Abstimmungsmodus sind durch Abstimmung zu entscheiden[6]. In der Regel ist im Anschluss an die Beratung **abzustimmen**. Findet jedoch die Mehrheit, die Sache sei nicht entscheidreif, so kann das Verfahren fortgesetzt und anschliessend eine zweite Beratung durchgeführt werden.

13 Die **Minderheit** des Gerichts sowie der Gerichtssekretär sind berechtigt, ihre **abweichende Ansicht** mit Begründung in das Protokoll aufnehmen zu lassen, wovon den Parteien Kenntnis zu geben ist (§ 71 VRG i.V.m. § 124 GOG). Gemäss dem Zweck und entgegen dem ungenauen Wortlaut von § 124 gilt dies nicht nur, wenn das Gericht nicht einstimmig entscheidet. Vielmehr kann der Gerichtssekretär auch – bzw. gerade – dann eine Minderheitsmeinung abgeben, wenn er allein anderer Meinung ist als das Gericht; zudem muss es auch zulässig sein, eine abweichende Meinung zur Begründung – eine Concurring Opinion – abzugeben (vgl. § 62 N. 10). Nach der Praxis des Verwaltungsgerichts werden Minderheitsbegründungen der Urteilsausfertigung beigefügt und gegebenenfalls zusammen mit dem Entscheid publiziert[7]. Das Minderheitsrecht wird eher zurückhaltend genutzt, doch ist sein Gebrauch etabliert.

14 Die **Redaktion** der Entscheide und Beschlüsse erfolgt durch den Generalsekretär oder einen Gerichtsschreiber, bei Kammergeschäften auf Grundlage des Referats und der mündlichen Beratung (§ 20 Abs. 1 OV VGr; § 7 lit. c KanzleiV VGr). Hierzu dient das Protokoll der Beratung (vgl. § 7 lit. a OV VGr). Aus der Verantwortung des Abteilungspräsidenten für eine «fachkundige Urteilsredaktion» (§ 12 Abs. 2 OV VGr) ergibt sich kein inhaltliches Weisungsrecht. Weichen die Erwägungen in der redigierten Fassung massgeblich vom gutgeheissenen Referat bzw. vom Beratungsergebnis ab, so ist die Zustimmung der Mitglieder des Spruchkörpers einzuholen, die allerdings auch vorgängig und stillschweigend erteilt werden kann[8].

---

[5] Zum Ganzen, auch zur Frage der Herleitung des Verbots der Stimmenthaltung aus dem Bundesverfassungsrecht, § 39 N. 14 ff.
[6] GULDENER, Zivilprozessrecht, S. 244 f.
[7] Vgl. z.B. VGr, 1.12.2010, VB.2008.00176; als Beispiel für eine Minderheitsmeinung einer Gerichtssekretärin: VGr, 14.5.2008, PB.2008.00005. Zur Minderheitsmeinung: EGLI, Dissenting Opinions; HAUSER/SCHWERI/LIEBER, Kommentar GOG, § 124; HEIMGARTNER/WIPRÄCHTIGER, in: Basler Kommentar BGG, Art. 59 N. 46 f.; PICHONNAZ/SCYBOZ, Dissenting opinions.
[8] Vgl. zur Redaktion auch UEBERSAX, Gerichtsschreiberinnen und Gerichtsschreiber, S. 93 ff.

Entscheide und Erledigungsbeschlüsse werden durch den Kammervorsitzenden sowie durch den Generalsekretär oder einen Gerichtsschreiber – regelmässig den Redaktor – **unterzeichnet** (§ 71 VRG i.V.m. § 136 Satz 1 GOG; § 20 Abs. 3 OV VGr). Prozessleitende Anordnungen sind von einem Gerichtsmitglied oder dem Gerichtsschreiber zu unterzeichnen (§ 71 VRG i.V.m. § 136 Satz 2 GOG); in der Praxis unterzeichnet der Gerichtsschreiber. Dies hält vor dem übergeordneten Recht stand[9]. Fehlt die notwendige Unterschrift oder ist sie nicht ordnungsgemäss, kann dies durch die Zustellung eines korrekt unterzeichneten Exemplars des Entscheids geheilt werden, sofern es auf einen Kanzleifehler und nicht auf eine bewusst von den gesetzlichen Grundlagen abweichende Praxis zurückgeht[10].

V. Vereinfachte Erledigung (Abs. 2)

§ 38 Abs. 2, der auf die VRG-Revision von 1997 zurückgeht, sieht zum Zweck der Verfahrensstraffung und -beschleunigung bei Kammergeschäften eine vereinfachte Erledigung vor, sofern **zwei kumulative Voraussetzungen** erfüllt sind: Es muss sich um ein offensichtlich begründetes oder offensichtlich unbegründetes Rechtsmittel handeln, also um einen «klaren Fall»; zudem wird *Einstimmigkeit* vorausgesetzt. Das vereinfachte Verfahren steht bei allen Rechtsmitteln zur Verfügung[11]. Die Voraussetzung, dass das Rechtsmittel offensichtlich «begründet» bzw. «unbegründet» sein muss, bezieht sich auf die materielle Stichhaltigkeit, nicht auf die Prozessvoraussetzung des Begründungserfordernisses gemäss § 54 Abs. 1 oder § 83 Abs. 1. Liegen die beiden genannten Voraussetzungen vor, ist auf dem *Zirkulationsweg* und mit *summarischer Begründung* zu entscheiden. Die letztere Vereinfachung wird seit der Gesetzesrevision von 2010 nicht mehr in § 38, sondern in § 65 Abs. 1 Satz 2 aufgeführt; diese Anpassung erfolgte aus systematischen Gründen und bezweckte keine inhaltliche Änderung[12]. Das Verfahren entspricht im Ergebnis der Behandlung von Beschwerden, welche die genannten Voraussetzungen erfüllen, durch das Bundesgericht (vgl. Art. 58 sowie 109 Abs. 2 und 3 BGG).

Das Gericht ist zu den Vereinfachungen gemäss § 38 Abs. 2 und § 65 Abs. 1 Satz 2 unter den genannten Voraussetzungen nicht nur berechtigt, sondern grundsätzlich auch **verpflichtet**. Das ergibt sich aus dem Zweck der Regelung, welche eine Straffung und Beschleunigung des Verfahrens bewirken will. Es gilt jedenfalls ohne Vorbehalt für die summarische Begründung, denn diese trägt regelmässig zu einer Vereinfachung bei. Die Formulierung von § 65 Abs. 1, wonach der Entscheid summarisch begründet werden «kann», ist somit nicht präzis (vgl. § 65 N. 19). Hingegen muss dem Gericht – bzw. schon dem Vorsitzenden im Rahmen der Prozessleitung – bezüglich der Frage, ob klare Fälle auf dem Zirkulationsweg zu entscheiden seien, Ermessen zukommen. Weil die Beratungen

---

[9] BGr, 11.4.2011, 4A_20/2011, E. 6; BGr, 14.7.2006, I 252/2006, E. 1.3; Hauser/Schweri/Lieber, Kommentar GOG, § 136 N. 6.
[10] BGr, 8.1.2007, C 30/06, E. 2.2, in Präzisierung von BGE 131 V 483, E. 2.3.5, wo – zu weit gehend – sogar die Nichtigkeit des nicht gesetzeskonform unterzeichneten Entscheids erwogen (und offen gelassen) wurde; Hauser/Schweri/Lieber, Kommentar GOG, § 136 N. 9 f.
[11] Auch bei der Klage: RB 2000 Nr. 34.
[12] Weisung 2009, S. 973.

des Gerichts nicht öffentlich sind, können auch klare Fälle im Rahmen einer Gerichtssitzung erledigt werden, ohne dass deswegen ein höherer Verfahrensaufwand als auf dem Zirkulationsweg entstünde.

VI. Zu den völker- und verfassungsrechtlichen Anforderungen an die Besetzung der Spruchkörper

18 Die **Garantie des gesetzlichen Gerichts** nach Art. 30 Abs. 1 BV schliesst Ausnahmegerichte aus und verbietet die Bildung von Gerichten ad hoc und ad personam, woraus folgt, dass Gerichtsorganisation und Verfahren in generell-abstrakten Erlassen sowie in den Grundzügen in einem formellen Gesetz festzulegen sind[13]. Eine Garantie des gesetzlichen Gerichts enthält auch Art. 6 Ziff. 1 EMRK.

19 Im vorliegenden Zusammenhang ist zum einen festzuhalten, dass Art. 30 Abs. 1 BV untersagt, von den **Bestimmungen in Gesetz und Verordnung über Zuständigkeiten**[14], **Spruchkörperbesetzungen**[15] sowie **Wählbarkeit und Amtsdauer**[16] abzuweichen. Wird der Anspruch auf das gesetzliche Gericht verletzt, so liegt ein nicht heilbarer formeller Mangel vor; im Interesse der Rechtssicherheit ist jedoch nicht grundsätzlich von der Nichtigkeit aller Entscheide auszugehen, die in nicht regulärer Besetzung getroffen wurden[17].

20 Zum andern ist die Frage der **Spruchkörperbildung** näher zu betrachten. Sie stellt sich, weil die Besetzung der Spruchkörper nicht durch die gesetzlichen Grundlagen und die Wahlen determiniert wird: Die Abteilungen umfassen mehr als die drei Personen, die es zur Bildung einer Kammer braucht, und sie verfügen in aller Regel über mehr als ein Mitglied mit Einzelrichterkompetenz; zudem ist der Beizug von Mitgliedern anderer Abteilungen und von Ersatzmitgliedern zulässig. Art. 30 Abs. 1 BV untersagt unter anderem die Beeinflussung des Einzelfalls durch eine gezielte Auswahl der Gerichtsmitglieder. Das *Bundesgericht* leitet allerdings aus Art. 30 Abs. 1 BV nicht ab, dass die konkrete Besetzung des Spruchkörpers im Gesetz (im materiellen Sinn) zu regeln ist. Enthält das massgebliche Verfahrensrecht keine oder nur lückenhafte Regelungen, so obliegt es der bzw. dem Vorsitzenden, den Spruchkörper im Einzelfall nach objektiven Kriterien zu besetzen und das ihr bzw. ihm zustehende Ermessen pflichtgemäss auszuüben[18]. Der *EGMR* leitet aus Art. 6 Ziff. 1 EMRK die eher offen gehaltene Anforderung ab, dass nicht nur das Gericht

---

[13] BGE 131 I 31, E. 2.1.2.1 (Pra 2006 Nr. 24); 129 V 335, E. 3.2 (Pra 2005 Nr. 167); für eine Übersicht über den Gehalt der Garantie vgl. KIENER, Unabhängigkeit, S. 310 ff.; MÜLLER/SCHEFER, Grundrechte, S. 932 ff.; STEINMANN, in: St. Galler Kommentar BV, Art. 30 N. 7 f.

[14] Vgl. VGr, 27.8.2003, SB.2002.00096, E. 2b (Leitsatz: RB 2003 Nr. 96), zur (nach damals geltendem Recht) unzulässigen Behandlung eines Einzelrichtergeschäfts durch die Vizepräsidentin (statt den Präsidenten) einer Vorinstanz; vgl. auch BGE 134 I 184, E. 4 und 5 (Pra 2008 Nr. 138); 123 I 49, E. 3; 117 Ia 175, E. 4.

[15] Vgl. BGer, 17.11.2011, 2C_381/2010, E. 2.2 f.; BGE 129 V 335, E. 3 (Pra 2005 Nr. 167); vgl. auch BGE 125 V 499, E. 3 (unzulässiger Verzicht auf Mitwirkung des antragsberechtigten Gerichtsschreibers).

[16] BGE 136 I 207, E. 5.6; BGr, 13.5.2009, 1C_235/2008, E. 3.2, m.w.H.

[17] Vgl. BGr, 13.5.2009, 1C_235/2008, E. 3.2; BGE 136 I 207, E. 5.6; 134 I 184, E. 6.1 f. (Pra 2008 Nr. 138); 125 V 499, E. 2c.

[18] BGr, 26.6.2006, 6P.102/2005, E. 2.2 (ZBl 2007, 43 ff.); vgl. auch BGE 137 I 340, E. 2.2.1.

als solches, sondern auch die Bildung der Richterbank im Einzelfall auf eine generell-abstrakte Grundlage zurückführbar sein muss[19]. Eine generell-abstrakte Grundlage besteht zwar für das Verwaltungsgericht, doch ist immerhin heikel, dass die OV VGr keine *Auswahlkriterien* für die Bestimmung des Spruchkörpers und insbesondere des Referenten nennt – im Gegensatz zu den Reglementen des Bundesgerichts, des Bundesverwaltungsgerichts und des Bundesstrafgerichts (Art. 40 Abs. 2 BGerR; Art. 31 Abs. 3 VGR; Art. 15 Abs. 2 BStGerOR). Eine entsprechende Ergänzung der OV VGr wäre angezeigt[20]. Das Problem stellt sich sowohl bei der Besetzung der Kammer als auch bei der Zuteilung der Einzelrichtergeschäfte.

In Anlehnung an die Reglemente der eidgenössischen Gerichte können etwa folgende **Kriterien** aufgelistet werden: Beschäftigungsgrad und Arbeitsbelastung der Gerichtsmitglieder, Fähigkeiten und Fachkenntnisse, Mitwirkung an früheren Entscheiden im gleichen Sachgebiet, Zusammenhänge zwischen verschiedenen Fällen, gegebenenfalls Mitwirkung von Gerichtsmitgliedern beiderlei Geschlechts, Abwesenheiten (vgl. Art. 40 Abs. 2 BGerR; Art. 15 Abs. 2 BStGerOR). Ungeklärt erscheint, ob und inwieweit auf eine *parteipolitisch möglichst ausgewogene Besetzung* geachtet werden darf[21]. Damit könnte zwar besonders bei grundlegenden Entscheidungen in Bereichen, die in der Öffentlichkeit umstritten sind, dem Anschein parteipolitischer Voreingenommenheit entgegengewirkt werden; umgekehrt könnte die Berücksichtigung dieses Kriteriums zur Politisierung der Justiz gerade auch beitragen. Geht man davon aus, dass der Parteienproporz bei der Wahl der Gerichtsmitglieder auch einem weltanschaulichen Pluralismus dienen soll[22], müsste das Kriterium der Parteizugehörigkeit in bedeutenderen Fällen mit politischer Wirkung konsequenterweise beachtet werden oder zumindest beachtet werden dürfen. Dies dürfte allerdings nicht in dem Sinn missverstanden werden, dass die betreffenden Gerichtsmitglieder in ihrer Eigenschaft als Parteimitglieder und nicht als unabhängige und unparteiische Richterinnen und Richter, die nach juristischer Methode vorgehen, mitzuwirken hätten. Sinngemäss dasselbe gilt übrigens, wenn der Spruchkörper bewusst mit beiden Geschlechtern besetzt wird[23].

Erhöhte Anforderungen sind an den Einsatz von **Mitgliedern anderer Abteilungen** sowie von **Ersatzmitgliedern** zu stellen, den § 13 Abs. 3 OV VGr in «begründeten Fällen» zulässt. Ein solcher ist jedenfalls gegeben, wenn die vollständige Besetzung der Kammer mit Abteilungsmitgliedern nicht möglich ist, weil Ausstandsgründe vorliegen. Auch bloss geltend gemachte Ausstandsgründe können unter Umständen einen Beizug von Mitgliedern anderer Abteilungen und von Ersatzmitgliedern rechtfertigen, zum Beispiel

---

[19] EGMR, 25.10.2011, 54809/07 (Richert/Polen), Ziff. 43; EGMR, 4.5.2000, 31657/96 (Buscarini/San Marino; Unzulässigkeitsentscheid), Ziff. 2.
[20] Auch zurückhaltendere Stimmen in der Lehre sowie der Bundesrat vertreten die Ansicht, dass das jeweilige Organisationsreglement solche Kriterien nennen müsse; vgl. Kiss/Koller, in: St. Galler Kommentar BV, Art. 188 N. 38; Seiler, in: Handkommentar BGG, Art. 22 N. 6 f.; Botschaft Bundesrechtspflege, S. 4286, 4385; offener Féraud, in: Basler Kommentar BGG, Art. 22 N. 8.
[21] Bejahend Moser/Beusch/Kneubühler, Bundesverwaltungsgericht, N. 3.54 Fn. 178, für Verfahren, «die von öffentlichem Interesse sind und in denen die weltanschauliche Haltung eine Rolle spielt».
[22] Vgl. BGE 138 I 217, E. 3.3.5; zum Parteienproporz bei der Richterwahl vgl. Kayser, Richterwahlen, S. 48 ff.; Kiener, Unabhängigkeit, S. 270 ff.
[23] Vgl. Art. 40 Abs. 2 lit. c BGerR.

§ 38

wenn die Prozessökonomie nahelegt, die Frage des Ausstands offen zu lassen. Im Übrigen kann der Beizug von Mitgliedern anderer Abteilungen und Ersatzmitgliedern etwa auf die vorn (N. 21) genannten Gründe abgestützt werden, sofern diese die Abweichung von der ordentlichen Besetzung rechtfertigen, was sich namentlich aus der Geschäftslast ergeben kann[24]. Obwohl die gesetzlichen Grundlagen dies nicht vorsehen, sollte grundsätzlich nur ein Mitglied einer anderen Abteilung oder Ersatzmitglied pro Fall eingesetzt werden[25]. Vorbehalten bleiben besondere Gründe, etwa der Ausstand mehrerer Abteilungsmitglieder.

23 In der Lehre wird teilweise die Forderung erhoben, dass die einzelnen Gerichtsmitglieder **im Voraus benennbar** sein müssten[26]. Dieser Ansatz liegt der Regelung für das Bundesverwaltungsgericht (Art. 31 Abs. 3 VGR) zugrunde, welche die Geschäftsverteilung nach einem im Voraus festgelegten Schlüssel vorsieht[27]. Das Bundesgericht verneint jedoch einen entsprechenden Gehalt der Garantie des gesetzmässigen Gerichts nach Art. 30 Abs. 1 BV[28]. Der genannten Forderung ist Folgendes entgegenzuhalten: Aus dem Anspruch auf ein gesetzliches Gericht kann nicht zwingend abgeleitet werden, dass bei der Bestellung des Spruchkörpers kein Ermessensspielraum eines Mitglieds der unabhängigen Justiz vorgesehen sein dürfe[29]. Auch vom Ergebnis her drängt sich diese Forderung nicht auf: Der Einfluss, der durch die Auswahl der Mitwirkenden auf das Verfahrensergebnis ausgeübt werden kann, darf nicht überschätzt werden – während umgekehrt die Manipulationsmöglichkeiten auch dann nicht restlos ausgeräumt sein dürften, wenn die Geschäftsverteilung grundsätzlich nach einem festen Schlüssel erfolgt. Vor allem aber darf daraus, dass einem Mitglied der Judikative ein Ermessensspielraum zusteht, nicht unbesehen geschlossen werden, dass eine relevante Gefahr des manipulativen Missbrauchs besteht – dies umso weniger, als der Vorsitzende beim Vorliegen von Ausstandsgründen am Verfahren nicht mitwirken darf. Vielmehr fragt sich, ob man die Ausübung des relativ beschränkten Ermessens bei der Spruchkörperbestellung unter einen generellen Manipulationsverdacht stellen kann, ohne die Ermessensspielräume der Judikative insgesamt in Zweifel zu ziehen.

24 Verschiedentlich hatte sich das Bundesgericht mit der **nachträglichen Auswechslung von Mitgliedern des Spruchkörpers** zu befassen. Diese ist ebenfalls nur gestützt auf sachliche Gründe zulässig. Als *sachliche Gründe* kommen insbesondere in Frage: das Ausscheiden aus dem Gericht (etwa alters- oder krankheitshalber oder infolge Stellenwechsels), längere Abwesenheiten (etwa wegen Krankheit oder Mutterschaftsurlaubs)

---

[24] Vgl. auch Féraud, in: Basler Kommentar BGG, Art. 22 N. 11, zu Art. 16 BGerR.
[25] Vgl. auch BGr, 8.6.1999, 1P.645/1998, E. 4b (ZBl 2000, 605 ff.), wo die Rechtsgrundlage allerdings eine entsprechende Beschränkung vorsah. Kaum mehr haltbar erscheint BGE 105 Ia 172, E. 5, wo die – ohne zwingende oder auch nur überzeugende Gründe erfolgte – Besetzung eines Bezirksgerichts durch den Präsidenten und sechs Ersatzrichter für verfassungskonform erklärt wurde.
[26] Bandli, Spruchkörperbildung, S. 210; Kiener, Unabhängigkeit, S. 375 ff., je m.w.H. Weniger klar Biaggini, Kommentar BV, Art. 30 N. 5; Müller/Schefer, Grundrechte, S. 935.
[27] Vgl. dazu Bandli, Spruchkörperbildung, S. 215 ff.; Moser/Beusch/Kneubühler, Bundesverwaltungsgericht, N. 3.54 f.
[28] BGr, 16.10.2007, 4A_194/2007, E. 6.1; BGr, 26.6.2006, 6P.102/2005, E. 2.2 (ZBl 2007, 43 ff.).
[29] Gl.M. Bürki, Legalität, S. 218 f.; Féraud, in: Basler Kommentar BGG, Art. 22 N. 7 f.; Seiler, in: Handkommentar BGG, Art. 22 N. 7.

und die Unabkömmlichkeit aufgrund anderweitiger Arbeitsbelastung[30]. Weil das Unmittelbarkeitsprinzip im Verfahren vor Verwaltungsgericht grundsätzlich nicht gilt (§ 60 Satz 2 VRG; vgl. § 60 N. 25 f.), müssen Beweismassnahmen bzw. Massnahmen zur Gewährung des rechtlichen Gehörs – wie etwa Augenscheine – in der Regel nicht wiederholt werden. Selbst dann, wenn die Anwesenheit aller Gerichtsmitglieder bei der Beweismassnahme, Anhörung oder Verhandlung erforderlich ist, lassen das Unmittelbarkeitsprinzip und der Anspruch auf rechtliches Gehör unter Umständen zu, von einer Wiederholung abzusehen, wenn sich das aus sachlichen Gründen neu hinzutretende Gerichtsmitglied aufgrund der Akten oder weiterer Beweismassnahmen und Verhandlungen ein genügendes Urteil bilden kann[31].

---

[30] BGr, 9.8.2011, 5A_429/2011, E. 3; BGr, 7.2.2008, 4A_485/2007, E. 1.4; BGr, 26.6.2006, 6P.102/2005, E. 2–4 (ZBl 2007, 43 ff.).
[31] Vgl. BGr, 2.12.2010, 6B_711/2010, E. 2; BGr, 6.9.2005, 4P.163/2005, E. 4.

b. Fünferbesetzung

§ 38a

¹ Das Verwaltungsgericht entscheidet in Fünferbesetzung über Rechtsmittel gegen Erlasse.

² Der Spruchkörper besteht aus drei Mitgliedern des Verwaltungsgerichts sowie zwei Mitgliedern
   a. des Obergerichts bei Beschwerden gegen Erlasse aus den Bereichen des Privat- oder Strafrechts,
   b. des Sozialversicherungsgerichts bei Beschwerden gegen Erlasse aus dem Bereich des Sozialversicherungsrechts.

³ § 38 Abs. 2 gilt sinngemäss.

Materialien

Erläuterungen Vorentwurf VRG-Revision 2010, S. 61 ff.; Weisung 2009, S. 928 ff., 967 f.; Prot. KR 2007–2011, S. 10241 ff., 10536.

Literatur

Vgl. Vorbem. zu §§ 32–40a.

Inhaltsübersicht

I.	Regelungsgegenstand und Entstehungsgeschichte	1–2
II.	Fünferbesetzung (Abs. 1)	3
III.	Besetzung des Spruchkörpers (Abs. 1 und 2)	4–9
IV.	Zirkulationsverfahren (Abs. 3) und Einzelrichterkompetenz	10–11
V.	Institutionell begründete Befangenheit der Verwaltungsgerichtsmitglieder	12–13

I. Regelungsgegenstand und Entstehungsgeschichte

1 § 38a regelt die **Besetzung** des Verwaltungsgerichts **im Verfahren der abstrakten Normenkontrolle** (vgl. dazu § 19 N. 67 ff.; zur Legitimation vgl. § 21 N. 32 ff.; zur Fristwahrung § 22 N. 18 f.). Das *Bundesrecht* schreibt den Kantonen nicht vor, ein solches Verfahren vorzusehen, sondern lässt die direkte Anfechtung kantonaler Erlasse vor dem Bundesgericht mit Beschwerde in öffentlichrechtlichen Angelegenheiten zu. Sofern die Kantone ein Rechtsmittel gegen Erlasse einführen, müssen sie aber wohl ein oberes Gericht als Vorinstanz des Bundesgerichts einsetzen (Art. 87 i.V.m. Art. 86 Abs. 2 und 3 BGG). Die letztere Frage kann zwar noch nicht als geklärt gelten[1]; sie spielt aber aufgrund der *kantonalen Zuständigkeitsordnung* im Kanton Zürich keine Rolle. Art. 79 Abs. 2 KV sieht vor, dass kantonale Erlasse mit Ausnahme der Verfassung und der Gesetze bei einem vom Gesetz bezeichneten obersten Gericht angefochten werden können. Mit der VRG-Revision von 2010 wurde das *Verwaltungsgericht* für zuständig erklärt, weil jenes Gericht zuständig sein soll, das den betreffenden Erlass in seiner Rechtsprechung im konkreten Fall anzuwenden hat, und weil das kantonale Recht zum grössten Teil aus

---

[1] Tendenziell bejahend BGr, 17.3.2009, 1C_140/2008, E. 1.1; bejahend AEMISEGGER/SCHERRER REBER, in: Basler Kommentar BGG, Art. 87 N. 3 f., mit weiteren Hinweisen auf die nicht einhellige Lehre.

Normen besteht, die von den Verwaltungsbehörden und vom Verwaltungsgericht anzuwenden sind[2]. Zudem wurde die Beschwerde an das Verwaltungsgericht für die Anfechtung sämtlicher kommunaler Erlasse geöffnet (§ 41 Abs. 1 i.V.m. § 19 Abs. 1 lit. d; vgl. auch §§ 151–152 GG). Angefochten werden können weiter die Erlasse anderer öffentlichrechtlicher Körperschaften und selbständiger öffentlichrechtlicher Anstalten des kantonalen Rechts sowie der Träger öffentlicher Aufgaben im Sinn von Art. 98 KV[3]. Die Beschwerde an das Verwaltungsgericht ist auch zulässig gegen die Erlasse anderer oberster kantonaler Gerichte (§ 42 lit. c Ziff. 2) sowie gegen jene des Plenarausschusses der obersten kantonalen Gerichte (vgl. § 73 GOG)[4]. Erlasse des Verwaltungsgerichts können beim Obergericht angefochten werden (§ 43 Abs. 2 lit. b).

Die Gesetzesrevision von 1997 hatte die ursprünglich in allen Fällen vorgesehene **Fünferbesetzung** zugunsten der Dreierbesetzung (und der Einzelrichterkompetenz) abgeschafft. In der Weisung zur Gesetzesrevision von 2010 beantragte der Regierungsrat, sie nicht nur für die abstrakte Normenkontrolle, sondern auch für Rechtsmittel über Anordnungen des Regierungsrats oder des Kantonsratsplenums wieder einzuführen. Es handle sich um Geschäfte von grosser Bedeutung, weshalb aufgrund des politischen Druckes der Spruchkörper nicht zu klein sein dürfe. Zudem könne auf diese Weise das Gleichgewicht unter den obersten kantonalen Gewalten besser gewahrt werden[5]. Der Kantonsrat folgte jedoch dem Antrag seiner Kommission, die Fünferbesetzung nur bei *Rechtsmitteln gegen Erlasse* vorzusehen, was im Übrigen auch der Ansicht des Verwaltungsgerichts entsprach[6].

II. Fünferbesetzung (Abs. 1)

Gemäss § 38a Abs. 1 entscheidet das Verwaltungsgericht in Fünferbesetzung über Rechtsmittel gegen Erlasse. § 38a Abs. 1 gilt für **alle Verfahren der abstrakten Normenkontrolle,** also auch mit Bezug auf Rechtsmittel gegen Erlasse von Gemeinden, anderer öffentlichrechtlicher Körperschaften und öffentlichrechtlicher Anstalten des kantonalen Rechts sowie der Trägerschaft öffentlicher Aufgaben. Der Gesetzgeber begründete die erweiterte Besetzung mit der grossen politischen Bedeutung dieser Verfahren bzw. mit dem generell-abstrakten Charakter des Streitgegenstands[7].

III. Besetzung des Spruchkörpers (Abs. 1 und 2)

Aus § 38a Abs. 1 ergibt sich, dass der Spruchkörper **in der Regel allein mit Mitgliedern des Verwaltungsgerichts** zu besetzen ist. Die *Kompetenz zur Besetzung* richtet sich nach

---

[2] Weisung 2009, S. 928 f.
[3] Weisung 2009, S. 928; VGr, 20.9.2012, AN.2012.00003, E. 1.1; HÄNER, in: Kommentar KV, Art. 79 N. 21, 25 ff.
[4] Weisung 2009, S. 932.
[5] Weisung 2009, S. 811, 967.
[6] VRG-Revision 2010, Antrag KJS, S. 181; Prot. KR 2007–2011, S. 10241 ff.
[7] Weisung 2009, S. 967; Prot. KR 2007–2011, S. 10241.

§ 38a

§ 13 Abs. 5 OV VGr und nach dem jeweiligen Konstituierungsbeschluss[8]. Gemäss diesen Grundlagen wird die Beschwerde jener Abteilung zugewiesen, die für das betreffende Rechtsgebiet zuständig ist. Der Abteilungspräsident führt den Vorsitz, bestimmt den Referenten und den Gerichtsschreiber (§ 13 Abs. 5 OV VGr). Als Referent kann auch ein Ersatzmitglied bestimmt werden. Der Abteilungspräsident ergänzt die Besetzung – soweit erforderlich – mit den übrigen Mitgliedern der Verwaltungskommission bzw. deren Stellvertretern im Turnus des Amtsalters. Bei den Mitgliedern der Verwaltungskommission handelt es sich um den Gerichtspräsidenten sowie um die Vizepräsidenten, wobei diese Personen zugleich die Abteilungen präsidieren (§ 6 Abs. 1 OV VGr; vgl. auch § 2 Abs. 3 lit. a und b sowie § 12 Abs. 1 OV VGr)[9].

5   Wird ein **Erlass des Plenarausschusses der obersten Gerichte** angefochten, so haben die Mitglieder des Verwaltungsgerichts, die am Zustandekommen des Erlasses mitgewirkt haben, in den *Ausstand* zu treten[10].

6   § 38a Abs. 2 sieht eine **besondere Besetzung** in bestimmten Fällen vor. Demnach besteht der Spruchkörper aus drei Mitgliedern des Verwaltungsgerichts sowie

– zwei Mitgliedern des **Obergerichts** bei Beschwerden gegen Erlasse aus den Bereichen des *Privat- oder Strafrechts* (lit. a) bzw.

– zwei Mitgliedern des **Sozialversicherungsgerichts** bei Beschwerden gegen Erlasse aus dem Bereich des *Sozialversicherungsrechts* (lit. b).

7   Handelt es sich beim Anfechtungsobjekt allerdings gerade um einen **Erlass des Ober- oder des Sozialversicherungsgerichts,** so ist aufgrund des Anspruchs auf ein unparteiisches Gericht gemäss Art. 30 Abs. 1 BV auf den Beizug der beiden Mitglieder des betreffenden Gerichts zu verzichten. In diesem Fall setzt sich der Spruchkörper aus fünf Mitgliedern des Verwaltungsgerichts zusammen[11].

8   Für den Fall, dass **Mitglieder eines anderen Gerichts beizuziehen** sind, sieht der Konstituierungsbeschluss des Verwaltungsgerichts[12] in Konkretisierung von § 9 Abs. 5 OV VGr vor, dass in der Regel der Gesamtgerichtspräsident des Verwaltungsgerichts den Vorsitz führt und den Referenten bestimmt. Den Gerichtsschreiber bestimmt er nach Rücksprache mit dem Referenten, falls es sich bei diesem um ein Mitglied des Obergerichts oder des Sozialversicherungsgerichts handelt. Die beiden anderen Mitglieder des Spruchkörpers bestimmt er aus dem Kreis der Vizepräsidenten bzw. von deren Stellvertretern. Am *Obergericht* wählt nach § 3 lit. e OV OGr das Gesamtgericht bei seiner Konstituierung je ein Mitglied der Zivil- und Strafkammern zur Bildung des Spruchkörpers[13]. Für

---

[8]   Vgl. den Beschluss vom 25. Juni 2013 zur Konstituierung des Verwaltungsgerichts für den vom 1. Juli 2013 bis 30. Juni 2016 laufenden Teil der Amtsdauer 2013–2019, ABl 5.7.2013 (37151).
[9]   Die OV VGr verwendet jeweils sowohl die männliche als auch die weibliche Form, worauf hier um der Lesbarkeit willen verzichtet wird.
[10] Vgl. Weisung 2009, S. 932.
[11] VGr, 14.12.2010, VB.2010.00572, E. 1.
[12] Vgl. Fn. 8.
[13] Vgl. z.B. den Beschluss vom 26. Juni 2013 zur Konstituierung des Obergerichts per 1. Juli 2013 für das zweite Halbjahr 2013, ABl 5.7.2013 (37155).

das *Sozialversicherungsgericht* besteht keine ausdrückliche Rechtsgrundlage[14]. In analoger Anwendung von § 1 Abs. 4 OrgV SVGer würde das Plenum die beiden Mitglieder bestimmen, wobei als Auswahlkriterium namentlich die Sachkompetenz zu gelten hätte[15].

Der Beizug zweier Mitglieder des Ober- oder Sozialversicherungsgerichts wird mit dem Einbezug des erforderlichen Fachwissens begründet[16]. Unter den Bereichen des «**Privat- oder Strafrechts**» bzw. des «**Sozialversicherungsrechts**» gemäss § 38a Abs. 2 müssen daher die Zuständigkeitsbereiche der beiden Gerichte verstanden werden, unabhängig von der rechtsdogmatischen Zuordnung der Materien (vgl. §§ 43–51 GOG; §§ 2 f. GSVGer)[17]. Dies entspricht auch dem Grundsatz, dass jenes Gericht zur abstrakten Normenkontrolle bzw. zur Mitwirkung daran zuständig sein soll, das die betreffenden Normen im Einzelfall anzuwenden hätte (vgl. N. 1).

9

IV. Zirkulationsverfahren (Abs. 3) und Einzelrichterkompetenz

§ 38a Abs. 3 erklärt § 38 Abs. 2 für sinngemäss anwendbar. Demnach kann über offensichtlich unbegründete bzw. offensichtlich begründete Rechtsmittel bei Einstimmigkeit auf dem **Zirkulationsweg** – und mit summarischer Begründung nach § 65 Abs. 1 Satz 2 – entschieden werden.

10

Das Gesetz äussert sich nicht eindeutig zum Verhältnis zwischen § 38a und § 38b betreffend die **Einzelrichterkompetenz**. Das Verwaltungsgericht hat die Fünferbesetzung von § 38a unter den Vorbehalt gestellt, dass es sich nicht um ein offensichtlich unzulässiges Rechtsmittel im Sinn von § 38b Abs. 1 lit. a handle[18]. Damit bejaht es die grundsätzliche Anwendbarkeit von § 38b auf Rechtsmittel gegen Erlasse. Dies entspricht dem Wortlaut von § 38b Abs. 1; es lässt sich mit der gesetzlichen Systematik vereinbaren und mit gewichtigen prozessökonomischen Gesichtspunkten begründen. Die Einzelrichterkompetenz kommt allerdings nur in den Fällen von § 38b Abs. 1 lit. a und b zum Tragen, also bei offensichtlich unzulässigen, zurückgezogenen oder sonstwie gegenstandslos gewordenen Beschwerden. Auf § 38b Abs. 1 lit. c und d lässt sich die Einzelrichterkompetenz bei der abstrakten Normenkontrolle dagegen von vornherein nicht abstützen: Ein Streitwert im Sinn von § 38b Abs. 1 lit. c kann bei der abstrakten Normenkontrolle nicht vorliegen, und das effektive Streitinteresse kann hier – wo der Entscheid erga omnes wirkt[19] – ohnehin nicht massgeblich sein (vgl. zum effektiven Streitinteresse § 38b N. 10 und § 65a N. 6). Die Fälle von § 38b Abs. 1 lit. d beziehen sich auf die Anfechtung individuell-konkreter An-

11

---

[14] Die Besetzung des Spruchkörpers nach § 38a Abs. 2 VRG wird weder in der OrgV SVGer noch im Beschluss vom 2. Juli 2013 zur Konstituierung des Sozialversicherungsgerichts per 1. Juli 2013 für die Amtsperiode vom 1. Juli 2013 bis 30. Juni 2015, ABl 12.7.2013 (37935), erwähnt.
[15] Der Autor dankt den Generalsekretären des Ober- und des Sozialversicherungsgerichts für ihre Auskünfte zur hier behandelten Frage.
[16] Weisung 2009, S. 930.
[17] Der Beschluss des Kantonsrats über die Besoldung der Mitglieder des Sozialversicherungsgerichts gemäss § 5 Abs. 5 GSVGer betrifft keine sozialversicherungsrechtliche Materie; vgl. VGr, 6.12.2011, AN.2011.00002, E. 1.2.
[18] VGr, 14.3.2012, AN.2012.00002, E. 1.2.
[19] VGr, 18.4.2011, PB.2010.00026, E. 8.4, m.H.

ordnungen. Das ergibt sich für Ziff. 1 und 4 bereits aus dem Wortlaut der Bestimmung, für Ziff. 2 und 3 aus dem Sinn sowie für Ziff. 2 daraus, dass die Fassung von 1997, die von «Anordnungen» sprach, mit der Gesetzesrevision von 2010 inhaltlich nicht geändert werden sollte[20]. Im Übrigen müsste der abstrakten Normenkontrolle stets grundsätzliche Bedeutung im Sinn von § 38b Abs. 2 zuerkannt werden.

V. Institutionell begründete Befangenheit der Verwaltungsgerichtsmitglieder

12 Zu Recht wird in der Literatur darauf hingewiesen, dass Erlasse nicht vom Verwaltungsgericht beurteilt werden dürfen, wenn sie gerade **das Verwaltungsgericht oder dessen Mitglieder zum Gegenstand** haben. Als Beispiel werden die Beschlüsse des Kantonsrats über die Zahl der Mitglieder und Ersatzmitglieder des Verwaltungsgerichts sowie über die Festsetzung von deren Besoldungen genannt[21]. Es wäre von einer Befangenheit der Gerichtsmitglieder auszugehen, die sich aus der institutionellen Ordnung ergäbe[22]. Die Zuständigkeitsordnung erweist sich insofern als unvereinbar mit der Garantie des unabhängigen Gerichts nach Art. 30 Abs. 1 und Art. 6 Ziff. 1 EMRK sowie Art. 191c BV[23]. Keine Befangenheit der Mitglieder des Verwaltungsgerichts lag dagegen laut Bundesgericht vor, als Mitglieder des Sozialversicherungsgerichts gegen ihre Lohnklasseneinreihung Beschwerde erhoben, um die Gleichstellung mit den Mitgliedern des Ober- und des Verwaltungsgerichts zu erreichen[24].

13 Das Gesetz regelt nicht, wer zur Behandlung einer Beschwerde **zuständig** ist, **wenn sämtliche Mitglieder des Verwaltungsgerichts befangen erscheinen**. Die sinngemässe Anwendung von § 71 VRG i.V.m. § 117 GOG – wonach die Aufsichtsbehörde ausserordentliche Stellvertreterinnen bzw. Stellvertreter zu bezeichnen oder die Streitsache einem anderen Gericht zu überweisen hätte –, erscheint ausgeschlossen, weil die Oberaufsichtsbehörde, der Kantonsrat, zugleich Urheberin des angefochtenen Erlasses wäre. Nach der Systematik des VRG wäre von der *Zuständigkeit des Obergerichts* auszugehen, die jedoch nur in Frage käme, wenn dieses nicht ebenfalls betroffen wäre. Eine ausdrückliche gesetzliche Grundlage sollte geschaffen werden[25]; allerdings sollte de lege ferenda die abstrakte Normenkontrolle gegenüber Erlassen des Kantonsrats, welche die obersten kantonalen Gerichte zum Gegenstand haben, auf kantonaler Ebene ausgeschlossen werden[26].

---

[20] Weisung 2009, S. 968.
[21] JAAG, Gerichte, S. 793. Die Beschlüsse gelten als Rechtssätze; vgl. zur Festsetzung der Besoldung: VGr, 6.12.2011, AN.2011.00002, E. 1.1; zur Festsetzung der Mitgliederzahl: Weisung 2009, S. 930.
[22] Vgl. BGr, 18.10.2011, 8C_712/2011, E. 3.6; BGE 136 I 207, E. 3.2.
[23] Vgl. BGE 136 I 207, E. 3.1 f.; 133 I 1, E. 6.1; 125 I 119, E. 3a (Pra 1999 Nr. 165).
[24] So BGr, 18.10.2011, 8C_712/2011, E. 3.5. Der Ausstand war vom Kantonsrat beantragt worden.
[25] JAAG, Gerichte, S. 793.
[26] So zu Recht JAAG, Gerichte, S. 793, der darüber hinaus die abstrakte Normenkontrolle gegenüber Erlassen des Kantonsrats generell in Zweifel zieht.

c. Einzelrichter

§ 38b

¹ Ein voll- oder teilamtliches Mitglied entscheidet als Einzelrichter über Rechtsmittel,
a. die offensichtlich unzulässig sind,
b. die zurückgezogen oder sonst wie gegenstandslos geworden sind,
c. deren Streitwert Fr. 20 000 nicht übersteigt,
d. bei Streitigkeiten betreffend
   1. administrative Massnahmen im Strassenverkehr,
   2. den Justizvollzug nach dem Straf- und Justizvollzugsgesetz vom 19. Juni 2006,
   3. die Entbindung vom Berufsgeheimnis,
   4. Massnahmen erstinstanzlicher Gerichte nach § 43 Abs. 1 lit. a–c.

² In Fällen von grundsätzlicher Bedeutung kann die Entscheidung einer Kammer übertragen werden.

³ Sind Entscheide des Regierungsrates angefochten, ist die einzelrichterliche Beurteilung in den Fällen von Abs. 1 lit. c und d ausgeschlossen.

Materialien

Weisung 2009, S. 967 f.; Prot. KR 2007–2011, S. 10244, 10536.

Zu alt § 38 Abs. 2 und 3 (Fassung von 1997): Weisung 1995, S. 1534 ff.; Prot. KK 1995/96, S. 80 ff., 115 f., 128 ff., 294 f.; Prot. KR 1995–1999, S. 6490 ff.; Beleuchtender Bericht 1997, S. 6.

Literatur

MARTI, Einzelrichter.

Vgl. auch Vorbem. zu §§ 32–40a.

Inhaltsübersicht

I.	Entstehungsgeschichte und Regelungsgegenstand	1
II.	Umfang und Zweck der Einzelrichterkompetenz	2–5
III.	Besetzung und Geschäftsgang	6
IV.	Einzelrichterzuständigkeit im Einzelnen (Abs. 1)	7–19
	A. Offensichtlich unzulässige und gegenstandslos gewordene Rechtsmittel (lit. a und b)	7–9
	B. Rechtsmittel mit einem Streitwert nicht über Fr. 20 000.– (lit. c)	10–14
	C. Rechtsmittel in bestimmten Rechtsgebieten (lit. d)	15–19
V.	Vorbehalt der Kammerzuständigkeit (Abs. 2 und 3)	20–25
	A. Fälle von grundsätzlicher Bedeutung	20–23
	B. Regierungsrat als Vorinstanz (Abs. 3)	24–25
VI.	Kritische Würdigung	26

I. Entstehungsgeschichte und Regelungsgegenstand

Die **Einzelrichterzuständigkeit** wurde mit der Gesetzesrevision von 1997 eingeführt und in § 38 Abs. 2 und 3 verankert; mit der Revision von 2010 wurden die entspre- 1 chenden Bestimmungen in den neuen § 38b überführt. Zugleich wurde der Kompetenzbereich des Einzelrichters erweitert: Gemäss der Fassung von 1997 war er zuständig gewesen für zurückgezogene oder gegenstandslos gewordene Beschwerden (heute § 38b Abs. 1 lit. b), Rechtsmittel mit einem Streitwert nicht über Fr. 20 000.– (heute § 38b Abs. 1 lit. c) sowie Beschwerden betreffend administrative Massnahmen im Strassenverkehr und Anordnungen im Straf- und Massnahmenvollzug (heute § 38b Abs. 1 lit. d Ziff. 1 und 2). Die Revision von 2010 fügte die Zuständigkeit für offensichtlich unzulässige Rechtsmittel (Abs. 1 lit. a) sowie für Streitigkeiten über die Entbindung vom Berufsgeheimnis und über bestimmte Massnahmen erstinstanzlicher Gerichte hinzu (Abs. 1 lit. d Ziff. 3 und 4). Die Einzelrichterzuständigkeit kann sich somit aus drei Kriterien ergeben: aus dem Fehlen von Prozessvoraussetzungen, aus dem Streitwert oder aus der Materie der angefochtenen Anordnung. Vorbehalten bleibt die Kammerzuständigkeit in Fällen von grundsätzlicher Bedeutung (Abs. 2) und bei der Anfechtung von Entscheiden des Gesamtregierungsrats (Abs. 3).

II. Umfang und Zweck der Einzelrichterkompetenz

2 Die Regelung der Einzelrichterkompetenz **gilt für alle Rechtsmittel** an das Verwaltungsgericht, unabhängig davon, ob die Rechtsgrundlage des jeweiligen Rechtsmittels sich im VRG oder anderswo findet[1]. Sie bezieht sich auch auf Rechtsmittel gegen Erlasse, wobei sie in diesen Fällen nur gestützt auf Abs. 1 lit. a oder b in Frage kommt (vgl. § 38a N. 11). Im Jahr 2012 wurden rund 35 Prozent der Erledigungen am Verwaltungsgericht von Einzelrichterinnen und Einzelrichtern vorgenommen[2].

3 Die **interne Zuständigkeit** kann sich nach dem Zeitpunkt, in dem das Rechtsmittel anhängig gemacht wurde, ändern. Namentlich kann die einzelrichterliche Zuständigkeit *nachträglich eintreten*. So verhält es sich regelmässig, wenn Rechtsmittel, die an sich in die Zuständigkeit der Kammer fallen, gegenstandslos werden. Sie kann umgekehrt *zugunsten der Kammerzuständigkeit aufgegeben* werden, wenn die grundsätzliche Bedeutung eines Falls erst im Lauf des Verfahrens erkannt wird (§ 38b Abs. 2; vgl. N. 20 ff. und zur Frage, ob allfällige Veränderungen des Streitwerts relevant sein können, N. 14). Die Zuständigkeit für ein Rechtsmittel über einen Zwischenentscheid und jene in der Hauptsache brauchen nicht übereinzustimmen. So kann sich die Kammerzuständigkeit bei der Anfechtung eines Zwischenentscheids aus der grundsätzlichen Bedeutung der dabei aufgeworfenen Fragen ergeben, während der Entscheid in der Hauptsache in die Einzelrichterzuständigkeit fällt. Die unterschiedliche Zuständigkeit kann sich allerdings nicht aus dem Streitwert ergeben, da sich dieser stets nach der Hauptsache richtet (N. 12).

4 **Zweck** der Einzelrichterkompetenz ist die Verfahrensstraffung und -beschleunigung bei gewissen Streitigkeiten von beschränkter Bedeutung, namentlich in Rechtsgebieten, in denen der Gesetzgeber mit zahlreichen Fällen rechnete[3]. Dadurch wird das Verwaltungs-

---

[1] VGr, 8.3.2005, VR.2005.00001, E. 1.2 (Leitsatz: RB 2005 Nr. 112), zum «Rekurs» nach § 46 AbtrG; RB 2000 Nr. 34 zur Klage.
[2] RB 2012, S. 16.
[3] Weisung 2009, S. 968; Weisung 1995, S. 1536.

gericht entlastet. Dem Gesetzgeber darf allerdings nicht unterstellt werden, er habe die Fälle von untergeordneter Bedeutung restlos der einzelrichterlichen Kompetenz zuordnen wollen; hierfür wäre die Aufzählung gewisser als typisch erachteter Fälle, wie sie in § 38b Abs. 1 enthalten ist, auch nicht das geeignete Mittel. Es widerspricht dem Zweck von § 38b daher nicht, wenn andere Streitigkeiten von mässiger Bedeutung weiterhin von den Kammern zu entscheiden sind (vgl. auch N. 11). Umgekehrt sollte § 38b Abs. 2 gewährleisten, dass die Kammer in Fällen von grundsätzlicher Bedeutung entscheidet, selbst wenn die Einzelrichterzuständigkeit nach Abs. 1 an sich gegeben wäre.

Wird die Einzelrichterkompetenz **überschritten,** so ist der Entscheid **anfechtbar,** aber grundsätzlich nicht nichtig. Nichtigkeit tritt als Folge der Unzuständigkeit nur ein, «sofern der Behörde auf dem fraglichen Gebiet keinerlei Entscheidungsgewalt zukommt, mit anderen Worten, wenn sie über etwas befunden hat, das unmöglich in ihren Kompetenzbereich fällt»[4].

III. Besetzung und Geschäftsgang

Entsprechend dem Gesetzeswortlaut können **voll- und teilamtliche Richter** als Einzelrichter amten, also nicht Ersatzmitglieder und Gerichtsschreiber[5]. Die Abteilungen bezeichnen die Mitglieder mit Einzelrichterkompetenz (§ 11 Abs. 2 OV VGr). Der Abteilungspräsident teilt das konkrete Einzelrichtergeschäft einem solchen Abteilungsmitglied zu (§ 13 Abs. 2 lit. b OV VGr). Der Einzelrichter ist für eine speditive Geschäftserledigung und eine fachkundige Urteilsredaktion verantwortlich; er setzt den Gerichtsschreiber und das administrative Personal in Absprache mit dem Abteilungspräsidenten ein (§ 14 Abs. 1 und 2 OV VGr). Fälle von grundsätzlicher Bedeutung (vgl. N. 20 ff.) überträgt er der Kammer, der er in den betreffenden Verfahren angehört (§ 19 Abs. 2 OV VGr). Er trifft die notwendigen prozessleitenden Anordnungen (§ 19 Abs. 1 OV VGr). Die Redaktion der Beschlüsse und Entscheide obliegt dem Gerichtsschreiber oder allenfalls dem Generalsekretär (§ 20 Abs. 1 OV VGr); zusammen mit einem Gerichtsschreiber oder dem Generalsekretär – regelmässig mit dem Redaktor – unterzeichnet der Einzelrichter den Entscheid oder Erledigungsbeschluss (§ 71 VRG i.V.m. § 136 Satz 1 GOG; § 20 Abs. 2 OV VGr; vgl. auch § 38 N. 15). Die OV VGr enthält keine weiteren Bestimmungen über den Geschäftsgang. Das Vorgehen kann dem Verfahren bei Kammergeschäften nachgebildet sein, indem ein Referat erstellt wird, das der Einzelrichter und der Gerichtsschreiber vor dem Entscheid besprechen. Dies ist jedenfalls bei materiellen Entscheiden angebracht und in der Praxis häufig, laut der Verordnung aber nicht zwingend (vgl. § 20 Abs. 1 Satz 2 OV VGr e contrario).

---

[4] BGr, 10.6.2003, 1A.103/2003, E. 1.1. Vgl. auch MOSIMANN, in: Kommentar GSVGer, § 11 N. 4.
[5] Die OV VGr verwendet jeweils sowohl die männliche als auch die weibliche Form, worauf hier um der Lesbarkeit willen verzichtet wird.

IV. Einzelrichterzuständigkeit im Einzelnen (Abs. 1)

A. Offensichtlich unzulässige und gegenstandslos gewordene Rechtsmittel (lit. a und b)

7   Die Einzelrichterzuständigkeit wegen des **offensichtlichen Fehlens** sowie wegen des **nachträglichen Wegfallens einer Prozessvoraussetzung** scheint in der Verwaltungsgerichtspraxis kaum Fragen aufzuwerfen (zur offensichtlichen Unzulässigkeit vgl. § 28a N. 8, zur Gegenstandslosigkeit § 28 N. 25, § 63 N. 6 ff.).

8   Die Einzelrichterkompetenz besteht auch dann, wenn in der betreffenden Sache **bereits ein Kammerentscheid ergangen** ist. Sie kann also im *Revisionsverfahren* über Kammerentscheide zum Zug kommen, ungeachtet dessen, dass laut § 86b Abs. 2 Satz 1 die «Behörde, welche die Anordnung getroffen hat», für die Revision zuständig ist[6]. Aber auch wenn nach einer *Rückweisung* durch das Bundesgericht ein Neuentscheid in einem mittlerweile gegenstandslos gewordenen Verfahren zu treffen ist, kann dieser vom Einzelrichter bzw. der Einzelrichterin gefällt werden[7].

9   Der Entscheid ist gemäss § 65 Abs. 1 Satz 2 **summarisch zu begründen** (vgl. § 38 N. 16; § 65 N. 18 ff.).

B. Rechtsmittel mit einem Streitwert nicht über Fr. 20 000.– (lit. c)

10 Als Fälle mit einem Streitwert gelten lediglich solche, die **unmittelbar vermögensrechtlicher Natur** sind[8]. Die Einzelrichterkompetenz kann bejaht werden, wenn eine *Geldleistung* Streitgegenstand ist, unabhängig von deren Rechtsgrundlage und Zweck. So ist die Einzelrichterkompetenz in Steuersachen und auch bei der gerichtlichen Beurteilung von Steuerbussen gegeben, sofern deren Betrag Fr. 20 000.– nicht überschreitet[9]. Wenn die Streitsache nicht allein aus einer Geldleistung besteht, jedoch *vermögensrechtliche Ansprüche* umfasst, so ist die Einzelrichterkompetenz nur zu bejahen, wenn die finanziellen Aspekte im Vordergrund stehen[10]; sie kann jedoch nicht davon abhängig gemacht werden, dass die Streitsache keinerlei anderweitige Gesichtspunkte aufweist[11]. Wenn der Streitwert Fr. 20 000.– nicht übersteigt, wird demnach die Einzelrichterkompetenz bei Streitigkeiten über Kündigungen und – aufgrund des praxisgemäss fingierten Streitwerts – bei Streitigkeiten über Arbeitszeugnisse bejaht[12]. Anders als im Zivilprozess darf dagegen ein Streitwert nicht bereits dann angenommen werden, wenn letztlich vermögensrecht-

---

[6] VGr, 2.7.2012, RG.2012.00006, E. 1; anders noch VGr, 30.7.2003, RG.2003.00006, E. 1.
[7] VGr, 6.11.2012, VB.2012.00507, E. 1.
[8] Vgl. BGr, 15.3.2000, 1P.773/1999, E. 2 f.
[9] Vgl. zur Steuerhinterziehungsbusse z.B. VGr, 3.5.2006, GB.2006.00001; zum Rechtsweg Vorbem. zu §§ 32–86 N. 11.
[10] Vgl. VGr, 1.4.2009, PB.2008.00050, E. 1: Kammerzuständigkeit in einem Fall, in dem die Beförderung zum ordentlichen Professor streitig war.
[11] Zu weit geht die allgemeine Formulierung, wonach die Einzelrichterkompetenz nicht gegeben sei, wenn nicht ausschliesslich vermögensrechtliche Interessen in Frage stehen (VGr, 1.4.2009, PB.2008.00050, E. 1). Vgl. auch N. 13, § 65a N. 13.
[12] Vgl. zur Kündigung etwa VGr, 2.8.2010, PB.2010.00020, E. 2, zum Arbeitszeugnis RB 2008 Nr. 29, E. 1.3 (PK.2008.00001); zur Streitwertberechnung ausführlich § 65a N. 31 ff.

liche Interessen verfolgt werden[13]; die Zuordnung eines Streitwerts zu einem bestimmten Streitgegenstand ist namentlich ausgeschlossen, wenn nicht nur die vermögensrechtlichen Interessen der betreffenden Partei, sondern auch öffentliche Interessen auf dem Spiel stehen[14]. Schliesslich kann das tatsächliche Streitinteresse im Sinn von § 65a Abs. 1 für die Frage der Zuständigkeit nicht relevant sein[15]. So besteht keine Einzelrichterkompetenz in Streitigkeiten über die Grundsatzfrage der korrekten Lohneinstufung, trotz den mittelbaren finanziellen Folgen[16]. Ebensowenig können Streitigkeiten über die Erteilung von Bewilligungen in die einzelrichterliche Zuständigkeit fallen, obwohl zumeist auch finanzielle Interessen der Gesuchstellenden betroffen sind[17].

In Bezug auf **Disziplinarmassnahmen** stellt sich das Problem, dass die Kammer jedenfalls dann zuständig ist, wenn Massnahmen nicht vermögensrechtlicher Natur zu beurteilen sind. Dies gilt nicht nur für Massnahmen, die einschneidender sind als eine Disziplinarbusse, sondern auch für mildere Massnahmen wie namentlich für die Verwarnung oder den Verweis (vgl. Art. 17 BGFA; Art. 43 MedBG). Damit käme man zum unbefriedigenden Ergebnis, dass der Einzelrichter zur Beurteilung der schärferen, die Kammer zur Beurteilung der milderen Massnahme zuständig wäre, sofern die Einzelrichterkompetenz nicht aus anderen Gründen gegeben ist (vgl. namentlich § 38b Abs. 1 lit. d Ziff. 2). Diese Inkonsequenz ist zu vermeiden; weil die Begründung der Einzelrichterkompetenz nach dem Argument «in maiore minus» zu bedenklich erscheint, sollte die Kammer Streitigkeiten über disziplinarische Bussen entscheiden, soweit sich die Einzelrichterkompetenz allein auf Art. 38b Abs. 1 lit. c stützen könnte. Das Verwaltungsgericht entscheidet denn auch – ohne sich zur Frage der internen Zuständigkeit zu äussern – über Disziplinarbussen mit einem Streitwert nicht über Fr. 20 000.– in Kammerbesetzung[18].

Bei Rechtsverweigerungs- und Rechtsverzögerungsbeschwerden sowie bei Streitigkeiten über Zwischenentscheide ist der **Streitwert der Hauptsache** massgeblich[19]; dasselbe sollte auch bei Streitigkeiten über Nebenfolgen gelten (zum Ganzen vgl. § 65a N. 15)[20]. Die Voraussetzung, dass nur Fälle mit unmittelbar vermögensrechtlicher Natur in die Einzelrichterkompetenz fallen, ist demnach auf die Hauptsache zu beziehen.

---

[13] Vgl. für den Zivilprozess z.B. BGE 137 III 193, E. 1.1.
[14] Vgl. BGr, 15.3.2000, 1P.773/1999, E. 2 f., zur Zulässigkeit einer Nebenbeschäftigung im öffentlichen Dienst. (Das Begehren um Pensumsreduktion bei gleich bleibendem Lohn wegen einer Nebenschäftigung weist dagegen einen Streitwert auf; VGr, 19.4.2000, PB.2000.00003, E. 1a.)
[15] VGr, 2.8.2012, VB.2012.00202, E. 1.2. Offen gelassen: VGr, 8.2.2007, VB.2006.00505, E. 1.3, sowie VGr, 27.9.2012, VB.2012.00417, E. 1.2 (wo das tatsächliche Streitinteresse sinngemäss mit dem tatsächlichen finanziellen Interesse der Beschwerdeführenden gleichgesetzt wurde; vgl. dagegen zur korrekten Definition § 65a N. 6; vgl. auch BGE 135 III 578, E. 6.5).
[16] RB 2005 Nr. 20, E. 1.2.2, im Sinn einer Praxisänderung.
[17] Anscheinend a.M. (ohne nähere Ausführungen) CHRISTOPH FRITZSCHE/PETER BÖSCH/THOMAS WIPF, Zürcher Planungs- und Baurecht, Bd. 1: Planungsrecht, Verfahren und Rechtsschutz, 5. A., Zürich 2011, S. 427.
[18] Z.B. VGr, 23.9.2010, VB.2010.00326, E. 1.2; VGr, 26.8.2010, VB.2010.00308, E. 1.
[19] So jedenfalls die Praxis zum Personalrecht; vgl. zur Rechtsverweigerungs- und Rechtsverzögerungsbeschwerde VGr, 21.10.2009, PB.2009.00016, E. 6.2 (zur Kritik: § 65a N. 15), zum Zwischenentscheid RB 2008 Nr. 27, E. 4.1 (PB.2008.00024).
[20] So das Bundesgericht: BGE 137 III 47, E. 1.2.3. Anders VGr, 27.9.2012, VB.2012.00417, E. 1.2.

§ 38b

13 Die Kammer ist zuständig, wenn **mehrere Anträge** zu behandeln sind, von denen nicht alle vermögensrechtlicher Natur sind[21]; insofern kann gesagt werden, die Einzelrichterkompetenz setze voraus, dass die Streitsache ausschliesslich vermögensrechtlicher Natur sei.

14 Die **Änderung der Zuständigkeit** aufgrund **nachträglicher Veränderungen des Streitwerts** kommt grundsätzlich nicht in Betracht. Dies gilt zumindest für Beschwerden gegen Endentscheide, wo das Verwaltungsgericht in analoger Anwendung von Art. 51 Abs. 1 lit. a BGG den Streitwert aufgrund der Begehren bestimmt, die vor der Vorinstanz streitig geblieben sind[22]. Bei der Anfechtung von Zwischenentscheiden erscheint die Berücksichtigung von Veränderungen des Streitwerts in der Hauptsache unpraktikabel. Wertänderungen werden jedenfalls vom Bundesgericht nicht berücksichtigt[23]. Bei der Vereinigung von Verfahren mit Streitwerten unterhalb der massgeblichen Schwelle bleibt gemäss einem Einzelrichterentscheid die Einzelrichterkompetenz bestehen, selbst wenn die zusammengerechneten Streitwerte Fr. 20 000.– übersteigen[24]. Im Sinn der Übersichtlichkeit und Berechenbarkeit sollte als allgemeine Regel festgehalten werden, dass nachträgliche Veränderungen des Streitwerts – soweit sie überhaupt denkbar sind – sowie Zusammenrechnungen für die Frage der Zuständigkeit unbeachtlich sind. Zur Bestimmung und zur Berechnung des Streitwerts vgl. im Übrigen § 65a N. 11 ff., 31 ff.

C. Rechtsmittel in bestimmten Rechtsgebieten (lit. d)

15 Bei den **administrativen Massnahmen im Strassenverkehr** (Abs. l lit. d Ziff. 1) stehen die Massnahmen nach Art. 16–17 SVG und unter diesen wiederum die Führerausweisentzüge in der Form der Warnungs- und der Sicherungsentzüge im Vordergrund. Warnungsentzüge gelten als strafrechtliche Anklagen im Sinn von Art. 6 Ziff. 1 EMRK, woraus sich ein Anspruch auf eine öffentliche mündliche Verhandlung ergibt (vgl. § 59)[25].

16 Der **Begriff des Justizvollzugs** (Abs. 1 lit. d Ziff. 2) ist als *Synonym für Straf- und Massnahmenvollzug* aufzufassen und bezeichnet gemäss der Legaldefinition von § 1 StJVG den «Vollzug der strafrechtlichen Sanktionen». Der Justizvollzug ist von den *Strafsachen* abzugrenzen, für welche die Verwaltungsrechtspflege nicht zuständig ist (§ 1 N. 46 ff.). Der Straf- und Massnahmenvollzug ist zwar dem Verwaltungsrecht zuzuordnen, doch ist die Materie eng mit dem Strafrecht verbunden, so dass sich die Strafgerichtsbarkeit zur Überprüfung mindestens so sehr eignen würde wie die Verwaltungsgerichtsbarkeit. Bei der VRG-Revision von 1997 wurde daher erörtert, ob nicht durch spezialgesetzliche Regelung die Zuständigkeit des Strafgerichts vorzusehen sei. Davon wurde jedoch abgesehen; ausschlaggebend blieb die dogmatische Zugehörigkeit des Strafvollzugs zum Verwal-

---

[21] Bsp.: VGr, 18.11.2009, PB.2009.00027, E. 1.3: Kammerzuständigkeit bei einer Beschwerde gegen eine Pensumsreduktion mit einem Streitwert nicht über Fr. 20 000.– sowie gegen einen Verweis (vgl. zu diesem Entscheid auch BGr, 31.8.2010, 8C_1065/2009, E. 1).
[22] VGr, 28.6.2013, VB.2013.00029, E. 1.2 f.
[23] RUDIN, in: Basler Kommentar BGG, Art. 51 N. 49; BGE 116 II 431, E. 1.
[24] VGr, 21.10.2004, PB.2004.00019 und 20, E. 2.4 (nicht publiziert), unter Hinweis auf den Zivilprozess; vgl. heute sinngemäss Art. 93 Abs. 2 ZPO. Anders lautet gemäss MOSIMANN, in: Kommentar SVGer, § 11 N. 4, die Praxis des Sozialversicherungsgerichts.
[25] BGE 133 II 331, E. 4.2; 121 II 22.

tungsrecht[26]. Vor Bundesgericht sind dagegen Entscheide über den Straf- und Massnahmenvollzug mit Beschwerde in Strafsachen anzufechten (Art. 78 Abs. 2 lit. b BGG)[27].

Die Einzelrichterkompetenz ist nach dem Gesetzeswortlaut bei Streitigkeiten betreffend «den Justizvollzug nach dem Straf- und Justizvollzugsgesetz vom 19. Juni 2006» gegeben. Mit der Verweisung auf das StJVG werden *alle Streitigkeiten* über Anordnungen *betreffend den Justizvollzug* im Anwendungsbereich dieses Gesetzes der Einzelrichterkompetenz zugeordnet[28]. Es wird also – entgegen dem missverständlichen Wortlaut von lit. d Ziff. 2 – nicht vorausgesetzt, dass die Massnahme ihre Grundlage allein im StJVG findet; es ist unerheblich, ob die Rechtsgrundlage der streitigen Massnahme im Bundesrecht oder im selbständigen kantonalen Recht liegt. Streitigkeiten über den *Informationszugang* – eine typische Querschnittsmaterie – betreffen nicht den Justizvollzug und fallen daher nicht in die einzelrichterliche Kompetenz[29].

17

Streitigkeiten über die **Entbindung vom Berufsgeheimnis** (Abs. 1 lit. d Ziff. 3) fallen seit der VRG-Revision von 2010 in die Einzelrichterkompetenz. Die Anwendungsfälle in der Praxis betreffen Gesuche von Rechtsanwältinnen und -anwälten an die Aufsichtsbehörde um Entbindung vom Berufsgeheimnis, womit in aller Regel die Durchsetzung von Honorarforderungen bezweckt wird (§§ 33–35 AnwG)[30]. Die Bestimmung ist aber allgemein formuliert und auf alle Streitigkeiten über die Entbindung von einem Berufsgeheimnis anwendbar, sofern sie grundsätzlich in die Zuständigkeit des Verwaltungsgerichts fallen. Allerdings dürften speziellere Fälle regelmässig wegen ihrer grundsätzlichen Bedeutung an die Kammer zu übertragen sein (vgl. etwa Art. 19 GUMG).

18

Ebenfalls mit der VRG-Revision von 2010 wurden Streitigkeiten über die **Massnahmen erstinstanzlicher Gerichte nach § 43 Abs. 1 lit. a–c** der Einzelrichterkompetenz zugeteilt. Es handelt sich um Schutzmassnahmen und den Gewahrsam nach den §§ 3–14 GSG, um ausländerrechtliche Zwangsmassnahmen nach den Art. 73–78 AuG sowie um polizeiliche Massnahmen gemäss den Art. 4–9 HooliganK. Erstinstanzlich zuständig ist das Einzelgericht (als Haftrichterin bzw. Haftrichter oder Zwangsmassnahmengericht) am Bezirksgericht gemäss § 33 GOG (vgl. dazu im Einzelnen § 43 N. 5 f.). Die Einzelrichterzuständigkeit lässt sich grundsätzlich mit der zeitlichen Dringlichkeit der Entscheide über die fraglichen Massnahmen begründen, in zweiter Instanz ist sie aber bei schwerer wiegenden Massnahmen aufgrund der grossen Tragweite für die Betroffenen bedenklich (vgl. N. 26).

19

---

[26] Prot. KK 1995/96, S. 94 f., 304 f.
[27] Dazu THOMMEN, in: Basler Kommentar BGG, Art. 78 N. 38.
[28] Vgl. zum früheren Recht: BGr, 6.6.2003, 6A.24/2003, E. 2.
[29] VGr, 12.7.2012, VB.2012.00303, E. 1.1.
[30] Z.B. VGr, 12.7.2012, VB.2012.00215.

V. Vorbehalt der Kammerzuständigkeit (Abs. 2 und 3)

A. Fälle von grundsätzlicher Bedeutung

20   Selbst wenn grundsätzlich nach § 38b Abs. 1 die Einzelrichterin oder der Einzelrichter zuständig ist, so «kann» laut Abs. 2 die Entscheidung in «Fällen von grundsätzlicher Bedeutung» der Kammer «übertragen werden». Mit dieser Formulierung werden die Fragen der **Zuständigkeit**, der **sachlichen Voraussetzung** und des **Ermessensspielraums** teils eher angedeutet als beantwortet.

21   Zur **Zuständigkeit**: § 38b Abs. 2 ist nicht klar zu entnehmen, wer zur Entscheidung befugt ist, einen Fall der Kammer zu übertragen. Dasselbe gilt bezüglich der parallelen Bestimmungen, welche die Einzelrichterzuständigkeit an den Zürcher Spezialverwaltungsgerichten regeln (§ 11 Abs. 4 GSVGer; § 114 Abs. 3 StG; § 335 Abs. 3 PBG). Im Vordergrund steht die entsprechende *Kompetenz des Einzelrichters*[31]. Diese ist in § 19 Abs. 2 OV VGr ausdrücklich erwähnt, wobei diese Bestimmung zudem sinnvollerweise vorsieht, dass der Einzelrichter nach der Überweisung eines Falls an die Kammer bei dessen Behandlung mitwirkt. § 19 Abs. 2 OV VGr schliesst jedoch die alternative Lösung nicht aus, dass der *Abteilungspräsident* einen Fall von vornherein der Kammer überträgt[32]. Dieses Vorgehen ist zweckmässig und entspricht den Kompetenzen des Abteilungspräsidiums nach § 13 OV VGr.

22   Als **sachliche Voraussetzung** nennt das Gesetz das Vorliegen eines **Falles «von grundsätzlicher Bedeutung»**. Im Gegensatz zu Art. 74 Abs. 2 lit. a, Art. 83 lit. f Ziff. 2 und Art. 85 Abs. 2 BGG setzt es keine «Rechtsfrage von grundsätzlicher Bedeutung» voraus. Der Wortlaut lässt demnach Raum für eine Anwendung auf Fälle, in denen das Urteil – ungeachtet seiner allfälligen rechtlichen Bedeutung für die Praxis – von *grosser Tragweite für die Betroffenen* ist. Das Verwaltungsgericht äussert sich jeweils nur knapp zur Frage, ob ein Fall von grundsätzlicher Bedeutung vorliegt, und hat keine konturierte Praxis entwickelt. Im Vordergrund stehen *ungeklärte, umstrittene oder erneut zu prüfende Rechtsfragen*[33].

23   Jedenfalls besteht bei der Beurteilung der Frage, ob ein Fall von grundsätzlicher Bedeutung vorliegt, ein **weiter Ermessensspielraum**. Zweifelhaft ist hingegen, ob der Einzelrichter bzw. die Einzelrichterin auch über Entschliessungsermessen verfügt, einen Fall von grundsätzlicher Bedeutung der Kammer zu übertragen oder nicht. Zwar entspräche dies dem Wortlaut von § 38b Abs. 2, laut dem die Überweisung stattfinden «kann». Die «Kann»-Formulierung findet sich in allen entsprechenden Bestimmungen des kantonalen Rechts (§ 11 Abs. 4 GSVGer, § 114 Abs. 3 StG, § 335 Abs. 3 PBG); solche Formulierungen sind aber oft nicht präzis. Den Materialien lässt sich nichts entnehmen[34]. Dieses Entschliessungsermessen wird, soweit ersichtlich, nicht in Anspruch genommen. Es

---

[31] Vgl. Weisung StRG/BRG, S. 282, zu § 335 Abs. 3 PBG.
[32] Anders die 2. Aufl., § 38 N. 8, zu alt § 18 Abs. 2 GeschV VGr.
[33] Z.B. VGr, 8.9.2011, VB.2011.00465, E. 1; VGr, 24.11.2010, VB.2010.00317, E. 1.3; VGr, 23.10.2002, VB.2002.00278, E. 1b. Gegenbeispiel: VGr, 27.5.2003, PB.2003.00006, E. 1.
[34] Vgl. Weisung 2009, S. 968; Weisung 1995, S. 1536; Weisung StRG/BRG, S. 277, 282, zu § 114 Abs. 3 StG und § 335 Abs. 3 PBG; Prot. KR 1991–1995, 5011, zu § 11 GSVGer.

ist auch nicht einsichtig, weshalb es zum ohnehin weiten Beurteilungsspielraum bei der Annahme eines Falls von grundsätzlicher Bedeutung hinzutreten sollte. Für die Einheit der Rechtsordnung und die Rechtssicherheit wäre es bedenklich, wenn Rechtsfragen von grundsätzlicher Bedeutung vom Einzelrichter bzw. der Einzelrichterin entschieden werden könnten. Daher ist eine *Pflicht* anzunehmen, Fälle von grundsätzlicher Bedeutung der Kammer zu übertragen[35].

B.   Regierungsrat als Vorinstanz (Abs. 3)

§ 38 Abs. 3 Satz 2 in der Fassung von 1997 schloss die einzelrichterliche Behandlung aus, wenn der **Regierungsrat als Vorinstanz** entschieden hatte. Anscheinend sollte damit dessen besonderer Stellung als oberster vollziehender Behörde Rechnung getragen werden. Mit der Gesetzesrevision von 2010 wurde die einzelrichterliche Behandlung von offensichtlich unzulässigen und gegenstandslos gewordenen Beschwerden gegen Regierungsratsentscheide zugelassen (§ 38b Abs. 3). Im Übrigen wird die Einzelrichterzuständigkeit nur ausgeschlossen, wenn der Gesamtregierungsrat als Vorinstanz amtete, nicht aber, wenn der angefochtene Entscheid allein von der Präsidentin bzw. dem Präsidenten des Regierungsrats getroffen wurde[36].

24

Bei Rechtsmitteln gegen Entscheide **anderer als Vorinstanzen wirkender Kollektivbehörden** bleibt es bei der Zuständigkeit der Einzelrichterin bzw. des Einzelrichters. In Frage kommen namentlich Entscheide der Bezirksräte, des Steuerrekursgerichts oder der Aufsichtskommission über die Anwältinnen und Anwälte (§ 34 Abs. 3 i.V.m. § 38 AnwG), ferner etwa Entscheide der Rekurskommission der Hochschulen (§ 36 Abs. 4 FaHG; § 46 Abs. 5 UniG) oder der Schätzungskommissionen in Enteignungs- und Beitragsstreitigkeiten (§ 46 AbtrG).

25

VI.   Kritische Würdigung

Die Einzelrichterzuständigkeit bewirkt zweifellos eine Rationalisierung der Gerichtstätigkeit. Sie ist allerdings für ein oberes kantonales Gericht nicht unbedenklich, soweit sie sich auf die materielle Behandlung der Rechtsmittel erstreckt. Einerseits erscheint problematisch, wenn der Entscheid einer Kollektivbehörde (N. 25) von einer Einzelperson geprüft wird – ungeachtet dessen, dass diese eine Gerichtsschreiberin bzw. einen Gerichtsschreiber mit beratender Stimme beiziehen kann. Anderseits erscheint der Rechtsschutz prekär, wenn die gerichtliche Kontrolle schwerwiegender Massnahmen sowohl erst- als auch zweitinstanzlich durch eine Einzelrichterin bzw. einen Einzelrichter ausgeübt wird. Dies trifft besonders auf § 38b Abs. 1 Ziff. 2 und 4 zu, welche den Entscheid über einschneidende Massnahmen umfassen, so zum Beispiel über die Anordnung ausländerrechtlicher Haft von bis zu 18 Monaten Dauer (Art. 79 AuG). Angesichts dessen sind Verfahren von grosser Tragweite für die Betroffenen zu den Fällen mit grundsätzlicher Bedeutung zu zählen und an die Kammer zu übertragen (vgl. N. 22 f.).

26

---

[35]   Anders die 2. Aufl., § 38 N. 8.
[36]   VGr, 5.8.2003, VB.2003.00113, E. 1.

> *Gesamtgericht*
> ## § 39
> [1] Das Gesamtgericht besteht aus den vollamtlichen und den teilamtlichen Mitgliedern. Dieses regelt organisatorische und personelle Angelegenheiten sowie Fragen der eigenen Verwaltung.
>
> [2] Jedes Mitglied ist verpflichtet, seine Stimme abzugeben. Bei Stimmengleichheit zählt die Stimme des Vorsitzenden doppelt.

Materialien

Weisung 1995, S. 1534 ff.; Prot. KK 1995/96, S. 80 ff., 88 f.; Prot. KR 1995–1999, S. 6490 ff.; Beleuchtender Bericht 1997, S. 6; Prot. KR 1995–1999, S. 13128.

Zu alt § 38 Abs. 2 und 3 (Fassung von 1959): Weisung 1957, S. 1041; Prot. KK 31.1.1958, 30.9.1958; Prot. KR 1955–1959, S. 3381; Beleuchtender Bericht 1959, S. 403.

Literatur

POLTIER, Organisation; RYTER, Gerichtsverwaltung.

Vgl. auch Vorbem. zu §§ 32–40a.

Inhaltsübersicht

I.	Geschichte	1
II.	Justizverwaltungsorgane	2–13
	A. Gesamtgericht (Abs. 1)	2–5
	B. Weitere Organe	6–13
	1. Verwaltungskommission	6–9
	2. Gerichtspräsidium, Generalsekretariat und Zentralkanzlei	10–13
III.	Stimmrecht und Verbot der Stimmenthaltung (Abs. 2)	14–17

I. Geschichte

1 In der ursprünglichen Fassung von 1959 regelte § 39 die Gerichtsgebühren. Diese Bestimmung wurde mit Wirkung ab 1. Januar 1977 aufgehoben[1]. Der heutige Regelungsgegenstand fand sich ursprünglich in § 38 Abs. 2 und 3. Diese Bestimmungen wurden in der Revision von 1997 an ihren heutigen Ort transferiert, wobei eine Regelung zum neu geschaffenen Teilamt aufgenommen wurde. Mit dem Gesetz über die Wahl von teilamtlichen Mitgliedern der Gerichte vom 4. Januar 1999, in Kraft seit 1. März 2000[2], wurde § 39 Abs. 1 Satz 3, der das Stimmrecht der teilamtlichen Mitglieder nach dem Beschäftigungsgrad abstufte, aufgehoben. Die Streichung war von der vorberatenden Kantonsratskommission beantragt worden und wurde im Kantonsrat diskussionslos gutgeheissen[3].

---

[1] OS 46, 139, 263, 265.
[2] OS 56, 43, 56.
[3] Antrag der Kantonsratskommission vom 23. April 1998 zum Gesetz über die Wahl von teilamtlichen Mitgliedern der Gerichte, ABl 1998, 545 ff., 547; Prot. KR 1995–1999, S. 13128.

II. Justizverwaltungsorgane

A. Gesamtgericht (Abs. 1)

Zur Ausübung der Justizverwaltung und zur Rechtsetzung verfügt das Verwaltungsgericht über verschiedene zentrale Organe. Die §§ 39 und 40 befassen sich mit dem Gesamtgericht (Plenum), das aus den **vollamtlichen und teilamtlichen Mitgliedern** besteht (§ 39 Abs. 1 Satz 1). Dieses ist gemäss Gesetz zuständig zur Regelung der organisatorischen und der personellen Angelegenheiten sowie der eigenen Verwaltung (§ 39 Abs. 1 Satz 2). Es erlässt die in § 40 Abs. 1 lit. a–c erwähnten Verordnungen, unter anderem über die Organisation des Gerichts (§ 40 Abs. 1 lit. a). Damit kommt ihm auch die Kompetenz zur Einsetzung weiterer Organe zu. Von den übrigen Organen des Verwaltungsgerichts wird die *Verwaltungskommission* auf Verordnungsstufe eingeführt, während das Gesetz in § 36 den *Gerichtspräsidenten* sowie den *Generalsekretär* vorsieht.

Gestützt auf die Verordnungskompetenz gemäss § 40 Abs. 1 lit. a hat das Gesamtgericht die **Organisationsverordnung des Verwaltungsgerichts (OV VGr)** erlassen. Darin regelt es die gerichtsinterne Zuständigkeit für jene Aufgaben und Befugnisse, die das VRG und die übrige kantonale Gesetzgebung dem Verwaltungsgericht zuweisen (vgl. Vorbem. zu §§ 32–40a N. 3).

Gemäss OV VGr nimmt das Gesamtgericht folgende **organisatorischen und administrativen Befugnisse** wahr:

– Es *konstituiert* sich (d.h.: das Gericht) jeweils zu Beginn und auf Mitte einer Amtsperiode, bei Bedarf auch in der Zwischenzeit (§ 2 Abs. 1 OV VGr; vgl. auch § 36 Abs. 1 VRG). Bei der Konstituierung beschliesst es über die Zahl von Abteilungen, deren Zuständigkeit für die Geschäftsbehandlung und die weiteren Aufgabenbereiche sowie die Zuteilung seiner Mitglieder an die Abteilungen (§ 2 Abs. 2 OV VGr).

– Es *wählt* die Gerichtspräsidentin oder den Gerichtspräsidenten, die für die Bildung der Abteilungen erforderliche Anzahl der Vizepräsidentinnen bzw. Vizepräsidenten sowie vier Mitglieder als Delegierte in den Plenarausschuss der Gerichte (§ 2 Abs. 3 OV VGr; vgl. auch § 36 N. 4 ff.). Sodann ernennt es den Generalsekretär oder die Generalsekretärin sowie den Stellvertreter oder die Stellvertreterin (§ 3 lit. a OV VGr); weiter wählt es die Vorsitzenden, Mitglieder und Ersatzmitglieder der Schätzungskommissionen (§ 3 lit. b OV VGr; vgl. § 34 AbtrG). Schliesslich bezeichnet es jene Personen, die das Verwaltungsgericht dem Kantonsrat zur Wahl als Ersatzmitglieder vorschlägt (§ 5 Abs. 2 OV VGr; vgl. Art. 75 Abs. 1 KV und § 33 Abs. 1 Satz 2 VRG).

– Es *erlässt* – neben den Verordnungen gemäss § 40 Abs. 1 VRG – Verordnungen über die Organisation und den Verfahrensgang sowie über die Gebühren, Kosten und Entschädigungen des Steuer- und des Baurekursgerichts (§ 4 OV VGr; vgl. § 118 StG und § 337a Abs. 1 PBG).

- Analog müsste es auch zum Erlass des «Reglements» (also der Verordnung) über das Verfahren der Schätzungskommissionen nach § 35 AbtrG zuständig sein, das in der OV VGr nicht erwähnt wird[4].
- Es *beschliesst* nach § 5 Abs. 1 OV VGr über die Verabschiedung des Rechenschaftsberichts an den Kantonsrat (lit. a, vgl. § 35 Abs. 2 VRG), über Stellungnahmen im Verkehr mit dem Kantonsrat und dem Regierungsrat zu Angelegenheiten, welche für Organisation und Geschäftsgang des Gerichts von grundlegender Bedeutung sind (lit. b), über bestimmte Urlaubsgesuche von Mitgliedern für mehr als drei Monate (lit. c), über den Einsatz von Ersatzmitgliedern mit zeitlich bestimmtem Pensum (lit. d), über Justizverwaltungsgeschäfte, die dem Gesamtgericht von der Verwaltungskommission überwiesen werden (lit. e) sowie über die Spesenentschädigung der teilamtlichen Mitglieder und Ersatzmitglieder (lit. f), es genehmigt die Geschäftsordnungen des Bau- und des Steuerrekursgerichts (lit. g; vgl. § 118a StG und § 337a Abs. 2 PBG).
- Es gibt dem Kantonsrat die Stellungnahmen zur Zahl der Mitglieder und Ersatzmitglieder des Steuer- und des Baurekursgerichts ab (§ 113 Abs. 1 StG bzw. § 334 Abs. 1 PBG). Insofern käme allerdings auch die Zuständigkeit der Verwaltungskommission in Frage (§ 5 Abs. 1 lit. b OV VGr e contrario, § 7 Abs. 1 OV VGr).
- Es *entscheidet* – ohne Mitwirkung der betroffenen Personen – *über Ausstandsbegehren* gegen die Mitwirkung von Mitgliedern oder der Generalsekretärin bzw. des Generalsekretärs im Gesamtgericht, gegen alle Mitglieder einer Abteilung sowie gegen alle Mitglieder und Ersatzmitglieder einer Kammer (§ 21 lit. a OV VGr).

5 Gesetz und Verordnung trennen nicht klar zwischen dem **Verwaltungsgericht als Behörde** und dem **Gesamtgericht als deren Organ**. Wenn das Gesamtgericht nach § 39 Abs. 1 Satz 2 «Fragen der eigenen Verwaltung» regelt, so ist damit die Verwaltung des Gerichts und nicht jene des Plenums gemeint. Ebenso bezieht sich § 39 Abs. 2 auf die Behörde, nämlich auf alle Justizverwaltungs- und Rechtspflegeorgane des Verwaltungsgerichts, und nicht nur auf das Plenum (N. 14). Dies ergibt sich aus der Entstehungsgeschichte der Bestimmung: In der ursprünglichen Fassung von 1959 war das «Verwaltungsgericht» Subjekt des einleitenden Satzes; die Vermischung entstand mit der VRG-Revision von 1997, als die Zusammensetzung des Plenums im selben Satz geregelt wurde[5]. Auch § 2 Abs. 1 OV VGr unterscheidet nicht zwischen Behörde und Organ, wenn es heisst, dass das Gesamtgericht (also das Organ) «sich» (nämlich die Behörde) konstituiert.

B.   Weitere Organe

1.   Verwaltungskommission

6 Die **Verwaltungskommission** wird auf Verordnungsstufe eingeführt. Sie **besteht** aus dem Präsidenten bzw. der Präsidentin und den Vizepräsidenten bzw. Vizepräsidentinnen. Der

---

[4] Der Regierungsrat änderte diese Verordnung im Zug der Anpassung der kantonalen Behördenorganisation und des kantonalen Prozessrechts in Zivil- und Strafsachen an die neuen Prozessgesetze des Bundes mit Beschluss vom 3. November 2010, ohne dass eine entsprechende Rechtsgrundlage ersichtlich wäre (OS 65, 818; Weisung: ABl 2010, 2429 ff., 2448).

[5] Prot. KK 1995/96, S. 85 f.

Generalsekretär bzw. die Generalsekretärin führt das Sekretariat; er bzw. sie verfügt über das Antragsrecht und hat beratende Stimme (§ 6 Abs. 1 und 2 sowie § 10 Abs. 1 lit. c OV VGr). Die Verwaltungskommission kann zur Bearbeitung der Geschäfte Ressorts bilden, für die einzelne ihrer Mitglieder verantwortlich sind (§ 6 Abs. 3 OV VGr). Sie kann zu ihren Sitzungen weitere Gerichtsmitglieder sowie Ersatzmitglieder, Angestellte der Rechtspflege und aussenstehende Fachleute beiziehen, denen beratende Stimme zukommt (§ 6 Abs. 4 OV VGr).

Die Verwaltungskommission **behandelt als zentrales Führungs- und Aufsichtsorgan alle Justizverwaltungsgeschäfte** des Verwaltungsgerichts und der diesem unterstellten Gerichte, soweit sie nicht durch Gesetz anderen Behörden oder durch die OV VGr anderen Organen des Gerichts vorbehalten sind (§ 7 Abs. 1 OV VGr). Sie nimmt insbesondere folgende Aufgaben wahr:

7

- Ihr obliegt die *Vorbereitung* aller vom Gesamtgericht zu behandelnden Geschäfte, wobei sie das Recht auf Antragstellung hat (§ 7 Abs. 3 OV VGr).
- Sie entscheidet über die Festsetzung, Änderung und Bearbeitung der Stellenpläne sowie den Beschluss über die Arbeitszeit für das Personal (§ 3 Abs. 1 und § 8 VV KG PG). Rechnet man die Stellenpläne den Erlassen zu[6], müsste diese Aufgabe allerdings vom Plenum wahrgenommen werden, das nach § 40 Abs. 1 VRG über die Verordnungskompetenz verfügt.
- Sie bestimmt die Zahl der Stellen des juristischen und des administrativen Personals am Steuer- und am Baurekursgericht (vgl. § 117 Abs. 1 StG; § 337 Abs. 1 PBG). Wenn man die Stellenpläne den Erlassen zurechnet, fiele diese Aufgabe allerdings dem Plenum zu, dem die Verordnungsgebung im Bereich der Organisation dieser beiden Gerichte obliegt.
- Sie stellt auf Antrag der Abteilungen das *Personal des Sekretariats und der Kanzlei* an (§ 7 Abs. 2 OV VGr; vgl. § 36 Abs. 2 VRG).
- Als *Anstellungsbehörde* verfügt sie auch über die Zuständigkeiten nach § 7 Abs. 1 VV KG PG, nämlich: Festsetzung des Lohnes, Änderung des Beschäftigungsgrades, Versetzung innerhalb des Gerichts, Gewährung von Zulagen, Stufenanstieg, Beförderung, Rückstufung und Entlassung.
- Sie übt die *administrative Aufsicht über das Bau- und das Steuerrekursgericht* aus, setzt die Anfangseinreihungen der Mitglieder des Bau- und des Steuerrekursgerichts in die Lohnklassen und Lohnstufen fest und genehmigt die Anstellung der Kanzleichefin oder des Kanzleichefs des Baurekursgerichts (§ 8 OV VGr; vgl. § 337 PBG).
- Sie übt gestützt auf § 7 Abs. 1 OV VGr die *administrative Aufsicht über die Schätzungskommissionen* aus, die in der OV VGr nicht explizit erwähnt wird (vgl. § 35 AbtrG).
- Sie behandelt – als Ausfluss der erwähnten Aufsichtsfunktion – *Aufsichtsbeschwerden* gegen die ihr administrativ unterstellten Gerichtsbehörden und -organe (vgl. auch Vorbem. zu §§ 19–28a N. 61 ff.)[7].

---

[6] So jedenfalls Weisung 2009, S. 930; JAAG, Gerichte, S. 793; vgl. auch § 19 N. 75.
[7] Vgl. VGr, 23.8.2011, KE.2011.00001, E. 1; RB 1997 Nr. 114 (sachlich überholt).

– Sie lässt die Übersicht über die Entwicklungen der Leistungen und Finanzen sowie den Budgetentwurf (§ 75 Abs. 2 GOG) über den Regierungsrat (vgl. § 50 Abs. 1 FCV) dem Kantonsrat zukommen. Allerdings liesse sich die Zuständigkeit des Plenums aus dessen Kompetenz zur Verabschiedung des Rechenschaftsberichts und von Stellungnahmen von grundlegender Bedeutung (§ 5 Abs. 1 lit. a und b OV VGr) ableiten.

8   Die Verwaltungskommission war vor dem Inkrafttreten der VRG-Revision von 2010 zuständig zur Behandlung von **Beschwerden gegen Justizverwaltungsakte des Verwaltungsgerichts**[8]. Seither ergibt sich aus § 43 Abs. 2 lit. a, dass diese Akte direkt mit *Beschwerde beim Obergericht* anzufechten sind: Es besteht keine genügende Rechtsgrundlage für einen gerichtsinternen Rechtsweg, welcher der Beschwerde an das Obergericht vorginge. Die Kompetenz der Verwaltungskommission stützte sich nur auf die Generalklausel nach dem heutigen § 7 Abs. 1 OV VGr. Diese behält aber die gesetzliche Zuständigkeit anderer Behörden vor, und zudem bezieht sie sich auf Justizverwaltungsakte, worunter Rechtsmittelentscheide über Justizverwaltungsakte nicht subsumiert werden können[9]. Die Verwaltungskommission begründete ihre Zuständigkeit denn auch damit, dass der ordentliche Rechtsweg nicht offen stehe. Mittlerweile ist jedoch ein gesetzlicher Rechtsweg gegeben; die Kompetenzvermutung gemäss § 7 Abs. 1 OV VGr – die zudem nur analog angewendet werden könnte – kann die Zuständigkeit nach § 43 Abs. 2 lit. a VRG nicht ausschalten (vgl. auch § 19b N. 45)[10].

9   Die Verwaltungskommission kann in ihre Kompetenz fallende **Geschäfte von besonderer Tragweite** dem Plenum unterbreiten (§ 7 Abs. 4 OV VGr).

2. Gerichtspräsidium, Generalsekretariat und Zentralkanzlei

10 Die **Gerichtspräsidentin oder der Gerichtspräsident** vertritt das Gericht gegen aussen und gewährleistet die Zusammenarbeit mit den anderen obersten kantonalen Gerichten. Sie oder er entscheidet in Einzelfällen über Zuständigkeitskonflikte zwischen den Abteilungen sowie über Verwaltungsgeschäfte von geringer Bedeutung. Teilweise können diese Kompetenzen einer Vizepräsidentin bzw. einem Vizepräsidenten oder der Generalsekretärin bzw. dem Generalsekretär übertragen werden (vgl. im Einzelnen § 9 Abs. 1, 2 und 4 OV VGr). Dem Gerichtspräsidium unterstehen die Generalsekretärin bzw. der Generalsekretär sowie die Zentralkanzlei (§ 9 Abs. 3 OV VGr).

11 Die **Generalsekretärin bzw. der Generalsekretär** bereitet die Geschäfte des Gerichtspräsidiums vor und unterstützt dieses bei der Vorbereitung der Geschäfte des Plenums und der Verwaltungskommission. An den Sitzungen des Plenums und der Verwaltungskommission nimmt sie bzw. er mit Antragsrecht und beratender Stimme teil. Die Generalsekretärin bzw. der Generalsekretär leitet die Zentralkanzlei, wobei sie bzw. er insbesondere für die Personaladministration, die Budgetierung, das Rechnungswesen, die EDV,

---

[8] Vgl. VGr, 28.4.2010, URB.2009.00001, E. 1, und RB 2006 Nr. 35, E. 1 (URB.2005.00001), beide allerdings bezüglich Beschwerden des unentgeltlichen Rechtsbeistands über die Honorarfestsetzung (§ 9 Abs. 3 GebV VGr), die zu Unrecht der Justizverwaltung und nicht der Rechtsprechung zugeordnet wurde (eingehend § 16 N. 112).
[9] Vgl. BGr, 25.5.2010, 1C_177 und 179/2010, E. 3.2 (Pra 2010 Nr. 122).
[10] Die Verwaltungskommission nahm allerdings in VGr, 5.12.2012, VB.2012.00755, E. 2.3, weiterhin ihre Zuständigkeit in Anspruch.

die Dokumentation und die Archivierung verantwortlich ist. Sie bzw. er koordiniert die Arbeit der Gerichtsschreiberinnen und Gerichtsschreiber sowie des administrativen Abteilungspersonals, unterstützt die Abteilungsvorsitzenden bei der Personalrekrutierung und regelt die abteilungsübergreifenden personellen Belange (§ 10 Abs. 1 OV VGr; zur Leitung der Zentralkanzlei vgl. § 2 Abs. 1 und 2 KanzleiV VGr). Sie bzw. er sichert den Informationsfluss zwischen dem Verwaltungsgericht und den administrativ unterstellten Gerichten, unterstützt die Referierenden bei der aufsichtsrechtlichen Visitation und koordiniert die Arbeiten der Gerichte betreffend Berichterstattung, Budget und Rechnung (§ 2 Abs. 3 KanzleiV VGr).

Die Generalsekretärin bzw. der Generalsekretär wird bei Abwesenheit durch die *Stellvertretung* vertreten. Dieser können ausnahmsweise einzelne Geschäfte sowie mit Zustimmung der Verwaltungskommission ganze Geschäftsbereiche übertragen werden (§ 10 Abs. 2 OV VGr). Ist die Stelle nicht besetzt, so amtet in der Funktion der Stellvertretung die Leitende Gerichtsschreiberin oder der Leitende Gerichtsschreiber der Abteilung, welcher die Gerichtspräsidentin oder der Gerichtspräsident vorsteht (§ 2 Abs. 4 KanzleiV VGr).

Die **Zentralkanzlei** erfüllt – unter Vorbehalt des Aufgabenbereichs der Abteilungskanzleien – namentlich folgende Aufgaben: die Sichtung der eingegangenen Postsendungen, die administrative Vorbereitung und Ausführung der Geschäfte der zentralen Organe, die Betreuung der zentralen Dienste (wie EDV, Telefon, Fax, Büroapparate, Büromaterial, Inventar, Empfang, Bibliothek und Archiv), planerische Aufgaben (wie die Erstellung des Rechenschaftsberichts und von Statistiken) sowie Dienstleistungen im Haus (§ 3 Abs. 1 KanzleiV VGr). Die Rechnungssekretärin bzw. der Rechnungssekretär besorgt das Rechnungswesen (vgl. § 4 KanzleiV VGr). Die Aufgaben der *Abteilungskanzleien* sind dagegen grundsätzlich auf den Ablauf der Rechtspflegeverfahren bezogen (vgl. §§ 5–8 KanzleiV VGr und § 38 N. 5).

III. Stimmrecht und Verbot der Stimmenthaltung (Abs. 2)

§ 39 Abs. 2 regelt das **Stimmrecht der Gerichtsmitglieder.** Gemäss Satz 1 ist jedes Mitglied verpflichtet, seine Stimme abzugeben. Gemäss Satz 2 zählt bei Stimmengleichheit die Stimme des Vorsitzenden doppelt; dieser Satz setzt die Geltung des nicht ausdrücklich erwähnten Mehrheitsprinzips voraus (die sich auch aus § 71 VRG in Verbindung mit § 124 GOG ergibt). Die Bestimmung bezieht sich nicht nur auf das Plenum, sondern auf alle Organe des Gerichts (N. 5), und sie gilt nicht nur für die Justizverwaltung, sondern auch für die Rechtsprechung und insofern auch für die beteiligten Ersatzmitglieder. Darauf deutet auch hin, dass die Bestimmung ursprünglich Abs. 3 von § 38 bildete und erst in der Gesetzesrevision von 1997, als die Bestimmungen über die Geschäftserledigung ausgeweitet wurden, zusammen mit dem damaligen § 38 Abs. 2 in § 39 transferiert wurde[11]. Mit Bezug auf das Gesamtgericht – ein Organ der Justizverwaltung – wird § 39 Abs. 2 in § 1 Abs. 5 OV VGr wiederholt.

---

[11] Vgl. auch E. BOSSHART, Kommentar VRG, § 38 N. 3.

§ 39

15 Ungeklärt erscheint, ob das **Verbot der Stimmenthaltung** für die *Rechtsprechung* bereits aufgrund des **Bundes(verfassungs)rechts** gälte. Die Lehre geht teilweise von einem nicht näher definierten «allgemeinen Grundsatz» aus[12]. Offen erscheint, ob das Bundesgericht das Verbot aus dem Anspruch auf ein gesetzliches Gericht nach Art. 30 Abs. 1 BV ableitet, der einen Anspruch auf die vollständige ordentliche Besetzung des Gerichts vermittelt[13]. Nach der hier vertretenen Ansicht liegt es in erster Linie im Verbot der Rechtsverweigerung nach Art. 29 Abs. 1 BV begründet, das sich als Gebot der Rechtsgewährung positiv formulieren lässt und unterschiedslos sämtliche Gerichtsmitglieder verpflichtet[14]. Die Anwendung von Satz 2 auf die Rechtsprechung erschiene zwar nicht unzulässig[15], doch besteht dafür infolge der ungeraden Zahl der Gerichtsmitglieder in den Spruchkörpern und des Verbots der Stimmenthaltung kein Raum.

16 Von der doppelten Zählung der Stimme der Präsidentin bzw. des Präsidenten abgesehen, haben die beteiligten Mitglieder (und, in der Rechtsprechung, die Ersatzmitglieder) **gleiches Stimmrecht**. Dies ist für die Rechtspflege ohnehin selbstverständlich und ergibt sich für die Justizverwaltung daraus, dass der anderslautende frühere Satz 3 von § 39 Abs. 1 mit Wirkung ab 1. März 2000 aufgehoben worden ist, offensichtlich weil die Regelung inhaltlich nicht befriedigte[16].

17 § 39 Abs. 2 bezieht sich (direkt) nur auf die Stimmabgabe, nicht auf die **Anwesenheit.** In der *Rechtspflege* ergibt sich jedoch bereits aus dem Anspruch auf ein gesetzliches Gericht gemäss Art. 30 Abs. 1 BV, dass sämtliche Mitglieder des Spruchkörpers am Entscheid mitzuwirken haben[17]. Im Bereich der *Justizverwaltung* wird für das *Gesamtgericht* auf Verordnungsebene ein Anwesenheitsquorum vorgeschrieben: Laut § 1 Abs. 4 OV VGr sind Beschlüsse des Plenums gültig, wenn an der Sitzung oder am Zirkulationsverfahren mindestens zwei Drittel aller Mitglieder teilnehmen (vgl. zur Gültigkeit dieser Bestimmung § 40a N. 3). Für die *Verwaltungskommission* ist auf § 40a i.V.m. § 66 Abs. 1 GG zurückzugreifen, wonach die Behörde beschlussfähig ist, wenn die Mehrheit der Mitglieder anwesend ist.

---

[12] So Féraud, in: Basler Kommentar BGG, Art. 21 N. 4. Donzallaz, Commentaire, Ziff. 295, spricht von «responsabilités professionnelles», Guldener, Zivilprozessrecht, S. 3 Fn. 6c und S. 244, von einer Verpflichtung. Vgl. auch Hauser/Schweri/Lieber, Kommentar GOG, § 134 N. 20.
[13] Vgl. BGr, 17.11.2011, 2C_381/2010, E. 2.2, und BGE 127 I 128, E. 4b, wonach ein Anspruch darauf besteht, dass die Behörde «vollständig [...] entscheidet», was allerdings eine Stimmenthaltung nicht zwingend ausschliesst.
[14] So auch BGE 129 V 335, E. 3.1 (Pra 2004 Nr. 167), mit Bezug auf die Teilnahmepflicht.
[15] So sinngemäss BGr, 17.11.2011, 2C_381/2010, E. 2.3.3. Vgl. als Beispiele Art. 23 BGG und Art. 25 VGG; vgl. auch Féraud, in: Basler Kommentar BGG, Art. 21 N. 3.
[16] Das abgestufte Stimmrecht war bereits in Prot. KK 1995/96, S. 83 f., in Frage gestellt worden.
[17] BGr, 17.11.2011, 2C_381/2010, E. 2.2; BGE 127 I 128, E. 4b.

Verordnungsrecht

§ 40

¹ Das Gesamtgericht regelt durch Verordnung
a. die Organisation und den Geschäftsgang,
b. die Gebühren, Kosten und Entschädigungen,
c. die Organisation und die Aufgaben des Sekretariats und der Kanzlei.

² Verordnungen gemäss lit. a und b bedürfen der Genehmigung des Kantonsrates.

Materialien

Weisung 1957, S. 1041 f.; Prot. KK 31.1.1958, 30.9.1958; Prot. KR 1955–1959, S. 3381; Beleuchtender Bericht 1959, S. 404; Prot. KR 1971–1975, S. 8069 f.; Weisung 1995, S. 1534 ff.; Prot. KK 1995/96, S. 84 ff., 88 f., 116; Prot. KR 1995–1999, S. 6490 ff.; Beleuchtender Bericht 1997, S. 6.

Literatur

BEUSCH MICHAEL, in: Kommentar KV, Art. 126; BÜRKI, Legalität, S. 151 ff.; HAUSER MATTHIAS, in: Kommentar KV, Art. 38 N. 1 ff., 26 f., 36 ff.

Vgl. auch Vorbem. zu §§ 32–40a.

Inhaltsübersicht

I.	Geschichte und Gehalt	1
II.	Verfassungsrechtliche Anforderungen	2–4
III.	Verordnungen des Verwaltungsgerichts gestützt auf § 40	5–7
	A. Gegenstände (Abs. 1)	5
	B. Genehmigung des Kantonsrats (Abs. 2)	6–7
IV.	Weitere Verordnungen des Verwaltungsgerichts	8–9
V.	Verordnungen des Plenarausschusses der obersten kantonalen Gerichte	10–12

I. Geschichte und Gehalt

§ 40 über die Verordnungskompetenz des Verwaltungsgerichts entstammt der ursprünglichen Fassung des VRG von 1959. Die Norm wurde im Jahr 1976 (mit Wirkung ab 1. Januar 1977)¹ und sodann mit der VRG-Revision von 1997 inhaltlich und redaktionell in einzelnen Punkten geändert; seither ist sie unverändert geblieben. Nahezu gleich lautet § 7 GSVGer über die Verordnungskompetenz des Sozialversicherungsgerichts. Die Verordnungskompetenz des Obergerichts ist dagegen wegen dessen umfangreicheren Aufsichtskompetenzen weiter (vgl. § 42 Abs. 1 und § 76 GOG).

1

---

¹ OS 46, 139, 263, 265. Die Änderung von § 40 ging auf den Antrag der vorberatenden Kantonsratskommission zurück: Antrag der Kantonsratskommission vom 11. Januar 1974 zum Gesetz über die Revision des Verfahrens in Zivilsachen, ABl 1974, 457 ff., 582 f.; Prot. KR 1971–1975, S. 8069 f.

II. Verfassungsrechtliche Anforderungen

2 § 40 sieht die Zuständigkeit des Verwaltungsgerichts zum Erlass bestimmter Verordnungen vor. Bei der Bestimmung handelt es sich um eine **Delegationsnorm** im Sinn von Art. 38 Abs. 3 KV, laut dem Verfassung und Gesetz bestimmen, welche Behörden Verordnungen erlassen dürfen[2]. Aus dem bundesverfassungsrechtlichen Legalitätsprinzip (Art. 5 Abs. 1 BV) leitet die Rechtsprechung folgende *kumulativen Voraussetzungen der Zulässigkeit einer Gesetzesdelegation* ab[3]: Sie darf erstens nicht durch das kantonale Recht ausgeschlossen sein; sie muss zweitens in einem formellen Gesetz enthalten sein; sie muss sich drittens auf ein bestimmtes, genau umschriebenes Gebiet beschränken; viertens muss das Gesetz die Grundzüge der Regelung selber enthalten[4]. Im Kanton Zürich fallen die erste und die vierte Voraussetzung praktisch mit der Vorgabe von Art. 38 Abs. 1 KV zusammen, wonach *alle wichtigen Rechtssätze in einem formellen Gesetz* zu erlassen sind[5]. Für § 40 sind Art. 38 Abs. 1 lit. c und d KV massgeblich, wonach die Organisation und die Aufgaben von Behörden sowie die Voraussetzungen und Bemessungsgrundlagen von Steuern und anderen Abgaben (mit Ausnahme von Gebühren in geringer Höhe) auf Gesetzesstufe zu regeln sind. Die Voraussetzungen der Erhebung der anderen Abgaben werden zudem in Art. 126 KV verdeutlicht. Art. 38 Abs. 1 lit. d und Art. 126 KV nehmen den besonderen bundesverfassungsrechtlichen Gehalt des Legalitätsprinzips im Abgaberecht auf (vgl. Art. 127 Abs. 1 BV).

3 Als blosse Delegationsnorm vermöchte § 40, für sich genommen, den **Anforderungen an die formellgesetzliche Grundlage** klar nicht zu entsprechen[6]. Indessen werden die wichtigen Grundlagen der Materie in Bezug auf die Organisation, den Geschäftsgang sowie die administrativen und personellen Belange in Art. 73 Abs. 3 KV und § 68 Abs. 1 GOG geregelt, welche die Unabhängigkeit der Justizverwaltung vorsehen, und in den §§ 32 ff. VRG, namentlich in den §§ 32 f., 36, 38–39 und 40a VRG, die deren gesetzlichen Rahmen bilden[7]. Für die Gebührenerhebung besteht eine genügende gesetzliche Grundlage in § 65a VRG[8]. In Verbindung mit den genannten formellgesetzlichen Regelungen der Materien genügt § 40 als Delegationsnorm den Anforderungen des Legalitätsprinzips.

4 Bei den anderen Normen, die dem Verwaltungsgericht oder den obersten kantonalen Gerichten die Verordnungskompetenz einräumen (N. 8 ff.), handelt es sich in der Regel ebenfalls um blosse Delegationsnormen, welche die Anforderungen an die Zulässigkeit der Delegation bzw. an die gesetzliche Grundlage der Regelung nicht allein erfüllen kön-

---

[2] Dazu HAUSER, in: Kommentar KV, Art. 38 N. 42.
[3] Zum Legalitätsprinzip im Allgemeinen vgl. etwa HÄFELIN/MÜLLER/UHLMANN, Verwaltungsrecht, N. 368 ff., 2693 ff.
[4] Z.B. BGE 128 I 113, E. 3c; VGr, 26.10.2011, VB.2011.00283, E. 4.1; HÄFELIN/MÜLLER/UHLMANN, Verwaltungsrecht, N. 407; HAUSER, in: Kommentar KV, Art. 38 N. 40.
[5] Vgl. HAUSER, in: Kommentar KV, Art. 38 N. 40.
[6] Vgl. RB 2008 Nr. 44, E. 3.2 (VB.2007.00272 = BEZ 2008 Nr. 49 = ZBl 2009, 630 ff.), zum Ungenügen einer Delegationsnorm als gesetzlicher Grundlage für die Gebührenerhebung.
[7] Zu den Anforderungen des bundesverfassungsrechtlichen Legalitätsprinzips an die Normierung der Gerichtsorganisation: BÜRKI, Legalität, S. 179 ff., 215 ff.
[8] Vgl. zum praktisch gleich lautenden § 150b StG: BGr, 16.1.2012, 2C_603/2011, E. 3.2.

nen. Ob eine genügende gesetzliche Grundlage für die Regelung der Materie sowie für die Delegation besteht, wäre jeweils gesondert zu prüfen.

III. Verordnungen des Verwaltungsgerichts gestützt auf § 40

A. Gegenstände (Abs. 1)

Die Verordnungskompetenz des Verwaltungsgerichts nach § 40 umfasst diejenigen Bereiche der **Selbstverwaltung** der Justiz, die vom Gericht und nicht gemeinsam von den obersten Gerichten zu regeln sind (vgl. zu Letzteren N. 10 ff.). Gestützt auf § 40 hat das Verwaltungsgericht folgende Verordnungen erlassen:

- die *Organisationsverordnung des Verwaltungsgerichts (OV VGr)* vom 23. August 2010 gestützt auf lit. a sowie auf §§ 3 und 7 VV KG PG (vgl. zum Inhalt § 36 N. 4 ff., § 38 N. 4 und 6 ff. und § 39 N. 2 ff.)[9];
- die *Gebührenverordnung des Verwaltungsgerichts (GebV VGr)* vom 23. August 2010 gestützt auf lit. b[10];
- die *Verordnung über die Kanzlei des Verwaltungsgerichts* (hier: KanzleiV VGr) vom 10. November 2010 gestützt auf lit. c (vgl. zum Inhalt § 38 N. 5 und § 39 N. 11 ff.)[11].

B. Genehmigung des Kantonsrats (Abs. 2)

Verordnungen über die Organisation und den Geschäftsgang sowie über Kosten, Gebühren und Entschädigungen (Abs. 1 lit. a und b) bedürfen nach Abs. 2 der Genehmigung des Kantonsrats. Das **Genehmigungserfordernis** findet sich als solches bereits in der ursprünglichen Fassung von 1959; sein heutiger Umfang geht auf die Kantonsratskommission zurück, welche die Gesetzesrevision von 1997 vorberiet[12].

Die Regelung für das *Sozialversicherungsgericht* (§ 7 Abs. 2 GSVGer) entspricht § 40 Abs. 2. § 42 Abs. 1 und § 76 GOG sehen dagegen für die Verordnungen des *Obergerichts* kein Genehmigungserfordernis mehr vor. Dies wurde mit den Anforderungen des **kantonalen Verfassungsrechts** begründet: Der Regierungsrat ging davon aus, dass die neue KV «von ihrer Konzeption her» keinen Raum für genehmigungsbedürftige Erlasse gewähre, weil Art. 38 Abs. 1 und 2 KV die Gesetz- und Verordnungsgebung abschliessend regle[13]. Würde dies zutreffen, müssten § 40 Abs. 2 VRG und § 7 Abs. 2 GSVGer als nicht mehr anwendbar gelten[14]. Die Ansicht des Regierungsrats überzeugt jedoch nicht: Art. 38 Abs. 1 und 2 KV, wonach wichtige Rechtssätze auf Gesetzesstufe und weniger

---

[9] LS 175.21; Weisung des Verwaltungsgerichts: ABl 2010, 2019 ff.; Genehmigung vom 13. Dezember 2010: Prot. KR 2007–2011, S. 12954.
[10] LS 175.252; Weisung des Verwaltungsgerichts: ABl 2010, 2032 ff.; Genehmigung vom 13. Dezember 2010: Prot. KR 2007–2011, S. 12954 f.
[11] LS 175.211; Begründung: ABl 2010, 2576 ff.
[12] Prot. KK 1995/96, S. 84 ff., 88 f., 116.
[13] Weisung Prozessgesetze, S. 1596. Der Kantonsrat beschloss die beiden Bestimmungen ohne Bemerkungen: Prot. KR 2007–2011, S. 10821, 10865.
[14] Vgl. CAMPRUBI, in: Kommentar KV, Art. 137 N. 3 und 7.

wichtige auf Verordnungsstufe erlassen werden, schliesst nicht aus, auch weniger wichtige Rechtssätze ins Gesetz aufzunehmen[15]. In diesem Sinn ist auch das *Genehmigungserfordernis* als differenzierte Lösung *weiterhin zulässig;* dass dies nicht ausdrücklich in der KV erwähnt wird, kann nicht entscheidend sein[16]. Der Kantonsrat hat denn auch nach Inkrafttreten der neuen KV weiterhin Genehmigungen nach § 40 Abs. 2 VRG und § 7 Abs. 2 GSVGer erteilt, ohne seine entsprechende Kompetenz in Frage zu stellen[17]. Es ist allerdings unbefriedigend, dass die Bestimmungen für die drei obersten Gerichte nicht gleich lauten.

IV. Weitere Verordnungen des Verwaltungsgerichts

8 Die weiteren Verordnungskompetenzen des Verwaltungsgerichts ergeben sich aus der von ihm ausgeübten administrativen **Aufsicht** über vorinstanzliche Behörden (vgl. dazu Vorbem. zu §§ 32–40a N. 16). Die *Delegationsnormen* sind einerseits § 118 StG sowie § 337a Abs. 1 PBG (in der Fassung vom 13. September 2010[18]), wonach das Verwaltungsgericht die Organisation und den Geschäftsgang des Steuer- und des Baurekursgerichts sowie die Gebühren, Kosten und Entschädigungen im Verfahren vor diesen Gerichten regelt, und anderseits § 35 AbtrG (gemäss VRG von 1959[19]), wonach das Verwaltungsgericht ein «Reglement» über das Verfahren der Schätzungskommissionen erlässt. Gestützt auf diese Kompetenznormen hat das Verwaltungsgericht folgende Verordnungen erlassen:

– die *Organisationsverordnung des Steuerrekursgerichts (OV StRG)* vom 12. November 2010 gestützt auf § 118 lit. a StG[20];

– die *Organisationsverordnung des Baurekursgerichts (OV BRG)* vom 12. November 2010 gestützt auf § 337a Abs. 1 lit. a PBG[21];

– die *Verordnung über das Verfahren der Schätzungskommissionen in Abtretungssachen* vom 24. November 1960 gestützt auf § 35 AbtrG[22].

9 Die *Gebühren, Kosten und Entschädigungen* im Verfahren vor dem Steuer- und dem Baurekursgericht (vgl. § 118 lit. b StG, § 337a Abs. 1 lit. b PBG) hat das Verwaltungsgericht nicht in eigenständigen Verordnungen geregelt; vielmehr gilt gemäss § 1 Abs. 1 GebV VGr diese Verordnung auch für die beiden vorinstanzlichen Gerichte.

---

[15] HAUSER, in: Kommentar KV, Art. 38 N. 18.
[16] Die Lehre kritisiert teils die Genehmigungspflicht, weil sie die Kompetenzen vermische (so JAAG/RÜSSLI, Staats- und Verwaltungsrecht, N. 431; ohne Stellungnahme: HAUSER, in: Kommentar KV, Art. 38 N. 48), stellt aber die Verfassungsmässigkeit nicht in Frage.
[17] Prot. KR 2007–2011, S. 12954 f.; Prot. KR 2011–2015, S. 1401 ff.
[18] OS 65, 953, 961.
[19] ZG 1, 253, 274 f.
[20] LS 631.53; Begründung: ABl 2010, 2681 ff.
[21] LS 700.7; Begründung: ABl 2010, 2694 ff.
[22] LS 781.2. Zur Änderung vom 3. November 2010 durch den Regierungsrat vgl. § 39 Fn. 4.

V. Verordnungen des Plenarausschusses der obersten kantonalen Gerichte

Die **Justizverwaltung** der obersten kantonalen Gerichte wird in den §§ 68–75 GOG geregelt (vgl. auch § 1 lit. f GOG; Vorbem. zu §§ 32–40a N. 17 f.). Diese Bestimmungen wurden zu weiten Teilen aus den §§ 210–217 des aufgehobenen GVG übernommen. Die gemeinsame Justizverwaltung der obersten Gerichte war anlässlich der Neuregelung des Personalrechts (mit Wirkung ab 1. Juli 1999) geschaffen und später in Art. 73 Abs. 3 KV verankert worden[23].

10

Die **Verordnungskompetenz** im Rahmen der gerichtsübergreifenden Justizverwaltung liegt beim *Plenarausschuss* der Gerichte (§ 69 lit. a, §§ 70 und 73 GOG). Der Plenarausschuss hat folgende Verordnungen erlassen:

11

– Die *Vollzugsverordnung der obersten kantonalen Gerichte zum Personalgesetz* (hier: VV KG PG), vom 26. Oktober 1999[24], stützt sich heute auf § 73 Abs. 1 lit. a GOG in Verbindung mit § 56 Abs. 3 PG. Die letztere Bestimmung ermächtigt die obersten kantonalen Gerichte, in von ihnen gemeinsam erlassenen Verordnungen Regelungen für ihr Personal aufzustellen. Diese können die Verordnungen des Regierungsrats – die subsidiär auch für das Personal der Rechtspflege gelten – ergänzen oder von ihnen abweichen. Der Regierungsrat und die Gerichte hören einander vor dem Erlass ihrer Verordnungen an (§ 56 Abs. 3 PG). Die Verordnungen bedürfen teilweise der Genehmigung des Kantonsrats (§ 56 Abs. 3 i.V.m. Abs. 1 PG gegenüber § 56 Abs. 2 PG). Die Kompetenz des Verwaltungsgerichtsplenums zur Regelung der personellen Angelegenheiten gemäss § 39 Abs. 1 VRG besteht nur in diesem Rahmen. Die aktuelle VV KG PG enthält Regelungen über die befristeten Arbeitsverhältnisse, über die Zuständigkeit für die Stellenpläne, die Einreihungen, die interne Aufsicht über die Stellenpläne und die Regelung der Arbeitszeit, über die Kompetenzen der Anstellungsbehörde und über die Bewilligungspflicht für Nebenbeschäftigungen (§§ 2–9 VV KG PG). Der Anhang enthält gestützt auf § 4 VV KG PG Ergänzungen und Abweichungen zum Einreihungsplan des Regierungsrats.

– Die Verordnung der obersten kantonalen Gerichte über die Entschädigung der Zeugen und Zeuginnen, Auskunftspersonen und Sachverständigen *(Entschädigungsverordnung der obersten Gerichte)* vom 11. Juni 2002[25] stützt sich heute auf § 73 Abs. 1 lit. b GOG.

– Die *Verordnung der obersten kantonalen Gerichte über die Gerichtsauditoren und Gerichtsauditorinnen* vom 20. Juni 2000[26] stützt sich heute auf § 73 Abs. 1 lit. c GOG (vgl. auch § 162 Abs. 3 VV PG). Gemäss ihrem § 1 können bei den obersten Gerichten ausnahmsweise Auditoren und Auditorinnen zugelassen werden. Für das Verwaltungsgericht blieb dies bis anhin ohne praktische Bedeutung.

---

[23] OS 54, 752, 768; Weisung PG, S. 1105 ff., 1160 ff., 1188 ff. Zu Art. 73 Abs. 3 KV vgl. SCHMID, in: Kommentar KV, Art. 73 N. 10 ff.
[24] LS 211.21.
[25] LS 211.12.
[26] LS 211.23.

- Die Verordnung der obersten kantonalen Gerichte über die Information über Gerichtsverfahren und die Akteneinsicht bei Gerichten durch Dritte *(Akteneinsichtsverordnung der obersten Gerichte;* hier: AEV) vom 16. März 2001[27] entspricht dem Auftrag des heutigen § 73 Abs. 1 lit. d GOG. Diese Norm stellt keine gesetzliche Grundlage zur Bearbeitung von Personendaten im Sinn des Datenschutzrechts dar[28]. Die Verordnung regelt Umfang und Verfahren der Gewährung der Akteneinsicht, der Überlassung von Akten sowie der Auskunft an nicht verfahrensbeteiligte Dritte, einschliesslich Medienschaffende, und an mit der Sache nicht befasste Gerichte und Behörden (§§ 1 f. AEV). Die Amts- und Rechtshilfe wird im Wesentlichen durch Verweisungen auf die anwendbaren Bestimmungen geregelt (§§ 8 f. AEV). Die Verordnung befasst sich ausführlich mit den Medien, im Einzelnen: mit der Akkreditierung von Medienschaffenden, dem Zutritt zu Verhandlungen, der Auskunftserteilung und der Akteneinsicht (§§ 10–19 AEV)[29].

- Die Verordnung der obersten kantonalen Gerichte über die Archivierung von Verfahrensakten *(Archivverordnung der obersten Gerichte;* hier: ArchivV) vom 16. März 2001[30] stützt sich auf §§ 17 und 18 ArchivG und regelt die Archivierung der Akten der obersten Gerichte sowie der ihnen administrativ unterstellten Behörden (§ 1 ArchivV). Sie bezweckt, nach Verfahrensabschluss die weitere Benützung der Akten und Spruchbücher zu gewährleisten und eine dauerhafte dokumentarische Überlieferung sicherzustellen (§ 2 ArchivV). Sie regelt die Aufbewahrung (§§ 5–11 ArchivV), Besonderheiten der Schutzfrist (§ 12), den Beginn und die Dauer der Archivierung (§§ 20 f. ArchivV), die Grundsätze der Archivierung (§§ 13–15 ArchivV), die Einsichtnahme (§§ 16–19 ArchivV) sowie die Ablieferung an das Staatsarchiv und die Vernichtung der nicht vom Staatsarchiv übernommenen Akten nach Ablauf der Aufbewahrungsfrist (§§ 22–26 ArchivV). In dieser Verordnung finden sich auch die wesentlichen Bestimmungen über die Spruchbücher, in denen die prozesserledigenden Entscheide der Gerichte gesammelt werden. Sie sind fünfzig Jahre aufzubewahren (§§ 4 und 21 Abs. 3 ArchivV)[31].

- Die *Verordnung der obersten kantonalen Gerichte über die Nutzung von Internet und E-Mail* vom 8. Juni 2004[32] nennt keine gesetzliche Kompetenznorm, kann sich jedoch auf die Kompetenzen dieser Gerichte in organisatorischen und personellen Angelegenheiten stützen. Sie umschreibt den zulässigen Gebrauch von Internet und E-Mail, und sie regelt die Massnahmen im Fall des Missbrauchs.

---

[27] LS 211.15.
[28] Weisung AnpassungsG ZPO/StPO, S. 1606.
[29] Vgl. im Einzelnen HAUSER/SCHWERI/LIEBER, Kommentar GOG, § 73 N. 7 ff.
[30] LS 211.16.
[31] Vgl. im Einzelnen HAUSER/SCHWERI/LIEBER, Kommentar GOG, § 130 N. 38 ff.
[32] LS 211.22.

§ 40

Zusammen mit dem Regierungsrat hat der Plenarausschuss folgende Verordnungen erlassen: 12

– die *Dolmetscherverordnung* vom 26./27. November 2003[33], deren gesetzliche Grundlage heute § 73 Abs. 2 GOG ist;
– die *Verordnung über das Inkasso von Gebühren und Kosten* vom 6. Februar 2007/ 14. März 2007[34], die sich heute auf § 201 Abs. 5 und 6 GOG stützt.

---

[33] LS 211.17; vgl. BGr, 15.11.2004, 1P.58/2004 (Prüfung verschiedener Bestimmungen im Verfahren der abstrakten Normenkontrolle).
[34] LS 211.112. Vgl. HAUSER/SCHWERI/LIEBER, Kommentar GOG, § 201 N. 5 f.

Wahl- und Abstimmungsverfahren

§ 40a

> Soweit gesetzlich nichts anderes vorgesehen ist, richtet sich das Verfahren für Wahlen und Abstimmungen bei Geschäften der Justizverwaltung nach den entsprechenden Bestimmungen für die Gemeindebehörden.

Materialien

Weisung GPR, S. 1507 ff., 1651; Prot. KR 1999–2003, S. 16417.

Literatur

Vgl. Vorbem. zu §§ 32–40a.

Inhaltsübersicht

I. Entstehung und Zweck der Bestimmung	1
II. Anwendungsbereich und anwendbare Bestimmungen	2–4

I. Entstehung und Zweck der Bestimmung

1 § 40a wurde mit der Schaffung des **GPR** in das VRG eingefügt[1]. Mit dieser Gesetzesreform wurden die Bestimmungen über das Wahlverfahren für Behörden von der Regelung der politischen Rechte getrennt und zusammen mit der Regelung des Abstimmungsverfahrens für Behörden im GG verankert. Zudem wurden Verweisungsnormen geschaffen, laut denen diese Bestimmungen subsidiär auf weitere Behörden des Kantons anwendbar sind[2]. § 40a steht in einer Reihe mit den folgenden *sinngemäss gleichbedeutenden Bestimmungen*, deren Vorgängerinnen ebenfalls mit dem GPR geschaffen wurden: § 31 OG RR für Ausschüsse und Kommissionen, die vom Regierungsrat eingesetzt werden, und § 67 GOG für die Justizverwaltung im Allgemeinen. Für die Bezirksbehörden verweist der ältere § 4 Abs. 1 BezVG unter anderem auf §§ 65–68 GG über die Geschäftsführung und Beschlussfassung von Gemeindebehörden. Als *Zweck* von § 40a kann die Gewährleistung einer lückenlosen und grundsätzlich einheitlichen Regelung des Wahl- und Abstimmungsverfahrens angenommen werden.

II. Anwendungsbereich und anwendbare Bestimmungen

2 § 40a gilt für das **Verfahren bei Wahlen und Abstimmungen** in Geschäften der Justizverwaltung. Der **Umfang der Verweisung** wird nicht eindeutig abgegrenzt. Die einschlägigen Bestimmungen finden sich im Vierten Titel des GG, Ziff. II, über die Gemeindebehörden bei der ordentlichen Gemeindeorganisation (§§ 55 ff. GG). Das Verfahren bei Wahlen und Abstimmungen regeln die §§ 66a und 66b, wobei § 66a Abs. 1 und § 66b

---

[1] OS 58, 289, 334.
[2] Weisung GPR, S. 1507 ff., 1561 f., 1638 f., 1651.

Abs. 3 GG wiederum auf die Vorschriften für die Gemeindeversammlung (§§ 46d–49a GG) verweisen[3]. Zudem dürfte sich die Verweisung von § 40a auf § 66 beziehen, der die «Beschlussfassung im Allgemeinen» regelt, und allenfalls auch auf die §§ 65, 67 und 68 GG. Weitere Bestimmungen über die Gemeindebehörden werden vom relativ engen Wortlaut von § 40a nicht mehr erfasst[4]. Gegebenenfalls können sie analog angewandt werden.

§ 40a stellt die Verweisung auf die entsprechenden Bestimmungen des GG unter den **Vorbehalt abweichender gesetzlicher Regelungen**. Auf *Gesetzesstufe* findet sich eine solche Regelung nur in § 39 Abs. 2 (der im Übrigen § 66 Abs. 2 und 3 GG entspricht). Fraglich ist, ob der Vorbehalt sich auch auf das *Verordnungsrecht* (also allgemein auf Gesetze im materiellen Sinn) bezieht, wie dies in § 31 Abs. 2 OG RR ausdrücklich vorgesehen ist. Die Unterschiede im Wortlaut zwischen § 31 Abs. 2 OG RR einerseits, § 67 GOG und § 40a anderseits sprechen zwar dagegen, doch überwiegen die Argumente für eine einheitliche Auslegung, die sich auf den Gesetzeszweck und das kantonale Verfassungsrecht abstützen können: Mit § 31 Abs. 2 OG RR (der insofern eine Präzisierung der von ihm abgelösten Bestimmung darstellt[5]) sollte vermieden werden, dass besondere, auf ein bestimmtes Gremium zugeschnittene Bestimmungen durch die allgemeine Regelung hinfällig würden[6]. Diese Überlegung gilt nicht nur für die vom Regierungsrat eingesetzten Ausschüsse und Kommissionen, sondern auch für die Justizbehörden. Es entspricht der in Art. 73 Abs. 3 KV festgehaltenen Selbstverwaltung der Justiz, dass es in der Kompetenz der obersten Gerichte liegt, das Verfahren für Wahlen und Abstimmungen anders zu regeln, als es die für Gemeindebehörden geltenden und daher nicht ohne weiteres passenden Bestimmungen vorsehen. Konkret ist § 1 Abs. 4 OV VGr betroffen, der die Beschlussfähigkeit des Plenums von der Anwesenheit von mindestens zwei Dritteln aller Mitglieder abhängig macht und damit von § 66 Abs. 1 GG abweicht. Nach der hier vertretenen Auffassung ist diese *Sondernorm auf Verordnungsstufe gesetzeskonform*. 3

Entsprechend seinem Wortlaut ist § 40a als **dynamische Verweisung** aufzufassen, welche sich auf die jeweils aktuell geltenden Bestimmungen über die Gemeindebehörden bezieht, im Fall einer Totalrevision des GG also auf die Normen des neuen Gesetzes[7]. 4

---

[3] Vgl. THALMANN, in: Ergänzungsband Kommentar GG, § 66a N. 1 und 3, § 66b N. 1.
[4] Anders HAUSER/SCHWERI/LIEBER, Kommentar GOG, § 67 N. 1, die in § 67 GOG eine Verweisung insbesondere auf die §§ 55 ff. GG sehen.
[5] § 62 des Gesetzes betreffend die Organisation und Geschäftsordnung des Regierungsrates und seiner Direktionen vom 26. Februar 1899 in der Fassung gemäss GPR (OS 58, 289, 334), aufgehoben durch § 47 OG RR.
[6] Weisung OG RR, S. 41 ff., 74; Prot. KR 2003–2007, S. 6891.
[7] Vgl. § 39 i.V.m. §§ 23 f. und 26 E-GG; Weisung GG, S. 6, 9.

B. Beschwerde

Vorbemerkungen zu §§ 41–71

Literatur

AUER CH., Umsetzung; EHRENZELLER BERNHARD, in: Basler Kommentar BGG, Art. 110–112; HÄNER ISABELLE, in: Kommentar KV, Art. 77; HERZOG, Auswirkungen; JAAG, Ausgangslage; JAAG/RÜSSLI, Staats- und Verwaltungsrecht, N. 2101 ff.; KÄLIN, Rechtsweggarantie; KLEY ANDREAS, in: St. Galler Kommentar BV, Art. 29a N. 5 ff.; TOPHINKE, Rechtsweggarantie; TOPHINKE ESTHER, in: Basler Kommentar BGG, Art. 86.

Inhaltsübersicht

I.	Allgemeines	1–4
II.	Bundesrechtliche Vorgaben	5–15
	A. Rechtsweggarantie	5–9
	B. Art. 110–112 BGG	10–15
III.	Kantonsverfassung	16–18

I. Allgemeines

1   Das VRG regelt im dritten Abschnitt die Verwaltungsgerichtsbarkeit. Im Anschluss an die Bestimmungen über die Organisation des Verwaltungsgerichts (Unterabschnitt A; vgl. dazu Vorbem. zu §§ 32–40a) folgen im Unterabschnitt B die §§ 41–71 über die **Beschwerde** an das Verwaltungsgericht. Das Gesetz regelt dabei die Zulässigkeit der Beschwerde (§§ 41–44), die Beschwerdeberechtigung kraft Verweisung auf die Rekursberechtigung (§ 49), die Beschwerdegründe und die Zulässigkeit neuer Vorbringen (§§ 50 und 52) sowie das Beschwerdeverfahren im weiteren Sinn, das unterteilt wird in die Beschwerdeerhebung und die aufschiebende Wirkung (§§ 53–55), das Verfahren im engeren Sinn (§§ 56–62) und die Beschwerdeerledigung (§§ 63–66).

2   Die Bestimmungen über die Beschwerde sind geprägt durch die **Vorgaben des übergeordneten Rechts** (Bundesverfassung, Bundesgerichtsgesetz und Kantonsverfassung). Zentrales Instrument zur Umsetzung der Rechtsweggarantie ist die Generalklausel von § 41 Abs. 1 über die Zulässigkeit der Beschwerde (vgl. Vorbem. zu §§ 32–86 N. 14). Weiter stellt das Bundesgerichtsgesetz eine Reihe von Mindestanforderungen auf. Diese betreffen namentlich die Beschwerdebefugnis und die Beschwerdegründe (§§ 49 und 50). Daneben finden sich Verweise auf die Schweizerische Zivilprozessordnung (§§ 60 und 71) sowie auf die Vorschriften über das Verwaltungsverfahren (§ 70).

3   Die Beschwerde nach den §§ 41–71 bildet das eindeutig häufigste Rechtsmittel an das Verwaltungsgericht[1]. Eine Sonderordnung gilt für den Rekurs und die Beschwerde in Steuersachen (vgl. §§ 72 f.). Die Sonderbestimmungen für die personalrechtliche Be-

---

[1] Vgl. Rechenschaftsbericht des Verwaltungsgerichts an den Kantonsrat 2012, S. 16.

schwerde – sowie den Disziplinarrekurs und die personalrechtliche Klage – wurden mit der VRG-Revision von 2010 aufgehoben (vgl. alt §§ 74–80d). Die das Personalrecht betreffenden Spezialnormen sind nunmehr – soweit jedenfalls der Gesetzgeber dies für sinnvoll befand – in die Bestimmungen zu den allgemeinen Rechtsmitteln integriert (vgl. für die Beschwerde § 55, § 63 Abs. 3 und § 65a Abs. 3; für den Rekurs § 13 Abs. 3, § 25 Abs. 2 lit. a und Abs. 4, § 27a)[2]. Weiter kennt das VRG das Klageverfahren (vgl. §§ 81–86), in welchem das Verwaltungsgericht als einzige Instanz entscheidet (sog. ursprüngliche Verwaltungsgerichtsbarkeit). Bei der verwaltungsrechtlichen Klage handelt es sich nicht um ein eigentliches Rechtsmittel (vgl. Vorbem. zu §§ 19–28a N. 3).

Der wesentliche **Unterschied** zwischen der Beschwerde an das Verwaltungsgericht und dem Rekurs nach den §§ 19 ff. besteht bei der Überprüfungsbefugnis (Kognition)[3]. Jene der Rekursinstanz ist uneingeschränkt, umfasst mithin auch die Angemessenheitskontrolle; das Verwaltungsgericht hat sich demgegenüber – vorbehältlich gesetzlicher Ausnahmen – auf eine Rechts- und Sachverhaltskontrolle zu beschränken (vgl. §§ 20 und 50). Insoweit ist die Beschwerde als ein unvollkommenes Rechtsmittel zu charakterisieren. Im Übrigen ist die Beschwerde – wie der Rekurs – ein devolutives, ordentliches und reformatorisches Rechtsmittel; d.h. sie richtet sich gegen den Entscheid einer unteren Instanz (§ 41), hemmt den Eintritt der formellen Rechtskraft (§ 55) und ermöglicht bei Aufhebung der angefochtenen Anordnung einen Neuentscheid durch das Verwaltungsgericht (§ 63 Abs. 1). Vgl. zu den Rechtsmittelarten Vorbem. zu §§ 19–28a N. 6 ff. 4

II. Bundesrechtliche Vorgaben

A. Rechtsweggarantie

Die Rechtsweggarantie nach Art. 29a BV vermittelt bei Rechtsstreitigkeiten einen **Anspruch auf gerichtliche Beurteilung**. Davon erfasst sind sämtliche verwaltungsrechtlichen Angelegenheiten. Institutionell wird die Rechtsweggarantie durch Art. 191b BV abgesichert, der die Kantone anhält, die für die Beurteilung notwendigen richterlichen Behörden einzurichten[4]. 5

Auf Gesetzesstufe wird Art. 191b BV durch Art. 86 Abs. 2 BGG konkretisiert. Demnach haben die Kantone im Bereich der öffentlichrechtlichen Streitigkeiten **obere Gerichte als unmittelbare Vorinstanzen** des Bundesgerichts einzusetzen. Die Vorschrift findet auch im Bereich der subsidiären Verfassungsbeschwerde Anwendung. Als oberes Gericht gilt eine Justizbehörde, wenn gegen ihre Entscheide kein ordentliches kantonales Rechtsmittel besteht[5]. 6

Sieht ein Bundesgesetz die Möglichkeit vor, Entscheide unterer kantonaler Gerichte direkt ans Bundesgericht weiterzuziehen, entfällt für die Kantone die Pflicht, ein oberes Gericht vorzusehen (Art. 86 Abs. 2 Halbsatz 2 BGG). Diese Möglichkeit besteht insbe- 7

---

[2] Weisung 2009, S. 883.
[3] Vgl. zum Verhältnis von Rekurs und Beschwerde im Allgemeinen Vorbem. zu §§ 32–86 N. 6 ff.
[4] Kritisch zur Tragweite der Bestimmung BIAGGINI, Kommentar BV, Art. 191b N. 1.
[5] Vgl. TOPHINKE, in: Basler Kommentar BGG, Art. 86 N. 14 f.

sondere im Steuer- und Abgaberecht[6]. Gleich verhält es sich in Fällen, in denen ein kantonaler Entscheid beim Bundesverwaltungsgericht angefochten werden kann (Art. 33 lit. i VGG)[7].

8   Die **Ausnahmeklausel** von Art. 29a Satz 2 BV hat für die Kantone *keine selbständige Bedeutung* mehr; die Ausnahmefälle von der Rechtsweggarantie müssen sich aus dem Bundesgerichtsgesetz ergeben, da dieses abschliessend alle kantonalen Hoheitsakte erfasst[8]. Gemäss Art. 86 Abs. 3 BGG können die Kantone für Entscheide mit vorwiegend politischem Charakter anstelle eines (oberen) Gerichts andere Vorinstanzen einsetzen. Im Bereich der kantonalen politischen Rechte sind Akte des Parlaments und der Regierung von der Rechtsweggarantie ausgenommen. Im Übrigen bedarf es nach Lehre und Rechtsprechung aber auch in Stimmrechtssachen in kantonalen und kommunalen Angelegenheiten eines kantonalen Gerichts als Vorinstanz des Bundesgerichts (vgl. Art. 88 Abs. 2 BGG)[9].

9   Von diesen Ausnahmen abgesehen ist der Ausschluss bestimmter Sachbereiche von der Beschwerde an das Verwaltungsgericht nicht mehr zulässig. Die Kantone sind angehalten, für ihre Verwaltungsgerichte eine **umfassende Zuständigkeit** vorzusehen (wozu ihnen eine Übergangsfrist von zwei Jahren eingeräumt wurde; Art. 130 Abs. 3 BGG)[10].

B.   Art. 110–112 BGG

10 Die Art. 110–112 BGG stellen verschiedene Vorschriften für das kantonale Verfahren auf. Bei diesen Bestimmungen handelt es sich um **Mindestanforderungen,** die eine gewisse Kohärenz zwischen dem kantonalen Verfahren und jenem vor Bundesgericht garantieren sollen[11].

11 Nach Art. 110 BGG muss ein kantonales Gericht den Sachverhalt frei prüfen und das Recht von Amtes wegen anwenden, soweit die Kantone als letzte kantonale Instanz ein Gericht einzusetzen haben. Die kantonale richterliche Behörde hat die Anforderungen von Art. 30 Abs. 1 BV zu erfüllen. Es muss sich um eine unabhängige, unparteiische und nur dem Recht verpflichtete Behörde handeln. Nicht notwendig ist, dass es sich um ein oberes kantonales Gericht handelt. Existiert mehr als eine kantonale gerichtliche Instanz, genügt es, wenn das untere kantonale Gericht eine **umfassende Rechts- und Sachverhaltskontrolle** vornimmt. Das obere kantonale Gericht muss in einer solchen Konstellation als unmittelbare Vorinstanz des Bundesgerichts allerdings mindestens die Rügen nach Art. 95–98 BGG prüfen können (Art. 111 Abs. 3 BGG)[12].

12 Mit der Garantie einer umfassenden Rechts- und Sachverhaltskontrolle sorgt Art. 110 BGG dafür, dass die Anforderungen der *Rechtsweggarantie* auf kantonaler Ebene erfüllt

---

[6]   TOPHINKE, in: Basler Kommentar BGG, Art. 86 N. 15.
[7]   Vgl. KÖLZ/HÄNER/BERTSCHI, Verwaltungsverfahren, N. 834, mit Beispielen.
[8]   Weisung 2009, S. 848; JAAG, Ausgangslage, S. 5, m.w.H.; vgl. auch BGE 136 II 436, E. 1; BGr, 16.7.2012, 2C_885/2011, E. 2.
[9]   BGE 134 I 199, E. 1.2, m.w.H.; vgl. im Einzelnen STEINMANN, in: Basler Kommentar BGG, Art. 88 N. 14 ff.
[10] Vgl. JAAG, Ausgangslage, S. 5.
[11] JAAG, Ausgangslage, S. 9.
[12] Vgl. EHRENZELLER, in: Basler Kommentar BGG, Art. 110 N. 13.

werden[13]. Das kantonale Gericht muss überprüfen können, ob der massgebende Sachverhalt richtig und vollständig erhoben worden ist. Eine Beschränkung auf eine Willkürprüfung ist ausgeschlossen. Die Rechtsanwendung von Amtes wegen verpflichtet das Gericht, das massgebende Recht von sich aus anzuwenden. Diese Verpflichtung besteht auch, wenn im Verfahren vor Bundesgericht das Rügeprinzip Anwendung findet (vgl. Art. 106 Abs. 2 BGG).

Die **Beschwerdebefugnis** darf im gesamten kantonalen Verfahren – nach dem Grundsatz der Einheit des Verfahrens – nicht enger gefasst sein als vor Bundesgericht (Art. 111 Abs. 1 BGG). Andernfalls würde auf diese Weise der Zugang zum Bundesgericht vereitelt. Die Kantone dürfen deshalb in öffentlichrechtlichen Angelegenheiten keine strengeren Anforderungen an die Beschwerdebefugnis stellen, als sie in Art. 89 Abs. 1 BGG statuiert werden. Dieser verlangt ein besonderes Berührtsein sowie ein schutzwürdiges Interesse. Kann ein Entscheid beim Bundesgericht nur mit subsidiärer Verfassungsbeschwerde angefochten werden, steht es den Kantonen frei, die Beschwerdebefugnis von einem rechtlich geschützten Interesse abhängig zu machen[14].

13

Die **Beschwerdegründe** müssen bei der letzten kantonalen Instanz mindestens jenen entsprechen, die vor Bundesgericht geltend gemacht werden können (Art. 111 Abs. 3 BGG). Den Kantonen ist es demnach verwehrt, Rügen gemäss Art. 95–98 BGG auszuschliessen. Im Bereich vorsorglicher Massnahmen sowie bei der subsidiären Verfassungsbeschwerde ist eine Beschränkung auf die Verletzung verfassungsmässiger Rechte zulässig[15].

14

Art. 112 BGG macht den Kantonen formale Vorgaben zur **Eröffnung** und zum **Inhalt des Entscheids.** Während die Abs. 1–3 nur für letztinstanzliche kantonale Entscheide gelten, soll Abs. 4 über die Mitteilungspflicht an Bundesbehörden auch Anwendung auf die Entscheide anderer Gerichts- und Verwaltungsinstanzen finden[16]. Letztinstanzliche Entscheide müssen unter anderem die Begehren, ein Dispositiv und eine Rechtsmittelbelehrung enthalten.

15

III. Kantonsverfassung

Art. 77 Abs. 1 KV schreibt für die Überprüfung von Anordnungen, die im Verwaltungsverfahren ergangen sind, einen **zweistufigen Instanzenzug** vor. Die Bestimmung verlangt eine wirksame Überprüfung durch eine Rekursinstanz sowie eine Beschwerdemöglichkeit an ein Gericht. Sie geht damit über die Vorgaben des Bundesrechts hinaus, das für öffentlichrechtliche Angelegenheiten lediglich ein oberes kantonales Gericht als Vorinstanz des Bundesgerichts vorschreibt, aber keinen zweistufigen Instanzenzug[17]. In Zivil- und Strafsachen müssen die letzten kantonalen Instanzen, d.h. die Vorinstanzen des

16

---

[13] EHRENZELLER, in: Basler Kommentar BGG, Art. 110 N. 9.
[14] EHRENZELLER, in: Basler Kommentar BGG, Art. 111 N. 6 ff.
[15] EHRENZELLER, in: Basler Kommentar BGG, Art. 111 N. 17.
[16] Vgl. EHRENZELLER, in: Basler Kommentar BGG, Art. 112 N. 23; vgl. dazu die entsprechende bundesrätliche Verordnung vom 8. November 2006 über die Eröffnung letztinstanzlicher kantonaler Entscheide in öffentlichrechtlichen Angelegenheiten (SR 173.110.47).
[17] Vgl. TOPHINKE, in: Basler Kommentar BGG, Art. 86 N. 14.

Bundesgerichts, hingegen grundsätzlich Rechtsmittelinstanzen sein (vgl. Art. 75 Abs. 2 und Art. 80 Abs. 2 BGG).

17 **Ausnahmen** vom zweistufigen Instanzenzug sind in begründeten Fällen zulässig (Art. 77 Abs. 1 Satz 2 KV). Geht es um die Durchsetzung öffentlichrechtlicher Ansprüche, kann das Gesetz darüber hinaus eine *unmittelbare Klagemöglichkeit* an das Verwaltungsgericht vorsehen (Art. 77 Abs. 2 KV). Eine weitere Ausnahme vom zweistufigen Instanzenzug besteht für die *abstrakte Normenkontrolle* (Art. 79 Abs. 2 KV)[18]. Zuständig ist das vom Gesetz bezeichnete oberste Gericht. Diese Regelung steht im Einklang mit den Vorgaben des Bundesrechts (vgl. Art. 87 Abs. 2 i.V.m. Art. 86 Abs. 2 BGG). Der Gesetzgeber hat sich freilich auch bei der abstrakten Normenkontrolle allgemein für einen zweistufigen Rechtsmittelweg entschieden, was in der Praxis vorab bei kommunalen Erlassen zum Tragen kommt (vgl. § 19 N. 72 und § 19b N. 59–61).

18 Schliesslich verlangt **Art. 79 Abs. 1 KV** von den Gerichten und den vom Volk gewählten kantonalen Behörden die **konkrete Normenkontrolle**: Bestimmungen, die gegen übergeordnetes Recht verstossen, ist die Anwendung zu versagen. Nach Art. 190 BV sind Bundesgesetze und Völkerrecht allerdings «massgebend». Sie sind selbst dann anzuwenden, wenn sie sich als verfassungswidrig erweisen[19].

---

[18] Vgl. Häner, in: Kommentar KV, Art. 77 N. 3.
[19] Biaggini, Kommentar BV, Art. 190 N. 6.

Zulässigkeit
§ 41

¹ Das Verwaltungsgericht beurteilt als letzte kantonale Instanz Beschwerden gegen Akte im Sinne von § 19 Abs. 1.

² Abweichende gesetzliche Regelungen bleiben vorbehalten.

³ § 19a betreffend die Art der anfechtbaren Anordnung gilt sinngemäss.

Materialien
Weisung 2009, S. 847 ff., 858 ff., 875 ff., 927 ff., 968 ff.; Prot. KR 2007–2011, S. 10245.
Zur früheren Fassung/zu früheren Fassungen: Weisung 1957, S. 1042 ff.; Prot. KK 31.1.1958, 30.9.1958; Prot. KR 1955–1959, S. 3382; Beleuchtender Bericht 1959, S. 404 f.; Weisung 1995, S. 1537 f.; Prot. KK 1995/96, S. 90 ff., 116 ff., 131; Prot. KR 1995–1999, S. 6499; Beleuchtender Bericht 1997, S. 6.

Literatur
AUER CH., Auswirkungen; GRIFFEL, Rekurs; HÄNER ISABELLE, in: Kommentar KV, Art. 77 Abs. 1; HERZOG, Auswirkungen, S. 79 ff.; JAAG, Ausgangslage; JAAG/RÜSSLI, Staats- und Verwaltungsrecht, N. 2101 ff.; KIENER/KRÜSI, Beschwerde; MARTI, Besondere Verfahren; SCHUHMACHER, Überblick; SUTTER KASPAR, Gerichtlicher Rechtsschutz in auswärtigen Angelegenheiten, Diss. (Bern), Zürich/St. Gallen 2012; TOPHINKE ESTHER, in: Basler Kommentar BGG, Art. 86.

Inhaltsübersicht

I.	Grundlagen		1–11
	A. Regelungsgegenstand und Entstehungsgeschichte		1–4
	B. Vorgaben des Bundesrechts		5–9
		1. Gerichtliche Zuständigkeit	5–7
		2. Ausnahmen von der gerichtlichen Zuständigkeit	8–9
	C. Vorgaben der Kantonsverfassung		10–11
II.	Zuständigkeit des Verwaltungsgerichts (Abs. 1)		12–24
	A. Verwaltungsgericht als letzte kantonale Instanz		12–13
	B. Akte im Sinn von § 19 Abs. 1		14–23
		1. Anordnungen	15–16
		2. Handlungen in Stimmrechtssachen	17
		3. Kantonale Erlasse	18–23
	C. Sachliche Zuständigkeit		24
III.	Abweichende gesetzliche Regelungen (Abs. 2)		25–28
IV.	Sinngemässe Anwendung von § 19a (Abs. 3)		29
V.	Verfahrensfragen		30–32

Unter Mitarbeit von JAN GRUNDER, MLaw, und PATRICK BLUMER, MLaw.

§ 41

I. Grundlagen

A. Regelungsgegenstand und Entstehungsgeschichte

1 § 41 regelt zusammen mit den §§ 42–44 die **sachliche Zuständigkeit** des Verwaltungsgerichts. Das Gericht ist bezüglich der ihm zugewiesenen Streitigkeiten zum Entscheid berechtigt und zugleich auch verpflichtet[1]. Weil es sich beim Verwaltungsgericht um ein oberstes kantonales Gericht handelt (Art. 74 Abs. 2 KV), dessen Zuständigkeit sich auf das gesamte Kantonsgebiet erstreckt, ist im Rahmen der sachlichen zugleich immer auch die örtliche Zuständigkeit des Gerichts gegeben. Die Zuständigkeit des Verwaltungsgerichts bestimmt sich nach Massgabe des kantonalen (Verfahrens-)Rechts; unerheblich bleibt, welchem Rechtsmittel der Entscheid auf Bundesebene untersteht[2].

2 In Form einer **Generalklausel** begründet § 41 Abs. 1 die umfassende Zuständigkeit des Verwaltungsgerichts bezüglich rekursfähiger Akte, welche eine öffentlichrechtliche Angelegenheit im Sinn von § 1 beschlagen. Zugleich behält § 41 Abs. 2 die Möglichkeit von gesetzlichen **Ausnahmeregeln** vor. § 41 Abs. 3 schliesslich, rechtsetzungstechnisch als Verweisungsnorm formuliert, spezifiziert das Anfechtungsobjekt für den Bereich der Anordnungen und stellt insofern eine Konkretisierung von § 41 Abs. 1 dar.

3 Die Bestimmung hat im Lauf der Zeit **mehrfach Änderungen** erfahren. In der ursprünglichen Fassung des Gesetzes war die Beschwerde nur kraft ausdrücklicher *Enumeration* zulässig (§ 41), welche vorab im VRG selber erfolgte (§§ 42–45); teilweise waren die aufgeführten «Beschwerdefälle» indessen so weit umschrieben, dass sie eigentlichen Teilgeneralklauseln gleichkamen. Mit der Revision von 1997 wurde bezüglich der sachlichen Zuständigkeit des Verwaltungsgerichts als Beschwerdeinstanz ein *Systemwechsel* vollzogen: Weil das übergeordnete Recht – namentlich Art. 6 Ziff. 1 EMRK und Art. 98a OG – einen Ausbau der gerichtlichen Zuständigkeiten erforderlich machte, wurden mit der neu ins VRG eingefügten *Generalklausel* grundsätzlich alle öffentlichrechtlichen Angelegenheiten der Zuständigkeit des Verwaltungsgerichts unterstellt[3]. Hatte sich die Zuständigkeit des Verwaltungsgerichts zunächst im Wesentlichen auf die Anwendung von Teilen des kantonalen Rechts beschränkt, war das Gericht nun für Streitigkeiten aus weiten Teilen des kantonalen Rechts sowie – im Rahmen des kantonalen Vollzugs – des Bundesrechts zuständig.

4 Die Einführung der Rechtsweggarantie, die damit einhergehende Totalrevision der Bundesrechtspflege im Jahr 2005 und nicht zuletzt auch die Einführung der abstrakten Normenkontrolle durch Art. 79 Abs. 2 KV machten eine **umfassende Revision** der Bestimmungen über die Zulässigkeit der (Verwaltungsgerichts-)Beschwerde im Rahmen der VRG-Revision von 2010 erforderlich. Dabei wurde § 41 gleich wie die die Generalklausel durchbrechenden und folglich eng mit § 41 zusammenhängenden Ausnahmebestimmungen gemäss §§ 42–44 inhaltlich neu gefasst.

---

[1] Vgl. auch Art. 73 Abs. 1 KV; dazu SCHMID, in: Kommentar KV, Art. 73 N. 1.
[2] Vgl. BGE 137 III 217, E. 2; VGr, 13.5.2013, VB.2012.00533, E. 1.2; VGr, 17.5.2011, VB.2011.00266, E. 1.3, jeweils betr. Anfechtung von Anordnungen des Handelsregisteramts, welche direkt beim Verwaltungsgericht anzufechten sind.
[3] Weisung 1995, S. 1537.

B. Vorgaben des Bundesrechts

1. Gerichtliche Zuständigkeit

In Konkretisierung der Rechtsweggarantie (Art. 29a BV) und gestützt auf die Ermächtigung in Art. 191b Abs. 1 BV verpflichtet das Bundesgerichtsgesetz die Kantone dazu, als **unmittelbare Vorinstanzen des Bundesgerichts** obere Gerichte einzusetzen, soweit nicht nach einem anderen Bundesgesetz die Entscheide anderer richterlicher Behörden der Beschwerde an das Bundesgericht unterliegen (Art. 86 Abs. 2 BGG)[4]. Handelt es sich um einen Entscheid mit vorwiegend politischem Charakter, dürfen die Kantone anstelle eines Gerichts auch eine andere Behörde als unmittelbare Vorinstanz des Bundesgerichts einsetzen (Art. 86 Abs. 3 BGG). Zudem ist gegen kantonale Erlasse unmittelbar die Beschwerde zulässig, soweit kein kantonales Rechtsmittel ergriffen werden kann; dieses Konzept hat zur Folge, dass für die abstrakte Normenkontrolle die Einsetzung einer (gerichtlichen) Vorinstanz nicht zwingend ist (Art. 87 BGG). Schliesslich schreibt das Bundesgerichtsgesetz den Kantonen in kantonalen Stimmrechtssachen die Einrichtung eines Rechtsmittels vor (Art. 88 Abs. 2 Satz 1 BGG), welches der bundesgerichtlichen Rechtsprechung zufolge an eine richterliche Behörde führen muss[5].

An diesen Vorgaben ist die Zulässigkeitsbestimmung (§ 41) in ihrem Zusammenspiel mit dem Ausnahmekatalog (§§ 42–44) zu messen[6]. Die bundesrechtlichen Anforderungen an ein oberes kantonales Gericht sind auch dann massgebend, wenn auf Bundesebene einzig das Rechtsmittel der subsidiären Verfassungsbeschwerde ergriffen werden kann[7].

Als **obere kantonale Gerichte** gemäss Art. 86 Abs. 2 BGG kommen der bundesgerichtlichen Rechtsprechung zufolge die *höchsten* kantonalen Gerichte in Frage. Das obere Gericht kann, muss aber nicht als Rechtsmittelinstanz eingesetzt sein[8]; die im Klageverfahren begründete erstinstanzliche Zuständigkeit ist folglich bundesrechtskonform[9]. Das Gericht muss indessen für das gesamte Kantonsgebiet zuständig und darf hierarchisch keiner anderen Gerichtsinstanz unterstellt sein. Dies bedeutet, dass seine Entscheide im Kanton *generell* letztinstanzlich sind, d.h. nicht an eine höhere kantonale Instanz weitergezogen werden können[10]. Punktuelle Letztinstanzlichkeit bezüglich einzelner Zuständigkeiten führt nicht automatisch zur Qualifikation als oberes kantonales Gericht[11].

2. Ausnahmen von der gerichtlichen Zuständigkeit

Die verfassungsrechtliche Rechtsweggarantie gilt nicht absolut. Dem Bund und den Kantonen ist erlaubt, durch Gesetz die richterliche Beurteilung in **Ausnahmefällen** auszu-

---

[4] Z.B. ist gemäss Art. 146 DBG der Entscheid einer kantonalen Steuerrekurskommission direkt durch Beschwerde beim Bundesgericht anfechtbar; vgl. auch §§ 72 f.
[5] BGE 134 I 199, E. 1.2; seither ständige Praxis, vgl. etwa BGE 136 II 132, E. 2.5.2, oder 138 I 61, E. 3.2.
[6] Vgl. KIENER/KRÜSI, Beschwerde, S. 83; vgl. auch JAAG/RÜSSLI, Staats- und Verwaltungsrecht, N. 2113.
[7] Art. 114 BGG i.V.m. Art. 86 Abs. 2 BGG; ebenso RHINOW/KOLLER/KISS/THURNHERR/BRÜHL-MOSER, Öffentliches Prozessrecht, N. 2091.
[8] Vgl. aber Art. 77 Abs. 1 KV, dazu N. 10.
[9] SEILER, in: Handkommentar BGG, Art. 86 N. 15; vgl. auch HÄNER, in: Kommentar KV, Art. 77 N. 3.
[10] Zusammenfassung der Rechtsprechung in BGE 135 II 94, E. 4.1, m.H.; seither BGE 136 II 470, E. 1.1 (Pra 2011 Nr. 37); 136 II 233, E. 2.1 (Pra 2010 Nr. 137).
[11] Problematisch deshalb § 330 PBG.

schliessen (Art. 29a Satz 2 BV). Dementsprechend sehen Art. 86 Abs. 3 BGG und Art. 114 i.V.m. Art. 86 Abs. 3 BGG vor, dass die Kantone für Entscheide mit vorwiegend politischem Charakter anstelle eines Gerichts eine andere Behörde als unmittelbare Vorinstanz des Bundesgerichts einsetzen dürfen. Damit wird die Regelungsautonomie des kantonalen Gesetzgebers eingeschränkt, weil die Ausnahmen von der (verwaltungs-)gerichtlichen Zuständigkeit im Bundesrecht abschliessend geregelt sind. Sieht das Bundesgerichtsgesetz (oder ein Spezialgesetz des Bundes) keine Ausnahme vor, darf auch der kantonale Gesetzgeber keine solche einführen[12]. Auf der anderen Seite steht den Kantonen frei, ob sie von der bundesrechtlich begründeten Ausnahmemöglichkeit Gebrauch machen wollen oder nicht; sie können deshalb auch Entscheide mit vorwiegend politischem Charakter der gerichtlichen Zuständigkeit unterstellen[13].

9   Das Bundesrecht erlaubt den Kantonen, Entscheide mit **vorwiegend politischem Charakter** von der Zuständigkeit der oberen kantonalen Gerichte auszuschliessen (Art. 86 Abs. 3 BGG), ohne indessen diesen Begriff weiter zu konkretisieren[14]. Aus der Optik der Rechtsweggarantie (Art. 29a BV) sind allfällige Ausnahmen restriktiv zu handhaben[15]. Gemäss der bundesgerichtlichen Rechtsprechung soll Art. 86 Abs. 3 BGG den Kantonen namentlich die Möglichkeit einräumen, *nicht justiziable, politisch bedeutsame Verwaltungsakte von Parlament und Regierung* von der verwaltungsgerichtlichen Überprüfung auszunehmen[16]. Nicht zu diesen Akten zählen zum Beispiel der Entscheid eines Kantonsparlaments über die Erteilung einer Wasserrechtskonzession[17] oder der Entscheid, mit welchem eine Kantonsregierung über die Befreiung einer Stiftung von der Steuerpflicht befindet[18], wohl aber der Entscheid eines Kantonsparlaments über die Richtplanfestsetzung[19], gesundheitspolitische Standort- und Vorsorgeentscheide oder bildungspolitische Grundsatzentscheide[20].

C.   Vorgaben der Kantonsverfassung

10   Gemäss Art. 77 Abs. 1 KV gewährleistet das Gesetz für Anordnungen, die im Verwaltungsverfahren ergangen sind, die wirksame Überprüfung durch eine Rekursinstanz und den Weiterzug an ein Gericht (Satz 1). Von diesem – im Bundesrecht für die Verwaltungsrechtspflege nicht vorgeschriebenen[21] – Grundsatz des **zweistufigen Instanzenzugs** darf das Gesetz einzig in begründeten Fällen abweichen (Satz 2). Als zweite Instanz hat folglich ein Gericht zu entscheiden, das die Anforderungen an die richterliche Un-

---

[12] Ch. Auer, Auswirkungen, S. 134 ff.; Kley, in: St. Galler Kommentar BV, Art. 29a N. 20; Jaag, Ausgangslage, S. 5; dementsprechend auch Weisung 2009, S. 848.
[13] Seiler, in: Handkommentar BGG, Art. 86 N. 24; Tophinke, in: Basler Kommentar BGG, Art. 86 N. 25.
[14] Botschaft Bundesrechtspflege, S. 4327; vgl. BGE 136 II 436, E. 1.2.
[15] BGE 136 I 42, E. 1.5 (Pra 2010 Nr. 69); vgl. Tophinke, in: Basler Kommentar BGG, Art. 86 N. 19.
[16] Vgl. BGE 136 II 436, E. 1.2. Eingehend Tophinke, in: Basler Kommentar BGG, Art. 86 N. 20; Herzog, Auswirkungen, S. 86 ff. Vgl. auch Weisung 2009, S. 863 ff.
[17] BGE 136 II 436, E. 1.3.
[18] BGE 136 I 42, E. 1.6 (Pra 2010 Nr. 69).
[19] BGE 136 I 265, E. 1.1.
[20] Tophinke, in: Basler Kommentar BGG, Art. 86 N. 22; Herzog, Auswirkungen, S. 88.
[21] Weisung 2009, S. 859.

abhängigkeit erfüllt, was für das Verwaltungsgericht unbestritten zutrifft[22]. Nach Massgabe der verfassungsrechtlichen Vorgaben ist das Verwaltungsgericht folglich in der Regel als zweite Rechtsmittelinstanz eingesetzt, so dass sich eine Beschwerde formal gegen Rekursentscheide richtet[23]. *Ausnahmen* sind nach Massgabe des Gesetzes möglich; aufgrund der bundesrechtlichen Vorgaben (Art. 86 Abs. 2 und 3, Art. 88 Abs. 2 BGG) ist der Spielraum des kantonalen Gesetzgebers bei der Konkretisierung von Art. 77 KV indessen stark eingeschränkt[24]. Auf der anderen Seite sind *Abweichungen* vom verfassungsrechtlich begründeten doppelten Instanzenzug zwingend, wenn das Bundesrecht den Kantonen einen einstufigen Instanzenzug vorschreibt[25] oder wenn sich ein solcher Rechtsmittelweg aus einem interkantonalen Vertrag ergibt, wie dies namentlich im Bereich des öffentlichen Beschaffungswesens der Fall ist. So können gemäss Art. 15 Abs. 1 IVöB i.V.m. § 2 Abs. 1 IVöB-BeitrittsG Vergabeentscheide kantonaler und kommunaler Auftraggeber *unmittelbar* mit Beschwerde an das Verwaltungsgericht weitergezogen werden[26].

Das Bundesrecht verpflichtet die Kantone nicht, die **abstrakte Normenkontrolle** und als Folge ein Rechtsmittel gegen kantonale Erlasse vorzusehen. Besteht aber ein solches, ist als unmittelbare Vorinstanz des Bundesgerichts ein oberes kantonales Gericht verlangt (Art. 87 Abs. 2 i.V.m. Art. 86 Abs. 2 BGG)[27]. Die Kantonsverfassung verankert in Art. 79 Abs. 2 den Grundsatz der abstrakten Normenkontrolle bezüglich kantonaler Erlasse mit Ausnahme von Verfassung und Gesetz, d.h. bezüglich Erlassen unterhalb der Gesetzesstufe. Laut Verfassung ist ein vom Gesetz bezeichnetes oberstes Gericht zuständig[28]. Die Anfechtung kommunaler Erlasse wird in Art. 79 Abs. 3 KV der Regelungszuständigkeit des Gesetzgebers überantwortet.

11

II. Zuständigkeit des Verwaltungsgerichts (Abs. 1)

A. Verwaltungsgericht als letzte kantonale Instanz

Das Verwaltungsgericht ist im Rahmen seiner Zuständigkeit **letzte** kantonale Instanz. Es ist für den Bereich des öffentlichen Rechts (neben dem Sozialversicherungsgericht) institutionell und funktional als oberstes, institutionell unabhängiges Gericht eingesetzt (Art. 74 Abs. 2 KV), für das gesamte Kantonsgebiet zuständig und hierarchisch keiner anderen Gerichtsinstanz unterstellt. Seine Entscheide sind im Kanton generell letztinstanzlich, d.h. sie können nicht an eine höhere kantonale Instanz weitergezogen werden[29].

12

---

[22] HÄNER, in: Kommentar KV, Art. 77 N. 13.
[23] KIENER/KRÜSI, Beschwerde, S. 80.
[24] Vgl. auch HÄNER, in: Kommentar KV, Art. 77 N. 15 f.
[25] Vgl. z.B. Art. 146 DBG.
[26] RB 1999 Nr. 27 (BEZ 1999 Nr. 13 = ZBl 1999, 372 ff.).
[27] AEMISEGGER/SCHERRER REBER, in: Basler Kommentar BGG, Art. 87 N. 3 f.; TOPHINKE, Rechtsweggarantie, S. 104; LUGON/POLTIER/TANQUEREL, Conséquences, S. 117; KIENER/RÜTSCHE/KUHN, Öffentliches Verfahrensrecht, N. 1627. A.M. SEILER, in: Handkommentar BGG, Art. 86 N. 6. Differenzierend HERZOG, Auswirkungen, S. 91 f.
[28] Vgl. HÄNER, in: Kommentar KV, Art. 79 N. 18 ff.
[29] Vgl. Weisung 2009, S. 968.

§ 41

Damit ist das Verwaltungsgericht zugleich auch ein oberes Gericht im Sinne von Art. 86 Abs. 2 BGG (vgl. N. 7)[30].

13 Der Gesetzgeber sah bewusst von einer Nennung der **Vorinstanzen** des Verwaltungsgerichts ab und legte den Fokus auf das Anfechtungsobjekt: Das Verwaltungsgericht beurteilt als letzte kantonale Instanz Beschwerden gegen sämtliche verwaltungsrechtlichen Akte, unbesehen der Behörde, welche diese Akte erlassen hat (vgl. N. 14 ff.)[31]. Anders als etwa das Bundesgerichtsgesetz oder das eidg. Verwaltungsgerichtsgesetz[32] nennt das VRG die zulässigen Vorinstanzen deshalb nicht ausdrücklich. Welche Behörden grundsätzlich Vorinstanz des Verwaltungsgerichts sein können, ergibt sich aus §§ 41 ff. i.V.m. §§ 19 ff. VRG[33]; zusätzlich kann das anwendbare Spezialgesetz den Rechtsmittelweg gegen die Anordnungen anderer Behörden öffnen[34]. Vorinstanzen des Verwaltungsgerichts sind demnach folgende Behörden:

- Der *Kantonsrat* in den Fällen von § 42 lit. b.
- Die kantonalen *Exekutivbehörden* sind zulässige Vorinstanzen des Verwaltungsgerichts. Dies gilt namentlich auch für den Regierungsrat, soweit er Anordnungen erlässt, als erste Rekursinstanz entscheidet oder rechtsetzend tätig ist (§ 19 Abs. 2 lit. a und § 19b Abs. 2 lit. a)[35]. Werden deren Rekursentscheide angefochten (§ 19b Abs. 2 lit. b, c und d), sind mögliche Vorinstanzen auch die Direktionen[36], Bezirksräte und Statthalter sowie die Organe von selbständigen öffentlichrechtlichen Anstalten[37].
- Andere *Gerichtsbehörden* (vgl. § 19b N. 44 ff.) können grundsätzlich ebenfalls Vorinstanzen des Verwaltungsgerichts sein, neben den im Bereich des öffentlichen Rechts tätigen Behörden wie dem Baurekursgericht und dem Steuerrekursgericht[38] insbesondere auch die anderen obersten kantonalen Gerichte (Obergericht, Sozialversicherungsgericht), letztere allerdings einzig in den Fällen von § 42 lit. c[39]. Ausnahmsweise sind auch die erstinstanzlichen Zivil- und Strafgerichte als Vorinstanzen des Verwaltungsgerichts eingesetzt, allerdings beschränkt auf die in § 43 Abs. 1 genannten Materien.
- Ebenfalls Vorinstanzen des Verwaltungsgerichts sind die *Schätzungskommissionen* (vgl. § 46 AbtrG).
- Schliesslich können auch die *Oberstaatsanwaltschaft* und die *Oberjugendanwaltschaft* zulässige Vorinstanzen des Verwaltungsgerichts sein, wenn sie Rekursentscheide über verwaltungsrechtliche Anordnungen getroffen haben[40].

---

[30] Vgl. JAAG, Ausgangslage, S. 4.
[31] Weisung 2009, S. 968.
[32] Vgl. Art. 86–88 BGG; Art. 33 VGG.
[33] Zum Folgenden JAAG/RÜSSLI, Staats- und Verwaltungsrecht, N. 2110.
[34] Vgl. § 38 AnwG betr. Anordnungen der Aufsichtskommission über die Anwältinnen und Anwälte.
[35] Vgl. Weisung 2009, S. 957.
[36] Vgl. etwa § 122 Abs. 4 StG.
[37] Vgl. § 46 Abs. 1 UniG betr. Universitätsrat; § 30 USZG betr. Spitalrat; § 8a Abs. 2 EKZ-Gesetz betr. Verwaltungsrat EKZ.
[38] § 153 StG.
[39] Vgl. als Beispiel VGr, 22.9.2010, VB.2010.00293, E. 1.3, betr. Zugang zu amtlichen Dokumenten.
[40] Vgl. als Beispiel BGE 136 I 80, E. 1.3, betr. Rekursentscheid der Oberstaatsanwaltschaft, mit welchem ein Gesuch der am Strafverfahren nicht beteiligten Beschwerdeführer um Einsicht in die Einstellungsverfügung abgewiesen wurde.

B. Akte im Sinn von § 19 Abs. 1

Gestützt auf § 41 Abs. 1 beurteilt das Verwaltungsgericht als letzte kantonale Instanz Beschwerden gegen Akte im Sinn von § 19 Abs. 1 VRG. Das Vorliegen eines **Anfechtungsobjekts** im Sinn von § 41 ist Prozessvoraussetzung; bei Fehlen tritt das Verwaltungsgericht auf die Beschwerde nicht ein[41]. Vorausgesetzt ist, dass es sich bei der Streitsache um eine öffentlichrechtliche Angelegenheit handelt (vgl. § 1). Mit dem Verweis auf das Rekursverfahren bestehen drei Typen von Anfechtungsobjekten für eine Beschwerde an das Verwaltungsgericht (dazu § 19 N. 1 ff.)[42]. Das VRG lehnt sich hier offensichtlich an die in Art. 82 BGG für die Beschwerde in öffentlichrechtlichen Angelegenheiten formulierten Anfechtungsobjekte an[43].

1. Anordnungen

Anfechtbar sind zunächst **Anordnungen** unter Einschluss raumplanungsrechtlicher Festlegungen; den Anordnungen gleichgestellt ist das unrechtmässige Verweigern oder Verzögern einer anfechtbaren Anordnung (§ 41 Abs. 1 i.V.m. § 19 Abs. 1 lit. a und b VRG)[44]. Zu den Anordnungen zählen insbesondere auch Anordnungen über Realakte (§ 10c Abs. 2)[45].

Der Grundsatz des zweistufigen Instanzenzugs (N. 10) und die Einrichtung des Verwaltungsgerichts als letzte kantonale Instanz (N. 12) haben zur Folge, dass es sich bei der strittigen Anordnung in der Regel um den **Rekursentscheid** einer zulässigen Vorinstanz (N. 13) handelt. *Ausnahmen* vom zweistufigen Instanzenzug sind jedoch möglich. So entscheidet das Verwaltungsgericht als (erste und einzige) Rechtsmittelinstanz über erstinstanzliche *Anordnungen* des Regierungsrats[46]; zudem entscheidet das Verwaltungsgericht in wenigen Fällen über erstinstanzliche Akte des Kantonsrats und seiner Organe (§ 42 lit. b). Im Bereich der *abstrakten Normenkontrolle* unterliegen die möglichen Anfechtungsgegenstände grundsätzlich direkt der Beschwerde an das Verwaltungsgericht (§ 41 Abs. 1 i.V.m. § 19 Abs. 1 lit. d, § 42 lit. b Ziff. 3 und § 42 lit. c Ziff. 2)[47].

2. Handlungen in Stimmrechtssachen

Weiter sind Handlungen staatlicher Organe in Stimmrechtssachen (§ 41 Abs. 1 i.V.m. § 19 Abs. 1 lit. c) vor Verwaltungsgericht anfechtbar, unter Einschluss von Realakten (dazu § 19 N. 57 ff.). Die Zuständigkeit des Verwaltungsgerichts ist insoweit **zwingend,** als Art. 88 Abs. 2 Satz 1 BGG den Kantonen in kantonalen Stimmrechtssachen die Einrichtung eines Rechtsmittels vorschreibt und das Bundesgericht in Konkretisierung die-

---

[41] VGr, 20.5.2010, VB.2010.00150, E. 1.2; VGr, 24.2.2010, VB.2010.00002, E. 1 (BEZ 2010 Nr. 18 = BR 2010, 232).
[42] GRIFFEL, Rekurs, S. 45 ff.; KIENER/KRÜSI, Beschwerde, S. 78 ff.
[43] Vgl. MARTI, Besondere Verfahren, S. 116.
[44] Für einen Anwendungsfall vgl. VGr, 30.11.2011, VB.2011.00305, E. 1.
[45] Vgl. Weisung 2009, S. 953 ff.
[46] Weisung 2009, S. 957; zu dieser Ausnahme vom zweistufigen Instanzenzug auch HÄNER, in: Kommentar KV, Art. 77 N. 19.
[47] Vgl. VGr, 14.12.2010, VB.2010.00572, E. 1.

ser Bestimmung als kantonale Rechtsmittelinstanz eine *richterliche Behörde* verlangt[48]. Diese Verpflichtung erstreckt sich indessen nicht auf (erstinstanzliche) Akte des Parlaments und der Regierung (Art. 88 Abs. 2 Satz 2 BGG). Weil der Kanton kein Rechtsmittel an das Verwaltungsgericht eingerichtet hat, sind entsprechende Handlungen des Kantonsrats und des Regierungsrats (unter Vorbehalt allfälliger Einsprachen, § 10d Abs. 1) direkt beim Bundesgericht anzufechten[49].

3. Kantonale Erlasse

18 Das Verwaltungsgericht überprüft kantonale Erlasse unter **Ausschluss der Kantonsverfassung und der kantonalen Gesetze**[50]. Formelle Gesetze können (bzw. müssen) im Anschluss an ihren Erlass direkt beim Bundesgericht angefochten werden (Art. 82 lit. b BGG i.V.m. Art. 87 Abs. 1 BGG[51]). Nicht vor Bundesgericht anfechtbar sind indessen Änderungen der Kantonsverfassung, denn das Bundesgericht lehnt es in ständiger Praxis ab, kantonale Verfassungsnormen abstrakt auf ihre Übereinstimmung mit dem übergeordneten Recht zu prüfen[52].

19 Anfechtungsgegenstand im Rahmen der abstrakten Normenkontrolle sind kantonale Erlasse auf Normstufe (Rechts-)**Verordnung**[53]. Die Verwendung unterschiedlicher Bezeichnungen im kantonalen Recht ist unerheblich[54]. Angesprochen sind Verordnungen des Kantonsrats, des Regierungsrats sowie weiterer Träger von Staatsaufgaben, welche im Rahmen delegierter Rechtsetzung legiferieren (vgl. Art. 98 KV). *Verwaltungsverordnungen* können der Praxis zufolge allein dann abstrakt angefochten werden, wenn sie Aussenwirkungen entfalten, d.h. aus privater Sicht einer Rechtsverordnung gleichkommen, und zudem gestützt auf die Verwaltungsverordnung keine Verfügung ergeht, deren Anfechtung dem Einzelnen zumutbar ist[55].

20 Damit Erlasse der **kantonalen Gerichte** abstrakt beim Verwaltungsgericht anfechtbar sind, muss es sich zunächst um (Rechts-)Verordnungen handeln. Das Verwaltungsgericht beurteilt Erlasse des Obergerichts und des Sozialversicherungsgerichts (§ 41 Abs. 1 i.V.m. § 42 lit. c Ziff. 2). Auch gemeinsame Erlasse der obersten kantonalen Gerichte, welche deren Plenarausschuss gestützt auf § 73 GOG beschlossen hat, können beim Verwaltungsgericht angefochten werden (§ 41 Abs. 1 i.V.m. § 19 Abs. 1 lit. d). Die Mitglieder des Verwaltungsgerichts, welche am Zustandekommen mitgewirkt haben, treten in den Ausstand (§ 5a)[56]. Weil ein Erlass nicht von der rechtsetzenden Behörde selber überprüft wer-

---

[48] BGE 134 I 199, E. 1.2, seither ständige Praxis, vgl. etwa BGE 136 II 132, E. 2.5.2, oder 138 I 61, E. 3.2.
[49] KIENER/RÜTSCHE/KUHN, Öffentliches Verfahrensrecht, N. 1701 f.
[50] Art. 79 Abs. 2 KV; § 41 Abs. 1 i.V.m. § 19 Abs. 1 lit. d; vgl. auch § 42 lit. b Ziff. 3.
[51] Vgl. auch Weisung 2009, S. 928.
[52] BGE 131 I 85, E. 2.4; AEMISEGGER/SCHERRER REBER, in: Basler Kommentar BGG, Art. 82 N. 40.
[53] HÄNER, in: Kommentar KV, Art. 79 N. 21; vgl. MARTI, Besondere Verfahren, S. 116 ff.
[54] Verwendet werden neben dem Begriff Verordnung auch die Bezeichnungen Reglement, Ordnung oder Beschluss; vgl. MARTI, Besondere Verfahren, S. 117.
[55] BGE 128 I 167, E. 4.3; 122 I 44, E. 2a; vgl. AEMISEGGER/SCHERRER REBER, in: Basler Kommentar BGG, Art. 82 N. 32 f.; KIENER/RÜTSCHE/KUHN, Öffentliches Verfahrensrecht, N. 1619 f.
[56] Weisung 2009, S. 932.

den kann, werden Erlasse des *Verwaltungsgerichts* durch das Obergericht abstrakt überprüft (§ 43 Abs. 2 lit. b)[57].

Kommunale Erlasse sämtlicher Stufen sind gemäss §§ 151 und 152 GG anzufechten[58]. Ergebnis ist ein zweistufiger Instanzenzug. Erlasse der Gemeinde und des Grossen Gemeinderats unterliegen der Gemeindebeschwerde (§ 151 Abs. 1 GG), Erlasse anderer Gemeindebehörden und weiterer Träger öffentlicher Aufgaben dem Rekurs (§ 152 GG). Nach dem E-GG besteht bei Erlassen gewisser nachgeordneter Rechtsetzungsinstanzen gemäss §§ 182 ff. E-GG neu ein Einspracheverfahren (sog. «Neubeurteilung»). Der anschliessende Instanzenzug folgt den gleichen Regeln, wie er weiterhin für Erlasse der ordentlichen kommunalen Rechtsetzungsbehörden gilt: Beschwerde- bzw. Rekursinstanz ist grundsätzlich der *Bezirksrat* (§ 19b Abs. 2 lit. c)[59]. Im Bereich des Polizei-, Feuerwehr- und Strassenwesens tritt der *Statthalter* an die Stelle des Bezirksrats als erste überkommunale Rechtsmittelinstanz (§ 19b Abs. 2 lit. d VRG), im Bau- und Planungsrecht ist es das *Baurekursgericht* (§ 329 Abs. 1 PBG)[60]. Die jeweiligen, im Prüfvorgang der abstrakten Normenkontrolle ergangenen Entscheide der ersten Rechtsmittelinstanz unterstehen anschliessend der Beschwerde an das Verwaltungsgericht (§ 41 Abs. 1 i.V.m. § 19 Abs. 1 lit. d VRG).

21

Bezüglich der Beschwerde gegen kantonale Erlasse im Prüfvorgang der abstrakten Normenkontrolle ergeben sich in verfahrensrechtlicher Hinsicht einige **Sonderfälle:**

22

– Für gewisse Erlasse besteht im Kanton ein *zweistufiger Instanzenzug*: So unterliegen Verordnungen der Direktionen des Regierungsrats und Gemeindeerlasse zunächst dem Rekurs bzw. der Gemeindebeschwerde; die Beschwerde an das Verwaltungsgericht steht erst anschliessend zur Verfügung[61]. Ein zweistufiger Instanzenzug kann sich aufgrund spezialgesetzlicher Regelung auch im Zusammenhang mit der Kontrolle autonomer Satzungen von selbständigen kantonalen Körperschaften und Anstalten ergeben[62]. In diesen Fällen richtet sich die Beschwerde an das Verwaltungsgericht formell gegen den individuell-konkreten Entscheid der ersten Rekursinstanz; materiell geht es im Verfahren vor Verwaltungsgericht indessen weiterhin um ein *Normenkontrollverfahren* und nicht um ein Verfahren der Einzelaktkontrolle[63]. Dem entsprechend ist neben der Aufhebung der umstrittenen Norm jeweils auch die Aufhebung des sie schützenden Rekursentscheids zu verlangen.

---

[57] Weisung 2009, S. 931.
[58] Vgl. Jaag/Rüssli, Staats- und Verwaltungsrecht, N. 2906; Marti, Besondere Verfahren, S. 112.
[59] Jaag/Rüssli, Staats- und Verwaltungsrecht, N. 2902, 2906 sowie 2914; vgl. auch Häner, in: Kommentar KV, Art. 79 N. 26.
[60] Jaag/Rüssli, Staats- und Verwaltungsrecht, N. 2918 f.; Marti, Besondere Verfahren, S. 111. Hier ist anzumerken, dass raumplanungsrechtliche Festlegungen den Verfügungen gleichgestellt werden (§ 19 Abs. 1 lit. a); zu den Differenzierungen in der Rechtsprechung vgl. Alain Griffel, Raumplanungs- und Baurecht in a nutshell, Zürich/St. Gallen 2012, S. 179 f., 197.
[61] Jaag/Rüssli, Staats- und Verwaltungsrecht, N. 2124; Marti, Besondere Verfahren, S. 113.
[62] Vgl. Marti, Besondere Verfahren, S. 117 f.
[63] So für die Ebene des Bundes auch BGE 137 I 107; vgl. Kiener/Rütsche/Kuhn, Öffentliches Verfahrensrecht, N. 1618, m.H.

– Das kantonale Recht kann vorsehen, dass bestimmte Erlasse der Genehmigung durch eine andere Behörde bedürfen[64]. Auch gegen *genehmigungspflichtige Erlasse* steht die Beschwerde an das Verwaltungsgericht mit der Möglichkeit der abstrakten Normenkontrolle offen[65]: Hoheitsakte über die Genehmigung von Erlassen bilden Teil des Normsetzungsverfahrens. Wird die Genehmigung erteilt, kann der Erlass in Kraft treten; Anfechtungsobjekt für die Beschwerde an das Verwaltungsgericht bildet der (genehmigte) Erlass[66]. Wird die Genehmigung nicht erteilt, kann der Erlass nicht in Kraft treten; ein Anfechtungsobjekt für eine abstrakte Normenkontrolle fehlt. Steht ein Erlass einer Gemeinde oder einer anderen autonomen öffentlichrechtlichen Körperschaft in Frage, kann diese den Nichtgenehmigungsakt mit der Begründung anfechten, dieser Akt verletze ihre (Gemeinde-)Autonomie[67]. Der Akt der Nichtgenehmigung betrifft eine Rechtsfrage und keine Angelegenheit mit vorwiegend politischem Charakter im Sinn von Art. 86 Abs. 3 BGG, weshalb im Kanton ein Rechtsmittel an ein oberes kantonales Gericht offenstehen muss.

23 Öffentlichrechtliche **Verträge** sind dann zu den (abstrakt) anfechtbaren Erlassen zu zählen, wenn sie rechtsetzenden Inhalt haben und zudem normhierarchisch unterhalb von Verfassung und Gesetz anzusiedeln sind[68].

C. Sachliche Zuständigkeit

24 Die sachliche Zuständigkeit des Verwaltungsgerichts bestimmt sich nach Massgabe der **Generalklausel** (§ 41) in Verbindung mit den **Ausnahmeregeln** (§§ 42–44), wobei sich die Sachausnahmen aus § 44 ergeben. Anderslautende spezialgesetzliche Regelung vorbehalten, Ausschöpfung des Instanzenzugs und ein zulässiges Anfechtungsobjekt vorausgesetzt, ist das Verwaltungsgericht für alle im Ausnahmekatalog nicht aufgeführten Materien zuständig. Aufgrund der bundesrechtlichen Vorgaben, welche einen Ausschluss von der (verwaltungs-)gerichtlichen Zuständigkeit allein für Angelegenheiten mit überwiegend politischem Charakter erlauben, wurde der bisherige Ausnahmekatalog stark verengt und damit die **Zuständigkeit** des Verwaltungsgerichts **erweitert.** Unbesehen seines formal beträchtlichen Umfangs zeigt sich, dass die Ausnahmen im Wesentlichen auf der Nennung spezifischer Einzelfälle und einiger Gegenausnahmen beruhen und im Ergebnis nur sehr wenige Sachmaterien von der verwaltungsgerichtlichen Überprüfung ausgenommen sind[69].

---

[64] Z.B. § 41 Abs. 1 GG (neu § 4 E-GG) oder § 5 Abs. 2 Ruhetags- und Ladenöffnungsgesetz vom 26. Juni 2000 (LS 822.4).
[65] Vgl. zum Ganzen KIENER, Beschwerde, S. 237 f.; vgl. auch MARTI, Besondere Verfahren, S. 118 f.
[66] So im Ergebnis auch Weisung 2009, S. 869.
[67] BGE 116 Ia 221, E. 1c.
[68] Vgl. BGE 137 I 31, E. 1.3; KIENER/RÜTSCHE/KUHN, Öffentliches Verfahrensrecht, N. 1623 f.; MARTI, Besondere Verfahren, S. 117.
[69] Vgl. KIENER/KRÜSI, Beschwerde, S. 83.

III. Abweichende gesetzliche Regelungen (Abs. 2)

Gemäss § 41 Abs. 2 bleiben abweichende **gesetzliche** Regelungen vorbehalten[70]. Der Begriff «gesetzlich» meint Gesetze im formellen Sinn[71]. Die Bestimmung ist deklaratorischer Natur, weil allgemeiner Regel zufolge die spezielle der allgemeinen Regel immer vorgeht. Solche Regeln ergeben sich zumeist aus dem kantonalen Recht; es ist aber denkbar, dass auch das Bundesrecht abweichende Regeln aufstellt[72]. 25

Abweichende gesetzliche Regeln können sich zunächst auf das **Anfechtungsobjekt** beziehen; denn es steht dem Gesetzgeber grundsätzlich offen, im Spezialgesetz das Anfechtungsobjekt weiter zu fassen und auch andere Gegenstände als Akte im Sinn von § 19 Abs. 1 für beschwerdefähig zu erklären. 26

In der Regel betreffen die Ausnahmen die **Zuständigkeit** des Verwaltungsgerichts als oberste kantonale Rechtsmittelinstanz in Angelegenheiten des öffentlichen Rechts. *Ausnahmen* von der Zuständigkeit des Verwaltungsgerichts sind zunächst im VRG selber zu finden, namentlich in den in den §§ 42, 43 und 44 aufgeführten Ausnahmetatbeständen[73]. Unter den Vorbehalt fallen zudem jene Anordnungen, zu deren Überprüfung das Verwaltungsgericht in einem *anderen Verfahren* zuständig ist; dies gilt namentlich für Steuersachen (§§ 72 und 73)[74]. Weitere Ausnahmen statuiert das einschlägige *Spezialgesetz*. So sind Beschwerden aus dem Gebiet des Sozialversicherungsrechts nach Massgabe von §§ 2 und 3 GSVGer dem Sozialversicherungsgericht als einziger kantonaler Gerichtsinstanz zugewiesen[75]; spezielle Regeln gelten auch beim Rechtsschutz gegenüber den Anordnungen kirchlicher Organe (§ 18 KiG). 27

Abweichungen können sich schliesslich auch vom Grundsatz des **zweistufigen Instanzenzugs** (Art. 77 Abs. 1 KV) ergeben, wenn der Gesetzgeber bestimmte erstinstanzliche Anordnungen direkt der Beschwerde an das Verwaltungsgericht unterstellt. Solche Ausnahmen müssen auf einer formell-gesetzlichen Grundlage und auf sachlichen Gründen beruhen (vgl. N. 10)[76]. 28

IV. Sinngemässe Anwendung von § 19a (Abs. 3)

Gemäss § 41 Abs. 3 gilt für die Art der anfechtbaren Anordnung sinngemäss § 19a Abs. 3 stellt demnach eine Konkretisierung von Abs. 1 bezüglich des Anfechtungsobjekts dar (vgl. § 19 Abs. 1 lit. a). Folglich unterliegen einzig Entscheide, die das Verfahren abschliessen – mithin **Endentscheide** – der Beschwerde an das Verwaltungsgericht (§ 41 Abs. 3 i.V.m. § 19a Abs. 1). Die Anfechtbarkeit von **Teil-, Vor- und Zwischenentschei-** 29

---

[70] Diese Regel ergibt sich auch aus § 3; vgl. zudem § 44 Abs. 2.
[71] Vgl. Prot. KK 1995/96, S. 117 f.
[72] Vgl. z.B. Art. 146 DBG.
[73] Weisung 2009, S. 969.
[74] Vgl. demgegenüber die 2. Aufl., N. 41 ff.
[75] Eingehend MOSIMANN, in: Kommentar GSVGer, Art. 2 N. 2.
[76] Vgl. z.B. § 38 AnwG.

den richtet sich über die zweimalige Verweisung (§ 41 Abs. 3 i.V.m. § 19 a Abs. 2) nach Art. 91–93 BGG[77].

V. Verfahrensfragen

30 Die mit den §§ 41 ff. geregelte Zuständigkeit des Verwaltungsgerichts ist **zwingender Natur** und darf aufgrund des Gesetzmässigkeitsprinzips durch die Rechtsadressaten (Behörden, Private) nicht derogiert werden. Eine gesetzlich nicht vorgesehene Zuständigkeit kann mithin weder durch Vereinbarung noch durch Einlassung begründet werden[78].

31 Das Verwaltungsgericht prüft seine Zuständigkeit zu Beginn des Verfahrens **von Amtes wegen** (§ 70 i.V.m. § 5 VRG). Erachtet das Gericht eine andere Behörde für kompetent, ist die Zuständigkeitsfrage mit dieser zu klären und die Angelegenheit gegebenenfalls an die zuständige Behörde weiterzuleiten; die beschwerdeführende Partei ist entsprechend zu informieren (§ 5 Abs. 1). Wird die Zuständigkeit des Verwaltungsgerichts durch eine Partei bestritten, hat das Gericht diese Frage zu klären und eine entsprechende Eintretens- bzw. Nichteintretensverfügung zu erlassen[79]. Die entsprechende Zwischenverfügung ist selbständig anfechtbar (§ 70 i.V.m. § 19a Abs. 2 VRG sowie Art. 92 BGG).

32 Nach Massgabe von § 41 ist das Verwaltungsgericht mit dem Rechtsmittel der **Beschwerde** anzurufen (zu den Charakteristika vgl. Vorbem. zu §§ 41–71, N. 1 ff.). Je nach Anfechtungsobjekt und Rügegrund kontrolliert das Verwaltungsgericht die Rechtsanwendung (sog. *Anwendungskontrolle*) oder es überprüft die Übereinstimmung einer Norm mit dem übergeordneten Recht *(abstrakte oder konkrete Normenkontrolle;* vgl. dazu Vorbem. zu §§ 41–71 N. 17 f.).

---

[77] Zu den Motiven Weisung 2009, S. 939; kritisch GRIFFEL, Rekurs, S. 52.
[78] Vgl. KIENER/RÜTSCHE/KUHN, Öffentliches Verfahrensrecht, N. 480 ff.
[79] Vgl. KIENER/RÜTSCHE/KUHN, Öffentliches Verfahrensrecht, N. 493.

Ausnahmen
a. Kantonal letztinstanzliche Anordnungen

§ 42

Die Beschwerde ist unzulässig gegen
a. Anordnungen, die unmittelbar bei einer Rechtsmittelinstanz des Bundes angefochten werden können,
b. Anordnungen des Kantonsrates und seiner Organe, ausgenommen
  1. Anordnungen in personalrechtlichen und administrativen Belangen,
  2. Anordnungen über die Genehmigung der Erteilung des Enteignungsrechts an private Unternehmungen,
  3. Erlasse unterhalb der Stufe des formellen Gesetzes,
c. Anordnungen anderer oberster kantonaler Gerichte, ausgenommen
  1. Justizverwaltungsakte, die diese Gerichte als einzige Instanz getroffen haben,
  2. Erlasse dieser Gerichte.

Materialien

Weisung 2009, S. 927 ff., 968 f.; Prot. KR 2007–2011, S. 10245.

Zur früheren Fassung/zu früheren Fassungen: Weisung 1957, S. 1042 ff.; Prot. KK 31.1.1958, 30.9.1958; Prot. KR 1955–1959, S. 3382; Beleuchtender Bericht 1959, S. 404 f.; Weisung 1995, S. 1537 f.; Prot. KK 1995/96, S. 90 ff., 116 ff., 131; Prot. KR 1995–1999, S. 6499; Beleuchtender Bericht 1997, S. 6.

Literatur

AUER CH., Auswirkungen; HÄNER ISABELLE, in: Kommentar KV, Art. 79; HERZOG/DAUM, Umsetzung; KIENER/KRÜSI, Beschwerde; KLEY ANDREAS, in: St. Galler Kommentar BV, Art. 29a; MARTI, Besondere Verfahren; MARTI, Vereinheitlichung; TOPHINKE, Rechtsweggarantie.

Inhaltsübersicht

I.	Grundlagen	1–5
	A. Regelungsgegenstand und Entstehungsgeschichte	1–4
	B. Vorgaben des übergeordneten Rechts	5
II.	Direkt beim Bund anfechtbare Anordnungen (lit. a)	6
III.	Anordnungen des Kantonsrats und seiner Organe (lit. b)	7–15
	A. Ausnahmen	7–11
	1. Erlasse	8
	2. Akte aus dem Bereich der politischen Rechte	9–10
	3. Einzelakte mit hohem Wertungsanteil	11
	B. Gegenausnahmen	12–15
	1. Einzelakte (Ziff. 1 und Ziff. 2)	12–14
	2. Erlasse (Ziff. 3)	15
IV.	Anordnungen oberster kantonaler Gerichte (lit. c)	16–19
	A. Ausnahme	16
	B. Gegenausnahmen	17–19

Unter Mitarbeit von JAN GRUNDER, MLaw, und PATRICK BLUMER, MLaw.

I. Grundlagen

A. Regelungsgegenstand und Entstehungsgeschichte

1 Mit § 42 verankert das VRG die erste von insgesamt drei Ausnahmebestimmungen, welche die in § 41 begründete allgemeine Zuständigkeit des Verwaltungsgerichts durchbrechen; weitere Ausnahmen finden sich in den §§ 43 und 44. Das für die Begründung der Ausnahme massgebende **Kriterium** ist der Marginalie zufolge die **Letztinstanzlichkeit** einer Anordnung im kantonalen Instanzenzug. Die Beschwerde an das Verwaltungsgericht ist folglich ausgeschlossen, wenn eine Behörde oder ein Organ als letzte kantonale Instanz entschieden hat[1]. Allerdings wird die Liste der kantonal letztinstanzlichen Anordnungen punktuell durch *Gegenausnahmen* durchbrochen: Während die Zuständigkeit des Verwaltungsgerichts generell entfällt, sobald die Anordnung einer kantonalen Behörde unmittelbar beim Bund angefochten werden kann (lit. a), gilt die Ausnahme bezüglich Anordnungen des Kantonsrats und seiner Organe (lit. b) gleich wie jene bezüglich Anordnungen anderer oberster Gerichte (lit. c) nicht absolut.

2 Das Gesetz nimmt Anordnungen des Kantonsrats und der obersten Gerichte von der Anfechtbarkeit beim Verwaltungsgericht aus. Nicht erfasst werden demgegenüber **Anordnungen des Regierungsrats,** obwohl dieser als oberste leitende und vollziehende Behörde des Kantons (Art. 60 Abs. 1 KV) verfassungsrechtlich ebenfalls als eine oberste kantonale Behörde eingerichtet ist. Akte des Regierungsrats sind zwar nicht rekursfähig[2], unterstehen jedoch der Beschwerde an das Verwaltungsgericht. So sind *erstinstanzliche* Anordnungen des Regierungsrats direkt beim Verwaltungsgericht anfechtbar[3]. Bezüglich *Rekursentscheiden* gilt es zu differenzieren: Hat der Regierungsrat als erste Rekursinstanz entschieden, steht die Beschwerde an das Verwaltungsgericht offen, falls keine (Sach-)Ausnahme gemäss § 44 vorliegt[4]. War der Regierungsrat als zweite Rekursinstanz eingesetzt[5], ist sein Entscheid kantonal letztinstanzlich; die Beschwerde an das Verwaltungsgericht entfällt[6].

3 Die Ausnahmeregelung knüpft in formaler Hinsicht am Anfechtungsobjekt einer Beschwerde an. Dem Wortlaut zufolge beschränken sich die Ausnahmen auf «**Anordnungen**» und damit nur auf eine Teilmenge jener Akte, welche nach § 41 Abs. 1 Gegenstand einer Beschwerde an das Verwaltungsgericht sein können. Die Gegenausnahmen erfassen indessen neben Anordnungen auch *Erlasse* (lit. b Ziff. 3, lit. c Ziff. 2) sowie *Justizverwaltungsakte* (lit. c Ziff. 1). Rechtssetzungstechnisch inkohärent werden damit Akte systematisch unter die Gegenausnahme gefasst, welche von der Ausnahmeregel nicht erfasst sind[7].

---

[1] Weisung 2009, S. 969.
[2] Vgl. § 19 Abs. 2 lit. a.
[3] Vgl. Weisung 2009, S. 957; zu dieser Ausnahme vom doppelten Instanzenzug auch HÄNER, in: Kommentar KV, Art. 77 N. 19.
[4] Vgl. Art. 77 Abs. 1 KV; dazu HÄNER, in: Kommentar KV, Art. 77 N. 3.
[5] Vgl. § 19b Abs. 2 lit. a Ziff. 1 und 3 sowie § 19 Abs. 3 Satz 1.
[6] § 19 Abs. 3 Satz 2. Vgl. Weisung 2009, S. 957 f.
[7] Gemäss GRIFFEL, Rekurs, S. 46 Fn. 11 handelt es sich dabei wohl um ein gesetzgeberisches Versehen.

Die Einführung der Rechtsweggarantie und die daran anschliessende Totalrevision der Bundesrechtspflege im Jahr 2005 machte eine **umfassende Revision** der Bestimmung über die Zulässigkeit der Beschwerde an das Verwaltungsgericht und damit auch eine Neuregelung des Ausnahmekatalogs im Rahmen der VRG-Revision von 2010 erforderlich. Dabei wurde § 42 gleich wie die damit eng zusammenhängenden §§ 43 und 44 inhaltlich neu gefasst.

B. Vorgaben des übergeordneten Rechts

Sieht der Gesetzgeber **Ausnahmen** von der mit § 41 begründeten prinzipiellen Zulässigkeit der Beschwerde an das Verwaltungsgericht vor, müssen diese den Vorgaben des Bundesrechts und der Kantonsverfassung (namentlich dem Grundsatz des zweistufigen Instanzenzugs, Art. 77 Abs. 1 KV) genügen (vgl. § 41 N. 5 ff., 10 f. sowie Vorbem. zu §§ 41–71 N. 5 ff., 16 f.). Ausnahmen von der Zuständigkeit des Verwaltungsgerichts als oberes Gericht sind im Grundsatz nur zulässig, wenn ein Bundesgesetz den Entscheid einer kantonalen richterlichen Behörden direkt der Beschwerde an das Bundesgericht unterstellt (Art. 86 Abs. 2 BGG) oder es sich um einen Entscheid mit vorwiegend politischem Charakter handelt (Art. 86 Abs. 3 BGG). Gegen kantonale Erlasse muss von Bundesrechts wegen kein kantonales Rechtsmittel eingerichtet werden (Art. 87 Abs. 1 BGG), wohl aber für kantonale Stimmrechtssachen (Art. 88 Abs. 2 Satz 1 BGG).

II. Direkt beim Bund anfechtbare Anordnungen (lit. a)

Anordnungen, die **unmittelbar** bei einer **Rechtsmittelinstanz des Bundes** angefochten werden können, sind von der Beschwerde an das Verwaltungsgericht ausgenommen[8]. Die gesetzliche Grundlage eines entsprechenden Rechtsmittelwegs muss sich aus dem *Bundesrecht* ergeben, und zwar – da es sich um eine Durchbrechung des Instanzenzugs gemäss Bundesgerichtsgesetz handelt – aus einem *Bundesgesetz*[9]. Weil das VRG die Zuständigkeit «einer Rechtsmittelinstanz» voraussetzt, sind verschiedene Zuständigkeiten möglich[10]:

– Ein Bundesgesetz kann vorsehen, dass die Entscheide von anderen (richterlichen) Behörden des Kantons der Beschwerde an das **Bundesgericht** unterliegen (Art. 86 Abs. 2 BGG, zweiter Halbsatz)[11].

---

[8] Für eine vergleichbare Regelung siehe Art. 76 Abs. 3 VRPG BE; dazu M. Müller, Verwaltungsrechtspflege, S. 198; Herzog/Daum, Umsetzung, S. 4 und 15; Ch. Auer, Umsetzung, S. 236.
[9] Vgl. auch Art. 164 Abs. 1 lit. g BV.
[10] Zum Ganzen Kiener/Krüsi, Beschwerde, S. 83 f.
[11] Gemäss Art. 146 DBG sind Entscheide der kantonalen Steuerrekurskommissionen direkt beim Bundesgericht anfechtbar, sofern der Kanton kein Rechtsmittel an das kantonale Verwaltungsgericht vorsieht (das ist im Kanton Zürich allerdings nicht der Fall, vgl. § 153 Abs. 1 StG). Für Verfahren betreffend Wehrpflichtersatzabgaben sieht Art. 31 Abs. 1 WPEG kantonale Rekurskommissionen als Beschwerdeinstanzen vor. Als kantonale Rekurskommission kann auch eine untere Justizbehörde eingesetzt werden (vgl. BGr, 21.1.2010, 2C_221/2009, E. 1.2), deren Entscheide direkt beim Bundesgericht anzufechten sind (Art. 31 Abs. 3 WPEG).

- Ebenso besteht die Möglichkeit, dass die Anordnung einer kantonalen Behörde beim **Bundesverwaltungsgericht** anzufechten ist. Von Bedeutung ist in diesem Zusammenhang Art. 33 lit. i VGG[12], wonach die Beschwerde an das Bundesverwaltungsgericht zulässig ist, soweit ein Bundesgesetz dies ausdrücklich vorsieht[13]. Da keine weiteren bundesrechtlichen Vorgaben bestehen, sind die Kantone in der Ausgestaltung des kantonalen Instanzenzugs frei und müssen als Vorinstanzen des Bundesverwaltungsgerichts keine richterlichen Behörden einsetzen[14].
- Denkbar, aber auf enge Ausnahmen beschränkt ist die Möglichkeit eines Instanzenzugs vom Kanton an eine **Verwaltungsbehörde** des Bundes (Art. 47 Abs. 1 lit. c und d VwVG) und an den **Bundesrat** (Art. 47 Abs. 1 lit. a VwVG). Vor dem Hintergrund der Rechtsweggarantie (Art. 29a BV) ist diese Option nur für Konstellationen denkbar, in denen Entscheide mit vorwiegend politischem Charakter in Frage stehen, welche von der Rechtsweggarantie ausgenommen werden dürfen (vgl. § 41 N. 8 f.)[15], womit auch die Zuständigkeit des kantonalen Verwaltungsgerichts nicht zwingend ist[16].

III. Anordnungen des Kantonsrats und seiner Organe (lit. b)

A. Ausnahmen

7   Akte des Kantonsrats und seiner Organe sind grundsätzlich nicht beschwerdefähig (§ 42 lit. b). Mit Blick auf die Anforderungen des übergeordneten Rechts – namentlich die Rechtsweggarantie nach Art. 29a BV – ist diese Ausnahme zulässig, wenn es sich um **Entscheide mit überwiegend politischem Charakter** handelt (vgl. Art. 86 Abs. 3 BGG)[17]. Die Ausnahmeregelung betrifft im Wesentlichen Entscheide, welche der gerichtlichen Kontrolle aus Gründen der Gewaltenteilung entzogen sind[18]; angesprochen sind Akte aus dem Bereich der politischen Rechte, gewisse Erlasse sowie Einzelakte des Parlaments, welche in einem politischen Umfeld ergehen und durch entsprechende Wertungsspielräume geprägt sind[19].

1. Erlasse

8   Ein vom Kantonsrat erlassenes **Gesetz im formellen Sinn** ist gegen eine gerichtliche Überprüfung im Verfahren der abstrakten Normenkontrolle verfassungsrechtlich immunisiert (Art. 79 Abs. 2 KV). Gesetze ergehen als Ergebnis eines politischen Prozesses und

---

[12] Weiterführend MOSER/BEUSCH/KNEUBÜHLER, Bundesverwaltungsgericht, N. 1.39; KIENER/RÜTSCHE/KUHN, Öffentliches Verfahrensrecht, N. 1282.
[13] So unterstehen gemäss Art. 53 Abs. 1 KVG gewisse Beschlüsse der Kantonsregierungen im Anwendungsbereich des KVG der Beschwerde an das Bundesverwaltungsgericht.
[14] Vgl. Botschaft Bundesrechtspflege, S. 4326; HERZOG, Auswirkungen, S. 95 f.; daran anschliessend KIENER/KRÜSI, Beschwerde, S. 84.
[15] Vgl. Botschaft Bundesrechtspflege, S. 4217, 4240.
[16] Vgl. zur Problematik auch KIENER/KRÜSI, Beschwerde, S. 84.
[17] KIENER/KRÜSI, Beschwerde, S. 84; zum Begriff des überwiegend politischen Charakters BGE 136 I 42, E. 1.5.4 (Pra 2010 Nr. 69).
[18] Weisung 2009, S. 969.
[19] HERZOG, Auswirkungen, S. 68, 88; TOPHINKE, in: Basler Kommentar BGG, Art. 86 N. 20.

dürfen deshalb aus der Optik der Rechtsweggarantie (Art. 29a BV) und des sie konkretisierenden Bundesrechts (Art. 87 Abs. 2 i.V.m. Art. 86 Abs. 3 BGG) als politische Akte von der gerichtlichen Überprüfung ausgeschlossen werden. Damit ist anerkannt, dass eine an sich justiziable Angelegenheit – die Überprüfung eines kantonalen Erlasses auf seine Vereinbarkeit mit dem übergeordneten Recht – vorwiegend politisch im Sinn von Art. 86 Abs. 3 BGG sein kann[20]. Das Gesetz schliesst indessen nicht sämtliche Rechtsetzungsakte des Kantonsrats von der gerichtlichen Überprüfung aus (vgl. lit. b Ziff. 3).

2. Akte aus dem Bereich der politischen Rechte

Den Anordnungen des Kantonsrats im Bereich der politischen Rechte wird gemeinhin überwiegend politischer Charakter zuerkannt[21]. Deshalb schliesst das Gesetz den kantonalen Rechtsmittelweg gegen **erstinstanzliche Akte** des Kantonsrats in kantonalen Stimmrechtsangelegenheiten aus[22]. Folglich unterliegt die vom Kantonsrat beschlossene *Ungültigerklärung einer Volksinitiative* (Art. 28 KV) ebensowenig der Beschwerde an das Verwaltungsgericht wie die *Nichtunterstellung* eines Verpflichtungskredits unter das *Finanzreferendum* (Art. 33 Abs. 1 lit. d KV)[23], die *dringliche Inkraftsetzung* eines Gesetzes (Art. 37 KV), der Beschluss eines *Gegenvorschlags* zu einer Volksinitiative (Art. 30 KV) oder die *Erwahrung* der Ergebnisse einer Kantonsratswahl (§ 5 Abs. 1 KRG)[24].

9

Bezüglich allfälliger **Rekursentscheide** des Kantonsrats ist der Kreis möglicher Beschwerden von vornherein eng gezogen. Soweit ersichtlich amtet dieser einzig dann als Rekursinstanz, wenn sich der Rekurs gegen die Wahl des Kantonsrats selber richtet (§ 19b Abs. 2 lit. e). Gründe der Gewaltenteilung und der Umstand, dass die Mitglieder des Verwaltungsgerichts durch den Kantonsrat gewählt werden (Art. 75 Abs. 1 KV, § 33 VRG), haben den Gesetzgeber dazu bewogen, diese Entscheide von der Beschwerde an das Verwaltungsgericht auszunehmen[25].

10

3. Einzelakte mit hohem Wertungsanteil

Der Gesetzgeber nimmt die Einzelakte des Kantonsrats von der gerichtlichen Anfechtung aus, soweit nicht eine Gegenausnahme die gerichtliche Zuständigkeit punktuell begründet. Die Ausnahmen orientieren sich entweder am Grundsatz der Gewaltenteilung oder am Vorliegen breiter politischer Ermessensspielräume[26]. Als überwiegend politisch von der Anfechtbarkeit ausgenommen sind **beispielsweise** die in § 44 Abs. 1 lit. b ausdrücklich genannten *Begnadigungen*. Daneben sind weitere Akte von der Weiterziehung an das Verwaltungsgericht ausgenommen[27]: So Akte im Bereich der *Staatsfinanzen* wie namentlich die Festsetzung eines Staatsbeitrages im Rahmen eines Budgetbeschlusses[28],

11

---

[20] Vgl. HERZOG, Auswirkungen, S. 69, 88 f.; KIENER/KRÜSI, Beschwerde, S. 85.
[21] Botschaft Bundesrechtspflege, S. 4327; HERZOG, Auswirkungen, S. 69.
[22] Weisung 2009, S. 878. Zur bundesrechtlichen Zulässigkeit HERZOG, Auswirkungen, S. 88 f.; STEINMANN, in: Basler Kommentar BGG, Art. 88 N. 12; TOPHINKE, Rechtsweggarantie, S. 105 f.
[23] Weisung 2009, S. 896; vgl. auch HERZOG, Auswirkungen, S. 93.
[24] Beispiele gemäss Weisung 2009, S. 878.
[25] Weisung 2009, S. 880.
[26] KIENER/KRÜSI, Beschwerde, S. 86.
[27] Die nachfolgende Aufzählung folgt direkt KIENER/KRÜSI, Beschwerde, S. 86 f.
[28] Weisung 2009, S. 867.

die Festsetzung des Steuerfusses oder die Genehmigung der Staatsrechnung[29]. Ebenfalls nicht vor Verwaltungsgericht anfechtbar sind *Richtpläne*[30], Akte der allgemeinen *Aufsicht* wie die Genehmigung von Berichten des Regierungsrats[31], *Verwaltungsakte* wie die Errichtung oder Schliessung von Mittelschulen oder Fachhochschulen[32], Akte der *Gerichts- und Verwaltungsorganisation* wie die Festlegung der Zahl der Richter (§ 32 Abs. 1 Satz 2)[33] oder Akte des Kantonsrats, welche die *Gemeinden* betreffen, so etwa die Vereinigung von politischen Gemeinden gemäss § 3 Abs. 1 GG[34]. Gemäss § 165 Abs. 1 E-GG erfolgt die Genehmigung solcher Vereinigungen neu durch den Regierungsrat.

B. Gegenausnahmen

1. Einzelakte (Ziff. 1 und Ziff. 2)

12 Weil nicht alle Anordnungen des Kantonsrats überwiegend politischen Charakter haben[35], muss die Ausnahmeregelung punktuell durch Gegenausnahmen durchbrochen werden. Formal handelt es sich beim jeweiligen Anfechtungsobjekt um **erstinstanzliche Akte** des Kantonsrats und seiner Organe. Gegen Rekursentscheide des Kantonsrats (einziger Fall ist § 19b Abs. 2 lit. e) ist die Beschwerde an das Verwaltungsgericht gänzlich ausgeschlossen.

13 Obligatorisch ist der Gerichtszugang bezüglich aller Akte des Kantonsrats, welche keinen vorwiegend politischen Charakter im Sinn von Art. 86 Abs. 3 BGG haben[36]. Deshalb steht bezüglich Anordnungen in **personalrechtlichen und administrativen Belangen** der Rechtsmittelweg an das Verwaltungsgericht im Sinne einer Gegenausnahme offen. Der Beschwerde unterliegen deshalb z.B. der Entscheid der Geschäftsleitung über ein Gesuch um Informationszugang nach § 27 IDG oder personalrechtliche Anordnungen gegenüber den Mitarbeitenden der Parlamentsdienste[37].

14 Anordnungen des Kantonsrats unterstehen der verwaltungsgerichtlichen Überprüfung, wenn nach Massgabe des Völkerrechts Anspruch auf eine justizförmige Kontrolle besteht; dies trifft namentlich dann zu, wenn der Anwendungsbereich von Art. 6 Ziff. 1 EMRK oder Art. 14 Ziff. 1 UNO-Pakt II eröffnet ist[38]. Aus diesem Grund gilt für Anordnungen des Kantonsrats über die **Genehmigung der Erteilung des Enteignungsrechts**

---

[29] Weisung 2009, S. 895, m.H.
[30] Weisung 2009, S. 895. Zur Zulässigkeit dieser Ausnahme vgl. Botschaft Bundesrechtspflege, S. 4327; HERZOG, Auswirkungen, S. 103; KLEY, in: St. Galler Kommentar BV, Art. 29a N. 24; SEILER, in: Handkommentar BGG, Art. 86 N. 22; TOPHINKE, in: Basler Kommentar BGG, Art. 86 N. 22.
[31] Weisung 2009, S. 895.
[32] Weisung 2009, S. 896; vgl. auch die Ausnahmeregelung in Art. 32 Abs. 1 lit. d VGG; dazu kritisch TOPHINKE, Rechtsweggarantie, S. 100.
[33] Weisung 2009, S. 896.
[34] Weisung 2009, S. 896.
[35] TOPHINKE, Rechtsweggarantie, S. 98; SEILER, in: Handkommentar BGG, Art. 86 N. 21; vgl. auch TOPHINKE, in: Basler Kommentar BGG, Art. 86 N. 20.
[36] KIENER/KRÜSI, Beschwerde, S. 87.
[37] Dazu und für weitere Beispiele Weisung 2009, S. 900 f. und 969.
[38] Vgl. TOPHINKE, Rechtsweggarantie, S. 104.

an **Private**[39] eine Gegenausnahme. Solche Anordnungen unterstehen folglich der Beschwerde[40].

2. Erlasse (Ziff. 3)

Das Gesetz schliesst nicht sämtliche Rechtsetzungsakte des Kantonsrats von der gerichtlichen Überprüfung aus. In Übereinstimmung mit Art. 79 Abs. 2 KV formuliert § 42 lit. b Ziff. 3 eine Gegenausnahme und erklärt **Erlasse unterhalb der Stufe des formellen Gesetzes** als beim Verwaltungsgericht anfechtbar[41]. Verordnungen des Kantonsrats bilden damit ein zulässiges Anfechtungsobjekt für eine Beschwerde an das Verwaltungsgericht, so dass das Gericht für entsprechende Normenkontrollverfahren zuständig ist[42].

15

IV. Anordnungen oberster kantonaler Gerichte (lit. c)

A. Ausnahme

Die Beschwerde an das Verwaltungsgericht ist ausgeschlossen gegen Akte **anderer oberster Gerichte** des Kantons. Immunisiert werden damit Anordnungen des *Obergerichts* und des *Sozialversicherungsgerichts* (Art. 74 Abs. 2 KV)[43].

16

B. Gegenausnahmen

Nicht von der Ausnahme erfasst sind **Justizverwaltungsakte,** welche die beiden anderen obersten Gerichte als einzige Instanz getroffen haben (lit. c Ziff. 1)[44]. Begrifflich handelt es sich bei den Justizverwaltungsakten um Akte, welche im Rahmen der gerichtlichen Justizverwaltung ergehen. Angesprochen ist jene Tätigkeit der Gerichte, welche gängiger Umschreibung zufolge weder Rechtsetzung noch Rechtsanwendung bedeutet, sondern die sachlichen und personellen Voraussetzungen für die Ausübung der Rechtsprechung schafft und erhält[45]. Materiell muss es sich um *Anordnungen* handeln (vgl. § 19 Abs. 1 lit. a und b)[46], welche von den im Rahmen der Rechtsprechungsfunktion ergangenen Verfügungen klar abzugrenzen sind[47]. Beispielhaft sind die Anstellung von Personal oder die (Nicht-)Akkreditierung von Gerichtsberichterstattern zu nennen[48]. Weil die

17

---

[39] Vgl. §§ 21 und 22 AbtrG.
[40] Weisung 2009, S. 899.
[41] Vgl. Weisung 2009, S. 930.
[42] HÄNER, in: Kommentar KV, Art. 79 N. 21; MARTI, Besondere Verfahren, S. 112.
[43] Vgl. Weisung 2009, S. 969.
[44] Die folgenden Ausführungen folgen KIENER/KRÜSI, Beschwerde, S. 88 f.
[45] EICHENBERGER, Justizverwaltung, S. 32; vgl. auch KIENER, Unabhängigkeit, S. 292; KISS/KOLLER, in: St. Galler Kommentar BV, Art. 188 N. 26 ff.; HAUSER/SCHWERI/LIEBER, Kommentar GOG, Vorbem. zu §§ 67 ff. N. 3 f.
[46] Vgl. HERZOG, Auswirkungen, S. 106. Für *Erlasse* der Justizverwaltung gilt § 42 lit. c Ziff. 2 bzw. § 43 Abs. 2 lit. b.
[47] VGr, 22.9.2010, VB.2010.00293, E. 1.3, und BGE 137 I 1 betr. Zugang zu amtlichen Dokumenten; vgl. auch BGE 133 II 209 (Entscheid der internen Rekurskommission des Bundesgerichts).
[48] KIENER/KRÜSI, Beschwerde, S. 88; für weitere Beispiele vgl. Weisung 2009, S. 901 ff., sowie VGr, 5.12.2012, VB.2012.00755, E. 2.3. Vgl. auch VGr, 14.6.2012, VB.2012.00261, E. 1, betr. Löschung eines Anwalts aus

Gerichte hier gewissermassen in eigener Sache verfügen, würde ohne Weiterzugsmöglichkeiten an ein anderes Gericht neben der Rechtsweggarantie (Art. 29a BV) auch die richterliche Unabhängigkeit (Art. 73 Abs. 2 KV, Art. 30 Abs. 1 BV, Art. 6 Ziff. 1 EMRK) verletzt[49]. Gleich wie in anderen Kantonen sind deshalb entsprechende Anordnungen im Sinne einer «Über-Kreuz-Regelung» anfechtbar[50]: Während erstinstanzliche Justizverwaltungsakte des Obergerichts und des Sozialversicherungsgerichts beim Verwaltungsgericht anfechtbar sind, ist das Obergericht für entsprechende Beschwerden gegen Akte des Verwaltungsgerichts zuständig (§ 43 Abs. 2 lit. a)[51].

18   Anfechtbar sind einzig Justizverwaltungsakte, welche die betroffenen Gerichte als **einzige Instanz** getroffen haben. Diese Beschränkung hält vor dem übergeordneten Recht stand. Hat ein oberstes kantonales Gericht als Rechtsmittelinstanz entschieden, ist eine erneute Überprüfung durch ein anderes oberstes Gericht aus der Optik der Rechtsweggarantie (Art. 29a BV) nicht erforderlich, und auch die damit einhergehende Abweichung vom Grundsatz des zweistufigen Instanzenzugs (Art. 77 Abs. 1 KV) erscheint vertretbar[52].

19   Als zweite Gegenausnahme sind **Erlasse** der beiden anderen obersten Gerichte beim Verwaltungsgericht anfechtbar (lit. c Ziff. 2). Entsprechende Akte können nicht von den betroffenen Gerichten selber einer abstrakten Normenkontrolle unterzogen werden. Deshalb werden rechtsetzende Normen des Obergerichts und des Sozialversicherungsgerichts sowie der Plenarversammlung der obersten Gerichte durch das Verwaltungsgericht überprüft. Eine spiegelbildliche Entsprechung für Erlasse des Verwaltungsgerichts führt zu einer «Über-Kreuz-Regelung», indem das Obergericht für entsprechende Normenkontrollverfahren zuständig ist (§ 43 Abs. 2 lit. b)[53].

---

   dem kantonalen Anwaltsregister, sowie OGr SH, 24.10.2003, Nr. 60/2003/28 (ZBl 2005, 201 ff.), insb. E. 2c, 2d und 2e, betr. Ausschluss eines Medienunternehmens von der Gerichtsberichterstattung.
[49] Marti, Vereinheitlichung, S. 261; zurückhaltend Herzog, Auswirkungen, S. 106; zudem Weisung 2009, S. 902.
[50] Vgl. Art. 76 Abs. 1 lit. b VRPG BE und Art. 95 Gesetz über die Organisation der Gerichtsbehörden und der Staatsanwaltschaft vom 11. Juni 2009 (GSOG; BSG 161.1); dazu Herzog/Daum, Umsetzung, S. 14.
[51] Kritisch zu dieser Regelung Jaag, Gerichte, S. 790, 794.
[52] Weisung 2009, S. 902; Kiener/Krüsi, Beschwerde, S. 88 f. So können beispielsweise Entscheide der Verwaltungskommission des Verwaltungsgerichts nicht mehr beim Obergericht angefochten werden; die Beschwerde ist an das Bundesgericht zu richten, vgl. VGr, 5.12.2012, VB.2012.00755, E. 2.3 und 2.4.
[53] Weisung 2009, S. 931 f.

b. Zuständigkeit anderer kantonaler Behörden

§ 43

¹ Die Beschwerde ist unzulässig gegen Entscheide der erstinstanzlichen Zivil- und Strafgerichte, ausgenommen Beschwerden betreffend Massnahmen nach
   a. §§ 3–14 des Gewaltschutzgesetzes vom 19. Juni 2006,
   b. Art. 73–78 des Bundesgesetzes über die Ausländerinnen und Ausländer vom 16. Dezember 2005,
   c. Art. 4–9 des Konkordates über Massnahmen gegen Gewalt anlässlich von Sportveranstaltungen vom 15. November 2007.

² Mit Beschwerde nach den Bestimmungen dieses Gesetzes können beim Obergericht angefochten werden:
   a. Justizverwaltungsakte des Verwaltungsgerichts, die es als einzige Instanz getroffen hat,
   b. Erlasse des Verwaltungsgerichts.

Materialien
Weisung 2009, S. 928 ff., 970 und 985; Prot. KR 2007–2011, S. 10245.

Literatur
AUER CH., Auswirkungen, S. 121 ff.; AUER CH., Umsetzung, S. 225 ff.; FELLER/MÜLLER, Prüfungszuständigkeit, S. 442 ff.; HAUSER/SCHWERI/LIEBER, Kommentar GOG, § 33; HERZOG/DAUM, Umsetzung, S. 1 ff.; MARTI, Besondere Verfahren, S. 103 ff.; KIENER/KRÜSI, Beschwerde, S. 73 ff., 77, 89 f.

Inhaltsübersicht

I.	Grundlagen	1–3
	A. Regelungsgegenstand und Entstehungsgeschichte	1–2
	B. Vorgaben des übergeordneten Rechts	3
II.	Akte der Zivil- und Strafgerichte (Abs. 1)	4–6
	A. Ausnahme	4
	B. Gegenausnahmen	5–6
III.	Akte des Verwaltungsgerichts (Abs. 2)	7–10
	A. Ausnahme	7
	B. Zuständigkeiten	8–10

I. Grundlagen

A. Regelungsgegenstand und Entstehungsgeschichte

§ 43 schliesst die Beschwerde an das Verwaltungsgericht laut Marginalie aus, wenn **andere kantonale Behörden** als Rechtsmittelinstanzen amten. Trotz der weiten Umschreibung in der Marginalie zeigt ein Blick in den Normtext, dass allein Entscheide der erstinstanzlichen Zivil- und Strafgerichte sowie gewisse Akte des Verwaltungsgerichts selber – mithin einzig Entscheide von gerichtlichen Behörden – von der Ausnahme er-   1

Unter Mitarbeit von ANJA MARTINA BINDER, MLaw, LL.M., und PATRICK BLUMER, MLaw.

fasst sind. Auch hier wird die grundsätzliche Ausnahme durch eine Reihe von *Gegenausnahmen* durchbrochen, welche im Ergebnis die Zuständigkeit des Verwaltungsgerichts wiederherstellen.

2 Die Einführung der Rechtsweggarantie und die daran anschliessende Totalrevision der Bundesrechtspflege im Jahr 2005 machte eine **umfassende Revision** der Bestimmung über die Zulässigkeit der Beschwerde an das Verwaltungsgericht und damit auch eine Neuregelung des Ausnahmekatalogs im Rahmen der VRG-Revision von 2010 erforderlich. Dabei wurde § 43 gleich wie die damit eng zusammenhängenden Bestimmungen (§§ 41, 42 und 44) inhaltlich neu gefasst.

B. Vorgaben des übergeordneten Rechts

3 Ausnahmen von der mit § 41 begründeten generellen Zuständigkeit des Verwaltungsgerichts müssen den Vorgaben des Bundesrechts, insbesondere der Rechtsweggarantie (Art. 29a BV) und der Kantonsverfassung, namentlich dem Grundsatz des zweistufigen Instanzenzugs (Art. 77 Abs. 1 KV) genügen. Mit Blick auf die Zuständigkeit anderer kantonaler Justizbehörden sind Ausnahmen von der Zuständigkeit des Verwaltungsgerichts nur zulässig, wenn die Vorgaben des übergeordneten Rechts dadurch erfüllt werden, dass anstelle des Verwaltungsgerichts eine andere gerichtliche Behörde als oberes kantonales Gericht entscheidet (Art. 86 Abs. 2 BGG)[1], es sich um einen Entscheid mit vorwiegend politischem Charakter handelt (Art. 86 Abs. 3 BGG) oder der begründete Fall einer Ausnahme vom Grundsatz des zweistufigen Instanzenzugs (Art. 77 Abs. 1 Satz 2 KV) vorliegt (vgl. zum Ganzen § 41 N. 5 ff., 10 f., sowie Vorbem. zu §§ 41–71 N. 5 ff., 16 f.).

II. Akte der Zivil- und Strafgerichte (Abs. 1)

A. Ausnahme

4 Gegen Entscheide der erstinstanzlichen **Zivil- und Strafgerichte** ist die Beschwerde an das Verwaltungsgericht unzulässig. Soweit es um Sachmaterien geht, welche andere als öffentlichrechtliche Angelegenheiten im Sinn von § 1 betreffen, hat § 43 Abs. 1 bloss deklaratorische Bedeutung. Eigenständigen Gehalt gewinnt § 43 für Bereiche, in denen die Zivil- und Strafgerichte materiell über öffentlichrechtliche Streitigkeiten entscheiden. An sich wäre in diesen Fällen das Verwaltungsgericht zuständig; seine Zuständigkeit erweist sich indessen aufgrund der Besonderheiten der in Frage stehenden Materie grundsätzlich als ungeeignet[2]. In diesen Fällen soll weiterhin das Obergericht über Rechtsmittel entscheiden[3]. Ausnahmsweise kann die Zuständigkeit des Verwaltungsgerichts aber gerechtfertigt sein; für diese Fälle sieht das Gesetz punktuell (Gegen-)Ausnahmen vor.

---

[1] Zu diesem Erfordernis im Haftrecht vgl. BGE 135 II 94, E. 4.3 (Entscheide des Haftrichters dürfen nicht mehr direkt beim Bundesgericht angefochten werden).
[2] Eine ähnliche Regelung kennen auch andere Kantone; vgl. Art. 77 lit. f und g VRPG BE; dazu HERZOG/DAUM, Umsetzung, S. 18; CH. AUER, Umsetzung, S. 234 und insb. 239 ff.
[3] Vgl. Weisung 2009, S. 970; sowie KIENER/KRÜSI, Beschwerde, S. 89.

B. Gegenausnahmen

Mit § 43 Abs. 1 lit. a–c richtet das Gesetz im Sinn von Gegenausnahmen die Zuständigkeit des Verwaltungsgerichts als Beschwerdeinstanz gegenüber bestimmten Entscheiden der Zivil- und Strafgerichte ein. Es handelt sich durchwegs um Fälle, für welche die erstinstanzliche Zuständigkeit aufgrund der **besonderen Dringlichkeit** der Materie beim Haftgericht liegt[4]:

– Entscheide gemäss §§ 3–14 des *Gewaltschutzgesetzes*[5]. In Frage steht die polizeiliche Anordnung von Schutzmassnahmen im Bereich der häuslichen Gewalt[6]. Für Wegweisungs- und Fernhalteanordnungen der Polizei für höchstens 14 Tage unter Androhung von Straffolgen (§ 34 Abs. 4 PolG) gilt sinngemäss das Verfahren nach GSG (§ 34 Abs. 4 PolG i.V.m. § 33 Abs. 1 GOG)[7]. Die Beschwerdefrist für die Beschwerde ans Verwaltungsgericht beträgt fünf Tage; die Beschwerde hat keine aufschiebende Wirkung (§ 11a Abs. 2 GSG). Vorinstanz des Verwaltungsgerichts ist das (örtlich zuständige) Einzelgericht als Haftgericht (§ 33 Abs. 1 GOG; § 8 Abs. 2 GSG)[8].

– Entscheide gemäss Art. 73–78 des eidg. *Ausländergesetzes:* Es geht um die Anordnung von ausländerrechtlichen Zwangsmassnahmen, genauer um die kurzfristige Festhaltung (Art. 73 AuG), die Ein- oder Ausgrenzung (Art. 74 AuG), die Vorbereitungs- bzw. Ausschaffungshaft (Art. 75–77 AuG) und die Durchsetzungshaft (Art. 78 AuG)[9]. Richterliche Behörde im Sinne des AuG und damit Vorinstanz des Verwaltungsgerichts ist ausschliesslich der Haftrichter bzw. die Haftrichterin des Bezirksgerichts Zürich[10].

– Entscheide gemäss Art. 4–9 des *Konkordats über Massnahmen gegen Gewalt anlässlich von Sportveranstaltungen*[11]: In Frage stehen Entscheide über folgende Massnahmen: Anordnung von Rayonverboten (Art. 4 und 5 HooliganK), Meldeauflagen (Art. 6 und 7 HooliganK) und Polizeigewahrsam (Art. 8 und 9 HooliganK)[12]. Die erstinstanzliche Überprüfung dieser Massnahmen obliegt ausschliesslich der Haftrichterin bzw. dem Haftrichter des Bezirksgerichts Zürich[13]; diese Behörde stellt damit die unmittelbare Vorinstanz des Verwaltungsgerichts dar.

---

[4] Vgl. § 8 Abs. 2 GSG und § 33 GOG; zu Letzterem HAUSER/SCHWERI/LIEBER, Kommentar GOG, § 33.
[5] Die Zuständigkeit des Verwaltungsgerichts ist auch spezialgesetzlich begründet; vgl. § 11a Abs. 1 GSG.
[6] Vgl. § 1 GSG; dazu auch CORNELIA KRANICH SCHNEITER/EVA VONTOBEL-LAREIDA, Das neue Zürcher Gewaltschutzgesetz, FamPra.ch 2008, 90 ff., insb. 96.
[7] Vgl. dazu auch VGr, 26.1.2012, VB.2011.00710, E. 2.1 ff.
[8] Die Mitglieder der Bezirksgerichte sind für die Funktion als Haftrichterin und -richter im ganzen Kantonsgebiet einsetzbar; das Obergericht kann für dieselbe Funktion Ersatzmitglieder für das ganze Kantonsgebiet einsetzen (§ 33 Abs. 2 GOG).
[9] Die bei der Anwendung polizeilichen Zwangs einzuhaltenden Grundsätze richten sich nach dem ZAG; gemäss Art. 2 Abs. 1 lit. b ZAG richtet sich das Gesetz auch an kantonale Behörden, welche im Bereich der Ausländer- und Asylgesetzgebung Zwangsmassnahmen anwenden.
[10] § 2 Verordnung über den Vollzug der Zwangsmassnahmen im Ausländerrecht, in der Fassung vom 19. Dezember 2007 (LS 211.56), sowie § 33 Abs. 3 lit. a GOG.
[11] Das Referendum gegen das geänderte HooliganK-BeitrittsG wurde vom Zürcher Stimmvolk am 9. Juni 2013 verworfen.
[12] Vgl. BGE 137 I 31 zur Verfassungskonformität des HooliganK.
[13] § 2 Abs. 2 HooliganK-BeitrittsG sowie § 33 Abs. 3 lit. b GOG.

§ 43

6 Weil in den genannten drei Konstellationen materiell öffentliches Recht betroffen ist und kaum Berührungspunkte zum Zivil- und Strafrecht bestehen, sieht das Gesetz hier die **Zuständigkeit des Verwaltungsgerichts** vor[14]. Der Dringlichkeit der Angelegenheiten entsprechend liegt der Entscheid bei einem voll- oder teilamtlichen Mitglied des Verwaltungsgerichts, welches als *Einzelrichterin oder Einzelrichter* entscheidet, sofern die Fälle nicht wegen grundsätzlicher Bedeutung der Kammer zur Beurteilung überwiesen werden (§ 38b Abs. 1 lit. d Ziff. 4 i.V.m. § 38b Abs. 2)[15].

III. Akte des Verwaltungsgerichts (Abs. 2)

A. Ausnahme

7 § 43 Abs. 2 nimmt die vom Verwaltungsgericht als einzige Instanz getroffenen *Justizverwaltungsakte* sowie *Erlasse* des Verwaltungsgerichts *implizit* von der Beschwerde an das Gericht aus, indem für die Anfechtung entsprechender Akte die **Zuständigkeit des Obergerichts** begründet wird. Denn soll gegen Akte des Verwaltungsgerichts Rechtsschutz bestehen, kann dieser nicht durch das Verwaltungsgericht selber gewährt werden, weil andernfalls der Grundsatz der richterlichen Unabhängigkeit (Art. 73 Abs. 2 KV; Art. 30 Abs. 1 BV) verletzt würde[16].

B. Zuständigkeiten

8 Stellt ein **Justizverwaltungsakt** (vgl. zum Begriff § 42 N. 17) eine individuell-konkrete Anordnung dar, verlangt die Rechtsweggarantie (Art. 29a BV), dass solche Akte durch eine unabhängige Justizbehörde überprüft werden können (vgl. § 42 N. 17 f.). Gleich wie Justizverwaltungsakte des Obergerichts und des Sozialversicherungsgerichts durch das Verwaltungsgericht überprüft werden (§ 42 lit. c Ziff. 1)[17], ist das Obergericht im Sinne einer analogen «Über-Kreuz-Regelung» zur Beurteilung von Beschwerden gegen Justizverwaltungsakte des Verwaltungsgerichts kompetent (Abs. 2 lit. a)[18]. Das Obergericht entscheidet im Verfahren der Beschwerde gemäss §§ 41 ff.

9 Mit Beschwerde beim Obergericht anfechtbar sind einzig jene Justizverwaltungsakte, die das Verwaltungsgericht als **einzige Instanz** getroffen hat, weil nur in diesem Fall die Rechtsweggarantie betroffen ist. Hat das Verwaltungsgericht demgegenüber einen Justizverwaltungsakt als Rechtsmittelinstanz beurteilt, ist eine Überprüfung durch ein weiteres oberstes kantonales Gericht nicht mehr erforderlich. Diese Regelung rechtfertigt sich nicht zuletzt auch mit Blick auf den Anspruch der Parteien auf ein rasches Verfahren (Art. 18 Abs. 1 KV; Art. 29 Abs. 1 BV).

---

[14] Betr. Rayonverbot so schon der Grundsatzentscheid RB 2008 Nr. 43, E. 1 (VB.2008.00237).
[15] Vgl. Weisung 2009, S. 970, 968.
[16] Vgl. auch Weisung 2009, S. 931.
[17] Z.B. Verweigerung der Erteilung des Anwaltspatents, Weisung 2009, S. 903.
[18] Vgl. Weisung 2009, S. 970, 901 ff.

Verordnungen des Verwaltungsgerichts sind beim Obergericht anzufechten (Abs. 2 lit. b)[19]. Rechtsmittel ist die Beschwerde gemäss Art. 41 ff.[20]. Demgegenüber unterstehen Erlasse des Obergerichts und des Sozialversicherungsgerichts der Beschwerde an das Verwaltungsgericht (§ 42 lit. c Ziff. 2); die Rechtmässigkeit *gemeinsamer Erlasse* der obersten kantonalen Justizbehörden beurteilt das Verwaltungsgericht nach Massgabe von § 41 Abs. 1.

---

[19] Vgl. Weisung 2009, S. 970, 931.
[20] In diese Richtung wohl auch MARTI, Besondere Verfahren, S. 123.

c. Nach dem Inhalt der Anordnung

§ 44

¹ Die Beschwerde ist unzulässig
a. in Stimmrechtssachen gegen erstinstanzliche Anordnungen und Einspracheentscheide des Regierungsrates,
b. bei Begnadigungen,
c. gegen Zulassungsbeschränkungen an Hochschulen,
d. in Gemeindeangelegenheiten hinsichtlich Anordnungen des Regierungsrates
   1. bei Grenzveränderungen unter Gemeinden nach § 2 Abs. 1 und 2 des Gemeindegesetzes vom 6. Juni 1926 (GG),
   2. bei der Vereinigung von Schulgemeinden nach § 4 Abs. 1 GG,
   3. bei der Bildung von Zweckverbänden nach § 7 Abs. 2 GG,
   4. über Staatsbeiträge nach § 8 GG,
   5. über das Recht anderer religiöser Gemeinschaften auf Angaben aus dem Einwohnerregister nach § 39a Abs. 2 GG,
   6. bei Ausnahmebewilligungen nach § 88a Abs. 3 GG,
   7. bei der Vereinigung von Friedensrichterkreisen nach § 100a Abs. 1 GG,
   8. bei der Festlegung der Zivilstands-, der Betreibungs- sowie der Kindes- und Erwachsenenschutzkreise,
e. gegen Anordnungen des Verkehrsrates über die Ausgestaltung der Grundversorgung und die Festlegung der übrigen Verkehrsangebote,
f. im Gesundheitsbereich gegen
   1. Leistungsaufträge des Regierungsrates für das Universitätsspital Zürich und das Kantonsspital Winterthur,
   2. Entscheide des Regierungsrates über Leistungsvereinbarungen seiner Direktion mit diesen Spitälern,
   3. Entscheide des Regierungsrates über Zusammenarbeitsverträge zwischen dem Universitätsspital und der Universität Zürich.

² Weitere gesetzliche Regelungen, welche die Beschwerde an das Verwaltungsgericht für unzulässig erklären, bleiben vorbehalten.

³ Ist die Beschwerde in der Hauptsache unzulässig, so ist sie es auch gegen Teil-, Vor- und Zwischenentscheide sowie gegen Anordnungen über Verfahrenskosten und über Entschädigungen.

Materialien

Weisung 2009, S. 870 f., 873 ff., 889 f., 970, 984; Prot. KR 2007–2011, S. 10245; Weisung GG, S. 52, 224.

Zu alt § 43: Weisung 1957, S. 1042 ff.; Prot. KK 31.1.1958, 30.9.1958; Prot. KR 1955–1959, S. 3382; Beleuchtender Bericht 1959, S. 404 f.; Weisung 1995, S. 1537 f.; Prot. KK 1995/96, S. 90 ff., 116 ff., 131, 144 ff., 163 f., 183, 303 ff., 319 f., 353; Prot. KR 1995–1999, S. 6499 ff.

Literatur

BESSON, Stimmrechtssachen, S. 403 ff.; BIAGGINI GIOVANNI, in: Kommentar KV, Art. 14; HAUSER MATTHIAS, in: Kommentar KV, Art. 59 N. 9 ff.; HAUSER/SCHWERI/LIEBER, Kommentar GOG, Vorbemerkungen zu §§ 202 ff., §§ 202–205; HERZOG, Auswirkungen, S. 43 ff.; HERZOG/DAUM, Umsetzung,

---

Unter Mitarbeit von ANJA MARTINA BINDER, MLaw, LL.M., und PATRICK BLUMER, MLaw.

S. 1 ff.; KIENER/KRÜSI, Beschwerde, S. 73 ff., 90 ff.; STEINMANN GEROLD, in: Basler Kommentar BGG, Art. 88; TOPHINKE ESTHER, in: Basler Kommentar BGG, Art. 86; TOPHINKE, Rechtsweggarantie, S. 88 ff., S. 96 ff.

Inhaltsübersicht

I.	Grundlagen	1–4
	A. Regelungsgegenstand und Entstehungsgeschichte	1–2
	B. Vorgaben des übergeordneten Rechts	3–4
II.	Sachausnahmen (Abs. 1)	5–30
	A. Vorbemerkungen	5–8
	B. Stimmrechtssachen (lit. a)	9–13
	C. Begnadigungen (lit. b)	14–17
	D. Zulassungsbeschränkungen an Hochschulen (lit. c)	18–22
	E. Gemeindeangelegenheiten (lit. d)	23–25
	F. Anordnungen betreffend Verkehrsangebote (lit. e)	26–28
	G. Akte aus dem Gesundheitsbereich (lit. f)	29–30
III.	Vorbehalt spezialgesetzlicher Regelung (Abs. 2)	31–32
IV.	Einheit des Verfahrens (Abs. 3)	33–34

I. Grundlagen

A. Regelungsgegenstand und Entstehungsgeschichte

Mit § 44 verankert das VRG eine dritte Kategorie von Ausnahmen, welche die in § 41 begründete allgemeine Zuständigkeit des Verwaltungsgerichts durchbrechen. Das für die Begründung der Ausnahme massgebende **Kriterium** ist der Marginalie zufolge der **Inhalt der Anordnung**. Die Beschwerde an das Verwaltungsgericht ist folglich ausgeschlossen, wenn eine Behörde oder ein Organ einen Akt erlassen hat, welcher materiell eine Ausnahmematerie beschlägt (Abs. 1). Die Liste gemäss Abs. 1 lit. a–f ist grundsätzlich abschliessend; allerdings bleiben gemäss Abs. 2 weitere gesetzliche Regelungen, welche die Beschwerde an das Verwaltungsgericht für unzulässig erklären, ausdrücklich vorbehalten (vgl. N. 31 f.). Schliesslich konkretisiert Abs. 3 im Sinn einer unechten Ausnahme den Grundsatz der Einheit des Verfahrens; demnach gilt die Regel, dass die Beschwerde gegen Teil-, Vor- und Zwischenentscheide sowie gegen Anordnungen über Verfahrenskosten und Entschädigungen unzulässig ist, sobald die Beschwerde aufgrund einer materiellen Ausnahmeregelung in der Hauptsache nicht gegeben ist. 1

Die Einführung der Rechtsweggarantie und die daran anschliessende Totalrevision der Bundesrechtspflege im Jahr 2005 machte eine **umfassende Revision** der Bestimmung über die Zulässigkeit der Beschwerde an das Verwaltungsgericht und damit auch eine Neuregelung des Ausnahmekatalogs im Rahmen der VRG-Revision von 2010 erforderlich. Dabei wurde § 44 gleich wie die damit eng zusammenhängenden §§ 42 und 43 inhaltlich neu gefasst. 2

§ 44

B. Vorgaben des übergeordneten Rechts

3   Ausnahmen von der mit § 41 begründeten generellen Zuständigkeit des Verwaltungsgerichts müssen den Vorgaben des Bundesrechts, namentlich der **Rechtsweggarantie** (Art. 29a BV) und der Kantonsverfassung, namentlich dem Grundsatz des **zweistufigen Instanzenzugs** (Art. 77 Abs. 1 KV) genügen. Mit Blick auf die Umschreibung von Sachmaterien sind Ausnahmen von der Zuständigkeit des Verwaltungsgerichts unter der Voraussetzung zulässig, dass die Vorgaben des übergeordneten Rechts dadurch erfüllt werden, dass anstelle des Verwaltungsgerichts eine andere gerichtliche Behörde als oberes kantonales Gericht entscheidet (Art. 86 Abs. 2 BGG)[1] oder es sich um einen Entscheid mit vorwiegend politischem Charakter handelt (Art. 86 Abs. 3 BGG). Mit Blick auf die Anforderungen der Kantonsverfassung muss darüber hinaus der begründete Fall einer Ausnahme vom Grundsatz des zweistufigen Instanzenzugs (Art. 77 Abs. 1 Satz 2 KV) vorliegen (vgl. zum Ganzen § 41 N. 5 ff., 10 f., sowie Vorbem. zu §§ 41–71 N. 5 ff., 16 f.).

4   Die Ausgestaltung des kantonalen Instanzenzugs in kantonalen **Stimmrechtsangelegenheiten** ist grundsätzlich Sache der Kantone. Diese haben aber die bundesrechtlichen Vorgaben (Art. 88 BGG) zu beachten. Demnach steht gegen die Entscheide letzter kantonaler Instanzen in Stimmrechtssachen die Beschwerde an das Bundesgericht offen (Art. 88 Abs. 1 lit. a BGG); weil der Bund eine «letzte» kantonale Instanz verlangt, muss der Kanton deshalb ein Rechtsmittel vorsehen (Art. 88 Abs. 2 Satz 1 BGG). Der Gesetzgeber hat die Frage, ob das Rechtsmittel an ein Gericht führen muss, bewusst offen gelassen[2]. Im Anschluss an die überwiegende Lehre[3] hat das Bundesgericht die Frage geklärt und entschieden, dass es sich bei der kantonalen Rechtsmittelinstanz um eine richterliche Behörde handeln muss[4]. Eine *Ausnahme* von dieser Grundregel gilt für Akte des Kantonsparlaments und der Kantonsregierung (Art. 88 Abs. 2 Satz 2 BGG). Von Bundesrechts wegen können entsprechende Akte direkt beim Bundesgericht angefochten werden, unbesehen des Umstands, ob es sich um Rechtsakte oder um Realakte handelt[5]. Solche Fälle direkter Anfechtbarkeit von Stimmrechtsangelegenheiten stellen eine Ausnahme von der Rechtsweggarantie dar, welche der Bundesrat mit dem überwiegend politischen Charakter von Parlaments- und Regierungsakten begründet[6]. Sieht der Kanton indessen – über die bundesrechtlichen Mindestanforderungen hinaus – gegen solche Akte ein kantonales Rechtsmittel vor, muss dieses entsprechend Art. 88 Abs. 2 BGG ebenfalls vor ein Gericht führen[7].

---

[1] Zu diesem Erfordernis im Haftrecht vgl. BGE 135 II 94, E. 4.3 (Entscheide des Haftrichters dürfen nicht mehr direkt beim Bundesgericht angefochten werden).
[2] Botschaft Bundesrechtspflege, S. 4327.
[3] BESSON, Stimmrechtssachen, S. 432 ff.; HERZOG, Auswirkungen, S. 93 ff.; KIENER, Beschwerde, S. 250; STEINMANN, in: Basler Kommentar BGG, Art. 88 N. 15; TOPHINKE, Rechtsweggarantie, S. 105 f.
[4] BGE 134 I 199, E. 1.2., m.H. auf nicht amtlich publizierte Entscheide.
[5] HERZOG, Auswirkungen, S. 93 Fn. 260; KIENER, Beschwerde, S. 250.
[6] Botschaft Bundesrechtspflege, S. 4327.
[7] BGE 134 I 199, E. 1.2.

II. Sachausnahmen (Abs. 1)

A. Vorbemerkungen

Weil das Bundesrecht den Ausschluss des Beschwerdewegs an das Verwaltungsgericht nur noch in wenigen Fällen zulässt (Art. 86 Abs. 2 und 3 BGG; Art. 88 BGG), musste der zuvor relativ breit gefasste Ausnahmenkatalog von alt § 43 **erheblich verengt** werden, mit der Folge, dass sich die Zuständigkeit des Verwaltungsgerichts entsprechend erweitert hat[8].

Im Vergleich zur bis 2010 geltenden Ordnung ist das Verwaltungsgericht zuständig, wenn es um die Überprüfung von Anordnungen über **Kostenbeiträge und Subventionen** geht[9]. Keine Rolle spielt, ob der Beitrag auf einem Rechtsanspruch beruht oder ins behördliche Ermessen gelegt ist[10]. Zufolge der auf Rechtsfragen beschränkten Kognition (§ 50) wird das Verwaltungsgericht die Angemessenheit des zugesprochenen Beitrags jedoch nicht überprüfen. Als Rechtsfehler überprüfbar ist aber der Vorwurf der rechtsfehlerhaften Ausübung des Ermessens und der Verletzung von Verfahrensvorschriften[11].

Anordnungen über den Erwerb des **Bürgerrechts** müssen nach Massgabe des Bundesrechts durch ein kantonales Gericht überprüft werden können: Nach Art. 50 BüG setzen die Kantone Gerichtsbehörden ein, die als letzte kantonale Instanzen Beschwerden gegen ablehnende Entscheide über die ordentliche Einbürgerung beurteilen. Damit bringt der Bundesgesetzgeber die durch das Bundesgericht begründete[12] und heute in der Lehre vorherrschende Meinung zum Ausdruck, dass es sich bei Streitigkeiten im Bereich der ordentlichen Einbürgerung um materielle Rechtsanwendungsakte handelt und nicht um Angelegenheiten mit überwiegend politischem Charakter[13]. Aus der verfahrensrechtlichen Optik darf hier mithin keine Ausnahme von der Rechtsweggarantie begründet werden[14]; im Gegenteil wird mit der Öffnung des Rechtsmittelwegs an das Verwaltungsgericht den Anforderungen von Art. 29a BV und Art. 86 Abs. 2 BGG hinreichend Rechnung getragen. Keine Rolle spielt, dass auf Bundesebene einzig die subsidiäre Verfassungsbeschwerde zur Verfügung steht[15].

---

[8] KIENER/KRÜSI, Beschwerde, S. 90 ff.; vgl. auch JAAG/RÜSSLI, Staats- und Verwaltungsrecht, N. 2113.
[9] § 2a und § 3 StBG.
[10] TOPHINKE, in: Basler Kommentar BGG, Art. 86 N. 23; im Anschluss daran KIENER/KRÜSI, Beschwerde, S. 90. Vgl. dagegen Art. 83 lit. k BGG; dazu Botschaft Bundesrechtspflege, S. 4230.
[11] Weisung 2009, S. 867.
[12] BGE 129 I 232, E. 3.3 und 3.4.2, bestätigt in BGE 134 I 56, E. 2; vgl. betr. umfassende Rechts- und Sachverhaltsprüfung auch BGE 137 I 235, E. 2.5.
[13] Vgl. statt anderer DORIS BIANCHI, Paradigmenwechsel im Einbürgerungsrecht, ZBl 2004, 401 ff., 411 ff.; ANDREAS AUER, Einbürgerungen durch Gemeindeversammlungen: Um- und Holzwege der bundesgerichtlichen Rechtsprechung, ZBl 2009, 69 ff., 86; kritisch differenzierend GIOVANNI BIAGGINI, Entwicklungen und Spannungen im Verfassungsrecht – Versuch einer Standortbestimmung zehn Jahre nach Inkrafttreten der Bundesverfassung vom 18. April 1999, ZBl 2010, 1 ff., 12 Fn. 53.
[14] HERZOG, Auswirkungen, S. 102; TOPHINKE, Rechtsweggarantie, S. 101 f. Vgl. auch Yvo HANGARTNER, Grundsatzfragen der Einbürgerung nach Ermessen, ZBl 2009, 293 ff., 295 f.
[15] KIENER/KRÜSI, Beschwerde, S. 91; TOPHINKE, Rechtsweggarantie, S. 101. Gemäss der jüngsten Rechtsprechung des Bundesgerichts verschafft das BüG den Betroffenen neu eine «hinreichend klar umschriebene Rechtsposition, um im Verfahren vor Bundesgericht die Willkürrüge erheben zu können»; vgl. BGE 138 I 305, E. 1.4.2 und 1.4.6.

8   Vor der Revision 2009 zählte der Ausnahmekatalog eine Reihe von Anordnungen auf, denen **kein überwiegend politischer Charakter** zukommt (vgl. alt § 43). Solche Materien unterstehen seit Einführung der Rechtsweggarantie (Art. 29a BV) aufgrund der bundesrechtlichen Vorgaben der Beschwerde an das Verwaltungsgericht. Dazu gehören namentlich Anordnungen über Erlass und Stundung geschuldeter *Abgaben*[16], Anordnungen auf dem Gebiet der *Fremdenpolizei*[17] oder Anordnungen auf dem Gebiet des *Militärwesens* und des *Zivilschutzes*[18] sowie Anordnungen aus dem Bereich des *Personalrechts*[19].

B.   Stimmrechtssachen (lit. a)

9   In Stimmrechtssachen ist die Beschwerde unzulässig, soweit erstinstanzliche Anordnungen und Einspracheentscheide des Regierungsrats betroffen sind. Nach Massgabe der **Legaldefinition** in § 19 Abs. 1 lit. c sind Stimmrechtssachen Handlungen staatlicher Organe, welche die politische Stimmberechtigung der Bürgerinnen und Bürger sowie Volkswahlen und Volksabstimmungen betreffen[20].

10 Weil Akte des Parlaments und der Regierung, welche die politischen Rechte der Stimmberechtigten in kantonalen Angelegenheiten verletzen könnten, von Bundesrechts wegen direkt beim Bundesgericht angefochten werden können (N. 4), ist es bundesrechtskonform, wenn das VRG die Beschwerde gegen **erstinstanzliche Anordnungen des Regierungsrats** in Stimmrechtssachen von der Beschwerde an das Verwaltungsgericht ausschliesst. Demnach sind die folgenden Akte direkt beim Bundesgericht anzufechten[21]: die Anordnung einer kantonalen Volkswahl oder Volksabstimmung[22]; der Beschluss über den Beleuchtenden Bericht[23]; der Entscheid über den Einsatz eines Beiblatts bei einer kantonalen Wahl[24] oder die Zuweisung eines Amts, wenn sich eine gewählte Person bei Bestehen einer Unvereinbarkeit nicht für eines der beiden Ämter entscheidet[25].

11 Gegen erstinstanzliche Handlungen des Regierungsrats, welche als *Realakte* in Stimmrechtssachen ergehen (so z.B. Informationen im Vorfeld von Wahlen und Abstimmungen)[26], sieht das Gesetz in § 10d Abs. 1 VRG die **Einsprache** vor, damit der Regierungsrat in Kenntnis der konkreten Einwände gegen seinen Akt nochmals entscheiden kann (vgl. dazu § 10d N. 2 f.)[27]. Solche Einspracheentscheide sind von der Beschwerde an das Verwaltungsgericht ausgenommen und dementsprechend direkt beim Bundesgericht anfechtbar[28].

---

[16] Weisung 2009, S. 870 f.
[17] Weisung 2009, S. 872. Vgl. auch VGr, 6.10.2010, VB.2010.00398, E. 1, betr. Aufenthaltsrecht.
[18] Weisung 2009, S. 872 f.
[19] Weisung 2009, S. 882 ff.
[20] Vgl. auch Art. 88 Abs. 1 BGG; dazu STEINMANN, in: Basler Kommentar BGG, Art. 88 N. 1, mit Verweis auf STEINMANN, in: Basler Kommentar BGG, Art. 82 N. 82.
[21] Aufzählung gemäss Weisung 2009, S. 878.
[22] § 57 Abs. 1 i.V.m. § 12 Abs. 1 lit. a GPR.
[23] § 64 Abs. 3 GPR.
[24] § 61 i.V.m. § 12 Abs. 1 lit. a GPR.
[25] § 30 Abs. 2 i.V.m. § 12 Abs. 1 lit. a GPR.
[26] Vgl. STEINMANN, in: Basler Kommentar BGG, Art. 88 N. 13.
[27] Weisung 2009, S. 879 und 957.
[28] KIENER/KRÜSI, Beschwerde, S. 92.

E contrario sind **Rekursentscheide** des Regierungsrats in Stimmrechtssachen vor Verwaltungsgericht anfechtbar (§ 41 Abs. 1 i.V.m. § 19 Abs. 1 lit. c)[29]. Damit löst das VRG die bundesrechtliche Vorgabe ein, wonach in kantonalen Stimmrechtssachen grundsätzlich ein Rechtsmittel an ein oberes kantonales Gericht vorzusehen ist (Art. 88 Abs. 2 Satz 1 BGG)[30].

12

Sind **Anordnungen des Kantonsrats** in Stimmrechtssachen betroffen, richtet sich die Zuständigkeit des Verwaltungsgerichts nach § 41 i.V.m. § 42 lit. b; demnach sind solche Akte grundsätzlich von der Beschwerde an das Verwaltungsgericht ausgenommen.

13

C.   Begnadigungen (lit. b)

Aufgrund der in Abs. 1 lit. b formulierten Ausnahme ist die Beschwerde bei Begnadigungen unzulässig[31]. Die **Zuständigkeit** für Begnadigungen liegt beim Kantonsrat, vorausgesetzt, es stehe ein Urteil einer kantonalen Justizbehörde in Frage (Art. 381 lit. b StGB). Der Kantonsrat entscheidet nach Massgabe von Art. 59 Abs. 2 lit. b KV allerdings allein jene Begnadigungsgesuche, welche der Regierungsrat befürwortet[32]. Ein Begnadigungsgesuch ist beim Regierungsrat einzureichen (§ 202 GOG); dieser führt das Verfahren durch und entscheidet über die (materielle oder prozedurale) Abweisung des Gesuchs (§ 204 Abs. 1 Satz 1 GOG). Der Nichteintretensentscheid ist gleich wie der negative Entscheid in der Sache endgültig und insbesondere auch nicht an den Kantonsrat weiterziehbar[33]. Der Regierungsrat muss jedoch die Justizkommission des Kantonsrats über die Gründe der Abweisung unterrichten (§ 204 Abs. 1 Satz 2 GOG). So oder anders werden Entscheide über Begnadigungsgesuche nicht begründet (§ 204 Abs. 3 GOG)[34].

14

Eine Begnadigung hat gemäss Art. 383 Abs. 1 StGB zur **Folge,** dass alle durch rechtskräftiges Urteil auferlegten Strafen ganz oder teilweise erlassen oder die Strafen in mildere Strafarten umgewandelt werden[35]. Demnach korrigiert die Begnadigung nicht das zugrunde liegende Strafurteil, sondern stellt vielmehr ein Vollstreckungshindernis dar[36]. In materieller Hinsicht setzt eine Begnadigung einzig Begnadigungswürdigkeit voraus[37].

15

---

[29] Weisung 2009, S. 879 f.
[30] Vgl. KIENER/KRÜSI, Beschwerde, S. 92.
[31] Eingehend zum Begriff HAUSER/SCHWERI/LIEBER, Kommentar GOG, Vorbem. zu §§ 202 ff. N. 1 und 2. Zum Folgenden eingehend KIENER/KRÜSI, Beschwerde, S. 92 ff.
[32] Vgl. zudem § 204 Abs. 2 GOG. Zum Ganzen eingehend HAUSER/SCHWERI/LIEBER, Kommentar GOG, § 204 N. 6 ff.
[33] HAUSER, in: Kommentar KV, Art. 59 N. 11; HAUSER/SCHWERI/LIEBER, Kommentar GOG, § 204 N. 1 und 3.
[34] Zum Ganzen HAUSER, in: Kommentar KV, Art. 59 N. 9 ff.
[35] Weiterführend statt anderer GÜNTER STRATENWERTH, Schweizerisches Strafrecht, Allgemeiner Teil II: Strafen und Massnahmen, 2. Aufl., Bern 2006, § 7 N. 52.
[36] BGE 117 Ia 84, E. 2a (Pra 1993 Nr. 24); HAUSER, in: Kommentar KV, Art. 59 N. 9; SCHMID, in: Kommentar KV, Art. 73 N. 8. Vgl. auch VEST, in: St. Galler Kommentar BV, Art. 173 N. 127.
[37] Vgl. BGE 118 Ia 104, E. 2b (Pra 1992 Nr. 197); HAUSER/SCHWERI/LIEBER, Kommentar GOG, Vorbem. zu §§ 202 ff. N. 33.

Das Bundesgericht hat die Begnadigung als «pur acte de souveraineté» bzw. als Akt «sui generis» bezeichnet, welcher seiner Rechtnatur nach keine Verfügung darstelle[38].

16 Mit Blick auf das übergeordnete Recht bemisst sich die **Zulässigkeit der Ausnahmeregelung** daran, ob es sich bei der Begnadigung um einen primär politischen Akt handelt, welcher sich aufgrund der *grossen Wertungsspielräume*[39] für eine gerichtliche Nachprüfung nicht eignet (N. 3). Dies ist zwar grundsätzlich zu bejahen: Die Begnadigung ist ein primär *politischer Akt* und aufgrund der breiten Wertungsspielräume nur bedingt justiziabel; eine Ausnahme von der Rechtsweggarantie wird in der Lehre deshalb als gerechtfertigt erachtet[40].

17 Die prinzipielle Unzulässigkeit der Beschwerde ans Verwaltungsgericht stösst aber auf **Vorbehalte**[41]. Wohl eröffnet der Entscheid über ein Begnadigungsgesuch weite Ermessensspielräume; die zuständige Behörde bewegt sich dabei allerdings nicht im rechtsfreien Raum, sondern ist auch im Begnadigungsverfahren als einem Verwaltungsverfahren[42] kraft Art. 35 Abs. 2 BV an die Grundrechte gebunden. Angesprochen sind insbesondere das Willkürverbot (Art. 9 BV), das Rechtsgleichheitsgebot (Art. 8 Abs. 1 BV) und das Diskriminierungsverbot (Art. 8 Abs. 2 BV)[43]. Eine Verletzung dieser Rechte im Begnadigungsverfahren ist im Verfahren der Beschwerde in öffentlichrechtlichen Angelegenheiten (Art. 82 ff. BGG) zu rügen. In diesem Verfahren ist die Willkürrüge auch dann zulässig, wenn in der Sache selbst kein Anspruch – hier: auf Begnadigung – besteht[44]. In jedem Fall gerichtlich überprüfbar ist die Beachtung prozessualer Garantien[45]. Der verfassungsmässige Anspruch auf ein faires Verfahren (Art. 29 Abs. 1 BV) ist gemäss bundesgerichtlicher Rechtsprechung justiziabel und muss in einem mit Art. 29a BV zu vereinbarenden Verfahren überprüft werden können. Steht eine Verletzung der erwähnten Grundrechte in Frage, stellt folglich auch die (Nicht-)Begnadigung eine Streitigkeit dar, welche von der Rechtsweggarantie erfasst wird[46]. Allgemeiner Regel zufolge sind die Anforderungen der Rechtsweggarantie durch die kantonalen Gerichte sicherzustellen. Vor diesem Hintergrund ist § 44 Abs. 1 lit. b VRG *verfassungskonform auszulegen,* was im Ergebnis in gewissen Fällen zu einer Nichtanwendung der Norm führt. Das bedeutet, dass bei Anrufung etwa des Willkürverbots, der Rechtsgleichheit oder einschlägiger Verfahrensgarantien gegen die Nichtbehandlung oder Ablehnung eines Begnadigungsgesuchs

---

[38] BGE 118 Ia 104, E. 2b (Pra 1992 Nr. 197); 117 Ia 84, E. 1a (Pra 1993 Nr. 24); 106 Ia 131, E. 1a; vgl. auch BGr, 18.6.2001, 1P.240/2001, E. 1c.
[39] Dazu auch HAUSER, in: Kommentar KV, Art. 59 N. 11.
[40] TOPHINKE, in: Basler Kommentar BGG, Art. 86 N. 19; TOPHINKE, Rechtsweggarantie, S. 102 f.; SEILER, in: Handkommentar BGG, Art. 86 N. 22; HAUSER/SCHWERI/LIEBER, Vorbem. zu §§ 202 ff., N. 3.
[41] Die folgenden Ausführungen stützen sich auf KIENER/KRÜSI, Beschwerde, S. 93 f.
[42] So auch HAUSER/SCHWERI/LIEBER, Kommentar GOG, § 203 N. 1.
[43] BGE 107 Ia 103, E. 3a f.; 95 I 542, E. 1; HAUSER/SCHWERI/LIEBER, Kommentar GOG, § 203 N. 2.
[44] BGE 133 II 249, E. 1.3.2; WALDMANN, in: Basler Kommentar BGG, Art. 89 N. 3; KIENER/RÜTSCHE/KUHN, Öffentliches Verfahrensrecht, N. 1340 ff., insb. N. 1345.
[45] BGE 133 I 185, E. 6.2; 136 II 383, E. 3 (sog. Star-Praxis); 133 I 185, E. 6.2; BGr, 11.6.2009, 1C_30/2009, E. 1.2.
[46] Ebenso KÄLIN, Rechtsweggarantie, S. 59 Fn. 45; KLEY, in: St. Galler Kommentar BV, Art. 29a N. 36; TOPHINKE, Rechtsweggarantie, S. 102, m.H.

durch den Regierungs- bzw. Kantonsrat der Rechtsweg an das Verwaltungsgericht offenstehen muss (vgl. Art. 86 Abs. 2 BGG)[47].

D. Zulassungsbeschränkungen an Hochschulen (lit. c)

Akte aus dem Bereich des **Bildungswesens** fallen grundsätzlich in die Zuständigkeit des Verwaltungsgerichts. So können Rekursentscheide des Bezirksrats betreffend Anordnungen der Schulpflege ohne weiteres beim Verwaltungsgericht mit Beschwerde angefochten werden (§ 75 Abs. 2 VSG)[48]. Insbesondere fallen auch Anordnungen betreffend die Zulassung zu oder den Ausschluss von einem Studien- oder Lehrgang unter die Zuständigkeit des Verwaltungsgerichts[49].

18

Die Beschwerde an das Verwaltungsgericht ist indessen ausgeschlossen gegen Zulassungsbeschränkungen an Hochschulen[50]. Diese Ausnahmeregel ist nicht neu[51]. Die gesetzliche Grundlage für die Einführung eines Numerus clausus an der Universität Zürich findet sich in § 14 Abs. 1 UniG. Demnach kann der Regierungsrat auf Antrag des Universitätsrats für einzelne Lehrgebiete unter gewissen Voraussetzungen Zulassungsbeschränkungen anordnen. Für die Fachhochschulen ergibt sich eine vergleichbare Regelung aus § 18 FaHG.

19

Auch bezüglich dieser Ausnahme ist die Vereinbarkeit mit der Rechtsweggarantie nicht ohne weiteres ersichtlich. Zulassungsbeschränkungen an Hochschulen bedeuten für die Betroffenen einen erheblichen Nachteil; entsprechend gross ist ihr Interesse daran, die sie betreffende Zulassungsbeschränkung durch ein Gericht überprüfen zu lassen[52]. Aus der *Bundesverfassung* ergibt sich **kein Rechtsanspruch** auf Zugang zu einer höheren Bildungseinrichtung[53]. Das Bundesgericht anerkennt einen Anspruch auf eine willkürfreie und rechtsgleiche Regelung bei der Zulassung zu den vorhandenen Studienplätzen, nicht aber einen Anspruch darauf, dass die Kantone jedem Studienwilligen den gewünschten Studienplatz zur Verfügung stellen[54]. Auch aus dem *Völkerrecht* lässt sich dem Bundesgericht zufolge kein Anspruch auf eine bestimmte Ausgestaltung von Zulassungsvoraussetzungen ableiten[55]. Die Kantonsverfassung gewährt indessen mit *Art. 14 KV* ein Recht

20

---

[47] In diese Richtung auch Weisung 2009, S. 890; demnach soll der Praxis überlassen werden, ob die Verletzung von Verfahrensvorschriften anlässlich eines Begnadigungsgesuchs vor Verwaltungsgericht gerügt werden kann. Deutlich auch HAUSER/SCHWERI/LIEBER, Kommentar GOG, § 204 N. 18.
[48] Vgl. etwa VGr, 24.11.2010, VB.2010.00317, E. 1.2, betr. Übernahme von Schulkosten.
[49] VGr, 21.7.2010, VB.2010.00116, E. 1.2 zu einem Beschluss betr. Nichtbestehen einer Prüfung im Bachelorstudiengang einer Fachhochschule und dem damit verbundenen Ausschluss von diesem Studium.
[50] Die folgenden Ausführungen stützen sich auf KIENER/KRÜSI, Beschwerde, S. 95 f.
[51] Vgl. bereits den – allerdings sehr viel weiter gefassten – alt § 43 Abs. 1 lit. f.
[52] Weisung 2009, S. 871.
[53] Vgl. etwa BGE 133 I 156, E. 3.5.3; 125 I 173, E. 3c; 121 I 22, E. 2.; referierend MÜLLER/SCHEFER, Grundrechte, S. 1055. Zum bundes- und völkerrechtlichen Rahmen eines Rechts auf Bildung ausführlich BIAGGINI, in: Kommentar KV, Art. 14 N. 8 ff.
[54] BGE 125 I 173, E. 3c.
[55] BGE 126 I 240, E. 2d, betr. Art. 13 Abs. 2 lit. c UNO-Pakt I. Referierend MÜLLER/SCHEFER, Grundrechte, S. 1055 f.

auf Bildung. Die Tragweite dieses Grundrechts ist weitgehend ungeklärt[56]. Auszugehen ist von einem grundsätzlichen Anspruch auf Zugang zu einer kantonalen Bildungseinrichtung auf Stufe Volksschule, Mittel-, Berufs- oder Hochschule, wenn die entsprechenden Voraussetzungen erfüllt sind. Zulassungsbeschränkungen müssen folglich willkürfrei, rechtsgleich und diskriminierungsfrei erfolgen[57].

21 Die Frage, ob die Anordnung eines Numerus clausus – bzw. die zugrunde liegende generell-abstrakte Regelung – verfassungsmässig ist, stellt sich allerdings unabhängig von der Bejahung einer grundrechtlichen Garantie auf Zugang zu einer Hochschule. Das Bundesgericht hat in diesem Zusammenhang entschieden, dass eine (kantonale) Regelung staatlicher Leistungen, «welche die tatsächlichen Voraussetzungen für die Ausübung und die Entfaltung der verfassungsmässig gewährleisteten Freiheitsrechte schafft», den Anforderungen an das Legalitätsprinzip zu genügen hat[58]. Zudem muss eine solche Regelung im öffentlichen Interesse liegen und die Verhältnismässigkeit wahren (vgl. Art. 5 Abs. 2 BV)[59]. Weiter hat sowohl die generell-abstrakte Regelung als auch die Anordnung eines Numerus clausus im Einzelfall vor dem Rechtsgleichheitsgebot (Art. 8 Abs. 1 BV), dem Diskriminierungsverbot (Art. 8 Abs. 2 BV) und dem Willkürverbot (Art. 9 BV) standzuhalten[60].

22 Aus der Sicht der **Rechtsweggarantie** (Art. 29a BV) weisen Entscheide betreffend das Ergebnis von schulischen Prüfungen keinen vorwiegend politischen Charakter im Sinn von Art. 86 Abs. 3 BGG auf[61]. Im Kanton Zürich sind sie denn auch schon länger nicht mehr von der Verwaltungsgerichtsbeschwerde ausgenommen[62]. Gleiches muss nach dem Gesagten (N. 20 f.) für die Anordnung von Zulassungsbeschränkungen gelten[63], soweit gestützt auf einen entsprechenden generell-abstrakten Erlass eine Allgemeinverfügung oder eine individuell-konkrete Verfügung erlassen wird. Mit Blick auf solche Allgemeinverfügungen sollte entgegen § 44 Abs. 1 lit. c die Beschwerde an das Verwaltungsgericht offenstehen (vgl. Art. 86 Abs. 2 BGG)[64].

---

[56] Eingehend BIAGGINI, in: Kommentar KV, Art. 14 N. 17 ff., insb. N. 21. Vgl. auch VGr, 7.2.2007, VB.2006.00450, E. 3.2, m.H.
[57] Vgl. JAAG/RÜSSLI, Staats- und Verwaltungsrecht, N. 4003.
[58] BGE 103 Ia 369, E. 6e (betr. Numerus clausus bei der Zulassung zur Universität); vgl. THOMAS GÄCHTER/DANIA TREMP, Arzt und seine Grundrechte, in: Moritz W. Kuhn/Tomas Poledna (Hrsg.), Arztrecht in der Praxis, 2. Aufl., Zürich/Basel/Genf 2007, S. 1 ff., 23.
[59] Vgl. THOMAS GÄCHTER/DANIA TREMP, Arzt und seine Grundrechte, in: Moritz W. Kuhn/Tomas Poledna (Hrsg.), Arztrecht in der Praxis, 2. Aufl., Zürich/Basel/Genf 2007, S. 1 ff.
[60] Vgl. BGE 125 I 173, E. 3c.
[61] HERZOG, Auswirkungen, S. 102. Vgl. auch TOPHINKE, in: Basler Kommentar BGG, Art. 86 N. 23; LUGON/POLTIER/TANQUEREL, Conséquences, S. 118 und 147.
[62] Vgl. dagegen den Ausschluss in Art. 83 lit. t BGG und dazu HERZOG, Auswirkungen, S. 89 f.
[63] Dies gilt indessen nicht für bildungspolitische Grundsatz- oder Richtungsentscheide; vgl. HERZOG, Auswirkungen, S. 88 mit Fn. 236; HERZOG/DAUM, Umsetzung, S. 37; TOPHINKE, in: Basler Kommentar BGG, Art. 86 N. 22. Vgl. auch Art. 32 Abs. 1 lit. d VGG.
[64] Gl.M. betr. § 43 Abs. 1 lit. f VRG in der Fassung vom 8.6.1997 VGr, 26.8.1998, VB.98.00222, sowie KIENER/KRÜSI, Beschwerde, S. 96. A.M. Weisung 2009, S. 871, im Anschluss an alt § 43 Abs. 1 lit. f (Fassung gemäss Bildungsgesetz vom 1. Juli 2002, in Kraft ab 1.1.2004).

E. Gemeindeangelegenheiten (lit. d)

Bei Akten des Kantonsrats in Gemeindeangelegenheiten ist die Beschwerde an das Verwaltungsgericht nach Massgabe von § 42 lit. b ausgeschlossen[65]. § 44 Abs. 1 lit. d nimmt eine Reihe von Gemeindeangelegenheiten von der Beschwerde aus, welche auf (erstinstanzlichen) **Anordnungen des Regierungsrats** beruhen. Gegen entsprechende Akte könnten die Gemeinden grundsätzlich an das Verwaltungsgericht gelangen. Den Zuordnungen des Gesetzgebers zufolge handelt es sich um Anordnungen mit überwiegend politischem Charakter (vgl. Art. 86 Abs. 3 BGG), so dass der Ausschluss von der Beschwerde als zweckmässig erachtet wird[66].

Die Aufzählung gemäss § 44 Abs. 1 lit. d Ziff. 1–8 ist **abschliessend**. Für Anordnungen des Regierungsrats in Gemeindeangelegenheiten, welche auf dieser Liste nicht figurieren, ist die Beschwerde an das Verwaltungsgericht zulässig. Ausgenommen sind folgende Materien:

– Anordnungen bei **Grenzveränderungen** unter Gemeinden nach § 2 Abs. 1 und 2 GG (Ziff. 1)[67].

Der bisherige Ausschlussgrund (Anordnungen bei Grenzveränderungen unter Gemeinden nach § 2 Abs. 1 und 2 GG) wird mit der Totalrevision des GG aus dem VRG gestrichen[68], weil solchen Streitigkeiten der überwiegend politische Charakter abgeht. Die Kompetenz des Regierungsrats zur Genehmigung entsprechender Verträge bleibt indessen bestehen (§ 173 Abs. 2 E-GG), solche Akte unterstehen demzufolge neu der Beschwerde an das Verwaltungsgericht.

Mit dem E-GG wird Ziff. 1 inhaltlich neu gefasst. Neu wird eine Ausnahme für Anordnungen bei der Bewilligung von Versuchen der Gemeinden über die Weiterentwicklung der interkommunalen Zusammenarbeit nach § 85 Abs. 1 E-GG vorgesehen[69]. Entsprechende Akte sind demnach von der Beschwerde an das Verwaltungsgericht ausgenommen.

– Anordnungen bei der **Vereinigung von Schulgemeinden** nach § 4 Abs. 1 GG (Ziff. 2). Angesprochen ist die Vereinigung einer Schulgemeinde mit einer politischen Gemeinde oder einer anderen Schulgemeinde[70]. Eine Nichtgenehmigung der in diesem Zusammenhang erforderlichen Änderung der Gemeindeordnung wäre demgegenüber mit Beschwerde beim Verwaltungsgericht anfechtbar[71].

Die bisher bestehende Ausnahme, welche Anordnungen im Zusammenhang mit der Vereinigung von Schulgemeinden nach § 4 Abs. 1 GG betrifft, soll anlässlich der Totalrevision des GG auf Anordnungen bezüglich der Vereinigung sowohl von politischen wie von Schulgemeinden (§ 165 E-GG) ausgedehnt werden, der Regierungsrat

---

[65] Vgl. auch Weisung 2009, S. 876.
[66] Weisung 2009, 875 f.
[67] JAAG/RÜSSLI, Staats- und Verwaltungsrecht, N. 2238.
[68] Diesbezüglich missverständlich die Weisung GG. S. 52, 224, welche von einer «Ergänzung von Ziff. 1 spricht».
[69] Weisung GG, S. 224.
[70] JAAG/RÜSSLI, Staats- und Verwaltungsrecht, N. 2237; JAAG, in: Kommentar KV, Art. 84 N. 6 f.
[71] Weisung 2009, S. 876. Vgl. auch JAAG, in: Kommentar KV, Art. 84 N. 10.

wird nach der Totalrevision des GG neu generell zuständig sein, Verträge über den Zusammenschluss von Schulgemeinden und von politischen Gemeinden zu genehmigen. In der Folge wird auch der Ausschlussgrund in § 44 lit. d Ziff. 2 auf alle Genehmigungen von entsprechenden Zusammenschlussverträgen zu erweitern sein[72].
- Anordnungen bei der Bildung von **Zweckverbänden** nach § 7 Abs. 2 GG (Ziff. 3). Gemäss § 7 Abs. 2 GG können Zweckverbände, wenn es für die Lösung von Gemeindeaufgaben notwendig ist, auch *gegen den Willen* einzelner Gemeinden geschaffen werden[73]. Verbände von politischen Gemeinden werden durch Beschluss des Kantonsrats konstituiert, Verbände von Schulgemeinden[74] durch Beschluss des Regierungsrats. Das Gesetz nimmt entsprechende Anordnungen in beiden Fällen von der Beschwerde an das Verwaltungsgericht aus[75].

Die Schaffung von Zweckverbänden gegen den Willen einzelner Gemeinden wird nach der Totalrevision des GG in § 83 E-GG geregelt. Das E-GG bindet die politische Komponente beim Entscheid über solche Fragen stark zurück, weshalb der bisherige Ausschlussgrund gemäss § 44 lit. d Ziff. 3 ersatzlos gestrichen werden soll[76]. Damit unterstehen entsprechende Anordnungen des Regierungsrats der Beschwerde an das Verwaltungsgericht.

- Anordnungen über **Staatsbeiträge** nach § 8 GG (lit. d Ziff. 4). Angesprochen ist die Bewilligung von Subventionen an Gemeinden bei Veränderungen der Gemeindeeinteilung[77].

Finanzielle Beiträge des Kantons an die Gemeinden bei Zusammenschlüssen von Gemeinden werden nach der Totalrevision GG in § 167 ff. E-GG geregelt. Am Ausschlussgrund von lit. d Ziff. 4 ändert sich inhaltlich nichts, er wird nur systematisch umplatziert und findet sich neu als Ausschlussgrund in § 44 lit. d Ziff. 3[78].

- Anordnungen über das Recht **anderer religiöser Gemeinschaften** auf **Angaben aus dem Einwohnerregister** nach § 39a Abs. 2 GG (lit. d Ziff. 5). In der Sache geht es um die Rechte von andern religiösen Gemeinschaften christlicher oder jüdischer Zugehörigkeit als die von der Verfassung anerkannten kirchlichen Körperschaften und jüdischen Gemeinden auf Bekanntgabe von Personendaten aus dem Einwohnerregister. Sie erhalten damit aus dem Einwohnerregister der Wohnsitzgemeinde und teilweise den Registern der Schulgemeinden unentgeltlich die Angaben, die sie zur Erfassung ihrer Mitglieder beziehungsweise zur Erfüllung ihrer kirchlichen Aufgaben benötigen (vgl. § 15 KiG bzw. § 7 GjG).

Der E-GG lässt diese Ausnahmebestimmung unverändert; verwiesen wird indessen auf das Gemeindegesetz vom 6. Juni 1926, welches teilweise in Kraft bleibt[79].

---

[72] Weisung GG, S. 52, 224.
[73] JAAG/RÜSSLI, Staats- und Verwaltungsrecht, N. 2309; vgl. auch JENNI, in: Kommentar KV, Art. 92 N. 9 ff.
[74] Die in § 7 Abs. 2 GG ebenfalls genannten Zivilgemeinden wurden anlässlich der Revision der Kantonsverfassung aufgehoben (vgl. Art. 83 und 143 Abs. 1 KV).
[75] Vgl. für entsprechende Beschlüsse des Kantonsrats § 42 lit. b.
[76] Diesbezüglich missverständlich die Weisung GG. S. 52, 224, welche ausführt, die Ausschlussgründe in § 44 lit. d Ziff. 3 entsprächen geltendem Recht.
[77] JAAG/RÜSSLI, Staats- und Verwaltungsrecht, N. 3329.
[78] Weisung GG, S. 224.
[79] Weisung GG, S. 209.

- Anordnungen bei **Ausnahmebewilligungen** nach § 88a Abs. 3 GG (lit. d Ziff. 6). Es handelt sich um Ausnahmebewilligungen für die Einführung eines Gemeindeparlaments in politischen Gemeinden, die sich nicht mit einer Schulgemeinde vereinigt haben[80].
  Nach Massgabe des E-GG wird dieser Ausnahmegrund entfallen[81].
- Anordnungen bei Vereinigungen von Friedensrichterkreisen nach § 100a Abs. 1 GG (lit. d Ziff. 7). Das Gemeindegebiet kann durch die Gemeindeordnung in Verwaltungskreise eingeteilt werden, die in der Regel zugleich **Friedensrichterkreise** bilden; auf Antrag des Gemeinderates kann der Regierungsrat nach Anhören des Obergerichts mehrere Friedensrichterkreise vereinigen. Anordnungen des Regierungsrats betreffend die Vereinigung von Friedensrichterkreisen sind von der Beschwerde ans Verwaltungsgericht ausgenommen.
  Gemäss E-GG bleibt der Ausschlussgrund von lit. d Ziff. 7 inhaltlich bestehen, wird aber neu zu § 44 lit. d Ziff. 5 und es wird nicht mehr auf das GG, sondern auf § 53 Abs. 2 GOG verwiesen.
- Anordnungen bei der Festlegung der **Zivilstandskreise** und der **Betreibungskreise** (lit. d Ziff. 8). Zivilstandskreise werden gemäss § 1 Abs. 1 ZStV, Betreibungskreise gemäss § 1 Abs. 2 EG SchKG festgelegt[82]. Eine Nichtgenehmigung eines Zusammenarbeitsvertrags unter Gemeinden im Nachgang zur Festlegung der Zivilstands- bzw. Betreibungskreise ist hingegen beim Verwaltungsgericht anfechtbar[83]. Mit dem EG KESR vom 25. Juni 2012 wurde § 44 Abs. 1 lit. d Ziff. 8 dahingehend ergänzt, dass auch die nach § 2 Abs. 2 EG KESR durch den Regierungsrat erfolgende Festlegung der Kindes- und Erwachsenenschutzkreise von der Beschwerde ausgenommen wird[84].
  Gemäss E-GG wird die bisherige Ziff. 8 aufgrund von zwei Streichungen im Ausnahmekatalog zu Ziff. 6 von § 44 lit. d.

Mit Blick auf die **Rechtsweggarantie** erweisen sich die Ausnahmen im Grundsatz als sachgerecht. Problematisch erscheint allerdings der in Ziff. 4 vorgesehene Ausschluss von Anordnungen über die *Gewährung von Subventionen* an Gemeinden bei Veränderungen der Gemeindeeinteilung (§ 8 GG; vgl. auch Art. 84 Abs. 5 KV)[85]. Wie gesehen (N. 6) spricht der Umstand, dass bei Subventionsentscheiden das Ermessen im Vordergrund steht, nicht gegen eine Unterstellung unter die Rechtsweggarantie (Art. 29a BV). 25

F. Anordnungen betreffend Verkehrsangebote (lit. e)

Gegen Anordnungen des Verkehrsrats über die Ausgestaltung der Grundversorgung im öffentlichen Verkehr und die Festlegung der übrigen Verkehrsangebote (vgl. § 18 Abs. 1 PVG) steht den Gemeinden der Rekurs an den Regierungsrat offen (vgl. § 29 lit. a und b 26

---

[80] JAAG/RÜSSLI, Staats- und Verwaltungsrecht, N. 2508.
[81] Vgl. Weisung GG, S. 52.
[82] Vgl. auch JAAG/RÜSSLI, Staats- und Verwaltungsrecht, N. 1213, 1215a.
[83] Weisung 2009, S. 876.
[84] OS 67, 443.
[85] Zu § 8 GG siehe JAAG, in: Kommentar KV, Art. 84 N. 14; BEATRIX ZAHNER, Gemeindevereinigungen – öffentlichrechtliche Aspekte, Diss. (Zürich), Zürich/Basel/Genf 2005, S. 160 ff.

PVG). Der regierungsrätliche Rekursentscheid ist weiterhin nicht an das Verwaltungsgericht weiterziehbar (§ 44 Abs. 1 lit. e)[86] und folglich direkt mit Beschwerde in öffentlichrechtlichen Angelegenheiten beim Bundesgericht anzufechten[87].

27 Der in § 44 Abs. 1 lit. e vorgesehene Ausschluss von der verwaltungsgerichtlichen Zuständigkeit ist **verfassungskonform**. Zunächst beziehen sich entsprechende Anordnungen nicht auf Rechte und Pflichten von natürlichen oder juristischen Personen; mit Blick auf Art. 29a BV erscheint deshalb fraglich, ob solche Entscheide überhaupt eine Rechtsstreitigkeit im Sinn der Rechtsweggarantie darstellen[88]. Weiter weisen derartige Entscheide einen überwiegend politischen Inhalt auf (Art. 86 Abs. 3 BGG)[89]. Es kann folglich «nicht Aufgabe des Verwaltungsgerichts sein, durch isolierte Entscheidungen in ein Fahrplansystem einzugreifen, welches primär auf politischen Interessenabwägungen, die grösstenteils rechtlichen Kriterien nicht zugänglich sind, beruht»[90].

28 Nicht unter die Ausnahme von § 44 Abs. 1 lit. e fällt der **Tarif** des Zürcher Verkehrsverbunds. Weil generell-abstrakter Natur, ist er neu im Rahmen von § 41 Abs. 1 i.V.m. § 19 Abs. 1 lit. d mit Beschwerde beim Verwaltungsgericht anfechtbar[91].

G. Akte aus dem Gesundheitsbereich (lit. f)

29 Gemäss § 44 Abs. 1 lit. f sind schliesslich gewisse **Akte des Regierungsrats** im Gesundheitsbereich von der Verwaltungsgerichtsbeschwerde ausgenommen[92].
 – Mit der Festlegung der medizinischen **Leistungsaufträge** des Universitätsspitals Zürich und des Kantonsspitals Winterthur (Ziff. 1)[93] trifft der Regierungsrat einen gesundheitspolitischen Versorgungsentscheid, dem vorwiegend politischer Charakter im Sinn von Art. 86 Abs. 3 BGG eignet[94]. Ein Ausschluss von der Beschwerde an das Verwaltungsgericht ist deshalb zulässig[95].
 – Gestützt auf die Leistungsaufträge des Regierungsrats an das Universitätsspital Zürich und das Kantonsspital Winterthur ergehen **Leistungsvereinbarungen** seiner Direktion, mit denen jährlich die Leistungsmengen und Preise festgelegt werden[96]. Auch diese Vereinbarungen sind vom Gerichtszugang ausgeschlossen (lit. f Ziff. 2). Gleiches gilt für den regierungsrätlichen Entscheid über **Zusammenarbeitsverträge** zwischen dem Universitätsspital und der Universität Zürich (lit. f Ziff. 3)[97]. In beiden Fällen

---

[86] Vgl. auch Weisung 2009, S. 875.
[87] Als Anwendungsfall BGr, 21.10.2009, 2C_218/2009.
[88] VGr, 30.4.2009, VB.2009.00170, E. 1.3.2. Zum Begriff der Rechtsstreitigkeit insb. TOPHINKE, Rechtsweggarantie, S. 92 f.
[89] Eingehend Weisung 2009, S. 875.
[90] VGr, 30.4.2009, VB.2009.00170, E. 1.3.3.
[91] Vgl. dagegen RB 1990 Nr. 17 (VB 89/0217); VGr, 17.12.2008, VB.2007/00398, E. 1.2.3.
[92] Vgl. Weisung 2009, S. 876 f.
[93] Vgl. § 3 Abs. 1 und 2 USZG; § 3 Abs. 1 und 2 KSWG; vgl. auch JAAG/RÜSSLI, Staats- und Verwaltungsrecht, N. 4224.
[94] Eingehend Weisung 2009, S. 876 f.
[95] Betr. gesundheitspolitische Standort- oder Versorgungsentscheide auch HERZOG, Auswirkungen, S. 88; TOPHINKE, in: Basler Kommentar BGG, Art. 86 N. 22.
[96] § 4 USZG; § 8 Abs. 3 KSWG.
[97] § 6 Abs. 1 und § 4 Abs. 1 USZG.

entscheidet der Regierungsrat – schon nach Massgabe des Spezialgesetzes – endgültig über die Streitigkeit[98]. Die Ausnahmeregelung in § 44 Abs. 1 lit. f Ziff. 2 und 3 wäre vor diesem Hintergrund nicht erforderlich, erfolgt aber aus Gründen der Transparenz[99].

Der Gesetzgeber begründet die (kantonal letztinstanzliche) Zuständigkeit des Regierungsrats primär damit, dass die betreffenden Leistungsvereinbarungen bzw. Zusammenarbeitsverträge Grundlage für den Budgetierungsprozess bilden und folglich rechtzeitig feststehen müssen[100]. Zwar lässt sich mit dem Beschleunigungsgebot die Durchbrechung der Rechtsweggarantie nicht begründen; gleichwohl erweist sich dieser Gerichtsausschluss in der Sache als verfassungskonform, weil die Spitalplanung einen hohen politischen Wertungsanteil aufweist. 30

III. Vorbehalt spezialgesetzlicher Regelung (Abs. 2)

Der Gesetzgeber intendierte mit der Formulierung des Ausnahmekatalogs gemäss § 44 Abs. 1 eine vollständige und abschliessende Regelung der Ausnahmen von der Beschwerde an das Verwaltungsgericht. Gleichwohl ist der Ausnahmekatalog in § 44 Abs. 1 **nicht abschliessend,** denn § 44 Abs. 2 statuiert einen Vorbehalt für gesetzliche Regelungen, welche die Beschwerde an das Verwaltungsgericht für unzulässig erklären. Mit Blick auf die gegenüber § 44 Abs. 1 *älteren* Regeln im Spezialgesetz schafft § 44 Abs. 2 die Voraussetzung dazu, dass die ältere spezialgesetzliche Regelung der jüngeren allgemeineren Regel vorgehen kann[101]. Mit Blick auf *jüngere* spezialgesetzliche Regeln gilt ohnehin der Vorrang des jüngeren, spezielleren Rechts. Beispielsweise beurteilt sich die Zuständigkeit des Verwaltungsgerichts im Bereich des Kirchenwesens auf der Grundlage von § 18 KiG[102]; demnach können Entscheide kirchlicher Behörden letztinstanzlich an die Rekurskommission oder, sofern die Kirchenordnung dies nicht vorsieht, an das Verwaltungsgericht weitergezogen werden (§ 18 Abs. 3 Satz 1 KiG). 31

Angesichts der **Rechtsweggarantie** und der darauf gestützten Regelung der Vorinstanzen des Bundesgerichts gemäss Art. 86–88 BGG sind spezialgesetzliche Ausnahmen so oder anders nur zulässig, wenn es sich um Entscheide mit überwiegend politischem Charakter handelt[103]. So ist gemäss § 18 Abs. 3 KiG die gerichtliche Beurteilung kultischer Fragen generell ausgenommen (Satz 2); bei Entscheiden mit vorwiegend politischem Charakter kann die Kirchenordnung den Weiterzug an die Rekurskommission oder das Verwaltungsgericht ausschliessen (Satz 3). 32

---

[98] § 9 Ziff. 3 USZG; § 8 Abs. 3 KSWG.
[99] Vgl. Weisung 2009, S. 877.
[100] Weisung des Regierungsrats betreffend das Gesetz über das Universitätsspital vom 14. Januar 2003, ABl 2003, 135 ff., S. 159 (betr. Leistungsvereinbarungen) und S. 161 (betr. Zusammenarbeitsverträge); vgl. auch Weisung 2009, S. 877.
[101] Weisung 2009, S. 970.
[102] Vgl. auch Weisung 2009, S. 874.
[103] Weisung 2009, S. 970.

IV. Einheit des Verfahrens (Abs. 3)

33 Gemäss § 44 Abs. 3 ist die Verwaltungsgerichtsbeschwerde gegen Teil-, Vor- und Zwischenentscheide sowie gegen Anordnungen über Verfahrenskosten und über Entschädigungen unzulässig, wenn die Beschwerde **in der Hauptsache** nicht zulässig ist. Diese Bestimmung wurde praktisch unverändert aus der früheren Fassung des Gesetzes (§ 43 Abs. 3 in der Fassung vom 8. Juni 1997) übernommen[104]; sie entspricht bewährter Praxis[105]. Das Verwaltungsgericht ist nach Massgabe von § 41 Abs. 3 i.V.m. § 19a Abs. 2 zur Behandlung entsprechender Beschwerden zuständig, wenn seine Zuständigkeit auch in der Hauptsache gegeben wäre[106].

34 Die Bestimmung stellt eine **unechte Ausnahme** dar; denn die Unzulässigkeit der Beschwerde gegen die hier aufgeführten Zwischen-, Vor- und Teilentscheide sowie Entscheide betreffend Verfahrenskosten und Entschädigungen bei fehlender Zuständigkeit in der Hauptsache ergibt sich aus dem allgemeinen *Grundsatz der Einheit des Verfahrens*[107], welcher im Übrigen auch im Verfahren vor Bundesgericht gilt[108].

(§§ 45–48 aufgehoben)

---

[104] Vgl. Weisung 2009, S. 970.
[105] VGr, 9.12.2010, VB.2010.00546, E. 1.4.2, oder VGr, 14.7.2010, VB.2010.00165, E. 1.3.
[106] Statt vieler VGr, 15.11.2010, VB.2010.00493, E. 1.1, betr. Beurteilung der Entschädigungsfolgen im vorinstanzlichen Verfahren, oder VGr, 18.11.2010, VB.2010.00450, E. 1.2, betr. Verfahrenskosten und Parteientschädigung im Rekursverfahren.
[107] VGr, 9.12.2010, VB.2010.00546, E. 1.4.2; vgl. auch BGE 111 Ib 73, E. 2a (Pra 1986 Nr. 1); 115 Ib 424, E. 2b; sowie 125 II 293, E. 4j; vgl. auch M. MÜLLER, Verwaltungsrechtspflege, S. 197.
[108] Vgl. BGE 134 II 192, E. 1.3; 133 III 645, E. 2.2; HERZOG/DAUM, Umsetzung, S. 13; KIENER/RÜTSCHE/KUHN, Öffentliches Verfahrensrecht, N. 1188. Siehe auch Art. 101 lit. a OG.

Beschwerdeberechtigung
§ 49
Die Beschwerdeberechtigung richtet sich nach den §§ 21 und 21 a.

Materialien
Weisung 2009, S. 971; Prot. KR 2007–2011, S. 10245, 10536.

Literatur
Vgl. die Angaben bei den Vorbem. zu §§ 21–21, bei § 21 und § 21a.

§ 49 in der ursprünglichen Fassung regelte das Verhältnis der Beschwerde an das Verwaltungsgericht zu den Rechtsmitteln an eidgenössische Instanzen; die Bestimmung wurde mit der VRG-Revision von 1997 aufgehoben. Mit der VRG-Revision von 2010 wurde wieder ein § 49 in das Gesetz eingefügt. Er besteht aus einer **Verweisung,** welche die §§ 21 und 21a über die Rekursberechtigung für das Beschwerdeverfahren vor dem Verwaltungsgericht für anwendbar erklärt. Zuvor hatte sich die Anwendbarkeit des damaligen § 21 aus der allgemeinen Verweisung von § 70 auf den zweiten Abschnitt des Gesetzes ergeben. Aufgrund der zentralen Bedeutung der Legitimation wollte es der Gesetzgeber jedoch nicht dabei bewenden lassen[1]. 1

Zum **Inhalt** kann auf die Kommentierungen der §§ 21 und 21a verwiesen werden (vgl. auch die Vorbem. zu §§ 21–21a). Insbesondere ist auf die Behandlung von Fragen hinzuweisen, die sich nur oder vor allem im mehrstufigen Rechtsmittelverfahren stellen: so die funktionelle Zuständigkeit zum Entscheid über die Legitimation (vgl. Vorbem. zu §§ 19–28a N. 57 f.), die Befugnis von Gemeindebehörden zur Anfechtung von Rekursentscheiden (§ 21 N. 101, 114; § 21a N. 19) sowie die Stellung der Parteien des vorinstanzlichen Verfahrens, namentlich der verfügenden Instanz (Vorbem. zu §§ 21–21a N. 17 f.). Hinzuweisen ist schliesslich auf die Ausführungen zur Frage, ob die besondere Legitimationsvorschrift von § 151 Abs. 1 GG im Verfahren vor dem Verwaltungsgericht anwendbar ist (§ 21 N. 92). 2

---

[1] Weisung 2009, S. 971.

> *Beschwerdegründe*
> ## § 50
> [1] Mit der Beschwerde können die Rügen gemäss § 20 Abs. 1 lit. a und b sowie Abs. 2 erhoben werden.
>
> [2] Die Rüge der Unangemessenheit ist nur zulässig, wenn ein Gesetz dies vorsieht.

Materialien

Weisung 2009, S. 859 f., 971; Prot. KR 2007–2011, S. 10245.

Zur früheren Fassung/zu früheren Fassungen und zu alt § 51: Weisung 1957, S. 1047 f.; Prot. KK 4.3.1958, 7.10.1958; Prot. KR 1955–1959, S. 3403; Beleuchtender Bericht 1959, S. 408; Weisung 1995, S. 1538; Prot. KK 1995/96, S. 120 f.; Prot. KR 1995–1999, S. 6505, 6833; Beleuchtender Bericht 1997, S. 6.

Literatur

Allgemein: Vgl. die Angaben bei § 20.

Ermessen und unbestimmter Rechtsbegriff: BERTOSSA, Beurteilungsspielraum; FRAENKEL-HAEBERLE CRISTINA, Unbestimmte Rechtsbegriffe, technisches Ermessen und gerichtliche Nachprüfbarkeit – Eine rechtsvergleichende Analyse, DÖV 2005, 808 ff.; HAIN KARL-E., Unbestimmter Rechtsbegriff und Beurteilungsspielraum – ein dogmatisches Problem rechtstheoretisch betrachtet, in: Rainer Grote et al. (Hrsg.), Die Ordnung der Freiheit, Festschrift für Christian Starck zum siebzigsten Geburtstag, Tübingen 2007, S. 35 ff.; OETER STEFAN, Die Kontrolldichte hinsichtlich unbestimmter Begriffe und Ermessen, in: Frowein Jochen Abr. (Hrsg.), Die Kontrolldichte bei der gerichtlichen Überprüfung von Handlungen der Verwaltung, Berlin etc. 1993, S. 266 ff.; SCHINDLER BENJAMIN, Verwaltungsermessen – Gestaltungskompetenzen der öffentlichen Verwaltung in der Schweiz, Zürich/St. Gallen 2010 *(Verwaltungsermessen);* SCHOCH CLAUDIA, Methode und Kriterien der Konkretisierung offener Normen durch die Verwaltung, Diss. (Zürich), Zürich 1984; STEINMANN GEROLD, Unbestimmtheit verwaltungsrechtlicher Normen aus der Sicht von Vollzug und Rechtsetzung, Diss. (Bern), Bern 1982; VALLENDER KLAUS, Unbestimmter Rechtsbegriff und Ermessen, in: Jean-François Aubert/Philippe Bois (Hrsg.), Mélanges André Grisel, Neuchâtel 1983, S. 819 ff.; WOLFFERS ARTUR, Unbestimmte Rechtsbegriffe und behördliches Ermessen, ZBl 1957, 361 ff.

Verwaltungsverordnungen: BIAGGINI GIOVANNI, Die vollzugslenkende Verwaltungsverordnung – Rechtsnorm oder Faktum?, ZBl 1997, 1 ff. *(Verwaltungsverordnung);* EGLI PATRIZIA, Verwaltungsverordnungen als Rechtsquellen des Verwaltungsrechts?, AJP 2011, 1159 ff.; HÄFELIN/MÜLLER/UHLMANN, Verwaltungsrecht, N. 123 ff.; KÖLZ/HÄNER/BERTSCHI, Verwaltungsverfahren, N. 1039 ff.; TSCHANNEN/ZIMMERLI/MÜLLER, Verwaltungsrecht, § 14 N. 10 f., § 41 N. 11 ff.; UHLMANN FELIX/BINDER IRIS, Verwaltungsverordnungen in der Rechtsetzung – Gedanken über Pechmarie, LeGes 2009, 151 ff.; WIEDERKEHR/RICHLI, Praxis, N. 374 ff., 457 ff., 1104 ff.

Inhaltsübersicht

I.	Allgemeines	1–23
	A. Regelungsgegenstand und Entstehungsgeschichte	1–5
	B. Vorgaben des übergeordneten Rechts	6–8
	C. Rechtsanwendung von Amtes wegen und Rügeprinzip	9–14
	D. Ermessen und unbestimmter Rechtsbegriff	15–23
	1. Allgemeines	15–20
	2. Bedeutung der Unterscheidung in der Praxis	21–23

II.	Rechtsverletzungen (Abs. 1 i.V.m. § 20 Abs. 1 lit. a)	24–59
	A. Einleitung	24
	B. Qualifizierte Ermessensfehler	25–27
	C. Anwendung bzw. Auslegung unbestimmter Rechtsbegriffe	28–34
	D. Kognitionsbeschränkungen der Rekursbehörden	35–42
	E. Konkrete Normenkontrolle	43–51
	1. Allgemeines	43–47
	2. Appellentscheid im Besonderen	48–51
	F. Verwaltungsverordnungen	52–59
III.	Unrichtige oder ungenügende Sachverhaltsermittlung (Abs. 1 i.V.m § 20 Abs. 1 lit. b) .	60–65
IV.	Angemessenheitskontrolle (Abs. 2)	66–72
	A. Im Anwendungsbereich von § 50 Abs. 2	66–69
	B. Ermessensausübung bei reformatorischem Beschwerdeentscheid (§ 63 Abs. 1) . .	70–72
V.	Abstrakte Normenkontrolle	73–76

I. Allgemeines

A. Regelungsgegenstand und Entstehungsgeschichte

§ 50 regelt die **zulässigen Beschwerdegründe,** womit spiegelbildlich zugleich die **Kognition** bzw. die Prüfungsbefugnis des Verwaltungsgerichts bestimmt wird (vgl. § 20 N. 4). Die Bestimmung ist bei der VRG-Revision von 2010 redaktionell vollständig neu gefasst worden. Eine inhaltliche Änderung hat dabei einzig die Regelung über die Angemessenheitskontrolle durch das Verwaltungsgericht erfahren (§ 50 Abs. 2; dazu N. 66 ff.). 1

Nach alt § 50 Abs. 1 konnte mit der Beschwerde an das Verwaltungsgericht jede **Rechtsverletzung** geltend gemacht werden. Als Rechtsverletzung galten dabei nach Abs. 2 insbesondere die unrichtige Anwendung und die Nichtanwendung eines im Gesetz ausgesprochenen oder sich daraus ergebenden Rechtssatzes (lit. a), die unrichtige rechtliche Beurteilung einer Tatsache (lit. b), der Ermessensmissbrauch und die Ermessensüberschreitung (lit. c) sowie die Verletzung einer wesentlichen Form- oder Verfahrensvorschrift (lit. d). Laut alt § 51 konnte zudem jede für den Entscheid erhebliche unrichtige oder ungenügende Feststellung des **Sachverhalts** angefochten werden. Letztere Bestimmung ist vollständig aufgehoben und in den Regelungsinhalt von § 50 Abs. 1 integriert worden. 2

Diese Umschreibung der Beschwerdegründe entsprach nicht mehr der im Verfahren vor Verwaltungsgericht heute üblichen Unterscheidung zwischen Rechtsverletzungen einschliesslich qualifizierter Ermessensfehler einerseits und der mangelhaften Feststellung des Sachverhalts andererseits. Das Gesetz regelt die im Beschwerdeverfahren zulässigen Rügen gegenüber Anordnungen nunmehr durch **Verweisung** auf § 20 Abs. 1 lit. a und b. Die gesetzliche Umschreibung der Rekursgründe entspricht der Nachführung von Lehre und Rechtsprechung (§ 20 N. 5)[1]. 3

Diese Gesetzgebungstechnik erscheint indes wenig geglückt: Zum einen spielt die Abgrenzung zwischen den qualifizierten Ermessensfehlern (Ermessensmissbrauch, Er- 4

---

[1] Vgl. Weisung 2009, S. 971.

messensüberschreitung und Ermessensunterschreitung) von der blossen «Unangemessenheit» einer Anordnung grundsätzlich nur im Beschwerdeverfahren eine Rolle. Eine Kodifizierung der qualifizierten Ermessensfehler, welche als Rechtsverletzungen gelten, hätte sich folglich – falls davon nicht ohnehin abzusehen wäre – in § 50 für das Beschwerdeverfahren und nicht schon in § 20 für das Rekursverfahren aufgedrängt. Zum anderen bringt die **gesetzliche Normierung** der hergebrachten dogmatischen Ermessensfehlertypologie nach neuerer Lehre **keinen normativen Mehrwert** (N. 27 und § 20 N. 22).

5   Grundsätzlich ausgeschlossen ist im Beschwerdeverfahren die Angemessenheitskontrolle. § 50 bringt den **Ausschluss der Angemessenheitskontrolle** einerseits durch die fehlende Verweisung auf § 20 Abs. 1 lit. c in Abs. 1 sowie durch Abs. 2 zum Ausdruck. Die Rüge der Unangemessenheit ist ausnahmsweise dann zulässig, wenn ein Gesetz dies vorsieht (§ 50 Abs. 2; dazu N. 66 ff.). Der Gesetzgeber will mit dieser Regelung grundsätzlich ausschliessen, dass das Verwaltungsgericht einen eigenen Ermessensentscheid zu treffen hat[2].

B.   Vorgaben des übergeordneten Rechts

6   Das Verwaltungsgericht entscheidet als letzte kantonale Instanz und damit – in aller Regel[3] – als unmittelbare Vorinstanz des Bundesgerichts. Soweit es dabei als **erste kantonale Gerichtsinstanz** mit der Angelegenheit befasst ist, hat es den Sachverhalt frei zu prüfen und das massgebende Recht von Amtes wegen anzuwenden (vgl. Art. 110 BGG). Die Anforderungen der Rechtsweggarantie, d.h. die **volle Sachverhalts- und Rechtsprüfung** durch ein Gericht, sind in jedem Fall bereits im kantonalen Verfahren zu erfüllen[4]. Die Rechtsweggarantie nach Art. 29a BV – und deren Konkretisierung durch Art. 110 BGG – verlangt indessen *keine Angemessenheitskontrolle* durch ein Gericht (§ 20 N. 7)[5].

7   Weiter statuiert Art. 111 Abs. 3 BGG, dass das Verwaltungsgericht als unmittelbare Vorinstanz des Bundesgerichts mindestens die Rügen nach Art. 95–98 BGG prüfen können muss. Entscheidet das Verwaltungsgericht als zweite kantonale Gerichtsinstanz, besteht damit von Bundesrechts wegen keine Verpflichtung, dass es den Sachverhalt uneingeschränkt prüft[6]. Die **Rügen nach Art. 95 BGG**, d.h. Verletzungen von Bundesrecht, (direkt anwendbarem) Völkerrecht, kantonalen verfassungsmässigen Rechten, kantonalen Bestimmungen über die politische Stimmberechtigung der Bürgerinnen und Bürger und über Volkswahlen und -abstimmungen sowie von interkantonalem Recht, müssen mit voller Kognition geprüft werden.

8   Aufgrund der Verweisung in Art. 111 Abs. 3 BGG auf Art. 98 BGG wäre es zulässig, dass die letzte kantonale Instanz **vorsorgliche Massnahmen** nur auf die Verletzung verfas-

---

[2] Weisung 2009, S. 860.
[3] Entscheide des Verwaltungsgerichts (als letzter kantonaler Instanz) sind ausnahmsweise nicht (direkt) beim Bundesgericht anfechtbar, soweit ein Bundesgesetz die Beschwerde an das Bundesverwaltungsgericht oder Bundesstrafgericht vorsieht (vgl. Art. 86 Abs. 1 lit. d BGG, Art. 33 lit. i VGG und dazu TOPHINKE, in: Basler Kommentar BGG, Art. 86 N. 11).
[4] EHRENZELLER, in: Basler Kommentar BGG, Art. 110 N. 9 f.
[5] VGr, 17.5.2011, VB.2011.00266, E. 2.2, m.w.H.; ferner KIENER/KRÜSI, Beschwerde, S. 100.
[6] EHRENZELLER, in: Basler Kommentar BGG, Art. 111 N. 17.

sungsmässiger Recht hin überprüft[7]. Das VRG sieht indes keine solche Einschränkung vor, so dass das Verwaltungsgericht solche Zwischenentscheide mit gleicher Kognition prüft wie Endentscheide[8].

C. Rechtsanwendung von Amtes wegen und Rügeprinzip

Das Verwaltungsgericht wendet das Recht von Amtes wegen an (§ 70 i.V.m. § 7 Abs. 4 Satz 2). Dieser Grundsatz der Rechtsanwendung von Amtes wegen wird gemäss der Rechtslehre im Beschwerdeverfahren allerdings durch die Begründungspflicht bzw. das Rügeprinzip relativiert[9]. Nach § 54 Abs. 1 muss die Beschwerde einen Antrag und eine Begründung enthalten. In der Begründung ist daher darzulegen, inwiefern der Entscheid an einem Mangel gemäss § 50 leidet. Die Beschwerdebegründung erfordert eine Auseinandersetzung mit den Erwägungen des angefochtenen Entscheids; sie bildet ein formelles Gültigkeitserfordernis, damit das Gericht überhaupt auf die Beschwerde eintritt (§ 23 N. 8, 17 ff.; vgl. auch § 56 N. 17). § 54 Abs. 1 statuiert aber **kein eigentliches Rügeprinzip**, wonach vom Verwaltungsgericht nur ausdrücklich in der Beschwerde vorgebrachte Rügen geprüft werden.

9

Bei dieser verfahrensrechtlichen Ausgangslage erstaunt es nicht, dass die **Tragweite des Rügeprinzips** in der verwaltungsgerichtlichen Praxis durchaus unterschiedlich festgelegt wird. Es finden sich dazu insbesondere folgende Aussagen:

10

- Im Beschwerdeverfahren wird der Umfang des gerichtlichen Prüfungsaufwands durch die Rügen der Parteien bestimmt, weshalb sich die gerichtliche Überprüfung auf die in der Beschwerde erhobenen Rügen zu beschränken hat[10]. Die Pflicht des Verwaltungsgerichts zur Rechtsanwendung von Amtes wegen wird somit durch das Rügeprinzip *eingeschränkt*[11].
- Das Rügeprinzip, wonach die Rechtsmittelinstanz ihre Überprüfung *grundsätzlich* auf das beschränken soll, was beanstandet ist, begrenzt den Grundsatz der Rechtsanwendung von Amtes wegen[12].
- Es ist dem Verwaltungsgericht «*erlaubt*», nicht gerügte Rechtsverletzungen zu beheben, sofern diese im Zusammenhang mit den Parteivorbringen stehen[13].
- *Klare Mängel* des angefochtenen Entscheids sind von Amtes wegen zu berücksichtigen, d.h. auch wenn sie nicht ausdrücklich gerügt worden sind[14].
- Das Verwaltungsgericht hat *nicht von sich aus nach allen* erdenklichen Rechtsfehlern zu forschen[15].

---

[7] So Ehrenzeller, in: Basler Kommentar BGG, Art. 111 N. 17.
[8] Vgl. etwa VGr, 6.3.2013, VB.2012.00612.
[9] Vgl. Kiener/Rütsche/Kuhn, Öffentliches Verfahrensrecht, N. 101 und 1507; Kölz/Häner/Bertschi, Verwaltungsverfahren, N. 155 ff., 1135.
[10] VGr, 24.3.2005, VB.2004.00473, E. 2.
[11] VGr, 23.1.2003, VB.2002.00361, E. 1b.
[12] VGr, 18.4.2011, PB.2010.00026, E. 6; VGr, 3.9.2008, VB.2008.00188, E. 2.1.
[13] VGr, 23.1.2003, VB.2002.00361, E. 1b.
[14] VGr, 3.9.2008, VB.2008.00188, E. 2.1; VGr, 2.8.2007, VB.2007.00060, E. 4.2; VGr, 9.3.2005, VB.2004.00548, E. 3.3.2; VGr, 18.8.2004, PB.2004.00009, E. 2.
[15] VGr, 2.9.2009, VB.2009.00083, E. 7.4.

– Und schliesslich: Das Verwaltungsgericht *kann* den angefochtenen Entscheid *auf alle Rechtsmängel* hin überprüfen, die von den Parteien nicht gerügt wurden, auch wenn es aufgrund des Rügeprinzips dazu nicht verpflichtet ist[16]. Es ist *berechtigt*, aber nicht verpflichtet, nicht gerügte Rechtsmängel zu berücksichtigen; in diesem Sinne gilt im Beschwerdeverfahren nicht etwa das reine Rügeprinzip[17].

11 Im Weiteren stellt das Verwaltungsgericht die **fehlende Zuständigkeit der Vorinstanz** von Amtes wegen fest (§ 63 N. 25)[18]; und die **konkrete Normenkontrolle** hat das Gericht auch ohne entsprechende Rüge der beschwerdeführenden Partei vorzunehmen (N. 44).

12 Diese **uneinheitliche Rechtsprechung**, die sich zwischen einer strikten Anwendung des Rügeprinzips und einer umfassenden Ausschöpfung der Prüfungsbefugnis des Verwaltungsgerichts nach § 50 bewegt, lässt keine bereichsspezifische Differenzierung der Tragweite des Rügeprinzips erkennen. Selbst die langjährige Praxis, wonach in baurechtlichen Verfahren insoweit das Rügeprinzip gilt, als vor Verwaltungsgericht keine neuen Bauhinderungsgründe mehr geltend gemacht werden können, ist durch neuere Entscheide in Frage gestellt (§ 52 N. 41–43). Die Prüfung der vorinstanzlichen Sachverhaltsfeststellungen ist nach der Rechtsprechung ebensowenig immer nur auf die diesbezüglichen Rügen der beschwerdeführenden Partei beschränkt (dazu N. 62).

13 Der Verwaltungsgerichtsbarkeit kommen im Wesentlichen drei Hauptfunktionen zu: Sie dient dem subjektiven Rechtsschutz, der Streitschlichtung und der Verwirklichung des materiellen Rechts (bzw. der Gewährleistung der richtigen Rechtsanwendung)[19]. Ob sich das Verwaltungsgericht bei der Überprüfung des angefochtenen (Rekurs-)Entscheids auf die in der Beschwerde vorgebrachten Rügen beschränkt oder ob es diesen von Amtes wegen auf sämtliche Rechtsmängel hin prüft, hängt im Wesentlichen von der Gewichtung der genannten Funktionen ab. Unter den Gesichtspunkten des subjektiven Rechtsschutzes und der Streitschlichtung ist eine auf die Rügen der beschwerdeführenden Partei beschränkte Prüfung angezeigt, während die Gewährleistung des objektiven Rechts für eine umfassende Rechtskontrolle durch das Verwaltungsgericht spricht. Es ist daher gerechtfertigt, dass sich der **Umfang der Rechtskontrolle** – neben der ohnehin erfolgenden Auseinandersetzung mit den vorgebrachten Rügen – im Einzelfall nach der Interessenlage der Verfahrensbeteiligten richtet.

14 Eine Schranke findet die Rechtsanwendung von Amtes wegen schliesslich grundsätzlich im **Verbot der reformatio in peius**. Selbst hier lässt die Praxis allerdings Ausnahmen zu (§ 63 N. 25 ff.).

---

[16] VGr, 11.11.2010, VB.2009.00191, E. 2.3.
[17] VGr, 2.8.2007, VB.2007.00060, E. 2.4.
[18] VGr, 22.2.2006, VB.2005.00533, E. 2.4.3.
[19] Vgl. im Einzelnen KIENER/RÜTSCHE/KUHN, Öffentliches Verfahrensrecht, N. 21 ff.; RHINOW/KOLLER/KISS/THURNHERR/BRÜHL-MOSER, Öffentliches Prozessrecht, N. 55 ff.

D. Ermessen und unbestimmter Rechtsbegriff

1. Allgemeines

Die Vorschrift des VRG über die Beschwerdegründe bzw. die Kognition des Verwaltungsgerichts beruht auf der **Unterscheidung zwischen Rechts- und Ermessensfragen**. Das Verwaltungsgericht hat den angefochtenen Entscheid auf Rechtsverletzungen hin zu prüfen; soweit das anwendbare materielle Recht der Verwaltungsbehörde hingegen einen Ermessensspielraum einräumt, bleibt die Prüfung des Gerichts auf einen Missbrauch, eine Überschreitung oder eine Unterschreitung der Ermessensbetätigung beschränkt (§ 50 Abs. 1 i.V.m § 20 Abs. 1 lit. a). Ob überhaupt ein solcher Ermessensspielraum besteht, ist eine durch Auslegung zu beurteilende Rechtsfrage.

Nach der herkömmlichen Rechtslehre ist Ermessen die der Verwaltung aufgrund offener gesetzlicher Bestimmungen zukommende Befugnis, eine bestimmte Rechtsfolge gestützt auf einen Rechtssatz anzuordnen oder nicht. Ermessensbestimmungen können der Verwaltung auch einen Entscheidungsspielraum bei der Festlegung von Rechtsfolgen eröffnen. Dieses sog. **Rechtsfolgeermessen** kommt somit in zwei Arten vor: als *Entschliessungsermessen*, wenn nach dem Gesetz die Verwaltung entscheiden kann, ob sie überhaupt eine bestimmte Anordnung treffen will oder nicht; als *Auswahlermessen*, wenn das Gesetz zwar zwingend die Anordnung einer Rechtsfolge vorschreibt, der Verwaltung aber die Wahl unter mehreren Anordnungen offen steht[20].

Das Rechtsfolgeermessen kann nach einem Teil der Lehre vom **Tatbestandsermessen** unterschieden werden. Bei diesem bezieht sich der Entscheidungsspielraum der Verwaltungsbehörden auf die Beurteilung der Voraussetzungen für den Eintritt der Rechtsfolgen, d.h. den Tatbestand. Ein anderer Teil der Lehre zählt offen formulierte Tatbestände hingegen zu den unbestimmten Rechtsbegriffen[21].

Ein **unbestimmter Rechtsbegriff** (oder Gesetzesbegriff) liegt schliesslich vor, «wenn der Rechtssatz die Voraussetzungen der Rechtsfolge oder die Rechtsfolge selbst in offener, unbestimmter Weise umschreibt»[22] bzw. «wenn eine Norm *die tatbeständlichen Voraussetzungen der Rechtsfolge in besonders offener Weise* umschreibt, so dass der Schluss, der Tatbestand sei erfüllt, nach einer wertenden Konkretisierung verlangt»[23].

Diese tradierte **Unterscheidung** zwischen unbestimmten Rechtsbegriffen und Ermessen bzw. einem Beurteilungsspielraum auf der Tatbestandsseite und Ermessen bezüglich der Rechtsfolge wird in der Rechtslehre zunehmend **in Frage gestellt**. Hinzu kommt, dass auch in der Rechtsprechung des Verwaltungsgerichts häufig keine (jedenfalls scharfe oder nachvollziehbare) Unterscheidung zwischen der Einräumung eines Beurteilungsspielraums bei der Rechtsanwendung durch die Verwaltungsbehörde und der verfahrensgesetzlich vorgeschriebenen Respektierung des Ermessensspielraums gemacht wird.

---

[20] Vgl. statt vieler KIENER/RÜTSCHE/KUHN, Öffentliches Verfahrensrecht, N. 1496–1498; HÄFELIN/MÜLLER/UHLMANN, Verwaltungsrecht, N. 429–435.
[21] Dazu HÄFELIN/MÜLLER/UHLMANN, Verwaltungsrecht, N. 436–438a; TSCHANNEN/ZIMMERLI/MÜLLER, Verwaltungsrecht, § 26 N. 10.
[22] HÄFELIN/MÜLLER/UHLMANN, Verwaltungsrecht, N. 445.
[23] TSCHANNEN/ZIMMERLI/MÜLLER, Verwaltungsrecht, § 26 N. 25.

20 Es dürfte daher wohl in der Zwischenzeit durchaus der vorherrschenden Auffassung entsprechen, dass für die **Festsetzung der gerichtlichen Kontrolldichte** gegenüber Entscheiden der Verwaltungsbehörden in erster Linie darauf abzustellen ist, aus welchem Grund bzw. zu welchem Zweck der Gesetzgeber eine offene Normierung getroffen hat. «Bei jeder offenen Normierung ist demnach zu fragen, ob und wie weit der Gesetzgeber die Befugnis zur Konkretisierung dieser Bestimmung abschliessend einer Verwaltungsbehörde übertragen wollte, weil sie dafür fachlich kompetenter erscheint als ein Gericht, oder ob er eine richterliche Überprüfung als sinnvoll erachtete»[24].

2. Bedeutung der Unterscheidung in der Praxis

21 Durch die Regelung in § 50 Abs. 1 i.V.m. § 20 Abs. 1 lit. a bringt der Gesetzgeber zum Ausdruck, dass dem Verwaltungsgericht die volle Rechtskontrolle zukommt. Anordnungen von Verwaltungsbehörden bzw. Rekursentscheide sind uneingeschränkt auf Rechtsverletzungen hin zu prüfen; dazu gehören auch qualifizierte Ermessensfehler. Dementsprechend ist an der Unterscheidung, ob ein Rechtssatz einen unbestimmten Rechtsbegriff beinhaltet oder der Verwaltungsbehörde Rechtsfolgeermessen einräumt, **festzuhalten** (vgl. auch N. 25 ff.).

22 Dabei ist Folgendes zu beachten: Zum einen besteht in der Praxis die Tendenz zur stärkeren **rechtlichen Einbindung des Rechtsfolgeermessens,** namentlich durch die Berücksichtigung der allgemeinen Verfassungsgrundsätze. Überhaupt erfordert eine gesetzeskonforme Ermessensausübung die Beurteilung aller für den Entscheid massgebenden Gesichtspunkte; das Ermessen muss mit anderen Worten pflichtgemäss ausgeübt werden. Das ist aus rechtsstaatlicher Sicht und zur Gewährleistung des Individualrechtsschutzes gegenüber Verwaltungsakten zu begrüssen. Die rechtliche Einbindung der Ermessensausübung darf aber nicht dazu führen, dass die rechtliche Beurteilung den Ermessens- und Gestaltungsbereich der Verwaltung vollständig verdrängt.

23 Zum anderen lässt sich gerade in der Praxis des Verwaltungsgerichts die Tendenz feststellen, bei Vorliegen unbestimmter Rechtsbegriffe ohne weitere Begründung deren Auslegung durch die Verwaltungsbehörden nur mit Zurückhaltung zu prüfen (N. 28)[25]. Eine solche Praxis ist mit Blick auf die Rechtsweggarantie (Art. 29a BV; vgl. auch Art. 110 BGG) entschieden abzulehnen. Das Verwaltungsgericht hat die **Auslegung unbestimmter Rechtsbegriffe grundsätzlich uneingeschränkt** zu prüfen. Die Auslegung von Rechtsnormen – auch wenn sie offen formuliert sind – ist eine der zentralen Aufgaben der gerichtlichen Kontrolle. Entsprechend ist ein Abweichen von diesem Grundsatz in jedem Fall zu begründen (N. 29 und 31).

---

[24] HÄFELIN/MÜLLER/UHLMANN, Verwaltungsrecht, N. 453.
[25] Vgl. auch § 20 N. 60 betreffend die ungerechtfertigte allgemeine Zurückhaltung bei der Auslegung kommunalen Rechts. In einem neueren Entscheid vertritt das Verwaltungsgericht zudem die Auffassung, dass es sich auch bei der Auslegung eines unbestimmten Rechtsbegriffs des autonomen *Anstaltsrechts* eine gewisse Zurückhaltung aufzuerlegen habe (VGr, 7.11.2012, VB.2012.00505, E. 2.3.1). Dabei übersieht das Verwaltungsgericht, dass die Anstaltsautonomie einzig auf dem gesetzlichen Gründungserlass der Anstalt beruht und gerade nicht wie die Gemeindeautonomie verfassungsrechtlich verankert ist.

II. Rechtsverletzungen (Abs. 1 i.V.m. § 20 Abs. 1 lit. a)

A. Einleitung

Aus der Verweisung in § 50 Abs. 1 auf die Bestimmungen über die Rekursgründe (§ 20 Abs. 1 lit. a und Abs. 2) ergibt sich, dass mit der Beschwerde an das Verwaltungsgericht **dieselben Rechtsverletzungen** wie im vorinstanzlichen **Rekursverfahren** gerügt werden können. Dasselbe gilt, wenn eine erstinstanzliche Anordnung (ausnahmsweise) direkt beim Verwaltungsgericht anzufechten ist. Im Weiteren ist auch im Beschwerdeverfahren bei den zulässigen Beschwerdegründen zwischen der Anfechtung einer (individuell-konkreten) Anordnung und der Erlassanfechtung zu unterscheiden (zum Ganzen § 20 N. 8 ff.). Die folgenden Ausführungen beschränken sich daher auf Aspekte, die es ausschliesslich oder schwergewichtig im Beschwerdeverfahren zu beachten gilt.

B. Qualifizierte Ermessensfehler

Als Rechtsverletzung gelten nach der in § 20 Abs. 1 lit. a kodifizierten sog. Ermessensfehlertypologie der Missbrauch, die Überschreitung und die Unterschreitung des Ermessens. Anders als mit dem Rekurs kann im Beschwerdeverfahren – vorbehältlich § 50 Abs. 2 – somit nur die qualifiziert falsche Ermessensbetätigung gerügt werden. Gewöhnliche Fehler bei der Ermessensausübung, d.h. die bloss unzweckmässige oder unangemessene Ausübung des Ermessens, bildet im Beschwerdeverfahren keinen Rügegrund[26]. Das Verwaltungsgericht kann die **Ermessensausübung** der Vorinstanz bzw. der erstinstanzlich anordnenden Behörde **nicht frei prüfen**.

Die qualifizierten Ermessensfehler werden in der herkömmlichen Lehre und Rechtsprechung wie folgt näher umschrieben[27]:

- Ein **Ermessensmissbrauch** liegt vor, wenn die Ermessensausübung nicht pflichtgemäss erfolgte, namentlich wenn sie von sachfremden Kriterien geleitet oder überhaupt «unmotiviert» ist[28]. Die *pflichtgemässe Ermessensbetätigung* hat sich an den verfassungsrechtlichen Grundprinzipien, namentlich dem Rechtsgleichheitsgebot, dem Willkürverbot, dem Verhältnismässigkeitsprinzip und der Wahrung der öffentlichen Interessen zu orientieren[29]. Andernfalls erfolgt die Ermessensausübung verfassungswidrig[30].
- Eine **Ermessensüberschreitung** liegt vor, wenn Ermessen ausgeübt wird, obschon der Behörde nach dem anwendbaren Rechtssatz kein solches zukommt[31].

---

[26] VGr, 5.2.2009, VB.2008.00445, E. 4.3; VGr, 22.10.2004, VB.2004.00297, E. 2.3; VGr, 17.5.2004, PB.2004.00002, E. 2.5.
[27] Vgl. statt vieler WIEDERKEHR/RICHLI, Praxis, N. 1517 ff.
[28] VGr, 22.10.2004, VB.2004.00297, E. 2.3; VGr, 17.5.2004, PB.2004.00002, E. 2.5.
[29] Vgl. statt vieler VGr, 12.2.2009, VB.2008.00530, E. 5.1; HÄFELIN/MÜLLER/UHLMANN, Verwaltungsrecht, N. 441; WIEDERKEHR/RICHLI, Praxis, N. 1498.
[30] Vgl. KIENER/RÜTSCHE/KUHN, Öffentliches Verfahrensrecht, N. 1471.
[31] VGr, 8.8.2006, VB.2006.00051, E. 2.

– Eine **Ermessensunterschreitung** liegt vor, wenn die Behörde das ihr vom Gesetzgeber eingeräumte Ermessen nicht ausschöpft[32]. Die Behörde erachtet sich als gebunden, obschon ihr Ermessen zusteht, bzw. sie verzichtet ganz oder teilweise auf das ihr zustehende Ermessen[33]. Ebenso liegt eine Ermessensunterschreitung vor, wenn besondere Umstände nicht berücksichtigt werden, obschon das anwendbare Recht dies vorsieht[34], oder wenn der Gesetzgeber bewusst eine differenzierende Behandlung bestimmter Fragen fordert, die Verwaltungsbehörde jedoch alle Fälle ohne die gebotene Differenzierung schematisch gleich behandelt[35].

27 Die neuere Rechtslehre weist zu Recht darauf hin, dass alle mit den Begriffen des Ermessensmissbrauchs, der Ermessensüberschreitung und der Ermessensunterschreitung erfassten Fälle der fehlerhaften Ausübung des Ermessens sich entweder als **Verletzungen des anwendbaren Rechts** oder als **Verfassungsverletzungen** qualifizieren lassen. Auf die Ermessensfehlerlehre – bzw. deren Kodifizierung im VRG – liesse sich damit verzichten[36]. Entscheidend ist anstelle der dogmatischen Begriffsunterscheidungen vielmehr, dass sich das Verwaltungsgericht auf eine eigentliche Rechtskontrolle beschränkt.

C. Anwendung bzw. Auslegung unbestimmter Rechtsbegriffe

28 Wie aufgezeigt, ist für die gerichtliche Kontrolldichte die Unterscheidung zwischen Ermessen und unbestimmtem Rechtsbegriff von Bedeutung (N. 15 ff.). Die Auslegung und Anwendung unbestimmter Rechtsbegriffe kann vom Verwaltungsgericht grundsätzlich **frei überprüft** werden. Die Praxis geht freilich dahin, den Verwaltungsbehörden bei der Anwendung unbestimmter Rechtsbegriffe einen *Beurteilungsspielraum* zuzugestehen.

29 Richtig besehen ist es nicht gerechtfertigt, generell von einer richterlichen Zurückhaltung bei der Überprüfung unbestimmter Rechtsbegriffe auszugehen. Das Bundesgericht hat zutreffend erwogen, dass es grundsätzlich die Aufgabe der Gerichte ist, unbestimmte Rechtsbegriffe im Einzelfall auszulegen und zu konkretisieren. «Ergibt die Gesetzesauslegung indessen, dass der Gesetzgeber mit der offenen Normierung der Entscheidbehörde einen zu respektierenden Beurteilungsspielraum einräumen wollte, darf und muss das Gericht seine Kognition entsprechend einschränken»[37]. Es ist daher im Einzelfall gestützt auf den **Regelungsgegenstand** und das **gesetzgeberische Motiv** der Verwendung unbestimmter Rechtsbegriffe zu prüfen, ob dadurch der Verwaltungsbehörde ein von den Rechtsmittelinstanzen zu respektierender Beurteilungsspielraum gewährt werden sollte[38].

30 Die **verwaltungsgerichtliche Praxis** ist **nicht einheitlich:** So findet sich einerseits etwa die Aussage, dass mit dem *Ausschluss der Ermessenskontrolle* grundsätzlich auch die *Respektierung des Beurteilungsspielraums* verbunden sei, der den Verwaltungsbehörden bei

---

[32] Vgl. z.B. VGr, 27.11.2002, VB.2002.00226, E. 2b.
[33] VGr, 9.11.2011, VB.2011.00573, E. 2.
[34] VGr, 8.2.2007, VB.2006.00369, E. 6, betreffend die Bemessung von Anschlussgebühren.
[35] VGr, 19.5.2004, VB.2004.00123, E. 4.3.1.
[36] Grundlegend SCHINDLER, Verwaltungsermessen, N. 267 ff. und 532–534; KIENER/RÜTSCHE/KUHN, Öffentliches Verfahrensrecht, N. 1473.
[37] BGE 135 II 384, E. 2.2.2; 132 I 257, E. 3.2; ohne diese Einschränkung hingegen BGE 137 I 235, E. 2.5.
[38] Ebenso HÄFELIN/MÜLLER/UHLMANN, Verwaltungsrecht, N. 446d.

der Anwendung unbestimmter Rechtsbegriffe zustehe[39]. Dies kommt im Ergebnis der in der neueren Lehre vertretenen Auffassung gleich, wonach alle offenen Normen Ermessen einräumen[40]. Demgegenüber wird in anderen Entscheiden festgehalten, dass es durch Auslegung zu ermitteln gelte, ob eine von der Verwaltung vorgenommene, vertretbare Auslegung zu respektieren sei, wenn ein Rechtsbegriff zu unbestimmt sei, um nur eine einzige Interpretation zuzulassen[41]. Eine Zurückhaltung bei der Auslegung unbestimmter Rechtsbegriffe ist weiter dann gerechtfertigt, wenn der Entscheid besondere Kenntnisse oder Vertrautheit mit den *örtlichen Verhältnissen* voraussetzt[42] oder wenn die Beurteilungsspielräume in erster Linie von den *politischen* Behörden auszufüllen sind[43]. Dabei ist aber vorauszusetzen, dass die Behörde die für den Entscheid wesentlichen Gesichtspunkte geprüft und die erforderlichen Abklärungen sorgfältig und umfassend durchgeführt hat[44].

Eine einzelfallbezogene Handhabung der Prüfungsdichte kann für die Behörden und die Rechtsuchenden zwar eine Rechtsunsicherheit zur Folge haben[45]. Eine **in jedem Fall sachlich begründete Reduktion der Prüfungsdichte** trägt aber dem Individualrechtsschutz und der Rechtsweggarantie Rechnung und ist auch aufgrund der verfahrensgesetzlichen Kognition geboten. Zudem wird dadurch verhindert, dass sich das Gericht zum Vornherein pauschal eine Zurückhaltung gegenüber der Auslegung unbestimmter Rechtsbegriffe durch die Verwaltungsbehörden auferlegt, obschon dies aufgrund der konkreten Sach- und Rechtslage gar nicht gerechtfertigt ist. Schränkt das Verwaltungsgericht seine Kognition in nicht begründeter Weise ein, stellt dies eine Verletzung des rechtlichen Gehörs bzw. eine formelle Rechtsverweigerung dar[46]. 31

Als **Auslegungshilfe,** ob im Einzelfall eine reduzierte Prüfungsdichte gerechtfertigt ist, kann dabei eine Typologisierung bzw. die Bildung von Fallkategorien dienen. SCHINDLER bildet dazu – unter Verzicht auf die Unterscheidung zwischen Ermessen und unbestimmtem Rechtsbegriff – folgende fünf Typen von Ermessenszwecken: Einzelfallermessen, Anpassungsermessen, Sachverständigenermessen, politisches Ermessen und Managementermessen[47]. Auf der Ebene der Gerichtskontrolle ist daher zu beurteilen, ob 32

---

[39] VGr, 27.3.2008, VB.2007.00157, E. 4.3.1. – So geht das Verwaltungsgericht zum Beispiel ohne weitere Begründung davon aus, dass der Verwaltung bei der Beurteilung der Zumutbarkeit einer personalrechtlichen Versetzung ein Beurteilungsspielraum zukomme (VGr, 9.2.2011, PB.2010.00042, E. 3; VGr, 9.3.2005, PB.2004.00075, E. 4.4; VGr, 12.1.2005, PB.2004.00043, E. 2.5.1; VGr, 3.9.2003, VB.2003.00134, E. 2c). Es ist nicht einzusehen, weshalb das Gericht die Zumutbarkeit einer Versetzung nicht mit voller Kognition prüfen soll, hat es doch etwa auch das Vorliegen eines wichtigen Grundes, der nach Treu und Glauben die Fortsetzung des Arbeitsverhältnisses unzumutbar macht und damit eine fristlose Entlassung rechtfertigt (§ 22 Abs. 2 PG), uneingeschränkt zu prüfen (vgl. statt vieler VGr, 2.5.2007, PB.2006.00020).
[40] Vgl. SCHINDLER, Verwaltungsermessen, N. 267 ff.; HÄFELIN/MÜLLER/UHLMANN, Verwaltungsrecht, N. 446.
[41] VGr, 3.9.2003, VB.2003.00134, E. 2c; ferner VGr, 16.6.2010, PB.2010.00004, E. 2.5.1.
[42] VGr, 27.1.2010, VB.2009.00596, E. 5.2.
[43] RB 2001 Nr. 29 betreffend die Beurteilung der Gleichwertigkeit von Arbeitstätigkeiten.
[44] BGE 135 II 384, E. 2.2.2; KIENER/RÜTSCHE/KUHN, Öffentliches Verfahrensrecht, N. 1478.
[45] Vgl. SCHOTT, in: Basler Kommentar BGG, Art. 95 N. 12c.
[46] BGE 133 II 35, E. 3; 131 II 271, E. 11.7.1. Vgl. auch § 20 N. 54.
[47] SCHINDLER, Verwaltungsermessen, N. 418 ff. und zusammenfassend N. 531; vgl. auch die Darstellung bei HÄFELIN/MÜLLER/UHLMANN, Verwaltungsrecht, N. 474a–474f.

§ 50

entsprechend dem jeweiligen Zweck der offenen Norm der Verwaltung eine Gestaltungskompetenz zur konkretisierenden Umsetzung des gesetzgeberischen Normprogramms eingeräumt wurde.

33 Eine besondere Beachtung verdient schliesslich der **Grundsatz der Verhältnismässigkeit,** dessen Teilgehalte – Eignung, Erforderlichkeit und Zumutbarkeit – unbestimmte Rechtsbegriffe sind[48]. Es ist unbestritten, dass die Frage der Verhältnismässigkeit einer staatlichen Anordnung als allgemeines Verfassungsprinzip nach Art. 5 Abs. 2 BV und damit als Rechtsfrage grundsätzlich uneingeschränkt zu prüfen ist[49]. Bei einem *Grundrechtseingriff* bildet die Verhältnismässigkeit der Massnahme nach Art. 36 Abs. 3 BV eine verfassungsrechtliche Einschränkungsvoraussetzung. Die Prüfung der Verhältnismässigkeit im engeren Sinn, d.h. die Abwägung von öffentlichen und betroffenen privaten Interessen, ist mit uneingeschränkter Kognition vorzunehmen. Die in der Praxis bisweilen geübte Zurückhaltung, wenn mit der Gewichtung der in Frage stehenden öffentlichen und privaten Interessen die Auslegung unbestimmter Rechtsbegriffe verbunden ist[50], ist daher abzulehnen, soweit es um die Prüfung der Grundrechtskonformität geht.

34 Die grundrechtliche Prüfung der Verhältnismässigkeit ist indessen mit Bezug auf die Prüfungsdichte von einer **gesetzlichen** Güter- bzw. **Interessenabwägung** zu unterscheiden. Verlangt bereits die Anwendung einer Gesetzesvorschrift gestützt auf unbestimmte Rechtsbegriffe eine Abwägung, hat das Gericht diese gegenüber dem Entscheid der Vorinstanz mit Zurückhaltung zu beurteilen[51]. Und auch der rechtsetzenden Behörde ist, soweit im Rahmen einer abstrakten Normenkontrolle eine Verletzung des Verhältnismässigkeitsprinzips als allgemeiner Verfassungsgrundsatz gerügt wird, ein (politischer) Gestaltungsspielraum zuzugestehen[52].

D. Kognitionsbeschränkungen der Rekursbehörden

35 In der Regel geht der Beschwerde an das Verwaltungsgericht ein Rekursverfahren voraus. Als zweite Rechtsmittelinstanz hat das Verwaltungsgericht daher auch zu prüfen, ob die Rekursbehörde allfällige bereits im Rekursverfahren massgebliche Kognitionsbeschränkungen eingehalten hat. Dementsprechend kann gerügt werden, dass die **Rekursbehörde** im vorinstanzlichen Verfahren ihre **Prüfungsbefugnis überschritten** habe[53].

36 Das ist einmal der Fall, wenn die umfassende Prüfungsbefugnis der Rekursbehörden nach § 20 Abs. 1 **spezialgesetzlich** durch den Ausschluss der Angemessenheitskontrolle

---

[48] Schott, in: Basler Kommentar BGG, Art. 95 N. 35.
[49] Vgl. auch Schott, in: Basler Kommentar BGG, Art. 95 N. 35 f.
[50] Vgl. etwa VGr, 5.2.2009, VB.2008.00445, E. 4.3, und BGr, 13.4.2007, 1P.708/2006, E. 5.1, betreffend die Wiederherstellung des rechtmässigen Zustands bei gesetzeswidrigen Bauten; VGr, 21.11.2012, VB.2012.00287, E. 4.4, betreffend die Anordnung von Denkmalschutzmassnahmen. – Ferner VGr, 30.4.2003, VB.2002.00440, E. 2b aa (nicht publiziert), wonach bei der Abwägung öffentlicher und privater Interessen nach Art. 8 Ziff. 2 EMRK ein Ermessensbereich bestehen bleibe.
[51] Vgl. grundlegend VGr, 27.3.2008, VB.2007.00157, E. 4.3.3, in Bezug auf die gesetzlichen Voraussetzungen der Bewilligung von Tierversuchen (heute Art. 17 des Tierschutzgesetzes [SR 455]).
[52] VGr, 23.5.2012, AN.2011.00001, E. 4.4.1.
[53] VGr, 27.3.2008, VB.2007.00157, E. 4.3.1.

eingeschränkt wird (§ 20 N. 87). Überschreitet die Rekursbehörde ihre gesetzliche Prüfungsbefugnis, begeht sie eine Rechtsverletzung.

Eine Beschränkung der Prüfungsbefugnis im Rekursverfahren ergibt sich sodann aus der **Wahrung der Gemeindeautonomie**; bereits die Rekursbehörde hat die erhebliche Entscheidungsfreiheit der kommunalen Behörde zu respektieren (§ 20 N. 57 ff.). Im Schutzbereich der Gemeindeautonomie darf deren vertretbare Ermessensausübung oder Anwendung eines unbestimmten Rechtsbegriffs nicht durch eine eigene, gleichermassen vertretbare Beurteilung der Rekursinstanz ersetzt werden. Überschreitet die Rekursbehörde ihre dergestalt eingeschränkte Kognition, liegt eine Rechtsverletzung vor.

37

In Bezug auf die beiden wichtigsten **praktischen Anwendungsfälle** bedeutet das Folgendes:

38

- Hat die Rekursinstanz einen *kommunalen Einordnungsentscheid* gestützt auf § 238 PBG aufgehoben, prüft das Verwaltungsgericht, ob die Rekursinstanz die ästhetische Würdigung der Gemeinde als nicht mehr vertretbar hat beurteilen dürfen[54]. Diese Vertretbarkeitskontrolle durch die Rekursinstanz weist eine tiefere Eingriffsschwelle auf als eine Willkürprüfung (§ 20 N. 70 f.)[55].
- Wurde mit dem Rekurs- oder Genehmigungsentscheid ein *kommunaler Nutzungsplan* aufgehoben, hat das Verwaltungsgericht zu prüfen, ob dadurch in rechtsverletzender Weise die kommunale Planungsautonomie missachtet wurde[56].

Im umgekehrten Fall, d.h. wenn im *vorinstanzlichen Verfahren* der kommunale Entscheid über die Einordnung oder die Nutzungsplanung *geschützt* wurde, steht keine Überschreitung der Prüfungsbefugnis der Rekurs- oder Genehmigungsinstanz in Frage. Alsdann hat aber das **Verwaltungsgericht** seinerseits die **Gemeindeautonomie zu wahren**. Das Verwaltungsgericht verfügt mit anderen Worten im Beschwerdeverfahren im Rahmen der Rechtskontrolle über dieselbe beschränkte Prüfungsbefugnis wie die Rekursbehörden:

39

- Bei der Prüfung *kommunaler Einordnungsentscheide* darf das Verwaltungsgericht bei der Anwendung des unbestimmten Rechtsbegriffs der befriedigenden Gesamtwirkung (§ 238 PBG) nicht eine eigene umfassende Beurteilung der Gestaltung und Einordnung des Bauvorhabens vornehmen. Es darf nur prüfen, ob die Anordnung der kommunalen Baubehörde auf einer nachvollziehbaren und vertretbaren ästhetischen Würdigung beruht. Hält sich das Gericht nicht an diese Einschränkung, verletzt es seinerseits gemäss der Rechtsprechung des Bundesgerichts die Gemeindeautonomie[57].
- Bei *kommunalen Nutzungsplänen* prüft das Verwaltungsgericht im Wesentlichen nur, ob diese den überkommunalen Interessen bzw. der übergeordneten Planung und

---

[54] Vgl. z.B. VGr, 8.8.2012, VB.2012.00320, E. 5.2 und 6; VGr, 1.6.2011, VB.2010.00666, E. 4.1.
[55] Zuweilen erwägt das Verwaltungsgericht freilich, dass es lediglich prüfen dürfe, ob die Rekursinstanz die ästhetische Würdigung der kommunalen Baubehörde «als offensichtlich nicht mehr haltbar» habe beurteilen dürfen (VGr, 8.8.2012, VB.2012.00043, E. 5.2).
[56] VGr, 6.12.2011, VB.2010.00673, E. 2; VGr, 6.12.2011, VB.2010.00673 und 383, E. 2.
[57] BGr, 14.3.2012, 1C_495/2011, E. 4.3, m.w.H. – Das Bundesgericht qualifiziert eine solche Kognitionsüberschreitung zudem als willkürlich.

40 Gesetzgebung entsprechen bzw. ob die Gemeinde ihr planerisches Ermessen missbraucht oder überschritten hat[58].

40 Wenn hingegen die **Rekursinstanz** ihre **Kognition voll ausschöpft,** kann mit der Beschwerde nicht geltend gemacht werden, dass anderweitige Gründe für eine Zurückhaltung vorgelegen hätten. Es liegt keine Rechtsverletzung vor, wenn die besondere Natur der Streitsache eine Zurückhaltung der Rekursbehörde bei der Ermessenskontrolle zwar zu rechtfertigen vermag (vgl. § 20 N. 80 ff.), diese ihre umfassende Prüfungsbefugnis nach § 20 Abs. 1 aber gleichwohl ausschöpft. Die Rekursbehörde darf zwar nach Lehre und Rechtsprechung ihre Kognition bei der Ermessenskontrolle gegebenenfalls mit Zurückhaltung ausüben; es fehlt aber – anders als bei der Wahrung der Gemeindeautonomie – ein Rechtsgrund, welcher der Ausübung der gesetzlichen Prüfungsbefugnis nach § 20 Abs. 1 entgegenstünde.

41 Für das auf die Rechtskontrolle beschränkte Verwaltungsgericht ist daher grundsätzlich die **Betrachtungsweise der Rekursinstanz,** soweit sie im Rahmen von deren Ermessen liegt, **massgebend.** Hat die Rekursbehörde eine von der erstinstanzlichen Verwaltungsbehörde abweichende Ermessensbetätigung vorgenommen, ist diese für das Verwaltungsgericht verbindlich, soweit die Ermessensbetätigung der Rekursbehörde nicht rechtsverletzend ist[59]. Das Verwaltungsgericht prüft mit anderen Worten, ob der Rekursentscheid auf einem qualifizierten Ermessensfehler beruht.

42 Eine Kognitionsüberschreitung durch die Rekursinstanz kann aber vorliegen, wenn sich bei der Anwendung **unbestimmter Rechtsbegriffe** durch Auslegung ergibt, dass der Gesetzgeber den Verwaltungsbehörden eine gerichtlich zu respektierende Entscheidungsbefugnis einräumen wollte (N. 29). Alsdann muss freilich unterschieden werden, ob es sich bei der Rekursinstanz um eine richterliche oder eine verwaltungsinterne Behörde handelt. Letztere, namentlich die Direktionen oder der Regierungsrat, haben sich gegenüber der Auslegung unbestimmter Rechtsbegriffe durch untergeordnete Verwaltungseinheiten keine Zurückhaltung aufzuerlegen.

E. Konkrete Normenkontrolle

1. Allgemeines

43 Das Verwaltungsgericht ist nach Art. 79 Abs. 1 KV zur konkreten Normenkontrolle verpflichtet[60]. Es hat zu prüfen, ob die Rechtsnorm, auf welcher der angefochtene individuell-konkrete Rechtsanwendungsakt beruht, mit höherrangigen Rechtsnormen übereinstimmt. Die Prüfung, ob die von den Vorinstanzen angewendete Rechtsnorm aufgrund eines Verstosses gegen übergeordnetes Recht nicht anzuwenden ist, erfolgt mit anderen Worten vorfrageweise (akzessorisch). Die konkrete Normenkontrolle betrifft damit den **Prüfvorgang** durch das Verwaltungsgericht[61].

---

[58] VGr, 12.7.2012, VB.2012.00063, E. 2; VGr, 25.8.2011, VB.2010.00521, E. 2; VGr, 11.2.2010, VB.2009.00555, E. 2; VGr, 4.10.2007, VB.2007.00300, E. 2.3.
[59] VGr, 27.3.2008, VB.2007.00157, E. 4.3.1; VGr, 31.5.2007, VB.2007.00024, E. 2.
[60] HÄNER, in: Kommentar KV, Art. 79 N. 9.
[61] Vgl. GRIFFEL, Rechtsschutz, N. 31.

Aufgrund von Art. 79 Abs. 1 KV sowie des Grundsatzes der Rechtsanwendung von Amtes wegen hat das Gericht diese Prüfung **von sich aus** vorzunehmen[62]; eine entsprechende Rüge der beschwerdeführenden Partei ist nicht vorausgesetzt[63]. Wird eine solche nicht erhoben, nimmt das Verwaltungsgericht die Prüfung freilich nur dann vor, wenn gestützt auf die rechtlichen Vorbringen der Verfahrensbeteiligten und die Erwägungen im angefochtenen (Rekurs-)Entscheid erhebliche Anhaltspunkte für einen Verstoss gegen übergeordnetes Recht vorliegen.

44

Nach der Rechtsprechung des Verwaltungsgerichts ist eine akzessorische Normenkontrolle auch dann zulässig, wenn die betreffende Rechtsnorm bereits Gegenstand eines abstrakten Normenkontrollverfahrens bildete. Die Rechtskraft des in diesem Verfahren ergangenen Entscheids steht dem nicht entgegen[64].

45

Wird im Rahmen der akzessorischen Prüfung vom Gericht erkannt, dass eine Rechtsnorm gegen höherrangiges Recht verstösst, wird diese im betreffenden Verfahren **nicht angewendet**. Das hat in der Regel zur Folge, dass der angefochtene konkrete Rechtsanwendungsakt aufgehoben wird. Die formelle Aufhebung – oder Änderung – der rechtswidrigen Norm fällt hingegen in die Verantwortung der zuständigen rechtsetzenden Behörde (Gesetz- oder Verordnungsgeber)[65].

46

Im Übrigen kann in Bezug auf die Prüfung der **Verletzung übergeordneten Rechts** auf § 20 N. 28 ff. verwiesen werden.

47

2. Appellentscheid im Besonderen

In der Rechtsprechung ist anerkannt, dass *ausnahmsweise* von der Aufhebung eines auf verfassungs- oder gesetzeswidriger Rechtsgrundlage beruhenden Entscheids abzusehen ist. Der Entscheid beschränkt sich alsdann auf die **Feststellung der Rechtswidrigkeit der vorfrageweise geprüften Norm** und hält die zuständige Erlassbehörde an, eine rechtskonforme Regelung zu schaffen[66].

48

Das Verwaltungsgericht hat die von der Praxis entwickelten **Voraussetzungen** für einen *sog. Appellentscheid* – in einem sehr sorgfältig begründeten Urteil – wie folgt zusammengefasst[67]: Von einer Aufhebung ist abzusehen, «wenn durch die unverzügliche Nichtanwendung der dem Entscheid zugrunde liegenden Normen nicht bloss ein verhältnismässig unbedeutendes Regelungsdefizit entstünde, sondern ein eigentlich rechtsfreier Raum. Der Verzicht auf die sofortige Aufhebung einer angefochtenen Norm bzw. deren einstweilige Weiteranwendung trotz festgestellter Verfassungswidrigkeit kann somit ausnahmsweise gerechtfertigt oder sogar geboten sein, wenn andernfalls dem Gemeinwesen oder den Betroffenen ein unverhältnismässiger Nachteil entstünde, indem zum Beispiel ein ganzes Regelungssystem aus den Angeln gehoben würde, eine wichtige öffentliche

49

---

[62] Vgl. GRIFFEL, Rechtsschutz, N. 32.
[63] So bereits RB 1963 Nr. 18 (ZBl 1964, 232).
[64] VGr, 2.3.2000, VB.2000.00015, E. 2, m.H.
[65] VGr, 8.7.2009, VB.2009.00157, E. 4.1; RB 1998 Nr. 36; HÄNER, in: Kommentar KV, Art. 79 N. 1, m.w.H.
[66] VGr, 23.8.2001, VB.2001.00171, E. 3d.
[67] VGr, 4.6.2009, VB.2009.00048, E. 3.3.1, m.w.H. zur Rechtsprechung des Bundesgerichts. Vgl. ferner GIOVANNI BIAGGINI, Verfassung und Richterrecht, Diss. (Basel), Basel/Frankfurt a.M. 1991, S. 452 ff.; RÜTSCHE, Rechtsfolgen, S. 273 ff.

§ 50

Aufgabe bis auf Weiteres nicht mehr oder nicht mehr zufriedenstellend erfüllt werden könnte oder durch die Kassierung eine frühere, ebenfalls verfassungswidrige Ordnung wieder aufleben würde. Die Schwere der Verfassungsverletzung ist mitzuberücksichtigen. Ein Appellentscheid setzt weiter voraus, dass das Gericht nicht in der Lage oder berufen ist, die mangelhafte Norm durch eine eigene, bis zum Tätigwerden des Gesetzgebers geltende Anordnung zu ersetzen.» Dabei sind schliesslich auch die Interessen der beschwerdeführenden Partei in die Abwägung einzubeziehen.

50 Keine Rolle spielt es für die Zulässigkeit eines Appellscheids, ob sich der angefochtene Rechtsanwendungsakt auf eine materiell rechtswidrige oder eine kompetenzwidrig erlassene gesetzliche Grundlage abstützt[68]. Der Appellentscheid ist in jedem Fall *subsidiär* zu einer **gerichtlichen Ersatzregelung** (vgl. dazu auch § 63 N. 19).

51 Beruht eine Anordnung auf einer ungenügenden gesetzlichen Grundlage, stellt sich die Frage, ob sie ersatzlos aufzuheben oder – aufgrund einer vorläufigen Weitergeltung der Rechtsnorm oder einer gleichlautenden gerichtlichen Ersatzregelung – aufrechtzuerhalten ist. Für diese Interessenabwägung sind gemäss dem Verwaltungsgericht die Schwere des durch die rechtswidrige Anordnung bewirkten Rechtsnachteils, das Ausmass des durch die Aufhebung bewirkten Regelungsdefizits sowie die Zeitspanne, welche das zuständige Rechtsetzungsorgan zur Behebung des rechtswidrigen Zustands in Anspruch nehmen darf, zu berücksichtigen[69].

F. Verwaltungsverordnungen

52 Verwaltungsverordnungen sind generelle Dienstanweisungen für eine Behörde (z.B. Richtlinien, Kreisschreiben, Reglemente, Merkblätter, Normalien). Die Anweisung kann von einer übergeordneten an eine untergeordnete Behörde desselben Gemeinwesens oder auch von kantonalen Behörden an die Gemeinden gerichtet sein; ebenso möglich sind Weisungen von Bundesbehörden an mit dem Vollzug von Bundesrecht betraute kantonale oder kommunale Behörden[70]. Der Begriff «Verwaltungsverordnung» bringt zum Ausdruck, dass der **Inhalt der Anweisung** in der Regel **generell-abstrakter Natur** ist[71]. Bei Verwaltungsverordnungen handelt es sich aber nicht um Rechtsverordnungen, da sie in der Regel keine Rechte oder Pflichten für Private begründen.

53 Nach ständiger Rechtsprechung des Bundesgerichts – und diesem folgend auch des Verwaltungsgerichts – sowie einem Teil der Rechtslehre[72] kommt Verwaltungsverordnungen grundsätzlich *kein Rechtssatzcharakter* zu, d.h. es handelt sich um keine Rechtsquellen des Verwaltungsrechts[73]. Ihre Missachtung durch die Verwaltungsbehörden kann daher

---

[68] VGr, 4.6.2009, VB.2009.00048, E. 3.3.3.
[69] VGr, 4.6.2009, VB.2009.00048, E. 3.3.5.
[70] Häfelin/Müller/Uhlmann, Verwaltungsrecht, N. 123.
[71] Es gibt auch einzelfallbezogene Dienstanweisungen, namentlich Polizeieinsatzbefehle oder behördliche Anordnungen bei Grossveranstaltungen (vgl. VGr, 21.8.2008, VB.2008.00247, betreffend UEFA-Fan-Zone/Fan-Meile).
[72] Vgl. Tschannen/Zimmerli/Müller, Verwaltungsrecht, § 41 N. 29 ff., mit einem Überblick über den Meinungsstand in der Rechtslehre.
[73] Vgl. Tschannen/Zimmerli/Müller, Verwaltungsrecht, § 14 N. 11; ferner etwa VGr, 29.4.2004, VB.2004.00122, E. 2.

nach herkömmlicher Auffassung im Allgemeinen im Rechtsmittelverfahren nicht gerügt werden, da dies **keine Rechtsverletzung** (Rekurs- oder Beschwerdegrund) bedeutet[74].

Die Hauptfunktion von Verwaltungsverordnungen besteht freilich darin, eine *einheitliche, rechtsgleiche und sachrichtige Rechtsanwendung* der Verwaltungsbehörden sicherzustellen, insbesondere bei Ermessensentscheiden und bei der Anwendung unbestimmter Rechtsbegriffe[75]. Folglich sind sie für die untergeordneten Verwaltungseinheiten verbindlich, es sei denn, sie widersprechen den Rechtssätzen (Rechtsverordnung, Gesetz, Verfassung), welche sie konkretisieren[76]. Das hat zur Folge, dass die verwaltungsgerichtliche Praxis Verwaltungsverordnungen dann eine selbständige Bedeutung beimisst, wenn ihre Missachtung zu einer **Verletzung des Rechtsgleichheitsgebots oder des Vertrauensschutzes** führt[77].

54

Aus diesem Grund hat das Verwaltungsgericht auch erkannt, dass die Anwendung einer Verwaltungsverordnung, welche für den Privaten mittelbar, d.h. indirekt Aussenwirkungen zeitigt, *analog* einem Rechtssatz geprüft werden kann. Es hat daher die Anwendung einer Verwaltungsverordnung, welche die Honorierung von Supervisoren an staatlichen Kliniken auf der Grundlage verwaltungsrechtlicher Verträge zum Gegenstand hat, auf eine verfassungskonforme Auslegung hin geprüft[78].

55

Für die gerichtlichen Rechtsmittelinstanzen[79] sind Verwaltungsverordnungen **nicht verbindlich**[80]. Sie sind für das Gericht eine *Auslegungshilfe*[81], wobei sie soweit berücksichtigt werden sollen, als sie eine dem Einzelfall gerecht werdende Auslegung der anwendbaren gesetzlichen Bestimmungen zulassen[82]. Sind Verwaltungsverordnungen technischer Natur, wird ihnen in der Praxis eine präzisierende, die Auslegung des durch sie zu konkretisierenden positiven Rechts beeinflussende Wirkung zugestanden. Da solche Verwaltungsverordnungen mit anderen Worten Ausdruck besonderer Fachkenntnis sind, kommt ihnen bei der Auslegung durch das Gericht ein sehr erhebliches Gewicht zu[83].

56

Entfaltet eine Verwaltungsverordnung **mittelbar Aussenwirkungen,** indem sie in die Rechtsstellung Privater eingreift, so kann ihre Missachtung hingegen wie eine Rechtsverletzung gerügt werden[84]. Ebenso kann in diesem Fall ihre Rechtmässigkeit vorfrageweise – wie bei einer konkreten Normenkontrolle – geprüft werden[85].

57

---

[74] Vgl. VGr, 9.7.2008, VB.2007.00470, E. 2.3; VGr, 17.6.2005, VB.2005.00037, E. 4.2; VGr, 26.1.2005, VB.2004.000396 und 397, E. 3.3; VGr, 4.12.2002, VB.2002.00206, E. 4c aa.
[75] HÄFELIN/MÜLLER/UHLMANN, Verwaltungsrecht, N. 124, 134; BIAGGINI, Verwaltungsverordnung, S. 4.
[76] VGr, 10.3.2010, VB.2010.00022, E. 3.8; VGr, 17.11.2005, VB.2005.00471, E. 2.2.
[77] VGr, 11.9.2003, VB.2003.00116, E. 3e; VGr, 4.12.2002, VB.2002.00206, E. 4c aa; RB 1984 Nr. 38 E. 1; 1975 Nr. 37.
[78] VGr, 12.1.2005, PB.2004.00074, E. 4.3 und E. 5.
[79] Verwaltungsinterne Rekursinstanzen, namentlich die kantonalen Direktionen, dürften an Verwaltungsverordnungen des Regierungsrats grundsätzlich gebunden sein.
[80] VGr, 19.6.2008, VB.2008.00143, E. 5.3; vgl. auch VGr, 20.1.2010, PB.2009.00035, E. 20.5.
[81] So BGE 129 V 67, E. 1.1.1.
[82] BGE 133 V 257, E. 3.2, m.w.H.; vgl. auch VGr, 13.7.2006, VB.2006.00140, E. 3.4.1; VGr, 17.11.2005, VB.2005.00471, E. 2.2.
[83] VGr, 9.7.2008, VB.2007.00470, E. 2.3; VGr, 17.6.2005, VB.2005.00037, E. 4.2; VGr, 26.1.2005, VB.2004.00396 und 397, E. 3.3; VGr, 4.12.2002, VB.2002.00026, E. 4c aa.
[84] Vgl. SCHOTT, in: Basler Kommentar BGG, Art. 95 N. 39; RHINOW/KOLLER/KISS/THURNHERR/BRÜHL-MOSER, Öffentliches Prozessrecht, N. 1119.
[85] Vgl. BGE 131 I 166, E. 7.2.

58 Es zeigt sich damit, dass vollzugslenkende Verwaltungsverordnungen für die erstinstanzlichen Verwaltungsbehörden grundsätzlich verbindlich sind; darüber hinaus werden sie von den Gerichtsinstanzen bei der Auslegung mitberücksichtigt. Es kommt ihnen denn auch in der Praxis durchaus **rechtsnormähnlicher Charakter** zu[86]. Die Rechtslehre erachtet daher aufgrund der Bedeutung der Verwaltungsverordnungen im Rechtsverwirklichungsprozess deren unterschiedliche Behandlung gegenüber Rechtsverordnungen unter dem Aspekt des Rügegrundes als nicht gerechtfertigt[87]. Dem entspricht *im Ergebnis* weitgehend auch die Praxis des Verwaltungsgerichts.

59 Von der Frage des Rügegrundes der Verletzung einer Verwaltungsverordnung als Massstab einer Rechtsverletzung ist schliesslich die Frage nach der Möglichkeit der **direkten Anfechtung** einer Verwaltungsverordnung zu unterscheiden. Nach der Rechtsprechung des Bundesgerichts können Verwaltungsverordnungen, wenn sie Aussenwirkungen entfalten, ausnahmsweise wie eine Rechtsverordnung abstrakt angefochten werden. Vorausgesetzt hierfür wird, dass in dem von ihnen geregelten Bereich keine Verfügungen ergehen oder die Anfechtung solcher Hoheitsakte nicht zumutbar erscheint[88].

III. Unrichtige oder ungenügende Sachverhaltsermittlung (Abs. 1 i.V.m § 20 Abs. 1 lit. b)

60 Mit der Beschwerde kann die unrichtige oder ungenügende Feststellung des rechtserheblichen bzw. entscheidwesentlichen Sachverhalts gerügt werden (§ 50 Abs. 1 i.V.m. § 20 Abs. 1 lit. b; dazu § 20 N. 38 ff.). Das Verwaltungsgericht hat demnach die vorinstanzlichen Sachverhaltsfeststellungen mit voller Kognition zu prüfen[89]. Es besteht wie im Rekursverfahren **keine Bindung an die Sachverhaltsfeststellungen der Vorinstanzen:** «Zur Sicherung der materiellen Rechtmässigkeit der verwaltungsgerichtlichen Urteile kann das Gericht das tatsächliche Fundament jeder angefochtenen Verfügung überprüfen»[90].

61 Auch das Verwaltungsgericht stellt den **Sachverhalt** grundsätzlich **von Amtes wegen** fest (§ 70 i.V.m. § 7 Abs. 1). Nach der Vorstellung des Gesetzgebers hat das Verwaltungsgericht dazu die zur Abklärung des Sachverhalts erforderlichen Beweise zu erheben (§ 60 Satz 1; zur Bedeutung dieser Bestimmung in der Praxis § 60 N. 2 ff.).

62 Gleich wie im Rekursverfahren gilt indessen eine **abgeschwächte Untersuchungspflicht,** und die beschwerdeführende Partei trifft eine **Begründungs- bzw. Substanziierungspflicht.** Die beschwerdeführende Partei hat die ihre Rügen stützenden Tatsachen darzu-

---

[86] So VGr, 2.9.2009, VB.2009.00083, E. 7.9.5 f.
[87] Vgl. BIAGGINI, Verwaltungsverordnung, S. 17 ff. und 22 ff.; SCHOTT, in: Basler Kommentar BGG, Art. 95 N. 39; ferner HÄFELIN/MÜLLER/UHLMANN, Verwaltungsrecht, N. 133 f.
[88] BGE 128 I 167, E. 4.3; VGr, 21.8.2008, VB.2008.00247, E. 3.1; TSCHANNEN/ZIMMERLI/MÜLLER, Verwaltungsrecht, § 41 N. 10 ff.; AEMISEGGER/SCHERRER REBER, in: Basler Kommentar BGG, Art. 82 N. 33.
[89] VGr, 13.12.2011, VB.2011.00561, E. 3.2; VGr, 20.8.2003, VB.2003.00067, E. 3b; VGr, 28.3.2001, VB.2000.00277, E. 2a.
[90] VGr, 17.1.2001, VB.2000.00357, E. 5a.

legen und allenfalls Beweismittel einzureichen[91]. Ohne entsprechende Parteivorbringen nimmt daher das Verwaltungsgericht in der Regel keine umfassende Prüfung des Sachverhalts vor (vgl. zum Ganzen die differenzierenden Ausführungen bei § 20 N. 44 ff., welche auch für das Beschwerdeverfahren gelten).

Entscheidet das Verwaltungsgericht als erste (und einzige) kantonale Gerichtsinstanz, folgt aus der Rechtsprechung zur Rechtsweggarantie, dass echte und unechte **Noven** – unter Vorbehalt des Rechtsmissbrauchs – uneingeschränkt zulässig sind (§ 20 N. 41). Ist im Beschwerdeverfahren hingegen ein Entscheid einer gerichtlichen Rekursinstanz angefochten, sind neue Tatsachenbehauptungen nur noch nach Massgabe von § 52 Abs. 2 zulässig. Dieses beschränkte Novenverbot steht in einem Spannungsverhältnis zu der an sich freien Tatsachenkognition des Verwaltungsgerichts. Es kommt freilich nur zum Tragen, wenn der gerügte Mangel – bzw. die sich darauf beziehende neue Tatsachenbehauptung – bei der Feststellung des Sachverhalts auf eine fehlende oder mangelhafte Mitwirkung der beschwerdeführenden Partei im vorinstanzlichen Verfahren zurückzuführen ist. Die Rüge, dass die Sachverhaltsfeststellung auf einer Verletzung von Verfahrensvorschriften, namentlich der Untersuchungspflicht nach § 7, beruht, kann durch neue Beweismittel gestützt werden und ist als Rüge einer Rechtsverletzung uneingeschränkt zulässig. 63

Beziehen sich die Sachverhaltsfeststellungen auf **technische Fragen,** prüft das Verwaltungsgericht diese nur mit Zurückhaltung[92]. Bei gutachterlichen Einschätzungen oder Prognosen zu Sachverhaltsfragen beschränkt es seine Prüfung darauf, ob das Gutachten vollständig, klar, gehörig begründet und widerspruchsfrei ist[93]. Ebenso wird geprüft, ob der Gutachter über die notwendige Sachkunde und Unabhängigkeit verfügt[94]. 64

Das Verwaltungsgericht bezeichnet des Weiteren die **Prognose** als eine *besondere Methode der Sachverhaltsermittlung*[95]. Der Vollzugsbehörde komme bei der Prüfung von Sachverhaltsfragen ein Beurteilungsspielraum zu, insbesondere wenn eine zukünftige Entwicklung zu berücksichtigen sei[96]. Da z.B. Prognosen über künftige Verkehrsaufkommen zwangsläufig mit beträchtlichen Unsicherheiten verbunden sind, beschränkt sich das Gericht im Wesentlichen auf die Prüfung, ob die Behörde zumutbare Abklärungen getroffen hat und von sachrichtigen Beurteilungsfaktoren ausgegangen ist[97]. Zurückhaltung bei Prognosebeurteilungen ist aber nur dann geboten, wenn diese auf Fachwissen und anerkannten Methoden beruhen[98]. Schliesslich ist es zulässig, rechtserhebliche As- 65

---

[91] Vgl. VGr, 9.11.2011, VB.2011.00573, E. 7.2.
[92] VGr, 25.2.2004, VB.2003.00434, E. 3.2; VGr, 12.3.2003, VB.2002.00341, E. 4b; RB 2000 Nr. 108 (VB.1999.00395 = BEZ 2000 Nr. 52).
[93] VGr, 16.5.2012, VB.2012.00218, E. 4.2; VGr, 15.9.2008, VB.2008.00340, E. 2.
[94] VGr, 4.6.2009, VB.2009.00035, E. 4.3; VGr, 16.2.2001, VB.2000.00312, E. 2a.
[95] VGr, 16.9.2009, VB.2009.00211, E. 8.2.
[96] VGr, 8.3.2006, VB.2004.00483, E. 7.1; zu weitgehend aber VGr, 23.3.2006, VB.2006.00073, E. 3.2.2., wonach das Gericht nur eingreife, wenn sich die Prognose der mit den Verkehrsrisiken vertrauten Fachstelle als «unhaltbar» erweise.
[97] VGr, 2.7.2008, VB.2008.00001, E. 7, m.w.H.
[98] Daher ist bei der Beurteilung der Voraussetzungen für eine Einbürgerung die Prognose der wirtschaftlichen Selbsterhaltungsfähigkeit mit voller Kognition zu prüfen (VGr, 21.12.2005, VB.2005.00323, E. 4.4).

pekte des Sachverhalts aufgrund von Vergleichswerten und weiteren Indizien zu schätzen, wenn sie anders nicht mehr feststellbar sind[99].

IV. Angemessenheitskontrolle (Abs. 2)

A. Im Anwendungsbereich von § 50 Abs. 2

66 § 50 Abs. 2 beschränkt die Angemessenheitskontrolle durch das Verwaltungsgericht auf Fälle, in denen eine solche ausdrücklich von einem Gesetz verlangt wird. Erforderlich ist damit eine **ausdrückliche gesetzliche Grundlage** in einem kantonalen Gesetzeserlass oder im übergeordneten Recht[100]. Weder der kantonale Verordnungsgeber noch der kommunale Gesetzgeber kann damit dem Verwaltungsgericht eine solche Angemessenheitskontrolle vorschreiben.

67 Diese Auslegung von § 50 Abs. 2 folgt zum einem aus dem Wortlaut der Bestimmung («wenn ein Gesetz dies vorsieht»). Zum anderen legt auch die Entstehungsgeschichte dieses Verständnis nahe: Nach alt § 50 Abs. 3 war die Rüge der Unangemessenheit zulässig, soweit sie das übergeordnete Recht vorsah, sowie bei sogenannten Direktbeschwerden, d.h. wenn eine Anordnung direkt beim Verwaltungsgericht als erster und einziger kantonaler Rechtsmittelinstanz anzufechten war. Die Direktbeschwerde gegenüber Anordnungen unterer Verwaltungseinheiten (der kantonalen Zentralverwaltung) wurde mit der VRG-Revision von 2010 abgeschafft. Das Verwaltungsgericht entscheidet nur noch dann als erste Rechtsmittelinstanz, wenn erstinstanzliche Anordnungen oberster Verwaltungsorgane (namentlich solche des Regierungsrats und des Universitätsrats sowie der Spitalräte der verselbständigten kantonalen Spitäler) angefochten sind. Diese Organe haben die Angemessenheit ihrer Entscheide nach dem Willen des Gesetzgebers selbst zu verantworten[101].

68 Das übergeordnete Recht verlangt vom Verwaltungsgericht namentlich in folgenden Fällen eine Ermessenskontrolle:

- Erfolgt ein **Führerausweisentzug zu Warnzwecken,** fällt diese administrative Anordnung als strafrechtliche Anklage in den Anwendungsbereich von Art. 6 Ziff. 1 EMRK, so dass eine gerichtliche Ermessenskontrolle vorzunehmen ist[102]. Bei Sicherungsentzügen beschränkt sich die gerichtliche Kontrolle demgegenüber auf die Prüfung qualifizierter Ermessensfehler[103].
- Nach Art. 33 Abs. 2 und 3 lit. b RPG hat das Verwaltungsgericht eine volle Ermessensüberprüfung vorzunehmen, wenn anders die uneingeschränkte Überprüfung der **Nutzungspläne** durch wenigstens eine Beschwerdebehörde nicht gewährleistet wäre. Dieser Fall konnte nach bisheriger Rechtslage eintreten, wenn ein negativer Geneh-

---

[99] VGr, 21.12.2000, VB.2000.00325, E. 3a, in Bezug auf die Festsetzung des Warmwasserverbrauchs für eine Gebührennachforderung für ursprünglich nicht erfasste Wasserbezüge.
[100] Ebenso KIENER/KRÜSI, Beschwerde, S. 100 f.
[101] Weisung 2009, S. 860.
[102] BGE 121 II 219, E. 2.
[103] VGr, 15.9.2008, VB.2008.00340, E. 2.

migungsentscheid des Regierungsrats angefochten wurde, womit ein Akt der Nutzungsplanung erstmals im verwaltungsgerichtlichen Verfahren zu prüfen war[104]. Allerdings folgte auch hier aus der Wahrung der Gemeindeautonomie, dass *kommunale Nutzungsplanungen* nur darauf zu prüfen waren, ob sich die planerische Lösung aufgrund überkommunaler Interessen als unzweckmässig erwies oder ob sie wegleitenden Grundsätzen und Zielen der Raumplanung widersprach[105]. Gemäss der revidierten Fassung der §§ 2 lit. a und b sowie 5 Abs. 3 i.V.m. § 329 PBG ist nunmehr die kantonale Direktion für solche Genehmigungsentscheide zuständig, wogegen der Rekurs an das Baurekursgericht offensteht[106]. Dieses verfügt als Rekursinstanz über dieselbe Kognition wie nach bisheriger Praxis das Verwaltungsgericht, da es trotz der vollen Prüfungsbefugnis nach § 20 Abs. 1 ebenso die Gemeindeautonomie zu wahren hat.

Sofern dem Verwaltungsgericht durch – insbesondere kantonale – Gesetzgebungsakte eine volle Ermessenskontrolle zugestanden wird, entspräche es dem gesetzgeberischen Willen, dass das Gericht die ihm ausnahmsweise zugestandene volle Kognition auch ausschöpft. Eine gerichtliche Zurückhaltung aufgrund der besonderen Natur der Streitsache liesse sich in einem solchen Fall kaum noch rechtfertigen[107].

69

B. Ermessensausübung bei reformatorischem Beschwerdeentscheid (§ 63 Abs. 1)

Hebt das Verwaltungsgericht eine angefochtene Anordnung auf, kann es nach § 63 Abs. 1 selber in der Sache neu entscheiden. Bei diesem reformatorischen Beschwerdeentscheid verfügt das Verwaltungsgericht nach seiner eigenen Praxis über **dieselbe Entscheidbefugnis wie die Vorinstanz,** deren Anordnung es aufgehoben hat. Demzufolge soll das Gericht auch in Ermessensfragen frei entscheiden können (§ 63 N. 18).

70

Es stellt sich die Frage, ob sich aus der reformatorischen Entscheidbefugnis im Falle einer Aufhebung der angefochtenen Anordnung schliessen lässt, dass das Verwaltungsgericht auch dann reformatorisch entscheiden soll, wenn hierfür eine Ermessensausübung notwendig ist. Das Bundesgericht, das nach Art. 107 Abs. 2 BGG ebenfalls zur reformatorischen Beschwerdeerledigung berechtigt ist, erachtet sich – jedenfalls im Anwendungsbereich des kantonalen Rechts – nicht zu einem neuen Sachentscheid befugt, wenn «eine Frage der Angemessenheit aussteht»[108].

71

Demgegenüber billigt das Bundesgericht – wohl aus Gründen der Prozessökonomie und der fehlenden Gründe für eine föderalistisch motivierte Zurückhaltung – die Praxis des

72

---

[104] Vgl. etwa VGr, 24.8.2011, VB.2008.00401 und VB.2011.00039, E. 5.2; RB 1994 Nr. 17 (BEZ 1994 Nr. 22). Vgl. § 329 Abs. 4 i.V.m. § 2 lit. a PBG in der bisherigen Fassung.
[105] VGr, 24.8.2011, VB.2008.00401 und VB.2011.00039, E. 5.3; BGr, 12.9.2003, 1P.37/2003 und 1P.43/2003, E. 3.3 f.
[106] Teilrevision des PBG vom 28. Oktober 2013, ABl 8.11.2013 (50985).
[107] Vgl. aber VGr, 23.8.2007, VB.2007.00232, E. 5.2, zur Zurückhaltung des Gerichts bei der Ermessenskontrolle unter dem Geltungsbereich von alt § 50 Abs. 3 i.V.m. alt § 19a Abs. 2 Ziff. 3.
[108] BGr, 29.5.2009, 1C_295/2008, E. 12.2, betreffend die Lohneinstufung einer Lehrperson nach kantonalzürcherischem Recht.

Verwaltungsgerichts, bei reformatorischen Entscheiden auch **Ermessensfragen** neu zu beurteilen[109].

V. Abstrakte Normenkontrolle

73 Das VRG sieht **keine Konzentration** der abstrakten Normenkontrolle in einem einstufigen kantonalen Gerichtsverfahren vor[110]. Werden Erlasse der Gemeinden oder der Direktionen angefochten (dazu § 20 N. 91 ff.), entscheidet das Verwaltungsgericht als zweite kantonale Rechtsmittelinstanz. Verordnungen des Regierungsrats, Erlasse des Kantonsrats unterhalb der Stufe des formellen Gesetzes, Erlasse von selbständigen kantonalen Anstalten oder Körperschaften[111] sowie Erlasse der obersten kantonalen Gerichte (mit Ausnahme der Erlasse des Verwaltungsgerichts[112]) sind demgegenüber direkt beim Verwaltungsgericht anfechtbar.

74 Ausgeschlossen ist die abstrakte Normenkontrolle gegenüber der Kantonsverfassung und kantonalen Gesetzen (Art. 79 Abs. 2 KV; vgl. auch § 41 Abs. 1 i.V.m. § 19 Abs. 1 lit. d und § 42 lit. b Ziff. 3). Erlässt der *Kantonsrat* gestützt auf eine *formell-gesetzliche Delegationsnorm* generell-abstrakte Anordnungen, bilden diese Rechtssätze hingegen Gegenstand der abstrakten Normenkontrolle durch das Verwaltungsgericht (Erlasse unterhalb der Stufe des formellen Gesetzes)[113].

75 Der abstrakten Normenkontrolle unterliegen schliesslich auch Beschlüsse über den Zeitpunkt des Inkrafttretens eines Erlasses, sofern bei formellen Gesetzen nicht der Kantonsrat selbst im Rahmen des Gesetzgebungsaktes diesen Zeitpunkt bestimmt. In der Regel wird die Regierung beauftragt, den Zeitpunkt des Inkrafttretens zu bestimmen. Die Inkraftsetzung eines Gesetzes bildet alsdann Teil der Gesetzgebung; der Beschluss ist daher nach der Praxis des Verwaltungsgerichts wie das Gesetz selbst generell-abstrakter Natur[114].

76 Im Übrigen kann in Bezug auf den **Beschwerdegrund** der Verletzung übergeordneten Rechts sowie die **Entscheidbefugnis** des Verwaltungsgerichts auf § 20 N. 94 ff. verwiesen werden.

(§ 51 aufgehoben)

---

[109] Vgl. BGr, 15.3.2013, 1C_207/2012, E. 3.4.1; BGr, 23.3.2011, 1C_562/2010, 2.3.
[110] Vgl. MARTI, Besondere Verfahren, S. 113.
[111] VGr, 18.4.2011, PB.2010.00026, E. 1.2.
[112] Diese können nach § 43 Abs. 2 lit. b beim Obergericht angefochten werden.
[113] VGr, 6.12.2011, AN.2011.00002, E. 1.1, betreffend die Möglichkeit der Anfechtung des Beschlusses des Kantonsrats über die Festsetzung der Besoldungen der Mitglieder des Sozialversicherungsgerichts.
[114] VGr, 17.1.2012, VB.2011.00722, E. 1.2; RB 1994 Nr. 6.

Neue Vorbringen

§ 52

¹ Die Zulässigkeit neuer Begehren, Tatsachenbehauptungen und Beweismittel richtet sich nach § 20 a.

² Entscheidet das Verwaltungsgericht als zweite gerichtliche Instanz, sind neue Tatsachenbehauptungen nur so weit zulässig, als es durch die angefochtene Anordnung notwendig geworden ist.

Materialien
Weisung 2009, S. 960 f., 972; Prot. KR 2007–2011, S. 10245.

Zur früheren Fassung/zu früheren Fassungen: Weisung 1957, S. 1050; Prot. KK 4.3.1958, 7.10.1958; Prot. KR 1955–1959, S. 3403; Beleuchtender Bericht 1959, S. 410; Weisung 1995, S. 1539; Prot. KK 1995/96, S. 121; Prot. KR 1995–1999, S. 6505; Beleuchtender Bericht 1997, S. 6.

Literatur
Vgl. die Angaben bei § 20a.

Inhaltsübersicht

I.	Allgemeines	1–10
	A. Regelungsgegenstand	1–3
	B. Entstehungsgeschichte	4–6
	C. Massgebender Zeitpunkt in Bezug auf die Sachlage	7–10
II.	Neue Vorbringen	11–35
	A. Begehren (Abs. 1 in Verbindung mit § 20a Abs. 1)	11–12
	B. Beweismittel (Abs. 1 in Verbindung mit § 20a Abs. 2)	13–15
	C. Tatsachen	16–25
	1. Verwaltungsgericht als erste gerichtliche Instanz (Abs. 1 in Verbindung mit § 20a Abs. 2)	16–21
	2. Verwaltungsgericht als zweite gerichtliche Instanz (Abs. 2)	22–25
	D. «Verspätete» Vorbringen	26–35
	1. Im Allgemeinen	26–32
	2. Praxis zum Submissionsrecht	33–35
III.	Neue rechtliche Begründung	36–43
	A. Im Allgemeinen	36–40
	B. Praxis zur Anfechtung baurechtlicher Entscheide	41–43
IV.	Massgebender Zeitpunkt in Bezug auf die Rechtslage	44–46

I. Allgemeines

A. Regelungsgegenstand

§ 52 regelt das **Novenrecht** für das Beschwerdeverfahren vor Verwaltungsgericht. Abs. 1 verweist dabei auf die Bestimmung für das Rekursverfahren (§ 20a); für den Fall, dass das Verwaltungsgericht als zweite gerichtliche Instanz entscheidet, statuiert Abs. 2 eine vom Rekursverfahren abweichende Regelung betreffend neue Tatsachenbehauptungen.

1

§ 52

2   Für das Beschwerdeverfahren ist damit zu **unterscheiden,** ob das Verwaltungsgericht als **erste oder zweite kantonale Gerichtsinstanz** amtet. Das gilt nicht nur in Bezug auf das in § 52 geregelte Novenrecht, sondern ebenso für die Bestimmung des hinsichtlich der Sachlage massgebenden Zeitpunkts.

3   Keine gerichtlichen Vorinstanzen des Verwaltungsgerichts sind namentlich die Bezirksräte[1], die Schätzungskommissionen[2], die Rekurskommission der Zürcher Hochschulen[3] und – selbstredend – die kantonalen Direktionen sowie der Regierungsrat. Gerichtliche Vorinstanzen sind demgegenüber das Baurekurs- sowie das Steuerrekursgericht. Für das Rechtsmittelverfahren in Steuersachen gelten indessen die Verfahrensbestimmungen des Steuergesetzes (vgl. § 73 N. 1 ff.).

B.   Entstehungsgeschichte

4   Die Regelung neuer Vorbringen im Verfahren vor Verwaltungsgericht wurde mehrfach geändert. Gemäss **ursprünglicher Fassung** galt für alle Beschwerdeverfahren, dass neue Tatsachenbehauptungen nur soweit geltend gemacht werden konnten, als sie durch die angefochtene Anordnung notwendig geworden waren[4]. Im Grundsatz bestand damit aus prozessökonomischen Gründen in Bezug auf neue Tatsachenbehauptungen ein generelles Novenverbot; demgegenüber war die Bezeichnung und Einreichung neuer Beweismittel stets zulässig (alt § 52 Abs. 1).

5   Anlässlich der **VRG-Revision von 1997** stellte der Gesetzgeber sicher, dass der Rechtsschutz im kantonalen Verfahren den Anforderungen von Art. 6 Ziff. 1 EMRK genügt[5]. Im Anwendungsbereich dieser Konventionsgarantie muss einem Gericht die volle Sachverhalts- und Rechtskontrolle zustehen; das Verbot neuer tatsächlicher Behauptungen war demnach auf Beschwerdeverfahren zu beschränken, in denen das Verwaltungsgericht als zweite gerichtliche Instanz entscheidet. Abs. 2 wurde wie folgt geändert[6]: «Entscheidet das Verwaltungsgericht als zweite gerichtliche Instanz, können neue Tatsachen nur soweit geltend gemacht werden, als es durch die angefochtene Anordnung notwendig geworden ist.»

6   Im Zuge der **VRG-Revision von 2010** schlug der Regierungsrat vor, dass auch *neue Beweismittel* im Beschwerdeverfahren vor Verwaltungsgericht als zweiter gerichtlicher Instanz nur noch soweit zulässig sein sollten, als sie durch die angefochtene Anordnung notwendig geworden seien[7]. Der Kantonsrat ist diesem Vorschlag nicht gefolgt. Es soll auch in einem solchen Verfahren möglich sein, für bereits behauptete Tatsachen neue Beweismittel beizubringen[8]. Nach geltendem Recht sind damit neue Beweismittel unverän-

---

[1]   RB 2000 Nr. 24.
[2]   RB 2001 Nr. 25.
[3]   VGr, 18.8.2004, VB.2004.00213, E. 1.1.
[4]   Alt § 52 Abs. 2 in der ursprünglichen Fassung vom 24. Mai 1959 (OS 40, 546): «Neue Tatsachen können nur soweit geltend gemacht werden, als es durch die angefochtene Anordnung notwendig geworden ist.»
[5]   Vgl. VGr, 13.7.2011, VB.2011.00230, E. 2.2 (nicht publiziert); VGr, 21.2.2007, VB.2006.00329, E. 2.
[6]   Alt § 52 Abs. 2 in der Fassung vom 8. Juni 1997 (OS 54, 268).
[7]   Weisung 2009, S. 814, 972.
[8]   Prot. KR 2007–2011, S. 10245; VRG-Revision 2010, Antrag KJS, S. 184.

dert zulässig. Die neue Fassung von § 52 Abs. 2 erfuhr lediglich eine redaktionelle Anpassung; sie entspricht damit dem bisherigen Recht[9].

C. Massgebender Zeitpunkt in Bezug auf die Sachlage

Die Zulässigkeit neuer Vorbringen hängt im Wesentlichen davon ab, welcher Zeitpunkt hinsichtlich des Sachverhalts für die Rechtsmittelinstanz massgebend ist. Nach einer die (kantonale) Verwaltungsgerichtsbarkeit wohl während Jahrzehnten prägenden Auffassung soll für den Beschwerdeentscheid die Sachlage massgebend sein, wie sie zur Zeit des Erlasses der erstinstanzlichen Anordnung bzw. des Rekursentscheids bestand[10].

Nach neuerer – und zutreffender – Rechtsprechung ist der Sachverhalt insbesondere aufgrund von Art. 29a BV und Art. 110 BGG *von Bundesrechts wegen* in einem **gerichtlichen Verfahren** zu erstellen, weshalb in diesem auch neue Tatsachen und Beweismittel vorgebracht werden können. Es ist mit anderen Worten auf die **tatsächlichen Verhältnisse im Entscheidzeitpunkt** abzustellen (vgl. § 20a N. 4 ff.)[11]. Auch für das Verfahren vor Bundesverwaltungsgericht ist im Übrigen von Lehre und Rechtsprechung anerkannt, dass dieses Sachverhaltsänderungen grundsätzlich bis zu seinem Entscheid berücksichtigt[12].

Für das Beschwerdeverfahren gilt das aber nur dann, wenn das Verwaltungsgericht als **erste kantonale Gerichtsinstanz** entscheidet. Die bundesrechtlichen Anforderungen von Art. 29a BV und Art. 110 BGG können nicht nur beim höchsten, sondern auch bei einem unteren kantonalen Gericht erfüllt werden[13]. Die neuere Rechtsprechung, wonach das Verwaltungsgericht auf die tatsächlichen Verhältnisse im Zeitpunkt des eigenen Entscheids abstellen muss[14], bezieht sich daher nur auf Beschwerdeverfahren ohne gerichtliche Vorinstanz.

Entscheidet das Verwaltungsgericht als **zweite kantonale Gerichtsinstanz,** besteht von Bundesrechts wegen hingegen keine Verpflichtung, auf die tatsächlichen Verhältnisse im Zeitpunkt des Beschwerdeentscheids abzustellen. Massgebend ist damit § 52 Abs. 2 und die Praxis des Verwaltungsgerichts zur Tragweite der Untersuchungsmaxime im Beschwerdeverfahren (N. 22 ff.).

---

[9] Vgl. auch KIENER/KRÜSI, Beschwerde, S. 101.
[10] So noch z.B. VGr, 6.10.2010, VB.2010.00167, E. 5.1.
[11] VGr, 21.9.2011, VB.2011.00416, E. 2.2; VGr, 9.2.2011, VB.2010.00678, E. 4.1, BGr, 20.4.2009, 2C_651/2008, E. 4.2; BGE 135 II 369, E. 3.3. – Jedenfalls für den Bereich des Ausländerrechts entspricht diese Auffassung ständiger und gefestigter Rechtsprechung.
[12] BGr, 20.11.2012, 2C_367/2012, E. 3.5.1; ZIBUNG/HOFSTETTER, in: Praxiskommentar VwVG, Art. 49 N. 36; SEILER, in: Praxiskommentar VwVG, Art. 54 N. 19; WEISSENBERGER, in: Praxiskommentar, Art. 61 N. 8; KÖLZ/HÄNER/BERTSCHI, Verwaltungsverfahren, N. 1045, 1133.
[13] Vgl. auch JAAG, Ausgangslage, S. 9 Fn. 38.
[14] VGr, 29.6.2011, VB.2011.00066, E. 3.1; BGr, 20.4.2009, 2C_651/2008, E. 4.2; BGE 135 II 369, E. 3.3.

II. Neue Vorbringen

A. Begehren (Abs. 1 in Verbindung mit § 20a Abs. 1)

11 Neue **Sachbegehren** sind im Beschwerdeverfahren vor Verwaltungsgericht gleich wie im Rekursverfahren grundsätzlich unzulässig (vgl. dazu Näheres § 20a N. 9 ff.)[15]. Eine Änderung des Begehrens ist ausnahmsweise zulässig, wenn der Streitgegenstand im Rekursverfahren durch einen Neuentscheid der Rekursinstanz verändert worden ist[16]; in diesem Umfang kann das Begehren vor Verwaltungsgericht auch erweitert werden[17].

12 Begehren **verfahrensrechtlicher Natur** sind uneingeschränkt zulässig und werden in der Regel durch den angefochtenen Rekursentscheid veranlasst (vgl. § 20a N. 13). Es steht der beschwerdeführenden Partei aber auch frei, erst im Beschwerdeverfahren etwa die unentgeltliche Rechtspflege und -vertretung zu beantragen.

B. Beweismittel (Abs. 1 in Verbindung mit § 20a Abs. 2)

13 Im Rahmen des Streitgegenstands ist die Bezeichnung und Einreichung neuer Beweismittel ohne weiteres zulässig[18]. Das gilt in **allen** Beschwerdeverfahren vor Verwaltungsgericht (§ 52 Abs. 1 i.V.m. § 20a Abs. 2 und § 52 Abs. 2 e contrario). Wenn das Verwaltungsgericht als *zweite* gerichtliche Instanz mit der Angelegenheit befasst ist, müssen sich die neuen Beweismittel allerdings auf *bereits behauptete* Tatsachen beziehen oder auf solche, die durch den angefochtenen Rekursentscheid notwendig geworden sind (vgl. § 52 Abs. 2; vgl. auch N. 22 f.).

14 Das Beweismittel der **Zeugeneinvernahme** steht nach § 26c nur den gerichtlichen Rekursinstanzen offen (vgl. § 26c N. 2 ff.). Entscheidet das Verwaltungsgericht als erste gerichtliche Instanz, kommen daher im Beschwerdeverfahren insbesondere die Zeugeneinvernahme und die Beweisaussage der Partei als neue Beweismittel in Betracht (§ 60 i.V.m. Art. 169 und Art. 192 ZPO).

15 Über die **Beweisabnahme** entscheidet das Gericht bei Vorliegen entsprechender Beweisanträge nach Massgabe des Anspruchs auf rechtliches Gehör. Auf die Abnahme eines Beweismittels wird nach ständiger Praxis verzichtet, wenn der für den Entscheid massgebliche Sachverhalt aufgrund der Akten feststeht oder wenn die zu beweisenden Tatsachen nicht rechtserheblich sind (vgl. auch § 60 N. 11)[19].

---

[15] Vgl. z.B. VGr, 3.11.2010, VB.2010.00299, E. 4.
[16] VGr, 9.11.2005, PB.2005.00016, E. 3.4.1 (nicht publiziert).
[17] Vgl. VGr, 1.12.2010, VB.2010.00324, E. 2.1; RB 1980 Nr. 19.
[18] Vgl. VGr, 22.9.2010, PB.2010.00013, E. 5 (nicht publiziert); VGr, 22.10.2009, VB.2009.00284, E. 1.2; VGr, 17.12.2008, PB.2008.00020 und 21, E. 5.4.2 (nicht publiziert); VGr, 11.5.2007, VB.2007.00034, E. 1.4 (nicht publiziert).
[19] VGr, 19.12.2007, VB.2007.00418, E. 1.1, m.w.H.

C. Tatsachen

1. Verwaltungsgericht als erste gerichtliche Instanz (Abs. 1 in Verbindung mit § 20a Abs. 2)

Entscheidet das Verwaltungsgericht als erste gerichtliche Instanz, können neue Tatsachen – im Rahmen des Streitgegenstands – **uneingeschränkt** geltend gemacht werden. Das gilt nach ständiger Praxis insbesondere auch dann, wenn sie bereits vor der Vorinstanz hätten vorgebracht werden können[20]. Das Vorbringen neuer Tatsachenbehauptungen vor Verwaltungsgericht kann daher nicht rechtsmissbräuchlich sein[21]; es kann allenfalls bei der Kostenauflage berücksichtigt werden (analog § 70 i.V.m. § 13 Abs. 2 Satz 2). 16

Es steht der beschwerdeführenden Partei damit auch offen, gestützt auf neue Tatsachen das (unveränderte) Rechtsbegehren auf neue Rechtsgründe zu stützen, sofern sich daraus **keine unzulässige Änderung des Streitgegenstands** ergibt. Das ist der Fall, sofern nicht auf einen wesentlich verschiedenen, ausserhalb des Streitgegenstands liegenden Sachverhalt abgestellt und kein wesentlich abweichender Rechtsgrund geltend gemacht wird (vgl. auch § 20a N. 10, 17 und 20)[22]. 17

Da auf die Sachlage im Entscheidzeitpunkt abzustellen ist (N. 8 f.), sind auch **neu eingetretene** Tatsachen – d.h. seit dem Erlass des angefochtenen Rekursentscheids – zu berücksichtigen. Gemäss dem Verwaltungsgericht folgt dies nicht nur aus Art. 110 BGG und der dazu ergangenen Rechtsprechung des Bundesgerichts[23], sondern ebenso aus § 52 Abs. 1, da durch die Verweisung auf § 20a Abs. 2 die Berücksichtigung von Sachverhaltsnoven erweitert wurde[24]. Freilich hat das Verwaltungsgericht bereits vor der VRG-Revision von 2010 neu eingetretene Tatsachen berücksichtigt, wenn es als erste kantonale Gerichtsinstanz entschieden hat[25]. Richtig besehen kann aus der prozessrechtlichen *Zulässigkeit* neuer Vorbringen noch nicht auf den massgebenden Zeitpunkt der Sachlage geschlossen werden. Die Berücksichtigung neu eingetretener Tatsachen wurde – vor der Umsetzung der Rechtsweggarantie – für das Rekursverfahren mit der Untersuchungsmaxime begründet und für das Beschwerdeverfahren vor Verwaltungsgericht hingegen aus funktionellen Gründen (Wahrung des Instanzenzugs) im Allgemeinen verneint[26]. 18

Die neu eingetretene Tatsache muss vom Streitgegenstand erfasst sein. So ist etwa im Bereich des Ausländerrechts bei der Beurteilung eines Nachzugsgesuchs die neue Tatsache der Einbürgerung des Gesuchstellers zu berücksichtigen[27]. Hingegen kann ein Gesuch um Erteilung einer Aufenthaltsbewilligung nicht mit einer – gegenüber dem Zeitpunkt der Gesuchseinreichung – neuen Beziehung begründet werden. In einem solchen Fall ist 19

---

[20] Vgl. VGr, 23.1.2008, VB.2007.00424, E. 4.4.2; VGr, 26.10.2005, VB.2005.00327, E. 2.2; VGr, 7.4.2004, VB.2003.00465, E. 2.2.1; VGr, 30.7.2003, VB.2003.00104, E. 4a.
[21] VGr, 30.4.2008, VB.2007.00475, E. 1.2.
[22] RB 2008 Nr. 6 (VB.2008.00346 und 351).
[23] VGr, 9.2.2011, VB.2010.00678, E. 4.1.
[24] VGr, 16.12.2010, VB.2010.00419, E. 1.3.
[25] Vgl. nur VGr, 5.11.2009, VB.2009.00306, E. 9.3; VGr, 11.9.2003, VB.2002.00191, E. 2a.
[26] Vgl. 2. Aufl., § 20 N. 47 und § 52 N. 16.
[27] VGr, 21.9.2011, VB.2011.00416, E. 2.2.

§ 52

die Sache an die erstinstanzlich zuständige Behörde weiterzuleiten (§ 70 i.V.m. § 5 Abs. 2 Satz 1)[28].

20 Werden durch die für den Entscheid zu berücksichtigenden neuen Tatsachenvorbringen – oder neu eingetretenen Tatsachen – **Ermessensfragen** aufgeworfen, ist die Angelegenheit an die für die Ermessensausübung zuständige Behörde zurückzuweisen. Das Verwaltungsgericht kann aber den Ermessensentscheid auch selbst fällen (vgl. dazu § 63 N. 18 und § 64 N. 13), wobei den Parteien das rechtliche Gehör zu gewähren ist[29].

21 Neue Vorbringen sind auch in Bezug auf **Prozessvoraussetzungen** zulässig[30]. Das gilt in Beschwerdeverfahren ohne gerichtliche Vorinstanz ungeachtet des Einwands, dass das Novenrecht eigentlich nicht den Sinn habe, ursprünglich fehlende Prozessvoraussetzungen nachträglich vor dem Verwaltungsgericht herstellen zu lassen[31].

2. Verwaltungsgericht als zweite gerichtliche Instanz (Abs. 2)

22 Entscheidet das Verwaltungsgericht als zweite gerichtliche Instanz, gilt **grundsätzlich das Verbot neuer tatsächlicher Behauptungen**[32]. Nach der Regelung in § 52 Abs. 2 sind neue Tatsachenbehauptungen nur so weit zulässig, als sie durch die angefochtene Anordnung – d.h. den Rekursentscheid – *notwendig* geworden sind[33]. Das ist namentlich der Fall, wenn die Vorinstanz einen *Neuentscheid* getroffen hat oder wenn sie die angefochtene Verfügung zwar bestätigte, jedoch neu begründete oder auf neue Gesichtspunkte abstützte, die in der ursprünglichen Anordnung nicht zum Ausdruck gekommen waren[34]. Ebenso wird berücksichtigt, in welcher Parteirolle die vor Verwaltungsgericht beschwerdeführende Partei am vorinstanzlichen Verfahren teilgenommen hat, d.h. ob als Rekurrentin oder Rekursgegnerin[35].

23 Über den Wortlaut von § 52 Abs. 2 hinausgehend sind neue tatsächliche Behauptungen nach der Praxis des Verwaltungsgerichts auch dann zulässig, wenn die beschwerdeführende Partei diese nachträglich entdeckt hat und auch bei Anwendung der erforderlichen Umsicht nicht rechtzeitig hätte vorbringen können, sie somit als **Revisionsgrund** (vgl. § 86a lit. b) zu berücksichtigen wären[36].

24 Im Übrigen sind neue Tatsachenvorbringen im Allgemeinen nicht zulässig. Das gilt grundsätzlich auch für erst nach dem angefochtenen Rekursentscheid eingetretene Tatsachen, da für das Verwaltungsgericht die Sachlage im Zeitpunkt des gerichtlichen Rekursentscheids massgebend ist. Die Praxis lässt aber auch hier aus prozessökonomischen Gründen aufgrund der reformatorischen Entscheidbefugnis des Verwaltungsgerichts

---

[28] VGr, 19.8.2009, VB.2009.00221, E. 2.2 (nicht publiziert); ferner VGr, 7.1.2008, VB.2007.00556, E. 2.3, m.w.H.
[29] Vgl. auch VGr, 15.12.2010, VB.2009.00628, E. 4.3.2; VGr, 12.1.2011, VB.2010.00573, E. 4 (nicht publiziert).
[30] VGr, 13.7.2011, VB.2011.00230, E. 2.2 (nicht publiziert).
[31] VGr, 21.2.2007, VB.2006.00329, E. 2.
[32] Vgl. z.B. VGr, 4.10.2007, VB.2007.00324, E. 3.
[33] Vgl. auch VGr, 18.5.2011, VB.2010.00496, E. 1.3.1; VGr, 15.12.2010, VB.2009.00628, E. 4.3.1.
[34] VGr, 23.3.2005, VB.2004.00289, E. 5.2; VGr, 20.8.2002, VB.2002.00006, E. 4b.
[35] VGr, 23.9.2009, VB.2009.00091, E. 1.
[36] Vgl. VGr, 17.11.2010, VB.2010.00184, E. 3.2; VGr, 3.11.2010, VB.2010.00299, E. 2.1; VGr, 11.1.2006, VB.2005.00362, E. 1.3; RB 1976 Nr. 18.

(§ 63 Abs. 1) **Ausnahmen** zu[37]. Wenn sich die Sachlage seit dem Rekursentscheid *wesentlich* verändert hat – mithin ein verfassungsrechtlicher Anspruch auf Behandlung eines Wiedererwägungsgesuchs besteht[38] –, ist es indessen angezeigt, das Beschwerdeverfahren bis zur Erledigung eines Wiedererwägungsverfahrens durch die erstinstanzliche Verwaltungsbehörde zu sistieren. Ein solches Verfahren kann freilich nur von den Parteien, nicht aber vom Gericht selbst veranlasst werden. Das Beschwerdeverfahren kann durch den Wiedererwägungsentscheid allenfalls gegenstandslos werden.

§ 52 Abs. 2 hat schliesslich nicht den Sinn, ursprünglich fehlende **Prozess- bzw. Sachurteilsvoraussetzungen** (dazu Vorbem. zu §§ 19–28a N. 50 ff.) nachträglich vor Verwaltungsgericht herstellen zu lassen. Aus diesem Grund muss nach der Rechtsprechung die Darlegung des Sachverhalts, der die Legitimation als Prozessvoraussetzung begründen soll, bereits bei der gerichtlichen Vorinstanz erfolgen. Dies kann nicht vor dem Verwaltungsgericht nachgeholt werden[39]. 25

D. «Verspätete» Vorbringen

1. Im Allgemeinen

Das Novenrecht bzw. die §§ 20a und 52 regeln die Frage, ob und inwieweit gegenüber dem vorinstanzlichen Verfahren neue Rechtsbegehren, Tatsachenbehauptungen und Beweismittel zulässig sind. Davon zu unterscheiden ist die Frage, in welchem Abschnitt und bis zu welchem Zeitpunkt innerhalb des Verfahrens vor einer bestimmten Instanz neue Parteivorbringen zulässig bzw. nach der sog. **Eventualmaxime** (auch: Konzentrationsprinzip) unzulässig sind. Die neuen Parteivorbringen beziehen sich dabei auf Tatsachenbehauptungen oder Beweismittel sowie auf die rechtliche Begründung des Parteistandpunkts. Zum Vornherein unzulässig ist es, das Rechtsbegehren, d.h. den Beschwerdeantrag, nach Ablauf der Beschwerdefrist zu erweitern (vgl. § 23 N. 16). 26

Zur Gewährleistung eines **geordneten Ablaufs des Rechtsmittelverfahrens** sind neue Parteivorbringen grundsätzlich im Rahmen der Beschwerdeschrift oder der Beschwerdeantwort geltend zu machen. Dieser vom Verwaltungsgericht bisweilen als «Regel»[40] bezeichnete Grundsatz ist indessen zu relativieren: 27

Gemäss neueren – nicht publizierten – Entscheiden des Verwaltungsgerichts können im Rahmen des Streitgegenstands neue Tatsachenbehauptungen sowie neue Beweismittel **jederzeit** vorgebracht werden, und zwar unabhängig vom Zeitpunkt, in welchem sie sich verwirklicht haben[41]. Die Untersuchungspflicht des Verwaltungsgerichts relativiere die Obliegenheit der beschwerdeführenden Partei, tatsächliche Behauptungen innerhalb der Beschwerdefrist vorzubringen bzw. sie rechtfertige die Berücksichtigung *verspäteter* Par- 28

---

[37] VGr, 24.3.2011, VB.2010.00509, E. 5.1.2; VGr, 20.10.2010, VB.2010.00347, E. 3.3, m.w.H.
[38] HÄFELIN/MÜLLER/UHLMANN, Verwaltungsrecht, N. 1833.
[39] VGr, 20.12.2007, VB.2007.00192, E. 3.1, m.w.H.
[40] VGr, 26.9.2007, VB.2007.00016, E. 3.4; VGr, 20.6.2007, VB.2006.00448, E. 2. – Auf welche Rechtsgrundlage sich diese Regel stützt, lässt das Verwaltungsgericht freilich unerwähnt.
[41] VGr, 21.7.2010, VB.2010.00088, E. 1.4 (nicht publiziert).

teivorbringen[42]. Verspätete Vorbringen infolge *nachlässiger Verfahrensführung* scheint das Verwaltungsgericht hingegen weiterhin nicht zu berücksichtigen[43]. Es besteht mithin keine gefestigte Praxis.

29 Der Grund für die jederzeitige Berücksichtigung von **Parteivorbringen zum Sachverhalt** ist nicht (in erster Linie) die Befolgung des Untersuchungsgrundsatzes, sondern das vom Bundesgericht aus der Rechtsweggarantie (Art. 29a BV und Art. 110 BGG) abgeleitete Erfordernis, dass auf die tatsächlichen Verhältnisse *im Zeitpunkt des Entscheids* abzustellen ist[44]. Nur so ist das Recht auf eine umfassende Sachverhaltskontrolle durch eine kantonale Gerichtsinstanz gewährleistet. Daher sind die Parteien auch berechtigt, dem Gericht nach Abschluss des Schriftenwechsels eingetretene Sachverhaltsänderungen zur Kenntnis zu bringen, da das Gericht solche Vorbringen grundsätzlich berücksichtigen muss[45]. Das gilt aber nur für Beschwerdeverfahren, in welchen das Verwaltungsgericht als **erste kantonale Gerichtsinstanz** entscheidet.

30 Die Berücksichtigung **neu eingetretener Tatsachen** bis zum Zeitpunkt des Entscheids ist alsdann aufgrund der Rechtsweggarantie bzw. der dazu ergangenen Rechtsprechung geboten. Die Rechtsweggarantie bezweckt hingegen wohl nicht, dass die Parteien **unechte Noven**, d.h. im vorinstanzlichen Verfahren versäumte Vorbringen auch nach Ablauf der Beschwerdefrist bzw. Einreichung der Beschwerdeantwort ohne weiteres geltend machen können[46]. Nachträgliche Vorbringen sind in jedem Fall zu beachten, wenn sie sich auf erhebliche Tatsachen oder Beweismittel beziehen, welche die Parteien nicht früher beibringen konnten und die daher als Revisionsgründe im Sinn von § 86a lit. b zu berücksichtigen wären. Im Übrigen wird die Gerichtspraxis mangels einer gesetzlichen Regelung im VRG[47] klären müssen, ob verspätete Vorbringen wegen nachlässiger Prozessführung aus dem Recht gewiesen werden dürfen. Das Bundesrecht (Art. 110 in Verbindung mit Art. 97 und Art. 105 Abs. 2 BGG) belässt hierfür wenig Entscheidungsspielraum, da die kantonale richterliche Behörde umfassend prüfen muss, ob der massgebende Sachverhalt richtig und vollständig zusammengetragen ist[48].

31 Entscheidet das Verwaltungsgericht hingegen als **zweite kantonale Gerichtsinstanz,** hat es nicht von Bundesrechts wegen auf die Sachlage im Entscheidzeitpunkt abzustellen, und neue Tatsachenvorbringen sind nur sehr eingeschränkt zulässig (N. 22 ff.). Es bestimmt sich daher nach dem kantonalen Verfahrensrecht, ob nach Ablauf der Beschwer-

---

[42] VGr, 16.9.2009, VB.2008.00550, E. 3.2.1 (nicht publiziert); VGr, 29.4.2009, VB.2008.00606, E. 4.4.1 (nicht publiziert).
[43] VGr, 21.7.2010, VB.2010.00088, E. 1.4 (nicht publiziert).
[44] Vgl. BGE 135 II 369, E. 3.3; vgl. auch VGr, 21.7.2010, VB.2010.00088, E. 1.4 (nicht publiziert).
[45] BGr, 20.11.2012, 2C_367/2012, E. 3.5.1, in Bezug auf das Verfahren vor Bundesverwaltungsgericht.
[46] Vgl. zur ebenfalls nicht geklärten Berücksichtigung verspäteter Vorbringen im Beschwerdeverfahren vor Bundesverwaltungsgericht WALDMANN/BICKEL, in: Praxiskommentar VwVG, Art. 32 N. 16 f.; KÖLZ/HÄNER/BERTSCHI, Verwaltungsverfahren, N. 1125; ferner KIENER/RÜTSCHE/KUHN, Öffentliches Verfahrensrecht, N. 651, in Bezug auf das Verwaltungsverfahren.
[47] Eine solche besteht etwa im Kanton Bern. Nach Art. 25 VRPG BE dürfen die Parteien so lange neue Tatsachen und Beweismittel in das Verfahren einbringen, als weder verfügt noch entschieden noch mit prozessleitender Verfügung das Beweisverfahren förmlich abgeschlossen worden ist (vgl. M. MÜLLER, Verwaltungsrechtspflege, S. 68 f.).
[48] Vgl. EHRENZELLER, in: Basler Kommentar BGG, Art. 110 N. 17.

defrist bzw. nach Einreichung der Beschwerdeantwort neue Tatsachenvorbringen, sofern sie überhaupt zulässig sind, noch berücksichtigt werden müssen. Mangels einer ausdrücklichen Regelung im VRG sind aufgrund der Untersuchungsmaxime und der Gewährung des rechtlichen Gehörs nachträgliche Vorbringen nur mit Zurückhaltung aus dem Recht zu weisen, wobei insbesondere nach Treu und Glauben das Interesse der Parteien an der Verfahrenserledigung oder -verzögerung zu berücksichtigen ist.

Vom Vorbringen neuer Tatsachen – sowohl neu eingetretener wie auch bisher nicht vorgebrachter Tatsachen – und diese stützender Beweismittel ist die **rechtliche Begründung** der Rechtsbegehren zu unterscheiden. Eine neue rechtliche Argumentation stellt weder ein neues Begehren noch ein neues sachverhaltliches Vorbringen dar, so dass sie im Rahmen des Streitgegenstands an sich *jederzeit* vorgebracht werden darf[49]. Das ist insoweit unproblematisch, als das Gericht das Recht ohnehin *von Amtes wegen* anwendet. Hinzu kommt, dass die beschwerdeführende Partei nach § 54 zwar verpflichtet ist, den Antrag in der Beschwerdeschrift und damit innerhalb der Beschwerdefrist zu begründen; ein eigentliches Rügeprinzip ist im VRG aber gesetzlich nicht verankert (vgl. § 50 N. 9 ff.). Für das ordentliche Beschwerdeverfahren vor Bundesgericht geht dieses davon aus, dass es das aus Art. 29 Abs. 2 BV abgeleitete Replikrecht nicht erlaube, nach Ablauf der Beschwerdefrist neue rechtliche Begründungen einzureichen, soweit das Bundesgericht keinen zweiten Schriftenwechsel oder eigene Beweiserhebungen angeordnet habe[50]. Dabei bleibt aber unklar, ob dies allgemein oder nur für Rügen nach Art. 106 Abs. 2 BGG gilt[51]. 32

2. Praxis zum Submissionsrecht

Eine eigene und von der Rechtsprechung des Bundesgerichts zur Rechtsweggarantie unabhängige Praxis hat das Verwaltungsgericht für das Beschwerdeverfahren in Submissionsstreitigkeiten entwickelt. Diese Praxis ist aufgrund der (materiellen wie auch formellen) Sonderregelungen des Vergaberechts ohne weiteres sachgerecht. 33

Die gegen einen Vergabeentscheid *beschwerdeführende Partei* darf die Beschwerdebegründung mit der **Replik** im Rahmen des Schriftenwechsels nur soweit ergänzen, als die Beschwerdeantwort oder deren Beilagen dazu Anlass geben, weil diese *wesentliche neue Gesichtspunkte* enthalten. Das ist insbesondere der Fall, wenn die massgebliche Begründung des angefochtenen Vergabeentscheids erst in der Beschwerdeantwort dargelegt 34

---

[49] M. Müller, Verwaltungsrechtspflege, S. 69.
[50] BGr, 3. Juli 2012, 2C_485/2010, E. 2.2 [in BGE 138 I 378 nicht publizierte Erwägung]; BGr, 24.3.2011, 2C_586/2010, E. 2.
[51] Das Bundesgericht prüft die Verletzung von Grundrechten und (inter)kantonalem Recht nur insofern, als eine solche Rüge in der Beschwerde vorgebracht und begründet worden ist (Rügeprinzip; vgl. Meyer/Dormann, in: Basler Kommentar BGG, Art. 106 N. 19). Im Übrigen folgt aus dem Grundsatz der Rechtsanwendung von Amtes wegen (Art. 106 Abs. 1 BGG), dass das Bundesgericht berechtigt und grundsätzlich auch verpflichtet ist, sämtliche Rechtsfehler des angefochtenen Entscheids unabhängig von einer entsprechenden Rüge der beschwerdeführenden Partei zu korrigieren (Schott, in: Basler Kommentar BGG, Art. 95 N. 26).

wird[52]. Vorbehalten bleibt das nachträgliche Vorbringen erheblicher Tatsachen oder Beweismittel, welche die Parteien nicht früher beibringen konnten[53].

35 Diese Praxis beruht auf dem Umstand, dass die Begründung des Vergabeentscheids in der Regel im Wesentlichen erst mit der Beschwerdeantwort erfolgt[54]. Folgerichtig sind auch der *Vergabestelle* alsdann im Rahmen eines weiteren Schriftenwechsels **(Duplik)** neue Vorbringen grundsätzlich nur noch gestattet, soweit diese durch Ausführungen in der Replik der beschwerdeführenden Partei veranlasst sind oder sich auf nachträglich entdeckte erhebliche Tatsachen beziehen[55].

III. Neue rechtliche Begründung

A. Im Allgemeinen

36 Gleich wie im Rekursverfahren ist es einer Partei auch im Beschwerdeverfahren vor Verwaltungsgericht **grundsätzlich erlaubt,** ihre Rechtsbegehren mit neuen rechtlichen Begründungen zu stützen. Das Gesetz schliesst das nicht aus; die rechtliche Begründung bildet nicht Bestandteil des Streitgegenstands (§ 20a N. 20).

37 Das Verwaltungsgericht kann überdies, da es das **Recht von Amtes wegen anwendet,** im Sinn einer sog. *Motivsubstitution* einen im Ergebnis richtigen, aber falsch begründeten Rekursentscheid aus anderen rechtlichen Gründen bestätigen[56]. Ebenso kann das Gericht eine Beschwerde aus anderen als in der Beschwerdeschrift ausdrücklich geltend gemachten Rechtsgründen gutheissen[57]. Da sich aus Art. 29 Abs. 2 BV kein allgemeiner Anspruch auf vorgängige Anhörung zu Fragen der *Rechtsanwendung* ableitet[58], ist den Parteien das rechtliche Gehör nur zu gewähren, wenn das Verwaltungsgericht seinen Entscheid auf Rechtsnormen bzw. -gründe abstützt, mit deren Anwendung nicht gerechnet werden musste (§ 20a N. 21).

38 Um ein zulässiges neues rechtliches Vorbringen handelt es sich bei der **Einrede der Verjährung.** Diese kann damit auch erst im Verfahren vor Verwaltungsgericht erhoben werden, zumal die Rekursinstanz die Verjährung nicht von Amtes wegen zu beachten hat[59].

39 Eine kommunale Behörde kann sich vor Verwaltungsgericht nach ständiger Rechtsprechung nur dann auf einen durch die **Gemeindeautonomie** geschützten Beurteilungsspielraum berufen, wenn sie im vorinstanzlichen Verfahren spätestens in der Rekursantwort die geforderte nachvollziehbare Begründung vorbringt. Fehlt eine solche Begründung,

---

[52] VGr, 22.11.2006, VB.2006.00204, E. 4.1, m.w.H (nicht publiziert).
[53] VGr, 12.11.2008, VB.2007.00388, E. 4; VGr, 22.11.2006, VB.2005.00264, E. 6.2; VGr, 9.4.2003, VB.2002.00380, E. 4a; RB 1976 Nr. 18.
[54] VGr, 28.3.2007, VB.2006.00309, E. 3.
[55] VGr, 28.9.2011, VB.2010.00708, E. 2.1; VGr, 28.9.2011, VB.2011.00322, E. 4; VGr, 13.11.2002, VB.2001.00198, E.3a.
[56] Vgl. z.B. VGr, 15.6.2006, VB.2006.00096, E. 2.3.
[57] RB 1979 Nr. 24.
[58] BVGr, 8.7.2010, A-2607/2009, E. 5.4; BGE 114 Ia 97, E. 2a; WALDMANN/BICKEL, in: Praxiskommentar VwVG, Art. 30 N. 19; H. KELLER, Garantien, N. 33.
[59] VGr, 8.7.2009, PB.2008.00028, E. 5.5.2, mit Hinweis.

ist die Rekursinstanz nicht nur berechtigt, sondern verpflichtet[60], die streitbetroffene Anordnung im Licht der erhobenen Rügen uneingeschränkt zu überprüfen[61]. Diese im Zusammenhang mit baurechtlichen Einordnungsentscheiden entwickelte Praxis ist allgemein zu beachten, wenn sich eine Gemeinde auf einen durch die Gemeindeautonomie rechtlich geschützten Ermessens- bzw. Beurteilungsspielraum berufen will.

Im Beschwerdeverfahren über einen Revisionsentscheid können **keine neuen Revisionsgründe** vorgebracht werden (vgl. auch § 20a N. 22)[62]. 40

B. Praxis zur Anfechtung baurechtlicher Entscheide

Abweichend vom Grundsatz der Zulässigkeit neuer rechtlicher Begründungen sollen gemäss ständiger Praxis vor Verwaltungsgericht in baurechtlichen Verfahren von den Verfahrensbeteiligten **keine neuen Bauhinderungsgründe** geltend gemacht werden können[63]. Begründet wird dies unter Hinweis auf das im baurechtlichen Verfahren weitgehend geltende Rügeprinzip. Aufgrund des sehr weit gefassten Streitgegenstands wird durch die von der Baubehörde im Bewilligungsentscheid bzw. von den rekurrierenden Nachbarn im Rekurs geltend gemachten Bauverweigerungsgründe «gleichsam ein engeres Prozessthema» abgesteckt[64]. Die Unzulässigkeit des Vorbringens neuer Bauhinderungsgründe folgt damit weder aus § 52 Abs. 2 noch aus dem Verbot der Erweiterung des Streitgegenstands[65]; sie lässt sich indessen auch nicht auf das Rügeprinzip abstützen (N. 43 und § 50 N. 9 ff.). 41

Während die Verfahrensbeteiligten im Beschwerdeverfahren keine neuen Bauhinderungsgründe vorbringen dürfen, soll es demgegenüber dem Verwaltungsgericht freistehen, durch **Motivsubstitution** einen von den Vorinstanzen nicht beachteten Bauhinderungsgrund heranzuziehen[66]. Ebenso prüft das Verwaltungsgericht die Frage der Bewilligungsfähigkeit eines Baugesuchs auch unter rechtlichen Aspekten, welche von den Vorinstanzen nicht beachtet wurden[67]. 42

Es ist widersprüchlich, dass das Verwaltungsgericht im Rahmen der Rechtsanwendung von Amtes wegen neue Bauhinderungsgründe von sich aus berücksichtigten darf, wäh- 43

---

[60] Die Unterschreitung der Überprüfungsbefugnis bzw. das Nichtausschöpfen der vollen Kognition stellt eine Verletzung des rechtlichen Gehörs bzw. eine formelle Rechtsverweigerung dar (BGE 133 II 35, E. 3; 131 II 271, E. 11.7.1).
[61] VGr, 11.1.2012, VB.2011.00617, E. 5.2; VGr, 1.11.2006, VB.2006.00026, E. 3.1 und E. 3.2 (BEZ 2006 Nr. 55); RB 1991 Nr. 2.
[62] RB 1961 Nr. 3 (= ZR 60 Nr. 103).
[63] VGr, 23.3.2011, VB.2010.00479, E. 3.1; VGr, 17.11.2010, VB.2010.00406, E. 7. – Im Rekursverfahren kann die Baubehörde neue, zusätzliche Bauhinderungsgründe noch in der Rekursantwort vorbringen (VGr, 19.5.2010, VB.2010.00084, E. 2 [nicht publiziert]; VGr, 1.6.2005, VB.2004.00543, E. 4.3; vgl. auch Christoph Fritzsche/Peter Bösch/Thomas Wipf, Zürcher Planungs- und Baurecht, Bd. 1, 5. A., Zürich 2011, S. 343).
[64] VGr, 7.10.2010, VB.2009.00390, E. 3.1, m.w.H.
[65] Zu Letzterem vgl. aber VGr, 1.12.2010, VB.2010.00324, E. 5.1.
[66] VGr, 19.5.2010, VB.2010.00084, E. 2 (nicht publiziert).
[67] VGr, 18.8.2004, VB.2003.00430, E. 3.3.1 (betreffend die Frage einer Ausnahmebewilligung, die im bisherigen Baubewilligungsverfahren nicht geprüft wurde, von der privaten Beschwerdegegnerin in der Beschwerdeantwort indessen aufgeworfen wurde).

rend solche neuen rechtlichen Vorbringen den Verfahrensbeteiligten nicht gestattet sein sollen. Entscheidet das Verwaltungsgericht als zweite gerichtliche Instanz, was bei baurechtlichen Entscheiden stets der Fall ist (vgl. § 329 PBG), bleibt für neue rechtliche Begründungen grundsätzlich nur insoweit kein Raum, als sie sich auf neue tatsächliche Behauptungen stützen, es sei denn, das Vorbringen neuer Tatsachen sei durch die angefochtene Anordnung notwendig geworden (N. 22)[68]. Massgebend für die Berücksichtigung neuer rechtlicher Vorbringen muss damit sein, ob sie sich auf das **Tatsachenfundament des Rekursentscheids**, d.h. den im Rekursverfahren ermittelten Sachverhalt, beziehen. Ist das der Fall, besteht für die Praxis des Verwaltungsgerichts, im Beschwerdeverfahren keine neuen Bauhinderungsgründe zuzulassen, keine gesetzliche Grundlage im VRG. Ausgeschlossen ist es aber, dass sich die kommunale Baubehörde erstmals im Beschwerdeverfahren auf die Gemeindeautonomie beruft (N. 39), da die Rekursinstanz in diesem Fall über eine weitere Kognition als das Verwaltungsgericht verfügt hat (vgl. auch § 20 N. 59 ff. und § 50 N. 35 ff.).

IV. Massgebender Zeitpunkt in Bezug auf die Rechtslage

44 Für das Beschwerdeverfahren vor Verwaltungsgericht gilt es in Bezug auf die Bestimmung des für die Rechtslage massgebenden Zeitpunkts auf **dieselben Grundsätze** abzustellen wie im Rekursverfahren (vgl. dazu § 20a N. 23 ff.). Bei Dauersachverhalten ist nach der verwaltungsgerichtlichen Praxis auch im Beschwerdeverfahren in der Regel das neue Recht anzuwenden[69]. Im Übrigen entspreche es einem Gebot der Prozessökonomie, eingetretene Rechtsänderungen zu berücksichtigen, wenn der Beschwerdeentscheid andernfalls nur theoretische Bedeutung hätte[70].

45 Im Rekursverfahren stehen aufgrund der vollen Kognition der Rekursinstanz (§ 20) durch eine Änderung der Rechtslage neu aufgeworfene Ermessensfragen der Anwendung des neuen Rechts nicht entgegen. Für das Beschwerdeverfahren schliesst das Verwaltungsgericht, jedenfalls in obiter dicta, diesfalls die Anwendung neuen Rechts aus[71].

46 Hat sich das Verwaltungsgericht nach einer Rückweisung im Rahmen eines **zweiten Rechtsgangs** erneut mit derselben Angelegenheit zu befassen, ist es grundsätzlich an die rechtlichen Begründungen seines Rückweisungsentscheides gebunden (vgl. § 64 N. 23 f.). Seither eingetretene Rechtsänderungen sind aber zu berücksichtigen, sofern die Voraussetzungen, dass neues Recht auf das hängige Verfahren anwendbar ist (§ 20a N. 23 und 25), erfüllt sind. Dabei sind auch neue Tatsachenvorbringen zu beachten, die im Licht der neuen Rechtslage von Bedeutung sind[72].

---

[68] Vgl. auch VGr, 13.2.2002, VB.2001.00267, E. 3c.
[69] VGr, 10.7.2008, VB.2008.00169, E. 5.1; VGr, 14.2.2007, VB.2006.00504, E. 3; VGr, 9.9.2004, VB.2002.00249, E. 3.4; RB 1985 Nr. 116; 1982 Nr. 7.
[70] VGr, 9.12.2010, VB.2009.00666, E. 2.4; VGr, 16.5.2007, VB.2007.00159, E. 3.1 (nicht publiziert); RB 1987 Nr. 11.
[71] Vgl. VGr, 9.12.2010, VB.2009.00666, E. 2.4; VGr, 14.2.2007, VB.2006.00504, E. 3.
[72] VGr, 21.12.2011, VB.2011.00030, E. 2.

> *Beschwerdeerhebung*
> *a. Ort und Frist*
>
> **§ 53**
>
> Die Beschwerde ist beim Verwaltungsgericht schriftlich einzureichen. Für die Beschwerdefrist gilt § 22 sinngemäss.

Materialien
Weisung 2009, S. 963 f., 972; Prot. KR 2007–2011, S. 10245, 10536.
Zur früheren Fassung/zu früheren Fassungen: Weisung 1957, S. 1050; Prot. KK 4.3.1958, 7.10.1958; Prot. KR 1955–1959, S. 3403; Beleuchtender Bericht 1959, S. 410; Weisung 1995, S. 1539; Prot. KK 1995/96, S. 121 f., 354; Prot. KR 1995–1999, S. 6443 ff., 6505; Beleuchtender Bericht 1997, S. 6.

Inhaltsübersicht
I.	Verweisung auf die Erläuterungen zu § 22	1–3
II.	Besonderheiten in Bezug auf die Beschwerde an das Verwaltungsgericht	4–7

I. Verweisung auf die Erläuterungen zu § 22

§ 53 Satz 1 regelt – analog § 22 für das Rekursverfahren – den **Ort** (Verwaltungsgericht) und die **Form** (Schriftlichkeit) der Beschwerdeerhebung. Vgl. hierzu § 22 N. 3 f. bzw. N. 5 ff. 1

Hinsichtlich der **Beschwerdefrist** – einschliesslich des Beginns des Fristenlaufs – *verweist* Satz 2 ausdrücklich auf § 22. Die Verweisung erfolgt insofern «sinngemäss», als in § 22 von Rekurs(frist) und nicht von Beschwerde(frist) die Rede ist. Materiell kommt die in § 22 enthaltene Regelung aber auch hier vollumfänglich zur Anwendung. Deshalb kann an dieser Stelle (mit dem gleichen Vorbehalt) auf die entsprechenden Erläuterungen zu § 22 verwiesen werden. 2

Die Beschwerdefrist wurde anlässlich der VRG-Revision von 1997 – wie die Rekursfrist (vgl. § 22 N. 1) – ausdrücklich von 20 auf 30 Tage verlängert. Im Rahmen der VRG-Revision von 2010 entfiel die explizite Erwähnung der Frist, da nun hinsichtlich sämtlicher Modalitäten der Beschwerdefrist auf § 22 verwiesen wird, also auch hinsichtlich der Dauer. 3

II. Besonderheiten in Bezug auf die Beschwerde an das Verwaltungsgericht

Anders als im Rekursverfahren (vgl. § 22 N. 6) können die Beschwerdeschrift und weitere Eingaben an das Verwaltungsgericht **in Papierform oder elektronisch** eingereicht wer- 4

Unter Mitarbeit von ANDREA LINIGER, MLaw.

§ 53

den; dies ergibt sich aufgrund der Verweisung in § 71 auf die Zivilprozessordnung[1]. Bei elektronischer Übermittlung muss das Dokument, das die Eingabe und die Beilagen enthält, mit einer *anerkannten elektronischen Signatur* der Absenderin oder des Absenders versehen sein[2]. Das Gericht kann indes verlangen, dass die Eingabe und die Beilagen in Papierform nachgereicht werden[3].

5 In der Gesetzesfassung von 1997 begann die Frist mit der «Mitteilung der weiterziehbaren Anordnung» zu laufen. Neu gilt bezüglich des **Fristbeginns** kraft Verweisung die Kaskadenregelung gemäss § 22 Abs. 2 (vgl. § 22 N. 14 ff.), wobei diese im Beschwerdeverfahren eine wesentlich geringere Bedeutung hat als im erstinstanzlichen Rekursverfahren; denn fristauslösend ist im zweitinstanzlichen Rechtsmittelverfahren in aller Regel die *Mitteilung* des Rekursentscheids, auch dort, wo im Rekursverfahren die amtliche Publikation des angefochtenen Aktes oder die Kenntnisnahme massgebend war. Auf die *amtliche Veröffentlichung* ist in erster Linie bei Erlassen abzustellen, welche direkt beim Verwaltungsgericht angefochten werden können, also bei Verordnungen des Regierungsrats[4] und des Kantonsrats[5] sowie bei Erlassen der obersten kantonalen Gerichte[6], ausgenommen diejenigen des Verwaltungsgerichts selbst[7]. Eine Anknüpfung des Fristenlaufs an die tatsächlichen *Kenntnisnahme* dürfte im Beschwerdeverfahren nur äusserst selten relevant sein.

6 Im Bereich des **öffentlichen Beschaffungswesens** – in welchem die Rechtsmittelzuständigkeit beim Verwaltungsgericht liegt[8] – beträgt die Beschwerdefrist kraft Spezialregelung *zehn Tage* (§ 1 IVöB-BeitrittsG i.V.m. Art. 15 Abs. 2 IVöB)[9]. Überdies stehen die Fristen während der Gerichtsferien nicht still (Art. 15 Abs. 2bis IVöB). Zur aufschiebenden Wirkung vgl. § 55 N. 11 ff.

7 Wird ein **Beschluss einer Gemeindelegislative** vom Bezirksrat[10] auf Gemeindebeschwerde hin aufgehoben oder geändert, so kann die *Gemeinde* unter den Voraussetzungen von § 21 Abs. 2 Beschwerde an das Verwaltungsgericht erheben. § 155 Abs. 1 GG (in der Fassung gemäss GPR vom 1. September 2003[11]) regelt, welches Gemeindeorgan über den Weiterzug entscheidet: In Parlamentsgemeinden ist dies der Grosse Gemeinderat (lit. a), in Versammlungsgemeinden die Gemeindevorsteherschaft in gemeinsamer Sitzung mit der Rechnungsprüfungskommission (lit. b). Gemäss § 155 Abs. 2 GG (in der

---

[1] Vgl. Art. 130 Abs. 1 ZPO.
[2] Art. 130 Abs. 2 Satz 1 ZPO; vgl. dazu die Verordnung über die elektronische Übermittlung im Rahmen von Zivil- und Strafprozessen sowie von Schuldbetreibungs- und Konkursverfahren vom 18. Juni 2010 (SR 272.1).
[3] Art. 130 Abs. 3 ZPO.
[4] Vgl. § 41 Abs. 1 i.V.m. § 19 Abs. 1 lit. d und Abs. 2 lit. a.
[5] Vgl. § 42 lit. b Ziff. 3 i.V.m. § 19 Abs. 1 lit. d und Abs. 2 lit. b.
[6] Vgl. § 42 lit. c Ziff. 2.
[7] Vgl. § 43 Abs. 2 lit. b.
[8] § 2 Abs. 1 IVöB-BeitrittsG.
[9] Vgl. die Aufzählung der selbständig anfechtbaren Verfügungen in Art. 15 Abs. 1bis IVöB; siehe auch § 40 Abs. 1 und 2 SubmV.
[10] Zur Zuständigkeit des Bezirksrats vgl. § 151 Abs. 2 GG.
[11] OS 58, 289.

Fassung vom 14. September 2009[12]) kann der Entscheid des zuständigen Organs nachgebracht werden, wenn die Gemeindevorsteherschaft das Rechtsmittel bereits ergriffen hat. In diesem Fall ist zur Fristwahrung also ausnahmsweise eine *vorsorgliche Beschwerdeerhebung* zulässig (vgl. § 22 N. 23)[13].

---

[12] OS 64, 693.
[13] Zur früheren Rechtslage vgl. VON WARTBURG, in: Ergänzungsband Kommentar GG, § 155 Ziff. 3.

b. Beschwerdeschrift

§ 54

¹ Die Beschwerdeschrift muss einen Antrag und dessen Begründung enthalten.

² Der angefochtene Entscheid ist beizulegen oder genau zu bezeichnen. Die Beweismittel sollen genau bezeichnet und so weit möglich beigelegt werden.

Materialien

Weisung 2009, S. 964, 972; Prot. KR 2007–2011, S. 10245, 10536.

Zur früheren Fassung/zu früheren Fassungen: Weisung 1957, S. 1050; Prot. KK 4.3.1958, 7.10.1958; Prot. KR 1955–1959, S. 3403; Beleuchtender Bericht 1959, S. 410.

Literatur

Vgl. die Angaben bei § 23.

Inhaltsübersicht

I.	Verweisung auf die Erläuterungen zu § 23	1–3
II.	Ergänzungen in Bezug auf die Beschwerde an das Verwaltungsgericht	4–5

I. Verweisung auf die Erläuterungen zu § 23

1 § 54 Abs. 1 umschreibt – analog § 23 Abs. 1 Satz 1 für das Rekursverfahren – die **inhaltlichen Anforderungen an die Beschwerdeschrift**. § 54 Abs. 2 nennt – analog § 23 Abs. 1 Satz 2 und Abs. 3 – die erforderlichen **Beilagen**. Mithin kann vollumfänglich auf die Erläuterungen zu § 23 Abs. 1 und 3 verwiesen werden. Wo dort von «Rekurs» bzw. «Rekursschrift» die Rede ist, gelten die Ausführungen entsprechend auch für die Beschwerde bzw. die Beschwerdeschrift.

2 § 54 wurde im Rahmen der **VRG-Revision von 2010** lediglich redaktionell angepasst. Er gliedert sich neu in zwei Absätze: *Abs. 1* entspricht wörtlich dem bisherigen Satz 1, *Abs. 2 Satz 1* dem bisherigen Satz 2 und *Abs. 2 Satz 2* – mit einer bedeutungslosen sprachlichen Straffung («Die Beweismittel» statt «Die Beweismittel, auf die sich der Beschwerdeführer beruft») – dem bisherigen Satz 3.

3 Das **Vorgehen bei formal mangelhaften Beschwerden** wird in § 56 geregelt (vgl. § 56 N. 15 ff.; für das Rekursverfahren vgl. § 23 Abs. 2).

Unter Mitarbeit von ANDREA LINIGER, MLaw.

II. Ergänzungen in Bezug auf die Beschwerde an das Verwaltungsgericht

Verweisungen in der Beschwerdeschrift (vgl. § 23 N. 18): Weicht der Rekursentscheid von der erstinstanzlichen Verfügung ab oder gelangte die Rekursinstanz zwar zum gleichen Ergebnis, aber mit anderer Begründung, so genügt es nicht, in der Beschwerdeschrift bloss auf frühere Eingaben zu verweisen und diese zum «integrierenden Bestandteil» der Beschwerde zu erklären[1]. Desgleichen fehlt es an einer rechtsgenügenden Auseinandersetzung mit dem angefochtenen Entscheid, wenn sich der Beschwerdeführer damit begnügt, die Rekursschrift im Wesentlichen unverändert als Beschwerdeschrift einzureichen[2]. Hingegen ist eine Verweisung auf die Anträge in der Rekursschrift ausreichend, wenn aus der Beschwerdebegründung hervorgeht, welche vor der Vorinstanz gestellten Anträge noch Gegenstand des Beschwerdeverfahrens bilden sollen[3].

Wenn der angefochtene Entscheid erst in der Beschwerdeantwort begründet wird – was insbesondere im Bereich des *öffentlichen Beschaffungswesens* vorkommt –, darf die **Beschwerdebegründung** in der Replik **ergänzt** werden; dies allerdings nur soweit, als die Beschwerdeantwort dazu Anlass gibt (vgl. § 52 N. 33 ff.)[4].

---

[1] VGr, 4.5.2011, VB.2010.00707, E. 1.2; VGr, 3.11.2010, VB.2010.00312, E. 1; VGr, 26.8.2009, VB.2009.00285, E. 2.1.
[2] VGr, 21.4.2010, VB.2010.00006, E. 2.
[3] VGr, 2.12.2009, PB.2009.00023, E. 1.2 (nicht publiziert).
[4] VGr, 23.4.2003, VB.2002.00352, E. 4a.

c. Aufschiebende Wirkung
§ 55

Für die aufschiebende Wirkung gilt § 25 Abs. 1–3 sinngemäss.

Materialien
Weisung 2009, S. 888, 964; Prot. KR 2007–2011, S. 10240 f., 10245.

Zur früheren Fassung/zu früheren Fassungen: Weisung 1957, S. 1051; Prot. KK 4.3.1958, 7.10.1958; Prot. KR 1955–1959, S. 3403; Beleuchtender Bericht 1959, S. 410.

Literatur
Vgl. die Angaben bei den §§ 6 und 25.

Inhaltsübersicht

I.	Grundlagen	1–7
	A. Regelungsgegenstand und Entstehungsgeschichte	1–3
	B. Vorgaben des übergeordneten Rechts	4–5
	C. Verhältnis zu den vorsorglichen Massnahmen	6
	D. Geltungsbereich	7
II.	Besonderheiten	8–13
	A. Umfang der Verweisung	8–10
	B. Aufschiebende Wirkung im öffentlichen Beschaffungswesen	11–13
III.	Verfahrensfragen	14–18

I. Grundlagen

A. Regelungsgegenstand und Entstehungsgeschichte

1 § 55 regelt die aufschiebende Wirkung der Beschwerde an das Verwaltungsgericht. Es handelt sich um eine **Verweisungsnorm,** welche die sinngemässe Anwendung der für das Rekursverfahren geltenden Regeln (§ 25) bewirkt. Die Verweisung erfolgt insoweit *sinngemäss,* als in § 25 von Rekurs und nicht von Beschwerde die Rede ist. Indessen ist die Verweisung *nicht umfassend,* sondern wirkt nur bezüglich der ersten drei Absätze von § 25. Demnach kommt dem Lauf der Beschwerdefrist und der Einreichung der Beschwerde aufschiebende Wirkung zu (§ 25 Abs. 1). Keine aufschiebende Wirkung besteht in gewissen personalrechtlichen Angelegenheiten und in gewissen Stimmrechtssachen (§ 25 Abs. 2 lit. a und b). Schliesslich können die Vorinstanz, das Verwaltungsgericht und dessen Präsident aus besonderen Gründen gegenteilige Anordnungen treffen (Abs. 3). Die in § 25 Abs. 4 aufgeführte Gegenausnahme zu § 25 Abs. 2 lit. a wird von der Verweisung nicht erfasst (N. 8 ff.).

2 Auch im Beschwerdeverfahren stellt die aufschiebende Wirkung den **von Gesetzes wegen einsetzenden Regelfall** dar, welcher nur in ausdrücklich benannten Einzelfällen

---

Unter Mitarbeit von Jan Grunder, MLaw, und Patrick Blumer, MLaw.

durchbrochen wird. Gegenteilige Anordnungen sind möglich, sei es durch die Vorinstanz, sei es durch das Verwaltungsgericht selber.

§ 55 wurde anlässlich der VRG-Revision von 2010 **neu formuliert**. In ihrer früheren Fassung war die Bestimmung als praktisch wortgleiche Parallelnorm zu § 25 ausgestaltet gewesen, welcher die aufschiebende Wirkung des Rekurses zum Gegenstand hat[1]. Bei der Revision wurde darauf verzichtet, eine allgemeine Bestimmung über die aufschiebende Wirkung von Rechtsmitteln im VRG zu schaffen, der inhaltlichen Parallelität von §§ 25 und 55 aber dahingehend Rechnung getragen, dass § 55 neu als blosse Verweisungsnorm ausgestaltet ist und für die aufschiebende Wirkung der Beschwerde folglich die Bestimmungen über den Rekurs in § 25 Abs. 1–3 sinngemäss Anwendung finden[2].

B. Vorgaben des übergeordneten Rechts

Als letzte kantonale Instanz hat das Verwaltungsgericht gestützt auf Art. 1 Abs. 3 VwVG die **Vorgaben von Art. 55 Abs. 2 und 4 VwVG** zu beachten (vgl. § 25 N. 6). Folglich sind beim Entzug der aufschiebenden Wirkung neben § 55 i.V.m. § 25 auch die genannten Bestimmungen des VwVG massgebend; im Konfliktfall geht das Bundesrecht vor.

Von § 55 abweichende Regeln zur aufschiebenden Wirkung können sich auch im einschlägigen (bundesrechtlichen oder kantonalrechtlichen) **Spezialgesetz** finden (vgl. § 25 N. 7 ff.). Zur aufschiebenden Wirkung von kantonalen Rechtsmitteln gegen baurechtliche Bewilligungen vgl. § 339 PBG, zu Beschwerden gegen Massnahmen des Natur- und Heimatschutzes im Sinn von §§ 205 ff. PBG vgl. § 211 Abs. 4 PBG, zu besonderen Vorschriften des Bundesrechts mit Wirkung für die Kantone vgl. Art. 55d USG oder Art. 12e NHG.

C. Verhältnis zu den vorsorglichen Massnahmen

Die aufschiebende Wirkung ist gleich wie die vorsorglichen Massnahmen gemäss § 6 ein Instrument des einstweiligen Rechtsschutzes (eingehend § 6 N. 10 ff.)[3]. Obwohl sich der Verweis in § 55 einzig auf die aufschiebende Wirkung im Rekursverfahren bezieht, kann das Verwaltungsgericht zum Schutz der Streitsache oder öffentlicher bzw. privater Interessen auch vorsorgliche Massnahmen treffen (§ 70 i.V.m. § 6). In gewissen Konstellationen – so namentlich bei negativen Verfügungen – kommen ohnehin nur vorsorgliche Massnahmen in Betracht, um die Anliegen des einstweiligen Rechtsschutzes zu sichern (vgl. § 6 N. 11, § 25 N. 17).

---

[1] Vgl. OS 40, 551.
[2] OS 65, 390; Weisung 2009, S. 814, 888; vgl. Prot. KR 2007–2011, S. 10240 f., 10245.
[3] VGr, 23.8.2012, VB.2012.00430, E. 2.3. Vgl. BAUMBERGER, Aufschiebende Wirkung, N. 3 ff.; HÄNER, Vorsorgliche Massnahmen, N. 3 f., KUHN, Vorläufiger Rechtsschutz, S. 158 f.; MERKLI/AESCHLIMANN/HERZOG, Kommentar VRPG, Art. 27 N. 7, Art. 68 N. 5; MEYER/DORMANN, in: Basler Kommentar BGG, Art. 104 N. 1; STEINMANN, Rechtsschutz, S. 142 f. Zur entsprechenden Begriffsverwendung vgl. ebenso Art. 103 f. BGG und Art. 55 f. VwVG.

D. Geltungsbereich

7 Der Geltungsbereich von § 55 erstreckt sich auf **Beschwerdeverfahren** gemäss §§ 41–71. Keine Anwendung findet § 55 im Klageverfahren (§§ 81 ff.) und im Verfahren der Revision eines verwaltungsgerichtlichen Entscheids (§§ 86a ff.). Erst in dem auf Klage bzw. Revision hin ergangenen Entscheid kann das Verwaltungsgericht für ein anschliessendes Rechtsmittelverfahren im Bund Anordnungen zur aufschiebenden Wirkung treffen, es hat dabei jedoch die Vorgaben des Bundesrechts (N. 4 f.) zu beachten. In allen Fällen ist die Anordnung von vorsorglichen Massnahmen gemäss § 6 möglich.

II. Besonderheiten

A. Umfang der Verweisung

8 Für die aufschiebende Wirkung verweist § 55 auf § 25 Abs. 1–3. Demnach hat **§ 25 Abs. 4** im Beschwerdeverfahren keine sinngemässe Geltung. Sieht das kommunale Personalrecht in einer personalrechtlichen Angelegenheit eine Kündigung, eine Einstellung im Amt, eine vorzeitige Entlassung oder eine Freistellung vor, hat die Beschwerde keine aufschiebende Wirkung, und dies auch dann nicht, wenn das kommunale Recht die Möglichkeit einer Weiterbeschäftigung ausdrücklich erlaubt. Damit gilt für das Rekursverfahren (vgl. § 25 N. 23) eine andere Regel als im anschliessenden Beschwerdeverfahren[4]. Dem entspricht die ebenfalls «verkürzte» Verweisung in § 63, welche einzig § 27a Abs. 1, nicht aber § 27a Abs. 2 VRG erfasst. Mithin kann die Rekursbehörde gestützt auf § 27a Abs. 2 eine Weiterbeschäftigung eines kommunalen Angestellten anordnen, nicht aber das Verwaltungsgericht.

9 Es stellt sich die Frage, ob diese Regel die **Absichten des Gesetzgebers** zutreffend wiedergibt. Im Entwurf des Regierungsrats war § 55 wie folgt formuliert: «Für die aufschiebende Wirkung gilt § 25 sinngemäss»[5]. Nachdem die Kommission für Justiz und Sicherheit als vorberatende Kommission § 27a (Entscheidbefugnis in personalrechtlichen Angelegenheiten) nach längerer Diskussion um einen zweiten Absatz ergänzt hatte, musste der damit unmittelbar zusammenhängende § 25 entsprechend angepasst werden[6]. Grund für diese Ergänzung ist der Umstand, dass einzelne Gemeinden – anders als der Kanton – die Möglichkeit der Weiterbeschäftigung trotz grundsätzlicher Beendigung des Arbeitsverhältnisses vorsehen, namentlich auch die Stadt Zürich. Dementsprechend muss der Rekursinstanz die Anordnung der Weiterbeschäftigung möglich sein, da andernfalls die kommunale Regel ins Leere laufen würde. Aus diesem Grund war der Kantonsrat der Meinung, in solchen Fällen müsse einem entsprechenden Rekurs die aufschiebende Wirkung zukommen können[7]. Ausdrücklich wurde festgehalten: «In den Paragrafen 55 und 63 muss der Verweis angepasst werden»[8]. Dies ist jedoch nicht bzw. nur in verkürzter

---

[4] VGr, 2.8.2010, PB.2010.00020, E. 4.2.
[5] Weisung 2009, S. 814.
[6] Prot. KR 2007–2011, S. 12040 f.
[7] Prot. KR 2007–2011, S. 10240 f.
[8] Prot. KR 2007–2011, S. 10241.

Form geschehen. Hinweise darauf, dass der Kantonsrat für das Verwaltungsgericht eine restriktivere Regel als für die Rekursbehörden intendierte, gibt es nicht. Aus dem Protokoll der vorberatenden Kommission wird jedoch ersichtlich, dass dies so gewollt ist: Dem Verwaltungsgericht sollte in den angesprochenen Personalsachen wie bis anhin einzig die Feststellung der Rechtswidrigkeit möglich sein[9]. Eine andere Frage ist, ob sich diese Regel mit der Rechtsweggarantie (Art. 29a BV) vereinbaren lässt (vgl. eingehend § 27a N. 18 ff.).

Die unterschiedliche Regelung im Verlauf des Instanzenzugs ist **nicht sachgerecht**. In der Sache hat der Kantonsrat die Einführung von § 25 Abs. 4 zutreffend mit der *Gemeindeautonomie* begründet; diese ist indessen von allen kantonalen Rechtsmittelinstanzen unter Einschluss des Verwaltungsgerichts und nicht bloss von den Rekursbehörden zu beachten. Zudem muss der im Kanton gewährte Rechtsschutz *wirksam* sein (vgl. Art. 77 Abs. 1 KV); dazu gehört, dass das kantonale Verfahrensrecht aufgrund seiner dienenden Natur die Anwendung und Durchsetzung des materiellen (Gemeinde-)Rechts nicht vereiteln darf[10].

10

B. Aufschiebende Wirkung im öffentlichen Beschaffungswesen

Besondere Regeln zur aufschiebenden Wirkung gelten im öffentlichen Beschaffungswesen[11], wo das Verwaltungsgericht gegen Verfügungen der Auftraggeberin als unabhängige kantonale Rechtsmittelinstanz im Sinn von Art. 15 Abs. 1 IVöB direkt entscheidet (§ 2 Abs. 1 IVöB-BeitrittsG)[12]. Gemäss Art. 17 Abs. 1 IVöB kommt der Beschwerde gegen anfechtbare Entscheide **keine aufschiebende Wirkung** zu. Das Verwaltungsgericht kann jedoch die aufschiebende Wirkung auf Gesuch hin oder von Amtes wegen erteilen, wenn die Beschwerde als ausreichend begründet erscheint und keine überwiegenden öffentlichen oder privaten Interessen entgegenstehen (Art. 17 Abs. 2 IVöB)[13]. Die Erteilung der aufschiebenden Wirkung kann von einer Kautionsleistung für Verfahrenskosten und Parteientschädigung abhängig gemacht werden (Art. 17 Abs. 3 IVöB). Die Beschwerdeführerin oder der Beschwerdeführer ist verpflichtet, den Schaden zu ersetzen, der aus der aufschiebenden Wirkung entstanden ist, wenn sie absichtlich oder grob fahrlässig gehandelt haben (Art. 17 Abs. 4 IVöB).

11

Dem Entscheid über die aufschiebende Wirkung kommt hier **besondere Bedeutung** zu: Wird die aufschiebende Wirkung gewährt, so kann allenfalls durch die Rechtsmittelinstanz oder die Beschaffungsinstanz ein neuer Vergabeentscheid getroffen werden (Art. 18 Abs. 1 IVöB). Andernfalls ist der Vertrag im Zeitpunkt des materiellen Entscheids der Rechtsmittelinstanz bereits abgeschlossen, und mit der Gutheissung der Beschwerde kann diesfalls nur noch festgestellt werden, dass die Vergabe rechtswidrig war (Art. 18 Abs. 2 IVöB). Zu beachten ist allerdings, dass nach Art. 14 Abs. 1 IVöB der Vertrag erst nach Ablauf der Beschwerdefrist bzw. nur dann abgeschlossen werden darf, wenn der Be-

12

---

[9] Prot. KJS 2007–2011, S. 496 f., 684 f.
[10] Dazu allgemein KIENER/RÜTSCHE/KUHN, Öffentliches Verfahrensrecht, N. 22 ff.
[11] Eingehend JAAG/RÜSSLI, Staats- und Verwaltungsrecht, § 35, insb. N. 3534 ff.
[12] Vgl. auch RB 1999 Nr. 27 (BEZ 1999 Nr. 13 = ZBl 1999, 372 ff.).
[13] Vgl. RB 2001 Nr. 26.

schwerde keine aufschiebende Wirkung erteilt wird. Der Vergabestelle ist der *Abschluss des Vertrags* mit dem ausgewählten Anbieter folglich erst erlaubt, wenn sie nicht mehr damit rechnen muss, dass gegen ihren Entscheid eine Beschwerde eingeht oder einer eingegangenen Beschwerde die aufschiebende Wirkung erteilt wird[14]. In der Praxis bedeutet dies, dass es der Vergabebehörde erlaubt ist, den Vertrag zu schliessen, sobald ihr vom Verwaltungsgericht Frist für die Beschwerdeantwort angesetzt wird, ohne dass gleichzeitig eine – allenfalls vorläufige – Anordnung betreffend Erteilung der aufschiebenden Wirkung getroffen wird[15].

13   Zu der nach Art. 17 Abs. 2 IVöB vorzunehmenden **Abwägung** gehören vorab das Interesse des Beschwerdeführers an der Aufrechterhaltung seiner Chancen im Hinblick auf den Zuschlag, das Interesse der Vergabeinstanz an einer möglichst verzögerungsfreien Beschaffung und das Interesse des ausgewählten Anbieters am baldigen Vertragsschluss. Art. 17 Abs. 2 IVöB bietet keine Grundlage, um die Interessen der vergebenden Instanz generell zu bevorzugen[16]. Es liegt jedoch in der Natur der Sache, dass Beschwerden in Submissionsangelegenheiten aufgrund der massgebenden Kriterien weniger oft aufschiebende Wirkung zukommt als anderen Beschwerden, bei welchen die nach § 55 VRG grundsätzlich gegebene aufschiebende Wirkung nur ausnahmsweise aus besonderen Gründen entzogen werden darf[17].

III. Verfahrensfragen

14   Der **Eintritt** der aufschiebenden Wirkung erfolgt mit dem *Lauf der Beschwerdefrist*, d.h. mit Eröffnung des Rekursentscheids, welcher der Beschwerde an das Verwaltungsgericht unterliegt. Zudem kommt auch schon der *Einreichung der Beschwerde* aufschiebende Wirkung zu. Dem entsprechend wirkt der Suspensiveffekt auch bei der Anfechtung eines *Erlasses* (abstrakte Normenkontrolle, vgl. § 41 Abs. 1 i.V.m. § 19 Abs. 1 lit. d bzw. § 42 lit. b Ziff. 3 bzw. § 42 lit c Ziff. 2).

15   Wird im Beschwerdeverfahren der Entzug bzw. die Wiederherstellung der aufschiebenden Wirkung verfügt, liegt die **Zuständigkeit** bei sinngemässer Anwendung von § 25 Abs. 3 zunächst bei der anordnenden Instanz, d.h. bei der als Vorinstanz des Verwaltungsgerichts eingesetzten Rekursinstanz (vgl. § 41 N. 13). Die Zuständigkeit des Verwaltungsgerichts setzt aufgrund des Devolutiveffekts erst mit Einreichung der Beschwerde ein. Aufgrund der sinngemässen Anwendung von § 6 liegt die Zuständigkeit zum Erlass von Anordnungen über die aufschiebende Wirkung beim Verwaltungsgericht selber oder – aber nur in «dringlichen Fällen» – bei dessen Vorsitzendem. Diese Regelung erscheint aus verfahrensökonomischen Gründen *wenig praktikabel*. Sachgerecht ist vielmehr die auf Verordnungsstufe getroffene Regel, wonach der oder die Kammervorsitzende (§ 18 Abs. 1 OV VGr) oder der Referent bzw. die Referentin (§ 18 Abs. 2 OV VGr)

---

[14] RB 1999 Nr. 66, E. 1.
[15] VGr, 23.4.2003, VB.2002.00352, E. 2; vgl. VGr, 5.9.2012, VB.2012.00436, E. 2.6–2.9, zu den Rechtsfolgen eines verfrühten Vertragsabschlusses, m.H.
[16] VPB 1998 Nr. 32; VPB 1997 Nr. 77.
[17] VGr, 25.11.1998 (BEZ 1999 Nr. 9).

generell (und damit auch in nicht dringlichen Fällen) die erforderlichen prozessleitenden Anordnungen erlässt. Auch wenn diese Regeln mit Blick auf die Normenhierarchie (Derogation der gesetzlichen Regelung durch eine Norm auf Verordnungsstufe) und damit das Legalitätsprinzip (Art. 2 Abs. 1 KV) problematisch sind, entsprechen sie legitimen, auch verfassungsrechtlich ausgewiesenen Anliegen der Verfahrensbeschleunigung.

Der Entzug der aufschiebenden Wirkung bzw. deren Wiederherstellung setzt **besondere Gründe** voraus (§ 25 N. 25 ff.). Hat die Vorinstanz dem Rechtsmittel die aufschiebende Wirkung entzogen und wird das Verwaltungsgericht um Wiederherstellung der aufschiebenden Wirkung ersucht, hat es *frei* zu prüfen, ob besondere Gründe den vorinstanzlichen Entzug zu rechtfertigen vermögen. Dies gilt nicht ohne weiteres in einem Beschwerdeverfahren betreffend den von der vorinstanzlichen Rekursbehörde durch Zwischenentscheid bestätigten Entzug der aufschiebenden Wirkung. Ist der Entzug von der Vorinstanz gestützt auf ein amtliches Gutachten mit der gleichen Gefahrenlage wie der Erlass der Sachverfügung begründet oder bestätigt worden, so ist von den Erkenntnissen und Bewertungen des Gutachtens nur dann abzuweichen, wenn das Gutachten offensichtliche Mängel aufweist[18].

Eine Besonderheit gilt in **personalrechtlichen Angelegenheiten.** Das Verwaltungsgericht darf Kündigungen, Freistellungen und vorzeitige Entlassungen prinzipiell nicht aufheben, sondern kann im Fall der Begründetheit einer entsprechenden Beschwerde allein deren Rechtswidrigkeit feststellen (§ 63 Abs. 3 i.V.m. § 27a Abs. 1)[19]. Entsprechenden Anordnungen der Vorinstanz kommt keine aufschiebende Wirkung zu (§ 25 Abs. 2 lit. a). Wird im Beschwerdeverfahren eine gegenteilige Anordnung verlangt (§ 25 Abs. 3), verneint das Verwaltungsgericht in ständiger Praxis das Vorliegen der hierzu erforderlichen «besonderen Gründe»[20].

Die Anfechtung von prozessleitenden Verfügungen erfolgt nach Massgabe des **Rechtsmittelwegs** in der Hauptsache, d.h. in der Regel beim Bundesgericht (Art. 82 ff. BGG, vgl. insb. Art. 92 f. BGG betr. Anfechtung von Zwischenverfügungen bzw. -entscheiden).

---

[18] RB 1997 Nr. 9.
[19] Ein Vorbehalt gilt für Fälle der Nichtigkeit (RB 2008 Nr. 102) sowie bei Gefahr der Vereitelung von Bundesrecht (VGr, 18.11.2009, PB.2009.00027, E. 2.1 und 2.2); vgl. eingehend die Kommentierung zu § 63 Abs. 3.
[20] VGr, 2.8.2010, PB.2010.00020, E. 4.2; VGr, 10.3.1020, PB.2009.00045, E. 2.3; RB 2008 Nr. 28 (PB.2007.00056).

> *Beschwerdeverfahren*
> *a. Vorprüfung*
>
> **§ 56**
>
> Der Vorsitzende des Verwaltungsgerichtes prüft die eingehenden Beschwerden und ordnet zur Verbesserung allfälliger Mängel das Nötige an.

Materialien

Weisung 2009, S. 972 f.; Prot. KR 2007–2011, S. 10246.

Zur früheren Fassung/zu früheren Fassungen: Weisung 1957, S. 1051 f.; Prot. KK 11.3.1958, 7.10.1958; Prot. KR 1955–1959, S. 3404; Beleuchtender Bericht 1959, S. 411.

Inhaltsübersicht

I.	Allgemeines	1–11
	A. Regelungsgegenstand und Entstehungsgeschichte	1–3
	B. Zuständigkeit zur Prozessleitung	4–11
II.	Gegenstand und Zweck der Vorprüfung	12–27
	A. Nachfrist zur Verbesserung formell mangelhafter Beschwerden	15–23
	B. Vereinfachte Beschwerdeerledigung	24–27

I. Allgemeines

A. Regelungsgegenstand und Entstehungsgeschichte

1 Die Bestimmungen über das Beschwerdeverfahren (§§ 56–62) betreffen die Instruktion des Verfahrens bzw. die Prozessleitung nach Eingang der Beschwerde (§§ 53–55) bis zur Beschwerdeerledigung (§§ 63–65). Die **Vorprüfung** der eingehenden Beschwerden bildet die **erste Phase der Prozessleitung**.

2 Der Regelungsgehalt von § 56 hat mit der VRG-Revision von 2010 keine Änderung erfahren, obschon die Absätze 2 und 3 aufgehoben wurden. In der seit Mitte 2010 geltenden Fassung hält § 56 nur noch fest, dass der Vorsitzende des Verwaltungsgerichts die Vorprüfung vornimmt und dabei zur Verbesserung allfälliger Mängel das Nötige anordnet. § 56 entspricht damit wörtlich alt § 56 Abs. 1. Nicht mehr ausdrücklich geregelt wird hingegen, dass der Vorsitzende ohne Weiterungen oder nach Beizug der Akten dem Gericht die Beschwerde zur Erledigung vorlegt, wenn darauf nicht eingetreten werden kann oder wenn sich die Beschwerde als offensichtlich unbegründet erweist (alt § 56 Abs. 2). Der Gesetzgeber erachtet diese Regelung als selbstverständlich, da sämtliche Verfahrensschritte wie der Beizug der Akten oder die Durchführung eines Schriftenwechsels nur soweit vorzunehmen sind, wie sie zur Gewährung des Anspruchs auf rechtliches Gehör und für die richtige Entscheidung notwendig sind. Ebenso selbstverständlich ist, dass der Entscheid des Verwaltungsgerichts über die Behandlung der Beschwerde vorbehal-

ten bleibt (alt § 56 Abs. 3)[1]. Dessen ungeachtet sieht nunmehr aber § 57 Abs. 1 Satz 2 in der neuen Fassung gemäss der VRG-Revision von 2010 vor, dass bei offensichtlich unzulässigen oder offensichtlich unbegründeten Rechtsmitteln auf den Aktenbeizug verzichtet werden kann.

Aus der Entstehungsgeschichte folgt damit, dass die Vorprüfung nach § 56 nicht nur bezweckt, der beschwerdeführenden Partei gegebenenfalls eine Nachfrist anzusetzen. Sie dient – zur Verfahrensbeschleunigung und Entlastung des Gerichts – auch dazu, *offensichtlich unzulässige oder unbegründete* Beschwerden in einem **vereinfachten Verfahren** zu erledigen.

B. Zuständigkeit zur Prozessleitung

Nach § 56 hat der «Vorsitzende des Verwaltungsgerichtes» die Vorprüfung vorzunehmen. Der Gesetzgeber will damit weder die zwingende Zuständigkeit der Kammervorsitzenden zur Vorprüfung und weiteren Prozessleitung noch diejenige des Gesamtgerichtspräsidenten vorschreiben. Aufgrund der Organisationsautonomie (§§ 39 und 40) ist es namentlich **Sache des Verwaltungsgerichts,** durch Verordnung den **Geschäftsgang zu regeln.** Der Gesetzgeber überlässt es damit dem Verwaltungsgericht, ob die Prozessleitung in den Händen des Kammervorsitzenden, des mit der Antragsstellung betrauten Mitglieds des Spruchkörpers bei Kammergeschäften (Referent) oder des Einzelrichters liegt[2].

Nach Eingang wird die Beschwerde zunächst entsprechend ihrem Gegenstand einer der vier Abteilungen zugeteilt (vgl. § 17 OV VGr). Der Leitende Gerichtsschreiber oder die Leitende Gerichtsschreiberin bereitet sodann zuhanden des Kammervorsitzenden oder des Einzelrichters die Prozessleitung vor (vgl. § 6 Abs. 1 KanzleiV VGr). Da die Zuteilung an einen Einzelrichter nicht Sache des Leitenden Gerichtsschreibers oder der Leitenden Gerichtsschreiberin ist, kommt die Beschwerde in jedem Fall zum Kammervorsitzenden.

Der **Kammervorsitzende** leitet den Prozess und erlässt die dazu erforderlichen prozessleitenden Anordnungen; ebenso bestimmt er bei Zuständigkeit der Kammer den Referenten. Dessen Aufgabe ist es in der Regel, zuhanden des Spruchkörpers den schriftlich begründeten Antrag auf Erledigung des Geschäfts zu stellen[3].

Der Kammervorsitzende kann dem **Referenten** auch ganz oder teilweise die Prozessleitung übertragen. Der Referent ist des Weiteren berechtigt, die Parteien zu einer Referentenaudienz vorzuladen. Wird eine mündliche Parteiverhandlung durchgeführt, leitet diese der Kammervorsitzende; dabei kann er Teile der Verhandlungsleitung, namentlich die Befragung der Parteien zur Sache, dem Referenten übertragen[4].

Verfahrensleitende Anordnungen ergehen bei Kammergeschäften damit grundsätzlich nicht in Form eines Kammerbeschlusses. Ein solcher ist aber erforderlich zur Anordnung eines **Beweisverfahrens.** § 60 Satz 2 VRG und § 18 Abs. 1 Satz 2 und Abs. 4 OV

---

[1] Weisung 2009, S. 972.
[2] Vgl. Weisung 2009, S. 972 f.
[3] Vgl. § 18 Abs. 1 Satz 1, Abs. 2 Satz 1 und Abs. 5 Satz 1 OV VGr.
[4] Vgl. § 18 Abs. 2 Sätze 2 und 3 sowie Abs. 3 OV VGr.

VGr sehen hierfür Anordnungen der Kammer vor, wobei die Durchführung des Beweisverfahrens ganz oder teilweise einer Abordnung des Gerichts, dem Kammervorsitzenden oder einem Gerichtsmitglied übertragen werden kann (vgl. § 60 N. 24–26).

9 Auch ist zu beachten, dass bei Dreier- oder Fünferbesetzung zur Beschwerdeerledigung (§§ 38 und 38a) die verfahrensleitenden Anordnungen des Kammervorsitzenden oder des Referenten *keinen abschliessenden Charakter* haben. Der **zuständige Spruchkörper** kann sämtliche verfahrensleitenden Anordnungen widerrufen oder nachholen. Das folgt aus der gesetzlichen Zuständigkeitsordnung zur Beschwerdeerledigung. Die rechtmässige Prozesserledigung darf nicht durch verfahrensleitende Anordnungen des Kammervorsitzenden oder des Referenten bzw. durch den Verzicht auf solche präjudiziert werden, sofern die anderen am Entscheid mitwirkenden Mitglieder des Spruchkörpers aus verfahrensrechtlichen Gründen ein anderes Vorgehen für erforderlich halten.

10 Die Gesetzesmaterialien zur VRG-Revision von 2010 könnten dahingehend verstanden werden, dass bei Kammergeschäften bereits die Vorprüfung nach § 56 auf den Referenten übertragen werden könnte. Entsprechend der bisherigen ständigen Praxis erfolgt die Vorprüfung jedoch durch den Kammervorsitzenden in Zusammenarbeit mit dem Leitenden Gerichtsschreiber (N. 5 und 24 f.).

11 Bei **Einzelrichtergeschäften** erfolgt die Zuteilung der Beschwerde an den betreffenden Einzelrichter durch den Kammervorsitzenden (N. 5). Der Gesetzgeber geht davon aus, dass die «verfahrensleitende Instanz» nicht Teil des Spruchkörpers sein muss, da der Spruchkörper befugt ist, weitergehende verfahrensleitende Anordnungen zu verlangen[5]. Das kann sich indessen nur auf die Vorprüfung nach § 56 beziehen. Diese kann auch bei einzelrichterlicher Zuständigkeit der Kammervorsitzende vornehmen, ohne das Verfahren dann selbst zu erledigen. Ansonsten obliegt die Prozessleitung dem Einzelrichter, der alsdann für die Beschwerdeerledigung verantwortlich ist (vgl. § 19 Abs. 1 OV VGr)[6].

II. Gegenstand und Zweck der Vorprüfung

12 Die Vorprüfung nach § 56 **bezweckt,** dass einerseits der beschwerdeführenden Partei eine Nachfrist zur Verbesserung von Mängeln angesetzt wird. Andererseits soll bei offensichtlicher Unzulässigkeit oder Unbegründetheit einer Beschwerde die Verfahrenserledigung in einem vereinfachten Verfahren erfolgen (N. 3).

13 Bei der Vorprüfung sind daher mit Blick auf die weitere Prozessleitung und die Beschwerdeerledigung **drei Fallgruppen** zu unterscheiden:
   – eine Beschwerde leidet an einem formellen Mangel, der in Anwendung von § 56 durch Ansetzung einer Nachfrist verbessert – und damit sozusagen geheilt – werden kann;
   – eine Beschwerde leidet an einem formellen Mangel, der nicht verbessert werden kann;
   – eine Beschwerde ist in der Sache offensichtlich unbegründet.

---

[5] Weisung 2009, S. 972.
[6] Vgl. auch 2. Aufl., N. 2 und 6.

Nur im erstgenannten Fall ist gestützt auf § 56 der beschwerdeführenden Partei zunächst eine Nachfrist anzusetzen. In den beiden anderen Fällen ist die Beschwerde in einem vereinfachten Verfahren zu erledigen, wobei hierfür unterschiedliche gerichtsinterne Zuständigkeiten bestehen (N. 24 ff.). 14

A. Nachfrist zur Verbesserung formell mangelhafter Beschwerden

Die Möglichkeit zur Verbesserung einer Beschwerdeeingabe besteht *grundsätzlich* bei Vorliegen folgender **formeller Mängel**[7]: mangelnde Schriftlichkeit, fehlende Unterschrift, fehlende Beschwerdeerklärung, fehlende Vollmacht, fehlender Antrag und Begründung, ungebührliche, unlesbare oder übermässig weitschweifige Eingabe, fehlende Zustimmung des gesetzlichen Vertreters bei Handlungsunfähigen. 15

In der Praxis wird § 56 indessen entsprechend seiner Zwecksetzung, einen überspitzten Formalismus zu vermeiden, *differenziert* – d.h. unter Berücksichtigung der Umstände im Einzelfall – angewendet. § 56 soll nur eine beschwerdeführende Partei schützen, die mangels besseren Wissens eine mangelhafte Rechtsschrift eingereicht hat. Der Verzicht auf die Anordnung einer Verbesserung ist allerdings regelmässig nur gerechtfertigt, wenn ein rechtsmissbräuchliches Verhalten vorliegt. Dieses verdient keinen Rechtsschutz, so dass der Anspruch auf Ansetzung einer Nachfrist zur Verbesserung der Eingabe verwirkt[8]. 16

Wichtigster Anwendungsfall sind Mängel im Zusammenhang mit der **Begründung der Beschwerde**[9]: Nach ständiger Rechtsprechung des Verwaltungsgerichts bildet der Mangel einer – in tatsächlicher oder rechtlicher Hinsicht – lediglich summarisch begründeten Beschwerdeschrift keinen Grund für die Ansetzung einer Nachfrist. Ist eine Partei rechtskundig oder durch eine rechtskundige Person vertreten, gilt dies auch bei gänzlich fehlender Begründung. Die beschwerdeführende Partei soll sich nicht mittels Verzichts auf Begründung eine Erstreckung der Beschwerdefrist verschaffen können. Und selbst bei nicht rechtskundig vertretenen Parteien ist von einer Nachfristansetzung abzusehen, wenn es ihnen nach Treu und Glauben zumutbar gewesen wäre, entsprechend einer klaren Rechtsmittelbelehrung im angefochtenen Entscheid eine Beschwerde einzureichen, die eine zumindest summarische Begründung enthält; ein eigentlich rechtsmissbräuchliches Verhalten muss dabei nicht vorliegen[10]. 17

Bei **ungebührlichen, unlesbaren oder übermässig weitschweifigen Eingaben** ist grundsätzlich eine Nachfrist anzusetzen (vgl. auch § 5 Abs. 3). In diesem Zusammenhang hat sich aber die Praxis herausgebildet, dass eine beschwerdeführende Partei, die trotz Kenntnis der formellen Anforderungen an Rechtsmitteleingaben aus früheren Verfahren erneut eine mit gleichartigen Mängeln behaftete Beschwerdeschrift einreicht, nicht zwingend zur Verbesserung der Eingabe aufzufordern ist. Auf eine solche Beschwerde kann ohne Weiterungen nicht eingetreten werden[11]. Bei wiederholt rechtsmissbräuchlicher 18

---
[7] Vgl. RB 1992 Nr. 36; 1983 Nr. 12 und 21; 1964 Nr. 36; 1963 Nr. 30 und 31.
[8] VGr, 21.12.2006, VB.2006.00528, E. 3; BGr, 6.4.2006, 5P.410/2005, E. 3.2.
[9] Die Begründung ist ein formelles Gültigkeitserfordernis (VGr, 21.10.2010, VB.2010.00569, E. 3.2).
[10] VGr, 18.4.2012, VB.2012.00082, E. 9.4.5 (nicht publiziert); VGr, 21.10.2010, VB.2010.00569, E. 3.2; VGr, 27.5.2009, VB.2009.00205, E. 6.1; RB 1991 Nr. 28; 1987 Nr. 36.
[11] RB 2006 Nr. 14.

Prozessführung kann die beschwerdeführende Partei zudem darauf hingewiesen werden, dass inskünftig Eingaben derselben Art ohne förmliche Geschäftserledigung abgelegt würden[12].

19 Aus einer Beschwerdeeingabe muss grundsätzlich der klare Wille hervorgehen, dass damit ein Rechtsmittel ergriffen wird. Ergibt sich aus der Eingabe ein Beschwerdewille, ist ein formloser Rückzug nicht mehr möglich[13]. Fehlt ein **Anfechtungswille,** ist auf die Eingabe nicht einzutreten. Bei Eingaben von Laien ist in Zweifelsfällen indessen eine mündliche oder schriftliche Nachfrage angebracht bzw. eine Nachfrist anzusetzen[14].

20 Zur Nachreichung einer fehlenden **Vollmacht** eines gewillkürten Vertreters oder etwa eines Mitglieds einer Erbengemeinschaft oder einfachen Gesellschaft bei einer notwendigen Streitgenossenschaft ist ohne weiteres eine Nachfrist anzusetzen[15]. Das Verwaltungsgericht hat dazu – in Abweichung von der sonst geltenden Praxis (N. 23) – eine einmalige Fristerstreckung zugelassen[16]. Bestehen Zweifel an der Identität der Person, welche die Beschwerde unterzeichnet hat, ist diese aufzufordern, ihre Identität und eine allfällige Vertretung durch eine Drittperson nachzuweisen[17].

21 Schliesslich ist bei **fremdsprachigen Eingaben** eine Nachfrist zur Einreichung einer auf Deutsch (Amtssprache im Kanton Zürich) abgefassten Beschwerdeschrift anzusetzen[18].

22 Liegt ein verbesserungsfähiger Mangel vor, ist der beschwerdeführenden Partei gemäss § 70 in Verbindung mit § 23 Abs. 2 eine **Nachfrist** zur Behebung **unter Androhung des Nichteintretens** anzusetzen (vgl. § 23 N. 29 ff.). Das gilt ausschliesslich für formelle Erfordernisse, die Gültigkeitsvoraussetzung der Beschwerde bilden (N. 15). Bezieht sich ein Mangel auf blosse Ordnungsvorschriften (vgl. § 54 Abs. 2: Beilage des angefochtenen Entscheids und der Beweismittel), darf das Nichteintreten nicht angedroht werden.

23 Die Nachfrist beträgt in der Praxis üblicherweise zehn Tage; sie ist **nicht erstreckbar.** Das gilt nach der Rechtsprechung des Verwaltungsgerichts auch dann, wenn bei der Ansetzung der Nachfrist nicht ausdrücklich darauf hingewiesen wird, dass diese nicht erstreckbar ist[19]. Für die Nachreichung einer Vollmacht ist es indessen gerechtfertigt, von dieser Praxis abzuweichen (N. 20).

B. Vereinfachte Beschwerdeerledigung

24 Erfolgt innert der angesetzten Nachfrist keine Verbesserung des formellen Mangels der Beschwerde, so ist darauf androhungsgemäss nicht einzutreten. Das kann **ohne Weiterungen,** d.h. ohne Aktenbeizug und Durchführung eines Schriftenwechsels erfolgen. Da in einem solchen Fall eine offensichtlich unzulässige Beschwerde vorliegt, fällt deren Be-

---

[12] RB 2006 Nr. 13.
[13] RB 2004 Nr. 17.
[14] VGr, 10.8.2011, VB.2011.00477 (nicht publiziert); VGr, 18.4.2011, VB.2011.00221, E. 2.2; VGr, 7.3.2007, VB.2006.00313, E. 2.1.
[15] Vgl. z.B. VGr, 30.6.2010, VB.2010.00275, E. 2.2; VGr, 5.5.2010, VB.2009.00576 und 577, E. 1.4.
[16] Vgl. VGr, 17.6.2002, VR.2002.00003 (nicht publiziert).
[17] RB 2001 Nr. 27.
[18] VGr, 12.2.2010, VB.2010.00011, E. 1.3; VGr, 5.11.2009, VB.2009.00565, E. 2 (beides nicht publiziert).
[19] VGr, 1.10.2008, VB.2008.00369, E. 2.2 (nicht publiziert); RB 1995 Nr. 7.

handlung in die einzelrichterliche Zuständigkeit (§ 38b Abs. 1 lit. a); sie ist daher grundsätzlich durch den Kammervorsitzenden – mit summarischer Begründung – zu erledigen (vgl. auch § 65 N. 18–20).

Fehlt eine Prozessvoraussetzung (vgl. dazu Vorbem. zu §§ 19–28a N. 50 ff.), bei der es sich um keinen in Anwendung von § 56 verbesserungsfähigen Mangel handelt, ist auf die Beschwerde ohne Ansetzung einer Nachfrist nicht einzutreten. Das gilt in Bezug auf die Wahrung der Rechtsmittelfrist, die Zuständigkeit des Verwaltungsgerichts, das Vorliegen eines Anfechtungsobjekts, die Beschwerdeberechtigung (Legitimation) sowie die Partei- und Prozessfähigkeit[20]. Bei **offensichtlichem Fehlen** einer solchen **Prozessvoraussetzung** kann von einem Aktenbeizug und der Durchführung eines Schriftenwechsels abgesehen werden, und die Beschwerdeerledigung kann durch den Kammervorsitzenden erfolgen.

Ist die Beschwerde hingegen **nicht offensichtlich unzulässig,** besteht – sofern nicht eine Streitigkeit nach § 38b Abs. 1 lit. c oder d vorliegt – keine einzelrichterliche Zuständigkeit. In solchen Fällen sind die Akten beizuziehen und es ist allenfalls ein auf bestimmte Prozessvoraussetzungen beschränkter Schriftenwechsel anzuordnen. Ebenso kann zur Klärung einer Prozessvoraussetzung – namentlich bezüglich der Wahrung der Rechtsmittelfrist – ein Beweisverfahren durchgeführt werden. Die Beschwerdeerledigung erfolgt durch den Spruchkörper nach den §§ 38 Abs. 1 und 38a.

Die vereinfachte Verfahrenserledigung – in der Regel blosser Aktenbeizug und Absehen von einem Schriftenwechsel – kommt schliesslich bei **offensichtlich unbegründeten** Beschwerden zur Anwendung. Insbesondere bei lediglich summarisch begründeten Beschwerden bzw. bei fehlender Auseinandersetzung mit den aufgrund des Beschwerdeantrags entscheidrelevanten Erwägungen des angefochtenen Entscheids kann der Spruchkörper seinerseits mit lediglich summarischer Begründung gestützt auf die Akten entscheiden (vgl. § 65 N. 21)[21]. Eine Nachfrist zur Verbesserung der Beschwerde ist nicht anzusetzen (N. 17).

---

[20] Vgl. zur Prozessfähigkeit VGr, 16.9.2009, VB.2009.00335, E. 1.3.
[21] VGr, 26.11.2008, VB.2008.00496, E. 2; VGr, 25.5.2005, VB.2005.00091, E. 2.1 (beides nicht publiziert); RB 1989 Nr. 16.

b. Aktenbeizug

§ 57

¹ Die für die Beurteilung nötigen Akten werden beigezogen. Bei offensichtlich unzulässigen oder offensichtlich unbegründeten Rechtsmitteln kann darauf verzichtet werden.

² Die Akten stehen den Verfahrensbeteiligten zur Einsicht offen.

³ Zur Wahrung wichtiger öffentlicher und schutzwürdiger privater Interessen kann die am Verfahren beteiligte Verwaltungsbehörde einzelne, dem Verwaltungsgericht näher zu bezeichnende Aktenstücke zurückbehalten. Soweit es ohne Verletzung der zu schützenden Interessen möglich ist, soll sie dem Gericht über deren Inhalt schriftlich Bericht erstatten.

Materialien
Weisung 2009, S. 972; Prot. KR 2007–2011, S. 10246, 10536.

Zur früheren Fassung/zu früheren Fassungen: Weisung 1957, S. 1050 f.; Prot. KK 11.3.1958, 7.10.1958; Prot. KR 1955–1959, S. 3404; Beleuchtender Bericht 1959, S. 411.

Inhaltsübersicht

I.	Allgemeines	1–2
II.	Beizug der Akten (Abs. 1)	3–5
	A. Grundsatz: Aktenbeizug (Satz 1)	3
	B. Ausnahme: Verzicht auf Aktenbeizug (Satz 2)	4–5
III.	Akteneinsicht (Abs. 2)	6
IV.	«Zurückbehaltungsrecht» (Abs. 3)	7–10

I. Allgemeines

1 § 57 in der Fassung von 2010 regelt in Abs. 1 den **Aktenbeizug** und in Abs. 3 – damit zusammenhängend – das «Zurückbehaltungsrecht» der am Verfahren beteiligten Verwaltungsbehörde. Abs. 2 gewährleistet das **Akteneinsichtsrecht** der Verfahrensbeteiligten. Die Marginalie «Aktenbeizug» erweist sich mithin als etwas zu eng, was jedoch belanglos ist, weil Abs. 2 keine selbständige Bedeutung zukommt (vgl. § 26a N. 14).

2 Die neu auf drei Absätze verteilte Regelung entspricht materiell der bisherigen, wobei in Abs. 1 – analog § 26a Abs. 1 Satz 2 – der Satz eingefügt wurde, dass bei offensichtlich unzulässigen oder offensichtlich unbegründeten Rechtsmitteln auf den Aktenbeizug verzichtet werden kann. Das zuvor in Abs. 1 Satz 2 statuierte Akteneinsichtsrecht der am Verfahren Beteiligten wurde deshalb – mit einer unbedeutenden sprachlichen Anpassung – in Abs. 2 verselbständigt, wiederum in Analogie zu § 26a Abs. 2, aber ohne den dort enthaltenen Vorbehalt von § 9. Der bisherige Abs. 2 (Zurückbehaltungsrecht) wurde zu Abs. 3, wodurch der sachliche Zusammenhang mit Abs. 1 verunklärt wurde (was mangels Anwendbarkeit von Abs. 3 aber keine Rolle spielt; vgl. N. 7 ff.). Der Vorentwurf von 2008 sah noch keine Anpassung von § 57 vor.

Unter Mitarbeit von LILIANE SCHÄRMELI, MLaw.

II. Beizug der Akten (Abs. 1)

A. Grundsatz: Aktenbeizug (Satz 1)

§ 57 Abs. 1 Satz 1 spricht vom Beizug der «für die Beurteilung nötigen Akten», wogegen in § 26a Abs. 1 Satz 1 betreffend das *Rekursverfahren* von den «Akten der Vorinstanz» die Rede ist. In der Sache besteht jedoch kein Unterschied. Das zum Rekursverfahren Ausgeführte gilt hier deshalb entsprechend (vgl. § 26a N. 4–8).

B. Ausnahme: Verzicht auf Aktenbeizug (Satz 2)

§ 57 Abs. 1 Satz 2 stimmt – in passiver Formulierung – mit § 26a Abs. 1 Satz 2 betreffend das *Rekursverfahren* überein. Das dort Ausgeführte gilt hier entsprechend (vgl. § 26a N. 9–12).

Weitere Konsequenzen bei offensichtlich unzulässigen oder unbegründeten Beschwerden: Wird wegen offensichtlicher Unzulässigkeit oder Unbegründetheit ausnahmsweise auf den Beizug der Akten verzichtet, so erübrigt es sich regelmässig auch, ein *Vernehmlassungsverfahren* gemäss § 58 durchzuführen (vgl. § 56 N. 24 ff.). Ausserdem kann das Verwaltungsgericht in diesem Fall bei Einstimmigkeit auf dem *Zirkulationsweg* entscheiden (§ 38 Abs. 2) und den Entscheid bloss *summarisch begründen* (§ 65 Abs. 1). Hinsichtlich der Eröffnung des Entscheids gelten indes die normalen Anforderungen gemäss § 65 Abs. 2.

III. Akteneinsicht (Abs. 2)

§ 57 Abs. 2 ist identisch mit § 26a Abs. 2 betreffend das *Rekursverfahren,* ohne den dort in Satz 2 statuierten Vorbehalt von § 9. Jener ist jedoch nur deklaratorischer Natur und gilt der Sache nach auch hier. Deshalb kann auf das zum Rekursverfahren Ausgeführte verwiesen werden (vgl. § 26a N. 14–16).

IV. «Zurückbehaltungsrecht» (Abs. 3)

Das heute in Abs. 3, ursprünglich in Abs. 2 geregelte (generelle!) Recht der am Verfahren beteiligten Verwaltungsbehörde, zur «Wahrung wichtiger öffentlicher und schutzwürdiger privater Interessen» einzelne Aktenstücke zurückzubehalten[1], ist ein **Anachronismus** aus der Zeit der Gründung des Verwaltungsgerichts. Es kann nur mit einem Misstrauen des damaligen Gesetzgebers bzw. der Exekutivbehörden gegenüber dem neu geschaffenen Verwaltungsgericht erklärt werden (vgl. dazu Einleitung N. 13), müsste doch sonst eine entsprechende Befugnis der Verwaltungsbehörden auch im Rekursverfahren bestehen, was indes nicht der Fall ist (vgl. § 26a und alt § 26). Verwaltungsexterne Rekurs-

---

[1] Vgl. dazu (unkritisch) VGr, 22.3.2007, VB.2006.00082, E. 2.2.

§ 57

instanzen gab es 1959 noch nicht[2], weshalb der Gesetzgeber eine Einschränkung der Aktenherausgabepflicht im Rekursverfahren offenbar nicht für nötig erachtete.

8 Auch wenn § 57 Abs. 3 nur als Ausnahme gedacht war, die restriktiv gehandhabt werden soll[3], erweist sich die Bestimmung – jedenfalls aus heutiger Sicht – in mehrfacher Hinsicht als problematisch, ja sogar **verfassungswidrig**:
– Zunächst ist es *widersprüchlich* und durch nichts zu rechtfertigen, den Verwaltungsbehörden nur gegenüber dem Verwaltungsgericht, nicht jedoch auch gegenüber gerichtlichen ersten Rechtsmittelinstanzen (Baurekursgericht, Steuerrekursgericht) ein «Zurückbehaltungsrecht» einzuräumen.
– Vor allem aber verstösst § 57 Abs. 3 heute gegen die *Rechtsweggarantie* (Art. 29a BV), welche eine volle Rechts- und Sachverhaltskontrolle durch mindestens eine richterliche Instanz gebietet. Dementsprechend verlangt Art. 110 BGG, dass die oberste kantonale Gerichtsinstanz (oder eine vorgängig zuständige andere richterliche Behörde) nicht nur eine Rechtskontrolle vornimmt, sondern auch «den Sachverhalt frei prüft». Dies aber wird durch § 57 Abs. 3 teilweise vereitelt.
– Schliesslich ist § 57 Abs. 3 auch mit dem Anspruch der Beteiligten auf *rechtliches Gehör* (Art. 29 Abs. 2 BV) nicht vereinbar. Aufgrund des Devolutiveffekts der Beschwerde geht die Zuständigkeit zum Entscheid über die Modalitäten der Akteneinsicht auf die Beschwerdeinstanz über[4]. Demzufolge ist es an dieser, nach Massgabe von § 9 über den Umfang und die Art der Gehörsgewährung zu entscheiden und dabei entgegenstehenden öffentlichen oder privaten Interessen Rechnung zu tragen[5]. Das «Zurückbehaltungsrecht» verunmöglicht dies jedoch in Bezug auf die zurückbehaltenen Aktenstücke und vereitelt insoweit die sachgerechte Gewährung des rechtlichen Gehörs.

9 Die Verweigerung der Aktenherausgabe ist nur denkbar, wenn **übergeordnete Geheimhaltungsinteressen** – insbesondere im Zusammenhang mit der Wahrung der inneren und äusseren Sicherheit – dies zwingend erfordern. In solchen Fällen stützt sich die Nichtherausgabe von Akten jedoch auf entsprechende Geheimhaltungsvorschriften wie Art. 9 und 18b DSG oder Art. 17 BWIS (vgl. auch § 7 Abs. 3 Satz 2). Der unspezifischen und insofern überschiessenden Regelung in § 57 Abs. 3 bedarf es hierfür nicht. Ausserdem besteht ein derartiges Geheimhaltungsinteresse nicht nur gegenüber dem Verwaltungsgericht, sondern grundsätzlich gegenüber allen Rechtsmittelinstanzen.

10 Fazit: § 57 Abs. 3 hat **keinen bundesrechtskonformen Anwendungsbereich.** Dementsprechend sollte er ersatzlos aufgehoben werden.

---

[2] Vgl. E. BOSSHART, Kommentar VRG, § 19 N. 5.
[3] 2. Aufl., N. 4.
[4] BGE 132 V 387, E. 6.3 f.
[5] So zutreffend VGr, 18.12.2002, VB.2001.00095, E. 3e, im Zusammenhang mit Submissionsbeschwerden.

c. Schriftenwechsel
§ 58

Die Vorinstanz und die am Verfahren Beteiligten erhalten Gelegenheit zur schriftlichen Vernehmlassung. Das Verwaltungsgericht kann einen weitern Schriftenwechsel anordnen.

Materialien

Weisung 1957, S. 1051; Prot. KK 11.3.1958, 7.10.1958; Prot. KR 1955–1959, S. 3404; Beleuchtender Bericht 1959, S. 411; Weisung 2009, S. 973; Prot. KR 2007–2011, S. 10246.

Literatur

GOLDSCHMID, Schriftenwechsel; HÄNER, Die Beteiligten, N. 246 ff.; KÖLZ/HÄNER/BERTSCHI, Verwaltungsverfahren, N. 1112 ff.; LANTER, Formeller Charakter; LANTER, Bemerkungen; MEYER ULRICH/DORMANN JOHANNA, in: Basler Kommentar BGG, Art. 102; SEETHALER FRANK/PLÜSS KASPAR, in: Praxiskommentar VwVG, Art. 57 N. 35 ff.; SEILER, Europäischer Gerichtshof, S. 230 und 250 ff.

Inhaltsübersicht

I.	Allgemeines	1–4
II.	Vernehmlassung (Satz 1)	5–22
	A. Vernehmlassungsberechtigte	6–16
	1. Vorinstanz	7–8
	2. Verfügende Behörde	9–14
	3. Weitere Verfahrensbeteiligte	15–16
	B. Anspruch auf Vernehmlassung	17–20
	C. Form und Frist	21–22
III.	Replikrecht	23–44
	A. Ausgangslage	23–24
	B. Replikrecht i.e.S./Replikrecht i.w.S.	25–26
	C. Anordnung eines weiteren Schriftenwechsels (Satz 2)	27–29
	D. Gegenstand und formeller Charakter des Replikrechts i.w.S.	30–33
	E. Ausübung des Replikrechts i.w.S.	34–44
	1. Zustellung zur Kenntnisnahme	36–42
	2. Ausdrücklicher Hinweis	43–44

I. Allgemeines

§ 58 ist seit dem Inkrafttreten des VRG im Jahr 1960 unverändert geblieben. Bei der VRG-Revision von 2010 wurde einzig der Randtitel korrigiert; anstelle von «Schriftliches Verfahren» heisst es nun zutreffend **«Schriftenwechsel»**[1].   1

Dem Schriftenwechsel kommt eine **Doppelfunktion** zu[2]: Er bildet einen wesentlichen Bestandteil des Instruktionsverfahrens und konkretisiert den verfassungsrechtlichen An-   2

---

[1] Vgl. Weisung 2009, S. 973.
[2] Vgl. VGr, 10.5.2005, PB.2004.00086, E. 3.1.

spruch auf Gewährung des rechtlichen Gehörs. Zudem trägt er zur Abklärung des entscheidrelevanten Sachverhalts im Sinn von § 7 Abs. 1 bei (vgl. auch § 26b N. 2 und 5).

3 Nach § 58 ist zwischen der Vernehmlassung (Satz 1) und dem weiteren Schriftenwechsel (Satz 2) zu unterscheiden: Die **Vernehmlassung** nach Satz 1 bezieht sich auf den ersten Schriftenwechsel, d.h. die Zustellung der Beschwerdeschrift an die Vernehmlassungsberechtigten und deren Einladung zur schriftlichen Stellungnahme zur Beschwerde. Diese Vernehmlassungen bzw. schriftlichen Stellungnahmen sind den anderen Verfahrensbeteiligten zuzustellen (§ 70 in Verbindung mit § 26b Abs. 4). Satz 1 kommt neben dem verfassungsrechtlichen Anspruch auf rechtliches Gehör (Art. 29 Abs. 2 BV) insoweit eigenständige Bedeutung zu, als in den ersten Schriftenwechsel auch die Vorinstanz und weitere Verfahrensbeteiligte einzubeziehen sind, die nicht vom Geltungsbereich dieses Verfahrensgrundrechts erfasst werden (N. 18).

4 Nach Satz 2 von § 58 steht es im Ermessen des Verwaltungsgerichts, ob es einen **weiteren Schriftenwechsel** anordnet, d.h. ob es den Verfahrensbeteiligten Gelegenheit zur schriftlichen Stellungnahme zu den nach Satz 1 eingeholten Vernehmlassungen einräumt. Der Gesetzeswortlaut vermittelt den Eindruck, dass weitere Stellungnahmen nur dann eingereicht werden dürfen und damit vom Gericht für die Entscheidfindung beachtet werden müssen, wenn eine ausdrückliche Aufforderung hierzu erfolgt ist. Das steht jedoch im Widerspruch zu dem von der Rechtsprechung des Europäischen Menschenrechtsgerichtshofs und des Bundesgerichts anerkannten Replikrecht im weiteren Sinn. Satz 2 müsste daher vom Gesetzgeber angepasst, nicht aber gestrichen werden[3], da das Verwaltungsgericht zur Gewährleistung des Replikrechts im engeren Sinn unverändert von Amtes wegen einen weiteren Schriftenwechsel anzuordnen hat (vgl. N. 23 ff.).

II. Vernehmlassung (Satz 1)

5 Nach Satz 1 von § 58 ist der Vorinstanz und den Verfahrensbeteiligten Gelegenheit zur schriftlichen Vernehmlassung einzuräumen (zum Begriff vgl. § 26b N. 3). Das Gesetz lässt damit zum einen offen, in welcher Rolle bzw. in welcher prozessualen Stellung die Teilnahme der Vernehmlassungsberechtigten erfolgt; zum anderen bestimmt es auch nicht näher, wer überhaupt als Verfahrensbeteiligter zur Teilnahme berechtigt ist. § 58 Satz 1 knüpft dazu im Gegensatz zu § 26b Abs. 1 Satz 1 nicht an die (formelle) Teilnahme am vorinstanzlichen Verfahren an.

A. Vernehmlassungsberechtigte

6 Das Verwaltungsgericht bezeichnet die neben der beschwerdeführenden Partei am Beschwerdeverfahren Beteiligten – und damit die Vernehmlassungsberechtigten – als Vorinstanz, Beschwerdegegner oder Mitbeteiligte. Sowohl Beschwerdegegner wie auch Mitbeteiligte sind nach der Formulierung in § 58 Satz 1 Verfahrensbeteiligte. Der Begriff der Verfahrensbeteiligten ist dabei vom zivilprozessualen **Parteibegriff** zu unterscheiden. Das öffentliche Verfahrensrecht kennt keinen formellen, für die Verfahrensbeteilig-

---

[3] A.M. wohl LANTER, Formeller Charakter, S. 182.

ten gleichermassen gültigen Parteibegriff[4]. Das Verwaltungsgericht nimmt daher die Unterscheidung zwischen Beschwerdegegner und Mitbeteiligtem einzig unter funktionellen Gesichtspunkten vor. Im Einzelnen:

1. Vorinstanz

Als Vorinstanz gilt einzig die **Rekursbehörde,** wenn das Verwaltungsgericht als zweite Rechtsmittelinstanz wirkt[5]. Ob es sich dabei um eine Gerichtsinstanz oder eine verwaltungsinterne Rechtspflegebehörde handelt, spielt keine Rolle. Auch die verwaltungsinterne Rekursinstanz wird nicht als Gegenpartei bzw. Beschwerdegegnerin aufgefasst. Anders als im Bund wird die *erstinstanzlich verfügende Behörde* nicht als Vorinstanz, sondern als Beschwerdegegnerin oder Mitbeteiligte in den Schriftenwechsel einbezogen[6].

Die Vorinstanz – d.h. die Rekursbehörde – hat **keine Parteistellung**[7]. Sie ist dennoch zur Vernehmlassung einzuladen; dabei kann sie im Sinne einer «prozessualen Anregung»[8] Gutheissung, Abweisung oder Nichteintreten beantragen[9].

2. Verfügende Behörde

In einem **Zweiparteienverfahren** (verfügende Behörde – Verfügungsadressat) ist die verfügende Behörde – bzw. das Gemeinwesen – immer als *Beschwerdegegnerin* an einem vom Verfügungsadressaten angestrengten Beschwerdeverfahren beteiligt. Die Bezeichnung als Beschwerdegegnerin folgt damit in funktioneller Hinsicht der Rolle der verfügenden Behörde als Gegenpartei. Keine Bedeutung hat dabei, ob die Behörde bzw. das Gemeinwesen selber als Partei rechtsmittellegitimiert wäre[10].

Obsiegt der Private im Rekursverfahren, kann es nur bei einem **Mehrparteienverfahren** zu einem Beschwerdeverfahren vor Verwaltungsgericht kommen (vorbehältlich des Falles, dass die verfügende Behörde ihrerseits beschwerdeberechtigt ist und als Beschwerdeführerin auftritt). In einem solchen Verfahren gilt es zu unterscheiden: Die verfügende Behörde bleibt im Mehrparteienverfahren *Beschwerdegegnerin,* wenn die Rekursinstanz die Verfügung bestätigte oder auf den Rekurs nicht eingetreten ist; hat die Rekursinstanz die Verfügung hingegen ganz oder teilweise aufgehoben, wird die verfügende Instanz in einem vom unterlegenen Privaten angestrengten Beschwerdeverfahren als *Mitbeteiligte* einbezogen[11].

---

[4] HÄNER, Die Beteiligten, N. 252–254 mit Hinweisen.
[5] Vgl. VGr, 19.4.2000, PB.2000.00003, E. 1b.
[6] Im Beschwerdeverfahren nach VwVG wird die verfügende Behörde demgegenüber als Vorinstanz einbezogen (vgl. SEETHALER/PLÜSS, in: Praxiskommentar VwVG, Art. 57 N. 5 ff.).
[7] Vgl. auch MEYER/DORMANN, in: Basler Kommentar BGG, Art. 102 N. 9.
[8] HÄNER, Die Beteiligten, N. 292.
[9] Vgl. VGr, 15.5.2007, PB.2007.00004, E. 1.2 (nicht publiziert); VGr, 6.2.2002, VB.2001.00367, E. 6 (nicht publiziert); VGr, 19.4.2000, PB.2000.00003, E. 1b.
[10] So wird beispielsweise im Ausländerrecht das Migrationsamt als Beschwerdegegner rubriziert; es kann damit eine Beschwerdeantwort einreichen. Das Migrationsamt – und überhaupt der Kanton Zürich als Gemeinwesen – ist aber selber nicht zur Beschwerdeführung berechtigt, weder vor Verwaltungs- noch vor Bundesgericht (vgl. BGE 134 II 45, E. 2).
[11] VGr, 11.2.2004, VB.2003.00400, E. 1.

11 In letzterem Fall steht dem privaten Beschwerdeführer in erster Linie ein privater Beschwerdegegner gegenüber. Nach ständiger Rechtsprechung sind daher die **Verfahrenskosten** ausschliesslich der unterliegenden privaten Partei aufzuerlegen, obschon auch die verfügende Behörde, deren Anordnung aufgehoben wurde, am Rechtsmittelverfahren beteiligt ist. Nur bei einer qualifiziert fehlerhaften erstinstanzlichen Anordnung werden die Kosten der verfügenden Behörde bzw. dem betreffenden Gemeinwesen auferlegt[12]. Hebt hingegen erst das Verwaltungsgericht die erstinstanzliche Anordnung auf – z.B. bei einer Beschwerde eines Nachbarn gegen eine Baubewilligung –, wird auch die verfügende Behörde (als Beschwerdegegnerin) kostenpflichtig[13].

12 Aus der Bezeichnung als Beschwerdegegnerin oder Mitbeteiligte darf nicht geschlossen werden, dass der verfügenden Behörde Parteistellung zukommt. Als eigentliche Parteien sind – analog Art. 6 VwVG – nur die rechtsmittellegitimierten Verfahrensbeteiligten zu verstehen[14]. Die verfügende Behörde wird als Beschwerdegegnerin bezeichnet, da sie die **Rolle der Gegenpartei** einnimmt, und zwar unabhängig davon, ob sie selbst gegen den angefochtenen Rekursentscheid oder den vom Verwaltungsgericht zu fällenden Beschwerdeentscheid rechtsmittellegitimiert wäre[15].

13 Es ist daher unzutreffend, wenn das Verwaltungsgericht seine vorstehend skizzierte langjährige Praxis jüngst wie folgt begründete: Die verfügende Behörde müsse im Falle der Aufhebung ihrer Anordnung durch die Rekursinstanz im Verfahren vor Verwaltungsgericht dann als Mitbeteiligte und nicht als Beschwerdegegnerin beigezogen werden, wenn ihr in der betreffenden Angelegenheit die Rechtsmittelberechtigung und damit die Parteistellung fehle[16]. Die Unterscheidung zwischen Beschwerdegegnerin und Mitbeteiligter im Mehrparteienverfahren knüpft richtig besehen einzig daran an, ob im Rekursverfahren die Anordnung der verfügenden Behörde geschützt wurde oder nicht. Wurde die Anordnung aufgehoben, ist die verfügende Behörde im Beschwerdeverfahren nicht in der Position der *Gegen*partei.

14 Ebenso spielt es für die Bezeichnung der verfügenden Behörde als Beschwerdegegnerin oder Mitbeteiligte keine Rolle, ob dieser **Rechtspersönlichkeit** zukommt oder nicht. Das Verwaltungsgericht rubriziert in *finanziellen Streitigkeiten* von Amtes wegen immer das Gemeinwesen (mit Rechtspersönlichkeit) und nicht die verfügende Behörde[17]. Bei Verfügungen einer kantonalen Amtsstelle oder Direktion wird damit der Staat Zürich, bei Verfügungen von Gemeindebehörden die Gemeinde im Rubrum erfasst. In *anderen Streitigkeiten* wird hingegen die verfügende Behörde einbezogen.

---

[12] VGr, 12.9.2003, VB.2003.00099, E. 5a.
[13] Vgl. z.B. VGr, 13.6.2012, VB.2011.00648 und 681, E. 5.
[14] Die Verknüpfung des Rechtsschutzinteresses bzw. der Rechtsmittellegitimation mit der Parteistellung ist freilich umstritten (vgl. HÄNER, Die Beteiligten, N. 255 ff.). Vgl. auch SEETHALER/PLÜSS, in: Praxiskommentar VwVG, Art. 57 N. 6.
[15] Zum Unterschied zwischen Parteirolle und echter Parteieigenschaft vgl. bereits RB 1962 Nr. 45.
[16] VGr, 19.4.2012, VB.2011.00808, E. 2 (nicht publiziert).
[17] VGr, 19.11.2008, PK.2008.00001, E. 2.2; VGr, 28.5.2003, PB.2002.00049, E. 1; VGr, 6.12.2001, PB.2001.00021, E. 1b; VGr, 24.10.2001, VB.2001.00036, E. 1b.

3. Weitere Verfahrensbeteiligte

Neben der Vorinstanz und der verfügenden Behörde sind **Dritte** am Verfahren zu beteiligen, die bereits formell *am vorinstanzlichen Verfahren teilgenommen* haben, in Mehrparteienverfahren namentlich eine (private) Gegenpartei der nunmehr beschwerdeführenden Partei. Auch bei fehlender Beteiligung am vorinstanzlichen Verfahren sind Dritte in das Beschwerdeverfahren einzubeziehen, wenn sie durch den angefochtenen Rekursentscheid oder allenfalls auch erst durch den vom Verwaltungsgericht in Aussicht genommenen Entscheid *in schutzwürdigen Interessen berührt* sind und daher als Drittbetroffene eine besondere Beziehungsnähe zur Streitsache aufweisen. Massgebender Gesichtspunkt für die Teilnahme am Beschwerdeverfahren ist damit die Rechtsmittellegitimation[18]. Bei fehlender Beteiligung im vorinstanzlichen Verfahren kann von Amtes wegen, auf Antrag einer Partei oder auf Gesuch des betroffenen Dritten eine Beiladung erfolgen (vgl. § 26b N. 13 f.; zur Beiladung im Allgemeinen vgl. Vorbem. zu §§ 21–21a N. 24 ff.).

15

Vergabeentscheide von kantonalen und kommunalen Auftraggebern sind direkt beim Verwaltungsgericht anfechtbar[19]. In solchen **Submissionsstreitigkeiten** werden die *Vergabestelle* als Beschwerdegegnerin und der *Zuschlagsempfänger* sowie allenfalls weitere Mitbieter als Mitbeteiligte in das Beschwerdeverfahren einbezogen. Sofern diese sich mit eigenen Anträgen am Verfahren beteiligen und damit unterliegen, werden sie – gemeinsam mit der Vergabestelle – kosten- und entschädigungspflichtig[20].

16

B. Anspruch auf Vernehmlassung

Soweit nicht infolge offensichtlicher Unzulässigkeit oder Unbegründetheit der Beschwerde von der Anordnung eines Schriftenwechsels abgesehen wird (vgl. § 56 N. 2 und 24 ff.), haben gemäss dem Verwaltungsgericht die «beteiligten Parteien» einen Anspruch auf Vernehmlassung[21]. Dabei ist zwischen dem Anspruch auf Vernehmlassung gestützt auf § 58 Satz 1 und der Gewährung des rechtlichen Gehörs (Art. 29 Abs. 2 BV) zu **differenzieren**:

17

Zur Vernehmlassung werden die Vorinstanz (Rekursbehörde), die erstinstanzlich verfügende Behörde sowie weitere Verfahrensbeteiligte eingeladen. Vom **Geltungsbereich von Art. 29 Abs. 2 BV** werden aber nur die Verfahrensbeteiligten erfasst, denen eigentliche *Parteistellung* zukommt. Das sind in erster Linie die vom Ausgang des Verfahrens betroffenen Privaten (natürliche oder juristische Personen). Öffentlichrechtliche Körperschaften können sich nur dann auf die Verfahrensgrundrechte berufen, wenn sie privatrechtlich handeln und wie Private betroffen sind; Gemeinden und Zweckverbände sowie die anerkannten kirchlichen Körperschaften (Art. 130 KV) darüber hinaus in Verfahren über den Umfang der ihnen zustehenden Autonomie[22]. Der Anspruch auf Vernehmlassung nach § 58 Satz 1 *erweitert* damit den Kreis der Vernehmlassungsberechtigten.

18

---

[18] Vgl. VGr, 23.8.2001, VB.2000.00277, E. 1c.
[19] Vgl. z.B. VGr, 9.2.2011, VB.2010.00389, E. 1.
[20] VGr, 9.2.2011, VB.2010.00460, E. 8.
[21] VGr, 10.5.2005, PB.2004.00086, E. 3.1, unter Bezugnahme auf die 2. Aufl., N. 6.
[22] MÜLLER/SCHEFER, Grundrechte, S. 846–849.

19 Des Weiteren hat der Anspruch auf Vernehmlassung nach § 58 Satz 1 zur Folge, dass Beschwerdegegner und Mitbeteiligte auch dann zur Vernehmlassung im Beschwerdeverfahren berechtigt sind, wenn sie darauf im Rekursverfahren (absichtlich oder durch Säumnis) **verzichtet** haben[23].

20 Nicht vorgesehen ist in § 58, dass das Verwaltungsgericht die Vorinstanz oder die Verfahrensbeteiligten zur Vernehmlassung **verpflichten** kann. Nach § 26b Abs. 1 Satz 2 kann im Rekursverfahren die Rekursbehörde die Vorinstanz dazu verpflichten. Bei der Vorinstanz im Rekursverfahren handelt es sich – aufgrund des grundsätzlich zweistufigen Rechtsmittelverfahrens (Art. 77 Abs. 1 KV) – in der Regel um die *verfügende Behörde*. Diese kann auch im Beschwerdeverfahren zur Einreichung einer Vernehmlassung verpflichtet werden, was insbesondere in Bezug auf Informationen zum rechtserheblichen Sachverhalt sinnvoll ist. Als Sanktion steht diesfalls das Mittel der Rückweisung zur Verfügung (§ 64 Abs. 1).

C. Form und Frist

21 Im Beschwerdeverfahren muss die Vernehmlassung – im Gegensatz zum Rekursverfahren (§ 26 N. 17) – nicht zwingend in **schriftlicher** Form erfolgen. Nach § 59 Abs. 1 kann anstelle der schriftlichen Vernehmlassung eine mündliche Verhandlung durchgeführt werden. Die Praxis macht von dieser Möglichkeit indessen keinen Gebrauch.

22 Hinsichtlich der vom Gericht anzusetzenden **Frist** zur Einreichung der Vernehmlassung gilt aufgrund der Verweisung in § 70 die Bestimmung in § 26b Abs. 2 für das Rekursverfahren (vgl. § 26b N. 21 ff.).

III. Replikrecht

A. Ausgangslage

23 Der Gesetzgeber hat in Bezug auf das Recht auf Replik als Teilaspekt des Anspruchs auf rechtliches Gehör (Art. 29 Abs. 2 BV) bzw. des Gebots des *fair trial* (Art. 6 Ziff. 1 EMRK) davon abgesehen, § 58 Satz 2 an das übergeordnete Recht bzw. die dazu ergangene Rechtsprechung anzupassen. Die Bestimmung beruht noch immer auf dem Konzept, dass die gesamte Verfahrensleitung, und damit auch die Anordnung des weiteren Schriftenwechsels, **Sache des Verwaltungsgerichts** sei[24].

24 Satz 2 von § 58, wonach das Verwaltungsgericht einen weiteren Schriftenwechsel anordnen kann, ist aufgrund der Rechtsprechung des Europäischen Gerichtshofs, der sich das Bundesgericht eher widerwillig angeschlossen hat[25], jedenfalls aus Laiensicht problematisch (N. 43 f.). Das Verwaltungsgericht kann zwar nach eigenem pflichtgemässem Er-

---

[23] Vgl. VGr, 10.5.2005, PB.2004.00086, E. 3.1.
[24] Vgl. LANTER, Formeller Charakter, S. 169.
[25] Vgl. SEILER, Europäischer Gerichtshof, S. 230, der darauf hinweist, dass die Schweiz bislang elfmal wegen Verletzung des Replikrechts verurteilt wurde. Vgl. auch SEETHALTER/PLÜSS, in: Praxiskommentar VwVG, Art. 57 N. 41.

messen einen weiteren Schriftenwechsel anordnen; abgesehen davon ist es aber grundsätzlich **Sache der Parteien**, über die Erforderlichkeit einer (weiteren) Stellungnahme zu entscheiden (vgl. N. 27 ff.).

B. Replikrecht i.e.S./Replikrecht i.w.S.

Nach jüngster Rechtsprechung des Bundesgerichts ist zu unterscheiden zwischen dem Replikrecht im weiteren Sinn, das nur in Gerichtsverfahren gilt, und dem Replikrecht im engeren Sinn, das *auch* in Rechtsmittelverfahren vor Verwaltungsbehörden zur Anwendung kommt (dazu § 26b N. 36 ff.)[26]. In letzterem Fall ist das Replikrecht darauf beschränkt, sich zu Eingaben von Vorinstanz oder Gegenpartei zu äussern, soweit darin vorgebrachte **Noven** prozessual zulässig und materiell geeignet sind, den Entscheid zu beeinflussen.

Für das Verfahren vor Verwaltungsgericht spielt diese Unterscheidung insoweit keine Rolle, als vor einer **Gerichtsinstanz** immer das auf Art. 29 Abs. 2 BV gestützte Replikrecht im weiteren Sinn zu beachten ist. Dieses gilt in sämtlichen Gerichtsverfahren, d.h. auch ausserhalb des Anwendungsbereichs von Art. 6 Ziff. 1 EMRK[27]. Die Unterscheidung ist jedoch in dem Sinne relevant, dass bei neuen und erheblichen Vorbringen in einer Eingabe diese den Verfahrensbeteiligten «zur Stellungnahme» zuzustellen ist[28]. In einem solchen Fall, in dem also das Replikrecht im engeren Sinn zum Tragen kommt, hat das verfahrensleitende Gericht von sich aus einen weiteren Schriftenwechsel anzuordnen[29].

C. Anordnung eines weiteren Schriftenwechsels (Satz 2)

Der Gesetzgeber hat § 58 Satz 2 nicht an die Rechtsprechung zum Replikrecht im weiteren Sinn angepasst. Es ist denn auch nicht gerechtfertigt, von der bisherigen Praxis zu § 58 Satz 2 und zum Anspruch auf rechtliches Gehör bzw. zum Replikrecht im engeren Sinn abzuweichen. Danach ist die Durchführung eines zweiten Schriftenwechsels zur Wahrung des rechtlichen Gehörs notwendig, wenn das Verwaltungsgericht zum Nachteil der beschwerdeführenden Partei auf **erstmals in der Beschwerdeantwort vorgebrachte tatsächliche Behauptungen** abstellt[30]. Das Verwaltungsgericht geht folgerichtig noch immer davon aus, dass das umfassende Replikrecht die Behörden nicht davon entbindet, nach pflichtgemässem Ermessen zu entscheiden, ob von Amtes wegen ein weiterer Schriftenwechsel anzuordnen ist[31]. Das ist zutreffend und ergibt sich aus dem Anspruch auf rechtliches Gehör bzw. dem Replikrecht im engeren Sinn[32].

Aus dem Anspruch auf rechtliches Gehör – und nicht aus dem Replikrecht i.e.S oder i.w.S. als dessen Teilgehalte – folgt ebenso, dass das Gericht einen Schriftenwechsel anzuordnen hat, wenn es **von sich aus** aufgrund von Beweiserhebungen beabsichtigt, neu

---

[26] BGE 138 I 154, E. 2.3.2 f.; zu Recht kritisch dazu LANTER, Bemerkungen, Rz. 7 ff.
[27] BGE 137 I 195, E. 2.3.1; 133 I 100, E. 4.6.
[28] BGE 138 I 154, E. 2.3.2, mit zahlreichen Hinweisen auf die Rechtsprechung zu Art. 4 aBV; 133 I 100, E. 4.2.
[29] A.M. wohl LANTER, Formeller Charakter, S. 174 f.
[30] RB 1982 Nr. 6; BGE 114 Ia 307, E. 4b; VGr, 25.10.2011, VB.2011.00348, E. 3.3.5.
[31] VGr, 29.6.2011, VB.2011.00148, E. 1.4 und 1.6.3; VGr, 20.8.2008, VB.2008.00210, E. 1.
[32] Vgl. ebenso SEILER, Europäischer Gerichtshof, S. 252.

eingetretene oder bisher ausser Acht gelassene Tatsachen für den Entscheid zu berücksichtigen (vgl. § 61). Das gilt nach der Rechtsprechung auch, wenn das Gericht seinen Entscheid mit Rechtsnormen oder Rechtsgründen zu begründen beabsichtigt, die im bisherigen Verfahren nicht herangezogen wurden, auf die sich die beteiligten Parteien nicht berufen haben und mit deren Erheblichkeit im konkreten Fall sie nicht rechnen konnten[33].

29 Das Gericht ist damit nach wie vor **berechtigt bzw. verpflichtet**, gegebenenfalls von sich aus einen weiteren Schriftenwechsel anzuordnen. Davon ist insbesondere bei substanziierten Beschwerdeantworten bzw. Vernehmlassungen grosszügig Gebrauch zu machen. Dadurch lassen sich die Unsicherheiten vermeiden, die bei der blossen Zustellung zur Kenntnisnahme entstehen.

D. Gegenstand und formeller Charakter des Replikrechts i.w.S.

30 Das Bundesgericht hat in Nachachtung der Praxis des Strassburger Gerichtshofs – wie es selber ausführt – «Regeln» zum «Recht auf Kenntnisnahme von und Stellungnahme zu Eingaben der übrigen Verfahrensbeteiligten in gerichtlichen Verfahren» aufgestellt[34]. Dieses im verwaltungsgerichtlichen Verfahren zu beachtende Replikrecht im weiteren Sinn wird damit nicht durch das kantonale Verfahrensrecht (VRG) geregelt, sondern durch **Richterrecht**.

31 Das Replikrecht im weiteren Sinn ist Teilgehalt des Anspruchs auf rechtliches Gehör; es weist seinerseits zwei voneinander zu unterscheidende Ansprüche auf. Die Parteien haben zum einen das Recht, von jedem Aktenstück und jeder dem Gericht eingereichten Stellungnahme Kenntnis zu nehmen; es besteht ein **Recht auf Zustellung** der von den anderen Verfahrensbeteiligten eingereichten Vernehmlassungen[35].

32 Neben der Kenntnisnahme bzw. Zustellung muss zum anderen gewährleistet sein, dass den Parteien die Gelegenheit bzw. das Recht zur Stellungnahme (Äusserungsrecht) effektiv eingeräumt wird. Das Äusserungsrecht gilt vorbehaltlos, so dass das Bundesgericht von einem **unbedingten Replikrecht** spricht[36]. Es ist unerheblich, ob eine Eingabe neue Tatsachen oder Argumente enthält und ob sie das Gericht tatsächlich zu beeinflussen vermag. Es ist Sache der Parteien, ob sie sich zu einer Eingabe äussern wollen oder nicht; diese entscheiden also selbst über die Erforderlichkeit oder Wünschbarkeit einer weiteren Stellungnahme[37]. Da ein unbedingter Anspruch besteht, zu sämtlichen Eingaben der Gegenpartei Stellung zu nehmen, ist es Aufgabe des Gerichts, in jedem Einzelfall ein *effektives* Replikrecht der Parteien zu gewährleisten[38].

33 Die Aufgabe des verfahrensleitenden Gerichts wäre nach diesem Verständnis des Replikrechts darauf beschränkt, die Zustellung der Eingaben sowie die **Möglichkeit zur Stel-**

---

[33] BGE 128 V 272, E. 5b bb, m.w.H.; VGr, 9.2.2011, VB.2010.00657, E. 6; vgl. auch SEETHALER/PLÜSS, in: Praxiskommentar VwVG, Art. 57 N. 47.
[34] BGE 138 I 154, E. 2.5.
[35] BGE 137 I 195, E. 2.3.1.
[36] BGE 138 I 484, E. 2.3.
[37] BGE 137 I 195, E. 2.3.1; 133 I 100, E. 4.3, je mit weiteren Hinweisen.
[38] BGE 138 I 484, E. 2.4.

lungnahme zu gewährleisten. Das Gericht wäre nicht verpflichtet, zu prüfen, ob die Verfahrenseingaben neue, wesentliche Vorbringen enthalten; es hätte damit nicht von sich aus einen weiteren Schriftenwechsel anzuordnen, wenn es den Entscheid zum Nachteil der zur Replik berechtigten Partei auf erstmals in den Vernehmlassungen vorgebrachte tatsächliche Behauptungen abstützt[39]. Das entspräche der konsequenten Umsetzung der Strassburger Praxis bzw. der darauf gestützten Rechtsprechung des Bundesgerichts zum Replikrecht im weiteren Sinn; diese Auffassung steht indes in Widerspruch zur Rechtsprechung zum Recht auf Replik im engeren Sinn (N. 25 ff.).

E. Ausübung des Replikrechts i.w.S.

Sieht das Verwaltungsgericht von der Anordnung eines weiteren Schriftenwechsels ab, liegt es an der betroffenen Partei, ob sie zu einer vom Gericht zugestellten Eingabe eine Stellungnahme einreichen will. Das setzt voraus, dass überhaupt eine **Zustellung der Eingaben durch das Gericht** erfolgt; bleibt diese aus, ist das Replikrecht – unter Vorbehalt einer ausnahmsweise zulässigen Heilung von Gehörsverletzungen (dazu § 8 N. 37 f.) – verletzt. 34

Sodann fragt sich, in welcher Form das Gericht die Parteien bei der Zustellung der Eingaben auf das Recht bzw. die Möglichkeit zur Stellungnahme hinweisen muss. Da es Sache der Parteien ist, über die Erforderlichkeit einer Stellungnahme zu entscheiden, darf der Schriftenwechsel grundsätzlich **nicht gegen den Willen einer Partei** abgeschlossen werden[40]. Daher haben die in der früheren Praxis üblichen Hinweise, der Schriftenwechsel sei abgeschlossen oder es finde kein zweiter Schriftenwechsel statt, zu unterbleiben[41]. 35

1. Zustellung zur Kenntnisnahme

Die Rechtsprechung lässt bei **anwaltlich oder rechtskundig vertretenen Parteien** die blosse Zustellung zur Kenntnisnahme genügen[42]. Alsdann ist es Sache der betroffenen Partei, unverzüglich eine Stellungnahme einzureichen oder eine Fristansetzung zu beantragen. Erfolgt dies nicht, ist von einem Verzicht auf Stellungnahme auszugehen[43]. Ein im Voraus gestellter Antrag einer Partei auf Fristansetzung für einen weiteren Schriftenwechsel in der Beschwerdeschrift oder Beschwerdeantwort ist unbeachtlich[44]. 36

In der Praxis des Verwaltungsgerichts hat sich eingespielt, dass jedenfalls eine Fristansetzung zur Einreichung der Stellungnahme in der Regel innerhalb von **zehn Tagen** seit der Zustellung beantragt werden muss[45]. Innert derselben Frist muss es der Partei auch möglich sein, dem Gericht die Eingabe einer weiteren Stellungnahme anzukündigen. Das Ge- 37

---

[39] So LANTER, Formeller Charakter, S. 174 f.
[40] Vgl. LANTER, Formeller Charakter, S. 172, 174.
[41] Zur Praxis des Bundesverwaltungsgerichts vgl. SEETHALER/PLÜSS, in: Praxiskommentar VwVG, Art. 57 N. 45.
[42] BGE 138 I 484, E. 2.4.
[43] BGE 133 I 100, E. 4.8.
[44] BGE 132 I 42, E. 3.3.4.
[45] VGr, 29.6.2011, VB.2011.00148, E. 1.6.3 f.; vgl. auch LANTER, Formeller Charakter, S. 173 f., m.w.H.

§ 58

richt darf in jedem Fall nicht vor Ablauf einer solchen Frist zum Nachteil der zur Stellungnahme berechtigten Partei den Entscheid fällen[46].

38 Diese 10-tägige Frist, nach deren Verstreichen die Praxis einen Verzicht und damit eine Verwirkung des Replikrechts annimmt[47], darf nur als Massstab für den Regelfall gelten. Es ist immer auch den **Umständen des Einzelfalls** Rechnung zu tragen, etwa dem Umfang der Rechtsschriften bzw. Vernehmlassungen, der Komplexität und Bedeutung der Streitsache sowie dem Zeitpunkt der Zustellung, insbesondere wenn diese innerhalb der Gerichtsferien erfolgt ist. Es muss der berechtigten Partei mit anderen Worten effektiv möglich sein, die Erforderlichkeit einer weiteren Stellungnahme zu prüfen. Eine zu strenge Praxis verletzt den Anspruch auf rechtliches Gehör und kann überdies auch dem Beschleunigungsgebot zuwiderlaufen, da anwaltlich oder rechtskundig vertretene Parteien diesfalls ohne vorgängige Klärung der Erforderlichkeit (aus prozessualer Sorgfalt) eine Fristansetzung beantragen werden. Ein solcher Antrag dient nicht lediglich dem Zeitgewinn; vielmehr verhindert die Partei dadurch berechtigterweise, dass das Gericht einen Verzicht auf das Replikrecht annimmt. Nicht erforderlich ist, dass der Antrag auf Fristansetzung begründet wird[48]. Aufgrund der Rechtsprechung des Verwaltungsgerichts empfiehlt es sich freilich, nach Ablauf der 10-tägigen Frist – wenn immer möglich – anstelle eines Antrags auf Fristansetzung direkt die Stellungnahme einzureichen.

39 Wird eine Stellungnahme nach Ablauf von zehn Tagen, aber **vor der Entscheidfällung** durch das Gericht eingereicht, darf die Eingabe nur dann als verspätet aus dem Recht gewiesen werden, wenn das Zuwarten als treuwidriges Verhalten zu qualifizieren ist[49]. Nimmt eine anwaltlich oder rechtskundig vertretene Partei das Risiko auf sich, nicht innert zehn Tagen eine Fristansetzung zu beantragen, und reicht sie stattdessen nach fünfzehn oder zwanzig Tagen die begründete Stellungnahme ein, besteht kein Grund, diese aus dem Recht zu weisen. Das Gericht ist aufgrund der Untersuchungspflicht ohnehin berechtigt, auch verspätete Vorbringen als entscheidwesentliche Tatsachen oder Beweismittel von Amtes wegen zu berücksichtigen (§ 52 N. 26 ff.)[50].

40 Das Replikrecht steht unter dem **Vorbehalt des Rechtsmissbrauchs**[51]; gewährleistet ist die Möglichkeit der Verfahrensparteien, sich substanziell zu Vorbringen der Gegenpartei zu äussern. Nicht schutzwürdig ist das blosse Beharren darauf, das letzte Wort zu haben, ohne dass damit eine effektive Rechtswahrnehmung verbunden wäre[52]. Die Rechtsprechung hat dazu allerdings noch keine praktikablen Leitlinien herausgearbeitet, so dass eine eingereichte Stellungnahme nur mit grosser Zurückhaltung als rechtsmissbräuchlich aus dem Recht zu weisen ist[53].

---

[46] VGr, 29.6.2011, VB.2011.00148, E. 1.4; weiterführend LANTER, Formeller Charakter, S. 177 ff.
[47] LANTER, Formeller Charakter, S. 177; WALDMANN/BICKEL, in: Praxiskommentar VwVG, Art. 29 N. 67.
[48] Anders aber VGr, 29.6.2011, VB.2011.00148, E. 1.6.3.
[49] Ebenso LANTER, Formeller Charakter, S. 179.
[50] Vgl. BGE 133 V 196, E. 1.4.
[51] Vgl. auch SEETHALER/PLÜSS, in: Praxiskommentar VwVG, Art. 57 N. 55.
[52] BGE 138 I 154, E. 2.8.
[53] Problematisch daher VGr, 4.6.2008, VB.2007.00497, E. 1.3, wonach eine Eingabe, die lediglich bereits Gesagtes wiederholt und keine entscheidwesentlichen Vorbringen enthält, indessen wiederum eine Entgegnung der Gegenpartei provoziert, aus dem Recht zu weisen ist.

Aufgrund des formellen Charakters des Replikrechts wird befürchtet, dass dem Gericht 41
die Herrschaft über das Verfahren entgleitet[54]; das Replikrecht führe zu einem «Recht
auf endlosen Schriftenwechsel»[55]. Diesen – durchaus berechtigten – Einwänden ist wie
folgt zu begegnen: Die Einreichung einer weiteren Stellungnahme einer Partei setzt voraus, dass sich die Gegenpartei überhaupt geäussert hat. Zu einem mehrfachen Schriftenwechsel kann es folglich nur dann kommen, wenn die beschwerdeführende Partei *und*
die Gegenpartei von ihrem Recht auf Stellungnahme nach dem ersten Schriftenwechsel
Gebrauch machen. Zeichnet sich ein solcher «endloser» Schriftenwechsel ab, kann der
Kammervorsitzende – vor Abschluss des Schriftenwechsels – die Sache einem Referenten
zuteilen, der den Entscheid zuhanden des Spruchkörpers vorbereitet (§ 56 N. 6). Das Gericht hat es alsdann in der Hand, **nach Eingang der (letzten) Stellungnahme der unterliegenden Partei den Entscheid zu fällen** und die Stellungnahme erst mit diesem zusammen der obsiegenden Partei zuzustellen[56]. Dadurch wird das Replikrecht gewährleistet,
ohne dass dem Gericht die Verfahrensherrschaft entgleitet, und das Gebot der beförderlichen Verfahrenserledigung wird ebensowenig ausgehöhlt.

Dieses Vorgehen setzt kein vollständiges Unterliegen der Partei voraus, deren Stellung- 42
nahme der Gegenpartei erst zusammen mit dem Entscheid zugestellt wird. Es ist immer
dann möglich, wenn sich die Vorbringen in der Stellungnahme ausschliesslich auf Punkte
beziehen, in welchen diese Partei unterliegt. Auch eine lediglich teilweise obsiegende Partei ist dadurch nicht in schutzwürdigen Interessen berührt.

2. Ausdrücklicher Hinweis

Bei einer **nicht anwaltlich oder rechtskundig vertretenen Partei** ist aufgrund der Recht- 43
sprechung des Europäischen Menschenrechtsgerichtshofs in der Regel davon auszugehen, dass das Replikrecht durch die blosse Zustellung zur Kenntnisnahme nicht effektiv
gewährleistet wird[57]. Das gilt für das Verfahren vor Verwaltungsgericht in besonderem
Masse, da § 58 Satz 2 bei Laien den Eindruck vermittelt, dass eine weitere Stellungnahme
nur auf Anordnung des Gerichts erfolgen darf.

Die betroffene Partei ist daher vom Gericht **in geeigneter Weise** auf die Möglichkeit zur 44
Einreichung einer Stellungnahme hinzuweisen; dabei ist aber nicht der Eindruck zu erwecken, eine weitere Stellungnahme sei nötig bzw. erwünscht[58].

---

[54] So VGr, 4.6.2008, VB.2007.00497, E. 1.3.
[55] Seiler, Europäischer Gerichtshof, S. 252; weniger kritisch dagegen Seethaler/Plüss, in: Praxiskommentar VwVG, Art. 57 N. 54.
[56] Vgl. Lanter, Formeller Charakter, S. 181.
[57] Vgl. EGMR, 28.10.2010, 41718/05 (Schaller-Bossert/Schweiz), § 42; vgl. auch VGr, 18.5.2011, VB.2011.00124, E. 4.2. Weiterführend Lanter, Formeller Charakter, S. 176, wonach sich auch bei Laien aufgrund der konkreten Umstände im Einzelfall ergeben kann, dass diese von ihrem Replikrecht Kenntnis haben bzw. haben müssten.
[58] Vgl. auch Lanter, Formeller Charakter, S. 170 Fn. 12 mit dem Hinweis auf die Formulierung des Bundesgerichts: «Im Rahmen der Instruktion wird davon ausgegangen, dass sich die Verfahrensbeteiligten in dieser Sache hinreichend äussern konnten. Sollten Sie diese Auffassung nicht teilen, können Sie allfällige Bemerkungen während einer nicht erstreckbaren Frist bis zum (Datum) einreichen. Stillschweigen wird als Verzicht auf diese Möglichkeit ausgelegt.»

d. Mündliche Verhandlung

§ 59

¹ Auf Antrag der Parteien oder von Amtes wegen kann eine mündliche Verhandlung angeordnet werden. Diese kann neben der schriftlichen Vernehmlassung durchgeführt werden oder auch an deren Stelle treten.

² Die Vorladung ist mit der Androhung zu verbinden, dass bei Nichterscheinen Verzicht auf die mündliche Darlegung des eigenen Standpunktes angenommen werde.

Materialien

Weisung 2009, S. 889, 973; Prot. KR 2007–2011, S. 10246.

Zur früheren Fassung/zu früheren Fassungen: Weisung 1957, S. 1050; Prot. KK 11.3.1958; Prot. KR 1955–1959, S. 3404; Beleuchtender Bericht 1959, S. 411; Weisung 1995, S. 1539; Prot. KK 1995/96, S. 122; Prot. KR 1995–1999, S. 6505; Beleuchtender Bericht 1997, S. 6.

Literatur

AEMISEGGER HEINZ, Zur Umsetzung der EMRK in der Schweiz, Jusletter 20. Juli 2009; HERZOG MANUELA/LOOSER MARTIN, Der Einfluss der EMRK im öffentlich-rechtlichen Verfahrensrecht – Eine Analyse der bundesgerichtlichen Rechtsprechung, in: Patrick Sutter/Ulrich Zelger (Hrsg.), 30 Jahre EMRK-Beitritt der Schweiz: Erfahrungen und Perspektiven, Bern 2005, S. 131 ff.; HERZOG, Art. 6 EMRK, S. 333 ff., 404 f.; KEISER, Öffentlichkeit; KÖLZ/HÄNER/BERTSCHI, Verwaltungsverfahren, N. 224 ff.

Inhaltsübersicht

I.	Regelungsgegenstand und Entstehungsgeschichte	1–2
II.	Kein Anspruch auf mündliche Verhandlung nach innerstaatlichem Recht	3–7
III.	Anspruch auf mündliche Verhandlung nach Art. 6 Ziff. 1 EMRK	8–21
	A. Allgemeines	8–9
	B. Erfordernis des Parteiantrags	10–16
	C. Kasuistik	17–21

I. Regelungsgegenstand und Entstehungsgeschichte

1 Das Verwaltungsgericht urteilt in der Regel im schriftlichen Verfahren. Nach § 59 Abs. 1 kann es von Amtes wegen oder auf Antrag der Parteien eine **mündliche Verhandlung** anordnen. Praktisch bedeutsam ist dabei vor allem die Frage, unter welchen Voraussetzungen das Verwaltungsgericht eine mündliche Verhandlung durchführen *muss* (N. 8 ff.). Wird gestützt auf § 59 Abs. 1 eine mündliche Verhandlung angeordnet, so ist diese öffentlich (§ 62 Abs. 1).

2 Der Gesetzgeber fügte anlässlich der VRG-Revision von 1997 den ausdrücklichen Hinweis auf die **Antragsmöglichkeit der Parteien** ein, um diesen vor Augen zu führen, dass eine mündliche Verhandlung (auch) im Anwendungsbereich von Art. 6 Ziff. 1 EMRK,

d.h. wenn ein Rechtsanspruch besteht, beantragt werden muss[1]. Im Zuge der VRG-Revision von 2010 wurde Abs. 1 Satz 1 redaktionell bereinigt. Das Gesetz hält nicht mehr fest, wer gerichtsintern – das Verwaltungsgericht, dessen Vorsitzende oder die Einzelrichter (alt § 59 Abs. 1) – zur Anordnung einer mündlichen Verhandlung zuständig ist. Diese erfolgt durch «jene Instanz des Gerichts, welcher der Fall zur Instruktion und Antragstellung zugewiesen worden ist»[2] (vgl. § 56 N. 6 ff.).

II. Kein Anspruch auf mündliche Verhandlung nach innerstaatlichem Recht

Weder aus den Verfahrensgarantien der Bundesverfassung noch aus § 59 lässt sich ein Anspruch auf mündliche Verhandlung ableiten: 3

Nach der Rechtsprechung des Bundesgerichts gewährt **Art. 30 Abs. 3 BV,** wonach Gerichtsverhandlung und Urteilsverkündung öffentlich sind, den Parteien keinen Anspruch darauf, vom Gericht im Rahmen einer öffentlichen Verhandlung angehört zu werden[3]. Ein Anspruch auf eine öffentliche (mündliche) Verhandlung besteht nur im Anwendungsbereich von Art. 6 Ziff. 1 EMRK oder wenn sich eine mündliche Verhandlung aus beweisrechtlichen Überlegungen als notwendig erweist. Art. 30 Abs. 3 BV verleiht dem Rechtsuchenden damit kein Recht auf eine öffentliche Verhandlung, sondern garantiert einzig, «dass, wenn eine Verhandlung stattzufinden hat, diese öffentlich sein muss»[4]. Auch der Anspruch auf rechtliches Gehör **(Art. 29 Abs. 2 BV)** garantiert nicht die Öffentlichkeit des Verfahrens bzw. den Anspruch auf eine mündliche Anhörung[5]. 4

§ 59 Abs. 1 räumt den Verfahrensbeteiligten ebenfalls keinen Rechtsanspruch auf Durchführung einer mündlichen Verhandlung ein. Nach ständiger Praxis liegt es im **Ermessen des Verwaltungsgerichts,** ob es eine mündliche Verhandlung durchführen will. Das Verwaltungsgericht verzichtet in aller Regel darauf, wenn die Akten nach durchgeführtem Schriftenwechsel eine hinreichende Entscheidgrundlage bieten[6]. Angezeigt kann eine mündliche Verhandlung sein, wenn der persönliche Eindruck von den Verfahrensbeteiligten die Entscheidfindung zu beeinflussen vermag[7]. Ist der entscheidrelevante Sachverhalt nicht erstellt und weist das Verwaltungsgericht die Sache an die Vorinstanz zurück, sieht es von einer Verhandlung ebenfalls ab[8]. 5

Ordnet das Verwaltungsgericht ausnahmsweise von Amtes wegen oder auf Antrag einer Partei eine mündliche Verhandlung an, kann diese – anders als im Rekursverfahren (vgl. 6

---

[1] Weisung 1995, S. 1539.
[2] Weisung 2009, S. 973.
[3] BGE 128 I 288, E. 2.3 und 2.6 (Pra 2003 Nr. 80).
[4] BGE 128 I 288, Regeste. Diese Rechtsprechung ist in der Rechtslehre auf Kritik gestossen (vgl. MÜLLER/SCHEFER, Grundrechte, S. 966; STEINMANN, in: St. Galler Kommentar BV, Art. 30 N. 34; BIAGGINI, Kommentar BV, Art. 30 N. 17).
[5] BGE 130 II 425, E. 2.1; BGr, 10.6.2011, 2C_100/2011, E. 2.3.
[6] VGr, 21.7.2010, VB.2010.00088, E. 1.3 (nicht publiziert); RB 1961 Nr. 27.
[7] RB 2000 Nr. 27, E. 2c (VB.2000.00048).
[8] VGr, 27.7.2007, PB.2006.00046, E. 2.2.3; VGr, 3.10.2007, VB.2007.00203, E. 2 (nicht publiziert).

§ 26b Abs. 3) – **in jedem Stadium des Instruktionsverfahrens** durchgeführt werden. Eine mündliche Verhandlung kann schon nach Eingang der Beschwerde erfolgen und die Einreichung einer schriftlichen Vernehmlassung ersetzen; sie kann auch nach dem ersten oder weiteren Schriftenwechsel angesetzt werden (§ 59 Abs. 1 Satz 2). Der Verhandlungsablauf ist nicht geregelt; der Vorsitzende verfügt dementsprechend über einen erheblichen Gestaltungsspielraum, wobei die allgemeinen Verfahrensgrundsätze für Parteiverhandlungen einzuhalten sind[9].

7   Aus § 59 Abs. 2 folgt e contrario, dass kein Verfahrensbeteiligter zur Teilnahme an einer mündlichen Verhandlung gezwungen werden kann. Die **Androhung** in der Vorladung darf nicht über die gesetzliche Umschreibung in Abs. 2 hinausgehen.

III. Anspruch auf mündliche Verhandlung nach Art. 6 Ziff. 1 EMRK

A. Allgemeines

8   Im Anwendungsbereich von Art. 6 Ziff. 1 EMRK besteht ein Anspruch auf eine öffentliche Parteiverhandlung. Dies impliziert das Recht auf eine mündliche Verhandlung im Gerichtsverfahren. Die von Art. 6 Ziff. 1 EMRK verlangte **Öffentlichkeit des Verfahrens** kann mit anderen Worten nur im Rahmen einer *mündlichen Verhandlung* hergestellt werden[10]. Die Garantie der Öffentlichkeit des Verfahrens gewährleistet dem Einzelnen das Recht, seine Argumente dem Gericht mündlich in einer öffentlichen Sitzung vorzutragen.

9   Das Verwaltungsgericht geht davon aus, dass dem konventionsrechtlichen Anspruch auf Öffentlichkeit der Verhandlung Genüge getan ist, wenn eine **mündliche Schlussverhandlung** durchgeführt wird, in deren Rahmen sich die Parteien nochmals zu ihren Standpunkten äussern können[11]. Diese Schlussverhandlung tritt nicht an die Stelle des Schriftenwechsels, so dass sich die Zulässigkeit neuer Vorbringen bzw. der Zeitpunkt, bis wann diese im Beschwerdeverfahren vorzubringen sind, nach § 52 richtet (vgl. dazu § 52 N. 26 ff.)[12]. Die Verhandlungsöffentlichkeit dient nicht dazu, ein mündliches Beweisverfahren durchzuführen und entscheidrelevantes Tatsachenmaterial nachzubringen[13]. Der Anspruch entbindet die beschwerdeführende Partei auch nicht davon, die Rechtsbegehren in der Beschwerdeschrift gemäss § 54 Abs. 1 zu begründen.

---

[9]   Vgl. HEIMGARTNER/WIPRÄCHTIGER, in: Basler Kommentar BGG, Art. 58 N. 15 f. (in Bezug auf die mündliche Parteiverhandlung vor Bundesgericht).
[10] BGr, 26.10.2010, 2C_370/2010, E. 2.5; VGr, 26.1.2005, VB.2004.00439, E. 1.2; HERZOG, Art. 6 EMRK, S. 332.
[11] VGr, 27.7.2007, PB.2006.00046, E. 2.2.2; HERZOG, Art. 6 EMRK, S. 335.
[12] Vgl. VGr, 1.6.2011, VB.2010.00358, E. 1.2.
[13] VGr, 13.7.2006, VB.2005.00359, E. 3.2.

B. Erfordernis des Parteiantrags

Die Pflicht zur Durchführung einer mündlichen Verhandlung setzt einen **klaren und vorbehaltlosen** Parteiantrag voraus. Hierzu hat sich eine differenzierte Praxis entwickelt:

Das Recht auf eine öffentliche Verhandlung besteht unabhängig von einer Parteiverhandlung zum Zweck der Beweisabnahme[14]. Daher reichen blosse **Beweisabnahmeanträge,** etwa zur Durchführung einer persönlichen Befragung, einer Zeugeneinvernahme oder eines Augenscheins, **nicht** aus[15]; umgekehrt kann aus Art. 6 Ziff. 1 EMRK kein Anspruch auf Durchführung eines mündlichen Beweisverfahrens abgeleitet werden[16]. Richtet sich der Antrag auf eine persönliche Anhörung aber nicht nur auf eine eigentliche Befragung im Sinne einer Beweismassnahme, sondern wird damit ebenso bezweckt, den persönlichen Standpunkt zum Beweisergebnis vorzutragen, ist von einem Antrag auf eine mündliche (öffentliche) Verhandlung im Sinne von Art. 6 Ziff. 1 EMRK auszugehen[17].

Wird die Durchführung einer mündlichen Verhandlung gemäss § 59 zur **Darlegung des Rechtsstandpunkts** beantragt, so ist dies nach Auffassung des Bundesgerichts zumindest sinngemäss als Antrag auf eine öffentliche Verhandlung auszulegen, da eine solche Verhandlung nach § 62 öffentlich sein muss[18].

Ersucht eine Prozesspartei um die **Durchführung eines Augenscheins,** ist daraus nach der Rechtsprechung des Verwaltungsgerichts nicht ohne weiteres auf ein Begehren um Durchführung einer öffentlichen Verhandlung zu schliessen[19]: Die Erforderlichkeit der Durchführung eines Augenscheins ist eine nach dem innerstaatlichen Verfahrensrecht zu beurteilende beweisrechtliche Frage. Bei der in Art. 6 Ziff. 1 EMRK vorgesehenen öffentlichen Verhandlung handelt es sich dagegen um eine nach Konventionsrecht zu beurteilende Verfahrensgarantie. Das Begehren um eine öffentliche Verhandlung muss vorbehaltlos gestellt werden. Das ist nicht der Fall, wenn eine anwaltlich vertretene Partei eine öffentliche Verhandlung nur im Zusammenhang mit dem beantragten Augenschein verlangt und diese damit von der Durchführung eines Augenscheins abhängig macht[20].

Nach der Rechtsprechung des Europäischen Gerichtshofs für Menschenrechte und des Bundesgerichts kann eine Partei ausdrücklich oder stillschweigend auf eine öffentliche mündliche Verhandlung verzichten[21]. Der Verzicht muss eindeutig und unmissverständlich sein. Das Bundesgericht nimmt einen solchen **Verzicht** regelmässig an, wenn das Verfahren nach dem einschlägigen Prozessrecht – wie gemäss den §§ 57 ff. – üblicherweise schriftlich durchgeführt wird und der Rechtsuchende dennoch keinen Antrag auf Durchführung einer öffentlichen Verhandlung stellt; dabei gilt auch ein erst während des

---

[14] BGr, 26.10.2010, 2C_370/2010, E. 2.6.
[15] BGE 134 I 140, E. 5.2; BGr, 4.11.2011, 8C_549/2011, E. 4.1.
[16] RB 2006 Nr. 26, E. 2 (PB.2005.00036).
[17] BGr, 10.6.2011, 2C_100/2011, E. 2.5.
[18] BGr, 26.10.2010, 2C_370/2010, E. 2.5 und 2.7.
[19] VGr, 17.9.2009, VB.2009.00132, E. 2.2; RB 1995 Nr. 12.
[20] VGr, 17.9.2009, VB.2009.00132, E. 2.3.
[21] BGE 121 I 30, E. 5f, m.w.H.

Schriftenwechsels – etwa im Rahmen der Replik oder Duplik – gestellter Antrag grundsätzlich als rechtzeitig[22].

15 Nach ständiger Praxis des Verwaltungsgerichts ist dem Begehren um eine mündliche Verhandlung nicht zu entsprechen, wenn vor der **gerichtlichen Vorinstanz** – also dem Baurekursgericht oder dem Steuerrekursgericht – noch kein solcher Antrag gestellt worden ist[23]. Auch das Bundesgericht erachtet es im Interesse einer geordneten Rechtsprechung grundsätzlich als zweckmässig, die Anhörung vor der ersten Gerichtsinstanz durchzuführen[24]. Aus der Rechtsprechung des EGMR lässt sich indessen nicht ableiten, dass der Anspruch auf eine öffentliche mündliche Verhandlung in jedem Fall nur vor *einer* Gerichtsinstanz zu gewähren ist[25]. Wenn das Verwaltungsgericht selber zusätzliche *Beweismassnahmen* anordnet oder aufgrund seiner vollen Kognition bei der Rechts- und Sachverhaltskontrolle *vorinstanzliche Verfahrensmängel heilt*, muss es (auf Antrag) eine Verhandlung durchführen[26].

16 Trotz Vorliegen eines entsprechenden Antrags kann von einer öffentlichen Verhandlung schliesslich abgesehen werden, wenn einer der in Art. 6 Ziff. 1 Satz 2 EMRK genannten **Ausschlussgründe** gegeben ist (§ 62 N. 4 ff.).

C. Kasuistik

17 Die Gerichtspraxis **verneint** unabhängig vom betroffenen Sachbereich einen Anspruch auf mündliche Verhandlung, wenn ausschliesslich *prozessuale Fragen* zu behandeln sind[27], wenn das Verwaltungsgericht auf eine formell ungenügende Beschwerde gar *nicht eintritt*[28] oder wenn infolge *Rückweisung* kein verfahrensabschliessender Entscheid ergeht[29]. Das gilt auch, wenn das Verwaltungsgericht auf eine Beschwerde gegen einen Zwischenentscheid nicht eintritt[30]. Gemeinden als öffentlichrechtliche Körperschaften

---

[22] BGE 134 I 229, E. 4.3; 134 I 331, E. 2.3 f.
[23] VGr, 30.5.2012, VB.2012.00032, E. 3.1 f.; VGr, 25.1.2012, VB.2010.00500, E. 4.3.1 f.; VGr, 3.11.2010, VB.2010.00299, E. 5; VGr, 5.8.2009, VB.2008.00595, E. 6.2.
[24] BGr, 12.10.2012, 1C_156/2012, E. 5.2.3; BGr, 23.6.2010, 1C_457/2009, E. 3.3; BGE 121 I 30, E. 5e, je mit Hinweisen auf die Entscheidpraxis des EGMR.
[25] Vgl. GRABENWARTER/PABEL, EMRK, § 24 Rz. 93 f.; HEIMGARTNER/WIPRÄCHTIGER, in: Basler Kommentar BGG, Art. 59 N. 21; KÖLZ/HÄNER/BERTSCHI, Verwaltungsverfahren, N. 225; a.M. BELSER/BACHER, in: Basler Kommentar BGG, Art. 108 N. 7; SEETHALER/PLÜSS, in: Praxiskommentar VwVG, Art. 57 N. 59.
[26] BGr, 23.6.2010, 1C_457/2009; ferner BGE 134 I 229, E. 4.5.
[27] VGr, 25.2.2010, VB.2010.00021, E. 1.2; VGr, 22.2.2010, VB.2010.00074, E. 1.4 (nicht publiziert); VGr, 28.8.2002, VB.2002.00185, E. 1b; VGr, 4.3.2002, VB.2001.00405, E. 2 (nicht publiziert); RB 1997 Nr. 16; 1995 Nr. 13.
[28] RB 1997 Nr. 16.
[29] VGr, 27.7.2007, PB.2006.00046, E. 2.2.3.
[30] VGr, 25.10.2012, VR.2012.00001, E. 3.3. – In diesem Fall besteht für die beschwerdeführende Partei die Möglichkeit, im Rahmen eines allfälligen Rechtsmittelverfahrens gegen den *End*entscheid der Vorinstanz einen Antrag auf eine mündliche Verhandlung zu stellen.

können sich nicht auf Art. 6 Ziff. 1 EMRK berufen[31]; ebensowenig ideelle Verbände im Rahmen des Verbandsbeschwerderechts[32].

Ein Anspruch auf mündliche Verhandlung besteht bei Verfahren über den **Entzug einer** 18 **Berufsausübungsbewilligung**. Dabei wird über einen zivilrechtlichen Anspruch im Sinne von Art. 6 Ziff. 1 EMRK entschieden[33].

Beim **Entzug des Führerausweises zu Warnzwecken** wird über die Stichhaltigkeit einer 19 strafrechtlichen Anklage im Sinn von Art. 6 Ziff. 1 EMRK entschieden, so dass die betroffene Person Anspruch auf eine mündliche Verhandlung hat[34].

Nicht erfasst vom **Anwendungsbereich** von Art. 6 Ziff. 1 EMRK werden namentlich fol- 20 gende in die Zuständigkeit des Verwaltungsgerichts fallende Sachbereiche:
– Verfahren über *Steuern und Abgaben* und damit auch eine Streitigkeit um Handelsregistergebühren[35];
– Verfahren über *Aufenthaltsansprüche von Ausländerinnen und Ausländern*[36];
– *Strafvollzugsstreitigkeiten,* etwa betreffend die bedingte Entlassung aus einer stationären Massnahme[37];
– die Beurteilung von (schulischen) *Prüfungsleistungen* und Promotionsentscheiden[38] wie auch Streitigkeiten über die Zulassung zum Anwaltsberuf bzw. die Bewertung der entsprechenden Examen[39]; desgleichen der Entzug des Jagdpasses[40].

Zu **differenzieren** ist in folgenden Sachbereichen: 21
– Ein Entscheid über zivilrechtliche Ansprüche im Sinne von Art. 6 Ziff. 1 EMRK liegt vor, wenn eine bau- oder planungsrechtliche Massnahme direkte Auswirkungen auf die Ausübung der *Eigentumsrechte der Grundeigentümer* hat, nicht aber, wenn ausschliesslich das Ungenügen öffentlichrechtlicher Bestimmungen gerügt wird[41]. Stehen nachbarrechtliche Abwehransprüche in Frage, bedarf es einer substanziierten Rüge, damit ein Anspruch auf eine Verhandlung besteht[42].
– Vermögensansprüche aus dem *öffentlichrechtlichen Dienstverhältnis* stellen grundsätzlich zivilrechtliche Streitigkeiten im Sinne von Art. 6 Ziff. 1 EMRK dar. Nach der neueren Rechtsprechung des Europäischen Gerichtshofs für Menschenrechte kann

---

[31] VGr, 9.4.2003, VB.2003.00019, E. 3. – VGr, 18.11.2009, PB.2009.00007, E. 1.3 (nicht publiziert), lässt hingegen offen, ob auch der Staat oder öffentlichrechtliche Körperschaften aus Art. 6 Ziff. 1 EMRK Rechte ableiten können.
[32] Vgl. RB 1994 Nr. 12.
[33] BGr, 26.10.2010, 2C_370/2010, E. 2.5; BGr, 18.5.2005, 2P.310/2004, E. 3.3.
[34] BGr, 26.9.2012, 1C_324/2012, E. 2.2; BGE 133 II 331, E. 4.2.
[35] RB 2000 Nr. 27, E. 2b (VB.2000.00048); RB 2000 Nr. 131; VGr, 29.3.2005, VB.2004.00420, E. 2.
[36] VGr, 21.7.2010, VB.2010.00088, E. 1.3 (nicht publiziert); VGr, 21.1.2009, VB.2008.00468, E. 3.2; VGr, 26.1.2005, VB.2004.00439, E. 1.2 mit zahlreichen Hinweisen; FROWEIN/PEUKERT, Kommentar EMRK, Art. 6 N. 17.
[37] VGr, 21.10.2008, VB.2008.00253, E. 1.3 (nicht publiziert); RB 1998 Nrn. 38 und 39.
[38] VGr, 7.9.2011, VB.2011.00192, E. 2, m.w.H.
[39] BGE 131 I 467, E. 2.
[40] VGr, 28.2.1996, VB.95.00158 (nicht publiziert).
[41] VGr, 5.8.2009, VB.2008.00595, E. 6.1; VGr, 7.6.2007, VB.2006.00072, E. 2; BGE 127 I 44, E. 2; 125 I 7, E. 4a.
[42] Vgl. BGE 128 I 59, E. 2a bb; BGr, 21.11.2008, 1C_421/2007, E. 2 (ZBl 2009, 499 ff.).

§ 59

öffentlichrechtlichen Angestellten der Schutz von Art. 6 Ziff. 1 EMRK nur noch verweigert werden, wenn im nationalen Recht für die betreffende Kategorie von Angestellten bzw. für bestimmte Stelleninhaber der Zugang zu einem Gericht ausdrücklich ausgeschlossen ist und dieser Ausschluss objektiv im staatlichen Interesse liegt und gerechtfertigt ist[43].

– Bei Auseinandersetzungen über die *Nutzung öffentlichen Grundes oder von Verwaltungsvermögen* ist nach der Praxis des Verwaltungsgerichts zu unterscheiden: Der Anwendungsbereich von Art. 6 Ziff. 1 EMRK ist betroffen, wenn die ersuchende Person ein Schutzbedürfnis wirtschaftlich-pekuniärer oder persönlichkeitsrechtlicher Art dartut. Im Zusammenhang mit der Verfolgung ideeller Interessen bzw. im Bereich allgemeiner Freiheitsausübung besteht dagegen kein Anspruch auf mündliche Verhandlung[44].

---

[43] VGr, 27.7.2007, PB.2006.00046, E. 2.2.1, mit Hinweisen zur Rechtsprechung des EGMR.
[44] RB 1999 Nr. 33; 2000 Nr. 26, E. 2b (VB.2000.00249 = ZBl 2001, 136); VGr, 13.4.2002, VB.2000.00005, E. 2, unter Bezugnahme auf HERZOG, Art. 6 EMRK, S. 102, 175 f.

e. Beweiserhebungen

§ 60

Die zur Abklärung des Sachverhaltes erforderlichen Beweise werden von Amtes wegen erhoben. Die Durchführung des Beweisverfahrens kann ganz oder teilweise einer Abordnung oder einem Mitglied des Gerichtes übertragen werden. Die Bestimmungen der Zivilprozessordnung über das Beweisverfahren sind sinngemäss anzuwenden.

Materialien

Weisung 1957, S. 1051 f.; Prot. KK 11.3.1958; Prot. KR 1955–1959, S. 3404; Beleuchtender Bericht 1959, S. 411.

Literatur

BOSSHART J., Überprüfung; HÄNER, Feststellung; KIENER/RÜTSCHE/KUHN, Öffentliches Verfahrensrecht, N. 653 ff.; KÖLZ/HÄNER/BERTSCHI, Verwaltungsverfahren, N. 456 ff.; RHINOW/KOLLER/KISS/THURNHERR/BRÜHL-MOSER, Öffentliches Prozessrecht, N. 1207 ff.

Vgl. im Weiteren die Angaben bei § 7.

Inhaltsübersicht

I.	Allgemeines	1–14
	A. Regelungsgegenstand	1–5
	B. Tragweite der Untersuchungspflicht	6–9
	C. Beweisrecht	10–14
II.	Verweisung auf die Zivilprozessordnung (Satz 3)	15–23
III.	Delegation (Satz 2)	24–26

I. Allgemeines

A. Regelungsgegenstand

§ 60 ist seit der Schaffung des VRG unverändert geblieben. *Satz 1* schreibt vor, dass das Gericht die zur Abklärung des Sachverhalts erforderlichen Beweise von Amtes wegen erhebt. Nach *Satz 2* kann die Durchführung des Beweisverfahrens an ein einzelnes Mitglied des Spruchkörpers delegiert werden. Für das Beweisverfahren sind die Bestimmungen der Zivilprozessordnung sinngemäss anwendbar *(Satz 3)*. 1

Entsprechend dem auch für das verwaltungsgerichtliche Beschwerdeverfahren geltenden Untersuchungsgrundsatz bringt § 60 zum Ausdruck, dass das Verwaltungsgericht von Amtes wegen die zur Abklärung des rechtserheblichen Sachverhalts erforderlichen Beweiserhebungen vornimmt (vgl. auch § 50 N. 61). Gleichwohl sind eigene **Beweiserhebungen durch das Verwaltungsgericht,** d.h. die Durchführung eines Beweisverfahrens, in der bisherigen Praxis selten. 2

Unter Mitarbeit von Rechtsanwalt Dr. iur. STEFAN SCHÜRER.

3   Grund hierfür ist zum einen die Stellung des Verwaltungsgerichts als in der Regel **zweite Rechtsmittelinstanz**. Es kann nicht die Aufgabe des Verwaltungsgerichts sein, von Grund auf den rechtserheblichen Sachverhalt zu ermitteln. Bereits die verfügende Verwaltungsbehörde und die Rekursinstanz haben die Abklärung des Sachverhalts von Amtes wegen vorzunehmen.

4   Zum anderen gehen Lehre und Praxis grundsätzlich davon aus, dass in den Rechtsmittelverfahren, d.h. sowohl im erstinstanzlichen Rekurs- wie auch im zweitinstanzlichen Beschwerdeverfahren, bloss eine **abgeschwächte Untersuchungspflicht** gilt (vgl. § 7 N. 32 sowie differenzierend § 20 N. 43 ff. und § 50 N. 62).

5   Entscheidet das Verwaltungsgericht als erste kantonale Gerichtsinstanz, hat es auf die Sachlage im Entscheidzeitpunkt abzustellen (§ 52 N. 8 f.). Bei einem zeitlich nicht abgeschlossenen Sachverhalt kann sich daher die Erhebung von Beweisen aufdrängen. Bestehen hingegen gerichtliche Vorinstanzen, so ist bei ungenügender Sachverhaltsermittlung eine Rückweisung geboten, zumal nicht die Sachlage im Zeitpunkt des Entscheids des Verwaltungsgerichts massgebend ist (zum Ganzen § 64 N. 2 f. und 9 f.).

B.   Tragweite der Untersuchungspflicht

6   Der Untersuchungsgrundsatz erfährt im Beschwerdeverfahren vor Verwaltungsgericht namentlich die folgenden Einschränkungen: Das Gericht hat nicht von sich aus nach allen für die Parteien günstigen Tatsachen zu forschen[1]. Zudem besteht eine generelle **Mitwirkungspflicht** der am Verfahren Beteiligten (vgl. § 7 Abs. 2). Weiter hat die beschwerdeführende Partei darzulegen, in welchen Punkten der angefochtene Entscheid auf einem unrichtigen Sachverhalt beruht; sie hat die ihre Rügen stützenden Tatsachen darzutun und allfällige Beweismittel einzureichen (**Begründungs- bzw. Substanziierungspflicht**; vgl. auch § 20 N. 44 und § 50 N. 62).

7   Diese Obliegenheit kommt insbesondere dann zum Tragen, wenn eine Partei mit den fraglichen Tatsachen vertraut ist und das Gericht diese ohne Mitwirkung der Partei nicht mit vertretbarem Aufwand erheben kann[2]. Gleiches gilt, wenn es um Umstände geht, die dem äusseren Anschein oder der allgemeinen Lebenserfahrung widersprechen[3]. Die Mitwirkungspflicht besteht selbst dort, wo es um Tatsachen geht, die der Partei zum Nachteil gereichen können[4]. Ihre Grenze findet sie im Prinzip der Verhältnismässigkeit[5]. Die **Zumutbarkeit** beurteilt sich unter anderem nach dem Aufwand, den eine Mitwirkung verursacht[6]. Ist eine Person nicht anwaltlich vertreten oder verbeiständet, kann dies bei der Prüfung der Zumutbarkeit zu ihren Gunsten berücksichtigt werden[7]. Umgekehrt kann in Fällen, in denen gegen eine Partei in Bezug auf ein bestimmtes Sachverhaltselement ein begründeter Verdacht vorliegt, eine erhöhte Mitwirkungspflicht bestehen. Die betroffene

---

[1] Vgl. VGr, 5.10.2011, PB.2010.00064, E. 9.1.
[2] Vgl. VGr, 9.11.2011, VB.2011.00573, E. 7.2.
[3] Vgl. VGr, 16.9.2009, VB.2009.00211, E. 7.1.
[4] BGE 132 II 113, E. 3.2.
[5] VGr, 26.2.2009, VB.2008.00527, E. 4.1; KIENER/RÜTSCHE/KUHN, Öffentliches Verfahrensrecht, N. 691.
[6] VGr, 9.7.2008, VB.2008.00055, E. 4.3.
[7] VGr, 26.2.2009, VB.2008.00527, E. 4.1.

Person ist allerdings unmissverständlich darauf hinzuweisen[8]. Die Missachtung der Mitwirkungspflicht ist im Rahmen der Beweiswürdigung zu berücksichtigen[9].

Die aus dem Gehörsanspruch (Art. 29 Abs. 2 BV) fliessende **Begründungspflicht** bedeutet nicht, dass das Gericht in seinem Entscheid sämtliche tatsächlichen Behauptungen der Verfahrensbeteiligten berücksichtigen muss. Es hat seinem Entscheid den entscheidrelevanten Sachverhalt zugrunde zu legen. Insofern genügt es, wenn sich das Gericht auf diejenigen tatsächlichen Gesichtspunkte beschränkt, welche es willkürfrei und nach pflichtgemässem Ermessen als rechtserheblich betrachtet. Rechtserheblich sind tatsächliche Umstände, die für den Ausgang des Verfahrens von Bedeutung sind. Dies wiederum hängt vom anzuwendenden materiellen Recht ab[10].

Verspätete Parteivorbringen kann das Gericht aufgrund der Untersuchungsmaxime berücksichtigen, sofern dies aus Gründen der Verfahrensökonomie geboten erscheint. Dies trifft insbesondere zu, wenn sich dadurch eine unnötige Rückweisung der Angelegenheit an eine Vorinstanz vermeiden lässt (§ 52 N. 26 ff.)[11].

C. Beweisrecht

Der Untersuchungsgrundsatz und die Mitwirkungspflichten bleiben ohne Einfluss auf die **objektive Beweislast**. Diese richtet sich in erster Linie nach dem materiellen Recht und subsidiär nach dem allgemeinen Rechtsgrundsatz von Art. 8 ZGB. Auch im Verwaltungs- bzw. Verwaltungsgerichtsverfahren trägt grundsätzlich derjenige die (objektive) Beweislast, der aus einer Tatsache Rechte ableiten will[12]. Aus der Beweislastverteilung lässt sich jedoch keine erhöhte Mitwirkungspflicht ableiten[13].

Auf die **Abnahme eines Beweismittels** wird nach ständiger Praxis verzichtet, wenn der für den Entscheid massgebliche Sachverhalt aufgrund der Akten feststeht oder wenn die zu beweisenden Tatsachen nicht rechtserheblich sind[14]. Das Gericht darf auf einen Augenschein verzichten, sofern der Sachverhalt aufgrund der Ergebnisse des vorinstanzlichen Augenscheins sowie der übrigen Akten ausser Frage steht[15]. Haben sich die Umstände seit dem Augenschein der Vorinstanz geändert, drängt sich allerdings ein erneuter Augenschein auf[16]. Erfahrungsgrundsätze, die auf allgemeiner Lebenserfahrung beruhen, sind nicht beweisbedürftig[17]. Eine *antizipierte Beweiswürdigung* ist im Interesse der Verfahrensbeschleunigung zulässig. Vorausgesetzt wird, dass das Gericht ohne Willkür davon ausgehen darf, seine Überzeugung werde durch weitere Beweiserhebungen nicht in Frage gestellt[18].

---

[8] VGr, 23.10.2008, VB.2008.00386, E. 4.1.
[9] BGr, 10.11.2005, 2A.343/2005, E. 4.2, m.w.H.; zur Frage der Zumutbarkeit der Mitwirkung KIENER/RÜTSCHE/KUHN, Öffentliches Verfahrensrecht, N. 691 f.
[10] Vgl. VGr, 2.12.2009, VB.2009.00502, E. 5.6; VGr, 21.1.2009, VB.2008.00468, E. 3.2.
[11] VGr, 9.5.2012, VB.2011.00730, E. 4.3.
[12] VGr, 9.2.2011, PB.2010.00042, E. 3.1; RB 2005 Nr. 107, E. 4.1 (PB.2005.00034).
[13] HÄNER, Feststellung, S. 41.
[14] VGr, 19.12.2007, VB.2007.00418, E. 1.1, m.w.H.
[15] VGr, 3.11.2010, VB.2010.00031, E. 2; VGr, 1.10.2008, VB.2008.00285, E. 2.
[16] VGr, 9.6.2011, VB.2010.00536, E. 2.1.
[17] KIENER/RÜTSCHE/KUHN, Öffentliches Verfahrensrecht, N. 669.
[18] BGE 134 I 140, E. 5.3.

§ 60

12 Das Gericht würdigt die Beweise frei (Grundsatz der **freien Beweiswürdigung**[19]). Entscheidend dafür, ob eine Tatsache als gegeben erachtet wird, ist einzig die Überzeugung des Gerichts im Rahmen der Beweiswürdigung[20]. Es ist sachlich zu begründen, weshalb ein Beweis als erbracht bzw. als nicht stichhaltig betrachtet wird[21]. Gesetzliche Beweisvermutungen bzw. formelle Beweisregeln existieren nicht und wären unzulässig[22]. Die unrichtige Beweiswürdigung durch die Vorinstanz stellt keine Verletzung wesentlicher Verfahrensvorschriften dar; das Verwaltungsgericht kann daher den Mangel selber korrigieren und das Ergebnis der Untersuchung frei würdigen. Eine Rückweisung an die Vorinstanz erübrigt sich damit[23].

13 Ein Beweis gilt in der Regel als erbracht, wenn das Gericht unter objektiven Gesichtspunkten von der Richtigkeit einer strittigen Tatsache überzeugt ist (sog. **voller Beweis**). Hierfür genügt es, dass keine ernsthaften Zweifel bestehen und das Gegenteil als unwahrscheinlich erscheint; eine absolute Gewissheit ist nicht erforderlich[24]. Gesetz und Rechtsprechung sehen zuweilen Beweiserleichterungen vor (dazu § 7 N. 27 ff.)[25].

14 Welchen **Beweiswert** das Gericht einem Beweismittel gibt, hängt von dessen Verlässlichkeit ab[26]. Verschiedenen Indizien, denen isoliert betrachtet jeweils eine bloss geringe Beweiskraft zukommt, kann im Verbund die erforderliche Überzeugungskraft zukommen[27]. Das Gericht macht den Beweiswert einer Parteiaussage von der Glaubwürdigkeit der Person und der Glaubhaftigkeit der Aussage abhängig[28]. Parteigutachten sind Parteiaussagen gleichzustellen[29]. Auch Arztzeugnisse können sich je nach den Umständen als wenig glaubhaft erweisen[30]. Behördlich angeordneten Gutachten kommt hingegen grundsätzlich ein erhöhter Beweiswert zu[31]. Bestehen triftige Gründe, weicht das Gericht vom Gutachten ab (vgl. § 7 N. 147). Amtsberichte einer fachkundigen Amtsstelle sind zwar keine eigentlichen Gutachten; es soll ihnen indessen die gleiche Beweiskraft zukommen[32]. Öffentliche Urkunden und Register erbringen bis zum Nachweis der Unrichtigkeit den vollen Beweis für die durch sie bezeugten Tatsachen (Art. 9 ZGB und Art. 179 ZPO).

---

[19] VGr, 21.11.2012, VB.2012.00287, E. 6.2.3; § 70 i.V.m. § 7 Abs. 4 Satz 1; vgl. auch Art. 157 ZPO. – Ferner KÖLZ/HÄNER/BERTSCHI, Verwaltungsverfahren, N. 151 f.; KIENER/RÜTSCHE/KUHN, Öffentliches Verfahrensrecht, N. 706 ff.
[20] VGr, 17.11.2004, VB.2004.00322, E. 4.1.
[21] Vgl. RHINOW/KOLLER/KISS/THURNHERR/BRÜHL-MOSER, Öffentliches Prozessrecht, N. 1001.
[22] Vgl. VGr, 14.9.2011, VB.2011.00334, E. 3.1; ferner VGr, 21.3.2012, VB.2012.00050, E. 2.3 (nicht publiziert); KÖLZ/HÄNER/BERTSCHI, Verwaltungsverfahren, N. 151, m.w.H.; BGE 130 II 482, E. 3.2.
[23] VGr, 17.1.2001, VB.2000.00357, E. 5a.
[24] Vgl. BGE 130 III 321, E. 3.2; KIENER/RÜTSCHE/KUHN, Öffentliches Verfahrensrecht, N. 711.
[25] Vgl. auch VGr, 14.3.2012, AN.2012.00002, E. 5.3, betreffend das Glaubhaftmachen bei einem Gesuch um Fristwiederherstellung. – Ferner KÖLZ/HÄNER/BERTSCHI, Verwaltungsverfahren, N. 482 ff.
[26] VGr, 21.3.2012, VB.2012.00050, E. 2.3 (nicht publiziert).
[27] VGr, 18.3.2009, VB.2008.00587, E. 2.3.
[28] VGr, 5.8.2011, VB.2011.00367, E. 2.4 (nicht publiziert); VGr, 17.12.2003, VB.2003.00413, E. 2.2.
[29] VGr, 22.2.2012, VB.2011.00672, E. 4.2.
[30] VGr, 2.12.2009, VB.2009.00502, E. 4.7. – Zum Beweiswert ärztlicher Zeugnisse vgl. BGE 136 III 161, E. 3.4.2.
[31] VGr, 9.2.2011, VB.2010.00032, E. 5.2.
[32] VGr, 4.6.2009, VB.2009.00035, E. 4.3, m.w.H., betreffend einen Bericht des Bezirkstierarztes zum Wesenstest eines Hundes.

II. Verweisung auf die Zivilprozessordnung (Satz 3)

Satz 3 verweist auf die «Bestimmungen der Zivilprozessordnung». Ursprünglich war damit das kantonale Zivilverfahrensrecht – bei Inkrafttreten von § 60 das Gesetz betreffend den Zivilprozess vom 13. April 1913[33], später das Gesetz über den Zivilprozess vom 13. Juni 1976[34] – gemeint. Mittlerweile verweist Satz 3 hingegen auf die **Eidgenössische ZPO,** ohne dass der Gesetzeswortlaut eine Änderung erfahren hätte[35].

15

Die am 1. Januar 2011 in Kraft getretene Schweizerische ZPO regelt im 10. Titel den Beweis. Dabei unterscheidet das Gesetz zwischen den allgemeinen Bestimmungen (1. Kapitel), der Mitwirkungspflicht und dem Verweigerungsrecht (2. Kapitel) sowie den Beweismitteln (3. Kapitel). § 60 Satz 3 verweist einzig auf die Bestimmungen über das Beweisverfahren. Hinsichtlich der Beweismittel bzw. der Instrumente der Sachverhaltsabklärung kann daher auf die Ausführungen in § 7 N. 43 ff. verwiesen werden.

16

Hat die Vorinstanz den Sachverhalt ungenügend ermittelt, kann das Gericht die Angelegenheit zurückweisen (§ 64 Abs. 1). Das erlaubt es dem Gericht, auf eigene Beweiserhebungen zu verzichten. Den nicht-richterlichen Vorinstanzen ist es allerdings verwehrt, Zeugeneinvernahmen vorzunehmen (§ 26c).

17

Führt das Gericht selber ein Beweisverfahren durch, sind die Bestimmungen der ZPO über das Beweisverfahren heranzuziehen. Deren Anwendung erfolgt – wie in § 60 Satz 3 festgehalten – allerdings bloss **sinngemäss.** Dies würde es dem Gericht erlauben, das Beweisverfahren selber zu gestalten, um so den Besonderheiten des Verwaltungsprozesses Rechnung zu tragen.

18

Beweismassnahmen werden mittels **prozessleitender Verfügung** angeordnet. Wo es die Umstände erfordern, kann das Gericht eine eigentliche Beweisauflage im Sinne von Art. 154 ZPO anordnen, in der es die strittigen Tatsachen sowie die Verteilung der Beweislast auflistet. Daneben kann das Gericht mit Anordnung des Schriftenwechsels den Parteien einen Fragenkatalog zustellen[36].

19

Beweise werden vom Verwaltungsgericht nur soweit erhoben, als sie zur Abklärung des Sachverhalts erforderlich sind[37]. Rechtsfragen können nicht Gegenstand eines Beweisverfahrens sein[38]. Über die Beweisabnahme sind Akten zu erstellen. Die anlässlich eines Augenscheins gemachten Feststellungen sind daher schriftlich festzuhalten (vgl. § 60 Abs. 3 i.V.m. Art. 182 ZPO)[39]. Das **Protokoll** darf sich auf die für die Entscheidfindung

20

---

[33] OS XXIX 522.
[34] OS 46, 139.
[35] Vgl. VGr, 14.9.2011, VB.2011.00334, E. 3.1, wo auf die Schweizerische Zivilprozessordnung verwiesen wird. – Förmlich angepasst wurde vom Gesetzgeber hingegen § 71, wonach betreffend die Prozessleitung, das prozessuale Handeln und die Fristen die Vorschriften der ZPO ergänzend Anwendung finden (OS 65, 520, 572).
[36] Vgl. HÄNER, Feststellung, S. 50.
[37] VGr, 23.3.2005, VB.2004.00513, E. 2.2.
[38] VGr, 25.1.2012, VB.2010.00500, E. 5.3.
[39] Vgl. auch VGr, 19.12.2012, VB.2012.00587, E. 2.1, wo zwar eine Protokollierungspflicht bejaht wird; der Hinweis auf § 71 geht indessen fehl, da § 60 Satz 3 einschlägig ist.

§ 60

wesentlichen Punkte beschränken[40]. Zur Sicherung gefährdeter Beweise besteht ein Anspruch auf vorsorgliche Beweisabnahme[41].

21 Aufgrund des Untersuchungsgrundsatzes kann entgegen Art. 168 Abs. 1 ZPO **keine Beweismittelbeschränkung** bestehen[42]. Vorbehalten sind allerdings besondere gesetzliche Regelungen (§ 7 N. 43). Zudem kann sich eine Beschränkung auf sofort verfügbare Beweismittel in Fällen aufdrängen, in denen das Gericht bloss eine summarische Beurteilung vornimmt. So ist etwa im Bereich des Gewaltschutzes aufgrund der geringen Anforderungen an das Beweismass, der beschränkten Kognition des Gerichts bei der Überprüfung des haftrichterlichen Entscheids sowie des auf eine rasche Erledigung angelegten Verfahrens eine Zeugeneinvernahme in der Regel abzulehnen[43]. Rechtswidrig erlangte Beweismittel dürfen nur nach einer umfassenden Interessenabwägung verwendet werden[44].

22 Der Anspruch auf rechtliches Gehör garantiert den Parteien, im Verfahren vor Verwaltungsgericht mitwirken zu können. Dazu gehört auch die Teilnahme am Beweisverfahren. So besteht etwa ein Anspruch, an gerichtlich angeordneten Augenscheinen persönlich anwesend zu sein[45]. Das **Teilnahmerecht** umfasst auch ein Anrecht auf rechtzeitige Einladung zur Beweiserhebung. Ein Anspruch auf Festsetzung eines bestimmten Termins besteht nicht. Ebensowenig haben die Beteiligten einen Anspruch auf Verschiebung eines Termins. Selbst bei Vorliegen von entschuldbaren Hinderungsgründen wie schwere Erkrankung, Militärdienst oder höhere Gewalt ist einem Verschiebungsgesuch nur stattzugeben, wenn keine Parteivertretung bestellt ist oder bestellt werden kann[46].

23 Den Parteien steht es frei, dem Gericht Gegenstände einzureichen, die für sie einen Beweiswert haben. Die Mitwirkung des Gerichts ist bei Erhebung verschiedener Beweismittel notwendig[47]: Dazu gehören insbesondere Parteibefragung[48], Beweisaussage[49], Befragung von Auskunftspersonen, Zeugenaussage[50], Beizug von Urkunden[51], Augenschein[52] oder das Einholen von Gutachten[53]. Aufgrund der geringen praktischen Relevanz eigener Beweiserhebungen durch das Verwaltungsgericht – selbst Augenscheine in Planungs- und Bausachen werden nur selten durchgeführt – hat sich zur **Durchführung des Beweisverfahrens** keine eigenständige Praxis herausgebildet, welche den Besonderheiten des Verwaltungsprozesses Rechnung tragen würde (N. 18). Es kann daher für die Ein-

---

[40] VGr, 3.10.2012, SB.2011.00167, E. 4.3; BGE 130 II 473, E. 4.2 und 4.3.
[41] § 60 Satz 3 i.V.m. Art. 158 Abs. 1 lit. b ZPO. – Vgl. BGr, 10.11.2000, 2A.267/2000, E. 1b cc; KIENER/RÜTSCHE/KUHN, Öffentliches Verfahrensrecht, N. 679.
[42] Vgl. auch KÖLZ/HÄNER/BERTSCHI, Verwaltungsverfahren, N. 468.
[43] VGr, 21.7.2011, VB.2011.00410, E. 3.2.
[44] HÄNER, Feststellung, S. 51; KIENER/RÜTSCHE/KUHN, Öffentliches Verfahrensrecht, N. 714 ff.; KÖLZ/HÄNER/BERTSCHI, Verwaltungsverfahren, N. 480.
[45] BGE 130 II 162, E. 2.2.3; HÄNER, Feststellung, S. 48.
[46] VGr, 13.6.2012, VB.2011.00648 und 681, E. 2.1.
[47] Vgl. auch HÄNER, Feststellung, 48 f.; KIENER/RÜTSCHE/KUHN, Öffentliches Verfahrensrecht, N. 720 ff.
[48] Art. 191 ZPO.
[49] Art. 192 ZPO.
[50] Art. 169 ff. ZPO.
[51] Art. 177 ff. ZPO.
[52] Art. 181 f. ZPO.
[53] Art. 183 ff. ZPO.

zelheiten auf die gesetzlichen Regelungen in der ZPO und die einschlägigen (und zahlreichen) zivilprozessualen Kommentierungen dazu verwiesen werden[54].

III. Delegation (Satz 2)

Nach § 60 Satz 2 kann die Durchführung des Beweisverfahrens ganz oder teilweise einer Abordnung oder einem Mitglied des Gerichts übertragen werden. Das bedeutet, dass bei Kammergeschäften die **Anordnung** über die Durchführung des Beweisverfahrens durch den **Spruchkörper**[55] erfolgen muss (§ 18 Abs. 1 Satz 2 OV VGr)[56]. Die Übertragung kann stillschweigend erfolgen, und sie gilt als nachgeholt, wenn die Kammer auf die ohne förmliche Delegation erhobenen Beweise abstellt[57]. Fällt die Geschäftserledigung in die einzelrichterliche Zuständigkeit, so entscheidet darüber das mit der Sache befasste Gerichtsmitglied (vgl. § 19 Abs. 1 OV VGr).   24

Die Delegation der Durchführung der Beweisabnahme an ein einzelnes Gerichtsmitglied ist in der Regel unproblematisch, auch wenn damit vom sog. Unmittelbarkeitsprinzip abgewichen wird, wonach Verhandlungen und Beweisabnahmen unmittelbar vor dem erkennenden Gericht erfolgen sollten. Die Unmittelbarkeit ist kein eigenständiger Verfassungsgrundsatz[58] und lässt sich nicht aus dem Anspruch auf rechtliches Gehör ableiten[59]. In den Gerichtsverfahren vor Bundesverwaltungsgericht (vgl. Art. 39 VGG) und Bundesgericht (vgl. Art. 55 BGG) gilt denn auch das Instruktionsprinzip[60]. Die Sachverhaltsabklärung bzw. das Ergebnis der Beweisabnahme ist vollständig und nachvollziehbar zu **protokollieren** (§ 7 N. 40)[61].   25

Von einer Delegation ist abzusehen, wenn es im Einzelfall nach der Art der Beweisaufnahme für die Beweiswürdigung auf die **unmittelbare Wahrnehmung** ankommt[62]. So kann für die Beurteilung der Glaubwürdigkeit eines Zeugen oder der Beweiskraft seiner Aussage das nonverbale Verhalten des Zeugen entscheidend sein[63]. Bei Augenscheinen kommt es auf die Umstände des Einzelfalls an (vgl. auch § 7 N. 83)[64].   26

---

[54] Vgl. Basler Kommentar ZPO, Berner Kommentar ZPO, Kommentar ZPO 2010, Kommentar ZPO 2011, Kurzkommentar ZPO.
[55] Das Verwaltungsgericht entscheidet in der Regel in Dreierbesetzung (§ 38 Abs. 1); eine Kammer besteht aber aus vier ordentlichen Mitgliedern. Muss das Gericht in Fünferbesetzung entscheiden (§ 38a), kann der Spruchkörper nicht einzig aus den ordentlichen Mitgliedern einer Kammer gebildet werden.
[56] RB 1967 Nr. 12.
[57] 2. Aufl., N. 19.
[58] BGE 125 I 127, E. 6c aa.
[59] RB 1994 Nr. 5.
[60] WEISSENBERGER/WALDMANN, in: Praxiskommentar VwVG, Art. 14 N. 42; GELZER, in: Basler Kommentar BGG, Art. 55 N. 32.
[61] Vgl. auch WEISSENBERGER/WALDMANN, in: Praxiskommentar VwVG, Art. 14 N. 40.
[62] RB 1967 Nr. 12.
[63] WEISSENBERGER/WALDMANN, in: Praxiskommentar VwVG, Art. 14 N. 41.
[64] Vgl. ferner KIENER/RÜTSCHE/KUHN, Öffentliches Verfahrensrecht, N. 677, mit den Beispielen der Würdigung von Geruchsimmissionen oder der Verdunkelung bei Schattenwurf.

f. Schlussverhandlung

§ 61

Sind Beweise erhoben worden, so erhalten die am Beschwerdeverfahren Beteiligten Gelegenheit, sich hiezu mündlich vor dem Gericht oder schriftlich zu äussern.

Materialien

Weisung 1957, S. 1052; Prot. KK 11.3.1958; Prot. KR 1955–1959, S. 3404; Beleuchtender Bericht 1959, S. 411.

Inhaltsübersicht

I. Regelungsgegenstand 1–5
II. Mündliche Stellungnahme – öffentliche Verhandlung 6–7

I. Regelungsgegenstand

1 Sofern das Verwaltungsgericht Beweise erhebt, hat es den Verfahrensbeteiligten nach § 61 die Gelegenheit einzuräumen, sich zum **Beweisergebnis** mündlich oder schriftlich zu äussern. Diese Bestimmung, die seit der Schaffung des VRG unverändert geblieben ist, dient der Gewährung des rechtlichen Gehörs. Der historische Gesetzgeber wollte mit § 61 zudem bewirken, dass die Verwaltungsbehörde ihren bisherigen Standpunkt aufgrund des Beweisergebnisses allenfalls ändert, damit das Verfahren durch Anerkennung bzw. Wiedererwägung der streitbetroffenen Anordnung erledigt werden kann[1].

2 Das Äusserungsrecht steht den «**am Beschwerdeverfahren Beteiligten**» zu; § 61 erfasst damit neben der beschwerdeführenden Partei die als Beschwerdegegner und Mitbeteiligte am Beschwerdeverfahren Beteiligten, nicht aber die Vorinstanz (vgl. § 58 N. 6 ff.).

3 Nach der ständigen Rechtsprechung zum **Anspruch auf rechtliches Gehör** (Art. 29 Abs. 2 BV) ist den betroffenen Parteien die Möglichkeit einzuräumen, an der Erhebung von Beweisen entweder mitzuwirken oder sich zumindest zum Beweisergebnis zu äussern[2]. Die Parteien haben grundsätzlich das Recht zur Teilnahme am Augenschein und an Zeugeneinvernahmen[3]. Das Recht zur Äusserung zum Beweisergebnis besteht immer, wenn dieses geeignet ist, den Entscheid zu beeinflussen (vgl. auch § 58 N. 28)[4]. Es besteht auch dann, wenn das Gericht ohne Durchführung eines Beweisverfahrens neue Akten bzw. Tatsachenfeststellungen, die ihm als Entscheidgrundlage dienen, in das Verfahren aufnimmt[5]. Das aus Art. 29 Abs. 2 BV abgeleitete Recht auf Stellungnahme zum Beweisergebnis begründet keinen Anspruch auf eine mündliche Anhörung[6].

---

[1] Vgl. Weisung 1995, S. 1052; Beleuchtender Bericht 1959, S. 411.
[2] MÜLLER/SCHEFER, Grundrechte, S. 864, mit zahlreichen Hinweisen zur Rechtsprechung.
[3] Vgl. BGE 120 V 150, E. 4.
[4] KIENER/RÜTSCHE/KUHN, Öffentliches Verfahrensrecht, N. 227.
[5] MÜLLER/SCHEFER, Grundrechte, S. 861, mit zahlreichen Hinweisen.
[6] BGE 134 I 140, E. 5.3.

Folglich steht es im **Ermessen des Verwaltungsgerichts,** ob die Stellungnahme zum Beweisergebnis mündlich oder schriftlich erfolgt. Der Randtitel «*Schlussverhandlung*» trifft daher nicht den Regelungsgegenstand von § 61. Die gegebenenfalls mündliche Stellungnahme zum Beweisergebnis ist von der öffentlichen Schlussverhandlung im Anwendungsbereich von Art. 6 Ziff. 1 EMRK zu unterscheiden (N. 6 f.).

4

Obschon der Gesetzgeber davon ausging, dass die mündliche Stellungnahme zum Beweisergebnis vor dem Spruchkörper zu erfolgen hat[7], kann die Durchführung des Beweisverfahrens an eine Abordnung, den Kammervorsitzenden oder an ein Mitglied des Gerichts delegiert werden (§ 56 N. 8; § 60 N. 24 ff.). Es ist daher zur Gewährung des rechtlichen Gehörs ausreichend, wenn die mündliche Stellungnahme gegenüber der mit dem Beweisverfahren betrauten Delegation des Gerichts erfolgt und protokolliert wird[8].

5

II. Mündliche Stellungnahme – öffentliche Verhandlung

Das Verwaltungsgericht kann den Parteien im Anschluss an eine Beweisabnahme die Möglichkeit zu einer mündlichen Stellungnahme einräumen. Die Durchführung einer Beweisabnahme – etwa eines Augenscheins oder einer Zeugenbefragung – ist keine öffentliche Verhandlung im Sinne von § 62 Abs. 1 Satz 1; sie dient der Abklärung des Sachverhalts und nicht der Gewährleistung der Publikumsöffentlichkeit[9]. Die mündliche Stellungnahme zum Beweisergebnis erfolgt daher grundsätzlich **nicht im Rahmen einer öffentlichen Verhandlung** im Sinn von Art. 6 Ziff. 1 EMRK[10]. Das steht auch im Einklang mit der Rechtsprechung, wonach blosse Beweisabnahmeanträge nicht als Anträge auf Durchführung einer öffentlichen Verhandlung zu verstehen sind (§ 59 N. 11 ff.).

6

Besteht ein Anspruch auf eine mündliche (öffentliche) Verhandlung und liegt ein dementsprechend klarer Antrag vor, **kann** im Anschluss an eine Beweisabnahme eine solche Verhandlung durchgeführt werden[11]. Aus der bisherigen Entscheidpraxis des Verwaltungsgerichts erschliesst sich indessen häufig nicht, ob es sich bei einer nach § 61 – d.h. im Anschluss an eine Beweisabnahme – durchgeführten Schlussverhandlung auch um eine öffentliche Verhandlung handelte[12].

7

---

[7] Beleuchtender Bericht 1959, S. 411.
[8] Vgl. etwa VGr, 7.4.2010, VB.2009.00188.
[9] VGr, 17.9.2009, VB.2009.00132, E. 2.3. Das Bundesgericht bestätigte diesen Entscheid, wobei in Bezug auf die Nichtdurchführung des Augenscheins lediglich eine Verletzung des Anspruchs auf rechtliches Gehör gerügt worden war; eine Verletzung des Anspruchs auf öffentliche Verhandlung wurde nicht geltend gemacht (BGr, 10.8.2010, 1C_512/2009, E. 2.2 f.); ferner VGr, 8.5.2002, VB.2002.00010, E. 1d (nicht publiziert).
[10] Vgl. BGr, 12.10.2012, 1C_156/2012, E. 5.2.2; VGr, 20.8.2009, VR.2008.00001, E. 2.2; anders wohl die 2. Aufl., § 62 N. 1, wonach als mündliche Verhandlung auch jene nach § 61 zu verstehen ist.
[11] Ebenso Keiser, Öffentlichkeit, S. 14; kritisch VGr, 17.9.2009, VB.2009.00132, E. 2.3.
[12] Vgl. z.B. VGr, 7.4.2010, VB.2009.00188; vgl. auch VGr, 4.6.2009, VB.2008.00540: Dort war eine mündliche Verhandlung samt Augenschein beantragt worden, und das Gericht führte eine öffentliche Schlussverhandlung durch. Dem Entscheid kann nicht entnommen werden, ob die öffentliche Schlussverhandlung im Anschluss an einen Augenschein erfolgte.

g. Öffentlichkeit

§ 62

¹ Die Verhandlungen vor Verwaltungsgericht sind öffentlich. Die Beratungen des Gerichtes finden unter Ausschluss der Parteien und der Öffentlichkeit statt.

² Das Verwaltungsgericht kann die Öffentlichkeit aus wichtigen Gründen von den Verhandlungen ausschliessen.

Materialien
Weisung 1957, S. 1052; Prot. KK 21.3.1958; Prot. KR 1955–1959, S. 3404; Beleuchtender Bericht 1959, S. 411; Prot. KK 1995/96, S. 122 ff.

Literatur
AEMISEGGER, Öffentlichkeit; FROWEIN/PEUKERT, Kommentar EMRK, Art. 6 N. 187 ff.; GRABENWARTER/PABEL, EMRK, § 24 N. 73 ff.; HEIMGARTNER STEFAN/WIPRÄCHTIGER HANS, in: Basler Kommentar BGG, Art. 59 N. 53 ff.; HERZOG, Art. 6 EMRK, S. 333 ff.; KEISER, Öffentlichkeit; KÖLZ/HÄNER/BERTSCHI, Verwaltungsverfahren, N. 224 ff.

Inhaltsübersicht

I.	Öffentlichkeit der Verhandlungen (Abs. 1 Satz 1)	1–3
II.	Ausschluss der Öffentlichkeit	4–7
III.	Geheime Urteilsberatung (Abs. 1 Satz 2)	8–10

I. Öffentlichkeit der Verhandlungen (Abs. 1 Satz 1)

1   Nach § 62 Abs. 1 Satz 1 sind die Verhandlungen vor Verwaltungsgericht öffentlich. Daraus ergibt sich indessen **kein Anspruch** der Parteien oder der Öffentlichkeit auf Durchführung einer Verhandlung. Diese Bestimmung schreibt die Öffentlichkeit nur für den Fall vor, dass gestützt auf § 59 eine mündliche Verhandlung angeordnet worden ist[1].

2   Findet im Anschluss an eine Beweiserhebung durch das Verwaltungsgericht eine mündliche «Schlussverhandlung» im Sinne von § 61 statt, ist diese grundsätzlich nicht öffentlich (§ 61 N. 6). Auch Referentenaudienzen sind nicht öffentlich. Es ist damit zwischen nicht öffentlichen mündlichen «Schlussverhandlungen» nach § 61 und öffentlichen Schlussverhandlungen in Anwendung von § 59 in Verbindung mit § 62 zu **unterscheiden**. Letztere sind entweder von Amtes wegen oder auf Antrag einer Partei durchzuführen. Im Anwendungsbereich von Art. 6 Ziff. 1 EMRK besteht darauf ein Anspruch (§ 59 N. 8 ff.). Die öffentliche Verhandlung *kann* auch im Anschluss an eine Beweisabnahme durchgeführt werden, wenn sie von den Parteien beantragt wurde.

3   Mit der Öffentlichkeit der Verhandlungen ist in erster Linie die **Publikumsöffentlichkeit** gemeint. Die Verhandlungen sind jedermann, namentlich den Vertretern der Medien,

---

[1] BGr, 26.10.2010, 2C_370/2010, E. 2.2.

zugänglich; Bild- und Tonaufnahmen sind nicht gestattet (§ 71 in Verbindung mit § 132 GOG[2]). Aus § 62 ergibt sich aber neben der Möglichkeit des Publikums, der Verhandlung beizuwohnen, kein Recht auf Akteneinsicht (vgl. dazu § 71 i.V.m § 131 Abs. 2 f. GOG[3] und die Akteneinsichtsverordnung der obersten Gerichte [AEV]; § 40 N. 11). Über Ort und Zeit öffentlicher Gerichtsverhandlungen erteilt die Gerichtskanzlei Auskunft (§ 15 Abs. 3 AEV). Die *Parteiöffentlichkeit* der Verhandlungen ergibt sich bereits aus dem Anspruch auf Gewährung des rechtlichen Gehörs (Art. 29 Abs. 2 BV)[4].

II. Ausschluss der Öffentlichkeit

Im Anwendungsbereich von Art. 6 Ziff. 1 EMRK ist der Ausschluss der Öffentlichkeit nur im Rahmen dieser Konventionsbestimmung zulässig. Die Öffentlichkeit darf nur bei Vorliegen einer der – allerdings sehr weit gefassten – **Ausschlussgründe nach Art. 6 Ziff. 1 Satz 2 EMRK** ausgeschlossen werden[5]. Daraus lässt sich aber kein Recht auf Nichtöffentlichkeit ableiten[6]; ein solches kann sich allenfalls aus Art. 8 EMRK (Schutz des Privat- oder Familienlebens) ergeben[7]. Jedenfalls in *zivilrechtlichen Streitigkeiten* nach Art. 6 Ziff. 1 EMRK ist der Verzicht auf die Durchführung einer öffentlichen Verhandlung möglich; im Bereich des *Strafrechts* haben die Gerichte hingegen, da der Öffentlichkeitsgrundsatz im Interesse der Allgemeinheit liegt, grundsätzlich auch entgegen anderslautenden Anträgen der Parteien für dessen Umsetzung zu sorgen[8]. Beantragt eine Partei ausdrücklich eine öffentliche Verhandlung, darf der Ausschluss der Öffentlichkeit nur aufgrund einer umfassenden Abwägung der gegenläufigen privaten und öffentlichen Interessen angeordnet werden[9].

4

Ausserhalb des Anwendungsbereichs von Art. 6 Ziff. 1 EMRK ist der Ausschluss der Öffentlichkeit «**aus wichtigen Gründen**» zulässig (§ 62 Abs. 2). Erforderlich ist damit eine Interessenabwägung zwischen dem Öffentlichkeitsgrundsatz und den betroffenen öffentlichen oder privaten Geheimhaltungsinteressen[10]. Aufgrund des offenen Gesetzeswortlauts («aus wichtigen Gründen») ist für den Ausschluss der Öffentlichkeit – anders als nach Art. 6 Ziff. 1 EMRK oder Art. 59 Abs. 2 BGG – nicht erforderlich, dass «besonders gewichtige Gründe»[11] vorliegen.

5

In Beachtung des Grundsatzes der Verhältnismässigkeit kann auch nur ein **partieller Ausschluss** der Öffentlichkeit erforderlich sein, indem zwar das allgemeine Publikum,

6

---

[2] Dazu HAUSER/SCHWERI/LIEBER, Kommentar GOG, § 132 N. 1 ff.
[3] Vgl. HAUSER/SCHWERI/LIEBER, Kommentar GOG, § 131 N. 16 ff.
[4] KIENER/RÜTSCHE/KUHN, Öffentliches Prozessrecht, N. 120.
[5] Dazu GRABENWARTER/PABEL, EMRK, § 24 N. 76 ff.; FROWEIN/PEUKERT, Kommentar EMRK, Art. 6 N. 198; HERZOG, Art. 6 EMRK, S. 343 ff.
[6] BGE 135 I 198, E. 3.1; HEIMGARTNER/WIPRÄCHTIGER, in: Basler Kommentar BGG, Art. 59 N. 54; AEMISEGGER, Öffentlichkeit, S. 380.
[7] FROWEIN/PEUKERT, Kommentar EMRK, Art. 6 N. 199.
[8] HEIMGARTNER/WIPRÄCHTIGER, in: Basler Kommentar BGG, Art. 59 N. 21 und 26, mit zahlreichen Hinweisen; a.M. AEMISEGGER, Öffentlichkeit, S. 385.
[9] HERZOG, Art. 6 EMRK, S. 345.
[10] Zu den Geheimhaltungsinteressen vgl. KEISER, Öffentlichkeit, S. 10 f.
[11] Vgl. BGE 119 Ia 99, E. 4a; HEIMGARTNER/WIPRÄCHTIGER, in: Basler Kommentar BGG, Art. 59 N. 56.

nicht aber die Medienschaffenden von der Verhandlung ausgeschlossen werden. Das gilt sowohl innerhalb wie auch ausserhalb des Anwendungsbereichs von Art. 6 Ziff. 1 EMRK[12].

7 Der Ausschluss der Öffentlichkeit ist zu **begründen**[13]. Dabei handelt es sich um einen verfahrensleitenden Zwischenentscheid, der nach Massgabe von Art. 93 BGG beim Bundesgericht angefochten werden kann.

III. Geheime Urteilsberatung (Abs. 1 Satz 2)

8 Die Beratungen des Verwaltungsgerichts, d.h. die Diskussion des Falles und die abschliessende Entscheidfällung, sind nach § 62 Abs. 1 Satz 2 **nicht öffentlich**. Die Urteilsberatung wird nicht vom Öffentlichkeitsgrundsatz nach Art. 30 Abs. 3 BV erfasst[14].

9 Das schliesst es freilich nicht aus, dass das Gesetz die Öffentlichkeit der Urteilsberatung vorsehen kann. Der kantonale Gesetzgeber hat davon für das Verwaltungsgericht aber bewusst abgesehen[15]. Im Gegensatz zur (neuen) Regelung für das Obergericht (vgl. § 134 GOG) entscheidet das Verwaltungsgericht in der Regel im Rahmen einer **mündlichen** Urteilsberatung unter Ausschluss der Parteien und der Öffentlichkeit. Entscheide auf dem Zirkulationsweg sind nur nach Massgabe von § 38 Abs. 2 zulässig.

10 Bemerkenswert ist, dass das Verwaltungsgericht regelmässig von der Möglichkeit Gebrauch macht, vom Entscheid **abweichende Minderheitsvoten** in das Protokoll – das den Parteien zugestellt wird – aufzunehmen (§ 71 i.V.m. § 124 GOG). Es handelt sich dabei um eine von der Mehrheit des Spruchkörpers abweichende Meinung in Bezug auf den Verfahrensausgang *(dissenting opinion)*[16], was nach dem Wortlaut von § 124 GOG voraussetzt, dass das Gericht nicht einstimmig entschieden hat. Die verwaltungsgerichtliche Praxis – die sich noch auf § 138 Abs. 4 des inzwischen aufgehobenen GVG abstützt – lässt indessen zu Recht auch Minderheitsvoten einzig der Gerichtsschreibenden zu[17]. Möglich muss es schliesslich auch sein, dass sich das Minderheitsvotum bloss auf die Begründung des Entscheids bezieht *(concurring opinion)*[18].

---

[12] Vgl. HEIMGARTNER/WIPRÄCHTIGER, in: Basler Kommentar BGG, Art. 59 N. 61; GRABENWARTER/PABEL, EMRK, § 24 N. 77 f.; BGE 117 Ia 387, E. 3.
[13] Ebenso HEIMGARTNER/WIPRÄCHTIGER, in: Basler Kommentar BGG, Art. 59 N. 55.
[14] BIAGGINI, Kommentar BV, Art. 30 N. 18; JAAG, Ausgangslage, S. 9.
[15] Vgl. Prot. KK 1995/96, S. 122 ff.
[16] Vgl. z.B. VGr, 21.12.2011, VB.2011.00571.
[17] Vgl. VGr, 14.5.2008, PB.2008.00005; VGr, 27.6.2007, PB.2006.00035; VGr, 17.5.2006, PK.2006.00001; VGr, 3.5.2006, PB.2005.00036; VGr, 3.12.2003, VB.2003.00329.
[18] Vgl. VGr, 14.8.2002, PK.2002.00003.

§ 63

Beschwerdeerledigung
a. Entscheidbefugnis

§ 63

[1] Hebt das Verwaltungsgericht die angefochtene Anordnung auf, so entscheidet es selbst.

[2] Dabei darf es über die gestellten Rechtsbegehren nicht hinausgehen und die aufgehobene Anordnung nicht zum Nachteil des Beschwerdeführers abändern.

[3] Bei Beschwerden betreffend ein Arbeitsverhältnis gilt § 27a Abs. 1 sinngemäss.

Materialien

Weisung 2009, S. 886 ff., 973; Prot. KR 2007–2011, S. 10240 f., 10246.

Zur früheren Fassung/zu früheren Fassungen: Weisung 1957, S. 1052; Prot. KK 21.3.1958; Prot. KR 1955–1959, S. 3404; Beleuchtender Bericht 1959, S. 411 f.

Zu alt § 80 Abs. 2: Weisung 1995, S. 1540 ff.; Prot. KK 1995/96, S. 132 ff.; Prot. KR 1995–1999, S. 6505; Beleuchtender Bericht 1997, S. 6.

Literatur

AEMISEGGER HEINZ, Einigung und Mediation in verwaltungsgerichtlichen Beschwerdeverfahren, in: «Justice – Justiz – Giustizia» 2010/4; CAVELTI ULRICH, Gütliche Verständigung vor Instanzen der Verwaltungsrechtspflege, AJP 1995, 175 ff.; GADOLA ATTILIO, Die reformatio in peius vel melius in der Bundesverwaltungsrechtspflege – eine Übersicht der neuesten Rechtsprechung, AJP 1998, 59 ff.; GUCKELBERGER, Reformatio; KEISER DAGOBERT, Die reformatio in peius in der Verwaltungsrechtspflege, Zürich 1979; KÖLZ/HÄNER/BERTSCHI, Verwaltungsverfahren, N. 1145 ff.; MÄCHLER, Vertrag, §§ 11 und 12; MEYER ULRICH/DORMANN JOHANNA, in: Basler Kommentar BGG, Art. 107; ZIMMERLI ULRICH, Zur reformatio in peius vel melius im Verwaltungsrechtspflegeverfahren des Bundes, in: Mélanges Henri Zwahlen, Lausanne 1977, S. 511 ff.

Inhaltsübersicht

I.	Allgemeines	1–16
	A. Regelungsgegenstand und Entstehungsgeschichte	1
	B. Arten der Verfahrenserledigung	2–16
	1. Abschreibung des Verfahrens	4–8
	2. Vergleich im Besonderen	9–16
II.	Entscheidbefugnis	17–39
	A. Im Allgemeinen (Abs. 1)	17–20
	B. Bindung an die Rechtsbegehren der beschwerdeführenden Partei (Abs. 2)	21–30
	1. Grundsatz	21–24
	2. Ausnahmen	25–30
	C. In personalrechtlichen Streitigkeiten (Abs. 3)	31–39
	1. Ausgangslage und Problematik	31–34
	2. Verweisung auf § 27a Abs. 1	35–39

I. Allgemeines

A. Regelungsgegenstand und Entstehungsgeschichte

1 § 63 regelt die **Entscheidbefugnis** des Verwaltungsgerichts. Das bringt nun auch der revidierte Randtitel zutreffend zum Ausdruck[1]. Die Abs. 1 und 2 sind im Übrigen seit dem Inkrafttreten des VRG von 1959 unverändert geblieben. Mit der VRG-Revision von 2010 wurde Abs. 3 neu eingefügt, der anstelle des aufgehobenen alt § 80 Abs. 2 getreten ist (dazu N. 31 ff.).

B. Arten der Verfahrenserledigung

2 Die §§ 63–66 stehen unter dem Titel der Beschwerdeerledigung. Die Art der Verfahrenserledigung wird dabei im VRG nicht geregelt. Dogmatisch ist zwischen Prozess- und Sachentscheiden zu unterscheiden (dazu § 28 N. 8 ff.). Das Verwaltungsgericht erledigt die Beschwerdeverfahren nach Massgabe des Verfahrensausgangs wie folgt:
- Die Verfahrenserledigung erfolgt in **Entscheidform,** wenn das Gericht in der Sache einen materiellen Entscheid fällt. Das Dispositiv lautet auf Gutheissung, teilweise Gutheissung oder Abweisung der Beschwerde.
- Lautet das Dispositiv auf Nichteintreten infolge fehlender Prozessvoraussetzungen oder auf Verfahrensabschreibung infolge Beschwerderückzugs oder Gegenstandslosigkeit, ergeht die formelle Verfahrenserledigung bei Kammerzuständigkeit in **Beschlussform,** bei einzelrichterlicher Zuständigkeit in Form der Verfügung.

3 Bei der Verfahrenserledigung durch ein Sachurteil in Entscheidform oder einen Nichteintretensbeschluss stellen sich keine speziellen Verfahrensfragen. Näher einzugehen ist hingegen auf die Abschreibung des Verfahrens und die Erledigung durch Vergleich und Anerkennung.

1. Abschreibung des Verfahrens

4 Wird das Verfahren abgeschrieben, erfolgt die Verfahrenserledigung **ohne Prüfung** der gestellten Rechtsbegehren bzw. des vor Verwaltungsgericht anhängig gemachten Streitgegenstands. Bei der Abschreibung infolge Rückzugs der Beschwerde erwächst der angefochtene Entscheid – oder die diesem zugrunde liegende Anordnung – in Rechtskraft, nicht aber bei der Abschreibung zufolge Gegenstandslosigkeit (vgl. § 28 N. 24). Daher ist ein Verfahren, dessen Abschreibung aufgrund einer Parteivereinbarung erfolgt, welche vom Bestand des vorinstanzlichen Beschlusses ausgeht, als durch Beschwerderückzug erledigt abzuschreiben, auch wenn der Antrag gestellt worden ist, das Verfahren wegen Gegenstandslosigkeit abzuschreiben[2].

5 Der **Beschwerderückzug** ist bis zur Zustellung des Entscheids zulässig, also selbst dann noch, wenn das Gericht bereits entschieden hat[3]. Der Beschwerderückzug muss bedin-

---

[1] Weisung 2009, S. 973. Der Randtitel zu alt § 63 lautete: «Überprüfungsbefugnis».
[2] RB 2008 Nr. 26.
[3] VGr, 28.9.2011, VB.2011.00376; RB 1965 Nr. 13.

gungslos erfolgen und ist grundsätzlich – unter Vorbehalt von Willensmängeln – nicht widerrufbar. Nach Zustellung des Abschreibungsbeschlusses muss ein Widerruf auf dem Weg der Revision geltend gemacht werden (vgl. §§ 86a ff.)[4]. Liegt dem Beschwerderückzug ein aussergerichtlicher Vergleich zugrunde, folgt das Verwaltungsgericht bezüglich der Kostenfolge des Abschreibungsbeschlusses der darin getroffenen Parteivereinbarung; von einer aussergerichtlich vereinbarten Parteientschädigung wird Vormerk genommen[5].

Infolge **Gegenstandslosigkeit** wird das Verfahren abgeschrieben, wenn die streitbetroffene Anordnung durch Widerruf bzw. Wiedererwägung, Untergang des Streitobjekts oder aus anderen Gründen *nachträglich* – d.h. nach Einreichung der Beschwerde – weggefallen ist. Gegenstandslos wird ein Verfahren auch dann, wenn das Rechtsschutzinteresse der beschwerdeführenden Partei nachträglich wegfällt, weil diese z.B. das streitbetroffene Grundstück veräussert hat[6]. 6

Wird das Verfahren vor Verwaltungsgericht gegenstandslos, befindet dieses nach ständiger Praxis mangels einer gesetzlichen Regelung nach *Ermessen* über die **Kosten- und Entschädigungsfolgen** der Verfahrensabschreibung[7]. Das Gericht berücksichtigt, wer die Gegenstandslosigkeit bzw. das gegenstandslos gewordene Verfahren verursacht hat oder welche Partei vermutlich obsiegt hätte (summarische Prüfung); neben diesen Kriterien – oder wenn diese nicht weiterführen – ist auf Billigkeitserwägungen abzustellen[8]. 7

Ebenfalls nach Ermessen entscheidet das Verwaltungsgericht über die **Nebenfolgenregelung des vorinstanzlichen Entscheids;** diese muss nicht gleich sein wie für das Verfahren vor Verwaltungsgericht. Ist ein Sachentscheid angefochten, nimmt das Verwaltungsgericht eine summarische Prüfung vor und greift in die vorinstanzliche Regelung der Nebenfolgen nur ein, wenn der Rekursentscheid im Ergebnis nicht haltbar ist[9]. Bei einem Nichteintretensentscheid prüft es hingegen uneingeschränkt, ob die Vorinstanz zu Recht auf den Rekurs nicht eingetreten ist. Ist das nicht der Fall, hebt es die Nebenfolgenregelung des vorinstanzlichen Entscheids auf, ohne auf eine mutmassliche (summarische) Prüfung in der Hauptsache abzustellen[10]. 8

2. Vergleich im Besonderen

Aufgrund der **Dispositionsmaxime** lösen die Parteien das Verfahren aus. Da es einer Partei freisteht, einen Entscheid beim Verwaltungsgericht anzufechten, steht es ihr auch frei, die Beschwerde zurückzuziehen. Ebenso kann die Verfahrenserledigung durch Anerkennung herbeigeführt werden; die Gegenseite der beschwerdeführenden Partei beseitigt den Streit durch einseitiges Einlenken. Schliesslich können sich die Parteien nach Einleitung des Beschwerdeverfahrens über den Streitgegenstand – durch gegenseitiges 9

---

[4] Vgl. RB 1993 Nr. 11; 1983 Nr. 61; 1963 Nr. 30.
[5] VGr, 28.9.2011, VB.2011.00376.
[6] RB 1983 Nr. 11.
[7] VGr, 30.11.2011, VB.2011.00305, E. 3.1, m.w.H.
[8] VGr, 14.3.2012, VB.2012.00034, E. 3.2; VGr, 15.9.2004, VB.2004.00215, E. 5.1.
[9] RB 2003 Nr. 4, E. 3 (VB.2003.00053); VGr, 30.5.2012, VB.2011.00628, E. 2.2.2.
[10] RB 2006 Nr. 15, E. 3.3 (VB.2005.00533); VGr, 11.7.2012, VB.2011.00759, E. 3.2.

Entgegenkommen – einigen, um so das hängige Verfahren durch Vergleich zum Abschluss zu bringen[11].

10   Der Vergleich und die Anerkennung sind im VRG als Formen der Verfahrens- bzw. Streiterledigung nicht geregelt. Das Verwaltungsgericht geht in der Regel davon aus, dass ein Beschwerdeverfahren **nicht** als durch Vergleich oder durch Anerkennung erledigt **abgeschrieben** werden kann. Das Gericht hat vielmehr einen Entscheid zu fällen, wobei es sich jedoch mit einer *summarischen Prüfung* der Rechtslage begnügen darf[12]. Begründet wird diese Praxis einerseits mit der zwingenden Natur des öffentlichen Rechts; andererseits hätte die Abschreibung des Verfahrens den Weiterbestand des angefochtenen Entscheids zur Folge, was im Allgemeinen nur bei einem Rückzug der Beschwerde beabsichtigt würde (vgl. auch N. 4)[13]. Bereits in der 2. Auflage (N. 6) wurde gegen letztere Begründung eingewendet, dass durch die Abschreibung des Verfahrens der angefochtene Entscheid nicht in Rechtskraft erwachse. Denn soweit die verfügende Behörde durch Anerkennung oder Vergleich der beschwerdeführenden Partei entgegenkomme, bedürfe es einer neuen Verfügung (Wiedererwägung). Diese bilde alsdann die Grundlage für die Abschreibung des Verfahrens.

11   In einem neueren Entscheid hat das Verwaltungsgericht denn auch erwogen, dass für die formelle Verfahrenserledigung bei einer einvernehmlichen Lösung im Rahmen des Beschwerdeverfahrens **zwei Erledigungsarten** in Betracht fallen[14]: Entweder bilde der Vergleich die Grundlage für eine Wiedererwägung durch die verfügende Behörde, deren Entscheid angefochten worden sei. Die Wiedererwägungsverfügung sei alsdann Grundlage für eine *Abschreibung* des Beschwerdeverfahrens infolge Gegenstandslosigkeit. Oder dem erzielten Vergleich werde durch einen lediglich *summarisch* begründeten materiellen Beschwerdeentscheid Rechnung getragen. In beiden Fällen müsse sich der Vergleich aufgrund einer summarischen Prüfung als gesetzmässig erweisen.

12   Nicht angewendet wird diese Praxis vom Verwaltungsgericht, wenn ihm ein **aussergerichtlicher** Vergleich eingereicht wird. Wird darin ein Rückzug der Beschwerde vereinbart, erfolgt die **Abschreibung** des Verfahrens als durch Vergleich[15] oder durch Rückzug der Beschwerde[16] erledigt oder infolge Gegenstandslosigkeit[17]. Dabei sieht das Gericht in der Regel auch von einer summarischen Prüfung des Vergleichs ab. Immerhin soll der im aussergerichtlichen Vergleichsvertrag vorgesehene Rückzug für das Gericht dann nicht beachtlich sein, wenn der Vergleich bzw. der darin vereinbarte Beschwerderückzug als sittenwidrig und damit nichtig zu qualifizieren ist[18].

---

[11] Vgl. MÄCHLER, Vertrag, § 4 N. 49, m.w.H.
[12] VGr, 30.8.2011, VB.2011.00044, E. 5.4; VGr, 23.9.2009, VB.2009.00396, E. 1.3 (nicht publiziert); VGr, 17.6.2009, VB.2009.00021, E. 1.2 (nicht publiziert); VGr, 12.9.2007, VB.2007.00295, E. 1.2 (nicht publiziert).
[13] VGr, 30.8.2011, VB.2011.00044, E. 5.4.
[14] RB 2006 Nr. 23.
[15] VGr, 2.12.2009, PB.2009.00024, E. 1.7 und 5 f. (nicht publiziert).
[16] VGr, 28.9.2011, VB.2011.00376; VGr, 1.4.2011, VB.2008.00217 und 218, E. 2 (nicht publiziert).
[17] VGr, 1.6.2010, VB.2009.00597, E. 2.3 (nicht publiziert); VGr, 22.7.2010, VR.2010.00001 (nicht publiziert).
[18] VGr, 28.9.2011, VB.2011.00376 (Minderheitsvotum).

Diese **uneinheitliche Verfahrenserledigung** durch das Verwaltungsgericht beruht auf 13
einer fehlenden Auseinandersetzung mit der Unterscheidung zwischen einem gerichtlichen und einem aussergerichtlichen Vergleich: Der Vergleich ist eine durch gegenseitige Zugeständnisse zustande gekommene vertragliche Beseitigung eines Streits oder einer Ungewissheit über ein bestehendes Rechtsverhältnis[19]. Ein gerichtlicher Vergleich im Sinne einer eigentlichen prozessrechtlichen Vereinbarung bzw. Prozesshandlung der Parteien liegt nur dann vor, wenn die Parteien des Beschwerdeverfahrens neben der materiellrechtlichen Regelung zugleich durch Vereinbarung auf eine hoheitliche Beurteilung der Angelegenheit durch das Gericht verzichten. Kein gerichtlicher Vergleich liegt gemäss MÄCHLER demnach vor, wenn sich die Parteien zwar in der Sache einigen, für die Verfahrenserledigung dann aber einen Beschwerderückzug oder eine Wiedererwägung vorsehen. Dabei handelt es sich um einseitige Prozesshandlungen[20]. Folglich weist nur der gerichtliche Vergleich eine doppelte Rechtsnatur auf: Zum einen ist er ein materiellrechtlicher Vertrag des öffentlichen Rechts, zum anderen eine formelle Prozesshandlung der Parteien[21].

Das Verwaltungsgericht erkennt demgegenüber auch in einem aussergerichtlichen Vergleich – d.h. in einem Vergleich, der die Verfahrenserledigung durch Beschwerderückzug und/oder Wiedererwägung vorsieht – eine formelle Prozesshandlung[22]. Zu einer solchen wird der Vergleich durch dessen Mitteilung bzw. Einreichung beim Gericht durch eine Partei; ein separat davon erklärter Beschwerderückzug (einseitige Prozesshandlung) wird soweit ersichtlich nicht vorausgesetzt. Alsdann erfolgt die Verfahrenserledigung durch Abschreibung und in der Regel ohne – auch nicht summarische – Prüfung des Vergleichs (N. 12). 14

Ist ein Vergleich die Grundlage für die materielle Streiterledigung zwischen den Parteien, hat das Verwaltungsgericht das Verfahren ungeachtet der (dogmatischen) Unterscheidung zwischen gerichtlichem und aussergerichtlichem Vergleich mit **derselben Prüfungsdichte** zu erledigen. Voraussetzung hierfür ist einzig, dass der Vergleich dem Gericht vorliegt[23]. Aufgrund der zwingenden Natur des öffentlichen Rechts ist ein Vergleich nur zulässig, soweit die Parteien über den Streitgegenstand im vereinbarten Umfang überhaupt verfügungsberechtigt sind[24]. Das Verwaltungsgericht muss daher bei der Verfahrenserledigung – auch wenn diese durch Abschreibung erfolgt – summarisch prüfen, ob Vertragsschluss und Vertragsinhalt nicht offensichtlich unzulässig sind[25]. Bemerkenswert ist dazu der Vorschlag von MÄCHLER, wonach die vertragsschliessende Behörde dem Gericht eine Begründung für die Zustimmung zum Vergleich vorlegen müsste[26]. 15

Nicht verhindern lässt sich, dass dem Verwaltungsgericht ein aussergerichtlicher Vergleich *nicht* zur Kenntnis gebracht wird. Es steht den Parteien frei, nur den Beschwer- 16

---

[19] MÄCHLER, Vertrag, § 11 N. 1.
[20] MÄCHLER, Vertrag, § 11 N. 84 ff., § 12 N. 147.
[21] Vgl. MÄCHLER, Vertrag, § 11 N. 15, § 12 N. 2; HÄFELIN/MÜLLER/UHLMANN, Verwaltungsrecht, N. 1083.
[22] VGr, 2.12.2009, PB.2009.00024, E. 1.7 (nicht publiziert).
[23] Vgl. auch MÄCHLER, Vertrag, § 12 N. 160 f.
[24] Vgl. etwa VGr, 2.12.2009, PB.2009.00024, E. 1.7 (nicht publiziert).
[25] Vgl. MÄCHLER, Vertrag, § 12 N. 5 f. (in Bezug auf den gerichtlichen Vergleich).
[26] MÄCHLER, Vertrag, § 12 N. 158.

derückzug zu erklären oder dem Gericht einzig eine Wiedererwägungsverfügung anzuzeigen. Damit haben es die Parteien letztlich in der Hand, ob sie die vergleichsweise Streiterledigung einer – wenn auch beschränkten – gerichtlichen Kontrolle zugänglich machen oder nicht. Aufgrund der Dispositionsmaxime ist das hinzunehmen; zudem steht der erstinstanzlich verfügenden Behörde nach der verwaltungsgerichtlichen Praxis bis zum Entscheid der Rechtsmittelinstanz stets das Recht zu, ihre Verfügung in Wiedererwägung zu ziehen (vgl. Vorbem. zu §§ 86a–86d N. 22). Das Verwaltungsgericht ist keine Oberverwaltungsbehörde; die das Recht erstinstanzlich anwendenden Verwaltungsbehörden sind von Verfassungs wegen beim Abschluss eines aussergerichtlichen Vergleichs an das Recht gebunden (Art. 5 Abs. 1 BV).

II. Entscheidbefugnis

A. Im Allgemeinen (Abs. 1)

17 § 63 Abs. 1 räumt dem Verwaltungsgericht das Recht ein, bei Aufhebung der angefochtenen Anordnung selber einen neuen Endentscheid zu treffen. Bei der Beschwerde handelt es sich damit um ein **reformatorisches Rechtsmittel.** Der Entscheid des Verwaltungsgerichts tritt nicht nur an die Stelle des vorinstanzlichen Entscheids, sondern ebenso an die Stelle der das Rechtsmittelverfahren – in der Regel – auslösenden erstinstanzlichen Anordnung. Funktional spricht damit das Verwaltungsgericht nicht nur Recht; die Rechtsanwendung ist im Umfang der reformatorischen Anordnung zugleich sozusagen Verwaltungstätigkeit[27]. Das erklärt die grosse Zurückhaltung des Verwaltungsgerichts, selber rechtsgestaltende Anordnungen zu treffen (N. 20).

18 Die Zulässigkeit der reformatorischen Entscheidbefugnis steht aufgrund der positivrechtlichen Verankerung in § 63 Abs. 1 ausser Frage. Sie geht so weit, dass das Verwaltungsgericht auch bei Aufhebung eines vorinstanzlichen Nichteintretensentscheids aus prozessökonomischen Gründen befugt ist, selber den *Sachentscheid* zu fällen; nicht vorausgesetzt wird dabei, dass der angefochtene Rekursentscheid (Nichteintreten) einen materiellen Eventualstandpunkt enthält[28]. Ebenso kann das Gericht im Rahmen eines reformatorischen Neuentscheids einen *Ermessensentscheid* treffen[29]. Das Verwaltungsgericht ist freilich nicht verpflichtet, reformatorisch zu entscheiden; es kann die Sache auch nach § 64 Abs. 1 zur Neubeurteilung an die Vorinstanz zurückweisen (dazu § 64 N. 2 ff.). Das Gericht verfügt dabei über einen weiten **Ermessensspielraum**[30].

---

[27] Dies ist einer der Gründe, welche gegen die Einführung der Verwaltungsgerichtsbarkeit vorgebracht wurden.
[28] Vgl. VGr, 16.6.2010, PB.2010.00007, E. 1.1; VGr, 30.6.2010, VB.2010.00291, E. 1.4.4 (nicht publiziert), VGr, 27.1.2010, PB.2009.00035, E. 2.8; VGr, 10.6.2009, VB.2009.00165, E. 2.3; VGr, 9.9.2004, VB.2004.00281, E. 3; VGr, 25.2.2004, PB.2003.00040, E. 3.6. – Anders wohl VGr, 5.12.2007, VB.2006.00384, E. 4.3 Ingress und § 28 N. 14.
[29] Vgl. BGr, 15.3.2013, 1C_207/2012, E. 3.4.1; BGr, 23.3.2011, 1C_562/2011, E. 2.3; VGr, 29.9.2011, VB.2011.00507, E. 4.3 (nicht publiziert); VGr, 21.4.2010, PB.2009.00044, E. 5.2 (nicht publiziert); VGr, 30.9.2004, VB.2004.00076, E. 3; VGr, 25.2.2004, PB.2003.00040, E. 5.1; RB 1998 Nr. 60; 1987 Nr. 12.
[30] VGr, 21.3.2012, VB.2011.00692, E. 2; BGE 131 V 407, E. 2.2.1.

Das Verwaltungsgericht ist schliesslich auch dann zu einem reformatorischen Entscheid 19
berechtigt, wenn es im Rahmen einer konkreten Normenkontrolle die der streitbetroffenen Anordnung zugrunde liegende generell-abstrakte Rechtsgrundlage nicht anwendet. Die blosse Nichtanwendung einer Norm ist namentlich in Fällen, in denen eine positive staatliche Leistung durchgesetzt werden soll, nicht geeignet, den verfassungs- oder gesetzeskonformen Zustand herzustellen. Der Entscheid ist alsdann auf eine **richterliche Ersatzregelung** abzustützen[31].

Zielt das Rechtsbegehren der beschwerdeführenden Partei auf die Gestaltung eines 20
Rechtsverhältnisses – z.B. die Erteilung einer Bewilligung –, trifft das Verwaltungsgericht in der Regel nicht selber die betreffende Anordnung. Hat die Vorinstanz eine Verfügung der Verwaltungsbehörde aufgehoben, ordnet das Verwaltungsgericht bei einer Gutheissung der Beschwerde deren *Wiederherstellung* an. Hat bereits die erstinstanzliche Verwaltungsbehörde das Gesuch abgelehnt – z.B. um Einbürgerung oder um Erteilung einer ausländerrechtlichen Bewilligung –, wird diese vom Gericht *eingeladen* bzw. aufgefordert, dem Gesuch stattzugeben bzw. die Bewilligung zu erteilen. In *Vergabestreitigkeiten* erteilt das Verwaltungsgericht den Zuschlag nicht selber, sondern weist die Sache mit der entsprechenden Anweisung an die Vergabestelle zurück[32].

B. Bindung an die Rechtsbegehren der beschwerdeführenden Partei (Abs. 2)

1. Grundsatz

§ 63 Abs. 2 schränkt die Entscheidbefugnis des Verwaltungsgerichts ein: Es darf der beschwerdeführenden Partei auf der einen Seite nicht mehr zusprechen, als diese mit ihrem Rechtsbegehren verlangt **(Verbot der reformatio in melius),** und auf der anderen Seite nicht weniger, als ihr durch die angefochtene Anordnung zugesprochen worden ist **(Verbot der reformatio in peius).** Diese Einschränkung ist Ausdruck der im Beschwerdeverfahren vor Verwaltungsgericht konsequent verwirklichten Dispositionsmaxime und unterscheidet dieses vom vorinstanzlichen Rekursverfahren. Nach § 27 ist im Rekursverfahren die reformatio in peius vel in melius zulässig (vgl. dazu § 27 N. 6 ff.; vgl. auch § 7 Abs. 4 Satz 3 für das erstinstanzliche Verwaltungsverfahren). 21

Die Entscheidbefugnis wird durch die Rechtsbegehren der **beschwerdeführenden Partei** 22
beschränkt; deren Anträge – in Verbindung mit dem angefochtenen Entscheid – bestimmen den Streitgegenstand vor Verwaltungsgericht[33]. Eine (allfällige) Gegenpartei kann damit nicht beantragen, dass der beschwerdeführenden Partei vom Verwaltungsgericht weniger zugesprochen wird als von der Vorinstanz. Das folgt auch daraus, dass das VRG das Institut der Anschlussbeschwerde nicht kennt. Eine *Gegenpartei* kann daher in der Sache nur eine Abweisung oder – jedenfalls in der Theorie – eine teilweise oder vollständige Gutheissung beantragen. Die Entscheidbefugnis des Verwaltungsgerichts liegt zwi-

---

[31] Vgl. VGr, 19.9.2012, VB.2012.00305, E. 4.8; VGr, 30.9.2009, VB.2009.00430, E. 5.6 f., je unter Hinweis auf RÜTSCHE, Rechtsfolgen, S. 273 ff., und GIOVANNI BIAGGINI, Verfassung und Richterrecht, Basel 1991, S. 452 ff.
[32] VGr, 10.9.2012, VB.2012.00328, E. 7; VGr, 13.2.2002, VB.2001.00035, E. 3c (BEZ 2002 Nr. 33).
[33] Vgl. KIENER/KRÜSI, Beschwerde, S. 101.

schen dem Antrag der beschwerdeführenden Partei und dem angefochtenen Entscheid. Keine Rolle spielt dabei die dem angefochtenen Entscheid – aufgrund des grundsätzlich zweistufigen Instanzenzugs (Art. 77 Abs. 1 KV) – in der Regel zugrunde liegende Anordnung, da die Rekursinstanz diesbezüglich keiner Entscheidbeschränkung unterlegen ist (vgl. § 27).

23 § 63 Abs. 2 ist auf Verfahren zugeschnitten, in denen nur eine Partei Beschwerde erhoben hat. Komplizierter ist die Lage, wenn **mehrere Parteien** (z.B. Verfügungsadressat, Drittbetroffener und/oder das verfügende Gemeinwesen) selbständig Beschwerde führen. Das Beschwerderecht setzt in jedem Fall Parteistellung, d.h. insbesondere ein schützenswertes Interesse in Bezug auf die angefochtene Anordnung voraus. Folglich ergibt sich der Rahmen der Endscheidbefugnis bei mehreren beschwerdeführenden Parteien aus der Summe *aller* Rechtsbegehren. Dem Verwaltungsgericht ist es damit namentlich nicht verwehrt, dem Verfügungsadressaten weniger zuzusprechen, als dies die Vorinstanz getan hat. Eine solche reformatio in peius gegenüber dem vorinstanzlichen Entscheid setzt aber – wie erwähnt – entsprechende Parteianträge in *selbständig* erhobenen Beschwerden voraus.

24 Die Bindung an die Parteibegehren ist Ausdruck der das Beschwerdeverfahren beherrschenden *Dispositionsmaxime*. Aus dieser lässt sich im Weiteren ableiten, dass das Verwaltungsgericht nur **streitige Fragen** klären soll. Wird ein vor der Vorinstanz noch umstrittener Teilaspekt einer Anordnung vor Verwaltungsgericht von keiner Partei mehr in Frage gestellt, bildet dieser nicht Prozessthema. Das gilt aber dann nicht, wenn zwischen den streitigen und nicht streitigen Aspekten einer Anordnung ein derart enger Zusammenhang besteht, dass aufgrund der (richtigen) Rechtsanwendung von Amtes wegen eine gesamtheitliche Beurteilung notwendig ist[34].

2. Ausnahmen

25 Das Verbot der reformatio in peius vel in melius gilt nach der Praxis nicht ausnahmslos. Das Verwaltungsgericht kann unabhängig von den Anträgen der beschwerdeführenden Partei den Entscheid der Vorinstanz aufheben, wenn die Vorinstanz in schwerwiegender Weise **wesentliche Prozessgrundsätze** – etwa betreffend die Zuständigkeit oder Legitimation – **verletzt** hat[35]. Ist die Vorinstanz zu Unrecht auf einen Rekurs eingetreten und hat sie diesen teilweise gutgeheissen, so ist die dagegen erhobene Beschwerde des teilweise unterlegenen Rekurrierenden im Sinne der Erwägungen abzuweisen, mit der Folge, dass es nicht beim vorinstanzlichen Entscheid, sondern bei der ursprünglichen Anordnung bleibt[36].

26 Diese Praxis, jedenfalls wenn sie für einen *beschwerdeführenden Privaten* eine reformatio in peius zur Folge hat, ist nicht unproblematisch. Das Verwaltungsgericht befasst sich immer nur auf Beschwerde hin mit einer Streitsache; es dient damit vor allem dem subjektiven Rechtsschutz und übt keine Aufsicht über die Rechtsprechung der Vorinstanzen

---

[34] Vgl. VGr, 18.11.2009, PB.2009.00007, E. 5.1 (nicht publiziert).
[35] VGr, 7.3.2007, VB.2006.00313, E. 1.2.3; VGr, 10.7.2003, VB.2003.00111, E. 4a; VGr, 16.11.2001, VB.2001.00199, E. 2f.
[36] VGr, 11.3.1999, VB.98.00391 (nicht publiziert).

aus. Aufgrund der gesetzgeberischen Regelung in § 63 Abs. 2 ist es daher grundsätzlich hinzunehmen, dass fehlerhafte vorinstanzliche Entscheide nicht korrigiert werden. Will das Verwaltungsgericht davon zulasten eines Privaten abweichen, ist diesem das rechtliche Gehör zu gewähren, d.h. die Möglichkeit eines Beschwerderückzugs einzuräumen[37]. Das gilt nur dann nicht, wenn der angefochtene Entscheid – oder die diesem zugrunde liegende Anordnung – *nichtig* ist.

Führt hingegen das *Gemeinwesen* zur Durchsetzung des objektiven Rechts – also nicht wie eine betroffene Privatperson – Beschwerde, tritt die funktionale Ausrichtung der Verwaltungsgerichtsbarkeit auf den subjektiven Rechtsschutz in den Hintergrund, so dass zur Verwirklichung des objektiven Rechts auch eine reformatio in peius zulässig erscheint[38]. 27

Die Regelung von § 63 Abs. 2 hat primär das Regelanfechtungsobjekt der individuell-konkreten Anordnung zum Gegenstand. Bei der Erlassanfechtung, d.h. im Rahmen der **abstrakten Normenkontrolle,** steht dem Verwaltungsgericht in begründeten Fällen die Befugnis zu, über den Rechtsmittelantrag hinaus den ganzen Erlass aufzuheben. Das ist nach der Rechtsprechung der Fall, wenn der Erlass ohne die angefochtenen und als rechtswidrig erachteten Bestimmungen sinn- und zwecklos wird[39]. 28

Keine einheitliche Praxis besteht in Bezug auf die Frage, ob bei einer **Rückweisung** das Verbot der reformatio in peius nach § 63 Abs. 2 im zweiten Rechtsgang vor der Vorinstanz gilt, da diese die angefochtene Anordnung grundsätzlich auch zuungunsten der rekurrierenden Partei ändern darf (vgl. § 27). Das Verwaltungsgericht hat dazu einerseits erwogen, dass die Rekursinstanz in ihrem neuerlichen Entscheid an die seinerzeitigen Rechtsbegehren der Parteien des Beschwerdeverfahrens gebunden sei; sie dürfe daher im zweiten Rechtsgang die rekurrierende Partei weder schlechter stellen als nach dem aufgehobenen Rekursentscheid, noch besser stellen, als diese vor Verwaltungsgericht selber beantragt hatte[40]. Anderseits soll eine reformatio in peius in Bezug auf den Rückweisungsentscheid des Verwaltungsgerichts nur dann vorliegen, wenn die Rückweisung an die Vorinstanz *mit Sicherheit* eine Verschlechterung der Rechtsstellung der beschwerdeführenden Partei zur Folge hat[41]. 29

Die blosse Möglichkeit einer Schlechterstellung der beschwerdeführenden Partei infolge Aufhebung des angefochtenen Entscheids verbunden mit der Rückweisung zu ergänzender Sachverhaltsfeststellung sowie zu neuer Beurteilung der Sache gilt gemäss bundesgerichtlicher Rechtsprechung nicht als reformatio in peius[42]. Soweit ersichtlich, bezieht sich diese Praxis einzig auf die Rückweisung an die *erstinstanzlich verfügende Behörde,* die dadurch in den Zustand vor Erlass der Verfügung zurückversetzt wird[43], und auf Beschwerdeverfahren, in welchen die Beschwerdeinstanz, d.h. das Bundesverwaltungsgericht oder in sozialversicherungsrechtlichen Streitigkeiten das kantonale Versicherungsgericht, eine 30

---

[37] Vgl. BGE 129 II 385, E. 4.4.3; 122 V 166, E. 2.
[38] Vgl. auch RB 1980 Nr. 23.
[39] VGr, 26.6.2013, AN.2012.00005, E. 3; BGE 133 I 206, E. 3.2.
[40] VGr, 24.1.2001, VB.2000.00368, E. 2; VGr, 18.10.2001, VB.2001.00224 und 225, E. 3f.; RB 1992 Nr. 94.
[41] VGr, 10. März 2010, PB.2009.00031, E. 2.2.1.
[42] BGr, 6.1.2009, 9C_992/2008, E. 2; BGr, 10.12.2007, U 30/07, E. 2.2; GUCKELBERGER, Reformatio, S. 100 f., je m.w.H.
[43] Vgl. GUCKELBERGER, Reformatio, S. 101.

reformatio in peius – unter Gewährung des rechtlichen Gehörs – vornehmen darf. Auf das Verwaltungsgericht ist diese Rechtsprechung damit *nicht anzuwenden.*

C. In personalrechtlichen Streitigkeiten (Abs. 3)

1. Ausgangslage und Problematik

31 Es entspricht dem Sinn und Zweck eines **wirksamen Rechtsschutzes,** dass die Rechtsmittelinstanzen die angefochtene Anordnung, wenn sich diese als unrechtmässig erweist, aufheben[44]. Zudem kommt der Einreichung des Rechtsmittels in der Regel aufschiebende Wirkung zu (vgl. § 25 Abs. 1 und § 55). Die aufschiebende Wirkung bedeutet, dass die im Dispositiv der angefochtenen Anordnung angeordnete Rechtsfolge einstweilen keine Wirkungen entfaltet. Damit gilt für die Dauer des Verfahrens der bestehende Zustand.

32 Wendet man diese allgemeinen Grundsätze auf die personalrechtlichen Anordnungen der Kündigung und Freistellung an, bedeutet das Folgendes: Wird eine Kündigung angefochten, so dauert das Anstellungsverhältnis für die gesamte Verfahrensdauer fort, und im Falle der Gutheissung des Rechtsmittels greift der **Bestandesschutz**[45], d.h. die beschwerdeführende Person wird weiterbeschäftigt. Wird eine Freistellung angefochten – und ergeht keine gegenteilige vorsorgliche Anordnung der verfügenden Behörde oder der Rechtsmittelinstanz –, entfaltet diese für die Dauer des Verfahrens ebenfalls keine Wirkung.

33 Der Gesetzgeber und die Gerichtspraxis haben **andere Lösungswege** eingeschlagen[46]: Das Verwaltungsgericht geht in konstanter Praxis davon aus, dass das kantonale Personalrecht (§ 18 Abs. 3 PG) *keinen Anspruch auf Wiedereinstellung bzw. Weiterbeschäftigung* bei rechtswidriger Kündigung einräume[47]. Hinzu kommt, dass es dem Verwaltungsgericht – nicht aber seinen Vorinstanzen – auch gestützt auf alt § 80 Abs. 2 verwehrt war, eine Kündigungsverfügung aufzuheben und damit eine Weiterbeschäftigung anzuordnen. Immerhin galt dies nur «unter Vorbehalt der Vereitelung von Bundesrecht»[48]; überdies kann eine Weiterbeschäftigung angeordnet werden, wenn sich eine Kündigung als *nichtig* erweist[49].

34 Das Verwaltungsgericht selbst hat die Frage in den Raum gestellt, ob die **Rechtsweggarantie** nach Art. 29a BV allenfalls zur Aufgabe dieser Praxis zwingen könnte[50]. Es gehört zum materiellen Gehalt der Rechtsweggarantie, dass mindestens einer gerichtlichen Instanz volle Kognition in Rechts- und Sachverhaltsfragen zukommen muss[51]. Zudem

---

[44] Ebenso Weisung 2009, S. 886.
[45] Vgl. MARCO DONATSCH, Privatrechtliche Arbeitsverträge und der öffentliche Dienst, Jusletter 3. Mai 2010, Rz. 23, m.w.H.
[46] Vgl. zum Ganzen MARCO DONATSCH, Gerichtspraxis zum Lehrpersonalrecht, in: ders./Thomas Gächter (Hrsg.), Zürcher Lehrpersonalrecht, Zürich/St. Gallen 2012, S. 5 ff., 8 ff.
[47] Vgl. VGr, 18.11.2009, PB.2009.00027, E. 2.1 f., m.w.H.
[48] VGr, 1.4.2009, PB.2009.00002, E. 1.3, m.w.H. – Zu denken ist etwa an Rechtsansprüche nach Art. 5 Abs. 1 Gleichstellungsgesetz (vgl. RB 2002 Nr. 127, E. 5a [PB.2002.00003]).
[49] RB 2008 Nr. 102.
[50] VGr, 1.4.2009, PB.2009.00002, E. 2.1, m.w.H.
[51] MÜLLER/SCHEFER, Grundrechte, S. 916.

muss der Rechtsschutz *wirksam* sein (vgl. auch Art. 77 Abs. 1 KV). Unter dem verfassungsrechtlichen Gesichtspunkt eines wirksamen Rechtschutzes erscheint daher durchaus die Auffassung vertretbar, dass im Rechtsmittelverfahren eine unrechtmässige Kündigung aufzuheben ist und dass das rechtswidrige Vorgehen des Gemeinwesens nicht durch eine – zumal eher geringfügige – Entschädigung abgegolten werden kann.

2. Verweisung auf § 27a Abs. 1

Der Gesetzgeber hat sich im Zuge der VRG-Revision von 2010 mit diesen – verfassungsrechtlich motivierten – Einwänden nicht weiter auseinandergesetzt und stattdessen ausgeführt, dass eine Aufhebung der Kündigung und damit eine Weiterbeschäftigung nicht sinnvoll wäre, da das Vertrauensverhältnis zwischen Arbeitgeberin oder Arbeitgeber und Arbeitnehmerin oder Arbeitnehmer oftmals (zu) stark beeinträchtigt sei[52]. Die bisherige Gerichtspraxis (N. 33) wurde daher gesetzlich verankert. § 27a Abs. 1 hält fest, dass sich die Entscheidbefugnis der Rekursinstanz auf die **Feststellung der Unrechtmässigkeit** der Kündigung oder Freistellung[53] beschränkt; dabei ist *von Amtes wegen* die vom Gemeinwesen zu entrichtende Entschädigung zu bestimmen. Eine umfassende Entscheidbefugnis besteht nur dann, wenn das kommunale Personalrecht eine Weiterbeschäftigung vorsieht (vgl. § 27a Abs. 2). Für das Verwaltungsgericht gilt § 27a *Abs. 1* sinngemäss (vgl. § 63 Abs. 3).

35

Die Verweisung in § 63 Abs. 3 bezieht sich nur auf Abs. 1, nicht aber auf Abs. 2 von § 27a. Letztgenannter Absatz war in der Vorlage des Regierungsrats nicht enthalten und wurde von der vorberatenden kantonsrätlichen Kommission eingefügt[54]. Desgleichen hat die Kommission § 63 Abs. 3 angepasst und dabei nur auf Abs. 1 von § 27a verwiesen[55]. Wenn das kommunale Personalrecht die Möglichkeit der Weiterbeschäftigung vorsehe, «muss der Rekursinstanz diese Entscheidmöglichkeit offen gehalten werden»[56]. Aus den Gesetzesmaterialien ergibt sich damit, dass die fehlende Verweisung auf Abs. 2 von § 27a in § 63 Abs. 3 als *qualifiziertes Schweigen* zu verstehen ist. An der Entscheidbefugnis des Verwaltungsgerichts – als zweiter Rechtsmittelinstanz – sollte sich, wie auch vom Regierungsrat vorgeschlagen[57], nichts ändern. Das Verwaltungsgericht darf damit wie unter altem Recht (vgl. alt § 80 Abs. 2) **keine Weiterbeschäftigung** anordnen, auch wenn das kommunale Personalrecht dies nicht ausschliesst. Vorbehalten bleiben einzig die in der bisherigen Praxis anerkannten Ausnahmen (N. 33).

36

Als Folge der gesetzlich eingeschränkten Entscheidbefugnis hat auch das Verwaltungsgericht die **Entschädigung von Amtes wegen** festzusetzen, wenn sich eine Kündigung oder Freistellung als materiell ungerechtfertigt oder formell mangelhaft erweist. Sofern

37

---

[52] Weisung 2009, S. 886 f.
[53] Der Gesetzeswortlaut spricht von der «Einstellung im Amt», womit auf § 29 PG Bezug genommen wird. In der Praxis ist allgemein von der Freistellung die Rede (vgl. auch § 24 Abs. 3 LPG). Die ebenfalls genannte «vorzeitige Entlassung» bezieht sich auf Angestellte oder Behördemitglieder, die auf eine feste Amtsdauer gewählt sind, sofern sie überhaupt dem (kommunalen oder kantonalen) Personalrecht unterstehen.
[54] Vgl. SCHUHMACHER, Überblick, S. 19.
[55] Vgl. Weisung 2009, S. 810, 815; VRG-Revision 2010, Antrag KJS, S. 180, 184.
[56] Prot. KR 2007–2011, S. 10241.
[57] Weisung 2009, S. 887 f., 973.

vor Verwaltungsgericht ausdrücklich eine Aufhebung der Kündigungs- oder Freistellungsverfügung bzw. eine Weiterbeschäftigung beantragt wird, ergeben sich keine Probleme. Die Zusprache einer Entschädigung bildet insoweit ein Minus gegenüber dem Rechtsbegehren der beschwerdeführenden Partei. Die Entscheidbefugnis steht insoweit im Einklang mit § 63 Abs. 2.

38 Schwieriger wird es hingegen, wenn lediglich ein Antrag auf **Feststellung der Rechtswidrigkeit** der angefochtenen personalrechtlichen Anordnung gestellt wird. In der bisherigen Praxis – d.h. vor Inkrafttreten von § 63 Abs. 3 – tat sich das Verwaltungsgericht schwer damit, auf Feststellungsbegehren betreffend die Rechtswidrigkeit einer Kündigung einzutreten[58]. § 27a Abs. 1 gilt für das Verwaltungsgericht «sinngemäss» (§ 63 Abs. 3), so dass diese Bestimmung im Einklang mit § 63 Abs. 2 anzuwenden ist. Danach darf das Verwaltungsgericht – anders als die Rekursinstanz (§ 27) – nicht über die Begehren der beschwerdeführenden Partei hinausgehen. Wenn die beschwerdeführende Partei mit dem Feststellungsbegehren zwar ein schützenswertes Interesse verfolgt, dabei aber jeglicher Bezug zu finanziellen Ansprüchen aus dem Anstellungsverhältnis fehlt, hat das Verwaltungsgericht demnach nicht auf die Entrichtung einer Entschädigung zu erkennen.

39 Die beschränkte Entscheidbefugnis hat schliesslich zur Folge, dass bereits die Rekursinstanz eine **Verletzung des Anspruchs auf rechtliches Gehör** (Art. 29 Abs. 2 BV) *nicht heilen* kann. Damit müsste aufgrund der formellen Natur des Gehörsanspruchs eigentlich eine Rückweisung an das verfügende Gemeinwesen zur korrekten Durchführung des Verfahrens erfolgen. Wiegt die Verletzung des rechtlichen Gehörs aber nicht derart schwer, dass unter Abwägung der auf dem Spiel stehenden Interessen auf Nichtigkeit der Anordnung (Kündigung oder Freistellung) zu schliessen ist, ist nach der Praxis für die Gehörsverletzung lediglich eine *Entschädigung* zuzusprechen[59].

---

[58] Vgl. RB 2004 Nr. 22; ferner VGr, 22.6.2005, PB.2005.00012, E. 1.2.
[59] VGr, 21.7.2010, PB.2010.00012, E. 17; VGr, 8.5.2002, PB.2002.00003, E. 4c.

b. Rückweisung an die Vorinstanz

§ 64

¹ Das Verwaltungsgericht kann die Angelegenheit zu neuer Entscheidung an die Vorinstanz zurückweisen, insbesondere wenn mit der angefochtenen Anordnung nicht auf die Sache eingetreten oder der Tatbestand ungenügend festgestellt wurde.

² Im Verwaltungsverfahren sind neue tatsächliche Behauptungen und die Bezeichnung neuer Beweismittel zulässig. Dem neuen Entscheid ist die rechtliche Beurteilung zugrunde zu legen, mit der die Rückweisung begründet wurde.

Materialien

Weisung 1957, S. 1052; Prot. KK 21.3.1958, 21.10.1958; Prot. KR 1955–1959, S. 3404; Beleuchtender Bericht 1959, S. 412.

Literatur

CAMPRUBI MADELEINE, in: Kommentar VwVG, Art. 61 N. 7 ff.; WEISSENBERGER PHILIPPE, in: Praxiskommentar VwVG, Art. 61 N. 15 ff.

Vgl. im Weiteren die Angaben bei § 63.

Inhaltsübersicht

I.	Regelungsgegenstand	1
II.	Rückweisung (Abs. 1)	2–13
	A. Allgemeines	2–6
	B. Gründe	7–13
III.	Neuentscheid durch die Vorinstanz (Abs. 2)	14–18
IV.	Zweiter Rechtsgang vor Verwaltungsgericht	19–24

I. Regelungsgegenstand

§ 64 steht in systematischem Zusammenhang mit der Entscheidbefugnis des Verwaltungsgerichts nach § 63 Abs. 1 und regelt – entsprechend der Marginalie – die Rückweisung an die Vorinstanz. Die Bestimmung ist seit dem Inkrafttreten des VRG von 1959 unverändert geblieben. 1

II. Rückweisung (Abs. 1)

A. Allgemeines

Schon der historische Gesetzgeber verstand die Rückweisung als **Ausnahme;** das Verwaltungsgericht hat in der Regel reformatorisch (§ 63 Abs. 1) und nicht bloss kassatorisch zu entscheiden. Die Rückweisung soll nur in besonders gelagerten Fällen erfolgen bzw. das 2

Verwaltungsgericht soll davon nur zurückhaltend Gebrauch machen[1]. Vor dem Hintergrund der neuen Kantonsverfassung muss das Verwaltungsgericht diesem gesetzgeberischen Willen verstärkt Nachachtung verschaffen. Die Forderung nach einer raschen Erledigung des Verfahrens ist einerseits in Art. 18 Abs. 1 KV als kantonale Verfahrensgarantie verankert[2]; andererseits hat der Gesetzgeber durch die Regelung des Verfahrens eine rasche Rechtsprechung zu gewährleisten (vgl. Art. 74 Abs. 1 KV)[3]. Die Rückweisung hat aber in aller Regel eine Verlängerung des Verfahrens zur Folge.

3   Das Verwaltungsgericht «kann» nach dem Gesetzeswortlaut eine Rückweisung vornehmen; die Gründe hierfür sind in Abs. 1 nur exemplarisch, d.h. nicht abschliessend genannt[4]. Es verfügt damit über einen erheblichen *Ermessensspielraum*. Dieser ist nach dem vorstehend genannten Sinn und Zweck der gesetzlichen Ordnung, insbesondere unter Beachtung des Grundsatzes der raschen Verfahrenserledigung auszuüben. Massgebend für die Frage, ob das Gericht bei der Aufhebung des vorinstanzlichen Entscheids einen (reformatorischen) Neuentscheid oder einen Rückweisungsentscheid fällen soll, ist zum einen die Art des Mangels, der zur Aufhebung des angefochtenen Entscheids führt, und zum anderen die Art der Tätigkeit, die für den Neuentscheid erforderlich ist (N. 7 ff.). Dabei ist immer auch die **Interessenlage der Verfahrensbeteiligten** in die Würdigung miteinzubeziehen.

4   Nach einer engen Auslegung des Wortlauts von Abs. 1 kann das Verwaltungsgericht die Streitsache nur an die unmittelbare Vorinstanz zurückweisen. Zwischenzeitlich entspricht es der ständigen verwaltungsgerichtlichen Praxis, dass auch eine sog. **Sprungrückweisung** zulässig ist[5]. Das Verwaltungsgericht entscheidet daher aufgrund der Umstände des Einzelfalls und des Grunds der Rückweisung, ob diese an die Vorinstanz oder an eine untere Instanz, in der Regel die erstinstanzlich verfügende Behörde, erfolgt. Geht es beim Neuentscheid vorwiegend um Ermessensausübung und kommt einer Gemeindebehörde dabei Gemeindeautonomie zu, ist die Sprungrückweisung sogar geboten[6].

5   In Bezug auf die **Kosten- und Entschädigungsfolgen** eines Rückweisungsentscheids geht das Verwaltungsgericht in ständiger Praxis davon aus, dass die beschwerdeführende Partei und die Gegenseite als je hälftig obsiegend bzw. unterliegend erscheinen[7]. Die beschwerdeführende Partei hat folglich für die Hälfte der Gerichtskosten aufzukommen, und es steht ihr keine Parteientschädigung zu. Mit dieser Praxis verkennt das Verwaltungsgericht, dass die Rückweisung einem Obsiegen der beschwerdeführenden Partei gleichkommt, wie dies denn auch der Rechtsprechung des Bundesgerichts entspricht[8]. Einzig das Gericht selbst entscheidet, ob es einen reformatorischen (Neu-)Entscheid trifft oder die Rück-

---

[1] Weisung 1957, S. 1052; Beleuchtender Bericht 1959, S. 412.
[2] Vgl. dazu BIAGGINI, in: Kommentar KV, Art. 18 N. 13 ff.
[3] Vgl. SCHMID, Kommentar KV, Art. 74 N. 4 und 6.
[4] VGr, 30.7.2003, VB.2003.00104, E. 5a.
[5] Vgl. etwa VGr, 7.12.2011, VB.2011.00379, E. 5.5; VGr, 22.11.2006, VB.2006.00248, E. 5.3; VGr, 30.7.2003, VB.2003.00104, E. 5a.
[6] Vgl. VGr, 8.9.2011, VB.2011.00110, E. 7.1; RB 2001 Nr. 113, E. 6b (PB.2001.00011); grundlegend bereits RB 1961 Nr. 30.
[7] VGr, 22.2.2012, VB.2011.00751 und 752, E. 3; VGr, 13.7.2011, VB.2010.00651, E. 10; VGr, 24.3.2011, VB.2010.00495, E. 6.2; VGr, 1.4.2009, PB.2008.00050, E. 7; VGr, 4.7.2001, VB.2001.00200, E. 4.
[8] BGr, 12.5.2011, 2C_60/2011, E. 2.4; BGr, 26.4.2010, 1C_397/2009, E. 6; BGE 131 II 72, E. 4.

weisung anordnet. Die beschwerdeführende Partei kann darauf durch die Abfassung der Rechtsbegehren in der Beschwerde keinen Einfluss nehmen; die reformatorische Entscheidbefugnis des Verwaltungsgerichts nach § 63 Abs. 1 besteht selbst dann, wenn lediglich eine Rückweisung zur Wiederholung des vorinstanzlichen Verfahrens beantragt ist[9].

Nach der neueren Rechtsprechung des Bundesgerichts sind Rückweisungsentscheide des Verwaltungsgerichts grundsätzlich **Zwischenentscheide**. Sie können daher nur dann beim Bundesgericht angefochten werden, wenn sie einen nicht wiedergutzumachenden Nachteil rechtlicher Natur bewirken können oder wenn die Gutheissung der Beschwerde sofort einen Entscheid herbeiführen und damit einen bedeutenden Aufwand an Zeit oder Kosten für ein weitläufiges Beweisverfahren ersparen würde (Art. 93 Abs. 1 lit. a und b BGG). Ein Endentscheid liegt ausnahmsweise dann vor, wenn der mit der Rückweisung befassten Instanz überhaupt kein Entscheidungsspielraum verbleibt, d.h. wenn die Rückweisung einzig noch der Umsetzung der Anordnungen des Verwaltungsgerichts dient[10]. 6

B. Gründe

Der eine im Gesetz ausdrücklich genannte Grund für eine Rückweisung ist der Fall, dass die Vorinstanz zu Unrecht **nicht** auf die Sache **eingetreten** ist. Das Verwaltungsgericht führt dazu zwar regelmässig aus, dass die Rückweisung zur materiellen Beurteilung die Regel bilde[11]. Ebenso häufig sind indessen Entscheide, mit welchen das Gericht bei Aufhebung eines vorinstanzlichen Nichteintretensentscheids aus prozessökonomischen Gründen selber den Sachentscheid trifft (§ 63 N. 18). Bei Vorliegen eines zu Unrecht ergangenen vorinstanzlichen Nichteintretensentscheids ist somit in Bezug auf die Beurteilung, ob das Verwaltungsgericht eine Rückweisung anordnet oder einen Sachentscheid fällt, nicht von einem Regel/Ausnahme-Verhältnis auszugehen[12]. Insbesondere wenn die Vorinstanz trotz Nichteintreten eine summarische materielle Prüfung vorgenommen hat oder sich die Verfahrensbeteiligten – und allenfalls auch die Vorinstanz – im Rahmen des Schriftenwechsels vor Verwaltungsgericht auch zum Materiellen äussern, ist ein Sachentscheid angezeigt. Folgerichtig sind auch materielle Beschwerdeanträge bei der Anfechtung eines Nichteintretensentscheids zulässig[13]. Mit dieser Rechtsprechung trägt das Verwaltungsgericht dem Umstand Rechnung, dass die Parteien in der Regel das Interesse an der beförderlichen Streiterledigung höher gewichten als das Interesse, keine (Rechtsmittel-)Instanz zu verlieren. 7

Der andere im Gesetz aufgeführte Rückweisungsgrund betrifft die **ungenügende Feststellung des Sachverhalts**. Sind wichtige, entscheidrelevante Elemente des Sachverhalts 8

---

[9] Ebenso MEYER/DORMANN, in: Basler Kommentar BGG, Art. 107 N. 3 (in Bezug auf die Entscheidbefugnis des Bundesgerichts).
[10] Vgl. BGE 138 I 143, E. 1.2; 135 V 141, E. 1.1; 133 V 477, E. 4.2.
[11] Vgl. z.B. VGr, 9.9.2004, VB.2004.00281, E. 3; VGr, 13.6.2007, PB.2006.00045, E. 4; VGr, 8.12.2005, VB.2005.00225, E. 3.1; VGr, 24.11.2004, VB.2004.00424, E. 1.5 (nicht publiziert).
[12] Anders aber die Lehre und Rechtsprechung zu Art. 61 Abs. 1 VwVG, wonach bei einem Nichteintretensentscheid der Vorinstanz eine Rückweisung zu erfolgen hat, weil die beschwerdeführende Partei ansonsten eine Instanz verlieren würde (WEISSENBERGER, in: Praxiskommentar VwVG, Art. 61 N. 19, m.H. auf die Praxis des Bundesverwaltungsgerichts; CAMPRUBI, in: Kommentar VwVG, Art. 61 N. 11).
[13] RB 2005 Nr. 18.

von der Vorinstanz nicht bzw. nicht hinreichend geklärt worden, nimmt das Verwaltungsgericht in aller Regel eine Rückweisung vor[14]. Von der Möglichkeit, zur Abklärung des Sachverhalts nach § 60 Beweiserhebungen vorzunehmen, macht das Verwaltungsgericht – jedenfalls in seiner bisherigen Praxis – so gut wie keinen Gebrauch.

9   Entscheidet das Verwaltungsgericht als *erste kantonale Gerichtsinstanz,* ist auf die Sachlage im Zeitpunkt des Beschwerdeentscheids abzustellen (§ 52 N. 8 f.). Sofern nicht ein zeitlich abgeschlossener Sachverhalt – z.B. die Rechtmässigkeit einer Kündigung – zu beurteilen ist, kann eine Rückweisung eine unnötige Verlängerung des Verfahrens bewirken, da bei einem erneuten Weiterzug des (zweiten) Rekursentscheids im Beschwerdeverfahren neu eingetretene Tatsachen abermals zu berücksichtigen sind[15]. In diesen Fällen sollte daher nur dann eine Rückweisung erfolgen, wenn die Vorinstanz bzw. vor allem die erstinstanzliche Verwaltungsbehörde aufgrund ihrer funktionellen und instrumentellen Ausstattung besser geeignet ist als das Verwaltungsgericht, die Entscheidungsgrundlagen zu beschaffen[16].

10 Entscheidet das Verwaltungsgericht hingegen als *zweite Gerichtsinstanz,* ist auf die Sachlage im Zeitpunkt des angefochtenen Rekursentscheids abzustellen (§ 52 N. 10). Entsprechend ist es die Aufgabe der gerichtlichen Vorinstanz, den entscheidwesentlichen Sachverhalt zu ermitteln. Die Rückweisung ist daher geboten; dies umso mehr, als namentlich das Baurekursgericht aufgrund seiner Zusammensetzung für Sachverhaltsermittlungen über die notwendige Sachkunde verfügt[17].

11 Hat die Vorinstanz den Anspruch der beschwerdeführenden Partei auf **rechtliches Gehör** (Art. 29 Abs. 2 BV) verletzt, kann das Verwaltungsgericht nur dann reformatorisch entscheiden, wenn der Mangel heilbar ist[18]. Das Gericht folgt dabei der Rechtsprechung des Bundesgerichts, wonach eine nicht besonders schwer wiegende Verletzung des rechtlichen Gehörs geheilt werden kann, wenn es über dieselbe Kognition wie die Vorinstanz verfügt[19]. Die Streitsache ist daher zurückzuweisen, wenn der Vorinstanz ein Ermessensbereich zukommt, den das Verwaltungsgericht nicht uneingeschränkt prüfen kann (§ 50 Abs. 2)[20]. Liegt eine Verletzung des rechtlichen Gehörs vor, schliesst es das Verwaltungsgericht damit zu Recht aus, ausnahmsweise selbst den Ermessensentscheid zu treffen (vgl. N. 13).

12 Ein Rückweisungsgrund liegt zudem auch dann vor, wenn eine Partei zu Unrecht **nicht** ins Rekursverfahren **beigeladen** wurde. Das hat nach der Rechtsprechung des Verwal-

---

[14] Vgl. z.B. RB 2005 Nr. 26, E. 4.2 (VB.2004.00523).
[15] Anders aber VGr, 1.7.2009, VB.2009.00252, E. 6.3.1, und VGr, 30.6.2003, VB.2003.00104, E. 5a, wonach ein Rückweisungsgrund darin liegt, dass eine neu eingetretene, massgebliche Tatsache neue Sachverhaltsabklärungen erfordert.
[16] Vgl. BGE 131 V 407, E. 2.1.1; VGr, 26.10.2011, VB.2011.00283, E. 6.2; CAMPRUBI, in: Kommentar VwVG, Art. 61 N. 12.
[17] Dem Baurekursgericht gehören neben juristisch ausgebildeten Personen mehrheitlich Fachleute aus den Bereichen Bau, Architektur, Planung, Ingenieurwesen und Umweltschutz an (vgl. Rechenschaftsbericht des Baurekursgerichts des Kantons Zürich 2011).
[18] Vgl. VGr, 22.11.2006, VB.2006.00248, E. 5.3.
[19] Vgl. VGr, 13.7.2011, VB.2010.00651, E. 9.3; VGr, 13.7.2005, VB.2005.00132, E. 3; zur Heilung von Gehörsverletzungen vgl. § 8 N. 37 f.
[20] VGr, 17.9.2008, VB.2008.00157, E. 3.

tungsgerichts zwingend eine Rückweisung zur Folge[21]. Die Verletzung des Teilnahmerechts im Rekursverfahren ist demnach eine schwer wiegende Gehörsverweigerung, die im Beschwerdeverfahren nicht geheilt werden kann.

Hebt das Verwaltungsgericht den angefochtenen Entscheid der Vorinstanz auf und erfordert ein reformatorischer (Neu-)Entscheid eine **Ermessensausübung,** verfügt das Verwaltungsgericht nach ständiger Rechtsprechung auch über die Kompetenz zur Entscheidung von Ermessensfragen (§ 63 N. 18 und § 50 N. 70 ff.). Es liege im Interesse der beförderlichen Streiterledigung, dass das Gericht nur bei schwierigen und voraussichtlich umstrittenen Ermessensfragen eine Rückweisung anordne[22]. Es kommt damit darauf an, aus welchem Grund das Verwaltungsgericht den vorinstanzlichen Entscheid aufhebt und ob sich der Rechtsstreit im Beschwerdeverfahren um die Ermessensausübung dreht. Fällt die für den Entscheid erforderliche Ermessenausübung in den Schutzbereich der *Gemeindeautonomie,* muss die Angelegenheit an die verfügende Gemeindebehörde zurückgewiesen werden[23].

13

III. Neuentscheid durch die Vorinstanz (Abs. 2)

Die mit der Streitsache erneut befasste Vorinstanz oder – im Falle einer Sprungrückweisung – die erstinstanzliche Behörde ist von Gesetzes wegen an die **rechtliche Beurteilung** des verwaltungsgerichtlichen Rückweisungsentscheids gebunden (Abs. 2 Satz 2). Damit wird verhindert, dass über dieselbe rechtliche Streitfrage ein zweites Verfahren vor Verwaltungsgericht stattfindet. Diese Bindungswirkung entspricht jener, welche den Erwägungen in Rückweisungsentscheiden des Bundesgerichts zukommt[24].

14

Die Bindung bezieht sich dabei nicht nur – wie gestützt auf den Gesetzeswortlaut geschlossen werden könnte – auf die Erwägungen, mit welchen «die Rückweisung begründet wurde». Beurteilt der Rückweisungsentscheid neben den die Rückweisung betreffenden auch weitere Gesichtspunkte der Streitsache, indem er z.B. die Bewilligungsfähigkeit eines Bauprojektes im Übrigen bestätigt, sind auch diese Erwägungen bindend, soweit sie sich im Rahmen des Streitgegenstands bewegen[25]. Allgemeine Hinweise oder obiter dicta sind demgegenüber nicht verbindlich; ebenso ist es nicht ausgeschlossen, dass sich der neue Entscheid auf zusätzliche Erwägungen stützt, die weder im aufgehobenen noch im rückweisenden Entscheid enthalten waren[26].

15

Neue tatsächliche Behauptungen und die Bezeichnung **neuer Beweismittel** sind nach Abs. 2 Satz 1 im zweiten Rechtsgang vor der unteren Instanz zulässig. Das Gesetz trägt damit dem Umstand Rechnung, dass der wichtigste Rückweisungsgrund eine ungenügende

16

---

[21] VGr, 20.5.2009, VB.2008.00329, E. 4.
[22] VGr, 8.9.2011, VB.2011.00110, E. 7.1; VGr, 1.7.2009, VB.2009.00252, E. 6.3.2; VGr, 8.12.2005, VB.2005.00225, E. 3.1.
[23] Vgl. VGr, 8.9.2011, VB.2011.00110, E. 7.1; VGr, 9.2.2011, VB.2010.00678, E. 4.2; ferner JAAG/RÜSSLI, Staats- und Verwaltungsrecht, N. 2607.
[24] Vgl. dazu MEYER/DORMANN, in: Basler Kommentar BGG, Art. 107 N. 18, m.w.H.
[25] Vgl. RB 1993 Nr. 57 = BEZ 1993 Nr. 28.
[26] Vgl. VGr, 9.2.2011, VB.2010.00460, E. 2.

Sachverhaltsabklärung ist; auch bei der Neuentscheidung von Ermessensfragen können neue Sachverhaltsabklärungen notwendig werden.

17 Der Gesetzeswortlaut, der neue tatsächliche Behauptungen und neue Beweismittel uneingeschränkt zulässt, ist allerdings nach der Praxis des Verwaltungsgerichts zu weit gefasst. So bestimmt sich der Sachbereich, auf den sich neue tatsächliche Behauptungen und neue Beweismittel beziehen können, aufgrund der Erwägungen des Rückweisungsentscheids. Ist danach eine ergänzende Sachverhaltsermittlung nur hinsichtlich bestimmter Streitpunkte vorzunehmen, müssen sich die neuen tatsächlichen Vorbringen und Beweismittel an diesen Rahmen halten. Das gilt aber dann nicht, wenn neue Tatsachen oder Beweismittel einen Revisionsgrund nach § 86a lit. b bilden[27].

18 Zur Frage der Zulässigkeit der **reformatio in peius** im zweiten Rechtsgang vgl. § 63 N. 29 f.

IV. Zweiter Rechtsgang vor Verwaltungsgericht

19 Die mit der Rückweisung befasste Instanz ist an die rechtliche Beurteilung des Rückweisungsentscheids des Verwaltungsgerichts gebunden. *Uneinheitlich* ist die Praxis zur Frage, ob auch für das Verwaltungsgericht eine **Bindungswirkung** entsteht, und zwar in dem Sinn, dass es im Falle eines erneuten Weiterzugs an seine im ersten Rechtsgang vertretene Rechtsauffassung gebunden ist.

20 Ausgehend von der Feststellung, dass es sich bei Rückweisungsentscheiden um prozessleitende Entscheide und nicht um Endentscheide handle und dass nur Letztere in materielle Rechtskraft erwachsen, hat das Verwaltungsgericht zunächst keine Bindungswirkung angenommen[28]. Im Jahr 2000 änderte es diese Rechtsprechung: Da Rückweisungsentscheide in der Regel wie Endentscheide anfechtbar seien, komme ihnen materielle Rechtskraft zu. Demgemäss seien Rückweisungsentscheide, soweit sie materielle Anordnungen enthalten, auf die im Dispositiv verwiesen wird, für das Verwaltungsgericht im zweiten Rechtsgang bindend[29]. Trotz dieser grundsätzlichen Praxisänderung ist das Verwaltungsgericht in späteren Entscheiden wiederholt davon ausgegangen, dass es im zweiten Rechtsgang nicht an die Rechtsauffassung seines Rückweisungsentscheids gebunden sei[30]. In jüngsten Entscheiden hat es hingegen die Selbstbindung an den Rückweisungsentscheid wiederum bejaht[31].

21 Stellt man für die Beurteilung der Bindungswirkung eines Rückweisungsentscheids darauf ab, ob es sich dabei um einen Zwischen- oder um einen Endentscheid handelt, müsste

---

[27] VGr, 9.2.2011, VB.2010.00460, E. 2. – Im Bereich des Submissionsrechts können alle neuen Tatsachen oder Beweismittel berücksichtigt werden, die einen Widerruf des rechtskräftigen Zuschlags nach § 36 SubmV zu begründen vermöchten (VGr, 21.5.2008, VB.2007.00540, E. 3.8 = BEZ 2008 Nr. 40).
[28] Vgl. RB 1984 Nr. 16.
[29] Vgl. RB 2000 Nr. 13, E. 3 (VB.2000.00232 = BEZ 2000 Nr. 54).
[30] VGr, 3.10.2007, PB.2006.00016, E. 2.1; VGr, 19.9.2007, VB.2007.00367, E. 2; VGr, 11.2.2004, VB.2003.00058, E. 2.2.
[31] VGr, 8.8.2012, VB.2011.00799, E. 1; VGr, 5.4.2011, VB.2010.00445, E. 4.1; VGr, 9.2.2011, VB.2010.00460, E. 2.

diese aufgrund der bundesgerichtlichen Rechtsprechung zur Anfechtbarkeit von Rückweisungsentscheiden gemäss dem BGG (N. 6) regelmässig verneint werden. Da freilich der Rückweisungsentscheid bei einem erneuten Weiterzug in jedem Fall noch beim Bundesgericht durch Beschwerde gegen den Endentscheid des Verwaltungsgerichts angefochten werden kann (Art. 93 Abs. 3 BGG)[32], spielt diese Unterscheidung (Zwischen- oder Endentscheid) für die Beurteilung von dessen Bindungswirkung keine Rolle.

In Bezug auf seine eigenen Rückweisungsentscheide geht das Bundesgericht von einer Bindung an die im ersten Rechtsgang entschiedenen Fragen aus, so dass es im zweiten Rechtsgang weder neue rechtliche Vorbringen der Parteien noch seine seither ergangene Rechtsprechung berücksichtigen darf[33]. Das Verwaltungsgericht bezeichnet diese Bindungswirkung als sachgerecht, da die fehlende Bindung letztlich dazu führt, dass der im ersten Rechtsgang unterliegenden Partei faktisch eine doppelte Beschwerdemöglichkeit und ein Recht auf Wiedererwägung eingeräumt werde[34]. Eine zwingende Bindungswirkung im Sinne eines ungeschriebenen Grundsatzes des Bundesrechts besteht aber nicht[35].

Im **Grundsatz** ist es richtig, dass das Verwaltungsgericht – gleich wie das Bundesgericht – an seinen Rückweisungsentscheid **gebunden** ist. Gerade auch die beschwerdeführende Partei muss darauf vertrauen dürfen, da die Rückweisung ansonsten einzig eine Verlängerung des Verfahrens zur Folge hat und nicht der Streiterledigung dient; der Rückweisungsentscheid soll keine Rechtsunsicherheit bewirken. Daraus folgt auch, dass im zweiten Rechtsgang vor Verwaltungsgericht ungeachtet der Regelung von § 52 neue Tatsachenbehauptungen und Beweisanträge zu Streitfragen, die im Rückweisungsentscheid abschliessend behandelt wurden, unzulässig sind[36].

Die Selbstbindung des Verwaltungsgerichts setzt aber voraus, dass die Grundlagen des Rückweisungsentscheids unverändert geblieben sind. Erfolgt die Rückweisung zur Klärung oder Ergänzung des entscheidrelevanten Sachverhalts oder werden nach § 64 Abs. 2 zulässige neue Tatsachenbehauptungen oder Beweismittel in das Verfahren eingebracht, kann dies zu einer abweichenden Beurteilung führen. Da die rechtliche Beurteilung alsdann auf einem **geänderten Sachverhalt** beruht, tangiert dies indessen nicht die Bindung an den Rückweisungsentscheid. Diese steht aber in Frage, wenn seit dem Rückweisungsentscheid eine **Rechts- oder Praxisänderung** erfolgte oder eine (bis dahin ungeklärte) Rechtsfrage vom Bundesgericht abweichend beurteilt worden ist. In solchen Fällen kann von der Beurteilung im Rückweisungsentscheid abgewichen werden[37], namentlich wenn dieser – für das Verwaltungsgericht erkennbar – im Falle eines Weiterzugs vom Bundesgericht aufgehoben würde.

---

[32] Dazu BGr, 13.9.2012, 2C_847/2012, E. 2.2.1, m.w.H.
[33] BGE 135 III 334, E. 2; MEYER/DORMANN, in: Basler Kommentar BGG, Art. 107 N. 18 f., je mit Hinweisen.
[34] VGr, 25.8.2010, SB.2010.00056, E. 1.3.1.
[35] Vgl. dahingehend BGr, 13.9.2012, 2C_847/2012, E. 2.2.1.
[36] VGr, 8.8.2012, VB.2011.00799, E. 1; VGr, 25.8.2010, SB.2010.0056, E. 1.3.1.
[37] Vgl. VGr, 8.8.2012, VB.2011.00799, E. 1; VGr, 25.8.2010, SB.2010.0056, E. 1.3.1.

c. Form und Mitteilung des Entscheids

§ 65

¹ Der Entscheid des Verwaltungsgerichts ergeht begründet. Bei offensichtlich unzulässigen, gegenstandslos gewordenen, offensichtlich unbegründeten oder offensichtlich begründeten Rechtsmitteln kann der Entscheid summarisch begründet werden.

² Der Entscheid wird schriftlich mitgeteilt:
a. den Verfahrensbeteiligten,
b. dem Regierungsrat,
c. der Schlichtungsstelle im Sinne des Gleichstellungsgesetzes, wenn eine Schlichtungsverhandlung durchgeführt worden ist.

³ Der Entscheid kann vor der schriftlichen Mitteilung mündlich oder durch Zustellung des Dispositives eröffnet werden.

Materialien
Weisung 2009, S. 973; Prot. KR 2007–2011, S. 10246.

Zur früheren Fassung/zu früheren Fassungen: Weisung 1957, S. 1052; Prot. KK 21.3.1958; Prot. KR 1955–1959, S. 3404; Beleuchtender Bericht 1959, S. 412.

Literatur
KAYSER MARTIN, Die öffentliche Urteilsverkündung in der künftigen Schweizer Zivil- und Strafprozessordnung, in: Benjamin Schindler/Regula Schlauri (Hrsg.), Auf dem Weg zu einem einheitlichen Verfahren, Zürich 2001, S. 47 ff.; KEISER, Öffentlichkeit; KÖLZ/HÄNER/BERTSCHI, Verwaltungsverfahren, N. 233 ff.; RASELLI, Öffentliche Urteilsverkündung, S. 23 ff.; VOGEL STEFAN, in: Kommentar KV, Art. 78.

Inhaltsübersicht

I.	Allgemeines	1–16
	A. Regelungsgegenstand und Entstehungsgeschichte	1–2
	B. Vorgaben des übergeordneten Rechts	3–10
	1. Begründungspflicht und -dichte	4–7
	2. Rechtsmittelbelehrung	8–9
	3. Vorgaben des BGG	10
	C. Form und Aufbau des Entscheids	11–16
II.	Begründung des Entscheids (Abs. 1)	17–21
	A. Regelfall	17
	B. Summarische Begründung	18–21
III.	Individuelle Mitteilung des Entscheids (Abs. 2)	22–25
IV.	Eröffnung ohne Begründung (Abs. 3)	26–27
V.	Exkurs: Öffentliche Urteilsverkündung und Veröffentlichung der Entscheidpraxis	28–34

I. Allgemeines

A. Regelungsgegenstand und Entstehungsgeschichte

Das Verwaltungsgericht hat nach § 65 seine Entscheide zu **begründen** (Abs. 1) und insbesondere den Verfahrensbeteiligten **schriftlich mitzuteilen** (Abs. 2). Der Entscheid, d.h. sowohl dessen Begründung (Erwägungen) wie auch der Urteilsspruch (Dispositiv), ist in Schriftform auszufertigen. Abs. 3 räumt dem Verwaltungsgericht zudem die Möglichkeit ein, den Entscheid vorab mündlich zu eröffnen. Davon wird aber in der Praxis kein Gebrauch gemacht, da selbst im Falle einer mündlichen Verhandlung (§ 59) der Entscheid erst im Rahmen der geheimen Urteilsberatung (§ 62 Abs. 1 Satz 2) gefällt wird.

Im Zuge der **VRG-Revision von 2010** wurde die Regelung über die Voraussetzungen der bloss summarischen Entscheidbegründung in § 65 Abs. 1 Satz 2 aufgenommen. Diese Bestimmung ist an die Stelle von alt § 38 Abs. 1 Satz 2 getreten und erwähnt neu auch den Fall des gegenstandslos gewordenen Rechtsmittels. In den §§ 38 ff. wird – systematisch zutreffend – die Besetzung des Spruchkörpers geregelt. Abs. 2 von § 65 listet die Adressaten der schriftlichen Entscheidmitteilung auf, und der bisherige Abs. 2 wurde zu Abs. 3[1].

B. Vorgaben des übergeordneten Rechts

§ 65 weist nur sehr beschränkt einen eigenständigen Regelungsgehalt auf. Die wesentlichen Anforderungen an die Begründung und Eröffnung der Entscheide ergeben sich aus dem übergeordneten Recht. Die Begründungspflicht und «das Gebot, einen Entscheid den direkt betroffenen Personen zu eröffnen»[2], sind Bestandteile des Anspruchs auf rechtliches Gehör (Art. 29 Abs. 2 BV). Art. 18 Abs. 2 KV garantiert zudem den Anspruch der Parteien auf eine Rechtsmittelbelehrung. Neben diesen grundrechtlichen Verfahrensgarantien ist zudem Art. 112 BGG zu beachten, sofern das Verwaltungsgericht – was in aller Regel der Fall ist[3] – als unmittelbare Vorinstanz des Bundesgerichts entscheidet[4].

1. Begründungspflicht und -dichte

Mit Blick auf einen allfälligen Weiterzug eines Entscheids an das Bundesgericht hat das Verwaltungsgericht aus Sicht der durch den Entscheid beschwerten Verfahrensbeteiligten insbesondere der Begründungspflicht als Teilaspekt des **Anspruchs auf rechtliches Gehör** nachzukommen. Orientierungspunkt hierfür bildet die Rechtsprechung des Bundesgerichts.

Das Bundesgericht leitet aus Art. 29 Abs. 2 BV einen Anspruch der Verfahrensbeteiligten auf Prüfung ihrer Vorbringen ab. Verlangt wird, dass die Vorbringen des vom Entscheid in seiner Rechtsstellung Betroffenen auch tatsächlich gehört, geprüft und in der

---

[1] Weisung 2009, S. 973.
[2] BGE 133 I 201, E. 2.1.
[3] Entscheide des Verwaltungsgerichts (als letzter kantonaler Instanz) sind ausnahmsweise nicht (direkt) beim Bundesgericht anfechtbar, soweit ein Bundesgesetz die Beschwerde an das Bundesverwaltungsgericht oder Bundesstrafgericht vorsieht (vgl. Art. 86 Abs. 1 lit. d BGG, Art. 33 lit. i VGG und dazu TOPHINKE, in: Basler Kommentar BGG, Art. 86 N. 11).
[4] Vgl. KIENER/KRÜSI, Beschwerde, S. 102.

Entscheidfindung berücksichtigt werden; dabei genügt es aber, wenn sich das Gericht auf die **entscheidwesentlichen Aspekte** beschränkt, und es ist nicht erforderlich, dass jedes einzelne Vorbringen genannt und ausdrücklich widerlegt wird[5].

6 Das Gericht trifft damit eine **Begründungspflicht**. Die Begründung muss so abgefasst sein, dass sich der Betroffene – wie auch die Rechtsmittelinstanz – über die Tragweite des Entscheids Rechenschaft geben und ihn in voller Kenntnis der Sache sachgerecht anfechten bzw. beurteilen kann. Es «müssen wenigstens kurz die Überlegungen genannt werden, von denen sich die Behörde hat leiten lassen und auf die sich ihr Entscheid stützt»[6].

7 Die Anforderungen an die **Begründungsdichte** hängen schliesslich von den Umständen im Einzelfall ab. Eine sorgfältige und eingehende Begründung ist insbesondere erforderlich, wenn komplexe Sachverhalts- und Rechtsfragen zu klären sind, wenn der Entscheid schwer in die Rechtsstellung des Betroffenen eingreift, wenn das Gericht einen weiten Ermessens- oder Beurteilungsspielraum ausschöpft oder wenn es von einer gefestigten Behörden- oder Gerichtspraxis abweicht[7].

2. Rechtsmittelbelehrung

8 Der Anspruch auf Erteilung einer Rechtsmittelbelehrung ergibt sich zum einen aus Art. 112 Abs. 1 BGG; zum anderen verschafft Art. 18 Abs. 2 KV einen **kantonalrechtlichen Anspruch** auf eine Rechtsmittelbelehrung (vgl. auch § 70 in Verbindung mit § 10 Abs. 1 f. VRG und dazu § 10 N. 38 ff.). Die Rechtsmittelbelehrung muss das zur Verfügung stehende Rechtsmittel, die Rechtsmittelinstanz sowie die Rechtsmittelfrist nennen; ebenfalls zu erwähnen sind allenfalls zu beachtende besondere Erfordernisse wie Streitwertgrenzen oder das Vorliegen einer Rechtsfrage von grundsätzlicher Bedeutung (vgl. insbesondere Art. 83 lit. f und 85 BGG).

9 Nach geltendem Recht muss auch auf die subsidiäre Verfassungsbeschwerde hingewiesen werden[8]. Besteht Unklarheit, welches Rechtsmittel zur Verfügung steht, ist darauf hinzuweisen[9]; ebenso, wenn kein Rechtsmittel zur Verfügung steht (sog. negative Rechtsmittelbelehrung)[10]. Das Verwaltungsgericht trägt dem umfassenden Anspruch auf eine Rechtsmittelbelehrung nach Art. 18 Abs. 2 KV Rechnung und legt in den **Erwägungen** allfällige Unklarheiten oder Abgrenzungsschwierigkeiten dar. Ebenso weist es darauf hin, dass ein Rückweisungsentscheid nach der Rechtsprechung des Bundesgerichts einen Zwischenentscheid darstellt, der nur angefochten werden kann, wenn die Voraussetzungen von Art. 93 BGG erfüllt sind[11].

---

[5] BGE 134 I 83, E. 4.1; 126 I 97, E. 2b.
[6] BGE 134 I 83, E. 4.1.
[7] Vgl. dazu H. KELLER, Garantien, N. 42; RHINOW/KOLLER/KISS/THURNHERR/BRÜHL-MOSER, Öffentliches Prozessrecht, N. 347.
[8] Vgl. JAAG, Ausgangslage, S. 10; BIAGGINI, in: Basler Kommentar BGG, Art. 117 N. 24.
[9] Vgl. EHRENZELLER, in: Basler Kommentar BGG, Art. 112 N. 11.
[10] BIAGGINI, in: Kommentar KV, Art. 18 N. 22.
[11] Vgl. dazu BGE 133 II 409, E. 1.2.

3. Vorgaben des BGG

Die Entscheide des Verwaltungsgerichts unterliegen in aller Regel der Beschwerde an das Bundesgericht (N. 3); sie sind daher nach **Art. 112 Abs. 1 BGG** den Parteien schriftlich zu eröffnen. Als Parteien gelten die bisherigen Verfahrensbeteiligten sowie auch im kantonalen Verfahren nicht beteiligte Bundesbehörden, sofern diesen gegenüber eine Mitteilungspflicht besteht (dazu N. 25)[12]. Die Entscheide müssen nach Art. 112 Abs. 1 BGG Folgendes enthalten: die Begehren, die Begründung, die Beweisvorbringen und Prozesserklärungen der Parteien, soweit sie nicht aus den Akten hervorgehen (lit. a); die massgebenden Gründe tatsächlicher und rechtlicher Art, insbesondere die Angabe der angewendeten Gesetzesbestimmungen (lit. b); das Dispositiv (lit. c); eine Rechtsmittelbelehrung einschliesslich Angabe des Streitwerts, soweit das BGG eine Streitwertgrenze vorsieht (lit. d)[13].

10

C. Form und Aufbau des Entscheids

Die Entscheide des Verwaltungsgerichts ergehen in **Schriftform** (Abs. 2) und weisen grundsätzlich folgende Elemente auf: das Rubrum, die Prozessgeschichte, die Erwägungen und schliesslich das Dispositiv.

11

Das **Rubrum** oder der Urteilskopf nennt zunächst die Verfahrensnummer, die urteilende Abteilung und das Entscheiddatum. Es folgen die Nennung der am Entscheid mitwirkenden Personen (Gerichtsmitglieder und Gerichtsschreiber) sowie der Verfahrensbeteiligten und deren Vertreter. Die Rubrizierung der Verfahrensbeteiligten, und damit insbesondere auch deren Qualifizierung als Beschwerdegegner, Mitbeteiligte oder Vorinstanz, nimmt das Verwaltungsgericht von Amtes wegen vor (vgl. § 58 N. 6 ff.). Abgeschlossen wird das Rubrum durch einen stichwortartigen Hinweis auf den Verfahrensgegenstand oder das Anfechtungsobjekt.

12

Es folgt eine kurze Darlegung der **Prozessgeschichte.** Diese besteht aus einer Sachverhaltsumschreibung, dem bisherigen Verfahrensablauf (erstinstanzliches Anfechtungsobjekt, angefochtener Entscheid) und den vor Verwaltungsgericht gestellten Rechtsbegehren der Verfahrensbeteiligten. Der Sachverhalt ist möglichst knapp zu umschreiben, da sich die entscheid- bzw. rechtserheblichen Sachverhaltselemente erst aus der Ermittlung und Auslegung der anwendbaren Rechtsnormen ergeben und auch die Beweiswürdigung nicht vorweggenommen werden soll[14].

13

In den **Erwägungen** ist der Ausgang des Verfahrens zu begründen. Das Gericht prüft zunächst die Eintretensvoraussetzungen; ist auf die Beschwerde einzutreten, folgt die materiellrechtliche Entscheidbegründung. Es ist darzulegen, aufgrund welcher tatsächlichen Feststellungen und welcher rechtlichen Gründe der Entscheid getroffen worden ist. Nicht entscheidwesentliche Erwägungen zu Rechtsfragen, das heisst sogenannte obiter dicta, können unter Umständen – etwa zum Vorspuren einer einheitlichen Verwaltungspraxis – mit der gebotenen Zurückhaltung sinnvoll sein. Der Verfahrensausgang schlägt sich

14

---

[12] Vgl. EHRENZELLER, in: Basler Kommentar BGG, Art. 112 N. 4.
[13] Vgl. im Einzelnen EHRENZELLER, in: Basler Kommentar BGG, Art. 112 N. 6 ff.
[14] Vgl. WEISSENBERGER, in: Praxiskommentar VwVG, Art. 61 N. 35 Fn. 59.

schliesslich in den Kostenfolgen nieder. Die Bemessung der Gerichtskosten und deren Auferlegung bzw. Verteilung auf die Verfahrensbeteiligten sowie die Zusprache einer allenfalls beantragten Parteientschädigung sind ebenfalls kurz zu begründen[15], ferner auch allfällige Besonderheiten in Bezug auf die Rechtsmittelbelehrung.

15 Das **Dispositiv** schliesslich enthält die Spruchformel. Grundsätzlich erwächst nur das Dispositiv in Rechtskraft, so dass dieses das Ergebnis der Erwägungen im Rahmen der Beschwerdeanträge, des (zulässigen) Streitgegenstands und der Entscheidkompetenz des Verwaltungsgerichts korrekt und vollständig enthalten muss. Im Falle eines Nichteintretens oder einer Abweisung gilt weiterhin das Dispositiv des angefochtenen Entscheids; die Praxis begnügt sich daher mit der Entscheidformel: «Auf die Beschwerde wird nicht eingetreten» bzw. «Die Beschwerde wird abgewiesen»[16]. Im Falle einer (teilweisen) Gutheissung ist das Dispositiv so zu formulieren, dass dessen Anordnung bzw. Vollstreckung für die Verfahrensbeteiligten eindeutig ist. Das Dispositiv kann auch auf die Erwägungen[17] verweisen, womit diese an der Rechtskraft teilhaben, was in der Praxis insbesondere bei Rückweisungsentscheiden geschieht. Schliesslich enthält das Dispositiv die Kosten- und Entschädigungsfolgen, die Rechtsmittelbelehrung und den Adressatenkreis der schriftlichen Mitteilung.

16 Ist das Dispositiv unklar abgefasst oder steht es in Widerspruch zu den Erwägungen, ist es – gleich wie eine erstinstanzliche Verfügung – nach dem «**tatsächlichen rechtlichen Bedeutungsgehalt**» zu verstehen[18]. Das Dispositiv ist nach Treu und Glauben auszulegen[19]. Die Erwägungen haben auch bei fehlendem ausdrücklichem Hinweis im Dispositiv an dessen Rechtskraft teil, soweit dies für die Ermittlung des Sinns des Dispositivs und des ganzen Entscheids erforderlich ist[20]. Im Übrigen besteht ein Anspruch auf *Erläuterung*, wenn das Entscheiddispositiv unklar, unvollständig oder zweideutig ist oder sich selbst bzw. den Erwägungen widerspricht (zum Erläuterungsbegehren vgl. Vorbem. zu §§ 86a–86d N. 24 ff.)[21].

II. Begründung des Entscheids (Abs. 1)

A. Regelfall

17 Der Entscheid des Verwaltungsgerichts ergeht begründet (§ 65 Abs. 1 Satz 1). Wie erwähnt, bildet die Rechtsprechung des Bundesgerichts zur Begründungspflicht und

---

[15] Parteientschädigungen werden nur auf Antrag zugesprochen (vgl. § 17 N. 16 ff.); die Höhe der Verfahrenskosten und deren Verlegung werden von Amtes wegen festgelegt (vgl. § 13 N. 7).
[16] Wird die Eintretensfrage offen gelassen, da die Beschwerde ohnehin aus materiellrechtlichen Gründen abzuweisen ist, lautet die Entscheidformel: «Die Beschwerde wird abgewiesen, soweit darauf einzutreten ist»; wird auf die Beschwerde teilweise eingetreten und im Übrigen abgewiesen, so lautet sie: «Die Beschwerde wird abgewiesen, soweit eingetreten ist».
[17] Es kann umfassend oder lediglich auf genau bestimmte Erwägungen verweisen.
[18] BGE 132 V 74, E. 2; 120 V 496, E. 1.
[19] WEISSENBERGER, in: Praxiskommentar VwVG, Art. 61 N. 44.
[20] RB 1968 Nr. 6.
[21] VGr, 17.9.2012, EG.2012.00004, E. 1 und 2.

-dichte hierfür den Leitfaden (N. 4 ff.). Die Begründung muss so abgefasst sein, dass die unterliegende Partei bei einem Weiterzug des Entscheids an das Bundesgericht nicht mit der Rüge der Verletzung des rechtlichen Gehörs durchdringt. Bei Streitsachen von grundsätzlicher Bedeutung, zur Klärung umstrittener Rechtsfragen oder bei Fragen der Auslegung entscheidrelevanter Rechtsnormen erfolgen – mit Blick auf die präjudizielle Bedeutung des Urteils – häufig **einlässliche Begründungen,** welche über die Begründungspflicht nach Art. 29 Abs. 2 BV weit hinausgehen.

B. Summarische Begründung

§ 65 Abs. 1 Satz 2 nennt vier Fälle, bei welchen der Entscheid summarisch begründet werden kann: bei offensichtlich unzulässigen, unbegründeten oder begründeten Rechtsmitteln sowie wenn diese gegenstandslos geworden sind. Geregelt werden damit die **Voraussetzungen** der summarischen Entscheidbegründung. In welcher Besetzung (Kammerbesetzung oder Einzelrichter) und auf welchem Weg (Zirkulation oder Gerichtssitzung) die Geschäftserledigung zu erfolgen hat, ist hingegen in den §§ 38 ff. geregelt: Offensichtlich unzulässige sowie gegenstandslos gewordene Rechtsmittel fallen in die einzelrichterliche Zuständigkeit (§ 38b Abs. 1 lit. a und b)[22], während offensichtlich unbegründete oder begründete Rechtsmittel in Dreier- oder Fünferbesetzung bei Einstimmigkeit auf dem Zirkulationsweg erledigt werden können (§ 38 Abs. 2 und § 38a Abs. 3).

18

Die Möglichkeit der summarischen Entscheidbegründung ist im Gegensatz zu alt § 38 Abs. 1 Satz 2 VRG als «Kann»-Vorschrift formuliert. Es folgt aber aus dem Sinn und Zweck der Regelung, welche zum einen eine **Verfahrensbeschleunigung** und zum anderen eine **Entlastung des Gerichts** (insbesondere durch die einzelrichterliche Zuständigkeit) anstrebt, dass das Gericht bei Vorliegen der Voraussetzungen davon Gebrauch machen soll[23]. Nach Art. 74 Abs. 1 KV hat denn auch der Gesetzgeber durch die Regelung der Gerichtsorganisation und des Verfahrens eine rasche (und verlässliche) Rechtsprechung zu gewährleisten; und Art. 18 Abs. 1 KV verschafft ebenso einen Anspruch auf rasche Erledigung des Verfahrens, der weiter gehen soll als das Beschleunigungsgebot nach Art. 29 Abs. 1 BV bzw. Art. 6 Ziff. 1 EMRK[24].

19

Bei **Gegenstandslosigkeit** oder **offensichtlicher Unzulässigkeit** – z.B. verpasster Frist oder funktionaler Unzuständigkeit – ist die *Einzelrichterin* oder der *Einzelrichter* zuständig. Zur Entlastung des Gerichts erfolgt damit keine Überweisung an die Kammer (Dreier- oder Fünferbesetzung); es empfiehlt sich daher, dass solche Fälle wenn möglich bereits im Rahmen der Vorprüfung bzw. Verfahrensinstruktion (vgl. §§ 56, 58) durch das Abteilungspräsidium erkannt und entsprechend erledigt werden (vgl. § 56 N. 24 f.).

20

Offensichtlich begründete oder **unbegründete** Beschwerden sind demgegenüber vom *ordentlichen Spruchkörper* zu behandeln. Ob diese auf dem Zirkulationsweg oder im Rahmen einer (nicht öffentlichen) Gerichtssitzung entschieden werden, spielt mit Blick auf

21

---

[22] Der Einzelrichter entscheidet selbstredend auch über offensichtlich unbegründete oder begründete Rechtsmittel, die aufgrund des Streitwerts oder Sachgebiets in seine Zuständigkeit fallen (§ 38b Abs. 1 lit. c und d).
[23] Vgl. auch KIENER/KRÜSI, Beschwerde, S. 76.
[24] Vgl. BIAGGINI, in: Kommentar KV, Art. 18 N. 15 ff.; SCHMID, in: Kommentar KV, Art. 74 N. 4 und 6.

den Verfahrensaufwand und die rasche Erledigung in der Regel keine wesentliche Rolle[25]. Eine summarische Begründung hat hingegen eine erhebliche Verfahrensbeschleunigung zur Folge. Dennoch sind lediglich summarisch begründete Sachentscheide in der Praxis selten, da ein verlässlicher Massstab zur Festlegung der offensichtlichen Begründet- oder Unbegründetheit (unbestimmter Rechtsbegriff) eines Rechtsmittels fehlt. Da die Entscheide des Verwaltungsgerichts an das Bundesgericht weitergezogen werden können, ist immer der Gewährung des rechtlichen Gehörs bzw. der Begründungspflicht Rechnung zu tragen (vorne N. 4 ff.). Dazu würde es bei eindeutiger Sach- und Rechtslage freilich genügen, das Entscheidrelevante, soweit sich die Beschwerde mit der Begründung des angefochtenen Entscheids auseinandersetzt, kurz und knapp zu erwägen und im Übrigen auf den angefochtenen Entscheid zu verweisen (§ 70 i.V.m. § 28 Abs. 1 Satz 2)[26].

III. Individuelle Mitteilung des Entscheids (Abs. 2)

22 Abs. 2 regelt die schriftliche Mitteilung der Entscheide an einen bestimmten «Adressatenkreis»[27]. Der Entscheid ist nach Abs. 2 lit. a selbstredend den **Verfahrensbeteiligten**[28] schriftlich zu eröffnen. Die Zustellung erfolgt in aller Regel postalisch mittels Gerichtsurkunde; sie löst den Fristenlauf für den Weiterzug des Entscheids an das Bundesgericht aus (vgl. Art. 44 ff. BGG). Darin besteht aus Sicht der Verfahrensbeteiligten die Hauptfunktion der *Zustellung*[29]. Vgl. im Einzelnen zur Zustellung als Teilhandlung der Eröffnung einer Anordnung bzw. eines Entscheids § 10 N. 79 ff.

23 Weiter sind gemäss Abs. 2 lit. b sämtliche Entscheide des Verwaltungsgerichts dem **Regierungsrat** mitzuteilen, d.h. auch dann, wenn dieser nicht als Partei oder Rekursinstanz am Verfahren beteiligt war. Dies mag damit begründet sein, dass der Regierungsrat – bzw. die je nach Sachbereich betroffenen Direktionen und Ämter – als oberste leitende und vollziehende Behörde des Kantons (Art. 60 Abs. 1 KV) Kenntnis über die Rechtsprechung des Verwaltungsgerichts haben sollte. In bestimmten Sachbereichen – etwa in kommunalen Personalrechtsstreitigkeiten – stösst diese nicht anonymisierte Mitteilung der Entscheide aus Gründen des Persönlichkeitsschutzes bei den privaten Verfahrensbeteiligten nicht selten auf Unverständnis. Der Bund und andere Kantone kennen zu Recht keine solche allgemeine Mitteilungspflicht.

24 Der Paritätischen **Schlichtungsbehörde** für Streitigkeiten nach dem Gleichstellungsgesetz sind bei **diskriminierungsrechtlichen Streitigkeiten** aus öffentlichrechtlichen Arbeitsverhältnissen des kantonalen und kommunalen Rechts die Entscheide nach Abs. 2 lit. c nur dann mitzuteilen, wenn das freiwillige Schlichtungsverfahren durchge-

---

[25] Gerichtssitzungen finden in regelmässigem Turnus statt. Der Zirkulationsweg führt daher nur dann zu einer Verfahrensbeschleunigung, wenn solche über einen etwas längeren Zeitraum ausbleiben.
[26] Vgl. auch RB 2008 Nr. 15, E. 6.2 (VB.2007.00406).
[27] So Weisung 2009, S. 973.
[28] Vgl. dazu § 58 N. 6 ff.
[29] Ob ein Entscheid des Verwaltungsgerichts rechtzeitig beim Bundesgericht angefochten wurde, bestimmt sich alsdann nach Bundesrecht (vgl. dazu AMSTUTZ/ARNOLD, in: Basler Kommentar BGG, Art. 44 N. 7 ff.).

führt wurde[30]. Gegenüber der kantonalen Fachstelle für Gleichstellung von Mann und Frau besteht keine generelle Mitteilungspflicht.

Das Verwaltungsgericht – bzw. alle kantonalen Behörden[31] – ist schliesslich verpflichtet, den beschwerdeberechtigten **Bundesbehörden** sofort und unentgeltlich bestimmte letztinstanzliche Entscheide, die mit Beschwerde vor Bundesgericht angefochten werden können, mitzuteilen[32].

IV. Eröffnung ohne Begründung (Abs. 3)

Abs. 3 räumt dem Verwaltungsgericht die Möglichkeit ein, den Verfahrensbeteiligten lediglich das **Dispositiv** des Entscheids mündlich oder schriftlich zu eröffnen. Die schriftliche Entscheidbegründung muss aber nach dem Gesetzeswortlaut in jedem Fall nachgereicht werden[33]. Mit der vorgängigen Eröffnung des Dispositivs sollte nach der ursprünglichen Intention des Gesetzgebers etwa in Fällen einer trölerischen Prozessführung oder bei besonderer Dringlichkeit die sofortige Vollstreckbarkeit des verwaltungsgerichtlichen Entscheids herbeigeführt werden, sofern dagegen nur die staatsrechtliche Beschwerde erhoben werden konnte[34].

Mit dem Inkrafttreten des Bundesgerichtsgesetzes hat Abs. 3 seine Daseinsberechtigung praktisch verloren[35]. Einer Beschwerde an das Bundesgericht kommt zwar in der Regel keine aufschiebende Wirkung zu[36]. Entscheide des Verwaltungsgerichts sind dennoch **nicht vollstreckbar,** solange der Entscheid nicht vollständig, d.h. begründet eröffnet worden ist (vgl. Art. 112 Abs. 2 Satz 3 BGG). Dasselbe gilt, wenn ein Entscheid ausnahmsweise an das Bundesverwaltungsgericht weitergezogen werden kann[37]. Bei Abs. 3 handelt es sich zudem auch nicht um eine Vorschrift, welche vorsieht, dass der Entscheid nur begründet werden muss, wenn eine Partei die Begründung verlangt. Art. 112 Abs. 2 Sätze 1 und 2 BGG und die Rechtsprechung des Bundesgerichts erlauben zwar solche kantonale Regelungen[38]; § 65 Abs. 3 sieht aber in jedem Fall eine schriftliche Begründung vor, ohne dass eine Partei dies innert einer bestimmten Frist verlangen muss.

---

[30] Vgl. im Einzelnen das Gesetz über das Schlichtungsverfahren für Streitigkeiten nach Gleichstellungsgesetz in öffentlichrechtlichen Arbeitsverhältnissen vom 10. Mai 2010 (LS 177.12) sowie § 10 N. 74 ff.
[31] EHRENZELLER, in: Basler Kommentar BGG, Art. 112 N. 23.
[32] Vgl. Art. 112 Abs. 4 BGG i.V.m. der Verordnung über die Eröffnung letztinstanzlicher kantonaler Entscheide in öffentlichrechtlichen Angelegenheiten vom 8. November 2006 (SR 173.110.47).
[33] Nach § 65 Abs. 3 kann der Entscheid *vor der* «schriftlichen» Mitteilung (gemeint ist die begründete Mitteilung des Entscheids) zunächst im Dispositiv eröffnet werden.
[34] Vgl. 2. Aufl., N. 5.
[35] Die mündliche Eröffnung des Entscheids kommt in der Praxis nicht vor (N. 1).
[36] Vgl. Art. 103 und 117 BGG.
[37] Eine solche Beschwerde hat grundsätzlich aufschiebende Wirkung (vgl. Art. 55 VwVG); vgl. auch vorne N. 3 Fn. 3.
[38] EHRENZELLER, in: Basler Kommentar BGG, Art. 112 N. 14; BGE 135 V 353, E. 5.3.1 f.

V. Exkurs: Öffentliche Urteilsverkündung und Veröffentlichung der Entscheidpraxis

28 Art. 30 Abs. 3 BV garantiert die öffentliche Urteilsverkündung. Die individuelle – in der Regel postalische – Zustellung der Entscheide nach dem kantonalen Verfahrensrecht (und Art. 112 BGG) und die als Verfahrensgrundrecht verankerte öffentliche Urteilsverkündung haben **unterschiedliche Funktionen.**

29 Die öffentliche Urteilsverkündung dient der Herstellung von **Transparenz** in Bezug auf die Justiztätigkeit und Rechtsfindung[39]. Das Bundesgericht hält fest: «Das Prinzip der Justizöffentlichkeit und die daraus abgeleiteten Informationsrechte sind von zentraler rechtsstaatlicher und demokratischer Bedeutung. Sie sorgen für Transparenz in der Rechtspflege, was eine demokratische Kontrolle durch das Volk erst ermöglicht, und bedeuten damit eine Absage an jede Form geheimer Kabinettsjustiz [...]. Die öffentliche Urteilsverkündung im Sinn einer Publikums- und Medienöffentlichkeit ist als Teilgehalt von Art. 30 Abs. 3 BV primär für nicht direkt am Verfahren beteiligte Dritte von Bedeutung, wobei den Medien die Rolle eines Bindeglieds zwischen Justiz und Bevölkerung zukommt»[40].

30 Das Bundesgericht erachtet es für die Gewährleistung des Anspruchs auf öffentliche Urteilsverkündung als ausreichend, wenn das **Rubrum und das Dispositiv** aller verfahrensabschliessender Urteile grundsätzlich ohne Anonymisierung **öffentlich aufgelegt** werden[41]. Keiner öffentlichen Auflage bedürfen damit die Urteilsbegründungen (anders aber die überwiegende neuere Rechtslehre, vgl. § 28 N. 50) sowie insbesondere verfahrensleitende Verfügungen und Zwischenentscheide. Das Verwaltungsgericht führt nach § 22 Abs. 1 der Akteneinsichtsverordnung der obersten kantonalen Gerichte[42] in geeigneter Form ein Verzeichnis der Entscheide, welche eingesehen werden können[43]. Das Gericht muss dafür besorgt sein, dass der Anspruch auf öffentliche Urteilsverkündung nach Art. 30 Abs. 3 BV gewährleistet wird.

31 Das Bundesgericht bezeichnet darüber hinaus Art. 30 Abs. 3 BV als Konkretisierung der Informationsfreiheit bzw. des Rechts auf freie Informationsbeschaffung (Art. 16 Abs. 3 BV). Bei Vorliegen eines schutzwürdigen Interesses bestehe ein Einsichtsrecht, wobei namentlich den Geheimhaltungsinteressen der Verfahrensbeteiligten durch Kürzung oder Anonymisierung ausreichend Rechnung getragen werden könne[44]. Auch Art. 17 KV – und § 20 Abs. 3 IDG e contrario für ein rechtskräftig abgeschlossenes Verfahren – verschaffen das **Recht auf Zugang zu Gerichtsentscheiden,** soweit nicht überwiegende öf-

---

[39] BIAGGINI, Kommentar BV, Art. 30 N. 16.
[40] BGE 137 I 16, E. 2.2.
[41] BGE 133 I 106, E. 8.2; RHINOW/KOLLER/KISS/THURNHERR/BRÜHL-MOSER, Öffentliches Prozessrecht, N. 576; VOGEL, in: Kommentar KV, Art. 78 N. 3, mit zahlreichen Hinweisen.
[42] LS 211.15.
[43] Zur Regelung des Akteneinsichtsrechts Dritter vgl. § 40 N. 11 und HAUSER/SCHWERI/LIEBER, Kommentar GOG, § 73 N. 7 ff.
[44] Vgl. BGE 137 I 16, E. 2.2–2.4.

fentliche oder private Interessen entgegenstehen[45]. Auf Ersuchen und gegen eine Gebühr werden vom Verwaltungsgericht anonymisierte Urteilskopien zugestellt.

Das Öffentlichkeitsprinzip gilt im Kanton Zürich nicht nur für die Verwaltungsbehörden (vgl. Art. 49 KV), sondern ebenso für die Justiz. Art. 78 KV statuiert – als lex specialis zu Art. 49 KV – den Grundsatz der **Öffentlichkeit der Rechtspflegeentscheide**. Entscheide sind danach auf angemessene Weise und unter Gewährleistung des Persönlichkeitsschutzes der Öffentlichkeit zugänglich zu machen; die Entscheidungspraxis wird veröffentlicht. Art. 78 KV verlangt dabei nicht nur die Veröffentlichung der Dispositive, sondern auch der Entscheidbegründungen (Erwägungen)[46].

32

Die vollständige – zum Schutz der Persönlichkeit insbesondere der privaten Verfahrensbeteiligten freilich anonymisierte – Veröffentlichung der Entscheide erfüllt wichtige **rechtsstaatliche Funktionen**[47]: Sie verschafft Transparenz über die Entscheidpraxis und die Rechtsfortbildung. Vor allem im Anwendungsbereich des kantonalen Verwaltungsrechts kommt den Entscheiden des Verwaltungsgerichts präjudizielle Wirkung zu. Das Festhalten an Präjudizien dient der Verwirklichung der Verfassungsprinzipien der Rechtssicherheit und Rechtsgleichheit. Nach herrschender Lehre und ständiger Rechtsprechung setzt daher eine Praxisänderung ernsthafte sachliche Gründe voraus[48], so dass – insbesondere auch für die Verwaltungsbehörden und die dem Verwaltungsgericht vorgeschalteten Rechtspflegeinstanzen – von einer eigentlichen *Befolgungspflicht* gesprochen werden kann[49]. Daher gebietet es auch das Gebot der Waffengleichheit, dass alle Rechtsuchenden bei der Konsultation der geltenden Rechtsprechung über die gleichen Möglichkeiten verfügen[50].

33

Die **aktuelle Veröffentlichungspraxis** des Verwaltungsgerichts vermag vor diesem verfassungsrechtlichen Hintergrund nicht zu befriedigen. Das Gericht sieht seit dem Jahr 2009 davon ab, seine Leitentscheide im Rechenschaftsbericht – analog der Publikation der Amtlichen Sammlung der Bundesgerichtsentscheide – zu veröffentlichen[51]. Die Leitsätze und in der Regel auszugsweisen Erwägungen brachten während Jahrzehnten den eigentlichen Präjudiziencharakter der in den Rechenschaftsbericht aufgenommenen Entscheide zum Ausdruck. Hinzu kommt, dass das Verwaltungsgericht keineswegs sämtliche Entscheide im Internet publiziert. Im Lichte von Art. 78 KV sollte daher das Verwaltungsgericht zum einen *Transparenz schaffen* und seine Entscheide grundsätzlich im Internet publizieren. Und zum anderen würde das Verwaltungsgericht mit einem Zurückkommen auf die offizielle Veröffentlichung seiner Leitentscheide bzw. von Erwägungen, die über den Einzelfall hinaus von Bedeutung sind, deren *präjudizierender Wirkung* für die (Verwaltungs-)Praxis den Weg bereiten.

34

---

[45] Vgl. BIAGGINI, in: Kommentar KV, Art. 17 N. 21.
[46] Vgl. VOGEL, in: Kommentar KV, Art. 78 N. 4, mit Nachweisen.
[47] Vgl. VOGEL, in: Kommentar KV, Art. 78 N. 9 ff.
[48] Vgl. z.B. BGE 135 I 79, E. 3.
[49] Vgl. zum Ganzen eingehend GIOVANNI BIAGGINI, Verfassung und Richterrecht, Basel/Frankfurt a.M. 1991, S. 358 ff.
[50] BGE 133 I 106, E. 8.3.
[51] Vgl. dazu ebenfalls sehr kritisch JAAG, Würdigung, S. 144 f.

d. Kosten

§ 65a

¹ Das Verwaltungsgericht legt die Gerichtsgebühr nach seinem Zeitaufwand, nach der Schwierigkeit des Falls und nach dem Streitwert oder dem tatsächlichen Streitinteresse fest. Die Gebühr beträgt in der Regel Fr. 500 bis Fr. 50 000.

² Im Übrigen richtet sich die Gebührenerhebung nach §§ 13–16 und nach der Verordnung des Verwaltungsgerichts.

³ Bei personalrechtlichen Streitigkeiten mit einem Streitwert bis Fr. 30 000 werden keine Gebühren erhoben. Vorbehalten bleibt die Kostenauflage an die unterliegende Partei, wenn sie durch ihre Prozessführung einen unangemessenen Aufwand verursacht hat.

Materialien

Weisung 2009, S. 889 und 973; Prot. KR 2007–2011, S. 10246, 10536 und 11706; Unterstellung StRG/BRG, Antrag KJS, S. 1338.

Zu alt § 80b: Weisung 1995, S. 1542; Prot. KK 1995/96, S. 132 ff.; Prot. KR 1995–1999, S. 6505; Beleuchtender Bericht 1997, S. 6.

Literatur

Vgl. die Angaben bei § 13.

Inhaltsübersicht

I.	Einleitung	1–2
II.	Bemessungskriterien und Gebührenrahmen (Abs. 1)	3–19
	A. Allgemeines	3–10
	B. Streitwert	11–19
III.	Verweisung auf andere Kostenbestimmungen (Abs. 2)	20–22
IV.	Personalrechtliche Streitigkeiten (Abs. 3)	23–39
	A. Einleitung	23–27
	B. Streitigkeiten mit bzw. ohne Streitwert	28–30
	C. Bemessung des Streitwerts	31–34
	D. Streitwert über Fr. 30 000	35–36
	E. Streitwert unter Fr. 30 000	37–39

I. Einleitung

1   Der im Rahmen der VRG-Revision von 2010 in das Gesetz eingefügte § 65a regelt die **Erhebung von Gebühren im Beschwerdeverfahren** sowie – gestützt auf die Verweisung in § 86 – im Klageverfahren. Eine selbständige Regelung enthält § 65a allerdings nur in Bezug auf die Bemessung der Gerichtsgebühr und den Gebührenrahmen (Abs. 1) sowie die Gebührenerhebung in personalrechtlichen Streitigkeiten (Abs. 3). Soweit die Gebührenerhebung andere Aspekte betrifft, richtet sie sich gemäss § 65a Abs. 2 nach den §§ 13–16 und somit nach jenen Normen, die auch im nichtstreitigen Verwaltungsverfahren, im Einsprache- und im Rekursverfahren gelten (vgl. § 13 N. 2).

§ 65a enthält Regeln, die vor 2010 teilweise auf Verordnungsebene, teilweise in alt § 80b statuiert waren. Gegenüber dem bis Mitte 2010 massgebenden Recht enthält § 65a **kaum materielle Neuerungen**. Am 1. Juli 2010 trat zunächst eine bloss zwei Absätze umfassende Fassung von § 65a in Kraft[1]. Nur sechs Monate später, am 1. Januar 2011, wurde ein neuer Absatz 1 rechtswirksam; die bisherigen Absätze 1 und 2 wurden – unter Vornahme kleinerer sprachlicher Anpassungen – zu den Absätzen 2 und 3[2]. Der zuständige Kommissionspräsident begründete den raschen Reformbedarf mit dem Anliegen, eine formell-gesetzliche Grundlage für die Gebührenerhebung durch das Verwaltungsgericht zu schaffen[3].

II. Bemessungskriterien und Gebührenrahmen (Abs. 1)

A. Allgemeines

§ 65a Abs. 1 bildet die **formell-gesetzliche Grundlage** für die verwaltungsgerichtliche Gebührenerhebung. § 65a Abs. 1 Satz 2 statuiert einen Gebührenrahmen von (in der Regel) Fr. 500 bis Fr. 50 000. Das Verwaltungsgericht kann detailliertere Regeln zur Bestimmung der Gebührenhöhe statuieren, wobei die Gebührenverordnung vom Kantonsrat genehmigt werden muss (§ 40 Abs. 2 VRG i.V.m. §§ 1 ff. GebV VGr). Diese Regelung stellt insgesamt – unter Berücksichtigung der Streitwertkategorien auf Verordnungsebene (vgl. N. 12) – eine genügende gesetzliche Grundlage für die Gebührenerhebung dar[4].

In Bezug auf die **Bemessungskriterien** hält § 65a Abs. 1 Satz 1 fest, dass das Verwaltungsgericht die Gerichtsgebühr nach seinem Zeitaufwand, nach der Schwierigkeit des Falls und nach dem Streitwert oder dem tatsächlichen Streitinteresse festlegt. Die Gebührenverordnung enthält präzisierende Vorgaben zur Kostenbemessung in Bezug auf Streitwertkategorien, Steuersachen, Streitigkeiten ohne bestimmbaren Streitwert, Steuerstrafsachen, besonders aufwendige Verfahren, Entscheide ohne materielle Prüfung sowie nicht schriftlich begründete und summarische Entscheide (§§ 3 und 4 GebV VGr).

Das Gericht hat die Gebührenhöhe gestützt auf die in § 65a Abs. 1 erwähnten Kriterien nach pflichtgemässem Ermessen festzusetzen, wobei ihm – angesichts des breiten Gebührenrahmens – ein **weiter Ermessensspielraum** zusteht[5]. Unzulässig ist indessen die Auferlegung von offensichtlich übersetzten, massiv von der Regelgebühr abweichenden Kosten[6]. Davon ist beispielsweise auszugehen, wenn die auferlegte Gerichtsgebühr fast doppelt so hoch ist wie jene, die bei der Beurteilung in ähnlich gelagerten Fällen üblicherweise erhoben wird[7].

---

[1] OS 65, 405.
[2] Unterstellung StRG/BRG, Antrag KJS, S. 1338.
[3] Prot. KR 2007–2011, S. 11706.
[4] Vgl. (in Bezug auf § 150b Abs. 2 StG) BGr, 16.01.2012, 2C_603/2011, E. 3.2.
[5] VGr, 18.11.2010, VB.2010.00450, E. 3.1; vgl. BGr, 12.10.2012, 1C_156/2012, E. 8.2.2; BGE 135 II 172, E. 3.2.
[6] Vgl. z.B. BGr, 17.5.2010, 2C_856/2009, E. 3.3.
[7] Vgl. VGr, 26.9.2012, VB.2012.00374, E. 12.

6 Die ersten beiden Kriterien, die § 65a Abs. 1 zur Bemessung der Gerichtsgebühr erwähnt, der **Zeitaufwand** und die **Schwierigkeit des Falls,** entsprechen weitgehend dem *Verfahrensaufwand,* den es bei der Bemessung der Verwaltungsverfahrenskosten nach § 13 zu berücksichtigen gilt (vgl. § 13 N. 34 ff.). Das dritte gesetzliche Kriterium, das **tatsächliche Streitinteresse,** entspricht weitgehend der *Verfahrensbedeutung,* die es bei der Bemessung der Verwaltungsverfahrenskosten nach § 13 zu berücksichtigen gilt (vgl. § 13 N. 33). Zum vierten Kriterium, dem **Streitwert,** vgl. N. 11 ff.

7 Die verfassungsmässigen Vorgaben, die in Bezug auf die Erhebung von Verwaltungsverfahrenskosten nach § 13 gelten – insbesondere das **Kostendeckungs-** und das **Äquivalenzprinzip** sowie der Anspruch auf **wohlfeile Rechtspflege** –, sind auch im Rahmen der Bemessung der Gerichtsgebühr nach § 65a massgebend (§ 13 N. 26 ff.). In einem verwaltungsgerichtlichen Beschwerdeverfahren mit einem Streitwert von knapp 1 Mio. Franken verstösst eine Gerichtsgebühr von Fr. 20 000 weder gegen das Kostendeckungs- noch gegen das Äquivalenzprinzip[8]. Ebensowenig sind Gerichtskosten von Fr. 26 090 übersetzt, wenn der Streit eine Baubewilligung für eine Arealüberbauung mit 105 Wohnungen und veranschlagten Baukosten von 35 Mio. Franken betrifft[9].

8 Bei der Festsetzung von Gerichtsgebühren ist ausserdem der verfassungsrechtliche Anspruch auf **Zugang zum Gericht** zu beachten, der durch die Auferlegung von Kosten nicht ungebührlich erschwert werden darf[10]. Die Belastung mit Verfahrenskosten muss in einem vernünftigen Verhältnis zum Streitwert stehen. Ein Gericht darf beispielsweise nicht aufgrund eines hohen Streitwerts die laut Gebührenrahmen höchstmögliche Gebühr verlangen, obwohl der Prozess nur eine Frage betrifft, über die lediglich im Rahmen einer Prima-facie-Würdigung und nach erstmaliger Anhörung der Betroffenen entschieden wird[11]. Wird in einer solchen Situation hingegen die *Hälfte* der gesetzlichen Maximalgebühr verlangt, so liegt kein Verstoss gegen Art. 29a BV vor[12].

9 Wenn das Verwaltungsgericht die Rechtmässigkeit einer Bestimmung im **abstrakten Normenkontrollverfahren** überprüft, so erhebt es höhere Gerichtsgebühren, als wenn die Überprüfung im Rahmen eines konkreten Normenkontrollverfahrens (akzessorisch) erfolgt wäre. Das Gericht begründet dies damit, dass das abstrakte Normenkontrollverfahren – im Vergleich zum konkreten Anfechtungsverfahren – einen anderen Streitgegenstand betreffe, mit mehr Aufwand verbunden sei (Fünferbesetzung) und grössere Auswirkungen haben könne[13]. Demgegenüber verlangt das *Bundesgericht* im abstrakten Normkontrollverfahren regelmässig kaum höhere Gebühren, als wenn die gleichen Rügen im Rahmen einer konkreten Normenkontrolle vorgebracht worden wären[14]. Damit dürfte das Bundesgericht dem Umstand Rechnung tragen, dass in der Regel ein öffentli-

---

[8] BGr, 9.1.2012, 1C_349/2011, E. 5.1.
[9] BGr, 1.10.2010, 1C_164/2010, E. 6.
[10] Vgl. BGr, 19.7.2012, 8C_292/2012, E. 6.5 und 7.1.
[11] BGr, 16.1.2012, 2C_603/2011, E. 3.3 und 3.5; VGr, 23.5.2012, AN.2011.00001, E. 4.3.1.
[12] Vgl. BGr, 11.12.2012, 2C_513/2012, E. 3.3.
[13] VGr, 19.9.2013, AN.2013.00001, E. 7.2; zu Beispielen für hohe Gerichtsgebühren vgl. VGr, 26.6.2012, AN.2012.00001; VGr, 17.1.2012, VB.2011.00722; VGr, 3.1.2011, PB.2010.00026.
[14] Vgl. z.B. BGE 139 III 98 (Fr. 2000); BGE 137 I 31 (Fr. 2000); BGE 136 I 17 (Fr. 2500); BGE 136 I 49 (Fr. 2500); BGE 138 I 265 (Fr. 3000); BGE 137 I 77 (Fr. 3000); BGE 138 I 331 (Fr. 4800 für sieben Beschwerdeführende); BGE 136 I 29 (Fr. 5000).

ches Interesse daran besteht, vorgängig zu prüfen, ob die angefochtenen Bestimmungen mit dem übergeordneten Recht vereinbar sind. Diesem Interesse steht es entgegen, wenn die Höhe der Gerichtsgebühr einen finanziellen Anreiz darstellt, Normen nicht mehr abstrakt anzufechten, sondern eine akzessorische Überprüfung in einem konkreten Anfechtungsverfahren abzuwarten[15].

Die **Kostenerhöhungs- und Reduktionsgründe,** die im Zusammenhang mit der Erhebung von Verwaltungsverfahrenskosten nach § 13 gelten, sind auch im Rahmen der Bemessung der Gerichtsgebühr nach § 65a massgebend; vgl. § 13 N. 32 ff. 10

B. Streitwert

Bei der Bemessung der Gerichtsgebühren nach § 65a Abs. 1 kann der Streitwert eine **massgebende Rolle** spielen – gleich wie im Rahmen vieler anderer Verfahren[16], aber anders als bei der Bemessung der Kosten des Verwaltungsverfahrens (§ 13 N. 31). Solange Verfahrensaufwand und Streitwert in einem vernünftigen Verhältnis stehen, ist es der Entscheidinstanz erlaubt, mit den Gebühren für bedeutende Geschäfte den Ausfall in weniger bedeutsamen Fällen auszugleichen[17]. In Fällen mit hohem Streitwert und starrem Tarif, der die Berücksichtigung des Aufwandes nicht erlaubt, kann die Belastung allerdings unverhältnismässig werden und gegen das Äquivalenzprinzip verstossen, namentlich dann, wenn die Gebühr in Prozenten oder Promillen festgelegt wird und eine obere Begrenzung fehlt[18]. Der Streitwert darf zwar grundsätzlich auch bei *Nichteintretensentscheiden* ein relevantes Bemessungskriterium bilden. Erfordert ein Nichteintretensentscheid aber einen äusserst geringen Erledigungsaufwand – etwa wenn der Kostenvorschuss nicht rechtzeitig bezahlt wurde –, so ist die Gerichtsgebühr in erster Linie nach dem Zeitaufwand zu bemessen[19]. 11

§ 3 Abs. 1 GebV VGr enthält für die Bemessung der Gerichtsgebühr eine Unterteilung in **neun Streitwertkategorien.** Die Gebühr reicht von Fr. 500 (Streitwert bis Fr. 5000) bis Fr. 20 000–50 000 (Streitwert über Fr. 1 Mio.). 12

Die Erhebung einer Gerichtsgebühr nach dem Streitwert setzt das Vorliegen einer **Streitigkeit mit bestimmbarem Streitwert** voraus, d.h. einer Streitigkeit, die unmittelbar vermögensrechtlicher Natur ist bzw. bei der es um bezifferbare finanzielle Interessen geht[20]. Die direkten finanziellen Interessen müssen gegenüber allfälligen ideellen Interessen im Vordergrund stehen[21]. Bei zivilrechtlichen Streitigkeiten kann dies bereits dann bejaht werden, wenn eine strittige Leistung zwar nicht unmittelbar vermögensrechtlicher Natur ist, aber die Geltendmachung vermögensrechtlicher Interessen erleichtern soll. Im 13

---

[15] Vgl. VGr, 19.9.2013, AN.2013.00001, Minderheitsmeinung; siehe auch Marti, Besondere Verfahren, S. 107.
[16] Z.B. Art. 65 Abs. 1 BGG; Art. 63 Abs. 4bis VwVG; § 338 Abs. 1 PBG; § 199 Abs. 3 GOG; § 150b StG.
[17] BGr, 11.12.2012, 2C_513/2012, E. 3.3.
[18] BGE 130 III 225, E. 2.3; BGr, 1.10.2010, 1C_164/2010, E. 6.2.
[19] BGE 139 III 334, E. 3.2.4 und 3.2.5.
[20] VGr, 2.8.2012, VB.2012.00202, E. 1.2; RB 2005 Nr. 20, E. 1.2.1; vgl. BGr, 5.3.2012, 4A_527/2011, E. 1.1; Rudin, in: Basler Kommentar BGG, Art. 51 N. 12.
[21] Vgl. BGE 135 III 578, E. 6.3; Rudin, in: Basler Kommentar BGG, Art. 51 N. 17. Zu Beispielen in Bezug auf personalrechtliche Streitigkeiten vgl. hinten, N. 29 ff.

öffentlichen Recht ist das Vorliegen eines Streitwerts hingegen zu verneinen, wenn die private Partei zwar (auch) vermögensrechtliche Interessen verfolgt, für den Staat als Gegenpartei jedoch nicht-monetäre Interessen im Vordergrund stehen – beispielsweise im Zusammenhang mit einer umstrittenen Bewilligungserteilung[22]. In solchen Fällen ist die Gerichtsgebühr grundsätzlich nicht nach dem Streitwert, sondern nach den anderen in § 65a Abs. 1 erwähnten Bemessungskriterien zu berechnen, wobei allfällige indirektmonetäre Interessen, die der Streitigkeit zugrunde liegen, bei der Beurteilung des tatsächlichen Streit*interesses* (N. 6) berücksichtigt werden können[23]. Ein Streitwert besteht nicht nur, wenn direkt die Leistung einer bestimmten Geldsumme umstritten ist, sondern schon dann, wenn der Entscheid unmittelbar finanzielle Auswirkungen zeitigt oder mittelbar ein Streitwert konkret beziffert werden kann. Es genügt, wenn die gesuchstellende Person eine Massnahme verlangt, deren Finalität in der Verteidigung ihrer Vermögensrechte besteht[24]. Von einer streitwertbehafteten Streitigkeit ist beispielsweise im Fall einer sozialhilferechtlichen Verhaltensanweisung auszugehen, die mit der Androhung von Leistungskürzungen verbunden ist, da es – zumindest aus Sicht des Staats – um monetäre Interessen geht[25]. Eine vermögensrechtliche Streitsache liegt sodann in der Regel vor, wenn die Löschung eines Einzelunternehmens, einer Gesellschaft mit Beschränkter Haftung oder einer Aktiengesellschaft aus dem Handelsregister umstritten ist[26]. Auch einem *Feststellungsbegehren* kann ein bestimmbarer Streitwert zukommen, wobei der Wert des Rechts oder Rechtsverhältnisses massgeblich ist, das – oder dessen Nichtbestand – festgestellt werden soll[27]. Die Frage, ob eine vermögensrechtliche Angelegenheit vorliegt, richtet sich nach der Hauptsache bzw. nach den vor der Vorinstanz umstrittenen Anträgen[28].

14 Bei der Bemessung des Streitwerts sind **alle geldwerten Vorteile** zu berücksichtigen, die eine Gutheissung der Begehren für die beschwerdeführende Partei bewirken würde[29]. Stehen sich Haupt- und Eventualanträge gegenüber, so bestimmt sich der Streitwert nach dem höheren Betrag[30]. Stellt eine rechtsunkundige Person finanzielle Forderungen, die sich klarerweise ausserhalb des Streitgegenstands befinden oder die bereits aus formellen Gründen – etwa infolge Unzuständigkeit der angerufenen Instanz – offensichtlich unbegründet sind, so sind diese bei der Streitwertberechnung nicht zu berücksichtigen[31]. Im abstrakten Normenkontrollverfahren ist zu beachten, dass die Verfahrenskosten prohibitiv hoch ausfallen können, wenn sie nach einem Streitwert bemessen werden, der alle geldwerten Vorteile umfasst[32].

---

[22] Vgl. BGr, 15.3.2000, 1P.773/1999, E. 2b; zum Streitwert im Zivilrecht vgl. BGr, 30.10.2012, 4A_273/2012, E. 1.2.1; BGE 118 II 528, E. 2c.
[23] Vgl. BGE 135 III 578, E. 6.5; VGr, 10.7.2013, VB.2012.00015, E. 12.3.
[24] BGE 139 II 404, E. 12.1.
[25] Vgl. VGr, 25.2.2013, VB.2013.00044, E. 1.3.
[26] Vgl. BGr, 11.4.2011, 4A_578/2010, E. 1.1; VGr, 13.5.2013, VB.2012.00533, E. 1.5.
[27] VGr, 25.2.2010, VK.2009.00002, E. 8.1; VGr, 9.6.2004, PB.2004.00006, E. 1.2.
[28] BGr, 27.11.2007, 5D_41/2007, E. 2.3.
[29] Vgl. z.B. VGr, 8.2.2012, VB.2011.00682, E. 5; siehe auch Art. 51 Abs. 1 lit. a BGG sowie § 38b N. 10.
[30] VGr, 21.11.2012, VB.2012.00705, E. 7.1.
[31] Vgl. VGr, 5.3.2013, VB.2012.00639, E. 1.3 (nicht publiziert).
[32] VGr, 19.9.2013, AN.2013.00001, Minderheitsmeinung E. 2; vgl. KIENER, Beschwerde, S. 245.

Gemäss der Rechtsprechung richtet sich der Streitwert im Verwaltungsrechtspflegeverfahren – ebenso wie im Zivilprozess (Art. 308 Abs. 2 ZPO) und im Verfahren vor Bundesgericht (Art. 51 Abs. 1 BGG) – nach den **Rechtsbegehren, die vor der *Vorinstanz* streitig waren.** Nicht massgebend ist demgegenüber der Betrag, der vor der Entscheidinstanz streitig (geblieben) ist[33]. Eine solche Streitwertberechnung kann allerdings bei der Bemessung der Gerichtsgebühr (§ 65a Abs. 1) zu unbilligen Resultaten führen, wenn der vor Verwaltungsgericht umstrittene (Rest-)Betrag wesentlich geringer ist als jener, der vor der Vorinstanz umstritten war. In solchen Fällen rechtfertigt es sich, die Gerichtsgebühr nicht nach dem Streitwert zu bemessen, sondern nach dem tatsächlichen Streitinteresse, das dem vor Verwaltungsgericht strittig gebliebenen Betrag entspricht[34]. Ist ein *Zwischenentscheid* angefochten, so sind jene Begehren, die (zurzeit) nur vor der Vorinstanz umstritten sind, bei der Streitwertberechnung lediglich dann zu berücksichtigen, wenn sie mit den vor der Anfechtungsinstanz strittigen Rechtsbegehren zusammenhängen[35]. Insofern geht die personalrechtliche Rechtsprechung des Verwaltungsgerichts zu weit, die auch Rechtsverweigerungs- und -verzögerungsbeschwerden einen bezifferbaren Streitwert beimisst[36].

15

Bei der Bemessung des Streitwerts sind **mehrere (unterschiedliche) Begehren,** die von der gleichen Partei oder von mehreren einfachen Streitgenossen geltend gemacht werden, analog zu Art. 52 BGG und Art. 93 Abs. 1 ZPO zusammenzurechnen. Keine Zusammenrechnung erfolgt, wenn eine Forderung gleichzeitig gegen mehrere Solidarschuldner geltend gemacht wird[37].

16

Bei Streitigkeiten über **periodisch wiederkehrende Leistungen,** namentlich im Bereich der *Sozialhilfe,* ist der Streitwert in der Regel der Summe dieser periodischen Leistungen während der Dauer von zwölf Monaten gleichzusetzen[38]. Dies dürfte sich auch bei Streitigkeiten über *Stipendien* rechtfertigen, auch wenn die Praxis bisweilen die gesamte (mehrjährige) Ausbildungsdauer berücksichtigt[39]. Bei Streitigkeiten über *Mietzinse* betrachtet das Verwaltungsgericht dagegen – entsprechend Art. 92 Abs. 2 ZPO und Art. 51 Abs. 4 BGG – den zwanzigfachen Betrag der streitigen Jahresleistung als Streitwert[40].

17

Für die Bemessung des Streitwerts in **Steuersachen** wird der bei der einfachen Staatssteuer streitige Betrag mit dem Faktor 2,5 vervielfacht (§ 3 Abs. 2 GebV VGr).

18

Dient der Streitwert als Grundlage für die Kostenauferlegung, so ist das Verwaltungsgericht dazu verpflichtet, diesen zu **begründen.** Tut es dies nicht und kann die Anfech-

19

---

[33] VGr, 25.6.2013, VB.2013.00029, E. 1.2 und 1.3; vgl. RB 2008 Nr. 27, E. 4.1 (PB.2008.00024).
[34] Vgl. VGr, 10.7.2013, VB.2012.00678, E. 9.2 (nicht publiziert).
[35] Vgl. BGE 134 III 237, E. 1.2.
[36] Vgl. VGr, 21.10.2009, PB.2009.00016, E. 6.2.
[37] BGE 139 III 24, E. 4.3.
[38] VGr, 12.4.2012, VB.2012.00158, E. 1.2; zu Ausnahmen bei fixer Leistungsdauer vgl. VGr, 15.11.2007, VB.2007.00423, E. 1.2.
[39] Vgl. VGr, 29.1.2013, VB.2012.00695, E. 1.2; VGr, 8.11.2012, VB.2012.00478, E. 1.2.
[40] VGr, 3.10.2001, VB.2001.00006, E. 12b; VGr, 28.6.2000, VB.2000.00110, E. 1b; vgl. RUDIN, in: Basler Kommentar BGG, Art. 51 N. 61.

tungsinstanz die Rechtmässigkeit der auferlegten Gebühr deshalb nicht überprüfen, so verletzt das Verwaltungsgericht seine Begründungspflicht[41].

III. Verweisung auf andere Kostenbestimmungen (Abs. 2)

20 Nach § 65a Abs. 2 richtet sich die Gebührenerhebung «im Übrigen» – d.h. abgesehen von der *Bemessung* der Gerichtskosten – nach den §§ 13–16 und nach der Verordnung des Verwaltungsgerichts. Die §§ 13–16 sind im Beschwerdeverfahren stets dann anwendbar, **wenn § 65a Abs. 1 und 3 keine eigenständigen Regeln enthalten,** d.h. in Bezug auf die Verteilung der Verfahrenskosten (§ 13 Abs. 2), die Kostenregelung in Stimmrechtssachen (§ 13 Abs. 4), die Kostenauflage bei gemeinsam Beteiligten (§ 14), den Kostenvorschuss (§ 15) und die unentgeltliche Rechtspflege (§ 16). Im Beschwerdeverfahren nicht anwendbar sind die §§ 13–16 hingegen in Bezug auf die Bemessungskriterien, den Gebührenrahmen sowie die in personalrechtlichen Streitigkeiten geltenden Gebühren (vgl. § 65a Abs. 1 und 3).

21 Mit der «Verordnung des Verwaltungsgerichts», auf die § 65a Abs. 2 verweist, ist die **Gebührenverordnung** (GebV VGr) gemeint, die das Verwaltungsgericht gestützt auf § 40 Abs. 1 lit. b erlassen hat und die in den §§ 2–4 die Erhebung der Gerichtsgebühr im Verfahren vor Verwaltungs-, Bau- und Steuerrekursgericht regelt. Die Verordnung enthält präzisierende Regeln in Bezug auf Streitwertkategorien (§ 3 Abs. 1 GebV VGr) sowie Gebührenerhöhungs- und -herabsetzungsgründe (§ 4 GebV VGr).

22 Der seit dem 1. Januar 2011 in der heutigen Form geltende § 65a Abs. 2 trat am 1. Juli 2010 als § 65a Abs. 1 in Kraft (N. 2). Die Bestimmung stellt gegenüber dem vor dem 1. Juli 2010 massgebenden Recht **keine materielle Neuerung** dar: Der Verweis auf die §§ 13–16 und auf die Verordnung des Verwaltungsgerichts ergab sich zuvor aufgrund von § 70[42] bzw. § 40 Abs. 1 lit. b.

IV. Personalrechtliche Streitigkeiten (Abs. 3)

A. Einleitung

23 § 65a Abs. 3 schreibt im Sinne einer **gebührenrechtlichen Sonderbestimmung** vor, dass bei *personalrechtlichen Streitigkeiten* (dazu § 13 N. 85) vor Verwaltungsgericht bis zu einem Streitwert von Fr. 30 000 – aus sozialpolitischen Gründen – keine Gebühren erhoben werden, soweit der betreffenden Partei kein prozessuales Fehlverhalten vorzuwerfen ist. Demgegenüber sind personalrechtliche Angelegenheiten sowohl im Verwaltungs- als auch im Rekursverfahren unabhängig vom Streitwert kostenlos (§ 13 Abs. 3; dazu § 13 N. 83 ff.). Das zivilrechtliche Verfahren, dem § 65a Abs. 3 nachgebildet ist[43], ist bei Streitigkeiten aus einem Arbeitsverhältnis ebenfalls bis zu einem Streitwert von Fr. 30 000

---

[41] BGE 135 II 172, E. 3.2.
[42] Vgl. Weisung 2009, S. 973.
[43] Vgl. Weisung 1995, S. 1542, in Bezug auf Art. 343 Abs. 3 OR in der bis Ende 2010 massgebenden Fassung.

grundsätzlich kostenlos (vgl. Art. 113 Abs. 2 lit. d und 114 lit. c ZPO). Das Bundesgericht auferlegt in solchen Verfahren eine *reduzierte* Gerichtsgebühr (vgl. Art. 65 Abs. 4 lit. c BGG).

In den Genuss der grundsätzlichen Kostenlosigkeit kommen bei personalrechtlichen Streitigkeiten sowohl **Arbeitnehmende** als auch die als Partei auftretenden Behörden bzw. **Gemeinwesen**[44]. 24

Die Kostenlosigkeit des Verfahrens nach § 65a Abs. 3 schliesst die Zusprechung einer **Parteientschädigung** nach § 17 Abs. 2 nicht aus[45]. 25

Eine von § 65a Abs. 3 abweichende Kostenregelung gilt im Anwendungsbereich des **Gleichstellungsgesetzes** bzw. bei personalrechtlichen Streitigkeiten, die geschlechterspezifische Diskriminierungen betreffen[46]: Hier ist nach Art. 13 Abs. 5 GlG das Rechtsmittelverfahren unabhängig vom Streitwert kostenlos, ausgenommen in Fällen von mutwilliger Prozessführung. Mit dem Begriff der «mutwilligen Prozessführung» knüpft das Gleichstellungsgesetz an die zivilprozessualen Regeln (heute: Art. 115 ZPO) an[47]. 26

Die heute in § 65a Abs. 3 enthalte Gebührenregelung für personalrechtliche Streitigkeiten wurde am 1. Januar 1998 als § 80b ins VRG eingefügt. Vom 1. Juli bis 31. Dezember 2010 war die Regelung in § 65a Abs. 2 enthalten (vgl. N. 2). Gegenüber dem bis am 30. Juni 2010 massgebenden Recht stellt § 65a Abs. 3 **nur betragsmässig eine Neuerung** dar: Am 1. Juli 2010 wurde die Streitwertgrenze für kostenlose Verfahren von bisher Fr. 20 000 auf den im Zivilprozessrecht geltenden Betrag von Fr. 30 000 (heute: Art. 113 Abs. 2 lit. d und 114 lit. c ZPO) erhöht[48]. 27

B. Streitigkeiten mit bzw. ohne Streitwert

Die Erhebung einer Gerichtsgebühr nach § 65a Abs. 3 setzt grundsätzlich das Vorliegen einer **Streitigkeit mit Streitwert** voraus, d.h. die Streitigkeit muss unmittelbar vermögensrechtlicher Natur sein (vgl. N. 13). Zu bejahen ist dies beispielsweise für die Streitigkeit über ein Arbeitszeugnis, da dieses dem Beurteilten das wirtschaftliche Fortkommen erleichtern kann[49]. 28

Bei personalrechtlichen **Streitigkeiten ohne Streitwert** sind – wie bei einem Streitwert bis Fr. 30 000 – grundsätzlich keine Gerichtskosten zu erheben; die Verfahrenskosten sind auf die Gerichtskasse zu nehmen[50]. Eine prinzipiell kostenlose personalrechtliche Streitigkeit ohne unmittelbar bezifferbaren Streitwert liegt beispielsweise vor, wenn Grundsatzfragen der korrekten Lohneinstufung im Hinblick auf Lohnentwicklungsmöglichkeiten umstritten sind, ohne dass konkrete Lohnzahlungen gefordert werden[51]. 29

---

[44] Keiser, Personalrecht, S. 215.
[45] RB 1997 Nr. 19, E. 3; BGE 115 II 30, E. 5c.
[46] Vgl. VGr, 5.10.2011, PB.2010.00064, E. 13.2.1.
[47] RB 1997 Nr. 19, E. 3; zum Begriff der Mutwilligkeit vgl. § 5 N. 92.
[48] Vgl. Weisung 2009, S. 889 und 973.
[49] BGr, 17.12.2007, 1C_195/2007, E. 2 und 3; BGE 116 II 379, E. 2b; RB 2008 Nr. 29, E. 1.3 (PK.2008.00001). Zu den Bemessungskriterien vgl. BGr, 6.6.2013, 4A_45/2013, E. 4.3.
[50] VGr, 1.6.2011, PB.2010.00022, E. 5 und Disp.-Ziff. 3.
[51] RB 2005 Nr. 20, Regeste.

30 In sinngemässer Anwendung von § 65a Abs. 3 können in einer personalrechtlichen Streitigkeit ohne Streitwert **ausnahmsweise** dann Kosten erhoben werden, wenn es sich um eine Streitigkeit von **grosser Tragweite** handelt[52]. Eine grosse Tragweite ist beispielsweise dann zu bejahen, wenn die Streitigkeit die Einreihung einer bestimmten Tätigkeit im Lohnsystem eines Gemeinwesens betrifft, die für die künftige Entwicklung der Besoldung von erheblicher Bedeutung ist[53].

C. Bemessung des Streitwerts

31 Für die Bemessung des Streitwerts nach § 65a Abs. 3 gelten grundsätzlich die gleichen Regeln wie für jene im Rahmen von **§ 65a Abs. 1** (dazu N. 11 ff.).

32 Wird eine missbräuchliche oder sachlich nicht gerechtfertigte **Kündigung** geltend gemacht, so bemisst sich der Streitwert anhand der Anzahl Monatslöhne, die im Rahmen von § 18 Abs. 3 PG als Entschädigung gefordert werden. Als Monatslohn gilt ein Zwölftel des zuletzt bezogenen Bruttojahreslohns zuzüglich ständiger Zulagen mit Lohncharakter[54].

33 Bei **noch andauernden Dienstverhältnissen** gelten als Streitwert die streitigen Besoldungsansprüche bis zum Zeitpunkt der Hängigkeit bei der Entscheidinstanz zuzüglich Ansprüche bis zur nächstmöglichen Auflösung des Dienstverhältnisses[55].

34 Der Wert eines **Arbeitszeugnisses** kann gemäss der Rechtsprechung des Bundesgerichts nicht losgelöst vom konkreten Fall auf einen Bruchteil oder ein Mehrfaches des Monatslohns festgesetzt werden. Wie wichtig das Zeugnis objektiv ist, hängt vielmehr von der Situation auf dem Arbeitsmarkt ab sowie von der Funktion und der Qualifikation des Arbeitnehmers[56]. Das Verwaltungsgericht geht hingegen von der Faustregel aus, dass der Streitwert bei Verfahren, die Arbeitszeugnisse betreffen, einen (Brutto-)Monatslohn beträgt[57].

D. Streitwert über Fr. 30 000

35 Übersteigt der Streitwert einer personalrechtlichen Streitigkeit Fr. 30 000, so ist das Beschwerdeverfahren – unter Vorbehalt spezialgesetzlicher Ausnahmen (z.B. Art. 13 Abs. 5 GlG) – **kostenpflichtig**[58]. Die Gerichtsgebühren werden diesfalls gestützt auf § 65a Abs. 2 nach den Kriterien gemäss § 13 Abs. 2 auf die Verfahrensbeteiligten verteilt – d.h. in der Regel nach dem Unterliegerprinzip, ausnahmsweise nach dem Verursacherprinzip oder nach Billigkeit (§ 13 N. 50 ff.). Demgegenüber sind das erst- und das rekursinstanzliche Personalrechtsverfahren auch bei einem Streitwert von mehr als Fr. 30 000 grundsätzlich kostenlos (vgl. § 13 Abs. 3).

---

[52] RB 2005 Nr. 20, E. 5.1.
[53] RB 2005 Nr. 20, E. 5.2.
[54] VGr, 5.7.2002, PB.2002.00008, E. 3b bb; VGr, 6.12.2001, PB.2001.00021, E. 3h.
[55] RB 2005 Nr. 20, E. 1.2.1; VGr, 20.3.2013, VB.2012.00560, E. 1.2.
[56] BGr, 6.6.2013, 4A_45/2013, E. 4.3.
[57] RB 2008 Nr. 29, E. 1.3 (PK.2008.00001).
[58] VGr, 4.9.2013, VB.2013.00052, E. 6.

Bei Streitwerten von Fr. 30 000 oder mehr sind für den **gesamten Streitwert** – und nicht nur für jenen Teil, der Fr. 30 000 übersteigt – Gerichtskosten zu erheben[59]. 36

E. Streitwert unter Fr. 30 000

Nach § 65a Abs. 3 Satz 1 ist das verwaltungsgerichtliche Verfahren bei personalrechtlichen Streitigkeiten bis zu einem Streitwert von Fr. 30 000 **grundsätzlich kostenlos**. Die Gerichtskosten sind in solchen Verfahren auf die Gerichtskasse zu nehmen[60]. 37

Gemäss § 65a Abs. 3 Satz 2 können der unterliegenden Partei – *nicht aber der obsiegenden Partei* – in Verfahren betreffend personalrechtliche Streitigkeiten mit einem Streitwert bis Fr. 30 000 **ausnahmsweise Kosten** auferlegt werden, wenn diese Partei durch ihre Prozessführung einen unangemessenen Aufwand verursacht hat. Andere Gesetze setzen für eine Kostenauferlegung bei Unterschreitung des personalrechtlichen Streitwerts eine mutwillige (Art. 13 Abs. 5 GlG) bzw. eine bös- oder mutwillige (Art. 115 ZPO) Prozessführung voraus. 38

Bei der Beurteilung der Frage, ob die unterliegende Partei einen **unangemessenen Aufwand** verursacht hat, ist an die Praxis zu § 13 Abs. 3 anzuknüpfen (§ 13 N. 88). 39

---

[59] VGr, 5.10.2011, PB.2010.00064, E. 13.2.1.
[60] VGr, 31.7.2013, VB.2013.00243, E. 3.1.

e. Vollstreckung

§ 66

Entscheide des Verwaltungsgerichts sind mit Eintritt der Rechtskraft vollstreckbar.

Materialien

Weisung 1957, S. 1052; Prot. KK 21.3.1958; Prot. KR 1955–1959, S. 3404; Beleuchtender Bericht 1959, S. 412; Weisung 1995, S. 1539 f.; Prot. KK 1995/96, S. 132; Prot. KR 1995–1999, S. 6505; Beleuchtender Bericht 1997, S. 6.

Literatur

HÄFELIN/MÜLLER/UHLMANN, Verwaltungsrecht, N. 990 f.; JAAG TOBIAS, in: Praxiskommentar VwVG, Art. 39; MEYER ULRICH/DORMANN JOHANNA, in: Basler Kommentar BGG, Art. 103.

Inhaltsübersicht

I.	Einleitung	1–4
II.	Eintritt der Rechtskraft	5–10
III.	Vollstreckbarkeit im Fall einer Anfechtung beim Bundesgericht	11–15

I. Einleitung

1 § 66 statuiert den Eintritt der Rechtskraft als **Zeitpunkt der Vollstreckbarkeit verwaltungsgerichtlicher Entscheide.** Ein rechtskräftiger verwaltungsgerichtlicher Entscheid darf somit – notfalls zwangsweise – vollstreckt werden. Für das nichtstreitige Verwaltungsverfahren und das Rekursverfahren ist die Frage des Zeitpunkts der Vollstreckbarkeit von Entscheiden in § 30 Abs. 1 geregelt. Zum Begriff der Vollstreckung vgl. Vorbem. zu §§ 29–31 N. 3; zum Vollstreckungsverfahren, insbesondere zu den Zwangsmitteln, zur Zwangsandrohung, zur Prüfungsbefugnis der Vollstreckungsbehörde und zur Anfechtbarkeit von Vollstreckungsverfügungen vgl. § 30 N. 14 ff. und § 31 N. 4 f.

2 Soweit es um den Zeitpunkt der Vollstreckbarkeit von **vorab ohne Begründung eröffneten Entscheiden** geht, die der Beschwerde an das Bundesgericht unterliegen, ist Art. 112 Abs. 3 Satz 3 BGG zu beachten. Demnach darf ein beim Bundesgericht anfechtbarer Entscheid des Verwaltungsgerichts, der im Rahmen von § 65 Abs. 3 vorab lediglich im Dispositiv (mündlich oder schriftlich) eröffnet wurde, nicht vollstreckt werden, bis er vollständig – mit schriftlicher Begründung gemäss § 65 Abs. 1 und 2 – eröffnet wird (§ 65 N. 27).

3 **Zuständig** für die Vollstreckung verwaltungsgerichtlicher Entscheide ist die erstinstanzlich anordnende Behörde (§ 70 i.V.m. § 29 Abs. 2).

4 Nach der bis zur **VRG-Revision von 1997** gültigen Fassung von § 66 war nicht der Eintritt der Rechtskraft, sondern die *Eröffnung des Entscheids* der massgebende Zeitpunkt für die Vollstreckbarkeit verwaltungsgerichtlicher Entscheide. Mit der Anfang 1998 in Kraft getretenen Gesetzesänderung trug der Gesetzgeber einer Neuerung der Bundes-

rechtspflege (Art. 98a OG) Rechnung. Diese hatte zur Folge, dass die Urteile des Verwaltungsgerichts nicht mehr fast ausschliesslich mit ausserordentlichen Rechtsmitteln weiterziehbar waren und deshalb mit der Eröffnung regelmässig in Rechtskraft erwuchsen[1], sondern mit einem ordentlichen, unter Umständen suspensiv wirkenden Rechtsmittel beim Bundesgericht angefochten werden konnten[2]. Im Rahmen der Gesetzesrevision von 2010 wurde § 66 nicht geändert.

II. Eintritt der Rechtskraft

Massgebender Zeitpunkt für die Vollstreckbarkeit verwaltungsgerichtlicher Entscheide ist gemäss § 66 der Eintritt der Rechtskraft. **Formell rechtskräftig** sind verwaltungsgerichtliche Entscheide dann, wenn sie nicht mehr mit einem ordentlichen Rechtsmittel angefochten werden können – sei es, weil die Rechtsmittelfrist unbenutzt verstrichen ist, weil ein erhobenes Rechtsmittel wieder zurückgezogen wurde oder weil das Verwaltungsgericht letztinstanzlich entscheidet[3]. Die Rechtskraft schliesst das ganze Dispositiv, insbesondere auch die Kosten- und Entschädigungsregelung, ein (vgl. § 28 N. 6 f.). 5

Ordentliche Rechtsmittel sind solche, die den Weiterzug einer Streitsache innerhalb des funktionellen Instanzenzugs ermöglichen und den Eintritt der formellen Rechtskraft des angefochtenen Entscheids hemmen. Demgegenüber richten sich ausserordentliche Rechtsmittel gegen formell rechtskräftige Verfügungen und Entscheide[4]. Ordentliche Rechtsmittel schliessen unmittelbar an ein vorangegangenes Verfahren an, während ausserordentliche Rechtsmittel auch später – nach Ablauf der Frist für das ordentliche Rechtsmittel – ergriffen werden können[5]. 6

Ausserordentliche Rechtsmittel, die sich gegen formell rechtskräftige Verwaltungsgerichtsentscheide richten[6], stellen in der Regel kein Vollstreckbarkeitshemmnis dar. Wird ein Revisionsgesuch eingereicht, so schiebt dieses die Vollstreckung der angefochtenen Anordnung nur dann auf, wenn die angerufene Behörde es bestimmt (§ 86c Abs. 2). Ebensowenig vollstreckungshemmend wirkt die Geltendmachung eines blossen *Rechtsbehelfs,* etwa die Erhebung einer Aufsichtsbeschwerde oder die Einreichung eines Gesuchs um Erläuterung oder Wiedererwägung. 7

Ein verwaltungsgerichtlicher Entscheid wird somit – unter Vorbehalt der Nichtigkeit[7] – vollstreckbar, wenn er **innert Rechtsmittelfrist unangefochten** bleibt bzw. wenn nur noch die Erhebung einer Revision oder eines Rechtsbehelfs in Frage kommt. 8

---

[1] Vgl. Weisung 1957, S. 1052; Beleuchtender Bericht 1959, S. 412.
[2] Vgl. Weisung 1995, S. 1539; zum heutigen Recht Art. 82 ff. i.V.m. Art. 103 BGG; zum früheren Recht Art. 97 ff. i.V.m. Art. 111 OG.
[3] Vgl. HÄFELIN/MÜLLER/UHLMANN, Verwaltungsrecht, N. 990 f.; JAAG, in: Praxiskommentar VwVG, Art. 39 N. 9; KIENER/RÜTSCHE/KUHN, Öffentliches Verfahrensrecht, N. 830; MEYER/DORMANN, in: Basler Kommentar BGG, Art. 103 N. 5.
[4] BGr, 5.10.2011, 8C_459/2011, E. 4.3; vgl. Vorbem. zu §§ 19–28a N. 7.
[5] KIENER/RÜTSCHE/KUHN, Öffentliches Verfahrensrecht, N. 136 f.
[6] Vgl. BGr, 5.10.2011, 8C_459/2011, E. 4.3.
[7] Vgl. KIENER/RÜTSCHE/KUHN, Öffentliches Verfahrensrecht, N. 835.

9 Formell rechtskräftige, allenfalls bereits ganz oder teilweise vollzogene Entscheide des Verwaltungsgerichts können nur unter besonderen Umständen **nachträglich geändert** werden[8]. Ändern sich die rechtlichen oder tatsächlichen Verhältnisse nach Eintritt der Rechtskraft des Entscheids wesentlich – was insbesondere bei Dauerverfügungen vorkommen kann –, so geht die Kompetenz zur Neuregelung wieder an die Verwaltung über, deren neuer Entscheid wiederum gerichtlich anfechtbar ist[9]. Werden hingegen Mängel gerügt, die bereits zum Entscheidzeitpunkt bestanden, so sind diese im Rahmen eines Revisionsgesuchs vor Verwaltungsgericht geltend zu machen.

10 Die Vollstreckbarkeit eines verwaltungsgerichtlichen Entscheids setzt voraus, dass die dem Entscheidadressaten auferlegte Pflicht im Zeitpunkt der Vollstreckung noch besteht, also rechtswirksam ist. An der **Rechtswirksamkeit** fehlt es namentlich infolge Erfüllung, Stundung oder Verjährung der Pflicht[10].

III. Vollstreckbarkeit im Fall einer Anfechtung beim Bundesgericht

11 Wird ein Entscheid des Verwaltungsgerichts innert Frist mit **Beschwerde an das Bundesgericht** angefochten – sei es mit Beschwerde in öffentlichrechtlichen Angelegenheiten (Art. 82 ff. BGG), mit Beschwerde in Strafsachen (Art. 78 ff. BGG), mit Beschwerde in Zivilsachen (Art. 72 ff. BGG) oder mit subsidiärer Verfassungsbeschwerde (Art. 113 ff. BGG) –, so kann der verwaltungsgerichtliche Entscheid während des bundesgerichtlichen Verfahrens (noch) nicht als rechtskräftig bezeichnet werden[11].

12 Im Fall einer fristgerechten Anfechtung eines verwaltungsgerichtlichen Entscheids beim Bundesgericht ist für die Beurteilung des Vollstreckbarkeitszeitpunkts massgebend, ob dem erhobenen Rechtsmittel **aufschiebende Wirkung** zukommt oder nicht: Erteilt das Bundesgericht der Beschwerde (ausnahmsweise) Suspensivwirkung (Art. 103 Abs. 3 BGG) oder besteht eine solche (ausnahmsweise) von Gesetzes wegen (Art. 103 Abs. 2 BGG), so darf der angefochtene Entscheid während der Rechtshängigkeit nicht vollstreckt werden[12]. Erteilt das Bundesgericht dem erhobenen Rechtsmittel hingegen *keine* aufschiebende Wirkung, was den Regelfall darstellt (Art. 103 Abs. 1 BGG), so ist der verwaltungsgerichtliche Entscheid grundsätzlich vollstreckbar. Die Erhebung einer Individualbeschwerde beim *Europäischen Gerichtshof für Menschenrechte* entfaltet zwar keine aufschiebende Wirkung; der Gerichtshof hat jedoch die Möglichkeit, den betroffenen Staat zu ersuchen, den beanstandeten Entscheid vorläufig nicht zu vollziehen[13].

---

[8] Vgl. BGr, 3.7.2013, 8C_821/2012, E. 3.1.
[9] Vgl. Weisung 1957, S. 1052; Beleuchtender Bericht 1959, S. 412.
[10] Vgl. KIENER/RÜTSCHE/KUHN, Öffentliches Verfahrensrecht, N. 834.
[11] Vgl. VGr, 25.10.2010, VB.2010.00429, E. 5.2; MEYER/DORMANN, in: Basler Kommentar BGG, Art. 103 N. 5.
[12] MEYER/DORMANN, in: Basler Kommentar BGG, Art. 103 N. 7.
[13] BGr, 17.5.2004, 1P.65/2004, E. 3.

Der Wortlaut von § 66 sieht zwar – anders als § 30 Abs. 1 VRG und Art. 39 VwVG – nicht explizit vor, dass Entscheide bereits vor Eintritt der Rechtskraft vollstreckt werden dürfen. Die **Zulässigkeit der Vollstreckung nicht rechtskräftiger Entscheide** ergibt sich aber implizit aus dem Bundesgerichtsgesetz: Wären einzig rechtskräftige Entscheide vollstreckbar, so hätten es die Parteien stets in der Hand, die Vollstreckung von Entscheiden durch Anfechtung beim Bundesgericht hinauszuzögern und unter Umständen sogar zu verunmöglichen. Dies wäre aber nicht vereinbar mit Art. 103 f. BGG, wonach dem Bundesgericht die Kompetenz zukommt, über die Gewährung der aufschiebenden Wirkung sowie über die Anordnung vorsorglicher Massnahmen zu entscheiden.

13

Die Vollstreckung eines noch nicht rechtskräftigen Verwaltungsgerichtsentscheids kommt **nur ausnahmsweise** in Frage. Sowohl bei Entscheiden, deren Rechtsmittelfrist noch läuft, als auch bei fristgerecht (ohne Suspensivwirkung) angefochtenen Entscheiden ist eine Vollstreckung vor Eintritt der Rechtskraft bloss dann zulässig, wenn die Gefahr besteht, dass die Vollstreckung durch Zeitablauf erschwert oder verunmöglicht wird[14], bzw. wenn der Zweck einer angeordneten Massnahme vereitelt würde. Dies kann etwa der Fall sein, wenn sich ein Beschwerdeführer gegen den Antritt einer Strafe wehrt, deren Vollstreckungsverjährung demnächst eintritt[15], oder wenn der Führerausweis aus Sicherheitsgründen entzogen wird[16]. Im Übrigen sollen Anordnungen grundsätzlich erst dann vollstreckt werden, wenn in der Sache abschliessend entschieden wurde, um Rechtsunsicherheit und unnützen Verwaltungsaufwand zu vermeiden[17]. Besondere Zurückhaltung ist angebracht, wenn die Vollstreckung im Fall einer Aufhebung des Entscheids durch das Bundesgericht nicht mehr rückgängig gemacht werden könnte. Erfolgt die Vollstreckung vor der Rechtsmittelerhebung, besteht ausserdem die Gefahr, dass ein allfälliger bundesgerichtlicher Entscheid über die Suspensivwirkung präjudiziert wird[18].

14

Von der Frage, ob ein beim Bundesgericht angefochtener Verwaltungsgerichtsentscheid vollstreckbar ist, muss die Frage unterschieden werden, ob ein solcher Entscheid während der Dauer des bundesgerichtlichen Verfahrens **Rechtswirkung** entfaltet. Auch für die Beantwortung dieser Frage ist grundsätzlich massgebend, ob der Beschwerde aufschiebende Wirkung zukommt oder nicht. Hat die Beschwerde Suspensivwirkung, so muss in jedem einzelnen Fall geprüft werden, welche Tragweite vernünftigerweise dem Suspensiveffekt zuzumessen ist bzw. welchen Zwecken er legitimerweise dienen soll[19]. Entfaltet die Beschwerde keine aufschiebende Wirkung, so muss ebenfalls anhand der konkreten Umstände geprüft werden, inwiefern dem angefochtenen Entscheid während der Dauer des Verfahrens Rechtswirksamkeit zukommt. Ficht ein juristischer Laie einen verwaltungsgerichtlichen Entscheid beim Bundesgericht an, ohne die Erteilung der aufschiebenden Wirkung zu beantragen, so muss er sich nicht vorwerfen lassen, dass er den angefoch-

15

---

[14] Jaag, in: Praxiskommentar VwVG, Art. 39 N. 6.
[15] Vgl. VGr, 11.1.2011, VB.2010.00724, E. 3.3.
[16] VGr, 4.1.2013, VB.2012.00789, E. 4.1.
[17] Jaag, in: Praxiskommentar VwVG, Art. 39 N. 4.
[18] Vgl. Weisung 1995, S. 1539 f.
[19] BGE 112 V 74, E. 2c.

tenen Entscheid während der Dauer des bundesgerichtlichen Verfahrens als noch nicht rechtswirksam erachtete und sein Verhalten noch nicht danach ausrichtete, falls er von keiner Seite auf eine frühere Rechtswirksamkeit hingewiesen wurde[20].

(§§ 67–69 aufgehoben)

---

[20] Vgl. VGr, 25.10.2010, VB.2010.00429, E. 5.2.

Ergänzende Vorschriften
a. Verwaltungsverfahren

§ 70

Soweit keine besonderen Bestimmungen für das Verfahren bestehen, sind die Vorschriften über das Verwaltungsverfahren entsprechend anwendbar.

Materialien

Weisung 1957, S. 1042 ff.; Prot. KK 21.3.1958, 21.10.1958; Prot. KR 1955–1959, S. 3404; Beleuchtender Bericht 1959, S. 410.

Inhaltsübersicht

I.	Einleitung	1–6
II.	Anwendbare Bestimmungen	7–9
III.	Nicht anwendbare Bestimmungen	10

I. Einleitung

Der seit Inkrafttreten des VRG unveränderte § 70 statuiert die **subsidiäre Anwendbarkeit der Vorschriften über das Verwaltungsverfahren** (§§ 4–31) im Beschwerdeverfahren. Gestützt auf § 70 gelangen im verwaltungsgerichtlichen Verfahren verwaltungsverfahrensrechtliche Grundsätze zur Anwendung, soweit sich nicht aus der gerichtsmässigen Behandlung der Geschäfte Besonderheiten ergeben[1]. 1

Der **Anwendungsbereich** von § 70 beschränkt sich nicht auf das Beschwerdeverfahren im engeren Sinn (§§ 56–62), sondern umfasst das Beschwerdeverfahren im weiteren Sinn, d.h. den gesamten Unterabschnitt B des dritten Abschnitts des Gesetzes (§§ 41–71). Aufgrund der in § 86 enthaltenen Verweisung auf § 70 kommen die §§ 4–31 ferner auch im Klageverfahren (ergänzend) zur Anwendung. 2

Nach § 70 sind die Verwaltungsverfahrensvorschriften im Beschwerdeverfahren (vorbehältlich besonderer Bestimmungen) bloss «**entsprechend**» anwendbar. Das bedeutet, dass bei der Anwendung auf die Besonderheiten des Beschwerdeverfahrens Rücksicht zu nehmen ist bzw. dass dem kontradiktorischen Charakter dieses Verfahrens Rechnung getragen werden muss. 3

Die §§ 4–31 können gestützt auf § 70 nur dann (entsprechend) zur Anwendung gelangen, wenn die Bestimmungen über das Beschwerdeverfahren (§§ 41–71) **keine eigenständige Regelung** der betreffenden Thematik enthalten[2]. 4

Eine auf § 71 gestützte Anwendung **zivilprozessualer Vorschriften** im Beschwerdeverfahren kommt nur dann in Frage, wenn die betreffende Frage nicht durch eine auf § 70 gestützte entsprechende Anwendung der §§ 4–31 beantwortet werden kann (§ 71 N. 6). 5

---

[1] Beleuchtender Bericht 1959, S. 410.
[2] Vgl. RB 1961 Nr. 5 (ZR 60 Nr. 112).

6 Die im ersten Abschnitt des VRG enthaltene Regelung der **Parteientschädigung** gilt aufgrund ausdrücklicher Erwähnung in § 17 Abs. 2 nicht nur im Rekursverfahren, sondern auch im Verfahren vor Verwaltungsgericht. Diese Norm kommt im Beschwerdeverfahren somit unmittelbar – nicht gestützt auf § 70 – zur Anwendung.

II. Anwendbare Bestimmungen

7 Soweit für das Beschwerdeverfahren keine besonderen Bestimmungen bestehen, sind gemäss § 70 die *Vorschriften über das Verwaltungsverfahren* (entsprechend) anwendbar, d.h. die Bestimmungen des zweiten Abschnitts des VRG, der mit «Das Verwaltungsverfahren» übertitelt ist und die §§ 4–31 umfasst. Von § 70 an sich nicht erfasst ist der *erste* Abschnitt des VRG, der die sachliche Zuständigkeit der Verwaltungsbehörden regelt (§§ 1–3). Von der Sache her macht es aber Sinn, die §§ 1–3 bei der Beurteilung der Zulässigkeit einer Beschwerde (§§ 41 ff.) heranzuziehen.

8 Mangels besonderer Vorschriften und fehlender Direktverweisungen kommt im Beschwerdeverfahren eine auf § 70 gestützte Anwendung von Vorschriften über das Verwaltungsverfahren in **folgenden Sachgebieten** in Frage: Beschleunigungsgebot (§ 4a, nicht aber § 27c[3]), Zuständigkeitsprüfung (§ 5 Abs. 1)[4], Überweisung an eine zuständige Instanz (§ 5 Abs. 2), Ausstand (§ 5a), vorsorgliche Massnahmen (§ 6), Verfahren mit mehreren Beteiligten (§ 6a), Sitz im Ausland (§ 6b), Untersuchungsmaxime und Beweismittel (§ 7 Abs. 1)[5], Mitwirkungspflicht (§ 7 Abs. 2)[6], Amts- und Rechtshilfe (§ 7 Abs. 3), Beweiswürdigung (§ 7 Abs. 4), Ausnahmen bzgl. Akteneinsicht (§ 9), Rechtsmittelbelehrung und amtliche Veröffentlichung (§ 10 Abs. 1, 4 und 5), Fristenlauf (§ 11), Fristerstreckung und -wiederherstellung (§ 12), Verbesserung der Rechtsmittelschrift (§ 23 Abs. 2, ergänzend zu § 56 Abs. 1), Vernehmlassungspflicht der Vorinstanz (§ 26b Abs. 1 Satz 2), Vernehmlassungsdauer (§ 26b Abs. 2), Verweisung auf vorinstanzliche Erwägungen (§ 28 Abs. 1 Satz 2)[7], Vollstreckungszuständigkeit (§ 29) sowie Ersatzvornahme auf Kosten des Pflichtigen (§ 30 Abs. 1 lit. b).

9 Enthält eine Bestimmung zum Beschwerdeverfahren eine *direkte* Verweisung auf eine Vorschrift über das Verwaltungsverfahren, so ist diese nicht kraft § 70, sondern **gestützt auf die unmittelbare Verweisungsnorm** anwendbar. Spezifische Verweisungsnormen bestehen in Bezug auf die Art der anfechtbaren Anordnung (§ 41 Abs. 3 i.V.m. § 19a), die Beschwerdeberechtigung (§ 49 i.V.m. §§ 21 und 21a), die Beschwerdegründe (§ 50 Abs. 1 i.V.m. § 20 Abs. 1 lit. a und b sowie Abs. 2), neue Vorbringen im Allgemeinen (§ 52 Abs. 1 i.V.m. § 20a), die Beschwerdefrist (§ 53 Satz 2 i.V.m. § 22), die aufschiebende Wirkung (§ 55 i.V.m. § 25 Abs. 1–3), die Entscheidbefugnis bei Beschwerden betreffend ein

---

[3] Vgl. § 27c N. 11.
[4] Vgl. z.B. RB 2008 Nr. 16, E. 2.
[5] Der Untersuchungsgrundsatz gilt im Beschwerdeverfahren allerdings nur in abgeschwächter Form (vgl. § 7 N. 33), und in Bezug auf Beweiserhebung und -verfahren ist in erster Linie § 60 massgebend.
[6] Im Beschwerdeverfahren besteht allerdings eine gegenüber dem Verwaltungsverfahren erhöhte Mitwirkungspflicht (vgl. § 7 N. 105).
[7] Vgl. RB 2008 Nr. 15, E. 6.2 (VB.2007.00406).

Arbeitsverhältnis (§ 63 Abs. 3 i.V.m. § 27a Abs. 1) sowie die Kosten (§ 65a Abs. 2 i.V.m. §§ 13–16).

III. Nicht anwendbare Bestimmungen

Nicht anwendbar sind die Bestimmungen über das Verwaltungsverfahren, soweit die Normen über das Beschwerdeverfahren **spezifische eigene Regeln** enthalten. Dies ist der Fall in Bezug auf die Zulässigkeit des Rechtsmittels (§§ 41–44 vs. §§ 19–19b), die Unangemessenheitsrüge (§ 50 Abs. 2 vs. § 20), neue Vorbringen in spezifischen Fällen (§ 52 Abs. 2 vs. § 20a), den Beschwerdeort (§ 53 Satz 1 vs. § 22 Abs. 1), die Rechtsmittelschrift (§ 54 vs. § 23), die Verfahrensleitung (§ 56 Abs. 1 vs. § 26), den Aktenbeizug (§ 57 Abs. 1 vs. § 26a Abs. 1), die Akteneinsicht (§ 57 Abs. 2 vs. § 8 Abs. 1 und § 26a Abs. 2), den Schriftenwechsel im Allgemeinen (§ 58 vs. § 26b), die mündliche Verhandlung (§ 59 vs. § 26b Abs. 3), die Beweiserhebung (§ 60 vs. § 7 und § 26c), die Schlussverhandlung (§ 61), die Entscheidbefugnis des Verwaltungsgerichts im Allgemeinen (§ 63 Abs. 1 und 2 vs. § 27), die Rückweisung (§ 64), die Begründungspflicht (§ 65 Abs. 1 Satz 1 vs. § 10a und § 28a Abs. 2), das vereinfachte Verfahren (§ 65 Abs. 1 Satz 2 vs. § 28a), die Adressaten der Entscheidmitteilung (§ 65 Abs. 2 vs. § 10 Abs. 3 und § 28 Abs. 2), die Kostenbemessungskriterien und den Gebührenrahmen (§ 65a Abs. 1), die Kosten bei personalrechtlichen Streitigkeiten (§ 65a Abs. 3 vs. § 13 Abs. 3), die Form und Mitteilung des Entscheids (§ 65 vs. § 28) und den Vollstreckungszeitpunkt (§ 66 vs. § 30 Abs. 1).

b. Zivilprozessordnung

§ 71

Die Vorschriften der ZPO betreffend die Prozessleitung, das prozessuale Handeln und die Fristen (1. Teil, 9. Titel) sowie die für den Zivilprozess geltenden Verfahrensbestimmungen des GOG (6. Teil, 1. und 2. Abschnitt) finden ergänzend Anwendung.

Materialien

Weisung AnpassungsG ZPO/StPO, S. 1660; Prot. KR 2007–2011, S. 11008.

Zur früheren Fassung/zu früheren Fassungen: Weisung 1957, S. 1052; Prot. KK 21.3.1958; Prot. KR 1955–1959, S. 3404; Beleuchtender Bericht 1959, S. 410–412; Weisung 1995, S. 1526 und 1540; Prot. KK 1995/96, S. 132; Prot. KR 1995–1999, S. 6505; Beleuchtender Bericht 1997, S. 6.

Literatur

HAUSER/SCHWERI/LIEBER, Kommentar GOG, §§ 117–147.

Inhaltsübersicht

I.	Einleitung	1–5
II.	Subsidiarität zivilprozessualer Normen	6–7
III.	Ergänzend anwendbare Normen	8–10
IV.	Analog anwendbare Normen	11–13

I. Einleitung

1 § 71 statuiert die **ergänzende Anwendbarkeit zivilprozessualer Normen** – d.h. der Art. 124–149 ZPO und der §§ 117–147 GOG – im Verfahren vor Verwaltungsgericht. Weitere zivilverfahrensrechtliche Bestimmungen – Art. 150–193 ZPO – kommen im verwaltungsgerichtlichen Verfahren gestützt auf § 60 Satz 3 sinngemäss zur Anwendung.

2 Im Lichte des **rechtsstaatlichen Bestimmtheitsgebots** und der demokratischen Zuständigkeitsordnung ist die in § 71 enthaltene Verweisung auf zivilprozessuale Normen nicht unproblematisch. Da die Verweisung aber hinreichend klar und eindeutig ist, dürfte sie als gesetzliche Grundlage genügen[1].

3 Der **Anwendungsbereich** von § 71 umfasst den Unterabschnitt B des dritten Abschnitts des VRG, d.h. das Beschwerdeverfahren vor Verwaltungsgericht (§§ 41–71). Vom Anwendungsbereich mitumfasst ist ferner Unterabschnitt A des dritten Gesetzesabschnitts (Organisation des Verwaltungsgerichts, §§ 32–40a), da § 71 teilweise auf gerichtsorganisatorische Gesetzesbestimmungen – insbesondere auf §§ 130–136 GOG – verweist. Aufgrund des Verweises in § 86 kommt § 71 ferner auch im Klageverfahren zur Anwendung. Nicht anwendbar ist § 71 hingegen im erstinstanzlichen Verwaltungsverfahren, im Einsprache- und im Rekursverfahren; in diesen Verfahren kommt aber unter Umständen

---

[1] Vgl. BGE 134 I 179, E. 6.3.

eine *analoge* Anwendung zivilprozessualer Bestimmungen in Frage, so beispielsweise in Bezug auf Zustellungsvorschriften (§ 10 N. 63).

Das Verwaltungsgericht hat die in der zivilprozessualen Praxis entwickelte **Auslegung** zu beachten, soweit es Normen gestützt auf § 71 ergänzend anwendet. Enthält das VRG hingegen eigenständige Regeln, so darf das Verwaltungsgericht diese autonom auslegen – selbst dann, wenn identische zivilprozessuale Bestimmungen existieren, auf die § 71 verweist[2]. Eine von der zivilrechtlichen Praxis abweichende verwaltungsgerichtliche Auslegung kann sich beispielsweise aufgrund von im Zivil- und Verwaltungsgerichtsverfahren unterschiedlich zu gewichtenden Prozessmaximen rechtfertigen[3].

In seiner ursprünglichen Fassung sah § 71 vor, dass die für Zivilsachen geltenden allgemeinen Vorschriften des (kantonalen) Gerichtsverfassungsgesetzes betreffend das Verfahren (§§ 121–200 GVG) sowie dessen Bestimmungen über den Ausstand der Justizbeamten (§§ 95–103 GVG) ergänzend Anwendung finden. Mit der **VRG-Revision** von 1997 entfiel der Verweis auf die Ausstandsvorschriften des GVG, da mit § 5a eine – gestützt auf § 70 auch im verwaltungsgerichtlichen Verfahren anwendbare – Ausstandsbestimmung in das VRG eingefügt wurde[4]. Mit dem Inkrafttreten der Eidgenössischen Zivilprozessordnung am 1. Januar 2011 wurde das Gerichtsverfassungsgesetz aufgehoben; die für Zivilsachen geltenden Verfahrensvorschriften finden sich seither in der ZPO und ergänzend dazu im GOG. Dies machte eine Anpassung des Textes und der Marginalie von § 71 VRG erforderlich; seit dem 1. Januar 2011 verweist § 71 deshalb nicht mehr auf die §§ 121–200 GVG, sondern auf die Art. 124–149 ZPO und §§ 117–147 GOG[5].

II. Subsidiarität zivilprozessualer Normen

Die gemäss § 71 ergänzend anwendbaren zivilprozessualen Vorschriften sind **in mehrfacher Hinsicht nur subsidiär** heranzuziehen[6]: Eine Anwendung kommt nur in Frage, wenn die betreffende Thematik weder in den VRG-Bestimmungen über die Verwaltungsgerichtsorganisation (§§ 32–40a) noch in jenen über die Beschwerde (§§ 41–66) noch in einer Verordnung des Verwaltungsgerichts (OV VGr; KanzleiV VGr) noch gestützt auf eine Norm, die spezifisch (§§ 41 Abs. 3, 49, 50 Abs. 1, 52 Abs. 1, 53 Satz 2, 55, 63 Abs. 3, 65a Abs. 2) oder allgemein (§ 70) auf Bestimmungen des Verwaltungsverfahrens (§§ 4–31) verweist, geregelt ist.

Eine auf § 71 gestützte Anwendung zivilprozessualer Vorschriften setzt ferner voraus, dass die anwendbaren **VRG-Bestimmungen lückenhaft** sind bzw. dass das VRG in Bezug auf eine relevante Frage keine abschliessende Regelung enthält[7]. Ob dies der Fall ist oder nicht, muss durch Auslegung der massgebenden Gesetzesbestimmungen eruiert

---

[2] Vgl. z.B. in Bezug auf Fristwiederherstellungsgründe § 70 i.V.m. § 12 Abs. 2 und § 71 i.V.m. Art. 148 Abs. 1 ZPO.
[3] Vgl. in Bezug auf Fristwiederherstellungsgründe VGr, 14.3.2012, AN.2012.00002, E. 5.4.
[4] Weisung 1995, S. 1526 und 1540.
[5] Vgl. Weisung AnpassungsG ZPO/StPO, S. 1660.
[6] Vgl. z.B. VGr, 12.7.2001, VB.2001.00160, E. 1b cc.
[7] Vgl. RB 2006 Nr. 3, E. 2 (VB.2006.00081); VGr, 12.7.2001, VB.2001.00160, E. 1b cc.

werden. Dabei ist dem Charakter des Beschwerdeverfahrens Rechnung zu tragen[8] und etwa zu beachten, dass das Verwaltungsgerichtsverfahren weniger stark von der Dispositionsmaxime geprägt ist als das Zivilgerichtsverfahren[9].

III. Ergänzend anwendbare Normen

8   In Bezug auf die **Zivilprozessordnung** ergänzend anwendbar sind gemäss § 71 die Vorschriften betreffend die Prozessleitung, das prozessuale Handeln und die Fristen (1. Teil, 9. Titel), d.h. Art. 124–149 ZPO. Im verwaltungsgerichtlichen Verfahren kommt eine ergänzende Anwendung in Frage in Bezug auf Grundsätze der Prozessleitung (Art. 124 ZPO), Verfahrenstrennung und -vereinigung (Art. 125 ZPO; dazu Vorbem. zu §§ 4–31 N. 50 ff.), Verfahrenssistierung (Art. 126 ZPO; dazu Vorbem. zu §§ 4–31 N. 34 ff.), Verfahrensdisziplin und mutwillige Prozessführung (Art. 128 ZPO; dazu § 5 N. 85 ff.), Verfahrenssprache (Art. 129 ZPO), Eingaben der Parteien (Art. 130–132 ZPO), Vorladung (Art. 133–135 ZPO), Zustellung (Art. 136–141 ZPO; dazu § 10 N. 63), Fristen (Art. 142–149 ZPO; dazu § 11 N. 2) sowie Fristsäumnis (Art. 147 ZPO).

9   In Bezug auf das **Gerichtsorganisationsgesetz** ergänzend anwendbar sind gemäss § 71 die für den Zivilprozess geltenden Verfahrensbestimmungen des GOG (6. Teil, 1. und 2. Abschnitt), d.h. die §§ 117–147 GOG. Der 1. Abschnitt des 6. Teils des Gerichtsorganisationsgesetzes enthält allgemeine Verfahrensbestimmungen (§§ 117–125 GOG); im verwaltungsgerichtlichen Verfahren kommt eine ergänzende Anwendung in Frage in Bezug auf die Zustellung (§ 121 GOG; dazu § 10 N. 63), Feiertage (§ 122 GOG; dazu § 11 N. 34), Minderheitsmeinung (§ 124 GOG) und Gerichtsberichterstattung (§ 125 GOG). Der 2. Abschnitt des 6. Teils des Gerichtsorganisationsgesetzes beinhaltet spezifische Zivilverfahrensnormen (§§ 126–147 GOG); im verwaltungsgerichtlichen Verfahren kommt eine ergänzende Anwendung in Frage in Bezug auf die Aktenführung (§ 130 GOG), Akteneinsicht von Behörden und Dritten (§ 131 GOG), Bild- und Tonaufnahmen (§ 132 GOG), Mitwirkung von Gerichtsschreibern (§ 133 GOG), Urteilsberatung (§ 134 GOG), Entscheidformen (§ 135 GOG) und Unterzeichnung von Entscheiden (§ 136 GOG).

10 Die **Praxis** des Verwaltungsgerichts bejaht eine auf § 71 gestützte Anwendbarkeit zivilprozessualer Vorschriften beispielsweise in Bezug auf Art. 145 ZPO (Fristenstillstand während der Gerichtsferien)[10], verneint sie hingegen in Bezug auf Art. 148 ZPO (Fristwiederherstellung)[11] und § 128 GOG (unentgeltliche Rechtspflege vor Einreichung des Rechtsmittels)[12].

---

[8] VGr, 12.7.2001, VB.2001.00160, E. 1b cc.
[9] VGr, 14.3.2012, AN.2012.00002, E. 5.4.
[10] RB 1999 Nr. 25 (BEZ 1999 Nr. 15); vgl. § 11 N. 17.
[11] VGr, 14.3.2012, AN.2012.00002, E. 5.3.
[12] VGr, 18.4.2012, VB.2012.00082, E. 9.4.2.

IV. Analog anwendbare Normen

Wenn eine entscheidrelevante verwaltungsgerichtliche Verfahrensfrage weder in einer anwendbaren VRG-Bestimmung noch in den Art. 124–149 ZPO oder den §§ 117–147 GOG geregelt ist, aber in einer **anderen zivilprozessualen Bestimmung** – d.h. in den Art. 1–123 oder 150–408 ZPO[13] bzw. in den §§ 1–116 oder 148–212 GOG –, so kommt eine auf § 71 gestützte Anwendung der betreffenden Norm zwar nicht in Frage. Geprüft werden kann in einem solchen Fall aber, ob die fragliche ZPO- oder GOG-Bestimmung *analog* angewendet werden kann, wobei die klassischen Auslegungs- und Analogieregeln heranzuziehen sind[14].

11

Eine analoge Anwendung ist im Beschwerdeverfahren bezüglich der zivilprozessualen **Ausstandsbestimmungen** (Art. 47–51 ZPO) zulässig, soweit die Anwendung von § 70 i.V.m. § 5a VRG und von § 71 VRG i.V.m. § 127 GOG zu keinem Ergebnis führt[15].

12

In Bezug auf die **Erläuterung und Berichtigung** verwaltungsgerichtlicher Entscheide stützte sich das Gericht bis Ende 2010 auf eine *ergänzende* Anwendung der §§ 162 ff. GVG[16]. Nachdem der seit 2011 massgebende Art. 334 ZPO vom Verweisungsbereich von § 71 nicht mehr erfasst ist, stützt sich das Gericht auf eine *analoge* Anwendung der zivilprozessualen Regeln sowie auf die bundesgerichtliche Rechtsprechung[17], wonach ein Erläuterungs- und Berichtigungsanspruch von Verfassungs wegen besteht[18].

13

---

[13] In Bezug auf Art. 150–193 ZPO kommt eine auf § 60 Satz 3 VRG gestützte Anwendung in Frage.
[14] Vgl. BGE 136 I 297, E. 4.1; WIEDERKEHR/RICHLI, Praxis, N. 936 ff., 1186.
[15] Vgl. VGr, 12.5.2010, VB.2010.00205, E. 2.1 (in Bezug auf das damals noch geltende GVG); siehe auch § 5a N. 7.
[16] VGr, 24.3.2005, EG.2005.00001, E. 2.1; RB 1991 Nr. 15.
[17] Vgl. BGE 130 V 320 E. 2.3.
[18] VGr, 17.7.2013, EG.2013.00002, E. 1; VGr, 17.9.2012, EG.2012.00006, E. 1.

C. Rekurs und Beschwerde in Steuersachen

Zuständigkeit
§ 72
Das Verwaltungsgericht ist in Steuersachen letzte Rekurs- und Beschwerdeinstanz nach den besonderen Bestimmungen der Steuergesetzgebung.

Materialien

Weisung 1957, S. 1052; Prot. KK 24.3.1958, 28.3.1958; Prot. KR 1955–1959, S. 3404; Beleuchtender Bericht 1959, S. 412; Weisung StG, S. 1513 ff.; Weisung 1995, S. 1540; Prot. KK 1995/96, S. 132; Prot. KR 1995–1999, S. 6505; Beleuchtender Bericht 1997, S. 6; Weisung 2009, S. 986 ff.; Weisung StRG/BRG, S. 273 ff.; Prot. KR 2007–2011, S. 10236 und 10546.

Literatur

BOSSHART J., Überprüfung, S. 1 ff.; RICHNER FELIX/FREI WALTER, Kommentar zum Zürcher Erbschafts- und Schenkungssteuergesetz, Zürich 1996; RICHNER FELIX/FREI WALTER/KAUFMANN STEFAN/MEUTER HANS ULRICH, Kommentar zum Zürcher Steuergesetz, 3. Aufl., Bern 2013 *(Kommentar StG)*; RICHNER FELIX/FREI WALTER/KAUFMANN STEFAN/MEUTER HANS ULRICH, Handkommentar zum DBG, 2. Aufl., Zürich 2009; SCHUHMACHER, Überblick, S. 34; SOMMER, Weiterentwicklung, S. 157; ZWEIFEL MARTIN/ATHANAS PETER, Kommentar zum Schweizerischen Steuerrecht, Bundesgesetz über die direkte Bundessteuer, 2. Aufl., Basel 2008; ZWEIFEL MARTIN/ATHANAS PETER, Bundesgesetz über die Harmonisierung der direkten Steuern der Kantone und Gemeinden, 2. Aufl., Basel 2002; ZWEIFEL MARTIN/BEUSCH MICHAEL/MÄUSLI-ALLENSPACH PETER, Kommentar zum Interkantonalen Steuerrecht, Basel 2011; ZWEIFEL MARTIN/CASANOVA HUGO, Steuerverfahrensrecht.

Inhaltsübersicht

I.	Vorbemerkungen zu den §§ 72 und 73	1–4
II.	Bemerkungen zu § 72	5–10

I. Vorbemerkungen zu den §§ 72 und 73

1 Die §§ 72 und 73, die den Unterabschnitt C des dritten Gesetzesabschnitts (§§ 32–86) bilden, enthalten Bestimmungen über **Rekurs und Beschwerde in Steuersachen.** Während das VRG in Bezug auf die anderen Rechtsmittel, die beim Verwaltungsgericht erhoben werden können – die «normale» Beschwerde (§§ 41–66) und die verwaltungsrechtliche Klage (§§ 81–85) –, eigenständige Prozessregeln statuiert, beschränken sich die §§ 72 und 73 darauf, auf die Rechtsmittelbestimmungen der Steuergesetzgebung zu verweisen.

2 Mit § 72 wird festgelegt, dass das Verwaltungsgericht in Steuersachen die letzte Rekurs- und Beschwerdeinstanz ist. Was die weiteren Zuständigkeits- und Verfahrensvorschriften betrifft, verweisen die §§ 72 f. auf die Spezialbestimmungen des kantonalen **Steuergesetzes** (StG) und des **Erbschafts- und Schenkungssteuergesetzes** (ESchG). Die

Vorschriften des VRG sind in verwaltungsgerichtlichen Steuerprozessen somit grundsätzlich nicht anwendbar[1].

Während § 72 seit dem Inkrafttreten des Gesetzes unverändert blieb, wurde der ursprüngliche zweite Satz von § 73 anlässlich der **VRG-Revision** von 1997 gestrichen (§ 73 N. 10). Im Rahmen der Gesetzesrevision von 2010 erfuhren §§ 72 und 73 keine Änderung. Der Titel des Unterabschnitts C wurde indessen geändert: Zuvor lautete der Titel «Das Verwaltungsgericht als Rekurs- und Beschwerdeinstanz in Steuersachen»; seither «Rekurs und Beschwerde in Steuersachen».

Beim Inkrafttreten des VRG im Jahr 1960 sollten die §§ 72 und 73 eine unveränderte **Weitergeltung des Steuerrechtspflegeverfahrens** sicherstellen. Die einzige Neuerung war, dass das Verwaltungsgericht die Oberrekurskommission als oberste kantonale Rekurs- und Beschwerdeinstanz in Steuersachen ablöste[2] und – als Folge davon – dass die Gerichtsorganisationsvorschriften des VRG (§§ 32–40) im steuergerichtlichen Verfahren massgebend wurden[3]. Von der Sache her wäre eine Integration der Steuerzuständigkeits- und -verfahrensvorschriften in das VRG an sich möglich und auch sinnvoll gewesen. Dass die steuerprozessuale Sonderregelung – auch im Rahmen der späteren Gesetzesrevisionen[4] – trotzdem beibehalten wurde, lässt sich nur historisch erklären: Im Steuerrecht bildeten sich früher als im übrigen Verwaltungsrecht gerichtsähnliche Rechtsschutzeinrichtungen, so dass sich die Steuerjustiz organisations- und verfahrensmässig anders entwickelte als die übrige Verwaltungsjustiz[5].

II. Bemerkungen zu § 72

§ 72 verweist in Bezug auf verwaltungsgerichtlich beurteilte Steuerbeschwerden und -rekurse auf die besonderen **Zuständigkeitsnormen der Steuergesetzgebung**. Die Bestimmung hat nur deklaratorischen Charakter; für die Zuständigkeit effektiv massgebend sind die einschlägigen kantonalen Vorschriften des Steuergesetzes (StG), der darauf gestützten Verordnung (VO StG) sowie des Erbschafts- und Schenkungssteuergesetzes (ESchG). Zu beachten sind ferner die bundesrechtlichen Zuständigkeitsvorschriften im Bundesgesetz über die direkte Bundessteuer (Art. 140 ff. DBG)[6] sowie im Bundesgesetz über die Harmonisierung der direkten Steuern der Kantone und Gemeinden (Art. 73 StHG). Zuständigkeitsbegründende Wirkung können schliesslich auch verfassungsrechtliche Vorgaben betreffend Rechtsweg (Art. 29a BV) und Instanzenzug (Art. 77 KV) entfalten (§ 5 N. 25).

Nach § 72 ist das Verwaltungsgericht in Steuersachen kantonal letzte **Beschwerdeinstanz**. Als solche urteilt das Verwaltungsgericht – entsprechend dem Regelinstanzen-

---

[1] Vgl. z.B. VGr, 6.5.2009, SB.2009.00007, E. 1.1; VGr, 21.1.2009, SB.2008.00105, E. 2.1.1; zu Ausnahmen in Bezug auf Kosten- und Entschädigungsfolgen vgl. § 73 N. 7 ff.
[2] Vgl. Beleuchtender Bericht 1959, S. 412; siehe auch § 99 Abs. 1.
[3] J. Bosshart, Überprüfung, S. 4.
[4] Vgl. Weisung 1995, S. 1540.
[5] Vgl. Schuhmacher, Überblick, S. 34; Sommer, Weiterentwicklung, S. 157.
[6] Vgl. § 3 und §§ 13 f. der Verordnung über die Durchführung des Bundesgesetzes über die direkte Bundessteuer vom 4. November 1998 (LS 634.1).

zug (Art. 77 Abs. 1 KV) – als kantonal *zweit-* (und letzt-)instanzliche Rechtsmittelbehörde über Rechtsmittel gegen Rekursentscheide des Steuerrekursgerichts[7] betreffend Steuereinschätzung und -befreiung[8], des kantonalen Steueramts betreffend Steuerbezug[9] und der Finanzdirektion betreffend Steuererlass[10]. Dabei kann es sich um Streitigkeiten über direkte Bundessteuern[11] sowie über kantonale und kommunale Steuern[12] handeln.

7 Das Verwaltungsgericht ist gemäss § 72 sodann auch kantonal letzte **Rekursinstanz** in Steuersachen. Als solche ist das Gericht zuständig, wenn es – in Abweichung vom Regelinstanzenzug (Art. 77 Abs. 1 KV)[13] – als kantonal *einzige* Rechtsmittelbehörde entscheidet im Zusammenhang mit Nachsteuerverfahren[14], Sicherstellungsverfahren betreffend kantonale Steuern[15] sowie Verfahren betreffend steuerstrafrechtliche Kostenauflagen in Strafbescheiden oder Einstellungsverfügungen[16]. Bei Streitigkeiten über die Sicherstellung der direkten *Bundessteuer* ist hingegen das *Steuerrekursgericht* die einzige kantonale Beschwerdeinstanz; dessen Entscheide können direkt beim Bundesgericht angefochten werden[17].

8 Im **Steuerstrafrecht** beurteilt das Verwaltungsgericht ferner Einspracheentscheide des kantonalen Steueramts, welche die Verletzung von Verfahrenspflichten sowie die Hinterziehung von Steuern betreffen[18].

9 Schliesslich kann das Verwaltungsgericht im Rahmen eines Steuersachen betreffenden **Revisionsverfahrens** die zuständige Entscheidinstanz sein[19].

10 Gegen Entscheide, die das Verwaltungsgericht als Rekurs- oder Beschwerdeinstanz in Steuersachen fällt, kann **Beschwerde beim Bundesgericht** erhoben werden. Verwaltungsgerichtliche Steuerurteile sind in aller Regel mit Beschwerde in öffentlichrechtlichen Angelegenheiten anfechtbar[20], ausnahmsweise – in Bezug auf die Stundung oder den Erlass von Steuern – mit subsidiärer Verfassungsbeschwerde (Art. 83 lit. m und Art. 113 ff. BGG)[21].

---

[7] Bis am 1. Januar 2011 wurden die steuerrechtlichen Rekursinstanzen «Steuerrekurskommissionen» genannt, seither «Steuerrekursgericht» (vgl. Weisung StRG/BRG, S. 273).
[8] §§ 153 Abs. 1 und 171 Abs. 2 StG; § 43 Abs. 2 ESchG.
[9] § 178 Abs. 1 StG.
[10] § 185 Abs. 1 StG; § 64 Abs. 2 ESchG.
[11] Art. 140–145 DBG; Art. 153 Abs. 3 DBG.
[12] §§ 153 Abs. 1, 196, 204 Abs. 2 und 213 StG sowie § 43 Abs. 2 ESchG.
[13] Zu den Gründen für die Abweichung vgl. Weisung 2009, S. 991.
[14] §§ 162 Abs. 3 und 206 StG; § 54 ESchG.
[15] § 181 Abs. 3 StG; § 64 Abs. 1 ESchG.
[16] § 259 StG; § 67 Abs. 2 und § 71 Abs. 2 ESchG.
[17] BGr, 20.11.2012, 2C_793/2012, E. 1.2.2 und 1.2.4.
[18] § 252 Abs. 1 StG; § 67 Abs. 3 und § 71 Abs. 3 ESchG; Art. 182 Abs. 3 i.V.m. Art. 140 ff. DBG.
[19] Vgl. § 157 Abs. 1 und § 158 Abs. 3 StG; § 47 Abs. 1 und § 51 ESchG; Art. 149 DBG.
[20] Art. 82 ff. BGG; § 154 Abs. 1, § 214 und § 258 StG; Art. 146 und Art. 182 Abs. 2 DBG; Art. 73 Abs. 1 StHG.
[21] Vgl. BGr, 24.9.2012, 2D_54/2012, E. 2.1; BGr, 16.2.2011, 2D_54/2011, E. 1.1.

Verfahren

§ 73

Für Beschwerde, Rekurs und Revision sowie für deren Wirkung, Verfahren und Entscheid gelten die Bestimmungen des Steuergesetzes.

Materialien
Vgl. die Angaben bei § 72.

Literatur
Vgl. die Angaben bei § 72.

§ 73 verweist in Bezug auf das **Steuerbeschwerde-, -rekurs- und -revisionsverfahren** auf die Bestimmungen des Steuergesetzes – gemeint ist die Steuer*gesetzgebung*. Die steuergerichtlichen Verfahrensvorschriften richten sich somit – wie die Zuständigkeitsnormen (§ 72) – nicht nach den Bestimmungen des VRG, sondern nach dem Steuergesetz (StG) und dem Erbschafts- und Schenkungssteuergesetz (ESchG)[1].

§ 73 betrifft steuerrechtliche Rechtsmittelverfahren vor **Verwaltungsgericht**. Eine Anwendung von § 73 auf Verfahren vor Steuerrekursgericht ist zwar weder vom Wortlaut[2] noch von der Systematik[3] des Gesetzes her ausgeschlossen. Doch zum einen lautete der Untertitel zu den §§ 72 und 73 früher «Das Verwaltungsgericht als Rekurs- und Beschwerdeinstanz in Steuersachen», und mit der Titeländerung im Rahmen der VRG-Revision von 2010 strebte der Gesetzgeber keine Änderung der Zuständigkeitsordnung an[4]. Zum anderen erwähnt § 73 (auch) das Steuerbeschwerdeverfahren, das nur vor Verwaltungsgericht, nicht aber vor Steuerrekursgericht in Frage kommt. Im Übrigen bedürfte es an sich ohnehin keiner Erwähnung im VRG, dass für das steuerrekursgerichtliche Rekurs- und Revisionsverfahren die steuerrechtlichen Spezialbestimmungen massgebend sind.

Die Bestimmungen der Steuergesetzgebung gelten gemäss § 73 unter anderem für die Steuerbeschwerde (vgl. § 72 N. 6). Das steuerrechtliche **Beschwerdeverfahren** vor Verwaltungsgericht richtet sich somit nach § 153 StG, auf den zahlreiche weitere Bestimmungen direkt oder indirekt verweisen (§§ 171 Abs. 2, 178 Abs. 2, 185 Abs. 2, 196, 204 und 213 StG sowie §§ 43 Abs. 3 und § 55 Abs. 2 ESchG). § 153 StG enthält nur rudimentäre Verfahrensvorschriften und statuiert im Übrigen in Abs. 4, dass die Regeln des Steuerrekursverfahrens gemäss den §§ 147–152 StG *sinngemäss* anwendbar sind[5]. In Bezug auf

1

2

3

---

[1] Zum Hintergrund der steuerrechtlichen Sonderregelung und zu weiteren Ausführungen vgl. § 72 N. 1 ff.; zur ausnahmsweisen Anwendbarkeit von VRG-Normen vgl. N. 8 ff.
[2] Vgl. demgegenüber § 72, der sich gemäss Wortlaut nur auf das Verwaltungsgericht bezieht.
[3] § 73 ist im Unterabschnitt C («Rekurs und Beschwerde in Steuersachen») des Dritten Abschnitts («Verwaltungsgerichtsbarkeit») des Gesetzes enthalten.
[4] Vgl. Weisung StRG/BRG, S. 273 ff.; Prot. KR 2007–2011, S. 10236 und 10546.
[5] Vgl. z.B. VGr, 21.1.2009, SB.2008.00105, E. 2.1.1; zu Einzelheiten RICHNER/FREI/KAUFMANN/MEUTER, Kommentar StG, § 153 N. 1 ff.

§ 73

das Beschwerdeverfahren betreffend direkte Bundessteuern sind die Art. 140–145 DBG zu beachten.

4   Die Bestimmungen des Steuergesetzes gelten gemäss § 73 sodann auch für den Steuerrekurs (vgl. § 72 N. 7). Das steuerrechtliche **Rekursverfahren** vor Verwaltungsgericht richtet sich somit nach den §§ 147–152 StG[6], auf die zahlreiche weitere Bestimmungen direkt oder indirekt verweisen (§§ 162 Abs. 3, 171 Abs. 2, 178 Abs. 2, 181 Abs. 3, 185 Abs. 2, 196, 204, 212 und 259 StG sowie §§ 43 Abs. 3, 54 und 55 Abs. 2 ESchG); zu beachten ist ferner Art. 50 StHG. Die steuerrekursrechtlichen Verfahrensnormen stimmen mit den allgemeinen Rekursverfahrensnormen gemäss den §§ 20–28a VRG weitgehend überein.

5   Die Bestimmungen des Steuergesetzes gelten gemäss § 73 schliesslich auch für die Steuerrevision (vgl. § 72 N. 9). Das steuerrechtliche **Revisionsverfahren** vor Verwaltungsgericht richtet sich somit nach den §§ 155 ff. StG bzw. nach den §§ 45 ff. ESchG; zu berücksichtigen sind ferner die Art. 51 ff. StHG. In Bezug auf das Revisionsverfahren betreffend direkte Bundessteuern sind ausserdem die Art. 147–149 DBG zu beachten.

6   Im **steuerstrafrechtlichen Verfahren** (vgl. § 72 N. 8) betreffend Verfahrenspflichtverletzungen und Steuerhinterziehung gelten im verwaltungsgerichtlichen Verfahren in erster Linie die Vorschriften gemäss den §§ 252 ff. StG, auf die auch die §§ 67 Abs. 2 und 71 Abs. 2 ESchG verweisen. Soweit diese Bestimmungen nichts anderes vorschreiben, gelten subsidiär die Normen über das Rekursverfahren gemäss den §§ 147–152 StG (vgl. § 257 StG). Zu berücksichtigen sind ferner die Art. 55 ff. StHG. In Bezug auf Steuerstrafrechtsprozesse, welche die direkte Bundessteuer betreffen, sind die Art. 174 ff. DBG zu beachten.

7   In Bezug auf die **Verfahrenskosten** enthält das Steuerrecht eigenständige Bestimmungen betreffend Gerichtsgebühren (§ 150b StG) und Kostenauferlegung (§ 151 StG). Im Übrigen ist die gestützt auf § 40 Abs. 1 lit. b VRG erlassene Gebührenverordnung des Verwaltungsgerichts auch im steuergerichtlichen Verfahren anwendbar (vgl. §§ 1 Abs. 1 und 12 Abs. 1 GebV VGr).

8   Das Steuerrecht enthält keine formellgesetzliche Grundlage für die Erhebung von **Kostenvorschüssen**. Bloss auf Verordnungsebene – in § 12 Abs. 2 GebV VGr – wird statuiert, dass § 15 VRG im steuergerichtlichen Verfahren sinngemäss zur Anwendung kommt, was die Praxis – ohne nähere Begründung – als genügende gesetzliche Grundlage zu erachten scheint[7].

9   In Bezug auf die **unentgeltliche Rechtspflege** enthält die Steuergesetzgebung keine eigenständige Bestimmung. Ein entsprechender Anspruch ergibt sich allerdings von Verfassungs wegen (Art. 29 Abs. 3 BV). Zudem ist § 16 VRG in Steuersachen gemäss § 12 Abs. 2 GebV VGr sinngemäss anwendbar[8].

---

[6]   Vgl. RICHNER/FREI/KAUFMANN/MEUTER, Kommentar StG, §§ 147–152.
[7]   Vgl. z.B. VGr, 19.12.2012, SB.2012.00119, E. 2.1 (nicht publiziert); VGr, 9.5.2012, SB.2011.00171, E. 2.1 (nicht publiziert).
[8]   Vgl. z.B. VGr, 18.3.2009, SB.2008.00088, E. 3.2.

In Bezug auf die **Parteientschädigung** verweist das Steuergesetz in § 152 auf die sinnge- 10
mässe Anwendbarkeit von § 17 Abs. 2 VRG im steuergerichtlichen Verfahren[9]. Zu beachten sind in diesem Zusammenhang auch die entschädigungsrechtlichen Bestimmungen in der verwaltungsgerichtlichen Gebührenverordnung (vgl. § 1 Abs. 1 und § 12 Abs. 1 i.V.m. §§ 8 f. GebV VGr). In der ursprünglichen Gesetzesfassung hatte § 73 einen zweiten Satz enthalten, wonach für die Zusprechung einer Parteientschädigung im steuergerichtlichen Verfahren das VRG sinngemäss gelte. Dieser Satz wurde im Rahmen der VRG-Revision von 1997 aufgehoben bzw. durch § 152 StG ersetzt, um der Eigenständigkeit des Steuerverfahrens gerecht zu werden[10].

(§§ 74–80d aufgehoben)

---

[9] In Bezug auf die direkten Bundessteuern vgl. Art. 144 Abs. 4 DBG i.V.m. Art. 64 Abs. 1–3 VwVG.
[10] Vgl. Weisung 1995, S. 1540.

D. Verwaltungsrechtliche Klage

Vorbemerkungen zu §§ 81–86

Materialien

Weisung 1957, S. 1052 ff.; Prot. KK 28.3.1958; Prot. KR 1955–1959, S. 3406; Beleuchtender Bericht 1959, S. 413 ff.; Weisung 1995, S. 1543; Weisung 2009, S. 850, 912 ff., 974; Weisung GOG, S. 1660.

Literatur

ABEGG ANDREAS, Der Verwaltungsvertrag zwischen Staatsverwaltung und Privaten, Zürich/Basel/Genf 2009 *(Verwaltungsvertrag)*; BESSENICH BALTHASAR/BOPP LUKAS, in: Kommentar ZPO 2010, Art. 87–90; BOPP LUKAS/BESSENICH BALTHASAR, in: Kommentar ZPO 2010, Art. 84–86; FÜLLEMANN DANIEL, in: Kommentar ZPO 2011, Art. 14; GEHRI MYRIAM A., in: Basler Kommentar ZPO, Art. 52–61; GÜNGERICH ANDREAS/WALPEN ADRIAN, in: Berner Kommentar ZPO, Art. 14; GYGI, Bundesverwaltungsrechtspflege, S. 29 f., 100 ff.; HÄFELIN/MÜLLER/UHLMANN, Verwaltungsrecht, N. 247 ff., 1052 ff., 1986 ff.; HÄNER ISABELLE, in: Kommentar KV, Art. 77; HÄNER ISABELLE/WALDMANN BERNHARD (Hrsg.), Der verwaltungsrechtliche Vertrag in der Praxis, Zürich/Basel/Genf 2007 *(Vertrag)*; HURNI CHRISTOPH, in: Berner Kommentar ZPO, Art. 52–58; JENNI VITTORIO, in: Kommentar KV, Art. 90–93; KIENER/RÜTSCHE/KUHN, Öffentliches Verfahrensrecht, S. 264 ff.; KÖLZ, Prozessmaximen, S. 19 ff., 94 ff., 126 ff., 133; KÖLZ/HÄNER/BERTSCHI, Verwaltungsverfahren, N. 21 ff., 134 ff., 1202 ff., 1796 ff.; LEUENBERGER CHRISTOPH, in: Kommentar ZPO 2010, Art. 219–235; MÄCHLER, Vertrag, S. 157 ff.; MARKUS ALEXANDER R., in: Berner Kommentar ZPO, Art. 84–90; MARTI, Vereinheitlichung; MARTI, Besondere Verfahren, S. 126 ff.; MERKER, Rechtsmittel, §§ 60–67; METZ MARKUS, Der direkte Verwaltungsprozess in der Bundesrechtspflege, Basel/Stuttgart 1980 *(Verwaltungsprozess)*; METZ MARKUS/UHLMANN FELIX, Besonderheiten der Prozessführung im öffentlichen Recht, AJP 2004, 343 ff. *(Prozessführung)*; OBERHAMMER PAUL, in: Basler Kommentar ZPO, Art. 84–90; PAPPA/JAGGI, Rechtsschutz; PFEIFER, Untersuchungsgrundsatz; RHINOW/KOLLER/KISS/THURNHERR/BRÜHL-MOSER, Öffentliches Prozessrecht, N. 641 ff., 1708 ff., 2140 ff.; SUTTER-SOMM THOMAS/KLINGLER RAFAEL, in: Kommentar ZPO 2010, Art. 13–14; SUTTER-SOMM THOMAS/VON ARX GREGOR, in: Kommentar ZPO 2010, Art. 55–58; VOGEL STEFAN, Die «clausula rebus sic stantibus» als Mittel zur Anpassung und Aufhebung von verwaltungsrechtlichen Verträgen, ZBl 2008, 298 ff. *(Clausula)*; WALDMANN BERNHARD, in: Basler Kommentar BGG, Art. 120; ZINGG SIMON, in: Berner Kommentar ZPO, Art. 59 und 60; ZÜRCHER ALEXANDER, in: Kommentar ZPO 2010, Art. 59 und 60.

Inhaltsübersicht

I.	Entstehung und Entwicklung	1–10
II.	Anwendungsbereich	11–15
III.	Zuständigkeit und Verfahren	16–19
IV.	Prozessmaximen	20–22

Herr lic. iur. VALERIO PRIULI hat intensiv an der Überarbeitung des Unterabschnitts D zur verwaltungsrechtlichen Klage (Vorbemerkungen und §§ 81–86) mitgewirkt; er hat nicht nur umfangreiches Material ausgewertet, sondern auch Entwürfe zu den Texten ausgearbeitet. Dafür danke ich ihm herzlich.

I. Entstehung und Entwicklung

Unterabschnitt D des dritten Abschnitts (§§ 81–86) regelt die verwaltungsrechtliche Klage[1]. Im Klageverfahren entscheidet das **Verwaltungsgericht als einzige Instanz**[2]. Dabei handelt es sich um ursprüngliche Verwaltungsgerichtsbarkeit. Diese ist eine merkwürdige Erscheinung im Gesamtsystem der Verwaltungsrechtspflege. Das Verfahren weicht in augenfälliger Weise von den Grundsätzen des Rekurs- und Beschwerdeverfahrens ab.

Die ursprüngliche Verwaltungsgerichtsbarkeit ist – auch im Kanton Zürich – nur **historisch erklärbar.** Nach dem Vorbild des Bundes wurden im 19. Jahrhundert gestützt auf die Fiskustheorie eine Reihe von vermögensrechtlichen Streitigkeiten (materiell) öffentlichrechtlicher Natur der Entscheidung durch die Zivilgerichte unterstellt. Die Fiskustheorie war eine Zweckschöpfung. Weil es damals nur Zivil- und Strafgerichte gab, das Rechtsschutzbedürfnis jedoch die Entscheidung durch einen unabhängigen Richter gebot, erklärte man die entsprechenden Materien einfach als zivilrechtlich[3].

Mit der **Einführung des Verwaltungsgerichts** wurde dann ein Teil dieser Streitigkeiten von den Zivilgerichten in das Beschwerdeverfahren, ein anderer Teil in das Klageverfahren überführt[4]. Man glaubte, wegen der besonderen Natur gewisser Streitigkeiten einen vom Anfechtungsverfahren abweichenden Rechtspflegetypus schaffen zu müssen. Zusätzlich zu den früher in die Zuständigkeit der Zivilgerichte fallenden Streitigkeiten wurden noch weitere Materien der gerichtlichen Kontrolle in der Form des Klageverfahrens der Verwaltungsgerichtsbarkeit unterstellt[5]. Dabei war nicht immer klar ersichtlich, weshalb einzelne Materien der ursprünglichen und nicht der nachträglichen Verwaltungsgerichtsbarkeit zugewiesen wurden. Zur Beurteilung von Streitigkeiten zwischen Privaten und Staat aus dem Haftungsgesetz sowie zwischen Privaten und Inhabern von behördlichen Konzessionen, Bewilligungen oder Patenten sind nach wie vor die Zivilgerichte zuständig (vgl. § 2), was problematisch erscheint[6].

Der Abschnitt über die Klage erfuhr verschiedene **Änderungen.** 1975 wurden mit dem Planungs- und Baugesetz zwei Fallgruppen für die Klage eingefügt[7]. Weitere Ergänzungen folgten 1983 mit dem EKZ-Gesetz und 1984 mit dem Gesetz über die Trägerschaft der Berufsschulen[8]. 1985 wurden mit dem Bezirksverwaltungsgesetz, 1991 mit dem Was-

---

[1] Ursprünglich bildeten die §§ 81–86 den Unterabschnitt E des dritten Abschnitts über die Verwaltungsgerichtsbarkeit. Mit dem Wegfallen des ursprünglichen Unterabschnitts D über das Verwaltungsgericht als Disziplinargericht (1959) bzw. als Personalgericht (1997) wurden anlässlich der Gesetzesrevision von 2010 die §§ 81–86 zum Unterabschnitt D.
[2] So auch der Titel des Unterabschnitts E mit §§ 81–86 in der Fassung von 1959 sowie der Einleitungssatz von § 81 (vgl. § 81 N. 2).
[3] Vgl. RB 1966 Nr. 24 (ZBl 1966, 336 ff. = ZR 65 Nr. 148). Näheres dazu Einleitung N. 6.
[4] Vgl. § 42 Abs. 1 und § 45 lit. i einerseits, § 81 lit. a sowie § 82 lit. a, e und g anderseits, je in der Fassung von 1959.
[5] § 81 lit. b sowie § 82 lit. c–g, je in der Fassung von 1959. Mit dem PBG kam 1975 alt § 81 lit. c hinzu.
[6] So für die Staatshaftung auch TOBIAS JAAG, Abschied vom Kassationsgericht des Kantons Zürich, SJZ 2012, 365 ff., 370; a.M. der Regierungsrat, Weisung 2009, S. 881 f.; vgl. auch MARTI, Besondere Verfahren, S. 129 f.
[7] Alt § 81 lit. c und alt § 82 lit. h (OS 45, 644 f.).
[8] Alt § 82 lit. i (OS 48, 755) und alt § 81 lit. d (OS 49, 235).

serwirtschaftsgesetz und 1994 mit dem Abfallgesetz Änderungen am Katalog der Klagefälle vorgenommen[9].

5   Bei der **Gesetzesrevision von 1997** wurde der Zuständigkeitsbereich des Verwaltungsgerichts als einzige Instanz weitgehend beibehalten und sogar noch ergänzt. Dies im Gegensatz zur Revision des Bundesrechtspflegegesetzes von 1991, wo das Klageverfahren grösstenteils durch das Beschwerdeverfahren ersetzt worden war[10]. Davon sah man im Kanton Zürich ab, weil zusätzliche Rekursinstanzen hätten geschaffen werden müssen[11]. Immerhin erfolgten in zwei wichtigen Bereichen Änderungen: Einerseits wurden vermögensrechtliche Streitigkeiten aus öffentlichrechtlichen Dienstverhältnissen dem Verwaltungsgericht als Personalgericht übertragen[12]; die personalrechtliche Klage war für Fälle vorgesehen, für welche das Beschwerde- oder Disziplinarverfahren nicht offen stand[13]. Anderseits wurde für finanzielle Streitigkeiten im Bereich des Enteignungsrechts das Klageverfahren[14] – schon nach früherer Praxis eine Mischung zwischen Beschwerde und Klage[15] – durch eine Regelung ersetzt, wonach die Schätzungskommissionen als Spezialverwaltungsgerichte Urteile fällen, die mit Rekurs an das Verwaltungsgericht weitergezogen werden können[16]. Neu eingeführt wurde das Klageverfahren für Streitigkeiten aus verwaltungsrechtlichen Verträgen[17].

6   Seit der grossen Revision von 1997 sind mit dem Gebäudeversicherungsgesetz von 1999, dem Kirchengesetz von 2007 und dem Einführungsgesetz zum Berufsbildungsgesetz von 2008 mehrere Kategorien von Klageverfahren weggefallen[18].

7   Anlässlich der **Totalrevision der Kantonsverfassung** war zunächst vorgesehen, im Bereich der ursprünglichen Verwaltungsgerichtsbarkeit einen zweistufigen Instanzenzug einzuführen[19]. Nach der öffentlichen Vernehmlassung wurde jedoch eine Lösung beschlossen, die wie bisher nur eine Instanz vorsieht, aber mit der Möglichkeit, durch Gesetz eine zweite Instanz einzuführen[20]. Gemäss Art. 77 Abs. 2 KV darf das Klageverfahren nur in besonderen Fällen zur Anwendung kommen; aus den Materialien ist nicht ersichtlich, welche besonderen Fälle gemeint sind[21].

---

[9]   Alt § 81 lit. b (OS 49, 365), alt § 82 lit. d (OS 51, 722 f.) und alt § 82 lit. h (OS 52, 961 f.).
[10] Vgl. BBl 1991 II, 496 ff. zu Art. 116 OG.
[11] Weisung 1995, S. 1543.
[12] § 82 lit. a in der Fassung von 1959; §§ 74–80d in der Fassung von 1997; RB 2008 Nr. 29 (PK.2008.00001). Heute ist dafür generell die Beschwerde vorgesehen (§ 41 Abs. 1); vgl. Weisung 2009, S. 882 ff.
[13] § 79 in der Fassung von 1997. Für die personalrechtliche Klage galten weitestgehend die gleichen Regeln wie für die verwaltungsrechtliche Klage (alt §§ 80a und 80c); vgl. z.B. RB 2002 Nr. 25, E. 2 (PK.2002.00003 = ZBl 2003, 428 ff.).
[14] § 82 lit. g in der Fassung von 1959.
[15] Vgl. RB 1984 Nrn. 23, 24, 123; 1986 Nr. 115 (ZBl 1987, 174 ff. = BEZ 1986 Nr. 7); 1987 Nr. 89; 1990 Nr. 106 (ZBl 1990, 549 ff.); 1990 Nr. 107 (BEZ 1990 Nr. 31).
[16] Art. XIII der Schluss- und Übergangsbestimmungen der Revision von 1997 betreffend §§ 42–51 AbtrG; Aufhebung von alt § 83 Abs. 4 VRG.
[17] § 82 lit. k in der Fassung von 1997; heute § 81 lit. b.
[18] Alt § 82 lit. f (OS 55, 183), alt § 81 lit. b (OS 62, 496) und alt § 81 lit. d (OS 64, 195).
[19] Prot. Verfassungsrat, S. 2234 und 2239. Vgl. dazu auch die Stellungnahme von Regierungsrat Markus Notter, Prot. Verfassungsrat, S. 1306.
[20] Prot. Verfassungsrat, S. 3079; Häner, in: Kommentar KV, Art. 77 N. 21 f.
[21] Vgl. Weisung 2009, S. 915.

Mit der **VRG-Revision von 2010** wurden die Vorgaben der neuen Kantonsverfassung auf Gesetzesstufe umgesetzt. Der Regierungsrat sah neben dem Vorteil der raschen Verfahrenserledigung zwei Nachteile des Klageverfahrens[22]: Erstens übernehme das Verwaltungsgericht als erste Instanz Aufgaben der Verwaltung, indem es nicht die Gesetzmässigkeit staatlichen Handelns überprüfe, sondern öffentliches Recht als erste und einzige Instanz anwende. Zweitens befürchtete er eine mögliche Verfahrensspaltung, wenn vermögensrechtliche Ansprüche im Klage- und andere Streitpunkte im Anfechtungsverfahren beurteilt werden müssten[23]. Aus diesen Gründen sollte der Anwendungsbereich des Klageverfahrens auf die Fälle beschränkt werden, in denen das Anfechtungsverfahren nicht möglich ist oder zu keinem befriedigenden Resultat führt. Mit der Revision wurde das Klageverfahren auf den «sachlich und rechtsstaatlich nötigen Bereich»[24] eingeschränkt und das System der punktuellen Enumeration durch drei Teilgeneralklauseln ersetzt. Zu diesem Zweck wurde § 81 neu formuliert und § 82 aufgehoben[25]. Die Verfahrensvorschriften zum Klageverfahren (§§ 83–85) blieben bis auf wenige redaktionelle Anpassungen unverändert[26].

8

Für folgende Sachbereiche wurde mit der Revision von 2010 das Klageverfahren durch das **Anfechtungsverfahren** ersetzt, weil der Erlass einer Verfügung möglich ist: Streitigkeiten über Rückgriffsansprüche von Planungs- und Werkträgern, über die Abtretung von Bauten für die Berufsschulen (ausser wenn durch verwaltungsrechtlichen Vertrag geregelt), über Konzessionsrechte (ausser für den vertraglichen Teil), über das Vorkaufs-, Kauf- und Rückgriffsrecht sowie gewisse elektrizitätsrechtliche Streitigkeiten (ausser wenn die EKZ nicht befugt sind, mittels Verfügung zu entscheiden)[27]. Ansprüche der Viehbesitzer gegen öffentliche Viehversicherungskassen[28] sind bereits mit der Auflösung der Viehversicherungskassen durch das Tierseuchengesetz von 1999 hinfällig geworden[29]. Alle anderen altrechtlichen Sachbereiche werden durch die neuen Teilgeneralklauseln erfasst (vgl. § 81 N. 3 ff., 8 ff. und 21 ff.).

9

2011 ist die **schweizerische ZPO** von 2008 in Kraft getreten. Sie ersetzte im Kanton Zürich das Gesetz über den Zivilprozess von 1976. Weil bei der verwaltungsrechtlichen Klage subsidiär zivilprozessrechtliche Regelungen angewendet werden (dazu N. 18), hat die Rechtsvereinheitlichung durch die schweizerische ZPO auch Auswirkungen auf das Klageverfahren gemäss VRG (vgl. §§ 83–86).

10

---

[22] Weisung 2009, S. 914 f.
[23] Marti (Besondere Verfahren, S. 126) weist zu Recht darauf hin, dass diese Befürchtung unbegründet ist.
[24] Marti, Besondere Verfahren, S. 129.
[25] Der Entwurf des Regierungsrats zu einem neuen Gemeindegesetz vom 20. März 2013 sieht einen neuen § 82 VRG vor. Dieser ermächtigt den Kanton und die Gemeinden, für Streitigkeiten aus Verträgen zwischen Gemeinden verschiedener Kantone Schiedsgerichte zu vereinbaren; vgl. Weisung GG, S. 225.
[26] Weisung 2009, S. 974; Marti, Besondere Verfahren, S. 129.
[27] Alt § 81 lit. c und d sowie alt § 82 lit. b, h und i; Weisung 2009, S. 916 ff.
[28] Alt § 82 lit. e.
[29] LS 921.21; Weisung 2009, S. 922.

II. Anwendungsbereich

11 Das Klageverfahren ist nur dort unabdingbar, wo die Verwaltung wegen der besonderen Natur der Sache – bzw. ihrer Regelung im betreffenden Sachgesetz – nicht selber ein Rechtsverhältnis durch Verfügung regeln darf, wo somit ein **Subordinationsverhältnis fehlt**. In allen anderen Fällen ist das Anfechtungsverfahren zweckmässiger als das Klageverfahren, weil die sachkundige Behörde entscheidet und sich die Rechtsmittelinstanzen auf die Überprüfung umstrittener Aspekte der erstinstanzlichen Verfügung beschränken können (und müssen). Selbst dort, wo die Beteiligten das streitbetroffene Rechtsverhältnis – zulässigerweise – durch öffentlichrechtlichen Vertrag geregelt haben, kann hieraus nicht ohne weiteres auf mangelnde Verfügungsbefugnis geschlossen werden (vgl. § 81 N. 12).

12 Diesen Überlegungen wurde mit der VRG-Revision von 2010 Rechnung getragen. Die drei **Teilgeneralklauseln** von § 81 betreffen Streitigkeiten aus öffentlichem Recht, über welche weder ein Beteiligter noch ein anderes staatliches Organ mittels Verfügung entscheiden kann (lit. a), Streitigkeiten aus verwaltungsrechtlichen Verträgen (lit. b) sowie Streitigkeiten, für die ein anderes Gesetz die erstinstanzliche Beurteilung durch ein Gericht vorschreibt (lit. c).

13 Verwaltungsrechtliche Verhältnisse, die das Gesetz weder der Beschwerde oder dem Rekurs noch der Klage an das Verwaltungsgericht unterwirft, sind von der verwaltungsgerichtlichen Prüfung **ausgenommen**[30]. Die gerichtliche Zuständigkeit kann nicht durch Parteiübereinkunft begründet werden (vgl. § 5 N. 7; § 81 N. 18). In Anbetracht der Gerichtsstandsgarantien von Art. 29a BV und Art. 77 KV gibt es allerdings kaum mehr Fälle, die nicht der Überprüfung durch das Verwaltungsgericht unterliegen.

14 Die **Zuständigkeiten des Verwaltungsgerichts als Beschwerde- und als Klageinstanz** schliessen sich gegenseitig aus[31]. Welchem Verfahren der Vorrang vor dem anderen zukommt, bestimmt sich insbesondere danach, ob in einer Sache verfügt werden kann oder nicht. Es gilt der Grundsatz, dass es der Verwaltung mangels ausdrücklicher Verfügungskompetenz in den dem Klageverfahren unterstellten Materien verwehrt ist, eine Sache verbindlich durch Verfügung zu regeln[32]. Sieht aber die Sachgesetzgebung eine Verfügungskompetenz ausdrücklich vor, so steht der Klageweg selbst dann nicht offen, wenn die Klage nach dem Wortlaut von § 81 möglich wäre[33].

15 Eine Kumulation von Klage- und Anfechtungsverfahren ergibt sich in **Enteignungsstreitigkeiten**. Über solche entscheidet erstinstanzlich im Klageverfahren eine Schätzungskommission (§§ 39 ff. AbtrG; vgl. § 19b N. 83 ff., 91 f.). Deren Entscheid kommt einer Verfügung gleich, die gemäss spezialgesetzlicher Regelung innert 20 Tagen mit Re-

---

[30] Vgl. RB 1973 Nr. 17 (ZBl 1973, 467 ff. = ZR 72 Nr. 100).
[31] VGr, 21.6.2007, VB.2007.00098, E. 2; VGr, 15.4.2003, VB.2003.00030, E. 3b; VGr, 11.5.2000, VK.2000.00002, E. 1c.
[32] VGr, 21.12.2009, VK.2009.00005, E. 3.2; Kölz, Prozessmaximen, S. 19; Metz, Verwaltungsprozess, S. 45, 123. Vgl. aber § 81 N. 12 f.
[33] Vgl. für die Bundesebene Art. 120 Abs. 2 BGG. Zum Verhältnis zwischen Beschwerde und Klage an das Bundesverwaltungsgericht vgl. Häfelin/Müller/Uhlmann, Verwaltungsrecht, N. 1997; Rhinow/Koller/Kiss/Thurnherr/Brühl-Moser, Öffentliches Prozessrecht, N. 1718.

kurs beim Verwaltungsgericht angefochten werden kann (§ 46 AbtrG). Vgl. Vorbem. zu §§ 32–86 N. 10.

III. Zuständigkeit und Verfahren

Das Verfahren vor Verwaltungsgericht als einziger Instanz gleicht in seiner Struktur eher dem erstinstanzlichen Zivilprozess als dem Beschwerdeverfahren. Dem Verwaltungsgericht kommt eine ähnliche Stellung zu wie dem Zivilgericht im Zivilprozess. 16

Im Klageverfahren stehen sich Kläger und Beklagter in einem echten **Zweiparteienstreit** gegenüber. Es gibt keine Vorinstanz, die lediglich ihren Entscheid verteidigen muss. Der Kanton bzw. die Gemeinde, vertreten durch das entsprechende Organ, tritt je nach Konstellation als Kläger oder Beklagter auf; dasselbe gilt für die private Partei. 17

Die §§ 83–86 enthalten nur wenige **verfahrensrechtliche Regelungen.** Kraft Verweisung in § 86 werden die *Bestimmungen über das Beschwerdeverfahren* sinngemäss angewendet; gemäss § 70 werden dadurch auch zahlreiche Bestimmungen zum Verwaltungs- und Rekursverfahren erfasst. Durch Weiterverweisung in den §§ 60 und 71 gelangen verschiedene *zivilprozessrechtliche Regelungen* zur Anwendung (vgl. § 60 N. 15 ff. und § 71 N. 1 ff.). § 71 wurde anlässlich der Anpassung des kantonalen Prozessrechts an die neuen Prozessgesetze des Bundes revidiert. Die Bestimmung verweist auf die Art. 124–149 der eidgenössischen Zivilprozessordnung (ZPO) sowie auf die für den Zivilprozess geltenden Bestimmungen des kantonalen Gerichtsorganisationsgesetzes, das heisst auf die §§ 117–147 GOG[34]. Aufgrund von § 60 sind auch die Art. 150–193 ZPO über den Beweis sinngemäss anwendbar. Die zivilprozessrechtlichen Bestimmungen gelten nur subsidiär; regelt das VRG eine Materie, so gehen diese Bestimmungen vor[35]. Enthält das VRG zur Lösung einer prozessualen Frage keine passende Bestimmung, so wendet das Verwaltungsgericht auch Regelungen der ZPO an, die von der Weiterverweisung nicht erfasst sind[36]. 18

Im Beschwerdeverfahren sieht § 43 Abs. 2 die **Zuständigkeit des Obergerichts** zur Beurteilung von Beschwerden gegen Justizverwaltungsakte und Erlasse des Verwaltungsgerichts vor (vgl. § 43 N. 7 ff.). Für das Klageverfahren enthält das Gesetz keine entsprechende Ausnahme. Es ist auch schwer vorstellbar, dass eine Klage eine Angelegenheit des Verwaltungsgerichts betrifft und dieses deshalb im entsprechenden Verfahren befangen wäre. Sollte dies trotzdem einmal eintreffen, so liesse sich gestützt auf die Verweisung in § 86 in analoger Anwendung von § 43 Abs. 2 die Zuständigkeit des Obergerichts auch für eine Klage gestützt auf das VRG begründen. In sozialversicherungsrechtlichen Angele- 19

---

[34] Weisung AnpassungsG ZPO/StPO, S. 1660.
[35] VGr, 18.4.2012, VB.2012.00082, E. 9.4.2. Für die Klage vor Bundesgericht gilt die umgekehrte Reihenfolge; die Verfahrensregeln des Bundeszivilprozessrechts (BZP) sind kraft Verweisung unmittelbar anwendbar, jene des BGG nur subsidiär; vgl. Art. 120 Abs. 3 BGG und Art. 1 BZP; WALDMANN, in: Basler Kommentar BGG, Art. 120 N. 27 f.
[36] RB 1976 Nr. 28 (VK 7/1976). Dies dürfte auch unter der eidgenössischen ZPO noch gelten, falls es überhaupt noch Fragen gibt, die von der gesetzlichen Verweisung nicht erfasst sind. MARTI (Vereinheitlichung, S. 248 und 267 ff.) weist zu Recht auf einen Harmonisierungsbedarf hin, da sich im Klage- und im zivilrechtlichen Verfahren viele ähnliche Fragen stellen und diese nicht ohne Grund unterschiedlich geregelt sein sollten.

genheiten ist gemäss Gesetz über das Sozialversicherungsgericht nicht das Verwaltungsgericht, sondern das Sozialversicherungsgericht für die Beurteilung von Klagen zuständig (vgl. § 81 N. 23).

IV. Prozessmaximen

20   Der Zivilprozess gestaltet sich grundsätzlich nach der Dispositions- und der Verhandlungsmaxime. Die im Anfechtungsverfahren zentralen Verfahrensmaximen, die **Offizial- und** die **Untersuchungsmaxime,** finden im Klageverfahren nur Anwendung, wenn die Parteien aufgrund öffentlicher Interessen oder Interessen Dritter nicht oder nur beschränkt über den Streitgegenstand verfügen können (Art. 55 und 58 ZPO)[37].

21   Auf öffentlichem Recht beruhende Rechtsverhältnisse sind regelmässig insofern der freien Disposition der Parteien entzogen, als das Gemeinwesen bei der Gestaltung von Rechtsbeziehungen mit Privaten oder mit anderen öffentlichrechtlichen Partnern an das Gesetz gebunden ist. Häufig belässt dieses jedoch Ermessensspielräume, die lediglich durch verfassungsrechtliche Prinzipien, insbesondere das Willkürverbot und das Gleichbehandlungsgebot, beschränkt werden. Das gilt namentlich dort, wo Rechtsverhältnisse teilweise oder ganz durch öffentlichrechtlichen Vertrag geregelt werden[38]. Die im Klageverfahren vor Verwaltungsgericht zu beurteilenden Streitigkeiten sind daher nicht stets der Dispositionsfreiheit der Parteien entzogene Rechtsverhältnisse im Sinn von Art. 55 Abs. 2 und Art. 58 Abs. 2 ZPO; insoweit gilt die **Dispositionsmaxime**[39]. Das bedeutet, dass die Parteien frei über die Einleitung des Verfahrens entscheiden und damit den Streitgegenstand bestimmen. Wie bei Rekurs- und Beschwerdeverfahren können sie das Verfahren auch durch Rückzug oder Anerkennung der Klage zum Abschluss bringen; für die Vereinbarung eines Vergleichs ist der Spielraum grösser als im Anfechtungsverfahren.

22   Die Untersuchungsmaxime unterliegt im Klageverfahren weiter gehenden und anders motivierten Einschränkungen zugunsten der **Verhandlungsmaxime**[40] als im Beschwerdeverfahren[41]. Weil im Klageverfahren kein vorinstanzlicher Entscheid vorhanden ist, muss der rechtserhebliche Sachverhalt umfassend in den Parteivorbringen dargestellt werden. Das Gericht beschränkt sich im Allgemeinen darauf, die Vorbringen der Parteien zu prüfen und die angebotenen, rechtlich erheblichen und tauglichen Beweise abzunehmen. Eine weiter gehende Untersuchung wird nur dann geführt, wenn aufgrund

---

[37] Vgl. zu den Verfahrensmaximen Vorbem. zu §§ 19–28a N. 18 ff., 22 ff.; KÖLZ/HÄNER/BERTSCHI, Verwaltungsverfahren, N. 134 ff. Zur *Untersuchungsmaxime* ferner HURNI, in: Berner Kommentar ZPO, Art. 55 N. 50 ff.; SUTTER-SOMM/VON ARX, in: Kommentar ZPO 2010, Art. 55 N. 59 ff. Zur *Offizialmaxime* HURNI, in: Berner Kommentar ZPO, Art. 58 N. 57 ff.; GEHRI, in: Basler Kommentar ZPO, Art. 55 N. 16 ff.; SUTTER-SOMM/VON ARX, in: Kommentar ZPO 2010, Art. 58 N. 23 ff.
[38] RB 1983 Nr. 29 (ZBl 1984, 63 ff. = ZR 1984 Nr. 43).
[39] Vgl. zur *Dispositionsmaxime* HURNI, in: Berner Kommentar ZPO, Art. 58 N. 3 ff.; SUTTER-SOMM/VON ARX, in: Kommentar ZPO 2010, Art. 58 N. 6 ff.; VGr, 30.7.2008, VK.2007.00003, E. 6.1; VGr, 17.1.2008, VK.2006.00005, E. 5.4.
[40] Vgl. zur *Verhandlungsmaxime* HURNI, in: Berner Kommentar ZPO, Art. 55 N. 4 ff.; SUTTER-SOMM/VON ARX, in: Kommentar ZPO 2010, Art. 55 N. 7 ff.
[41] Vgl. zu Letzterem § 60 N. 2 ff. Zur Relativierung der Untersuchungsmaxime im Verwaltungsverfahren METZ/UHLMANN, Prozessführung, S. 344 f.

der Parteivorbringen und nach Abnahme der angebotenen Beweise Unklarheit oder Ungewissheit besteht, die wahrscheinlich durch amtliche Untersuchung behoben werden kann (vgl. § 85 N. 10). Es sind daher im Einzelnen Behauptungen aufzustellen und dazu die entsprechenden Beweisanträge zu stellen[42].

---

[42] VGr, 21.12.2009, VK.2009.00005, E. 2; RB 1976 Nr. 26; RB 1961 Nr. 28 (ZR 60 Nr. 117).

> *Zuständigkeit*
> **§ 81**
> Das Verwaltungsgericht beurteilt im Klageverfahren als einzige Instanz:
> a. Streitigkeiten aus öffentlichem Recht, sofern darüber weder ein Beteiligter noch ein anderes staatliches Organ mittels Verfügung entscheiden kann,
> b. Streitigkeiten aus verwaltungsrechtlichen Verträgen, ausgenommen Streitigkeiten aus Arbeitsverhältnissen, die mit öffentlich-rechtlichem Vertrag begründet worden sind,
> c. Streitigkeiten aus öffentlichem Recht, wenn ein anderes Gesetz deren erstinstanzliche Beurteilung durch ein Gericht vorschreibt.

Materialien
Vgl. Vorbem. zu §§ 81–86.

Literatur
Vgl. Vorbem. zu §§ 81–86.

Inhaltsübersicht

I.	Regelungsgegenstand (Einleitungssatz)	1–2
II.	Fehlende Verfügungsbefugnis (lit. a)	3–7
III.	Verwaltungsrechtliche Verträge (lit. b)	8–20
	A. Grundsatz	8–18
	1. Allgemeines	8–10
	2. Verfügung und Vertrag	11–13
	3. Gegenstand verwaltungsvertraglicher Streitigkeiten	14–18
	B. Ausnahmen	19–20
IV.	Spezialgesetzliche Regelung (lit. c)	21–23

I. Regelungsgegenstand (Einleitungssatz)

1 Das Klageverfahren findet nur in den gesetzlich vorgesehenen Fällen Anwendung. Während früher die dem Klageverfahren unterliegenden Fallgruppen einzeln aufgelistet waren (Enumeration)[1], sind sie seit der Gesetzesrevision von 2010 in den drei **Teilgeneralklauseln** von § 81 zusammengefasst. Die Liste der Klagefälle ist abschliessend; nur die hier aufgeführten Streitigkeiten können dem Verwaltungsgericht mit einer Klage vorgelegt werden.

2 In den in § 81 aufgeführten Fällen ist das Verwaltungsgericht **einzige kantonale Instanz**. Auch die Urteile des Verwaltungsgerichts im Klageverfahren unterliegen jedoch in der Regel der Beschwerde in öffentlichrechtlichen Angelegenheiten an das Bundesgericht (Art. 82 ff. BGG). Die Bezeichnung *einzige Instanz* ist insofern unpräzis[2].

---

[1] Vgl. Vorbem. zu §§ 81–86 N. 3 ff.
[2] Vgl. die entsprechende Formulierung in § 41 Abs. 1: *letzte kantonale Instanz*.

II. Fehlende Verfügungsbefugnis (lit. a)

Die erste Teilgeneralklausel begründet eine sachliche Zuständigkeit des Verwaltungsgerichts, wenn zwei Voraussetzungen kumulativ erfüllt sind: Erstens muss es sich um eine Streitigkeit aus öffentlichem Recht handeln, und zweitens dürfen weder die Beteiligten noch andere staatliche Organe die Streitigkeit durch Verfügung entscheiden können.

Die erste Voraussetzung ergibt sich bereits daraus, dass das Verwaltungsgericht nur für **öffentlichrechtliche Angelegenheiten** zuständig ist (§ 1)[3].

Die zweite Voraussetzung betrifft die **fehlende Verfügungskompetenz**[4]. An der Befugnis zum Erlass einer Verfügung mangelt es, wenn sich zwei gleichgeordnete Rechtssubjekte, beispielsweise zwei Gemeinden (politische oder Schulgemeinden, allenfalls auch Kirchgemeinden[5]) gegenüberstehen und auch nicht eine übergeordnete Behörde des Bezirks oder des Kantons durch Verfügung entscheiden darf. Anwendungsfälle liegen etwa vor, wenn zwischen einer politischen und einer Schulgemeinde strittig ist, wer für die Kosten einer Sonderschulung oder Fremdplatzierung aufzukommen hat[6]. Hat eine Gemeinde zu Unrecht Leistungen erbracht, für welche eine andere Gemeinde hätte aufkommen müssen, so kann sie die zu viel erbrachten Leistungen wegen ungerechtfertigter Bereicherung von der leistungspflichtigen Gemeinde zurückfordern[7]; dagegen kann die für das Fürsorgewesen zuständige Sicherheitsdirektion Streitigkeiten zwischen Gemeinden über die Pflicht zur Leistung von Sozialhilfe und die Kostentragung entscheiden (§ 9 lit. e SHG). In Betracht kommen auch Streitigkeiten zwischen Gemeindeverbänden und den ihnen angeschlossenen Gemeinden, zwischen einem Gemeindeverband und anderen Gemeindeverbänden oder anderen Gemeinden[8]. Gemeindeverbände sind in erster Linie Zweckverbände im Sinn von Art. 92 KV; in Frage kommen aber auch interkommunale Anstalten gemäss § 15b GG. Diesen kommt wie den Gemeinden Rechtspersönlichkeit zu[9]. Auch Privatpersonen, die eine öffentliche Aufgabe erfüllen, fehlt die Verfügungskompetenz, falls ihnen nicht Hoheitsbefugnisse übertragen worden sind.

Falls dagegen eine Instanz befugt ist, eine Streitigkeit durch Verfügung zu entscheiden, muss sie eine Verfügung erlassen, auch wenn sie einem Begehren nicht entsprechen will. Der negative Entscheid kann dann mit Rekurs angefochten werden.

---

[3] Vgl. dazu VGr, 19.7.2010, PK.2010.00001, E. 3.1. Zur Abgrenzung zwischen privatrechtlichen und öffentlichrechtlichen Streitigkeiten § 1 N. 10 ff. und sogleich N. 10.
[4] Vgl. dazu Weisung 2009, S. 916 f., 927.
[5] Art. 83 KV; §§ 17 f. KiG. Vgl. z.B. RB 2002 Nr. 36 (VK.2001.00005).
[6] Vgl. z.B. VGr, 27.1.2010, VK.2009.00003, E. 1.1; VGr, 21.12.2009, VK.2009.00005, E. 1 und 3.2; RB 2002 Nr. 1 (VB.2002.00197, E. 2b); RB 2002 Nr. 36, E. 1 (VK.2001.00005).
[7] Vgl. VGr, 22.6.2000, VK.2000.00004, E. 3.
[8] Z.B. solche, die mit einem Zweckverband einen Anschlussvertrag geschlossen haben; vgl. VGr, 29.3.1977 (ZBl 1977, 457 ff.).
[9] Vgl. dazu JENNI, in: Kommentar KV, Art. 92; THALMANN, Kommentar GG, § 7 N. 4.

7 Die erste Teilgeneralklausel deckt folgende **altrechtlichen Sachverhalte** ab:
- Streitigkeiten zwischen Gemeinden und Gemeindeverbänden. Hier fällt die altrechtliche, in der Praxis oft schwer zu handhabende Unterscheidung zwischen vermögensrechtlichen und nicht-vermögensrechtlichen Streitigkeiten dahin[10].
- Streitigkeiten über Vorkaufsrechte im Zusammenhang mit der Erstellung eines im öffentlichen Interesse liegenden Werks durch eine Privatperson, ohne dass diese mit Verfügungskompetenz ausgestattet wurde[11].
- Weigerung der EKZ, mit einer Gemeinde einen Vertrag abzuschliessen, wonach die Gemeinde in ihrem Gebiet als Wiederverkäuferin auftritt[12].

III. Verwaltungsrechtliche Verträge (lit. b)

A. Grundsatz

1. Allgemeines

8 Die zweite Teilgeneralklausel betrifft **Streitigkeiten aus verwaltungsrechtlichen Verträgen**. Diese Zuständigkeit wurde mit der VRG-Revision von 1997 eingeführt[13], damals als folgerichtige Ergänzung zur Einführung der Generalklausel bezüglich der verwaltungsgerichtlichen Zuständigkeit im Beschwerdeverfahren. Schon zuvor hatte sich das Gericht unter Annahme einer ausfüllungsbedürftigen Gesetzeslücke zur Beurteilung von Streitigkeiten aus einem Enteignungsvertrag und aus einem Erschliessungsvertrag für zuständig erklärt[14]; mitentscheidend war allerdings in beiden Fällen, dass ohne Abschluss des streitbetroffenen Vertrags der Rechtsschutz im Verfahren nach Abtretungsgesetz gegeben gewesen wäre, womit das Verwaltungsgericht ohnehin hätte angerufen werden können[15]. Die Teilgeneralklausel wurde anlässlich der Revision von 2010 beibehalten, weil bei verwaltungsrechtlichen Verträgen grundsätzlich die Verfügungskompetenz fehlt und die bei Vertragsabschluss gewählte Gleichstellung der Parteien auch im Streitfall gelten soll[16].

9 Der **verwaltungsrechtliche Vertrag** ist die auf übereinstimmenden Willenserklärungen von zwei oder mehreren Rechtssubjekten beruhende Vereinbarung, welche die Regelung einer konkreten verwaltungsrechtlichen Rechtsbeziehung, vor allem im Zusammenhang mit der Erfüllung öffentlicher Aufgaben, zum Gegenstand hat[17]. Vertragsparteien sind

---

[10] Alt § 81 lit. a; vgl. 2. Aufl., N. 1 ff.
[11] Alt § 82 lit. h; vgl. Weisung 2009, S. 924.
[12] Alt § 82 lit. i; Weisung 2009, S. 925. Vgl. VGr, 30.7.2008, VK.2007.00003, E. 4.
[13] Alt § 82 lit. k; Weisung 1995, S. 1543.
[14] RB 1980 Nr. 24; RB 1964 Nr. 39 (ZBl 1965, 120 ff.).
[15] Gestützt auf § 82 lit. g in der Fassung von 1959 allerdings erst im Anschluss an das Schätzungsverfahren.
[16] Weisung 2009, S. 915 f. Auf Bundesebene beurteilt das Bundesverwaltungsgericht im Klageverfahren Streitigkeiten aus öffentlichrechtlichen Verträgen, soweit nicht ein Gesetz eine andere Behörde für zuständig erklärt (Art. 35 lit. a und Art. 36 VGG).
[17] Allgemein zum verwaltungsrechtlichen Vertrag HÄFELIN/MÜLLER/UHLMANN, Verwaltungsrecht, N. 1052 ff.; BERNHARD WALDMANN, Der verwaltungsrechtliche Vertrag – Eine Einführung, in: Häner/Waldmann, Vertrag, S. 1 ff.; RB 1997 Nr. 8.

entweder zwei oder mehrere öffentlichrechtliche Körperschaften oder Anstalten (koordinationsrechtliche Verträge, z.B. zwischen Gemeinden)[18] oder eine öffentlichrechtliche Körperschaft und Private (subordinationsrechtliche Verträge)[19]. Ausnahmsweise können auch zwei Private Vertragsparteien sein, von denen einer mit der Erfüllung einer öffentlichen Aufgabe betraut ist.

Die **Abgrenzung zwischen verwaltungsrechtlichem und privatrechtlichem Vertrag** erfolgt gemäss Verwaltungsgericht in erster Linie aufgrund der Entscheidung des Gesetzgebers. Fehlt eine solche, so ist in Anwendung der Funktionstheorie vor allem auf den Vertragsgegenstand und -zweck abzustellen (vgl. dazu auch § 1 N. 20 ff.)[20]. Dabei muss der öffentlichrechtliche Vertrag unmittelbar der Erfüllung einer öffentlichen Aufgabe dienen[21]; ein bloss mittelbarer Zusammenhang reicht nicht aus. Verträge im Bereich der Bedarfsverwaltung sind in der Regel privatrechtliche Kauf- oder Werkverträge und somit nicht öffentlichrechtlicher Natur[22]. Unerheblich ist der subjektive Wille der Parteien[23]. Die Zuordnung eines Grundstücks zum Finanzvermögen lässt nicht zwingend auf das Vorliegen eines privatrechtlichen Vertrages schliessen[24]. Als öffentlichrechtlich sind beispielsweise folgende Verträge qualifiziert worden:

10

– Elektrizitäts- und Gasversorgung[25]

– Kehrichtabfuhr[26]

– Betrieb eines Alters- und Pflegeheims[27]

– Baulanderschliessung[28]

– Dienstbarkeitsvertrag zwischen Gemeinde und Grundeigentümer über Nutzungsbeschränkungen wegen einer Grundwasserfassung[29]

– Nutzung von Bojenplätzen in einem öffentlichen Gewässer[30]

---

[18] So beispielsweise ein Anschlussvertrag zur Mitbenutzung eines Altersheims oder einer Abwasserreinigungsanlage durch die Nachbargemeinde; VGr, 17.1.2008, VK.2006.00005.
[19] So beispielsweise der Vertrag zwischen einer Gemeinde und einem privaten Unternehmen betreffend Kehrichtabfuhr; VGr, 10.7.2008, VK.2006.00007. Der Begriff des subordinationsrechtlichen Vertrags ist umstritten, aber eingebürgert; vgl. HÄFELIN/MÜLLER/UHLMANN, Verwaltungsrecht, N. 1067. Eingehend zum Vertrag zwischen Staat und Privaten ABEGG, Verwaltungsvertrag.
[20] VGr, 22.12.2011, VK.2011.00003, E. 4.1; VGr, 10.2.2011, VK.2010.00002, E. 1.3 (BEZ 2011 Nr. 8); VGr, 10.7.2008, VK.2006.00007, E. 1.1; VGr, 12.1.2005, PB.2004.00074, E. 3.6.1. Zur Funktionstheorie HÄFELIN/MÜLLER/UHLMANN, Verwaltungsrecht, N. 259 f. Vgl. auch ABEGG, Verwaltungsvertrag, S. 45 ff.
[21] Vgl. zur Frage, inwieweit ein Baurechtsvertrag zwischen einer Gemeinde und Privaten der Erfüllung öffentlicher Aufgaben (Wirtschaftsförderung) dient, VGr, 10.2.2011, VK.2010.00002, E. 2 (BEZ 2011 Nr. 8).
[22] Vgl. z.B. VGr, 22.12.2011, VK.2011.00003, E. 4.1; TOBIAS JAAG, Bedarfsverwaltung, in: Rolf Sethe et al. (Hrsg.), Kommunikation, Festschrift für Rolf H. Weber zum 60. Geburtstag, Bern 2011, S. 543 ff., 550 ff.
[23] VGr, 10.2.2011, VK.2010.00002, E. 1.4.1 (BEZ 2011 Nr. 8); VGr, 10.7.2008, VK.2006.00007, E. 1.3.
[24] VGr, 10.2.2011, VK.2010.00002, E. 1.4.2 (BEZ 2011 Nr. 8).
[25] VGr, 25.2.2010, VK.2009.00002, E. 1.2.2; RB 1995 Nr. 98.
[26] VGr, 10.7.2008, VK.2006.00007, E. 1; VGr, 15.6.2006, VK.2006.00003, E. 1.1.
[27] VGr, 17.1.2008, VK.2006.00005, E. 1.
[28] VGr, 11.5. 2000, VK.2000.00002, E. 1b; RB 1990 Nr. 2.
[29] VGr, 15.4.2003, VB.2003.00030, E. 3.1.
[30] VGr, 18.12.2005, VB.2005.00225, E. 2.3; VGr, 6.12.2001, VK.2001.00003, E. 1.

- Studiendarlehen[31]
- freiberufliche Tätigkeiten im Rahmen der Erfüllung öffentlicher Aufgaben[32].

2. Verfügung und Vertrag

11 Mitunter bereitet die Unterscheidung zwischen **mitwirkungsbedürftiger Verfügung und verwaltungsrechtlichem Vertrag** Schwierigkeiten[33]. Von einem Vertrag ist auszugehen, wenn die Behörde nicht befugt ist, die zur Diskussion stehende Angelegenheit durch Verfügung zu entscheiden. Für einen Vertrag spricht auch, wenn zur Regelung eines Verhältnisses ein erheblicher Verhandlungsspielraum besteht oder wenn eine möglichst feste Bindung der Parteien ohne einseitige Ausstiegsmöglichkeit begründet werden soll. Im Personalrecht ist diese Frage für den Rechtsschutz nicht mehr von Bedeutung, weil auch für vertragliche Verhältnisse die Klage ausdrücklich ausgeschlossen ist (vgl. N. 19).

12 Fraglich ist, ob bei Vorliegen eines verwaltungsrechtlichen Vertrags die **Verfügungskompetenz** des Gemeinwesens im geregelten Bereich generell ausgeschlossen ist. Dazu wird einerseits die Meinung vertreten, dass die öffentliche Hand die Verfügungskompetenz nicht zwingend verliere, womit auch Platz für das Anfechtungsverfahren bleibe. Andererseits wird geltend gemacht, dass es der Rechtsnatur des Vertrags widerspreche, wenn das Gemeinwesen noch hoheitliche Entscheidungen treffen könne[34]. Die zweite Auffassung hat das Verwaltungsgericht beim Abschluss eines Vergleichs in einer Enteignungsstreitigkeit zwischen einer politischen Gemeinde und einer Erbengemeinschaft vertreten[35]. Differenzierter nahm das Gericht anlässlich einer Streitigkeit aus einem Pensionsvertrag und der relevanten Taxordnung Stellung. Auch bei verwaltungsrechtlichen Verträgen bestehe Raum für eine Verfügungskompetenz des Gemeinwesens; der Anfechtungs- und der Klageweg seien nicht nahtlos gegeneinander abgegrenzt. Wenn der Vertrag auf die Taxordnung verweise, könne das Gemeinwesen bezüglich des Entgelts, das durch die Taxordnung geregelt wird, durchaus verfügen; danach sei der Anfechtungsweg zu beschreiten[36]. Ebenso hat das Gericht die staatliche Willensäusserung zum Abschluss eines Vertrags als Verfügung qualifiziert, womit der Anfechtungsweg als «sachgerecht» erscheine[37]. Grundsätzlich geht das Gericht bei Abschluss eines Vertrags von einer Vermutung für den Ausschluss der Verfügungskompetenz aus[38].

13 Die Zuständigkeiten des Verwaltungsgerichts bezüglich Streitigkeiten aus öffentlich-rechtlichen Verträgen im **Klageverfahren** einerseits und aus Verfügungen im **Anfechtungsverfahren** andererseits lassen sich somit nicht nahtlos gegeneinander abgrenzen. Es

---

[31] RB 1997 Nr. 8 E. 1.
[32] VGr, 12.1.2005, PB.2004.00074, E. 3.6.
[33] Vgl. z.B. VGr, 6.12.2001, VK.2001.00003, E. 1d. Allgemein dazu Häfelin/Müller/Uhlmann, Verwaltungsrecht, N. 899, 1053 f.; Tschannen/Zimmerli/Müller, Verwaltungsrecht, § 33, N. 18 ff.; Moor/Poltier, Droit administratif II, S. 416 ff.
[34] Vgl. die Hinweise in Weisung 2009, S. 925 f.
[35] VGr, 21.6.2007, VB.2007.00098, E. 2.1.
[36] VGr, 7.4.2005, VB.2004.00465, E. 3.
[37] VGr, 12.1.2005, PB.2004.00074, E. 3.7; vgl. auch Häfelin/Müller/Uhlmann, Verwaltungsrecht, N. 1131b.
[38] VGr, 15.4.2003, VB.2003.00030, E. 3b; vgl. auch Häfelin/Müller/Uhlmann, Verwaltungsrecht, N. 1997.

gibt keinen allgemeinen Grundsatz und folgt auch nicht zwingend aus § 81 lit. b, dass der gerichtliche Rechtsschutz bei Streitigkeiten aus verwaltungsrechtlichen Verträgen im Klageverfahren zu gewährleisten sei (vgl. Vorbem. zu §§ 81–86, N. 14). Haben die Beteiligten das streitbetroffene Rechtsverhältnis – zulässigerweise – durch öffentlichrechtlichen Vertrag geregelt, so kann hieraus nicht ohne weiteres auf mangelnde Verfügungsbefugnis geschlossen werden[39]. Es ist daher nach den Umständen des Einzelfalls denkbar, dass auch bei Streitigkeiten aus einem solchen Vertrag die öffentliche Vertragspartei eine Verfügung treffen kann, um den Rechtsschutz im Anfechtungsverfahren zu gewährleisten[40]. In der Wahl der Vertragsform liegt allerdings häufig ein starkes Indiz für fehlende Verfügungsbefugnis; das Motiv für diese Wahl kann gerade darin liegen, dass der Private zu einer Leistung im öffentlichen Interesse verpflichtet werden soll, zu welcher ihn die Verwaltungsbehörde mangels gesetzlicher Grundlage mittels Verfügung nicht zwingen könnte[41]. Im Übrigen kann die Auslegung verwaltungsrechtlicher Verträge auch in Angelegenheiten streitig sein, die *zwingend* oder jedenfalls primär durch Verfügung zu regeln sind[42].

3. Gegenstand verwaltungsvertraglicher Streitigkeiten

Streitigkeiten aus verwaltungsvertraglichen Verträgen sind nicht nur solche über Geld, sondern über sämtliche **Auslegungsfragen und Leistungsstörungen,** die sich aus dem Abschluss und der Abwicklung solcher Verträge ergeben können. Dazu gehören auch Fragen im Zusammenhang mit der Auflösung eines verwaltungsrechtlichen Vertrags[43]. Zulässig ist sodann die Anfechtung des Vertrags wegen Irrtums, Täuschung oder Drohung. Der verwaltungsrechtliche Vertragsbegriff unterscheidet sich nicht vom privatrechtlichen[44]; ob ein verwaltungsrechtlicher Vertrag Willensmängel aufweist, ist in analoger Anwendung von Art. 23 OR zu beurteilen[45].

14

Die **Auslegung** öffentlichrechtlicher Verträge erfolgt wie jene privatrechtlicher Vereinbarungen nach den allgemeinen Auslegungsregeln. Dabei spielt das Vertrauensprinzip eine wichtige Rolle; Willenserklärungen sind so auszulegen, wie sie in guten Treuen verstanden werden durften[46].

15

Fraglich ist, ob Ansprüche aus **culpa in contrahendo** im verwaltungsgerichtlichen Klageverfahren geltend gemacht werden können oder ob sie als Staatshaftungsfälle nach § 2 VRG und § 19 Abs. 1 HG dem Zivilrichter zu unterbreiten sind. Das Verwaltungsgericht

16

---

[39] METZ, Verwaltungsprozess, S. 66 f., 79 ff.; kritisch HÄFELIN/MÜLLER/UHLMANN, Verwaltungsrecht, N. 1997.
[40] Vgl. VGr, VB 90/0048 E. 3c.
[41] HÄFELIN/MÜLLER/UHLMANN, Verwaltungsrecht, N. 1077.
[42] Vgl. RB 1962 Nr. 21 (ZBl 1962, 510 ff. = ZR 1963 Nr. 64) betreffend Anfechtung einer Baubewilligung wegen einer vertraglich begründeten Baubeschränkung; RB 1985 Nr. 98 betreffend Verweigerung einer Umbaubewilligung wegen einer vertraglich festgelegten Unterschutzstellung; RB 1995 Nr. 98 betreffend Energielieferung.
[43] VGr, 25.2.2010, VK.2009.00002, E. 1; VGr, 10.7.2008, VK.2006.00007; VGr, 8.12.2005, VB.2005.00225, E. 2.3; VGr, 6.12.2001, VK.2001.00003.
[44] MERKER, Rechtsmittel, § 60 N. 8 und 14.
[45] HÄFELIN/MÜLLER/UHLMANN, Verwaltungsrecht, N. 1118; RB 1964 Nr. 124 (ZBl 1965, 120 ff.).
[46] VGr, 23.12.2004, VK.2004.00001, E. 4.

hat Letzteres angenommen[47]. Für die Zuständigkeit des Verwaltungsgerichts im Klageverfahren spricht – neben dem engen Zusammenhang mit (möglicherweise zustande gekommenen) vertraglichen Absprachen – die Rechtsnatur der vorvertraglichen Haftung, die in der Lehre als Haftungstatbestand eigener Art näher bei der Vertrags- als der Deliktshaftung positioniert wird[48].

17 Streitgegenstand kann auch die Frage bilden, ob die **clausula rebus sic stantibus** angerufen werden kann. Diese gilt wie bei privatrechtlichen auch bei verwaltungsrechtlichen Verträgen, falls sich die dem Vertrag zur Zeit des Abschlusses zugrunde liegenden Verhältnisse erheblich verändern[49]. Dies bezieht sich jedoch nur auf die tatsächlichen Verhältnisse, nicht die rechtlichen[50]. Bei verwaltungsrechtlichen Verträgen wird die clausula rebus sic stantibus weniger restriktiv angewendet als bei privatrechtlichen[51].

18 Die Zuständigkeit des Verwaltungsgerichts ist **zwingender Natur.** Gerichtsstandsvereinbarungen sind daher nichtig[52]. Schiedsklauseln sind zulässig, können aber die Klage nicht ausschliessen. Die Parteien können somit trotz Schiedsklausel entweder unmittelbar oder nach Durchführung des Schiedsverfahrens beim Verwaltungsgericht Klage erheben[53].

B. Ausnahmen

19 § 81 lit. b schliesst das Klageverfahren in **personalrechtlichen Angelegenheiten** aus; dafür ist in jedem Fall der Anfechtungsweg zu beschreiten[54]. Damit soll die in der Praxis schwierige Abgrenzung zwischen Anstellungsverfügung und -vertrag umgangen werden[55]. Ausschlaggebend für diesen Entscheid des Gesetzgebers war der Fall eines entlassenen Lehrlings, der an den Bezirksrat rekurrierte. Dieser trat auf den Rekurs nicht ein und verwies den Lehrling auf den Klageweg. Darauf erhob dieser Klage beim Verwaltungsgericht, ohne den Entscheid des Bezirksrats anzufechten. Das Verwaltungsgericht trat auf die Klage nicht ein mit der Begründung, der Lehrling hätte den Anfechtungsweg beschreiten müssen. Da die Beschwerdefrist mittlerweile abgelaufen war, nahm das Verwaltungsgericht die Klage auch nicht als Beschwerde entgegen[56]. Zur Vermeidung derart stossender Ergebnisse und zur Verbesserung der Rechtssicherheit werden nun alle personalrechtlichen Streitigkeiten im Anfechtungsverfahren ausgetragen[57]. Dies gilt aufgrund von § 1 allerdings nur für öffentlichrechtliche Anstellungsverhältnisse[58].

---

[47] VGr, VK 93/0022.
[48] MERKER, Rechtsmittel, § 60 N. 16, mit Hinweisen in Fn. 27.
[49] VGr, 10.7.2008, VK.2006.00007, E. 4.1; VOGEL, Clausula, S. 298 f.
[50] VGr, 12.4.2001, VK.2000.00006, E. 4a.
[51] VGr, 10.7.2008, VK.2006.00007, E. 4.1; VOGEL, Clausula, S. 307 f.; vgl. für Beispiele HÄFELIN/MÜLLER/UHLMANN, Verwaltungsrecht, N. 1125 f.
[52] VGr, 10.2.2011, VK.2010.00002, E. 1; VGr, 10.7.2008, VK.2006.00007, E. 1.3; VGr, 15.6.2006, VK.2006.00003, E. 1.1; RB 1983 Nr. 14.
[53] VGr, 15.4.2003, VB.2003.00030, E. 4; vgl. auch VGr, 25.2.2010, VK.2009.00002, E. 1.1.
[54] Weisung 2009, S. 926. Vgl. VGr, 19.7.2010, PK.2010.00001, E. 3.1.1.
[55] Vgl. RB 2001 Nr. 31 (PK.2001.00001 und PK.2001.00003).
[56] VGr, 17.5.2006, PK.2006.00001; vgl. auch RB 2005 Nr. 13 (PB.2005.00002).
[57] Weisung 2009, S. 926.
[58] Vgl. RB 2005 Nr. 23 (PK.2005.00005).

Dem gesetzgeberischen Grundgedanken entsprechend ist die Zuständigkeit des Gerichts 20
nach § 81 lit. b in Analogie zur Regelung von §§ 41 ff. dort zu verneinen, wo die Streitsache unter den **Ausnahmekatalog der §§ 43 und 44** fallen würde, falls darüber eine anfechtbare Verfügung ergangen wäre.

IV. Spezialgesetzliche Regelung (lit. c)

Die dritte Teilgeneralklausel ermöglicht die Begründung der sachlichen Zuständigkeit 21
des Verwaltungsgerichts im Klageverfahren durch spezialgesetzliche Regelung. Diese kann sowohl in einem Bundesgesetz als auch in einem kantonalen Gesetz erfolgen[59].

Das **Kantonalbankgesetz** sieht vor, dass Ansprüche aus der Haftung der Mitglieder des 22
Bankpräsidiums, des Bankrates sowie der Generaldirektion und der Revisionsstelle direkt beim Verwaltungsgericht geltend zu machen sind (§ 25 Abs. 2 KBG). Das Wasserrechtsgesetz des Bundes begründet die Zuständigkeit des Verwaltungsgerichts bei **wasserrechtlichen Streitigkeiten** zwischen der Verleihungsbehörde und dem Konzessionär (Art. 71 Abs. 1 WRG)[60]. Das Verwaltungsgericht ist allerdings dann nicht zuständig, wenn die betreffende Konzession von mehreren Kantonen oder vom Bund erteilt worden ist[61]. In solchen Fällen entscheidet im Streitfall das Departement (UVEK) durch Verfügung; diese kann mittels Beschwerde beim Bundesverwaltungsgericht angefochten und an das Bundesgericht weitergezogen werden[62].

Soweit ein Gesetz die Beurteilung von sozialversicherungsrechtlichen Streitigkeiten 23
durch eine einzige kantonale Gerichtsinstanz vorsieht, ist dafür – entgegen dem Wortlaut von § 81 lit. c – nicht das Verwaltungsgericht, sondern das **Sozialversicherungsgericht** zuständig (§ 2 Abs. 2 und § 3 GSVGer).

(§ 82 aufgehoben)[63]

---

[59] Weisung 2009, S. 927. § 81 lit. c ersetzt die frühere Aufzählung spezialgesetzlicher Regelungen in alt § 82 lit. c und d. Die übrigen Tatbestände von alt §§ 81 und 82 werden von den anderen Teilgeneralklauseln erfasst oder sind gegenstandslos geworden; vgl. N. 7 und Vorbem. zu §§ 81–86 N. 9.
[60] Analoge Regelungen finden sich in Art. 35 Abs. 3 und Art. 37 Abs. 5 WRG. Der Entscheid des Verwaltungsgerichts kann mit Beschwerde in öffentlichrechtlichen Angelegenheiten an das Bundesgericht weitergezogen werden (Art. 71 Abs. 1 WRG; Art. 82 ff. BGG).
[61] Vgl. dazu BGr, 4.12.2000, 2A.179.2000 und 183.2000, E. 2.
[62] Art. 71 Abs. 2 i.V.m. Art. 6 Abs. 1 WRG; Art. 31 ff. VGG; Art. 82 ff. BGG.
[63] Gesetz vom 22. März 2010 (OS 65, 390). Vgl. Vorbem. zu §§ 81–86 N. 8.

Verfahren
a. Klageschrift

§ 83

¹ Die Klageschrift ist dem Verwaltungsgericht in zweifacher Ausfertigung einzureichen. Sie muss einen Antrag und eine Begründung enthalten.

² Genügt die Klageschrift diesen Erfordernissen nicht, so setzt der Vorsitzende des Verwaltungsgerichtes dem Kläger eine kurze Frist zur Behebung des Mangels an unter der Androhung, dass sonst auf die Klage nicht eingetreten würde.

³ Die Beweismittel sollen genau bezeichnet und soweit möglich der Klageschrift beigelegt werden.

⁴ ...

Materialien

Vgl. Vorbem. zu §§ 81–86.

Literatur

Vgl. Vorbem. zu §§ 81–86.

Inhaltsübersicht

I.	Einleitung des Klageverfahrens	1–2
II.	Klagevoraussetzungen	3–7
III.	Klagearten	8–12
IV.	Klageschrift	13–19
	A. Schriftliche Eingabe mit Antrag und Begründung (Abs. 1)	13–16
	B. Beweismittel (Abs. 3)	17–19
V.	Nachfristansetzung und Verbesserung (Abs. 2)	20–21

I. Einleitung des Klageverfahrens

1 § 83 befasst sich mit einem formellen Aspekt der Einleitung des Klageverfahrens, mit den Anforderungen an die Klageschrift. Vor der Ausarbeitung der Klageschrift muss der Kläger jedoch abklären, ob die Klage zulässig sei, ob also die Voraussetzungen für eine Klage erfüllt sind. Überdies muss er entscheiden, was für eine Klage er erheben will. Weder die Klagevoraussetzungen noch die Klagearten sind im Gesetz geregelt. Sie sind hier zu erörtern (II. und III.), bevor die Anforderungen an die Klageschrift und die Nachfristansetzung behandelt werden (IV. und V.).

2 Das Verfahren vor Verwaltungsgericht als einziger Instanz gleicht in seiner Struktur dem erstinstanzlichen Zivilprozess. Entsprechend ist das Zivilprozessrecht für zahlreiche Fragen im Zusammenhang mit der Klage heranzuziehen (vgl. Vorbem. zu §§ 81–86 N. 16 ff.).

II. Klagevoraussetzungen

Die **prozessuale Zulässigkeit** der Klage entscheidet sich wie im Zivilprozess anhand der *Sachurteilsvoraussetzungen,* die von Amtes wegen zu prüfen sind (Art. 60 ZPO). Diese sind – gleich oder ähnlich wie bei der Beschwerde – sachliche und örtliche Zuständigkeit, zulässiger Rechtsweg (Klage-, nicht Beschwerdeverfahren), Partei- und Prozessfähigkeit, Rechtsschutzinteresse, ablehnende Stellungnahme der Verwaltung, formrichtige Klageerhebung, keine bereits beurteilte Angelegenheit mit materieller Rechtskraft (res iudicata) sowie eine allfällige Kautionsleistung. Nur wenn sämtliche Sachurteilsvoraussetzungen erfüllt sind, ist die Klage zulässig und tritt das Verwaltungsgericht auf sie ein. Vgl. zum Nichteintretensentscheid § 85 N. 3 ff.

Hinsichtlich der Legitimation zur Klage sind wegen des vertragsähnlichen Charakters der zu beurteilenden Rechtsverhältnisse die Bestimmungen der ZPO in analoger Weise anzuwenden. § 21 VRG findet auf das Klageverfahren keine Anwendung. Vielmehr ist hier, abweichend vom Anfechtungsverfahren, der Begriff der **Sachlegitimation** (Aktiv- und Passivlegitimation) massgebend[1]. Darunter wird die Berechtigung verstanden, das eingeklagte Recht oder Rechtsverhältnis als Kläger in eigenem Namen (Aktivlegitimation des Klägers) dem Beklagten gegenüber geltend zu machen (Passivlegitimation des Beklagten). Wer als Kläger bzw. Beklagter auftreten muss, damit eine Klage durchdringen kann, ist eine Frage des materiellen Rechts. Für die prozessuale Zulässigkeit der Klage ist es hingegen unerheblich, ob dem Kläger der behauptete Anspruch materiell zusteht oder nicht; die Sachlegitimation ist im verwaltungsgerichtlichen Klageverfahren keine Sachurteilsvoraussetzung. Die fehlende Sachlegitimation bzw. der fehlende Rechtsanspruch führt nicht zu einem Prozessurteil[2]. Dementsprechend unterscheidet sich auch der Parteibegriff im Klageverfahren von jenem im Beschwerdeverfahren; er entspricht dem Parteibegriff des Zivilprozessrechts. Kläger ist, wer in eigenem Namen vor dem Gericht Rechtsschutz verlangt; Beklagter ist die Person, gegen die sich die Klage richtet. Der Rechtsschutz Dritter bei verwaltungsrechtlichen Verträgen entspricht dieser aus dem Zivilprozessrecht übernommenen Legitimationsvoraussetzung[3].

Wenngleich die prozessuale Zulässigkeit der Klage keine Betroffenheit im Sinn von § 21 voraussetzt, muss der Kläger ein **Rechtsschutzinteresse** an der Beurteilung der Klage haben, wie es auch im Zivilprozess als Sachurteilsvoraussetzung erforderlich ist[4]. Darunter ist jedoch nicht ein schutzwürdiges Interesse im Sinn von § 21 zu verstehen. Mit dem zivilprozessualen Erfordernis des Rechtsschutzinteresses sollen lediglich Klagen ausgeschlossen werden, mit denen nachweisbar unlautere Ziele verfolgt werden oder welche sich nicht auf konkrete Streitigkeiten beziehen[5]. Querulatorische und rechtsmissbräuchliche Eingaben werden nicht behandelt (Art. 132 Abs. 3 ZPO).

---

[1] VGr, 30.7.2008, VK.2007.00003, E. 1.2; RB 1994 Nr. 23; BGE 106 Ib 364; Gygi, Bundesverwaltungsrechtspflege, S. 147, 176.
[2] VGr, 27.1.2010, VK.2009.00003, E. 1.2; Merker, Rechtsmittel, § 61 N. 4 ff.
[3] Vgl. dazu Pappa/Jaggi, Rechtsschutz.
[4] Dazu z.B. Zingg, in: Berner Kommentar ZPO, Art. 59 N. 31 ff.
[5] Merker, Rechtsmittel, § 61 N. 10.

6 Das Verwaltungsgericht verlangt als Prozessvoraussetzung einer Klage gegen das Gemeinwesen eine ablehnende **Stellungnahme der Verwaltung** zum eingeklagten Anspruch, obwohl dies gesetzlich nicht vorgesehen ist[6]. Dies entspricht dem Willen des Gesetzgebers[7]. Mit dieser Praxis wird verhindert, dass der Richter Nichtstreitiges entscheiden muss[8]. Die mangelnde Verfügungsbefugnis schliesst die formlose Erfüllung nicht aus; die Parteien können daher ihre Verbindlichkeiten realiter erfüllen[9]. Obwohl der Stellungnahme der Verwaltung nicht Verfügungscharakter zukommt, entscheidet das Verwaltungsgericht praktisch als zweite Instanz; die Klage gleicht in solchen Fällen einem ordentlichen Rechtsmittel. Entsprechend hat die Verwaltungsbehörde ihrer Stellungnahme kraft Verweisung in § 86 und Weiterverweisung in § 70 auf § 10 Abs. 2 eine Rechtsmittelbelehrung beizufügen. In der Praxis wird dieses Erfordernis allerdings nicht streng gehandhabt; vielfach ergibt sich die ablehnende Stellungnahme sinngemäss aus der vor Klageeinreichung zwischen den Parteien geführten Korrespondenz. Hat der Kläger ohne Einholung einer Stellungnahme Klage erhoben, so muss das Verwaltungsgericht trotzdem darauf eintreten und zur Klageantwort auffordern; Nichteintreten würde einer gesetzlichen Grundlage bedürfen[10]. Anerkennt die Verwaltung das klägerische Begehren, so trägt der Kläger die Kosten des unnötigen Verfahrens[11].

7 Die Klage ist – anders als die Beschwerde – an keine **Frist** gebunden, denn es fehlt ein vorinstanzlicher Entscheid. Eine Verwirkung des Klagerechts durch Zeitablauf kann daher nicht eintreten[12]. Verjähren oder verwirken kann jedoch der materiellrechtliche Anspruch; in einem solchen Fall ist der Prozess nicht durch Nichteintreten, sondern durch Abweisung zu erledigen.

III. Klagearten

8 Die Klage ist in der Regel eine **Leistungsklage.** Das Begehren lautet dahin, den Beklagten zu einem Tun, Unterlassen oder Dulden, mithin zur Erbringung einer bestimmten Leistung (meist einer Geldleistung), zu verpflichten (Art. 84 ZPO)[13].

9 Zulässig ist ferner die **Feststellungsklage**[14]. Deren Gegenstand ist das Bestehen oder Nichtbestehen eines bestimmten Rechts oder Rechtsverhältnisses zwischen zwei Parteien (Art. 88 ZPO). Von Bundesrechts wegen sind jedoch auch Feststellungsbegehren ande-

---

[6] RB 1973 Nr. 18. Eine entsprechende Pflicht sieht z.B. Art. 7 Abs. 1 Satz 2 GlG vor.
[7] Beleuchtender Bericht 1959, S. 414.
[8] Vgl. KÖLZ, Prozessmaximen, S. 19, 119, 127.
[9] Allerdings muss unter Umständen später dennoch Klage erhoben werden, so etwa, wenn sich eine Partei bei der Vollstreckung weigert, eine früher gegebene Zusicherung zu erfüllen.
[10] A.M. die 2. Aufl., N. 14.
[11] Vgl. für das Verfahren vor Bundesgericht Art. 66 Abs. 3 BGG.
[12] Weil mit der Gesetzesrevision von 1997 für Streitigkeiten nach Abtretungsgesetz das Klageverfahren durch ein Rekursverfahren ersetzt wurde, konnte § 83 Abs. 4 betreffend Ansetzung einer Frist für den Enteigner zur Einreichung der Klageschrift aufgehoben werden.
[13] Vgl. dazu BOPP/BESSENICH, in: Kommentar ZPO 2010, Art. 84 N. 6 ff.
[14] BGE 135 III 378 ff., E. 2; VGr, 25.2.2010, VK.2009.00002, E. 2; VGr, 20.12.2007, VK.2007.00005, E. 2.4. Vgl. dazu MARKUS, in: Berner Kommentar ZPO, Art. 88 N. 1 ff.; OBERHAMMER, in: Basler Kommentar ZPO, Art. 88 N. 1 ff.; BESSENICH/BOPP, in: Kommentar ZPO 2010, Art. 88 N. 3 ff.

ren Inhalts zulässig, soweit sie die Anwendung von Bundesrecht betreffen und ein hinreichendes Rechtsschutzinteresse des Klägers gegeben ist[15].

Voraussetzung für die Zulassung der Feststellungsklage ist immer ein rechtliches Interesse des Klägers an der Feststellung (**Feststellungsinteresse**). Dieser Begriff ist weit auszulegen. Die Feststellungsklage muss allgemein zulässig sein, um eine Ungewissheit zu beseitigen, durch die der Kläger in seiner wirtschaftlichen Bewegungsfreiheit behindert ist[16]. In gewissen Fällen genügt sogar ein ideelles Interesse des Klägers an der Klärung der Rechtslage. Nicht zulässig sind jedoch Begehren auf Entscheidung von abstrakten Rechtsfragen[17]. Wenn der Kläger in der Lage ist, ein Leistungsbegehren zu stellen, fehlt in der Regel das rechtliche Feststellungsinteresse[18]. Dieser Grundsatz gilt indessen nicht absolut[19]. Mit der Leistungsklage können meist nur fällige Ansprüche geltend gemacht werden. Trotz der Möglichkeit einer späteren Leistungsklage ist ein rechtliches Feststellungsinteresse zu bejahen, wenn es dem Kläger darum geht, nicht nur die fällige Leistung zu erhalten, sondern die Gültigkeit des ihr zugrunde liegenden Rechtsverhältnisses auch für dessen künftige Abwicklung feststellen zu lassen, oder darum, das Bestehen einer Verpflichtung feststellen zu lassen, deren Erfüllung auf blosse Feststellung hin zweifelsfrei gesichert ist[20]. Diese Voraussetzungen können namentlich bei Besoldungsklagen erfüllt sein. Bei Besoldungsklagen gestützt auf Art. 8 Abs. 3 BV ergibt sich der Feststellungsanspruch aus Art. 5 Abs. 1 lit. c GlG[21].

Auch die **negative Feststellungsklage** ist bei Vorliegen eines rechtlichen Interesses zulässig; so etwa wenn ein Angestellter, insbesondere zur Verhinderung einer drohenden Verrechnung, feststellen lassen will, dass er dem Staat aus ihm vorgeworfener direkter oder indirekter Schädigung nichts schuldet oder dass eine vom Gemeinwesen geltend gemachte Rückerstattungspflicht nicht besteht[22]. Bei der Beurteilung der Zulässigkeit der negativen Feststellungsklage ist auch das Interesse des Beklagten zu berücksichtigen, weil er durch die Klage zu vorzeitiger Prozessführung gezwungen wird, was sich insbesondere bezüglich der Beweisführung negativ auswirken kann[23].

In besonderen Fällen kommt allenfalls auch die **Gestaltungsklage** in Betracht, welche verlangt, dass durch richterlichen Entscheid ein Rechtsverhältnis begründet, geändert oder aufgehoben werde (Art. 87 ZPO).

---

[15] BGE 120 II 20, E. 2 a.
[16] Vgl. RB 1966 Nr. 26 (ZBl 1966, 518 ff. = ZR 1966 Nr. 147).
[17] ZÜRCHER, in: Kommentar ZPO 2010, Art. 59 N. 13; OBERHAMMER, in: Basler Kommentar ZPO, Art. 88 N. 5.
[18] RB 1982 Nr. 46; GEHRI, in: Basler Kommentar ZPO, Art. 59 N. 8.
[19] BGE 135 III 378.
[20] VGr, 25.2.2010, VK.2009.00002, E. 2; VGr, 20.12.2007, VK.2007.00005, E. 2.4; Feststellungsinteresse verneint in RB 2006 Nr. 27 (VK.2006.00003).
[21] Das Bundesgericht hat den Anspruch schon vor Erlass des Gleichstellungsgesetzes bejaht; BGr, 14.5.1987 (ZBl 1989, 203 ff.).
[22] BGE 102 Ib 106; 89 I 418; RB 1981 Nr. 34. Vgl. zur negativen Feststellungsklage OBERHAMMER, in: Basler Kommentar ZPO, Art. 88 N. 22 ff.; BESSENICH/BOPP, in: Kommentar ZPO 2010, Art. 88 N. 9 f.
[23] BGE 120 II 20, E. 3a.

IV. Klageschrift

A. Schriftliche Eingabe mit Antrag und Begründung (Abs. 1)

13 Die Klage bedarf der schriftlichen Form. Die **Klageschrift** muss leserlich und darf nicht ungebührlich und übermässig weitschweifig sein (§ 5 Abs. 3). Nicht in eigenem Namen erhobenen Klagen ist eine Vollmacht beizufügen. Schriftlichkeit, Unterschrift und allenfalls Vollmacht bilden Gültigkeitserfordernisse (vgl. § 22 N. 5 ff.). Dass die Klageschrift in zweifacher Ausfertigung einzureichen ist, stellt dagegen eine blosse Ordnungsvorschrift dar.

14 Die Klageschrift muss einen bestimmten **Antrag mit Begründung** enthalten[24]. Der Beklagte muss wissen, wogegen er sich zu verteidigen, und das Gericht, worüber es zu entscheiden hat. Antrag und Begründung bilden deshalb Gültigkeitserfordernisse der Klage.

15 Mit dem **Antrag** bringt der Kläger zum Ausdruck, wie das Urteil des Gerichts aus seiner Sicht lauten muss. Heisst das Gericht die Klage gut, sollte es den Antrag sozusagen wörtlich in das Dispositiv seines Urteils übernehmen können.

16 In der **Begründung** sind die massgebenden Sachumstände darzulegen und die gestellten Anträge zu erläutern[25]. Wie bei der Beschwerde werden auch bei der Klage in zweierlei Hinsicht Anforderungen an die Begründung gestellt: Einerseits handelt es sich um Minimalanforderungen als Eintretensvoraussetzung; diese sind in § 83 gemeint[26]. Anderseits dient die Begründung dem Gericht als Grundlage für seine Beurteilung und Entscheidung; dies ist Ausfluss der beschränkt – immerhin stärker als im Beschwerdeverfahren – geltenden Verhandlungsmaxime (vgl. Vorbem. zu §§ 81–86 N. 22 und zur Beschwerde § 60 N. 2 ff.). Die Klagebegründung kann im Lauf des Verfahrens nur in Nebenpunkten wie in Bezug auf Verzugszinsen oder Parteientschädigung erweitert werden (vgl. § 84 N. 10).

B. Beweismittel (Abs. 3)

17 Abs. 3 wurde anlässlich der VRG-Revision von 2010 gekürzt und ist jetzt praktisch mit der analogen Bestimmung für das Rekursverfahren identisch (§ 23 Abs. 3). Diese redaktionelle Anpassung zeitigt keine inhaltlichen Auswirkungen[27].

18 Im Klageverfahren sind wie im Anfechtungsverfahren **alle möglichen Beweismittel** zugelassen. Dazu gehören insbesondere die Befragung von Beteiligten und Auskunftspersonen, der Beizug von Amtsberichten, Urkunden und Sachverständigen, der Augenschein, die Zeugeneinvernahme sowie die Beweisaussage der Parteien (vgl. § 52 N. 13 ff. und § 7 N. 43 ff.).

19 Die Beweismittel sind genau zu bezeichnen. Soweit wie möglich sollen sie der Klageschrift beigelegt werden. Diese Bestimmung ist zwar eine blosse Ordnungsvorschrift;

---

[24] RB 1961 Nr. 32.
[25] RB 1976 Nr. 26; 1961 Nr. 28 (ZR 1961 Nr. 117).
[26] Vgl. zur Rekursbegründung § 23 N. 17 ff.
[27] Weisung 2009, S. 974.

sie hat aber im Klageverfahren deshalb grosse Bedeutung, weil hier die Untersuchungsmaxime nur beschränkt gilt und die Parteien daher den Sachverhalt selbst rechtsgenügend nachzuweisen haben (vgl. Vorbem. zu §§ 81–86 N. 22).

V. Nachfristansetzung und Verbesserung (Abs. 2)

Fehlen Unterschrift, Antrag, Begründung oder – bei nicht in eigenem Namen erhobenen Klagen – Vollmacht, so ist dem Kläger eine **kurze Frist** zur Behebung des Mangels anzusetzen unter der Androhung, dass sonst auf die Klage nicht eingetreten würde. Gleiches gilt bei unleserlichen, ungebührlichen oder weitschweifigen Eingaben (§ 5 Abs. 3; vgl. auch § 23 N. 29 ff.). [20]

Ist eine Begründung vorhanden, jedoch bezüglich der Sachverhaltsdarstellung lückenhaft, so liegt kein Mangel im Sinn von § 83 Abs. 2 vor und ist keine Nachfrist anzusetzen. Wie weit in solchen Fällen, sofern nicht schon die Klageantwort die nötige Klärung bringt, weitere prozessuale Anordnungen – insbesondere ein zweiter Schriftenwechsel oder eine mündliche Verhandlung – zu treffen sind, ist eine Frage, die der Richter im Einzelfall im Spannungsfeld zwischen Untersuchungs- und Verhandlungsmaxime zu beantworten hat (vgl. § 84 N. 6 ff.). [21]

b. Weitere Rechtsschriften; mündliche Verhandlung

§ 84

¹ Der Beklagte erhält Gelegenheit zur schriftlichen Beantwortung der Klage. Die Klageantwort ist in zweifacher Ausfertigung einzureichen. Die Beweismittel sollen bezeichnet und soweit möglich beigelegt werden.

² Es kann ein weiterer Schriftenwechsel angeordnet oder zu einer mündlichen Verhandlung vorgeladen werden.

Materialien
Vgl. Vorbem. zu §§ 81–86.

Literatur
Vgl. Vorbem. zu §§ 81–86.

Inhaltsübersicht

I.	Klageantwort (Abs. 1)	1–5
II.	Weiteres Verfahren (Abs. 2)	6–8
III.	Klageänderung	9–11

I. Klageantwort (Abs. 1)

1 Die Klageantwort muss **schriftlich in zweifacher Ausfertigung** erfolgen. Anders als im Beschwerdeverfahren (vgl. § 59 Abs. 1) kann sie ohne Einverständnis des Beklagten nicht durch eine mündliche Verhandlung ersetzt werden.

2 Die Klageantwort muss wie die Klageschrift (vgl. § 83 Abs. 1) einen **Antrag** und eine **Begründung** enthalten, im Rahmen Letzterer insbesondere eine Darstellung des massgebenden Sachverhalts aus der Sicht des Beklagten[1]. Pauschale Bestreitungen der klägerischen Vorbringen genügen nicht[2].

3 Diese formellen Erfordernisse können aber, anders als bei der Klageschrift (vgl. § 83 Abs. 2), nicht zu Sachurteilsvoraussetzungen gemacht werden. Das Verfahren wird bei **Säumnis** – unter Vorbehalt der Wiederherstellung (Art. 148 ZPO) – fortgesetzt (vgl. Art. 147 ZPO)[3]. Für den Fall der versäumten Klageantwort enthält das Gesetz jedoch eine Spezialregelung, welche der zentralen Bedeutung der Klageantwort für das kontradiktorische Verfahren Rechnung trägt: Das Gericht muss der beklagten Partei eine kurze Nachfrist ansetzen (Art. 223 Abs. 1 ZPO). Wird auch die Nachfrist versäumt, so trifft das Gericht einen Endentscheid. Nur wenn die Angelegenheit nicht spruchreif ist, lädt es zur Hauptverhandlung vor (Art. 223 Abs. 2 ZPO). Weitere Anordnungen und Entscheidungen des Gerichts sind auch der säumigen Partei mitzuteilen. Das Gericht hat nach § 60

---

[1] Vgl. RB 1961 Nr. 28 (ZR 60 Nr. 117); RB 1976 Nr. 26.
[2] VGr, 10.7.2008, VK.2006.00007, E. 2.1.
[3] Vgl. zur Anwendbarkeit der ZPO im Klageverfahren Vorbem. zu §§ 81–86 N. 18.

VRG i.V.m. Art. 153 Abs. 2 ZPO die Möglichkeit, von Amtes wegen Beweis zu erheben. Diese Bestimmung ist bei fehlender Bestreitung, also auch bei versäumter Klageantwort, allgemein anwendbar[4]. Bei Zweifeln an den Vorbringen der klagenden Partei hat das Gericht daher die Möglichkeit, selber ein Beweisverfahren durchzuführen und so die Folgen der versäumten Klageantwort zu mildern.

Dem Beklagten steht nach den Grundsätzen der Zivilprozessordnung das Recht zu, mit der Klageantwort **Widerklage** zu erheben (Art. 14 ZPO)[5]. Dies erlaubt es ihm, im selben Prozess einen Anspruch gegen den Kläger geltend zu machen. Die Widerklage ermöglicht im Interesse der Verfahrensökonomie eine Erweiterung des Streitgegenstands. Sie ist zulässig, wenn das Gericht auch für den Gegenanspruch zuständig und für diesen die gleiche Verfahrensart vorgesehen ist (Art. 224 Abs. 1 ZPO). Ein Sachzusammenhang zwischen Haupt- und Widerklage ist nur erforderlich, wenn die örtlichen Zuständigkeiten für Haupt- und Widerklage auseinanderfallen. Ein solcher ist gegeben, wenn beide Klagen auf dem gleichen Rechtsverhältnis oder Lebensvorgang beruhen oder Ausfluss eines gemeinsamen Rechtsverhältnisses sind. Eine rechtshängige Widerklage fällt durch Rückzug oder Anerkennung der Hauptklage nicht dahin (Art. 14 Abs. 2 ZPO).

Der Klageantwort sollen die **Beweismittel** beigelegt werden oder sie sind mindestens zu bezeichnen (Abs. 1 Satz 3). Diese Bestimmung ist eine Ordnungsvorschrift.

II. Weiteres Verfahren (Abs. 2)

Soweit erforderlich, kann das Gericht einen **zweiten Schriftenwechsel** anordnen (Art. 225 ZPO). Ein solcher ist zur Wahrung des rechtlichen Gehörs notwendig, wenn in der Klageantwort neue Aspekte vorgebracht werden, die das Urteil zum Nachteil des Klägers beeinflussen könnten. Das ist im Klageverfahren naturgemäss häufiger der Fall als im Beschwerdeverfahren (vgl. § 58), wo zumeist der Sachverhalt unter Mitwirkung beider Parteien schon vor Anrufung des Verwaltungsgerichts ganz oder teilweise ermittelt worden ist. Gemäss der neuen Praxis des EGMR und des Bundesgerichts muss eine Replik jedoch auch zugelassen werden, wenn sie nach Auffassung des Gerichts nicht erforderlich wäre (vgl. § 26b N. 28 ff., 34 ff.; § 58 N. 23 ff.). Es dürfte sich deshalb empfehlen, regelmässig Frist zur Replik anzusetzen.

Im Anschluss an den ersten oder einen weiteren Schriftenwechsel kann das Gericht eine **mündliche Verhandlung** anordnen[6]. Gemäss Art. 6 Ziff. 1 EMRK und Art. 30 Abs. 3 BV muss auf Begehren einer Partei eine öffentliche Verhandlung durchgeführt werden (vgl. § 59 N. 8 ff.).

---

[4] LEUENBERGER, in: Kommentar ZPO 2010, Art. 223 N. 7.
[5] Vgl. z.B. VGr, 25.2.2010, VK.2009.00002, E. 2; RB 1978 Nr. 19 zu alt § 60 ZPO ZH. Dazu z.B. GÜNGERICH/WALPEN, in: Berner Kommentar ZPO, Art. 14; SUTTER-SOMM/KLINGLER, in: Kommentar ZPO 2010, Art. 14; FÜLLEMANN, in: Kommentar ZPO 2011, Art. 14.
[6] Bei der früheren personalrechtlichen Klage bestand gemäss alt § 80a Abs. 2 ein Anspruch auf mündliche Verhandlung; vgl. dazu z.B. VGr, 14.8.2002, PK.2002.00003, E. 1c; RB 1998 Nr. 47. Nach geltendem Recht steht die Klage in personalrechtlichen Angelegenheiten nicht mehr zur Verfügung (§ 81 lit. b).

§ 84

8   Für das **Beweisverfahren** gelten kraft ausdrücklicher Verweisung in § 86 i.V.m. § 60 Satz 3 die Vorschriften der ZPO sinngemäss (vgl. § 60 N. 17). Anders als im Beschwerdeverfahren (vgl. § 60 N. 2) erlässt das Verwaltungsgericht im Klageverfahren auch Beweisauflagebeschlüsse.

III. Klageänderung

9   Im Anfechtungsverfahren bildet die im Rechtsmittelbegehren enthaltene Rechtsfolgebehauptung im Rahmen der angefochtenen Verfügung den **Streitgegenstand** (vgl. Vorbem. zu §§ 19–28a N. 44 ff.; § 20a N. 9 ff.; § 52 N. 11). Im Klageverfahren wird der Streitgegenstand durch die klägerische Rechtsfolgebehauptung im Rahmen der Bestreitung seitens des Beklagten sowie durch dessen allfällige Widerklage bestimmt. Es ist somit Sache der Parteien, das Thema des Prozesses (Streitgegenstand) festzulegen; die Parteianträge sind für das Verwaltungsgericht grundsätzlich verbindlich (Dispositionsmaxime)[7].

10 Im Zivilprozess ist die **Klageänderung** – als Änderung des Streitgegenstands – zulässig, wenn der geänderte oder neue Anspruch nach der gleichen Verfahrensart zu beurteilen ist und mit dem bisherigen Anspruch in einem sachlichen Zusammenhang steht oder die Gegenpartei zustimmt (Art. 227 Abs. 1 ZPO). Im verwaltungsgerichtlichen Beschwerdeverfahren werden demgegenüber Änderungen des Streitgegenstands grundsätzlich nicht zugelassen (§ 52 Abs. 1 i.V.m. § 20a)[8]. Die verwaltungsgerichtliche Rechtsprechung zur Zulässigkeit der Klageänderung orientiert sich mehr an den für das Beschwerdeverfahren als an den für den Zivilprozess geltenden Grundsätzen: Der in der Klageschrift gestellte Antrag und damit das Thema der Klage kann im Verlauf des Verfahrens grundsätzlich nicht erweitert werden; erstmals in der Replik geltend gemachte Begehren, die mit dem ursprünglichen Klagebegehren in keinem ausreichenden Sachzusammenhang stehen, stellen eine unzulässige Klageänderung dar[9]. Zulässig sind lediglich Änderungen in Nebenpunkten wie Kostenauflage, Parteientschädigung und Verzugszinsen[10] sowie Anpassungen an veränderte Verhältnisse[11]; eine Einschränkung des Antrags ist stets möglich[12].

11 Es gilt die **Eventualmaxime** (vgl. Vorbem. zu §§ 19–28a N. 33). Mit der Klageschrift und der Klageantwort sind alle Haupt- und Eventualbegehren, Tatsachenbehauptungen und Beweismittel vorzubringen. Nach abgeschlossenem Hauptverfahren sind die Parteien mit neuen Tatsachenbehauptungen und Beweismitteln grundsätzlich nicht mehr zugelassen, es sei denn, sie hätten sie auch bei angemessener Sorgfalt nicht fristgerecht vorbringen können[13]. Unter dieser Voraussetzung muss auch eine durch die neuen Tatsachen und Beweismittel veranlasste Änderung der Anträge zulässig sein. Immerhin wird die Eventualmaxime im verwaltungsgerichtlichen Klageverfahren durch die Untersuchungsmaxime relativiert. Diese kommt hier häufiger als im Zivilprozess zur Anwendung; sie

---

[7] RB 1961 Nr. 32; vgl. Vorbem. zu §§ 81–86 N. 21.
[8] VGr, 22.8.2012, VB.2012.00364, E. 2.4; vgl. Weisung 2009, S. 961 und 972.
[9] RB 1997 Nr. 18.
[10] RB 1997 Nr. 18; 1985 Nr. 25 E. 3a; 1984 Nr. 23.
[11] VGr, 20.12.2000, PK.2000.00003, E. 1c.
[12] Vgl. § 20a N. 10. Zu Klagerückzug, Vergleich, Verzicht und Anerkennung vgl. § 85 N. 13 f.
[13] RB 1978 Nr. 20 zu §§ 114 und 115 der früheren Zürcher ZPO.

kann es rechtfertigen oder gebieten, auch verspätete Parteivorbringen zu berücksichtigen (vgl. Vorbem. zu §§ 81–86 N. 22)[14].

---

[14] Vgl. zum Beschwerdeverfahren RB 1994 Nr. 16; § 60 N. 9.

> *Erledigung der Klage*
> ## § 85
> Das Verwaltungsgericht beurteilt die ihm vorgelegten Anträge in tatsächlicher und rechtlicher Hinsicht frei.

Materialien
Vgl. Vorbem. zu §§ 81–86.

Literatur
Vgl. Vorbem. zu §§ 81–86.

Inhaltsübersicht

I.	Erledigungsarten	1–2
II.	Eintretensfrage	3–5
III.	Materiellrechtliche Beurteilung	6–12
IV.	Erledigung ohne Anspruchsprüfung	13–14
V.	Kosten- und Entschädigungsfolgen	15–16

I. Erledigungsarten

1 Gemäss Marginale befasst sich § 85 mit der **Erledigung der Klage.** Gegenstand der Regelung bildet jedoch einzig die Überprüfungsbefugnis des Verwaltungsgerichts. Im Übrigen richtet sich die Klageerledigung nach den Regeln des Anfechtungsverfahrens oder des Zivilprozesses (§§ 86, 60 und 71; vgl. Vorbem. zu §§ 81–86 N. 18).

2 Das Klageverfahren kann wie das Anfechtungsverfahren durch Prozessurteil (Nichteintretensentscheid) oder durch materielles Urteil (Gutheissung, teilweise Gutheissung oder Abweisung der Klage) erledigt werden. Wie im Zivilprozessecht und teilweise auch im Rekurs- und Beschwerdeverfahren kommt auch eine Erledigung (Abschreibung) ohne Anspruchsprüfung in Frage, falls die Klage gegenstandslos, zurückgezogen oder anerkannt wird oder die Parteien einen Vergleich abschliessen (vgl. zum Rekursentscheid § 28, zum Beschwerdeentscheid §§ 63–65). All diese Alternativen sind hier zu erörtern (II.–IV.). In allen Fällen stellt sich die Frage der Kosten- und Entschädigungsfolgen (V.).

II. Eintretensfrage

3 Wie im Anfechtungsverfahren stellt sich auch im Klageverfahren zunächst die *von Amtes wegen* zu prüfende Frage, ob das Gericht auf die Klage eintreten kann. Dies ist dann der Fall, wenn die sachliche und funktionale Zuständigkeit zu bejahen ist (vgl. § 81 N. 3 ff.) und auch die weiteren Voraussetzungen erfüllt sind (vgl. § 83 N. 3 ff.). Das Gericht erlässt in der Regel keinen separaten Eintretensentscheid, sondern erörtert die Eintretensfrage in der ersten Erwägung des Urteils. Fehlt es jedoch an einer Eintretensvoraussetzung, so ergeht ein **Nichteintretensentscheid**.

Liegt der Grund für das Nichteintreten in der *fehlenden Zuständigkeit* des Verwaltungsgerichts, so besteht gemäss § 5 Abs. 2 grundsätzlich die **Pflicht zur Weiterleitung** (§ 86 i.V.m. § 70); das Verwaltungsgericht hat die Eingabe unter Benachrichtigung des Klägers an die zuständige Verwaltungs- oder Gerichtsbehörde zu übermitteln. Für die Einhaltung allfälliger Fristen ist der Zeitpunkt der Einreichung beim Verwaltungsgericht massgebend (vgl. § 5 N. 40 ff.)[1]. 4

Anders ist es im Fall der **Zuständigkeit eines Zivilgerichts.** Gemäss Art. 63 ZPO kann eine Klage, die vom Kläger zurückgezogen wird oder auf welche die angerufene Instanz nicht eintritt, innert eines Monats beim zuständigen Gericht neu eingereicht werden; in diesem Fall gilt als Zeitpunkt der Rechtshängigkeit das Datum der ersten Einreichung. Ist daher das Verwaltungsgericht nicht zuständig, weil die Angelegenheit vor Zivilgerichten auszutragen ist, so muss es die Klage nicht weiterleiten; vielmehr ist es Sache der Klägerschaft, das Verfahren vor dem zuständigen Gericht anhängig zu machen[2]. 5

III. Materiellrechtliche Beurteilung

Das Verwaltungsgericht ist gemäss § 85 **keinerlei Kognitionsbeschränkungen** unterworfen[3]. Es prüft und würdigt den Sachverhalt gestützt auf die ihm vorliegenden Beweismittel frei und wendet das massgebende Recht von Amtes wegen an. Die im Beschwerdeverfahren grundsätzlich geltende Beschränkung auf die Überprüfung von Rechtsfragen unter Ausschluss von Ermessensfragen (§ 50) gilt im Klageverfahren nicht, da hier nicht die Verfügung einer Verwaltungs- oder Rechtsmittelinstanz zu überprüfen ist, sondern die Standpunkte von zwei gleichgestellten Parteien gegeneinander abzuwägen sind. 6

In rechtlicher Hinsicht hat das Verwaltungsgericht nach dem Grundsatz der richterlichen Rechtsanwendung von Amtes wegen (*iura novit curia*; § 7 Abs. 4 Satz 2) alle massgebenden kommunalen, kantonalen, interkantonalen, eidgenössischen und für die Schweiz massgebenden völkerrechtlichen Normen anzuwenden. Es kann Rechtssätze unterer Stufe auf Übereinstimmung mit solchen oberer Stufe hin überprüfen und insbesondere verfassungskonform interpretieren. Den massgebenden Rechtssätzen gibt es diejenige Auslegung, welche es für richtig hält. Bei der Interpretation von autonomem kommunalem Recht wahrt es allerdings die gleiche Zurückhaltung wie im Beschwerdeverfahren (vgl. dazu § 50 N. 37 ff.). 7

Bei Bestimmungen, die einen **Ermessensspielraum** einräumen, lässt das Gericht sein eigenes Ermessen walten. Dabei muss es nicht Rücksicht nehmen auf die Ermessensausübung der zuständigen Behörde; im Klageverfahren ist es der Richter, der die Rechtsbeziehungen der Parteien in verbindlicher Weise originär festsetzt[4]. Dies schliesst indessen die Berücksichtigung einer rechtmässigen Verwaltungspraxis in Belangen, die bei Vorliegen einer Verfügung als Ermessensfragen gelten würden, nicht aus. 8

---

[1] Vgl. z.B. VGr, 18.9.2002, PK.2002.00002, E. 7.
[2] VGr, 10.2.2011, VK.2010.00002, E. 4.3.
[3] HÄFELIN/MÜLLER/UHLMANN, Verwaltungsrecht, N. 1998.
[4] Vgl. GYGI, Bundesverwaltungsrechtspflege, S. 302; MERKER, Rechtsmittel, Vorbem. zu §§ 60–67 N. 12.

9 Das Verwaltungsgericht ist auch bezüglich der **Sachverhaltsermittlung** an keine Kognitionsbeschränkungen gebunden. Auch derartige Beschränkungen sind nur in Anfechtungsverfahren möglich; denn nur dort stellt sich die Frage, ob und inwiefern die tatsächlichen Feststellungen der Vorinstanz für die Rechtsmittelbehörde verbindlich sind[5].

10 Obwohl sich das Gericht bezüglich der Sachverhaltsermittlung im Allgemeinen darauf beschränkt, die tatsächlichen Vorbringen der Parteien zu berücksichtigen und dazu – bei Bestreitung durch die Gegenpartei – die angebotenen, rechtlich erheblichen und tauglichen Beweise abzunehmen, ist es frei, **eigene Sachverhaltsermittlungen** vorzunehmen, um das Tatsachenfundament eines Rechtsstreits zu vervollständigen. Von dieser Möglichkeit muss es bei Streitgegenständen Gebrauch machen, über welche die Parteien nicht selber verfügen können, oder wenn nach Abnahme der von den Parteien angebotenen Beweise Unklarheit oder Ungewissheit besteht[6]; denn auch bei der ursprünglichen Verwaltungsgerichtsbarkeit muss sich der Entscheid auf die *materielle Wahrheit*, den wirklich zugetragenen Sachverhalt, stützen[7]. Das ist indessen nicht Ausdruck unbeschränkter Kognition, sondern Ausfluss der Untersuchungsmaxime (vgl. dazu Vorbem. zu §§ 81–86 N. 22).

11 Wie im Verwaltungs-, Rekurs- und Beschwerdeverfahren (§ 7 Abs. 4) sowie im Zivilprozess (Art. 157 ZPO) gilt im Klageverfahren der **Grundsatz der freien Beweiswürdigung,** wonach der Richter aufgrund des Beweisergebnisses nach freier Überzeugung – insbesondere ohne Bindung an starre Beweisregeln – darüber befindet, was er als bewiesen erachtet[8].

12 Mit der Formulierung, dass das Gericht *die ihm vorgelegten Anträge* zu beurteilen hat, wird ausgesprochen, dass die Parteien das Thema des Prozesses bestimmen und dass die Parteianträge für das Gericht insoweit verbindlich sind. Es darf dem Kläger weder mehr noch anderes zusprechen, als dieser verlangt hat, und nicht weniger, als der Beklagte anerkannt hat[9]. Die unbedingte **Bindung des Gerichts an die Parteibegehren** entspricht dem zivilprozessähnlichen Charakter der ursprünglichen Verwaltungsgerichtsbarkeit[10] und ist – wie die Freiheit der Parteien, das Verfahren durch Vergleich, Verzicht oder Anerkennung zu beenden (dazu N. 14) – Ausfluss der Dispositionsmaxime. Mit dieser Bindung wird nicht die Überprüfungsbefugnis des Gerichts (Kognition), sondern dessen Entscheidungsbefugnis beschränkt. Das Verbot der *reformatio in peius* (oder *in melius*), das im Beschwerdeverfahren die gleiche Bindung bewirkt (vgl. § 63 N. 21 ff.), hat im Klageverfahren keine Bedeutung, weil es keinen vorinstanzlichen Entscheid gibt.

---

[5] Gemäss Art. 110 BGG muss auf kantonaler Ebene eine freie gerichtliche Prüfung des Sachverhalts erfolgen. Vgl. zur freien Kognition des Verwaltungsgerichts als Beschwerdeinstanz § 50 Abs. 1 i.V.m. § 20 Abs. 1 lit. b; zur beschränkten Kognition des Bundesgerichts Art. 97 Abs. 1 BGG.
[6] Vgl. RB 1961 Nr. 28 (ZR 1961 Nr. 117).
[7] Vgl. KÖLZ, Prozessmaximen, S. 99, 129.
[8] GYGI, Bundesverwaltungsrechtspflege, S. 278. Vgl. auch § 7 N. 136 ff.; Vorbem. zu §§ 19–28a N. 34 und § 60 N. 12.
[9] RB 1961 Nr. 32.
[10] Vgl. KÖLZ, Prozessmaximen, S. 25, 40.

IV. Erledigung ohne Anspruchsprüfung

Der **Klagerückzug** ist in jedem Verfahrensstadium zulässig. Das ist selbstverständlich auch im Beschwerdeverfahren möglich; anders als dort stellt sich indessen beim Klagerückzug die Frage, ob dadurch der materielle Anspruch verloren geht und die zurückgezogene Klage nicht wieder eingebracht werden darf[11]. Nach Art. 62 ZPO beginnt die Fortführungslast nicht mit Eintritt der Rechtshängigkeit, sondern mit Zustellung der Klage an die Gegenpartei (Art. 65 ZPO). Ab diesem Zeitpunkt ist ein Klagerückzug ohne Rechtsverlust nur noch mit Zustimmung der Gegenpartei möglich. Ohne diese Zustimmung kommt dem Erledigungsbeschluss die gleiche Wirkung zu wie einer Abweisung der Klage (Art. 241 Abs. 2 ZPO); es kann keine Klage mehr gegen die gleiche Partei über den gleichen Streitgegenstand eingereicht werden *(res iudicata)*. Es besteht kein Grund, von der zivilprozessualen Regelung abzuweichen. Dieser Auffassung entspricht es auch, dass der vor Ausfällung des Abschreibungsbeschlusses erklärte Klagerückzug nicht frei, sondern nur bei Nachweis von Willensmängeln widerruflich ist[12].

Anders als das Beschwerdeverfahren kann das Klageverfahren – auch dies Ausfluss der Dispositionsmaxime – ohne Anspruchsprüfung, also durch **Vergleich, Verzicht oder Anerkennung** materiell erledigt werden, soweit die Parteien über die streitbetroffenen Rechtsverhältnisse verfügen können[13]. Geht es dagegen ausschliesslich um die Anwendung von zwingendem öffentlichem Recht, so ist die materielle Erledigung ohne Anspruchsprüfung nicht zulässig. Bei «gemischten» Rechtsverhältnissen, wie sie zumeist im Klageverfahren zu beurteilen sind, hat sich der Richter von der Einhaltung der zwingenden Normen zu überzeugen[14]; bei gesetzwidrigen Parteierklärungen hat er auf eine gesetzeskonforme Lösung hinzuwirken, weil der Abschreibungsbeschluss einen Vollstreckungstitel bildet[15]. Die richterliche Prüfungspflicht beschränkt sich jedoch darauf, offenkundige Gesetzesverstösse zu verhindern. Wegen des vertraglichen oder zumindest vertragsähnlichen Charakters der im Klageverfahren zu beurteilenden Rechtsverhältnisse bleibt in diesem Verfahren vielfach ein grösserer Spielraum für eine Prozesserledigung durch Vergleich oder Anerkennung als im Beschwerdeverfahren (vgl. dazu § 63 N. 9 ff.). Dieser Spielraum ist mindestens so gross wie im Anwendungsbereich der Offizialmaxime im Zivilprozess. Während dort bei den der Verfügung der – privaten – Parteien entzogenen Rechtsverhältnissen zumeist einzig der Richter zur Wahrung der involvierten öffentlichen Interessen berufen ist[16], kommt diese Rolle im verwaltungsgerichtlichen Klageverfahren in erster Linie dem als Partei beteiligten Gemeinwesen zu.

---

[11] Dazu RB 1982 Nr. 48; bejahend KÖLZ, Prozessmaximen, S. 38; verneinend METZ, Verwaltungsprozess, S. 144.
[12] RB 1976 Nr. 28 (ZBl 1976, 559 f.); vgl. RB 1983 Nr. 61 betreffend Widerruf eines Rechtsmittelverzichts.
[13] Vgl. KÖLZ, Prozessmaximen, S. 30 ff., mit Hinweisen, insb. S. 33.
[14] Vgl. KÖLZ, Prozessmaximen, S. 32 Fn. 227, mit Hinweis.
[15] Vgl. KÖLZ, Prozessmaximen, S. 35.
[16] Vgl. etwa Art. 158 ZGB.

V. Kosten- und Entschädigungsfolgen

15 Gemäss § 86 in Verbindung mit § 70 und § 13 Abs. 2 ist die **unterliegende Partei kostenpflichtig** (vgl. § 13 N. 50 ff.). Bei Nichteintreten, Abweisung oder Rückzug der Klage werden somit die Kosten der klagenden Partei auferlegt[17], bei teilweiser Gutheissung werden sie nach Massgabe des Obsiegens und Unterliegens auf die Parteien aufgeteilt. Bei Anerkennung der Klage wird grundsätzlich die beklagte Partei kostenpflichtig. Hat jedoch die klagende Partei ihre Forderung nicht vor Einreichung der Klage der Gegenpartei unterbreitet, so rechtfertigt es sich, die Kosten der Klägerin aufzuerlegen, da diese die Klage hätte vermeiden können (vgl. § 83 N. 6); dies muss unabhängig davon gelten, ob das Gemeinwesen oder ein Privater klagt. Bei Gegenstandslosigkeit sind die Kosten jener Partei aufzuerlegen, welche die Gegenstandslosigkeit verursachte; lässt sich dies nicht feststellen, richtet sich die Kostentragungspflicht nach dem zu erwartenden Ausgang des Verfahrens. Wird das Verfahren durch Vergleich erledigt, so richtet sich die Kostenpflicht nach der Regelung des Vergleichs, falls eine solche fehlt, nach dem Obsiegen und Unterliegen gemäss den Anträgen der Parteien.

16 Die unterliegende Partei hat der Gegenpartei gestützt auf § 17 Abs. 2 eine angemessene, d.h. bescheidene **Parteientschädigung** zu leisten. Bei teilweiser Klagegutheissung entfällt in der Regel die Parteientschädigung, ebenso bei Abschreibung zufolge Gegenstandslosigkeit sowie bei einem Vergleich, falls dieser nicht eine andere Lösung vorsieht. Ist einer obsiegenden Partei insbesondere bei Nichteintreten oder Erledigung ohne Anspruchsprüfung kein erheblicher Aufwand entstanden, so kann von der Verpflichtung zu einer Parteientschädigung abgesehen werden. Anders als im Rekurs- und Beschwerdeverfahren wird dem obsiegenden Gemeinwesen im Klageverfahren gleich wie einer privaten Partei eine Parteientschädigung zugesprochen (vgl. § 17 N. 50 ff.)[18].

---

[17] Vgl. z.B. VGr, 22.12.2011, VK.2011.00003, E. 7.2; VGr, 10.2.2011, VK.2010.00002, E. 5.2.
[18] VGr, 22.12.2011, VK.2011.00003, E. 7.2; VGr, 10.2.2011, VK.2010.00002, E. 5.2.; VGr, 20.12.2007, VK.2007.00005, E. 5.

§ 86

Ergänzende Vorschriften

§ 86

Ergänzend sind die Bestimmungen über das Beschwerdeverfahren vor Verwaltungsgericht sinngemäss anwendbar.

Materialien
Vgl. Vorbem. zu §§ 81–86.

Literatur
Vgl. Vorbem. zu §§ 81–86.

§ 86 hat im Rahmen der **VRG-Revision von 2010** eine redaktionelle Straffung erfahren, indem der Wortlaut an die Marginalie angepasst und gekürzt wurde. Inhaltlich hat sich nichts geändert[1]. 1

Weil das Verfahren vor Verwaltungsgericht als einziger Instanz in seiner Struktur eher dem erstinstanzlichen Zivilprozess als dem Anfechtungsverfahren gleicht, ist der Verweis auf die im Beschwerdeverfahren vor Verwaltungsgericht geltenden Vorschriften (§§ 41–71) nicht ganz sachgerecht; immerhin wird nur **sinngemäss** auf diese Bestimmungen verwiesen. Das Verwaltungsgericht trägt denn auch der stärker parteimässigen Struktur des Klageverfahrens unter verschiedenen Aspekten Rechnung und zieht dabei subsidiär die Bestimmungen der ZPO heran (vgl. Vorbem. zu §§ 81–86 N. 16 ff.). So schränkt es insbesondere die Untersuchungsmaxime zugunsten der Verhandlungsmaxime ein und betont es die Dispositionsmaxime stärker als im Beschwerdeverfahren (vgl. Vorbem. zu §§ 81–86 N. 21 f.). 2

Entsprechend der Verweisung ist eine ganze Reihe von **Vorschriften des Beschwerdeverfahrens** auf das Klageverfahren ohne weiteres anwendbar, so § 56 (Vorprüfung), § 57 (Aktenbeizug), § 60 (Beweiserhebungen), § 61 (Schlussverhandlung), § 62 (Öffentlichkeit), § 65a (Kosten) und § 66 (Vollstreckbarkeit). 3

Kraft Weiterverweisung in § 70 finden subsidiär auch die **Vorschriften über das Verwaltungsverfahren** (§§ 1–31) auf die verwaltungsrechtliche Klage Anwendung. Folgende Bestimmungen können auch im Klageverfahren Bedeutung haben: § 1 (öffentlichrechtliche Streitigkeit)[2], § 6 (vorsorgliche Massnahmen), § 7 (Untersuchungsmaxime), §§ 8 und 9 (rechtliches Gehör, Akteneinsicht), § 10 (Mitteilung), § 11 Abs. 2 (Fristenlauf), § 12 (Fristerstreckung und -wiederherstellung), §§ 13 und 14 (Kostenauflage), §§ 15 und 16 (Kostenvorschuss bzw. -erlass), § 17 (Parteientschädigung) sowie §§ 29–31 (Vollstreckung). 4

Gemäss Weiterverweisung in den §§ 60 und 71 sind ferner die **Vorschriften der ZPO** betreffend Prozessleitung, prozessuales Handeln, Fristen und Beweis (Art. 124–193) sowie 5

---

[1] Weisung 2009, S. 974.
[2] Vgl. VGr, 29.3.1977, E. 1 (ZBl 1977, 457 ff.).

die für den Zivilprozess geltenden Verfahrensbestimmungen des GOG (§§ 117–147) ergänzend anwendbar (vgl. § 71 N. 8 ff. und Vorbem. zu §§ 81–86 N. 18).

Vierter Abschnitt: Die Revision

Vorbemerkungen zu §§ 86a–86d

Materialien

Weisung 1957, S. 1052; Prot. KK 21.3.1958; Prot. KR 1955–1959, S. 3404; Beleuchtender Bericht 1959, S. 412; Weisung 1995, S. 1543 f.; Prot. KK 1995/96, S. 157 ff., 307 ff.; Prot. KR 1995–1999, S. 6506.

Literatur

Auer M., Revision; Beerli-Bonorand, Rechtsmittel; Bosshart J., Verfahrensmängel, S. 473 ff.; Donzallaz, Commentaire, S. 1666 ff. und Art. 121–129; Escher Elisabeth, in: Basler Kommentar BGG, Art. 121–129; Escher Elisabeth, Revision, Erläuterung und Berichtigung, in: Prozessieren vor Bundesgericht, S. 351 ff. *(Revision)*; Ferrari Pierre, in: Commentaire LTF, Art. 121–129; Freiburghaus Dieter/Afheldt Susanne, in: Kommentar ZPO 2010, Art. 328–334; Guckelberger, Widerruf; Gygi, Rechtsbeständigkeit; Häfelin/Müller/Uhlmann, Verwaltungsrecht, N. 990 ff., 1822 ff., 1847 f.; Herzog Nicolas, in: Basler Kommentar ZPO, Art. 328–334; Imboden/Rhinow/Krähenmann, Verwaltungsrechtsprechung, Nrn. 41–45; Kiener/Rütsche/Kuhn, Öffentliches Verfahrensrecht, N. 1797 ff., 1835 ff., 1848 ff.; Kölz/Häner/Bertschi, Verwaltungsverfahren, N. 703 ff., 1317 ff., 1323 ff., 1784 ff.; Mächler August, in: Kommentar VwVG, Art. 58, 66–68; Moor/Poltier, Droit administratif II, S. 377 ff.; Moser/Beusch/Kneubühler, Bundesverwaltungsgericht, N. 5.36 ff.; Müller Urs, Die Entschädigungspflicht beim Widerruf von Verfügungen, Diss. (Bern), Bern 1984; Pfleiderer Andrea, in: Praxiskommentar VwVG, Art. 58; Poudret, Commentaire OJ, Bd. V, S. 2 ff. und Art. 137–138, 140–145; Rhinow/Koller/Kiss/Thurnherr/Brühl-Moser, Öffentliches Prozessrecht, N. 646 ff., 697 ff., 1306 ff., 1395 ff., 1719 ff.; Richner Felix/Frei Walter/Kaufmann Stefan/Meuter Hans Ulrich, Kommentar zum Zürcher Steuergesetz, 3. Aufl., Zürich 2013, Vorbem. zu §§ 155–162a, §§ 155–159 *(Kommentar StG)*; Rust, Revision; Saladin, Wiedererwägung; Scherrer Karin, in: Praxiskommentar VwVG, Art. 66–69; Schwander Ivo, in: Kommentar ZPO 2011, Art. 328–334; Sterchi Martin H., in: Berner Kommentar ZPO, Art. 328–334; Tanquerel, Manuel, N. 1287 ff., 1414 ff.; Tschannen/Zimmerli/Müller, Verwaltungsrecht, § 31; Vallender Klaus A./Looser Martin E., in: Martin Zweifel/Peter Athanas (Hrsg.), Kommentar zum schweizerischen Steuerrecht, Bd. I/2b: Bundesgesetz über die direkte Bundessteuer (DBG), Art. 83–222, 2. Aufl., Basel 2008, Vorbem. zu Art. 147–153, Art. 147–150 *(Kommentar DBG)*; Vogel Stefan, in: Kommentar VwVG, Art. 69; von Werdt Nicolas, in: Handkommentar BGG, Art. 121–129; Zen-Ruffinen, Réexamen.

Inhaltsübersicht

I.	Regelungsgegenstand	1
II.	Rechtswirksamkeit, Rechtsbeständigkeit und Rechtskraft	2–7
III.	Zurückkommen auf formell rechtskräftige Verfügungen und Rechtsmittelentscheide	8–27
	A. Prozessualer und materieller Ansatz	8
	B. Widerruf als materiellrechtliche Frage	9–11
	C. Übersicht über die verfahrensrechtlichen Rechtsinstitute	12–13
	D. Zu den einzelnen Rechtsinstituten	14–27
	1. Revision	14–15
	2. Rücknahme	16
	3. Anpassung	17–18
	4. Wiedererwägung	19–23
	5. Erläuterung und Berichtigung	24–27

| IV. | Gesetzliche Regelung des Zurückkommens auf rechtskräftige Verfügungen und Rechtsmittelentscheide | 28–29 |

I. Regelungsgegenstand

1 In seinem vierten Abschnitt (§§ 86a–86d) normiert das VRG das Rechtsmittel der Revision, das die **Anfechtung fehlerhafter, aber rechtskräftiger Verfügungen und Rechtsmittelentscheide** erlaubt. Weitere Rechtsmittel und Rechtsbehelfe, mit denen dies erreicht werden kann, werden von der Praxis anerkannt, im VRG jedoch nicht erwähnt (vgl. N. 28 f.).

II. Rechtswirksamkeit, Rechtsbeständigkeit und Rechtskraft

2 Anordnungen sind (rechts-)**fehlerhaft,** wenn sie bezüglich ihres Zustandekommens (Zuständigkeit und Verfahren), ihrer Form oder ihres Inhalts Rechtsnormen verletzen. Die *ursprünglich fehlerhafte* Anordnung ist bereits bei ihrem Erlass mangelhaft. Die ursprünglich fehlerfreie Anordnung, die im Zeitpunkt ihres Erlasses rechtmässig ist, kann infolge veränderter Tatsachen oder Rechtsgrundlagen *nachträglich fehlerhaft* werden.

3 Auch fehlerhafte Verfügungen und Rechtsmittelentscheide sind **rechtswirksam,** es sei denn, sie seien wegen besonders schwerer und offenkundiger Mängel nichtig. Rechtswirksamkeit bedeutet, dass die im Dispositiv angeordnete Rechtsfolge – ohne Rücksicht auf allfällige Rechtsmängel und eine noch mögliche Anfechtung – verbindlich und wirksam ausgesprochen ist, was allerdings nicht mit der Vollstreckbarkeit gleichzusetzen ist[1]. Die Rechtswirksamkeit ist von der Rechtskraft zu unterscheiden.

4 Eine **nichtige Anordnung** ist vom Erlass an (ex tunc) und ohne amtliche Aufhebung *absolut unwirksam* und entfaltet keinerlei Rechtswirkungen. Die Nichtigkeit ist laut Bundesgericht «durch jede Behörde, die mit der Sache befasst ist, jederzeit und von Amtes wegen zu beachten»[2]; zu offen erscheint jedenfalls die manchmal anzutreffende Formulierung, dass sie «von jedermann jederzeit» geltend gemacht werden könne[3]. Das Bundesgericht ging davon aus, dass es selbst bei der Behandlung eines formell unzulässigen Rechtmittels einen nichtigen Rechtsakt aufheben könne[4]; neuerdings stellt es aber diese Praxis in Frage[5], und es setzt zumindest ein entsprechendes Rechtsschutzinteresse voraus[6]. Die Vollstreckungsbehörden dürfen eine nichtige Anordnung *nicht vollziehen.* Die Adressaten dürfen nicht wegen Zuwiderhandlung bestraft werden[7]. Eine nichtige Verfügung ist allerdings rechtlich nicht folgenlos: So ist sie als gültiges Anfechtungsobjekt

---

[1] Vgl. KIENER/RÜTSCHE/KUHN, Öffentliches Verfahrensrecht, N. 832.
[2] Z.B. BGE 137 I 273, E. 3.1, m.H.
[3] Vgl. etwa BGr, 11.11.2010, 1C_198/2010, E. 2.1.
[4] BGE 136 II 415, E. 1.2; 136 II 383, E. 4.1. Anders VGr, 20.8.2009, VB.2009.00409, E. 1.4.
[5] BGr, 6.11.2012, 2C_1091/2012, E. 2.3.
[6] BGr, 24.4.2013, 1C_627/2012, E. 2; BGE 136 II 415, E. 1.2. Weiterführend MOOR, Nullité. Vgl. auch § 12 N. 77.
[7] IMBODEN/RHINOW/KRÄHENMANN, Verwaltungsrechtsprechung, Nr. 40 B III a–b.

aufzufassen[8]. Ebenso kann sie Rechtswirkungen entfalten, soweit diese auch von einem Realakt, etwa einer formlosen Mitteilung, ausgelöst werden könnten[9]. Eine Anordnung ist nach der in der Rechtsprechung befolgten *Evidenztheorie* nichtig, wenn der jeweilige Mangel erstens besonders schwer, zweitens offensichtlich oder zumindest leicht erkennbar ist und wenn drittens durch die Annahme der Nichtigkeit die Rechtssicherheit nicht ernsthaft gefährdet wird[10]. Um festzustellen, ob Nichtigkeit oder bloss Anfechtbarkeit vorliegt, ist daher eine wertende Abwägung der Interessen erforderlich, die für oder gegen die praktische Folge der Unwirksamkeit sprechen. Sachliche Unzuständigkeit der verfügenden bzw. entscheidenden Behörde stellt oft einen Nichtigkeitsgrund dar, nicht jedoch örtliche Unzuständigkeit. Bei verfahrensmässigen und bei inhaltlichen Mängeln ist die Praxis zurückhaltend in der Annahme von Nichtigkeit[11].

Ist eine fehlerhafte Verfügung nicht mit einem derart schweren und offenkundigen Mangel behaftet, dass sie als nichtig erscheint, können ihre Fehler nur durch ihre *Aufhebung oder Änderung* beseitigt werden. Das ist solange kein Problem, als sie noch nicht in formelle Rechtskraft erwachsen ist. Wird die ursprünglich fehlerhafte Verfügung rechtzeitig von einer dazu legitimierten Person oder Behörde mit dem *ordentlichen Rechtsmittel* angefochten, so wird sie von der Rechtsmittelinstanz aufgehoben. Noch nicht in formelle Rechtskraft erwachsene Verfügungen können aber auch durch *Wiedererwägung* oder *Rücknahme* aufgehoben werden. 5

Formelle Rechtskraft einer Verfügung oder eines Rechtsmittelentscheids bedeutet, dass die Anordnung von den Betroffenen nicht mehr mit einem ordentlichen Rechtsmittel angefochten werden kann und somit grundsätzlich nicht mehr abänderbar ist (vgl. Vorbem. zu §§ 19–28a N. 7 ff.). Die formelle Rechtskraft ist grundsätzlich Voraussetzung der Vollstreckung. Formell rechtskräftige Verfügungen und Rechtsmittelentscheide sind **rechtsbeständig,** d.h. inhaltlich grundsätzlich unabänderlich, weil sie durch spätere Verfügungen bzw. Rechtsmittelentscheide nicht voraussetzungslos wieder aufgehoben werden können[12]; die sich hieraus ergebende Bindungswirkung gilt – und darin liegt ihre eigentliche Bedeutung – auch für die Behörde, die verfügt bzw. entschieden hat. Ob und inwieweit der Begriff der **materiellen Rechtskraft,** der aus dem Zivilprozessrecht stammt, im Verwaltungsrecht angewandt werden soll, ist umstritten. Materielle Rechtskraft bezeichnet die (grundsätzliche) inhaltliche Unabänderbarkeit auch in anderen Verfahren; das heisst, dass die betreffende Sache – als res iudicata – nicht Gegenstand eines neuen Verfahrens werden darf und dass die Behörden an die Verfügung oder den Rechtsmittelentscheid gebunden sind, wenn die Sache als Vorfrage in einem anderen Verfahren zu behandeln ist[13]. 6

Es dürfte Einigkeit bestehen, dass jedenfalls *Rechtsmittelentscheide* – d.h. im streitigen Prozessverfahren ergangene Entscheide – in materielle Rechtskraft erwachsen. Indessen schliesst die materielle Rechtskraft eines Rechtsmittelentscheids nicht von vornherein 7

---

[8] Vgl. auch HANGARTNER, Scheinverfügungen, S. 1054; MOOR, Nullité, S. 47 f.
[9] Vgl. BGE 137 I 273, E. 3.4.3 (Unterbrechung der Verjährungsfrist im Steuerrecht).
[10] BGE 133 II 366, E. 3.2; 98 Ia 568, E. 4.
[11] Vgl. § 5 N. 37 ff.; HÄFELIN/MÜLLER/UHLMANN, Verwaltungsrecht, N. 958 ff.
[12] GYGI, Rechtsbeständigkeit, S. 153.
[13] KÖLZ/HÄNER/BERTSCHI, Verwaltungsverfahren, N. 1192.

aus, dass der darin beurteilte Verwaltungsakt später von der zuständigen Verwaltungsbehörde geändert oder aufgehoben wird (vgl. N. 17 f.). Die Frage, ob und inwieweit *erstinstanzliche Verfügungen* in materielle Rechtskraft erwachsen können, wird in Lehre und Rechtsprechung unterschiedlich beantwortet. Im Prinzip trifft zu, dass Verfügungen keine materielle Rechtskraft (im Sinn des Zivilprozessrechts) entfalten, weil sie grundsätzlich widerrufen werden können[14]. Wie Teile der Lehre feststellen, ist jedoch gewissen Kategorien von Verfügungen materielle Rechtskraft zuzuerkennen, soweit ihre Abänderung der Änderung von Rechtsmittelentscheiden gleichgestellt und einzig auf dem Weg einer förmlichen Revision, also nur bei Vorliegen eines prozessualen Revisionsgrundes, möglich ist. Dies kann aufgrund der gesetzlichen Regelung für bestimmte Steuerverfügungen zutreffen[15]. Es besteht jedoch kein entsprechender allgemeiner Grundsatz, der auch für Abgabenverfügungen gälte[16]. Auch bedeutet dies nicht, dass jenen Fallgruppen von Verfügungen, die als grundsätzlich nicht widerrufbar bezeichnet werden (N. 11), allein deswegen materielle Rechtskraft zuzusprechen wäre, denn auch in diesen Fällen kann ein Widerruf ausnahmsweise zulässig sein. Von der *inhaltlichen Frage* ist die Verwendung des *Begriffs* der materiellen Rechtskraft zu unterscheiden. Zweckmässigerweise sollte der Begriff sinngemäss *gleich wie im Zivilprozessrecht* verwendet werden, woraus folgt, dass er auf erstinstanzliche Verfügungen in der Regel nicht anwendbar ist. Als Synonym für die lediglich relative Rechtsbeständigkeit von Verfügungen – also für eine Bestandeskraft, die unter dem Vorbehalt von sich aus dem materiellen Recht ergebenden Widerrufsgründen steht – sollte er nicht gebraucht werden.

III. Zurückkommen auf formell rechtskräftige Verfügungen und Rechtsmittelentscheide

A. Prozessualer und materieller Ansatz

8   Verschiedene Rechtsinstitute erlauben, auf eine formell rechtskräftige Anordnung zurückzukommen. Zu unterscheiden sind die **verfahrensrechtlichen und die materiellrechtlichen Voraussetzungen dieses Zurückkommens.** *Verfahrensrechtlich* sind Regeln darüber, ob überhaupt in einem neuen Verfahren ein Zurückkommen auf die rechtskräftige Verfügung oder den rechtskräftigen Rechtsmittelentscheid geprüft werden soll, ohne dass sie die Frage präjudizieren, ob eine inhaltlich abweichende Anordnung zu treffen sei. *Materiellrechtliche* Grundsätze setzen direkt bei der Frage nach der Rechtsbeständigkeit der Verfügung an. Nach ihnen beurteilt sich, ob überwiegende Gründe für oder gegen die Aufhebung der Verfügung sprechen. Dabei sind namentlich zu beachten: einerseits das *Gesetzmässigkeitsprinzip,* das für die Korrektur der fehlerhaften Verfügung spricht, sowie anderseits das *Rechtssicherheitsgebot* und der *Vertrauensschutz,* die einem Wider-

---

[14] GYGI, Rechtsbeständigkeit, S. 152; HÄFELIN/MÜLLER/UHLMANN, Verwaltungsrecht, N. 994. – KIENER/RÜTSCHE/KUHN, Öffentliches Verfahrensrecht, N. 831, RHINOW/KOLLER/KISS/THURNHERR/BRÜHL-MOSER, Öffentliches Prozessrecht, N. 953, 955 f., und TSCHANNEN/ZIMMERLI/MÜLLER, Verwaltungsrecht, § 31 N. 9, sprechen erstinstanzlichen Verfügungen die materielle Rechtskraft ausnahmslos ab.
[15] MOOR/POLTIER, Droit administratif II, S. 410 f.
[16] Vgl. VGr, 15.7.2010, VB.2010.00201 und 202, E. 4.4.

ruf entgegenstehen. Die Frage des verfahrensmässigen Zurückkommens lässt sich allerdings nicht strikt von jener der materiellen Widerrufbarkeit trennen. Umgekehrt nehmen die materiellen Gründe, die in der Interessenabwägung gegen einen Widerruf sprechen (Rechtssicherheit und Vertrauensschutz), auf ein verfahrensrechtliches Element – die formelle Rechtskraft der Verfügung – Bezug.

B. Widerruf als materiellrechtliche Frage

Der *Widerruf* bezeichnet hier die **Aufhebung einer Verfügung als Ergebnis der Neubeurteilung**, unabhängig davon, in welchem Verfahren diese erfolgt ist; der Widerruf stellt somit eine *materiellrechtliche Frage* dar[17]. Diese Terminologie entspricht derjenigen des Verwaltungsgerichts. Praxis und Lehre beziehen allerdings den Begriff des Widerrufs oft sowohl auf das entsprechende prozessuale Vorgehen der Behörde (jedenfalls soweit diese von Amtes wegen tätig wird) als auch auf dessen materielles Ergebnis, die Aufhebung der Verfügung (jedenfalls wenn dies zuungunsten der Adressaten geschieht). Ersteres wird auch *Rücknahme* genannt (vgl. N. 16). Die genannte Gleichsetzung folgt daraus, dass die verfügende Behörde, wenn die entsprechenden materiellen Voraussetzungen gegeben sind, auf eine rechtskräftige erstinstanzliche Verfügung grundsätzlich formlos zurückkommen kann – während das inhaltliche Zurückkommen auf rechtskräftige Rechtsmittelentscheide nur unter den strengen formellen Voraussetzungen des Revisionsverfahrens und nach § 86a Abs. 1 nur auf Ersuchen von Verfahrensbeteiligten hin zulässig ist.

Als **Grundvoraussetzung** für den Widerruf wird in Lehre und Rechtsprechung die *Fehlerhaftigkeit, d.h. Rechtswidrigkeit* der Verfügung verlangt[18]; es genügt nicht, dass die Verfügung im Nachhinein als unzweckmässig erscheint. Massgebend ist zudem die im Zeitpunkt des Verfügungserlasses herrschende Rechtsauffassung; eine spätere Praxisänderung bildet in aller Regel keinen Widerrufsgrund (vgl. aber N. 17). Das Verwaltungsgericht lässt zwar die spätere Aufhebung oder Änderung einer Verfügung zu, wenn sie auf einer mindestens ebenso umfassenden und eingehenden Interessenermittlung und -abwägung beruht wie die frühere Verfügung, doch setzt es eine nachträgliche wesentliche Veränderung der Verhältnisse bzw. der in Frage stehenden öffentlichen und privaten Interessen voraus[19]. Auch insofern wird somit nachträglich eingetretene Rechtswidrigkeit der Verfügung gefordert, wenn diese auch nicht das Ergebnis betrifft, sondern die Herleitung: Rechtswidrig geworden ist die Verfügung, soweit sie das Hinzutreten oder Wegfallen von Interessen, die für die Abwägung wesentlich sind, nicht berücksichtigt. Die Absicht einer erneuten Abwägung aufgrund einer veränderten Einschätzung der Zweckmässigkeit genügt dagegen nicht für einen Widerruf.

---

[17] Im gleichen Sinn (zur Abgrenzung von Wiedererwägung und Widerruf): KÖLZ/HÄNER/BERTSCHI, Verwaltungsverfahren, N. 712 ff.; SALADIN, Wiedererwägung, S. 116; ähnlich GUCKELBERGER, Widerruf, S. 294; teilweise anders HÄFELIN/MÜLLER/UHLMANN, Verwaltungsrecht, N. 1032.

[18] Vgl. HÄFELIN/MÜLLER/UHLMANN, Verwaltungsrecht, N. 947 f., 1033.

[19] In Bezug auf Denkmalschutzmassnahmen: VGr, 4.5.2011, VB.2010.00707, E. 3.1 und 3.3, geschützt durch: BGr, 3.2.2012, 1C_300/2011, E. 3.2; RB 1997 Nr. 76 (ZBl 1998, 336 ff.), geschützt durch: BGr, 28.4.1998, 1P.98/1998 (ZBl 2000, 41 ff.). Zur Entstehung der Praxis vgl. VGr, 20.8.1992, VB 91/0125+0140, E. 3d, und Minderheitsmeinung, E. 1a (BEZ 1992 Nr. 28).

11 Die **Entscheidung**, ob das Interesse an der richtigen Durchsetzung des objektiven Rechts das Interesse an der Rechtssicherheit und am Vertrauensschutz bzw. am Bestand der Verfügung überwiegt, ist aufgrund einer *Interessenabwägung im Einzelfall* vorzunehmen[20]. In bestimmten, von der Praxis entwickelten *Fallgruppen* geht das Postulat der Rechtssicherheit grundsätzlich dem Interesse an der richtigen Durchsetzung des objektiven Rechts vor, so wenn durch die Verfügung ein subjektives Recht begründet worden ist, oder wenn sie in einem Verfahren ergangen ist, in welchem die sich gegenüberstehenden Interessen allseitig zu prüfen und gegeneinander abzuwägen sind, oder wenn die Privatperson von einer ihr durch die Verfügung eingeräumten Befugnis bereits Gebrauch gemacht hat. Selbst in diesen Fällen können allerdings gewichtige öffentliche Interessen an einer Rücknahme dem Interesse an der Rechtssicherheit vorgehen[21].

C. Übersicht über die verfahrensrechtlichen Rechtsinstitute

12 Die verschiedenen Rechtsinstitute, die der Beseitigung oder Überwindung der formellen Rechtskraft dienen, werden in Gesetzgebung, Rechtsprechung und Lehre unterschiedlich abgegrenzt; schon die Terminologie ist nicht einheitlich[22]. Insbesondere wird in Literatur und Praxis «Wiedererwägung» teils als Oberbegriff für sämtliche Rechtsmittel und Rechtsbehelfe gebraucht, mit denen die materielle Unrichtigkeit formell rechtskräftiger erstinstanzlicher Verfügungen gerügt werden kann. Gemäss der hier verwendeten Begrifflichkeit – die mit derjenigen des Verwaltungsgerichts übereinstimmt – werden die Bezeichnungen der **Revision**, der **Rücknahme**, der **Anpassung** und der **Wiedererwägung** *verfahrensbezogen* verstanden, indem sie das verfahrensmässige Zurückkommen auf eine Verfügung oder einen Rechtsmittelentscheid bezeichnen. Der Begriff des *Widerrufs* wird dagegen *materiellrechtlich* aufgefasst; er bezeichnet das Ergebnis der als gerechtfertigt erachteten Neubeurteilung einer erstinstanzlichen Anordnung, unabhängig davon, ob diese im Rahmen einer Wiedererwägung, einer Revision, einer Rücknahme oder einer Anpassung erfolgt ist (N. 9 ff.). Die Kriterien zur Unterscheidung der einzelnen prozessualen Institute sind

- das *Anfechtungsobjekt*: Rücknahme, Wiedererwägung und Anpassung richten sich gegen erstinstanzliche Verfügungen, die Revision gemäss § 86a sowohl gegen erstinstanzliche Anordnungen als auch gegen Rechtsmittelentscheide;
- die *Begründung*: Rücknahme, Wiedererwägung und Revision sollen *ursprüngliche Fehler* der Anordnung beseitigen, die Anpassung *nachträgliche Mängel*;
- die *Verfahrenseinleitung*: die Rücknahme erfolgt von Amtes wegen, die Wiedererwägung und die Anpassung erfolgen entweder von Amtes wegen oder auf Gesuch hin, die Revision erfolgt nach § 86a nur auf Gesuch hin;
- der *Rechtsanspruch*: die Revision und die Anpassung vermitteln einen Anspruch auf Behandlung und sind somit ausserordentliche, unvollkommene *Rechtsmittel*; die

---

[20] BGE 135 V 201, E. 6.2; 127 II 306, E. 7a; Kölz/Häner/Bertschi, Verwaltungsverfahren, N. 713.
[21] Vgl. Häfelin/Müller/Uhlmann, Verwaltungsrecht, N. 1002 ff.; VGr, 15.7.2010, VB.2010.00201 und 202, E. 4.2.
[22] Vgl. zum Ganzen auch Kölz/Häner/Bertschi, Verwaltungsverfahren, N. 715 ff.

Wiedererwägung verschafft keinen Behandlungsanspruch und ist damit ein blosser *Rechtsbehelf*.

Schliesslich ist auf die **Erläuterung** und die **Berichtigung** hinzuweisen. Es handelt sich um *prozessuale Rechtsinstitute,* die eine Vervollverständigung und Verdeutlichung oder eine formelle Korrektur sowohl noch nicht rechtskräftiger als auch rechtskräftiger Verfügungen und Rechtsmittelentscheide gestatten, wobei die getroffene Anordnung inhaltlich weder aufgehoben noch geändert werden kann. 13

D. Zu den einzelnen Rechtsinstituten

1. Revision

Unter **Revision** im Sinn von §§ 86a–86d ist das Zurückkommen auf eine *fehlerhaft zustande gekommene Anordnung zugunsten des Adressaten oder anderer Verfahrensbeteiligter* zu verstehen. Unter «Anordnung» im Sinn von § 86a sind sowohl erstinstanzliche Verfügungen als auch Entscheide, die im Anfechtungs- oder Klageverfahren ergangen sind, zu verstehen. Die Revision bzw. genauer das Revisionsbegehren ist nicht ein blosser Rechtsbehelf wie die Wiedererwägung, sondern ein *ausserordentliches Rechtsmittel* (vgl. Vorbem. zu §§ 19–28a N. 7 ff.). Wenn die gesuchstellende Person einen verfassungsmässigen, gesetzlichen oder in der Praxis anerkannten Revisionsgrund geltend machen kann, hat sie also einen *Anspruch* darauf, dass die Behörde auf das Begehren eintritt. 14

Die im Verwaltungsprozess durch Gesetz und Rechtsprechung grundsätzlich anerkannten und teilweise zu verfassungsmässigen Rechten verdichteten **Revisionsgründe** lassen sich in *zwei Hauptgruppen* einteilen, die kein einheitliches Prozessinstitut bilden[23]. «Klassischer», im Zivilprozessrecht entwickelter Revisionsgrund ist die *Neuentdeckung von erheblichen Tatsachen und Beweismitteln,* welche die betroffene Person bei der ihr zumutbaren Sorgfalt nicht schon vor Eintritt der formellen Rechtskraft geltend machen konnte (vgl. § 86a lit. b; Art. 123 Abs. 2 lit. a BGG, Art. 66 Abs. 2 lit. a VwVG, Art. 328 Abs. 1 lit. a ZPO). Das Bundesgericht leitet aus Art. 29 Abs. 1 und 2 BV einen entsprechenden verfassungsmässigen Anspruch ab[24]. Dieser Kategorie wird teils auch der Revisionsgrund der Beeinflussung einer Anordnung durch ein Verbrechen oder Vergehen zugeordnet (vgl. § 86a lit. a; Art. 123 Abs. 1 BGG, Art. 66 Abs. 1 VwVG, Art. 328 Abs. 1 lit. b ZPO). Die zweite Gruppe umfasst jene Tatbestände, die eine Revision wegen *Verletzung wesentlicher Verfahrensgrundsätze,* einschliesslich der versehentlichen Nichtberücksichtigung von erheblichen aktenkundigen Tatsachen, ermöglichen (vgl. Art. 121 BGG, Art. 66 Abs. 2 lit. b und c VwVG). Auch diese Revisionsgründe sind in Anlehnung an ein zivilprozessuales Rechtsinstitut entwickelt worden: Die Verletzung wesentlicher Verfahrensgrundsätze gehörte zu den traditionellen zivilprozessualen Nichtigkeitsgründen, d.h. zu jenen Mängeln, die im Zivilprozess mit dem ausserordentlichen Rechtsmittel der Nichtigkeitsbeschwerde gerügt werden konnten. In der ZPO ist dieses nun allerdings in der umfassenderen Beschwerde aufgegangen (vgl. Art. 320 ZPO)[25]. Das VRG kennt diese sogenannten kassatorischen Revisionsgründe nicht mehr (vgl. dazu N. 28, § 86a N. 21). 15

---

[23] J. Bosshart, Verfahrensmängel, S. 474 f., m.H.
[24] BGE 136 II 177, E. 2.1; 127 I 133, E. 6 und 7c.
[25] Vgl. auch Botschaft ZPO, S. 7377.

2. Rücknahme

16 Das **von der Behörde angestrebte Zurückkommen** auf eine von *Anfang an fehlerhafte, begünstigende Verfügung* wird in der Zürcher Verwaltungsrechtspflege manchmal als *Rücknahme* bezeichnet. Weil sie grundsätzlich nur von materiellrechtlichen Voraussetzungen abhängt, fällt sie allerdings mit dem *Widerruf* der betreffenden Verfügung praktisch zusammen (der Begriff des Widerrufs wird hier für die materielle Änderung oder Aufhebung einer Verfügung als Ergebnis eines entsprechenden Verfahrens verwendet). Rücknahme und Widerruf werden denn auch oft nicht begrifflich unterschieden. Die Rücknahme geschieht nicht aufgrund eines Gesuchs eines Verfahrensbeteiligten, sondern auf Anstoss der verfügenden Behörde. Sie erfolgt *zulasten des Verfügungsadressaten*. Sie kann nur durch eine neue erstinstanzliche Verfügung erfolgen, und nur insoweit, als die ursprüngliche Verfügung nicht im Rechtsmittelverfahren überprüft worden ist. Die Rücknahme kann sowohl Dauerverfügungen erfassen als auch Verfügungen, die einen abgeschlossenen Sachverhalt mit einmaliger Rechtsfolge regeln (nicht ganz glücklich «urteilsähnliche Verfügungen» genannt; das Verwaltungsgericht spricht von «Einmalverfügungen»)[26].

3. Anpassung

17 Unter **Anpassung** wird das Ändern oder Ersetzen von Verfügungen – in aller Regel **Dauerverfügungen** – wegen nachträglicher Änderung der massgebenden Sachumstände oder Rechtsgrundlagen verstanden[27]. Die Dauerverfügung ist die Regelung eines Rechtsverhältnisses aufgrund eines fortbestehenden Sachverhalts durch eine in der Zukunft fortwirkende Rechtsfolge; diese kann durch spätere Wandlungen der Rechtslage oder des Sachverhalts für die weitere Zukunft fehlerhaft werden. Eine Anpassung kommt nur durch eine neue erstinstanzliche Verfügung in Betracht, und zwar auch insoweit, als die ursprüngliche Verfügung in einem Rechtsmittelverfahren überprüft worden ist[28]. Sie erfolgt entweder aufgrund eines *Gesuchs von Verfahrensbeteiligten* oder auf *Anstoss der verfügenden Behörde*. Haben sich die Verhältnisse seit der ersten Verfügung wesentlich geändert, vermittelt Art. 29 Abs. 1 und 2 BV einen Anspruch auf Prüfung des Anpassungsgesuchs[29]. Sowohl tatsächliche als auch rechtliche Veränderungen können eine Anpassung rechtfertigen. Praxisänderungen verschaffen nur ausnahmsweise einen Anspruch darauf, nämlich wenn ihnen eine so weit reichende Bedeutung zukommt, dass es stossend wäre und der Rechtsgleichheit widersprechen würde, sie nicht in allen Fällen anzuwenden[30]. *Einzutreten* ist auf ein Anpassungsgesuch nicht bereits wegen der Veränderung der Umstände, sondern nur, wenn deswegen ein anderes Ergebnis realistischerweise in Betracht kommt. Ob die Verfügung jedoch tatsächlich anders ausfällt, ist nicht als Eintretensfrage zu prüfen[31]. Die blosse Behauptung einer massgeblichen Änderung genügt nicht; es ist glaubhaft und mit geeigneten Beweismitteln darzulegen, worin

---

[26] VGr, 15.7.2010, VB.2010.00201 und 202, E. 4.2; RB 2005 Nr. 45, E. 3.1 (VB.2005.00381).
[27] KÖLZ/HÄNER/BERTSCHI, Verwaltungsverfahren, N. 717 ff., 735 ff. (auch zum Folgenden).
[28] VGr, 28.2.2008, VB.2007.00545, E. 4.2; RB 1963 Nr. 33.
[29] BGE 136 II 177, E. 2.1; 124 II 1, E. 3a; VGr, 2.3.2005, VB.2004.00476, E. 3.3.
[30] So die sozialrechtlichen Abteilungen des Bundesgerichts: BGE 135 V 215, E. 5.1.1 (Pra 2010 Nr. 12); 135 V 201, E. 6.1.1 und 6.4.
[31] RB 2005 Nr. 2, E. 2.1 (VB.2005.00070); 2005 Nr. 16, E. 4.1; vgl. auch RB 2003 Nr. 9 (VB.2002.00302, E. 2b).

sie besteht und weshalb ihretwegen die angefochtene Verfügung zu ändern ist[32]. *Materiell* ist wie bei der Rücknahme auch bei der Anpassung im Einzelfall abzuwägen, ob das Interesse an der Rechtssicherheit bzw. am Bestand der Verfügung das Interesse an der richtigen Durchsetzung des objektiven Rechts überwiegt[33]. Besondere Grundsätze gelten für die Anpassung von *Nutzungsplänen* (vgl. Art. 21 Abs. 2 RPG, § 9 Abs. 2 PBG)[34]. Die Anpassung von Verfügungen und Nutzungsplänen kann nicht von der Einhaltung exakter Fristen abhängig gemacht werden; sie muss aber innerhalb eines nach Treu und Glauben zu bestimmenden Zeitrahmens verlangt werden, nachdem die als Anpassungsgrund angerufene Änderung der Sachumstände oder Rechtsgrundlagen eingetreten ist[35].

Rechtsbeständigkeit (dazu N. 6) kommt auch *negativen Verfügungen* in dem Sinn zu, dass die Behörde auf ein Gesuch mit gleichem Inhalt nicht eintreten muss bzw. darf, sofern sich die Sach- und Rechtslage seit dem Erlass der Verfügung nicht verändert hat[36]. Diese Konstellation tritt ein, wenn die negative Verfügung ein Dauerrechtsverhältnis regelt oder schafft, so zum Beispiel, wenn nach der Verweigerung einer Bewilligung – etwa einer Bau- oder Anwesenheitsbewilligung – ein neues Gesuch für das gleiche Vorhaben eingereicht wird. Wird nach Ergehen einer negativen Verfügung aufgrund veränderter Sachumstände oder Rechtsgrundlagen um Erlass einer neuen, positiven Verfügung ersucht, so ist dieses neue Verfahren dem Anpassungsverfahren verwandt. Auf den Neuentscheid sind sinngemäss die Voraussetzungen der Ersetzung von Dauerverfügungen anzuwenden. Die *Bewilligung eines in der Zukunft stattfindenden Anlasses* ist zwar keine Dauerverfügung, kann aber gemäss den Kriterien für eine Anpassung wegen nachträglicher Veränderung der massgeblichen Sach- oder Rechtslage widerrufen werden[37]. Für die Verweigerung der Verlängerung oder Erneuerung *befristeter Bewilligungen* müssen keine Anpassungs- oder Widerrufsgründe gegeben sein; eine Neubeurteilung der öffentlichen Interessen ist hier im Rahmen des den Verwaltungsbehörden zustehenden Beurteilungs- und Ermessensspielraumes zulässig[38]. Handelt es sich allerdings um eine Praxisänderung, sind deren Voraussetzungen zu beachten. Auch sind allfällige Vertrauenstatbestände bei der Neubeurteilung zu berücksichtigen[39]; die befristete Bewilligung als solche schafft jedoch intentionsgemäss gerade kein schützenswertes Vertrauen in ihre Erneuerung[40]. Einer unbenützten und nach § 322 PBG *erloschenen Baubewilligung* kommt keine Rechtsbeständigkeit mehr zu[41].

18

---

[32] BGE 136 II 177, E. 2.2.1; VGr, 8.7.2009, VB.2009.00167, E. 2.1.
[33] Z.B. BGE 109 Ib 246, E. 4b (Pra 1984 Nr. 91); VGr, 15.4.2010, VB.2009.00613, E. 3.1; RB 2002 Nr. 32, E. 1b cc.
[34] Vgl. VGr, 19.6.2008, VB.2007.00400, E. 5.2, m.H.
[35] RB 1994 Nr. 77 (BEZ 1994 Nr. 25) zur Änderung eines Quartierplans.
[36] BGE 120 Ib 42, E. 2b–c; VGr, 27.1.2010, PB.2009.00035, E. 14.2; 22.6.2005, VB.2005.00070, E. 1.2.1.
[37] VGr, 4.10.2007, VB.2007.00335, E. 4.2, zum Widerruf einer Bewilligung für ein Feuerwerk aufgrund eines späteren allgemeinen Feuerverbots wegen Dürre und Trockenheit.
[38] VGr, 31.5.2007, VB.2007.00024, E. 4.1.
[39] BGE 112 Ib 133; 102 Ia 438, E. 7 (ZBl 1978, 174 ff.).
[40] Zur Erneuerung befristeter Baubewilligungen: VGr, 28.3.2007, VB.2006.00490, E. 3.1; RB 1979 Nr. 96.
[41] RB 1988 Nr. 83.

4. Wiedererwägung

19 Unter **Wiedererwägung** wird hier das im VRG nicht geregelte Verfahren verstanden, in welchem die Frage geprüft wird, ob zugunsten des Adressaten auf eine Verfügung zurückzukommen sei, ohne dass diesem gestützt auf einen Revisions- oder Anpassungsgrund ein Rückkommensanspruch zusteht. Die Wiedererwägung kann sowohl auf Antrag der betroffenen Person als auch von Amtes wegen erfolgen. Dementsprechend ist das **Wiedererwägungsgesuch** der *formlose Rechtsbehelf*, mit dem die betroffene Person die verfügende Behörde ersucht, auf die Verfügung zurückzukommen und eine günstigere Anordnung zu treffen. Das Verwaltungsgericht verwendet den Begriff der Wiedererwägung nur für das Verfahren zur Änderung ursprünglich fehlerhafter Verfügungen; die Änderung von Verfügungen wegen nachträglicher Fehlerhaftigkeit, ohne dass ein entsprechender Rechtsanspruch besteht, fiele demnach unter den Begriff der Anpassung[42]. Der Wiedererwägung, wie sie hier verstanden wird, sind nur erstinstanzliche Verfügungen zugänglich, nicht hingegen Rechtsmittelentscheide[43].

20 Bei Wiedererwägungsbegehren, welche um **Änderung formell rechtskräftiger Verfügungen** ersuchen, ist zu unterscheiden: Soll das Begehren der Beseitigung einer *fehlerhaft zustande gekommenen* Verfügung dienen, handelt es sich um ein Revisionsbegehren und damit um ein förmliches Rechtsmittel, sofern ein Revisionsgrund geltend gemacht wird. Behauptet die gesuchstellende Person ein fehlerhaftes Zustandekommen der Verfügung, ohne sich auf einen Revisionsgrund zu berufen, liegt ein Wiedererwägungsgesuch im Sinn eines blossen Rechtsbehelfs vor, dessen Behandlung im Ermessen der Behörde liegt. Soweit über den Gegenstand der Verfügung ein Rechtsmittelentscheid in der Sache erging, darf die Behörde darauf nicht zurückkommen[44]. Zielt das Begehren auf die Änderung einer Dauerverfügung oder einer anderen in die Zukunft wirkenden Verfügung infolge *nachträglicher Änderung der massgebenden Sachumstände oder Rechtsgrundlagen* ab, kommen die Regeln über die Anpassung zum Zug. Auch insoweit können Verfügungen unter Umständen geändert werden, ohne dass ein entsprechender Rechtsanspruch bestünde.

21 In Bezug auf das **Verfahren** gilt: Die Einreichung eines Wiedererwägungsgesuchs im Sinn eines blossen Rechtsbehelfs gemäss der hier verwendeten Definition ist weder an eine *Frist* noch an eine bestimmte *Form* gebunden. Die um Wiedererwägung ersuchte Behörde ist nicht verpflichtet, auf das Gesuch einzutreten. Es besteht demnach *kein Anspruch auf materielle Prüfung* des Wiedererwägungsgesuchs – unter Vorbehalt jener Fälle, in denen sich nach der bundesgerichtlichen Praxis ein Anspruch aus Art. 29 Abs. 1 und 2 BV auf Revision oder Anpassung ergibt (die jedoch vom hier verwendeten Begriff der Wiedererwägung nicht erfasst werden). Nach der Praxis besteht immerhin ein Anspruch auf einen kurz begründeten Nichteintretensentscheid[45]. Lehnt die Behörde ab, auf ein Wiedererwägungsgesuch *einzutreten*, kann dagegen grundsätzlich kein Rechtsmittel ergriffen werden – es sei denn mit der Begründung, die Behörde habe zu Unrecht das

---

[42] VGr, 5.12.2002, VB.2002.00233, E. 2a, gestützt auf die 2. Aufl., N. 13. Die Terminologie ist allerdings nicht immer konsequent.
[43] Z.B. RB 2001 Nr. 34 (RG.2001.00004, E. 2, m.H.).
[44] RB 2002 Nr. 32, E. 1b aa. Vgl. auch § 86b N. 8 ff. bezüglich der funktionellen Zuständigkeit zur Revision.
[45] VGr, 4.11.2009, SB.2009.00063, E. 6, m.H.

Vorliegen der Eintretensvoraussetzungen verneint. Trifft die Behörde dagegen aufgrund des Wiedererwägungsgesuchs eine *neue Sachverfügung,* steht dagegen das ordentliche Rechtsmittel offen. Das gilt auch für Wiedererwägungsentscheide, mit denen aufgrund einer erneuten materiellen Prüfung an der früheren Verfügung festgehalten wird[46]. Die ursprüngliche Verfügung wird durch eine Wiedererwägungsverfügung nur insoweit ersetzt, als diese den fraglichen Verwaltungsakt tatsächlich aufhebt.

Das Wiedererwägungsgesuch kann auch auf die **Änderung einer noch nicht in formelle Rechtskraft erwachsenen Verfügung** abzielen. Die Einreichung eines Wiedererwägungsgesuchs vor Eintritt der formellen Rechtskraft schiebt den *Fristenlauf für das ordentliche Rechtsmittel* nicht hinaus. Wird ein Wiedererwägungsgesuch mit dem Eventualantrag eingereicht, es sei im Fall eines abschlägigen Entscheids als Rekurs oder Beschwerde an die Rechtsmittelbehörde weiterzuleiten, so wird das Rechtsmittel – unter Vorbehalt allfälliger Vertrauenstatbestände – nicht formgültig erhoben[47]. Wenn man sowohl Wiedererwägung bei der verfügenden Instanz verlangen als auch subsidiär ein Rechtsmittel an die obere Instanz erheben will, so hat man beide Rechtsinstitute einzeln zu ergreifen, was in der Praxis häufig geschieht. Das Rechtsmittel darf bedingt erhoben werden für den Fall, dass auf das Wiedererwägungsgesuch nicht eingetreten wird (vgl. auch § 22 N. 23, § 23 N. 10)[48]. Die *Behörde* kann auch *von Amtes wegen* während der Pendenz des Rechtsmittels ihre Verfügung in Wiedererwägung ziehen, was nach der Praxis bis zum Entscheid der Rechtsmittelinstanz stets zulässig ist (einschränkender Art. 58 VwVG). Der *positive Wiedererwägungsentscheid* der verfügenden Behörde *während eines hängigen Rechtsmittelverfahrens* – auf Gesuch hin oder von Amtes wegen – ist ein wichtiger Anwendungsfall des Instituts. Angesichts des Devolutiveffekts der Rechtsmittel handelt es sich eigentlich um eine – gänzliche oder teilweise – *Anerkennung* des Rechtsmittels oder gegebenenfalls um einen Akt im Rahmen eines *Vergleichs*[49]. Weil somit aufgrund der Wiedererwägung das Anfechtungsobjekt dahinfällt, ist das Rechtsmittelverfahren insoweit abzuschreiben. Der Wiedererwägungsentscheid ist der Rechtsmittelbehörde mitzuteilen[50].

22

Es ist davon auszugehen, dass die **Befugnis zur Wiedererwägung** stets bei der *erstinstanzlich verfügenden Behörde* liegt. Es handelt sich um eine Verwaltungs- und nicht um eine Rechtspflegefunktion, womit von der Organisation der Verwaltungshierarchie abhängt, wer zur Wiedererwägung ermächtigt ist. Die Befugnis besteht nicht nur im Verfahren vor der nächsthöheren Behörde, sondern auch in allen weiteren Verfahren. Die oberen Verwaltungsbehörden einer bestimmten Verwaltungshierarchie können allerdings mit Hilfe des Weisungsrechts Einfluss auf die erstinstanzlich verfügende Behörde nehmen.

23

---

[46] RB 2000 Nr. 6 (VB.1999.00394, E. 3b); vgl. auch VGr, 25.8.2010, VB.2010.00394, E. 1.2.
[47] RB 2008 Nr. 12, E. 2.1 (VB.2008.00070); VGr, 13.9.2007, VB.2007.00233, E. 2.1. Zu grosszügig VGr, 6.4.2006, VB.2006.00064, E. 2.3. Vgl. auch VGr, 24.5.2007, VB.2007.00195.
[48] BGE 100 Ib 351, E. 1; RB 2008 Nr. 12, E. 2 (VB.2008.00070).
[49] Kölz, Prozessmaximen, S. 4, 36 f., 46 ff. Vgl. auch VGr, 22.10.2009, VB.2009.00553, E. 1.3, und zum Devolutiveffekt BGE 130 V 138, E. 4.2.
[50] Vgl. VGr, 11.4.2002, VB.2002.00014, E. 2.

5. Erläuterung und Berichtigung

24 Eine Verfügung oder ein Rechtsmittelentscheid bedarf der **Erläuterung,** wenn das *Dispositiv unklar, unvollständig oder zweideutig* ist oder wenn es *Widersprüche* in sich bzw. zu den Entscheidungsgründen aufweist (vgl. Art. 129 BGG, Art. 69 Abs. 1 und 2 VwVG, Art. 334 ZPO)[51]. Es handelt sich um eine authentische Interpretation durch die Behörde[52]. Die Erläuterung steht nicht offen, wenn sich Sinn und Inhalt des Dispositivs eindeutig aus den Erwägungen ergeben[53]. Grundsätzlich kann nur das Dispositiv erläutert werden; die Erläuterung allein der *Erwägungen* kommt nur in Frage, wenn sich Sinn und Tragweite des Dispositivs erst aus ihnen ergeben, was etwa bei Rückweisungen «im Sinn der Erwägungen» für die entscheidwesentlichen Erwägungen gilt[54]. Die Erläuterung *dient nicht dazu,* die angefochtene Anordnung *inhaltlich zu korrigieren,* indem eine unrichtige Sachverhaltsermittlung oder Rechtsanwendung nachträglich verbessert wird; sie kann auch nicht dafür verwendet werden, die Anordnung *zu diskutieren* oder *Ratschläge* für das Vorgehen in analogen Fällen zu geben[55]. Rügen gegen nachfolgende Verfügungen und Akte der Vollstreckungsbehörde können mit einem Erläuterungsgesuch nicht verbunden werden[56]. Analog zu Art. 129 Abs. 2 BGG sollte die Erläuterung eines Rückweisungsentscheids nur zulässig sein, solange die Vorinstanz den Neuentscheid noch nicht getroffen hat.

25 Die Erläuterung kann auf Begehren oder von Amtes wegen erfolgen (vgl. Art. 334 Abs. 1 ZPO, Art. 129 Abs. 1 BGG, alt § 162 GVG). Das *Erläuterungsgesuch* wird zwar teils als Rechtsbehelf bezeichnet, ist jedoch ein *ausserordentliches, nicht devolutives Rechtsmittel,* da ein verfassungsmässiger Anspruch auf Erläuterung besteht (N. 29). Das Bedürfnis nach Erläuterung ergibt sich oft erst nach Ablauf der Rechtsmittelfrist, etwa beim Vollzug[57]; die Rechtskraft der Verfügung oder des Rechtsmittelentscheids schliesst daher eine Erläuterung nicht aus. *Zuständig zur Erläuterung* ist die Behörde, welche die Verfügung oder den Rechtsmittelentscheid gefällt hat, wobei die Mitwirkung der gleichen Personen nicht verlangt wird[58]. *Befugt zur Einreichung eines Erläuterungsgesuchs* ist jede Person oder Behörde, die ein schutzwürdiges Interesse an der Erläuterung hat, so neben den Parteien etwa die für den Vollzug zuständige Behörde, bei Rückweisungsentscheiden auch die Vorinstanz[59]. Das Erläuterungsgesuch ist schriftlich einzureichen. Dies hat innerhalb eines nach Treu und Glauben zu bestimmenden Zeitraums zu geschehen. Das Verwaltungsgericht verlangt bei Gesuchen um Erläuterung seiner Entscheide, dass die beanstandeten Stellen des Entscheids und die verlangte Neufassung wörtlich anzugeben sind (vgl.

---

[51] VGr, 17.9.2012, EG.2012.00006, E. 2; RB 1991 Nr. 15.
[52] VGr, 26.2.2003, PB.2002.00035, E. 4b bb.
[53] VGr, 17.9.2012, EG.2012.00006, E. 2, m.H.
[54] Vgl. BGer, 21.10.2009, 4G_2/2009, E.1.1; BGE 110 V 222, E. 1; 104 V 51, E. 1.
[55] BGE 110 V 222, E. 1; VGr, 24.3.2005, EG.2005.00001, E. 2.2, m.H.; RB 1982 Nr. 83.
[56] RB 1975 Nr. 18.
[57] Vgl. RB 1973 Nr. 20.
[58] Z.B. VGr, 23.10.2002, EG.2002.00002, E. 1 (unveröffentlicht). Vgl. aber auch N. 27.
[59] Offen gelassen in BGr, 5.5.2009, 4G_1/2009, E. 1.1, m.H. (ein Zivilverfahren betreffend). Vgl. Kölz/Häner/Bertschi, Verwaltungsverfahren, N. 1320; Vogel, in: Kommentar VwVG, Art. 69 N. 8.

auch Art. 334 Abs. 1 Satz 2 ZPO)[60]. Das Erfordernis darf allerdings nicht zu streng gehandhabt werden. Auf Gesuche, die den *Formerfordernissen nicht genügen*, ist *nicht einzutreten*. Ein Anspruch der Gegenparteien auf Wahrung des rechtlichen Gehörs besteht nicht, da die Anordnung nicht geändert wird[61]; *Stellungnahmen* sollten immerhin angefordert werden, wenn von ihnen eine Klärung zu erwarten ist[62]. Die erläuterte Verfügung bzw. der erläuterte Rechtsmittelentscheid ist sämtlichen Verfahrensbeteiligten zuzustellen (vgl. auch Art. 334 Abs. 4 ZPO).

Es ist umstritten, ob der *Fristenlauf gehemmt* wird, wenn *während laufender Rechtsmittelfrist* um Erläuterung einer Verfügung oder eines Rechtsmittelentscheids ersucht wird. Die Frage sollte verneint werden, damit das Erläuterungsgesuch nicht zur Verlängerung der Rechtsmittelfrist zweckentfremdet werden kann. Jedenfalls empfiehlt sich die parallele Einreichung von Erläuterungsgesuch und Rechtsmittel[63]. Eine *neue Rechtsmittelfrist* beginnt dann zu laufen, wenn die erläuterte Anordnung anders als die ursprüngliche gefasst wird, unabhängig davon, ob diese formell rechtskräftig geworden ist (vgl. Art. 69 Abs. 2 VwVG)[64]. Dafür wird keine Neuformulierung des Dispositivs vorausgesetzt; wesentlich ist die Anerkennung, dass die Verfügung oder der Rechtsmittelentscheid erläuterungsbedürftig ist[65]. Die Frist beginnt nur für die erläuterten Punkte neu zu laufen. Gegen das Nichteintreten und gegen die Abweisung des Erläuterungsbegehrens ist das *Rechtsmittel* zuzulassen, das gegen die erläuterte Anordnung gegeben gewesen wäre, allerdings nur mit der Rüge, es sei zu Unrecht auf Erläuterung verzichtet worden[66]. 26

Als **Berichtigung** wird die Korrektur von Fehlern bezeichnet, die nicht bei der Willensbildung der Behörde, sondern anlässlich der schriftlichen Formulierung der ausgefertigten Anordnung unterlaufen sind. Es handelt sich dabei um sogenannte *Kanzleifehler*; darunter fallen im Wesentlichen nur *blosse Schreib- oder Rechnungsfehler* (vgl. Art. 69 Abs. 3 VwVG) – Letztere jedenfalls dann, wenn sie aufgrund der Verfügung oder des Rechtsmittelentscheids selber nachvollziehbar sind. Zur Korrektur selbst offensichtlicher Fehler bei der Sachverhaltsermittlung oder Rechtsanwendung ist die Berichtigung nicht gegeben[67]; eine derartige Verwendung des Instituts ist willkürlich[68]. Einer Berichtigung zugänglich sind sowohl Verfügungen als auch Rechtsmittelentscheide. Sie ist zugunsten und zulasten der Betroffenen möglich, Letzteres jedenfalls dann, wenn sie ohne zeitliche Verzögerung 27

---

[60] VGr, 17.9.2012, EG.2012.00006, E. 2; ebenso zum früheren Recht VGr, 24.3.2005, EG.2005.00001, E. 2.1; RB 1975 Nr. 19.
[61] MOSER/BEUSCH/KNEUBÜHLER, Bundesverwaltungsgericht, N. 5.82.
[62] Vgl. ESCHER, Revision, N. 8.45; vgl. auch VGr, 24.3.2005, EG.2005.00001, E. 1, zu alt § 164 GVG; Art. 334 Abs. 2 i.V.m. Art. 330 ZPO, Art. 129 Abs. 3 i.V.m. Art. 127 BGG.
[63] Gl.M. KÖLZ/HÄNER/BERTSCHI, Verwaltungsverfahren, N. 1321; MERKER, Rechtsmittel, § 45 N. 46; VOGEL, in: Kommentar VwVG, Art. 69 N. 11 und 18, m.H. Vgl. auch BGE 130 V 320, E. 3.4; 117 II 508, E. 1a. Anders die 2. Aufl., N. 16; VGr, 19.12.2007, VB.2007.00477, E. 1.2.
[64] Vgl. RB 2004 Nr. 98, E. 2.1 (SB.2004.00045).
[65] So jedenfalls die Praxis zu alt § 165 GVG: VGr, 19.12.2007, VB.2007.00477, E. 1.2; HAUSER/SCHWERI, Kommentar GVG, § 165 N. 1, m.H.
[66] Vgl. HAUSER/SCHWERI, Kommentar GVG, § 164 N. 4; Art. 334 Abs. 3 ZPO.
[67] Bsp.: VGr, 11.1.2006, VB.2005.00357, E. 3: Die Nennung einer nicht beteiligten Person als Adressatin des Entscheids lässt sich im Gegensatz zur fehlerhaften Parteibezeichnung nicht berichtigen.
[68] BGr, 25.8.2011, 5A_860/2010, E. 2.

erfolgt und kein berechtigtes Vertrauen enttäuscht[69]. Die Berichtigung von blossen Kanzleifehlern steht nicht in einem unmittelbaren Spannungsverhältnis zur formellen Rechtskraft; Berichtigung in diesem Sinn bedeutet rechtlich nicht Aufhebung oder Abänderung. *Zuständig* zur Berichtigung ist die Behörde, welche die Verfügung oder den Rechtsmittelentscheid gefällt hat, doch kann die Prozessökonomie eine Berichtigung durch die Rechtsmittelinstanz gestatten[70]. Die Berichtigung sowie die Ablehnung des Gesuchs und das Nichteintreten darauf können mit dem *Rechtsmittel* angefochten werden, das gegen die zugrunde liegende Anordnung gegeben war (vgl. sinngemäss § 159 Abs. 2 StG); hingegen besteht kein Anlass, gegen die ursprüngliche Verfügung bzw. den ursprünglichen Rechtsmittelentscheid nochmals den Rechtsweg zu öffnen, da die Berichtigung keine Änderung mit sich bringt[71].

IV. Gesetzliche Regelung des Zurückkommens auf rechtskräftige Verfügungen und Rechtsmittelentscheide

28 In seiner *ursprünglichen Fassung* regelte das VRG die **Revision** in den damaligen §§ 67–69, die dem dritten Gesetzesabschnitt (Verwaltungsgerichtsbarkeit), Unterabschnitt B (Verwaltungsgericht als Beschwerdeinstanz) angehörten. Die Praxis anerkannte indessen die Revision als ausserordentliches Rechtsmittel auch gegen im streitigen Verwaltungsverfahren ergangene Entscheide und gegen im nichtstreitigen Verwaltungsverfahren getroffene Verfügungen[72]. Revisionsgründe bildeten sowohl die Neuentdeckung erheblicher Tatsachen oder Beweismittel sowie die Beeinflussung durch ein Verbrechen oder Vergehen (alt § 67 lit. c und d) als auch die Verletzung wesentlicher Verfahrensvorschriften einschliesslich der versehentlichen Nichtberücksichtigung erheblicher aktenkundiger Tatsachen (sogenannte kassatorische Revisionsgründe; alt § 67 lit. a und b). Mit der *VRG-Revision von 1997* wurde das Rechtsinstitut der Revision in zweierlei Hinsicht neu geregelt. Zum einen wurde die Praxis, wonach auch im nichtstreitigen Verfahren ergangene Verfügungen und im streitigen Verwaltungsverfahren getroffene Entscheide einer förmlichen Revision zugänglich waren, gesetzlich verankert. Dementsprechend findet sich die Revision nun in einem neu eingefügten vierten Abschnitt des Gesetzes (§§ 86a–86d), also gesetzessystematisch auf gleicher Stufe wie die vorangehenden Abschnitte über das Verwaltungsverfahren (§§ 4–31) und die Verwaltungsgerichtsbarkeit (§§ 32–86); auch nennt nun § 86a rechtskräftige «Anordnungen von Verwaltungsbehörden, Rekurskommissionen und Verwaltungsgericht» als Anfechtungsobjekte der Revision. Zum andern wurde die Revision wegen Verfahrensmängeln nach alt § 67 lit. a und b abgeschafft, da sie zu Abgrenzungsschwierigkeiten gegenüber der damaligen staatsrechtlichen Beschwerde an das Bundesgericht geführt hatte[73]. Seit der Gesetzesnovelle von 1997 sind die §§ 86a–86d über die Revision nicht mehr geändert worden.

---

[69] Vgl. Häfelin/Müller/Uhlmann, Verwaltungsrecht, N. 1046.
[70] Bsp.: BGE 119 Ib 366, E. 2; VGr, 22.1.2004, VB.2003.00411, E. 2 (unveröffentlicht), wo offen gelassen wurde, ob eine Erläuterung oder eine Berichtigung vorgenommen wurde.
[71] Vgl. auch VGr, 13.9.2007, VB.2007.00233, E. 2.2.
[72] RB 1961 Nr. 31 (ZR 1961 Nr. 103); 1982 Nr. 156 (ZBl 1983, 140 ff., E. 2 = BEZ 1982 Nr. 38).
[73] Weisung 1995, S. 1544; Rotach Tomschin, Revision, S. 453.

Die **übrigen** vorstehend beschriebenen **Rechtsmittel und Rechtsbehelfe** gegen formell 29
rechtskräftige Verfügungen und Rechtsmittelentscheide werden *im VRG nicht geregelt*.
Mit dem Inkrafttreten des AnpassungsG ZPO/StPO auf den 1. Januar 2011 ist zudem die
Regelung der Erläuterung und Berichtigung in alt §§ 161–165 GVG dahingefallen, die
aufgrund der Verweisung von alt § 71 für Verwaltungsgerichtsentscheide galt[74]. Dies bedeutet nicht, dass all diese Rechtsinstitute nicht zugelassen sind. Formell rechtskräftige
Verfügungen können auf dem Weg der Wiedererwägung, Rücknahme oder Anpassung
widerrufen bzw. geändert werden; ebenso ist die Berichtigung und Erläuterung formell
rechtskräftiger Verfügungen und Rechtsmittelentscheide zulässig. Diese Rechtsinstitute
ergeben sich aus jahrzehntealter, im Grundsatz unbestrittener *Praxis und Doktrin*, wobei
sie *teils auf verfassungsmässige Rechte* (das Verbot der Rechtsverweigerung und den Anspruch auf rechtliches Gehör nach dem heutigen Art. 29 Abs. 1 und 2 BV)[75] oder *auf allgemeine Rechtsgrundsätze*[76] zurückgeführt werden. Die Wiedererwägung kann sich zudem auf die Gesetzesmaterialien stützen[77]. Im Einzelnen orientiert sich die Praxis an
ihren früheren Entscheiden sowie an der Lehre und Rechtsprechung zu anderen Verfahrensordnungen, namentlich zum BGG, zum VwVG und zur ZPO.

---

[74] Es verbleibt nur die spezialgesetzliche Regelung der Berichtigung in § 159 StG.
[75] Für Revision und Anpassung von Verfügungen: BGE 136 II 177, E. 2.1 und 2.2.1; für die Erläuterung: BGE 130 V 320, E. 2.3; VGr, 17.9.2012, EG.2012.00006, E. 1; vgl. dazu auch § 71 N. 13.
[76] Für die Berichtigung: BGr, 14.7.2003, 1P.661/2002, E. 2.2; vgl. auch BGE 130 V 320, E. 2.3.
[77] Prot. KK 1995/96, S. 307 ff.

> *Gründe*
>
> **§ 86a**
> Die Revision rechtskräftiger Anordnungen von Verwaltungsbehörden, Rekurskommissionen und Verwaltungsgericht kann von den am Verfahren Beteiligten verlangt werden, wenn
> a. im Rahmen eines Strafverfahrens festgestellt wird, dass ein Verbrechen oder ein Vergehen sie beeinflusst hat,
> b. diese neue erhebliche Tatsachen erfahren oder Beweismittel auffinden, die sie im früheren Verfahren nicht beibringen konnten.

Materialien

Vgl. Vorbem. zu §§ 86a–86d.

Literatur

Vgl. Vorbem. zu §§ 86a–86d.

Inhaltsübersicht

I.	Funktion der Revision	1–3
II.	Anfechtungsobjekt	4–7
III.	Legitimation	8–9
IV.	Revisionsgründe	10–27
	A. Gesetzliche Revisionsgründe	10–18
	1. Einflussnahme durch Verbrechen oder Vergehen (lit. a)	10–13
	2. Neue Tatsachen und Beweismittel (lit. b)	14–18
	B. Über- und aussergesetzliche Revisionsgründe	19–24
	C. Insbesondere zur Verletzung der EMRK	25–27

I. Funktion der Revision

1 Unter **Revision** im Sinn von §§ 86a–86d ist ein *ausserordentliches Rechtsmittel* zu verstehen, welches das *Zurückkommen auf eine ursprünglich fehlerhafte Anordnung* zugunsten des Adressaten oder einer anderen verfahrensbeteiligten Person erlaubt (Vorbem. zu §§ 86a–86d N. 14 f.). Seit der Gesetzesänderung von 1997 sieht das VRG nur noch die «klassischen», dem Zivilprozess entstammenden Revisionsgründe von § 86a lit. a und b vor (vgl. Vorbem. zu §§ 86a–86d N. 28). In diesem Rahmen ermöglicht die Revision unter bestimmten Voraussetzungen die Korrektur rechtskräftiger Verfügungen und Rechtsmittelentscheide, falls sich nachträglich herausstellt, dass diese auf einem unrichtigen oder unvollständigen Sachverhalt beruhen oder dass ein Verbrechen oder Vergehen auf sie eingewirkt hat.

2 Die Revision **bezweckt** – wie teilweise auch die Rücknahme, die Anpassung und die Wiedererwägung (Vorbem. zu §§ 86a–86d N. 12, 16 ff.) – die *Aufhebung rechtskräftiger Anordnungen*[1]. Gemeint ist die formelle Rechtskraft. Die Revision dient indessen zugleich

---

[1] Vgl. RB 2003 Nr. 11 (PB.2003.00019, E. 1).

der Beseitigung der materiellen Rechtskraft, wenn und soweit diese eintreten konnte. Das trifft regelmässig auf Entscheide zu, die im streitigen Verwaltungsverfahren und im gerichtlichen Verfahren ergangen sind. Es gilt jedoch in der Regel nicht für erstinstanzliche Verfügungen, die grundsätzlich bloss rechtsbeständig sind (Vorbem. zu §§ 86a–86d N. 6 f.).

Die **praktische Bedeutung** der Revision ist bescheiden, was sich aus ihrer Funktion ergibt: Das Zurückkommen auf rechtskräftige Entscheide sollte nur in Ausnahmefällen nötig sein. Beim Verwaltungsgericht wurden seit Inkrafttreten der §§ 86a–86d am 1. Januar 1998 nie mehr als 12 Revisionsgesuche pro Jahr eingereicht[2]. Zudem können die Gesuchstellenden oft keine Revisionsgründe vorbringen, sondern sind aus anderen Motiven nicht in der Lage, sich mit dem angefochtenen Entscheid abzufinden[3]. Entsprechend findet sich nur wenig grundlegende Praxis zu den formellen Anforderungen und zum Verfahren der Revision.

II. Anfechtungsobjekt

Anfechtungsobjekte der Revision sind gemäss dem Gesetzeswortlaut rechtskräftige «**Anordnungen von Verwaltungsbehörden, Rekurskommissionen und Verwaltungsgericht**». Es handelt sich um die Fassung von 1997, mit der die weit zurückreichende Praxis verankert wurde, dass neben verwaltungsgerichtlichen Urteilen auch im nichtstreitigen Verfahren ergangene Verfügungen und im streitigen Verwaltungsverfahren getroffene Entscheide einer förmlichen Revision zugänglich sind[4]. «Anordnungen von Verwaltungsbehörden, Rekurskommissionen und Verwaltungsgericht» sind sämtliche *erstinstanzlichen Anordnungen* im Sinn von Art. 19 Abs. 1 lit. a (unter Einschluss der raumplanungsrechtlichen Festlegungen[5]) und *Rechtsmittelentscheide*. Auch in *Stimmrechtssachen* (Art. 19 Abs. 1 lit. c) ist die Revision gegeben[6]. Unter die anfechtbaren erstinstanzlichen Anordnungen fallen im genannten Rahmen auch Akte von Gemeindeversammlungen und -parlamenten[7] sowie des Kantonsrats. Die anfechtbaren Rechtsmittelentscheide können von sämtlichen Rechtspflegeinstanzen innerhalb und ausserhalb der Verwaltungshierarchie stammen, unabhängig davon, wie diese bezeichnet werden und ob sie über gerichtliche Unabhängigkeit verfügen. Mitgemeint ist also auch das Baurekursgericht[8]. Als Anordnungen des *Verwaltungsgerichts* gelten auch im Klageverfahren ergangene Urteile.

---

[2] Vgl. die Rubrik «Geschäftsübersicht» in den jährlichen RB.
[3] Vgl. auch ESCHER, Revision, N. 8.4.
[4] RB 1961 Nr. 31 (ZR 1961 Nr. 103); 1982 Nr. 156 (ZBl 1983, 140 ff., E. 2 = BEZ 1982 Nr. 38).
[5] Vgl. VGr, 5.6.2000, VB.2000.00095, E. 2d aa.
[6] Vgl. (zum verfassungsmässigen Anspruch) BGE 138 I 61, E. 4.3.
[7] So zu Recht VGr, 5.6.2000, VB.2000.00095, E. 2d aa, mit Hinweis auf die Minimalgarantie der BV (vgl. N. 20). Anders BRG I, 9.12.2011, 249/2011, E. 4 (BEZ 2012 Nr. 9).
[8] Auf Entscheide des Steuerrekursgerichts sind die §§ 155–158 StG bzw. Art. 51 StHG sowie Art. 147–149 DBG anwendbar.

5   Die Revision ist auch zulässig gegenüber **formellen Erledigungsbeschlüssen** (Nichteintreten, Abschreibung[9]). Bei Erledigungsbeschlüssen aufgrund von Anerkennung, Rückzug oder Vergleich stellt sich die Frage einer Revision vor allem, wenn geltend gemacht wird, die betreffende Prozesserklärung leide unter einem *Willensmangel* im Sinn von Art. 23–30 OR, d.h. sie sei unter Irrtum, Täuschung oder Drohung erfolgt. Im Zivilprozessrecht bildet die *zivilrechtliche Unwirksamkeit einer Prozesserklärung* einen eigenständigen Revisionstatbestand (Art. 328 Abs. 1 lit. c ZPO). Das Verwaltungsgericht nimmt ebenfalls einen Revisionsgrund an, wobei es offen gelassen hat, ob es sich um einen Anwendungsfall des Vorbringens neuer erheblicher Tatsachen im Sinn von § 86a lit. b oder einen aussergesetzlichen Revisionsgrund sui generis handle[10].

6   Ein **Revisionsentscheid** kann wiederum Gegenstand einer Revision bilden. Auch kann eine Verfügung oder ein Rechtsmittelentscheid grundsätzlich **mehrmals** in Revision gezogen werden.

7   **Gegenstand der Revision** kann bloss das *Dispositiv* sein, weil nur dieses in Rechtskraft erwächst; Erwägungen sind der Revision höchstens dann zugänglich, wenn das Dispositiv auf sie verweist und sie daher an der Rechtskraft teilhaben[11]. Das Revisionsbegehren kann sich auch ausschliesslich gegen die *Kosten- und Entschädigungsregelung* richten, sofern der geltend gemachte Revisiongrund direkt diese betrifft[12].

III. Legitimation

8   Die Revision von Verfügungen und Rechtsmittelentscheiden ist nach § 86a nur **auf Gesuch hin** zulässig (anders Art. 66 Abs. 1 VwVG). Darin unterscheidet sich die Revision im Zürcher Verwaltungsprozessrecht von der Rücknahme, der Wiedererwägung und der Anpassung von Verfügungen (vgl. Vorbem. zu §§ 86a–86d N. 12). Auf das ausserordentliche Rechtsmittel der Revision kann *nicht im Voraus verzichtet* werden (Vorbem. zu §§ 19–28a N. 59)[13].

9   **Legitimiert** zur Einreichung eines Revisionsbegehrens sind nach § 86a die *Parteien des ursprünglichen Verfahrens*[14]. Die Revision eines *Rechtsmittelentscheids* kann demnach *auch die Verwaltungsbehörde,* die verfügt hat, bzw. das von ihr vertretene Gemeinwesen verlangen, sofern diese bzw. dieses zur Anfechtung des Entscheids mit Rekurs oder Beschwerde legitimiert gewesen wäre. Ist jemand zu Unrecht nicht am Verfahren beteiligt worden, steht die Befugnis zur Einreichung eines Revisionsbegehrens auch dieser Person zu (vgl. allerdings auch N. 22, § 86b N. 5).

---

[9] Für Abschreibungsbeschlüsse des Bundesgerichts (unter dem früheren Recht) verneint in BGE 114 Ib 74, E. 1 (Pra 1988 Nr. 185); neuerdings offen gelassen: BGr, 14.10.2009, 2F_7/2009, E. 2.1.
[10] RB 1993 Nr. 11; vgl. auch VGr, 13.6.2007, PB.2006.00045, E. 2 ff.; RB 2003 Nr. 11 (PB.2003.00019, E. 1).
[11] RB 1986 Nr. 22.
[12] BGr, 8.11.2004, 4C.305/2004, E. 1; BGE 111 Ia 154, E. 2; VGr, 31.10.2011, RG.2011.00008 (unveröffentlicht).
[13] Vgl. RB 1971 Nr. 81; vgl. auch Kiener/Rütsche/Kuhn, Öffentliches Verfahrensrecht, N. 787, zur Wiedererwägung.
[14] Vgl. BGE 138 V 161, E. 2.5.2; BGr, 29.8.2011, 1C_270/2011, E. 6, in Bestätigung von VGr, 4.5.2011, VB.2011.00023, E. 5.3.

IV. Revisionsgründe

A. Gesetzliche Revisionsgründe

1. Einflussnahme durch Verbrechen oder Vergehen (lit. a)

Nach § 86a lit. a kann die Revision verlangt werden, wenn im Rahmen eines Strafverfahrens festgestellt wird, dass die Anordnung *durch ein Verbrechen oder Vergehen beeinflusst* worden ist. § 86a lit. a wird teilweise als Spezialfall von § 86a lit. b aufgefasst. Die Bestimmung findet in der Praxis kaum Anwendung.

Was **Verbrechen und Vergehen** sind, ergibt sich aus dem Schweizerischen Strafgesetzbuch (Art. 10 StGB). In Frage kommen zum Beispiel: falsches Zeugnis, falsches Gutachten und falsche Übersetzung (Art. 307 StGB); falsche Beweisaussage einer Partei (Art. 306 StGB); Amtsmissbrauch (Art. 312 StGB); Bestechung (Art. 322ter–322^{octies} StGB); Urkundenfälschung (Art. 251 StGB); Erpressung (Art. 156 StGB) und Nötigung (Art. 181 StGB) von Verfahrensbeteiligten. *Übertretungen* (Art. 103 StGB) genügen nicht.

Die Beeinflussung der Anordnung durch ein Verbrechen oder Vergehen muss **im Rahmen eines Strafverfahrens festgestellt** worden sein. Die entsprechenden Bestimmungen der neueren bundesrechtlichen Prozessordnungen präzisieren, dass eine Verurteilung durch ein Strafgericht nicht erforderlich ist und dass der Beweis auf andere Weise erbracht werden kann, wenn das Strafverfahren nicht durchführbar ist[15]. Dieser Fall kann zum Beispiel eintreten, wenn die angeklagte Person verstorben oder schuldunfähig ist[16]. Es genügt, wenn das Strafverfahren den *Nachweis der objektiven Tatbestandsmässigkeit* der fraglichen Handlung erbrachte[17]. Es ist angezeigt, das Revisionsbegehren erst nach Abschluss des Strafverfahrens einzureichen. Wird ein Revisionsgesuch vor Einleitung des Strafverfahrens gestellt, so liegt es im Ermessen der Revisionsinstanz, je nach den Umständen entweder darauf nicht einzutreten oder allenfalls unter Fristansetzung und Androhung des Nichteintretens die Einleitung des Strafverfahrens zu verlangen und das Revisionsverfahren gegebenenfalls zu sistieren. Das Nichteintreten schliesst ein neues Gesuch nach Abschluss eines Strafverfahrens nicht aus.

Das Verbrechen oder Vergehen muss sich **zum Nachteil der gesuchstellenden Person** auf die Anordnung **ausgewirkt** haben[18]. Das ist insofern selbstverständlich, als eine Revision zulasten der gesuchstellenden Person – mit der Begründung, die Einwirkung sei zu deren Gunsten erfolgt – auf eine unzulässige reformatio in peius hinausliefe. Eine *nachteilige Beeinflussung* liegt vor, wenn zwischen der Straftat und der angefochtenen Anordnung ein massgeblicher Zusammenhang besteht. Ein Revisionsgrund liegt nur vor, wenn die Straftat das Dispositiv (bzw. die Erwägung, auf die dieses verweist) beeinflusst hat. Dass die Behörde wegen der strafbaren Einflussnahme tatsächlich anders verfügt oder

---

[15] Art. 123 Abs. 1 BGG; Art. 410 Abs. 1 lit. c StPO; Art. 328 Abs. 1 lit. b ZPO.
[16] Vgl. Escher, in: Basler Kommentar BGG, Art. 123 N. 4, m.H.
[17] Vgl. BGr, 6.10.2009, 4A_596/2008, E. 4.1 und 4.2.3. So auch für das Zivilprozessrecht Herzog, Basler Kommentar ZPO, Art. 328 N. 56; KassGr, 11.3.1996, E. 2c (ZR 1998 Nr. 5). Anders (für die strafprozessuale Revision) KassGr, 12.10.2006, E. 3.1 (ZR 2007 Nr. 38), wo das Vorliegen des objektiven und des subjektiven Tatbestands vorausgesetzt wird.
[18] Vgl. auch den Wortlaut von Art. 123 Abs. 1 BGG und Art. 328 Abs. 1 lit. b ZPO.

entschieden hat, als sie dies ohne Einwirkung getan hätte, ist jedoch keine Eintretensvoraussetzung für ein Rückkommen[19].

2. Neue Tatsachen und Beweismittel (lit. b)

14 Von den beiden Revisionsgründen in § 86a kommt **lit. b** die grössere Tragweite zu. Dieser «klassische» Revisionsgrund verschafft den Beteiligten des früheren Verfahrens den Anspruch auf Korrektur einer Anordnung, sofern sie *neue erhebliche Tatsachen oder Beweismittel* auffinden, die sie im früheren Verfahren nicht beibringen konnten. Demnach muss die Anordnung oder der Rechtsmittelentscheid *ursprünglich fehlerhaft* sein, und zwar mit Bezug auf den *Sachverhalt*. Die Fehlerhaftigkeit darf nicht der gesuchstellenden Person selber als früherer Verfahrensbeteiligter zuzurechnen sein; dieser Vorbehalt schliesst eine Revision stets aus, wenn die gesuchstellende Person die erheblichen Tatsachen und Beweismittel schon im Verfahren, das der rechtskräftigen Anordnung vorausging, oder mit einem ordentlichen Rechtsmittel hätte geltend machen können (vgl. § 86b Abs. 1).

15 § 86a lit. b spricht ungenau von «neuen» Tatsachen. Gemeint sind damit ausschliesslich *neu entdeckte Tatsachen*. Es muss sich mithin um Tatsachen handeln, die beim Erlass der angefochtenen Anordnung bereits bestanden haben *(unechte Noven)*. Als Stichdatum kann das Anordnungsdatum betrachtet werden, weil Revisionsgründe im ordentlichen Verfahren auch verspätet geltend gemacht werden können (vgl. § 86b N. 4). Hätten die Tatsachen mit einem ordentlichen Rechtsmittel geltend gemacht werden können, muss der Ablauf der Rechtsmittelfrist als entscheidendes Datum gelten[20]. *Beweismittel* müssen sich auf Tatsachen beziehen, die vor dem Erlass der rechtskräftigen Anordnung bestanden. In Betracht fallen zunächst Beweismittel, die bei Erlass der Anordnung bereits bestanden, jedoch der gesuchstellenden Person damals nicht zugänglich waren. In Frage kommen ferner Beweismittel, die erst später entstanden sind und nun rückwirkend geeignet erscheinen, eine von der gesuchstellenden Person vor dem Erlass der Anordnung behauptete Tatsache zu beweisen[21]. Sie müssen aber *die Ermittlung und nicht bloss die Würdigung* des Sachverhalts betreffen. An dieser Voraussetzung fehlt es bei einem später beigebrachten *Gutachten*, das lediglich eine andere Tatsachenwürdigung vornimmt; ein Gutachten ist vielmehr nur massgeblich, wenn es neue tatbeständliche Gesichtspunkte zutage fördert, etwa neue wissenschaftliche oder tatsächliche Erkenntnisse, welche die Entscheidungsgrundlagen als objektiv mangelhaft erscheinen lassen[22]. Aufgrund dieser Voraussetzungen erlangt die Revision Bedeutung vor allem gegenüber Verfügungen und Rechtsmittelentscheiden, die einen Sachverhalt regeln, wie er an einem Stichtag oder in einem abgelaufenen Zeitabschnitt bestanden hat (solche Verfügungen werden auch «urteilsähnlich» genannt). Davon zu unterscheiden ist die Aufhebung oder Änderung von Verfügungen mit Dauerwirkung wegen *nachträglich eingetretener* Tatsachen *(echter No-*

---

[19] BEERLI-BONORAND, Rechtsmittel, S. 118 f.; MÄCHLER, in: Kommentar VwVG, Art. 66 N. 14; MERKLI/AESCHLIMANN/HERZOG, Kommentar VRPG, Art. 56 N. 10.
[20] SCHWANDER, in: Kommentar ZPO 2011, Art. 328 N. 25.
[21] Zum Ganzen VGr, 23.3.2011, VB.2010.00383, E. 5.2. Anders in diesem Punkt Art. 123 Abs. 2 lit. a BGG; Art. 328 Abs. 1 lit. a ZPO (nicht aber Art. 66 Abs. 2 lit. a VwVG und Art. 410 Abs. 1 lit. a StPO).
[22] Vgl. zur Revision vor Bundesgericht BGE 110 V 138, E. 2 (die ältere Praxis ist auch unter der Geltung von Art. 123 Abs. 2 lit. a BGG anwendbar; so z.B. BGr, 24.3.2011, 8F_4/2010, E. 2.2); KÖLZ/HÄNER/BERTSCHI, Verwaltungsverfahren, N. 1333.

ven); eine derartige *Anpassung* von Dauerverfügungen ist unter bestimmten Voraussetzungen zulässig, gilt jedoch nicht als Revision im Sinn von § 86a lit. b (vgl. Vorbem. zu §§ 86a–86d N. 17 f.)[23]. Im Steuerverfahrensrecht anerkennt die Praxis auch Tatsachen als «neu» im Sinn der Revisionsvorschriften, die nachträglich eingetreten sind, aber auf das Bemessungsjahr bzw. den Beurteilungsstichtag zurückwirken[24].

Mängel in der *Rechtsanwendung*, die sich nicht auf die Ermittlung des massgebenden Sachverhalts beziehen, sind kein Revisionsgrund nach § 86a lit. b. Das gilt namentlich für die fehlerhafte Normanwendung und die Anwendung nicht einschlägigen Rechts. Die Revision ist nicht dazu da, um eine andere Rechtsauffassung durchzusetzen oder eine neue rechtliche Würdigung der bereits bekannten Tatsachen herbeizuführen[25]. Umso weniger bildet eine Praxisänderung – welche die frühere Anordnung rückwirkend als rechtswidrig erscheinen lässt – einen Revisionsgrund. Dasselbe gilt, wenn ein späteres Urteil einer höheren Instanz in einem anderen Fall die rechtskräftige kantonale Anordnung, um deren Revision ersucht wird, als rechtswidrig erscheinen lässt[26].

16

Es muss sich um **erhebliche** Tatsachen oder Beweismittel handeln. Die Neuheit und die Erheblichkeit sind kumulative Voraussetzungen. Erheblich sind – wie im Zivilprozess – nur *Tatsachen,* welche die Verfügung bzw. den Rechtsmittelentscheid für die gesuchstellende Person günstiger gestaltet hätten. Zu prüfen ist also, ob der Verfahrensausgang von den geltend gemachten Noven abhängen würde, wobei nicht erforderlich ist, dass die Tatsache bereits für sich allein genommen zu einem anderen Ergebnis führen würde[27]. Der Begriff der «erheblichen Tatsache» hat demnach nicht dieselbe Bedeutung wie bei der Ermittlung des Sachverhalts im nichtstreitigen Verfahren und im ordentlichen Rechtsmittelverfahren (vgl. dazu § 7 N. 13). Die neuen *Beweismittel* sind erheblich, wenn sie geeignet erscheinen, den Entscheid zugunsten der gesuchstellenden Person zu ändern, indem sie erhebliche Tatsachen erhärten. Diese können neu entdeckt oder bereits im früheren Verfahren behauptet, aber nicht bewiesen worden sein[28].

17

Es muss sich um Tatsachen oder Beweismittel handeln, welche die gesuchstellende Person **im früheren Verfahren nicht beibringen konnte.** Dieses Erfordernis ist auch in § 86b Abs. 1 enthalten, der als Eintretensvoraussetzung formuliert ist. Von vornherein keinen Revisionsgrund bilden danach neue Tatsachen und Beweismittel, die in dem der Anordnung vorausgehenden Verfahren oder mit einem ordentlichen Rechtsmittel hätten geltend gemacht werden können. Vgl. dazu im Einzelnen § 86b N. 1 ff.

18

B. Über- und aussergesetzliche Revisionsgründe

§ 86a umschreibt die Revisionsgründe grundsätzlich **abschliessend,** was allerdings dadurch relativiert wird, dass der Beseitigung der formellen Rechtskraft auch die in Lehre

19

---

[23] Vgl. als Beispiel VGr, 2.7.2012, RG.2012.00006, E. 3.2.
[24] Richner/Frei/Kaufmann/Meuter, Kommentar StG, § 155 N. 24; RB 1976 Nr. 66.
[25] Zum Ganzen VGr, 12.3.2003, VB.2002.00403, E. 5; RB 1977 Nr. 79 (ZBl 1977, 467 ff. = ZR 1977 Nr. 91).
[26] RB 1993 Nr. 10, E. b.
[27] Sterchi, in: Berner Kommentar ZPO, Art. 328 N. 15.
[28] Kölz/Häner/Bertschi, Verwaltungsverfahren, N. 1333, mit Hinweis auf die Praxis des Bundesverwaltungsgerichts; vgl. z.B. BGr, 25.4.2013, D-5738/2012, E. 3.2.

und Rechtsprechung anerkannten Institute der Wiedererwägung, Rücknahme und Anpassung dienen. Revisionsgründe können sich sodann aus dem *höherrangigen Recht* ergeben. Schliesslich anerkennt die Praxis einzelne aussergesetzliche Revisionsgründe *«sui generis»*. Wie sich aus der Darstellung der betreffenden Fälle ergibt, ist jedoch fraglich, ob die Konstruktion – die letztlich eine blosse Verlegenheitslösung ist – nötig ist (N. 22 f.). Zusätzliche Revisionsgründe sollten nur anerkannt werden, wenn sie sich aus höherrangigem Recht ableiten lassen.

20 Das Bundesgericht leitet aus dem Verbot der formellen Rechtsverweigerung und dem Anspruch auf rechtliches Gehör (Art. 29 Abs. 1 und 2 BV) einen **bundesverfassungsrechtlichen Minimalanspruch auf Revision** ab[29]. Dieser Anspruch bezieht sich auf den *Revisionsgrund der neuen Tatsachen und Beweismittel*, wie er in § 86a lit. b enthalten ist, und geht nicht weiter als der gesetzliche Anspruch. Der Textbaustein, wonach ein Revisionsanspruch besteht, «wenn der Gesuchsteller erhebliche Tatsachen und Beweismittel namhaft macht, die ihm im früheren Verfahren nicht bekannt waren oder die schon damals geltend zu machen für ihn rechtlich oder tatsächlich unmöglich war oder keine Veranlassung bestand», lässt sich weit zurück nachweisen[30]; der letzte Satzteil darf jedenfalls nicht so interpretiert werden, als ob es auf die Sorgfalt der gesuchstellenden Person (dazu § 86b N. 2 ff.) im ursprünglichen Verfahren nicht ankäme.

21 Kaum geklärt erscheint, ob und inwieweit **darüber hinaus** ein **grundrechtlicher Revisionsanspruch** anzunehmen ist. Das Bundesgericht geht gemäss einer weit zurückreichenden, aber nicht gefestigt wirkenden Praxis davon aus, dass eine rechtsbeständige Verfügung zu revidieren ist, wenn ihr Weiterbestehen zu einem *stossenden und dem Gerechtigkeitsgefühl zuwiderlaufenden Ergebnis* führen würde[31]. Soweit das Bundesgericht von einem solchen Wiedererwägungs- oder Revisionsgrund ausgeht[32], bleibt offen, ob dessen Anwendung im Ermessen der Behörde liegen soll, was allerdings in sich widersprüchlich wäre. Konkrete Fälle, in denen das Vorliegen dieses Wiedererwägungs- oder Revisionsgrundes bejaht wurde, scheinen sehr selten zu sein[33]. Die öffentlichrechtliche Lehre befürwortet teilweise einen verfassungsmässigen Anspruch auf Revision, wenn der angefochtene Entscheid – im Sinn der genannten Bundesgerichtspraxis – im Ergebnis stossend ist oder wenn eine *Verletzung in den Kerngehalten* der Grundrechte bzw. in kerngehaltsnahen Bereichen dargetan wird[34]. Offen erscheint, ob auch ein verfassungsmässiger Anspruch auf eine Revision wegen nachträglich entdeckter *schwerwiegender Ver-*

---

[29] Z.B. BGE 138 I 61, E. 4.3; 136 II 177, E. 2.1; Kölz/Häner/Bertschi, Verwaltungsverfahren, N. 725 f.
[30] BGE 67 I 71, S. 73, mit Hinweis auf einen unpublizierten Entscheid.
[31] BGr, 17.6.2004, 2P.147/2003, E. 2.3, m.H.; BGE 98 Ia 568, E. 5b; anders BGr, 23.5.2007, 2A.710/2006, E. 3.3 (zu Art. 147 Abs. 1 DBG und Art. 51 Abs. 1 StHG). Vgl. auch (zum Steuerverfahrensrecht) VGr, 17.9.2008, SB.2008.00057, E. 2.3.1 (im Grundsatz bejaht, konkret verneint); VGr, 8.7.2009, SB.2008.00111, E. 2.3.1 (im Grundsatz offen gelassen); ferner VGr, 23.9.2009, SB.2009.00073, E. 3.3.1 (Anwendung im Sinn einer Eventualbegründung zulasten der Steuerpflichtigen). Vgl. zum Ganzen Kölz/Häner/Bertschi, Verwaltungsverfahren, N. 728, m.w.H.
[32] Z.B. BGr, 22.11.2011, 2C_115/2011, E. 2.2, m.H.
[33] Richner/Frei/Kaufmann/Meuter, Kommentar StG, § 155 N. 41, verweisen auf einen nicht publizierten Entscheid des Verwaltungsgerichts in Steuersachen.
[34] Vgl. Müller/Schefer, Grundrechte, S. 827; Markus Schefer, Die Kerngehalte von Grundrechten, Bern 2001, S. 394 f.; Tschannen/Zimmerli/Müller, Verwaltungsrecht, § 31 N. 40; vgl. auch Beerli-Bonorand, Rechtsmittel, S. 90 ff.

fahrensmängel – also wegen des Vorliegens kassatorischer Revisionsgründe (Vorbem. zu §§ 86a–86d N. 15) – anzunehmen ist. Der Bundesgesetzgeber ging jedenfalls nicht davon aus, als er Art. 328 ZPO formulierte, der wie § 86a keine derartigen Revisionsgründe enthält[35]. Ein solcher Anspruch könnte sich nur auf Verfahrensfehler beziehen, die schwer wiegen und zudem im ursprünglichen Verfahren im Sinn von § 86b Abs. 1 nicht geltend gemacht werden konnten; in Frage kämen namentlich nachträglich entdeckte Verletzungen der Ausstandsbestimmungen. In diesem engen Rahmen sollte ein Revisionsanspruch aufgrund des Verbots der formellen Rechtsverweigerung (Art. 29 Abs. 1 BV) im Grundsatz anerkannt werden. Fallbeispiele, anhand deren er konkretisiert werden könnte, sind allerdings selten.

Das Verwaltungsgericht anerkennt seinerseits die Existenz von **Revisionsgründen sui generis** neben den gesetzlichen Revisionsgründen von § 86a. Ein solcher Grund soll vorliegen, wenn jemand *am Verfahren zu Unrecht nicht beteiligt worden* ist und davon erst nach Ablauf der Frist für die Einreichung des ordentlichen oder eines anderen ausserordentlichen Rechtsmittels erfährt[36]. Sofern dies nicht ohnehin zur Nichtigkeit der fraglichen Anordnungen führt[37], beginnt indessen nach gefestigter Rechtsprechung und Lehre zum Grundsatz von Treu und Glauben sowie zum Anspruch auf rechtliches Gehör (Art. 5 Abs. 3 und Art. 9 sowie Art. 29 Abs. 2 BV) die Rechtsmittelfrist für die betroffenen Rechtsmittellegitimierten grundsätzlich nicht zu laufen[38]. Erfahren die Betreffenden nachträglich von der Anordnung, können und müssen sie daher das ordentliche Rechtsmittel dagegen ergreifen. Nur wenn es sich beim Entscheid, der ihnen erst nachträglich bekannt wurde, um einen letztinstanzlichen Entscheid handeln würde, wäre also die Revision gegeben (vgl. zum Ganzen auch § 86b N. 5). Es wäre allerdings überzeugender, sie als verfassungsmässigen Anspruch aufzufassen (vgl. N. 21).

Wie erwähnt (N. 5), können auch die aufgrund von Rückzug, Vergleich und Anerkennung getroffenen Erledigungsbeschlüsse, sofern die betreffenden Prozesserklärungen *wegen Willensmängeln zivilrechtlich unwirksam* sind, in Revision gezogen werden. Darin kann ein aussergesetzlicher Revisionsgrund sui generis, aber auch ein Sonderfall neuer erheblicher Tatsachen im Sinn von § 86a lit. b gesehen werden.

Schliesslich ist darauf hinzuweisen, dass die **Praxis zum Steuerverfahrensrecht** – in dem nicht die §§ 86a–86d anwendbar sind, sondern Art. 147–149 DBG bzw. Art. 51 StHG und die §§ 155–158 StG – teils über- und aussergesetzliche Revisionsgründe anerkennt[39]. Dies gilt auch für die Zürcher Rechtsprechung[40].

---

[35] Botschaft ZPO, S. 7379 f. In der zivilprozessualen Lehre wird Art. 328 ZPO als abschliessend bezeichnet; HERZOG, in: Basler Kommentar ZPO, Art. 328 N. 34. Immerhin fordert SCHWANDER, in: Kommentar ZPO 2011, Art. 328 N. 22 f., die Bestimmung nicht restriktiv auszulegen.

[36] VGr, 20.8.2008, VB.2008.00159, E. 3 (im konkreten Fall verneint), gestützt auf die 2. Aufl., N. 17. Vgl. auch VGr, 5.6.2000, VB.2000.00095, E. 2a und 2d.

[37] Vgl. BGE 129 I 361, E. 2.1.

[38] VGr, 13.7.2011, VB.2011.00070, E. 2.3 (URP 2012, 47 ff.); vgl. auch BGr, 7.11.2003, 5A.13/2003, E. 2.1; BGE 116 Ib 321, E. 3a. Vgl. auch § 10 N. 108 f., m.w.H.

[39] Vgl. z.B. VALLENDER/LOOSER, in: Kommentar DBG, Art. 147 N. 21 ff. Anders BGr, 23.5.2007, 2A.710/2006, E. 3.3. Vgl. auch KÖLZ/HÄNER/BERTSCHI, Verwaltungsverfahren, N. 727.

[40] RICHNER/FREI/KAUFMANN/MEUTER, Kommentar StG, § 155 N. 14 ff. Vgl. z.B. VGr, 14.5.2003, RG.2003. 00002, E. 1, zum Vertrauensschutz als verfassungsrechtlichem Revisionsgrund, sowie Fn. 31 und 33.

C. Insbesondere zur Verletzung der EMRK

25 Der Revisionsgrund der *Verletzung der EMRK* ist in den Prozessgesetzen des Bundes für deren Anwendungsbereich enthalten (vgl. Art. 122 BGG, Art. 66 Abs. 2 lit. d VwVG, Art. 328 Abs. 2 ZPO, Art. 410 Abs. 2 StPO). Im Übrigen ergibt er sich indirekt aus der staatsvertraglichen Verpflichtung der Schweiz, in allen Rechtssachen, in denen sie Partei ist, das endgültige Urteil des EGMR zu befolgen (Art. 46 Ziff. 1 EMRK). Dass dieser Revisionsgrund **im kantonalen Verwaltungsprozess** unmittelbar gestützt auf höherrangiges Recht angewendet wird, ist allerdings faktisch wenig wahrscheinlich: Anders als der frühere Art. 139a OG erklärt zwar Art. 122 BGG das Bundesgericht nur zur Revision zuständig, soweit dessen eigene Entscheide angefochten werden. Hat sich eine andere Behörde letztinstanzlich im fraglichen Punkt mit der Sache befasst, so ist sie zur Revision zuständig[41]. Es erscheint jedoch höchstens in ausgesprochenen Ausnahmefällen denkbar, dass ein solches Revisionsgesuch direkt an eine kantonale Behörde zu richten ist. Möglich ist allerdings eine Rückweisung durch das Bundesgericht (vgl. § 86b N. 17).

26 Nicht jede Verurteilung der Schweiz durch den EGMR führt zu einer Revision des betreffenden Entscheids[42]. Laut Art. 122 BGG kann die **Revision von Bundesgerichtsentscheiden** verlangt werden, wenn drei kumulative Voraussetzungen gegeben sind – wenn nämlich erstens der EGMR in einem endgültigen Urteil festgestellt hat, dass die EMRK oder die Protokolle dazu verletzt sind, wenn zweitens eine Entschädigung nicht geeignet ist, die Folgen der Verletzung auszugleichen, und wenn drittens die Revision notwendig ist, um die Verletzung zu beseitigen. Die anderen entsprechenden Bestimmungen des Bundesrechts stellen sinngemäss die gleichen Voraussetzungen auf.

27 Die Revision nach schweizerischem innerstaatlichem Recht ist **subsidiär zur Entschädigung durch den EGMR** nach Art. 41 EMRK[43]. Der EGMR macht diese Entschädigung entgegen dem Wortlaut der Bestimmung nicht davon abhängig, dass das jeweilige Landesrecht nur eine unvollkommene Wiedergutmachung der Verletzungsfolgen gestattet[44]. Hat der EGMR eine Entschädigung zugesprochen, besteht für eine Revision nur Anlass, soweit sie geeignet und erforderlich ist, um dennoch fortbestehende, konkrete Nachteile der Konventionsverletzung zu beseitigen[45].

---

[41] Botschaft Bundesrechtspflege, S. 4352.
[42] BGE 137 III 332, E. 2.4 (Pra 2011 Nr. 105); 137 I 86, E. 3.2.1. Zum Ganzen (auch zum Folgenden) KÖLZ/HÄNER/BERTSCHI, Verwaltungsverfahren, N. 1337 f., mit Literaturhinweisen in N. 1323.
[43] BGE 137 I 86, E. 3.2.
[44] KÖLZ/HÄNER/BERTSCHI, Verwaltungsverfahren, N. 1337, m.H.
[45] Zu den Voraussetzungen im Einzelnen BGE 137 I 86, E. 3.2 und 7.1.

Gesuche

§ 86b

¹ Revisionsgesuche sind unzulässig, wenn die Revisionsgründe im Verfahren, das der Anordnung vorausging, oder mit Rekurs oder Beschwerde gegen die Anordnung hätten geltend gemacht werden können.

² Das Revisionsgesuch ist bei der Behörde, welche die Anordnung getroffen hat, innert 90 Tagen seit Entdeckung des Revisionsgrundes einzureichen. Nach Ablauf von zehn Jahren seit Mitteilung der Anordnung ist ein Revisionsgesuch nur noch aus dem in § 86 a lit. a genannten Grunde zulässig.

Materialien

Vgl. Vorbem. zu §§ 86a–86d.

Literatur

Vgl. Vorbem. zu §§ 86a–86d.

Inhaltsübersicht

I.	Subsidiarität der Revision	1–7
	A. Verhältnis zum ordentlichen Verfahren im Allgemeinen	1–4
	B. Verhältnis zur Wiederaufnahme des ordentlichen Verfahrens	5–7
II.	Funktionelle Zuständigkeit	8–18
	A. Revisionsgrund der neuen erheblichen Tatsachen oder Beweismittel (eingeschlossen Beeinflussung durch Verbrechen und Vergehen)	8–16
	B. Revisionsgrund der EMRK-Verletzung	17
	C. Entdeckung des Revisionsgrunds vor Ausfällung des Bundesgerichtsentscheids	18
III.	Fristen	19–21

I. Subsidiarität der Revision

A. Verhältnis zum ordentlichen Verfahren im Allgemeinen

§ 86b Abs. 1 hält den Grundsatz der **Subsidiarität** der Revision als eines ausserordentlichen Rechtsmittels allgemein fest. Indem § 86b Abs. 1 Revisionsgesuche, welche die Subsidiarität der Revision missachten, als «unzulässig» bezeichnet, wird die Subsidiarität zur *Eintretensvoraussetzung* erklärt; auf Revisionsgesuche, die dieses Erfordernis nicht erfüllen, ist nicht einzutreten[1]. 1

Nach § 86b Abs. 1 bilden somit neue Tatsachen und Beweismittel im Sinn von § 86a lit. b und Feststellungen über strafrechtlich relevante Beeinflussungen im Sinn von § 86a lit. a von vornherein keinen Revisionsgrund, *wenn sie im Verfahren, das der Anordnung vorausging, oder mit einem ordentlichen Rechtsmittel hätten geltend gemacht werden können*. Hinsichtlich des praktisch bedeutsamen Revisionsgrundes von § 86a lit. b ist dieser Grundsatz im Übrigen bereits in jener Bestimmung ausgesprochen (§ 86a N. 14, 18). Rechtskräftige Anordnungen sollen nicht wegen Tatsachen und Beweismitteln geändert 2

---

[1] VGr, 2.7.2012, RG.2012.00006, E. 3.1.1; vgl. auch MÄCHLER, in: Kommentar VwVG, Art. 66 N. 31.

§ 86b

werden können, die private Gesuchstellende bei ordentlicher Mitwirkung am früheren Verfahren schon damals hätten vorbringen können bzw. die gesuchstellende Behörde damals von Amtes wegen hätte berücksichtigen müssen[2].

3 Ob die neu geltend gemachten Tatsachen und Beweismittel bereits im **Verfahren, das der rechtskräftigen Anordnung vorausging**, «hätten geltend gemacht werden können», ist unter Mitberücksichtigung der *Untersuchungspflicht* der Behörde (§ 7 Abs. 1, § 60) zu beurteilen. Allerdings wird die Untersuchungspflicht der Verwaltungsbehörden durch die *Mitwirkungspflicht* der Parteien relativiert (§ 7 Abs. 2). Die private Partei kann sich demnach nicht revisionsweise auf Tatsachen und Beweismittel berufen, die sie aufgrund ihrer Mitwirkungspflicht bereits im ordentlichen Verfahren hätte vorbringen sollen. Da diese Mitwirkungspflicht im nichtstreitigen Verfahren stärker als im streitigen sowie im Rekursverfahren stärker als im Beschwerdeverfahren ausgebildet ist, hängt der *Massstab für die erforderliche Sorgfalt* davon ab, ob um Revision einer Verfügung, eines Rekursentscheids, eines Beschwerdeentscheids oder eines im Klageverfahren ergangenen Urteils ersucht wird. Umgekehrt kann die verfügende Behörde bzw. das durch sie vertretene Gemeinwesen nicht Revision eines Rekurs- oder Beschwerdeentscheids wegen neu entdeckter Tatsachen und Beweismittel verlangen, die aufgrund der Untersuchungspflicht bereits im nichtstreitigen Verwaltungsverfahren hätten ermittelt werden sollen.

4 Weiter ist die Berufung auf Gründe unzulässig, die mit **Rekurs oder Beschwerde gegen die Anordnung oder den Entscheid** hätten geltend gemacht werden können. Grundsätzlich gleich wie die *Rechtsmittel des kantonalen Rechts* müssen in diesem Zusammenhang die *Beschwerden an das Bundesgericht* (einschliesslich der subsidiären Verfassungsbeschwerde) oder allenfalls an andere Bundesorgane behandelt werden, wobei sich aus dem Bundesrecht ergibt, welche Rügen mit diesen Rechtsmitteln vorgebracht werden können (vgl. aber auch N. 18). Für die private Partei ist damit die Berufung auf praktisch alle Tatsachen und Beweismittel ausgeschlossen, die sich bereits damals in ihrem Wahrnehmungsbereich befanden; das gilt selbst hinsichtlich solcher Tatsachen, die in dem der Anordnung vorangehenden Verfahren nach dem Untersuchungsgrundsatz von Amtes wegen hätten ermittelt werden müssen. Hingegen muss sich die private Partei bei einem Verwaltungsentscheid angesichts der Untersuchungspflicht der Behörde auf behördliche Angaben über Tatsachen, die ihrem Wahrnehmungsbereich entzogen sind, verlassen können; entdeckt sie die Unrichtigkeit erst nach Ablauf der ordentlichen Rechtsmittelfrist, so kann ihr, wenn sie hierauf ein Revisionsgesuch stellt, kein Mangel an Umsicht vorgeworfen werden[3]. Wenn Verfahrensbeteiligte Tatsachen und Beweismittel erst nach Abschluss des Rekursverfahrens entdecken, können sie diese trotz einem allfälligen Novenverbot (vgl. § 52 Abs. 2) auch noch im Beschwerdeverfahren, selbst nach Ablauf der Beschwerdefrist, vorbringen, sofern es sich um Revisionsgründe handeln würde[4]. Daraus folgt, dass sie diese Gelegenheit wahrnehmen müssen; stand sie ihnen zur Verfügung, ist ihr späteres Revisionsbegehren nicht zuzulassen.

---

[2] Als Beispiel: VGr, 20.8.2008, VB.2008.00204, E. 4.
[3] RB 1983 Nr. 25.
[4] Vgl. RB 1999 Nr. 31, E. 2b; 1976 Nr. 18. Vgl. auch VGr, 3.11.2010, VB.2010.00299, E. 2.1.

B. Verhältnis zur Wiederaufnahme des ordentlichen Verfahrens

Die Revision muss gegenüber dem ordentlichen Rechtsmittelweg auch dann subsidiär sein, wenn dieser aus besonderen Gründen **ausserhalb der gesetzlichen Rechtsmittelfristen** beschritten werden kann. So schliessen Rechtsprechung und Lehre aus dem Grundsatz von Treu und Glauben und aus dem Anspruch auf rechtliches Gehör (Art. 5 Abs. 3 und Art. 9 sowie Art. 29 Abs. 2 BV), dass die Rechtsmittelfrist für *Rechtsmittellegitimierte, denen eine Anordnung nicht eröffnet wird*, grundsätzlich nicht zu laufen beginnt[5]. Erfahren die Betreffenden nachträglich von der Verfügung oder dem Rechtsmittelentscheid, müssen sie innerhalb einer nach Treu und Glauben zu bestimmenden Frist das ordentliche Rechtsmittel dagegen ergreifen. Um die Wiederherstellung der Frist braucht nach der Praxis nicht ersucht zu werden[6]. Damit entfällt bei nicht letztinstanzlichen Entscheiden – entgegen der Rechtsprechung des Verwaltungsgerichts[7] – der Anlass zur Annahme eines aussergesetzlichen Revisionsgrundes, wenn jemand am Verfahren zu Unrecht nicht beteiligt worden ist und davon erst nach Ablauf der Frist für die Einreichung des ordentlichen oder eines anderen ausserordentlichen Rechtsmittels erfährt. Diese Lösung erscheint auch zweckmässiger, da das ordentliche Verfahren im Gegensatz zur Revision (§ 86d N. 5) im Rahmen der Kognition auf die umfassende Berücksichtigung der Vorbringen sowie die Abwägung aller massgeblichen Interessen ausgerichtet ist.

Schliesslich ist die Revision auch zur **Fristwiederherstellung** (Restitution) im ordentlichen Verfahren subsidiär, sofern deren Voraussetzungen gegeben sind. Mit der Restitution einer Rechtsmittelfrist (§ 12 Abs. 2; vgl. § 12 N. 35 ff.) wird die Rechtskraft des angefochtenen Entscheids beseitigt und das ordentliche Verfahren wieder geöffnet, während die Revision sich erst gegen das rechtskräftige Urteil richten kann. *Fristwiederherstellungs- und Revisionsgründe stimmen* im Allgemeinen inhaltlich *nicht überein*: Erstere führten zur unverschuldeten Fristversäumnis, Letztere zur materiellen Fehlerhaftigkeit des Entscheids. Wer auf die Anfechtung einer Verfügung oder eines Entscheids verzichtet hat und später von Revisionsgründen erfährt, hat im Regelfall Revision und nicht Fristwiederherstellung zu verlangen. Mit anderen Worten: Die fehlende Kenntnis von Revisionsgründen stellt keinen Fristwiederherstellungsgrund dar.

Überlappungen können sich aber *in Ausnahmefällen* ergeben, etwa wenn vorgebracht wird, eine erst nachträglich diagnostizierte psychische Erkrankung der gesuchstellenden Person habe sowohl den angefochtenen Entscheid inhaltlich beeinflusst – weil dieser etwa auf eine Prüfungsleistung oder das Verschulden abstellte oder allenfalls, weil deswegen Mitwirkungsrechte nicht gebührend wahrgenommen wurden – und zugleich die fristgerechte Rechtsmittelerhebung verhindert. In diesen Fällen, in denen sich Restitutions- und Revisionsgründe überschneiden, *geht die Fristwiederherstellung der Revision vor*, was auch bedeutet, dass die kürzere Frist von § 12 Abs. 2 einzuhalten ist[8]. In ausge-

---
[5] VGr, 13.7.2011, VB.2011.00070, E. 2.3 (URP 2012, 47 ff.); vgl. auch BGr, 7.11.2003, 5A.13/2003, E. 2.1; BGE 116 Ib 321, E. 3a. Vgl. auch § 10 N. 108 f., m.w.H.
[6] VGr, 3.11.2010, VB.2010.00334, E. 2.4.
[7] VGr, 20.8.2008, VB.2008.00159, E. 3 (im konkreten Fall verneint), gestützt auf die 2. Aufl., § 86a N. 17. Vgl. auch VGr, 5.6.2000, VB.2000.00095, E. 2a und 2d, und § 86a N. 22.
[8] RB 2001 Nr. 104, E. 3c (SB.2001.00055); VGr, 9.1.2002, VB.2001.00339, E. 6 (unveröffentlicht); vgl. auch RB 1972 Nr. 34.

sprochenen *Zweifelsfällen* wäre allerdings zu prüfen, ob das rechtzeitig eingereichte Revisionsgesuch nach Treu und Glauben als Fristwiederherstellungsgesuch entgegengenommen bzw. weitergeleitet werden kann, um eine erneute unverschuldete Fristversäumnis zu vermeiden.

II. Funktionelle Zuständigkeit

A. Revisionsgrund der neuen erheblichen Tatsachen oder Beweismittel (eingeschlossen Beeinflussung durch Verbrechen und Vergehen)

8   Das Revisionsgesuch ist «**bei der Behörde, welche die Anordnung getroffen hat**», einzureichen. Damit wird zugleich diese Behörde für zuständig erklärt. Die Revision ist also ein *nicht devolutives Rechtsmittel*. Haben die Behördemitglieder, die über das Revisionsgesuch entscheiden, bereits bei der angefochtenen Anordnung mitgewirkt, so liegt darin gemäss der Praxis grundsätzlich keine nach Art. 29 Abs. 1 BV, Art. 30 Abs. 1 BV oder Art. 6 Ziff. 1 EMRK unzulässige Vorbefassung, weil die Betreffenden nicht in einer anderen Stellung innerhalb des gleichen Verfahrens gehandelt haben und nicht die gleichen Fragen zu beantworten sind wie im ursprünglichen Verfahren[9].

9   Die in § 86b Abs. 2 getroffene Zuständigkeitsregel ist auslegungsbedürftig, sofern in der betreffenden Angelegenheit ein Rechtsmittelentscheid ergangen ist. **Funktionell zuständig** für die Behandlung eines Revisionsbegehrens ist jene Instanz, die «als letzte Instanz in der Sache entschieden hat» (so der Wortlaut von Art. 328 Abs. 1 ZPO). Kaum Probleme stellen sich, wenn die Rechtsmittelinstanz auf die Sache **nicht eingetreten** ist. In diesem Fall ist die untere Instanz für die Behandlung des Revisionsbegehrens zuständig, es sei denn, die darin geltend gemachten Tatsachen oder Beweismittel beträfen gerade die von der Rechtsmittelinstanz verneinten Eintretensvoraussetzungen.

10 Wenn die Rechtsmittelinstanz sich **materiell mit der Sache befasst** hat, so bestehen verschiedene Anknüpfungspunkte in Bezug auf die funktionelle Zuständigkeit für die Revision, die in Praxis und Lehre weder einheitlich gehandhabt noch stets klar unterschieden werden. Die folgende Übersicht über die möglichen Kriterien baut auf der Rechtsprechung des Bundesgerichts (N. 11 f.) und des Verwaltungsgerichts (N. 13) auf.

– Zunächst ist auf die *Wirkung des Rechtsmittelentscheids* abzustellen. Tritt der Rechtsmittelentscheid *an die Stelle des vorinstanzlichen Entscheids*, so handelt es sich bei ihm um das einzige bestehende Anfechtungsobjekt, gegen das überhaupt eine Revision ergriffen werden kann. Das ist regelmässig der Fall, soweit die Rechtsmittelinstanz das konkrete Rechtsmittel mit einem *reformatorischen Entscheid gutgeheissen hat* oder sämtliche vorinstanzlichen Entscheide *kassiert* hat, ohne eine Rückweisung vorzunehmen. Sofern man von der Prämisse ausgeht, dass der in einem ordentlichen Rechtsmittelverfahren ergangene materielle Entscheid stets – also auch im Fall einer Abweisung – den vorinstanzlichen Entscheid ersetzt, ist sodann die Schlussfolgerung

---

[9]   Vgl. BGr, 20.7.2009, 6B_463/2009, E. 2.3.2; BGE 113 Ia 62, E. 3b (Pra 1987 Nr. 230). So auch Art. 34 Abs. 2 BGG. Kritisch KIENER, Unabhängigkeit, S. 174 f., allerdings namentlich in Bezug auf die im VRG nicht vorgesehene Revision wegen Verfahrensmängeln; SCHWANDER, in: Kommentar ZPO 2011, Art. 328 N. 21.

unausweichlich, dass der materielle, in einem ordentlichen Rechtsmittelverfahren gefällte Entscheid stets das Anfechtungsobjekt der Revision bildet (vgl. aber N. 13 f.).

– Ersetzt der Rechtsmittelentscheid den vorinstanzlichen Entscheid nicht, so stellt sich die Frage, ob die *Kognition* und/oder die *Entscheidungsbefugnis* der Rechtsmittelinstanz massgeblich sein sollen. Diese Frage stellt sich nach einer *Abweisung* im Rahmen eines ausserordentlichen Rechtsmittelverfahrens sowie nach einer Abweisung im ordentlichen Rechtsmittelverfahren, wenn man verneint, dass der im ordentlichen Rechtsmittelverfahren ergangene Entscheid den vorinstanzlichen Entscheid stets – also auch bei Abweisung – ersetzt. Ist die Kognition massgeblich, so ist in den genannten Fällen die Revision nur dann gegen den Rechtsmittelentscheid zu richten, wenn die Rechtsmittelinstanz den Sachverhalt überprüfen konnte. Ist die Entscheidungsbefugnis massgeblich, so ist das Revisionsgesuch nur dann an die Rechtsmittelinstanz zu richten, wenn diese reformatorisch entscheiden kann.

Die Praxis hat unterschiedliche Antworten auf diese Fragen gegeben. Die **Bundesgerichtspraxis** muss vor dem Hintergrund gesehen werden, dass das Bundesgericht vor der Totalrevision der Bundesrechtspflege mit verschieden gearteten Rechtsmitteln angerufen werden konnte. Die frühere Praxis wurde ausdrücklich für weiterhin massgeblich erklärt[10]. Dies überzeugt allerdings nicht, soweit die Grundlagen geändert haben.

– Wurde der ursprüngliche Entscheid im Verfahren der *Beschwerde in Zivilsachen* oder der *Beschwerde in öffentlichrechtlichen Angelegenheiten* gefällt, erklärt sich das Bundesgericht als für das Revisionsgesuch zuständig, sofern dieses den damaligen Streitgegenstand vor Bundesgericht betrifft. Dies begründet es damit, dass der im Rahmen eines ordentlichen Rechtsmittelverfahrens gefällte Bundesgerichtsentscheid den vorinstanzlichen Entscheid ersetzt habe und den einzigen in Rechtskraft befindlichen Entscheid darstelle, der als Anfechtungsobjekt dienen könne[11]. Dies gilt auch dann, wenn es sich um einen abweisenden Entscheid handelt, und unabhängig davon, inwieweit dem Bundesgericht die Befugnis zur Überprüfung des Sachverhalts zukam. Diese Rechtsprechung, die ursprünglich zur zivilrechtlichen Berufung entwickelt wurde und auch für die Verwaltungsgerichtsbeschwerde galt, reicht sehr weit zurück[12]. Das Bundesgericht bejaht hier die Frage, ob die «Einheitsbeschwerden» ordentliche Rechtsmittel sind, und geht – nicht zwingend deswegen – davon aus, dass der ordentliche Rechtsmittelentscheid den vorinstanzlichen Entscheid ersetzt.

– In *Strafsachen* lässt das Bundesgericht die Revision gegen seine Entscheide dagegen nur zu, soweit es im betreffenden Urteil tatsächliche Feststellungen von Amtes wegen abzuklären hatte oder solche der Vorinstanz durch eigene ersetzt hat[13]. Diese Praxis geht auf die frühere strafrechtliche Nichtigkeitsbeschwerde zurück, ein ausserordent-

11

---

[10] BGE 134 III 669, E. 2.1 (Pra 2009 Nr. 57); 134 IV 48, E. 1.2 (Pra 2008 Nr. 135).
[11] BGE 138 II 386, E. 6.2; BGr, 30.9.2011, 8C_602/2011, E. 1.3 (wo diese Wirkung darauf zurückgeführt wird, dass es sich um ein reformatorisches Rechtsmittel handle); 28.8.2008, 5F_7/2008, E. 2 (wo sie zudem aus dem Devolutiveffekt abgeleitet wird); 14.4.2011, 8C_775/2010, E. 4.2.1; BGE 134 III 669, E. 2.2 (Pra 2009 Nr. 57).
[12] Vgl. BGE 118 Ia 366 (Pra 1993 Nr. 145); 107 Ia 187, E. 1b; 25 II 689, E. 1.
[13] BGr, 19.10.2011, 6F_12/2011, E. 2.1; BGE 134 IV 48, E. 1.5 (Pra 2008 Nr. 135).

liches, kassatorisches Rechtsmittel. Dass die Praxis zu diesem Rechtsmittel unbesehen auf die Beschwerde in Strafsachen übertragen wurde, überzeugt nicht[14].

– Zur Revision von Entscheiden, die im Rahmen der *subsidiären Verfassungsbeschwerde* gefällt wurden, scheint noch keine einschlägige Praxis zu bestehen. Jedenfalls kann die Praxis zur früheren staatsrechtlichen Beschwerde nicht ohne weiteres übernommen werden: Da es sich um ein ausserordentliches, grundsätzlich kassatorisches Rechtsmittel handelte, war die Revision nur insoweit gegen den Entscheid des Bundesgerichts zu richten, als dieses ausnahmsweise den Sachverhalt zu überprüfen hatte[15].

12 Die *Weiterführung der jeweiligen früheren Praxis* lässt sich nicht damit begründen, dass der Gesetzgeber bei der Totalrevision der Bundesrechtspflege die Revision im Grundsatz unverändert belassen wollte[16]: Die Einführung der «Einheitsbeschwerden» betraf die Grundlagen der Revision, nämlich die Anfechtungsobjekte. Insbesondere lässt sich ein grundlegender Unterschied zwischen den Beschwerden in Zivilsachen und öffentlich-rechtlichen Angelegenheiten einerseits und der Beschwerde in Strafsachen anderseits sowie zwischen den Einheitsbeschwerden und der subsidiären Verfassungsbeschwerde nicht mehr aufrechterhalten.

13 Gemäss der **Praxis des Verwaltungsgerichts** ist bei Anwendbarkeit des *kantonalen Rechts* jene Instanz funktionell zur Behandlung eines Revisionsbegehrens zuständig, die sich mit den nachgebrachten Tatsachenbehauptungen oder Beweismitteln, wären diese schon im ordentlichen Verfahren beigebracht worden, hätte auseinandersetzen müssen[17]. Ist eine kantonale Verwaltungsjustizbehörde auf das Rechtsmittel *nicht eingetreten,* so ist die untere Instanz zur Behandlung des Revisionsbegehrens zuständig, es sei denn, die darin geltend gemachten Tatsachen oder Beweismittel beträfen gerade die von der Rechtsmittelinstanz verneinten Eintretensvoraussetzungen. Hat die kantonale Rechtsmittelinstanz die Sache *materiell überprüft,* stellt das Verwaltungsgericht darauf ab, mit welcher *Kognition* (mit oder ohne Sachverhaltskontrolle) und mit welcher *Entscheidungsbefugnis* (mit oder ohne reformatorische Tätigkeit) sie dies getan hat: Zur Revision einer im Rechtsmittelverfahren *allseitig überprüften Verfügung* ist die Rechtsmittelinstanz zuständig, denn der Rechtsmittelentscheid ersetzt in diesem Fall – auch bei Abweisung der Beschwerde – den vorinstanzlichen Entscheid[18]. Kann hingegen die Rechtsmittelinstanz *den Sachverhalt nur eingeschränkt überprüfen,* tritt ihre Abweisung des Rechtsmittels nicht an die Stelle des vorinstanzlichen Entscheids, weshalb in diesem Fall die Vorinstanz zur Behandlung eines Revisionsbegehrens zuständig bleibt[19]. Implizit geht das Verwaltungsgericht also davon aus, dass der abweisende Entscheid im ordentlichen kantonalen Rechtsmittelverfahren den vorinstanzlichen Entscheid nicht ausnahmslos ersetzt. Weil die Rekursbehörden und das Verwaltungsgericht den Sachverhalt nach § 20 Abs. 1 lit. b (i.V.m. § 50) und

---

[14] Sinngemäss gl.M. Escher, in: Prozessieren vor Bundesgericht, N. 8.5. Das Bundesgericht bezeichnet die Beschwerde in Strafsachen als ausserordentliches Rechtsmittel; vgl. z.B. BGr, 23.8.2012, 6B_811/2010, E. 1.
[15] BGE 121 IV 317, E. 2; 118 Ia 366 (Pra 1993 Nr. 145); 107 Ia 187, E. 2. Vgl. zum Ganzen auch Kölz/Häner/Bertschi, Verwaltungsverfahren, N. 1790 f.
[16] Vgl. dazu Botschaft Bundesrechtspflege, S. 4352 ff.
[17] VGr, 2.7.2012, RG.2012.00006, E. 3.1.
[18] RB 1974 Nr. 45. Vgl. auch VGr, 2.12.2004, VB.2004.00366, E. 4.2.
[19] RB 1984 Nr. 62.

§ 20a (i.V.m. § 52) grundsätzlich frei überprüfen können, hat sich somit das Revisionsbegehren *gegen den jeweils letztinstanzlichen materiellen Entscheid* zu richten, auch wenn es sich dabei um eine Abweisung handelt[20]. Dies gilt jedenfalls, soweit sie nach §§ 27–27b (i.V.m. § 63) reformatorisch entscheiden können (vgl. dazu N. 15).

Als **Stellungnahme:** Die *Wirkung des Rechtsmittelentscheids* ist zwingend das massgebliche Kriterium, soweit der Entscheid der unteren Instanz *ersatzlos aufgehoben* wird, also bei *reformatorischer Gutheissung* und bei *Kassation ohne Rückweisung*. In diesem Fall kann sich die Revision nur gegen den Rechtsmittelentscheid richten. Im Fall der *Abweisung* lässt sich die Lösung nicht aus der Kennzeichnung eines Rechtsmittels als ordentlich, reformatorisch, devolutiv oder vollkommen ableiten. Ob die materielle Behandlung des Rechtsmittels sich auch im Fall einer Abweisung auf die Existenz des angefochtenen Entscheids auswirkt, lässt sich weiter nicht zwingend daraus folgern, ob das Rechtsmittel die Rechtskraft des angefochtenen Entscheids hemmt oder nicht; es ergibt sich auch nicht daraus, ob die Rechtsmittelinstanz den angefochtenen Entscheid nur kassieren oder ob sie einen neuen Entscheid fällen darf. Leitlinie sollte sein, «dass sich jene Instanz mit dem Revisionsgesuch befasst, welche sich mit den Punkten, auf die sich das Gesuch erstreckt, tatsächlich auseinandergesetzt hat»[21]. Somit erscheint es am zweckmässigsten, bei *abweisenden Rechtsmittelentscheiden* auf die *Kognition* abzustellen: War die Rechtsmittelinstanz im ursprünglichen Verfahren befugt, den fraglichen Sachverhalt festzustellen bzw. zu überprüfen, so sollte sich das Revisionsbegehren in diesem Umfang gegen den Rechtsmittelentscheid richten, andernfalls gegen den Entscheid der unteren Instanz[22]. Dabei ist nicht von Belang, ob die Rechtsmittelinstanz im Vergleich zur unteren Instanz von einem veränderten Sachverhalt ausgegangen ist.

14

Die *Entscheidungsbefugnis* wäre allerdings *in einem speziellen Fall beachtlich,* nämlich wenn die Rechtsmittelinstanz die angefochtene Anordnung nicht aufheben oder ändern, sondern nur *deren Rechtswidrigkeit feststellen* (und eine Entschädigung zusprechen) kann. Dies gilt grundsätzlich in personalrechtlichen Angelegenheiten, wenn die *Beendigung des Arbeitsverhältnisses* in Frage steht (vgl. § 27a und § 63 Abs. 3). In den betreffenden Fällen ändert die Rechtsmittelerhebung an der Rechtskraft der Auflösung des Arbeitsverhältnisses nichts mehr[23]. Neue Tatsachen und Beweismittel wären demnach insoweit vor der unteren Instanz vorzubringen. Konsequenterweise müsste dies unabhängig davon gelten, ob noch ein ordentliches Rechtsmittel hängig ist.

15

Liegt als letzter Entscheid des früheren Verfahrens der Entscheid einer unteren Instanz vor, der aufgrund einer **Rückweisung** getroffen und nicht mehr angefochten wurde, so ist die Revision gegen diesen Entscheid zu richten[24].

16

---

[20] So auch RB 2006 Nr. 24, E. 2.2. – RB 1984 Nr. 62 betraf die damalige Beschwerde in Steuersachen mit stark beschränkter Befugnis des Verwaltungsgerichts zur Überprüfung des Sachverhalts. Der Entscheid lässt sich nicht allgemein auf das Beschwerdeverfahren vor dem Verwaltungsgericht übertragen.
[21] MERKLI/AESCHLIMANN/HERZOG, Kommentar VRPG, Art. 97 N. 2.
[22] Ebenso KÖLZ/HÄNER/BERTSCHI, Verwaltungsverfahren, N. 1790 f.; im Ergebnis gl.M. ESCHER, in: Basler Kommentar BGG, Art. 123 N. 6.
[23] Vgl. VGr, 7.4.2004, PB.2004.00003, E. 5.1; VGr, 11.4.2001, PB.2000.00024, E. 5b.
[24] So jedenfalls die Lehre zum Zivilprozessrecht: HERZOG, in: Basler Kommentar ZPO, Art. 328 N. 24 und 79; SCHWANDER, in: Kommentar ZPO 2011, Art. 328 N. 19. In diese Richtung sinngemäss auch VGr, 9.2.2011, VB.2010.00460, E. 2, m.H., wonach die untere Instanz aufgrund von Revisionsgründen vom

B. Revisionsgrund der EMRK-Verletzung

17 Für die *Revision wegen Verletzung der EMRK* ist das **Bundesgericht** zuständig, wenn es auch im vorangehenden Verfahren sachlich zuständig war[25]. Sämtliche kantonalen Entscheide und Erlasse können – soweit nicht ein Rechtsmittel an eine andere Instanz des Bundes gegeben ist – entweder mit Beschwerde in öffentlichrechtlichen Angelegenheiten oder mit subsidiärer Verfassungsbeschwerde beim Bundesgericht angefochten werden (Art. 82 ff. und Art. 113 BGG), und dieses kann die Rüge der Verletzung der EMRK in sämtlichen Beschwerdeverfahren prüfen (Art. 95 lit. b und Art. 116 BGG[26]). Daher erscheint *höchstens in ausgesprochenen Ausnahmefällen* denkbar, dass sich ein Revisionsgesuch wegen Verletzung der EMRK *direkt an eine kantonale Behörde* zu richten hätte. Dies schliesst Rückweisungen durch das Bundesgericht nicht aus[27].

C. Entdeckung des Revisionsgrunds vor Ausfällung des Bundesgerichtsentscheids

18 Art. 125 BGG schliesst die Revision eines Bundesgerichtsentscheids aus, wenn sie aus einem Grund verlangt wird, der schon vor der Ausfällung des Bundesgerichtsentscheids entdeckt wurde und mit einem Revisionsgesuch vor der Vorinstanz hätte geltend gemacht werden können. Entgegen dem Wortlaut der Bestimmung setzt die Anwendung von Art. 125 BGG nicht voraus, dass der Bundesgerichtsentscheid den Entscheid der Vorinstanz bestätigt[28]. Das auf den vorinstanzlichen Entscheid anwendbare Prozessrecht muss jedoch den betreffenden Revisionsgrund zulassen[29]. Soweit die Erhebung einer Beschwerde an das Bundesgericht die Rechtskraft des angefochtenen Entscheids hemmt[30], wirft Art. 125 BGG die Frage auf, ob die Revision vor der Vorinstanz auch dann verlangt werden kann, wenn das kantonale Recht – wie § 86a – keine Revision gegen noch nicht rechtskräftige Entscheide vorsieht. Zu Recht hat das Bundesgericht diese Frage bejaht; die Beschränkung der Revision auf rechtskräftige Verfügungen im kantonalen Recht ändert also nichts an der Anwendbarkeit von Art. 125 BGG[31]. Wird ein Revisionsgrund nach der Erhebung einer Beschwerde an das Bundesgericht gegen den kantonal letztinstanzlichen Entscheid entdeckt, so hat die betreffende Partei ein Revisionsgesuch bei der kanto-

---

Rückweisungsentscheid abweichen kann. Art. 128 Abs. 2 BGG, der die Revision von Rückweisungsentscheiden regelt, hätte demnach nur einen schmalen Anwendungsbereich.

[25] Botschaft Bundesrechtspflege, S. 4352; ESCHER, in: Basler Kommentar BGG, Art. 122 N. 2, 127 N. 3.
[26] Dazu BIAGGINI, in: Basler Kommentar BGG, Art. 116 N. 17 ff.
[27] ESCHER, in: Kommentar BGG, Art. 122 N. 7.
[28] ESCHER, in: Kommentar BGG, Art. 125 N. 3; POUDRET, Commentaire OJ, Art. 138 N. 4. A.M. VON WERDT, in: Handkommentar BGG, Art. 125 N. 4.
[29] VON WERDT, in: Handkommentar BGG, Art. 125 N. 11; vgl. auch BGE 138 II 386, E. 6.4.
[30] Für die Beschwerde in öffentlichrechtlichen Angelegenheiten: BGr, 16.8.2011, 9C_774/2010 und 9C_441/2011, E. 3.2; VGr, 25.10.2010, VB.2010.00429, E. 5.2. Für die subsidiäre Verfassungsbeschwerde kann die Frage noch nicht als geklärt gelten.
[31] BGE 138 II 386, E. 6.3 f.; ebenso die Lehre: FERRARI, in: Commentaire LTF, Art. 125 N. 2; VON WERDT, in: Handkommentar BGG, Art. 125 N. 13. Anders noch BGr, 16.8.2011, 9C_774/2010 und 9C_441/2011, E. 3.2 f.

nalen Instanz zu stellen und zugleich beim Bundesgericht um Sistierung des Verfahrens bis zum Abschluss des kantonalen Revisionsverfahrens zu ersuchen[32].

III. Fristen

Die **relative Frist von 90 Tagen** (§ 86b Abs. 2) beginnt ab «Entdeckung des Revisionsgrundes» zu laufen. Mit *Entdecken* ist die *sichere Kenntnis* der früher unbekannten Tatsachen und Beweismittel gemeint; bloss vage Anhaltspunkte muss sich die betroffene Person bei der Fristberechnung nicht als Entdeckung entgegenhalten lassen[33]. Wird der Revisionsgrund von § *86a lit. a* angerufen, so kann die Erledigung des Strafverfahrens abgewartet werden (vgl. Art. 124 Abs. 1 lit. d BGG, laut dem der «Abschluss des Strafverfahrens» massgeblich ist; vgl. auch § 86a N. 12)[34]. Die Revision wegen eines angeblichen *Willensmangels* ist ebenfalls innerhalb der Frist von 90 Tagen gemäss § 86b Abs. 2 zu verlangen, ungeachtet der einjährigen Frist zur Geltendmachung nach Art. 31 Abs. 1 OR. Laut Bundesgericht wird das Bundesrecht nicht verletzt, wenn die Unwirksamkeit des Vertrags innerhalb der kürzeren Fristen des kantonalen Prozessrechts geltend gemacht werden muss[35].

19

Die Frist von 90 Tagen ist als gesetzliche Frist grundsätzlich *nicht erstreckbar* (§ 12 Abs. 1). Sie ist jedoch – gemäss § 12 Abs. 2 bzw. einem allgemeinen Rechtsgrundsatz[36] – *wiederherstellbar*. Sie ist eine *Verwirkungsfrist* mit der Folge, dass auf ein Gesuch, das nach ihrem Ablauf gestellt wird, nicht einzutreten ist. Es ist davon auszugehen, dass auch die Frist für ein Gesuch um Revision eines Verwaltungsgerichtsurteils während der *Gerichtsferien* (§ 71 VRG i.V.m. Art. 145 ZPO) *nicht still steht*[37]: Die Verweisung von § 71 erfasst das Revisionsverfahren nicht, und im Gegensatz zur Wiederherstellung unverschuldet versäumter Fristen lassen sich Gerichtsferien auch nicht auf einen allgemeinen Rechtsgrundsatz zurückführen.

20

§ 86b Abs. 2 Satz 2 statuiert ferner für auf § 86a lit. b gestützte Revisionsbegehren eine **absolute Verwirkungsfrist von zehn Jahren** seit Mitteilung der in Rechtskraft erwachsenen Anordnung. Tatsachen, die erst nach derart langer Zeit entdeckt werden, sollen nach dem Willen des Gesetzgebers im Interesse der Rechtssicherheit nicht mehr zu einer Revision der rechtskräftigen Anordnung führen können. Diese absolute Verwirkungsfrist gilt nicht für auf § 86a lit. a gestützte Revisionsbegehren.

21

---

[32] BGE 138 II 386, E. 7, m.H.
[33] BGr, 8.12.2011, 8C_434/2011, E. 4.1, m.H.; BGE 95 II 283, E. 2b; MÄCHLER, in: Kommentar VwVG, Art. 67 N. 2; SCHERRER, in: Praxiskommentar VwVG, Art. 67 N. 4.
[34] Vgl. dazu ESCHER, in: Basler Kommentar BGG, Art. 124 N. 4. Massgeblich muss in der Regel der Eintritt der Rechtskraft des Strafurteils sein; vgl. MÄCHLER, in: Kommentar VwVG, Art. 67 N. 2.
[35] BGE 110 II 44, E. 4. Offen lassend: VGr, 13.6.2007, PB.2006.00045, E. 3.3.1 f. Vgl. auch Botschaft ZPO, S. 7380.
[36] BGr, 10.3.2009, 1C_491/2008, E. 1.2; BGE 117 Ia 297, E. 3c (Pra 1992 Nr. 236).
[37] Anders zum früheren Recht RB 1985 Nr. 22. Anders ist auch die Rechtslage im Verfahren vor Bundesgericht, wo Art. 46 BGG auf die Revision anwendbar ist; vgl. BGr, 25.9.2012, 2F_20/2012, E. 1.1.

> *Verfahren*
>
> **§ 86c**
>
> ¹ Das Revisionsgesuch muss die Revisionsgründe angeben und die für den Fall einer neuen Anordnung in der Sache gestellten Anträge enthalten. Beweismittel sollen beigelegt oder, soweit dies nicht möglich ist, genau bezeichnet werden.
>
> ² Die Einreichung des Revisionsgesuches schiebt die Vollstreckung der angefochtenen Anordnung nur auf, wenn die angerufene Behörde es bestimmt.

Materialien

Vgl. Vorbem. zu §§ 86a–86d.

Literatur

Vgl. Vorbem. zu §§ 86a–86d.

Inhaltsübersicht

I.	Formelle Anforderungen an das Revisionsgesuch (Abs. 1)	1–5
II.	Wirkungen des Revisionsgesuchs (Abs. 2)	6
III.	Verfahren	7–8

I. Formelle Anforderungen an das Revisionsgesuch (Abs. 1)

1 Das Revisionsgesuch bedarf der *schriftlichen Form*. Ferner muss es das **Begehren** enthalten, eine bestimmte, in Rechtskraft erwachsene Anordnung in Revision zu ziehen. Für den Fall, dass sich die verlangte Revision nicht in der ersatzlosen Aufhebung der betreffenden Anordnung erschöpfen soll (was nur bei der Revision von Verfügungen denkbar ist), ist ein **Antrag** erforderlich, *wie* die neue Anordnung lauten soll (vgl. Abs. 1).

2 Die *Revisionsgründe* sind zu bezeichnen. Mit diesem Erfordernis wird eine **Begründung** des Revisionsbegehrens verlangt. Dabei genügt es nicht, einen der gesetzlichen Revisionsgründe anzurufen; vielmehr ist im Einzelnen darzutun, aufgrund welcher neu entdeckter Tatsachen und/oder Beweismittel der angerufene Tatbestand von § 86a lit. a oder b erfüllt sei. Ferner muss die gesuchstellende Person darlegen, dass sie die als Revisionsgrund vorgebrachten Tatsachen oder Beweismittel auch bei pflichtgemässer Sorgfalt nicht vor Eintritt der Rechtskraft der zu revidierenden Anordnung vorbringen konnte, sei es in dem dieser Anordnung vorangehenden Verfahren, sei es mit Rekurs oder Beschwerde gegen die Anordnung (vgl. § 86b Abs. 1)[1].

3 Obwohl im Gesetz nicht ausdrücklich vorgesehen, sind Darlegungen über die Einhaltung der **Revisionsfrist** (§ 86b Abs. 2) erforderlich. Aus solchen Darlegungen wird sich zumeist auch ergeben, ob die als Revisionsgrund vorgebrachten Tatsachen oder Beweis-

---

[1] Zum Ganzen: VGr, 2.7.2012, RG.2012.00006, E. 3.1.1, gestützt auf die 2. Aufl., N. 1 ff.

mittel auch bei pflichtgemässer Sorgfalt nicht vor Eintritt der Rechtskraft der Anordnung hätten geltend gemacht werden können.

Antrag und Begründung im umschriebenen Sinn sind **Gültigkeitsvoraussetzungen** für das Revisionsbegehren. Fehlt ein Antrag oder eine Begründung, ist nach Praxis und Lehre auf das Revisionsbegehren *nicht einzutreten,* ohne dass zuvor eine Nachfrist zur Verbesserung anzusetzen wäre[2]. Zumindest der verfassungsrechtliche Minimalanspruch auf Rückweisung zur Verbesserung, der sich aus dem Verbot des überspitzten Formalismus (Art. 29 Abs. 1 BV) ergibt, ist allerdings auch im Revisionsverfahren zu beachten[3]. Weil der Zweck der Nachfrist im Sinn von § 23 Abs. 2, der Schutz rechtsunkundiger und prozessual unbeholfener Rechtsuchender (§ 29 N. 32), auch im Revisionsverfahren Beachtung verdient, ist zudem zu fordern, dass diese Bestimmung sinngemäss angewendet wird (vgl. § 23 N. 29 ff., § 56 N. 15 ff.). Dies gilt ungeachtet dessen, dass § 86c (im Gegensatz zu Art. 67 VwVG) nicht auf die Vorschrift über die Verbesserung der Rekurseingabe verweist. Gerade für die Revision dürfte allerdings von Bedeutung sein, dass bei offensichtlich unzulässigen oder unbegründeten Eingaben darauf verzichtet werden kann, eine Nachbesserung zu ermöglichen (vgl. § 23 N. 33).

Mit den in Abs. 1 Satz 2 erwähnten **Beweismitteln,** die beigelegt oder, soweit dies nicht möglich ist, genau bezeichnet werden sollen, sind solche gemeint, welche die als Revisionsgrund vorgebrachten Tatsachen stützen sollen. Abs. 1 Satz 2 ist *Ordnungsvorschrift,* nicht Gültigkeitsvoraussetzung. Anders verhält es sich mit Beweismitteln, die als Revisionsgrund vorgebracht werden; deren genaue Bezeichnung ist *Gültigkeitserfordernis.*

II. Wirkungen des Revisionsgesuchs (Abs. 2)

Als **ausserordentliches Rechtsmittel** hemmt das Revisionsgesuch die *formelle Rechtskraft* der angefochtenen Anordnung nicht; vielmehr geht es ja gerade darum, ob die bereits eingetretene Rechtskraft dieser früheren Anordnung durchbrochen werden soll, wozu es nur und erst bei einer Gutheissung des Revisionsbegehrens kommt. Dies wird in § 86c Abs. 2 als selbstverständlich vorausgesetzt. Folgerichtig sieht die Bestimmung vor, dass die *Vollstreckung* der angefochtenen Anordnung durch die Einreichung des Revisionsbegehrens nicht aufgeschoben wird. Die angerufene Behörde kann jedoch auf Gesuch hin oder von Amtes wegen die aufschiebende Wirkung oder (andere) vorsorgliche Massnahmen (§ 6) anordnen[4].

III. Verfahren

Trotz seinem Randtitel «Verfahren» enthält § 86c abgesehen von Angaben zum Revisionsgesuch und zu dessen Wirkung keine näheren Vorschriften über das **Revisionsverfahren.** Es fehlt auch eine förmliche Verweisung, etwa auf die zivilprozessualen Vor-

---

[2] VGr, 2.7.2012, RG.2012.00006, E. 3.1.1; RB 1975 Nr. 17; 2. Aufl., N. 4.
[3] Vgl. § 23 N. 30; BGE 134 II 244, E. 2.4.2.
[4] Vgl. VGr, 18.1.2000, RG.1999.00008, E. 1c (Gegenstandslosigkeit des Gesuchs). Vgl. auch § 6 N. 7.

schriften über die Revision[5] oder auf die Bestimmungen des VRG über das Rekurs- und Beschwerdeverfahren. Auf Ersteres wurde bei der Schaffung der §§ 86a–86d womöglich verzichtet, weil diese Bestimmungen auch für die Revision von Verfügungen massgebend sind. Angesichts dessen, dass das Rechtsinstitut der Revision dem Zivilprozess entstammt, dürfte es zumindest bei der Revision von Rechtsmittelentscheiden gleichwohl angebracht sein, für die Beantwortung von Verfahrensfragen die in der *zivilprozessualen Praxis* entwickelten Grundsätze zu berücksichtigen, soweit nicht sinngemäss Bestimmungen des VRG über das *Verwaltungsverfahren* oder *Rekurs- und Beschwerdeverfahren* heranzuziehen sind. Auch die recht ähnlichen Regelungen der Revision in anderen Prozessordnungen, namentlich Art. 126–128 BGG, Art. 67 Abs. 3 und Art. 68 VwVG, Art. 149 DBG, Art. 51 StHG und §§ 157 f. StG sowie die dazu ergangene Praxis können vergleichend berücksichtigt werden.

8   Erweist sich das Revisionsbegehren nicht sofort als unzulässig oder unbegründet, gibt die Revisionsinstanz den übrigen am früheren Verfahren Beteiligten *Gelegenheit zur schriftlichen Beantwortung*. Es kann ein *zweiter Schriftenwechsel* angeordnet werden (vgl. §§ 26b und 58; vgl. auch Art. 127 BGG, Art. 68 Abs. 2 i.V.m. Art. 57 VwVG, Art. 330 ZPO). Den Parteien des Revisionsverfahrens – also den Beteiligten des früheren Verfahrens – steht der *Anspruch auf rechtliches Gehör* zu.

---

[5] So die ursprüngliche Fassung des VRG: alt § 69 (in Kraft bis 31. Dezember 1997).

> **Entscheid**
>
> **§ 86d**
>
> Die Revision erfolgt, indem die Behörde die fragliche Anordnung aufhebt und eine neue erlässt.

Materialien

Vgl. Vorbem. zu §§ 86a–86d.

Literatur

Vgl. Vorbem. zu §§ 86a–86d.

Inhaltsübersicht

I.	Entscheid	1–5
II.	Anfechtung	6

I. Entscheid

Die **Beurteilung des Revisionsbegehrens** erfolgt **in drei Schritten.** Zunächst ist über die *Zulässigkeit des Revisionsbegehrens* zu befinden, danach bejahendenfalls über das *Vorliegen des geltend gemachten Revisionsgrundes* und schliesslich gegebenenfalls über den *Erlass einer neuen Anordnung.* Nach zivilprozessualer Lehre stellen die zwei erstgenannten Beurteilungsschritte das *iudicium rescindens* (Aufhebungsverfahren) und der dritte das *iudicium rescissorium* (Erneuerungsverfahren) dar[1]. Sie bilden jedoch keine eigenständigen Verfahrensabschnitte in dem Sinn, dass bei positiver Beurteilung der ersten zwei Fragen je entsprechende Vorentscheide zu treffen wären.

Das Revisionsbegehren ist **zulässig,** wenn es die formellen Gültigkeitserfordernisse – insbesondere Anfechtungsobjekt, Legitimation, Subsidiarität, Antrag und Begründung, Fristwahrung – erfüllt. Nach dem Willen des Gesetzgebers ist auch die Subsidiarität des Begehrens – d.h. die Unmöglichkeit, die darin vorgebrachten Tatsachen und Beweismittel in dem der rechtskräftigen Anordnung vorangegangenen Verfahren oder mit dem damals gegebenen ordentlichen Rechtsmittel geltend zu machen – Gültigkeitsvoraussetzung (§ 86b Abs. 1; vgl. § 86b N. 1). Fehlt eine dieser Voraussetzungen, ist auf das Gesuch *nicht einzutreten.*

Im Mittelpunkt der Beurteilung steht die Frage, **ob der geltend gemachte Revisionsgrund zu bejahen sei.** In diesem Sinn handelt es sich bei der Revision um ein *unvollkommenes* Rechtsmittel[2]. Die Revisionsinstanz prüft jedoch mit freier Tatsachenkognition das Vorliegen des geltend gemachten Revisionsgrundes. Wird das Gesuch auf den Revi-

---

[1] Rescindens: aufhebend; rescissorius: zur Aufhebung gehörig. Vgl. THOMAS BAIER (Hrsg.), Der neue Georges. Ausführliches lateinisch-deutsches Handwörterbuch, Neuausgabe auf der Grundlage der 8. Auflage [von Karl Ernst Georges/Heinrich Georges, Hannover/Leipzig 1913/1918], Darmstadt 2013, Bd. 2, Spalte 4150.

[2] Vgl. RB 1961 Nr. 3 (ZR 1961 Nr. 103).

sionsgrund von § 86a lit. b abgestützt, so geht die Prüfung der Begründetheit des Revisionsbegehrens untrennbar in den dritten Beurteilungsschritt über, nämlich in die Frage, welcher Neuentscheid zu treffen sei: Die Erheblichkeit der geltend gemachten neu entdeckten Tatsachen oder Beweismittel ist – anders als im ordentlichen Verfahren – nicht bereits dann gegeben, wenn die fragliche Tatsache dem rechtserheblichen Sachverhalt zuzurechnen ist; vielmehr ist darüber hinaus erforderlich, dass die Tatsache für die gesuchstellende Person zu einer günstigeren Beurteilung führen kann (vgl. § 86a N. 17)[3]. Kommt die Revisionsinstanz zum Schluss, der geltend gemachte Revisionsgrund sei nicht gegeben, *weist sie das Gesuch ab*.

4 Hält die Revisionsinstanz das Revisionsbegehren für begründet, so ist somit in vielen Fällen vorbestimmt, dass und in welcher Weise eine inhaltlich von der alten abweichende **neue Anordnung** zu treffen ist[4]. In gewissen Fällen sind jedoch trotz Bejahung eines Revisionsgrundes weitere Sachverhaltsermittlungen und damit auch weitere Stellungnahmen der Gegenpartei erforderlich, von denen der Neuentscheid abhängt. Führen die weiteren Abklärungen und Stellungnahmen zum Schluss, dass gleichwohl im Ergebnis an der angefochtenen Anordnung unverändert festzuhalten ist, so wird diese nicht förmlich aufgehoben und durch eine gleich lautende ersetzt; vielmehr ist in solchen Fällen das Revisionsbegehren in gleicher Weise wie bei Verneinung eines Revisionsgrundes *abzuweisen*. Eine «Revision» und damit eine «neue» Anordnung im Sinn von § 86d erfolgt demnach nur, wenn im Ergebnis eine gegenüber der früheren abweichende Anordnung zu treffen ist. In diesem Fall ist das Revisionsbegehren ganz oder teilweise *gutzuheissen* und *neu zu entscheiden*. Denkbar ist auch eine Rückweisung an eine allfällige Vorinstanz[5].

5 Die **Aufhebung** des angefochtenen Entscheids **wirkt** grundsätzlich **ex tunc;** das Verfahren wird in das Stadium vor dem Entscheid zurückversetzt. Unter Umständen ist aber der Rechtslage, die durch den aufgehobenen Entscheid geschaffen wurde, Rechnung zu tragen[6]; insbesondere ist der *Vertrauensschutz* (Art. 5 Abs. 3 und Art. 9 BV) zu wahren. Es ist jedoch nicht zwischen den Interessen aller Verfahrensbeteiligten abzuwägen[7]. Nur bei der Revision von Verfügungen dürfte ein gewisser Spielraum zur Berücksichtigung schutzwürdiger Interessen vorhanden sein.

II. Anfechtung

6 Verfügungen und Entscheide über ein Revisionsgesuch unterliegen den gleichen **Rechtsmitteln** wie die ursprüngliche Anordnung, die Anlass zum Revisionsgesuch gegeben hat. Im Rekurs- und Beschwerdeverfahren über eine die Revision ablehnende Anordnung können neue Revisionsgründe nicht vorgebracht werden; solche sind mit einem neuen Revisionsbegehren bei der funktionell zuständigen unteren Instanz geltend zu machen[8].

---

[3] Rust, Revision, S. 121 ff.
[4] Rust, Revision, S. 176.
[5] Vgl. Art. 68 Abs. 2 i.V.m. Art. 61 Abs. 1 VwVG; Escher, in: Basler Kommentar BGG, Art. 128 N. 2.
[6] Rust, Revision, S. 175 f.
[7] A.M. Beerli-Bonorand, Rechtsmittel, S. 166 f., gestützt auf vereinzelte kantonale Normen.
[8] RB 1961 Nr. 3 (ZR 1961 Nr. 103).

Fünfter Abschnitt: Die Ombudsperson

Vorbemerkungen zu §§ 87–94a

Materialien

Weisung 1976, S. 966 ff.; Prot. KK 29.10.1976–2.6.1977; Prot. KR 1975–1979, S. 5908–5946, 6033–6041; Beleuchtender Bericht 1977, S. 933 ff.; Prot. KR 1987–1991, S. 6763–6774 (Motion Gerster betreffend den Aufgabenbereich der Ombudsperson); Prot. Verfassungsrat, S. 491 ff., 501 ff., 815 ff., 885 f., 2257 f., 2958 und 3091; Weisung 2009, S. 110 f.

Literatur

BEAUFTRAGTE IN BESCHWERDESACHEN/OMBUDSFRAU DER STADT ZÜRICH (Hrsg.), Ombudsarbeit mit Zukunft. Ausrichtung und Ansprüche, Zürich 2011; EUROPARAT/CONGRESS OF LOCAL AND REGIONAL AUTHORITIES (Hrsg.), Principles governing the institution of the ombudsman/ombudsperson at local and regional level, Strassburg 2005; HALLER WALTER, in: Kommentar KV, Art. 81; HALLER WALTER, Konsequenzen der Auslagerung von Staatsaufgaben auf den Zuständigkeitsbereich des kantonalzürcherischen Ombudsmannes, ZBl 1999, 601 ff. *(Auslagerung)*; HALLER WALTER, Besetzung von Vollämtern im Job Sharing? Fallstudie: Kantonalzürcherische Ombudsstelle, ZBl 1997, 193 ff. *(Job Sharing)*; HALLER WALTER, Der Ombudsmann im Gefüge der Staatsfunktionen, in: Georg Müller/René A. Rhinow/Gerhard Schmid/Luzius Wildhaber (Hrsg.), Staatsorganisation und Staatsfunktionen im Wandel, Festschrift für Kurt Eichenberger zum 60. Geburtstag, Basel/Frankfurt a.M. 1982, S. 705 ff. *(Gefüge)*; HALLER WALTER, Der Ombudsmann – Erfahrungen im Ausland, Folgerungen für die Schweiz, ZBl 1972, 177 ff. *(Erfahrungen)*; KÖLZ ALFRED, Zu Fragen der Zuständigkeit des kantonalzürcherischen Ombudsmannes, ZBl 1980, 281 ff. *(Ombudsmann)*; MARTI HANS, Plädoyer für kontrollierte Macht – für die Delegierten der Bundesversammlung, Bern (1964) *(Plädoyer)*; MÜLLER BERNHARD, Die Geschichte vom Ombudsmann oder das Unbehagen im Sozialstaat, Verwaltungspraxis 1974, 375 ff. *(Geschichte)*; OMBUDSMANN DES KANTONS ZÜRICH (Hrsg.), 25 Jahre Ombudsmann/Ombudsperson des Kantons Zürich, Festschrift zum Jubiläum 1977–2002, Zürich 2003 *(Festschrift)*; VONTOBEL JACQUES, Der Ombudsmann der Stadt Zürich: Mittler zwischen Bürger und Verwaltung, ZBl 1981, 1 ff. *(Mittler)*.

Inhaltsübersicht

I.	Begriff und Entstehungsgeschichte	1–4
II.	Rechtsgrundlagen	5–9
III.	Motive für die Einführung der Ombudsperson	10–14
IV.	Stellung und Funktion der Ombudsperson	15–21

Herr lic. iur. VALERIO PRIULI hat intensiv an der Überarbeitung des fünften Abschnitts (Vorbemerkungen und §§ 87–94a) mitgewirkt; er hat nicht nur umfangreiches Material ausgewertet, sondern auch Entwürfe zu den überarbeiteten und neuen Texten ausgearbeitet. Dafür danke ich ihm herzlich. Dem Ombudsmann des Kantons Zürich, Dr. THOMAS FAESI, dem früheren Ombudsmann der Stadt Zürich, Dr. WERNER MOSER, sowie Prof. WALTER HALLER danke ich für zahlreiche Hinweise und Anregungen.

Vorbemerkungen zu §§ 87–94a

I. Begriff und Entstehungsgeschichte

1   Die Institution des **Ombudsman** stammt aus Schweden, wo sie Anfang des 19. Jahrhunderts eingeführt wurde[1]. In schwedischer Sprache bedeutet Ombudsman Beauftragter, Berater oder Vertreter.

2   Die Institution hat sich in der Folge über ganz Skandinavien und schliesslich **weltweit verbreitet**[2]. In der Schweiz ist das erste Amt einer Ombudsperson im Jahr 1971 von der Stadt Zürich geschaffen worden. Als erster Kanton hat der Kanton Zürich mit der Revision des VRG vom 25. September 1977 die Einführung einer Ombudsperson beschlossen[3]. Dazu trugen nebst den wissenschaftlichen Vorarbeiten nicht zuletzt auch die guten Erfahrungen bei, die mit der stadtzürcherischen Ombudsperson gemacht worden waren[4]. Mittlerweile kennen auch die Kantone Basel-Stadt (seit 1988), Basel-Landschaft (seit 1989), Zug und Waadt (beide nach jahrelangen Versuchsphasen seit 2010)[5] sowie die Städte Winterthur (seit 1992), Bern (seit 1996), St. Gallen (seit 2006), Rapperswil-Jona (seit 2010) und Luzern (seit 2014) diese Institution. Die Verfassungen weiterer Kantone ermächtigen den Gesetzgeber ausdrücklich zur Einführung einer Ombudsstelle[6].

3   Im Gegensatz zur Stadt Zürich, wo die Ombudsperson offiziell Beauftragte(r) in Beschwerdesachen heisst, hat man im Kanton mangels eines präzisen deutschen Begriffs die fremdsprachige Bezeichnung Ombudsman in eingedeutschter Form gewählt (ursprünglich Ombudsmann)[7]. Heute lauten die offiziellen Bezeichnungen Ombudsperson und Ombudsstelle (Art. 81 KV; §§ 87 ff. VRG). **Ombudsstelle** bezeichnet die Einrichtung, **Ombudsperson** den oder die Amtsinhaber/in. Bis heute war die kantonalzürcherische Ombudsperson stets ein Ombudsmann. Demgegenüber sind seit 2004 bzw. 2009 die Ombudspersonen der Städte Zürich und Winterthur Ombudsfrauen.

4   Die Ombudsperson kann als ein zwischen Parlament und Justiz stehendes, mit Funktionen der Verwaltungskontrolle betrautes **Staatsorgan sui generis** charakterisiert werden (vgl. N. 15). Sie wird definiert als hochrangige, unabhängige, dem Parlament verantwortliche Behörde, die aufgrund von Beschwerden Betroffener oder aus eigener Initiative die Aufsicht hinsichtlich der Rechtmässigkeit und Angemessenheit (Korrektheit) von Amts-

---

[1] H. Marti, Plädoyer, S. 9; Walter Haller, Der schwedische Justitieombudsman, Diss. (Zürich), Zürich 1965, S. 81 ff.
[2] Vgl. Haller/Kölz/Gächter, Staatsrecht, S. 302. Zur Verbreitung in Europa vgl. Michael Mauerer, Die parlamentarischen Ombudsmann-Einrichtungen in den Mitgliedstaaten des Europarates, in: Franz Matscher (Hrsg.), Ombudsmann in Europa – Institutioneller Vergleich, Kehl/Strassburg/Arlington 1994, S. 123 ff.; Julia Haas, Der Ombudsmann als Institution des Europäischen Verwaltungsrechts, Diss. (Hannover), Tübingen 2012, S. 125 ff.
[3] OS 46, 667. Vgl. dazu Adolf Wirth, Die parlamentarische Entstehungsgeschichte der kantonalzürcherischen Ombudsstelle, in: Ombudsmann des Kantons Zürich (Hrsg.), Festschrift, S. 21 ff.; Walter Haller, Der kantonalzürcherische Ombudsmann im geschichtlichen und rechtsvergleichenden Kontext, in: Ombudsmann des Kantons Zürich (Hrsg.), Festschrift, S. 45 ff.
[4] Weisung 1976, S. 972 ff.; Beleuchtender Bericht 1977, S. 934 f.
[5] § 118 KV BS; §§ 88 und 89 KV BL; Art. 43 Abs. 1 KV VD. Im Kanton Zug hat die Ombudsstelle keine ausdrückliche Verfassungsgrundlage. Vgl. dazu auch die Website der schweizerischen Ombudspersonen (http://ombudsman-ch.ch).
[6] Art. 96 KV BE; § 67 KV LU; § 101 KV AG; Art. 61 Abs. 2 KV JU.
[7] Vgl. Weisung 1976, S. 976; zur Terminologie auch Haller, Erfahrungen, S. 179.

handlungen bestimmter Amtsträger und Behörden ausübt, wobei ihr keine Entscheidungsgewalt, sondern lediglich die Kompetenz zur Abklärung, Vermittlung, Ermahnung und Berichterstattung zukommt[8].

II. Rechtsgrundlagen

Ursprünglich hatte der Gesetzgeber wegen der fehlenden Entscheidungsbefugnis der Ombudsperson und im Hinblick auf die schwer vorzunehmende staatsrechtliche Einordnung darauf verzichtet, für die neue Institution eine **Verfassungsgrundlage** zu schaffen[9]. Die staatsrechtliche Bedeutung rechtfertigt jedoch eine Verankerung auf Verfassungsebene[10]. Die neue Kantonsverfassung sieht die Ombudsstelle nun als «Weitere Behörde» in Art. 81 vor.

Die Regelung über die Ombudsperson wurde 1977 als vierter Abschnitt in das **Verwaltungsrechtspflegegesetz** eingefügt; heute bilden die §§ 87–94a den fünften Abschnitt[11]. Die Platzierung der Regelung über die Ombudsperson im VRG erscheint keineswegs zwingend; alle anderen Kantone mit einer Ombudsstelle (Basel-Stadt, Baselland, Zug und Waadt) kennen separate Gesetze für diese[12]. Der Zusammenhang mit dem im VRG geregelten Verwaltungsverfahren und der Verwaltungsrechtspflege ist beschränkt, so dass sich die Regelung in einem eigenen Gesetz rechtfertigen würde[13].

Der fünfte Abschnitt des VRG wurde im Lauf der Jahre verschiedenen **Revisionen** unterzogen:

– Mit dem Universitätsgesetz von 1998 wurde § 89 Abs. 2 VRG umformuliert, um die Universität auch als selbständige öffentlichrechtliche Anstalt im Zuständigkeitsbereich der Ombudsperson zu belassen.

– Das Personalgesetz von 1998 führte die geschlechtsneutrale Bezeichnung *Ombudsperson* ein und setzte gleichzeitig die Amtsdauer von sechs auf vier Jahre herab (§ 87 Abs. 1 VRG).

– Mit dem Gesetz über Controlling und Rechnungslegung von 2006 wurde der ursprüngliche § 87 Abs. 3 betreffend Berichterstattung gestrichen und § 87a eingefügt.

– Mit dem Kirchengesetz von 2007 erfolgte eine weitere Ergänzung von § 89 Abs. 2 sowie eine rein formelle Änderung von § 90 lit. a.

– Gestützt auf Art. 81 Abs. 4 KV betreffend die Tätigkeit der Ombudsperson für die Gemeinden wurden mit der Revision vom 9. Juli 2007 § 88 Abs. 3, § 89 Abs. 2 und § 94 Abs. 2–4 geändert sowie gleichzeitig § 94a betreffend die Schweigepflicht eingefügt.

---

[8] Vgl. MAX FRENKEL, Institutionen der Verwaltungskontrolle, Diss. (Zürich), Zürich 1969, Nr. 1017a; HALLER, Gefüge, S. 707.
[9] Vgl. Weisung 1976, S. 975.
[10] Vgl. TB 1999, S. 6 ff.; HALLER, in: Kommentar KV, Art. 81 N. 8.
[11] Anlässlich der Gesetzesrevision von 1997 wurde der vierte Abschnitt über die Revision (§§ 86a–86d) in das Gesetz eingefügt; dadurch wurden die §§ 87–94 zum fünften Abschnitt des Gesetzes (OS 54, 268, 279).
[12] Vgl. HALLER, in: Kommentar KV, Art. 81 N. 9.
[13] Der Regierungsrat äusserte sich zu dieser Frage seinerzeit nur ganz kurz (Weisung 1976, S. 975 f.).

- Im Zuge der Reform von 2010 wurde § 88a über den Rechtsweg in personalrechtlichen und administrativen Belangen erlassen.
- Eine rein formelle Änderung erfuhr § 94a durch das Gesetz über die Anpassung der kantonalen Behördenorganisation und des kantonalen Prozessrechts in Zivil- und Strafsachen an die neuen Prozessgesetze des Bundes von 2010.
- Schliesslich wurde mit Änderung des Kantonsratsgesetzes von 2012 § 87 Abs. 3 betreffend die Unabhängigkeit und die administrative Zuordnung der Ombudsperson eingefügt.

Vgl. zu all diesen Änderungen die Ausführungen zu den entsprechenden Bestimmungen.

8   Die häufigen Revisionen des Gesetzes im Abschnitt über die Ombudsperson haben dazu geführt, dass die Regelung vor allem aus systematischer Sicht **mangelhaft** geworden ist. So steht die Bestimmung über Controlling und Rechnungslegung (§ 87a) vor der allgemeinen Organisationsbestimmung (§ 88); die umgekehrte Reihenfolge wäre vorzuziehen. Die administrative Zuordnung der Ombudsstelle passt weniger zur Wahl der Ombudsperson (§ 87) als zur Bestimmung über die Rekursinstanz (§ 88a). Die Regelung betreffend die Zuständigkeit der Ombudsstelle für Gemeinden ist auf mehrere Bestimmungen verteilt statt in einer oder zwei Bestimmungen zusammengefasst (vgl. § 94 N. 11). Auch die Schweigepflicht der Ombudsperson ist an zwei verschiedenen Stellen (§ 92 Abs. 4 und § 94a) statt zusammenhängend in einer einzigen Bestimmung geregelt (vgl. § 94a N. 8). Aber auch inhaltlich sind einzelne Bestimmungen unvollständig oder unpräzis, insbesondere § 89 über die Behörden und Ämter im Wirkungsbereich der Ombudsperson (vgl. § 89 N. 22 ff. und 32 f.). Der fünfte Abschnitt ist ein Beleg dafür, dass eine Totalrevision des Verwaltungsrechtspflegegesetzes sinnvoll wäre[14]. Bei dieser Gelegenheit wäre auch die Frage eines eigenen Gesetzes für die Ombudsstelle zu prüfen.

9   Die gesetzliche Regelung wird **ergänzt** durch den Beschluss des Kantonsrates über die Bestellung des kantonalen Ombudsmanns und seiner Kanzlei (OmbudsB)[15] sowie die Verordnung des Kantonsrates über die Beteiligung der Gemeinden an den Kosten der Ombudsperson (VO Kostenbeteiligung). Daneben gelangen weitere gesetzliche Regelungen zur Anwendung, insbesondere das Gesetz über die politischen Rechte (GPR).

III. Motive für die Einführung der Ombudsperson

10 Der Bereich der staatlichen Verwaltungstätigkeit hat sich im Zeichen der Umwandlung des liberalen Staats in den Sozialstaat in bedeutendem Mass ausgedehnt. Zugleich hat der Staat zunehmend die Möglichkeit erhalten, eingreifend und gestaltend weite Lebens-

---

[14] Vgl. Jaag, Würdigung, S. 139.
[15] Dieser Beschluss ist in formeller Hinsicht revisionsbedürftig. Er berücksichtigt nicht, dass der Begriff Ombudsmann 1998 durch Ombudsperson ersetzt wurde (§ 87 Abs. 1), spricht von Ersatzmann statt Ersatz-Ombudsperson und verweist in Ziff. III immer noch auf die 1998 durch das Personalgesetz abgelöste Beamtenverordnung. Auch die Begriffe Büro des Kantonsrates und Beamtenversicherungskasse entsprechen nicht mehr der aktuellen Terminologie; sie heissen heute Geschäftsleitung des Kantonsrates (§§ 41 ff. KRG) und Vorsorgeeinrichtung für das Staatspersonal (vgl. § 13 lit. a des Gesetzes über die Verselbstständigung der Versicherungskasse für das Staatspersonal, LS 177.201.1).

bereiche der Bevölkerung zu beeinflussen, was ihm einen bedeutenden Machtzuwachs verschafft hat[16]. Weil Machtausübung nur in gebundener Form legitim ist, ergab sich aus dieser Entwicklung das Bedürfnis nach **Verstärkung der Verwaltungskontrolle**[17].

Zwar genügen in zahlreichen Fällen die **traditionellen Mittel** wie die verwaltungsinterne Kontrolle durch die hierarchisch übergeordnete Behörde bis hinauf zum Regierungsrat, die parlamentarische Verwaltungskontrolle, die demokratische Kontrolle der Regierung mittels Volkswahl, die weitgehend institutionalisierten verwaltungsinternen Rechtsmittel und Rechtsbehelfe sowie die Beschwerde- bzw. Klagemöglichkeiten bei unabhängigen Gerichtsinstanzen. In gewissen Fällen gewähren diese herkömmlichen Mittel dem Einzelnen jedoch keinen ausreichenden Schutz. Dem unbeholfenen, über keine Beziehungen zu Politikern oder zu den Medien verfügenden Privaten dürfte es oft nicht möglich sein, die parlamentarische oder demokratische Verwaltungskontrolle zu seinen Gunsten in Gang zu setzen[18]. Er dürfte auch nicht immer über den vom liberalen Staatsdenken fingierten Mut oder über die notwendige finanzielle Risikobereitschaft verfügen, um ein Rechtsmittel gegen einen ihn belastenden Verwaltungsakt zu erheben. Die komplizierte Zuständigkeitsordnung, die formellen Schranken der Rechtsmittel und nicht zuletzt das Kostenrisiko können von der Inanspruchnahme des formellen Rechtsschutzes abschrecken. Weiter mögen viele Menschen auch im modernen demokratischen Staat eine oft nur psychologisch begründbare unangebrachte Scheu davor haben, sich einer «hohen» Behörde – wenn auch nur in sachlicher Hinsicht – entgegenzustellen. Besonders grosse Hemmungen, den Rechtsschutz in Anspruch zu nehmen, dürften Personen haben, die in einem Sonderstatusverhältnis zum Staat stehen, wie Angestellte im öffentlichen Dienst, Schüler, Studierende, Armeeangehörige, Anstaltsbenützer und Strafgefangene[19].

11

Im Zeitpunkt der Einführung der Ombudsstelle gab es überdies noch zahlreiche Fälle, in denen der Einzelne mangels Zuständigkeit des Verwaltungsgerichts oder mangels Rechtsmittellegitimation seine Sache nicht von einer verwaltungsunabhängigen Behörde überprüfen lassen konnte[20]. Diese Fälle sind durch den steten Ausbau der Verwaltungsgerichtsbarkeit, insbesondere mit der Rechtsweggarantie (Art. 29a BV, Art. 77 KV), weitgehend weggefallen und heute kaum noch von Bedeutung.

12

Nicht zu unterschätzen sind auch die Konfliktmöglichkeiten zwischen Privaten und Staat beim **informellen Handeln der Verwaltung,** so bei Realakten[21], mündlichen Auskünften, Zahlungen, Zahlungsverweigerungen usw. (vgl. auch § 19 N. 6 ff.); auch das Handeln der Verwaltung im Graubereich privatrechtlicher Formen schafft Konflikte, zu deren Beilegung geeignete Mittel fehlen[22]. Schliesslich sind die Probleme der Einzelnen mit der Verwaltung oft nicht rechtlich fassbarer Natur, sondern beschlagen das Auftreten der Amtsträger oder die Kommunikation[23].

13

---

[16] Vgl. H. Marti, Plädoyer, S. 4 ff.; Vontobel, Mittler, S. 5.
[17] Vgl. B. Müller, Geschichte, S. 376.
[18] Vgl. Haller, Erfahrungen, S. 184.
[19] Vgl. Haller, Erfahrungen, S. 183.
[20] Vgl. 2. Aufl., Vorbem. zu §§ 87–94 N. 4; Haller, Erfahrungen, S. 183.
[21] Daran ändert die in § 10c vorgesehene Möglichkeit wenig, über Realakte eine Verfügung zu erlangen.
[22] Weisung 1976, S. 970.
[23] Vgl. z.B. TB 2004 Nr. 10; 2002 Nr. 7 und 9.

14 Aus all diesen Gründen wurde mit der Ombudsperson eine leicht ansprechbare, ausserhalb der Verwaltung stehende Instanz eingeführt, die mit der Objektivität eines Richters, jedoch ohne formelle Schranken hilft, Schwierigkeiten mit der Verwaltung auszuräumen[24].

IV. Stellung und Funktion der Ombudsperson

15 Die **staatsrechtliche Stellung** der Ombudsperson ist schwierig zu umschreiben, weil sich die Institution nicht richtig in das klassische Modell des gewaltenteiligen Staats mit den drei Funktionen Legislative, Exekutive und Judikative einordnen lässt, ohne dass sie deswegen als «vierte Gewalt» bezeichnet werden sollte[25]. Hauptmerkmale der Ombudsperson sind, dass sie vom Parlament gewählt wird, von der Exekutive völlig unabhängig ist und sowohl als Teil der Verwaltungskontrolle die herkömmliche hierarchische Aufsicht ergänzt als auch eine Vermittlerrolle zwischen Privatpersonen und der Verwaltung ausübt (Art. 81 Abs. 1–3 KV)[26]. Sie ist mehr als bloss Beauftragte oder Hilfsorgan des Parlaments. Die Hauptfunktion der Ombudsperson zürcherischer Prägung ist die Gewährung von Rechts- und Interessenschutz zugunsten des Individuums. Sie ist weder berechtigt noch verpflichtet, vom Parlament Weisungen entgegenzunehmen; ihre **Unabhängigkeit** entspricht derjenigen der Gerichte[27].

16 Zur Gewährleistung der Machtbeschränkung im gewaltenteiligen Rechtsstaat werden die unabhängige Stellung und die umfassenden Einsichts- und Prüfungsrechte durch das Fehlen der Entscheidungskompetenz kompensiert. Die Ombudsperson kann **keine verbindlichen und erzwingbaren Akte** setzen[28]. Sie ist auf die Mittel gemäss § 93 und die Berichterstattung gemäss § 87a Abs. 2 beschränkt; daneben ergeben sich einzig gewisse Möglichkeiten zur informellen Einflussnahme[29]. Wesentliche Bedeutung kommt indessen auch der präventiven Wirkung der Institution zu, da jede Amtsstelle möglichst bestrebt sein dürfte, der Ombudsperson keinen Grund zum Einschreiten zu geben[30].

17 Gemäss Art. 81 Abs. 2 KV vermittelt die Ombudsperson zwischen Privatpersonen und der kantonalen Verwaltung, kantonalen Behörden sowie Privaten, die kantonale Aufgaben wahrnehmen (vgl. § 93 N. 5). Wenn ihre Untersuchungen zum Ergebnis führen, dass die Verwaltung rechtswidrig oder unkorrekt vorgegangen ist, soll dies aufgedeckt und –

---

[24] Vgl. WALTER HALLER, Der Ombudsmann als Mittler zwischen Bürger und Behörden, Verwaltungspraxis 1974, 367 ff., 368.
[25] HALLER, Gefüge, S. 709 f. Für SCHINDLER (Befangenheit, S. 5) steht die Ombudsperson ausserhalb des Gewaltengefüges und ist vor allem Vertrauensperson des Bürgers. Mitunter wird die Ombudsperson als Hilfsorgan des Parlaments bei der Ausübung der Oberaufsicht über die Verwaltung verstanden; so etwa H. MARTI, Plädoyer, S. 26; WERNER MOSER, Die parlamentarische Kontrolle über Verwaltung und Justiz, Diss. (Zürich), Zürich 1969, S. 203.
[26] HALLER, Gefüge, S. 710.
[27] Weisung 1976, S. 977; Art. 81 Abs. 3 KV; § 87 Abs. 3 VRG; HALLER, in: Kommentar KV, Art. 81 N. 17. Vgl. § 35 N. 7 ff. sowie § 87 N. 3 und 14 ff.
[28] Die Ausnahme gemäss § 88a bezieht sich auf interne personalrechtliche und administrative Angelegenheiten.
[29] Vgl. z.B. TB 2006 Nr. 14.
[30] Vgl. HALLER, Erfahrungen, S. 185.

soweit möglich – behoben werden. Hat die Verwaltung korrekt gehandelt, so muss die Ombudsperson dies dem Rechtsuchenden begreiflich zu machen versuchen[31]. Sie stärkt somit gegebenenfalls das **Vertrauen in die Verwaltung** und schützt diese vor ungerechtfertigten Angriffen.

Das Amt der Ombudsperson weist Bezüge zur **Mediation** auf, die im Verwaltungsverfahrensrecht noch wenig beachtet wird[32]. Mediation ist ein Verfahren der Konfliktregelung, in dem die Streitbeteiligten unter Beizug einer unabhängigen, neutralen, vermittelnden Person eine gütliche Einigung anstreben[33]. Der Mediator hat keine Entscheidungskompetenz; ihm obliegt die Verfahrensgestaltung und nicht die Lösung des sachlichen Problems.

Die Ombudsperson ist auch **Korruptionsmeldestelle** und Anlaufstelle für Whistleblower. Vgl. dazu § 89 N. 7 ff.

Infolge des Fehlens jeglicher Entscheidungskompetenz und der Vermittlungsfunktion nicht nur bei rechtlichen, sondern auch bei vorwiegend zwischenmenschlichen Problemen ist die Ombudsperson in hohem Mass sowohl auf eine gewisse Akzeptanz in der Verwaltung als auch auf das Vertrauen der Rechtsuchenden angewiesen. Wer eine Behörde dazu zu bewegen hat, auf ihre Verfügung zurückzukommen, oder eine Privatperson von der Aussichtslosigkeit ihres Begehrens zu überzeugen hat, benötigt persönliche Überzeugungskraft und Glaubwürdigkeit. Die Ombudsperson sollte deshalb nicht nur fachlich ausgewiesen sein, sondern vor allem **hohe menschliche Qualitäten** haben. Die Wirksamkeit der Institution hängt somit wesentlich von der Persönlichkeit ab, die das Amt innehat: «Die Wirkung des Amtes steht und fällt mit dem Ansehen seines Inhabers»[34].

Während Behörden in der Schweiz üblicherweise kollegial konzipiert sind, wurde das Amt der Ombudsperson im Kanton Zürich bewusst **monokratisch** ausgestaltet. Die Wirksamkeit der Institution hängt wesentlich von der Persönlichkeit ab, die das Amt innehat; entsprechend sollte die Ombudsstelle nach dem Willen des Gesetzgebers so ausgestaltet werden, dass diese Persönlichkeit im Vordergrund steht[35]. Art. 81 KV bringt dies weniger klar zum Ausdruck. Abs. 1 spricht zwar von *einer* Ombudsperson; Abs. 2 bezeichnet jedoch die Ombudsstelle und nicht die Ombudsperson als Vermittlerin. Eine Abweichung von der ursprünglichen Konzeption war jedoch im Verfassungsrat nicht beabsichtigt[36]. Gemäss § 87 Abs. 2 dürfen Ersatzleute nur amten, wenn die Ombudsperson ihre Obliegenheiten nicht rechtzeitig erfüllen kann (vgl. § 87 N. 6). Damit soll auch verhindert werden, dass aus dem Amt eine eigentliche Gegenadministration wird; denn ein Zweck der Institution ist es ja gerade, der Bürokratisierung entgegenzuwirken.

---

[31] Vgl. z.B. TB 2011 Nr. 3; 2008 Nr. 2 und 6; 2005 Nr. 4.
[32] Vgl. dazu Kley-Struller, Rechtsschutz, S. 315 ff., m.w.H.; Karine Siegwart, Ombudsstellen und Mediation, ZBl 2002, 561 ff., 576 ff.; Rolf Steiner/Andreas Nabholz, Ombuds-Mediation. Mediation in der öffentlichen Verwaltung, insbesondere durch parlamentarische Ombudsstellen in der Schweiz, Zürich 2003; Thomas Pfisterer (Hrsg.), Konsens und Mediation im Verwaltungsbereich, Zürich/Basel/Genf 2004.
[33] Vgl. z.B. TB 2000 Nr. 7.
[34] Haller, Erfahrungen, S. 190; vgl. auch Haller, Job Sharing, S. 200.
[35] Kritisch dazu B. Müller, Geschichte, S. 377.
[36] Prot. Verfassungsrat, S. 885 f.; Haller, in: Kommentar KV, Art. 81 N. 14.

> *Wahl*
>
> **§ 87**
>
> ¹ Der Kantonsrat wählt die kantonale Ombudsperson und ihre Ersatzleute für eine Amtsdauer von vier Jahren. Er bestimmt die Zahl der Ersatzleute. Er ordnet die Besoldung der Ombudsperson und die Entschädigung der Ersatzleute.
>
> ² Ersatzleute amten nur, wenn die Ombudsperson ihre Obliegenheiten nicht rechtzeitig erfüllen kann.
>
> ³ Die Ombudsperson ist unabhängig. Sie ist administrativ der Geschäftsleitung des Kantonsrates zugeordnet.

Materialien

Weisung 1976, S. 976 f.; Prot. KK 6.1.1977, 3.3.1977; Prot. KR 1975–1979, S. 5912, 5930, 8171–8175; Weisung KRG 2012, S. 221.

Literatur

Vgl. Vorbem. zu §§ 87–94a.

Inhaltsübersicht

I.	Entwicklung	1
II.	Wahl (Abs. 1 Satz 1)	2–4
III.	Ersatzleute (Abs. 1 Satz 2 und Abs. 2)	5–6
IV.	Rechtsstellung	7–13
	A. Ombudsperson als Magistratsperson	7–8
	B. Besoldung und Entschädigung (Abs. 1 Satz 3)	9–10
	C. Weitere Aspekte	11–13
V.	Unabhängigkeit und administrative Zuordnung (Abs. 3)	14–17

I. Entwicklung

1 § 87 hat **mehrfache Änderungen** erfahren. 1998 wurde mit dem Personalgesetz der Begriff Ombudsmann durch Ombudsperson ersetzt[1] und die Amtsdauer von sechs auf vier Jahre reduziert. Absatz 3 beinhaltete ursprünglich die Pflicht der Ombudsperson, dem Kantonsrat jährlich einen Tätigkeitsbericht zu unterbreiten; diese Bestimmung wurde 2006 mit dem Gesetz über Controlling und Rechnungslegung (CRG) aufgehoben und in § 87a Abs. 2 integriert (vgl. § 87a N. 8 ff.). Mit der Revision des Kantonsratsgesetzes von 2012 wurde der heutige Absatz 3 betreffend Unabhängigkeit und administrative Zuordnung der Ombudsperson eingefügt.

---

[1] Bereits vor dieser Gesetzesänderung war unbestritten, dass der Ombudsmann auch eine Frau sein konnte; vgl. Beleuchtender Bericht 1977, S. 937; HALLER, Job Sharing, S. 199.

II. Wahl (Abs. 1 Satz 1)

Wahlbehörde der Ombudsperson ist der Kantonsrat. Die Wahl durch das Parlament verschafft dem Amtsinhaber die notwendige Unabhängigkeit von der Exekutive[2]. Wenn mehr als ein Vorschlag vorliegt, erfolgt die Wahl im geheimen Verfahren (§ 13 Abs. 2 lit. b KRG).

Um ihm auch gegenüber dem Kantonsrat eine gewisse Unabhängigkeit zu geben, hatte der Kantonsrat 1977 – entgegen dem Antrag des Regierungsrats – die **Amtsdauer** auf sechs Jahre festgesetzt; sie entsprach damit derjenigen der Richterinnen und Richter. Im Entwurf zum Personalgesetz von 1998 verkürzte der Regierungsrat die Amtsdauer ohne Begründung auf vier Jahre, was der Kantonsrat diskussionslos guthiess[3]. Diese Lösung wurde auch in die Kantonsverfassung übernommen (Art. 41 KV). Da die Ombudsperson ähnlich wie Angehörige der Gerichte unabhängig sein muss, hatte die sechsjährige Amtsdauer wie für Richter durchaus ihre Berechtigung[4].

Wählbar als Ombudsperson sind alle Stimmberechtigten des Kantons (§ 23 Abs. 1 GPR). Mit dem Erfordernis der Stimmberechtigung ist die Pflicht zum Wohnsitz im Kanton verbunden. Dabei müsste die Begründung des politischen Wohnsitzes im Zeitpunkt des Amtsantritts genügen, so dass auch Bewerbungen von ausserhalb des Kantons möglich sind. Besondere Wählbarkeitsvoraussetzungen (juristische Bildung, Mindestalter) sind gesetzlich nicht vorgesehen. Wie für alle Vollämter besteht kein Amtszwang (§ 31 Abs. 2 GPR).

III. Ersatzleute (Abs. 1 Satz 2 und Abs. 2)

Der Kantonsrat bestimmt die Zahl der Ersatzleute und wählt diese. Bisher war stets *eine* Ersatzperson vorgesehen (Ziff. II. OmbudsB).

Weil das Amt in seiner Struktur monokratisch ist, steht die Person des Amtsinhabers im Vordergrund; Ersatzleute dürfen grundsätzlich nicht neben der Ombudsperson, sondern nur dann wirken, wenn diese ihr Amt nicht ausüben kann[5]. Der Gesetzgeber dachte dabei an eine länger dauernde Verhinderung[6]. In der Praxis findet eine **Stellvertretung** sinnvollerweise auch beim Ausstand, bei kürzer dauernden krankheitsbedingten oder beruflichen Abwesenheiten sowie in den Ferien der Ombudsperson statt. Auch bei chronischer Überlastung der Ombudsperson kann der Ersatz beigezogen werden[7]. Der stellvertretenden Ombudsperson kann zudem die Funktion eines Gesprächspartners für den Amtsinhaber zukommen[8].

---

[2] Weisung 1976, S. 976 f.
[3] Antrag Personalgesetz 1996, S. 1186 f.; Prot. KR 1995–1999, S. 11588.
[4] Ebenso HALLER, in: Kommentar KV, Art. 81 N. 12.
[5] Beleuchtender Bericht 1977, S. 935.
[6] Weisung 1976, S. 977.
[7] Prot. KR 1975–1979, S. 8171. In diesem Sinn auch HALLER, in: Kommentar KV, Art. 81 N. 15.
[8] Vgl. dazu ULLIN STREIFF, in: TB 1995, S. 11 f.

IV. Rechtsstellung

A. Ombudsperson als Magistratsperson

7 Die Mitglieder der Regierung und der höchsten Gerichte sind nicht Staatsangestellte, sondern Magistratspersonen; sie stehen in einem **öffentlichrechtlichen Arbeitsverhältnis eigener Art,** das nicht unmittelbar dem Personalgesetz untersteht. Die Nicht-Unterstellung unter das Personalgesetz gilt auch für die Ombudsperson (§ 1 Abs. 3 PG). Dies rechtfertigt es, auch die Ombudsperson als Magistratsperson zu qualifizieren[9]. Auch andere Regelungen gelten in gleicher Weise für die Mitglieder des Regierungsrats, der obersten Gerichte sowie die Ombudsperson, so § 36 KRG über die Ermahnung von Magistratspersonen wegen Verletzung von Verfassung, Gesetz oder Amtspflichten durch den Kantonsrat. Demgegenüber gibt es Regelungen, die für die Mitglieder des Regierungsrats und der obersten Gerichte gelten, nicht jedoch für die Ombudsperson, so mit Bezug auf Abgangsleistungen bei der Beendigung des Amtes[10]. § 38 KRG betreffend Ermächtigung zur Strafverfolgung durch den Kantonsrat gilt gemäss Gesetzeswortlaut ebenfalls nur für die Mitglieder des Regierungsrats und der obersten Gerichte, nicht für die Ombudsperson; dies würde bedeuten, dass für die Ermächtigung zur Strafverfolgung gegenüber der Ombudsperson wie gegenüber Angestellten das Obergericht zuständig ist (§ 148 GOG)[11]. Diese uneinheitliche Regelung der Rechtsstellung der Ombudsperson mutet zufällig an; die durchgehende Behandlung als Magistratsperson erscheint gerechtfertigt.

8 Das VRG regelt die Rechtsstellung der Ombudsperson nur rudimentär. Soweit keine Regelung besteht, sind allenfalls die Bestimmungen über die Mitglieder der obersten Gerichte, insbesondere des Verwaltungsgerichts, analog heranzuziehen (§§ 34 und 34a).

B. Besoldung und Entschädigung (Abs. 1 Satz 3)

9 Entsprechend der Bedeutung des Amtes setzt – analog zur Regelung für die Regierung und die obersten Gerichte – der *Kantonsrat* die **Besoldung** der Ombudsperson und die Entschädigung der Ersatzleute fest[12]. Die hohen fachlichen und charakterlichen Anforderungen an die Ombudsperson sowie ihre Funktion als Kontrollinstanz erfordern eine hohe Besoldung. Diese beträgt 77 Prozent der Besoldung eines Mitglieds des Regierungsrats und entspricht damit annähernd derjenigen der Mitglieder des Obergerichts und des Verwaltungsgerichts in der höchsten Besoldungsklasse gemäss Personalverordnung[13]. Die Entschädigung der Ersatzleute erfolgt nach Massgabe von deren zeitlicher Beanspruchung nach den für die Ombudsperson geltenden Ansätzen (Ziff. V. OmbudsB).

---

[9] Ebenso JAAG/RÜSSLI, Staats- und Verwaltungsrecht, N. 3014; a.M. HAUSER/SCHWERI/LIEBER, Kommentar GOG, § 148 N. 6.
[10] Vgl. sogleich N. 10.
[11] HAUSER/SCHWERI/LIEBER, Kommentar GOG, § 148 N. 13 und 15. Vgl. § 94a N. 7.
[12] Weisung 1976, S. 977.
[13] Vgl. Ziff. IV Abs. 1 OmbudsB i.V.m. Ziff. I Abs. 1 des Beschlusses des Kantonsrates über die Festsetzung der Besoldungen der Mitglieder des Regierungsrates vom 4. März 1991 (LS 172.18); Anhang zur Personalverordnung vom 16. Dezember 1998 (LS 177.11); § 37 N. 6.

Die Ombusperson ist bei der Versicherungskasse für das Staatspersonal **versichert**[14]. Anders als für die Mitglieder des Regierungsrats und der obersten Gerichte gibt es für die Ombudsperson keine Regelung über Abgangsleistungen bei der Beendigung ihres Amtes; der entsprechende Kantonsratsbeschluss erstreckt sich nicht auf die Ombudsperson[15].

C. Weitere Aspekte

Die Tätigkeit als Ombudsperson ist unvereinbar mit jedem anderen Amt oder jeder anderen Anstellung auf Ebene des Kantons, eines Bezirks oder einer Gemeinde (Art. 42 KV; § 26 Abs. 2 lit. c GPR). Die **Unvereinbarkeit** wurde auf kommunale Ämter ausgedehnt, seit die Ombudsperson auch für Gemeinden tätig werden kann (Art. 81 Abs. 4 KV); neu gelten die Unvereinbarkeiten auch für die Ersatzleute (§ 26 Abs. 3 GPR)[16].

Das Amt der Ombudsperson ist ein **Vollamt**. Die Aufteilung der Ombudsstelle auf zwei Personen mit je einem Teilpensum ist nicht vorgesehen; der Kantonsrat hat einen entsprechenden Vorstoss abgelehnt[17]. Weil das Amt als Vollamt ausgeübt wird, darf sein Inhaber wie die vollamtlichen Mitglieder der obersten Gerichte keine andere hauptberufliche Tätigkeit ausüben (vgl. § 34 Abs. 1; § 34 N. 11). Gesetzlich nicht ausgeschlossen ist die Mitgliedschaft der Ombudsperson im eidgenössischen Parlament; sie dürfte allerdings wegen der zeitlichen Belastung nicht in Frage kommen. Ebenfalls nicht gesetzlich ausgeschlossen ist die Tätigkeit in leitender Funktion einer politischen Partei; dem dürfte jedoch die persönliche Unabhängigkeit der Ombudsperson entgegenstehen. Für die Zugehörigkeit zur Verwaltung oder Geschäftsführung einer Handelsgesellschaft oder einer Genossenschaft zu wirtschaftlichen Zwecken ist eine Bewilligung des Kantonsrats erforderlich (§ 34 Abs. 3 analog; vgl. § 34 N. 16 ff.). Zulässig ist dagegen beispielsweise die gelegentliche Tätigkeit als Vermittler, etwa aufgrund von Mediationsaufträgen von Gemeinden; dabei ist jedoch Zurückhaltung zu üben[18].

Es gibt **keine Amtszeitbeschränkung.** Das für das Staatspersonal geltende *Pensionierungsalter* von 65 Jahren gilt für die Ombudsperson wie für die Mitglieder der obersten Gerichte nicht (§ 10 Abs. 5 BVK-Statuten). Gemäss Praxis der Interfraktionellen Konferenz des Kantonsrats werden Personen, die das 65. Altersjahr überschritten haben, nicht für eine (Wieder-)Wahl vorgeschlagen (vgl. § 33 N. 22). Erreichen sie während der Amtsdauer das 65. Altersjahr, so dürfen sie bis zum Ende der Amtszeit im Amt bleiben, können aber auch zurücktreten; zur Entgegennahme von Rücktrittserklärungen während der Amtsdauer ist die Geschäftsleitung des Kantonsrats zuständig.

---

[14] § 1 Abs. 1 des Gesetzes über die Versicherungskasse für das Staatspersonal vom 6. Juni 1993 (LS 177.201).
[15] Beschluss des Kantonsrates über die Abgangsleistungen für die Mitglieder des Regierungsrates und der obersten kantonalen Gerichte vom 9. März 2009 (LS 177.25).
[16] Weisung GPR 2008, S. 2102.
[17] Prot. KR 1999–2003, S. 160 ff., 169. Vgl. dazu das dem Kantonsrat erstattete Rechtsgutachten von HALLER, Job Sharing, S. 197 ff.
[18] KÖLZ, Ombudsmann, S. 291.

V. Unabhängigkeit und administrative Zuordnung (Abs. 3)

14 Der erste Satz von Absatz 3 wiederholt weitgehend Art. 81 Abs. 3 KV. Während allerdings die Verfassungsbestimmung die Ombuds*stelle* für unabhängig erklärt, bezeichnet § 87 Abs. 3 die Ombuds*person* als unabhängig. Das Erfordernis der **Unabhängigkeit** gilt indessen nicht nur für die Ombudsperson, sondern auch für die Ersatzleute und das Personal der Ombudsstelle.

15 Unabhängigkeit bedeutet, dass die Ombudsperson und ihr Personal nicht Mitglied oder Angestellte des Kantonsrats, des Regierungsrats, der kantonalen Verwaltung oder anderer Körperschaften, Anstalten oder Organisationen sein dürfen, die in den Tätigkeitsbereich der Ombudsperson fallen. Sie dürfen auch keinerlei Instruktionen von all diesen Stellen entgegennehmen (vgl. Vorbem. zu §§ 87–94a N. 15).

16 Trotz Unabhängigkeit der Ombudsperson ist der Kantonsrat deren vorgesetzte Behörde[19]. Wie die Regierung und Verwaltung sowie die obersten Gerichte untersteht auch die Ombudsperson der **Oberaufsicht des Kantonsrats** (Art. 57 KV; § 34a Abs. 1 lit. d KRG)[20]. Diese erfolgt in erster Linie im Rahmen der Berichterstattung durch die Ombudsperson (§ 87a Abs. 2; vgl. § 87a N. 8 ff.). Sie ist wie bei den Gerichten auf die Geschäftsführung beschränkt und bezieht sich somit insbesondere auf die Bewältigung der Geschäftslast, die Dauer der Verfahren sowie die Personalführung und Finanzen. Eine inhaltliche Überprüfung der Fallerledigung durch die Ombudsperson steht dem Kantonsrat dagegen nicht zu. Die Oberaufsicht setzt eine gewisse Distanz voraus. Sie ist wesentlich weniger intensiv als die Dienstaufsicht der Regierung über die Verwaltung.

17 Administrativ ist die Ombudsperson der **Geschäftsleitung des Kantonsrats** zugeordnet. Dieser obliegt die Vorberatung der Geschäfte der Ombudsperson (§ 43 Abs. 3 KRG), so die Prüfung des Tätigkeitsberichts, von allfälligen Anträgen der Ombudsperson an den Kantonsrat, von Aufsichtsbeschwerden gegen die Ombudsperson sowie von Gesuchen um Entbindung vom Amtsgeheimnis. Überdies ist die Verwaltungskommission der Geschäftsleitung Rekursinstanz gegen Anordnungen der Ombudsperson in personalrechtlichen und administrativen Belangen (§ 88a).

---

[19] So ist der Kantonsrat nicht nur für die Wahl sowie die Festsetzung der Besoldung der Ombudsperson zuständig, sondern z.B. auch für deren Entbindung vom Amtsgeheimnis gemäss Art. 170 Abs. 2 und 3 StPO; vgl. § 94a N. 7.
[20] Vgl. zur Oberaufsicht (über die selbständigen Anstalten) GEORG MÜLLER, Die Aufsicht über die selbständigen öffentlichrechtlichen Anstalten im Kanton Zürich, ZBl 2009, 473 ff., 478 ff.

Controlling und Rechnungslegung, Ausgabenbewilligung

§ 87a

¹ Die Ombudsperson ist dem Gesetz über Controlling und Rechnungslegung (CRG) und den Ausführungserlassen des Regierungsrates zu diesem Gesetz unterstellt.

² Sie führt eine eigene Rechnung. Sie unterbreitet dem Kantonsrat jährlich eine Übersicht über die Entwicklung der Leistungen und Finanzen, einen Budgetentwurf sowie einen Bericht über ihre Tätigkeit mit Einschluss einer Rechnung.

³ Sie ist bezüglich Ausgabenkompetenzen dem Regierungsrat gleichgestellt. §§ 19–25 des CRG gelten sinngemäss.

Materialien

Weisung 1976, S. 977; Prot. KR 1995–1999, S. 9528; Weisung CRG, S. 192 f.; KEF 2012–2015, S. 7.

Literatur

Vgl. Vorbem. zu §§ 87–94a.

Inhaltsübersicht

I.	Gesetz über Controlling und Rechnungslegung (Abs. 1)	1–4
II.	Controlling- und Rechnungslegungsinstrumente (Abs. 2)	5–7
III.	Tätigkeitsbericht (Abs. 2 Satz 2)	8–11
IV.	Ausgabenkompetenzen (Abs. 3)	12–16

I. Gesetz über Controlling und Rechnungslegung (Abs. 1)

§ 87a wurde 2006 durch das Gesetz über Controlling und Rechnungslegung (CRG) in das VRG aufgenommen. Gleichzeitig wurde § 87 Abs. 3 aufgehoben. Dieser verpflichtete die Ombudsperson, dem Kantonsrat jährlich Bericht über seine Tätigkeit zu erstatten; das ergibt sich nunmehr aus § 87a Abs. 2 Satz 2. 1

Das Gesetz über Controlling und Rechnungslegung regelt die Steuerung von staatlichen Leistungen und Finanzen (Controlling), die Ausgaben und ihre Bewilligung sowie die Rechnungslegung (§ 1 CRG). Es trat am 1. April 2008 in Kraft und ersetzte das Finanzhaushaltsgesetz von 1979. Es sieht ein nach den Grundsätzen des «New Public Management» gestaltetes Controlling (d.h. verstärkte Output- bzw. Wirkungsorientierung), Globalbudgets, eine erneuerte Rechnungslegung nach den «International Public Sector Accounting Standards» (IPSAS) sowie die Einführung einer konsolidierten Rechnung vor[1]. 2

Das Gesetz gilt für den Regierungsrat, die kantonale Verwaltung sowie weitere kantonale Behörden und Organisationen, falls dies andere Gesetze vorsehen (§ 1 Abs. 2 CRG). Für die Ombudsperson erfolgt die **Unterstellung unter das CRG** durch § 87a Abs. 1 VRG. 3

---

[1] Weisung CRG, S. 113 ff.

§ 87a

Für die obersten Gerichte gilt eine identische Regelung (§ 75 GOG)[2]. Die Ausführungserlasse des Regierungsrats zum CRG umfassen die Rechnungslegungsverordnung (RLV) sowie die Finanzcontrollingverordnung (FCV).

4 Schon unter dem **früheren Recht** musste die Ombudsperson dem Kantonsrat nicht nur jährlich einen Bericht über ihre Tätigkeit erstatten[3], sondern sie hatte auch den Entwurf ihres Voranschlags, Anträge für Nachtragskredite sowie ihre Jahresrechnung zuhanden des Kantonsrats zu erstellen[4].

II. Controlling- und Rechnungslegungsinstrumente (Abs. 2)

5 Die Ombudsperson führt eine **eigene Rechnung.** Sie hat dem Kantonsrat eine Übersicht über die Entwicklung der Leistungen und Finanzen, einen Entwurf für das Globalbudget, einen Tätigkeitsbericht sowie die Jahresrechnung zu unterbreiten. Die Formulierung lässt offen, in welchem Verfahren die Ombudsperson Anträge stellt und Bericht erstattet; sowohl eine Koppelung an den Hauptprozess des Regierungsrats und der Verwaltung als auch ein eigenständiges Verfahren sind denkbar[5].

6 Die Übersicht über die Entwicklung der Leistungen und Finanzen sowie der Budgetentwurf der Ombudsperson fliessen in den **konsolidierten Entwicklungs- und Finanzplan** (KEF) sowie das jährliche Budget des Regierungsrats ein. Der Budgetentwurf entspricht dem ersten Planjahr des KEF (§ 14 Abs. 2 CRG).

7 Die **Jahresrechnung** der Ombudsperson fliesst in die konsolidierte Rechnung des Regierungsrats ein (§ 54 CRG).

III. Tätigkeitsbericht (Abs. 2 Satz 2)

8 In § 87a geht es – auch gemäss Marginalie – in erster Linie um finanzielle Aspekte. Die Pflicht zur Erstattung eines Tätigkeitsberichts scheint daneben nur sekundäre Bedeutung zu haben. Dieser spielt jedoch bei der **Oberaufsicht des Kantonsrats** über die Ombudsperson eine wichtige Rolle (vgl. § 87 N. 16). Er vermittelt ein wertvolles Bild der Verwaltung[6] und ist deshalb für das Parlament ein nützliches Instrument bei der Ausübung der Oberaufsicht über Regierung und Verwaltung. Daneben erfüllt er auch für die Medien und die Öffentlichkeit eine wichtige Funktion. Entsprechend präsentiert der Ombudsmann seinen Tätigkeitsbericht jeweils auch an einer Medienkonferenz. Die Tätigkeitsberichte werden auf der Website der Ombudsstelle veröffentlicht[7].

9 Inwieweit die Ombudsperson in ihrem Tätigkeitsbericht auch **Einzelfälle** schildern will, entscheidet sie nach ihrem Ermessen. Solche Fallschilderungen bilden einen festen Be-

---

[2] Vgl. dazu HAUSER/SCHWERI/LIEBER, Kommentar GOG, § 75.
[3] § 87 Abs. 3 in der ursprünglichen Fassung.
[4] § 37 des Finanzhaushaltsgesetzes vom 2. September 1979 (OS 47, 162).
[5] Weisung CRG, S. 192.
[6] HALLER, in: Kommentar KV, Art. 81 N. 16.
[7] www.ombudsmann.zh.ch > Arbeit & Veröffentlichungen > Tätigkeitsberichte.

standteil der Tätigkeitsberichte. Dem Kantonsrat steht es als Aufsichtsbehörde frei, bei allzu summarischer Berichterstattung zusätzliche Aufschlüsse über allgemeine oder spezifische Fragen zu verlangen[8]. Auskunftsrecht und Auskunftspflicht der Ombudsperson gegenüber dem Kantonsrat finden ihre Grenze an der allgemeinen, auch dem Kantonsrat gegenüber geltenden Geheimhaltungspflicht (§ 92 Abs. 4 und § 94a)[9].

Der Tätigkeitsbericht ist für die Ombudsperson ein wichtiges Mittel, ihren **Beanstandungen** generell oder speziell Nachdruck zu verleihen[10], besonders wenn eine überprüfte Behörde Empfehlungen nicht oder nicht genügend berücksichtigt (vgl. § 93 lit. c). Die Ombudsperson kann und soll – wie das Verwaltungsgericht – in ihrem Tätigkeitsbericht den Kantonsrat auch auf Mängel in der Gesetzgebung hinweisen[11]. 10

Mit der Abnahme des Tätigkeitsberichts durch den Kantonsrat wird der Ombudsperson **Entlastung** erteilt[12]. 11

IV. Ausgabenkompetenzen (Abs. 3)

Die Ombudsperson ist bezüglich Ausgabenkompetenzen **dem Regierungsrat gleichgestellt.** Dies betrifft insbesondere die Ausgabenkompetenz bei fehlendem Budgetbeschluss des Kantonsrats, die Beantragung von Nachtragskrediten und Kreditüberschreitungen sowie die Möglichkeit, Rücklagen zu bilden und Kredite zu übertragen (§§ 19–25 CRG). 12

Hat der Kantonsrat Anfang Jahr noch **kein Budget** beschlossen, so kann die Ombudsperson nur die für ihre ordentliche und wirtschaftliche Tätigkeit unerlässlichen Ausgaben tätigen. 13

§ 20 CRG hält ausdrücklich fest, dass Budgetkredite grundsätzlich nicht überschritten werden dürfen. Die Steuerung durch **Globalbudgets** bedingt, dass Mehraufwände und Mindererträge in der Regel innerhalb der Leistungsgruppe zu kompensieren sind[13]. Die Ombudsstelle bildet jedoch allein eine Leistungsgruppe[14] mit eigenem Budget und eigener Rechnung; Kompensation ist ihr daher nicht möglich. Das Budget für die Ombudsstelle sieht bis 2015 einen jährlichen Aufwand von etwas mehr als 1 Mio. Franken vor[15]. Reicht der Budgetkredit nicht aus, um die gesetzlichen Aufgaben zu erfüllen, so muss ein Nachtragskredit beantragt oder eine Kreditüberschreitung angeordnet werden[16]. 14

Die Ombudsperson hat in guten wirtschaftlichen Zeiten die Möglichkeit, **Rücklagen** zu bilden (§ 23 CRG). Diese sollen einen Anreiz für wirtschaftliches Verhalten bilden und verhindern, dass nicht beanspruchte Mittel vor Jahresende sinnlos ausgegeben werden 15

---

[8] Weisung 1976, S. 977.
[9] Weisung 1976, S. 977, 982. Vgl. TB 2003, S. 18 ff.; § 94a N. 2 ff., 9.
[10] Vgl. für ein Beispiel TB 2007 Nr. 4.
[11] Vgl. z.B. TB 2004 Nr. 5; 1994 Nr. 7; 1982, S. 14 ff.
[12] Vgl. zur Entlastung des Verwaltungsgerichts § 35 N. 15.
[13] Weisung CRG, S. 167.
[14] Leistungsgruppe 9070; vgl. KEF 2012–2015.
[15] KEF 2012–2015, Anhang 1–8.
[16] Weisung CRG, S. 167.

(«Dezemberfieber»)[17]. Der Kantonsrat entscheidet über den Antrag, Rücklagen zu bilden, im Rahmen der Behandlung des Tätigkeitsberichts (§ 23 Abs. 2 CRG).

16 Die Gleichstellung mit dem Regierungsrat umfasst nicht die **Ausgabenbewilligungskompetenzen** gemäss § 36 CRG. Die entsprechenden Beträge (neue einmalige Ausgaben bis 3 Mio. Franken und neue wiederkehrende Ausgaben bis 300 000 Franken) überschreiten das Budget der Ombudsperson bei Weitem. Der Verweis auf das CRG beschränkt sich denn auch auf die §§ 19–25.

---

[17] Weisung CRG, S. 169.

Sitz und Organisation

§ 88

¹ Der Kantonsrat bestimmt den Amtssitz der Ombudsperson.

² Die Ombudsperson bestellt ihre Kanzlei im Rahmen des vom Kantonsrat festzulegenden Stellenplans. Auf das Personal finden die Vorschriften für das Kanzleipersonal des Verwaltungsgerichts entsprechende Anwendung.

³ Übernimmt die Ombudsperson Aufgaben gemäss Art. 81 Abs. 4 KV in einer Gemeinde, nimmt sie ihre Tätigkeit spätestens ein Jahr nach Inkrafttreten der entsprechenden Bestimmung der Gemeindeordnung auf.

Materialien

Weisung 1976, S. 977; Prot. KK 29.10.1976, 6.1.1977; Prot. KR 1975–1979, S. 8171; Weisung 2006, S. 1314 ff.

Literatur

Vgl. Vorbem. zu §§ 87–94a.

Inhaltsübersicht

I.	Sitz und Kanzlei der Ombudsstelle (Abs. 1 und 2)	1–6
II.	Aufnahme der Tätigkeit für Gemeinden (Abs. 3)	7

I. Sitz und Kanzlei der Ombudsstelle (Abs. 1 und 2)

Der Antrag des Regierungsrats an den Kantonsrat von 1976 sah vor, dass der Amtssitz und die Ausstattung der Kanzlei der Ombudsperson durch den Regierungsrat bestimmt werden[1]. Um der Ombudsperson eine dem Verwaltungsgericht ähnliche **Unabhängigkeit** von der Exekutive zu verschaffen (vgl. § 32 Abs. 2, § 36 Abs. 2), überträgt das Gesetz die Festsetzung des Amtssitzes sowie des Stellenplans jedoch dem Kantonsrat. 1

Der **Amtssitz** der Ombudsperson ist Zürich (Ziff. I OmbudsB). Die Auswahl der Amtsräume in der Stadt Zürich obliegt der Ombudsperson. Dem Willen des Gesetzgebers entsprechend befinden sich die Amtsräume in einiger Entfernung von denjenigen der Verwaltung[2]. 2

Mit der Kompetenz zur Bestellung der **Kanzlei** (Abs. 2 Satz 1) wird der Ombudsperson eine beschränkte Organisationsautonomie eingeräumt. Allerdings ist die Ombudsperson – anders als das Verwaltungsgericht (vgl. § 36 N. 13) – nicht zur Festsetzung des Stellenplans befugt. Seit die Ombudsstelle mit einem Globalbudget arbeitet (§ 87a N. 5), erscheint diese Regelung fragwürdig; die Ombudsperson sollte selbst entscheiden können, welchen Anteil der ihr zur Verfügung stehenden Mittel sie für Personal aufwenden will. 3

---

[1] Weisung 1976, S. 977.
[2] Prot. KK 29.10.1976, 6.1.1977; vgl. auch Prot. KR 1975–1979, S. 8171.

4   Die **personelle Ausstattung** der Ombudsstelle beläuft sich auf 1,5 Stellen für juristisches und 1,7 Stellen für administratives Personal (Ziff. III OmbudsB). Diese Stellen werden nicht voll beansprucht; sie sind zurzeit auf zwei juristische und drei administrative Mitarbeiterinnen und Mitarbeiter verteilt[3].

5   Für das **Personal** der Ombudsstelle gelten dieselben Vorschriften wie für das Kanzleipersonal des Verwaltungsgerichts (Abs. 2 Satz 2). Es untersteht somit der Vollzugsverordnung der obersten kantonalen Gerichte zum Personalgesetz (VV KG PG) sowie der Verordnung der obersten kantonalen Gerichte über die Nutzung von Internet und E-Mail[4]. Aus diesem Grund sollte die Ombudsperson bei Änderungen dieser sowie beim Erlass weiterer Verordnungen der obersten Gerichte für das Personal angehört werden. Soweit keine abweichenden Regelungen bestehen, finden das Personalgesetz (PG) und die Verordnungen des Regierungsrats dazu (PV; VV PG) Anwendung.

6   So wie die Ombudsperson sich nicht beliebig von der Ersatz-Ombudsperson vertreten lassen kann (§ 87 N. 6), kann sie auch nicht beliebig Aufgaben an das Personal **delegieren.** Ansprechperson der Beschwerdeführerinnen und Beschwerdeführer ist in erster Linie die Ombudsperson. Zumindest für weniger zentrale Kontakte vor oder nach dem eigentlichen Beratungsgespräch müssen aber auch die Mitarbeitenden eingesetzt werden können.

II. Aufnahme der Tätigkeit für Gemeinden (Abs. 3)

7   Mit der neuen Kantonsverfassung wurde den Gemeinden die Möglichkeit eingeräumt, durch eine entsprechende Bestimmung in der Gemeindeordnung die Dienste der kantonalen Ombudsperson in Anspruch zu nehmen (Art. 81 Abs. 4 KV; § 89 Abs. 2 lit. b VRG; vgl. § 89 N. 26 ff.). Je nach Grösse, Bedeutung und Anzahl der Gemeinden, die von dieser Möglichkeit Gebrauch machen, kann dies eine Reorganisation der Ombudsstelle erfordern, damit die zusätzlichen Aufgaben bewältigt werden können. Der Gesetzgeber wollte der Ombudsperson genügend Zeit einräumen, um sich auf die veränderte Situation einzustellen[5]. Nach Inkrafttreten des Anschlussentscheids einer Gemeinde hat die Ombudsperson deshalb ein Jahr Zeit, die Tätigkeit für diese Gemeinde aufzunehmen. Verzichtet die Gemeinde wieder auf die Dienste der Ombudsstelle, so bleibt sie noch für ein Jahr finanziell verpflichtet (§ 94 Abs. 4; vgl. § 94 N. 10).

---

[3] 2012 belegten das juristische und das administrative Personal je 1,5 Stelleneinheiten; TB 2012, S. 16.
[4] Verordnung der obersten kantonalen Gerichte über die Nutzung von Internet und E-Mail vom 8. Juni 2004 (LS 211.22). Vgl. zu den Verordnungen der obersten kantonalen Gerichte § 36 N. 11 f.
[5] Weisung 2006, S. 1315.

Personalrechtliche und administrative Belange

§ 88a

Gegen Anordnungen der Ombudsperson in eigenen personalrechtlichen oder administrativen Belangen kann bei der Verwaltungskommission der Geschäftsleitung des Kantonsrates Rekurs erhoben werden.

Materialien
Weisung 2009, S. 910 f.

Literatur
Vgl. Vorbem. zu §§ 87–94a.

Die **Rechtsweggarantie** von Art. 29a BV gewährleistet bei Rechtsstreitigkeiten jeder Person einen Anspruch auf Beurteilung durch eine richterliche Behörde, und auch die Kantonsverfassung verlangt in Art. 77 Abs. 1 für Anordnungen, die im Verwaltungsverfahren ergangen sind, die wirksame Überprüfung durch eine Rekursinstanz sowie den Weiterzug an ein Gericht[1]. 1

Im Kernbereich ihrer Tätigkeit ist die Ombudsperson nicht befugt, Anordnungen zu treffen (§ 93). Im Rahmen der Selbstverwaltung kann sie indessen Anordnungen in **personalrechtlichen und administrativen Belangen** treffen (vgl. § 88 Abs. 2). Vor der VRG-Revision von 2010 konnten personalrechtliche Anordnungen der Ombudsperson direkt mit Beschwerde beim Verwaltungsgericht angefochten werden[2]. Neu muss es den Betroffenen in der Regel möglich sein, eine umstrittene Anordnung zunächst von einer Rekursinstanz und anschliessend von einem kantonalen Gericht überprüfen zu lassen. Aus diesem Grund musste der Gesetzgeber neu eine Rekursinstanz bezeichnen[3]. 2

§ 88a bestimmt die **Verwaltungskommission der Geschäftsleitung des Kantonsrats** als Rekursinstanz. Dabei spielte vor allem die Selbständigkeit der Ombudsstelle eine Rolle. Aus diesem Grund kam weder der Regierungsrat noch eine Direktion als Rechtsmittelinstanz in Frage[4]. Da die Ombudsperson vom Kantonsrat gewählt wird, drängte es sich auf, den Kantonsrat bzw. eines seiner Organe als Rekursinstanz einzusetzen. Die Geschäftsleitung kam wegen ihrer Grösse (15 Mitglieder; § 41 Abs. 1 KRG) nicht in Frage[5]. Wie für Anordnungen des Datenschutzbeauftragten, des Leiters der Finanzkontrolle sowie des Chefs der Parlamentsdienste wurde deshalb die Verwaltungskommission der Geschäftsleitung des Kantonsrats als Rekursinstanz bestimmt (§ 19b Abs. 2 lit. g; vgl. § 19b N. 33); § 88a wiederholt dies für die Ombudsperson. Die Verwaltungskommission setzt sich aus der Präsidentin oder dem Präsidenten (Präsidium) sowie den zwei Vizepräsiden- 3

---

[1] Weisung 2009, S. 851.
[2] Alt § 74 Abs. 1.
[3] Ausnahmen sind in begründeten Fällen möglich (Art. 77 Abs. 1 Satz 2 KV). Personalrechtliche und administrative Anordnungen erfüllen jedoch die Voraussetzungen für eine Ausnahmeregelung klarerweise nicht.
[4] Weisung 2009, S. 910.
[5] Weisung 2009, S. 911.

tinnen oder -präsidenten (Vizepräsidium) des Kantonsrats zusammen (§ 41 Abs. 2 KRG). Da die Geschäftsleitung des Kantonsrats auch für die Oberaufsicht über die Ombudsstelle zuständig ist (§ 43 Abs. 3 KRG; vgl. § 87 N. 17), erscheint die Einsetzung von deren Verwaltungskommission als Rekursinstanz konsequent.

4   Die Rekursentscheide der Verwaltungskommission können mit **Beschwerde beim Verwaltungsgericht** angefochten werden (§ 42 lit. b Ziff. 1).

Aufgabenbereich
a. Grundsatz

§ 89

¹ Die Ombudsperson prüft, ob die Behörden nach Recht und Billigkeit verfahren.

² Als Behörden gelten
  a. alle Behörden und Ämter des Kantons und der Bezirke, einschliesslich der Vorsorgeeinrichtung für das Staatspersonal sowie der unselbstständigen und der selbstständigen kantonalen Anstalten und Körperschaften, ausgenommen die Zürcher Kantonalbank und die Elektrizitätswerke des Kantons Zürich,
  b. alle Behörden und Ämter einer Gemeinde, deren Gemeindeordnung das Tätigwerden der Ombudsperson vorsieht.

Materialien

Weisung 1976, S. 978 ff.; Prot. KK 6.1.1977; Prot. KR 1975–1979, S. 5930 ff.; Prot. KR 1995–1999, S. 9820; Weisung KiG, S. 627; Weisung 2006, S. 1314 ff.

Literatur

DÜRR DAVID, Art. 4, in: Peter Gauch/Jörg Schmid (Hrsg.), Zürcher Kommentar zum ZGB, Art. 1–7, Zürich 1998 *(Zürcher Kommentar ZGB)*; HANGARTNER YVO, Whistleblowing in der öffentlichen Verwaltung, AJP 2012, 490 ff. *(Whistleblowing)*; JUNGO NICOLE, Whistleblowing – Lage in der Schweiz, recht 2012, 65 ff. *(Whistleblowing)*; LEDERGERBER ZORA, Whistleblowing unter dem Aspekt der Korruptionsbekämpfung, Diss. (Zürich), Bern 2005 *(Whistleblowing)*; VON KAENEL ADRIAN, Whistleblowing, in: TB 2006, S. 8 ff. *(Whistleblowing)*.

Vgl. auch Vorbem. zu §§ 87–94a.

Inhaltsübersicht

I.	Überprüfungsbefugnis (Abs. 1)	1–11
	A. Kognition	1–4
	B. Überprüfungsobjekte	5–6
	C. Ombudsperson als Korruptionsmeldestelle	7–11
II.	Zuständigkeitsbereich (Abs. 2)	12–33
	A. Kantonale Verwaltung und Bezirksverwaltung (lit. a)	12–25
	1. Allgemein	12–14
	2. Öffentlichrechtliche Anstalten	15–17
	3. Öffentlichrechtliche Körperschaften	18–21
	4. Andere öffentlichrechtliche und privatrechtliche Organisationen	22–25
	B. Gemeinden (lit. b)	26–31
	C. Zweckverbände und andere überkommunale Einrichtungen	32–33

I. Überprüfungsbefugnis (Abs. 1)

A. Kognition

Die Kognition der Ombudsperson ist **umfassend**. Sie erstreckt sich auf Rechtsverletzungen wie auch auf Verstösse gegen die Billigkeit.

1

2   Die Ombudsperson prüft erstens, ob die Behörden nach dem geschriebenen und ungeschriebenen Recht verfahren. Ein Einschreiten rechtfertigen **Rechtsverletzungen** jeglicher Art, das heisst Verstösse gegen Verfassungsrecht, Gesetzesrecht, Verordnungsrecht und Normen unterer Stufe des Bundes, des Kantons und der Gemeinden sowie von interkantonalem Recht und Staatsvertragsrecht (vgl. zum Begriff der Rechtsverletzung § 20 Abs. 1 lit. a; § 20 N. 8 ff.). Die Ombudsperson hat in Bezug auf Rechtsverletzungen dieselbe Überprüfungsbefugnis wie das Verwaltungsgericht. Obwohl sie in Art. 79 Abs. 1 KV nicht erwähnt ist, muss sie auch zur akzessorischen Normenkontrolle befugt sein (vgl. § 90 N. 10), zumal ihr keine Entscheidungsbefugnisse zustehen. Die Überprüfungsbefugnis geht allenfalls weiter als diejenige der kontrollierten Verwaltungsbehörde, da die Ombudsperson nicht in die Verwaltungshierarchie eingebunden ist und ihre Aufgaben – etwa den Kantonsrat auf Mängel der Gesetzgebung hinzuweisen (vgl. § 87a N. 10) – andernfalls nur eingeschränkt erfüllen könnte. Bei der Erledigung des konkreten Falls muss sie hingegen berücksichtigen, wenn die Kognition der überprüften Behörde beschränkt ist; sie darf die Behörde nicht auffordern, sich über eine Kognitionsbeschränkung hinwegzusetzen.

3   Zweitens kontrolliert die Ombudsperson die **Billigkeit** des Verwaltungshandelns. Dieser Überprüfung kommt wesentlich grössere Bedeutung zu als der Kontrolle auf Rechtmässigkeit. Im Rahmen des Doppelbegriffs «Recht und Billigkeit» im Sinn von Art. 4 ZGB bezeichnet Billigkeit die Gerechtigkeit im Einzelfall[1]. Sie knüpft damit unmittelbar bei den Grundwerten der Rechtsordnung an; Billigkeit verlangt, dass die hinter dem Recht stehenden Wertungen im Einzelfall zum Ausdruck kommen[2]. Besonders dort, wo die Behörde auf ihr Ermessen verwiesen wird, hat sie ihren Entscheid zu objektivieren und begründbar zu machen, indem sie alle tatsächlich relevanten Elemente berücksichtigt[3]. Die Billigkeit ist somit vom Ermessen zu unterscheiden; bezeichnet Letzteres einen Entscheidungsspielraum der Behörde, so meint Erstere die Methode, mit der dieser ausgeschöpft werden soll (vgl. Art. 4 ZGB)[4]. Die Billigkeit ist der «Ausübung pflichtgemässen Ermessens» verwandt. Die Ombudsperson kann daher auch die **Angemessenheit** des Verwaltungshandelns überprüfen, wobei sie hier eine gewisse Zurückhaltung üben wird, vor allem wenn zur Ausübung des Ermessens besondere Sachkunde erforderlich ist[5]. Die Bedeutung des Begriffs Billigkeit im Sinn von Abs. 1 ist allerdings noch weiter und erfasst auch das korrekte Auftreten und Verhalten der Amtsträger (vgl. N. 6).

4   Billigkeit ist nicht mit Gnade oder Mitleid gleichzusetzen[6]. Es ist also nicht Aufgabe der Ombudsperson, stets darauf zu dringen, dass die Behörde ihren Ermessensspielraum möglichst zugunsten des Beschwerdeführers ausschöpft[7]. Zu dessen Gunsten kann und soll sie aber in jenen zahlreichen Fällen wirken, in denen die Behörde aus (oft unbegrün-

---

[1] Vgl. z.B. TB 2011 Nr. 9; 2001 Nr. 13; dazu TB 1987, S. 8 ff.
[2] DÜRR, in: Zürcher Kommentar ZGB, Art. 4 N. 73, 87, 138.
[3] DÜRR, in: Zürcher Kommentar ZGB, Art. 4 N. 97 f.
[4] DÜRR, in: Zürcher Kommentar ZGB, Art. 4 N. 77.
[5] Vgl. HALLER, Erfahrungen, S. 180 Fn. 8.
[6] Vgl. HANS MICHAEL RIEMER, Die Einleitungsartikel des Schweizerischen Zivilgesetzbuches, 2. Aufl., Bern 2003, § 4 N. 148.
[7] Vgl. z.B. TB 2008 Nr. 1; 2006 Nr. 12.

deter oder unberechtigter) Furcht, ein Präjudiz zu schaffen, die besonderen, konkreten Interessen des Privaten nicht gebührend gewichtet hat[8].

B. Überprüfungsobjekte

Die Ombudsperson kann **alle Formen des Handelns oder Nichthandelns** der Verwaltungsbehörden vollumfänglich überprüfen. Sie ist nicht auf anfechtbare Verwaltungsakte beschränkt[9]. Insbesondere der Graubereich der vertraglichen oder vertragsähnlichen Beziehungen und der ausdrücklichen oder stillschweigenden Abmachungen sowie die blossen Tathandlungen (Realakte) staatlicher Stellen fallen darunter[10].

Die Ombudsperson kann auch bei **unkorrektem oder herabwürdigendem Verhalten** einer Behörde tätig werden. Dieser schlichtenden und ermahnenden Funktion der Ombudsperson kommt eine besonders grosse Bedeutung zu, können doch derartige Unkorrektheiten mit den formellen Rechtsmitteln in der Regel nicht erfasst werden[11]. Auch in diesem erweiterten, ausserrechtlichen Sinn hat das Verhalten der Behörden «billig», d.h. fair zu sein.

C. Ombudsperson als Korruptionsmeldestelle

Die Untersuchung von Korruption und anderen Missständen in der Verwaltung fällt ebenfalls in den Aufgabenbereich der Ombudsperson. **Korruption** umfasst die aktive und passive Bestechung sowie die Vorteilsgewährung und -annahme (Art. 322ter bis 322^{octies} StGB). Bei der aktiven Bestechung oder Vorteilsgewährung wird einer Amtsperson ein ihr nicht gebührender Vorteil im Zusammenhang mit ihrer amtlichen Tätigkeit oder im Hinblick auf ihre Amtsführung angeboten; Täter ist der Private, der die Behörde zu einem für ihn günstigen Verhalten veranlassen will. Passive Bestechung ist die Forderung eines solchen Vorteils oder dessen Annahme durch die Person, deren Verhalten beeinflusst werden soll, das heisst einen Träger öffentlicher Aufgaben[12]. Das Personalgesetz verbietet mit Ausnahme von Höflichkeitsgeschenken jegliche Annahme von Geschenken oder anderen Vergünstigungen, die im Zusammenhang mit der dienstlichen Tätigkeit stehen (§ 50 PG). **Andere Missstände** umfassen weitere strafbare Handlungen, aber auch die Verletzung von Pflichten, die sich aus dem Arbeitsverhältnis ergeben, wie Mobbing[13].

Die Angestellten, die korruptes Verhalten oder andere Missstände wahrnehmen, befinden sich in einem **Spannungsfeld:** Einerseits erfordert das öffentliche Interesse an einer gesetzes- und sachgerechten Verwaltungstätigkeit ein Einschreiten; andererseits sind sie in dienstlichen Angelegenheiten grundsätzlich zur Verschwiegenheit verpflichtet (§ 51 PG).

---

[8] Vgl. z.B. TB 2001 Nr. 13.
[9] Vgl. z.B. TB 1994 Nr. 3.
[10] Weisung 1976, S. 978.
[11] Z.B. TB 2010 Nr. 10.
[12] Die Bestechung fremder Amtsträger gemäss Art. 322^{septies} StGB und die Privatbestechung gemäss Art. 4a i.V.m. Art. 23 UWG sind im vorliegenden Zusammenhang nicht von Interesse.
[13] Vgl. dazu Teilrevision des Obligationenrechts (Schutz bei Meldung von Missständen am Arbeitsplatz), Erläuternder Bericht zum Vorentwurf (2008), S. 39 (www.bj.admin.ch > Themen > Wirtschaft > Gesetzgebung > Kündigungsschutz/Whistleblowing).

Sie können solche Missstände auf dem Dienstweg den Vorgesetzten melden. Falls dies keine Wirkung zeitigt oder wenn das anzuzeigende Verhalten Vorgesetzte betrifft, müssen alle anderen internen Möglichkeiten ausgeschöpft werden, bevor man – als ultima ratio – an eine externe Stelle oder an die Öffentlichkeit gelangen darf (Whistleblowing)[14].

9   Als **Whistleblower** werden Personen bezeichnet, «die als Mitglieder einer Organisation auf Fehler und Missstände, die sie in der Organisation wahrgenommen haben, aufmerksam machen»[15]. Whistleblower müssen mit negativen Konsequenzen rechnen. Diese reichen vom Vorwurf der Illoyalität bis zum Verlust der Stelle[16]. Deshalb sind Bestrebungen im Gang, Whistleblowing mittels anonymer Beschwerde bei einer bezeichneten Meldestelle zu erleichtern. Die «Groupe d'Etats contre la corruption» des Europarats (GRECO) hat in einem Evaluationsbericht die Einrichtung einer solchen Stelle gefordert[17]. Im Kanton Zürich rückte die Problematik durch einen prominenten Fall ins Bewusstsein einer breiteren Öffentlichkeit, als zwei Angestellte des Sozialdepartements der Stadt Zürich vom Bundesgericht in letzter Instanz der Amtsgeheimnisverletzung nach Art. 320 Ziff. 1 Abs. 1 StGB schuldig gesprochen wurden, weil sie vertrauliche, teilweise anonymisierte Dokumente über angebliche Missstände im Sozialwesen ohne Ausschöpfung der internen Möglichkeiten an einen Journalisten übergeben hatten[18]. Im Zuge dieser Debatte reichten mehrere Mitglieder des Kantonsrats 2011 eine Motion ein, mit welcher sie die Einrichtung einer kantonalen Meldestelle für «Whistleblowing» verlangten. Das gleiche Anliegen formulierte Prof. Georg Müller in einem Bericht über die Administrativuntersuchung zur Versicherungskasse für das Staatspersonal (BVK)[19].

10 Der Ombudsmann hat in seinen Tätigkeitsberichten wiederholt festgehalten, dass mit der Ombudsstelle im Kanton Zürich eine **Korruptionsmeldestelle** bereits existiert[20]. Sowohl Private als auch öffentliche Angestellte können der Ombudsperson entsprechende Hinweise zukommen lassen. Dabei sind die Angestellten der Ombudsperson gegenüber nicht an das Amtsgeheimnis gebunden (vgl. § 92 Abs. 2; § 92 N. 9). Zwar verlangt das Gesetz zwecks Verhinderung einer Popularbeschwerde ein irgendwie geartetes Interesse des Beschwerdeführers; es gibt der Ombudsperson jedoch auch die Möglichkeit, aus eigenem Antrieb tätig zu werden (§ 91). Handelt ein Beschwerdeführer somit nur zur Wahrung von öffentlichen Interessen, so kann die Ombudsperson in ihrem eigenen Namen tätig werden, um die Anonymität des Beschwerdeführers zu wahren. Dies gelingt nur dann nicht, wenn eine strafrechtliche Untersuchung eingeleitet wird und der Beschwerdefüh-

---

[14] JUNGO, Whistleblowing, S. 65.
[15] HANGARTNER, Whistleblowing, S. 490; VON KAENEL, Whistleblowing, S. 8.
[16] JUNGO, Whistleblowing, S. 66.
[17] Groupe d'Etats contre la corruption, Joint First and Second Evaluation Rounds, Evaluation Report on Switzerland, Greco Eval I-II Rep (2007) 1E, S. 43. Der Bund hat darauf in Art. 22a des Bundespersonalgesetzes (BPG) vom 24. März 2000 (SR 172.220.1) die Eidgenössische Finanzkontrolle als Meldestelle des Bundes bezeichnet.
[18] BGr, 12.12.2011, 6B_305/2011.
[19] GEORG MÜLLER, Bericht über die Administrativuntersuchung betreffend Organisation (Strukturen, Abläufe) der Beamtenversicherungskasse des Kantons Zürich vom 20. Dezember 2010, S. 16 ff. (www.bvk.ch/files/bvk_schlussbericht_mueller.pdf, besucht am 2.7.2013).
[20] TB 2012, S. 12 f.; 2011, S. 8; 2010, S. 9; 2008, S. 5; 2006, S. 6 f.

rer als Zeuge aussagen muss[21]. Das Gleiche würde allerdings auch gelten, wenn eine separate Meldestelle eingerichtet würde. Die weite Kognition, die eine Überprüfung auf Recht und Billigkeit ermöglicht, erlaubt es der Ombudsperson, über die strafrechtlich relevanten Fälle der Korruption hinaus auch andere vertrauensschädigende Missstände zu untersuchen. Die Tatsache, dass die Ombudsperson nur einen verschwindend kleinen Teil der Beschwerden in eigenem Namen führt (vgl. § 91 N. 17), lässt nicht den Schluss zu, dass sie als Korruptionsmeldestelle ungeeignet ist; es ist fraglich, ob bei einer separaten Stelle mehr Beschwerden eingehen würden.

Der Kantonsrat hat am 17. September 2012 die Motion betreffend Einrichtung einer separaten Meldestelle sowie deren Umwandlung in ein Postulat hauptsächlich mit dem Argument abgelehnt, dass mit der Ombudsperson bereits eine geeignete Stelle existiere[22]. Eine Klarstellung im Gesetzestext, dass die Ombudsperson auch Korruptionsmeldestelle ist, wäre angezeigt. 11

II. Zuständigkeitsbereich (Abs. 2)

A. Kantonale Verwaltung und Bezirksverwaltung (lit. a)

1. Allgemein

Die Ombudsperson ist für die **gesamte kantonale Verwaltung** und die **Bezirksverwaltung** zuständig. Der Begriff Verwaltung ist weit zu fassen. Die Zuständigkeit umfasst die gesamte Tätigkeit der Organe des Kantons und der Bezirke. Darunter fallen die Tätigkeiten des Regierungsrats, der Staatskanzlei sowie der Direktionen und Amtsstellen wie der Oberstaatsanwaltschaft und der Staatsanwaltschaften[23]. 12

Nicht zuständig ist die Ombudsperson für **interkantonale Institutionen** (z.B. Konkordatsbehörden), auch wenn der Kanton Zürich an ihnen beteiligt ist. Wenn es ihr auch ohne weiteres freisteht, die Anwendung des Bundesrechts durch die kantonalen Instanzen zu überprüfen, so kann sich die Ombudsperson selbstverständlich nicht in die Tätigkeit der **Bundesbehörden** einmischen[24]. 13

Vgl. zur Zuständigkeit bezüglich **richterlicher Behörden** und **verwaltungsinterner Rechtsmittelbehörden** § 90 N. 5 ff. und 12 ff. 14

2. Öffentlichrechtliche Anstalten

Auch Verwaltungseinheiten, die ausserhalb der eigentlichen Verwaltungshierarchie stehen, sind vom Zuständigkeitsbereich der Ombudsperson erfasst. Darunter fallen aus- 15

---

[21] Siehe das Informationsdokument der Ombudsperson auf www.ombudsmann.zh.ch > Aufgaben des Ombudsmanns > Korruptionsmeldestelle (besucht am 28.9.2013).
[22] Prot. KR vom 17.9.2012, S. 16 ff. (provisorisch).
[23] Weisung 1976, S. 979.
[24] Weisung 1976, S. 980. Vgl. für einen Fall, an welchem auch eine Bundesbehörde beteiligt war, TB 2010 Nr. 6.

drücklich die **unselbständigen öffentlichrechtlichen Anstalten** wie der Zürcher Verkehrsverbund[25], die Kantonsapotheke und der kantonale Lehrmittelverlag.

16 Absatz 2 schloss in seiner ursprünglichen Fassung die **selbständigen kantonalen Anstalten** von der Überprüfung durch die Ombudsperson aus; dies betraf damals lediglich die Zürcher Kantonalbank und die Elektrizitätswerke des Kantons Zürich. Als Begründung nannte der Regierungsrat in seiner Weisung die vorwiegend privatwirtschaftliche Tätigkeit der beiden Anstalten; in Bezug auf die Kantonalbank befürchtete er zudem Kollisionen mit dem bundesrechtlichen Bankgeheimnis[26]. In der Debatte des Kantonsrats wurden die Gewichte anders gesetzt; der Kantonsrat befürwortete den Ausschluss der Kantonalbank wegen des Bankgeheimnisses, jenen der Elektrizitätswerke vorab, um die beiden selbständigen Anstalten gleich zu behandeln[27]. Die beschlossene Lösung war fragwürdig, hätte doch das Bankgeheimnis auch durch die Pflicht der Ombudsperson zur Geheimhaltung gewahrt werden können[28]; überdies spielt es in wesentlichen Bereichen, etwa bei Fragen des Personalrechts, gar keine Rolle.

17 Mit dem Universitätsgesetz von 1998 wurde die Universität als weitere selbständige Anstalt konstituiert (§ 1 Abs. 1 UniG). Weil sie im Zuständigkeitsbereich der Ombudsperson verbleiben sollte[29], wurden durch Änderung von § 89 Abs. 2 VRG die selbständigen Anstalten diesem **allgemein unterstellt**[30]. Unter diese Regelung fallen mittlerweile auch die Sozialversicherungsanstalt[31], das Universitätsspital Zürich[32], das Kantonsspital Winterthur, die Fachhochschulen[33], die Gebäudeversicherungsanstalt sowie die BVG- und Stiftungsaufsicht des Kantons. Ausdrücklich ausgenommen sind dagegen weiterhin die Zürcher Kantonalbank und die Elektrizitätswerke des Kantons Zürich; Letztere, obwohl einer der wesentlichen Gründe für ihren ursprünglichen Ausschluss – die Gleichbehandlung der selbständigen Anstalten – in der Zwischenzeit weggefallen ist.

3. Öffentlichrechtliche Körperschaften

18 Mit dem Kirchengesetz von 2007 wurden in § 89 Abs. 2 VRG auch die öffentlichrechtlichen Körperschaften ausdrücklich erwähnt. Damit sind insbesondere die **kirchlichen Körperschaften** gemeint, d.h. die Evangelisch-reformierte Landeskirche[34], die Römisch-katholische Körperschaft sowie die Christkatholische Kirchgemeinde. Ob auch die evangelisch-reformierten sowie die römisch-katholischen Kirchgemeinden dem Wirkungsbereich der Ombudsstelle unterstehen, erscheint dagegen in Anbetracht von § 89 Abs. 2 lit. b fraglich; für die Gemeinden gibt es eine Sonderregelung, die wohl auch für die Kirchgemeinden gilt (vgl. N. 26 ff.).

---

[25] Vgl. z.B. TB 2009 Nr. 2.
[26] Weisung 1976, S. 979.
[27] Prot. KR 1975–1979, S. 5930 ff.
[28] A.M. Weisung 1976, S. 979.
[29] Vgl. z.B. TB 2011 Nr. 8; 2010 Nr. 8; 2009 Nr. 5.
[30] Prot. KR 1995–1999, S. 9820.
[31] Vgl. z.B. TB 2011 Nr. 7; 2010 Nr. 7; 2000 Nr. 2.
[32] Vgl. z.B. TB 2011 Nr. 9; 2010 Nr. 9 und 10.
[33] Vgl. z.B. TB 2010 Nr. 11; 2009 Nr. 5.
[34] Vgl. z.B. TB 2007 Nr. 1.

Mit der Unterstellung der kirchlichen Körperschaften wollte der Gesetzgeber sicherstellen, dass die Ombudsperson trotz der erhöhten Autonomie, die das Kirchengesetz den kirchlichen Körperschaften zukommen lässt, dort tätig werden kann, wo kirchliche Behörden auf der Grundlage des staatlichen Rechts handeln. **Kircheninterne Belange** gehören nicht zum Zuständigkeitsbereich der Ombudsperson. Entscheidend ist somit, ob sich die kirchlichen Organe unmittelbar auf kantonales Recht stützen oder stützen sollten[35].

Gemäss Art. 230 Abs. 1 der **Evangelisch-reformierten Kirchenordnung** (KO-ERL) «amtet» die kantonale Ombudsstelle in Angelegenheiten der kirchlichen Bezirke und der Landeskirche. Für kircheninterne Angelegenheiten der Kirchgemeinden und Kirchgemeindeverbände sieht die Kirchenordnung die Einrichtung einer kirchlichen Ombudsstelle vor, unter Vorbehalt der Zuständigkeit der kantonalen Ombudsperson (Art. 230 Abs. 2 KO-ERL). Im Rahmen der Ausarbeitung der vorgesehenen Verordnung über Aufgaben, Verfahren und Organisation der Ombudsstelle sind jedoch die kirchlichen Organe zum Schluss gelangt, dass es eine solche Ombudsstelle nicht braucht. Einerseits stünden bereits die Bezirkskirchenpflegen sowie die Dekaninnen und Dekane bei Konflikten zur Verfügung; überdies hätten die Kirchgemeinden und Stadtverbände (von Zürich und Winterthur) die Möglichkeit, sich der kantonalen Ombudsstelle anzuschliessen[36]. Dementsprechend hat die Evangelisch-reformierte Kirchensynode beschlossen, auf die Einrichtung einer landeskirchlichen Ombudsstelle zu verzichten und bei Gelegenheit die entsprechenden Bestimmungen der Kirchenordnung aufzuheben[37]. Dass sich auch Kirchgemeinden dem Wirkungsbereich der Ombudsperson unterstellen können, erscheint zutreffend (vgl. N. 29).

Die **Römisch-katholische Körperschaft** hat bereits 1998 eine Personalombudsstelle zur Konfliktbewältigung im Zusammenhang mit Anstellungsverhältnissen eingerichtet[38]. Es stellt sich die Frage nach dem Verhältnis dieser katholischen Personalombudsstelle zur kantonalen Ombudsperson. Gemäss § 89 Abs. 2 lit. a ist die kantonale Ombudsperson auch für die kantonalen kirchlichen Körperschaften zuständig. Diese Zuständigkeit kann nicht durch eine Regelung der Römisch-katholischen Körperschaft unterlaufen werden. Aus diesem Grund ist davon auszugehen, dass in personellen Angelegenheiten der Römisch-katholischen Körperschaft – nicht jedoch der Kirchgemeinden (vgl. N. 29) – die Betroffenen die Wahl haben zwischen der katholischen Personalombudsstelle und der kantonalen Ombudsperson, soweit es nicht um die Anwendung von innerkirchlichem Recht geht. In Anbetracht des Subsidiaritätsprinzips scheint es allerdings sinnvoll, wenn

---

[35] Vgl. zur Unterscheidung zwischen kircheninternen und anderen Belangen im Zusammenhang mit dem Rechtsschutz § 18 KiG; Weisung KiG, S. 610 f.
[36] Antrag und Bericht des Kirchenrates an die Kirchensynode betreffend kirchliche Ombudsstelle vom 12. September 2012.
[37] Beschluss der Evangelisch-reformierten Synode vom 11. Dezember 2012 (Protokoll, S. 41 ff., 45).
[38] Vgl. Ziff. 16.2 des Handbuchs zur Anstellungsordnung der Römisch-katholischen Körperschaft vom 1. August 2001; www.zh.kath.ch/service/publikationen/personalwesen/handbuch (besucht am 24.9.2013). Für innerkirchliche Auseinandersetzungen gibt es überdies gestützt auf eine Vereinbarung zwischen der Diözese Chur und den staatskirchenrechtlichen Organisationen der Bistumskantone vom 21. März 2001 eine *Diözesane Schlichtungsstelle* (http://zh.kath.ch/organisation/rechtsgrundlagen/vereinbarung_diözesane_schlichtungsstelle.pdf; besucht am 2.10.2013).

Fälle der Römisch-katholischen Körperschaft von der kirchlichen Personalombudsstelle behandelt werden. Die kantonale Ombudsperson sollte deshalb Beschwerden betreffend die Römisch-katholische Körperschaft nach Rücksprache mit dem Beschwerdeführer an die katholische Ombudsstelle verweisen und nur ausnahmsweise darauf eintreten; parallele Verfahren sind auf jeden Fall zu vermeiden. Sollte sich ein Beschwerdeführer nach einem unbefriedigenden Ausgang des Verfahrens vor der kirchlichen Ombudsstelle auch noch an die kantonale Ombudsperson wenden, so darf sich diese auf eine summarische Prüfung beschränken und sollte nicht ein zweites Verfahren durchführen.

4. Andere öffentlichrechtliche und privatrechtliche Organisationen

22 Die **Auslagerung** von Verwaltungsleistungen bzw. -abteilungen auf verwaltungsunabhängige öffentlich- oder privatrechtliche Organisationen bedingt neue Zuständigkeitsabgrenzungen[39]. Die Zuständigkeit der Ombudsperson sollte beim Vorliegen folgender, alternativer Voraussetzungen vorgesehen werden: einerseits, wenn die ausgelagerten Tätigkeiten öffentlichrechtlicher Natur sind, und anderseits, wenn der Kanton massgeblich an der privatwirtschaftlich strukturierten Organisationseinheit beteiligt ist. Angesichts der Unschärfe des ersten Kriteriums und der Vielfalt der möglichen Organisationsformen im zweiten Fall ist jedoch eine einzelfallweise Regelung unumgänglich[40].

23 Neben öffentlichrechtlichen Anstalten und Körperschaften ist in § 89 Abs. 2 lit. a ausschliesslich die **Vorsorgeeinrichtung für das Staatspersonal** erwähnt, die mit der Verselbständigung der Versicherungskasse für das Staatspersonal zu einer *privatrechtlichen Stiftung* geworden ist[41]. Die Vorsorgeeinrichtung wurde 2007 mit Erlass des Kirchengesetzes in § 89 Abs. 2 aufgenommen, ohne dass dies in der Weisung des Regierungsrats oder im Kantonsrat begründet oder auch nur erwähnt worden wäre[42].

24 Mit dieser Ergänzung wurde der Gesetzestext – zweifellos unbewusst – *grundlegend verändert*. Zuvor konnte man davon ausgehen, dass die öffentlichrechtlichen Körperschaften und Anstalten stellvertretend auch für andere Formen verwaltungsexterner Aufgabenträger standen[43]. Seit mit der Vorsorgeeinrichtung für das Staatspersonal eine andere Organisation ausdrücklich im Gesetzestext genannt wird, sieht es nach einer abschliessenden Aufzählung der Organisationen aus, die dem Wirkungsbereich der Ombudsperson unterstellt sind; anders macht die ausdrückliche Erwähnung einer einzelnen Organisation keinen Sinn.

25 Weshalb neben den öffentlichrechtlichen Anstalten und Körperschaften nur gerade die Vorsorgeeinrichtung für das Staatspersonal und nicht auch andere verwaltungsexterne Aufgabenträger dem Wirkungsbereich der Ombudsperson unterstehen sollen, ist indessen nicht ersichtlich[44]. Art. 81 Abs. 2 KV sieht denn auch allgemein vor, dass nicht nur

---

[39] Vgl. Prot. KR 1995–1999, S. 13503.
[40] Vgl. zum Ganzen HALLER, Auslagerung, S. 614 ff., der Kriterien für solche Regelungen anführt.
[41] § 2 des Gesetzes über die Verselbstständigung der Versicherungskasse für das Staatspersonal vom 10. Februar 2003 (LS 177.201.1).
[42] Weisung 2006, 1313 ff.; Prot. KR 2007–2011, S. 514 ff.
[43] So die 2. Aufl., N. 7, gestützt auf den damaligen Wortlaut von § 89 Abs. 2.
[44] Auch die Materialien zur Kantonsverfassung enthalten dazu keinerlei Hinweise; vgl. Prot. Verfassungsrat, S. 885 f.

Behörden, sondern auch **Private, welche öffentliche Aufgaben erfüllen,** in den Wirkungskreis der Ombudsperson fallen. Aus diesem Grund unterliegen meines Erachtens – entsprechend der bisherigen Praxis – Einrichtungen wie die Zentralbibliothek Zürich als öffentlichrechtliche Stiftung von Kanton und Stadt Zürich[45] sowie weitere öffentlichrechtliche oder privatrechtliche Trägerschaften öffentlicher Aufgaben wie öffentlich finanzierte Spitäler oder Verkehrsbetriebe[46] dem Wirkungsbereich der Ombudsperson; ob dies beispielsweise auch für den Flughafen gilt, erscheint weniger eindeutig, dürfte aber doch zu bejahen sein. Eine Klärung dieser Fragen durch den Gesetzgeber erscheint dringend.

B. Gemeinden (lit. b)

Ursprünglich war keine Tätigkeit der Ombudsperson auf Gemeindeebene vorgesehen. Im Rahmen der Totalrevision der Kantonsverfassung machten in der öffentlichen Vernehmlassung zum Verfassungsentwurf von 2003 zahlreiche Gemeinden sowie der Ombudsmann den Vorschlag, dass sich die Gemeinden dem Wirkungsbereich der Ombudsstelle sollten unterstellen können. Dieser Vorschlag stiess im Verfassungsrat auf einhellige Zustimmung und wurde in die Kantonsverfassung aufgenommen[47]. Entsprechend hält Art. 81 Abs. 4 KV fest, dass die Ombudsperson auch **auf Gemeindeebene** tätig werden kann, sofern ihr in der Gemeindeordnung eine solche Kompetenz eingeräumt wird. Die Einzelheiten sind seit der Gesetzesrevision von 2007 im VRG geregelt[48] (§ 88 Abs. 3, § 89 Abs. 2 und § 94 Abs. 2–4; vgl. dazu auch § 88 N. 7 sowie § 94 N. 2 ff. und 11).

26

Die Möglichkeit, die Zuständigkeit der Ombudsperson in der Gemeindeordnung vorzusehen, haben alle **politischen Gemeinden und Schulgemeinden.** Die entsprechende Bestimmung in der Gemeindeordnung könnte etwa wie folgt lauten[49]:

27

«Die kantonale Ombudsperson prüft nach Massgabe von §§ 89 ff. des Verwaltungsrechtspflegegesetzes (VRG), ob die Gemeindebehörden nach Recht und Billigkeit verfahren.»

Bis Mitte 2013 haben von insgesamt 171 politischen Gemeinden nur 16 und von wesentlich über 100 Schulgemeinden eine einzige von der Möglichkeit Gebrauch gemacht[50]. Die beiden grössten Zürcher Gemeinden, die Städte Zürich und Winterthur, haben eigene Ombudsstellen. Der Anteil der Gemeindefälle an der Zahl der Geschäfte der Ombuds-

28

---

[45] Vgl. den Vertrag zwischen dem Kanton Zürich und der Stadt Zürich betreffend die Einrichtung einer Zentralbibliothek als öffentliche Stiftung (Stiftungsvertrag) vom 26. November/16. Dezember 1910 (LS 432.21).
[46] Vgl. z.B. TB 2010 Nr. 12.
[47] Prot. Verfassungsrat, S. 2257 f. und 3091.
[48] OS 62, 446.
[49] Der Ombudsmann schlägt auf seiner Website eine ausführlichere Bestimmung vor (www.ombudsmann.zh.ch > Aufgaben des Ombudsmanns > Für Gemeinden; besucht am 28.9.2013).
[50] Dies betrifft die folgenden Gemeinden: Andelfingen, Bonstetten, Brütten, Glattfelden, Greifensee, Hombrechtikon, Kleinandelfingen, Mönchaltorf, Niederweningen, Obfelden, Pfungen, Rorbas, Russikon, Trüllikon (politische und Schulgemeinde), Wald und Zumikon; vgl. www.ombudsmann.zh.ch > Aufgaben des Ombudsmanns > Für Gemeinden. Vgl. für den ersten Gemeindefall TB 2006 Nr. 16.

person betrug in den Jahren 2011 und 2012 je 4,3 Prozent[51]. Der Kanton bleibt somit klar das Hauptbetätigungsfeld der kantonalen Ombudsstelle.

29 Für **Kirchgemeinden** der Evangelisch-reformierten Landeskirche sieht die Evangelisch-reformierte Kirchenordnung (KO-ERL) die Einrichtung einer kirchlichen Ombudsstelle vor, unter Vorbehalt der Zuständigkeit der kantonalen Ombudsperson (Art. 230 Abs. 2 KO-ERL). Dies wurde jedoch bis heute nicht verwirklicht (vgl. N. 20). Entsprechend können sich evangelisch-reformierte Kirchgemeinden dem Wirkungsbereich der Ombudsperson unterstellen[52]. Für die römisch-katholischen Kirchgemeinden steht die kirchliche Personalombudsstelle zur Verfügung (vgl. N. 21), so dass dort das Bedürfnis der Unterstellung unter den Wirkungsbereich der kantonalen Ombudsstelle weniger bestehen dürfte; zulässig wäre die Unterstellung aber auch für sie.

30 Sieht eine Gemeinde eine Zuständigkeit vor, so ist die Ombudsperson gemäss ausdrücklicher Vorschrift für **sämtliche Behörden und Ämter** der Gemeinde zuständig[53]. Das gilt grundsätzlich auch für den Gemeindeammann und Betreibungsbeamten, die Zivilstandsämter sowie die Kindes- und Erwachsenenschutzbehörden, soweit sie Gemeindeämter sind (vgl. N. 33), beschränkt auch für die Friedensrichterämter (vgl. § 90 N. 5 ff.).

31 In Gemeinden, die **keine Zuständigkeit** begründen, kann die Ombudsperson auch nicht tätig werden, wenn kantonales Recht angewendet wird[54]. Der Gesetzgeber begründete diesen Ausschluss mit der Gemeindeautonomie und liess sich vom Gedanken leiten, dass die Gemeinden eigene Ombudsstellen schaffen sollten[55]. In der Praxis kommt es allerdings vor, dass die Ombudsperson bei Beschwerden, welche Gemeinden oder kommunale Zweckverbände betreffen, eine Stellungnahme der kantonalen Aufsichtsbehörde anfordert und auch erhält[56]. Dies ist nicht unbedenklich, obwohl davon auszugehen ist, dass die Ombudsperson zur Erhebung von Aufsichtsbeschwerden gegen die Gemeinden berechtigt ist. Vereinzelt befasst sich die Ombudsperson im Einverständnis mit den betroffenen Behörden auch mit Gemeindefällen[57].

C. Zweckverbände und andere überkommunale Einrichtungen

32 Die gleiche Möglichkeit wie die Gemeinden müssten auch die **Zweckverbände** haben. Davon ist jedoch weder in Art. 81 Abs. 4 KV noch im Gesetz ausdrücklich die Rede. Weil Zweckverbände Einrichtungen der Gemeinden sind, liesse die Verfassung die Ausdehnung der Regelung zu. Wegen des im Vergleich zu den politischen Gemeinden beschränkten Aufgabenkreises der Zweckverbände können nicht einfach die Tarife für Ge-

---

[51] TB 2011, S. 3; 2012, S. 3.
[52] Vgl. bereits TB 2008 Nr. 13. Die Möglichkeit, dass auch Kirchgemeinden das Tätigwerden der kantonalen Ombudsperson vorsehen, müsste auch in der Kostenverordnung berücksichtigt werden (vgl. § 94 N. 7).
[53] Weisung 2006, S. 1315.
[54] Weisung 1976, S. 980.
[55] Prot. KR 1975–1979, S. 5939 ff.; Kölz, Ombudsmann, S. 290.
[56] Vgl. TB 1995 Nr. 14; 1993 Nr. 6 und 7.
[57] Im Jahr 2012 waren fast die Hälfte der Gemeindefälle solche aus Gemeinden, deren Gemeindeordnung keine Zuständigkeit der Ombudsperson vorsieht; vgl. TB 2012, S. 3. Vgl. z.B. TB 2000 Nr. 14. Im Fall TB 2000 Nr. 4 beantwortete der Ombudsmann ohne Rücksprache mit den betroffenen Gemeindebehörden eine Rechtsfrage.

meinden Anwendung finden. Es bedürfte deshalb einer besonderen Kostenregelung, die es in der entsprechenden Verordnung über die Kostenbeteiligung bis heute nicht gibt (§ 94 Abs. 2; vgl. § 94 N. 7).

In den letzten Jahren sind mehrere bundesrechtliche Aufgaben, die bisher von den Gemeinden erfüllt wurden, teilweise auf **überkommunale Behörden** übertragen worden; nur jene Gemeinden sind noch allein für diese Aufgaben zuständig, bei denen genügend Fälle zu erledigen sind. Dies betrifft die Betreibungsämter (§ 84 GG; §§ 1 ff. EG SchKG), die Zivilstandsämter (§§ 26 ff. EG ZGB) sowie die Kindes- und Erwachsenenschutzbehörden (bisher: Vormundschaftsbehörden; §§ 2 f. EG KESR). Für diese Aufgaben wurden teilweise Zweckverbände geschaffen, aber auch anderweitige Formen der interkommunalen Zusammenarbeit gewählt. Da es sich dabei nach wie vor um kommunale Aufgaben handelt, sollte für diese Trägerorganisationen wie für die Gemeinden die Möglichkeit bestehen, die Unterstellung unter die Ombudsstelle vorzusehen[58]. 33

---

[58] Vgl. dazu allerdings § 90 N. 17 ff. betreffend bundesrechtliche Schranken.

b. Ausnahmen

§ 90

Der Überprüfung durch die Ombudsperson sind entzogen:
a. der Kantonsrat und die Kirchensynoden;
b. die Behörden mit richterlicher Unabhängigkeit, soweit sie nicht im Bereich der Justizverwaltung tätig sind;
c. andere Behörden
   - hinsichtlich Vorbereitung, Erlass, Änderung, Aufhebung und Genehmigung allgemein verbindlicher Anordnungen,
   - in Rechtsmittelverfahren, ausser bei Rechtsverweigerung, Rechtsverzögerung und andern Verletzungen von Amtspflichten.

Materialien
Weisung 1976, S. 980; Beleuchtender Bericht 1977, S. 936.

Literatur
Vgl. Vorbem. zu §§ 87–94a.

Inhaltsübersicht

I.	Allgemeines	1
II.	Legislativorgane (lit. a)	2–4
III.	Richterliche Behörden (lit. b)	5–9
IV.	Andere Behörden (lit. c)	10–16
	A. Rechtsetzung	10–11
	B. Rechtsmittelverfahren	12–16
V.	Bundesrechtliche Schranken?	17–20

I. Allgemeines

1 § 90 sieht verschiedene **Ausnahmen** von der in § 89 umschriebenen Zuständigkeit der Ombudsperson vor. Lit. a und b schliessen bestimmte Behörden, lit. c schliesst nur einzelne Tätigkeitsbereiche von Behörden aus. Darüber hinaus stellt sich die Frage, ob aufgrund derogierenden Bundesrechts weitere Ausnahmen bestehen.

II. Legislativorgane (lit. a)

2 Der generelle Ausschluss des **Kantonsrats** vom Zuständigkeitsbereich der Ombudsperson ist besonders deshalb gerechtfertigt, weil dieser als Legislativorgan vor allem rechtsetzende Funktionen wahrnimmt. Die unmittelbare politische und demokratische Kontrolle ist für die wenigen Bereiche der (materiellen) Verwaltungstätigkeit des Kantonsrats ausreichend. Eine Kontrolle des Kantonsrats durch die Ombudsperson wäre zudem kaum

denkbar, da das Parlament die Ombudsperson wählt und diese dem Parlament gegenüber Rechenschaft ablegt[1].

Mit dem Kantonsrat sind auch **dessen Organe** vom Zuständigkeitsbereich der Ombudsperson ausgenommen. Für die Kommissionen und Fraktionen als politische Organe erscheint dies gerechtfertigt. Problematisch ist es dagegen für die Administrativorgane, das heisst die Geschäftsleitung, die Verwaltungskommission und insbesondere für die diesen unterstellten Parlamentsdienste. So wie deren Verfügungen mit Rekurs oder Beschwerde angefochten werden können (§ 19b Abs. 2 lit. g Ziff. 4, § 42 lit. b Ziff. 1), sollte auch die Zuständigkeit der Ombudsperson in administrativen und personellen Angelegenheiten bejaht werden. Das müsste durch eine entsprechende Anpassung von lit. a erfolgen.

Die **Kirchensynoden** fallen ebenfalls nicht in den Kontrollbereich der Ombudsperson, weil sie vor allem mit Rechtsetzung und Aufsicht betraut sind[2]. Der Begriff Kirchensynode wurde erst mit dem Kirchengesetz von 2007 in den Plural gesetzt; anlässlich der Schaffung der Synode der Römisch-katholischen Körperschaft durch Änderung des Gesetzes über das katholische Kirchenwesen vom 8. Juni 1980[3] war die erforderliche sprachliche Anpassung nicht vorgenommen worden. Der Kirchenrat und der Synodalrat als Exekutivorgane der kantonalen kirchlichen Körperschaften sind vom Zuständigkeitsbereich der Ombudsperson nicht ausgenommen; sie haben vor allem in Angelegenheiten des öffentlichen Dienstverhältnisses Aufgaben, die der Überprüfung durch die Ombudsperson unterliegen (vgl. § 89 N. 18 f.).

III. Richterliche Behörden (lit. b)

Der Überprüfung durch die Ombudsperson entzogen sind alle **Behörden mit richterlicher Unabhängigkeit.** Dazu gehören das Verwaltungsgericht, das Sozialversicherungsgericht mit Schiedsgericht, das Obergericht, Handelsgericht, Baurekursgericht, Steuerrekursgericht, die Bezirksgerichte, Arbeitsgerichte und Mietgerichte. Der Ausschluss gilt auch für den Bereich der freiwilligen Gerichtsbarkeit. Auch die Friedensrichter der Gemeinden, für welche die Ombudsperson zuständig ist, fallen unter diese Ausnahme. Zu den Behörden mit richterlicher Unabhängigkeit zählen nicht nur die unabhängigen Gerichte, sondern auch Behörden mit nur **beschränkter richterlicher Unabhängigkeit,** also allgemein Rechtsprechungsorgane des kantonalen Rechts, welche für ihre Sachentscheide keine Weisungen vorgesetzter Stellen entgegennehmen dürfen[4]. Dazu gehören im Bereich der Verwaltungsrechtspflege die einzelnen Rekurskommissionen[5]. Die verwaltungsinternen Rekursbehörden, welche organisatorisch nicht aus der funktionellen

---

[1] Weisung 1976, S. 980.
[2] Vgl. Art. 207 und 214 KO-ERL; Art. 20 und 27 KO-RKK.
[3] GS 182.1; OS 47, 533.
[4] Vgl. Weisung 1976, S. 980.
[5] So die Rekurskommission der Zürcher Hochschulen sowie die kirchlichen Rekurskommissionen. Vgl. dazu § 19b N. 49 f.

Verwaltungshierarchie ausgegliedert sind (Bezirksrat[6], Bildungsrat usw.), fallen nicht unter lit. b, aber für ihre Tätigkeit als Rechtsmittelinstanz unter lit. c (vgl. N. 12 ff.).

6 Nur die eigentliche Rechtsfindungstätigkeit der rechtsprechenden Behörden, nicht aber der Bereich der **Justizverwaltung** ist von der Überprüfung durch die Ombudsperson ausgenommen[7]. Die Ombudsperson ist somit sowohl im Zuständigkeitsbereich der gerichtsübergreifenden Justizverwaltungsorgane nach §§ 69 ff. GOG als auch in jenem Bereich der Justizverwaltung, der in der Kompetenz der einzelnen Gerichte liegt, zur Überprüfung befugt. Zur Justizverwaltung gehört das gesamte Personalrecht für die in der Justiz beschäftigten Personen, die Entschädigung der Zeuginnen, Zeugen, Auskunftspersonen und Sachverständigen, die Anstellung von Gerichtsauditoren, die Information über Gerichtsverfahren und die Akteneinsicht Dritter sowie das Dolmetscherwesen (vgl. § 73 Abs. 1 und 2 GOG).

7 **Kosten- und Gebührenentscheide** der Behörden mit richterlicher Unabhängigkeit unterstehen nicht der Überprüfungsbefugnis der Ombudsperson[8]. Es handelt sich dabei nicht um Justizverwaltungsakte, was sich darin äussert, dass gegen Entscheide ein formelles Rechtsmittel auch dann zulässig ist, wenn allein die Kosten oder die Gebühren angefochten werden. Das gilt heute auch in Zivil- und Strafsachen[9]. Eine Justizverwaltungssache liegt hingegen vor, wenn sich Zeugen oder Sachverständige für ihre Entschädigung zur Wehr setzen.

8 Anordnungen im Bereich der Justizverwaltung unterliegen **formellen Rechtsmitteln.** Zwar sind die Materialien in diesem Punkt unklar[10], doch ist – nach dem Wortlaut von lit. b und im Sinn einer möglichst umfassenden Verwaltungskontrolle – davon auszugehen, dass der Ombudsperson die Kontrolle über die Justizverwaltung gesamthaft zukommen sollte und nicht nur subsidiär, wenn kein Rechtsmittel zulässig ist. Die Zuständigkeit der Ombudsperson ist daher zu bejahen, unabhängig davon, ob ein Rechtsmittel zur Verfügung steht oder nicht. Die Einschränkungen von lit. c sind allerdings analog anzuwenden; während der Rechtshängigkeit eines Rechtsmittels ist ein Eingreifen der Ombudsperson unter Vorbehalt der dort erwähnten Ausnahmen deshalb ausgeschlossen. Dies gilt auch, wenn eine Rechtsverweigerungs- oder Rechtsverzögerungsbeschwerde hängig ist; lit. c sieht eine Kontrolle durch die Ombudsperson nur für den Fall vor, dass der Rechtsmittelinstanz eine Rechtsverweigerung oder Rechtsverzögerung unterläuft[11].

9 Das **Inkasso von Kostenurteilen** ist der Überprüfung durch die Ombudsperson zugänglich[12].

---

[6] Im Zusammenhang mit dem Kindes- und Erwachsenenschutzrecht gilt der Bezirksrat allerdings als Gericht i.S.v. Art. 450 ZGB; BGE 139 III 98, E. 3 und 4.
[7] Vgl. zum Begriff der Justizverwaltung Vorbem. zu §§ 32–40a N. 10 ff.
[8] Vgl. immerhin TB 2008 Nr. 10.
[9] Art. 110 i.V.m. Art. 319 ff. ZPO; Art. 399 Abs. 4 lit. f. StPO; vgl. HAUSER/SCHWERI/LIEBER, Kommentar GOG, § 82 N. 7.
[10] Vgl. Weisung 1976, S. 980.
[11] Vgl. z.B. TB 1982 Nr. 18.
[12] Vgl. z.B. TB 2010 Nr. 5; 2008 Nr. 9; 2007 Nr. 14. Vgl. aber zur Schuldbetreibung N. 17 ff.

IV. Andere Behörden (lit. c)

A. Rechtsetzung

Die Ombudsperson ist für die Behörden gemäss § 89 Abs. 2 hinsichtlich deren **Rechtsetzungstätigkeit** nicht zuständig[13]. Gleiches muss für die Rechtsetzung durch Gerichte gelten. Rechtsetzungstätigkeit bedeutet behördliches Handeln im Zusammenhang mit der Schaffung oder Änderung generell-abstrakter Normen wie Verordnungen, Reglemente usw. Diese Akte sind jedoch im konkreten Einzelfall der akzessorischen Überprüfung durch die Ombudsperson zugänglich[14].

Der Erlass von **Allgemeinverfügungen** ist nicht Rechtsetzung und kann daher von der Ombudsperson überprüft werden. Allgemeinverfügungen können mit Rekurs und Beschwerde angefochten werden (vgl. Vorbem. zu §§ 4–31 N. 21)[15].

B. Rechtsmittelverfahren

Die Zuständigkeit der Ombudsperson ist für die in § 89 Abs. 2 genannten Behörden auch im Bereich der **Rechtsmittelverfahren** eingeschränkt. Die Ombudsperson darf nicht tätig werden, solange ein Rechtsmittelverfahren hängig ist[16]. Als Rechtsmittelverfahren gelten die Verfahren aufgrund formeller Rechtsmittel des Verwaltungsprozesses, nämlich Einsprache, Rekurs, Beschwerde (eingeschlossen die Rechtsverweigerungs- und Rechtsverzögerungsbeschwerde), Revision, Erläuterung und Berichtigung (vgl. Vorbem. zu §§ 19–28a N. 7 ff.). Die Klage sowie das Verfahren der Anpassung sind ebenfalls dazu zu zählen[17]. Insbesondere das Aufsichtsbeschwerdeverfahren gilt nicht als Rechtsmittelverfahren gemäss lit. c; die Ombudsperson wartet indessen in der Regel aus Zweckmässigkeitsgründen vor ihrem Eingreifen die Erledigung einer Aufsichtsbeschwerde ab (vgl. § 91 N. 8). Ferner gehört die Wiedererwägung nicht zu den Rechtsmitteln gemäss lit. c[18].

Im **nichtstreitigen Verwaltungsverfahren,** also im Stadium vor dem Erlass einer Verfügung, darf die Ombudsperson tätig werden[19], ebenso nach dem Eintritt der Rechtskraft eines Rechtsmittelentscheids[20]. Die Ombudsperson muss nicht zuwarten, bis der Beschwerdeführer alle Mittel ausgeschöpft hat. Sie darf auch tätig werden, wenn gegen einen Akt zwar ein Rechtsmittel zulässig ist, ein solches aber nicht oder noch nicht ergriffen wurde, das heisst während laufender Rechtsmittelfrist[21]; dabei muss beachtet werden, dass die Anrufung der Ombudsperson die Rechtsmittelfrist nicht unterbricht. In solchen Fällen dürfte die Beratung im Vordergrund stehen[22].

---

[13] Weisung 1976, S. 978.
[14] KÖLZ, Ombudsmann, S. 282; vgl. auch § 89 N. 2.
[15] KÖLZ, Ombudsmann, S. 283.
[16] Vgl. dazu TB 2004 Nr. 9; 2000 Nr. 14.
[17] Es besteht ein Anspruch auf Behandlung des Gesuchs auf Anpassung; vgl. Vorbem. zu §§ 86a–86d N. 17 f.
[18] Zum Begriff vgl. Vorbem. zu §§ 86a–86d N. 19 ff.
[19] Weisung 1976, S. 983. Vgl. z.B. TB 2008 Nr. 5.
[20] Vgl. VGr, 16.6.2010, PB.2010.00004, E. 2.6.1.
[21] TB 2001 Nr. 1; 1982, S. 14.
[22] Vgl. z.B. TB 1996 Nr. 12; 1987 Nr. 5; 1982, S. 14.

14 Das Gesetz will eine Einflussnahme der Ombudsperson auf den Inhalt von Rechtsmittelentscheidungen verhindern. Sie darf deshalb nicht gestaltend in das Verfahren eingreifen[23]. Auch eine Darlegung der Sichtweise der Ombudsperson gegenüber der Rechtsmittelbehörde im Rechtsmittelverfahren wird dadurch ausgeschlossen[24]. Manchmal wird das Rechtsmittelverfahren sistiert, solange die Ombudsperson tätig ist[25]. Das mag in Einzelfällen sinnvoll sein, erscheint aber doch problematisch, da trotz Sistierung ein Rechtsmittelverfahren hängig ist und nicht zwei Verfahren parallel laufen sollten.

15 Bei **Rechtsverweigerung** (so etwa bei Nichtanhandnahme eines Rechtsmittels) oder bei **Rechtsverzögerung** (beispielsweise bei zu langer Verfahrensdauer) gilt die Einschränkung gemäss lit. c nicht; es bleibt der Ombudsperson deshalb unbenommen, sich bei einer Rechtsmittelbehörde nach dem Stand der Dinge zu erkundigen[26]. Ebensowenig gilt die Einschränkung bei **Verletzung von Amtspflichten** durch Rechtsmittelinstanzen. Dazu ist die Ausstandspflicht zu zählen (§ 5a); als Verletzung einer Amtspflicht gilt auch die Verneinung der Zuständigkeit durch eine Rechtsmittelinstanz ohne Prüfung dieser Frage.

16 Zusammenfassend ergibt sich, dass die Ombudsperson für die *richterlichen Behörden* und die *verwaltungsinternen Rechtsmittelbehörden* im Ergebnis **in gleicher Weise zuständig** ist. Der Unterschied besteht allein darin, dass das Gesetz die Überprüfung durch die Ombudsperson hinsichtlich der Gerichte als Ausnahme (lit. b), hinsichtlich der übrigen Rechtsmittelinstanzen als Regelfall (lit. c) formuliert.

V. Bundesrechtliche Schranken?

17 Es stellt sich die Frage, ob die Tätigkeit gewisser kantonaler oder kommunaler Behörden von Bundesrechts wegen **der Überprüfung durch Ombudspersonen entzogen** ist. Das Bundesgericht äusserte sich 1996 als Aufsichtsbehörde in Schuldbetreibungs- und Konkurssachen in einer Stellungnahme zuhanden der Ombudsmänner der Städte Winterthur und Zürich dahingehend, dass wegen der abschliessenden Regelung der Aufsicht namentlich in Art. 13 SchKG kein Raum für die Kontrolle der Betreibungsbeamten durch die kommunalen Ombudspersonen verbleibe; unzulässig sei aus demselben Grund auch die Überprüfung der Konkursämter durch die kantonale Ombudsperson[27]. Die Frage kann auch bei anderen Behörden gestellt werden, so bei den Kindes- und Erwachsenenschutzbehörden (Art. 440 ff. ZGB), den Handelsregister- (Art. 927 OR)[28], den Zivilstands- (Art. 44 f. ZGB)[29] und den Grundbuchbehörden (Art. 956 Abs. 3 ZGB)[30], allenfalls auch bei Verwaltungsträgern in gewissen Sozialversicherungszweigen.

---

[23] Vgl. TB 1993 Nr. 21.
[24] A.M. TB 1993 Nr. 18.
[25] Vgl. z.B. TB 2012 Nr. 2; 2011 Nr. 8; 2008 Nr. 15.
[26] HALLER, Erfahrungen, S. 192 f. Vgl. z.B. TB 2010 Nr. 3.
[27] Stellungnahme BGr, 28.6.1996, BlSchK 1996, 132 ff.
[28] Vgl. auch Art. 3 ff. HRegV.
[29] Vgl. auch Art. 1 ff. ZStV.
[30] Vgl. auch Art. 4 GBV.

Die Auffassung des Bundesgerichts blieb zu Recht nicht unwidersprochen[31]. Die Aussage, eine bundesrechtliche Organisations- und Verfahrensregelung sei abschliessend, erscheint nicht zwingend, soweit sich dies nicht eindeutig aus dem Bundesrecht ergibt. Wenn der Bund den Vollzug seiner Gesetze den Kantonen überlässt, sind die Kantone dafür verantwortlich und müssen – im Rahmen der bundesrechtlichen Vorgaben – auch die Mittel einsetzen können, die sie für gut befinden. Das entspricht dem Wesen des **Vollzugsföderalismus.**

Mangels ausdrücklicher bundesrechtlicher Vorschriften kann deshalb die Tätigkeit kantonaler und kommunaler Ombudspersonen im Bereich des delegierten Bundesrechts **nicht eingeschränkt** werden. Die kantonale Ombudsperson ist somit unter Vorbehalt von § 90 für alle Behörden und Ämter des Kantons und der Bezirke sowie die in § 89 Abs. 2 genannten weiteren Organisationen zuständig – unabhängig von organisations- und verfahrensrechtlichen Vorschriften und vom bundesrechtlichen Charakter des anzuwendenden materiellen Rechts.

Dies dürfte auch der Praxis der Ombudsleute entsprechen, insbesondere auf Gemeindeebene.

---

[31] Siehe insbesondere die 2. Aufl., N. 18 ff.; CYRIL HEGNAUER, Die Zuständigkeit des kommunalen Ombudsmannes im Vormundschaftswesen, Zeitschrift für Vormundschaftswesen 1999, 254 ff.; CYRIL HEGNAUER, Ombudsmann und Vormundschaftsrecht, in: Ombudsmann des Kantons Zürich (Hrsg.), Festschrift, S. 117 ff.; vgl. auch HALLER, Auslagerung, S. 603 f.

§ 91

Verfahren
a. Einleitung

§ 91

¹ Die Ombudsperson wird auf Beschwerde eines an der Überprüfung rechtlich oder tatsächlich Interessierten hin tätig. Die Überprüfung kann sich auf eine laufende oder abgeschlossene Angelegenheit beziehen.

² Sie kann auch von sich aus tätig werden.

Materialien

Antrag und Weisung 1976, S. 964, 981; Prot. KR 1975–1979, S. 5928 und 5942 f.; Beleuchtender Bericht 1977, S. 936.

Literatur

Vgl. Vorbem. zu §§ 87–94a.

Inhaltsübersicht

I.	Tätigwerden aufgrund von «Beschwerden» (Abs. 1)	1–15
	A. Begriff der Beschwerde	1–3
	B. Voraussetzungen	4–12
	C. Anhandnahme	13–15
II.	Tätigwerden aus eigener Initiative (Abs. 2)	16–17
III.	Tätigwerden auf Begehren von Kantonsrat oder Regierungsrat	18

I. Tätigwerden aufgrund von «Beschwerden» (Abs. 1)

A. Begriff der Beschwerde

1 Das Verwaltungsrechtspflegegesetz enthält zwei Instrumente, die beide als Beschwerde bezeichnet werden: die Beschwerde an das Verwaltungsgericht und die Beschwerde an die Ombudsperson. Trotz des identischen Begriffs handelt es sich um zwei Instrumente unterschiedlicher Natur. Die **Beschwerde an das Verwaltungsgericht** ist ein formelles *Rechtsmittel*, das strengen formellen Voraussetzungen genügen muss (vgl. § 41). Demgegenüber ist die **Beschwerde an die Ombudsperson** ein *Rechtsbehelf* mit sehr geringen formellen Anforderungen. Aus dieser Sicht ist der Begriff Beschwerde für die Anrufung der Ombudsperson problematisch. Dazu kommt, dass die Ombudsstelle oft nicht aufgesucht wird, um sich zu beschweren, sondern um Rat oder Hilfe zu suchen.

2 Als Beschwerde wird auch die **Aufsichtsbeschwerde** (Anzeige) bezeichnet, die zwar im VRG nicht erwähnt wird, aber als formloser Rechtsbehelf in der Praxis anerkannt ist (vgl. Vorbem. zu §§ 19–28a N. 61 ff.). Die Beschwerde an die Ombudsperson ist der Aufsichtsbeschwerde wesentlich ähnlicher als der Beschwerde an das Verwaltungsgericht, weil sie ebenfalls praktisch keine formellen Anforderungen erfüllen muss[1].

---

[1] Vgl. zum Verhältnis zwischen Aufsichtsbeschwerde und Beschwerde an die Ombudsperson sogleich N. 8.

Zur Abgrenzung von den anderen Beschwerden könnte jene an die Ombudsperson als **Ombudsbeschwerde** bezeichnet werden.

B. Voraussetzungen

Die **Anrufung** der Ombudsperson soll nicht durch Formalitäten erschwert werden[2]. Das Begehren muss nicht formell als Beschwerde bezeichnet werden; es genügt, wenn der Betreffende mitteilt, die Haltung einer Behörde oder eines Amtes sei ihm unverständlich, er wünsche deshalb Rat und allenfalls eine Untersuchung[3]. Die Ombudsperson nimmt schriftliche, mündliche oder telefonische Beschwerden entgegen. Auch die Geschäftsleitung des Kantonsrats kann Eingaben an die Ombudsperson weiterleiten (§ 44 Abs. 2 KRG).

Jede **natürliche oder juristische Person** kann an die Ombudsperson gelangen. Der zivil- oder öffentlichrechtliche Status spielt keine Rolle. Auch Unmündige und Verbeiständete können sich bei der Ombudsperson beschweren; Wohnsitz oder Aufenthalt im Kanton sind ebensowenig Beschwerdevoraussetzung wie das Schweizer Bürgerrecht oder irgendein bestimmter ausländerrechtlicher Status. Es kommt auch nicht auf die Beziehung des Beschwerdeführers zur Verwaltung an. Auch Personen, die sich in einem Sonderstatusverhältnis zum Staat befinden, wie Angestellte im öffentlichen Dienst[4], Schüler, Studierende, Armeeangehörige, Heim- und Anstaltsinsassen, Anstaltsbenützer, Strafgefangene usw., können an die Ombudsperson gelangen. Gerade bei den Personen im Sonderstatusverhältnis ist das Schutzbedürfnis gross. Der Anteil der Staatsangestellten unter den beschwerdeführenden Personen lag in neuerer Zeit über 20 Prozent[5], nachdem er sich in früheren Jahren zwischen 10 und 15 Prozent bewegt hatte[6].

Das Gesetz verlangt ein irgendwie geartetes **eigenes Interesse,** wobei dieses rechtlicher oder rein faktischer Natur sein kann. Die Anrufung der Ombudsperson soll keine Popularbeschwerde sein[7]. Eine minimale Beziehung des Beschwerdeführers zum beanstandeten Verwaltungshandeln sollte bestehen. Verfolgt der Beschwerdeführer keine eigenen, sondern ausschliesslich öffentliche Interessen, so kann die Ombudsperson tätig werden, muss aber nicht. Weil die Ombudsperson jedoch einerseits aus eigenem Antrieb tätig werden kann (vgl. Abs. 2) und andererseits stets nach ihrem Ermessen entscheidet, inwieweit sie sich mit einer Beschwerde befassen will, kommt der Voraussetzung des eigenen Interesses des Beschwerdeführers kein grosses Gewicht zu. Das muss vor allem gelten, wenn die Ombudsperson als Korruptionsmeldestelle aufgesucht wird (vgl. § 89 N. 7 ff.). Das eigene Interesse des Beschwerdeführers ist allerdings beim Entscheid, wie weit eine Beschwerde behandelt werden soll, mitzuberücksichtigen.

---

[2] HALLER, Erfahrungen, S. 180, 194.
[3] Beleuchtender Bericht 1977, S. 936.
[4] Vgl. z.B. TB 2012 Nr. 12, 13 und 14; 2011 Nr. 10; 2010 Nr. 11; 2009 Nr. 5; 2008 Nr. 15; 2004 Nr. 13; 2002 Nr. 16; 2000, S. 10.
[5] TB 2011, S. 11 (22,3 Prozent); 2010, S. 13 (23 Prozent); 1997, S. 10 (27,3 Prozent). 2012 ging der Anteil wieder zurück auf 17,9 Prozent (TB 2012, S. 45).
[6] Vgl. TB 1996, S. 7; 1986, S. 9.
[7] Weisung 1976, S. 981.

7   Daraus, dass ein der Ombudsperson vorgelegter Fall eine laufende oder abgeschlossene Angelegenheit betreffen kann, ist ersichtlich, dass ein **laufendes Verfahren** der Anrufung der Ombudsperson nicht entgegensteht. Auch die Tatsache, dass gegen eine Anordnung ein Rechtsmittel zur Verfügung steht, schliesst nicht ohne weiteres aus, dass die Ombudsperson damit befasst wird[8]. Ist jedoch ein Rechtsmittel ergriffen worden, so führt dies dazu, dass sich die Ombudsperson nicht mehr mit den Fragen befasst, die Gegenstand des Rechtsmittelverfahrens bilden; parallele Verfahren in der gleichen Angelegenheit sind zu vermeiden (§ 90 lit. c; vgl. § 90 N. 12 ff.).

8   Das Gleiche muss gegenüber einer **Aufsichtsbeschwerde** gelten. Falls in einer Angelegenheit eine Aufsichtsbeschwerde eingereicht worden ist, soll nicht die Ombudsperson gleichzeitig tätig werden. Sinnvollerweise sprechen sich Aufsichtsbehörde und Ombudsperson gegenseitig ab, wer sich der Angelegenheit annimmt. Dabei hat die Aufsichtsbehörde Priorität, da sie primär zuständig ist und auch Anordnungen gegenüber der unterstellten Behörde treffen kann. Nimmt sich die Aufsichtsbehörde der Angelegenheit nicht an, so kann die Ombudsperson tätig werden. Im Zusammenhang mit einem Aufsichtsbeschwerdeverfahren kann die Ombudsperson auch nicht gegen die das Verfahren leitende Behörde untersuchen; obwohl das Aufsichtsbeschwerdeverfahren kein Rechtsmittelverfahren ist, entspricht dies der Ratio von § 90 lit. c.

9   **Abgeschlossene Verfahren** können ebenfalls Gegenstand einer Beschwerde an die Ombudsperson bilden. Liegt eine Verfügung oder tatsächliches Handeln einer Verwaltungsbehörde vor, so kann die Ombudsperson diese mit voller Kognition überprüfen. Hat dagegen eine Rechtsmittelinstanz entschieden, so wird die Ombudsperson die Überprüfung nur mit Zurückhaltung vornehmen; dabei geht es in erster Linie um Fragen des Verfahrens, der Kommunikation usw. Bei veränderten tatsächlichen Verhältnissen kann jedoch auch der Inhalt eines rechtskräftigen Entscheids Gegenstand der Überprüfung durch die Ombudsperson bilden[9].

10 Auch bei Beschwerden von «**Querulanten**» kann ein ernstzunehmendes Bedürfnis nach sorgfältiger Überprüfung bestehen; Personen, die keine ernsthaften Anliegen haben, soll die Ombudsperson ihre Arbeitskraft jedoch nicht zur Verfügung stellen[10]. Die Befürchtung, die Ombudsstelle werde vor allem von Querulanten beansprucht, hat sich nicht bewahrheitet[11].

11 Beschwerdeführende können sich im Verkehr mit der Ombudsperson durch Angehörige oder Dritte begleiten oder **vertreten** lassen.

12 Umstritten ist, ob sich **Gemeinden und kommunale Zweckverbände** an die Ombudsperson wenden können. Geht man von der Funktion der Ombudsperson als Mittlerin zwischen Privaten und Behörden aus, muss diese Frage verneint werden[12]. Allerdings bejaht die Praxis ein Rechtsschutzinteresse der Gemeinden, indem sie ihnen unter bestimmten Voraussetzungen die Rekurs- und Beschwerdelegitimation zuerkennt (vgl. § 21

---

[8]   Vgl. für ein Beispiel TB 2008 Nr. 11.
[9]   Vgl. z.B. TB 2004 Nr. 9.
[10] Vgl. HALLER, Erfahrungen, S. 194.
[11] Vgl. ADOLF WIRTH, 18 Jahre Ombudsmann-Erfahrungen und Ausblick, in: TB 1996, S. 11 ff., 12.
[12] So KÖLZ, Ombudsmann, S. 285 ff.

N. 99 ff.)[13]. In der Praxis nimmt die Ombudsperson Beschwerden von Gemeinden entgegen; diese machen allerdings einen sehr geringen Anteil (weniger als 1 Prozent) an der Gesamtzahl der Geschäfte aus[14]. Da die Ombudsperson auch auf eigene Initiative tätig werden kann, ist dagegen nichts einzuwenden.

C. Anhandnahme

Der vom Regierungsrat 1976 in seinem Antrag vorgeschlagene Abs. 1 Satz 3, wonach es im **Ermessen** der Ombudsperson gestanden hätte, ob und wieweit sie eine Beschwerde anhand nehmen wolle, wurde vom Kantonsrat auf Antrag der vorberatenden Kommission gestrichen[15]. Dennoch entscheidet die Ombudsperson nach ihrem Ermessen, ob und wie weitgehend sie sich mit einer Beschwerde befassen will[16]. Dies gilt auch dann, wenn eine Beschwerde von der Geschäftsleitung des Kantonsrats gemäss § 44 Abs. 2 KRG an die Ombudsperson weitergeleitet wurde.

Der Entscheid der Ombudsperson, einen ihr unterbreiteten Fall nicht an die Hand zu nehmen oder weiterzuverfolgen, kann – wie alle anderen Formen der Erledigung – nicht angefochten werden (vgl. § 93 N. 17). Trotzdem sollte die Ombudsperson gegenüber der beschwerdeführenden Person wenigstens summarisch **begründen,** weshalb sie einer Beschwerde nicht nachgeht[17].

Das Verfahren vor der Ombudsperson ist weitgehend mündlich. Durch den Verzicht auf die Schriftform für die Anrufung und den Verkehr mit der Ombudsstelle wird die Hemmschwelle für unbeholfene Beschwerdeführer wirksam gesenkt[18]. Früher lud die Ombudsperson in der Mehrzahl der Fälle die beschwerdeführende Person zu einer **persönlichen Besprechung** ein[19]. Mit der heutigen Geschäftslast von über 700 Fällen pro Jahr ist das nicht mehr möglich; es wird nur noch knapp die Hälfte der Beschwerdeführer eingeladen[20]. Erscheint die beschwerdeführende Person unentschuldigt nicht zu dieser Besprechung, so darf die Ombudsperson ohne weiteres annehmen, diese sei an einer weiteren Verfolgung der Sache nicht mehr interessiert, und den Fall abschreiben.

II. Tätigwerden aus eigener Initiative (Abs. 2)

Das Gesetz gestattet der Ombudsperson ein Tätigwerden aus eigener Initiative. In **Ausnahmefällen** erscheint es angemessen, wenn die Ombudsperson von sich aus Untersuchungen vornimmt. Dies könnte etwa der Fall sein, wenn die Ombudsperson bei der Verfolgung eines Beschwerdefalls auf weitere Fehler der Verwaltung stösst und das öf-

---

[13] KÖLZ, Ombudsmann, S. 287, hält dies nicht für ausschlaggebend.
[14] TB 2012, S. 45; 2011, S. 11; 2010, S. 13; 1996, S. 7; 1986, S. 9. Vgl. z.B. TB 2004 Nr. 5.
[15] Vgl. Antrag 1976, S. 964; Prot. KR 1975–1979, S. 5942 f.
[16] Vgl. auch Prot. KR 1975–1979, S. 5928; HALLER, Erfahrungen, S. 194.
[17] Anders die 2. Aufl., § 93 N. 2; vgl. auch HALLER, Erfahrungen, S. 194.
[18] Vgl. VONTOBEL, Mittler, S. 9 ff.
[19] Vgl. TB 1996, S. 5; 1986, S. 6.
[20] Vgl. TB 2011, S. 11; 2010, S. 13; 2009, S. 9. 2012 belief sich der Anteil persönlicher Gespräche sogar auf weniger als ein Drittel (TB 2012, S. 45).

fentliche Interesse gebietet, diese zu untersuchen und zu korrigieren[21], oder wenn ein Betroffener sich nicht exponieren will oder kann, z.B. beim Whistleblowing (vgl. § 89 N. 9 f.). Auch Medienberichte können ein Tätigwerden der Ombudsperson auslösen.

17   In der **Praxis** nimmt der Ombudsmann nur in einem verschwindend kleinen Teil der Fälle die Untersuchung aus eigenem Antrieb auf[22]. Das ihm zustehende Recht, von sich aus tätig zu werden, hat jedenfalls den Vorteil, dass seine Unabhängigkeit erhöht wird, indem er sich bei den Behörden nicht mit einer eingegangenen Beschwerde legitimieren muss.

III. Tätigwerden auf Begehren von Kantonsrat oder Regierungsrat

18   Der Kantonsrat darf der Ombudsperson **keinen verbindlichen Auftrag** erteilen, sich mit einer bestimmten Sache zu befassen. Er darf ihr auch nicht verbieten, bestimmte Abklärungen durchzuführen. Dasselbe gilt umso mehr für den Regierungsrat. Die Ombudsperson ist zwar in einem Ausnahmefall für den Regierungsrat tätig geworden, korrekterweise jedoch nicht auf einseitige Anordnung hin; aufgrund einer Vereinbarung mit dem vom Regierungsrat hierzu ermächtigten Polizeidirektor überwachte der Ombudsmann 1990 die Vernichtung der kantonalen Staatsschutzakten im Rahmen der vom Regierungsrat erlassenen Weisungen und erstattete hierüber dem Polizeidirektor einen Bericht[23]. Ein analoger Beizug durch den Kantonsrat wurde nicht grundsätzlich ausgeschlossen, unterblieb aber im konkreten Fall aus Sorge um die politische Unabhängigkeit der Ombudsstelle[24].

---

[21] Vgl. Beleuchtender Bericht 1977, S. 936.
[22] TB 2012, S. 45; 2011, S. 11; 2010, S. 13; 1998, S. 10; 1997, S. 10.
[23] TB 1993, S. 7 ff.
[24] TB 1990, S. 10; Prot. KR 1991–1995, S. 912 f.

b. Erhebungen

§ 92

¹ Die Ombudsperson kann den Sachverhalt nach § 7 Abs. 1 abklären.

² Die Behörden, mit denen sich die Ombudsperson in einem bestimmten Fall befasst, sind ihr zur Auskunft und zur Vorlage der Akten verpflichtet. Vorbehalten bleiben einschränkende Vorschriften des Bundes.

³ Die Behörden haben ihrerseits Anspruch auf Stellungnahme.

⁴ Die Ombudsperson ist gegenüber Dritten und gegenüber dem Beschwerdeführer in gleichem Mass zur Geheimhaltung verpflichtet wie die betreffenden Behörden.

Materialien
Weisung 1976, S. 982; Beleuchtender Bericht 1977, S. 935 ff.; Weisung StG, S. 1504.

Literatur
Vgl. Vorbem. zu §§ 87–94a.

Inhaltsübersicht

I.	Untersuchungsmittel (Abs. 1)	1–3
II.	Pflicht der Behörden zur Aktenvorlage und Auskunftserteilung (Abs. 2)	4–6
III.	Anspruch der Behörden auf Stellungnahme (Abs. 3)	7
IV.	Geheimhaltungspflicht (Abs. 4)	8–10

I. Untersuchungsmittel (Abs. 1)

Die Ombudsperson muss in der Lage sein, ihre Fälle restlos und verlässlich abzuklären. Nur eine umfassende Kenntnis des Konflikts und seiner Zusammenhänge, die unter Umständen weiter gehen als das Wissen der Betroffenen, macht es ihr möglich, ihre Aufgabe zu erfüllen[1]. Sie verfügt daher über dieselben **Mittel der Sachverhaltsabklärung** wie die Verwaltungsbehörden (vgl. § 7 N. 43 ff.): Befragung der Beteiligten und von Auskunftspersonen, Einholen von Amtsberichten und Sachverständigengutachten, Beizug von Urkunden sowie Durchführung von Augenscheinen; Zeugen kann auch die Ombudsperson keine einvernehmen.

In der Regel führt die Ombudsperson ein Gespräch mit dem Beschwerdeführer, fordert Vernehmlassungen der Verwaltung an, zieht die Akten bei oder befragt Angehörige der Verwaltung als Auskunftspersonen; wesentlich seltener werden Augenscheine vorgenommen[2]. Kommt die Ombudsperson zum Schluss, die Behörde habe den ihrem Handeln zugrunde liegenden Sachverhalt zu wenig gründlich geklärt, so kann sie dieser gegenüber bestimmte Untersuchungshandlungen anregen, was oft zweckmässiger sein dürfte als eine eigene Untersuchung. Sie kann auch eine Stellungnahme der Behörde zur

---

[1] Beleuchtender Bericht 1977, S. 935 f.
[2] Vgl. TB 2012, S. 45; 2011, S. 11; 2010, S. 13; 2009, S. 9; 1996, S. 5; 1986, S. 6. Für ein Beispiel TB 1999 Nr. 1.

Frage anfordern, ob bestimmte Beweise eingeholt werden sollten; sie ist jedoch nicht befugt, der Behörde die Abnahme von Beweisen vorzuschreiben[3].

3 **Ziel der Untersuchung** ist die Beurteilung der Rechtmässigkeit und Angemessenheit der Handlungen und des Verhaltens der Behörden. Damit übt die Ombudsperson Verwaltungskontrolle aus. Das Ergebnis der Untersuchung bildet die Grundlage für die Erledigung des Verfahrens (dazu § 93 N. 5 ff.).

II. Pflicht der Behörden zur Aktenvorlage und Auskunftserteilung (Abs. 2)

4 Die Ombudsperson kann bei ihrer Ermittlungstätigkeit stets direkt an die unmittelbar mit der Sache befasste Instanz gelangen; sie ist nicht an einen Dienstweg gebunden. Die in Abs. 2 geregelten **Mitwirkungspflichten der Behörden** gegenüber der Ombudsperson entsprechen weitgehend der im Verwaltungsverfahren geltenden Amtshilfepflicht gemäss § 7 Abs. 3 (vgl. § 7 N. 117 ff.).

5 Die betroffenen Behörden haben der Ombudsperson alle zu einem Fall gehörenden Akten vorzulegen sowie die gewünschten Auskünfte über die Sach- und Rechtslage zu erteilen[4]. Unter besonderen Umständen muss die Ombudsperson für die **Akteneinsicht** die Zustimmung des Beschwerdeführers einholen, so etwa für die Einsicht in Arztgutachten, die für eine Versicherungskasse erstellt worden sind, oder in Akten im Bereich des Erwachsenenschutzes.

6 Die Gemeinden sowie die kantonalen Einrichtungen, die nicht der Zuständigkeit der Ombudsperson unterstehen (§§ 89 und 90), haben dieser Auskünfte zu erteilen, wenn sie solche in einem Verfahren benötigt[5]. Für Bundesbehörden und Behörden anderer Kantone ist dies aus dem Grundsatz der Pflicht zur Amtshilfe gemäss Art. 44 Abs. 2 BV abzuleiten[6]. Dabei dürfen Auskünfte nur innerhalb der allgemeinen gesetzlichen, insbesondere datenschutzrechtlichen Schranken erteilt werden (vgl. Art. 19 Abs. 1 DSG, § 8 IDG)[7].

III. Anspruch der Behörden auf Stellungnahme (Abs. 3)

7 Die betroffenen Behörden haben ein formelles Recht auf Stellungnahme zu den Vorbringen des Beschwerdeführers, was mündlich oder schriftlich geschehen kann[8]. Die Om-

---

[3] Haller, Erfahrungen, S. 193.
[4] Vgl. dazu Isabelle Häner, Rund um die Akten im Verfahren vor der Ombudsperson: Akteneinsichtsrecht und Amtshilfe, in: Ombudsmann des Kantons Zürich (Hrsg.), Festschrift, S. 75 ff.
[5] Beleuchtender Bericht 1977, S. 937.
[6] So schon unter der BV von 1874 Eidgenössische Datenschutzkommission, 10.1.1997, E. 3c aa (ZBl 1998, 280 ff.).
[7] Vgl. TB 2005 Nr. 7 für einen Ausnahmefall.
[8] Weisung 1976, S. 982.

budsperson soll den Behörden auch zu den von ihr vorgenommenen tatsächlichen Erhebungen **rechtliches Gehör** gewähren.

IV. Geheimhaltungspflicht (Abs. 4)

Die Ombudsperson unterliegt den **gleichen Geheimhaltungsregeln** wie die Verwaltungsbehörden. Ihre Geheimhaltungspflicht gilt in beschränktem Umfang auch gegenüber dem Beschwerdeführer (vgl. besonders § 9 Abs. 1), vor allem aber gegenüber Dritten, anderen Behörden und auch dem Kantonsrat[9].

Der Regierungsrat hielt dazu 1977 im Beleuchtenden Bericht an die Stimmberechtigten fest: «Das Amt oder die Behörde, gegen die [der Ombudsmann] angerufen wird, darf vor ihm keine Geheimnisse haben, und auch alle übrigen Behörden sind [ihm] zur Auskunft verpflichtet [...]. Erst eine umfassende Kenntnis des Konflikts und seiner Zusammenhänge, die weiter geht als das Wissen der Betroffenen, macht es ihm möglich, aufklärend zu wirken, einzugreifen und auch die Behörden zu überzeugen»[10]. Demnach müssen – unter Vorbehalt einschränkender Vorschriften des Bundes – Ämter und Behörden der Ombudsperson **Auskünfte** erteilen, die sie den Betroffenen oder Dritten nicht erteilen müssten (vgl. § 9). § 92 Abs. 4 stellt sicher, dass die Ombudsperson die Informationen, die sie erhält, die aber weder der Betroffene noch Dritte erhalten würden, nicht an diese weitergibt.

Nicht an das Amtsgeheimnis gebunden ist die Ombudsperson dann, wenn gemäss § 167 GOG Behörden und Personal verpflichtet sind, strafbare Handlungen anzuzeigen, die sie bei der Ausübung ihrer Amtstätigkeit wahrnehmen. Die Ombudsperson ist zwar in Bezug auf strafbare Handlungen von Behörden und beschwerdeführenden Personen *nicht zur Anzeige verpflichtet,* weil sie zu diesen ein persönliches Vertrauensverhältnis haben muss. In diesen Fällen besteht lediglich ein **Anzeigerecht** (§ 167 Abs. 1 Satz 2 GOG)[11]. Die Anwendung dieser Ausnahmeregelung auf die Ombudsperson erscheint gerechtfertigt, obwohl das Vertrauensverhältnis nicht so stark ist wie etwa jenes zwischen Lehrern und Schülern oder zwischen dem Fürsorgepersonal und seinen Schützlingen, für welche die Regelung in erster Linie gedacht ist[12]. Die steuerrechtliche Auskunfts- und Anzeigepflicht (§ 121 StG) gilt nicht für die Ombudsperson[13]; das Gleiche dürfte mit Bezug auf § 39 AnwG betreffend Wahrnehmungen über Rechtsanwältinnen und -anwälte gelten.

---

[9] Weisung 1976, S. 982. Vgl. auch § 94a.
[10] Beleuchtender Bericht 1977, S. 935 f.
[11] A.M. zum früheren Recht NIKLAUS SCHMID, in: Andreas Donatsch/Niklaus Schmid (Hrsg.), Kommentar zur Strafprozessordnung des Kantons Zürich vom 4. Mai 1919, Zürich 1996/1999, § 21 N. 4.
[12] Vgl. HAUSER/SCHWERI/LIEBER, Kommentar GOG, § 167 N. 13 ff.
[13] Kölz, Ombudsmann, S. 287 ff. § 121 StG entspricht § 81 des Steuergesetzes von 1951; Weisung StG, S. 1504.

c. Erledigung

§ 93

Die Ombudsperson ist nicht befugt, Anordnungen zu treffen. Aufgrund ihrer Überprüfung kann sie
a. dem Beschwerdeführer Rat für sein weiteres Verhalten erteilen,
b. die Angelegenheit mit den Behörden besprechen,
c. nötigenfalls eine schriftliche Empfehlung zuhanden der überprüften Behörde erlassen. Sie stellt diese Empfehlung auch der vorgesetzten Verwaltungsstelle, dem Beschwerdeführer und nach ihrem Ermessen weiteren Beteiligten und andern daran interessierten kantonalen Behörden zu.

Materialien
Weisung 1976, S. 982 ff.; Prot. KK 18.1.1977; Beleuchtender Bericht 1977, S. 936.

Literatur
Vgl. Vorbem. zu §§ 87–94a.

Inhaltsübersicht
I.	Keine Anordnungskompetenz (Satz 1)	1
II.	Erledigungsarten	2–16
	A. Überblick	2–4
	B. Beratung und Besprechung (Satz 2 lit. a und b)	5–7
	C. Schriftliche Empfehlung (Satz 2 lit. c)	8–9
	D. Weitere Möglichkeiten	10–16
III.	Kein Rechtsschutz gegen Handlungen der Ombudsperson	17–20

I. Keine Anordnungskompetenz (Satz 1)

1 Die Ombudsperson kann das Verhalten der von ihr überprüften Behörden **nicht mit verbindlicher Wirkung** beeinflussen. Sie darf insbesondere weder den Erlass von Verwaltungsakten anordnen noch Verwaltungsakte aufheben, abändern oder selber erlassen[1]. Dem Eingreifen der Ombudsperson kommt auch keine aufschiebende Wirkung zu.

II. Erledigungsarten

A. Überblick

2 Während der erste Satz von § 93 festhält, was die Ombudsperson nicht darf, regelt der zweite Satz die zur Verfügung stehenden Möglichkeiten zur Erledigung eines Verfahrens. Gesetzgebungstechnisch wäre es sauberer, den zweiten Satz als Absatz 2 vom ersten Satz zu trennen.

---

[1] Weisung 1976, S. 983; HALLER, Gefüge, S. 708 f.

Kernaufgaben der Ombudsperson sind Beratung, Vermittlung und Kontrolle[2]. Das Gesetz unterscheidet **drei mögliche Arten,** das Verfahren nach erfolgter Untersuchung abzuschliessen, die einzeln oder kumulativ angewendet werden können[3]. Dabei steht es im Ermessen der Ombudsperson, wie sie vorgehen will.

Schriftlichkeit ist nur für die Empfehlung gemäss lit. c vorgeschrieben. Das schliesst nicht aus, dass auch Handlungen gemäss lit. a und b in Schriftform erfolgen oder zumindest auch noch schriftlich festgehalten werden.

B. Beratung und Besprechung (Satz 2 lit. a und b)

Das Hauptgewicht der Tätigkeit der Ombudsperson liegt bei der **Vermittlung** unter den Beteiligten (vgl. auch Art. 81 Abs. 2 KV). Die Ombudsperson soll danach trachten, ihre Fälle gütlich zu erledigen[4] und die Seite, welche im Irrtum oder im Fehler ist, zum freiwilligen Nachgeben zu bewegen. Als Fehler der Behörde gelten dabei nicht nur Rechtsverletzungen, sondern auch Verstösse gegen die Billigkeit im Rahmen des Ermessens sowie von Anstand und Menschlichkeit im Umgang (vgl. § 89 N. 1 ff.).

Die Ombudsperson kann dem Beschwerdeführer **Rat erteilen** oder die Angelegenheit mit den Behörden **besprechen.** Sie kann auch eine gemeinsame Besprechung mit den Beteiligten durchführen[5], allenfalls verbunden mit einem Augenschein[6]. Die Ombudsperson kann ihre Besprechungen stets mit der unmittelbar in der Sache handelnden Behörde führen; sie ist nicht an den Dienstweg gebunden (vgl. § 92 N. 4). Die Behörde ist verpflichtet, an Besprechungen mit der Ombudsperson teilzunehmen. In der Praxis werden die Geschäfte zu etwa zwei Drittel durch Beratung und zu etwa einem Drittel durch Besprechung mit den Behörden erledigt[7].

Selbstverständlich steht es der Ombudsperson frei, das Verhalten der Behörde oder des Beschwerdeführers zu kritisieren und entsprechende **Verhaltensvorschläge** zu machen. Sie kann den Behörden Verbesserungen empfehlen, sei es in Bezug auf Weisungen oder die Rechtspraxis, sei es im Bereich des tatsächlichen Handelns, der Kommunikation oder des Auftretens[8]. Es steht ihr jedoch nicht zu, die Einhaltung dieser Anregungen autoritativ zu fordern.

C. Schriftliche Empfehlung (Satz 2 lit. c)

Stellt die Ombudsperson ein Fehlverhalten der Behörde fest und bleibt diese trotz Kritik uneinsichtig, so erlässt sie die gesetzlich vorgesehene formelle schriftliche Empfehlung[9]. Diese geht neben dem Beschwerdeführer auch an die übergeordnete Instanz, die manch-

---

[2] WALTER HALLER, Beratung, Vermittlung und Kontrolle – Kernaufgaben einer Ombudsstelle, in: TB 2007, S. 7 ff.
[3] Weisung 1976, S. 982.
[4] Vgl. z.B. TB 2011 Nr. 9.
[5] Vgl. z.B. TB 1999 Nr. 15.
[6] Vgl. z.B. TB 2009 Nr. 4.
[7] Vgl. TB 2012, S. 45; 2011, S. 11; 2010, S. 13; 2009, S. 9.
[8] Vgl. z.B. TB 1993 Nr. 1; 1991 Nr. 11; 1990 Nr. 12.
[9] Vgl. z.B. TB 2010 Nr. 2 und 11; 2000 Nr. 8 und 12.

mal noch eingreifen kann[10]. Die vorgesetzte Verwaltungsstelle und der Beschwerdeführer haben einen unbedingten Anspruch auf Zustellung der schriftlichen Empfehlung[11]. Die Ombudsperson stellt die Empfehlung nach ihrem Ermessen im Rahmen der Geheimhaltungspflicht weiteren Beteiligten und andern interessierten kantonalen Behörden zu[12]. Zu Letzteren gehört vorab der Regierungsrat als oberste leitende und vollziehende kantonale Behörde (Art. 60 Abs. 1 KV). Die Zustellung an die vorgesetzte Behörde stellt ein wirksames Druckmittel dar. Die Möglichkeit der Empfehlung und von deren Androhung hat deshalb nicht zu unterschätzende **präventive Wirkung**[13]. Umgekehrt sollte die Ombudsperson nicht übermässig von diesem Mittel Gebrauch machen, weil sie zur Wahrnehmung ihrer Aufgabe letztlich auf ein gutes Einvernehmen mit der Verwaltung angewiesen ist[14]. In der Praxis kommt es denn auch nur selten zu einer schriftlichen Empfehlung[15].

9 Eine formelle Pflicht der betroffenen Behörde, zu einer schriftlichen Empfehlung gegenüber der Ombudsperson **Stellung zu nehmen,** besteht nicht. Es ist jedoch davon auszugehen, dass die Aufsichtsinstanz von der betroffenen Behörde ohnehin eine Stellungnahme oder einen Bericht verlangt, wie die festgestellten Mängel behoben werden. Dabei wäre es sinnvoll, eine Kopie davon der Ombudsperson zukommen zu lassen.

D. Weitere Möglichkeiten

10 Eine weitere Einflussmöglichkeit besteht darin, dass die Ombudsperson in ihrem **Tätigkeitsbericht** an den Kantonsrat auf eine nicht oder unbefriedigend gelöste Angelegenheit oder auf Probleme mit einem bestimmten Amt hinweist (vgl. § 87a N. 8 ff.). Sie muss auch in der Lage sein, in gravierenden Fällen Einzelberichte an den Kantonsrat zu richten. Sie kann und soll in den Tätigkeitsbericht auch Hinweise auf Mängel der Gesetzgebung aufnehmen.

11 Stellt die Ombudsperson strafbare Handlungen von Behörden fest, so kann sie gemäss § 167 GOG bei den zuständigen Strafverfolgungsbehörden **Anzeige** erstatten (vgl. § 92 N. 10).

12 Die Ombudsperson kann im Rahmen ihrer Geheimhaltungspflichten (§ 92 Abs. 4 und § 94a; vgl. § 94a N. 2 ff.) **Medienmitteilungen** veröffentlichen. Gegen die Wirksamkeit des Drucks der Öffentlichkeit wird sie dabei allfällige Gefahren für die Suche nach einvernehmlichen Lösungen abwägen[16]. In der Praxis findet jährlich eine Medienkonferenz statt, an welcher der Tätigkeitsbericht mit Fallbeispielen aus der Praxis vorgestellt wird (vgl. § 87a N. 8 f.).

13 Nach Abschluss einer Untersuchung kann die Ombudsperson die Verfahrensgeschichte und das **Ergebnis der Untersuchung** zuhanden des Beschwerdeführers und allenfalls der

---

[10] Beleuchtender Bericht 1977, S. 936.
[11] Prot. KK 18.1.1977.
[12] Vgl. TB 1983 Nr. 9.
[13] Vgl. z.B. TB 2011 Nr. 2; 1999 Nr. 6.
[14] Vgl. TB 1995, S. 13.
[15] In weniger als 1 Prozent der Fälle; vgl. TB 2012, S. 45; 2011, S. 11; 2010, S. 13; 2009, S. 9.
[16] ULLIN STREIFF, in: TB 1995, S. 13.

beteiligten Amtsstellen zusammenfassen. Das Schreiben der Ombudsperson kann beispielsweise als Beweismittel in ein Rechtsmittelverfahren eingebracht werden[17].

Der Aufgabenbereich der Ombudsperson ist abschliessend formuliert; das Legalitätsprinzip verbietet die **aussergesetzliche freiwillige Amtsausübung**[18]. Ausserhalb ihres Zuständigkeitsbereichs darf die Ombudsperson deshalb nicht tätig werden. Allerdings ist die Grenzziehung beim informellen Handeln nicht immer ganz scharf. Zudem können bereits zur Prüfung der Zuständigkeit Abklärungen nötig werden. Auch bei fehlender Zuständigkeit scheint sodann eine kurze Beratung des Beschwerdeführers, die den Hinweis auf allenfalls gegebene Rechtsmittel enthält, nicht nur zulässig, sondern in der Regel geboten.

Unzulässig ist, dass die Ombudsperson mit materiellrechtlichen «Darlegungen der Sichtweise» in ein Rechtsmittelverfahren eingreift[19]. Bedenken weckt auch, wenn sie gegenüber der kantonalen Aufsichtsbehörde über die Gemeinden ihren Rechtsstandpunkt in Bezug auf kommunales Handeln darlegt[20]. Immerhin kann die Anrufung der Ombudsperson in solchen Fällen auch als Beschwerde gegen Aufsichtsorgane über die Gemeinden interpretiert werden. Zu deren Behandlung muss die Ombudsperson berechtigt sein; dadurch wird der Ausschluss der Gemeinden aus deren Überprüfungsbereich relativiert.

Vgl. zum **Tätigwerden der Ombudsperson als Privatperson** § 87 N. 12.

III. Kein Rechtsschutz gegen Handlungen der Ombudsperson

Gegen die Handlungen der Ombudsperson stehen **keine formellen Rechtsmittel** zur Verfügung[21]. Weder der Beschwerdeführer noch die betroffene Amtsstelle kann die Handlungen und Entscheide der Ombudsperson an eine Rekurs- oder Beschwerdeinstanz weiterziehen; es handelt sich nicht um Rechtsstreitigkeiten im Sinne von Art. 29a BV (Rechtsweggarantie).

Einzige **Ausnahme** von dieser Regel bilden personalrechtliche und administrative Anordnungen der Ombudsperson; diese unterliegen dem Rekurs an die Verwaltungskommission der Geschäftsleitung des Kantonsrats (§ 88a). Sie betreffen indessen nicht die eigentliche Ombudstätigkeit, sondern ausschliesslich die Geschäfts- und Personalführung im internen Verhältnis.

Auch der Kantonsrat kann im Rahmen seiner Oberaufsicht Handlungen der Ombudsperson inhaltlich nicht überprüfen. Die Oberaufsicht beschränkt sich wie bei den Gerichten auf den Geschäftsgang (vgl. § 87 N. 16)[22]. Entsprechend können sich auch **Aufsichtsbeschwerden** nicht auf den Inhalt der Handlungen beziehen.

---

[17] Vgl. VGr, 16.6.2010, PB.2010.00004, E. 2.6.1.
[18] KÖLZ, Ombudsmann, S. 290.
[19] A.M. TB 1993 Nr. 18.
[20] So aber TB 1993 Nr. 7.
[21] HALLER, Erfahrungen, S. 194.
[22] Vgl. zur Oberaufsicht über das Verwaltungsgericht Vorbem. zu §§ 32–40a N. 21 ff.

20 Zu einer inhaltlichen Überprüfung von Handlungen der Ombudsperson könnte es höchstens im Rahmen von **Staatshaftungsverfahren** kommen, falls der Kanton wegen widerrechtlicher Schädigung durch die Ombudsstelle belangt wird (Art. 46 Abs. 1 KV; § 6 Abs. 1 HG).

d. Kosten

§ 94

¹ Die Inanspruchnahme der Ombudsperson ist unentgeltlich.

² Eine Gemeinde, deren Gemeindeordnung das Tätigwerden der Ombudsperson vorsieht, beteiligt sich an den Kosten der Ombudsstelle.

³ Die Höhe der jährlichen Beteiligung beträgt Fr. 1 bis Fr. 4 pro Einwohner und wird auf Antrag der Ombudsperson vom Kantonsrat festgelegt. Dieser berücksichtigt dabei die Anzahl Einwohner aller Gemeinden, deren Gemeindeordnung das Tätigwerden der Ombudsperson vorsieht.

⁴ Verzichtet eine Gemeinde wieder auf die Tätigkeit der Ombudsperson, bleibt die finanzielle Verpflichtung gemäss Abs. 3 noch während eines Jahres nach Inkrafttreten der entsprechenden Bestimmung der Gemeindeordnung bestehen.

Materialien

Weisung 1976, S. 981; Weisung 2006, S. 1314 ff.; Antrag der Ombudsstelle zur Verordnung über die Beteiligung der Gemeinden an den Kosten der Ombudsstelle vom 31. Juli 2010, ABl 2010, 1766 ff. *(Antrag der Ombudsstelle)*.

Literatur

Vgl. Vorbem. zu §§ 87–94a.

Inhaltsübersicht

I.	Unentgeltlichkeit (Abs. 1)	1
II.	Kostenbeteiligung der Gemeinden	2–10
	A. Grundsatz (Abs. 2)	2
	B. Höhe (Abs. 3)	3–8
	C. Dauer (Abs. 4)	9–10
III.	Würdigung	11–12

I. Unentgeltlichkeit (Abs. 1)

Dem Beschwerdeführer erwachsen aus der Inanspruchnahme der Ombudsperson in keinem Fall **Kosten oder Gebühren**. Dies gilt auch für die von der Ombudsperson angeordneten besonderen Sachverhaltsermittlungen (z.B. Sachverständigengutachten); die hieraus allenfalls entstehenden Kosten sind auf die Staatskasse zu nehmen. Andernfalls würde gerade für unbeholfene Personen eine unerwünschte Hemmschwelle aufgebaut[1].

---

[1] Weisung 1976, S. 981.

II. Kostenbeteiligung der Gemeinden

A. Grundsatz (Abs. 2)

2 Gestützt auf Art. 81 Abs. 4 KV ist die Ombudsperson seit der Gesetzesrevision von 2007 auch für jene Gemeinden zuständig, welche dies in ihrer Gemeindeordnung vorsehen (vgl. § 89 N. 26 ff.). Als der Verfassungsrat die Ausweitung der Tätigkeit der Ombudsperson auf Gemeinden beschloss, war für ihn klar, dass die Gemeinden für die Leistungen der Ombudsstelle dem Kanton eine Abgeltung leisten müssen[2]. § 94 Abs. 2 statuiert deshalb den **Grundsatz der Kostenbeteiligung**[3].

B. Höhe (Abs. 3)

3 Aufgrund von Art. 38 Abs. 1 lit. d und Art. 126 KV sind die wesentlichen Bestimmungen über Voraussetzungen und Bemessungsgrundlagen der Kostenbeteiligung im formellen Gesetz zu erlassen. Die beiden Verfassungsartikel legen **Grundsätze für die Erhebung von Abgaben** fest. Abgaben sind all diejenigen Geldleistungen, die Private dem Gemeinwesen kraft öffentlichen Rechts schulden[4]. Die Abgeltung, welche Gemeinden dem Kanton für die Inanspruchnahme der Ombudsstelle entrichten, ist zwar nicht von Privaten, sondern von den betroffenen Gemeinden geschuldet. Trotzdem handelt es sich um eine wichtige Regelung gemäss Art. 38 Abs. 1 KV; insbesondere der Entscheid für eine jährliche Pauschale anstelle einer Fallpauschale rechtfertigt die Regelung auf Gesetzesstufe.

4 Die in Abs. 3 festgelegten **Bemessungsgrundlagen** richten sich nach Erfahrungswerten von anderen Ombudsstellen. Demnach fallen auf 1000 Einwohner etwa ein bis zwei Fälle pro Jahr an. Ausgehend von der Stadt Winterthur wurde errechnet, dass mit 1.50 Franken pro Einwohner die entstehenden Aufwendungen abgedeckt wären. Wenn aber mehrere kleine Gemeinden die Dienste in Anspruch nehmen würden, müssten wegen des organisatorischen Mehraufwands 4 Franken pro Kopf erhoben werden. Die Kosten würden aber mit Anschluss jeder weiteren Gemeinde wieder sinken[5]. Deshalb sieht § 94 Abs. 3 vor, dass der Kantonsrat auf Vorschlag der Ombudsperson die Höhe der jährlichen Belastung einer Gemeinde unter Berücksichtigung der Anzahl und der Bevölkerungszahl aller angeschlossenen Gemeinden im Rahmen einer Pro-Kopf-Beteiligung von 1 bis 4 Franken festlegt. Eine Fallpauschale wurde abgelehnt, weil die Festsetzung der Höhe schwergefallen und die Berechenbarkeit des Budgets der Ombudsperson beeinträchtigt worden wäre[6].

5 Der Kantonsrat hat gestützt auf entsprechende Vorschläge des Ombudsmanns[7] 2011 die **Verordnung über die Kostenbeteiligung der Gemeinden** erlassen (VO Kostenbeteiligung). Folgende Kriterien waren für die Ausgestaltung des Kostenregimes ausschlag-

---

[2] Prot. Verfassungsrat, S. 3091.
[3] Vgl. dazu Weisung 2006, S. 1315 f.
[4] BEUSCH, in: Kommentar KV, Art. 126 N. 1; TSCHANNEN/ZIMMERLI/MÜLLER, Verwaltungsrecht, § 57 N. 1; HÄFELIN/MÜLLER/UHLMANN, Verwaltungsrecht, N. 2623.
[5] Vgl. zur ganzen Rechnung Weisung 2006, S. 1316.
[6] Weisung 2006, S. 1317.
[7] Antrag der Ombudsstelle vom 31. Juli 2010.

gebend[8]: Attraktivität des Tarifs, insbesondere für Gemeinden mit kleiner Bevölkerungszahl, Sicherung der Kostendeckung aus kantonaler Perspektive (weder Gewinne noch Verluste für die Ombudsstelle), Kombination von Versicherungs- und Verursacherprinzip (steigende Pro-Kopf-Pauschale) sowie Vermeidung von übermässigen Kostensprüngen durch einen Stufengrenztarif. Dabei lag der Berechnung die Annahme zugrunde, dass mit steigender Bevölkerungszahl einer Gemeinde wegen der zunehmenden Anonymität die Zahl der Fälle exponentiell zunimmt. Die Verordnung legt folgende **Tarife** für die Gemeinden fest (§ 1):

Einwohnerzahl	Sockelbetrag	Zusatzbetrag pro zusätzlichen Einwohner
bis 6000	–	Fr. 1.–
6001–9000	Fr. 6000.–	Fr. 1.50
9001–12 000	Fr. 10 500.–	Fr. 2.–
ab 12 001	Fr. 16 500.–	Fr. 2.50

§ 2 der Verordnung sieht eine **Abstufung nach Gemeindeart** vor[9]: Einheitsgemeinden bezahlen 100 Prozent des Tarifs, weil sie alle Gemeindeaufgaben wahrnehmen; politische Gemeinden (ohne Schule) 60 Prozent; Primarschulgemeinden und Oberstufenschulgemeinden je 20 Prozent; vereinigte Schulgemeinden 40 Prozent. Bietet eine Gemeinde die Leistungen mehrerer Gemeindetypen an, sind die Gebühren zusammenzuzählen (§ 3 VO Kostenbeteiligung).

Geht man davon aus, dass die Möglichkeit zur Unterstellung unter die Ombudsstelle auch Kirchgemeinden, Zweckverbänden und anderen überkommunalen Einrichtungen offen steht (vgl. § 89 N. 29 und 32 f.), so müsste die Verordnung auch festlegen, wie deren Kostenbeteiligung berechnet wird. Da Kirchgemeinden, Zweckverbände usw. nur beschränkte Aufgabenbereiche abdecken, müssten sie wohl wie Schulgemeinden behandelt werden.

Die Ombudsperson ist verpflichtet, die Kosten der für die Gemeinden erbrachten Leistungen in Abhängigkeit von Gemeindegrösse und -typ zu erfassen. Gestützt darauf soll eine **periodische Überprüfung der Tarife** stattfinden (§ 5 VO Kostenbeteiligung). Die erste Überprüfung für das *Jahr 2012* ergab, dass die den Gemeinden auferlegten Kosten wesentlich zu hoch sind[10]. Die beteiligten Gemeinden bezahlten über 43 000 Franken und verursachten Kosten in der Höhe von rund 6500 Franken; daraus ergibt sich ein Gewinn zugunsten des Kantons von über 36 000 Franken.

C. Dauer (Abs. 4)

Die Pflicht zur Kostenbeteiligung **beginnt** mit der Aufnahme der Tätigkeit der Ombudsstelle zugunsten der betreffenden Gemeinde, das heisst spätestens ein Jahr nach Inkrafttreten der entsprechenden Bestimmung der Gemeindeordnung (§ 88 Abs. 3).

---

[8] Vgl. Antrag der Ombudsstelle, S. 1770 ff.
[9] Vgl. Antrag der Ombudsstelle, S. 1776 f.
[10] TB 2012, S. 13.

10 Wie die Unterstellung der Gemeinde unter die Tätigkeit der Ombudsperson (§ 89 Abs. 2 lit. b) erfolgt auch die **Beendigung dieser Unterstellung** einseitig durch die betroffene Gemeinde; die Ombudsperson hat keinen Einfluss auf diese beiden Entscheide. Um der Ombudsstelle eine angemessene organisatorische Reaktion auf veränderte Verhältnisse zu ermöglichen, bleibt eine Gemeinde, welche die Dienste der Ombudsstelle in Anspruch nimmt, während eines Jahres nach Verzicht auf diese Dienste finanziell verpflichtet; die «Kündigungsfrist» beträgt somit ein Jahr. Das gibt der Ombudsperson genügend Zeit, die noch hängigen Fälle abzuschliessen. Stichtag für die Berechnung der Jahresfrist ist das Inkrafttreten der entsprechenden Änderung der Gemeindeordnung.

III. Würdigung

11 Dass die Kostenbeteiligung der Gemeinden in der gleichen Gesetzesbestimmung behandelt wird wie die Kostenlosigkeit des Verfahrens für die Beschwerdeführer, ist nicht sachgerecht; es handelt sich um zwei völlig unterschiedliche Fragen. Die **Zusammenlegung** der verstreuten Bestimmungen über den Einsatz der Ombudsperson zugunsten der Gemeinden (§ 89 Abs. 2 lit. b, § 88 Abs. 3 und § 94 Abs. 2–4) mit entsprechenden redaktionellen Anpassungen wäre systematisch überzeugender.

12 Auch wenn die durch das Gesetz und die Verordnung getroffene Regelung kleinkrämerisch erscheinen mag, ist es doch zu begrüssen, dass damit **klare Verhältnisse** geschaffen worden sind. Die Kostenfolgen für Gemeinden, welche die Dienste der Ombudsperson in Anspruch nehmen wollen, sind transparent. Allerdings muss der Tarif so gestaltet werden, dass den Gemeinden im Mehrjahresdurchschnitt nicht höhere Kosten auferlegt werden, als sie verursachen; das Kostendeckungsprinzip ist zu beachten.

e. Schweigepflicht

§ 94a

¹ Die Ombudsperson und ihr Personal haben über ihre Wahrnehmungen gegenüber Behörden und Privaten zu schweigen. Vorbehalten bleibt § 167 GOG.

² Die Schweigepflicht entfällt, wenn
   a. die betroffene Person einverstanden ist oder
   b. schwerwiegende öffentliche oder private Interessen überwiegen, die eine Weitergabe von Informationen rechtfertigen.

Materialien

Weisung 2006, S. 1317 f.

Literatur

Vgl. Vorbem. zu §§ 87–94a.

Inhaltsübersicht

I.	Schweigepflicht (Abs. 1)	1–5
II.	Ausnahmen (Abs. 2)	6–7
III.	Würdigung	8–9

I. Schweigepflicht (Abs. 1)

Mit der **VRG-Änderung von 2007** zur Tätigkeit der Ombudsperson in Gemeinden ist § 94a über die Schweigepflicht in das Gesetz aufgenommen worden[1]. Es besteht jedoch keinerlei sachlicher Zusammenhang mit der Tätigkeit der Ombudsperson für Gemeinden. Mit dem GOG wurde 2010 die in Absatz 1 Satz 2 vorbehaltene Gesetzesbestimmung angepasst[2].   1

Die Schweigepflicht umfasst **sämtliche Wahrnehmungen** im Rahmen der Tätigkeiten der Ombudsstelle und gilt gegenüber Behörden und Privaten. Der Regierungsrat begründete den Vorschlag in seiner Weisung an den Kantonsrat mit Konflikten, die der Ombudsperson aufgrund der kantonalen Datenschutzgesetzgebung immer wieder entstanden sind[3]. An der eigentlichen Abklärung eines Sachverhalts nicht beteiligte Personen verlangten vollumfängliche Akteneinsicht; dabei handelte es sich oft um anwaltlich vertretene Personen, die unter Umständen Teil des Konflikts waren, jedoch nicht in das Verfahren einbezogen wurden, weil sie z.B. in privaten Organisationen tätig waren. Ein weiteres Problem bestand darin, dass den Beschwerdeführenden weitgehend Vertraulichkeit und unter Umständen auch die Wahrung der Anonymität zugesichert werden musste,   2

---

[1] OS 62, 446.
[2] OS 65, 520, 572.
[3] Weisung 2006, S. 1317 f. Vgl. dazu auch BRUNO BAERISWYL, Ombudsperson und Datenschutz: Braucht es eine explizite Schweigepflicht?, in: Ombudsmann des Kantons Zürich (Hrsg.), Festschrift, S. 95 ff.

wenn die Ombudsperson zu einem bestimmten Sachverhalt und zu den beteiligten Personen überhaupt Auskunft erhalten wollte.

3 **Ziel** der Regelung von § 94a ist es, die Dispositionsfreiheit der Bürgerinnen und Bürger wie auch der Angestellten der Verwaltung hinsichtlich des bei der Ombudsperson deponierten Sachverhalts zu garantieren[4]. So können sie sich an die Ombudsstelle wenden und ihre Sicht der Dinge darlegen, ohne befürchten zu müssen, dass Behörden, Vorgesetzte oder Dritte gegen ihren Willen davon erfahren. Die Ombudsperson darf weder den Behörden noch Dritten Wahrnehmungen weitergeben, insbesondere auch nicht solche, die sie aufgrund des IDG sonst hätte bekanntgeben müssen (§ 20 Abs. 1 IDG). Dies ist nur nach Entbindung von der Schweigepflicht durch die betroffene Person möglich.

4 Die Schweizerische Zivilprozessordnung räumt den Ombudspersonen ausdrücklich das **Zeugnisverweigerungsrecht** ein (Art. 166 Abs. 1 lit. d ZPO). Demgegenüber umfasst der analoge Katalog der Personen, die im Strafprozessrecht aufgrund eines Berufsgeheimnisses zur Zeugnisverweigerung berechtigt sind, die Ombudspersonen nicht (Art. 171 StPO). Indessen fällt die Ombudsperson wohl unter das Zeugnisverweigerungsrecht aufgrund des Amtsgeheimnisses gemäss Art. 170 StPO; die Ombudsperson ist Beamter im Sinne von Art. 110 Abs. 3 StGB.

5 Bei der Wahrnehmung **strafbarer Handlungen** geht das Anzeigerecht gemäss § 167 GOG der Schweigepflicht der Ombudsperson vor (vgl. § 92 N. 10).

II. Ausnahmen (Abs. 2)

6 Die betroffene Person kann die Ombudsperson **von der Schweigepflicht entbinden** (lit. a). Dies dürfte in der Regel geschehen, wenn die beschwerdeführende Person wünscht, dass die Ombudsperson bei Behörden Abklärungen über sie betreffende Sachverhalte vornimmt oder dass die Öffentlichkeit über Missstände in der Verwaltung informiert wird.

7 Die zweite Ausnahme liegt vor, wenn **schwerwiegende öffentliche oder private Interessen** überwiegen, die eine Weitergabe der Informationen rechtfertigen (lit. b)[5]; in diesem Fall braucht es keine Entbindung von der Schweigepflicht durch die betroffene Person. Im Strafprozess bedarf es dazu jedoch der Ermächtigung der vorgesetzten Behörde (Art. 170 Abs. 2 und 3 StPO). Vorgesetzte Behörde der Ombudsperson ist der Kantonsrat (vgl. § 87 N. 16). § 38 KRG betreffend Ermächtigung zur Strafverfolgung durch den Kantonsrat nennt allerdings die Ombudsperson nicht; das würde bedeuten, dass für die Ermächtigung das Obergericht zuständig ist (§ 148 GOG)[6]. Damit würde jedoch die bundesrechtliche Vorgabe verletzt; § 38 KRG sollte deshalb korrigiert werden. Liegt die Ermächtigung vor, so ist die Ombudsperson zur Aussage gegenüber der Strafverfolgungsbehörde verpflichtet (Art. 170 Abs. 2 und 3 StPO). Von der Möglichkeit, die Schweigepflicht aus schwerwiegenden Gründen des öffentlichen oder privaten Interesses zu durchbrechen, ist

---

[4] Weisung 2006, S. 1318.
[5] Vgl. dazu und zum Folgenden Weisung 2006, S. 1318.
[6] HAUSER/SCHWERI/LIEBER, Kommentar GOG, § 148 N. 13 und 15. Vgl. § 87 N. 7.

zurückhaltend Gebrauch zu machen. Der Gesetzgeber hat insbesondere an Sachverhalte gedacht, welche die Exekutivmitglieder in ihrer Handlungsfähigkeit behindern oder einschränken, ohne dass sie es wissen. Konkret sind besonders widrige Arbeitsumstände, sexuelle Belästigung am Arbeitsplatz, klare Mobbingsachverhalte usw. gemeint. Dabei reicht eine einzige Schilderung nicht aus; die Vorwürfe müssen durch weitere Indizien – beispielsweise Schriftstücke, Aussagen anderer Personen oder bereits früher der Ombudsperson bekannt gewordene Tatsachen – erhärtet sein. Die Ombudsperson hat dabei eine Interessenabwägung zwischen den öffentlichen Interessen oder den privaten Interessen einer Drittperson auf der einen und den Interessen der betroffenen Person auf der anderen Seite vorzunehmen. Dabei soll sich die Interessenabwägung an der Praxis im Datenschutzrecht orientieren.

III. Würdigung

Nachdem bereits § 92 Abs. 4 die Pflicht der Ombudsperson zur Geheimhaltung regelt (vgl. § 92 N. 8 ff.), stellt sich die Frage nach dem **Verhältnis der beiden Bestimmungen** zueinander. § 92 bezieht sich auf die Geheimnisse, die der Ombudsperson im Rahmen ihrer Sachverhaltsabklärung von den Behörden offenbart werden. Die Ombudsperson ist im gleichen Ausmass wie die betroffene Behörde gegenüber Drittpersonen und dem Beschwerdeführer an das Amtsgeheimnis gebunden. Die Schweigepflicht gemäss § 92 Abs. 4 ist gewissermassen akzessorisch; deren Umfang richtet sich nach dem Ausmass des Amtsgeheimnisses der betroffenen Behörde. § 94a ist umfassender. Er betrifft alle Wahrnehmungen im Rahmen der Tätigkeit der Ombudsperson, insbesondere auch aus dem persönlichen Bereich der Beschwerdeführer; dabei handelt es sich um ein selbständiges Amtsgeheimnis. Die beiden Bestimmungen überschneiden sich somit. Neben § 94a würde es § 92 Abs. 4 nicht mehr brauchen. Auf jeden Fall sollten die beiden Regelungen in einem Artikel zusammengefasst werden. 8

Die Schweigepflicht der Ombudsperson steht in einem Spannungsverhältnis zu deren Pflicht, dem Kantonsrat und damit auch der Öffentlichkeit mindestens einmal pro Jahr Bericht zu erstatten. Die Öffentlichkeit ist ein wichtiger Bestandteil der Arbeit der Ombudsperson. Aus diesem Grund erscheint eine Berufung auf die Schweigepflicht nur dort gerechtfertigt, wo übergeordnete öffentliche oder private Interessen zu beachten sind. Mit dem Prinzip der Öffentlichkeit der Verwaltung (Art. 49 KV) wäre es schwer vereinbar, wenn sich die Ombudsperson zu extensiv auf die Schweigepflicht berufen und der Öffentlichkeit wichtige Informationen über die Tätigkeiten der Behörden vorenthalten würde. 9

Sechster Abschnitt: Schluss- und Übergangsbestimmungen

Vorbemerkungen zu §§ 95–103

Materialien

Weisung 1957, S. 1056 ff.; Prot. KK 24.3.1958; Beleuchtender Bericht 1959, S. 414 f.; Weisung 1995, S. 1544 ff.; Prot. KK 1995/96, S. 154 ff., 311 ff.

Literatur

BOSSHART E., Kommentar VRG, S. 118 ff.; KÖLZ ALFRED, Intertemporales Verwaltungsrecht, ZSR 1983 II, 101 ff.; KÖLZ/HÄNER/BERTSCHI, Verwaltungsverfahren, N. 129 ff.; ROTACH TOMSCHIN, Revision, S. 457; SOMMER, Verwaltungsgericht, S. 307.

Inhaltsübersicht

I.	VRG von 1959	1–4
II.	Spätere Änderungen des VRG	5–7

I. VRG von 1959

1 Der sechste Abschnitt des Gesetzes enthält die Schluss- und Übergangsbestimmungen; bis zum Einschub des heutigen fünften (ursprünglich vierten) Abschnitts über die Ombudsperson (§§ 87–94a) im Jahr 1977 bildeten die Schluss- und Übergangsbestimmungen den vierten Abschnitt des Gesetzes (alt §§ 87–95)[1]. Abgesehen von der Umnummerierung sind diese Bestimmungen seit 1959 unverändert geblieben.

2 § 95 hält in allgemeiner Weise fest, dass alle dem VRG widersprechenden Vorschriften früherer Gesetze und Verordnungen **aufgehoben** werden. § 96 hebt das Vorgängergesetz des VRG, das Gesetz über die Streitigkeiten im Verwaltungsfach vom 23. Juni 1831, sowie die §§ 8–10 des Gesetzes über die Konflikte vom gleichen Datum auf. Die §§ 96–100 listen die Änderungen anderer Gesetze auf.

3 Die meisten Gesetze, die durch das VRG abgeändert wurden, sind in der Zwischenzeit aufgehoben worden. Damit sind auch die entsprechenden Gesetzesänderungen **gegenstandslos** geworden. Somit haben die §§ 96 (zweiter Halbsatz), 98 und 99 jegliche Bedeutung verloren und hätten anlässlich einer der Gesetzesrevisionen ohne weiteres aufgehoben werden können; sie bilden nur noch unnötigen Ballast.

4 Die §§ 101–103 enthalten die **Übergangsbestimmungen.** § 101 regelt, welche Bestimmungen auf Verfahren anwendbar sind, die im Zeitpunkt des Inkrafttretens des Gesetzes bei einer Rekurskommission oder einem anderen Gericht hängig waren und nach neuem

---

[1] ZG 1, 253, 273. Mit dem Einschub des heutigen vierten Abschnitts über die Revision (§§ 86a–86d) anlässlich der Gesetzesrevision von 1997 wurden die nachfolgenden Abschnitte zum fünften und sechsten Abschnitt (OS 54, 268, 279).

Recht in die Zuständigkeit des Verwaltungsgerichts fielen. § 102 regelt die Dauer der ersten Amtszeit der Mitglieder und Ersatzmitglieder des Verwaltungsgerichts und § 103 das Inkrafttreten des Gesetzes.

II. Spätere Änderungen des VRG

Die Änderungs- und Übergangsbestimmungen zu späteren Revisionen des VRG wurden **nicht in den Gesetzestext integriert.** Auszugsweise werden sie für die Gesetzesänderungen von 1997 und 2004 in der Gesetzessammlung unter dem Titel *Übergangsbestimmungen*[2] aufgeführt (vgl. die Kommentierungen nach § 103). Jene zu anderen Revisionen wie über die Einführung der Ombudsperson von 1977 sind im VRG nicht aufgeführt, wohl weil sie heute keine Bedeutung mehr haben; dafür ist auf die Publikation der entsprechenden Revisionen in der chronologischen Gesetzessammlung zu verweisen[3].

Das System, die Änderungen und Aufhebungen anderer Gesetze nicht im Gesetz selbst, sondern in einem **Anhang** dazu aufzulisten, hat den Vorteil grösserer Flexibilität mit Bezug auf die Publikation; es ist deshalb vorzuziehen und entspricht auch der heutigen Praxis[4].

Die grosse **Reform des Verwaltungsverfahrensrechts von 2010** umfasste nicht allein eine Revision des VRG. Vielmehr erfolgte sie in der Form eines Mantelgesetzes, das die Änderung von über vierzig Gesetzen beinhaltete[5]. Damit bildeten sämtliche Gesetzesänderungen Gegenstand des Gesetzes und nicht nur von Schlussbestimmungen zu einer VRG-Revision. Übergangsbestimmungen gab es keine.

---

[2] Korrekter wäre der Titel *Weitere Übergangsbestimmungen,* da auch die §§ 101–103 unter dem Titel Übergangsbestimmungen stehen.
[3] Für die Revision von 1977 OS 46, 667, 669.
[4] Vgl. z.B. Ziff. III des Gesetzes über die Anpassung der kantonalen Behördenorganisation und des kantonalen Prozessrechts in Zivil- und Strafsachen an die neuen Prozessgesetze des Bundes vom 10. Mai 2010 (OS 65, 520, 566).
[5] OS 65, 390; Weisung 2009, S. 847 ff. Vgl. dazu SCHUHMACHER, Überblick, S. 20 ff.; JAAG, Würdigung, S. 140 ff.

Aufhebung und Änderung von Gesetzen
a. Grundsatz

§ 95

Durch dieses Gesetz werden alle ihm widersprechenden Vorschriften früherer Gesetze und Verordnungen aufgehoben.

Materialien
Vgl. Vorbem. zu §§ 95–103.

Literatur
Vgl. Vorbem. zu §§ 95–103.

1   Es war beim Erlass des VRG nicht möglich, sämtliche dem neuen Recht widersprechenden Bestimmungen formell aufzuheben oder abzuändern. In den §§ 96–100 sind lediglich die wichtigsten Änderungen angeführt. § 95 enthält daher eine subsidiäre Regelung in Form einer **Generalklausel**[1]. In der zürcherischen Gesetzessammlung behalf man sich dort, wo eine formelle Änderung unterblieb, verschiedentlich damit, in Fussnoten auf die Bestimmungen des VRG hinzuweisen. Indessen waren auch diese Hinweise nicht vollständig, so dass eine materielle Überprüfung oft unumgänglich war.

2   Im Zug der Gesetzesrevision von 1997 beantragte der Regierungsrat dem Kantonsrat, mit § 95 Abs. 2 eine Bestimmung in das VRG aufzunehmen, die es dem Regierungsrat ermöglicht hätte, das VRG **auf dem Verordnungsweg** dem übergeordneten Recht vorläufig anzupassen. Damit sollte für jene Fälle ein gesicherter Rechtszustand geschaffen werden, in denen übergeordnetes Recht – namentlich Erlasse der Bundesbehörden sowie die Rechtsprechung des Bundesgerichts und des Europäischen Gerichtshofs für Menschenrechte – Bestimmungen des VRG in Frage stellt. Der Regierungsrat hielt die vorgeschlagene Lösung unter den Gesichtspunkten des Rechtsstaats und der Gewaltenteilung für tragbar, weil der Ermessensspielraum der Regierung eng begrenzt und die zu treffende Lösung durch das übergeordnete Recht stets vorgegeben sei sowie die getroffene Regelung nur vorläufig, bis zur Überführung ins ordentliche Recht auf dem ordentlichen Weg der Gesetzgebung, Geltung besitze[2]. Die vorberatende Kantonsratskommission äusserte jedoch gegenüber dem vorgeschlagenen § 95 Abs. 2 erhebliche Bedenken rechtsstaatlicher Natur und strich die Bestimmung aus der Revisionsvorlage[3].

3   Anlässlich der **Gesetzesrevision von 2010** wurde das gesamte zürcherische Recht umfassend auf die Übereinstimmung mit dem VRG überprüft, und zahlreiche Gesetze wurden angepasst[4]. Entsprechend dürfte § 95 heute kaum noch von praktischer Bedeutung sein. Trotzdem schadet es nicht, diese Bestimmung im Gesetz zu belassen, obwohl sie nur die

---

[1] Prot. KK 24.3.1958.
[2] Weisung 1995, S. 1544 f.
[3] Vgl. Prot. KK 1995/96, S. 161 ff.
[4] Weisung 2010, S. 51, 145 ff.; SCHUHMACHER, Überblick, S. 21 ff.

allgemeinen Kollisionsregeln *lex posterior derogat legi priori* und – mit Bezug auf Verordnungen – *lex superior derogat legi inferiori* zum Ausdruck bringt.

Relativiert wird der Grundsatz durch zahlreiche **Vorbehalte zugunsten abweichender Regelungen,** die gegenüber § 95 Vorrang geniessen, wie etwa § 3, § 4, § 40a, § 41 Abs. 2, § 44 Abs. 2, § 50 Abs. 2 sowie §§ 72 und 73. 4

b. Gesetz über die Streitigkeiten im Verwaltungsfach und über die Konflikte

§ 96

Das Gesetz über die Streitigkeiten im Verwaltungsfach vom 23. Juni 1831 sowie die §§ 8–10 des Gesetzes über die Konflikte vom 23. Juni 1831 werden aufgehoben.

Materialien
Vgl. Vorbem. zu §§ 95–103.

Literatur
Vgl. Vorbem. zu §§ 95–103.

1   Bis 1959 enthielten die beiden in § 96 genannten Gesetze aus dem Jahr 1831 (!) Bestimmungen über den Rechtsschutz in Verwaltungssachen. Diese wurden durch das VRG ersetzt. Entsprechend war das Gesetz über die Streitigkeiten im Verwaltungsfach aufzuheben. Vom Gesetz über die Konflikte konnten die §§ 8–10 aufgehoben werden. Die übrigen Artikel dieses Gesetzes blieben noch bis Ende 1997 in Kraft; das Gesetz wurde mit der grossen VRG-Revision von 1997 vollständig aufgehoben[1].

---

[1] OS 54, 281; dazu Weisung 1995, S. 1547.

c. Einführungsgesetz zum Schweizerischen Zivilgesetzbuch

§ 97

Das Einführungsgesetz zum Schweizerischen Zivilgesetzbuch vom 2. April 1911 wird wie folgt abgeändert: ....[1]

Materialien

Vgl. Vorbem. zu §§ 95–103.

Literatur

Vgl. Vorbem. zu §§ 95–103.

Das EG ZGB ist eines der wenigen in den Übergangsbestimmungen des VRG genannten Gesetze, die es auch heute noch gibt[2]. Zwei Bestimmungen wurden mit dem Erlass des VRG aufgehoben und vier weitere geändert[3]; Letztere sind jedoch in der Zwischenzeit ebenfalls aufgehoben worden.

---

[1] Text siehe OS 40, 566.
[2] LS 230.
[3] Aufhebung der §§ 46 und 64; Änderung der §§ 75, 99, 102 Abs. 2 und 140; ZG 1, 273.

d. Armenfürsorgegesetz
§ 98
Das Gesetz über die Armenfürsorge vom 23. Oktober 1927 wird wie folgt abgeändert und ergänzt: ...[1]

Materialien

Vgl. Vorbem. zu §§ 95–103.

Literatur

Vgl. Vorbem. zu §§ 95–103.

1 Das durch § 98 VRG geänderte Gesetz über die Armenfürsorge von 1927 wurde durch das Sozialhilfegesetz von 1981 ersetzt[2]. § 98 ist deshalb heute **gegenstandslos**.

---

[1] Text siehe OS 40, 566.
[2] § 55 Abs. 3 des Sozialhilfegesetzes (SHG) vom 14. Juni 1981 (LS 851.1).

e. Steuergesetze

§ 99

¹ Das Gesetz über die direkten Steuern vom 8. Juli 1951, das Gesetz über die Erbschafts- und Schenkungssteuer vom 26. April 1936 sowie das Gesetz über die Billettsteuer vom 16. Dezember 1934 werden dahin abgeändert, dass anstelle der Oberrekurskommission das Verwaltungsgericht tritt.

² § 67 des Gesetzes über die direkten Steuern vom 8. Juli 1951 wird aufgehoben.

Materialien
Vgl. Vorbem. zu §§ 95–103.

Literatur
Vgl. Vorbem. zu §§ 95–103.

Der **Rechtsschutz in Steuersachen** war schon vor Inkrafttreten des VRG gut ausgebaut. Mit dem VRG wurde die frühere Oberrekurskommission durch das Verwaltungsgericht ersetzt. Das bedingte gewisse Anpassungen der steuerlichen Erlasse. Im Übrigen blieben jedoch die Verfahrens- und Rechtsmittelbestimmungen der Steuergesetze bestehen; die §§ 72 und 73 VRG verweisen ausdrücklich darauf. 1

Die in § 99 genannten Steuergesetze sind in der Zwischenzeit durch neue Erlasse ersetzt worden: das Steuergesetz von 1951 durch das Steuergesetz von 1991[1] und das Gesetz über die Erbschafts- und Schenkungssteuer von 1936 durch das Erbschafts- und Schenkungssteuergesetz von 1986[2]. Die Billettsteuer wurde 1990 abgeschafft und das entsprechende Gesetz von 1934 aufgehoben[3]. § 99 ist daher heute **gegenstandslos**. 2

---

[1] § 268 des Steuergesetzes (StG) vom 8. Juni 1997 (LS 631.1).
[2] § 77 des Erbschafts- und Schenkungssteuergesetzes (ESchG) vom 28. September 1986 (LS 632.1).
[3] § 13 des Gesetzes über die Besteuerung der Geldspielapparate vom 10. Juni 1990 (OS 51, 201); dieses Gesetz wurde am 10. Mai 2004 aufgehoben (OS 59, 242).

f. Verschiedene Gesetze

§ 100
Die nachstehenden Gesetze werden wie folgt abgeändert: ....[1]

Materialien
Vgl. Vorbem. zu §§ 95–103.

Literatur
Vgl. Vorbem. zu §§ 95–103.

1 Mit § 100 wurden insgesamt **15 Gesetze** abgeändert. Mit Ausnahme des Abtretungsgesetzes von 1879[2], des Gesetzes betreffend die Ordnungsstrafen von 1866[3] sowie des Gesetzes über Jagd- und Vogelschutz von 1929[4] sind alle durch diese Bestimmung geänderten Gesetze in der Zwischenzeit aufgehoben und durch neue Erlasse ersetzt worden. § 100 ist demzufolge nicht vollständig, aber doch in weiten Teilen gegenstandslos geworden.

---

[1] Text siehe OS 40, 566.
[2] LS 781.
[3] LS 312.
[4] LS 922.1.

Übergangsbestimmungen
a. Anhängige Verfahren

§ 101

Die bei Inkrafttreten dieses Gesetzes bei einer Rekursbehörde, beim Versicherungsgericht oder bei einem Zivilgericht anhängigen Streitigkeiten sind ungeachtet der durch dieses Gesetz geänderten Zuständigkeit auf Grund der bisherigen Vorschriften zu beurteilen und weiterzuziehen.

Materialien
Vgl. Vorbem. zu §§ 95–103.

Literatur
Vgl. Vorbem. zu §§ 95–103.

Die Übergangsbestimmung von § 101 will eine Verbindung des altrechtlichen mit dem neurechtlichen Verfahren ausschliessen[1]. Er hat heute keine unmittelbare praktische Bedeutung mehr. Seine mittelbare Bedeutung liegt aber darin, dass er **auch bei späteren Gesetzesrevisionen** heranzuziehen ist, soweit diese keine abweichenden Regelungen enthalten[2]. Aus dieser Sicht wäre allerdings eine allgemeinere Formulierung vorzuziehen.

Nach **neueren Regelungen** wie auch gemäss Lehre[3] werden hängige Verfahren zwar noch von der Instanz erledigt, bei welcher sie nach bisherigem Recht eingereicht worden sind, allerdings gestützt auf das neue Recht; es ist somit zwischen den Fragen der Zuständigkeit und des anwendbaren Rechts zu differenzieren. Auch der Weiterzug richtet sich nach dem revidierten Recht, es sei denn, eine neue oberste Rechtsmittelinstanz hätte jene ersetzt, die – gestützt auf das frühere Recht – bereits entschieden hat[4].

Entsprechend könnte eine **allgemeine Regelung** etwa wie folgt lauten[5]:

> [1] Zuständigkeit und Zusammensetzung des Organs, bei dem ein Verfahren im Zeitpunkt des Inkrafttretens einer Gesetzesänderung rechtshängig ist, richten sich nach bisherigem Recht.
>
> [2] Im Übrigen finden geänderte Bestimmungen auch auf Verfahren Anwendung, die im Zeitpunkt des Inkrafttretens einer Gesetzesänderung rechtshängig sind.

---

[1] SOMMER, Verwaltungsgericht, S. 307.
[2] Vgl. Weisung 1995, S. 1559.
[3] KÖLZ/HÄNER/BERTSCHI, Verwaltungsverfahren, N. 131.
[4] RB 2004 Nr. 8, E. 3.2.3 und 3.2.4 (VB.2004.00046); vgl. Übergangsbestimmung vom 8. Juni 1997, N. 4.
[5] Vgl. die Übergangsbestimmungen zu den Gesetzesänderungen vom 8. Juni 1997 und vom 30. August 2004.

b. Erste Amtsdauer der Mitglieder des Verwaltungsgerichts

§ 102
Die erste Amtsdauer der Mitglieder und Ersatzmänner des Verwaltungsgerichtes endigt mit der laufenden Amtsdauer des Obergerichtes.

Materialien
Vgl. Vorbem. zu §§ 95–103.

Literatur
Vgl. Vorbem. zu §§ 95–103.

1 Das Verwaltungsgericht nahm seine Tätigkeit am **1. Mai 1960** auf[1]. Um die Amtszeiten der Mitglieder des Verwaltungsgerichts und des Obergerichts in Übereinstimmung zu bringen, sah § 102 vor, dass die erste Amtszeit der Mitglieder und der Ersatzleute des Verwaltungsgerichts nicht die verfassungsmässige Dauer von sechs Jahren hatte, sondern nur bis zum Ablauf der Amtszeit der Mitglieder des Obergerichts dauern sollte. Entsprechend lief die erste Amtszeit nur rund fünf Jahre bis Mitte 1965[2].

2 § 102 ist seit 1965 **gegenstandslos.**

---

[1] RB 1960, S. 3.
[2] RB 1965, S. 3.

c. Inkrafttreten des Gesetzes

§ 103
Dieses Gesetz tritt nach der Annahme durch die Stimmberechtigten und nach der amtlichen Veröffentlichung des kantonsrätlichen Erwahrungsbeschlusses auf einen vom Regierungsrat zu bestimmenden Zeitpunkt in Kraft, spätestens aber ein Jahr nach der Annahme in der Volksabstimmung.

Materialien
Vgl. Vorbem. zu §§ 95–103.

Literatur
Vgl. Vorbem. zu §§ 95–103.

Zur Zeit der Verabschiedung des VRG galt im Kanton Zürich das obligatorische Gesetzesreferendum[1]. Das Gesetz wurde am 24. Mai 1959 in der Volksabstimmung angenommen. Der Regierungsrat setzte es auf den **1. Mai 1960** in Kraft[2]. Auf den gleichen Zeitpunkt hat auch das Verwaltungsgericht seine Tätigkeit aufgenommen (§ 102 N. 1).

---

[1] Art. 30 Abs. 1 Ziff. 1 der Kantonsverfassung vom 18. April 1869 in der bis 1998 geltenden Fassung (GS 101).
[2] RRB vom 2. Juli 1959.

Übergangsbestimmungen

Gesetz vom 8. Juni 1997[1]
Art. XV Abs. 3
Die Zuständigkeit für die Beurteilung der im Zeitpunkt des Inkrafttretens hängigen Rechtsmittelverfahren bestimmt sich nach bisherigem Recht. Im Übrigen findet das neue Recht auf hängige Verfahren Anwendung.

Materialien

Weisung 1995, S. 1544 ff., 1559; Prot. KK 1995/96, S. 154 ff., 311 ff.; Prot. KR 1995–1999, S. 6506, 6833; Beleuchtender Bericht 1997, S. 6.

Literatur

Vgl. Vorbem. zu §§ 95–103.

1 Die erste grosse Gesetzesrevision vom 8. Juni 1997 ist auf den **1. Januar 1998** in Kraft gesetzt worden[2].

2 Mit der Gesetzesrevision von 1997 wurde nicht nur das VRG grundlegend revidiert (Art. I des Änderungsgesetzes von 1997), sondern es wurden auch zwölf weitere Gesetze geändert und das Gesetz über die Konflikte von 1831 vollständig aufgehoben (Art. II–XIV)[3]. Das aufgehobene und die **geänderten Gesetze** sind im Unterschied zu jenen im Zusammenhang mit dem Erlass des VRG von 1959 (§§ 96–99) in der systematischen Gesetzessammlung (LS) nicht aufgeführt. Von den 1997 revidierten Gesetzen stehen die folgenden noch in Kraft: das Gemeindegesetz (GG) von 1926, das Planungs- und Baugesetz (PBG) von 1975, das Strassengesetz (StrG) von 1981, das Wasserwirtschaftsgesetz (WWG) von 1991, das Verkehrsabgabengesetz (VAG) von 1966, das Abtretungsgesetz (AbtrG) von 1879 sowie das Sozialhilfegesetz (SHG) von 1981.

3 Art. XV Abs. 3 der Übergangsbestimmungen von 1997 enthält wie § 101 eine allgemeine Bestimmung über **das auf hängige Verfahren anwendbare Recht.** Die Regelung sieht vor, dass die revidierten Bestimmungen des VRG mit ihrem Inkrafttreten auf die bereits bei einer Verwaltungs- oder Verwaltungsrechtspflegebehörde hängigen Verfahren anwendbar sind. Ausdrücklich davon ausgenommen wird die (sachliche und funktionelle) Zuständigkeit für Verfahren, die im Zeitpunkt des Inkrafttretens der Revisionsvorlage schon bei einer Rechtsmittelinstanz hängig waren (vgl. zur Rechtshängigkeit Vorbem. zu §§ 4–31 N. 28 ff.). Die am Stichtag mit dem Rechtsmittel befasste Instanz blieb zuständig, selbst wenn nach revidiertem Recht eine andere Behörde zu entscheiden hätte.

4 Als auslegungsbedürftig erwies sich Art. XV Abs. 3 in Fällen, in denen die **zweite Rekursinstanz** (insbesondere der Regierungsrat) aufgrund von Art. XV Abs. 3 den Rekurs nach

---

[1] OS 54, 268.
[2] OS 54, 290.
[3] OS 54, 279.

dem Inkrafttreten der neuen Ordnung entschieden hatte, weil das Verfahren am 1. Januar 1998 bei ihr hängig war. Aus Satz 2 konnte nicht ohne weiteres geschlossen werden, dass in solchen Fällen für den Weiterzug das neue Recht galt. Mit Art. XV Abs. 3 sollte eine Regelung nach dem Vorbild von § 101 geschaffen werden[4]; gemäss diesem richtete sich der Weiterzug eines altrechtlichen Rechtsmittelentscheids nach den bisherigen Vorschriften. Die Revision vom 8. Juni 1997 bezweckte, die Zahl der zulässigen Rechtsmittel im Kanton auf zwei zu beschränken[5]; der kantonale Instanzenzug sollte gegenüber der bisherigen Ordnung nicht verlängert werden. Dementsprechend legte das Verwaltungsgericht Art. XV Abs. 3 in Anlehnung an § 101 dahingehend aus, dass zweitinstanzliche und nach früherem Recht endgültige Rekursentscheide grundsätzlich nicht gestützt auf das neue Recht mit Beschwerde an das Verwaltungsgericht weitergezogen werden konnten[6]. Abgesehen von diesen Ausnahmefällen richtete sich der Weiterzug dagegen nach dem revidierten Recht[7].

Für vor dem 1. Januar 1998 eingereichte **Revisionsgesuche,** die sich auf die im Rahmen der Gesetzesrevision von 1997 aufgehobenen Revisionsgründe von alt § 67 lit. a und b stützten, war Art. XV Abs. 3 Satz 1 massgebend, weshalb das Verwaltungsgericht solche Gesuche noch zu behandeln hatte[8]. 5

Art. XV Abs. 3 hat inzwischen keine praktische Bedeutung mehr; er ist heute **gegenstandslos**[9]. 6

---

[4] Weisung 1995, S. 1559.
[5] Rotach Tomschin, Revision S. 443.
[6] RB 1998 Nr. 43; 1960 Nr. 9.
[7] RB 2004 Nr. 8, E. 3.2.3 und 3.2.4 (VB.2004.00046); vgl. § 101 N. 2. Das Gleiche galt, wenn das Bundesrecht von den Kantonen als Vorinstanz des Bundesgerichts ein Gericht verlangte (VGr, 4.12.2003, VB.2003.00304, E. 1).
[8] BGr, 17.8.1998, 1P.234/1998.
[9] Vgl. aber § 101 N. 2 f.

Übergangsbestimmungen

> *Gesetz vom 30. August 2004*[1]
>
> [1] Die geänderten Bestimmungen finden auch auf Verfahren Anwendung, die im Zeitpunkt des Inkrafttretens dieser Gesetzesänderung rechtshängig sind.
>
> [2] Die Zuständigkeit und die Zusammensetzung des Organs, bei dem ein Verfahren im Zeitpunkt des Inkrafttretens rechtshängig ist, richten sich nach bisherigem Recht.

Materialien

Antrag und Weisung des Regierungsrates zur Änderung des Gesetzes über das Sozialversicherungsgericht vom 30. April 2003, ABl 2003, 969 ff., 980 ff., 1006.

Literatur

Vgl. Vorbem. zu §§ 95–103.

1 Mit Gesetz vom 30. August 2004 wurde das Gesetz über das Sozialversicherungsgericht in wesentlichen Teilen revidiert; die Änderungen sind auf den 1. Januar 2005 in Kraft getreten[2].

2 Bei dieser Gelegenheit erfolgte auch eine Änderung von § 19a Abs. 2 Ziff. 2 VRG betreffend die unmittelbare Anfechtung erstinstanzlicher Anordnungen der Direktionen beim Verwaltungsgericht. § 19a wurde in der Gesetzesrevision von 2010 grundlegend revidiert; dessen Änderung durch das Gesetz vom 30. August 2004 ist damit gegenstandslos geworden.

3 Mit der Erledigung der am 1. Januar 2005 hängigen Verfahren ist auch die Übergangsbestimmung **gegenstandslos** geworden. Ihre Anführung im VRG macht heute keinen Sinn mehr.

---

[1] OS 59, 409.
[2] OS 59, 410.

Sachregister

A

Aarhus-Konvention § 21 N. 151

Abbruchbefehl Vorbem. §§ 29–31 N. 12, § 30 N. 70, 72, 79

Abgaberecht Einl. N. 4, 6, 11, § 1 N. 21, 23, 31, § 8 N. 19 ff., § 13 N. 12 ff., § 19b N. 74, 82, 83, § 29a N. 1, 6, § 40 N. 2 f., Vorbem. §§ 41–71 N. 7, § 59 N. 20, § 94 N. 3; *s. auch Gebühr, Steuerrecht, Verzugszins*

Ablehnungsbegehren *s. Ausstand*

Abschreibungsentscheid
- im Allgemeinen Vorbem. §§ 19–28a N. 24, 55 f., § 19a N. 13 f., § 25 N. 43, § 27 N. 19, § 28 N. **17,** § 63 N. **4,** Vorbem. §§ 86a–86d N. 22
- im Rekursverfahren § 19 N. 52, § 26b N. 10, § 28 N. 8, 17 ff.
- im Beschwerdeverfahren § 63 N. 2, 4 ff., 9 ff.
- im Klageverfahren § 85 N. 2, 13 f.
- Nebenfolgen *s. Parteientschädigung bei Verfahrensabschreibung, Verfahrenskosten bei Verfahrensabschreibung*
- und Rechtsverweigerung bzw. -verzögerung § 19 N. 52
- und Revision § 86a N. 5, 23
- und unentgeltliche Rechtspflege bzw. -verbeiständung § 16 N. 64, 67 f., 102, 121

s. auch Anerkennung, Gegenstandslosigkeit, Rückzug, Vergleich

Abstandserklärung *s. Rückzug*

Abstimmung *s. Stimmrechtssachen*

Abstimmungskreis *s. Wahl- bzw. Abstimmungskreis*

abstrakte Normenkontrolle
- Vorgaben der KV Einl. N. 27, § 19 N. 68, 81, § 19b N. 4, 71, § 20 N. 92 f., § 38a N. 1, Vorbem. §§ 41–71 N. 17, § 41 N. 4, 11, § 42 N. 8, 15, § 50 N. 74
- Zuständigkeit *s. Zuständigkeit für abstrakte Normenkontrollen*
- und Rekurs *s. Rekurs gegen Erlasse*
- und Beschwerde *s. Beschwerde gegen Erlasse*
- Entscheid *s. Entscheid im Verfahren der abstrakten Normenkontrolle*
- Entscheidbefugnis *s. Entscheidbefugnis und abstrakte Normenkontrolle*
- Kostenfolgen § 65a N. 9, 14
- und Ausstand § 5a N. 33, § 38a N. 5, 12 f., § 41 N. 20
- und Besetzung des Verwaltungsgerichts § 38a N. 1 ff.
- und konkrete Normenkontrolle § 50 N. 45
- und unentgeltliche Rechtspflege § 16 N. 9
- und verwaltungsrechtlicher Vertrag § 41 N. 23

s. auch Appellentscheid

abstrakte Rechtsmittelbefugnis *s. Behördenbeschwerde, ideelle Verbandsbeschwerde*

Abteilung § 36 N. 6 ff., § 38 N. 4 f., § 38a N. 4, § 39 N. 10, 13, § 65 N. 12

Abteilungspräsident § 38 N. 4, 7, 14, § 38a N. 4, § 38b N. 6, 21; *s. auch Zuständigkeit des Kammervorsitzenden bzw. Referenten am Verwaltungsgericht*

Abtretung *s. formelle Enteignung*

Abwesenheitsmeldung § 10 N. 88

adäquater Kausalzusammenhang § 10c N. 17

administrative Einweisung *s. fürsorgerische Unterbringung*

administrativer Rechtsnachteil Vorbem. §§ 29–31 N. 10, § 30 N. 43, 62 ff., 74 f., 78

administratives Sicherungsmittel Vorbem. §§ 29–31 N. 11

Administrativuntersuchung § 19 N. 7

Adressänderung § 10 N. 86 f., 124

AHV-Rekurskommission Einl. N. 9

Aktenbeizug
- im Rekursverfahren § 23 N. 23, 24, § 26a N. 1 ff., § 26b N. 6, § 57 N. 7
- im Beschwerdeverfahren § 26a N. 3, § 56 N. 2, 24 ff., § 57 N. 1 ff.; *s. auch Zurückbehaltungsrecht*

Sachregister

Akteneinsichtsrecht
- im Allgemeinen § 8 N. 1 ff., Vorbem. §§ 21 f. N. 13, § 26a N. 7, § 40 N. 11
- Schranken § 9 N. 1 ff.
- im Beweisverfahren § 7 N. 61, 65, 75, 88, 130
- im Rechtsmittelverfahren § 8 N. 13, § 26a N. 14 ff., § 57 N. 6, 8
- im Strafverfahren § 1 N. 53
- und nicht wiedergutzumachender Nachteil § 19a N. 48
- und Öffentlichkeitsprinzip § 8 N. 4, 15, 18, 22 ff., § 9 N. 4, 8, § 62 N. 3

s. auch Aktenführungspflicht, Protokollierungspflicht, rechtliches Gehör, Zurückbehaltungsrecht

Aktenführungspflicht § 7 N. 40, § 8 N. 5, § 23 N. 24, § 26a N. 7; *s. auch Akteneinsichtsrecht, Protokollierungspflicht, rechtliches Gehör*

Aktivlegitimation *s. Sachlegitimation*

aktuell-praktisches Interesse § 10c N. 11, 22 f., § 13 N. 66, Vorbem. §§ 19–28a N. 55, § 19 N. 24 f., 52, § 19a N. 61, § 21 N. 12 f., 15, 23, **24 ff.**, 32 f., 59 f., 78, 84, 90, 102, 112, 135, 142 f., § 21a N. 3, 5, 10, § 22 N. 11, § 28 N. 25 f., § 28a N. 11, § 30 N. 83, § 63 N. 6; *s. auch Gegenstandslosigkeit, Rechtsschutzinteresse, schutzwürdiges Interesse*

akzessorische Normenkontrolle *s. konkrete Normenkontrolle*

allgemeines Verwaltungsgericht Einl. N. 6 ff., 10, 13, 18, 32, § 57 N. 7, § 102 N. 1, § 103 N. 1

Allgemeinverfügung
- Begriff und Abgrenzung vom Erlass Vorbem. §§ 4–31 N. 21, § 19 N. 73, 75 f.
- Eröffnung § 10 N. 8, 30, 38, § 19 N. 29
- Vollstreckung Vorbem. §§ 29–31 N. 13
- als Anfechtungsobjekt § 19 N. 3, 29, 32, § 44 N. 22
- und Ombudsperson § 90 N. 11
- und rechtliches Gehör § 8 N. 30
- und Rechtsmittelgründe § 20 N. 11
- und Rechtsmittellegitimation § 21 N. 37, 48 ff.

amicus curiae Vorbem. §§ 21 f. N. 23

amtliche Publikation *s. amtliche Veröffentlichung*

amtlicher Vertreter § 6a N. 15; *s. auch unentgeltliche Rechtsverbeiständung*

amtliche Veröffentlichung
- als Zustellungssurrogat § 6b N. 13, 22 f., § 10 N. 107, **110 ff.**, § 21 N. 157, 170
- von Erlassen § 10 N. 47 ff., § 20 N. 107, § 22 N. 18 f., § 53 N. 5
- normaufhebender Entscheide § 19 N. 85, § 20 N. 98 f.
- und Rechtsmittelfrist § 22 N. 18 f., § 53 N. 5

s. auch Eröffnung, Mitteilung, Zustellung

amtliche Zustellung *s. behördliche Zustellung*

Amtsbericht § 7 N. 60 ff., 127, 146, § 26b N. 3 f., § 60 N. 14

Amtsbetrieb Vorbem. §§ 19–28a N. 32

Amtsgeheimnis *s. Geheimhaltung*

Amtshilfe § 7 N. 60, 64, 117 ff., § 8 N. 11, § 19a N. 70, § 26a N. 5; *s. auch Mitwirkungspflicht der Behörden im Rahmen von Untersuchungen der Ombudsperson*

amtsnotorische Tatsachen § 7 N. 20

Amtspflicht(-verletzung) § 5a N. 21, 55, § 6 N. 44, Vorbem. §§ 19–28a N. 70 ff., Vorbem. §§ 32–40a N. 26, § 33 N. 20, § 34a N. 13, § 90 N. 15; *s. auch Ausstand, Offenlegung von Interessenbindungen*

Amtssprache § 22 N. 7, § 23 N. 8, 36, § 33 N. 9, § 56 N. 21

Amtszwang § 33 N. 16, § 34 N. 21, § 87 N. 4

Androhung *s. Zwangsandrohung*

Anerkennung § 13 N. 79, 81, § 17 N. 32, 74, Vorbem. §§ 19–28a N. 24, Vorbem. §§ 21 f. N. 18, § 28 N. 5, 20, **33**, § 28a N. 19, § 61 N. 1, § 63 N. **9 f.**, Vorbem. §§ 81–86 N. 21, § 83 N. 6, § 84 N. 4, § 85 N. 2, 14, 15, Vorbem. §§ 86a–86d N. 22, § 86a N. 5, 23

Anfechtbarkeit § 5 N. **37 ff.**, § 5a N. 54, § 6b N. 7, § 10 N. 13 f., 35, § 19 N. 3 f., § 19a N. 1 ff., § 22 N. 28, § 30 N. 3, § 33 N. 11, § 34 N. 24, § 38 N. 19, § 38b N. 5, § 41 N. 15, 29, § 66 N. 5, Vorbem. §§ 86a–86d N. **5 f.**; *s. auch Anfechtungsobjekt, Nichtigkeit*

Anfechtungsobjekt Vorbem. §§ 19–28a N. 45, 52, § 19 N. **3 ff.**, 86, 90, § 19a N. 1 ff., § 19b N. 1, § 21 N. 1, § 28 N. 3, Vorbem. §§ 32–86 N. 13, § 41 N. 13, **14 ff.**, 24, 26, 29, 32, § 42

N. 3, § 50 N. 59, § 65 N. 12 f., Vorbem. §§ 86a–86d N. 4, 28, § 86a N. **4 ff.**; *s. auch Beschwerdeobjekt, Rekursobjekt*

Anfechtungsverfahren *s. nachträgliche Verwaltungsrechtspflege*

Angemessenheitskontrolle *s. Ermessenskontrolle*

Anhörungsrecht § 7 N. 52, § 8 N. **30 f.**, Vorbem. §§ 19–28a N. 20, 36, § 26b N. 33, § 27 N. 14, 17 ff., § 59 N. 4, 8 ff., § 61 N. 1 ff.; *s. auch Mitwirkungsrecht, rechtliches Gehör*

Annahmeverweigerung § 10 N. 91, **97,** 99, 103, 119

Anordnung
- Begriff, Funktion und Verhältnis zu Verfügung und Entscheid Vorbem. §§ 4–31 N. **13 ff.**, 18, 19 ff., § 19 N. 3 f., 90, § 19a N. 1, § 42 N. 17, Vorbem. §§ 86a–86d N. 14; *s. auch Sachverfügung*
- Abgrenzung vom Erlass § 19 N. 73, 75 f.
- Abgrenzung vom Realakt Vorbem. §§ 4–31 N. 22, § 10c N. 1, 19 f., § 19 N. **6 ff.**, 12, 15, 27
- Vorgehen im Zweifelsfall Vorbem. §§ 4–31 N. 26 f., § 19 N. 46
- Eröffnung *s. Eröffnung*
- Mitteilung *s. Mitteilung*
- Zustellung *s. Zustellung*
- amtliche Veröffentlichung *s. amtliche Veröffentlichung als Zustellungssurrogat*
- Kenntnisnahme § 22 N. 20, § 53 N. 5
- Fehlerhaftigkeit *s. fehlerhafte Anordnung bzw. Verfügung*
- Widerruf *s. Widerruf von Verfügungen*
- Anfechtbarkeit *s. Anfechtbarkeit*
- Nichtigkeit *s. Nichtigkeit*
- als Rekursobjekt § 19 N. 3 ff., 90
- als Beschwerdeobjekt § 41 N. 15 f., § 42 N. 3
- als Revisionsobjekt § 86a N. 4 ff.
- bedingte Anfechtung § 16 N. 62, § 22 N. 23, § 23 N. 10, 15, Vorbem. §§ 86a–86d N. 22
- vorsorgliche Anfechtung § 11 N. 39, § 22 N. 23, § 23 N. 10, § 53 N. 7
- antragsgemässe § 10a N. 7 ff.
- aufsichtsrechtliche *s. aufsichtsrechtliches Einschreiten*
- kantonal letztinstanzliche § 42 N. 1 ff.
- negative *s. negative Verfügung*
- organisatorische Vorbem. §§ 4–31 N. 22, § 19 N. 7
- provisorische *s. vorsorgliche Massnahmen*
- über Realakte § 10c N. 30 ff., § 22 N. 21, § 30 N. 89, § 41 N. 15
- verfahrensfreie § 19 N. 7 f.
- verfahrensleitende *s. Zwischenentscheid*

s. auch Dauerverfügung, Entscheid, Justizverwaltungsakt, Rechtskraft, Verfügung, verwaltungsrechtliche Klage aufgrund fehlender Verfügungskompetenz, Vollstreckung, Vollstreckungsverfügung

Anpassung Vorbem. §§ 19–28a N. 3 ff., 52, Vorbem. §§ 86a–86d N. 12, **17 f.**, 19 f., 29, § 86a N. 15, § 90 N. 12

Anschein der Befangenheit *s. Befangenheit*

Anschlussrechtsmittel Vorbem. §§ 19–28a N. 17, § 23 N. 10, § 26b N. 19, § 63 N. 22

Anspruch
- auf Akteneinsicht *s. Akteneinsichtsrecht*
- auf Aktenführung *s. Aktenführungspflicht*
- auf Anwesenheit *s. Mitwirkungsrecht*
- auf Aufklärung *s. Aufklärungspflicht*
- auf Äusserung und Anhörung *s. Anhörungsrecht*
- auf Begründung *s. Begründungspflicht der Behörden*
- auf behördliche Fürsorge *s. Fürsorgepflicht*
- auf Bekanntgabe der Zusammensetzung der Entscheidbehörde *s. Bekanntgabe der Zusammensetzung der Entscheidbehörde*
- auf Beseitigung *s. Beseitigungsanspruch*
- auf Beurteilung innert angemessener Frist *s. Beschleunigungsgebot*
- auf effektiven Rechtsschutz *s. Rechtsmittelgarantie, Rechtsweggarantie*
- auf Entschädigung *s. Entschädigung*
- auf Feststellung *s. Feststellungsanspruch*
- auf gerichtliche Beurteilung *s. Rechtsweggarantie*
- auf Gleichbehandlung direkter Konkurrenten *s. Gleichbehandlung direkter Konkurrenten*
- auf gleiche und gerechte Behandlung *s. Verfahrensfairness*
- auf korrekte Eröffnung bzw. Publikation *s. Eröffnung*

Sachregister

- auf Mitwirkung am Beweisverfahren s. *Mitwirkungsrecht*
- auf Mündlichkeit s. *Anhörungsrecht, Mündlichkeit der Verhandlung*
- auf Öffentlichkeit s. *Öffentlichkeitsprinzip, Parteiöffentlichkeit, Publikumsöffentlichkeit*
- auf Orientierung s. *Orientierungspflicht*
- auf persönliche Anhörung s. *Anhörungsrecht*
- auf Prüfung von Parteivorbringen s. *Prüfungspflicht*
- auf rechtliches Gehör s. *rechtliches Gehör*
- auf Rechtsmittelbelehrung s. *Rechtsmittelbelehrung*
- auf richtige Zusammensetzung der Entscheidbehörde s. *richtige Zusammensetzung der Entscheidbehörde*
- auf Stellungnahme s. *Replikrecht, Vernehmlassung*
- auf Transparenz s. *Öffentlichkeitsprinzip*
- auf unentgeltliche Rechtspflege s. *unentgeltliche Rechtspflege*
- auf unentgeltliche Rechtsverbeiständung s. *unentgeltliche Rechtsverbeiständung*
- auf unparteiische Beurteilung s. *Ausstand, Unabhängigkeit*
- auf Unterlassung s. *Unterlassungsanspruch*
- auf Vertrauensschutz s. *Vertrauensschutz*
- auf Vertretung und Verbeiständung s. *Vertretung und Verbeiständung*
- auf Waffengleichheit s. *Verfahrensfairness*
- auf willkürfreie Behandlung s. *Willkürverbot*
- auf wirksame Beschwerde s. *Rechtsmittelgarantie*
- auf wohlfeile Rechtspflege s. *wohlfeile Rechtspflege*
- auf Wohnsitzgerichtsstand s. *Wohnsitzgerichtsstand*
- auf Zugang zu Informationen s. *Öffentlichkeitsprinzip*

s. auch *civil right, Grundsatz, subjektives Recht*

Anstalt s. *selbständige öffentlichrechtliche Anstalt*

Anstandsverletzung § 5 N. 90, § 23 N. 18, § 30 N. 52

antizipierte Beweiswürdigung § 7 N. 18 ff., § 15 N. 19, § 16 N. 51, § 60 N. 11

antizipierte Ersatzvornahme § 6 N. 13, § 30 N. 29 f., 84, § 31 N. 6 f.

Antrag Vorbem. §§ 19–28a N. 24, § 20a N. **9 ff.**, § 23 N. 3 ff., **12 ff.**, 18, 36, § 26a N. 11, § 26b N. 18 f., § 27 N. 8, § 28 N. 4, § 52 N. **11 f.**, 26, § 54 N. 1, 4, § 56 N. 15, § 63 N. 22 f., § 64 N. 7, § 65 N. 13, § 65a N. 15, § 83 N. 14 f., § 84 N. 2, 9 ff., § 85 N. 12, § 86c N. 1, 4; s. auch *Gebundenheit an Begehren, Novenrecht, Ungebundenheit an Begehren*

Anwaltsaufsichtskommission § 38b N. 25

Anwaltsrecht § 1 N. 32, § 7 N. 15, § 13 N. 20, § 16 N. 105, § 17 N. 41, 72, Vorbem. §§ 21 f. N. 10 f., § 21 N. 46, 81, § 23 N. 6, 17, 32, § 26b N. 44, § 34a N. 9, § 38b N. 18, § 59 N. 20, § 92 N. 10; s. auch *Parteivertreter*

Anwaltstätigkeit von Justizpersonen § 5a N. 29 f., § 32 N. 4, 9, 11, § 34 N. 3, 11 f., 13 ff.; s. auch *Parteivertreter und Ausstand*

Anwendung ausländischen Rechts § 7 N. 170

Anwendung neuen Rechts § 7 N. 169, 171, § 20a N. **23 ff.**, § 28 N. 44, § 52 N. **44 ff.**, § 64 N. 24, § 101 N. 2 f., Art. XV Abs. 3 N. 3 f.

Anwendungsgebot § 20 N. 31 f., Vorbem. §§ 41–71 N. 18

Anwesenheitsrecht s. *Mitwirkungsrecht*

Appellentscheid § 20 N. 101, § 27b N. 25 f., § 50 N. 48 ff.; s. auch *kassatorischer Entscheid*

Äquivalenzprinzip § 8 N. 19, § 13 N. 13, 27, § 65a N. 7, 11

Arbeitnehmerschutz § 21 N. 161

arbeitsmarktlicher Vorentscheid § 19a N. 29

Arbeitszeugnis § 19 N. 13, § 38b N. 10, § 65a N. 28, 34

Archivierung § 40 N. 11

Arrest Vorbem. §§ 29–31 N. 11, § 30 N. 21

Arztbericht § 7 N. 150

Arztzeugnis § 12 N. 64, § 60 N. 14

Ästhetikparagraph § 20 N. 68 ff., § 20a N. 12, § 50 N. 38 f., § 52 N. 39

Aufhebung von Urnengängen s. *Wiederholung von Urnengängen*

Aufklärungspflicht § 7 N. 107 ff., § 16 N. 39 f., 59; s. auch *Orientierungspflicht*

Auflage § 19 N. 30, § 19a N. 66

aufschiebende Wirkung
- Entzug s. *Entzug der aufschiebenden Wirkung*
- Erteilung s. *Erteilung der aufschiebenden Wirkung*
- Wiederherstellung s. *Wiederherstellung der aufschiebenden Wirkung*
- und vorsorgliche Massnahmen § 6 N. **10 ff.**, 20, 25, 27 f., 35, 39, § 19a N. 48, § 25 N. **10**, 13 f., 19, 20, 29, § 55 N. **6, 7**
- und Anordnung über Realakte § 10c N. 31
- und Einsprache § 10b N. 9 f., § 10d N. 10, § 25 N. 12
- und Rekurs § 19b N. 80, § 22 N. 28, § 25 N. **1 ff.**, § 27b N. 21, § 30 N. 7, § 55 N. 9, § 63 N. 31 f.
- und Rechtsverweigerungs- bzw. -verzögerungsrekurs § 19 N. 44, § 25 N. 12
- und Rekurs in Stimmrechtssachen § 25 N. 24, § 27b N. 21, § 30 N. 7
- und Beschwerde ans Verwaltungsgericht § 25 N. 11, 22, § 30 N. 7, § 43 N. 5, § 55 N. **1 ff.**, § 63 N. 31 f.
- und Beschwerde ans Bundesgericht § 30 N. 6, § 65 N. 27, § 66 N. 12, 15
- und Individualbeschwerde an den EGMR § 66 N. 12
- und Revision § 55 N. 7, § 66 N. 7, § 86c N. 6
- und Fristenstillstand § 11 N. 25, § 22 N. 28
- und Fristerstreckungsgesuch § 12 N. 29 f.
- und nicht wiedergutzumachender Nachteil § 19a N. 48 f., § 25 N. 48
- und Rechtsmittelarten Vorbem. §§ 19–28a N. 7 ff.
- und Vollstreckung § 25 N. 2 f., 13 f., 21, 32, § 30 N. 5 ff., § 31 N. 3

Aufsichtsanzeige s. *Aufsichtsbeschwerde*

Aufsichtsbehörde
- im Allgemeinen Vorbem. §§ 19–28a N. 72 ff., 81 f., § 20a N. 15, § 27c N. 23
- Verhältnis zu den Rechtsmittelbehörden Vorbem. §§ 19–28a N. 65 ff.
- als Rekursinstanz § 19b N. 6, 42, 44, § 27 N. 6, 19, § 28 N. 16, 41
- und Amtshilfe § 7 N. 133
- und Ausstandsverfahren § 5a N. 51, 56
- und Behördenkonflikte § 5 N. 27, 44, § 29 N. 5, § 30 N. 40

- und Ombudsperson § 91 N. 8, § 93 N. 8 f., 15
- und Realakt § 10c N. 14, Vorbem. §§ 19–28a N. 82

Aufsichtsbeschwerde § 5 N. 16, § 7 N. 133, § 8 N. 24, § 10 N. 73, § 10c N. 2, § 13 N. 23, 100, § 17 N. 10, Vorbem. §§ 19–28a N. 5, **61 ff.**, § 19 N. 56, § 19b N. 46, § 25 N. 12, § 27c N. 19, § 30 N. 89, Vorbem. §§ 32–40a N. 20, 24, § 39 N. 7, § 66 N. 7, § 89 N. 31, § 90 N. 12, § 91 N. 2, 8, § 93 N. 19

Aufsichtskommission s. *Anwaltsaufsichtskommission*

aufsichtsrechtliches Einschreiten Vorbem. §§ 19–28a N. 81 f., 86, § 20a N. 15, § 27 N. 11, 19, § 27a N. 3, 15, § 28 N. 16, § 29 N. 8, § 35 N. 6

Augenschein § 7 N. **78 ff.**, § 26b N. 32, § 59 N. 13, § 60 N. 11, 20, 22 f., 26, § 61 N. 3, § 92 N. 1 f.

Augenscheinprotokoll § 7 N. 88, § 60 N. 20

Auskunftsperson § 7 N. 53, § 60 N. 23

Ausländerrecht s. *Migrationsrecht*

Auslegung § 20 N. 13, 34, 54, 56, 59 f., 61 ff., 64, 66, 68 ff., 73, 81, 90, 102 f., § 50 N. 15, 23, 28 ff., 42, 56, § 71 N. 4, 7, 11, § 81 N. 14 f., § 85 N. 7

Ausnahmekatalog Einl. N. 18, 29, 34, Vorbem. §§ 32–86 N. 14, Vorbem. §§ 32–40a N. 19, Vorbem. §§ 41–71 N. 8 f., § 41 N. 2 ff., 6, 8 f., 24, 25 ff., § 42 N. **1 ff.**, § 43 N. **1 ff.**, § 44 N. **1 ff.**, § 81 N. 20; s. auch *Generalklausel*

Aussageverweigerung § 7 N. 106

Ausschaffungshaft § 4a N. 27, § 19 N. 55, § 19b N. 76, § 21 N. 142, § 38b N. 26, § 43 N. 5

Aussenwirkung s. *Verwaltungsverordnung*

aussergerichtlicher Vergleich § 28 N. 29, § 63 N. 5, 12 ff.

Aussichtslosigkeit s. *offensichtliche Aussichtslosigkeit*

Ausstand § 5 N. 37, § 7 N. 72, § 5a N. **1 ff.**, § 15 N. 6, 41, § 16 N. 45, § 19a N. 35 ff., § 19b N. 56, § 20 N. 20, § 25 N. 19, § 26 N. 6, 11, 29, § 30 N. 86, § 34 N. 3 f., 24, § 34a N. 1, § 38 N. 22, § 38a N. 5, 12 f., § 39 N. 4, § 41 N. 20,

§ 71 N. 12, § 86a N. 21; *s. auch Befangenheit, Unabhängigkeit, Vorbefassung*

Autonomiebeschwerde *s. Gemeindeautonomie*

AVLOCA-Praxis § 21 N. 36

B

Barauslagen § 13 N. 10, § 15 N. 13, 17, 46, § 16 N. 89, 92, 108, § 17 N. 70 f.

Barvorschuss *s. Kostenvorschuss*

Baubewilligungsverfahren (inkl. Rechtsmittelverfahren)
- Entscheidmitteilung § 10 N. 71, 117, Vorbem. §§ 21 f. N. 11, 16, 19, 36, § 21 N. 54, 103, 158, 170, § 22 N. 20, § 26b N. 14
- und aufschiebende Wirkung § 25 N. 8, § 55 N. 5
- und Noven Vorbem. §§ 19–28a N. 31, § 20a N. 11 f., § 50 N. 12, § 52 N. 41 ff.
- und Parteientschädigung § 17 N. 78, 95
- und privatrechtliche Vorfrage § 1 N. 39 f., 58
- und Rechtsmittellegitimation § 21 N. 53 ff., 79, 84, 87, 98, 103, 107, 118, 158, 163, 164 ff.
- und Streitwert § 28 N. 37
- und unentgeltliche Rechtspflege § 16 N. 8
- und vorfrageweise Prüfung von Nutzungsplänen § 19 N. 38, § 20 N. 35 f.

s. auch Abbruchbefehl, Nebenbestimmungen

Baurecht Einl. N. 20, § 1 N. **38 ff.**, 43, 58, Vorbem. §§ 4–31 N. 42, § 4 N. 25, 29, § 4a N. 10, § 7 N. 73, § 10 N. 71 f., 117, 130, § 10a N. 27, § 12 N. 79, § 13 N. 58, § 16 N. 8, § 17 N. 78, 95, Vorbem. §§ 19–28a N. 31, § 19 N. 7, 29, 50, § 19a N. 27 f., 49, 56, 66, § 19b N. 8, 29, 48, **78 ff.**, § 20 N. **68 ff.**, § 20a N. 11 f., 32, Vorbem. §§ 21 f. N. 11, 16, 19, 36, § 21 N. **53 ff.**, 79, 84, 87, 98, 103, 107, 118, 150, 158, 163, 164 ff., § 25 N. 8, § 26 N. 23, § 26b N. 14, § 27c N. 6 ff., 11, § 28 N. 37, § 41 N. 21, Vorbem. §§ 29–31 N. 12, § 30 N. 70, 72, 79, § 50 N. 12, **38 f.**, § 52 N. **41 ff.**, § 55 N. 5, § 59 N. 21; *s. auch Raumplanungsrecht*

baurechtlicher Vorentscheid § 19a N. 27 f., 49, § 21 N. 59

Baurekursgericht Einl. N. 36, § 5 N. 13, § 7 N. 58, § 13 N. 18, § 16 N. 97, Vorbem. §§ 19–28a N. 74, § 19 N. 71, § 19a N. 68, § 19b N. 9, 29, 37, **48, 78 ff.**, 95, § 20 N. 24, 75, 84, § 21 N. 150, § 22 N. 8, § 25 N. 31, § 26 N. 23, § 26b N. 14, 33, 40, 44 f., § 26c N. 3, § 27c N. 6 ff., 10, § 28 N. 10, 15, 37, 50, § 28a N. 14, Vorbem. §§ 32–40a N. 16, § 34 N. 3, 19, § 34a N. 6, § 35 N. 13, § 39 N. 4, 7, § 40 N. 8 f., § 41 N. 13, 21, § 50 N. 68, § 52 N. 3, § 57 N. 8, § 59 N. 15, § 64 N. 10, § 65a N. 21, § 86a N. 4, § 90 N. 5

Beamtenhaftung § 2 N. 12; *s. auch Staatshaftung*

Bedingung § 19 N. 30

Bedürftigkeit *s. Mittellosigkeit*

Beeinflussung von Urnengängen § 22 N. 12, § 27b N. 5 ff.

Befangenheit § 5a N. 15 ff., **18 ff.**, § 26 N. 11, § 38a N. 12 f., Vorbem. §§ 81–86 N. 19; *s. auch Ausstand, Unabhängigkeit*

Befragung § 7 N. 48 ff., 53 ff., § 60 N. 14, 23

Befristung § 19 N. 30

Begehren *s. Antrag*

Begnadigung § 42 N. 11, § 44 N. 14 ff.

Begründungsdichte § 10 N. 23, **24 ff.**, § 13 N. 75, § 26a N. 13, § 28 N. 5, 31, § 28a N. 4 ff., **16 f.**, 18, § 38 N. 16 f., § 38a N. 10, § 38b N. 9, § 56 N. 24, 27, § 57 N. 5, § 63 N. 11, § 65 N. 2, 7, **17 ff.**, § 91 N. 14; *s. auch Begründungsverzicht*

Begründungsgesuch § 10a N. **12 ff.**, § 22 N. 16, § 28 N. 5, § 28a N. 18, § 65 N. 26 f.

Begründungspflicht
- der Behörden
  - im Allgemeinen § 10 N. **15 ff.**, § 10a N. 9, 15, 30, § 19a N. 33; *s. auch Begründungsdichte, Erwägungen*
  - Ausnahmen *s. Begründungsverzicht*
  - und rechtliches Gehör § 8 N. 35, § 10 N. 15 f., 34, § 28 N. 5, § 28a N. 17, § 60 N. 8, § 65 N. 3 ff., 17
  - und Einspracheentscheid § 10b N. 11, 13
  - und Rekursentscheid § 28 N. 4 f., 31, 48, § 28a N. 16 f., 18 f.
  - und Beschwerdeentscheid § 28a N. 16, § 60 N. 8, § 62 N. 10, § 65 N. 1, **4 ff.**, 14, **17 ff.**, 26 f., § 66 N. 2
  - bei Überschreitung der Behandlungsfrist § 19 N. 51, § 27c N. 17 ff.

- und Anordnung eines weiteren Schriftenwechsels § 26b N. 29
- und Ausschluss der Öffentlichkeit § 62 N. 7
- und Beweiswürdigung § 7 N. 138, § 60 N. 12
- und Einschränkung der Prüfungsdichte § 20 N. 84, § 50 N. 23
- und Entzug bzw. Wiederherstellung der aufschiebenden Wirkung § 25 N. 38
- und Erlasse § 10 N. 21, § 23 N. 20, § 26b N. 29
- und Fristverkürzung § 22 N. 28
- und Honorarentscheid § 16 N. 110
- und Nebenfolgenregelung *s. Parteientschädigung und Begründungspflicht, Verfahrenskosten und Begründungspflicht*
- und Nichtanhandnahme einer Beschwerde seitens der Ombudsperson § 91 N. 14
- und reformatio in peius § 27 N. 14
- und Vergabeentscheid § 52 N. 34 f., § 54 N. 5
- und Verweigerung der Akteneinsicht § 9 N. 14
- und vorsorgliche Massnahmen § 6 N. 33
- der Parteien
  - im Allgemeinen § 7 N. **33 f.**, § 16 N. 116 f., Vorbem. §§ 19–28a N. 27, 29, 31, § 20 N. 45, § 23 N. 30, § 50 N. 9, 62, § 60 N. 6 f.; *s. auch Rügeprinzip, Substanziierungspflicht*
  - und Einsprache § 10a N. 31, § 10b N. 7 f.
  - und Rekurs § 20 N. 45, § 23 N. 3 ff., **17 ff.**, 30 ff., 36, § 26a N. 11, § 26b N. 18, 20
  - und Beschwerde § 50 N. 9 ff., 62, § 54 N. 1, **4 f.**, § 56 N. 15, 17, § 59 N. 9, § 60 N. 6 f.
  - und Klage § 83 N. 14, 16, § 84 N. 2
  - und Revisionsgesuch § 86c N. 2 ff.
  - und Antrag auf Ansetzung einer Vernehmlassungsfrist § 58 N. 38
  - und Antrag auf Parteientschädigung § 17 N. 16
  - und Begründungsgesuch § 10a N. 17
  - und neue Argumentation § 20a N. **20**, 22, § 23 N. 23, § 52 N. 17, 32, 34 f., **36**, 38 ff., 41 ff., § 54 N. 5

Begründungsverzicht § 10 N. 23, § 10a N. **1 ff.**, § 10b N. 4, § 13 N. 30, § 16 N. 110, § 17 N. 87, § 22 N. 16, § 28 N. 5, 48, § 28a N. **18 f.**, § 44 N. 14, § 65 N. 1, **26 f.**, § 66 N. 2; *s. auch Begründungsdichte*

Behandlungsfrist Vorbem. §§ 4–31 N. 32, § 4a N. 9 ff., 26, § 19 N. 50 f., § 26b N. 22, § 27c N. **1 ff.**; *s. auch Beschleunigungsgebot*

Behauptungslast Vorbem. §§ 19–28a N. 26 f., § 23 N. 19

Behindertengleichstellung § 13 N. 20, § 21 N. 163, § 32 N. 18

Behörde
- und Parteifähigkeit bzw. -stellung § 13 N. 47 f., Vorbem. §§ 21 f. N. **6, 18,** 22, § 21 N. 138, § 26b N. 3 f., 9 ff., § 58 N. 7 f., 9 ff., 18; *s. auch Vorinstanz und Vernehmlassung*
- Kostenpflicht § 13 N. **46 ff.**, 59, 63 f., § 27c N. 21, § 58 N. 11
- Vernehmlassungspflicht § 26b N. 9, § 58 N. 20
- und Recht auf Stellungnahme im Ombudsbeschwerdeverfahren § 92 N. 7
- und Rechtsschutz gegenüber Realakten § 10c N. 13 ff.
- und Revisionslegitimation § 86a N. 9
- und Stellungnahme zu klageweise geltend gemachten Ansprüchen § 83 N. 6
- und Wiedererwägungsbefugnis Vorbem. §§ 86a–86d N. 23

s. auch Verwaltungsbehörde, Zurückbehaltungsrecht, Zuständigkeit der Verwaltungsbehörden

Behördenbeschwerde § 10 N. 77 f., § 21 N. 134 ff., **137 ff.**, § 21a N. 24, § 27 N. 17, § 28 N. 49, § 35 N. 6, Vorbem. §§ 41–71 N. 15, § 58 N. 10, § 63 N. 27, § 65 N. 10, 25; *s. auch Gemeindebehörden und Rechtsmittelerhebung derselben*

Behördeninitiative § 21a N. 20 f.

behördliche Zustellung § 10 N. 102 ff.

Beiladung § 10 N. 65, § 13 N. 45, Vorbem. §§ 21 f. N. 15, **24 ff.**, § 21 N. 80, 88, § 26a N. 15, § 26b N. 4, 13 f., 16, § 27 N. 17, § 28 N. 49, § 58 N. 15, § 64 N. 12; *s. auch Verfahrensbeteiligte*

Beilagen § 23 N. 9, **24 ff.**, § 53 N. 4, § 54 N. 1, § 56 N. 22, § 83 N. 19, § 84 N. 5, § 86c N. 5

Bekanntgabe der Zusammensetzung der Entscheidbehörde § 5a N. 45, § 28 N. 50

Beleihung s. private Verwaltungsträger

Belilos/Schweiz (EGMR-Urteil) Einl. N. 17

Berchtoldstag § 11 N. 34

Berichtigung s. Erläuterung und Berichtigung

Berufsgeheimnis § 1 N. 32, § 9 N. 9, § 34a N. 9, § 38b N. 18, § 94a N. 4

Berührtsein s. Betroffenheit

Beschleunigungsgebot Einl. N. 21, Vorbem. §§ 4–31 N. 37, 38 ff., 47, 57, 59 f., 63 f., § 4a N. **1 ff.**, § 5a N. 49, § 6 N. 25, 26, § 7 N. 32, § 10 N. 88, § 11 N. 18, 27, § 13 N. 64, 76, Vorbem. §§ 19–28a N. **41** f., § 19 N. 41, **49 ff.**, 55, § 26b N. 2, 6, 21, 27, 45, § 27c N. 2, **4 ff.**, 11, 19 ff., § 28 N. 14, 38, § 28a N. 2 f., 6, § 35 N. 13, § 38 N. 17, § 43 N. 9, § 44 N. 30, § 55 N. 15, § 58 N. 38, 41, § 64 N. 2 f., § 65 N. 19; s. auch Behandlungsfrist, Einsprache bei Begründungsverzicht, Rechtsverweigerung bzw. -verzögerung, Verfahrensökonomie

Beschluss § 28 N. 15, § 63 N. 2; s. auch Anordnung, Entscheid, Verfügung

Beschlussfähigkeit § 28 N. 10

Beschwer s. formelle Beschwer, materielle Beschwer

Beschwerde
- im Allgemeinen Vorbem. §§ 19–28a N. 3 ff., § 30 N. 4, Vorbem. §§ 32–86 N. 3 f., 5 ff., 14, Vorbem. §§ 41–71 N. **1 ff.**, § 41 N. 32, § 90 N. 12; s. auch Generalklausel
- -antwort s. Schriftenwechsel im Beschwerdeverfahren, Vernehmlassung
- -berechtigung s. Beschwerdelegitimation
- -entscheid § 10a N. 5, § 19 N. 85, § 20 N. 97 ff., § 28a N. 16, § 38 N. 16 f., Vorbem. §§ 41–71 N. 15, § 41 N. 22, § 50 N. 70 ff., § 56 N. 2 f., 24 ff., § 62 N. 8 ff., § 63 N. **2 ff., 17 ff.**, § 64 N. **2 ff., 19 ff.**, § 65 N. **1 ff.**, § 66 N. 1 ff., § 86a N. 4; s. auch Entscheidbefugnis und Beschwerde im Allgemeinen, Geschäftserledigung am Verwaltungsgericht, Vollstreckung von Entscheiden des Verwaltungsgerichts
- -frist § 12 N. 6 ff., Vorbem. §§ 19–28a N. 52 f., § 19a N. 63, § 25 N. 38, § 26b N. 22, § 28 N. 48, § 28a N. 18, § 43 N. 5, § 53 N. **2 f., 5 ff.**, § 55 N. 14, § 56 N. 25 f., § 86a N. 22, § 86b N. 5
- -gründe Vorbem. §§ 19–28a N. 52, § 19 N. 63, 65, § 19a N. 63, § 20 N. 4 f., 21, 30, 32 f., 36 f., § 21 N. 18, 57, 60, 171, Vorbem. §§ 41–71 N. 2, 11, 14, § 41 N. 32, § 44 N. 6, § 50 N. **1 ff.**; s. auch Kognition im Beschwerdeverfahren
- -instanz § 19 N. 87, § 53 N. 1; s. auch Zuständigkeit des Verwaltungsgerichts
- -legitimation Einl. N. 7, 19, § 10c N. 20, Vorbem. §§ 19–28a N. 52 f., 58, § 19 N. 63, 66, § 19a N. 63, § 19b N. 84, § 20 N. 108, Vorbem. §§ 21 f. N. 1, § 21 N. **1 ff.**, § 21a N. **1 ff.**, § 30 N. 83, Vorbem. §§ 41–71 N. 2, 13, § 49 N. 1 f., § 56 N. 25, § 63 N. 23
- -objekt Vorbem. §§ 19–28a N. 52, § 19 N. 17, 36, § 20 N. 74 ff., § 30 N. 87, § 41 N. **1 ff.**, § 42 N. 3, § 50 N. 59, 68, 73 ff., § 56 N. 25; s. auch Ausnahmekatalog, Generalklausel
- -schrift § 11 N. 63, Vorbem. §§ 19–28a N. 52, § 23 N. 32, § 53 N. **1, 4,** § 54 N. **1 ff.**, § 56 N. 12 ff., 15 ff., 24, 27, § 59 N. 9
- -verfahren s. Beschwerdeverfahren
- aufschiebende Wirkung s. aufschiebende Wirkung und Beschwerde
- gegen Erlasse § 19 N. 70, § 19b N. 4, **59 ff.**, 71, § 20 N. 74 ff., 91, 93, 97 ff., § 21 N. 98, § 21a N. 11, § 26 N. 14, § 38a N. 1 ff., Vorbem. §§ 41–71 N. 17, § 41 N. 11, 16, **18 ff.**, § 42 N. 3, 8, 15, 19, § 43 N. 7, 10, § 44 N. 28, § 50 N. 34, **73 ff.**, § 53 N. 5, § 55 N. 14, § 63 N. 28, § 65a N. 9, 14; s. auch abstrakte Normenkontrolle
- gegen kantonsrätliche Akte § 10d N. 1, § 19b N. 63 f., 84, § 20 N. 37, 110, § 26d N. 3, Vorbem. §§ 41–71 N. 8, § 41 N. 9, 11, 16, 17, 18 f., § 42 N. 1 f., **7 ff.**, § 44 N. 4, 13, 14 ff., 23, § 50 N. 73 ff., § 53 N. 5
- gegen regierungsrätliche Akte § 10d N. 1 ff., § 19 N. 36, § 19b N. 63 f., 69, 84, 90, 93, § 26 N. 31, § 26d N. 3, Vorbem. §§ 41–71 N. 8, § 41 N. 9, 17, 19, § 42 N. 2, § 44 N. 4, **9 ff.**, 14 ff., **18 ff., 23 ff.**, 26, **29 f.**, § 50 N. 67, 73, 75, § 53 N. 5
- gegen Justizverwaltungsakte § 19b N. 44 f., Vorbem. §§ 32–40a N. 19, § 39 N. 8, § 42 N. 3, **17 f.,** § 43 N. 7, **8 f.**

- gegen Kosten- bzw. Entschädigungsentscheide § 30 N. 87, § 44 N. 33 f.
- in Steuersachen Vorbem. §§ 32–86 N. 3 f., 7 ff., 13, 14, § 72 N. 1 ff., **5 f.**, § 73 N. 1, 3, 7 ff.
- in Stimmrechtssachen § 10d N. 6, § 13 N. 80, 90 ff., § 19 N. 63, § 19b N. **63 f.**, § 21 N. 92, § 21a N. **1 ff.**, § 26d N. 3, Vorbem. §§ 41–71 N. 8, § 41 N. 5, **17**, § 42 N. 9 f., § 44 N. 4, **9 ff.**, § 50 N. 7
- und Rekurs Vorbem. §§ 19–28a N. 2, 15, Vorbem. §§ 32–86 N. 6 ff., Vorbem. §§ 41–71 N. 4, § 41 N. 22, § 50 N. 45
- und verwaltungsrechtliche Klage Vorbem. §§ 32–86 N. 5, 13, Vorbem. §§ 81–86 N. 14, § 86 N. 2 f.
- wegen Rechtsverweigerung bzw. -verzögerung § 25 N. 12, § 27c N. 19, § 38b N. 12, § 41 N. **15**, § 65a N. 15
- an die Ombudsperson § 91 N. 1 ff.

Beschwerde in öffentlichrechtlichen Angelegenheiten Einl. N. 26, § 10 N. 41, § 10c N. 20, § 13 N. 100, § 19 N. 36, § 19a N. 10, 44, § 19b N. 63 ff., 66 f., § 21 N. 3 f., 32, 102 ff., 133, 136, 139 ff., 172, § 21a N. 2, § 26 N. 14, § 30 N. 4, 6, 88, § 38a N. 1, § 41 N. 14, § 44 N. 17, § 55 N. 18, § 66 N. 6, 11, § 72 N. 10, § 81 N. 2, § 86b N. **11 f.**, 17

Beschwerde in Strafsachen § 19b N. 75, § 30 N. 4, § 38b N. 16, Vorbem. §§ 41–71 N. 16, § 66 N. 6, 11, § 86b N. **11 f.**

Beschwerde in Zivilsachen § 19a N. 44, § 19b N. 74 f., § 30 N. 4, Vorbem. §§ 41–71 N. 16, § 66 N. 6, 11, § 86b N. **11 f.**

Beschwerdeverfahren
- im Allgemeinen Vorbem. §§ 4–31 N. **9, 12**, Vorbem. §§ 19–28a N. **18 ff., 44 ff., 50 ff.**, § 28a N. 6, Vorbem. §§ 32–86 N. 5, 10, § 43 N. 8, 10, § 50 N. 3 ff., 9 ff., 24, 25, 61 f., § 70 N. 1 ff., § 71 N. 1 ff.; *s. auch verwaltungsgerichtliches Verfahren*
- in Steuersachen Vorbem. §§ 32–86 N. 8, § 73 N. 1, 3, 7 ff.
- vereinfachtes § 38 N. 16 f., § 56 N. 2 f., 12 ff., 24 ff.
- Aktenbeizug *s. Aktenbeizug im Beschwerdeverfahren*
- Erledigung § 10 N. 2, Vorbem. §§ 19–28a N. 24, § 19a N. 13, 15, § 28a N. 6, 15, 16, § 38 N. 16 f., § 56 N. 2 f., **24 ff.**, § 62 N. 8 ff., § 63 N. **2 ff.**, § 64 N. **2 ff.**, 19 ff., § 65 N. **1 ff.**; *s. auch Beschwerdeentscheid, Geschäftserledigung am Verwaltungsgericht*
- Fristenlauf *s. Fristenlauf und Beschwerde*
- Instruktion *s. Instruktion des Beschwerdeverfahrens*
- Schlussverhandlung *s. Schlussverhandlung*
- Schriftenwechsel *s. Schriftenwechsel im Beschwerdeverfahren*
- Vorprüfung § 56 N. 1 ff., § 65 N. 20
- Zeugeneinvernahme § 7 N. 58, § 52 N. 14, § 60 N. 17, 21, 23, 26, § 61 N. 3
- und Sachverhaltsfeststellung Vorbem. §§ 19–28a N. 37, § 50 N. 60 ff., § 52 N. 14 f., § 56 N. 8, 26, § 59 N. 9, 11, 13, § 60 N. **1 ff.**, § 61 N. 1 ff., § 62 N. 2, § 64 N. 8 ff., 24, § 86 N. 3 f.
- Kostenfolgen § 13 N. 2, 13, 18, 24, 25, 86, § 58 N. 11, § 65a N. **1 ff.**
- Entschädigungsfolgen § 17 N. 1 f., 10, 13 ff., 93 ff., § 70 N. 6

Beseitigungsanspruch § 10c N. 28, 29

besonderes Rechtsverhältnis *s. Sonderstatusverhältnis*

Betreibungsamt § 4 N. 9, § 89 N. 30, 33; *s. auch Gemeindeammann*

Betreibungsrecht *s. Schuldbetreibungs- und Konkursrecht*

betreibungsrechtliches Existenzminimum § 16 N. 32 ff., 57

Betroffenheit
- im Allgemeinen § 10 N. 64 f., § 21 N. 1 f., **10 ff.**, 41 ff., 93 ff., 102 ff., 116 ff., Vorbem. §§ 41–71 N. 13; *s. auch Drittbetroffene*
- durch Allgemeinverfügung *s. Allgemeinverfügung und Rechtsmittellegitimation*
- durch Erlass § 21 N. 32 ff.; *s. auch virtuelle Betroffenheit*
- durch Realakt § 10c N. 17, 19 f., 24
- und unentgeltliche Rechtsverbeiständung § 16 N. 80, 84 f., § 21 N. 85
- von kommunalen Behörden in Stimmrechtssachen § 21a N. 18 ff.

s. auch Rechtsschutzinteresse, schutzwürdiges Interesse

Beugestrafe *s. Ungehorsam gegen amtliche Verfügungen*

Beweis
- -auflage § 7 N. 42, § 60 N. 19, § 84 N. 8
- -erleichterungen § 7 N. 27 ff.
- -führungslast § 7 N. 6, 90, Vorbem. §§ 19–28a N. 26 f.
- -last § 7 N. 7, 92, 114, **157 ff.,** § 10 N. 82 ff., § 11 N. 41, 43, 46 ff., 68, § 12 N. 23, 88, § 13 N. 20, § 15 N. 15, 19, Vorbem. §§ 19–28a N. 27, § 22 N. 24, § 60 N. 10
- -losigkeit s. Beweislast
- -mass § 7 N. **25 ff.,** 139 f., § 12 N. 24, § 16 N. 38, 41, § 21 N. 39, 68, § 60 N. 13
- -mittel § 7 N. **43 ff., 145 ff.,** § 20a N. **16 f., **18 f., § 23 N. 9, 26 f., § 26c N. 1 ff., § 52 N. 6, **13 ff.,** 26 ff., § 54 N. 1, § 56 N. 22, § 59 N. 11, 13, § 60 N. 11, 14, 21, 23, § 83 N. 17 ff., § 84 N. 5, 11, § 86a N. 14 ff., 20, § 86b N. 2 ff., § 86c N. 5, § 86d N. 3, § 92 N. 1 f., § 93 N. 13; *s. auch Novenrecht, unzulässige Beweismittel, Zufallsfund*
- -verfahren § 7 N. 37 ff., § 15 N. 11 ff., Vorbem. §§ 19–28a N. 37, § 19a N. 56, § 20 N. 43 ff., § 27c N. 13, § 38 N. 9, 24, § 50 N. 60 ff., § 56 N. 8, 26, § 59 N. 9, 11, 13, § 60 N. **1 ff.,** § 61 N. 1 ff., § 62 N. 2, Vorbem. §§ 81–86 N. 22, § 83 N. 19, § 84 N. 3, 8, § 85 N. 10 f.
- -wertregeln § 7 N. 142 ff., § 60 N. 14
- -würdigung § 7 N. 35, 111, 134 f., **136 ff.,** 173, Vorbem. §§ 19–28a N. 34, § 60 N. 7, 12, 14, 26, § 65 N. 13, § 85 N. 11; *s. auch antizipierte Beweiswürdigung*

Bezirksgericht § 19b N. 30, 74, 76 f., § 30 N. 53, § 38b N. 19, § 41 N. 13, § 43 N. 4 ff., § 90 N. 5; *s. auch Strafgericht, Zivilgericht*

Bezirkskirchenpflege § 19b N. 20, 69, 71, § 89 N. 20

Bezirksrat § 5 N. 13, Vorbem. §§ 19–28a N. 73, § 19 N. 71, § 19b N. 20, 25, **27,** 60, 69, 73, 74, 82, 84, 90, § 20 N. 24, 33, 75, 93, § 21 N. 133, § 26 N. 20 f., 24, § 26c N. 5, § 26d N. 3, § 28 N. 10, 15, 37, § 34 N. 19, § 38b N. 25, § 41 N. 13, 21, § 52 N. 3, § 53 N. 7

Bezirksverwaltung § 13 N. 15 f., Vorbem. §§ 19–28a N. 73 f., § 19b N. **20,** 25, 55, § 26 N. 13, § 89 N. 12

Bildungsrat § 19b N. 18, § 26 N. 16

Bildungsrecht § 1 N. 27, 34, § 9 N. 9, § 10 N. 32, § 19 N. **15 f.,** 75, § 19a N. 49, § 19b N. 38, 41, 49, § 20 N. **87 ff.,** § 21 N. **46,** 131, § 44 N. 18 ff., § 59 N. 20, § 65a N. 17, § 81 N. 10; *s. auch numerus clausus, Prüfungsentscheid*

Billigkeit § 2 N. **18,** § 13 N. 22, 40, 41, 48 f., 50, 54, **63 f.,** 65, 67, 75, 77, 80, § 15 N. 38, § 16 N. **17,** 56, 60, § 17 N. 15, **25 f., 28,** 29, 31 ff., 64, 83, 87, 99, § 63 N. 7, § 89 N. 3 f., 6

Bindung an Begehren *s. Gebundenheit an Begehren, Ungebundenheit an Begehren*

Binnenmarktrecht § 5 N. 33, § 13 N. 20, § 19 N. 19, § 21 N. 144

böswillige Prozessführung *s. rechtsmissbräuchliche Prozessführung*

Briefkasten § 10 N. 89

Bundesaufsicht § 35 N. 6

Bundesgericht
- und abstrakte Normenkontrolle § 41 N. 5, 18, § 65a N. 9
- und Amtshilfe § 7 N. 133
- und Anfechtung kantonal letztinstanzlicher Anordnungen *s. Vorinstanz des Bundesgerichts*
- und Bindung an eigene Rückweisungsentscheide § 64 N. 22
- und Entscheidbefugnis § 27 N. 3, § 50 N. 71 f.
- und Instruktion § 60 N. 25
- und konkrete Normenkontrolle § 20 N. 29 ff., § 65a N. 9
- und Parteientschädigung § 17 N. 53, 62, 65
- und Revision § 86b N. 11 f., 18; *s. auch EMRK-Verletzung*
- und Unvereinbarkeit § 34 N. 9
- und Zuständigkeitskonflikte § 5 N. 30
- Urteilsvollstreckung *s. Vollstreckung von Entscheiden des Bundesgerichts*
- Vollstreckbarkeit verwaltungsgerichtlicher Entscheide bei Anfechtung beim § 66 N. 11 ff.; *s. auch aufschiebende Wirkung und Beschwerde ans Bundesgericht*
- Vorinstanz *s. Vorinstanz des Bundesgerichts*
- Weiterleitung ans § 5 N. 61 f.

Bundesgesetz (und konkrete Normenkontrolle) § 20 N. 31, Vorbem. §§ 41–71 N. 18

Bundeskanzlei § 21 N. 139, § 21a N. 24

Bundesrat Einl. N. 32, 34 f., § 10 N. 78, § 19b N. 66 f., § 20 N. 32 f., § 21 N. 5, 156, 163, § 34 N. 9, § 42 N. 6

Bundesrecht
- Einfluss auf das kantonale Verwaltungsverfahrensrecht s. *Rechtsweggarantie gemäss Art. 29a BV, Vereitelungsverbot, Verfahrensgarantien*
- und akzessorische Kontrolle § 20 N. 31 ff., Vorbem. §§ 41–71 N. 18

s. *auch Strafprozessordnung, Zivilprozessordnung*

Bundesverordnung (und konkrete Normenkontrolle) § 20 N. 32 f.

Bundesversammlung § 5 N. 30, § 19b N. 66 f., § 20 N. 29, § 33 N. 5

Bundesverwaltungsgericht Einl. N. 35, § 16 N. 97, § 17 N. 62, § 19a N. 46, § 19b N. 37, 58, § 21 N. 5, 42, 90, § 27c N. 23, § 38 N. 23, Vorbem. §§ 41–71 N. 7, § 42 N. 6, § 52 N. 8, § 60 N. 25, § 63 N. 30, § 65 N. 27, § 81 N. 22

Busse s. *Ordnungsbusse*

C

Christkatholische Kirchgemeinde § 19b N. 73, § 89 N. 18 f.

Chrüzlen (BGE) Einl. N. 20

civil right Einl. N. 17, § 1 N. 62, § 4 N. 14, 17, Vorbem. §§ 19–28a N. 36, § 19 N. 41, § 26b N. 33, § 28 N. 50, § 30 N. 48, 83, § 59 N. 2, 8, **18, 20 f.**, § 62 N. 2, 4, 6

clausula rebus sic stantibus § 81 N. 17

concurring opinion s. *Minderheitsvotum*

criminal charge § 1 N. 62, § 4 N. 14, 17, § 5 N. 89, Vorbem. §§ 19–28a N. 36, § 19 N. 41, § 26b N. 33, § 28 N. 50, § 30 N. 48, 77, § 38b N. 15, § 50 N. 68, § 59 N. 8, **19 f.**, § 62 N. 2, 4, 6

culpa in contrahendo § 19 N. 21, § 81 N. 16; s. *auch Vertrauenshaftung*

D

Datenschutz § 7 N. 117, 123, 126 ff., 131, § 8 N. 4, 11, 18, 22 ff., § 10 N. 127 ff., § 19b N. 33, § 34 N. 19, § 57 N. 9, § 92 N. 5 f., § 94a N. 7; s. *auch Geheimhaltung, Öffentlichkeitsprinzip*

Dauerrechtsverhältnis § 19a N. 17, § 20a N. 26, 30, Vorbem. §§ 86a–86d N. 18

Dauersachverhalt § 7 N. 91, 169, § 20a N. 29 f., § 52 N. 44

Dauerverfügung § 66 N. 9, Vorbem. §§ 86a–86d N. 16, 17 f., 20, § 86a N. 15

definitive Rechtsöffnung § 13 N. 103, § 19b N. 92, § 28 N. 29, 31, § 30 N. 17 ff., 21, § 85 N. 14

Devolutiveffekt § 6 N. 23, 28, § 10a N. 32, Vorbem. §§ 19–28a N. **13 f.**, § 19 N. 44, § 22 N. 3, § 25 N. 30, § 26a N. 16, § 26b N. 10, § 28 N. 35, Vorbem. §§ 41–71 N. 4, § 55 N. 15, § 57 N. 8, § 63 N. 17, Vorbem. §§ 86a–86d N. 22, § 86b N. 8

Dienstanweisung s. *verwaltungsinterner Akt*

Dienstzeugnis s. *Arbeitszeugnis*

dies ad quem § 11 N. 30 ff.

dies a quo § 11 N. 11 ff.

Direktbeschwerde § 50 N. 67

Direktion
- im Allgemeinen § 19b N. 13 f., 16 f., 25, § 26 N. 31, § 41 N. 13, 22
- als Rekursinstanz § 19b N. 18, **26**, 29, 35, 74, 77, § 26 N. 23, § 26d N. 3, § 27c N. 23, § 50 N. 42, § 52 N. 3
- und abstrakte Normenkontrolle § 20 N. 91, 102 f., § 50 N. 73
- und Aufsicht Vorbem. §§ 19–28a N. 73, § 19b N. 54
- und Behördenbeschwerde § 21 N. 150
- und Genehmigung von Nutzungsplänen § 19 N. 39, § 19b N. 81, § 50 N. 68
- und Instruktion des Rekursverfahrens § 26 N. 3, 15, 20, 24, 26, 31, § 28 N. 18
- und konkrete Normenkontrolle § 20 N. 24, 33, § 26 N. 14

Diskriminierung s. *Behindertengleichstellung, Geschlechtergleichstellung*

Dispositionsmaxime § 7 N. 8, 173, § 12 N. 38, Vorbem. §§ 19–28a N. **23 f.**, 45, Vorbem. §§ 21 f. N. 14, § 27 N. 16, § 28 N. 20, 43, § 63 N. 9, 16, 21, 24, Vorbem. §§ 81–86 N. 20 f., § 84 N. 9, § 85 N. 12, 14

Dispositiv § 4a N. 25, 30, § 10 N. 10, 128, § 11 N. 73, § 13 N. 6, § 14 N. 8, 22, § 16 N. 130, § 17 N. 89, § 19 N. 5, 30, 52, § 20 N. 98, § 25 N. 38, 47, § 27 N. 8 f., § 27b N. 26, § 28 N. **6 f.**, 31, 41, 48, 50 f., § 63 N. 2, § 65 N. 1, 10, **15 f.**, 26, 30, 32, § 66 N. 5, Vorbem. §§ 86a–86d N. 24, § 86a N. 7

dissenting opinion s. *Minderheitsvotum*

Disziplinarmassnahme § 5 N. 85 ff., § 7 N. 115, § 13 N. 62, § 19 N. 7, 12, § 19b N. 41, Vorbem. §§ 29–31 N. 9, § 29 N. 8, § 30 N. 43 f., 48, 77, Vorbem. §§ 32–40a N. 12, 26, § 38b N. 11

Disziplinarrekurs Vorbem. §§ 32–86 N. 4, Vorbem. §§ 41–71 N. 3

Dokumentationspflicht s. *Aktenführungspflicht*

Dolmetscher s. *Übersetzer*

Doppelbesteuerung s. *Verbot der interkantonalen Doppelbesteuerung*

Doppelnorm § 1 N. 12, 17

doppelrelevanter Sachverhalt § 21 N. 8, 39

Drittbeschwerde pro Adressat § 21 N. 77 ff.

Drittbetroffene § 7 N. 48, § 10 N. 68 f., § 21 N. **53 ff.**, 77 ff., 103, § 22 N. 20, § 25 N. 15, 28, § 26b N. 13 f., § 27 N. 17, § 58 N. 15, 18

E

Ediktaledition s. *amtliche Veröffentlichung als Zustellungssurrogat*

EGMR s. *aufschiebende Wirkung und Individualbeschwerde an den EGMR, EMRK-Verletzung, Replikrecht*

egoistische Verbandsbeschwerde § 21 N. 40, 93 ff., 161, § 21a N. 17

Eigentumsstreitigkeiten § 1 N. 41 ff., § 4 N. 29, § 21 N. 51, § 59 N. 21

Einbürgerung § 44 N. 7, § 52 N. 19

einfache Gesellschaft § 14 N. 9 ff., Vorbem. §§ 21 f. N. 4, § 21 N. 43, § 21a N. 15

Eingabe(n)
- elektronische s. *elektronische Eingabe*
- gemeinsame § 6a N. 5
- inhaltlich gleiche § 6a N. 6
- mangelhafte s. *mangelhafte Eingabe*
- per Fax § 11 N. 61 f., § 22 N. 6, 9
- rechtzeitige § 11 N. 30 ff., 37 ff., 70 ff.; s. auch *Fristwahrung*
- Übersetzung s. *Übersetzung von Eingaben*

Einheit des Verfahrens Einl. N. 19, § 6 N. 6, § 16 N. 112, Vorbem. §§ 19–28a N. **43**, § 19 N. 42, § 19a N. **6 ff.**, § 20a N. 6, § 21 N. 3, 5, 102, § 27a N. 18, § 30 N. 87, Vorbem. §§ 41–71 N. 10 ff., § 44 N. 1, **33 f.**

Einheitsbeschwerde s. *Beschwerde in öffentlichrechtlichen Angelegenheiten, Beschwerde in Strafsachen, Beschwerde in Zivilsachen*

Einmaligkeit des Rechtsschutzes § 6 N. 45, Vorbem. §§ 29–31 N. 16 f., § 30 N. 80

Einsprache
- im Allgemeinen Vorbem. §§ 4–31 N. 7 f., 35, 51 f., § 10a N. **20 ff.**, Vorbem. §§ 19–28a N. 3 ff., § 19 N. 88, § 19b N. 5, **8**, § 21 N. 30, § 25 N. 12, § 26 N. 7, § 90 N. 12
- -antrag und -frist § 10a N. 36, § 10b N. 6 ff., § 10d N. 5 f., 9, § 12 N. 6 ff.
- -entscheid § 10a N. 20, 32, § 10b N. 11 ff., § 10d N. 9
- -gründe und -legitimation § 10b N. 5, 12, § 10d N. 7 f., 9
- -instanz § 10a N. 32 ff., § 10d N. 2
- -verfahren § 10a N. 23, § 10b N. **1 ff.**, § 10d N. **9 ff.**, § 11 N. 18, § 13 N. 2, 13, § 17 N. 10, § 71 N. 3; s. auch *Einwendungsverfahren*
- aufschiebende Wirkung s. *aufschiebende Wirkung und Einsprache*
- bei Begründungsverzicht § 10a N. 13, 20 ff., § 10b N. 4
- gegen regierungsrätliche Realakte in Stimmrechtssachen § 10c N. 8, § 10d N. **1 ff.**, § 13 N. 90 ff., § 19 N. 61, § 19b N. 64, § 22 N. 22, § 44 N. 11
- gemeinderechtliche § 10a N. **24**, § 17 N. 10, Vorbem. §§ 19–28a N. 13, § 19 N. 48, § 19b N. **8**, § 21 N. 30, § 41 N. 21; s. auch *Neubeurteilung*

- spezialgesetzliche § 10a N. **26,** § 10b N. 8, 10, § 19 N. 48, § 19b N. 84 ff., 90, 95, § 20 N. 87, § 21 N. 30, 157 f.
- und Rekurs bzw. Beschwerde § 10a N. 34, 36, § 10b N. 4 f., § 10d N. 11, § 19 N. 48, 61, § 19b N. 8, § 21 N. 30, § 41 N. 21, § 44 N. 11

Einstimmigkeit § 26a N. 13, § 28a N. 13, 15, § 38 N. 16, § 38a N. 10, § 57 N. 5, § 65 N. 18; *s. auch Minderheitsvotum*

einstweiliger Rechtsschutz *s. aufschiebende Wirkung, vorsorgliche Massnahmen*

Eintretensvoraussetzungen § 5 N. 4, Vorbem. §§ 19–28a N. 23, 43, **50 ff.**, 83, § 19 N. 44, 48, 89, § 19a N. 13 f., 54, § 21 N. 7 f., 38, 40, § 23 N. **21,** § 25 N. 38 f., § 26a N. 10, 12, § 27 N. 9, § 28 N. 4, 8, 11 ff., 34, § 28a N. 8, § 38b N. 7, § 41 N. 14, § 50 N. 9, § 52 N. 21, 25, § 56 N. 25 f., § 63 N. 2, § 65 N. 14, § 83 N. **3 ff.**, § 84 N. 3, § 85 N. 3, § 86b N. 1, § 86c N. 4 f., § 86d N. 2; *s. auch Nichteintretensentscheid, offensichtliche Unzulässigkeit*

Einwendungsverfahren § 8 N. 31, § 10a N. **25,** § 19b N. 84 ff., 90, 95, § 21 N. 30; *s. auch Einspracheverfahren*

Einwohnerregister § 44 N. 24

Einzelrichter *s. Zuständigkeit des Einzelrichters am Verwaltungsgericht, Zuständigkeit des Vorsitzenden der Rekursinstanz bzw. des Einzelrichters am Rekursgericht*

Elektrizitätswerke § 2 N. 12, § 19b N. 37, § 89 N. 16 f.

elektronische Eingabe § 11 N. 62, § 22 N. 6, § 53 N. 4

elektronische Zustellung § 6b N. 18, § 10 N. 105 f.

Empfangsbestätigung § 10 N. 84

Empfangspflicht § 10 N. 86 ff., 96, 119, 124

Empfehlung § 93 N. 4, 8 f.

EMRK *s. Rechtsmittelgarantie, Rechtsweggarantie gemäss Art. 6 EMRK*

EMRK-Verletzung § 86a N. 25 ff., § 86b N. 17

Endentscheid § 12 N. 94, § 13 N. 6, 94, § 15 N. 66, 67, § 16 N. 63 f., 70, 73, 109, 112, 119, § 17 N. 88, § 19a N. 7, **13 ff.**, 16, 21, 25, 27, 29 f., 37, 39, 55, 58, **60 ff.**, 63, 65, 68 ff., § 25

N. 37 ff., 47, § 26b N. 7, § 28 N. 9, 45, § 38b N. 14, § 41 N. **29,** § 64 N. 6, 20 f.

Energieversorgung § 1 N. 36 f., § 21 N. 127, § 30 N. 64, § 81 N. 10

Enteignungsrecht *s. formelle Enteignung, materielle Enteignung*

Enteignungsverfahren § 19a N. 69, § 19b N. **83 ff.**, Vorbem. §§ 32–86 N. 10, § 42 N. 14; *s. auch Rekurs gegen Schätzungsentscheide*

Enteignungsvertrag *s. Expropriationsvertrag*

Entlastungserteilung § 35 N. 15, § 87a N. 11

Entschädigung
- aus Enteignung *s. formelle Enteignung, materielle Enteignung*
- aus Personalrecht Vorbem. §§ 19–28a N. 56, § 21 N. 45, § 25 N. 22, § 27a N. 5 f., **10 ff.**, 20, § 63 N. 34, 35, 37 ff., § 65a N. 32
- aus Submissionsrecht § 27a N. 20, § 55 N. 11
- aus Verantwortlichkeit im Allgemeinen *s. Beamtenhaftung, Staatshaftung*
- aus Vertretung § 6a N. 15, § 10 N. 23, § 16 N. **88 ff.**, 104, **108 ff.**, 115, § 19 N. 31
- aus Art. 41 EMRK § 86a N. 26 f.
- und Rechtsmittelrückzug § 21 N. 62, § 28 N. 22
- wegen rechtsmissbräuchlicher Prozessführung § 19b N. 80

s. auch Parteientschädigung

Entscheid
- im Allgemeinen § 19a N. 1, § 28 N. 9, Vorbem. §§ 41–71 N. 15, § 63 N. 2
- gerichtlicher *s. Urteil*
- Bestandteile *s. Dispositiv, Erwägungen, Rubrum*
- auf dem Zirkulationsweg *s. Zirkulationsentscheid*
- im Verfahren der abstrakten Normenkontrolle § 19 N. **85,** § 20 N. 97 ff., § 41 N. 22, § 63 N. 28
- mit vorwiegend politischem Charakter *s. politischer Entscheid*
- Verhältnis zur Anordnung Vorbem. §§ 4–31 N. 14, 16 f., § 19 N. 3, § 19a N. 1

s. auch Anordnung, Appellentscheid, Beschwerdeentscheid, Endentscheid, Prozessentscheid,

Rekursentscheid, Sachentscheid, Teilentscheid, Verfügung, Vorentscheid, Zwischenentscheid

Entscheidbefugnis
- und Rekurs Vorbem. §§ 19–28a N. 24, § 27 N. **1 ff.**, Vorbem. §§ 32–86 N. 6, § 63 N. 21 f., 29
- und Beschwerde Vorbem. §§ 19–28a N. 24, § 27 N. 3, 6, § 27a N. 17, Vorbem. §§ 32–86 N. 6, § 50 N. 70 ff., § 52 N. 20, § 63 N. 1, 17 ff., **21 ff.**, § 64 N. 1
- und verwaltungsrechtliche Klage § 85 N. 12
- und abstrakte Normenkontrolle § 20 N. 97 ff., § 27 N. 4, § 63 N. 28
- und Revision § 86b N. 10 ff.
- in personalrechtlichen Angelegenheiten § 27a N. 1 ff., § 55 N. 8 ff., 17, § 63 N. 31 ff., § 86b N. 15
- in submissionsrechtlichen Streitigkeiten § 27a N. 20, § 55 N. 12, § 63 N. 20
- in Stimmrechtssachen § 27b N. 1 ff.
- des Bundesgerichts s. *Bundesgericht und Entscheidbefugnis*

s. auch *reformatio in peius vel melius*

Entscheidformel s. *Dispositiv*

Entscheidpraxis Vorbem. §§ 19–28a N. 35, § 28 N. 52, § 65 N. 32 ff.

Entzug der aufschiebenden Wirkung § 6 N. 11, 28, 35, § 7 N. 147, § 10b N. 9, § 10d N. 10, § 19a N. 48 f., § 22 N. 27 f., § 25 N. 6, 9, **25 ff.**, 33 ff., § 30 N. 5, 7, § 31 N. 3, § 55 N. 2, 4, 13, **15 f.**

Enumerationsmethode Einl. N. 8 f., 13, 34, § 41 N. 3, Vorbem. §§ 81–86 N. 8, § 81 N. 1

Erbengemeinschaft Vorbem. §§ 21 f. N. 4

Erfolgsprinzip s. *Unterliegerprinzip*

Erkenntnis s. *Dispositiv*

Erlass
- Begriff und Abgrenzung Vorbem. §§ 4–31 N. 21, § 19 N. 32, 35 ff., 72 ff., § 41 N. 23
- amtliche Veröffentlichung s. *amtliche Veröffentlichung von Erlassen*
- des Verwaltungsgerichts s. *Verwaltungsgerichtsverordnung, Verwaltungsgericht und Anfechtung von Erlassen desselben*
- des Ober- und des Sozialversicherungsgerichts § 19b N. 61, § 38a N. 1, 7, § 41 N. 20, § 42 N. **19**, § 43 N. 10, § 50 N. 73, § 53 N. 5
- Rechtsschutz s. *Beschwerde gegen Erlasse, Rekurs gegen Erlasse*
- vorsorgliche Anfechtung § 11 N. 39
- und Begründungspflicht s. *Begründungspflicht der Behörden und Erlasse*

s. auch *abstrakte Normenkontrolle, Bundesrecht und akzessorische Kontrolle, Bundesverordnung, kantonales Gesetz, kantonale Verordnung, kommunaler Erlass, konkrete Normenkontrolle, Verwaltungsverordnung*

Erläuterung und Berichtigung § 17 N. 27, Vorbem. §§ 19–28a N. 3 ff., 52, § 25 N. 12, Vorbem. §§ 32–86 N. 12, § 65 N. 16, § 66 N. 7, § 71 N. 13, Vorbem. §§ 86a–86d N. 13, **24 ff.**, 29, § 90 N. 12

Erledigungsbeschluss s. *Prozessentscheid*

Ermessensarten § 20 N. 79, 81, § 50 N. 15 ff., 32

Ermessensfehler s. *qualifizierter Ermessensfehler, Unangemessenheit*

Ermessenskontrolle Einl. N. 36, Vorbem. §§ 19–28a N. 12, 78, § 20 N. 4 f., 6 f., 10, **49 ff.**, 54 ff., 95, § 28 N. 28, § 30 N. 84, Vorbem. §§ 32–86 N. 6, 8, 10, Vorbem. §§ 41–71 N. 4, § 44 N. 6, § 50 N. 1, 5, 6, 30, 36, 40 f., **66 ff.**, § 64 N. 11, § 89 N. 3; s. auch *Kognition, qualifizierter Ermessensfehler, Unangemessenheit*

Eröffnung
- im Allgemeinen § 10 N. 1, **4 ff.**, 15, 61, § 11 N. 8 ff., 12, 39, § 19 N. 29, § 27c N. 16, Vorbem. §§ 41–71 N. 15
- fehlerhafte s. *fehlerhafte Anordnung bzw. Verfügung*
- mündliche s. *mündliche Eröffnung*
- Verzicht § 10 N. 131 f.
- von Anordnungen betreffend vorsorgliche Massnahmen § 6 N. 33
- von Kostenentscheiden im Aufsichtsbeschwerdeverfahren Vorbem. §§ 19–28a N. 84
- von Vor- und Zwischenentscheiden § 19a N. 33 f., 37, 42, 70

s. auch *amtliche Veröffentlichung als Zustellungssurrogat, Fristenlauf, Mitteilung, Unzustellbarkeit, Zustellung*

Erreichbarkeitspflicht s. *Empfangspflicht*

Ersatzvornahme § 6a N. 11 ff., Vorbem. §§ 29–31 N. 8, § 30 N. **25 ff.**, 75, 78, 79, 80, 84, § 31 N. 1, 6; s. *auch antizipierte Ersatzvornahme*

Erschliessungsplan § 19 N. 34

Erschliessungsvertrag § 1 N. 22, § 81 N. 8, 10

erstinstanzliches Verwaltungsverfahren s. *nichtstreitiges Verwaltungsverfahren*

Erstreckung von Fristen s. *Fristerstreckung*

Erteilung der aufschiebenden Wirkung § 10d N. 10, § 25 N. **25 ff.**, 33 ff., § 27b N. 21, § 30 N. 8, § 55 N. 11 ff., 17, § 66 N. 12, 15, § 86c N. 6

Erwägungen § 4a N. 30, § 10 N. 10, 23, 29, 128, § 16 N. 130, § 19 N. 5, 52, § 20 N. 100, § 21 N. 29, § 27 N. 8 f., § 27b N. 26, § 28 N. 2, **4 f., 7**, 42, 48, 50 f., § 64 N. 14 f., 17, § 65 N. 1, 9, 10, **14 ff.**, 21, 26, 30, 32 f., Vorbem. §§ 86a–86d N. 24, § 86a N. 7; s. *auch Begründungspflicht der Behörden*

Erziehungsrat Einl. N. 3, 5

Europäische Menschenrechtskonvention s. *EMRK-Verletzung, Rechtsmittelgarantie, Rechtsweggarantie gemäss Art. 6 EMRK*

Europäischer Gerichtshof für Menschenrechte s. *aufschiebende Wirkung und Individualbeschwerde an den EGMR, EMRK-Verletzung, Replikrecht*

Europäisches Fristberechnungsübereinkommen § 11 N. 6, 11, 30, 34, 36

Evangelisch-reformierte Landeskirche § 19b N. 71, § 26c N. 4, § 89 N. 18 ff., 29

Eventualantrag § 23 N. 10, 13, 15, § 26b N. 18, Vorbem. §§ 86a–86d N. 22

Eventualbegründung Vorbem. §§ 19–28a N. 58, § 19a N. 14, 55, § 28 N. 14, 42, § 63 N. 18

Eventualmaxime Vorbem. §§ 19–28a N. **33**, § 26b N. 26, § 52 N. 26, § 84 N. 11

Eventualstandpunkt s. *Eventualbegründung*

Evidenztheorie Vorbem. §§ 86a–86d N. 4

Evokationsrecht s. *Selbsteintrittsrecht*

Existenzminimum s. *betreibungsrechtliches Existenzminimum*

Exkulpation § 12 N. 58

Expropriation s. *formelle Enteignung*

Expropriationsbann § 19b N. 87

Expropriationsvertrag § 19b N. 88 f., 93, § 81 N. 8

F

Fachhochschule s. *Zürcher Fachhochschule*

faktische Lebensgemeinschaft s. *Konkubinat*

Fälligkeit § 13 N. 101 f., § 29a N. 2 ff., 5

Fall von grundsätzlicher Bedeutung § 19b N. 21, § 28 N. 37, § 38 N. 7, § 38a N. 11, § 38b N. 3 f., 6, 18, **20 ff.**, 26, § 65 N. 8, 17

Familienausgleichskasse § 19b N. 39

fehlerhafte Anordnung bzw. Verfügung Vorbem. §§ 4–31 N. 24 f., § 6b N. 7, § 10 N. 13 f., **34 ff., 51 ff., 108 f.**, § 11 N. 10, § 12 N. 4, 35, 66, § 13 N. 81, § 19 N. 46, § 19a N. 33, § 20 N. 17, § 22 N. 17, 20, § 30 N. 81, Vorbem. §§ 86a–86d N. **2 ff.**, 10, 12, § 86b N. 5; s. *auch Anfechtbarkeit, Nichtigkeit*

fehlerhafte Rechtsanwendung § 20 N. 12 ff., 48, § 50 N. 2, 24, 28 ff., § 86a N. 16

Feiertag s. *öffentlicher Ruhetag*

Feststellung
– der Rechtsverweigerung bzw. -verzögerung § 4a N. 25, 30 ff., § 19 N. 52 f., § 27c N. 19
– der Rechtswidrigkeit von Normen s. *Appellentscheid*
– der Stimmrechtsverletzung § 27b N. 25 f.
– der Unvereinbarkeit § 34 N. 24
– der Zuständigkeit § 5 N. 34, § 19a N. 38 f., § 41 N. 31
– des Sachverhalts s. *Sachverhaltsfeststellung*
– einer ungerechtfertigten Kündigung § 27a N. 7 ff., § 55 N. 9, 17, § 63 N. 35, 38, § 86b N. 15
– eines rechtswidrigen Vergabeentscheids § 27a N. 20, § 55 N. 12

Feststellungsanspruch § 10c N. 22, 28, **29**, § 19 N. 23 ff., 52, 56, § 21 N. 27, § 31 N. 7, § 83 N. 10 f.

Feststellungsbegehren
– bei überlanger Verfahrensdauer § 4a N. 30 ff., § 19 N. 52 f., 56

- betreffend personalrechtliche Anordnungen § 63 N. 38
- betreffend Realakte § 10c N. 22, 28, 29, § 19 N. 23, 56
- betreffend Zuständigkeit § 5 N. 34
- im Klageverfahren s. *Feststellungsklage*
- im Staatshaftungsverfahren § 21 N. 28
- und Nichteintreten § 19a N. 18
- und Streitwert § 65a N. 13

Feststellungsklage § 83 N. 9 ff.

Feststellungsverfügung § 10c N. 2, § 19 N. 7, **22 ff.**, 52 f., 56, § 19a N. 23, 25, 27, 30, § 21 N. 27, 42, 45, § 25 N. 18 f., § 31 N. 7

Finanzkontrolle § 19b N. 33, § 34 N. 19

Fiskustheorie Einl. N. 4, § 2 N. 6, Vorbem. §§ 81–86 N. 2

formelle Beschwer § 21 N. 10, **29 ff.**, 41, 54, 145, 148, 157 f., 163, § 21a N. 3, 12; *s. auch Mitwirkungsrecht*

formelle Enteignung § 2 N. 17, § 4 N. 29, § 17 N. 10, § 19a N. 19, 69, § 19b N. **83 ff.**, Vorbem. §§ 32–86 N. 10, § 42 N. 14, Vorbem. §§ 81–86 N. 15; *s. auch Schätzungskommission*

formelle Rechtskraft *s. Rechtskraft*

formelle Rechtsverweigerung *s. Rechtsverweigerung bzw. -verzögerung*

formeller Entscheid *s. Prozessentscheid*

Formgültigkeit (von Eingaben) § 5 N. **63 ff.**, § 10b N. 6, § 23 N. 8 f., § 56 N. 15, 22, § 83 N. 13 f., § 86c N. 1 f.; *s. auch mangelhafte Eingabe*

Fortsetzungsbegehren § 30 N. 22 f.

Fotokopie § 7 N. 145, § 8 N. 19, 21, § 10 N. 12, § 11 N. 61, § 22 N. 6, § 23 N. 28

Fragepflicht *s. richterliche Fragepflicht*

freie Beweiswürdigung § 7 N. 134 f., **136 ff.**, 173, Vorbem. §§ 19–28a N. 34, § 60 N. 12, § 85 N. 11

Freiheitsentzug § 4a N. 27, 32, § 10a N. 16, § 16 N. 48, 85, § 19 N. 55, § 19b N. **76 f.**, § 21 N. 28, 142, 149, § 30 N. 51, § 38b N. 26, § 43 N. **5**; *s. auch fürsorgerische Unterbringung, Straf- und Massnahmenvollzug*

Friedensrichter § 44 N. 24, § 89 N. 30, § 90 N. 5

Frist
- im Allgemeinen § 11 N. 1 ff.
- behördliche § 11 N. **4**, 19, 73, § 12 N. 6 ff., 16 ff., 48
- gesetzliche § 11 N. **4**, 19, 73, § 12 N. 6 ff., 48, § 22 N. 13, 29, § 86b N. 20 f.
- Verkürzung bei besonderer Dringlichkeit § 22 N. 25 ff., § 25 N. 38, § 26b N. 22
- zur Anfechtung von Vor- und Zwischenentscheiden § 19a N. 63
- zur Anfechtung vorsorglicher Massnahmen § 6 N. 38
- zur Angabe einer Zustellungsmöglichkeit § 6a N. 12, § 6b N. 14
- zur Einreichung eines Begründungsgesuchs § 10a N. 18
- zur Einreichung eines Fristwiederherstellungsgesuchs § 12 N. 83 ff.
- zur Einreichung eines Revisionsgesuchs § 12 N. 6 ff., § 86b N. 19 ff., § 86c N. 3
- zur Erfüllung der Mitwirkungspflicht § 7 N. 107, 110, § 23 N. 27
- zur Erfüllung verwaltungsrechtlicher Pflichten § 30 N. 74, § 31 N. 3
- zur Erfüllung von Zahlungspflichten *s. Zahlungsfrist*
- zur Erhebung von Einwänden gegenüber Realakten § 10c N. 11, § 22 N. 21
- zur Klageerhebung § 83 N. 7
- zur Verbesserung mangelhafter Eingaben § 5 N. 71, 74, § 11 N. 63, § 22 N. 8 f., § 23 N. 7 f., 15, 27, **29 ff.**, § 26a N. 11, § 28a N. 9, § 56 N. 12 ff., **15 ff.**, 24, 27, § 83 N. 20 f., § 86c N. 4
- zur Vernehmlassung bzw. Stellungnahme § 26b N. 21 ff., 43 ff., § 58 N. 22, 36 ff.

s. auch Behandlungsfrist, Beschwerdefrist, Einsprachefrist, Rekursfrist

Fristenlauf
- im Allgemeinen § 11 N. 8 ff., § 12 N. 34, 35
- und Rekurs § 11 N. 18, 34, § 22 N. **14 ff.**, § 25 N. 1, 13 f., 40, § 30 N. 81
- und Beschwerde § 11 N. 13, 17 ff., 34, § 30 N. 81, § 53 N. **5** f., § 55 N. 14
- und Anrufung der Ombudsperson § 90 N. 13
- und Behandlungsfrist § 27c N. 12 ff.
- und Erläuterungsgesuch Vorbem. §§ 86a–86d N. 26

- und Verfahrenssistierung Vorbem. §§ 4–31 N. 36
- und Wiedererwägungsgesuch Vorbem. §§ 86a–86d N. 22
- und Zustellung § 10 N. 79 ff., 90 ff., 93 ff., 103, 105 f., 108 f., 116 f., 126, 132, § 10a N. 18 f., 36, § 10d N. 5 f., § 11 N. **9 f.**, § 12 N. 4, 35, 66, 76, § 22 N. **16 f.**, § 53 N. **5**, § 65 N. 22, § 86b N. 5

Fristenstillstand s. *Gerichtsferien*

Fristerstreckung § 11 N. 16, 52, § 12 N. 1 ff., **6 ff.**, 35, 52, 83, 93, § 15 N. 43, § 16 N. 117, § 22 N. 13, § 23 N. 32, 35, § 26b N. 23 ff., 45, § 56 N. 17, 20, 23, § 86b N. 20

Fristwahrung § 5 N. 40 ff., § 11 N. **37 ff.**, 70 ff., § 12 N. 25 ff., 35, 37, 41 ff., § 16 N. 116 f., § 22 N. 3 f., 13, 23, § 53 N. 7, § 85 N. 4

Fristwiederherstellung
- im Allgemeinen § 12 N. 1 ff., 28, **35 ff.**, § 22 N. 13, § 86b N. 5
- bei fehlerhafter Rechtsmittelbelehrung § 10 N. 53, § 12 N. 66
- bei Missachtung der Weiterleitungspflicht § 5 N. 47, 62
- und Revision s. *Revision und Fristwiederherstellung*

Führerausweisentzug § 4a N. 33, § 15 N. 14, § 16 N. 8, § 19a N. 18, 49, § 25 N. 45, § 27c N. 20, § 30 N. 48, 62, § 31 N. 2, § 38b N. 15, § 50 N. 68, § 59 N. 19, § 66 N. 14

funktionelle Zuständigkeit § 5 N. **21 ff.**, 38, § 19 N. 1, § 19b N. 1, 53, § 20a N. 9, § 28 N. 41, § 86b N. 8 ff.

Funktionstheorie § 1 N. 14, 20, § 81 N. 10

Fürsorgebehörde § 19b N. 21

Fürsorgepflicht Vorbem. §§ 19–28a N. 38, Vorbem. §§ 21 f. N. 10

fürsorgerischer Freiheitsentzug s. *fürsorgerische Unterbringung*

fürsorgerische Unterbringung Einl. N. 11, § 4 N. 29, § 19b N. 74

G

Gebäudeversicherungsanstalt § 19b N. 37, 48, § 89 N. 17

Gebühr § 8 N. 19 ff., § 13 N. 8 ff., § 29a N. 1, 6, § 65a N. 1; *s. auch Gerichtsgebühr, Verfahrenskosten*

Gebundenheit an Begehren § 63 N. 21 ff., § 84 N. 9, § 85 N. 12; *s. auch reformatio in peius vel melius, Ungebundenheit an Begehren*

Gefahrenvorsorge s. *Risikovorsorge*

Gegenstandslosigkeit § 4a N. 29, § 6 N. 16, § 13 N. 74 ff., § 16 N. 64, 67 f., 102, 121, § 17 N. 31, Vorbem. §§ 19–28a N. 55 f., § 19 N. 52, § 19a N. 34, Vorbem. §§ 21 f. N. 2, 19, § 21 N. 26 ff., 92, § 26b N. 10, § 28 N. 5, 8, 13, 17, 24, **25 f.**, § 28a N. **11**, 13 ff., 18, § 38a N. 11, § 38b N. 3, 7 f., 24, § 52 N. 24, § 63 N. 2, 4, **6**, 7, 11 f., § 65 N. 18, 20, § 85 N. 2, 15 f.

Geheimhaltung § 7 N. 117, 123, 126 ff., § 8 N. 12, 25 f., § 9 N. 2 ff., 7 ff., 12, 14, 16 f., § 19a N. 48, § 28 N. 50, § 33 N. 13, 15, § 38 N. 10, § 57 N. 9, § 62 N. 4 ff., 8 ff., § 65 N. 1, 30 ff., § 87 N. 2, § 87a N. 9, § 89 N. 8, 10, § 92 N. 8 ff., § 94a N. 1 ff.; *s. auch Berufsgeheimnis, Datenschutz, Öffentlichkeitsprinzip*

Gemeindeammann § 4 N. 9, § 10 N. 102, § 89 N. 30; *s. auch Betreibungsamt*

Gemeindeautonomie § 19 N. 80, § 20 N. **57 ff.**, 81, 86, 95, 103, § 20a N. 12, § 21 N. **104,** 107, 113, 115, **118 ff.**, 123, 127, § 21a N. 18 ff., § 28 N. 38, § 41 N. 22, § 50 N. **37 ff.**, 68, § 52 N. 39, 43, § 58 N. 18, § 64 N. 4, 13, § 85 N. 7, § 89 N. 31

Gemeindebeschwerde § 4 N. 29, § 5 N. 13, § 19 N. 2, 71, § 19b N. 60, 82, § 20 N. 75, 93, 96, **104 ff.**, § 21 N. 69, 92, 101, § 41 N. 21 f., § 53 N. 7

Gemeindebehörden
- und Anordnungskompetenz § 19b N. 21 ff.
- und Aufsicht Vorbem. §§ 19–28a N. 72 f., § 19b N. 6, 55
- und Ausstandspflicht § 5a N. 14
- und Beratung durch Bezirks- bzw. Kantonsbehörden § 26 N. 13
- und Fristwahrung bei Unzuständigkeit § 11 N. 57

– und gemeinderechtliche Einsprache § 10a N. 24, § 19b N. 8, § 41 N. 21
– und Kostenauferlegung § 13 N. 15, 17, § 29a N. 1
– und Ombudsperson § 88 N. 7, § 89 N. **26 ff.**, § 91 N. 12, § 93 N. 15, § 94 N. **2 ff.**, 11 f.
– und Rechtsmittelerhebung derselben § 21 N. 92, **99 ff.**, 147 f., 149, § 21a N. 18 ff., § 44 N. 23 ff., § 50 N. 68, § 53 N. 7, § 59 N. 17, § 81 N. 5; *s. auch Behördenbeschwerde, Gemeindeautonomie*
– und Rekurs gegen deren Akte *s. Rekurs gegen kommunale Akte*
– und Revision § 86a N. 4
– und Unvereinbarkeit § 34 N. 19
– und Vernehmlassung § 26b N. 3 f., 9, 12, 25, § 58 N. 18
– als Übertretungsstrafbehörden § 30 N. 53

s. auch Gemeindeammann

Gemeindefusion § 44 N. 24

Gemeindereferendum § 21a N. 22

gemeinsamer Vertreter § 6a N. 10, 15

gemischte Norm *s. Doppelnorm*

Genehmigungsakt § 19 N. **29**, 36 f., 39, 79 f., § 19b N. 81, 85, 95, § 40 N. 6 f., § 41 N. 22, § 50 N. 68

Generalklausel Einl. N. 7, 13, 18, 34, Vorbem. §§ 32–86 N. 14, Vorbem. §§ 41–71 N. 2, § 41 N. **1 ff.**, Vorbem. §§ 81–86 N. 8 f., 12, § 81 N. 1; *s. auch Ausnahmekatalog*

Generalsekretär § 36 N. 7, 10, § 38 N. 14, § 38b N. 6, § 39 N. 2, 4, 6, 10 ff.

gerichtlicher Vergleich § 28 N. 29, § 63 N. 11, 13 ff.

Gerichtsferien § 11 N. 12 f., 15, **17 ff.**, § 22 N. 23, § 53 N. 6, § 58 N. 38, § 86b N. 20

gerichtsfreier Hoheitsakt Einl. N. 4, 11; *s. auch politischer Entscheid*

Gerichtsgebühr § 13 N. 9, § 29a N. 1, § 65a N. 1 ff., § 73 N. 7

Gerichtsmitglied *s. Mitglied des Verwaltungsgerichts*

gerichtsnotorische Tatsachen § 7 N. 20

Gerichtsorganisationsgesetz § 3 N. 3, Vorbem. §§ 4–31 N. **7 f.**, § 10 N. 102, § 11 N. 34, Vorbem. §§ 19–28a N. 70 f., § 19b N. 35, 46, 74 f., 76 f., § 30 N. 18, 52 f., Vorbem. §§ 32–86 N. 5, Vorbem. §§ 32–40a N. 10 f., 13, 18, § 32 N. 17, § 34a N. **1 ff.**, § 38 N. 13, 15, § 38a N. 13, § 38b N. 6, § 39 N. 14, § 40 N. 3, 10 ff., § 40a N. 1, § 44 N. 14, § 62 N. 3, 10, § 71 N. **1 ff.**, Vorbem. §§ 81–86 N. 18, § 83 N. 2, § 86 N. 5

Gerichtspräsident *s. Verwaltungsgerichtspräsident*

Gerichtsschreiber § 5a N. 10, 25, 52, § 36 N. 8, 9 f., § 38 N. **5**, 7, 10, 13 ff., § 38a N. 4, 8, § 38b N. 6, 26, § 39 N. 11 f., § 56 N. 5, 10, § 62 N. 10, § 65 N. 12

Gerichtsstand *s. örtliche Zuständigkeit*

Gerichtsstandsvereinbarung § 5 N. 7, Vorbem. §§ 81–86 N. 13, § 81 N. 18

Gesamtarbeitsvertrag § 19 N. 82, § 36 N. 11

Gesamthandverhältnis Vorbem. §§ 21 f. N. 4

Geschäftserledigung am Verwaltungsgericht
– durch Einzelrichterentscheid *s. Zuständigkeit des Einzelrichters am Verwaltungsgericht*
– in Dreierbesetzung § 36 N. 8, § 38 N. **1 ff.**, § 38b N. 3 f., 6, 11, 13, 18, **20 ff.**, 26, § 56 N. 8 f., 26 f., § 60 N. 24, § 63 N. 2, § 65 N. 18, 21
– in Fünferbesetzung § 36 N. 7 f., § 38a N. **1 ff.**, § 56 N. 8 f., 26 f., § 60 N. 24, § 63 N. 2, § 65 N. 18, 21
– Instruktion § 38 N. 9; *s. auch Instruktion des Beschwerdeverfahrens*

Geschäftsleitung des Kantonsrats § 19 N. 86, § 19b N. 32 ff., § 42 N. 13, § 87 N. 17, § 88a N. 3 f., § 90 N. 3, § 91 N. 4, 13

Geschlechtergleichstellung § 10 N. 74 ff., § 13 N. 20, § 21 N. 45, 162, § 27a N. 13, 20, § 33 N. 10, § 38 N. 21, § 65 N. 24, § 65a N. 26, 35, § 83 N. 10

Gesetz *s. Bundesgesetz, Bundesverordnung, kantonales Gesetz, kantonale Verordnung, kommunaler Erlass*

Gesetzesdelegation § 40 N. 2 ff.

Gesetz über die Gerichts- und Behördenorganisation im Zivil- und Strafprozess *s. Gerichtsorganisationsgesetz*

Gesetzmässigkeitsprinzip *s. Legalitätsprinzip*

Gestaltungsklage § 83 N. 12

Gestaltungsplan § 10 N. 72, § 19 N. 34, § 20a N. 11, § 21 N. 164, 168

Gesundheitsrecht s. *öffentliches Spital*

Gewaltenteilungsprinzip § 5 N. 6, § 19 N. 65, § 20 N. 96, 100, 109 ff., Vorbem. §§ 32–40a N. 7, § 34 N. 6, § 35 N. 4, 9, § 42 N. 7, 10, 11; *s. auch richterliche Unabhängigkeit*

Gewaltschutzrecht § 4a N. 11, § 11 N. 27, § 17 N. 95, § 19b N. 30, 76, § 38b N. 19, § 43 N. 5, § 60 N. 21; *s. auch Hooligan-Konkordat, Polizeirecht*

Gewässerbau s. *Wasserbau*

Gewerbegenosse s. *Konkurrent*

Gewohnheitsrecht § 20 N. 9

Gleichbehandlung der Parteien s. *Verfahrensfairness*

Gleichbehandlung direkter Konkurrenten § 21 N. 72

Gleichstellungsrecht s. *Behindertengleichstellung, Geschlechtergleichstellung*

Grenzveränderung § 44 N. 24

Grundsatz
– der Äquivalenz s. *Äquivalenzprinzip*
– der Einheit des Verfahrens s. *Einheit des Verfahrens*
– der Einmaligkeit des Rechtsschutzes s. *Einmaligkeit des Rechtsschutzes*
– der freien Beweiswürdigung s. *freie Beweiswürdigung*
– der Gesetzmässigkeit s. *Legalitätsprinzip*
– der Gewaltenteilung s. *Gewaltenteilungsprinzip*
– der Justizöffentlichkeit s. *Publikumsöffentlichkeit*
– der Kostendeckung s. *Kostendeckungsprinzip*
– der Mittelbarkeit s. *Mittelbarkeitsprinzip*
– der Prozesseinheit s. *Prozesseinheit*
– der Rechtsanwendung von Amtes wegen s. *Rechtsanwendung von Amtes wegen*
– der Sachverhaltsfeststellung von Amtes wegen s. *Untersuchungsmaxime und Sachverhaltsfeststellung*
– der Schriftlichkeit s. *Schriftlichkeit*
– der Ungebundenheit an Begehren s. *Ungebundenheit an Begehren*
– der Unmittelbarkeit s. *Unmittelbarkeitsprinzip*
– der Verhältnismässigkeit s. *Verhältnismässigkeitsprinzip*
– von Treu und Glauben s. *Treu und Glauben*

s. auch Anspruch, Beschleunigungsgebot, Billigkeit, ne bis in idem, Öffentlichkeitsprinzip, Rügeprinzip, Territorialitätsprinzip, Unterliegerprinzip, Verursacherprinzip, Vorsorgeprinzip

Gutachten § 7 N. **66 ff., 146 ff.,** § 13 N. 59, § 17 N. 77, § 50 N. 64, § 55 N. 16, § 60 N. 14, 23, § 86a N. 15

Güterabwägung s. *Interessenabwägung*

H

Haftanordnung s. *Freiheitsentzug*

Haftung s. *Beamtenhaftung, Entschädigung, Staatshaftung*

Hammerschlagrecht § 1 N. 43

Hauptfrage § 1 N. 56

Hauptsachenprognose Vorbem. §§ 4–31 N. 43, § 6 N. **17,** § 13 N. 75, § 17 N. 31, § 25 N. 27 f., 33, § 63 N. 7 f.; *s. auch offensichtliche Aussichtslosigkeit, offensichtliche Unbegründetheit*

Hochschule s. *Bildungsrecht, Universität Zürich, Zürcher Fachhochschule*

Honorarstreitigkeiten § 1 N. 26, § 16 N. 111 f., § 17 N. 82, § 21 N. 85

Hooligan-Konkordat § 1 N. 54, § 19b N. 30, 76, § 38b N. 19, § 43 N. 5; *s. auch Gewaltschutzrecht, Polizeirecht*

Hungerstreik § 4a N. 22

I

ideelle Immissionen § 21 N. 64

ideelle Verbandsbeschwerde § 13 N. 38, § 17 N. 64, 84, § 19 N. 28, 38 f., § 21 N. 134 ff., **151 ff.,** § 23 N. 17, § 59 N. 17

Immissionen § 21 N. 63 ff.; *s. auch ideelle Immissionen, Lärm, Mobilfunkanlage*

Immunität Vorbem. §§ 32–40a N. 27

Informationszugangsrecht s. *Öffentlichkeitsprinzip*

informelles Verwaltungshandeln s. *Realakt*

Inkasso § 13 N. **104,** § 14 N. 20, § 15 N. 29, § 29 N. 9, § 29a N. **1 ff.,** § 30 N. 84, § 90 N. 9

Inkrafttretensbeschluss § 50 N. 75

Instanzenzug
- im Allgemeinen Einl. N. 27, § 19b N. 1, **2 ff.,** 9 ff., § 20 N. 93, § 20a N. 9, § 38b N. 19, 24 f., Vorbem. §§ 41–71 N. **16 f.,** § 41 N. 10, 13, 16, 21, 24, 28, § 42 N. 5, 6, § 43 N. 3, 5, § 44 N. 3 f., § 50 N. 73, § 52 N. 3, 18, Art. XV Abs. 3 N. 4; *s. auch Regelinstanzenzug*
- Sonderfälle § 19b N. 8, 30, 31 f., 36, 52 f., 54 ff., 59 ff., § 26d N. 3, Vorbem. §§ 41–71 N. 17, § 41 N. 10, 16, 22, 28, § 42 N. 1 f., 18, § 43 N. 4, 9, § 44 N. 1, § 72 N. 7; *s. auch Ausnahmekatalog*
- und Antrag auf mündliche Verhandlung § 59 N. 15
- und nicht wiedergutzumachender Nachteil § 19a N. 9, 46
- und Noven § 50 N. 63, § 52 N. 1 ff., 8 ff., 14, 16 ff., § 60 N. 5, § 64 N. 9 f.
- und Unzuständigkeit § 19 N. 89

Instruktion
- des Beschwerdeverfahrens § 38 N. 9, § 56 N. 1, 4 ff., § 58 N. 2, § 59 N. 6, § 65 N. 20
- des Rekursverfahrens Vorbem. §§ 19–28a N. 37, § 26 N. 1 ff., § 26b N. 1

Instruktionsprinzip s. *Mittelbarkeitsprinzip*

Interesse s. *schutzwürdiges Interesse, subjektives Recht*

Interessenabwägung
- und Akteneinsichtsrecht § 8 N. 12, 25 f., § 9 N. 2 ff., 7 ff., 12, § 57 N. 8
- und Appellentscheid § 50 N. 49 ff.
- und Änderung der Rechtslage während des Rechtsmittelverfahrens § 20a N. 24 ff.
- und Beschleunigungsgebot § 4a N. 7, § 7 N. 32, § 64 N. 3
- und Entscheid- bzw. Verhandlungsöffentlichkeit § 28 N. 50, § 62 N. 4 ff., § 65 N. 31
- und Entzug bzw. Wiederherstellung der aufschiebenden Wirkung § 25 N. 27 ff., 35, § 55 N. 13, 16 f.
- und Fristverkürzung § 22 N. 27
- und kommunale Bauentscheide § 20 N. 70, 73, § 50 N. 38 f.
- und Nichtigkeitsfeststellung Vorbem. §§ 86a–86d N. 4
- und Sachverhaltsfeststellung § 7 N. 32, 102 f., 127 f., 155 f., § 60 N. 21
- und Schweigepflicht der Ombudsperson § 94a N. 7
- und Verfügungswiderruf Vorbem. §§ 86a–86d N. 8, 10 f.
- und Verpflichtung zur Angabe einer Zustellungsmöglichkeit § 6a N. 7
- und vorsorgliche Massnahmen § 6 N. 16 f.
- und Wiederholung von Urnengängen § 27b N. 20, 23, 25
- und Zustellung § 10 N. 67

s. auch Verhältnismässigkeitsprinzip

Interessenbindung s. *Offenlegung von Interessenbindungen*

Interessenkonflikt s. *Offenlegung von Interessenbindungen*

Interessentheorie § 1 N. 14

interkantonale Vereinbarung s. *Konkordat*

internationale Rechtshilfe in Strafsachen § 19a N. 42

interne Akten § 7 N. 40, 62, § 8 N. 14 f.

inzidente Normenkontrolle s. *konkrete Normenkontrolle*

irreparabler Nachteil s. *nicht wiedergutzumachender Nachteil*

iura novit curia s. *Rechtsanwendung von Amtes wegen*

J

Jugendanwaltschaft s. *Strafverfolgungsbehörden*

juristische Person
- und Ausstandspflicht § 5a N. 11, § 7 N. 72
- und Partei- bzw. Prozessfähigkeit Vorbem. §§ 21 f. N. 3, 7
- und Rechtsmittellegitimation in Stimmrechtssachen § 21a N. 15 ff.
- und unentgeltliche Rechtspflege bzw. -verbeiständung § 16 N. 11, 124 ff.
- und Unterschrift § 22 N. 6

s. auch egoistische Verbandsbeschwerde

justizfreier Hoheitsakt s. *gerichtsfreier Hoheitsakt*

Justiziabilität § 4a N. 8, Vorbem. §§ 19–28a N. 42, § 20 N. 7, § 27c N. 19, § 33 N. 10, § 41 N. 9, § 42 N. 8, § 44 N. 16

Justizöffentlichkeit s. *Publikumsöffentlichkeit*

Justizpanne § 13 N. 64

Justizreform Einl. N. 25; s. auch *Rechtsweggarantie gemäss Art. 29a BV*

Justizverwaltung Vorbem. §§ 19–28a N. 74, § 19b N. 9, 43 ff., Vorbem. §§ 32–40a N. **10 ff.**, § 35 N. 7, 11, § 39 N. **2 ff.**, 17, § 40 N. 10 ff., § 40a N. 1 ff., § 42 N. 17, § 90 N. 6 ff.

Justizverwaltungsakt § 16 N. 112, Vorbem. §§ 19–28a N. 70, § 19b N. 44 f., Vorbem. §§ 32–40a N. 13, 19, § 39 N. 8, § 42 N. 3, **17 f.**, § 43 N. 7, **8 f.**, § 90 N. 7 f.

K

Kammer § 38 N. 4; s. auch *Geschäftserledigung am Verwaltungsgericht in Dreierbesetzung, Geschäftserledigung am Verwaltungsgericht in Fünferbesetzung, Spruchkörper*

Kammervorsitzender s. *Zuständigkeit des Kammervorsitzenden bzw. Referenten am Verwaltungsgericht*

Kantonalbank § 2 N. 12, § 19b N. 39, § 81 N. 22, § 89 N. 16 f.

kantonales Gesetz (und konkrete Normenkontrolle) § 20 N. 28 f.

kantonale Verordnung § 19 N. 61, 68 f., 72, 79, 82, § 19b N. 61, 64, § 20 N. 92, 95, 102 f., § 22 N. 18, § 23 N. 20, § 26 N. 14, § 41 N. 11, **19 f.**, 22, § 42 N. 15, § 50 N. 66, 73, § 53 N. 5; s. auch *Verwaltungsgerichtsverordnung*

Kantonsrat
– im Allgemeinen Vorbem. §§ 32–40a N. 7, § 32 N. 5 f., 14, 16, § 33 N. 5 f., § 34 N. 8, 18, 19, § 35 N. 9, § 36 N. 13, § 37 N. 5, § 40 N. 6, § 41 N. 13, § 42 N. 9, 11, § 44 N. 14, 24, § 87 N. 2, 5, 8, § 88 N. 1, § 90 N. 2 f., § 91 N. 18, § 94a N. 7; s. auch *Gewaltenteilungsprinzip*
– als Rekursinstanz § 19b N. **31**, 34, § 26d N. 3, § 42 N. 10

– als Beschwerdeinstanz in eidgenössischen Stimmrechtssachen § 19b N. 66 f.
– Anfechtung von Akten § 10d N. 1, § 19 N. 36, 61, **86**, § 19b N. 31, 61, 62 ff., 84, § 20 N. 37, 110, § 26d N. 3, Vorbem. §§ 41–71 N. 8, § 41 N. 9, 11, 16, 17, 18 f., § 42 N. 1 f., **7 ff.**, § 44 N. 4, 13, 14 ff., 23, § 50 N. 73 ff., § 53 N. 5, § 86a N. 4
– Rekursausschluss § 19 N. 61, **86**, § 19b N. 62, § 20 N. 37, 110
– Beschwerdeausschluss § 10d N. 1, § 19b N. 63 ff., § 20 N. 37, 110, § 26d N. 3, Vorbem. §§ 41–71 N. 8, § 41 N. 9, 11, 17, 18, § 42 N. 1 f., **7 ff.**, § 44 N. 13, 14 ff., 23, § 50 N. 74 f.
– und Aufsicht Vorbem. §§ 19–28a N. 74 f., § 19 N. 79, § 19b N. 12, Vorbem. §§ 32–40a N. 5, 7, **21 ff.**, 26, § 34 N. 23, § 35 N. 1, 7, 9, 12 ff., § 42 N. 11, § 87 N. 16, § 87a N. 5, 8 ff., § 93 N. 19
– und Ausstand § 5a N. 14, 51
– und Revision § 86a N. 4
– und Zuständigkeitskonflikte § 5 N. 29;

s. auch *Geschäftsleitung des Kantonsrats, Parlamentsverwaltung, Verwaltungskommission der Geschäftsleitung des Kantonsrats*

Kantonsratsreferendum § 21a N. 23

Kantonsverfassung s. *abstrakte Normenkontrolle und Vorgaben der KV, konkrete Normenkontrolle und kantonales Verfassungsrecht, Regelinstanzenzug*

Kantonsverwaltung § 13 N. 15 f., § 19b N. **13 ff.**, 25 f., 55, § 26 N. 13, § 27c N. 23, § 89 N. 12

Kanzleifehler § 38 N. 15, Vorbem. §§ 86a–86d N. 27

kassatorischer Entscheid Vorbem. §§ 19–28a N. 14, § 20 N. 23, 97 ff., § 28 N. **35 f.**, § 50 N. 46, 48, § 86b N. 10, 14; s. auch *Appellentscheid, reformatorischer Entscheid*

Kausalabgabe s. *Abgaberecht*

Kausalität s. *adäquater Kausalzusammenhang*

Kaution s. *Kostenvorschuss*

Kirchenrat § 19b N. 71, § 90 N. 4

Kirchensynode § 19b N. 71, § 90 N. 4

Kirchgemeinde § 19b N. 27, 68 ff., § 81 N. 5, § 89 N. 18, 20 f., 29, § 94a N. 7

Sachregister

kirchliche Rekurskommission § 19b N. 50, 70 ff., § 26c N. 4, § 44 N. 31 f.

Klage
– ans Bundesgericht § 35 N. 6
– ans Verwaltungsgericht s. *verwaltungsrechtliche Klage*

Klageverfahren Vorbem. §§ 4–31 N. 9, 12, § 7 N. 34, § 11 N. 13, 17 ff., 34, § 13 N. 2, 13, § 17 N. 55, § 21 N. 7 f., § 26b N. 21, Vorbem. §§ 32–86 N. 5, § 38 N. 16 f., § 65a N. 1, § 70 N. 2, § 71 N. 3, Vorbem. §§ 81–86 N. 1, **16 ff., 20 ff.,** § 83 N. 1 ff., § 84 N. 1 ff., § 85 N. 1 ff., § 86 N. 1 ff.; s. auch *Sachverhaltsfeststellung im Klageverfahren, Schriftenwechsel im Klageverfahren, verwaltungsgerichtliches Verfahren*

Kleiner Rat Einl. N. 3

Kognition
– im Einspracheverfahren s. *Einsprachegründe*
– im Rekursverfahren § 20 N. 4 f., 6 f., 10, 15, 21, 25 ff., 30, 32 f., 36 f., 44, 49 ff., **54 ff.,** 95, § 20a N. 3, § 27 N. 1, Vorbem. §§ 32–86 N. 6, Vorbem. §§ 41–71 N. 4, § 50 N. 35 ff., § 52 N. 39, 43, 45; s. auch *Rekursgründe*
– im Beschwerdeverfahren § 20 N. 4 f., 7, 25, 30, 32 f., 36 f., 56, 89 f., Vorbem. §§ 32–86 N. 6, Vorbem. §§ 41–71 N. 4, § 44 N. 6, § 50 N. 1, 6 ff., 9 ff., 19 f., 21 ff., 25, **28 ff., 35 ff.,** 44, 60, 62, 64 f., 66 ff., § 52 N. 43, 45, § 55 N. 16, § 63 N. 18, § 64 N. 11, 13; s. auch *Beschwerdegründe*
– in Rekursverfahren gegen Schätzungsentscheide Vorbem. §§ 32–86 N. 10
– im Klageverfahren s. *verwaltungsrechtliche Klage* und *Kognition*
– im Aufsichtsbeschwerdeverfahren Vorbem. §§ 19–28a N. 81 f.
– in Verfahren betreffend steuerrechtliche Streitigkeiten Vorbem. §§ 32–86 N. 8
– bei der Überprüfung von Entscheiden betreffend die aufschiebende Wirkung § 55 N. 16
– bei der Überprüfung von Nebenfolgenregelungen § 13 N. 96, § 17 N. 90, § 63 N. 8
– bei der Zuständigkeitsprüfung § 5 N. 5, § 30 N. 19
– der Ombudsperson § 89 N. 1 ff., § 91 N. 9
– im Rahmen der strafgerichtlichen Anwendung von Art. 292 StGB § 1 N. 51, § 30 N. 58

– und Rechtsmittelarten Vorbem. §§ 19–28a N. 12, Vorbem. §§ 41–71 N. 4
– und Revision § 86b N. 10 ff., § 86d N. 3
s. auch *Rechtsmittelgründe*

Kommission für administrative Streitigkeiten Einl. N. 3

Kommission mit Verwaltungsbefugnissen § 19b N. 18, 21, 25 f., § 26 N. 16, 19, 24

kommunale Behörden s. *Gemeindebehörden*

kommunaler Erlass § 4 N. 3, 31, § 19 N. 67 ff., 71, 72, 80, 82, § 19b N. 60, § 20 N. 74 ff., 93, 95 f., 103, 104 ff., § 23 N. 20, § 38a N. 1, 3, Vorbem. §§ 41–71 N. 17, § 41 N. 11, 21 f., § 50 N. 66, 73

kommunaler Zweckverband s. *Zweckverband*

Kompetenzkonflikt s. *Zuständigkeitskonflikt*

Konkordat § 4 N. 28, § 19 N. 81, § 20 N. 94, § 41 N. 10, § 50 N. 7; s. auch *Hooligan-Konkordat, Submissionsrecht*

konkrete Normenkontrolle
– im Allgemeinen § 20 N. 14, **23 ff.,** § 26 N. 14, Vorbem. §§ 41–71 N. 18, § 50 N. **43 ff.;** s. auch *Anwendungsgebot*
– Pflicht § 7 N. 168, § 20 N. 24 ff., Vorbem. §§ 41–71 N. 18, § 50 N. 11, 43 f.
– Kostenfolgen § 65a N. 9
– und abstrakte Normenkontrolle § 50 N. 45
– und iura novit curia § 7 N. 168, § 20 N. 26, § 50 N. 11, 44
– und kantonales Verfassungsrecht § 20 N. 29 f.
– und Ombudsperson § 89 N. 2, § 90 N. 10
– und Raumpläne § 19 N. 37 f., § 20 N. 35 ff.
– und reformatorischer Entscheid § 63 N. 19
s. auch *Appellentscheid*

Konkubinat § 5a N. 34 f., § 34 N. 20

Konkurrent § 21 N. 70 ff., 103

Konkursrecht s. *Schuldbetreibungs- und Konkursrecht*

Konsument § 21 N. 76

Kontrolldichte s. *Kognition*

Konzentrationsmaxime s. *Eventualmaxime*

Konzession § 2 N. 14, § 19 N. 10, **18 ff.,** § 21 N. **44,** § 30 N. 62, § 81 N. 22

Koordinationsgebot Einl. N. 20, § 4 N. 25, § 5 N. 14, 31 f., § 19 N. 29, 39, § 19a N. 49, § 19b N. 81

Kopfblatt s. *Rubrum*

Kopie s. *Fotokopie*

Korruption § 89 N. 7 ff.

Kosten s. *Verfahrenskosten, Parteientschädigung, unentgeltliche Rechtspflege*

Kostenbezug s. *Inkasso*

Kostendeckungsprinzip § 13 N. 13, 26, 28, § 65a N. 7, § 94 N. 12

Kostenentscheid § 13 N. **94 ff.**, 101 ff., Vorbem. §§ 19–28a N. 84, § 19a N. 62, § 29 N. 9, § 30 N. 35, 80, 84, 87, § 44 N. 33 f., § 63 N. 8, § 86a N. 7, § 90 N. 7, 9; *s. auch Inkasso*

Kosten- und Entschädigungsfolgen s. *Nebenfolgen, Parteientschädigung, unentgeltliche Rechtspflege, Verfahrenskosten*

Kostenvorschuss § 6b N. 9, § 7 N. 77, § 11 N. 52, 64 ff., § 12 N. 52, § 13 N. 6, 29, § 15 N. **1 ff.**, § 16 N. 41, 55 f., 61, 64, 65 f., 73, § 17 N. 7, Vorbem. §§ 19–28a N. 52, § 19a N. 48, § 29a N. 3, § 30 N. 36, 85, § 55 N. 11, § 73 N. 8, § 83 N. 3

Kündigungsschutz s. *Entschädigung aus Personalrecht, Feststellung einer ungerechtfertigten Kündigung, Weiterbeschäftigung*

L

Lagerauftrag § 10 N. 99

Lärm § 7 N. 80, 82, § 21 N. 63, 132

Legalitätsprinzip § 6 N. 25, § 13 N. 12 ff., Vorbem. §§ 19–28a N. 20, § 19 N. 65, § 20 N. 26, 96, 109 f., Vorbem. §§ 29–31 N. 5, § 29a N. 6, § 30 N. 1 f., 26, 32, 37, 41, 49, 63 f., 67, 82, § 32 N. 15, § 33 N. 22, § 35 N. **11**, § 37 N. 2, § 38 N. 18 ff., § 40 N. 2 ff., § 41 N. 30, § 55 N. 15, § 63 N. 16, § 71 N. 2, § 73 N. 8, Vorbem. §§ 86a–86d N. 8, § 93 N. 14, § 94 N. 3

Legitimation
- Vorgaben des Bundesrechts im Allgemeinen § 19a N. 6, § 21 N. 3 ff., § 21a N. 2, Vorbem. §§ 41–71 N. 2, 13
- in Stimmrechtssachen § 21a N. 1 ff.
- Nachweis § 21 N. 38 ff., 68, 98, § 21a N. 13, § 23 N. 21
- preussische und süddeutsche Lehre Einl. N. 7
- zur Anfechtung von Honorarentscheiden § 16 N. 111, § 21 N. 85
- zur Anfechtung von Kostenentscheiden § 13 N. 95
- zur Anfechtung von Vollstreckungsverfügungen § 30 N. 83
- zur Einreichung von Erläuterungsgesuchen Vorbem. §§ 86a–86d N. 25
- und Mitteilungsberechtigung § 10 N. 64 f., 68 f., § 22 N. 20, § 28 N. 49; *s. auch Behördenbeschwerde, Verfahrensbeteiligte*
- und Parteistellung Vorbem. §§ 21 f. N. 15, § 26b N. 13 f., § 58 N. 12 f., 15, § 63 N. 23
- und Rechtsmittelgründe bzw. Kognition § 21 N. 18, 57, 60, 112
- des Kantons § 21 N. 110 ff., 113, 133, 146, 148

s. auch Beschwerdelegitimation, Einsprachelegitimation, Rekurslegitimation, Sachlegitimation

Leistungsklage § 83 N. 8

Leistungsstörung § 81 N. 14

Litispendenz s. *Rechtshängigkeit*

M

Magistratsperson § 32 N. 8, § 87 N. 7

Mahnung Vorbem. §§ 4–31 N. 22, § 13 N. 101 f., § 19 N. 7, 48, § 29a N. 5, 7, § 30 N. 74; *s. auch Zwangsandrohung*

mangelhafte Eingabe
- im Allgemeinen § 5 N. 63 ff., § 11 N. 39, 61 ff.
- im Rekursverfahren § 5 N. 71, 74, § 11 N. 63, § 22 N. 8 f., § 23 N. 7 f., 15, 18, 27, **29 ff.**, § 26a N. 11, § 28a N. 9
- im Beschwerdeverfahren § 5 N. 71, 74, § 11 N. 63, § 56 N. 12 ff., **15 ff.**, 24, 27
- im Klageverfahren § 83 N. 20 f.
- und Revision § 86c N. 4
- und Kostenauflage in Verfahren betreffend personalrechtliche Streitigkeiten § 13 N. 87 f.

Massenverfahren § 6a N. 1 ff., § 10 N. 120 ff., § 10a N. 14, 29

Massenverfügung s. Massenverfahren

Massgeblichkeit von Bundesgesetzen und Völkerrecht s. Anwendungsgebot

materielle Beschwer § 21 N. **10 ff.**, 55 ff., § 21a N. 6; s. auch Betroffenheit, schutzwürdiges Interesse

materielle Enteignung § 2 N. 17, § 4a N. 34, § 17 N. 55, § 19a N. 18 f., 56, § 19b N. 83, 91 f.

materielle Rechtskraft s. Rechtskraft

materielle Rechtsverweigerung § 19 N. 40

materieller Entscheid s. Sachentscheid

materielles Recht s. Verwaltungsrecht

Mediation Vorbem. §§ 87–94a N. 18

Mehrfachbefassung s. Vorbefassung

Mehrparteienverfahren § 5a N. 41, § 13 N. 50, § 17 N. 93 ff., § 19a N. 36, Vorbem. §§ 21 f. N. 9, 18, § 27 N. 12 f., 15, 17, § 58 N. 10 ff., 15, § 63 N. 23

Mehrwertsteuerkosten § 16 N. 88, 108, § 17 N. 75

Meinungsaustausch § 5 N. 30, 32, 34

Meldepflicht § 34a N. 3, 8; s. auch Empfangspflicht

Mietzinsstreitigkeiten § 65a N. 17

Minderheitsvotum § 38 N. 13, § 62 N. 10

Migrationsrecht § 4a N. 27, 35, § 7 N. 102, § 10 N. 124, § 11 N. 27, § 16 N. 83, § 19 N. 55, § 19a N. 19, 29, 42, 49, § 19b N. 76, § 21 N. 80, 83, 127, 142, 144, 146 f., § 27c N. 23, § 38b N. 19, 26, § 43 N. 5, § 52 N. 19, § 59 N. 20; s. auch Ausschaffungshaft, Einbürgerung

Missbrauch des Ermessens s. qualifizierter Ermessensfehler

Mitarbeiterbeurteilung § 19 N. 14

Mitbeteiligte § 16 N. 10, Vorbem. §§ 21 f. N. 18, **22**, § 26b N. 3 f., 12 f., § 27 N. 17, § 28 N. 49, § 58 N. 6 ff., 19, § 61 N. 2; s. auch Verfahrensbeteiligte

Mitglied des Verwaltungsgerichts § 5a N. 28 f., 33, 38, 51, Vorbem. §§ 32–40a N. 6 f., 25, 26 ff., § 32 N. 5, **7 ff.**, § 33 N. **1 ff.**, § 34 N. 1 ff., § 34a N. 1 ff., § 36 N. 4 ff., § 37 N. 1, 5 ff., § 38 N. 9 f., § 38a N. 12 f., § 39 N. 2, 4, 6, 14 ff., § 41 N. 20, § 42 N. 10, § 56 N. 8, § 60 N. 24 ff., § 61 N. 5, § 65 N. 12, § 102 N. 1; s. auch Geschäftserledigung am Verwaltungsgericht, Spruchkörper

Mitteilung § 10 N. **58 ff.**, § 19a N. 33, § 22 N. 16 f., § 28 N. 6, 47 ff., Vorbem. §§ 41–71 N. 15, § 53 N. 5, § 65 N. 1, 10, 15, **22 ff.**, Vorbem. §§ 86a–86d N. 25, § 86b N. 21; s. auch amtliche Veröffentlichung als Zustellungssurrogat, Eröffnung, Fristenlauf, Unzustellbarkeit, Zustellung

Mitteilungspflicht
– bei Eintritt einer Unvereinbarkeit § 34 N. 21
– bei Überschreitung der Behandlungsfrist § 4a N. 26, § 27c N. 17 ff.

Mittelbarkeitsprinzip Vorbem. §§ 19–28a N. 37, § 38 N. 24, § 60 N. 25

Mittellosigkeit § 15 N. 63, § 16 N. **18 ff.**, 44, 76, 131, § 19a N. 48; s. auch Zahlungsunfähigkeit

Mitwirkungspflicht
– bei der Sachverhaltsfeststellung § 7 N. 3, 10, 33, 64, 84, **89 ff.**, 125, 140, **152 f.**, § 17 N. 9, 13, 27, 71, 74, Vorbem. §§ 19–28a N. 27, § 19a N. 48, § 20 N. 41, 43 ff., § 23 N. 19, 27, 36, § 26a N. 7, § 50 N. 62 f., § 60 N. 6 f., 10, § 86b N. 3
– bei der Zuständigkeitsprüfung § 5 N. 5
– beim Nachweis der Mittellosigkeit § 16 N. 38 ff.
– im streitigen Verwaltungsverfahren § 7 N. 3, 33, **105**, 108, 125, § 20 N. 44 ff., § 23 N. 27, § 50 N. 62, § 60 N. 6 f., 10, § 86b N. 3
– der Behörden im Rahmen von Untersuchungen der Ombudsperson § 92 N. 4 ff., 9
– und Ausstandsgrund § 5a N. 44

s. auch Verfahrenskosten bei Verletzung der Mitwirkungspflicht

Mitwirkungsrecht § 7 N. 36, 75, 85 ff., 93, § 8 N. 2, **34**, § 26b N. 5, § 58 N. 2, § 60 N. 22, § 61 N. 3, § 64 N. 12; s. auch Anhörungsrecht, formelle Beschwer, rechtliches Gehör

Mobilfunkanlage § 21 N. 63

monatlicher Grundbetrag § 16 N. 32 ff.

Motivsubstitution § 7 N. 167, Vorbem. §§ 19–28a N. 29, § 20a N. 21, § 26b N. 29, § 27 N. 8 f., § 28 N. 35, § 52 N. 37, 42, § 54 N. 4

mündliche Eröffnung § 10 N. 9, 20, 40, § 28 N. 48, § 65 N. 1, 26 f., § 66 N. 2

Mündlichkeit
- der Anhörung s. *Anhörungsrecht*
- der Eröffnung s. *mündliche Eröffnung*
- der Verhandlung § 7 N. 52, Vorbem. §§ 19–28a N. 20, 36, § 19b N. 92, § 23 N. 23, § 26b N. 1, 17, **32 f.**, 40, § 38b N. 15, § 56 N. 7, § 58 N. 21, § 59 N. **1 ff.**, § 62 N. 1 f., § 65 N. 1, § 84 N. 1, 7
- der Urteilsberatung § 38 N. 10, § 62 N. 9

Musterprozess § 19a N. 57, § 21 N. 97

mutwillige Prozessführung s. *rechtsmissbräuchliche Prozessführung*

N

Nachbar s. *Baubewilligungsverfahren und Rechtsmittellegitimation*

Nachbesserung (mangelhafter Eingaben) s. *Rückweisung*

Nachfrist (zur Verbesserung mangelhafter Eingaben) s. *Frist zur Verbesserung mangelhafter Eingaben*

Nachsendeauftrag § 10 N. 101

nachträgliche Begründung s. *Begründungsgesuch*

nachträgliche Verwaltungsrechtspflege Vorbem. §§ 19–28a N. 3, 16, 18 ff., § 21 N. 7 f., § 28 N. 33, Vorbem. §§ 32–86 N. 3, **5, 6 ff.**, Vorbem. §§ 81–86 N. 8 f., **11, 14 f.**, 20, § 81 N. 12 f., 19 f., § 83 N. 6, § 84 N. 9 ff.; s. auch *Beschwerde, Rekurs*

Nachzählung § 26d N. 1 ff., § 27b N. 7, 22

Nachzahlungspflicht § 16 N. 2, 21, 111, 127 ff., § 21 N. 85

Natur- und Heimatschutzrecht § 19 N. 28, 34, § 20 N. **85 f.**, § 21 N. 57, 61, 144, 147 f., 151 ff., 164 ff., § 25 N. 8, § 55 N. 5; s. auch *ideelle Verbandsbeschwerde*

Nebenantrag § 23 N. 14, 16, § 26b N. 18

Nebenbestimmungen § 19 N. 30, § 21 N. 59, § 25 N. 20

Nebenfolgen § 1 N. 9, § 19 N. 31, § 19a N. 18, 35, 62, 63, § 21 N. 115, § 27c N. 21, § 28 N. 6, § 38b N. 12, § 44 N. 33 f., § 63 N. 5, 7 f., § 64 N. 5, § 65 N. 15, § 85 N. 15 f., § 86a N. 7, § 90 N. 7; s. auch *Parteientschädigung, Verfahrenskosten*

Nebenintervention Vorbem. §§ 21 f. N. 37, § 21 N. 88

ne bis in idem § 30 N. 77

negative Verfügung § 6 N. 11, 20, 39, § 19 N. **28**, 46, § 25 N. 17, 25, § 55 N. 6, Vorbem. §§ 86a–86d N. 18

negative Vorwirkung Vorbem. §§ 4–31 N. 42

nemo tenetur s. *Selbstbelastungsverbot*

Neubeurteilung § 10a N. 24, § 19 N. 48, § 19b N. 8, § 41 N. 21

neue Vorbringen s. *Novenrecht*

New Public Management § 87a N. 2

Nichteintretensentscheid
- im Allgemeinen Vorbem. §§ 19–28a N. **50,** 56, 58, 83, § 19a N. 13 f., § 21 N. 7, § 25 N. 14, 17, 43, § 28 N. 24, § 41 N. 14, § 63 N. 18, § 64 N. 7
- im Rekursverfahren § 22 N. 13, § 28 N. 8, **11 ff.**, 34, 40, § 63 N. 8, 18, § 64 N. 7
- im Beschwerdeverfahren § 63 N. 2 f.
- im Klageverfahren § 83 N. 4, 6, § 85 N. 2, 3 f.
- Nebenfolgen § 13 N. 37, 65 f., § 17 N. 29, § 63 N. 8, § 65a N. 11, § 85 N. 15 f.
- ohne Ausstandsverfahren § 5a N. 47
- ohne Weiterleitung § 5 N. 36, 48 ff., 59, 62
- wegen fehlender Prozessfähigkeit Vorbem. §§ 21 f. N. 7
- wegen Fristsäumnis § 11 N. 74, § 22 N. 13
- wegen mangelhafter Eingabe § 5 N. 75 f., § 22 N. 8 f., § 23 N. 7 ff., 29, 31, 36, § 56 N. 18 f., 22, 24 f., § 83 N. 20, § 86c N. 4
- wegen Nichtangabe einer Zustellungsmöglichkeit § 6b N. 23
- wegen unzulässigen Parteiwechsels Vorbem. §§ 21 f. N. 19
- wegen Unzuständigkeit § 5 N. 4, **34**, 36, 41, 48 f., 52, 59, 83, § 10 N. 56, § 12 N. 89, § 28 N. 12, § 41 N. 31, § 85 N. 4 f.
- wegen Verletzung der Mitwirkungspflicht § 7 N. 114, § 23 N. 27, 36

– wegen Verletzung der Vorschusspflicht § 15 N. 58 ff., 65 f., § 30 N. 36
– und Begründungspflicht im Anfechtungsfall § 23 N. 18
– und Rechtsverweigerung bzw. -verzögerung § 19 N. 45, 52
– und Revision § 86a N. 5, 23, § 86b N. 9, 13, § 86d N. 2
– und Wiedererwägungsgesuch Vorbem. §§ 86a–86d N. 21

s. auch Eintretensvoraussetzungen, offensichtliche Unzulässigkeit

Nichtigkeit § 5 N. **37 ff.**, § 5a N. 54, § 6b N. 7, § 10 N. 12 f., 35, 67, § 11 N. 10, § 12 N. 77, Vorbem. §§ 19–28a N. 59, § 19 N. 4, § 19a N. 42, § 20 N. 17, § 22 N. 28, § 27a N. 7, 14, § 30 N. 19, 81, § 38b N. 5, § 63 N. 12, 26, 33, 39, § 66 N. 8, Vorbem. §§ 86a–86d N. 3, **4**, § 86a N. 22; *s. auch Anfechtbarkeit*

nichtionisierende Strahlung *s. Mobilfunkanlage*

nichtstreitiges Verwaltungsverfahren § 1 N. 1, Vorbem. §§ 4–31 N. 7 f., **10**, 29, 35, 51 f., § 10 N. 2, § 10a N. 5, § 11 N. 2, 18, 34, § 13 N. 2, 13, 31 ff., 42, 78, 86, § 14 N. 1, § 15 N. 3, § 16 N. 6, 51, 82, § 17 N. 1 f., 8 ff., 76, 96, Vorbem. §§ 19–28a N. 18 ff., 52, Vorbem. §§ 21 f. N. 16, § 25 N. 12, § 26 N. 6, § 26c N. 2, Vorbem. §§ 29–31 N. 4, § 71 N. 3, Vorbem. §§ 86a–86d N. 28, § 86a N. 2, § 86b N. 3, § 90 N. 13

nicht wiedergutzumachender Nachteil § 6 N. 36 f., § 16 N. 123, § 19 N. 13, 16, 47, § 19a N. 6, 9, 27, 34, 43, **44 ff.**, 53, 70, § 21 N. 114, § 22 N. 28, § 25 N. 48, § 26b N. 7, 42, § 28 N. 45, § 64 N. 6

Normenkontrolle *s. abstrakte Normenkontrolle, konkrete Normenkontrolle*

Notariate § 4 N. 9

Note *s. Prüfungsnote*

Notgroschen § 16 N. 27

Novenrecht § 7 N. 14, 16, § 13 N. 64, Vorbem. §§ 19–28a N. 24, 31, 49, § 19b N. 92, § 20 N. 41, § 20a N. **1 ff.**, § 22 N. 13, § 23 N. 4, 23, § 26b N. 20, 26, 29 f., 36, 37, 42 f., § 27 N. 21, § 28 N. 43 f., Vorbem. §§ 32–86 N. 6, 8, 10, § 50 N. 63, § 52 N. **1 ff.**, § 58 N. 25 f., 27 ff., 33,

§ 59 N. 9, § 60 N. 9, § 61 N. 3, § 64 N. 9 f., 16 f., 23 f., § 84 N. 10 f., § 86a N. 14 ff., 20, 23, § 86b N. 2 ff.

numerus clausus § 44 N. 18 ff.

Nutzungsplan Einl. N. 20, § 4 N. 25, § 5 N. 13, § 17 N. 95, § 19 N. **32 ff.**, § 19b N. 23, 81 f., § 20 N. **35 f., 74 ff.**, § 20a N. 32, § 21 N. 69, 155, § 50 N. 38 f., 68, Vorbem. §§ 86a–86d N. 17; *s. auch Erschliessungsplan, Gestaltungsplan, Quartierplan, Werkplan*

O

ober(st)es Gericht § 5 N. 25, § 19 N. 68, § 19b N. 7, 12, 70, Vorbem. §§ 32–86 N. 2, 14, Vorbem. §§ 32–40a N. 7, 8 **f.**, 10 ff., 14, 17 f., 21, § 32 N. 17 f., § 34 N. 8, § 35 N. 9, § 36 N. 7, 11 f., § 38a N. 1 ff., § 38b N. 26, § 39 N. 10, § 40 N. 7, 10 ff., § 40a N. 3, Vorbem. §§ 41–71 N. **6 ff.**, 11, 17, § 41 N. 1, **5 ff.**, 11, 12 f., 20, § 42 N. 1 f., 5, 16 ff., § 43 N. 3, 10, § 44 N. 3, 12, § 50 N. 73, § 90 N. 5; *s. auch Plenarausschuss, Rechtsweggarantie gemäss Art. 29a BV, Verwaltungsgericht, Vorinstanz des Bundesgerichts*

Obergericht *s. Erlass des Ober- und des Sozialversicherungsgerichts, oberes Gericht, Strafgericht, Zivilgericht, Zuständigkeit des Obergerichts*

Oberrekurskommission Einl. N. 6, § 72 N. 4, § 99 N. 1

obiter dictum § 28 N. 42, § 64 N. 15, § 65 N. 14

objektive Beweislast *s. Beweislast*

Offenlegung von Interessenbindungen § 5a N. 13, 28, § 34a N. 1 ff.

offensichtliche Aussichtslosigkeit § 13 N. 80, 90, § 15 N. 40, § 16 N. **42 ff.**, 64, 76, 84, § 17 N. 60; *s. auch Hauptsachenprognose, offensichtliche Unbegründetheit*

offensichtliche Begründetheit § 28 N. 5, § 28a N. **5 ff., 10**, 13 ff., § 38 N. 16, § 38a N. 10, § 65 N. 18, 21

offensichtliche Unbegründetheit § 17 N. 58 ff., § 23 N. 33, § 25 N. 27 f., 33, § 26a N. 9, 11, 13, § 26b N. 6, § 28 N. 5, § 28a N. **5 ff., 9**, 13 ff., § 38 N. 16, § 38a N. 10, § 56

N. 2 f., 12 ff., **27,** § 57 N. 4 f., § 58 N. 17, § 65 N. 18, 21, § 86c N. 4

offensichtliche Unzulässigkeit § 23 N. 33, § 25 N. 33, § 26a N. 2, 9 f., 13, § 26b N. 6, § 28 N. 5, 15, § 28a N. **5 ff., 8,** 13 ff., § 38a N. 11, § 38b N. 7, 24, § 56 N. 2 f., 12 ff., **24 f.,** § 57 N. 4 f., § 58 N. 17, § 63 N. 15, § 65 N. 18, 20, § 86c N. 4

offensichtliche Unzuständigkeit § 5 N. **35 f.,** 38, 41, § 26a N. 12, § 28a N. 8, § 38b N. 5

öffentliche Gerichtsverhandlung s. *Publikumsöffentlichkeit der Verhandlung*

öffentlicher Ruhetag § 11 N. 32 ff.

öffentliches Baurecht s. *Baurecht*

öffentliches Beschaffungswesen s. *Submissionsrecht*

öffentliches Personalrecht s. *Personalrecht*

öffentliches Prozessrecht s. *öffentliches Verfahrensrecht*

öffentliches Recht
– Abgrenzung vom Privatrecht § 1 N. 10 ff.
– Verhältnis zum Strafrecht § 1 N. 46 ff.
– und formelles Privatrecht § 19b N. 74 f.
– und Rechtsschutz gegenüber Realakten § 10c N. 18, § 19 N. 11

s. *auch öffentlichrechtliche Angelegenheit, Verwaltungsrecht*

öffentliches Register § 7 N. 145, § 34a N. 12, § 60 N. 14

öffentliches Spital § 1 N. 30, § 19 N. 75, § 19b N. 37, § 21 N. 132, § 25 N. 45, § 44 N. 29 f., § 50 N. 67, § 89 N. 25, § 89 N. 17

öffentliches Verfahrensrecht Einl. N. 12; s. *auch Verwaltungsverfahrensrecht*

öffentliche Urkunde § 7 N. 145, § 60 N. 14

öffentliche Urteilsverkündung s. *Publikumsöffentlichkeit der Entscheidverkündung*

Öffentlichkeit der Justiz s. *Parteiöffentlichkeit, Publikumsöffentlichkeit*

Öffentlichkeitsprinzip § 8 N. 4, 15, 18, 22 ff., § 9 N. 4, 8, Vorbem. §§ 19–28a N. **35,** 80, § 65 N. 29 ff., § 94a N. 9; s. *auch Datenschutz, Geheimhaltung*

öffentlichrechtliche Angelegenheit § 1 N. **3 ff.,** 10 ff., 46 ff., Vorbem. §§ 32–40a N. 8, 19, § 35 N. 10, § 41 N. 14, § 43 N. 4 ff., § 81 N. 4; s. *auch öffentliches Recht, Verwaltungsrecht*

öffentlichrechtliche Anstalt s. *selbständige öffentlichrechtliche Anstalt*

öffentlichrechtlicher Vertrag s. *verwaltungsrechtlicher Vertrag*

Offizialmaxime § 7 N. 8, 95, 173, Vorbem. §§ 19–28a N. **22, 24,** Vorbem. §§ 81–86 N. 20

Ohrenschein § 7 N. 80

Ombudsperson
– im Allgemeinen Einl. N. 14, § 13 N. 20, Vorbem. §§ 19–28a N. 75, § 19 N. 56, § 34 N. 8, 19, § 34a N. 6, Vorbem. §§ 87–94a N. **1 ff.,** § 87 N. 7 f.
– Controlling und Rechnungslegung sowie Ausgabenkompetenzen § 87a N. 1 ff.
– Geheimhaltungs- und Schweigepflicht § 87a N. 9, § 92 N. 8 ff., § 94a N. 1 ff.
– Kostenbeteiligung der Gemeinden § 94 N. 2 ff., 11 f.
– Sitz und Organisation § 88 N. 1 ff.
– Rechtsschutz § 19b N. 33, § 87 N. 17, § 88a N. 1 ff., § 93 N. 17 ff.
– Tätigkeitsbericht § 87a N. 5, 8 ff., § 93 N. 10, 12, § 94a N. 9
– Unabhängigkeit und administrative Zuordnung Vorbem. §§ 87–94a N. 15, § 87 N. 2 f., 14 ff., § 88 N. 1, § 91 N. 17, 18
– Unentgeltlichkeit der Inanspruchnahme § 94 N. 1
– Verfahrenseinleitung, -ablauf und -erledigung § 91 N. 1 ff., § 92 N. 1 ff., 4 ff., 7, § 93 N. 1, 2 ff.
– Wahl § 87 N. 2 ff., 5 f.
– Zuständigkeit s. *Zuständigkeit der Ombudsperson*
– und Querulanz § 91 N. 10

Opferhilferecht § 13 N. 20, § 16 N. 14, 16, 78, 127

Ordnungsbusse § 1 N. 49, § 5 N. 88 f., Vorbem. §§ 29–31 N. 9, § 30 N. 44 f., 49, 51 ff., 59, 77 f.

Ordonnanz Einl. N. 1

Organisation des Verwaltungsgerichts
- im Allgemeinen Vorbem. §§ 32–86 N. 2, Vorbem. §§ 32–40a N. 1 ff., § 36 N. 2, § 71 N. 3
- Besoldungs- und Entschädigungsregelung § 37 N. 1 ff.
- Bestand s. *Mitglied des Verwaltungsgerichts*
- Controlling und Rechnungslegung Vorbem. §§ 32–40a N. 11
- Gesamtgericht § 32 N. 8, § 35 N. 12, § 36 N. 4, 9, § 39 N. 1 ff., § 40a N. 3
- Geschäftserledigung s. *Geschäftserledigung am Verwaltungsgericht*
- parlamentarische Kontrolle Vorbem. §§ 19–28a N. 75, § 19b N. 12, Vorbem. §§ 32–40a N. 7, **21 ff.**, 26, § 34 N. 23, § 35 N. 1, 7, 9, 12 ff.
- Selbstverwaltung Vorbem. §§ 32–40a N. **10 ff.**, § 35 N. 7, § 36 N. 1, § 39 N. 2 ff., § 40 N. 1 ff., § 40a N. 3, § 56 N. 4; *s. auch Justizverwaltung, Verwaltungsgerichtsverordnung*
- Sitz § 32 N. 6, 16 ff.
- Stellung Vorbem. §§ 32–40a N. 7, 8 f., § 35 N. 1 ff.; *s. auch richterliche Unabhängigkeit*
- Verantwortlichkeit Vorbem. §§ 32–40a N. 26 ff.
- Vorsitz und Kanzlei § 36 N. 1 ff.; *s. auch Generalsekretär, Verwaltungsgerichtspräsident, Zentralkanzlei*
- Wahl der (Ersatz-)Mitglieder Vorbem. §§ 32–40a N. 7, § 33 N. 1 ff.
- Wahl- und Abstimmungsverfahren bei Justizverwaltungsgeschäften § 40a N. 1 ff.

s. auch *Verwaltungskommission des Verwaltungsgerichts*

Orientierungspflicht § 8 N. 8, 16; *s. auch Aufklärungspflicht*

örtliche Zuständigkeit § 5 N. 17 ff., 39, § 41 N. 1, § 83 N. 3

P

parlamentarische Kontrolle s. *Kantonsrat und Aufsicht*

parlamentarische Rekursinstanzen § 19b N. 6, 31 ff., § 26d N. 3, § 87 N. 17, § 88a N. 3

Parlamentsdienste § 19b N. 32, § 42 N. 13, § 90 N. 3

Parlamentskommission § 19b N. 32, § 90 N. 3

Parlamentsverwaltung § 19b N. 6, 9, 32 ff., § 42 N. 13, § 88a N. 3, § 90 N. 3

Partei
- -begriff § 5a N. 36, Vorbem. §§ 21 f. N. 12 ff., 21, § 58 N. 6, § 83 N. 4
- -befragung § 7 N. 48 ff., § 60 N. 14, 23
- -betrieb Vorbem. §§ 19–28a N. 32
- -fähigkeit Vorbem. §§ 19–28a N. 52, Vorbem. §§ 21 f. N. 1, **2 ff.**, § 21 N. 138, § 23 N. 21, § 56 N. 25, § 83 N. 3
- -gutachten § 7 N. 148, § 17 N. 77, § 60 N. 14
- -kosten § 17 N. 7, 70
- -öffentlichkeit Vorbem. §§ 19–28a N. 35, § 62 N. 3, 8 ff.
- -verhör § 7 N. 50
- -wechsel Vorbem. §§ 21 f. N. 11, 19
- und unentgeltliche Rechtspflege § 16 N. 10
- Kostenpflicht im Allgemeinen § 13 N. 45 ff.
- politische s. *politische Partei*

s. auch *Parteientschädigung, Parteivertreter, Verfahrensbeteiligte*

Parteientschädigung
- im Allgemeinen § 13 N. 1 f., § 15 N. 4, § 17 N. **1 ff.**, § 19 N. 31, § 21 N. 85, 106, 115, 157, 170, § 63 N. 8, § 70 N. 6
- Berechtigung des Gemeinwesens § 17 N. 39, 47, 50 ff., 62, 72, 83, 100, § 85 N. 16
- bei Rückweisung an die Vorinstanz § 17 N. 30, § 19a N. 63, § 64 N. 5
- bei Verfahrensabschreibung § 17 N. 31 ff., 74, § 63 N. 5, 7, § 85 N. 16
- in Verfahren betreffend personalrechtliche Streitigkeiten § 13 N. 89, § 65a N. 25
- in Verfahren betreffend steuerrechtliche Streitigkeiten § 73 N. 10
- und Anfechtbarkeit von Vor- und Zwischenentscheiden § 19a N. 62
- und Aufsichtsbeschwerde Vorbem. §§ 19–28a N. 84
- und Begründungspflicht § 10 N. 23, 28, § 17 N. 87, § 65 N. 14
- und Einspracheentscheid § 10b N. 15
- und überlange Verfahrensdauer § 27c N. 21

- und unentgeltliche Rechtspflege § 16 N. 57, § 17 N. 5, 17, 60, 85
- und unentgeltliche Rechtsverbeiständung § 16 N. 75, 93, 100 ff., 104, § 17 N. 5, 17, 43, 45, 65, 81, 83
- und verwaltungsrechtliche Klage § 85 N. 16
- wegen fehlerhafter Rechtsmittelbelehrung § 10 N. 56, § 17 N. 27
- wegen unerwünschten Prozessverhaltens § 13 N. 62, § 17 N. 27, 60

Parteilichkeit *s. Befangenheit*

Partei- und Prozessfähigkeit *s. Parteifähigkeit, Prozessfähigkeit*

Parteivertreter
- Kostenpflicht § 13 N. 45, 60
- und Ausstand § 5a N. 37 f.
- und Zustellung § 10 N. 66 f., § 22 N. 16, § 23 N. 34

s. auch Anwaltsrecht, Vertretung und Verbeiständung, Vollmacht

passives Wahlrecht § 21a N. 5

Passivlegitimation *s. Sachlegitimation*

perpetuatio fori Vorbem. §§ 4–31 N. 31, § 5 N. 8, Vorbem. §§ 19–28a N. 55, § 28 N. 13

Personalrecht Einl. N. 11, § 1 N. **28 ff.**, § 2 N. 10, § 10 N. 74 ff., § 13 N. **83 ff.**, § 19 N. **12 ff.**, 75, § 19a N. 18, 40, 49, § 19b N. 32 f., 71 f., § 21 N. **45**, § 25 N. **22 f.**, 25, 48, § 27a N. **1 ff.**, Vorbem. §§ 32–86 N. 4, Vorbem. §§ 32–40a N. 12, § 36 N. 8, 9 ff., § 37 N. 8 f., § 38b N. 10, § 39 N. 7, § 40 N. 11, Vorbem. §§ 41–71 N. 3, § 42 N. 13, § 55 N. **8 ff.**, 17, § 59 N. 21, § 63 N. **31 ff.**, § 65 N. 24, § 65a N. 15, **23 ff.**, § 81 N. 11, 19, § 83 N. 10 f., § 86b N. 15, § 88 N. 5, § 88a N. 2, § 89 N. 7 f., § 90 N. 3; *s. auch Entschädigung aus Personalrecht, Feststellung einer ungerechtfertigten Kündigung, Weiterbeschäftigung*

personalrechtliche Klage Vorbem. §§ 32–86 N. 4, Vorbem. §§ 41–71 N. 3, Vorbem. §§ 81–86 N. 5

Personentransportvertrag § 1 N. 21

Petitionsrecht Vorbem. §§ 19–28a N. 61, 84, Vorbem. §§ 21 f. N. 23

Pfandhaft § 30 N. 37

Plädierverbot *s. Anwaltstätigkeit von Justizpersonen*

Planauflageverfahren § 19b N. 86 f., 95

Planungsrecht *s. Raumplanungsrecht*

Plenarausschuss Vorbem. §§ 32–40a N. 18, 19, § 36 N. 12, § 38a N. 1, 5, § 39 N. 4, § 40 N. 10 ff., § 41 N. 20, § 42 N. 19, § 43 N. 10

politische Partei § 21 N. 95, § 21a N. 15 ff.

politische Rechte *s. Stimmrechtssachen*

politischer Entscheid Einl. N. 26, § 4 N. 23, § 19 N. 68, § 19b N. 70, Vorbem. §§ 41–71 N. 8, § 41 N. 5, **8 f.**, 22, 24, § 42 N. 5, 6, 7 ff., § 43 N. 3, § 44 N. 3 f., 5 ff., 32; *s. auch gerichtsfreier Hoheitsakt, Rechtsweggarantie gemäss Art. 29a BV*

Polizeirecht § 1 N. 50, 54, § 6 N. 13, § 10c N. 1, § 19 N. 7, § 19b N. 28, 30, 76 f., § 21 N. 121, § 38b N. 19, § 41 N. 21, § 43 N. 5; *s. auch Gewaltschutzrecht, Hooligan-Konkordat*

polizeiliche Generalklausel § 6 N. 13, Vorbem. §§ 29–31 N. 5, § 35 N. 11

Popularrechtsschutz § 10c N. 24, Vorbem. §§ 19–28a N. 79, § 21 N. 1, 13, § 91 N. 6

Postübergabe § 11 N. 44 ff., § 13 N. 64, § 22 N. 24

Postulationsfähigkeit Vorbem. §§ 21 f. N. 10

Präsident *s. Abteilungspräsident, Regierungspräsident, Verwaltungsgerichtspräsident*

Praxisänderung § 7 N. 168, § 10 N. 27, § 11 N. 27, 40, § 12 N. 68, § 13 N. 64, § 28 N. 44, § 64 N. 24, § 65 N. 7, 33, Vorbem. §§ 86a–86d N. 10, 17 f., § 86a N. 16

Prinzip *s. Grundsatz*

private Verwaltungsträger § 1 N. 10, § 2 N. 13, § 10c N. 13, 18, § 17 N. 52, Vorbem. §§ 19–28a N. 74, 77, § 19 N. 80, 82, § 19b N. 24, 27, **41 f.**, § 81 N. 5, § 89 N. 25

Privatgutachten *s. Parteigutachten*

Privatrecht
- Abgrenzung vom öffentlichen Recht § 1 N. 10 ff.
- formelles § 19b N. 74 f., § 21 N. 91, § 26c N. 5
- und Rechtsschutz gegenüber Realakten § 10c N. 18, § 19 N. 11

privatrechtlicher Vertrag § 1 N. 20 ff., Vorbem. §§ 19–28a N. 82, § 19 N. 9 ff., 29, § 81 N. 10

Prognose § 20 N. 82, § 50 N. 65

prospektiv-technisches Ermessen s. *Ermessensarten*

Protokollierungspflicht § 7 N. 51, 59, 61, 88, § 8 N. 5, § 9 N. 15, § 10 N. 9, 32, § 28 N. 31, § 60 N. 20, 25, § 61 N. 5; *s. auch Akteneinsichtsrecht, Aktenführungspflicht, rechtliches Gehör*

provisorische Rechtsöffnung § 28 N. 29

Prozessaussichten s. *Hauptsachenprognose*

Prozesseinheit § 1 N. 9, § 5 N. 9, § 16 N. 73; *s. auch Vorfrage*

Prozessentschädigung s. *Parteientschädigung*

Prozessentscheid
- im Allgemeinen § 19a N. 13 f.
- im Rekursverfahren § 28 N. 8 f., 11 ff., 34
- im Beschwerdeverfahren § 63 N. 2 f.
- im Klageverfahren § 83 N. 4, 6, § 85 N. 2, 3 f., 13 f.
- Nebenfolgen § 13 N. 37, 65 f., 74 ff., 78 ff., § 16 N. 62, 63, § 17 N. 29, 31 ff., 74, § 21 N. 26, § 63 N. 5, 7 f., § 65a N. 11, § 83 N. 6, § 85 N. 15 f.
- und Revision § 86a N. 5, 23

s. auch Abschreibungsentscheid, Nichteintretensentscheid

Prozessfähigkeit Vorbem. §§ 19–28a N. 52, Vorbem. §§ 21 f. N. 1, **7 ff.**, § 21 N. 138, § 23 N. 21, § 56 N. 25, § 83 N. 3

Prozessgeschichte § 28 N. 4, § 65 N. 13

prozessleitende Anordnung s. *Zwischenentscheid*

Prozessleitung s. *Instruktion*

Prozessmaximen s. *Verfahrensmaximen*

Prozessökonomie s. *Verfahrensökonomie*

Prozesspartei s. *Partei*

Prozessrechtsverhältnis s. *Verfahrensrechtsverhältnis*

Prozessthema s. *Streitgegenstand*

prozessuale Handlungsfähigkeit s. *Prozessfähigkeit*

prozessuale Rechtsfähigkeit s. *Parteifähigkeit*

prozessualer Zwangsbedarf § 16 N. 32 ff.

Prozessurteil s. *Prozessentscheid*

Prozessvoraussetzungen s. *Eintretensvoraussetzungen*

Prüfungsdichte s. *Kognition*

Prüfungsbefugnis s. *Kognition, Rechtsmittelgründe*

Prüfungsentscheid § 9 N. 9, § 10 N. 32, § 19 N. **16,** § 19a N. 49, § 19b N. 41, § 20 N. **87 ff.**, § 21 N. **46,** 131, § 44 N. 22, § 59 N. 20

Prüfungsnote § 19 N. 16, § 20 N. 89, § 21 N. 46

Prüfungspflicht § 8 N. 33, § 65 N. 5

Publikation s. *amtliche Veröffentlichung*

Publikumsöffentlichkeit
- der Verhandlung Vorbem. §§ 19–28a N. 20, 35 ff., § 38b N. 15, § 59 N. 1, 4, 8 ff., § 61 N. 4, 6 f., § 62 N. **1 ff., 4 ff.**, § 84 N. 7
- der Entscheidverkündung Vorbem. §§ 19–28a N. 20, 35, 38, § 28 N. **50 ff.**, § 65 N. **28 ff.**; *s. auch Entscheidpraxis*
- der Urteilsberatung § 38 N. 10, § 62 N. 8 ff., § 65 N. 1

Q

qualifizierter Ermessensfehler § 1 N. 51, § 20 N. 5, 8, **21 f.**, 51 f., 59 f., § 27 N. 11, § 30 N. 58, § 50 N. 2, 4, 15, 21, **25 ff.**, 36 f., 41, 68

Quartierplan § 10 N. 72, § 17 N. 55, § 19 N. 34, § 19a N. 48, 68, § 19b N. 23, 82, § 21 N. 128

querulatorische Prozessführung s. *Ombudsperson und Querulanz, rechtsmissbräuchliche Prozessführung*

Quittung § 11 N. 43, § 22 N. 24

R

Rahmenmietvertrag § 19 N. 82

Rahmennutzungsplan § 19 N. 34

Ratenzahlung § 13 N. 21, 102, § 15 N. 43, 51, § 29a N. 3; *s. auch Stundung*

Raumplanungsrecht Einl. N. 20, § 4 N. 25, § 5 N. 13, § 6a N. 2, § 10 N. 72, § 17 N. 55, 95, § 19 N. **32 ff.**, § 19a N. 18, 48, 68, § 19b N. 23, 29, 48, **78 ff.**, § 20 N. **35 ff.**, **74 ff.**, 81, § 20a N. 11, 32, § 21 N. 69, 118, 121, 128, 132, 146 ff., 150, 155, 164 ff., § 25 N. 8, § 26 N. 23, § 27c N. 6 ff., 11, § 41 N. 21, § 50 N. **38 f.**, 68, § 55 N. 5, § 59 N. 21, Vorbem. §§ 86a–86d N. 17; *s. auch Baurecht*

raumplanungsrechtliche Festlegung § 19 N. 33, § 20 N. 35, 74 f., § 41 N. 15, § 86a N. 4

Rayonverbot *s. Gewaltschutzrecht, Hooligan-Konkordat*

Realakt
- Begriff und Abgrenzung von der Anordnung bzw. Verfügung Vorbem. §§ 4–31 N. 22, § 10c N. 1, 16 f., 19 f., § 19 N. **6 ff.**, 12, 15, 27, 74
- Kenntnisnahme § 22 N. 21 f.
- Rechtsschutz im Allgemeinen Vorbem. §§ 4–31 N. 13, 26, § 10c N. **1 ff.**, § 22 N. 21, § 41 N. 15, § 30 N. 89, Vorbem. §§ 87–94a N. 13, § 89 N. 5
- Rechtsschutz in Stimmrechtssachen § 10c N. 8, § 10d N. **1 ff.**, § 19 N. 59, 61, 63, § 19b N. 62, 64, § 22 N. 22, § 41 N. 17, § 44 N. 11
- und Aufsichtsbeschwerde Vorbem. §§ 19–28a N. 67, 77, 82, 85, § 30 N. 89
- und Ausstandspflicht § 5a N. 13
- und Begründungspflicht § 10 N. 21
- und ideelle Verbandsbeschwerde § 21 N. 154

Rechenschaftsbericht Vorbem. §§ 32–40a N. 23, § 35 N. 12 ff., § 39 N. 4, § 65 N. 34; *s. auch Tätigkeitsbericht*

Rechnung Vorbem. §§ 4–31 N. 22, § 13 N. 102, § 19 N. 7, § 29a N. 2, 4

Recht (subjektives) *s. subjektives Recht*

rechtliches Gehör
- im Allgemeinen Vorbem. § 8 N. 2, §§ 19–28a N. 20
- Kodifizierung des Anspruchs im VRG § 8 N. 2, 29, § 26b N. 2
- Rechtsnatur des Anspruchs § 8 N. 37, § 9 N. 2, § 20 N. 18, § 27 N. 9, 18
- Anspruchsgehalte § 4 N. 22, § 8 N. **2, 29 ff.**, § 10 N. 4, Vorbem. §§ 19–28a N. 35 ff., § 20 N. 54, § 28 N. 5, § 38 N. 24, § 50 N. 31, § 58 N. 31 f., § 59 N. 4, § 60 N. 25, § 62 N. 3, § 65 N. 3, 4, Vorbem. §§ 86a–86d N. 29, § 86a N. 20, 22, § 86b N. 5
- im Beweisverfahren § 7 N. 36, 40, 59, 61, 65, 75, 85 ff., 93, 107 f., 130 f., § 8 N. **34,** Vorbem. §§ 19–28a N. 35, § 20 N. 16, 40, § 52 N. 15, § 57 N. 8, § 60 N. 22, 25, § 61 N. 1, 3, 5, § 62 N. 3
- im Revisionsverfahren § 86c N. 8
- Kostenfolgen bei Verletzung § 13 N. 59, 64, 71
- und Anordnung über Realakte § 10c N. 30
- und antizipierte Beweiswürdigung § 7 N. 19
- und Ausstand § 5a N. 46
- und behördliche Begründungspflicht *s. Begründungspflicht der Behörden und rechtliches Gehör*
- und Entzug bzw. Wiederherstellung der aufschiebenden Wirkung § 25 N. 36
- und Erläuterung Vorbem. §§ 86a–86d N. 25
- und konkrete Normenkontrolle § 20 N. 25
- und Motivsubstitution § 20a N. 21, § 26b N. 29, § 52 N. 37
- und Ombudsperson § 92 N. 7
- und reformatio in peius vel melius § 27 N. 5, 14, 17 ff., § 63 N. 26
- und Schriftenwechsel § 8 N. **32,** § 26b N. 2, 5, 13 ff., 22, 28 f., 37, § 58 N. 2 f., 17 f., 23, 27 ff., 31 f., 34, 38, § 84 N. 6; *s. auch Replikrecht*
- und Verfahrenssistierung Vorbem. §§ 4–31 N. 46, 49
- und Verfahrensvereinigung bzw. -trennung Vorbem. §§ 4–31 N. 55, 58
- und Vollstreckung § 30 N. 19
- und vorsorgliche Massnahmen § 6 N. 30, § 19a N. 48
- und Zurückbehaltungsrecht § 57 N. 8
- Verletzungsheilung § 4a N. 12, § 8 N. **38,** § 10 N. 36 f., § 13 N. 59, 64, § 20 N. 19, 25, § 26b N. 15, § 27 N. 18, § 28 N. 38 f., § 58 N. 34, § 63 N. 39, § 64 N. 11 f.

s. auch Akteneinsichtsrecht, Anhörungsrecht, Mitwirkungsrecht, Protokollierungspflicht, Rückweisungsentscheid wegen Gehörsverletzung

rechtlich geschütztes Interesse *s. subjektives Recht*

Rechtsanwendung § 7 N. 164; *s. auch fehlerhafte Rechtsanwendung, Rechtsprechung*

Sachregister

Rechtsanwendung von Amtes wegen § 7 N. 3, 134 f., **164 ff.**, 173, Vorbem. §§ 19–28a N. **29, 31,** 53, § 20 N. 26, 48, § 20a N. 5, 10, 21, 23, § 23 N. 19, 22, § 26b N. 18, § 28 N. 35, 39, Vorbem. §§ 41–71 N. 11 f., § 50 N. 6, **9 ff.**, 44, § 52 N. 32, 37, 43, § 63 N. 24, § 85 N. 6 f.

Rechtsbegehren s. Antrag

Rechtsbehelf § 10 N. 42, Vorbem. §§ 19–28a N. 3 ff., 61, § 25 N. 12, § 66 N. 7 f., Vorbem. §§ 86a–86d N. 12, 19, § 91 N. 1 f.

Rechtsbeständigkeit Vorbem. §§ 86a–86d N. 6 f., 8, 18, § 86a N. 2; s. auch Rechtskraft

rechtserheblicher Sachverhalt § 7 N. **10 ff.**, § 20 N. 38, § 50 N. 60, § 52 N. 15, § 60 N. 8, 11, § 65 N. 13, Vorbem. §§ 81–86 N. 22, § 85 N. 10, § 86a N. 17, § 86d N. 3

Rechtsfolgeermessen s. Ermessensarten

Rechtshängigkeit Vorbem. §§ 4–31 N. **28 ff.**, § 6 N. 26, § 10 N. 86, § 16 N. 61, 115, Vorbem. §§ 19–28a N. 21, 49, § 25 N. 30, § 90 N. 8, 12, 14, § 101 N. 2 f., Art. XV Abs. 3 N. 3 ff.

Rechtshilfe § 7 N. 117 ff., § 8 N. 11, § 19a N. 42, 70

Rechtskontrolle § 1 N. 51, § 7 N. 171, Vorbem. §§ 19–28a N. 12, 78, § 20 N. 5, 7, **8 ff.**, 54 ff., 94, § 20a N. 23 ff., § 28 N. 28, § 30 N. 58, Vorbem. §§ 41–71 N. 4, 11 f., § 50 N. 2, 6 ff., 13, 15, 21, **24 ff.**, § 52 N. 5, 44 ff., § 89 N. 2; s. auch Kognition, konkrete Normenkontrolle, Rechtsverletzung

Rechtskraft Vorbem. §§ 4–31 N. 33, § 6 N. 29, 45, § 7 N. 17, 24, § 10 N. 52, 132, § 10a N. 15, § 11 N. 4, § 12 N. 87, § 13 N. 101, § 15 N. 29, Vorbem. §§ 19–28a N. 7 ff., 49, 56, 59, 81, § 19 N. 5, § 19a N. 31, 60, § 28 N. 4, 7, 20, 24, Vorbem. §§ 29–31 N. 16, § 29a N. 4, § 30 N. **3 f.**, 79, Vorbem. §§ 41–71 N. 4, § 50 N. 45, § 63 N. 4, 10, § 64 N. 20, § 65 N. 15 f., § 66 N. 1, **5 ff.**, 11, 13 f., Vorbem. §§ 86a–86d N. 3, 5, **6 f.**, 8, 12, § 86a N. 2, 7, § 86b N. 6, 18, § 86c N. 6, § 90 N. 13; s. auch Rechtsbeständigkeit

rechtsmissbräuchliche Prozessführung § 5 N. **78 ff.**, 92, § 13 N. 58, 62, 72, 87 f., § 15 N. 39, § 17 N. 60, 62, § 19b N. 80, Vorbem. §§ 21 f. N. 7, § 21 N. 20 ff., 47, 62, 155, § 26a N. 12, § 28 N. 22, § 28a N. 8, § 56 N. 16 ff.,

§ 65a N. 26, 38 f., § 83 N. 5; s. auch Treu und Glauben

Rechtsmittel(-arten) § 10 N. 41 f., 55 f., 80, § 10a N. 32, 34, § 10b N. 3, § 10d N. 12, § 16 N. 62, Vorbem. §§ 19–28a N. **3 ff.**, § 30 N. 4, Vorbem. §§ 32–86 N. 5 ff., Vorbem. §§ 41–71 N. 3 f., § 65 N. 8 f., § 66 N. 6 f., Vorbem. §§ 86a–86d N. 12, 14, 25, § 86b N. 11

Rechtsmittelbefugnis s. Legitimation

Rechtsmittelbelehrung § 10 N. **38 ff.**, § 10a N. 6, 11, 19, 22, § 10b N. 14, § 11 N. 73, § 13 N. 64, 71, Vorbem. §§ 19–28a N. 20, § 19a N. 33, § 19b N. 57, § 22 N. 4, 17, 18, § 25 N. 38, § 28 N. 6, § 30 N. 19, § 56 N. 17, § 65 N. 3, **8 f.**, 10, 14 f., § 83 N. 6

Rechtsmittelbezeichnung § 10 N. 55, § 23 N. 9, 11

Rechtsmittelentscheid s. Beschwerdeentscheid, Einspracheentscheid, Rekursentscheid

Rechtsmittelfrist s. Beschwerdefrist, Einsprachefrist, Rekursfrist

Rechtsmittelgarantie (gemäss Art. 13 EMRK) § 4 N. **18**, § 6 N. 5, Vorbem. §§ 19–28a N. 20, § 19b N. 5, § 21 N. 27 f., § 26 N. 7, § 27a N. 18; s. auch Rechtsweggarantie

Rechtsmittelgründe Vorbem. §§ 19–28a N. 12, § 23 N. 22, Vorbem. §§ 41–71 N. 11, 14, § 50 N. 7 f.; s. auch Beschwerdegründe, Einsprachegründe, Kognition, Rekursgründe

Rechtsmittelkonkurrenz Vorbem. §§ 19–28a N. 15 f., Vorbem. §§ 32–86 N. 13

Rechtsmittelverfahren s. Beschwerdeverfahren, Einspracheverfahren, Rekursverfahren, streitiges Verwaltungsverfahren

Rechtsmittelverzicht Vorbem. §§ 19–28a N. 59 f., § 21 N. 22, 89, § 30 N. 3, § 86a N. 8; s. auch Rückzug

Rechtsöffnung s. definitive Rechtsöffnung, provisorische Rechtsöffnung, Rechtsvorschlag

Rechtssatz s. Erlass

Rechtsschutzinteresse § 83 N. 3, 5, Vorbem. §§ 86a–86d N. 4; s. auch aktuell-praktisches Interesse, schutzwürdiges Interesse, subjektives Recht

Rechtsschutzlücke § 5 N. 25, § 19a N. 68, Vorbem. §§ 32–86 N. 14; *s. auch Ausnahmekatalog, Rechtsweggarantie*

Rechtsprechung § 35 N. 7 ff.

Rechtsverletzung § 10c N. 10, 25, Vorbem. §§ 19–28a N. 78, 81 f., § 20 N. 3, 5, **8 ff.**, 94, § 27 N. 11, 19, Vorbem. §§ 32–40a N. 26, § 50 N. 2 ff., 7 f., 10 f., 15, 21, **24 ff.**, 63, Vorbem. §§ 86a–86d N. 2, 10, § 86a N. 16, § 89 N. 2; *s. auch konkrete Normenkontrolle, qualifizierter Ermessensfehler, Rechtskontrolle, Widerrechtlichkeit*

Rechtsverweigerung bzw. -verzögerung
- im Allgemeinen Vorbem. §§ 19–28a N. 20, 40 f., § 39 N. 15, Vorbem. §§ 86a–86d N. 29, § 86a N. 20 f.
- als Rekursobjekt *s. Rekurs wegen Rechtsverweigerung bzw. -verzögerung*
- als Beschwerdeobjekt *s. Beschwerde wegen Rechtsverweigerung bzw. -verzögerung*
- Geltendmachung § 4a N. 24 ff., 30 ff., § 19 N. 40 ff., § 30 N. 12, § 41 N. 15
- Kostenfolgen § 13 N. 59, 64, 76
- und Aufsichtsbeschwerde Vorbem. §§ 19–28a N. 68, 75, 85
- und Beschleunigungsgebot § 4a N. 3 ff., 13, 19 ff., 24 ff., 30 ff., § 19 N. 41, 49 ff., 55, § 26b N. 27, § 27c N. 19
- und Freiheitsentzug § 4a N. 27, § 19 N. 55
- und ideelle Verbandsbeschwerde § 21 N. 154, 169
- und Kognition § 20 N. 54, § 50 N. 31
- und nicht wiedergutzumachender Nachteil Vorbem. §§ 4–31 N. 47, § 19 N. 47, § 19a N. 48, 50
- und Ombudsperson § 90 N. 8, 15
- und Rückweisung an die Vorinstanz § 19 N. 47, 53, § 28 N. 41
- und Verfahrenssistierung Vorbem. §§ 4–31 N. 37, 47, § 4a N. 13, § 19 N. 47, § 19a N. 48
- und Verfahrensvereinigung bzw. -trennung Vorbem. §§ 4–31 N. 57
- und Zuständigkeitsprüfung § 5 N. 10

s. auch Beschleunigungsgebot

Rechtsverzögerung *s. Rechtsverweigerung bzw. -verzögerung*

Rechtsvorschlag § 30 N. 16 f., 22

Rechtsweggarantie
- gemäss Art. 29a BV Einl. N. **25 f.,** 35 f., § 4 N. **35,** § 5 N. 25, § 6 N. 5, 45, § 10c N. 2, § 15 N. 47, Vorbem. §§ 19–28a N. 20, 51, 85, § 19a N. 68, § 19b N. 3, 45, § 20 N. 7, 41, 66 f., § 20a N. 5 f., § 21 N. 27, § 25 N. 5, 22, § 27a N. 17, **18 ff.,** § 30 N. 58, Vorbem. §§ 32–86 N. **14,** Vorbem. §§ 41–71 N. 2, **5 ff.,** 12, § 41 N. 4, **5 ff.,** § 42 N. 4, 5, 6, 7 ff., 17 f., § 43 N. 2, 3, 8 f., § 44 N. 2, 3 f., 5 ff., 32, § 50 N. 6, 23, 31, § 52 N. 8 f., 29 f., § 55 N. 9, § 57 N. 8, § 63 N. 34, § 65a N. 8, § 72 N. 5, Vorbem. §§ 81–86 N. 13, Vorbem. §§ 87–94a N. 12, § 88a N. 1 f., § 93 N. 17; *s. auch oberes Gericht, politischer Entscheid*
- gemäss Art. 6 EMRK Einl. N. **17,** 32 f., 35, § 4 N. **14 ff.,** 32, § 5 N. 25, § 6 N. 5, 45, § 15 N. 47, § 16 N. 5, Vorbem. §§ 19–28a N. 20, 51, § 19a N. 68, § 21 N. 27, § 27a N. 18, 22, § 30 N. 48, 83, § 41 N. 3, § 42 N. 14, § 50 N. 68, § 52 N. 5

s. auch Rechtsmittelgarantie

Rechtswidrigkeit *s. Rechtsverletzung, Widerrechtlichkeit*

Rechtswirksamkeit § 19 N. 30, § 25 N. 2 f., 13 f., 21, 32, 41, § 63 N. 31 f., § 66 N. 10, 15, Vorbem. §§ 86a–86d N. **3;** *s. auch Eröffnung, Fristwahrung, Vollstreckbarkeit*

Referent § 38 N. 7, 10, 12, § 38a N. 4, 8; *s. auch Zuständigkeit des Kammervorsitzenden bzw. Referenten am Verwaltungsgericht*

Referentenaudienz § 38 N. 9, § 56 N. 7, § 62 N. 2

reformatio in peius vel melius § 6 N. 42, § 7 N. 3, 174, § 10b N. 12, Vorbem. §§ 19–28a N. 24, 49, § 19 N. 85, § 19b N. 92, § 21 N. 145, § 25 N. 46, § 26b N. 19, § 27 N. **1 ff.,** Vorbem. §§ 32–86 N. 6, 8, 10, § 50 N. 14, § 63 N. **21 ff.,** 37 f., § 85 N. 12, § 86a N. 13

reformatorischer Entscheid Vorbem. §§ 19–28a N. 14, 58, § 19a N. 55, § 28 N. **35 f.,** 49, Vorbem. §§ 41–71 N. 4, § 50 N. 70 ff., § 54 N. 4, § 63 N. **17 ff.,** § 64 N. 2, 5, 11, 13, § 86b N. 10, 13 f.; *s. auch kassatorischer Entscheid*

Regelbeweismass § 7 N. 26, § 60 N. 13

Regelinstanzenzug Einl. N. 27, § 5 N. 23, § 10a N. 33, § 10b N. 14, § 19 N. 69, 86, 87 f.,

§ 19b N. **2 ff.**, 8, 35, 36, 42, 53, 55, § 26 N. 13, § 26d N. 3, § 28 N. 40, Vorbem. §§ 41–71 N. **16 f.**, § 41 N. 10, 16, 28, § 58 N. 20, § 63 N. 22, § 72 N. 6 f.

Regierungspräsident § 6 N. 25, § 25 N. 31, § 26 N. 30, § 38b N. 24

Regierungsrat
- im Allgemeinen § 19b N. 13 ff., 19, § 26 N. **27 ff.**, § 34 N. 8, 19, § 35 N. 9, § 41 N. 13, 16, § 42 N. 2, 11, § 44 N. 10, 14, 19, 24, 29, § 50 N. 67, 75, § 91 N. 18, § 93 N. 8; *s. auch Gewaltenteilungsprinzip*
- als Einspracheinstanz § 10d N. 1 ff., § 44 N. 11
- als Rekursinstanz Vorbem. §§ 19–28a N. 37, § 19b N. 15, 18, **25**, 54, 56, 69, 78, 90, § 20 N. 24, 33, 103, § 25 N. 31, § 26 N. 3, **15 ff.**, **27 ff.**, § 26d N. 3, § 27c N. 7, 23, § 28 N. 10, 18, § 42 N. 2, § 44 N. 26, § 50 N. 42, § 52 N. 3
- Anfechtung von Akten in Stimmrechtssachen § 10c N. 8, § 10d N. **1 ff.**, § 19 N. 61, § 19b N. 62 ff., § 22 N. 22, § 26d N. 3, Vorbem. §§ 41–71 N. 8, § 41 N. 17, § 44 N. 4, **9 ff.**
- Anfechtung von erstinstanzlichen Anordnungen sowie von Rekursentscheiden § 10d N. 1, § 19 N. 86, § 38b N. 24, § 42 N. 2, § 44 N. 10, 12, 23 ff., 26, § 50 N. 67
- Anfechtung von Verordnungen § 19 N. 68 f., 82, § 19b N. 61, § 20 N. 102, § 26 N. 14, § 41 N. 19, § 50 N. 73, § 53 N. 5
- Anfechtung der Erteilung des Enteignungsrechts § 19b N. 84
- Rekursausschluss § 19 N. 61, **86**, § 19b N. 62, § 42 N. 2, § 50 N. 67
- Beschwerdeausschluss § 10d N. 1, § 19 N. 64 f., Vorbem. §§ 41–71 N. 8, § 41 N. 9, 17, § 42 N. 2, § 44 N. **9 ff.**, 14 ff., **18 ff.**, **23 ff.**, 26, **29 f.**
- Kompetenz zur Bezeichnung kostenpflichtiger Amtshandlungen § 13 N. 12 ff., 15 ff., 24
- Kompetenz zur Regelung der Akteneinsicht § 8 N. 27 f.
- und Aufsicht Vorbem. §§ 19–28a N. 73 ff., § 19 N. 79, § 19b N. 12, § 65 N. 23
- und Ausstand § 5a N. 14, § 19b N. 56, § 26 N. 11, 29

- und Mitteilungspflicht des Verwaltungsgerichts § 65 N. 23

s. auch Staatskanzlei, zentraler Rechtsdienst des Regierungsrats

Regress § 14 N. 2, 18, 20, § 21 N. 79, Vorbem. §§ 32–40a N. 28

Rekurs
- im Allgemeinen Vorbem. §§ 19–28a N. **3 ff.**, § 30 N. 4, Vorbem. §§ 32–86 N. 3 f., 6 ff., Vorbem. §§ 41–71 N. 4, § 90 N. 12
- -antwort § 26b N. 3 f.; *s. auch Schriftenwechsel im Rekursverfahren, Vernehmlassung*
- -berechtigung *s. Rekurslegitimation*
- -entscheid § 10a N. 5, § 19 N. 53, 85, § 20 N. 97 ff., § 25 N. 43 f., § 27c N. 16, § 28 N. **1 ff.**, § 28a N. 1 ff., Vorbem. §§ 41–71 N. 15, § 41 N. 10, 16, 22, § 63 N. 8, 18, 29, § 64 N. **14 ff.**, § 86a N. 4; *s. auch Entscheidbefugnis und Rekurs im Allgemeinen, Vollstreckung von Rekursentscheiden*
- -frist § 12 N. 6 ff., 90, Vorbem. §§ 19–28a N. 52 f., § 19 N. 44, 46, 48, 60, 71, § 19a N. 63, § 20 N. 106, § 22 N. **10 ff.**, § 23 N. 16, 21, 23, 32, 35, § 25 N. 1, 13 f., 38, 40, 43, § 26a N. 8, § 26b N. 22, § 27b N. 21, § 86a N. 22, § 86b N. 5
- -gründe Vorbem. §§ 19–28a N. 52, § 19 N. 63 ff., § 19a N. 63, § 20 N. **1 ff.**, § 21 N. 18, 57, 60, 171, § 23 N. 22, § 27 N. 1, § 28a N. 10, § 50 N. 3 f., 25, 53; *s. auch Kognition im Rekursverfahren*
- -instanz § 19 N. 87 ff., § 19b N. **1 ff.**, § 22 N. 3 f., § 25 N. 30, § 26 N. 23, § 26a N. 16, § 26b N. 33, 40, 42 ff., § 26c N. 2 ff., § 26d N. 3, § 28 N. 3, 51, § 44 N. 26, § 52 N. 3, § 58 N. 7 f., § 87 N. 17, § 88a N. 3; *s. auch verwaltungsexterne Rekursinstanz, verwaltungsinterne Rekursinstanz, Zuständigkeit der Rekursinstanzen*
- -legitimation Einl. N. 7, 19, Vorbem. §§ 19–28a N. 52 f., 58, § 19 N. 63, § 19a N. 63, § 19b N. 80, § 20 N. 108, Vorbem. §§ 21 f. N. 1, § 21 N. **1 ff.**, § 21a N. **1 ff.**, § 23 N. 21, § 30 N. 83
- -objekt Vorbem. §§ 19–28a N. 52, § 19 N. **1 ff.**, § 19a N. **1 ff.**, § 20 N. 17, 74 ff., 91 ff., 106, § 31 N. 4, 7, § 50 N. 68

- -schrift Vorbem. §§ 19–28a N. 33, 45, 47, 52, § 22 N. **5 ff.**, § 23 N. **1 ff.**, § 26a N. 8, § 28a N. 9
- -verfahren *s. Rekursverfahren*
- aufschiebende Wirkung *s. aufschiebende Wirkung und Rekurs*
- gegen Anordnungen über Realakte § 10c N. 32, § 22 N. 21
- gegen Erlasse § 19 N. 2, **67 ff.**, 90, § 19b N. 4, **59 ff.**, 71 f., § 20 N. 2, 74 ff., **91 ff.**, § 21 N. 98, § 21a N. 11, § 22 N. 18 f., § 23 N. 12, 20, § 25 N. 11, § 26b N. 29, § 27 N. 4, § 28 N. 36, Vorbem. §§ 41–71 N. 17, § 41 N. 21 f.; *s. auch abstrakte Normenkontrolle*
- gegen Justizverwaltungsakte § 19b N. 44 f.
- gegen kommunale Akte § 19 N. 2, 67 ff., 71, 80, 82, § 19b N. **27 ff.**, 60, § 20 N. **57 ff.**, 93, 95 f., 103, 104 ff., § 26d N. 3, § 41 N. 21 f., § 50 N. 37 ff.
- gegen Realakte in Stimmrechtssachen § 10c N. 8, § 10d N. 13, § 19 N. 59, 61, 63, § 19b N. 62, § 22 N. 22
- gegen Schätzungsentscheide § 23 N. 3, § 27c N. 11, Vorbem. §§ 32–86 N. **10**, § 38b N. 25, Vorbem. §§ 81–86 N. 15
- in Steuersachen Vorbem. §§ 32–86 N. 3 f., 7 ff., 13, 14, § 72 N. 1 ff., **5, 7,** § 73 N. 1 f., 4, 7 ff.
- in Stimmrechtssachen § 10c N. 8, § 10d N. 5 f., 13, § 13 N. 90 ff., § 19 N. 2, **57 ff.**, 71, 90, § 19b N. 26, 31, **62,** 82, § 20 N. 3, 96, 104 ff., § 21 N. 69, 92, § 21a N. **1 ff.**, § 22 N. 12, 22, § 25 N. 24, § 26d N. **1 ff.**, § 27b N. 1 ff.
- und Einsprache § 10a N. 34, 36, § 10b N. 4 f., § 10d N. 11, § 19 N. 48, 61, § 19b N. 8, § 41 N. 21
- und Beschwerde Vorbem. §§ 19–28a N. 2, 15, Vorbem. §§ 32–86 N. 6 ff., Vorbem. §§ 41–71 N. 4, § 41 N. 22, § 50 N. 45
- und Aufsichtsbeschwerde Vorbem. §§ 19–28a N. 68 f.
- wegen Rechtsverweigerung bzw. -verzögerung § 4a N. 24 ff., § 10c N. 16, § 19 N. 27, **40 ff.**, 90, § 22 N. 11, § 25 N. 12; *s. auch Rechtsverweigerung bzw. -verzögerung*

Rekursgericht *s. Baurekursgericht, Rekursinstanz, Steuerrekursgericht*

Rekurskommission
- im Allgemeinen Einl. N. 6, 9, 35, § 19b N. 9, 25, 38, 49 f., § 25 N. 31, § 26 N. 18, § 90 N. 5
- der Zürcher Hochschulen § 19b N. 38, **49,** § 20 N. 24, § 25 N. 31, § 26b N. 40, § 26c N. 4, § 27c N. 10, § 28 N. 10, 15, § 28a N. 14, § 38b N. 25, § 52 N. 3
- kirchliche *s. kirchliche Rekurskommission*

Rekursverfahren
- im Allgemeinen Vorbem. §§ 4–31 N. **7 f.,** 35, 51 f., Vorbem. §§ 19–28a N. 1 f., **18 ff., 44 ff., 50 ff.,** § 19 N. 50, § 20 N. 19, 21, 44, 83, § 50 N. 4, 35 ff., § 64 N. 12, § 71 N. 3
- in Steuersachen Vorbem. §§ 32–86 N. 8, § 73 N. 1 f., 4, 7 ff.
- vereinfachtes § 23 N. 33, § 28a N. 1 ff.
- Aktenbeizug *s. Aktenbeizug im Rekursverfahren*
- Anordnung von Nachzählungen *s. Nachzählung*
- Erledigung § 10 N. 2, Vorbem. §§ 19–28a N. 24, § 19 N. 53, § 19a N. 13, 15, § 27c N. **1 ff.**, § 28 N. **1 ff.**, § 28a N. **1 ff.**, § 64 N. 14 ff.; *s. auch Behandlungsfrist, Rekursentscheid*
- Fristenlauf *s. Fristenlauf und Rekurs*
- Instruktion *s. Instruktion des Rekursverfahrens*
- Schriftenwechsel *s. Schriftenwechsel im Rekursverfahren*
- Zeugeneinvernahme § 7 N. 43, 58, § 26c N. 1 ff., § 52 N. 14
- und Sachverhaltsfeststellung § 20 N. 44 ff., § 27c N. 12 ff., § 64 N. 16 f., § 86b N. 3 f.
- Kostenfolgen § 13 N. 2, 13, 86
- Entschädigungsfolgen § 17 N. 1 f., 10, 13 ff., 93 ff.

Replikrecht § 8 N. 17, 32, § 11 N. 23, Vorbem. §§ 19–28a N. 38, § 23 N. 16, § 26b N. 1, 26, 28, 30, **34 ff.**, § 27c N. 22, § 52 N. 32, 34 f., § 54 N. 5, § 58 N. 3 f., **23 ff.**, § 84 N. 6

res iudicata § 7 N. 17, Vorbem. §§ 19–28a N. 52, § 83 N. 3, § 85 N. 13, Vorbem. §§ 86a–86d N. 6

Restitution *s. Fristwiederherstellung*

Revision
- im Allgemeinen Vorbem. §§ 19–28a N. 3 ff., 52, 59, § 25 N. 12, § 30 N. 4, Vorbem.

§§ 32–86 N. 12, § 66 N. 8 f., Vorbem.
§§ 86a–86d N. 1, 7, 9, 12, **14 f.**, 20, 28, § 86a
N. **1 ff.**, 8, § 86b N. 1, § 86d N. 6, § 90 N. 12,
Art. XV Abs. 3 N. 5
- Entscheid § 19 N. 3, § 55 N. 7, § 86a N. 6,
§ 86d N. 1 ff.
- Frist s. *Frist zur Einreichung eines Revisionsgesuchs*
- Gesuch § 86c N. 1 ff.
- Grund § 5a N. 43, § 7 N. 16, 171, § 20a
N. 22, § 23 N. 23, § 28 N. 43, § 34 N. 24,
§ 52 N. 23, 30, 40, § 64 N. 17, Vorbem.
§§ 86a–86d N. 15, 28, § 86a N. 1, **10 ff.**,
§ 86b N. 2 ff., 6 f., 8 ff., § 86c N. 2, § 86d
N. 3, 6
- Legitimation § 86a N. 8 f.
- Objekt Vorbem. §§ 86a–86d N. 14, 28, § 86a
N. 4 ff., § 86b N. 9 ff.
- Verfahren § 11 N. 18, § 20a N. 22, § 73
N. 1 f., 5, § 86c N. 7 f.
- aufschiebende Wirkung s. *aufschiebende Wirkung und Revision*
- Zuständigkeit s. *Zuständigkeit für die Behandlung von Revisionsgesuchen*
- in Steuersachen § 72 N. 9, § 73 N. 1 f., 5,
§ 86a N. 24
- und Beschwerde § 52 N. 23, 30, 40, § 86b
N. 4
- und Fristwiederherstellung § 12 N. 87,
§ 86b N. 6 f., 20
- und Rekurs § 20a N. 22, § 23 N. 23, § 86b
N. 4
- und Schätzungsentscheid § 19b N. 92
- und vorsorgliche Massnahmen § 6 N. 7,
§ 25 N. 12, § 55 N. 7
- wegen Verletzung der Ausstandspflicht § 5a
N. 43
- Entschädigungsfolgen § 17 N. 27

Richter s. *Mitglied des Verwaltungsgerichts*

richterliche Fragepflicht Vorbem. §§ 19–28a
N. 28

richterliche Unabhängigkeit § 7 N. 58, § 19b
N. 5, 9, 34, 43, 51, § 20 N. 24, § 21 N. 133, § 26
N. 6, § 26b N. 40, § 26c N. 3 ff., § 28 N. 50 f.,
Vorbem. §§ 32–86 N. 2, Vorbem. §§ 32–40a
N. **6,** 7, § 33 N. **4**, § 34 N. 6 f., § 34a N. 4, § 35
N. 1, **3 ff., 7 ff.**, § 37 N. 1, § 41 N. 10, § 42
N. 17, § 43 N. 7, § 52 N. 3, § 90 N. 5; s. auch
Gewaltenteilungsprinzip

Richterrecht § 20 N. 9, § 50 N. 50 f., § 58
N. 30, § 63 N. 19

richtige Zusammensetzung der Entscheidbehörde § 5 N. 10, 37, § 5a N. 5, 50, 56, § 15
N. 41, § 19a N. 40, § 20 N. 20, § 38 N. 18 ff.,
§ 39 N. 17

Richtplan § 19 N. **32 ff.**, § 19b N. 23, § 20
N. **37,** § 20a N. 32, § 21 N. 121, 132, § 42 N. 11

Risikovorsorge § 6 N. 13, § 21 N. 65

Römisch-katholische Körperschaft § 19b
N. 72, § 26c N. 4, § 89 N. 18 f., 21, 29

Rubrum § 28 N. 3, § 65 N. 12, 30

Rückbehaltungsauftrag § 10 N. 100

Rückgriff s. *Regress*

Rücknahme Vorbem. §§ 86a–86d N. 5, 9, 12,
16, 29; s. auch *Widerruf von Verfügungen*

Rückschein s. *Empfangsbestätigung*

Rücksendung § 5 N. 84

Rückweisung (mangelhafter Eingaben) § 5
N. **63 ff.**, § 11 N. 39, 63, § 12 N. 9, § 23 N. 18,
29, § 56 N. 18, § 83 N. 20

Rückweisungsentscheid
- im Allgemeinen Vorbem. §§ 19–28a N. 58,
§ 19a N. 64 f., § 28 N. 36, 45, § 38b N. 8,
§ 63 N. 18, § 64 N. 6, § 65 N. 9
- im Rekursverfahren § 28 N. 34, 38 ff.
- im Beschwerdeverfahren § 28 N. 14, § 52
N. 20, § 63 N. 18, 20, § 64 N. **1 ff.**, § 65 N. 9
- im Schätzungsverfahren § 19b N. 92
- Anfechtung der Nebenfolgenregelung § 13
N. 98 f., § 17 N. 92, § 19a N. 62
- Bindungswirkung § 7 N. 171, § 26b N. 14,
§ 28 N. 42, 44, § 52 N. 46, § 64 N. 14 f.,
19 ff.
- Nebenfolgen s. *Parteientschädigung bei Rückweisung an die Vorinstanz, Verfahrenskosten bei Rückweisung an die Vorinstanz*
- und Beschleunigungsgebot bzw. Rechtsverzögerung § 4a N. 14, § 8 N. 38, § 19 N. 47,
53, § 19a N. 48, 50, § 28 N. 14, 38
- und Erläuterung Vorbem. §§ 86a–86d
N. 24 f.
- und nicht wiedergutzumachender Nachteil
§ 19 N. 47, § 19a N. 48, 50, § 21 N. 114, § 28
N. 45, § 64 N. 6
- und Rechtsverweigerung § 19 N. 53, § 28
N. 41

- und reformatio in peius § 27 N. 21, § 63 N. 29 f.
- und Revision § 86b N. 16, § 86d N. 4
- und Sachverhaltsfeststellung bzw. Noven § 7 N. 16, § 20a N. 16, § 28 N. 43 f., § 52 N. 46, § 60 N. 9, § 64 N. 8 ff., 16 f., 23 f.
- und vorsorgliche Massnahmen § 6 N. 29
- wegen Gehörsverletzung § 8 N. 38, § 10 N. 35, § 13 N. 71, § 28 N. 38 f., § 63 N. 39, § 64 N. 11 f.
- wegen Nichtgewährung unentgeltlicher Rechtsverbeiständung § 16 N. 122
- wegen ungenügender Sachverhaltsfeststellung § 7 N. 36, § 13 N. 71, § 20 N. 42, § 28 N. 38 f., § 60 N. 5, 12, 17, § 64 N. 8 ff., 16 f.

s. auch Sprungrückweisung

Rückwirkungsverbot § 20a N. 28

Rückzug § 13 N. 78 ff., 82, § 16 N. 62, 63, § 17 N. 32, 74, Vorbem. §§ 19–28a N. 24, § 21 N. 62, 89, § 23 N. 16, § 27 N. 5, 13, 15 f., 18 f., § 28 N. 5, 8, 17, **20 ff.**, 29, 33, § 28a N. 14 f., 19, § 30 N. 3, § 38a N. 11, § 38b N. 7, 24, § 56 N. 19, § 63 N. 2, 4, **5**, 9, 12 ff., 16, 26, Vorbem. §§ 81–86 N. 21, § 84 N. 4, § 85 N. 2, 13, 15, § 86a N. 5, 23; s. auch Rechtsmittelverzicht

Rüge s. Rechtsmittelgründe

Rügepflicht s. Substanziierungspflicht

Rügeprinzip Vorbem. §§ 19–28a N. 27, **30 f.**, § 21 N. 120, Vorbem. §§ 41–71 N. 12, § 50 N. **9 ff.**, § 52 N. 32, 41; s. auch Begründungspflicht der Parteien, Substanziierungspflicht

S

Sachentscheid
- im Allgemeinen Vorbem. §§ 19–28a N. 50 ff., § 19a N. 13, § 28 N. 24, § 38b N. 6, 26, § 63 N. 18, § 64 N. 7
- im Rekursverfahren § 28 N. 8 f., 11, 14, 26, 34 ff., 38 ff., § 63 N. 8
- im Beschwerdeverfahren § 63 N. 2 f., 11, 18, § 64 N. 7
- im Klageverfahren § 83 N. 4, 7, § 85 N. 2
- Nebenfolgen § 13 N. 65 f., 67 ff., § 17 N. 29 f., § 63 N. 8, § 85 N. 15 f.
- trotz Unzuständigkeit § 5 N. 37 ff.
- und Revision § 86b N. 10 ff., § 86d N. 3 f.
- und vorsorgliche Massnahmen § 6 N. 1, 15

- und zweifelhafte Zuständigkeit § 5 N. 34

s. auch kassatorischer Entscheid, offensichtliche Unbegründetheit, reformatorischer Entscheid, Rückweisungsentscheid

Sachentscheidsvoraussetzungen s. Eintretensvoraussetzungen

Sachlegitimation § 21 N. 7, § 83 N. 4

sachliche Zuständigkeit § 5 N. **12 ff.**, 38, Vorbem. §§ 19–28a N. 49, § 19a N. 38, § 41 N. 1, 24, § 70 N. 7, § 83 N. 3

Sachurteil s. Sachentscheid

Sachverfügung Vorbem. §§ 29–31 N. 5, 12, 15 ff., § 30 N. 26, 29, 36, 80 ff., § 31 N. 4

Sachverhaltsfeststellung
- im nichtstreitigen Verwaltungs-, im Rekurs- sowie im Beschwerdeverfahren s. Untersuchungsmaxime und Sachverhaltsfeststellung
- im Klageverfahren § 7 N. 34, Vorbem. §§ 81–86 N. 22, § 83 N. 19, § 84 N. 3, § 85 N. 9 ff.
- durch die Ombudsperson § 92 N. 1 ff.
- unrichtige bzw. ungenügende s. Sachverhaltskontrolle, unrichtige bzw. ungenügende Sachverhaltsfeststellung
- massgebender Zeitpunkt im Rekursverfahren § 20a N. 4 ff.
- massgebender Zeitpunkt im Beschwerdeverfahren § 52 N. 7 ff., § 60 N. 5, § 64 N. 9 f.
- Abschlussanzeige § 27c N. 15
- und Feststellungsverfügung § 19 N. 25

s. auch Beschwerdeverfahren und Sachverhaltsfeststellung, Rekursverfahren und Sachverhaltsfeststellung

Sachverhaltskontrolle § 7 N. 36, Vorbem. §§ 19–28a N. 12, § 19 N. 63, § 20 N. 5, 7, **38 ff.**, 82, § 20a N. 5 f., 16, Vorbem. §§ 41–71 N. 4, 11 f., § 50 N. 2, 6 f., 12, **60 ff.**, § 52 N. 5, 8 ff., 29 f., § 57 N. 8, § 60 N. 6, § 86b N. 10 ff.; s. auch Kognition

Sachverhaltsumschreibung § 28 N. 2, 4, § 65 N. 13

Sachverständiger § 5a N. 11, § 7 N. 66, 72 f.

Sanktion s. Strafsanktion, verwaltungsrechtliche Sanktion

Sachregister

Schadenersatz s. Beamtenhaftung, Staatshaftung

Schätzungskommission § 4 N. 29, § 17 N. 10, Vorbem. §§ 19–28a N. 74, § 19 N. 50, § 19b N. **51,** 90, 91 f., § 23 N. 3, § 26b N. 40, § 27c N. 10 f., Vorbem. §§ 32–86 N. 10, Vorbem. §§ 32–40a N. 16, § 35 N. 13, § 38b N. 25, § 39 N. 4, 7, § 40 N. 8, § 41 N. 13, § 52 N. 3, Vorbem. §§ 81–86 N. 15; s. auch formelle Enteignung

Schätzungsverfahren § 19b N. 91 ff.

Schiedsabrede § 5 N. 7, § 81 N. 18

schlichtes Verwaltungshandeln s. Realakt

Schlussverhandlung § 59 N. 9, § 61 N. 1 ff., § 62 N. 2

Schriftenwechsel
- im Allgemeinen Vorbem. §§ 21 f. N. 21
- im Rekursverfahren § 23 N. 16, 20, 23, § 26a N. 13, § 26b N. **1 ff.,** § 27c N. 13, § 58 N. 20
- im Beschwerdeverfahren Vorbem. §§ 21 f. N. 21, § 23 N. 16, 20, § 26b N. 17, 21, § 52 N. 27 ff., 34 f., § 54 N. 5, § 56 N. 2, 24 ff., § 57 N. 5, § 58 N. **1 ff.,** § 59 N. 6, 9, 14
- im Klageverfahren § 26b N. 21, § 84 N. 1 ff., 6
- im Revisionsverfahren § 86c N. 8

s. auch Replikrecht, Vernehmlassung

Schriftlichkeit Vorbem. §§ 19–28a N. 36, § 26b N. 1, § 58 N. 21, § 59 N. 14

Schuldbetreibungs- und Konkursrecht Vorbem. §§ 4–31 N. 41, 63, § 13 N. 103, § 15 N. 33 f., Vorbem. §§ 21 f. N. 3, 9, § 28 N. 29, 31, Vorbem. §§ 29–31 N. 8, 11, § 30 N. **14 ff.,** 37, § 85 N. 14, § 90 N. 17; s. auch Arrest, Betreibungsamt, betreibungsrechtliches Existenzminimum, definitive Rechtsöffnung, Fortsetzungsbegehren, provisorische Rechtsöffnung, Rechtsvorschlag

Schulpflege § 19b N. 21, 27, 29

Schulrecht s. Bildungsrecht

schutzwürdiges Interesse Einl. N. 19, § 7 N. 48, 53, § 8 N. 3, 6 f., 9, 25 f., 30, § 10 N. 5 f., 64 f., 68 f., § 10a N. 7, § 10c N. 11, 20, 21 ff., 29, § 13 N. 66, § 16 N. 111, 119, § 19 N. 24 f., § 19a N. 44, Vorbem. §§ 21 f. N. 26 ff., 29, 34 f., § 21 N. **10 ff.,** 41 ff., 93 ff., 102 ff., 116 ff.,
149, § 22 N. 20, § 26b N. 13 f., § 27 N. 17, 19, § 28 N. 49, Vorbem. §§ 41–71 N. 13, § 58 N. 15, 42, § 63 N. 23, 38, Vorbem. §§ 86a–86d N. 25; s. auch aktuell-praktisches Interesse, Betroffenheit, Rechtsschutzinteresse

Schweigepflicht § 94a N. 1 ff.

Schweizerische Strafprozessordnung s. Strafprozessordnung

Schweizerische Zivilprozessordnung s. Zivilprozessordnung

selbständige öffentlichrechtliche Anstalt § 1 N. 28, § 2 N. 11, § 4 N. 8, § 10c N. 13, § 19 N. 82, § 19b N. 9, 24, 27, **36 ff.,** 56, 61, Vorbem. §§ 21 f. N. 5, § 21 N. 99 ff., § 26b N. 3 f., 9, 12, § 41 N. 13, 22, § 50 N. 73, § 89 N. 16 f.

Selbstbelastungsverbot § 7 N. 106

Selbsteintrittsrecht Vorbem. §§ 19–28a N. 76, 85, § 19b N. 54

Sistierungsanordnung s. Verfahrenssistierung

Sitz im Ausland § 6a N. 8, § 6b N. 1 ff., § 10 N. 119, § 11 N. 53 f., § 15 N. 23 ff.

Sondernutzungsplan § 19 N. 34

Sonderstatusverhältnis § 19 N. 7, 12 ff., 15 f., § 30 N. 43, Vorbem. §§ 87–94a N. 11, § 91 N. 5

Sozialhilferecht § 3 N. 4, § 7 N. 55, 91, § 13 N. 20, 39, § 16 N. 83, § 19 N. 7, § 19a N. 49, § 21 N. 81, 106, 130, § 30 N. 62, § 65a N. 13, 17, § 81 N. 5

Sozialversicherungsanstalt § 19b N. 39, § 89 N. 17

Sozialversicherungsgericht s. Erlass des Ober- und des Sozialversicherungsgerichts, oberes Gericht, Zuständigkeit des Sozialversicherungsgerichts

Sozialversicherungsrecht § 3 N. 4, § 4 N. 29, § 6b N. 5, § 7 N. 91, § 13 N. 20, 70, § 19a N. 17, 46, 54, § 19b N. 37, 39, 61, Vorbem. §§ 21 f. N. 25, 27, § 21 N. 91, 144, Vorbem. §§ 32–40a N. 8, § 35 N. 10, § 41 N. 27, § 63 N. 30

Spezialverwaltungsgericht Einl. N. 6, 9, 13; s. auch Baurekursgericht, Rekurskommission, Steuerrekursgericht

Spruchformel s. Dispositiv

Sachregister

Spruchkörper § 38 N. 7, 18 ff., § 38a N. 4 ff.; *s. auch Kammer*

Sprungbeschwerde § 19b N. 58

Sprungrekurs § 19b N. 5, 54 ff., § 26 N. 12 f., 22, 24

Sprungrückweisung § 13 N. 73, 99, § 28 N. 40, § 64 N. 4, 14

Staatsanwaltschaft *s. Strafverfolgungsbehörden*

Staatsbeitrag *s. Subvention*

Staatshaftung
- Prozessparteien und Anspruchsmodalitäten § 2 N. 10 ff., 15 ff.
- Rechtsnatur des Ersatzanspruchs § 1 N. 19
- Zuständigkeit § 2 N. 1 ff., § 19 N. 21, § 81 N. 16
- Vorverfahren § 2 N. 5
- gegenüber Staatsangestellten § 1 N. 28, § 2 N. 4
- und Ombudsperson § 93 N. 20
- und Rechtskraft Vorbem. §§ 19–28a N. 56
- und Parteientschädigung § 17 N. 6
- und Rechtsschutz gegenüber Realakten § 10c N. 12, 25, 26, 28, 29
- und Beschleunigungsgebot bzw. Rechtsverzögerung § 4a N. 32, § 19 N. 54
- und Rechtsmittelgarantie § 21 N. 28
- und Verwaltungsgericht Vorbem. §§ 32–40a N. 28
- und Vollstreckung § 30 N. 28
- und vorsorgliche Massnahmen § 6 N. 43 ff.

s. auch Beamtenhaftung

Staatskanzlei § 19b N. 18, § 26 N. 17, 28, 31, § 26d N. 3, § 28 N. 18; *s. auch zentraler Rechtsdienst des Regierungsrats*

staatsrechtliche Beschwerde Einl. N. 17, § 10c N. 20, § 19a N. 10, 43, 44, § 21 N. 3, 36, 51, § 21a N. 2, § 65 N. 26, Vorbem. §§ 86a–86d N. 28, § 86b N. 11

Staatsvertragsrecht *s. Völkerrecht*

Star-Praxis § 21 N. 115

Statthalteramt § 19 N. 71, § 19b N. 20, 25, **28**, 60, 77, 92, § 26 N. 20 ff., 24, § 30 N. 53, § 34 N. 19, § 41 N. 13, 21

Stellungnahme *s. Replikrecht, Vernehmlassung*

Steuerbeschwerde *s. Beschwerde in Steuersachen*

Steuerrecht (inkl. Verfahrensrecht) Einl. N. 4, 6, 11, § 4 N. 29, § 6b N. 5, § 10a N. 26, § 11 N. 26, § 12 N. 42, 44, § 16 N. 6, § 17 N. 2, 10, 66, § 19a N. 12, 18, 30, 70, § 19b N. 29, 47, 68 f., § 21 N. 34 ff., 91, 106, 144, § 27b N. 13, § 29a N. 11, Vorbem. §§ 32–86 N. 3 f., **7 ff.**, 14, Vorbem. §§ 32–40a N. 8, § 38b N. 10, Vorbem. §§ 41–71 N. 7, § 41 N. 27, § 59 N. 20, § 65a N. 18, § 72 N. **1 ff.**, § 73 N. **1 ff.**, § 86a N. 15, 24, § 92 N. 10, § 99 N. 1; *s. auch Abgaberecht, Steuerstrafrecht*

steuerrechtlicher Vorbescheid § 19a N. 30

Steuerrekurs (ans Verwaltungsgericht) *s. Rekurs in Steuersachen*

Steuerrekursgericht Einl. N. 36, § 7 N. 58, § 13 N. 18, § 16 N. 97, Vorbem. §§ 19–28a N. 74, § 19b N. 9, **47,** § 20 N. 24, 84, § 26b N. 33, 40, 44 f., § 26c N. 3, § 27c N. 10, § 28 N. 10, 15, 20, 37, 50, § 28a N. 14, 16, 19, Vorbem. §§ 32–86 N. 7, Vorbem. §§ 32–40a N. 16, § 34 N. 3, 19, § 34a N. 6, § 35 N. 13, § 38b N. 25, § 39 N. 4, 7, § 40 N. 8 f., § 41 N. 13, § 52 N. 3, § 57 N. 8, § 59 N. 15, § 65a N. 21, § 72 N. 6 f., § 73 N. 2, § 90 N. 5

Steuerrevision *s. Revision in Steuersachen*

Steuerstrafrecht § 1 N. 52, § 7 N. 106, Vorbem. §§ 32–86 N. 7, 11, § 72 N. 7 f., § 73 N. 6

Stimmrecht *s. Stimmrechtssachen*

Stimmrechtsbeschwerde *s. Beschwerde in Stimmrechtssachen*

Stimmrechtseinsprache *s. Einsprache gegen regierungsrätliche Realakte in Stimmrechtssachen*

Stimmrechtsrekurs *s. Rekurs in Stimmrechtssachen*

Stimmrechtssachen
- Begriff § 13 N. 91, § 19 N. 62, § 44 N. 9
- eidgenössische § 19 N. 58, § 19b N. 66 f., § 21a N. 7, 24
- kantonale § 19 N. 58, § 19b N. **62 ff.**, § 26d N. 3, Vorbem. §§ 41–71 N. 8, § 41 N. 5, 17, § 42 N. 9, § 44 N. 4, 10, 12
- kommunale § 21 N. 1, 14, § 26d N. 3, Vorbem. §§ 41–71 N. 8
- Aufhebung von Urnengängen *s. Wiederholung von Urnengängen*

Sachregister

- Anordnung von Nachzählungen *s. Nachzählung*
- Kostenlosigkeit von Rechtsmittelverfahren § 13 N. 90 ff.
- Rechtsschutz *s. Beschwerde in Stimmrechtssachen, Einsprache gegen regierungsrätliche Realakte in Stimmrechtssachen, Rekurs in Stimmrechtssachen*
- und private Einflussnahme § 19 N. 60, § 27b N. 10, 17 f.
- und Realakt § 10c N. 8, § 10d N. **1 ff.**, § 19 N. 59, 61, 63, § 19b N. 62, 64, § 22 N. 22, § 41 N. 17, § 44 N. 11
- und Revision § 86a N. 4

Stockwerkeigentümergemeinschaft Vorbem. §§ 21 f. N. 3

Störer Vorbem. §§ 29–31 N. 19

Störung des Geschäftsgangs § 5 N. 91, § 30 N. 52

Strafgericht § 1 N. 46 ff., 55 ff., § 3 N. 2, § 7 N. 23 f., 141, § 29a N. 1, § 30 N. 53, 57 f., § 34a N. 6, § 38b N. 16, § 41 N. 13, § 43 N. **4 ff.**; *s. auch Bezirksgericht, Zuständigkeit der Strafgerichte*

Strafprozessordnung § 7 N. 123, § 12 N. 44, 82, § 13 N. 79, § 19b N. 79, § 30 N. 48, 52 f., 57, § 86a N. 25, § 94a N. 4, 7

Strafrecht Einl. N. 11, § 1 N. 46 ff., § 7 N. 106, § 16 N. 43, Vorbem. §§ 19–28a N. 36, § 19a N. 42, § 19b N. 75; *s. auch Steuerstrafrecht*

strafrechtliche Anklage *s. criminal charge*

Strafsanktion § 7 N. 56 ff., 74, 116, 151, Vorbem. §§ 29–31 N. **9**, § 30 N. 2, 9, **42 ff.**, 76, 77 f., 79, Vorbem. §§ 32–40a N. 27; *s. auch administrativer Rechtsnachteil, Disziplinarmassnahme, Ordnungsbusse, Ungehorsam gegen amtliche Verfügungen, verwaltungsrechtliche Sanktion, Vollstreckung*

Straf- und Massnahmenvollzug § 1 N. 48, § 11 N. 51, § 16 N. 31, § 19b N. 41, 75, § 21 N. 47, § 22 N. 24, § 38b N. 16 f., § 59 N. 20; *s. auch Freiheitsentzug*

Strafurteil (und verwaltungsbehördliche Sachverhaltsfeststellung) § 7 N. 23 f., 141

Strafverfolgungsbehörden § 19b N. 35, § 21 N. 149, § 30 N. 53, § 34 N. 19, § 41 N. 13

Strassenbau § 19b N. 28, 78, 85, 95, § 21 N. 149

Strassenverkehrsrecht *s. Führerausweisentzug, Verkehrsanordnung*

Streitgegenstand § 5 N. 12, § 7 N. 3, 8, 12, Vorbem. §§ 19–28a N. 17, 24, 29, **44 ff.**, § 19 N. 44, § 20a N. 1 f., **9 ff.**, 17, 20, 23, Vorbem. §§ 21 f. N. 14, 35, § 21 N. 145, § 22 N. 13, § 23 N. 4, § 26b N. 18 ff., § 27 N. 10, § 28 N. 3 f., 43 f., § 38b N. 10, § 52 N. **11 f.**, 13, 17, 19, 36, 41, § 63 N. 22, 24, § 64 N. 15, § 65 N. 12, Vorbem. §§ 81–86 N. 20 f., § 84 N. 4, 9 f., § 85 N. 12, § 86b N. 11

Streitgenossenschaft § 6a N. 9, § 14 N. 10 ff., § 15 N. 10, § 16 N. 10, Vorbem. §§ 21 f. N. 4, § 56 N. 20, § 65a N. 16

streitiges Verwaltungsverfahren § 1 N. 1, Vorbem. §§ 4–31 N. 7 ff., **11 f.**, 29, 35, 51 f., § 7 N. 3, 33, 105, 108, 125, 172, 174, § 10 N. 2, 29, § 10a N. 5, § 11 N. 2, § 13 N. 2, 13, 31, 42, 65 ff., 92, § 14 N. 1, § 15 N. 3, § 16 N. 6, 44, 51, 82, 116 f., § 17 N. 1 f., 10, 96, Vorbem. §§ 19–28a N. 18 ff., 44 ff., 50 ff., § 19 N. 3 f., § 26 N. 6 ff., Vorbem. §§ 29–31 N. 4, § 65a N. 15, § 70 N. 1 ff., § 71 N. 1 ff., Vorbem. §§ 81–86 N. 11, Vorbem. §§ 86a–86d N. 28, § 86a N. 2, § 86b N. 3, § 90 N. 12; *s. auch Beschwerdeverfahren, Rekursverfahren, verwaltungsgerichtliches Verfahren*

Streitinteresse *s. Streitwert*

Streitverkündung Vorbem. §§ 21 f. N. 37, § 21 N. 88

Streitwert Vorbem. §§ 4–31 N. 32, § 13 N. 26 f., 31, 33, 83, 86, § 28 N. 37, § 38a N. 11, § 38b N. 3, **10 ff.**, § 65 N. 8, 10, § 65a N. 4, 8, **11 ff.**, 23 ff.

Streitwertgrenze § 65 N. 8, 10, § 65a N. 23 ff.

Stundung § 13 N. 21, 100, 102, 104, § 16 N. 127, § 29a N. 3, § 30 N. 20, § 66 N. 10; *s. auch Ratenzahlung*

Subjektionstheorie § 1 N. 14

subjektive Beweislast *s. Beweisführungslast*

subjektives (öffentliches) **Recht** Einl. N. 7, 19, § 8 N. 3, § 10 N. 69, § 10c N. 20, § 19a N. 44, § 21 N. 2, 3, 19, 36, 75, Vorbem. §§ 41–71 N. 13, § 33 N. 21, § 44 N. 6, 17, 20 f., 27, § 50 N. 52, Vorbem. §§ 86a–86d N. 11, 12, 14, 17,

25, § 86a N. 20 ff.; *s. auch Anspruch, verfassungsmässiges Recht, wohlerworbenes Recht*

Submissionsrecht § 1 N. 25, § 4 N. 28, § 5 N. 53, § 7 N. 73, § 10 N. 37, § 13 N. 59, § 17 N. 56, § 19 N. 10, **17,** § 19a N. 48, 67, § 19b N. 30, 53, § 21 N. **42 f.,** 79, 87, 107, § 27a N. 20, § 30 N. 28, 62, 67, § 41 N. 10, § 52 N. **33 ff.,** § 53 N. 6, § 54 N. 5, § 55 N. **11 ff.,** § 58 N. 16, § 63 N. 20

Subordinationstheorie § 1 N. 14

subsidiäre Verfassungsbeschwerde Einl. N. 26, § 10 N. 41, § 10c N. 20, § 13 N. 100, § 21 N. 3, 19, 136, § 30 N. 4, Vorbem. §§ 41–71 N. 6, **13 f.,** § 41 N. 6, § 44 N. 7, § 65 N. 9, § 66 N. 11, § 72 N. 10, § 86b N. **11 f.,** 17

Substanziierungspflicht § 7 N. 3, **33,** Vorbem. §§ 19–28a N. 53, § 19a N. 47, 54, § 20 N. 45, § 21 N. 34, 38 ff., 68, 98, § 23 N. **5,** § 50 N. 62, § 60 N. 6 f.; *s. auch Begründungspflicht der Parteien*

Subvention § 30 N. 62, § 44 N. 6, 24 f.

summarische Begründung *s. Begründungsdichte*

summarische Prüfung § 6 N. 1, 31, § 7 N. 29, 44, § 13 N. 77, 79, § 16 N. 51, 68, § 17 N. 31, Vorbem. §§ 19–28a N. 24, § 21 N. 26, 68, § 25 N. 35, § 26a N. 11, § 28 N. 28, § 60 N. 21, § 63 N. 7 f., 10 ff., 14 ff.

summarisches Verfahren § 11 N. 25

superprovisorische Massnahmen § 6 N. 19, 30, 37, § 19a N. 48, § 25 N. 36

Suspensiveffekt *s. aufschiebende Wirkung*

Synodalrat § 19b N. 72, § 90 N. 4

T

Tatbestandsermessen *s. Ermessensarten*

Tätigkeitsbericht Vorbem. §§ 32–40a N. 11, § 87a N. 5, 8 ff., § 93 N. 10, 12, § 94a N. 9; *s. auch Rechenschaftsbericht*

Tatsachenbehauptung § 20a N. 16 f., 18 f., § 52 N. 16 ff., 26 ff., § 84 N. 11, § 86a N. 14 ff., 20, 23, § 86b N. 2 ff., § 86d N. 3; *s. auch Novenrecht*

tatsächliches Verwaltungshandeln *s. Realakt*

Teilentscheid § 19a N. 7, **16 ff.,** § 28 N. 9, § 41 N. 29, § 44 N. 33 f.

Teilnahme am vorinstanzlichen Verfahren *s. formelle Beschwer*

Teilnahmerecht *s. Mitwirkungsrecht*

Territorialitätsprinzip *s. örtliche Zuständigkeit*

Tierversuch § 21 N. 149, § 25 N. 9

Totalrevision der Bundesrechtspflege Einl. N. 26, § 41 N. 4, § 42 N. 4, § 43 N. 2, § 44 N. 2, § 86b N. 12; *s. auch Rechtsweggarantie gemäss Art. 29a BV*

Treu und Glauben Vorbem. §§ 4–31 N. 24 f., § 4a N. 23, 36, § 5a N. 43 f., § 7 N. 98 ff., § 10 N. 14, 52, 57, 67, 88, 91, 97, 109, 117, 122, § 10c N. 11, § 12 N. 66 ff., Vorbem. §§ 19–28a N. 20, **39,** § 19 N. 46, 48, 54, § 19a N. 33, 36, 67, § 20 N. 43, 46, § 21 N. 22, 62, § 21a N. 14, § 22 N. 11, 20 f., § 23 N. 30, § 52 N. 31, § 56 N. 17, § 58 N. 39 f., § 65 N. 16, § 81 N. 15, Vorbem. §§ 86a–86d N. 17, 25, § 86a N. 22, § 86b N. 5; *s. auch rechtsmissbräuchliche Prozessführung, Vertrauensschutz*

U

übermässig weitschweifige Eingabe § 5 N. **70,** § 23 N. 8, 18, 29, § 56 N. 15, **18,** § 83 N. 13, 20

Überschreitung des Ermessens *s. qualifizierter Ermessensfehler*

Übersetzer § 5a N. 11, § 16 N. 15

Übersetzung von Eingaben § 22 N. 7

überspitzter Formalismus § 5 N. 72, § 11 N. 63, § 13 N. 59, § 15 N. 59, Vorbem. §§ 19–28a N. 20, **40,** § 21a N. 13, § 22 N. 9, § 23 N. 6, 11, 30, § 56 N. 16, § 86c N. 4

Überweisung *s. Weiterleitung*

Umtriebsentschädigung *s. Parteientschädigung*

Umweltschutzrecht § 4 N. 25, § 6 N. 13, § 7 N. 80, 82, § 13 N. 38, § 17 N. 64, 84, § 19 N. 75, § 19a N. 18, § 19b N. 48, **78 ff.,** § 21 N. 14, 52, 56, **63 ff.,** 107 f., 132, 144, 146 f., 151 ff., 164, § 26 N. 23, § 27c N. 6 ff., 11, § 30 N. 30, 79; *s. auch ideelle Verbandsbeschwerde,*

Lärm, Mobilfunkanlage, Natur- und Heimatschutzrecht

Unabhängigkeit
- von Behördemitgliedern *s. Ausstand*
- der Rekursinstanz § 7 N. 58, § 19b N. 5, 9, 34, 43, 54 ff., § 20 N. 24, § 21 N. 133, § 26 N. 3, 6 f., 8 f., **10 ff.**, 15, § 26b N. 40, § 26c N. 3 ff., § 28 N. 50, § 52 N. 3; *s. auch Sprungrekurs*
- der Schätzungskommissionen § 19b N. 51, § 26b N. 40, Vorbem. §§ 32–86 N. 10, § 52 N. 3
- der Ombudsperson Vorbem. §§ 87–94a N. 15, § 87 N. 2 f., 14 f., § 88 N. 1, § 91 N. 17, 18
- richterliche *s. richterliche Unabhängigkeit*

Unangemessenheit § 10c N. 25, Vorbem. §§ 19–28a N. 78, 81 f., § 19 N. 63, § 20 N. 4 f., **49 ff.**, § 27 N. 12, § 50 N. 4 f., 25, **66 ff.**, Vorbem. §§ 86a–86d N. 10, § 89 N. 3; *s. auch Ermessenskontrolle*

Unbegründetheit *s. offensichtliche Unbegründetheit*

unbestimmter Rechtsbegriff § 20 N. 54, 56, 59 f., 61 ff., 64, 66, 68 ff., 73, 81, 90, 95, § 50 N. 15 ff., 28 ff., 37 ff., 42, 54

Uneinbringlichkeit § 13 N. 21, § 14 N. 2, § 16 N. 17

unentgeltliche Prozessführung *s. unentgeltliche Rechtspflege*

unentgeltliche Rechtspflege § 6 N. 34, § 13 N. 1 f., 21, 66, 95, § 15 N. 16, 22, 34 f., 37 f., 43, 57, 60, 65, § 16 N. 1 ff., **16 ff.**, 75, 113, 124 ff., 127 ff., § 17 N. 5, 17, 60, 85, Vorbem. §§ 19–28a N. 20, 38, § 19 N. 31, § 19a N. 48, § 21 N. 85, § 25 N. 39, § 73 N. 9

unentgeltliche Rechtsverbeiständung § 16 N. 1 ff., 57, 58, **74 ff.**, 124 ff., 127 ff., § 17 N. 5, 17, 43, 45, 65, 81, 83, Vorbem. §§ 19–28a N. 20, 38, § 19 N. 31, § 19a N. 48, § 21 N. 85, § 22 N. 7; *s. auch amtlicher Vertreter*

ungebührliche Eingabe § 5 N. 69, 85 ff., § 13 N. 62, § 23 N. 8, 29, § 56 N. 15, **18**, § 83 N. 13, 20

Ungebundenheit an Begehren § 7 N. 134 f., **173 f.**, Vorbem. §§ 19–28a N. 24, § 19b N. 92,
§ 27 N. 10, § 63 N. 25 ff.; *s. auch Gebundenheit an Begehren, reformatio in peius vel melius*

Ungehorsam gegen amtliche Verfügungen § 1 N. 51, § 7 N. 116, Vorbem. §§ 29–31 N. 9, § 30 N. 47, 54 ff., 76, 77 f.

ungerechtfertigte Bereicherung § 1 N. 24, § 29a N. 8, § 30 N. 63, § 81 N. 5

Universität Zürich § 19b N. 38, 49, § 44 N. 19, 29, § 50 N. 67, § 89 N. 17; *s. auch Bildungsrecht, Rekurskommission der Zürcher Hochschulen*

unleserliche Eingabe § 5 N. 68, § 22 N. 5, § 23 N. 8, 29, § 56 N. 15, **18**, § 83 N. 13, 20

unmittelbarer Gesetzesvollzug Vorbem. §§ 29–31 N. 5 f., 12, § 30 N. 29 f.

unmittelbarer Zwang § 1 N. 54, § 7 N. 116, § 19 N. 7, § 19b N. 30, 76 f., Vorbem. §§ 29–31 N. 8, § 30 N. **38 ff.**, 75, § 31 N. 1, 6

Unmittelbarkeitsprinzip Vorbem. §§ 19–28a N. 37, § 60 N. 25

UNO-Pakt II § 4 N. 19, § 42 N. 14

Unregelmässigkeiten bei Urnengängen *s. Beeinflussung von Urnengängen*

unrichtige bzw. ungenügende Sachverhaltsfeststellung § 7 N. 35 f., § 13 N. 71, § 20 N. 5, 16, **38 ff.**, § 28 N. 38 f., § 50 N. 2 f., **60 ff.**, § 60 N. 5, 6 f., 12, 17, § 64 N. 8 ff., 16 f., § 86a N. 1, 14 ff.

Unterlassungsanspruch § 10c N. 27, 28, 29, 31

Unterliegerprinzip § 13 N. 41 f., **50 ff.**, 63, 65, 67, 77, 79, § 17 N. **19 ff.**, 29, 64, 83, 87, § 85 N. 15

Unterschreitung des Ermessens *s. qualifizierter Ermessensfehler*

Unterschrift § 10 N. 12, § 22 N. **6**, 9, § 23 N. 8, 36, § 28 N. 6, § 38 N. 15, § 38b N. 6, § 56 N. 15, 20, § 83 N. 13

Untersuchungsmaxime
- im Allgemeinen Vorbem. §§ 19–28a N. **26 f.**, 33, 53, Vorbem. §§ 81–86 N. 20, 22
- und Sachverhaltsfeststellung § 7 N. 3, **4 ff.**, 90, 157, 159, 173, § 11 N. 5, § 15 N. 11 ff., § 17 N. 9, 13, 69, 71, 74, § 19a N. 48, § 20 N. 16, 38, 40, 43 ff., § 23 N. 19, 36, § 26a N. 4, 7, § 26b N. 2, 5, 28, 30, § 26c N. 2,

§ 26d N. 2, 6, § 27c N. 13, § 50 N. 61 ff., § 58 N. 2, 39, § 60 N. 2 ff., 6 ff., 10, 21, § 85 N. 10, § 86b N. 3 f.; *s. auch rechtserheblicher Sachverhalt, unrichtige bzw. ungenügende Sachverhaltsfeststellung*
- und Noven § 11 N. 5, § 20a N. 7 f., 16, § 22 N. 13, § 23 N. 23, § 26b N. 20, 26, § 50 N. 63, § 52 N. 18, 26 ff., § 60 N. 9, § 84 N. 11, § 86b N. 3 f.
- und unentgeltliche Rechtsverbeiständung § 16 N. 82
- und Zuständigkeitsprüfung § 5 N. 5, § 41 N. 31

Untersuchungspflicht *s. Untersuchungsmaxime und Sachverhaltsfeststellung*

Unvereinbarkeit § 5a N. 2, 13, 36, § 19 N. 64, § 32 N. 4, 9, 11, § 33 N. 9, § 34 N. **1 ff.**, § 34a N. 1, 3, § 35 N. 4, 9, § 44 N. 10, § 87 N. 11

unzulässige Beweismittel § 7 N. 45, 154 f., § 9 N. 16 f., § 60 N. 21

Unzulässigkeit *s. offensichtliche Unzulässigkeit*

Unzuständigkeit
- der Verwaltungsbehörde Vorbem. §§ 4–31 N. 25, Vorbem. §§ 86a–86d N. 4
- der Rechtsmittelinstanz § 10 N. 54, § 22 N. 4, 23, § 28 N. 12, § 30 N. 87, § 38b N. 5, § 41 N. 30 f., § 44 N. 33 f., § 50 N. 11, Vorbem. §§ 86a–86d N. 4; *s. auch Ausnahmekatalog*
- offensichtliche *s. offensichtliche Unzuständigkeit*
- Rechtsfolgen bei Nichteintreten § 5 N. 40 ff., § 12 N. 89, § 13 N. 58, § 85 N. 4 f.
- Rechtsfolgen bei trotzdem erfolgendem Sachentscheid § 5 N. 37 ff., § 13 N. 64
- und Anfechtbarkeit von Vor- und Zwischenentscheiden § 19a N. 38 f.
- und Fristwahrung § 5 N. 40 ff., § 11 N. 55 ff., 69, § 22 N. 4, 23, § 85 N. 4
- und Instanzenzug *s. Instanzenzug und Unzuständigkeit*
- und Realakt § 10c N. 15

s. auch Weiterleitung, Zuständigkeit

Unzustellbarkeit § 10 N. 118 f.

Unzweckmässigkeit *s. Unangemessenheit*

Urkunde § 7 N. 63 ff., § 60 N. 23; *s. auch öffentliche Urkunde*

Urnengang *s. Stimmrechtssachen*

ursprüngliche Verwaltungsrechtspflege Vorbem. §§ 19–28a N. 3, 16, § 21 N. 7 f., Vorbem. §§ 32–86 N. 3, **5**, Vorbem. §§ 41–71 N. 3, Vorbem. §§ 81–86 N. 1 ff., **11 f., 14 f., 16 f., 20 ff.**, § 81 N. 1 f., 12 f., § 83 N. 2, 6, § 84 N. 9, 11, § 85 N. 6, 10, 12, 14, 16, § 86 N. 2; *s. auch verwaltungsrechtliche Klage*

Urteil § 28 N. 9; *s. auch Beschwerdeentscheid, Entscheid, Prozessentscheid, Rekursentscheid, Sachentscheid*

Urteilsberatung § 38 N. 12; *s. auch Mündlichkeit der Urteilsberatung, Publikumsöffentlichkeit der Urteilsberatung*

Urteilsfähigkeit Vorbem. §§ 21 f. N. 7 f.

Urteilskopf *s. Rubrum*

Urteilsredaktion § 38 N. 14 f., § 38b N. 6

Urteilsspruch *s. Dispositiv*

Urteilsverkündung *s. Publikumsöffentlichkeit der Entscheidverkündung*

V

Verantwortlichkeit *s. Beamtenhaftung, Staatshaftung*

Verbandsbeschwerde *s. egoistische Verbandsbeschwerde, ideelle Verbandsbeschwerde*

Verbesserung (mangelhafter Eingaben) *s. Rückweisung*

Verbot
- der interkantonalen Doppelbesteuerung § 19a N. 30
- der Rechtsverweigerung bzw. -verzögerung *s. materielle Rechtsverweigerung, Rechtsverweigerung bzw. -verzögerung*
- der Stimmenthaltung § 39 N. 15
- des überspitzten Formalismus *s. überspitzter Formalismus*

s. auch Rückwirkungsverbot, Selbstbelastungsverbot, Vereitelungsverbot

Vereitelungsverbot Vorbem. §§ 19–28a N. 43, § 19a N. 6, § 21 N. 5, § 27a N. 7, 13, § 63 N. 33

Verfahrensabschreibung *s. Abschreibungsentscheid*

Verfahrensaussetzung *s. Verfahrenssistierung*

Verfahrensbeschleunigung s. *Beschleunigungsgebot, Verfahrensökonomie*

Verfahrensbeteiligte § 5a N. 36, § 7 N. 48, § 10 N. **64 ff.**, § 13 N. 45 ff., § 17 N. 20, 26, Vorbem. §§ 21 f. N. 13, 21, § 26a N. 15, § 26b N. 3 f., **8 ff.**, § 27 N. 17, § 28 N. 3, **49,** § 50 N. 13, § 58 N. 3, **5 ff.**, § 61 N. 2, § 64 N. 12, § 65 N. **10,** 12, **22,** Vorbem. §§ 86a–86d N. 25, § 86a N. 8, § 86c N. 8; *s. auch Beiladung, Mitbeteiligte, Partei*

Verfahrensdauer s. *Behandlungsfrist, Beschleunigungsgebot, Rechtsverweigerung bzw. -verzögerung*

Verfahrenseinheit s. *Einheit des Verfahrens*

Verfahrenseinstellung s. *Verfahrenssistierung*

Verfahrensfairness § 4 N. 14 f., 21 f., § 5a N. 43 f., 49, § 6 N. 4, § 7 N. 103, § 8 N. 2, 5, § 9 N. 16 f., § 10 N. 13 f., § 16 N. 3, 15, 86, § 17 N. 44, Vorbem. §§ 19–28a N. 20, 26, **38,** 39, 51, § 19 N. 41, § 19a N. 40, 48, 50, Vorbem. §§ 21 f. N. 10, § 26 N. 6, § 26b N. 5, 22, 24, 34, § 27 N. 11, 15, § 30 N. 86, § 44 N. 17, § 58 N. 23, § 65 N. 33; *s. auch Ausstand, Treu und Glauben, Unabhängigkeit*

Verfahrensgarantien Vorbem. §§ 19–28a N. 20, § 20 N. 15 f., 18 ff., 40; *s. auch Anhörungsrecht, Mündlichkeit der Verhandlung, Publikumsöffentlichkeit, rechtliches Gehör, Rechtsmittelbelehrung, Rechtsmittelgarantie, Rechtsverweigerung bzw. -verzögerung, Rechtsweggarantie, Replikrecht, überspitzter Formalismus, unentgeltliche Rechtspflege, unentgeltliche Rechtsverbeiständung, Verfahrensfairness, wohlfeile Rechtspflege*

Verfahrensgegenstand s. *Streitgegenstand*

Verfahrenskosten(-auflage und -verteilung)
- im Allgemeinen § 13 N. **1 ff.**, § 16 N. 17, 55 f., 60, 61, 65 ff., 75, 127 ff., § 17 N. 4, 65, 79, § 19 N. 31, § 21 N. 106, 115, 157, 170, § 27 N. 9, § 58 N. 11, § 63 N. 8, § 65a N. **1 ff.**
- bei gemeinsam Beteiligten § 14 N. 1 ff., § 15 N. 10
- bei Rückweisung an die Vorinstanz § 13 N. 37, 67 ff., § 19a N. 63, § 64 N. 5
- bei überlanger Verfahrensdauer § 4a N. 31, § 13 N. 64, 76, § 27c N. 21
- bei Unzuständigkeit § 5 N. 37, § 10 N. 56
- bei Verfahrensabschreibung § 13 N. 37, **74 ff., 78 ff.,** § 16 N. 62, 63, § 21 N. 26, § 63 N. 5, 7, § 83 N. 6, § 85 N. 15
- bei Verfahrensvereinigung bzw. -trennung Vorbem. §§ 4–31 N. 61, 65
- bei Verletzung der Mitwirkungspflicht § 7 N. 113, § 13 N. 58, 72, 87 f., § 14 N. 16
- in personalrechtlichen Streitigkeiten § 13 N. 83 ff., § 65a N. 23 ff.
- in steuerrechtlichen Streitigkeiten § 73 N. 7
- Bezug s. *Inkasso*
- Sicherstellung s. *Kostenvorschuss*
- solidarische Haftung § 14 N. 6 ff., § 15 N. 10, § 65a N. 16
- subsidiäre Haftung § 14 N. 19 ff.
- und Anfechtbarkeit von Vor- und Zwischenentscheiden § 19a N. 62
- und Aufsichtsbeschwerde Vorbem. §§ 19–28a N. 84
- und Ausstandsgrund § 5a N. 44
- und Begründungspflicht § 10 N. 23, 28, § 10a N. 7, 14, 31, § 13 N. 30, 43, § 65 N. 14, § 65a N. 19
- und Einspracheentscheid § 10b N. 15
- und Entzug bzw. Wiederherstellung der aufschiebenden Wirkung § 25 N. 39
- und Fristerstreckungsgesuch § 12 N. 32
- und Schätzungsverfahren § 19b N. 92
- und Verfahren betreffend Gesuche um unentgeltliche Rechtspflege § 16 N. 69 ff.
- und Verfahren betreffend Gesuche um unentgeltliche Rechtsverbeiständung § 16 N. 120
- und verwaltungsrechtliche Klage § 65a N. 1, § 83 N. 6, § 85 N. 15
- und vorsorgliche Massnahmen § 6 N. 26, 34

s. auch Parteientschädigung, unentgeltliche Rechtspflege, Vollstreckung und Kostentragung

verfahrensleitende Anordnung s. *Zwischenentscheid*

Verfahrensleitung s. *Instruktion*

Verfahrensmaximen Vorbem. §§ 19–28a N. 18 ff., Vorbem. §§ 81–86 N. 20 ff.; *s. auch Amtsbetrieb, Dispositionsmaxime, Einheit des Verfahrens, Eventualmaxime, Mittelbarkeitsprinzip, Offizialmaxime, Schriftlichkeit, Untersuchungsmaxime, Verfahrensfairness, Verhandlungsmaxime*

Verfahrensökonomie Vorbem. §§ 4–31 N. 39, 59 f., 63 f., § 4a N. 7, § 5 N. 58, § 5a N. 49 f., 52, § 6a N. 1, § 7 N. 18, 39, 81, § 10 N. 112, § 10a N. 1, 4, 7, 14, 29, § 11 N. 4, § 12 N. 3, § 15 N. 36, 40, § 16 N. 17, 63 f., Vorbem. §§ 19–28a N. 20, **42**, § 19a N. 6, 25, 36, 43, 52 ff., 64, 68, § 20a N. 14, 18, 23, 31, § 21 N. 40, § 23 N. 33, § 25 N. 48, § 26b N. 5, § 28 N. 5, 45, § 38a N. 11, § 50 N. 72, § 52 N. 4, 24, 44, § 60 N. 9, 11, § 63 N. 18, § 64 N. 6, 7, § 84 N. 4, Vorbem. §§ 86a–86d N. 27; *s. auch Beschleunigungsgebot*

Verfahrenspartei *s. Partei*

Verfahrensrecht *s. Verwaltungsverfahrensrecht*

verfahrensrechtlicher Notbedarf *s. prozessualer Zwangsbedarf*

Verfahrensrechtsverhältnis Vorbem. §§ 4–31 N. 30, § 10 N. 86 ff., 96, 119, 124

Verfahrenssistierung § 1 N. 61, Vorbem. §§ 4–31 N. **34 ff.**, § 4a N. 13, § 7 N. 57, § 10c N. 12, § 11 N. 15, § 17 N. 32, § 19 N. 47, § 19a N. 48, Vorbem. §§ 21 f. N. 7, 9, § 22 N. 23, § 23 N. 10, § 25 N. 19, § 26b N. 10, § 52 N. 24, § 90 N. 14

Verfahrenstrennung Vorbem. §§ 4–31 N. 50 ff., 62 ff.

Verfahrensvereinigung Vorbem. §§ 4–31 N. 50 ff., 58 ff., § 14 N. 4, § 17 N. 89, § 38b N. 14

Verfahrensvoraussetzungen *s. Eintretensvoraussetzungen*

Verfassung *s. Kantonsverfassung, verfassungsmässiges Recht*

Verfassungsbeschwerde *s. subsidiäre Verfassungsbeschwerde*

verfassungsmässiges Recht § 19a N. 63, § 20 N. 109, § 21 N. 104, § 21a N. 6, Vorbem. §§ 41–71 N. 14, § 50 N. 7 f., Vorbem. §§ 86a–86d N. 15, § 86a N. 20 ff.; *s. auch Gemeindeautonomie, Gewaltenteilungsprinzip, richterliche Unabhängigkeit, Verfahrensgarantien, Willkürverbot*

Verfügung
- Begriff, Funktion und Verhältnis zur Anordnung Vorbem. §§ 4–31 N. **13 ff., 18,** 19 ff., § 19 N. 3 f., § 28 N. 15, § 42 N. 17, § 63 N. 2; *s. auch Sachverfügung*
- Vorgehen im Zweifelsfall Vorbem. §§ 4–31 N. 26 f., § 19 N. 46
- Fehlerhaftigkeit *s. fehlerhafte Anordnung bzw. Verfügung*
- Widerruf *s. Widerruf von Verfügungen*
- negative *s. negative Verfügung*
- privatrechtsgestaltende § 19 N. 29

s. auch Anordnung, Dauerverfügung, Entscheid, Justizverwaltungsakt, Rechtskraft, verwaltungsrechtliche Klage aufgrund fehlender Verfügungskompetenz, Vollstreckung, Vollstreckungsverfügung

verfügungsfreies Verwaltungshandeln *s. Realakt*

Vergaberecht *s. Submissionsrecht*

Vergleich § 13 N. 82, § 17 N. 33, 74, Vorbem. §§ 19–28a N. 24, § 28 N. 8, 17, 23, **27 ff.**, § 63 N. 5, **9 ff.**, Vorbem. §§ 81–86 N. 21, § 85 N. 2, 14, 15 f., Vorbem. §§ 86a–86d N. 22, § 86a N. 5, 23

Verhältnismässigkeitsprinzip
- und Akteneinsichtsrecht § 8 N. 26, § 9 N. 2 ff., 7 ff., 12
- und Ausschluss der Öffentlichkeit § 62 N. 6
- und Entzug bzw. Wiederherstellung der aufschiebenden Wirkung § 25 N. 9, 28 f.
- und Fristsäumnisfolgen § 11 N. 74
- und Kognition § 20 N. 51, 73, § 50 N. 33 f.
- und Sachverhaltsfeststellung § 7 N. 32, 46, 101 ff., 116, 126 ff., § 20 N. 46, § 60 N. 7
- und Verpflichtung zur Angabe einer Zustellungsmöglichkeit § 6a N. 7
- und Vollstreckung Vorbem. §§ 29–31 N. 17, § 30 N. 11, 39, 64, 68 ff., 82, § 31 N. 3
- und vorsorgliche Massnahmen § 6 N. 4, 15 ff., 21

s. auch Äquivalenzprinzip, Interessenabwägung

Verhandlungsmaxime § 7 N. 4, 8, Vorbem. §§ 19–28a N. **25**, 28, Vorbem. §§ 81–86 N. 20, 22, § 83 N. 16, 19

Verjährung § 13 N. 102, § 16 N. 128, § 29a N. 9, § 30 N. 20, 79, § 52 N. 38, § 66 N. 10, 14, § 83 N. 7

Verkehrsanordnung § 19 N. 76, § 21 N. 48 ff., § 26 N. 22, 24

Verkehrsrat § 19b N. 18, § 26 N. 16, § 44 N. 26 f.

Verkehrsverbund Vorbem. §§ 21 f. N. 5, § 21 N. 132, 149, § 44 N. 28, § 89 N. 15

Verlöbnis § 5a N. 34 f.

vermögensrechtliche Streitigkeit *s. Streitwert*

Vermutungsregeln § 7 N. 140

Vernehmlassung § 13 N. 52, § 23 N. 20, § 26a N. 6, 13, § 26b N. 1, **3 ff.**, 21 ff., 29, § 56 N. 2, 24 ff., § 57 N. 5, § 58 N. 3, **5 ff.**; *s. auch Replikrecht, Schriftenwechsel*

Veröffentlichung
- von Anordnungen, Erlassen und normaufhebenden Entscheiden *s. amtliche Veröffentlichung*
- von Entscheiden im Allgemeinen *s. Entscheidpraxis, Publikumsöffentlichkeit der Entscheidverkündung*

s. auch Öffentlichkeitsprinzip

Verordnung *s. Bundesverordnung, kantonale Verordnung, Verwaltungsgerichtsverordnung, Verwaltungsverordnung*

Verschlechterungsverbot *s. reformatio in peius vel melius*

Versicherungsgericht Einl. N. 6

vertrauensärztliche Untersuchung § 19 N. 13

Vertrauenshaftung § 2 N. 19, § 19 N. 21, § 81 N. 16

Vertrauensschutz § 2 N. 19, § 10 N. 53, 80 f., 91, § 11 N. 40, § 12 N. 66 ff., 74, Vorbem. §§ 19–28a N. **39**, § 19 N. 7, 54, § 20 N. 11, § 20a N. 24 ff., 31, § 27 N. 11, § 28 N. 22, § 30 N. 79, § 50 N. 54, Vorbem. §§ 86a–86d N. 8, 27, § 86d N. 5; *s. auch Treu und Glauben*

Vertreter in der Schweiz § 6b N. 16 f.

Vertretung und Verbeiständung § 7 N. 85, § 8 N. 36, Vorbem. §§ 21 f. N. 7 f., 11, 19, § 60 N. 22; *s. auch Anwaltsrecht, Parteivertreter, Vollmacht*

Verursacherprinzip § 13 N. 41, 45, 48, 50, 54, **55 ff.**, 63, 65, 67, 72, 77, 81, § 17 N. 15, **25 ff.**, 29, 33, 64, 83, 87, 99, § 83 N. 6, § 85 N. 15; *s. auch Vollstreckung und Kostentragung*

Verwaltungsbehörde § 4 N. 6 ff.; *s. auch Behörde, Verwaltungsrechtspflege durch Verwaltungsbehörden, Zuständigkeit der Verwaltungsbehörden*

verwaltungsexterne Rekursinstanz Vorbem. §§ 4–31 N. 3, § 7 N. 58, § 19b N. **9, 47 ff.**, § 20a N. 4, 6, 14, 19, § 26b N. 33, 40, 44 f., § 41 N. 13, § 50 N. 42, 63, § 52 N. 1 ff., 10, 13, 22 ff., 31, 43, § 57 N. 7 f., § 64 N. 10, § 90 N. 5, 16; *s. auch Baurekursgericht, Rekurskommission, Steuerrekursgericht*

verwaltungsexterne Verwaltungsrechtspflege *s. Verwaltungsrechtspflege durch Verwaltungsgerichte*

Verwaltungsgericht
- allgemeines *s. allgemeines Verwaltungsgericht*
- Spezialverwaltungsgericht *s. Spezialverwaltungsgericht*
- erstinstanzliches *s. Baurekursgericht, Steuerrekursgericht*
- Geschäftserledigung *s. Geschäftserledigung am Verwaltungsgericht*
- Organisation *s. Organisation des Verwaltungsgerichts*
- als einzige Instanz *s. verwaltungsrechtliche Klage*
- als Personalgericht Vorbem. §§ 32–86 N. 4, Vorbem. §§ 41–71 N. 3, Vorbem. §§ 81–86 N. 5
- und Anfechtung von Erlassen desselben § 19b N. 61, § 20 N. 91, Vorbem. §§ 32–40a N. 19, § 38a N. 1, § 41 N. 20, § 42 N. 19, § 43 N. 7, **10**, § 50 N. 73, § 53 N. 5
- und Anfechtung von Justizverwaltungsakten desselben § 19b N. 44 f., Vorbem. §§ 32–40a N. 19, § 39 N. 8, § 42 N. 17, § 43 N. 7, **8 f.**
- und Aufsicht Vorbem. §§ 19–28a N. 74 f., § 19b N. 12, 47 f., 51, Vorbem. §§ 32–40a N. **16**, 20, **21 ff.**, 26, § 34 N. 23, § 35 N. 1, 7, 9, 12 ff., § 40 N. 8
- und Behandlungsfrist § 27c N. 7, 11
- und Ombudsperson § 90 N. 5, 16
- und Zuständigkeitskonflikte § 5 N. 29
- Veröffentlichungspraxis § 35 N. 13, § 65 N. 34
- Vorinstanz *s. Instanzenzug*
- Zuständigkeit *s. Zuständigkeit des Verwaltungsgerichts*

s. auch oberes Gericht, Verwaltungsrechtspflege durch Verwaltungsgerichte

verwaltungsgerichtliches Verfahren Vorbem.
§§ 4–31 N. **9, 12,** 35, 51 f., § 11 N. 13, 17 ff.,
34, § 13 N. 2, 13, 18, 24, 86, § 16 N. 97, § 17
N. 1 f., 10, 96, Vorbem. §§ 19–28a N. 18 ff.,
44 ff., 50 ff., § 26b N. 21, 33, 40, 44 f., § 27c
N. 7, 11, Vorbem. §§ 32–86 N. 3 f., 5, 6 ff.,
11 f., § 38 N. 24, § 58 N. 25 f., 30 ff., 34 ff., § 60
N. 17, 23, § 70 N. 1 ff., § 71 N. 1 ff., Vorbem.
§§ 81–86 N. 1, 3, 16 f., 20 ff., § 83 N. 2, § 84
N. 9, § 86 N. 2, § 86b N. 3, § 90 N. 12; *s. auch
Beschwerdeverfahren, Klageverfahren*

Verwaltungsgerichtsbarkeit
– im Allgemeinen Vorbem. §§ 4–31 N. **3,** 9, 12, Vorbem. §§ 32–86 N. 3 f., 5 ff., 14, Vorbem. §§ 41–71 N. 1 ff., § 50 N. 13, 23, § 65 N. 33, Vorbem. §§ 81–86 N. 1 ff.
– Entwicklung im Bund Einl. N. 34 ff.
– Entwicklung in den Kantonen Einl. N. 32 f., 35 f.
– Generalklausel *s. Generalklausel*
– Ausnahmen *s. Ausnahmekatalog*

s. auch Verwaltungsgericht, Verwaltungsrechtspflege durch Verwaltungsgerichte

Verwaltungsgerichtsbeschwerde
– ans Verwaltungsgericht *s. Beschwerde*
– gemäss OG Einl. N. 18 f., § 19a N. 19, 44, § 21 N. 3, 11 f., § 86b N. 11

Verwaltungsgerichtspräsident § 36 N. 4 f., 7, § 38 N. 4, § 38a N. 4, 8, § 39 N. 2, 4, 6, **10**

Verwaltungsgerichtsverordnung § 13 N. 18, Vorbem. §§ 32–40a N. 3, § 35 N. 7, § 36 N. 2, § 38 N. 2, § 39 N. 2 f., § 40 N. **1 ff.,** § 65a N. 3, 20 f.; *s. auch Verwaltungsgericht und Anfechtung von Erlassen desselben*

verwaltungsinterner Akt Vorbem. §§ 4–31 N. 22, Vorbem. §§ 19–28a N. 77, § 19 N. 7, 12, 29; *s. auch Verwaltungsverordnung*

verwaltungsinterne Akten *s. interne Akten*

verwaltungsinterne Rekursinstanz Vorbem. §§ 4–31 N. 3, § 7 N. 43, § 19b N. **9,** § 20a N. 4, 6, 14, 18, § 26 N. 8 f., 10 ff., § 26b N. 33, 40, 42 f., § 26c N. 2, § 27 N. 6, § 27c N. 10, § 34a N. 6, § 41 N. 13, § 50 N. 42, 63, § 52 N. 1 ff., 8 f., 14, 16 ff., 29 f., § 58 N. 7, 25, § 64 N. 9, § 90 N. 5, 16; *s. auch Bezirksrat, Direktion als Rekursinstanz, Regierungsrat als Rekursinstanz, Statthalteramt*

verwaltungsinterne Verwaltungsrechtspflege *s. Verwaltungsrechtspflege durch Verwaltungsbehörden*

Verwaltungskommission
– der Geschäftsleitung des Kantonsrats § 19b N. 32 ff., § 87 N. 17, § 88a N. 3 f., § 90 N. 3
– der obersten Gerichte Vorbem. §§ 32–40a N. 18, 19
– des Verwaltungsgerichts § 19b N. 45, Vorbem. §§ 32–40a N. 20, § 34 N. 23, § 34a N. 11, § 36 N. 9, § 38a N. 4, § 39 N. 2, 4, **6 ff.,** 17

Verwaltungsprozess *s. streitiges Verwaltungsverfahren*

Verwaltungsprozessrecht *s. öffentliches Verfahrensrecht, streitiges Verwaltungsverfahren, Verwaltungsverfahrensrecht*

Verwaltungsrecht (Verhältnis zum Verwaltungsverfahrensrecht) Vorbem. §§ 4–31 N. 4 f., § 19 N. 3 f., § 27a N. 17, 18, 21, 23, § 55 N. 10; *s. auch öffentliches Recht*

verwaltungsrechtliche Klage
– im Allgemeinen Vorbem. §§ 19–28a N. 3, 16, 52, § 19 N. 10 f., 20, Vorbem. §§ 32–86 N. 3 f., 5, 13, 14, Vorbem. §§ 41–71 N. 3, 17, § 41 N. 7, Vorbem. §§ 81–86 N. **1 ff.,** § 81 N. 1 f., 20, § 83 N. 1 f., 8 ff., § 90 N. 12
– aufgrund fehlender Verfügungskompetenz Vorbem. §§ 32–86 N. 13, Vorbem. §§ 81–86 N. 11 f., 14, § 81 N. **3 ff.,** 8, 11 ff.
– bei Streitigkeiten aus verwaltungsrechtlichen Verträgen § 19 N. 10 f., 20, § 19b N. 89, Vorbem. §§ 29–31 N. 14, § 81 N. 8 ff.
– aufgrund spezialgesetzlicher Regelung § 19b N. 39, 94, § 81 N. 21 ff.
– bei Enteignungsstreitigkeiten § 19b N. 51, 89, 92, 94, Vorbem. §§ 81–86 N. 15
– bei Konflikten zwischen Gemeinden § 5 N. 28, § 81 N. 5
– bei landwirtschaftsrechtlichen Streitigkeiten § 19b N. 48
– bei sozialversicherungsrechtlichen Streitigkeiten Vorbem. §§ 81–86 N. 19, § 81 N. 23
– Entscheid § 19 N. 3, § 38 N. 16 f., § 55 N. 7, § 66 N. 1 ff., § 85 N. **2,** 3, 13 f., § 86a N. 4; *s. auch Entscheidbefugnis und verwaltungsrechtliche Klage, Vollstreckung von Entscheiden des Verwaltungsgerichts*

1355

- Klageschrift, -antwort und -änderung § 83 N. 1, 3, 13 ff., 20 f., § 84 N. 1 ff., 9 ff.
- Nebenfolgen § 13 N. 2, 13, § 17 N. 55, § 65a N. 1, § 85 N. **15 f.**
- Verfahren s. *Klageverfahren*
- Voraussetzungen § 83 N. 1, 3 ff., 13 ff.
- und aufschiebende Wirkung § 55 N. 7
- und Beschwerde Vorbem. §§ 32–86 N. 5, 13, Vorbem. §§ 81–86 N. 14, § 86 N. 2 f.
- und Kognition § 85 N. 1, 6 ff.
- und vorsorgliche Massnahmen § 6 N. 23, § 55 N. 7

verwaltungsrechtlicher Vertrag
- Begriff und Abgrenzung vom privatrechtlichen Vertrag § 1 N. 20 ff., § 81 N. 9 f., 14 f.
- Abgrenzung von der Anordnung bzw. Verfügung Vorbem. §§ 4–31 N. 20, § 19 N. 9 ff., 18, § 81 N. 11 ff.
- Rechtsschutz Vorbem. §§ 29–31 N. 14, § 41 N. 23, Vorbem. §§ 81–86 N. 11, 21, § 83 N. 4; s. auch *verwaltungsrechtliche Klage bei Streitigkeiten aus verwaltungsrechtlichen Verträgen*
- und Ausstandspflicht § 5a N. 13
- und Konzession § 19 N. 18, 20

s. auch *Erschliessungsvertrag, Expropriationsvertrag, Schiedsabrede, Submissionsrecht, Vergleich*

verwaltungsrechtliche Sanktion § 6 N. 13, Vorbem. §§ 19–28a N. 36, Vorbem. §§ 29–31 N. **8,** § 30 N. 1, 9, **14 ff.**, 42, **43 ff.**, 49, 59, 76, 77 f., 79; s. auch *administrativer Rechtsnachteil, Disziplinarmassnahme, Ordnungsbusse, Strafsanktion, Vollstreckung*

Verwaltungsrechtspflege
- durch Verwaltungsbehörden Einl. N. 3, 5 f., 13, 32, 35 f., Vorbem. §§ 4–31 N. 3, 11, § 19b N. 5, § 26 N. 7, 8 f., 10 ff., § 26b N. 33, 36, 37, 40, 42 f., § 26c N. 2, § 27 N. 6, § 50 N. 42, § 58 N. 25; s. auch *verwaltungsinterne Rekursinstanz*
- durch Verwaltungsgerichte Einl. N. 6, 9, 10, 13, 32 ff., Vorbem. §§ 4–31 N. 11 f., § 26b N. 33, 36, 37, 38 ff., 44 f., § 26c N. 3, § 27 N. 3, § 50 N. 42, § 58 N. 25 f., § 63 N. 26 f., Vorbem. §§ 81–86 N. 1 ff.; s. auch *verwaltungsexterne Rekursinstanz, Verwaltungsgerichtsbarkeit*
- durch Zivilgerichte s. *Zivilgericht*
- Entwicklung im Kanton Zürich Einl. N. 1 ff.
- Entwicklung in der Schweiz Einl. N. 32 ff.
- nachträgliche s. *nachträgliche Verwaltungsrechtspflege*
- ursprüngliche s. *ursprüngliche Verwaltungsrechtspflege*
- verwaltungsexterne s. *Verwaltungsrechtspflege durch Verwaltungsgerichte*
- verwaltungsinterne s. *Verwaltungsrechtspflege durch Verwaltungsbehörden*
- und Anfechtbarkeit von Teil-, Vor- und Zwischenentscheiden § 19a N. 10, 44 f., 51

Verwaltungsrechtspflegegesetz
- von 1933 Einl. N. 7 f.
- von 1959 Einl. N. **10 ff.**, 14 f., 16 ff., 23, 24 ff., 31, Vorbem. §§ 81–86 N. 3, Vorbem. §§ 87–94a N. 8, Vorbem. §§ 95–103 N. 1 ff., § 95 N. 1, § 96 N. 1, § 103 N. 1
- Teilrevision von 1997 Einl. N. **16 ff.**, § 4 N. 32, § 41 N. 3, Vorbem. §§ 81–86 N. 5, § 95 N. 2, § 96 N. 1, Art. XV Abs. 3 N. 1 f., 4
- Teilrevision von 2010 Einl. N. **24 ff.**, Vorbem. §§ 32–86 N. 14, § 41 N. 4, 24, § 42 N. 4, § 43 N. 2, § 44 N. 2, Vorbem. §§ 81–86 N. 8 f., Vorbem. §§ 95–103 N. 7, § 95 N. 3
- Regelung des Verfügungswiderrufs Vorbem. §§ 86a–86d N. 28 f.

Verwaltungsrechtspflegeverfahren s. *streitiges Verwaltungsverfahren*

Verwaltungsstrafrecht § 1 N. 46, § 30 N. 42, 46 ff., 49 ff., 59 f.; s. auch *Strafsanktion, verwaltungsrechtliche Sanktion*

Verwaltungsverfahren
- Begriff und Grundsätze Vorbem. §§ 4–31 N. 2 ff., Vorbem. §§ 19–28a N. 18 ff., Vorbem. §§ 29–31 N. 1, 3
- Erledigung im Allgemeinen § 10 N. 1 ff., § 10a N. 1 ff.
- nichtstreitiges s. *nichtstreitiges Verwaltungsverfahren*
- streitiges s. *streitiges Verwaltungsverfahren*
- Rechtshängigkeit s. *Rechtshängigkeit*
- Sistierung s. *Verfahrenssistierung*
- Rolle der Anordnung Vorbem. §§ 4–31 N. 11, 13 ff.

s. auch *Beschwerdeverfahren, Einspracheverfahren, Rekursverfahren, Verwaltungsverfahrensrecht*

Sachregister

Verwaltungsverfahrensrecht
- Begriff Vorbem. §§ 4–31 N. 4 f.
- Einfluss des Bundes- und Völkerrechts im Allgemeinen § 4 N. 3, 11 ff., 32 ff.
- gemeineidgenössisches § 4 N. 32 ff., § 21 N. 3
- kantonale bzw. kommunale Sonderregelungen § 4 N. 3, 29 f., 31, § 19b N. 52 f.
- Regelung im VRG Vorbem. §§ 4–31 N. 6 f.
- Revision von 2010 Vorbem. §§ 95–103 N. 7
- Geltungsbereich der §§ 4–31 VRG § 4 N. 1 ff., § 70 N. 1 ff.
- Geltungsbereich der §§ 4a–17 VRG Vorbem. §§ 4a–17 N. 2

s. auch öffentliches Verfahrensrecht, Verwaltungsprozessrecht, Verwaltungsverfahren

Verwaltungsverordnung § 19 N. 73, § 20 N. 10, § 41 N. 19, § 50 N. **52 ff.**; *s. auch verwaltungsinterner Akt*

Verweigerung der Aussage *s. Aussageverweigerung*

Verwertungsverbot *s. unzulässige Beweismittel, Zufallsfund*

Verzugszins § 13 N. 102, § 29a N. 1, 6 ff., 10

virtuelle Betroffenheit § 21 N. 33, 37, 69, 98, § 21a N. 5, 11

Völkerrecht
- Einfluss auf das kantonale Verwaltungsverfahrensrecht *s. Rechtsmittelgarantie, Rechtsweggarantie gemäss Art. 6 EMRK, Verfahrensgarantien*
- und akzessorische Kontrolle § 20 N. 31, Vorbem. §§ 41–71 N. 18
- und Zustellung § 6b N. 4 ff.

s. auch Aarhus-Konvention, EMRK-Verletzung, Europäisches Fristberechnungsübereinkommen

Volksabstimmung *s. Stimmrechtssachen*

Volkswahl *s. Stimmrechtssachen*

Vollmacht § 10 N. 66, Vorbem. §§ 19–28a N. 52, Vorbem. §§ 21 f. N. 11, § 22 N. 8, § 23 N. 8, 25, 34, 36, § 56 N. 15, 20, 23, § 83 N. 13

Vollstreckbarkeit Vorbem. §§ 4–31 N. 21, 23, § 10 N. 6, 52, Vorbem. §§ 19–28a N. 10, § 19 N. 27, 30, 73, § 19a N. 25, § 25 N. 2 f., 13 f., 21, 32, Vorbem. §§ 29–31 N. 12 ff., § 29a N. 2 ff., 5, 9, § 30 N. **3 ff.**, 19, § 44 N. 15, § 65 N. 26 f., § 66 N. **1 ff.**, Vorbem. §§ 86a–86d N. 3, 6, § 86c N. 6; *s. auch Rechtswirksamkeit*

Vollstreckung
- im Allgemeinen Vorbem. §§ 29–31 N. 1 ff., § 30 N. 1 ff., 68 ff., § 31 N. 2, § 35 N. 9; *s. auch Vollstreckbarkeit*
- Zuständigkeit *s. Zuständigkeit für die Vollstreckung*
- Pflicht § 30 N. 10 ff.
- Androhung *s. Zwangsandrohung*
- antizipierte *s. antizipierte Ersatzvornahme*
- Mittel Vorbem. §§ 29–31 N. **7 ff.**, 17, 19, § 30 N. 14 ff., 42 ff., 62 ff., 71, 73 ff., 77 f., 82, § 31 N. 1; *s. auch Strafsanktion, verwaltungsrechtliche Sanktion*
- von Rekursentscheiden Vorbem. §§ 29–31 N. 4, § 29 N. 2
- von Entscheiden des Verwaltungsgerichts Vorbem. §§ 29–31 N. 4, 14, § 65 N. 26 f., § 66 N. 1 ff.
- von Entscheiden des Bundesgerichts Vorbem. §§ 29–31 N. 4
- von Kostenentscheiden § 13 N. 101 ff., § 14 N. 20, § 15 N. 29, § 29 N. 9, § 30 N. 84, § 90 N. 9; *s. auch Inkasso*
- und Kostentragung Vorbem. §§ 29–31 N. 5, § 30 N. 32 ff., 41, 79, 84
- Rechtsschutz § 30 N. 80 ff., § 31 N. 4, 7

Vollstreckungsverfügung Vorbem. §§ 29–31 N. 12, 15 ff., § 30 N. 26 f., 29, 80 ff., § 31 N. 4

Vollzugsdelegation § 29 N. 3 ff.

Vollzugsmeldung § 29 N. 6

Vorbefassung § 5a N. 25 ff., 33, § 86b N. 8; *s. auch Ausstand*

vorbeugender Rechtsschutz § 6 N. 13

Voreingenommenheit *s. Befangenheit*

Vorentscheid § 19 N. 16, § 19a N. 7, 19, 21, 22, **23 ff.**, 33 f., 35 ff., 42 ff., 63, 64, 67, § 28 N. 9, § 41 N. 29, § 44 N. 33 f.; *s. auch nicht wiedergutzumachender Nachteil, Zwischenentscheid*

Vorfrage § 1 N. 39 f., **55 ff.**, § 2 N. 8, § 5 N. 9, 15, § 7 N. 31, 171, § 19a N. 19, 24 f., Vorbem. §§ 86a–86d N. 6

vorfrageweise Prüfung *s. konkrete Normenkontrolle*

Vorinstanz
- des Verwaltungsgerichts s. *Instanzenzug*
- des Bundesgerichts Einl. N. 17 f., 26, § 5 N. 25, § 10d N. 1 f., 12, Vorbem. §§ 19–28a N. 43, § 19a N. 3 ff., 33, 46, § 19b N. 3, 7, 63 ff., 66 f., 74 f., § 20 N. 30, 93, § 20a N. 5 f., § 21 N. 3, § 28 N. 47, 49, Vorbem. §§ 32–86 N. 2, Vorbem. §§ 32–40a N. 19, § 38a N. 1, Vorbem. §§ 41–71 N. **6 ff., 10 ff.,** 16, § 41 N. **5 ff.,** 11, 12, 17, § 42 N. 1 f., 5, 6, § 43 N. 3, § 44 N. 3 f., 7, 10 ff., 26, 32, § 50 N. 6 ff., § 52 N. 8 f., § 57 N. 8, § 59 N. 15, § 65 N. 3 ff., 17, 21, 22, 25, 27, § 66 N. 2, 11 ff., § 72 N. 6 f., 10, § 81 N. 2; *s. auch oberes Gericht*
- Entschädigungspflicht § 17 N. 26 ff.
- Kostenpflicht § 13 N. 47 f., 59, 63 f., § 27c N. 21
- Neuentscheid § 27 N. 21, § 28 N. 42 f., § 52 N. 11, 22, § 63 N. 29 f., § 64 N. 14 ff., Vorbem. §§ 86a–86d N. 24
- Rückweisung an die s. *Rückweisungsentscheid*
- und Aktenbeizug der Rechtsmittelinstanz s. *Aktenbeizug*
- und Vernehmlassung § 26b N. 3 f., 8 ff., 18, § 58 N. 3, 7 f., 18, 20, § 61 N. 2; *s. auch Behörde und Parteifähigkeit bzw. -stellung*

Vorladung § 4a N. 18, § 59 N. 7

vorläufiger Rechtsschutz *s. aufschiebende Wirkung, vorsorgliche Massnahmen*

Vorsorgeeinrichtung für das Staatspersonal § 89 N. 23 f.

Vorsorgeprinzip § 6 N. 13

vorsorgliche Massnahmen
- im Allgemeinen § 6 N. **1 ff.,** § 19a N. 22, § 25 N. 12, 17 f., § 55 N. 7, § 86c N. 6
- und Anordnung über Realakte § 10c N. 31
- und aufschiebende Wirkung s. *aufschiebende Wirkung und vorsorgliche Massnahmen*
- und Fristenstillstand § 11 N. 25
- und nicht wiedergutzumachender Nachteil § 19a N. 48 f.
- und Rechtsmittelgründe § 19a N. 63, Vorbem. §§ 41–71 N. 14, § 50 N. 8

- und Rekurs in Stimmrechtssachen § 27b N. 21
- und Vorschusspflicht § 15 N. 45

Vorwirkung *s. negative Vorwirkung*

W

Waffengleichheit *s. Verfahrensfairness*

Wahl *s. passives Wahlrecht, Stimmrechtssachen*

Wahl- bzw. Abstimmungskreis § 21a N. 7

Wahrheitspflicht § 7 N. 56 ff., 74, 151

Wasserbau § 19b N. 78, 85, 95, § 21 N. 149

Wasserversorgung § 1 N. 36 f., § 21 N. 107, § 30 N. 64

Weiterbeschäftigung § 25 N. 22 f., § 27a N. 4, 5, 7 f., 13 f., 16 f., **18 ff.,** § 55 N. 8 ff., 17, § 63 N. 32 ff., 35 ff.

Weiterleitung § 5 N. 34 ff., **40 ff.,** 83, § 10 N. 54, § 10a N. 35, § 11 N. 58, 60, § 12 N. 89, § 13 N. 58, Vorbem. §§ 19–28a N. 65, 69, § 19 N. 8, § 19a N. 39, § 20a N. 17, § 22 N. 4, 23, § 28 N. 12, § 41 N. 31, § 52 N. 19, § 85 N. 4 f.; *s. auch Unzuständigkeit, Zuständigkeit*

Werkplan § 19 N. 34, § 19b N. 23, 85

Werkvertrag § 1 N. 24, § 81 N. 10

Whistleblowing § 89 N. 8 f.

Widerklage § 84 N. 4

Widerrechtlichkeit § 6 N. 43 f., § 10c N. 10, 25, § 20 N. 14, 101, § 21 N. 28, Vorbem. §§ 32–40a N. 28, § 50 N. 48 ff.; *s. auch Rechtsverletzung*

Widerruf von Verfügungen § 7 N. 169, Vorbem. §§ 19–28a N. 64, 81, § 19 N. 30, § 20a N. 26, § 27 N. 16, § 28 N. 25, § 28a N. 11, § 30 N. 63, § 63 N. 6, Vorbem. §§ 86a–86d N. 7, 8, **9 ff.,** 12, 16, 29; *s. auch Rücknahme*

Wiedereinstellung *s. Weiterbeschäftigung*

Wiedererwägung § 7 N. 17, § 11 N. 60, § 13 N. 81, § 17 N. 10, Vorbem. §§ 19–28a N. 5, 24, § 19b N. 5, Vorbem. §§ 21 f. N. 18, § 22 N. 23, § 23 N. 10, § 25 N. 12, § 26b N. 10, § 28 N. 18, 23, 25, 29 f., 33, § 28a N. 11, § 52 N. 24, § 61 N. 1, § 63 N. 6, 10 f., 13 f., 16, § 66 N. 7, Vorbem. §§ 86a–86d N. 5, 12, **19 ff.,** 29, § 86a N. 21, § 90 N. 12

Wiederherstellung der aufschiebenden Wirkung § 25 N. 25 ff., 33 ff., § 55 N. 15 f.

Wiederherstellung des rechtmässigen Zustands § 20 N. 73, § 20a N. 32, Vorbem. §§ 29–31 N. 8 f., 12, § 30 N. 11, 14 ff., 42, 66 f., 70, 72, 79; *s. auch Ersatzvornahme, Schuldbetreibungs- und Konkursrecht, unmittelbarer Zwang*

Wiederherstellung von Fristen *s. Fristwiederherstellung*

Wiederholung von Urnengängen § 26d N. 12, § 27b N. 1 ff.

Willensmangel § 19b N. 92, § 21 N. 80, § 28 N. 22, § 63 N. 5, § 81 N. 14, § 85 N. 13, § 86a N. 5, 23, § 86b N. 19

Willkürverbot (inkl. Willkürkognition) § 17 N. 12, Vorbem. §§ 19–28a N. 40, § 20 N. 51, 70 f., 78, 88, § 21 N. 104, 143, § 27a N. 23, Vorbem. §§ 41–71 N. 12, § 44 N. 17, 21, § 50 N. 38

wohlerworbenes Recht Einl. N. 4, § 20a N. 28, § 37 N. 3

wohlfeile Rechtspflege § 13 N. 26 f., § 17 N. 57, Vorbem. §§ 19–28a N. 20, § 65a N. 7

Wohnsitzgerichtsstand § 5 N. 18 f.

Wohnsitz im Ausland § 6a N. 8, § 6b N. 1 ff., § 10 N. 119, § 11 N. 53 f., § 15 N. 23 ff.

Z

Zahlungsaufforderung *s. Rechnung*

Zahlungsauftrag § 11 N. 65, § 15 N. 50

Zahlungsfrist § 11 N. **64 ff.**, § 13 N. 102, § 15 N. 43, 52 ff., § 16 N. 61, 64, 66, § 29a N. 2 f., 5

Zahlungsunfähigkeit § 15 N. 31 ff., § 16 N. 41; *s. auch Mittellosigkeit*

Zentralbibliothek § 4 N. 8, § 19b N. 40, § 89 N. 25

zentraler Rechtsdienst des Regierungsrats Vorbem. §§ 19–28a N. 37, § 26 N. 3, 15 ff., § 28 N. 18; *s. auch Staatskanzlei*

Zentralkanzlei § 36 N. 7, 10, § 39 N. 10 f., 13

Zentralverwaltung *s. Kantonsverwaltung*

Zentrum für Gehör und Sprache § 19b N. 38

Zeugeneinvernahme § 7 N. 43, 57 f., 151, § 26c N. 1 ff., § 52 N. 14, § 60 N. 17, 21, 23, 26, § 61 N. 3, § 92 N. 1

Zeugnisverweigerungsrecht § 94a N. 4

Zirkulationsentscheid § 26a N. 13, § 28a N. 4 ff., 12 ff., § 38 N. 16 f., § 38a N. 10, § 57 N. 5, § 62 N. 9, § 65 N. 18, 21

Zivilgericht (als Verwaltungsrechtspflegeinstanz) Einl. N. 4 ff., § 1 N. 17, 19, 42, 58, § 2 N. **1 ff.**, § 3 N. 2, § 19 N. 10, 21, § 19b N. 74, § 21 N. 58, § 29a N. 1, § 34a N. 6, § 41 N. 13, § 43 N. **4 ff.**, Vorbem. §§ 81–86 N. 2 f., § 81 N. 16, § 85 N. 5; *s. auch Bezirksgericht, Privatrecht, Zuständigkeit der Zivilgerichte*

Zivilprozessordnung § 2 N. 1, Vorbem. §§ 4–31 N. **7 f.**, 33, 35, 51, § 4 N. 9, § 5 N. 36, 55, 63, 67, 71, 77, 84, 88, 90 ff., § 7 N. 37 f., 42, 50, 58, 74, § 10 N. 2, 45, 63, 90, 94, 106, 132, § 11 N. 2, 17, 20 f., 25, 28, 62, § 12 N. 44, 82, § 13 N. 74 f., 79, 83, § 15 N. 32 ff., § 16 N. 129, § 19a N. 22, Vorbem. §§ 21 f. N. 10, § 26c N. 6, § 30 N. 18, Vorbem. §§ 32–86 N. 5, § 53 N. 4, § 60 N. **15 ff.**, § 65a N. 16 f., 23, § 70 N. 5, § 71 N. **1 ff.**, Vorbem. §§ 81–86 N. 10, **18**, 20 ff., § 83 N. 2, 3 ff., 8 ff., § 84 N. 3 f., 6, 8, 10, § 85 N. 5, 13, § 86 N. 2, 5, Vorbem. §§ 86a–86d N. 15, 29, § 86a N. 5, 21, 25, § 86b N. 9, 20, § 86c N. 7 f., § 94a N. 4

Zivilrecht *s. Privatrecht*

zivilrechtlicher Anspruch *s. civil right*

zivilrechtlicher Vertrag *s. privatrechtlicher Vertrag*

Zonenplan *s. Nutzungsplan*

Zufallsfund § 7 N. 156

Zulassungsbeschränkung *s. numerus clausus*

Zürcher Fachhochschule § 19b N. 38, 49, § 44 N. 19, § 89 N. 17; *s. auch Bildungsrecht, Rekurskommission der Zürcher Hochschulen*

Zurückbehaltungsrecht § 9 N. 5, § 26a N. 3, § 57 N. 7 ff.

Zurückhaltung *s. Kognition*

Zusammenschluss *s. Gemeindefusion*

Zusammensetzung der Entscheidbehörde *s. Bekanntgabe der Zusammensetzung der Entscheidbehörde, richtige Zusammensetzung der Entscheidbehörde*

Zuständigkeit
- der Verwaltungsbehörden § 1 N. **1 ff.**, § 2 N. 1 ff., § 3 N. 1 ff., § 6 N. 23 ff., § 19a N. 42, § 25 N. 30, § 29 N. 1 f.
- des Verwaltungsgerichts § 1 N. **1 ff.**, § 2 N. 4, 10, § 3 N. 2, 4, § 6 N. 23 ff., § 10d N. 1, Vorbem. §§ 19–28a N. 52, § 19 N. 17, 69, § 19a N. 8, 45, 68, § 19b N. 7, 29, 32, 35, 36, 44 f., 61, 63 f., 69, 71, 74 f., 76 f., 79, 84, 89 f., 92 ff., § 20 N. 91, 93, § 26 N. 14, 21, § 26d N. 3, § 30 N. 87, Vorbem. §§ 32–86 N. 3 f., 6 f., 10, 11 f., 14, Vorbem. §§ 32–40a N. 8, 19, § 35 N. 10, § 38a N. 1, Vorbem. §§ 41–71 N. 9, § 41 N. **1 ff.**, § 42 N. 1 ff., § 43 N. 1 ff., § 44 N. 1 ff., § 50 N. 73, § 53 N. 6, § 55 N. 11, 15, § 56 N. 25, § 58 N. 16, § 70 N. 7, § 72 N. **1 ff.**, Vorbem. §§ 81–86 N. 12 ff., § 81 N. **1 ff.**, § 83 N. 3, § 88a N. 4; *s. auch Ausnahmekatalog, Beschwerde, Generalklausel, verwaltungsrechtliche Klage*
- des Obergerichts § 3 N. 3, § 19b N. 40, 44 f., 61, 74, 77, § 20 N. 91, Vorbem. §§ 32–40a N. 19, § 38a N. 1, 9, 13, § 39 N. 8, § 41 N. 20, § 42 N. 17, 19, § 43 N. 4, 7 ff., Vorbem. §§ 81–86 N. 19, § 87 N. 7, § 94a N. 7
- des Sozialversicherungsgerichts § 3 N. 4, § 19b N. 39, § 38a N. 9, § 41 N. 27, Vorbem. §§ 81–86 N. 19, § 81 N. 23
- der Rekursinstanzen
  - im Allgemeinen § 6 N. 23 ff., Vorbem. §§ 19–28a N. 52, § 19 N. **1 ff.**, § 19a N. 1 ff., § 19b N. **1 ff.**, § 25 N. 30, § 26a N. 16, § 26d N. 3, § 28 N. 12, § 29 N. 9, Vorbem. §§ 32–86 N. 6, § 55 N. 15
  - des Baurekursgerichts § 5 N. 13, § 19 N. 71, § 19a N. 68, § 19b N. 29, 37, **48, 78,** 82, 95, § 20 N. 75, § 25 N. 31, § 26 N. 23, § 27c N. 7, § 41 N. 21, § 50 N. 68
  - des Steuerrekursgerichts § 19b N. 29, **47,** § 72 N. 7
  - des Regierungsrats § 19b N. 18, **25,** 54, 56, 69, 90, § 25 N. 31, § 26 N. 23, § 26d N. 3, § 27c N. 7, § 44 N. 26; *s. auch Regierungsrat als Rekursinstanz*
  - der Direktion § 19b N. 18, **26,** 29, 35, 74, 77, § 20 N. 24, 33, § 26 N. 14, 23, § 26d N. 3
  - des Bezirksrats § 5 N. 13, § 19 N. 71, § 19b N. **27,** 60, 69, 73, 74, 82, § 20 N. 75, § 26d N. 3, § 41 N. 21
- des Statthalteramts § 19 N. 71, § 19b N. **28,** 60, 77, § 41 N. 21
- des Kantonsrats § 19b N. **31,** § 26d N. 3, § 42 N. 10; *s. auch Kantonsrat als Rekursinstanz*
- der Parlamentsverwaltung § 19b N. 32 f., § 87 N. 17, § 88a N. 3
- des Einzelrichters am Verwaltungsgericht § 28a N. 6, 15, § 38 N. 4, 7, § 38a N. 11, § 38b N. **1 ff.**, § 43 N. 6, § 56 N. 11, 24 f., § 60 N. 24, § 63 N. 2, § 65 N. 18 ff.
- des Kammervorsitzenden bzw. Referenten am Verwaltungsgericht § 6 N. 25, § 38 N. 7, **9 f.,** 15, § 55 N. 15, § 56 N. **5 ff., 24 f.,** § 58 N. 41, § 60 N. 24, § 61 N. 5, § 65 N. 20
- des Vorsitzenden der Rekursinstanz bzw. des Einzelrichters am Rekursgericht § 6 N. 24 f., § 16 N. 12, 109, § 25 N. 31, § 26 N. 30, § 28 N. 15, 18, 37, § 28a N. 14
- des zentralen Rechtsdiensts des Regierungsrats Vorbem. §§ 19–28a N. 37, § 26 N. 19 ff., 25, § 28 N. 18
- der Zivilgerichte § 1 N. 4, 10 ff., 55 ff., § 2 N. **1 ff.**, § 19 N. 10 f., 21, § 19b N. 74, § 21 N. 58, 67, 88, § 43 N. **4,** Vorbem. §§ 81–86 N. 3, § 81 N. 16, § 85 N. 5
- der Strafgerichte § 1 N. 46 ff., 55 ff., § 30 N. 53, 57, § 38b N. 16, § 43 N. **4**
- der Ombudsperson § 89 N. 12 ff., § 90 N. 1 ff., § 93 N. 14
- Vorbehalt von Spezialnormen § 2 N. 4, § 3 N. 1 ff., § 5 N. 13, 28, § 19 N. 87 ff., § 19b N. 1, 11, 18, 27, 29 f., 91, § 41 N. 8, 13, 24, 25 ff., § 42 N. 6, § 44 N. 31 f., § 95 N. 4
- für abstrakte Normenkontrollen § 1 N. 8, § 19 N. 68 f., § 19b N. 59 ff., 71 f., § 20 N. 91, 93, § 38a N. 1, 9, Vorbem. §§ 41–71 N. 17, § 41 N. 5, 11, 16, 20 f., § 42 N. 15, 19, § 43 N. 7, 10, § 44 N. 28, § 50 N. 73; *s. auch abstrakte Normenkontrolle und Besetzung des Verwaltungsgerichts*
- für Ausstandsentscheide § 5a N. 51 f.
- für Begnadigungen § 44 N. 14
- für die Behandlung von Aufsichtsbeschwerden Vorbem. §§ 19–28a N. 72 ff., 85
- für die Behandlung von Revisionsgesuchen § 38b N. 8, § 86b N. 8 ff.
- für die Beurteilung von Honorarentscheiden § 16 N. 112

- für die Beurteilung von Justizverwaltungsakten § 16 N. 112, § 19b N. 44 f., Vorbem. §§ 32–40a N. 19, § 39 N. 8, § 42 N. 17 f., § 43 N. 8 f.
- für die Gewährung der Akteneinsicht § 26a N. 16, § 57 N. 8
- für Entscheide betreffend die aufschiebende Wirkung § 25 N. 30 f., § 55 N. 15
- für Entscheide über die Gewährung unentgeltlicher Rechtspflege § 16 N. 12 f.
- für Erläuterungen bzw. Berichtigungen Vorbem. §§ 86a–86d N. 25, 27
- für Feststellungsverfügungen § 19 N. 23
- für Fristerstreckungen bzw. -wiederherstellungen § 12 N. 13, 31, 89 ff.
- für Kautionierungen bzw. deren Beurteilung § 15 N. 5 f., 62 f.
- für Nichtigkeitsfeststellungen § 12 N. 77
- für Realakte § 10c N. 14 f.
- für die Vollstreckung § 29 N. 1 ff., § 30 N. 57, § 66 N. 3
- für vorsorgliche Massnahmen § 6 N. 15, 23 ff.
- funktionelle s. *funktionelle Zuständigkeit*
- örtliche s. *örtliche Zuständigkeit*
- sachliche s. *sachliche Zuständigkeit*
- interne § 19a N. 38; s. auch *Geschäftserledigung am Verwaltungsgericht, Zuständigkeit des Vorsitzenden der Rekursinstanz bzw. des Einzelrichters am Rekursgericht*
- Feststellung § 5 N. 34, § 19a N. 38 f. § 41 N. 31
- Konflikt s. *Zuständigkeitskonflikt*
- Prüfung s. *Zuständigkeitsprüfung*
- und Ausstandspflicht § 5a N. 5, 39 ff., 46, 56, § 15 N. 6
- und neues Verfahrensrecht § 101 N. 2 f., Art. XV Abs. 3 N. 3 f.

s. auch *perpetuatio fori, Unzuständigkeit*

Zuständigkeitskonflikt § 5 N. 20, 26 ff., 44, § 13 N. 64, § 36 N. 7, § 39 N. 10

Zuständigkeitsprüfung
- von Amtes wegen § 5 N. 3 ff., § 41 N. 31
- Vorgehen im Zweifelsfall § 5 N. 34, 41, § 41 N. 31
- und Formgültigkeit von Eingaben § 5 N. 73
- des Rechtsöffnungsrichters § 30 N. 19

s. auch *Unzuständigkeit, Weiterleitung*

Zustellung
- im Allgemeinen § 10 N. 62 f., 66 f., **79 ff.**, § 12 N. 76, § 29a N. 2, § 65 N. 22
- bei (Wohn-)Sitz im Ausland § 6a N. 8, § 6b N. 1 ff., § 10 N. 119, § 15 N. 26
- elektronische s. *elektronische Zustellung*
- fehlerhafte § 10 N. 108 f., § 13 N. 64, § 86b N. 5; s. auch *Anfechtbarkeit, Nichtigkeit*
- Modalitäten in Massenverfahren § 6a N. 1 ff., § 10 N. 120 ff.; s. auch *Massenverfahren*
- und Rechtsmittelfrist § 22 N. 16 f., § 53 N. 5, § 65 N. 22
- von Vernehmlassungen s. *Replikrecht*
- der Empfehlungen der Ombudsperson § 93 N. 8
- während der Gerichtsferien § 11 N. 24, 29

s. auch *amtliche Veröffentlichung als Zustellungssurrogat, Eröffnung, Fristenlauf, Mitteilung, Unzustellbarkeit*

Zustellungsdomizil in der Schweiz § 6b N. 15, 17

Zustellungsfiktion § 6b N. 13, § 10 N. 87, **90 ff.**, 96, 103, 119, § 11 N. 12

Zustellungsnachweis § 6b N. 13, § 10 N. 82 ff.

Zwangsandrohung Vorbem. §§ 29–31 N. 15, § 30 N. 13, 26, 29, 42, 54 ff., 74, 76, 84, § 31 N. **1 ff.**; s. auch *Mahnung*

Zweckverband § 1 N. 28, § 2 N. 11, § 4 N. 8, § 10c N. 13, § 19b N. 24, 27, 72, Vorbem. §§ 21 f. N. 5, § 21 N. 119, § 21a N. 20, § 44 N. 24, § 58 N. 18, § 81 N. 5, § 89 N. 31, 32 f., § 91 N. 12, § 94 N. 7

zweifelhafte Zuständigkeit § 5 N. 34, 41, § 41 N. 31

Zweiparteienverfahren Vorbem. §§ 21 f. N. 9, § 27 N. 12 f., 15, § 58 N. 9, § 63 N. 23, Vorbem. §§ 81–86 N. 17

Zweistufentheorie § 19 N. 10, 18

zweistufiger Rechtsschutz s. *Regelinstanzenzug*

Zweitgutachten § 7 N. 70

Zwischenentscheid
- im Allgemeinen § 19a N. 7, 19, 22, 23 f., **31 f.**, 33 f., 35 ff., 42 ff., 63, 64, 67, § 25 N. 19, 42, § 28 N. 9, § 38 N. 9, 15, § 38b

N. 3, § 41 N. 29, § 44 N. 33 f., § 55 N. 18, § 56 N. 6 ff., § 65 N. 30
- bei (Wohn-)Sitz im Ausland § 6b N. 8, 22
- betreffend Angabe einer Zustellungsmöglichkeit § 6a N. 3
- betreffend Ausschluss der Öffentlichkeit § 62 N. 7
- betreffend Ausstand § 5a N. 48 ff., § 19a N. 35 ff., § 25 N. 19
- betreffend Beweismassnahmen § 7 N. 42, 55, 76, 109, § 19a N. 48, § 60 N. 19
- betreffend Entschädigungsfolgen § 17 N. 88, § 19a N. 62
- betreffend Entzug bzw. Wiederherstellung der aufschiebenden Wirkung § 19a N. 48 f., § 25 N. 37 ff., 42, 48, § 55 N. 18
- betreffend Fristerstreckung § 12 N. 15, 32
- betreffend Fristverkürzung § 22 N. 28
- betreffend Fristwiederherstellung § 12 N. 93 f.
- betreffend Gewährung unentgeltlicher Rechtspflege § 16 N. 54, 62, 63 f., 70, 73, § 19a N. 48
- betreffend Gewährung unentgeltlicher Rechtsverbeiständung § 16 N. 117, 118 f., 123, § 19a N. 48
- betreffend Kautionierung § 15 N. 1, 20, 63, § 19a N. 48
- betreffend Kostenfolgen § 13 N. 97 ff., § 19a N. 62

- betreffend Noven § 26b N. 42 f.
- betreffend Rechtsverweigerung bzw. -verzögerung § 19 N. 53
- betreffend Schriftenwechsel § 26b N. 7
- betreffend Unvereinbarkeit § 34 N. 24
- betreffend Verfahrenssistierung Vorbem. §§ 4–31 N. 47, § 19 N. 47, § 19a N. 48
- betreffend Verfahrensvereinigung bzw. -trennung Vorbem. §§ 4–31 N. 56
- betreffend vorsorgliche Massnahmen § 6 N. 32 f., 36 ff., § 19a N. 48, § 50 N. 8
- betreffend Zuständigkeit § 5 N. 34, § 19a N. 35 ff., § 25 N. 19, § 41 N. 31
- Eröffnung § 6 N. 33, § 10 N. 22 f., 44
- Kostenfolgen § 13 N. 6, § 19a N. 63
- und Beschleunigungsgebot bzw. Rechtsverzögerung § 4a N. 28, § 19 N. 47, § 19a N. 48, 50, 58
- und Realakt § 19 N. 8
- und reformatio in peius § 27 N. 14
- und Rückweisung an die Vorinstanz § 28 N. 45, § 64 N. 6, 20 f., § 65 N. 9
- und Streitwert § 38b N. 3, 12, 14, § 65a N. 15

s. auch nicht wiedergutzumachender Nachteil, Vorentscheid

Zwischenverfügung *s. Zwischenentscheid*